2025

法律法规全书系列

中华人民共和国
应急管理
法律法规全书

（含相关政策及法律解释）

中国法治出版社
CHINA LEGAL PUBLISHING HOUSE

出版说明

随着中国特色社会主义法律体系的建成，中国的立法进入了“修法时代”。在这一时期，为了使法律体系进一步保持内部的科学、和谐、统一，会频繁出现对法律各层级文件的适时清理。目前，清理工作已经全面展开且取得了阶段性的成果，但这一清理过程在未来几年仍将持续。这对于读者如何了解最新法律修改信息、如何准确适用法律带来了使用上的不便。基于这一考虑，我们精心编辑出版了本丛书，一方面重在向读者展示我国立法的成果与现状，另一方面旨在帮助读者在法律文件修改频率较高的时代准确适用法律。

本书独具以下四重价值：

1. **文本权威，内容全面**。本书涵盖应急管理领域相关的常用法律、行政法规、国务院文件、部门规章、规范性文件，及应急管理部公布的典型案例，独家梳理和收录人大代表建议、政协委员提案的重要答复；书中收录文件均为经过清理修改的现行有效文本，方便读者及时掌握最新法律文件。

2. **查找方便，附录实用**。全书法律文件按照紧密程度排列，方便读者对某一类问题的集中查找；重点法律附加条旨，指引读者快速找到目标条文；附录相关典型案例、文书范本，其中案例具有指引“同案同判”的作用。同时，本书采用可平摊使用的独特开本，避免因书籍太厚难以摊开使用的弊端。

3. **免费增补，动态更新**。为保持本书与新法的同步更新，避免读者因部分法律的修改而反复购买同类图书，我们为读者专门设置了以下服务：(1) 扫码添加书后“法规编辑部”公众号→点击菜单栏→进入资料下载栏→选择法律法规全书资料项→点击网址或扫码下载，即可获取本书下次改版修订内容的电子版文件；(2) 通过“法规编辑部”公众号，及时了解最新立法信息，并可线上留言，编辑团队会就图书相关疑问动态解答。

4. **目录赠送，配套使用**。赠送本书目录的电子版，与纸书配套，立体化、电子化使用，便于检索、快速定位；同时实现将本书装进电脑，随时随地查。

修 订 说 明

一、新增文件:《防灾减灾救灾能力提升（应急救援及安全生产方向）中央预算内投资专项管理办法》《应急管理部行政复议和行政应诉工作办法》《社会应急力量分类分级测评实施办法（试行）》《国家卫生应急队伍管理办法》《传染病疫情应急预案管理办法》《生产安全事故罚款处罚规定》《煤矿安全生产条例》《矿山救援规程》《化工企业生产过程异常工况安全处置准则（试行）》《市场监管总局特种设备突发事件应急预案》《电力网络安全事件应急预案》《城市轨道交通运营突发事件应急演练管理办法》。

二、更新文件:《中华人民共和国刑法》《中华人民共和国突发事件应对法》《中华人民共和国矿产资源法》《中华人民共和国生物安全法》《突发事件应急预案管理办法》《地震监测管理条例》《使用有毒物品作业场所劳动保护条例》《国家自然灾害救助应急预案》《病原微生物实验室生物安全管理条例》。

总目录

目　录*

一、综　合

二、专业人员任用、考核、培训、管理

* 编者按：本目录中的时间为法律文件的公布时间或最后一次修正、修订公布时间。

三、防汛抗旱

四、气象灾害防治

五、地质灾害防治

六、火灾防治

1. 综　合

2. 生产生活防火

3. 森林草原防火

七、传染病防治与卫生应急

八、安全生产综合指导

九、国家矿山安全指导与监察

十、危险化学品、有毒物品安全管理

十一、行业安全生产监督管理

1. 建筑业

十二、抢险救援工作

十三、核事故应急处理

十四、交通应急管理

1. 道路交通应急管理

2. 航空应急管理

3. 轨道交通应急管理

4. 水路交通应急管理

十五、生物安全应急管理

十六、人大代表建议、政协委员提案答复

一、综　合

中华人民共和国突发事件应对法

· 2007年8月30日第十届全国人民代表大会常务委员会第二十九次会议通过
· 2024年6月28日第十四届全国人民代表大会常务委员会第十次会议修订
· 2024年6月28日中华人民共和国主席令第25号公布
· 自2024年11月1日起施行

第一章　总　则

第一条　为了预防和减少突发事件的发生，控制、减轻和消除突发事件引起的严重社会危害，提高突发事件预防和应对能力，规范突发事件应对活动，保护人民生命财产安全，维护国家安全、公共安全、生态环境安全和社会秩序，根据宪法，制定本法。

第二条　本法所称突发事件，是指突然发生，造成或者可能造成严重社会危害，需要采取应急处置措施予以应对的自然灾害、事故灾难、公共卫生事件和社会安全事件。

突发事件的预防与应急准备、监测与预警、应急处置与救援、事后恢复与重建等应对活动，适用本法。

《中华人民共和国传染病防治法》等有关法律对突发公共卫生事件应对作出规定的，适用其规定。有关法律没有规定的，适用本法。

第三条　按照社会危害程度、影响范围等因素，突发自然灾害、事故灾难、公共卫生事件分为特别重大、重大、较大和一般四级。法律、行政法规或者国务院另有规定的，从其规定。

突发事件的分级标准由国务院或者国务院确定的部门制定。

第四条　突发事件应对工作坚持中国共产党的领导，坚持以马克思列宁主义、毛泽东思想、邓小平理论、“三个代表”重要思想、科学发展观、习近平新时代中国特色社会主义思想为指导，建立健全集中统一、高效权威的中国特色突发事件应对工作领导体制，完善党委领导、政府负责、部门联动、军地联合、社会协同、公众参与、科技支撑、法治保障的治理体系。

第五条　突发事件应对工作应当坚持总体国家安全观，统筹发展与安全；坚持人民至上、生命至上；坚持依法科学应对，尊重和保障人权；坚持预防为主、预防与应急相结合。

第六条　国家建立有效的社会动员机制，组织动员企业事业单位、社会组织、志愿者等各方力量依法有序参与突发事件应对工作，增强全民的公共安全和防范风险的意识，提高全社会的避险救助能力。

第七条　国家建立健全突发事件信息发布制度。有关人民政府和部门应当及时向社会公布突发事件相关信息和有关突发事件应对的决定、命令、措施等信息。

任何单位和个人不得编造、故意传播有关突发事件的虚假信息。有关人民政府和部门发现影响或者可能影响社会稳定、扰乱社会和经济管理秩序的虚假或者不完整信息的，应当及时发布准确的信息予以澄清。

第八条　国家建立健全突发事件新闻采访报道制度。有关人民政府和部门应当做好新闻媒体服务引导工作，支持新闻媒体开展采访报道和舆论监督。

新闻媒体采访报道突发事件应当及时、准确、客观、公正。

新闻媒体应当开展突发事件应对法律法规、预防与应急、自救与互救知识等的公益宣传。

第九条　国家建立突发事件应对工作投诉、举报制度，公布统一的投诉、举报方式。

对于不履行或者不正确履行突发事件应对工作职责的行为，任何单位和个人有权向有关人民政府和部门投诉、举报。

接到投诉、举报的人民政府和部门应当依照规定立即组织调查处理，并将调查处理结果以适当方式告知投诉人、举报人；投诉、举报事项不属于其职责的，应当及时移送有关机关处理。

有关人民政府和部门对投诉人、举报人的相关信息应当予以保密，保护投诉人、举报人的合法权益。

第十条　突发事件应对措施应当与突发事件可能造成的社会危害的性质、程度和范围相适应；有多种措施可供选择的，应当选择有利于最大程度地保护公民、法人和其他组织权益，且对他人权益损害和生态环境影响较小的措施，并根据情况变化及时调整，做到科学、精准、有效。

第十一条　国家在突发事件应对工作中，应当对未成年人、老年人、残疾人、孕产期和哺乳期的妇女、需要及时就医的伤病人员等群体给予特殊、优先保护。

第十二条　县级以上人民政府及其部门为应对突发事件的紧急需要，可以征用单位和个人的设备、设施、场地、交通工具等财产。被征用的财产在使用完毕或者突发事件应急处置工作结束后，应当及时返还。财产被征用或者征用后毁损、灭失的，应当给予公平、合理的补偿。

第十三条　因依法采取突发事件应对措施，致使诉讼、监察调查、行政复议、仲裁、国家赔偿等活动不能正常进行的，适用有关时效中止和程序中止的规定，法律另有规定的除外。

第十四条　中华人民共和国政府在突发事件的预防与应急准备、监测与预警、应急处置与救援、事后恢复与重建等方面，同外国政府和有关国际组织开展合作与交流。

第十五条　对在突发事件应对工作中做出突出贡献的单位和个人，按照国家有关规定给予表彰、奖励。

第二章　管理与指挥体制

第十六条　国家建立统一指挥、专常兼备、反应灵敏、上下联动的应急管理体制和综合协调、分类管理、分级负责、属地管理为主的工作体系。

第十七条　县级人民政府对本行政区域内突发事件的应对管理工作负责。突发事件发生后，发生地县级人民政府应当立即采取措施控制事态发展，组织开展应急救援和处置工作，并立即向上一级人民政府报告，必要时可以越级上报，具备条件的，应当进行网络直报或者自动速报。

突发事件发生地县级人民政府不能消除或者不能有效控制突发事件引起的严重社会危害的，应当及时向上级人民政府报告。上级人民政府应当及时采取措施，统一领导应急处置工作。

法律、行政法规规定由国务院有关部门对突发事件应对管理工作负责的，从其规定；地方人民政府应当积极配合并提供必要的支持。

第十八条　突发事件涉及两个以上行政区域的，其应对管理工作由有关行政区域共同的上一级人民政府负责，或者由各有关行政区域的上一级人民政府共同负责。共同负责的人民政府应当按照国家有关规定，建立信息共享和协调配合机制。根据共同应对突发事件的需要，地方人民政府之间可以建立协同应对机制。

第十九条　县级以上人民政府是突发事件应对管理工作的行政领导机关。

国务院在总理领导下研究、决定和部署特别重大突发事件的应对工作；根据实际需要，设立国家突发事件应急指挥机构，负责突发事件应对工作；必要时，国务院可以派出工作组指导有关工作。

县级以上地方人民政府设立由本级人民政府主要负责人、相关部门负责人、国家综合性消防救援队伍和驻当地中国人民解放军、中国人民武装警察部队有关负责人等组成的突发事件应急指挥机构，统一领导、协调本级人民政府各有关部门和下级人民政府开展突发事件应对工作；根据实际需要，设立相关类别突发事件应急指挥机构，组织、协调、指挥突发事件应对工作。

第二十条　突发事件应急指挥机构在突发事件应对过程中可以依法发布有关突发事件应对的决定、命令、措施。突发事件应急指挥机构发布的决定、命令、措施与设立它的人民政府发布的决定、命令、措施具有同等效力，法律责任由设立它的人民政府承担。

第二十一条　县级以上人民政府应急管理部门和卫生健康、公安等有关部门应当在各自职责范围内做好有关突发事件应对管理工作，并指导、协助下级人民政府及其相应部门做好有关突发事件的应对管理工作。

第二十二条　乡级人民政府、街道办事处应当明确专门工作力量，负责突发事件应对有关工作。

居民委员会、村民委员会依法协助人民政府和有关部门做好突发事件应对工作。

第二十三条　公民、法人和其他组织有义务参与突发事件应对工作。

第二十四条　中国人民解放军、中国人民武装警察部队和民兵组织依照本法和其他有关法律、行政法规、军事法规的规定以及国务院、中央军事委员会的命令，参加突发事件的应急救援和处置工作。

第二十五条　县级以上人民政府及其设立的突发事件应急指挥机构发布的有关突发事件应对的决定、命令、措施，应当及时报本级人民代表大会常务委员会备案；突发事件应急处置工作结束后，应当向本级人民代表大会常务委员会作出专项工作报告。

第三章　预防与应急准备

第二十六条　国家建立健全突发事件应急预案体系。

国务院制定国家突发事件总体应急预案，组织制定国家突发事件专项应急预案；国务院有关部门根据各自的职责和国务院相关应急预案，制定国家突发事件部门应急预案并报国务院备案。

地方各级人民政府和县级以上地方人民政府有关部门根据有关法律、法规、规章、上级人民政府及其有关部门的应急预案以及本地区、本部门的实际情况，制定相应的突发事件应急预案并按国务院有关规定备案。

第二十七条 县级以上人民政府应急管理部门指导突发事件应急预案体系建设，综合协调应急预案衔接工作，增强有关应急预案的衔接性和实效性。

第二十八条 应急预案应当根据本法和其他有关法律、法规的规定，针对突发事件的性质、特点和可能造成的社会危害，具体规定突发事件应对管理工作的组织指挥体系与职责和突发事件的预防与预警机制、处置程序、应急保障措施以及事后恢复与重建措施等内容。

应急预案制定机关应当广泛听取有关部门、单位、专家和社会各方面意见，增强应急预案的针对性和可操作性，并根据实际需要、情势变化、应急演练中发现的问题等及时对应急预案作出修订。

应急预案的制定、修订、备案等工作程序和管理办法由国务院规定。

第二十九条 县级以上人民政府应当将突发事件应对工作纳入国民经济和社会发展规划。县级以上人民政府有关部门应当制定突发事件应急体系建设规划。

第三十条 国土空间规划等规划应当符合预防、处置突发事件的需要，统筹安排突发事件应对工作所必需的设备和基础设施建设，合理确定应急避难、封闭隔离、紧急医疗救治等场所，实现日常使用和应急使用的相互转换。

第三十一条 国务院应急管理部门会同卫生健康、自然资源、住房城乡建设等部门统筹、指导全国应急避难场所的建设和管理工作，建立健全应急避难场所标准体系。县级以上地方人民政府负责本行政区域内应急避难场所的规划、建设和管理工作。

第三十二条 国家建立健全突发事件风险评估体系，对可能发生的突发事件进行综合性评估，有针对性地采取有效防范措施，减少突发事件的发生，最大限度减轻突发事件的影响。

第三十三条 县级人民政府应当对本行政区域内容易引发自然灾害、事故灾难和公共卫生事件的危险源、危险区域进行调查、登记、风险评估，定期进行检查、监控，并责令有关单位采取安全防范措施。

省级和设区的市级人民政府应当对本行政区域内容易引发特别重大、重大突发事件的危险源、危险区域进行调查、登记、风险评估，组织进行检查、监控，并责令有关单位采取安全防范措施。

县级以上地方人民政府应当根据情况变化，及时调整危险源、危险区域的登记。登记的危险源、危险区域及其基础信息，应当按照国家有关规定接入突发事件信息系统，并及时向社会公布。

第三十四条 县级人民政府及其有关部门、乡级人民政府、街道办事处、居民委员会、村民委员会应当及时调解处理可能引发社会安全事件的矛盾纠纷。

第三十五条 所有单位应当建立健全安全管理制度，定期开展危险源辨识评估，制定安全防范措施；定期检查本单位各项安全防范措施的落实情况，及时消除事故隐患；掌握并及时处理本单位存在的可能引发社会安全事件的问题，防止矛盾激化和事态扩大；对本单位可能发生的突发事件和采取安全防范措施的情况，应当按照规定及时向所在地人民政府或者有关部门报告。

第三十六条 矿山、金属冶炼、建筑施工单位和易燃易爆物品、危险化学品、放射性物品等危险物品的生产、经营、运输、储存、使用单位，应当制定具体应急预案，配备必要的应急救援器材、设备和物资，并对生产经营场所、有危险物品的建筑物、构筑物及周边环境开展隐患排查，及时采取措施管控风险和消除隐患，防止发生突发事件。

第三十七条 公共交通工具、公共场所和其他人员密集场所的经营单位或者管理单位应当制定具体应急预案，为交通工具和有关场所配备报警装置和必要的应急救援设备、设施，注明其使用方法，并显著标明安全撤离的通道、路线，保证安全通道、出口的畅通。

有关单位应当定期检测、维护其报警装置和应急救援设备、设施，使其处于良好状态，确保正常使用。

第三十八条 县级以上人民政府应当建立健全突发事件应对管理培训制度，对人民政府及其有关部门负有突发事件应对管理职责的工作人员以及居民委员会、村民委员会有关人员定期进行培训。

第三十九条 国家综合性消防救援队伍是应急救援的综合性常备骨干力量，按照国家有关规定执行综合应急救援任务。县级以上人民政府有关部门可以根据实际需要设立专业应急救援队伍。

县级以上人民政府及其有关部门可以建立由成年志

愿者组成的应急救援队伍。乡级人民政府、街道办事处和有条件的居民委员会、村民委员会可以建立基层应急救援队伍，及时、就近开展应急救援。单位应当建立由本单位职工组成的专职或者兼职应急救援队伍。

国家鼓励和支持社会力量建立提供社会化应急救援服务的应急救援队伍。社会力量建立的应急救援队伍参与突发事件应对工作应当服从履行统一领导职责或者组织处置突发事件的人民政府、突发事件应急指挥机构的统一指挥。

县级以上人民政府应当推动专业应急救援队伍与非专业应急救援队伍联合培训、联合演练，提高合成应急、协同应急的能力。

第四十条　地方各级人民政府、县级以上人民政府有关部门、有关单位应当为其组建的应急救援队伍购买人身意外伤害保险，配备必要的防护装备和器材，防范和减少应急救援人员的人身伤害风险。

专业应急救援人员应当具备相应的身体条件、专业技能和心理素质，取得国家规定的应急救援职业资格，具体办法由国务院应急管理部门会同国务院有关部门制定。

第四十一条　中国人民解放军、中国人民武装警察部队和民兵组织应当有计划地组织开展应急救援的专门训练。

第四十二条　县级人民政府及其有关部门、乡级人民政府、街道办事处应当组织开展面向社会公众的应急知识宣传普及活动和必要的应急演练。

居民委员会、村民委员会、企业事业单位、社会组织应当根据所在地人民政府的要求，结合各自的实际情况，开展面向居民、村民、职工等的应急知识宣传普及活动和必要的应急演练。

第四十三条　各级各类学校应当把应急教育纳入教育教学计划，对学生及教职工开展应急知识教育和应急演练，培养安全意识，提高自救与互救能力。

教育主管部门应当对学校开展应急教育进行指导和监督，应急管理等部门应当给予支持。

第四十四条　各级人民政府应当将突发事件应对工作所需经费纳入本级预算，并加强资金管理，提高资金使用绩效。

第四十五条　国家按照集中管理、统一调拨、平时服务、灾时应急、采储结合、节约高效的原则，建立健全应急物资储备保障制度，动态更新应急物资储备品种目录，完善重要应急物资的监管、生产、采购、储备、调拨和紧急配送体系，促进安全应急产业发展，优化产业布局。

国家储备物资品种目录、总体发展规划，由国务院发展改革部门会同国务院有关部门拟订。国务院应急管理等部门依据职责制定应急物资储备规划、品种目录，并组织实施。应急物资储备规划应当纳入国家储备总体发展规划。

第四十六条　设区的市级以上人民政府和突发事件易发、多发地区的县级人民政府应当建立应急救援物资、生活必需品和应急处置装备的储备保障制度。

县级以上地方人民政府应当根据本地区的实际情况和突发事件应对工作的需要，依法与有条件的企业签订协议，保障应急救援物资、生活必需品和应急处置装备的生产、供给。有关企业应当根据协议，按照县级以上地方人民政府要求，进行应急救援物资、生活必需品和应急处置装备的生产、供给，并确保符合国家有关产品质量的标准和要求。

国家鼓励公民、法人和其他组织储备基本的应急自救物资和生活必需品。有关部门可以向社会公布相关物资、物品的储备指南和建议清单。

第四十七条　国家建立健全应急运输保障体系，统筹铁路、公路、水运、民航、邮政、快递等运输和服务方式，制定应急运输保障方案，保障应急物资、装备和人员及时运输。

县级以上地方人民政府和有关主管部门应当根据国家应急运输保障方案，结合本地区实际做好应急调度和运力保障，确保运输通道和客货运枢纽畅通。

国家发挥社会力量在应急运输保障中的积极作用。社会力量参与突发事件应急运输保障，应当服从突发事件应急指挥机构的统一指挥。

第四十八条　国家建立健全能源应急保障体系，提高能源安全保障能力，确保受突发事件影响地区的能源供应。

第四十九条　国家建立健全应急通信、应急广播保障体系，加强应急通信系统、应急广播系统建设，确保突发事件应对工作的通信、广播安全畅通。

第五十条　国家建立健全突发事件卫生应急体系，组织开展突发事件中的医疗救治、卫生学调查处置和心理援助等卫生应急工作，有效控制和消除危害。

第五十一条　县级以上人民政府应当加强急救医疗服务网络的建设，配备相应的医疗救治物资、设施设备和人员，提高医疗卫生机构应对各类突发事件的救治能力。

第五十二条　国家鼓励公民、法人和其他组织为突发事件应对工作提供物资、资金、技术支持和捐赠。

接受捐赠的单位应当及时公开接受捐赠的情况和受赠财产的使用、管理情况,接受社会监督。

第五十三条 红十字会在突发事件中,应当对伤病人员和其他受害者提供紧急救援和人道救助,并协助人民政府开展与其职责相关的其他人道主义服务活动。有关人民政府应当给予红十字会支持和资助,保障其依法参与应对突发事件。

慈善组织在发生重大突发事件时开展募捐和救助活动,应当在有关人民政府的统筹协调、有序引导下依法进行。有关人民政府应当通过提供必要的需求信息、政府购买服务等方式,对慈善组织参与应对突发事件、开展应急慈善活动予以支持。

第五十四条 有关单位应当加强应急救援资金、物资的管理,提高使用效率。

任何单位和个人不得截留、挪用、私分或者变相私分应急救援资金、物资。

第五十五条 国家发展保险事业,建立政府支持、社会力量参与、市场化运作的巨灾风险保险体系,并鼓励单位和个人参加保险。

第五十六条 国家加强应急管理基础科学、重点行业领域关键核心技术的研究,加强互联网、云计算、大数据、人工智能等现代技术手段在突发事件应对工作中的应用,鼓励、扶持有条件的教学科研机构、企业培养应急管理人才和科技人才,研发、推广新技术、新材料、新设备和新工具,提高突发事件应对能力。

第五十七条 县级以上人民政府及其有关部门应当建立健全突发事件专家咨询论证制度,发挥专业人员在突发事件应对工作中的作用。

第四章 监测与预警

第五十八条 国家建立健全突发事件监测制度。

县级以上人民政府及其有关部门应当根据自然灾害、事故灾难和公共卫生事件的种类和特点,建立健全基础信息数据库,完善监测网络,划分监测区域,确定监测点,明确监测项目,提供必要的设备、设施,配备专职或者兼职人员,对可能发生的突发事件进行监测。

第五十九条 国务院建立全国统一的突发事件信息系统。

县级以上地方人民政府应当建立或者确定本地区统一的突发事件信息系统,汇集、储存、分析、传输有关突发事件的信息,并与上级人民政府及其有关部门、下级人民政府及其有关部门、专业机构、监测网点和重点企业的突发事件信息系统实现互联互通,加强跨部门、跨地区的信息共享与情报合作。

第六十条 县级以上人民政府及其有关部门、专业机构应当通过多种途径收集突发事件信息。

县级人民政府应当在居民委员会、村民委员会和有关单位建立专职或者兼职信息报告员制度。

公民、法人或者其他组织发现发生突发事件,或者发现可能发生突发事件的异常情况,应当立即向所在地人民政府、有关主管部门或者指定的专业机构报告。接到报告的单位应当按照规定立即核实处理,对于不属于其职责的,应当立即移送相关单位核实处理。

第六十一条 地方各级人民政府应当按照国家有关规定向上级人民政府报送突发事件信息。县级以上人民政府有关主管部门应当向本级人民政府相关部门通报突发事件信息,并报告上级人民政府主管部门。专业机构、监测网点和信息报告员应当及时向所在地人民政府及其有关主管部门报告突发事件信息。

有关单位和人员报送、报告突发事件信息,应当做到及时、客观、真实,不得迟报、谎报、瞒报、漏报,不得授意他人迟报、谎报、瞒报,不得阻碍他人报告。

第六十二条 县级以上地方人民政府应当及时汇总分析突发事件隐患和监测信息,必要时组织相关部门、专业技术人员、专家学者进行会商,对发生突发事件的可能性及其可能造成的影响进行评估;认为可能发生重大或者特别重大突发事件的,应当立即向上级人民政府报告,并向上级人民政府有关部门、当地驻军和可能受到危害的毗邻或者相关地区的人民政府通报,及时采取预防措施。

第六十三条 国家建立健全突发事件预警制度。

可以预警的自然灾害、事故灾难和公共卫生事件的预警级别,按照突发事件发生的紧急程度、发展势态和可能造成的危害程度分为一级、二级、三级和四级,分别用红色、橙色、黄色和蓝色标示,一级为最高级别。

预警级别的划分标准由国务院或者国务院确定的部门制定。

第六十四条 可以预警的自然灾害、事故灾难或者公共卫生事件即将发生或者发生的可能性增大时,县级以上地方人民政府应当根据有关法律、行政法规和国务院规定的权限和程序,发布相应级别的警报,决定并宣布有关地区进入预警期,同时向上一级人民政府报告,必要时可以越级上报;具备条件的,应当进行网络直报或者自动速报;同时向当地驻军和可能受到危害的毗邻或者相关地区的人民政府通报。

发布警报应当明确预警类别、级别、起始时间、可能影响的范围、警示事项、应当采取的措施、发布单位和发布时间等。

第六十五条 国家建立健全突发事件预警发布平台,按照有关规定及时、准确向社会发布突发事件预警信息。

广播、电视、报刊以及网络服务提供者、电信运营商应当按照国家有关规定,建立突发事件预警信息快速发布通道,及时、准确、无偿播发或者刊载突发事件预警信息。

公共场所和其他人员密集场所,应当指定专门人员负责突发事件预警信息接收和传播工作,做好相关设备、设施维护,确保突发事件预警信息及时、准确接收和传播。

第六十六条 发布三级、四级警报,宣布进入预警期后,县级以上地方人民政府应当根据即将发生的突发事件的特点和可能造成的危害,采取下列措施:

(一)启动应急预案;

(二)责令有关部门、专业机构、监测网点和负有特定职责的人员及时收集、报告有关信息,向社会公布反映突发事件信息的渠道,加强对突发事件发生、发展情况的监测、预报和预警工作;

(三)组织有关部门和机构、专业技术人员、有关专家学者,随时对突发事件信息进行分析评估,预测发生突发事件可能性的大小、影响范围和强度以及可能发生的突发事件的级别;

(四)定时向社会发布与公众有关的突发事件预测信息和分析评估结果,并对相关信息的报道工作进行管理;

(五)及时按照有关规定向社会发布可能受到突发事件危害的警告,宣传避免、减轻危害的常识,公布咨询或者求助电话等联络方式和渠道。

第六十七条 发布一级、二级警报,宣布进入预警期后,县级以上地方人民政府除采取本法第六十六条规定的措施外,还应当针对即将发生的突发事件的特点和可能造成的危害,采取下列一项或者多项措施:

(一)责令应急救援队伍、负有特定职责的人员进入待命状态,并动员后备人员做好参加应急救援和处置工作的准备;

(二)调集应急救援所需物资、设备、工具,准备应急设施和应急避难、封闭隔离、紧急医疗救治等场所,并确保其处于良好状态、随时可以投入正常使用;

(三)加强对重点单位、重要部位和重要基础设施的安全保卫,维护社会治安秩序;

(四)采取必要措施,确保交通、通信、供水、排水、供电、供气、供热、医疗卫生、广播电视、气象等公共设施的安全和正常运行;

(五)及时向社会发布有关采取特定措施避免或者减轻危害的建议、劝告;

(六)转移、疏散或者撤离易受突发事件危害的人员并予以妥善安置,转移重要财产;

(七)关闭或者限制使用易受突发事件危害的场所,控制或者限制容易导致危害扩大的公共场所的活动;

(八)法律、法规、规章规定的其他必要的防范性、保护性措施。

第六十八条 发布警报,宣布进入预警期后,县级以上人民政府应当对重要商品和服务市场情况加强监测,根据实际需要及时保障供应、稳定市场。必要时,国务院和省、自治区、直辖市人民政府可以按照《中华人民共和国价格法》等有关法律规定采取相应措施。

第六十九条 对即将发生或者已经发生的社会安全事件,县级以上地方人民政府及其有关主管部门应当按照规定向上一级人民政府及其有关主管部门报告,必要时可以越级上报,具备条件的,应当进行网络直报或者自动速报。

第七十条 发布突发事件警报的人民政府应当根据事态的发展,按照有关规定适时调整预警级别并重新发布。

有事实证明不可能发生突发事件或者危险已经解除的,发布警报的人民政府应当立即宣布解除警报,终止预警期,并解除已经采取的有关措施。

第五章 应急处置与救援

第七十一条 国家建立健全突发事件应急响应制度。

突发事件的应急响应级别,按照突发事件的性质、特点、可能造成的危害程度和影响范围等因素分为一级、二级、三级和四级,一级为最高级别。

突发事件应急响应级别划分标准由国务院或者国务院确定的部门制定。县级以上人民政府及其有关部门应当在突发事件应急预案中确定应急响应级别。

第七十二条 突发事件发生后,履行统一领导职责或者组织处置突发事件的人民政府应当针对其性质、特点、危害程度和影响范围等,立即启动应急响应,组织有关部门，调动应急救援队伍和社会力量，依照法律、法规、规章和应急预案的规定，采取应急处置措施，并向上级人民政府报告；必要时，可以设立现场指挥部，负责现场应急处置与救援，统一指挥进入突发事件现场的单位和个人。

启动应急响应，应当明确响应事项、级别、预计期限、应急处置措施等。

履行统一领导职责或者组织处置突发事件的人民政府，应当建立协调机制，提供需求信息，引导志愿服务组织和志愿者等社会力量及时有序参与应急处置与救援工作。

第七十三条 自然灾害、事故灾难或者公共卫生事件发生后，履行统一领导职责的人民政府应当采取下列一项或者多项应急处置措施：

（一）组织营救和救治受害人员，转移、疏散、撤离并妥善安置受到威胁的人员以及采取其他救助措施；

（二）迅速控制危险源，标明危险区域，封锁危险场所，划定警戒区，实行交通管制、限制人员流动、封闭管理以及其他控制措施；

（三）立即抢修被损坏的交通、通信、供水、排水、供电、供气、供热、医疗卫生、广播电视、气象等公共设施，向受到危害的人员提供避难场所和生活必需品，实施医疗救护和卫生防疫以及其他保障措施；

（四）禁止或者限制使用有关设备、设施，关闭或者限制使用有关场所，中止人员密集的活动或者可能导致危害扩大的生产经营活动以及采取其他保护措施；

（五）启用本级人民政府设置的财政预备费和储备的应急救援物资，必要时调用其他急需物资、设备、设施、工具；

（六）组织公民、法人和其他组织参加应急救援和处置工作，要求具有特定专长的人员提供服务；

（七）保障食品、饮用水、药品、燃料等基本生活必需品的供应；

（八）依法从严惩处囤积居奇、哄抬价格、牟取暴利、制假售假等扰乱市场秩序的行为，维护市场秩序；

（九）依法从严惩处哄抢财物、干扰破坏应急处置工作等扰乱社会秩序的行为，维护社会治安；

（十）开展生态环境应急监测，保护集中式饮用水水源地等环境敏感目标，控制和处置污染物；

（十一）采取防止发生次生、衍生事件的必要措施。

第七十四条 社会安全事件发生后，组织处置工作的人民政府应当立即启动应急响应，组织有关部门针对事件的性质和特点，依照有关法律、行政法规和国家其他有关规定，采取下列一项或者多项应急处置措施：

（一）强制隔离使用器械相互对抗或者以暴力行为参与冲突的当事人，妥善解决现场纠纷和争端，控制事态发展；

（二）对特定区域内的建筑物、交通工具、设备、设施以及燃料、燃气、电力、水的供应进行控制；

（三）封锁有关场所、道路，查验现场人员的身份证件，限制有关公共场所内的活动；

（四）加强对易受冲击的核心机关和单位的警卫，在国家机关、军事机关、国家通讯社、广播电台、电视台、外国驻华使领馆等单位附近设置临时警戒线；

（五）法律、行政法规和国务院规定的其他必要措施。

第七十五条 发生突发事件，严重影响国民经济正常运行时，国务院或者国务院授权的有关主管部门可以采取保障、控制等必要的应急措施，保障人民群众的基本生活需要，最大限度地减轻突发事件的影响。

第七十六条 履行统一领导职责或者组织处置突发事件的人民政府及其有关部门，必要时可以向单位和个人征用应急救援所需设备、设施、场地、交通工具和其他物资，请求其他地方人民政府及其有关部门提供人力、物力、财力或者技术支援，要求生产、供应生活必需品和应急救援物资的企业组织生产、保证供给，要求提供医疗、交通等公共服务的组织提供相应的服务。

履行统一领导职责或者组织处置突发事件的人民政府和有关主管部门，应当组织协调运输经营单位，优先运送处置突发事件所需物资、设备、工具、应急救援人员和受到突发事件危害的人员。

履行统一领导职责或者组织处置突发事件的人民政府及其有关部门，应当为受突发事件影响无人照料的无民事行为能力人、限制民事行为能力人提供及时有效帮助；建立健全联系帮扶应急救援人员家庭制度，帮助解决实际困难。

第七十七条 突发事件发生地的居民委员会、村民委员会和其他组织应当按照当地人民政府的决定、命令，进行宣传动员，组织群众开展自救与互救，协助维护社会秩序；情况紧急的，应当立即组织群众开展自救与互救等先期处置工作。

第七十八条 受到自然灾害危害或者发生事故灾难、公共卫生事件的单位，应当立即组织本单位应急救援队伍和工作人员营救受害人员，疏散、撤离、安置受到威胁的人员,控制危险源,标明危险区域,封锁危险场所,并采取其他防止危害扩大的必要措施,同时向所在地县级人民政府报告;对因本单位的问题引发的或者主体是本单位人员的社会安全事件,有关单位应当按照规定上报情况,并迅速派出负责人赶赴现场开展劝解、疏导工作。

突发事件发生地的其他单位应当服从人民政府发布的决定、命令,配合人民政府采取的应急处置措施,做好本单位的应急救援工作,并积极组织人员参加所在地的应急救援和处置工作。

第七十九条 突发事件发生地的个人应当依法服从人民政府、居民委员会、村民委员会或者所属单位的指挥和安排,配合人民政府采取的应急处置措施,积极参加应急救援工作,协助维护社会秩序。

第八十条 国家支持城乡社区组织健全应急工作机制,强化城乡社区综合服务设施和信息平台应急功能,加强与突发事件信息系统数据共享,增强突发事件应急处置中保障群众基本生活和服务群众能力。

第八十一条 国家采取措施,加强心理健康服务体系和人才队伍建设,支持引导心理健康服务人员和社会工作者对受突发事件影响的各类人群开展心理健康教育、心理评估、心理疏导、心理危机干预、心理行为问题诊治等心理援助工作。

第八十二条 对于突发事件遇难人员的遗体,应当按照法律和国家有关规定,科学规范处置,加强卫生防疫,维护逝者尊严。对于逝者的遗物应当妥善保管。

第八十三条 县级以上人民政府及其有关部门根据突发事件应对工作需要,在履行法定职责所必需的范围和限度内,可以要求公民、法人和其他组织提供应急处置与救援需要的信息。公民、法人和其他组织应当予以提供,法律另有规定的除外。县级以上人民政府及其有关部门对获取的相关信息,应当严格保密,并依法保护公民的通信自由和通信秘密。

第八十四条 在突发事件应急处置中,有关单位和个人因依照本法规定配合突发事件应对工作或者履行相关义务,需要获取他人个人信息的,应当依照法律规定的程序和方式取得并确保信息安全,不得非法收集、使用、加工、传输他人个人信息,不得非法买卖、提供或者公开他人个人信息。

第八十五条 因依法履行突发事件应对工作职责或者义务获取的个人信息,只能用于突发事件应对,并在突发事件应对工作结束后予以销毁。确因依法作为证据使用或者调查评估需要留存或者延期销毁的,应当按照规定进行合法性、必要性、安全性评估,并采取相应保护和处理措施,严格依法使用。

第六章 事后恢复与重建

第八十六条 突发事件的威胁和危害得到控制或者消除后,履行统一领导职责或者组织处置突发事件的人民政府应当宣布解除应急响应,停止执行依照本法规定采取的应急处置措施,同时采取或者继续实施必要措施,防止发生自然灾害、事故灾难、公共卫生事件的次生、衍生事件或者重新引发社会安全事件,组织受影响地区尽快恢复社会秩序。

第八十七条 突发事件应急处置工作结束后,履行统一领导职责的人民政府应当立即组织对突发事件造成的影响和损失进行调查评估,制定恢复重建计划,并向上一级人民政府报告。

受突发事件影响地区的人民政府应当及时组织和协调应急管理、卫生健康、公安、交通、铁路、民航、邮政、电信、建设、生态环境、水利、能源、广播电视等有关部门恢复社会秩序,尽快修复被损坏的交通、通信、供水、排水、供电、供气、供热、医疗卫生、水利、广播电视等公共设施。

第八十八条 受突发事件影响地区的人民政府开展恢复重建工作需要上一级人民政府支持的,可以向上一级人民政府提出请求。上一级人民政府应当根据受影响地区遭受的损失和实际情况,提供资金、物资支持和技术指导,组织协调其他地区和有关方面提供资金、物资和人力支援。

第八十九条 国务院根据受突发事件影响地区遭受损失的情况,制定扶持该地区有关行业发展的优惠政策。

受突发事件影响地区的人民政府应当根据本地区遭受的损失和采取应急处置措施的情况,制定救助、补偿、抚慰、抚恤、安置等善后工作计划并组织实施,妥善解决因处置突发事件引发的矛盾纠纷。

第九十条 公民参加应急救援工作或者协助维护社会秩序期间,其所在单位应当保证其工资待遇和福利不变,并可以按照规定给予相应补助。

第九十一条 县级以上人民政府对在应急救援工作中伤亡的人员依法落实工伤待遇、抚恤或者其他保障政策,并组织做好应急救援工作中致病人员的医疗救治工作。

第九十二条 履行统一领导职责的人民政府在突发事件应对工作结束后,应当及时查明突发事件的发生经过和原因,总结突发事件应急处置工作的经验教训,制定改进措施，并向上一级人民政府提出报告。

第九十三条　突发事件应对工作中有关资金、物资的筹集、管理、分配、拨付和使用等情况，应当依法接受审计机关的审计监督。

第九十四条　国家档案主管部门应当建立健全突发事件应对工作相关档案收集、整理、保护、利用工作机制。突发事件应对工作中形成的材料，应当按照国家规定归档，并向相关档案馆移交。

第七章　法律责任

第九十五条　地方各级人民政府和县级以上人民政府有关部门违反本法规定，不履行或者不正确履行法定职责的，由其上级行政机关责令改正；有下列情形之一，由有关机关综合考虑突发事件发生的原因、后果、应对处置情况、行为人过错等因素，对负有责任的领导人员和直接责任人员依法给予处分：

（一）未按照规定采取预防措施，导致发生突发事件，或者未采取必要的防范措施，导致发生次生、衍生事件的；

（二）迟报、谎报、瞒报、漏报或者授意他人迟报、谎报、瞒报以及阻碍他人报告有关突发事件的信息，或者通报、报送、公布虚假信息，造成后果的；

（三）未按照规定及时发布突发事件警报、采取预警期的措施，导致损害发生的；

（四）未按照规定及时采取措施处置突发事件或者处置不当，造成后果的；

（五）违反法律规定采取应对措施，侵犯公民生命健康权益的；

（六）不服从上级人民政府对突发事件应急处置工作的统一领导、指挥和协调的；

（七）未及时组织开展生产自救、恢复重建等善后工作的；

（八）截留、挪用、私分或者变相私分应急救援资金、物资的；

（九）不及时归还征用的单位和个人的财产，或者对被征用财产的单位和个人不按照规定给予补偿的。

第九十六条　有关单位有下列情形之一，由所在地履行统一领导职责的人民政府有关部门责令停产停业，暂扣或者吊销许可证件，并处五万元以上二十万元以下的罚款；情节特别严重的，并处二十万元以上一百万元以下的罚款：

（一）未按照规定采取预防措施，导致发生较大以上突发事件的；

（二）未及时消除已发现的可能引发突发事件的隐患，导致发生较大以上突发事件的；

（三）未做好应急物资储备和应急设备、设施日常维护、检测工作，导致发生较大以上突发事件或者突发事件危害扩大的；

（四）突发事件发生后，不及时组织开展应急救援工作，造成严重后果的。

其他法律对前款行为规定了处罚的，依照较重的规定处罚。

第九十七条　违反本法规定，编造并传播有关突发事件的虚假信息，或者明知是有关突发事件的虚假信息而进行传播的，责令改正，给予警告；造成严重后果的，依法暂停其业务活动或者吊销其许可证件；负有直接责任的人员是公职人员的，还应当依法给予处分。

第九十八条　单位或者个人违反本法规定，不服从所在地人民政府及其有关部门依法发布的决定、命令或者不配合其依法采取的措施的，责令改正；造成严重后果的，依法给予行政处罚；负有直接责任的人员是公职人员的，还应当依法给予处分。

第九十九条　单位或者个人违反本法第八十四条、第八十五条关于个人信息保护规定的，由主管部门依照有关法律规定给予处罚。

第一百条　单位或者个人违反本法规定，导致突发事件发生或者危害扩大，造成人身、财产或者其他损害的，应当依法承担民事责任。

第一百零一条　为了使本人或者他人的人身、财产免受正在发生的危险而采取避险措施的，依照《中华人民共和国民法典》、《中华人民共和国刑法》等法律关于紧急避险的规定处理。

第一百零二条　违反本法规定，构成违反治安管理行为的，依法给予治安管理处罚；构成犯罪的，依法追究刑事责任。

第八章　附　则

第一百零三条　发生特别重大突发事件，对人民生命财产安全、国家安全、公共安全、生态环境安全或者社会秩序构成重大威胁，采取本法和其他有关法律、法规、规章规定的应急处置措施不能消除或者有效控制、减轻其严重社会危害，需要进入紧急状态的，由全国人民代表大会常务委员会或者国务院依照宪法和其他有关法律规定的权限和程序决定。

紧急状态期间采取的非常措施，依照有关法律规定执行或者由全国人民代表大会常务委员会另行规定。

第一百零四条　中华人民共和国领域外发生突发事件,造成或者可能造成中华人民共和国公民、法人和其他组织人身伤亡、财产损失的,由国务院外交部门会同国务院其他有关部门、有关地方人民政府,按照国家有关规定做好应对工作。

第一百零五条　在中华人民共和国境内的外国人、无国籍人应当遵守本法,服从所在地人民政府及其有关部门依法发布的决定、命令,并配合其依法采取的措施。

第一百零六条　本法自2024年11月1日起施行。

中华人民共和国刑法(节录)

· 1979年7月1日第五届全国人民代表大会第二次会议通过
· 1997年3月14日第八届全国人民代表大会第五次会议修订
· 根据1998年12月29日第九届全国人民代表大会常务委员会第六次会议通过的《全国人民代表大会常务委员会关于惩治骗购外汇、逃汇和非法买卖外汇犯罪的决定》、1999年12月25日第九届全国人民代表大会常务委员会第十三次会议通过的《中华人民共和国刑法修正案》、2001年8月31日第九届全国人民代表大会常务委员会第二十三次会议通过的《中华人民共和国刑法修正案(二)》、2001年12月29日第九届全国人民代表大会常务委员会第二十五次会议通过的《中华人民共和国刑法修正案(三)》、2002年12月28日第九届全国人民代表大会常务委员会第三十一次会议通过的《中华人民共和国刑法修正案(四)》、2005年2月28日第十届全国人民代表大会常务委员会第十四次会议通过的《中华人民共和国刑法修正案(五)》、2006年6月29日第十届全国人民代表大会常务委员会第二十二次会议通过的《中华人民共和国刑法修正案(六)》、2009年2月28日第十一届全国人民代表大会常务委员会第七次会议通过的《中华人民共和国刑法修正案(七)》、2009年8月27日第十一届全国人民代表大会常务委员会第十次会议通过的《全国人民代表大会常务委员会关于修改部分法律的决定》、2011年2月25日第十一届全国人民代表大会常务委员会第十九次会议通过的《中华人民共和国刑法修正案(八)》、2015年8月29日第十二届全国人民代表大会常务委员会第十六次会议通过的《中华人民共和国刑法修正案(九)》、2017年11月4日第十二届全国人民代表大会常务委员会第三十次会议通过的《中华人民共和国刑法修正案(十)》、2020年12月26日第十三届全国人民代表大会常务委员会第二十四次会议通过的《中华人民共和国刑法修正案(十一)》和2023年12月29日第十四届全国人民代表大会常务委员会第七次会议通过的《中华人民共和国刑法修正案(十二)》修正①

……

第一百二十五条　【非法制造、买卖、运输、邮寄、储存枪支、弹药、爆炸物罪】非法制造、买卖、运输、邮寄、储存枪支、弹药、爆炸物的,处三年以上十年以下有期徒刑;情节严重的,处十年以上有期徒刑、无期徒刑或者死刑。

【非法制造、买卖、运输、储存危险物质罪】非法制造、买卖、运输、储存毒害性、放射性、传染病病原体等物质,危害公共安全的,依照前款的规定处罚。

单位犯前两款罪的,对单位判处罚金,并对其直接负责的主管人员和其他直接责任人员,依照第一款的规定处罚。

……

第一百三十一条　【重大飞行事故罪】航空人员违反规章制度,致使发生重大飞行事故,造成严重后果的,处三年以下有期徒刑或者拘役;造成飞机坠毁或者人员死亡的,处三年以上七年以下有期徒刑。

第一百三十二条　【铁路运营安全事故罪】铁路职工违反规章制度,致使发生铁路运营安全事故,造成严重后果的,处三年以下有期徒刑或者拘役;造成特别严重后果的,处三年以上七年以下有期徒刑。

第一百三十三条　【交通肇事罪】违反交通运输管理法规,因而发生重大事故,致人重伤、死亡或者使公私财产遭受重大损失的,处三年以下有期徒刑或者拘役;交通运输肇事后逃逸或者有其他特别恶劣情节的,处三年以上七年以下有期徒刑;因逃逸致人死亡的,处七年以上有期徒刑。

第一百三十三条之一　【危险驾驶罪】在道路上驾驶机动车,有下列情形之一的,处拘役,并处罚金:

(一)追逐竞驶,情节恶劣的;

(二)醉酒驾驶机动车的;

(三)从事校车业务或者旅客运输,严重超过额定乘员载客,或者严重超过规定时速行驶的;

(四)违反危险化学品安全管理规定运输危险化学品,危及公共安全的。

机动车所有人、管理人对前款第三项、第四项行为负

① 刑法、历次刑法修正案、涉及修改刑法的决定的施行日期,分别依据各法律所规定的施行日期确定。
另,总则部分条文主旨为编者所加,分则部分条文主旨是根据司法解释确定罪名所加。

有直接责任的,依照前款的规定处罚。

有前两款行为,同时构成其他犯罪的,依照处罚较重的规定定罪处罚。

第一百三十三条之二　【妨害安全驾驶罪】对行驶中的公共交通工具的驾驶人员使用暴力或者抢控驾驶操纵装置,干扰公共交通工具正常行驶,危及公共安全的,处一年以下有期徒刑、拘役或者管制,并处或者单处罚金。

前款规定的驾驶人员在行驶的公共交通工具上擅离职守,与他人互殴或者殴打他人,危及公共安全的,依照前款的规定处罚。

有前两款行为,同时构成其他犯罪的,依照处罚较重的规定定罪处罚。

第一百三十四条　【重大责任事故罪】在生产、作业中违反有关安全管理的规定,因而发生重大伤亡事故或者造成其他严重后果的,处三年以下有期徒刑或者拘役;情节特别恶劣的,处三年以上七年以下有期徒刑。

【强令、组织他人违章冒险作业罪】强令他人违章冒险作业,或者明知存在重大事故隐患而不排除,仍冒险组织作业,因而发生重大伤亡事故或者造成其他严重后果的,处五年以下有期徒刑或者拘役;情节特别恶劣的,处五年以上有期徒刑。

第一百三十四条之一　【危险作业罪】在生产、作业中违反有关安全管理的规定,有下列情形之一,具有发生重大伤亡事故或者其他严重后果的现实危险的,处一年以下有期徒刑、拘役或者管制:

(一)关闭、破坏直接关系生产安全的监控、报警、防护、救生设备、设施,或者篡改、隐瞒、销毁其相关数据、信息的;

(二)因存在重大事故隐患被依法责令停产停业、停止施工、停止使用有关设备、设施、场所或者立即采取排除危险的整改措施,而拒不执行的;

(三)涉及安全生产的事项未经依法批准或者许可,擅自从事矿山开采、金属冶炼、建筑施工,以及危险物品生产、经营、储存等高度危险的生产作业活动的。

第一百三十五条　【重大劳动安全事故罪】安全生产设施或者安全生产条件不符合国家规定,因而发生重大伤亡事故或者造成其他严重后果的,对直接负责的主管人员和其他直接责任人员,处三年以下有期徒刑或者拘役;情节特别恶劣的,处三年以上七年以下有期徒刑。

第一百三十五条之一　【大型群众性活动重大安全事故罪】举办大型群众性活动违反安全管理规定,因而发生重大伤亡事故或者造成其他严重后果的,对直接负责的主管人员和其他直接责任人员,处三年以下有期徒刑或者拘役;情节特别恶劣的,处三年以上七年以下有期徒刑。

第一百三十六条　【危险物品肇事罪】违反爆炸性、易燃性、放射性、毒害性、腐蚀性物品的管理规定,在生产、储存、运输、使用中发生重大事故,造成严重后果的,处三年以下有期徒刑或者拘役;后果特别严重的,处三年以上七年以下有期徒刑。

第一百三十七条　【工程重大安全事故罪】建设单位、设计单位、施工单位、工程监理单位违反国家规定,降低工程质量标准,造成重大安全事故的,对直接责任人员,处五年以下有期徒刑或者拘役,并处罚金;后果特别严重的,处五年以上十年以下有期徒刑,并处罚金。

第一百三十八条　【教育设施重大安全事故罪】明知校舍或者教育教学设施有危险,而不采取措施或者不及时报告,致使发生重大伤亡事故的,对直接责任人员,处三年以下有期徒刑或者拘役;后果特别严重的,处三年以上七年以下有期徒刑。

第一百三十九条　【消防责任事故罪】违反消防管理法规,经消防监督机构通知采取改正措施而拒绝执行,造成严重后果的,对直接责任人员,处三年以下有期徒刑或者拘役;后果特别严重的,处三年以上七年以下有期徒刑。

第一百三十九条之一　【不报、谎报安全事故罪】在安全事故发生后,负有报告职责的人员不报或者谎报事故情况,贻误事故抢救,情节严重的,处三年以下有期徒刑或者拘役;情节特别严重的,处三年以上七年以下有期徒刑。

……

第一百四十三条　【生产、销售不符合安全标准的食品罪】生产、销售不符合食品安全标准的食品,足以造成严重食物中毒事故或者其他严重食源性疾病的,处三年以下有期徒刑或者拘役,并处罚金;对人体健康造成严重危害或者有其他严重情节的,处三年以上七年以下有期徒刑,并处罚金;后果特别严重的,处七年以上有期徒刑或者无期徒刑,并处罚金或者没收财产。

……

第一百四十六条　【生产、销售不符合安全标准的产品罪】生产不符合保障人身、财产安全的国家标准、行业标准的电器、压力容器、易燃易爆产品或者其他不符合保障人身、财产安全的国家标准、行业标准的产品,或者销售明知是以上不符合保障人身、财产安全的国家标准、行业标准的产品，造成严重后果的，处五年以下有期徒刑，并处销售金额百分之五十以上二倍以下罚金；后果特别严重的，处五年以上有期徒刑，并处销售金额百分之五十以上二倍以下罚金。

……

第二百二十五条　【非法经营罪】违反国家规定，有下列非法经营行为之一，扰乱市场秩序，情节严重的，处五年以下有期徒刑或者拘役，并处或者单处违法所得一倍以上五倍以下罚金；情节特别严重的，处五年以上有期徒刑，并处违法所得一倍以上五倍以下罚金或者没收财产：

（一）未经许可经营法律、行政法规规定的专营、专卖物品或者其他限制买卖的物品的；

（二）买卖进出口许可证、进出口原产地证明以及其他法律、行政法规规定的经营许可证或者批准文件的；

（三）未经国家有关主管部门批准非法经营证券、期货、保险业务的，或者非法从事资金支付结算业务的；

（四）其他严重扰乱市场秩序的非法经营行为。

……

第二百二十九条　【提供虚假证明文件罪】承担资产评估、验资、验证、会计、审计、法律服务、保荐、安全评价、环境影响评价、环境监测等职责的中介组织的人员故意提供虚假证明文件，情节严重的，处五年以下有期徒刑或者拘役，并处罚金；有下列情形之一的，处五年以上十年以下有期徒刑，并处罚金：

（一）提供与证券发行相关的虚假的资产评估、会计、审计、法律服务、保荐等证明文件，情节特别严重的；

（二）提供与重大资产交易相关的虚假的资产评估、会计、审计等证明文件，情节特别严重的；

（三）在涉及公共安全的重大工程、项目中提供虚假的安全评价、环境影响评价等证明文件，致使公共财产、国家和人民利益遭受特别重大损失的。

有前款行为，同时索取他人财物或者非法收受他人财物构成犯罪的，依照处罚较重的规定定罪处罚。

【出具证明文件重大失实罪】第一款规定的人员，严重不负责任，出具的证明文件有重大失实，造成严重后果的，处三年以下有期徒刑或者拘役，并处或者单处罚金。

……

第二百三十二条　【故意杀人罪】故意杀人的，处死刑、无期徒刑或者十年以上有期徒刑；情节较轻的，处三年以上十年以下有期徒刑。

……

第二百三十四条　【故意伤害罪】故意伤害他人身体的，处三年以下有期徒刑、拘役或者管制。

犯前款罪，致人重伤的，处三年以上十年以下有期徒刑；致人死亡或者以特别残忍手段致人重伤造成严重残疾的，处十年以上有期徒刑、无期徒刑或者死刑。本法另有规定的，依照规定。

……

第三百四十三条　【非法采矿罪】违反矿产资源法的规定，未取得采矿许可证擅自采矿，擅自进入国家规划矿区、对国民经济具有重要价值的矿区和他人矿区范围采矿，或者擅自开采国家规定实行保护性开采的特定矿种，情节严重的，处三年以下有期徒刑、拘役或者管制，并处或者单处罚金；情节特别严重的，处三年以上七年以下有期徒刑，并处罚金。

【破坏性采矿罪】违反矿产资源法的规定，采取破坏性的开采方法开采矿产资源，造成矿产资源严重破坏的，处五年以下有期徒刑或者拘役，并处罚金。

……

第三百九十七条　【滥用职权罪】【玩忽职守罪】国家机关工作人员滥用职权或者玩忽职守，致使公共财产、国家和人民利益遭受重大损失的，处三年以下有期徒刑或者拘役；情节特别严重的，处三年以上七年以下有期徒刑。本法另有规定的，依照规定。

国家机关工作人员徇私舞弊，犯前款罪的，处五年以下有期徒刑或者拘役；情节特别严重的，处五年以上十年以下有期徒刑。本法另有规定的，依照规定。

……

第四百零八条　【环境监管失职罪】负有环境保护监督管理职责的国家机关工作人员严重不负责任，导致发生重大环境污染事故，致使公私财产遭受重大损失或者造成人身伤亡的严重后果的，处三年以下有期徒刑或者拘役。

第四百零八条之一　【食品、药品监管渎职罪】负有食品药品安全监督管理职责的国家机关工作人员，滥用职权或者玩忽职守，有下列情形之一，造成严重后果或者有其他严重情节的，处五年以下有期徒刑或者拘役；造成特别严重后果或者有其他特别严重情节的，处五年以上十年以下有期徒刑：

（一）瞒报、谎报食品安全事故、药品安全事件的；

（二）对发现的严重食品药品安全违法行为未按规定查处的；

（三）在药品和特殊食品审批审评过程中，对不符合条件的申请准予许可的；

（四）依法应当移交司法机关追究刑事责任不移交的；

（五）有其他滥用职权或者玩忽职守行为的。

徇私舞弊犯前款罪的，从重处罚。

第四百零九条 【传染病防治失职罪】从事传染病防治的政府卫生行政部门的工作人员严重不负责任，导致传染病传播或者流行，情节严重的，处三年以下有期徒刑或者拘役。

……

中华人民共和国国家安全法

- 2015年7月1日第十二届全国人民代表大会常务委员会第十五次会议通过
- 2015年7月1日中华人民共和国主席令第29号公布
- 自公布之日起施行

第一章 总 则

第一条 为了维护国家安全，保卫人民民主专政的政权和中国特色社会主义制度，保护人民的根本利益，保障改革开放和社会主义现代化建设的顺利进行，实现中华民族伟大复兴，根据宪法，制定本法。

第二条 国家安全是指国家政权、主权、统一和领土完整、人民福祉、经济社会可持续发展和国家其他重大利益相对处于没有危险和不受内外威胁的状态，以及保障持续安全状态的能力。

第三条 国家安全工作应当坚持总体国家安全观，以人民安全为宗旨，以政治安全为根本，以经济安全为基础，以军事、文化、社会安全为保障，以促进国际安全为依托，维护各领域国家安全，构建国家安全体系，走中国特色国家安全道路。

第四条 坚持中国共产党对国家安全工作的领导，建立集中统一、高效权威的国家安全领导体制。

第五条 中央国家安全领导机构负责国家安全工作的决策和议事协调，研究制定、指导实施国家安全战略和有关重大方针政策，统筹协调国家安全重大事项和重要工作，推动国家安全法治建设。

第六条 国家制定并不断完善国家安全战略，全面评估国际、国内安全形势，明确国家安全战略的指导方针、中长期目标、重点领域的国家安全政策、工作任务和措施。

第七条 维护国家安全，应当遵守宪法和法律，坚持社会主义法治原则，尊重和保障人权，依法保护公民的权利和自由。

第八条 维护国家安全，应当与经济社会发展相协调。

国家安全工作应当统筹内部安全和外部安全、国土安全和国民安全、传统安全和非传统安全、自身安全和共同安全。

第九条 维护国家安全，应当坚持预防为主、标本兼治，专门工作与群众路线相结合，充分发挥专门机关和其他有关机关维护国家安全的职能作用，广泛动员公民和组织，防范、制止和依法惩治危害国家安全的行为。

第十条 维护国家安全，应当坚持互信、互利、平等、协作，积极同外国政府和国际组织开展安全交流合作，履行国际安全义务，促进共同安全，维护世界和平。

第十一条 中华人民共和国公民、一切国家机关和武装力量、各政党和各人民团体、企业事业组织和其他社会组织，都有维护国家安全的责任和义务。

中国的主权和领土完整不容侵犯和分割。维护国家主权、统一和领土完整是包括港澳同胞和台湾同胞在内的全中国人民的共同义务。

第十二条 国家对在维护国家安全工作中作出突出贡献的个人和组织给予表彰和奖励。

第十三条 国家机关工作人员在国家安全工作和涉及国家安全活动中，滥用职权、玩忽职守、徇私舞弊的，依法追究法律责任。

任何个人和组织违反本法和有关法律，不履行维护国家安全义务或者从事危害国家安全活动的，依法追究法律责任。

第十四条 每年4月15日为全民国家安全教育日。

第二章 维护国家安全的任务

第十五条 国家坚持中国共产党的领导，维护中国特色社会主义制度，发展社会主义民主政治，健全社会主义法治，强化权力运行制约和监督机制，保障人民当家作主的各项权利。

国家防范、制止和依法惩治任何叛国、分裂国家、煽动叛乱、颠覆或者煽动颠覆人民民主专政政权的行为；防范、制止和依法惩治窃取、泄露国家秘密等危害国家安全的行为；防范、制止和依法惩治境外势力的渗透、破坏、颠覆、分裂活动。

第十六条 国家维护和发展最广大人民的根本利益，保卫人民安全，创造良好生存发展条件和安定工作生活环境，保障公民的生命财产安全和其他合法权益。

第十七条 国家加强边防、海防和空防建设，采取一切必要的防卫和管控措施，保卫领陆、内水、领海和领空安全,维护国家领土主权和海洋权益。

第十八条　国家加强武装力量革命化、现代化、正规化建设,建设与保卫国家安全和发展利益需要相适应的武装力量;实施积极防御军事战略方针,防备和抵御侵略,制止武装颠覆和分裂;开展国际军事安全合作,实施联合国维和、国际救援、海上护航和维护国家海外利益的军事行动,维护国家主权、安全、领土完整、发展利益和世界和平。

第十九条　国家维护国家基本经济制度和社会主义市场经济秩序,健全预防和化解经济安全风险的制度机制,保障关系国民经济命脉的重要行业和关键领域、重点产业、重大基础设施和重大建设项目以及其他重大经济利益安全。

第二十条　国家健全金融宏观审慎管理和金融风险防范、处置机制,加强金融基础设施和基础能力建设,防范和化解系统性、区域性金融风险,防范和抵御外部金融风险的冲击。

第二十一条　国家合理利用和保护资源能源,有效管控战略资源能源的开发,加强战略资源能源储备,完善资源能源运输战略通道建设和安全保护措施,加强国际资源能源合作,全面提升应急保障能力,保障经济社会发展所需的资源能源持续、可靠和有效供给。

第二十二条　国家健全粮食安全保障体系,保护和提高粮食综合生产能力,完善粮食储备制度、流通体系和市场调控机制,健全粮食安全预警制度,保障粮食供给和质量安全。

第二十三条　国家坚持社会主义先进文化前进方向,继承和弘扬中华民族优秀传统文化,培育和践行社会主义核心价值观,防范和抵制不良文化的影响,掌握意识形态领域主导权,增强文化整体实力和竞争力。

第二十四条　国家加强自主创新能力建设,加快发展自主可控的战略高新技术和重要领域核心关键技术,加强知识产权的运用、保护和科技保密能力建设,保障重大技术和工程的安全。

第二十五条　国家建设网络与信息安全保障体系,提升网络与信息安全保护能力,加强网络和信息技术的创新研究和开发应用,实现网络和信息核心技术、关键基础设施和重要领域信息系统及数据的安全可控;加强网络管理,防范、制止和依法惩治网络攻击、网络入侵、网络窃密、散布违法有害信息等网络违法犯罪行为,维护国家网络空间主权、安全和发展利益。

第二十六条　国家坚持和完善民族区域自治制度,巩固和发展平等团结互助和谐的社会主义民族关系。坚持各民族一律平等,加强民族交往、交流、交融,防范、制止和依法惩治民族分裂活动,维护国家统一、民族团结和社会和谐,实现各民族共同团结奋斗、共同繁荣发展。

第二十七条　国家依法保护公民宗教信仰自由和正常宗教活动,坚持宗教独立自主自办的原则,防范、制止和依法惩治利用宗教名义进行危害国家安全的违法犯罪活动,反对境外势力干涉境内宗教事务,维护正常宗教活动秩序。

国家依法取缔邪教组织,防范、制止和依法惩治邪教违法犯罪活动。

第二十八条　国家反对一切形式的恐怖主义和极端主义,加强防范和处置恐怖主义的能力建设,依法开展情报、调查、防范、处置以及资金监管等工作,依法取缔恐怖活动组织和严厉惩治暴力恐怖活动。

第二十九条　国家健全有效预防和化解社会矛盾的体制机制,健全公共安全体系,积极预防、减少和化解社会矛盾,妥善处置公共卫生、社会安全等影响国家安全和社会稳定的突发事件,促进社会和谐,维护公共安全和社会安定。

第三十条　国家完善生态环境保护制度体系,加大生态建设和环境保护力度,划定生态保护红线,强化生态风险的预警和防控,妥善处置突发环境事件,保障人民赖以生存发展的大气、水、土壤等自然环境和条件不受威胁和破坏,促进人与自然和谐发展。

第三十一条　国家坚持和平利用核能和核技术,加强国际合作,防止核扩散,完善防扩散机制,加强对核设施、核材料、核活动和核废料处置的安全管理、监管和保护,加强核事故应急体系和应急能力建设,防止、控制和消除核事故对公民生命健康和生态环境的危害,不断增强有效应对和防范核威胁、核攻击的能力。

第三十二条　国家坚持和平探索和利用外层空间、国际海底区域和极地,增强安全进出、科学考察、开发利用的能力,加强国际合作,维护我国在外层空间、国际海底区域和极地的活动、资产和其他利益的安全。

第三十三条　国家依法采取必要措施,保护海外中国公民、组织和机构的安全和正当权益,保护国家的海外利益不受威胁和侵害。

第三十四条　国家根据经济社会发展和国家发展利益的需要,不断完善维护国家安全的任务。

第三章　维护国家安全的职责

第三十五条　全国人民代表大会依照宪法规定,决定战争和和平的问题，行使宪法规定的涉及国家安全的其他职权。

全国人民代表大会常务委员会依照宪法规定，决定战争状态的宣布，决定全国总动员或者局部动员，决定全国或者个别省、自治区、直辖市进入紧急状态，行使宪法规定的和全国人民代表大会授予的涉及国家安全的其他职权。

第三十六条 中华人民共和国主席根据全国人民代表大会的决定和全国人民代表大会常务委员会的决定，宣布进入紧急状态，宣布战争状态，发布动员令，行使宪法规定的涉及国家安全的其他职权。

第三十七条 国务院根据宪法和法律，制定涉及国家安全的行政法规，规定有关行政措施，发布有关决定和命令；实施国家安全法律法规和政策；依照法律规定决定省、自治区、直辖市的范围内部分地区进入紧急状态；行使宪法法律规定的和全国人民代表大会及其常务委员会授予的涉及国家安全的其他职权。

第三十八条 中央军事委员会领导全国武装力量，决定军事战略和武装力量的作战方针，统一指挥维护国家安全的军事行动，制定涉及国家安全的军事法规，发布有关决定和命令。

第三十九条 中央国家机关各部门按照职责分工，贯彻执行国家安全方针政策和法律法规，管理指导本系统、本领域国家安全工作。

第四十条 地方各级人民代表大会和县级以上地方各级人民代表大会常务委员会在本行政区域内，保证国家安全法律法规的遵守和执行。

地方各级人民政府依照法律法规规定管理本行政区域内的国家安全工作。

香港特别行政区、澳门特别行政区应当履行维护国家安全的责任。

第四十一条 人民法院依照法律规定行使审判权，人民检察院依照法律规定行使检察权，惩治危害国家安全的犯罪。

第四十二条 国家安全机关、公安机关依法搜集涉及国家安全的情报信息，在国家安全工作中依法行使侦查、拘留、预审和执行逮捕以及法律规定的其他职权。

有关军事机关在国家安全工作中依法行使相关职权。

第四十三条 国家机关及其工作人员在履行职责时，应当贯彻维护国家安全的原则。

国家机关及其工作人员在国家安全工作和涉及国家安全活动中，应当严格依法履行职责，不得超越职权、滥用职权，不得侵犯个人和组织的合法权益。

第四章 国家安全制度

第一节 一般规定

第四十四条 中央国家安全领导机构实行统分结合、协调高效的国家安全制度与工作机制。

第四十五条 国家建立国家安全重点领域工作协调机制，统筹协调中央有关职能部门推进相关工作。

第四十六条 国家建立国家安全工作督促检查和责任追究机制，确保国家安全战略和重大部署贯彻落实。

第四十七条 各部门、各地区应当采取有效措施，贯彻实施国家安全战略。

第四十八条 国家根据维护国家安全工作需要，建立跨部门会商工作机制，就维护国家安全工作的重大事项进行会商研判，提出意见和建议。

第四十九条 国家建立中央与地方之间、部门之间、军地之间以及地区之间关于国家安全的协同联动机制。

第五十条 国家建立国家安全决策咨询机制，组织专家和有关方面开展对国家安全形势的分析研判，推进国家安全的科学决策。

第二节 情报信息

第五十一条 国家健全统一归口、反应灵敏、准确高效、运转顺畅的情报信息收集、研判和使用制度，建立情报信息工作协调机制，实现情报信息的及时收集、准确研判、有效使用和共享。

第五十二条 国家安全机关、公安机关、有关军事机关根据职责分工，依法搜集涉及国家安全的情报信息。

国家机关各部门在履行职责过程中，对于获取的涉及国家安全的有关信息应当及时上报。

第五十三条 开展情报信息工作，应当充分运用现代科学技术手段，加强对情报信息的鉴别、筛选、综合和研判分析。

第五十四条 情报信息的报送应当及时、准确、客观，不得迟报、漏报、瞒报和谎报。

第三节 风险预防、评估和预警

第五十五条 国家制定完善应对各领域国家安全风险预案。

第五十六条 国家建立国家安全风险评估机制，定期开展各领域国家安全风险调查评估。

有关部门应当定期向中央国家安全领导机构提交国家安全风险评估报告。

第五十七条 国家健全国家安全风险监测预警制度，根据国家安全风险程度，及时发布相应风险预警。

第五十八条　对可能即将发生或者已经发生的危害国家安全的事件，县级以上地方人民政府及其有关主管部门应当立即按照规定向上一级人民政府及其有关主管部门报告，必要时可以越级上报。

第四节　审查监管

第五十九条　国家建立国家安全审查和监管的制度和机制，对影响或者可能影响国家安全的外商投资、特定物项和关键技术、网络信息技术产品和服务、涉及国家安全事项的建设项目，以及其他重大事项和活动，进行国家安全审查，有效预防和化解国家安全风险。

第六十条　中央国家机关各部门依照法律、行政法规行使国家安全审查职责，依法作出国家安全审查决定或者提出安全审查意见并监督执行。

第六十一条　省、自治区、直辖市依法负责本行政区域内有关国家安全审查和监管工作。

第五节　危机管控

第六十二条　国家建立统一领导、协同联动、有序高效的国家安全危机管控制度。

第六十三条　发生危及国家安全的重大事件，中央有关部门和有关地方根据中央国家安全领导机构的统一部署，依法启动应急预案，采取管控处置措施。

第六十四条　发生危及国家安全的特别重大事件，需要进入紧急状态、战争状态或者进行全国总动员、局部动员的，由全国人民代表大会、全国人民代表大会常务委员会或者国务院依照宪法和有关法律规定的权限和程序决定。

第六十五条　国家决定进入紧急状态、战争状态或者实施国防动员后，履行国家安全危机管控职责的有关机关依照法律规定或者全国人民代表大会常务委员会规定，有权采取限制公民和组织权利、增加公民和组织义务的特别措施。

第六十六条　履行国家安全危机管控职责的有关机关依法采取处置国家安全危机的管控措施，应当与国家安全危机可能造成的危害的性质、程度和范围相适应；有多种措施可供选择的，应当选择有利于最大程度保护公民、组织权益的措施。

第六十七条　国家健全国家安全危机的信息报告和发布机制。

国家安全危机事件发生后，履行国家安全危机管控职责的有关机关，应当按照规定准确、及时报告，并依法将有关国家安全危机事件发生、发展、管控处置及善后情况统一向社会发布。

第六十八条　国家安全威胁和危害得到控制或者消除后，应当及时解除管控处置措施，做好善后工作。

第五章　国家安全保障

第六十九条　国家健全国家安全保障体系，增强维护国家安全的能力。

第七十条　国家健全国家安全法律制度体系，推动国家安全法治建设。

第七十一条　国家加大对国家安全各项建设的投入，保障国家安全工作所需经费和装备。

第七十二条　承担国家安全战略物资储备任务的单位，应当按照国家有关规定和标准对国家安全物资进行收储、保管和维护，定期调整更换，保证储备物资的使用效能和安全。

第七十三条　鼓励国家安全领域科技创新，发挥科技在维护国家安全中的作用。

第七十四条　国家采取必要措施，招录、培养和管理国家安全工作专门人才和特殊人才。

根据维护国家安全工作的需要，国家依法保护有关机关专门从事国家安全工作人员的身份和合法权益，加大人身保护和安置保障力度。

第七十五条　国家安全机关、公安机关、有关军事机关开展国家安全专门工作，可以依法采取必要手段和方式，有关部门和地方应当在职责范围内提供支持和配合。

第七十六条　国家加强国家安全新闻宣传和舆论引导，通过多种形式开展国家安全宣传教育活动，将国家安全教育纳入国民教育体系和公务员教育培训体系，增强全民国家安全意识。

第六章　公民、组织的义务和权利

第七十七条　公民和组织应当履行下列维护国家安全的义务：

（一）遵守宪法、法律法规关于国家安全的有关规定；

（二）及时报告危害国家安全活动的线索；

（三）如实提供所知悉的涉及危害国家安全活动的证据；

（四）为国家安全工作提供便利条件或者其他协助；

（五）向国家安全机关、公安机关和有关军事机关提供必要的支持和协助；

（六）保守所知悉的国家秘密；

（七）法律、行政法规规定的其他义务。

任何个人和组织不得有危害国家安全的行为,不得向危害国家安全的个人或者组织提供任何资助或者协助。

第七十八条 机关、人民团体、企业事业组织和其他社会组织应当对本单位的人员进行维护国家安全的教育,动员、组织本单位的人员防范、制止危害国家安全的行为。

第七十九条 企业事业组织根据国家安全工作的要求,应当配合有关部门采取相关安全措施。

第八十条 公民和组织支持、协助国家安全工作的行为受法律保护。

因支持、协助国家安全工作,本人或者其近亲属的人身安全面临危险的,可以向公安机关、国家安全机关请求予以保护。公安机关、国家安全机关应当会同有关部门依法采取保护措施。

第八十一条 公民和组织因支持、协助国家安全工作导致财产损失的,按照国家有关规定给予补偿;造成人身伤害或者死亡的,按照国家有关规定给予抚恤优待。

第八十二条 公民和组织对国家安全工作有向国家机关提出批评建议的权利,对国家机关及其工作人员在国家安全工作中的违法失职行为有提出申诉、控告和检举的权利。

第八十三条 在国家安全工作中,需要采取限制公民权利和自由的特别措施时,应当依法进行,并以维护国家安全的实际需要为限度。

第七章 附 则

第八十四条 本法自公布之日起施行。

突发事件应急预案管理办法

· 2024 年 1 月 31 日
· 国办发〔2024〕5 号

第一章 总 则

第一条 为加强突发事件应急预案(以下简称应急预案)体系建设,规范应急预案管理,增强应急预案的针对性、实用性和可操作性,依据《中华人民共和国突发事件应对法》等法律、行政法规,制定本办法。

第二条 本办法所称应急预案,是指各级人民政府及其部门、基层组织、企事业单位和社会组织等为依法、迅速、科学、有序应对突发事件,最大程度减少突发事件及其造成的损害而预先制定的方案。

第三条 应急预案的规划、编制、审批、发布、备案、培训、宣传、演练、评估、修订等工作,适用本办法。

第四条 应急预案管理遵循统一规划、综合协调、分类指导、分级负责、动态管理的原则。

第五条 国务院统一领导全国应急预案体系建设和管理工作,县级以上地方人民政府负责领导本行政区域内应急预案体系建设和管理工作。

突发事件应对有关部门在各自职责范围内,负责本部门(行业、领域)应急预案管理工作;县级以上人民政府应急管理部门负责指导应急预案管理工作,综合协调应急预案衔接工作。

第六条 国务院应急管理部门统筹协调各地区各部门应急预案数据库管理,推动实现应急预案数据共享共用。各地区各部门负责本行政区域、本部门(行业、领域)应急预案数据管理。

县级以上人民政府及其有关部门要注重运用信息化数字化智能化技术,推进应急预案管理理念、模式、手段、方法等创新,充分发挥应急预案牵引应急准备、指导处置救援的作用。

第二章 分类与内容

第七条 按照制定主体划分,应急预案分为政府及其部门应急预案、单位和基层组织应急预案两大类。

政府及其部门应急预案包括总体应急预案、专项应急预案、部门应急预案等。

单位和基层组织应急预案包括企事业单位、村民委员会、居民委员会、社会组织等编制的应急预案。

第八条 总体应急预案是人民政府组织应对突发事件的总体制度安排。

总体应急预案围绕突发事件事前、事中、事后全过程,主要明确应对工作的总体要求、事件分类分级、预案体系构成、组织指挥体系与职责,以及风险防控、监测预警、处置救援、应急保障、恢复重建、预案管理等内容。

第九条 专项应急预案是人民政府为应对某一类型或某几种类型突发事件,或者针对重要目标保护、重大活动保障、应急保障等重要专项工作而预先制定的涉及多个部门职责的方案。

部门应急预案是人民政府有关部门根据总体应急预案、专项应急预案和部门职责,为应对本部门(行业、领域)突发事件,或者针对重要目标保护、重大活动保障、应急保障等涉及部门工作而预先制定的方案。

第十条 针对突发事件应对的专项和部门应急预案,主要规定县级以上人民政府或有关部门相关突发事件应对工作的组织指挥体系和专项工作安排,不同层级预案内容各有侧重,涉及相邻或相关地方人民政府、部门、单位任务的应当沟通一致后明确。

国家层面专项和部门应急预案侧重明确突发事件的应对原则、组织指挥机制、预警分级和事件分级标准、响应分级、信息报告要求、应急保障措施等,重点规范国家层面应对行动,同时体现政策性和指导性。

省级专项和部门应急预案侧重明确突发事件的组织指挥机制、监测预警、分级响应及响应行动、队伍物资保障及市县级人民政府职责等,重点规范省级层面应对行动,同时体现指导性和实用性。

市县级专项和部门应急预案侧重明确突发事件的组织指挥机制、风险管控、监测预警、信息报告、组织自救互救、应急处置措施、现场管控、队伍物资保障等内容,重点规范市(地)级和县级层面应对行动,落实相关任务,细化工作流程,体现应急处置的主体职责和针对性、可操作性。

第十一条 为突发事件应对工作提供通信、交通运输、医学救援、物资装备、能源、资金以及新闻宣传、秩序维护、慈善捐赠、灾害救助等保障功能的专项和部门应急预案侧重明确组织指挥机制、主要任务、资源布局、资源调用或应急响应程序、具体措施等内容。

针对重要基础设施、生命线工程等重要目标保护的专项和部门应急预案,侧重明确关键功能和部位、风险隐患及防范措施、监测预警、信息报告、应急处置和紧急恢复、应急联动等内容。

第十二条 重大活动主办或承办机构应当结合实际情况组织编制重大活动保障应急预案,侧重明确组织指挥体系、主要任务、安全风险及防范措施、应急联动、监测预警、信息报告、应急处置、人员疏散撤离组织和路线等内容。

第十三条 相邻或相关地方人民政府及其有关部门可以联合制定应对区域性、流域性突发事件的联合应急预案,侧重明确地方人民政府及其部门间信息通报、组织指挥体系对接、处置措施衔接、应急资源保障等内容。

第十四条 国家有关部门和超大特大城市人民政府可以结合行业(地区)风险评估实际,制定巨灾应急预案,统筹本部门(行业、领域)、本地区巨灾应对工作。

第十五条 乡镇(街道)应急预案重点规范乡镇(街道)层面应对行动,侧重明确突发事件的预警信息传播、任务分工、处置措施、信息收集报告、现场管理、人员疏散与安置等内容。

村(社区)应急预案侧重明确风险点位、应急响应责任人、预警信息传播与响应、人员转移避险、应急处置措施、应急资源调用等内容。

乡镇(街道)、村(社区)应急预案的形式、要素和内容等,可结合实际灵活确定,力求简明实用,突出人员转移避险,体现先期处置特点。

第十六条 单位应急预案侧重明确应急响应责任人、风险隐患监测、主要任务、信息报告、预警和应急响应、应急处置措施、人员疏散转移、应急资源调用等内容。

大型企业集团可根据相关标准规范和实际工作需要,建立本集团应急预案体系。

安全风险单一、危险性小的生产经营单位,可结合实际简化应急预案要素和内容。

第十七条 应急预案涉及的有关部门、单位等可以结合实际编制应急工作手册,内容一般包括应急响应措施、处置工作程序、应急救援队伍、物资装备、联络人员和电话等。

应急救援队伍、保障力量等应当结合实际情况,针对需要参与突发事件应对的具体任务编制行动方案,侧重明确应急响应、指挥协同、力量编成、行动设想、综合保障、其他有关措施等具体内容。

第三章 规划与编制

第十八条 国务院应急管理部门会同有关部门编制应急预案制修订工作计划,报国务院批准后实施。县级以上地方人民政府应急管理部门应当会同有关部门,针对本行政区域多发易发突发事件、主要风险等,编制本行政区域应急预案制修订工作计划,报本级人民政府批准后实施,并抄送上一级人民政府应急管理部门。

县级以上人民政府有关部门可以结合实际制定本部门(行业、领域)应急预案编制计划,并抄送同级应急管理部门。县级以上地方人民政府有关部门应急预案编制计划同时抄送上一级相应部门。

应急预案编制计划应当根据国民经济和社会发展规划、突发事件应对工作实际,适时予以调整。

第十九条 县级以上人民政府总体应急预案由本级人民政府应急管理部门组织编制,专项应急预案由本级人民政府相关类别突发事件应对牵头部门组织编制。县级以上人民政府部门应急预案,乡级人民政府、单位和基层组织等应急预案由有关制定单位组织编制。

第二十条 应急预案编制部门和单位根据需要组成应急预案编制工作小组,吸收有关部门和单位人员、有关专家及有应急处置工作经验的人员参加。编制工作小组组长由应急预案编制部门或单位有关负责人担任。

第二十一条 编制应急预案应当依据有关法律、法规、规章和标准，紧密结合实际，在开展风险评估、资源调查、案例分析的基础上进行。

风险评估主要是识别突发事件风险及其可能产生的后果和次生（衍生）灾害事件，评估可能造成的危害程度和影响范围等。

资源调查主要是全面调查本地区、本单位应对突发事件可用的应急救援队伍、物资装备、场所和通过改造可以利用的应急资源状况，合作区域内可以请求援助的应急资源状况，重要基础设施容灾保障及备用状况，以及可以通过潜力转换提供应急资源的状况，为制定应急响应措施提供依据。必要时，也可根据突发事件应对需要，对本地区相关单位和居民所掌握的应急资源情况进行调查。

案例分析主要是对典型突发事件的发生演化规律、造成的后果和处置救援等情况进行复盘研究，必要时构建突发事件情景，总结经验教训，明确应对流程、职责任务和应对措施，为制定应急预案提供参考借鉴。

第二十二条 政府及其有关部门在应急预案编制过程中，应当广泛听取意见，组织专家论证，做好与相关应急预案及国防动员实施预案的衔接。涉及其他单位职责的，应当书面征求意见。必要时，向社会公开征求意见。

单位和基层组织在应急预案编制过程中，应根据法律法规要求或实际需要，征求相关公民、法人或其他组织的意见。

第四章 审批、发布、备案

第二十三条 应急预案编制工作小组或牵头单位应当将应急预案送审稿、征求意见情况、编制说明等有关材料报送应急预案审批单位。因保密等原因需要发布应急预案简本的，应当将应急预案简本一并报送审批。

第二十四条 应急预案审核内容主要包括：

（一）预案是否符合有关法律、法规、规章和标准等规定；

（二）预案是否符合上位预案要求并与有关预案有效衔接；

（三）框架结构是否清晰合理，主体内容是否完备；

（四）组织指挥体系与责任分工是否合理明确，应急响应级别设计是否合理，应对措施是否具体简明、管用可行；

（五）各方面意见是否一致；

（六）其他需要审核的内容。

第二十五条 国家总体应急预案按程序报党中央、国务院审批，以党中央、国务院名义印发。专项应急预案由预案编制牵头部门送应急管理部衔接协调后，报国务院审批，以国务院办公厅或者有关应急指挥机构名义印发。部门应急预案由部门会议审议决定、以部门名义印发，涉及其他部门职责的可与有关部门联合印发；必要时，可以由国务院办公厅转发。

地方各级人民政府总体应急预案按程序报本级党委和政府审批，以本级党委和政府名义印发。专项应急预案按程序送本级应急管理部门衔接协调，报本级人民政府审批，以本级人民政府办公厅（室）或者有关应急指挥机构名义印发。部门应急预案审批印发程序按照本级人民政府和上级有关部门的应急预案管理规定执行。

重大活动保障应急预案、巨灾应急预案由本级人民政府或其部门审批，跨行政区域联合应急预案审批由相关人民政府或其授权的部门协商确定，并参照专项应急预案或部门应急预案管理。

单位和基层组织应急预案须经本单位或基层组织主要负责人签发，以本单位或基层组织名义印发，审批方式根据所在地人民政府及有关行业管理部门规定和实际情况确定。

第二十六条 应急预案审批单位应当在应急预案印发后的20个工作日内，将应急预案正式印发文本（含电子文本）及编制说明，依照下列规定向有关单位备案并抄送有关部门：

（一）县级以上地方人民政府总体应急预案报上一级人民政府备案，径送上一级人民政府应急管理部门，同时抄送上一级人民政府有关部门；

（二）县级以上地方人民政府专项应急预案报上一级人民政府相应牵头部门备案，同时抄送上一级人民政府应急管理部门和有关部门；

（三）部门应急预案报本级人民政府备案，径送本级应急管理部门，同时抄送本级有关部门；

（四）联合应急预案按所涉及区域，依据专项应急预案或部门应急预案有关规定备案，同时抄送本地区上一级或共同上一级人民政府应急管理部门和有关部门；

（五）涉及需要与所在地人民政府联合应急处置的中央单位应急预案，应当报所在地县级人民政府备案，同时抄送本级应急管理部门和突发事件应对牵头部门；

（六）乡镇（街道）应急预案报上一级人民政府备案，径送上一级人民政府应急管理部门，同时抄送上一级人民政府有关部门。村（社区）应急预案报乡镇（街道）备案；

（七）中央企业集团总体应急预案报应急管理部备

案，抄送企业主管机构、行业主管部门、监管部门；有关专项应急预案向国家突发事件应对牵头部门备案，抄送应急管理部、企业主管机构、行业主管部门、监管部门等有关单位。中央企业集团所属单位、权属企业的总体应急预案按管理权限报所在地人民政府应急管理部门备案，抄送企业主管机构、行业主管部门、监管部门；专项应急预案按管理权限报所在地行业监管部门备案，抄送应急管理部门和有关企业主管机构、行业主管部门。

第二十七条 国务院履行应急预案备案管理职责的部门和省级人民政府应当建立应急预案备案管理制度。县级以上地方人民政府有关部门落实有关规定，指导、督促有关单位做好应急预案备案工作。

第二十八条 政府及其部门应急预案应当在正式印发后20个工作日内向社会公开。单位和基层组织应急预案应当在正式印发后20个工作日内向本单位以及可能受影响的其他单位和地区公开。

第五章 培训、宣传、演练

第二十九条 应急预案发布后，其编制单位应做好组织实施和解读工作，并跟踪应急预案落实情况，了解有关方面和社会公众的意见建议。

第三十条 应急预案编制单位应当通过编发培训材料、举办培训班、开展工作研讨等方式，对与应急预案实施密切相关的管理人员、专业救援人员等进行培训。

各级人民政府及其有关部门应将应急预案培训作为有关业务培训的重要内容，纳入领导干部、公务员等日常培训内容。

第三十一条 对需要公众广泛参与的非涉密的应急预案，编制单位应当充分利用互联网、广播、电视、报刊等多种媒体广泛宣传，制作通俗易懂、好记管用的宣传普及材料，向公众免费发放。

第三十二条 应急预案编制单位应当建立应急预案演练制度，通过采取形式多样的方式方法，对应急预案所涉及的单位、人员、装备、设施等组织演练。通过演练发现问题、解决问题，进一步修改完善应急预案。

专项应急预案、部门应急预案每3年至少进行一次演练。

地震、台风、风暴潮、洪涝、山洪、滑坡、泥石流、森林草原火灾等自然灾害易发区域所在地人民政府，重要基础设施和城市供水、供电、供气、供油、供热等生命线工程经营管理单位，矿山、金属冶炼、建筑施工单位和易燃易爆物品、化学品、放射性物品等危险物品生产、经营、使用、储存、运输、废弃处置单位，公共交通工具、公共场所和医院、学校等人员密集场所的经营单位或者管理单位等，应当有针对性地组织开展应急预案演练。

第三十三条 应急预案演练组织单位应当加强演练评估，主要内容包括：演练的执行情况，应急预案的实用性和可操作性，指挥协调和应急联动机制运行情况，应急人员的处置情况，演练所用设备装备的适用性，对完善应急预案、应急准备、应急机制、应急措施等方面的意见和建议等。

各地区各有关部门加强对本行政区域、本部门（行业、领域）应急预案演练的评估指导。根据需要，应急管理部门会同有关部门组织对下级人民政府及其有关部门组织的应急预案演练情况进行评估指导。

鼓励委托第三方专业机构进行应急预案演练评估。

第六章 评估与修订

第三十四条 应急预案编制单位应当建立应急预案定期评估制度，分析应急预案内容的针对性、实用性和可操作性等，实现应急预案的动态优化和科学规范管理。

县级以上地方人民政府及其有关部门应急预案原则上每3年评估一次。应急预案的评估工作，可以委托第三方专业机构组织实施。

第三十五条 有下列情形之一的，应当及时修订应急预案：

（一）有关法律、法规、规章、标准、上位预案中的有关规定发生重大变化的；

（二）应急指挥机构及其职责发生重大调整的；

（三）面临的风险发生重大变化的；

（四）重要应急资源发生重大变化的；

（五）在突发事件实际应对和应急演练中发现问题需要作出重大调整的；

（六）应急预案制定单位认为应当修订的其他情况。

第三十六条 应急预案修订涉及组织指挥体系与职责、应急处置程序、主要处置措施、突发事件分级标准等重要内容的，修订工作应参照本办法规定的应急预案编制、审批、备案、发布程序组织进行。仅涉及其他内容的，修订程序可根据情况适当简化。

第三十七条 各级人民政府及其部门、企事业单位、社会组织、公民等，可以向有关应急预案编制单位提出修订建议。

第七章 保障措施

第三十八条 各级人民政府及其有关部门、各有关单位要指定专门机构和人员负责相关具体工作，将应急预案规划、编制、审批、发布、备案、培训、宣传、演练、评估、修订等所需经费纳入预算统筹安排。

第三十九条 国务院有关部门应加强对本部门(行业、领域)应急预案管理工作的指导和监督,并根据需要编写应急预案编制指南。县级以上地方人民政府及其有关部门应对本行政区域、本部门(行业、领域)应急预案管理工作加强指导和监督。

第八章 附 则

第四十条 国务院有关部门、地方各级人民政府及其有关部门、大型企业集团等可根据实际情况,制定相关应急预案管理实施办法。

第四十一条 法律、法规、规章另有规定的从其规定,确需保密的应急预案按有关规定执行。

第四十二条 本办法由国务院应急管理部门负责解释。

第四十三条 本办法自印发之日起施行。

国家突发公共事件总体应急预案

·2006年1月8日

1 总 则

1.1 编制目的

提高政府保障公共安全和处置突发公共事件的能力,最大程度地预防和减少突发公共事件及其造成的损害,保障公众的生命财产安全,维护国家安全和社会稳定,促进经济社会全面、协调、可持续发展。

1.2 编制依据

依据宪法及有关法律、行政法规,制定本预案。

1.3 分类分级

本预案所称突发公共事件是指突然发生,造成或者可能造成重大人员伤亡、财产损失、生态环境破坏和严重社会危害,危及公共安全的紧急事件。

根据突发公共事件的发生过程、性质和机理,突发公共事件主要分为以下四类:

(1)自然灾害。主要包括水旱灾害,气象灾害,地震灾害,地质灾害,海洋灾害,生物灾害和森林草原火灾等。

(2)事故灾难。主要包括工矿商贸等企业的各类安全事故,交通运输事故,公共设施和设备事故,环境污染和生态破坏事件等。

(3)公共卫生事件。主要包括传染病疫情,群体性不明原因疾病,食品安全和职业危害,动物疫情,以及其他严重影响公众健康和生命安全的事件。

(4)社会安全事件。主要包括恐怖袭击事件,经济安全事件和涉外突发事件等。

各类突发公共事件按照其性质、严重程度、可控性和影响范围等因素,一般分为四级:Ⅰ级(特别重大)、Ⅱ级(重大)、Ⅲ级(较大)和Ⅳ级(一般)。

1.4 适用范围

本预案适用于涉及跨省级行政区划的,或超出事发地省级人民政府处置能力的特别重大突发公共事件应对工作。

本预案指导全国的突发公共事件应对工作。

1.5 工作原则

(1)以人为本,减少危害。切实履行政府的社会管理和公共服务职能,把保障公众健康和生命财产安全作为首要任务,最大程度地减少突发公共事件及其造成的人员伤亡和危害。

(2)居安思危,预防为主。高度重视公共安全工作,常抓不懈,防患于未然。增强忧患意识,坚持预防与应急相结合,常态与非常态相结合,做好应对突发公共事件的各项准备工作。

(3)统一领导,分级负责。在党中央、国务院的统一领导下,建立健全分类管理、分级负责,条块结合、属地管理为主的应急管理体制,在各级党委领导下,实行行政领导责任制,充分发挥专业应急指挥机构的作用。

(4)依法规范,加强管理。依据有关法律和行政法规,加强应急管理,维护公众的合法权益,使应对突发公共事件的工作规范化、制度化、法制化。

(5)快速反应,协同应对。加强以属地管理为主的应急处置队伍建设,建立联动协调制度,充分动员和发挥乡镇、社区、企事业单位、社会团体和志愿者队伍的作用,依靠公众力量,形成统一指挥、反应灵敏、功能齐全、协调有序、运转高效的应急管理机制。

(6)依靠科技,提高素质。加强公共安全科学研究和技术开发,采用先进的监测、预测、预警、预防和应急处置技术及设施,充分发挥专家队伍和专业人员的作用,提高应对突发公共事件的科技水平和指挥能力,避免发生次生、衍生事件;加强宣传和培训教育工作,提高公众自救、互救和应对各类突发公共事件的综合素质。

1.6 应急预案体系

全国突发公共事件应急预案体系包括:

(1)突发公共事件总体应急预案。总体应急预案是全国应急预案体系的总纲,是国务院应对特别重大突发公共事件的规范性文件。

(2)突发公共事件专项应急预案。专项应急预案主要是国务院及其有关部门为应对某一类型或某几种类型突发公共事件而制定的应急预案。

(3)突发公共事件部门应急预案。部门应急预案是国务院有关部门根据总体应急预案、专项应急预案和部门职责为应对突发公共事件制定的预案。

(4)突发公共事件地方应急预案。具体包括:省级人民政府的突发公共事件总体应急预案、专项应急预案和部门应急预案;各市(地)、县(市)人民政府及其基层政权组织的突发公共事件应急预案。上述预案在省级人民政府的领导下,按照分类管理、分级负责的原则,由地方人民政府及其有关部门分别制定。

(5)企事业单位根据有关法律法规制定的应急预案。

(6)举办大型会展和文化体育等重大活动,主办单位应当制定应急预案。

各类预案将根据实际情况变化不断补充、完善。

2 组织体系

2.1 领导机构

国务院是突发公共事件应急管理工作的最高行政领导机构。在国务院总理领导下,由国务院常务会议和国家相关突发公共事件应急指挥机构(以下简称相关应急指挥机构)负责突发公共事件的应急管理工作;必要时,派出国务院工作组指导有关工作。

2.2 办事机构

国务院办公厅设国务院应急管理办公室,履行值守应急、信息汇总和综合协调职责,发挥运转枢纽作用。

2.3 工作机构

国务院有关部门依据有关法律、行政法规和各自的职责,负责相关类别突发公共事件的应急管理工作。具体负责相关类别的突发公共事件专项和部门应急预案的起草与实施,贯彻落实国务院有关决定事项。

2.4 地方机构

地方各级人民政府是本行政区域突发公共事件应急管理工作的行政领导机构,负责本行政区域各类突发公共事件的应对工作。

2.5 专家组

国务院和各应急管理机构建立各类专业人才库,可以根据实际需要聘请有关专家组成专家组,为应急管理提供决策建议,必要时参加突发公共事件的应急处置工作。

3 运行机制

3.1 预测与预警

各地区、各部门要针对各种可能发生的突发公共事件,完善预测预警机制,建立预测预警系统,开展风险分析,做到早发现、早报告、早处置。

3.1.1 预警级别和发布

根据预测分析结果,对可能发生和可以预警的突发公共事件进行预警。预警级别依据突发公共事件可能造成的危害程度、紧急程度和发展势态,一般划分为四级:Ⅰ级(特别严重)、Ⅱ级(严重)、Ⅲ级(较重)和Ⅳ级(一般),依次用红色、橙色、黄色和蓝色表示。

预警信息包括突发公共事件的类别、预警级别、起始时间、可能影响范围、警示事项、应采取的措施和发布机关等。

预警信息的发布、调整和解除可通过广播、电视、报刊、通信、信息网络、警报器、宣传车或组织人员逐户通知等方式进行,对老、幼、病、残、孕等特殊人群以及学校等特殊场所和警报盲区应当采取有针对性的公告方式。

3.2 应急处置

3.2.1 信息报告

特别重大或者重大突发公共事件发生后,各地区、各部门要立即报告,最迟不得超过4小时,同时通报有关地区和部门。应急处置过程中,要及时续报有关情况。

3.2.2 先期处置

突发公共事件发生后,事发地的省级人民政府或者国务院有关部门在报告特别重大、重大突发公共事件信息的同时,要根据职责和规定的权限启动相关应急预案,及时、有效地进行处置,控制事态。

在境外发生涉及中国公民和机构的突发事件,我驻外使领馆、国务院有关部门和有关地方人民政府要采取措施控制事态发展,组织开展应急救援工作。

3.2.3 应急响应

对于先期处置未能有效控制事态的特别重大突发公共事件,要及时启动相关预案,由国务院相关应急指挥机构或国务院工作组统一指挥或指导有关地区、部门开展处置工作。

现场应急指挥机构负责现场的应急处置工作。

需要多个国务院相关部门共同参与处置的突发公共事件,由该类突发公共事件的业务主管部门牵头,其他部门予以协助。

3.2.4 应急结束

特别重大突发公共事件应急处置工作结束,或者相关危险因素消除后,现场应急指挥机构予以撤销。

3.3 恢复与重建

3.3.1 善后处置

要积极稳妥、深入细致地做好善后处置工作。对突发公共事件中的伤亡人员、应急处置工作人员,以及紧急调集、征用有关单位及个人的物资,要按照规定给予抚恤、补助或补偿,并提供心理及司法援助。有关部门要做好疫病防治和环境污染消除工作。保险监管机构督促有关保险机构及时做好有关单位和个人损失的理赔工作。

3.3.2 调查与评估

要对特别重大突发公共事件的起因、性质、影响、责任、经验教训和恢复重建等问题进行调查评估。

3.3.3 恢复重建

根据受灾地区恢复重建计划组织实施恢复重建工作。

3.4 信息发布

突发公共事件的信息发布应当及时、准确、客观、全面。事件发生的第一时间要向社会发布简要信息,随后发布初步核实情况、政府应对措施和公众防范措施等,并根据事件处置情况做好后续发布工作。

信息发布形式主要包括授权发布、散发新闻稿、组织报道、接受记者采访、举行新闻发布会等。

4 应急保障

各有关部门要按照职责分工和相关预案做好突发公共事件的应对工作,同时根据总体预案切实做好应对突发公共事件的人力、物力、财力、交通运输、医疗卫生及通信保障等工作,保证应急救援工作的需要和灾区群众的基本生活,以及恢复重建工作的顺利进行。

4.1 人力资源

公安(消防)、医疗卫生、地震救援、海上搜救、矿山救护、森林消防、防洪抢险、核与辐射、环境监控、危险化学品事故救援、铁路事故、民航事故、基础信息网络和重要信息系统事故处置,以及水、电、油、气等工程抢险救援队伍是应急救援的专业队伍和骨干力量。地方各级人民政府和有关部门、单位要加强应急救援队伍的业务培训和应急演练,建立联动协调机制,提高装备水平;动员社会团体、企事业单位以及志愿者等各种社会力量参与应急救援工作;增进国际间的交流与合作。要加强以乡镇和社区为单位的公众应急能力建设,发挥其在应对突发公共事件中的重要作用。

中国人民解放军和中国人民武装警察部队是处置突发公共事件的骨干和突击力量,按照有关规定参加应急处置工作。

4.2 财力保障

要保证所需突发公共事件应急准备和救援工作资金。对受突发公共事件影响较大的行业、企事业单位和个人要及时研究提出相应的补偿或救助政策。要对突发公共事件财政应急保障资金的使用和效果进行监管和评估。

鼓励自然人、法人或者其他组织(包括国际组织)按照《中华人民共和国公益事业捐赠法》等有关法律、法规的规定进行捐赠和援助。

4.3 物资保障

要建立健全应急物资监测网络、预警体系和应急物资生产、储备、调拨及紧急配送体系,完善应急工作程序,确保应急所需物资和生活用品的及时供应,并加强对物资储备的监督管理,及时予以补充和更新。

地方各级人民政府应根据有关法律、法规和应急预案的规定,做好物资储备工作。

4.4 基本生活保障

要做好受灾群众的基本生活保障工作,确保灾区群众有饭吃、有水喝、有衣穿、有住处、有病能得到及时医治。

4.5 医疗卫生保障

卫生部门负责组建医疗卫生应急专业技术队伍,根据需要及时赴现场开展医疗救治、疾病预防控制等卫生应急工作。及时为受灾地区提供药品、器械等卫生和医疗设备。必要时,组织动员红十字会等社会卫生力量参与医疗卫生救助工作。

4.6 交通运输保障

要保证紧急情况下应急交通工具的优先安排、优先调度、优先放行,确保运输安全畅通;要依法建立紧急情况社会交通运输工具的征用程序,确保抢险救灾物资和人员能够及时、安全送达。

根据应急处置需要,对现场及相关通道实行交通管制,开设应急救援“绿色通道”,保证应急救援工作的顺利开展。

4.7 治安维护

要加强对重点地区、重点场所、重点人群、重要物资和设备的安全保护,依法严厉打击违法犯罪活动。必要时,依法采取有效管制措施,控制事态,维护社会秩序。

4.8 人员防护

要指定或建立与人口密度、城市规模相适应的应急避险场所,完善紧急疏散管理办法和程序,明确各级责任人,确保在紧急情况下公众安全、有序的转移或疏散。

要采取必要的防护措施,严格按照程序开展应急救援工作,确保人员安全。

4.9　**通信保障**

建立健全应急通信、应急广播电视保障工作体系,完善公用通信网,建立有线和无线相结合、基础电信网络与机动通信系统相配套的应急通信系统,确保通信畅通。

4.10　**公共设施**

有关部门要按照职责分工,分别负责煤、电、油、气、水的供给,以及废水、废气、固体废弃物等有害物质的监测和处理。

4.11　**科技支撑**

要积极开展公共安全领域的科学研究;加大公共安全监测、预测、预警、预防和应急处置技术研发的投入,不断改进技术装备,建立健全公共安全应急技术平台,提高我国公共安全科技水平;注意发挥企业在公共安全领域的研发作用。

5　监督管理

5.1　**预案演练**

各地区、各部门要结合实际,有计划、有重点地组织有关部门对相关预案进行演练。

5.2　**宣传和培训**

宣传、教育、文化、广电、新闻出版等有关部门要通过图书、报刊、音像制品和电子出版物、广播、电视、网络等,广泛宣传应急法律法规和预防、避险、自救、互救、减灾等常识,增强公众的忧患意识、社会责任意识和自救、互救能力。各有关方面要有计划地对应急救援和管理人员进行培训,提高其专业技能。

5.3　**责任与奖惩**

突发公共事件应急处置工作实行责任追究制。

对突发公共事件应急管理工作中做出突出贡献的先进集体和个人要给予表彰和奖励。

对迟报、谎报、瞒报和漏报突发公共事件重要情况或者应急管理工作中有其他失职、渎职行为的,依法对有关责任人给予行政处分;构成犯罪的,依法追究刑事责任。

6　附　则

6.1　**预案管理**

根据实际情况的变化,及时修订本预案。

本预案自发布之日起实施。

国务院关于特大安全事故行政责任追究的规定

· 2001年4月21日国务院令第302号公布

· 自公布之日起施行

第一条　为了有效地防范特大安全事故的发生,严肃追究特大安全事故的行政责任,保障人民群众生命、财产安全,制定本规定。

第二条　地方人民政府主要领导人和政府有关部门正职负责人对下列特大安全事故的防范、发生,依照法律、行政法规和本规定的规定有失职、渎职情形或者负有领导责任的,依照本规定给予行政处分;构成玩忽职守罪或者其他罪的,依法追究刑事责任:

(一)特大火灾事故;

(二)特大交通安全事故;

(三)特大建筑质量安全事故;

(四)民用爆炸物品和化学危险品特大安全事故;

(五)煤矿和其他矿山特大安全事故;

(六)锅炉、压力容器、压力管道和特种设备特大安全事故;

(七)其他特大安全事故。

地方人民政府和政府有关部门对特大安全事故的防范、发生直接负责的主管人员和其他直接责任人员,比照本规定给予行政处分;构成玩忽职守罪或者其他罪的,依法追究刑事责任。

特大安全事故肇事单位和个人的刑事处罚、行政处罚和民事责任,依照有关法律、法规和规章的规定执行。

第三条　特大安全事故的具体标准,按照国家有关规定执行。

第四条　地方各级人民政府及政府有关部门应当依照有关法律、法规和规章的规定,采取行政措施,对本地区实施安全监督管理,保障本地区人民群众生命、财产安全,对本地区或者职责范围内防范特大安全事故的发生、特大安全事故发生后的迅速和妥善处理负责。

第五条　地方各级人民政府应当每个季度至少召开一次防范特大安全事故工作会议,由政府主要领导人或者政府主要领导人委托政府分管领导人召集有关部门正职负责人参加,分析、布置、督促、检查本地区防范特大安全事故的工作。会议应当作出决定并形成纪要,会议确定的各项防范措施必须严格实施。

第六条　市(地、州)、县(市、区)人民政府应当组织有关部门按照职责分工对本地区容易发生特大安全事故的单位、设施和场所安全事故的防范明确责任、采取措施，并组织有关部门对上述单位、设施和场所进行严格检查。

第七条 市（地、州）、县（市、区）人民政府必须制定本地区特大安全事故应急处理预案。本地区特大安全事故应急处理预案经政府主要领导人签署后，报上一级人民政府备案。

第八条 市（地、州）、县（市、区）人民政府应当组织有关部门对本规定第二条所列各类特大安全事故的隐患进行查处；发现特大安全事故隐患的，责令立即排除；特大安全事故隐患排除前或者排除过程中，无法保证安全的，责令暂时停产、停业或者停止使用。法律、行政法规对查处机关另有规定的，依照其规定。

第九条 市（地、州）、县（市、区）人民政府及其有关部门对本地区存在的特大安全事故隐患，超出其管辖或者职责范围的，应当立即向有管辖权或者负有职责的上级人民政府或者政府有关部门报告；情况紧急的，可以立即采取包括责令暂时停产、停业在内的紧急措施，同时报告；有关上级人民政府或者政府有关部门接到报告后，应当立即组织查处。

第十条 中小学校对学生进行劳动技能教育以及组织学生参加公益劳动等社会实践活动，必须确保学生安全。严禁以任何形式、名义组织学生从事接触易燃、易爆、有毒、有害等危险品的劳动或者其他危险性劳动。严禁将学校场地出租作为从事易燃、易爆、有毒、有害等危险品的生产、经营场所。

中小学校违反前款规定的，按照学校隶属关系，对县（市、区）、乡（镇）人民政府主要领导人和县（市、区）人民政府教育行政部门正职负责人，根据情节轻重，给予记过、降级直至撤职的行政处分；构成玩忽职守罪或者其他罪的，依法追究刑事责任。

中小学校违反本条第一款规定的，对校长给予撤职的行政处分，对直接组织者给予开除公职的行政处分；构成非法制造爆炸物罪或者其他罪的，依法追究刑事责任。

第十一条 依法对涉及安全生产事项负责行政审批（包括批准、核准、许可、注册、认证、颁发证照、竣工验收等，下同）的政府部门或者机构，必须严格依照法律、法规和规章规定的安全条件和程序进行审查；不符合法律、法规和规章规定的安全条件的，不得批准；不符合法律、法规和规章规定的安全条件，弄虚作假，骗取批准或者勾结串通行政审批工作人员取得批准的，负责行政审批的政府部门或者机构除必须立即撤销原批准外，应当对弄虚作假骗取批准或者勾结串通行政审批工作人员的当事人依法给予行政处罚；构成行贿罪或者其他罪的，依法追究刑事责任。

负责行政审批的政府部门或者机构违反前款规定，对不符合法律、法规和规章规定的安全条件予以批准的，对部门或者机构的正职负责人，根据情节轻重，给予降级、撤职直至开除公职的行政处分；与当事人勾结串通的，应当开除公职；构成受贿罪、玩忽职守罪或者其他罪的，依法追究刑事责任。

第十二条 对依照本规定第十一条第一款的规定取得批准的单位和个人，负责行政审批的政府部门或者机构必须对其实施严格监督检查；发现其不再具备安全条件的，必须立即撤销原批准。

负责行政审批的政府部门或者机构违反前款规定，不对取得批准的单位和个人实施严格监督检查，或者发现其不再具备安全条件而不立即撤销原批准的，对部门或者机构的正职负责人，根据情节轻重，给予降级或者撤职的行政处分；构成受贿罪、玩忽职守罪或者其他罪的，依法追究刑事责任。

第十三条 对未依法取得批准，擅自从事有关活动的，负责行政审批的政府部门或者机构发现或者接到举报后，应当立即予以查封、取缔，并依法给予行政处罚；属于经营单位的，由工商行政管理部门依法相应吊销营业执照。

负责行政审批的政府部门或者机构违反前款规定，对发现或者举报的未依法取得批准而擅自从事有关活动的，不予查封、取缔、不依法给予行政处罚，工商行政管理部门不予吊销营业执照的，对部门或者机构的正职负责人，根据情节轻重，给予降级或者撤职的行政处分；构成受贿罪、玩忽职守罪或者其他罪的，依法追究刑事责任。

第十四条 市（地、州）、县（市、区）人民政府依照本规定应当履行职责而未履行，或者未按照规定的职责和程序履行，本地区发生特大安全事故的，对政府主要领导人，根据情节轻重，给予降级或者撤职的行政处分；构成玩忽职守罪的，依法追究刑事责任。

负责行政审批的政府部门或者机构、负责安全监督管理的政府有关部门，未依照本规定履行职责，发生特大安全事故的，对部门或者机构的正职负责人，根据情节轻重，给予撤职或者开除公职的行政处分；构成玩忽职守罪或者其他罪的，依法追究刑事责任。

第十五条 发生特大安全事故，社会影响特别恶劣或者性质特别严重的，由国务院对负有领导责任的省长、自治区主席、直辖市市长和国务院有关部门正职负责人给予行政处分。

第十六条 特大安全事故发生后，有关县（市、区）、市（地、州）和省、自治区、直辖市人民政府及政府有关部门应当按照国家规定的程序和时限立即上报，不得隐瞒不报、谎报或者拖延报告，并应当配合、协助事故调查，不得以任何方式阻碍、干涉事故调查。

特大安全事故发生后，有关地方人民政府及政府有关部门违反前款规定的，对政府主要领导人和政府部门正职负责人给予降级的行政处分。

第十七条 特大安全事故发生后，有关地方人民政府应当迅速组织救助，有关部门应当服从指挥、调度，参加或者配合救助，将事故损失降到最低限度。

第十八条 特大安全事故发生后，省、自治区、直辖市人民政府应当按照国家有关规定迅速、如实发布事故消息。

第十九条 特大安全事故发生后，按照国家有关规定组织调查组对事故进行调查。事故调查工作应当自事故发生之日起60日内完成，并由调查组提出调查报告；遇有特殊情况的，经调查组提出并报国家安全生产监督管理机构批准后，可以适当延长时间。调查报告应当包括依照本规定对有关责任人员追究行政责任或者其他法律责任的意见。

省、自治区、直辖市人民政府应当自调查报告提交之日起30日内，对有关责任人员作出处理决定；必要时，国务院可以对特大安全事故的有关责任人员作出处理决定。

第二十条 地方人民政府或者政府部门阻挠、干涉对特大安全事故有关责任人员追究行政责任的，对该地方人民政府主要领导人或者政府部门正职负责人，根据情节轻重，给予降级或者撤职的行政处分。

第二十一条 任何单位和个人均有权向有关地方人民政府或者政府部门报告特大安全事故隐患，有权向上级人民政府或者政府部门举报地方人民政府或者政府部门不履行安全监督管理职责或者不按照规定履行职责的情况。接到报告或者举报的有关人民政府或者政府部门，应当立即组织对事故隐患进行查处，或者对举报的不履行、不按照规定履行安全监督管理职责的情况进行调查处理。

第二十二条 监察机关依照行政监察法的规定，对地方各级人民政府和政府部门及其工作人员履行安全监督管理职责实施监察。

第二十三条 对特大安全事故以外的其他安全事故的防范、发生追究行政责任的办法，由省、自治区、直辖市人民政府参照本规定制定。

第二十四条 本规定自公布之日起施行。

应急管理标准化工作管理办法

·2019年7月7日

·应急〔2019〕68号

第一章　总　则

第一条 为加强应急管理标准化工作，促进应急管理科技进步，提升安全生产保障能力、防灾减灾救灾和应急救援能力，保护人民群众生命财产安全，依据《中华人民共和国标准化法》等有关法律法规，制定本办法。

第二条 应急管理部职责范围内国家标准和行业标准的制修订，以及应急管理标准贯彻实施与监督管理等工作适用本办法。

第三条 应急管理标准化工作的主要任务是贯彻落实国家有关标准化法律法规，建立健全应急管理标准化工作机制，制定并实施应急管理标准化工作规划，建立应急管理标准体系，制修订并组织实施应急管理标准，对应急管理标准制修订和实施进行监督管理。

第四条 应急管理标准化工作遵循“统一领导、归口管理、分工负责”的原则，坚持目标导向和问题导向，全面提高标准制修订效率、标准质量和标准实施效果，切实为应急管理工作的规范化、应急科技成果的转化以及安全生产保障能力、防灾减灾救灾和应急救援能力的持续提升提供技术支撑。

第五条 应急管理标准化工作纳入应急管理事业发展规划和计划，并充分保障标准化各项经费。应急管理标准制修订和贯彻实施纳入应急管理工作考核体系。

第六条 应急管理标准化工作以标准化基础研究为依托，将标准化基础研究纳入应急管理有关科研计划。有关重要研究成果应当及时转化为应急管理标准。

第七条 鼓励支持地方应急管理部门依法开展地方应急管理标准化工作，推动地方因地制宜制定适用于本行政区域的地方标准。地方标准的技术和管理要求应当严于国家标准和行业标准。

第八条 鼓励支持应急管理相关协会、学会等社会团体聚焦应急管理新技术、新产业、新业态和新模式，制定严于应急管理强制性标准的团体标准。

第九条 应急管理标准化工作应当注重军民融合，推动应急救援装备、应急物资储备、应急工程建设、应急管理信息平台建设等基础领域军民标准通用衔接和相互转化。

第十条 鼓励支持科研院所、行业协会、生产经营单位和个人依法参与应急管理标准化工作，为标准化工作提供智力支撑。

第十一条 应急管理部门应当积极参与国际标准化活动，开展应急管理标准化对外合作与交流，结合中国国情采用国际或者国外先进应急管理标准，推动中国先进应急管理标准转化为国际标准。

第十二条 应急管理标准化工作应当加强信息化建设，对标准制修订、标准贯彻实施和监督管理等相关工作进行信息化管理。

第二章 组织管理

第十三条 应急管理部设立标准化工作领导协调小组，统一领导、统筹协调、监督管理应急管理标准化工作。

第十四条 应急管理部政策法规司（以下简称政策法规司）归口管理应急管理标准化工作，履行下列归口管理职责：

（一）组织贯彻落实国家标准化法律法规和方针政策，拟订应急管理标准化相关规章制度；

（二）组织应急管理部标准体系建设、标准化发展规划编制和实施；

（三）组织应急管理国家标准制修订项目申报、标准报批和复审等工作，组织应急管理行业标准制修订项目立项、报批、编号、发布、备案、出版、复审等工作；

（四）指导、协调应急管理标准的宣贯、实施和监督；

（五）对应急管理部管理的专业标准化技术委员会（以下简称技术委员会）进行综合指导、协调和管理；

（六）综合指导地方应急管理标准化工作；

（七）组织开展应急管理标准化基础研究和国际交流；

（八）负责对应急管理标准化相关工作的监督与考核；

（九）负责应急管理标准化相关材料的备案；

（十）归口管理应急管理标准化其他相关工作。

第十五条 应急管理部负有标准化管理职责的有关业务司局和单位（以下统称有关业务主管单位）具体负责相关领域应急管理标准化工作，履行下列业务把关职责：

（一）负责组织相关领域应急管理标准体系建设、标准化发展规划编制和实施，参与应急管理部标准体系建设、标准化发展规划编制和实施；

（二）负责相关领域应急管理标准项目提出，组织标准起草、征求意见、技术审查等工作；

（三）负责组织相关领域应急管理标准的宣传贯彻、实施和监督；

（四）负责相关领域应急管理标准化基础研究和国际交流；

（五）负责对有关技术委员会下属分技术委员会（以下简称分技术委员会）进行业务指导、协调和管理；

（六）具体指导相关领域地方应急管理标准化工作；

（七）负责相关领域应急管理标准化相关工作的评估、监督与考核；

（八）负责相关领域标准化其他相关工作。

第十六条 技术委员会是专门从事应急管理标准化工作的技术组织，为标准化工作提供智力保障，对标准化工作进行技术把关，履行下列职责：

（一）贯彻落实国家标准化法律法规、方针政策和应急管理部关于标准化工作的决策部署，制定技术委员会章程和其他规章制度；

（二）研究提出职责范围内的标准体系建设和发展规划建议，以及关于应急管理标准化工作的其他意见建议；

（三）根据社会各方的需求，提出本专业领域制修订标准项目建议；

（四）按照本办法承担项目申报、标准起草、征求意见、技术审查、标准复审、标准外文版的组织翻译和审查等相关具体工作，并负责做好相关工作的专业审核；

（五）按照政策法规司和有关业务主管单位的要求，开展标准化宣传贯彻、基础研究和国际交流；

（六）开展本专业标准起草人员的培训工作；

（七）管理本技术委员会委员，并对下属分技术委员会进行业务指导、协调和管理；

（八）按照国家标准化管理委员会（以下简称国家标准委）的有关要求开展相关工作；

（九）定期向政策法规司汇报工作；

（十）承担应急管理标准化其他相关工作。

分技术委员会是技术委员会的下级机构，其工作职责参照技术委员会的工作职责执行。

技术委员会及其分技术委员会的委员构成应当严格按照国家标准委的有关规定，遵循“专业优先、专家把关”的原则，主要由应急管理相关领域技术专家组成。标准技术审查实行专家负责制。

技术委员会和分技术委员会设立秘书处，负责相关日常工作。承担秘书处工作的单位应当对秘书处的人员、经费、办公条件等给予充分保障，并将秘书处工作纳入本单位年度工作计划和相关考核，加强对秘书处日常工作的管理。应急管理部对秘书处工作经费给予相应支持。

第三章　标准的制定

第一节　一般规定

第十七条　应急管理标准分为安全生产标准、消防救援标准、减灾救灾与综合性应急管理标准三大类，应急管理标准制修订工作实行分类管理、突出重点、协同推进的原则。

第十八条　下列应急管理领域的技术规范或者管理要求，可以制定应急管理标准：

（一）安全生产领域通用技术语言和要求，有关工矿商贸生产经营单位的安全生产条件和安全生产规程，安全设备和劳动防护用品的产品要求和配备、使用、检测、维护等要求，安全生产专业应急救援队伍建设和管理规范，安全培训考核要求，安全中介服务规范，其他安全生产有关基础通用规范；

（二）消防领域通用基础要求，包括消防术语、符号、标记和分类，固定灭火系统和消防灭火药剂技术要求，消防车、泵及车载消防设备、消防器具与配件技术要求，消防船的消防性能要求，消防特种装备技术要求，消防员（不包括船上消防员）防护装备、抢险救援器材和逃生避难器材技术要求，火灾探测与报警设备、防火材料、建筑耐火构配件、建筑防烟排烟设备的产品要求和试验方法，消防管理的通用技术要求，消防维护保养检测、消防安全评估的技术服务管理和消防职业技能鉴定相关要求，灭火和应急救援队伍建设、装备配备、训练设施和作业规程相关要求，火灾调查技术要求，消防通信和消防物联网技术要求，电气防火技术要求，森林草原火灾救援相关技术规范和管理要求，其他消防有关基础通用要求（建设工程消防设计审查验收除外）；

（三）减灾救灾与综合性应急管理通用基础要求，包括应急管理术语、符号、标记和分类，风险监测和管控、应急预案制定和演练、现场救援和应急指挥技术规范和要求，水旱灾害应急救援、地震和地质灾害应急救援相关技术规范和管理要求，应急救援装备和信息化相关技术规范，救灾物资品种和质量要求，相关应急救援事故灾害调查和综合性应急管理评估统计规范，应急救援教育培训要求，其他防灾减灾救灾与综合性应急管理有关基础通用要求（水上交通应急、卫生应急和核应急除外）；

（四）为贯彻落实应急管理有关法律法规和行政规章需要制定的其他技术规范或者管理要求。

第十九条　应急管理标准包括国家标准、行业标准、地方标准和团体标准、企业标准。

应急管理国家标准由应急管理部按照《中华人民共和国标准化法》和国家标准委的有关规定组织制定；行业标准由应急管理部自行组织制定，报国家标准委备案；地方标准由地方人民政府标准化行政主管部门按照《中华人民共和国标准化法》的有关规定制定，地方应急管理部门应当积极参与和推动地方标准制定；团体标准由有关应急管理社会团体按照《团体标准管理规定》（国标委联〔2019〕1号）制定并向应急管理部备案，应急管理部对团体标准的制定和实施进行指导和监督检查；企业标准由企业根据需要自行制定。

第二十条　应急管理标准以强制性标准为主体，以推荐性标准为补充。

对于依法需要强制实施的应急管理标准，应当制定强制性标准，并且应当具有充分的法律法规、规章或者政策依据；对于不宜强制实施或者具有鼓励性、政策引导性的标准，可以制定推荐性标准，并加强总量控制。

第二十一条　制定应急管理标准应当与我国经济社会发展水平相适应，与持续提升安全生产保障能力、防灾减灾救灾和应急救援能力相匹配，实事求是地提出管理要求、确定技术参数，使用通俗易懂的语言，增强标准的通俗性和实用性。

第二十二条　修订标准项目和采用国际标准或者国外先进标准的项目完成周期，从正式立项到完成报批不得超过18个月，其他标准项目从正式立项到完成报批不得超过24个月。

承担应急管理标准制修订相关环节工作的单位，应当提高工作效率，在确保质量前提下缩短制修订周期。

第二节　项目提出和立项

第二十三条　应急管理标准制修订项目（以下简称标准项目）由有关业务主管单位通过下列方式提出：

（一）根据应急管理标准化发展规划、应急管理标准体系建设和应急管理工作现实需要，直接向政策法规司提出；

（二）对有关分技术委员会提出的项目建议进行审核后，向政策法规司提出；

（三）向社会征集标准项目后，向政策法规司提出。

有关业务主管单位在提出强制性标准项目前，应当调研企业、社会团体、消费者和教育科研机构等方面的实际需求,组织相关单位开展项目预研究,并组织召开专家论证会,对项目的必要性和可行性进行论证评估。专家论证会应当形成会议纪要,明确给出同意或者不同意立项的建议,并经与会全体专家签字。

第二十四条 有关业务主管单位提出标准项目时应当提交下列材料的电子版和纸质版,纸质版材料应当各一式三份(签字盖章材料原件一份,复印件两份):

(一)同意立项的书面意见(该书面意见应当明确本单位分管部领导同意立项,并加盖公章);

(二)应急管理标准项目建议书(见附件1);

(三)国家标准委规定的标准项目建议书;

(四)标准草案;

(五)预研报告和项目论证会议纪要。

前款第三项材料仅国家标准项目按照国家标准委的有关要求提交,第五项材料仅强制性标准项目提交,第一项、第二项、第四项材料任何类别标准项目均需提交。

需要提交的纸质材料除第一项外,应当规范格式和字体,编排好目录和页码,按有关要求装订成册。

第二十五条 对有关业务主管单位提出的标准项目,政策法规司应当组织相应的技术委员会对立项材料的完整性、规范性,以及标准项目是否符合应急管理标准化发展规划和标准体系建设要求进行审核。

第二十六条 应急管理标准制修订计划采取"随时申报、定期下达"的方式,一般每半年集中下达一次行业标准计划或者向国家标准委集中申报一次国家标准计划。

对于符合立项条件的标准项目,报请分管标准化工作的部领导审定并经部主要领导同意后,按程序和权限下达立项计划。行业标准项目由应急管理部下达立项计划;国家标准项目由国家标准委审核并下达立项计划。

第三节 起草和征求意见

第二十七条 标准起草单位应当具有广泛的代表性,由来自不同地域、不同所有制、不同规模的企事业等单位共同组成,原则上不少于5家,且应当确定1家单位为标准牵头起草单位。

标准立项计划下达之日起1个月内,标准牵头起草单位应当组织成立标准起草小组,制定标准起草方案,明确职责分工、时间节点、完成期限,确定第一起草人,并将起草方案报归口的分技术委员会秘书处备案。

第一起草人应当具备下列条件:

(一)具有严谨的科学态度和良好的职业道德;

(二)具有高级职称且从事本专业领域工作满三年,或者具有中级职称且从事本专业领域工作满五年;

(三)熟悉国家应急管理相关法律法规和方针政策;

(四)熟练掌握标准编写知识,具有较好的文字表达能力;

(五)同时以第一起草人身份承担的标准制修订项目未超过两个。

第二十八条 标准起草应当按照GB/T1《标准化工作导则》、GB/T20000《标准化工作指南》、GB/T20001《标准编写规则》等规范标准制修订工作的基础性国家标准的有关规定执行。

强制性标准应当在调查分析、实验、论证的基础上进行起草。技术内容需要进行实验验证的,应当委托具有资质的技术机构开展。强制性标准的技术要求应当全部强制,并且可验证、可操作。

标准起草小组应当按照标准立项计划确定的内容进行起草,如果确需对相关事项进行调整的,应当提交项目调整申请表(见附件2),并同时报请分管有关业务工作的部领导和分管标准化工作的部领导批准。属于国家标准的,还应当报送国家标准委批准。

第二十九条 标准起草小组应当在制修订标准项目和采用国际标准或者国外先进标准的项目立项计划下达之日起10个月内,或者在其他标准立项计划下达之日起12个月内,完成标准征求意见稿,由标准牵头起草单位将标准征求意见稿、标准编制说明、征求意见范围建议等相关材料报送归口的分技术委员会秘书处。采用国际标准或者国外先进标准的,应当报送该标准的外文原文和中文译本;标准内容涉及有关专利的,应当报送专利相关材料。

标准编制说明应当包括以下内容并根据工作进程及时补充完善:

(一)工作简况,包括任务来源、起草小组人员组成及所在单位、每个阶段草案的形成过程等;

(二)标准编制原则和确定标准主要技术内容的论据(包括试验、统计数据等),修订标准的应当提出标准技术内容变化的依据和理由;

(三)与国际、国外有关法律法规和标准水平的对比分析;

(四)与有关现行法律、法规和其他相关标准的关系;

(五)重大分歧意见的处理过程及依据;

(六)作为强制性标准或者推荐性标准的建议及理由;

(七)标准实施日期的建议及依据,包括实施标准所需要的技术改造、成本投入、相关产品退出市场时间、实施标准可能造成的社会影响等;

（八）实施标准的有关政策措施；

（九）废止现行有关标准的建议；

（十）涉及专利的有关说明；

（十一）标准所涉及的产品、过程和服务目录；

（十二）其他应予说明的事项。

对于强制性国家标准还应当提出是否需要对外通报的建议及理由。对于需要验证的强制性标准，验证报告应当作为编制说明的附件一并提供。

第三十条 归口的分技术委员会秘书处应当在1个月内，对标准牵头起草单位报送材料的完整性、规范性进行形式审查。不符合要求的，退回标准牵头起草单位补充完善；符合要求的，应当制定征求意见方案，将标准征求意见稿、标准编制说明及有关附件、征求意见表（见附件3）送达本分技术委员会全体委员和其他相关单位专家征求意见，并书面报告有关业务主管单位和本分技术委员会所属的技术委员会。

强制性标准项目应当向涉及的政府部门、行业协会、科研机构、高等院校、企业、检测认证机构、消费者组织等有关单位书面征求意见，并应当通过应急管理部政府网站向社会公开征求意见。书面征求意见的有关政府部门应当包括标准实施的监督管理部门。通过网站公开征求意见期限不少于60天。

对于涉及面广、关注度高的强制性标准，可以采取座谈会、论证会、听证会等多种形式听取意见。

第三十一条 对于不采用国际标准或者与有关国际标准技术内容不一致，且对世界贸易组织（WTO）其他成员的贸易有重大影响的强制性国家标准应当进行对外通报。

有关业务主管单位应当将中英文通报材料和强制性国家标准征求意见稿送政策法规司。由政策法规司报请分管标准化工作的部领导审核后，依程序提请国家标准委按照相关要求对外通报，通报中收到的意见按照相关要求反馈有关业务主管单位。有关业务主管单位应当及时组织标准起草单位研究处理反馈意见。

第三十二条 归口的分技术委员会秘书处应当对收回的征求意见表进行统计，并将意见反馈给标准牵头起草单位。对于重大分歧意见，应当要求意见提出方提出相关依据。

标准牵头起草单位应当对归口的分技术委员会秘书处提供的反馈意见和对外通报中收到的反馈意见进行汇总分析和逐条处理，修改形成标准送审稿和征求意见汇总处理表（见附件4），并对标准编制说明进行相应修改后，一并报送归口的分技术委员会秘书处。对存在争议的技术问题，标准牵头起草单位应当进行专题调研或者测试验证。对于强制性国家标准内容有重大修改的，应当再次公开征求意见并对外通报。

第四节　技术审查

第三十三条 归口的分技术委员会秘书处应当在1个月内，对标准牵头起草单位报送的标准送审稿等相关材料的完整性、规范性进行形式审查，并报主任委员初审。不符合要求的，退回标准牵头起草单位补充完善；符合要求的，向有关业务主管单位提出组织技术审查的书面建议。

有关业务主管单位同意开展技术审查的，由归口的分技术委员会秘书处制定审查方案，组织开展标准技术审查。审查方案应当经有关业务主管单位同意，并抄报所属的技术委员会。

第三十四条 标准技术审查形式包括会议审查和函审。强制性标准应当采取会议审查形式，推荐性标准可以采取函审形式。

第三十五条 会议审查应当符合下列要求：

（一）审查组由归口的分技术委员会全体委员组成。对于审查的标准专业性要求较高的，可以由归口的分技术委员会部分委员和相关行业领域内具有权威性、代表性的外邀专家共同组成审查组，同时审查组总人数不应当少于15人，且归口的分技术委员会委员不应当少于审查组总人数的1/2；

（二）标准起草小组成员不得作为审查组成员，标准起草小组成员同时是分技术委员会委员的除外；

（三）审查组组长原则上由归口的分技术委员会主任委员或者经其授权的副主任委员担任，也可以推举本专业领域享有较高声誉的其他委员担任，由其主持会议并签署意见；

（四）归口的分技术委员会秘书处应当提前1个月将标准送审稿、编制说明、征求意见汇总处理表等相关材料送达审查组成员；

（五）审查组应当对标准技术水平和审查结论进行投票表决。其中，审查组由归口的分技术委员会全体委员组成时，参加投票的委员不得少于委员总数的3/4，参加投票委员2/3以上赞成，且反对意见不超过1/4的（未出席审查会议，也未说明意见者，按弃权计票），标准方为技术审查通过；审查组由部分委员和外邀专家共同组成时，审查组成员总人数2/3以上赞成的（未出席审查会议，也未说明意见者，按弃权计票），标准仅为会议审查初审通过，会后应当继续提交本分技术委员会全体委员投票表决，参加投票的委员不得少于委员总数的3/4，参加投票委员2/3以上赞成，且反对意见不超过1/4的（未按要求投票表决者，按弃权计票），标准方为技术审查通过；表决结果应当形成决议，由秘书处存档；

（六）审查会应当形成标准审查会议纪要，如实反映审查会议情况，包括会议时间地点、会议议程、审查意见、审查结论、投票情况、委员和专家名单等内容，并经与会委员和专家签字。

第三十六条 函审应当符合下列要求：

（一）归口的分技术委员会秘书处应当提前1个月将标准送审稿、编制说明、征求意见汇总处理表、函审表决单（见附件5）等相关材料送达本分技术委员会全体委员，被审查的标准专业性要求较高的，可以邀请相关行业领域内具有权威性、代表性的专家共同参与函审；

（二）函审时间一般为1个月，函审时间截止后，归口的分技术委员会秘书处应当对回收的函审表决单进行统计，委员回函率达到3/4，回函意见超过2/3以上赞成，且反对意见不超过1/4的，标准方为技术审查通过（未按规定时间回函投票者，按弃权计票）；

（三）归口的分技术委员会秘书处应当填写函审结论表（见附件6），并经秘书长签字。

第三十七条 标准技术审查的内容包括：

（一）标准内容是否符合相关法律法规和政策要求；

（二）标准内容是否技术上先进、经济上合理，且可操作性和实用性强；

（三）标准内容是否与现行标准协调一致；

（四）标准内容是否存在重大分歧意见，以及对重大分歧意见的处理是否适当；

（五）标准制修订是否符合程序性要求；

（六）标准编写是否符合相关规范要求；

（七）其他需要通过技术审查确定的内容。

第三十八条 归口的分技术委员会秘书处应当及时将会议审查意见或者函审意见反馈标准牵头起草单位。标准牵头起草单位应当对会议审查意见或者函审意见进行研究吸收，形成标准报批稿和审查意见汇总处理表（见附件7），并再次对标准编制说明进行相应修改后，连同标准报批审查表（见附件8）等相关材料，一并报送归口的分技术委员会秘书处。

第五节 报批和发布

第三十九条 归口的分技术委员会秘书处应当在1个月内，对标准牵头起草单位报送的标准报批稿等相关材料的完整性、规范性进行形式审查。不符合报批条件的，退回标准牵头起草单位补充完善；符合报批条件的，经秘书长初核，并报主任委员或者经其授权的副主任委员复核后，向有关业务主管单位提出标准报批的书面建议，并抄报本分技术委员会所属的技术委员会。

有关业务主管单位不同意报批的，退回分技术委员会秘书处补充完善；同意报批的，报请本单位分管部领导同意后，向政策法规司提出报批，并提交下列材料的电子版和纸质版，纸质版材料应当各一式三份（签字盖章材料原件一份，复印件两份）：

（一）同意报批的书面意见（该书面意见应当明确本单位分管部领导同意报批，并加盖公章）；

（二）标准报批审查表；

（三）标准申报单；

（四）标准报批稿；

（五）标准编制说明及有关附件；

（六）征求意见汇总处理表；

（七）标准审查会议纪要；

（八）函审表决单和函审结论表；

（九）审查意见汇总处理表；

（十）标准的外文原文和中文译本；

（十一）专利相关材料。

前款第三项材料仅国家标准项目按照国家标准委的有关要求提交，第七项材料仅实行会议审查的标准项目提交，第八项材料仅实行函审的标准项目提交，第十项材料仅采用国际标准或者国外先进标准的标准项目提交，第十一项材料仅内容涉及有关专利的标准项目提交，第一项、第二项、第四项、第五项、第六项、第九项材料任何类别标准项目均需提交。

需要提交的纸质材料除第一项外，应当规范格式和字体，编排好目录和页码，按有关要求装订成册。

第四十条 政策法规司应当组织相应的技术委员会对有关业务主管单位提出报批的标准项目进行审核。

经审核，对于符合报批条件的标准项目，报请分管标准化工作的部领导审定并经部主要领导同意后，按程序和权限发布。行业标准由应急管理部公告发布；国家标准提请国家标准委审核、发布。

强制性标准的发布日期和实施日期之间，应当预留出6个月到10个月作为标准实施过渡期。

第四十一条 行业标准应当在应急管理部公告发布后1个月内依法向国家标准委备案，国家标准委备案公告发布后及时在应急管理部政府网站免费公开标准全文。

国家标准由国家标准委公开。应急管理部加强协调，保障国家标准同步在应急管理部政府网站免费公开。

第六节　快速程序

第四十二条　为适应大国应急管理事业发展改革的需要，对应急管理工作急需标准的制修订可以采用快速程序，提高标准制修订效率。

采用快速程序的标准项目，项目提出单位应当在项目建议书中明确提出拟省略的阶段程序，由政策法规司审核后，按照标准制修订计划要求省略相关程序，其余程序仍应当符合本章的有关规定。

第四十三条　对于符合下列情形之一的标准项目，由有关业务主管单位向政策法规司提出，随时纳入应急管理部标准项目立项计划或者向国家标准委提出立项建议，并给予经费保障：

（一）自然灾害或者事故灾难防范应对中暴露出标准缺失或者存在重大缺陷，需要尽快制修订的标准项目；

（二）因法律法规和政策发生变化，需要尽快制修订的标准项目；

（三）采用修改单方式修改标准的。

第四十四条　符合下列情况的标准项目，可以省略制修订相关阶段：

（一）等同采用国际标准或者国外先进标准，或者将现行行业标准转化为国家标准，以及将现行地方标准、团体标准、企业标准转化为国家标准或者行业标准，且标准内容无实质性变化的，可以省略起草阶段；

（二）技术内容变化不大的标准修订项目，可以省略起草阶段和征求意见阶段。

第四十五条　强制性标准发布后，因个别技术内容影响标准使用，需要对原标准内容进行少量增减的，可以采用修改单方式修改标准，但每次修改内容一般不超过两项。

采用修改单方式修改标准的，应当按照本办法规定的相关程序进行标准修改单的起草、征求意见、技术审查和报批发布。

有关业务主管单位在报批标准修改单时应当提交下列材料的电子版和纸质版，纸质版材料应当各一式三份（签字盖章材料原件一份，复印件两份）：

（一）同意报批的书面意见（该书面意见应当明确本单位分管部领导同意报批，并加盖公章）；

（二）标准报批审查表；

（三）标准修改单报批稿；

（四）标准修改单编制说明及有关附件；

（五）征求意见汇总处理表；

（六）标准修改单审查会议纪要；

（七）审查意见汇总处理表。

属于国家标准的，还应当按照国家标准委的有关要求提交标准修改申报单、标准修改单征求意见汇总处理表、标准修改单审查投票汇总表等材料。

需要提交的纸质材料除第一项外，应当规范格式和字体，编排好目录和页码，按顺序装订成册。

第四章　标准的实施

第四十六条　实施应急管理标准按照“谁提出、谁实施”的原则，由提出标准项目建议的有关业务主管单位负责组织标准宣传贯彻实施的相关工作，其他相关单位予以配合。

使用应急管理标准的各类企事业单位、社会组织是标准实施的责任主体，各级应急管理部门及其他依法具有相关监管职责的部门是标准实施的监督主体。

应急管理强制性标准应当通过执法监督等手段强制实施，应急管理推荐性标准应当通过非强制手段引导、鼓励相关单位主动实施。

第四十七条　在应急管理强制性标准实施过渡期内，有关业务主管单位应当为标准实施做好组织动员和其他相关准备，对标准实施可能产生的效果进行预判，提前研究应对措施。

第四十八条　有关业务主管单位应当将职责范围内的应急管理标准的宣传贯彻工作纳入年度工作计划，标准发布后应当及时组织有关分技术委员会和地方应急管理部门开展标准宣传贯彻工作，并将标准宣传贯彻工作的有关情况通报政策法规司。有关分技术委员会应当将标准宣传贯彻工作的详细情况报告本分技术委员会所属的技术委员会。

强制性标准的宣传贯彻对象应当包括标准使用单位和各级应急管理执法人员。

第四十九条　各级应急管理部门应当将应急管理强制性标准纳入年度执法计划，对标准的实施进行监督检查。对于违反应急管理强制性标准的行为，应当依照有关法律法规和规章的规定予以处罚。

标准实施涉及多个部门职责的，应急管理部门应当联合有关部门开展联合执法。

第五十条　有关业务主管单位应当经常对职责范围内应急管理强制性标准实施情况进行跟踪评估，定期形成标准实施情况统计分析报告，并及时通报政策法规司。

标准实施情况统计分析报告应当包括对标准实施情

况的总体评估、标准实施对综合防灾减灾救灾和应急救援能力的提升情况、实施取得的经济社会效益、实施中存在的问题及改进实施工作的建议等方面的内容。

第五十一条 政策法规司应当根据应急管理标准实施情况,会同有关业务主管单位,组织有关技术委员会及其分技术委员会对标准进行复审,提出标准继续有效、修订或者废止的意见。

标准复审周期一般不超过5年。

复审结论为修订的标准,按照相关程序进行修订。复审结论为废止的标准,属于国家标准的,向国家标准委提出废止建议;属于行业标准的,在应急管理部政府网站上公示30天,公示期间未收到异议的,由应急管理部发布公告予以废止。

第五十二条 标准实施过程中需要对标准的相关重要内容作出具体解释的,由有关业务主管单位负责组织有关(分)技术委员会和标准起草单位研究提出解释草案,经政策法规司审核并报请分管有关业务工作的部领导和分管标准化工作的部领导同意后按程序和权限发布。对行业标准的解释,由应急管理部公告发布;对国家标准的解释,提请国家标准委审核、发布。

标准的解释与标准具有同等效力。

对标准实施过程中具体应用问题的咨询,由有关业务主管单位负责研究答复。

第五十三条 在应急管理标准制定、实施过程中,应急管理部与国务院其他部门职责发生争议或者发生其他需要协调解决的重大问题,经国家标准委组织协商不能达成一致意见的,按程序提请国务院标准化协调推进部际联席会议研究解决。

第五章 奖励与惩罚

第五十四条 对在应急管理标准化工作中做出显著成绩的单位和个人,按照国家有关规定给予表彰和奖励,并在标准项目具体安排和工作经费上予以优先支持。

第五十五条 对于无正当理由未能按时完成标准制修订任务且未完成项目较多的单位,以及在国家标准委组织的业绩考核中不合格的技术委员会,在应急管理部内予以通报批评,并根据有关规定追究相关责任人员的责任。

对于工作中不负责任、疏于管理、工作出现严重失误的技术委员会或者其分技术委员会秘书处承担单位,按照有关程序取消其秘书处承担单位资格。

第六章 附 则

第五十六条 中国地震局、国家煤矿安全监察局分别负责地震标准化工作(地震救援标准化工作除外)和煤炭标准化工作,其开展标准化工作的重要制度性文件和制修订的标准应当向应急管理部备案,重大事项应当及时报告,并于每年12月底向应急管理部报告当年的标准化工作情况。国家煤矿安全监察局负责的煤矿安全生产标准由应急管理部统一管理。

应急管理有关工程项目建设标准、国家职业技能标准制修订等相关标准化工作,按照国务院有关部门的相关规定和本办法的有关规定执行,由有关业务主管单位负责,政策法规司归口管理。

第五十七条 标准项目没有对应分技术委员会的,由有关技术委员会按照政策法规司和有关业务主管单位的意见,承担标准项目立项、征求意见、技术审查等具体工作。

第五十八条 本办法涉及的各类表格和材料清单,均以应急管理部和国家标准委及时更新的文本要求为准。

第五十九条 应急管理标准制修订过程中形成的有关资料,应当按照档案管理的有关规定及时归档。

第六十条 应急管理标准制修订工作流程参照应急管理标准制修订工作流程框架图(见附件9)执行。

第六十一条 本办法由政策法规司负责解释。

第六十二条 本办法自发布之日起施行。

附件:1. 应急管理标准项目建议书(略)

2. 应急管理标准项目调整申请表(略)
3. 应急管理标准项目征求意见表(略)
4. 应急管理标准项目征求意见汇总处理表(略)
5. 应急管理标准项目函审表决单(略)
6. 应急管理标准项目函审结论表(略)
7. 应急管理标准项目审查意见汇总处理表(略)
8. 应急管理标准项目报批审查表(略)
9. 应急管理标准制修订工作流程框架图(略)

中央自然灾害救灾资金管理暂行办法

·2020年6月28日

·财建〔2020〕245号

第一章 总 则

第一条 为做好自然灾害救灾工作,加强中央自然灾害救灾资金(以下简称救灾资金)管理,提高财政资金使用效益,根据《中华人民共和国预算法》等法律法规规定,制订本办法。

第二条 救灾资金是中央一般公共预算安排用于支持地方人民政府履行自然灾害救灾主体职责，组织开展重大自然灾害救灾和受灾群众救助等工作的共同财政事权转移支付。

前款所称重大自然灾害是指应急部(或者自然灾害议事协调机构，下同)启动应急响应的自然灾害。对未达到启动应急响应条件，但局部地区灾情、险情特别严重的特殊情况，由应急部商财政部按照程序报国务院批准后予以补助。

党中央、国务院领导同志有相关重要指示批示的，按照指示批示精神落实。

第三条 救灾资金由财政部会同应急部管理。财政部负责救灾资金预算管理，依法下达预算。

应急部提出预算管理及救灾资金分配建议，指导救灾资金使用，开展全过程绩效管理，督促指导地方做好资金使用管理等相关工作。

第四条 救灾资金政策实施期限到2028年。到期后，财政部会同应急部对救灾资金开展评估，根据评估结果确定下一阶段实施期限。各级应急管理部门应当按照财政部门统一要求做好绩效评估工作。

第五条 救灾资金管理遵循民生优先、体现时效、规范透明、注重绩效、强化监督的原则。

第六条 救灾资金的支出范围包括搜救人员、排危除险等应急处置，购买、租赁、运输救灾装备物资和抢险备料，现场交通后勤通讯保障，灾情统计、应急监测，受灾群众救助(包括应急救助、过渡期生活救助、旱灾救助、抚慰遇难人员家属、恢复重建倒损住房、解决受灾群众冬令春荒期间生活困难等)，保管中央救灾储备物资，森林草原航空消防等应急救援所需租用飞机、航站地面保障等，以及落实党中央、国务院批准的其他救灾事项。

前款中用于解决受灾群众冬令春荒期间生活困难的冬春临时生活困难救助资金和用于森林草原航空消防等应急救援所需租用飞机、航站地面保障的森林草原航空消防补助资金，作为日常救灾补助资金管理。

第二章 重大自然灾害救灾资金申请与下达

第七条 发生符合本办法第二条规定的重大自然灾害的，受灾地区省级财政部门、应急管理部门可以联合向财政部、应急部申请救灾资金。

申请文件应当包括灾害规模范围、受灾人口、调动抢险救援人员和装备物资情况、转移安置人口数量、遇难(失踪)人数、需应急救助和过渡期生活救助人数、倒塌损坏房屋数量、直接经济损失、地方救灾资金实际需求和已安排情况等内容。

申请文件编财政部门文号，主送财政部和应急部。

第八条 应急部对受灾地区报送的申请文件应当予以审查，核实受灾相关数据后，向财政部提出资金安排建议。

第九条 财政部根据应急部启动的应急响应级别、资金安排建议，结合地方财力等因素会同应急部核定补助额，并下达救灾资金预算。

受灾群众生活救助补助资金主要根据自然灾害遇难(失踪)人员、需应急救助和过渡期生活救助、旱灾需救助人员数量，倒损住房数量及国务院批准的补助标准核定。抢险救援补助资金主要根据应急响应级别、直接经济损失、抢险救援难度、调动抢险救援人员规模等情况核定。

第十条 财政部会同应急部建立救灾资金快速核拨机制，可以根据灾情先行预拨部分救灾资金，后期清算。

第三章 日常救灾补助资金申请与下达

第十一条 申请森林草原航空消防补助资金的，由省级财政、应急管理部门根据财政部、应急部要求，于每年7月15日前提出下一年度资金申请。

第十二条 财政部会同应急部根据其飞行任务计划安排，统筹考虑通用航空市场和地方财力等情况，于每年10月底前核定下一年度补助额，并提前下达预计数。中央预算批准后，财政部按照预算法规定下达预算。

第十三条 申请冬春临时生活困难救助资金的，由省级财政、应急管理部门根据应急部、财政部要求，于每年10月底前提出本年资金申请。

第十四条 财政部会同应急部根据其核定的需救助人员数量及既定补助标准，结合地方财力等因素核定补助额，并下达预算。

第四章 预算资金管理与监督

第十五条 省级财政部门接到中央财政下达的救灾资金预算后，在预算法规定时限内会同省级应急管理部门及时分解下达，并在规定时间内将本省区域绩效目标上报财政部和应急部备案，抄送财政部当地监管局。

区域绩效目标应当包括中央救灾资金以及与中央救灾资金共同安排用于救灾的地方财政资金和其他资金。

第十六条 各级财政、应急管理部门应当加快预算执行，提高资金使用效益。

第十七条 救灾资金的结转结余资金按照有关规定处理。

第十八条 救灾资金的支付按照国库集中支付制度

有关规定执行。涉及政府采购的,应当按照政府采购管理的有关规定执行。

第十九条 灾区有关部门应当强化落实应急救援财政事权和支出责任,安排地方财政资金保障救灾工作,与中央财政补助资金统筹使用,并对其报送材料和数据的真实性、准确性负责,确保资金安排使用的规范、透明、安全、有效。

第二十条 应急部应当指导灾区有关部门做好救灾工作,会同财政部督促地方有关部门按规定安排使用救灾资金,加强绩效运行监控,年度终了开展绩效自评,提高资金使用效益。

第二十一条 省级财政部门、应急管理部门申请、下达资金文件,财政部下达预算文件,应当抄送财政部当地监管局。

第二十二条 财政部各地监管局按照工作职责和财政部要求,对属地救灾资金进行监管。

第二十三条 救灾资金使用管理应当严格执行预算公开有关规定。

第二十四条 各级财政、应急管理等相关部门及其工作人员存在以权谋私、滥用职权、玩忽职守、徇私舞弊等违法违纪行为的,按照《中华人民共和国预算法》、《中华人民共和国公务员法》、《中华人民共和国监察法》、《中华人民共和国保守国家秘密法》、《财政违法行为处罚处分条例》等国家有关规定追究相应责任。构成犯罪的,依法追究刑事责任。

第五章 附 则

第二十五条 各省级财政部门、应急管理部门应当根据本办法制定具体实施细则,报财政部、应急部备案,并抄送财政部当地监管局。

第二十六条 本办法由财政部会同应急部负责解释,自印发之日起施行。《自然灾害生活救助资金管理暂行办法》(财社〔2011〕6号)同时废止。

防灾减灾救灾能力提升(应急救援及安全生产方向)中央预算内投资专项管理办法

·2024年7月9日

·发改投资规〔2024〕1025号

第一章 总 则

第一条 为规范管理防灾减灾救灾能力提升(应急救援及安全生产方向)中央预算内投资专项,提高资金使用效率,推进我国应急管理体系和能力现代化,推动应急救援能力和水上交通安全保障能力不断提升,根据《政府投资条例》(国务院令第712号)、《中央预算内直接投资项目管理办法》(国家发展改革委令2014年第7号)、《中央预算内投资补助和贴息项目管理办法》(国家发展改革委令2016年第45号)、《中央预算内投资资本金注入项目管理办法》(国家发展改革委令2021年第44号)、《中央预算内投资项目监督管理办法》(国家发展改革委令2023年第10号)等有关规定,制定本办法。

第二条 使用中央预算内投资的应急救援及安全生产能力建设项目的管理,适用本办法。

第三条 按照统筹兼顾、突出重点、科学决策、有效监管的原则,规范中央预算内投资安排和使用管理。

第二章 支持范围和标准

第四条 本专项主要支持应急救援中心建设、安全生产监管监察能力建设和水上交通安全保障能力建设项目。

(一)应急救援中心建设方向主要支持国家区域应急救援中心等应急战训基地建设项目。

(二)安全生产监管监察能力建设方向主要支持矿山重大事故防控技术支撑基地等重大项目,以及应急管理部垂直管理的矿山安全生产监察能力建设项目、中西部地区符合条件的安全生产监管能力建设项目。上述项目原则上应纳入应急管理部门安全生产监管监察能力建设有关规划,规划的编制和审批按有关规定执行。

(三)水上交通安全保障能力建设方向主要支持交通运输部直属或派出的海事、救捞、长江航务、珠江航务等单位实施的国家水上交通安全监管和救助建设项目,主要包括监管通信指挥系统、监管救助飞机船舶及基地、溢油清除和抢险打捞装备、技能训练和技术鉴定系统等项目。上述项目原则上应纳入我委与交通运输部联合编制的相关规划,包括国家水上交通安全监管和救助系统布局规划、交通运输支持系统五年建设规划或相关专项行动方案等。

第五条 本专项中央预算内投资安排方式和标准如下:

(一)应急救援中心建设方向项目采用直接投资方式予以全额支持。

(二)安全生产监管监察能力建设方向中,对于矿山重大事故防控技术支撑基地等重大项目,采用直接投资、资本金注入等《政府投资条例》规定的投资方式予以支持。对于应急管理部垂直管理的矿山安全生产监察能力建设项目,采用直接投资方式予以全额支持。对于中西部地区符合条件的安全生产监管能力建设项目,根据党中央、国务院重点工作部署需要适时组织启动，具体安排、投资支持比例等以国家发展改革委、应急管理部联合印发的工作通知为准，地方采用直接投资方式安排。

（三）水上交通安全保障能力建设方向采用直接投资方式予以支持，其中，对行政机关和公益一类事业单位建设的公益性项目，予以全额支持；对公益二类事业单位建设的准公益性项目，原则上按照不超过项目总投资80%的比例予以支持。

第三章　投资计划申报

第六条　结合项目投资规模和工程建设进度，中央有关单位、各省级（自治区、直辖市和计划单列市、新疆生产建设兵团）发展改革委以及中央企业（以下简称项目汇总申报单位）按照国家发展改革委组织编制中央预算内投资计划的通知要求，根据全国投资项目在线审批监管平台（国家重大建设项目库）有关项目储备情况合理申报下一年度中央预算内投资需求，报送年度投资计划申请文件。

第七条　年度投资计划申请文件应包括以下主要内容：

（一）项目单位的基本情况；

（二）项目的基本情况，包括项目名称、全国投资项目在线审批监管平台（国家重大建设项目库）生成的项目代码、建设内容、总投资、年度投资计划需求及资金来源、建设条件落实情况、绩效目标、是否会新增地方政府隐性债务、拟采取的资金安排方式、项目单位和责任人、日常监管直接责任单位和监管责任人等；

（三）项目通过全国投资项目在线审批监管平台（国家重大建设项目库）完成审批情况等。

项目单位对所提交的投资计划申请文件内容真实性负责。

第八条　项目汇总申报单位对年度投资计划申请文件是否符合有关政策要求、项目审批是否符合有关规定、项目主要建设条件是否已经落实、项目单位是否被依法列入严重失信主体名单、项目建设是否符合政府投资能力等进行实质审核，并对审核结果和申报材料的真实性、合规性负责。

第九条　项目汇总申报单位要按照《中共中央国务院关于全面实施预算绩效管理的意见》（中发〔2018〕34号）和《关于加强中央预算内投资绩效管理有关工作的通知》（发改投资〔2019〕220号）要求，组织做好中央预算内投资绩效申报工作，填报专项投资计划绩效目标，随年度投资计划申请文件一并申报。

第四章　投资计划下达

第十条　国家发展改革委根据专项年度投资规模、项目建设进度和投资需求，统筹研究下达年度中央预算内投资计划，并严格执行投资计划管理要求。重点对下列事项进行审核：

（一）是否符合中央预算内投资的使用方向和安排原则；

（二）提交材料是否齐备、有效；

（三）项目主要建设条件是否基本落实；

（四）项目单位是否被依法列入严重失信主体名单；

（五）地方项目建设是否符合政府投资能力，不会造成地方政府隐性债务；

（六）是否已纳入全国投资项目在线审批监管平台（国家重大建设项目库）并完成审批手续；

（七）上年度投资计划执行情况和绩效目标实现情况；

（八）是否符合法律法规规章等规定的其他条件。

第十一条　国家发展改革委根据审核结果下达投资计划及绩效目标，明确具体建设项目、投资支持规模、资金安排方式等。

第十二条　项目汇总申报单位收到投资计划下达文件后，应当在10个工作日内转发下达，并同步下达具体建设项目绩效目标。

第五章　监督管理措施

第十三条　项目单位是年度投资计划申报和执行，以及项目建设和管理的责任主体，应严格执行国家有关政策要求，落实项目法人责任制、招标投标制、合同制和监理制，以及中央预算内投资财务管理的有关规定，不得擅自改变主要建设内容和建设标准。对于项目投资，应做到独立核算、专款专用，严禁滞留、挤占、截留、转移、侵占或挪用。

第十四条　项目单位应落实项目建设情况月度报告制度，于每月10日前，通过全国投资项目在线审批监管平台（国家重大建设项目库）按月填报项目开工情况、投资完成情况、工程形象进度等数据，并同步上传项目建设进度、资金支付使用等相关佐证资料，及时报国家发展改革委。涉密项目通过光盘方式报送，并同步报送项目建设进度、资金支付使用等相关佐证资料。

第十五条　年度投资计划下达后，原则上不作调整。由于客观情况发生变化确实无法按原计划实施的，有关单位应及时报告情况和原因。确需调整的，应根据有关规定,及时调整安排用于可形成有效支出的项目,避免形成资金沉淀。

第十六条 项目日常监管责任单位原则上为投资项目的直接管理单位,即对项目单位的财务或人事行使管理职责的上一级单位。项目日常监管直接责任单位及监管责任人对项目申报、建设管理、信息报送、计划执行等履行日常监管直接责任。项目日常监管责任单位应当采取部署项目单位自查、复核检查、实地查看、在线监管等多种方式加强监管,督促相关方面落实主体责任和监督责任,发现问题及时解决。中央有关部门应统筹指导和监管本部门所属单位基本建设管理工作。

第十七条 国家发展改革委、中央有关部门以及各级发展改革部门应按照《中央预算内投资项目监督管理办法》(国家发展改革委令2023年第10号)等有关规定,结合职能做好监督检查工作,监督检查重点主要包括:项目前期工作程序是否完善、规范,转发或分解计划是否及时、准确,其他来源资金是否及时足额落实,项目执行进度是否符合要求,中央预算内投资使用是否符合规定,项目信息填报是否及时完整准确,项目总投资是否存在大幅度缩减问题或超出经核定的投资概算,建成投用后是否达到预期效果等。

第十八条 对日常监管和监督检查发现的问题,应当按照《中央预算内直接投资项目管理办法》(国家发展改革委令2014年第7号)、《中央预算内投资补助和贴息项目管理办法》(国家发展改革委令2016年第45号)、《中央预算内投资资本金注入项目管理办法》(国家发展改革委令2021年第44号)、《中央预算内投资项目监督管理办法》(国家发展改革委令2023年第10号)等有关规定进行纠正处理,督促落实整改,并区别不同情况采取通报批评或扣减、收回、暂停安排中央预算内投资等措施予以警示和惩戒。对存在问题较多、督促整改不到位的地方或单位,在一定时期和范围内不再受理其报送的投资计划申请文件,或者调减其中央预算内投资安排规模。

第十九条 国家发展改革委根据投资计划执行、投资项目管理等,对绩效目标实现情况加强监控并组织开展评估。评估结果较好、完成上年度下达的投资计划绩效目标的,充分保障年度投资需求并视情况加大支持力度;评估结果较差、未完成上年度下达的投资计划绩效目标的,视情况减少年度安排规模直至年度不予安排。

第二十条 项目单位存在虚假申报、骗取或滞留、挤占、截留、转移、侵占、挪用中央预算内投资等行为,一经发现立即收回投资,一定时期内不再受理其投资计划申请文件,并可根据情节轻重提请或者移交有关机关依法追究有关责任人的法律责任。

第二十一条 项目汇总申报单位对项目单位的投资计划申请文件审查不严、造成中央预算内投资损失的,可根据情节在一定时期和范围内不再受理其报送的投资计划申请文件;指令或授意项目单位提供虚假情况、骗取中央预算内投资的,五年内不再受理其报送的投资计划申请文件。

第六章 附 则

第二十二条 本办法由国家发展改革委负责解释。

第二十三条 本办法自发布之日起施行,有效期5年。《应急救援中心及安全生产监管监察能力建设中央预算内投资专项管理暂行办法》(发改投资规〔2021〕1223号)同时废止。

灾后恢复重建和综合防灾减灾能力建设中央预算内投资专项管理办法

·2021年5月17日
·发改投资规〔2021〕675号

第一章 总 则

第一条 为规范灾后恢复重建和综合防灾减灾能力建设中央预算内投资专项管理,提高中央投资使用效益,根据《政府投资条例》、《中央预算内投资补助和贴息项目管理办法》、《中央预算内直接投资项目管理办法》、《关于进一步规范打捆切块项目中央预算内投资计划管理的通知》(发改投资规〔2017〕1897号)、《关于规范中央预算内投资资金安排方式及项目管理的通知》(发改投资规〔2020〕518号)等有关规定,制定本办法。

第二条 灾后恢复重建和综合防灾减灾能力建设中央预算内投资专项的年度投资计划下达及其监督管理,适用本办法。

第三条 本专项灾后恢复重建方向的专项投资,主要用于遭受地震、台风、暴雨洪涝、泥石流等重大自然灾害受灾地区的基础设施和公益性设施的灾后恢复重建。

第四条 本专项综合防灾减灾能力建设方向的专项投资,主要用于支持多灾易灾地区的地市级和县级救灾物资储备库建设,支持多灾易灾地区提升灾害风险防范能力、减灾和应急救灾保障能力方面的项目建设。

第二章 支持方式和标准

第五条 灾后恢复重建方向的年度投资计划采用切

块方式安排。国家发展改革委向有关省、自治区、直辖市、计划单列市及新疆生产建设兵团发展改革部门（以下简称“省级发展改革部门”）下达中央预算内投资计划，省级发展改革部门将投资计划分解安排到具体项目。

综合防灾减灾能力建设方向的年度投资计划按项目安排。

第六条 本专项采取直接投资、资本金注入、投资补助等方式安排，相关地方按照以下要求确定具体的资金安排方式：

（一）对投入非经营性项目，并由政府有关机构或者指定、委托的机关、团体、事业单位等作为项目法人单位组织建设实施的，采取直接投资安排方式；

（二）对作为经营性项目的资本金，指定政府出资人代表行使所有者权益，项目建成后政府投资形成相应国有产权的，采取资本金注入安排方式；

（三）对市场不能有效配置资源、确需支持的经营性项目，采取投资补助安排方式。

第七条 综合防灾减灾能力建设方向的投资支持标准按以下掌握：

（一）西藏自治区、新疆生产建设兵团、新疆自治区南疆四地州支持比例按项目总投资的100%执行；

（二）四川、云南、甘肃、青海四省涉藏州县，新疆自治区其他地区支持比例不超过90%；

（三）西部其他地区、东北地区、中部地区、东部地区支持比例分别不超过70%、70%、50%、30%。

项目投资支持基数不含征地费等。

第三章 资金申请

第八条 申请灾后恢复重建方向的专项资金，由省级发展改革部门按照《关于进一步规范打捆切块项目中央预算内投资计划管理的通知》（发改投资规〔2017〕1897号）要求，向国家发展改革委报送切块项目投资计划申请文件。

第九条 申请综合防灾减灾能力建设方向的专项资金，由省级发展改革部门在国家支持范围内选取前期工作满足条件的项目，向国家发展改革委汇总报送资金申请报告及年度投资计划申请文件，主要包括以下内容：

（一）项目单位的基本情况；

（二）项目的基本情况，包括项目名称、建设内容、总投资、年度投资计划需求及资金来源、建设条件落实情况、绩效目标、是否会新增地方政府隐性债务、拟采取的资金安排方式、项目单位和责任人、日常监管责任单位和监管责任人等；

（三）项目列入三年滚动投资计划，并通过全国投资项目在线审批监管平台（以下简称“在线平台”）完成审批（核准、备案）情况；

（四）申请中央预算内投资支持的主要理由和政策依据。

资金申请报告及年度投资计划申请应附具项目可行性研究报告批复等相关审核文件。项目单位应对所提交的资金申请报告内容的真实性负责。

第十条 省级发展改革部门对资金申请报告及年度投资计划申请是否符合有关政策要求、项目审批是否符合有关规定、项目主要建设条件是否已经落实、项目单位是否被依法列入严重失信主体名单、项目建设是否符合地方财政承受能力和政府投资能力等进行实质审核，并对审核结果和申报材料的真实性、合规性负责。

第十一条 省级发展改革部门按照国家发展改革委要求，根据在线平台（国家重大建设项目库）有关项目储备和审核情况，提出拟申请中央预算内投资的项目，根据项目性质提出每个项目拟采取的资金安排方式，按要求报送资金申请报告和年度投资计划申请。

切块项目由相关省级发展改革部门按照国家发展改革委规定的编制原则、安排方向等要求，通过在线平台（国家重大建设项目库）以“块”的形式进行上报。

第十二条 省级发展改革部门按照《中共中央、国务院关于全面实施预算绩效管理的意见》（中发〔2018〕34号）和《关于加强中央预算内投资绩效管理有关工作的通知》（发改投资〔2019〕220号）要求，组织做好中央预算内投资绩效申报工作，填报专项投资计划绩效目标，随年度投资计划申请一并申报。

第四章 资金下达

第十三条 国家发展改革委根据以下原则对灾后恢复重建方向的投资申请进行审核：

（一）国家减灾委启动Ⅳ级及以上救灾应急响应，中央领导有明确批示，国家有必要给予支持；

（二）综合考虑受灾地区因灾造成的基础设施和公益性设施等的灾害损失情况，以及当地经济社会发展情况、财力情况等因素，统筹平衡后下达投资计划；

（三）主要用于受灾地区的供水、排水、道路、桥梁、水库、通信等基础设施，以及学校、医院等公益性设施的灾后恢复重建。

第十四条 国家发展改革委受理省级发展改革部门申请综合防灾减灾能力建设方向的资金申请报告和年度投资计划后，重点从以下方面进行审核：

（一）是否符合中央预算内投资的使用方向和安排原则；

（二）提交材料是否齐备、有效；

（三）项目主要建设条件是否基本落实；

（四）是否符合法律法规规章等要求的其他条件。

项目单位被依法列入严重失信主体名单的，国家发展改革委不受理其资金申请报告。

第十五条 单个项目的投资支持原则上为一次性安排。对于已经安排中央预算内投资的项目，国家发展改革委不再重复受理其资金申请报告。

第十六条 国家发展改革委根据审查结果下达投资计划及绩效目标，明确具体建设项目、投资支持规模、资金安排方式等，一并批复资金申请报告。

第十七条 投资计划下达后，省级发展改革部门应及时组织实施，对于已经明确到具体项目的综合防灾减灾能力方向的投资计划，省级发展改革部门应在收到投资计划后10个工作日内转发下达。

对于采取切块下达方式的灾后恢复重建方向的投资计划，省级发展改革部门应及时分解到具体项目，并报国家发展改革委备案。

第五章 项目实施和管理

第十八条 项目单位是年度投资计划申报和执行，以及项目建设和管理的责任主体，应严格执行国家有关政策要求，不得擅自改变主要建设内容和建设标准，切实落实项目法人责任制、招标投标制、合同制和监理制，以及中央预算内投资相关财务管理的有关规定。对于专项投资，项目单位应当做到独立核算、专款专用，严禁滞留、挤占、截留、转移、侵占或挪用。

第十九条 落实项目建设情况月度报告制度，省级发展改革部门应于每月10日前，通过在线平台（国家重大建设项目库）按月填报计划项目开工情况、投资完成情况、工程形象进度等数据，及时报告国家发展改革委。

第二十条 年度投资计划下达后，原则上不作调整。由于客观情况发生变化确实无法按原计划实施的，应根据有关投资计划的调整程序，由国家发展改革委或省级发展改革部门（切块下达的投资计划），及时调整安排用于可形成有效投资的项目。

第二十一条 国家发展改革委将投资计划执行情况作为后续资金安排的重要参考依据，对执行情况好的地方适当予以倾斜。

第六章 监督检查和法律责任

第二十二条 项目日常监管责任单位及监管责任人对项目申报、建设管理、信息报送等履行日常监管直接责任。

省级发展改革部门切实承担项目监管主体责任，应当采取部署项目单位自查、复核检查、实地查看、在线监管等多种方式加强监管，督促相关方面落实主体责任和监督责任。

市县发展改革部门应当按省级发展改革部门要求，采取督促自查、现场督导等多种方式开展项目检查，定期对项目开展调度，并督促项目单位及时、准确填报在线平台（国家重大建设项目库）信息。

国家发展改革委通过在线平台（国家重大建设项目库）监测调度、实地查看等方式加大项目检查和抽查力度。

第二十三条 监督检查重点主要包括：项目前期工作程序是否完善、规范，转发或分解计划是否及时、准确，地方建设投资是否足额落实，项目执行进度是否符合要求等。

第二十四条 对日常监管和专项检查发现的问题，应当按照《中央预算内投资补助和贴息项目管理办法》《中央预算内直接投资项目管理办法》等有关规定进行纠正处理，督促落实整改，并区别不同情况采取通报批评或扣减、收回、暂停安排中央预算内投资等措施予以警示和惩戒，相关信息依法依规纳入全国信用信息共享平台。对存在问题较多、督促整改不到位的地方或单位，在一定时期和范围内不再受理其报送的资金申请报告，或者调减其中央预算内投资安排规模。

第二十五条 项目存在虚假申报、骗取或转移、侵占、挪用中央预算内投资等行为，一经发现立即收回投资，一定时期内不再受理其资金申请报告，并可根据情节轻重提请或者移交有关机关依法追究有关责任人的法律责任。

第二十六条 省级发展改革部门对项目单位的资金申请报告审查不严、造成中央预算内投资损失的，可根据情节在一定时期和范围内不再受理其报送的资金申请报告；指令或授意项目单位提供虚假情况、骗取中央预算内投资的，五年之内不再受理其报送的资金申请报告。

第七章 附 则

第二十七条 本办法由国家发展改革委负责解释。

第二十八条 本办法自发布之日起施行，有效期5年。

安全生产预防和应急救援能力建设补助资金管理办法

· 2022年8月2日
· 财资环〔2022〕93号

第一章 总 则

第一条 为规范安全生产预防和应急救援能力建设补助资金(以下简称安全生产补助资金)管理,提高财政资金使用效益,根据《中华人民共和国预算法》、《中华人民共和国安全生产法》、《中共中央 国务院关于全面实施预算绩效管理的意见》、《国务院办公厅关于印发应急救援领域中央与地方财政事权和支出责任划分改革方案的通知》(国办发〔2020〕22号)等相关法律法规和规章制度制定本办法。

第二条 安全生产工作坚持强化落实生产经营单位主体责任和政府监管责任。安全生产预防和应急救援能力建设以生产经营单位投入为主。各级地方政府有关部门应当加强安全生产基础设施建设和安全生产监管能力建设,合理保障所需资金,中央财政给予适当补助。

第三条 本办法所称安全生产补助资金,是指中央财政通过一般公共预算安排的用于支持地方政府和相关生产经营单位落实安全生产责任,提高安全生产基础能力和监管水平,加大安全生产预防和应急救援能力建设投入的共同财政事权转移支付。

第四条 安全生产补助资金重点支持范围包括:

(一)安全生产应急救援力量建设;

(二)危险化学品重大安全风险防控;

(三)尾矿库风险隐患治理;

(四)煤矿及重点非煤矿山重大灾害风险防控;

(五)党中央、国务院确定的其他促进安全生产工作。

安全生产补助资金不得用于人员日常工资、奖金和福利等支出,不得用于修建楼堂馆所及住宅、弥补生产经营单位亏损和偿还债务等支出。

第五条 财政部负责安全生产补助资金预算管理,确定年度预算安排总额,依法下达预算;会同应急部、国家矿山安监局在年度预算安排总额内研究确定分项补助资金规模。

应急部、国家矿山安监局负责指导地方开展安全生产预防和应急救援能力建设工作;提出安全生产补助资金分配建议;开展全过程绩效管理,督促指导地方有关部门严格执行财政资金管理使用规定。

第六条 安全生产补助资金政策实施期限到2026年。到期后,财政部会同应急部、国家矿山安监局对政策实施效果开展评估,根据评估结果确定下一阶段实施方案。

第七条 地方各级财政、应急、矿山安全监管部门以及安全生产补助资金具体使用单位,按照全过程预算绩效管理有关要求,对新增重大项目开展事前绩效评估,严格绩效目标管理,做好绩效运行监控,强化绩效评价,加强绩效结果应用,提高资金使用绩效。

绩效管理中发现违规使用资金、损失浪费严重、低效无效等重大问题的,应当按照程序及时报告应急部、国家矿山安监局、财政部。

第八条 地方各级财政、应急、矿山安全监管部门应当加强资金分配项目申报及使用管理,对上报的有关数据和信息的真实性、准确性负责。不符合法律、行政法规等有关规定,政策到期,相关目标已经实现或实施成效差、绩效低的事项,以及已从中央基建投资等其他渠道获得中央财政资金支持的项目,不得申请安全生产补助资金支持。

第九条 财政部各地监管局按照工作职责和财政部要求,开展安全生产补助资金申报、使用以及地方和生产经营单位投入资金到位情况等相关监管工作。

第二章 安全生产应急救援力量建设支出

第十条 安全生产应急救援力量建设支出由财政部会同应急部管理,用于支持国家专业应急救援队伍提高应急救援能力,提升区域和重点行业安全生产风险防范和应急处置水平。

第十一条 国家专业应急救援队伍是指由应急部牵头规划,在重点行业领域依托国有企业和有关单位建设的专业应急救援队伍,是国家综合性常备应急骨干力量。重特大生产安全事故发生后,由应急部统一调度指挥,承担应急救援任务。

国家专业应急救援队伍人员工资、日常训练、通用装备购置等资金由企业和单位投入,安全生产应急救援力量建设支出对队伍建设给予必要支持。

第十二条 应急部、财政部会同有关部门制定《安全生产应急救援力量建设总体方案》,明确队伍建设总体目标、规模布局、建设标准、政府部门和生产经营单位职责、装备配备类别指导目录、资金筹集方式、中央补助装备的购置和管理制度、采购方式、重特大事故灾害救援补助规则等事项,并按规定做好事前绩效评估。

第十三条 安全生产应急救援力量建设支出采用项目法分配,主要用于国家专业应急救援队伍配置《安全生产应急救援力量建设总体方案》装备配备类别指导目录内的装备、应急演练能力建设、设施设备运行维护及重特大事故灾害救援补助等。

第十四条 每年10月底前，应急部会同财政部根据《安全生产应急救援力量建设总体方案》发布下一年度队伍建设工作指南，明确下一年度重点建设领域、装备配置指导细则、资金申报规程等相关工作要求。

第十五条 每年12月底前，省级应急、财政部门根据工作指南向应急部、财政部申报下一年度队伍装备配置和运行维护方案及当年队伍参与救援、实训演练情况等。

第十六条 每年3月底前，应急部、财政部在地方申报基础上组织遴选项目建设队伍，根据安全生产救援工作需要、项目方案编制等情况，确定当年补助项目。

第十七条 财政部会同应急部在年度预算安排总额内按规定确定分项目补助金额。财政部按程序下达资金预算。

第十八条 应急部建立中央补助装备管理台账，组织检查装备管理使用情况。

省级应急、财政部门负责监督相关企业和单位按制度规定购置指定装备，执行相关会计核算、资产管理等制度规定。

第十九条 每年6月底前，省级财政、应急部门将上年度国家专业应急救援队伍安排使用中央补助资金情况报财政部当地监管局。财政部有关监管局进行核查，发现问题提出整改意见并及时报告财政部。

第二十条 应急部应按要求做好年度绩效自评，财政部根据工作需要适时开展财政重点绩效评价。结合绩效评价结果，对于未按规定购置装备，或违反规定使用资金的，相应扣回中央补助资金。

第三章 危险化学品重大安全风险防控支出

第二十一条 危险化学品重大安全风险防控支出由财政部会同应急部管理，用于支持重点化工产业聚集区地方政府落实安全生产监管责任，提升危险化学品重大安全风险防控能力，推动化工行业安全发展。

第二十二条 强化危化品安全生产工作生产经营单位主体责任和政府监管责任。生产经营单位内部防控系统建设支出以生产经营单位投入为主。对地方政府加强公共安全领域的防控系统建设，中央财政给予适当补助。

第二十三条 应急部、财政部制定《重点化工产业聚集区重大安全风险防控工作总体方案》，明确工作目标、建设任务、政府部门和生产经营单位责任、进度安排等事项，并按规定做好事前绩效评估。

第二十四条 危险化学品重大安全风险防控支出采用项目法分配。补助资金用于支持重点化工产业聚集区重大安全风险防控项目建设，包括建设智能化监管平台、配置易燃易爆有毒有害气体泄漏监测管控设备、建立危险化学品安全预防控制体系等。

第二十五条 省级应急、财政部门根据《重点化工产业聚集区重大安全风险防控工作总体方案》，指导重点化工产业聚集区所在地市级应急、财政部门，以地市为单位编制项目实施方案，明确建设目标任务、投入规模、资金筹集方案、实施期限等。

第二十六条 中央财政按照项目实施方案确定的财政资金投入规模，实行分档补助：第一档包括内蒙古、广西、重庆、四川、贵州、云南、西藏、陕西、甘肃、青海、宁夏、新疆12个省（区、市）和新疆生产建设兵团，中央财政补助不超过80%，单个项目补助金额一般不超过2400万元；第二档包括河北、山西、吉林、黑龙江、安徽、江西、河南、湖北、湖南、海南10个省，中央财政补助不超过60%，单个项目补助金额一般不超过1800万元；第三档包括辽宁、福建、山东3个省，中央财政补助不超过50%，单个项目补助金额一般不超过1500万元；第四档包括天津、江苏、浙江、广东4个省（市）和大连、宁波、厦门、青岛、深圳5个计划单列市，中央财政补助不超过30%，单个项目补助金额一般不超过900万元；第五档包括北京、上海2个直辖市，中央财政补助不超过10%，单个项目补助金额一般不超过300万元。

第二十七条 每年10月底前，应急部会同财政部根据《重点化工产业聚集区重大安全风险防控工作总体方案》发布下一年度项目申报工作指南，明确项目申报规程等相关工作要求。

第二十八条 每年12月底前，省级应急、财政部门按项目申报工作指南，将审核后的项目实施方案报应急部、财政部。

第二十九条 每年3月底前，应急部、财政部在地方申报基础上组织项目遴选，根据安全风险程度、项目实施方案编制等情况，确定补助项目。

第三十条 财政部会同应急部根据年度预算安排，按照分档补助方法确定分项目补助金额，按程序下达资金预算。

第三十一条 项目建设到期后，应急部负责组织对项目建设情况进行验收，省级财政、应急部门负责将地方财政和生产经营单位资金实际投入情况报财政部当地监管局。

第三十二条　财政部有关监管局对省级财政、应急部门报送的地方财政和生产经营单位资金实际投入情况进行审核，将审核结果报财政部。

第三十三条　应急部应按要求做好年度绩效自评，财政部根据工作需要适时开展财政重点绩效评价。结合绩效评价结果，对于未按期完成项目建设，或地方未按项目实施方案安排投入的，相应扣回中央补助资金。

第四章　尾矿库风险隐患治理支出

第三十四条　尾矿库风险隐患治理支出由财政部会同国家矿山安监局管理，用于支持地方政府履行安全生产属地管理责任，推动提升尾矿库安全风险防控能力，防范遏制尾矿库安全生产事故。

第三十五条　尾矿库风险隐患治理支出重点支持头顶库（指尾矿库坝脚下游1公里范围内有居民或重要设施的尾矿库）、无生产经营主体和风险隐患较高的尾矿库治理。实行“一库一策”治理措施，治理一个、达标一个、销号一个，逐个完成治理任务。

第三十六条　有生产经营单位管理的尾矿库，风险隐患治理工作由生产经营单位负责组织实施。无生产经营单位管理的尾矿库，由属地地方政府指定单位承担安全管理责任，开展风险隐患治理工作。

第三十七条　国家矿山安监局、财政部制定《尾矿库风险隐患治理工作总体方案》，确定尾矿库风险隐患治理项目清单、明确工作任务、地方政府和生产经营单位责任以及治理进度安排等，并按规定做好事前绩效评估。

第三十八条　尾矿库风险隐患治理支出采用项目法分配，补助资金用于支持以下尾矿库治理发生的支出：

（一）削坡压坡、增设排渗、开挖回填及灌浆、周边灾害隐患治理等加固坝体支出；

（二）改造和新建排洪系统、修筑截洪沟和排水沟、修筑溢洪道及封堵原排水设施等加强防洪能力支出；

（三）坝坡和沉积滩面覆土植被绿化等支出。

第三十九条　中央财政按照项目实施方案确定的财政资金投入规模，实行分档补助：第一档包括内蒙古、广西、重庆、四川、贵州、云南、西藏、陕西、甘肃、青海、宁夏、新疆12个省（区、市）和新疆生产建设兵团，中央财政补助不超过80%，单个项目补助金额一般不超过1200万元；第二档包括河北、山西、吉林、黑龙江、安徽、江西、河南、湖北、湖南、海南10个省，中央财政补助不超过60%，单个项目补助金额一般不超过900万元；第三档包括辽宁、福建、山东3个省，中央财政补助不超过50%，单个项目补助金额一般不超过750万元；第四档包括天津、江苏、浙江、广东4个省（市）和大连、宁波、厦门、青岛、深圳5个计划单列市，中央财政补助不超过30%，单个项目补助金额一般不超过450万元；第五档包括北京、上海2个直辖市，中央财政补助不超过10%，单个项目补助金额一般不超过150万元。

第四十条　每年10月底前，国家矿山安监局会同财政部根据《尾矿库风险隐患治理工作总体方案》发布下一年度项目申报工作指南，明确项目申报规程等工作要求。

第四十一条　每年12月底前，省级应急、财政部门按项目申报工作指南，编制下一年度拟治理项目实施方案，明确建设任务、“一库一策”治理措施、投入规模及资金筹集方式、实施期限等，报国家矿山安监局、财政部。

第四十二条　每年3月底前，国家矿山安监局、财政部在地方申报基础上组织项目遴选，根据安全风险程度、项目实施方案编制等情况，确定补助项目。

第四十三条　财政部会同国家矿山安监局根据年度预算安排，按照分档补助方法确定分项目补助金额，按程序下达资金预算。

第四十四条　项目建设到期后，国家矿山安监局负责对项目建设情况组织验收，省级财政、应急部门负责将地方财政和生产经营单位资金实际投入情况报财政部当地监管局。

第四十五条　财政部有关监管局对省级财政、应急部门报送的地方财政和生产经营单位资金实际投入情况进行审核，将审核结果报财政部。

第四十六条　国家矿山安监局应按要求做好年度绩效自评，财政部根据工作需要适时开展财政重点绩效评价。结合绩效评价结果，对于未按期完成项目建设，或地方未按项目实施方案安排投入的，相应扣回中央补助资金。

第五章　煤矿及重点非煤矿山重大灾害风险防控支出

第四十七条　煤矿及重点非煤矿山重大灾害风险防控支出由财政部会同国家矿山安监局管理，用于支持地方矿山安全监管部门履行属地管理责任，提升矿山数字化、智能化安全生产预防和监管水平，推动矿山安全监管监察模式向远程化、智能化、可视化以及“互联网+监管”方式转变。

第四十八条　煤矿及重点非煤矿山重大灾害风险防控支出用于支持地方政府建设纳入全国性系统的重大违法行为智能识别分析系统、应急处置视频智能通讯系统和智能视频辅助监管监察系统，以及开展煤矿及重点非煤矿山重大安全风险隐患排查整治。

第四十九条 煤矿及重点非煤矿山重大灾害风险防控支出采用因素法分配，以相关省、自治区、直辖市开展风险防控工作任务量（根据纳入防控范围的矿井数量及单个矿井平均投入金额测算的总投入规模）作为分配因素，同时考虑各省（区、市）财政困难程度，并根据资金使用绩效和防控任务完成情况等对测算结果进行调整，体现结果导向。

第五十条 国家矿山安监局、财政部制定《煤矿及重点非煤矿山重大灾害风险防控建设工作总体方案》，明确煤矿及重点非煤矿山项目建设范围、建设任务和责任、进度安排等事项，并按规定做好事前绩效评估。

第五十一条 省级矿山安全监管、财政部门会同国家矿山安监局省级局根据《煤矿及重点非煤矿山重大灾害风险防控建设工作总体方案》编制本省（区、市）实施方案，确定工作目标，核算任务量。

第五十二条 每年12月底前，省级矿山安全监管部门、国家矿山安监局省级局会同省级财政部门编制下一年度工作任务计划，明确建设任务、政府和生产经营单位投入规模、实施期限等，报国家矿山安监局、财政部。

第五十三条 每年3月底前，国家矿山安监局审核各省（区、市）上报的工作任务计划，核定年度任务量，向财政部提出补助资金安排建议。财政部按程序审核下达资金预算。

第五十四条 省级财政部门收到补助资金后，应会同本级矿山安全监管部门、国家矿山安监局省级局及时按要求将补助资金安排到具体项目，并报送财政部当地监管局。

第五十五条 国家矿山安监局负责对各省、自治区、直辖市实施方案落实情况进行检查验收。

第五十六条 国家矿山安监局应按要求做好年度绩效自评，财政部根据工作需要适时开展财政重点绩效评价。财政部、国家矿山安监局结合绩效评价结果，对于未按期完成实施方案的，相应扣回中央补助资金。

第六章 预算管理与监督

第五十七条 地方各级财政、应急、矿山安全监管部门以及安全生产补助资金具体使用单位，按职责分工对安全生产补助资金申报材料的真实性、准确性、完整性负责。

第五十八条 财政部按照预算法等有关规定下达预算，组织实施全过程绩效管理，根据实际需要适时开展重点绩效评价。省级财政部门接到中央财政下达的安全生产补助资金预算后，应当按照预算法规定时限要求及时分解下达。

第五十九条 地方各级相关部门应当加快预算执行，提高资金使用效益。应急部、国家矿山安监局应当指导省级有关部门做好安全生产补助资金管理工作，督促地方有关部门按规定安排使用补助资金，按照下达的绩效目标组织开展绩效运行监控，年度终了按规定开展绩效自评。

第六十条 安全生产补助资金的结转结余资金按照有关规定处理。

第六十一条 安全生产补助资金的支付按照国库集中支付制度有关规定执行。涉及政府采购的，应当按照政府采购管理的有关规定执行。按政策规定应当通过基本建设支出支持的工程项目和工作任务，执行基本建设财务管理相关规定。

第六十二条 省级财政、应急、矿山安全监管部门申请、下达资金文件以及财政部下达预算发文，应当抄送财政部当地监管局。

第六十三条 省级财政部门会同本级应急、矿山安全监管部门根据本办法制定具体实施细则，强化风险控制，加强流程管理，依法合规下达预算，分配和使用资金。实施细则报国家有关部门备案，抄送财政部当地监管局。

第六十四条 安全生产补助资金使用管理应当严格执行预算公开有关规定。

第七章 法律责任

第六十五条 任何单位和个人不得截留、挤占和挪用安全生产补助资金。对于违反国家法律、行政法规和有关规定的单位和个人，有关部门应当及时制止和纠正，并严格按照《中华人民共和国预算法》、《财政违法行为处罚处分条例》等有关规定追究相应责任。构成犯罪的，依法追究刑事责任。

第六十六条 各级财政、应急、矿山安全监管、国家矿山安全监察部门及其工作人员存在违反本办法行为的，以及其他滥用职权、玩忽职守、徇私舞弊等违法违纪行为的，按照《中华人民共和国预算法》及其实施条例、《中华人民共和国监察法》、《财政违法行为处罚处分条例》等有关规定追究相应责任。构成犯罪的，依法追究刑事责任。

第八章 附 则

第六十七条 本办法由财政部会同应急部、国家矿山安监局负责解释。

第六十八条 本办法自印发之日起施行。

中央应急抢险救灾物资储备管理暂行办法

·2023年2月13日
·国粮应急规〔2023〕24号

第一章　总　则

第一条　为提高自然灾害抢险救灾应急保障能力，规范中央应急抢险救灾物资储备管理，提高物资使用效益，依据《中华人民共和国突发事件应对法》《中华人民共和国预算法》《中华人民共和国防洪法》《中华人民共和国防汛条例》《中华人民共和国抗旱条例》《自然灾害救助条例》等有关法律法规，制定本办法。

第二条　本办法所称中央应急抢险救灾储备物资（以下简称"中央储备物资"）是由中央财政安排资金购置，专项用于支持遭受重特大自然灾害地区开展抢险救灾和受灾群众生活救助的应急储备物资，包括防汛抗旱类物资和生活救助类物资等。

第三条　国家防汛抗旱总指挥部办公室（以下简称"国家防总办公室"）或者应急管理部按照各自职责提出中央应急抢险救灾储备需求和动用决策；商财政部、国家粮食和物资储备局等部门编制保障规划，确定储备规模、品种目录和标准、布局等；根据需要下达动用指令。

第四条　财政部负责安排中央储备物资购置和更新、保管等相关经费，组织指导有关单位开展全过程预算绩效管理，开展中央储备物资资产报告制度落实情况的监督检查。

第五条　国家粮食和物资储备局负责中央储备物资的收储、轮换和日常管理等工作，确保库存中央储备物资数量真实、质量合格、账实相符；根据国家防总办公室或者应急管理部的动用指令按程序组织调出，对相关经费组织实施全过程绩效管理。

第二章　储备购置

第六条　每年国家防总办公室或者应急管理部会同财政部根据储备保障规划确定的储备规模、当年储备物资调拨使用、报废消耗及应急抢险救灾新技术装备物资需求等情况，研究确定下一年度中央储备物资购置计划，包括物资品种、数量、布局等。国家防总办公室或者应急管理部向国家粮食和物资储备局提供采购物资技术要求。

第七条　发生重特大自然灾害需应急追加物资的，由国家防总办公室或者应急管理部会同财政部制定紧急购置计划，并联合下达国家粮食和物资储备局。

第八条　国家粮食和物资储备局根据国家防总办公室、应急管理部、财政部联合下达的年度购置计划或者紧急购置计划，向财政部申请储备购置经费预算。财政部按程序审批。

第九条　国家粮食和物资储备局按照年度购置计划或者紧急购置计划，以及财政部批复的购置经费预算，按照政府采购规定组织采购，并及时将采购情况通报国家防总办公室、应急管理部、财政部。

第十条　中央储备物资的入库验收，按照国家有关规定、相关标准以及采购合同约定的履约验收方案执行。采购物资数量和质量验收合格入库后，国家粮食和物资储备局核算应支付采购资金及检测等必要费用，报财政部审核后按照国库集中支付有关规定支付。

第十一条　财政部负责核定中央储备物资库存成本。

第三章　储备保管

第十二条　国家粮食和物资储备局根据确定的储备布局，商国家防总办公室、应急管理部、财政部确定储备库，实行中央应急抢险救灾物资储备库挂牌管理。具体管理办法由国家粮食和物资储备局会同国家防总办公室、应急管理部制定。

国家粮食和物资储备局根据国家有关中央储备库布局需求和资质条件等相关标准，采取公开、公平、公正的方式选择具备条件的储备库承储中央储备物资。

储备库实行动态管理，调整须报国家防总办公室、财政部、应急管理部审核。

第十三条　国家粮食和物资储备局负责中央储备物资保管工作，制定中央储备物资保管等各项规章制度，督促指导承储单位制定应急调运预案，落实专仓存储、专人保管、专账记载、挂牌明示等管理要求、掌握物资设备维护保养和操作技能，运用信息化手段加强储备管理，实现中央储备物资信息部门间共用共享。

承储单位按照承储要求负责中央储备物资具体日常管理，严格执行中央储备物资管理的有关标准和规定，落实中央储备物资验收入库、日常保管、紧急调用等有关工作，对中央储备物资数量、质量和储存安全负责。

国家防总办公室、应急管理部、财政部根据应急抢险救灾工作需要，适时对中央储备物资管理等情况进行检查。

第十四条　国家粮食和物资储备局商国家防总办公室、应急管理部制定中央储备物资统计制度，在每月前10个工作日内，将上月末库存中央储备物资品种数量及其价值、各仓库储备明细，以及上月储备物资出入库、报废处置等情况报国家防总办公室、应急管理部、财政部。

物资调运后,储备仓库应当及时在信息管理平台更新报送数据。

第十五条 国家粮食和物资储备局应当加强中央储备物资资产管理,认真填报资产信息卡,按照国有资产年报、月报有关规定,及时向财政部报告中央储备物资资产管理情况,并及时通报国家防总办公室、应急管理部。

第十六条 国家粮食和物资储备局会同国家防总办公室、应急管理部、财政部确定中央储备物资的建议储存年限。因储存年限到期后经技术鉴定,质量和性能不能满足应急抢险救灾工作要求的中央储备物资可按规定报废。相关处置收入在扣除相关税金、技术鉴定费等费用后,按照政府非税收入和国库集中收缴管理有关规定及时上缴中央国库。储存年限到期后质量和性能能够满足应急抢险救灾工作要求的,由国家粮食和物资储备局负责定期组织质检,优先安排调用。

国家粮食和物资储备局审核同意后,由垂管局向储备仓库所在地财政部监管局提出辖区内需报废物资审核申请,财政部监管局审核后提出意见,反馈垂管局,同时抄送财政部。国家粮食和物资储备局将申请报废物资情况和财政部监管局审核意见一并报送财政部审批。财政部审核批准后,相关物资作报废处理。国家粮食和物资储备局负责将报废物资按规定处理,并将物资报废情况报财政部、国家防总办公室或者应急管理部。

第十七条 财政部对中央储备物资给予保管费补贴,采取当年补上年的方式。对国家粮食和物资储备局委托相关单位代储的物资保管费补贴,防汛抗旱类物资按照年度平均月末库存成本的6%核算,生活救助类物资按照年度平均月末库存成本的4.5%核算;国家粮食和物资储备局在财政部核算的补贴总额内,可统筹考虑储备仓库实际管理情况,确定各承储仓库的具体补贴标准,报财政部批准后实施。国家粮食和物资储备局垂管仓库补贴标准按有关规定执行。

第十八条 国家粮食和物资储备局负责按政府采购有关规定对中央储备物资投保财产险,中央财政负担保险费。

第十九条 因管理不善或者人为因素导致毁损的中央储备物资由国家粮食和物资储备局组织储备仓库按相同数量、质量补充更新,并追究责任人责任。情节严重的要按照有关法律法规追责。

第四章 物资调用

第二十条 中央储备物资用于应对国家启动应急响应的重大自然灾害。对未达到启动应急响应条件,但局部地区灾情、险情特别严重的,由国家防总办公室或者应急管理部商财政部同意后动用中央储备物资。

党中央、国务院领导同志有相关重要指示批示的,按照指示批示精神落实。

第二十一条 应对国家启动应急响应的重大自然灾害时,各省(自治区、直辖市)应先动用本辖区储备物资。确需调用中央储备物资的,由省级防汛抗旱指挥机构、应急管理部门向国家防总办公室或者应急管理部提出书面申请。申请内容包括地方已调拨物资情况、省级物资储备情况、申请物资用途、品名、规格、数量、运往地点、时间要求、交接联系人与联系方式等。

流域管理机构直管工程出险需中央储备物资支持的,由流域防汛抗旱指挥机构向国家防总办公室提出书面申请。

中央企业所属防洪工程发生险情需调用中央储备物资的,由工程所在地的省级防汛抗旱指挥机构向国家防总办公室提出申请。

紧急情况下,可以先电话报批,后补办手续。

第二十二条 国家防总办公室或者应急管理部审批后,向国家粮食和物资储备局下达调用指令,明确调运物资品种、数量及接收单位,并抄送财政部和物资申请单位。

第二十三条 国家粮食和物资储备局根据国家防总办公室或者应急管理部动用指令,立即向储备仓库下达调运通知,抄送国家防总办公室、应急管理部、财政部。

第二十四条 中央储备物资调用坚持“就近调用”和“先进先出”原则,避免或者减少物资报废。

第二十五条 储备仓库接到国家粮食和物资储备局调运通知后,应当立即组织调运物资,并派仓储管理人员及时押运至指定地点,与申请单位办理交接手续。国家粮食和物资储备局应当及时将调运情况通报国家防总办公室或者应急管理部。

第二十六条 按照“谁使用、谁承担”的原则,调用中央储备物资所发生的调运费用(包括运输、搬运装卸、过路费、押运人员补助和通讯、运输保险等费用)由申请调用单位负担。调运费用可由调出物资的储备仓库先行垫付,抢险救援救助任务结束后三个月内,由物资调用申请单位负责与调出物资的储备仓库结算,其中用于流域管理机构直管工程应急抢险物资调运费用,由流域管理机构按部门预算管理程序报财政部审核后,流域管理机构负责支付;用于中央企业所属防洪工程应急抢险的,由物资调用申请单位组织物资使用单位与调出物资的仓库结算。

第二十七条　中央储备物资出库后，国家粮食和物资储备局核减中央储备库存。调用的中央储备物资由受灾省份或者流域管理机构立即安排用于应急抢险救灾工作。抢险救灾结束后，有使用价值的调用物资纳入地方或者流域管理机构储备物资统筹管理。财政部将根据调用物资情况，统筹考虑中央自然灾害救灾资金补助事宜。中央企业所属防洪工程发生险情调用的中央储备物资，由中央企业负责在抢险救灾工作结束后3个月内购置同品类、同规格物资归还入库。

第二十八条　除上述国内重大自然灾害应急抢险救灾以外，其他需要动用中央储备物资的，由中央和省级有关部门向国家防总办公室、应急管理部、财政部提出申请。国家防总办公室、应急管理部、财政部及时按程序完成审核。除特殊核准事项外，动用物资需按期归还。

第五章　责任追究

第二十九条　储备仓库违反本规定，有下列行为之一的，依国家有关法律法规和制度规定等进行处理，触犯法律的依法追究相关法律责任：

（一）拒不执行中央储备物资入库、出库指令和有关管理规定的；

（二）未经批准，擅自动用中央储备物资或者变更储存地点的；

（三）虚报、瞒报中央储备物资数量的；

（四）因管理不善造成中央储备物资缺失、质量明显下降的；

（五）拒绝、阻挠、干涉监督检查人员依法履行职责，造成严重后果的；

（六）其他违反相关管理制度和法规造成物资损失的。

第三十条　中央储备物资管理工作要自觉接受审计和有关部门的监督检查。任何单位和个人在中央储备物资管理和监督活动中，骗取、截留、挤占、挪用国家财政资金的，根据《财政违法行为处罚处分条例》等规定查处。

第三十一条　有关行政管理部门工作人员在中央储备物资管理和监督活动中，玩忽职守、滥用职权、徇私舞弊的，依法给予行政处分；涉嫌犯罪的，依法移送司法机关处理。

第六章　附　则

第三十二条　本办法由国家粮食和物资储备局、应急管理部、财政部共同负责解释。

第三十三条　本办法自发布之日起施行。《中央防汛抗旱物资储备管理办法》（财农〔2011〕329号）、《中央救灾物资储备管理办法》（民发〔2014〕221号）同时废止。

因灾倒塌、损坏住房恢复重建救助工作规范

·2023年3月20日
·应急〔2023〕30号

为认真贯彻落实习近平总书记关于防灾减灾救灾重要指示精神和党中央、国务院关于自然灾害救助工作的决策部署，进一步规范因灾倒塌、损坏住房（以下简称倒损住房）恢复重建救助相关工作，根据《中共中央 国务院关于推进防灾减灾救灾体制机制改革的意见》《自然灾害救助条例》《国家自然灾害救助应急预案》《中央自然灾害救灾资金管理暂行办法》等规定，制定本规范。本规范适用于国家启动救灾应急响应的重大自然灾害倒损住房恢复重建救助工作，地方各级应急管理、财政部门可参照本规范制定相关制度。

一、总体要求

倒损住房恢复重建救助工作是为了支持帮助因自然灾害导致住房倒塌或损坏的受灾群众及时恢复重建和修缮倒损房屋，帮助解决受灾群众基本住房问题。倒损住房恢复重建救助工作由灾区各级地方政府负责落实，应急管理部、财政部根据国务院有关部署统筹指导。地方各级财政应足额安排因灾倒损住房恢复重建补助资金，中央财政给予适当补助。倒损住房恢复重建补助资金实行专账管理、单独核算，采取“自主申请、不建不补；逐户统计、发放到户”的方式管理。

二、倒损住房情况统计、调查和核定

（一）倒损住房统计、调查。应急管理部负责组织建设完善国家自然灾害灾情管理系统（以下简称灾情系统），地方各级应急管理部门通过灾情系统上报倒损住房情况。自然灾害灾情稳定后，县级应急管理部门应立即组织力量，依托乡镇（街道）和村（居）民委员会逐户全面排查倒损住房情况（具体界定标准见附件1），摸清底数，按照《自然灾害情况统计调查制度》规定开展倒损住房统计、调查工作，建立分户台账，填写家庭基本情况和住房倒损情况，在核报阶段通过灾情系统向上一级应急管理部门报备，并制作倒损住房照片等影像资料备查。

（二）倒损住房核定。设区的市级和省级应急管理部门应及时组织审核倒损住房情况，采取抽样调查、现场核实等方式，核定本行政区域内倒损住房情况。应急管理部视情组织开展灾情核查评估。

三、倒损住房恢复重建救助对象的确定

（三）救助对象统计、调查。倒损住房恢复重建救助对象为因自然灾害导致住房倒塌或损坏、主动向政府部门提出恢复重建救助申请、经审核后符合救助条件的受灾家庭。救助对象分为重建户、修缮户，重建户是指基本住房因灾倒塌或严重损坏，无法正常居住，需要重建的受灾家庭；修缮户是指基本住房因灾一般损坏，需要修缮的受灾家庭。房屋性质和产权归属以不动产登记为准，倒塌和损坏情况应参考房屋安全鉴定单位的鉴定结论。在倒损住房核定工作基础上，县级应急管理部门按照“户报、村评、乡审、县定”的程序，组织调查统计救助对象信息，逐户建立档案，具体程序如下：

1. 申请。以家庭为单位，由户主向村（居）民委员会提出书面申请，注明户主基本信息（含身份证号和户籍地址）、家庭成员情况、受灾情况、倒损住房地址和间数（分别列明倒塌、严重损坏、一般损坏房屋间数）、恢复重建类型（重建或修缮）、拟恢复重建方式等，同时提交倒损住房不动产登记证书复印件。受灾家庭因特殊原因不能申请的，由村（居）民小组提出建议。采取原址重建、异地重建、集中重建、购置住房等方式解决基本住房的，均可申请救助。

2. 评议。由村（居）民委员会成员、村（居）民代表、受灾人员代表共同组成民主评议小组，根据灾害损失情况、受灾家庭经济状况、受灾家庭书面申请或村（居）民小组建议、房屋安全鉴定单位出具的住房倒损鉴定等，对受灾家庭申请进行民主评议，提出是否纳入救助对象范围的意见（区分重建户、修缮户）。

3. 公示。经民主评议需救助的受灾家庭，在村（居）民委员会范围内公示（区分重建户、修缮户），公示信息包括户主姓名、家庭成员人数、倒损房屋地址和间数、房屋安全鉴定单位出具的倒损鉴定等。公示无异议或者经调查核实异议不成立的，由村（居）民委员会将评议意见和有关材料提交乡（镇）人民政府、街道办事处审核。

4. 上报。接到村（居）民委员会提交的评议结果后，乡（镇）人民政府、街道办事处及时组织力量，根据已核定的本区域倒损住房情况，对申请救助对象（区分重建户、修缮户）进行审核，将审核结果报县级应急管理、财政部门。

（四）救助对象确定。县级应急管理、财政部门负责审核乡（镇）人民政府、街道办事处报送材料，确定救助对象，汇总救助对象信息，区分重建户、修缮户，建立分户台账（见附件2），补充填写恢复重建救助情况，通过灾情系统上报上一级应急管理、财政部门，其中银行账号信息留存县级备查。设区的市级和省级应急管理、财政部门采取抽样调查等方法对下级部门上报的需救助家庭情况进行核查、汇总和评估。省级应急管理、财政部门应在灾害发生后2个月内将本省（区、市）需救助对象分户数据报应急管理部、财政部。应急管理部组织对各地通过灾情系统上报的数据台账进行审核，明确各省份救助对象规模（区分重建户、修缮户）。

四、倒损住房恢复重建补助资金申请和下达

（五）补助资金安排。省级财政部门应会同应急管理部门制定因灾倒损住房恢复重建救助指导标准，建立动态调整机制。灾区县级以上各级地方人民政府应认真履行灾害救助主体责任，将倒损住房恢复重建补助资金纳入年度财政预算。

（六）补助资金申请。地方各级财政、应急管理部门可按照《中央自然灾害救灾资金管理暂行办法》及本地区救灾资金管理相关规定申请上级补助资金。省级财政、应急管理部门须在向财政部、应急管理部申请中央自然灾害救灾资金的文件中，据实申报本省（区、市）倒损住房恢复重建救助对象情况。

（七）补助资金拨付。应急管理部根据地方上报并经审核的救助对象分户数据，统筹考虑灾害损失评估结果，区分重建户和修缮户，按照中央财政补助标准及相关规定，测算提出补助资金安排建议，报财政部。财政部按程序下拨中央补助资金预算。设区的市级和省级财政部门结合上级下拨和本级安排资金情况，以及灾情、财力、救灾工作开展等情况，会同同级应急管理部门研究制定资金安排方案，及时拨至县级，同时报上一级财政、应急管理部门备案。

五、倒损住房恢复重建补助资金的发放

（八）具体补助标准的确定。接到上级补助资金拨款文件后，县级财政、应急管理部门根据省级救助指导标准、本级财政资金安排等情况，研究提出当地因灾倒损住房恢复重建补助方案，明确具体补助标准、发放条件和发放时间等规定，报县级人民政府审定后向社会公布。按照分类救助、重点救助的原则，对分散供养特困人员、低保对象、残疾人家庭、低收入家庭、防止返贫监测对象以及其他恢复重建确有困难的人员，应纳入重点救助对象范围，给予倾斜支持。

（九）补助资金发放。县级应急管理部门会同财政部门负责因灾倒损住房重建补助资金发放工作。补助资金应通过“一卡（折）通”或社保卡等发放到户，可根据恢复重建进度分期、分批发放。对统一组织集中重建（含购置)住房的,签订重建(或购置)协议后,应将补助资金发放到户。县级应急管理部门应会同财政部门指导乡镇(街道)和村(社区)组织做好资金发放公示工作,公示信息应包含救助对象因灾倒损住房情况、补助金额等信息,与此前录入灾情系统的信息一致。

(十)补助资金退回。因灾倒损住房恢复重建工作原则上应在灾害发生后次年10月底前完成。对于确因受灾群众放弃重建等原因,未能按期完成重建(含购置)工作的,应将补助资金按程序退回中央财政。省级应急管理、财政部门应及时调查、核实、汇总因灾倒损住房重建工作情况,按季度报应急管理部、财政部。省级财政、应急管理部门应于中央财政补助资金下达次年年底前,将未完成重建(含购置)住房数量及应退回中央财政补助资金情况报财政部驻地监管局,财政部驻地监管局按程序审核后于年底前将审核结果报财政部。财政部按程序审核后将相关补助资金收回中央财政。

六、倒损住房恢复重建补助资金的监督检查

(十一)规范有序发放资金。地方各级应急管理部门应会同财政等有关部门加强对因灾倒损住房恢复重建救助工作的监督、检查,重点指导乡镇(街道)、村(居)民委员会做好救助对象及补助资金发放的公示工作,定期通报补助资金的发放进度,检查补助资金的管理使用情况,及时汇总并按要求上报补助资金发放情况统计表(见附件3)。应急管理部汇总各地倒损住房恢复重建补助资金管理及相关工作情况,会同财政部定期通报各地工作进度,并通过抽样检查、台账抽查、电话核实、评估核验等方式,加强恢复重建补助资金监督检查,适时会同有关部门组派工作组,赴相关省份开展实地督促检查,检查指导补助资金管理使用情况。

(十二)加强社会监督。地方各级应急管理部门应按照信息公开的要求,及时向社会公布救助政策、资金分配使用、工作措施等有关情况,加强救助工作新闻宣传,主动接受群众监督和社会监督,切实增强救助工作的透明度,增强救助效果,提高政府公信力。同时,采取抽样调查、实地调研等方式检查补助资金分配、发放等情况,配合本地财政、纪检监察、审计等部门加强监督检查。

七、倒损住房恢复重建补助资金的绩效管理

(十三)绩效目标审核与自评报告。地方各级应急管理、财政部门应加强补助资金全过程绩效管理,科学合理设定绩效目标,对绩效目标运行情况进行跟踪监控,对绩效目标完成情况组织开展绩效自评,及时将自评结果报上一级应急管理、财政部门,并采取实地检查、抽样调查等方式,确保评价结果客观有效。省级应急管理、财政部门按要求及时向应急管理部、财政部报送中央自然灾害救灾资金绩效自评报告。

(十四)绩效自评复核与重点绩效评价。应急管理部会同财政部通过组织开展书面审核、实地检查、抽样调查或委托第三方评估等方式,对相关省份补助资金绩效自评工作开展复核。财政部根据工作需要适时组织对补助资金管理工作开展财政重点绩效评价。

八、协调推动倒损住房恢复重建工作

(十五)建立完善因灾倒损住房恢复重建协调机制。应急管理部充分发挥因灾倒损住房恢复重建部际协调机制作用,定期调度统计进度,及时通报倒损住房恢复重建工作情况,加强跟踪督促指导。地方各级应急管理部门应会同有关部门建立完善因灾倒损住房恢复重建协调机制,共同研究解决恢复重建过程中的困难和问题,协同推进倒损住房恢复重建工作,定期调度统计并及时通报倒损住房恢复重建进度,按要求汇总填报倒损住房恢复重建情况统计表(见附件4)。

(十六)协同配合做好倒损住房恢复重建工作。地方各级应急管理部门应配合做好倒损住房恢复重建项目选址工作,确保重建方案符合防灾减灾要求,协调推动倒损住房保险理赔,并按规定落实恢复重建相关税费减免政策,配合加强重建和维修住房质量的监督与检查,及时组织验收评估。

本规范自印发之日起实施,实施期限为5年。此前有关规定与本规范不一致的,以本规范为准。

附件:(略)

重特大自然灾害调查评估暂行办法

·2023年9月22日
·应急〔2023〕87号

第一章 总 则

第一条 为规范特别重大、重大(以下简称重特大)自然灾害调查评估工作,总结自然灾害防范应对活动经验教训,提升防灾减灾救灾能力,推进自然灾害防治体系和能力现代化,根据《中华人民共和国突发事件应对法》等要求,制定本办法。

第二条 本办法适用于重特大崩塌、滑坡、泥石流、森林火灾、草原火灾、地震、洪涝、台风、干旱、堰塞湖、低温冷冻、雪灾等自然灾害的调查评估。其他重特大自然灾害需要开展调查评估的,可以依照本办法组织开展。

第三条 重特大自然灾害调查评估应当坚持人民至上、生命至上,按照科学严谨、依法依规、实事求是、注重实效的原则,遵循自然灾害规律,全面查明灾害发生经过、灾情和灾害应对过程,准确查清问题原因和性质,评估应对能力和不足,总结经验教训,提出防范和整改措施建议。

第四条 重特大自然灾害调查评估分级组织实施。原则上,国家层面负责特别重大自然灾害的调查评估,省级层面负责重大自然灾害的调查评估。国家层面认为必要时,可以提级调查评估重大自然灾害。

重特大自然灾害分级参照《地质灾害防治条例》《森林防火条例》《草原防火条例》《国家森林草原火灾应急预案》《国家地震应急预案》《国家防汛抗旱应急预案》《国家自然灾害救助应急预案》等有关法规规定及省级以上应急预案执行。

第二章 调查评估组织

第五条 国家层面的调查评估由国务院应急管理部门按照职责组织开展。省级层面的调查评估由省级应急管理部门按照职责组织开展。法律法规另有规定的从其规定。

第六条 灾害发生后,应急管理部门应当及时对灾害情况和影响进行研判,对造成重大社会影响且符合分级实施标准的重特大自然灾害,适时启动调查评估。

第七条 重特大自然灾害调查评估应当成立调查评估组,负责调查评估具体实施工作。调查评估组应当邀请灾害防治主管部门、应急处置相关部门以及受灾地区人民政府有关人员参加,可以聘请有关专家参与调查评估工作。

调查评估组组长由灾害调查评估组织单位指定,主持调查评估工作。

调查评估组可以根据实际情况分为若干工作组开展调查评估工作。

第八条 调查评估组应当制定调查评估工作方案和工作制度,明确目标任务、职责分工、重点事项、方法步骤等内容,以及协调配合、会商研判、调查回避、保密工作、档案管理等要求,注重加强调查评估各项工作的统筹协调和过程管理。

第九条 调查评估组可以委托技术服务机构提供调查评估技术支撑。技术服务机构应当对所提供的技术服务负责。

第十条 调查评估组成员应当公正严谨、恪尽职守,服从调查评估组安排,遵守调查评估组工作制度和纪律。

调查评估涉及的部门和人员应当如实说明情况,提供相关文件、资料、数据、记录等,不得隐瞒、提供虚假信息。

第十一条 受灾地区应急管理部门在灾害发生后,应当及时收集、汇总和报告相关灾情、应急处置与救援等信息数据,配合调查评估组开展调查评估工作。

第三章 调查评估实施

第十二条 重特大自然灾害调查评估按照资料收集、现场调查、分析评估、形成报告等程序开展。

(一)资料收集。主要汇总受灾地区损失及灾害影响相关监测和统计调查数据;受灾地区人民政府及有关部门和单位的灾害防治和应对处置相关文件资料、工作记录、统计台账、工作总结等。

(二)现场调查。主要了解重点受灾地区现场情况,掌握灾害发生经过,核实相关信息,收集现场证据,发现问题线索,查明重点情况。

(三)分析评估。主要开展定量、定性等分析,研究灾害发生的机理及影响,评估灾害防治和应急处置工作情况,针对存在的问题分析深层次原因,研究提出措施建议等。

(四)形成报告。主要包括汇总相关调查评估成果,撰写、研讨、审核调查评估报告等工作。必要时应当组织专家对调查评估报告进行技术审核。

第十三条 重特大自然灾害调查评估工作方法包括调阅资料、现场勘查、数据分析、走访座谈、征集线索、问询谈话、专家论证等。应当运用遥感监测、多元信息融合等现代化技术,结合相关部门和机构的分析资料及评估成果,深入开展统计、对比、模拟、推演等综合分析。

第十四条 对重特大自然灾害过程中发生的造成重大社会影响的具体事件,应当开展专项调查。通过组织调查取证、问询谈话、模拟分析等,查明有关问题,查清有关部门及人员责任。

法律、行政法规对有关具体事件调查另有规定的,从其规定。

第十五条 对重特大自然灾害调查评估中发现的党组织和党员涉嫌违纪,或者公职人员和有关人员涉嫌职务违法、职务犯罪等问题,应当将相关问题线索移送纪检监察机关。

第四章 调查评估报告

第十六条 重特大自然灾害调查评估报告包含下列内容:

(一)灾害情况。主要包括灾害经过与致灾成灾原因、人员伤亡情况、财产损失及灾害影响等。

（二）预防与应急准备。主要包括灾害风险识别与评估、城乡规划与工程措施、防灾减灾救灾责任制、应急管理制度、应急指挥体系、应急预案与演练、应急救援队伍建设、应急联动机制建设、救灾物资储备保障、应急通信保障、预警响应、应急培训与宣传教育以及灾前应急工作部署、措施落实、社会动员等情况。

（三）监测与预警。主要包括灾害及其灾害链相关信息的监测、统计、分析评估、灾害预警、信息发布、科技信息化应用等情况。

（四）应急处置与救援。主要包括信息报告、应急响应与指挥、应急联动、应急避险、抢险救援、转移安置与救助、资金物资及装备调拨、通信保障、交通保障、基本生活保障、医疗救治、次生衍生灾害处置等情况。

（五）调查评估结论。全面分析灾害原因和经过，综合分析防灾减灾救灾能力，系统评估灾害防治和应急处置情况和效果，总结经验和做法，剖析存在问题和深层次原因，形成调查评估结论。

（六）措施建议。针对存在问题，举一反三，提出改进灾害防治和应急处置工作，提升防灾减灾救灾能力的措施建议。可以根据需要，提出灾害防治建设或灾后恢复重建实施计划的建议。

第十七条 调查评估组应当自成立之日起90日内形成调查评估报告。特殊情况确需延期的，延长的期限不得超过60日。调查评估过程中组织开展技术鉴定的，技术鉴定所需时间不计入调查评估期限。

第十八条 特别重大自然灾害调查评估报告应当依法报送国务院，同时抄送有关部门；重大自然灾害调查评估报告应当依法报送省级人民政府，同时抄送有关部门。省级层面负责组织形成的调查评估报告应当报送国务院应急管理部门。

调查评估报告经本级人民政府同意，提出的整改措施和灾后建设建议等应当及时落实整改，必要时对落实整改情况开展督促检查。

第五章 调查评估保障

第十九条 省级以上应急管理部门应当加强自然灾害调查评估技术服务的政策引导，做好技术服务机构的培育发展和规范工作，发挥技术服务机构在调查评估工作中的技术支撑作用。

第二十条 应急管理部负责的重特大自然灾害调查评估工作经费由中央财政保障，通过应急管理部部门预算统筹安排。省级应急管理部门负责的重大自然灾害调查评估工作经费由省级财政保障。

第二十一条 省级以上应急管理部门应当建立灾害调查评估信息共享机制，明确信息共享目录和责任单位，畅通信息共享渠道，确保调查评估信息的准确性和全面性，提高调查评估工作效率和质量。

第二十二条 省级以上应急管理部门应当加强灾害调查评估信息化建设，构建调查评估指标体系，建立调查评估分析模型，加强灾害调查评估综合数据归集，实现调查评估信息资料数据化管理，并运用互联网+、大数据等信息化手段，提高调查评估科学化、信息化水平。

第六章 附 则

第二十三条 本办法自发布之日起施行。

第二十四条 本办法由应急管理部负责解释。

应急广播管理暂行办法

·2021年6月7日

·广电发〔2021〕37号

第一章 总 则

第一条 为加强应急广播管理，提高应急信息发布的时效性和覆盖面，预防和减轻突发事件造成的损失，提升广播电视公共服务质量和水平，依据《中华人民共和国公共文化服务保障法》《中华人民共和国突发事件应对法》《广播电视管理条例》等法律法规，制定本办法。

第二条 从事应急广播规划、建设、运行、管理及其他相关活动，适用本办法。

本办法所称应急广播是指利用广播电视、网络视听等信息传送方式，向公众或特定区域、特定人群发布应急信息的传送播出系统。

第三条 国家广播电视总局负责制定和调整全国应急广播体系建设规划，统筹全国应急广播体系建设、运行和管理，建立国家级应急广播调度控制平台和效果监测评估体系，监督管理全国应急广播播出情况。

县级以上人民政府广播电视行政部门负责根据全国应急广播体系建设规划，结合当地经济社会发展水平、自然环境条件和公共文化发展需求，制定和调整本地应急广播体系建设规划，负责本行政区域内的应急广播建设、运行和管理，建立本地应急广播调度控制平台和效果监测评估体系，建设应急广播传输覆盖网和应急广播终端，监督管理本地应急广播播出情况。

第四条 应急广播坚持服务政策宣传、服务应急管理、服务社会治理、服务基层群众的宗旨，遵循统筹规划、统一标准、分级负责、上下贯通、综合覆盖、安全可靠、因地制宜、精准高效的原则，加快应急广播体系建设，提高应急广播服务效能。

第五条　应急广播按照国家基本公共服务标准和地方实施标准，建立健全长效系统建设和运行保障机制，有效发挥应急广播"最后一公里"传播优势，提升应急广播发布的科学性、精准性、有效性，推动构建现代化的应急广播公共服务体系，面向广大人民群众提供应急广播公共服务。

第六条　严格禁止一切单位、组织和个人利用应急广播从事违反国家法律法规、危害国家安全、破坏社会稳定和民族团结、侵犯公共利益和公民权益，以及与该设施用途不相适应的活动。

第二章　播出管理

第七条　应急广播播出的信息包括：

（一）国家广播电视总局批准设立的广播电视播出机构制作的节目；

（二）县级以上人民政府或其指定的应急信息发布部门发布的应急信息，如事故灾害风险预警预报、气象预警预报、突发事件、防灾减灾救灾、人员转移安置、应急科普等应急信息；

（三）县级以上人民政府发布的政策信息、社会公告等；

（四）乡（镇、街道）、村（社区）、旅游景区、企业园区等基层管理部门或基层社会治安管理部门发布的所辖区域的社会治理信息；

（五）经县级以上人民政府批准的应向公众发布的其他信息。

第八条　应急广播播出的信息类别、内容和发布范围由县级以上人民政府或其指定的应急信息发布部门确定。

第九条　应急信息在广播电视、网络视听等领域的呈现方式，由广播电视行政部门会同县级以上人民政府或其指定的应急信息发布部门确定。

第十条　应急广播播出的信息按照紧急程度、发展态势、危害程度等分为紧急类和非紧急类。应急广播应当优先播出县级以上人民政府或其指定的应急信息发布部门发布的紧急类应急信息。

第十一条　应急广播播出的信息应当使用文明用语，遵守社会主义道德规范和公序良俗，积极营造文明健康的社会风尚。

第三章　系统构成

第十二条　应急广播由应急广播调度控制平台、传输覆盖网、快速传送通道、应急广播终端和效果监测评估系统等组成。

第十三条　应急广播调度控制平台承担以下任务：

（一）接收本级政府、应急信息发布部门或广播电视播出机构发布的应急信息，适配处理为应急广播消息后，根据发布要求，调度传输覆盖网或快速传送通道，传送至应急广播终端，播出应急广播信息。

（二）处理上级、下级应急广播调度控制平台发送的应急广播消息；

（三）保障传输覆盖网和应急广播终端的安全运行；

（四）监测、汇总上报应急信息播发和系统运行等情况；

（五）少数民族地区的应急广播调度控制平台可具备少数民族语言播发功能。

第十四条　传输覆盖网负责将应急广播消息传送到应急广播终端。传输覆盖网包括：

（一）中波覆盖网；

（二）短波覆盖网；

（三）调频覆盖网；

（四）地面数字电视覆盖网；

（五）有线数字电视传输覆盖网；

（六）卫星传输覆盖网；

（七）IPTV 系统；

（八）互联网电视系统；

（九）其他。

第十五条　快速传送通道是基于卫星、无线、有线等方式建立的应急信息快速接入处理和高效传输覆盖系统，承担紧急类应急信息的快速传送任务。

国家级和省级应急广播调度控制平台，应当建立基于卫星方式的快速传送通道。

第十六条　应急广播终端负责接收应急广播消息，主要包括大喇叭类、收音机类、电视机类、显示屏类、机顶盒类、视听载体类、移动接收类等通用终端或专用终端。应急广播专用终端优先播发紧急类应急信息。

第十七条　效果监测评估系统负责统计汇总应急广播系统响应情况、发布情况等，综合评估应急广播工作状态和发布效果。

第四章　技术要求

第十八条　应急广播技术系统应当符合以下规定：

（一）符合国家、行业相关技术规范。

（二）使用广播电视频率应当符合中华人民共和国无线电频率划分和使用规定，并按照相关规定向广播电视行政部门申请核发频率指配证明，依照频率指配证明载明的技术参数进行发射。

（三）使用依法取得广播电视设备器材入网认定的设备、器材和软件等，提高设备运行的可靠性。

（四）针对应急广播系统特点，采取相应的防范干扰、插播等恶意破坏的技术措施。

（五）采取录音、录像或保存技术监测信息等方式对应急广播播出的质量和效果进行记录，异态信息应当保存1年以上。

第十九条　应急广播应当采取安全技术措施，建立应急广播安全保障体系，确保应急广播安全播出、网络安全、设施安全、信息安全。

第二十条　国家级、省级、市级、县级应急广播调度控制平台应当进行系统对接，做到互联互通，确保应急广播信息完整、准确、快速传送到指定区域范围的应急广播终端。

第二十一条　应急广播调度控制平台应具备多种格式应急信息并行处理的能力，具备精准发布、分区域响应和多区域响应的能力，避免对非相关的地区和人员发布应急信息。

第二十二条　应急广播调度控制平台应具备综合调度多种传输覆盖网络资源的能力，本级资源不够或能力不足的情况下，可向上级应急广播调度控制平台申请支持。

第二十三条　应急广播终端部署应根据当地实际情况，满足耐高低温、耐腐蚀、耐磨损、耐潮湿等要求，安装地点和高度应综合考虑自然灾害、地理环境等因素的影响。重要安装点位应当配置备用电源。

应急广播终端应当支持基于卫星方式快速传送通道的信息接收。

第二十四条　关键应急广播设备应有备份。任何单位和个人不得侵占、挪用、哄抢、私分、截留或以其他方式破坏应急广播设施。

第五章　运行维护

第二十五条　县级以上人民政府广播电视行政部门应明确本级应急广播的运行维护机构，合理配备工作岗位和人员，落实应急广播运行维护机制，保证应急广播顺利开展。

第二十六条　应急广播运行维护机构应当建立健全技术维护、运行管理、例行检修等制度，保障技术系统运行维护、更新改造和安全防护等所需经费。

第二十七条　应急广播运行维护机构应当加强值班值守，定期对应急广播技术系统进行测试，制定应急预案，加强应急演练，做好应急准备，确保应急广播正常运行。

第二十八条　鼓励各地因地制宜，采取专兼职相结合方式，指定人员负责管理各乡（镇、街道）、村（社区）应急广播终端设施，并加强对上岗人员管理，确保应急广播终端安全高效运行。

第二十九条　县级以上人民政府广播电视行政部门组织协调本地区的应急广播统计信息和数据上报工作。

第六章　附　则

第三十条　本办法自发布之日起施行。

应急管理行政执法人员依法履职管理规定

·2022年10月13日应急管理部令第9号公布

·自2022年12月1日起施行

第一条　为了全面贯彻落实行政执法责任制和问责制，监督和保障应急管理行政执法人员依法履职尽责，激励新时代新担当新作为，根据《中华人民共和国公务员法》《中华人民共和国安全生产法》等法律法规和有关文件规定，制定本规定。

第二条　各级应急管理部门监督和保障应急管理行政执法人员依法履职尽责，适用本规定。法律、行政法规或者国务院另有规定的，从其规定。

本规定所称应急管理行政执法人员，是指应急管理部门履行行政检查、行政强制、行政处罚、行政许可等行政执法职责的人员。

应急管理系统矿山安全监察机构、地震工作机构、消防救援机构监督和保障有关行政执法人员依法履职尽责，按照本规定的相关规定执行。根据依法授权或者委托履行应急管理行政执法职责的乡镇政府、街道办事处以及开发区等组织，监督和保障有关行政执法人员依法履职尽责的，可以参照本规定执行。

第三条　监督和保障应急管理行政执法人员依法履职尽责，应当坚持中国共产党的领导，遵循职权法定、权责一致、过罚相当、约束与激励并重、惩戒与教育相结合的原则，做到尽职免责、失职问责。

第四条 应急管理部门应当按照本级人民政府的安排,梳理本部门行政执法依据,编制权责清单,将本部门依法承担的行政执法职责分解落实到所属执法机构和执法岗位。分解落实所属执法机构、执法岗位的执法职责,不得擅自增加或者减少本部门的行政执法权限。

应急管理部门应当制定安全生产年度监督检查计划,按照计划组织开展监督检查。同时,应急管理部门应当按照部署组织开展有关专项治理,依法组织查处违法行为和举报的事故隐患。应急管理部门应当统筹开展前述执法活动,确保对辖区内安全监管重点企业按照明确的时间周期固定开展“全覆盖”执法检查。

应急管理部门应当对照权责清单,对行政许可和其他直接影响行政相对人权利义务的重要权责事项,制定办事指南和运行流程图,并以适当形式向社会公众公开。

第五条 应急管理行政执法人员根据本部门的安排或者当事人的申请,在法定权限范围内依照法定程序履行行政检查、行政强制、行政处罚、行政许可等行政执法职责,做到严格规范公正文明执法,不得玩忽职守、超越职权、滥用职权、徇私舞弊。

第六条 应急管理行政执法人员因故意或者重大过失,未履行、不当履行或者违法履行有关行政执法职责,造成危害后果或者不良影响的,应当依法承担行政执法责任。

第七条 应急管理行政执法人员在履职过程中,有下列情形之一的,应当依法追究有关行政执法人员的行政执法责任:

(一)对符合行政处罚立案标准的案件不立案或者不及时立案的;

(二)对符合法定条件的行政许可申请不予受理的,或者未依照法定条件作出准予或者不予行政许可决定的;

(三)对监督检查中已经发现的违法行为和事故隐患,未依法予以处罚或者未依法采取处理措施的;

(四)涂改、隐匿、伪造、偷换、故意损毁有关记录或者证据,妨碍作证,或者指使、支持、授意他人做伪证,或者以欺骗、利诱等方式调取证据的;

(五)违法扩大查封、扣押范围,在查封、扣押法定期间不作出处理决定或者未依法及时解除查封、扣押,对查封、扣押场所、设施或者财物未尽到妥善保管义务,或者违法使用、损毁查封、扣押场所、设施或者财物的;

(六)违法实行检查措施或者强制措施,给公民人身或者财产造成损害、给法人或者其他组织造成损失的;

(七)选择性执法或者滥用自由裁量权,行政执法行为明显不当或者行政执法结果明显不公正的;

(八)擅自改变行政处罚种类、幅度,或者擅自改变行政强制对象、条件、方式的;

(九)行政执法过程中违反行政执法公示、执法全过程记录、重大执法决定法制审核制度的;

(十)违法增设行政相对人义务,或者粗暴、野蛮执法或者故意刁难行政相对人的;

(十一)截留、私分、变相私分罚款、没收的违法所得或者财物、查封或者扣押的财物以及拍卖和依法处理所得款项的;

(十二)对应当依法移送司法机关追究刑事责任的案件不移送,以行政处罚代替刑事处罚的;

(十三)无正当理由超期作出行政执法决定,不履行或者无正当理由拖延履行行政复议决定、人民法院生效裁判的;

(十四)接到事故报告信息不及时处置,或者弄虚作假、隐瞒真相、通风报信,干扰、阻碍事故调查处理的;

(十五)对属于本部门职权范围的投诉举报不依法处理的;

(十六)无法定依据、超越法定职权、违反法定程序行使行政执法职权的;

(十七)泄露国家秘密、工作秘密,或者泄露因履行职责掌握的商业秘密、个人隐私的;

(十八)法律、法规、规章规定的其他应当追究行政执法责任的情形。

第八条 应急管理行政执法人员在履职过程中,有下列情形之一的,应当从重追究其行政执法责任:

(一)干扰、妨碍、抗拒对其追究行政执法责任的;

(二)打击报复申诉人、控告人、检举人或者行政执法责任追究案件承办人员的;

(三)一年内出现2次以上应当追究行政执法责任情形的;

(四)违法或者不当执法行为造成重大经济损失或者严重社会影响的;

(五)法律、法规、规章规定的其他应当从重追究行政执法责任的情形。

第九条 应急管理行政执法人员在履职过程中,有下列情形之一的,可以从轻、减轻追究其行政执法责任:

(一)能够主动、及时报告过错行为并采取补救措施,有效避免损失、阻止危害后果发生或者挽回、消除不良影响的;

（二）在调查核实过程中，能够配合调查核实工作，如实说明本人行政执法过错情况的；

（三）检举同案人或者其他人应当追究行政执法责任的问题，或者有其他立功表现，经查证属实的；

（四）主动上交或者退赔违法所得的；

（五）法律、法规、规章规定的其他可以从轻、减轻追究行政执法责任的情形。

第十条　有下列情形之一的，不予追究有关行政执法人员的行政执法责任：

（一）因行政执法依据不明确或者对有关事实和依据的理解认识不一致，致使行政执法行为出现偏差的，但故意违法的除外；

（二）因行政相对人隐瞒有关情况或者提供虚假材料导致作出错误行政执法决定，且已按照规定认真履行审查职责的；

（三）依据检验、检测、鉴定、评价报告或者专家评审意见等作出行政执法决定，且已按照规定认真履行审查职责的；

（四）行政相对人未依法申请行政许可或者登记备案，在其违法行为造成不良影响前，应急管理部门未接到投诉举报或者由于客观原因未能发现的，但未按照规定履行监督检查职责的除外；

（五）按照批准、备案的安全生产年度监督检查计划以及有关专项执法工作方案等检查计划已经认真履行监督检查职责，或者虽尚未进行监督检查，但未超过法定或者规定时限，行政相对人违法的；

（六）因出现新的证据致使原认定事实、案件性质发生变化，或者因标准缺失、科学技术、监管手段等客观条件的限制未能发现存在问题、无法定性的，但行政执法人员故意隐瞒或者因重大过失遗漏证据的除外；

（七）对发现的违法行为或者事故隐患已经依法立案查处、责令改正、采取行政强制措施等必要的处置措施，或者已依法作出行政处罚决定，行政相对人拒不改正、违法启用查封扣押的设备设施或者仍违法生产经营的；

（八）对拒不执行行政处罚决定的行政相对人，已经依法申请人民法院强制执行的；

（九）因不可抗力或者其他难以克服的因素，导致未能依法履行职责的；

（十）不当执法行为情节显著轻微并及时纠正，未造成危害后果或者不良影响的；

（十一）法律、法规、规章规定的其他不予追究行政执法责任的情形。

第十一条　在推进应急管理行政执法改革创新中因缺乏经验、先行先试出现的失误，尚无明确限制的探索性试验中的失误，为推动发展的无意过失，免予或者不予追究行政执法责任。但是，应当及时依法予以纠正。

第十二条　应急管理部门对发现的行政执法过错行为线索，依照《行政机关公务员处分条例》等规定的程序予以调查和处理。

第十三条　追究应急管理行政执法人员行政执法责任，应当充分听取当事执法人员的意见，全面收集相关证据材料，以法律、法规、规章等规定为依据，综合考虑行政执法过错行为的性质、情节、危害程度以及执法人员的主观过错等因素，做到事实清楚、证据确凿、定性准确、处理恰当、程序合法、手续完备。

行政执法过错行为情节轻微、危害较小，且具有法定从轻或者减轻情形的，根据不同情况，可以予以谈话提醒、批评教育、责令检查、诫勉、取消当年评优评先资格、调离执法岗位等处理，免予或者不予处分。

第十四条　应急管理部门发现有关行政执法人员涉嫌违反党纪或者涉嫌职务违法、职务犯罪的，应当依照有关规定及时移送纪检监察机关处理。

纪检监察机关和其他有权单位介入调查的，应急管理部门可以按照要求对有关行政执法人员是否依法履职、是否存在行政执法过错行为等问题，组织相关专业人员进行论证并出具书面论证意见，作为有权机关、单位认定责任的参考。

对同一行政执法过错行为，纪检监察机关已经给予党纪、政务处分的，应急管理部门不再重复处理。

第十五条　应急管理行政执法人员依法履行职责受法律保护。有权拒绝任何单位和个人违反法定职责、法定程序或者有碍执法公正的要求。

对地方各级党委、政府以及有关部门、单位领导干部及相关人员非法干预应急管理行政执法活动的，应急管理行政执法人员应当全面、如实记录，其所在应急管理部门应当及时向有关机关通报反映情况。

第十六条　应急管理行政执法人员因依法履行职责遭受不实举报、诬告陷害以及侮辱诽谤，致使名誉受到损害的，其所在的应急管理部门应当以适当方式及时澄清事实，消除不良影响，维护应急管理行政执法人员声誉，并依法追究相关单位或者个人的责任。

应急管理行政执法人员因依法履行职责，本人或者其近亲属遭受恐吓威胁、滋事骚扰、攻击辱骂或者人身、财产受到侵害的，其所在的应急管理部门应当及时告知当地公安机关并协助依法处置。

第十七条　各级应急管理部门应当为应急管理行政执法人员依法履行职责提供必要的办公用房、执法装备、后勤保障等条件，并采取措施保障其人身健康和生命安全。

第十八条　各级应急管理部门应当加强对应急管理行政执法人员的专业培训，建立标准化制度化培训机制，提升应急管理行政执法人员依法履职能力。

应急管理部门应当适应综合行政执法体制改革需要，组织开展应急管理领域综合行政执法人才能力提升行动，培养应急管理行政执法骨干人才。

第十九条　应急管理部门应当建立健全评议考核制度，遵循公开、公平、公正原则，将应急管理行政执法人员依法履职尽责情况纳入行政执法评议考核范围，有关考核标准、过程和结果以适当方式在一定范围内公开。强化考核结果分析运用，并将其作为干部选拔任用、评优评先的重要依据。

第二十条　对坚持原则、敢抓敢管、勇于探索、担当作为，在防范化解重大安全风险、应急抢险救援等方面或者在行政执法改革创新中作出突出贡献的应急管理行政执法人员，应当按照规定给予表彰奖励。

第二十一条　本规定自2022年12月1日起施行。原国家安全生产监督管理总局2009年7月25日公布、2013年8月29日第一次修正、2015年4月2日第二次修正的《安全生产监管监察职责和行政执法责任追究的规定》同时废止。

应急管理行政裁量权基准暂行规定

· 2023年11月1日应急管理部令第12号公布
· 自2024年1月1日起施行

第一章　总　则

第一条　为了建立健全应急管理行政裁量权基准制度，规范行使行政裁量权，保障应急管理法律法规有效实施，保护公民、法人和其他组织的合法权益，根据《中华人民共和国行政处罚法》《中华人民共和国行政许可法》等法律法规和有关规定，制定本规定。

第二条　应急管理部门行政裁量权基准的制定、实施和管理，适用本规定。消防救援机构、矿山安全监察机构、地震工作机构行政裁量权基准的制定、实施和管理，按照本规定的相关规定执行。

本规定所称应急管理行政裁量权基准，是指结合工作实际，针对行政处罚、行政许可、行政征收征用、行政强制、行政检查、行政确认、行政给付和其他行政行为，按照裁量涉及的不同事实和情节，对法律、法规、规章规定中的原则性规定或者具有一定弹性的执法权限、裁量幅度等内容进行细化量化，以特定形式向社会公布并施行的具体执法尺度和标准。

第三条　应急管理行政裁量权基准应当符合法律、法规、规章有关行政执法事项、条件、程序、种类、幅度的规定，做好调整共同行政行为的一般法与调整某种具体社会关系或者某一方面内容的单行法之间的衔接，确保法制的统一性、系统性和完整性。

第四条　制定应急管理行政裁量权基准应当广泛听取公民、法人和其他组织的意见，依法保障行政相对人、利害关系人的知情权和参与权。

第五条　制定应急管理行政裁量权基准应当综合考虑行政职权的种类，以及行政执法行为的事实、性质、情节、法律要求和本地区经济社会发展状况等因素，确属必要、适当，并符合社会公序良俗和公众合理期待。应当平等对待公民、法人和其他组织，对类别、性质、情节相同或者相近事项的处理结果应当基本一致。

第六条　应急管理部门应当牢固树立执法为民理念，依法履行职责，简化流程、明确条件、优化服务，提高行政效能，最大程度为公民、法人和其他组织提供便利。

第二章　制定职责和权限

第七条　应急管理部门行政处罚裁量权基准由应急管理部制定，国家消防救援局、国家矿山安全监察局、中国地震局按照职责分别制定消防、矿山安全、地震领域行政处罚裁量权基准。

各省、自治区、直辖市和设区的市级应急管理部门，各省、自治区、直辖市消防救援机构，国家矿山安全监察局各省级局，各省、自治区、直辖市地震局可以依照法律、法规、规章以及上级行政机关制定的行政处罚裁量权基准，制定本行政区域（执法管辖区域）内的行政处罚裁量权基准。

县级应急管理部门可以在法定范围内，对上级应急管理部门制定的行政处罚裁量权基准适用的标准、条件、种类、幅度、方式、时限予以合理细化量化。

第八条　应急管理部门行政许可、行政征收征用、行政强制、行政检查、行政确认、行政给付以及其他行政行为的行政裁量权基准，由负责实施该行政行为的应急管理部门或者省（自治区、直辖市）应急管理部门按照法律、法规、规章和本级人民政府有关规定制定。

第九条　应急管理部门应当采用适当形式在有关政府网站或者行政服务大厅、本机关办事机构等场所向社会公开应急管理行政裁量权基准，接受公民、法人和其他组织监督。

第三章　范围内容和适用规则

第十条　应急管理行政处罚裁量权基准应当坚持过罚相当、宽严相济，避免畸轻畸重、显失公平。

应急管理行政处罚裁量权基准应当包括违法行为、法定依据、裁量阶次、适用条件和具体标准等内容。

第十一条　法律、法规、规章规定对同一种违法行为可以选择处罚种类的，应急管理行政处罚裁量权基准应当明确选择处罚种类的情形和适用条件。

法律、法规、规章规定可以选择处罚幅度的，应急管理行政处罚裁量权基准应当确定适用不同裁量阶次的具体情形。

第十二条　罚款数额的从轻、一般、从重档次情形应当明确具体，严格限定在法定幅度内。

罚款为一定金额倍数的，应当在最高倍数与最低倍数之间合理划分不少于三个阶次；最高倍数是最低倍数十倍以上的，应当合理划分不少于五个阶次；罚款数额有一定幅度的，应当在最高额与最低额之间合理划分不少于三个阶次。

第十三条　应急管理部门实施行政处罚，纠正违法行为，应当坚持处罚与教育相结合，发挥行政处罚教育引导公民、法人和其他组织自觉守法的作用。

应急管理部门实施行政处罚时，应当责令当事人改正或者限期改正违法行为。

当事人有违法所得，除依法应当退赔的外，应当予以没收。

法律、行政法规规定应当先予没收物品、没收违法所得，再作其他行政处罚的，不得直接选择适用其他行政处罚。

第十四条　不满十四周岁的未成年人有违法行为的，不予行政处罚，责令监护人加以管教；已满十四周岁不满十八周岁的未成年人有违法行为的，应当从轻或者减轻行政处罚。

第十五条　精神病人、智力残疾人在不能辨认或者不能控制自己行为时有违法行为的，不予行政处罚，但应当责令其监护人严加看管和治疗。间歇性精神病人在精神正常时有违法行为的，应当给予行政处罚。尚未完全丧失辨认或者控制自己行为能力的精神病人、智力残疾人有违法行为的，可以从轻或者减轻行政处罚。

第十六条　违法行为轻微并及时改正，没有造成危害后果的，不予行政处罚。初次违法且危害后果轻微并及时改正的，可以不予行政处罚。

除已经按照规定制定轻微违法不予处罚事项清单外，根据本条第一款规定对有关违法行为作出不予处罚决定的，应当经应急管理部门负责人集体讨论决定。

当事人有证据足以证明没有主观过错的，不予行政处罚。法律、行政法规另有规定的，从其规定。

对当事人的违法行为依法不予行政处罚的，应急管理部门应当对当事人进行教育。

第十七条　当事人有下列情形之一的，应当依法从轻或者减轻行政处罚：

（一）主动消除或者减轻违法行为或者事故危害后果的；

（二）受他人胁迫或者诱骗实施违法行为的；

（三）主动供述应急管理部门及其他行政机关尚未掌握的违法行为的；

（四）配合应急管理部门查处违法行为或者进行事故调查有立功表现的；

（五）法律、法规、规章规定其他应当从轻或者减轻行政处罚的。

第十八条　当事人存在从轻处罚情节的，应当在依法可以选择的处罚种类和处罚幅度内，适用较轻、较少的处罚种类或者较低的处罚幅度。

当事人存在减轻处罚情节的，应当适用法定行政处罚最低限度以下的处罚种类或者处罚幅度，包括应当并处时不并处、在法定最低罚款限值以下确定罚款数额等情形。

对当事人作出减轻处罚决定的，应当经应急管理部门负责人集体讨论决定。

第十九条　当事人有下列情形之一的，应当依法从重处罚：

（一）因同一违法行为受过刑事处罚，或者一年内因同一种违法行为受过行政处罚的；

（二）拒绝、阻碍或者以暴力方式威胁行政执法人员执行职务的；

（三）伪造、隐匿、毁灭证据的；

（四）对举报人、证人和行政执法人员打击报复的；

（五）法律、法规、规章规定其他应当从重处罚的。

发生自然灾害、事故灾难等突发事件，为了控制、减轻和消除突发事件引起的社会危害，对违反突发事件应对措施的行为，应当依法快速、从重处罚。

当事人存在从重处罚情节的，应当在依法可以选择的处罚种类和处罚幅度内，适用较重、较多的处罚种类或者较高的处罚幅度。

第二十条 对当事人的同一个违法行为，不得给予两次以上罚款的行政处罚。同一个违法行为违反多个法律规定应当给予罚款处罚的，按照罚款数额高的规定处罚。

对法律、法规、规章规定可以处以罚款的，当事人首次违法并按期整改违法行为、消除事故隐患的，可以不予罚款。

第二十一条 当事人违反不同的法律规定，或者违反同一条款的不同违法情形，有两个以上应当给予行政处罚的违法行为的，适用不同的法律规定或者同一法律条款规定的不同违法情形，按照有关规定分别裁量，合并处罚。

第二十二条 制定应急管理行政许可裁量权基准时，应当明确行政许可的具体条件、工作流程、办理期限等内容，不得增加许可条件、环节，不得增加证明材料，不得设置或者变相设置歧视性、地域限制等不公平条款，防止行业垄断、地方保护、市场分割。

应急管理行政许可由不同层级应急管理部门分别实施的，应当明确不同层级应急管理部门的具体权限、流程和办理时限。对于法定的行政许可程序，负责实施的应急管理部门应当优化简化内部工作流程，合理压缩行政许可办理时限。

第二十三条 法律、法规、规章没有对行政许可规定数量限制的，不得以数量控制为由不予审批。

应急管理行政许可裁量权基准涉及需要申请人委托中介服务机构提供资信证明、检验检测、评估等中介服务的，不得指定具体的中介服务机构。

第二十四条 法律、法规、国务院决定规定由应急管理部门实施某项行政许可，没有同时规定行政许可的具体条件的，原则上应当以规章形式制定行政许可实施规范。

第二十五条 制定应急管理行政征收征用裁量权基准时，应当明确行政征收征用的标准、程序、权限等内容，合理确定征收征用财产和物品的范围、数量、数额、期限、补偿标准等。

对行政征收项目的征收、停收、减收、缓收、免收情形，应当明确具体情形、审批权限和程序。

第二十六条 制定应急管理行政强制裁量权基准时，应当明确强制种类、条件、程序、期限等内容。

第二十七条 制定应急管理行政检查裁量权基准时，应当明确检查主体、依据、标准、范围、方式和频率等内容。

第二十八条 根据法律、法规、规章规定，存在裁量空间的其他行政执法行为，有关应急管理部门应当按照类别细化、量化行政裁量权基准和实施程序。

第二十九条 应急管理部门在作出有关行政执法决定前，应当告知行政相对人行政执法行为的依据、内容、事实、理由，有行政裁量权基准的，应当在行政执法决定书中对行政裁量权基准的适用情况予以明确。

第四章 制定程序和管理

第三十条 应急管理行政裁量权基准需要以规章形式制定的，应当按照《规章制定程序条例》规定，履行立项、起草、审查、决定、公布等程序。

应急管理部门需要以行政规范性文件形式制定行政裁量权基准的，应当按照国务院及有关人民政府关于行政规范性文件制定和监督管理工作有关规定，履行评估论证、公开征求意见、合法性审核、集体审议决定、公开发布等程序。

第三十一条 应急管理行政裁量权基准制定后，应当按照规章和行政规范性文件备案制度确定的程序和时限报送备案，接受备案审查机关监督。

第三十二条 应急管理部门应当建立行政裁量权基准动态调整机制，行政裁量权基准所依据的法律、法规、规章作出修改，或者客观情况发生重大变化的，应当及时按照程序修改并公布。

第三十三条 应急管理部门应当通过行政执法情况检查、行政执法案卷评查、依法行政考核、行政执法评议考核、行政复议附带审查、行政执法投诉举报处理等方式，加强对行政裁量权基准制度执行情况的监督检查。

第三十四条 推进应急管理行政执法裁量规范化、标准化、信息化建设，充分运用人工智能、大数据、云计算、区块链等技术手段，将行政裁量权基准内容嵌入行政执法信息系统，为行政执法人员提供精准指引，有效规范行政裁量权行使。

第五章 附 则

第三十五条 本规定自 2024 年 1 月 1 日起施行。原国家安全生产监督管理总局 2010 年 7 月 15 日公布的《安全生产行政处罚自由裁量适用规则（试行）》同时废止。

应急管理部行政复议和行政应诉工作办法

·2024年4月4日应急管理部令第15号公布
·自2024年6月1日起施行

第一章 总 则

第一条 为规范应急管理部行政复议和行政应诉工作,依法履行行政复议和行政应诉职责,发挥行政复议化解行政争议的主渠道作用,保护公民、法人和其他组织的合法权益,根据《中华人民共和国行政复议法》、《中华人民共和国行政诉讼法》等规定,制定本办法。

第二条 应急管理部办理行政复议案件、行政应诉事项,适用本办法。

国家消防救援局、国家矿山安全监察局、中国地震局办理法定管辖的行政复议案件、行政应诉事项,参照本办法的相关规定执行。

第三条 应急管理部法制工作机构是应急管理部行政复议机构(以下简称行政复议机构),负责办理应急管理部行政复议事项;应急管理部法制工作机构同时组织办理应急管理部行政应诉有关事项。

第四条 应急管理部履行行政复议、行政应诉职责,遵循合法、公正、公开、高效、便民、为民的原则,坚持有错必纠,尊重并执行法院生效裁判,保障法律、法规的正确实施。

第二章 行政复议申请

第五条 公民、法人或者其他组织可以依照《中华人民共和国行政复议法》第十一条规定的行政复议范围,向应急管理部申请行政复议。

第六条 下列事项不属于行政复议范围:

(一)国防、外交等国家行为;

(二)行政法规、规章或者应急管理部制定、发布的具有普遍约束力的决定、命令等规范性文件;

(三)应急管理部对本机关工作人员的奖惩、任免等决定;

(四)应急管理部对民事纠纷作出的调解。

第七条 公民、法人或者其他组织认为应急管理部的行政行为所依据的有关规范性文件(不含规章)不合法,在对行政行为申请行政复议时,可以一并向应急管理部提出对该规范性文件的附带审查申请。

第八条 依法申请行政复议的公民、法人或者其他组织是申请人。

申请人以外的同被申请行政复议的行政行为或者行政复议案件处理结果有利害关系的公民、法人或者其他组织,可以作为第三人申请参加行政复议,或者由行政复议机构通知其作为第三人参加行政复议。

第三人不参加行政复议,不影响行政复议案件的审理。

第九条 申请人、第三人可以委托1至2名律师、基层法律服务工作者或者其他代理人代为参加行政复议。

申请人、第三人委托代理人的,应当向行政复议机构提交授权委托书、委托人及被委托人的身份证明文件。授权委托书应当载明委托事项、权限和期限。申请人、第三人变更或者解除代理人权限的,应当书面告知行政复议机构。

第十条 公民、法人或者其他组织对应急管理部作出的行政行为不服申请行政复议的,应急管理部是被申请人;对应急管理部管理的法律、行政法规、部门规章授权的组织作出的行政行为不服申请行政复议的,该组织是被申请人。

应急管理部与其他行政机关以共同的名义作出同一行政行为的,应急管理部与共同作出行政行为的行政机关是被申请人。

应急管理部委托的组织作出行政行为的,应急管理部是被申请人。

第十一条 应急管理部为被申请人的,由原承办该行政行为有关事项的司局(单位)提出书面答复。应急管理部管理的法律、行政法规、部门规章授权的组织为被申请人的,由该组织提出书面答复。

第十二条 公民、法人或者其他组织认为行政行为侵犯其合法权益的,符合行政复议法律法规和本办法规定的管辖和受理情形的,可以自知道或者应当知道该行政行为之日起60日内向应急管理部提出行政复议申请;但是法律规定的申请期限超过60日的除外。

因不可抗力或者其他正当理由耽误法定申请期限的,申请期限自障碍消除之日起继续计算。

有关行政行为作出时,未告知公民、法人或者其他组织申请行政复议的权利、行政复议机关和申请期限的,申请期限自公民、法人或者其他组织知道或者应当知道申请行政复议的权利、行政复议机关和申请期限之日起计算,但是自知道或者应当知道行政行为内容之日起最长不得超过1年。

第十三条 因不动产提出的行政复议申请自行政行为作出之日起超过20年,其他行政复议申请自行政行为作出之日起超过5年的,应急管理部不予受理。

第十四条 申请人申请行政复议,可以书面申请;书面申请有困难的,也可以口头申请。

书面申请的,可以通过邮寄或者应急管理部指定的互联网渠道等方式提交行政复议申请书,也可以当面提交行政复议申请书。

口头申请的,应急管理部应当当场记录申请人的基本情况、行政复议请求、申请行政复议的主要事实、理由和时间。

申请人对 2 个以上行政行为不服的,应当分别申请行政复议。

第十五条 应急管理部管辖下列行政复议案件:

(一)对应急管理部作出的行政行为不服的;

(二)对应急管理部依法设立的派出机构依照法律、行政法规、部门规章规定,以派出机构的名义作出的行政行为不服的;

(三)对应急管理部管理的法律、行政法规、部门规章授权的组织作出的行政行为不服的。

第三章 行政复议受理、审理和决定

第一节 行政复议受理

第十六条 应急管理部收到行政复议申请后,应当在 5 日内进行审查。对符合下列规定的,应当予以受理:

(一)有明确的申请人和符合《中华人民共和国行政复议法》规定的被申请人;

(二)申请人与被申请行政复议的行政行为有利害关系;

(三)有具体的行政复议请求和理由;

(四)在法定申请期限内提出;

(五)属于《中华人民共和国行政复议法》规定的行政复议范围;

(六)属于应急管理部的管辖范围;

(七)行政复议机关未受理过该申请人就同一行政行为提出的行政复议申请,并且人民法院未受理过该申请人就同一行政行为提起的行政诉讼。

对不符合前款规定的行政复议申请,应急管理部应当在审查期限内决定不予受理并说明理由;不属于应急管理部管辖的,还应当在不予受理决定中告知申请人有管辖权的行政复议机关。

行政复议申请的审查期限届满,应急管理部未作出不予受理决定的,审查期限届满之日起视为受理。

第十七条 行政复议申请材料不齐全或者表述不清楚,无法判断行政复议申请是否符合本办法第十六条第一款规定的,应急管理部应当自收到申请之日起 5 日内书面通知申请人补正。补正通知应当一次性载明需要补正的事项。

申请人应当自收到补正通知之日起 10 日内提交补正材料。有正当理由不能按期补正的,应急管理部可以延长合理的补正期限。无正当理由逾期不补正的,视为申请人放弃行政复议申请,并记录在案。

应急管理部收到补正材料后,依照本办法第十六条的规定处理。

第十八条 应急管理部受理行政复议申请后,发现该行政复议申请不符合本办法第十六条第一款规定的,应当依法决定驳回申请并说明理由。

第二节 行政复议审理

第十九条 应急管理部受理行政复议申请后,依照《中华人民共和国行政复议法》适用普通程序或者简易程序进行审理。行政复议机构应当指定行政复议人员负责办理行政复议案件。

行政复议人员对办理行政复议案件过程中知悉的国家秘密、商业秘密和个人隐私,应当予以保密。

第二十条 应急管理部依照法律、法规、规章审理行政复议案件。

第二十一条 行政复议期间有《中华人民共和国行政复议法》第三十九条规定的情形之一的,行政复议中止。行政复议中止的原因消除后,应当及时恢复行政复议案件的审理。

中止、恢复行政复议案件的审理,应急管理部应当书面告知当事人。

第二十二条 行政复议期间有《中华人民共和国行政复议法》第四十一条规定的情形之一的,行政复议终止。

第二十三条 行政复议期间行政行为不停止执行;但是有《中华人民共和国行政复议法》第四十二条规定的情形之一的,应当停止执行。

第二十四条 被申请人对其作出的行政行为的合法性、适当性负有举证责任。

有下列情形之一的,申请人应当提供证据:

(一)认为被申请人不履行法定职责的,提供曾经要求被申请人履行法定职责的证据,但是被申请人应当依职权主动履行法定职责或者申请人因正当理由不能提供的除外;

(二)提出行政赔偿请求的,提供受行政行为侵害而造成损害的证据,但是因被申请人原因导致申请人无法举证的,由被申请人承担举证责任;

（三）法律、法规规定需要申请人提供证据的其他情形。

有关证据经行政复议机构审查属实，才能作为认定行政复议案件事实的根据。

第二十五条　行政复议期间，被申请人不得自行向申请人和其他有关单位或者个人收集证据；自行收集的证据不作为认定行政行为合法性、适当性的依据。

行政复议期间，申请人或者第三人提出被申请行政复议的行政行为作出时没有提出的理由或者证据的，经行政复议机构同意，被申请人可以补充证据。

第二十六条　行政复议期间，申请人、第三人及其委托代理人可以按照规定查阅、复制被申请人提出的书面答复、作出行政行为的证据、依据和其他有关材料，除涉及国家秘密、商业秘密、个人隐私或者可能危及国家安全、公共安全、社会稳定的情形外，行政复议机构应当同意。

第二十七条　适用普通程序审理的行政复议案件，行政复议机构应当自行政复议申请受理之日起 7 日内，将行政复议申请书副本或者行政复议申请笔录复印件发送本办法第十一条规定的承办司局（单位）或者授权的组织。有关承办司局（单位）或者授权的组织应当自收到行政复议申请书副本或者行政复议申请笔录复印件之日起 10 日内提出书面答复，制作行政复议答复书，并提交作出行政行为的证据、依据和其他有关材料，径送行政复议机构。

行政复议答复书应当载明下列事项：

（一）作出行政行为的事实依据及有关的证据材料；

（二）作出行政行为所依据的法律、法规、规章和规范性文件的具体条款；

（三）对申请人具体复议请求的意见和理由；

（四）作出答复的日期。

提交的证据材料应当分类编号，并简要说明证据材料的来源、证明对象和内容。

应急管理部管理的法律、行政法规、部门规章授权的组织为被申请人的，行政复议答复书还应当载明被申请人的名称、地址和法定代表人的姓名、职务。

第二十八条　适用普通程序审理的行政复议案件，行政复议机构应当当面或者通过互联网、电话等方式听取当事人的意见，并将听取的意见记录在案。因当事人原因不能听取意见的，可以书面审理。

第二十九条　审理重大、疑难、复杂的行政复议案件，行政复议机构应当依法组织听证。

行政复议机构认为有必要听证，或者申请人请求听证的，行政复议机构可以组织听证。

申请人无正当理由拒不参加听证的，视为放弃听证权利。

被申请人的负责人应当参加听证。不能参加的，应当说明理由并委托相应的工作人员参加听证。

第三十条　行政复议机构组织听证的，按照下列程序进行：

（一）行政复议机构应当于举行听证的 5 日前将听证的时间、地点和拟听证事项等书面通知当事人；

（二）听证由一名行政复议人员任主持人，两名以上行政复议人员任听证员，一名记录员制作听证笔录；

（三）举行听证时，被申请人应当提供书面答复及相关证据、依据等材料，证明其行政行为的合法性、适当性，申请人、第三人可以提出证据进行申辩和质证；

（四）听证笔录应当经听证参加人确认无误后签字或者盖章。

第三十一条　应急管理部审理下列行政复议案件，认为事实清楚、权利义务关系明确、争议不大的，可以适用简易程序：

（一）被申请行政复议的行政行为是当场作出；

（二）被申请行政复议的行政行为是警告或者通报批评；

（三）案件涉及款额三千元以下；

（四）属于政府信息公开案件。

除前款规定以外的行政复议案件，当事人各方同意适用简易程序的，可以适用简易程序。

适用简易程序审理的行政复议案件，行政复议机构应当自受理行政复议申请之日起 3 日内，将行政复议申请书副本或者行政复议申请笔录复印件发送本办法第十一条规定的承办司局（单位）或者授权的组织。有关承办司局（单位）或者授权的组织应当自收到行政复议申请书副本或者行政复议申请笔录复印件之日起 5 日内，提出书面答复，制作行政复议答复书，并提交作出行政行为的证据、依据和其他有关材料，径送行政复议机构。

适用简易程序审理的行政复议案件，可以书面审理。

第三十二条　适用简易程序审理的行政复议案件，行政复议机构认为不宜适用简易程序的，经行政复议机构的负责人批准，可以转为普通程序审理。

第三节　行政复议决定

第三十三条　应急管理部依法审理行政复议案件，

由行政复议机构对行政行为进行审查，提出意见，经应急管理部负责人同意或者集体讨论通过后，依照《中华人民共和国行政复议法》的相关规定，以应急管理部的名义作出变更行政行为、撤销或者部分撤销行政行为、确认行政行为违法、责令被申请人在一定期限内履行法定职责、确认行政行为无效、维持行政行为等行政复议决定。

应急管理部依法对行政协议争议、行政赔偿事项等进行处理，作出有关行政复议决定。

应急管理部不得作出对申请人更为不利的变更决定，但是第三人提出相反请求的除外。

第三十四条 适用普通程序审理的行政复议案件，应急管理部应当自受理申请之日起60日内作出行政复议决定；但是法律规定的行政复议期限少于60日的除外。情况复杂，不能在规定期限内作出行政复议决定的，经行政复议机构的负责人批准，可以适当延长，并书面告知当事人；但是延长期限最多不得超过30日。

适用简易程序审理的行政复议案件，应急管理部应当自受理申请之日起30日内作出行政复议决定。

第三十五条 应急管理部办理行政复议案件，可以进行调解。

调解应当遵循合法、自愿的原则，不得损害国家利益、社会公共利益和他人合法权益，不得违反法律、法规的强制性规定。

当事人经调解达成协议的，应急管理部应当制作行政复议调解书，经各方当事人签字或者签章，并加盖应急管理部印章，即具有法律效力。

调解未达成协议或者调解书生效前一方反悔的，应急管理部应当依法审查或者及时作出行政复议决定。

第三十六条 当事人在行政复议决定作出前可以自愿达成和解，和解内容不得损害国家利益、社会公共利益和他人合法权益，不得违反法律、法规的强制性规定。

当事人达成和解后，由申请人向行政复议机构撤回行政复议申请。行政复议机构准予撤回行政复议申请、行政复议机关决定终止行政复议的，申请人不得再以同一事实和理由提出行政复议申请。但是，申请人能够证明撤回行政复议申请违背其真实意愿的除外。

第三十七条 应急管理部作出行政复议决定，应当制作行政复议决定书，并加盖应急管理部印章。

行政复议决定书一经送达，即发生法律效力。

第三十八条 应急管理部根据被申请行政复议的行政行为的公开情况，按照国家有关规定将行政复议决定书向社会公开。

第四章 行政应诉

第三十九条 人民法院送达的行政应诉通知书等应诉材料由应急管理部法制工作机构统一接收。公文收发部门或者其他司局（单位）收到有关材料的，应当于1日内转送应急管理部法制工作机构。

第四十条 应急管理部法制工作机构接到行政应诉通知书等应诉材料5日内，应当组织协调有关司局（单位）共同研究拟订行政应诉方案，确定出庭应诉人员。

有关司局（单位）应当指派专人负责案件调查、收集证据材料，提出初步答辩意见，协助应急管理部法制工作机构组织开展应诉工作。

应急管理部法制工作机构起草行政诉讼答辩状后，按照程序需要有关司局（单位）会签的，有关司局（单位）应当在2日内会签完毕。

第四十一条 应急管理部法制工作机构提出一名代理人，有关司局（单位）提出一名代理人，按照程序报请批准后，作为行政诉讼代理人；必要时，可以委托律师担任行政诉讼代理人，但不得仅委托律师出庭。

应急管理部法制工作机构负责为行政诉讼代理人办理授权委托书等材料。

第四十二条 在人民法院一审判决书或者裁定书送达后，应急管理部法制工作机构应当组织协调有关司局（单位）提出是否上诉的意见，按照程序报请审核。决定上诉的，提出上诉状，在法定期限内向人民法院提交。

对人民法院已发生法律效力的判决、裁定，应急管理部法制工作机构可以组织协调有关司局（单位）提出是否申请再审的意见，按照程序报请审核。决定申请再审的，提出再审申请书，在法定期限内向人民法院提交。

第四十三条 在行政诉讼过程中人民法院发出司法建议书、人民检察院发出检察建议书的，由应急管理部法制工作机构统一接收。经登记后转送有关司局（单位）办理。

有关司局（单位）应当在收到司法建议书、检察建议书之日起20日内拟出答复意见，经应急管理部法制工作机构审核后，按照程序报请审核，并在规定期限内回复人民法院、人民检察院。人民法院、人民检察院对回复时限另有规定的除外。

第五章 附 则

第四十四条 行政机关及其工作人员违反《中华人民共和国行政复议法》规定的，应急管理部可以向监察机关或者公职人员任免机关、单位移送有关人员违法的事实材料,接受移送的监察机关或者公职人员任免机关、单位应当依法处理。

应急管理部在办理行政复议案件过程中,发现公职人员涉嫌贪污贿赂、失职渎职等职务违法或者职务犯罪的问题线索,应当依照有关规定移送监察机关,由监察机关依法调查处置。

第四十五条 应急管理部对不属于本机关受理的行政复议申请,能够明确属于国家消防救援局、国家矿山安全监察局、中国地震局职责范围的,应当将该申请转送有关部门,并告知申请人。

第四十六条 本办法关于行政复议、行政应诉期间有关"1 日"、"2 日"、"3 日"、"5 日"、"7 日"、"10 日"的规定是指工作日,不含法定休假日。

第四十七条 本办法自 2024 年 6 月 1 日起施行。原国家安全生产监督管理总局 2007 年 10 月 8 日公布的《安全生产行政复议规定》同时废止。

典型案例

应急管理部公布一批"一案双罚"典型执法案例[①]

案例 1:2023 年 5 月 9 日,应急管理部联合执法小分队对杭州某智能材料科技有限公司进行暗查暗访,发现刘某某等三人未按照规定经专门的安全作业培训取得特种作业操作资格证上岗作业,随后将问题线索移交属地监管部门。浙江省杭州市余杭区应急管理局依法进行立案查处,核查确认该公司上述行为违反了《安全生产法》第三十条第一款的规定,依据《安全生产法》第九十七条第七项的规定,责令杭州某智能材料科技有限公司限期改正,并对该公司作出罚款人民币 2.5 万元的行政处罚决定。调查中还发现,该公司主要负责人王某某存在未组织实施本单位安全生产规章制度的违法行为,违反了《安全生产法》第二十一条第二项的规定,依据《安全生产法》第九十四条第一款的规定,对其作出罚款人民币 2.5 万元的行政处罚决定。公安机关对刘某某等三人依法实施行政拘留。

案例 2:2023 年 4 月 27 日,应急管理部联合执法小分队对河南省某金属材料有限公司进行暗查暗访,发现该公司从事焊接的特种作业人员王某某等三人未按照规定经专门的安全作业培训取得特种作业操作资格证上岗作业;王某某使用伪造的特种作业操作证件;王某某和聂某涉嫌买卖国家机关证件,随后联合执法小分队将问题线索移交属地监管部门。河南省郑州市郑东新区应急管理局依法进行立案查处,核查确认该公司上述行为违反了《安全生产法》第三十条第一款和《特种作业人员安全技术培训考核管理规定》第三十六条第二款的规定。郑东新区应急管理局依据《安全生产法》第九十七条第七项的规定,责令河南省某金属材料有限公司限期改正,并对该公司作出罚款人民币 3.5 万元的行政处罚决定;依据《特种作业人员安全技术培训考核管理规定》第四十一条第一款的规定,对王某某作出警告并处罚款人民币 0.2 万元的行政处罚决定;对王某某和聂某涉嫌买卖国家机关证件的相关线索依法移交公安机关处理。

案例 3:2023 年 5 月 1 日,山东省应急管理厅行政执法人员对淄博市某机械有限公司进行执法检查,发现该公司生产车间出口和疏散通道堵塞;有电焊工未按照规定经专门的安全作业培训取得特种作业操作资格证上岗作业等 6 项问题。该公司上述行为违反了《安全生产法》第四十二条第二款、第三十条第一款等规定。山东省应急管理厅依据《安全生产法》第一百零五条第二项、第九十七条第七项等规定,责令该公司限期改正,并对其违法行为分别裁量、合并作出罚款人民币 14.5 万元的行政处罚决定。调查中还发现,该公司主要负责人崔某某存在未组织实施安全生产规章制度的违法行为,违反了《安全生产法》第二十一条第二项的规定,依据《安全生产法》第九十四条第一款的规定,对其作出罚款人民币 2 万元的行政处罚。

案例 4:2023 年 5 月 9 日,应急管理部联合执法小分队对福州某制冷机电设备有限公司进行暗查暗访,发现该公司未与承租方(某鞋帽有限公司)签订专门的安全生产管理协议,未在租赁合同中明确各自的安全生产管理职责,也未对承租单位的安全生产统一协调、管理,随后将问题线索移交属地监管部门。福建省福州市闽侯县应急管理局依法进行立案查处,核查确认该公司上述行为违反了《安全生产法》第四十九条第二款的规定,依

① 案例来源:https://www.mem.gov.cn/xw/yjglbgzdt/202306/t20230621_454121.shtml。

据《安全生产法》第一百零三条第二款的规定，责令福州某制冷机电设备有限公司限期改正，并对该公司及其主要负责人赵某分别作出罚款人民币2.5万元和0.5万元的行政处罚决定。

案例5：2023年4月20日，浙江省金华市武义县应急管理局行政执法人员对浙江某电器有限公司开展“一厂多租”专项执法检查，发现该公司未与4家承租企业签订专门的安全生产管理协议，在其租赁协议中也没有约定各自的安全生产管理职责，未对承租单位安全生产工作统一协调、管理。该公司上述行为违反了《安全生产法》第四十九条第二款的规定。武义县应急管理局依据《安全生产法》第一百零三条第二款的规定，责令浙江某电器有限公司限期改正，并对该公司及其负责人杨某某分别作出罚款人民币4.1万元和0.9万元的行政处罚决定。

案例6：2023年2月23日，江西省新余市分宜县应急管理局行政执法人员对某锂业有限公司进行执法检查，发现该公司未与外包的叉车搬运队伍签订专门的安全生产管理协议，未明确各自的安全生产管理职责。该公司上述行为违反了《安全生产法》第四十九条第二款的规定，分宜县应急管理局依据《安全生产法》一百零三条第二款的规定，责令某锂业有限公司限期改正，并对该公司及其主要负责人侯某分别作出罚款人民币1.8万元和0.2万元的行政处罚决定。

案例7：2023年4月24日，应急管理部联合执法小分队对河北某纺织有限公司进行暗查暗访，发现该公司未按规定设置符合要求的安全出口和疏散通道，随后将问题线索移交属地监管部门。河北省石家庄市栾城区应急管理局依法进行立案查处，核查确认该公司上述行为违反了《安全生产法》第四十二条第二款的规定，依据《安全生产法》第一百零五条第二项的规定，责令河北某纺织有限公司限期改正，并对该公司及其主管人员刘某分别作出罚款人民币1.5万元和0.5万元的行政处罚决定。

案例8：2023年3月23日，江苏省淮安市清江浦区应急管理局行政执法人员对淮安市某管业科技有限公司进行执法检查，发现该公司一共4个出口，朝东出口大门被锁闭，朝南三个出口分别被管材、生产机器、车辆等设备和杂物堵塞，疏散通道未设置相关标志。该公司上述行为违反了《安全生产法》第四十二条第二款的规定，清江浦区应急管理局依据《安全生产法》第一百零五条第二项的规定，责令淮安市某管业科技有限公司限期改正，并对该公司及主管人员高某某作出罚款人民币1.6万元和0.4万元的行政处罚决定。

案例9：2023年3月28日，四川省成都市双流区应急管理局行政执法人员到成都某商贸有限公司进行执法检查时，发现该公司纸品仓库、日化仓库未按规定设置符合要求的疏散通道。该公司上述行为违反了《安全生产法》第四十二条第二款的规定，双流区应急管理局依据《安全生产法》第一百零五条第二项的规定，责令成都某商贸有限公司限期改正，并对该公司及主管人员周某某分别作出处罚款人民币0.9万元和0.2万元的行政处罚决定。

二、专业人员任用、考核、培训、管理

应急管理系统奖励暂行规定

· 2020年11月10日
· 应急〔2020〕88号

第一章　总　则

第一条　为加强和规范应急管理系统奖励工作，健全应急管理奖励制度，激励应急管理系统广大干部职工和消防救援指战员做到对党忠诚、纪律严明、赴汤蹈火、竭诚为民，履行防范化解重大安全风险、及时应对处置各类灾害事故的重要职责，担负起保护人民群众生命财产安全和维护社会稳定的重要使命，根据国家有关法律法规，制定本规定。

第二条　本规定适用于对全国各级应急管理部门、地震机构、矿山安全监察机构（以下统称应急管理部门、机构）及其所属单位，国家综合性消防救援队伍、安全生产等专业应急救援队伍，以及参加应急抢险救援救灾任务的社会应急救援力量的集体和个人的奖励。

第三条　奖励工作坚持以习近平新时代中国特色社会主义思想为指导，深入贯彻落实习近平总书记关于应急管理重要论述和党中央决策部署，服务应急管理大局，发挥先进典型示范引领作用，全面建设让党和人民信得过靠得住能放心的应急管理队伍。奖励工作坚持以下原则：

（一）把政治标准放在首位，突出功绩导向；

（二）发扬民主，注重群众公认；

（三）公开、公平、公正，严格标准程序；

（四）精神奖励与物质奖励相结合、以精神奖励为主；

（五）定期奖励和及时奖励相结合、注重及时施奖。

第四条　奖励工作实行统一领导，分级管理，分工负责。应急管理系统政治工作部门归口管理奖励工作，其他相关部门配合做好奖励工作。

第二章　奖励的等级、条件和标准

第五条　奖励分为集体奖励和个人奖励。奖励由低至高依次分为：嘉奖、记三等功、记二等功、记一等功、授予称号。

授予个人称号分为“全国应急管理系统一级英雄模范”、“全国应急管理系统二级英雄模范”；授予集体称号的名称，根据被授予集体的事迹特点确定。

第六条　以习近平新时代中国特色社会主义思想为指导，贯彻落实习近平总书记关于应急管理重要论述和党中央决策部署，忠实践行习近平总书记重要训词精神，增强“四个意识”，坚定“四个自信”，做到“两个维护”，坚持人民至上、生命至上，对党忠诚、纪律严明、赴汤蹈火、竭诚为民，切实把确保人民生命安全放在第一位落到实处，并具备下列条件之一的，应当给予奖励：

（一）锐意改革创新、勇于探索实践，具有强烈的事业心和责任感，恪尽职守，勤勉尽责，业务精湛，甘于奉献，在加强应急管理基础建设，科学制定和实施应急预案、自然灾害监测预警、风险评估，有效防范生产安全重特大事故、抵御自然灾害等方面取得显著成绩。

（二）勇于攻坚克难，面对突发事件挺身而出，妥善应对处置生产安全事故、自然灾害，科学组织施救，执行应急抢险救援救灾、火灾扑救、重大活动安全保障保卫等任务，闻令而动、不畏艰险、冲锋在前、敢打硬仗，千方百计完成任务，取得突出成绩。

（三）加强安全生产和消防安全监督管理，依法行政，秉公执法，严格落实监管监察职责，坚持原则，较真碰硬，扎根基层，任劳任怨，所负责监管监察区域行业领域取得显著成绩。

（四）有力组织防灾减灾救灾，竭诚服务人民群众，有效组织指导灾情统计核查、损失评估、物资保障、受灾群众安置和灾后重建，工作成效显著。

（五）把党的政治建设放在首位，坚持民主集中制，领导班子团结有力，坚决反对形式主义、官僚主义，纪律严明，党的建设和队伍建设成效显著；克己奉公，清正廉洁，无私奉献，模范遵守宪法法律、职业道德和社会公德，受到广泛赞誉。

（六）其他方面成绩突出的。

第七条　对符合奖励条件的集体和个人，根据其事迹及作用、影响，按以下标准确定奖励等级：

（一）对成绩突出的，给予嘉奖；

（二）对成绩突出，有较大贡献的，记三等功；

（三）对成绩显著，有重要贡献的，记二等功；

（四）对成绩显著，有重大贡献和影响的，记一等功；

（五）对成绩卓著，有特殊贡献和重大影响，堪称典范的，授予称号。

第八条 对因同一事由获得上级部门、单位奖励的，下级部门、单位不再重复奖励。对符合奖励条件的已故人员，可以追授奖励。

第九条 集体或者个人因涉嫌违纪违法等问题正在接受组织调查的，应当暂停实施奖励。

集体发生严重违纪违法或者重大失职、失误问题的，原则上一年内不予奖励；情节特别严重、影响特别恶劣的，原则上两年内不予奖励。个人受到诫勉、组织处理或者党纪政务处分等影响期未满的，原则上不予奖励。

第三章 奖励的权限

第十条 应急管理部的批准权限：

（一）集体和个人授予称号，其中"全国应急管理系统一级英雄模范"称号，由人力资源社会保障部会同应急管理部审批；

（二）应急管理部内设机构的集体和个人记一等功、记二等功、记三等功、嘉奖；地震机构、矿山安全监察机构的集体和个人记一等功；

（三）省级以下应急管理部门的集体和个人记一等功、记二等功、记三等功、嘉奖；

（四）中队（站）级单位记一等功，大队级单位记一等功、记二等功，支队级单位记一等功、记二等功、记三等功，总队级单位记一等功、记二等功、记三等功、嘉奖；高级消防员记一等功，大队级正职、副职和专业技术十级、十一级干部记一等功，支队级正职、副职和专业技术八级、九级干部记一等功、记二等功，总队级正职、副职和专业技术四级、五级、六级、七级干部记一等功、记二等功、记三等功。

消防救援局、森林消防局的批准权限：

（一）分队、班记一等功，中队（站）级单位记二等功，大队级单位记三等功，支队级单位嘉奖；

（二）中级、初级消防员记一等功，高级消防员记二等功；

（三）中队（站）级正职、副职和专业技术十二级、十三级、十四级干部记一等功，大队级正职、副职和专业技术十级、十一级干部记二等功，支队级正职、副职和专业技术八级、九级干部记三等功，总队级正职、副职和专业技术四级、五级、六级、七级干部嘉奖。

第十一条 省级应急管理厅（局）的批准权限：

（一）省级应急管理厅（局）内设机构的集体和个人记二等功、记三等功、嘉奖；

（二）市（地）级以下应急管理部门的集体和个人记二等功、记三等功、嘉奖。

国家综合性消防救援队伍总队级单位的批准权限：

（一）分队、班记二等功，中队（站）级单位记三等功，大队级单位嘉奖；

（二）中级、初级消防员记二等功，高级消防员记三等功；

（三）中队（站）级正职、副职和专业技术十二级、十三级、十四级干部记二等功，大队级正职、副职和专业技术十级、十一级干部记三等功，支队级正职、副职和专业技术八级、九级干部嘉奖。

第十二条 市（地）级应急管理部门的批准权限：

（一）市（地）级应急管理部门内设机构的集体和个人记三等功、嘉奖；

（二）县（市）级以下应急管理部门的集体和个人记三等功、嘉奖。

国家综合性消防救援队伍支队级单位的批准权限：

（一）分队、班记三等功，中队（站）级单位嘉奖；

（二）中级、初级消防员记三等功；

（三）中队（站）级正职、副职和专业技术十二级、十三级、十四级干部记三等功，大队级正职、副职和专业技术十级、十一级干部嘉奖。

第十三条 县（市）级应急管理部门，对其内设机构及乡镇应急管理站的集体和个人，可以按照有关规定，报县（市）级党委、政府给予记三等功、嘉奖。

国家综合性消防救援队伍大队级单位的批准权限：

（一）分队、班嘉奖；

（二）高级消防员嘉奖；

（三）中队（站）级正职以下和专业技术十二级以下干部嘉奖。

国家综合性消防救援队伍中队（站）级单位批准权限：

中级、初级消防员嘉奖。

第十四条 对国家综合性消防救援队伍兼任领导职务的专业技术干部实施奖励，根据其主要事迹的特点，按照领导职务或者专业技术等级的相应奖励批准权限实施；管理指挥职级干部的奖励批准权限，参照相应领导职务干部的奖励批准权限实施。

对消防救援院校从普通中学毕业生和消防员中招收

的学员实施奖励,按照对初级消防员奖励的权限执行;对干部学员实施奖励,按照现任职务(职级)或者专业技术等级的奖励权限执行。

第十五条 各级地震机构、矿山安全监察机构参照本规定第十条至第十三条规定,批准记二等功、记三等功、嘉奖奖励。

第四章 奖励的实施

第十六条 对集体和个人实施奖励,一般按照下列程序进行:

(一)启动。实施奖励的单位制定奖励工作方案,明确奖励范围、条件、种类、名额、程序和工作要求等,按规定报批。

(二)推荐。对符合奖励条件的,在所在单位民主推荐基础上,按有关规定自下而上、逐级研究提出推荐对象。

(三)审核。实施奖励的单位政治工作部门对推荐对象进行审核,提出奖励审核意见。

(四)审批。实施奖励的单位研究决定奖励对象,作出奖励决定。

对承担重特大地震、地质、水旱、森林草原火灾等自然灾害和重特大火灾、重特大生产安全事故应急抢险救援救灾,以及重大活动安全保障保卫等其他有关重大任务(以下统称重大应急任务)中成绩特别突出的集体和个人,应当及时给予奖励。必要时,可以简化程序,由实施奖励的单位政治工作部门提出建议,直接实施奖励。

第十七条 对受组织委派,离开原单位承担临时任务、学习培训或者借调、挂职的人员,时间一年以上、符合奖励条件的,可以由临时所在单位实施奖励或者申报奖励;时间不足一年、符合奖励条件的,由临时所在单位向原单位介绍情况,由原单位实施奖励或者申报奖励。

第十八条 申报及时奖励一般在集体和个人作出符合奖励条件的业绩后一个月内提出,实施奖励的单位应当在收到奖励申报材料一个月内完成审核、审批。

第十九条 对拟实施奖励的集体和个人,应当按照管理权限,征得主管单位同意,并征求纪检监察机关和相关部门意见。

第二十条 对拟记二等功以上奖励的集体和个人,由实施奖励的单位组织考察,或者委托下一级单位政治工作部门组织考察,受委托的政治工作部门不得再行委托。

第二十一条 对拟给予奖励的集体和个人,除涉密等特殊情况外,应当逐级在一定范围内公示不少于 5 个工作日。

第二十二条 一般由实施奖励的单位印发奖励决定,也可以由实施奖励的单位主要领导同志签署决定或者命令。

奖励决定或者命令应当及时公布,举行庄重、俭朴的授奖仪式。必要时,可以召开庆功授奖大会。

奖励决定、命令、审批表和其他有关材料应存入单位文书档案或者本人干部人事档案。

第二十三条 年度集体、个人授予称号数量,由应急管理部商有关部门确定。

应急管理部门、机构年度给予个人记一等功、记二等功、记三等功、嘉奖的比例,分别不超过当年实有人数的万分之四、千分之四、百分之四、百分之十;年度给予集体记一等功、记二等功、记三等功、嘉奖的比例,由实施奖励的单位根据实际情况确定。根据年度考核结果给予的个人嘉奖、记三等功,按照有关规定执行,不受上述比例限制。

国家综合性消防救援队伍年度给予个人记功、嘉奖的比例,分别不超过本单位实力人数的百分之二、百分之二十五。严格控制实施记二等功以上奖励,确需实施的,不超过本单位实力人数的千分之一。集体年度记功、嘉奖的比例,分别不超过同级单位总数的百分之三、百分之十。小散远和艰苦边远地区单位可以适当提高个人年度奖励比例,具体办法由应急管理部另行规定。

第二十四条 国家综合性消防救援队伍执行由党中央、国务院和应急管理部安排部署重大应急任务的,个人记功、嘉奖的比例原则上分别不超过参与任务总人数的百分之八、百分之四十;执行其他重大任务的,个人记功、嘉奖的比例分别不超过参与任务总人数的百分之五、百分之三十。特殊情况下需突破及时奖励比例的,须报批准实施奖励活动的单位审核确定。对单位实施及时奖励的数量比例不作具体规定,结合实际从严把握。

第二十五条 国家综合性消防救援队伍支队级以上单位和支队级以上领导干部的奖励,应当从严控制。确需奖励的,对支队级单位通常实施记二等功以下奖励,对总队级单位通常实施记三等功以下奖励;对支队级领导干部通常实施记二等功以下奖励,对总队级领导干部通常实施记三等功以下奖励。

第二十六条 奖励应当向承担急难险重任务和基层、艰苦边远地区一线的单位及其工作人员倾斜,数量应当占年度奖励总数的百分之八十五以上。对应急管理部门、机构的厅(局)级以上单位、个人的奖励,应当从严控制。

第五章　获奖的标志和待遇

第二十七条　实施奖励的单位对获得奖励的集体颁发奖牌或者奖状、奖旗;对获得记三等功以上的个人颁发奖章和证书;对获得嘉奖的个人颁发证书。

第二十八条　省级以上应急管理部门、机构和国家综合性消防救援队伍总队级以上单位,按照国家规定的式样、规格、质地统一制作或者监制奖牌、奖状、奖旗、奖章、证书。

第二十九条　奖牌、奖状、奖旗、奖章、证书由获得奖励的集体和个人妥善保存。获得奖励的个人在参加重要会议或者重大活动时应将奖章佩戴在左胸前。

第三十条　奖牌、奖状、奖章、证书丢失或者毁损的,应当向所在单位政治工作部门报告,由政治工作部门核实后,按程序报实施奖励的单位予以补发或者更换。

第三十一条　对获得奖励的个人,按国家有关规定发放奖金、享受有关待遇。其中,对国家综合性消防救援队伍单独实施的奖励,参照军队政策规定发放奖金、享受有关待遇。

奖励经费按隶属关系和财政保障范围,列入各级政府应急管理部门、机构和国家综合性消防救援队伍的预算予以保障。

第六章　获奖对象教育管理和奖励监督

第三十二条　对获得奖励的集体和个人,应急管理部门、机构和国家综合性消防救援队伍应当加强教育管理,在政治思想上、工作上和生活上给予关心爱护,使他们保持荣誉、不断进步。

第三十三条　应急管理部门、机构和国家综合性消防救援队伍应当采取多种形式,广泛宣传获奖集体和个人的先进事迹,充分发挥先进典型的示范带动作用,激励应急管理系统广大干部职工和消防救援指战员比学赶超、冲锋在前、建功立业。

第三十四条　获得奖励的集体或者个人,有下列情形之一的,应当撤销奖励:

(一)弄虚作假,骗取奖励的;

(二)申报奖励时隐瞒严重错误或者严重违反规定程序的;

(三)有严重违纪违法等行为,影响称号声誉的;

(四)有法律、法规规定应当撤销奖励的其他情形的。

第三十五条　撤销奖励,由原奖励申报单位按程序报原实施奖励的单位审批。必要时,原实施奖励的单位可以直接撤销奖励。

奖励撤销后,由原实施奖励的单位收回奖牌、奖状、奖旗、奖章、证书,追缴所获奖金等物质奖励,停止其享受的有关待遇。撤销奖励的决定等相关材料存入单位文书档案或者本人干部人事档案。

第三十六条　应急管理部门、机构和国家综合性消防救援队伍应当及时受理对奖励工作的投诉、举报,并按照国家有关规定处理。

第三十七条　对在奖励工作中徇私舞弊、弄虚作假,或者有其他违纪违法行为的,按照有关规定严肃查处。

第七章　附　则

第三十八条　对应急管理部门、机构所属事业单位的集体和个人实施奖励,按照《事业单位工作人员奖励规定》执行。

对经应急管理部门统一组织调动,承担重大应急任务的有关方面集体和个人,由应急管理部门按照国家有关规定给予奖励表彰。

第三十九条　应急管理部门、机构和国家综合性消防救援队伍开展表彰活动,按照国家有关规定执行。

第四十条　本规定由应急管理部政治部负责解释。

第四十一条　本规定自印发之日起施行。

社会应急力量分类分级测评实施办法(试行)

·2024年10月11日

·应急〔2024〕83号

第一章　总　则

第一条　为推动提升社会应急力量整体建设发展质量,规范社会应急力量分类分级测评工作(以下简称测评工作),遴选出一批政治立场坚定、队伍管理严格、救援能力精湛、装备配备良好、行动规范有序的社会应急力量,助力提高社会应急力量救援效能,依据有关法律法规和《关于进一步推进社会应急力量健康发展的意见》等政策文件,制定本办法。

第二条　本办法适用于在各级民政部门依法登记,以应急管理部门为业务主管单位或者行业管理部门,从事防灾减灾救灾社会组织的分类分级测评工作。

第三条　本办法所称测评工作,是指应急管理部门依照规定的程序和方法,对社会应急力量日常管理、装备配备、专业能力等方面进行综合评定,作出测评等级结论并进行管理的有关工作。

第四条　测评工作坚持"统一领导、属地负责,自愿参与、客观公正,厉行节约、安全有序,以评促建、注重实效”的原则。

第五条 测评专业类别包括建筑物倒塌搜救、山地搜救、水上搜救、潜水救援、应急医疗救护等。每个专业类别按照能力由高到低分为1级、2级、3级。

第六条 应急管理部负责测评工作的统筹指导,建立、完善社会应急力量分类分级测评标准和内容,建立应急管理部测评工作专家库,复核1级队伍测评工作相关结果。

省级应急管理部门负责统筹本行政区域1级、2级和3级队伍测评工作的组织实施和保障等,加强测评工作安全管理,建立省级测评工作专家库;必要时,可以委托市级应急管理部门组织实施本行政区域2级和3级队伍的测评工作。

第七条 社会应急力量分类分级测评内容包括公共科目和专业科目。公共科目测评通过线上方式对申请参与测评的队伍(以下简称测评队伍)日常管理情况进行审核,专业科目测评通过现场实操方式对测评队伍的专业能力进行考核。

第八条 年度测评工作根据各地实际适时组织开展,原则上于每年10月底前完成。依托社会应急力量救援协调系统“分类分级测评”模块(以下简称测评系统)对测评工作进行全流程管理。

第二章 测评程序和方法

第九条 应急管理部门依照下列程序组织开展测评:

(一)公共科目测评

1. 发布公告。发布测评通知或者公告,告知测评队伍提交公共科目审核所需的材料和测评工作相关事宜。

2. 线上申报。组织测评队伍通过测评系统提交公共科目审核所需的材料。

3. 材料审核。对提交的材料进行统一审核,视情组织现场核查。审核结果在申报截止后20个工作日内告知。审核通过的测评队伍方可进行专业科目测评。

(二)专业科目测评

1. 方案编制。告知测评队伍现场测评地点。组织测评队伍根据测评场地实际情况编制现场测评行动方案,并通过测评系统提交。

2. 方案审核。对行动方案进行统一审核,审核结果在方案提交截止后20个工作日内告知。对审核通过的测评队伍,告知其现场测评时间。

3. 专家确定。从测评工作专家库中随机抽选不少于5名专家(须为单数)组成测评专家组;组织1级队伍测评时,需从应急管理部测评工作专家库中随机抽选。

4. 现场测评。组织测评专家组对测评队伍进行专业科目现场考核。现场测评时间一般控制在12小时内(从模拟灾害发生到测评队伍撤离),全部过程原则上不超过24小时(从现场测评相关方入驻到离开测评场地)。

5. 等级评定。现场测评结束后初步确认测评队伍测评等级,并公示5个工作日;公示无异议的,由省级应急管理部门评定测评队伍测评等级,予以颁发证书。

第十条 组织1级队伍测评时,在材料审核、方案审核以及等级评定程序中,省级应急管理部门审核通过后,相关结果应当报应急管理部复核。

第十一条 在材料审核、方案审核程序中,相关材料不齐全或者不符合形式要求的,应急管理部门应当一次性告知测评队伍需要补正的全部内容。相关材料审核不合格的,应急管理部门应当取消该测评队伍本次测评资格,并在测评系统中留档备查。

第十二条 专业科目设置不同考核项,考核结果全部“合格”的,测评予以通过。

第三章 复测、升级和管理

第十三条 测评等级有效期为5年。获得测评等级的社会应急力量应当于有效期届满当年,通过测评系统提交复测申请,复测程序与首次测评程序一致。

第十四条 获得测评等级满2年且在有效期内的社会应急力量,可根据自身实际,通过测评系统提出升级测评申请,升级测评程序与首次测评程序一致。

第十五条 省级应急管理部门应当加强对获得测评等级的社会应急力量的管理,有下列情形之一的,应当在公示5个工作日后,办理测评等级注销手续,在测评系统留档备查:

(一)期满复测未通过或者未参加复测的;

(二)在测评过程中提供虚假材料,或者串通作弊获得测评等级的;

(三)在灾害救援中引发重大舆情事件造成不良社会影响的;

(四)在灾害救援中违规操作造成人员重伤或者致人死亡的;

(五)被登记管理机关(单位)撤销登记或者吊销登记证书的;

(六)其他违反法律法规等情形的。

其中,注销1级队伍测评等级,应当报应急管理部复核。

第十六条 省级应急管理部门发现测评队伍在测评过程中提供虚假材料,或者串通作弊的,应当取消其测评资格,三年内不得接受其测评申请。

第十七条 测评专家在测评工作中未正确履行职责或者弄虚作假、徇私舞弊的,取消其测评专家资格。

第四章 结果应用

第十八条 获得测评等级的社会应急力量在开展对外活动和宣传时,可以将测评等级证书作为能力证明。

第十九条 省级应急管理部门应当加强对获得测评等级的社会应急力量的指导,促进其可持续发展。

第二十条 测评等级可以作为社会应急力量参加相关灾害抢险救援的辅助参考。

第二十一条 应急管理部视情组织1级队伍参与联合国相关专业领域的测评认证。

第五章 附 则

第二十二条 社会应急力量分类分级测评标准参照《社会应急力量建设基础规范》执行。

第二十三条 社会应急力量参与测评期间无需缴纳任何费用。

第二十四条 测评等级证书样式及制作标准要求由应急管理部制定。

第二十五条 省级应急管理部门会同相关人民团体、群众团体和企事业单位,对其指导管理并从事防灾减灾救灾活动的组织开展分类分级测评工作的,可以参照本办法执行。

第二十六条 本办法由应急管理部救援协调和预案管理局负责解释。

第二十七条 本办法自2025年1月1日起实施。

特种作业人员安全技术培训考核管理规定

- 2010年5月24日国家安全监管总局令第30号公布
- 根据2013年8月29日国家安全监管总局令第63号第一次修订
- 根据2015年5月29日国家安全监管总局令第80号第二次修订

第一章 总 则

第一条 为了规范特种作业人员的安全技术培训考核工作,提高特种作业人员的安全技术水平,防止和减少伤亡事故,根据《安全生产法》、《行政许可法》等有关法律、行政法规,制定本规定。

第二条 生产经营单位特种作业人员的安全技术培训、考核、发证、复审及其监督管理工作,适用本规定。

有关法律、行政法规和国务院对有关特种作业人员管理另有规定的,从其规定。

第三条 本规定所称特种作业,是指容易发生事故,对操作者本人、他人的安全健康及设备、设施的安全可能造成重大危害的作业。特种作业的范围由特种作业目录规定。

本规定所称特种作业人员,是指直接从事特种作业的从业人员。

第四条 特种作业人员应当符合下列条件:

(一)年满18周岁,且不超过国家法定退休年龄;

(二)经社区或者县级以上医疗机构体检健康合格,并无妨碍从事相应特种作业的器质性心脏病、癫痫病、美尼尔氏症、眩晕症、癔病、震颤麻痹症、精神病、痴呆症以及其他疾病和生理缺陷;

(三)具有初中及以上文化程度;

(四)具备必要的安全技术知识与技能;

(五)相应特种作业规定的其他条件。

危险化学品特种作业人员除符合前款第一项、第二项、第四项和第五项规定的条件外,应当具备高中或者相当于高中及以上文化程度。

第五条 特种作业人员必须经专门的安全技术培训并考核合格,取得《中华人民共和国特种作业操作证》(以下简称特种作业操作证)后,方可上岗作业。

第六条 特种作业人员的安全技术培训、考核、发证、复审工作实行统一监管、分级实施、教考分离的原则。

第七条 国家安全生产监督管理总局(以下简称安全监管总局)指导、监督全国特种作业人员的安全技术培训、考核、发证、复审工作;省、自治区、直辖市人民政府安全生产监督管理部门指导、监督本行政区域特种作业人员的安全技术培训工作,负责本行政区域特种作业人员的考核、发证、复审工作;县级以上地方人民政府安全生产监督管理部门负责监督检查本行政区域特种作业人员的安全技术培训和持证上岗工作。

国家煤矿安全监察局(以下简称煤矿安监局)指导、监督全国煤矿特种作业人员(含煤矿矿井使用的特种设备作业人员)的安全技术培训、考核、发证、复审工作;省、自治区、直辖市人民政府负责煤矿特种作业人员考核发证工作的部门或者指定的机构指导、监督本行政区域煤矿特种作业人员的安全技术培训工作,负责本行政区域煤矿特种作业人员的考核、发证、复审工作。

省、自治区、直辖市人民政府安全生产监督管理部门和负责煤矿特种作业人员考核发证工作的部门或者指定的机构（以下统称考核发证机关）可以委托设区的市人民政府安全生产监督管理部门和负责煤矿特种作业人员考核发证工作的部门或者指定的机构实施特种作业人员的考核、发证、复审工作。

第八条　对特种作业人员安全技术培训、考核、发证、复审工作中的违法行为，任何单位和个人均有权向安全监管总局、煤矿安监局和省、自治区、直辖市及设区的市人民政府安全生产监督管理部门、负责煤矿特种作业人员考核发证工作的部门或者指定的机构举报。

第二章　培　训

第九条　特种作业人员应当接受与其所从事的特种作业相应的安全技术理论培训和实际操作培训。

已经取得职业高中、技工学校及中专以上学历的毕业生从事与其所学专业相应的特种作业，持学历证明经考核发证机关同意，可以免予相关专业的培训。

跨省、自治区、直辖市从业的特种作业人员，可以在户籍所在地或者从业所在地参加培训。

第十条　对特种作业人员的安全技术培训，具备安全培训条件的生产经营单位应当以自主培训为主，也可以委托具备安全培训条件的机构进行培训。

不具备安全培训条件的生产经营单位，应当委托具备安全培训条件的机构进行培训。

生产经营单位委托其他机构进行特种作业人员安全技术培训的，保证安全技术培训的责任仍由本单位负责。

第十一条　从事特种作业人员安全技术培训的机构（以下统称培训机构），应当制定相应的培训计划、教学安排，并按照安全监管总局、煤矿安监局制定的特种作业人员培训大纲和煤矿特种作业人员培训大纲进行特种作业人员的安全技术培训。

第三章　考核发证

第十二条　特种作业人员的考核包括考试和审核两部分。考试由考核发证机关或其委托的单位负责；审核由考核发证机关负责。

安全监管总局、煤矿安监局分别制定特种作业人员、煤矿特种作业人员的考核标准，并建立相应的考试题库。

考核发证机关或其委托的单位应当按照安全监管总局、煤矿安监局统一制定的考核标准进行考核。

第十三条　参加特种作业操作资格考试的人员，应当填写考试申请表，由申请人或者申请人的用人单位持学历证明或者培训机构出具的培训证明向申请人户籍所在地或者从业所在地的考核发证机关或其委托的单位提出申请。

考核发证机关或其委托的单位收到申请后，应当在60日内组织考试。

特种作业操作资格考试包括安全技术理论考试和实际操作考试两部分。考试不及格的，允许补考1次。经补考仍不及格的，重新参加相应的安全技术培训。

第十四条　考核发证机关委托承担特种作业操作资格考试的单位应当具备相应的场所、设施、设备等条件，建立相应的管理制度，并公布收费标准等信息。

第十五条　考核发证机关或其委托承担特种作业操作资格考试的单位，应当在考试结束后10个工作日内公布考试成绩。

第十六条　符合本规定第四条规定并经考试合格的特种作业人员，应当向其户籍所在地或者从业所在地的考核发证机关申请办理特种作业操作证，并提交身份证复印件、学历证书复印件、体检证明、考试合格证明等材料。

第十七条　收到申请的考核发证机关应当在5个工作日内完成对特种作业人员所提交申请材料的审查，作出受理或者不予受理的决定。能够当场作出受理决定的，应当当场作出受理决定；申请材料不齐全或者不符合要求的，应当当场或者在5个工作日内一次告知申请人需要补正的全部内容，逾期不告知的，视为自收到申请材料之日起即已被受理。

第十八条　对已经受理的申请，考核发证机关应当在20个工作日内完成审核工作。符合条件的，颁发特种作业操作证；不符合条件的，应当说明理由。

第十九条　特种作业操作证有效期为6年，在全国范围内有效。

特种作业操作证由安全监管总局统一式样、标准及编号。

第二十条　特种作业操作证遗失的，应当向原考核发证机关提出书面申请，经原考核发证机关审查同意后，予以补发。

特种作业操作证所记载的信息发生变化或者损毁的，应当向原考核发证机关提出书面申请，经原考核发证机关审查确认后，予以更换或者更新。

第四章　复　审

第二十一条　特种作业操作证每3年复审1次。

特种作业人员在特种作业操作证有效期内，连续从事本工种10年以上，严格遵守有关安全生产法律法规的，经原考核发证机关或者从业所在地考核发证机关同意，特种作业操作证的复审时间可以延长至每6年1次。

第二十二条 特种作业操作证需要复审的，应当在期满前60日内，由申请人或者申请人的用人单位向原考核发证机关或者从业所在地考核发证机关提出申请，并提交下列材料：

（一）社区或者县级以上医疗机构出具的健康证明；

（二）从事特种作业的情况；

（三）安全培训考试合格记录。

特种作业操作证有效期届满需要延期换证的，应当按照前款的规定申请延期复审。

第二十三条 特种作业操作证申请复审或者延期复审前，特种作业人员应当参加必要的安全培训并考试合格。

安全培训时间不少于8个学时，主要培训法律、法规、标准、事故案例和有关新工艺、新技术、新装备等知识。

第二十四条 申请复审的，考核发证机关应当在收到申请之日起20个工作日内完成复审工作。复审合格的，由考核发证机关签章、登记，予以确认；不合格的，说明理由。

申请延期复审的，经复审合格后，由考核发证机关重新颁发特种作业操作证。

第二十五条 特种作业人员有下列情形之一的，复审或者延期复审不予通过：

（一）健康体检不合格的；

（二）违章操作造成严重后果或者有2次以上违章行为，并经查证确实的；

（三）有安全生产违法行为，并给予行政处罚的；

（四）拒绝、阻碍安全生产监管监察部门监督检查的；

（五）未按规定参加安全培训，或者考试不合格的；

（六）具有本规定第三十条、第三十一条规定情形的。

第二十六条 特种作业操作证复审或者延期复审符合本规定第二十五条第二项、第三项、第四项、第五项情形的，按照本规定经重新安全培训考试合格后，再办理复审或者延期复审手续。

再复审、延期复审仍不合格，或者未按期复审的，特种作业操作证失效。

第二十七条 申请人对复审或者延期复审有异议的，可以依法申请行政复议或者提起行政诉讼。

第五章 监督管理

第二十八条 考核发证机关或其委托的单位及其工作人员应当忠于职守、坚持原则、廉洁自律，按照法律、法规、规章的规定进行特种作业人员的考核、发证、复审工作，接受社会的监督。

第二十九条 考核发证机关应当加强对特种作业人员的监督检查，发现其具有本规定第三十条规定情形的，及时撤销特种作业操作证；对依法应当给予行政处罚的安全生产违法行为，按照有关规定依法对生产经营单位及其特种作业人员实施行政处罚。

考核发证机关应当建立特种作业人员管理信息系统，方便用人单位和社会公众查询；对于注销特种作业操作证的特种作业人员，应当及时向社会公告。

第三十条 有下列情形之一的，考核发证机关应当撤销特种作业操作证：

（一）超过特种作业操作证有效期未延期复审的；

（二）特种作业人员的身体条件已不适合继续从事特种作业的；

（三）对发生生产安全事故负有责任的；

（四）特种作业操作证记载虚假信息的；

（五）以欺骗、贿赂等不正当手段取得特种作业操作证的。

特种作业人员违反前款第四项、第五项规定的，3年内不得再次申请特种作业操作证。

第三十一条 有下列情形之一的，考核发证机关应当注销特种作业操作证：

（一）特种作业人员死亡的；

（二）特种作业人员提出注销申请的；

（三）特种作业操作证被依法撤销的。

第三十二条 离开特种作业岗位6个月以上的特种作业人员，应当重新进行实际操作考试，经确认合格后方可上岗作业。

第三十三条 省、自治区、直辖市人民政府安全生产监督管理部门和负责煤矿特种作业人员考核发证工作的部门或者指定的机构应当每年分别向安全监管总局、煤矿安监局报告特种作业人员的考核发证情况。

第三十四条 生产经营单位应当加强对本单位特种作业人员的管理，建立健全特种作业人员培训、复审档案，做好申报、培训、考核、复审的组织工作和日常的检查工作。

第三十五条 特种作业人员在劳动合同期满后变动工作单位的，原工作单位不得以任何理由扣押其特种作业操作证。

跨省、自治区、直辖市从业的特种作业人员应当接受从业所在地考核发证机关的监督管理。

第三十六条　生产经营单位不得印制、伪造、倒卖特种作业操作证，或者使用非法印制、伪造、倒卖的特种作业操作证。

特种作业人员不得伪造、涂改、转借、转让、冒用特种作业操作证或者使用伪造的特种作业操作证。

第六章　罚　则

第三十七条　考核发证机关或其委托的单位及其工作人员在特种作业人员考核、发证和复审工作中滥用职权、玩忽职守、徇私舞弊的，依法给予行政处分；构成犯罪的，依法追究刑事责任。

第三十八条　生产经营单位未建立健全特种作业人员档案的，给予警告，并处1万元以下的罚款。

第三十九条　生产经营单位使用未取得特种作业操作证的特种作业人员上岗作业的，责令限期改正，可以处5万元以下的罚款；逾期未改正的，责令停产停业整顿，并处5万元以上10万元以下的罚款，对直接负责的主管人员和其他直接责任人员处1万元以上2万元以下的罚款。

煤矿企业使用未取得特种作业操作证的特种作业人员上岗作业的，依照《国务院关于预防煤矿生产安全事故的特别规定》的规定处罚。

第四十条　生产经营单位非法印制、伪造、倒卖特种作业操作证，或者使用非法印制、伪造、倒卖的特种作业操作证的，给予警告，并处1万元以上3万元以下的罚款；构成犯罪的，依法追究刑事责任。

第四十一条　特种作业人员伪造、涂改特种作业操作证或者使用伪造的特种作业操作证的，给予警告，并处1000元以上5000元以下的罚款。

特种作业人员转借、转让、冒用特种作业操作证的，给予警告，并处2000元以上1万元以下的罚款。

第七章　附　则

第四十二条　特种作业人员培训、考试的收费标准，由省、自治区、直辖市人民政府安全生产监督管理部门会同负责煤矿特种作业人员考核发证工作的部门或者指定的机构统一制定，报同级人民政府物价、财政部门批准后执行，证书工本费由考核发证机关列入同级财政预算。

第四十三条　省、自治区、直辖市人民政府安全生产监督管理部门和负责煤矿特种作业人员考核发证工作的部门或者指定的机构可以结合本地区实际，制定实施细则，报安全监管总局、煤矿安监局备案。

第四十四条　本规定自2010年7月1日起施行。1999年7月12日原国家经贸委发布的《特种作业人员安全技术培训考核管理办法》（原国家经贸委令第13号）同时废止。

附件：

特种作业目录

1　电工作业

指对电气设备进行运行、维护、安装、检修、改造、施工、调试等作业（不含电力系统进网作业）。

1.1 高压电工作业

指对1千伏（kV）及以上的高压电气设备进行运行、维护、安装、检修、改造、施工、调试、试验及绝缘工、器具进行试验的作业。

1.2 低压电工作业

指对1千伏（kV）以下的低压电器设备进行安装、调试、运行操作、维护、检修、改造施工和试验的作业。

1.3 防爆电气作业

指对各种防爆电气设备进行安装、检修、维护的作业。

适用于除煤矿井下以外的防爆电气作业。

2　焊接与热切割作业

指运用焊接或者热切割方法对材料进行加工的作业（不含《特种设备安全监察条例》规定的有关作业）。

2.1 熔化焊接与热切割作业

指使用局部加热的方法将连接处的金属或其他材料加热至熔化状态而完成焊接与切割的作业。

适用于气焊与气割、焊条电弧焊与碳弧气刨、埋弧焊、气体保护焊、等离子弧焊、电渣焊、电子束焊、激光焊、氧熔剂切割、激光切割、等离子切割等作业。

2.2 压力焊作业

指利用焊接时施加一定压力而完成的焊接作业。

适用于电阻焊、气压焊、爆炸焊、摩擦焊、冷压焊、超声波焊、锻焊等作业。

2.3 钎焊作业

指使用比母材熔点低的材料作钎料，将焊件和钎料加热到高于钎料熔点，但低于母材熔点的温度，利用液态钎料润湿母材，填充接头间隙并与母材相互扩散而实现连接焊件的作业。

适用于火焰钎焊作业、电阻钎焊作业、感应钎焊作业、浸渍钎焊作业、炉中钎焊作业，不包括烙铁钎焊作业。

3　高处作业

指专门或经常在坠落高度基准面2米及以上有可能坠落的高处进行的作业。

3.1 登高架设作业

指在高处从事脚手架、跨越架架设或拆除的作业。

3.2 高处安装、维护、拆除作业

指在高处从事安装、维护、拆除的作业。

适用于利用专用设备进行建筑物内外装饰、清洁、装修，电力、电信等线路架设，高处管道架设，小型空调高处安装、维修，各种设备设施与户外广告设施的安装、检修、维护以及在高处从事建筑物、设备设施拆除作业。

4　制冷与空调作业

指对大中型制冷与空调设备运行操作、安装与修理的作业。

4.1 制冷与空调设备运行操作作业

指对各类生产经营企业和事业等单位的大中型制冷与空调设备运行操作的作业。

适用于化工类(石化、化工、天然气液化、工艺性空调)生产企业，机械类(冷加工、冷处理、工艺性空调)生产企业，食品类(酿造、饮料、速冻或冷冻调理食品、工艺性空调)生产企业，农副产品加工类(屠宰及肉食品加工、水产加工、果蔬加工)生产企业，仓储类(冷库、速冻加工、制冰)生产经营企业，运输类(冷藏运输)经营企业，服务类(电信机房、体育场馆、建筑的集中空调)经营企业和事业等单位的大中型制冷与空调设备运行操作作业。

4.2 制冷与空调设备安装修理作业

指对4.1所指制冷与空调设备整机、部件及相关系统进行安装、调试与维修的作业。

5　煤矿安全作业

5.1 煤矿井下电气作业

指从事煤矿井下机电设备的安装、调试、巡检、维修和故障处理，保证本班机电设备安全运行的作业。

适用于与煤共生、伴生的坑探、矿井建设、开采过程中的井下电钳等作业。

5.2 煤矿井下爆破作业

指在煤矿井下进行爆破的作业。

5.3 煤矿安全监测监控作业

指从事煤矿井下安全监测监控系统的安装、调试、巡检、维修，保证其安全运行的作业。

适用于与煤共生、伴生的坑探、矿井建设、开采过程中的安全监测监控作业。

5.4 煤矿瓦斯检查作业

指从事煤矿井下瓦斯巡检工作，负责管辖范围内通风设施的完好及通风、瓦斯情况检查，按规定填写各种记录，及时处理或汇报发现的问题的作业。

适用于与煤共生、伴生的矿井建设、开采过程中的煤矿井下瓦斯检查作业。

5.5 煤矿安全检查作业

指从事煤矿安全监督检查，巡检生产作业场所的安全设施和安全生产状况，检查并督促处理相应事故隐患的作业。

5.6 煤矿提升机操作作业

指操作煤矿的提升设备运送人员、矿石、矸石和物料，并负责巡检和运行记录的作业。

适用于操作煤矿提升机，包括立井、暗立井提升机，斜井、暗斜井提升机以及露天矿山斜坡卷扬提升的提升机作业。

5.7 煤矿采煤机(掘进机)操作作业

指在采煤工作面、掘进工作面操作采煤机、掘进机，从事落煤、装煤、掘进工作，负责采煤机、掘进机巡检和运行记录，保证采煤机、掘进机安全运行的作业。

适用于煤矿开采、掘进过程中的采煤机、掘进机作业。

5.8 煤矿瓦斯抽采作业

指从事煤矿井下瓦斯抽采钻孔施工、封孔、瓦斯流量测定及瓦斯抽采设备操作等，保证瓦斯抽采工作安全进行的作业。

适用于煤矿、与煤共生和伴生的矿井建设、开采过程中的煤矿地面和井下瓦斯抽采作业。

5.9 煤矿防突作业

指从事煤与瓦斯突出的预测预报、相关参数的收集与分析、防治突出措施的实施与检查、防突效果检验等，保证防突工作安全进行的作业。

适用于煤矿、与煤共生和伴生的矿井建设、开采过程中的煤矿井下煤与瓦斯防突作业。

5.10 煤矿探放水作业

指从事煤矿探放水的预测预报、相关参数的收集与分析、探放水措施的实施与检查、效果检验等，保证探放水工作安全进行的作业。

适用于煤矿、与煤共生和伴生的矿井建设、开采过程中的煤矿井下探放水作业。

6 金属非金属矿山安全作业

6.1 金属非金属矿井通风作业

指安装井下局部通风机，操作地面主要扇风机、井下局部通风机和辅助通风机，操作、维护矿井通风构筑物，进行井下防尘，使矿井通风系统正常运行，保证局部通风，以预防中毒窒息和除尘等的作业。

6.2 尾矿作业

指从事尾矿库放矿、筑坝、巡坝、抽洪和排渗设施的作业。

适用于金属非金属矿山的尾矿作业。

6.3 金属非金属矿山安全检查作业

指从事金属非金属矿山安全监督检查，巡检生产作业场所的安全设施和安全生产状况，检查并督促处理相应事故隐患的作业。

6.4 金属非金属矿山提升机操作作业

指操作金属非金属矿山的提升设备运送人员、矿石、矸石和物料，及负责巡检和运行记录的作业。

适用于金属非金属矿山的提升机，包括竖井、盲竖井提升机，斜井、盲斜井提升机以及露天矿山斜坡卷扬提升的提升机作业。

6.5 金属非金属矿山支柱作业

指在井下检查井巷和采场顶、帮的稳定性，撬浮石，进行支护的作业。

6.6 金属非金属矿山井下电气作业

指从事金属非金属矿山井下机电设备的安装、调试、巡检、维修和故障处理，保证机电设备安全运行的作业。

6.7 金属非金属矿山排水作业

指从事金属非金属矿山排水设备日常使用、维护、巡检的作业。

6.8 金属非金属矿山爆破作业

指在露天和井下进行爆破的作业。

7 石油天然气安全作业

7.1 司钻作业

指石油、天然气开采过程中操作钻机起升钻具的作业。

适用于陆上石油、天然气司钻（含钻井司钻、作业司钻及勘探司钻）作业。

8 冶金（有色）生产安全作业

8.1 煤气作业

指冶金、有色企业内从事煤气生产、储存、输送、使用、维护检修的作业。

9 危险化学品安全作业

指从事危险化工工艺过程操作及化工自动化控制仪表安装、维修、维护的作业。

9.1 光气及光气化工艺作业

指光气合成以及厂内光气储存、输送和使用岗位的作业。

适用于一氧化碳与氯气反应得到光气，光气合成双光气、三光气，采用光气作单体合成聚碳酸酯，甲苯二异氰酸酯（TDI）制备，4，4′－二苯基甲烷二异氰酸酯（MDI）制备等工艺过程的操作作业。

9.2 氯碱电解工艺作业

指氯化钠和氯化钾电解、液氯储存和充装岗位的作业。

适用于氯化钠（食盐）水溶液电解生产氯气、氢氧化钠、氢气，氯化钾水溶液电解生产氯气、氢氧化钾、氢气等工艺过程的操作作业。

9.3 氯化工艺作业

指液氯储存、气化和氯化反应岗位的作业。

适用于取代氯化，加成氯化，氧氯化等工艺过程的操作作业。

9.4 硝化工艺作业

指硝化反应、精馏分离岗位的作业。

适用于直接硝化法，间接硝化法，亚硝化法等工艺过程的操作作业。

9.5 合成氨工艺作业

指压缩、氨合成反应、液氨储存岗位的作业。

适用于节能氨五工艺法（AMV），德士古水煤浆加压气化法、凯洛格法，甲醇与合成氨联合生产的联醇法，纯碱与合成氨联合生产的联碱法，采用变换催化剂、氧化锌脱硫剂和甲烷催化剂的“三催化”气体净化法工艺过程的操作作业。

9.6 裂解（裂化）工艺作业

指石油系的烃类原料裂解（裂化）岗位的作业。

适用于热裂解制烯烃工艺，重油催化裂化制汽油、柴油、丙烯、丁烯，乙苯裂解制苯乙烯，二氟一氯甲烷（HCFC－22）热裂解制得四氟乙烯（TFE），二氟一氯乙烷（HCFC－142b）热裂解制得偏氟乙烯（VDF），四氟乙烯和八氟环丁烷热裂解制得六氟乙烯（HFP）工艺过程的操作作业。

9.7 氟化工艺作业

指氟化反应岗位的作业。

适用于直接氟化，金属氟化物或氟化氢气体氟化，置换氟化以及其他氟化物的制备等工艺过程的操作作业。

9.8 加氢工艺作业

指加氢反应岗位的作业。

适用于不饱和炔烃、烯烃的三键和双键加氢，芳烃加氢，含氧化合物加氢，含氮化合物加氢以及油品加氢等工艺过程的操作作业。

9.9 重氮化工艺作业

指重氮化反应、重氮盐后处理岗位的作业。

适用于顺法、反加法、亚硝酰硫酸法、硫酸铜触媒法以及盐析法等工艺过程的操作作业。

9.10 氧化工艺作业

指氧化反应岗位的作业。

适用于乙烯氧化制环氧乙烷，甲醇氧化制备甲醛，对二甲苯氧化制备对苯二甲酸，异丙苯经氧化-酸解联产苯酚和丙酮，环己烷氧化制环己酮，天然气氧化制乙炔，丁烯、丁烷、C4馏分或苯的氧化制顺丁烯二酸酐，邻二甲苯或萘的氧化制备邻苯二甲酸酐，均四甲苯的氧化制备均苯四甲酸二酐，苊的氧化制1,8-萘二甲酸酐，3-甲基吡啶氧化制3-吡啶甲酸（烟酸），4-甲基吡啶氧化制4-吡啶甲酸（异烟酸），2-乙基己醇（异辛醇）氧化制备2-乙基己酸（异辛酸），对氯甲苯氧化制备对氯苯甲醛和对氯苯甲酸，甲苯氧化制备苯甲醛、苯甲酸，对硝基甲苯氧化制备对硝基苯甲酸，环十二醇/酮混合物的开环氧化制备十二碳二酸，环己酮/醇混合物的氧化制己二酸，乙二醛硝酸氧化法合成乙醛酸，以及丁醛氧化制丁酸以及氨氧化制硝酸等工艺过程的操作作业。

9.11 过氧化工艺作业

指过氧化反应、过氧化物储存岗位的作业。

适用于双氧水的生产，乙酸在硫酸存在下与双氧水作用制备过氧乙酸水溶液，酸酐与双氧水作用直接制备过氧二酸，苯甲酰氯与双氧水的碱性溶液作用制备过氧化苯甲酰，以及异丙苯经空气氧化生产过氧化氢异丙苯等工艺过程的操作作业。

9.12 胺基化工艺作业

指胺基化反应岗位的作业。

适用于邻硝基氯苯与氨水反应制备邻硝基苯胺，对硝基氯苯与氨水反应制备对硝基苯胺，间甲酚与氯化铵的混合物在催化剂和氨水作用下生成间甲苯胺，甲醇在催化剂和氨气作用下制备甲胺，1-硝基蒽醌与过量的氨水在氯苯中制备1-氨基蒽醌，2,6-蒽醌二磺酸氨解制备2,6-二氨基蒽醌，苯乙烯与胺反应制备N-取代苯乙胺，环氧乙烷或亚乙基亚胺与胺或氨发生开环加成反应制备氨基乙醇或二胺，甲苯经氨氧化制备苯甲腈，以及丙烯氨氧化制备丙烯腈等工艺过程的操作作业。

9.13 磺化工艺作业

指磺化反应岗位的作业。

适用于三氧化硫磺化法，共沸去水磺化法，氯磺酸磺化法，烘焙磺化法，以及亚硫酸盐磺化法等工艺过程的操作作业。

9.14 聚合工艺作业

指聚合反应岗位的作业。

适用于聚烯烃、聚氯乙烯、合成纤维、橡胶、乳液、涂料粘合剂生产以及氟化物聚合等工艺过程的操作作业。

9.15 烷基化工艺作业

指烷基化反应岗位的作业。

适用于C-烷基化反应，N-烷基化反应，O-烷基化反应等工艺过程的操作作业。

9.16 化工自动化控制仪表作业

指化工自动化控制仪表系统安装、维修、维护的作业。

10　烟花爆竹安全作业

指从事烟花爆竹生产、储存中的药物混合、造粒、筛选、装药、筑药、压药、搬运等危险工序的作业。

10.1 烟火药制造作业

指从事烟火药的粉碎、配药、混合、造粒、筛选、干燥、包装等作业。

10.2 黑火药制造作业

指从事黑火药的潮药、浆硝、包片、碎片、油压、抛光和包浆等作业。

10.3 引火线制造作业

指从事引火线的制引、浆引、漆引、切引等作业。

10.4 烟花爆竹产品涉药作业

指从事烟花爆竹产品加工中的压药、装药、筑药、褙药剂、已装药的钻孔等作业。

10.5 烟花爆竹储存作业

指从事烟花爆竹仓库保管、守护、搬运等作业。

11　安全监管总局认定的其他作业

注册安全工程师管理规定

· 2007年1月11日国家安全生产监督管理总局令第11号公布

· 根据2013年8月29日《国家安全监管总局关于修改〈生产经营单位安全培训规定〉等11件规章的决定》修订

第一章　总　则

第一条　为了加强注册安全工程师的管理，保障注册安全工程师依法执业，根据《安全生产法》等有关法律、行政法规，制定本规定。

第二条　取得中华人民共和国注册安全工程师执业资格证书的人员注册以及注册后的执业、继续教育及其监督管理，适用本规定。

第三条　本规定所称注册安全工程师是指取得中华人民共和国注册安全工程师执业资格证书(以下简称资格证书)，在生产经营单位从事安全生产管理、安全技术工作或者在安全生产中介机构从事安全生产专业服务工作，并按照本规定注册取得中华人民共和国注册安全工程师执业证(以下简称执业证)和执业印章的人员。

第四条　注册安全工程师应当严格执行国家法律、法规和本规定，恪守职业道德和执业准则。

第五条　国家安全生产监督管理总局(以下简称安全监管总局)对全国注册安全工程师的注册、执业活动实施统一监督管理。国务院有关主管部门(以下简称部门注册机构)对本系统注册安全工程师的注册、执业活动实施监督管理。

省、自治区、直辖市人民政府安全生产监督管理部门对本行政区域内注册安全工程师的注册、执业活动实施监督管理。

省级煤矿安全监察机构(以下与省、自治区、直辖市人民政府安全生产监督管理部门统称省级注册机构)对所辖区域内煤矿安全注册安全工程师的注册、执业活动实施监督管理。

第六条　从业人员300人以上的煤矿、非煤矿矿山、建筑施工单位和危险物品生产、经营单位，应当按照不少于安全生产管理人员15%的比例配备注册安全工程师；安全生产管理人员在7人以下的，至少配备1名。

前款规定以外的其他生产经营单位，应当配备注册安全工程师或者委托安全生产中介机构选派注册安全工程师提供安全生产服务。

安全生产中介机构应当按照不少于安全生产专业服务人员30%的比例配备注册安全工程师。

生产经营单位和安全生产中介机构(以下统称聘用单位)应当为本单位专业技术人员参加注册安全工程师执业资格考试以及注册安全工程师注册、继续教育提供便利。

第二章　注　册

第七条　取得资格证书的人员，经注册取得执业证和执业印章后方可以注册安全工程师的名义执业。

第八条　申请注册的人员，必须同时具备下列条件：

(一)取得资格证书；

(二)在生产经营单位从事安全生产管理、安全技术工作或者在安全生产中介机构从事安全生产专业服务工作。

第九条　注册安全工程师实行分类注册，注册类别包括：

(一)煤矿安全；

(二)非煤矿矿山安全；

(三)建筑施工安全；

(四)危险物品安全；

(五)其他安全。

第十条　取得资格证书的人员申请注册，按照下列程序办理：

(一)申请人向聘用单位提出申请，聘用单位同意后，将申请人按本规定第十一条、第十三条、第十四条规定的申请材料报送部门、省级注册机构；中央企业总公司(总厂、集团公司)经安全监管总局认可，可以将本企业申请人的申请材料直接报送安全监管总局；申请人和聘用单位应当对申请材料的真实性负责；

(二)部门、省级注册机构在收到申请人的申请材料后，应当作出是否受理的决定，并向申请人出具书面凭证；申请材料不齐全或者不符合要求，应当当场或者在5日内一次性告知申请人需要补正的全部内容。逾期不告知的，自收到申请材料之日起即为受理。部门、省级注册机构自受理申请之日起20日内将初步核查意见和全部申请材料报送安全监管总局；

(三)安全监管总局自收到部门、省级注册机构以及中央企业总公司(总厂、集团公司)报送的材料之日起20日内完成复审并作出书面决定。准予注册的，自作出决定之日起10日内，颁发执业证和执业印章，并在公众媒体上予以公告；不予注册的，应当书面说明理由。

第十一条　申请初始注册应当提交下列材料：

(一)注册申请表；

(二)申请人资格证书(复印件)；

(三)申请人与聘用单位签订的劳动合同或者聘用文件(复印件)；

(四)申请人有效身份证件或者身份证明(复印件)。

第十二条　申请人有下列情形之一的，不予注册：

(一)不具有完全民事行为能力的；

(二)在申请注册过程中有弄虚作假行为的；

(三)同时在两个或者两个以上聘用单位申请注册的；

(四)安全监管总局规定的不予注册的其他情形。

第十三条　注册有效期为3年，自准予注册之日起计算。

注册有效期满需要延续注册的，申请人应当在有效期满30日前，按照本规定第十条规定的程序提出申请。注册审批机关应当在有效期满前作出是否准予延续注册的决定；逾期未作决定的，视为准予延续。

申请延续注册，应当提交下列材料：

（一）注册申请表；

（二）申请人执业证；

（三）申请人与聘用单位签订的劳动合同或者聘用文件（复印件）；

（四）聘用单位出具的申请人执业期间履职情况证明材料；

（五）注册有效期内达到继续教育要求的证明材料。①

第十四条 在注册有效期内，注册安全工程师变更执业单位，应当按照本规定第十条规定的程序提出申请，办理变更注册手续。变更注册后仍延续原注册有效期。

申请变更注册，应当提交下列材料：

（一）注册申请表；

（二）申请人执业证；

（三）申请人与原聘用单位合同到期或解聘证明（复印件）；

（四）申请人与新聘用单位签订的劳动合同或者聘用文件（复印件）。

注册安全工程师在办理变更注册手续期间不得执业。

第十五条 有下列情形之一的，注册安全工程师应当及时告知执业证和执业印章颁发机关；重新具备条件的，按照本规定第十一条、第十四条申请重新注册或者变更注册：

（一）注册有效期满未延续注册的；

（二）聘用单位被吊销营业执照的；

（三）聘用单位被吊销相应资质证书的；

（四）与聘用单位解除劳动关系的。

第十六条 执业证颁发机关发现有下列情形之一的，应当将执业证和执业印章收回，并办理注销注册手续：

（一）注册安全工程师受到刑事处罚的；

（二）有本规定第十五条规定情形之一未申请重新注册或者变更注册的；

（三）法律、法规规定的其他情形。

第三章 执 业

第十七条 注册安全工程师的执业范围包括：

（一）安全生产管理；

（二）安全生产检查；

（三）安全评价或者安全评估；

（四）安全检测检验；

（五）安全生产技术咨询、服务；

（六）安全生产教育和培训；

（七）法律、法规规定的其他安全生产技术服务。

第十八条 注册安全工程师应当由聘用单位委派，并按照注册类别在规定的执业范围内执业，同时在出具的各种文件、报告上签字和加盖执业印章。

第十九条 生产经营单位的下列安全生产工作，应有注册安全工程师参与并签署意见：

（一）制定安全生产规章制度、安全技术操作规程和作业规程；

（二）排查事故隐患，制定整改方案和安全措施；

（三）制定从业人员安全培训计划；

（四）选用和发放劳动防护用品；

（五）生产安全事故调查；

（六）制定重大危险源检测、评估、监控措施和应急救援预案；

（七）其他安全生产工作事项。

第二十条 聘用单位应当为注册安全工程师建立执业活动档案，并保证档案内容的真实性。

第四章 权利和义务

第二十一条 注册安全工程师享有下列权利：

（一）使用注册安全工程师称谓；

（二）从事规定范围内的执业活动；

（三）对执业中发现的不符合安全生产要求的事项提出意见和建议；

（四）参加继续教育；

（五）使用本人的执业证和执业印章；

（六）获得相应的劳动报酬；

（七）对侵犯本人权利的行为进行申诉；

（八）法律、法规规定的其他权利。

第二十二条 注册安全工程师应当履行下列义务：

（一）保证执业活动的质量，承担相应的责任；

（二）接受继续教育，不断提高执业水准；

（三）在本人执业活动所形成的有关报告上署名；

（四）维护国家、公众的利益和受聘单位的合法权益；

① 根据中华人民共和国应急管理部公告2019年第11号取消“继续教育的证明材料”，取消后由申请人向部门作出书面承诺，部门内部核查。

（五）保守执业活动中的秘密；

（六）不得出租、出借、涂改、变造执业证和执业印章；

（七）不得同时在两个或者两个以上单位受聘执业；

（八）法律、法规规定的其他义务。

第五章 继续教育

第二十三条 继续教育按照注册类别分类进行。

注册安全工程师在每个注册周期内应当参加继续教育，时间累计不得少于48学时。

第二十四条 继续教育由部门、省级注册机构按照统一制定的大纲组织实施。中央企业注册安全工程师的继续教育可以由中央企业总公司（总厂、集团公司）组织实施。

继续教育应当由具备安全培训条件的机构承担。

第二十五条 煤矿安全、非煤矿矿山安全、危险物品安全（民用爆破器材安全除外）和其他安全类注册安全工程师继续教育大纲，由安全监管总局组织制定；建筑施工安全、民用爆破器材安全注册安全工程师继续教育大纲，由安全监管总局会同国务院有关主管部门组织制定。

第六章 监督管理

第二十六条 安全生产监督管理部门、煤矿安全监察机构和有关主管部门的工作人员应当坚持公开、公正、公平的原则，严格按照法律、行政法规和本规定，对申请注册的人员进行资格审查，颁发执业证和执业印章。

第二十七条 安全监管总局对准予注册以及注销注册、撤销注册、吊销执业证的人员名单向社会公告，接受社会监督。

第二十八条 对注册安全工程师的执业活动，安全生产监督管理部门、煤矿安全监察机构和有关主管部门应当进行监督检查。

第七章 罚 则

第二十九条 安全生产监督管理部门、煤矿安全监察机构或者有关主管部门发现申请人、聘用单位隐瞒有关情况或者提供虚假材料申请注册的，应当不予受理或者不予注册；申请人一年内不得再次申请注册。

第三十条 未经注册擅自以注册安全工程师名义执业的，由县级以上安全生产监督管理部门、有关主管部门或者煤矿安全监察机构责令其停止违法活动，没收违法所得，并处三万元以下的罚款；造成损失的，依法承担赔偿责任。

第三十一条 注册安全工程师以欺骗、贿赂等不正当手段取得执业证的，由县级以上安全生产监督管理部门、有关主管部门或者煤矿安全监察机构处三万元以下的罚款；由执业证颁发机关撤销其注册，当事人三年内不得再次申请注册。

第三十二条 注册安全工程师有下列行为之一的，由县级以上安全生产监督管理部门、有关主管部门或者煤矿安全监察机构处三万元以下的罚款；由执业证颁发机关吊销其执业证，当事人五年内不得再次申请注册；造成损失的，依法承担赔偿责任；构成犯罪的，依法追究刑事责任：

（一）准许他人以本人名义执业的；

（二）以个人名义承接业务、收取费用的；

（三）出租、出借、涂改、变造执业证和执业印章的；

（四）泄漏执业过程中应当保守的秘密并造成严重后果的；

（五）利用执业之便，贪污、索贿、受贿或者谋取不正当利益的；

（六）提供虚假执业活动成果的；

（七）超出执业范围或者聘用单位业务范围从事执业活动的；

（八）法律、法规、规章规定的其他违法行为。

第三十三条 在注册工作中，工作人员有下列行为之一的，依照有关规定给予行政处分：

（一）利用职务之便，索取或者收受他人财物或者谋取不正当利益的；

（二）对发现不符合条件的申请人准予注册的；

（三）对符合条件的申请人不予注册的。

第八章 附 则

第三十四条 获准在中华人民共和国境内就业的外籍人员及香港特别行政区、澳门特别行政区、台湾地区的专业人员，符合本规定要求的，按照本规定执行。

第三十五条 本规定自2007年3月1日起施行。原国家安全生产监督管理局2004年公布的《注册安全工程师注册管理办法》同时废止。

注册消防工程师管理规定

·2017年3月16日公安部令第143号公布

·自2017年10月1日起施行

第一章 总 则

第一条 为了加强对注册消防工程师的管理，规范注册消防工程师的执业行为，保障消防安全技术服务与管理质量，根据《中华人民共和国消防法》，制定本规定。

第二条 取得注册消防工程师资格证书人员的注册、执业和继续教育及其监督管理，适用本规定。

第三条 本规定所称注册消防工程师，是指取得相应级别注册消防工程师资格证书并依法注册后，从事消防设施维护保养检测、消防安全评估和消防安全管理等工作的专业技术人员。

第四条 注册消防工程师实行注册执业管理制度。注册消防工程师分为一级注册消防工程师和二级注册消防工程师。

第五条 公安部消防局对全国注册消防工程师的注册、执业和继续教育实施指导和监督管理。

县级以上地方公安机关消防机构对本行政区域内注册消防工程师的注册、执业和继续教育实施指导和监督管理。

第六条 注册消防工程师应当严格遵守有关法律、法规和国家标准、行业标准，恪守职业道德和执业准则，增强服务意识和社会责任感，不断提高专业素质和业务水平。

第七条 鼓励依托消防协会成立注册消防工程师行业协会。注册消防工程师行业协会应当依法登记和开展活动，加强行业自律管理，规范执业行为，促进行业健康发展。

注册消防工程师行业协会不得从事营利性社会消防技术服务活动，不得通过制定行业规则或者其他方式妨碍公平竞争，损害他人利益和社会公共利益。

第二章 注 册

第八条 取得注册消防工程师资格证书的人员，必须经过注册，方能以相应级别注册消防工程师的名义执业。

未经注册，不得以注册消防工程师的名义开展执业活动。

第九条 省、自治区、直辖市公安机关消防机构（以下简称省级公安机关消防机构）是一级、二级注册消防工程师的注册审批部门。

第十条 注册消防工程师的注册分为初始注册、延续注册和变更注册。

第十一条 申请注册的人员，应当同时具备以下条件：

（一）依法取得注册消防工程师资格证书；

（二）受聘于一个消防技术服务机构或者消防安全重点单位，并担任技术负责人、项目负责人或者消防安全管理人；

（三）无本规定第二十三条所列情形。

第十二条 申请注册的人员，应当通过聘用单位向单位所在地（企业工商注册地）的省级或者地市级公安机关消防机构提交注册申请材料。

申请注册的人员，拟在消防技术服务机构的分支机构所在地开展执业活动的，应当通过该分支机构向其所在地的省级或者地市级公安机关消防机构提交注册申请材料。

第十三条 公安机关消防机构收到注册申请材料后，对申请材料齐全、符合法定形式的，应当出具受理凭证；不予受理的，应当出具不予受理凭证并载明理由。对申请材料不齐全或者不符合法定形式的，应当当场或者在五日内一次告知申请人需要补正的全部内容，逾期不告知的，自收到申请材料之日起即为受理。

地市级公安机关消防机构受理注册申请后，应当在三日内将申请材料送至省级公安机关消防机构。

第十四条 省级公安机关消防机构应当自受理之日起二十日内对申请人条件和注册申请材料进行审查并作出注册决定。在规定的期限内不能作出注册决定的，经省级公安机关消防机构负责人批准，可以延长十日，并应当将延长期限的理由告知申请人。

第十五条 省级公安机关消防机构应当自作出注册决定之日起十日内颁发相应级别的注册证、执业印章，并向社会公告；对作出不予注册决定的，应当出具不予注册决定书并载明理由。

注册消防工程师的注册证、执业印章式样由公安部消防局统一制定，省级公安机关消防机构组织制作。

第十六条 注册证、执业印章的有效期为三年，自作出注册决定之日起计算。

申请人领取一级注册消防工程师注册证、执业印章时，已经取得二级注册消防工程师注册证、执业印章的，应当同时将二级注册消防工程师注册证、执业印章交回。

第十七条 申请初始注册的，应当自取得注册消防工程师资格证书之日起一年内提出。

本规定施行前已经取得注册消防工程师资格但尚未注册的，应当在本规定施行之日起一年内提出申请。

逾期未申请初始注册的，应当参加继续教育，并在达到继续教育的要求后方可申请初始注册。

第十八条 申请初始注册应当提交下列材料：

（一）初始注册申请表；

（二）申请人身份证明材料、注册消防工程师资格证书等复印件；

（三）聘用单位消防技术服务机构资质证书副本复印件或者消防安全重点单位证明材料；

（四）与聘用单位签订的劳动合同或者聘用文件复印件，社会保险证明或者人事证明复印件。

聘用单位同时申请消防技术服务机构资质的，申请人无需提供前款第三项规定的材料。

逾期申请初始注册的，还应当提交达到继续教育要求的证明材料。

第十九条 注册有效期满需继续执业的，应当在注册有效期届满三个月前，按照本规定第十二条的规定申请延续注册，并提交下列材料：

（一）延续注册申请表；

（二）原注册证、执业印章；

（三）与聘用单位签订的劳动合同或者聘用文件复印件，社会保险证明或者人事证明复印件；

（四）符合本规定第二十九条第二款规定的执业业绩证明材料；

（五）继续教育的证明材料。[①]

第二十条 注册消防工程师在注册有效期内发生下列情形之一的，应当按照本规定第十二条的规定申请变更注册：

（一）变更聘用单位的；

（二）聘用单位名称变更的；

（三）注册消防工程师姓名变更的。

第二十一条 申请变更注册，应当提交变更注册申请表、原注册证和执业印章，以及下列变更事项证明材料：

（一）注册消防工程师变更聘用单位的，提交新聘用单位的消防技术服务机构资质证书副本复印件或者消防安全重点单位证明材料，与新聘用单位签订的劳动合同或者聘用文件复印件，社会保险证明或者人事证明复印件，与原聘用单位解除（终止）工作关系证明；

（二）注册消防工程师聘用单位名称变更的，提交变更后的单位工商营业执照等证明文件复印件；

（三）注册消防工程师姓名变更的，提交户籍信息变更材料。

变更注册后，有效期仍延续原注册有效期。原注册有效期届满在半年以内的，可以同时提出延续注册申请；准予延续的，注册有效期重新计算。

第二十二条 注册消防工程师在申请变更注册之日起，至注册审批部门准予其变更注册之前不得执业。

第二十三条 申请人有下列情形之一的，不予注册：

（一）不具有完全民事行为能力或者年龄超过70周岁的；

（二）申请在非消防技术服务机构、非消防安全重点单位，或者两个以上消防技术服务机构、消防安全重点单位注册的；

（三）刑事处罚尚未执行完毕，或者因违法执业行为受到刑事处罚，自刑事处罚执行完毕之日起至申请注册之日止不满五年的；

（四）未达到继续教育、执业业绩要求的；

（五）因存在本规定第五十条违法行为被撤销注册，自撤销注册之日起至申请注册之日止不满三年的；

（六）因存在本规定第五十五条第二项、第五十六条、第五十七条违法执业行为之一被注销注册，自注销注册之日起至申请注册之日止不满三年的；

（七）因存在本规定第五十五条第一项、第三项违法执业行为之一被注销注册，自注销注册之日起至申请注册之日止不满一年的；

（八）因违法执业行为受到公安机关消防机构行政处罚，未履行完毕的。

第二十四条 注册消防工程师注册证、执业印章遗失的，应当及时向原注册审批部门备案。

注册消防工程师注册证或者执业印章遗失、污损需要补办、更换的，应当持聘用单位和本人共同出具的遗失说明，或者污损的原注册证、执业印章，向原注册审批部门申请补办、更换。原注册审批部门应当自受理之日起十日内办理完毕。补办、更换的注册证、执业印章有效期延续原注册有效期。

第三章 执 业

第二十五条 注册证、执业印章是注册消防工程师的执业凭证，由注册消防工程师本人保管、使用。

第二十六条 一级注册消防工程师可以在全国范围内执业；二级注册消防工程师可以在注册所在省、自治区、直辖市范围内执业。

第二十七条 一级注册消防工程师的执业范围包括：

（一）消防技术咨询与消防安全评估；

（二）消防安全管理与消防技术培训；

（三）消防设施维护保养检测（含灭火器维修）；

① 根据中华人民共和国应急管理部公告2019年第11号取消“继续教育的证明材料”，取消后由申请人向部门作出书面承诺，部门内部核查。

（四）消防安全监测与检查；

（五）火灾事故技术分析；

（六）公安部或者省级公安机关规定的其他消防安全技术工作。

第二十八条 二级注册消防工程师的执业范围包括：

（一）除100米以上公共建筑、大型的人员密集场所、大型的危险化学品单位外的火灾高危单位消防安全评估；

（二）除250米以上公共建筑、大型的危险化学品单位外的消防安全管理；

（三）单体建筑面积4万平方米以下建筑的消防设施维护保养检测（含灭火器维修）；

（四）消防安全监测与检查；

（五）公安部或者省级公安机关规定的其他消防安全技术工作。

省级公安机关消防机构应当结合实际，根据上款规定确定本地区二级注册消防工程师的具体执业范围。

第二十九条 注册消防工程师的执业范围应当与其聘用单位业务范围和本人注册级别相符合，本人的执业范围不得超越其聘用单位的业务范围。

受聘于消防技术服务机构的注册消防工程师，每个注册有效期应当至少参与完成3个消防技术服务项目；受聘于消防安全重点单位的注册消防工程师，一个年度内应当至少签署1个消防安全技术文件。

注册消防工程师的聘用单位应当加强对本单位注册消防工程师的管理，对其执业活动依法承担法律责任。

第三十条 下列消防安全技术文件应当以注册消防工程师聘用单位的名义出具，并由担任技术负责人、项目负责人或者消防安全管理人的注册消防工程师签名，加盖执业印章：

（一）消防技术咨询、消防安全评估、火灾事故技术分析等书面结论文件；

（二）消防安全重点单位年度消防工作综合报告；

（三）消防设施维护保养检测书面结论文件；

（四）灭火器维修合格证；

（五）法律、法规规定的其他消防安全技术文件。

修改经注册消防工程师签名盖章的消防安全技术文件，应当由原注册消防工程师进行；因特殊情况，原注册消防工程师不能进行修改的，应当由其他相应级别的注册消防工程师修改，并签名、加盖执业盖章，对修改部分承担相应的法律责任。

第三十一条 注册消防工程师享有下列权利：

（一）使用注册消防工程师称谓；

（二）保管和使用注册证和执业印章；

（三）在规定的范围内开展执业活动；

（四）对违反相关法律、法规和国家标准、行业标准的行为提出劝告，拒绝签署违反国家标准、行业标准的消防安全技术文件；

（五）参加继续教育；

（六）依法维护本人的合法执业权利。

第三十二条 注册消防工程师应当履行下列义务：

（一）遵守和执行法律、法规和国家标准、行业标准；

（二）接受继续教育，不断提高消防安全技术能力；

（三）保证执业活动质量，承担相应的法律责任；

（四）保守知悉的国家秘密和聘用单位的商业、技术秘密。

第三十三条 注册消防工程师不得有下列行为：

（一）同时在两个以上消防技术服务机构，或者消防安全重点单位执业；

（二）以个人名义承接执业业务、开展执业活动；

（三）在聘用单位出具的虚假、失实消防安全技术文件上签名、加盖执业印章；

（四）变造、倒卖、出租、出借，或者以其他形式转让资格证书、注册证或者执业印章；

（五）超出本人执业范围或者聘用单位业务范围开展执业活动；

（六）不按照国家标准、行业标准开展执业活动，减少执业活动项目内容、数量，或者降低执业活动质量；

（七）违反法律、法规规定的其他行为。

第四章 继续教育

第三十四条 注册消防工程师在每个注册有效期内应当达到继续教育要求。具有注册消防工程师资格证书的非注册人员，应当持续参加继续教育，并达到继续教育要求。

第三十五条 公安部消防局统一管理全国注册消防工程师的继续教育工作，组织制定一级注册消防工程师的继续教育规划和计划。

省级公安机关消防机构负责本行政区域内一级、二级注册消防工程师继续教育的组织实施和管理，组织制定二级注册消防工程师的继续教育规划和计划。省级公安机关消防机构可以委托教育培训机构实施继续教育。

第三十六条 注册消防工程师继续教育可以按照注

册级别，采取集中面授、网络教学等多种形式进行。

第三十七条 对达到继续教育要求的注册消防工程师，实施继续教育培训的机构应当出具证明材料。

第五章 监督管理

第三十八条 县级以上公安机关消防机构依照有关法律、法规和本规定，对本行政区域内注册消防工程师的执业活动实施监督管理。

注册消防工程师及其聘用单位对公安机关消防机构依法进行的监督管理应当协助与配合，不得拒绝或者阻挠。

第三十九条 省级公安机关消防机构应当制定对注册消防工程师执业活动的监督抽查计划。县级以上地方公安机关消防机构应当根据监督抽查计划，结合日常消防监督检查工作，对注册消防工程师的执业活动实施监督抽查。

公安机关消防机构对注册消防工程师的执业活动实施监督抽查时，检查人员不得少于两人，并应当表明执法身份。

第四十条 公安机关消防机构对发现的注册消防工程师违法执业行为，应当责令立即改正或者限期改正，并依法查处。

公安机关消防机构对注册消防工程师作出处理决定后，应当在作出处理决定之日起七日内将违法执业事实、处理结果或者处理建议抄告原注册审批部门。原注册审批部门收到抄告后，应当依法作出责令停止执业、注销注册或者吊销注册证等处理。

第四十一条 公安机关消防机构工作人员滥用职权、玩忽职守作出准予注册决定的，作出决定的公安机关消防机构或者其上级公安机关消防机构可以撤销注册。

第四十二条 注册消防工程师有下列情形之一的，注册审批部门应当予以注销注册，并将其注册证、执业印章收回或者公告作废：

（一）不具有完全民事行为能力或者年龄超过70周岁的；

（二）申请注销注册或者注册有效期满超过三个月未延续注册的；

（三）被撤销注册、吊销注册证的；

（四）在一个注册有效期内有本规定第五十五条第二项、第五十六条、第五十七条所列情形一次以上，或者第五十五条第一项、第三项所列情形两次以上的；

（五）执业期间受到刑事处罚的；

（六）聘用单位破产、解散、被撤销，或者被注销消防技术服务机构资质的；

（七）与聘用单位解除（终止）工作关系超过三个月的；

（八）法律、行政法规规定的其他情形。

被注销注册的人员在具备初始注册条件后，可以重新申请初始注册。

第四十三条 公安机关消防机构实施监督检查时，有权采取下列措施：

（一）查看注册消防工程师的注册证、执业印章、签署的消防安全技术文件和社会保险证明；

（二）查阅注册消防工程师聘用单位、服务单位相关资料，询问有关事项；

（三）实地抽查注册消防工程师执业活动情况，核查执业活动质量；

（四）法律、行政法规规定的其他措施。

第四十四条 公安机关消防机构实施监督检查时，应当重点抽查下列情形：

（一）注册消防工程师聘用单位是否符合要求；

（二）注册消防工程师是否具备注册证、执业印章；

（三）是否存在违反本规定第三十条、第三十三条规定的情形。

第四十五条 公安机关消防机构对注册消防工程师执业活动中的违法行为除给予行政处罚外，实行违法行为累积记分制度。

累积记分管理的具体办法，由公安部制定。

第四十六条 注册消防工程师聘用单位应当建立本单位注册消防工程师的执业档案，并确保执业档案真实、准确、完整。

第四十七条 任何单位和个人都有权对注册消防工程师执业活动中的违法行为和公安机关消防机构及其工作人员监督管理工作中的违法行为进行举报、投诉。

公安机关消防机构接到举报、投诉后，应当及时进行核查、处理。

第六章 法律责任

第四十八条 注册消防工程师及其聘用单位违反本规定的行为，法律、法规已经规定法律责任的，依照有关规定处理。

第四十九条 隐瞒有关情况或者提供虚假材料申请注册的，公安机关消防机构不予受理或者不予许可，申请人在一年内不得再次申请注册；聘用单位为申请人提供虚假注册申请材料的，同时对聘用单位处一万元以上三万元以下罚款。

第五十条 申请人以欺骗、贿赂等不正当手段取得注册消防工程师资格注册的，原注册审批部门应当撤销其注册，并处一万元以下罚款；申请人在三年内不得再次申请注册。

第五十一条 未经注册擅自以注册消防工程师名义执业，或者被依法注销注册后继续执业的，责令停止违法活动，处一万元以上三万元以下罚款。

第五十二条 注册消防工程师有需要变更注册的情形，未经注册审批部门准予变更注册而继续执业的，责令改正，处一千元以上一万元以下罚款。

第五十三条 注册消防工程师聘用单位出具的消防安全技术文件，未经注册消防工程师签名或者加盖执业印章的，责令改正，处一千元以上一万元以下罚款。

第五十四条 注册消防工程师未按照国家标准、行业标准开展执业活动，减少执业活动项目内容、数量，或者执业活动质量不符合国家标准、行业标准的，责令改正，处一千元以上一万元以下罚款。

第五十五条 注册消防工程师有下列行为之一的，责令改正，处一万元以上二万元以下罚款：

（一）以个人名义承接执业业务、开展执业活动的；

（二）变造、倒卖、出租、出借或者以其他形式转让资格证书、注册证、执业印章的；

（三）超出本人执业范围或者聘用单位业务范围开展执业活动的。

第五十六条 注册消防工程师同时在两个以上消防技术服务机构或者消防安全重点单位执业的，依据《社会消防技术服务管理规定》第四十七条第二款的规定处罚。

第五十七条 注册消防工程师在聘用单位出具的虚假、失实消防安全技术文件上签名或者加盖执业印章的，依据《中华人民共和国消防法》第六十九条的规定处罚。

第五十八条 本规定规定的行政处罚，除第五十条、第五十七条另有规定的外，由违法行为地的县级以上公安机关消防机构决定。

第五十九条 注册消防工程师对公安机关消防机构在注册消防工程师监督管理中作出的具体行政行为不服的，可以依法申请行政复议或者提起行政诉讼。

第六十条 公安机关消防机构工作人员有下列行为之一，尚不构成犯罪的，依法给予处分；构成犯罪的，依法追究刑事责任：

（一）超越法定职权、违反法定程序或者对不符合法定条件的申请人准予注册的；

（二）对符合法定条件的申请人不予受理、注册或者拖延办理的；

（三）利用职务上的便利，索取或者收受他人财物或者谋取不正当利益的；

（四）不依法履行监督管理职责或者发现违法行为不依法处理的。

第七章 附 则

第六十一条 本规定中的“日”是指工作日，不含法定节假日；“以上”、“以下”包括本数、本级。

第六十二条 本规定自 2017 年 10 月 1 日起施行。

国家综合性消防救援队伍消防员招录办法

· 2021 年 7 月 29 日
· 人社部发〔2021〕58 号

第一章 总 则

第一条 为规范国家综合性消防救援队伍消防员招录工作，建设对党忠诚、纪律严明、赴汤蹈火、竭诚为民的消防救援队伍，依据《中华人民共和国消防法》、《中华人民共和国消防救援衔条例》等法律法规，制定本办法。

第二条 消防员招录工作实行计划管理，严格招录标准，遵循公开公正、平等自愿、竞争择优的原则。

第三条 人力资源社会保障部、应急管理部主管全国消防员招录工作。应急管理部统一组织实施招录工作。

第四条 国家综合性消防救援队伍各总队联合应急管理等厅（局）成立省级消防员招录工作组织，负责招录具体工作。人力资源社会保障等厅（局）进行政策指导和提供服务。

第二章 招录条件与范围

第五条 消防员招录对象应当具备下列基本条件：

（一）具有中华人民共和国国籍；

（二）遵守宪法和法律，拥护中国共产党领导和社会主义制度；

（三）志愿加入国家综合性消防救援队伍；

（四）年龄为 18 周岁以上、22 周岁以下；

（五）具有高中以上文化程度；

（六）身体和心理健康；

（七）具有良好的品行；

（八）法律、法规规定的其他条件。

第六条 大学专科以上学历人员、解放军和武警部队退役士兵、具有 2 年以上灭火救援实战经验的政府专职消防队员和政府专职林业扑火队员，年龄可以放宽至 24 周岁；对消防救援工作急需的特殊专业人才，经应急管理部批准年龄可以进一步放宽，原则上不超过 28 周岁。

第七条　消防员面向社会公开招录，主要从本省级行政区域常住人口中招录，根据需要也可以面向其他省份招录。

第三章　招录程序

第八条　各省级消防员招录工作组织根据消防员编配情况和工作需要提出招录需求，报应急管理部汇总审核，应急管理部会同人力资源社会保障部下达年度招录计划。

招录计划应当包括编制员额、在编人数、超缺编情况、拟招录数量和拟招录地区等内容。

第九条　消防员招录按照宣传动员、组织报名、资格审查、体格检查、政治考核、体能测试和岗位适应性测试、心理测试和面试、公示、录用等程序组织实施。具体顺序可以根据招录工作需要予以调整。

（一）宣传动员。统一发布消防员招录公告，通过网络、报刊、电视等，广泛开展政策咨询和宣传动员。

（二）组织报名。一般采用网上报名的方式。招录对象在规定时间内登录网上招录平台录入报名信息。

（三）资格审查。对报名信息进行网上初审，对证件证书等原件进行现场复核。

（四）体格检查。体格检查应当在指定的市级以上综合性医院进行，标准参照《应征公民体格检查标准》（陆勤人员）执行。

招录对象对体格检查结果有疑问的，经省级消防员招录工作组织同意，可以进行一次复检，体格检查结果以复检结论为准。对可以通过服用药物或者其他治疗手段影响检查结果的项目不予复检。

（五）政治考核。参照征兵政治考核要求，按照规定程序严格考核招录对象的政治面貌、宗教信仰、政治言行等，对具有《征兵政治考核工作规定》第八条、第九条所列情形的，政治考核不得通过。同时，应当对招录对象的个人基本信息、文化程度、毕业（就读）学校、主要经历、现实表现、奖惩情况以及家庭成员、主要社会关系成员的政治情况等进行全面核查了解，并审核人事档案。

（六）体能测试和岗位适应性测试。体能测试主要考察招录对象肌肉力量、肌肉耐力和柔韧素质等；岗位适应性测试主要考察招录对象协调能力、空间位置感知以及对高空、黑暗环境的心理适应度。

体能测试、岗位适应性测试项目及标准由应急管理部制定。

（七）心理测试和面试。心理测试主要考察招录对象的心理承受和自我调节能力；面试主要考察招录对象的身体形态、仪容仪表、语言表达、交流沟通能力等内容。

（八）公示。根据招录对象政治考核、体格检查、体能测试和岗位适应性测试、心理测试和面试等情况，择优提出拟录用人员名单，面向社会公示，公示时间不少于 5 个工作日。

（九）录用。公示期满，根据公示情况，确定录用人员名单。对没有问题或者反映问题不影响录用的，按照规定程序办理录用手续；对有严重问题并查有实据的，不予录用；对反映有严重问题，但一时难以查实的，暂缓录用，待查实并作出结论后再决定是否录用。

录用人员名单送人力资源社会保障等部门备案。

第十条　消防员录用后须填写《献身消防救援事业志愿书》。省级消防员招录工作组织核发《消防员入职批准书》，并调取录用人员档案。

第十一条　新录用消防员须参加为期一年的入职训练。训练期间待遇按照预备消防士（一档）标准执行。

入职训练 3 个月内，进行政治考核复查、体格检查复检、心理测试复测，不符合招录条件的，取消录用。

第十二条　消防员入职训练期满考核合格的，正式授衔定级；考核不合格，或者有其他不适宜从事消防救援工作情形的，取消录用。

第十三条　新录用消防员工作 5 年（含入职训练期）内不得辞职。非正当原因擅自离职的，此后不得再次参加消防员招录，并记入相关人员信用记录。

消防员被取消录用、擅自离职等，其人事档案按照有关规定进行转递。

第四章　纪律与监督

第十四条　消防员招录坚持信息公开、过程公开、结果公开，主动接受监督。招录工作实行回避制度，回避情形参照《事业单位人事管理回避规定》执行。

第十五条　应急管理、人力资源社会保障等部门应当认真履行职责，及时受理相关举报，按有关规定调查处理，对消防员招录过程中违纪违规的行为及时予以制止和纠正，保证招录工作公开、公平、公正。

第十六条　消防员招录单位在招录工作中有下列行为之一的，责令其限期改正；逾期不改正的，对直接负责的主管人员和其他直接责任人员依法依规给予处分：

（一）未按照招录计划组织招录的；

（二）未按照招录条件进行资格审查的；

（三）未按照规定程序组织考核选拔的；

(四)未按照规定公示拟录用人员名单的;

(五)其他应当责令改正的违纪违规行为。

第十七条 消防员招录工作人员有下列行为之一的,由相关部门给予处分,并将其调离消防员招录工作岗位,不得再从事招录工作;构成犯罪的,依法追究刑事责任:

(一)指使、纵容他人作弊,或者在考核选拔过程中参与作弊的;

(二)在保密期限内,泄露面试评分要素等应当保密的信息的;

(三)玩忽职守,造成不良影响的;

(四)其他严重违纪违规行为。

第十八条 招录对象有下列情形之一的,按照有关规定给予相应处理:

(一)伪造、涂改证件、证明等报名材料,或者以其他不正当手段获取招录资格的;

(二)提供的涉及招录资格的申请材料或者信息不实,且影响资格审查结果的;

(三)作弊、串通作弊或者参与有组织作弊的;

(四)拒绝、妨碍工作人员履行管理职责的;

(五)威胁、侮辱、诽谤、诬陷工作人员或者其他招录对象的;

(六)其他扰乱招录工作秩序的违纪违规行为。

第五章 附 则

第十九条 消防员招录所需经费,由财政分级保障。

第二十条 本办法由人力资源社会保障部、应急管理部共同负责解释。

第二十一条 本办法自颁布之日起施行。2018 年 12 月 23 日印发的《人力资源社会保障部 应急管理部关于印发〈国家综合性消防救援队伍消防员招录办法(试行)〉的通知》(人社部规〔2018〕5 号)同时废止。

附件:消防员入职批准书(略)

应急管理综合行政执法技术检查员和社会监督员工作规定(试行)

·2021 年 11 月 30 日

·应急〔2021〕93 号

第一章 总 则

第一条 为加强应急管理部门执法专业力量建设,有效缓解基层执法队伍专业人员不足的问题,强化对行政执法工作的社会监督,促进应急管理部门严格规范公正文明执法,根据党中央、国务院关于深化应急管理综合行政执法改革工作部署以及有关法律法规的规定,制定本规定。

第二条 本规定所称应急管理综合行政执法技术检查员(以下简称技术检查员),是指按照权限和程序聘用的,为应急管理部门综合行政执法工作提供专业技术支撑,协助开展行政执法工作的人员。技术检查员分为专职技术检查员和兼职技术检查员两类。

本规定所称应急管理综合行政执法社会监督员(以下简称社会监督员),是指通过推荐或者邀请方式聘任的,对应急管理部门综合行政执法工作进行执法监督的人员。

第三条 技术检查员和社会监督员的聘用、聘任,应当遵循公开、平等、竞争、择优的原则,统一选聘标准和程序。

第四条 地方各级应急管理部门、司法行政部门应当加强协作配合,共同做好技术检查员和社会监督员的日常管理工作。

第二章 技术检查员

第五条 根据应急管理综合行政执法实际需要,地方各级应急管理部门应当会同同级司法行政部门组织制定技术检查员聘用计划,报请本级人民政府批准后组织实施。

技术检查员聘用计划应当包括专职、兼职技术检查员的数量,以及专业需求、聘用方式、培训考核、经费保障等内容。

第六条 应急管理部门应当根据辖区内行业领域安全风险状况、执法管辖企业数量、重点检查企业类型、执法难度、执法能力水平等因素,结合本地区社会经济发展水平和财政状况,科学合理地确定专职、兼职技术检查员的数量,明确岗位设置要求。

第七条 专职技术检查员应当面向社会公开招聘。

公开招聘采取考试或者考核的办法。考试采取笔试和面试相结合的形式进行,笔试成绩原则上占考试总成绩比例不低于 60%。

第八条 专职技术检查员应当从符合下列条件的人员中通过考试的方式聘用:

(一)遵守宪法和法律法规,具有良好的道德品行;

(二)具有安全生产、防灾减灾救灾等相关安全类专业本科以上学历,或者相关行业领域中级以上专业技术职称、二级(技师)以上职业资格,或者注册安全工程师等职业资格;

(三)适应岗位要求的身体条件;

（四）满足岗位所需的其他条件。

从事安全生产、防灾减灾救灾相关行业领域工作满10年、实践经验丰富的专业技术人员（含退休人员），可以不受前款第二项规定的限制，通过考核的方式聘用为专职技术检查员。

第九条 聘用专职技术检查员的，应当向社会发布招聘公告。招聘公告应当包括招聘岗位、应聘条件、聘用方式、时间安排等事项。对采取考核方式招聘的，还应当明确考核的内容、要求、程序等事项。

第十条 兼职技术检查员可以从本地区专家库或者经有关方面推荐的专业技术人员中聘用。

第十一条 应急管理部门可以通过签订劳动合同、劳务合同或者采取符合有关规定的其他方式，聘用技术检查员。有关合同应当明确技术检查员的岗位职责、权利义务、薪酬待遇、聘用期限、合同解除或者终止等内容。

第十二条 技术检查员按照应急管理部门安排，协助行政执法人员履行以下行政执法职责：

（一）开展现场执法检查、复查和调查取证工作；

（二）责令改正违法行为、消除风险隐患；

（三）参与行政案件研究讨论；

（四）执行行政执法决定；

（五）宣传相关法律、法规、规章和政策；

（六）完成应急管理部门交办的其他任务。

技术检查员履行前款规定的职责时，应当重点对有关国家标准、行业标准的贯彻执行情况进行检查、复查，并在有关调查取证中提供专业性的意见。

技术检查员履行本条第一款规定的职责时，应当出示技术检查员工作证。技术检查员根据应急管理部门的授权，在有关现场执法检查、复查的行政执法文书上签名。

第十三条 技术检查员不得从事下列工作：

（一）办理涉及国家秘密的事项；

（二）独立从事行政执法工作；

（三）作出行政执法决定；

（四）实施行政强制措施；

（五）法律法规规章规定应当由应急管理部门行政执法人员从事的工作。

第十四条 应急管理部门应当组织技术检查员进行岗前培训，经考核合格的，颁发技术检查员工作证。

应急管理部门应当通过定期轮训、专题培训、专项考核、年度考核等方式，不断提高技术检查员的业务素质和履职能力。

技术检查员培训考核工作由省级应急管理部门纳入应急管理综合行政执法人员培训考核管理予以统筹安排。

第十五条 应急管理部门按照“谁使用、谁管理、谁负责”的原则，指定内设机构负责技术检查员的聘用、培训、考核等日常管理工作。

第十六条 省级应急管理部门可以根据工作需要统一调用技术检查员协助开展行政执法工作。

第三章 社会监督员

第十七条 社会监督员可以从具有较高政策水平和较强法治意识，热心应急管理综合行政执法工作，并有一定社会影响的人士中，通过推荐或者邀请的方式聘任。

第十八条 通过推荐方式聘任社会监督员的，由应急管理部门商请有关行业协会、高等院校、研究机构、企业提出推荐人员名单，经征得本人及其所在单位同意后，颁发社会监督员工作证。

第十九条 邀请人大代表、政协委员、律师或者其他人士担任社会监督员的，经征求同级司法行政部门、有关部门的意见后，由应急管理部门向有关人士发出邀请，经本人及其所在单位同意后，颁发社会监督员工作证。

第二十条 社会监督员主要履行下列执法监督职责：

（一）反映社会公众对应急管理综合行政执法工作的批评、意见、建议；

（二）提供有关违法行为和风险隐患的问题线索；

（三）其他有关执法监督事项。

第二十一条 应急管理部门对社会监督员反映的批评、意见、建议和提供的问题线索，应当及时办理并予以反馈。

应急管理部门应当建立健全与社会监督员的工作联系机制，定期通报本地区行政执法情况，组织开展工作交流。

第四章 监督保障

第二十二条 技术检查员和社会监督员履行职责所需经费依法予以保障。

技术检查员的薪酬待遇，根据技术检查员专业水平、技术职称、检查任务量等因素，结合本地区社会经济发展水平确定，并在有关合同中予以明确。

社会监督员工作属于公益事业，原则上不发放报酬。

第二十三条 专职技术检查员的聘用期限，根据应急管理综合行政执法实际需要合理确定。

兼职技术检查员和社会监督员的聘用、聘任期限为每届3年,期限届满后可以续聘。

第二十四条　应急管理部门根据工作需要,为技术检查员、社会监督员配备必要的防护装备、技术装备,购买人身意外伤害等相关保险,并采取措施保障其人身健康和生命安全。

应急管理部门应当加强行政执法信息系统的应用,鼓励技术检查员依托行政执法信息系统参加执法检查工作。

第二十五条　省级应急管理部门负责技术检查员、社会监督员工作证件的制发和统一管理。

技术检查员、社会监督员工作证件式样由应急管理部制定。

第二十六条　技术检查员和社会监督员在聘用、聘任期限内,因健康状况等原因无法胜任工作的,或者无正当理由不履行职责的,或者受到党纪政务处分、刑事处罚的,应当予以解聘。

应急管理部门应当将解聘人员及解聘原因等相关信息通报有关部门和单位,并在部门公示系统予以公示。

技术检查员和社会监督员被解聘的,应当将工作证件、防护装备、技术装备等交回应急管理部门。

第二十七条　技术检查员和社会监督员有下列行为之一的,依照相关规定给予警示提醒、批评教育、责令检查,或者追究党纪政务责任;涉嫌犯罪的,依法移送司法机关处置:

(一)超越职权,违反规定履行职责,造成严重后果或者恶劣社会影响的;

(二)在开展现场执法检查、复查和调查取证工作中严重失职,致使未能正确作出行政执法决定的;

(三)对执法对象态度蛮横、行为粗暴、故意刁难或者吃拿卡要的;

(四)利用工作之便为本人或者他人谋取不正当利益的;

(五)擅自转借、赠送、出租、抵押、转卖工作证件的;

(六)泄露、扩散或者打探、窃取有关执法工作尚未公开事项或者其他应当保密的内容的;

(七)解聘后拒不办理工作交接手续的;

(八)有其他违规违纪违法行为的。

第二十八条　应急管理部门发现技术检查员和社会监督员涉嫌违规违纪违法的,应当依照相关规定予以处理,或者按照管理权限及时移送纪检监察等有权机关处理。

纪检监察等有权机关介入调查的,应急管理部门可以按照有权机关要求对有关技术检查员和社会监督员是否依法履职、是否存在过错行为等问题,组织研究论证并出具书面意见,作为有权机关认定责任的参考。

第二十九条　技术检查员和社会监督员因履行本规定明确的职责,本人或者其近亲属遭受恐吓威胁、滋事骚扰、攻击辱骂或者人身、财产受到侵害的,应急管理部门应当及时告知当地公安机关并协助依法处置。

第三十条　技术检查员和社会监督员因履行本规定明确的职责,遭受不实投诉、诬告以及诽谤、侮辱,经调查认定不予追究责任的,应急管理部门应当以适当形式及时澄清事实,消除不良影响,维护其合法权益。

第三十一条　技术检查员和社会监督员表现突出,有显著成绩和特殊贡献的,由应急管理部门按有关规定予以表彰奖励。

第五章　附　则

第三十二条　地方各级应急管理部门确有需要,面向社会招聘执法辅助人员承担事务性、辅助性工作的,应当加强教育、管理和日常监督,完善相关管理制度。

第三十三条　矿山安全监察机构、地震工作机构和消防救援机构为加强行政执法专业力量建设,强化对行政执法工作的社会监督,聘用技术检查人员、聘任社会监督人员的,参照本规定执行。

第三十四条　乡镇、街道承接应急管理有关执法职责,需要聘用技术检查员、聘任社会监督员的,参照本规定执行。

第三十五条　省级应急管理部门、司法行政部门可以根据本地区实际情况制定实施细则。

第三十六条　本规定由应急管理部会同司法部负责解释,自印发之日起施行。

附件:技术检查员和社会监督员工作证件式样及说明(略)

三、防汛抗旱

中华人民共和国防洪法

· 1997 年 8 月 29 日第八届全国人民代表大会常务委员会第二十七次会议通过
· 根据 2009 年 8 月 27 日第十一届全国人民代表大会常务委员会第十次会议《关于修改部分法律的决定》第一次修正
· 根据 2015 年 4 月 24 日第十二届全国人民代表大会常务委员会第十四次会议《关于修改〈中华人民共和国港口法〉等七部法律的决定》第二次修正
· 根据 2016 年 7 月 2 日第十二届全国人民代表大会常务委员会第二十一次会议《关于修改〈中华人民共和国节约能源法〉等六部法律的决定》第三次修正

第一章　总　则

第一条　为了防治洪水，防御、减轻洪涝灾害，维护人民的生命和财产安全，保障社会主义现代化建设顺利进行，制定本法。

第二条　防洪工作实行全面规划、统筹兼顾、预防为主、综合治理、局部利益服从全局利益的原则。

第三条　防洪工程设施建设，应当纳入国民经济和社会发展计划。

防洪费用按照政府投入同受益者合理承担相结合的原则筹集。

第四条　开发利用和保护水资源，应当服从防洪总体安排，实行兴利与除害相结合的原则。

江河、湖泊治理以及防洪工程设施建设，应当符合流域综合规划，与流域水资源的综合开发相结合。

本法所称综合规划是指开发利用水资源和防治水害的综合规划。

第五条　防洪工作按照流域或者区域实行统一规划、分级实施和流域管理与行政区域管理相结合的制度。

第六条　任何单位和个人都有保护防洪工程设施和依法参加防汛抗洪的义务。

第七条　各级人民政府应当加强对防洪工作的统一领导，组织有关部门、单位，动员社会力量，依靠科技进步，有计划地进行江河、湖泊治理，采取措施加强防洪工程设施建设，巩固、提高防洪能力。

各级人民政府应当组织有关部门、单位，动员社会力量，做好防汛抗洪和洪涝灾害后的恢复与救济工作。

各级人民政府应当对蓄滞洪区予以扶持；蓄滞洪后，应当依照国家规定予以补偿或者救助。

第八条　国务院水行政主管部门在国务院的领导下，负责全国防洪的组织、协调、监督、指导等日常工作。国务院水行政主管部门在国家确定的重要江河、湖泊设立的流域管理机构，在所管辖的范围内行使法律、行政法规规定和国务院水行政主管部门授权的防洪协调和监督管理职责。

国务院建设行政主管部门和其他有关部门在国务院的领导下，按照各自的职责，负责有关的防洪工作。

县级以上地方人民政府水行政主管部门在本级人民政府的领导下，负责本行政区域内防洪的组织、协调、监督、指导等日常工作。县级以上地方人民政府建设行政主管部门和其他有关部门在本级人民政府的领导下，按照各自的职责，负责有关的防洪工作。

第二章　防洪规划

第九条　防洪规划是指为防治某一流域、河段或者区域的洪涝灾害而制定的总体部署，包括国家确定的重要江河、湖泊的流域防洪规划，其他江河、河段、湖泊的防洪规划以及区域防洪规划。

防洪规划应当服从所在流域、区域的综合规划；区域防洪规划应当服从所在流域的流域防洪规划。

防洪规划是江河、湖泊治理和防洪工程设施建设的基本依据。

第十条　国家确定的重要江河、湖泊的防洪规划，由国务院水行政主管部门依据该江河、湖泊的流域综合规划，会同有关部门和有关省、自治区、直辖市人民政府编制，报国务院批准。

其他江河、河段、湖泊的防洪规划或者区域防洪规划，由县级以上地方人民政府水行政主管部门分别依据流域综合规划、区域综合规划，会同有关部门和有关地区编制，报本级人民政府批准，并报上一级人民政府水行政主管部门备案；跨省、自治区、直辖市的江河、河段、湖泊的防洪规划由有关流域管理机构会同江河、河段、湖泊所在地的省、自治区、直辖市人民政府水行政主管部门、有关主管部门拟定，分别经有关省、自治区、直辖市人民政府审查提出意见后，报国务院水行政主管部门批准。

城市防洪规划，由城市人民政府组织水行政主管部门、建设行政主管部门和其他有关部门依据流域防洪规划、上一级人民政府区域防洪规划编制，按照国务院规定的审批程序批准后纳入城市总体规划。

修改防洪规划，应当报经原批准机关批准。

第十一条 编制防洪规划，应当遵循确保重点、兼顾一般，以及防汛和抗旱相结合、工程措施和非工程措施相结合的原则，充分考虑洪涝规律和上下游、左右岸的关系以及国民经济对防洪的要求，并与国土规划和土地利用总体规划相协调。

防洪规划应当确定防护对象、治理目标和任务、防洪措施和实施方案，划定洪泛区、蓄滞洪区和防洪保护区的范围，规定蓄滞洪区的使用原则。

第十二条 受风暴潮威胁的沿海地区的县级以上地方人民政府，应当把防御风暴潮纳入本地区的防洪规划，加强海堤（海塘）、挡潮闸和沿海防护林等防御风暴潮工程体系建设，监督建筑物、构筑物的设计和施工符合防御风暴潮的需要。

第十三条 山洪可能诱发山体滑坡、崩塌和泥石流的地区以及其他山洪多发地区的县级以上地方人民政府，应当组织负责地质矿产管理工作的部门、水行政主管部门和其他有关部门对山体滑坡、崩塌和泥石流隐患进行全面调查，划定重点防治区，采取防治措施。

城市、村镇和其他居民点以及工厂、矿山、铁路和公路干线的布局，应当避开山洪威胁；已经建在受山洪威胁的地方的，应当采取防御措施。

第十四条 平原、洼地、水网圩区、山谷、盆地等易涝地区的有关地方人民政府，应当制定除涝治涝规划，组织有关部门、单位采取相应的治理措施，完善排水系统，发展耐涝农作物种类和品种，开展洪涝、干旱、盐碱综合治理。

城市人民政府应当加强对城区排涝管网、泵站的建设和管理。

第十五条 国务院水行政主管部门应当会同有关部门和省、自治区、直辖市人民政府制定长江、黄河、珠江、辽河、淮河、海河入海河口的整治规划。

在前款入海河口围海造地，应当符合河口整治规划。

第十六条 防洪规划确定的河道整治计划用地和规划建设的堤防用地范围内的土地，经土地管理部门和水行政主管部门会同有关地区核定，报经县级以上人民政府按照国务院规定的权限批准后，可以划定为规划保留区；该规划保留区范围内的土地涉及其他项目用地的，有关土地管理部门和水行政主管部门核定时，应当征求有关部门的意见。

规划保留区依照前款规定划定后，应当公告。

前款规划保留区内不得建设与防洪无关的工矿工程设施；在特殊情况下，国家工矿建设项目确需占用前款规划保留区内的土地的，应当按照国家规定的基本建设程序报请批准，并征求有关水行政主管部门的意见。

防洪规划确定的扩大或者开辟的人工排洪道用地范围内的土地，经省级以上人民政府土地管理部门和水行政主管部门会同有关部门、有关地区核定，报省级以上人民政府按照国务院规定的权限批准后，可以划定为规划保留区，适用前款规定。

第十七条 在江河、湖泊上建设防洪工程和其他水工程、水电站等，应当符合防洪规划的要求；水库应当按照防洪规划的要求留足防洪库容。

前款规定的防洪工程和其他水工程、水电站未取得有关水行政主管部门签署的符合防洪规划要求的规划同意书的，建设单位不得开工建设。

第三章 治理与防护

第十八条 防治江河洪水，应当蓄泄兼施，充分发挥河道行洪能力和水库、洼淀、湖泊调蓄洪水的功能，加强河道防护，因地制宜地采取定期清淤疏浚等措施，保持行洪畅通。

防治江河洪水，应当保护、扩大流域林草植被，涵养水源，加强流域水土保持综合治理。

第十九条 整治河道和修建控制引导河水流向、保护堤岸等工程，应当兼顾上下游、左右岸的关系，按照规划治导线实施，不得任意改变河水流向。

国家确定的重要江河的规划治导线由流域管理机构拟定，报国务院水行政主管部门批准。

其他江河、河段的规划治导线由县级以上地方人民政府水行政主管部门拟定，报本级人民政府批准；跨省、自治区、直辖市的江河、河段和省、自治区、直辖市之间的省界河道的规划治导线由有关流域管理机构组织江河、河段所在地的省、自治区、直辖市人民政府水行政主管部门拟定，经有关省、自治区、直辖市人民政府审查提出意见后，报国务院水行政主管部门批准。

第二十条 整治河道、湖泊，涉及航道的，应当兼顾航运需要，并事先征求交通主管部门的意见。整治航道，应当符合江河、湖泊防洪安全要求,并事先征求水行政主管部门的意见。

在竹木流放的河流和渔业水域整治河道的,应当兼顾竹木水运和渔业发展的需要,并事先征求林业、渔业行政主管部门的意见。在河道中流放竹木,不得影响行洪和防洪工程设施的安全。

第二十一条 河道、湖泊管理实行按水系统一管理和分级管理相结合的原则,加强防护,确保畅通。

国家确定的重要江河、湖泊的主要河段,跨省、自治区、直辖市的重要河段、湖泊,省、自治区、直辖市之间的省界河道、湖泊以及国(边)界河道、湖泊,由流域管理机构和江河、湖泊所在地的省、自治区、直辖市人民政府水行政主管部门按照国务院水行政主管部门的划定依法实施管理。其他河道、湖泊,由县级以上地方人民政府水行政主管部门按照国务院水行政主管部门或者国务院水行政主管部门授权的机构的划定依法实施管理。

有堤防的河道、湖泊,其管理范围为两岸堤防之间的水域、沙洲、滩地、行洪区和堤防及护堤地;无堤防的河道、湖泊,其管理范围为历史最高洪水位或者设计洪水位之间的水域、沙洲、滩地和行洪区。

流域管理机构直接管理的河道、湖泊管理范围,由流域管理机构会同有关县级以上地方人民政府依照前款规定界定;其他河道、湖泊管理范围,由有关县级以上地方人民政府依照前款规定界定。

第二十二条 河道、湖泊管理范围内的土地和岸线的利用,应当符合行洪、输水的要求。

禁止在河道、湖泊管理范围内建设妨碍行洪的建筑物、构筑物,倾倒垃圾、渣土,从事影响河势稳定、危害河岸堤防安全和其他妨碍河道行洪的活动。

禁止在行洪河道内种植阻碍行洪的林木和高秆作物。

在船舶航行可能危及堤岸安全的河段,应当限定航速。限定航速的标志,由交通主管部门与水行政主管部门商定后设置。

第二十三条 禁止围湖造地。已经围垦的,应当按照国家规定的防洪标准进行治理,有计划地退地还湖。

禁止围垦河道。确需围垦的,应当进行科学论证,经水行政主管部门确认不妨碍行洪、输水后,报省级以上人民政府批准。

第二十四条 对居住在行洪河道内的居民,当地人民政府应当有计划地组织外迁。

第二十五条 护堤护岸的林木,由河道、湖泊管理机构组织营造和管理。护堤护岸林木,不得任意砍伐。采伐护堤护岸林木的,应当依法办理采伐许可手续,并完成规定的更新补种任务。

第二十六条 对壅水、阻水严重的桥梁、引道、码头和其他跨河工程设施,根据防洪标准,有关水行政主管部门可以报请县级以上人民政府按照国务院规定的权限责令建设单位限期改建或者拆除。

第二十七条 建设跨河、穿河、穿堤、临河的桥梁、码头、道路、渡口、管道、缆线、取水、排水等工程设施,应当符合防洪标准、岸线规划、航运要求和其他技术要求,不得危害堤防安全、影响河势稳定、妨碍行洪畅通;其工程建设方案未经有关水行政主管部门根据前述防洪要求审查同意的,建设单位不得开工建设。

前款工程设施需要占用河道、湖泊管理范围内土地,跨越河道、湖泊空间或者穿越河床的,建设单位应当经有关水行政主管部门对该工程设施建设的位置和界限审查批准后,方可依法办理开工手续;安排施工时,应当按照水行政主管部门审查批准的位置和界限进行。

第二十八条 对于河道、湖泊管理范围内依照本法规定建设的工程设施,水行政主管部门有权依法检查;水行政主管部门检查时,被检查者应当如实提供有关的情况和资料。

前款规定的工程设施竣工验收时,应当有水行政主管部门参加。

第四章 防洪区和防洪工程设施的管理

第二十九条 防洪区是指洪水泛滥可能淹及的地区,分为洪泛区、蓄滞洪区和防洪保护区。

洪泛区是指尚无工程设施保护的洪水泛滥所及的地区。

蓄滞洪区是指包括分洪口在内的河堤背水面以外临时贮存洪水的低洼地区及湖泊等。

防洪保护区是指在防洪标准内受防洪工程设施保护的地区。

洪泛区、蓄滞洪区和防洪保护区的范围,在防洪规划或者防御洪水方案中划定,并报请省级以上人民政府按照国务院规定的权限批准后予以公告。

第三十条 各级人民政府应当按照防洪规划对防洪区内的土地利用实行分区管理。

第三十一条 地方各级人民政府应当加强对防洪区安全建设工作的领导,组织有关部门、单位对防洪区内的单位和居民进行防洪教育,普及防洪知识,提高水患意识;按照防洪规划和防御洪水方案建立并完善防洪体系和水文、气象、通信、预警以及洪涝灾害监测系统，提高防御洪水能力；组织防洪区内的单位和居民积极参加防洪工作，因地制宜地采取防洪避洪措施。

第三十二条 洪泛区、蓄滞洪区所在地的省、自治区、直辖市人民政府应当组织有关地区和部门，按照防洪规划的要求，制定洪泛区、蓄滞洪区安全建设计划，控制蓄滞洪区人口增长，对居住在经常使用的蓄滞洪区的居民，有计划地组织外迁，并采取其他必要的安全保护措施。

因蓄滞洪区而直接受益的地区和单位，应当对蓄滞洪区承担国家规定的补偿、救助义务。国务院和有关的省、自治区、直辖市人民政府应当建立对蓄滞洪区的扶持和补偿、救助制度。

国务院和有关的省、自治区、直辖市人民政府可以制定洪泛区、蓄滞洪区安全建设管理办法以及对蓄滞洪区的扶持和补偿、救助办法。

第三十三条 在洪泛区、蓄滞洪区内建设非防洪建设项目，应当就洪水对建设项目可能产生的影响和建设项目对防洪可能产生的影响作出评价，编制洪水影响评价报告，提出防御措施。洪水影响评价报告未经有关水行政主管部门审查批准的，建设单位不得开工建设。

在蓄滞洪区内建设的油田、铁路、公路、矿山、电厂、电信设施和管道，其洪水影响评价报告应当包括建设单位自行安排的防洪避洪方案。建设项目投入生产或者使用时，其防洪工程设施应当经水行政主管部门验收。

在蓄滞洪区内建造房屋应当采用平顶式结构。

第三十四条 大中城市，重要的铁路、公路干线，大型骨干企业，应当列为防洪重点，确保安全。

受洪水威胁的城市、经济开发区、工矿区和国家重要的农业生产基地等，应当重点保护，建设必要的防洪工程设施。

城市建设不得擅自填堵原有河道沟叉、贮水湖塘洼淀和废除原有防洪围堤。确需填堵或者废除的，应当经城市人民政府批准。

第三十五条 属于国家所有的防洪工程设施，应当按照经批准的设计，在竣工验收前由县级以上人民政府按照国家规定，划定管理和保护范围。

属于集体所有的防洪工程设施，应当按照省、自治区、直辖市人民政府的规定，划定保护范围。

在防洪工程设施保护范围内，禁止进行爆破、打井、采石、取土等危害防洪工程设施安全的活动。

第三十六条 各级人民政府应当组织有关部门加强对水库大坝的定期检查和监督管理。对未达到设计洪水标准、抗震设防要求或者有严重质量缺陷的险坝，大坝主管部门应当组织有关单位采取除险加固措施，限期消除危险或者重建，有关人民政府应当优先安排所需资金。对可能出现垮坝的水库，应当事先制定应急抢险和居民临时撤离方案。

各级人民政府和有关主管部门应当加强对尾矿坝的监督管理，采取措施，避免因洪水导致垮坝。

第三十七条 任何单位和个人不得破坏、侵占、毁损水库大坝、堤防、水闸、护岸、抽水站、排水渠系等防洪工程和水文、通信设施以及防汛备用的器材、物料等。

第五章 防汛抗洪

第三十八条 防汛抗洪工作实行各级人民政府行政首长负责制，统一指挥、分级分部门负责。

第三十九条 国务院设立国家防汛指挥机构，负责领导、组织全国的防汛抗洪工作，其办事机构设在国务院水行政主管部门。

在国家确定的重要江河、湖泊可以设立由有关省、自治区、直辖市人民政府和该江河、湖泊的流域管理机构负责人等组成的防汛指挥机构，指挥所管辖范围内的防汛抗洪工作，其办事机构设在流域管理机构。

有防汛抗洪任务的县级以上地方人民政府设立由有关部门、当地驻军、人民武装部负责人等组成的防汛指挥机构，在上级防汛指挥机构和本级人民政府的领导下，指挥本地区的防汛抗洪工作，其办事机构设在同级水行政主管部门；必要时，经城市人民政府决定，防汛指挥机构也可以在建设行政主管部门设城市市区办事机构，在防汛指挥机构的统一领导下，负责城市市区的防汛抗洪日常工作。

第四十条 有防汛抗洪任务的县级以上地方人民政府根据流域综合规划、防洪工程实际状况和国家规定的防洪标准，制定防御洪水方案（包括对特大洪水的处置措施）。

长江、黄河、淮河、海河的防御洪水方案，由国家防汛指挥机构制定，报国务院批准；跨省、自治区、直辖市的其他江河的防御洪水方案，由有关流域管理机构会同有关省、自治区、直辖市人民政府制定，报国务院或者国务院授权的有关部门批准。防御洪水方案经批准后，有关地方人民政府必须执行。

各级防汛指挥机构和承担防汛抗洪任务的部门和单位，必须根据防御洪水方案做好防汛抗洪准备工作。

第四十一条 省、自治区、直辖市人民政府防汛指挥机构根据当地的洪水规律，规定汛期起止日期。

当江河、湖泊的水情接近保证水位或者安全流量，水库水位接近设计洪水位，或者防洪工程设施发生重大险情时，有关县级以上人民政府防汛指挥机构可以宣布进入紧急防汛期。

第四十二条 对河道、湖泊范围内阻碍行洪的障碍物，按照谁设障、谁清除的原则，由防汛指挥机构责令限期清除；逾期不清除的，由防汛指挥机构组织强行清除，所需费用由设障者承担。

在紧急防汛期，国家防汛指挥机构或者其授权的流域、省、自治区、直辖市防汛指挥机构有权对壅水、阻水严重的桥梁、引道、码头和其他跨河工程设施作出紧急处置。

第四十三条 在汛期，气象、水文、海洋等有关部门应当按照各自的职责，及时向有关防汛指挥机构提供天气、水文等实时信息和风暴潮预报；电信部门应当优先提供防汛抗洪通信的服务；运输、电力、物资材料供应等有关部门应当优先为防汛抗洪服务。

中国人民解放军、中国人民武装警察部队和民兵应当执行国家赋予的抗洪抢险任务。

第四十四条 在汛期，水库、闸坝和其他水工程设施的运用，必须服从有关的防汛指挥机构的调度指挥和监督。

在汛期，水库不得擅自在汛期限制水位以上蓄水，其汛期限制水位以上的防洪库容的运用，必须服从防汛指挥机构的调度指挥和监督。

在凌汛期，有防凌汛任务的江河的上游水库的下泄水量必须征得有关的防汛指挥机构的同意，并接受其监督。

第四十五条 在紧急防汛期，防汛指挥机构根据防汛抗洪的需要，有权在其管辖范围内调用物资、设备、交通运输工具和人力，决定采取取土占地、砍伐林木、清除阻水障碍物和其他必要的紧急措施；必要时，公安、交通等有关部门按照防汛指挥机构的决定，依法实施陆地和水面交通管制。

依照前款规定调用的物资、设备、交通运输工具等，在汛期结束后应当及时归还；造成损坏或者无法归还的，按照国务院有关规定给予适当补偿或者作其他处理。取土占地、砍伐林木的，在汛期结束后依法向有关部门补办手续；有关地方人民政府对取土后的土地组织复垦，对砍伐的林木组织补种。

第四十六条 江河、湖泊水位或者流量达到国家规定的分洪标准，需要启用蓄滞洪区时，国务院，国家防汛指挥机构，流域防汛指挥机构，省、自治区、直辖市人民政府，省、自治区、直辖市防汛指挥机构，按照依法经批准的防御洪水方案中规定的启用条件和批准程序，决定启用蓄滞洪区。依法启用蓄滞洪区，任何单位和个人不得阻拦、拖延；遇到阻拦、拖延时，由有关县级以上地方人民政府强制实施。

第四十七条 发生洪涝灾害后，有关人民政府应当组织有关部门、单位做好灾区的生活供给、卫生防疫、救灾物资供应、治安管理、学校复课、恢复生产和重建家园等救灾工作以及所管辖地区的各项水毁工程设施修复工作。水毁防洪工程设施的修复，应当优先列入有关部门的年度建设计划。

国家鼓励、扶持开展洪水保险。

第六章 保障措施

第四十八条 各级人民政府应当采取措施，提高防洪投入的总体水平。

第四十九条 江河、湖泊的治理和防洪工程设施的建设和维护所需投资，按照事权和财权相统一的原则，分级负责，由中央和地方财政承担。城市防洪工程设施的建设和维护所需投资，由城市人民政府承担。

受洪水威胁地区的油田、管道、铁路、公路、矿山、电力、电信等企业、事业单位应当自筹资金，兴建必要的防洪自保工程。

第五十条 中央财政应当安排资金，用于国家确定的重要江河、湖泊的堤坝遭受特大洪涝灾害时的抗洪抢险和水毁防洪工程修复。省、自治区、直辖市人民政府应当在本级财政预算中安排资金，用于本行政区域内遭受特大洪涝灾害地区的抗洪抢险和水毁防洪工程修复。

第五十一条 国家设立水利建设基金，用于防洪工程和水利工程的维护和建设。具体办法由国务院规定。

受洪水威胁的省、自治区、直辖市为加强本行政区域内防洪工程设施建设，提高防御洪水能力，按照国务院的有关规定，可以规定在防洪保护区范围内征收河道工程修建维护管理费。

第五十二条 任何单位和个人不得截留、挪用防洪、救灾资金和物资。

各级人民政府审计机关应当加强对防洪、救灾资金使用情况的审计监督。

第七章 法律责任

第五十三条 违反本法第十七条规定，未经水行政主管部门签署规划同意书，擅自在江河、湖泊上建设防洪工程和其他水工程、水电站的，责令停止违法行为，补办规划同意书手续；违反规划同意书的要求，严重影响防洪的，责令限期拆除；违反规划同意书的要求，影响防洪但尚可采取补救措施的，责令限期采取补救措施，可以处一万元以上十万元以下的罚款。

第五十四条 违反本法第十九条规定，未按照规划治导线整治河道和修建控制引导河水流向、保护堤岸等工程，影响防洪的，责令停止违法行为，恢复原状或者采取其他补救措施，可以处一万元以上十万元以下的罚款。

第五十五条 违反本法第二十二条第二款、第三款规定，有下列行为之一的，责令停止违法行为，排除阻碍或者采取其他补救措施，可以处五万元以下的罚款：

（一）在河道、湖泊管理范围内建设妨碍行洪的建筑物、构筑物的；

（二）在河道、湖泊管理范围内倾倒垃圾、渣土，从事影响河势稳定、危害河岸堤防安全和其他妨碍河道行洪的活动的；

（三）在行洪河道内种植阻碍行洪的林木和高秆作物的。

第五十六条 违反本法第十五条第二款、第二十三条规定，围海造地、围湖造地、围垦河道的，责令停止违法行为，恢复原状或者采取其他补救措施，可以处五万元以下的罚款；既不恢复原状也不采取其他补救措施的，代为恢复原状或者采取其他补救措施，所需费用由违法者承担。

第五十七条 违反本法第二十七条规定，未经水行政主管部门对其工程建设方案审查同意或者未按照有关水行政主管部门审查批准的位置、界限，在河道、湖泊管理范围内从事工程设施建设活动的，责令停止违法行为，补办审查同意或者审查批准手续；工程设施建设严重影响防洪的，责令限期拆除，逾期不拆除的，强行拆除，所需费用由建设单位承担；影响行洪但尚可采取补救措施的，责令限期采取补救措施，可以处一万元以上十万元以下的罚款。

第五十八条 违反本法第三十三条第一款规定，在洪泛区、蓄滞洪区内建设非防洪建设项目，未编制洪水影响评价报告或者洪水影响评价报告未经审查批准开工建设的，责令限期改正；逾期不改正的，处五万元以下的罚款。

违反本法第三十三条第二款规定，防洪工程设施未经验收，即将建设项目投入生产或者使用的，责令停止生产或者使用，限期验收防洪工程设施，可以处五万元以下的罚款。

第五十九条 违反本法第三十四条规定，因城市建设擅自填堵原有河道沟叉、贮水湖塘洼淀和废除原有防洪围堤的，城市人民政府应当责令停止违法行为，限期恢复原状或者采取其他补救措施。

第六十条 违反本法规定，破坏、侵占、毁损堤防、水闸、护岸、抽水站、排水渠系等防洪工程和水文、通信设施以及防汛备用的器材、物料的，责令停止违法行为，采取补救措施，可以处五万元以下的罚款；造成损坏的，依法承担民事责任；应当给予治安管理处罚的，依照治安管理处罚法的规定处罚；构成犯罪的，依法追究刑事责任。

第六十一条 阻碍、威胁防汛指挥机构、水行政主管部门或者流域管理机构的工作人员依法执行职务，构成犯罪的，依法追究刑事责任；尚不构成犯罪，应当给予治安管理处罚的，依照治安管理处罚法的规定处罚。

第六十二条 截留、挪用防洪、救灾资金和物资，构成犯罪的，依法追究刑事责任；尚不构成犯罪的，给予行政处分。

第六十三条 除本法第五十九条的规定外，本章规定的行政处罚和行政措施，由县级以上人民政府水行政主管部门决定，或者由流域管理机构按照国务院水行政主管部门规定的权限决定。但是，本法第六十条、第六十一条规定的治安管理处罚的决定机关，按照治安管理处罚法的规定执行。

第六十四条 国家工作人员，有下列行为之一，构成犯罪的，依法追究刑事责任；尚不构成犯罪的，给予行政处分：

（一）违反本法第十七条、第十九条、第二十二条第二款、第二十二条第三款、第二十七条或者第三十四条规定，严重影响防洪的；

（二）滥用职权，玩忽职守，徇私舞弊，致使防汛抗洪工作遭受重大损失的；

（三）拒不执行防御洪水方案、防汛抢险指令或者蓄滞洪方案、措施、汛期调度运用计划等防汛调度方案的；

（四）违反本法规定，导致或者加重毗邻地区或者其他单位洪灾损失的。

第八章 附 则

第六十五条 本法自1998年1月1日起施行。

中华人民共和国防汛条例

· 1991年7月2日中华人民共和国国务院令第86号公布
· 根据2005年7月15日《国务院关于修改〈中华人民共和国防汛条例〉的决定》第一次修订
· 根据2011年1月8日《国务院关于废止和修改部分行政法规的决定》第二次修订

第一章 总 则

第一条 为了做好防汛抗洪工作，保障人民生命财产安全和经济建设的顺利进行，根据《中华人民共和国水法》，制定本条例。

第二条 在中华人民共和国境内进行防汛抗洪活动，适用本条例。

第三条 防汛工作实行"安全第一，常备不懈，以防为主，全力抢险"的方针，遵循团结协作和局部利益服从全局利益的原则。

第四条 防汛工作实行各级人民政府行政首长负责制，实行统一指挥，分级分部门负责。各有关部门实行防汛岗位责任制。

第五条 任何单位和个人都有参加防汛抗洪的义务。

中国人民解放军和武装警察部队是防汛抗洪的重要力量。

第二章 防汛组织

第六条 国务院设立国家防汛总指挥部，负责组织领导全国的防汛抗洪工作，其办事机构设在国务院水行政主管部门。

长江和黄河，可以设立由有关省、自治区、直辖市人民政府和该江河的流域管理机构（以下简称流域机构）负责人等组成的防汛指挥机构，负责指挥所辖范围的防汛抗洪工作，其办事机构设在流域机构。长江和黄河的重大防汛抗洪事项须经国家防汛总指挥部批准后执行。

国务院水行政主管部门所属的淮河、海河、珠江、松花江、辽河、太湖等流域机构，设立防汛办事机构，负责协调本流域的防汛日常工作。

第七条 有防汛任务的县级以上地方人民政府设立防汛指挥部，由有关部门、当地驻军、人民武装部负责人组成，由各级人民政府首长担任指挥。各级人民政府防汛指挥部在上级人民政府防汛指挥部和同级人民政府的领导下，执行上级防汛指令，制定各项防汛抗洪措施，统一指挥本地区的防汛抗洪工作。

各级人民政府防汛指挥部办事机构设在同级水行政主管部门；城市市区的防汛指挥部办事机构也可以设在城建主管部门，负责管理所辖范围的防汛日常工作。

第八条 石油、电力、邮电、铁路、公路、航运、工矿以及商业、物资等有防汛任务的部门和单位，汛期应当设立防汛机构，在有管辖权的人民政府防汛指挥部统一领导下，负责做好本行业和本单位的防汛工作。

第九条 河道管理机构、水利水电工程管理单位和江河沿岸在建工程的建设单位，必须加强对所辖水工程设施的管理维护，保证其安全正常运行，组织和参加防汛抗洪工作。

第十条 有防汛任务的地方人民政府应当组织以民兵为骨干的群众性防汛队伍，并责成有关部门将防汛队伍组成人员登记造册，明确各自的任务和责任。

河道管理机构和其他防洪工程管理单位可以结合平时的管理任务，组织本单位的防汛抢险队伍，作为紧急抢险的骨干力量。

第三章 防汛准备

第十一条 有防汛任务的县级以上人民政府，应当根据流域综合规划、防洪工程实际状况和国家规定的防洪标准，制定防御洪水方案（包括对特大洪水的处置措施）。

长江、黄河、淮河、海河的防御洪水方案，由国家防汛总指挥部制定，报国务院批准后施行；跨省、自治区、直辖市的其他江河的防御洪水方案，有关省、自治区、直辖市人民政府制定后，经有管辖权的流域机构审查同意，由省、自治区、直辖市人民政府报国务院或其授权的机构批准后施行。

有防汛抗洪任务的城市人民政府，应当根据流域综合规划和江河的防御洪水方案，制定本城市的防御洪水方案，报上级人民政府或其授权的机构批准后施行。

防御洪水方案经批准后，有关地方人民政府必须执行。

第十二条 有防汛任务的地方，应当根据经批准的防御洪水方案制定洪水调度方案。长江、黄河、淮河、海河（海河流域的永定河、大清河、漳卫南运河和北三河）、松花江、辽河、珠江和太湖流域的洪水调度方案，由有关流域机构会同有关省、自治区、直辖市人民政府制定，报国家防汛总指挥部批准。跨省、自治区、直辖市的其他江河的洪水调度方案，由有关流域机构会同有关省、自治区、直辖市人民政府制定，报流域防汛指挥机构批准；没有设立流域防汛指挥机构的，报国家防汛总指挥部批准。其他江河的洪水调度方案，由有管辖权的水行政主管部门会同有关地方人民政府制定，报有管辖权的防汛指挥机构批准。

洪水调度方案经批准后，有关地方人民政府必须执行。修改洪水调度方案，应当报经原批准机关批准。

第十三条 有防汛抗洪任务的企业应当根据所在流域或者地区经批准的防御洪水方案和洪水调度方案，规定本企业的防汛抗洪措施，在征得其所在地县级人民政府水行政主管部门同意后，由有管辖权的防汛指挥机构监督实施。

第十四条 水库、水电站、拦河闸坝等工程的管理部门，应当根据工程规划设计、经批准的防御洪水方案和洪水调度方案以及工程实际状况，在兴利服从防洪，保证安全的前提下，制定汛期调度运用计划，经上级主管部门审查批准后，报有管辖权的人民政府防汛指挥部备案，并接受其监督。

经国家防汛总指挥部认定的对防汛抗洪关系重大的水电站，其防洪库容的汛期调度运用计划经上级主管部门审查同意后，须经有管辖权的人民政府防汛指挥部批准。

汛期调度运用计划经批准后，由水库、水电站、拦河闸坝等工程的管理部门负责执行。

有防凌任务的江河，其上游水库在凌汛期间的下泄水量，必须征得有管辖权的人民政府防汛指挥部的同意，并接受其监督。

第十五条 各级防汛指挥部应当在汛前对各类防洪设施组织检查，发现影响防洪安全的问题，责成责任单位在规定的期限内处理，不得贻误防汛抗洪工作。

各有关部门和单位按照防汛指挥部的统一部署，对所管辖的防洪工程设施进行汛前检查后，必须将影响防洪安全的问题和处理措施报有管辖权的防汛指挥部和上级主管部门，并按照该防汛指挥部的要求予以处理。

第十六条 关于河道清障和对壅水、阻水严重的桥梁、引道、码头和其他跨河工程设施的改建或者拆除，按照《中华人民共和国河道管理条例》的规定执行。

第十七条 蓄滞洪区所在地的省级人民政府应当按照国务院的有关规定，组织有关部门和市、县，制定所管辖的蓄滞洪区的安全与建设规划，并予实施。

各级地方人民政府必须对所管辖的蓄滞洪区的通信、预报警报、避洪、撤退道路等安全设施，以及紧急撤离和救生的准备工作进行汛前检查，发现影响安全的问题，及时处理。

第十八条 山洪、泥石流易发地区，当地有关部门应当指定预防监测员及时监测。雨季到来之前，当地人民政府防汛指挥部应当组织有关单位进行安全检查，对险情征兆明显的地区，应当及时把群众撤离险区。

风暴潮易发地区，当地有关部门应当加强对水库、海堤、闸坝、高压电线等设施和房屋的安全检查，发现影响安全的问题，及时处理。

第十九条 地区之间在防汛抗洪方面发生的水事纠纷，由发生纠纷地区共同的上一级人民政府或其授权的主管部门处理。

前款所指人民政府或者部门在处理防汛抗洪方面的水事纠纷时，有权采取临时紧急处置措施，有关当事各方必须服从并贯彻执行。

第二十条 有防汛任务的地方人民政府应当建设和完善江河堤防、水库、蓄滞洪区等防洪设施，以及该地区的防汛通信、预报警报系统。

第二十一条 各级防汛指挥部应当储备一定数量的防汛抢险物资，由商业、供销、物资部门代储的，可以支付适当的保管费。受洪水威胁的单位和群众应当储备一定的防汛抢险物料。

防汛抢险所需的主要物资，由计划主管部门在年度计划中予以安排。

第二十二条 各级人民政府防汛指挥部汛前应当向有关单位和当地驻军介绍防御洪水方案，组织交流防汛抢险经验。有关方面汛期应当及时通报水情。

第四章 防汛与抢险

第二十三条 省级人民政府防汛指挥部，可以根据当地的洪水规律，规定汛期起止日期。当江河、湖泊、水库的水情接近保证水位或者安全流量时，或者防洪工程设施发生重大险情，情况紧急时，县级以上地方人民政府可以宣布进入紧急防汛期，并报告上级人民政府防汛指挥部。

第二十四条 防汛期内，各级防汛指挥部必须有负责人主持工作。有关责任人员必须坚守岗位，及时掌握汛情，并按照防御洪水方案和汛期调度运用计划进行调度。

第二十五条 在汛期，水利、电力、气象、海洋、农林等部门的水文站、雨量站，必须及时准确地向各级防汛指挥部提供实时水文信息；气象部门必须及时向各级防汛指挥部提供有关天气预报和实时气象信息；水文部门必须及时向各级防汛指挥部提供有关水文预报；海洋部门必须及时向沿海地区防汛指挥部提供风暴潮预报。

第二十六条 在汛期，河道、水库、闸坝、水运设施等水工程管理单位及其主管部门在执行汛期调度运用计划时,必须服从有管辖权的人民政府防汛指挥部的统一调度指挥或者监督。

在汛期,以发电为主的水库,其汛限水位以上的防洪库容以及洪水调度运用必须服从有管辖权的人民政府防汛指挥部的统一调度指挥。

第二十七条 在汛期,河道、水库、水电站、闸坝等水工程管理单位必须按照规定对水工程进行巡查,发现险情,必须立即采取抢护措施,并及时向防汛指挥部和上级主管部门报告。其他任何单位和个人发现水工程设施出现险情,应当立即向防汛指挥部和水工程管理单位报告。

第二十八条 在汛期,公路、铁路、航运、民航等部门应当及时运送防汛抢险人员和物资;电力部门应当保证防汛用电。

第二十九条 在汛期,电力调度通信设施必须服从防汛工作需要;邮电部门必须保证汛情和防汛指令的及时、准确传递,电视、广播、公路、铁路、航运、民航、公安、林业、石油等部门应当运用本部门的通信工具优先为防汛抗洪服务。

电视、广播、新闻单位应当根据人民政府防汛指挥部提供的汛情,及时向公众发布防汛信息。

第三十条 在紧急防汛期,地方人民政府防汛指挥部必须由人民政府负责人主持工作,组织动员本地区各有关单位和个人投入抗洪抢险。所有单位和个人必须听从指挥,承担人民政府防汛指挥部分配的抗洪抢险任务。

第三十一条 在紧急防汛期,公安部门应当按照人民政府防汛指挥部的要求,加强治安管理和安全保卫工作。必要时须由有关部门依法实行陆地和水面交通管制。

第三十二条 在紧急防汛期,为了防汛抢险需要,防汛指挥部有权在其管辖范围内,调用物资、设备、交通运输工具和人力,事后应当及时归还或者给予适当补偿。因抢险需要取土占地、砍伐林木、清除阻水障碍物的,任何单位和个人不得阻拦。

前款所指取土占地、砍伐林木的,事后应当依法向有关部门补办手续。

第三十三条 当河道水位或者流量达到规定的分洪、滞洪标准时,有管辖权的人民政府防汛指挥部有权根据经批准的分洪、滞洪方案,采取分洪、滞洪措施。采取上述措施对毗邻地区有危害的,须经有管辖权的上级防汛指挥机构批准,并事先通知有关地区。

在非常情况下,为保护国家确定的重点地区和大局安全,必须作出局部牺牲时,在报经有管辖权的上级人民政府防汛指挥部批准后,当地人民政府防汛指挥部可以采取非常紧急措施。

实施上述措施时,任何单位和个人不得阻拦,如遇到阻拦和拖延时,有管辖权的人民政府有权组织强制实施。

第三十四条 当洪水威胁群众安全时,当地人民政府应当及时组织群众撤离至安全地带,并做好生活安排。

第三十五条 按照水的天然流势或者防洪、排涝工程的设计标准,或者经批准的运行方案下泄的洪水,下游地区不得设障阻水或者缩小河道的过水能力;上游地区不得擅自增大下泄流量。

未经有管辖权的人民政府或其授权的部门批准,任何单位和个人不得改变江河河势的自然控制点。

第五章 善后工作

第三十六条 在发生洪水灾害的地区,物资、商业、供销、农业、公路、铁路、航运、民航等部门应当做好抢险救灾物资的供应和运输;民政、卫生、教育等部门应当做好灾区群众的生活供给、医疗防疫、学校复课以及恢复生产等救灾工作;水利、电力、邮电、公路等部门应当做好所管辖的水毁工程的修复工作。

第三十七条 地方各级人民政府防汛指挥部,应当按照国家统计部门批准的洪涝灾害统计报表的要求,核实和统计所管辖范围的洪涝灾情,报上级主管部门和同级统计部门,有关单位和个人不得虚报、瞒报、伪造、篡改。

第三十八条 洪水灾害发生后,各级人民政府防汛指挥部应当积极组织和帮助灾区群众恢复和发展生产。修复水毁工程所需费用,应当优先列入有关主管部门年度建设计划。

第六章 防汛经费

第三十九条 由财政部门安排的防汛经费,按照分级管理的原则,分别列入中央财政和地方财政预算。

在汛期,有防汛任务的地区的单位和个人应当承担一定的防汛抢险的劳务和费用,具体办法由省、自治区、直辖市人民政府制定。

第四十条 防御特大洪水的经费管理,按照有关规定执行。

第四十一条 对蓄滞洪区,逐步推行洪水保险制度,具体办法另行制定。

第七章 奖励与处罚

第四十二条 有下列事迹之一的单位和个人,可以由县级以上人民政府给予表彰或者奖励：

（一）在执行抗洪抢险任务时，组织严密，指挥得当，防守得力，奋力抢险，出色完成任务者；

（二）坚持巡堤查险，遇到险情及时报告，奋力抗洪抢险，成绩显著者；

（三）在危险关头，组织群众保护国家和人民财产，抢救群众有功者；

（四）为防汛调度、抗洪抢险献计献策，效益显著者；

（五）气象、雨情、水情测报和预报准确及时，情报传递迅速，克服困难，抢测洪水，因而减轻重大洪水灾害者；

（六）及时供应防汛物料和工具，爱护防汛器材，节约经费开支，完成防汛抢险任务成绩显著者；

（七）有其他特殊贡献，成绩显著者。

第四十三条 有下列行为之一者，视情节和危害后果，由其所在单位或者上级主管机关给予行政处分；应当给予治安管理处罚的，依照《中华人民共和国治安管理处罚法》的规定处罚；构成犯罪的，依法追究刑事责任：

（一）拒不执行经批准的防御洪水方案、洪水调度方案，或者拒不执行有管辖权的防汛指挥机构的防汛调度方案或者防汛抢险指令的；

（二）玩忽职守，或者在防汛抢险的紧要关头临阵逃脱的；

（三）非法扒口决堤或者开闸的；

（四）挪用、盗窃、贪污防汛或者救灾的钱款或者物资的；

（五）阻碍防汛指挥机构工作人员依法执行职务的；

（六）盗窃、毁损或者破坏堤防、护岸、闸坝等水工程建筑物和防汛工程设施以及水文监测、测量设施、气象测报设施、河岸地质监测设施、通信照明设施的；

（七）其他危害防汛抢险工作的。

第四十四条 违反河道和水库大坝的安全管理，依照《中华人民共和国河道管理条例》和《水库大坝安全管理条例》的有关规定处理。

第四十五条 虚报、瞒报洪涝灾情，或者伪造、篡改洪涝灾害统计资料的，依照《中华人民共和国统计法》及其实施细则的有关规定处理。

第四十六条 当事人对行政处罚不服的，可以在接到处罚通知之日起15日内，向作出处罚决定机关的上一级机关申请复议；对复议决定不服的，可以在接到复议决定之日起15日内，向人民法院起诉。当事人也可以在接到处罚通知之日起15日内，直接向人民法院起诉。

当事人逾期不申请复议或者不向人民法院起诉，又不履行处罚决定的，由作出处罚决定的机关申请人民法院强制执行；在汛期，也可以由作出处罚决定的机关强制执行；对治安管理处罚不服的，依照《中华人民共和国治安管理处罚法》的规定办理。

当事人在申请复议或者诉讼期间，不停止行政处罚决定的执行。

第八章 附 则

第四十七条 省、自治区、直辖市人民政府，可以根据本条例的规定，结合本地区的实际情况，制定实施细则。

第四十八条 本条例由国务院水行政主管部门负责解释。

第四十九条 本条例自发布之日起施行。

中华人民共和国水文条例

- 2007年4月25日中华人民共和国国务院令第496号公布
- 根据2013年7月18日《国务院关于废止和修改部分行政法规的决定》第一次修订
- 根据2016年2月6日《国务院关于修改部分行政法规的决定》第二次修订
- 根据2017年3月1日《国务院关于修改和废止部分行政法规的决定》第三次修订

第一章 总 则

第一条 为了加强水文管理，规范水文工作，为开发、利用、节约、保护水资源和防灾减灾服务，促进经济社会的可持续发展，根据《中华人民共和国水法》和《中华人民共和国防洪法》，制定本条例。

第二条 在中华人民共和国领域内从事水文站网规划与建设，水文监测与预报，水资源调查评价，水文监测资料汇交、保管与使用，水文设施与水文监测环境的保护等活动，应当遵守本条例。

第三条 水文事业是国民经济和社会发展的基础性公益事业。县级以上人民政府应当将水文事业纳入本级国民经济和社会发展规划，所需经费纳入本级财政预算，保障水文监测工作的正常开展，充分发挥水文工作在政府决策、经济社会发展和社会公众服务中的作用。

县级以上人民政府应当关心和支持少数民族地区、边远贫困地区和艰苦地区水文基础设施的建设和运行。

第四条 国务院水行政主管部门主管全国的水文工作，其直属的水文机构具体负责组织实施管理工作。

国务院水行政主管部门在国家确定的重要江河、湖泊设立的流域管理机构(以下简称流域管理机构),在所管辖范围内按照法律、本条例规定和国务院水行政主管部门规定的权限,组织实施管理有关水文工作。

省、自治区、直辖市人民政府水行政主管部门主管本行政区域内的水文工作,其直属的水文机构接受上级业务主管部门的指导,并在当地人民政府的领导下具体负责组织实施管理工作。

第五条　国家鼓励和支持水文科学技术的研究、推广和应用,保护水文科技成果,培养水文科技人才,加强水文国际合作与交流。

第六条　县级以上人民政府对在水文工作中做出突出贡献的单位和个人,按照国家有关规定给予表彰和奖励。

第七条　外国组织或者个人在中华人民共和国领域内从事水文活动的,应当经国务院水行政主管部门会同有关部门批准,并遵守中华人民共和国的法律、法规;在中华人民共和国与邻国交界的跨界河流上从事水文活动的,应当遵守中华人民共和国与相关国家缔结的有关条约、协定。

第二章　规划与建设

第八条　国务院水行政主管部门负责编制全国水文事业发展规划,在征求国务院有关部门意见后,报国务院或者其授权的部门批准实施。

流域管理机构根据全国水文事业发展规划编制流域水文事业发展规划,报国务院水行政主管部门批准实施。

省、自治区、直辖市人民政府水行政主管部门根据全国水文事业发展规划和流域水文事业发展规划编制本行政区域的水文事业发展规划,报本级人民政府批准实施,并报国务院水行政主管部门备案。

第九条　水文事业发展规划是开展水文工作的依据。修改水文事业发展规划,应当按照规划编制程序经原批准机关批准。

第十条　水文事业发展规划主要包括水文事业发展目标、水文站网建设、水文监测和情报预报设施建设、水文信息网络和业务系统建设以及保障措施等内容。

第十一条　国家对水文站网建设实行统一规划。水文站网建设应当坚持流域与区域相结合、区域服从流域,布局合理、防止重复,兼顾当前和长远需要的原则。

第十二条　水文站网的建设应当依据水文事业发展规划,按照国家固定资产投资项目建设程序组织实施。

为国家水利、水电等基础工程设施提供服务的水文站网的建设和运行管理经费,应当分别纳入工程建设概算和运行管理经费。

本条例所称水文站网,是指在流域或者区域内,由适当数量的各类水文测站构成的水文监测资料收集系统。

第十三条　国家对水文测站实行分类分级管理。

水文测站分为国家基本水文测站和专用水文测站。国家基本水文测站分为国家重要水文测站和一般水文测站。

第十四条　国家重要水文测站和流域管理机构管理的一般水文测站的设立和调整,由省、自治区、直辖市人民政府水行政主管部门或者流域管理机构报国务院水行政主管部门直属水文机构批准。其他一般水文测站的设立和调整,由省、自治区、直辖市人民政府水行政主管部门批准,报国务院水行政主管部门直属水文机构备案。

第十五条　设立专用水文测站,不得与国家基本水文测站重复;在国家基本水文测站覆盖的区域,确需设立专用水文测站的,应当按照管理权限报流域管理机构或者省、自治区、直辖市人民政府水行政主管部门直属水文机构批准。其中,因交通、航运、环境保护等需要设立专用水文测站的,有关主管部门批准前,应当征求流域管理机构或者省、自治区、直辖市人民政府水行政主管部门直属水文机构的意见。

撤销专用水文测站,应当报原批准机关批准。

第十六条　专用水文测站和从事水文活动的其他单位,应当接受水行政主管部门直属水文机构的行业管理。

第十七条　省、自治区、直辖市人民政府水行政主管部门管理的水文测站,对流域水资源管理和防灾减灾有重大作用的,业务上应当同时接受流域管理机构的指导和监督。

第三章　监测与预报

第十八条　从事水文监测活动应当遵守国家水文技术标准、规范和规程,保证监测质量。未经批准,不得中止水文监测。

国家水文技术标准、规范和规程,由国务院水行政主管部门会同国务院标准化行政主管部门制定。

第十九条　水文监测所使用的专用技术装备应当符合国务院水行政主管部门规定的技术要求。

水文监测所使用的计量器具应当依法经检定合格。水文监测所使用的计量器具的检定规程,由国务院水行政主管部门制定,报国务院计量行政主管部门备案。

第二十条　水文机构应当加强水资源的动态监测工作,发现被监测水体的水量、水质等情况发生变化可能危及用水安全的,应当加强跟踪监测和调查,及时将监测、调查情况和处理建议报所在地人民政府及其水行政主管部门；发现水质变化，可能发生突发性水体污染事件的，应当及时将监测、调查情况报所在地人民政府水行政主管部门和环境保护行政主管部门。

有关单位和个人对水资源动态监测工作应当予以配合。

第二十一条 承担水文情报预报任务的水文测站，应当及时、准确地向县级以上人民政府防汛抗旱指挥机构和水行政主管部门报告有关水文情报预报。

第二十二条 水文情报预报由县级以上人民政府防汛抗旱指挥机构、水行政主管部门或者水文机构按照规定权限向社会统一发布。禁止任何其他单位和个人向社会发布水文情报预报。

广播、电视、报纸和网络等新闻媒体，应当按照国家有关规定和防汛抗旱要求，及时播发、刊登水文情报预报，并标明发布机构和发布时间。

第二十三条 信息产业部门应当根据水文工作的需要，按照国家有关规定提供通信保障。

第二十四条 县级以上人民政府水行政主管部门应当根据经济社会的发展要求，会同有关部门组织相关单位开展水资源调查评价工作。

从事水文、水资源调查评价的单位，应当具备下列条件：

（一）具有法人资格和固定的工作场所；

（二）具有与所从事水文活动相适应的专业技术人员；

（三）具有与所从事水文活动相适应的专业技术装备；

（四）具有健全的管理制度；

（五）符合国务院水行政主管部门规定的其他条件。

第四章 资料的汇交保管与使用

第二十五条 国家对水文监测资料实行统一汇交制度。从事地表水和地下水资源、水量、水质监测的单位以及其他从事水文监测的单位，应当按照资料管理权限向有关水文机构汇交监测资料。

重要地下水源地、超采区的地下水资源监测资料和重要引（退）水口、在江河和湖泊设置的排污口、重要断面的监测资料，由从事水文监测的单位向流域管理机构或者省、自治区、直辖市人民政府水行政主管部门直属水文机构汇交。

取用水工程的取（退）水、蓄（泄）水资料，由取用水工程管理单位向工程所在地水文机构汇交。

第二十六条 国家建立水文监测资料共享制度。水文机构应当妥善存储和保管水文监测资料，根据国民经济建设和社会发展需要对水文监测资料进行加工整理形成水文监测成果，予以刊印。国务院水行政主管部门直属的水文机构应当建立国家水文数据库。

基本水文监测资料应当依法公开，水文监测资料属于国家秘密的，对其密级的确定、变更、解密以及对资料的使用、管理，依照国家有关规定执行。

第二十七条 编制重要规划、进行重点项目建设和水资源管理等使用的水文监测资料应当完整、可靠、一致。

第二十八条 国家机关决策和防灾减灾、国防建设、公共安全、环境保护等公益事业需要使用水文监测资料和成果的，应当无偿提供。

除前款规定的情形外，需要使用水文监测资料和成果的，按照国家有关规定收取费用，并实行收支两条线管理。

因经营性活动需要提供水文专项咨询服务的，当事人双方应当签订有偿服务合同，明确双方的权利和义务。

第五章 设施与监测环境保护

第二十九条 国家依法保护水文监测设施。任何单位和个人不得侵占、毁坏、擅自移动或者擅自使用水文监测设施，不得干扰水文监测。

国家基本水文测站因不可抗力遭受破坏的，所在地人民政府和有关水行政主管部门应当采取措施，组织力量修复，确保其正常运行。

第三十条 未经批准，任何单位和个人不得迁移国家基本水文测站；因重大工程建设确需迁移的，建设单位应当在建设项目立项前，报请对该站有管理权限的水行政主管部门批准，所需费用由建设单位承担。

第三十一条 国家依法保护水文监测环境。县级人民政府应当按照国务院水行政主管部门确定的标准划定水文监测环境保护范围，并在保护范围边界设立地面标志。

任何单位和个人都有保护水文监测环境的义务。

第三十二条 禁止在水文监测环境保护范围内从事下列活动：

（一）种植高秆作物、堆放物料、修建建筑物、停靠船只；

（二）取土、挖砂、采石、淘金、爆破和倾倒废弃物；

（三）在监测断面取水、排污或者在过河设备、气象观测场、监测断面的上空架设线路；

（四）其他对水文监测有影响的活动。

第三十三条 在国家基本水文测站上下游建设影响水文监测的工程，建设单位应当采取相应措施，在征得对该站有管理权限的水行政主管部门同意后方可建设。因工程建设致使水文测站改建的，所需费用由建设单位承担。

第三十四条 在通航河道中或者桥上进行水文监测作业时，应当依法设置警示标志。

第三十五条 水文机构依法取得的无线电频率使用权和通信线路使用权受国家保护。任何单位和个人不得挤占、干扰水文机构使用的无线电频率，不得破坏水文机构使用的通信线路。

第六章 法律责任

第三十六条 违反本条例规定，有下列行为之一的，对直接负责的主管人员和其他直接责任人员依法给予处分；构成犯罪的，依法追究刑事责任：

（一）错报水文监测信息造成严重经济损失的；

（二）汛期漏报、迟报水文监测信息的；

（三）擅自发布水文情报预报的；

（四）丢失、毁坏、伪造水文监测资料的；

（五）擅自转让、转借水文监测资料的；

（六）不依法履行职责的其他行为。

第三十七条 未经批准擅自设立水文测站或者未经同意擅自在国家基本水文测站上下游建设影响水文监测的工程的，责令停止违法行为，限期采取补救措施，补办有关手续；无法采取补救措施、逾期不补办或者补办未被批准的，责令限期拆除违法建筑物；逾期不拆除的，强行拆除，所需费用由违法单位或者个人承担。

第三十八条 不符合本条例第二十四条规定的条件从事水文活动的，责令停止违法行为，没收违法所得，并处5万元以上10万元以下罚款。

第三十九条 违反本条例规定，使用不符合规定的水文专用技术装备和水文计量器具的，责令限期改正。

第四十条 违反本条例规定，有下列行为之一的，责令停止违法行为，处1万元以上5万元以下罚款：

（一）拒不汇交水文监测资料的；

（二）非法向社会传播水文情报预报，造成严重经济损失和不良影响的。

第四十一条 违反本条例规定，侵占、毁坏水文监测设施或者未经批准擅自移动、擅自使用水文监测设施的，责令停止违法行为，限期恢复原状或者采取其他补救措施，可以处5万元以下罚款；构成违反治安管理行为的，依法给予治安管理处罚；构成犯罪的，依法追究刑事责任。

第四十二条 违反本条例规定，从事本条例第三十二条所列活动的，责令停止违法行为，限期恢复原状或者采取其他补救措施，可以处1万元以下罚款；构成违反治安管理行为的，依法给予治安管理处罚；构成犯罪的，依法追究刑事责任。

第四十三条 本条例规定的行政处罚，由县级以上人民政府水行政主管部门或者流域管理机构依据职权决定。

第七章 附 则

第四十四条 本条例中下列用语的含义是：

水文监测，是指通过水文站网对江河、湖泊、渠道、水库的水位、流量、水质、水温、泥沙、冰情、水下地形和地下水资源，以及降水量、蒸发量、墒情、风暴潮等实施监测，并进行分析和计算的活动。

水文测站，是指为收集水文监测资料在江河、湖泊、渠道、水库和流域内设立的各种水文观测场所的总称。

国家基本水文测站，是指为公益目的统一规划设立的对江河、湖泊、渠道、水库和流域基本水文要素进行长期连续观测的水文测站。

国家重要水文测站，是指对防灾减灾或者对流域和区域水资源管理等有重要作用的基本水文测站。

专用水文测站，是指为特定目的设立的水文测站。

基本水文监测资料，是指由国家基本水文测站监测并经过整编后的资料。

水文情报预报，是指对江河、湖泊、渠道、水库和其他水体的水文要素实时情况的报告和未来情况的预告。

水文监测设施，是指水文站房、水文缆道、测船、测船码头、监测场地、监测井、监测标志、专用道路、仪器设备、水文通信设施以及附属设施等。

水文监测环境，是指为确保监测到准确水文信息所必需的区域构成的立体空间。

第四十五条 中国人民解放军的水文工作，按照中央军事委员会的规定执行。

第四十六条 本条例自2007年6月1日起施行。

水库大坝安全管理条例

·1991 年 3 月 22 日中华人民共和国国务院令第 77 号发布
·根据 2011 年 1 月 8 日《国务院关于废止和修改部分行政法规的决定》第一次修订
·根据 2018 年 3 月 19 日《国务院关于修改和废止部分行政法规的决定》第二次修订

第一章　总　则

第一条　为加强水库大坝安全管理，保障人民生命财产和社会主义建设的安全，根据《中华人民共和国水法》，制定本条例。

第二条　本条例适用于中华人民共和国境内坝高 15 米以上或者库容 100 万立方米以上的水库大坝（以下简称大坝）。大坝包括永久性挡水建筑物以及与其配合运用的泄洪、输水和过船建筑物等。

坝高 15 米以下、10 米以上或者库容 100 万立方米以下、10 万立方米以上，对重要城镇、交通干线、重要军事设施、工矿区安全有潜在危险的大坝，其安全管理参照本条例执行。

第三条　国务院水行政主管部门会同国务院有关主管部门对全国的大坝安全实施监督。县级以上地方人民政府水行政主管部门会同有关主管部门对本行政区域内的大坝安全实施监督。

各级水利、能源、建设、交通、农业等有关部门，是其所管辖的大坝的主管部门。

第四条　各级人民政府及其大坝主管部门对其所管辖的大坝的安全实行行政领导负责制。

第五条　大坝的建设和管理应当贯彻安全第一的方针。

第六条　任何单位和个人都有保护大坝安全的义务。

第二章　大坝建设

第七条　兴建大坝必须符合由国务院水行政主管部门会同有关大坝主管部门制定的大坝安全技术标准。

第八条　兴建大坝必须进行工程设计。大坝的工程设计必须由具有相应资格证书的单位承担。

大坝的工程设计应当包括工程观测、通信、动力、照明、交通、消防等管理设施的设计。

第九条　大坝施工必须由具有相应资格证书的单位承担。大坝施工单位必须按照施工承包合同规定的设计文件、图纸要求和有关技术标准进行施工。

建设单位和设计单位应当派驻代表，对施工质量进行监督检查。质量不符合设计要求的，必须返工或者采取补救措施。

第十条　兴建大坝时，建设单位应当按照批准的设计，提请县级以上人民政府依照国家规定划定管理和保护范围，树立标志。

已建大坝尚未划定管理和保护范围的，大坝主管部门应当根据安全管理的需要，提请县级以上人民政府划定。

第十一条　大坝开工后，大坝主管部门应当组建大坝管理单位，由其按照工程基本建设验收规程参与质量检查以及大坝分部、分项验收和蓄水验收工作。

大坝竣工后，建设单位应当申请大坝主管部门组织验收。

第三章　大坝管理

第十二条　大坝及其设施受国家保护，任何单位和个人不得侵占、毁坏。大坝管理单位应当加强大坝的安全保卫工作。

第十三条　禁止在大坝管理和保护范围内进行爆破、打井、采石、采矿、挖沙、取土、修坟等危害大坝安全的活动。

第十四条　非大坝管理人员不得操作大坝的泄洪闸门、输水闸门以及其他设施，大坝管理人员操作时应当遵守有关的规章制度。禁止任何单位和个人干扰大坝的正常管理工作。

第十五条　禁止在大坝的集水区域内乱伐林木、陡坡开荒等导致水库淤积的活动。禁止在库区内围垦和进行采石、取土等危及山体的活动。

第十六条　大坝坝顶确需兼做公路的，须经科学论证和县级以上地方人民政府大坝主管部门批准，并采取相应的安全维护措施。

第十七条　禁止在坝体修建码头、渠道、堆放杂物、晾晒粮草。在大坝管理和保护范围内修建码头、鱼塘的，须经大坝主管部门批准，并与坝脚和泄水、输水建筑物保持一定距离，不得影响大坝安全、工程管理和抢险工作。

第十八条　大坝主管部门应当配备具有相应业务水平的大坝安全管理人员。

大坝管理单位应当建立、健全安全管理规章制度。

第十九条　大坝管理单位必须按照有关技术标准，对大坝进行安全监测和检查；对监测资料应当及时整理分析，随时掌握大坝运行状况。发现异常现象和不安全因素时，大坝管理单位应当立即报告大坝主管部门，及时采取措施。

第二十条 大坝管理单位必须做好大坝的养护修理工作,保证大坝和闸门启闭设备完好。

第二十一条 大坝的运行,必须在保证安全的前提下,发挥综合效益。大坝管理单位应当根据批准的计划和大坝主管部门的指令进行水库的调度运用。

在汛期,综合利用的水库,其调度运用必须服从防汛指挥机构的统一指挥;以发电为主的水库,其汛限水位以上的防洪库容及其洪水调度运用,必须服从防汛指挥机构的统一指挥。

任何单位和个人不得非法干预水库的调度运用。

第二十二条 大坝主管部门应当建立大坝定期安全检查、鉴定制度。

汛前、汛后,以及暴风、暴雨、特大洪水或者强烈地震发生后,大坝主管部门应当组织对其所管辖的大坝的安全进行检查。

第二十三条 大坝主管部门对其所管辖的大坝应当按期注册登记,建立技术档案。大坝注册登记办法由国务院水行政主管部门会同有关主管部门制定。

第二十四条 大坝管理单位和有关部门应当做好防汛抢险物料的准备和气象水情预报,并保证水情传递、报警以及大坝管理单位与大坝主管部门、上级防汛指挥机构之间联系通畅。

第二十五条 大坝出现险情征兆时,大坝管理单位应当立即报告大坝主管部门和上级防汛指挥机构,并采取抢救措施;有垮坝危险时,应当采取一切措施向预计的垮坝淹没地区发出警报,做好转移工作。

第四章 险坝处理

第二十六条 对尚未达到设计洪水标准、抗震设防标准或者有严重质量缺陷的险坝,大坝主管部门应当组织有关单位进行分类,采取除险加固等措施,或者废弃重建。

在险坝加固前,大坝管理单位应当制定保坝应急措施;经论证必须改变原设计运行方式的,应当报请大坝主管部门审批。

第二十七条 大坝主管部门应当对其所管辖的需要加固的险坝制定加固计划,限期消除危险;有关人民政府应当优先安排所需资金和物料。

险坝加固必须由具有相应设计资格证书的单位作出加固设计,经审批后组织实施。险坝加固竣工后,由大坝主管部门组织验收。

第二十八条 大坝主管部门应当组织有关单位,对险坝可能出现的垮坝方式、淹没范围作出预估,并制定应急方案,报防汛指挥机构批准。

第五章 罚 则

第二十九条 违反本条例规定,有下列行为之一的,由大坝主管部门责令其停止违法行为,赔偿损失,采取补救措施,可以并处罚款;应当给予治安管理处罚的,由公安机关依照《中华人民共和国治安管理处罚法》的规定处罚;构成犯罪的,依法追究刑事责任:

(一)毁坏大坝或者其观测、通信、动力、照明、交通、消防等管理设施的;

(二)在大坝管理和保护范围内进行爆破、打井、采石、采矿、取土、挖沙、修坟等危害大坝安全活动的;

(三)擅自操作大坝的泄洪闸门、输水闸门以及其他设施,破坏大坝正常运行的;

(四)在库区内围垦的;

(五)在坝体修建码头、渠道或者堆放杂物、晾晒粮草的;

(六)擅自在大坝管理和保护范围内修建码头、鱼塘的。

第三十条 盗窃或者抢夺大坝工程设施、器材的,依照刑法规定追究刑事责任。

第三十一条 由于勘测设计失误、施工质量低劣、调度运用不当以及滥用职权,玩忽职守,导致大坝事故的,由其所在单位或者上级主管机关对责任人员给予行政处分;构成犯罪的,依法追究刑事责任。

第三十二条 当事人对行政处罚决定不服的,可以在接到处罚通知之日起 15 日内,向作出处罚决定机关的上一级机关申请复议;对复议决定不服的,可以在接到复议决定之日起 15 日内,向人民法院起诉。当事人也可以在接到处罚通知之日起 15 日内,直接向人民法院起诉。当事人逾期不申请复议或者不向人民法院起诉又不履行处罚决定的,由作出处罚决定的机关申请人民法院强制执行。

对治安管理处罚不服的,依照《中华人民共和国治安管理处罚法》的规定办理。

第六章 附 则

第三十三条 国务院有关部门和各省、自治区、直辖市人民政府可以根据本条例制定实施细则。

第三十四条 本条例自发布之日起施行。

海洋观测预报管理条例

· 2012 年 3 月 1 日中华人民共和国国务院令第 615 号公布
· 根据 2023 年 7 月 20 日《国务院关于修改和废止部分行政法规的决定》修订

第一章 总 则

第一条 为了加强海洋观测预报管理,规范海洋观测预报活动,防御和减轻海洋灾害,为经济建设、国防建设和社会发展服务,制定本条例。

第二条 在中华人民共和国领域和中华人民共和国管辖的其他海域从事海洋观测预报活动,应当遵守本条例。

第三条 海洋观测预报事业是基础性公益事业。国务院和沿海县级以上地方人民政府应当将海洋观测预报事业纳入本级国民经济和社会发展规划,所需经费纳入本级财政预算。

第四条 国务院海洋主管部门主管全国海洋观测预报工作。

国务院海洋主管部门的海区派出机构依照本条例和国务院海洋主管部门规定的权限,负责所管辖海域的海洋观测预报监督管理。

沿海县级以上地方人民政府海洋主管部门主管本行政区毗邻海域的海洋观测预报工作。

第五条 国家鼓励、支持海洋观测预报科学技术的研究,推广先进的技术和设备,培养海洋观测预报人才,促进海洋观测预报业务水平的提高。

对在海洋观测预报工作中作出突出贡献的单位和个人,给予表彰和奖励。

第二章 海洋观测网的规划、建设与保护

第六条 国务院海洋主管部门负责编制全国海洋观测网规划。编制全国海洋观测网规划应当征求国务院有关部门和有关军事机关的意见,报国务院或者国务院授权的部门批准后实施。

沿海省、自治区、直辖市人民政府海洋主管部门应当根据全国海洋观测网规划和本行政区毗邻海域的实际情况,编制本省、自治区、直辖市的海洋观测网规划,在征求本级人民政府有关部门的意见后,报本级人民政府批准实施,并报国务院海洋主管部门备案。

修改海洋观测网规划,应当按照规划编制程序报原批准机关批准。

第七条 编制海洋观测网规划,应当坚持统筹兼顾、突出重点、合理布局的原则,避免重复建设,保障国防安全。

编制海洋观测网规划,应当将沿海城市和人口密集区、产业园区、滨海重大工程所在区、海洋灾害易发区和海上其他重要区域作为规划的重点。

第八条 海洋观测网规划主要包括规划目标、海洋观测网体系构成、海洋观测站(点)总体布局及设施建设、保障措施等内容。

第九条 海洋观测网的建设应当符合海洋观测网规划,并按照国家固定资产投资项目建设程序组织实施。

海洋观测站(点)的建设应当符合国家有关标准和技术要求,保证建设质量。

第十条 国务院海洋主管部门和沿海县级以上地方人民政府海洋主管部门负责基本海洋观测站(点)的设立和调整。

有关主管部门因水利、气象、航运等管理需要设立、调整有关观测站(点)开展海洋观测的,应当事先征求有关海洋主管部门的意见。

其他单位或者个人因生产、科研等活动需要设立、调整海洋观测站(点)的,应当按照国务院海洋主管部门的规定,报有关海洋主管部门备案。

第十一条 海洋观测站(点)及其设施受法律保护,任何单位和个人不得侵占、毁损或者擅自移动。

第十二条 国务院海洋主管部门、沿海县级以上地方人民政府海洋主管部门,应当商本级人民政府有关部门按照管理权限和国家有关标准划定基本海洋观测站(点)的海洋观测环境保护范围,予以公告,并根据需要在保护范围边界设立标志。

禁止在海洋观测环境保护范围内进行下列活动:

(一)设置障碍物、围填海;

(二)设置影响海洋观测的高频电磁辐射装置;

(三)影响海洋观测的矿产资源勘探开发、捕捞作业、水产养殖、倾倒废弃物、爆破等活动;

(四)可能对海洋观测产生危害的其他活动。

第十三条 新建、改建、扩建建设工程,应当避免对海洋观测站(点)及其设施、观测环境造成危害;确实无法避免的,建设单位应当按照原负责或者批准设立、调整该海洋观测站(点)的主管部门的要求,在开工建设前采取增建抗干扰设施或者新建海洋观测站(点)等措施,所需费用由建设单位承担。

第三章 海洋观测与资料的汇交使用

第十四条 从事海洋观测活动应当遵守国家海洋观测技术标准、规范和规程。

从事海洋观测活动的单位应当建立质量保证体系和计量管理体系,加强对海洋观测资料获取和传输的质量

控制，保证海洋观测资料的真实性、准确性和完整性。

第十五条　海洋观测使用的仪器设备应当符合国家有关产品标准、规范和海洋观测技术要求。

海洋观测计量器具应当依法经计量检定合格。未经检定、检定不合格或者超过检定周期的计量器具，不得用于海洋观测。对不具备检定条件的海洋观测计量器具，应当通过校准保证量值溯源。

第十六条　国家建立海上船舶、平台志愿观测制度。

承担志愿观测的船舶、平台所需要的海洋观测仪器设备由海洋主管部门负责购置、安装和维修；船舶、平台的所有权人或者使用权人应当予以配合，并承担日常管护责任。

第十七条　从事海洋观测活动的单位应当按照国务院海洋主管部门的规定，将获取的海洋观测资料向有关海洋主管部门统一汇交。

国务院海洋主管部门和沿海县级以上地方人民政府海洋主管部门应当妥善存储、保管海洋观测资料，并根据经济建设和社会发展需要对海洋观测资料进行加工整理，建立海洋观测资料数据库，实行资料共享。

海洋观测资料的汇交、存储、保管、共享和使用应当遵守保守国家秘密法律、法规的规定。

第十八条　国家机关决策和防灾减灾、国防建设、公共安全等公益事业需要使用海洋观测资料的，国务院海洋主管部门和沿海县级以上地方人民政府海洋主管部门应当无偿提供。

第十九条　国际组织、外国的组织或者个人在中华人民共和国领域和中华人民共和国管辖的其他海域从事海洋观测活动，依照《中华人民共和国涉外海洋科学研究管理规定》的规定执行。

国际组织、外国的组织或者个人在中华人民共和国领域和中华人民共和国管辖的其他海域从事海洋观测活动，应当遵守中华人民共和国的法律、法规，不得危害中华人民共和国的国家安全。

第二十条　任何单位和个人不得擅自向国际组织、外国的组织或者个人提供属于国家秘密的海洋观测资料和成果；确需提供的，应当报国务院海洋主管部门或者沿海省、自治区、直辖市人民政府海洋主管部门批准；有关海洋主管部门在批准前，应当征求本级人民政府有关部门的意见，其中涉及军事秘密的，还应当征得有关军事机关的同意。

第四章　海洋预报

第二十一条　国务院海洋主管部门和沿海县级以上地方人民政府海洋主管部门所属的海洋预报机构应当根据海洋观测资料，分析、预测海洋状况变化趋势及其影响，及时制作海洋预报和海洋灾害警报，做好海洋预报工作。

国务院海洋主管部门和沿海县级以上地方人民政府海洋主管部门所属的海洋预报机构应当适时进行海洋预报和海洋灾害警报会商，提高海洋预报和海洋灾害警报的准确性、及时性。

第二十二条　海洋预报和海洋灾害警报由国务院海洋主管部门和沿海县级以上地方人民政府海洋主管部门所属的海洋预报机构按照职责向公众统一发布。其他任何单位和个人不得向公众发布海洋预报和海洋灾害警报。

第二十三条　国务院有关部门、沿海地方各级人民政府和沿海县级以上地方人民政府有关部门应当根据海洋预报机构提供的海洋灾害警报信息采取必要措施，并根据防御海洋灾害的需要，启动相应的海洋灾害应急预案，避免或者减轻海洋灾害。

第二十四条　沿海县级以上地方人民政府指定的当地广播、电视和报纸等媒体应当安排固定的时段或者版面，及时刊播海洋预报和海洋灾害警报。

广播、电视等媒体改变海洋预报播发时段的，应当事先与有关海洋主管部门协商一致，但是因特殊需要，广播电视行政部门要求改变播发时段的除外。对国计民生可能产生重大影响的海洋灾害警报，应当及时增播或者插播。

第二十五条　广播、电视和报纸等媒体刊播海洋预报和海洋灾害警报，应当使用国务院海洋主管部门和沿海县级以上地方人民政府海洋主管部门所属的海洋预报机构提供的信息，并明示海洋预报机构的名称。

第二十六条　沿海县级以上地方人民政府应当建立和完善海洋灾害信息发布平台，根据海洋灾害防御需要，在沿海交通枢纽、公共活动场所等人口密集区和海洋灾害易发区建立海洋灾害警报信息接收和播发设施。

第二十七条　国务院海洋主管部门和沿海省、自治区、直辖市人民政府海洋主管部门应当根据海洋灾害分析统计结果，商本级人民政府有关部门提出确定海洋灾害重点防御区的意见，报本级人民政府批准后公布。

在海洋灾害重点防御区内设立产业园区、进行重大项目建设的，应当在项目可行性论证阶段，进行海洋灾害风险评估，预测和评估海啸、风暴潮等海洋灾害的影响。

第二十八条　国务院海洋主管部门负责组织海平面

变化和影响气候变化的重大海洋现象的预测和评估，并及时公布预测意见和评估结果。

沿海省、自治区、直辖市人民政府海洋主管部门应当根据海洋灾害防御需要，对沿海警戒潮位进行核定，报本级人民政府批准后公布。

第五章 法律责任

第二十九条 国务院海洋主管部门及其海区派出机构、沿海县级以上地方人民政府海洋主管部门，不依法作出行政许可或者办理批准文件，发现违法行为或者接到对违法行为的举报不予查处，或者有其他未依照本条例规定履行职责的行为的，对直接负责的主管人员和其他直接责任人员依法给予处分；直接负责的主管人员和其他直接责任人员构成犯罪的，依法追究刑事责任。

第三十条 国务院海洋主管部门及其海区派出机构、沿海县级以上地方人民政府海洋主管部门所属的海洋预报机构瞒报、谎报或者由于玩忽职守导致重大漏报、错报、迟报海洋灾害警报的，由其上级机关或者监察机关责令改正；情节严重的，对直接负责的主管人员和其他直接责任人员依法给予处分；直接负责的主管人员和其他直接责任人员构成犯罪的，依法追究刑事责任。

第三十一条 设立、调整海洋观测站（点）未按照规定备案的，由有关海洋主管部门责令限期改正，处2万元以上10万元以下的罚款；不符合海洋观测网规划的，责令限期拆除；逾期不拆除的，依法实施强制拆除，所需费用由违法者承担。

第三十二条 违反本条例规定，有下列行为之一的，由有关海洋主管部门责令停止违法行为，限期恢复原状或者采取其他补救措施，处2万元以上20万元以下的罚款；逾期不恢复原状或者不采取其他补救措施的，依法强制执行；造成损失的，依法承担赔偿责任；构成犯罪的，依法追究刑事责任：

（一）侵占、毁损或者擅自移动海洋观测站（点）及其设施的；

（二）在海洋观测环境保护范围内进行危害海洋观测活动的。

第三十三条 违反本条例规定，有下列行为之一的，由有关主管部门责令限期改正，给予警告；逾期不改正的，处1万元以上5万元以下的罚款：

（一）不遵守国家海洋观测技术标准、规范或者规程的；

（二）使用不符合国家有关产品标准、规范或者海洋观测技术要求的海洋观测仪器设备的；

（三）使用未经检定、检定不合格或者超过检定周期的海洋观测计量器具的。

违反本条第一款第二项、第三项规定的，责令限期更换有关海洋观测仪器设备、海洋观测计量器具。

第三十四条 从事海洋观测活动的单位未按照规定汇交海洋观测资料的，由负责接收海洋观测资料的海洋主管部门责令限期汇交；逾期不汇交的，责令停止海洋观测活动，处2万元以上10万元以下的罚款。

第三十五条 单位或者个人未经批准，向国际组织、外国的组织或者个人提供属于国家秘密的海洋观测资料或者成果的，由有关海洋主管部门责令停止违法行为；有违法所得的，没收违法所得；构成犯罪的，依法追究刑事责任。

第三十六条 违反本条例规定发布海洋预报或者海洋灾害警报的，由有关海洋主管部门责令停止违法行为，给予警告，并处2万元以上10万元以下的罚款；构成违反治安管理行为的，依法给予治安管理处罚；构成犯罪的，依法追究刑事责任。

第三十七条 广播、电视、报纸等媒体有下列行为之一的，由有关主管部门责令限期改正，给予警告；情节严重的，对直接负责的主管人员和其他直接责任人员依法给予处分：

（一）未依照本条例规定刊播海洋预报、海洋灾害警报的；

（二）未及时增播或者插播对国计民生可能产生重大影响的海洋灾害警报的；

（三）刊播海洋预报、海洋灾害警报，未使用海洋主管部门所属的海洋预报机构提供的信息的。

第六章 附 则

第三十八条 本条例下列用语的含义是：

（一）海洋观测，是指以掌握、描述海洋状况为目的，对潮汐、盐度、海温、海浪、海流、海冰、海啸波等进行的观察测量活动，以及对相关数据采集、传输、分析和评价的活动。

（二）海洋预报，是指对潮汐、盐度、海温、海浪、海流、海冰、海啸、风暴潮、海平面变化、海岸侵蚀、咸潮入侵等海洋状况和海洋现象开展的预测和信息发布的活动。

（三）海洋观测站（点），是指为获取海洋观测资料，在海洋、海岛和海岸设立的海洋观测场所。

（四）海洋观测设施，是指海洋观测站（点）所使用的观测站房、雷达站房、观测平台、观测井、观测船、浮标、潜标、海床基、观测标志、仪器设备、通信线路等及附属设施。

（五）海洋观测环境，是指为保证海洋观测活动正常进行，以海洋观测站（点）为中心，以获取连续、准确和具有代表性的海洋观测数据为目标所必需的最小立体空间。

第三十九条 中国人民解放军的海洋观测预报工作，按照中央军事委员会的有关规定执行。

海洋环境监测及监测信息的发布，依照有关法律、法规和国家规定执行。

第四十条 本条例自2012年6月1日起施行。

全国洪水作业预报工作管理办法

·2018年7月31日

·办水文〔2018〕152号

第一章 总 则

第一条 为规范全国洪水作业预报工作，满足防汛工作需要，根据《中华人民共和国防洪法》《中华人民共和国水文条例》《全国水情工作管理办法》，制定本办法。

第二条 水文机构负责制作并按照规定权限发布洪水预报。

第三条 洪水作业预报工作按照职责实行分级管理。

第二章 职 责

第四条 水利部水文司组织指导全国洪水作业预报工作，水利部信息中心（水利部水文水资源监测预报中心）（以下简称“水利部信息中心”）承担全国洪水作业预报的组织实施和技术指导工作。

第五条 水利部信息中心负责制作国家防汛指挥调度决策所需的洪水预报，负责向水利部及国家防汛指挥机构提供全国水文机构发布的洪水预报成果。

第六条 流域水文机构负责组织指导所辖流域片洪水作业预报工作，负责制作流域防汛指挥调度决策所需的洪水预报，负责向流域防汛指挥机构提供流域片内水文机构发布的洪水预报成果。

第七条 省级水文机构负责管理辖区内洪水作业预报工作，负责制作省级防汛指挥调度决策所需的洪水预报，负责向省级水行政主管部门及省级防汛指挥机构提供辖区内水文机构发布的洪水预报成果。

第三章 水情分级

第八条 根据雨水情发展程度，结合洪水预报需要，水情分为一级、二级和三级。

第九条 洪水预报站分为主要江河干流重要预报站、主要江河干流一般预报站及主要江河支流重要预报站。

（一）全国主要江河干流重要预报站是指流域洪水调度、江河洪水编号等依据站；

（二）全国主要江河干流一般预报站是指重要预报站以外需要开展洪水预报的站点；

（三）全国主要江河支流重要预报站是指重要支流控制站或代表站。

第十条 出现下列情况之一者，为一级水情：

（一）全国主要江河干流重要预报站水位（流量）达到或超过警戒水位（警戒流量），或者洪水要素重现期达到或超过5年；

（二）全国主要江河干流一般预报站或支流重要预报站水位（流量）达到或超过保证水位（保证流量），或者洪水要素重现期达到或超过20年；

（三）其他突发重大水事件。

第十一条 出现下列情况之一者，为二级水情：

（一）全国主要江河干流一般预报站水位（流量）达到或超过警戒水位（警戒流量），或者洪水要素重现期为5年到20年；

（二）全国主要江河支流重要预报站水位（流量）达到或超过警戒水位（警戒流量），或者洪水要素重现期为5年到20年。

第十二条 江河发生洪水量级在二级水情以下的水情为三级水情。

第四章 预报制作

第十三条 水文机构按照防汛工作需要，依据水情分级负责制作洪水预报。

第十四条 当预计或已发生一级水情时，水利部信息中心，流域、省级水文机构应制作职责范围内的洪水预报。

第十五条 当预计或已发生二级水情时，流域、省级水文机构应制作职责范围内的洪水预报。

第十六条 当预计或已发生三级水情时，流域、省级水文机构负责组织制作职责范围内的洪水预报。

第十七条 当预计或发生洪水期间，每日应至少制作预报一次。当预计或已发生二级以上水情时，应依据防汛工作需要加密制作频次；当雨水情、工情发生变化时应及时进行滚动预报。

第十八条 水文机构应保证洪水预报制作时效性。每次预报制作一般应在一个半小时内完成，遇复杂水情时，应在两小时内完成。

第五章 预报会商

第十九条 当预计或已发生二级以上水情时，应及时组织洪水预报联合会商。

第二十条 当预计或已发生一级水情时，水利部信息中心根据雨水情发展或工作需要，组织相关流域、省级水文机构进行洪水预报联合会商，并向水利部及国家防汛指挥机构提供综合预报成果。

第二十一条 当预计或已发生二级水情时，省级水文机构负责组织辖区内洪水预报会商，负责向省级水行政主管部门及省级防汛指挥机构提供综合预报成果；流域水文机构根据雨水情发展或工作需要，负责组织所辖流域片内相关省级水文机构进行洪水预报联合会商，负责向流域防汛指挥机构提供综合预报成果。流域、省级水文机构会商意见应及时报送水利部信息中心。

第二十二条 洪水预报联合会商应采用视频会商方式。水文机构应加强洪水预报视频会商环境设施建设，为预报会商提供保障。

第六章 预报发布与成果共享

第二十三条 洪水预报成果发布前须严格履行审核、签发程序。

第二十四条 发布的预报成果应通过水情信息交换系统汇交至水利部信息中心。

第二十五条 水文机构应采用纸质签发(或电子签发)方式及时向水利部信息中心、相应防汛指挥机构和水行政主管部门报送发布的洪水预报成果。

第二十六条 水利部信息中心负责对流域、省级水文机构洪水作业预报工作进行考评。流域、省级水文机构负责对辖区内洪水作业预报工作进行考评。

第七章 附 则

第二十七条 流域、省级水文机构可依本办法制定相应管理办法。

第二十八条 本办法自发布之日起执行。

中华人民共和国抗旱条例

· 2009年2月11日国务院第49次常务会议通过
· 2009年2月26日中华人民共和国国务院令第552号公布
· 自公布之日起施行

第一章 总 则

第一条 为了预防和减轻干旱灾害及其造成的损失，保障生活用水，协调生产、生态用水，促进经济社会全面、协调、可持续发展，根据《中华人民共和国水法》，制定本条例。

第二条 在中华人民共和国境内从事预防和减轻干旱灾害的活动，应当遵守本条例。

本条例所称干旱灾害，是指由于降水减少、水工程供水不足引起的用水短缺，并对生活、生产和生态造成危害的事件。

第三条 抗旱工作坚持以人为本、预防为主、防抗结合和因地制宜、统筹兼顾、局部利益服从全局利益的原则。

第四条 县级以上人民政府应当将抗旱工作纳入本级国民经济和社会发展规划，所需经费纳入本级财政预算，保障抗旱工作的正常开展。

第五条 抗旱工作实行各级人民政府行政首长负责制，统一指挥、部门协作、分级负责。

第六条 国家防汛抗旱总指挥部负责组织、领导全国的抗旱工作。

国务院水行政主管部门负责全国抗旱的指导、监督、管理工作，承担国家防汛抗旱总指挥部的具体工作。国家防汛抗旱总指挥部的其他成员单位按照各自职责，负责有关抗旱工作。

第七条 国家确定的重要江河、湖泊的防汛抗旱指挥机构，由有关省、自治区、直辖市人民政府和该江河、湖泊的流域管理机构组成，负责协调所辖范围内的抗旱工作；流域管理机构承担流域防汛抗旱指挥机构的具体工作。

第八条 县级以上地方人民政府防汛抗旱指挥机构，在上级防汛抗旱指挥机构和本级人民政府的领导下，负责组织、指挥本行政区域内的抗旱工作。

县级以上地方人民政府水行政主管部门负责本行政区域内抗旱的指导、监督、管理工作，承担本级人民政府防汛抗旱指挥机构的具体工作。县级以上地方人民政府防汛抗旱指挥机构的其他成员单位按照各自职责，负责有关抗旱工作。

第九条 县级以上人民政府应当加强水利基础设施建设，完善抗旱工程体系，提高抗旱减灾能力。

第十条 各级人民政府、有关部门应当开展抗旱宣传教育活动，增强全社会抗旱减灾意识，鼓励和支持各种抗旱科学技术研究及其成果的推广应用。

第十一条 任何单位和个人都有保护抗旱设施和依法参加抗旱的义务。

第十二条 对在抗旱工作中做出突出贡献的单位和个人，按照国家有关规定给予表彰和奖励。

第二章 旱灾预防

第十三条 县级以上地方人民政府水行政主管部门会同同级有关部门编制本行政区域的抗旱规划，报本级人民政府批准后实施，并抄送上一级人民政府水行政主管部门。

第十四条 编制抗旱规划应当充分考虑本行政区域的国民经济和社会发展水平、水资源综合开发利用情况、干旱规律和特点、可供水资源量和抗旱能力以及城乡居民生活用水、工农业生产和生态用水的需求。

抗旱规划应当与水资源开发利用等规划相衔接。

下级抗旱规划应当与上一级的抗旱规划相协调。

第十五条 抗旱规划应当主要包括抗旱组织体系建设、抗旱应急水源建设、抗旱应急设施建设、抗旱物资储备、抗旱服务组织建设、旱情监测网络建设以及保障措施等。

第十六条 县级以上人民政府应当加强农田水利基础设施建设和农村饮水工程建设，组织做好抗旱应急工程及其配套设施建设和节水改造，提高抗旱供水能力和水资源利用效率。

县级以上人民政府水行政主管部门应当组织做好农田水利基础设施和农村饮水工程的管理和维护，确保其正常运行。

干旱缺水地区的地方人民政府及有关集体经济组织应当因地制宜修建中小微型蓄水、引水、提水工程和雨水集蓄利用工程。

第十七条 国家鼓励和扶持研发、使用抗旱节水机械和装备，推广农田节水技术，支持旱作地区修建抗旱设施，发展旱作节水农业。

国家鼓励、引导、扶持社会组织和个人建设、经营抗旱设施，并保护其合法权益。

第十八条 县级以上地方人民政府应当做好干旱期城乡居民生活供水的应急水源贮备保障工作。

第十九条 干旱灾害频繁发生地区的县级以上地方人民政府，应当根据抗旱工作需要储备必要的抗旱物资，并加强日常管理。

第二十条 县级以上人民政府应当根据水资源和水环境的承载能力，调整、优化经济结构和产业布局，合理配置水资源。

第二十一条 各级人民政府应当开展节约用水宣传教育，推行节约用水措施，推广节约用水新技术、新工艺，建设节水型社会。

第二十二条 县级以上人民政府水行政主管部门应当做好水资源的分配、调度和保护工作，组织建设抗旱应急水源工程和集雨设施。

县级以上人民政府水行政主管部门和其他有关部门应当及时向人民政府防汛抗旱指挥机构提供水情、雨情和墒情信息。

第二十三条 各级气象主管机构应当加强气象科学技术研究，提高气象监测和预报水平，及时向人民政府防汛抗旱指挥机构提供气象干旱及其他与抗旱有关的气象信息。

第二十四条 县级以上人民政府农业主管部门应当做好农用抗旱物资的储备和管理工作，指导干旱地区农业种植结构的调整，培育和推广应用耐旱品种，及时向人民政府防汛抗旱指挥机构提供农业旱情信息。

第二十五条 供水管理部门应当组织有关单位，加强供水管网的建设和维护，提高供水能力，保障居民生活用水，及时向人民政府防汛抗旱指挥机构提供供水、用水信息。

第二十六条 县级以上人民政府应当组织有关部门，充分利用现有资源，建设完善旱情监测网络，加强对干旱灾害的监测。

县级以上人民政府防汛抗旱指挥机构应当组织完善抗旱信息系统，实现成员单位之间的信息共享，为抗旱指挥决策提供依据。

第二十七条 国家防汛抗旱总指挥部组织其成员单位编制国家防汛抗旱预案，经国务院批准后实施。

县级以上地方人民政府防汛抗旱指挥机构组织其成员单位编制抗旱预案，经上一级人民政府防汛抗旱指挥机构审查同意，报本级人民政府批准后实施。

经批准的抗旱预案，有关部门和单位必须执行。修改抗旱预案，应当按照原批准程序报原批准机关批准。

第二十八条 抗旱预案应当包括预案的执行机构以及有关部门的职责、干旱灾害预警、干旱等级划分和按不同等级采取的应急措施、旱情紧急情况下水量调度预案和保障措施等内容。

干旱灾害按照区域耕地和作物受旱的面积与程度以及因干旱导致饮水困难人口的数量，分为轻度干旱、中度干旱、严重干旱、特大干旱四级。

第二十九条 县级人民政府和乡镇人民政府根据抗旱工作的需要，加强抗旱服务组织的建设。县级以上地方各级人民政府应当加强对抗旱服务组织的扶持。

国家鼓励社会组织和个人兴办抗旱服务组织。

第三十条 各级人民政府应当对抗旱责任制落实、

抗旱预案编制、抗旱设施建设和维护、抗旱物资储备等情况加强监督检查，发现问题应当及时处理或者责成有关部门和单位限期处理。

第三十一条 水工程管理单位应当定期对管护范围内的抗旱设施进行检查和维护。

第三十二条 禁止非法引水、截水和侵占、破坏、污染水源。

禁止破坏、侵占、毁损抗旱设施。

第三章 抗旱减灾

第三十三条 发生干旱灾害，县级以上人民政府防汛抗旱指挥机构应当按照抗旱预案规定的权限，启动抗旱预案，组织开展抗旱减灾工作。

第三十四条 发生轻度干旱和中度干旱，县级以上地方人民政府防汛抗旱指挥机构应当按照抗旱预案的规定，采取下列措施：

（一）启用应急备用水源或者应急打井、挖泉；

（二）设置临时抽水泵站，开挖输水渠道或者临时在江河沟渠内截水；

（三）使用再生水、微咸水、海水等非常规水源，组织实施人工增雨；

（四）组织向人畜饮水困难地区送水。

采取前款规定的措施，涉及其他行政区域的，应当报共同的上一级人民政府防汛抗旱指挥机构或者流域防汛抗旱指挥机构批准；涉及其他有关部门的，应当提前通知有关部门。旱情解除后，应当及时拆除临时取水和截水设施，并及时通报有关部门。

第三十五条 发生严重干旱和特大干旱，国家防汛抗旱总指挥部应当启动国家防汛抗旱预案，总指挥部各成员单位应当按照防汛抗旱预案的分工，做好相关工作。

严重干旱和特大干旱发生地的县级以上地方人民政府在防汛抗旱指挥机构采取本条例第三十四条规定的措施外，还可以采取下列措施：

（一）压减供水指标；

（二）限制或者暂停高耗水行业用水；

（三）限制或者暂停排放工业污水；

（四）缩小农业供水范围或者减少农业供水量；

（五）限时或者限量供应城镇居民生活用水。

第三十六条 发生干旱灾害，县级以上地方人民政府应当按照统一调度、保证重点、兼顾一般的原则对水源进行调配，优先保障城乡居民生活用水，合理安排生产和生态用水。

第三十七条 发生干旱灾害，县级以上人民政府防汛抗旱指挥机构或者流域防汛抗旱指挥机构可以按照批准的抗旱预案，制订应急水量调度实施方案，统一调度辖区内的水库、水电站、闸坝、湖泊等所蓄的水量。有关地方人民政府、单位和个人必须服从统一调度和指挥，严格执行调度指令。

第三十八条 发生干旱灾害，县级以上地方人民政府防汛抗旱指挥机构应当及时组织抗旱服务组织，解决农村人畜饮水困难，提供抗旱技术咨询等方面的服务。

第三十九条 发生干旱灾害，各级气象主管机构应当做好气象干旱监测和预报工作，并适时实施人工增雨作业。

第四十条 发生干旱灾害，县级以上人民政府卫生主管部门应当做好干旱灾害发生地区疾病预防控制、医疗救护和卫生监督执法工作，监督、检测饮用水水源卫生状况，确保饮水卫生安全，防止干旱灾害导致重大传染病疫情的发生。

第四十一条 发生干旱灾害，县级以上人民政府民政部门应当做好干旱灾害的救助工作，妥善安排受灾地区群众基本生活。

第四十二条 干旱灾害发生地区的乡镇人民政府、街道办事处、村民委员会、居民委员会应当组织力量，向村民、居民宣传节水抗旱知识，协助做好抗旱措施的落实工作。

第四十三条 发生干旱灾害，供水企事业单位应当加强对供水、水源和抗旱设施的管理与维护，按要求启用应急备用水源，确保城乡供水安全。

第四十四条 干旱灾害发生地区的单位和个人应当自觉节约用水，服从当地人民政府发布的决定，配合落实人民政府采取的抗旱措施，积极参加抗旱减灾活动。

第四十五条 发生特大干旱，严重危及城乡居民生活、生产用水安全，可能影响社会稳定的，有关省、自治区、直辖市人民政府防汛抗旱指挥机构经本级人民政府批准，可以宣布本辖区内的相关行政区域进入紧急抗旱期，并及时报告国家防汛抗旱总指挥部。

特大干旱旱情缓解后，有关省、自治区、直辖市人民政府防汛抗旱指挥机构应当宣布结束紧急抗旱期，并及时报告国家防汛抗旱总指挥部。

第四十六条 在紧急抗旱期，有关地方人民政府防汛抗旱指挥机构应当组织动员本行政区域内各有关单位和个人投入抗旱工作。所有单位和个人必须服从指挥，承担人民政府防汛抗旱指挥机构分配的抗旱工作任务。

第四十七条 在紧急抗旱期，有关地方人民政府防汛抗旱指挥机构根据抗旱工作的需要，有权在其管辖范围内征用物资、设备、交通运输工具。

第四十八条 县级以上地方人民政府防汛抗旱指挥机构应当组织有关部门，按照干旱灾害统计报表的要求，及时核实和统计所管辖范围内的旱情、干旱灾害和抗旱情况等信息，报上一级人民政府防汛抗旱指挥机构和本级人民政府。

第四十九条 国家建立抗旱信息统一发布制度。旱情由县级以上人民政府防汛抗旱指挥机构统一审核、发布；旱灾由县级以上人民政府水行政主管部门会同同级民政部门审核、发布；农业灾情由县级以上人民政府农业主管部门发布；与抗旱有关的气象信息由气象主管机构发布。

报刊、广播、电视和互联网等媒体，应当及时刊播抗旱信息并标明发布机构名称和发布时间。

第五十条 各级人民政府应当建立和完善与经济社会发展水平以及抗旱减灾要求相适应的资金投入机制，在本级财政预算中安排必要的资金，保障抗旱减灾投入。

第五十一条 因抗旱发生的水事纠纷，依照《中华人民共和国水法》的有关规定处理。

第四章 灾后恢复

第五十二条 旱情缓解后，各级人民政府、有关主管部门应当帮助受灾群众恢复生产和灾后自救。

第五十三条 旱情缓解后，县级以上人民政府水行政主管部门应当对水利工程进行检查评估，并及时组织修复遭受干旱灾害损坏的水利工程；县级以上人民政府有关主管部门应当将遭受干旱灾害损坏的水利工程，优先列入年度修复建设计划。

第五十四条 旱情缓解后，有关地方人民政府防汛抗旱指挥机构应当及时归还紧急抗旱期征用的物资、设备、交通运输工具等，并按照有关法律规定给予补偿。

第五十五条 旱情缓解后，县级以上人民政府防汛抗旱指挥机构应当及时组织有关部门对干旱灾害影响、损失情况以及抗旱工作效果进行分析和评估；有关部门和单位应当予以配合，主动向本级人民政府防汛抗旱指挥机构报告相关情况，不得虚报、瞒报。

县级以上人民政府防汛抗旱指挥机构也可以委托具有灾害评估专业资质的单位进行分析和评估。

第五十六条 抗旱经费和抗旱物资必须专项使用，任何单位和个人不得截留、挤占、挪用和私分。

各级财政和审计部门应当加强对抗旱经费和物资管理的监督、检查和审计。

第五十七条 国家鼓励在易旱地区逐步建立和推行旱灾保险制度。

第五章 法律责任

第五十八条 违反本条例规定，有下列行为之一的，由所在单位或者上级主管机关、监察机关责令改正；对直接负责的主管人员和其他直接责任人员依法给予处分；构成犯罪的，依法追究刑事责任：

（一）拒不承担抗旱救灾任务的；

（二）擅自向社会发布抗旱信息的；

（三）虚报、瞒报旱情、灾情的；

（四）拒不执行抗旱预案或者旱情紧急情况下的水量调度预案以及应急水量调度实施方案的；

（五）旱情解除后，拒不拆除临时取水和截水设施的；

（六）滥用职权、徇私舞弊、玩忽职守的其他行为。

第五十九条 截留、挤占、挪用、私分抗旱经费的，依照有关财政违法行为处罚处分等法律、行政法规的规定处罚；构成犯罪的，依法追究刑事责任。

第六十条 违反本条例规定，水库、水电站、拦河闸坝等工程的管理单位以及其他经营工程设施的经营者拒不服从统一调度和指挥的，由县级以上人民政府水行政主管部门或者流域管理机构责令改正，给予警告；拒不改正的，强制执行，处1万元以上5万元以下的罚款。

第六十一条 违反本条例规定，侵占、破坏水源和抗旱设施的，由县级以上人民政府水行政主管部门或者流域管理机构责令停止违法行为，采取补救措施，处1万元以上5万元以下的罚款；造成损坏的，依法承担民事责任；构成违反治安管理行为的，依照《中华人民共和国治安管理处罚法》的规定处罚；构成犯罪的，依法追究刑事责任。

第六十二条 违反本条例规定，抢水、非法引水、截水或者哄抢抗旱物资的，由县级以上人民政府水行政主管部门或者流域管理机构责令停止违法行为，予以警告；构成违反治安管理行为的，依照《中华人民共和国治安管理处罚法》的规定处罚；构成犯罪的，依法追究刑事责任。

第六十三条 违反本条例规定，阻碍、威胁防汛抗旱指挥机构、水行政主管部门或者流域管理机构的工作人员依法执行职务的，由县级以上人民政府水行政主管部门或者流域管理机构责令改正，予以警告；构成违反治安管理行为的，依照《中华人民共和国治安管理处罚法》的规定处罚；构成犯罪的，依法追究刑事责任。

第六章 附 则

第六十四条 中国人民解放军和中国人民武装警察部队参加抗旱救灾，依照《军队参加抢险救灾条例》的有关规定执行。

第六十五条 本条例自公布之日起施行。

国家防汛抗旱应急预案

·2022年5月30日

·国办函〔2022〕48号

1 总 则

1.1 指导思想

以习近平新时代中国特色社会主义思想为指导，深入贯彻落实习近平总书记关于防灾减灾救灾的重要论述和关于全面做好防汛抗旱工作的重要指示精神，按照党中央、国务院决策部署，立足新发展阶段，完整、准确、全面贯彻新发展理念，构建新发展格局，坚持人民至上、生命至上，统筹发展和安全，进一步完善体制机制，依法高效有序做好水旱灾害突发事件防范与处置工作，最大限度减少人员伤亡和财产损失，为经济社会持续健康发展提供坚强保证。

1.2 编制依据

《中华人民共和国防洪法》、《中华人民共和国水法》、《中华人民共和国防汛条例》、《中华人民共和国抗旱条例》、《水库大坝安全管理条例》和《国家突发公共事件总体应急预案》等。

1.3 适用范围

本预案适用于我国境内突发性水旱灾害的防范和处置。突发性水旱灾害包括：江河洪水和渍涝灾害、山洪灾害（指由降雨引发的山洪、泥石流灾害）、台风风暴潮灾害、干旱灾害、供水危机以及由洪水、风暴潮、地震等引发的水库垮坝、堤防决口、水闸倒塌、堰塞湖等次生衍生灾害。

1.4 工作原则

1.4.1 坚持统一领导、协调联动，分级负责、属地为主。防汛抗旱工作在党的领导下，实行各级人民政府行政首长负责制。各级防汛抗旱指挥机构在同级党委和政府、上级防汛抗旱指挥机构领导下，组织指挥管辖范围内防汛抗旱工作，贯彻落实同级党委和政府、上级防汛抗旱指挥机构的部署要求。

1.4.2 坚持安全第一、常备不懈，以防为主、防抗救相结合。防汛抗旱工作坚持依法防抗、科学防控，实行公众参与、专群结合、军民联防、平战结合，切实把确保人民生命安全放在第一位落到实处，保障防洪安全和城乡供水安全。

1.4.3 坚持因地制宜、城乡统筹，统一规划、局部利益服从全局利益。防汛抗旱工作要按照流域或区域统一规划，科学处理上下游左右岸之间、地区之间、部门之间、近期与长远之间等各项关系，突出重点，兼顾一般，做到服从大局、听从指挥。

1.4.4 坚持科学调度、综合治理，除害兴利、防汛抗旱统筹。在确保防洪安全的前提下，尽可能利用洪水资源。抗旱用水以水资源承载能力为基础，实行先生活、后生产，先地表、后地下，先节水、后调水，科学调度，优化配置，最大限度满足城乡生活、生态、生产用水需求。

2 组织指挥体系及职责

国务院设立国家防汛抗旱指挥机构，县级以上地方人民政府、有关流域设立防汛抗旱指挥机构，负责本区域的防汛抗旱工作。有关单位可根据需要设立防汛抗旱指挥机构，负责本单位防汛抗旱工作。

2.1 国家防汛抗旱总指挥部

国务院设立国家防汛抗旱总指挥部（以下简称国家防总），负责领导、组织全国的防汛抗旱工作，其办事机构国家防总办公室设在应急部。

2.1.1 国家防总组织机构

国家防总由国务院领导同志任总指挥，应急部、水利部主要负责同志，中央军委联合参谋部负责同志和国务院分管副秘书长任副总指挥，应急部分管副部长任秘书长，根据需要设副秘书长，中央宣传部、国家发展改革委、教育部、工业和信息化部、公安部、财政部、自然资源部、住房城乡建设部、交通运输部、水利部、农业农村部、商务部、文化和旅游部、国家卫生健康委、应急部、广电总局、中国气象局、国家粮食和储备局、国家能源局、国家铁路局、中央军委联合参谋部、中央军委国防动员部、中国红十字会总会、中国国家铁路集团有限公司、中国安能建设集团有限公司等部门和单位为国家防总成员单位。

2.1.2 国家防总职责

贯彻落实党中央、国务院关于防汛抗旱工作的决策部署，领导、组织全国防汛抗旱工作，研究拟订国家防汛抗旱政策、制度等；依法组织制定长江、黄河、淮河、海河等重要江河湖泊和重要水工程的防御洪水方案，按程序决定启用重要蓄滞洪区、弃守堤防或破堤泄洪；组织开展防汛抗旱检查，督促地方党委和政府落实主体责任，监督落实重点地区和重要工程防汛抗旱责任人，组织协调、指挥决策和指导监督重大水旱灾害应急抢险救援救灾工作，指导监督防汛抗旱重大决策部署的贯彻落实；指导地方建立健全各级防汛抗旱指挥机构，完善组织体系，建立健全与流域防汛抗旱总指挥部（以下简称流域防总）、省级防汛抗旱指挥部的应急联动、信息共享、组织协调等工作机制。

2.2　**流域防汛抗旱总指挥部**

长江、黄河、淮河、海河、珠江、松花江、太湖等流域设立流域防总，负责落实国家防总以及水利部防汛抗旱的有关要求，执行国家防总指令，指挥协调所管辖范围内的防汛抗旱工作。流域防总由有关省、自治区、直辖市人民政府和该流域管理机构等有关单位以及相关战区或其委托的单位负责人等组成，其办事机构（流域防总办公室）设在该流域管理机构。国家防总相关指令统一由水利部下达到各流域防总及其办事机构执行。

2.3　**地方各级人民政府防汛抗旱指挥部**

有防汛抗旱任务的县级以上地方人民政府设立防汛抗旱指挥部，在上级防汛抗旱指挥机构和本级人民政府的领导下，强化组织、协调、指导、督促职能，指挥本地区的防汛抗旱工作。防汛抗旱指挥部由本级人民政府和有关部门、当地解放军和武警部队等有关单位负责人组成。防汛压力大、病险水库多、抢险任务重、抗旱任务重的地方，政府主要负责同志担任防汛抗旱指挥部指挥长。

乡镇一级人民政府根据当地实际情况明确承担防汛抗旱防台风工作的机构和人员。

2.4　**其他防汛抗旱指挥机构**

有防汛抗旱任务的部门和单位根据需要设立防汛抗旱机构，在本级或属地人民政府防汛抗旱指挥机构统一领导下开展工作。针对重大突发事件，可以组建临时指挥机构，具体负责应急处理工作。

3　预防和预警机制

3.1　**预防预警信息**

3.1.1　气象水文海洋信息

（1）各级自然资源（海洋）、水利、气象部门应加强对当地灾害性天气的监测和预报预警，并将结果及时报送有关防汛抗旱指挥机构。

（2）各级自然资源（海洋）、水利、气象部门应当组织对重大灾害性天气的联合监测、会商和预报，尽可能延长预见期，对重大气象、水文灾害作出评估，按规定及时发布预警信息并报送本级人民政府和防汛抗旱指挥机构。

（3）当预报即将发生严重水旱灾害和风暴潮灾害时，当地防汛抗旱指挥机构应提早通知有关区域做好相关准备。当江河发生洪水时，水利部门应加密测验时段，及时上报测验结果，为防汛抗旱指挥机构适时指挥决策提供依据。

3.1.2　工程信息

（1）堤防工程信息。

a. 当江河出现警戒水位以上洪水或海洋出现风暴潮黄色警戒潮位以上的高潮位时，各级堤防管理单位应加强工程监测，并将堤防、涵闸、泵站等工程设施的运行情况报同级防汛抗旱指挥机构和上级主管部门。发生洪水地区的省级防汛抗旱指挥机构应在每日9时前向国家防总报告工程出险情况和防守情况，大江大河干流重要堤防、涵闸等发生重大险情应在险情发生后4小时内报到国家防总。

b. 当堤防和涵闸、泵站等穿堤建筑物出现险情或遭遇超标准洪水袭击，以及其他不可抗拒因素而可能决口时，工程管理单位必须立即采取抢护措施，并在第一时间向预计淹没区域的有关基层人民政府和基层组织发出预警，同时向同级防汛抗旱指挥机构和上级主管部门准确报告出险部位、险情种类、抢护方案以及处理险情的行政责任人、技术责任人、通信联络方式、除险情况，以利加强指导或作出进一步的抢险决策。

（2）水库工程信息。

a. 当水库水位超过汛限水位时，水库管理单位应对大坝、溢洪道、输水管等关键部位加密监测，并按照批准的洪水调度方案调度，其工程运行状况应向同级防汛抗旱指挥机构和上级主管部门报告。大型和防洪重点中型水库发生的重大险情应在险情发生后1小时内报到国家防总办公室。

b. 当水库出现险情征兆时，水库管理单位必须立即采取抢护措施，并在第一时间向预计垮坝淹没区域的有关基层人民政府和基层组织发出预警，同时向同级防汛抗旱指挥机构和上级主管部门报告出险部位、险情种类、抢护方案以及处理险情的行政责任人、技术责任人、通信联络方式、除险情况，以进一步采取相应措施。

c. 当水库遭遇超标准洪水或其他不可抗拒因素而可能垮坝时，水库管理单位应提早向预计垮坝淹没区域的有关基层人民政府和基层组织发出预警，为群众安全转移和工程抢护争取时间。

3.1.3　洪涝灾情信息

（1）洪涝灾情信息主要包括：灾害发生的时间、地点、范围、受灾人口、因灾死亡失踪人口、紧急转移安置人口、因灾伤病人口、需紧急生活救助人口等信息，以及居民房屋等财产、农林牧渔、交通运输、邮电通信、水利、水电气设施等方面的损失信息。

(2)洪涝灾情发生后,有关部门应及时向防汛抗旱指挥机构和应急管理部门报告洪涝受灾情况,防汛抗旱指挥机构和应急管理部门应及时组织研判灾情和气象趋势,收集动态灾情,全面掌握受灾情况,并及时向同级人民政府、上级防汛抗旱指挥机构和应急管理部门报告。对人员伤亡和较大财产损失的灾情,应立即上报,重大灾情在灾害发生后4小时内将初步情况报到国家防总和应急部,并对实时灾情组织核实,核实后及时上报,为抗灾救灾提供准确依据。

(3)地方各级人民政府、防汛抗旱指挥机构应按照水旱灾害信息报送有关制度规定上报洪涝灾情。

3.1.4 旱情信息

(1)旱情信息主要包括:干旱发生的时间、地点、程度、受旱范围、影响人口等信息,以及对工农业生产、城乡生活、生态环境等方面造成的影响信息。

(2)防汛抗旱指挥机构应掌握雨水情变化、当地蓄水情况、农业旱情和城乡供水等情况。水利、农业农村、气象等部门应加强旱情监测预测,并将干旱情况及时报同级防汛抗旱指挥机构。地方各级人民政府、防汛抗旱指挥机构应按照水旱灾害信息报送有关制度规定及时上报受旱情况,遇旱情急剧发展时应及时加报。

3.2 预防预警行动

3.2.1 预防准备工作

(1)思想准备。加强宣传,增强全民预防水旱灾害和自我保护的意识,做好防大汛抗大旱的思想准备。

(2)组织准备。建立健全防汛抗旱组织指挥机构,落实防汛抗旱责任人、防汛抗旱队伍和山洪易发重点区域的监测网络及预警措施,加强防汛抗旱应急抢险救援专业队伍建设。

(3)工程准备。按时完成水毁工程修复和水源工程建设任务,对存在病险的堤防、水库、涵闸、泵站等各类防洪排涝工程设施及时除险加固;对跨汛期施工的涉水工程,要落实安全度汛责任和方案措施。

(4)预案准备。修订完善江河湖库和城市防洪排涝预案、台风风暴潮防御预案、洪水预报方案、防洪排涝工程调度规程、堤防决口和水库垮坝应急方案、堰塞湖应急处置预案、蓄滞洪区安全转移预案、山丘区防御山洪灾害预案和抗旱预案、城市抗旱预案等各类应急预案和方案。研究制订防御超标准洪水的应急方案,主动应对大洪水。针对江河堤防险工险段,要制订工程抢险方案。大江大河干流重要河段堤防决口抢险方案由流域管理机构组织审批。

(5)物资准备。按照分级负责的原则,储备必需的防汛抗旱抢险救援救灾物资。在防汛重点部位应储备一定数量的抢险物资,以应急需。

(6)通信准备。充分利用公众通信网,确保防汛通信专网、蓄滞洪区的预警反馈系统完好和畅通。健全水文、气象测报站网,确保雨情、水情、工情、灾情信息和指挥调度指令及时传递。

(7)防汛抗旱检查。实行以查组织、查工程、查预案、查物资、查通信为主要内容的分级检查制度,发现薄弱环节要明确责任、限时整改。

(8)防汛日常管理工作。加强防汛日常管理工作,对在江河、湖泊、水库、滩涂、人工水道、蓄滞洪区内建设的非防洪建设项目应当编制洪水影响评价报告,并经有审批权的水利部门审批,对未经审批并严重影响防洪的项目,依法强行拆除。

3.2.2 江河洪水预警

(1)当江河即将出现洪水时,各级水利部门应做好洪水预报和预警工作,及时向同级防汛抗旱指挥机构报告水位、流量的实测情况和洪水走势。各级气象部门应做好天气监测预报工作,及时向防汛抗旱指挥机构报告降雨实况、预报等。

(2)各级水利部门应按照分级负责原则,确定洪水预警区域、级别和洪水信息发布范围,按照权限向社会发布。

(3)各级水利部门应跟踪分析江河洪水的发展趋势,及时滚动预报最新水情,为抗灾救灾提供基本依据和技术支撑。

3.2.3 渍涝灾害预警

(1)城市内涝预警。当气象预报将出现强降雨,并可能发生城市内涝灾害时,各级防汛抗旱指挥机构应按照分级分部门负责原则,组织住房城乡建设、水利、应急管理、气象等部门开展联合会商,研判形势。地方住房城乡建设、水利、应急管理、气象等有关部门按任务分工及时发布有关预警信息,当地防汛抗旱指挥机构按照预案启动相应级别的应急响应。当地人民政府视情及时组织做好人员转移、停工、停学、停业、停运和暂停户外活动等工作,对重点部位和灾害易发区提前预置抢险救援力量。

(2)乡村渍涝预警。当气象预报将出现强降雨,村庄和农田可能发生渍涝灾害时,当地防汛抗旱指挥机构应及时组织会商,有关部门按职责及时发布预警,并按预案和分工提前采取措施减轻灾害损失。

3.2.4 山洪灾害预警

(1)可能遭受山洪灾害威胁的地方,应根据山洪灾害的成因和特点,主动采取预防和避险措施。自然资源、水利、气象等部门应密切联系,相互配合,实现信息共享,提高预报水平,及时发布预警。

(2)有山洪灾害防治任务的地方,水利部门应加强日常防治和监测预警。地方各级人民政府组织自然资源、水利、应急管理、气象等部门编制山洪灾害防御预案,绘制区域内山洪灾害风险图,划分并确定区域内易发生山洪灾害的地点及范围,制订安全转移方案,明确组织机构的设置及职责,指导行政村(社区)编制山洪灾害防御预案。具体工作由基层人民政府组织实施。

(3)山洪灾害易发区应建立专业监测与群测群防相结合的监测体系,落实监测措施,汛期坚持24小时值班巡逻制度,降雨期间,加密监测、加强巡逻。每个乡镇(街道)、村(社区)、组和相关单位都要落实信号发送员,一旦发现危险征兆,立即向周边群众发出警报,实现快速转移,并报告本地防汛抗旱指挥机构,以便及时组织抗灾救灾。

3.2.5 台风风暴潮灾害预警

(1)各级气象部门应密切监视台风动向,及时发布台风(含热带低压等)监测预警信息,做好未来趋势预报,并及时将台风中心位置、强度、移动方向、速度等信息报告同级人民政府和防汛抗旱指挥机构。自然资源(海洋)部门根据台风预报做好风暴潮监测预报预警工作。

(2)可能遭遇台风袭击的地方,各级防汛抗旱指挥机构应加强值班,跟踪台风动向,并将有关信息及时向社会发布。

(3)水利部门应根据台风影响的范围,及时通知有关水库、主要湖泊和河道堤防管理单位,做好防范工作。各工程管理单位应组织人员分析水情和台风带来的影响,加强工程检查,必要时实施预泄预排措施。

(4)预报将受台风影响的沿海地区,当地防汛抗旱指挥机构应及时通知有关部门和人员做好防台风工作。

(5)有关部门要加强对城镇危房、在建工地、仓库、交通运输、电信电缆、电力电线、户外广告牌等公用设施的检查,及时采取加固措施,组织船只回港避风和沿海养殖人员撤离工作。当地人民政府视情及时做好人员转移、停工、停学、停业、停运和暂停户外活动等工作。

3.2.6 蓄滞洪区预警

(1)蓄滞洪区所在地县级防汛抗旱指挥机构应组织蓄滞洪区管理单位等拟订群众安全转移方案,由所在地县级人民政府组织审批。

(2)蓄滞洪区工程管理单位应加强工程运行监测,发现问题及时处理,并报告本级防汛抗旱指挥机构和上级主管部门。

(3)运用蓄滞洪区,当地人民政府和防汛抗旱指挥机构应把人民群众生命安全放在第一位,迅速启动预警系统,按照群众安全转移方案实施转移。

3.2.7 干旱灾害预警

(1)各级水利部门应加强旱情监测和管理,针对干旱灾害的成因、特点,因地制宜采取预警防范措施。

(2)各级防汛抗旱指挥机构应及时掌握旱情灾情,根据干旱发展趋势,及时组织和督促有关部门做好抗旱减灾工作。

(3)各级防汛抗旱指挥机构应当鼓励和支持社会力量开展抗旱减灾工作。

3.2.8 供水危机预警

当因供水水源短缺或被破坏、供水线路中断、供水设施损毁、供水水质被侵害等原因而出现供水危机,有关部门应按相关规定及时向社会发布预警信息,及时报告同级防汛抗旱指挥机构并通报水行政主管部门,居民、企事业单位应做好储备应急用水的准备,有关部门做好应急供水的准备。

3.3 预警支持系统

3.3.1 洪涝、干旱和台风风暴潮风险图

(1)各级防汛抗旱指挥机构应组织有关部门,研究绘制本地区的城市洪涝风险图、蓄滞洪区洪水风险图、流域洪水风险图、山洪灾害风险图、水库洪水风险图、干旱风险图、台风风暴潮风险图。

(2)防汛抗旱指挥机构应以各类洪涝、干旱和台风风暴潮风险图作为抗洪抢险救灾、群众安全转移安置和抗旱救灾决策的技术依据。

3.3.2 洪涝防御方案

(1)防汛抗旱指挥机构应根据需要,组织水行政、住房城乡建设等有关部门编制和修订防御江河洪水方案、城市排涝方案,主动应对江河洪水和城市渍涝。长江、黄河、淮河、海河等重要江河湖泊和重要水工程的防御洪水方案,由水利部组织编制,按程序报国务院批准。重要江河湖泊和重要水工程的防洪抗旱调度和应急水量调度方案由水利部流域管理机构编制,报水利部审批后组织实施。调度方案和指令须抄国家防总、应急部。

(2)水行政主管部门应根据情况变化,修订和完善洪水调度方案。

3.3.3 抗旱预案

各级水利部门应编制抗旱预案,主动应对不同等级的干旱灾害。

3.4 预警响应衔接

(1)自然资源、住房城乡建设、交通运输、水利、应急管理、气象等部门按任务分工健全预警机制,规范预警发布内容、范围、程序等。有关部门应按专群有别、规范有序的原则,科学做好预警信息发布。

(2)自然资源、住房城乡建设、交通运输、水利、应急管理、气象等部门要加强监测预报和信息共享。

(3)各级防汛抗旱指挥机构要健全多部门联合会商机制,预测可能出现致灾天气过程或有关部门发布预警时,防汛抗旱指挥机构办公室要组织联合会商,分析研判灾害风险,综合考虑可能造成的危害和影响程度,及时提出启动、调整应急响应的意见和建议。

(4)各级防汛抗旱指挥机构应急响应原则上与本级有关部门的预警挂钩,把预警纳入应急响应的启动条件。省级防汛抗旱指挥机构要指导督促下级防汛抗旱指挥机构做好相关预警与应急响应的衔接工作。

(5)预警发布部门发布预警后,要滚动预报预警,及时向本级防汛抗旱指挥机构报告。

(6)有关部门要建立预报预警评估制度,每年汛后对预报预警精确性、有效性进行评估。

4 应急响应

4.1 应急响应的总体要求

4.1.1 按洪涝、干旱、台风、堰塞湖等灾害严重程度和范围,将应急响应行动分为一、二、三、四级。一级应急响应级别最高。

4.1.2 进入汛期、旱期,各级防汛抗旱指挥机构及有关成员单位应实行24小时值班制度,全程跟踪雨情、水情、风情、险情、灾情、旱情,并根据不同情况启动相关应急程序。国家防总成员单位启动防汛抗旱相关应急响应时,应及时通报国家防总。国家防总各成员单位应按照统一部署和任务分工开展工作并及时报告有关工作情况。

4.1.3 当预报发生大洪水或突发险情时,水利部组织会商,应急部等部门派员参加。涉及启用重要蓄滞洪区、弃守堤防或破堤泄洪时,由水利部提出运用方案报国家防总,按照总指挥的决定执行。重大决定按程序报国务院批准。

4.1.4 洪涝、干旱、台风、堰塞湖等灾害发生后,由地方人民政府和防汛抗旱指挥机构负责组织实施抢险救灾和防灾减灾等方面的工作。灾害应对关键阶段,应有党政负责同志在防汛抗旱指挥机构坐镇指挥,相关负责同志根据预案和统一安排靠前指挥,确保防汛抢险救灾工作有序高效实施。

4.1.5 洪涝、干旱、台风、堰塞湖等灾害发生后,由当地防汛抗旱指挥机构向同级人民政府和上级防汛抗旱指挥机构报告情况。造成人员伤亡的突发事件,可越级上报,并同时报上级防汛抗旱指挥机构。任何个人发现堤防、水库发生险情时,应立即向有关部门报告。

4.1.6 对跨区域发生的上述灾害,或者突发事件将影响到临近行政区域的,在报告同级人民政府和上级防汛抗旱指挥机构的同时,应及时向受影响地区的防汛抗旱指挥机构通报情况。

4.1.7 因上述灾害而衍生的疾病流行、水陆交通事故等次生灾害,当地防汛抗旱指挥机构应及时向同级人民政府和上级防汛抗旱指挥机构报告,并由当地人民政府组织有关部门全力抢救和处置,采取有效措施切断灾害扩大的传播链,防止次生或衍生灾害蔓延。

4.2 一级应急响应

4.2.1 出现下列情况之一者,为一级应急响应:

(1)某个流域发生特大洪水;

(2)多个流域同时发生大洪水;

(3)多个省(自治区、直辖市)启动防汛抗旱一级应急响应;

(4)大江大河干流重要河段堤防发生决口;

(5)重点大型水库发生垮坝;

(6)多个省(自治区、直辖市)发生特大干旱;

(7)多座特大及以上城市发生特大干旱;

(8)其他需要启动一级应急响应的情况。

根据汛情、险情、灾情、旱情发展变化,当发生符合启动一级应急响应条件的事件时,国家防总办公室提出启动一级应急响应的建议,由副总指挥审核后,报总指挥批准;遇紧急情况,由总指挥决定。必要时,国务院直接决定启动一级应急响应。

4.2.2 一级应急响应行动

(1)由国家防总总指挥或党中央、国务院指定的负责同志主持会商,统一指挥调度,国家防总成员参加。视情启动经国务院批准的防御特大洪水方案,作出防汛抗旱应急工作部署,加强工作指导,并将情况上报党中央、国务院。应急响应期内,根据汛情、险情、灾情、旱情发展变化,可由副总指挥主持,有关成员单位参加,随时滚动会商,并将情况报总指挥。按照党中央、国务院安排派出工作组赴一线指导防汛抗旱工作。国家防总加强值守,密切监视汛情、险情、灾情、旱情,做好预测预报,做好重点工程调度,并在8小时内派出由国家防总领导或成员带队的工作组、专家组赴一线指导防汛抗旱工作,及时在中央主要媒体及新媒体通报有关情况,报道汛(旱)情及抗洪抢险、抗旱减灾工作。财政部为灾区及时提供资金帮助。国家粮食和储备局按照国家防总办公室要求为灾区紧急调运防汛抗旱物资;铁路、交通运输、民航部门为防汛抗旱物资提供运输保障。水利部做好汛情旱情预测预报,做好重点工程调度和防汛抢险技术支撑。应急部组织协调水旱灾害抢险和应急救援工作,转移安置受洪水威胁人员,及时救助受灾群众。国家卫生健康委根据需要,及时派出卫生应急队伍或专家赴灾区协助开展紧急医学救援、灾后卫生防疫和应急心理干预等工作。国家防总其他成员单位按照任务分工,全力做好有关工作。

(2)有关流域防汛抗旱指挥机构按照权限调度水利、防洪工程,为国家防总和水利部提供调度参谋意见。派出工作组、专家组,支援地方抗洪抢险和抗旱减灾。

(3)有关省、自治区、直辖市的防汛抗旱指挥机构启动一级应急响应,可依法宣布本地区进入紧急防汛期或紧急抗旱期,按照《中华人民共和国防洪法》和突发事件应对相关法律的规定行使权力。同时,增加值班人员,加强值班,由防汛抗旱指挥机构的主要负责同志主持会商,动员部署防汛抗旱工作;按照权限组织调度水利、防洪工程;根据预案转移危险地区群众,组织强化巡堤查险和堤防防守,及时控制险情或组织强化抗旱工作。受灾地区的各级防汛抗旱指挥机构负责人、成员单位负责人,应按照职责到分管的区域组织指挥防汛抗旱工作,或驻点具体帮助重灾区做好防汛抗旱工作。有关省、自治区、直辖市的防汛抗旱指挥机构应将工作情况上报当地人民政府、国家防总及流域防汛抗旱指挥机构。有关省、自治区、直辖市的防汛抗旱指挥机构成员单位按任务分工全力配合做好防汛抗旱和抗灾救灾工作。

4.3 二级应急响应

4.3.1 出现下列情况之一者,为二级应急响应:

(1)一个流域发生大洪水;

(2)多个省(自治区、直辖市)启动防汛抗旱二级或以上应急响应;

(3)大江大河干流一般河段及主要支流堤防发生决口;

(4)多个省(自治区、直辖市)发生严重洪涝灾害;

(5)一般大中型水库发生垮坝;

(6)预报超强台风登陆或严重影响我国;

(7)正在发生大范围强降雨过程,中央气象台发布暴雨红色预警,会商研判有两个以上省(自治区、直辖市)大部地区可能发生严重洪涝灾害;

(8)同一时间发生两个以上极高风险的堰塞湖;

(9)一省(自治区、直辖市)发生特大干旱或多个省(自治区、直辖市)发生严重干旱;

(10)多个大城市发生严重干旱;

(11)其他需要启动二级应急响应的情况。

根据汛情、险情、灾情、旱情发展变化,当发生符合启动二级应急响应条件的事件时,国家防总办公室提出启动二级应急响应的建议,由国家防总秘书长审核后,报副总指挥批准;遇紧急情况,由副总指挥决定。

4.3.2 二级应急响应行动

(1)国家防总副总指挥主持会商,国家防总成员单位派员参加会商,作出相应工作部署,加强防汛抗旱工作的指导,在2小时内将情况上报国务院领导同志并通报国家防总成员单位。应急响应期内,根据汛情、险情、灾情、旱情发展变化,可由国家防总秘书长主持,随时滚动会商。国家防总加强值班力量,密切监视汛情、险情、灾情、旱情,做好预测预报,做好重点工程调度,并在12小时内派出由成员单位组成的联合工作组、专家组赴一线指导防汛抗旱工作。水利部密切监视汛情、旱情、工情发展变化,做好汛情、旱情预测预报预警,做好重点工程调度和抗洪应急抢险技术支撑。国家防总组织协调有关方面不定期在中央主要媒体及新媒体平台通报有关情况。根据灾区请求及时调派抢险救援队伍、调拨防汛抗旱物资支援地方抢险救灾。国家防总各成员单位按照任务分工做好有关工作。

(2)有关流域防汛抗旱指挥机构密切监视汛情、险情、灾情、旱情发展变化,做好洪水预测预报,派出工作组、专家组,支援地方抗洪抢险救援和抗旱救灾;按照权限调度水利、防洪工程;为国家防总和水利部提供调度参谋意见。

(3)有关省、自治区、直辖市防汛抗旱指挥机构可根据情况,依法宣布本地区进入紧急防汛期或紧急抗旱期,按照《中华人民共和国防洪法》和突发事件应对相关法律的规定行使相关权力。同时,增加值班人员,加强值班。有关省级防汛抗旱指挥机构应将工作情况上报当地人民政府主要负责同志、国家防总及流域防汛抗旱指挥机构。有关省、自治区、直辖市的防汛抗旱指挥机构成员单位按任务分工全力配合做好防汛抗旱和抗灾救灾工作。

4.4 三级应急响应

4.4.1 出现下列情况之一者，为三级应急响应：

（1）多个省（自治区、直辖市）同时发生洪涝灾害；

（2）一省（自治区、直辖市）发生较大洪水；

（3）多个省（自治区、直辖市）启动防汛抗旱三级或以上应急响应；

（4）大江大河干流堤防出现重大险情；

（5）大中型水库出现严重险情或小型水库发生垮坝；

（6）预报强台风登陆或严重影响我国；

（7）正在发生大范围强降雨过程，中央气象台发布暴雨橙色预警，会商研判有两个以上省（自治区、直辖市）大部地区可能发生较重洪涝灾害；

（8）发生极高风险的堰塞湖；

（9）多个省（自治区、直辖市）同时发生中度干旱；

（10）多座中等以上城市同时发生中度干旱或一座大城市发生严重干旱；

（11）其他需要启动三级应急响应的情况。

根据汛情、险情、灾情、旱情发展变化，当发生符合启动三级应急响应条件的事件时，国家防总办公室提出启动三级应急响应的建议，报国家防总秘书长批准；遇紧急情况，由国家防总秘书长决定。

4.4.2 三级应急响应行动

（1）国家防总秘书长主持会商，中国气象局、水利部、自然资源部等国家防总有关成员单位参加，作出相应工作安排，加强防汛抗旱工作的指导，有关情况及时上报国务院并通报国家防总成员单位。水利部密切监视汛情、旱情发展变化。国家防总办公室在18小时内派出由司局级领导带队的工作组、专家组赴一线指导防汛抗旱工作。

（2）有关流域防汛抗旱指挥机构加强汛（旱）情监视，加强洪水预测预报，做好相关工程调度，派出工作组、专家组到一线协助防汛抗旱。

（3）有关省、自治区、直辖市的防汛抗旱指挥机构，由防汛抗旱指挥机构负责同志主持会商，具体安排防汛抗旱工作；按照权限调度水利、防洪工程；根据预案组织防汛抢险或组织抗旱，派出工作组、专家组，并将防汛抗旱的工作情况上报当地人民政府分管负责同志、国家防总及流域防总。省级防汛抗旱指挥机构在省级主要媒体及新媒体平台发布防汛抗旱有关情况。省级防汛抗旱指挥机构各成员单位按照任务分工做好有关工作。

4.5 四级应急响应

4.5.1 出现下列情况之一者，为四级应急响应：

（1）多个省（自治区、直辖市）启动防汛抗旱四级或以上应急响应；

（2）多个省（自治区、直辖市）同时发生一般洪水；

（3）大江大河干流堤防出现险情；

（4）大中型水库出现险情；

（5）预报热带风暴、强热带风暴、台风登陆或影响我国；

（6）预测或正在发生大范围强降雨过程，中央气象台发布暴雨黄色预警，会商研判有两个以上省（自治区、直辖市）可能发生洪涝灾害；

（7）发生高风险的堰塞湖；

（8）多个省（自治区、直辖市）同时发生轻度干旱；

（9）多座中等以上城市同时因旱影响正常供水；

（10）其他需要启动四级应急响应的情况。

根据汛情、险情、灾情、旱情发展变化，当发生符合启动四级应急响应条件的事件时，国家防总办公室主任决定并宣布启动四级应急响应。

4.5.2 四级应急响应行动

（1）国家防总办公室负责同志主持会商，中国气象局、水利部、自然资源部等国家防总有关成员单位参加，分析防汛抗旱形势，作出相应工作安排，加强对汛（旱）情的监视，在24小时内派出由司局级领导带队的工作组、专家组赴一线指导防汛抗旱工作，将情况上报国务院并通报国家防总成员单位。

（2）有关流域防总加强汛情、旱情监视，做好洪水预测预报，并将情况及时报国家防总办公室。

（3）有关省、自治区、直辖市的防汛抗旱指挥机构由防汛抗旱指挥机构负责同志主持会商，具体安排防汛抗旱工作；按照权限调度水利、防洪工程；按照预案采取相应防守措施或组织抗旱；派出工作组、专家组赴一线指导防汛抗旱工作；将防汛抗旱的工作情况上报当地人民政府和国家防总办公室。

4.6 不同灾害的应急响应措施

4.6.1 江河洪水

（1）当江河水位超过警戒水位时，当地防汛抗旱指挥机构应按照经批准的防洪预案和防汛责任制的要求，组织专业和群众防汛队伍巡堤查险，严密布防，必要时动用解放军和武警部队、民兵参加重要堤段、重点工程的防守或突击抢险。

（2）当江河水位继续上涨，危及重点保护对象时，各级防汛抗旱指挥机构和承担防汛任务的部门、单位，应根据江河水情和洪水预报，按照规定的权限和防御洪水方案、洪水调度方案，适时调度运用防洪工程，调节水库拦洪错峰,开启节制闸泄洪,启动泵站抢排,启用分洪河道、蓄滞洪区行蓄洪水,清除河道阻水障碍物、临时抢护加高堤防增加河道泄洪能力等。

(3)在实施蓄滞洪区调度运用时,根据洪水预报和经批准的洪水调度方案,由防汛抗旱指挥机构决定做好蓄滞洪区启用的准备工作,主要包括:组织蓄滞洪区内人员转移、安置,分洪设施的启用和无闸分洪口门爆破准备。当江河水情达到洪水调度方案规定的条件时,按照启用程序和管理权限由相应的防汛抗旱指挥机构批准下达命令实施分洪。

(4)在紧急情况下,按照《中华人民共和国防洪法》有关规定,有关县级以上人民政府防汛抗旱指挥机构可以宣布进入紧急防汛期,并行使相关权力、采取特殊措施,保障抗洪抢险的顺利实施。

4.6.2　渍涝灾害

渍涝灾害应急处置工作由当地防汛抗旱指挥机构组织实施。各级防汛抗旱指挥机构要加强组织协调,督促指导有关部门做好排涝工作。

(1)城市内涝。住房城乡建设、交通运输、水利等有关部门以及铁路等有关单位按任务分工全面排查城市易涝风险点,要突出抓好轨道交通、市政道路隧道、立交桥、地下空间、下沉式建筑、在建工程基坑等易涝积水点(区)隐患排查,并逐项整治消险。对主要易涝点要按照“一点一案”制定应急处置方案,明确责任人、队伍和物资,落实应急措施。

当出现城市内涝灾害时,当地防汛抗旱指挥机构应根据应急预案,及时组织有关部门和力量转移安置危险区域人员;对低洼积水等危险区域、路段,有关部门要及时采取警戒、管控等措施,避免人员伤亡。要及时通过广播、电视、新媒体等对灾害信息进行滚动预警;情况危急时,停止有关生产和社会活动。

住房城乡建设、水利等部门应加强协调和配合,科学调度防洪排涝工程、正确处理外洪内涝关系,确保防洪防涝安全。交通运输、电力、通信、燃气、供水等有关部门和单位应保障城市生命线工程和其他重要基础设施安全,保证城市正常运行。

(2)当村庄和农田发生渍涝灾害时,有关部门要及时组织专业人员和设备抢排涝水,尽快恢复生产和生活,减少灾害损失。

4.6.3　山洪灾害

(1)山洪灾害日常防治和监测预警工作由水利部门负责,应急处置和抢险救灾工作由应急管理部门负责,具体工作由基层人民政府组织实施。各级防汛抗旱指挥机构要加强组织协调,指导自然资源、生态环境、住房城乡建设、水利、应急管理、消防、气象等各有关部门按任务分工做好相关工作。

(2)当山洪灾害易发区观测到降雨量达到预警阈值时,水利等有关部门应及时发出预警,基层人民政府及时按预案组织受威胁人员安全撤离。

(3)转移受威胁地区的群众,应本着就近、迅速、安全、有序的原则进行,先人员后财产,先老幼病残后其他人员,先转移危险区人员和警戒区人员,防止出现道路堵塞和发生意外事件。

(4)当发生山洪灾害时,当地防汛抗旱指挥机构应组织自然资源、水利、应急管理、气象等有关部门的专家和技术人员,及时赶赴现场,加强观测,采取应急措施,防止造成更大损失。

(5)发生山洪灾害后,若导致人员伤亡,应立即组织国家综合性消防救援队伍、民兵、抢险突击队紧急抢救,必要时向当地解放军和武警部队及上级人民政府请求救援。

(6)如山洪、泥石流、滑坡体堵塞河道,当地防汛抗旱指挥机构应召集有关部门、专家研究处理方案,尽快采取应急措施,避免发生更大的灾害。

4.6.4　台风风暴潮灾害

(1)台风风暴潮(含热带低压)灾害应急处理由当地人民政府防汛抗旱指挥机构负责。

(2)发布台风蓝色、黄色预警阶段。

a. 气象部门对台风发展趋势提出具体的分析和预报意见,并立即报告同级人民政府及防汛抗旱指挥机构。

b. 自然资源(海洋)部门根据台风动向,分析、预报风暴潮,并及时报告同级人民政府及防汛抗旱指挥机构。

c. 沿海地区各级防汛抗旱指挥机构负责同志及水利工程防汛负责人应根据台风预警上岗到位值班,并部署防御台风的各项准备工作。

d. 防汛抗旱指挥机构督促有关地区和部门组织力量加强巡查,督促对病险堤防、水库、涵闸进行抢护或采取必要的紧急处置措施。台风可能明显影响的地区,超汛限水位的水库应将水位降到汛限水位,平原河网水位高的应适当预排。水利部门做好洪水测报的各项准备。做好受台风威胁地区群众的安全转移准备工作。

e. 海上作业单位通知出海渔船回港避风,提醒商船落实避风措施。自然资源(海洋)、渔业、海运、海上安全等部门检查归港船只锚固情况,敦促沿海地区做好建设工地、滩涂养殖、网箱加固及渔排上人员安全转移、港口大型机械加固、人员避险、货物避水等工作。

f. 新闻媒体及时播发台风预警信息和防汛抗旱指挥机构的防御部署情况。

(3)发布台风橙色、红色预警阶段。

a. 台风可能影响地区的各级防汛抗旱指挥机构负责同志及水利工程防汛负责人应立即上岗到位值班,根据当地防御洪水(台风)方案进一步检查各项防御措施落实情况。对台风可能登陆地区和可能严重影响的地区,当地县级以上人民政府应发布防台风动员令,组织防台风工作,派出工作组深入第一线,做好宣传发动工作,落实防台风措施和群众安全转移措施,指挥防台风和抢险工作。

b. 气象部门应作出台风可能登陆地点、时间以及台风暴雨量级和雨区的预报。自然资源(海洋)部门应作出风暴潮预报。水利部门应根据气象部门的降雨预报,提早作出江河洪水的预报。

c. 海上作业单位应检查船只进港情况,尚未回港的应采取应急措施。对停港避风的船只应落实防撞等保安措施。

d. 水利工程管理单位应做好工程的保安工作,并根据降雨量、洪水预报,控制运用水库、水闸及江河洪水调度运行,落实蓄滞洪区分洪的各项准备。抢险人员加强对工程的巡查。

e. 洪水预报将要受淹的地区,做好人员、物资的转移。山洪灾害易发地区提高警惕,落实应急措施。

f. 台风将登陆影响和台风中心可能经过的地区,居住在危房的人员应及时转移;成熟的农作物、食盐、渔业产品应组织抢收抢护;高空作业设施做好防护工作;建设工地做好大型临时设施固结和工程结构防护等工作;电力、通信部门应做好抢修准备,保障供电和通信畅通;住房城乡建设(园林绿化)部门应按职责做好市区树木的保护工作;卫生健康部门做好抢救伤员的应急处置方案。

g. 新闻媒体应增加对台风预报和防台风措施的播放和刊载。

h. 国家综合性消防救援队伍、驻地解放军和武警部队、民兵根据抢险救灾预案做好各项准备,一旦有任务即迅速赶往现场。卫生健康部门根据实际需要,组织卫生应急队伍集结待命。公安机关做好社会治安工作。

i. 各级防汛抗旱指挥机构应及时向上一级防汛抗旱指挥机构汇报防台风行动情况。

4.6.5 堤防决口、水闸垮塌、水库(水电站)垮坝

(1)当出现堤防决口、水闸垮塌、水库(水电站)垮坝征兆时,防汛责任单位要迅速调集人力、物力全力组织抢险,尽可能控制险情,第一时间向预计淹没区域的有关基层人民政府和基层组织发出警报,并及时向当地防汛抗旱指挥机构和上级主管部门报告。大江大河干流堤防决口、水闸垮塌和大型水库(水电站)垮坝等事件应立即报告国家防总办公室。

(2)堤防决口、水闸垮塌、水库(水电站)垮坝的应急处理,由当地防汛抗旱指挥机构负责,水利部门提供技术支撑。首先应迅速组织受影响群众转移,并视情况抢筑二道防线,控制洪水影响范围,尽可能减少灾害损失。必要时,向上级防汛抗旱指挥机构提出援助请求。

(3)当地防汛抗旱指挥机构视情况在适当时机组织实施堤防堵口,按照权限调度有关水利工程,为实施堤防堵口创造条件,并应明确堵口、抢护的行政、技术责任人,启动堵口、抢护应急预案,及时调集人力、物力迅速实施堵口、抢护。上级防汛抗旱指挥机构负责同志应立即带领专家赶赴现场指导。

4.6.6 干旱灾害

县级以上防汛抗旱指挥机构根据本地区实际情况,按特大、严重、中度、轻度4个干旱等级,制定相应的应急抗旱措施,并负责组织抗旱工作。

(1)特大干旱。

a. 强化地方行政首长抗旱责任制,确保城乡居民生活和重点企业用水安全,维护灾区社会稳定。

b. 防汛抗旱指挥机构强化抗旱工作的统一指挥和组织协调,加强会商。水利部门强化抗旱水源的科学调度和用水管理。各有关部门按照防汛抗旱指挥机构的统一指挥部署,协调联动,全面做好抗旱工作。

c. 启动相关抗旱预案,并报上级指挥机构备案。必要时经省级人民政府批准,省级防汛抗旱指挥机构可依法宣布进入紧急抗旱期,启动各项特殊应急抗旱措施,如应急开源、应急限水、应急调水、应急送水,条件许可时及时开展人工增雨等。

d. 水利、农业农村等有关部门要及时向防汛抗旱指挥机构和应急管理部门报告旱情、灾情及抗旱工作;防汛抗旱指挥机构要加强会商,密切跟踪旱情灾情发展变化趋势及抗旱工作情况,及时分析旱情灾情对经济社会发展的影响,适时向社会通报旱灾信息。

e. 及时动员社会各方面力量支援抗旱救灾工作。

f. 加强旱情灾情及抗旱工作的宣传。

(2)严重干旱。

a. 有关部门加强旱情监测和分析预报工作，及时向防汛抗旱指挥机构报告旱情灾情及其发展变化趋势，及时通报旱情信息和抗旱情况。

b. 防汛抗旱指挥机构及时组织抗旱会商，研究部署抗旱工作。

c. 适时启动相关抗旱预案，并报上级防汛抗旱指挥机构备案。

d. 督促防汛抗旱指挥机构各成员单位落实抗旱职责，做好抗旱水源的统一管理和调度，落实应急抗旱资金和抗旱物资。

e. 做好抗旱工作的宣传。

(3)中度干旱。

a. 有关部门要加强旱情监测，密切注视旱情的发展情况，及时向防汛抗旱指挥机构报告旱情信息和抗旱情况。

b. 防汛抗旱指挥机构要加强会商，分析研判旱情发展变化趋势，及时分析预测水量供求变化形势。

c. 及时上报、通报旱情信息和抗旱情况。

d. 关注水量供求变化，组织做好抗旱调度。

e. 根据旱情发展趋势，动员部署抗旱工作。

(4)轻度干旱。

a. 有关部门及时做好旱情监测、预报工作。

b. 及时掌握旱情变化情况，分析了解社会各方面的用水需求。

c. 协调有关部门做好抗旱水源的管理调度工作。

4.6.7 供水危机

(1)当发生供水危机时，有关防汛抗旱指挥机构应指导和督促有关部门采取有效措施，做好应急供水工作，最大程度保证城乡居民生活和重点单位用水安全。

(2)针对供水危机出现的原因，组织有关部门采取措施尽快恢复供水水源，保障供水量和水质正常。

4.7 信息报送和处理

4.7.1 汛情、险情、灾情、旱情等防汛抗旱信息按任务分工实行分级上报，归口处理，同级共享。

4.7.2 防汛抗旱信息的报送和处理，应快速、准确、详实，重要信息应立即上报，因客观原因一时难以准确掌握的信息，应及时报告基本情况，同时抓紧跟踪了解，尽快补报详情。

4.7.3 属一般性汛情、险情、灾情、旱情，按分管权限，分别报送本级防汛抗旱指挥机构和水利、应急管理部门。凡因险情、灾情较重，按分管权限上报一时难以处理，需上级帮助、指导处理的，经本级防汛抗旱指挥机构负责同志审批后，可向上一级防汛抗旱指挥机构和水利、应急管理部门报告。

4.7.4 凡经本级或上级防汛抗旱指挥机构采用和发布的水旱灾害、工程抢险等信息，水利、应急管理等有关部门应立即核查，对存在的问题，及时采取措施，切实加以解决。

4.7.5 洪涝灾害人员伤亡、重大险情及影响范围、处置措施等关键信息，必须严格按照国家防总相关规定和灾害统计报告制度报送，不得虚报、瞒报、漏报、迟报。

4.7.6 国家防总办公室接到特别重大、重大的汛情、险情、灾情、旱情报告后应立即报告国务院，并及时续报。

4.8 指挥和调度

4.8.1 出现水旱灾害后，事发地防汛抗旱指挥机构应立即启动应急预案，并根据需要成立现场指挥部。在采取紧急措施的同时，向上一级防汛抗旱指挥机构报告。根据现场情况，及时收集、掌握相关信息，判明事件性质和危害程度，并及时上报事态发展变化情况。

4.8.2 事发地防汛抗旱指挥机构负责人应迅速上岗到位，分析事件的性质，预测事态发展趋势和可能造成的危害程度，并按规定的处置程序，组织指挥有关部门和单位按照任务分工，迅速采取处置措施，控制事态发展。

4.8.3 发生重大水旱灾害后，上一级防汛抗旱指挥机构应派出由有关负责同志带队的工作组赶赴现场，加强指导，必要时成立前线指挥部。

4.9 抢险救灾

4.9.1 出现水旱灾害或防洪工程发生重大险情后，事发地防汛抗旱指挥机构应根据事件的性质，迅速对事件进行监控、追踪，按照预案立即提出紧急处置措施，统一指挥各部门和单位按照任务分工，各司其职，团结协作，快速反应，高效处置，最大程度减少损失。

4.9.2 在汛期，河道、水库、水电站、闸坝等水工程管理单位必须按照规定对水工程进行巡查，发现险情，必须立即采取抢护措施，第一时间向预计淹没区域的有关基层人民政府和基层组织发出预警，并及时向防汛抗旱指挥机构和上级主管部门报告相关信息。

电力、交通、通信、石油、化工等工程设施因暴雨、洪水、内涝和台风发生险情时，工程管理单位应当立即采取抢护措施，并及时向其行业主管等有关部门报告；行业主管部门应当立即组织抢险，并将险情及抢险行动情况报告同级防汛抗旱指挥机构。

当江河湖泊达到警戒水位并继续上涨时，应急管理部门应组织指导有关地方提前落实抢险队伍、抢险物资，视情开展巡查值守,做好应急抢险和人员转移准备。

洪水灾害发生后,水利部门按照防汛抗旱指挥机构部署,派出水利技术专家组,协助应急管理部门开展险情处置,提供技术支持。

4.9.3 大江大河干流堤防决口的堵复、水库(水电站)重大险情的抢护应按照事先制定的抢险预案进行,并由防汛专业抢险队伍或抗洪抢险专业部队等实施。

4.9.4 必要时协调解放军和武警部队增援,提请上级防汛抗旱指挥机构提供帮助。

4.10 安全防护和医疗救护

4.10.1 各级人民政府和防汛抗旱指挥机构应高度重视应急救援人员的安全,调集和储备必要的防护器材、消毒药品、备用电源和抢救伤员必备的器械等,以备随时应用。

4.10.2 抢险人员进入和撤出现场由防汛抗旱指挥机构视情况作出决定。抢险人员进入受威胁的现场前,应采取防护措施以保证自身安全。参加一线抗洪抢险的人员,必须穿救生衣,携带必要的安全防护器具。当现场受到污染时,应按要求为抢险人员配备防护设施,撤离时应进行消毒、去污处理。

4.10.3 出现水旱灾害后,事发地防汛抗旱指挥机构应及时做好群众的救援、转移和疏散工作。

4.10.4 事发地防汛抗旱指挥机构应按照当地人民政府和上级领导机构的指令,及时发布通告,防止人、畜进入危险区域或饮用被污染的水源。

4.10.5 当地人民政府负责妥善安置受灾群众,提供紧急避难场所,保证基本生活。要加强管理,防止转移群众擅自返回。

4.10.6 出现水旱灾害后,事发地人民政府和防汛抗旱指挥机构应组织卫生健康部门加强受影响地区的传染病和突发公共卫生事件监测、报告工作,落实各项防控措施,必要时派出卫生应急小分队,设立现场医疗点,开展紧急医学救援、灾后卫生防疫和应急心理干预等工作。

4.11 社会力量动员与参与

4.11.1 出现水旱灾害后,事发地防汛抗旱指挥机构可根据事件的性质和危害程度,报经当地人民政府批准,对重点地区和重点部位实施紧急控制,防止事态及其危害进一步扩大。

4.11.2 必要时可通过当地人民政府广泛调动社会力量积极参与应急突发事件处置,紧急情况下可依法征用、调用交通工具、物资、人员等,全力投入抗洪抢险和抗灾救灾。

4.12 信息发布

4.12.1 防汛抗旱的信息发布应当及时、准确、客观、全面。对雨情、汛情、旱情、灾情描述要科学严谨,未经论证不得使用“千年一遇”、“万年一遇”等用语,在防汛救灾中也不得使用“战时状态”等表述。

4.12.2 汛情、旱情由水利部门发布,灾情及防汛抗旱工作情况由各级防汛抗旱指挥机构统一审核和发布。

4.12.3 信息发布形式主要包括授权发布、编发新闻稿、组织报道、接受记者采访、举行新闻发布会等。

4.13 应急终止

4.13.1 当洪水灾害、极度缺水得到有效控制时,事发地防汛抗旱指挥机构可视汛情旱情,宣布终止紧急防汛期或紧急抗旱期。

4.13.2 依照有关紧急防汛期、抗旱期规定征用调用的物资、设备、交通运输工具等,在汛期、旱期结束后应当及时归还;造成损坏或者无法归还的,按照国务院有关规定给予适当补偿或者作其他处理。取土占地、砍伐林木的,在汛期结束后依法向有关部门补办手续;有关地方人民政府对取土后的土地组织复垦,对砍伐的林木组织补种。

4.13.3 紧急处置工作结束后,事发地防汛抗旱指挥机构应协助当地人民政府进一步恢复正常生产生活秩序,指导有关部门修复水毁基础设施,尽可能减少突发事件带来的损失和影响。

5 应急保障

5.1 通信与信息保障

5.1.1 任何通信运营单位都有依法保障防汛抗旱信息畅通的责任。

5.1.2 防汛抗旱指挥机构应按照以公用通信网为主的原则,合理利用专用通信网络,防汛抗旱工程管理单位必须配备通讯设施,确保信息畅通。

5.1.3 防汛抗旱指挥机构应协调通信主管部门,按照防汛抗旱实际需要,将有关要求纳入通信保障应急预案。出现突发事件后,通信主管部门应根据通信保障应急预案,调度应急通信队伍、装备,为防汛抗旱通信和现场指挥提供通信保障,迅速调集力量抢修损坏的通信设施,努力保证防汛抗旱通信畅通。

5.1.4 在紧急情况下,应充分利用广播、电视和新媒体以及手机短信等手段及时发布防汛抗旱防台风预警预报信息,通知群众快速撤离,确保人民生命安全。公共广播、电视、有关政府网站等媒体以及基础电信企业应按主管部门要求发布防汛抗旱防台风预警预报等信息。

5.2　应急支援与装备保障

5.2.1　现场救援和工程抢险保障

(1)对重点险工险段或易出险的水利工程设施，水利部门应提前编制工程应急抢险预案，以备紧急情况下因险施策；当出现新的险情后，水利部门应派工程技术人员赶赴现场，研究优化除险方案，并由防汛抗旱行政首长负责组织实施。

(2)防汛抗旱指挥机构和防洪工程管理单位以及受洪水威胁的其他单位储备的常规抢险机械、抗旱设备、物资和救生器材，应能满足抢险急需。

5.2.2　应急队伍保障

(1)防汛队伍。

a.任何单位和个人都有依法参加防汛抗洪的义务。

b.防汛抢险队伍分为专业抢险队伍和非专业抢险队伍。国家综合性消防救援队伍、解放军和武警部队抗洪抢险应急专业力量和年度重点准备任务部队、民兵应急专业救援队伍、部门和地方以及中央企业组建的专业抢险队伍作为常备力量或突击力量，主要完成急、难、险、重的抢险任务；非专业抢险队伍主要为抢险提供劳动力，完成对抢险技术设备要求不高的抢险任务。

c.调动防汛抢险队伍程序：一是本级防汛抗旱指挥机构管理的防汛抢险队伍，由本级防汛抗旱指挥机构负责调动。二是上级防汛抗旱指挥机构管理的防汛抢险队伍，由本级防汛抗旱指挥机构向上级防汛抗旱指挥机构提出调动申请，由上级防汛抗旱指挥机构批准。三是同级其他区域防汛抗旱指挥机构管理的防汛抢险队伍，由本级防汛抗旱指挥机构向上级防汛抗旱指挥机构提出调动申请，上级防汛抗旱指挥机构协商调动。国家综合性消防救援队伍调动按应急部有关规定执行。

(2)抗旱队伍。

a.在抗旱期间，地方各级人民政府和防汛抗旱指挥机构应组织动员社会公众力量投入抗旱救灾工作。

b.抗旱服务组织是农业社会化服务体系的重要组成部分，在干旱时期应直接为受旱地区农民提供流动灌溉、生活用水，维修保养抗旱机具，租赁、销售抗旱物资，提供抗旱信息和技术咨询等方面的服务。

c.必要时，可申请动用国家综合性消防救援队伍等力量进行抗旱救灾。

5.2.3　供电保障

电力管理部门主要负责抗洪抢险、抢排渍涝、抗旱救灾、生命线工程运行等方面的供电保障和应急救援现场的临时供电。

5.2.4　交通运输保障

交通运输部门主要负责优先保证防汛抢险人员、防汛抗旱救灾物资运输；蓄滞洪区分洪时，负责群众安全转移所需车辆、船舶的调配；负责分泄大洪水时河道航行安全；负责大洪水时用于抢险、救灾车辆、船舶的及时调配；负责防御台风海上搜救有关工作。

5.2.5　医学救援保障

卫生健康部门主要负责水旱灾区疾病防治的业务技术指导；组织卫生应急队伍或专家赴灾区，开展伤病人员救治，指导灾区开展卫生防疫和应急心理干预等工作。

5.2.6　治安保障

公安机关依法做好水旱灾区治安管理、交通秩序维护工作，依法查处扰乱抗灾救灾秩序、危害工程设施安全等违法犯罪行为；组织实施防汛抢险、分洪爆破时的警戒守护、交通管制以及受灾群众集中安置点等重点部位的安全保卫工作。

5.2.7　物资保障

财政、应急管理、粮食和储备部门应按国家有关规定依照各自职责，加强衔接配合，做好防汛抗旱物资规划计划、资金保障、储备管理、调拨使用等工作，优化收储轮换及日常管理，提高物资使用效率。

(1)物资储备。

a.国家粮食和储备局负责中央防汛抗旱物资的收储、轮换和日常管理，根据国家防总办公室的动用指令承担调出和运送任务。重点防洪工程管理单位以及受洪水威胁的其他单位应按规范储备防汛抢险物资。各级防汛抗旱指挥机构要做好应急抢险物资储备和保障有关工作，了解掌握新材料、新设备、新技术、新工艺的更新换代情况，及时调整储备物资品种，提高科技含量。

b.中央防汛抗旱物资主要用于解决遭受特大洪水和特大干旱灾害地区防汛抢险和抗旱应急物资不足，保障大江大河(湖)及其重要支流、重要防洪设施抗洪抢险、防汛救灾以及严重干旱地区抗旱减灾需要。

c.洪涝灾害频繁地区可通过政府购买服务方式解决空中、水上应急抢险救援大型设备(装备)需求，承接主体应当具有国家相关专业资质。

d.地方各级防汛抗旱指挥机构根据规范储备的防汛抢险物资品种和数量，由各级防汛抗旱指挥机构结合本地抗洪抢险具体情况确定。

e.抗旱物资储备。干旱频繁发生地区县级以上地方人民政府应当储备一定数量的抗旱物资，由本级防汛抗旱指挥机构负责调用。

f. 抗旱水源储备。严重缺水城市应当建立应急供水机制,建设应急供水备用水源。

(2)物资调拨。

a. 中央防汛抗旱物资调拨在坚持就近调拨和保证抢险需求的同时,应优先调用周边仓库接近储备年限的物资,尽量避免或减少物资报废。当有多处申请调用中央防汛抗旱物资时,应优先保证重点地区的防汛抗旱抢险应急物资需求。

b. 中央防汛抗旱物资调拨程序:中央防汛抗旱物资的调用,由流域防总或省级防汛抗旱指挥机构向国家防总提出申请,经批准后,由国家防总办公室向国家粮食和储备局下达调令。

c. 当储备物资消耗过多,不能满足抗洪抢险和抗旱需要时,应及时启动防汛抗旱物资生产流程和生产能力储备,紧急调运、生产所需物资,必要时可向社会公开征集。

5.2.8 资金保障

中央财政安排资金补助地方政府、新疆生产建设兵团以及流域管理机构防汛抗旱工作。省、自治区、直辖市人民政府应当在本级财政预算中安排资金,用于本行政区域内的防汛抗旱工作。

5.2.9 社会动员保障

(1)防汛抗旱是社会公益性事业,任何单位和个人都有保护防汛抗旱工程设施和防汛抗旱的责任。

(2)汛期或旱期,各级防汛抗旱指挥机构应根据水旱灾害的发展,做好动员工作,组织社会力量投入防汛抗旱。

(3)各级防汛抗旱指挥机构的成员单位,在严重水旱灾害期间,应按照分工,特事特办,急事急办,解决防汛抗旱实际问题,同时充分调动本系统力量,全力支持抗灾救灾和灾后重建工作。

(4)各级人民政府应加强对防汛抗旱工作的统一领导,组织有关部门和单位,动员全社会力量,做好防汛抗旱工作。在防汛抗旱关键时刻,各级防汛抗旱行政首长应靠前指挥,组织广大干部群众奋力抗灾减灾。

(5)国家制定政策措施,鼓励社会专业队伍参与抗洪抢险救援和抗旱救灾工作。

5.3 技术保障

5.3.1 信息技术支撑

(1)加强防汛抗旱信息化建设。国家防总办公室在充分利用各成员单位既有成果的基础上,组织加强信息化建设,促进互联互通,建立信息共享机制。

(2)完善协同配合和衔接机制。应急部会同自然资源部、住房城乡建设部、水利部、中国气象局等有关部门建立统一的应急管理信息平台。自然资源部、住房城乡建设部、水利部、应急部、中国气象局等部门建立定期会商和信息共享机制,共同分析研判汛情旱情和险情灾情,实时共享相关监测预报预警和重要调度信息。

5.3.2 专家支撑

各级防汛抗旱指挥机构应建立专家库,当发生水旱灾害时,由防汛抗旱指挥机构统一调度,派出专家组指导防汛抗旱工作。水利部门承担防汛抗旱抢险技术支撑工作。

5.4 宣传

(1)各级防汛抗旱指挥机构要重视宣传舆论引导工作。防汛抗旱指挥机构办公室要把防汛抗旱宣传工作纳入议事日程,建立宣传工作机制,指定专人负责,加强与有关宣传机构的协作配合。

(2)各级防汛抗旱指挥机构要及时准确向社会通报防汛抗旱工作情况及水旱灾害信息。汛情、旱情形势严峻时期要加强防汛抗旱宣传工作力度,建立舆情监测机制,加强舆情引导和正面宣传,及时澄清虚假信息,为防汛抗旱工作营造良好氛围。

(3)发生重特大水旱(台风)灾害时,防汛抗旱指挥机构要按有关规定及时向社会和媒体通报情况,并根据事态发展及时召开新闻发布会,发布有关情况;对防汛形势、抢险救援、人员伤亡、经济损失、灾区秩序、群众生活等社会普遍关注的热点问题,要主动回应社会关切。对防汛救灾专业知识,要组织专家科学解读,有针对性解疑释惑。

5.5 培训和演练

5.5.1 培训

(1)按照分级负责的原则,各级防汛抗旱指挥机构组织实施防汛抗旱知识与技能培训。省级防汛抗旱指挥机构负责市、县级防汛抗旱指挥机构负责人及其办公室工作人员、防汛抢险专业队伍负责人和防汛抢险技术骨干的培训;市、县级防汛抗旱指挥机构负责乡镇(街道)、村(社区)防汛抗旱负责人、防汛抢险技术人员的培训。

(2)培训工作应做到合理规范课程、严格考核、分类指导,保证培训工作质量。

(3)培训工作应结合实际,采取多种组织形式,定期与不定期相结合,每年汛前至少组织一次培训。

5.5.2 演练

(1)各级防汛抗旱指挥机构应定期举行不同类型的

应急演练，以检验、改善和强化应急准备和应急响应能力。

（2）专业抢险队伍必须针对当地易发生的各类险情有针对性地每年进行抗洪抢险演练。

（3）多个部门联合进行的专业演练，一般2～3年举行一次，由省级防汛抗旱指挥机构负责组织。

6　善后工作

发生水旱灾害地区的地方人民政府应组织有关部门做好灾区生活供给、卫生防疫、救灾物资供应、治安管理、学校复课、水毁修复、恢复生产和重建家园等善后工作。

6.1　救灾

6.1.1　发生重大灾情时，灾区人民政府负责灾害救助的组织、协调和指挥工作。

6.1.2　应急管理部门负责受灾群众基本生活救助，会同有关部门及时调拨救灾款物，组织安置受灾群众，保障受灾群众基本生活，做好因灾倒损民房的恢复重建，组织开展救灾捐赠，保证受灾群众有饭吃、有衣穿、有干净水喝、有临时安全住处、有医疗服务。

6.1.3　卫生健康部门负责调配卫生应急力量，开展灾区伤病人员医疗救治，指导对污染源进行消毒处理，指导落实灾后各项卫生防疫措施，严防灾区传染病疫情发生。

6.1.4　当地人民政府应组织对可能造成环境污染的污染物进行清除。

6.2　防汛抗旱物资补充

针对当年防汛抢险及抗旱物资消耗情况，按照分级管理的原则，及时补充到位。

6.3　水毁工程修复

6.3.1　对影响当年防洪安全和城乡供水安全的水毁工程，应尽快修复。防洪工程应力争在下次洪水到来之前，做到恢复主体功能；抗旱水源工程应尽快恢复功能。

6.3.2　遭到毁坏的交通、电力、通信、水文以及防汛专用通信设施，应尽快组织修复，恢复功能。

6.4　蓄滞洪区运用补偿

国家蓄滞洪区分洪运用后，按照《蓄滞洪区运用补偿暂行办法》进行补偿。其他蓄滞洪区由地方人民政府参照《蓄滞洪区运用补偿暂行办法》补偿。

6.5　灾后重建

各有关部门应尽快组织灾后重建工作。灾后重建原则上按原标准恢复，在条件允许情况下，可提高标准重建。

6.6　工作评价与灾害评估

每年各级防汛抗旱指挥机构应针对防汛抗旱工作各方面和环节组织应急管理等有关部门进行定性和定量总结、分析，总结经验，查找问题，改进工作。总结情况要及时报上一级防汛抗旱指挥机构。

应急部按照有关规定组织开展重特大水旱灾害调查评估工作。

7　附　则

7.1　名词术语定义

7.1.1　洪水风险图：是融合地理、社会经济、洪水特征信息，通过资料调查、洪水计算和成果整理，以地图形式直观反映某一地区发生洪水后可能淹没的范围和水深，用以分析和预评估不同量级洪水可能造成的风险和危害的工具。

7.1.2　干旱风险图：是融合地理、社会经济、水资源特征信息，通过资料调查、水资源计算和成果整理，以地图形式直观反映某一地区发生干旱后可能影响的范围，用以分析和预评估不同干旱等级造成的风险和危害的工具。

7.1.3　台风风暴潮风险图：是融合地理、社会经济、台风风暴潮特征信息，通过资料调查、台风风暴潮计算和成果整理，以地图形式直观反映某一地区发生台风风暴潮后可能影响的范围，用以分析和预评估不同级别台风风暴潮造成的风险和危害的工具。

7.1.4　防御洪水方案：是对有防汛抗洪任务的县级以上地方人民政府根据流域综合规划、防洪工程实际状况和国家规定的防洪标准，制定的防御江河洪水（包括特大洪水）、山洪灾害（指由降雨引发的山洪、泥石流灾害）、台风风暴潮灾害等方案的统称。长江、黄河、淮河、海河等重要江河湖泊和重要水工程的防御洪水方案，由水利部组织编制，按程序报国务院批准；跨省、自治区、直辖市的其他江河的防御洪水方案，由有关流域管理机构会同有关省、自治区、直辖市人民政府制定，报国务院或者国务院授权的有关部门批准。防御洪水方案经批准后，有关地方人民政府必须执行。各级防汛抗旱指挥机构和承担防汛抗洪任务的部门和单位，必须根据防御洪水方案做好防汛抗洪准备工作。

7.1.5　抗旱预案：是在现有工程设施条件和抗旱能力下，针对不同等级、程度的干旱，而预先制定的对策和措施，是各级防汛抗旱指挥机构实施指挥决策的依据。

7.1.6　抗旱服务组织：是由水利部门组建的事业性

服务实体，以抗旱减灾为宗旨，围绕群众饮水安全、粮食用水安全、经济发展用水安全和生态环境用水安全开展抗旱服务工作。其业务工作受同级水利部门领导和上一级抗旱服务组织的指导。国家支持和鼓励社会力量兴办各种形式的抗旱社会化服务组织。

7.1.7 生命线工程：根据《破坏性地震应急条例》，生命线工程是指对社会生活、生产有重大影响的交通、通信、供水、排水、供电、供气、输油等工程系统。

7.1.8 洪水等级

根据《水文情报预报规范》（GB/T 22482—2008）：

小洪水：洪水要素重现期小于5年的洪水。

中洪水：洪水要素重现期为5年~20年的洪水。

大洪水：洪水要素重现期为20年~50年的洪水。

特大洪水：洪水要素重现期大于50年的洪水。

7.1.9 热带气旋等级

根据《热带气旋等级》（GB/T 19201—2006）：

热带低压：热带气旋底层中心附近最大平均风速达到10.8m/s~17.1m/s（风力6~7级）。

热带风暴：热带气旋底层中心附近最大平均风速达到17.2m/s~24.4m/s（风力8~9级）。

强热带风暴：热带气旋底层中心附近最大平均风速达到24.5m/s~32.6m/s（风力10~11级）。

台风：热带气旋底层中心附近最大平均风速达到32.7m/s~41.4m/s（风力12~13级）。

强台风：热带气旋底层中心附近最大平均风速达到41.5m/s~50.9m/s（风力14~15级）。

超强台风：热带气旋底层中心附近最大平均风速达到或大于51.0m/s（风力16级或以上）。

7.1.10 堰塞湖风险等级

堰塞体危险性判别、堰塞湖淹没和溃决损失严重性、堰塞湖风险等级划分参照《堰塞湖风险等级划分与应急处置技术规范》（SL/T 450—2021）。

7.1.11 干旱等级

区域农业旱情等级、区域牧业旱情等级、区域农牧业旱情等级、区域因旱饮水困难等级、城市旱情等级划分参照《区域旱情等级》（GB/T 32135—2015）。

7.1.12 关于城市规模的规定参照《国务院关于调整城市规模划分标准的通知》（国发〔2014〕51号）。

7.1.13 紧急防汛期：根据《中华人民共和国防洪法》规定，当江河、湖泊的水情接近保证水位或者安全流量，水库水位接近设计洪水位，或者防洪工程设施发生重大险情时，有关县级以上人民政府防汛指挥机构可以宣布进入紧急防汛期。在紧急防汛期，国家防汛指挥机构或者其授权的流域、省、自治区、直辖市防汛指挥机构有权对壅水、阻水严重的桥梁、引道、码头和其他跨河工程设施作出紧急处置。防汛指挥机构根据防汛抗洪的需要，有权在其管辖范围内调用物资、设备、交通运输工具和人力，决定采取取土占地、砍伐林木、清除阻水障碍物和其他必要的紧急措施；必要时，公安、交通等有关部门按照防汛指挥机构的决定，依法实施陆地和水面交通管制。

本预案有关数量的表述中，除有特殊说明外，"以上"含本数，"以下"不含本数。

7.2 预案管理与更新

本预案按照国务院办公厅印发的《突发事件应急预案管理办法》相关规定进行管理与更新。

7.3 国际沟通与协作

按照国家外事纪律的有关规定，积极开展防汛抗旱减灾国际交流，借鉴发达国家防汛抗旱减灾工作的经验，进一步做好我国水旱灾害突发事件防范与处置工作。

7.4 奖励与责任追究

对防汛抢险和抗旱工作作出突出贡献的劳动模范、先进集体和个人，由人力资源社会保障部、国家防总联合表彰；对防汛抢险和抗旱工作中英勇献身的人员，按有关规定追认为烈士；对防汛抗旱工作中玩忽职守造成损失的，依据《中华人民共和国防洪法》、《中华人民共和国公务员法》、《中华人民共和国防汛条例》追究当事人的责任，并予以处罚，构成犯罪的，依法追究其刑事责任。

7.5 预案解释部门

本预案由国家防总办公室负责解释。

7.6 预案实施时间

本预案自印发之日起实施。

国务院办公厅关于加强城市内涝治理的实施意见

·2021年4月8日

·国办发〔2021〕11号

各省、自治区、直辖市人民政府，国务院各部委、各直属机构：

治理城市内涝事关人民群众生命财产安全，既是重大民生工程，又是重大发展工程。近年来，各地区各部门大力推进排水防涝设施建设，城市内涝治理取得积极进展，但仍存在自然调蓄空间不足、排水设施建设滞后、应急管理能力不强等问题。为加快推进城市内涝治理，经国务院同意，现提出以下意见。

一、总体要求

（一）指导思想。以习近平新时代中国特色社会主义思想为指导，深入贯彻党的十九大和十九届二中、三中、四中、五中全会精神，认真落实习近平生态文明思想，牢固树立总体国家安全观，按照党中央、国务院决策部署，立足新发展阶段、贯彻新发展理念、构建新发展格局，坚持以人民为中心，坚持人与自然和谐共生，坚持统筹发展和安全，将城市作为有机生命体，根据建设海绵城市、韧性城市要求，因地制宜、因城施策，提升城市防洪排涝能力，用统筹的方式、系统的方法解决城市内涝问题，维护人民群众生命财产安全，为促进经济社会持续健康发展提供有力支撑。

（二）工作原则。

——规划统筹，完善体系。统筹区域流域生态环境治理和城市建设，统筹城市水资源利用和防灾减灾，统筹城市防洪和内涝治理，结合国土空间规划和流域防洪、城市基础设施建设等规划，逐步建立完善防洪排涝体系，形成流域、区域、城市协同匹配，防洪排涝、应急管理、物资储备系统完整的防灾减灾体系。

——全面治理，突出重点。坚持防御外洪与治理内涝并重、生态措施与工程措施并举，“高水高排、低水低排”，更多利用自然力量排水，整体提升城市内涝治理水平。以近年来内涝严重城市和重点防洪城市为重点，抓紧开展内涝治理，全面解决内涝顽疾，妥善处理流域防洪与城市防洪排涝的关系。

——因地制宜，一城一策。根据自然地理条件、水文气象特征和城市规模等因素，科学确定治理策略和建设任务，选择适用措施。老城区结合更新改造，修复自然生态系统，抓紧补齐排水防涝设施短板；新城区高起点规划、高标准建设排水防涝设施。

——政府主导，社会参与。压实城市主体责任，明晰各方责任，加强协调联动，形成多部门合作、多专业协同、各方面参与的社会共治格局。加大投入力度，创新投融资机制，多渠道吸引各方面力量参与排水防涝设施投资、建设和专业化运营管理。

（三）工作目标。到2025年，各城市因地制宜基本形成“源头减排、管网排放、蓄排并举、超标应急”的城市排水防涝工程体系，排水防涝能力显著提升，内涝治理工作取得明显成效；有效应对城市内涝防治标准内的降雨，老城区雨停后能够及时排干积水，低洼地区防洪排涝能力大幅提升，历史上严重影响生产生活秩序的易涝积水点全面消除，新城区不再出现“城市看海”现象；在超出城市内涝防治标准的降雨条件下，城市生命线工程等重要市政基础设施功能不丧失，基本保障城市安全运行；有条件的地方积极推进海绵城市建设。到2035年，各城市排水防涝工程体系进一步完善，排水防涝能力与建设海绵城市、韧性城市要求更加匹配，总体消除防治标准内降雨条件下的城市内涝现象。

二、系统建设城市排水防涝工程体系

（一）实施河湖水系和生态空间治理与修复。保护城市山体，修复江河、湖泊、湿地等，保留天然雨洪通道、蓄滞洪空间，构建连续完整的生态基础设施体系。恢复并增加水空间，扩展城市及周边自然调蓄空间，按照有关标准和规划开展蓄滞洪空间和安全工程建设；在蓄滞洪空间开展必要的土地利用、开发建设时，要依法依规严格论证审查，保证足够的调蓄容积和功能。在城市建设和更新中留白增绿，结合空间和竖向设计，优先利用自然洼地、坑塘沟渠、园林绿地、广场等实现雨水调蓄功能，做到一地多用。因地制宜、集散结合建设雨水调蓄设施，发挥削峰错峰作用。

（二）实施管网和泵站建设与改造。加大排水管网建设力度，逐步消除管网空白区，新建排水管网原则上应尽可能达到国家建设标准的上限要求。改造易造成积水内涝问题和混错接的雨污水管网，修复破损和功能失效的排水防涝设施；因地制宜推进雨污分流改造，暂不具备改造条件的，通过截流、调蓄等方式，减少雨季溢流污染，提高雨水排放能力。对外水顶托导致自排不畅或抽排能力达不到标准的地区，改造或增设泵站，提高机排能力，重要泵站应设置双回路电源或备用电源。改造雨水口等收水设施，确保收水和排水能力相匹配。改造雨水排口、截流井、阀门等附属设施，确保标高衔接、过流断面满足要求。

（三）实施排涝通道建设。注重维持河湖自然形态，避免简单裁弯取直和侵占生态空间，恢复和保持城市及周边河湖水系的自然连通和流动性。合理开展河道、湖塘、排洪沟、道路边沟等整治工程，提高行洪排涝能力，确保与城市管网系统排水能力相匹配。合理规划利用城市排涝河道，加强城市外部河湖与内河、排洪沟、桥涵、闸门、排水管网等在水位标高、排水能力等方面的衔接，确保过流顺畅、水位满足防洪排涝安全要求。因地制宜恢复因历史原因封盖、填埋的天然排水沟、河道等，利用次要道路、绿地、植草沟等构建雨洪行泄通道。

（四）实施雨水源头减排工程。在城市建设和更新中，积极落实“渗、滞、蓄、净、用、排”等措施，建设改造后的雨水径流峰值和径流量不应增大。要提高硬化地面中可渗透面积比例,因地制宜使用透水性铺装,增加下沉式绿地、植草沟、人工湿地、砂石地面和自然地面等软性透水地面,建设绿色屋顶、旱溪、干湿塘等滞水渗水设施。优先解决居住社区积水内涝、雨污水管网混错接等问题,通过断接建筑雨落管,优化竖向设计,加强建筑、道路、绿地、景观水体等标高衔接等方式,使雨水溢流排放至排水管网、自然水体或收集后资源化利用。

(五)实施防洪提升工程。统筹干支流、上下游、左右岸防洪排涝和沿海城市防台防潮等要求,合理确定各级城市的防洪标准、设计水位和堤防等级。完善堤线布置,优化堤防工程断面设计和结构型式,因地制宜实施防洪堤、海堤和护岸等生态化改造工程,确保能够有效防御相应洪水灾害。根据河流河势、岸坡地质条件等因素,科学规划建设河流护岸工程,合理选取护岸工程结构型式,有效控制河岸坍塌。对山洪易发地区,加强水土流失治理,合理规划建设截洪沟等设施,最大限度降低山洪入城风险。

三、提升城市排水防涝工作管理水平

(一)强化日常维护。落实城市排水防涝设施巡查、维护、隐患排查制度和安全操作技术规程,加强调蓄空间维护和城市河道清疏,增加施工工地周边、低洼易涝区段、易淤积管段的清掏频次。汛前要全面开展隐患排查和整治,清疏养护排水设施。加强安全事故防范,防止窨井伤人等安全事故,对车库、地下室、下穿通道、地铁等地下空间出入口采取防倒灌安全措施。

(二)实行洪涝"联排联调"。建立健全城区水系、排水管网与周边江河湖海、水库等"联排联调"运行管理模式。加强跨省、跨市河流水雨工情信息共享,健全流域联防联控机制,坚持立足全局、洪涝统筹,提升调度管理水平。加强统筹调度,根据气象预警信息科学合理及时做好河湖、水库、排水管网、调蓄设施的预腾空或预降水位工作。

(三)提升应急管理水平。完善城市排水与内涝防范相关应急预案,明确预警等级内涵,落实各相关部门工作任务、响应程序和处置措施。加强流域洪涝和自然灾害风险监测预警,按职责及时准确发布预警预报等动态信息,做好城区交通组织、疏导和应急疏散等工作。按需配备移动泵车等快速解决城市内涝的专用防汛设备和抢险物资,完善物资储备、安全管理制度及调用流程。加大城市防洪排涝知识宣传教育力度,提高公众防灾避险意识和自救互救能力。

(四)加强专业队伍建设。建立专业队伍或委托专业机构负责城市排水防涝设施运行维护。加强排水应急队伍建设,强化抢险应急演练,提升应急抢险能力。充分发挥专家团队在洪涝风险研判、规划建设、应急处置等方面的专业作用。加强政府组织领导,强化城市管理、水利、自然资源、生态环境保护、交通等执法队伍协调联动。

(五)加强智慧平台建设。建立完善城市综合管理信息平台,整合各部门防洪排涝管理相关信息,在排水设施关键节点、易涝积水点布设必要的智能化感知终端设备,满足日常管理、运行调度、灾情预判、预警预报、防汛调度、应急抢险等功能需要;有条件的城市,要与城市信息模型(CIM)基础平台深度融合,与国土空间基础信息平台充分衔接。

四、统筹推进城市内涝治理工作

(一)优化城市布局加强竖向管控。编制内涝风险图,探索划定洪涝风险控制线和灾害风险区。充分考虑洪涝风险,优化排涝通道和设施设置,加强城市竖向设计,合理确定地块高程。新城区建设要加强选址论证,合理布局城市功能,科学确定排水分区。

(二)强化规划管理与实施。尊重自然地理格局,严守生态保护红线、永久基本农田、城镇开发边界以及城市蓝线、绿线等重要控制线,保护山水林田湖草等自然调蓄空间。依法划定河湖管理范围,保护城市河湖水系。严格实施相关规划,在规划建设管理等阶段,落实排水防涝设施、调蓄空间、雨水径流和竖向管控要求。

(三)统筹项目建设。加强城市内涝治理项目储备和前期工作,加快开工建设一批重大项目,做到竣工一批、在建一批、开工一批、储备一批。严格把控工程质量,建立城市排水防涝设施工程质量终身责任制。将城市排水防涝设施建设改造与市政建设特别是洪涝灾后恢复重建、污水处理设施建设、城镇老旧小区改造等有机结合,优化各类工程的空间布局和建设时序安排,避免反复开挖、"马路拉链"、"遍地开花"。统筹防洪排涝、治污、雨水资源化利用等工程,避免相互造成不利影响。

(四)强化监督执法。严查违法违规占用河湖、水库、山塘、蓄滞洪空间和排涝通道等的建筑物、构筑物。严格实施污水排入排水管网许可制度,防止雨污水管网混错接。依法查处侵占、破坏、非法迁改排水防涝设施,以及随意封堵雨水排口,向雨水设施和检查井倾倒垃圾杂物、水泥残渣、施工泥浆等行为。强化对易影响排水设施安全的施工工地的监督检查,及时消除安全隐患。

五、保障措施

(一)落实工作责任。实行国家统筹、省负总责、城市具体落实的管理体制。城市政府是内涝治理工作的责任主体，要严格落实主体责任，建立多部门统筹协调的工作机制，形成工作合力，把治理内涝作为保障城市安全发展的重要任务抓实抓好。省级政府对本行政区域内各级城市内涝治理工作负总责，要加大指导、组织、协调、支持和监督力度，将内涝治理工作纳入政府工作绩效考核体系。国务院相关部门要做好顶层设计，加大支持、指导和督促力度，结合城市体检评估等工作，建立城市内涝治理评估机制。

（二）加大政府投入力度。中央预算内投资加大对城市内涝治理的支持力度。将城市内涝治理领域符合条件的项目纳入政府债券支持范围。地方政府按照尽力而为、量力而行的原则，加大城市内涝治理资金投入，统筹城市建设维护资金、城市防洪经费等支持城市内涝治理重点领域和关键环节，加强资金绩效管理，探索建立“按效付费”等资金安排机制，切实提高资金使用效益。

（三）多渠道筹措资金。探索供水、排水和水处理等水务事项全链条管理机制，吸引社会资本参与。探索统筹防洪排涝和城市建设的新开发模式，采用“分级设防、雨旱两宜、人水和谐”的城市公共空间弹性利用方式，整合盘活土地资源和各类经营性资源。

（四）加强用地保障。将城市内涝治理重大项目纳入国家重大项目清单，加大建设用地保障力度，确保排水防涝设施、应急抢险物资储备的用地需求。在地下设立建设用地使用权的，应优先保障城市排水防涝设施建设。排水防涝设施用地应纳入土地利用年度计划，防止侵占排水防涝设施用地。

（五）建立健全工作制度。各级城市政府要建立健全有利于城市排水防涝设施系统化管理的各项工作制度，明确职责分工，加强部门协调联动。统筹规划建设管理，因地制宜推广“厂网河（湖）一体化”运营管理模式。结合审批制度改革，协调做好岸上岸下、堤内堤外、地上地下等建设项目审批。

各省（自治区、直辖市）政府要认真贯彻落实党中央、国务院决策部署，在“十四五”时期加快治理城市内涝，组织本行政区域内各级有关城市行业主管部门牵头编制本城市内涝治理系统化实施方案，明确时间表和路线图，按照5年内见到明显成效的目标落实具体项目并列入系统化实施方案；在此基础上，各省级行业主管部门牵头组织编制本行政区域内城市内涝治理实施方案，并连同各级有关城市系统化实施方案，于2021年6月30日前一并报国家发展改革委、住房城乡建设部、自然资源部、水利部备案。

国家安全生产应急救援指挥中心关于加强极端天气条件下安全生产应急准备工作的通知

· 2018年6月8日
· 应指协调〔2018〕16号

各省、自治区、直辖市及新疆生产建设兵团安全生产监督管理局，各省级煤矿安全监察局，有关中央企业，各国家级安全生产应急救援队：

当前，全国各地已进入主汛期，高温、暴雨、台风等天气多发，极易引发各类生产安全事故。为贯彻应急管理部召开的贯彻落实《地方党政领导干部安全生产责任制》电视电话会议精神，切实加强汛期安全生产工作，防范极端天气引发生产安全事故，确保人民群众生命财产安全，现就加强极端天气条件下安全生产应急准备工作有关事项通知如下。

一、高度重视，加强安全生产应急准备工作组织领导

汛期历来是各类生产安全事故的易发期，各级安全监管监察机构要认真贯彻落实党中央、国务院的决策部署，充分认识做好汛期安全生产工作的重要性和紧迫性，切实加强组织领导，指定专门机构、专门人员负责抓好安全生产应急准备工作，做到提前部署、准备充分、处置得力。加强与气象、国土、海洋等部门沟通联系，加强协调联动，密切关注气象变化，建立和完善自然灾害引发生产安全事故预报、预警、预防机制。有关中央企业要及时掌握气象和灾害信息，灵敏反应、超前预防、果断决策、有效应对。各专业安全生产应急救援队伍要针对极端气象条件开展训练、演练，做到响应迅速，处置高效。

二、强化应急准备，切实做好极端天气引发生产安全事故防范应对工作

（一）各级安全监管监察机构要统筹开展辖区内极端天气引发生产安全事故防范应对工作。一是组织开展汛期安全生产隐患排查整治工作，立即全面、深入、细致地开展隐患排查治理，有针对性地制定和完善专项应急处置方案。二是加强对辖区内各类生产经营单位、专业安全生产应急救援队伍应急准备工作的指导，确保应急通信畅通，信息报告及时准确，应急预案具有可操作性，应急物资、装备储备充足。三是结合正在开展的“安全生产月”活动，组织、指导各类生产经营单位、专业安全生产应急救援队伍开展汛期安全生产应急救援演练，提高应急处置能力。

（二）各类生产经营单位要进一步强化应急准备工作。一是加强本单位应急准备工作，储备必要的应急物资、装备，组织开展汛期应急演练。二是加强与周边专业安全生产应急救援队伍沟通联系，掌握周边救援队伍的应急救援能力，签订服务保障协议。三是加强本单位重点部位防范工作，对重点部位、重大危险源等制定一对一的应急处置方案，开展应急处置演练。

（三）专业安全生产应急救援队伍要做好救灾抢险应急准备工作。各类专业安全生产应急救援队伍，尤其是国家级安全生产应急救援队要紧密结合本单位实际，密切联系所在地安全监管监察机构，准确掌握所在地区今年暑期汛期极端天气情况，有针对性地提前做好应急准备工作。一是加强应急救援装备的检查、维护，确保应急物资装备处于良好状态，接到指令或应急救援请求，及时出动。二是针对汛期应急救援工作特点，及时组织开展有针对性地训练，合理配备各类应急装备、物资。三是加强与周边生产经营单位的沟通联系，及时掌握各类生产经营单位的主要危险因素、主要危险物质特性等，做到事故状态下开展针对性地应急处置，避免施救不当。

三、完善值班值守及预警工作，确保应急处置及时高效

各级安全监管监察机构要进一步加强汛期应急值班值守工作，坚持领导干部 24 小时带班制度，确保事故信息报告及时。密切关注高温、强降雨、台风、地质灾害等预警信息，及时发布预警信息，做好应急准备工作，有效防范和应对自然灾害引发的事故灾难。

各类生产经营单位要同当地政府相关部门建立信息通报制度，及时掌握各类灾害信息并传达到本单位每一名从业人员，做好防范应对工作，必要时停产、停工、撤人。

安全生产应急救援队伍要进入战备值班状态，执行救援任务，要做到组织领导到位、救援人员到位、技术指导到位、物资装备到位、出动信息报告到位，努力把事故损失减小到最低程度。

四、加强宣传教育，强化自救互救能力

各有关单位要建立机制，利用广播、网络、短信、微信等公众平台开展宣传教育，有针对性地开展极端天气下应急处置宣传教育活动，及时发出极端天气预警信息，提高全民灾害防范意识，保障自身安全。

各类生产经营单位要制定灾害预防宣传教育计划，抓好从业人员的安全培训、应急处置培训，熟悉掌握本单位自然灾害应急处置程序、安全生产规程和自救互救常识，灾害状态下及时采取科学有效的应急处置措施，避免或降低灾害损失。

各级安全监管监察机构要迅速将本通知要求传达到辖区内所有生产经营单位和专业安全生产应急救援队伍，切实加强应急准备工作。

四、气象灾害防治

中华人民共和国气象法

· 1999 年 10 月 31 日第九届全国人民代表大会常务委员会第十二次会议通过
· 根据 2009 年 8 月 27 日第十一届全国人民代表大会常务委员会第十次会议《关于修改部分法律的决定》第一次修正
· 根据 2014 年 8 月 31 日第十二届全国人民代表大会常务委员会第十次会议《关于修改〈中华人民共和国保险法〉等五部法律的决定》第二次修正
· 根据 2016 年 11 月 7 日第十二届全国人民代表大会常务委员会第二十四次会议《关于修改〈中华人民共和国对外贸易法〉等十二部法律的决定》第三次修正

第一章 总 则

第一条 为了发展气象事业，规范气象工作，准确、及时地发布气象预报，防御气象灾害，合理开发利用和保护气候资源，为经济建设、国防建设、社会发展和人民生活提供气象服务，制定本法。

第二条 在中华人民共和国领域和中华人民共和国管辖的其他海域从事气象探测、预报、服务和气象灾害防御、气候资源利用、气象科学技术研究等活动，应当遵守本法。

第三条 气象事业是经济建设、国防建设、社会发展和人民生活的基础性公益事业，气象工作应当把公益性气象服务放在首位。

县级以上人民政府应当加强对气象工作的领导和协调，将气象事业纳入中央和地方同级国民经济和社会发展计划及财政预算，以保障其充分发挥为社会公众、政府决策和经济发展服务的功能。

县级以上地方人民政府根据当地社会经济发展的需要所建设的地方气象事业项目，其投资主要由本级财政承担。

气象台站在确保公益性气象无偿服务的前提下，可以依法开展气象有偿服务。

第四条 县、市气象主管机构所属的气象台站应当主要为农业生产服务，及时主动提供保障当地农业生产所需的公益性气象信息服务。

第五条 国务院气象主管机构负责全国的气象工作。地方各级气象主管机构在上级气象主管机构和本级人民政府的领导下，负责本行政区域内的气象工作。

国务院其他有关部门和省、自治区、直辖市人民政府其他有关部门所属的气象台站，应当接受同级气象主管机构对其气象工作的指导、监督和行业管理。

第六条 从事气象业务活动，应当遵守国家制定的气象技术标准、规范和规程。

第七条 国家鼓励和支持气象科学技术研究、气象科学知识普及，培养气象人才，推广先进的气象科学技术，保护气象科技成果，加强国际气象合作与交流，发展气象信息产业，提高气象工作水平。

各级人民政府应当关心和支持少数民族地区、边远贫困地区、艰苦地区和海岛的气象台站的建设和运行。

对在气象工作中做出突出贡献的单位和个人，给予奖励。

第八条 外国的组织和个人在中华人民共和国领域和中华人民共和国管辖的其他海域从事气象活动，必须经国务院气象主管机构会同有关部门批准。

第二章 气象设施的建设与管理

第九条 国务院气象主管机构应当组织有关部门编制气象探测设施、气象信息专用传输设施、大型气象专用技术装备等重要气象设施的建设规划，报国务院批准后实施。气象设施建设规划的调整、修改，必须报国务院批准。

编制气象设施建设规划，应当遵循合理布局、有效利用、兼顾当前与长远需要的原则，避免重复建设。

第十条 重要气象设施建设项目应当符合重要气象设施建设规划要求，并在项目建议书和可行性研究报告批准前，征求国务院气象主管机构或者省、自治区、直辖市气象主管机构的意见。

第十一条 国家依法保护气象设施，任何组织或者个人不得侵占、损毁或者擅自移动气象设施。

气象设施因不可抗力遭受破坏时，当地人民政府应当采取紧急措施，组织力量修复，确保气象设施正常运行。

第十二条 未经依法批准，任何组织或者个人不得迁移气象台站；确因实施城市规划或者国家重点工程建设，需要迁移国家基准气候站、基本气象站的，应当报经国务院气象主管机构批准；需要迁移其他气象台站的，应当报经省、自治区、直辖市气象主管机构批准。迁建费用由建设单位承担。

第十三条 气象专用技术装备应当符合国务院气象主管机构规定的技术要求，并经国务院气象主管机构审查合格；未经审查或者审查不合格的，不得在气象业务中使用。

第十四条 气象计量器具应当依照《中华人民共和国计量法》的有关规定，经气象计量检定机构检定。未经检定、检定不合格或者超过检定有效期的气象计量器具，不得使用。

国务院气象主管机构和省、自治区、直辖市气象主管机构可以根据需要建立气象计量标准器具，其各项最高计量标准器具依照《中华人民共和国计量法》的规定，经考核合格后，方可使用。

第三章 气象探测

第十五条 各级气象主管机构所属的气象台站，应当按照国务院气象主管机构的规定，进行气象探测并向有关气象主管机构汇交气象探测资料。未经上级气象主管机构批准，不得中止气象探测。

国务院气象主管机构及有关地方气象主管机构应当按照国家规定适时发布基本气象探测资料。

第十六条 国务院其他有关部门和省、自治区、直辖市人民政府其他有关部门所属的气象台站及其他从事气象探测的组织和个人，应当按照国家有关规定向国务院气象主管机构或者省、自治区、直辖市气象主管机构汇交所获得的气象探测资料。

各级气象主管机构应当按照气象资料共享、共用的原则，根据国家有关规定，与其他从事气象工作的机构交换有关气象信息资料。

第十七条 在中华人民共和国内水、领海和中华人民共和国管辖的其他海域的海上钻井平台和具有中华人民共和国国籍的在国际航线上飞行的航空器、远洋航行的船舶，应当按照国家有关规定进行气象探测并报告气象探测信息。

第十八条 基本气象探测资料以外的气象探测资料需要保密的，其密级的确定、变更和解密以及使用，依照《中华人民共和国保守国家秘密法》的规定执行。

第十九条 国家依法保护气象探测环境，任何组织和个人都有保护气象探测环境的义务。

第二十条 禁止下列危害气象探测环境的行为：

（一）在气象探测环境保护范围内设置障碍物、进行爆破和采石；

（二）在气象探测环境保护范围内设置影响气象探测设施工作效能的高频电磁辐射装置；

（三）在气象探测环境保护范围内从事其他影响气象探测的行为。

气象探测环境保护范围的划定标准由国务院气象主管机构规定。各级人民政府应当按照法定标准划定气象探测环境的保护范围，并纳入城市规划或者村庄和集镇规划。

第二十一条 新建、扩建、改建建设工程，应当避免危害气象探测环境；确实无法避免的，建设单位应当事先征得省、自治区、直辖市气象主管机构的同意，并采取相应的措施后，方可建设。

第四章 气象预报与灾害性天气警报

第二十二条 国家对公众气象预报和灾害性天气警报实行统一发布制度。

各级气象主管机构所属的气象台站应当按照职责向社会发布公众气象预报和灾害性天气警报，并根据天气变化情况及时补充或者订正。其他任何组织或者个人不得向社会发布公众气象预报和灾害性天气警报。

国务院其他有关部门和省、自治区、直辖市人民政府其他有关部门所属的气象台站，可以发布供本系统使用的专项气象预报。

各级气象主管机构及其所属的气象台站应当提高公众气象预报和灾害性天气警报的准确性、及时性和服务水平。

第二十三条 各级气象主管机构所属的气象台站应当根据需要，发布农业气象预报、城市环境气象预报、火险气象等级预报等专业气象预报，并配合军事气象部门进行国防建设所需的气象服务工作。

第二十四条 各级广播、电视台站和省级人民政府指定的报纸，应当安排专门的时间或者版面，每天播发或者刊登公众气象预报或者灾害性天气警报。

各级气象主管机构所属的气象台站应当保证其制作的气象预报节目的质量。

广播、电视播出单位改变气象预报节目播发时间安排的，应当事先征得有关气象台站的同意；对国计民生可能产生重大影响的灾害性天气警报和补充、订正的气象预报，应当及时增播或者插播。

第二十五条 广播、电视、报纸、电信等媒体向社会传播气象预报和灾害性天气警报，必须使用气象主管机构所属的气象台站提供的适时气象信息，并标明发布时间和气象台站的名称。通过传播气象信息获得的收益，应当提取一部分支持气象事业的发展。

第二十六条 信息产业部门应当与气象主管机构密切配合，确保气象通信畅通，准确、及时地传递气象情报、气象预报和灾害性天气警报。

气象无线电专用频道和信道受国家保护，任何组织或者个人不得挤占和干扰。

第五章 气象灾害防御

第二十七条 县级以上人民政府应当加强气象灾害监测、预警系统建设，组织有关部门编制气象灾害防御规划，并采取有效措施，提高防御气象灾害的能力。有关组织和个人应当服从人民政府的指挥和安排，做好气象灾害防御工作。

第二十八条 各级气象主管机构应当组织对重大灾害性天气的跨地区、跨部门的联合监测、预报工作，及时提出气象灾害防御措施，并对重大气象灾害作出评估，为本级人民政府组织防御气象灾害提供决策依据。

各级气象主管机构所属的气象台站应当加强对可能影响当地的灾害性天气的监测和预报，并及时报告有关气象主管机构。其他有关部门所属的气象台站和与灾害性天气监测、预报有关的单位应当及时向气象主管机构提供监测、预报气象灾害所需要的气象探测信息和有关的水情、风暴潮等监测信息。

第二十九条 县级以上地方人民政府应当根据防御气象灾害的需要，制定气象灾害防御方案，并根据气象主管机构提供的气象信息，组织实施气象灾害防御方案，避免或者减轻气象灾害。

第三十条 县级以上人民政府应当加强对人工影响天气工作的领导，并根据实际情况，有组织、有计划地开展人工影响天气工作。

国务院气象主管机构应当加强对全国人工影响天气工作的管理和指导。地方各级气象主管机构应当制定人工影响天气作业方案，并在本级人民政府的领导和协调下，管理、指导和组织实施人工影响天气作业。有关部门应当按照职责分工，配合气象主管机构做好人工影响天气的有关工作。

实施人工影响天气作业的组织必须具备省、自治区、直辖市气象主管机构规定的条件，并使用符合国务院气象主管机构要求的技术标准的作业设备，遵守作业规范。

第三十一条 各级气象主管机构应当加强对雷电灾害防御工作的组织管理，并会同有关部门指导对可能遭受雷击的建筑物、构筑物和其他设施安装的雷电灾害防护装置的检测工作。

安装的雷电灾害防护装置应当符合国务院气象主管机构规定的使用要求。

第六章 气候资源开发利用和保护

第三十二条 国务院气象主管机构负责全国气候资源的综合调查、区划工作，组织进行气候监测、分析、评价，并对可能引起气候恶化的大气成分进行监测，定期发布全国气候状况公报。

第三十三条 县级以上地方人民政府应当根据本地区气候资源的特点，对气候资源开发利用的方向和保护的重点作出规划。

地方各级气象主管机构应当根据本级人民政府的规划，向本级人民政府和同级有关部门提出利用、保护气候资源和推广应用气候资源区划等成果的建议。

第三十四条 各级气象主管机构应当组织对城市规划、国家重点建设工程、重大区域性经济开发项目和大型太阳能、风能等气候资源开发利用项目进行气候可行性论证。

具有大气环境影响评价资质的单位进行工程建设项目大气环境影响评价时，应当使用符合国家气象技术标准的气象资料。

第七章 法律责任

第三十五条 违反本法规定，有下列行为之一的，由有关气象主管机构按照权限责令停止违法行为，限期恢复原状或者采取其他补救措施，可以并处五万元以下的罚款；造成损失的，依法承担赔偿责任；构成犯罪的，依法追究刑事责任：

（一）侵占、损毁或者未经批准擅自移动气象设施的；

（二）在气象探测环境保护范围内从事危害气象探测环境活动的。

在气象探测环境保护范围内，违法批准占用土地的，或者非法占用土地新建建筑物或者其他设施的，依照《中华人民共和国城乡规划法》或者《中华人民共和国土地管理法》的有关规定处罚。

第三十六条 违反本法规定，使用不符合技术要求的气象专用技术装备，造成危害的，由有关气象主管机构按照权限责令改正，给予警告，可以并处五万元以下的罚款。

第三十七条 违反本法规定，安装不符合使用要求的雷电灾害防护装置的，由有关气象主管机构责令改正，给予警告。使用不符合使用要求的雷电灾害防护装置给他人造成损失的，依法承担赔偿责任。

第三十八条 违反本法规定，有下列行为之一的，由有关气象主管机构按照权限责令改正，给予警告，可以并处五万元以下的罚款：

（一）非法向社会发布公众气象预报、灾害性天气警报的；

（二）广播、电视、报纸、电信等媒体向社会传播公众气象预报、灾害性天气警报，不使用气象主管机构所属的气象台站提供的适时气象信息的；

（三）从事大气环境影响评价的单位进行工程建设项目大气环境影响评价时，使用的气象资料不符合国家气象技术标准的。

第三十九条 违反本法规定，不具备省、自治区、直辖市气象主管机构规定的条件实施人工影响天气作业的，或者实施人工影响天气作业使用不符合国务院气象主管机构要求的技术标准的作业设备的，由有关气象主管机构按照权限责令改正，给予警告，可以并处十万元以下的罚款；给他人造成损失的，依法承担赔偿责任；构成犯罪的，依法追究刑事责任。

第四十条 各级气象主管机构及其所属气象台站的工作人员由于玩忽职守，导致重大漏报、错报公众气象预报、灾害性天气警报，以及丢失或者毁坏原始气象探测资料、伪造气象资料等事故的，依法给予行政处分；致使国家利益和人民生命财产遭受重大损失，构成犯罪的，依法追究刑事责任。

第八章　附　则

第四十一条 本法中下列用语的含义是：

（一）气象设施，是指气象探测设施、气象信息专用传输设施、大型气象专用技术装备等。

（二）气象探测，是指利用科技手段对大气和近地层的大气物理过程、现象及其化学性质等进行的系统观察和测量。

（三）气象探测环境，是指为避开各种干扰保证气象探测设施准确获得气象探测信息所必需的最小距离构成的环境空间。

（四）气象灾害，是指台风、暴雨（雪）、寒潮、大风（沙尘暴）、低温、高温、干旱、雷电、冰雹、霜冻和大雾等所造成的灾害。

（五）人工影响天气，是指为避免或者减轻气象灾害，合理利用气候资源，在适当条件下通过科技手段对局部大气的物理、化学过程进行人工影响，实现增雨雪、防雹、消雨、消雾、防霜等目的的活动。

第四十二条 气象台站和其他开展气象有偿服务的单位，从事气象有偿服务的范围、项目、收费等具体管理办法，由国务院依据本法规定。

第四十三条 中国人民解放军气象工作的管理办法，由中央军事委员会制定。

第四十四条 中华人民共和国缔结或者参加的有关气象活动的国际条约与本法有不同规定的，适用该国际条约的规定；但是，中华人民共和国声明保留的条款除外。

第四十五条 本法自 2000 年 1 月 1 日起施行。1994 年 8 月 18 日国务院发布的《中华人民共和国气象条例》同时废止。

中华人民共和国防沙治沙法

·2001 年 8 月 31 日第九届全国人民代表大会常务委员会第二十三次会议通过

·根据 2018 年 10 月 26 日第十三届全国人民代表大会常务委员会第六次会议《关于修改〈中华人民共和国野生动物保护法〉等十五部法律的决定》修正

第一章　总　则

第一条 为预防土地沙化，治理沙化土地，维护生态安全，促进经济和社会的可持续发展，制定本法。

第二条 在中华人民共和国境内，从事土地沙化的预防、沙化土地的治理和开发利用活动，必须遵守本法。

土地沙化是指因气候变化和人类活动所导致的天然沙漠扩张和沙质土壤上植被破坏、沙土裸露的过程。

本法所称土地沙化，是指主要因人类不合理活动所导致的天然沙漠扩张和沙质土壤上植被及覆盖物被破坏，形成流沙及沙土裸露的过程。

本法所称沙化土地，包括已经沙化的土地和具有明显沙化趋势的土地。具体范围，由国务院批准的全国防沙治沙规划确定。

第三条 防沙治沙工作应当遵循以下原则：

（一）统一规划，因地制宜，分步实施，坚持区域防治与重点防治相结合；

（二）预防为主，防治结合，综合治理；

（三）保护和恢复植被与合理利用自然资源相结合；

（四）遵循生态规律，依靠科技进步；

（五）改善生态环境与帮助农牧民脱贫致富相结合；

（六）国家支持与地方自力更生相结合，政府组织与社会各界参与相结合，鼓励单位、个人承包防治；

（七）保障防沙治沙者的合法权益。

第四条 国务院和沙化土地所在地区的县级以上地方人民政府，应当将防沙治沙纳入国民经济和社会发展计划，保障和支持防沙治沙工作的开展。

沙化土地所在地区的地方各级人民政府，应当采取有效措施，预防土地沙化，治理沙化土地，保护和改善本行政区域的生态质量。

国家在沙化土地所在地区，建立政府行政领导防沙治沙任期目标责任考核奖惩制度。沙化土地所在地区的县级以上地方人民政府，应当向同级人民代表大会及其常务委员会报告防沙治沙工作情况。

第五条 在国务院领导下，国务院林业草原行政主管部门负责组织、协调、指导全国防沙治沙工作。

国务院林业草原、农业、水利、土地、生态环境等行政主管部门和气象主管机构，按照有关法律规定的职责和国务院确定的职责分工，各负其责，密切配合，共同做好防沙治沙工作。

县级以上地方人民政府组织、领导所属有关部门，按照职责分工，各负其责，密切配合，共同做好本行政区域的防沙治沙工作。

第六条 使用土地的单位和个人，有防止该土地沙化的义务。

使用已经沙化的土地的单位和个人，有治理该沙化土地的义务。

第七条 国家支持防沙治沙的科学研究和技术推广工作，发挥科研部门、机构在防沙治沙工作中的作用，培养防沙治沙专门技术人员，提高防沙治沙的科学技术水平。

国家支持开展防沙治沙的国际合作。

第八条 在防沙治沙工作中作出显著成绩的单位和个人，由人民政府给予表彰和奖励；对保护和改善生态质量作出突出贡献的，应当给予重奖。

第九条 沙化土地所在地区的各级人民政府应当组织有关部门开展防沙治沙知识的宣传教育，增强公民的防沙治沙意识，提高公民防沙治沙的能力。

第二章 防沙治沙规划

第十条 防沙治沙实行统一规划。从事防沙治沙活动，以及在沙化土地范围内从事开发利用活动，必须遵循防沙治沙规划。

防沙治沙规划应当对遏制土地沙化扩展趋势，逐步减少沙化土地的时限、步骤、措施等作出明确规定，并将具体实施方案纳入国民经济和社会发展五年计划和年度计划。

第十一条 国务院林业草原行政主管部门会同国务院农业、水利、土地、生态环境等有关部门编制全国防沙治沙规划，报国务院批准后实施。

省、自治区、直辖市人民政府依据全国防沙治沙规划，编制本行政区域的防沙治沙规划，报国务院或者国务院指定的有关部门批准后实施。

沙化土地所在地区的市、县人民政府，应当依据上一级人民政府的防沙治沙规划，组织编制本行政区域的防沙治沙规划，报上一级人民政府批准后实施。

防沙治沙规划的修改，须经原批准机关批准；未经批准，任何单位和个人不得改变防沙治沙规划。

第十二条 编制防沙治沙规划，应当根据沙化土地所处的地理位置、土地类型、植被状况、气候和水资源状况、土地沙化程度等自然条件及其所发挥的生态、经济功能，对沙化土地实行分类保护、综合治理和合理利用。

在规划期内不具备治理条件的以及因保护生态的需要不宜开发利用的连片沙化土地，应当规划为沙化土地封禁保护区，实行封禁保护。沙化土地封禁保护区的范围，由全国防沙治沙规划以及省、自治区、直辖市防沙治沙规划确定。

第十三条 防沙治沙规划应当与土地利用总体规划相衔接；防沙治沙规划中确定的沙化土地用途，应当符合本级人民政府的土地利用总体规划。

第三章 土地沙化的预防

第十四条 国务院林业草原行政主管部门组织其他有关行政主管部门对全国土地沙化情况进行监测、统计和分析，并定期公布监测结果。

县级以上地方人民政府林业草原或者其他有关行政主管部门，应当按照土地沙化监测技术规程，对沙化土地进行监测，并将监测结果向本级人民政府及上一级林业草原或者其他有关行政主管部门报告。

第十五条 县级以上地方人民政府林业草原或者其他有关行政主管部门，在土地沙化监测过程中，发现土地发生沙化或者沙化程度加重的，应当及时报告本级人民政府。收到报告的人民政府应当责成有关行政主管部门制止导致土地沙化的行为，并采取有效措施进行治理。

各级气象主管机构应当组织对气象干旱和沙尘暴天气进行监测、预报，发现气象干旱或者沙尘暴天气征兆时，应当及时报告当地人民政府。收到报告的人民政府应当采取预防措施，必要时公布灾情预报，并组织林业草原、农(牧)业等有关部门采取应急措施,避免或者减轻风沙危害。

第十六条 沙化土地所在地区的县级以上地方人民政府应当按照防沙治沙规划,划出一定比例的土地,因地制宜地营造防风固沙林网、林带,种植多年生灌木和草本植物。由林业草原行政主管部门负责确定植树造林的成活率、保存率的标准和具体任务,并逐片组织实施,明确责任,确保完成。

除了抚育更新性质的采伐外,不得批准对防风固沙林网、林带进行采伐。在对防风固沙林网、林带进行抚育更新性质的采伐之前,必须在其附近预先形成接替林网和林带。

对林木更新困难地区已有的防风固沙林网、林带,不得批准采伐。

第十七条 禁止在沙化土地上砍挖灌木、药材及其他固沙植物。

沙化土地所在地区的县级人民政府,应当制定植被管护制度,严格保护植被,并根据需要在乡(镇)、村建立植被管护组织,确定管护人员。

在沙化土地范围内,各类土地承包合同应当包括植被保护责任的内容。

第十八条 草原地区的地方各级人民政府,应当加强草原的管理和建设,由林业草原行政主管部门会同畜牧业行政主管部门负责指导、组织农牧民建设人工草场,控制载畜量,调整牲畜结构,改良牲畜品种,推行牲畜圈养和草场轮牧,消灭草原鼠害、虫害,保护草原植被,防止草原退化和沙化。

草原实行以产草量确定载畜量的制度。由林业草原行政主管部门会同畜牧业行政主管部门负责制定载畜量的标准和有关规定,并逐级组织实施,明确责任,确保完成。

第十九条 沙化土地所在地区的县级以上地方人民政府水行政主管部门,应当加强流域和区域水资源的统一调配和管理,在编制流域和区域水资源开发利用规划和供水计划时,必须考虑整个流域和区域植被保护的用水需求,防止因地下水和上游水资源的过度开发利用,导致植被破坏和土地沙化。该规划和计划经批准后,必须严格实施。

沙化土地所在地区的地方各级人民政府应当节约用水,发展节水型农牧业和其他产业。

第二十条 沙化土地所在地区的县级以上地方人民政府,不得批准在沙漠边缘地带和林地、草原开垦耕地;已经开垦并对生态产生不良影响的,应当有计划地组织退耕还林还草。

第二十一条 在沙化土地范围内从事开发建设活动的,必须事先就该项目可能对当地及相关地区生态产生的影响进行环境影响评价,依法提交环境影响报告;环境影响报告应当包括有关防沙治沙的内容。

第二十二条 在沙化土地封禁保护区范围内,禁止一切破坏植被的活动。

禁止在沙化土地封禁保护区范围内安置移民。对沙化土地封禁保护区范围内的农牧民,县级以上地方人民政府应当有计划地组织迁出,并妥善安置。沙化土地封禁保护区范围内尚未迁出的农牧民的生产生活,由沙化土地封禁保护区主管部门妥善安排。

未经国务院或者国务院指定的部门同意,不得在沙化土地封禁保护区范围内进行修建铁路、公路等建设活动。

第四章 沙化土地的治理

第二十三条 沙化土地所在地区的地方各级人民政府,应当按照防沙治沙规划,组织有关部门、单位和个人,因地制宜地采取人工造林种草、飞机播种造林种草、封沙育林育草和合理调配生态用水等措施,恢复和增加植被,治理已经沙化的土地。

第二十四条 国家鼓励单位和个人在自愿的前提下,捐资或者以其他形式开展公益性的治沙活动。

县级以上地方人民政府林业草原或者其他有关行政主管部门,应当为公益性治沙活动提供治理地点和无偿技术指导。

从事公益性治沙的单位和个人,应当按照县级以上地方人民政府林业草原或者其他有关行政主管部门的技术要求进行治理,并可以将所种植的林、草委托他人管护或者交由当地人民政府有关行政主管部门管护。

第二十五条 使用已经沙化的国有土地的使用权人和农民集体所有土地的承包经营权人,必须采取治理措施,改善土地质量;确实无能力完成治理任务的,可以委托他人治理或者与他人合作治理。委托或者合作治理的,应当签订协议,明确各方的权利和义务。

沙化土地所在地区的地方各级人民政府及其有关行政主管部门、技术推广单位,应当为土地使用权人和承包经营权人的治沙活动提供技术指导。

采取退耕还林还草、植树种草或者封育措施治沙的土地使用权人和承包经营权人,按照国家有关规定,享受人民政府提供的政策优惠。

第二十六条 不具有土地所有权或者使用权的单位和个人从事营利性治沙活动的，应当先与土地所有权人或者使用权人签订协议，依法取得土地使用权。

在治理活动开始之前，从事营利性治沙活动的单位和个人应当向治理项目所在地的县级以上地方人民政府林业草原行政主管部门或者县级以上地方人民政府指定的其他行政主管部门提出治理申请，并附具下列文件：

（一）被治理土地权属的合法证明文件和治理协议；

（二）符合防沙治沙规划的治理方案；

（三）治理所需的资金证明。

第二十七条 本法第二十六条第二款第二项所称治理方案，应当包括以下内容：

（一）治理范围界限；

（二）分阶段治理目标和治理期限；

（三）主要治理措施；

（四）经当地水行政主管部门同意的用水来源和用水量指标；

（五）治理后的土地用途和植被管护措施；

（六）其他需要载明的事项。

第二十八条 从事营利性治沙活动的单位和个人，必须按照治理方案进行治理。

国家保护沙化土地治理者的合法权益。在治理者取得合法土地权属的治理范围内，未经治理者同意，其他任何单位和个人不得从事治理或者开发利用活动。

第二十九条 治理者完成治理任务后，应当向县级以上地方人民政府受理治理申请的行政主管部门提出验收申请。经验收合格的，受理治理申请的行政主管部门应当发给治理合格证明文件；经验收不合格的，治理者应当继续治理。

第三十条 已经沙化的土地范围内的铁路、公路、河流和水渠两侧，城镇、村庄、厂矿和水库周围，实行单位治理责任制，由县级以上地方人民政府下达治理责任书，由责任单位负责组织造林种草或者采取其他治理措施。

第三十一条 沙化土地所在地区的地方各级人民政府，可以组织当地农村集体经济组织及其成员在自愿的前提下，对已经沙化的土地进行集中治理。农村集体经济组织及其成员投入的资金和劳力，可以折算为治理项目的股份、资本金，也可以采取其他形式给予补偿。

第五章 保障措施

第三十二条 国务院和沙化土地所在地区的地方各级人民政府应当在本级财政预算中按照防沙治沙规划通过项目预算安排资金，用于本级人民政府确定的防沙治沙工程。在安排扶贫、农业、水利、道路、矿产、能源、农业综合开发等项目时，应当根据具体情况，设立若干防沙治沙子项目。

第三十三条 国务院和省、自治区、直辖市人民政府应当制定优惠政策，鼓励和支持单位和个人防沙治沙。

县级以上地方人民政府应当按照国家有关规定，根据防沙治沙的面积和难易程度，给予从事防沙治沙活动的单位和个人资金补助、财政贴息以及税费减免等政策优惠。

单位和个人投资进行防沙治沙的，在投资阶段免征各种税收；取得一定收益后，可以免征或者减征有关税收。

第三十四条 使用已经沙化的国有土地从事治沙活动的，经县级以上人民政府依法批准，可以享有不超过70年的土地使用权。具体年限和管理办法，由国务院规定。

使用已经沙化的集体所有土地从事治沙活动的，治理者应当与土地所有人签订土地承包合同。具体承包期限和当事人的其他权利、义务由承包合同双方依法在土地承包合同中约定。县级人民政府依法根据土地承包合同向治理者颁发土地使用权证书，保护集体所有沙化土地治理者的土地使用权。

第三十五条 因保护生态的特殊要求，将治理后的土地批准划为自然保护区或者沙化土地封禁保护区的，批准机关应当给予治理者合理的经济补偿。

第三十六条 国家根据防沙治沙的需要，组织设立防沙治沙重点科研项目和示范、推广项目，并对防沙治沙、沙区能源、沙生经济作物、节水灌溉、防止草原退化、沙地旱作农业等方面的科学研究与技术推广给予资金补助、税费减免等政策优惠。

第三十七条 任何单位和个人不得截留、挪用防沙治沙资金。

县级以上人民政府审计机关，应当依法对防沙治沙资金使用情况实施审计监督。

第六章 法律责任

第三十八条 违反本法第二十二条第一款规定，在沙化土地封禁保护区范围内从事破坏植被活动的，由县级以上地方人民政府林业草原行政主管部门责令停止违法行为；有违法所得的，没收其违法所得；构成犯罪的，依法追究刑事责任。

第三十九条 违反本法第二十五条第一款规定，国有土地使用权人和农民集体所有土地承包经营权人未采取防沙治沙措施，造成土地严重沙化的，由县级以上地方人民政府林业草原行政主管部门责令限期治理；造成国有土地严重沙化的，县级以上人民政府可以收回国有土地使用权。

第四十条 违反本法规定，进行营利性治沙活动，造成土地沙化加重的，由县级以上地方人民政府负责受理营利性治沙申请的行政主管部门责令停止违法行为，可以并处每公顷5 000元以上5万元以下的罚款。

第四十一条 违反本法第二十八条第一款规定，不按照治理方案进行治理的，或者违反本法第二十九条规定，经验收不合格又不按要求继续治理的，由县级以上地方人民政府负责受理营利性治沙申请的行政主管部门责令停止违法行为，限期改正，可以并处相当于治理费用1倍以上3倍以下的罚款。

第四十二条 违反本法第二十八条第二款规定，未经治理者同意，擅自在他人的治理范围内从事治理或者开发利用活动的，由县级以上地方人民政府负责受理营利性治沙申请的行政主管部门责令停止违法行为；给治理者造成损失的，应当赔偿损失。

第四十三条 违反本法规定，有下列情形之一的，对直接负责的主管人员和其他直接责任人员，由所在单位、监察机关或者上级行政主管部门依法给予行政处分：

（一）违反本法第十五条第一款规定，发现土地发生沙化或者沙化程度加重不及时报告的，或者收到报告后不责成有关行政主管部门采取措施的；

（二）违反本法第十六条第二款、第三款规定，批准采伐防风固沙林网、林带的；

（三）违反本法第二十条规定，批准在沙漠边缘地带和林地、草原开垦耕地的；

（四）违反本法第二十二条第二款规定，在沙化土地封禁保护区范围内安置移民的；

（五）违反本法第二十二条第三款规定，未经批准在沙化土地封禁保护区范围内进行修建铁路、公路等建设活动的。

第四十四条 违反本法第三十七条第一款规定，截留、挪用防沙治沙资金的，对直接负责的主管人员和其他直接责任人员，由监察机关或者上级行政主管部门依法给予行政处分；构成犯罪的，依法追究刑事责任。

第四十五条 防沙治沙监督管理人员滥用职权、玩忽职守、徇私舞弊，构成犯罪的，依法追究刑事责任。

第七章 附 则

第四十六条 本法第五条第二款中所称的有关法律，是指《中华人民共和国森林法》、《中华人民共和国草原法》、《中华人民共和国水土保持法》、《中华人民共和国土地管理法》、《中华人民共和国环境保护法》和《中华人民共和国气象法》。

第四十七条 本法自2002年1月1日起施行。

气象灾害防御条例

· 2010年1月27日中华人民共和国国务院令第570号公布
· 根据2017年10月7日《国务院关于修改部分行政法规的决定》修订

第一章 总 则

第一条 为了加强气象灾害的防御，避免、减轻气象灾害造成的损失，保障人民生命财产安全，根据《中华人民共和国气象法》，制定本条例。

第二条 在中华人民共和国领域和中华人民共和国管辖的其他海域内从事气象灾害防御活动的，应当遵守本条例。

本条例所称气象灾害，是指台风、暴雨（雪）、寒潮、大风（沙尘暴）、低温、高温、干旱、雷电、冰雹、霜冻和大雾等所造成的灾害。

水旱灾害、地质灾害、海洋灾害、森林草原火灾等因气象因素引发的衍生、次生灾害的防御工作，适用有关法律、行政法规的规定。

第三条 气象灾害防御工作实行以人为本、科学防御、部门联动、社会参与的原则。

第四条 县级以上人民政府应当加强对气象灾害防御工作的组织、领导和协调，将气象灾害的防御纳入本级国民经济和社会发展规划，所需经费纳入本级财政预算。

第五条 国务院气象主管机构和国务院有关部门应当按照职责分工，共同做好全国气象灾害防御工作。

地方各级气象主管机构和县级以上地方人民政府有关部门应当按照职责分工，共同做好本行政区域的气象灾害防御工作。

第六条 气象灾害防御工作涉及两个以上行政区域的，有关地方人民政府、有关部门应当建立联防制度，加强信息沟通和监督检查。

第七条 地方各级人民政府、有关部门应当采取多种形式，向社会宣传普及气象灾害防御知识，提高公众的防灾减灾意识和能力。

学校应当把气象灾害防御知识纳入有关课程和课外教育内容，培养和提高学生的气象灾害防范意识和自救互救能力。教育、气象等部门应当对学校开展的气象灾害防御教育进行指导和监督。

第八条　国家鼓励开展气象灾害防御的科学技术研究，支持气象灾害防御先进技术的推广和应用，加强国际合作与交流，提高气象灾害防御的科技水平。

第九条　公民、法人和其他组织有义务参与气象灾害防御工作，在气象灾害发生后开展自救互救。

对在气象灾害防御工作中做出突出贡献的组织和个人，按照国家有关规定给予表彰和奖励。

第二章　预　防

第十条　县级以上地方人民政府应当组织气象等有关部门对本行政区域内发生的气象灾害的种类、次数、强度和造成的损失等情况开展气象灾害普查，建立气象灾害数据库，按照气象灾害的种类进行气象灾害风险评估，并根据气象灾害分布情况和气象灾害风险评估结果，划定气象灾害风险区域。

第十一条　国务院气象主管机构应当会同国务院有关部门，根据气象灾害风险评估结果和气象灾害风险区域，编制国家气象灾害防御规划，报国务院批准后组织实施。

县级以上地方人民政府应当组织有关部门，根据上一级人民政府的气象灾害防御规划，结合本地气象灾害特点，编制本行政区域的气象灾害防御规划。

第十二条　气象灾害防御规划应当包括气象灾害发生发展规律和现状、防御原则和目标、易发区和易发时段、防御设施建设和管理以及防御措施等内容。

第十三条　国务院有关部门和县级以上地方人民政府应当按照气象灾害防御规划，加强气象灾害防御设施建设，做好气象灾害防御工作。

第十四条　国务院有关部门制定电力、通信等基础设施的工程建设标准，应当考虑气象灾害的影响。

第十五条　国务院气象主管机构应当会同国务院有关部门，根据气象灾害防御需要，编制国家气象灾害应急预案，报国务院批准。

县级以上地方人民政府、有关部门应当根据气象灾害防御规划，结合本地气象灾害的特点和可能造成的危害，组织制定本行政区域的气象灾害应急预案，报上一级人民政府、有关部门备案。

第十六条　气象灾害应急预案应当包括应急预案启动标准、应急组织指挥体系与职责、预防与预警机制、应急处置措施和保障措施等内容。

第十七条　地方各级人民政府应当根据本地气象灾害特点，组织开展气象灾害应急演练，提高应急救援能力。居民委员会、村民委员会、企业事业单位应当协助本地人民政府做好气象灾害防御知识的宣传和气象灾害应急演练工作。

第十八条　大风（沙尘暴）、龙卷风多发区域的地方各级人民政府、有关部门应当加强防护林和紧急避难场所等建设，并定期组织开展建（构）筑物防风避险的监督检查。

台风多发区域的地方各级人民政府、有关部门应当加强海塘、堤防、避风港、防护林、避风锚地、紧急避难场所等建设，并根据台风情况做好人员转移等准备工作。

第十九条　地方各级人民政府、有关部门和单位应当根据本地降雨情况，定期组织开展各种排水设施检查，及时疏通河道和排水管网，加固病险水库，加强对地质灾害易发区和堤防等重要险段的巡查。

第二十条　地方各级人民政府、有关部门和单位应当根据本地降雪、冰冻发生情况，加强电力、通信线路的巡查，做好交通疏导、积雪（冰）清除、线路维护等准备工作。

有关单位和个人应当根据本地降雪情况，做好危旧房屋加固、粮草储备、牲畜转移等准备工作。

第二十一条　地方各级人民政府、有关部门和单位应当在高温来临前做好供电、供水和防暑医药供应的准备工作，并合理调整工作时间。

第二十二条　大雾、霾多发区域的地方各级人民政府、有关部门和单位应当加强对机场、港口、高速公路、航道、渔场等重要场所和交通要道的大雾、霾的监测设施建设，做好交通疏导、调度和防护等准备工作。

第二十三条　各类建（构）筑物、场所和设施安装雷电防护装置应当符合国家有关防雷标准的规定。新建、改建、扩建建（构）筑物、场所和设施的雷电防护装置应当与主体工程同时设计、同时施工、同时投入使用。

新建、改建、扩建建设工程雷电防护装置的设计、施工，可以由取得相应建设、公路、水路、铁路、民航、水利、电力、核电、通信等专业工程设计、施工资质的单位承担。

油库、气库、弹药库、化学品仓库和烟花爆竹、石化等易燃易爆建设工程和场所，雷电易发区内的矿区、旅游景点或者投入使用的建（构）筑物、设施等需要单独安装雷电防护装置的场所，以及雷电风险高且没有防雷标准规范、需要进行特殊论证的大型项目，其雷电防护装置的设计审核和竣工验收由县级以上地方气象主管机构负责。未经设计审核或者设计审核不合格的，不得施工；未经竣工验收或者竣工验收不合格的，不得交付使用。

房屋建筑、市政基础设施、公路、水路、铁路、民航、水利、电力、核电、通信等建设工程的主管部门，负责相应领域内建设工程的防雷管理。

第二十四条 从事雷电防护装置检测的单位应当具备下列条件，取得国务院气象主管机构或者省、自治区、直辖市气象主管机构颁发的资质证：

（一）有法人资格；

（二）有固定的办公场所和必要的设备、设施；

（三）有相应的专业技术人员；

（四）有完备的技术和质量管理制度；

（五）国务院气象主管机构规定的其他条件。

从事电力、通信雷电防护装置检测的单位的资质证由国务院气象主管机构和国务院电力或者国务院通信主管部门共同颁发。

第二十五条 地方各级人民政府、有关部门应当根据本地气象灾害发生情况，加强农村地区气象灾害预防、监测、信息传播等基础设施建设，采取综合措施，做好农村气象灾害防御工作。

第二十六条 各级气象主管机构应当在本级人民政府的领导和协调下，根据实际情况组织开展人工影响天气工作，减轻气象灾害的影响。

第二十七条 县级以上人民政府有关部门在国家重大建设工程、重大区域性经济开发项目和大型太阳能、风能等气候资源开发利用项目以及城乡规划编制中，应当统筹考虑气候可行性和气象灾害的风险性，避免、减轻气象灾害的影响。

第三章 监测、预报和预警

第二十八条 县级以上地方人民政府应当根据气象灾害防御的需要，建设应急移动气象灾害监测设施，健全应急监测队伍，完善气象灾害监测体系。

县级以上人民政府应当整合完善气象灾害监测信息网络，实现信息资源共享。

第二十九条 各级气象主管机构及其所属的气象台站应当完善灾害性天气的预报系统，提高灾害性天气预报、警报的准确率和时效性。

各级气象主管机构所属的气象台站、其他有关部门所属的气象台站和与灾害性天气监测、预报有关的单位应当根据气象灾害防御的需要，按照职责开展灾害性天气的监测工作，并及时向气象主管机构和有关灾害防御、救助部门提供雨情、水情、风情、旱情等监测信息。

各级气象主管机构应当根据气象灾害防御的需要组织开展跨地区、跨部门的气象灾害联合监测，并将人口密集区、农业主产区、地质灾害易发区域、重要江河流域、森林、草原、渔场作为气象灾害监测的重点区域。

第三十条 各级气象主管机构所属的气象台站应当按照职责向社会统一发布灾害性天气警报和气象灾害预警信号，并及时向有关灾害防御、救助部门通报；其他组织和个人不得向社会发布灾害性天气警报和气象灾害预警信号。

气象灾害预警信号的种类和级别，由国务院气象主管机构规定。

第三十一条 广播、电视、报纸、电信等媒体应当及时向社会播发或者刊登当地气象主管机构所属的气象台站提供的适时灾害性天气警报、气象灾害预警信号，并根据当地气象台站的要求及时增播、插播或者刊登。

第三十二条 县级以上地方人民政府应当建立和完善气象灾害预警信息发布系统，并根据气象灾害防御的需要，在交通枢纽、公共活动场所等人口密集区域和气象灾害易发区域建立灾害性天气警报、气象灾害预警信号接收和播发设施，并保证设施的正常运转。

乡（镇）人民政府、街道办事处应当确定人员，协助气象主管机构、民政部门开展气象灾害防御知识宣传、应急联络、信息传递、灾害报告和灾情调查等工作。

第三十三条 各级气象主管机构应当做好太阳风暴、地球空间暴等空间天气灾害的监测、预报和预警工作。

第四章 应急处置

第三十四条 各级气象主管机构所属的气象台站应当及时向本级人民政府和有关部门报告灾害性天气预报、警报情况和气象灾害预警信息。

县级以上地方人民政府、有关部门应当根据灾害性天气警报、气象灾害预警信号和气象灾害应急预案启动标准，及时作出启动相应应急预案的决定，向社会公布，并报告上一级人民政府；必要时，可以越级上报，并向当地驻军和可能受到危害的毗邻地区的人民政府通报。

发生跨省、自治区、直辖市大范围的气象灾害，并造成较大危害时，由国务院决定启动国家气象灾害应急预案。

第三十五条 县级以上地方人民政府应当根据灾害性天气影响范围、强度，将可能造成人员伤亡或者重大财产损失的区域临时确定为气象灾害危险区，并及时予以公告。

第三十六条 县级以上地方人民政府、有关部门应当根据气象灾害发生情况，依照《中华人民共和国突发事件应对法》的规定及时采取应急处置措施；情况紧急时，及时动员、组织受到灾害威胁的人员转移、疏散，开展自救互救。

对当地人民政府、有关部门采取的气象灾害应急处置措施，任何单位和个人应当配合实施，不得妨碍气象灾害救助活动。

第三十七条　气象灾害应急预案启动后，各级气象主管机构应当组织所属的气象台站加强对气象灾害的监测和评估，启用应急移动气象灾害监测设施，开展现场气象服务，及时向本级人民政府、有关部门报告灾害性天气实况、变化趋势和评估结果，为本级人民政府组织防御气象灾害提供决策依据。

第三十八条　县级以上人民政府有关部门应当按照各自职责，做好相应的应急工作。

民政部门应当设置避难场所和救济物资供应点，开展受灾群众救助工作，并按照规定职责核查灾情、发布灾情信息。

卫生主管部门应当组织医疗救治、卫生防疫等卫生应急工作。

交通运输、铁路等部门应当优先运送救灾物资、设备、药物、食品，及时抢修被毁的道路交通设施。

住房城乡建设部门应当保障供水、供气、供热等市政公用设施的安全运行。

电力、通信主管部门应当组织做好电力、通信应急保障工作。

国土资源部门应当组织开展地质灾害监测、预防工作。

农业主管部门应当组织开展农业抗灾救灾和农业生产技术指导工作。

水利主管部门应当统筹协调主要河流、水库的水量调度，组织开展防汛抗旱工作。

公安部门应当负责灾区的社会治安和道路交通秩序维护工作，协助组织灾区群众进行紧急转移。

第三十九条　气象、水利、国土资源、农业、林业、海洋等部门应当根据气象灾害发生的情况，加强对气象因素引发的衍生、次生灾害的联合监测，并根据相应的应急预案，做好各项应急处置工作。

第四十条　广播、电视、报纸、电信等媒体应当及时、准确地向社会传播气象灾害的发生、发展和应急处置情况。

第四十一条　县级以上人民政府及其有关部门应当根据气象主管机构提供的灾害性天气发生、发展趋势信息以及灾情发展情况，按照有关规定适时调整气象灾害级别或者作出解除气象灾害应急措施的决定。

第四十二条　气象灾害应急处置工作结束后，地方各级人民政府应当组织有关部门对气象灾害造成的损失进行调查，制定恢复重建计划，并向上一级人民政府报告。

第五章　法律责任

第四十三条　违反本条例规定，地方各级人民政府、各级气象主管机构和其他有关部门及其工作人员，有下列行为之一的，由其上级机关或者监察机关责令改正；情节严重的，对直接负责的主管人员和其他直接责任人员依法给予处分；构成犯罪的，依法追究刑事责任：

（一）未按照规定编制气象灾害防御规划或者气象灾害应急预案的；

（二）未按照规定采取气象灾害预防措施的；

（三）向不符合条件的单位颁发雷电防护装置检测资质证的；

（四）隐瞒、谎报或者由于玩忽职守导致重大漏报、错报灾害性天气警报、气象灾害预警信号的；

（五）未及时采取气象灾害应急措施的；

（六）不依法履行职责的其他行为。

第四十四条　违反本条例规定，有下列行为之一的，由县级以上地方人民政府或者有关部门责令改正；构成违反治安管理行为的，由公安机关依法给予处罚；构成犯罪的，依法追究刑事责任：

（一）未按照规定采取气象灾害预防措施的；

（二）不服从所在地人民政府及其有关部门发布的气象灾害应急处置决定、命令，或者不配合实施其依法采取的气象灾害应急措施的。

第四十五条　违反本条例规定，有下列行为之一的，由县级以上气象主管机构或者其他有关部门按照权限责令停止违法行为，处5万元以上10万元以下的罚款；有违法所得的，没收违法所得；给他人造成损失的，依法承担赔偿责任：

（一）无资质或者超越资质许可范围从事雷电防护装置检测的；

（二）在雷电防护装置设计、施工、检测中弄虚作假的；

（三）违反本条例第二十三条第三款的规定，雷电防护装置未经设计审核或者设计审核不合格施工的，未经竣工验收或者竣工验收不合格交付使用的。

第四十六条 违反本条例规定，有下列行为之一的，由县级以上气象主管机构责令改正，给予警告，可以处5万元以下的罚款；构成违反治安管理行为的，由公安机关依法给予处罚：

（一）擅自向社会发布灾害性天气警报、气象灾害预警信号的；

（二）广播、电视、报纸、电信等媒体未按照要求播发、刊登灾害性天气警报和气象灾害预警信号的；

（三）传播虚假的或者通过非法渠道获取的灾害性天气信息和气象灾害灾情的。

第六章 附 则

第四十七条 中国人民解放军的气象灾害防御活动，按照中央军事委员会的规定执行。

第四十八条 本条例自2010年4月1日起施行。

国家气象灾害应急预案

·2009年12月11日

·国办函〔2009〕120号

1 总 则

1.1 编制目的

建立健全气象灾害应急响应机制，提高气象灾害防范、处置能力，最大限度地减轻或者避免气象灾害造成人员伤亡、财产损失，为经济和社会发展提供保障。

1.2 编制依据

依据《中华人民共和国突发事件应对法》、《中华人民共和国气象法》、《中华人民共和国防沙治沙法》、《中华人民共和国防洪法》、《人工影响天气管理条例》、《中华人民共和国防汛条例》、《中华人民共和国抗旱条例》、《森林防火条例》、《草原防火条例》、《国家突发公共事件总体应急预案》等法律法规和规范性文件，制定本预案。

1.3 适用范围

本预案适用于我国范围内台风、暴雨（雪）、寒潮、大风（沙尘暴）、低温、高温、干旱、雷电、冰雹、霜冻、冰冻、大雾、霾等气象灾害事件的防范和应对。

因气象因素引发水旱灾害、地质灾害、海洋灾害、森林草原火灾等其他灾害的处置，适用有关应急预案的规定。

1.4 工作原则

以人为本、减少危害。把保障人民群众的生命财产安全作为首要任务和应急处置工作的出发点，全面加强应对气象灾害的体系建设，最大程度减少灾害损失。

预防为主、科学高效。实行工程性和非工程性措施相结合，提高气象灾害监测预警能力和防御标准。充分利用现代科技手段，做好各项应急准备，提高应急处置能力。

依法规范、协调有序。依照法律法规和相关职责，做好气象灾害的防范应对工作。加强各地区、各部门的信息沟通，做到资源共享，并建立协调配合机制，使气象灾害应对工作更加规范有序、运转协调。

分级管理、属地为主。根据灾害造成或可能造成的危害和影响，对气象灾害实施分级管理。灾害发生地人民政府负责本地区气象灾害的应急处置工作。

2 组织体系

2.1 国家应急指挥机制

发生跨省级行政区域大范围的气象灾害，并造成较大危害时，由国务院决定启动相应的国家应急指挥机制，统一领导和指挥气象灾害及其次生、衍生灾害的应急处置工作：

——台风、暴雨、干旱引发江河洪水、山洪灾害、渍涝灾害、台风暴潮、干旱灾害等水旱灾害，由国家防汛抗旱总指挥部负责指挥应对工作。

——暴雪、冰冻、低温、寒潮，严重影响交通、电力、能源等正常运行，由国家发展改革委启动煤电油气运保障工作部际协调机制；严重影响通信、重要工业品保障、农牧业生产、城市运行等方面，由相关职能部门负责协调处置工作。

——海上大风灾害的防范和救助工作由交通运输部、农业部和国家海洋局按照职能分工负责。

——气象灾害受灾群众生活救助工作，由国家减灾委组织实施。

2.2 地方应急指挥机制

对上述各种灾害，地方各级人民政府要先期启动相应的应急指挥机制或建立应急指挥机制，启动相应级别的应急响应，组织做好应对工作。国务院有关部门进行指导。

高温、沙尘暴、雷电、大风、霜冻、大雾、霾等灾害由地方人民政府启动相应的应急指挥机制或建立应急指挥机制负责处置工作，国务院有关部门进行指导。

3 监测预警

3.1 监测预报

3.1.1 监测预报体系建设

各有关部门要按照职责分工加快新一代天气雷达系

统、气象卫星工程、水文监测预报等建设,优化加密观测网站,完善国家与地方监测网络,提高对气象灾害及其次生、衍生灾害的综合监测能力。建立和完善气象灾害预测预报体系,加强对灾害性天气事件的会商分析,做好灾害性、关键性、转折性重大天气预报和趋势预测。

3.1.2 信息共享

气象部门及时发布气象灾害监测预报信息,并与公安、民政、环保、国土资源、交通运输、铁道、水利、农业、卫生、安全监管、林业、电力监管、海洋等相关部门建立相应的气象及气象次生、衍生灾害监测预报预警联动机制,实现相关灾情、险情等信息的实时共享。

3.1.3 灾害普查

气象部门建立以社区、村镇为基础的气象灾害调查收集网络,组织气象灾害普查、风险评估和风险区划工作,编制气象灾害防御规划。

3.2 预警信息发布

3.2.1 发布制度

气象灾害预警信息发布遵循“归口管理、统一发布、快速传播”原则。气象灾害预警信息由气象部门负责制作并按预警级别分级发布,其他任何组织、个人不得制作和向社会发布气象灾害预警信息。

3.2.2 发布内容

气象部门根据对各类气象灾害的发展态势,综合预评估分析确定预警级别。预警级别分为Ⅰ级(特别重大)、Ⅱ级(重大)、Ⅲ级(较大)、Ⅳ级(一般),分别用红、橙、黄、蓝四种颜色标示,I级为最高级别,具体分级标准见附则。

气象灾害预警信息内容包括气象灾害的类别、预警级别、起始时间、可能影响范围、警示事项、应采取的措施和发布机关等。

3.2.3 发布途径

建立和完善公共媒体、国家应急广播系统、卫星专用广播系统、无线电数据系统、专用海洋气象广播短波电台、移动通信群发系统、无线电数据系统、中国气象频道等多种手段互补的气象灾害预警信息发布系统,发布气象灾害预警信息。同时,通过国家应急广播和广播、电视、报刊、互联网、手机短信、电子显示屏、有线广播等相关媒体以及一切可能的传播手段及时向社会公众发布气象灾害预警信息。涉及可能引发次生、衍生灾害的预警信息通过有关信息共享平台向相关部门发布。

地方各级人民政府要在学校、机场、港口、车站、旅游景点等人员密集公共场所,高速公路、国道、省道等重要道路和易受气象灾害影响的桥梁、涵洞、弯道、坡路等重点路段,以及农牧区、山区等建立起畅通、有效的预警信息发布与传播渠道,扩大预警信息覆盖面。对老、幼、病、残、孕等特殊人群以及学校等特殊场所和警报盲区应当采取有针对性的公告方式。

气象部门组织实施人工影响天气作业前,要及时通知相关地方和部门,并根据具体情况提前公告。

3.3 预警准备

各地区、各部门要认真研究气象灾害预报预警信息,密切关注天气变化及灾害发展趋势,有关责任人员应立即上岗到位,组织力量深入分析、评估可能造成的影响和危害,尤其是对本地区、本部门风险隐患的影响情况,有针对性地提出预防和控制措施,落实抢险队伍和物资,做好启动应急响应的各项准备工作。

3.4 预警知识宣传教育

地方各级人民政府和相关部门应做好预警信息的宣传教育工作,普及防灾减灾知识,增强社会公众的防灾减灾意识,提高自救、互救能力。

4 应急处置

4.1 信息报告

有关部门按职责收集和提供气象灾害发生、发展、损失以及防御等情况,及时向当地人民政府或相应的应急指挥机构报告。各地区、各部门要按照有关规定逐级向上报告,特别重大、重大突发事件信息,要向国务院报告。

4.2 响应启动

按气象灾害程度和范围,及其引发的次生、衍生灾害类别,有关部门按照其职责和预案启动响应。

当同时发生两种以上气象灾害且分别发布不同预警级别时,按照最高预警级别灾种启动应急响应。当同时发生两种以上气象灾害且均没有达到预警标准,但可能或已经造成损失和影响时,根据不同程度的损失和影响在综合评估基础上启动相应级别应急响应。

4.3 分部门响应

当气象灾害造成群体性人员伤亡或可能导致突发公共卫生事件时,卫生部门启动《国家突发公共事件医疗卫生救援应急预案》和《全国自然灾害卫生应急预案》。当气象灾害造成地质灾害时,国土资源部门启动《国家突发地质灾害应急预案》。当气象灾害造成重大环境事件时,环境保护部门启动《国家突发环境事件应急预案》。当气象灾害造成海上船舶险情及船舶溢油污染时,交通运输部门启动《国家海上搜救应急预案》和“中国海上船舶溢油应急计划”。当气象灾害引发水旱灾害时，防汛抗旱部门启动《国家防汛抗旱应急预案》。当气象灾害引发城市洪涝时，水利、住房城乡建设部门启动相关应急预案。当气象灾害造成涉及农业生产事件时，农业部门启动《农业重大自然灾害突发事件应急预案》或《渔业船舶水上安全突发事件应急预案》。当气象灾害引发森林草原火灾时，林业、农业部门启动《国家处置重、特大森林火灾应急预案》和《草原火灾应急预案》。当发生沙尘暴灾害时，林业部门启动《重大沙尘暴灾害应急预案》。当气象灾害引发海洋灾害时，海洋部门启动《风暴潮、海浪、海啸和海冰灾害应急预案》。当气象灾害引发生产安全事故时，安全监管部门启动相关生产安全事故应急预案。当气象灾害造成煤电油气运保障工作出现重大突发问题时，国家发展改革委启动煤电油气运保障工作部际协调机制。当气象灾害造成重要工业品保障出现重大突发问题时，工业和信息化部启动相关应急预案。当气象灾害造成严重损失，需进行紧急生活救助时，民政部门启动《国家自然灾害救助应急预案》。

发展改革、公安、民政、工业和信息化、财政、交通运输、铁道、水利、商务、电力监管等有关部门按照相关预案，做好气象灾害应急防御和保障工作。新闻宣传、外交、教育、科技、住房城乡建设、广电、旅游、法制、保险监管等部门做好相关行业领域协调、配合工作。解放军、武警部队、公安消防部队以及民兵预备役、地方群众抢险队伍等，要协助地方人民政府做好抢险救援工作。

气象部门进入应急响应状态，加强天气监测、组织专题会商，根据灾害性天气发生发展情况随时更新预报预警并及时通报相关部门和单位，依据各地区、各部门的需求，提供专门气象应急保障服务。

国务院应急办要认真履行职责，切实做好值守应急、信息汇总、分析研判、综合协调等各项工作，发挥运转枢纽作用。

4.4 分灾种响应

当启动应急响应后，各有关部门和单位要加强值班，密切监视灾情，针对不同气象灾害种类及其影响程度，采取应急响应措施和行动。新闻媒体按要求随时播报气象灾害预警信息及应急处置相关措施。

4.4.1 台风、大风

气象部门加强监测预报，及时发布台风、大风预警信号及相关防御指引，适时加大预报时段密度。

海洋部门密切关注管辖海域风暴潮和海浪发生发展动态，及时发布预警信息。

防汛部门根据风灾风险评估结果和预报的风力情况，与地方人民政府共同做好危险地带和防风能力不足的危房内居民的转移，安排其到安全避风场所避风。

民政部门负责受灾群众的紧急转移安置并提供基本生活救助。

住房城乡建设部门采取措施，巡查、加固城市公共服务设施，督促有关单位加固门窗、围板、棚架、临时建筑物等，必要时可强行拆除存在安全隐患的露天广告牌等设施。

交通运输、农业部门督促指导港口、码头加固有关设施，督促所有船舶到安全场所避风，防止船只走锚造成碰撞和搁浅；督促运营单位暂停运营、妥善安置滞留旅客。

教育部门根据防御指引、提示，通知幼儿园、托儿所、中小学和中等职业学校做好停课准备；避免在突发大风时段上学放学。

住房城乡建设、交通运输等部门通知高空、水上等户外作业单位做好防风准备，必要时采取停止作业措施，安排人员到安全避风场所避风。

民航部门做好航空器转场，重要设施设备防护、加固，做好运行计划调整和旅客安抚安置工作。

电力部门加强电力设施检查和电网运营监控，及时排除危险、排查故障。

农业部门根据不同风力情况发出预警通知，指导农业生产单位、农户和畜牧水产养殖户采取防风措施，减轻灾害损失；农业、林业部门密切关注大风等高火险天气形势，会同气象部门做好森林草原火险预报预警，指导开展火灾扑救工作。

各单位加强本责任区内检查，尽量避免或停止露天集体活动；居民委员会、村镇、小区、物业等部门及时通知居民妥善安置易受大风影响的室外物品。

相关应急处置部门和抢险单位随时准备启动抢险应急方案。

灾害发生后，民政、防汛、气象等部门按照有关规定进行灾情调查、收集、分析和评估工作。

4.4.2 暴雨

气象部门加强监测预报，及时发布暴雨预警信号及相关防御指引，适时加大预报时段密度。

防汛部门进入相应应急响应状态，组织开展洪水调度、堤防水库工程巡护查险、防汛抢险及灾害救助工作；会同地方人民政府组织转移危险地带以及居住在危房内的居民到安全场所避险。

民政部门负责受灾群众的紧急转移安置并提供基本

生活救助。

教育部门根据防御指引、提示，通知幼儿园、托儿所、中小学和中等职业学校做好停课准备。电力部门加强电力设施检查和电网运营监控，及时排除危险、排查故障。

公安、交通运输部门对积水地区实行交通引导或管制。

民航部门做好重要设施设备防洪防渍工作。

农业部门针对农业生产做好监测预警、落实防御措施，组织抗灾救灾和灾后恢复生产。

施工单位必要时暂停在空旷地方的户外作业。

相关应急处置部门和抢险单位随时准备启动抢险应急方案。

灾害发生后，民政、防汛、气象等部门按照有关规定进行灾情调查、收集、分析和评估工作。

4.4.3 暴雪、低温、冰冻

气象部门加强监测预报，及时发布低温、雪灾、道路结冰等预警信号及相关防御指引，适时加大预报时段密度。

海洋部门密切关注渤海、黄海的海冰发生发展动态，及时发布海冰灾害预警信息。

公安部门加强交通秩序维护，注意指挥、疏导行驶车辆；必要时，关闭易发生交通事故的结冰路段。

电力部门注意电力调配及相关措施落实，加强电力设备巡查、养护，及时排查电力故障；做好电力设施设备覆冰应急处置工作。

交通运输部门提醒做好车辆防冻措施，提醒高速公路、高架道路车辆减速；会同有关部门根据积雪情况，及时组织力量或采取措施做好道路清扫和积雪融化工作。

民航部门做好机场除冰扫雪，航空器除冰，保障运行安全，做好运行计划调整和旅客安抚、安置工作，必要时关闭机场。

住房城乡建设、水利等部门做好供水系统等防冻措施。

卫生部门采取措施保障医疗卫生服务正常开展，并组织做好伤员医疗救治和卫生防病工作。

住房城乡建设部门加强危房检查，会同有关部门及时动员或组织撤离可能因雪压倒塌的房屋内的人员。

民政部门负责受灾群众的紧急转移安置，并为受灾群众和公路、铁路等滞留人员提供基本生活救助。

农业部门组织对农作物、畜牧业、水产养殖采取必要的防护措施。

相关应急处置部门和抢险单位随时准备启动抢险应急方案。灾害发生后，民政、气象等部门按照有关规定进行灾情调查、收集、分析和评估工作。

4.4.4 寒潮

气象部门加强监测预报，及时发布寒潮预警信号及相关防御指引，适时加大预报时段密度；了解寒潮影响，进行综合分析和评估工作。

海洋部门密切关注管辖海域风暴潮、海浪和海冰发生发展动态，及时发布预警信息。

民政部门采取防寒救助措施，开放避寒场所；实施应急防寒保障，特别对贫困户、流浪人员等应采取紧急防寒防冻应对措施。

住房城乡建设、林业等部门对树木、花卉等采取防寒措施。

农业、林业部门指导果农、菜农和畜牧水产养殖户采取一定的防寒和防风措施，做好牲畜、家禽和水生动物的防寒保暖工作。

卫生部门采取措施，加强低温寒潮相关疾病防御知识宣传教育，并组织做好医疗救治工作。

交通运输部门采取措施，提醒海上作业的船舶和人员做好防御工作，加强海上船舶航行安全监管。

相关应急处置部门和抢险单位随时准备启动抢险应急方案。

4.4.5 沙尘暴

气象部门加强监测预报，及时发布沙尘暴预警信号及相关防御指引，适时加大预报时段密度；了解沙尘影响，进行综合分析和评估工作。

农业部门指导农牧业生产自救，采取应急措施帮助受沙尘影响的灾区恢复农牧业生产。

环境保护部门加强对沙尘暴发生时大气环境质量状况监测，为灾害应急提供服务。

交通运输、民航、铁道部门采取应急措施，保证沙尘暴天气状况下的运输安全。

民政部门采取应急措施，做好救灾人员和物资准备。

相关应急处置部门和抢险单位随时准备启动抢险应急方案。

4.4.6 高温

气象部门加强监测预报，及时发布高温预警信号及相关防御指引，适时加大预报时段密度；了解高温影响，进行综合分析和评估工作。

电力部门注意高温期间的电力调配及相关措施落实，保证居民和重要电力用户用电，根据高温期间电力安全生产情况和电力供需情况，制订拉闸限电方案，必要时依据方案执行拉闸限电措施;加强电力设备巡查、养护,及时排查电力故障。

住房城乡建设、水利等部门做好用水安排,协调上游水源,保证群众生活生产用水。

建筑、户外施工单位做好户外和高温作业人员的防暑工作,必要时调整作息时间,或采取停止作业措施。

公安部门做好交通安全管理,提醒车辆减速,防止因高温产生爆胎等事故。

卫生部门采取积极应对措施,应对可能出现的高温中暑事件。

农业、林业部门指导紧急预防高温对农、林、畜牧、水产养殖业的影响。

相关应急处置部门和抢险单位随时准备启动抢险应急方案。

4.4.7 干旱

气象部门加强监测预报,及时发布干旱预警信号及相关防御指引,适时加大预报时段密度;了解干旱影响,进行综合分析;适时组织人工影响天气作业,减轻干旱影响。

农业、林业部门指导农牧户、林业生产单位采取管理和技术措施,减轻干旱影响;加强监控,做好森林草原火灾预防和扑救准备工作。

水利部门加强旱情、墒情监测分析,合理调度水源,组织实施抗旱减灾等方面的工作。

卫生部门采取措施,防范和应对旱灾导致的食品和饮用水卫生安全问题所引发的突发公共卫生事件。

民政部门采取应急措施,做好救灾人员和物资准备,并负责因旱缺水缺粮群众的基本生活救助。

相关应急处置部门和抢险单位随时准备启动抢险应急方案。

4.4.8 雷电、冰雹

气象部门加强监测预报,及时发布雷雨大风、冰雹预警信号及相关防御指引,适时加大预报时段密度;灾害发生后,有关防雷技术人员及时赶赴现场,做好雷击灾情的应急处置、分析评估工作,并为其他部门处置雷电灾害提供技术指导。

住房城乡建设部门提醒、督促施工单位必要时暂停户外作业。

电力部门加强电力设施检查和电网运营监控,及时排除危险、排查故障。

民航部门做好雷电防护,保障运行安全,做好运行计划调整和旅客安抚安置工作。

农业部门针对农业生产做好监测预警、落实防御措施,组织抗灾救灾和灾后恢复生产。

各单位加强本责任范围内检查,停止集体露天活动;居民委员会、村镇、小区、物业等部门提醒居民尽量减少户外活动和采取适当防护措施,减少使用电器。

相关应急处置部门和抢险单位随时准备启动抢险应急方案。

4.4.9 大雾、霾

气象部门加强监测预报,及时发布大雾和霾预警信号及相关防御指引,适时加大预报时段密度;了解大雾、霾的影响,进行综合分析和评估工作。

电力部门加强电网运营监控,采取措施尽量避免发生设备污闪故障,及时消除和减轻因设备污闪造成的影响。

公安部门加强对车辆的指挥和疏导,维持道路交通秩序。

交通运输部门及时发布雾航安全通知,加强海上船舶航行安全监管。

民航部门做好运行安全保障、运行计划调整和旅客安抚安置工作。

相关应急处置部门和抢险单位随时准备启动抢险应急方案。

4.5 现场处置

气象灾害现场应急处置由灾害发生地人民政府或相应应急指挥机构统一组织,各部门依职责参与应急处置工作。包括组织营救、伤员救治、疏散撤离和妥善安置受到威胁的人员,及时上报灾情和人员伤亡情况,分配救援任务,协调各级各类救援队伍的行动,查明并及时组织力量消除次生、衍生灾害,组织公共设施的抢修和援助物资的接收与分配。

4.6 社会力量动员与参与

气象灾害事发地的各级人民政府或应急指挥机构可根据气象灾害事件的性质、危害程度和范围,广泛调动社会力量积极参与气象灾害突发事件的处置,紧急情况下可依法征用、调用车辆、物资、人员等。

气象灾害事件发生后,灾区的各级人民政府或相应应急指挥机构组织各方面力量抢救人员,组织基层单位和人员开展自救和互救;邻近的省(区、市)、市(地、州、盟)人民政府根据灾情组织和动员社会力量,对灾区提供救助。

鼓励自然人、法人或者其他组织(包括国际组织)按照《中华人民共和国公益事业捐赠法》等有关法律法规的规定进行捐赠和援助。审计监察部门对捐赠资金与物资的使用情况进行审计和监督。

4.7　信息公布

气象灾害的信息公布应当及时、准确、客观、全面，灾情公布由有关部门按规定办理。

信息公布形式主要包括权威发布、提供新闻稿、组织报道、接受记者采访、举行新闻发布会等。

信息公布内容主要包括气象灾害种类及其次生、衍生灾害的监测和预警，因灾伤亡人员、经济损失、救援情况等。

4.8　应急终止或解除

气象灾害得到有效处置后，经评估，短期内灾害影响不再扩大或已减轻，气象部门发布灾害预警降低或解除信息，启动应急响应的机构或部门降低应急响应级别或终止响应。国家应急指挥机制终止响应须经国务院同意。

5　恢复与重建

5.1　制订规划和组织实施

受灾地区县级以上人民政府组织有关部门制订恢复重建计划，尽快组织修复被破坏的学校、医院等公益设施及交通运输、水利、电力、通信、供排水、供气、输油、广播电视等基础设施，使受灾地区早日恢复正常的生产生活秩序。

发生特别重大灾害，超出事发地人民政府恢复重建能力的，为支持和帮助受灾地区积极开展生产自救、重建家园，国家制订恢复重建规划，出台相关扶持优惠政策，中央财政给予支持；同时，依据支援方经济能力和受援方灾害程度，建立地区之间对口支援机制，为受灾地区提供人力、物力、财力、智力等各种形式的支援。积极鼓励和引导社会各方面力量参与灾后恢复重建工作。

5.2　调查评估

灾害发生地人民政府或应急指挥机构应当组织有关部门对气象灾害造成的损失及气象灾害的起因、性质、影响等问题进行调查、评估与总结，分析气象灾害应对处置工作经验教训，提出改进措施。灾情核定由各级民政部门会同有关部门开展。灾害结束后，灾害发生地人民政府或应急指挥机构应将调查评估结果与应急工作情况报送上级人民政府。特别重大灾害的调查评估结果与应急工作情况应逐级报至国务院。

5.3　征用补偿

气象灾害应急工作结束后，县级以上人民政府应及时归还因救灾需要临时征用的房屋、运输工具、通信设备等；造成损坏或无法归还的，应按有关规定采取适当方式给予补偿或做其他处理。

5.4　灾害保险

鼓励公民积极参加气象灾害事故保险。保险机构应当根据灾情，主动办理受灾人员和财产的保险理赔事项。保险监管机构依法做好灾区有关保险理赔和给付的监管。

6　应急保障

以公用通信网为主体，建立跨部门、跨地区气象灾害应急通信保障系统。灾区通信管理部门应及时采取措施恢复遭破坏的通信线路和设施，确保灾区通信畅通。

交通运输、铁路、民航部门应当完善抢险救灾、灾区群众安全转移所需车辆、火车、船舶、飞机的调配方案，确保抢险救灾物资的运输畅通。

工业和信息化部门应会同相关部门做好抢险救灾需要的救援装备、医药和防护用品等重要工业品保障方案。

民政部门加强生活类救灾物资储备，完善应急采购、调运机制。

公安部门保障道路交通安全畅通，做好灾区治安管理和救助、服务群众等工作。

农业部门做好救灾备荒种子储备、调运工作，会同相关部门做好农业救灾物资、生产资料的储备、调剂和调运工作。地方各级人民政府及其防灾减灾部门应按规范储备重大气象灾害抢险物资，并做好生产流程和生产能力储备的有关工作。

中央财政对达到《国家自然灾害救助应急预案》规定的应急响应等级的灾害，根据灾情及中央自然灾害救助标准，给予相应支持。

7　预案管理

本预案由国务院办公厅制定与解释。

预案实施后，随着应急救援相关法律法规的制定、修改和完善，部门职责或应急工作发生变化，或者应急过程中发现存在问题和出现新情况，国务院应急办应适时组织有关部门和专家进行评估，及时修订完善本预案。

县级以上地方人民政府及其有关部门要根据本预案，制订本地区、本部门气象灾害应急预案。

本预案自印发之日起实施。

8　附　则

8.1　气象灾害预警标准

8.1.1　Ⅰ级预警

（1）台风：预计未来48小时将有强台风、超强台风登陆或影响我国沿海。

（2）暴雨：过去48小时2个及以上省（区、市）大部地区出现特大暴雨天气，预计未来24小时上述地区仍将出现大暴雨天气。

(3)暴雪:过去24小时2个及以上省(区、市)大部地区出现暴雪天气,预计未来24小时上述地区仍将出现暴雪天气。

(4)干旱:5个以上省(区、市)大部地区达到气象干旱重旱等级,且至少2个省(区、市)部分地区或两个大城市出现气象干旱特旱等级,预计干旱天气或干旱范围进一步发展。

(5)各种灾害性天气已对群众生产生活造成特别重大损失和影响,超出本省(区、市)处置能力,需要由国务院组织处置的,以及上述灾害已经启动Ⅱ级响应但仍可能持续发展或影响其他地区的。

8.1.2 Ⅱ级预警

(1)台风:预计未来48小时将有台风登陆或影响我国沿海。

(2)暴雨:过去48小时2个及以上省(区、市)大部地区出现大暴雨天气,预计未来24小时上述地区仍将出现暴雨天气;或者预计未来24小时2个及以上省(区、市)大部地区将出现特大暴雨天气。

(3)暴雪:过去24小时2个及以上省(区、市)大部地区出现暴雪天气,预计未来24小时上述地区仍将出现大雪天气;或者预计未来24小时2个及以上省(区、市)大部地区将出现15毫米以上暴雪天气。

(4)干旱:3~5个省(区、市)大部地区达到气象干旱重旱等级,且至少1个省(区、市)部分地区或1个大城市出现气象干旱特旱等级,预计干旱天气或干旱范围进一步发展。

(5)冰冻:过去48小时3个及以上省(区、市)大部地区出现冰冻天气,预计未来24小时上述地区仍将出现冰冻天气。

(6)寒潮:预计未来48小时2个及以上省(区、市)气温大幅下降并伴有6级及以上大风,最低气温降至2摄氏度以下。

(7)海上大风:预计未来48小时我国海区将出现平均风力达11级及以上大风天气。

(8)高温:过去48小时2个及以上省(区、市)出现最高气温达37摄氏度,且有成片40摄氏度及以上高温天气,预计未来48小时上述地区仍将出现37摄氏度及以上高温天气。

(9)灾害性天气已对群众生产生活造成重大损失和影响,以及上述灾害已经启动Ⅲ级响应但仍可能持续发展或影响其他地区的。

8.1.3 Ⅲ级预警

(1)台风:预计未来48小时将有强热带风暴登陆或影响我国沿海。

(2)暴雨:过去24小时2个及以上省(区、市)大部地区出现暴雨天气,预计未来24小时上述地区仍将出现暴雨天气;或者预计未来24小时2个及以上省(区、市)大部地区将出现大暴雨天气,且南方有成片或北方有分散的特大暴雨。

(3)暴雪:过去24小时2个及以上省(区、市)大部地区出现大雪天气,预计未来24小时上述地区仍将出现大雪天气;或者预计未来24小时2个及以上省(区、市)大部地区将出现暴雪天气。

(4)干旱:2个省(区、市)大部地区达到气象干旱重旱等级,预计干旱天气或干旱范围进一步发展。

(5)寒潮:预计未来48小时2个及以上省(区、市)气温明显下降并伴有5级及以上大风,最低气温降至4摄氏度以下。

(6)海上大风:预计未来48小时我国海区将出现平均风力达9~10级大风天气。

(7)冰冻:预计未来48小时3个及以上省(区、市)大部地区将出现冰冻天气。

(8)低温:过去72小时2个及以上省(区、市)出现较常年同期异常偏低的持续低温天气,预计未来48小时上述地区气温持续偏低。

(9)高温:过去48小时2个及以上省(区、市)最高气温达37摄氏度,预计未来48小时上述地区仍将出现37摄氏度及以上高温天气。

(10)沙尘暴:预计未来24小时2个及以上省(区、市)将出现强沙尘暴天气。

(11)大雾:预计未来24小时3个及以上省(区、市)大部地区将出现浓雾天气。

(12)各种灾害性天气已对群众生产生活造成较大损失和影响,以及上述灾害已经启动Ⅳ级响应但仍可能持续发展或影响其他地区的。

8.1.4 Ⅳ级预警

(1)台风:预计未来48小时将有热带风暴登陆或影响我国沿海。

(2)暴雨:预计未来24小时2个及以上省(区、市)大部地区将出现暴雨天气,且南方有成片或北方有分散的大暴雨。

(3)暴雪:预计未来24小时2个及以上省(区、市)大部地区将出现大雪天气,且有成片暴雪。

(4)寒潮:预计未来48小时2个及以上省(区、市)将出现较明显大风降温天气。

(5)低温:过去24小时2个及以上省(区、市)出现较常年同期异常偏低的持续低温天气,预计未来48小时上述地区气温持续偏低。

(6)高温:预计未来48小时4个及以上省(区、市)将出现35摄氏度及以上,且有成片37摄氏度及以上高温天气。

(7)沙尘暴:预计未来24小时2个及以上省(区、市)将出现沙尘暴天气。

(8)大雾:预计未来24小时3个及以上省(区、市)大部分地区将出现大雾天气。

(9)霾:预计未来24小时3个及以上省(区、市)大部地区将出现霾天气。

(10)霜冻:预计未来24小时2个及以上省(区、市)将出现霜冻天气。

(11)各种灾害性天气已对群众生产生活造成一定损失和影响。

各类气象灾害预警分级统计表

灾种 分级	台风	暴雨	暴雪	寒潮	海上大风	沙尘暴	低温	高温	干旱	霜冻	冰冻	大雾	霾
Ⅰ级	√	√	√						√				
Ⅱ级	√	√	√	√	√			√	√		√		
Ⅲ级	√	√	√	√	√	√	√	√	√		√	√	
Ⅳ	√	√	√	√		√	√	√		√		√	√

由于我国地域辽阔,各种灾害在不同地区和不同行业造成影响程度差异较大,各地区、各有关部门要根据实际情况,结合以上标准在充分评估基础上,适时启动相应级别的灾害预警。

8.1.5　多种灾害预警

当同时发生两种以上气象灾害且分别达到不同预警级别时,按照各自预警级别分别预警。当同时发生两种以上气象灾害,且均没有达到预警标准,但可能或已经造成一定影响时,视情进行预警。

8.2　名词术语

台风是指生成于西北太平洋和南海海域的热带气旋系统,其带来的大风、暴雨等灾害性天气常引发洪涝、风暴潮、滑坡、泥石流等灾害。

暴雨一般指24小时内累积降水量达50毫米或以上,或12小时内累积降水量达30毫米或以上的降水,会引发洪涝、滑坡、泥石流等灾害。

暴雪一般指24小时内累积降水量达10毫米或以上,或12小时内累积降水量达6毫米或以上的固态降水,会对农牧业、交通、电力、通信设施等造成危害。

寒潮是指强冷空气的突发性侵袭活动,其带来的大风、降温等天气现象,会对农牧业、交通、人体健康、能源供应等造成危害。

大风是指平均风力大于6级、阵风风力大于7级的风,会对农业、交通、水上作业、建筑设施、施工作业等造成危害。

沙尘暴是指地面尘沙吹起造成水平能见度显著降低的天气现象,会对农牧业、交通、环境、人体健康等造成危害。

低温是指气温较常年异常偏低的天气现象,会对农牧业、能源供应、人体健康等造成危害。

高温是指日最高气温在35摄氏度以上的天气现象,会对农牧业、电力、人体健康等造成危害。

干旱是指长期无雨或少雨导致土壤和空气干燥的天气现象,会对农牧业、林业、水利以及人畜饮水等造成危害。

雷电是指发展旺盛的积雨云中伴有闪电和雷鸣的放电现象,会对人身安全、建筑、电力和通信设施等造成危害。

冰雹是指由冰晶组成的固态降水,会对农业、人身安全、室外设施等造成危害。

霜冻是指地面温度降到零摄氏度或以下导致植物损伤的灾害。

冰冻是指雨、雪、雾在物体上冻结成冰的天气现象,会对农牧业、林业、交通和电力、通信设施等造成危害。

大雾是指空气中悬浮的微小水滴或冰晶使能见度显著降低的天气现象,会对交通、电力、人体健康等造成危害。

霾是指空气中悬浮的微小尘粒、烟粒或盐粒使能见度显著降低的天气现象,会对交通、环境、人体健康等造成危害。

国务院办公厅关于加强气象灾害监测预警及信息发布工作的意见

·2011年7月11日

·国办发〔2011〕33号

加强气象灾害监测预警及信息发布是防灾减灾工作的关键环节,是防御和减轻灾害损失的重要基础。经过多年不懈努力,我国气象灾害监测预警及信息发布能力大幅提升,但局地性和突发性气象灾害监测预警能力不够强、信息快速发布传播机制不完善、预警信息覆盖存在

“盲区”等问题在一些地方仍然比较突出。为有效应对全球气候变化加剧、极端气象灾害多发频发的严峻形势，切实做好气象灾害监测预警及信息发布工作，经国务院同意，现提出如下意见：

一、总体要求和工作目标

（一）总体要求。深入贯彻落实科学发展观，坚持以人为本、预防为主，政府主导、部门联动，统一发布、分级负责，以保障人民生命财产安全为根本，以提高预警信息发布时效性和覆盖面为重点，依靠法制、依靠科技、依靠基层，进一步完善气象灾害监测预报网络，加快推进信息发布系统建设，积极拓宽预警信息传播渠道，着力健全预警联动工作机制，努力做到监测到位、预报准确、预警及时、应对高效，最大程度减轻灾害损失，为经济社会发展创造良好条件。

（二）工作目标。加快构建气象灾害实时监测、短临预警和中短期预报无缝衔接，预警信息发布、传播、接收快捷高效的监测预警体系。力争到2015年，灾害性天气预警信息提前15—30分钟以上发出，气象灾害预警信息公众覆盖率达到90%以上。到2020年，建成功能齐全、科学高效、覆盖城乡和沿海的气象灾害监测预警及信息发布系统，气象灾害监测预报预警能力进一步提升，预警信息发布时效性进一步提高，基本消除预警信息发布“盲区”。

二、提高监测预报能力

（三）加强监测网络建设。加快推进气象卫星、新一代天气雷达、高性能计算机系统等工程建设，建成气象灾害立体观测网，实现对重点区域气象灾害的全天候、高时空分辨率、高精度连续监测。加强交通和通信干线、重要输电线路沿线、重要输油（气）设施、重要水利工程、重点经济开发区、重点林区和旅游区等的气象监测设施建设，尽快构建国土、气象、水利等部门联合的监测预警信息共享平台。加强海上、青藏高原及边远地区等监测站点稀疏区气象灾害监测设施建设，加密台风、风暴潮易发地气象、海洋监测网络布点，实现灾害易发区乡村两级气象灾害监测设施全覆盖。强化粮食主产区、重点林区、生态保护重点区、水资源开发利用和保护重点区旱情监测，加密布设土壤水分、墒情和地下水监测设施。加强移动应急观测系统、应急通信保障系统建设，提升预报预警和信息发布支撑能力。

（四）强化监测预报工作。进一步加强城市、乡村、江河流域、水库库区等重点区域气象灾害监测预报，着力提高对中小尺度灾害性天气的预报精度。在台风、强降雨、暴雪、冰冻、沙尘暴等灾害性天气来临前，要加密观测、滚动会商和准确预报，特别要针对突发暴雨、强对流天气等强化实况监测和实时预警，对灾害发生时间、强度、变化趋势以及影响区域等进行科学研判，提高预报精细化水平。要建立综合临近报警系统，在人口密集区及其上游高山峡谷地带加强气象、水文、地质联合监测，及早发现山洪及滑坡、泥石流等地质灾害险情。加强农村、林区及雷电多发区域的雷电灾害监测。充分利用卫星遥感等技术和手段，加强森林草原致灾因子监测，及时发布高火险天气预报。

（五）开展气象灾害影响风险评估。地方各级人民政府要组织做好气象灾害普查、风险评估和隐患排查工作，全面查清本区域内发生的气象灾害种类、次数、强度和造成的损失等情况，建立以社区、乡村为单元的气象灾害调查收集网络，组织开展基础设施、建筑物等抵御气象灾害能力普查，推进气象灾害风险数据库建设，编制分灾种气象灾害风险区划图。在城乡规划编制和重大工程项目、区域性经济开发项目建设前，要严格按规定开展气候可行性论证，充分考虑气候变化因素，避免、减轻气象灾害的影响。

三、加强预警信息发布

（六）完善预警信息发布制度。各地区要抓紧制定突发事件预警信息发布管理办法，明确气象灾害预警信息发布权限、流程、渠道和工作机制等。建立完善重大气象灾害预警信息紧急发布制度，对于台风、暴雨、暴雪等气象灾害红色预警和局地暴雨、雷雨大风、冰雹、龙卷风、沙尘暴等突发性气象灾害预警，要减少审批环节，建立快速发布的“绿色通道”，通过广播、电视、互联网、手机短信等各种手段和渠道第一时间无偿向社会公众发布。

（七）加快预警信息发布系统建设。积极推进国家突发公共事件预警信息发布系统建设，形成国家、省、地、县四级相互衔接、规范统一的气象灾害预警信息发布体系，实现预警信息的多手段综合发布。加快推进国家通信网应急指挥调度系统升级完善，提升公众通信网应急服务能力。各地区、各有关部门要积极适应气象灾害预警信息快捷发布的需要，加快气象灾害预警信息接收传递设备设施建设。

（八）加强预警信息发布规范管理。气象灾害预警信息由各级气象部门负责制作，因气象因素引发的次生、衍生灾害预警信息由有关部门和单位制作，根据政府授权按预警级别分级发布，其他组织和个人不得自行向社会发布。气象部门要会同有关部门细化气象灾害预警信息发布标准，分类别明确灾害预警级别、起始时间、可能影响范围、警示事项等，提高预警信息的科学性和有效性。

四、强化预警信息传播

（九）充分发挥新闻媒体和手机短信的作用。各级广电、新闻出版、通信主管部门及有关媒体、企业要大力支持预警信息发布工作。广播、电视、报纸、互联网等社会媒体要切实承担社会责任，及时、准确、无偿播发或刊载气象灾害预警信息，紧急情况下要采用滚动字幕、加开视频窗口甚至中断正常播出等方式迅速播报预警信息及有关防范知识。各基础电信运营企业要根据应急需求对手机短信平台进行升级改造，提高预警信息发送效率，按照政府及其授权部门的要求及时向灾害预警区域手机用户免费发布预警信息。

（十）完善预警信息传播手段。地方各级人民政府和相关部门要在充分利用已有资源的基础上，在学校、社区、机场、港口、车站、旅游景点等人员密集区和公共场所建设电子显示屏等畅通、有效的预警信息接收与传播设施。完善和扩充气象频道传播预警信息功能。重点加强农村偏远地区预警信息接收终端建设，因地制宜地利用有线广播、高音喇叭、鸣锣吹哨等多种方式及时将灾害预警信息传递给受影响群众。要加快推进国家应急广播体系建设，实现与气象灾害预警信息发布体系有效衔接，进一步提升预警信息在偏远农村、牧区、山区、渔区的传播能力。

（十一）加强基层预警信息接收传递。县、乡级人民政府有关部门，学校、医院、社区、工矿企业、建筑工地等要指定专人负责气象灾害预警信息接收传递工作，重点健全向基层社区传递机制，形成县—乡—村—户直通的气象灾害预警信息传播渠道。居民委员会、村民委员会等基层组织要第一时间传递预警信息，迅速组织群众防灾避险。充分发挥气象信息员、灾害信息员、群测群防员传播预警信息的作用，为其配备必要的装备，给予必要经费补助。

五、有效发挥预警信息作用

（十二）健全预警联动机制。气象部门要及时发布气象灾害监测预报信息，并与工业和信息化、公安、民政、国土资源、环境保护、交通运输、铁道、水利、农业、卫生、安全监管、林业、旅游、地震、电力监管、海洋等部门及军队有关单位和武警部队建立气象灾害监测预报预警联动机制，实现信息实时共享；各有关部门要及时研判预警信息对本行业领域的影响，科学安排部署防灾减灾工作。建立气象灾害预警部际联席会议制度，定期沟通预警联动情况，会商重大气象灾害预警工作，协调解决气象灾害监测预警及信息发布中的重要事项。

（十三）加强军地信息共享。军地有关部门要进一步完善自然灾害信息军地共享机制，通过建立网络专线等方式，加快省、地、县各级气象灾害预警信息发布系统与当地驻军、武警部队互联互通。发布气象灾害预警信息时，各级人民政府有关部门要及时通报军队有关单位和武警部队，共同做好各类气象灾害应对工作。

（十四）落实防灾避险措施。预警信息发布后，地方各级人民政府及有关部门要及时组织采取防范措施，做好队伍、装备、资金、物资等应急准备，加强交通、供电、通信等基础设施监控和水利工程调度等，并组织对高风险部位进行巡查巡检，根据应急预案适时启动应急响应，做好受威胁群众转移疏散、救助安置等工作。灾害影响区内的社区、乡村和企事业单位，要组织居民群众和本单位职工做好先期防范和灾害应对。

六、加强组织领导和支持保障

（十五）强化组织保障。地方各级人民政府要切实加强组织协调，明确部门职责分工，将气象灾害防御工作纳入政府绩效考核，综合运用法律、行政、工程、科技、经济等手段，大力推进气象灾害监测预警及信息发布工作。要认真落实气象灾害防范应对法律法规和应急预案，定期组织开展预警信息发布及各相关部门应急联动情况专项检查，做好预警信息发布、传播、应用效果的评估工作。

（十六）加大资金投入。各级发展改革、财政部门要加大支持力度，在年度预算中安排资金，保证气象灾害监测设施及预警信息发布系统建设和运行维护。各地区要把气象灾害预警工作作为气象灾害防御的重要内容，纳入当地经济社会发展规划，多渠道增加投入。建立国家财政支持的灾害风险保险体系，探索发挥金融、保险在支持气象灾害预警预防工作中的作用。

（十七）推进科普宣教。各地区要把气象灾害科普工作纳入当地全民科学素质行动计划纲要，通过气象科普基地、主题公园等，广泛宣传普及气象灾害预警和防范避险知识。要采取多种形式开展对各级领导干部、防灾减灾责任人和基层信息员的教育培训工作。面向社区、乡村、学校、企事业单位，加强对中小学生、农民、进城务工人员、海上作业人员等的防灾避险知识普及，提高公众自救互救能力。

（十八）加强舆论引导。各有关部门要加强同宣传部门和新闻媒体的联系沟通，及时准确提供信息，做好气象灾害监测预警工作宣传报道，引导社会公众正确理解和使用气象灾害预警信息，防止歪曲报道、恶意炒作，营造全社会共同关心、重视和支持预警信息发布、传播和应用工作的良好氛围。

气象灾害预警信号发布与传播办法

· 2007 年 6 月 12 日中国气象局令第 16 号公布
· 自公布之日起施行

第一条 为了规范气象灾害预警信号发布与传播，防御和减轻气象灾害，保护国家和人民生命财产安全，依据《中华人民共和国气象法》、《国家突发公共事件总体应急预案》，制定本办法。

第二条 在中华人民共和国领域和中华人民共和国管辖的其他海域发布与传播气象灾害预警信号，必须遵守本办法。

本办法所称气象灾害预警信号（以下简称预警信号），是指各级气象主管机构所属的气象台站向社会公众发布的预警信息。

预警信号由名称、图标、标准和防御指南组成，分为台风、暴雨、暴雪、寒潮、大风、沙尘暴、高温、干旱、雷电、冰雹、霜冻、大雾、霾、道路结冰等。

第三条 预警信号的级别依据气象灾害可能造成的危害程度、紧急程度和发展态势一般划分为四级：Ⅳ级（一般）、Ⅲ级（较重）、Ⅱ级（严重）、Ⅰ级（特别严重），依次用蓝色、黄色、橙色和红色表示，同时以中英文标识。

本办法根据不同种类气象灾害的特征、预警能力等，确定不同种类气象灾害的预警信号级别。

第四条 国务院气象主管机构负责全国预警信号发布、解除与传播的管理工作。

地方各级气象主管机构负责本行政区域内预警信号发布、解除与传播的管理工作。

其他有关部门按照职责配合气象主管机构做好预警信号发布与传播的有关工作。

第五条 地方各级人民政府应当加强预警信号基础设施建设，建立畅通、有效的预警信息发布与传播渠道，扩大预警信息覆盖面，并组织有关部门建立气象灾害应急机制和系统。

学校、机场、港口、车站、高速公路、旅游景点等人口密集公共场所的管理单位应当设置或者利用电子显示装置及其他设施传播预警信号。

第六条 国家依法保护预警信号专用传播设施，任何组织或者个人不得侵占、损毁或者擅自移动。

第七条 预警信号实行统一发布制度。

各级气象主管机构所属的气象台站按照发布权限、业务流程发布预警信号，并指明气象灾害预警的区域。发布权限和业务流程由国务院气象主管机构另行制定。

其他任何组织或者个人不得向社会发布预警信号。

第八条 各级气象主管机构所属的气象台站应当及时发布预警信号，并根据天气变化情况，及时更新或者解除预警信号，同时通报本级人民政府及有关部门、防灾减灾机构。

当同时出现或者预报可能出现多种气象灾害时，可以按照相对应的标准同时发布多种预警信号。

第九条 各级气象主管机构所属的气象台站应当充分利用广播、电视、固定网、移动网、因特网、电子显示装置等手段及时向社会发布预警信号。在少数民族聚居区发布预警信号时除使用汉语言文字外，还应当使用当地通用的少数民族语言文字。

第十条 广播、电视等媒体和固定网、移动网、因特网等通信网络应当配合气象主管机构及时传播预警信号，使用气象主管机构所属的气象台站直接提供的实时预警信号，并标明发布预警信号的气象台站的名称和发布时间，不得更改和删减预警信号的内容，不得拒绝传播气象灾害预警信号，不得传播虚假、过时的气象灾害预警信号。

第十一条 地方各级人民政府及其有关部门在接到气象主管机构所属的气象台站提供的预警信号后，应当及时公告，向公众广泛传播，并按照职责采取有效措施做好气象灾害防御工作，避免或者减轻气象灾害。

第十二条 气象主管机构应当组织气象灾害预警信号的教育宣传工作，编印预警信号宣传材料，普及气象防灾减灾知识，增强社会公众的防灾减灾意识，提高公众自救、互救能力。

第十三条 违反本办法规定，侵占、损毁或者擅自移动预警信号专用传播设施的，由有关气象主管机构依照《中华人民共和国气象法》第三十五条的规定追究法律责任。

第十四条 违反本办法规定，有下列行为之一的，由有关气象主管机构依照《中华人民共和国气象法》第三十八条的规定追究法律责任：

（一）非法向社会发布与传播预警信号的；

（二）广播、电视等媒体和固定网、移动网、因特网等通信网络不使用气象主管机构所属的气象台站提供的实时预警信号的。

第十五条 气象工作人员玩忽职守，导致预警信号的发布出现重大失误的，对直接责任人员和主要负责人给予行政处分；构成犯罪的，依法追究刑事责任。

第十六条 地方各级气象主管机构所属的气象台站发布预警信号，适用本办法所附《气象灾害预警信号及防御指南》中的各类预警信号标准。

省、自治区、直辖市制定地方性法规、地方政府规章或者规范性文件时，可以根据本行政区域内气象灾害的特点，选用或者增设本办法规定的预警信号种类，设置不同信号标准，并经国务院气象主管机构审查同意。

第十七条 国务院气象主管机构所属的气象台站发布的预警信号标准由国务院气象主管机构另行制定。

第十八条 本办法自发布之日起施行。

气象灾害预警信号及防御指南（略）

防雷减灾管理办法

· 2011 年 7 月 21 日中国气象局令第 20 号公布
· 根据 2013 年 5 月 31 日《中国气象局关于修改〈防雷减灾管理办法〉的决定》修订

第一章 总 则

第一条 为了加强雷电灾害防御工作，规范雷电灾害管理，提高雷电灾害防御能力和水平，保护国家利益和人民生命财产安全，维护公共安全，促进经济建设和社会发展，依据《中华人民共和国气象法》、《中华人民共和国行政许可法》和《气象灾害防御条例》等法律、法规的有关规定，制定本办法。

第二条 在中华人民共和国领域和中华人民共和国管辖的其他海域内从事雷电灾害防御活动的组织和个人，应当遵守本办法。

本办法所称雷电灾害防御（以下简称防雷减灾），是指防御和减轻雷电灾害的活动，包括雷电和雷电灾害的研究、监测、预警、风险评估、防护以及雷电灾害的调查、鉴定等。

第三条 防雷减灾工作，实行安全第一、预防为主、防治结合的原则。

第四条 国务院气象主管机构负责组织管理和指导全国防雷减灾工作。

地方各级气象主管机构在上级气象主管机构和本级人民政府的领导下，负责组织管理本行政区域内的防雷减灾工作。

国务院其他有关部门和地方各级人民政府其他有关部门应当按照职责做好本部门和本单位的防雷减灾工作，并接受同级气象主管机构的监督管理。

第五条 国家鼓励和支持防雷减灾的科学技术研究和开发，推广应用防雷科技研究成果，加强防雷标准化工作，提高防雷技术水平，开展防雷减灾科普宣传，增强全民防雷减灾意识。

第六条 外国组织和个人在中华人民共和国领域和中华人民共和国管辖的其他海域从事防雷减灾活动，应当经国务院气象主管机构会同有关部门批准，并在当地省级气象主管机构备案，接受当地省级气象主管机构的监督管理。

第二章 监测与预警

第七条 国务院气象主管机构应当组织有关部门按照合理布局、信息共享、有效利用的原则，规划全国雷电监测网，避免重复建设。

地方各级气象主管机构应当组织本行政区域内的雷电监测网建设，以防御雷电灾害。

第八条 各级气象主管机构应当加强雷电灾害预警系统的建设工作，提高雷电灾害预警和防雷减灾服务能力。

第九条 各级气象主管机构所属气象台站应当根据雷电灾害防御的需要，按照职责开展雷电监测，并及时向气象主管机构和有关灾害防御、救助部门提供雷电监测信息。

有条件的气象主管机构所属气象台站可以开展雷电预报，并及时向社会发布。

第十条 各级气象主管机构应当组织有关部门加强对雷电和雷电灾害的发生机理等基础理论和防御技术等应用理论的研究，并加强对防雷减灾技术和雷电监测、预警系统的研究和开发。

第三章 防雷工程

第十一条 各类建（构）筑物、场所和设施安装的雷电防护装置（以下简称防雷装置），应当符合国家有关防雷标准和国务院气象主管机构规定的使用要求，并由具有相应资质的单位承担设计、施工和检测。

本办法所称防雷装置，是指接闪器、引下线、接地装置、电涌保护器及其连接导体等构成的，用以防御雷电灾害的设施或者系统。

第十二条 对从事防雷工程专业设计和施工的单位实行资质认定。

本办法所称防雷工程，是指通过勘察设计和安装防雷装置形成的雷电灾害防御工程实体。

防雷工程专业设计或者施工资质分为甲、乙、丙三级，由省、自治区、直辖市气象主管机构认定。

第十三条 防雷工程专业设计或者施工单位，应当按照有关规定取得相应的资质证书后，方可在其资质等级许可的范围内从事防雷工程专业设计或者施工。具体办法由国务院气象主管机构另行制定。

第十四条 防雷工程专业设计或者施工单位，应当按照相应的资质等级从事防雷工程专业设计或者施工。禁止无资质或者超出资质许可范围承担防雷工程专业设计或者施工。

第十五条 防雷装置的设计实行审核制度。

县级以上地方气象主管机构负责本行政区域内的防雷装置的设计审核。符合要求的，由负责审核的气象主管机构出具核准文件；不符合要求的，负责审核的气象主管机构提出整改要求，退回申请单位修改后重新申请设计审核。未经审核或者未取得核准文件的设计方案，不得交付施工。

第十六条 防雷工程的施工单位应当按照审核同意的设计方案进行施工，并接受当地气象主管机构监督管理。

在施工中变更和修改设计方案的，应当按照原申请程序重新申请审核。

第十七条 防雷装置实行竣工验收制度。

县级以上地方气象主管机构负责本行政区域内的防雷装置的竣工验收。

负责验收的气象主管机构接到申请后，应当根据具有相应资质的防雷装置检测机构出具的检测报告进行核实。符合要求的，由气象主管机构出具验收文件。不符合要求的，负责验收的气象主管机构提出整改要求，申请单位整改后重新申请竣工验收。未取得验收合格文件的防雷装置，不得投入使用。

第十八条 出具检测报告的防雷装置检测机构，应当对隐蔽工程进行逐项检测，并对检测结果负责。检测报告作为竣工验收的技术依据。

第四章 防雷检测

第十九条 投入使用后的防雷装置实行定期检测制度。防雷装置应当每年检测一次，对爆炸和火灾危险环境场所的防雷装置应当每半年检测一次。

第二十条 防雷装置检测机构的资质由省、自治区、直辖市气象主管机构负责认定。

第二十一条 防雷装置检测机构对防雷装置检测后，应当出具检测报告。不合格的，提出整改意见。被检测单位拒不整改或者整改不合格的，防雷装置检测机构应当报告当地气象主管机构，由当地气象主管机构依法作出处理。

防雷装置检测机构应当执行国家有关标准和规范，出具的防雷装置检测报告必须真实可靠。

第二十二条 防雷装置所有人或受托人应当指定专人负责，做好防雷装置的日常维护工作。发现防雷装置存在隐患时，应当及时采取措施进行处理。

第二十三条 已安装防雷装置的单位或者个人应当主动委托有相应资质的防雷装置检测机构进行定期检测，并接受当地气象主管机构和当地人民政府安全生产管理部门的管理和监督检查。

第五章 雷电灾害调查、鉴定

第二十四条 各级气象主管机构负责组织雷电灾害调查、鉴定工作。

其他有关部门和单位应当配合当地气象主管机构做好雷电灾害调查、鉴定工作。

第二十五条 遭受雷电灾害的组织和个人，应当及时向当地气象主管机构报告，并协助当地气象主管机构对雷电灾害进行调查与鉴定。

第二十六条 地方各级气象主管机构应当及时向当地人民政府和上级气象主管机构上报本行政区域内的重大雷电灾情和年度雷电灾害情况。

第二十七条 大型建设工程、重点工程、爆炸和火灾危险环境、人员密集场所等项目应当进行雷电灾害风险评估，以确保公共安全。

各级地方气象主管机构按照有关规定组织进行本行政区域内的雷电灾害风险评估工作。

第六章 防雷产品

第二十八条 防雷产品应当符合国务院气象主管机构规定的使用要求。

第二十九条 防雷产品应当由国务院气象主管机构授权的检测机构测试，测试合格并符合相关要求后方可投入使用。

申请国务院气象主管机构授权的防雷产品检测机构，应当按照国家有关规定通过计量认证、获得资格认可。

第三十条 防雷产品的使用，应当到省、自治区、直辖市气象主管机构备案，并接受省、自治区、直辖市气象主管机构的监督检查。

第七章 罚 则

第三十一条 申请单位隐瞒有关情况、提供虚假材料申请资质认定、设计审核或者竣工验收的，有关气象主管机构不予受理或者不予行政许可，并给予警告。申请单位在一年内不得再次申请资质认定。

第三十二条 被许可单位以欺骗、贿赂等不正当手段取得资质、通过设计审核或者竣工验收的，有关气象主管机构按照权限给予警告，可以处 1 万元以上 3 万元以下罚款；已取得资质、通过设计审核或者竣工验收的，撤销其许可证书；被许可单位 3 年内不得再次申请资质认定；构成犯罪的，依法追究刑事责任。

第三十三条 违反本办法规定，有下列行为之一的，由县级以上气象主管机构按照权限责令改正，给予警告，可以处 5 万元以上 10 万元以下罚款；给他人造成损失的，依法承担赔偿责任；构成犯罪的，依法追究刑事责任：

（一）涂改、伪造、倒卖、出租、出借、挂靠资质证书、资格证书或者许可文件的；

（二）向负责监督检查的机构隐瞒有关情况、提供虚假材料或者拒绝提供反映其活动情况的真实材料的。

第三十四条 违反本办法规定，有下列行为之一的，由县级以上气象主管机构按照权限责令改正，给予警告，可以处 5 万元以上 10 万元以下罚款；给他人造成损失的，依法承担赔偿责任：

（一）不具备防雷装置检测、防雷工程专业设计或者施工资质，擅自从事相关活动的；

（二）超出防雷装置检测、防雷工程专业设计或者施工资质等级从事相关活动的；

（三）防雷装置设计未经当地气象主管机构审核或者审核未通过，擅自施工的；

（四）防雷装置未经当地气象主管机构验收或者未取得验收文件，擅自投入使用的。

第三十五条 违反本办法规定，有下列行为之一的，由县级以上气象主管机构按照权限责令改正，给予警告，可以处 1 万元以上 3 万元以下罚款；给他人造成损失的，依法承担赔偿责任；构成犯罪的，依法追究刑事责任：

（一）应当安装防雷装置而拒不安装的；

（二）使用不符合使用要求的防雷装置或者产品的；

（三）已有防雷装置，拒绝进行检测或者经检测不合格又拒不整改的；

（四）对重大雷电灾害事故隐瞒不报的。

第三十六条 违反本办法规定，导致雷击造成火灾、爆炸、人员伤亡以及国家财产重大损失的，由主管部门给予直接责任人行政处分；构成犯罪的，依法追究刑事责任。

第三十七条 防雷工作人员由于玩忽职守，导致重大雷电灾害事故的，由所在单位依法给予行政处分；致使国家利益和人民生命财产遭到重大损失，构成犯罪的，依法追究刑事责任。

第八章 附 则

第三十八条 从事防雷专业技术的人员应当取得资格证书。

省级气象学会负责本行政区域内防雷专业技术人员的资格认定工作。防雷专业技术人员应当通过省级气象学会组织的考试，并取得相应的资格证书。

省级气象主管机构应当对本级气象学会开展防雷专业技术人员的资格认定工作进行监督管理。

第三十九条 本办法自 2011 年 9 月 1 日起施行。2005 年 2 月 1 日中国气象局公布的《防雷减灾管理办法》同时废止。

五、地质灾害防治

中华人民共和国防震减灾法

· 1997 年 12 月 29 日第八届全国人民代表大会常务委员会第二十九次会议通过
· 2008 年 12 月 27 日第十一届全国人民代表大会常务委员会第六次会议修订
· 2008 年 12 月 27 日中华人民共和国主席令第 7 号公布
· 自 2009 年 5 月 1 日起施行

第一章　总　则

第一条　为了防御和减轻地震灾害，保护人民生命和财产安全，促进经济社会的可持续发展，制定本法。

第二条　在中华人民共和国领域和中华人民共和国管辖的其他海域从事地震监测预报、地震灾害预防、地震应急救援、地震灾后过渡性安置和恢复重建等防震减灾活动，适用本法。

第三条　防震减灾工作，实行预防为主、防御与救助相结合的方针。

第四条　县级以上人民政府应当加强对防震减灾工作的领导，将防震减灾工作纳入本级国民经济和社会发展规划，所需经费列入财政预算。

第五条　在国务院的领导下，国务院地震工作主管部门和国务院经济综合宏观调控、建设、民政、卫生、公安以及其他有关部门，按照职责分工，各负其责，密切配合，共同做好防震减灾工作。

县级以上地方人民政府负责管理地震工作的部门或者机构和其他有关部门在本级人民政府领导下，按照职责分工，各负其责，密切配合，共同做好本行政区域的防震减灾工作。

第六条　国务院抗震救灾指挥机构负责统一领导、指挥和协调全国抗震救灾工作。县级以上地方人民政府抗震救灾指挥机构负责统一领导、指挥和协调本行政区域的抗震救灾工作。

国务院地震工作主管部门和县级以上地方人民政府负责管理地震工作的部门或者机构，承担本级人民政府抗震救灾指挥机构的日常工作。

第七条　各级人民政府应当组织开展防震减灾知识的宣传教育，增强公民的防震减灾意识，提高全社会的防震减灾能力。

第八条　任何单位和个人都有依法参加防震减灾活动的义务。

国家鼓励、引导社会组织和个人开展地震群测群防活动，对地震进行监测和预防。

国家鼓励、引导志愿者参加防震减灾活动。

第九条　中国人民解放军、中国人民武装警察部队和民兵组织，依照本法以及其他有关法律、行政法规、军事法规的规定和国务院、中央军事委员会的命令，执行抗震救灾任务，保护人民生命和财产安全。

第十条　从事防震减灾活动，应当遵守国家有关防震减灾标准。

第十一条　国家鼓励、支持防震减灾的科学技术研究，逐步提高防震减灾科学技术研究经费投入，推广先进的科学研究成果，加强国际合作与交流，提高防震减灾工作水平。

对在防震减灾工作中做出突出贡献的单位和个人，按照国家有关规定给予表彰和奖励。

第二章　防震减灾规划

第十二条　国务院地震工作主管部门会同国务院有关部门组织编制国家防震减灾规划，报国务院批准后组织实施。

县级以上地方人民政府负责管理地震工作的部门或者机构会同同级有关部门，根据上一级防震减灾规划和本行政区域的实际情况，组织编制本行政区域的防震减灾规划，报本级人民政府批准后组织实施，并报上一级人民政府负责管理地震工作的部门或者机构备案。

第十三条　编制防震减灾规划，应当遵循统筹安排、突出重点、合理布局、全面预防的原则，以震情和震害预测结果为依据，并充分考虑人民生命和财产安全及经济社会发展、资源环境保护等需要。

县级以上地方人民政府有关部门应当根据编制防震减灾规划的需要，及时提供有关资料。

第十四条　防震减灾规划的内容应当包括：震情形

势和防震减灾总体目标,地震监测台网建设布局,地震灾害预防措施,地震应急救援措施,以及防震减灾技术、信息、资金、物资等保障措施。

编制防震减灾规划,应当对地震重点监视防御区的地震监测台网建设、震情跟踪、地震灾害预防措施、地震应急准备、防震减灾知识宣传教育等作出具体安排。

第十五条 防震减灾规划报送审批前,组织编制机关应当征求有关部门、单位、专家和公众的意见。

防震减灾规划报送审批文件中应当附具意见采纳情况及理由。

第十六条 防震减灾规划一经批准公布,应当严格执行;因震情形势变化和经济社会发展的需要确需修改的,应当按照原审批程序报送审批。

第三章 地震监测预报

第十七条 国家加强地震监测预报工作,建立多学科地震监测系统,逐步提高地震监测预报水平。

第十八条 国家对地震监测台网实行统一规划,分级、分类管理。

国务院地震工作主管部门和县级以上地方人民政府负责管理地震工作的部门或者机构,按照国务院有关规定,制定地震监测台网规划。

全国地震监测台网由国家级地震监测台网、省级地震监测台网和市、县级地震监测台网组成,其建设资金和运行经费列入财政预算。

第十九条 水库、油田、核电站等重大建设工程的建设单位,应当按照国务院有关规定,建设专用地震监测台网或者强震动监测设施,其建设资金和运行经费由建设单位承担。

第二十条 地震监测台网的建设,应当遵守法律、法规和国家有关标准,保证建设质量。

第二十一条 地震监测台网不得擅自中止或者终止运行。

检测、传递、分析、处理、存贮、报送地震监测信息的单位,应当保证地震监测信息的质量和安全。

县级以上地方人民政府应当组织相关单位为地震监测台网的运行提供通信、交通、电力等保障条件。

第二十二条 沿海县级以上地方人民政府负责管理地震工作的部门或者机构,应当加强海域地震活动监测预测工作。海域地震发生后,县级以上地方人民政府负责管理地震工作的部门或者机构,应当及时向海洋主管部门和当地海事管理机构等通报情况。

火山所在地的县级以上地方人民政府负责管理地震工作的部门或者机构,应当利用地震监测设施和技术手段,加强火山活动监测预测工作。

第二十三条 国家依法保护地震监测设施和地震观测环境。

任何单位和个人不得侵占、毁损、拆除或者擅自移动地震监测设施。地震监测设施遭到破坏的,县级以上地方人民政府负责管理地震工作的部门或者机构应当采取紧急措施组织修复,确保地震监测设施正常运行。

任何单位和个人不得危害地震观测环境。国务院地震工作主管部门和县级以上地方人民政府负责管理地震工作的部门或者机构会同同级有关部门,按照国务院有关规定划定地震观测环境保护范围,并纳入土地利用总体规划和城乡规划。

第二十四条 新建、扩建、改建建设工程,应当避免对地震监测设施和地震观测环境造成危害。建设国家重点工程,确实无法避免对地震监测设施和地震观测环境造成危害的,建设单位应当按照县级以上地方人民政府负责管理地震工作的部门或者机构的要求,增建抗干扰设施;不能增建抗干扰设施的,应当新建地震监测设施。

对地震观测环境保护范围内的建设工程项目,城乡规划主管部门在依法核发选址意见书时,应当征求负责管理地震工作的部门或者机构的意见;不需要核发选址意见书的,城乡规划主管部门在依法核发建设用地规划许可证或者乡村建设规划许可证时,应当征求负责管理地震工作的部门或者机构的意见。

第二十五条 国务院地震工作主管部门建立健全地震监测信息共享平台,为社会提供服务。

县级以上地方人民政府负责管理地震工作的部门或者机构,应当将地震监测信息及时报送上一级人民政府负责管理地震工作的部门或者机构。

专用地震监测台网和强震动监测设施的管理单位,应当将地震监测信息及时报送所在地省、自治区、直辖市人民政府负责管理地震工作的部门或者机构。

第二十六条 国务院地震工作主管部门和县级以上地方人民政府负责管理地震工作的部门或者机构,根据地震监测信息研究结果,对可能发生地震的地点、时间和震级作出预测。

其他单位和个人通过研究提出的地震预测意见,应当向所在地或者所预测地的县级以上地方人民政府负责管理地震工作的部门或者机构书面报告,或者直接向国务院地震工作主管部门书面报告。收到书面报告的部门或者机构应当进行登记并出具接收凭证。

第二十七条　观测到可能与地震有关的异常现象的单位和个人，可以向所在地县级以上地方人民政府负责管理地震工作的部门或者机构报告，也可以直接向国务院地震工作主管部门报告。

国务院地震工作主管部门和县级以上地方人民政府负责管理地震工作的部门或者机构接到报告后，应当进行登记并及时组织调查核实。

第二十八条　国务院地震工作主管部门和省、自治区、直辖市人民政府负责管理地震工作的部门或者机构，应当组织召开震情会商会，必要时邀请有关部门、专家和其他有关人员参加，对地震预测意见和可能与地震有关的异常现象进行综合分析研究，形成震情会商意见，报本级人民政府；经震情会商形成地震预报意见的，在报本级人民政府前，应当进行评审，作出评审结果，并提出对策建议。

第二十九条　国家对地震预报意见实行统一发布制度。

全国范围内的地震长期和中期预报意见，由国务院发布。省、自治区、直辖市行政区域内的地震预报意见，由省、自治区、直辖市人民政府按照国务院规定的程序发布。

除发表本人或者本单位对长期、中期地震活动趋势的研究成果及进行相关学术交流外，任何单位和个人不得向社会散布地震预测意见。任何单位和个人不得向社会散布地震预报意见及其评审结果。

第三十条　国务院地震工作主管部门根据地震活动趋势和震害预测结果，提出确定地震重点监视防御区的意见，报国务院批准。

国务院地震工作主管部门应当加强地震重点监视防御区的震情跟踪，对地震活动趋势进行分析评估，提出年度防震减灾工作意见，报国务院批准后实施。

地震重点监视防御区的县级以上地方人民政府应当根据年度防震减灾工作意见和当地的地震活动趋势，组织有关部门加强防震减灾工作。

地震重点监视防御区的县级以上地方人民政府负责管理地震工作的部门或者机构，应当增加地震监测台网密度，组织做好震情跟踪、流动观测和可能与地震有关的异常现象观测以及群测群防工作，并及时将有关情况报上一级人民政府负责管理地震工作的部门或者机构。

第三十一条　国家支持全国地震烈度速报系统的建设。

地震灾害发生后，国务院地震工作主管部门应当通过全国地震烈度速报系统快速判断致灾程度，为指挥抗震救灾工作提供依据。

第三十二条　国务院地震工作主管部门和县级以上地方人民政府负责管理地震工作的部门或者机构，应当对发生地震灾害的区域加强地震监测，在地震现场设立流动观测点，根据震情的发展变化，及时对地震活动趋势作出分析、判定，为余震防范工作提供依据。

国务院地震工作主管部门和县级以上地方人民政府负责管理地震工作的部门或者机构、地震监测台网的管理单位，应当及时收集、保存有关地震的资料和信息，并建立完整的档案。

第三十三条　外国的组织或者个人在中华人民共和国领域和中华人民共和国管辖的其他海域从事地震监测活动，必须经国务院地震工作主管部门会同有关部门批准，并采取与中华人民共和国有关部门或者单位合作的形式进行。

第四章　地震灾害预防

第三十四条　国务院地震工作主管部门负责制定全国地震烈度区划图或者地震动参数区划图。

国务院地震工作主管部门和省、自治区、直辖市人民政府负责管理地震工作的部门或者机构，负责审定建设工程的地震安全性评价报告，确定抗震设防要求。

第三十五条　新建、扩建、改建建设工程，应当达到抗震设防要求。

重大建设工程和可能发生严重次生灾害的建设工程，应当按照国务院有关规定进行地震安全性评价，并按照经审定的地震安全性评价报告所确定的抗震设防要求进行抗震设防。建设工程的地震安全性评价单位应当按照国家有关标准进行地震安全性评价，并对地震安全性评价报告的质量负责。

前款规定以外的建设工程，应当按照地震烈度区划图或者地震动参数区划图所确定的抗震设防要求进行抗震设防；对学校、医院等人员密集场所的建设工程，应当按照高于当地房屋建筑的抗震设防要求进行设计和施工，采取有效措施，增强抗震设防能力。

第三十六条　有关建设工程的强制性标准，应当与抗震设防要求相衔接。

第三十七条　国家鼓励城市人民政府组织制定地震小区划图。地震小区划图由国务院地震工作主管部门负责审定。

第三十八条　建设单位对建设工程的抗震设计、施工的全过程负责。

设计单位应当按照抗震设防要求和工程建设强制性标准进行抗震设计，并对抗震设计的质量以及出具的施工图设计文件的准确性负责。

施工单位应当按照施工图设计文件和工程建设强制性标准进行施工，并对施工质量负责。

建设单位、施工单位应当选用符合施工图设计文件和国家有关标准规定的材料、构配件和设备。

工程监理单位应当按照施工图设计文件和工程建设强制性标准实施监理，并对施工质量承担监理责任。

第三十九条 已经建成的下列建设工程，未采取抗震设防措施或者抗震设防措施未达到抗震设防要求的，应当按照国家有关规定进行抗震性能鉴定，并采取必要的抗震加固措施：

（一）重大建设工程；

（二）可能发生严重次生灾害的建设工程；

（三）具有重大历史、科学、艺术价值或者重要纪念意义的建设工程；

（四）学校、医院等人员密集场所的建设工程；

（五）地震重点监视防御区内的建设工程。

第四十条 县级以上地方人民政府应当加强对农村村民住宅和乡村公共设施抗震设防的管理，组织开展农村实用抗震技术的研究和开发，推广达到抗震设防要求、经济适用、具有当地特色的建筑设计和施工技术，培训相关技术人员，建设示范工程，逐步提高农村村民住宅和乡村公共设施的抗震设防水平。

国家对需要抗震设防的农村村民住宅和乡村公共设施给予必要支持。

第四十一条 城乡规划应当根据地震应急避难的需要，合理确定应急疏散通道和应急避难场所，统筹安排地震应急避难所必需的交通、供水、供电、排污等基础设施建设。

第四十二条 地震重点监视防御区的县级以上地方人民政府应当根据实际需要，在本级财政预算和物资储备中安排抗震救灾资金、物资。

第四十三条 国家鼓励、支持研究开发和推广使用符合抗震设防要求、经济实用的新技术、新工艺、新材料。

第四十四条 县级人民政府及其有关部门和乡、镇人民政府、城市街道办事处等基层组织，应当组织开展地震应急知识的宣传普及活动和必要的地震应急救援演练，提高公民在地震灾害中自救互救的能力。

机关、团体、企业、事业等单位，应当按照所在地人民政府的要求，结合各自实际情况，加强对本单位人员的地震应急知识宣传教育，开展地震应急救援演练。

学校应当进行地震应急知识教育，组织开展必要的地震应急救援演练，培养学生的安全意识和自救互救能力。

新闻媒体应当开展地震灾害预防和应急、自救互救知识的公益宣传。

国务院地震工作主管部门和县级以上地方人民政府负责管理地震工作的部门或者机构，应当指导、协助、督促有关单位做好防震减灾知识的宣传教育和地震应急救援演练等工作。

第四十五条 国家发展有财政支持的地震灾害保险事业，鼓励单位和个人参加地震灾害保险。

第五章 地震应急救援

第四十六条 国务院地震工作主管部门会同国务院有关部门制定国家地震应急预案，报国务院批准。国务院有关部门根据国家地震应急预案，制定本部门的地震应急预案，报国务院地震工作主管部门备案。

县级以上地方人民政府及其有关部门和乡、镇人民政府，应当根据有关法律、法规、规章、上级人民政府及其有关部门的地震应急预案和本行政区域的实际情况，制定本行政区域的地震应急预案和本部门的地震应急预案。省、自治区、直辖市和较大的市的地震应急预案，应当报国务院地震工作主管部门备案。

交通、铁路、水利、电力、通信等基础设施和学校、医院等人员密集场所的经营管理单位，以及可能发生次生灾害的核电、矿山、危险物品等生产经营单位，应当制定地震应急预案，并报所在地的县级人民政府负责管理地震工作的部门或者机构备案。

第四十七条 地震应急预案的内容应当包括：组织指挥体系及其职责，预防和预警机制，处置程序，应急响应和应急保障措施等。

地震应急预案应当根据实际情况适时修订。

第四十八条 地震预报意见发布后，有关省、自治区、直辖市人民政府根据预报的震情可以宣布有关区域进入临震应急期；有关地方人民政府应当按照地震应急预案，组织有关部门做好应急防范和抗震救灾准备工作。

第四十九条 按照社会危害程度、影响范围等因素，地震灾害分为一般、较大、重大和特别重大四级。具体分级标准按照国务院规定执行。

一般或者较大地震灾害发生后，地震发生地的市、县人民政府负责组织有关部门启动地震应急预案；重大地震灾害发生后，地震发生地的省、自治区、直辖市人民政府负责组织有关部门启动地震应急预案；特别重大地震灾害发生后，国务院负责组织有关部门启动地震应急预案。

第五十条 地震灾害发生后，抗震救灾指挥机构应当立即组织有关部门和单位迅速查清受灾情况，提出地震应急救援力量的配置方案，并采取以下紧急措施：

（一）迅速组织抢救被压埋人员，并组织有关单位和人员开展自救互救；

（二）迅速组织实施紧急医疗救护，协调伤员转移和接收与救治；

（三）迅速组织抢修毁损的交通、铁路、水利、电力、通信等基础设施；

（四）启用应急避难场所或者设置临时避难场所，设置救济物资供应点，提供救济物品、简易住所和临时住所，及时转移和安置受灾群众，确保饮用水消毒和水质安全，积极开展卫生防疫，妥善安排受灾群众生活；

（五）迅速控制危险源，封锁危险场所，做好次生灾害的排查与监测预警工作，防范地震可能引发的火灾、水灾、爆炸、山体滑坡和崩塌、泥石流、地面塌陷，或者剧毒、强腐蚀性、放射性物质大量泄漏等次生灾害以及传染病疫情的发生；

（六）依法采取维持社会秩序、维护社会治安的必要措施。

第五十一条 特别重大地震灾害发生后，国务院抗震救灾指挥机构在地震灾区成立现场指挥机构，并根据需要设立相应的工作组，统一组织领导、指挥和协调抗震救灾工作。

各级人民政府及有关部门和单位、中国人民解放军、中国人民武装警察部队和民兵组织，应当按照统一部署，分工负责，密切配合，共同做好地震应急救援工作。

第五十二条 地震灾区的县级以上地方人民政府应当及时将地震震情和灾情等信息向上一级人民政府报告，必要时可以越级上报，不得迟报、谎报、瞒报。

地震震情、灾情和抗震救灾等信息按照国务院有关规定实行归口管理，统一、准确、及时发布。

第五十三条 国家鼓励、扶持地震应急救援新技术和装备的研究开发，调运和储备必要的应急救援设施、装备，提高应急救援水平。

第五十四条 国务院建立国家地震灾害紧急救援队伍。

省、自治区、直辖市人民政府和地震重点监视防御区的市、县人民政府可以根据实际需要，充分利用消防等现有队伍，按照一队多用、专职与兼职相结合的原则，建立地震灾害紧急救援队伍。

地震灾害紧急救援队伍应当配备相应的装备、器材，开展培训和演练，提高地震灾害紧急救援能力。

地震灾害紧急救援队伍在实施救援时，应当首先对倒塌建筑物、构筑物压埋人员进行紧急救援。

第五十五条 县级以上人民政府有关部门应当按照职责分工，协调配合，采取有效措施，保障地震灾害紧急救援队伍和医疗救治队伍快速、高效地开展地震灾害紧急救援活动。

第五十六条 县级以上地方人民政府及其有关部门可以建立地震灾害救援志愿者队伍，并组织开展地震应急救援知识培训和演练，使志愿者掌握必要的地震应急救援技能，增强地震灾害应急救援能力。

第五十七条 国务院地震工作主管部门会同有关部门和单位，组织协调外国救援队和医疗队在中华人民共和国开展地震灾害紧急救援活动。

国务院抗震救灾指挥机构负责外国救援队和医疗队的统筹调度，并根据其专业特长，科学、合理地安排紧急救援任务。

地震灾区的地方各级人民政府，应当对外国救援队和医疗队开展紧急救援活动予以支持和配合。

第六章 地震灾后过渡性安置和恢复重建

第五十八条 国务院或者地震灾区的省、自治区、直辖市人民政府应当及时组织对地震灾害损失进行调查评估，为地震应急救援、灾后过渡性安置和恢复重建提供依据。

地震灾害损失调查评估的具体工作，由国务院地震工作主管部门或者地震灾区的省、自治区、直辖市人民政府负责管理地震工作的部门或者机构和财政、建设、民政等有关部门按照国务院的规定承担。

第五十九条 地震灾区受灾群众需要过渡性安置的，应当根据地震灾区的实际情况，在确保安全的前提下，采取灵活多样的方式进行安置。

第六十条 过渡性安置点应当设置在交通条件便利、方便受灾群众恢复生产和生活的区域，并避开地震活动断层和可能发生严重次生灾害的区域。

过渡性安置点的规模应当适度，并采取相应的防灾、防疫措施，配套建设必要的基础设施和公共服务设施，确保受灾群众的安全和基本生活需要。

第六十一条 实施过渡性安置应当尽量保护农用地，并避免对自然保护区、饮用水水源保护区以及生态脆弱区域造成破坏。

过渡性安置用地按照临时用地安排,可以先行使用,事后依法办理有关用地手续;到期未转为永久性用地的,应当复垦后交还原土地使用者。

第六十二条 过渡性安置点所在地的县级人民政府,应当组织有关部门加强对次生灾害、饮用水水质、食品卫生、疫情等的监测,开展流行病学调查,整治环境卫生,避免对土壤、水环境等造成污染。

过渡性安置点所在地的公安机关,应当加强治安管理,依法打击各种违法犯罪行为,维护正常的社会秩序。

第六十三条 地震灾区的县级以上地方人民政府及其有关部门和乡、镇人民政府,应当及时组织修复毁损的农业生产设施,提供农业生产技术指导,尽快恢复农业生产;优先恢复供电、供水、供气等企业的生产,并对大型骨干企业恢复生产提供支持,为全面恢复农业、工业、服务业生产经营提供条件。

第六十四条 各级人民政府应当加强对地震灾后恢复重建工作的领导、组织和协调。

县级以上人民政府有关部门应当在本级人民政府领导下,按照职责分工,密切配合,采取有效措施,共同做好地震灾后恢复重建工作。

第六十五条 国务院有关部门应当组织有关专家开展地震活动对相关建设工程破坏机理的调查评估,为修订完善有关建设工程的强制性标准、采取抗震设防措施提供科学依据。

第六十六条 特别重大地震灾害发生后,国务院经济综合宏观调控部门会同国务院有关部门与地震灾区的省、自治区、直辖市人民政府共同组织编制地震灾后恢复重建规划,报国务院批准后组织实施;重大、较大、一般地震灾害发生后,由地震灾区的省、自治区、直辖市人民政府根据实际需要组织编制地震灾后恢复重建规划。

地震灾害损失调查评估获得的地质、勘察、测绘、土地、气象、水文、环境等基础资料和经国务院地震工作主管部门复核的地震动参数区划图,应当作为编制地震灾后恢复重建规划的依据。

编制地震灾后恢复重建规划,应当征求有关部门、单位、专家和公众特别是地震灾区受灾群众的意见;重大事项应当组织有关专家进行专题论证。

第六十七条 地震灾后恢复重建规划应当根据地质条件和地震活动断层分布以及资源环境承载能力,重点对城镇和乡村的布局、基础设施和公共服务设施的建设、防灾减灾和生态环境以及自然资源和历史文化遗产保护等作出安排。

地震灾区内需要异地新建的城镇和乡村的选址以及地震灾后重建工程的选址,应当符合地震灾后恢复重建规划和抗震设防、防灾减灾要求,避开地震活动断层或者生态脆弱和可能发生洪水、山体滑坡和崩塌、泥石流、地面塌陷等灾害的区域以及传染病自然疫源地。

第六十八条 地震灾区的地方各级人民政府应当根据地震灾后恢复重建规划和当地经济社会发展水平,有计划、分步骤地组织实施地震灾后恢复重建。

第六十九条 地震灾区的县级以上地方人民政府应当组织有关部门和专家,根据地震灾害损失调查评估结果,制定清理保护方案,明确典型地震遗址、遗迹和文物保护单位以及具有历史价值与民族特色的建筑物、构筑物的保护范围和措施。

对地震灾害现场的清理,按照清理保护方案分区、分类进行,并依照法律、行政法规和国家有关规定,妥善清理、转运和处置有关放射性物质、危险废物和有毒化学品,开展防疫工作,防止传染病和重大动物疫情的发生。

第七十条 地震灾后恢复重建,应当统筹安排交通、铁路、水利、电力、通信、供水、供电等基础设施和市政公用设施,学校、医院、文化、商贸服务、防灾减灾、环境保护等公共服务设施,以及住房和无障碍设施的建设,合理确定建设规模和时序。

乡村的地震灾后恢复重建,应当尊重村民意愿,发挥村民自治组织的作用,以群众自建为主,政府补助、社会帮扶、对口支援,因地制宜,节约和集约利用土地,保护耕地。

少数民族聚居的地方的地震灾后恢复重建,应当尊重当地群众的意愿。

第七十一条 地震灾区的县级以上地方人民政府应当组织有关部门和单位,抢救、保护与收集整理有关档案、资料,对因地震灾害遗失、毁损的档案、资料,及时补充和恢复。

第七十二条 地震灾后恢复重建应当坚持政府主导、社会参与和市场运作相结合的原则。

地震灾区的地方各级人民政府应当组织受灾群众和企业开展生产自救,自力更生、艰苦奋斗、勤俭节约,尽快恢复生产。

国家对地震灾后恢复重建给予财政支持、税收优惠和金融扶持,并提供物资、技术和人力等支持。

第七十三条 地震灾区的地方各级人民政府应当组织做好救助、救治、康复、补偿、抚慰、抚恤、安置、心理援助、法律服务、公共文化服务等工作。

各级人民政府及有关部门应当做好受灾群众的就业工作，鼓励企业、事业单位优先吸纳符合条件的受灾群众就业。

第七十四条　对地震灾后恢复重建中需要办理行政审批手续的事项，有审批权的人民政府及有关部门应当按照方便群众、简化手续、提高效率的原则，依法及时予以办理。

第七章　监督管理

第七十五条　县级以上人民政府依法加强对防震减灾规划和地震应急预案的编制与实施、地震应急避难场所的设置与管理、地震灾害紧急救援队伍的培训、防震减灾知识宣传教育和地震应急救援演练等工作的监督检查。

县级以上人民政府有关部门应当加强对地震应急救援、地震灾后过渡性安置和恢复重建的物资的质量安全的监督检查。

第七十六条　县级以上人民政府建设、交通、铁路、水利、电力、地震等有关部门应当按照职责分工，加强对工程建设强制性标准、抗震设防要求执行情况和地震安全性评价工作的监督检查。

第七十七条　禁止侵占、截留、挪用地震应急救援、地震灾后过渡性安置和恢复重建的资金、物资。

县级以上人民政府有关部门对地震应急救援、地震灾后过渡性安置和恢复重建的资金、物资以及社会捐赠款物的使用情况，依法加强管理和监督，予以公布，并对资金、物资的筹集、分配、拨付、使用情况登记造册，建立健全档案。

第七十八条　地震灾区的地方人民政府应当定期公布地震应急救援、地震灾后过渡性安置和恢复重建的资金、物资以及社会捐赠款物的来源、数量、发放和使用情况，接受社会监督。

第七十九条　审计机关应当加强对地震应急救援、地震灾后过渡性安置和恢复重建的资金、物资的筹集、分配、拨付、使用的审计，并及时公布审计结果。

第八十条　监察机关应当加强对参与防震减灾工作的国家行政机关和法律、法规授权的具有管理公共事务职能的组织及其工作人员的监察。

第八十一条　任何单位和个人对防震减灾活动中的违法行为，有权进行举报。

接到举报的人民政府或者有关部门应当进行调查，依法处理，并为举报人保密。

第八章　法律责任

第八十二条　国务院地震工作主管部门、县级以上地方人民政府负责管理地震工作的部门或者机构，以及其他依照本法规定行使监督管理权的部门，不依法作出行政许可或者办理批准文件的，发现违法行为或者接到对违法行为的举报后不予查处的，或者有其他未依照本法规定履行职责的行为的，对直接负责的主管人员和其他直接责任人员，依法给予处分。

第八十三条　未按照法律、法规和国家有关标准进行地震监测台网建设的，由国务院地震工作主管部门或者县级以上地方人民政府负责管理地震工作的部门或者机构责令改正，采取相应的补救措施；对直接负责的主管人员和其他直接责任人员，依法给予处分。

第八十四条　违反本法规定，有下列行为之一的，由国务院地震工作主管部门或者县级以上地方人民政府负责管理地震工作的部门或者机构责令停止违法行为，恢复原状或者采取其他补救措施；造成损失的，依法承担赔偿责任：

（一）侵占、毁损、拆除或者擅自移动地震监测设施的；

（二）危害地震观测环境的；

（三）破坏典型地震遗址、遗迹的。

单位有前款所列违法行为，情节严重的，处二万元以上二十万元以下的罚款；个人有前款所列违法行为，情节严重的，处二千元以下的罚款。构成违反治安管理行为的，由公安机关依法给予处罚。

第八十五条　违反本法规定，未按照要求增建抗干扰设施或者新建地震监测设施的，由国务院地震工作主管部门或者县级以上地方人民政府负责管理地震工作的部门或者机构责令限期改正；逾期不改正的，处二万元以上二十万元以下的罚款；造成损失的，依法承担赔偿责任。

第八十六条　违反本法规定，外国的组织或者个人未经批准，在中华人民共和国领域和中华人民共和国管辖的其他海域从事地震监测活动的，由国务院地震工作主管部门责令停止违法行为，没收监测成果和监测设施，并处一万元以上十万元以下的罚款；情节严重的，并处十万元以上五十万元以下的罚款。

外国人有前款规定行为的，除依照前款规定处罚外，还应当依照外国人入境出境管理法律的规定缩短其在中华人民共和国停留的期限或者取消其在中华人民共和国居留的资格；情节严重的，限期出境或者驱逐出境。

第八十七条 未依法进行地震安全性评价，或者未按照地震安全性评价报告所确定的抗震设防要求进行抗震设防的，由国务院地震工作主管部门或者县级以上地方人民政府负责管理地震工作的部门或者机构责令限期改正；逾期不改正的，处三万元以上三十万元以下的罚款。

第八十八条 违反本法规定，向社会散布地震预测意见、地震预报意见及其评审结果，或者在地震灾后过渡性安置、地震灾后恢复重建中扰乱社会秩序，构成违反治安管理行为的，由公安机关依法给予处罚。

第八十九条 地震灾区的县级以上地方人民政府迟报、谎报、瞒报地震震情、灾情等信息的，由上级人民政府责令改正；对直接负责的主管人员和其他直接责任人员，依法给予处分。

第九十条 侵占、截留、挪用地震应急救援、地震灾后过渡性安置或者地震灾后恢复重建的资金、物资的，由财政部门、审计机关在各自职责范围内，责令改正，追回被侵占、截留、挪用的资金、物资；有违法所得的，没收违法所得；对单位给予警告或者通报批评；对直接负责的主管人员和其他直接责任人员，依法给予处分。

第九十一条 违反本法规定，构成犯罪的，依法追究刑事责任。

第九章 附 则

第九十二条 本法下列用语的含义：

（一）地震监测设施，是指用于地震信息检测、传输和处理的设备、仪器和装置以及配套的监测场地。

（二）地震观测环境，是指按照国家有关标准划定的保障地震监测设施不受干扰、能够正常发挥工作效能的空间范围。

（三）重大建设工程，是指对社会有重大价值或者有重大影响的工程。

（四）可能发生严重次生灾害的建设工程，是指受地震破坏后可能引发水灾、火灾、爆炸，或者剧毒、强腐蚀性、放射性物质大量泄漏，以及其他严重次生灾害的建设工程，包括水库大坝和贮油、贮气设施，贮存易燃易爆或者剧毒、强腐蚀性、放射性物质的设施，以及其他可能发生严重次生灾害的建设工程。

（五）地震烈度区划图，是指以地震烈度（以等级表示的地震影响强弱程度）为指标，将全国划分为不同抗震设防要求区域的图件。

（六）地震动参数区划图，是指以地震动参数（以加速度表示地震作用强弱程度）为指标，将全国划分为不同抗震设防要求区域的图件。

（七）地震小区划图，是指根据某一区域的具体场地条件，对该区域的抗震设防要求进行详细划分的图件。

第九十三条 本法自 2009 年 5 月 1 日起施行。

地质灾害防治条例

·2003 年 11 月 19 日国务院第 29 次常务会议通过
·2003 年 11 月 24 日中华人民共和国国务院令第 394 号公布
·自 2004 年 3 月 1 日起施行

第一章 总 则

第一条 为了防治地质灾害，避免和减轻地质灾害造成的损失，维护人民生命和财产安全，促进经济和社会的可持续发展，制定本条例。

第二条 本条例所称地质灾害，包括自然因素或者人为活动引发的危害人民生命和财产安全的山体崩塌、滑坡、泥石流、地面塌陷、地裂缝、地面沉降等与地质作用有关的灾害。

第三条 地质灾害防治工作，应当坚持预防为主、避让与治理相结合和全面规划、突出重点的原则。

第四条 地质灾害按照人员伤亡、经济损失的大小，分为四个等级：

（一）特大型：因灾死亡 30 人以上或者直接经济损失 1000 万元以上的；

（二）大型：因灾死亡 10 人以上 30 人以下或者直接经济损失 500 万元以上 1000 万元以下的；

（三）中型：因灾死亡 3 人以上 10 人以下或者直接经济损失 100 万元以上 500 万元以下的；

（四）小型：因灾死亡 3 人以下或者直接经济损失 100 万元以下的。

第五条 地质灾害防治工作，应当纳入国民经济和社会发展计划。

因自然因素造成的地质灾害的防治经费，在划分中央和地方事权和财权的基础上，分别列入中央和地方有关人民政府的财政预算。具体办法由国务院财政部门会同国务院国土资源主管部门制定。

因工程建设等人为活动引发的地质灾害的治理费用，按照谁引发、谁治理的原则由责任单位承担。

第六条 县级以上人民政府应当加强对地质灾害防治工作的领导，组织有关部门采取措施，做好地质灾害防治工作。

县级以上人民政府应当组织有关部门开展地质灾害

防治知识的宣传教育，增强公众的地质灾害防治意识和自救、互救能力。

第七条 国务院国土资源主管部门负责全国地质灾害防治的组织、协调、指导和监督工作。国务院其他有关部门按照各自的职责负责有关的地质灾害防治工作。

县级以上地方人民政府国土资源主管部门负责本行政区域内地质灾害防治的组织、协调、指导和监督工作。县级以上地方人民政府其他有关部门按照各自的职责负责有关的地质灾害防治工作。

第八条 国家鼓励和支持地质灾害防治科学技术研究，推广先进的地质灾害防治技术，普及地质灾害防治的科学知识。

第九条 任何单位和个人对地质灾害防治工作中的违法行为都有权检举和控告。

在地质灾害防治工作中做出突出贡献的单位和个人，由人民政府给予奖励。

第二章 地质灾害防治规划

第十条 国家实行地质灾害调查制度。

国务院国土资源主管部门会同国务院建设、水利、铁路、交通等部门结合地质环境状况组织开展全国的地质灾害调查。

县级以上地方人民政府国土资源主管部门会同同级建设、水利、交通等部门结合地质环境状况组织开展本行政区域的地质灾害调查。

第十一条 国务院国土资源主管部门会同国务院建设、水利、铁路、交通等部门，依据全国地质灾害调查结果，编制全国地质灾害防治规划，经专家论证后报国务院批准公布。

县级以上地方人民政府国土资源主管部门会同同级建设、水利、交通等部门，依据本行政区域的地质灾害调查结果和上一级地质灾害防治规划，编制本行政区域的地质灾害防治规划，经专家论证后报本级人民政府批准公布，并报上一级人民政府国土资源主管部门备案。

修改地质灾害防治规划，应当报经原批准机关批准。

第十二条 地质灾害防治规划包括以下内容：

（一）地质灾害现状和发展趋势预测；

（二）地质灾害的防治原则和目标；

（三）地质灾害易发区、重点防治区；

（四）地质灾害防治项目；

（五）地质灾害防治措施等。

县级以上人民政府应当将城镇、人口集中居住区、风景名胜区、大中型工矿企业所在地和交通干线、重点水利电力工程等基础设施作为地质灾害重点防治区中的防护重点。

第十三条 编制和实施土地利用总体规划、矿产资源规划以及水利、铁路、交通、能源等重大建设工程项目规划，应当充分考虑地质灾害防治要求，避免和减轻地质灾害造成的损失。

编制城市总体规划、村庄和集镇规划，应当将地质灾害防治规划作为其组成部分。

第三章 地质灾害预防

第十四条 国家建立地质灾害监测网络和预警信息系统。

县级以上人民政府国土资源主管部门应当会同建设、水利、交通等部门加强对地质灾害险情的动态监测。

因工程建设可能引发地质灾害的，建设单位应当加强地质灾害监测。

第十五条 地质灾害易发区的县、乡、村应当加强地质灾害的群测群防工作。在地质灾害重点防范期内，乡镇人民政府、基层群众自治组织应当加强地质灾害险情的巡回检查，发现险情及时处理和报告。

国家鼓励单位和个人提供地质灾害前兆信息。

第十六条 国家保护地质灾害监测设施。任何单位和个人不得侵占、损毁、损坏地质灾害监测设施。

第十七条 国家实行地质灾害预报制度。预报内容主要包括地质灾害可能发生的时间、地点、成灾范围和影响程度等。

地质灾害预报由县级以上人民政府国土资源主管部门会同气象主管机构发布。

任何单位和个人不得擅自向社会发布地质灾害预报。

第十八条 县级以上地方人民政府国土资源主管部门会同同级建设、水利、交通等部门依据地质灾害防治规划，拟订年度地质灾害防治方案，报本级人民政府批准后公布。

年度地质灾害防治方案包括下列内容：

（一）主要灾害点的分布；

（二）地质灾害的威胁对象、范围；

（三）重点防范期；

（四）地质灾害防治措施；

（五）地质灾害的监测、预防责任人。

第十九条 对出现地质灾害前兆、可能造成人员伤亡或者重大财产损失的区域和地段，县级人民政府应当及时划定为地质灾害危险区，予以公告，并在地质灾害危险区的边界设置明显警示标志。

在地质灾害危险区内,禁止爆破、削坡、进行工程建设以及从事其他可能引发地质灾害的活动。

县级以上人民政府应当组织有关部门及时采取工程治理或者搬迁避让措施,保证地质灾害危险区内居民的生命和财产安全。

第二十条　地质灾害险情已经消除或者得到有效控制的,县级人民政府应当及时撤销原划定的地质灾害危险区,并予以公告。

第二十一条　在地质灾害易发区内进行工程建设应当在可行性研究阶段进行地质灾害危险性评估,并将评估结果作为可行性研究报告的组成部分;可行性研究报告未包含地质灾害危险性评估结果的,不得批准其可行性研究报告。

编制地质灾害易发区内的城市总体规划、村庄和集镇规划时,应当对规划区进行地质灾害危险性评估。

第二十二条　国家对从事地质灾害危险性评估的单位实行资质管理制度。地质灾害危险性评估单位应当具备下列条件,经省级以上人民政府国土资源主管部门资质审查合格,取得国土资源主管部门颁发的相应等级的资质证书后,方可在资质等级许可的范围内从事地质灾害危险性评估业务:

(一)有独立的法人资格;

(二)有一定数量的工程地质、环境地质和岩土工程等相应专业的技术人员;

(三)有相应的技术装备。

地质灾害危险性评估单位进行评估时,应当对建设工程遭受地质灾害危害的可能性和该工程建设中、建成后引发地质灾害的可能性做出评价,提出具体的预防治理措施,并对评估结果负责。

第二十三条　禁止地质灾害危险性评估单位超越其资质等级许可的范围或者以其他地质灾害危险性评估单位的名义承揽地质灾害危险性评估业务。

禁止地质灾害危险性评估单位允许其他单位以本单位的名义承揽地质灾害危险性评估业务。

禁止任何单位和个人伪造、变造、买卖地质灾害危险性评估资质证书。

第二十四条　对经评估认为可能引发地质灾害或者可能遭受地质灾害危害的建设工程,应当配套建设地质灾害治理工程。地质灾害治理工程的设计、施工和验收应当与主体工程的设计、施工、验收同时进行。

配套的地质灾害治理工程未经验收或者经验收不合格的,主体工程不得投入生产或者使用。

第四章　地质灾害应急

第二十五条　国务院国土资源主管部门会同国务院建设、水利、铁路、交通等部门拟订全国突发性地质灾害应急预案,报国务院批准后公布。

县级以上地方人民政府国土资源主管部门会同同级建设、水利、交通等部门拟订本行政区域的突发性地质灾害应急预案,报本级人民政府批准后公布。

第二十六条　突发性地质灾害应急预案包括下列内容:

(一)应急机构和有关部门的职责分工;

(二)抢险救援人员的组织和应急、救助装备、资金、物资的准备;

(三)地质灾害的等级与影响分析准备;

(四)地质灾害调查、报告和处理程序;

(五)发生地质灾害时的预警信号、应急通信保障;

(六)人员财产撤离、转移路线、医疗救治、疾病控制等应急行动方案。

第二十七条　发生特大型或者大型地质灾害时,有关省、自治区、直辖市人民政府应当成立地质灾害抢险救灾指挥机构。必要时,国务院可以成立地质灾害抢险救灾指挥机构。

发生其他地质灾害或者出现地质灾害险情时,有关市、县人民政府可以根据地质灾害抢险救灾工作的需要,成立地质灾害抢险救灾指挥机构。

地质灾害抢险救灾指挥机构由政府领导负责、有关部门组成,在本级人民政府的领导下,统一指挥和组织地质灾害的抢险救灾工作。

第二十八条　发现地质灾害险情或者灾情的单位和个人,应当立即向当地人民政府或者国土资源主管部门报告。其他部门或者基层群众自治组织接到报告的,应当立即转报当地人民政府。

当地人民政府或者县级人民政府国土资源主管部门接到报告后,应当立即派人赶赴现场,进行现场调查,采取有效措施,防止灾害发生或者灾情扩大,并按照国务院国土资源主管部门关于地质灾害灾情分级报告的规定,向上级人民政府和国土资源主管部门报告。

第二十九条　接到地质灾害险情报告的当地人民政府、基层群众自治组织应当根据实际情况,及时动员受到地质灾害威胁的居民以及其他人员转移到安全地带;情况紧急时,可以强行组织避灾疏散。

第三十条　地质灾害发生后,县级以上人民政府应当启动并组织实施相应的突发性地质灾害应急预案。有关地方人民政府应当及时将灾情及其发展趋势等信息报告上级人民政府。

禁止隐瞒、谎报或者授意他人隐瞒、谎报地质灾害灾情。

第三十一条 县级以上人民政府有关部门应当按照突发性地质灾害应急预案的分工,做好相应的应急工作。

国土资源主管部门应当会同同级建设、水利、交通等部门尽快查明地质灾害发生原因、影响范围等情况,提出应急治理措施,减轻和控制地质灾害灾情。

民政、卫生、食品药品监督管理、商务、公安部门,应当及时设置避难场所和救济物资供应点,妥善安排灾民生活,做好医疗救护、卫生防疫、药品供应、社会治安工作;气象主管机构应当做好气象服务保障工作;通信、航空、铁路、交通部门应当保证地质灾害应急的通信畅通和救灾物资、设备、药物、食品的运送。

第三十二条 根据地质灾害应急处理的需要,县级以上人民政府应当紧急调集人员,调用物资、交通工具和相关的设施、设备;必要时,可以根据需要在抢险救灾区域范围内采取交通管制等措施。

因救灾需要,临时调用单位和个人的物资、设施、设备或者占用其房屋、土地的,事后应当及时归还;无法归还或者造成损失的,应当给予相应的补偿。

第三十三条 县级以上地方人民政府应当根据地质灾害灾情和地质灾害防治需要,统筹规划、安排受灾地区的重建工作。

第五章 地质灾害治理

第三十四条 因自然因素造成的特大型地质灾害,确需治理的,由国务院国土资源主管部门会同灾害发生地的省、自治区、直辖市人民政府组织治理。

因自然因素造成的其他地质灾害,确需治理的,在县级以上地方人民政府的领导下,由本级人民政府国土资源主管部门组织治理。

因自然因素造成的跨行政区域的地质灾害,确需治理的,由所跨行政区域的地方人民政府国土资源主管部门共同组织治理。

第三十五条 因工程建设等人为活动引发的地质灾害,由责任单位承担治理责任。

责任单位由地质灾害发生地的县级以上人民政府国土资源主管部门负责组织专家对地质灾害的成因进行分析论证后认定。

对地质灾害的治理责任认定结果有异议的,可以依法申请行政复议或者提起行政诉讼。

第三十六条 地质灾害治理工程的确定,应当与地质灾害形成的原因、规模以及对人民生命和财产安全的危害程度相适应。

承担专项地质灾害治理工程勘查、设计、施工和监理的单位,应当具备下列条件,经省级以上人民政府国土资源主管部门资质审查合格,取得国土资源主管部门颁发的相应等级的资质证书后,方可在资质等级许可的范围内从事地质灾害治理工程的勘查、设计、施工和监理活动,并承担相应的责任:

(一)有独立的法人资格;

(二)有一定数量的水文地质、环境地质、工程地质等相应专业的技术人员;

(三)有相应的技术装备;

(四)有完善的工程质量管理制度。

地质灾害治理工程的勘查、设计、施工和监理应当符合国家有关标准和技术规范。

第三十七条 禁止地质灾害治理工程勘查、设计、施工和监理单位超越其资质等级许可的范围或者以其他地质灾害治理工程勘查、设计、施工和监理单位的名义承揽地质灾害治理工程勘查、设计、施工和监理业务。

禁止地质灾害治理工程勘查、设计、施工和监理单位允许其他单位以本单位的名义承揽地质灾害治理工程勘查、设计、施工和监理业务。

禁止任何单位和个人伪造、变造、买卖地质灾害治理工程勘查、设计、施工和监理资质证书。

第三十八条 政府投资的地质灾害治理工程竣工后,由县级以上人民政府国土资源主管部门组织竣工验收。其他地质灾害治理工程竣工后,由责任单位组织竣工验收;竣工验收时,应当有国土资源主管部门参加。

第三十九条 政府投资的地质灾害治理工程经竣工验收合格后,由县级以上人民政府国土资源主管部门指定的单位负责管理和维护;其他地质灾害治理工程经竣工验收合格后,由负责治理的责任单位负责管理和维护。

任何单位和个人不得侵占、损毁、损坏地质灾害治理工程设施。

第六章 法律责任

第四十条 违反本条例规定,有关县级以上地方人民政府、国土资源主管部门和其他有关部门有下列行为之一的,对直接负责的主管人员和其他直接责任人员,依法给予降级或者撤职的行政处分;造成地质灾害导致人员伤亡和重大财产损失的,依法给予开除的行政处分;构成犯罪的,依法追究刑事责任:

（一）未按照规定编制突发性地质灾害应急预案，或者未按照突发性地质灾害应急预案的要求采取有关措施、履行有关义务的；

（二）在编制地质灾害易发区内的城市总体规划、村庄和集镇规划时，未按照规定对规划区进行地质灾害危险性评估的；

（三）批准未包含地质灾害危险性评估结果的可行性研究报告的；

（四）隐瞒、谎报或者授意他人隐瞒、谎报地质灾害灾情，或者擅自发布地质灾害预报的；

（五）给不符合条件的单位颁发地质灾害危险性评估资质证书或者地质灾害治理工程勘查、设计、施工、监理资质证书的；

（六）在地质灾害防治工作中有其他渎职行为的。

第四十一条　违反本条例规定，建设单位有下列行为之一的，由县级以上地方人民政府国土资源主管部门责令限期改正；逾期不改正的，责令停止生产、施工或者使用，处10万元以上50万元以下的罚款；构成犯罪的，依法追究刑事责任：

（一）未按照规定对地质灾害易发区内的建设工程进行地质灾害危险性评估的；

（二）配套的地质灾害治理工程未经验收或者经验收不合格，主体工程即投入生产或者使用的。

第四十二条　违反本条例规定，对工程建设等人为活动引发的地质灾害不予治理的，由县级以上人民政府国土资源主管部门责令限期治理；逾期不治理或者治理不符合要求的，由责令限期治理的国土资源主管部门组织治理，所需费用由责任单位承担，处10万元以上50万元以下的罚款；给他人造成损失的，依法承担赔偿责任。

第四十三条　违反本条例规定，在地质灾害危险区内爆破、削坡、进行工程建设以及从事其他可能引发地质灾害活动的，由县级以上地方人民政府国土资源主管部门责令停止违法行为，对单位处5万元以上20万元以下的罚款，对个人处1万元以上5万元以下的罚款；构成犯罪的，依法追究刑事责任；给他人造成损失的，依法承担赔偿责任。

第四十四条　违反本条例规定，有下列行为之一的，由县级以上人民政府国土资源主管部门或者其他部门依据职责责令停止违法行为，对地质灾害危险性评估单位、地质灾害治理工程勘查、设计或者监理单位处合同约定的评估费、勘查费、设计费或者监理酬金1倍以上2倍以下的罚款，对地质灾害治理工程施工单位处工程价款2%以上4%以下的罚款，并可以责令停业整顿，降低资质等级；有违法所得的，没收违法所得；情节严重的，吊销其资质证书；构成犯罪的，依法追究刑事责任；给他人造成损失的，依法承担赔偿责任：

（一）在地质灾害危险性评估中弄虚作假或者故意隐瞒地质灾害真实情况的；

（二）在地质灾害治理工程勘查、设计、施工以及监理活动中弄虚作假、降低工程质量的；

（三）无资质证书或者超越其资质等级许可的范围承揽地质灾害危险性评估、地质灾害治理工程勘查、设计、施工及监理业务的；

（四）以其他单位的名义或者允许其他单位以本单位的名义承揽地质灾害危险性评估、地质灾害治理工程勘查、设计、施工和监理业务的。

第四十五条　违反本条例规定，伪造、变造、买卖地质灾害危险性评估资质证书、地质灾害治理工程勘查、设计、施工和监理资质证书的，由省级以上人民政府国土资源主管部门收缴或者吊销其资质证书，没收违法所得，并处5万元以上10万元以下的罚款；构成犯罪的，依法追究刑事责任。

第四十六条　违反本条例规定，侵占、损毁、损坏地质灾害监测设施或者地质灾害治理工程设施的，由县级以上地方人民政府国土资源主管部门责令停止违法行为，限期恢复原状或者采取补救措施，可以处5万元以下的罚款；构成犯罪的，依法追究刑事责任。

第七章　附　则

第四十七条　在地质灾害防治工作中形成的地质资料，应当按照《地质资料管理条例》的规定汇交。

第四十八条　地震灾害的防御和减轻依照防震减灾的法律、行政法规的规定执行。

防洪法律、行政法规对洪水引发的崩塌、滑坡、泥石流的防治有规定的，从其规定。

第四十九条　本条例自2004年3月1日起施行。

破坏性地震应急条例

· 1995年2月11日中华人民共和国国务院令第172号发布
· 根据2011年1月8日《国务院关于废止和修改部分行政法规的决定》修订

第一章　总　则

第一条　为了加强对破坏性地震应急活动的管理，减轻地震灾害损失，保障国家财产和公民人身、财产安全,维护社会秩序,制定本条例。

第二条 在中华人民共和国境内从事破坏性地震应急活动,必须遵守本条例。

第三条 地震应急工作实行政府领导、统一管理和分级、分部门负责的原则。

第四条 各级人民政府应当加强地震应急的宣传、教育工作,提高社会防震减灾意识。

第五条 任何组织和个人都有参加地震应急活动的义务。

中国人民解放军和中国人民武装警察部队是地震应急工作的重要力量。

第二章 应急机构

第六条 国务院防震减灾工作主管部门指导和监督全国地震应急工作。国务院有关部门按照各自的职责,具体负责本部门的地震应急工作。

第七条 造成特大损失的严重破坏性地震发生后,国务院设立抗震救灾指挥部,国务院防震减灾工作主管部门为其办事机构;国务院有关部门设立本部门的地震应急机构。

第八条 县级以上地方人民政府防震减灾工作主管部门指导和监督本行政区域内的地震应急工作。

破坏性地震发生后,有关县级以上地方人民政府应当设立抗震救灾指挥部,对本行政区域内的地震应急工作实行集中领导,其办事机构设在本级人民政府防震减灾工作主管部门或者本级人民政府指定的其他部门;国务院另有规定的,从其规定。

第三章 应急预案

第九条 国家的破坏性地震应急预案,由国务院防震减灾工作主管部门会同国务院有关部门制定,报国务院批准。

第十条 国务院有关部门应当根据国家的破坏性地震应急预案,制定本部门的破坏性地震应急预案,并报国务院防震减灾工作主管部门备案。

第十一条 根据地震灾害预测,可能发生破坏性地震地区的县级以上地方人民政府防震减灾工作主管部门应当会同同级有关部门以及有关单位,参照国家的破坏性地震应急预案,制定本行政区域内的破坏性地震应急预案,报本级人民政府批准;省、自治区和人口在 100 万以上的城市的破坏性地震应急预案,还应当报国务院防震减灾工作主管部门备案。

第十二条 部门和地方制定破坏性地震应急预案,应当从本部门或者本地区的实际情况出发,做到切实可行。

第十三条 破坏性地震应急预案应当包括下列主要内容:

(一)应急机构的组成和职责;

(二)应急通信保障;

(三)抢险救援的人员、资金、物资准备;

(四)灾害评估准备;

(五)应急行动方案。

第十四条 制定破坏性地震应急预案的部门和地方,应当根据震情的变化以及实施中发现的问题,及时对其制定的破坏性地震应急预案进行修订、补充;涉及重大事项调整的,应当报经原批准机关同意。

第四章 临震应急

第十五条 地震临震预报,由省、自治区、直辖市人民政府依照国务院有关发布地震预报的规定统一发布,其他任何组织或者个人不得发布地震预报。

任何组织或者个人都不得传播有关地震的谣言。发生地震谣传时,防震减灾工作主管部门应当协助人民政府迅速予以平息和澄清。

第十六条 破坏性地震临震预报发布后,有关省、自治区、直辖市人民政府可以宣布预报区进入临震应急期,并指明临震应急期的起止时间。

临震应急期一般为 10 日;必要时,可以延长 10 日。

第十七条 在临震应急期,有关地方人民政府应当根据震情,统一部署破坏性地震应急预案的实施工作,并对临震应急活动中发生的争议采取紧急处理措施。

第十八条 在临震应急期,各级防震减灾工作主管部门应当协助本级人民政府对实施破坏性地震应急预案工作进行检查。

第十九条 在临震应急期,有关地方人民政府应当根据实际情况,向预报区的居民以及其他人员提出避震撤离的劝告;情况紧急时,应当有组织地进行避震疏散。

第二十条 在临震应急期,有关地方人民政府有权在本行政区域内紧急调用物资、设备、人员和占用场地,任何组织或者个人都不得阻拦;调用物资、设备或者占用场地的,事后应当及时归还或者给予补偿。

第二十一条 在临震应急期,有关部门应当对生命线工程和次生灾害源采取紧急防护措施。

第五章 震后应急

第二十二条 破坏性地震发生后,有关的省、自治区、直辖市人民政府应当宣布灾区进入震后应急期,并指明震后应急期的起止时间。

震后应急期一般为10日；必要时，可以延长20日。

第二十三条　破坏性地震发生后，抗震救灾指挥部应当及时组织实施破坏性地震应急预案，及时将震情、灾情及其发展趋势等信息报告上一级人民政府。

第二十四条　防震减灾工作主管部门应当加强现场地震监测预报工作，并及时会同有关部门评估地震灾害损失；灾情调查结果，应当及时报告本级人民政府抗震救灾指挥部和上一级防震减灾工作主管部门。

第二十五条　交通、铁路、民航等部门应当尽快恢复被损毁的道路、铁路、水港、空港和有关设施，并优先保证抢险救援人员、物资的运输和灾民的疏散。其他部门有交通运输工具的，应当无条件服从抗震救灾指挥部的征用或者调用。

第二十六条　通信部门应当尽快恢复被破坏的通信设施，保证抗震救灾通信畅通。其他部门有通信设施的，应当优先为破坏性地震应急工作服务。

第二十七条　供水、供电部门应当尽快恢复被破坏的供水、供电设施，保证灾区用水、用电。

第二十八条　卫生部门应当立即组织急救队伍，利用各种医疗设施或者建立临时治疗点，抢救伤员，及时检查、监测灾区的饮用水源、食品等，采取有效措施防止和控制传染病的暴发流行，并向受灾人员提供精神、心理卫生方面的帮助。医药部门应当及时提供救灾所需药品。其他部门应当配合卫生、医药部门，做好卫生防疫以及伤亡人员的抢救、处理工作。

第二十九条　民政部门应当迅速设置避难场所和救济物资供应点，提供救济物品等，保障灾民的基本生活，做好灾民的转移和安置工作。其他部门应当支持、配合民政部门妥善安置灾民。

第三十条　公安部门应当加强灾区的治安管理和安全保卫工作，预防和制止各种破坏活动，维护社会治安，保证抢险救灾工作顺利进行，尽快恢复社会秩序。

第三十一条　石油、化工、水利、电力、建设等部门和单位以及危险品生产、储运等单位，应当按照各自的职责，对可能发生或者已经发生次生灾害的地点和设施采取紧急处置措施，并加强监视、控制，防止灾害扩展。

公安消防机构应当严密监视灾区火灾的发生；出现火灾时，应当组织力量抢救人员和物资，并采取有效防范措施，防止火势扩大、蔓延。

第三十二条　广播电台、电视台等新闻单位应当根据抗震救灾指挥部提供的情况，按照规定及时向公众发布震情、灾情等有关信息，并做好宣传、报道工作。

第三十三条　抗震救灾指挥部可以请求非灾区的人民政府接受并妥善安置灾民和提供其他救援。

第三十四条　破坏性地震发生后，国内非灾区提供的紧急救援，由抗震救灾指挥部负责接受和安排；国际社会提供的紧急救援，由国务院民政部门负责接受和安排；国外红十字会和国际社会通过中国红十字会提供的紧急救援，由中国红十字会负责接受和安排。

第三十五条　因严重破坏性地震应急的需要，可以在灾区实行特别管制措施。省、自治区、直辖市行政区域内的特别管制措施，由省、自治区、直辖市人民政府决定；跨省、自治区、直辖市的特别管制措施，由有关省、自治区、直辖市人民政府共同决定或者由国务院决定；中断干线交通或者封锁国境的特别管制措施，由国务院决定。

特别管制措施的解除，由原决定机关宣布。

第六章　奖励和处罚

第三十六条　在破坏性地震应急活动中有下列事迹之一的，由其所在单位、上级机关或者防震减灾工作主管部门给予表彰或者奖励：

（一）出色完成破坏性地震应急任务的；

（二）保护国家、集体和公民的财产或者抢救人员有功的；

（三）及时排除险情，防止灾害扩大，成绩显著的；

（四）对地震应急工作提出重大建议，实施效果显著的；

（五）因震情、灾情测报准确和信息传递及时而减轻灾害损失的；

（六）及时供应用于应急救灾的物资和工具或者节约经费开支，成绩显著的；

（七）有其他特殊贡献的。

第三十七条　有下列行为之一的，对负有直接责任的主管人员和其他直接责任人员依法给予行政处分；属于违反治安管理行为的，依照治安管理处罚法的规定给予处罚；构成犯罪的，依法追究刑事责任：

（一）不按照本条例规定制定破坏性地震应急预案的；

（二）不按照破坏性地震应急预案的规定和抗震救灾指挥部的要求实施破坏性地震应急预案的；

（三）违抗抗震救灾指挥部命令，拒不承担地震应急任务的；

（四）阻挠抗震救灾指挥部紧急调用物资、人员或者占用场地的；

（五）贪污、挪用、盗窃地震应急工作经费或者物资的；

（六）有特定责任的国家工作人员在临震应急期或者震后应急期不坚守岗位，不及时掌握震情、灾情，临阵脱逃或者玩忽职守的；

（七）在临震应急期或者震后应急期哄抢国家、集体或者公民的财产的；

（八）阻碍抗震救灾人员执行职务或者进行破坏活动的；

（九）不按照规定和实际情况报告灾情的；

（十）散布谣言，扰乱社会秩序，影响破坏性地震应急工作的；

（十一）有对破坏性地震应急工作造成危害的其他行为的。

第七章 附 则

第三十八条 本条例下列用语的含义：

（一）"地震应急"，是指为了减轻地震灾害而采取的不同于正常工作程序的紧急防灾和抢险行动；

（二）"破坏性地震"，是指造成一定数量的人员伤亡和经济损失的地震事件；

（三）"严重破坏性地震"，是指造成严重的人员伤亡和经济损失，使灾区丧失或者部分丧失自我恢复能力，需要国家采取对抗行动的地震事件；

（四）"生命线工程"，是指对社会生活、生产有重大影响的交通、通信、供水、排水、供电、供气、输油等工程系统；

（五）"次生灾害源"，是指因地震而可能引发水灾、火灾、爆炸等灾害的易燃易爆物品、有毒物质贮存设施、水坝、堤岸等。

第三十九条 本条例自1995年4月1日起施行。

地震监测管理条例

- 2004年6月17日中华人民共和国国务院令第409号公布
- 根据2011年1月8日《国务院关于废止和修改部分行政法规的决定》第一次修订
- 根据2024年12月6日《国务院关于修改和废止部分行政法规的决定》第二次修订

第一章 总 则

第一条 为了加强对地震监测活动的管理，提高地震监测能力，根据《中华人民共和国防震减灾法》的有关规定，制定本条例。

第二条 本条例适用于地震监测台网的规划、建设和管理以及地震监测设施和地震观测环境的保护。

第三条 地震监测工作是服务于经济建设、国防建设和社会发展的公益事业。

县级以上人民政府应当将地震监测工作纳入本级国民经济和社会发展规划。

第四条 国家对地震监测台网实行统一规划，分级、分类管理。

第五条 国务院地震工作主管部门负责全国地震监测的监督管理工作。

县级以上地方人民政府负责管理地震工作的部门或者机构，负责本行政区域内地震监测的监督管理工作。

第六条 国家鼓励、支持地震监测的科学研究，推广应用先进的地震监测技术，开展地震监测的国际合作与交流。

有关地方人民政府应当支持少数民族地区、边远贫困地区和海岛的地震监测台网的建设和运行。

第七条 外国的组织或者个人在中华人民共和国领域和中华人民共和国管辖的其他海域从事地震监测活动，必须与中华人民共和国有关部门或者单位合作进行，并经国务院地震工作主管部门批准。

从事前款规定的活动，必须遵守中华人民共和国的有关法律、法规的规定，并不得涉及国家秘密和危害国家安全。

第二章 地震监测台网的规划和建设

第八条 全国地震监测台网，由国家地震监测台网、省级地震监测台网和市、县地震监测台网组成。

专用地震监测台网和有关单位、个人建设的社会地震监测台站（点）是全国地震监测台网的补充。

第九条 编制地震监测台网规划，应当坚持布局合理、资源共享的原则，并与土地利用总体规划和城乡规划相协调。

第十条 全国地震监测台网总体规划和国家地震监测台网规划，由国务院地震工作主管部门根据全国地震监测预报方案商国务院有关部门制定，并负责组织实施。

省级地震监测台网规划，由省、自治区、直辖市人民政府负责管理地震工作的部门或者机构，根据全国地震监测台网总体规划和本行政区域地震监测预报方案制定，报本级人民政府批准后实施。

市、县地震监测台网规划，由市、县人民政府负责管理地震工作的部门或者机构，根据省级地震监测台网规划制定，报本级人民政府批准后实施。

第十一条　省级地震监测台网规划和市、县地震监测台网规划需要变更的,应当报原批准机关批准。

第十二条　全国地震监测台网和专用地震监测台网的建设,应当遵守法律、法规和国家有关标准,符合国家规定的固定资产投资项目建设程序,保证台网建设质量。

全国地震监测台网的建设,应当依法实行招投标。

第十三条　建设全国地震监测台网和专用地震监测台网,应当按照国务院地震工作主管部门的规定,采用符合国家标准、行业标准或者有关地震监测的技术要求的设备和软件。

第十四条　下列建设工程应当建设专用地震监测台网:

(一)坝高100米以上、库容5亿立方米以上,且可能诱发5级以上地震的水库;

(二)受地震破坏后可能引发严重次生灾害的油田、矿山、石油化工等重大建设工程。

第十五条　核电站、水库大坝、特大桥梁、发射塔等重大建设工程应当按照国家有关规定,设置强震动监测设施。

第十六条　建设单位应当将专用地震监测台网、强震动监测设施的建设情况,报所在地省、自治区、直辖市人民政府负责管理地震工作的部门或者机构备案。

第十七条　国家鼓励利用废弃的油井、矿井和人防工程进行地震监测。

利用废弃的油井、矿井和人防工程进行地震监测的,应当采取相应的安全保障措施。

第十八条　全国地震监测台网的建设资金和运行经费,按照事权和财权相统一的原则,由中央和地方财政承担。

专用地震监测台网、强震动监测设施的建设资金和运行经费,由建设单位承担。

第三章　地震监测台网的管理

第十九条　全国地震监测台网正式运行后,不得擅自中止或者终止;确需中止或者终止的,国家地震监测台网和省级地震监测台网必须经国务院地震工作主管部门批准,市、县地震监测台网必须经省、自治区、直辖市人民政府负责管理地震工作的部门或者机构批准,并报国务院地震工作主管部门备案。

专用地震监测台网中止或者终止运行的,应当报所在地省、自治区、直辖市人民政府负责管理地震工作的部门或者机构备案。

第二十条　国务院地震工作主管部门和县级以上地方人民政府负责管理地震工作的部门或者机构,应当对专用地震监测台网和社会地震监测台站(点)的运行予以指导。

第二十一条　县级以上地方人民政府应当为全国地震监测台网的运行提供必要的通信、交通、水、电等条件保障。

全国地震监测台网、专用地震监测台网的运行受到影响时,当地人民政府应当组织有关部门采取紧急措施,尽快恢复地震监测台网的正常运行。

第二十二条　检测、传递、分析、处理、存贮、报送地震监测信息的单位,应当保证地震监测信息的安全和质量。

第二十三条　专用地震监测台网和强震动监测设施的管理单位,应当将地震监测信息及时报送所在地省、自治区、直辖市人民政府负责管理地震工作的部门或者机构。

第二十四条　国务院地震工作主管部门和县级以上地方人民政府负责管理地震工作的部门或者机构,应当加强对从事地震监测工作人员的业务培训,提高其专业技术水平。

第四章　地震监测设施和地震观测环境的保护

第二十五条　国家依法保护地震监测设施和地震观测环境。

地震监测设施所在地的市、县人民政府应当加强对地震监测设施和地震观测环境的保护工作。

任何单位和个人都有依法保护地震监测设施和地震观测环境的义务,对危害、破坏地震监测设施和地震观测环境的行为有权举报。

第二十六条　禁止占用、拆除、损坏下列地震监测设施:

(一)地震监测仪器、设备和装置;

(二)供地震监测使用的山洞、观测井(泉);

(三)地震监测台网中心、中继站、遥测点的用房;

(四)地震监测标志;

(五)地震监测专用无线通信频段、信道和通信设施;

(六)用于地震监测的供电、供水设施。

第二十七条　地震观测环境应当按照地震监测设施周围不能有影响其工作效能的干扰源的要求划定保护范围。具体保护范围,由县级以上人民政府负责管理地震工作的部门或者机构会同其他有关部门,按照国家有关标准规定的最小距离划定。

国家有关标准对地震监测设施保护的最小距离尚未作出规定的，由县级以上人民政府负责管理地震工作的部门或者机构会同其他有关部门，按照国家有关标准规定的测试方法、计算公式等，通过现场实测确定。

第二十八条 除依法从事本条例第三十二条、第三十三条规定的建设活动外，禁止在已划定的地震观测环境保护范围内从事下列活动：

（一）爆破、采矿、采石、钻井、抽水、注水；

（二）在测震观测环境保护范围内设置无线信号发射装置、进行振动作业和往复机械运动；

（三）在电磁观测环境保护范围内铺设金属管线、电力电缆线路、堆放磁性物品和设置高频电磁辐射装置；

（四）在地形变观测环境保护范围内进行振动作业；

（五）在地下流体观测环境保护范围内堆积和填埋垃圾、进行污水处理；

（六）在观测线和观测标志周围设置障碍物或者擅自移动地震观测标志。

第二十九条 县级以上地方人民政府负责管理地震工作的部门或者机构，应当会同有关部门在地震监测设施附近设立保护标志，标明地震监测设施和地震观测环境保护的要求。

第三十条 县级以上地方人民政府负责管理地震工作的部门或者机构，应当将本行政区域内的地震监测设施的分布地点及其保护范围，报告当地人民政府，并通报同级公安机关和国土资源、城乡规划、测绘等部门。

第三十一条 土地利用总体规划和城乡规划应当考虑保护地震监测设施和地震观测环境的需要。

第三十二条 新建、扩建、改建建设工程，应当遵循国家有关测震、电磁、形变、流体等地震观测环境保护的标准，避免对地震监测设施和地震观测环境造成危害。对在地震观测环境保护范围内的建设工程项目，县级以上地方人民政府城乡规划主管部门在核发选址意见书时，应当事先征求同级人民政府负责管理地震工作的部门或者机构的意见；负责管理地震工作的部门或者机构应当在10日内反馈意见。

第三十三条 建设国家重点工程，确实无法避免对地震监测设施和地震观测环境造成破坏的，建设单位应当按照县级以上地方人民政府负责管理地震工作的部门或者机构的要求，增建抗干扰设施或者新建地震监测设施后，方可进行建设。

需要新建地震监测设施的，县级以上地方人民政府负责管理地震工作的部门或者机构，可以要求新建地震监测设施正常运行1年以后，再拆除原地震监测设施。

本条第一款、第二款规定的措施所需费用，由建设单位承担。

第五章 法律责任

第三十四条 违反本条例的规定，国务院地震工作主管部门和县级以上地方人民政府负责管理地震工作的部门或者机构的工作人员，不履行监督管理职责，发现违法行为不予查处或者有其他滥用职权、玩忽职守、徇私舞弊行为，构成犯罪的，依照刑法有关规定追究刑事责任；尚不构成犯罪的，对主管人员和其他直接责任人员依法给予行政处分。

第三十五条 违反本条例的规定，有下列行为之一的，由国务院地震工作主管部门或者县级以上地方人民政府负责管理地震工作的部门或者机构责令改正，并要求采取相应的补救措施，对主管人员和其他直接责任人员，依法给予行政处分：

（一）未按照有关法律、法规和国家有关标准进行地震监测台网建设的；

（二）未按照国务院地震工作主管部门的规定采用地震监测设备和软件的；

（三）擅自中止或者终止地震监测台网运行的。

第三十六条 有本条例第二十六条、第二十八条所列行为之一的，由国务院地震工作主管部门或者县级以上地方人民政府负责管理地震工作的部门或者机构责令停止违法行为，恢复原状或者采取其他补救措施。

单位有前款所列违法行为，情节严重的，处2万元以上20万元以下的罚款；个人有前款所列违法行为，情节严重的，处2000元以下的罚款。构成犯罪的，依法追究刑事责任；造成损失的，依法承担赔偿责任。

第三十七条 违反本条例的规定，建设单位从事建设活动时，未按照要求增建抗干扰设施或者新建地震监测设施，对地震监测设施或者地震观测环境造成破坏的，由国务院地震工作主管部门或者县级以上地方人民政府负责管理地震工作的部门或者机构责令改正，限期恢复原状或者采取相应的补救措施；情节严重的，依照《中华人民共和国防震减灾法》第八十五条的规定处以罚款；构成犯罪的，依法追究刑事责任；造成损失的，依法承担赔偿责任。

第三十八条 违反本条例的规定，外国的组织或者个人未经批准，擅自在中华人民共和国领域和中华人民共和国管辖的其他海域进行地震监测活动的，由国务院地震工作主管部门责令停止违法行为,没收监测成果和监测设施,并处1万元以上10万元以下的罚款;情节严重的,处10万元以上50万元以下的罚款。

第六章 附 则

第三十九条 火山监测的管理,参照本条例执行。

第四十条 本条例自2004年9月1日起施行。1994年1月10日国务院发布的《地震监测设施和地震观测环境保护条例》同时废止。

地震预报管理条例

· 1998年12月17日中华人民共和国国务院令第255号发布

· 自发布之日起施行

第一章 总 则

第一条 为了加强对地震预报的管理,规范发布地震预报行为,根据《中华人民共和国防震减灾法》,制定本条例。

第二条 在中华人民共和国境内从事地震预报活动,必须遵守本条例。

第三条 地震预报包括下列类型:

(一)地震长期预报,是指对未来10年内可能发生破坏性地震的地域的预报;

(二)地震中期预报,是指对未来一二年内可能发生破坏性地震的地域和强度的预报;

(三)地震短期预报,是指对3个月内将要发生地震的时间、地点、震级的预报;

(四)临震预报,是指对10日内将要发生地震的时间、地点、震级的预报。

第四条 国家鼓励和扶持地震预报的科学技术研究,提高地震预报水平。

对在地震预报工作中做出突出贡献或者显著成绩的单位和个人,给予奖励。

第二章 地震预报意见的形成

第五条 国务院地震工作主管部门和县级以上地方人民政府负责管理地震工作的机构,应当加强地震预测工作。

第六条 任何单位和个人根据地震观测资料和研究结果提出的地震预测意见,应当向所在地或者所预测地区的县级以上地方人民政府负责管理地震工作的机构书面报告,也可以直接向国务院地震工作主管部门书面报告,不得向社会散布。

任何单位和个人不得向国(境)外提出地震预测意见;但是,以长期、中期地震活动趋势研究成果进行学术交流的除外。

第七条 任何单位和个人观察到与地震有关的异常现象时,应当及时向所在地的县级以上地方人民政府负责管理地震工作的机构报告。

第八条 国务院地震工作主管部门和省、自治区、直辖市人民政府负责管理地震工作的机构应当组织召开地震震情会商会,对各种地震预测意见和与地震有关的异常现象进行综合分析研究,形成地震预报意见。

市、县人民政府负责管理地震工作的机构可以组织召开地震震情会商会,形成地震预报意见,向省、自治区、直辖市人民政府负责管理地震工作的机构报告。

第三章 地震预报意见的评审

第九条 地震预报意见实行评审制度。评审包括下列内容:

(一)地震预报意见的科学性、可能性;

(二)地震预报的发布形式;

(三)地震预报发布后可能产生的社会、经济影响。

第十条 国务院地震工作主管部门应当组织有关专家,对下列地震预报意见进行评审,并将评审结果报国务院:

(一)全国地震震情会商会形成的地震预报意见;

(二)省、自治区、直辖市地震震情会商会形成的可能发生严重破坏性地震的地震预报意见。

第十一条 省、自治区、直辖市人民政府负责管理地震工作的机构应当组织有关专家,对下列地震预报意见进行评审,并将评审结果向省、自治区、直辖市人民政府和国务院地震工作主管部门报告:

(一)本省、自治区、直辖市地震震情会商会形成的地震预报意见;

(二)市、县地震震情会商会形成的地震预报意见。

省、自治区、直辖市人民政府负责管理地震工作的机构,对可能发生严重破坏性地震的地震预报意见,应当先报经国务院地震工作主管部门评审后,再向本级人民政府报告。

第十二条 省、自治区、直辖市人民政府负责管理地震工作的机构,在震情跟踪会商中,根据明显临震异常形成的临震预报意见,在紧急情况下,可以不经评审,直接报本级人民政府,并报国务院地震工作主管部门。

第十三条 任何单位和个人不得向社会散布地震预报意见及其评审结果。

第四章 地震预报的发布

第十四条 国家对地震预报实行统一发布制度。

全国性的地震长期预报和地震中期预报，由国务院发布。

省、自治区、直辖市行政区域内的地震长期预报、地震中期预报、地震短期预报和临震预报，由省、自治区、直辖市人民政府发布。

新闻媒体刊登或者播发地震预报消息，必须依照本条例的规定，以国务院或者省、自治区、直辖市人民政府发布的地震预报为准。

第十五条 已经发布地震短期预报的地区，如果发现明显临震异常，在紧急情况下，当地市、县人民政府可以发布48小时之内的临震预报，并同时向省、自治区、直辖市人民政府及其负责管理地震工作的机构和国务院地震工作主管部门报告。

第十六条 地震短期预报和临震预报在发布预报的时域、地域内有效。预报期内未发生地震的，原发布机关应当做出撤销或者延期的决定，向社会公布，并妥善处理善后事宜。

第十七条 发生地震谣言，扰乱社会正常秩序时，国务院地震工作主管部门和县级以上地方人民政府负责管理地震工作的机构应当采取措施，迅速予以澄清，其他有关部门应当给予配合、协助。

第五章 法律责任

第十八条 从事地震工作的专业人员违反本条例规定，擅自向社会散布地震预测意见、地震预报意见及其评审结果的，依法给予行政处分。

第十九条 违反本条例规定，制造地震谣言，扰乱社会正常秩序的，依法给予治安管理处罚。

第二十条 违反本条例规定，向国（境）外提出地震预测意见的，由国务院地震工作主管部门给予警告，并可以由其所在单位根据造成的不同后果依法给予纪律处分。

第二十一条 从事地震工作的国家工作人员玩忽职守，构成犯罪的，依法追究刑事责任；尚不构成犯罪的，依法给予行政处分。

第六章 附 则

第二十二条 震后地震趋势判定公告的权限和程序，由国务院地震工作主管部门制定。

第二十三条 北京市的地震短期预报和临震预报，由国务院地震工作主管部门和北京市人民政府负责管理地震工作的机构，组织召开地震震情会商会，提出地震预报意见，经国务院地震工作主管部门组织评审后，报国务院批准，由北京市人民政府发布。

第二十四条 本条例自发布之日起施行。1988年6月7日国务院批准、1988年8月9日国家地震局发布的《发布地震预报的规定》同时废止。

国务院关于加强地质灾害防治工作的决定

· 2011年6月13日
· 国发〔2011〕20号

我国是世界上地质灾害最严重、受威胁人口最多的国家之一，地质条件复杂，构造活动频繁，崩塌、滑坡、泥石流、地面塌陷、地面沉降、地裂缝等灾害隐患多、分布广，且隐蔽性、突发性和破坏性强，防范难度大。特别是近年来受极端天气、地震、工程建设等因素影响，地质灾害多发频发，给人民群众生命财产造成严重损失。为进一步加强地质灾害防治工作，特作如下决定。

一、指导思想、基本原则和工作目标

（一）指导思想。全面贯彻党的十七大和十七届三中、四中、五中全会精神，以邓小平理论和“三个代表”重要思想为指导，全面贯彻落实科学发展观，将“以人为本”的理念贯穿于地质灾害防治工作各个环节，以保护人民群众生命财产安全为根本，以建立健全地质灾害调查评价体系、监测预警体系、防治体系、应急体系为核心，强化全社会地质灾害防范意识和能力，科学规划，突出重点，整体推进，全面提高我国地质灾害防治水平。

（二）基本原则。坚持属地管理、分级负责，明确地方政府的地质灾害防治主体责任，做到政府组织领导、部门分工协作、全社会共同参与；坚持预防为主、防治结合，科学运用监测预警、搬迁避让和工程治理等多种手段，有效规避灾害风险；坚持专群结合、群测群防，充分发挥专业监测机构作用，紧紧依靠广大基层群众全面做好地质灾害防治工作；坚持谁引发、谁治理，对工程建设引发的地质灾害隐患明确防灾责任单位，切实落实防范治理责任；坚持统筹规划、综合治理，在加强地质灾害防治的同时，协调推进山洪等其他灾害防治及生态环境治理工作。

（三）工作目标。“十二五”期间，完成地质灾害重点防治区灾害调查任务，全面查清地质灾害隐患的基本情况；基本完成三峡库区、汶川和玉树地震灾区、地质灾害高易发区重大地质灾害隐患点的工程治理或搬迁避让；对其他隐患点，积极开展专群结合的监测预警，灾情、险情得到及时监控和有效处置。到2020年，全面建成地质灾害调查评价体系、监测预警体系、防治体系和应急体系，基本消除特大型地质灾害隐患点的威胁，使灾害造成的人员伤亡和财产损失明显减少。

二、全面开展隐患调查和动态巡查

（四）加强调查评价。以县为单元在全国范围全面开展山洪、地质灾害调查评价工作，重点提高汶川、玉树地震灾区以及三峡库区、西南山区、西北黄土区、东南沿海等地区的调查工作程度，加大对人口密集区、重要军民设施周边地质灾害危险性的评价力度。调查评价结果要及时提交当地县级以上人民政府，作为灾害防治工作的基础依据。

（五）强化重点勘查。对可能威胁城镇、学校、医院、集市和村庄、部队营区等人口密集区域及饮用水源地，隐蔽性强、地质条件复杂的重大隐患点，要组织力量进行详细勘查，查明灾害成因、危害程度，掌握其发展变化规律，并逐点制定落实监测防治措施。

（六）开展动态巡查。地质灾害易发区县级人民政府要建立健全隐患排查制度，组织对本地区地质灾害隐患点开展经常性巡回检查，对重点防治区域每年开展汛前排查、汛中检查和汛后核查，及时消除灾害隐患，并将排查结果及防灾责任单位及时向社会公布。省、市两级人民政府和相关部门要加强对县级人民政府隐患排查工作的督促指导，对基层难以确定的隐患，要及时组织专业部门进行现场核查确认。

三、加强监测预报预警

（七）完善监测预报网络。各地区要加快构建国土、气象、水利等部门联合的监测预警信息共享平台，建立预报会商和预警联动机制。对城镇、乡村、学校、医院及其他企事业单位等人口密集区上游易发生滑坡、山洪、泥石流的高山峡谷地带，要加密部署气象、水文、地质灾害等专业监测设备，加强监测预报，确保及时发现险情、及时发出预警。

（八）加强预警信息发布手段建设。进一步完善国家突发公共事件预警信息发布系统，建立国家应急广播体系，充分利用广播、电视、互联网、手机短信、电话、宣传车和电子显示屏等各种媒体和手段，及时发布地质灾害预警信息。重点加强农村山区等偏远地区紧急预警信息发布手段建设，并因地制宜地利用有线广播、高音喇叭、鸣锣吹哨、逐户通知等方式，将灾害预警信息及时传递给受威胁群众。

（九）提高群测群防水平。地质灾害易发区的县、乡两级人民政府要加强群测群防的组织领导，健全以村干部和骨干群众为主体的群测群防队伍。引导、鼓励基层社区、村组成立地质灾害联防联控互助组织。对群测群防员给予适当经费补贴，并配备简便实用的监测预警设备。组织相关部门和专业技术人员加强对群测群防员等的防灾知识技能培训，不断增强其识灾报灾、监测预警和临灾避险应急能力。

四、有效规避灾害风险

（十）严格地质灾害危险性评估。在地质灾害易发区内进行工程建设，要严格按规定开展地质灾害危险性评估，严防人为活动诱发地质灾害。强化资源开发中的生态保护与监管，开展易灾地区生态环境监测评估。各地区、各有关部门编制城市总体规划、村庄和集镇规划、基础设施专项规划时，要加强对规划区地质灾害危险性评估，合理确定项目选址、布局，切实避开危险区域。

（十一）快速有序组织临灾避险。对出现灾害前兆、可能造成人员伤亡和重大财产损失的区域和地段，县级人民政府要及时划定地质灾害危险区，向社会公告并设立明显的警示标志；要组织制定防灾避险方案，明确防灾责任人、预警信号、疏散路线及临时安置场所等。遇台风、强降雨等恶劣天气及地震灾害发生时，要组织力量严密监测隐患发展变化，紧急情况下，当地人民政府、基层群测群防组织要迅速启动防灾避险方案，及时有序组织群众安全转移，并在原址设立警示标志，避免人员进入造成伤亡。在安排临时转移群众返回原址居住前，要对灾害隐患进行安全评估，落实监测预警等防范措施。

（十二）加快实施搬迁避让。地方各级人民政府要把地质灾害防治与扶贫开发、生态移民、新农村建设、小城镇建设、土地整治等有机结合起来，统筹安排资金，有计划、有步骤地加快地质灾害危险区内群众搬迁避让，优先搬迁危害程度高、治理难度大的地质灾害隐患点周边群众。要加强对搬迁安置点的选址评估，确保新址不受地质灾害威胁，并为搬迁群众提供长远生产、生活条件。

五、综合采取防治措施

（十三）科学开展工程治理。对一时难以实施搬迁避让的地质灾害隐患点，各地区要加快开展工程治理，充分发挥专家和专业队伍作用，科学设计，精心施工，保证工程质量，提高资金使用效率。各级国土资源、发展改革、财政等相关部门，要加强对工程治理项目的支持和指导监督。

（十四）加快地震灾区、三峡库区地质灾害防治。针对汶川、玉树等地震对灾区地质环境造成的严重破坏，在全面开展地震影响区地质灾害详细调查评价的基础上，抓紧编制实施地质灾害防治专项规划，对重大隐患点进行严密监测，及时采取搬迁避让、工程治理等防治措施，防止造成重大人员伤亡和财产损失。组织实施好三峡库区地质灾害防治工作，妥善解决二、三期地质灾害防治遗留问题，重点加强对水位涨落引发的滑坡、崩塌监测预警和应急处置。

（十五）加强重要设施周边地质灾害防治。对交通干线、水利枢纽、输供电输油（气）设施等重要设施及军事设施周边重大地质灾害隐患，有关部门和企业要及时采取防治措施，确保安全。经评估论证需采取地质灾害防治措施的工程项目，建设单位必须在主体工程建设的同时，实施地质灾害防护工程。各施工企业要加强对工地周边地质灾害隐患的监测预警，制定防灾预案，切实保证在建工程和施工人员安全。

（十六）积极开展综合治理。各地区要组织国土资源、发展改革、财政、环境保护、水利、农业、安全监管、林业、气象等相关部门，统筹各方资源抓好地质灾害防治、矿山地质环境治理恢复、水土保持、山洪灾害防治、中小河流治理和病险水库除险加固、尾矿库隐患治理、易灾地区生态环境治理等各项工作，切实提高地质灾害综合治理水平。要编制实施相关规划，合理安排非工程措施和工程措施，适当提高山区城镇、乡村的地质灾害设防标准。

（十七）建立健全地面沉降、塌陷及地裂缝防控机制。建立相关部门、地方政府地面沉降防控共同责任制，完善重点地区地面沉降监测网络，实行地面沉降与地下水开采联防联控，重点加强对长江三角洲、华北地区和汾渭地区地下水开采管理，合理实施地下水禁采、限采措施和人工回灌等工程，建立地面沉降防治示范区，遏制地面沉降、地裂缝进一步加剧。在深入调查的基础上，划定地面塌陷易发区、危险区，强化防护措施。制定地下工程活动和地下空间管理办法，严格审批程序，防止矿产开采、地下水抽采和其他地下工程建设以及地下空间使用不当等引发地面沉降、塌陷及地裂缝等灾害。

六、加强应急救援工作

（十八）提高地质灾害应急能力。地方各级人民政府要结合地质灾害防治工作实际，加强应急救援体系建设，加快组建专群结合的应急救援队伍，配备必要的交通、通信和专业设备，形成高效的应急工作机制。进一步修订完善突发地质灾害应急预案，制定严密、科学的应急工作流程。建设完善应急避难场所，加强必要的生活物资和医疗用品储备，定期组织应急预案演练，提高有关各方协调联动和应急处置能力。

（十九）强化基层地质灾害防范。地质灾害易发区要充分发挥基层群众熟悉情况的优势，大力支持和推进乡、村地质灾害监测、巡查、预警、转移避险等应急能力建设。在地质灾害重点防范期内，乡镇人民政府、基层群众自治组织要加强对地质灾害隐患的巡回检查，对威胁学校、医院、村庄、集市、企事业单位等人员密集场所的重大隐患点，要安排专人盯守巡查，并于每年汛期前至少组织一次应急避险演练。

（二十）做好突发地质灾害的抢险救援。地方各级人民政府要切实做好突发地质灾害的抢险救援工作，加强综合协调，快速高效做好人员搜救、灾情调查、险情分析、次生灾害防范等应急处置工作。要妥善安排受灾群众生活、医疗和心理救助，全力维护灾区社会稳定。

七、健全保障机制

（二十一）完善和落实法规标准。全面落实《地质灾害防治条例》，地质灾害易发区要抓紧制定完善地方性配套法规规章，健全地质灾害防治法制体系。抓紧修订地质灾害调查评价、危险性评估与风险区划、监测预警和应急处置的规范标准，完善地质灾害治理工程勘查、设计、施工、监理、危险性评估等技术要求和规程。

（二十二）加强地质灾害防治队伍建设。地质灾害易发区省、市、县级人民政府要建立健全与本地区地质灾害防治需要相适应的专业监测、应急管理和技术保障队伍，加大资源整合和经费保障力度，确保各项工作正常开展。支持高等院校、科研院所加大地质灾害防治专业技术人才培养力度，对长期在基层一线从事地质灾害调查、监测等防治工作的专业技术人员，在职务、职称等方面给予政策倾斜。

（二十三）加大资金投入和管理。国家设立的特大型地质灾害防治专项资金，用于开展全国地质灾害调查评价，实施重大隐患点的监测预警、勘查、搬迁避让、工程治理和应急处置，支持群测群防体系建设、科普宣教和培训工作。地方各级人民政府要将地质灾害防治费用和群测群防员补助资金纳入财政保障范围，根据本地实际，增加安排用于地质灾害防治工作的财政投入。同时，要严格资金管理，确保地质灾害防治资金专款专用。各地区要探索制定优惠政策，鼓励、吸引社会资金投入地质灾害防治工作。

（二十四）积极推进科技创新。国家和地方相关科技计划（基金、专项）等要加大对地质灾害防治领域科学研究和技术创新的支持力度，加强对复杂山体成灾机理、灾害风险分析、灾害监测与治理技术、地震对地质灾害影响评价等方面的研究。积极采用地理信息、全球定位、卫星通信、遥感遥测等先进技术手段，探索运用物联网等前沿技术，提升地质灾害调查评价、监测预警的精度和效率。鼓励地质灾害预警和应急指挥、救援关键技术装备的研制，推广应用生命探测、大型挖掘起重破障、物探钻探及大功率水泵等先进适用装备，提高抢险救援和应急处置能力。加强国际交流与合作，学习借鉴国外先进的地质灾害防治理论和技术方法。

(二十五)深入开展科普宣传和培训教育。各地区、各有关部门要广泛开展地质灾害识灾防灾、灾情报告、避险自救等知识的宣传普及，增强全社会预防地质灾害的意识和自我保护能力。地质灾害易发区要定期组织机关干部、基层组织负责人和骨干群众参加地质灾害防治知识培训，加强对中小学学生地质灾害防治知识的教育和技能演练；市、县、乡级政府负责人要全面掌握本地区地质灾害情况，切实增强灾害防治及抢险救援指挥能力。

八、加强组织领导和协调

(二十六)切实加强组织领导。地方各级人民政府要把地质灾害防治工作列入重要议事日程，纳入政府绩效考核，考核结果作为领导班子和领导干部综合考核评价的重要内容。要加强对地质灾害防治工作的领导，地方政府主要负责人对本地区地质灾害防治工作负总责，建立完善逐级负责制，确保防治责任和措施层层落到实处。地质灾害易发区要把地质灾害防治作为市、县、乡级政府分管领导及主管部门负责人任职等谈话的重要内容，督促检查防灾责任落实情况。对在地质灾害防范和处置中玩忽职守，致使工作不到位，造成重大人员伤亡和财产损失的，要依法依规严肃追究行政领导和相关责任人的责任。

(二十七)加强沟通协调。各有关部门要各负其责、密切配合，加强与人民解放军、武警部队的沟通联络和信息共享，共同做好地质灾害防治工作。国土资源部门要加强对地质灾害防治工作的组织协调和指导监督；发展改革、教育、工业和信息化、民政、住房城乡建设、交通运输、铁道、水利、卫生、安全监管、电力监管、旅游等部门要按照职责分工，做好相关领域地质灾害防治工作的组织实施。

(二十八)构建全社会共同参与的地质灾害防治工作格局。广泛发动社会各方面力量积极参与地质灾害防治工作，紧紧依靠人民解放军、武警部队、民兵预备役、公安消防队伍等抢险救援骨干力量，切实发挥工会、共青团、妇联等人民团体在动员群众、宣传教育等方面的作用，鼓励公民、法人和其他社会组织共同关心、支持地质灾害防治事业。对在地质灾害防治工作中成绩显著的单位和个人，各级人民政府要给予表扬奖励。

地质灾害防治单位资质管理办法

·2022年11月8日自然资源部令第8号公布
·自2023年1月1日起施行

第一条　为了加强地质灾害防治单位资质管理，保证地质灾害危险性评估和地质灾害治理工程质量，避免和减轻地质灾害造成的损失，维护人民生命和财产安全，根据《地质灾害防治条例》，制定本办法。

第二条　在中华人民共和国境内从事地质灾害危险性评估以及地质灾害治理工程勘查、设计、施工、监理等地质灾害防治活动的单位，应当依照本办法的规定取得地质灾害防治单位资质，并在资质等级许可的范围内从事地质灾害防治活动。

第三条　本办法所称地质灾害危险性评估，是指在地质灾害易发区进行工程建设或者编制地质灾害易发区内的国土空间规划时，对建设工程或者规划区遭受山体崩塌、滑坡、泥石流、地面塌陷、地裂缝、地面沉降等地质灾害的可能性和建设工程引发地质灾害的可能性作出评估，提出具体预防治理措施的活动。

本办法所称地质灾害治理工程，是指开展勘查、设计、施工、监理等专项地质工程措施，控制或者减轻山体崩塌、滑坡、泥石流、地面塌陷、地裂缝、地面沉降等地质灾害或者地质灾害隐患的工程。

第四条　地质灾害防治单位资质分为甲、乙两个等级。

第五条　地质灾害防治单位资质分为以下专业类别：

(一)地质灾害评估和治理工程勘查设计资质；

(二)地质灾害治理工程施工资质；

(三)地质灾害治理工程监理资质。

第六条　自然资源部负责全国地质灾害防治单位资质工作的监督管理。

省级人民政府自然资源主管部门负责本行政区域内地质灾害防治单位甲级、乙级资质的审批和监督管理。

第七条　申请地质灾害防治单位资质的单位应当符合下列条件：

(一)具有企业法人或者事业单位法人资格，其中申请地质灾害治理工程施工资质应当具有企业法人资格；

（二）具有资源与环境类、土木水利类相关专业技术人员，其中单位技术负责人应当具有高级技术职称；专业技术人员中退休人员数量不超过本办法规定的专业技术人员最低数量要求的百分之十；

（三）具有与从事的地质灾害防治活动相适应的技术装备和设施，其中申请地质灾害评估和治理工程勘查设计资质应当具备全站仪、水准仪、探地雷达等设备，申请地质灾害治理工程施工资质应当具备全站仪、水准仪、锚杆锚索钻机、凿岩机等设备；

（四）具有健全的安全管理体系和质量管理体系。

第八条 除本办法第七条规定的条件外，申请地质灾害防治单位资质的单位还应当具备以下人员和业绩条件：

（一）甲级资质

1. 人员条件：申请地质灾害评估和治理工程勘查设计资质、地质灾害治理工程施工资质的单位，资源与环境类、土木水利类相关专业技术人员总数不少于五十人，其中高级、中级技术职称人员总数不少于二十五人，高级技术职称人员不少于十人；

申请地质灾害治理工程监理资质的单位，资源与环境类、土木水利类相关专业技术人员总数不少于三十人，其中高级、中级技术职称人员总数不少于十五人，高级技术职称人员不少于五人。

2. 业绩条件：申请地质灾害评估和治理工程勘查设计资质的单位，在申请之日前五年内应当独立承担并完成地质灾害危险性评估项目、地质灾害治理工程勘查项目、地质灾害治理工程设计项目总数不少于五项，完成项目总经费不少于六十万元；

申请地质灾害治理工程施工资质的单位，在申请之日前五年内应当独立承担并完成地质灾害治理工程施工项目不少于五项，完成项目总经费不少于五千万元；

申请地质灾害治理工程监理资质的单位，在申请之日前五年内应当独立承担并完成地质灾害治理工程监理项目不少于五项，完成项目总经费不少于三十万元。

（二）乙级资质

人员条件：申请地质灾害评估和治理工程勘查设计资质、地质灾害治理工程监理资质的单位，资源与环境类、土木水利类相关专业技术人员总数不少于十人，其中高级技术职称人员不少于三人；

申请地质灾害治理工程施工资质的单位，资源与环境类、土木水利类相关专业技术人员总数不少于二十人，其中高级技术职称人员不少于五人。

第九条 地质灾害危险性评估项目分为一级、二级两个级别。

从事下列活动之一的，其地质灾害危险性评估的项目级别属于一级：

（一）在地质环境条件复杂地区进行建设项目；

（二）在地质环境条件中等复杂地区进行较为重要建设项目；

（三）编制地质灾害易发区内的国土空间规划。

前款规定以外的其他建设项目地质灾害危险性评估的项目级别属于二级。

建设项目重要性和地质环境条件复杂程度的分类，按照地质灾害危险性评估技术规范有关国家标准执行。

第十条 地质灾害治理工程项目分为一级、二级两个级别。

符合下列条件之一的，为一级地质灾害治理工程项目：

（一）地质灾害治理工程施工经费在五百万元及以上；

（二）单独立项的地质灾害治理工程勘查项目经费在二十万元及以上；

（三）地质灾害治理工程勘查、设计项目总经费在四十万元及以上；

（四）对于治理特大型、大型地质灾害而开展的地质灾害治理工程。

前款规定以外的地质灾害治理工程项目级别属于二级。

第十一条 具有甲级资质的地质灾害防治单位，可以承揽相应一级、二级地质灾害危险性评估项目及地质灾害治理工程项目。

具有乙级资质的地质灾害防治单位，仅可以承揽相应二级地质灾害危险性评估项目及地质灾害治理工程项目。

同一地质灾害治理工程的监理单位与施工单位不得具有隶属关系或者其他利害关系。

第十二条 申请地质灾害防治单位资质的单位，应当向单位登记注册地的省级人民政府自然资源主管部门提出申请，并提交以下材料：

（一）资质申请书；

（二）营业执照或者事业单位法人证书；

（三）有关专业技术人员名单、身份证、职称证书、学历证书、申请前连续三个月由本单位缴纳社会保险记录文件，技术负责人的任命或者聘任文件；

（四）本单位设备的所有权材料；

（五）职业健康安全管理体系认证证书或者安全管理制度文件；

（六）质量管理体系认证证书或者质量管理制度文件。

除前款规定的条件外，申请地质灾害评估和治理工程勘查设计甲级资质的单位，还应当提供相关业绩的项目合同、验收报告或者专家评审意见；申请地质灾害治理工程施工甲级资质、地质灾害治理工程监理甲级资质的单位，还应当提供相关业绩的项目合同、验收报告。

申请材料中涉及国家秘密的信息应当进行脱密处理后提交。

第十三条　省级人民政府自然资源主管部门对申请单位提出的地质灾害防治单位资质申请，应当根据下列情形分别作出处理：

（一）申请材料齐全并符合法定形式的，应当决定受理并发放受理通知书；

（二）申请材料不齐全或者不符合法定形式的，应当当场或者在五个工作日内一次告知申请单位需要补正的全部内容，逾期不告知的，自收到申请材料之日起即为受理；

（三）申请事项依法不属于本机关职责范围的，应当即时作出不予受理的决定，并告知申请单位向有关机关提出申请。

第十四条　省级人民政府自然资源主管部门可以网上受理、审查地质灾害防治单位资质申请。省级人民政府自然资源主管部门受理申请后，应当依据本办法第七条、第八条规定的条件，对申请材料进行审查。

省级人民政府自然资源主管部门可以组织专家对申请材料进行评审。必要时可以进行实地核查。

省级人民政府自然资源主管部门在作出准予行政许可的决定前，应当对拟批准或者不予批准的单位进行公示，公示时间不得少于五个工作日。公示期满，对公示内容无异议的，省级人民政府自然资源主管部门应当作出审批决定；对公示内容有异议的，省级人民政府自然资源主管部门应当予以复核。

省级人民政府自然资源主管部门应当结合地方实际，细化审批标准和流程，明确核查重点和核查方式。

第十五条　省级人民政府自然资源主管部门应当自受理地质灾害防治单位资质申请之日起二十个工作日内作出是否批准的书面决定。

因特殊情况在二十个工作日内不能作出决定的，经本单位负责人批准，可以延长十个工作日，并应当将延长期限的理由告知申请单位。

省级人民政府自然资源主管部门作出批准地质灾害防治单位资质决定的，应当向申请单位颁发资质证书，并予以公告。省级人民政府自然资源主管部门作出不予批准决定的，应当说明理由，并告知申请单位享有依法申请行政复议或者提起行政诉讼的权利。

第十六条　地质灾害防治单位资质证书有效期为五年。

电子地质灾害防治单位资质证书和纸质地质灾害防治单位资质证书具有同等法律效力。地质灾害防治单位资质证书样式由自然资源部统一规定，实行统一编号。

第十七条　地质灾害防治单位资质证书有效期届满需要继续从业的，地质灾害防治单位应当在有效期届满六十个工作日前向单位登记注册地的省级人民政府自然资源主管部门提出延续申请，并依照本办法第十二条有关规定提交申请材料。

受理延续申请的省级人民政府自然资源主管部门应当在地质灾害防治单位资质证书有效期届满前作出是否准予延续的决定；逾期未作出决定的，视为准予延续。

第十八条　地质灾害防治单位名称、住所发生变更的，应当在有关事项变更后三十个工作日内向单位登记注册地的省级人民政府自然资源主管部门提交有关部门的核准材料，申请换发新的地质灾害防治单位资质证书。

第十九条　地质灾害防治单位有下列情形之一的，单位登记注册地的省级人民政府自然资源主管部门应当依法予以注销资质：

（一）地质灾害防治单位资质证书有效期届满未延续的；

（二）地质灾害防治单位依法终止的；

（三）地质灾害防治单位资质依法被撤销、撤回的；

（四）地质灾害防治单位资质证书依法被吊销的；

（五）地质灾害防治单位申请注销地质灾害防治单位资质的。

第二十条　地质灾害防治单位资质证书遗失、损毁的，可以向单位登记注册地的省级人民政府自然资源主管部门申请补领。

第二十一条　地质灾害防治单位在获得地质灾害防治单位乙级资质证书两年后，符合本办法规定的甲级资质条件的，可以申请相应甲级资质。

第二十二条　地质灾害防治单位与其他单位发生合并或者由事业单位整体转制为企业，需要变更单位名称的，应当向单位登记注册地的省级人民政府自然资源主管部门申请换发新的地质灾害防治单位资质证书。除本办法第十八条规定材料外，申请单位还应当提交上级单位或者主管部门关于合并或者转制的批复文件；企业无上级单位或者主管部门的，应当提交企业合并方案及企业股东大会、董事会决议。

地质灾害防治单位发生分立的，应当及时向单位登记注册地的省级人民政府自然资源主管部门申请办理地质灾害防治单位资质证书注销手续。分立后需要继续从业的，应当重新申请地质灾害防治单位资质。

第二十三条 省级人民政府自然资源主管部门应当在全国地质勘查行业监管服务平台填报地质灾害防治单位有关管理信息。

自然资源部可以采取网上审查和实地核查等方式，对省级人民政府自然资源主管部门实施地质灾害防治单位资质审批情况进行监督检查。

第二十四条 地质灾害防治单位应当在全国地质勘查行业监管服务平台填报单位基本情况、地质灾害危险性评估项目、地质灾害治理工程项目等地质灾害防治活动等信息，并向社会公示。

第二十五条 地质灾害防治单位应当建立健全内部管理制度，明确质量安全管控职责及工作流程，保障地质灾害危险性评估和地质灾害治理工程质量。

第二十六条 省级人民政府自然资源主管部门应当按照“双随机、一公开”监管要求，采取随机摇号的方式，按照不低于百分之十的比例确定抽查的地质灾害防治单位，组织对地质灾害防治单位资质情况和从事地质灾害防治活动情况进行监督检查。

第二十七条 省级人民政府自然资源主管部门负责本行政区域内地质灾害防治单位资质情况的监督管理，重点对地质灾害防治单位的专业技术人员、项目业绩真实性、质量安全管理体系等情况进行检查。

第二十八条 市、县级人民政府自然资源主管部门负责本行政区域内地质灾害防治活动的日常监督管理。

第二十九条 地质灾害防治单位应当配合自然资源主管部门开展监督检查，如实提供有关文件、资料，不得隐瞒、拒绝和阻碍。

第三十条 任何单位和个人对违反本办法规定的行为，有权向县级以上人民政府自然资源主管部门举报。接到举报的自然资源主管部门应当及时依法处理。

第三十一条 违反本办法规定，有下列行为之一的，由县级以上人民政府自然资源主管部门依照《地质灾害防治条例》第四十四条的规定予以处罚：

（一）未取得地质灾害防治单位资质证书或者超越其资质等级许可的范围承揽地质灾害危险性评估、地质灾害治理工程勘查、设计、施工及监理业务的；

（二）以其他单位的名义或者允许其他单位以本单位的名义承揽地质灾害危险性评估、地质灾害治理工程勘查、设计、施工及监理业务的。

第三十二条 违反本办法规定，伪造、变造、买卖地质灾害防治单位资质证书的，由省级以上人民政府自然资源主管部门依照《地质灾害防治条例》第四十五条的规定予以处罚。

第三十三条 申请地质灾害防治单位资质的单位违反本办法规定，隐瞒有关情况或者提供虚假材料的，省级人民政府自然资源主管部门应当依法作出不予受理或者不予批准的决定，并按照程序将其列入地质勘查单位异常名录，在全国地质勘查行业监管服务平台上予以公示。该单位在一年内再次申请地质灾害防治单位资质的，省级人民政府自然资源主管部门不予受理。

第三十四条 地质灾害防治单位违反本办法规定，以欺骗、贿赂等不正当手段取得地质灾害防治单位资质证书的，由省级以上人民政府自然资源主管部门依照《中华人民共和国行政许可法》第六十九条的规定予以撤销；并按照程序将其列入地质勘查单位严重失信主体名单。该单位在三年内再次申请地质灾害防治单位资质的，省级人民政府自然资源主管部门不予受理。

第三十五条 监督检查中隐瞒有关情况或者提供虚假材料的，由县级以上人民政府自然资源主管部门责令其限期整改，并按照程序由省级以上人民政府自然资源主管部门将其列入地质勘查单位异常名录，在全国地质勘查行业监管服务平台上予以公示。

第三十六条 违反本办法规定，县级以上人民政府自然资源主管部门的工作人员在地质灾害防治单位资质审批和管理工作中滥用职权、玩忽职守、徇私舞弊的，依法给予处分；涉嫌构成犯罪的，移送有关机关依法追究刑事责任。

第三十七条 本办法所称资源与环境类相关专业包括水文地质、工程地质、环境地质、地质工程、勘查技术与工程、资源勘查工程、地下水科学与工程、地质资源与地质工程、地质矿产、地质勘查、地质勘探、地质学等专业。

本办法所称土木水利类相关专业包括岩土工程、结构工程、防灾减灾工程及防护工程、水利水电工程、水工结构工程等专业。

第三十八条 本办法施行前取得的地质灾害防治单

位甲级、乙级资质证书，在资质证书有效期内继续有效。

本办法施行前取得地质灾害防治单位丙级资质的单位已经承揽地质灾害危险性评估项目、地质灾害治理工程项目的，可以按照原资质管理办法规定的从业范围继续完成相关项目；需要承揽新的地质灾害危险性评估项目、地质灾害治理工程项目的，应当依据本办法规定申请地质灾害防治单位乙级资质。

第三十九条 本办法自2023年1月1日起施行。原国土资源部2005年5月20日发布的《地质灾害危险性评估单位资质管理办法》（国土资源部令第29号）、《地质灾害治理工程勘查设计施工单位资质管理办法》（国土资源部令第30号）、《地质灾害治理工程监理单位资质管理办法》（国土资源部令第31号）同时废止。

矿山地质环境保护规定

- 2009年3月2日国土资源部令第44号公布
- 根据2015年5月11日《国土资源部关于修改〈地质灾害危险性评估单位资质管理办法〉等5部规章的决定》第一次修订
- 根据2016年1月8日《国土资源部关于修改和废止部分规章的决定》第二次修订
- 根据2019年7月24日《自然资源部关于第一批废止和修改的部门规章的决定》第三次修订

第一章 总 则

第一条 为保护矿山地质环境，减少矿产资源勘查开采活动造成的矿山地质环境破坏，保护人民生命和财产安全，促进矿产资源的合理开发利用和经济社会、资源环境的协调发展，根据《中华人民共和国矿产资源法》《地质灾害防治条例》《土地复垦条例》，制定本规定。

第二条 因矿产资源勘查开采等活动造成矿区地面塌陷、地裂缝、崩塌、滑坡，含水层破坏，地形地貌景观破坏等的预防和治理恢复，适用本规定。

开采矿产资源涉及土地复垦的，依照国家有关土地复垦的法律法规执行。

第三条 矿山地质环境保护，坚持预防为主、防治结合，谁开发谁保护、谁破坏谁治理、谁投资谁受益的原则。

第四条 自然资源部负责全国矿山地质环境的保护工作。

县级以上地方自然资源主管部门负责本行政区的矿山地质环境保护工作。

第五条 国家鼓励开展矿山地质环境保护科学技术研究，普及相关科学技术知识，推广先进技术和方法，制定有关技术标准，提高矿山地质环境保护的科学技术水平。

第六条 国家鼓励企业、社会团体或者个人投资，对已关闭或者废弃矿山的地质环境进行治理恢复。

第七条 任何单位和个人对破坏矿山地质环境的违法行为都有权进行检举和控告。

第二章 规 划

第八条 自然资源部负责全国矿山地质环境的调查评价工作。

省、自治区、直辖市自然资源主管部门负责本行政区域内的矿山地质环境调查评价工作。

市、县自然资源主管部门根据本地区的实际情况，开展本行政区域的矿山地质环境调查评价工作。

第九条 自然资源部依据全国矿山地质环境调查评价结果，编制全国矿山地质环境保护规划。

省、自治区、直辖市自然资源主管部门依据全国矿山地质环境保护规划，结合本行政区域的矿山地质环境调查评价结果，编制省、自治区、直辖市的矿山地质环境保护规划，报省、自治区、直辖市人民政府批准实施。

市、县级矿山地质环境保护规划的编制和审批，由省、自治区、直辖市自然资源主管部门规定。

第十条 矿山地质环境保护规划应当包括下列内容：

（一）矿山地质环境现状和发展趋势；

（二）矿山地质环境保护的指导思想、原则和目标；

（三）矿山地质环境保护的主要任务；

（四）矿山地质环境保护的重点工程；

（五）规划实施保障措施。

第十一条 矿山地质环境保护规划应当符合矿产资源规划，并与土地利用总体规划、地质灾害防治规划等相协调。

第三章 治理恢复

第十二条 采矿权申请人申请办理采矿许可证时，应当编制矿山地质环境保护与土地复垦方案，报有批准权的自然资源主管部门批准。

矿山地质环境保护与土地复垦方案应当包括下列内容：

（一）矿山基本情况；

（二）矿区基础信息；

（三）矿山地质环境影响和土地损毁评估；

（四）矿山地质环境治理与土地复垦可行性分析；

（五）矿山地质环境治理与土地复垦工程；

（六）矿山地质环境治理与土地复垦工作部署；

（七）经费估算与进度安排；

（八）保障措施与效益分析。

第十三条　采矿权申请人未编制矿山地质环境保护与土地复垦方案，或者编制的矿山地质环境保护与土地复垦方案不符合要求的，有批准权的自然资源主管部门应当告知申请人补正；逾期不补正的，不予受理其采矿权申请。

第十四条　采矿权人扩大开采规模、变更矿区范围或者开采方式的，应当重新编制矿山地质环境保护与土地复垦方案，并报原批准机关批准。

第十五条　采矿权人应当严格执行经批准的矿山地质环境保护与土地复垦方案。

矿山地质环境保护与治理恢复工程的设计和施工，应当与矿产资源开采活动同步进行。

第十六条　开采矿产资源造成矿山地质环境破坏的，由采矿权人负责治理恢复，治理恢复费用列入生产成本。

矿山地质环境治理恢复责任人灭失的，由矿山所在地的市、县自然资源主管部门，使用经市、县人民政府批准设立的政府专项资金进行治理恢复。

自然资源部，省、自治区、直辖市自然资源主管部门依据矿山地质环境保护规划，按照矿山地质环境治理工程项目管理制度的要求，对市、县自然资源主管部门给予资金补助。

第十七条　采矿权人应当依照国家有关规定，计提矿山地质环境治理恢复基金。基金由企业自主使用，根据其矿山地质环境保护与土地复垦方案确定的经费预算、工程实施计划、进度安排等，统筹用于开展矿山地质环境治理恢复和土地复垦。

第十八条　采矿权人应当按照矿山地质环境保护与土地复垦方案的要求履行矿山地质环境保护与土地复垦义务。

采矿权人未履行矿山地质环境保护与土地复垦义务，或者未达到矿山地质环境保护与土地复垦方案要求，有关自然资源主管部门应当责令采矿权人限期履行矿山地质环境保护与土地复垦义务。

第十九条　矿山关闭前，采矿权人应当完成矿山地质环境保护与土地复垦义务。采矿权人在申请办理闭坑手续时，应当经自然资源主管部门验收合格，并提交验收合格文件。

第二十条　采矿权转让的，矿山地质环境保护与土地复垦的义务同时转让。采矿权受让人应当依照本规定，履行矿山地质环境保护与土地复垦的义务。

第二十一条　以槽探、坑探方式勘查矿产资源，探矿权人在矿产资源勘查活动结束后未申请采矿权的，应当采取相应的治理恢复措施，对其勘查矿产资源遗留的钻孔、探井、探槽、巷道进行回填、封闭，对形成的危岩、危坡等进行治理恢复，消除安全隐患。

第四章　监督管理

第二十二条　县级以上自然资源主管部门对采矿权人履行矿山地质环境保护与土地复垦义务的情况进行监督检查。

相关责任人应当配合县级以上自然资源主管部门的监督检查，并提供必要的资料，如实反映情况。

第二十三条　县级以上自然资源主管部门应当建立本行政区域内的矿山地质环境监测工作体系，健全监测网络，对矿山地质环境进行动态监测，指导、监督采矿权人开展矿山地质环境监测。

采矿权人应当定期向矿山所在地的县级自然资源主管部门报告矿山地质环境情况，如实提交监测资料。

县级自然资源主管部门应当定期将汇总的矿山地质环境监测资料报上一级自然资源主管部门。

第二十四条　县级以上自然资源主管部门在履行矿山地质环境保护的监督检查职责时，有权对矿山地质环境与土地复垦方案确立的治理恢复措施落实情况和矿山地质环境监测情况进行现场检查，对违反本规定的行为有权制止并依法查处。

第二十五条　开采矿产资源等活动造成矿山地质环境突发事件的，有关责任人应当采取应急措施，并立即向当地人民政府报告。

第五章　法律责任

第二十六条　违反本规定，应当编制矿山地质环境保护与土地复垦方案而未编制的，或者扩大开采规模、变更矿区范围或者开采方式，未重新编制矿山地质环境保护与土地复垦方案并经原审批机关批准的，责令限期改正，并列入矿业权人异常名录或严重违法名单；逾期不改正的，处3万元以下的罚款，不受理其申请新的采矿许可证或者申请采矿许可证延续、变更、注销。

第二十七条　违反本规定，未按照批准的矿山地质环境保护与土地复垦方案治理的，或者在矿山被批准关闭、闭坑前未完成治理恢复的，责令限期改正，并列入矿业权人异常名录或严重违法名单；逾期拒不改正的或整改不到位的，处3万元以下的罚款，不受理其申请新的采矿权许可证或者申请采矿权许可证延续、变更、注销。

第二十八条 违反本规定，未按规定计提矿山地质环境治理恢复基金的，由县级以上自然资源主管部门责令限期计提；逾期不计提的，处3万元以下的罚款。颁发采矿许可证的自然资源主管部门不得通过其采矿活动年度报告，不受理其采矿权延续变更申请。

第二十九条 违反本规定第二十一条规定，探矿权人未采取治理恢复措施的，由县级以上自然资源主管部门责令限期改正；逾期拒不改正的，处3万元以下的罚款，5年内不受理其新的探矿权、采矿权申请。

第三十条 违反本规定，扰乱、阻碍矿山地质环境保护与治理恢复工作，侵占、损坏、损毁矿山地质环境监测设施或者矿山地质环境保护与治理恢复设施的，由县级以上自然资源主管部门责令停止违法行为，限期恢复原状或者采取补救措施，并处3万元以下的罚款；构成犯罪的，依法追究刑事责任。

第三十一条 县级以上自然资源主管部门工作人员违反本规定，在矿山地质环境保护与治理恢复监督管理中玩忽职守、滥用职权、徇私舞弊的，对相关责任人依法给予处分；构成犯罪的，依法追究刑事责任。

第六章 附 则

第三十二条 本规定实施前已建和在建矿山，采矿权人应当依照本规定编制矿山地质环境保护与土地复垦方案，报原采矿许可证审批机关批准。

第三十三条 本规定自2009年5月1日起施行。

国家突发地质灾害应急预案

·2006年1月10日
·国办函〔2005〕37号

1 总 则

1.1 编制目的

高效有序地做好突发地质灾害应急防治工作，避免或最大程度地减轻灾害造成的损失，维护人民生命、财产安全和社会稳定。

1.2 编制依据

依据《地质灾害防治条例》、《国家突发公共事件总体应急预案》、《国务院办公厅转发国土资源部建设部关于加强地质灾害防治工作意见的通知》，制定本预案。

1.3 适用范围

本预案适用于处置自然因素或者人为活动引发的危害人民生命和财产安全的山体崩塌、滑坡、泥石流、地面塌陷等与地质作用有关的地质灾害。

1.4 工作原则

预防为主，以人为本。建立健全群测群防机制，最大程度地减少突发地质灾害造成的损失，把保障人民群众的生命财产安全作为应急工作的出发点和落脚点。

统一领导、分工负责。在各级党委、政府统一领导下，有关部门各司其职，密切配合，共同做好突发地质灾害应急防治工作。

分级管理，属地为主。建立健全按灾害级别分级管理、条块结合、以地方人民政府为主的管理体制。

2 组织体系和职责

国务院国土资源行政主管部门负责全国地质灾害应急防治工作的组织、协调、指导和监督。

出现超出事发地省级人民政府处置能力，需要由国务院负责处置的特大型地质灾害时，根据国务院国土资源行政主管部门的建议，国务院可以成立临时性的地质灾害应急防治总指挥部，负责特大型地质灾害应急防治工作的指挥和部署。

省级人民政府可以参照国务院地质灾害应急防治总指挥部的组成和职责，结合本地实际情况成立相应的地质灾害应急防治指挥部。

发生地质灾害或者出现地质灾害险情时，相关市、县人民政府可以根据地质灾害抢险救灾的需要，成立地质灾害抢险救灾指挥机构。

3 预防和预警机制

3.1 预防预报预警信息

3.1.1 监测预报预警体系建设

各级人民政府要加快建立以预防为主的地质灾害监测、预报、预警体系建设，开展地质灾害调查，编制地质灾害防治规划，建设地质灾害群测群防网络和专业监测网络，形成覆盖全国的地质灾害监测网络。国务院国土资源、水利、气象、地震部门要密切合作，逐步建成与全国防汛监测网络、气象监测网络、地震监测网络互联，连接国务院有关部门、省（区、市）、市（地、州）、县（市）的地质灾害信息系统，及时传送地质灾害险情灾情、汛情和气象信息。

3.1.2 信息收集与分析

负责地质灾害监测的单位，要广泛收集整理与突发地质灾害预防预警有关的数据资料和相关信息，进行地质灾害中、短期趋势预测，建立地质灾害监测、预报、预警等资料数据库，实现各部门间的共享。

3.2 **预防预警行动**

3.2.1 编制年度地质灾害防治方案

县级以上地方人民政府国土资源主管部门会同本级地质灾害应急防治指挥部成员单位,依据地质灾害防治规划,每年年初拟订本年度的地质灾害防治方案。年度地质灾害防治方案要标明辖区内主要灾害点的分布,说明主要灾害点的威胁对象和范围,明确重点防范期,制订具体有效的地质灾害防治措施,确定地质灾害的监测、预防责任人。

3.2.2 地质灾害险情巡查

地方各级人民政府国土资源主管部门要充分发挥地质灾害群测群防和专业监测网络的作用,进行定期和不定期的检查,加强对地质灾害重点地区的监测和防范,发现险情时,要及时向当地人民政府和上一级国土资源主管部门报告。当地县级人民政府要及时划定灾害危险区,设置危险区警示标志,确定预警信号和撤离路线。根据险情变化及时提出应急对策,组织群众转移避让或采取排险防治措施,情况危急时,应强制组织避灾疏散。

3.2.3 "防灾明白卡"发放

为提高群众的防灾意识和能力,地方各级人民政府要根据当地已查出的地质灾害危险点、隐患点,将群测群防工作落实到具体单位,落实到乡(镇)长和村委会主任以及受灾害隐患点威胁的村民,要将涉及地质灾害防治内容的"明白卡"发到村民手中。

3.2.4 建立地质灾害预报预警制度

地方各级人民政府国土资源主管部门和气象主管机构要加强合作,联合开展地质灾害气象预报预警工作,并将预报预警结果及时报告本级人民政府,同时通过媒体向社会发布。当发出某个区域有可能发生地质灾害的预警预报后,当地人民政府要依照群测群防责任制的规定,立即将有关信息通知到地质灾害危险点的防灾责任人、监测人和该区域内的群众;各单位和当地群众要对照"防灾明白卡"的要求,做好防灾的各项准备工作。

3.3 **地质灾害速报制度**

3.3.1 速报时限要求

县级人民政府国土资源主管部门接到当地出现特大型、大型地质灾害报告后,应在4小时内速报县级人民政府和市级人民政府国土资源主管部门,同时可直接速报省级人民政府国土资源主管部门和国务院国土资源主管部门。国土资源部接到特大型、大型地质灾害险情和灾情报告后,应立即向国务院报告。

县级人民政府国土资源主管部门接到当地出现中、小型地质灾害报告后,应在12小时内速报县级人民政府和市级人民政府国土资源主管部门,同时可直接速报省级人民政府国土资源主管部门。

3.3.2 速报的内容

灾害速报的内容主要包括地质灾害险情或灾情出现的地点和时间、地质灾害类型、灾害体的规模、可能的引发因素和发展趋势等。对已发生的地质灾害,速报内容还要包括伤亡和失踪的人数以及造成的直接经济损失。

4 地质灾害险情和灾情分级

地质灾害按危害程度和规模大小分为特大型、大型、中型、小型地质灾害险情和地质灾害灾情四级:

(1)特大型地质灾害险情和灾情(Ⅰ级)。

受灾害威胁,需搬迁转移人数在1000人以上或潜在可能造成的经济损失1亿元以上的地质灾害险情为特大型地质灾害险情。

因灾死亡30人以上或因灾造成直接经济损失1000万元以上的地质灾害灾情为特大型地质灾害灾情。

(2)大型地质灾害险情和灾情(Ⅱ级)。

受灾害威胁,需搬迁转移人数在500人以上、1000人以下,或潜在经济损失5000万元以上、1亿元以下的地质灾害险情为大型地质灾害险情。

因灾死亡10人以上、30人以下,或因灾造成直接经济损失500万元以上、1000万元以下的地质灾害灾情为大型地质灾害灾情。

(3)中型地质灾害险情和灾情(Ⅲ级)。

受灾害威胁,需搬迁转移人数在100人以上、500人以下,或潜在经济损失500万元以上、5000万元以下的地质灾害险情为中型地质灾害险情。

因灾死亡3人以上、10人以下,或因灾造成直接经济损失100万元以上、500万元以下的地质灾害灾情为中型地质灾害灾情。

(4)小型地质灾害险情和灾情(Ⅳ级)。

受灾害威胁,需搬迁转移人数在100人以下,或潜在经济损失500万元以下的地质灾害险情为小型地质灾害险情。

因灾死亡3人以下,或因灾造成直接经济损失100万元以下的地质灾害灾情为小型地质灾害灾情。

5 应急响应

地质灾害应急工作遵循分级响应程序,根据地质灾害的等级确定相应级别的应急机构。

5.1 **特大型地质灾害险情和灾情应急响应(Ⅰ级)**

出现特大型地质灾害险情和特大型地质灾害灾情的

县(市)、市(地、州)、省(区、市)人民政府立即启动相关的应急防治预案和应急指挥系统,部署本行政区域内的地质灾害应急防治与救灾工作。

地质灾害发生地的县级人民政府应当依照群测群防责任制的规定,立即将有关信息通知到地质灾害危险点的防灾责任人、监测人和该区域内的群众,对是否转移群众和采取的应急措施做出决策;及时划定地质灾害危险区,设立明显的危险区警示标志,确定预警信号和撤离路线,组织群众转移避让或采取排险防治措施,根据险情和灾情具体情况提出应急对策,情况危急时应强制组织受威胁群众避灾疏散。特大型地质灾害险情和灾情的应急防治工作,在本省(区、市)人民政府的领导下,由本省(区、市)地质灾害应急防治指挥部具体指挥、协调、组织财政、建设、交通、水利、民政、气象等有关部门的专家和人员,及时赶赴现场,加强监测,采取应急措施,防止灾害进一步扩大,避免抢险救灾可能造成的二次人员伤亡。

国土资源部组织协调有关部门赴灾区现场指导应急防治工作,派出专家组调查地质灾害成因,分析其发展趋势,指导地方制订应急防治措施。

5.2　大型地质灾害险情和灾情应急响应(Ⅱ级)

出现大型地质灾害险情和大型地质灾害灾情的县(市)、市(地、州)、省(区、市)人民政府立即启动相关的应急预案和应急指挥系统。

地质灾害发生地的县级人民政府应当依照群测群防责任制的规定,立即将有关信息通知到地质灾害危险点的防灾责任人、监测人和该区域内的群众,对是否转移群众和采取的应急措施做出决策;及时划定地质灾害危险区,设立明显的危险区警示标志,确定预警信号和撤离路线,组织群众转移避让或采取排险防治措施,根据险情和灾情具体情况提出应急对策,情况危急时应强制组织受威胁群众避灾疏散。

大型地质灾害险情和大型地质灾害灾情的应急工作,在本省(区、市)人民政府的领导下,由本省(区、市)地质灾害应急防治指挥部具体指挥、协调、组织财政、建设、交通、水利、民政、气象等有关部门的专家和人员,及时赶赴现场,加强监测,采取应急措施,防止灾害进一步扩大,避免抢险救灾可能造成的二次人员伤亡。

必要时,国土资源部派出工作组协助地方政府做好地质灾害的应急防治工作。

5.3　中型地质灾害险情和灾情应急响应(Ⅲ级)

出现中型地质灾害险情和中型地质灾害灾情的县(市)、市(地、州)人民政府立即启动相关的应急预案和应急指挥系统。

地质灾害发生地的县级人民政府应当依照群测群防责任制的规定,立即将有关信息通知到地质灾害危险点的防灾责任人、监测人和该区域内的群众,对是否转移群众和采取的应急措施做出决策;及时划定地质灾害危险区,设立明显的危险区警示标志,确定预警信号和撤离路线,组织群众转移避让或采取排险防治措施,根据险情和灾情具体情况提出应急对策,情况危急时应强制组织受威胁群众避灾疏散。

中型地质灾害险情和中型地质灾害灾情的应急工作,在本市(地、州)人民政府的领导下,由本市(地、州)地质灾害应急防治指挥部具体指挥、协调、组织建设、交通、水利、民政、气象等有关部门的专家和人员,及时赶赴现场,加强监测,采取应急措施,防止灾害进一步扩大,避免抢险救灾可能造成的二次人员伤亡。

必要时,灾害出现地的省(区、市)人民政府派出工作组赶赴灾害现场,协助市(地、州)人民政府做好地质灾害应急工作。

5.4　小型地质灾害险情和灾情应急响应(Ⅳ级)

出现小型地质灾害险情和小型地质灾害灾情的县(市)人民政府立即启动相关的应急预案和应急指挥系统,依照群测群防责任制的规定,立即将有关信息通知到地质灾害危险点的防灾责任人、监测人和该区域内的群众,对是否转移群众和采取的应急措施作出决策;及时划定地质灾害危险区,设立明显的危险区警示标志,确定预警信号和撤离路线,组织群众转移避让或采取排险防治措施,根据险情和灾情具体情况提出应急对策,情况危急时应强制组织受威胁群众避灾疏散。

小型地质灾害险情和小型地质灾害灾情的应急工作,在本县(市)人民政府的领导下,由本县(市)地质灾害应急指挥部具体指挥、协调、组织建设、交通、水利、民政、气象等有关部门的专家和人员,及时赶赴现场,加强监测,采取应急措施,防止灾害进一步扩大,避免抢险救灾可能造成的二次人员伤亡。

必要时,灾害出现地的市(地、州)人民政府派出工作组赶赴灾害现场,协助县(市)人民政府做好地质灾害应急工作。

5.5　应急响应结束

经专家组鉴定地质灾害险情或灾情已消除,或者得到有效控制后,当地县级人民政府撤销划定的地质灾害危险区,应急响应结束。

6 应急保障

6.1 应急队伍、资金、物资、装备保障

加强地质灾害专业应急防治与救灾队伍建设，确保灾害发生后应急防治与救灾力量及时到位。专业应急防治与救灾队伍、武警部队、乡镇（村庄、社区）应急救援志愿者组织等，平时要有针对性地开展应急防治与救灾演练，提高应急防治与救灾能力。

地质灾害应急防治与救灾费用按《财政应急保障预案》规定执行。

地方各级人民政府要储备用于灾民安置、医疗卫生、生活必需等必要的抢险救灾专用物资。保证抢险救灾物资的供应。

6.2 通信与信息传递

加强地质灾害监测、预报、预警信息系统建设，充分利用现代通信手段，把有线电话、卫星电话、移动手机、无线电台及互联网等有机结合起来，建立覆盖全国的地质灾害应急防治信息网，并实现各部门间的信息共享。

6.3 应急技术保障

6.3.1 地质灾害应急防治专家组

国土资源部和省（区、市）国土资源行政主管部门分别成立地质灾害应急防治专家组，为地质灾害应急防治和应急工作提供技术咨询服务。

6.3.2 地质灾害应急防治科学研究

国土资源部及有关单位要开展地质灾害应急防治与救灾方法、技术的研究，开展应急调查、应急评估、地质灾害趋势预测、地质灾害气象预报预警技术的研究和开发，各级政府要加大对地质灾害预报预警科学研究技术开发的工作力度和投资，同时开展有针对性的应急防治与救灾演习和培训工作。

6.4 宣传与培训

加强公众防灾、减灾知识的宣传和培训，对广大干部和群众进行多层次多方位的地质灾害防治知识教育，增强公众的防灾意识和自救互救能力。

6.5 信息发布

地质灾害灾情和险情的发布按《国家突发公共事件新闻发布应急预案》执行。

6.6 监督检查

国土资源部会同有关部门对上述各项地质灾害应急防治保障工作进行有效的督导和检查，及时总结地质灾害应急防治实践的经验和教训。

地方各级人民政府应组织各部门、各单位负责落实相关责任。

7 预案管理与更新

7.1 预案管理

可能发生地质灾害地区的县级以上地方人民政府负责管理地质灾害防治工作的部门或者机构，应当会同有关部门参照国家突发地质灾害应急预案，制定本行政区域内的突发地质灾害应急预案，报本级人民政府批准后实施。各省（区、市）的应急预案应当报国务院国土资源主管部门备案。

7.2 预案更新

本预案由国土资源部负责每年评审一次，并根据评审结果进行修订或更新后报国务院批准。

突发地质灾害应急预案的更新期限最长为5年。

8 责任与奖惩

8.1 奖励

对在地质灾害应急工作中贡献突出需表彰奖励的单位和个人，按照《地质灾害防治条例》相关规定执行。

8.2 责任追究

对引发地质灾害的单位和个人的责任追究，按照《地质灾害防治条例》相关规定处理；对地质灾害应急防治中失职、渎职的有关人员按国家有关法律、法规追究责任。

9 附 则

9.1 名词术语的定义与说明

地质灾害易发区：指具备地质灾害发生的地质构造、地形地貌和气候条件，容易发生地质灾害的区域。

地质灾害危险区：指已经出现地质灾害迹象，明显可能发生地质灾害且将可能造成人员伤亡和经济损失的区域或者地段。

次生灾害：指由地质灾害造成的工程结构、设施和自然环境破坏而引发的灾害，如水灾、爆炸及剧毒和强腐蚀性物质泄漏等。

生命线设施：指供水、供电、粮油、排水、燃料、热力系统及通信、交通等城市公用设施。

直接经济损失：指地质灾害及次生灾害造成的物质破坏，包括建筑物和其他工程结构、设施、设备、物品、财物等破坏而引起的经济损失，以重新修复所需费用计算。不包括非实物财产，如货币、有价证券等损失。

本预案有关数量的表述中，“以上”含本数，“以下”不含本数。

9.2 预案的实施

本预案自印发之日起实施。

国家地震应急预案

·2012年8月28日修订

1 总 则

1.1 编制目的

依法科学统一、有力有序有效地实施地震应急,最大程度减少人员伤亡和经济损失,维护社会正常秩序。

1.2 编制依据

《中华人民共和国突发事件应对法》、《中华人民共和国防震减灾法》等法律法规和国家突发事件总体应急预案等。

1.3 适用范围

本预案适用于我国发生地震及火山灾害和国外发生造成重大影响地震及火山灾害的应对工作。

1.4 工作原则

抗震救灾工作坚持统一领导、军地联动,分级负责、属地为主,资源共享、快速反应的工作原则。地震灾害发生后,地方人民政府和有关部门立即自动按照职责分工和相关预案开展前期处置工作。省级人民政府是应对本行政区域特别重大、重大地震灾害的主体。视省级人民政府地震应急的需求,国家地震应急给予必要的协调和支持。

2 组织体系

2.1 国家抗震救灾指挥机构

国务院抗震救灾指挥部负责统一领导、指挥和协调全国抗震救灾工作。地震局承担国务院抗震救灾指挥部日常工作。

必要时,成立国务院抗震救灾总指挥部,负责统一领导、指挥和协调全国抗震救灾工作;在地震灾区成立现场指挥机构,在国务院抗震救灾指挥机构的领导下开展工作。

2.2 地方抗震救灾指挥机构

县级以上地方人民政府抗震救灾指挥部负责统一领导、指挥和协调本行政区域的抗震救灾工作。地方有关部门和单位、当地解放军、武警部队和民兵组织等,按照职责分工,各负其责,密切配合,共同做好抗震救灾工作。

3 响应机制

3.1 地震灾害分级

地震灾害分为特别重大、重大、较大、一般四级。

(1)特别重大地震灾害是指造成300人以上死亡(含失踪),或者直接经济损失占地震发生地省(区、市)上年国内生产总值1%以上的地震灾害。

当人口较密集地区发生7.0级以上地震,人口密集地区发生6.0级以上地震,初判为特别重大地震灾害。

(2)重大地震灾害是指造成50人以上、300人以下死亡(含失踪)或者造成严重经济损失的地震灾害。

当人口较密集地区发生6.0级以上、7.0级以下地震,人口密集地区发生5.0级以上、6.0级以下地震,初判为重大地震灾害。

(3)较大地震灾害是指造成10人以上、50人以下死亡(含失踪)或者造成较重经济损失的地震灾害。

当人口较密集地区发生5.0级以上、6.0级以下地震,人口密集地区发生4.0级以上、5.0级以下地震,初判为较大地震灾害。

(4)一般地震灾害是指造成10人以下死亡(含失踪)或者造成一定经济损失的地震灾害。

当人口较密集地区发生4.0级以上、5.0级以下地震,初判为一般地震灾害。

3.2 分级响应

根据地震灾害分级情况,将地震灾害应急响应分为Ⅰ级、Ⅱ级、Ⅲ级和Ⅳ级。

应对特别重大地震灾害,启动Ⅰ级响应。由灾区所在省级抗震救灾指挥部领导灾区地震应急工作;国务院抗震救灾指挥机构负责统一领导、指挥和协调全国抗震救灾工作。

应对重大地震灾害,启动Ⅱ级响应。由灾区所在省级抗震救灾指挥部领导灾区地震应急工作;国务院抗震救灾指挥部根据情况,组织协调有关部门和单位开展国家地震应急工作。

应对较大地震灾害,启动Ⅲ级响应。在灾区所在省级抗震救灾指挥部的支持下,由灾区所在市级抗震救灾指挥部领导灾区地震应急工作。中国地震局等国家有关部门和单位根据灾区需求,协助做好抗震救灾工作。

应对一般地震灾害,启动Ⅳ级响应。在灾区所在省、市级抗震救灾指挥部的支持下,由灾区所在县级抗震救灾指挥部领导灾区地震应急工作。中国地震局等国家有关部门和单位根据灾区需求,协助做好抗震救灾工作。

地震发生在边疆地区、少数民族聚居地区和其他特殊地区,可根据需要适当提高响应级别。地震应急响应启动后,可视灾情及其发展情况对响应级别及时进行相应调整,避免响应不足或响应过度。

4 监测报告

4.1 地震监测预报

中国地震局负责收集和管理全国各类地震观测数据,

提出地震重点监视防御区和年度防震减灾工作意见。各级地震工作主管部门和机构加强震情跟踪监测、预测预报和群测群防工作,及时对地震预测意见和可能与地震有关的异常现象进行综合分析研判。省级人民政府根据预报的震情决策发布临震预报,组织预报区加强应急防范措施。

4.2 震情速报

地震发生后,中国地震局快速完成地震发生时间、地点、震级、震源深度等速报参数的测定,报国务院,同时通报有关部门,并及时续报有关情况。

4.3 灾情报告

地震灾害发生后,灾区所在县级以上地方人民政府及时将震情、灾情等信息报上级人民政府,必要时可越级上报。发生特别重大、重大地震灾害,民政部、中国地震局等部门迅速组织开展现场灾情收集、分析研判工作,报国务院,并及时续报有关情况。公安、安全生产监管、交通、铁道、水利、建设、教育、卫生等有关部门及时将收集了解的情况报国务院。

5 应急响应

各有关地方和部门根据灾情和抗灾救灾需要,采取以下措施。

5.1 搜救人员

立即组织基层应急队伍和广大群众开展自救互救,同时组织协调当地解放军、武警部队、地震、消防、建筑和市政等各方面救援力量,调配大型吊车、起重机、千斤顶、生命探测仪等救援装备,抢救被掩埋人员。现场救援队伍之间加强衔接和配合,合理划分责任区边界,遇有危险时及时传递警报,做好自身安全防护。

5.2 开展医疗救治和卫生防疫

迅速组织协调应急医疗队伍赶赴现场,抢救受伤群众,必要时建立战地医院或医疗点,实施现场救治。加强救护车、医疗器械、药品和血浆的组织调度,特别是加大对重灾区及偏远地区医疗器械、药品供应,确保被救人员得到及时医治,最大程度减少伤员致死、致残。统筹周边地区的医疗资源,根据需要分流重伤员,实施异地救治。开展灾后心理援助。

加强灾区卫生防疫工作。及时对灾区水源进行监测消毒,加强食品和饮用水卫生监督;妥善处置遇难者遗体,做好死亡动物、医疗废弃物、生活垃圾、粪便等消毒和无害化处理;加强鼠疫、狂犬病的监测、防控和处理,及时接种疫苗;实行重大传染病和突发卫生事件每日报告制度。

5.3 安置受灾群众

开放应急避难场所,组织筹集和调运食品、饮用水、衣被、帐篷、移动厕所等各类救灾物资,解决受灾群众吃饭、饮水、穿衣、住处等问题;在受灾村镇、街道设置生活用品发放点,确保生活用品的有序发放;根据需要组织生产、调运、安装活动板房和简易房;在受灾群众集中安置点配备必要的消防设备器材,严防火灾发生。救灾物资优先保证学校、医院、福利院的需要;优先安置孤儿、孤老及残疾人员,确保其基本生活。鼓励采取投亲靠友等方式,广泛动员社会力量安置受灾群众。

做好遇难人员的善后工作,抚慰遇难者家属;积极创造条件,组织灾区学校复课。

5.4 抢修基础设施

抢通修复因灾损毁的机场、铁路、公路、桥梁、隧道等交通设施,协调运力,优先保证应急抢险救援人员、救灾物资和伤病人员的运输需要。抢修供电、供水、供气、通信、广播电视等基础设施,保障灾区群众基本生活需要和应急工作需要。

5.5 加强现场监测

地震局组织布设或恢复地震现场测震和前兆台站,实时跟踪地震序列活动,密切监视震情发展,对震区及全国震情形势进行研判。气象局加强气象监测,密切关注灾区重大气象变化。灾区所在地抗震救灾指挥部安排专业力量加强空气、水源、土壤污染监测,减轻或消除污染危害。

5.6 防御次生灾害

加强次生灾害监测预警,防范因强余震和降雨形成的滑坡、泥石流、滚石等造成新的人员伤亡和交通堵塞;组织专家对水库、水电站、堤坝、堰塞湖等开展险情排查、评估和除险加固,必要时组织下游危险地区人员转移。

加强危险化学品生产储存设备、输油气管道、输配电线路的受损情况排查,及时采取安全防范措施;对核电站等核工业生产科研重点设施,做好事故防范处置工作。

5.7 维护社会治安

严厉打击盗窃、抢劫、哄抢救灾物资、借机传播谣言制造社会恐慌等违法犯罪行为;在受灾群众安置点、救灾物资存放点等重点地区,增设临时警务站,加强治安巡逻,增强灾区群众的安全感;加强对党政机关、要害部门、金融单位、储备仓库、监狱等重要场所的警戒,做好涉灾矛盾纠纷化解和法律服务工作,维护社会稳定。

5.8 开展社会动员

灾区所在地抗震救灾指挥部明确专门的组织机构或人员,加强志愿服务管理;及时开通志愿服务联系电话,统一接收志愿者组织报名,做好志愿者派遣和相关服务工作;根据灾区需求、交通运输等情况,向社会公布志愿服务需求指南,引导志愿者安全有序参与。

视情开展为灾区人民捐款捐物活动,加强救灾捐赠的组织发动和款物接收、统计、分配、使用、公示反馈等各环节工作。

必要时,组织非灾区人民政府,通过提供人力、物力、财力、智力等形式,对灾区群众生活安置、伤员救治、卫生防疫、基础设施抢修和生产恢复等开展对口支援。

5.9 加强涉外事务管理

及时向相关国家和地区驻华机构通报相关情况;协调安排国外救援队入境救援行动,按规定办理外事手续,分配救援任务,做好相关保障;加强境外救援物资的接受和管理,按规定做好检验检疫、登记管理等工作;适时组织安排境外新闻媒体进行采访。

5.10 发布信息

各级抗震救灾指挥机构按照分级响应原则,分别负责相应级别地震灾害信息发布工作,回应社会关切。信息发布要统一、及时、准确、客观。

5.11 开展灾害调查与评估

地震局开展地震烈度、发震构造、地震宏观异常现象、工程结构震害特征、地震社会影响和各种地震地质灾害调查等。民政、地震、国土资源、建设、环境保护等有关部门,深入调查灾区范围、受灾人口、成灾人口、人员伤亡数量、建构筑物和基础设施破坏程度、环境影响程度等,组织专家开展灾害损失评估。

5.12 应急结束

在抢险救灾工作基本结束、紧急转移和安置工作基本完成、地震次生灾害的后果基本消除,以及交通、电力、通信和供水等基本抢修抢通、灾区生活秩序基本恢复后,由启动应急响应的原机关决定终止应急响应。

6 指挥与协调

6.1 特别重大地震灾害

6.1.1 先期保障

特别重大地震灾害发生后,根据中国地震局的信息通报,有关部门立即组织做好灾情航空侦察和机场、通信等先期保障工作。

(1)测绘地信局、民航局、总参谋部等迅速组织协调出动飞行器开展灾情航空侦察。

(2)总参谋部、民航局采取必要措施保障相关机场的有序运转,组织修复灾区机场或开辟临时机场,并实行必要的飞行管制措施,保障抗震救灾工作需要。

(3)工业和信息化部按照国家通信保障应急预案及时采取应对措施,抢修受损通信设施,协调应急通信资源,优先保障抗震救灾指挥通信联络和信息传递畅通。自有通信系统的部门尽快恢复本部门受到损坏的通信设施,协助保障应急救援指挥通信畅通。

6.1.2 地方政府应急处置

省级抗震救灾指挥部立即组织各类专业抢险救灾队伍开展人员搜救、医疗救护、受灾群众安置等,组织抢修重大关键基础设施,保护重要目标;国务院启动Ⅰ级响应后,按照国务院抗震救灾指挥机构的统一部署,领导和组织实施本行政区域抗震救灾工作。

灾区所在市(地)、县级抗震救灾指挥部立即发动基层干部群众开展自救互救,组织基层抢险救灾队伍开展人员搜救和医疗救护,开放应急避难场所,及时转移和安置受灾群众,防范次生灾害,维护社会治安,同时提出需要支援的应急措施建议;按照上级抗震救灾指挥机构的安排部署,领导和组织实施本行政区域抗震救灾工作。

6.1.3 国家应急处置

中国地震局或灾区所在省级人民政府向国务院提出实施国家地震应急Ⅰ级响应和需采取应急措施的建议,国务院决定启动Ⅰ级响应,由国务院抗震救灾指挥机构负责统一领导、指挥和协调全国抗震救灾工作。必要时,国务院直接决定启动Ⅰ级响应。

国务院抗震救灾指挥机构根据需要设立抢险救援、群众生活保障、医疗救治和卫生防疫、基础设施保障和生产恢复、地震监测和次生灾害防范处置、社会治安、救灾捐赠与涉外事务、涉港澳台事务、国外救援队伍协调事务、地震灾害调查及灾情损失评估、信息发布及宣传报道等工作组,国务院办公厅履行信息汇总和综合协调职责,发挥运转枢纽作用。国务院抗震救灾指挥机构组织有关地区和部门开展以下工作:

(1)派遣公安消防部队、地震灾害紧急救援队、矿山和危险化学品救护队、医疗卫生救援队伍等各类专业抢险救援队伍,协调解放军和武警部队派遣专业队伍,赶赴灾区抢救被压埋幸存者和被困群众。

(2)组织跨地区调运救灾帐篷、生活必需品等救灾物资和装备,支援灾区保障受灾群众的吃、穿、住等基本生活需要。

(3)支援灾区开展伤病员和受灾群众医疗救治、卫生防疫、心理援助工作,根据需要组织实施跨地区大范围转移救治伤员,恢复灾区医疗卫生服务能力和秩序。

(4)组织抢修通信、电力、交通等基础设施,保障抢险救援通信、电力以及救灾人员和物资交通运输的畅通。

(5)指导开展重大危险源、重要目标物、重大关键基础设施隐患排查与监测预警,防范次生衍生灾害。对于已经受到破坏的,组织快速抢险救援。

(6)派出地震现场监测与分析预报工作队伍,布设或恢复地震现场测震和前兆台站,密切监视震情发展,指导做好余震防范工作。

(7)协调加强重要目标警戒和治安管理,预防和打击各种违法犯罪活动,指导做好涉灾矛盾纠纷化解和法律服务工作,维护社会稳定。

(8)组织有关部门和单位、非灾区省级人民政府以及企事业单位、志愿者等社会力量对灾区进行紧急支援。

(9)视情实施限制前往或途经灾区旅游、跨省(区、市)和干线交通管制等特别管制措施。

(10)组织统一发布灾情和抗震救灾信息,指导做好抗震救灾宣传报道工作,正确引导国内外舆论。

(11)其他重要事项。

必要时,国务院抗震救灾指挥机构在地震灾区成立现场指挥机构,负责开展以下工作:

(1)了解灾区抗震救灾工作进展和灾区需求情况,督促落实国务院抗震救灾指挥机构工作部署。

(2)根据灾区省级人民政府请求,协调有关部门和地方调集应急物资、装备。

(3)协调指导国家有关专业抢险救援队伍以及各方面支援力量参与抗震救灾行动。

(4)协调公安、交通运输、铁路、民航等部门和地方提供交通运输保障。

(5)协调安排灾区伤病群众转移治疗。

(6)协调相关部门支持协助地方人民政府处置重大次生衍生灾害。

(7)国务院抗震救灾指挥机构部署的其他任务。

6.2 重大地震灾害

6.2.1 地方政府应急处置

省级抗震救灾指挥部制订抢险救援力量及救灾物资装备配置方案,协调驻地解放军、武警部队,组织各类专业抢险救灾队伍开展人员搜救、医疗救护、灾民安置、次生灾害防范和应急恢复等工作。需要国务院支持的事项,由省级人民政府向国务院提出建议。

灾区所在市(地)、县级抗震救灾指挥部迅速组织开展自救互救、抢险救灾等先期处置工作,同时提出需要支援的应急措施建议;按照上级抗震救灾指挥机构的安排部署,领导和组织实施本行政区域抗震救灾工作。

6.2.2 国家应急处置

中国地震局向国务院抗震救灾指挥部上报相关信息,提出应对措施建议,同时通报有关部门。国务院抗震救灾指挥部根据应对工作需要,或者灾区所在省级人民政府请求或国务院有关部门建议,采取以下一项或多项应急措施:

(1)派遣公安消防部队、地震灾害紧急救援队、矿山和危险化学品救护队、医疗卫生救援队伍等专业抢险救援队伍,赶赴灾区抢救被压埋幸存者和被困群众,转移救治伤病员,开展卫生防疫等。必要时,协调解放军、武警部队派遣专业队伍参与应急救援。

(2)组织调运救灾帐篷、生活必需品等抗震救灾物资。

(3)指导、协助抢修通信、广播电视、电力、交通等基础设施。

(4)根据需要派出地震监测和次生灾害防范、群众生活、医疗救治和卫生防疫、基础设施恢复等工作组,赴灾区协助、指导开展抗震救灾工作。

(5)协调非灾区省级人民政府对灾区进行紧急支援。

(6)需要国务院抗震救灾指挥部协调解决的其他事项。

6.3 较大、一般地震灾害

市(地)、县级抗震救灾指挥部组织各类专业抢险救灾队伍开展人员搜救、医疗救护、灾民安置、次生灾害防范和应急恢复等工作。省级抗震救灾指挥部根据应对工作实际需要或下级抗震救灾指挥部请求,协调派遣专业技术力量和救援队伍,组织调运抗震救灾物资装备,指导市(地)、县开展抗震救灾各项工作;必要时,请求国家有关部门予以支持。

根据灾区需求,中国地震局等国家有关部门和单位协助地方做好地震监测、趋势判定、房屋安全性鉴定和灾害损失调查评估,以及支援物资调运、灾民安置和社会稳定等工作。必要时,派遣公安消防部队、地震灾害紧急救援队和医疗卫生救援队伍赴灾区开展紧急救援行动。

7 恢复重建

7.1 恢复重建规划

特别重大地震灾害发生后,按照国务院决策部署,国务院有关部门和灾区省级人民政府组织编制灾后恢复重建规划;重大、较大、一般地震灾害发生后,灾区省级人民政府根据实际工作需要组织编制地震灾后恢复重建规划。

7.2 恢复重建实施

灾区地方各级人民政府应当根据灾后恢复重建规划和当地经济社会发展水平，有计划、分步骤地组织实施本行政区域灾后恢复重建。上级人民政府有关部门对灾区恢复重建规划的实施给予支持和指导。

8 保障措施

8.1 队伍保障

国务院有关部门、解放军、武警部队、县级以上地方人民政府加强地震灾害紧急救援、公安消防、陆地搜寻与救护、矿山和危险化学品救护、医疗卫生救援等专业抢险救灾队伍建设，配备必要的物资装备，经常性开展协同演练，提高共同应对地震灾害的能力。

城市供水、供电、供气等生命线工程设施产权单位、管理或者生产经营单位加强抢险抢修队伍建设。

乡(镇)人民政府、街道办事处组织动员社会各方面力量，建立基层地震抢险救灾队伍，加强日常管理和培训。各地区、各有关部门发挥共青团和红十字会作用，依托社会团体、企事业单位及社区建立地震应急救援志愿者队伍，形成广泛参与地震应急救援的社会动员机制。

各级地震工作主管部门加强地震应急专家队伍建设，为应急指挥辅助决策、地震监测和趋势判断、地震灾害紧急救援、灾害损失评估、地震烈度考察、房屋安全鉴定等提供人才保障。各有关研究机构加强地震监测、地震预测、地震区划、应急处置技术、搜索与营救、建筑物抗震技术等方面的研究，提供技术支撑。

8.2 指挥平台保障

各级地震工作主管部门综合利用自动监测、通信、计算机、遥感等技术，建立健全地震应急指挥技术系统，形成上下贯通、反应灵敏、功能完善、统一高效的地震应急指挥平台，实现震情灾情快速响应、应急指挥决策、灾害损失快速评估与动态跟踪、地震趋势判断的快速反馈，保障各级人民政府在抗震救灾中进行合理调度、科学决策和准确指挥。

8.3 物资与资金保障

国务院有关部门建立健全应急物资储备网络和生产、调拨及紧急配送体系，保障地震灾害应急工作所需生活救助物资、地震救援和工程抢险装备、医疗器械和药品等的生产供应。县级以上地方人民政府及其有关部门根据有关法律法规，做好应急物资储备工作，并通过与有关生产经营企业签订协议等方式，保障应急物资、生活必需品和应急处置装备的生产、供给。

县级以上人民政府保障抗震救灾工作所需经费。中央财政对达到国家级灾害应急响应、受地震灾害影响较大和财政困难的地区给予适当支持。

8.4 避难场所保障

县级以上地方人民政府及其有关部门，利用广场、绿地、公园、学校、体育场馆等公共设施，因地制宜设立地震应急避难场所，统筹安排所必需的交通、通信、供水、供电、排污、环保、物资储备等设备设施。

学校、医院、影剧院、商场、酒店、体育场馆等人员密集场所设置地震应急疏散通道，配备必要的救生避险设施，保证通道、出口的畅通。有关单位定期检测、维护报警装置和应急救援设施，使其处于良好状态，确保正常使用。

8.5 基础设施保障

工业和信息化部门建立健全应急通信工作体系，建立有线和无线相结合、基础通信网络与机动通信系统相配套的应急通信保障系统，确保地震应急救援工作的通信畅通。在基础通信网络等基础设施遭到严重损毁且短时间难以修复的极端情况下，立即启动应急卫星、短波等无线通信系统和终端设备，确保至少有一种以上临时通信手段有效、畅通。

广电部门完善广播电视传输覆盖网，建立完善国家应急广播体系，确保群众能及时准确地获取政府发布的权威信息。

发展改革和电力监管部门指导、协调、监督电力运营企业加强电力基础设施、电力调度系统建设，保障地震现场应急装备的临时供电需求和灾区电力供应。

公安、交通运输、铁道、民航等主管部门建立健全公路、铁路、航空、水运紧急运输保障体系，加强统一指挥调度，采取必要的交通管制措施，建立应急救援“绿色通道”机制。

8.6 宣传、培训与演练

宣传、教育、文化、广播电视、新闻出版、地震等主管部门密切配合，开展防震减灾科学、法律知识普及和宣传教育，动员社会公众积极参与防震减灾活动，提高全社会防震避险和自救互救能力。学校把防震减灾知识教育纳入教学内容，加强防震减灾专业人才培养，教育、地震等主管部门加强指导和监督。

地方各级人民政府建立健全地震应急管理培训制度，结合本地区实际，组织应急管理人员、救援人员、志愿者等进行地震应急知识和技能培训。

各级人民政府及其有关部门要制定演练计划并定期组织开展地震应急演练。机关、学校、医院、企事业单位和居委会、村委会、基层组织等，要结合实际开展地震应急演练。

9 对港澳台地震灾害应急

9.1 对港澳地震灾害应急

香港、澳门发生地震灾害后，中国地震局向国务院报告震情，向国务院港澳办等部门通报情况，并组织对地震趋势进行分析判断。国务院根据情况向香港、澳门特别行政区发出慰问电；根据特别行政区的请求，调派地震灾害紧急救援队伍、医疗卫生救援队伍协助救援，组织有关部门和地区进行支援。

9.2 对台湾地震灾害应急

台湾发生地震灾害后，国务院台办向台湾有关方面了解情况和对祖国大陆的需求。根据情况，祖国大陆对台湾地震灾区人民表示慰问。国务院根据台湾有关方面的需求，协调调派地震灾害紧急救援队伍、医疗卫生救援队伍协助救援，援助救灾款物，为有关国家和地区对台湾地震灾区的人道主义援助提供便利。

10 其他地震及火山事件应急

10.1 强有感地震事件应急

当大中城市和大型水库、核电站等重要设施场地及其附近地区发生强有感地震事件并可能产生较大社会影响，中国地震局加强震情趋势研判，提出意见报告国务院，同时通报国务院有关部门。省(区、市)人民政府督导有关地方人民政府做好新闻及信息发布与宣传工作，保持社会稳定。

10.2 海域地震事件应急

海域地震事件发生后，有关地方人民政府地震工作主管部门及时向本级人民政府和当地海上搜救机构、海洋主管部门、海事管理部门等通报情况。国家海洋局接到海域地震信息后，立即开展分析，预测海域地震对我国沿海可能造成海啸灾害的影响程度，并及时发布相关的海啸灾害预警信息。当海域地震造成或可能造成船舶遇险、原油泄漏等突发事件时，交通运输部、国家海洋局等有关部门和单位根据有关预案实施海上应急救援。当海域地震造成海底通信电缆中断时，工业和信息化部等部门根据有关预案实施抢修。当海域地震波及陆地造成灾害事件时，参照地震灾害应急响应相应级别实施应急。

10.3 火山灾害事件应急

当火山喷发或出现多种强烈临喷异常现象，中国地震局和有关省(区、市)人民政府要及时将有关情况报国务院。中国地震局派出火山现场应急工作队伍赶赴灾区，对火山喷发或临喷异常现象进行实时监测，判定火山灾害类型和影响范围，划定隔离带，视情向灾区人民政府提出转移居民的建议。必要时，国务院研究、部署火山灾害应急工作，国务院有关部门进行支援。灾区人民政府组织火山灾害预防和救援工作，必要时组织转移居民。

10.4 对国外地震及火山灾害事件应急

国外发生造成重大影响的地震及火山灾害事件，外交部、商务部、中国地震局等部门及时将了解到的受灾国的灾情等情况报国务院，按照有关规定实施国际救援和援助行动。根据情况，发布信息，引导我国出境游客避免赴相关地区旅游，组织有关部门和地区协助安置或撤离我境外人员。当毗邻国家发生地震及火山灾害事件造成我国境内灾害时，按照我国相关应急预案处置。

11 附 则

11.1 奖励与责任

对在抗震救灾工作中作出突出贡献的先进集体和个人，按照国家有关规定给予表彰和奖励；对在抗震救灾工作中玩忽职守造成损失的，严重虚报、瞒报灾情的，依据国家有关法律法规追究当事人的责任，构成犯罪的，依法追究其刑事责任。

11.2 预案管理与更新

中国地震局会同有关部门制订本预案，报国务院批准后实施。预案实施后，中国地震局会同有关部门组织预案宣传、培训和演练，并根据实际情况，适时组织修订完善本预案。

地方各级人民政府制订本行政区域地震应急预案，报上级人民政府地震工作主管部门备案。各级人民政府有关部门结合本部门职能制订地震应急预案或包括抗震救灾内容的应急预案，报同级地震工作主管部门备案。交通、铁路、水利、电力、通信、广播电视等基础设施的经营管理单位和学校、医院，以及可能发生次生灾害的核电、矿山、危险物品等生产经营单位制订地震应急预案或包括抗震救灾内容的应急预案，报所在地县级地震工作主管部门备案。

11.3 以上、以下的含义

本预案所称以上包括本数，以下不包括本数。

11.4 预案解释

本预案由国务院办公厅负责解释。

11.5 预案实施时间

本预案自印发之日起实施。

六、火灾防治

1. 综合

中华人民共和国消防法

- 1998年4月29日第九届全国人民代表大会常务委员会第二次会议通过
- 2008年10月28日第十一届全国人民代表大会常务委员会第五次会议修订
- 根据2019年4月23日第十三届全国人民代表大会常务委员会第十次会议《关于修改〈中华人民共和国建筑法〉等八部法律的决定》第一次修正
- 根据2021年4月29日第十三届全国人民代表大会常务委员会第二十八次会议《关于修改〈中华人民共和国道路交通安全法〉等八部法律的决定》第二次修正

第一章 总 则

第一条 【立法目的】* 为了预防火灾和减少火灾危害,加强应急救援工作,保护人身、财产安全,维护公共安全,制定本法。

第二条 【消防工作的方针、原则】消防工作贯彻预防为主、防消结合的方针,按照政府统一领导、部门依法监管、单位全面负责、公民积极参与的原则,实行消防安全责任制,建立健全社会化的消防工作网络。

第三条 【各级人民政府的消防工作职责】国务院领导全国的消防工作。地方各级人民政府负责本行政区域内的消防工作。

各级人民政府应当将消防工作纳入国民经济和社会发展计划,保障消防工作与经济社会发展相适应。

第四条 【消防工作监督管理体制】国务院应急管理部门对全国的消防工作实施监督管理。县级以上地方人民政府应急管理部门对本行政区域内的消防工作实施监督管理,并由本级人民政府消防救援机构负责实施。军事设施的消防工作,由其主管单位监督管理,消防救援机构协助;矿井地下部分、核电厂、海上石油天然气设施的消防工作,由其主管单位监督管理。

县级以上人民政府其他有关部门在各自的职责范围内,依照本法和其他相关法律、法规的规定做好消防工作。

法律、行政法规对森林、草原的消防工作另有规定的,从其规定。

第五条 【单位、个人的消防义务】任何单位和个人都有维护消防安全、保护消防设施、预防火灾、报告火警的义务。任何单位和成年人都有参加有组织的灭火工作的义务。

第六条 【消防宣传教育义务】各级人民政府应当组织开展经常性的消防宣传教育,提高公民的消防安全意识。

机关、团体、企业、事业等单位,应当加强对本单位人员的消防宣传教育。

应急管理部门及消防救援机构应当加强消防法律、法规的宣传,并督促、指导、协助有关单位做好消防宣传教育工作。

教育、人力资源行政主管部门和学校、有关职业培训机构应当将消防知识纳入教育、教学、培训的内容。

新闻、广播、电视等有关单位,应当有针对性地面向社会进行消防宣传教育。

工会、共产主义青年团、妇女联合会等团体应当结合各自工作对象的特点,组织开展消防宣传教育。

村民委员会、居民委员会应当协助人民政府以及公安机关、应急管理等部门,加强消防宣传教育。

第七条 【鼓励支持消防事业,表彰奖励有突出贡献的单位、个人】国家鼓励、支持消防科学研究和技术创新,推广使用先进的消防和应急救援技术、设备;鼓励、支持社会力量开展消防公益活动。

对在消防工作中有突出贡献的单位和个人,应当按照国家有关规定给予表彰和奖励。

第二章 火灾预防

第八条 【消防规划】地方各级人民政府应当将包括消防安全布局、消防站、消防供水、消防通信、消防车通

---

* 条文主旨为编者所加,下同。

道、消防装备等内容的消防规划纳入城乡规划，并负责组织实施。

城乡消防安全布局不符合消防安全要求的，应当调整、完善；公共消防设施、消防装备不足或者不适应实际需要的，应当增建、改建、配置或者进行技术改造。

第九条　【消防设计施工的要求】建设工程的消防设计、施工必须符合国家工程建设消防技术标准。建设、设计、施工、工程监理等单位依法对建设工程的消防设计、施工质量负责。

第十条　【消防设计审查验收制度】对按照国家工程建设消防技术标准需要进行消防设计的建设工程，实行建设工程消防设计审查验收制度。

第十一条　【消防设计审查】国务院住房和城乡建设主管部门规定的特殊建设工程，建设单位应当将消防设计文件报送住房和城乡建设主管部门审查，住房和城乡建设主管部门依法对审查的结果负责。

前款规定以外的其他建设工程，建设单位申请领取施工许可证或者申请批准开工报告时应当提供满足施工需要的消防设计图纸及技术资料。

第十二条　【消防设计未经审查或者不合格的法律后果】特殊建设工程未经消防设计审查或者审查不合格的，建设单位、施工单位不得施工；其他建设工程，建设单位未提供满足施工需要的消防设计图纸及技术资料的，有关部门不得发放施工许可证或者批准开工报告。

第十三条　【消防验收和备案、抽查】国务院住房和城乡建设主管部门规定应当申请消防验收的建设工程竣工，建设单位应当向住房和城乡建设主管部门申请消防验收。

前款规定以外的其他建设工程，建设单位在验收后应当报住房和城乡建设主管部门备案，住房和城乡建设主管部门应当进行抽查。

依法应当进行消防验收的建设工程，未经消防验收或者消防验收不合格的，禁止投入使用；其他建设工程经依法抽查不合格的，应当停止使用。

第十四条　【消防设计审查、消防验收、备案和抽查的具体办法】建设工程消防设计审查、消防验收、备案和抽查的具体办法，由国务院住房和城乡建设主管部门规定。

第十五条　【公众聚集场所的消防安全检查】公众聚集场所投入使用、营业前消防安全检查实行告知承诺管理。公众聚集场所在投入使用、营业前，建设单位或者使用单位应当向场所所在地的县级以上地方人民政府消防救援机构申请消防安全检查，作出场所符合消防技术标准和管理规定的承诺，提交规定的材料，并对其承诺和材料的真实性负责。

消防救援机构对申请人提交的材料进行审查；申请材料齐全、符合法定形式的，应当予以许可。消防救援机构应当根据消防技术标准和管理规定，及时对作出承诺的公众聚集场所进行核查。

申请人选择不采用告知承诺方式办理的，消防救援机构应当自受理申请之日起十个工作日内，根据消防技术标准和管理规定，对该场所进行检查。经检查符合消防安全要求的，应当予以许可。

公众聚集场所未经消防救援机构许可的，不得投入使用、营业。消防安全检查的具体办法，由国务院应急管理部门制定。

第十六条　【单位的消防安全职责】机关、团体、企业、事业等单位应当履行下列消防安全职责：

（一）落实消防安全责任制，制定本单位的消防安全制度、消防安全操作规程，制定灭火和应急疏散预案；

（二）按照国家标准、行业标准配置消防设施、器材，设置消防安全标志，并定期组织检验、维修，确保完好有效；

（三）对建筑消防设施每年至少进行一次全面检测，确保完好有效，检测记录应当完整准确，存档备查；

（四）保障疏散通道、安全出口、消防车通道畅通，保证防火防烟分区、防火间距符合消防技术标准；

（五）组织防火检查，及时消除火灾隐患；

（六）组织进行有针对性的消防演练；

（七）法律、法规规定的其他消防安全职责。

单位的主要负责人是本单位的消防安全责任人。

第十七条　【消防安全重点单位的消防安全职责】县级以上地方人民政府消防救援机构应当将发生火灾可能性较大以及发生火灾可能造成重大的人身伤亡或者财产损失的单位，确定为本行政区域内的消防安全重点单位，并由应急管理部门报本级人民政府备案。

消防安全重点单位除应当履行本法第十六条规定的职责外，还应当履行下列消防安全职责：

（一）确定消防安全管理人，组织实施本单位的消防安全管理工作；

（二）建立消防档案，确定消防安全重点部位，设置防火标志，实行严格管理；

（三）实行每日防火巡查，并建立巡查记录；

（四）对职工进行岗前消防安全培训，定期组织消防安全培训和消防演练。

第十八条　【共用建筑物的消防安全责任】同一建筑物由两个以上单位管理或者使用的，应当明确各方的消防安全责任，并确定责任人对共用的疏散通道、安全出口、建筑消防设施和消防车通道进行统一管理。

住宅区的物业服务企业应当对管理区域内的共用消防设施进行维护管理，提供消防安全防范服务。

第十九条　【易燃易爆危险品生产经营场所的设置要求】生产、储存、经营易燃易爆危险品的场所不得与居住场所设置在同一建筑物内，并应当与居住场所保持安全距离。

生产、储存、经营其他物品的场所与居住场所设置在同一建筑物内的，应当符合国家工程建设消防技术标准。

第二十条　【大型群众性活动的消防安全】举办大型群众性活动，承办人应当依法向公安机关申请安全许可，制定灭火和应急疏散预案并组织演练，明确消防安全责任分工，确定消防安全管理人员，保持消防设施和消防器材配置齐全、完好有效，保证疏散通道、安全出口、疏散指示标志、应急照明和消防车通道符合消防技术标准和管理规定。

第二十一条　【特殊场所和特种作业防火要求】禁止在具有火灾、爆炸危险的场所吸烟、使用明火。因施工等特殊情况需要使用明火作业的，应当按照规定事先办理审批手续，采取相应的消防安全措施；作业人员应当遵守消防安全规定。

进行电焊、气焊等具有火灾危险作业的人员和自动消防系统的操作人员，必须持证上岗，并遵守消防安全操作规程。

第二十二条　【危险物品生产经营单位设置的消防安全要求】生产、储存、装卸易燃易爆危险品的工厂、仓库和专用车站、码头的设置，应当符合消防技术标准。易燃易爆气体和液体的充装站、供应站、调压站，应当设置在符合消防安全要求的位置，并符合防火防爆要求。

已经设置的生产、储存、装卸易燃易爆危险品的工厂、仓库和专用车站、码头，易燃易爆气体和液体的充装站、供应站、调压站，不再符合前款规定的，地方人民政府应当组织、协调有关部门、单位限期解决，消除安全隐患。

第二十三条　【易燃易爆危险品和可燃物资仓库管理】生产、储存、运输、销售、使用、销毁易燃易爆危险品，必须执行消防技术标准和管理规定。

进入生产、储存易燃易爆危险品的场所，必须执行消防安全规定。禁止非法携带易燃易爆危险品进入公共场所或者乘坐公共交通工具。

储存可燃物资仓库的管理，必须执行消防技术标准和管理规定。

第二十四条　【消防产品标准、强制性产品认证和技术鉴定制度】消防产品必须符合国家标准；没有国家标准的，必须符合行业标准。禁止生产、销售或者使用不合格的消防产品以及国家明令淘汰的消防产品。

依法实行强制性产品认证的消防产品，由具有法定资质的认证机构按照国家标准、行业标准的强制性要求认证合格后，方可生产、销售、使用。实行强制性产品认证的消防产品目录，由国务院产品质量监督部门会同国务院应急管理部门制定并公布。

新研制的尚未制定国家标准、行业标准的消防产品，应当按照国务院产品质量监督部门会同国务院应急管理部门规定的办法，经技术鉴定符合消防安全要求的，方可生产、销售、使用。

依照本条规定经强制性产品认证合格或者技术鉴定合格的消防产品，国务院应急管理部门应当予以公布。

第二十五条　【对消防产品质量的监督检查】产品质量监督部门、工商行政管理部门、消防救援机构应当按照各自职责加强对消防产品质量的监督检查。

第二十六条　【建筑构件、建筑材料和室内装修、装饰材料的防火要求】建筑构件、建筑材料和室内装修、装饰材料的防火性能必须符合国家标准；没有国家标准的，必须符合行业标准。

人员密集场所室内装修、装饰，应当按照消防技术标准的要求，使用不燃、难燃材料。

第二十七条　【电器产品、燃气用具产品标准及其安装、使用的消防安全要求】电器产品、燃气用具的产品标准，应当符合消防安全的要求。

电器产品、燃气用具的安装、使用及其线路、管路的设计、敷设、维护保养、检测，必须符合消防技术标准和管理规定。

第二十八条　【保护消防设施、器材，保障消防通道畅通】任何单位、个人不得损坏、挪用或者擅自拆除、停用消防设施、器材，不得埋压、圈占、遮挡消火栓或者占用防火间距，不得占用、堵塞、封闭疏散通道、安全出口、消防车通道。人员密集场所的门窗不得设置影响逃生和灭火救援的障碍物。

第二十九条　【公共消防设施的维护】负责公共消防设施维护管理的单位，应当保持消防供水、消防通信、消防车通道等公共消防设施的完好有效。在修建道路以及停电、停水、截断通信线路时有可能影响消防队灭火救援的,有关单位必须事先通知当地消防救援机构。

第三十条 【加强农村消防工作】地方各级人民政府应当加强对农村消防工作的领导,采取措施加强公共消防设施建设,组织建立和督促落实消防安全责任制。

第三十一条 【重要防火时期的消防工作】在农业收获季节、森林和草原防火期间、重大节假日期间以及火灾多发季节,地方各级人民政府应当组织开展有针对性的消防宣传教育,采取防火措施,进行消防安全检查。

第三十二条 【基层组织的群众性消防工作】乡镇人民政府、城市街道办事处应当指导、支持和帮助村民委员会、居民委员会开展群众性的消防工作。村民委员会、居民委员会应当确定消防安全管理人,组织制定防火安全公约,进行防火安全检查。

第三十三条 【火灾公众责任保险】国家鼓励、引导公众聚集场所和生产、储存、运输、销售易燃易爆危险品的企业投保火灾公众责任保险;鼓励保险公司承保火灾公众责任保险。

第三十四条 【消防技术服务机构从业规范】消防设施维护保养检测、消防安全评估等消防技术服务机构应当符合从业条件,执业人员应当依法获得相应的资格;依照法律、行政法规、国家标准、行业标准和执业准则,接受委托提供消防技术服务,并对服务质量负责。

第三章 消防组织

第三十五条 【消防组织建设】各级人民政府应当加强消防组织建设,根据经济社会发展的需要,建立多种形式的消防组织,加强消防技术人才培养,增强火灾预防、扑救和应急救援的能力。

第三十六条 【政府建立消防队】县级以上地方人民政府应当按照国家规定建立国家综合性消防救援队、专职消防队,并按照国家标准配备消防装备,承担火灾扑救工作。

乡镇人民政府应当根据当地经济发展和消防工作的需要,建立专职消防队、志愿消防队,承担火灾扑救工作。

第三十七条 【应急救援职责】国家综合性消防救援队、专职消防队按照国家规定承担重大灾害事故和其他以抢救人员生命为主的应急救援工作。

第三十八条 【消防队的能力建设】国家综合性消防救援队、专职消防队应当充分发挥火灾扑救和应急救援专业力量的骨干作用;按照国家规定,组织实施专业技能训练,配备并维护保养装备器材,提高火灾扑救和应急救援的能力。

第三十九条 【单位建立专职消防队】下列单位应当建立单位专职消防队,承担本单位的火灾扑救工作:

(一)大型核设施单位、大型发电厂、民用机场、主要港口;

(二)生产、储存易燃易爆危险品的大型企业;

(三)储备可燃的重要物资的大型仓库、基地;

(四)第一项、第二项、第三项规定以外的火灾危险性较大、距离国家综合性消防救援队较远的其他大型企业;

(五)距离国家综合性消防救援队较远、被列为全国重点文物保护单位的古建筑群的管理单位。

第四十条 【专职消防队的验收及队员福利待遇】专职消防队的建立,应当符合国家有关规定,并报当地消防救援机构验收。

专职消防队的队员依法享受社会保险和福利待遇。

第四十一条 【群众性消防组织】机关、团体、企业、事业等单位以及村民委员会、居民委员会根据需要,建立志愿消防队等多种形式的消防组织,开展群众性自防自救工作。

第四十二条 【消防救援机构与专职消防队、志愿消防队等消防组织的关系】消防救援机构应当对专职消防队、志愿消防队等消防组织进行业务指导;根据扑救火灾的需要,可以调动指挥专职消防队参加火灾扑救工作。

第四章 灭火救援

第四十三条 【火灾应急预案、应急反应和处置机制】县级以上地方人民政府应当组织有关部门针对本行政区域内的火灾特点制定应急预案,建立应急反应和处置机制,为火灾扑救和应急救援工作提供人员、装备等保障。

第四十四条 【火灾报警;现场疏散、扑救;消防队接警出动】任何人发现火灾都应当立即报警。任何单位、个人都应当无偿为报警提供便利,不得阻拦报警。严禁谎报火警。

人员密集场所发生火灾,该场所的现场工作人员应当立即组织、引导在场人员疏散。

任何单位发生火灾,必须立即组织力量扑救。邻近单位应当给予支援。

消防队接到火警,必须立即赶赴火灾现场,救助遇险人员,排除险情,扑灭火灾。

第四十五条 【组织火灾现场扑救及火灾现场总指挥的权限】消防救援机构统一组织和指挥火灾现场扑救,应当优先保障遇险人员的生命安全。

火灾现场总指挥根据扑救火灾的需要，有权决定下列事项：

（一）使用各种水源；

（二）截断电力、可燃气体和可燃液体的输送，限制用火用电；

（三）划定警戒区，实行局部交通管制；

（四）利用临近建筑物和有关设施；

（五）为了抢救人员和重要物资，防止火势蔓延，拆除或者破损毗邻火灾现场的建筑物、构筑物或者设施等；

（六）调动供水、供电、供气、通信、医疗救护、交通运输、环境保护等有关单位协助灭火救援。

根据扑救火灾的紧急需要，有关地方人民政府应当组织人员、调集所需物资支援灭火。

第四十六条　【重大灾害事故应急救援实行统一领导】国家综合性消防救援队、专职消防队参加火灾以外的其他重大灾害事故的应急救援工作，由县级以上人民政府统一领导。

第四十七条　【消防交通优先】消防车、消防艇前往执行火灾扑救或者应急救援任务，在确保安全的前提下，不受行驶速度、行驶路线、行驶方向和指挥信号的限制，其他车辆、船舶以及行人应当让行，不得穿插超越；收费公路、桥梁免收车辆通行费。交通管理指挥人员应当保证消防车、消防艇迅速通行。

赶赴火灾现场或者应急救援现场的消防人员和调集的消防装备、物资，需要铁路、水路或者航空运输的，有关单位应当优先运输。

第四十八条　【消防设施、器材严禁挪作他用】消防车、消防艇以及消防器材、装备和设施，不得用于与消防和应急救援工作无关的事项。

第四十九条　【扑救火灾、应急救援免收费用】国家综合性消防救援队、专职消防队扑救火灾、应急救援，不得收取任何费用。

单位专职消防队、志愿消防队参加扑救外单位火灾所损耗的燃料、灭火剂和器材、装备等，由火灾发生地的人民政府给予补偿。

第五十条　【医疗抚恤】对因参加扑救火灾或者应急救援受伤、致残或者死亡的人员，按照国家有关规定给予医疗、抚恤。

第五十一条　【火灾事故调查】消防救援机构有权根据需要封闭火灾现场，负责调查火灾原因，统计火灾损失。

火灾扑灭后，发生火灾的单位和相关人员应当按照消防救援机构的要求保护现场，接受事故调查，如实提供与火灾有关的情况。

消防救援机构根据火灾现场勘验、调查情况和有关的检验、鉴定意见，及时制作火灾事故认定书，作为处理火灾事故的证据。

第五章　监督检查

第五十二条　【人民政府的监督检查】地方各级人民政府应当落实消防工作责任制，对本级人民政府有关部门履行消防安全职责的情况进行监督检查。

县级以上地方人民政府有关部门应当根据本系统的特点，有针对性地开展消防安全检查，及时督促整改火灾隐患。

第五十三条　【消防救援机构的监督检查】消防救援机构应当对机关、团体、企业、事业等单位遵守消防法律、法规的情况依法进行监督检查。公安派出所可以负责日常消防监督检查、开展消防宣传教育，具体办法由国务院公安部门规定。

消防救援机构、公安派出所的工作人员进行消防监督检查，应当出示证件。

第五十四条　【消除火灾隐患】消防救援机构在消防监督检查中发现火灾隐患的，应当通知有关单位或者个人立即采取措施消除隐患；不及时消除隐患可能严重威胁公共安全的，消防救援机构应当依照规定对危险部位或者场所采取临时查封措施。

第五十五条　【重大消防隐患的发现及处理】消防救援机构在消防监督检查中发现城乡消防安全布局、公共消防设施不符合消防安全要求，或者发现本地区存在影响公共安全的重大火灾隐患的，应当由应急管理部门书面报告本级人民政府。

接到报告的人民政府应当及时核实情况，组织或者责成有关部门、单位采取措施，予以整改。

第五十六条　【住房和城乡建设主管部门、消防救援机构及其工作人员应当遵循的执法原则】住房和城乡建设主管部门、消防救援机构及其工作人员应当按照法定的职权和程序进行消防设计审查、消防验收、备案抽查和消防安全检查，做到公正、严格、文明、高效。

住房和城乡建设主管部门、消防救援机构及其工作人员进行消防设计审查、消防验收、备案抽查和消防安全检查等，不得收取费用，不得利用职务谋取利益；不得利用职务为用户、建设单位指定或者变相指定消防产品的品牌、销售单位或者消防技术服务机构、消防设施施工单位。

第五十七条　【对负消防救援职责的机构及其工作人员的社会监督】住房和城乡建设主管部门、消防救援机构及其工作人员执行职务，应当自觉接受社会和公民的监督。

任何单位和个人都有权对住房和城乡建设主管部门、消防救援机构及其工作人员在执法中的违法行为进行检举、控告。收到检举、控告的机关，应当按照职责及时查处。

第六章　法律责任

第五十八条　【对不符合消防设计审查、消防验收、消防安全检查要求的行为的处罚】违反本法规定，有下列行为之一的，由住房和城乡建设主管部门、消防救援机构按照各自职权责令停止施工、停止使用或者停产停业，并处三万元以上三十万元以下罚款：

（一）依法应当进行消防设计审查的建设工程，未经依法审查或者审查不合格，擅自施工的；

（二）依法应当进行消防验收的建设工程，未经消防验收或者消防验收不合格，擅自投入使用的；

（三）本法第十三条规定的其他建设工程验收后经依法抽查不合格，不停止使用的；

（四）公众聚集场所未经消防救援机构许可，擅自投入使用、营业的，或者经核查发现场所使用、营业情况与承诺内容不符的。

核查发现公众聚集场所使用、营业情况与承诺内容不符，经责令限期改正，逾期不整改或者整改后仍达不到要求的，依法撤销相应许可。

建设单位未依照本法规定在验收后报住房和城乡建设主管部门备案的，由住房和城乡建设主管部门责令改正，处五千元以下罚款。

第五十九条　【对不按消防技术标准设计、施工的行为的处罚】违反本法规定，有下列行为之一的，由住房和城乡建设主管部门责令改正或者停止施工，并处一万元以上十万元以下罚款：

（一）建设单位要求建筑设计单位或者建筑施工企业降低消防技术标准设计、施工的；

（二）建筑设计单位不按照消防技术标准强制性要求进行消防设计的；

（三）建筑施工企业不按照消防设计文件和消防技术标准施工，降低消防施工质量的；

（四）工程监理单位与建设单位或者建筑施工企业串通，弄虚作假，降低消防施工质量的。

第六十条　【对违背消防安全职责行为的处罚】单位违反本法规定，有下列行为之一的，责令改正，处五千元以上五万元以下罚款：

（一）消防设施、器材或者消防安全标志的配置、设置不符合国家标准、行业标准，或者未保持完好有效的；

（二）损坏、挪用或者擅自拆除、停用消防设施、器材的；

（三）占用、堵塞、封闭疏散通道、安全出口或者有其他妨碍安全疏散行为的；

（四）埋压、圈占、遮挡消火栓或者占用防火间距的；

（五）占用、堵塞、封闭消防车通道，妨碍消防车通行的；

（六）人员密集场所在门窗上设置影响逃生和灭火救援的障碍物的；

（七）对火灾隐患经消防救援机构通知后不及时采取措施消除的。

个人有前款第二项、第三项、第四项、第五项行为之一的，处警告或者五百元以下罚款。

有本条第一款第三项、第四项、第五项、第六项行为，经责令改正拒不改正的，强制执行，所需费用由违法行为人承担。

第六十一条　【对易燃易爆危险品生产经营场所设置不符合规定的处罚】生产、储存、经营易燃易爆危险品的场所与居住场所设置在同一建筑物内，或者未与居住场所保持安全距离的，责令停产停业，并处五千元以上五万元以下罚款。

生产、储存、经营其他物品的场所与居住场所设置在同一建筑物内，不符合消防技术标准的，依照前款规定处罚。

第六十二条　【对涉及消防的违反治安管理行为的处罚】有下列行为之一的，依照《中华人民共和国治安管理处罚法》的规定处罚：

（一）违反有关消防技术标准和管理规定生产、储存、运输、销售、使用、销毁易燃易爆危险品的；

（二）非法携带易燃易爆危险品进入公共场所或者乘坐公共交通工具的；

（三）谎报火警的；

（四）阻碍消防车、消防艇执行任务的；

（五）阻碍消防救援机构的工作人员依法执行职务的。

第六十三条　【对违反危险场所消防管理规定行为的处罚】违反本法规定，有下列行为之一的，处警告或者五百元以下罚款；情节严重的，处五日以下拘留：

（一）违反消防安全规定进入生产、储存易燃易爆危险品场所的；

(二)违反规定使用明火作业或者在具有火灾、爆炸危险的场所吸烟、使用明火的。

第六十四条 【对过失引起火灾、阻拦报火警等行为的处罚】违反本法规定,有下列行为之一,尚不构成犯罪的,处十日以上十五日以下拘留,可以并处五百元以下罚款;情节较轻的,处警告或者五百元以下罚款:

(一)指使或者强令他人违反消防安全规定,冒险作业的;

(二)过失引起火灾的;

(三)在火灾发生后阻拦报警,或者负有报告职责的人员不及时报警的;

(四)扰乱火灾现场秩序,或者拒不执行火灾现场指挥员指挥,影响灭火救援的;

(五)故意破坏或者伪造火灾现场的;

(六)擅自拆封或者使用被消防救援机构查封的场所、部位的。

第六十五条 【对生产、销售、使用不合格或国家明令淘汰的消防产品行为的处理】违反本法规定,生产、销售不合格的消防产品或者国家明令淘汰的消防产品的,由产品质量监督部门或者工商行政管理部门依照《中华人民共和国产品质量法》的规定从重处罚。

人员密集场所使用不合格的消防产品或者国家明令淘汰的消防产品的,责令限期改正;逾期不改正的,处五千元以上五万元以下罚款,并对其直接负责的主管人员和其他直接责任人员处五百元以上二千元以下罚款;情节严重的,责令停产停业。

消防救援机构对于本条第二款规定的情形,除依法对使用者予以处罚外,应当将发现不合格的消防产品和国家明令淘汰的消防产品的情况通报产品质量监督部门、工商行政管理部门。产品质量监督部门、工商行政管理部门应当对生产者、销售者依法及时查处。

第六十六条 【对电器产品、燃气用具的安装、使用等不符合消防技术标准和管理规定的处罚】电器产品、燃气用具的安装、使用及其线路、管路的设计、敷设、维护保养、检测不符合消防技术标准和管理规定的,责令限期改正;逾期不改正的,责令停止使用,可以并处一千元以上五千元以下罚款。

第六十七条 【单位未履行消防安全职责的法律责任】机关、团体、企业、事业等单位违反本法第十六条、第十七条、第十八条、第二十一条第二款规定的,责令限期改正;逾期不改正的,对其直接负责的主管人员和其他直接责任人员依法给予处分或者给予警告处罚。

第六十八条 【人员密集场所现场工作人员不履行职责的法律责任】人员密集场所发生火灾,该场所的现场工作人员不履行组织、引导在场人员疏散的义务,情节严重,尚不构成犯罪的,处五日以上十日以下拘留。

第六十九条 【消防技术服务机构失职的法律责任】消防设施维护保养检测、消防安全评估等消防技术服务机构,不具备从业条件从事消防技术服务活动或者出具虚假文件的,由消防救援机构责令改正,处五万元以上十万元以下罚款,并对直接负责的主管人员和其他直接责任人员处一万元以上五万元以下罚款;不按照国家标准、行业标准开展消防技术服务活动的,责令改正,处五万元以下罚款,并对直接负责的主管人员和其他直接责任人员处一万元以下罚款;有违法所得的,并处没收违法所得;给他人造成损失的,依法承担赔偿责任;情节严重的,依法责令停止执业或者吊销相应资格;造成重大损失的,由相关部门吊销营业执照,并对有关责任人员采取终身市场禁入措施。

前款规定的机构出具失实文件,给他人造成损失的,依法承担赔偿责任;造成重大损失的,由消防救援机构依法责令停止执业或者吊销相应资格,由相关部门吊销营业执照,并对有关责任人员采取终身市场禁入措施。

第七十条 【对违反消防法行为的处罚程序】本法规定的行政处罚,除应当由公安机关依照《中华人民共和国治安管理处罚法》的有关规定决定的外,由住房和城乡建设主管部门、消防救援机构按照各自职权决定。

被责令停止施工、停止使用、停产停业的,应当在整改后向作出决定的部门或者机构报告,经检查合格,方可恢复施工、使用、生产、经营。

当事人逾期不执行停产停业、停止使用、停止施工决定的,由作出决定的部门或者机构强制执行。

责令停产停业,对经济和社会生活影响较大的,由住房和城乡建设主管部门或者应急管理部门报请本级人民政府依法决定。

第七十一条 【有关主管部门的工作人员滥用职权、玩忽职守、徇私舞弊的法律责任】住房和城乡建设主管部门、消防救援机构的工作人员滥用职权、玩忽职守、徇私舞弊,有下列行为之一,尚不构成犯罪的,依法给予处分:

(一)对不符合消防安全要求的消防设计文件、建设工程、场所准予审查合格、消防验收合格、消防安全检查合格的;

(二)无故拖延消防设计审查、消防验收、消防安全检查,不在法定期限内履行职责的;

（三）发现火灾隐患不及时通知有关单位或者个人整改的；

（四）利用职务为用户、建设单位指定或者变相指定消防产品的品牌、销售单位或者消防技术服务机构、消防设施施工单位的；

（五）将消防车、消防艇以及消防器材、装备和设施用于与消防和应急救援无关的事项的；

（六）其他滥用职权、玩忽职守、徇私舞弊的行为。

产品质量监督、工商行政管理等其他有关行政主管部门的工作人员在消防工作中滥用职权、玩忽职守、徇私舞弊，尚不构成犯罪的，依法给予处分。

第七十二条　【违反消防法构成犯罪的刑事责任】违反本法规定，构成犯罪的，依法追究刑事责任。

第七章　附　则

第七十三条　【专门用语的含义】本法下列用语的含义：

（一）消防设施，是指火灾自动报警系统、自动灭火系统、消火栓系统、防烟排烟系统以及应急广播和应急照明、安全疏散设施等。

（二）消防产品，是指专门用于火灾预防、灭火救援和火灾防护、避难、逃生的产品。

（三）公众聚集场所，是指宾馆、饭店、商场、集贸市场、客运车站候车室、客运码头候船厅、民用机场航站楼、体育场馆、会堂以及公共娱乐场所等。

（四）人员密集场所，是指公众聚集场所，医院的门诊楼、病房楼，学校的教学楼、图书馆、食堂和集体宿舍，养老院，福利院，托儿所，幼儿园，公共图书馆的阅览室，公共展览馆、博物馆的展示厅，劳动密集型企业的生产加工车间和员工集体宿舍，旅游、宗教活动场所等。

第七十四条　【生效日期】本法自 2009 年 5 月 1 日起施行。

中华人民共和国消防救援衔条例

- 2018 年 10 月 26 日第十三届全国人民代表大会常务委员会第六次会议通过
- 2018 年 10 月 26 日中华人民共和国主席令第十四号公布
- 自 2018 年 10 月 27 日起施行

第一章　总　则

第一条　为了加强国家综合性消防救援队伍正规化、专业化、职业化建设，增强消防救援人员的责任感、荣誉感和组织纪律性，有利于国家综合性消防救援队伍的指挥、管理和依法履行职责，根据宪法，制定本条例。

第二条　国家综合性消防救援队伍实行消防救援衔制度。

消防救援衔授予对象为纳入国家行政编制、由国务院应急管理部门统一领导管理的综合性消防救援队伍在职人员。

第三条　消防救援衔是表明消防救援人员身份、区分消防救援人员等级的称号和标志，是国家给予消防救援人员的荣誉和相应待遇的依据。

第四条　消防救援衔高的人员对消防救援衔低的人员，消防救援衔高的为上级。消防救援衔高的人员在职务上隶属于消防救援衔低的人员时，担任领导职务或者领导职务高的为上级。

第五条　国务院应急管理部门主管消防救援衔工作。

第二章　消防救援衔等级的设置

第六条　消防救援衔按照管理指挥人员、专业技术人员和消防员分别设置。

第七条　管理指挥人员消防救援衔设下列三等十一级：

（一）总监、副总监、助理总监；

（二）指挥长：高级指挥长、一级指挥长、二级指挥长、三级指挥长；

（三）指挥员：一级指挥员、二级指挥员、三级指挥员、四级指挥员。

第八条　专业技术人员消防救援衔设下列二等八级，在消防救援衔前冠以“专业技术”：

（一）指挥长：高级指挥长、一级指挥长、二级指挥长、三级指挥长；

（二）指挥员：一级指挥员、二级指挥员、三级指挥员、四级指挥员。

第九条　消防员消防救援衔设下列三等八级：

（一）高级消防员：一级消防长、二级消防长、三级消防长；

（二）中级消防员：一级消防士、二级消防士；

（三）初级消防员：三级消防士、四级消防士、预备消防士。

第三章　消防救援衔等级的编制

第十条　管理指挥人员按照下列职务等级编制消防救援衔：

（一）国务院应急管理部门正职：总监；

（二）国务院应急管理部门消防救援队伍领导指挥

机构、森林消防队伍领导指挥机构正职:副总监;

(三)国务院应急管理部门消防救援队伍领导指挥机构、森林消防队伍领导指挥机构副职:助理总监;

(四)总队级正职:高级指挥长;

(五)总队级副职:一级指挥长;

(六)支队级正职:二级指挥长;

(七)支队级副职:三级指挥长;

(八)大队级正职:一级指挥员;

(九)大队级副职:二级指挥员;

(十)站(中队)级正职:三级指挥员;

(十一)站(中队)级副职:四级指挥员。

第十一条 专业技术人员按照下列职务等级编制消防救援衔:

(一)高级专业技术职务:高级指挥长至三级指挥长;

(二)中级专业技术职务:一级指挥长至二级指挥员;

(三)初级专业技术职务:三级指挥长至四级指挥员。

第十二条 消防员按照下列工作年限编制消防救援衔:

(一)工作满二十四年的:一级消防长;

(二)工作满二十年的:二级消防长;

(三)工作满十六年的:三级消防长;

(四)工作满十二年的:一级消防士;

(五)工作满八年的:二级消防士;

(六)工作满五年的:三级消防士;

(七)工作满二年的:四级消防士;

(八)工作二年以下的:预备消防士。

第四章 消防救援衔的首次授予

第十三条 授予消防救援衔,以消防救援人员现任职务、德才表现、学历学位、任职时间和工作年限为依据。

第十四条 初任管理指挥人员、专业技术人员,按照下列规定首次授予消防救援衔:

(一)从普通高等学校毕业生中招录,取得大学专科、本科学历的,授予四级指挥员消防救援衔;取得硕士学位的研究生,授予三级指挥员消防救援衔;取得博士学位的研究生,授予一级指挥员消防救援衔;

(二)从消防员选拔任命为管理指挥人员、专业技术人员的,按照所任命的职务等级授予相应的消防救援衔;

(三)从国家机关或者其他救援队伍调入的,或者从符合条件的社会人员中招录的,按照所任命的职务等级授予相应的消防救援衔。

第十五条 初任消防员,按照下列规定首次授予消防救援衔:

(一)从高中毕业生、普通高等学校在校生或者毕业生中招录的,授予预备消防士;

(二)从退役士兵中招录的,其服役年限计入工作时间,按照本条例第十二条的规定,授予相应的消防救援衔;

(三)从其他救援队伍或者具备专业技能的社会人员中招录的,根据其从事相关专业工作时间,比照国家综合性消防救援队伍中同等条件人员,授予相应的消防救援衔。

第十六条 首次授予管理指挥人员、专业技术人员消防救援衔,按照下列规定的权限予以批准:

(一)授予总监、副总监、助理总监,由国务院总理批准;

(二)授予高级指挥长、一级指挥长、二级指挥长,由国务院应急管理部门正职领导批准;

(三)授予三级指挥长、一级指挥员,报省、自治区、直辖市人民政府应急管理部门同意后由总队级单位正职领导批准,其中森林消防队伍人员由国务院应急管理部门森林消防队伍领导指挥机构正职领导批准;

(四)授予二级指挥员、三级指挥员、四级指挥员,由总队级单位正职领导批准。

第十七条 首次授予消防员消防救援衔,按照下列规定的权限予以批准:

(一)授予一级消防长、二级消防长、三级消防长,由国务院应急管理部门消防救援队伍领导指挥机构、森林消防队伍领导指挥机构正职领导批准;

(二)授予一级消防士、二级消防士、三级消防士、四级消防士、预备消防士,由总队级单位正职领导批准。

第五章 消防救援衔的晋级

第十八条 消防救援衔一般根据职务等级调整情况或者工作年限逐级晋升。

消防救援人员晋升上一级消防救援衔,应当胜任本职工作,遵纪守法,廉洁奉公,作风正派。

消防救援人员经培训合格后,方可晋升上一级消防救援衔。

第十九条 管理指挥人员、专业技术人员的消防救援衔晋升,一般与其职务等级晋升一致。

消防员的消防救援衔晋升,按照本条例第十二条的规定执行。通过全国普通高等学校招生统一考试、取得全日制大学专科以上学历的消防员晋升消防救援衔,其按照规定学制在普通高等学校学习的时间视同工作时间,但不计入工龄。

第二十条 管理指挥人员、专业技术人员消防救援衔晋升,按照下列规定的权限予以批准:

(一)晋升为总监、副总监、助理总监,由国务院总理批准;

(二)晋升为高级指挥长、一级指挥长,由国务院应急管理部门正职领导批准;

(三)晋升为二级指挥长,报省、自治区、直辖市人民政府应急管理部门同意后由总队级单位正职领导批准,其中森林消防队伍人员由国务院应急管理部门森林消防队伍领导指挥机构正职领导批准;

(四)晋升为三级指挥长、一级指挥员,由总队级单位正职领导批准;

(五)晋升为二级指挥员、三级指挥员,由支队级单位正职领导批准。

第二十一条 消防员消防救援衔晋升,按照下列规定的权限予以批准:

(一)晋升为一级消防长、二级消防长、三级消防长,由国务院应急管理部门消防救援队伍领导指挥机构、森林消防队伍领导指挥机构正职领导批准;

(二)晋升为一级消防士、二级消防士,由总队级单位正职领导批准;

(三)晋升为三级消防士、四级消防士,由支队级单位正职领导批准。

第二十二条 消防救援人员在消防救援工作中做出重大贡献、德才表现突出的,其消防救援衔可以提前晋升。

第六章 消防救援衔的保留、降级和取消

第二十三条 消防救援人员退休后,其消防救援衔予以保留。

消防救援人员按照国家规定退出消防救援队伍,或者调离、辞职、被辞退的,其消防救援衔不予保留。

第二十四条 消防救援人员因不胜任现任职务被调任下级职务的,其消防救援衔应当调整至相应衔级,调整的批准权限与原衔级的批准权限相同。

第二十五条 消防救援人员受到降级、撤职处分的,应当相应降低消防救援衔,降级的批准权限与原衔级的批准权限相同。

消防救援衔降级不适用于四级指挥员和预备消防士。

第二十六条 消防救援人员受到开除处分的,以及因犯罪被依法判处剥夺政治权利或者有期徒刑以上刑罚的,其消防救援衔相应取消。

消防救援人员退休后犯罪的,适用前款规定。

第七章 附 则

第二十七条 消防救援衔标志式样和佩带办法,由国务院制定。

第二十八条 本条例自2018年10月27日起施行。

消防安全责任制实施办法

·2017年10月29日

·国办发〔2017〕87号

第一章 总 则

第一条 为深入贯彻《中华人民共和国消防法》、《中华人民共和国安全生产法》和党中央、国务院关于安全生产及消防安全的重要决策部署,按照政府统一领导、部门依法监管、单位全面负责、公民积极参与的原则,坚持党政同责、一岗双责、齐抓共管、失职追责,进一步健全消防安全责任制,提高公共消防安全水平,预防火灾和减少火灾危害,保障人民群众生命财产安全,制定本办法。

第二条 地方各级人民政府负责本行政区域内的消防工作,政府主要负责人为第一责任人,分管负责人为主要责任人,班子其他成员对分管范围内的消防工作负领导责任。

第三条 国务院公安部门对全国的消防工作实施监督管理。县级以上地方人民政府公安机关对本行政区域内的消防工作实施监督管理。县级以上人民政府其他有关部门按照管行业必须管安全、管业务必须管安全、管生产经营必须管安全的要求,在各自职责范围内依法依规做好本行业、本系统的消防安全工作。

第四条 坚持安全自查、隐患自除、责任自负。机关、团体、企业、事业等单位是消防安全的责任主体,法定代表人、主要负责人或实际控制人是本单位、本场所消防安全责任人,对本单位、本场所消防安全全面负责。

消防安全重点单位应当确定消防安全管理人,组织实施本单位的消防安全管理工作。

第五条 坚持权责一致、依法履职、失职追责。对不履行或不按规定履行消防安全职责的单位和个人,依法依规追究责任。

第二章 地方各级人民政府消防工作职责

第六条 县级以上地方各级人民政府应当落实消防工作责任制,履行下列职责:

（一）贯彻执行国家法律法规和方针政策，以及上级党委、政府关于消防工作的部署要求，全面负责本地区消防工作，每年召开消防工作会议，研究部署本地区消防工作重大事项。每年向上级人民政府专题报告本地区消防工作情况。健全由政府主要负责人或分管负责人牵头的消防工作协调机制，推动落实消防工作责任。

（二）将消防工作纳入经济社会发展总体规划，将包括消防安全布局、消防站、消防供水、消防通信、消防车通道、消防装备等内容的消防规划纳入城乡规划，并负责组织实施，确保消防工作与经济社会发展相适应。

（三）督促所属部门和下级人民政府落实消防安全责任制，在农业收获季节、森林和草原防火期间、重大节假日和重要活动期间以及火灾多发季节，组织开展消防安全检查。推动消防科学研究和技术创新，推广使用先进消防和应急救援技术、设备。组织开展经常性的消防宣传工作。大力发展消防公益事业。采取政府购买公共服务等方式，推进消防教育培训、技术服务和物防、技防等工作。

（四）建立常态化火灾隐患排查整治机制，组织实施重大火灾隐患和区域性火灾隐患整治工作。实行重大火灾隐患挂牌督办制度。对报请挂牌督办的重大火灾隐患和停产停业整改报告，在 7 个工作日内作出同意或不同意的决定，并组织有关部门督促隐患单位采取措施予以整改。

（五）依法建立公安消防队和政府专职消防队。明确政府专职消防队公益属性，采取招聘、购买服务等方式招录政府专职消防队员，建设营房，配齐装备；按规定落实其工资、保险和相关福利待遇。

（六）组织领导火灾扑救和应急救援工作。组织制定灭火救援应急预案，定期组织开展演练；建立灭火救援社会联动和应急反应处置机制，落实人员、装备、经费和灭火药剂等保障，根据需要调集灭火救援所需工程机械和特殊装备。

（七）法律、法规、规章规定的其他消防工作职责。

第七条 省、自治区、直辖市人民政府除履行第六条规定的职责外，还应当履行下列职责：

（一）定期召开政府常务会议、办公会议，研究部署消防工作。

（二）针对本地区消防安全特点和实际情况，及时提请同级人大及其常委会制定、修订地方性法规，组织制定、修订政府规章、规范性文件。

（三）将消防安全的总体要求纳入城市总体规划，并严格审核。

（四）加大消防投入，保障消防事业发展所需经费。

第八条 市、县级人民政府除履行第六条规定的职责外，还应当履行下列职责：

（一）定期召开政府常务会议、办公会议，研究部署消防工作。

（二）科学编制和严格落实城乡消防规划，预留消防队站、训练设施等建设用地。加强消防水源建设，按照规定建设市政消防供水设施，制定市政消防水源管理办法，明确建设、管理维护部门和单位。

（三）在本级政府预算中安排必要的资金，保障消防站、消防供水、消防通信等公共消防设施和消防装备建设，促进消防事业发展。

（四）将消防公共服务事项纳入政府民生工程或为民办实事工程；在社会福利机构、幼儿园、托儿所、居民家庭、小旅馆、群租房以及住宿与生产、储存、经营合用的场所推广安装简易喷淋装置、独立式感烟火灾探测报警器。

（五）定期分析评估本地区消防安全形势，组织开展火灾隐患排查整治工作；对重大火灾隐患，应当组织有关部门制定整改措施，督促限期消除。

（六）加强消防宣传教育培训，有计划地建设公益性消防科普教育基地，开展消防科普教育活动。

（七）按照立法权限，针对本地区消防安全特点和实际情况，及时提请同级人大及其常委会制定、修订地方性法规，组织制定、修订地方政府规章、规范性文件。

第九条 乡镇人民政府消防工作职责：

（一）建立消防安全组织，明确专人负责消防工作，制定消防安全制度，落实消防安全措施。

（二）安排必要的资金，用于公共消防设施建设和业务经费支出。

（三）将消防安全内容纳入镇总体规划、乡规划，并严格组织实施。

（四）根据当地经济发展和消防工作的需要建立专职消防队、志愿消防队，承担火灾扑救、应急救援等职能，并开展消防宣传、防火巡查、隐患查改。

（五）因地制宜落实消防安全“网格化”管理的措施和要求，加强消防宣传和应急疏散演练。

（六）部署消防安全整治，组织开展消防安全检查，督促整改火灾隐患。

（七）指导村（居）民委员会开展群众性的消防工作，确定消防安全管理人，制定防火安全公约，根据需要建立志愿消防队或微型消防站，开展防火安全检查、消防宣传教育和应急疏散演练，提高城乡消防安全水平。

街道办事处应当履行前款第（一）、（四）、（五）、（六）、（七）项职责，并保障消防工作经费。

第十条 开发区管理机构、工业园区管理机构等地方人民政府的派出机关，负责管理区域内的消防工作，按照本办法履行同级别人民政府的消防工作职责。

第十一条 地方各级人民政府主要负责人应当组织实施消防法律法规、方针政策和上级部署要求，定期研究部署消防工作，协调解决本行政区域内的重大消防安全问题。

地方各级人民政府分管消防安全的负责人应当协助主要负责人，综合协调本行政区域内的消防工作，督促检查各有关部门、下级政府落实消防工作的情况。班子其他成员要定期研究部署分管领域的消防工作，组织工作督查，推动分管领域火灾隐患排查整治。

第三章 县级以上人民政府工作部门消防安全职责

第十二条 县级以上人民政府工作部门应当按照谁主管、谁负责的原则，在各自职责范围内履行下列职责：

（一）根据本行业、本系统业务工作特点，在行业安全生产法规政策、规划计划和应急预案中纳入消防安全内容，提高消防安全管理水平。

（二）依法督促本行业、本系统相关单位落实消防安全责任制，建立消防安全管理制度，确定专（兼）职消防安全管理人员，落实消防工作经费；开展针对性消防安全检查治理，消除火灾隐患；加强消防宣传教育培训，每年组织应急演练，提高行业从业人员消防安全意识。

（三）法律、法规和规章规定的其他消防安全职责。

第十三条 具有行政审批职能的部门，对审批事项中涉及消防安全的法定条件要依法严格审批，凡不符合法定条件的，不得核发相关许可证照或批准开办。对已经依法取得批准的单位，不再具备消防安全条件的应当依法予以处理。

（一）公安机关负责对消防工作实施监督管理，指导、督促机关、团体、企业、事业等单位履行消防工作职责。依法实施建设工程消防设计审核、消防验收，开展消防监督检查，组织针对性消防安全专项治理，实施消防行政处罚。组织和指挥火灾现场扑救，承担或参加重大灾害事故和其他以抢救人员生命为主的应急救援工作。依法组织或参与火灾事故调查处理工作，办理失火罪和消防责任事故罪案件。组织开展消防宣传教育培训和应急疏散演练。

（二）教育部门负责学校、幼儿园管理中的行业消防安全。指导学校消防安全教育宣传工作，将消防安全教育纳入学校安全教育活动统筹安排。

（三）民政部门负责社会福利、特困人员供养、救助管理、未成年人保护、婚姻、殡葬、救灾物资储备、烈士纪念、军休军供、优抚医院、光荣院、养老机构等民政服务机构审批或管理中的行业消防安全。

（四）人力资源社会保障部门负责职业培训机构、技工院校审批或管理中的行业消防安全。做好政府专职消防队员、企业专职消防队员依法参加工伤保险工作。将消防法律法规和消防知识纳入公务员培训、职业培训内容。

（五）城乡规划管理部门依据城乡规划配合制定消防设施布局专项规划，依据规划预留消防站规划用地，并负责监督实施。

（六）住房城乡建设部门负责依法督促建设工程责任单位加强对房屋建筑和市政基础设施工程建设的安全管理，在组织制定工程建设规范以及推广新技术、新材料、新工艺时，应充分考虑消防安全因素，满足有关消防安全性能及要求。

（七）交通运输部门负责在客运车站、港口、码头及交通工具管理中依法督促有关单位落实消防安全主体责任和有关消防工作制度。

（八）文化部门负责文化娱乐场所审批或管理中的行业消防安全工作，指导、监督公共图书馆、文化馆（站）、剧院等文化单位履行消防安全职责。

（九）卫生计生部门负责医疗卫生机构、计划生育技术服务机构审批或管理中的行业消防安全。

（十）工商行政管理部门负责依法对流通领域消防产品质量实施监督管理，查处流通领域消防产品质量违法行为。

（十一）质量技术监督部门负责依法督促特种设备生产单位加强特种设备生产过程中的消防安全管理，在组织制定特种设备产品及使用标准时，应充分考虑消防安全因素，满足有关消防安全性能及要求，积极推广消防新技术在特种设备产品中的应用。按照职责分工对消防产品质量实施监督管理，依法查处消防产品质量违法行为。做好消防安全相关标准制修订工作，负责消防相关产品质量认证监督管理工作。

（十二）新闻出版广电部门负责指导新闻出版广播影视机构消防安全管理，协助监督管理印刷业、网络视听节目服务机构消防安全。督促新闻媒体发布针对性消防安全提示，面向社会开展消防宣传教育。

（十三）安全生产监督管理部门要严格依法实施有关行政审批，凡不符合法定条件的，不得核发有关安全生产许可。

第十四条 具有行政管理或公共服务职能的部门，应当结合本部门职责为消防工作提供支持和保障。

（一）发展改革部门应当将消防工作纳入国民经济和社会发展中长期规划。地方发展改革部门应当将公共消防设施建设列入地方固定资产投资计划。

（二）科技部门负责将消防科技进步纳入科技发展规划和中央财政科技计划（专项、基金等）并组织实施。组织指导消防安全重大科技攻关、基础研究和应用研究，会同有关部门推动消防科研成果转化应用。将消防知识纳入科普教育内容。

（三）工业和信息化部门负责指导督促通信业、通信设施建设以及民用爆炸物品生产、销售的消防安全管理。依据职责负责危险化学品生产、储存的行业规划和布局。将消防产业纳入应急产业同规划、同部署、同发展。

（四）司法行政部门负责指导监督监狱系统、司法行政系统强制隔离戒毒场所的消防安全管理。将消防法律法规纳入普法教育内容。

（五）财政部门负责按规定对消防资金进行预算管理。

（六）商务部门负责指导、督促商贸行业的消防安全管理工作。

（七）房地产管理部门负责指导、督促物业服务企业按照合同约定做好住宅小区共用消防设施的维护管理工作，并指导业主依照有关规定使用住宅专项维修资金对住宅小区共用消防设施进行维修、更新、改造。

（八）电力管理部门依法对电力企业和用户执行电力法律、行政法规的情况进行监督检查，督促企业严格遵守国家消防技术标准，落实企业主体责任。推广采用先进的火灾防范技术设施，引导用户规范用电。

（九）燃气管理部门负责加强城镇燃气安全监督管理工作，督促燃气经营者指导用户安全用气并对燃气设施定期进行安全检查、排除隐患，会同有关部门制定燃气安全事故应急预案，依法查处燃气经营者和燃气用户等各方主体的燃气违法行为。

（十）人防部门负责对人民防空工程的维护管理进行监督检查。

（十一）文物部门负责文物保护单位、世界文化遗产和博物馆的行业消防安全管理。

（十二）体育、宗教事务、粮食等部门负责加强体育类场馆、宗教活动场所、储备粮储存环节等消防安全管理，指导开展消防安全标准化管理。

（十三）银行、证券、保险等金融监管机构负责督促银行业金融机构、证券业机构、保险机构及服务网点、派出机构落实消防安全管理。保险监管机构负责指导保险公司开展火灾公众责任保险业务，鼓励保险机构发挥火灾风险评估管控和火灾事故预防功能。

（十四）农业、水利、交通运输等部门应当将消防水源、消防车通道等公共消防设施纳入相关基础设施建设工程。

（十五）互联网信息、通信管理等部门应当指导网站、移动互联网媒体等开展公益性消防安全宣传。

（十六）气象、水利、地震部门应当及时将重大灾害事故预警信息通报公安消防部门。

（十七）负责公共消防设施维护管理的单位应当保持消防供水、消防通信、消防车通道等公共消防设施的完好有效。

第四章 单位消防安全职责

第十五条 机关、团体、企业、事业等单位应当落实消防安全主体责任，履行下列职责：

（一）明确各级、各岗位消防安全责任人及其职责，制定本单位的消防安全制度、消防安全操作规程、灭火和应急疏散预案。定期组织开展灭火和应急疏散演练，进行消防工作检查考核，保证各项规章制度落实。

（二）保证防火检查巡查、消防设施器材维护保养、建筑消防设施检测、火灾隐患整改、专职或志愿消防队和微型消防站建设等消防工作所需资金的投入。生产经营单位安全费用应当保证适当比例用于消防工作。

（三）按照相关标准配备消防设施、器材，设置消防安全标志，定期检验维修，对建筑消防设施每年至少进行一次全面检测，确保完好有效。设有消防控制室的，实行24小时值班制度，每班不少于2人，并持证上岗。

（四）保障疏散通道、安全出口、消防车通道畅通，保证防火防烟分区、防火间距符合消防技术标准。人员密集场所的门窗不得设置影响逃生和灭火救援的障碍物。保证建筑构件、建筑材料和室内装修装饰材料等符合消防技术标准。

（五）定期开展防火检查、巡查，及时消除火灾隐患。

（六）根据需要建立专职或志愿消防队、微型消防站，加强队伍建设，定期组织训练演练，加强消防装备配备和灭火药剂储备，建立与公安消防队联勤联动机制，提高扑救初起火灾能力。

（七）消防法律、法规、规章以及政策文件规定的其他职责。

第十六条 消防安全重点单位除履行第十五条规定的职责外，还应当履行下列职责：

（一）明确承担消防安全管理工作的机构和消防安全管理人并报知当地公安消防部门，组织实施本单位消防安全管理。消防安全管理人应当经过消防培训。

（二）建立消防档案，确定消防安全重点部位，设置防火标志，实行严格管理。

（三）安装、使用电器产品、燃气用具和敷设电气线路、管线必须符合相关标准和用电、用气安全管理规定，并定期维护保养、检测。

（四）组织员工进行岗前消防安全培训，定期组织消防安全培训和疏散演练。

（五）根据需要建立微型消防站，积极参与消防安全区域联防联控，提高自防自救能力。

（六）积极应用消防远程监控、电气火灾监测、物联网技术等技防物防措施。

第十七条 对容易造成群死群伤火灾的人员密集场所、易燃易爆单位和高层、地下公共建筑等火灾高危单位，除履行第十五条、第十六条规定的职责外，还应当履行下列职责：

（一）定期召开消防安全工作例会，研究本单位消防工作，处理涉及消防经费投入、消防设施设备购置、火灾隐患整改等重大问题。

（二）鼓励消防安全管理人取得注册消防工程师执业资格，消防安全责任人和特有工种人员须经消防安全培训；自动消防设施操作人员应取得建（构）筑物消防员资格证书。

（三）专职消防队或微型消防站应当根据本单位火灾危险特性配备相应的消防装备器材，储备足够的灭火救援药剂和物资，定期组织消防业务学习和灭火技能训练。

（四）按照国家标准配备应急逃生设施设备和疏散引导器材。

（五）建立消防安全评估制度，由具有资质的机构定期开展评估，评估结果向社会公开。

（六）参加火灾公众责任保险。

第十八条 同一建筑物由两个以上单位管理或使用的，应当明确各方的消防安全责任，并确定责任人对共用的疏散通道、安全出口、建筑消防设施和消防车通道进行统一管理。

物业服务企业应当按照合同约定提供消防安全防范服务，对管理区域内的共用消防设施和疏散通道、安全出口、消防车通道进行维护管理，及时劝阻和制止占用、堵塞、封闭疏散通道、安全出口、消防车通道等行为，劝阻和制止无效的，立即向公安机关等主管部门报告。定期开展防火检查巡查和消防宣传教育。

第十九条 石化、轻工等行业组织应当加强行业消防安全自律管理，推动本行业消防工作，引导行业单位落实消防安全主体责任。

第二十条 消防设施检测、维护保养和消防安全评估、咨询、监测等消防技术服务机构和执业人员应当依法获得相应的资质、资格，依法依规提供消防安全技术服务，并对服务质量负责。

第二十一条 建设工程的建设、设计、施工和监理等单位应当遵守消防法律、法规、规章和工程建设消防技术标准，在工程设计使用年限内对工程的消防设计、施工质量承担终身责任。

第五章 责任落实

第二十二条 国务院每年组织对省级人民政府消防工作完成情况进行考核，考核结果交由中央干部主管部门，作为对各省级人民政府主要负责人和领导班子综合考核评价的重要依据。

第二十三条 地方各级人民政府应当建立健全消防工作考核评价体系，明确消防工作目标责任，纳入日常检查、政务督查的重要内容，组织年度消防工作考核，确保消防安全责任落实。加强消防工作考核结果运用，建立与主要负责人、分管负责人和直接责任人履职评定、奖励惩处相挂钩的制度。

第二十四条 地方各级消防安全委员会、消防安全联席会议等消防工作协调机制应当定期召开成员单位会议，分析研判消防安全形势，协调指导消防工作开展，督促解决消防工作重大问题。

第二十五条 各有关部门应当建立单位消防安全信用记录，纳入全国信用信息共享平台，作为信用评价、项目核准、用地审批、金融扶持、财政奖补等方面的参考依据。

第二十六条 公安机关及其工作人员履行法定消防工作职责时，应当做到公正、严格、文明、高效。

公安机关及其工作人员进行消防设计审核、消防验收和消防安全检查等，不得收取费用，不得谋取利益，不得利用职务指定或者变相指定消防产品的品牌、销售单位或者消防技术服务机构、消防设施施工单位。

国务院公安部门要加强对各地公安机关及其工作人员进行消防设计审核、消防验收和消防安全检查等行为的监督管理。

第二十七条　地方各级人民政府和有关部门不依法履行职责，在涉及消防安全行政审批、公共消防设施建设、重大火灾隐患整改、消防力量发展等方面工作不力、失职渎职的，依法依规追究有关人员的责任，涉嫌犯罪的，移送司法机关处理。

第二十八条　因消防安全责任不落实发生一般及以上火灾事故的，依法依规追究单位直接责任人、法定代表人、主要负责人或实际控制人的责任，对履行职责不力、失职渎职的政府及有关部门负责人和工作人员实行问责，涉嫌犯罪的，移送司法机关处理。

发生造成人员死亡或产生社会影响的一般火灾事故的，由事故发生地县级人民政府负责组织调查处理；发生较大火灾事故的，由事故发生地设区的市级人民政府负责组织调查处理；发生重大火灾事故的，由事故发生地省级人民政府负责组织调查处理；发生特别重大火灾事故的，由国务院或国务院授权有关部门负责组织调查处理。

第六章　附　则

第二十九条　具有固定生产经营场所的个体工商户，参照本办法履行单位消防安全职责。

第三十条　微型消防站是单位、社区组建的有人员、有装备，具备扑救初起火灾能力的志愿消防队。具体标准由公安消防部门确定。

第三十一条　本办法自印发之日起施行。地方各级人民政府、国务院有关部门等可结合实际制定具体实施办法。

国务院办公厅关于国家综合性消防救援车辆悬挂应急救援专用号牌有关事项的通知

· 2018 年 12 月 4 日
· 国办发〔2018〕114 号

根据《中共中央办公厅　国务院办公厅关于印发〈组建国家综合性消防救援队伍框架方案〉的通知》要求和《全国人民代表大会常务委员会关于国务院机构改革涉及法律规定的行政机关职责调整问题的决定》精神，为保障国家综合性消防救援队伍依法履行职责使命，经国务院同意，国家综合性消防救援车辆悬挂应急救援专用号牌（以下简称专用号牌）。现将有关事项通知如下：

一、专用号牌的核发范围和管理

国家综合性消防救援车辆中符合执行和保障应急救援任务规定的悬挂专用号牌，主要包括灭火消防车、举高消防车、专勤消防车、战勤保障消防车、消防摩托车、应急救援指挥车、救援运输车、消防宣传车、火场勘查车等。应急部为专用号牌及配套行驶证件的核发主管单位。驾驶悬挂专用号牌车辆的人员须持公安机关交通管理部门核发的相应准驾车型机动车驾驶证。

二、专用号牌要素和车辆外观

专用号牌分为汽车号牌和摩托车号牌两种。汽车号牌每副两只，分别悬挂在车辆前后部；摩托车号牌为单只，悬挂在车辆后部。专用号牌为白底黑字，配以红色汉字“应急”，其中：汽车号牌字符共 8 位，依次为省（自治区、直辖市）汉字简称、所属救援队伍代号、四位序号和汉字“应急”；摩托车号牌字符共 7 位，依次为汉字“应急”、省（自治区、直辖市）汉字简称、三位序号和所属救援队伍代号。悬挂专用号牌车辆外观参照国际通行做法进行标识涂装，车身前面涂装“救援 RESCUE”字样，车身侧面涂装国家综合性消防救援队伍徽标、“消防”字样和所属单位名称、车辆编号，车顶涂装车辆编号，车身两侧及车辆尾部涂装装饰条。

三、悬挂专用号牌车辆的道路优先通行权

悬挂专用号牌的车辆执行应急救援任务时可以使用警报器、标志灯具；在确保安全的前提下，不受行驶路线、行驶方向、行驶速度和信号灯的限制，其他车辆和行人应当让行。非执行应急救援任务时，悬挂专用号牌的车辆不得使用警报器、标志灯具，应遵守《中华人民共和国道路交通安全法》及其实施条例，自觉维护公共交通安全和秩序。对悬挂专用号牌车辆及其驾驶人的道路交通安全违法行为、道路交通事故，由公安机关交通管理部门依据《中华人民共和国道路交通安全法》处理，并实行交通违法和交通事故抄告制度。

四、悬挂专用号牌车辆的政策保障

对悬挂专用号牌的车辆免征车辆购置税、免收车辆通行费和停车费。国家综合性消防救援车辆由部队号牌改挂专用号牌的，一次性免征改挂当年车船税，此后按有关规定执行。应急部负责制定悬挂专用号牌机动车参加交通事故责任强制保险办法。悬挂专用号牌消防救援车辆的环保政策平移不变。

国家综合性消防救援车辆悬挂专用号牌工作意义重

大、使命光荣。应急部要按照党中央、国务院决策部署要求和本通知精神，认真组织实施。各地区、各有关部门要积极支持国家综合性消防救援车辆悬挂专用号牌相关工作，明确责任分工，加强沟通衔接，做好宣传解读，确保工作平稳顺利有序开展。

附件：应急救援专用号牌式样和车辆涂装样图（略）。

消防监督检查规定

- 2009年4月30日公安部令第107号公布
- 根据2012年7月17日《公安部关于修改〈消防监督检查规定〉的决定》修订

第一章 总 则

第一条 为了加强和规范消防监督检查工作，督促机关、团体、企业、事业等单位（以下简称单位）履行消防安全职责，依据《中华人民共和国消防法》，制定本规定。

第二条 本规定适用于公安机关消防机构和公安派出所依法对单位遵守消防法律、法规情况进行消防监督检查。

第三条 直辖市、市（地区、州、盟）、县（市辖区、县级市、旗）公安机关消防机构具体实施消防监督检查，确定本辖区内的消防安全重点单位并由所属公安机关报本级人民政府备案。

公安派出所可以对居民住宅区的物业服务企业、居民委员会、村民委员会履行消防安全职责的情况和上级公安机关确定的单位实施日常消防监督检查。

公安派出所日常消防监督检查的单位范围由省级公安机关消防机构、公安派出所工作主管部门共同研究拟定，报省级公安机关确定。

第四条 上级公安机关消防机构应当对下级公安机关消防机构实施消防监督检查的情况进行指导和监督。

公安机关消防机构应当与公安派出所共同做好辖区消防监督工作，并对公安派出所开展日常消防监督检查工作进行指导，定期对公安派出所民警进行消防监督业务培训。

第五条 对消防监督检查的结果，公安机关消防机构可以通过适当方式向社会公告；对检查发现的影响公共安全的火灾隐患应当定期公布，提示公众注意消防安全。

第二章 消防监督检查的形式和内容

第六条 消防监督检查的形式有：

（一）对公众聚集场所在投入使用、营业前的消防安全检查；

（二）对单位履行法定消防安全职责情况的监督抽查；

（三）对举报投诉的消防安全违法行为的核查；

（四）对大型群众性活动举办前的消防安全检查；

（五）根据需要进行的其他消防监督检查。

第七条 公安机关消防机构根据本地区火灾规律、特点等消防安全需要组织监督抽查；在火灾多发季节，重大节日、重大活动前或者期间，应当组织监督抽查。

消防安全重点单位应当作为监督抽查的重点，非消防安全重点单位必须在监督抽查的单位数量中占有一定比例。对属于人员密集场所的消防安全重点单位每年至少监督检查一次。

第八条 公众聚集场所在投入使用、营业前，建设单位或者使用单位应当向场所所在地的县级以上人民政府公安机关消防机构申请消防安全检查，并提交下列材料：

（一）消防安全检查申报表；

（二）营业执照复印件或者工商行政管理机关出具的企业名称预先核准通知书；

（三）依法取得的建设工程消防验收或者进行竣工验收消防备案的法律文件复印件；

（四）消防安全制度、灭火和应急疏散预案、场所平面布置图；

（五）员工岗前消防安全教育培训记录和自动消防系统操作人员取得的消防行业特有工种职业资格证书复印件；

（六）法律、行政法规规定的其他材料。

依照《建设工程消防监督管理规定》不需要进行竣工验收消防备案的公众聚集场所申请消防安全检查的，还应当提交场所室内装修消防设计施工图、消防产品质量合格证明文件，以及装修材料防火性能符合消防技术标准的证明文件、出厂合格证。

公安机关消防机构对消防安全检查的申请，应当按照行政许可有关规定受理。

第九条 对公众聚集场所投入使用、营业前进行消防安全检查，应当检查下列内容：

（一）建筑物或者场所是否依法通过消防验收合格或者进行竣工验收消防备案抽查合格；依法进行竣工验收消防备案但没有进行备案抽查的建筑物或者场所是否符合消防技术标准；

（二）消防安全制度、灭火和应急疏散预案是否制定；

（三）自动消防系统操作人员是否持证上岗，员工是否经过岗前消防安全培训；

（四）消防设施、器材是否符合消防技术标准并完好有效；

（五）疏散通道、安全出口和消防车通道是否畅通；

（六）室内装修材料是否符合消防技术标准；

（七）外墙门窗上是否设置影响逃生和灭火救援的障碍物。

第十条　对单位履行法定消防安全职责情况的监督抽查，应当根据单位的实际情况检查下列内容：

（一）建筑物或者场所是否依法通过消防验收或者进行竣工验收消防备案，公众聚集场所是否通过投入使用、营业前的消防安全检查；

（二）建筑物或者场所的使用情况是否与消防验收或者进行竣工验收消防备案时确定的使用性质相符；

（三）消防安全制度、灭火和应急疏散预案是否制定；

（四）消防设施、器材和消防安全标志是否定期组织维修保养，是否完好有效；

（五）电器线路、燃气管路是否定期维护保养、检测；

（六）疏散通道、安全出口、消防车通道是否畅通，防火分区是否改变，防火间距是否被占用；

（七）是否组织防火检查、消防演练和员工消防安全教育培训，自动消防系统操作人员是否持证上岗；

（八）生产、储存、经营易燃易爆危险品的场所是否与居住场所设置在同一建筑物内；

（九）生产、储存、经营其他物品的场所与居住场所设置在同一建筑物内的，是否符合消防技术标准；

（十）其他依法需要检查的内容。

对人员密集场所还应当抽查室内装修材料是否符合消防技术标准、外墙门窗上是否设置影响逃生和灭火救援的障碍物。

第十一条　对消防安全重点单位履行法定消防安全职责情况的监督抽查，除检查本规定第十条规定的内容外，还应当检查下列内容：

（一）是否确定消防安全管理人；

（二）是否开展每日防火巡查并建立巡查记录；

（三）是否定期组织消防安全培训和消防演练；

（四）是否建立消防档案、确定消防安全重点部位。

对属于人员密集场所的消防安全重点单位，还应当检查单位灭火和应急疏散预案中承担灭火和组织疏散任务的人员是否确定。

第十二条　在大型群众性活动举办前对活动现场进行消防安全检查，应当重点检查下列内容：

（一）室内活动使用的建筑物（场所）是否依法通过消防验收或者进行竣工验收消防备案，公众聚集场所是否通过使用、营业前的消防安全检查；

（二）临时搭建的建筑物是否符合消防安全要求；

（三）是否制定灭火和应急疏散预案并组织演练；

（四）是否明确消防安全责任分工并确定消防安全管理人员；

（五）活动现场消防设施、器材是否配备齐全并完好有效；

（六）活动现场的疏散通道、安全出口和消防车通道是否畅通；

（七）活动现场的疏散指示标志和应急照明是否符合消防技术标准并完好有效。

第十三条　对大型的人员密集场所和其他特殊建设工程的施工现场进行消防监督检查，应当重点检查施工单位履行下列消防安全职责的情况：

（一）是否明确施工现场消防安全管理人员，是否制定施工现场消防安全制度、灭火和应急疏散预案；

（二）在建工程内是否设置人员住宿、可燃材料及易燃易爆危险品储存等场所；

（三）是否设置临时消防给水系统、临时消防应急照明，是否配备消防器材，并确保完好有效；

（四）是否设有消防车通道并畅通；

（五）是否组织员工消防安全教育培训和消防演练；

（六）施工现场人员宿舍、办公用房的建筑构件燃烧性能、安全疏散是否符合消防技术标准。

第三章　消防监督检查的程序

第十四条　公安机关消防机构实施消防监督检查时，检查人员不得少于两人，并出示执法身份证件。

消防监督检查应当填写检查记录，如实记录检查情况。

第十五条　对公众聚集场所投入使用、营业前的消防安全检查，公安机关消防机构应当自受理申请之日起十个工作日内进行检查，自检查之日起三个工作日内作出同意或者不同意投入使用或者营业的决定，并送达申请人。

第十六条　对大型群众性活动现场在举办前进行的消防安全检查，公安机关消防机构应当在接到本级公安机关治安部门书面通知之日起三个工作日内进行检查，并将检查记录移交本级公安机关治安部门。

第十七条　公安机关消防机构接到对消防安全违法行为的举报投诉，应当及时受理、登记，并按照《公安机关办理行政案件程序规定》的相关规定处理。

第十八条 公安机关消防机构应当按照下列时限，对举报投诉的消防安全违法行为进行实地核查：

（一）对举报投诉占用、堵塞、封闭疏散通道、安全出口或者其他妨碍安全疏散行为，以及擅自停用消防设施的，应当在接到举报投诉后二十四小时内进行核查；

（二）对举报投诉本款第一项以外的消防安全违法行为，应当在接到举报投诉之日起三个工作日内进行核查。

核查后，对消防安全违法行为应当依法处理。处理情况应当及时告知举报投诉人；无法告知的，应当在受理登记中注明。

第十九条 在消防监督检查中，公安机关消防机构对发现的依法应当责令立即改正的消防安全违法行为，应当当场制作、送达责令立即改正通知书，并依法予以处罚；对依法应当责令限期改正的，应当自检查之日起三个工作日内制作、送达责令限期改正通知书，并依法予以处罚。

对违法行为轻微并当场改正完毕，依法可以不予行政处罚的，可以口头责令改正，并在检查记录上注明。

第二十条 对依法责令限期改正的，应当根据改正违法行为的难易程度合理确定改正期限。

公安机关消防机构应当在责令限期改正期限届满或者收到当事人的复查申请之日起三个工作日内进行复查。对逾期不改正的，依法予以处罚。

第二十一条 在消防监督检查中，发现城乡消防安全布局、公共消防设施不符合消防安全要求，或者发现本地区存在影响公共安全的重大火灾隐患的，公安机关消防机构应当组织集体研究确定，自检查之日起七个工作日内提出处理意见，由所属公安机关书面报告本级人民政府解决；对影响公共安全的重大火灾隐患，还应当在确定之日起三个工作日内制作、送达重大火灾隐患整改通知书。

重大火灾隐患判定涉及复杂或者疑难技术问题的，公安机关消防机构应当在确定前组织专家论证。组织专家论证的，前款规定的期限可以延长十个工作日。

第二十二条 公安机关消防机构在消防监督检查中发现火灾隐患，应当通知有关单位或者个人立即采取措施消除；对具有下列情形之一，不及时消除可能严重威胁公共安全的，应当对危险部位或者场所予以临时查封：

（一）疏散通道、安全出口数量不足或者严重堵塞，已不具备安全疏散条件的；

（二）建筑消防设施严重损坏，不再具备防火灭火功能的；

（三）人员密集场所违反消防安全规定，使用、储存易燃易爆危险品的；

（四）公众聚集场所违反消防技术标准，采用易燃、可燃材料装修，可能导致重大人员伤亡的；

（五）其他可能严重威胁公共安全的火灾隐患。

临时查封期限不得超过三十日。临时查封期限届满后，当事人仍未消除火灾隐患的，公安机关消防机构可以再次依法予以临时查封。

第二十三条 临时查封应当由公安机关消防机构负责人组织集体研究决定。决定临时查封的，应当研究确定查封危险部位或者场所的范围、期限和实施方法，并自检查之日起三个工作日内制作、送达临时查封决定书。

情况紧急、不当场查封可能严重威胁公共安全的，消防监督检查人员可以在口头报请公安机关消防机构负责人同意后当场对危险部位或者场所实施临时查封，并在临时查封后二十四小时内由公安机关消防机构负责人组织集体研究，制作、送达临时查封决定书。经集体研究认为不应当采取临时查封措施的，应当立即解除。

第二十四条 临时查封由公安机关消防机构负责人组织实施。需要公安机关其他部门或者公安派出所配合的，公安机关消防机构应当报请所属公安机关组织实施。

实施临时查封应当遵守下列规定：

（一）实施临时查封时，通知当事人到场，当场告知当事人采取临时查封的理由、依据以及当事人依法享有的权利、救济途径，听取当事人的陈述和申辩；

（二）当事人不到场的，邀请见证人到场，由见证人和消防监督检查人员在现场笔录上签名或者盖章；

（三）在危险部位或者场所及其有关设施、设备上加贴封条或者采取其他措施，使危险部位或者场所停止生产、经营或者使用；

（四）对实施临时查封情况制作现场笔录，必要时，可以进行现场照相或者录音录像。

实施临时查封后，当事人请求进入被查封的危险部位或者场所整改火灾隐患的，应当允许。但不得在被查封的危险部位或者场所生产、经营或者使用。

第二十五条 火灾隐患消除后，当事人应当向作出临时查封决定的公安机关消防机构申请解除临时查封。公安机关消防机构应当自收到申请之日起三个工作日内进行检查，自检查之日起三个工作日内作出是否同意解除临时查封的决定，并送达当事人。

对检查确认火灾隐患已消除的，应当作出解除临时查封的决定。

第二十六条 对当事人有《中华人民共和国消防法》第六十条第一款第三项、第四项、第五项、第六项规定的消防安全违法行为，经责令改正拒不改正的，公安机关消防机构应当按照《中华人民共和国行政强制法》第五十一条、第五十二条的规定组织强制清除或者拆除相关障碍物、妨碍物，所需费用由违法行为人承担。

第二十七条 当事人不执行公安机关消防机构作出的停产停业、停止使用、停止施工决定的，作出决定的公安机关消防机构应当自履行期限届满之日起三个工作日内催告当事人履行义务。当事人收到催告书后有权进行陈述和申辩。公安机关消防机构应当充分听取当事人的意见，记录、复核当事人提出的事实、理由和证据。当事人提出的事实、理由或者证据成立的，应当采纳。

经催告，当事人逾期仍不履行义务且无正当理由的，公安机关消防机构负责人应当组织集体研究强制执行方案，确定执行的方式和时间。强制执行决定书应当自决定之日起三个工作日内制作、送达当事人。

第二十八条 强制执行由作出决定的公安机关消防机构负责人组织实施。需要公安机关其他部门或者公安派出所配合的，公安机关消防机构应当报请所属公安机关组织实施；需要其他行政部门配合的，公安机关消防机构应当提出意见，并由所属公安机关报请本级人民政府组织实施。

实施强制执行应当遵守下列规定：

（一）实施强制执行时，通知当事人到场，当场向当事人宣读强制执行决定，听取当事人的陈述和申辩；

（二）当事人不到场的，邀请见证人到场，由见证人和消防监督检查人员在现场笔录上签名或者盖章；

（三）对实施强制执行过程制作现场笔录，必要时，可以进行现场照相或者录音录像；

（四）除情况紧急外，不得在夜间或者法定节假日实施强制执行；

（五）不得对居民生活采取停止供水、供电、供热、供燃气等方式迫使当事人履行义务。

有《中华人民共和国行政强制法》第三十九条、第四十条规定的情形之一的，中止执行或者终结执行。

第二十九条 对被责令停止施工、停止使用、停产停业处罚的当事人申请恢复施工、使用、生产、经营的，公安机关消防机构应当自收到书面申请之日起三个工作日内进行检查，自检查之日起三个工作日内作出决定，送达当事人。

对当事人已改正消防安全违法行为、具备消防安全条件的，公安机关消防机构应当同意恢复施工、使用、生产、经营；对违法行为尚未改正、不具备消防安全条件的，应当不同意恢复施工、使用、生产、经营，并说明理由。

第四章 公安派出所日常消防监督检查

第三十条 公安派出所对其日常监督检查范围的单位，应当每年至少进行一次日常消防监督检查。

公安派出所对群众举报投诉的消防安全违法行为，应当及时受理，依法处理；对属于公安机关消防机构管辖的，应当依照《公安机关办理行政案件程序规定》在受理后及时移送公安机关消防机构处理。

第三十一条 公安派出所对单位进行日常消防监督检查，应当检查下列内容：

（一）建筑物或者场所是否依法通过消防验收或者进行竣工验收消防备案，公众聚集场所是否依法通过投入使用、营业前的消防安全检查；

（二）是否制定消防安全制度；

（三）是否组织防火检查、消防安全宣传教育培训、灭火和应急疏散演练；

（四）消防车通道、疏散通道、安全出口是否畅通，室内消火栓、疏散指示标志、应急照明、灭火器是否完好有效；

（五）生产、储存、经营易燃易爆危险品的场所是否与居住场所设置在同一建筑物内。

对设有建筑消防设施的单位，公安派出所还应当检查单位是否对建筑消防设施定期组织维修保养。

对居民住宅区的物业服务企业进行日常消防监督检查，公安派出所除检查本条第一款第（二）至（四）项内容外，还应当检查物业服务企业对管理区域内共用消防设施是否进行维护管理。

第三十二条 公安派出所对居民委员会、村民委员会进行日常消防监督检查，应当检查下列内容：

（一）消防安全管理人是否确定；

（二）消防安全工作制度、村（居）民防火安全公约是否制定；

（三）是否开展消防宣传教育、防火安全检查；

（四）是否对社区、村庄消防水源（消火栓）、消防车通道、消防器材进行维护管理；

（五）是否建立志愿消防队等多种形式消防组织。

第三十三条 公安派出所民警在日常消防监督检查时，发现被检查单位有下列行为之一的，应当责令依法改正：

（一）未制定消防安全制度、未组织防火检查和消防安全教育培训、消防演练的；

（二）占用、堵塞、封闭疏散通道、安全出口的；

（三）占用、堵塞、封闭消防车通道，妨碍消防车通行的；

（四）埋压、圈占、遮挡消火栓或者占用防火间距的；

（五）室内消火栓、灭火器、疏散指示标志和应急照明未保持完好有效的；

（六）人员密集场所在外墙门窗上设置影响逃生和灭火救援的障碍物的；

（七）违反消防安全规定进入生产、储存易燃易爆危险品场所的；

（八）违反规定使用明火作业或者在具有火灾、爆炸危险的场所吸烟、使用明火的；

（九）生产、储存和经营易燃易爆危险品的场所与居住场所设置在同一建筑物内的；

（十）未对建筑消防设施定期组织维修保养的。

公安派出所发现被检查单位的建筑物未依法通过消防验收，或者进行竣工验收消防备案，擅自投入使用的；公众聚集场所未依法通过使用、营业前的消防安全检查，擅自使用、营业的，应当在检查之日起五个工作日内书面移交公安机关消防机构处理。

公安派出所民警进行日常消防监督检查，应当填写检查记录，记录发现的消防安全违法行为、责令改正的情况。

第三十四条　公安派出所在日常消防监督检查中，发现存在严重威胁公共安全的火灾隐患，应当在责令改正的同时书面报告乡镇人民政府或者街道办事处和公安机关消防机构。

第五章　执法监督

第三十五条　公安机关消防机构应当健全消防监督检查工作制度，建立执法档案，定期进行执法质量考评，落实执法过错责任追究。

公安机关消防机构及其工作人员进行消防监督检查，应当自觉接受单位和公民的监督。

第三十六条　公安机关消防机构及其工作人员在消防监督检查中有下列情形的，对直接负责的主管人员和其他直接责任人员应当依法给予处分；构成犯罪的，依法追究刑事责任：

（一）不按规定制作、送达法律文书，不按照本规定履行消防监督检查职责，拒不改正的；

（二）对不符合消防安全条件的公众聚集场所准予消防安全检查合格的；

（三）无故拖延消防安全检查，不在法定期限内履行职责的；

（四）未按照本规定组织开展消防监督抽查的；

（五）发现火灾隐患不及时通知有关单位或者个人整改的；

（六）利用消防监督检查职权为用户指定消防产品的品牌、销售单位或者指定消防技术服务机构、消防设施施工、维修保养单位的；

（七）接受被检查单位、个人财物或者其他不正当利益的；

（八）其他滥用职权、玩忽职守、徇私舞弊的行为。

第三十七条　公安机关消防机构工作人员的近亲属严禁在其管辖的区域或者业务范围内经营消防公司、承揽消防工程、推销消防产品。

违反前款规定的，按照有关规定对公安机关消防机构工作人员予以处分。

第六章　附　则

第三十八条　具有下列情形之一的，应当确定为火灾隐患：

（一）影响人员安全疏散或者灭火救援行动，不能立即改正的；

（二）消防设施未保持完好有效，影响防火灭火功能的；

（三）擅自改变防火分区，容易导致火势蔓延、扩大的；

（四）在人员密集场所违反消防安全规定，使用、储存易燃易爆危险品，不能立即改正的；

（五）不符合城市消防安全布局要求，影响公共安全的；

（六）其他可能增加火灾实质危险性或者危害性的情形。

重大火灾隐患按照国家有关标准认定。

第三十九条　有固定生产经营场所且具有一定规模的个体工商户，应当纳入消防监督检查范围。具体标准由省、自治区、直辖市公安机关消防机构确定并公告。

第四十条　铁路、港航、民航公安机关和国有林区的森林公安机关在管辖范围内实施消防监督检查参照本规定执行。

第四十一条　执行本规定所需要的法律文书式样，由公安部制定。

第四十二条　本规定自2009年5月1日起施行。2004年6月9日发布的《消防监督检查规定》（公安部令第73号）同时废止。

火灾事故调查规定

·2009年4月30日公安部令第108号公布
·根据2012年7月17日《公安部关于修改〈火灾事故调查规定〉的决定》修订

第一章　总　则

第一条　为了规范火灾事故调查，保障公安机关消防机构依法履行职责，保护火灾当事人的合法权益，根据《中华人民共和国消防法》，制定本规定。

第二条　公安机关消防机构调查火灾事故，适用本规定。

第三条　火灾事故调查的任务是调查火灾原因，统计火灾损失，依法对火灾事故作出处理，总结火灾教训。

第四条　火灾事故调查应当坚持及时、客观、公正、合法的原则。

任何单位和个人不得妨碍和非法干预火灾事故调查。

第二章　管　辖

第五条　火灾事故调查由县级以上人民政府公安机关主管，并由本级公安机关消防机构实施；尚未设立公安机关消防机构的，由县级人民政府公安机关实施。

公安派出所应当协助公安机关火灾事故调查部门维护火灾现场秩序，保护现场，控制火灾肇事嫌疑人。

铁路、港航、民航公安机关和国有林区的森林公安机关消防机构负责调查其消防监督范围内发生的火灾。

第六条　火灾事故调查由火灾发生地公安机关消防机构按照下列分工进行：

（一）一次火灾死亡十人以上的，重伤二十人以上或者死亡、重伤二十人以上的，受灾五十户以上的，由省、自治区人民政府公安机关消防机构负责组织调查；

（二）一次火灾死亡一人以上的，重伤十人以上的，受灾三十户以上的，由设区的市或者相当于同级的人民政府公安机关消防机构负责组织调查；

（三）一次火灾重伤十人以下或者受灾三十户以下的，由县级人民政府公安机关消防机构负责调查。

直辖市人民政府公安机关消防机构负责组织调查一次火灾死亡三人以上的，重伤二十人以上或者死亡、重伤二十人以上的，受灾五十户以上的火灾事故，直辖市的区、县级人民政府公安机关消防机构负责调查其他火灾事故。

仅有财产损失的火灾事故调查，由省级人民政府公安机关结合本地实际作出管辖规定，报公安部备案。

第七条　跨行政区域的火灾，由最先起火地的公安机关消防机构按照本规定第六条的分工负责调查，相关行政区域的公安机关消防机构予以协助。

对管辖权发生争议的，报请共同的上一级公安机关消防机构指定管辖。县级人民政府公安机关负责实施的火灾事故调查管辖权发生争议的，由共同的上一级主管公安机关指定。

第八条　上级公安机关消防机构应当对下级公安机关消防机构火灾事故调查工作进行监督和指导。

上级公安机关消防机构认为必要时，可以调查下级公安机关消防机构管辖的火灾。

第九条　公安机关消防机构接到火灾报警，应当及时派员赶赴现场，并指派火灾事故调查人员开展火灾事故调查工作。

第十条　具有下列情形之一的，公安机关消防机构应当立即报告主管公安机关通知具有管辖权的公安机关刑侦部门，公安机关刑侦部门接到通知后应当立即派员赶赴现场参加调查；涉嫌放火罪的，公安机关刑侦部门应当依法立案侦查，公安机关消防机构予以协助：

（一）有人员死亡的火灾；

（二）国家机关、广播电台、电视台、学校、医院、养老院、托儿所、幼儿园、文物保护单位、邮政和通信、交通枢纽等部门和单位发生的社会影响大的火灾；

（三）具有放火嫌疑的火灾。

第十一条　军事设施发生火灾需要公安机关消防机构协助调查的，由省级人民政府公安机关消防机构或者公安部消防局调派火灾事故调查专家协助。

第三章　简易程序

第十二条　同时具有下列情形的火灾，可以适用简易调查程序：

（一）没有人员伤亡的；

（二）直接财产损失轻微的；

（三）当事人对火灾事故事实没有异议的；

（四）没有放火嫌疑的。

前款第二项的具体标准由省级人民政府公安机关确定，报公安部备案。

第十三条　适用简易调查程序的，可以由一名火灾事故调查人员调查，并按照下列程序实施：

（一）表明执法身份，说明调查依据；

（二）调查走访当事人、证人，了解火灾发生过程、火灾烧损的主要物品及建筑物受损等与火灾有关的情况；

（三）查看火灾现场并进行照相或者录像；

（四）告知当事人调查的火灾事故事实，听取当事人的意见，当事人提出的事实、理由或者证据成立的，应当采纳；

（五）当场制作火灾事故简易调查认定书，由火灾事故调查人员、当事人签字或者捺指印后交付当事人。

火灾事故调查人员应当在二日内将火灾事故简易调查认定书报所属公安机关消防机构备案。

第四章　一般程序

第一节　一般规定

第十四条　除依照本规定适用简易调查程序的外，公安机关消防机构对火灾进行调查时，火灾事故调查人员不得少于两人。必要时，可以聘请专家或者专业人员协助调查。

第十五条　公安部和省级人民政府公安机关应当成立火灾事故调查专家组，协助调查复杂、疑难的火灾。专家组的专家协助调查火灾的，应当出具专家意见。

第十六条　火灾发生地的县级公安机关消防机构应当根据火灾现场情况，排除现场险情，保障现场调查人员的安全，并初步划定现场封闭范围，设置警戒标志，禁止无关人员进入现场，控制火灾肇事嫌疑人。

公安机关消防机构应当根据火灾事故调查需要，及时调整现场封闭范围，并在现场勘验结束后及时解除现场封闭。

第十七条　封闭火灾现场的，公安机关消防机构应当在火灾现场对封闭的范围、时间和要求等予以公告。

第十八条　公安机关消防机构应当自接到火灾报警之日起三十日内作出火灾事故认定；情况复杂、疑难的，经上一级公安机关消防机构批准，可以延长三十日。

火灾事故调查中需要进行检验、鉴定的，检验、鉴定时间不计入调查期限。

第二节　现场调查

第十九条　火灾事故调查人员应当根据调查需要，对发现、扑救火灾人员，熟悉起火场所、部位和生产工艺人员，火灾肇事嫌疑人和被侵害人等知情人员进行询问。对火灾肇事嫌疑人可以依法传唤。必要时，可以要求被询问人到火灾现场进行指认。

询问应当制作笔录，由火灾事故调查人员和被询问人签名或者捺指印。被询问人拒绝签名和捺指印的，应当在笔录中注明。

第二十条　勘验火灾现场应当遵循火灾现场勘验规则，采取现场照相或者录像、录音，制作现场勘验笔录和绘制现场图等方法记录现场情况。

对有人员死亡的火灾现场进行勘验的，火灾事故调查人员应当对尸体表面进行观察并记录，对尸体在火灾现场的位置进行调查。

现场勘验笔录应当由火灾事故调查人员、证人或者当事人签名。证人、当事人拒绝签名或者无法签名的，应当在现场勘验笔录上注明。现场图应当由制图人、审核人签字。

第二十一条　现场提取痕迹、物品，应当按照下列程序实施：

（一）量取痕迹、物品的位置、尺寸，并进行照相或者录像；

（二）填写火灾痕迹、物品提取清单，由提取人、证人或者当事人签名；证人、当事人拒绝签名或者无法签名的，应当在清单上注明；

（三）封装痕迹、物品，粘贴标签，标明火灾名称和封装痕迹、物品的名称、编号及其提取时间，由封装人、证人或者当事人签名；证人、当事人拒绝签名或者无法签名的，应当在标签上注明。

提取的痕迹、物品，应当妥善保管。

第二十二条　根据调查需要，经负责火灾事故调查的公安机关消防机构负责人批准，可以进行现场实验。现场实验应当照相或者录像，制作现场实验报告，并由实验人员签字。现场实验报告应当载明下列事项：

（一）实验的目的；

（二）实验时间、环境和地点；

（三）实验使用的仪器或者物品；

（四）实验过程；

（五）实验结果；

（六）其他与现场实验有关的事项。

第三节　检验、鉴定

第二十三条　现场提取的痕迹、物品需要进行专门性技术鉴定的，公安机关消防机构应当委托依法设立的鉴定机构进行，并与鉴定机构约定鉴定期限和鉴定检材的保管期限。

公安机关消防机构可以根据需要委托依法设立的价格鉴证机构对火灾直接财产损失进行鉴定。

第二十四条　有人员死亡的火灾，为了确定死因，公安机关消防机构应当立即通知本级公安机关刑事科学技术部门进行尸体检验。公安机关刑事科学技术部门应当出具尸体检验鉴定文书，确定死亡原因。

第二十五条　卫生行政主管部门许可的医疗机构具有执业资格的医生出具的诊断证明，可以作为公安机关消防机构认定人身伤害程度的依据。但是，具有下列情形之一的，应当由法医进行伤情鉴定：

（一）受伤程度较重，可能构成重伤的；

（二）火灾受伤人员要求作鉴定的；

（三）当事人对伤害程度有争议的；

（四）其他应当进行鉴定的情形。

第二十六条　对受损单位和个人提供的由价格鉴证机构出具的鉴定意见，公安机关消防机构应当审查下列事项：

（一）鉴证机构、鉴证人是否具有资质、资格；

（二）鉴证机构、鉴证人是否盖章签名；

（三）鉴定意见依据是否充分；

（四）鉴定是否存在其他影响鉴定意见正确性的情形。

对符合规定的，可以作为证据使用；对不符合规定的，不予采信。

第四节　火灾损失统计

第二十七条　受损单位和个人应当于火灾扑灭之日起七日内向火灾发生地的县级公安机关消防机构如实申报火灾直接财产损失，并附有效证明材料。

第二十八条　公安机关消防机构应当根据受损单位和个人的申报、依法设立的价格鉴证机构出具的火灾直接财产损失鉴定意见以及调查核实情况，按照有关规定，对火灾直接经济损失和人员伤亡进行如实统计。

第五节　火灾事故认定

第二十九条　公安机关消防机构应当根据现场勘验、调查询问和有关检验、鉴定意见等调查情况，及时作出起火原因的认定。

第三十条　对起火原因已经查清的，应当认定起火时间、起火部位、起火点和起火原因；对起火原因无法查清的，应当认定起火时间、起火点或者起火部位以及有证据能够排除和不能排除的起火原因。

第三十一条　公安机关消防机构在作出火灾事故认定前，应当召集当事人到场，说明拟认定的起火原因，听取当事人意见；当事人不到场的，应当记录在案。

第三十二条　公安机关消防机构应当制作火灾事故认定书，自作出之日起七日内送达当事人，并告知当事人申请复核的权利。无法送达的，可以在作出火灾事故认定之日起七日内公告送达。公告期为二十日，公告期满即视为送达。

第三十三条　对较大以上的火灾事故或者特殊的火灾事故，公安机关消防机构应当开展消防技术调查，形成消防技术调查报告，逐级上报至省级人民政府公安机关消防机构，重大以上的火灾事故调查报告报公安部消防局备案。调查报告应当包括下列内容：

（一）起火场所概况；

（二）起火经过和火灾扑救情况；

（三）火灾造成的人员伤亡、直接经济损失统计情况；

（四）起火原因和灾害成因分析；

（五）防范措施。

火灾事故等级的确定标准按照公安部的有关规定执行。

第三十四条　公安机关消防机构作出火灾事故认定后，当事人可以申请查阅、复制、摘录火灾事故认定书、现场勘验笔录和检验、鉴定意见，公安机关消防机构应当自接到申请之日起七日内提供，但涉及国家秘密、商业秘密、个人隐私或者移交公安机关其他部门处理的依法不予提供，并说明理由。

第六节　复　核

第三十五条　当事人对火灾事故认定有异议的，可以自火灾事故认定书送达之日起十五日内，向上一级公安机关消防机构提出书面复核申请；对省级人民政府公安机关消防机构作出的火灾事故认定有异议的，向省级人民政府公安机关提出书面复核申请。

复核申请应当载明申请人的基本情况，被申请人的名称，复核请求，申请复核的主要事实、理由和证据，申请人的签名或者盖章，申请复核的日期。

第三十六条　复核机构应当自收到复核申请之日起七日内作出是否受理的决定并书面通知申请人。有下列情形之一的，不予受理：

（一）非火灾当事人提出复核申请的；

（二）超过复核申请期限的；

（三）复核机构维持原火灾事故认定或者直接作出火灾事故复核认定的；

（四）适用简易调查程序作出火灾事故认定的。

公安机关消防机构受理复核申请的，应当书面通知其他当事人，同时通知原认定机构。

第三十七条　原认定机构应当自接到通知之日起十日内，向复核机构作出书面说明，并提交火灾事故调查案卷。

第三十八条　复核机构应当对复核申请和原火灾事故认定进行书面审查，必要时，可以向有关人员进行调查；火灾现场尚存且未被破坏的，可以进行复核勘验。

复核审查期间，复核申请人撤回复核申请的，公安机关消防机构应当终止复核。

第三十九条　复核机构应当自受理复核申请之日起三十日内，作出复核决定，并按照本规定第三十二条规定的时限送达申请人、其他当事人和原认定机构。对需要向有关人员进行调查或者火灾现场复核勘验的，经复核机构负责人批准，复核期限可以延长三十日。

原火灾事故认定主要事实清楚、证据确实充分、程序合法，起火原因认定正确的，复核机构应当维持原火灾事故认定。

原火灾事故认定具有下列情形之一的，复核机构应当直接作出火灾事故复核认定或者责令原认定机构重新作出火灾事故认定，并撤销原认定机构作出的火灾事故认定：

（一）主要事实不清，或者证据不确实充分的；

（二）违反法定程序，影响结果公正的；

（三）认定行为存在明显不当，或者起火原因认定错误的；

（四）超越或者滥用职权的。

第四十条　原认定机构接到重新作出火灾事故认定的复核决定后，应当重新调查，在十五日内重新作出火灾事故认定。

复核机构直接作出火灾事故认定和原认定机构重新作出火灾事故认定前，应当向申请人、其他当事人说明重新认定情况；原认定机构重新作出的火灾事故认定书，应当按照本规定第三十二条规定的时限送达当事人，并报复核机构备案。

复核以一次为限。当事人对原认定机构重新作出的火灾事故认定，可以按照本规定第三十五条的规定申请复核。

第五章　火灾事故调查的处理

第四十一条　公安机关消防机构在火灾事故调查过程中，应当根据下列情况分别作出处理：

（一）涉嫌失火罪、消防责任事故罪的，按照《公安机关办理刑事案件程序规定》立案侦查；涉嫌其他犯罪的，及时移送有关主管部门办理；

（二）涉嫌消防安全违法行为的，按照《公安机关办理行政案件程序规定》调查处理；涉嫌其他违法行为的，及时移送有关主管部门调查处理；

（三）依照有关规定应当给予处分的，移交有关主管部门处理。

对经过调查不属于火灾事故的，公安机关消防机构应当告知当事人处理途径并记录在案。

第四十二条　公安机关消防机构向有关主管部门移送案件的，应当在本级公安机关消防机构负责人批准后的二十四小时内移送，并根据案件需要附下列材料：

（一）案件移送通知书；

（二）案件调查情况；

（三）涉案物品清单；

（四）询问笔录，现场勘验笔录，检验、鉴定意见以及照相、录像、录音等资料；

（五）其他相关材料。

构成放火罪需要移送公安机关刑侦部门处理的，火灾现场应当一并移交。

第四十三条　公安机关其他部门应当自接受公安机关消防机构移送的涉嫌犯罪案件之日起十日内，进行审查并作出决定。依法决定立案的，应当书面通知移送案件的公安机关消防机构；依法不予立案的，应当说明理由，并书面通知移送案件的公安机关消防机构，退回案卷材料。

第四十四条　公安机关消防机构及其工作人员有下列行为之一的，依照有关规定给予责任人员处分；构成犯罪的，依法追究刑事责任：

（一）指使他人错误认定或者故意错误认定起火原因的；

（二）瞒报火灾、火灾直接经济损失、人员伤亡情况的；

（三）利用职务上的便利，索取或者非法收受他人财物的；

（四）其他滥用职权、玩忽职守、徇私舞弊的行为。

第六章　附　则

第四十五条　本规定中下列用语的含义：

（一）“当事人”，是指与火灾发生、蔓延和损失有直接利害关系的单位和个人。

（二）“户”，用于统计居民、村民住宅火灾，按照公安机关登记的家庭户统计。

（三）本规定中十五日以内（含本数）期限的规定是指工作日，不含法定节假日。

（四）本规定所称的“以上”含本数、本级，“以下”不含本数。

第四十六条　火灾事故调查中有关回避、证据、调查取证、鉴定等要求，本规定没有规定的，按照《公安机关办理行政案件程序规定》执行。

第四十七条　执行本规定所需要的法律文书式样，由公安部制定。

第四十八条　本规定自 2009 年 5 月 1 日起施行。

1999年3月15日发布施行的《火灾事故调查规定》（公安部令第37号）和2008年3月18日发布施行的《火灾事故调查规定修正案》（公安部令第100号）同时废止。

消防技术服务机构从业条件

·2019年8月29日
·应急〔2019〕88号

第一条 为了规范消防技术服务机构从业活动，提升消防技术服务质量，根据《中华人民共和国消防法》和有关规定，制定本从业条件。

第二条 消防技术服务机构是指从事消防设施维护保养检测、消防安全评估等社会消防技术服务活动的企业。

消防技术服务从业人员是指在消防技术服务机构中执业的注册消防工程师，以及取得消防设施操作员国家职业资格证书、在消防技术服务机构中从事消防技术服务活动的人员。

第三条 从事消防设施维护保养检测服务的消防技术服务机构，应当具备下列条件：

（一）企业法人资格；

（二）工作场所建筑面积不少于200平方米；

（三）消防技术服务基础设备和消防设施维护保养检测设备配备符合附表1和附表2的要求；

（四）注册消防工程师不少于2人，且企业技术负责人由一级注册消防工程师担任；

（五）取得消防设施操作员国家职业资格证书的人员不少于6人，其中中级技能等级以上的不少于2人；

（六）健全的质量管理体系。

第四条 从事消防安全评估服务的消防技术服务机构，应当具备下列条件：

（一）企业法人资格；

（二）工作场所建筑面积不少于100平方米；

（三）消防技术服务基础设备和消防安全评估设备配备符合附表1和附表3的要求；

（四）注册消防工程师不少于2人，且企业技术负责人由一级注册消防工程师担任；

（五）健全的消防安全评估过程控制体系。

第五条 同时从事消防设施维护保养检测、消防安全评估的消防技术服务机构，应当具备下列条件：

（一）企业法人资格；

（二）工作场所建筑面积不少于200平方米；

（三）消防技术服务基础设备和消防设施维护保养检测、消防安全评估设备配备符合附表1、附表2和附表3的要求；

（四）注册消防工程师不少于2人，且企业技术负责人由一级注册消防工程师担任；

（五）取得消防设施操作员国家职业资格证书的人员不少于6人，其中中级技能等级以上的不少于2人；

（六）健全的质量管理和消防安全评估过程控制体系。

第六条 注册消防工程师不得同时在2个（含本数）以上消防技术服务机构执业。在消防技术服务机构执业的注册消防工程师，不得在其他机关、团体、企业、事业单位兼职。

第七条 消防技术服务机构承接业务，应当明确项目负责人。项目负责人应当由注册消防工程师担任。

第八条 消防技术服务机构应当将机构和从业人员的基本信息，以及消防技术服务项目情况录入社会消防技术服务信息系统。

附表：1. 消防技术服务基础设备配备要求（略）
2. 消防设施维护保养检测设备配备要求（略）
3. 消防安全评估设备配备要求（略）

高层民用建筑消防安全管理规定

·2021年6月21日应急管理部令第5号公布
·自2021年8月1日起施行

第一章 总 则

第一条 为了加强高层民用建筑消防安全管理，预防火灾和减少火灾危害，根据《中华人民共和国消防法》等法律、行政法规和国务院有关规定，制定本规定。

第二条 本规定适用于已经建成且依法投入使用的高层民用建筑（包括高层住宅建筑和高层公共建筑）的消防安全管理。

第三条 高层民用建筑消防安全管理贯彻预防为主、防消结合的方针，实行消防安全责任制。

建筑高度超过100米的高层民用建筑应当实行更加严格的消防安全管理。

第二章 消防安全职责

第四条 高层民用建筑的业主、使用人是高层民用建筑消防安全责任主体，对高层民用建筑的消防安全负责。高层民用建筑的业主、使用人是单位的，其法定代表人或者主要负责人是本单位的消防安全责任人。

高层民用建筑的业主、使用人可以委托物业服务企业或者消防技术服务机构等专业服务单位(以下统称消防服务单位)提供消防安全服务,并应当在服务合同中约定消防安全服务的具体内容。

第五条 同一高层民用建筑有两个及以上业主、使用人的,各业主、使用人对其专有部分的消防安全负责,对共有部分的消防安全共同负责。

同一高层民用建筑有两个及以上业主、使用人的,应当共同委托物业服务企业,或者明确一个业主、使用人作为统一管理人,对共有部分的消防安全实行统一管理,协调、指导业主、使用人共同做好整栋建筑的消防安全工作,并通过书面形式约定各方消防安全责任。

第六条 高层民用建筑以承包、租赁或者委托经营、管理等形式交由承包人、承租人、经营管理人使用的,当事人在订立承包、租赁、委托管理等合同时,应当明确各方消防安全责任。委托方、出租方依照法律规定,可以对承包方、承租方、受托方的消防安全工作统一协调、管理。

实行承包、租赁或者委托经营、管理时,业主应当提供符合消防安全要求的建筑物,督促使用人加强消防安全管理。

第七条 高层公共建筑的业主单位、使用单位应当履行下列消防安全职责:

(一)遵守消防法律法规,建立和落实消防安全管理制度;

(二)明确消防安全管理机构或者消防安全管理人员;

(三)组织开展防火巡查、检查,及时消除火灾隐患;

(四)确保疏散通道、安全出口、消防车通道畅通;

(五)对建筑消防设施、器材定期进行检验、维修,确保完好有效;

(六)组织消防宣传教育培训,制定灭火和应急疏散预案,定期组织消防演练;

(七)按照规定建立专职消防队、志愿消防队(微型消防站)等消防组织;

(八)法律、法规规定的其他消防安全职责。

委托物业服务企业,或者明确统一管理人实施消防安全管理的,物业服务企业或者统一管理人应当按照约定履行前款规定的消防安全职责,业主单位、使用单位应当督促并配合物业服务企业或者统一管理人做好消防安全工作。

第八条 高层公共建筑的业主、使用人、物业服务企业或者统一管理人应当明确专人担任消防安全管理人,负责整栋建筑的消防安全管理工作,并在建筑显著位置公示其姓名、联系方式和消防安全管理职责。

高层公共建筑的消防安全管理人应当履行下列消防安全管理职责:

(一)拟订年度消防工作计划,组织实施日常消防安全管理工作;

(二)组织开展防火检查、巡查和火灾隐患整改工作;

(三)组织实施对建筑共用消防设施设备的维护保养;

(四)管理专职消防队、志愿消防队(微型消防站)等消防组织;

(五)组织开展消防安全的宣传教育和培训;

(六)组织编制灭火和应急疏散综合预案并开展演练。

高层公共建筑的消防安全管理人应当具备与其职责相适应的消防安全知识和管理能力。对建筑高度超过100米的高层公共建筑,鼓励有关单位聘用相应级别的注册消防工程师或者相关工程类中级及以上专业技术职务的人员担任消防安全管理人。

第九条 高层住宅建筑的业主、使用人应当履行下列消防安全义务:

(一)遵守住宅小区防火安全公约和管理规约约定的消防安全事项;

(二)按照不动产权属证书载明的用途使用建筑;

(三)配合消防服务单位做好消防安全工作;

(四)按照法律规定承担消防服务费用以及建筑消防设施维修、更新和改造的相关费用;

(五)维护消防安全,保护消防设施,预防火灾,报告火警,成年人参加有组织的灭火工作;

(六)法律、法规规定的其他消防安全义务。

第十条 接受委托的高层住宅建筑的物业服务企业应当依法履行下列消防安全职责:

(一)落实消防安全责任,制定消防安全制度,拟订年度消防安全工作计划和组织保障方案;

(二)明确具体部门或者人员负责消防安全管理工作;

(三)对管理区域内的共用消防设施、器材和消防标志定期进行检测、维护保养,确保完好有效;

(四)组织开展防火巡查、检查,及时消除火灾隐患;

(五)保障疏散通道、安全出口、消防车通道畅通,对占用、堵塞、封闭疏散通道、安全出口、消防车通道等违规行为予以制止;制止无效的,及时报告消防救援机构等有关行政管理部门依法处理；

（六）督促业主、使用人履行消防安全义务；

（七）定期向所在住宅小区业主委员会和业主、使用人通报消防安全情况，提示消防安全风险；

（八）组织开展经常性的消防宣传教育；

（九）制定灭火和应急疏散预案，并定期组织演练；

（十）法律、法规规定和合同约定的其他消防安全职责。

第十一条　消防救援机构和其他负责消防监督检查的机构依法对高层民用建筑进行消防监督检查，督促业主、使用人、受委托的消防服务单位等落实消防安全责任；对监督检查中发现的火灾隐患，通知有关单位或者个人立即采取措施消除隐患。

消防救援机构应当加强高层民用建筑消防安全法律、法规的宣传，督促、指导有关单位做好高层民用建筑消防安全宣传教育工作。

第十二条　村民委员会、居民委员会应当依法组织制定防火安全公约，对高层民用建筑进行防火安全检查，协助人民政府和有关部门加强消防宣传教育；对老年人、未成年人、残疾人等开展有针对性的消防宣传教育，加强消防安全帮扶。

第十三条　供水、供电、供气、供热、通信、有线电视等专业运营单位依法对高层民用建筑内由其管理的设施设备消防安全负责，并定期进行检查和维护。

第三章　消防安全管理

第十四条　高层民用建筑施工期间，建设单位应当与施工单位明确施工现场的消防安全责任。施工期间应当严格落实现场防范措施，配置消防器材，指定专人监护，采取防火分隔措施，不得影响其他区域的人员安全疏散和建筑消防设施的正常使用。

高层民用建筑的业主、使用人不得擅自变更建筑使用功能、改变防火防烟分区，不得违反消防技术标准使用易燃、可燃装修装饰材料。

第十五条　高层民用建筑的业主、使用人或者物业服务企业、统一管理人应当对动用明火作业实行严格的消防安全管理，不得在具有火灾、爆炸危险的场所使用明火；因施工等特殊情况需要进行电焊、气焊等明火作业的，应当按照规定办理动火审批手续，落实现场监护人，配备消防器材，并在建筑主入口和作业现场显著位置公告。作业人员应当依法持证上岗，严格遵守消防安全规定，清除周围及下方的易燃、可燃物，采取防火隔离措施。作业完毕后，应当进行全面检查，消除遗留火种。

高层公共建筑内的商场、公共娱乐场所不得在营业期间动火施工。

高层公共建筑内应当确定禁火禁烟区域，并设置明显标志。

第十六条　高层民用建筑内电器设备的安装使用及其线路敷设、维护保养和检测应当符合消防技术标准及管理规定。

高层民用建筑业主、使用人或者消防服务单位，应当安排专业机构或者电工定期对管理区域内由其管理的电器设备及线路进行检查；对不符合安全要求的，应当及时维修、更换。

第十七条　高层民用建筑内燃气用具的安装使用及其管路敷设、维护保养和检测应当符合消防技术标准及管理规定。禁止违反燃气安全使用规定，擅自安装、改装、拆除燃气设备和用具。

高层民用建筑使用燃气应当采用管道供气方式。禁止在高层民用建筑地下部分使用液化石油气。

第十八条　禁止在高层民用建筑内违反国家规定生产、储存、经营甲、乙类火灾危险性物品。

第十九条　设有建筑外墙外保温系统的高层民用建筑，其管理单位应当在主入口及周边相关显著位置，设置提示性和警示性标识，标示外墙外保温材料的燃烧性能、防火要求。对高层民用建筑外墙外保温系统破损、开裂和脱落的，应当及时修复。高层民用建筑在进行外墙外保温系统施工时，建设单位应当采取必要的防火隔离以及限制住人和使用的措施，确保建筑内人员安全。

禁止使用易燃、可燃材料作为高层民用建筑外墙外保温材料。禁止在其建筑内及周边禁放区域燃放烟花爆竹；禁止在其外墙周围堆放可燃物。对于使用难燃外墙外保温材料或者采用与基层墙体、装饰层之间有空腔的建筑外墙外保温系统的高层民用建筑，禁止在其外墙动火用电。

第二十条　高层民用建筑的电缆井、管道井等竖向管井和电缆桥架应当在每层楼板处进行防火封堵，管井检查门应当采用防火门。

禁止占用电缆井、管道井，或者在电缆井、管道井等竖向管井堆放杂物。

第二十一条　高层民用建筑的户外广告牌、外装饰不得采用易燃、可燃材料，不得妨碍防烟排烟、逃生和灭火救援，不得改变或者破坏建筑立面防火结构。

禁止在高层民用建筑外窗设置影响逃生和灭火救援的障碍物。

建筑高度超过 50 米的高层民用建筑外墙上设置的装饰、广告牌应当采用不燃材料并易于破拆。

第二十二条 禁止在消防车通道、消防车登高操作场地设置构筑物、停车泊位、固定隔离桩等障碍物。

禁止在消防车通道上方、登高操作面设置妨碍消防车作业的架空管线、广告牌、装饰物等障碍物。

第二十三条 高层公共建筑内餐饮场所的经营单位应当及时对厨房灶具和排油烟罩设施进行清洗,排油烟管道每季度至少进行一次检查、清洗。

高层住宅建筑的公共排油烟管道应当定期检查,并采取防火措施。

第二十四条 除为满足高层民用建筑的使用功能所设置的自用物品暂存库房、档案室和资料室等附属库房外,禁止在高层民用建筑内设置其他库房。

高层民用建筑的附属库房应当采取相应的防火分隔措施,严格遵守有关消防安全管理规定。

第二十五条 高层民用建筑内的锅炉房、变配电室、空调机房、自备发电机房、储油间、消防水泵房、消防水箱间、防排烟风机房等设备用房应当按照消防技术标准设置,确定为消防安全重点部位,设置明显的防火标志,实行严格管理,并不得占用和堆放杂物。

第二十六条 高层民用建筑消防控制室应当由其管理单位实行 24 小时值班制度,每班不应少于 2 名值班人员。

消防控制室值班操作人员应当依法取得相应等级的消防行业特有工种职业资格证书,熟练掌握火警处置程序和要求,按照有关规定检查自动消防设施、联动控制设备运行情况,确保其处于正常工作状态。

消防控制室内应当保存高层民用建筑总平面布局图、平面布置图和消防设施系统图及控制逻辑关系说明、建筑消防设施维修保养记录和检测报告等资料。

第二十七条 高层公共建筑内有关单位、高层住宅建筑所在社区居民委员会或者物业服务企业按照规定建立的专职消防队、志愿消防队(微型消防站)等消防组织,应当配备必要的人员、场所和器材、装备,定期进行消防技能培训和演练,开展防火巡查、消防宣传,及时处置、扑救初起火灾。

第二十八条 高层民用建筑的疏散通道、安全出口应当保持畅通,禁止堆放物品、锁闭出口、设置障碍物。平时需要控制人员出入或者设有门禁系统的疏散门,应当保证发生火灾时易于开启,并在现场显著位置设置醒目的提示和使用标识。

高层民用建筑的常闭式防火门应当保持常闭,闭门器、顺序器等部件应当完好有效;常开式防火门应当保证发生火灾时自动关闭并反馈信号。

禁止圈占、遮挡消火栓,禁止在消火栓箱内堆放杂物,禁止在防火卷帘下堆放物品。

第二十九条 高层民用建筑内应当在显著位置设置标识,指示避难层(间)的位置。

禁止占用高层民用建筑避难层(间)和避难走道或者堆放杂物,禁止锁闭避难层(间)和避难走道出入口。

第三十条 高层公共建筑的业主、使用人应当按照国家标准、行业标准配备灭火器材以及自救呼吸器、逃生缓降器、逃生绳等逃生疏散设施器材。

高层住宅建筑应当在公共区域的显著位置摆放灭火器材,有条件的配置自救呼吸器、逃生绳、救援哨、疏散用手电筒等逃生疏散设施器材。

鼓励高层住宅建筑的居民家庭制定火灾疏散逃生计划,并配置必要的灭火和逃生疏散器材。

第三十一条 高层民用建筑的消防车通道、消防车登高操作场地、灭火救援窗、灭火救援破拆口、消防车取水口、室外消火栓、消防水泵接合器、常闭式防火门等应当设置明显的提示性、警示性标识。消防车通道、消防车登高操作场地、防火卷帘下方还应当在地面标识出禁止占用的区域范围。消火栓箱、灭火器箱上应当张贴使用方法的标识。

高层民用建筑的消防设施配电柜电源开关、消防设备用房内管道阀门等应当标识开、关状态;对需要保持常开或者常闭状态的阀门,应当采取铅封等限位措施。

第三十二条 不具备自主维护保养检测能力的高层民用建筑业主、使用人或者物业服务企业应当聘请具备从业条件的消防技术服务机构或者消防设施施工安装企业对建筑消防设施进行维护保养和检测;存在故障、缺损的,应当立即组织维修、更换,确保完好有效。

因维修等需要停用建筑消防设施的,高层民用建筑的管理单位应当严格履行内部审批手续,制定应急方案,落实防范措施,并在建筑入口处等显著位置公告。

第三十三条 高层公共建筑消防设施的维修、更新、改造的费用,由业主、使用人按照有关法律规定承担,共有部分按照专有部分建筑面积所占比例承担。

高层住宅建筑的消防设施日常运行、维护和维修、更新、改造费用,由业主依照法律规定承担;委托消防服务单位的,消防设施的日常运行、维护和检测费用应当纳入物业服务或者消防技术服务专项费用。共用消防设施的维修、更新、改造费用，可以依法从住宅专项维修资金列支。

第三十四条　高层民用建筑应当进行每日防火巡查，并填写巡查记录。其中，高层公共建筑内公众聚集场所在营业期间应当至少每2小时进行一次防火巡查，医院、养老院、寄宿制学校、幼儿园应当进行白天和夜间防火巡查，高层住宅建筑和高层公共建筑内的其他场所可以结合实际确定防火巡查的频次。

防火巡查应当包括下列内容：

（一）用火、用电、用气有无违章情况；

（二）安全出口、疏散通道、消防车通道畅通情况；

（三）消防设施、器材完好情况，常闭式防火门关闭情况；

（四）消防安全重点部位人员在岗在位等情况。

第三十五条　高层住宅建筑应当每月至少开展一次防火检查，高层公共建筑应当每半个月至少开展一次防火检查，并填写检查记录。

防火检查应当包括下列内容：

（一）安全出口和疏散设施情况；

（二）消防车通道、消防车登高操作场地和消防水源情况；

（三）灭火器材配置及有效情况；

（四）用火、用电、用气和危险品管理制度落实情况；

（五）消防控制室值班和消防设施运行情况；

（六）人员教育培训情况；

（七）重点部位管理情况；

（八）火灾隐患整改以及防范措施的落实等情况。

第三十六条　对防火巡查、检查发现的火灾隐患，高层民用建筑的业主、使用人、受委托的消防服务单位，应当立即采取措施予以整改。

对不能当场改正的火灾隐患，应当明确整改责任、期限，落实整改措施，整改期间应当采取临时防范措施，确保消防安全；必要时，应当暂时停止使用危险部位。

第三十七条　禁止在高层民用建筑公共门厅、疏散走道、楼梯间、安全出口停放电动自行车或者为电动自行车充电。

鼓励在高层住宅小区内设置电动自行车集中存放和充电的场所。电动自行车存放、充电场所应当独立设置，并与高层民用建筑保持安全距离；确需设置在高层民用建筑内的，应当与该建筑的其他部分进行防火分隔。

电动自行车存放、充电场所应当配备必要的消防器材，充电设施应当具备充满自动断电功能。

第三十八条　鼓励高层民用建筑推广应用物联网和智能化技术手段对电气、燃气消防安全和消防设施运行等进行监控和预警。

未设置自动消防设施的高层住宅建筑，鼓励因地制宜安装火灾报警和喷水灭火系统、火灾应急广播以及可燃气体探测、无线手动火灾报警、无线声光火灾警报等消防设施。

第三十九条　高层民用建筑的业主、使用人或者消防服务单位、统一管理人应当每年至少组织开展一次整栋建筑的消防安全评估。消防安全评估报告应当包括存在的消防安全问题、火灾隐患以及改进措施等内容。

第四十条　鼓励、引导高层公共建筑的业主、使用人投保火灾公众责任保险。

第四章　消防宣传教育和灭火疏散预案

第四十一条　高层公共建筑内的单位应当每半年至少对员工开展一次消防安全教育培训。

高层公共建筑内的单位应当对本单位员工进行上岗前消防安全培训，并对消防安全管理人员、消防控制室值班人员和操作人员、电工、保安员等重点岗位人员组织专门培训。

高层住宅建筑的物业服务企业应当每年至少对居住人员进行一次消防安全教育培训，进行一次疏散演练。

第四十二条　高层民用建筑应当在每层的显著位置张贴安全疏散示意图，公共区域电子显示屏应当播放消防安全提示和消防安全知识。

高层公共建筑除遵守本条第一款规定外，还应当在首层显著位置提示公众注意火灾危险，以及安全出口、疏散通道和灭火器材的位置。

高层住宅小区除遵守本条第一款规定外，还应当在显著位置设置消防安全宣传栏，在高层住宅建筑单元入口处提示安全用火、用电、用气，以及电动自行车存放、充电等消防安全常识。

第四十三条　高层民用建筑应当结合场所特点，分级分类编制灭火和应急疏散预案。

规模较大或者功能业态复杂，且有两个及以上业主、使用人或者多个职能部门的高层公共建筑，有关单位应当编制灭火和应急疏散总预案，各单位或者职能部门应当根据场所、功能分区、岗位实际编制专项灭火和应急疏散预案或者现场处置方案（以下统称分预案）。

灭火和应急疏散预案应当明确应急组织机构，确定承担通信联络、灭火、疏散和救护任务的人员及其职责，明确报警、联络、灭火、疏散等处置程序和措施。

第四十四条 高层民用建筑的业主、使用人、受委托的消防服务单位应当结合实际，按照灭火和应急疏散总预案和分预案分别组织实施消防演练。

高层民用建筑应当每年至少进行一次全要素综合演练，建筑高度超过100米的高层公共建筑应当每半年至少进行一次全要素综合演练。编制分预案的，有关单位和职能部门应当每季度至少进行一次综合演练或者专项灭火、疏散演练。

演练前，有关单位应当告知演练范围内的人员并进行公告；演练时，应当设置明显标识；演练结束后，应当进行总结评估，并及时对预案进行修订和完善。

第四十五条 高层公共建筑内的人员密集场所应当按照楼层、区域确定疏散引导员，负责在火灾发生时组织、引导在场人员安全疏散。

第四十六条 火灾发生时，发现火灾的人员应当立即拨打119电话报警。

火灾发生后，高层民用建筑的业主、使用人、消防服务单位应当迅速启动灭火和应急疏散预案，组织人员疏散，扑救初起火灾。

火灾扑灭后，高层民用建筑的业主、使用人、消防服务单位应当组织保护火灾现场，协助火灾调查。

第五章 法律责任

第四十七条 违反本规定，有下列行为之一的，由消防救援机构责令改正，对经营性单位和个人处2000元以上10000元以下罚款，对非经营性单位和个人处500元以上1000元以下罚款：

（一）在高层民用建筑内进行电焊、气焊等明火作业，未履行动火审批手续、进行公告，或者未落实消防现场监护措施的；

（二）高层民用建筑设置的户外广告牌、外装饰妨碍防烟排烟、逃生和灭火救援，或者改变、破坏建筑立面防火结构的；

（三）未设置外墙外保温材料提示性和警示性标识，或者未及时修复破损、开裂和脱落的外墙外保温系统的；

（四）未按照规定落实消防控制室值班制度，或者安排不具备相应条件的人员值班的；

（五）未按照规定建立专职消防队、志愿消防队等消防组织的；

（六）因维修等需要停用建筑消防设施未进行公告、未制定应急预案或者未落实防范措施的；

（七）在高层民用建筑的公共门厅、疏散走道、楼梯间、安全出口停放电动自行车或者为电动自行车充电，拒不改正的。

第四十八条 违反本规定的其他消防安全违法行为，依照《中华人民共和国消防法》第六十条、第六十一条、第六十四条、第六十五条、第六十六条、第六十七条、第六十八条、第六十九条和有关法律法规予以处罚；构成犯罪的，依法追究刑事责任。

第四十九条 消防救援机构及其工作人员在高层民用建筑消防监督检查中，滥用职权、玩忽职守、徇私舞弊的，对直接负责的主管人员和其他直接责任人员依法给予处分；构成犯罪的，依法追究刑事责任。

第六章 附 则

第五十条 本规定下列用语的含义：

（一）高层住宅建筑，是指建筑高度大于27米的住宅建筑。

（二）高层公共建筑，是指建筑高度大于24米的非单层公共建筑，包括宿舍建筑、公寓建筑、办公建筑、科研建筑、文化建筑、商业建筑、体育建筑、医疗建筑、交通建筑、旅游建筑、通信建筑等。

（三）业主，是指高层民用建筑的所有权人，包括单位和个人。

（四）使用人，是指高层民用建筑的承租人和其他实际使用人，包括单位和个人。

第五十一条 本规定自2021年8月1日起施行。

2. 生产生活防火

中华人民共和国石油天然气管道保护法

· 2010年6月25日第十一届全国人民代表大会常务委员会第十五次会议通过
· 2010年6月25日中华人民共和国主席令第30号公布
· 自2010年10月1日起施行

第一章 总 则

第一条 为了保护石油、天然气管道，保障石油、天然气输送安全，维护国家能源安全和公共安全，制定本法。

第二条 中华人民共和国境内输送石油、天然气的管道的保护，适用本法。

城镇燃气管道和炼油、化工等企业厂区内管道的保护，不适用本法。

第三条 本法所称石油包括原油和成品油，所称天然气包括天然气、煤层气和煤制气。

本法所称管道包括管道及管道附属设施。

第四条　国务院能源主管部门依照本法规定主管全国管道保护工作,负责组织编制并实施全国管道发展规划,统筹协调全国管道发展规划与其他专项规划的衔接,协调跨省、自治区、直辖市管道保护的重大问题。国务院其他有关部门依照有关法律、行政法规的规定,在各自职责范围内负责管道保护的相关工作。

第五条　省、自治区、直辖市人民政府能源主管部门和设区的市级、县级人民政府指定的部门,依照本法规定主管本行政区域的管道保护工作,协调处理本行政区域管道保护的重大问题,指导、监督有关单位履行管道保护义务,依法查处危害管道安全的违法行为。县级以上地方人民政府其他有关部门依照有关法律、行政法规的规定,在各自职责范围内负责管道保护的相关工作。

省、自治区、直辖市人民政府能源主管部门和设区的市级、县级人民政府指定的部门,统称县级以上地方人民政府主管管道保护工作的部门。

第六条　县级以上地方人民政府应当加强对本行政区域管道保护工作的领导,督促、检查有关部门依法履行管道保护职责,组织排除管道的重大外部安全隐患。

第七条　管道企业应当遵守本法和有关规划、建设、安全生产、质量监督、环境保护等法律、行政法规,执行国家技术规范的强制性要求,建立、健全本企业有关管道保护的规章制度和操作规程并组织实施,宣传管道安全与保护知识,履行管道保护义务,接受人民政府及其有关部门依法实施的监督,保障管道安全运行。

第八条　任何单位和个人不得实施危害管道安全的行为。

对危害管道安全的行为,任何单位和个人有权向县级以上地方人民政府主管管道保护工作的部门或者其他有关部门举报。接到举报的部门应当在职责范围内及时处理。

第九条　国家鼓励和促进管道保护新技术的研究开发和推广应用。

第二章　管道规划与建设

第十条　管道的规划、建设应当符合管道保护的要求,遵循安全、环保、节约用地和经济合理的原则。

第十一条　国务院能源主管部门根据国民经济和社会发展的需要组织编制全国管道发展规划。组织编制全国管道发展规划应当征求国务院有关部门以及有关省、自治区、直辖市人民政府的意见。

全国管道发展规划应当符合国家能源规划,并与土地利用总体规划、城乡规划以及矿产资源、环境保护、水利、铁路、公路、航道、港口、电信等规划相协调。

第十二条　管道企业应当根据全国管道发展规划编制管道建设规划,并将管道建设规划确定的管道建设选线方案报送拟建管道所在地县级以上地方人民政府城乡规划主管部门审核;经审核符合城乡规划的,应当依法纳入当地城乡规划。

纳入城乡规划的管道建设用地,不得擅自改变用途。

第十三条　管道建设的选线应当避开地震活动断层和容易发生洪灾、地质灾害的区域,与建筑物、构筑物、铁路、公路、航道、港口、市政设施、军事设施、电缆、光缆等保持本法和有关法律、行政法规以及国家技术规范的强制性要求规定的保护距离。

新建管道通过的区域受地理条件限制,不能满足前款规定的管道保护要求的,管道企业应当提出防护方案,经管道保护方面的专家评审论证,并经管道所在地县级以上地方人民政府主管管道保护工作的部门批准后,方可建设。

管道建设项目应当依法进行环境影响评价。

第十四条　管道建设使用土地,依照《中华人民共和国土地管理法》等法律、行政法规的规定执行。

依法建设的管道通过集体所有的土地或者他人取得使用权的国有土地,影响土地使用的,管道企业应当按照管道建设时土地的用途给予补偿。

第十五条　依照法律和国务院的规定,取得行政许可或者已报送备案并符合开工条件的管道项目的建设,任何单位和个人不得阻碍。

第十六条　管道建设应当遵守法律、行政法规有关建设工程质量管理的规定。

管道企业应当依照有关法律、行政法规的规定,选择具备相应资质的勘察、设计、施工、工程监理单位进行管道建设。

管道的安全保护设施应当与管道主体工程同时设计、同时施工、同时投入使用。

管道建设使用的管道产品及其附件的质量,应当符合国家技术规范的强制性要求。

第十七条　穿跨越水利工程、防洪设施、河道、航道、铁路、公路、港口、电力设施、通信设施、市政设施的管道的建设,应当遵守本法和有关法律、行政法规,执行国家技术规范的强制性要求。

第十八条　管道企业应当按照国家技术规范的强制性要求在管道沿线设置管道标志。管道标志毁损或者安全警示不清的,管道企业应当及时修复或者更新。

第十九条 管道建成后应当按照国家有关规定进行竣工验收。竣工验收应当审查管道是否符合本法规定的管道保护要求，经验收合格方可正式交付使用。

第二十条 管道企业应当自管道竣工验收合格之日起六十日内，将竣工测量图报管道所在地县级以上地方人民政府主管管道保护工作的部门备案；县级以上地方人民政府主管管道保护工作的部门应当将管道企业报送的管道竣工测量图分送本级人民政府规划、建设、国土资源、铁路、交通、水利、公安、安全生产监督管理等部门和有关军事机关。

第二十一条 地方各级人民政府编制、调整土地利用总体规划和城乡规划，需要管道改建、搬迁或者增加防护设施的，应当与管道企业协商确定补偿方案。

第三章 管道运行中的保护

第二十二条 管道企业应当建立、健全管道巡护制度，配备专门人员对管道线路进行日常巡护。管道巡护人员发现危害管道安全的情形或者隐患，应当按照规定及时处理和报告。

第二十三条 管道企业应当定期对管道进行检测、维修，确保其处于良好状态；对管道安全风险较大的区段和场所应当进行重点监测，采取有效措施防止管道事故的发生。

对不符合安全使用条件的管道，管道企业应当及时更新、改造或者停止使用。

第二十四条 管道企业应当配备管道保护所必需的人员和技术装备，研究开发和使用先进适用的管道保护技术，保证管道保护所必需的经费投入，并对在管道保护中做出突出贡献的单位和个人给予奖励。

第二十五条 管道企业发现管道存在安全隐患，应当及时排除。对管道存在的外部安全隐患，管道企业自身排除确有困难的，应当向县级以上地方人民政府主管管道保护工作的部门报告。接到报告的主管管道保护工作的部门应当及时协调排除或者报请人民政府及时组织排除安全隐患。

第二十六条 管道企业依法取得使用权的土地，任何单位和个人不得侵占。

为合理利用土地，在保障管道安全的条件下，管道企业可以与有关单位、个人约定，同意有关单位、个人种植浅根农作物。但是，因管道巡护、检测、维修造成的农作物损失，除另有约定外，管道企业不予赔偿。

第二十七条 管道企业对管道进行巡护、检测、维修等作业，管道沿线的有关单位、个人应当给予必要的便利。

因管道巡护、检测、维修等作业给土地使用权人或者其他单位、个人造成损失的，管道企业应当依法给予赔偿。

第二十八条 禁止下列危害管道安全的行为：

（一）擅自开启、关闭管道阀门；

（二）采用移动、切割、打孔、砸撬、拆卸等手段损坏管道；

（三）移动、毁损、涂改管道标志；

（四）在埋地管道上方巡查便道上行驶重型车辆；

（五）在地面管道线路、架空管道线路和管桥上行走或者放置重物。

第二十九条 禁止在本法第五十八条第一项所列管道附属设施的上方架设电力线路、通信线路或者在储气库构造区域范围内进行工程挖掘、工程钻探、采矿。

第三十条 在管道线路中心线两侧各五米地域范围内，禁止下列危害管道安全的行为：

（一）种植乔木、灌木、藤类、芦苇、竹子或者其他根系深达管道埋设部位可能损坏管道防腐层的深根植物；

（二）取土、采石、用火、堆放重物、排放腐蚀性物质、使用机械工具进行挖掘施工；

（三）挖塘、修渠、修晒场、修建水产养殖场、建温室、建家畜棚圈、建房以及修建其他建筑物、构筑物。

第三十一条 在管道线路中心线两侧和本法第五十八条第一项所列管道附属设施周边修建下列建筑物、构筑物的，建筑物、构筑物与管道线路和管道附属设施的距离应当符合国家技术规范的强制性要求：

（一）居民小区、学校、医院、娱乐场所、车站、商场等人口密集的建筑物；

（二）变电站、加油站、加气站、储油罐、储气罐等易燃易爆物品的生产、经营、存储场所。

前款规定的国家技术规范的强制性要求，应当按照保障管道及建筑物、构筑物安全和节约用地的原则确定。

第三十二条 在穿越河流的管道线路中心线两侧各五百米地域范围内，禁止抛锚、拖锚、挖砂、挖泥、采石、水下爆破。但是，在保障管道安全的条件下，为防洪和航道通畅而进行的养护疏浚作业除外。

第三十三条 在管道专用隧道中心线两侧各一千米地域范围内，除本条第二款规定的情形外，禁止采石、采矿、爆破。

在前款规定的地域范围内，因修建铁路、公路、水利工程等公共工程，确需实施采石、爆破作业的，应当经管道所在地县级人民政府主管管道保护工作的部门批准，并采取必要的安全防护措施,方可实施。

第三十四条　未经管道企业同意,其他单位不得使用管道专用伴行道路、管道水工防护设施、管道专用隧道等管道附属设施。

第三十五条　进行下列施工作业,施工单位应当向管道所在地县级人民政府主管管道保护工作的部门提出申请:

(一)穿跨越管道的施工作业;

(二)在管道线路中心线两侧各五米至五十米和本法第五十八条第一项所列管道附属设施周边一百米地域范围内,新建、改建、扩建铁路、公路、河渠,架设电力线路,埋设地下电缆、光缆,设置安全接地体、避雷接地体;

(三)在管道线路中心线两侧各二百米和本法第五十八条第一项所列管道附属设施周边五百米地域范围内,进行爆破、地震法勘探或者工程挖掘、工程钻探、采矿。

县级人民政府主管管道保护工作的部门接到申请后,应当组织施工单位与管道企业协商确定施工作业方案,并签订安全防护协议;协商不成的,主管管道保护工作的部门应当组织进行安全评审,作出是否批准作业的决定。

第三十六条　申请进行本法第三十三条第二款、第三十五条规定的施工作业,应当符合下列条件:

(一)具有符合管道安全和公共安全要求的施工作业方案;

(二)已制定事故应急预案;

(三)施工作业人员具备管道保护知识;

(四)具有保障安全施工作业的设备、设施。

第三十七条　进行本法第三十三条第二款、第三十五条规定的施工作业,应当在开工七日前书面通知管道企业。管道企业应当指派专门人员到现场进行管道保护安全指导。

第三十八条　管道企业在紧急情况下进行管道抢修作业,可以先行使用他人土地或者设施,但应当及时告知土地或者设施的所有权人或者使用权人。给土地或者设施的所有权人或者使用权人造成损失的,管道企业应当依法给予赔偿。

第三十九条　管道企业应当制定本企业管道事故应急预案,并报管道所在地县级人民政府主管管道保护工作的部门备案;配备抢险救援人员和设备,并定期进行管道事故应急救援演练。

发生管道事故,管道企业应当立即启动本企业管道事故应急预案,按照规定及时通报可能受到事故危害的单位和居民,采取有效措施消除或者减轻事故危害,并依照有关事故调查处理的法律、行政法规的规定,向事故发生地县级人民政府主管管道保护工作的部门、安全生产监督管理部门和其他有关部门报告。

接到报告的主管管道保护工作的部门应当按照规定及时上报事故情况,并根据管道事故的实际情况组织采取事故处置措施或者报请人民政府及时启动本行政区域管道事故应急预案,组织进行事故应急处置与救援。

第四十条　管道泄漏的石油和因管道抢修排放的石油造成环境污染的,管道企业应当及时治理。因第三人的行为致使管道泄漏造成环境污染的,管道企业有权向第三人追偿治理费用。

环境污染损害的赔偿责任,适用《中华人民共和国侵权责任法》和防治环境污染的法律的有关规定。

第四十一条　管道泄漏的石油和因管道抢修排放的石油,由管道企业回收、处理,任何单位和个人不得侵占、盗窃、哄抢。

第四十二条　管道停止运行、封存、报废的,管道企业应当采取必要的安全防护措施,并报县级以上地方人民政府主管管道保护工作的部门备案。

第四十三条　管道重点保护部位,需要由中国人民武装警察部队负责守卫的,依照《中华人民共和国人民武装警察法》和国务院、中央军事委员会的有关规定执行。

第四章　管道建设工程与其他建设工程相遇关系的处理

第四十四条　管道建设工程与其他建设工程的相遇关系,依照法律的规定处理;法律没有规定的,由建设工程双方按照下列原则协商处理,并为对方提供必要的便利:

(一)后开工的建设工程服从先开工或者已建成的建设工程;

(二)同时开工的建设工程,后批准的建设工程服从先批准的建设工程。

依照前款规定,后开工或者后批准的建设工程,应当符合先开工、已建成或者先批准的建设工程的安全防护要求;需要先开工、已建成或者先批准的建设工程改建、搬迁或者增加防护设施的,后开工或者后批准的建设工程一方应当承担由此增加的费用。

管道建设工程与其他建设工程相遇的,建设工程双方应当协商确定施工作业方案并签订安全防护协议,指派专门人员现场监督、指导对方施工。

第四十五条　经依法批准的管道建设工程,需要通过正在建设的其他建设工程的,其他工程建设单位应当按照管道建设工程的需要，预留管道通道或者预建管道通过设施，管道企业应当承担由此增加的费用。

经依法批准的其他建设工程，需要通过正在建设的管道建设工程的，管道建设单位应当按照其他建设工程的需要，预留通道或者预建相关设施，其他工程建设单位应当承担由此增加的费用。

第四十六条 管道建设工程通过矿产资源开采区域的，管道企业应当与矿产资源开采企业协商确定管道的安全防护方案，需要矿产资源开采企业按照管道安全防护要求预建防护设施或者采取其他防护措施的，管道企业应当承担由此增加的费用。

矿产资源开采企业未按照约定预建防护设施或者采取其他防护措施，造成地面塌陷、裂缝、沉降等地质灾害，致使管道需要改建、搬迁或者采取其他防护措施的，矿产资源开采企业应当承担由此增加的费用。

第四十七条 铁路、公路等建设工程修建防洪、分流等水工防护设施，可能影响管道保护的，应当事先通知管道企业并注意保护下游已建成的管道水工防护设施。

建设工程修建防洪、分流等水工防护设施，使下游已建成的管道水工防护设施的功能受到影响，需要新建、改建、扩建管道水工防护设施的，工程建设单位应当承担由此增加的费用。

第四十八条 县级以上地方人民政府水行政主管部门制定防洪、泄洪方案应当兼顾管道的保护。

需要在管道通过的区域泄洪的，县级以上地方人民政府水行政主管部门应当在泄洪方案确定后，及时将泄洪量和泄洪时间通知本级人民政府主管管道保护工作的部门和管道企业或者向社会公告。主管管道保护工作的部门和管道企业应当对管道采取防洪保护措施。

第四十九条 管道与航道相遇，确需在航道中修建管道防护设施的，应当进行通航标准技术论证，并经航道主管部门批准。管道防护设施完工后，应经航道主管部门验收。

进行前款规定的施工作业，应当在批准的施工区域内设置航标，航标的设置和维护费用由管道企业承担。

第五章 法律责任

第五十条 管道企业有下列行为之一的，由县级以上地方人民政府主管管道保护工作的部门责令限期改正；逾期不改正的，处二万元以上十万元以下的罚款；对直接负责的主管人员和其他直接责任人员给予处分：

（一）未依照本法规定对管道进行巡护、检测和维修的；

（二）对不符合安全使用条件的管道未及时更新、改造或者停止使用的；

（三）未依照本法规定设置、修复或者更新有关管道标志的；

（四）未依照本法规定将管道竣工测量图报人民政府主管管道保护工作的部门备案的；

（五）未制定本企业管道事故应急预案，或者未将本企业管道事故应急预案报人民政府主管管道保护工作的部门备案的；

（六）发生管道事故，未采取有效措施消除或者减轻事故危害的；

（七）未对停止运行、封存、报废的管道采取必要的安全防护措施的。

管道企业违反本法规定的行为同时违反建设工程质量管理、安全生产、消防等其他法律的，依照其他法律的规定处罚。

管道企业给他人合法权益造成损害的，依法承担民事责任。

第五十一条 采用移动、切割、打孔、砸撬、拆卸等手段损坏管道或者盗窃、哄抢管道输送、泄漏、排放的石油、天然气，尚不构成犯罪的，依法给予治安管理处罚。

第五十二条 违反本法第二十九条、第三十条、第三十二条或者第三十三条第一款的规定，实施危害管道安全行为的，由县级以上地方人民政府主管管道保护工作的部门责令停止违法行为；情节较重的，对单位处一万元以上十万元以下的罚款，对个人处二百元以上二千元以下的罚款；对违法修建的建筑物、构筑物或者其他设施限期拆除；逾期未拆除的，由县级以上地方人民政府主管管道保护工作的部门组织拆除，所需费用由违法行为人承担。

第五十三条 未经依法批准，进行本法第三十三条第二款或者第三十五条规定的施工作业的，由县级以上地方人民政府主管管道保护工作的部门责令停止违法行为；情节较重的，处一万元以上五万元以下的罚款；对违法修建的危害管道安全的建筑物、构筑物或者其他设施限期拆除；逾期未拆除的，由县级以上地方人民政府主管管道保护工作的部门组织拆除，所需费用由违法行为人承担。

第五十四条 违反本法规定，有下列行为之一的，由县级以上地方人民政府主管管道保护工作的部门责令改正；情节严重的，处二百元以上一千元以下的罚款：

（一）擅自开启、关闭管道阀门的；

(二)移动、毁损、涂改管道标志的;

(三)在埋地管道上方巡查便道上行驶重型车辆的;

(四)在地面管道线路、架空管道线路和管桥上行走或者放置重物的;

(五)阻碍依法进行的管道建设的。

第五十五条 违反本法规定,实施危害管道安全的行为,给管道企业造成损害的,依法承担民事责任。

第五十六条 县级以上地方人民政府及其主管管道保护工作的部门或者其他有关部门,违反本法规定,对应当组织排除的管道外部安全隐患不及时组织排除,发现危害管道安全的行为或者接到对危害管道安全行为的举报后不依法予以查处,或者有其他不依照本法规定履行职责的行为的,由其上级机关责令改正,对直接负责的主管人员和其他直接责任人员依法给予处分。

第五十七条 违反本法规定,构成犯罪的,依法追究刑事责任。

第六章 附 则

第五十八条 本法所称管道附属设施包括:

(一)管道的加压站、加热站、计量站、集油站、集气站、输油站、输气站、配气站、处理场、清管站、阀室、阀井、放空设施、油库、储气库、装卸栈桥、装卸场;

(二)管道的水工防护设施、防风设施、防雷设施、抗震设施、通信设施、安全监控设施、电力设施、管堤、管桥以及管道专用涵洞、隧道等穿跨越设施;

(三)管道的阴极保护站、阴极保护测试桩、阳极地床、杂散电流排流站等防腐设施;

(四)管道穿越铁路、公路的检漏装置;

(五)管道的其他附属设施。

第五十九条 本法施行前在管道保护距离内已建成的人口密集场所和易燃易爆物品的生产、经营、存储场所,应当由所在地人民政府根据当地的实际情况,有计划、分步骤地进行搬迁、清理或者采取必要的防护措施。需要已建成的管道改建、搬迁或者采取必要的防护措施的,应当与管道企业协商确定补偿方案。

第六十条 国务院可以根据海上石油、天然气管道的具体情况,制定海上石油、天然气管道保护的特别规定。

第六十一条 本法自2010年10月1日起施行。

城镇燃气管理条例

· 2010年11月19日中华人民共和国国务院令第583号公布

· 根据2016年2月6日《国务院关于修改部分行政法规的决定》修订

第一章 总 则

第一条 为了加强城镇燃气管理,保障燃气供应,防止和减少燃气安全事故,保障公民生命、财产安全和公共安全,维护燃气经营者和燃气用户的合法权益,促进燃气事业健康发展,制定本条例。

第二条 城镇燃气发展规划与应急保障、燃气经营与服务、燃气使用、燃气设施保护、燃气安全事故预防与处理及相关管理活动,适用本条例。

天然气、液化石油气的生产和进口,城市门站以外的天然气管道输送,燃气作为工业生产原料的使用,沼气、秸秆气的生产和使用,不适用本条例。

本条例所称燃气,是指作为燃料使用并符合一定要求的气体燃料,包括天然气(含煤层气)、液化石油气和人工煤气等。

第三条 燃气工作应当坚持统筹规划、保障安全、确保供应、规范服务、节能高效的原则。

第四条 县级以上人民政府应当加强对燃气工作的领导,并将燃气工作纳入国民经济和社会发展规划。

第五条 国务院建设主管部门负责全国的燃气管理工作。

县级以上地方人民政府燃气管理部门负责本行政区域内的燃气管理工作。

县级以上人民政府其他有关部门依照本条例和其他有关法律、法规的规定,在各自职责范围内负责有关燃气管理工作。

第六条 国家鼓励、支持燃气科学技术研究,推广使用安全、节能、高效、环保的燃气新技术、新工艺和新产品。

第七条 县级以上人民政府有关部门应当建立健全燃气安全监督管理制度,宣传普及燃气法律、法规和安全知识,提高全民的燃气安全意识。

第二章 燃气发展规划与应急保障

第八条 国务院建设主管部门应当会同国务院有关部门,依据国民经济和社会发展规划、土地利用总体规划、城乡规划以及能源规划,结合全国燃气资源总量平衡情况,组织编制全国燃气发展规划并组织实施。

县级以上地方人民政府燃气管理部门应当会同有关

部门,依据国民经济和社会发展规划、土地利用总体规划、城乡规划、能源规划以及上一级燃气发展规划,组织编制本行政区域的燃气发展规划,报本级人民政府批准后组织实施,并报上一级人民政府燃气管理部门备案。

第九条 燃气发展规划的内容应当包括:燃气气源、燃气种类、燃气供应方式和规模、燃气设施布局和建设时序、燃气设施建设用地、燃气设施保护范围、燃气供应保障措施和安全保障措施等。

第十条 县级以上地方人民政府应当根据燃气发展规划的要求,加大对燃气设施建设的投入,并鼓励社会资金投资建设燃气设施。

第十一条 进行新区建设、旧区改造,应当按照城乡规划和燃气发展规划配套建设燃气设施或者预留燃气设施建设用地。

对燃气发展规划范围内的燃气设施建设工程,城乡规划主管部门在依法核发选址意见书时,应当就燃气设施建设是否符合燃气发展规划征求燃气管理部门的意见;不需要核发选址意见书的,城乡规划主管部门在依法核发建设用地规划许可证或者乡村建设规划许可证时,应当就燃气设施建设是否符合燃气发展规划征求燃气管理部门的意见。

燃气设施建设工程竣工后,建设单位应当依法组织竣工验收,并自竣工验收合格之日起15日内,将竣工验收情况报燃气管理部门备案。

第十二条 县级以上地方人民政府应当建立健全燃气应急储备制度,组织编制燃气应急预案,采取综合措施提高燃气应急保障能力。

燃气应急预案应当明确燃气应急气源和种类、应急供应方式、应急处置程序和应急救援措施等内容。

县级以上地方人民政府燃气管理部门应当会同有关部门对燃气供求状况实施监测、预测和预警。

第十三条 燃气供应严重短缺、供应中断等突发事件发生后,县级以上地方人民政府应当及时采取动用储备、紧急调度等应急措施,燃气经营者以及其他有关单位和个人应当予以配合,承担相关应急任务。

第三章 燃气经营与服务

第十四条 政府投资建设的燃气设施,应当通过招标投标方式选择燃气经营者。

社会资金投资建设的燃气设施,投资方可以自行经营,也可以另行选择燃气经营者。

第十五条 国家对燃气经营实行许可证制度。从事燃气经营活动的企业,应当具备下列条件:

(一)符合燃气发展规划要求;

(二)有符合国家标准的燃气气源和燃气设施;

(三)有固定的经营场所、完善的安全管理制度和健全的经营方案;

(四)企业的主要负责人、安全生产管理人员以及运行、维护和抢修人员经专业培训并考核合格;

(五)法律、法规规定的其他条件。

符合前款规定条件的,由县级以上地方人民政府燃气管理部门核发燃气经营许可证。

第十六条 禁止个人从事管道燃气经营活动。

个人从事瓶装燃气经营活动的,应当遵守省、自治区、直辖市的有关规定。

第十七条 燃气经营者应当向燃气用户持续、稳定、安全供应符合国家质量标准的燃气,指导燃气用户安全用气、节约用气,并对燃气设施定期进行安全检查。

燃气经营者应当公示业务流程、服务承诺、收费标准和服务热线等信息,并按照国家燃气服务标准提供服务。

第十八条 燃气经营者不得有下列行为:

(一)拒绝向市政燃气管网覆盖范围内符合用气条件的单位或者个人供气;

(二)倒卖、抵押、出租、出借、转让、涂改燃气经营许可证;

(三)未履行必要告知义务擅自停止供气、调整供气量,或者未经审批擅自停业或者歇业;

(四)向未取得燃气经营许可证的单位或者个人提供用于经营的燃气;

(五)在不具备安全条件的场所储存燃气;

(六)要求燃气用户购买其指定的产品或者接受其提供的服务;

(七)擅自为非自有气瓶充装燃气;

(八)销售未经许可的充装单位充装的瓶装燃气或者销售充装单位擅自为非自有气瓶充装的瓶装燃气;

(九)冒用其他企业名称或者标识从事燃气经营、服务活动。

第十九条 管道燃气经营者对其供气范围内的市政燃气设施、建筑区划内业主专有部分以外的燃气设施,承担运行、维护、抢修和更新改造的责任。

管道燃气经营者应当按照供气、用气合同的约定,对单位燃气用户的燃气设施承担相应的管理责任。

第二十条 管道燃气经营者因施工、检修等原因需要临时调整供气量或者暂停供气的,应当将作业时间和影响区域提前48小时予以公告或者书面通知燃气用户,并按照有关规定及时恢复正常供气；因突发事件影响供气的，应当采取紧急措施并及时通知燃气用户。

燃气经营者停业、歇业的，应当事先对其供气范围内的燃气用户的正常用气作出妥善安排，并在90个工作日前向所在地燃气管理部门报告，经批准方可停业、歇业。

第二十一条 有下列情况之一的，燃气管理部门应当采取措施，保障燃气用户的正常用气：

（一）管道燃气经营者临时调整供气量或者暂停供气未及时恢复正常供气的；

（二）管道燃气经营者因突发事件影响供气未采取紧急措施的；

（三）燃气经营者擅自停业、歇业的；

（四）燃气管理部门依法撤回、撤销、注销、吊销燃气经营许可的。

第二十二条 燃气经营者应当建立健全燃气质量检测制度，确保所供应的燃气质量符合国家标准。

县级以上地方人民政府质量监督、工商行政管理、燃气管理等部门应当按照职责分工，依法加强对燃气质量的监督检查。

第二十三条 燃气销售价格，应当根据购气成本、经营成本和当地经济社会发展水平合理确定并适时调整。县级以上地方人民政府价格主管部门确定和调整管道燃气销售价格，应当征求管道燃气用户、管道燃气经营者和有关方面的意见。

第二十四条 通过道路、水路、铁路运输燃气的，应当遵守法律、行政法规有关危险货物运输安全的规定以及国务院交通运输部门、国务院铁路部门的有关规定；通过道路或者水路运输燃气的，还应当分别依照有关道路运输、水路运输的法律、行政法规的规定，取得危险货物道路运输许可或者危险货物水路运输许可。

第二十五条 燃气经营者应当对其从事瓶装燃气送气服务的人员和车辆加强管理，并承担相应的责任。

从事瓶装燃气充装活动，应当遵守法律、行政法规和国家标准有关气瓶充装的规定。

第二十六条 燃气经营者应当依法经营，诚实守信，接受社会公众的监督。

燃气行业协会应当加强行业自律管理，促进燃气经营者提高服务质量和技术水平。

第四章 燃气使用

第二十七条 燃气用户应当遵守安全用气规则，使用合格的燃气燃烧器具和气瓶，及时更换国家明令淘汰或者使用年限已届满的燃气燃烧器具、连接管等，并按照约定期限支付燃气费用。

单位燃气用户还应当建立健全安全管理制度，加强对操作维护人员燃气安全知识和操作技能的培训。

第二十八条 燃气用户及相关单位和个人不得有下列行为：

（一）擅自操作公用燃气阀门；

（二）将燃气管道作为负重支架或者接地引线；

（三）安装、使用不符合气源要求的燃气燃烧器具；

（四）擅自安装、改装、拆除户内燃气设施和燃气计量装置；

（五）在不具备安全条件的场所使用、储存燃气；

（六）盗用燃气；

（七）改变燃气用途或者转供燃气。

第二十九条 燃气用户有权就燃气收费、服务等事项向燃气经营者进行查询，燃气经营者应当自收到查询申请之日起5个工作日内予以答复。

燃气用户有权就燃气收费、服务等事项向县级以上地方人民政府价格主管部门、燃气管理部门以及其他有关部门进行投诉，有关部门应当自收到投诉之日起15个工作日内予以处理。

第三十条 安装、改装、拆除户内燃气设施的，应当按照国家有关工程建设标准实施作业。

第三十一条 燃气管理部门应当向社会公布本行政区域内的燃气种类和气质成分等信息。

燃气燃烧器具生产单位应当在燃气燃烧器具上明确标识所适应的燃气种类。

第三十二条 燃气燃烧器具生产单位、销售单位应当设立或者委托设立售后服务站点，配备经考核合格的燃气燃烧器具安装、维修人员，负责售后的安装、维修服务。

燃气燃烧器具的安装、维修，应当符合国家有关标准。

第五章 燃气设施保护

第三十三条 县级以上地方人民政府燃气管理部门应当会同城乡规划等有关部门按照国家有关标准和规定划定燃气设施保护范围，并向社会公布。

在燃气设施保护范围内，禁止从事下列危及燃气设施安全的活动：

（一）建设占压地下燃气管线的建筑物、构筑物或者其他设施；

（二）进行爆破、取土等作业或者动用明火；

（三）倾倒、排放腐蚀性物质；

（四）放置易燃易爆危险物品或者种植深根植物；

（五）其他危及燃气设施安全的活动。

第三十四条 在燃气设施保护范围内，有关单位从事敷设管道、打桩、顶进、挖掘、钻探等可能影响燃气设施安全活动的，应当与燃气经营者共同制定燃气设施保护方案，并采取相应的安全保护措施。

第三十五条 燃气经营者应当按照国家有关工程建设标准和安全生产管理的规定，设置燃气设施防腐、绝缘、防雷、降压、隔离等保护装置和安全警示标志，定期进行巡查、检测、维修和维护，确保燃气设施的安全运行。

第三十六条 任何单位和个人不得侵占、毁损、擅自拆除或者移动燃气设施，不得毁损、覆盖、涂改、擅自拆除或者移动燃气设施安全警示标志。

任何单位和个人发现有可能危及燃气设施和安全警示标志的行为，有权予以劝阻、制止；经劝阻、制止无效的，应当立即告知燃气经营者或者向燃气管理部门、安全生产监督管理部门和公安机关报告。

第三十七条 新建、扩建、改建建设工程，不得影响燃气设施安全。

建设单位在开工前，应当查明建设工程施工范围内地下燃气管线的相关情况；燃气管理部门以及其他有关部门和单位应当及时提供相关资料。

建设工程施工范围内有地下燃气管线等重要燃气设施的，建设单位应当会同施工单位与管道燃气经营者共同制定燃气设施保护方案。建设单位、施工单位应当采取相应的安全保护措施，确保燃气设施运行安全；管道燃气经营者应当派专业人员进行现场指导。法律、法规另有规定的，依照有关法律、法规的规定执行。

第三十八条 燃气经营者改动市政燃气设施，应当制定改动方案，报县级以上地方人民政府燃气管理部门批准。

改动方案应当符合燃气发展规划，明确安全施工要求，有安全防护和保障正常用气的措施。

第六章 燃气安全事故预防与处理

第三十九条 燃气管理部门应当会同有关部门制定燃气安全事故应急预案，建立燃气事故统计分析制度，定期通报事故处理结果。

燃气经营者应当制定本单位燃气安全事故应急预案，配备应急人员和必要的应急装备、器材，并定期组织演练。

第四十条 任何单位和个人发现燃气安全事故或者燃气安全事故隐患等情况，应当立即告知燃气经营者，或者向燃气管理部门、公安机关消防机构等有关部门和单位报告。

第四十一条 燃气经营者应当建立健全燃气安全评估和风险管理体系，发现燃气安全事故隐患的，应当及时采取措施消除隐患。

燃气管理部门以及其他有关部门和单位应当根据各自职责，对燃气经营、燃气使用的安全状况等进行监督检查，发现燃气安全事故隐患的，应当通知燃气经营者、燃气用户及时采取措施消除隐患；不及时消除隐患可能严重威胁公共安全的，燃气管理部门以及其他有关部门和单位应当依法采取措施，及时组织消除隐患，有关单位和个人应当予以配合。

第四十二条 燃气安全事故发生后，燃气经营者应当立即启动本单位燃气安全事故应急预案，组织抢险、抢修。

燃气安全事故发生后，燃气管理部门、安全生产监督管理部门和公安机关消防机构等有关部门和单位，应当根据各自职责，立即采取措施防止事故扩大，根据有关情况启动燃气安全事故应急预案。

第四十三条 燃气安全事故经调查确定为责任事故的，应当查明原因、明确责任，并依法予以追究。

对燃气生产安全事故，依照有关生产安全事故报告和调查处理的法律、行政法规的规定报告和调查处理。

第七章 法律责任

第四十四条 违反本条例规定，县级以上地方人民政府及其燃气管理部门和其他有关部门，不依法作出行政许可决定或者办理批准文件的，发现违法行为或者接到对违法行为的举报不予查处的，或者有其他未依照本条例规定履行职责的行为的，对直接负责的主管人员和其他直接责任人员，依法给予处分；直接负责的主管人员和其他直接责任人员的行为构成犯罪的，依法追究刑事责任。

第四十五条 违反本条例规定，未取得燃气经营许可证从事燃气经营活动的，由燃气管理部门责令停止违法行为，处5万元以上50万元以下罚款；有违法所得的，没收违法所得；构成犯罪的，依法追究刑事责任。

违反本条例规定，燃气经营者不按照燃气经营许可证的规定从事燃气经营活动的，由燃气管理部门责令限期改正，处3万元以上20万元以下罚款；有违法所得的，没收违法所得；情节严重的，吊销燃气经营许可证；构成犯罪的，依法追究刑事责任。

第四十六条　违反本条例规定，燃气经营者有下列行为之一的，由燃气管理部门责令限期改正，处1万元以上10万元以下罚款；有违法所得的，没收违法所得；情节严重的，吊销燃气经营许可证；造成损失的，依法承担赔偿责任；构成犯罪的，依法追究刑事责任：

（一）拒绝向市政燃气管网覆盖范围内符合用气条件的单位或者个人供气的；

（二）倒卖、抵押、出租、出借、转让、涂改燃气经营许可证的；

（三）未履行必要告知义务擅自停止供气、调整供气量，或者未经审批擅自停业或者歇业的；

（四）向未取得燃气经营许可证的单位或者个人提供用于经营的燃气的；

（五）在不具备安全条件的场所储存燃气的；

（六）要求燃气用户购买其指定的产品或者接受其提供的服务；

（七）燃气经营者未向燃气用户持续、稳定、安全供应符合国家质量标准的燃气，或者未对燃气用户的燃气设施定期进行安全检查。

第四十七条　违反本条例规定，擅自为非自有气瓶充装燃气或者销售未经许可的充装单位充装的瓶装燃气的，依照国家有关气瓶安全监察的规定进行处罚。

违反本条例规定，销售充装单位擅自为非自有气瓶充装的瓶装燃气的，由燃气管理部门责令改正，可以处1万元以下罚款。

违反本条例规定，冒用其他企业名称或者标识从事燃气经营、服务活动，依照有关反不正当竞争的法律规定进行处罚。

第四十八条　违反本条例规定，燃气经营者未按照国家有关工程建设标准和安全生产管理的规定，设置燃气设施防腐、绝缘、防雷、降压、隔离等保护装置和安全警示标志的，或者未定期进行巡查、检测、维修和维护的，或者未采取措施及时消除燃气安全事故隐患的，由燃气管理部门责令限期改正，处1万元以上10万元以下罚款。

第四十九条　违反本条例规定，燃气用户及相关单位和个人有下列行为之一的，由燃气管理部门责令限期改正；逾期不改正的，对单位可以处10万元以下罚款，对个人可以处1000元以下罚款；造成损失的，依法承担赔偿责任；构成犯罪的，依法追究刑事责任：

（一）擅自操作公用燃气阀门的；

（二）将燃气管道作为负重支架或者接地引线的；

（三）安装、使用不符合气源要求的燃气燃烧器具的；

（四）擅自安装、改装、拆除户内燃气设施和燃气计量装置的；

（五）在不具备安全条件的场所使用、储存燃气的；

（六）改变燃气用途或者转供燃气的；

（七）未设立售后服务站点或者未配备经考核合格的燃气燃烧器具安装、维修人员的；

（八）燃气燃烧器具的安装、维修不符合国家有关标准的。

盗用燃气的，依照有关治安管理处罚的法律规定进行处罚。

第五十条　违反本条例规定，在燃气设施保护范围内从事下列活动之一的，由燃气管理部门责令停止违法行为，限期恢复原状或者采取其他补救措施，对单位处5万元以上10万元以下罚款，对个人处5000元以上5万元以下罚款；造成损失的，依法承担赔偿责任；构成犯罪的，依法追究刑事责任：

（一）进行爆破、取土等作业或者动用明火的；

（二）倾倒、排放腐蚀性物质的；

（三）放置易燃易爆物品或者种植深根植物的；

（四）未与燃气经营者共同制定燃气设施保护方案，采取相应的安全保护措施，从事敷设管道、打桩、顶进、挖掘、钻探等可能影响燃气设施安全活动的。

违反本条例规定，在燃气设施保护范围内建设占压地下燃气管线的建筑物、构筑物或者其他设施的，依照有关城乡规划的法律、行政法规的规定进行处罚。

第五十一条　违反本条例规定，侵占、毁损、擅自拆除、移动燃气设施或者擅自改动市政燃气设施的，由燃气管理部门责令限期改正，恢复原状或者采取其他补救措施，对单位处5万元以上10万元以下罚款，对个人处5000元以上5万元以下罚款；造成损失的，依法承担赔偿责任；构成犯罪的，依法追究刑事责任。

违反本条例规定，毁损、覆盖、涂改、擅自拆除或者移动燃气设施安全警示标志的，由燃气管理部门责令限期改正，恢复原状，可以处5000元以下罚款。

第五十二条　违反本条例规定，建设工程施工范围内有地下燃气管线等重要燃气设施，建设单位未会同施工单位与管道燃气经营者共同制定燃气设施保护方案，或者建设单位、施工单位未采取相应的安全保护措施的，由燃气管理部门责令改正，处1万元以上10万元以下罚款；造成损失的，依法承担赔偿责任；构成犯罪的，依法追究刑事责任。

第八章 附 则

第五十三条 本条例下列用语的含义：

（一）燃气设施，是指人工煤气生产厂、燃气储配站、门站、气化站、混气站、加气站、灌装站、供应站、调压站、市政燃气管网等的总称，包括市政燃气设施、建筑区划内业主专有部分以外的燃气设施以及户内燃气设施等。

（二）燃气燃烧器具，是指以燃气为燃料的燃烧器具，包括居民家庭和商业用户所使用的燃气灶、热水器、沸水器、采暖器、空调器等器具。

第五十四条 农村的燃气管理参照本条例的规定执行。

第五十五条 本条例自2011年3月1日起施行。

仓库防火安全管理规则

·1990年4月10日公安部令第6号发布
·自发布之日起施行

第一章 总 则

第一条 为了加强仓库消防安全管理，保护仓库免受火灾危害，根据《中华人民共和国消防条例》及其实施细则的有关规定，制定本规则。

第二条 仓库消防安全必须贯彻“预防为主，防消结合”的方针，实行谁主管谁负责的原则。仓库消防安全由本单位及其上级主管部门负责。

第三条 本规则由县级以上公安机关消防监督机构负责监督。

第四条 本规则适用于由国家、集体和个体经营的储存物品的各类仓库、堆栈、货场。储存火药、炸药、火工品和军工物资的仓库，按照国家有关规定执行。

第二章 组织管理

第五条 新建、扩建和改建的仓库建筑设计，要符合国家建筑设计防火规范的有关规定，并经公安消防监督机构审核。仓库竣工时，其主管部门应当会同公安消防监督等有关部门进行验收；验收不合格的，不得交付使用。

第六条 仓库应当确定一名主要领导人为防火负责人，全面负责仓库的消防安全管理工作。

第七条 仓库防火负责人负有下列职责：

一、组织学习贯彻消防法规，完成上级部署的消防工作；

二、组织制定电源、火源、易燃易爆物品的安全管理和值班巡逻等制度，落实逐级防火责任制和岗位防火责任制；

三、组织对职工进行消防宣传、业务培训和考核，提高职工的安全素质；

四、组织开展防火检查，消除火险隐患；

五、领导专职、义务消防队组织和专职、兼职消防人员，制定灭火应急方案，组织扑救火灾；

六、定期总结消防安全工作，实施奖惩。

第八条 国家储备库、专业仓库应当配备专职消防干部；其他仓库可以根据需要配备专职或兼职消防人员。

第九条 国家储备库、专业仓库和火灾危险性大、距公安消防队较远的其他大型仓库，应当按照有关规定建立专职消防队。

第十条 各类仓库都应当建立义务消防组织，定期进行业务培训，开展自防自救工作。

第十一条 仓库防火负责人的确定和变动，应当向当地公安消防监督机构备案；专职消防干部、人员和专职消防队长的配备与更换，应当征求当地公安消防监督机构的意见。

第十二条 仓库保管员应当熟悉储存物品的分类、性质、保管业务知识和防火安全制度，掌握消防器材的操作使用和维护保养方法，做好本岗位的防火工作。

第十三条 对仓库新职工应当进行仓储业务和消防知识的培训，经考试合格，方可上岗作业。

第十四条 仓库严格执行夜间值班、巡逻制度，带班人员应当认真检查，督促落实。

第三章 储存管理

第十五条 依据国家《建筑设计防火规范》的规定，按照仓库储存物品的火灾危险程度分为甲、乙、丙、丁、戊五类（详见附表）。

第十六条 露天存放物品应当分类、分堆、分组和分垛，并留出必要的防火间距。堆场的总储量以及与建筑物等之间的防火距离，必须符合建筑设计防火规范的规定。

第十七条 甲、乙类桶装液体，不宜露天存放，必须露天存放时，在炎热季节必须采取降温措施。

第十八条 库存物品应当分类、分垛储存，每垛占地面积不宜大于一百平方米，垛与垛间距不小于一米，垛与墙间距不小于零点五米，垛与梁、柱的间距不小于零点三米，主要通道的宽度不小于二米。

第十九条 甲、乙类物品和一般物品以及容易相互发生化学反应或者灭火方法不同的物品，必须分间、分库储存，并在醒目处标明储存物品的名称、性质和灭火方法。

第二十条 易自燃或者遇水分解的物品，必须在温度较低、通风良好和空气干燥的场所储存，并安装专用仪器定时检测，严格控制湿度与温度。

第二十一条　物品入库前应当有专人负责检查，确定无火种等隐患后，方准入库。

第二十二条　甲、乙类物品的包装容器应当牢固、密封，发现破损、残缺、变形和物品变质、分解等情况时，应当及时进行安全处理，严防跑、冒、滴、漏。

第二十三条　使用过的油棉纱、油手套等沾油纤维物品以及可燃包装，应当存放在安全地点，定期处理。

第二十四条　库房内因物品防冻必须采暖时，应当采用水暖，其散热器、供暖管道与储存物品的距离不小于零点三米。

第二十五条　甲、乙类物品库房内不准设办公室、休息室。其他库房必需设办公室时，可以贴邻库房一角设置无孔洞的一、二级耐火等级的建筑，其门窗直通库外，具体实施应当征得当地公安消防监督机构的同意。

第二十六条　储存甲、乙、丙类物品的库房布局、储存类别不得擅自改变，如确需改变的，应当报经当地公安消防监督机构同意。

第四章　装卸管理

第二十七条　进入库区的所有机动车辆，必须安装防火罩。

第二十八条　蒸汽机车驶入库区时，应当关闭灰箱和送风器，并不得在库区清炉。仓库应当派专人负责监护。

第二十九条　汽车、拖拉机不准进入甲、乙、丙类物品库房。

第三十条　进入甲、乙类物品库房的电瓶车、铲车必须是防爆型的；进入丙类物品库房的电瓶车、铲车，必须装有防止火花溅出的安全装置。

第三十一条　各种机动车辆装卸物品后，不准在库区、库房、货场内停放和修理。

第三十二条　库区内不得搭建临时建筑和构筑物，因装卸作业确需搭建时，必须经单位防火负责人批准，装卸作业结束后立即拆除。

第三十三条　装卸甲、乙类物品时，操作人员不得穿戴易产生静电的工作服、帽和使用易产生火花的工具，严防震动、撞击、重压、摩擦和倒置。对易产生静电的装卸设备要采取消除静电的措施。

第三十四条　库房内固定的吊装设备需要维修时，应当采取防火安全措施，经防火负责人批准后，方可进行。

第三十五条　装卸作业结束后，应当对库区、库房进行检查，确认安全后，方可离人。

第五章　电器管理

第三十六条　仓库的电气装置必须符合国家现行的有关电气设计和施工安装验收标准规范的规定。

第三十七条　甲、乙类物品库房和丙类液体库房的电气装置，必须符合国家现行的有关爆炸危险场所的电气安全规定。

第三十八条　储存丙类固体物品的库房，不准使用碘钨灯和超过六十瓦以上的白炽灯等高温照明灯具。当使用日光灯等低温照明灯具和其他防燃型照明灯具时，应当对镇流器采取隔热、散热等防火保护措施，确保安全。

第三十九条　库房内不准设置移动式照明灯具。照明灯具下方不准堆放物品，其垂直下方与储存物品水平间距不得小于零点五米。

第四十条　库房内敷设的配电线路，需穿金属管或用非燃硬塑料管保护。

第四十一条　库区的每个库房应当在库房外单独安装开关箱，保管人员离库时，必须拉闸断电。禁止使用不合规格的保险装置。

第四十二条　库房内不准使用电炉、电烙铁、电熨斗等电热器具和电视机、电冰箱等家用电器。

第四十三条　仓库电器设备的周围和架空线路的下方严禁堆放物品。对提升、码垛等机械设备易产生火花的部位，要设置防护罩。

第四十四条　仓库必须按照国家有关防雷设计安装规范的规定，设置防雷装置，并定期检测，保证有效。

第四十五条　仓库的电器设备，必须由持合格证的电工进行安装、检查和维修保养。电工应当严格遵守各项电器操作规程。

第六章　火源管理

第四十六条　仓库应当设置醒目的防火标志。进入甲、乙类物品库区的人员，必须登记，并交出携带的火种。

第四十七条　库房内严禁使用明火。库房外动用明火作业时，必须办理动火证，经仓库或单位防火负责人批准，并采取严格的安全措施。动火证应当注明动火地点、时间、动火人、现场监护人、批准人和防火措施等内容。

第四十八条　库房内不准使用火炉取暖。在库区使用时，应当经防火负责人批准。

第四十九条　防火负责人在审批火炉的使用地点时,必须根据储存物品的分类,按照有关防火间距的规定审批,并制定防火安全管理制度,落实到人。

第五十条　库区以及周围五十米内,严禁燃放烟花爆竹。

第七章　消防设施和器材管理

第五十一条　仓库应当按照国家有关消防技术规范,设置、配备消防设施和器材。

第五十二条　消防器材应当设置在明显和便于取用的地点,周围不准堆放物品和杂物。

第五十三条　仓库的消防设施、器材,应当由专人管理,负责检查、维修、保养、更换和添置,保证完好有效,严禁圈占、埋压和挪用。

第五十四条　甲、乙、丙类物品国家储备库、专业性仓库以及其他大型物资仓库,应当按照国家有关技术规范的规定,安装相应的报警装置,附近有公安消防队的宜设置与其直通的报警电话。

第五十五条　对消防水池、消火栓、灭火器等消防设施、器材,应当经常进行检查,保持完整好用。地处寒区的仓库,寒冷季节要采取防冻措施。

第五十六条　库区的消防车道和仓库的安全出口、疏散楼梯等消防通道,严禁堆放物品。

第八章　奖　惩

第五十七条　仓库消防工作成绩显著的单位和个人,由公安机关、上级主管部门或者本单位给予表彰、奖励。

第五十八条　对违反本规则的单位和人员,国家法规有规定的,应当按照国家法规予以处罚;国家法规没有规定的,可以按照地方有关法规、规章进行处罚;触犯刑律的,由司法机关追究刑事责任。

第九章　附　则

第五十九条　储存丁、戊类物品的库房或露天堆栈、货场,执行本规则时,在确保安全并征得当地公安消防监督机构同意的情况下,可以适当放宽。

第六十条　铁路车站、交通港口码头等昼夜作业的中转性仓库,可以按照本规则的原则要求,由铁路、交通等部门自行制定管理办法。

第六十一条　各省、自治区、直辖市和国务院有关部、委根据本规则制订的具体管理办法,应当送公安部备案。

第六十二条　本规则自发布之日起施行。1980 年 8 月 1 日经国务院批准、同年 8 月 15 日公安部公布施行的《仓库防火安全管理规则》即行废止。

附表　仓库储存物品分类表(略)

租赁厂房和仓库消防安全管理办法(试行)

·2023 年 7 月 14 日
·消防〔2023〕72 号

第一章　总　则

第一条　为了加强租赁厂房、仓库的消防安全管理,预防和减少火灾危害,根据《中华人民共和国消防法》、《仓库防火安全管理规则》、《机关、团体、企业、事业单位消防安全管理规定》等法律、法规、规章,制定本办法。

第二条　本办法适用于租赁厂房、仓库的消防安全管理。

生产、储存火药、炸药、火工品、烟花爆竹的厂房、仓库,其消防安全要求按照国家有关规定执行。

第三条　租赁厂房、仓库应当符合消防安全要求,不得违规改变厂房、仓库的使用性质和使用功能。

第四条　租赁厂房、仓库的出租人、承租人、物业服务企业应当按照消防法律、法规、规章和本办法,履行消防安全职责,加强消防安全管理。

第二章　消防安全责任

第五条　租赁厂房、仓库的出租人、承租人是消防安全责任主体,对厂房、仓库的消防安全负责。出租人、承租人是单位的,其主要负责人是本单位租赁厂房、仓库的消防安全责任人。

第六条　租赁厂房、仓库应当落实逐级消防安全责任制和岗位消防安全责任制,明确逐级和岗位消防安全职责,确定各级、各岗位的消防安全责任人员。

第七条　租赁厂房、仓库的出租人、承租人应当以书面形式明确各方的消防安全责任;未以书面形式明确的,出租人对共用的疏散通道、安全出口、建筑消防设施和消防车通道负责统一管理,承租人对承租厂房、仓库的消防安全负责。

同一厂房、仓库有两个及以上出租人、承租人使用的,应当委托物业服务企业,或者明确一个出租人、承租人负责统一管理,并通过书面形式明确出租人、承租人、物业服务企业各方消防安全责任。

第八条　承租人将租赁厂房、仓库的全部或者部分转租给次承租人的,应当经出租人同意并以书面形式明确出租人、承租人、次承租人各方的消防安全责任。

第九条　出租人、承租人应当保障租赁厂房、仓库消防安全所必需的资金投入，并对消防安全资金投入不足导致的后果承担责任。

第十条　租赁厂房、仓库的出租人、承租人可以委托物业服务企业或者消防技术服务机构等专业服务单位提供消防安全服务，并在服务合同中约定消防安全服务的具体内容。

第十一条　租赁厂房、仓库的出租人应当履行以下消防安全职责：

（一）提供符合消防安全要求的厂房、仓库；

（二）事先告知承租人、物业服务企业相关的消防安全要求；

（三）定期了解租赁厂房、仓库的消防安全情况，及时制止承租人、物业服务企业危害消防安全的行为；

（四）督促承租人、物业服务企业加强消防安全管理，及时整改火灾隐患；

（五）及时向承租人、物业服务企业传达有关行政主管部门的消防工作要求。

出租人应当负责租赁厂房、仓库消防设施的维修，但是另有约定的除外。

第十二条　租赁厂房、仓库的承租人应当履行以下消防安全职责：

（一）落实消防安全责任制，制定消防安全制度、消防安全操作规程；

（二）保障疏散通道、安全出口、消防车通道畅通，保证防火防烟分区、防火间距不被破坏、占用；

（三）定期开展防火巡查、检查，及时消除火灾隐患；

（四）开展经常性的消防安全宣传教育；

（五）制定灭火和应急疏散预案，组织进行有针对性的消防演练；

（六）对消防设施、器材进行维护保养。

第十三条　租赁厂房、仓库的出租人、承租人委托物业服务企业实施消防安全管理的，物业服务企业应当与出租人、承租人书面明确共用消防设施、器材维护保养责任，并按照约定履行消防安全职责。

物业服务企业发现违反消防法律、法规、规章的行为，应当及时采取合理措施制止、向有关行政主管部门报告并协助处理。

第十四条　出租人、承租人、物业服务企业发现合同方有违反消防法律、法规、规章的行为且拒不改正的，可以依照法律规定或者合同约定解除合同。

第三章　消防安全管理

第十五条　出租前，出租人应当了解承租人生产、储存物品的火灾危险性类别。

承租人生产、储存物品的火灾危险性应当与租赁厂房、仓库的建筑消防安全设防水平相符。

第十六条　承租人应当向出租人、物业服务企业如实提供其生产的火灾危险性类别、主要工艺环节和储存物品的名称、火灾危险性类别、数量等信息。

第十七条　租赁厂房、仓库内设置办公室、休息室应当符合国家工程建设消防技术标准。严禁在租赁厂房、仓库内设置员工宿舍。

第十八条　承租人需要改变厂房、仓库使用性质和使用功能的，应当书面征得出租人同意；依法需要审批的，应当报有关行政主管部门批准。

第十九条　甲、乙类厂房和储存甲、乙、丙类物品的仓库出租的，承租人不得擅自改变厂房和仓库布局、厂房生产的火灾危险性类别、仓库储存物品的火灾危险性类别及核定的最大储存量。确需改变的，应当书面征得出租人同意；依法需要审批的，应当报有关行政主管部门批准。

第二十条　出租人发现承租人擅自改变生产、储存物品的火灾危险性类别导致租赁厂房、仓库不符合国家工程建设消防技术标准的，应当予以制止；制止无效的，应当向有关行政主管部门报告。

第二十一条　租赁厂房内中间仓库和租赁仓库内甲乙类物品、一般物品以及容易相互发生化学反应或者灭火方法不同的物品，必须分间、分库储存，并在醒目处标明储存物品的名称、性质和灭火方法。

第二十二条　同一厂房、仓库有两个及以上出租人、承租人使用的，其整体及各自使用部分的平面布置、防火分隔、安全疏散、装修装饰和消防设施设置应当符合国家工程建设消防技术标准。

租赁厂房、仓库存在分拣、加工、包装等作业的，应当采用符合规定的防火分隔措施，不得减少疏散通道、安全出口的数量和宽度。

严禁采用易燃可燃材料分隔租赁厂房、仓库。

第二十三条　同一厂房、仓库有两个及以上出租人、承租人使用的，各方应当建立消防协作机制，共同制定防火安全公约，开展联合防火巡查检查、消防安全宣传教育和消防演练，定期召开会议，推动解决消防安全重大问题。

第二十四条　租赁厂房、仓库的消防设施、器材，应当由专人管理，负责检查、维修、保养和更换，保证完好有效，不得损坏、挪用或者擅自拆除、停用。消防设施因改造或者检修需要停用时,出租人、承租人、物业服务企业应当采取相应的应对措施并在建筑内显著位置进行公告。

设置消防控制室的租赁厂房、仓库,消防安全责任人或者消防安全管理人应当查验自动消防系统的操作人员是否依法持证上岗。消防控制室的日常管理应当由出租人、承租人共同协商指定专人负责。

第二十五条 租赁厂房、仓库应当建立用火安全管理制度,对使用明火实施严格的消防安全管理,不得在具有火灾、爆炸危险的场所使用明火。

租赁厂房、仓库不得违法生产、储存易燃易爆危险品。

设置在租赁厂房内的劳动密集型企业生产加工车间,在生产加工期间禁止进行动火作业。

租赁仓库内严禁使用明火;仓库以及周围五十米内,严禁燃放烟花爆竹。

第二十六条 租赁厂房、仓库因生产工艺、装修改造或者其他特殊情况需要进行电焊、气焊等具有火灾危险作业的,动火部门和人员应当按照用火安全管理制度事先办理审批手续。动火审批手续应当经消防安全责任人或者消防安全管理人批准,并落实相应的消防安全措施,在确认无火灾、爆炸危险后方可动火施工。动火审批手续应当注明动火地点、时间、动火作业人、现场监护人、批准人和消防安全措施等事项。

进行电焊、气焊等具有火灾危险作业的,消防安全责任人或者消防安全管理人应当查验电焊、气焊等具有火灾危险作业的人员是否依法持证上岗。

第二十七条 租赁厂房、仓库应当建立用电安全管理制度。电器产品的安装、使用及其线路的敷设、维护保养、检测,必须符合消防技术标准和管理规定。

严禁在租赁厂房、仓库内为电动自行车、电驱动车辆充电。

第二十八条 租赁厂房、仓库使用燃油燃气设备的,应当建立用油用气安全管理制度,制定用油用气事故应急处置预案,在明显位置设置用油用气安全标识;燃油燃气管道敷设、燃油燃气设备安装、防火防爆设施设置必须符合消防技术标准和管理规定。

第二十九条 承租人对租赁厂房、仓库进行施工作业前,应当向出租人了解可能引发火灾事故的周边设施、隐蔽工程、易燃易爆危险品等情况。出租人应当进行消防安全技术交底,如实说明相关情况。

第三十条 租赁厂房、仓库内的冷库应当由具备相应工程设计、施工资质的单位进行建设,保温材料燃烧性能、防火分隔、安全疏散、消防设施设置、制冷机房的安全防护、电气线路敷设等应当符合国家工程建设消防技术标准。

严禁冷库使用易燃、可燃保温隔热材料,严禁私搭乱接电气线路。

第三十一条 租赁厂房、仓库应当按照规定或者根据需要建立专职消防队、志愿消防队等多种形式的消防组织,配备消防装备、器材,制定灭火和应急疏散预案,定期组织开展消防演练,加强联勤联动。

发生火灾后,各方应当立即报警、组织初起火灾扑救、引导人员疏散,并做好应急处置工作。

第四章 火灾隐患整改

第三十二条 承租人、物业服务企业对在防火巡查、检查以及消防救援机构消防监督检查中发现的火灾隐患,应当立即采取措施整改隐患;不能及时整改的,应当采取必要的防范措施;属于出租人管理责任范围的火灾隐患应当书面告知出租人整改。

出租人发现火灾隐患,应当书面通知承租人、物业服务企业进行整改,并对整改情况跟踪落实。

第三十三条 租赁厂房、仓库的火灾隐患整改应当符合以下要求:

(一)发现火灾隐患立即改正,不能立即改正的,及时报告消防安全责任人或者消防安全管理人;

(二)消防安全责任人或者消防安全管理人组织对报告的火灾隐患进行认定,对整改情况进行跟踪督促,并对整改完毕的进行确认;

(三)明确火灾隐患整改责任部门、责任人、整改的期限和所需经费来源;

(四)在火灾隐患整改期间,采取相应防范措施,保障消防安全;

(五)在火灾隐患未消除前,不能确保消防安全,随时可能引发火灾的,将危险部位自行停止使用;

(六)对消防救援机构责令改正的火灾隐患,在规定的期限内改正。

第三十四条 违反本办法,依法应当给予行政处罚的,依照有关法律、法规、规章予以处罚;构成犯罪的,依法追究刑事责任。

第五章 附 则

第三十五条 本办法下列用语的含义:

(一)租赁厂房、仓库是指租赁用于从事生产、储存物品的工业建筑；

（二）出租人，是指租赁厂房、仓库的所有权人，包括单位和个人；

（三）承租人，是指租赁厂房、仓库的使用权人，包括单位和个人。

第三十六条　租赁露天生产场所、堆栈、货场的消防安全管理，可以参照本办法执行。

第三十七条　各省、自治区、直辖市消防救援机构可以根据本办法，结合实际制定实施细则。

第三十八条　本办法自发布之日起施行。

公共娱乐场所消防安全管理规定

· 1999 年 5 月 25 日公安部令第 39 号发布
· 自发布之日起施行

第一条　为了预防火灾，保障公共安全，依据《中华人民共和国消防法》制定本规定。

第二条　本规定所称公共娱乐场所，是指向公众开放的下列室内场所：

（一）影剧院、录像厅、礼堂等演出、放映场所；

（二）舞厅、卡拉 OK 厅等歌舞娱乐场所；

（三）具有娱乐功能的夜总会、音乐茶座和餐饮场所；

（四）游艺、游乐场所；

（五）保龄球馆、旱冰场、桑拿浴室等营业性健身、休闲场所。

第三条　公共娱乐场所应当在法定代表人或者主要负责人中确定一名本单位的消防安全责任人。在消防安全责任人确定或者变更时，应当向当地公安消防机构备案。

消防安全责任人应当依照《消防法》第十四条和第十六条规定履行消防安全职责，负责检查和落实本单位防火措施、灭火预案的制定和演练以及建筑消防设施、消防通道、电源和火源管理等。

公共娱乐场所的房产所有者在与其他单位、个人发生租赁、承包等关系后，公共娱乐场所的消防安全由经营者负责。

第四条　新建、改建、扩建公共娱乐场所或者变更公共娱乐场所内部装修的，其消防设计应当符合国家有关建筑消防技术标准的规定。

第五条　新建、改建、扩建公共娱乐场所或者变更公共娱乐场所内部装修的，建设或者经营单位应当依法将消防设计图纸报送当地公安消防机构审核，经审核同意方可施工；工程竣工时，必须经公安消防机构进行消防验收；未经验收或者经验收不合格的，不得投入使用。

第六条　公众聚集的娱乐场所在使用或者开业前，必须具备消防安全条件，依法向当地公安消防机构申报检查，经消防安全检查合格后，发给《消防安全检查意见书》，方可使用或者开业。

第七条　公共娱乐场所宜设置在耐火等级不低于二级的建筑物内；已经核准设置在三级耐火等级建筑内的公共娱乐场所，应当符合特定的防火安全要求。

公共娱乐场所不得设置在文物古建筑和博物馆、图书馆建筑内，不得毗连重要仓库或者危险物品仓库；不得在居民住宅楼内改建公共娱乐场所。

公共娱乐场所与其他建筑相毗连或者附设在其他建筑物内时，应当按照独立的防火分区设置；商住楼内的公共娱乐场所与居民住宅的安全出口应当分开设置。

第八条　公共娱乐场所的内部装修设计和施工，应当符合《建筑内部装修设计防火规范》和有关建筑内部装饰装修防火管理的规定。

第九条　公共娱乐场所的安全出口数目、疏散宽度和距离，应当符合国家有关建筑设计防火规范的规定。

安全出口处不得设置门槛、台阶，疏散门应向外开启，不得采用卷帘门、转门、吊门和侧拉门，门口不得设置门帘、屏风等影响疏散的遮挡物。

公共娱乐场所在营业时必须确保安全出口和疏散通道畅通无阻，严禁将安全出口上锁、阻塞。

第十条　安全出口、疏散通道和楼梯口应当设置符合标准的灯光疏散指示标志。指示标志应当设在门的顶部、疏散通道和转角处距地面 1 米以下的墙面上。设在走道上的指示标志的间距不得大于 20 米。

第十一条　公共娱乐场所内应当设置火灾事故应急照明灯，照明供电时间不得少于 20 分钟。

第十二条　公共娱乐场所必须加强电气防火安全管理，及时消除火灾隐患。不得超负荷用电，不得擅自拉接临时电线。

第十三条　在地下建筑内设置公共娱乐场所，除符合本规定其他条款的要求外，还应当符合下列规定：

（一）只允许设在地下一层；

（二）通往地面的安全出口不应少于 2 个，安全出口、楼梯和走道的宽度应当符合有关建筑设计防火规范的规定；

（三）应当设置机械防烟排烟设施；

（四）应当设置火灾自动报警系统和自动喷水灭火系统；

（五）严禁使用液化石油气。

第十四条 公共娱乐场所内严禁带入和存放易燃易爆物品。

第十五条 严禁在公共娱乐场所营业时进行设备检修、电气焊、油漆粉刷等施工、维修作业。

第十六条 演出、放映场所的观众厅内禁止吸烟和明火照明。

第十七条 公共娱乐场所在营业时，不得超过额定人数。

第十八条 卡拉 OK 厅及其包房内，应当设置声音或者视像警报，保证在火灾发生初期，将各卡拉 OK 房间的画面、音响消除，播送火灾警报，引导人们安全疏散。

第十九条 公共娱乐场所应当制定防火安全管理制度，制定紧急安全疏散方案。在营业时间和营业结束后，应当指定专人进行安全巡视检查。

第二十条 公共娱乐场所应当建立全员防火安全责任制度，全体员工都应当熟知必要的消防安全知识，会报火警，会使用灭火器材，会组织人员疏散。新职工上岗前必须进行消防安全培训。

第二十一条 公共娱乐场所应当按照《建筑灭火器配置设计规范》配置灭火器材，设置报警电话，保证消防设施、设备完好有效。

第二十二条 对违反本规定的行为，依照《中华人民共和国消防法》和地方性消防法规、规章予以处罚；构成犯罪的，依法追究刑事责任。

第二十三条 本规定自发布之日起施行。1995 年 1 月 26 日公安部发布的《公共娱乐场所消防安全管理规定》同时废止。

机关、团体、企业、事业单位消防安全管理规定

·2001 年 11 月 14 日公安部令第 61 号

·自 2002 年 5 月 1 日起施行

第一章 总 则

第一条 为了加强和规范机关、团体、企业、事业单位的消防安全管理，预防火灾和减少火灾危害，根据《中华人民共和国消防法》，制定本规定。

第二条 本规定适用于中华人民共和国境内的机关、团体、企业、事业单位（以下统称单位）自身的消防安全管理。法律、法规另有规定的除外。

第三条 单位应当遵守消防法律、法规、规章（以下统称消防法规），贯彻预防为主、防消结合的消防工作方针，履行消防安全职责，保障消防安全。

第四条 法人单位的法定代表人或者非法人单位的主要负责人是单位的消防安全责任人，对本单位的消防安全工作全面负责。

第五条 单位应当落实逐级消防安全责任制和岗位消防安全责任制，明确逐级和岗位消防安全职责，确定各级、各岗位的消防安全责任人。

第二章 消防安全责任

第六条 单位的消防安全责任人应当履行下列消防安全职责：

（一）贯彻执行消防法规，保障单位消防安全符合规定，掌握本单位的消防安全情况；

（二）将消防工作与本单位的生产、科研、经营、管理等活动统筹安排，批准实施年度消防工作计划；

（三）为本单位的消防安全提供必要的经费和组织保障；

（四）确定逐级消防安全责任，批准实施消防安全制度和保障消防安全的操作规程；

（五）组织防火检查，督促落实火灾隐患整改，及时处理涉及消防安全的重大问题；

（六）根据消防法规的规定建立专职消防队、义务消防队；

（七）组织制定符合本单位实际的灭火和应急疏散预案，并实施演练。

第七条 单位可以根据需要确定本单位的消防安全管理人。消防安全管理人对单位的消防安全责任人负责，实施和组织落实下列消防安全管理工作：

（一）拟订年度消防工作计划，组织实施日常消防安全管理工作；

（二）组织制订消防安全制度和保障消防安全的操作规程并检查督促其落实；

（三）拟订消防安全工作的资金投入和组织保障方案；

（四）组织实施防火检查和火灾隐患整改工作；

（五）组织实施对本单位消防设施、灭火器材和消防安全标志的维护保养，确保其完好有效，确保疏散通道和安全出口畅通；

（六）组织管理专职消防队和义务消防队；

（七）在员工中组织开展消防知识、技能的宣传教育

和培训，组织灭火和应急疏散预案的实施和演练；

（八）单位消防安全责任人委托的其他消防安全管理工作。

消防安全管理人应当定期向消防安全责任人报告消防安全情况，及时报告涉及消防安全的重大问题。未确定消防安全管理人的单位，前款规定的消防安全管理工作由单位消防安全责任人负责实施。

第八条 实行承包、租赁或者委托经营、管理时，产权单位应当提供符合消防安全要求的建筑物，当事人在订立的合同中依照有关规定明确各方的消防安全责任；消防车通道、涉及公共消防安全的疏散设施和其他建筑消防设施应当由产权单位或者委托管理的单位统一管理。

承包、承租或者受委托经营、管理的单位应当遵守本规定，在其使用、管理范围内履行消防安全职责。

第九条 对于有两个以上产权单位和使用单位的建筑物，各产权单位、使用单位对消防车通道、涉及公共消防安全的疏散设施和其他建筑消防设施应当明确管理责任，可以委托统一管理。

第十条 居民住宅区的物业管理单位应当在管理范围内履行下列消防安全职责：

（一）制定消防安全制度，落实消防安全责任，开展消防安全宣传教育；

（二）开展防火检查，消除火灾隐患；

（三）保障疏散通道、安全出口、消防车通道畅通；

（四）保障公共消防设施、器材以及消防安全标志完好有效。

其他物业管理单位应当对受委托管理范围内的公共消防安全管理工作负责。

第十一条 举办集会、焰火晚会、灯会等具有火灾危险的大型活动的主办单位、承办单位以及提供场地的单位，应当在订立的合同中明确各方的消防安全责任。

第十二条 建筑工程施工现场的消防安全由施工单位负责。实行施工总承包的，由总承包单位负责。分包单位向总承包单位负责，服从总承包单位对施工现场的消防安全管理。

对建筑物进行局部改建、扩建和装修的工程，建设单位应当与施工单位在订立的合同中明确各方对施工现场的消防安全责任。

第三章 消防安全管理

第十三条 下列范围的单位是消防安全重点单位，应当按照本规定的要求，实行严格管理：

（一）商场（市场）、宾馆（饭店）、体育场（馆）、会堂、公共娱乐场所等公众聚集场所（以下统称公众聚集场所）；

（二）医院、养老院和寄宿制的学校、托儿所、幼儿园；

（三）国家机关；

（四）广播电台、电视台和邮政、通信枢纽；

（五）客运车站、码头、民用机场；

（六）公共图书馆、展览馆、博物馆、档案馆以及具有火灾危险性的文物保护单位；

（七）发电厂（站）和电网经营企业；

（八）易燃易爆化学物品的生产、充装、储存、供应、销售单位；

（九）服装、制鞋等劳动密集型生产、加工企业；

（十）重要的科研单位；

（十一）其他发生火灾可能性较大以及一旦发生火灾可能造成重大人身伤亡或者财产损失的单位。

高层办公楼（写字楼）、高层公寓楼等高层公共建筑，城市地下铁道、地下观光隧道等地下公共建筑和城市重要的交通隧道，粮、棉、木材、百货等物资集中的大型仓库和堆场，国家和省级等重点工程的施工现场，应当按照本规定对消防安全重点单位的要求，实行严格管理。

第十四条 消防安全重点单位及其消防安全责任人、消防安全管理人应当报当地公安消防机构备案。

第十五条 消防安全重点单位应当设置或者确定消防工作的归口管理职能部门，并确定专职或者兼职的消防管理人员；其他单位应当确定专职或者兼职消防管理人员，可以确定消防工作的归口管理职能部门。归口管理职能部门和专兼职消防管理人员在消防安全责任人或者消防安全管理人的领导下开展消防安全管理工作。

第十六条 公众聚集场所应当在具备下列消防安全条件后，向当地公安消防机构申报进行消防安全检查，经检查合格后方可开业使用：

（一）依法办理建筑工程消防设计审核手续，并经消防验收合格；

（二）建立健全消防安全组织，消防安全责任明确；

（三）建立消防安全管理制度和保障消防安全的操作规程；

（四）员工经过消防安全培训；

（五）建筑消防设施齐全、完好有效；

（六）制定灭火和应急疏散预案。

第十七条 举办集会、焰火晚会、灯会等具有火灾危险的大型活动，主办或者承办单位应当在具备消防安全条件后，向公安消防机构申报对活动现场进行消防安全检查，经检查合格后方可举办。

第十八条 单位应当按照国家有关规定，结合本单位的特点，建立健全各项消防安全制度和保障消防安全的操作规程，并公布执行。

单位消防安全制度主要包括以下内容：消防安全教育、培训；防火巡查、检查；安全疏散设施管理；消防（控制室）值班；消防设施、器材维护管理；火灾隐患整改；用火、用电安全管理；易燃易爆危险物品和场所防火防爆；专职和义务消防队的组织管理；灭火和应急疏散预案演练；燃气和电气设备的检查和管理（包括防雷、防静电）；消防安全工作考评和奖惩；其他必要的消防安全内容。

第十九条 单位应当将容易发生火灾、一旦发生火灾可能严重危及人身和财产安全以及对消防安全有重大影响的部位确定为消防安全重点部位，设置明显的防火标志，实行严格管理。

第二十条 单位应当对动用明火实行严格的消防安全管理。禁止在具有火灾、爆炸危险的场所使用明火；因特殊情况需要进行电、气焊等明火作业的，动火部门和人员应当按照单位的用火管理制度办理审批手续，落实现场监护人，在确认无火灾、爆炸危险后方可动火施工。动火施工人员应当遵守消防安全规定，并落实相应的消防安全措施。

公众聚集场所或者两个以上单位共同使用的建筑物局部施工需要使用明火时，施工单位和使用单位应当共同采取措施，将施工区和使用区进行防火分隔，清除动火区域的易燃、可燃物，配置消防器材，专人监护，保证施工及使用范围的消防安全。

公共娱乐场所在营业期间禁止动火施工。

第二十一条 单位应当保障疏散通道、安全出口畅通，并设置符合国家规定的消防安全疏散指示标志和应急照明设施，保持防火门、防火卷帘、消防安全疏散指示标志、应急照明、机械排烟送风、火灾事故广播等设施处于正常状态。

严禁下列行为：

（一）占用疏散通道；

（二）在安全出口或者疏散通道上安装栅栏等影响疏散的障碍物；

（三）在营业、生产、教学、工作等期间将安全出口上锁、遮挡或者将消防安全疏散指示标志遮挡、覆盖；

（四）其他影响安全疏散的行为。

第二十二条 单位应当遵守国家有关规定，对易燃易爆危险物品的生产、使用、储存、销售、运输或者销毁实行严格的消防安全管理。

第二十三条 单位应当根据消防法规的有关规定，建立专职消防队、义务消防队，配备相应的消防装备、器材，并组织开展消防业务学习和灭火技能训练，提高预防和扑救火灾的能力。

第二十四条 单位发生火灾时，应当立即实施灭火和应急疏散预案，务必做到及时报警，迅速扑救火灾，及时疏散人员。邻近单位应当给予支援。任何单位、人员都应当无偿为报火警提供便利，不得阻拦报警。

单位应当为公安消防机构抢救人员、扑救火灾提供便利和条件。

火灾扑灭后，起火单位应当保护现场，接受事故调查，如实提供火灾事故的情况，协助公安消防机构调查火灾原因，核定火灾损失，查明火灾事故责任。未经公安消防机构同意，不得擅自清理火灾现场。

第四章 防火检查

第二十五条 消防安全重点单位应当进行每日防火巡查，并确定巡查的人员、内容、部位和频次。其他单位可以根据需要组织防火巡查。巡查的内容应当包括：

（一）用火、用电有无违章情况；

（二）安全出口、疏散通道是否畅通，安全疏散指示标志、应急照明是否完好；

（三）消防设施、器材和消防安全标志是否在位、完整；

（四）常闭式防火门是否处于关闭状态，防火卷帘下是否堆放物品影响使用；

（五）消防安全重点部位的人员在岗情况；

（六）其他消防安全情况。

公众聚集场所在营业期间的防火巡查应当至少每二小时一次；营业结束时应当对营业现场进行检查，消除遗留火种。医院、养老院、寄宿制的学校、托儿所、幼儿园应当加强夜间防火巡查，其他消防安全重点单位可以结合实际组织夜间防火巡查。

防火巡查人员应当及时纠正违章行为，妥善处置火灾危险，无法当场处置的，应当立即报告。发现初起火灾应当立即报警并及时扑救。

防火巡查应当填写巡查记录，巡查人员及其主管人员应当在巡查记录上签名。

第二十六条 机关、团体、事业单位应当至少每季度进行一次防火检查，其他单位应当至少每月进行一次防火检查。检查的内容应当包括：

（一）火灾隐患的整改情况以及防范措施的落实情况；

（二）安全疏散通道、疏散指示标志、应急照明和安全出口情况；

（三）消防车通道、消防水源情况；

（四）灭火器材配置及有效情况；

（五）用火、用电有无违章情况；

（六）重点工种人员以及其他员工消防知识的掌握情况；

（七）消防安全重点部位的管理情况；

（八）易燃易爆危险物品和场所防火防爆措施的落实情况以及其他重要物资的防火安全情况；

（九）消防（控制室）值班情况和设施运行、记录情况；

（十）防火巡查情况；

（十一）消防安全标志的设置情况和完好、有效情况；

（十二）其他需要检查的内容。

防火检查应当填写检查记录。检查人员和被检查部门负责人应当在检查记录上签名。

第二十七条 单位应当按照建筑消防设施检查维修保养有关规定的要求，对建筑消防设施的完好有效情况进行检查和维修保养。

第二十八条 设有自动消防设施的单位，应当按照有关规定定期对其自动消防设施进行全面检查测试，并出具检测报告，存档备查。

第二十九条 单位应当按照有关规定定期对灭火器进行维护保养和维修检查。对灭火器应当建立档案资料，记明配置类型、数量、设置位置、检查维修单位（人员）、更换药剂的时间等有关情况。

第五章 火灾隐患整改

第三十条 单位对存在的火灾隐患，应当及时予以消除。

第三十一条 对下列违反消防安全规定的行为，单位应当责成有关人员当场改正并督促落实：

（一）违章进入生产、储存易燃易爆危险物品场所的；

（二）违章使用明火作业或者在具有火灾、爆炸危险的场所吸烟、使用明火等违反禁令的；

（三）将安全出口上锁、遮挡，或者占用、堆放物品影响疏散通道畅通的；

（四）消火栓、灭火器材被遮挡影响使用或者被挪作他用的；

（五）常闭式防火门处于开启状态，防火卷帘下堆放物品影响使用的；

（六）消防设施管理、值班人员和防火巡查人员脱岗的；

（七）违章关闭消防设施、切断消防电源的；

（八）其他可以当场改正的行为。

违反前款规定的情况以及改正情况应当有记录并存档备查。

第三十二条 对不能当场改正的火灾隐患，消防工作归口管理职能部门或者专兼职消防管理人员应当根据本单位的管理分工，及时将存在的火灾隐患向单位的消防安全管理人或者消防安全责任人报告，提出整改方案。消防安全管理人或者消防安全责任人应当确定整改的措施、期限以及负责整改的部门、人员，并落实整改资金。

在火灾隐患未消除之前，单位应当落实防范措施，保障消防安全。不能确保消防安全，随时可能引发火灾或者一旦发生火灾将严重危及人身安全的，应当将危险部位停产停业整改。

第三十三条 火灾隐患整改完毕，负责整改的部门或者人员应当将整改情况记录报送消防安全责任人或者消防安全管理人签字确认后存档备查。

第三十四条 对于涉及城市规划布局而不能自身解决的重大火灾隐患，以及机关、团体、事业单位确无能力解决的重大火灾隐患，单位应当提出解决方案并及时向其上级主管部门或者当地人民政府报告。

第三十五条 对公安消防机构责令限期改正的火灾隐患，单位应当在规定的期限内改正并写出火灾隐患整改复函，报送公安消防机构。

第六章 消防安全宣传教育和培训

第三十六条 单位应当通过多种形式开展经常性的消防安全宣传教育。消防安全重点单位对每名员工应当至少每年进行一次消防安全培训。宣传教育和培训内容应当包括：

（一）有关消防法规、消防安全制度和保障消防安全的操作规程；

（二）本单位、本岗位的火灾危险性和防火措施；

（三）有关消防设施的性能、灭火器材的使用方法；

（四）报火警、扑救初起火灾以及自救逃生的知识和技能。

公众聚集场所对员工的消防安全培训应当至少每半

年进行一次，培训的内容还应当包括组织、引导在场群众疏散的知识和技能。

单位应当组织新上岗和进入新岗位的员工进行上岗前的消防安全培训。

第三十七条 公众聚集场所在营业、活动期间，应当通过张贴图画、广播、闭路电视等向公众宣传防火、灭火、疏散逃生等常识。

学校、幼儿园应当通过寓教于乐等多种形式对学生和幼儿进行消防安全常识教育。

第三十八条 下列人员应当接受消防安全专门培训：

（一）单位的消防安全责任人、消防安全管理人；

（二）专、兼职消防管理人员；

（三）消防控制室的值班、操作人员；

（四）其他依照规定应当接受消防安全专门培训的人员。

前款规定中的第（三）项人员应当持证上岗。

第七章 灭火、应急疏散预案和演练

第三十九条 消防安全重点单位制定的灭火和应急疏散预案应当包括下列内容：

（一）组织机构，包括：灭火行动组、通讯联络组、疏散引导组、安全防护救护组；

（二）报警和接警处置程序；

（三）应急疏散的组织程序和措施；

（四）扑救初起火灾的程序和措施；

（五）通讯联络、安全防护救护的程序和措施。

第四十条 消防安全重点单位应当按照灭火和应急疏散预案，至少每半年进行一次演练，并结合实际，不断完善预案。其他单位应当结合本单位实际，参照制定相应的应急方案，至少每年组织一次演练。

消防演练时，应当设置明显标识并事先告知演练范围内的人员。

第八章 消防档案

第四十一条 消防安全重点单位应当建立健全消防档案。消防档案应当包括消防安全基本情况和消防安全管理情况。消防档案应当详实，全面反映单位消防工作的基本情况，并附有必要的图表，根据情况变化及时更新。

单位应当对消防档案统一保管、备查。

第四十二条 消防安全基本情况应当包括以下内容：

（一）单位基本概况和消防安全重点部位情况；

（二）建筑物或者场所施工、使用或者开业前的消防设计审核、消防验收以及消防安全检查的文件、资料；

（三）消防管理组织机构和各级消防安全责任人；

（四）消防安全制度；

（五）消防设施、灭火器材情况；

（六）专职消防队、义务消防队人员及其消防装备配备情况；

（七）与消防安全有关的重点工种人员情况；

（八）新增消防产品、防火材料的合格证明材料；

（九）灭火和应急疏散预案。

第四十三条 消防安全管理情况应当包括以下内容：

（一）公安消防机构填发的各种法律文书；

（二）消防设施定期检查记录、自动消防设施全面检查测试的报告以及维修保养的记录；

（三）火灾隐患及其整改情况记录；

（四）防火检查、巡查记录；

（五）有关燃气、电气设备检测（包括防雷、防静电）等记录资料；

（六）消防安全培训记录；

（七）灭火和应急疏散预案的演练记录；

（八）火灾情况记录；

（九）消防奖惩情况记录。

前款规定中的第（二）、（三）、（四）、（五）项记录，应当记明检查的人员、时间、部位、内容、发现的火灾隐患以及处理措施等；第（六）项记录，应当记明培训的时间、参加人员、内容等；第（七）项记录，应当记明演练的时间、地点、内容、参加部门以及人员等。

第四十四条 其他单位应当将本单位的基本概况、公安消防机构填发的各种法律文书、与消防工作有关的材料和记录等统一保管备查。

第九章 奖 惩

第四十五条 单位应当将消防安全工作纳入内部检查、考核、评比内容。对在消防安全工作中成绩突出的部门（班组）和个人，单位应当给予表彰奖励。对未依法履行消防安全职责或者违反单位消防安全制度的行为，应当依照有关规定对责任人员给予行政纪律处分或者其他处理。

第四十六条 违反本规定，依法应当给予行政处罚的，依照有关法律、法规予以处罚；构成犯罪的，依法追究刑事责任。

第十章 附 则

第四十七条 公安消防机构对本规定的执行情况依法实施监督，并对自身滥用职权、玩忽职守、徇私舞弊的行为承担法律责任。

第四十八条 本规定自2002年5月1日起施行。本规定施行以前公安部发布的规章中的有关规定与本规定不一致的，以本规定为准。

社会消防技术服务管理规定

·2021年9月13日应急管理部令第7号公布
·自2021年11月9日起施行

第一章 总 则

第一条 为规范社会消防技术服务活动，维护消防技术服务市场秩序，促进提高消防技术服务质量，根据《中华人民共和国消防法》，制定本规定。

第二条 在中华人民共和国境内从事社会消防技术服务活动、对消防技术服务机构实施监督管理，适用本规定。

本规定所称消防技术服务机构是指从事消防设施维护保养检测、消防安全评估等社会消防技术服务活动的企业。

第三条 消防技术服务机构及其从业人员开展社会消防技术服务活动应当遵循客观独立、合法公正、诚实信用的原则。

本规定所称消防技术服务从业人员，是指依法取得注册消防工程师资格并在消防技术服务机构中执业的专业技术人员，以及按照有关规定取得相应消防行业特有工种职业资格，在消防技术服务机构中从事社会消防技术服务活动的人员。

第四条 消防技术服务行业组织应当加强行业自律管理，规范从业行为，促进提升服务质量。

消防技术服务行业组织不得从事营利性社会消防技术服务活动，不得从事或者通过消防技术服务机构进行行业垄断。

第二章 从业条件

第五条 从事消防设施维护保养检测的消防技术服务机构，应当具备下列条件：

（一）取得企业法人资格；

（二）工作场所建筑面积不少于200平方米；

（三）消防技术服务基础设备和消防设施维护保养检测设备配备符合有关规定要求；

（四）注册消防工程师不少于2人，其中一级注册消防工程师不少于1人；

（五）取得消防设施操作员国家职业资格证书的人员不少于6人，其中中级技能等级以上的不少于2人；

（六）健全的质量管理体系。

第六条 从事消防安全评估的消防技术服务机构，应当具备下列条件：

（一）取得企业法人资格；

（二）工作场所建筑面积不少于100平方米；

（三）消防技术服务基础设备和消防安全评估设备配备符合有关规定要求；

（四）注册消防工程师不少于2人，其中一级注册消防工程师不少于1人；

（五）健全的消防安全评估过程控制体系。

第七条 同时从事消防设施维护保养检测、消防安全评估的消防技术服务机构，应当具备下列条件：

（一）取得企业法人资格；

（二）工作场所建筑面积不少于200平方米；

（三）消防技术服务基础设备和消防设施维护保养检测、消防安全评估设备配备符合规定的要求；

（四）注册消防工程师不少于2人，其中一级注册消防工程师不少于1人；

（五）取得消防设施操作员国家职业资格证书的人员不少于6人，其中中级技能等级以上的不少于2人；

（六）健全的质量管理和消防安全评估过程控制体系。

第八条 消防技术服务机构可以在全国范围内从业。

第三章 社会消防技术服务活动

第九条 消防技术服务机构及其从业人员应当依照法律法规、技术标准和从业准则，开展下列社会消防技术服务活动，并对服务质量负责：

（一）消防设施维护保养检测机构可以从事建筑消防设施维护保养、检测活动；

（二）消防安全评估机构可以从事区域消防安全评估、社会单位消防安全评估、大型活动消防安全评估等活动，以及消防法律法规、消防技术标准、火灾隐患整改、消防安全管理、消防宣传教育等方面的咨询活动。

消防技术服务机构出具的结论文件，可以作为消防救援机构实施消防监督管理和单位（场所）开展消防安全管理的依据。

第十条 消防设施维护保养检测机构应当按照国家

标准、行业标准规定的工艺、流程开展维护保养检测，保证经维护保养的建筑消防设施符合国家标准、行业标准。

第十一条　消防技术服务机构应当依法与从业人员签订劳动合同，加强对所属从业人员的管理。注册消防工程师不得同时在两个以上社会组织执业。

第十二条　消防技术服务机构应当设立技术负责人，对本机构的消防技术服务实施质量监督管理，对出具的书面结论文件进行技术审核。技术负责人应当具备一级注册消防工程师资格。

第十三条　消防技术服务机构承接业务，应当与委托人签订消防技术服务合同，并明确项目负责人。项目负责人应当具备相应的注册消防工程师资格。

消防技术服务机构不得转包、分包消防技术服务项目。

第十四条　消防技术服务机构出具的书面结论文件应当由技术负责人、项目负责人签名并加盖执业印章，同时加盖消防技术服务机构印章。

消防设施维护保养检测机构对建筑消防设施进行维护保养后，应当制作包含消防技术服务机构名称及项目负责人、维护保养日期等信息的标识，在消防设施所在建筑的醒目位置上予以公示。

第十五条　消防技术服务机构应当对服务情况作出客观、真实、完整的记录，按消防技术服务项目建立消防技术服务档案。

消防技术服务档案保管期限为6年。

第十六条　消防技术服务机构应当在其经营场所的醒目位置公示营业执照、工作程序、收费标准、从业守则、注册消防工程师注册证书、投诉电话等事项。

第十七条　消防技术服务机构收费应当遵守价格管理法律法规的规定。

第十八条　消防技术服务机构在从事社会消防技术服务活动中，不得有下列行为：

（一）不具备从业条件，从事社会消防技术服务活动；

（二）出具虚假、失实文件；

（三）消防设施维护保养检测机构的项目负责人或者消防设施操作员未到现场实地开展工作；

（四）泄露委托人商业秘密；

（五）指派无相应资格从业人员从事社会消防技术服务活动；

（六）冒用其他消防技术服务机构名义从事社会消防技术服务活动；

（七）法律、法规、规章禁止的其他行为。

第四章　监督管理

第十九条　县级以上人民政府消防救援机构依照有关法律、法规和本规定，对本行政区域内的社会消防技术服务活动实施监督管理。

消防技术服务机构及其从业人员对消防救援机构依法进行的监督管理应当协助和配合，不得拒绝或者阻挠。

第二十条　应急管理部消防救援局应当建立和完善全国统一的社会消防技术服务信息系统，公布消防技术服务机构及其从业人员的有关信息，发布从业、诚信和监督管理信息，并为社会提供有关信息查询服务。

第二十一条　县级以上人民政府消防救援机构对社会消防技术服务活动开展监督检查的形式有：

（一）结合日常消防监督检查工作，对消防技术服务质量实施监督抽查；

（二）根据需要实施专项检查；

（三）发生火灾事故后实施倒查；

（四）对举报投诉和交办移送的消防技术服务机构及其从业人员的违法从业行为进行核查。

开展社会消防技术服务活动监督检查可以根据实际需要，通过网上核查、服务单位实地核查、机构办公场所现场检查等方式实施。

第二十二条　消防救援机构在对单位（场所）实施日常消防监督检查时，可以对为该单位（场所）提供服务的消防技术服务机构的服务质量实施监督抽查。抽查内容为：

（一）是否冒用其他消防技术服务机构名义从事社会消防技术服务活动；

（二）从事相关社会消防技术服务活动的人员是否具有相应资格；

（三）是否按照国家标准、行业标准维护保养、检测建筑消防设施，经维护保养的建筑消防设施是否符合国家标准、行业标准；

（四）消防设施维护保养检测机构的项目负责人或者消防设施操作员是否到现场实地开展工作；

（五）是否出具虚假、失实文件；

（六）出具的书面结论文件是否由技术负责人、项目负责人签名、盖章，并加盖消防技术服务机构印章；

（七）是否与委托人签订消防技术服务合同；

（八）是否在经其维护保养的消防设施所在建筑的醒目位置公示消防技术服务信息。

第二十三条　消防救援机构根据消防监督管理需要，可以对辖区内从业的消防技术服务机构进行专项检查。专项检查应当随机抽取检查对象，随机选派检查人员，检查情况及查处结果及时向社会公开。专项检查可以抽查下列内容：

（一）是否具备从业条件；

（二）所属注册消防工程师是否同时在两个以上社会组织执业；

（三）从事相关社会消防技术服务活动的人员是否具有相应资格；

（四）是否转包、分包消防技术服务项目；

（五）是否出具虚假、失实文件；

（六）是否设立技术负责人、明确项目负责人，出具的书面结论文件是否由技术负责人、项目负责人签名、盖章，并加盖消防技术服务机构印章；

（七）是否与委托人签订消防技术服务合同；

（八）是否在经营场所公示营业执照、工作程序、收费标准、从业守则、注册消防工程师注册证书、投诉电话等事项；

（九）是否建立和保管消防技术服务档案。

第二十四条 发生有人员死亡或者造成重大社会影响的火灾，消防救援机构开展火灾事故调查时，应当对为起火单位（场所）提供服务的消防技术服务机构实施倒查。

消防救援机构组织调查其他火灾，可以根据需要对为起火单位（场所）提供服务的消防技术服务机构实施倒查。

倒查按照本规定第二十二条、第二十三条的抽查内容实施。

第二十五条 消防救援机构及其工作人员不得设立消防技术服务机构，不得参与消防技术服务机构的经营活动，不得指定或者变相指定消防技术服务机构，不得利用职务接受有关单位或者个人财物，不得滥用行政权力排除、限制竞争。

第五章 法律责任

第二十六条 消防技术服务机构违反本规定，冒用其他消防技术服务机构名义从事社会消防技术服务活动的，责令改正，处2万元以上3万元以下罚款。

第二十七条 消防技术服务机构违反本规定，有下列情形之一的，责令改正，处1万元以上2万元以下罚款：

（一）所属注册消防工程师同时在两个以上社会组织执业的；

（二）指派无相应资格从业人员从事社会消防技术服务活动的；

（三）转包、分包消防技术服务项目的。

对有前款第一项行为的注册消防工程师，处5000元以上1万元以下罚款。

第二十八条 消防技术服务机构违反本规定，有下列情形之一的，责令改正，处1万元以下罚款：

（一）未设立技术负责人、未明确项目负责人的；

（二）出具的书面结论文件未经技术负责人、项目负责人签名、盖章，或者未加盖消防技术服务机构印章的；

（三）承接业务未依法与委托人签订消防技术服务合同的；

（四）消防设施维护保养检测机构的项目负责人或者消防设施操作员未到现场实地开展工作的；

（五）未建立或者保管消防技术服务档案的；

（六）未公示营业执照、工作程序、收费标准、从业守则、注册消防工程师注册证书、投诉电话等事项的。

第二十九条 消防技术服务机构不具备从业条件从事社会消防技术服务活动或者出具虚假文件、失实文件的，或者不按照国家标准、行业标准开展社会消防技术服务活动的，由消防救援机构依照《中华人民共和国消防法》第六十九条的有关规定处罚。

第三十条 消防设施维护保养检测机构未按照本规定要求在经其维护保养的消防设施所在建筑的醒目位置上公示消防技术服务信息的，责令改正，处5000元以下罚款。

第三十一条 消防救援机构对消防技术服务机构及其从业人员实施积分信用管理，具体办法由应急管理部消防救援局制定。

第三十二条 消防技术服务机构有违反本规定的行为，给他人造成损失的，依法承担赔偿责任；经维护保养的建筑消防设施不能正常运行，发生火灾时未发挥应有作用，导致伤亡、损失扩大的，从重处罚；构成犯罪的，依法追究刑事责任。

第三十三条 本规定中的行政处罚由违法行为地设区的市级、县级人民政府消防救援机构决定。

第三十四条 消防技术服务机构及其从业人员对消防救援机构在消防技术服务监督管理中作出的具体行政行为不服的，可以依法申请行政复议或者提起行政诉讼。

第三十五条 消防救援机构的工作人员设立消防技术服务机构，或者参与消防技术服务机构的经营活动，或者指定、变相指定消防技术服务机构，或者利用职务接受有关单位、个人财物，或者滥用行政权力排除、限制竞争，或者有其他滥用职权、玩忽职守、徇私舞弊的行为，依照有关规定给予处分；构成犯罪的，依法追究刑事责任。

第六章 附 则

第三十六条 保修期内的建筑消防设施由施工单位进行维护保养的，不适用本规定。

第三十七条 本规定所称虚假文件，是指消防技术服务机构未提供服务或者以篡改结果方式出具的消防技术文件，或者出具的与当时实际情况严重不符、结论定性严重偏离客观实际的消防技术文件。

本规定所称失实文件，是指消防技术服务机构出具的与当时实际情况部分不符、结论定性部分偏离客观实际的消防技术文件。

第三十八条 本规定中的"以上"、"以下"均含本数。

第三十九条 执行本规定所需要的文书式样，以及消防技术服务机构应当配备的仪器、设备、设施目录，由应急管理部制定。

第四十条 本规定自2021年11月9日起施行。

工贸企业粉尘防爆安全规定

·2021年7月25日应急管理部令第6号公布

·自2021年9月1日起施行

第一章 总 则

第一条 为了加强工贸企业粉尘防爆安全工作，预防和减少粉尘爆炸事故，保障从业人员生命安全，根据《中华人民共和国安全生产法》等法律法规，制定本规定。

第二条 存在可燃性粉尘爆炸危险的冶金、有色、建材、机械、轻工、纺织、烟草、商贸等工贸企业（以下简称粉尘涉爆企业）的粉尘防爆安全工作及其监督管理，适用本规定。

第三条 本规定所称可燃性粉尘，是指在大气条件下，能与气态氧化剂（主要是空气）发生剧烈氧化反应的粉尘、纤维或者飞絮。

本规定所称粉尘爆炸危险场所，是指存在可燃性粉尘和气态氧化剂（主要是空气）的场所，根据爆炸性环境出现的频率或者持续的时间，可划分为不同危险区域。

第四条 粉尘涉爆企业对粉尘防爆安全工作负主体责任，应当具备有关法律法规、规章、国家标准或者行业标准规定的粉尘防爆安全生产条件，建立健全全员安全生产责任制和相关规章制度，加强安全生产标准化、信息化建设，构建安全风险分级管控和隐患排查治理双重预防机制，健全风险防范化解机制，确保安全生产。

第五条 县级以上地方人民政府负责粉尘涉爆企业安全生产监督管理的部门（以下统称负责粉尘涉爆企业安全监管的部门），根据本级人民政府规定的职责，按照分级属地的原则，对本行政区域内粉尘涉爆企业的粉尘防爆安全工作实施监督管理。

国务院应急管理部门应当加强指导监督。

第二章 安全生产保障

第六条 粉尘涉爆企业主要负责人是粉尘防爆安全工作的第一责任人，其他负责人在各自职责范围内对粉尘防爆安全工作负责。

粉尘涉爆企业应当在本单位安全生产责任制中明确主要负责人、相关部门负责人、生产车间负责人及粉尘作业岗位人员粉尘防爆安全职责。

第七条 粉尘涉爆企业应当结合企业实际情况建立和落实粉尘防爆安全管理制度。粉尘防爆安全管理制度应当包括下列内容：

（一）粉尘爆炸风险辨识评估和管控；

（二）粉尘爆炸事故隐患排查治理；

（三）粉尘作业岗位安全操作规程；

（四）粉尘防爆专项安全生产教育和培训；

（五）粉尘清理和处置；

（六）除尘系统和相关安全设施设备运行、维护及检修、维修管理；

（七）粉尘爆炸事故应急处置和救援。

第八条 粉尘涉爆企业应当组织对涉及粉尘防爆的生产、设备、安全管理等有关负责人和粉尘作业岗位等相关从业人员进行粉尘防爆专项安全生产教育和培训，使其了解作业场所和工作岗位存在的爆炸风险，掌握粉尘爆炸事故防范和应急措施；未经教育培训合格的，不得上岗作业。

粉尘涉爆企业应当如实记录粉尘防爆专项安全生产教育和培训的时间、内容及考核等情况，纳入员工教育和培训档案。

第九条 粉尘涉爆企业应当为粉尘作业岗位从业人员提供符合国家标准或者行业标准的劳动防护用品，并监督、教育从业人员按照使用规则佩戴、使用。

第十条 粉尘涉爆企业应当制定有关粉尘爆炸事故应急救援预案，并依法定期组织演练。发生火灾或者粉尘爆炸事故后，粉尘涉爆企业应当立即启动应急响应并撤离疏散全部作业人员至安全场所，不得采用可能引起扬尘的应急处置措施。

第十一条 粉尘涉爆企业应当定期辨识粉尘云、点燃源等粉尘爆炸危险因素，确定粉尘爆炸危险场所的位置、范围，并根据粉尘爆炸特性和涉粉作业人数等关键要素，评估确定有关危险场所安全风险等级，制定并落实管控措施，明确责任部门和责任人员，建立安全风险清单，及时维护安全风险辨识、评估、管控过程的信息档案。

粉尘涉爆企业应当在粉尘爆炸较大危险因素的工艺、场所、设施设备和岗位，设置安全警示标志。

涉及粉尘爆炸危险的工艺、场所、设施设备等发生变更的，粉尘涉爆企业应当重新进行安全风险辨识评估。

第十二条　粉尘涉爆企业应当根据《粉尘防爆安全规程》等有关国家标准或者行业标准，结合粉尘爆炸风险管控措施，建立事故隐患排查清单，明确和细化排查事项、具体内容、排查周期及责任人员，及时组织开展事故隐患排查治理，如实记录隐患排查治理情况，并向从业人员通报。

构成工贸行业重大事故隐患判定标准规定的重大事故隐患的，应当按照有关规定制定治理方案，落实措施、责任、资金、时限和应急预案，及时消除事故隐患。

第十三条　粉尘涉爆企业新建、改建、扩建涉及粉尘爆炸危险的工程项目安全设施的设计、施工应当按照《粉尘防爆安全规程》等有关国家标准或者行业标准，在安全设施设计文件、施工方案中明确粉尘防爆的相关内容。

设计单位应当对安全设施粉尘防爆相关的设计负责，施工单位应当按照设计进行施工，并对施工质量负责。

第十四条　粉尘涉爆企业存在粉尘爆炸危险场所的建（构）筑物的结构和布局应当符合《粉尘防爆安全规程》等有关国家标准或者行业标准要求，采取防火防爆、防雷等措施，单层厂房屋顶一般应当采用轻型结构，多层厂房应当为框架结构，并设置符合有关标准要求的泄压面积。

粉尘涉爆企业应当严格控制粉尘爆炸危险场所内作业人员数量，在粉尘爆炸危险场所内不得设置员工宿舍、休息室、办公室、会议室等，粉尘爆炸危险场所与其他厂房、仓库、民用建筑的防火间距应当符合《建筑设计防火规范》的规定。

第十五条　粉尘涉爆企业应当按照《粉尘防爆安全规程》等有关国家标准或者行业标准规定，将粉尘爆炸危险场所除尘系统按照不同工艺分区域相对独立设置，可燃性粉尘不得与可燃气体等易加剧爆炸危险的介质共用一套除尘系统，不同防火分区的除尘系统禁止互联互通。存在粉尘爆炸危险的工艺设备应当采用泄爆、隔爆、惰化、抑爆、抗爆等一种或者多种控爆措施，但不得单独采取隔爆措施。禁止采用粉尘沉降室除尘或者采用巷道式构筑物作为除尘风道。铝镁等金属粉尘应当采用负压方式除尘，其他粉尘受工艺条件限制，采用正压方式吹送时，应当采取可靠的防范点燃源的措施。

采用干式除尘系统的粉尘涉爆企业应当按照《粉尘防爆安全规程》等有关国家标准或者行业标准规定，结合工艺实际情况，安装使用锁气卸灰、火花探测熄灭、风压差监测等装置，以及相关安全设备的监测预警信息系统，加强对可能存在点燃源和粉尘云的粉尘爆炸危险场所的实时监控。铝镁等金属粉尘湿式除尘系统应当安装与打磨抛光设备联锁的液位、流速监测报警装置，并保持作业场所和除尘器本体良好通风，防止氢气积聚，及时规范清理沉淀的粉尘泥浆。

第十六条　针对粉碎、研磨、造粒、砂光等易产生机械点燃源的工艺，粉尘涉爆企业应当规范采取杂物去除或者火花探测消除等防范点燃源措施，并定期清理维护，做好相关记录。

第十七条　粉尘防爆相关的泄爆、隔爆、抑爆、惰化、锁气卸灰、除杂、监测、报警、火花探测消除等安全设备的设计、制造、安装、使用、检测、维修、改造和报废，应当符合《粉尘防爆安全规程》等有关国家标准或者行业标准，相关设计、制造、安装单位应当提供相关设备安全性能和使用说明等资料，对安全设备的安全性能负责。

粉尘涉爆企业应当对粉尘防爆安全设备进行经常性维护、保养，并按照《粉尘防爆安全规程》等有关国家标准或者行业标准定期检测或者检查，保证正常运行，做好相关记录，不得关闭、破坏直接关系粉尘防爆安全的监控、报警、防控等设备、设施，或者篡改、隐瞒、销毁其相关数据、信息。粉尘涉爆企业应当规范选用与爆炸危险区域相适应的防爆型电气设备。

第十八条　粉尘涉爆企业应当按照《粉尘防爆安全规程》等有关国家标准或者行业标准，制定并严格落实粉尘爆炸危险场所的粉尘清理制度，明确清理范围、清理周期、清理方式和责任人员，并在相关粉尘爆炸危险场所醒目位置张贴。相关责任人员应当定期清理粉尘并如实记录，确保可能积尘的粉尘作业区域和设备设施全面及时规范清理。粉尘作业区域应当保证每班清理。

铝镁等金属粉尘和镁合金废屑的收集、贮存等处置环节，应当避免粉尘废屑大量堆积或者装袋后多层堆垛码放；需要临时存放的，应当设置相对独立的暂存场所，远离作业现场等人员密集场所，并采取防水防潮、通风、氢气监测等必要的防火防爆措施。含水镁合金废屑应当优先采用机械压块处理方式，镁合金粉尘应当优先采用大量水浸泡方式暂存。

第十九条　粉尘涉爆企业对粉尘爆炸危险场所设备设施或者除尘系统的检修维修作业，应当实行专项作业审批。作业前，应当制定专项方案；对存在粉尘沉积的除尘器、管道等设施设备进行动火作业前，应当清理干净内部积尘和作业区域的可燃性粉尘。作业时，生产设备应当处于停止运行状态，检修维修工具应当采用防止产生火花的防爆工具。作业后，应当妥善清理现场，作业点最高温度恢复到常温后方可重新开始生产。

第二十条 粉尘涉爆企业应当做好粉尘爆炸危险场所设施设备的维护保养，加强对检修承包单位的安全管理，在承包协议中明确规定双方的安全生产权利义务，对检修承包单位的检修方案中涉及粉尘防爆的安全措施和应急处置措施进行审核，并监督承包单位落实。

第二十一条 安全生产技术服务机构为粉尘涉爆企业提供粉尘防爆相关的安全评价、检测、检验、风险评估、隐患排查等安全生产技术服务，应当按照法律、法规、规章和《粉尘防爆安全规程》等有关国家标准或者行业标准开展工作，保证其出具的报告和作出的结果真实、准确、完整，不得弄虚作假。

第三章 监督检查

第二十二条 负责粉尘涉爆企业安全监管的部门应当按照分级属地原则，加强对企业粉尘防爆安全工作的监督检查，制定并落实年度监督检查计划，将粉尘作业人数多、爆炸风险较高的企业作为重点检查对象。

第二十三条 负责粉尘涉爆企业安全监管的部门对企业实施监督检查时，应当重点检查下列内容：

（一）粉尘防爆安全生产责任制和相关安全管理制度的建立、落实情况；

（二）粉尘爆炸风险清单和辨识管控信息档案；

（三）粉尘爆炸事故隐患排查治理台账；

（四）粉尘清理和处置记录；

（五）粉尘防爆专项安全生产教育和培训记录；

（六）粉尘爆炸危险场所检修、维修、动火等作业安全管理情况；

（七）安全设备定期维护保养、检测或者检查等情况；

（八）涉及粉尘爆炸危险的安全设施与主体工程同时设计、同时施工、同时投入生产和使用情况；

（九）应急预案的制定、演练情况。

第二十四条 负责粉尘涉爆企业安全监管的部门应当按照工贸行业重大事故隐患判定标准、执法检查重点事项等有关标准和规定，对企业除尘系统、防火防爆、粉尘清理处置等重点部位和关键环节的粉尘防爆安全措施落实情况进行监督检查，督促企业落实粉尘防爆安全生产主体责任。

第二十五条 负责粉尘涉爆企业安全监管的部门可以根据需要，委托安全生产技术服务机构提供安全评价、检测、检验、隐患排查等技术服务，并承担相关费用。安全生产技术服务机构对其出具的有关报告和作出的结果负责。

安全生产技术服务机构出具的有关报告或者作出的结果可以作为行政执法的依据之一。

粉尘涉爆企业不得拒绝、阻挠负责粉尘涉爆企业安全监管的部门委托的安全生产技术服务机构开展技术服务工作。

第二十六条 负责粉尘涉爆企业安全监管的部门应当加强对监督检查人员的粉尘防爆专业知识培训，使其了解相关法律法规和标准要求，掌握执法检查重点事项和重大事故隐患判定标准，提高其行政执法能力。

第四章 法律责任

第二十七条 粉尘涉爆企业有下列行为之一的，由负责粉尘涉爆企业安全监管的部门依照《中华人民共和国安全生产法》有关规定，责令限期改正，处5万元以下的罚款；逾期未改正的，处5万元以上20万元以下的罚款，对其直接负责的主管人员和其他直接责任人员处1万元以上2万元以下的罚款；情节严重的，责令停产停业整顿；构成犯罪的，依照刑法有关规定追究刑事责任：

（一）未在产生、输送、收集、贮存可燃性粉尘，并且有较大危险因素的场所、设施和设备上设置明显的安全警示标志的；

（二）粉尘防爆安全设备的安装、使用、检测、改造和报废不符合国家标准或者行业标准的；

（三）未对粉尘防爆安全设备进行经常性维护、保养和定期检测或者检查的；

（四）未为粉尘作业岗位相关从业人员提供符合国家标准或者行业标准的劳动防护用品的；

（五）关闭、破坏直接关系粉尘防爆安全的监控、报警、防控等设备、设施，或者篡改、隐瞒、销毁其相关数据、信息的。

第二十八条 粉尘涉爆企业有下列行为之一的，由负责粉尘涉爆企业安全监管的部门依照《中华人民共和国安全生产法》有关规定，责令限期改正，处10万元以下的罚款；逾期未改正的，责令停产停业整顿，并处10万元以上20万元以下的罚款，对其直接负责的主管人员和其他直接责任人员处2万元以上5万元以下的罚款：

（一）未按照规定对有关负责人和粉尘作业岗位相关从业人员进行粉尘防爆专项安全生产教育和培训，或者未如实记录专项安全生产教育和培训情况的；

（二）未如实记录粉尘防爆隐患排查治理情况或者

未向从业人员通报的；

（三）未制定有关粉尘爆炸事故应急救援预案或者未定期组织演练的。

第二十九条　粉尘涉爆企业违反本规定第十四条、第十五条、第十六条、第十八条、第十九条的规定，同时构成事故隐患，未采取措施消除的，依照《中华人民共和国安全生产法》有关规定，由负责粉尘涉爆企业安全监管的部门责令立即消除或者限期消除，处5万元以下的罚款；企业拒不执行的，责令停产停业整顿，对其直接负责的主管人员和其他直接责任人员处5万元以上10万元以下的罚款；构成犯罪的，依照刑法有关规定追究刑事责任。

第三十条　粉尘涉爆企业有下列情形之一的，由负责粉尘涉爆企业安全监管的部门责令限期改正，处3万元以下的罚款，对其直接负责的主管人员和其他直接责任人员处1万元以下的罚款：

（一）企业新建、改建、扩建工程项目安全设施没有进行粉尘防爆安全设计，或者未按照设计进行施工的；

（二）未按照规定建立粉尘防爆安全管理制度或者内容不符合企业实际的；

（三）未按照规定辨识评估管控粉尘爆炸安全风险，未建立安全风险清单或者未及时维护相关信息档案的；

（四）粉尘防爆安全设备未正常运行的。

第三十一条　安全生产技术服务机构接受委托开展技术服务工作，出具失实报告的，依照《中华人民共和国安全生产法》有关规定，责令停业整顿，并处3万元以上10万元以下的罚款；给他人造成损害的，依法承担赔偿责任。

安全生产技术服务机构接受委托开展技术服务工作，出具虚假报告的，依照《中华人民共和国安全生产法》有关规定，没收违法所得；违法所得在10万元以上的，并处违法所得2倍以上5倍以下的罚款；没有违法所得或者违法所得不足10万元的，单处或者并处10万元以上20万元以下的罚款；对其直接负责的主管人员和其他直接责任人员处5万元以上10万元以下的罚款；给他人造成损害的，与粉尘涉爆企业承担连带赔偿责任；构成犯罪的，依照刑法有关规定追究刑事责任。

对有前款违法行为的安全生产技术服务机构及其直接责任人员，吊销其相应资质和资格，5年内不得从事安全评价、认证、检测、检验等工作，情节严重的，实行终身行业和职业禁入。

第五章　附　则

第三十二条　本规定自2021年9月1日起施行。

关于印发托育机构消防安全指南(试行)的通知

·2022年1月14日

·国卫办人口函〔2022〕21号

各省、自治区、直辖市卫生健康委、应急管理厅（局）、消防救援总队，新疆生产建设兵团卫生健康委、应急管理局：

为贯彻落实《国务院办公厅关于促进婴幼儿照护服务发展的指导意见》（国办发〔2019〕15号），根据《托育机构管理规范（试行）》要求，进一步加强托育机构消防安全管理工作，确保婴幼儿的安全和健康，国家卫生健康委、应急管理部组织制定了《托育机构消防安全指南（试行）》（以下简称《安全指南》），现予以印发，请认真执行。

各地卫生健康部门、消防救援机构要主动向当地政府汇报，健全相关部门联合工作机制，严管严控托育机构火灾风险，坚决防止发生有影响的火灾事故。要组织开展托育机构消防安全培训，做好《安全指南》内容讲解和答疑释惑。要指导托育机构对照《安全指南》进行自查自改，落实火灾风险分级管控机制，强化消防安全自主管理，接受社会监督。

托育机构消防安全指南（试行）

本指南中的托育机构，是指为3岁以下婴幼儿提供全日托、半日托、计时托、临时托等托育服务的机构。为规范托育机构消防安全工作，提升消防安全管理水平，制定如下指南。

一、消防安全基本条件

（一）托育机构不得设置在四层及四层以上、地下或半地下，具体设置楼层应符合《建筑设计防火规范》（GB50016）的有关规定。

（二）托育机构不得设置在“三合一”场所（住宿与生产、储存、经营合用场所）和彩钢板建筑内，不得与生产、储存、经营易燃易爆危险品场所设置在同一建筑物内。

（三）托育机构与所在建筑内其他功能场所应采取有效的防火分隔措施，当需要局部连通时，墙上开设的门、窗应采用乙级防火门、窗。托育机构与办公经营场所组合设置时，其疏散楼梯应与办公经营场所采取有效的防火分隔措施。

（四）托育机构楼梯的设置形式、数量、宽度等设置要求应符合《建筑设计防火规范》（GB50016）的有关规定。疏散楼梯的梯段和平台均应采用不燃材料制作。托育机构设置在高层建筑内时，应设置独立的安全出口和疏散楼梯。托育机构中建筑面积大于50平方米的房间,其疏散门数量不应少于2个。

(五)托育机构室内装修材料应符合《建筑内部装修设计防火规范》(GB50222)的有关规定,不得采用易燃可燃装修材料。为防止婴幼儿摔伤、碰伤,确需少量使用易燃可燃材料时,应与电源插座、电气线路、用电设备等保持一定的安全距离。

(六)托育机构应按照国家标准、行业标准设置消防设施、器材。大中型托育机构(参照《托儿所、幼儿园建筑设计规范》JGJ39的有关规定)应按标准设置自动喷水灭火系统和火灾自动报警系统(可不安装声光报警装置);其他托育机构应安装具有联网报警功能的独立式火灾探测报警器,有条件的可安装简易喷淋设施。建筑面积50平方米以上的房间、建筑长度大于20米的疏散走道应具备自然排烟条件或设置机械排烟设施。托育机构应设置满足照度要求的应急照明灯和灯光疏散指示标志。托育机构每50平方米配置1具5Kg以上ABC类干粉灭火器或2具6L水基型灭火器,且每个设置点不少于2具。

(七)托育机构使用燃气的厨房应配备可燃气体浓度报警装置、燃气紧急切断装置以及灭火器、灭火毯等灭火器材,并与其他区域采取防火隔墙和防火门等有效的防火分隔措施。

(八)托育机构应根据托育从业人员、婴幼儿的数量,配备简易防毒面具并放置在便于紧急取用的位置,满足安全疏散逃生需要。托育从业人员应经过消防安全培训,具备协助婴幼儿疏散逃生的能力。婴幼儿休息床铺设置应便于安全疏散。

(九)托育机构应安装24小时可视监控设备或可视监控系统,图像应能在值班室、所在建筑消防控制室等场所实时显示,视频图像信息保存期限不应少于30天。

(十)托育机构电气线路、燃气管路的设计、敷设应由具备电气设计施工资质、燃气设计施工资质的机构或人员实施,应采用合格的电气设备、电气线路和燃气灶具、阀门、管线。

二、消防安全管理

(十一)托育机构应落实全员消防安全责任制。法定代表人、主要负责人或实际控制人是本单位的消防安全第一责任人,消防安全管理人应负责具体落实消防安全职责。托育从业人员应落实本岗位的消防安全责任。托育机构与租赁场所的业主方、物业方在租赁协议中应明确各自的消防安全责任。

(十二)托育机构应制定安全用火用电用气、防火检查巡查、火灾隐患整改、消防培训演练等消防安全管理制度。

(十三)托育机构应严格落实防火巡查、检查要求,及时发现并纠正违规用火用电用气和锁闭安全出口等行为,对检查发现的火灾隐患,应及时予以整改。

(十四)托育机构应定期开展消防安全培训,从业人员培训合格后方可上岗,上岗后每半年至少接受一次消防安全培训,尤其是加强协助婴幼儿疏散逃生技能的培训。

(十五)托育机构应定期检验维修消防设施,至少每年开展一次全面检测,确保消防设施完好有效,不得遮挡、损坏、挪用消防设施器材。

三、用火用电用气安全管理

(十六)托育机构不得使用蜡烛、蚊香、火炉等明火,禁止吸烟,并设置明显的禁止标志。

(十七)设在高层建筑内的托育机构厨房不得使用瓶装液化气,每季度应清洗排油烟罩、油烟管道。

(十八)托育机构的电气线路应穿管保护,电气线路接头应采用接线端子连接,不得采用铰接等方式连接。不得采用延长线插座串接方式取电。

(十九)托育机构不得私拉乱接电线,不得将电气线路、插座、电气设备直接敷设在易燃可燃材料制作的儿童游乐设施、室内装饰物等内部及表面。

(二十)托育机构内大功率电热汀取暖器、暖风机、对流式电暖气、电热膜等取暖设备的配电回路,应设置与线路安全载流量匹配的短路、过载保护装置。

(二十一)托育机构内冰箱、冷柜、空调以及加湿器、通风装置等长时间通电设备,应落实有效的安全检查、防护措施。

(二十二)电动自行车、电动平衡车及其蓄电池不得在托育机构的托育场所、楼梯间、走道、安全出口违规停放、充电;具有蓄电功能的儿童游乐设施,不得在托育工作期间充电。

四、易燃可燃物安全管理

(二十三)托育机构的房间、走道、墙面、顶棚不得违规采用泡沫、海绵、毛毯、木板、彩钢板等易燃可燃材料装饰装修。

(二十四)托育机构不得大量采用易燃可燃物挂件、塑料仿真树木、海洋球、氢气球等各类装饰造型物。

(二十五)除日常用量的消毒酒精、空气清新剂外,托育机构不得存放汽油、烟花爆竹等易燃易爆危险品。

(二十六)托育机构应定期清理废弃的易燃可燃杂物。

五、安全疏散管理

（二十七）托育机构应保持疏散楼梯畅通，不得锁闭、占用、堵塞、封闭安全出口、疏散通道。疏散门应采用向疏散方向开启的平开门，不得采用推拉门、卷帘门、吊门、转门和折叠门。

（二十八）托育机构的常闭式防火门应处于常闭状态，并设明显的提示标识。设门禁装置的疏散门应当安装紧急开启装置。

（二十九）托育机构疏散通道顶棚、墙面不得设置影响疏散的凸出装饰物，不得采用镜面反光材料等影响人员疏散。

（三十）托育机构不得在门窗上设置影响逃生和灭火救援的铁栅栏等障碍物，必须设置时应保证火灾情况下能及时开启。

六、应急处置管理

（三十一）托育机构应制定灭火和应急疏散预案，针对婴幼儿疏散应有专门的应急预案和实施方法，明确托育从业人员协助婴幼儿应急疏散的岗位职责。

（三十二）托育机构应每半年至少组织开展一次全员消防演练，尤其是要针对婴幼儿没有自主疏散能力的特点，加强应急疏散演练。

（三十三）托育机构应与所在建筑的消防控制室、志愿消防队或微型消防站建立联勤联动机制，建立可靠的应急通讯联络方式，并每年开展联合消防演练。

（三十四）托育机构的从业人员应掌握简易防毒面具和室内消火栓、消防软管卷盘、灭火器、灭火毯的操作使用方法，知晓“119”火警报警方法程序，具备初起火灾扑救和组织应急疏散逃生的能力。

（三十五）婴幼儿休息期间，托育机构应明确2名以上人员专门负责值班看护，确保发生火灾事故时能够快速处置、及时疏散。

校外培训机构消防安全管理九项规定

·2022年5月17日

·教监管厅函〔2022〕9号

一、落实消防安全主体责任

（一）校外培训机构法定代表人或主要负责人或实际控制人是本单位的消防安全责任人，全面负责本单位消防安全管理工作。校外培训机构应当落实消防安全职责，配备专兼职消防安全管理人员，自主购置合格的消防装备器材，组织开展检查巡查、隐患整改、设施维护、宣传教育、疏散演练等工作。

（二）全面落实火灾隐患“自知、自查、自改”制度，在公共区域明显位置应张贴《消防安全承诺书》，向社会公开承诺，接受群众监督。

（三）实行承包、租赁或者委托经营、管理的校外培训机构，在与产权单位签订相关租赁合同时，应依照有关规定明确各方的消防安全责任。

二、规范场所消防安全设置

（一）校外培训机构应当遵守国家消防法律法规，执行标准规范。

（二）校外培训机构应当依法审批登记，设置在符合安全条件的固定场所。面向儿童的校外培训机构的设置场所应当符合现行国家标准《建筑设计防火规范》（GB50016）。培训场所同一培训时段内生均培训用房建筑面积不少于3平方米，确保不拥挤、易疏散。按国家标准、行业标准设置消防安全标志，在醒目位置张贴消防安全宣传图示。

（三）原则上不设置集体宿舍；确需设置时，应当设置在独立建筑内，且不得设置在地下和半地下建筑内。每室居住人数最多不得超过6人，人均使用面积不应小于5平方米。

（四）设有厨房的，应与其他部位进行防火分隔。

三、严格火灾危险源管理

（一）应当使用合格且符合国家标准的电气设备。电气线路应穿管保护，并敷设在难燃或不燃材料上。

（二）厨房内使用管道燃气作为燃料时，应当符合燃气管理使用规定，并安装燃气泄漏报警装置。厨房油烟机应当每日清洗，油烟道至少每季度由专业公司清理一次并做好记录。

（三）培训时段内，不得动火动焊作业以及在建筑外部动火作业；其他时段动火动焊应当履行审批流程，并落实防护措施，安排专人监管看护。

（四）开展物理、化学等特色培训的，应当严格遵守化学药剂操作使用有关规程。

四、严格消防安全疏散条件

（一）安全疏散门应当向疏散方向开启，不得使用转门、卷帘门、推拉门、折叠门和设置金属栅栏。

（二）安全出口、楼梯间、疏散走道应当设置疏散照明灯具和保持视觉连续性的灯光疏散指示标志。

（三）每间培训室、集体宿舍应当配备不少于2个应急手电，及与培训学员人数相当的过滤式消防自救呼吸器，并在明显部位张贴疏散示意图。三层及以上楼层宜配备逃生绳等避难自救器材。

（四）集体宿舍中两个单床长边之间的距离不能小于0.6米，两排床或床与墙之间的走道宽度不应小于1.2米。

五、加强日常防火检查巡查

（一）每月及寒暑假、新班开课前至少组织1次防火检查。培训期间，每2小时开展不少于1次的防火巡查。重点检查电气线路、燃气管道、安全出口、消防设施运行和维护保养情况以及电器使用管理等情况。

（二）对检查巡查发现的问题应当场整改。不能立即整改的，应当及时上报消防安全责任人或管理人，落实人防、物防、技防措施，确保整改期间的安全。

（三）防火巡查检查应当填写检查记录，建立消防安全隐患台账，实行“报告、登记、整改、销号”闭环管理，并由具体实施人员签名存档备查。

六、加强培训期间值班值守

（一）设有消防控制室的，控制室值班人员应当持有消防行业特有工种职业资格证书，落实24小时专人值班，且每班不少于2人。

（二）设有集体宿舍的，应当加强夜间巡查，每2小时开展不少于1次。

（三）有儿童参加培训的，现场至少明确1名工作人员全程在岗值守。

七、加强消防设施器材管理

（一）严格标准配置灭火器等消防设施器材，并在消防设施器材上设置醒目的标识，标明使用方法。

（二）场所内未设置自动消防设施的，应当设置具有集中平台或移动终端报警功能的独立式感烟火灾探测报警器，有条件的应当设置简易自动喷水灭火系统。

（三）建筑消防设施、器材应当委托具有相应资质的消防技术服务机构进行定期维护保养，每年至少全面检测1次，确保完好有效。

八、加强宣传教育培训演练

（一）制定灭火和应急疏散预案，明确每班次、各岗位工作人员报警、疏散、扑救初起火灾的职责。有条件的应当建立微型消防站或志愿消防队，提高自防自救能力。

（二）每季度组织全体工作人员开展不少于1次初起火灾扑救和疏散逃生演练。每半年或新班开课前组织对学生至少开展1次消防安全培训和应急疏散演练。

（三）主动向属地居（村）委会、物业服务企业报备所在位置、人数等基本信息，与周边微型消防站、志愿消防队建立互联互通机制，及时处置初起火灾。

（四）发生火灾时，应当第一时间组织人员疏散。

九、严禁下列行为

（一）严禁使用彩钢板建筑，以及在投入使用后擅自搭建、改建、扩建。

（二）严禁在外窗、阳台、安全出口等部位设置影响逃生、灭火救援的铁栅栏、广告牌或门禁等障碍物。

（三）严禁擅自停用、关闭、遮挡消防设施设备，埋压、圈占消火栓，破坏防火分隔，锁闭、堵塞、占用安全出口和消防通道。

（四）严禁私拉乱接电线，在电气线路上搭、挂物品，超负荷用电或者改变保险装置，空调等大功率用电设备外部电源线采用移动式插座连接，使用电烤炉、红外辐射取暖器、电热毯等电热器具。

（五）严禁在培训场所内及公共门厅、疏散走道、楼梯间、安全出口处违规停放电动自行车或充电。

（六）严禁在培训场所内吸烟，使用明火取暖、照明、驱蚊，违规存放、使用易燃易爆危险品。

本规定所称校外培训机构，主要是指设置在中小学校以外的，面向中小学生以及3至6岁学龄前儿童举办的非学历教育培训机构。

3. 森林草原防火

中华人民共和国森林法

- 1984年9月20日第六届全国人民代表大会常务委员会第七次会议通过
- 根据1998年4月29日第九届全国人民代表大会常务委员会第二次会议《关于修改〈中华人民共和国森林法〉的决定》第一次修正
- 根据2009年8月27日第十一届全国人民代表大会常务委员会第十次会议《关于修改部分法律的决定》第二次修正
- 2019年12月28日第十三届全国人民代表大会常务委员会第十五次会议修订
- 2019年12月28日中华人民共和国主席令第39号公布
- 自2020年7月1日起施行

第一章　总　则

第一条　为了践行绿水青山就是金山银山理念，保护、培育和合理利用森林资源，加快国土绿化，保障森林生态安全，建设生态文明，实现人与自然和谐共生，制定本法。

第二条　在中华人民共和国领域内从事森林、林木的保护、培育、利用和森林、林木、林地的经营管理活动，适用本法。

第三条　保护、培育、利用森林资源应当尊重自然、顺应自然,坚持生态优先、保护优先、保育结合、可持续发展的原则。

第四条　国家实行森林资源保护发展目标责任制和考核评价制度。上级人民政府对下级人民政府完成森林资源保护发展目标和森林防火、重大林业有害生物防治工作的情况进行考核,并公开考核结果。

地方人民政府可以根据本行政区域森林资源保护发展的需要,建立林长制。

第五条　国家采取财政、税收、金融等方面的措施,支持森林资源保护发展。各级人民政府应当保障森林生态保护修复的投入,促进林业发展。

第六条　国家以培育稳定、健康、优质、高效的森林生态系统为目标,对公益林和商品林实行分类经营管理,突出主导功能,发挥多种功能,实现森林资源永续利用。

第七条　国家建立森林生态效益补偿制度,加大公益林保护支持力度,完善重点生态功能区转移支付政策,指导受益地区和森林生态保护地区人民政府通过协商等方式进行生态效益补偿。

第八条　国务院和省、自治区、直辖市人民政府可以依照国家对民族自治地方自治权的规定,对民族自治地方的森林保护和林业发展实行更加优惠的政策。

第九条　国务院林业主管部门主管全国林业工作。县级以上地方人民政府林业主管部门,主管本行政区域的林业工作。

乡镇人民政府可以确定相关机构或者设置专职、兼职人员承担林业相关工作。

第十条　植树造林、保护森林,是公民应尽的义务。各级人民政府应当组织开展全民义务植树活动。

每年三月十二日为植树节。

第十一条　国家采取措施,鼓励和支持林业科学研究,推广先进适用的林业技术,提高林业科学技术水平。

第十二条　各级人民政府应当加强森林资源保护的宣传教育和知识普及工作,鼓励和支持基层群众性自治组织、新闻媒体、林业企业事业单位、志愿者等开展森林资源保护宣传活动。

教育行政部门、学校应当对学生进行森林资源保护教育。

第十三条　对在造林绿化、森林保护、森林经营管理以及林业科学研究等方面成绩显著的组织或者个人,按照国家有关规定给予表彰、奖励。

第二章　森林权属

第十四条　森林资源属于国家所有,由法律规定属于集体所有的除外。

国家所有的森林资源的所有权由国务院代表国家行使。国务院可以授权国务院自然资源主管部门统一履行国有森林资源所有者职责。

第十五条　林地和林地上的森林、林木的所有权、使用权,由不动产登记机构统一登记造册,核发证书。国务院确定的国家重点林区(以下简称重点林区)的森林、林木和林地,由国务院自然资源主管部门负责登记。

森林、林木、林地的所有者和使用者的合法权益受法律保护,任何组织和个人不得侵犯。

森林、林木、林地的所有者和使用者应当依法保护和合理利用森林、林木、林地,不得非法改变林地用途和毁坏森林、林木、林地。

第十六条　国家所有的林地和林地上的森林、林木可以依法确定给林业经营者使用。林业经营者依法取得的国有林地和林地上的森林、林木的使用权,经批准可以转让、出租、作价出资等。具体办法由国务院制定。

林业经营者应当履行保护、培育森林资源的义务,保证国有森林资源稳定增长,提高森林生态功能。

第十七条　集体所有和国家所有依法由农民集体使用的林地(以下简称集体林地)实行承包经营的,承包方享有林地承包经营权和承包林地上的林木所有权,合同另有约定的从其约定。承包方可以依法采取出租(转包)、入股、转让等方式流转林地经营权、林木所有权和使用权。

第十八条　未实行承包经营的集体林地以及林地上的林木,由农村集体经济组织统一经营。经本集体经济组织成员的村民会议三分之二以上成员或者三分之二以上村民代表同意并公示,可以通过招标、拍卖、公开协商等方式依法流转林地经营权、林木所有权和使用权。

第十九条　集体林地经营权流转应当签订书面合同。林地经营权流转合同一般包括流转双方的权利义务、流转期限、流转价款及支付方式、流转期限届满林地上的林木和固定生产设施的处置、违约责任等内容。

受让方违反法律规定或者合同约定造成森林、林木、林地严重毁坏的,发包方或者承包方有权收回林地经营权。

第二十条　国有企业事业单位、机关、团体、部队营造的林木,由营造单位管护并按照国家规定支配林木收益。

农村居民在房前屋后、自留地、自留山种植的林木,归个人所有。城镇居民在自有房屋的庭院内种植的林木,归个人所有。

集体或者个人承包国家所有和集体所有的宜林荒山荒地荒滩营造的林木,归承包的集体或者个人所有;合同另有约定的从其约定。

其他组织或者个人营造的林木,依法由营造者所有并享有林木收益;合同另有约定的从其约定。

第二十一条 为了生态保护、基础设施建设等公共利益的需要,确需征收、征用林地、林木的,应当依照《中华人民共和国土地管理法》等法律、行政法规的规定办理审批手续,并给予公平、合理的补偿。

第二十二条 单位之间发生的林木、林地所有权和使用权争议,由县级以上人民政府依法处理。

个人之间、个人与单位之间发生的林木所有权和林地使用权争议,由乡镇人民政府或者县级以上人民政府依法处理。

当事人对有关人民政府的处理决定不服的,可以自接到处理决定通知之日起三十日内,向人民法院起诉。

在林木、林地权属争议解决前,除因森林防火、林业有害生物防治、国家重大基础设施建设等需要外,当事人任何一方不得砍伐有争议的林木或者改变林地现状。

第三章 发展规划

第二十三条 县级以上人民政府应当将森林资源保护和林业发展纳入国民经济和社会发展规划。

第二十四条 县级以上人民政府应当落实国土空间开发保护要求,合理规划森林资源保护利用结构和布局,制定森林资源保护发展目标,提高森林覆盖率、森林蓄积量,提升森林生态系统质量和稳定性。

第二十五条 县级以上人民政府林业主管部门应当根据森林资源保护发展目标,编制林业发展规划。下级林业发展规划依据上级林业发展规划编制。

第二十六条 县级以上人民政府林业主管部门可以结合本地实际,编制林地保护利用、造林绿化、森林经营、天然林保护等相关专项规划。

第二十七条 国家建立森林资源调查监测制度,对全国森林资源现状及变化情况进行调查、监测和评价,并定期公布。

第四章 森林保护

第二十八条 国家加强森林资源保护,发挥森林蓄水保土、调节气候、改善环境、维护生物多样性和提供林产品等多种功能。

第二十九条 中央和地方财政分别安排资金,用于公益林的营造、抚育、保护、管理和非国有公益林权利人的经济补偿等,实行专款专用。具体办法由国务院财政部门会同林业主管部门制定。

第三十条 国家支持重点林区的转型发展和森林资源保护修复,改善生产生活条件,促进所在地区经济社会发展。重点林区按照规定享受国家重点生态功能区转移支付等政策。

第三十一条 国家在不同自然地带的典型森林生态地区、珍贵动物和植物生长繁殖的林区、天然热带雨林区和具有特殊保护价值的其他天然林区,建立以国家公园为主体的自然保护地体系,加强保护管理。

国家支持生态脆弱地区森林资源的保护修复。

县级以上人民政府应当采取措施对具有特殊价值的野生植物资源予以保护。

第三十二条 国家实行天然林全面保护制度,严格限制天然林采伐,加强天然林管护能力建设,保护和修复天然林资源,逐步提高天然林生态功能。具体办法由国务院规定。

第三十三条 地方各级人民政府应当组织有关部门建立护林组织,负责护林工作;根据实际需要建设护林设施,加强森林资源保护;督促相关组织订立护林公约、组织群众护林、划定护林责任区、配备专职或者兼职护林员。

县级或者乡镇人民政府可以聘用护林员,其主要职责是巡护森林,发现火情、林业有害生物以及破坏森林资源的行为,应当及时处理并向当地林业等有关部门报告。

第三十四条 地方各级人民政府负责本行政区域的森林防火工作,发挥群防作用;县级以上人民政府组织领导应急管理、林业、公安等部门按照职责分工密切配合做好森林火灾的科学预防、扑救和处置工作:

(一)组织开展森林防火宣传活动,普及森林防火知识;

(二)划定森林防火区,规定森林防火期;

(三)设置防火设施,配备防灭火装备和物资;

(四)建立森林火灾监测预警体系,及时消除隐患;

(五)制定森林火灾应急预案,发生森林火灾,立即组织扑救;

(六)保障预防和扑救森林火灾所需费用。

国家综合性消防救援队伍承担国家规定的森林火灾扑救任务和预防相关工作。

第三十五条 县级以上人民政府林业主管部门负责

本行政区域的林业有害生物的监测、检疫和防治。

省级以上人民政府林业主管部门负责确定林业植物及其产品的检疫性有害生物，划定疫区和保护区。

重大林业有害生物灾害防治实行地方人民政府负责制。发生暴发性、危险性等重大林业有害生物灾害时，当地人民政府应当及时组织除治。

林业经营者在政府支持引导下，对其经营管理范围内的林业有害生物进行防治。

第三十六条　国家保护林地，严格控制林地转为非林地，实行占用林地总量控制，确保林地保有量不减少。各类建设项目占用林地不得超过本行政区域的占用林地总量控制指标。

第三十七条　矿藏勘查、开采以及其他各类工程建设，应当不占或者少占林地；确需占用林地的，应当经县级以上人民政府林业主管部门审核同意，依法办理建设用地审批手续。

占用林地的单位应当缴纳森林植被恢复费。森林植被恢复费征收使用管理办法由国务院财政部门会同林业主管部门制定。

县级以上人民政府林业主管部门应当按照规定安排植树造林，恢复森林植被，植树造林面积不得少于因占用林地而减少的森林植被面积。上级林业主管部门应当定期督促下级林业主管部门组织植树造林、恢复森林植被，并进行检查。

第三十八条　需要临时使用林地的，应当经县级以上人民政府林业主管部门批准；临时使用林地的期限一般不超过二年，并不得在临时使用的林地上修建永久性建筑物。

临时使用林地期满后一年内，用地单位或者个人应当恢复植被和林业生产条件。

第三十九条　禁止毁林开垦、采石、采砂、采土以及其他毁坏林木和林地的行为。

禁止向林地排放重金属或者其他有毒有害物质含量超标的污水、污泥，以及可能造成林地污染的清淤底泥、尾矿、矿渣等。

禁止在幼林地砍柴、毁苗、放牧。

禁止擅自移动或者损坏森林保护标志。

第四十条　国家保护古树名木和珍贵树木。禁止破坏古树名木和珍贵树木及其生存的自然环境。

第四十一条　各级人民政府应当加强林业基础设施建设，应用先进适用的科技手段，提高森林防火、林业有害生物防治等森林管护能力。

各有关单位应当加强森林管护。国有林业企业事业单位应当加大投入，加强森林防火、林业有害生物防治，预防和制止破坏森林资源的行为。

第五章　造林绿化

第四十二条　国家统筹城乡造林绿化，开展大规模国土绿化行动，绿化美化城乡，推动森林城市建设，促进乡村振兴，建设美丽家园。

第四十三条　各级人民政府应当组织各行各业和城乡居民造林绿化。

宜林荒山荒地荒滩，属于国家所有的，由县级以上人民政府林业主管部门和其他有关主管部门组织开展造林绿化；属于集体所有的，由集体经济组织组织开展造林绿化。

城市规划区内、铁路公路两侧、江河两侧、湖泊水库周围，由各有关主管部门按照有关规定因地制宜组织开展造林绿化；工矿区、工业园区、机关、学校用地，部队营区以及农场、牧场、渔场经营地区，由各该单位负责造林绿化。组织开展城市造林绿化的具体办法由国务院制定。

国家所有和集体所有的宜林荒山荒地荒滩可以由单位或者个人承包造林绿化。

第四十四条　国家鼓励公民通过植树造林、抚育管护、认建认养等方式参与造林绿化。

第四十五条　各级人民政府组织造林绿化，应当科学规划、因地制宜，优化林种、树种结构，鼓励使用乡土树种和林木良种、营造混交林，提高造林绿化质量。

国家投资或者以国家投资为主的造林绿化项目，应当按照国家规定使用林木良种。

第四十六条　各级人民政府应当采取以自然恢复为主、自然恢复和人工修复相结合的措施，科学保护修复森林生态系统。新造幼林地和其他应当封山育林的地方，由当地人民政府组织封山育林。

各级人民政府应当对国务院确定的坡耕地、严重沙化耕地、严重石漠化耕地、严重污染耕地等需要生态修复的耕地，有计划地组织实施退耕还林还草。

各级人民政府应当对自然因素等导致的荒废和受损山体、退化林地以及宜林荒山荒地荒滩，因地制宜实施森林生态修复工程，恢复植被。

第六章　经营管理

第四十七条　国家根据生态保护的需要，将森林生态区位重要或者生态状况脆弱，以发挥生态效益为主要目的的林地和林地上的森林划定为公益林。未划定为公益林的林地和林地上的森林属于商品林。

第四十八条 公益林由国务院和省、自治区、直辖市人民政府划定并公布。

下列区域的林地和林地上的森林，应当划定为公益林：

（一）重要江河源头汇水区域；

（二）重要江河干流及支流两岸、饮用水水源地保护区；

（三）重要湿地和重要水库周围；

（四）森林和陆生野生动物类型的自然保护区；

（五）荒漠化和水土流失严重地区的防风固沙林基干林带；

（六）沿海防护林基干林带；

（七）未开发利用的原始林地区；

（八）需要划定的其他区域。

公益林划定涉及非国有林地的，应当与权利人签订书面协议，并给予合理补偿。

公益林进行调整的，应当经原划定机关同意，并予以公布。

国家级公益林划定和管理的办法由国务院制定；地方级公益林划定和管理的办法由省、自治区、直辖市人民政府制定。

第四十九条 国家对公益林实施严格保护。

县级以上人民政府林业主管部门应当有计划地组织公益林经营者对公益林中生态功能低下的疏林、残次林等低质低效林，采取林分改造、森林抚育等措施，提高公益林的质量和生态保护功能。

在符合公益林生态区位保护要求和不影响公益林生态功能的前提下，经科学论证，可以合理利用公益林林地资源和森林景观资源，适度开展林下经济、森林旅游等。利用公益林开展上述活动应当严格遵守国家有关规定。

第五十条 国家鼓励发展下列商品林：

（一）以生产木材为主要目的的森林；

（二）以生产果品、油料、饮料、调料、工业原料和药材等林产品为主要目的的森林；

（三）以生产燃料和其他生物质能源为主要目的的森林；

（四）其他以发挥经济效益为主要目的的森林。

在保障生态安全的前提下，国家鼓励建设速生丰产、珍贵树种和大径级用材林，增加林木储备，保障木材供给安全。

第五十一条 商品林由林业经营者依法自主经营。在不破坏生态的前提下，可以采取集约化经营措施，合理利用森林、林木、林地，提高商品林经济效益。

第五十二条 在林地上修筑下列直接为林业生产经营服务的工程设施，符合国家有关部门规定的标准的，由县级以上人民政府林业主管部门批准，不需要办理建设用地审批手续；超出标准需要占用林地的，应当依法办理建设用地审批手续：

（一）培育、生产种子、苗木的设施；

（二）贮存种子、苗木、木材的设施；

（三）集材道、运材道、防火巡护道、森林步道；

（四）林业科研、科普教育设施；

（五）野生动植物保护、护林、林业有害生物防治、森林防火、木材检疫的设施；

（六）供水、供电、供热、供气、通讯基础设施；

（七）其他直接为林业生产服务的工程设施。

第五十三条 国有林业企业事业单位应当编制森林经营方案，明确森林培育和管护的经营措施，报县级以上人民政府林业主管部门批准后实施。重点林区的森林经营方案由国务院林业主管部门批准后实施。

国家支持、引导其他林业经营者编制森林经营方案。

编制森林经营方案的具体办法由国务院林业主管部门制定。

第五十四条 国家严格控制森林年采伐量。省、自治区、直辖市人民政府林业主管部门根据消耗量低于生长量和森林分类经营管理的原则，编制本行政区域的年采伐限额，经征求国务院林业主管部门意见，报本级人民政府批准后公布实施，并报国务院备案。重点林区的年采伐限额，由国务院林业主管部门编制，报国务院批准后公布实施。

第五十五条 采伐森林、林木应当遵守下列规定：

（一）公益林只能进行抚育、更新和低质低效林改造性质的采伐。但是，因科研或者实验、防治林业有害生物、建设护林防火设施、营造生物防火隔离带、遭受自然灾害等需要采伐的除外。

（二）商品林应当根据不同情况，采取不同采伐方式，严格控制皆伐面积，伐育同步规划实施。

（三）自然保护区的林木，禁止采伐。但是，因防治林业有害生物、森林防火、维护主要保护对象生存环境、遭受自然灾害等特殊情况必须采伐的和实验区的竹林除外。

省级以上人民政府林业主管部门应当根据前款规

定,按照森林分类经营管理、保护优先、注重效率和效益等原则,制定相应的林木采伐技术规程。

第五十六条 采伐林地上的林木应当申请采伐许可证,并按照采伐许可证的规定进行采伐;采伐自然保护区以外的竹林,不需要申请采伐许可证,但应当符合林木采伐技术规程。

农村居民采伐自留地和房前屋后个人所有的零星林木,不需要申请采伐许可证。

非林地上的农田防护林、防风固沙林、护路林、护岸护堤林和城镇林木等的更新采伐,由有关主管部门按照有关规定管理。

采挖移植林木按照采伐林木管理。具体办法由国务院林业主管部门制定。

禁止伪造、变造、买卖、租借采伐许可证。

第五十七条 采伐许可证由县级以上人民政府林业主管部门核发。

县级以上人民政府林业主管部门应当采取措施,方便申请人办理采伐许可证。

农村居民采伐自留山和个人承包集体林地上的林木,由县级人民政府林业主管部门或者其委托的乡镇人民政府核发采伐许可证。

第五十八条 申请采伐许可证,应当提交有关采伐的地点、林种、树种、面积、蓄积、方式、更新措施和林木权属等内容的材料。超过省级以上人民政府林业主管部门规定面积或者蓄积量的,还应当提交伐区调查设计材料。

第五十九条 符合林木采伐技术规程的,审核发放采伐许可证的部门应当及时核发采伐许可证。但是,审核发放采伐许可证的部门不得超过年采伐限额发放采伐许可证。

第六十条 有下列情形之一的,不得核发采伐许可证:

(一)采伐封山育林期、封山育林区内的林木;

(二)上年度采伐后未按照规定完成更新造林任务;

(三)上年度发生重大滥伐案件、森林火灾或者林业有害生物灾害,未采取预防和改进措施;

(四)法律法规和国务院林业主管部门规定的禁止采伐的其他情形。

第六十一条 采伐林木的组织和个人应当按照有关规定完成更新造林。更新造林的面积不得少于采伐的面积,更新造林应当达到相关技术规程规定的标准。

第六十二条 国家通过贴息、林权收储担保补助等措施,鼓励和引导金融机构开展涉林抵押贷款、林农信用贷款等符合林业特点的信贷业务,扶持林权收储机构进行市场化收储担保。

第六十三条 国家支持发展森林保险。县级以上人民政府依法对森林保险提供保险费补贴。

第六十四条 林业经营者可以自愿申请森林认证,促进森林经营水平提高和可持续经营。

第六十五条 木材经营加工企业应当建立原料和产品出入库台账。任何单位和个人不得收购、加工、运输明知是盗伐、滥伐等非法来源的林木。

第七章 监督检查

第六十六条 县级以上人民政府林业主管部门依照本法规定,对森林资源的保护、修复、利用、更新等进行监督检查,依法查处破坏森林资源等违法行为。

第六十七条 县级以上人民政府林业主管部门履行森林资源保护监督检查职责,有权采取下列措施:

(一)进入生产经营场所进行现场检查;

(二)查阅、复制有关文件、资料,对可能被转移、销毁、隐匿或者篡改的文件、资料予以封存;

(三)查封、扣押有证据证明来源非法的林木以及从事破坏森林资源活动的工具、设备或者财物;

(四)查封与破坏森林资源活动有关的场所。

省级以上人民政府林业主管部门对森林资源保护发展工作不力、问题突出、群众反映强烈的地区,可以约谈所在地区县级以上地方人民政府及其有关部门主要负责人,要求其采取措施及时整改。约谈整改情况应当向社会公开。

第六十八条 破坏森林资源造成生态环境损害的,县级以上人民政府自然资源主管部门、林业主管部门可以依法向人民法院提起诉讼,对侵权人提出损害赔偿要求。

第六十九条 审计机关按照国家有关规定对国有森林资源资产进行审计监督。

第八章 法律责任

第七十条 县级以上人民政府林业主管部门或者其他有关国家机关未依照本法规定履行职责的,对直接负责的主管人员和其他直接责任人员依法给予处分。

依照本法规定应当作出行政处罚决定而未作出的,上级主管部门有权责令下级主管部门作出行政处罚决定或者直接给予行政处罚。

第七十一条 违反本法规定,侵害森林、林木、林地的所有者或者使用者的合法权益的,依法承担侵权责任。

第七十二条 违反本法规定，国有林业企业事业单位未履行保护培育森林资源义务、未编制森林经营方案或者未按照批准的森林经营方案开展森林经营活动的，由县级以上人民政府林业主管部门责令限期改正，对直接负责的主管人员和其他直接责任人员依法给予处分。

第七十三条 违反本法规定，未经县级以上人民政府林业主管部门审核同意，擅自改变林地用途的，由县级以上人民政府林业主管部门责令限期恢复植被和林业生产条件，可以处恢复植被和林业生产条件所需费用三倍以下的罚款。

虽经县级以上人民政府林业主管部门审核同意，但未办理建设用地审批手续擅自占用林地的，依照《中华人民共和国土地管理法》的有关规定处罚。

在临时使用的林地上修建永久性建筑物，或者临时使用林地期满后一年内未恢复植被或者林业生产条件的，依照本条第一款规定处罚。

第七十四条 违反本法规定，进行开垦、采石、采砂、采土或者其他活动，造成林木毁坏的，由县级以上人民政府林业主管部门责令停止违法行为，限期在原地或者异地补种毁坏株数一倍以上三倍以下的树木，可以处毁坏林木价值五倍以下的罚款；造成林地毁坏的，由县级以上人民政府林业主管部门责令停止违法行为，限期恢复植被和林业生产条件，可以处恢复植被和林业生产条件所需费用三倍以下的罚款。

违反本法规定，在幼林地砍柴、毁苗、放牧造成林木毁坏的，由县级以上人民政府林业主管部门责令停止违法行为，限期在原地或者异地补种毁坏株数一倍以上三倍以下的树木。

向林地排放重金属或者其他有毒有害物质含量超标的污水、污泥，以及可能造成林地污染的清淤底泥、尾矿、矿渣等的，依照《中华人民共和国土壤污染防治法》的有关规定处罚。

第七十五条 违反本法规定，擅自移动或者毁坏森林保护标志的，由县级以上人民政府林业主管部门恢复森林保护标志，所需费用由违法者承担。

第七十六条 盗伐林木的，由县级以上人民政府林业主管部门责令限期在原地或者异地补种盗伐株数一倍以上五倍以下的树木，并处盗伐林木价值五倍以上十倍以下的罚款。

滥伐林木的，由县级以上人民政府林业主管部门责令限期在原地或者异地补种滥伐株数一倍以上三倍以下的树木，可以处滥伐林木价值三倍以上五倍以下的罚款。

第七十七条 违反本法规定，伪造、变造、买卖、租借采伐许可证的，由县级以上人民政府林业主管部门没收证件和违法所得，并处违法所得一倍以上三倍以下的罚款；没有违法所得的，可以处二万元以下的罚款。

第七十八条 违反本法规定，收购、加工、运输明知是盗伐、滥伐等非法来源的林木的，由县级以上人民政府林业主管部门责令停止违法行为，没收违法收购、加工、运输的林木或者变卖所得，可以处违法收购、加工、运输林木价款三倍以下的罚款。

第七十九条 违反本法规定，未完成更新造林任务的，由县级以上人民政府林业主管部门责令限期完成；逾期未完成的，可以处未完成造林任务所需费用二倍以下的罚款；对直接负责的主管人员和其他直接责任人员，依法给予处分。

第八十条 违反本法规定，拒绝、阻碍县级以上人民政府林业主管部门依法实施监督检查的，可以处五万元以下的罚款，情节严重的，可以责令停产停业整顿。

第八十一条 违反本法规定，有下列情形之一的，由县级以上人民政府林业主管部门依法组织代为履行，代为履行所需费用由违法者承担：

（一）拒不恢复植被和林业生产条件，或者恢复植被和林业生产条件不符合国家有关规定；

（二）拒不补种树木，或者补种不符合国家有关规定。

恢复植被和林业生产条件、树木补种的标准，由省级以上人民政府林业主管部门制定。

第八十二条 公安机关按照国家有关规定，可以依法行使本法第七十四条第一款、第七十六条、第七十七条、第七十八条规定的行政处罚权。

违反本法规定，构成违反治安管理行为的，依法给予治安管理处罚；构成犯罪的，依法追究刑事责任。

第九章 附 则

第八十三条 本法下列用语的含义是：

（一）森林，包括乔木林、竹林和国家特别规定的灌木林。按照用途可以分为防护林、特种用途林、用材林、经济林和能源林。

（二）林木，包括树木和竹子。

（三）林地，是指县级以上人民政府规划确定的用于发展林业的土地。包括郁闭度 0.2 以上的乔木林地以及竹林地、灌木林地、疏林地、采伐迹地、火烧迹地、未成林造林地、苗圃地等。

第八十四条 本法自 2020 年 7 月 1 日起施行。

森林防火条例

·1988年1月16日国务院公布
·2008年11月19日国务院第36次常务会议修订通过
·2008年12月1日中华人民共和国国务院令第541号公布
·自2009年1月1日起施行

第一章　总　则

第一条　为了有效预防和扑救森林火灾，保障人民生命财产安全，保护森林资源，维护生态安全，根据《中华人民共和国森林法》，制定本条例。

第二条　本条例适用于中华人民共和国境内森林火灾的预防和扑救。但是，城市市区的除外。

第三条　森林防火工作实行预防为主、积极消灭的方针。

第四条　国家森林防火指挥机构负责组织、协调和指导全国的森林防火工作。

国务院林业主管部门负责全国森林防火的监督和管理工作，承担国家森林防火指挥机构的日常工作。

国务院其他有关部门按照职责分工，负责有关的森林防火工作。

第五条　森林防火工作实行地方各级人民政府行政首长负责制。

县级以上地方人民政府根据实际需要设立的森林防火指挥机构，负责组织、协调和指导本行政区域的森林防火工作。

县级以上地方人民政府林业主管部门负责本行政区域森林防火的监督和管理工作，承担本级人民政府森林防火指挥机构的日常工作。

县级以上地方人民政府其他有关部门按照职责分工，负责有关的森林防火工作。

第六条　森林、林木、林地的经营单位和个人，在其经营范围内承担森林防火责任。

第七条　森林防火工作涉及两个以上行政区域的，有关地方人民政府应当建立森林防火联防机制，确定联防区域，建立联防制度，实行信息共享，并加强监督检查。

第八条　县级以上人民政府应当将森林防火基础设施建设纳入国民经济和社会发展规划，将森林防火经费纳入本级财政预算。

第九条　国家支持森林防火科学研究，推广和应用先进的科学技术，提高森林防火科技水平。

第十条　各级人民政府、有关部门应当组织经常性的森林防火宣传活动，普及森林防火知识，做好森林火灾预防工作。

第十一条　国家鼓励通过保险形式转移森林火灾风险，提高林业防灾减灾能力和灾后自我救助能力。

第十二条　对在森林防火工作中作出突出成绩的单位和个人，按照国家有关规定，给予表彰和奖励。

对在扑救重大、特别重大森林火灾中表现突出的单位和个人，可以由森林防火指挥机构当场给予表彰和奖励。

第二章　森林火灾的预防

第十三条　省、自治区、直辖市人民政府林业主管部门应当按照国务院林业主管部门制定的森林火险区划等级标准，以县为单位确定本行政区域的森林火险区划等级，向社会公布，并报国务院林业主管部门备案。

第十四条　国务院林业主管部门应当根据全国森林火险区划等级和实际工作需要，编制全国森林防火规划，报国务院或者国务院授权的部门批准后组织实施。

县级以上地方人民政府林业主管部门根据全国森林防火规划，结合本地实际，编制本行政区域的森林防火规划，报本级人民政府批准后组织实施。

第十五条　国务院有关部门和县级以上地方人民政府应当按照森林防火规划，加强森林防火基础设施建设，储备必要的森林防火物资，根据实际需要整合、完善森林防火指挥信息系统。

国务院和省、自治区、直辖市人民政府根据森林防火实际需要，充分利用卫星遥感技术和现有军用、民用航空基础设施，建立相关单位参与的航空护林协作机制，完善航空护林基础设施，并保障航空护林所需经费。

第十六条　国务院林业主管部门应当按照有关规定编制国家重大、特别重大森林火灾应急预案，报国务院批准。

县级以上地方人民政府林业主管部门应当按照有关规定编制森林火灾应急预案，报本级人民政府批准，并报上一级人民政府林业主管部门备案。

县级人民政府应当组织乡（镇）人民政府根据森林火灾应急预案制定森林火灾应急处置办法；村民委员会应当按照森林火灾应急预案和森林火灾应急处置办法的规定，协助做好森林火灾应急处置工作。

县级以上人民政府及其有关部门应当组织开展必要的森林火灾应急预案的演练。

第十七条　森林火灾应急预案应当包括下列内容：

（一）森林火灾应急组织指挥机构及其职责；

（二）森林火灾的预警、监测、信息报告和处理；

（三）森林火灾的应急响应机制和措施；

（四）资金、物资和技术等保障措施；

（五）灾后处置。

第十八条 在林区依法开办工矿企业、设立旅游区或者新建开发区的，其森林防火设施应当与该建设项目同步规划、同步设计、同步施工、同步验收；在林区成片造林的，应当同时配套建设森林防火设施。

第十九条 铁路的经营单位应当负责本单位所属林地的防火工作，并配合县级以上地方人民政府做好铁路沿线森林火灾危险地段的防火工作。

电力、电信线路和石油天然气管道的森林防火责任单位，应当在森林火灾危险地段开设防火隔离带，并组织人员进行巡护。

第二十条 森林、林木、林地的经营单位和个人应当按照林业主管部门的规定，建立森林防火责任制，划定森林防火责任区，确定森林防火责任人，并配备森林防火设施和设备。

第二十一条 地方各级人民政府和国有林业企业、事业单位应当根据实际需要，成立森林火灾专业扑救队伍；县级以上地方人民政府应当指导森林经营单位和林区的居民委员会、村民委员会、企业、事业单位建立森林火灾群众扑救队伍。专业的和群众的火灾扑救队伍应当定期进行培训和演练。

第二十二条 森林、林木、林地的经营单位配备的兼职或者专职护林员负责巡护森林，管理野外用火，及时报告火情，协助有关机关调查森林火灾案件。

第二十三条 县级以上地方人民政府应当根据本行政区域内森林资源分布状况和森林火灾发生规律，划定森林防火区，规定森林防火期，并向社会公布。

森林防火期内，各级人民政府森林防火指挥机构和森林、林木、林地的经营单位和个人，应当根据森林火险预报，采取相应的预防和应急准备措施。

第二十四条 县级以上人民政府森林防火指挥机构，应当组织有关部门对森林防火区内有关单位的森林防火组织建设、森林防火责任制落实、森林防火设施建设等情况进行检查；对检查中发现的森林火灾隐患，县级以上地方人民政府林业主管部门应当及时向有关单位下达森林火灾隐患整改通知书，责令限期整改，消除隐患。

被检查单位应当积极配合，不得阻挠、妨碍检查活动。

第二十五条 森林防火期内，禁止在森林防火区野外用火。因防治病虫鼠害、冻害等特殊情况确需野外用火的，应当经县级人民政府批准，并按照要求采取防火措施，严防失火；需要进入森林防火区进行实弹演习、爆破等活动的，应当经省、自治区、直辖市人民政府林业主管部门批准，并采取必要的防火措施；中国人民解放军和中国人民武装警察部队因处置突发事件和执行其他紧急任务需要进入森林防火区的，应当经其上级主管部门批准，并采取必要的防火措施。

第二十六条 森林防火期内，森林、林木、林地的经营单位应当设置森林防火警示宣传标志，并对进入其经营范围的人员进行森林防火安全宣传。

森林防火期内，进入森林防火区的各种机动车辆应当按照规定安装防火装置，配备灭火器材。

第二十七条 森林防火期内，经省、自治区、直辖市人民政府批准，林业主管部门、国务院确定的重点国有林区的管理机构可以设立临时性的森林防火检查站，对进入森林防火区的车辆和人员进行森林防火检查。

第二十八条 森林防火期内，预报有高温、干旱、大风等高火险天气的，县级以上地方人民政府应当划定森林高火险区，规定森林高火险期。必要时，县级以上地方人民政府可以根据需要发布命令，严禁一切野外用火；对可能引起森林火灾的居民生活用火应当严格管理。

第二十九条 森林高火险期内，进入森林高火险区的，应当经县级以上地方人民政府批准，严格按照批准的时间、地点、范围活动，并接受县级以上地方人民政府林业主管部门的监督管理。

第三十条 县级以上人民政府林业主管部门和气象主管机构应当根据森林防火需要，建设森林火险监测和预报台站，建立联合会商机制，及时制作发布森林火险预警预报信息。

气象主管机构应当无偿提供森林火险天气预报服务。广播、电视、报纸、互联网等媒体应当及时播发或者刊登森林火险天气预报。

第三章　森林火灾的扑救

第三十一条 县级以上地方人民政府应当公布森林火警电话，建立森林防火值班制度。

任何单位和个人发现森林火灾，应当立即报告。接到报告的当地人民政府或者森林防火指挥机构应当立即派人赶赴现场，调查核实，采取相应的扑救措施，并按照有关规定逐级报上级人民政府和森林防火指挥机构。

第三十二条 发生下列森林火灾，省、自治区、直辖市人民政府森林防火指挥机构应当立即报告国家森林防火指挥机构，由国家森林防火指挥机构按照规定报告国务院，并及时通报国务院有关部门：

（一）国界附近的森林火灾；

（二）重大、特别重大森林火灾；

（三）造成3人以上死亡或者10人以上重伤的森林火灾；

（四）威胁居民区或者重要设施的森林火灾；

（五）24小时尚未扑灭明火的森林火灾；

（六）未开发原始林区的森林火灾；

（七）省、自治区、直辖市交界地区危险性大的森林火灾；

（八）需要国家支援扑救的森林火灾。

本条第一款所称“以上”包括本数。

第三十三条 发生森林火灾，县级以上地方人民政府森林防火指挥机构应当按照规定立即启动森林火灾应急预案；发生重大、特别重大森林火灾，国家森林防火指挥机构应当立即启动重大、特别重大森林火灾应急预案。

森林火灾应急预案启动后，有关森林防火指挥机构应当在核实火灾准确位置、范围以及风力、风向、火势的基础上，根据火灾现场天气、地理条件，合理确定扑救方案，划分扑救地段，确定扑救责任人，并指定负责人及时到达森林火灾现场具体指挥森林火灾的扑救。

第三十四条 森林防火指挥机构应当按照森林火灾应急预案，统一组织和指挥森林火灾的扑救。

扑救森林火灾，应当坚持以人为本、科学扑救，及时疏散、撤离受火灾威胁的群众，并做好火灾扑救人员的安全防护，尽最大可能避免人员伤亡。

第三十五条 扑救森林火灾应当以专业火灾扑救队伍为主要力量；组织群众扑救队伍扑救森林火灾的，不得动员残疾人、孕妇和未成年人以及其他不适宜参加森林火灾扑救的人员参加。

第三十六条 武装警察森林部队负责执行国家赋予的森林防火任务。武装警察森林部队执行森林火灾扑救任务，应当接受火灾发生地县级以上地方人民政府森林防火指挥机构的统一指挥；执行跨省、自治区、直辖市森林火灾扑救任务的，应当接受国家森林防火指挥机构的统一指挥。

中国人民解放军执行森林火灾扑救任务的，依照《军队参加抢险救灾条例》的有关规定执行。

第三十七条 发生森林火灾，有关部门应当按照森林火灾应急预案和森林防火指挥机构的统一指挥，做好扑救森林火灾的有关工作。

气象主管机构应当及时提供火灾地区天气预报和相关信息，并根据天气条件适时开展人工增雨作业。

交通运输主管部门应当优先组织运送森林火灾扑救人员和扑救物资。

通信主管部门应当组织提供应急通信保障。

民政部门应当及时设置避难场所和救灾物资供应点，紧急转移并妥善安置灾民，开展受灾群众救助工作。

公安机关应当维护治安秩序，加强治安管理。

商务、卫生等主管部门应当做好物资供应、医疗救护和卫生防疫等工作。

第三十八条 因扑救森林火灾的需要，县级以上人民政府森林防火指挥机构可以决定采取开设防火隔离带、清除障碍物、应急取水、局部交通管制等应急措施。

因扑救森林火灾需要征用物资、设备、交通运输工具的，由县级以上人民政府决定。扑火工作结束后，应当及时返还被征用的物资、设备和交通工具，并依照有关法律规定给予补偿。

第三十九条 森林火灾扑灭后，火灾扑救队伍应当对火灾现场进行全面检查，清理余火，并留有足够人员看守火场，经当地人民政府森林防火指挥机构检查验收合格，方可撤出看守人员。

第四章 灾后处置

第四十条 按照受害森林面积和伤亡人数，森林火灾分为一般森林火灾、较大森林火灾、重大森林火灾和特别重大森林火灾：

（一）一般森林火灾：受害森林面积在1公顷以下或者其他林地起火的，或者死亡1人以上3人以下的，或者重伤1人以上10人以下的；

（二）较大森林火灾：受害森林面积在1公顷以上100公顷以下的，或者死亡3人以上10人以下的，或者重伤10人以上50人以下的；

（三）重大森林火灾：受害森林面积在100公顷以上1000公顷以下的，或者死亡10人以上30人以下的，或者重伤50人以上100人以下的；

（四）特别重大森林火灾：受害森林面积在1000公顷以上的，或者死亡30人以上的，或者重伤100人以上的。

本条第一款所称“以上”包括本数，“以下”不包括本数。

第四十一条 县级以上人民政府林业主管部门应当会同有关部门及时对森林火灾发生原因、肇事者、受害森林面积和蓄积、人员伤亡、其他经济损失等情况进行调查和评估，向当地人民政府提出调查报告；当地人民政府应当根据调查报告，确定森林火灾责任单位和责任人，并依法处理。

森林火灾损失评估标准，由国务院林业主管部门会同有关部门制定。

第四十二条 县级以上地方人民政府林业主管部门应当按照有关要求对森林火灾情况进行统计，报上级人民政府林业主管部门和本级人民政府统计机构，并及时通报本级人民政府有关部门。

森林火灾统计报告表由国务院林业主管部门制定，报国家统计局备案。

第四十三条 森林火灾信息由县级以上人民政府森林防火指挥机构或者林业主管部门向社会发布。重大、特别重大森林火灾信息由国务院林业主管部门发布。

第四十四条 对因扑救森林火灾负伤、致残或者死亡的人员，按照国家有关规定给予医疗、抚恤。

第四十五条 参加森林火灾扑救的人员的误工补贴和生活补助以及扑救森林火灾所发生的其他费用，按照省、自治区、直辖市人民政府规定的标准，由火灾肇事单位或者个人支付；起火原因不清的，由起火单位支付；火灾肇事单位、个人或者起火单位确实无力支付的部分，由当地人民政府支付。误工补贴和生活补助以及扑救森林火灾所发生的其他费用，可以由当地人民政府先行支付。

第四十六条 森林火灾发生后，森林、林木、林地的经营单位和个人应当及时采取更新造林措施，恢复火烧迹地森林植被。

第五章 法律责任

第四十七条 违反本条例规定，县级以上地方人民政府及其森林防火指挥机构、县级以上人民政府林业主管部门或者其他有关部门及其工作人员，有下列行为之一的，由其上级行政机关或者监察机关责令改正；情节严重的，对直接负责的主管人员和其他直接责任人员依法给予处分；构成犯罪的，依法追究刑事责任：

（一）未按照有关规定编制森林火灾应急预案的；

（二）发现森林火灾隐患未及时下达森林火灾隐患整改通知书的；

（三）对不符合森林防火要求的野外用火或者实弹演习、爆破等活动予以批准的；

（四）瞒报、谎报或者故意拖延报告森林火灾的；

（五）未及时采取森林火灾扑救措施的；

（六）不依法履行职责的其他行为。

第四十八条 违反本条例规定，森林、林木、林地的经营单位或者个人未履行森林防火责任的，由县级以上地方人民政府林业主管部门责令改正，对个人处 500 元以上 5000 元以下罚款，对单位处 1 万元以上 5 万元以下罚款。

第四十九条 违反本条例规定，森林防火区内的有关单位或者个人拒绝接受森林防火检查或者接到森林火灾隐患整改通知书逾期不消除火灾隐患的，由县级以上地方人民政府林业主管部门责令改正，给予警告，对个人并处 200 元以上 2000 元以下罚款，对单位并处 5000 元以上 1 万元以下罚款。

第五十条 违反本条例规定，森林防火期内未经批准擅自在森林防火区内野外用火的，由县级以上地方人民政府林业主管部门责令停止违法行为，给予警告，对个人并处 200 元以上 3000 元以下罚款，对单位并处 1 万元以上 5 万元以下罚款。

第五十一条 违反本条例规定，森林防火期内未经批准在森林防火区内进行实弹演习、爆破等活动的，由县级以上地方人民政府林业主管部门责令停止违法行为，给予警告，并处 5 万元以上 10 万元以下罚款。

第五十二条 违反本条例规定，有下列行为之一的，由县级以上地方人民政府林业主管部门责令改正，给予警告，对个人并处 200 元以上 2000 元以下罚款，对单位并处 2000 元以上 5000 元以下罚款：

（一）森林防火期内，森林、林木、林地的经营单位未设置森林防火警示宣传标志的；

（二）森林防火期内，进入森林防火区的机动车辆未安装森林防火装置的；

（三）森林高火险期内，未经批准擅自进入森林高火险区活动的。

第五十三条 违反本条例规定，造成森林火灾，构成犯罪的，依法追究刑事责任；尚不构成犯罪的，除依照本条例第四十八条、第四十九条、第五十条、第五十一条、第五十二条的规定追究法律责任外，县级以上地方人民政府林业主管部门可以责令责任人补种树木。

第六章 附 则

第五十四条 森林消防专用车辆应当按照规定喷涂标志图案，安装警报器、标志灯具。

第五十五条 在中华人民共和国边境地区发生的森林火灾，按照中华人民共和国政府与有关国家政府签订的有关协定开展扑救工作；没有协定的，由中华人民共和国政府和有关国家政府协商办理。

第五十六条 本条例自 2009 年 1 月 1 日起施行。

草原防火条例

· 1993 年 10 月 5 日中华人民共和国国务院令第 130 号公布
· 2008 年 11 月 19 日国务院第 36 次常务会议修订通过
· 2008 年 11 月 29 日中华人民共和国国务院令第 542 号公布
· 自 2009 年 1 月 1 日起施行

第一章　总　则

第一条　为了加强草原防火工作，积极预防和扑救草原火灾，保护草原，保障人民生命和财产安全，根据《中华人民共和国草原法》，制定本条例。

第二条　本条例适用于中华人民共和国境内草原火灾的预防和扑救。但是，林区和城市市区的除外。

第三条　草原防火工作实行预防为主、防消结合的方针。

第四条　县级以上人民政府应当加强草原防火工作的组织领导，将草原防火所需经费纳入本级财政预算，保障草原火灾预防和扑救工作的开展。

草原防火工作实行地方各级人民政府行政首长负责制和部门、单位领导负责制。

第五条　国务院草原行政主管部门主管全国草原防火工作。

县级以上地方人民政府确定的草原防火主管部门主管本行政区域内的草原防火工作。

县级以上人民政府其他有关部门在各自的职责范围内做好草原防火工作。

第六条　草原的经营使用单位和个人，在其经营使用范围内承担草原防火责任。

第七条　草原防火工作涉及两个以上行政区域或者涉及森林防火、城市消防的，有关地方人民政府及有关部门应当建立联防制度，确定联防区域，制定联防措施，加强信息沟通和监督检查。

第八条　各级人民政府或者有关部门应当加强草原防火宣传教育活动，提高公民的草原防火意识。

第九条　国家鼓励和支持草原火灾预防和扑救的科学技术研究，推广先进的草原火灾预防和扑救技术。

第十条　对在草原火灾预防和扑救工作中有突出贡献或者成绩显著的单位、个人，按照国家有关规定给予表彰和奖励。

第二章　草原火灾的预防

第十一条　国务院草原行政主管部门根据草原火灾发生的危险程度和影响范围等，将全国草原划分为极高、高、中、低四个等级的草原火险区。

第十二条　国务院草原行政主管部门根据草原火险区划和草原防火工作的实际需要，编制全国草原防火规划，报国务院或者国务院授权的部门批准后组织实施。

县级以上地方人民政府草原防火主管部门根据全国草原防火规划，结合本地实际，编制本行政区域的草原防火规划，报本级人民政府批准后组织实施。

第十三条　草原防火规划应当主要包括下列内容：

（一）草原防火规划制定的依据；
（二）草原防火组织体系建设；
（三）草原防火基础设施和装备建设；
（四）草原防火物资储备；
（五）保障措施。

第十四条　县级以上人民政府应当组织有关部门和单位，按照草原防火规划，加强草原火情瞭望和监测设施、防火隔离带、防火道路、防火物资储备库（站）等基础设施建设，配备草原防火交通工具、灭火器械、观察和通信器材等装备，储存必要的防火物资，建立和完善草原防火指挥信息系统。

第十五条　国务院草原行政主管部门负责制订全国草原火灾应急预案，报国务院批准后组织实施。

县级以上地方人民政府草原防火主管部门负责制订本行政区域的草原火灾应急预案，报本级人民政府批准后组织实施。

第十六条　草原火灾应急预案应当主要包括下列内容：

（一）草原火灾应急组织机构及其职责；
（二）草原火灾预警与预防机制；
（三）草原火灾报告程序；
（四）不同等级草原火灾的应急处置措施；
（五）扑救草原火灾所需物资、资金和队伍的应急保障；
（六）人员财产撤离、医疗救治、疾病控制等应急方案。

草原火灾根据受害草原面积、伤亡人数、受灾牲畜数量以及对城乡居民点、重要设施、名胜古迹、自然保护区的威胁程度等，分为特别重大、重大、较大、一般四个等级。具体划分标准由国务院草原行政主管部门制定。

第十七条　县级以上地方人民政府应当根据草原火灾发生规律，确定本行政区域的草原防火期，并向社会公布。

第十八条　在草原防火期内，因生产活动需要在草原上野外用火的，应当经县级人民政府草原防火主管部门批准。用火单位或者个人应当采取防火措施,防止失火。

在草原防火期内,因生活需要在草原上用火的,应当选择安全地点,采取防火措施,用火后彻底熄灭余火。

除本条第一款、第二款规定的情形外,在草原防火期内,禁止在草原上野外用火。

第十九条 在草原防火期内,禁止在草原上使用枪械狩猎。

在草原防火期内,在草原上进行爆破、勘察和施工等活动的,应当经县级以上地方人民政府草原防火主管部门批准,并采取防火措施,防止失火。

在草原防火期内,部队在草原上进行实弹演习、处置突发性事件和执行其他任务,应当采取必要的防火措施。

第二十条 在草原防火期内,在草原上作业或者行驶的机动车辆,应当安装防火装置,严防漏火、喷火和闸瓦脱落引起火灾。在草原上行驶的公共交通工具上的司机和乘务人员,应当对旅客进行草原防火宣传。司机、乘务人员和旅客不得丢弃火种。

在草原防火期内,对草原上从事野外作业的机械设备,应当采取防火措施;作业人员应当遵守防火安全操作规程,防止失火。

第二十一条 在草原防火期内,经本级人民政府批准,草原防火主管部门应当对进入草原、存在火灾隐患的车辆以及可能引发草原火灾的野外作业活动进行草原防火安全检查。发现存在火灾隐患的,应当告知有关责任人员采取措施消除火灾隐患;拒不采取措施消除火灾隐患的,禁止进入草原或者在草原上从事野外作业活动。

第二十二条 在草原防火期内,出现高温、干旱、大风等高火险天气时,县级以上地方人民政府应当将极高草原火险区、高草原火险区以及一旦发生草原火灾可能造成人身重大伤亡或者财产重大损失的区域划为草原防火管制区,规定管制期限,及时向社会公布,并报上一级人民政府备案。

在草原防火管制区内,禁止一切野外用火。对可能引起草原火灾的非野外用火,县级以上地方人民政府或者草原防火主管部门应当按照管制要求,严格管理。

进入草原防火管制区的车辆,应当取得县级以上地方人民政府草原防火主管部门颁发的草原防火通行证,并服从防火管制。

第二十三条 草原上的农(牧)场、工矿企业和其他生产经营单位,以及驻军单位、自然保护区管理单位和农村集体经济组织等,应当在县级以上地方人民政府的领导和草原防火主管部门的指导下,落实草原防火责任制,加强火源管理,消除火灾隐患,做好本单位的草原防火工作。

铁路、公路、电力和电信线路以及石油天然气管道等的经营单位,应当在其草原防火责任区内,落实防火措施,防止发生草原火灾。

承包经营草原的个人对其承包经营的草原,应当加强火源管理,消除火灾隐患,履行草原防火义务。

第二十四条 省、自治区、直辖市人民政府可以根据本地的实际情况划定重点草原防火区,报国务院草原行政主管部门备案。

重点草原防火区的县级以上地方人民政府和自然保护区管理单位,应当根据需要建立专业扑火队;有关乡(镇)、村应当建立群众扑火队。扑火队应当进行专业培训,并接受县级以上地方人民政府的指挥、调动。

第二十五条 县级以上人民政府草原防火主管部门和气象主管机构,应当联合建立草原火险预报预警制度。气象主管机构应当根据草原防火的实际需要,做好草原火险气象等级预报和发布工作;新闻媒体应当及时播报草原火险气象等级预报。

第三章　草原火灾的扑救

第二十六条 从事草原火情监测以及在草原上从事生产经营活动的单位和个人,发现草原火情的,应当采取必要措施,并及时向当地人民政府或者草原防火主管部门报告。其他发现草原火情的单位和个人,也应当及时向当地人民政府或者草原防火主管部门报告。

当地人民政府或者草原防火主管部门接到报告后,应当立即组织人员赶赴现场,核实火情,采取控制和扑救措施,防止草原火灾扩大。

第二十七条 当地人民政府或者草原防火主管部门应当及时将草原火灾发生时间、地点、估测过火面积、火情发展趋势等情况报上级人民政府及其草原防火主管部门;境外草原火灾威胁到我国草原安全的,还应当报告境外草原火灾距我国边境距离、沿边境蔓延长度以及对我国草原的威胁程度等情况。

禁止瞒报、谎报或者授意他人瞒报、谎报草原火灾。

第二十八条 县级以上地方人民政府应当根据草原火灾发生情况确定火灾等级,并及时启动草原火灾应急预案。特别重大、重大草原火灾以及境外草原火灾威胁到我国草原安全的,国务院草原行政主管部门应当及时启动草原火灾应急预案。

第二十九条 草原火灾应急预案启动后,有关地方人民政府应当按照草原火灾应急预案的要求,立即组织、指挥草原火灾的扑救工作。

扑救草原火灾应当首先保障人民群众的生命安全，有关地方人民政府应当及时动员受到草原火灾威胁的居民以及其他人员转移到安全地带，并予以妥善安置；情况紧急时，可以强行组织避灾疏散。

第三十条 县级以上人民政府有关部门应当按照草原火灾应急预案的分工，做好相应的草原火灾应急工作。

气象主管机构应当做好气象监测和预报工作，及时向当地人民政府提供气象信息，并根据天气条件适时实施人工增雨。

民政部门应当及时设置避难场所和救济物资供应点，开展受灾群众救助工作。

卫生主管部门应当做好医疗救护、卫生防疫工作。

铁路、交通、航空等部门应当优先运送救灾物资、设备、药物、食品。

通信主管部门应当组织提供应急通信保障。

公安部门应当及时查处草原火灾案件，做好社会治安维护工作。

第三十一条 扑救草原火灾应当组织和动员专业扑火队和受过专业培训的群众扑火队；接到扑救命令的单位和个人，必须迅速赶赴指定地点，投入扑救工作。

扑救草原火灾，不得动员残疾人、孕妇、未成年人和老年人参加。

需要中国人民解放军和中国人民武装警察部队参加草原火灾扑救的，依照《军队参加抢险救灾条例》的有关规定执行。

第三十二条 根据扑救草原火灾的需要，有关地方人民政府可以紧急征用物资、交通工具和相关的设施、设备；必要时，可以采取清除障碍物、建设隔离带、应急取水、局部交通管制等应急管理措施。

因救灾需要，紧急征用单位和个人的物资、交通工具、设施、设备或者占用其房屋、土地的，事后应当及时返还，并依照有关法律规定给予补偿。

第三十三条 发生特别重大、重大草原火灾的，国务院草原行政主管部门应当立即派员赶赴火灾现场，组织、协调、督导火灾扑救，并做好跨省、自治区、直辖市草原防火物资的调用工作。

发生威胁林区安全的草原火灾的，有关草原防火主管部门应当及时通知有关林业主管部门。

境外草原火灾威胁到我国草原安全的，国务院草原行政主管部门应当立即派员赶赴有关现场，组织、协调、督导火灾预防，并及时将有关情况通知外交部。

第三十四条 国家实行草原火灾信息统一发布制度。特别重大、重大草原火灾以及威胁到我国草原安全的境外草原火灾信息，由国务院草原行政主管部门发布；其他草原火灾信息，由省、自治区、直辖市人民政府草原防火主管部门发布。

第三十五条 重点草原防火区的县级以上地方人民政府可以根据草原火灾应急预案的规定，成立草原防火指挥部，行使本章规定的本级人民政府在草原火灾扑救中的职责。

第四章 灾后处置

第三十六条 草原火灾扑灭后，有关地方人民政府草原防火主管部门或者其指定的单位应当对火灾现场进行全面检查，清除余火，并留有足够的人员看守火场。经草原防火主管部门检查验收合格，看守人员方可撤出。

第三十七条 草原火灾扑灭后，有关地方人民政府应当组织有关部门及时做好灾民安置和救助工作，保障灾民的基本生活条件，做好卫生防疫工作，防止传染病的发生和传播。

第三十八条 草原火灾扑灭后，有关地方人民政府应当组织有关部门及时制定草原恢复计划，组织实施补播草籽和人工种草等技术措施，恢复草场植被，并做好畜禽检疫工作，防止动物疫病的发生。

第三十九条 草原火灾扑灭后，有关地方人民政府草原防火主管部门应当及时会同公安等有关部门，对火灾发生时间、地点、原因以及肇事人等进行调查并提出处理意见。

草原防火主管部门应当对受灾草原面积、受灾畜禽种类和数量、受灾珍稀野生动植物种类和数量、人员伤亡以及物资消耗和其他经济损失等情况进行统计，对草原火灾给城乡居民生活、工农业生产、生态环境造成的影响进行评估，并按照国务院草原行政主管部门的规定上报。

第四十条 有关地方人民政府草原防火主管部门应当严格按照草原火灾统计报表的要求，进行草原火灾统计，向上一级人民政府草原防火主管部门报告，并抄送同级公安部门、统计机构。草原火灾统计报表由国务院草原行政主管部门会同国务院公安部门制定，报国家统计部门备案。

第四十一条 对因参加草原火灾扑救受伤、致残或者死亡的人员，按照国家有关规定给予医疗、抚恤。

第五章 法律责任

第四十二条 违反本条例规定，县级以上人民政府草原防火主管部门或者其他有关部门及其工作人员，有下列行为之一的，由其上级行政机关或者监察机关责令改正；情节严重的，对直接负责的主管人员和其他直接责任人员依法给予处分；构成犯罪的，依法追究刑事责任：

（一）未按照规定制订草原火灾应急预案的；

（二）对不符合草原防火要求的野外用火或者爆破、勘察和施工等活动予以批准的；

（三）对不符合条件的车辆发放草原防火通行证的；

（四）瞒报、谎报或者授意他人瞒报、谎报草原火灾的；

（五）未及时采取草原火灾扑救措施的；

（六）不依法履行职责的其他行为。

第四十三条 截留、挪用草原防火资金或者侵占、挪用草原防火物资的，依照有关财政违法行为处罚处分的法律、法规进行处理；构成犯罪的，依法追究刑事责任。

第四十四条 违反本条例规定，有下列行为之一的，由县级以上地方人民政府草原防火主管部门责令停止违法行为，采取防火措施，并限期补办有关手续，对有关责任人员处2000元以上5000元以下罚款，对有关责任单位处5000元以上2万元以下罚款：

（一）未经批准在草原上野外用火或者进行爆破、勘察和施工等活动的；

（二）未取得草原防火通行证进入草原防火管制区的。

第四十五条 违反本条例规定，有下列行为之一的，由县级以上地方人民政府草原防火主管部门责令停止违法行为，采取防火措施，消除火灾隐患，并对有关责任人员处200元以上2000元以下罚款，对有关责任单位处2000元以上2万元以下罚款；拒不采取防火措施、消除火灾隐患的，由县级以上地方人民政府草原防火主管部门代为采取防火措施、消除火灾隐患，所需费用由违法单位或者个人承担：

（一）在草原防火期内，经批准的野外用火未采取防火措施的；

（二）在草原上作业和行驶的机动车辆未安装防火装置或者存在火灾隐患的；

（三）在草原上行驶的公共交通工具上的司机、乘务人员或者旅客丢弃火种的；

（四）在草原上从事野外作业的机械设备作业人员不遵守防火安全操作规程或者对野外作业的机械设备未采取防火措施的；

（五）在草原防火管制区内未按照规定用火的。

第四十六条 违反本条例规定，草原上的生产经营等单位未建立或者未落实草原防火责任制的，由县级以上地方人民政府草原防火主管部门责令改正，对有关责任单位处5000元以上2万元以下罚款。

第四十七条 违反本条例规定，故意或者过失引发草原火灾，构成犯罪的，依法追究刑事责任。

第六章 附 则

第四十八条 草原消防车辆应当按照规定喷涂标志图案，安装警报器、标志灯具。

第四十九条 本条例自2009年1月1日起施行。

国家森林草原火灾应急预案

· 2020年10月26日
· 国办函〔2020〕99号

1 总 则

1.1 指导思想

以习近平新时代中国特色社会主义思想为指导，深入贯彻落实习近平总书记关于防灾减灾救灾的重要论述和关于全面做好森林草原防灭火工作的重要指示精神，按照党中央、国务院决策部署，坚持人民至上、生命至上，进一步完善体制机制，依法有力有序有效处置森林草原火灾，最大程度减少人员伤亡和财产损失，保护森林草原资源，维护生态安全。

1.2 编制依据

《中华人民共和国森林法》、《中华人民共和国草原法》、《中华人民共和国突发事件应对法》、《森林防火条例》、《草原防火条例》和《国家突发公共事件总体应急预案》等。

1.3 适用范围

本预案适用于我国境内发生的森林草原火灾应对工作。

1.4 工作原则

森林草原火灾应对工作坚持统一领导、协调联动，分级负责、属地为主，以人为本、科学扑救，快速反应、安全高效的原则。实行地方各级人民政府行政首长负责制，森林草原火灾发生后，地方各级人民政府及其有关部门立即按照任务分工和相关预案开展处置工作。省级人民政府是应对本行政区域重大、特别重大森林草原火灾的主体，国家根据森林草原火灾应对工作需要，及时启动应急响应、组织应急救援。

1.5 灾害分级

按照受害森林草原面积、伤亡人数和直接经济损失，森林草原火灾分为一般森林草原火灾、较大森林草原火灾、重大森林草原火灾和特别重大森林草原火灾四个等级，具体分级标准按照有关法律法规执行。

2 主要任务

2.1 组织灭火行动

科学运用各种手段扑打明火、开挖（设置）防火隔离带、清理火线、看守火场，严防次生灾害发生。

2.2 解救疏散人员

组织解救、转移、疏散受威胁群众并及时妥善安置和开展必要的医疗救治。

2.3 保护重要目标

保护民生和重要军事目标并确保重大危险源安全。

2.4 转移重要物资

组织抢救、运送、转移重要物资。

2.5 维护社会稳定

加强火灾发生地区及周边社会治安和公共安全工作，严密防范各类违法犯罪行为，加强重点目标守卫和治安巡逻，维护火灾发生地区及周边社会秩序稳定。

3 组织指挥体系

3.1 森林草原防灭火指挥机构

国家森林草原防灭火指挥部负责组织、协调和指导全国森林草原防灭火工作。国家森林草原防灭火指挥部总指挥由国务院领导同志担任，副总指挥由国务院副秘书长和公安部、应急部、国家林草局、中央军委联合参谋部负责同志担任。指挥部办公室设在应急部，由应急部、公安部、国家林草局共同派员组成，承担指挥部的日常工作。必要时，国家林草局可以按程序提请以国家森林草原防灭火指挥部名义部署相关防火工作。

县级以上地方人民政府按照“上下基本对应”的要求，设立森林（草原）防（灭）火指挥机构，负责组织、协调和指导本行政区域（辖区）森林草原防灭火工作。

3.2 指挥单位任务分工

公安部负责依法指导公安机关开展火案侦破工作，协同有关部门开展违规用火处罚工作，组织对森林草原火灾可能造成的重大社会治安和稳定问题进行预判，并指导公安机关协同有关部门做好防范处置工作；森林公安任务分工“一条不增、一条不减”，原职能保持不变，业务上接受林草部门指导。应急部协助党中央、国务院组织特别重大森林草原火灾应急处置工作；按照分级负责原则，负责综合指导各地区和相关部门的森林草原火灾防控工作，开展森林草原火灾综合监测预警工作、组织指导协调森林草原火灾的扑救及应急救援工作。国家林草局履行森林草原防火工作行业管理责任，具体负责森林草原火灾预防相关工作，指导开展防火巡护、火源管理、日常检查、宣传教育、防火设施建设等，同时负责森林草原火情早期处理相关工作。中央军委联合参谋部负责保障军委联合作战指挥中心对解放军和武警部队参加森林草原火灾抢险行动实施统一指挥，牵头组织指导相关部队抓好遂行森林草原火灾抢险任务准备，协调办理兵力调动及使用军用航空器相关事宜，协调做好应急救援航空器飞行管制和使用军用机场时的地面勤务保障工作。国家森林草原防灭火指挥部办公室发挥牵头抓总作用，强化部门联动，做到高效协同，增强工作合力。国家森林草原防灭火指挥部其他成员单位承担的具体防灭火任务按《深化党和国家机构改革方案》、“三定”规定和《国家森林草原防灭火指挥部工作规则》执行。

3.3 扑救指挥

森林草原火灾扑救工作由当地森林（草原）防（灭）火指挥机构负责指挥。同时发生3起以上或者同一火场跨两个行政区域的森林草原火灾，由上一级森林（草原）防（灭）火指挥机构指挥。跨省（自治区、直辖市）界且预判为一般森林草原火灾，由当地县级森林（草原）防（灭）火指挥机构分别指挥；跨省（自治区、直辖市）界且预判为较大森林草原火灾，由当地设区的市级森林（草原）防（灭）火指挥机构分别指挥；跨省（自治区、直辖市）界且预判为重大、特别重大森林草原火灾，由省级森林（草原）防（灭）火指挥机构分别指挥，国家森林草原防灭火指挥部负责协调、指导。特殊情况，由国家森林草原防灭火指挥部统一指挥。

地方森林（草原）防（灭）火指挥机构根据需要，在森林草原火灾现场成立火场前线指挥部，规范现场指挥机制，由地方行政首长担任总指挥，合理配置工作组，重视发挥专家作用；有国家综合性消防救援队伍参与灭火的，最高指挥员进入火场前线指挥部，参与决策和现场组织指挥，发挥专业作用；根据任务变化和救援力量规模，相应提高指挥等级。参加前方扑火的单位和个人要服从火场前线指挥部的统一指挥。

地方专业防扑火队伍、国家综合性消防救援队伍执行森林草原火灾扑救任务，接受火灾发生地县级以上地方人民政府森林（草原）防（灭）火指挥机构的指挥；执行跨省(自治区、直辖市)界森林草原火灾扑救任务的,由火场前线指挥部统一指挥;或者根据国家森林草原防灭火指挥部明确的指挥关系执行。国家综合性消防救援队伍内部实施垂直指挥。

解放军和武警部队遂行森林草原火灾扑救任务,对应接受国家和地方各级森林(草原)防(灭)火指挥机构统一领导,部队行动按照军队指挥关系和指挥权限组织实施。

3.4 专家组

各级森林(草原)防(灭)火指挥机构根据工作需要会同有关部门和单位建立本级专家组,对森林草原火灾预防、科学灭火组织指挥、力量调动使用、灭火措施、火灾调查评估规划等提出咨询意见。

4 处置力量

4.1 力量编成

扑救森林草原火灾以地方专业防扑火队伍、应急航空救援队伍、国家综合性消防救援队伍等受过专业培训的扑火力量为主,解放军和武警部队支援力量为辅,社会救援力量为补充。必要时可动员当地林区职工、机关干部及当地群众等力量协助做好扑救工作。

4.2 力量调动

根据森林草原火灾应对需要,应首先调动属地扑火力量,邻近力量作为增援力量。

跨省(自治区、直辖市)调动地方专业防扑火队伍增援扑火时,由国家森林草原防灭火指挥部统筹协调,由调出省(自治区、直辖市)森林(草原)防(灭)火指挥机构组织实施,调入省(自治区、直辖市)负责对接及相关保障。

跨省(自治区、直辖市)调动国家综合性消防救援队伍增援扑火时,由火灾发生地省级人民政府或者应急管理部门向应急部提出申请,按有关规定和权限逐级报批。

需要解放军和武警部队参与扑火时,由国家森林草原防灭火指挥部向中央军委联合参谋部提出用兵需求,或者由省级森林(草原)防(灭)火指挥机构向所在战区提出用兵需求。

5 预警和信息报告

5.1 预警

5.1.1 预警分级

根据森林草原火险指标、火行为特征和可能造成的危害程度,将森林草原火险预警级别划分为四个等级,由高到低依次用红色、橙色、黄色和蓝色表示,具体分级标准按照有关规定执行。

5.1.2 预警发布

由应急管理部门组织,各级林草、公安和气象主管部门加强会商,联合制作森林草原火险预警信息,并通过预警信息发布平台和广播、电视、报刊、网络、微信公众号以及应急广播等方式向涉险区域相关部门和社会公众发布。国家森林草原防灭火指挥部办公室适时向省级森林(草原)防(灭)火指挥机构发送预警信息,提出工作要求。

5.1.3 预警响应

当发布蓝色、黄色预警信息后,预警地区县级以上地方人民政府及其有关部门密切关注天气情况和森林草原火险预警变化,加强森林草原防火巡护、卫星林火监测和瞭望监测,做好预警信息发布和森林草原防火宣传工作,加强火源管理,落实防火装备、物资等各项扑火准备,当地各级各类森林消防队伍进入待命状态。

当发布橙色、红色预警信息后,预警地区县级以上地方人民政府及其有关部门在蓝色、黄色预警响应措施的基础上,进一步加强野外火源管理,开展森林草原防火检查,加大预警信息播报频次,做好物资调拨准备,地方专业防扑火队伍、国家综合性消防救援队伍视情对力量部署进行调整,靠前驻防。

各级森林(草原)防(灭)火指挥机构视情对预警地区森林草原防灭火工作进行督促和指导。

5.2 信息报告

地方各级森林(草原)防(灭)火指挥机构按照“有火必报”原则,及时、准确、逐级、规范报告森林草原火灾信息。以下森林草原火灾信息由国家森林草原防灭火指挥部办公室向国务院报告:

(1)重大、特别重大森林草原火灾;

(2)造成3人以上死亡或者10人以上重伤的森林草原火灾;

(3)威胁居民区或者重要设施的森林草原火灾;

(4)火场距国界或者实际控制线5公里以内,并对我国或者邻国森林草原资源构成威胁的森林草原火灾;

(5)经研判需要报告的其他重要森林草原火灾。

6 应急响应

6.1 分级响应

根据森林草原火灾初判级别、应急处置能力和预期影响后果,综合研判确定本级响应级别。按照分级响应的原则,及时调整本级扑火组织指挥机构和力量。火情发生后,按任务分工组织进行早期处置;预判可能发生一般、较大森林草原火灾,由县级森林(草原)防(灭)火指挥机构为主组织处置;预判可能发生重大、特别重大森林草原火灾,分别由设区的市级、省级森林(草原)防(灭)火指挥机构为主组织处置;必要时,应及时提高响应级别。

6.2　**响应措施**

火灾发生后,要先研判气象、地形、环境等情况及是否威胁人员密集居住地和重要危险设施,科学组织施救。

6.2.1 扑救火灾

立即就地就近组织地方专业防扑火队伍、应急航空救援队伍、国家综合性消防救援队伍等力量参与扑救,力争将火灾扑灭在初起阶段。必要时,组织协调当地解放军和武警部队等救援力量参与扑救。

各扑火力量在火场前线指挥部的统一调度指挥下,明确任务分工,落实扑救责任,科学组织扑救,在确保扑火人员安全情况下,迅速有序开展扑救工作,严防各类次生灾害发生。现场指挥员要认真分析地理环境、气象条件和火场态势,在扑火队伍行进、宿营地选择和扑火作业时,加强火场管理,时刻注意观察天气和火势变化,提前预设紧急避险措施,确保各类扑火人员安全。不得动员残疾人、孕妇和未成年人以及其他不适宜参加森林草原火灾扑救的人员参加扑救工作。

6.2.2 转移安置人员

当居民点、农牧点等人员密集区受到森林草原火灾威胁时,及时采取有效阻火措施,按照紧急疏散方案,有组织、有秩序地及时疏散居民和受威胁人员,确保人民群众生命安全。妥善做好转移群众安置工作,确保群众有住处、有饭吃、有水喝、有衣穿、有必要的医疗救治条件。

6.2.3 救治伤员

组织医护人员和救护车辆在扑救现场待命,如有伤病员迅速送医院治疗,必要时对重伤员实施异地救治。视情派出卫生应急队伍赶赴火灾发生地,成立临时医院或者医疗点,实施现场救治。

6.2.4 保护重要目标

当军事设施、核设施、危险化学品生产储存设施设备、油气管道、铁路线路等重要目标物和公共卫生、社会安全等重大危险源受到火灾威胁时,迅速调集专业队伍,在专业人员指导并确保救援人员安全的前提下全力消除威胁,组织抢救、运送、转移重要物资,确保目标安全。

6.2.5 维护社会治安

加强火灾受影响区域社会治安、道路交通等管理,严厉打击盗窃、抢劫、哄抢救灾物资、传播谣言、堵塞交通等违法犯罪行为。在金融单位、储备仓库等重要场所加强治安巡逻,维护社会稳定。

6.2.6 发布信息

通过授权发布、发新闻稿、接受记者采访、举行新闻发布会和通过专业网站、官方微博、微信公众号等多种方式、途径,及时、准确、客观、全面向社会发布森林草原火灾和应对工作信息,回应社会关切。加强舆论引导和自媒体管理,防止传播谣言和不实信息,及时辟谣澄清,以正视听。发布内容包括起火原因、起火时间、火灾地点、过火面积、损失情况、扑救过程和火案查处、责任追究情况等。

6.2.7 火场清理看守

森林草原火灾明火扑灭后,继续组织扑火人员做好防止复燃和余火清理工作,划分责任区域,并留足人员看守火场。经检查验收,达到无火、无烟、无汽后,扑火人员方可撤离。原则上,参与扑救的国家综合性消防救援力量、跨省(自治区、直辖市)增援的地方专业防扑火力量不担负后续清理和看守火场任务。

6.2.8 应急结束

在森林草原火灾全部扑灭、火场清理验收合格、次生灾害后果基本消除后,由启动应急响应的机构决定终止应急响应。

6.2.9 善后处置

做好遇难人员的善后工作,抚慰遇难者家属。对因扑救森林草原火灾负伤、致残或者死亡的人员,当地政府或者有关部门按照国家有关规定给予医疗、抚恤、褒扬。

6.3　**国家层面应对工作**

森林草原火灾发生后,根据火灾严重程度、火场发展态势和当地扑救情况,国家层面应对工作设定Ⅳ级、Ⅲ级、Ⅱ级、Ⅰ级四个响应等级,并通知相关省(自治区、直辖市)根据响应等级落实相应措施。

6.3.1 Ⅳ级响应

6.3.1.1 启动条件

(1)过火面积超过500公顷的森林火灾或者过火面积超过5000公顷的草原火灾;

(2)造成1人以上3人以下死亡或者1人以上10人以下重伤的森林草原火灾;

(3)舆情高度关注,中共中央办公厅、国务院办公厅要求核查的森林草原火灾;

(4)发生在敏感时段、敏感地区,24小时尚未得到有效控制、发展态势持续蔓延扩大的森林草原火灾;

(5)发生距国界或者实际控制线5公里以内且对我

国森林草原资源构成一定威胁的境外森林火灾；

（6）发生距国界或者实际控制线5公里以外10公里以内且对我国森林草原资源构成一定威胁的境外草原火灾；

（7）同时发生3起以上危险性较大的森林草原火灾。

符合上述条件之一时，经国家森林草原防灭火指挥部办公室分析评估，认定灾情达到启动标准，由国家森林草原防灭火指挥部办公室常务副主任决定启动Ⅳ级响应。

6.3.1.2 响应措施

（1）国家森林草原防灭火指挥部办公室进入应急状态，加强卫星监测，及时连线调度火灾信息；

（2）加强对火灾扑救工作的指导，根据需要预告相邻省（自治区、直辖市）地方专业防扑火队伍、国家综合性消防救援队伍做好增援准备；

（3）根据需要提出就近调派应急航空救援飞机的建议；

（4）视情发布高森林草原火险预警信息；

（5）根据火场周边环境，提出保护重要目标物及重大危险源安全的建议；

（6）协调指导中央媒体做好报道。

6.3.2 Ⅲ级响应

6.3.2.1 启动条件

（1）过火面积超过1000公顷的森林火灾或者过火面积超过8000公顷的草原火灾；

（2）造成3人以上10人以下死亡或者10人以上50人以下重伤的森林草原火灾；

（3）发生在敏感时段、敏感地区，48小时尚未扑灭明火的森林草原火灾；

（4）境外森林火灾蔓延至我国境内；

（5）发生距国界或实际控制线5公里以内或者蔓延至我国境内的境外草原火灾。

符合上述条件之一时，经国家森林草原防灭火指挥部办公室分析评估，认定灾情达到启动标准，由国家森林草原防灭火指挥部办公室主任决定启动Ⅲ级响应。

6.3.2.2 响应措施

（1）国家森林草原防灭火指挥部办公室及时调度了解森林草原火灾最新情况，组织火场连线、视频会商调度和分析研判；根据需要派出工作组赶赴火场，协调、指导火灾扑救工作；

（2）根据需要调动相关地方专业防扑火队伍、国家综合性消防救援队伍实施跨省（自治区、直辖市）增援；

（3）根据需要调派应急航空救援飞机跨省（自治区、直辖市）增援；

（4）气象部门提供天气预报和天气实况服务，做好人工影响天气作业准备；

（5）指导做好重要目标物和重大危险源的保护；

（6）视情及时组织新闻发布会，协调指导中央媒体做好报道。

6.3.3 Ⅱ级响应

6.3.3.1 启动条件

（1）过火面积超过10000公顷的森林火灾或者过火面积超过15000公顷的草原火灾；

（2）造成10人以上30人以下死亡或者50人以上100人以下重伤的森林草原火灾；

（3）发生在敏感时段、敏感地区，72小时未得到有效控制的森林草原火灾；

（4）境外森林草原火灾蔓延至我国境内，72小时未得到有效控制。

符合上述条件之一时，经国家森林草原防灭火指挥部办公室分析评估，认定灾情达到启动标准并提出建议，由担任应急部主要负责同志的国家森林草原防灭火指挥部副总指挥决定启动Ⅱ级响应。

6.3.3.2 响应措施

在Ⅲ级响应的基础上，加强以下应急措施：

（1）国家森林草原防灭火指挥部组织有关成员单位召开会议联合会商，分析火险形势，研究扑救措施及保障工作；会同有关部门和专家组成工作组赶赴火场，协调、指导火灾扑救工作；

（2）根据需要增派地方专业防扑火队伍、国家综合性消防救援队伍跨省（自治区、直辖市）支援，增派应急航空救援飞机跨省（自治区、直辖市）参加扑火；

（3）协调调派解放军和武警部队跨区域参加火灾扑救工作；

（4）根据火场气象条件，指导、督促当地开展人工影响天气作业；

（5）加强重要目标物和重大危险源的保护；

（6）根据需要协调做好扑火物资调拨运输、卫生应急队伍增援等工作；

（7）视情及时组织新闻发布会，协调指导中央媒体做好报道。

6.3.4 Ⅰ级响应

6.3.4.1 启动条件

（1）过火面积超过100000公顷的森林火灾或者过火面积超过150000公顷的草原火灾（含入境火），火势持续蔓延；

(2)造成30人以上死亡或者100人以上重伤的森林草原火灾；

(3)国土安全和社会稳定受到严重威胁，有关行业遭受重创，经济损失特别巨大；

(4)火灾发生地省级人民政府已经没有能力和条件有效控制火场蔓延。

符合上述条件之一时，经国家森林草原防灭火指挥部办公室分析评估，认定灾情达到启动标准并提出建议，由国家森林草原防灭火指挥部总指挥决定启动Ⅰ级响应。必要时，国务院直接决定启动Ⅰ级响应。

6.3.4.2 响应措施

国家森林草原防灭火指挥部组织各成员单位依托应急部指挥中心全要素运行，由总指挥或者党中央、国务院指定的负责同志统一指挥调度；火场设国家森林草原防灭火指挥部火场前线指挥部，下设综合协调、抢险救援、医疗救治、火灾监测、通信保障、交通保障、社会治安、宣传报道等工作组；总指挥根据需要率工作组赴一线组织指挥火灾扑救工作，主要随行部门为副总指挥单位，其他随行部门根据火灾扑救需求确定。采取以下措施：

(1)组织火灾发生地省(自治区、直辖市)党委和政府开展抢险救援救灾工作；

(2)增调地方专业防扑火队伍、国家综合性消防救援队伍，解放军和武警部队等跨区域参加火灾扑救工作；增调应急航空救援飞机等扑火装备及物资支援火灾扑救工作；

(3)根据省级人民政府或者省级森林(草原)防(灭)火指挥机构的请求，安排生活救助物资，增派卫生应急队伍加强伤员救治，协调实施跨省(自治区、直辖市)转移受威胁群众；

(4)指导协助抢修通信、电力、交通等基础设施，保障应急通信、电力及救援人员和物资交通运输畅通；

(5)进一步加强重要目标物和重大危险源的保护，防范次生灾害；

(6)进一步加强气象服务，紧抓天气条件组织实施人工影响天气作业；

(7)建立新闻发布和媒体采访服务管理机制，及时、定时组织新闻发布会，协调指导中央媒体做好报道，加强舆论引导工作；

(8)决定森林草原火灾扑救其他重大事项。

6.3.5 启动条件调整

根据森林草原火灾发生的地区、时间敏感程度，受害森林草原资源损失程度，经济、社会影响程度，启动国家森林草原火灾应急响应的标准可酌情调整。

6.3.6 响应终止

森林草原火灾扑救工作结束后，由国家森林草原防灭火指挥部办公室提出建议，按启动响应的相应权限终止响应，并通知相关省(自治区、直辖市)。

7 综合保障

7.1 输送保障

增援扑火力量及携行装备的机动输送，近距离以摩托化方式为主，远程以高铁、航空方式投送，由铁路、民航部门下达输送任务，由所在地森林(草原)防(灭)火指挥机构、国家综合性消防救援队伍联系所在地铁路、民航部门实施。

7.2 物资保障

应急部、国家林草局会同国家发展改革委、财政部研究建立集中管理、统一调拨，平时服务、战时应急，采储结合、节约高效的应急物资保障体系。加强重点地区森林草原防灭火物资储备库建设，优化重要物资产能保障和区域布局，针对极端情况下可能出现的阶段性物资供应短缺，建立集中生产调度机制。科学调整中央储备规模结构，合理确定灭火、防护、侦通、野外生存和大型机械等常规储备规模，适当增加高技术灭火装备、特种装备器材储备。地方森林(草原)防(灭)火指挥机构根据本地森林草原防灭火工作需要，建立本级森林草原防灭火物资储备库，储备所需的扑火机具、装备和物资。

7.3 资金保障

县级以上地方人民政府应当将森林草原防灭火基础设施建设纳入本级国民经济和社会发展规划，将防灭火经费纳入本级财政预算，保障森林草原防灭火所需支出。

8 后期处置

8.1 火灾评估

县级以上地方人民政府组织有关部门对森林草原火灾发生原因、肇事者及受害森林草原面积和蓄积、人员伤亡、其他经济损失等情况进行调查和评估。必要时，上一级森林(草原)防(灭)火指挥机构可发督办函督导落实或者提级开展调查和评估。

8.2 火因火案查处

地方各级人民政府组织有关部门对森林草原火灾发生原因及时取证、深入调查，依法查处涉火案件，打击涉火违法犯罪行为，严惩火灾肇事者。

8.3 约谈整改

对森林草原防灭火工作不力导致人为火灾多发频发的地区，省级人民政府及其有关部门应及时约谈县级以上地方人民政府及其有关部门主要负责人,要求其采取措施及时整改。必要时,国家森林草原防灭火指挥部及其成员单位按任务分工直接组织约谈。

8.4 **责任追究**

为严明工作纪律,切实压实压紧各级各方面责任,对森林草原火灾预防和扑救工作中责任不落实、发现隐患不作为、发生事故隐瞒不报、处置不得力等失职渎职行为,依据有关法律法规追究属地责任、部门监管责任、经营主体责任、火源管理责任和组织扑救责任。有关责任追究按照《中华人民共和国监察法》等法律法规规定的权限、程序实施。

8.5 **工作总结**

各级森林(草原)防(灭)火指挥机构及时总结、分析火灾发生的原因和应吸取的经验教训,提出改进措施。党中央、国务院领导同志有重要指示批示的森林草原火灾和特别重大森林草原火灾,以及引起社会广泛关注和产生严重影响的重大森林草原火灾,扑救工作结束后,国家森林草原防灭火指挥部向国务院报送火灾扑救工作总结。

8.6 **表彰奖励**

根据有关规定,对在扑火工作中贡献突出的单位、个人给予表彰奖励;对扑火工作中牺牲人员符合评定烈士条件的,按有关规定办理。

9 附 则

9.1 **涉外森林草原火灾**

当发生境外火烧入或者境内火烧出情况时,已签订双边协定的按照协定执行;未签订双边协定的由国家森林草原防灭火指挥部、外交部共同研究,与相关国家联系采取相应处置措施进行扑救。

9.2 **预案演练**

国家森林草原防灭火指挥部办公室会同成员单位制定应急演练计划并定期组织演练。

9.3 **预案管理与更新**

预案实施后,国家森林草原防灭火指挥部会同有关部门组织预案学习、宣传和培训,并根据实际情况适时组织进行评估和修订。县级以上地方人民政府应急管理部门结合当地实际编制森林草原火灾应急预案,报本级人民政府批准,并报上一级人民政府应急管理部门备案,形成上下衔接、横向协同的预案体系。

9.4 **以上、以下、以内、以外的含义**

本预案所称以上、以内包括本数,以下、以外不包括本数。

9.5 **预案解释**

本预案由国家森林草原防灭火指挥部办公室负责解释。

9.6 **预案实施时间**

本预案自印发之日起实施。

附件:国家森林草原防灭火指挥部火场前线指挥部组成及任务分工

附件

国家森林草原防灭火指挥部
火场前线指挥部组成及任务分工

国家森林草原防灭火指挥部根据需要设立火场前线指挥部,下设相应的工作组。各工作组组成及任务分工如下:

一、综合协调组

由应急部牵头,外交部(仅涉外火灾时参加)、国家发展改革委、公安部、工业和信息化部、交通运输部、中国国家铁路集团有限公司、国家林草局、中国气象局、中国民航局、中央军委联合参谋部等部门和单位参加。

主要职责:传达贯彻党中央、国务院、中央军委指示;密切跟踪汇总森林草原火情和扑救进展,及时向中央报告,并通报国家森林草原防灭火指挥部各成员单位;综合协调内部日常事务,督办重要工作;视情协调国际救援队伍现场行动。

二、抢险救援组

由应急部牵头,外交部(仅涉外火灾时参加)、国家林草局等部门和单位参加。

主要职责:指导灾区制定现场抢险救援方案和组织实施工作;根据灾情变化,适时提出调整抢险救援力量的建议;协调调度应急救援队伍和物资参加抢险救援;指导社会救援力量参与抢险救援;组织协调现场应急处置有关工作;视情组织国际救援队伍开展现场行动。

三、医疗救治组

由国家卫生健康委牵头,中央军委后勤保障部等部门和单位参加。

主要职责:组织指导灾区医疗救助和卫生防疫工作;统筹协调医疗救护队伍和医疗器械、药品支援灾区;组织指导灾区转运救治伤员、做好伤亡统计;指导灾区、安置点防范和控制各种传染病等疫情暴发流行。

四、火灾监测组

由应急部牵头，国家林草局、中国气象局等部门和单位参加。

主要职责：组织火灾风险监测，指导次生衍生灾害防范；调度相关技术力量和设备，监视灾情发展；指导灾害防御和灾害隐患监测预警。

五、通信保障组

由工业和信息化部牵头，应急部、国家林草局等部门和单位参加。

主要职责：协调做好指挥机构在灾区时的通信和信息化组网工作；建立灾害现场指挥机构、应急救援队伍与应急部指挥中心以及其他指挥机构之间的通信联络；指导修复受损通信设施，恢复灾区通信。

六、交通保障组

由交通运输部牵头，公安部、应急部、中国民航局、中央军委后勤保障部、中国国家铁路集团有限公司等部门和单位参加。

主要职责：统筹协调做好应急救援力量赴灾区和撤离时的交通保障工作；指导灾区道路抢通抢修；协调抢险救灾物资、救援装备以及基本生活物资等交通保障。

七、军队工作组

由中央军委联合参谋部牵头，应急部等部门和单位参加。

主要职责：参加国家层面军地联合指挥，加强现地协调指导，保障军委联合指挥作战中心与国家森林草原防灭火指挥部建立直接对接。

八、专家支持组

由专家组成员组成。

主要职责：组织现场灾情会商研判，提供技术支持；指导现场监测预警和隐患排查工作；指导地方开展灾情调查和灾损评估；参与制定抢险救援方案。

九、灾情评估组

由国家林草局牵头，应急部等部门和单位参加。

主要职责：指导开展灾情调查和灾时跟踪评估，为抢险救灾决策提供信息支持；参与制定救援救灾方案。

十、群众生活组

由应急部牵头，外交部、国家发展改革委、民政部、财政部、住房城乡建设部、商务部、国家粮食和储备局、中国红十字会总会等部门和单位参加。

主要职责：制定受灾群众救助工作方案；下拨中央救灾款物并指导发放；统筹灾区生活必需品市场供应，指导灾区油、电、气等重要基础设施抢修；指导做好受灾群众紧急转移安置、过渡期救助和因灾遇难人员家属抚慰等工作；组织国内捐赠、国际援助接收等工作。

十一、社会治安组

由公安部牵头，相关部门和单位参加。

主要职责：做好森林草原火灾有关违法犯罪案件查处工作；指导协助灾区加强现场管控和治安管理工作；维护社会治安和道路交通秩序，预防和处置群体性事件，维护社会稳定；协调做好火场前线指挥部在灾区时的安全保卫工作。

十二、宣传报道组

由中央宣传部牵头，广电总局、国务院新闻办、应急部等部门和单位参加。

主要职责：统筹新闻宣传报道工作；指导做好现场发布会和新闻媒体服务管理；组织开展舆情监测研判，加强舆情管控；指导做好科普宣传；协调做好党和国家领导同志在灾区现场指导处置工作的新闻报道。

七、传染病防治与卫生应急

突发公共卫生事件应急条例

· 2003年5月9日中华人民共和国国务院令第376号公布

· 根据2011年1月8日《国务院关于废止和修改部分行政法规的决定》修订

第一章 总 则

第一条 为了有效预防、及时控制和消除突发公共卫生事件的危害，保障公众身体健康与生命安全，维护正常的社会秩序，制定本条例。

第二条 本条例所称突发公共卫生事件（以下简称突发事件），是指突然发生，造成或者可能造成社会公众健康严重损害的重大传染病疫情、群体性不明原因疾病、重大食物和职业中毒以及其他严重影响公众健康的事件。

第三条 突发事件发生后，国务院设立全国突发事件应急处理指挥部，由国务院有关部门和军队有关部门组成，国务院主管领导人担任总指挥，负责对全国突发事件应急处理的统一领导、统一指挥。

国务院卫生行政主管部门和其他有关部门，在各自的职责范围内做好突发事件应急处理的有关工作。

第四条 突发事件发生后，省、自治区、直辖市人民政府成立地方突发事件应急处理指挥部，省、自治区、直辖市人民政府主要领导人担任总指挥，负责领导、指挥本行政区域内突发事件应急处理工作。

县级以上地方人民政府卫生行政主管部门，具体负责组织突发事件的调查、控制和医疗救治工作。

县级以上地方人民政府有关部门，在各自的职责范围内做好突发事件应急处理的有关工作。

第五条 突发事件应急工作，应当遵循预防为主、常备不懈的方针，贯彻统一领导、分级负责、反应及时、措施果断、依靠科学、加强合作的原则。

第六条 县级以上各级人民政府应当组织开展防治突发事件相关科学研究，建立突发事件应急流行病学调查、传染源隔离、医疗救护、现场处置、监督检查、监测检验、卫生防护等有关物资、设备、设施、技术与人才资源储备，所需经费列入本级政府财政预算。

国家对边远贫困地区突发事件应急工作给予财政支持。

第七条 国家鼓励、支持开展突发事件监测、预警、反应处理有关技术的国际交流与合作。

第八条 国务院有关部门和县级以上地方人民政府及其有关部门，应当建立严格的突发事件防范和应急处理责任制，切实履行各自的职责，保证突发事件应急处理工作的正常进行。

第九条 县级以上各级人民政府及其卫生行政主管部门，应当对参加突发事件应急处理的医疗卫生人员，给予适当补助和保健津贴；对参加突发事件应急处理作出贡献的人员，给予表彰和奖励；对因参与应急处理工作致病、致残、死亡的人员，按照国家有关规定，给予相应的补助和抚恤。

第二章 预防与应急准备

第十条 国务院卫生行政主管部门按照分类指导、快速反应的要求，制定全国突发事件应急预案，报请国务院批准。

省、自治区、直辖市人民政府根据全国突发事件应急预案，结合本地实际情况，制定本行政区域的突发事件应急预案。

第十一条 全国突发事件应急预案应当包括以下主要内容：

（一）突发事件应急处理指挥部的组成和相关部门的职责；

（二）突发事件的监测与预警；

（三）突发事件信息的收集、分析、报告、通报制度；

（四）突发事件应急处理技术和监测机构及其任务；

（五）突发事件的分级和应急处理工作方案；

（六）突发事件预防、现场控制，应急设施、设备、救治药品和医疗器械以及其他物资和技术的储备与调度；

（七）突发事件应急处理专业队伍的建设和培训。

第十二条 突发事件应急预案应当根据突发事件的变化和实施中发现的问题及时进行修订、补充。

第十三条 地方各级人民政府应当依照法律、行政法规的规定，做好传染病预防和其他公共卫生工作，防范突发事件的发生。

县级以上各级人民政府卫生行政主管部门和其他有关部门，应当对公众开展突发事件应急知识的专门教育，增强全社会对突发事件的防范意识和应对能力。

第十四条　国家建立统一的突发事件预防控制体系。

县级以上地方人民政府应当建立和完善突发事件监测与预警系统。

县级以上各级人民政府卫生行政主管部门，应当指定机构负责开展突发事件的日常监测，并确保监测与预警系统的正常运行。

第十五条　监测与预警工作应当根据突发事件的类别，制定监测计划，科学分析、综合评价监测数据。对早期发现的潜在隐患以及可能发生的突发事件，应当依照本条例规定的报告程序和时限及时报告。

第十六条　国务院有关部门和县级以上地方人民政府及其有关部门，应当根据突发事件应急预案的要求，保证应急设施、设备、救治药品和医疗器械等物资储备。

第十七条　县级以上各级人民政府应当加强急救医疗服务网络的建设，配备相应的医疗救治药物、技术、设备和人员，提高医疗卫生机构应对各类突发事件的救治能力。

设区的市级以上地方人民政府应当设置与传染病防治工作需要相适应的传染病专科医院，或者指定具备传染病防治条件和能力的医疗机构承担传染病防治任务。

第十八条　县级以上地方人民政府卫生行政主管部门，应当定期对医疗卫生机构和人员开展突发事件应急处理相关知识、技能的培训，定期组织医疗卫生机构进行突发事件应急演练，推广最新知识和先进技术。

第三章　报告与信息发布

第十九条　国家建立突发事件应急报告制度。

国务院卫生行政主管部门制定突发事件应急报告规范，建立重大、紧急疫情信息报告系统。

有下列情形之一的，省、自治区、直辖市人民政府应当在接到报告1小时内，向国务院卫生行政主管部门报告：

（一）发生或者可能发生传染病暴发、流行的；

（二）发生或者发现不明原因的群体性疾病的；

（三）发生传染病菌种、毒种丢失的；

（四）发生或者可能发生重大食物和职业中毒事件的。

国务院卫生行政主管部门对可能造成重大社会影响的突发事件，应当立即向国务院报告。

第二十条　突发事件监测机构、医疗卫生机构和有关单位发现有本条例第十九条规定情形之一的，应当在2小时内向所在地县级人民政府卫生行政主管部门报告；接到报告的卫生行政主管部门应当在2小时内向本级人民政府报告，并同时向上级人民政府卫生行政主管部门和国务院卫生行政主管部门报告。

县级人民政府应当在接到报告后2小时内向设区的市级人民政府或者上一级人民政府报告；设区的市级人民政府应当在接到报告后2小时内向省、自治区、直辖市人民政府报告。

第二十一条　任何单位和个人对突发事件，不得隐瞒、缓报、谎报或者授意他人隐瞒、缓报、谎报。

第二十二条　接到报告的地方人民政府、卫生行政主管部门依照本条例规定报告的同时，应当立即组织力量对报告事项调查核实、确证，采取必要的控制措施，并及时报告调查情况。

第二十三条　国务院卫生行政主管部门应当根据发生突发事件的情况，及时向国务院有关部门和各省、自治区、直辖市人民政府卫生行政主管部门以及军队有关部门通报。

突发事件发生地的省、自治区、直辖市人民政府卫生行政主管部门，应当及时向毗邻省、自治区、直辖市人民政府卫生行政主管部门通报。

接到通报的省、自治区、直辖市人民政府卫生行政主管部门，必要时应当及时通知本行政区域内的医疗卫生机构。

县级以上地方人民政府有关部门，已经发生或者发现可能引起突发事件的情形时，应当及时向同级人民政府卫生行政主管部门通报。

第二十四条　国家建立突发事件举报制度，公布统一的突发事件报告、举报电话。

任何单位和个人有权向人民政府及其有关部门报告突发事件隐患，有权向上级人民政府及其有关部门举报地方人民政府及其有关部门不履行突发事件应急处理职责，或者不按照规定履行职责的情况。接到报告、举报的有关人民政府及其有关部门，应当立即组织对突发事件隐患、不履行或者不按照规定履行突发事件应急处理职责的情况进行调查处理。

对举报突发事件有功的单位和个人，县级以上各级人民政府及其有关部门应当予以奖励。

第二十五条　国家建立突发事件的信息发布制度。

国务院卫生行政主管部门负责向社会发布突发事件的信息。必要时,可以授权省、自治区、直辖市人民政府卫生行政主管部门向社会发布本行政区域内突发事件的信息。

信息发布应当及时、准确、全面。

第四章　应急处理

第二十六条　突发事件发生后,卫生行政主管部门应当组织专家对突发事件进行综合评估,初步判断突发事件的类型,提出是否启动突发事件应急预案的建议。

第二十七条　在全国范围内或者跨省、自治区、直辖市范围内启动全国突发事件应急预案,由国务院卫生行政主管部门报国务院批准后实施。省、自治区、直辖市启动突发事件应急预案,由省、自治区、直辖市人民政府决定,并向国务院报告。

第二十八条　全国突发事件应急处理指挥部对突发事件应急处理工作进行督察和指导,地方各级人民政府及其有关部门应当予以配合。

省、自治区、直辖市突发事件应急处理指挥部对本行政区域内突发事件应急处理工作进行督察和指导。

第二十九条　省级以上人民政府卫生行政主管部门或者其他有关部门指定的突发事件应急处理专业技术机构,负责突发事件的技术调查、确证、处置、控制和评价工作。

第三十条　国务院卫生行政主管部门对新发现的突发传染病,根据危害程度、流行强度,依照《中华人民共和国传染病防治法》的规定及时宣布为法定传染病;宣布为甲类传染病的,由国务院决定。

第三十一条　应急预案启动前,县级以上各级人民政府有关部门应当根据突发事件的实际情况,做好应急处理准备,采取必要的应急措施。

应急预案启动后,突发事件发生地的人民政府有关部门,应当根据预案规定的职责要求,服从突发事件应急处理指挥部的统一指挥,立即到达规定岗位,采取有关的控制措施。

医疗卫生机构、监测机构和科学研究机构,应当服从突发事件应急处理指挥部的统一指挥,相互配合、协作,集中力量开展相关的科学研究工作。

第三十二条　突发事件发生后,国务院有关部门和县级以上地方人民政府及其有关部门,应当保证突发事件应急处理所需的医疗救护设备、救治药品、医疗器械等物资的生产、供应;铁路、交通、民用航空行政主管部门应当保证及时运送。

第三十三条　根据突发事件应急处理的需要,突发事件应急处理指挥部有权紧急调集人员、储备的物资、交通工具以及相关设施、设备;必要时,对人员进行疏散或者隔离,并可以依法对传染病疫区实行封锁。

第三十四条　突发事件应急处理指挥部根据突发事件应急处理的需要,可以对食物和水源采取控制措施。

县级以上地方人民政府卫生行政主管部门应当对突发事件现场等采取控制措施,宣传突发事件防治知识,及时对易受感染的人群和其他易受损害的人群采取应急接种、预防性投药、群体防护等措施。

第三十五条　参加突发事件应急处理的工作人员,应当按照预案的规定,采取卫生防护措施,并在专业人员的指导下进行工作。

第三十六条　国务院卫生行政主管部门或者其他有关部门指定的专业技术机构,有权进入突发事件现场进行调查、采样、技术分析和检验,对地方突发事件的应急处理工作进行技术指导,有关单位和个人应当予以配合;任何单位和个人不得以任何理由予以拒绝。

第三十七条　对新发现的突发传染病、不明原因的群体性疾病、重大食物和职业中毒事件,国务院卫生行政主管部门应当尽快组织力量制定相关的技术标准、规范和控制措施。

第三十八条　交通工具上发现根据国务院卫生行政主管部门的规定需要采取应急控制措施的传染病病人、疑似传染病病人,其负责人应当以最快的方式通知前方停靠点,并向交通工具的营运单位报告。交通工具的前方停靠点和营运单位应当立即向交通工具营运单位行政主管部门和县级以上地方人民政府卫生行政主管部门报告。卫生行政主管部门接到报告后,应当立即组织有关人员采取相应的医学处置措施。

交通工具上的传染病病人密切接触者,由交通工具停靠点的县级以上各级人民政府卫生行政主管部门或者铁路、交通、民用航空行政主管部门,根据各自的职责,依照传染病防治法律、行政法规的规定,采取控制措施。

涉及国境口岸和入出境的人员、交通工具、货物、集装箱、行李、邮包等需要采取传染病应急控制措施的,依照国境卫生检疫法律、行政法规的规定办理。

第三十九条　医疗卫生机构应当对因突发事件致病的人员提供医疗救护和现场救援,对就诊病人必须接诊治疗,并书写详细、完整的病历记录;对需要转送的病人,应当按照规定将病人及其病历记录的复印件转送至接诊的或者指定的医疗机构。

医疗卫生机构内应当采取卫生防护措施，防止交叉感染和污染。

医疗卫生机构应当对传染病病人密切接触者采取医学观察措施，传染病病人密切接触者应当予以配合。

医疗机构收治传染病病人、疑似传染病病人，应当依法报告所在地的疾病预防控制机构。接到报告的疾病预防控制机构应当立即对可能受到危害的人员进行调查，根据需要采取必要的控制措施。

第四十条　传染病暴发、流行时，街道、乡镇以及居民委员会、村民委员会应当组织力量，团结协作，群防群治，协助卫生行政主管部门和其他有关部门、医疗卫生机构做好疫情信息的收集和报告、人员的分散隔离、公共卫生措施的落实工作，向居民、村民宣传传染病防治的相关知识。

第四十一条　对传染病暴发、流行区域内流动人口，突发事件发生地的县级以上地方人民政府应当做好预防工作，落实有关卫生控制措施；对传染病病人和疑似传染病病人，应当采取就地隔离、就地观察、就地治疗的措施。对需要治疗和转诊的，应当依照本条例第三十九条第一款的规定执行。

第四十二条　有关部门、医疗卫生机构应当对传染病做到早发现、早报告、早隔离、早治疗，切断传播途径，防止扩散。

第四十三条　县级以上各级人民政府应当提供必要资金，保障因突发事件致病、致残的人员得到及时、有效的救治。具体办法由国务院财政部门、卫生行政主管部门和劳动保障行政主管部门制定。

第四十四条　在突发事件中需要接受隔离治疗、医学观察措施的病人、疑似病人和传染病病人密切接触者在卫生行政主管部门或者有关机构采取医学措施时应当予以配合；拒绝配合的，由公安机关依法协助强制执行。

第五章　法律责任

第四十五条　县级以上地方人民政府及其卫生行政主管部门未依照本条例的规定履行报告职责，对突发事件隐瞒、缓报、谎报或者授意他人隐瞒、缓报、谎报的，对政府主要领导人及其卫生行政主管部门主要负责人，依法给予降级或者撤职的行政处分；造成传染病传播、流行或者对社会公众健康造成其他严重危害后果的，依法给予开除的行政处分；构成犯罪的，依法追究刑事责任。

第四十六条　国务院有关部门、县级以上地方人民政府及其有关部门未依照本条例的规定，完成突发事件应急处理所需要的设施、设备、药品和医疗器械等物资的生产、供应、运输和储备的，对政府主要领导人和政府部门主要负责人依法给予降级或者撤职的行政处分；造成传染病传播、流行或者对社会公众健康造成其他严重危害后果的，依法给予开除的行政处分；构成犯罪的，依法追究刑事责任。

第四十七条　突发事件发生后，县级以上地方人民政府及其有关部门对上级人民政府有关部门的调查不予配合，或者采取其他方式阻碍、干涉调查的，对政府主要领导人和政府部门主要负责人依法给予降级或者撤职的行政处分；构成犯罪的，依法追究刑事责任。

第四十八条　县级以上各级人民政府卫生行政主管部门和其他有关部门在突发事件调查、控制、医疗救治工作中玩忽职守、失职、渎职的，由本级人民政府或者上级人民政府有关部门责令改正、通报批评、给予警告；对主要负责人、负有责任的主管人员和其他责任人员依法给予降级、撤职的行政处分；造成传染病传播、流行或者对社会公众健康造成其他严重危害后果的，依法给予开除的行政处分；构成犯罪的，依法追究刑事责任。

第四十九条　县级以上各级人民政府有关部门拒不履行应急处理职责的，由同级人民政府或者上级人民政府有关部门责令改正、通报批评、给予警告；对主要负责人、负有责任的主管人员和其他责任人员依法给予降级、撤职的行政处分；造成传染病传播、流行或者对社会公众健康造成其他严重危害后果的，依法给予开除的行政处分；构成犯罪的，依法追究刑事责任。

第五十条　医疗卫生机构有下列行为之一的，由卫生行政主管部门责令改正、通报批评、给予警告；情节严重的，吊销《医疗机构执业许可证》；对主要负责人、负有责任的主管人员和其他直接责任人员依法给予降级或者撤职的纪律处分；造成传染病传播、流行或者对社会公众健康造成其他严重危害后果，构成犯罪的，依法追究刑事责任：

（一）未依照本条例的规定履行报告职责，隐瞒、缓报或者谎报的；

（二）未依照本条例的规定及时采取控制措施的；

（三）未依照本条例的规定履行突发事件监测职责的；

（四）拒绝接诊病人的；

（五）拒不服从突发事件应急处理指挥部调度的。

第五十一条　在突发事件应急处理工作中，有关单位和个人未依照本条例的规定履行报告职责，隐瞒、缓报或者谎报，阻碍突发事件应急处理工作人员执行职务，拒绝国务院卫生行政主管部门或者其他有关部门指定的专业技术机构进入突发事件现场，或者不配合调查、采样、技术分析和检验的，对有关责任人员依法给予行政处分或者纪律处分；触犯《中华人民共和国治安管理处罚法》，构成违反治安管理行为的，由公安机关依法予以处罚；构成犯罪的，依法追究刑事责任。

第五十二条 在突发事件发生期间，散布谣言、哄抬物价、欺骗消费者，扰乱社会秩序、市场秩序的，由公安机关或者工商行政管理部门依法给予行政处罚；构成犯罪的，依法追究刑事责任。

第六章 附 则

第五十三条 中国人民解放军、武装警察部队医疗卫生机构参与突发事件应急处理的，依照本条例的规定和军队的相关规定执行。

第五十四条 本条例自公布之日起施行。

国家卫生应急队伍管理办法

·2024年3月19日
·国卫医急发〔2024〕11号

第一章 总 则

第一条 为加强和规范国家卫生应急队伍建设与管理，全面提升国家卫生应急队伍的应急处置能力和水平，依据《中华人民共和国突发事件应对法》《突发公共卫生事件应急条例》等法律法规，以及《国家突发公共卫生事件应急预案》《国家突发公共事件医疗卫生救援应急预案》等预案，制定本办法。

第二条 本办法所称国家卫生应急队伍（含国家卫生应急移动处置中心），是指由国务院卫生健康行政部门（国务院中医药主管部门、国务院疾控主管部门）建设与管理，参与特别重大及其他需要响应的突发事件现场卫生应急处置的专业医疗卫生救援队伍。国家卫生应急队伍主要分为紧急医学救援类、重大疫情医疗应急类、突发中毒事件处置类、核和辐射突发事件卫生应急类（上述4类队伍由国务院卫生健康行政部门负责建设管理）、中医应急医疗类（国务院中医药主管部门负责建设管理）、突发急性传染病防控类（国务院疾控主管部门负责建设管理）。国家卫生应急队伍成员（以下简称队员）来自医疗卫生等机构，平时承担所在单位日常工作，应急时承担卫生应急处置任务。

第三条 省级、地市级和县级卫生健康行政部门（中医药主管部门、疾控主管部门）要根据突发事件风险评估，加强地方卫生应急队伍建设，原则上所有医疗卫生机构均应具备卫生应急处置能力，形成完善的卫生应急队伍体系。

第四条 卫生应急队伍建设与管理坚持以习近平新时代中国特色社会主义思想为指导，全面贯彻党中央、国务院的决策部署；坚持“人民至上、生命至上”，始终把人民群众生命安全放在首位；按照“统一指挥、纪律严明，反应迅速、处置高效，平战结合、布局合理，立足国内、面向国际”的原则，根据地域和突发事件等特点，统筹建设和管理卫生应急队伍。各地要强化队伍指挥调度、组织协同，开展实战化训练演练，注重提高信息化、智能化水平，着力提升队伍突发事件应对能力和社会参与程度。

第五条 卫生应急队伍要贯彻“以健康为中心”的原则，加强医防协同，强化公共卫生人员配备，完善医防协同机制，加强突发公共卫生事件研判评估、流行病学调查和溯源等培训，有效减少突发公共卫生事件发生和传播，保障公共卫生安全。

第六条 本办法适用于国家卫生应急队伍的建设和管理（突发急性传染病防控类队伍管理办法由国务院疾控主管部门另行制定，以下所称国家卫生应急队伍均不含突发急性传染病防控类队伍）。地方各级卫生健康行政部门（中医药主管部门）参照本办法制定本级卫生应急队伍管理办法或规定。

第二章 队伍建设

第七条 国务院卫生健康行政部门（国务院中医药主管部门）负责国家卫生应急队伍的总体规划、建设和管理，并委托省级卫生健康行政部门和中医药主管部门（以下简称委托建设单位）具体承担国家卫生应急队伍组建和管理工作；国家卫生应急队伍所在单位（以下简称承建单位）具体承担国家卫生应急队伍的组建和日常管理工作。紧急医学救援类、重大疫情医疗应急类、中医应急医疗类国家卫生应急队伍承建单位须为三级甲等医院，国家医学中心、国家区域医疗中心和国家临床重点专科所在单位优先。

国家卫生应急队伍由国务院卫生健康行政部门（国务院中医药主管部门）负责组织评估确认，符合国家卫生应急队伍条件的，承担国家卫生应急任务并履行相应职责。

第八条 国家卫生应急队伍主要由卫生应急管理人员、医疗卫生专业人员、技术保障和后勤保障人员构成。应急管理和医疗卫生专业人员每队30人以上，设队长1名，副队长2~3名，每支队伍配30人以上的后备人员

(国家卫生应急队伍人员构成要求见附件1)。

第九条 队员遴选条件:

(一)政治坚定过硬,热爱卫生应急事业,忠实履行职责和义务;具有奉献、敬业、团队合作精神;

(二)身体健康,年龄原则上不超过50周岁;

(三)熟练掌握相关专业知识和技能;

(四)接受过卫生应急培训或参与过突发事件卫生应急处置工作者优先考虑。

(五)在同等条件下,外语沟通能力强的优先考虑。

第十条 队员的遴选按照本人自愿申请,承建单位推荐,委托建设单位审定,报国务院卫生健康行政部门(国务院中医药主管部门)备案的程序进行(队员审批表见附件2)。对于超龄(大于60周岁)或者身体状况不满足应急救援任务的队员应准予退出队伍,承建单位报告委托建设单位核准终止任用,并报国务院卫生健康行政部门(国务院中医药主管部门)备案。

第十一条 队伍应加强装备建设和各项应急预案、标准操作指南制定,队伍功能应满足以下最低标准:

紧急医学救援类:每天能开展20台损伤控制手术,每天能接诊200名急诊和门诊患者,开设20张留观病床,重点加强创伤处理能力;实现14天自我保障。

重大疫情医疗应急类:每天能完成1000人次以上的实验室检测,每天能接诊200名门诊患者,具备5例以上重症传染性疾病患者的紧急处置能力;具备隔离转运能力和流行病学调查能力;能实现10天自我保障。

突发中毒事件处置类:能够开展现场流行病学调查、应急监测与风险评估、毒物采样与快速检测、中毒救治指导、健康监护等,实现7天自我保障。

核和辐射突发事件卫生应急类:能够开展伤员体表放射性污染检测、局部和全身去污洗消、内外照射患者剂量估算和医学救治、食品和饮用水放射性监测、健康教育和现场心理救援等,实现7天自我保障。

中医应急医疗类:具备传染病检测、应急处置和转运能力,每天能接收200名门诊和急诊患者,可开展损伤控制手术3~5台,重点开展突发事件相关疾病的中医和中西医结合救治;实现7天自我保障。

第十二条 队伍应强化信息化建设,实现队伍与后方指挥部的联通,加强队伍人员、装备的信息化和智能化管理。

第三章 职责、权利和义务

第十三条 国务院卫生健康行政部门履行以下职责:

(一)负责紧急医学救援、重大疫情医疗应急、突发中毒事件处置、核和辐射突发事件卫生应急四类国家卫生应急队伍总体规划布局,指导四类队伍建设和管理工作;

(二)统一指挥和调度紧急医学救援、重大疫情医疗应急、突发中毒事件处置、核和辐射突发事件卫生应急四类国家卫生应急队伍;

(三)组织指导紧急医学救援、重大疫情医疗应急、突发中毒事件处置、核和辐射突发事件卫生应急四类国家卫生应急队伍的培训和演练工作。

国务院中医药主管部门履行以下职责:

(一)负责国家中医应急医疗队伍的总体规划布局,指导国家中医应急医疗队伍建设和管理工作;

(二)与国务院卫生健康行政部门建立协调联动机制,统一指挥和调度国家中医应急医疗队伍,确保中医药第一时间参与新发突发传染病防治和突发事件卫生应急救治工作;

(三)组织开展中医应急救治专项培训,并根据情况适时组织跨地区联合演练。

第十四条 委托建设单位履行以下职责:

(一)负责国家卫生应急队伍的组建,组织、协调和指导承建单位做好国家卫生应急队伍日常管理;

(二)指导承建单位开展国家卫生应急队伍的培训和演练;

(三)制订国家卫生应急队伍具体管理方案。

第十五条 承建单位履行以下职责:

(一)积极支持队员参与国家卫生应急工作,不得以任何理由推诿、拖延、妨碍队员参加卫生应急工作;

(二)保障队员在执行卫生应急任务期间及演训练期间的工资、津贴、奖金及其他福利待遇。保障队员在执行卫生应急任务期间及演训练期间的生命健康安全,为队员购置保险;

(三)负责国家卫生应急队伍的组建和日常管理;

(四)具体组织实施国家卫生应急队伍的培训和演练。

第十六条 国家卫生应急队伍履行以下职责:

(一)按照国务院卫生健康行政部门(国务院中医药主管部门)的调遣,参加卫生应急行动;

(二)向国务院卫生健康行政部门(国务院中医药主管部门)和委托建设单位提出有关卫生应急工作建议;

(三)参与研究、制订卫生应急队伍的建设、发展计划和技术方案;

（四）加强培训、演练，形成实战能力；

（五）向公众普及紧急医学救援知识和技能；

（六）承担国务院卫生健康行政部门（国务院中医药主管部门）委托的其他工作。

第十七条 队员享有以下权利：

（一）享有执行卫生应急任务的知情权；

（二）享受执行卫生应急任务的加班、高风险、特殊地区等国家规定的各项工资福利待遇的权利；

（三）享有执行卫生应急任务期间队伍所在单位按规定购置人身意外伤害保险的权利；

（四）享受接受卫生应急专业培训和演练的权利；

（五）享受优先获取卫生应急相关工作资料的权利；

（六）享有卫生应急工作建议权。

第十八条 队员应承担以下义务：

（一）服从上级的统一领导，服从工作安排，遵守纪律，保守国家秘密；

（二）及时报告在执行卫生应急任务中发现的特殊情况；

（三）提出卫生应急工作建议；

（四）做好卫生应急响应准备，参加卫生应急相关培训和演练，随时听候调派实施现场医疗卫生救援、伤病员救治；

（五）参与对省级及以下卫生应急队伍的业务培训、提供技术咨询和相关工作指导。

第四章 队伍管理

第十九条 队员原则上 3 年进行一次调整，符合条件的可继续留任。因健康、出国（1 年以上）或其他原因不能履行其职责和义务者，经委托建设单位核准终止任用，遴选其他符合条件者增补至队伍，并及时报国务院卫生健康行政部门（国务院中医药主管部门）备案。

第二十条 承建单位建立应急值守制度，队员要保持通讯畅通；当联系方式变更时，应第一时间告知队长，及时报告委托建设单位更新相关信息，确保国家卫生应急队伍数据库信息准确。

第二十一条 委托建设单位应当按照《突发事件医疗应急工作管理办法（试行）》等相关要求，根据国务院卫生健康行政部门（国务院中医药主管部门）统一安排，制订国家卫生应急队伍年度培训和演练计划，开展相关活动，鼓励队伍开展巡诊义诊、紧急医学救援知识和技能普及"进企业、进社区、进学校、进农村、进家庭"等平急结合活动。

第二十二条 国家卫生应急队伍（不包括军队和武警卫生应急队伍）由国务院卫生健康行政部门（国务院中医药主管部门）指挥调度，国务院卫生健康行政部门（国务院中医药主管部门）向委托建设单位发出调用函，委托建设单位督促承建单位接到命令后 2 小时内完成各项准备随时出发，前往突发事件现场开展卫生应急救援；紧急情况下，可采取先调用、后补手续的方式。委托建设单位可经国务院卫生健康行政部门（国务院中医药主管部门）同意调遣国家卫生应急队伍；执行援外任务时，应由国务院卫生健康行政部门（国务院中医药主管部门）统一指挥调度。应急队伍执行任务时，国务院卫生健康行政部门（国务院中医药主管部门）或委托建设单位应协调受援当地政府提供支持。

第二十三条 国家卫生应急队伍在开展现场卫生应急处置工作时，接受突发事件现场指挥部指挥，加强与在现场参与突发事件处置工作其他应急队伍的信息沟通与协调，并遵守现场管理规定和相关工作规范等，定期向国务院卫生健康行政部门（国务院中医药主管部门）和委托建设单位报告工作进展，遇特殊情况随时上报。地方卫生健康行政部门（中医药主管部门）、医疗卫生机构提供必要的工作支持，协助国家卫生应急队伍完成相关工作。

现场卫生应急处置工作实行队长负责制，队员要服从队长指令，履行各自分工和职责。

第二十四条 队伍完成卫生应急任务后，由国务院卫生健康行政部门（国务院中医药主管部门）通知委托建设单位实施撤离，并由队长负责按要求提交卫生应急处置工作总结报告和相关文字、影像等资料。

第二十五条 执行国际医疗卫生救援任务时，应当遵循通行的国际惯例，遵守所在国的法律法规，尊重当地风俗习惯，维护国家尊严和形象。

第五章 装备物资管理

第二十六条 承建单位参照《卫生应急队伍装备参考目录（试行）》，对国家卫生应急队伍进行装备，并制定相应的管理制度；参照《国家卫生应急队伍标识（试行）》要求，规范使用标识的内容、样式、颜色、比例。按照政府采购法律规定开展采购活动，队伍装备纳入承建单位固定资产管理。

第二十七条 委托建设单位应指导承建单位建立仓储管理制度，定期对装备物资进行维护和更新工作，保证队伍装备物资状况良好，运行正常。

第二十八条 在卫生应急行动中，国务院卫生健康行政部门（国务院中医药主管部门）可以根据需要，对国家卫生应急队伍装备物资进行统一调配。

第二十九条　中央财政对国家卫生应急队伍装备、培训和演练等经费给予必要支持，任何单位或个人不得克扣、挪用或变相克扣、挪用国家卫生应急队伍装备、培训和演练等经费。

第六章　奖励与处罚

第三十条　国家卫生应急队员现场工作表现突出者、委托建设单位或承建单位完成国家卫生应急任务出色者，根据国家有关规定予以表彰或奖励。

第三十一条　国家卫生应急队员或其所在单位，在卫生应急行动中不服从调派、不认真履职、违反相关制度和纪律者，经委托建设单位核实，报由国务院卫生健康行政部门（国务院中医药主管部门）审核确认，对队员予以除名，并对其所在单位予以内部通报。如因失职等原因造成突发事件危害扩大，产生严重后果的，依法追究相关单位和当事人责任。

第三十二条　本办法自印发之日起施行，《国家卫生应急队伍管理办法（试行）》（卫办应急发〔2010〕183号）同时废止。

附件：1. 国家卫生应急队伍人员构成要求（略）

2. 国家卫生应急队员推荐审批表（略）

3. 国家卫生应急队员誓言（略）

突发事件医疗应急工作管理办法（试行）

· 2023年12月8日

· 国卫医急发〔2023〕37号

第一章　总　则

第一条　为明确突发事件医疗应急工作机制与流程，规范、高效做好各类突发事件紧急医学救援，避免和减少人员伤亡，保障人民群众生命安全和身体健康，依据《中华人民共和国突发事件应对法》《中华人民共和国基本医疗卫生与促进法》《突发公共卫生事件应急条例》《国家突发公共事件总体应急预案》《国家突发公共卫生事件应急预案》《国家突发公共事件医疗卫生救援应急预案》等国家有关法律法规、规章制度和工作预案，制定本办法。

第二条　按照“人民至上、生命至上、报告及时、快速处置、分级响应、平急结合”的原则，以高度负责的精神，做到早发现、早报告、早处置，拓宽信息渠道，及时、准确、全面报告突发事件信息，有力、有序、有效开展医疗应急工作。

第三条　本办法所称突发事件，是指突然发生，造成或者可能造成严重社会危害，需要采取应急处置措施予以应对的自然灾害、事故灾难、公共卫生事件和社会安全事件。

第四条　本办法适用于国家突发事件医疗应急管理，地方各级卫生健康行政部门可参照本办法制定本级突发事件医疗应急管理办法或规定。

第二章　突发事件医疗应急信息的发现和报告

第五条　突发事件医疗应急相关信息的发现途径包括：

（一）各地、各有关单位报告的信息。地方各级卫生健康行政部门要重视发挥院前医疗急救网络作用。相关医疗机构获悉事发地人员伤亡情况后，应第一时间向属地卫生健康行政部门报告信息。

（二）新闻媒体报道中涉及的信息、社会公众报告、其他部门通报和上级部门反馈等。建立健全与应急管理、市场监管等部门的信息报送机制，及时共享突发事件信息。

要加强应急值守，保持通讯24小时畅通，提高信息报告人员素质，提升信息时效和质量，力争第一时间获取有效信息，为保障人民群众身体健康赢得宝贵时间。

第六条　任何单位和个人均有权向所在地人民政府、有关主管部门或者指定的专业机构报告突发事件及其隐患。县级以上卫生健康行政部门、各级各类医疗卫生机构及卫生健康行政部门指定的突发事件监测机构等为突发事件医疗应急信息责任报告单位，应依据各自职责和相关要求向地方人民政府和（或）卫生健康行政部门报告。

第七条　责任报告单位应当按照有关规定及时报告突发事件及其处置情况。获得突发事件相关信息，责任报告单位应当在2小时内向属地卫生健康行政部门报告。属地卫生健康行政部门应当尽快组织现场医疗应急处置，同时进行信息报告；接到突发事件相关信息报告的卫生健康行政部门，应根据事件的不同级别，采取相应的应对措施，并在2小时内同时向本级人民政府和上一级卫生健康行政部门报告。如尚未达到突发事件标准，应当密切跟踪事态发展，及时报告事态变化。

对死亡和危重病例超过5例的重大及以上级别突发事件，或可能引发重大及以上级别突发事件的，省级卫生健康行政部门接到报告2小时内报告国家卫生健康委，伤亡情况暂时不清时先报告事件情况，伤亡情况通过进展报告报送，省级以下卫生健康行政部门可直接上报国家卫生健康委,同时抄送上级卫生健康行政部门,国家卫生健康委接到报告后应当及时向国务院报告。

第八条　根据事件发生、发展、控制过程分为初次报告、进展报告、结案报告。初次报告一般应包括以下内容:事件发生或发现时间、地点、事件类型、已造成人员伤亡情况、伤病员检伤分类、初步诊断;调派医务人员、救护车、医疗应急队伍和省、市专家等医疗资源情况;卫生健康系统受损情况、拟进一步采取的医疗应急措施以及请求支援事项。进展报告应包括已实施的救治策略和方案,后续医疗救治方案,并及时更新伤病员救援、医疗救治和病情转归进展等。结案报告应包括伤病员死亡情况、治愈情况等,对突发事件医疗救治工作进行总结分析。

对重大及以上级别突发事件,省级卫生健康行政部门应由专人对接各救治医疗机构,实时掌握伤病员救治情况,与国家卫生健康委保持24小时信息畅通;特别重大事件每日报告,重大事件隔日报告。

第九条　建立倒查追究制度。加强检查指导,努力提高信息报告的时效性和准确性。对迟报、漏报、谎报、瞒报的单位,坚决按照相关规定,依法依规追究相关人员责任。地方各级卫生健康行政部门应每年对各地突发事件信息报送工作进行评估。任何单位和个人均有权向政府部门举报不履行或不按规定履行突发事件医疗应急职责的部门、单位及个人。

第三章　突发事件医疗应急处置

第十条　突发事件医疗应急处置遵循分级负责、属地管理为主的原则,地方各级卫生健康行政部门应当建立突发事件的应急响应机制,根据突发事件类型,启动应急响应,在属地党委和人民政府领导下,加强部门协同,完善应急力量,快速反应、高效应对各类突发事件,开展医疗救援。

第十一条　卫生健康行政部门根据现场医疗救治需求,按照预案要求制订医疗救援方案,统一指挥调动医疗资源,迅速开展医疗救援工作。对伤病员进行检伤分类,开展现场救治、合理转运,分级分类开展救治,危险化学品、核辐射事件的伤病员应及时转运到专业医疗机构救治。

重大及以上级别突发事件,应统筹组织本省域医疗资源,开展现场救治和转运等工作。国家卫生健康委派出相关领域专家指导医疗救治工作,必要时调派医疗应急队伍予以支援。相邻省份应做好本省份国家、省级医疗应急队伍支援准备工作,随时接受调派。

第十二条　医务人员应当按照相关规范和标准对伤病员进行初次检伤分类、持续评估,分别用绿、黄、红、黑四种颜色,对轻、重、危重伤病员和死亡人员进行分类,标记在伤病员或死亡人员的手腕或脚踝等明显部位,以便按照类别开展处置。危重症患者标红色标,应第一优先处置、转送;重症患者标黄色标,第二优先处置、转送;轻症患者标绿色标,可第三优先处置、转送;死亡者标黑色标。

第十三条　在确保安全的前提下,按照“最快到达”原则将伤病员迅速转送至具备治疗条件的医疗机构,对于传染病患者,应根据《中华人民共和国传染病防治法》等相关法律法规要求转送至指定的救治医疗机构。在医疗应急救援中,应综合考虑伤病员情况、地理环境、医疗救治条件和能力等因素,科学选择转运方式和收治医院。需要远距离转运的,协调民航、铁路、交通等部门协助解决医疗救援有关交通事宜。伤病员现场经治的医疗文书要与接纳后送伤病员的医疗机构做好交接。

第十四条　伤病员救治应按照集中资源、集中专家、集中伤病员、集中救治的“四集中”原则,首选收治在医疗救治能力和综合水平强的二级以上综合医院、中医医院和中西医结合医院,成立医疗救治工作组,统一指挥、统一部署、统筹资源开展医疗救治工作。根据分级分层分类救治的原则,相应的卫生健康行政部门组织成立专家组,对伤病员病情进行评估,重症患者应按照“一人一策”原则进行救治,必要时开展多学科会诊和远程会诊,保证救治质量。同时,做好伤病员及家属、相关工作人员等重点人群以及公众的心理援助工作。特别重大、重大和较大突发事件伤病员集中收治工作完成、批量伤病员得到有效救治、结束集中收治工作后,对医疗应急工作进行总结,提出工作建议。

第四章　突发事件医疗应急保障

第十五条　各级卫生健康行政部门应当按照“统一组织、平急结合、因地制宜、分类管理、分级负责、协调运转”的原则,根据灾害灾难、传染病疫情、中毒、核辐射等不同类别的紧急医学救援组建医疗应急队伍,以有效应对辖区内发生的突发事件,必要时根据有关指令开展辖区外处置支援。各级各类医疗机构根据本单位的职能,成立相应的应急队伍。医疗应急队伍以现场救援、转运后送、院内救治为主要任务。

(一)队员组成。队伍成员应根据应对事件的不同类型,从医疗卫生机构等选择政治合格、年富力强、有实践经验的人员组成。

（二）队伍装备。队伍装备应实现集成化和自我保障化，分为通用性和专业类装备。通用性保障装备主要包括个人生活用品（携行）、后勤保障装备、指挥通讯装备、办公装备、徽章标志和交通装备等；医疗救治专业类装备根据重大灾害、传染病、中毒、核辐射等不同事件类别配备，主要包括救治设备、防护装备，诊断、检测装备，现场处置类装备，药品器材等。

（三）队伍管理。国家医疗应急队伍的建设和管理具体按照《国家卫生应急队伍管理办法（试行）》执行，地方各级医疗应急队伍管理参照执行。各级卫生健康行政部门可依托"医疗应急指挥信息系统"建立队伍成员和装备资料库，实行信息化管理，及时更新信息资料。

第十六条　各级卫生健康行政部门要依托综合实力强的医疗机构加强紧急医学救援基地、重大传染病防治基地的建设和管理，提高大规模收治伤病员能力和医疗应急演训、科研、物资储备能力。

第十七条　各级卫生健康行政部门建立辖区内的医疗应急专家库，负责更新本级医疗应急专家库。发生突发事件时，卫生健康行政部门应及时从专家库调用专家，书面通知派出人员所在单位，紧急情况下可先电话通知。

（一）专家遴选。政治合格，在临床医学、灾害管理学、法学等领域工作5年以上，具有一定专业学术地位或影响和应对突发事件处置经验并具备副高级及其以上专业职称，年龄在65周岁以下、身体健康、能够胜任相关工作的，经推荐审核后可作为医疗应急专家，入选医疗应急专家库。医疗应急专家推荐与审核按照突发事件类别和所需相关专业进行推荐，包括医疗救治、卫生管理、危机管理、心理学、社会学等专业专家。

（二）专家库管理。医疗应急专家库按国家、省、地市三级分级管理、动态维护、实时更新。国家卫生健康委依托国家突发事件医疗应急指挥信息系统，建立和维护医疗应急专家库，指导省级专家库系统管理。省级卫生健康行政部门负责省级医疗应急专家库的建立、管理，按要求推荐国家级专家，指导省级以下医疗应急专家库管理。

第十八条　各级卫生健康行政部门和医疗机构根据突发事件风险评估制定相应的医疗应急预案，针对预案定期开展医疗应急演练，并根据形势变化、预案实施和演练中发现的问题及时修订。

第十九条　各级卫生健康行政部门按照突发事件情况和生产供应情况科学制定医疗应急医药储备目录。储备物资类别包括突发事件医疗救治、现场处置所需的有关药品、疫苗、诊断试剂和器械、防护用品、消毒剂等。医疗机构应本着"自用自储"的原则制定日常应急物资储备计划，国家医学中心、区域医疗中心和重大疫情救治基地、紧急医学救援基地、医疗应急队伍所依托的医疗机构要加强相关医疗救治设备配备并保留一定的备份量，负责区域突发事件快速反应支持。发生灾情、疫情等突发事件时，卫生健康行政部门需要调用医药储备的，原则上先向地方相关部门申请调用地方医药储备，地方医药储备不能满足需求时，可申请调用中央医药储备。

第二十条　各级卫生健康行政部门负责医疗应急培训，包括制订和组织实施培训规划，并进行绩效评估。坚持"预防为主、平急结合、突出重点、学以致用"的原则，根据实际需要，充分利用广播电视、远程教育等先进手段，辅以情景模拟、案例分析等方法，采取多种形式开展培训。

（一）组织实施。依据分级管理、逐级培训的原则，国家卫生健康委组织对省级、地方各级卫生健康行政部门组织本级及下一级师资和技术骨干的培训，做到全员培训和重点提高相结合，现场处置培训与理论培训相结合，地区交流与出国培训相结合。

（二）培训对象和主要内容：

1. 医疗应急管理干部培训。重点是增强应急管理意识和公共安全意识，掌握相关法律、法规、预案和工作制度，提高医疗应急常态化管理水平、组织协调和指挥处置突发事件能力。

2. 医疗应急专业队伍培训。重点掌握医疗应急预案、技术规范和标准，精通医疗应急专业知识和技能，提高现场处置能力。以重点突发急性传染病、中毒、核和辐射损伤、各类重大突发事故和自然灾害等突发事件的医疗应急工作相关专业知识、理论、技能和应急处理程序、救治方法、安全防护为重点内容。

3. 医务人员培训。重点掌握应急预案以及重点急性传染病、新发传染病、不明原因疾病、中毒、核和辐射损伤等诊断治疗技术和安全防护技能，熟练掌握各类突发事件中伤病员的急救处理技术，提高应对各类突发事件的发现报告、现场处置、医疗救援及与疾控机构协同处置能力。

4. 相关部门医疗应急管理干部培训。重点掌握国家医疗应急相关法律、法规和预案以及《国际卫生条例》等，熟悉本部门突发事件医疗应急处置职责，了解突发公共卫生事件的报告标准和程序、应急措施、事后恢复重建以及能力评估等。

5. 医疗应急救援志愿者培训。重点是掌握医疗应急救援及自救、互救、个人防护的技能以及协助专业救援队伍参与医疗应急处置的能力。

第二十一条 各级卫生健康行政部门根据实际情况和医疗应急工作需要,结合预案制定年度演练计划,采取桌面和实战演练、功能和全面演练等形式,重点演练突发事件医疗应急组织管理、快速反应、技术规范、物资储备、部门协调、媒体沟通等。

第二十二条 加强医疗应急科普宣教,利用广播、电视、报纸和网络等大众媒体,及时将宣传信息传递到有关目标人群,将切合实际的有关自救互救等知识反复向公众宣传,通过开展医疗应急科普知识进企业、进农村、进社区、进学校、进家庭等活动,倡导卫生行为,群策、群防、群控,提高公众突发事件医疗应急意识和能力。

第二十三条 加强医疗应急科技交流与合作,有计划地开展应对突发事件医疗应急相关的科学研究,探索事件发生、发展的规律。加强医疗应急工作的法制、体制、机制和预案建设的相关政策研究,应急指挥平台的开发应用,现场应急处置相关技术,应急能力评估,社会经济评价,队伍装备标准,应急物资储备,现场快速检测技术和实验室诊断方法等医疗应急科研成果的综合评价和推广应用工作。

第二十四条 各地按规定落实参加突发事件应急处置的医疗卫生人员补助,为参与突发事件处置的专业应急救援人员购买人身意外伤害保险。

第二十五条 对突发事件医疗应急救援作出突出贡献的单位和个人,按照国家有关规定给予表彰。对在参与突发事件医疗卫生救援工作中致伤、致残、死亡的人员,按照国家有关规定给予相应的补助和抚恤。对工作消极、失职、渎职的有关责任人,依据有关规定严肃追究责任,构成犯罪的,依法追究刑事责任。

第二十六条 本办法自发布之日起施行。

传染病疫情应急预案管理办法

· 2024 年 4 月 23 日

· 国疾控应急发〔2024〕7 号

第一章 总 则

第一条 为构建分级分类、高效实用的传染病疫情应急预案体系,规范传染病疫情应急预案管理工作,增强传染病疫情应急预案的专业性、针对性和实用性,依据《中华人民共和国突发事件应对法》《中华人民共和国传染病防治法》《突发公共卫生事件应急条例》《突发事件应急预案管理办法》《国家疾病预防控制局职能配置、内设机构和人员编制规定》等法律法规和工作制度,制定本办法。

第二条 本办法所称传染病疫情应急预案,是指各级疾病预防控制和卫生健康部门、单位和基层组织为依法、迅速、科学、有序、高效应对传染病疫情,最大程度减少传染病疫情及其造成的危害预先制定的方案。

第三条 传染病疫情应急预案管理遵循依法科学、分类指导、分级负责、衔接贯通、动态管理的原则。

第四条 国务院疾病预防控制、卫生健康部门负责全国传染病疫情应急预案的综合协调管理。县级以上疾病预防控制、卫生健康部门负责本地区传染病疫情应急预案的协调管理工作。

第五条 本办法适用于各级各类传染病疫情应急预案的编制、审核、发布、备案、培训、演练、宣传、评估、修订等工作。

第二章 分类和内容

第六条 传染病疫情应急预案按照制定主体划分,分为疾病预防控制和卫生健康部门应急预案、单位和基层组织应急预案两大类。

第七条 县级以上疾病预防控制部门会同卫生健康等部门,应当根据法律法规和有关规定,针对传染病暴发、流行情况和危害程度,结合本行政区卫生应急工作实际,制定传染病疫情应急预案。

第八条 县级以上疾病预防控制部门会同卫生健康等部门依据突发公共卫生事件应急预案,可针对重大传染病、新发传染病等其他容易造成突发公共卫生事件的传染病疫情,制定单病种传染病疫情应急预案,一般为部门预案。

第九条 各级疾病预防控制、卫生健康部门应当依职责为医疗卫生机构、学校、幼儿园、托育机构、养老机构、福利机构、救助管理机构、残疾人服务机构、体育场馆、监管场所、车站、港口、机场等人员密集的单位及其他可能引发传染病疫情的单位和基层组织制定本单位传染病疫情应急预案提供技术支持。

第十条 不同层面的传染病疫情应急预案内容应当各有侧重。

国家层面传染病疫情应急预案侧重明确传染病疫情应对原则、组织指挥机制、事件分级和响应分级标准、信息报告要求、事后评估、卫生应急保障措施等,重点规范国家层面应对行动,体现政策性和指导性。

省级层面传染病疫情应急预案应根据国家层面的相

应预案，结合本省份实际情况，侧重明确传染病疫情应对的组织指挥机制、监测预警、风险评估、分级响应及响应行动、卫生应急队伍物资保障及调动程序、市县级疾病预防控制部门职责等，重点规范省级层面应对行动，体现指导性、实用性和可操作性。各省级疾病预防控制部门可结合本地实际面临的重要传染病风险编制应急预案。

市县级层面传染病疫情应急预案，应侧重明确传染病疫情应对的组织指挥机制、监测预警、风险评估、信息报告、应急处置措施、现场管控、医疗救治、卫生应急队伍物资保障及调动程序等内容，将疫情防控工作责任逐级分解，确定相关部门工作任务与对口联络机制，明确应急状态下街道、乡镇、村居、网格等基层组织具体工作职责，一旦发生疫情可依据相关预案迅速开展工作、落实到人。

各级各类医疗卫生机构和基层单位传染病疫情应急预案，要侧重明确传染病疫情应急响应责任人、风险监测、信息报告、预警响应、卫生应急队伍组成、处置流程、人员疏散转移、可调用资源情况等，体现信息报告和先期处置特点。

第十一条　预案编制部门和单位可以结合本地区、本单位具体情况，在传染病疫情应急预案框架下，编制细化的操作手册。内容一般包括疫情监测、处置工作程序、响应措施、物资储备、卫生应急队伍和相关单位联络员联系方式等。

第三章　预案编制

第十二条　传染病疫情应急预案编制部门和单位根据工作需要，可组建预案编制工作组和专家组，由预案涉及的部门和单位人员、有关专家及有应急处置经验的人员参加。编制工作组组长由传染病疫情应急预案编制部门或单位有关负责人担任。

第十三条　在编制应急预案准备阶段，应当依据有关法律法规和上位预案，结合本地区本单位实际，开展风险评估、应急资源调查和典型传染病疫情案例分析，加强传染病疫情应对的全流程、全要素情景构建，着力解决应急预案针对性、操作性和实用性不强等问题。

第十四条　传染病疫情应急预案编制过程中应当广泛征求有关部门、单位和专家的意见，组织有关专家进行论证。涉及其他单位职责的，应当书面征求意见。必要时，向社会公开征求意见。

单位和基层组织传染病疫情应急预案编制过程中，要根据法律、行政法规要求或实际需要，征求相关公民、法人或其他组织的意见。

第十五条　相邻、相近地方的疾病预防控制部门可以联合制定应对区域性传染病疫情的联合应急预案，侧重明确相关人民政府及其部门间信息通报、组织指挥体系对接、处置措施衔接、应急资源支援等内容。

第四章　审核、备案和发布

第十六条　省级疾病预防控制部门起草或会同卫生健康等部门起草的传染病疫情应急预案，在印发前应报国家疾控局进行审核。

地方各级疾病预防控制部门起草的传染病疫情应急预案，如未有上位预案的，在印发前应报上一级疾病预防控制部门进行审核。

报请审核时，应当提供预案送审稿、编制说明、征求意见采纳情况等有关材料。

第十七条　各级疾病预防控制部门在收到下级疾病预防控制部门报送审核的传染病疫情应急预案后，应于15个工作日内反馈书面审核意见。

第十八条　传染病疫情应急预案审核内容主要包括：

（一）预案是否符合有关法律、法规、规章和标准等规定；

（二）是否符合上位预案要求并与有关应急预案有效衔接；

（三）框架结构是否清晰合理，主体内容是否完备；

（四）组织指挥体系与责任分工是否合理明确，事件级别和应急响应级别设定是否合理，应对措施是否简明、管用可行；

（五）各方面意见是否一致；

（六）其他需要审核的有关内容。

第十九条　国家层面的传染病疫情应急预案由国家疾控局按程序报批，以国家疾控局名义印发或以国家疾控局和国家卫生健康委联合印发，必要时可报请国务院办公厅转发。

地方传染病疫情应急预案应当经本级政府疾病预防控制部门按程序报批，以疾病预防控制部门或以卫生健康和疾病预防控制等部门联合印发，必要时可以由本级人民政府办公厅（室）印发或转发。

单位和基层组织传染病疫情应急预案的审批由县（市、区）级疾病预防控制或卫生健康部门进行分类指导，审批方式根据实际情况确定。

第二十条　传染病疫情应急预案制定部门和单位应当在应急预案印发后的20个工作日内，将应急预案正式印发文本（含电子文本）及编制说明，依照下列规定向有关部门和单位备案或抄送有关部门和单位：

（一）以地方人民政府办公厅（室）名义发布的传染病疫情应急预案，应当由同级疾病预防控制部门报送上级疾病预防控制部门备案，并抄送上一级应急管理部门；

（二）由疾病预防控制部门会同卫生健康等部门制定的传染病疫情应急预案，应当向同级人民政府和上级卫生健康、疾病预防控制部门备案，并送同级应急管理部门备案；

（三）由各级各类医疗卫生机构制定的传染病疫情应急预案应当向所在地县级卫生健康、疾病预防控制部门备案；

（四）由其他单位和基层组织制定的传染病疫情应急预案，可按照相关要求，向所在地主管部门备案。

第二十一条 政府层面传染病疫情应急预案应当在正式印发后 20 个工作日内向社会发布。单位和基层组织传染病疫情应急预案应当在正式印发后 20 个工作日内向本单位以及可能受影响的其他单位和地区发布。

法律、法规、规章另有规定的，或确需保密的应急预案，按有关规定执行。

第二十二条 各级疾病预防控制部门可建设传染病疫情应急预案数据库，加强预案信息化建设，鼓励在卫生应急指挥系统加入预案模块，提高预案的可及性。

第五章 培训、演练和宣传

第二十三条 各级疾病预防控制部门应当将应急预案培训作为日常培训的重要内容。

应急预案编制部门和单位应当通过编发培训材料、举办培训班、开展工作研讨等方式，对与应急预案实施密切相关的管理人员、专业技术人员等开展培训。

第二十四条 各级疾病预防控制部门应当将传染病疫情应急预案的演练纳入年度工作计划并组织实施。

传染病疫情应急预案至少每 3 年进行一次应急演练，期间经历过应急实战的可适当延长时限。

各级各类医疗卫生机构应当定期组织开展或参与传染病疫情应急预案演练。

第二十五条 应急演练组织单位应当开展演练评估。评估的主要内容包括：演练的执行情况，预案的合理性与可操作性，指挥协调和应急联动情况，应急队伍的处置情况，演练所用设备装备的适用性，演练目标的实现情况，对完善应急预案的建议等。鼓励委托第三方进行演练评估。

各级疾病预防控制部门加强对下级疾病预防控制部门传染病疫情应急预案演练的评估指导。

第二十六条 对公开发布的传染病疫情应急预案，预案编制部门和单位应当采取多种形式开展传染病疫情应急预案的宣传教育，提高公众的传染病疫情应急知识水平和应对技能。

第六章 评估和修订

第二十七条 传染病疫情应急预案编制部门和单位应当定期对已经制定的预案开展评估，根据评估情况提出是否需要修订应急预案，实现应急预案的动态更新优化。

第二十八条 县级以上疾病预防控制部门应急预案原则上每 3 年评估一次。应急预案的评估工作，可委托第三方专业机构组织实施。

第二十九条 有下列情形之一的，应当及时评估传染病疫情应急预案，必要时开展修订：

（一）有关法律法规、规章、标准、上位预案中的有关规定发生重大变化的；

（二）应急指挥机构及其职责发生重大调整的；

（三）传染病疫情风险、传染病疫情防控和应急处置手段发生重大变化的；

（四）重要应急资源发生重大变化的；

（五）预案中的其他重要信息发生变化的；

（六）在传染病疫情实际应对工作和应急演练中发现重大问题的；

（七）预案编制部门和单位认为应当修订的其他情况。

第三十条 传染病疫情应急预案修订如涉及组织指挥体系与职责、应急处置程序、主要处置措施、传染病疫情事件分级标准等重要内容的，修订工作应参照本办法规定的预案编制、审核、发布程序组织进行。仅涉及其他内容的，修订程序可根据情况适当简化。

修订后的应急预案应及时按照第二十条相关规定进行备案。

第七章 保障措施

第三十一条 各级疾病预防控制部门和各级各类医疗卫生机构应当明确具体机构和个人负责传染病疫情应急预案管理工作，并将传染病疫情应急预案编制、审核、发布、备案、演练、评估、修订、培训、宣传教育等工作所需经费纳入常规工作预算统筹安排。

第三十二条 各级疾病预防控制部门对传染病疫情应急预案的管理工作加强指导和监督。

第三十三条 对未制定传染病疫情应急预案或者未

按照传染病疫情应急预案采取预防控制措施的单位和人员，各级疾病预防控制部门应当督促其整改。

第八章　附　则

第三十四条　本办法由国家疾控局负责解释。

第三十五条　本办法自公布之日起施行。

国家突发公共卫生事件应急预案

·2006年2月26日

1　总　则

1.1　编制目的

有效预防、及时控制和消除突发公共卫生事件及其危害，指导和规范各类突发公共卫生事件的应急处理工作，最大程度地减少突发公共卫生事件对公众健康造成的危害，保障公众身心健康与生命安全。

1.2　编制依据

依据《中华人民共和国传染病防治法》、《中华人民共和国食品卫生法》、《中华人民共和国职业病防治法》、《中华人民共和国国境卫生检疫法》、《突发公共卫生事件应急条例》、《国内交通卫生检疫条例》和《国家突发公共事件总体应急预案》，制定本预案。

1.3　突发公共卫生事件的分级

根据突发公共卫生事件性质、危害程度、涉及范围，突发公共卫生事件划分为特别重大（Ⅰ级）、重大（Ⅱ级）、较大（Ⅲ级）和一般（Ⅳ级）四级。

其中，特别重大突发公共卫生事件主要包括：

（1）肺鼠疫、肺炭疽在大、中城市发生并有扩散趋势，或肺鼠疫、肺炭疽疫情波及2个以上的省份，并有进一步扩散趋势。

（2）发生传染性非典型肺炎、人感染高致病性禽流感病例，并有扩散趋势。

（3）涉及多个省份的群体性不明原因疾病，并有扩散趋势。

（4）发生新传染病或我国尚未发现的传染病发生或传入，并有扩散趋势，或发现我国已消灭的传染病重新流行。

（5）发生烈性病菌株、毒株、致病因子等丢失事件。

（6）周边以及与我国通航的国家和地区发生特大传染病疫情，并出现输入性病例，严重危及我国公共卫生安全的事件。

（7）国务院卫生行政部门认定的其他特别重大突发公共卫生事件。

1.4　适用范围

本预案适用于突然发生，造成或者可能造成社会公众身心健康严重损害的重大传染病、群体性不明原因疾病、重大食物和职业中毒以及因自然灾害、事故灾难或社会安全等事件引起的严重影响公众身心健康的公共卫生事件的应急处理工作。

其他突发公共事件中涉及的应急医疗救援工作，另行制定有关预案。

1.5　工作原则

（1）预防为主，常备不懈。提高全社会对突发公共卫生事件的防范意识，落实各项防范措施，做好人员、技术、物资和设备的应急储备工作。对各类可能引发突发公共卫生事件的情况要及时进行分析、预警，做到早发现、早报告、早处理。

（2）统一领导，分级负责。根据突发公共卫生事件的范围、性质和危害程度，对突发公共卫生事件实行分级管理。各级人民政府负责突发公共卫生事件应急处理的统一领导和指挥，各有关部门按照预案规定，在各自的职责范围内做好突发公共卫生事件应急处理的有关工作。

（3）依法规范，措施果断。地方各级人民政府和卫生行政部门要按照相关法律、法规和规章的规定，完善突发公共卫生事件应急体系，建立健全系统、规范的突发公共卫生事件应急处理工作制度，对突发公共卫生事件和可能发生的公共卫生事件做出快速反应，及时、有效开展监测、报告和处理工作。

（4）依靠科学，加强合作。突发公共卫生事件应急工作要充分尊重和依靠科学，要重视开展防范和处理突发公共卫生事件的科研和培训，为突发公共卫生事件应急处理提供科技保障。各有关部门和单位要通力合作、资源共享，有效应对突发公共卫生事件。要广泛组织、动员公众参与突发公共卫生事件的应急处理。

2　应急组织体系及职责

2.1　应急指挥机构

卫生部依照职责和本预案的规定，在国务院统一领导下，负责组织、协调全国突发公共卫生事件应急处理工作，并根据突发公共卫生事件应急处理工作的实际需要，提出成立全国突发公共卫生事件应急指挥部。

地方各级人民政府卫生行政部门依照职责和本预案的规定，在本级人民政府统一领导下，负责组织、协调本行政区域内突发公共卫生事件应急处理工作，并根据突发公共卫生事件应急处理工作的实际需要，向本级人民政府提出成立地方突发公共卫生事件应急指挥部的建议。

各级人民政府根据本级人民政府卫生行政部门的建议和实际工作需要，决定是否成立国家和地方应急指挥部。

地方各级人民政府及有关部门和单位要按照属地管理的原则，切实做好本行政区域内突发公共卫生事件应急处理工作。

2.1.1 全国突发公共卫生事件应急指挥部的组成和职责

全国突发公共卫生事件应急指挥部负责对特别重大突发公共卫生事件的统一领导、统一指挥，作出处理突发公共卫生事件的重大决策。指挥部成员单位根据突发公共卫生事件的性质和应急处理的需要确定。

2.1.2 省级突发公共卫生事件应急指挥部的组成和职责

省级突发公共卫生事件应急指挥部由省级人民政府有关部门组成，实行属地管理的原则，负责对本行政区域内突发公共卫生事件应急处理的协调和指挥，作出处理本行政区域内突发公共卫生事件的决策，决定要采取的措施。

2.2 日常管理机构

国务院卫生行政部门设立卫生应急办公室(突发公共卫生事件应急指挥中心)，负责全国突发公共卫生事件应急处理的日常管理工作。

各省、自治区、直辖市人民政府卫生行政部门及军队、武警系统要参照国务院卫生行政部门突发公共卫生事件日常管理机构的设置及职责，结合各自实际情况，指定突发公共卫生事件的日常管理机构，负责本行政区域或本系统内突发公共卫生事件应急的协调、管理工作。

各市(地)级、县级卫生行政部门要指定机构负责本行政区域内突发公共卫生事件应急的日常管理工作。

2.3 专家咨询委员会

国务院卫生行政部门和省级卫生行政部门负责组建突发公共卫生事件专家咨询委员会。

市(地)级和县级卫生行政部门可根据本行政区域内突发公共卫生事件应急工作需要，组建突发公共卫生事件应急处理专家咨询委员会。

2.4 应急处理专业技术机构

医疗机构、疾病预防控制机构、卫生监督机构、出入境检验检疫机构是突发公共卫生事件应急处理的专业技术机构。应急处理专业技术机构要结合本单位职责开展专业技术人员处理突发公共卫生事件能力培训，提高快速应对能力和技术水平，在发生突发公共卫生事件时，要服从卫生行政部门的统一指挥和安排，开展应急处理工作。

3 突发公共卫生事件的监测、预警与报告

3.1 监测

国家建立统一的突发公共卫生事件监测、预警与报告网络体系。各级医疗、疾病预防控制、卫生监督和出入境检疫机构负责开展突发公共卫生事件的日常监测工作。

省级人民政府卫生行政部门要按照国家统一规定和要求，结合实际，组织开展重点传染病和突发公共卫生事件的主动监测。

国务院卫生行政部门和地方各级人民政府卫生行政部门要加强对监测工作的管理和监督，保证监测质量。

3.2 预警

各级人民政府卫生行政部门根据医疗机构、疾病预防控制机构、卫生监督机构提供的监测信息，按照公共卫生事件的发生、发展规律和特点，及时分析其对公众身心健康的危害程度、可能的发展趋势，及时做出预警。

3.3 报告

任何单位和个人都有权向国务院卫生行政部门和地方各级人民政府及其有关部门报告突发公共卫生事件及其隐患，也有权向上级政府部门举报不履行或者不按照规定履行突发公共卫生事件应急处理职责的部门、单位及个人。

县级以上各级人民政府卫生行政部门指定的突发公共卫生事件监测机构、各级各类医疗卫生机构、卫生行政部门、县级以上地方人民政府和检验检疫机构、食品药品监督管理机构、环境保护监测机构、教育机构等有关单位为突发公共卫生事件的责任报告单位。执行职务的各级各类医疗卫生机构的医疗卫生人员、个体开业医生为突发公共卫生事件的责任报告人。

突发公共卫生事件责任报告单位要按照有关规定及时、准确地报告突发公共卫生事件及其处置情况。

4 突发公共卫生事件的应急反应和终止

4.1 应急反应原则

发生突发公共卫生事件时，事发地的县级、市(地)级、省级人民政府及其有关部门按照分级响应的原则，作出相应级别应急反应。同时，要遵循突发公共卫生事件发生发展的客观规律，结合实际情况和预防控制工作的需要，及时调整预警和反应级别，以有效控制事件，减少危害和影响。要根据不同类别突发公共卫生事件的性质

和特点，注重分析事件的发展趋势，对事态和影响不断扩大的事件，应及时升级预警和反应级别；对范围局限、不会进一步扩散的事件，应相应降低反应级别，及时撤销预警。

国务院有关部门和地方各级人民政府及有关部门对在学校、区域性或全国性重要活动期间等发生的突发公共卫生事件，要高度重视，可相应提高报告和反应级别，确保迅速、有效控制突发公共卫生事件，维护社会稳定。

突发公共卫生事件应急处理要采取边调查、边处理、边抢救、边核实的方式，以有效措施控制事态发展。

事发地之外的地方各级人民政府卫生行政部门接到突发公共卫生事件情况通报后，要及时通知相应的医疗卫生机构，组织做好应急处理所需的人员与物资准备，采取必要的预防控制措施，防止突发公共卫生事件在本行政区域内发生，并服从上一级人民政府卫生行政部门的统一指挥和调度，支援突发公共卫生事件发生地区的应急处理工作。

4.2 应急反应措施

4.2.1 各级人民政府

(1)组织协调有关部门参与突发公共卫生事件的处理。

(2)根据突发公共卫生事件处理需要，调集本行政区域内各类人员、物资、交通工具和相关设施、设备参加应急处理工作。涉及危险化学品管理和运输安全的，有关部门要严格执行相关规定，防止事故发生。

(3)划定控制区域：甲类、乙类传染病暴发、流行时，县级以上地方人民政府报经上一级地方人民政府决定，可以宣布疫区范围；经省、自治区、直辖市人民政府决定，可以对本行政区域内甲类传染病疫区实施封锁；封锁大、中城市的疫区或者封锁跨省(区、市)的疫区，以及封锁疫区导致中断干线交通或者封锁国境的，由国务院决定。对重大食物中毒和职业中毒事故，根据污染食品扩散和职业危害因素波及的范围，划定控制区域。

(4)疫情控制措施：当地人民政府可以在本行政区域内采取限制或者停止集市、集会、影剧院演出，以及其他人群聚集的活动；停工、停业、停课；封闭或者封存被传染病病原体污染的公共饮用水源、食品以及相关物品等紧急措施；临时征用房屋、交通工具以及相关设施和设备。

(5)流动人口管理：对流动人口采取预防工作，落实控制措施，对传染病病人、疑似病人采取就地隔离、就地观察、就地治疗的措施，对密切接触者根据情况采取集中或居家医学观察。

(6)实施交通卫生检疫：组织铁路、交通、民航、质检等部门在交通站点和出入境口岸设置临时交通卫生检疫站，对出入境、进出疫区和运行中的交通工具及其乘运人员和物资、宿主动物进行检疫查验，对病人、疑似病人及其密切接触者实施临时隔离、留验和向地方卫生行政部门指定的机构移交。

(7)信息发布：突发公共卫生事件发生后，有关部门要按照有关规定作好信息发布工作，信息发布要及时主动、准确把握，实事求是，正确引导舆论，注重社会效果。

(8)开展群防群治：街道、乡(镇)以及居委会、村委会协助卫生行政部门和其他部门、医疗机构，做好疫情信息的收集、报告、人员分散隔离及公共卫生措施的实施工作。

(9)维护社会稳定：组织有关部门保障商品供应，平抑物价，防止哄抢；严厉打击造谣传谣、哄抬物价、囤积居奇、制假售假等违法犯罪和扰乱社会治安的行为。

4.2.2 卫生行政部门

(1)组织医疗机构、疾病预防控制机构和卫生监督机构开展突发公共卫生事件的调查与处理。

(2)组织突发公共卫生事件专家咨询委员会对突发公共卫生事件进行评估，提出启动突发公共卫生事件应急处理的级别。

(3)应急控制措施：根据需要组织开展应急疫苗接种、预防服药。

(4)督导检查：国务院卫生行政部门组织对全国或重点地区的突发公共卫生事件应急处理工作进行督导和检查。省、市(地)级以及县级卫生行政部门负责对本行政区域内的应急处理工作进行督察和指导。

(5)发布信息与通报：国务院卫生行政部门或经授权的省、自治区、直辖市人民政府卫生行政部门及时向社会发布突发公共卫生事件的信息或公告。国务院卫生行政部门及时向国务院各有关部门和各省、自治区、直辖市卫生行政部门以及军队有关部门通报突发公共卫生事件情况。对涉及跨境的疫情线索，由国务院卫生行政部门向有关国家和地区通报情况。

(6)制订技术标准和规范：国务院卫生行政部门对新发现的突发传染病、不明原因的群体性疾病、重大中毒事件，组织力量制订技术标准和规范，及时组织全国培训。地方各级卫生行政部门开展相应的培训工作。

(7)普及卫生知识。针对事件性质，有针对性地开展卫生知识宣教，提高公众健康意识和自我防护能力，消除公众心理障碍,开展心理危机干预工作。

(8)进行事件评估:组织专家对突发公共卫生事件的处理情况进行综合评估,包括事件概况、现场调查处理概况、病人救治情况、所采取的措施、效果评价等。

4.2.3 医疗机构

(1)开展病人接诊、收治和转运工作,实行重症和普通病人分开管理,对疑似病人及时排除或确诊。

(2)协助疾控机构人员开展标本的采集、流行病学调查工作。

(3)做好医院内现场控制、消毒隔离、个人防护、医疗垃圾和污水处理工作,防止院内交叉感染和污染。

(4)做好传染病和中毒病人的报告。对因突发公共卫生事件而引起身体伤害的病人,任何医疗机构不得拒绝接诊。

(5)对群体性不明原因疾病和新发传染病做好病例分析与总结,积累诊断治疗的经验。重大中毒事件,按照现场救援、病人转运、后续治疗相结合的原则进行处置。

(6)开展科研与国际交流:开展与突发事件相关的诊断试剂、药品、防护用品等方面的研究。开展国际合作,加快病源查寻和病因诊断。

4.2.4 疾病预防控制机构

(1)突发公共卫生事件信息报告:国家、省、市(地)、县级疾控机构做好突发公共卫生事件的信息收集、报告与分析工作。

(2)开展流行病学调查:疾控机构人员到达现场后,尽快制订流行病学调查计划和方案,地方专业技术人员按照计划和方案,开展对突发事件累及人群的发病情况、分布特点进行调查分析,提出并实施有针对性的预防控制措施;对传染病病人、疑似病人、病原携带者及其密切接触者进行追踪调查,查明传播链,并向相关地方疾病预防控制机构通报情况。

(3)实验室检测:中国疾病预防控制中心和省级疾病预防控制机构指定的专业技术机构在地方专业机构的配合下,按有关技术规范采集足量、足够的标本,分送省级和国家应急处理功能网络实验室检测,查找致病原因。

(4)开展科研与国际交流:开展与突发事件相关的诊断试剂、疫苗、消毒方法、医疗卫生防护用品等方面的研究。开展国际合作,加快病源查寻和病因诊断。

(5)制订技术标准和规范:中国疾病预防控制中心协助卫生行政部门制订全国新发现的突发传染病、不明原因的群体性疾病、重大中毒事件的技术标准和规范。

(6)开展技术培训:中国疾病预防控制中心具体负责全国省级疾病预防控制中心突发公共卫生事件应急处理专业技术人员的应急培训。各省级疾病预防控制中心负责县级以上疾病预防控制机构专业技术人员的培训工作。

4.2.5 卫生监督机构

(1)在卫生行政部门的领导下,开展对医疗机构、疾病预防控制机构突发公共卫生事件应急处理各项措施落实情况的督导、检查。

(2)围绕突发公共卫生事件应急处理工作,开展食品卫生、环境卫生、职业卫生等的卫生监督和执法稽查。

(3)协助卫生行政部门依据《突发公共卫生事件应急条例》和有关法律法规,调查处理突发公共卫生事件应急工作中的违法行为。

4.2.6 出入境检验检疫机构

(1)突发公共卫生事件发生时,调动出入境检验检疫机构技术力量,配合当地卫生行政部门做好口岸的应急处理工作。

(2)及时上报口岸突发公共卫生事件信息和情况变化。

4.2.7 非事件发生地区的应急反应措施

未发生突发公共卫生事件的地区应根据其他地区发生事件的性质、特点、发生区域和发展趋势,分析本地区受波及的可能性和程度,重点做好以下工作:

(1)密切保持与事件发生地区的联系,及时获取相关信息。

(2)组织做好本行政区域应急处理所需的人员与物资准备。

(3)加强相关疾病与健康监测和报告工作,必要时,建立专门报告制度。

(4)开展重点人群、重点场所和重点环节的监测和预防控制工作,防患于未然。

(5)开展防治知识宣传和健康教育,提高公众自我保护意识和能力。

(6)根据上级人民政府及其有关部门的决定,开展交通卫生检疫等。

4.3 突发公共卫生事件的分级反应

特别重大突发公共卫生事件(具体标准见1.3)应急处理工作由国务院或国务院卫生行政部门和有关部门组织实施,开展突发公共卫生事件的医疗卫生应急、信息发布、宣传教育、科研攻关、国际交流与合作、应急物资与设备的调集、后勤保障以及督导检查等工作。国务院可根据突发公共卫生事件性质和应急处置工作,成立全国突发公共卫生事件应急处理指挥部，协调指挥应急处置工作。事发地省级人民政府应按照国务院或国务院有关部门的统一部署，结合本地区实际情况，组织协调市（地）、县（市）人民政府开展突发公共事件的应急处理工作。

特别重大级别以下的突发公共卫生事件应急处理工作由地方各级人民政府负责组织实施。超出本级应急处置能力时，地方各级人民政府要及时报请上级人民政府和有关部门提供指导和支持。

4.4　**突发公共卫生事件应急反应的终止**

突发公共卫生事件应急反应的终止需符合以下条件：突发公共卫生事件隐患或相关危险因素消除，或末例传染病病例发生后经过最长潜伏期无新的病例出现。

特别重大突发公共卫生事件由国务院卫生行政部门组织有关专家进行分析论证，提出终止应急反应的建议，报国务院或全国突发公共卫生事件应急指挥部批准后实施。

特别重大以下突发公共卫生事件由地方各级人民政府卫生行政部门组织专家进行分析论证，提出终止应急反应的建议，报本级人民政府批准后实施，并向上一级人民政府卫生行政部门报告。

上级人民政府卫生行政部门要根据下级人民政府卫生行政部门的请求，及时组织专家对突发公共卫生事件应急反应的终止的分析论证提供技术指导和支持。

5　善后处理

5.1　**后期评估**

突发公共卫生事件结束后，各级卫生行政部门应在本级人民政府的领导下，组织有关人员对突发公共卫生事件的处理情况进行评估。评估内容主要包括事件概况、现场调查处理概况、病人救治情况、所采取措施的效果评价、应急处理过程中存在的问题和取得的经验及改进建议。评估报告上报本级人民政府和上一级人民政府卫生行政部门。

5.2　**奖励**

县级以上人民政府人事部门和卫生行政部门对参加突发公共卫生事件应急处理作出贡献的先进集体和个人进行联合表彰；民政部门对在突发公共卫生事件应急处理工作中英勇献身的人员，按有关规定追认为烈士。

5.3　**责任**

对在突发公共卫生事件的预防、报告、调查、控制和处理过程中，有玩忽职守、失职、渎职等行为的，依据《突发公共卫生事件应急条例》及有关法律法规追究当事人的责任。

5.4　**抚恤和补助**

地方各级人民政府要组织有关部门对因参与应急处理工作致病、致残、死亡的人员，按照国家有关规定，给予相应的补助和抚恤；对参加应急处理一线工作的专业技术人员应根据工作需要制订合理的补助标准，给予补助。

5.5　**征用物资、劳务的补偿**

突发公共卫生事件应急工作结束后，地方各级人民政府应组织有关部门对应急处理期间紧急调集、征用有关单位、企业、个人的物资和劳务进行合理评估，给予补偿。

6　突发公共卫生事件应急处置的保障

突发公共卫生事件应急处理应坚持预防为主，平战结合，国务院有关部门、地方各级人民政府和卫生行政部门应加强突发公共卫生事件的组织建设，组织开展突发公共卫生事件的监测和预警工作，加强突发公共卫生事件应急处理队伍建设和技术研究，建立健全国家统一的突发公共卫生事件预防控制体系，保证突发公共卫生事件应急处理工作的顺利开展。

6.1　**技术保障**

6.1.1　信息系统

国家建立突发公共卫生事件应急决策指挥系统的信息、技术平台，承担突发公共卫生事件及相关信息收集、处理、分析、发布和传递等工作，采取分级负责的方式进行实施。

要在充分利用现有资源的基础上建设医疗救治信息网络，实现卫生行政部门、医疗救治机构与疾病预防控制机构之间的信息共享。

6.1.2　疾病预防控制体系

国家建立统一的疾病预防控制体系。各省（区、市）、市（地）、县（市）要加快疾病预防控制机构和基层预防保健组织建设，强化医疗卫生机构疾病预防控制的责任；建立功能完善、反应迅速、运转协调的突发公共卫生事件应急机制；健全覆盖城乡、灵敏高效、快速畅通的疫情信息网络；改善疾病预防控制机构基础设施和实验室设备条件；加强疾病控制专业队伍建设，提高流行病学调查、现场处置和实验室检测检验能力。

6.1.3　应急医疗救治体系

按照“中央指导、地方负责、统筹兼顾、平战结合、因地制宜、合理布局”的原则，逐步在全国范围内建成包括急救机构、传染病救治机构和化学中毒与核辐射救治基地在内的，符合国情、覆盖城乡、功能完善、反应灵敏、运转协调、持续发展的医疗救治体系。

6.1.4 卫生执法监督体系

国家建立统一的卫生执法监督体系。各级卫生行政部门要明确职能,落实责任,规范执法监督行为,加强卫生执法监督队伍建设。对卫生监督人员实行资格准入制度和在岗培训制度,全面提高卫生执法监督的能力和水平。

6.1.5 应急卫生救治队伍

各级人民政府卫生行政部门按照"平战结合、因地制宜,分类管理、分级负责,统一管理、协调运转"的原则建立突发公共卫生事件应急救治队伍,并加强管理和培训。

6.1.6 演练

各级人民政府卫生行政部门要按照"统一规划、分类实施、分级负责、突出重点、适应需求"的原则,采取定期和不定期相结合的形式,组织开展突发公共卫生事件的应急演练。

6.1.7 科研和国际交流

国家有计划地开展应对突发公共卫生事件相关的防治科学研究,包括现场流行病学调查方法、实验室病因检测技术、药物治疗、疫苗和应急反应装备、中医药及中西医结合防治等,尤其是开展新发、罕见传染病快速诊断方法、诊断试剂以及相关的疫苗研究,做到技术上有所储备。同时,开展应对突发公共卫生事件应急处理技术的国际交流与合作,引进国外的先进技术、装备和方法,提高我国应对突发公共卫生事件的整体水平。

6.2 物资、经费保障

6.2.1 物资储备

各级人民政府要建立处理突发公共卫生事件的物资和生产能力储备。发生突发公共卫生事件时,应根据应急处理工作需要调用储备物资。卫生应急储备物资使用后要及时补充。

6.2.2 经费保障

应保障突发公共卫生事件应急基础设施项目建设经费,按规定落实对突发公共卫生事件应急处理专业技术机构的财政补助政策和突发公共卫生事件应急处理经费。应根据需要对边远贫困地区突发公共卫生事件应急工作给予经费支持。国务院有关部门和地方各级人民政府应积极通过国际、国内等多渠道筹集资金,用于突发公共卫生事件应急处理工作。

6.3 通信与交通保障

各级应急医疗卫生救治队伍要根据实际工作需要配备通信设备和交通工具。

6.4 法律保障

国务院有关部门应根据突发公共卫生事件应急处理过程中出现的新问题、新情况,加强调查研究,起草和制订并不断完善应对突发公共卫生事件的法律、法规和规章制度,形成科学、完整的突发公共卫生事件应急法律和规章体系。

国务院有关部门和地方各级人民政府及有关部门要严格执行《突发公共卫生事件应急条例》等规定,根据本预案要求,严格履行职责,实行责任制。对履行职责不力,造成工作损失的,要追究有关当事人的责任。

6.5 社会公众的宣传教育

县级以上人民政府要组织有关部门利用广播、影视、报刊、互联网、手册等多种形式对社会公众广泛开展突发公共卫生事件应急知识的普及教育,宣传卫生科普知识,指导群众以科学的行为和方式对待突发公共卫生事件。要充分发挥有关社会团体在普及卫生应急知识和卫生科普知识方面的作用。

7 预案管理与更新

根据突发公共卫生事件的形势变化和实施中发现的问题及时进行更新、修订和补充。

国务院有关部门根据需要和本预案的规定,制定本部门职责范围内的具体工作预案。

县级以上地方人民政府根据《突发公共卫生事件应急条例》的规定,参照本预案并结合本地区实际情况,组织制定本地区突发公共卫生事件应急预案。

8 附 则

8.1 名词术语

重大传染病疫情是指某种传染病在短时间内发生、波及范围广泛,出现大量的病人或死亡病例,其发病率远远超过常年的发病率水平的情况。

群体性不明原因疾病是指在短时间内,某个相对集中的区域内同时或者相继出现具有共同临床表现病人,且病例不断增加,范围不断扩大,又暂时不能明确诊断的疾病。

重大食物和职业中毒是指由于食品污染和职业危害的原因而造成的人数众多或者伤亡较重的中毒事件。

新传染病是指全球首次发现的传染病。

我国尚未发现传染病是指埃博拉、猴痘、黄热病、人变异性克雅氏病等在其他国家和地区已经发现,在我国尚未发现过的传染病。

我国已消灭传染病是指天花、脊髓灰质炎等传染病。

8.2 预案实施时间

本预案自印发之日起实施。

重大动物疫情应急条例

· 2005年11月18日中华人民共和国国务院令第450号发布
· 根据2017年10月7日《国务院关于修改部分行政法规的决定》修订

第一章 总 则

第一条 为了迅速控制、扑灭重大动物疫情,保障养殖业生产安全,保护公众身体健康与生命安全,维护正常的社会秩序,根据《中华人民共和国动物防疫法》,制定本条例。

第二条 本条例所称重大动物疫情,是指高致病性禽流感等发病率或者死亡率高的动物疫病突然发生,迅速传播,给养殖业生产安全造成严重威胁、危害,以及可能对公众身体健康与生命安全造成危害的情形,包括特别重大动物疫情。

第三条 重大动物疫情应急工作应当坚持加强领导、密切配合,依靠科学、依法防治,群防群控、果断处置的方针,及时发现,快速反应,严格处理,减少损失。

第四条 重大动物疫情应急工作按照属地管理的原则,实行政府统一领导、部门分工负责,逐级建立责任制。

县级以上人民政府兽医主管部门具体负责组织重大动物疫情的监测、调查、控制、扑灭等应急工作。

县级以上人民政府林业主管部门、兽医主管部门按照职责分工,加强对陆生野生动物疫源疫病的监测。

县级以上人民政府其他有关部门在各自的职责范围内,做好重大动物疫情的应急工作。

第五条 出入境检验检疫机关应当及时收集境外重大动物疫情信息,加强进出境动物及其产品的检验检疫工作,防止动物疫病传入和传出。兽医主管部门要及时向出入境检验检疫机关通报国内重大动物疫情。

第六条 国家鼓励、支持开展重大动物疫情监测、预防、应急处理等有关技术的科学研究和国际交流与合作。

第七条 县级以上人民政府应当对参加重大动物疫情应急处理的人员给予适当补助,对作出贡献的人员给予表彰和奖励。

第八条 对不履行或者不按照规定履行重大动物疫情应急处理职责的行为,任何单位和个人有权检举控告。

第二章 应急准备

第九条 国务院兽医主管部门应当制定全国重大动物疫情应急预案,报国务院批准,并按照不同动物疫病病种及其流行特点和危害程度,分别制定实施方案,报国务院备案。

县级以上地方人民政府根据本地区的实际情况,制定本行政区域的重大动物疫情应急预案,报上一级人民政府兽医主管部门备案。县级以上地方人民政府兽医主管部门,应当按照不同动物疫病病种及其流行特点和危害程度,分别制定实施方案。

重大动物疫情应急预案及其实施方案应当根据疫情的发展变化和实施情况,及时修改、完善。

第十条 重大动物疫情应急预案主要包括下列内容:

(一)应急指挥部的职责、组成以及成员单位的分工;

(二)重大动物疫情的监测、信息收集、报告和通报;

(三)动物疫病的确认、重大动物疫情的分级和相应的应急处理工作方案;

(四)重大动物疫情疫源的追踪和流行病学调查分析;

(五)预防、控制、扑灭重大动物疫情所需资金的来源、物资和技术的储备与调度;

(六)重大动物疫情应急处理设施和专业队伍建设。

第十一条 国务院有关部门和县级以上地方人民政府及其有关部门,应当根据重大动物疫情应急预案的要求,确保应急处理所需的疫苗、药品、设施设备和防护用品等物资的储备。

第十二条 县级以上人民政府应当建立和完善重大动物疫情监测网络和预防控制体系,加强动物防疫基础设施和乡镇动物防疫组织建设,并保证其正常运行,提高对重大动物疫情的应急处理能力。

第十三条 县级以上地方人民政府根据重大动物疫情应急需要,可以成立应急预备队,在重大动物疫情应急指挥部的指挥下,具体承担疫情的控制和扑灭任务。

应急预备队由当地兽医行政管理人员、动物防疫工作人员、有关专家、执业兽医等组成;必要时,可以组织动员社会上有一定专业知识的人员参加。公安机关、中国人民武装警察部队应当依法协助其执行任务。

应急预备队应当定期进行技术培训和应急演练。

第十四条 县级以上人民政府及其兽医主管部门应当加强对重大动物疫情应急知识和重大动物疫病科普知识的宣传,增强全社会的重大动物疫情防范意识。

第三章 监测、报告和公布

第十五条 动物防疫监督机构负责重大动物疫情的监测,饲养、经营动物和生产、经营动物产品的单位和个人应当配合,不得拒绝和阻碍。

第十六条 从事动物隔离、疫情监测、疫病研究与诊疗、检验检疫以及动物饲养、屠宰加工、运输、经营等活动的有关单位和个人,发现动物出现群体发病或者死亡的,应当立即向所在地的县(市)动物防疫监督机构报告。

第十七条 县(市)动物防疫监督机构接到报告后,应当立即赶赴现场调查核实。初步认为属于重大动物疫情的,应当在2小时内将情况逐级报省、自治区、直辖市动物防疫监督机构,并同时报所在地人民政府兽医主管部门;兽医主管部门应当及时通报同级卫生主管部门。

省、自治区、直辖市动物防疫监督机构应当在接到报告后1小时内,向省、自治区、直辖市人民政府兽医主管部门和国务院兽医主管部门所属的动物防疫监督机构报告。

省、自治区、直辖市人民政府兽医主管部门应当在接到报告后1小时内报本级人民政府和国务院兽医主管部门。

重大动物疫情发生后,省、自治区、直辖市人民政府和国务院兽医主管部门应当在4小时内向国务院报告。

第十八条 重大动物疫情报告包括下列内容:

(一)疫情发生的时间、地点;

(二)染疫、疑似染疫动物种类和数量、同群动物数量、免疫情况、死亡数量、临床症状、病理变化、诊断情况;

(三)流行病学和疫源追踪情况;

(四)已采取的控制措施;

(五)疫情报告的单位、负责人、报告人及联系方式。

第十九条 重大动物疫情由省、自治区、直辖市人民政府兽医主管部门认定;必要时,由国务院兽医主管部门认定。

第二十条 重大动物疫情由国务院兽医主管部门按照国家规定的程序,及时准确公布;其他任何单位和个人不得公布重大动物疫情。

第二十一条 重大动物疫病应当由动物防疫监督机构采集病料。其他单位和个人采集病料的,应当具备以下条件:

(一)重大动物疫病病料采集目的、病原微生物的用途应当符合国务院兽医主管部门的规定;

(二)具有与采集病料相适应的动物病原微生物实验室条件;

(三)具有与采集病料所需要的生物安全防护水平相适应的设备,以及防止病原感染和扩散的有效措施。

从事重大动物疫病病原分离的,应当遵守国家有关生物安全管理规定,防止病原扩散。

第二十二条 国务院兽医主管部门应当及时向国务院有关部门和军队有关部门以及各省、自治区、直辖市人民政府兽医主管部门通报重大动物疫情的发生和处理情况。

第二十三条 发生重大动物疫情可能感染人群时,卫生主管部门应当对疫区内易受感染的人群进行监测,并采取相应的预防、控制措施。卫生主管部门和兽医主管部门应当及时相互通报情况。

第二十四条 有关单位和个人对重大动物疫情不得瞒报、谎报、迟报,不得授意他人瞒报、谎报、迟报,不得阻碍他人报告。

第二十五条 在重大动物疫情报告期间,有关动物防疫监督机构应当立即采取临时隔离控制措施;必要时,当地县级以上地方人民政府可以作出封锁决定并采取扑杀、销毁等措施。有关单位和个人应当执行。

第四章 应急处理

第二十六条 重大动物疫情发生后,国务院和有关地方人民政府设立的重大动物疫情应急指挥部统一领导、指挥重大动物疫情应急工作。

第二十七条 重大动物疫情发生后,县级以上地方人民政府兽医主管部门应当立即划定疫点、疫区和受威胁区,调查疫源,向本级人民政府提出启动重大动物疫情应急指挥系统、应急预案和对疫区实行封锁的建议,有关人民政府应当立即作出决定。

疫点、疫区和受威胁区的范围应当按照不同动物疫病病种及其流行特点和危害程度划定,具体划定标准由国务院兽医主管部门制定。

第二十八条 国家对重大动物疫情应急处理实行分级管理,按照应急预案确定的疫情等级,由有关人民政府采取相应的应急控制措施。

第二十九条 对疫点应当采取下列措施:

(一)扑杀并销毁染疫动物和易感染的动物及其产品;

(二)对病死的动物、动物排泄物、被污染饲料、垫料、污水进行无害化处理;

(三)对被污染的物品、用具、动物圈舍、场地进行严格消毒。

第三十条 对疫区应当采取下列措施:

(一)在疫区周围设置警示标志,在出入疫区的交通路口设置临时动物检疫消毒站,对出入的人员和车辆进行消毒;

(二)扑杀并销毁染疫和疑似染疫动物及其同群动

物，销毁染疫和疑似染疫的动物产品，对其他易感染的动物实行圈养或者在指定地点放养，役用动物限制在疫区内使役；

（三）对易感染的动物进行监测，并按照国务院兽医主管部门的规定实施紧急免疫接种，必要时对易感染的动物进行扑杀；

（四）关闭动物及动物产品交易市场，禁止动物进出疫区和动物产品运出疫区；

（五）对动物圈舍、动物排泄物、垫料、污水和其他可能受污染的物品、场地，进行消毒或者无害化处理。

第三十一条　对受威胁区应当采取下列措施：

（一）对易感染的动物进行监测；

（二）对易感染的动物根据需要实施紧急免疫接种。

第三十二条　重大动物疫情应急处理中设置临时动物检疫消毒站以及采取隔离、扑杀、销毁、消毒、紧急免疫接种等控制、扑灭措施的，由有关重大动物疫情应急指挥部决定，有关单位和个人必须服从；拒不服从的，由公安机关协助执行。

第三十三条　国家对疫区、受威胁区内易感染的动物免费实施紧急免疫接种；对因采取扑杀、销毁等措施给当事人造成的已经证实的损失，给予合理补偿。紧急免疫接种和补偿所需费用，由中央财政和地方财政分担。

第三十四条　重大动物疫情应急指挥部根据应急处理需要，有权紧急调集人员、物资、运输工具以及相关设施、设备。

单位和个人的物资、运输工具以及相关设施、设备被征集使用的，有关人民政府应当及时归还并给予合理补偿。

第三十五条　重大动物疫情发生后，县级以上人民政府兽医主管部门应当及时提出疫点、疫区、受威胁区的处理方案，加强疫情监测、流行病学调查、疫源追踪工作，对染疫和疑似染疫动物及其同群动物和其他易感染动物的扑杀、销毁进行技术指导，并组织实施检验检疫、消毒、无害化处理和紧急免疫接种。

第三十六条　重大动物疫情应急处理中，县级以上人民政府有关部门应当在各自的职责范围内，做好重大动物疫情应急所需的物资紧急调度和运输、应急经费安排、疫区群众救济、人的疫病防治、肉食品供应、动物及其产品市场监管、出入境检验检疫和社会治安维护等工作。

中国人民解放军、中国人民武装警察部队应当支持配合驻地人民政府做好重大动物疫情的应急工作。

第三十七条　重大动物疫情应急处理中，乡镇人民政府、村民委员会、居民委员会应当组织力量，向村民、居民宣传动物疫病防治的相关知识，协助做好疫情信息的收集、报告和各项应急处理措施的落实工作。

第三十八条　重大动物疫情发生地的人民政府和毗邻地区的人民政府应当通力合作，相互配合，做好重大动物疫情的控制、扑灭工作。

第三十九条　有关人民政府及其有关部门对参加重大动物疫情应急处理的人员，应当采取必要的卫生防护和技术指导等措施。

第四十条　自疫区内最后一头（只）发病动物及其同群动物处理完毕起，经过一个潜伏期以上的监测，未出现新的病例的，彻底消毒后，经上一级动物防疫监督机构验收合格，由原发布封锁令的人民政府宣布解除封锁，撤销疫区；由原批准机关撤销在该疫区设立的临时动物检疫消毒站。

第四十一条　县级以上人民政府应当将重大动物疫情确认、疫区封锁、扑杀及其补偿、消毒、无害化处理、疫源追踪、疫情监测以及应急物资储备等应急经费列入本级财政预算。

第五章　法律责任

第四十二条　违反本条例规定，兽医主管部门及其所属的动物防疫监督机构有下列行为之一的，由本级人民政府或者上级人民政府有关部门责令立即改正、通报批评、给予警告；对主要负责人、负有责任的主管人员和其他责任人员，依法给予记大过、降级、撤职直至开除的行政处分；构成犯罪的，依法追究刑事责任：

（一）不履行疫情报告职责，瞒报、谎报、迟报或者授意他人瞒报、谎报、迟报，阻碍他人报告重大动物疫情的；

（二）在重大动物疫情报告期间，不采取临时隔离控制措施，导致动物疫情扩散的；

（三）不及时划定疫点、疫区和受威胁区，不及时向本级人民政府提出应急处理建议，或者不按照规定对疫点、疫区和受威胁区采取预防、控制、扑灭措施的；

（四）不向本级人民政府提出启动应急指挥系统、应急预案和对疫区的封锁建议的；

（五）对动物扑杀、销毁不进行技术指导或者指导不力，或者不组织实施检验检疫、消毒、无害化处理和紧急免疫接种的；

（六）其他不履行本条例规定的职责，导致动物疫病传播、流行，或者对养殖业生产安全和公众身体健康与生命安全造成严重危害的。

第四十三条　违反本条例规定，县级以上人民政府有关部门不履行应急处理职责，不执行对疫点、疫区和受威胁区采取的措施，或者对上级人民政府有关部门的疫情调查不予配合或者阻碍、拒绝的，由本级人民政府或者上级人民政府有关部门责令立即改正、通报批评、给予警告；对主要负责人、负有责任的主管人员和其他责任人员，依法给予记大过、降级、撤职直至开除的行政处分；构成犯罪的，依法追究刑事责任。

第四十四条 违反本条例规定，有关地方人民政府阻碍报告重大动物疫情，不履行应急处理职责，不按照规定对疫点、疫区和受威胁区采取预防、控制、扑灭措施，或者对上级人民政府有关部门的疫情调查不予配合或者阻碍、拒绝的，由上级人民政府责令立即改正、通报批评、给予警告；对政府主要领导人依法给予记大过、降级、撤职直至开除的行政处分；构成犯罪的，依法追究刑事责任。

第四十五条 截留、挪用重大动物疫情应急经费，或者侵占、挪用应急储备物资的，按照《财政违法行为处罚处分条例》的规定处理；构成犯罪的，依法追究刑事责任。

第四十六条 违反本条例规定，拒绝、阻碍动物防疫监督机构进行重大动物疫情监测，或者发现动物出现群体发病或者死亡，不向当地动物防疫监督机构报告的，由动物防疫监督机构给予警告，并处2000元以上5000元以下的罚款；构成犯罪的，依法追究刑事责任。

第四十七条 违反本条例规定，不符合相应条件采集重大动物疫病病料，或者在重大动物疫病病原分离时不遵守国家有关生物安全管理规定的，由动物防疫监督机构给予警告，并处5000元以下的罚款；构成犯罪的，依法追究刑事责任。

第四十八条 在重大动物疫情发生期间，哄抬物价、欺骗消费者，散布谣言、扰乱社会秩序和市场秩序的，由价格主管部门、工商行政管理部门或者公安机关依法给予行政处罚；构成犯罪的，依法追究刑事责任。

第六章 附 则

第四十九条 本条例自公布之日起施行。

国家突发重大动物疫情应急预案

·2006年2月27日

1 总 则

1.1 编制目的

及时、有效地预防、控制和扑灭突发重大动物疫情，最大程度地减轻突发重大动物疫情对畜牧业及公众健康造成的危害，保持经济持续稳定健康发展，保障人民身体健康安全。

1.2 编制依据

依据《中华人民共和国动物防疫法》、《中华人民共和国进出境动植物检疫法》和《国家突发公共事件总体应急预案》，制定本预案。

1.3 突发重大动物疫情分级

根据突发重大动物疫情的性质、危害程度、涉及范围，将突发重大动物疫情划分为特别重大（Ⅰ级）、重大（Ⅱ级）、较大（Ⅲ级）和一般（Ⅳ级）四级。

1.4 适用范围

本预案适用于突然发生，造成或者可能造成畜牧业生产严重损失和社会公众健康严重损害的重大动物疫情的应急处理工作。

1.5 工作原则

（1）统一领导，分级管理。各级人民政府统一领导和指挥突发重大动物疫情应急处理工作；疫情应急处理工作实行属地管理；地方各级人民政府负责扑灭本行政区域内的突发重大动物疫情，各有关部门按照预案规定，在各自的职责范围内做好疫情应急处理的有关工作。根据突发重大动物疫情的范围、性质和危害程度，对突发重大动物疫情实行分级管理。

（2）快速反应，高效运转。各级人民政府和兽医行政管理部门要依照有关法律、法规，建立和完善突发重大动物疫情应急体系、应急反应机制和应急处置制度，提高突发重大动物疫情应急处理能力；发生突发重大动物疫情时，各级人民政府要迅速作出反应，采取果断措施，及时控制和扑灭突发重大动物疫情。

（3）预防为主，群防群控。贯彻预防为主的方针，加强防疫知识的宣传，提高全社会防范突发重大动物疫情的意识；落实各项防范措施，做好人员、技术、物资和设备的应急储备工作，并根据需要定期开展技术培训和应急演练；开展疫情监测和预警预报，对各类可能引发突发重大动物疫情的情况要及时分析、预警，做到疫情早发现、快行动、严处理。突发重大动物疫情应急处理工作要依靠群众，全民防疫，动员一切资源，做到群防群控。

2 应急组织体系及职责

2.1 应急指挥机构

农业部在国务院统一领导下，负责组织、协调全国突发重大动物疫情应急处理工作。

县级以上地方人民政府兽医行政管理部门在本级人民政府统一领导下，负责组织、协调本行政区域内突发重大动物疫情应急处理工作。

国务院和县级以上地方人民政府根据本级人民政府兽医行政管理部门的建议和实际工作需要，决定是否成立全国和地方应急指挥部。

2.1.1 全国突发重大动物疫情应急指挥部的职责

国务院主管领导担任全国突发重大动物疫情应急指挥部总指挥，国务院办公厅负责同志、农业部部长担任副总指挥，全国突发重大动物疫情应急指挥部负责对特别重大突发动物疫情应急处理的统一领导、统一指挥，作出处理突发重大动物疫情的重大决策。指挥部成员单位根据突发重大动物疫情的性质和应急处理的需要确定。

指挥部下设办公室，设在农业部。负责按照指挥部要求，具体制定防治政策，部署扑灭重大动物疫情工作，并督促各地各有关部门按要求落实各项防治措施。

2.1.2 省级突发重大动物疫情应急指挥部的职责

省级突发重大动物疫情应急指挥部由省级人民政府有关部门组成，省级人民政府主管领导担任总指挥。省级突发重大动物疫情应急指挥部统一负责对本行政区域内突发重大动物疫情应急处理的指挥，作出处理本行政区域内突发重大动物疫情的决策，决定要采取的措施。

2.2 日常管理机构

农业部负责全国突发重大动物疫情应急处理的日常管理工作。

省级人民政府兽医行政管理部门负责本行政区域内突发重大动物疫情应急的协调、管理工作。

市(地)级、县级人民政府兽医行政管理部门负责本行政区域内突发重大动物疫情应急处置的日常管理工作。

2.3 专家委员会

农业部和省级人民政府兽医行政管理部门组建突发重大动物疫情专家委员会。

市(地)级和县级人民政府兽医行政管理部门可根据需要，组建突发重大动物疫情应急处理专家委员会。

2.4 应急处理机构

2.4.1 动物防疫监督机构：主要负责突发重大动物疫情报告，现场流行病学调查，开展现场临床诊断和实验室检测，加强疫病监测，对封锁、隔离、紧急免疫、扑杀、无害化处理、消毒等措施的实施进行指导、落实和监督。

2.4.2 出入境检验检疫机构：负责加强对出入境动物及动物产品的检验检疫、疫情报告、消毒处理、流行病学调查和宣传教育等。

3 突发重大动物疫情的监测、预警与报告

3.1 监测

国家建立突发重大动物疫情监测、报告网络体系。农业部和地方各级人民政府兽医行政管理部门要加强对监测工作的管理和监督，保证监测质量。

3.2 预警

各级人民政府兽医行政管理部门根据动物防疫监督机构提供的监测信息，按照重大动物疫情的发生、发展规律和特点，分析其危害程度、可能的发展趋势，及时做出相应级别的预警，依次用红色、橙色、黄色和蓝色表示特别严重、严重、较重和一般四个预警级别。

3.3 报告

任何单位和个人有权向各级人民政府及其有关部门报告突发重大动物疫情及其隐患，有权向上级政府部门举报不履行或者不按照规定履行突发重大动物疫情应急处理职责的部门、单位及个人。

3.3.1 责任报告单位和责任报告人

(1)责任报告单位

a. 县级以上地方人民政府所属动物防疫监督机构；

b. 各动物疫病国家参考实验室和相关科研院校；

c. 出入境检验检疫机构；

d. 兽医行政管理部门；

e. 县级以上地方人民政府；

f. 有关动物饲养、经营和动物产品生产、经营的单位，各类动物诊疗机构等相关单位。

(2)责任报告人

执行职务的各级动物防疫监督机构、出入境检验检疫机构的兽医人员；各类动物诊疗机构的兽医；饲养、经营动物和生产、经营动物产品的人员。

3.3.2 报告形式

各级动物防疫监督机构应按国家有关规定报告疫情；其他责任报告单位和个人以电话或书面形式报告。

3.3.3 报告时限和程序

发现可疑动物疫情时，必须立即向当地县(市)动物防疫监督机构报告。县(市)动物防疫监督机构接到报告后，应当立即赶赴现场诊断，必要时可请省级动物防疫监督机构派人协助进行诊断，认定为疑似重大动物疫情的，应当在2小时内将疫情逐级报至省级动物防疫监督机构，并同时报所在地人民政府兽医行政管理部门。省级动物防疫监督机构应当在接到报告后1小时内，向省级兽医行政管理部门和农业部报告。省级兽医行政管理部门应当在接到报告后的1小时内报省级人民政府。特别重大、重大动物疫情发生后，省级人民政府、农业部应当在4小时内向国务院报告。

认定为疑似重大动物疫情的应立即按要求采集病料

样品送省级动物防疫监督机构实验室确诊，省级动物防疫监督机构不能确诊的，送国家参考实验室确诊。确诊结果应立即报农业部，并抄送省级兽医行政管理部门。

3.3.4 报告内容

疫情发生的时间、地点、发病的动物种类和品种、动物来源、临床症状、发病数量、死亡数量、是否有人员感染、已采取的控制措施、疫情报告的单位和个人、联系方式等。

4 突发重大动物疫情的应急响应和终止

4.1 应急响应的原则

发生突发重大动物疫情时，事发地的县级、市(地)级、省级人民政府及其有关部门按照分级响应的原则作出应急响应。同时，要遵循突发重大动物疫情发生发展的客观规律，结合实际情况和预防控制工作的需要，及时调整预警和响应级别。要根据不同动物疫病的性质和特点，注重分析疫情的发展趋势，对势态和影响不断扩大的疫情，应及时升级预警和响应级别；对范围局限、不会进一步扩散的疫情，应相应降低响应级别，及时撤销预警。

突发重大动物疫情应急处理要采取边调查、边处理、边核实的方式，有效控制疫情发展。

未发生突发重大动物疫情的地方，当地人民政府兽医行政管理部门接到疫情通报后，要组织做好人员、物资等应急准备工作，采取必要的预防控制措施，防止突发重大动物疫情在本行政区域内发生，并服从上一级人民政府兽医行政管理部门的统一指挥，支援突发重大动物疫情发生地的应急处理工作。

4.2 应急响应

4.2.1 特别重大突发动物疫情(Ⅰ级)的应急响应

确认特别重大突发动物疫情后，按程序启动本预案。

(1)县级以上地方各级人民政府

a. 组织协调有关部门参与突发重大动物疫情的处理。

b. 根据突发重大动物疫情处理需要，调集本行政区域内各类人员、物资、交通工具和相关设施、设备参加应急处理工作。

c. 发布封锁令，对疫区实施封锁。

d. 在本行政区域内采取限制或者停止动物及动物产品交易、扑杀染疫或相关动物，临时征用房屋、场所、交通工具；封闭被动物疫病病原体污染的公共饮用水源等紧急措施。

e. 组织铁路、交通、民航、质检等部门依法在交通站点设置临时动物防疫监督检查站，对进出疫区、出入境的交通工具进行检查和消毒。

f. 按国家规定做好信息发布工作。

g. 组织乡镇、街道、社区以及居委会、村委会，开展群防群控。

h. 组织有关部门保障商品供应，平抑物价，严厉打击造谣传谣、制假售假等违法犯罪和扰乱社会治安的行为，维护社会稳定。

必要时，可请求中央予以支持，保证应急处理工作顺利进行。

(2)兽医行政管理部门

a. 组织动物防疫监督机构开展突发重大动物疫情的调查与处理；划定疫点、疫区、受威胁区。

b. 组织突发重大动物疫情专家委员会对突发重大动物疫情进行评估，提出启动突发重大动物疫情应急响应的级别。

c. 根据需要组织开展紧急免疫和预防用药。

d. 县级以上人民政府兽医行政管理部门负责对本行政区域内应急处理工作的督导和检查。

e. 对新发现的动物疫病，及时按照国家规定，开展有关技术标准和规范的培训工作。

f. 有针对性地开展动物防疫知识宣教，提高群众防控意识和自我防护能力。

g. 组织专家对突发重大动物疫情的处理情况进行综合评估。

(3)动物防疫监督机构

a. 县级以上动物防疫监督机构做好突发重大动物疫情的信息收集、报告与分析工作。

b. 组织疫病诊断和流行病学调查。

c. 按规定采集病料，送省级实验室或国家参考实验室确诊。

d. 承担突发重大动物疫情应急处理人员的技术培训。

(4)出入境检验检疫机构

a. 境外发生重大动物疫情时，会同有关部门停止从疫区国家或地区输入相关动物及其产品；加强对来自疫区运输工具的检疫和防疫消毒；参与打击非法走私入境动物或动物产品等违法活动。

b. 境内发生重大动物疫情时，加强出口货物的查验，会同有关部门停止疫区和受威胁区的相关动物及其产品的出口；暂停使用位于疫区内的依法设立的出入境相关动物临时隔离检疫场。

c. 出入境检验检疫工作中发现重大动物疫情或者疑

似重大动物疫情时，立即向当地兽医行政管理部门报告，并协助当地动物防疫监督机构做好疫情控制和扑灭工作。

4.2.2　重大突发动物疫情（Ⅱ级）的应急响应

确认重大突发动物疫情后，按程序启动省级疫情应急响应机制。

（1）省级人民政府

省级人民政府根据省级人民政府兽医行政管理部门的建议，启动应急预案，统一领导和指挥本行政区域内突发重大动物疫情应急处理工作。组织有关部门和人员扑疫；紧急调集各种应急处理物资、交通工具和相关设施设备；发布或督导发布封锁令，对疫区实施封锁；依法设置临时动物防疫监督检查站查堵疫源；限制或停止动物及动物产品交易、扑杀染疫或相关动物；封锁被动物疫源污染的公共饮用水源等；按国家规定做好信息发布工作；组织乡镇、街道、社区及居委会、村委会，开展群防群控；组织有关部门保障商品供应，平抑物价，维护社会稳定。必要时，可请求中央予以支持，保证应急处理工作顺利进行。

（2）省级人民政府兽医行政管理部门

重大突发动物疫情确认后，向农业部报告疫情。必要时，提出省级人民政府启动应急预案的建议。同时，迅速组织有关单位开展疫情应急处置工作。组织开展突发重大动物疫情的调查与处理；划定疫点、疫区、受威胁区；组织对突发重大动物疫情应急处理的评估；负责对本行政区域内应急处理工作的督导和检查；开展有关技术培训工作；有针对性地开展动物防疫知识宣教，提高群众防控意识和自我防护能力。

（3）省级以下地方人民政府

疫情发生地人民政府及有关部门在省级人民政府或省级突发重大动物疫情应急指挥部的统一指挥下，按照要求认真履行职责，落实有关控制措施。具体组织实施突发重大动物疫情应急处理工作。

（4）农业部

加强对省级兽医行政管理部门应急处理突发重大动物疫情工作的督导，根据需要组织有关专家协助疫情应急处置；并及时向有关省份通报情况。必要时，建议国务院协调有关部门给予必要的技术和物资支持。

4.2.3　较大突发动物疫情（Ⅲ级）的应急响应

（1）市（地）级人民政府

市（地）级人民政府根据本级人民政府兽医行政管理部门的建议，启动应急预案，采取相应的综合应急措施。必要时，可向上级人民政府申请资金、物资和技术援助。

（2）市（地）级人民政府兽医行政管理部门

对较大突发动物疫情进行确认，并按照规定向当地人民政府、省级兽医行政管理部门和农业部报告调查处理情况。

（3）省级人民政府兽医行政管理部门

省级兽医行政管理部门要加强对疫情发生地疫情应急处理工作的督导，及时组织专家对地方疫情应急处理工作提供技术指导和支持，并向本省有关地区发出通报，及时采取预防控制措施，防止疫情扩散蔓延。

4.2.4　一般突发动物疫情（Ⅳ级）的应急响应

县级地方人民政府根据本级人民政府兽医行政管理部门的建议，启动应急预案，组织有关部门开展疫情应急处置工作。

县级人民政府兽医行政管理部门对一般突发重大动物疫情进行确认，并按照规定向本级人民政府和上一级兽医行政管理部门报告。

市（地）级人民政府兽医行政管理部门应组织专家对疫情应急处理进行技术指导。

省级人民政府兽医行政管理部门应根据需要提供技术支持。

4.2.5　非突发重大动物疫情发生地区的应急响应

应根据发生疫情地区的疫情性质、特点、发生区域和发展趋势，分析本地区受波及的可能性和程度，重点做好以下工作：

（1）密切保持与疫情发生地的联系，及时获取相关信息。

（2）组织做好本区域应急处理所需的人员与物资准备。

（3）开展对养殖、运输、屠宰和市场环节的动物疫情监测和防控工作，防止疫病的发生、传入和扩散。

（4）开展动物防疫知识宣传，提高公众防护能力和意识。

（5）按规定做好公路、铁路、航空、水运交通的检疫监督工作。

4.3　应急处理人员的安全防护

要确保参与疫情应急处理人员的安全。针对不同的重大动物疫病，特别是一些重大人畜共患病，应急处理人员还应采取特殊的防护措施。

4.4　突发重大动物疫情应急响应的终止

突发重大动物疫情应急响应的终止需符合以下条

件:疫区内所有的动物及其产品按规定处理后,经过该疫病的至少一个最长潜伏期无新的病例出现。

特别重大突发动物疫情由农业部对疫情控制情况进行评估,提出终止应急措施的建议,按程序报批宣布。

重大突发动物疫情由省级人民政府兽医行政管理部门对疫情控制情况进行评估,提出终止应急措施的建议,按程序报批宣布,并向农业部报告。

较大突发动物疫情由市(地)级人民政府兽医行政管理部门对疫情控制情况进行评估,提出终止应急措施的建议,按程序报批宣布,并向省级人民政府兽医行政管理部门报告。

一般突发动物疫情,由县级人民政府兽医行政管理部门对疫情控制情况进行评估,提出终止应急措施的建议,按程序报批宣布,并向上一级和省级人民政府兽医行政管理部门报告。

上级人民政府兽医行政管理部门及时组织专家对突发重大动物疫情应急措施终止的评估提供技术指导和支持。

5 善后处理

5.1 后期评估

突发重大动物疫情扑灭后,各级兽医行政管理部门应在本级政府的领导下,组织有关人员对突发重大动物疫情的处理情况进行评估,提出改进建议和应对措施。

5.2 奖励

县级以上人民政府对参加突发重大动物疫情应急处理作出贡献的先进集体和个人,进行表彰;对在突发重大动物疫情应急处理工作中英勇献身的人员,按有关规定追认为烈士。

5.3 责任

对在突发重大动物疫情的预防、报告、调查、控制和处理过程中,有玩忽职守、失职、渎职等违纪违法行为的,依据有关法律法规追究当事人的责任。

5.4 灾害补偿

按照各种重大动物疫病灾害补偿的规定,确定数额等级标准,按程序进行补偿。

5.5 抚恤和补助

地方各级人民政府要组织有关部门对因参与应急处理工作致病、致残、死亡的人员,按照国家有关规定,给予相应的补助和抚恤。

5.6 恢复生产

突发重大动物疫情扑灭后,取消贸易限制及流通控制等限制性措施。根据各种重大动物疫病的特点,对疫点和疫区进行持续监测,符合要求的,方可重新引进动物,恢复畜牧业生产。

5.7 社会救助

发生重大动物疫情后,国务院民政部门应按《中华人民共和国公益事业捐赠法》和《救灾救济捐赠管理暂行办法》及国家有关政策规定,做好社会各界向疫区提供的救援物资及资金的接收,分配和使用工作。

6 突发重大动物疫情应急处置的保障

突发重大动物疫情发生后,县级以上地方人民政府应积极协调有关部门,做好突发重大动物疫情处理的应急保障工作。

6.1 通信与信息保障

县级以上指挥部应将车载电台、对讲机等通讯工具纳入紧急防疫物资储备范畴,按照规定做好储备保养工作。

根据国家有关法规对紧急情况下的电话、电报、传真、通讯频率等予以优先待遇。

6.2 应急资源与装备保障

6.2.1 应急队伍保障

县级以上各级人民政府要建立突发重大动物疫情应急处理预备队伍,具体实施扑杀、消毒、无害化处理等疫情处理工作。

6.2.2 交通运输保障

运输部门要优先安排紧急防疫物资的调运。

6.2.3 医疗卫生保障

卫生部门负责开展重大动物疫病(人畜共患病)的人间监测,作好有关预防保障工作。各级兽医行政管理部门在做好疫情处理的同时应及时通报疫情,积极配合卫生部门开展工作。

6.2.4 治安保障

公安部门、武警部队要协助做好疫区封锁和强制扑杀工作,做好疫区安全保卫和社会治安管理。

6.2.5 物资保障

各级兽医行政管理部门应按照计划建立紧急防疫物资储备库,储备足够的药品、疫苗、诊断试剂、器械、防护用品、交通及通信工具等。

6.2.6 经费保障

各级财政部门为突发重大动物疫病防治工作提供合理而充足的资金保障。

各级财政在保证防疫经费及时、足额到位的同时,要加强对防疫经费使用的管理和监督。

各级政府应积极通过国际、国内等多渠道筹集资金,用于突发重大动物疫情应急处理工作。

6.3 技术储备与保障

建立重大动物疫病防治专家委员会,负责疫病防控策略和方法的咨询,参与防控技术方案的策划、制定和执行。

设置重大动物疫病的国家参考实验室,开展动物疫病诊断技术、防治药物、疫苗等的研究,作好技术和相关储备工作。

6.4 培训和演习

各级兽医行政管理部门要对重大动物疫情处理预备队成员进行系统培训。

在没有发生突发重大动物疫情状态下,农业部每年要有计划地选择部分地区举行演练,确保预备队扑灭疫情的应急能力。地方政府可根据资金和实际需要的情况,组织训练。

6.5 社会公众的宣传教育

县级以上地方人民政府应组织有关部门利用广播、影视、报刊、互联网、手册等多种形式对社会公众广泛开展突发重大动物疫情应急知识的普及教育,宣传动物防疫科普知识,指导群众以科学的行为和方式对待突发重大动物疫情。要充分发挥有关社会团体在普及动物防疫应急知识、科普知识方面的作用。

7 各类具体工作预案的制定

农业部应根据本预案,制定各种不同重大动物疫病应急预案,并根据形势发展要求,及时进行修订。

国务院有关部门根据本预案的规定,制定本部门职责范围内的具体工作方案。

县级以上地方人民政府根据有关法律法规的规定,参照本预案并结合本地区实际情况,组织制定本地区突发重大动物疫情应急预案。

8 附 则

8.1 名词术语和缩写语的定义与说明

重大动物疫情:是指陆生、水生动物突然发生重大疫病,且迅速传播,导致动物发病率或者死亡率高,给养殖业生产安全造成严重危害,或者可能对人民身体健康与生命安全造成危害的,具有重要经济社会影响和公共卫生意义。

我国尚未发现的动物疫病:是指疯牛病、非洲猪瘟、非洲马瘟等在其他国家和地区已经发现,在我国尚未发生过的动物疫病。

我国已消灭的动物疫病:是指牛瘟、牛肺疫等在我国曾发生过,但已扑灭净化的动物疫病。

暴发:是指一定区域,短时间内发生波及范围广泛、出现大量患病动物或死亡病例,其发病率远远超过常年的发病水平。

疫点:患病动物所在的地点划定为疫点,疫点一般是指患病禽类所在的禽场(户)或其他有关屠宰、经营单位。

疫区:以疫点为中心的一定范围内的区域划定为疫区,疫区划分时注意考虑当地的饲养环境、天然屏障(如河流、山脉)和交通等因素。

受威胁区:疫区外一定范围内的区域划定为受威胁区。

本预案有关数量的表述中,“以上”含本数,“以下”不含本数。

8.2 预案管理与更新

预案要定期评审,并根据突发重大动物疫情的形势变化和实施中发现的问题及时进行修订。

8.3 预案实施时间

本预案自印发之日起实施。

八、安全生产综合指导

中华人民共和国安全生产法

·2002年6月29日第九届全国人民代表大会常务委员会第二十八次会议通过
·根据2009年8月27日第十一届全国人民代表大会常务委员会第十次会议《关于修改部分法律的决定》第一次修正
·根据2014年8月31日第十二届全国人民代表大会常务委员会第十次会议《关于修改〈中华人民共和国安全生产法〉的决定》第二次修正
·根据2021年6月10日第十三届全国人民代表大会常务委员会第二十九次会议《关于修改〈中华人民共和国安全生产法〉的决定》第三次修正

第一章 总 则

第一条 【立法目的】为了加强安全生产工作,防止和减少生产安全事故,保障人民群众生命和财产安全,促进经济社会持续健康发展,制定本法。

第二条 【适用范围】在中华人民共和国领域内从事生产经营活动的单位(以下统称生产经营单位)的安全生产,适用本法;有关法律、行政法规对消防安全和道路交通安全、铁路交通安全、水上交通安全、民用航空安全以及核与辐射安全、特种设备安全另有规定的,适用其规定。

第三条 【工作方针】安全生产工作坚持中国共产党的领导。

安全生产工作应当以人为本,坚持人民至上、生命至上,把保护人民生命安全摆在首位,树牢安全发展理念,坚持安全第一、预防为主、综合治理的方针,从源头上防范化解重大安全风险。

安全生产工作实行管行业必须管安全、管业务必须管安全、管生产经营必须管安全,强化和落实生产经营单位主体责任与政府监管责任,建立生产经营单位负责、职工参与、政府监管、行业自律和社会监督的机制。

第四条 【生产经营单位基本义务】生产经营单位必须遵守本法和其他有关安全生产的法律、法规,加强安全生产管理,建立健全全员安全生产责任制和安全生产规章制度,加大对安全生产资金、物资、技术、人员的投入保障力度,改善安全生产条件,加强安全生产标准化、信息化建设,构建安全风险分级管控和隐患排查治理双重预防机制,健全风险防范化解机制,提高安全生产水平,确保安全生产。

平台经济等新兴行业、领域的生产经营单位应当根据本行业、领域的特点,建立健全并落实全员安全生产责任制,加强从业人员安全生产教育和培训,履行本法和其他法律、法规规定的有关安全生产义务。

第五条 【单位主要负责人主体责任】生产经营单位的主要负责人是本单位安全生产第一责任人,对本单位的安全生产工作全面负责。其他负责人对职责范围内的安全生产工作负责。

第六条 【从业人员安全生产权利义务】生产经营单位的从业人员有依法获得安全生产保障的权利,并应当依法履行安全生产方面的义务。

第七条 【工会职责】工会依法对安全生产工作进行监督。

生产经营单位的工会依法组织职工参加本单位安全生产工作的民主管理和民主监督,维护职工在安全生产方面的合法权益。生产经营单位制定或者修改有关安全生产的规章制度,应当听取工会的意见。

第八条 【各级人民政府安全生产职责】国务院和县级以上地方各级人民政府应当根据国民经济和社会发展规划制定安全生产规划,并组织实施。安全生产规划应当与国土空间规划等相关规划相衔接。

各级人民政府应当加强安全生产基础设施建设和安全生产监管能力建设,所需经费列入本级预算。

县级以上地方各级人民政府应当组织有关部门建立完善安全风险评估与论证机制,按照安全风险管控要求,进行产业规划和空间布局,并对位置相邻、行业相近、业态相似的生产经营单位实施重大安全风险联防联控。

第九条 【安全生产监督管理职责】国务院和县级以上地方各级人民政府应当加强对安全生产工作的领导,建立健全安全生产工作协调机制,支持、督促各有关部门依法履行安全生产监督管理职责,及时协调、解决安全生产监督管理中存在的重大问题。

乡镇人民政府和街道办事处,以及开发区、工业园区、港区、风景区等应当明确负责安全生产监督管理的有关工作机构及其职责，加强安全生产监管力量建设，按照职责对本行政区域或者管理区域内生产经营单位安全生产状况进行监督检查，协助人民政府有关部门或者按照授权依法履行安全生产监督管理职责。

第十条　【安全生产监督管理体制】国务院应急管理部门依照本法，对全国安全生产工作实施综合监督管理；县级以上地方各级人民政府应急管理部门依照本法，对本行政区域内安全生产工作实施综合监督管理。

国务院交通运输、住房和城乡建设、水利、民航等有关部门依照本法和其他有关法律、行政法规的规定，在各自的职责范围内对有关行业、领域的安全生产工作实施监督管理；县级以上地方各级人民政府有关部门依照本法和其他有关法律、法规的规定，在各自的职责范围内对有关行业、领域的安全生产工作实施监督管理。对新兴行业、领域的安全生产监督管理职责不明确的，由县级以上地方各级人民政府按照业务相近的原则确定监督管理部门。

应急管理部门和对有关行业、领域的安全生产工作实施监督管理的部门，统称负有安全生产监督管理职责的部门。负有安全生产监督管理职责的部门应当相互配合、齐抓共管、信息共享、资源共用，依法加强安全生产监督管理工作。

第十一条　【安全生产有关标准】国务院有关部门应当按照保障安全生产的要求，依法及时制定有关的国家标准或者行业标准，并根据科技进步和经济发展适时修订。

生产经营单位必须执行依法制定的保障安全生产的国家标准或者行业标准。

第十二条　【安全生产强制性国家标准的制定】国务院有关部门按照职责分工负责安全生产强制性国家标准的项目提出、组织起草、征求意见、技术审查。国务院应急管理部门统筹提出安全生产强制性国家标准的立项计划。国务院标准化行政主管部门负责安全生产强制性国家标准的立项、编号、对外通报和授权批准发布工作。国务院标准化行政主管部门、有关部门依据法定职责对安全生产强制性国家标准的实施进行监督检查。

第十三条　【安全生产宣传教育】各级人民政府及其有关部门应当采取多种形式，加强对有关安全生产的法律、法规和安全生产知识的宣传，增强全社会的安全生产意识。

第十四条　【协会组织职责】有关协会组织依照法律、行政法规和章程，为生产经营单位提供安全生产方面的信息、培训等服务，发挥自律作用，促进生产经营单位加强安全生产管理。

第十五条　【安全生产技术、管理服务中介机构】依法设立的为安全生产提供技术、管理服务的机构，依照法律、行政法规和执业准则，接受生产经营单位的委托为其安全生产工作提供技术、管理服务。

生产经营单位委托前款规定的机构提供安全生产技术、管理服务的，保证安全生产的责任仍由本单位负责。

第十六条　【事故责任追究制度】国家实行生产安全事故责任追究制度，依照本法和有关法律、法规的规定，追究生产安全事故责任单位和责任人员的法律责任。

第十七条　【安全生产权力和责任清单】县级以上各级人民政府应当组织负有安全生产监督管理职责的部门依法编制安全生产权力和责任清单，公开并接受社会监督。

第十八条　【安全生产科学技术研究】国家鼓励和支持安全生产科学技术研究和安全生产先进技术的推广应用，提高安全生产水平。

第十九条　【奖励】国家对在改善安全生产条件、防止生产安全事故、参加抢险救护等方面取得显著成绩的单位和个人，给予奖励。

第二章　生产经营单位的安全生产保障

第二十条　【安全生产条件】生产经营单位应当具备本法和有关法律、行政法规和国家标准或者行业标准规定的安全生产条件；不具备安全生产条件的，不得从事生产经营活动。

第二十一条　【单位主要负责人安全生产职责】生产经营单位的主要负责人对本单位安全生产工作负有下列职责：

（一）建立健全并落实本单位全员安全生产责任制，加强安全生产标准化建设；

（二）组织制定并实施本单位安全生产规章制度和操作规程；

（三）组织制定并实施本单位安全生产教育和培训计划；

（四）保证本单位安全生产投入的有效实施；

（五）组织建立并落实安全风险分级管控和隐患排查治理双重预防工作机制，督促、检查本单位的安全生产工作，及时消除生产安全事故隐患；

（六）组织制定并实施本单位的生产安全事故应急救援预案；

（七）及时、如实报告生产安全事故。

第二十二条 【全员安全生产责任制】生产经营单位的全员安全生产责任制应当明确各岗位的责任人员、责任范围和考核标准等内容。

生产经营单位应当建立相应的机制，加强对全员安全生产责任制落实情况的监督考核，保证全员安全生产责任制的落实。

第二十三条 【保证安全生产资金投入】生产经营单位应当具备的安全生产条件所必需的资金投入，由生产经营单位的决策机构、主要负责人或者个人经营的投资人予以保证，并对由于安全生产所必需的资金投入不足导致的后果承担责任。

有关生产经营单位应当按照规定提取和使用安全生产费用，专门用于改善安全生产条件。安全生产费用在成本中据实列支。安全生产费用提取、使用和监督管理的具体办法由国务院财政部门会同国务院应急管理部门征求国务院有关部门意见后制定。

第二十四条 【安全生产管理机构及人员】矿山、金属冶炼、建筑施工、运输单位和危险物品的生产、经营、储存、装卸单位，应当设置安全生产管理机构或者配备专职安全生产管理人员。

前款规定以外的其他生产经营单位，从业人员超过一百人的，应当设置安全生产管理机构或者配备专职安全生产管理人员；从业人员在一百人以下的，应当配备专职或者兼职的安全生产管理人员。

第二十五条 【安全生产管理机构及人员的职责】生产经营单位的安全生产管理机构以及安全生产管理人员履行下列职责：

（一）组织或者参与拟订本单位安全生产规章制度、操作规程和生产安全事故应急救援预案；

（二）组织或者参与本单位安全生产教育和培训，如实记录安全生产教育和培训情况；

（三）组织开展危险源辨识和评估，督促落实本单位重大危险源的安全管理措施；

（四）组织或者参与本单位应急救援演练；

（五）检查本单位的安全生产状况，及时排查生产安全事故隐患，提出改进安全生产管理的建议；

（六）制止和纠正违章指挥、强令冒险作业、违反操作规程的行为；

（七）督促落实本单位安全生产整改措施。

生产经营单位可以设置专职安全生产分管负责人，协助本单位主要负责人履行安全生产管理职责。

第二十六条 【履职要求与履职保障】生产经营单位的安全生产管理机构以及安全生产管理人员应当恪尽职守，依法履行职责。

生产经营单位作出涉及安全生产的经营决策，应当听取安全生产管理机构以及安全生产管理人员的意见。

生产经营单位不得因安全生产管理人员依法履行职责而降低其工资、福利等待遇或者解除与其订立的劳动合同。

危险物品的生产、储存单位以及矿山、金属冶炼单位的安全生产管理人员的任免，应当告知主管的负有安全生产监督管理职责的部门。

第二十七条 【安全生产知识与管理能力】生产经营单位的主要负责人和安全生产管理人员必须具备与本单位所从事的生产经营活动相应的安全生产知识和管理能力。

危险物品的生产、经营、储存、装卸单位以及矿山、金属冶炼、建筑施工、运输单位的主要负责人和安全生产管理人员，应当由主管的负有安全生产监督管理职责的部门对其安全生产知识和管理能力考核合格。考核不得收费。

危险物品的生产、储存、装卸单位以及矿山、金属冶炼单位应当有注册安全工程师从事安全生产管理工作。鼓励其他生产经营单位聘用注册安全工程师从事安全生产管理工作。注册安全工程师按专业分类管理，具体办法由国务院人力资源和社会保障部门、国务院应急管理部门会同国务院有关部门制定。

第二十八条 【安全生产教育和培训】生产经营单位应当对从业人员进行安全生产教育和培训，保证从业人员具备必要的安全生产知识，熟悉有关的安全生产规章制度和安全操作规程，掌握本岗位的安全操作技能，了解事故应急处理措施，知悉自身在安全生产方面的权利和义务。未经安全生产教育和培训合格的从业人员，不得上岗作业。

生产经营单位使用被派遣劳动者的，应当将被派遣劳动者纳入本单位从业人员统一管理，对被派遣劳动者进行岗位安全操作规程和安全操作技能的教育和培训。劳务派遣单位应当对被派遣劳动者进行必要的安全生产教育和培训。

生产经营单位接收中等职业学校、高等学校学生实习的，应当对实习学生进行相应的安全生产教育和培训，提供必要的劳动防护用品。学校应当协助生产经营单位对实习学生进行安全生产教育和培训。

生产经营单位应当建立安全生产教育和培训档案，如实记录安全生产教育和培训的时间、内容、参加人员以及考核结果等情况。

第二十九条　【技术更新的教育和培训】生产经营单位采用新工艺、新技术、新材料或者使用新设备，必须了解、掌握其安全技术特性，采取有效的安全防护措施，并对从业人员进行专门的安全生产教育和培训。

第三十条　【特种作业人员从业资格】生产经营单位的特种作业人员必须按照国家有关规定经专门的安全作业培训，取得相应资格，方可上岗作业。

特种作业人员的范围由国务院应急管理部门会同国务院有关部门确定。

第三十一条　【建设项目安全设施"三同时"】生产经营单位新建、改建、扩建工程项目（以下统称建设项目）的安全设施，必须与主体工程同时设计、同时施工、同时投入生产和使用。安全设施投资应当纳入建设项目概算。

第三十二条　【特殊建设项目安全评价】矿山、金属冶炼建设项目和用于生产、储存、装卸危险物品的建设项目，应当按照国家有关规定进行安全评价。

第三十三条　【特殊建设项目安全设计审查】建设项目安全设施的设计人、设计单位应当对安全设施设计负责。

矿山、金属冶炼建设项目和用于生产、储存、装卸危险物品的建设项目的安全设施设计应当按照国家有关规定报经有关部门审查，审查部门及其负责审查的人员对审查结果负责。

第三十四条　【特殊建设项目安全设施验收】矿山、金属冶炼建设项目和用于生产、储存、装卸危险物品的建设项目的施工单位必须按照批准的安全设施设计施工，并对安全设施的工程质量负责。

矿山、金属冶炼建设项目和用于生产、储存、装卸危险物品的建设项目竣工投入生产或者使用前，应当由建设单位负责组织对安全设施进行验收；验收合格后，方可投入生产和使用。负有安全生产监督管理职责的部门应当加强对建设单位验收活动和验收结果的监督核查。

第三十五条　【安全警示标志】生产经营单位应当在有较大危险因素的生产经营场所和有关设施、设备上，设置明显的安全警示标志。

第三十六条　【安全设备管理】安全设备的设计、制造、安装、使用、检测、维修、改造和报废，应当符合国家标准或者行业标准。

生产经营单位必须对安全设备进行经常性维护、保养，并定期检测，保证正常运转。维护、保养、检测应当作好记录，并由有关人员签字。

生产经营单位不得关闭、破坏直接关系生产安全的监控、报警、防护、救生设备、设施，或者篡改、隐瞒、销毁其相关数据、信息。

餐饮等行业的生产经营单位使用燃气的，应当安装可燃气体报警装置，并保障其正常使用。

第三十七条　【特殊特种设备的管理】生产经营单位使用的危险物品的容器、运输工具，以及涉及人身安全、危险性较大的海洋石油开采特种设备和矿山井下特种设备，必须按照国家有关规定，由专业生产单位生产，并经具有专业资质的检测、检验机构检测、检验合格，取得安全使用证或者安全标志，方可投入使用。检测、检验机构对检测、检验结果负责。

第三十八条　【淘汰制度】国家对严重危及生产安全的工艺、设备实行淘汰制度，具体目录由国务院应急管理部门会同国务院有关部门制定并公布。法律、行政法规对目录的制定另有规定的，适用其规定。

省、自治区、直辖市人民政府可以根据本地区实际情况制定并公布具体目录，对前款规定以外的危及生产安全的工艺、设备予以淘汰。

生产经营单位不得使用应当淘汰的危及生产安全的工艺、设备。

第三十九条　【危险物品的监管】生产、经营、运输、储存、使用危险物品或者处置废弃危险物品的，由有关主管部门依照有关法律、法规的规定和国家标准或者行业标准审批并实施监督管理。

生产经营单位生产、经营、运输、储存、使用危险物品或者处置废弃危险物品，必须执行有关法律、法规和国家标准或者行业标准，建立专门的安全管理制度，采取可靠的安全措施，接受有关主管部门依法实施的监督管理。

第四十条　【重大危险源的管理和备案】生产经营单位对重大危险源应当登记建档，进行定期检测、评估、监控，并制定应急预案，告知从业人员和相关人员在紧急情况下应当采取的应急措施。

生产经营单位应当按照国家有关规定将本单位重大危险源及有关安全措施、应急措施报有关地方人民政府应急管理部门和有关部门备案。有关地方人民政府应急管理部门和有关部门应当通过相关信息系统实现信息共享。

第四十一条　【安全风险管控制度和事故隐患治理制度】生产经营单位应当建立安全风险分级管控制度，按照安全风险分级采取相应的管控措施。

生产经营单位应当建立健全并落实生产安全事故隐患排查治理制度，采取技术、管理措施，及时发现并消除事故隐患。事故隐患排查治理情况应当如实记录，并通过职工大会或者职工代表大会、信息公示栏等方式向从业人员通报。其中，重大事故隐患排查治理情况应当及时向负有安全生产监督管理职责的部门和职工大会或者职工代表大会报告。

县级以上地方各级人民政府负有安全生产监督管理职责的部门应当将重大事故隐患纳入相关信息系统，建立健全重大事故隐患治理督办制度，督促生产经营单位消除重大事故隐患。

第四十二条　【生产经营场所和员工宿舍安全要求】生产、经营、储存、使用危险物品的车间、商店、仓库不得与员工宿舍在同一座建筑物内，并应当与员工宿舍保持安全距离。

生产经营场所和员工宿舍应当设有符合紧急疏散要求、标志明显、保持畅通的出口、疏散通道。禁止占用、锁闭、封堵生产经营场所或者员工宿舍的出口、疏散通道。

第四十三条　【危险作业的现场安全管理】生产经营单位进行爆破、吊装、动火、临时用电以及国务院应急管理部门会同国务院有关部门规定的其他危险作业，应当安排专门人员进行现场安全管理，确保操作规程的遵守和安全措施的落实。

第四十四条　【从业人员的安全管理】生产经营单位应当教育和督促从业人员严格执行本单位的安全生产规章制度和安全操作规程；并向从业人员如实告知作业场所和工作岗位存在的危险因素、防范措施以及事故应急措施。

生产经营单位应当关注从业人员的身体、心理状况和行为习惯，加强对从业人员的心理疏导、精神慰藉，严格落实岗位安全生产责任，防范从业人员行为异常导致事故发生。

第四十五条　【劳动防护用品】生产经营单位必须为从业人员提供符合国家标准或者行业标准的劳动防护用品，并监督、教育从业人员按照使用规则佩戴、使用。

第四十六条　【安全检查和报告义务】生产经营单位的安全生产管理人员应当根据本单位的生产经营特点，对安全生产状况进行经常性检查；对检查中发现的安全问题，应当立即处理；不能处理的，应当及时报告本单位有关负责人，有关负责人应当及时处理。检查及处理情况应当如实记录在案。

生产经营单位的安全生产管理人员在检查中发现重大事故隐患，依照前款规定向本单位有关负责人报告，有关负责人不及时处理的，安全生产管理人员可以向主管的负有安全生产监督管理职责的部门报告，接到报告的部门应当依法及时处理。

第四十七条　【安全生产经费保障】生产经营单位应当安排用于配备劳动防护用品、进行安全生产培训的经费。

第四十八条　【安全生产协作】两个以上生产经营单位在同一作业区域内进行生产经营活动，可能危及对方生产安全的，应当签订安全生产管理协议，明确各自的安全生产管理职责和应当采取的安全措施，并指定专职安全生产管理人员进行安全检查与协调。

第四十九条　【生产经营项目、施工项目的安全管理】生产经营单位不得将生产经营项目、场所、设备发包或者出租给不具备安全生产条件或者相应资质的单位或者个人。

生产经营项目、场所发包或者出租给其他单位的，生产经营单位应当与承包单位、承租单位签订专门的安全生产管理协议，或者在承包合同、租赁合同中约定各自的安全生产管理职责；生产经营单位对承包单位、承租单位的安全生产工作统一协调、管理，定期进行安全检查，发现安全问题的，应当及时督促整改。

矿山、金属冶炼建设项目和用于生产、储存、装卸危险物品的建设项目的施工单位应当加强对施工项目的安全管理，不得倒卖、出租、出借、挂靠或者以其他形式非法转让施工资质，不得将其承包的全部建设工程转包给第三人或者将其承包的全部建设工程支解以后以分包的名义分别转包给第三人，不得将工程分包给不具备相应资质条件的单位。

第五十条　【单位主要负责人组织事故抢救职责】生产经营单位发生生产安全事故时，单位的主要负责人应当立即组织抢救，并不得在事故调查处理期间擅离职守。

第五十一条　【工伤保险和安全生产责任保险】生产经营单位必须依法参加工伤保险，为从业人员缴纳保险费。

国家鼓励生产经营单位投保安全生产责任保险；属于国家规定的高危行业、领域的生产经营单位，应当投保安全生产责任保险。具体范围和实施办法由国务院应急管理部门会同国务院财政部门、国务院保险监督管理机构和相关行业主管部门制定。

第三章　从业人员的安全生产权利义务

第五十二条　【劳动合同的安全条款】生产经营单

位与从业人员订立的劳动合同，应当载明有关保障从业人员劳动安全、防止职业危害的事项，以及依法为从业人员办理工伤保险的事项。

生产经营单位不得以任何形式与从业人员订立协议，免除或者减轻其对从业人员因生产安全事故伤亡依法应承担的责任。

第五十三条　【知情权和建议权】生产经营单位的从业人员有权了解其作业场所和工作岗位存在的危险因素、防范措施及事故应急措施，有权对本单位的安全生产工作提出建议。

第五十四条　【批评、检举、控告、拒绝权】从业人员有权对本单位安全生产工作中存在的问题提出批评、检举、控告；有权拒绝违章指挥和强令冒险作业。

生产经营单位不得因从业人员对本单位安全生产工作提出批评、检举、控告或者拒绝违章指挥、强令冒险作业而降低其工资、福利等待遇或者解除与其订立的劳动合同。

第五十五条　【紧急处置权】从业人员发现直接危及人身安全的紧急情况时，有权停止作业或者在采取可能的应急措施后撤离作业场所。

生产经营单位不得因从业人员在前款紧急情况下停止作业或者采取紧急撤离措施而降低其工资、福利等待遇或者解除与其订立的劳动合同。

第五十六条　【事故后的人员救治和赔偿】生产经营单位发生生产安全事故后，应当及时采取措施救治有关人员。

因生产安全事故受到损害的从业人员，除依法享有工伤保险外，依照有关民事法律尚有获得赔偿的权利的，有权提出赔偿要求。

第五十七条　【落实岗位安全责任和服从安全管理】从业人员在作业过程中，应当严格落实岗位安全责任，遵守本单位的安全生产规章制度和操作规程，服从管理，正确佩戴和使用劳动防护用品。

第五十八条　【接受安全生产教育和培训义务】从业人员应当接受安全生产教育和培训，掌握本职工作所需的安全生产知识，提高安全生产技能，增强事故预防和应急处理能力。

第五十九条　【事故隐患和不安全因素的报告义务】从业人员发现事故隐患或者其他不安全因素，应当立即向现场安全生产管理人员或者本单位负责人报告；接到报告的人员应当及时予以处理。

第六十条　【工会监督】工会有权对建设项目的安全设施与主体工程同时设计、同时施工、同时投入生产和使用进行监督，提出意见。

工会对生产经营单位违反安全生产法律、法规，侵犯从业人员合法权益的行为，有权要求纠正；发现生产经营单位违章指挥、强令冒险作业或者发现事故隐患时，有权提出解决的建议，生产经营单位应当及时研究答复；发现危及从业人员生命安全的情况时，有权向生产经营单位建议组织从业人员撤离危险场所，生产经营单位必须立即作出处理。

工会有权依法参加事故调查，向有关部门提出处理意见，并要求追究有关人员的责任。

第六十一条　【被派遣劳动者的权利义务】生产经营单位使用被派遣劳动者的，被派遣劳动者享有本法规定的从业人员的权利，并应当履行本法规定的从业人员的义务。

第四章　安全生产的监督管理

第六十二条　【安全生产监督检查】县级以上地方各级人民政府应当根据本行政区域内的安全生产状况，组织有关部门按照职责分工，对本行政区域内容易发生重大生产安全事故的生产经营单位进行严格检查。

应急管理部门应当按照分类分级监督管理的要求，制定安全生产年度监督检查计划，并按照年度监督检查计划进行监督检查，发现事故隐患，应当及时处理。

第六十三条　【安全生产事项的审批、验收】负有安全生产监督管理职责的部门依照有关法律、法规的规定，对涉及安全生产的事项需要审查批准（包括批准、核准、许可、注册、认证、颁发证照等，下同）或者验收的，必须严格依照有关法律、法规和国家标准或者行业标准规定的安全生产条件和程序进行审查；不符合有关法律、法规和国家标准或者行业标准规定的安全生产条件的，不得批准或者验收通过。对未依法取得批准或者验收合格的单位擅自从事有关活动的，负责行政审批的部门发现或者接到举报后应当立即予以取缔，并依法予以处理。对已经依法取得批准的单位，负责行政审批的部门发现其不再具备安全生产条件的，应当撤销原批准。

第六十四条　【审批、验收的禁止性规定】负有安全生产监督管理职责的部门对涉及安全生产的事项进行审查、验收，不得收取费用；不得要求接受审查、验收的单位购买其指定品牌或者指定生产、销售单位的安全设备、器材或者其他产品。

第六十五条　【监督检查的职权范围】应急管理部门和其他负有安全生产监督管理职责的部门依法开展安

全生产行政执法工作,对生产经营单位执行有关安全生产的法律、法规和国家标准或者行业标准的情况进行监督检查,行使以下职权:

(一)进入生产经营单位进行检查,调阅有关资料,向有关单位和人员了解情况;

(二)对检查中发现的安全生产违法行为,当场予以纠正或者要求限期改正;对依法应当给予行政处罚的行为,依照本法和其他有关法律、行政法规的规定作出行政处罚决定;

(三)对检查中发现的事故隐患,应当责令立即排除;重大事故隐患排除前或者排除过程中无法保证安全的,应当责令从危险区域内撤出作业人员,责令暂时停产停业或者停止使用相关设施、设备;重大事故隐患排除后,经审查同意,方可恢复生产经营和使用;

(四)对有根据认为不符合保障安全生产的国家标准或者行业标准的设施、设备、器材以及违法生产、储存、使用、经营、运输的危险物品予以查封或者扣押,对违法生产、储存、使用、经营危险物品的作业场所予以查封,并依法作出处理决定。

监督检查不得影响被检查单位的正常生产经营活动。

第六十六条 【生产经营单位的配合义务】生产经营单位对负有安全生产监督管理职责的部门的监督检查人员(以下统称安全生产监督检查人员)依法履行监督检查职责,应当予以配合,不得拒绝、阻挠。

第六十七条 【监督检查的要求】安全生产监督检查人员应当忠于职守,坚持原则,秉公执法。

安全生产监督检查人员执行监督检查任务时,必须出示有效的行政执法证件;对涉及被检查单位的技术秘密和业务秘密,应当为其保密。

第六十八条 【监督检查的记录与报告】安全生产监督检查人员应当将检查的时间、地点、内容、发现的问题及其处理情况,作出书面记录,并由检查人员和被检查单位的负责人签字;被检查单位的负责人拒绝签字的,检查人员应当将情况记录在案,并向负有安全生产监督管理职责的部门报告。

第六十九条 【监督检查的配合】负有安全生产监督管理职责的部门在监督检查中,应当互相配合,实行联合检查;确需分别进行检查的,应当互通情况,发现存在的安全问题应当由其他有关部门进行处理的,应当及时移送其他有关部门并形成记录备查,接受移送的部门应当及时进行处理。

第七十条 【强制停止生产经营活动】负有安全生产监督管理职责的部门依法对存在重大事故隐患的生产经营单位作出停产停业、停止施工、停止使用相关设施或者设备的决定,生产经营单位应当依法执行,及时消除事故隐患。生产经营单位拒不执行,有发生生产安全事故的现实危险的,在保证安全的前提下,经本部门主要负责人批准,负有安全生产监督管理职责的部门可以采取通知有关单位停止供电、停止供应民用爆炸物品等措施,强制生产经营单位履行决定。通知应当采用书面形式,有关单位应当予以配合。

负有安全生产监督管理职责的部门依照前款规定采取停止供电措施,除有危及生产安全的紧急情形外,应当提前二十四小时通知生产经营单位。生产经营单位依法履行行政决定、采取相应措施消除事故隐患的,负有安全生产监督管理职责的部门应当及时解除前款规定的措施。

第七十一条 【安全生产监察】监察机关依照监察法的规定,对负有安全生产监督管理职责的部门及其工作人员履行安全生产监督管理职责实施监察。

第七十二条 【中介机构的条件和责任】承担安全评价、认证、检测、检验职责的机构应当具备国家规定的资质条件,并对其作出的安全评价、认证、检测、检验结果的合法性、真实性负责。资质条件由国务院应急管理部门会同国务院有关部门制定。

承担安全评价、认证、检测、检验职责的机构应当建立并实施服务公开和报告公开制度,不得租借资质、挂靠、出具虚假报告。

第七十三条 【安全生产举报制度】负有安全生产监督管理职责的部门应当建立举报制度,公开举报电话、信箱或者电子邮件地址等网络举报平台,受理有关安全生产的举报;受理的举报事项经调查核实后,应当形成书面材料;需要落实整改措施的,报经有关负责人签字并督促落实。对不属于本部门职责,需要由其他有关部门进行调查处理的,转交其他有关部门处理。

涉及人员死亡的举报事项,应当由县级以上人民政府组织核查处理。

第七十四条 【违法举报和公益诉讼】任何单位或者个人对事故隐患或者安全生产违法行为,均有权向负有安全生产监督管理职责的部门报告或者举报。

因安全生产违法行为造成重大事故隐患或者导致重大事故,致使国家利益或者社会公共利益受到侵害的,人民检察院可以根据民事诉讼法、行政诉讼法的相关规定提起公益诉讼。

第七十五条 【居委会、村委会的监督】居民委员会、村民委员会发现其所在区域内的生产经营单位存在事故隐患或者安全生产违法行为时,应当向当地人民政府或者有关部门报告。

第七十六条 【举报奖励】县级以上各级人民政府及其有关部门对报告重大事故隐患或者举报安全生产违法行为的有功人员,给予奖励。具体奖励办法由国务院应急管理部门会同国务院财政部门制定。

第七十七条 【舆论监督】新闻、出版、广播、电影、电视等单位有进行安全生产公益宣传教育的义务,有对违反安全生产法律、法规的行为进行舆论监督的权利。

第七十八条 【安全生产违法行为信息库】负有安全生产监督管理职责的部门应当建立安全生产违法行为信息库,如实记录生产经营单位及其有关从业人员的安全生产违法行为信息;对违法行为情节严重的生产经营单位及其有关从业人员,应当及时向社会公告,并通报行业主管部门、投资主管部门、自然资源主管部门、生态环境主管部门、证券监督管理机构以及有关金融机构。有关部门和机构应当对存在失信行为的生产经营单位及其有关从业人员采取加大执法检查频次、暂停项目审批、上调有关保险费率、行业或者职业禁入等联合惩戒措施,并向社会公示。

负有安全生产监督管理职责的部门应当加强对生产经营单位行政处罚信息的及时归集、共享、应用和公开,对生产经营单位作出处罚决定后七个工作日内在监督管理部门公示系统予以公开曝光,强化对违法失信生产经营单位及其有关从业人员的社会监督,提高全社会安全生产诚信水平。

第五章 生产安全事故的应急救援与调查处理

第七十九条 【事故应急救援队伍与信息系统】国家加强生产安全事故应急能力建设,在重点行业、领域建立应急救援基地和应急救援队伍,并由国家安全生产应急救援机构统一协调指挥;鼓励生产经营单位和其他社会力量建立应急救援队伍,配备相应的应急救援装备和物资,提高应急救援的专业化水平。

国务院应急管理部门牵头建立全国统一的生产安全事故应急救援信息系统,国务院交通运输、住房和城乡建设、水利、民航等有关部门和县级以上地方人民政府建立健全相关行业、领域、地区的生产安全事故应急救援信息系统,实现互联互通、信息共享,通过推行网上安全信息采集、安全监管和监测预警,提升监管的精准化、智能化水平。

第八十条 【事故应急救援预案与体系】县级以上地方各级人民政府应当组织有关部门制定本行政区域内生产安全事故应急救援预案,建立应急救援体系。

乡镇人民政府和街道办事处,以及开发区、工业园区、港区、风景区等应当制定相应的生产安全事故应急救援预案,协助人民政府有关部门或者按照授权依法履行生产安全事故应急救援工作职责。

第八十一条 【事故应急救援预案的制定与演练】生产经营单位应当制定本单位生产安全事故应急救援预案,与所在地县级以上地方人民政府组织制定的生产安全事故应急救援预案相衔接,并定期组织演练。

第八十二条 【高危行业的应急救援要求】危险物品的生产、经营、储存单位以及矿山、金属冶炼、城市轨道交通运营、建筑施工单位应当建立应急救援组织;生产经营规模较小的,可以不建立应急救援组织,但应当指定兼职的应急救援人员。

危险物品的生产、经营、储存、运输单位以及矿山、金属冶炼、城市轨道交通运营、建筑施工单位应当配备必要的应急救援器材、设备和物资,并进行经常性维护、保养,保证正常运转。

第八十三条 【单位报告和组织抢救义务】生产经营单位发生生产安全事故后,事故现场有关人员应当立即报告本单位负责人。

单位负责人接到事故报告后,应当迅速采取有效措施,组织抢救,防止事故扩大,减少人员伤亡和财产损失,并按照国家有关规定立即如实报告当地负有安全生产监督管理职责的部门,不得隐瞒不报、谎报或者迟报,不得故意破坏事故现场、毁灭有关证据。

第八十四条 【安全监管部门的事故报告】负有安全生产监督管理职责的部门接到事故报告后,应当立即按照国家有关规定上报事故情况。负有安全生产监督管理职责的部门和有关地方人民政府对事故情况不得隐瞒不报、谎报或者迟报。

第八十五条 【事故抢救】有关地方人民政府和负有安全生产监督管理职责的部门的负责人接到生产安全事故报告后,应当按照生产安全事故应急救援预案的要求立即赶到事故现场,组织事故抢救。

参与事故抢救的部门和单位应当服从统一指挥,加强协同联动,采取有效的应急救援措施,并根据事故救援的需要采取警戒、疏散等措施,防止事故扩大和次生灾害的发生,减少人员伤亡和财产损失。

事故抢救过程中应当采取必要措施,避免或者减少对环境造成的危害。

任何单位和个人都应当支持、配合事故抢救，并提供一切便利条件。

第八十六条 【事故调查处理】事故调查处理应当按照科学严谨、依法依规、实事求是、注重实效的原则，及时、准确地查清事故原因，查明事故性质和责任，评估应急处置工作，总结事故教训，提出整改措施，并对事故责任单位和人员提出处理建议。事故调查报告应当依法及时向社会公布。事故调查和处理的具体办法由国务院制定。

事故发生单位应当及时全面落实整改措施，负有安全生产监督管理职责的部门应当加强监督检查。

负责事故调查处理的国务院有关部门和地方人民政府应当在批复事故调查报告后一年内，组织有关部门对事故整改和防范措施落实情况进行评估，并及时向社会公开评估结果；对不履行职责导致事故整改和防范措施没有落实的有关单位和人员，应当按照有关规定追究责任。

第八十七条 【责任追究】生产经营单位发生生产安全事故，经调查确定为责任事故的，除了应当查明事故单位的责任并依法予以追究外，还应当查明对安全生产的有关事项负有审查批准和监督职责的行政部门的责任，对有失职、渎职行为的，依照本法第九十条的规定追究法律责任。

第八十八条 【事故调查处理不得干涉】任何单位和个人不得阻挠和干涉对事故的依法调查处理。

第八十九条 【事故定期统计分析和定期公布制度】县级以上地方各级人民政府应急管理部门应当定期统计分析本行政区域内发生生产安全事故的情况，并定期向社会公布。

第六章 法律责任

第九十条 【监管部门工作人员违法责任】负有安全生产监督管理职责的部门的工作人员，有下列行为之一的，给予降级或者撤职的处分；构成犯罪的，依照刑法有关规定追究刑事责任：

（一）对不符合法定安全生产条件的涉及安全生产的事项予以批准或者验收通过的；

（二）发现未依法取得批准、验收的单位擅自从事有关活动或者接到举报后不予取缔或者不依法予以处理的；

（三）对已经依法取得批准的单位不履行监督管理职责，发现其不再具备安全生产条件而不撤销原批准或者发现安全生产违法行为不予查处的；

（四）在监督检查中发现重大事故隐患，不依法及时处理的。

负有安全生产监督管理职责的部门的工作人员有前款规定以外的滥用职权、玩忽职守、徇私舞弊行为的，依法给予处分；构成犯罪的，依照刑法有关规定追究刑事责任。

第九十一条 【监管部门违法责任】负有安全生产监督管理职责的部门，要求被审查、验收的单位购买其指定的安全设备、器材或者其他产品的，在对安全生产事项的审查、验收中收取费用的，由其上级机关或者监察机关责令改正，责令退还收取的费用；情节严重的，对直接负责的主管人员和其他直接责任人员依法给予处分。

第九十二条 【中介机构违法责任】承担安全评价、认证、检测、检验职责的机构出具失实报告的，责令停业整顿，并处三万元以上十万元以下的罚款；给他人造成损害的，依法承担赔偿责任。

承担安全评价、认证、检测、检验职责的机构租借资质、挂靠、出具虚假报告的，没收违法所得；违法所得在十万元以上的，并处违法所得二倍以上五倍以下的罚款，没有违法所得或者违法所得不足十万元的，单处或者并处十万元以上二十万元以下的罚款；对其直接负责的主管人员和其他直接责任人员处五万元以上十万元以下的罚款；给他人造成损害的，与生产经营单位承担连带赔偿责任；构成犯罪的，依照刑法有关规定追究刑事责任。

对有前款违法行为的机构及其直接责任人员，吊销其相应资质和资格，五年内不得从事安全评价、认证、检测、检验等工作；情节严重的，实行终身行业和职业禁入。

第九十三条 【资金投入违法责任】生产经营单位的决策机构、主要负责人或者个人经营的投资人不依照本法规定保证安全生产所必需的资金投入，致使生产经营单位不具备安全生产条件的，责令限期改正，提供必需的资金；逾期未改正的，责令生产经营单位停产停业整顿。

有前款违法行为，导致发生生产安全事故的，对生产经营单位的主要负责人给予撤职处分，对个人经营的投资人处二万元以上二十万元以下的罚款；构成犯罪的，依照刑法有关规定追究刑事责任。

第九十四条 【单位主要负责人违法责任】生产经营单位的主要负责人未履行本法规定的安全生产管理职责的，责令限期改正，处二万元以上五万元以下的罚款；逾期未改正的，处五万元以上十万元以下的罚款，责令生产经营单位停产停业整顿。

生产经营单位的主要负责人有前款违法行为，导致发生生产安全事故的，给予撤职处分；构成犯罪的，依照刑法有关规定追究刑事责任。

生产经营单位的主要负责人依照前款规定受刑事处罚或者撤职处分的，自刑罚执行完毕或者受处分之日起，五年内不得担任任何生产经营单位的主要负责人；对重大、特别重大生产安全事故负有责任的，终身不得担任本行业生产经营单位的主要负责人。

第九十五条　【对单位主要负责人罚款】生产经营单位的主要负责人未履行本法规定的安全生产管理职责，导致发生生产安全事故的，由应急管理部门依照下列规定处以罚款：

（一）发生一般事故的，处上一年年收入百分之四十的罚款；

（二）发生较大事故的，处上一年年收入百分之六十的罚款；

（三）发生重大事故的，处上一年年收入百分之八十的罚款；

（四）发生特别重大事故的，处上一年年收入百分之一百的罚款。

第九十六条　【单位安全生产管理人员违法责任】生产经营单位的其他负责人和安全生产管理人员未履行本法规定的安全生产管理职责的，责令限期改正，处一万元以上三万元以下的罚款；导致发生生产安全事故的，暂停或者吊销其与安全生产有关的资格，并处上一年年收入百分之二十以上百分之五十以下的罚款；构成犯罪的，依照刑法有关规定追究刑事责任。

第九十七条　【生产经营单位安全管理违法责任（一）】生产经营单位有下列行为之一的，责令限期改正，处十万元以下的罚款；逾期未改正的，责令停产停业整顿，并处十万元以上二十万元以下的罚款，对其直接负责的主管人员和其他直接责任人员处二万元以上五万元以下的罚款：

（一）未按照规定设置安全生产管理机构或者配备安全生产管理人员、注册安全工程师的；

（二）危险物品的生产、经营、储存、装卸单位以及矿山、金属冶炼、建筑施工、运输单位的主要负责人和安全生产管理人员未按照规定经考核合格的；

（三）未按照规定对从业人员、被派遣劳动者、实习学生进行安全生产教育和培训，或者未按照规定如实告知有关的安全生产事项的；

（四）未如实记录安全生产教育和培训情况的；

（五）未将事故隐患排查治理情况如实记录或者未向从业人员通报的；

（六）未按照规定制定生产安全事故应急救援预案或者未定期组织演练的；

（七）特种作业人员未按照规定经专门的安全作业培训并取得相应资格，上岗作业的。

第九十八条　【建设项目违法责任】生产经营单位有下列行为之一的，责令停止建设或者停产停业整顿，限期改正，并处十万元以上五十万元以下的罚款，对其直接负责的主管人员和其他直接责任人员处二万元以上五万元以下的罚款；逾期未改正的，处五十万元以上一百万元以下的罚款，对其直接负责的主管人员和其他直接责任人员处五万元以上十万元以下的罚款；构成犯罪的，依照刑法有关规定追究刑事责任：

（一）未按照规定对矿山、金属冶炼建设项目或者用于生产、储存、装卸危险物品的建设项目进行安全评价的；

（二）矿山、金属冶炼建设项目或者用于生产、储存、装卸危险物品的建设项目没有安全设施设计或者安全设施设计未按照规定报经有关部门审查同意的；

（三）矿山、金属冶炼建设项目或者用于生产、储存、装卸危险物品的建设项目的施工单位未按照批准的安全设施设计施工的；

（四）矿山、金属冶炼建设项目或者用于生产、储存、装卸危险物品的建设项目竣工投入生产或者使用前，安全设施未经验收合格的。

第九十九条　【生产经营单位安全管理违法责任（二）】生产经营单位有下列行为之一的，责令限期改正，处五万元以下的罚款；逾期未改正的，处五万元以上二十万元以下的罚款，对其直接负责的主管人员和其他直接责任人员处一万元以上二万元以下的罚款；情节严重的，责令停产停业整顿；构成犯罪的，依照刑法有关规定追究刑事责任：

（一）未在有较大危险因素的生产经营场所和有关设施、设备上设置明显的安全警示标志的；

（二）安全设备的安装、使用、检测、改造和报废不符合国家标准或者行业标准的；

（三）未对安全设备进行经常性维护、保养和定期检测的；

（四）关闭、破坏直接关系生产安全的监控、报警、防护、救生设备、设施，或者篡改、隐瞒、销毁其相关数据、信息的；

（五）未为从业人员提供符合国家标准或者行业标准的劳动防护用品的；

（六）危险物品的容器、运输工具，以及涉及人身安全、危险性较大的海洋石油开采特种设备和矿山井下特种设备未经具有专业资质的机构检测、检验合格，取得安全使用证或者安全标志，投入使用的；

（七）使用应当淘汰的危及生产安全的工艺、设备的；

（八）餐饮等行业的生产经营单位使用燃气未安装可燃气体报警装置的。

第一百条 【违法经营危险物品】未经依法批准，擅自生产、经营、运输、储存、使用危险物品或者处置废弃危险物品的，依照有关危险物品安全管理的法律、行政法规的规定予以处罚；构成犯罪的，依照刑法有关规定追究刑事责任。

第一百零一条 【生产经营单位安全管理违法责任（三）】生产经营单位有下列行为之一的，责令限期改正，处十万元以下的罚款；逾期未改正的，责令停产停业整顿，并处十万元以上二十万元以下的罚款，对其直接负责的主管人员和其他直接责任人员处二万元以上五万元以下的罚款；构成犯罪的，依照刑法有关规定追究刑事责任：

（一）生产、经营、运输、储存、使用危险物品或者处置废弃危险物品，未建立专门安全管理制度、未采取可靠的安全措施的；

（二）对重大危险源未登记建档，未进行定期检测、评估、监控，未制定应急预案，或者未告知应急措施的；

（三）进行爆破、吊装、动火、临时用电以及国务院应急管理部门会同国务院有关部门规定的其他危险作业，未安排专门人员进行现场安全管理的；

（四）未建立安全风险分级管控制度或者未按照安全风险分级采取相应管控措施的；

（五）未建立事故隐患排查治理制度，或者重大事故隐患排查治理情况未按照规定报告的。

第一百零二条 【未采取措施消除事故隐患违法责任】生产经营单位未采取措施消除事故隐患的，责令立即消除或者限期消除，处五万元以下的罚款；生产经营单位拒不执行的，责令停产停业整顿，对其直接负责的主管人员和其他直接责任人员处五万元以上十万元以下的罚款；构成犯罪的，依照刑法有关规定追究刑事责任。

第一百零三条 【违法发包、出租和违反项目安全管理的法律责任】生产经营单位将生产经营项目、场所、设备发包或者出租给不具备安全生产条件或者相应资质的单位或者个人的，责令限期改正，没收违法所得；违法所得十万元以上的，并处违法所得二倍以上五倍以下的罚款；没有违法所得或者违法所得不足十万元的，单处或者并处十万元以上二十万元以下的罚款；对其直接负责的主管人员和其他直接责任人员处一万元以上二万元以下的罚款；导致发生生产安全事故给他人造成损害的，与承包方、承租方承担连带赔偿责任。

生产经营单位未与承包单位、承租单位签订专门的安全生产管理协议或者未在承包合同、租赁合同中明确各自的安全生产管理职责，或者未对承包单位、承租单位的安全生产统一协调、管理的，责令限期改正，处五万元以下的罚款，对其直接负责的主管人员和其他直接责任人员处一万元以下的罚款；逾期未改正的，责令停产停业整顿。

矿山、金属冶炼建设项目和用于生产、储存、装卸危险物品的建设项目的施工单位未按照规定对施工项目进行安全管理的，责令限期改正，处十万元以下的罚款，对其直接负责的主管人员和其他直接责任人员处二万元以下的罚款；逾期未改正的，责令停产停业整顿。以上施工单位倒卖、出租、出借、挂靠或者以其他形式非法转让施工资质的，责令停产停业整顿，吊销资质证书，没收违法所得；违法所得十万元以上的，并处违法所得二倍以上五倍以下的罚款，没有违法所得或者违法所得不足十万元的，单处或者并处十万元以上二十万元以下的罚款；对其直接负责的主管人员和其他直接责任人员处五万元以上十万元以下的罚款；构成犯罪的，依照刑法有关规定追究刑事责任。

第一百零四条 【同一作业区域安全管理违法责任】两个以上生产经营单位在同一作业区域内进行可能危及对方安全生产的生产经营活动，未签订安全生产管理协议或者未指定专职安全生产管理人员进行安全检查与协调的，责令限期改正，处五万元以下的罚款，对其直接负责的主管人员和其他直接责任人员处一万元以下的罚款；逾期未改正的，责令停产停业。

第一百零五条 【生产经营场所和员工宿舍违法责任】生产经营单位有下列行为之一的，责令限期改正，处五万元以下的罚款，对其直接负责的主管人员和其他直接责任人员处一万元以下的罚款；逾期未改正的，责令停产停业整顿；构成犯罪的，依照刑法有关规定追究刑事责任：

（一）生产、经营、储存、使用危险物品的车间、商店、仓库与员工宿舍在同一座建筑内，或者与员工宿舍的距离不符合安全要求的；

（二）生产经营场所和员工宿舍未设有符合紧急疏散需要、标志明显、保持畅通的出口、疏散通道，或者占用、锁闭、封堵生产经营场所或者员工宿舍出口、疏散通道的。

第一百零六条　【免责协议违法责任】生产经营单位与从业人员订立协议，免除或者减轻其对从业人员因生产安全事故伤亡依法应承担的责任的，该协议无效；对生产经营单位的主要负责人、个人经营的投资人处二万元以上十万元以下的罚款。

第一百零七条　【从业人员违章操作的法律责任】生产经营单位的从业人员不落实岗位安全责任，不服从管理，违反安全生产规章制度或者操作规程的，由生产经营单位给予批评教育，依照有关规章制度给予处分；构成犯罪的，依照刑法有关规定追究刑事责任。

第一百零八条　【生产经营单位不服从监督检查违法责任】违反本法规定，生产经营单位拒绝、阻碍负有安全生产监督管理职责的部门依法实施监督检查的，责令改正；拒不改正的，处二万元以上二十万元以下的罚款；对其直接负责的主管人员和其他直接责任人员处一万元以上二万元以下的罚款；构成犯罪的，依照刑法有关规定追究刑事责任。

第一百零九条　【未投保安全生产责任保险的违法责任】高危行业、领域的生产经营单位未按照国家规定投保安全生产责任保险的，责令限期改正，处五万元以上十万元以下的罚款；逾期未改正的，处十万元以上二十万元以下的罚款。

第一百一十条　【单位主要负责人事故处理违法责任】生产经营单位的主要负责人在本单位发生生产安全事故时，不立即组织抢救或者在事故调查处理期间擅离职守或者逃匿的，给予降级、撤职的处分，并由应急管理部门处上一年年收入百分之六十至百分之一百的罚款；对逃匿的处十五日以下拘留；构成犯罪的，依照刑法有关规定追究刑事责任。

生产经营单位的主要负责人对生产安全事故隐瞒不报、谎报或者迟报的，依照前款规定处罚。

第一百一十一条　【政府部门未按规定报告事故违法责任】有关地方人民政府、负有安全生产监督管理职责的部门，对生产安全事故隐瞒不报、谎报或者迟报的，对直接负责的主管人员和其他直接责任人员依法给予处分；构成犯罪的，依照刑法有关规定追究刑事责任。

第一百一十二条　【按日连续处罚】生产经营单位违反本法规定，被责令改正且受到罚款处罚，拒不改正的，负有安全生产监督管理职责的部门可以自作出责令改正之日的次日起，按照原处罚数额按日连续处罚。

第一百一十三条　【生产经营单位安全管理违法责任（四）】生产经营单位存在下列情形之一的，负有安全生产监督管理职责的部门应当提请地方人民政府予以关闭，有关部门应当依法吊销其有关证照。生产经营单位主要负责人五年内不得担任任何生产经营单位的主要负责人；情节严重的，终身不得担任本行业生产经营单位的主要负责人：

（一）存在重大事故隐患，一百八十日内三次或者一年内四次受到本法规定的行政处罚的；

（二）经停产停业整顿，仍不具备法律、行政法规和国家标准或者行业标准规定的安全生产条件的；

（三）不具备法律、行政法规和国家标准或者行业标准规定的安全生产条件，导致发生重大、特别重大生产安全事故的；

（四）拒不执行负有安全生产监督管理职责的部门作出的停产停业整顿决定的。

第一百一十四条　【对事故责任单位罚款】发生生产安全事故，对负有责任的生产经营单位除要求其依法承担相应的赔偿等责任外，由应急管理部门依照下列规定处以罚款：

（一）发生一般事故的，处三十万元以上一百万元以下的罚款；

（二）发生较大事故的，处一百万元以上二百万元以下的罚款；

（三）发生重大事故的，处二百万元以上一千万元以下的罚款；

（四）发生特别重大事故的，处一千万元以上二千万元以下的罚款。

发生生产安全事故，情节特别严重、影响特别恶劣的，应急管理部门可以按照前款罚款数额的二倍以上五倍以下对负有责任的生产经营单位处以罚款。

第一百一十五条　【行政处罚决定机关】本法规定的行政处罚，由应急管理部门和其他负有安全生产监督管理职责的部门按照职责分工决定；其中，根据本法第九十五条、第一百一十条、第一百一十四条的规定应当给予民航、铁路、电力行业的生产经营单位及其主要负责人行政处罚的，也可以由主管的负有安全生产监督管理职责的部门进行处罚。予以关闭的行政处罚，由负有安全生产监督管理职责的部门报请县级以上人民政府按照国务院规定的权限决定；给予拘留的行政处罚，由公安机关依照治安管理处罚的规定决定。

第一百一十六条 【生产经营单位赔偿责任】生产经营单位发生生产安全事故造成人员伤亡、他人财产损失的，应当依法承担赔偿责任；拒不承担或者其负责人逃匿的，由人民法院依法强制执行。

生产安全事故的责任人未依法承担赔偿责任，经人民法院依法采取执行措施后，仍不能对受害人给予足额赔偿的，应当继续履行赔偿义务；受害人发现责任人有其他财产的，可以随时请求人民法院执行。

第七章 附 则

第一百一十七条 【用语解释】本法下列用语的含义：

危险物品，是指易燃易爆物品、危险化学品、放射性物品等能够危及人身安全和财产安全的物品。

重大危险源，是指长期地或者临时地生产、搬运、使用或者储存危险物品，且危险物品的数量等于或者超过临界量的单元（包括场所和设施）。

第一百一十八条 【事故、隐患分类判定标准的制定】本法规定的生产安全一般事故、较大事故、重大事故、特别重大事故的划分标准由国务院规定。

国务院应急管理部门和其他负有安全生产监督管理职责的部门应当根据各自的职责分工，制定相关行业、领域重大危险源的辨识标准和重大事故隐患的判定标准。

第一百一十九条 【生效日期】本法自 2002 年 11 月 1 日起施行。

生产安全事故应急条例

· 2018 年 12 月 5 日国务院第 33 次常务会议通过
· 2019 年 2 月 17 日中华人民共和国国务院令第 708 号公布
· 自 2019 年 4 月 1 日起施行

第一章 总 则

第一条 为了规范生产安全事故应急工作，保障人民群众生命和财产安全，根据《中华人民共和国安全生产法》和《中华人民共和国突发事件应对法》，制定本条例。

第二条 本条例适用于生产安全事故应急工作；法律、行政法规另有规定的，适用其规定。

第三条 国务院统一领导全国的生产安全事故应急工作，县级以上地方人民政府统一领导本行政区域内的生产安全事故应急工作。生产安全事故应急工作涉及两个以上行政区域的，由有关行政区域共同的上一级人民政府负责，或者由各有关行政区域的上一级人民政府共同负责。

县级以上人民政府应急管理部门和其他对有关行业、领域的安全生产工作实施监督管理的部门（以下统称负有安全生产监督管理职责的部门）在各自职责范围内，做好有关行业、领域的生产安全事故应急工作。

县级以上人民政府应急管理部门指导、协调本级人民政府其他负有安全生产监督管理职责的部门和下级人民政府的生产安全事故应急工作。

乡、镇人民政府以及街道办事处等地方人民政府派出机关应当协助上级人民政府有关部门依法履行生产安全事故应急工作职责。

第四条 生产经营单位应当加强生产安全事故应急工作，建立、健全生产安全事故应急工作责任制，其主要负责人对本单位的生产安全事故应急工作全面负责。

第二章 应急准备

第五条 县级以上人民政府及其负有安全生产监督管理职责的部门和乡、镇人民政府以及街道办事处等地方人民政府派出机关，应当针对可能发生的生产安全事故的特点和危害，进行风险辨识和评估，制定相应的生产安全事故应急救援预案，并依法向社会公布。

生产经营单位应当针对本单位可能发生的生产安全事故的特点和危害，进行风险辨识和评估，制定相应的生产安全事故应急救援预案，并向本单位从业人员公布。

第六条 生产安全事故应急救援预案应当符合有关法律、法规、规章和标准的规定，具有科学性、针对性和可操作性，明确规定应急组织体系、职责分工以及应急救援程序和措施。

有下列情形之一的，生产安全事故应急救援预案制定单位应当及时修订相关预案：

（一）制定预案所依据的法律、法规、规章、标准发生重大变化；

（二）应急指挥机构及其职责发生调整；

（三）安全生产面临的风险发生重大变化；

（四）重要应急资源发生重大变化；

（五）在预案演练或者应急救援中发现需要修订预案的重大问题；

（六）其他应当修订的情形。

第七条 县级以上人民政府负有安全生产监督管理职责的部门应当将其制定的生产安全事故应急救援预案

报送本级人民政府备案；易燃易爆物品、危险化学品等危险物品的生产、经营、储存、运输单位，矿山、金属冶炼、城市轨道交通运营、建筑施工单位，以及宾馆、商场、娱乐场所、旅游景区等人员密集场所经营单位，应当将其制定的生产安全事故应急救援预案按照国家有关规定报送县级以上人民政府负有安全生产监督管理职责的部门备案，并依法向社会公布。

第八条　县级以上地方人民政府以及县级以上人民政府负有安全生产监督管理职责的部门，乡、镇人民政府以及街道办事处等地方人民政府派出机关，应当至少每2年组织1次生产安全事故应急救援预案演练。

易燃易爆物品、危险化学品等危险物品的生产、经营、储存、运输单位，矿山、金属冶炼、城市轨道交通运营、建筑施工单位，以及宾馆、商场、娱乐场所、旅游景区等人员密集场所经营单位，应当至少每半年组织1次生产安全事故应急救援预案演练，并将演练情况报送所在地县级以上地方人民政府负有安全生产监督管理职责的部门。

县级以上地方人民政府负有安全生产监督管理职责的部门应当对本行政区域内前款规定的重点生产经营单位的生产安全事故应急救援预案演练进行抽查；发现演练不符合要求的，应当责令限期改正。

第九条　县级以上人民政府应当加强对生产安全事故应急救援队伍建设的统一规划、组织和指导。

县级以上人民政府负有安全生产监督管理职责的部门根据生产安全事故应急工作的实际需要，在重点行业、领域单独建立或者依托有条件的生产经营单位、社会组织共同建立应急救援队伍。

国家鼓励和支持生产经营单位和其他社会力量建立提供社会化应急救援服务的应急救援队伍。

第十条　易燃易爆物品、危险化学品等危险物品的生产、经营、储存、运输单位，矿山、金属冶炼、城市轨道交通运营、建筑施工单位，以及宾馆、商场、娱乐场所、旅游景区等人员密集场所经营单位，应当建立应急救援队伍；其中，小型企业或者微型企业等规模较小的生产经营单位，可以不建立应急救援队伍，但应当指定兼职的应急救援人员，并且可以与邻近的应急救援队伍签订应急救援协议。

工业园区、开发区等产业聚集区域内的生产经营单位，可以联合建立应急救援队伍。

第十一条　应急救援队伍的应急救援人员应当具备必要的专业知识、技能、身体素质和心理素质。

应急救援队伍建立单位或者兼职应急救援人员所在单位应当按照国家有关规定对应急救援人员进行培训；应急救援人员经培训合格后，方可参加应急救援工作。

应急救援队伍应当配备必要的应急救援装备和物资，并定期组织训练。

第十二条　生产经营单位应当及时将本单位应急救援队伍建立情况按照国家有关规定报送县级以上人民政府负有安全生产监督管理职责的部门，并依法向社会公布。

县级以上人民政府负有安全生产监督管理职责的部门应当定期将本行业、本领域的应急救援队伍建立情况报送本级人民政府，并依法向社会公布。

第十三条　县级以上地方人民政府应当根据本行政区域内可能发生的生产安全事故的特点和危害，储备必要的应急救援装备和物资，并及时更新和补充。

易燃易爆物品、危险化学品等危险物品的生产、经营、储存、运输单位，矿山、金属冶炼、城市轨道交通运营、建筑施工单位，以及宾馆、商场、娱乐场所、旅游景区等人员密集场所经营单位，应当根据本单位可能发生的生产安全事故的特点和危害，配备必要的灭火、排水、通风以及危险物品稀释、掩埋、收集等应急救援器材、设备和物资，并进行经常性维护、保养，保证正常运转。

第十四条　下列单位应当建立应急值班制度，配备应急值班人员：

（一）县级以上人民政府及其负有安全生产监督管理职责的部门；

（二）危险物品的生产、经营、储存、运输单位以及矿山、金属冶炼、城市轨道交通运营、建筑施工单位；

（三）应急救援队伍。

规模较大、危险性较高的易燃易爆物品、危险化学品等危险物品的生产、经营、储存、运输单位应当成立应急处置技术组，实行24小时应急值班。

第十五条　生产经营单位应当对从业人员进行应急教育和培训，保证从业人员具备必要的应急知识，掌握风险防范技能和事故应急措施。

第十六条　国务院负有安全生产监督管理职责的部门应当按照国家有关规定建立生产安全事故应急救援信息系统，并采取有效措施，实现数据互联互通、信息共享。

生产经营单位可以通过生产安全事故应急救援信息系统办理生产安全事故应急救援预案备案手续，报送应急救援预案演练情况和应急救援队伍建设情况；但依法需要保密的除外。

第三章 应急救援

第十七条 发生生产安全事故后，生产经营单位应当立即启动生产安全事故应急救援预案，采取下列一项或者多项应急救援措施，并按照国家有关规定报告事故情况：

（一）迅速控制危险源，组织抢救遇险人员；

（二）根据事故危害程度，组织现场人员撤离或者采取可能的应急措施后撤离；

（三）及时通知可能受到事故影响的单位和人员；

（四）采取必要措施，防止事故危害扩大和次生、衍生灾害发生；

（五）根据需要请求邻近的应急救援队伍参加救援，并向参加救援的应急救援队伍提供相关技术资料、信息和处置方法；

（六）维护事故现场秩序，保护事故现场和相关证据；

（七）法律、法规规定的其他应急救援措施。

第十八条 有关地方人民政府及其部门接到生产安全事故报告后，应当按照国家有关规定上报事故情况，启动相应的生产安全事故应急救援预案，并按照应急救援预案的规定采取下列一项或者多项应急救援措施：

（一）组织抢救遇险人员，救治受伤人员，研判事故发展趋势以及可能造成的危害；

（二）通知可能受到事故影响的单位和人员，隔离事故现场，划定警戒区域，疏散受到威胁的人员，实施交通管制；

（三）采取必要措施，防止事故危害扩大和次生、衍生灾害发生，避免或者减少事故对环境造成的危害；

（四）依法发布调用和征用应急资源的决定；

（五）依法向应急救援队伍下达救援命令；

（六）维护事故现场秩序，组织安抚遇险人员和遇险遇难人员亲属；

（七）依法发布有关事故情况和应急救援工作的信息；

（八）法律、法规规定的其他应急救援措施。

有关地方人民政府不能有效控制生产安全事故的，应当及时向上级人民政府报告。上级人民政府应当及时采取措施，统一指挥应急救援。

第十九条 应急救援队伍接到有关人民政府及其部门的救援命令或者签有应急救援协议的生产经营单位的救援请求后，应当立即参加生产安全事故应急救援。

应急救援队伍根据救援命令参加生产安全事故应急救援所耗费用，由事故责任单位承担；事故责任单位无力承担的，由有关人民政府协调解决。

第二十条 发生生产安全事故后，有关人民政府认为有必要的，可以设立由本级人民政府及其有关部门负责人、应急救援专家、应急救援队伍负责人、事故发生单位负责人等人员组成的应急救援现场指挥部，并指定现场指挥部总指挥。

第二十一条 现场指挥部实行总指挥负责制，按照本级人民政府的授权组织制定并实施生产安全事故现场应急救援方案，协调、指挥有关单位和个人参加现场应急救援。

参加生产安全事故现场应急救援的单位和个人应当服从现场指挥部的统一指挥。

第二十二条 在生产安全事故应急救援过程中，发现可能直接危及应急救援人员生命安全的紧急情况时，现场指挥部或者统一指挥应急救援的人民政府应当立即采取相应措施消除隐患，降低或者化解风险，必要时可以暂时撤离应急救援人员。

第二十三条 生产安全事故发生地人民政府应当为应急救援人员提供必需的后勤保障，并组织通信、交通运输、医疗卫生、气象、水文、地质、电力、供水等单位协助应急救援。

第二十四条 现场指挥部或者统一指挥生产安全事故应急救援的人民政府及其有关部门应当完整、准确地记录应急救援的重要事项，妥善保存相关原始资料和证据。

第二十五条 生产安全事故的威胁和危害得到控制或者消除后，有关人民政府应当决定停止执行依照本条例和有关法律、法规采取的全部或者部分应急救援措施。

第二十六条 有关人民政府及其部门根据生产安全事故应急救援需要依法调用和征用的财产，在使用完毕或者应急救援结束后，应当及时归还。财产被调用、征用或者调用、征用后毁损、灭失的，有关人民政府及其部门应当按照国家有关规定给予补偿。

第二十七条 按照国家有关规定成立的生产安全事故调查组应当对应急救援工作进行评估，并在事故调查报告中作出评估结论。

第二十八条 县级以上地方人民政府应当按照国家有关规定，对在生产安全事故应急救援中伤亡的人员及时给予救治和抚恤；符合烈士评定条件的，按照国家有关规定评定为烈士。

第四章 法律责任

第二十九条 地方各级人民政府和街道办事处等地

方人民政府派出机关以及县级以上人民政府有关部门违反本条例规定的，由其上级行政机关责令改正；情节严重的，对直接负责的主管人员和其他直接责任人员依法给予处分。

第三十条　生产经营单位未制定生产安全事故应急救援预案、未定期组织应急救援预案演练、未对从业人员进行应急教育和培训，生产经营单位的主要负责人在本单位发生生产安全事故时不立即组织抢救的，由县级以上人民政府负有安全生产监督管理职责的部门依照《中华人民共和国安全生产法》有关规定追究法律责任。

第三十一条　生产经营单位未对应急救援器材、设备和物资进行经常性维护、保养，导致发生严重生产安全事故或者生产安全事故危害扩大，或者在本单位发生生产安全事故后未立即采取相应的应急救援措施，造成严重后果的，由县级以上人民政府负有安全生产监督管理职责的部门依照《中华人民共和国突发事件应对法》有关规定追究法律责任。

第三十二条　生产经营单位未将生产安全事故应急救援预案报送备案、未建立应急值班制度或者配备应急值班人员的，由县级以上人民政府负有安全生产监督管理职责的部门责令限期改正；逾期未改正的，处3万元以上5万元以下的罚款，对直接负责的主管人员和其他直接责任人员处1万元以上2万元以下的罚款。

第三十三条　违反本条例规定，构成违反治安管理行为的，由公安机关依法给予处罚；构成犯罪的，依法追究刑事责任。

第五章　附　则

第三十四条　储存、使用易燃易爆物品、危险化学品等危险物品的科研机构、学校、医院等单位的安全事故应急工作，参照本条例有关规定执行。

第三十五条　本条例自2019年4月1日起施行。

生产安全事故报告和调查处理条例

· 2007年3月28日国务院第172次常务会议通过

· 2007年4月9日中华人民共和国国务院令第493号公布

· 自2007年6月1日起施行

第一章　总　　则

第一条　为了规范生产安全事故的报告和调查处理，落实生产安全事故责任追究制度，防止和减少生产安全事故，根据《中华人民共和国安全生产法》和有关法律，制定本条例。

第二条　生产经营活动中发生的造成人身伤亡或者直接经济损失的生产安全事故的报告和调查处理，适用本条例；环境污染事故、核设施事故、国防科研生产事故的报告和调查处理不适用本条例。

第三条　根据生产安全事故（以下简称事故）造成的人员伤亡或者直接经济损失，事故一般分为以下等级：

（一）特别重大事故，是指造成30人以上死亡，或者100人以上重伤（包括急性工业中毒，下同），或者1亿元以上直接经济损失的事故；

（二）重大事故，是指造成10人以上30人以下死亡，或者50人以上100人以下重伤，或者5000万元以上1亿元以下直接经济损失的事故；

（三）较大事故，是指造成3人以上10人以下死亡，或者10人以上50人以下重伤，或者1000万元以上5000万元以下直接经济损失的事故；

（四）一般事故，是指造成3人以下死亡，或者10人以下重伤，或者1000万元以下直接经济损失的事故。

国务院安全生产监督管理部门可以会同国务院有关部门，制定事故等级划分的补充性规定。

本条第一款所称的“以上”包括本数，所称的“以下”不包括本数。

第四条　事故报告应当及时、准确、完整，任何单位和个人对事故不得迟报、漏报、谎报或者瞒报。

事故调查处理应当坚持实事求是、尊重科学的原则，及时、准确地查清事故经过、事故原因和事故损失，查明事故性质，认定事故责任，总结事故教训，提出整改措施，并对事故责任者依法追究责任。

第五条　县级以上人民政府应当依照本条例的规定，严格履行职责，及时、准确地完成事故调查处理工作。

事故发生地有关地方人民政府应当支持、配合上级人民政府或者有关部门的事故调查处理工作，并提供必要的便利条件。

参加事故调查处理的部门和单位应当互相配合，提高事故调查处理工作的效率。

第六条　工会依法参加事故调查处理，有权向有关部门提出处理意见。

第七条　任何单位和个人不得阻挠和干涉对事故的报告和依法调查处理。

第八条　对事故报告和调查处理中的违法行为，任何单位和个人有权向安全生产监督管理部门、监察机关或者其他有关部门举报，接到举报的部门应当依法及时处理。

第二章　事故报告

第九条　事故发生后，事故现场有关人员应当立即向本单位负责人报告；单位负责人接到报告后，应当于1小时内向事故发生地县级以上人民政府安全生产监督管理部门和负有安全生产监督管理职责的有关部门报告。

情况紧急时，事故现场有关人员可以直接向事故发生地县级以上人民政府安全生产监督管理部门和负有安全生产监督管理职责的有关部门报告。

第十条 安全生产监督管理部门和负有安全生产监督管理职责的有关部门接到事故报告后，应当依照下列规定上报事故情况，并通知公安机关、劳动保障行政部门、工会和人民检察院：

（一）特别重大事故、重大事故逐级上报至国务院安全生产监督管理部门和负有安全生产监督管理职责的有关部门；

（二）较大事故逐级上报至省、自治区、直辖市人民政府安全生产监督管理部门和负有安全生产监督管理职责的有关部门；

（三）一般事故上报至设区的市级人民政府安全生产监督管理部门和负有安全生产监督管理职责的有关部门。

安全生产监督管理部门和负有安全生产监督管理职责的有关部门依照前款规定上报事故情况，应当同时报告本级人民政府。国务院安全生产监督管理部门和负有安全生产监督管理职责的有关部门以及省级人民政府接到发生特别重大事故、重大事故的报告后，应当立即报告国务院。

必要时，安全生产监督管理部门和负有安全生产监督管理职责的有关部门可以越级上报事故情况。

第十一条 安全生产监督管理部门和负有安全生产监督管理职责的有关部门逐级上报事故情况，每级上报的时间不得超过2小时。

第十二条 报告事故应当包括下列内容：

（一）事故发生单位概况；

（二）事故发生的时间、地点以及事故现场情况；

（三）事故的简要经过；

（四）事故已经造成或者可能造成的伤亡人数（包括下落不明的人数）和初步估计的直接经济损失；

（五）已经采取的措施；

（六）其他应当报告的情况。

第十三条 事故报告后出现新情况的，应当及时补报。

自事故发生之日起30日内，事故造成的伤亡人数发生变化的，应当及时补报。道路交通事故、火灾事故自发生之日起7日内，事故造成的伤亡人数发生变化的，应当及时补报。

第十四条 事故发生单位负责人接到事故报告后，应当立即启动事故相应应急预案，或者采取有效措施，组织抢救，防止事故扩大，减少人员伤亡和财产损失。

第十五条 事故发生地有关地方人民政府、安全生产监督管理部门和负有安全生产监督管理职责的有关部门接到事故报告后，其负责人应当立即赶赴事故现场，组织事故救援。

第十六条 事故发生后，有关单位和人员应当妥善保护事故现场以及相关证据，任何单位和个人不得破坏事故现场、毁灭相关证据。

因抢救人员、防止事故扩大以及疏通交通等原因，需要移动事故现场物件的，应当做出标志，绘制现场简图并做出书面记录，妥善保存现场重要痕迹、物证。

第十七条 事故发生地公安机关根据事故的情况，对涉嫌犯罪的，应当依法立案侦查，采取强制措施和侦查措施。犯罪嫌疑人逃匿的，公安机关应当迅速追捕归案。

第十八条 安全生产监督管理部门和负有安全生产监督管理职责的有关部门应当建立值班制度，并向社会公布值班电话，受理事故报告和举报。

第三章 事故调查

第十九条 特别重大事故由国务院或者国务院授权有关部门组织事故调查组进行调查。

重大事故、较大事故、一般事故分别由事故发生地省级人民政府、设区的市级人民政府、县级人民政府负责调查。省级人民政府、设区的市级人民政府、县级人民政府可以直接组织事故调查组进行调查，也可以授权或者委托有关部门组织事故调查组进行调查。

未造成人员伤亡的一般事故，县级人民政府也可以委托事故发生单位组织事故调查组进行调查。

第二十条 上级人民政府认为必要时，可以调查由下级人民政府负责调查的事故。

自事故发生之日起30日内（道路交通事故、火灾事故自发生之日起7日内），因事故伤亡人数变化导致事故等级发生变化，依照本条例规定应当由上级人民政府负责调查的，上级人民政府可以另行组织事故调查组进行调查。

第二十一条 特别重大事故以下等级事故，事故发生地与事故发生单位不在同一个县级以上行政区域的，由事故发生地人民政府负责调查，事故发生单位所在地人民政府应当派人参加。

第二十二条　事故调查组的组成应当遵循精简、效能的原则。

根据事故的具体情况，事故调查组由有关人民政府、安全生产监督管理部门、负有安全生产监督管理职责的有关部门、监察机关、公安机关以及工会派人组成，并应当邀请人民检察院派人参加。

事故调查组可以聘请有关专家参与调查。

第二十三条　事故调查组成员应当具有事故调查所需要的知识和专长，并与所调查的事故没有直接利害关系。

第二十四条　事故调查组组长由负责事故调查的人民政府指定。事故调查组组长主持事故调查组的工作。

第二十五条　事故调查组履行下列职责：

（一）查明事故发生的经过、原因、人员伤亡情况及直接经济损失；

（二）认定事故的性质和事故责任；

（三）提出对事故责任者的处理建议；

（四）总结事故教训，提出防范和整改措施；

（五）提交事故调查报告。

第二十六条　事故调查组有权向有关单位和个人了解与事故有关的情况，并要求其提供相关文件、资料，有关单位和个人不得拒绝。

事故发生单位的负责人和有关人员在事故调查期间不得擅离职守，并应当随时接受事故调查组的询问，如实提供有关情况。

事故调查中发现涉嫌犯罪的，事故调查组应当及时将有关材料或者其复印件移交司法机关处理。

第二十七条　事故调查中需要进行技术鉴定的，事故调查组应当委托具有国家规定资质的单位进行技术鉴定。必要时，事故调查组可以直接组织专家进行技术鉴定。技术鉴定所需时间不计入事故调查期限。

第二十八条　事故调查组成员在事故调查工作中应当诚信公正、恪尽职守，遵守事故调查组的纪律，保守事故调查的秘密。

未经事故调查组组长允许，事故调查组成员不得擅自发布有关事故的信息。

第二十九条　事故调查组应当自事故发生之日起60日内提交事故调查报告；特殊情况下，经负责事故调查的人民政府批准，提交事故调查报告的期限可以适当延长，但延长的期限最长不超过60日。

第三十条　事故调查报告应当包括下列内容：

（一）事故发生单位概况；

（二）事故发生经过和事故救援情况；

（三）事故造成的人员伤亡和直接经济损失；

（四）事故发生的原因和事故性质；

（五）事故责任的认定以及对事故责任者的处理建议；

（六）事故防范和整改措施。

事故调查报告应当附具有关证据材料。事故调查组成员应当在事故调查报告上签名。

第三十一条　事故调查报告报送负责事故调查的人民政府后，事故调查工作即告结束。事故调查的有关资料应当归档保存。

第四章　事故处理

第三十二条　重大事故、较大事故、一般事故，负责事故调查的人民政府应当自收到事故调查报告之日起15日内做出批复；特别重大事故，30日内做出批复，特殊情况下，批复时间可以适当延长，但延长的时间最长不超过30日。

有关机关应当按照人民政府的批复，依照法律、行政法规规定的权限和程序，对事故发生单位和有关人员进行行政处罚，对负有事故责任的国家工作人员进行处分。

事故发生单位应当按照负责事故调查的人民政府的批复，对本单位负有事故责任的人员进行处理。

负有事故责任的人员涉嫌犯罪的，依法追究刑事责任。

第三十三条　事故发生单位应当认真吸取事故教训，落实防范和整改措施，防止事故再次发生。防范和整改措施的落实情况应当接受工会和职工的监督。

安全生产监督管理部门和负有安全生产监督管理职责的有关部门应当对事故发生单位落实防范和整改措施的情况进行监督检查。

第三十四条　事故处理的情况由负责事故调查的人民政府或者其授权的有关部门、机构向社会公布，依法应当保密的除外。

第五章　法律责任

第三十五条　事故发生单位主要负责人有下列行为之一的，处上一年年收入40%至80%的罚款；属于国家工作人员的，并依法给予处分；构成犯罪的，依法追究刑事责任：

（一）不立即组织事故抢救的；

（二）迟报或者漏报事故的；

（三）在事故调查处理期间擅离职守的。

第三十六条　事故发生单位及其有关人员有下列行

为之一的，对事故发生单位处 100 万元以上 500 万元以下的罚款；对主要负责人、直接负责的主管人员和其他直接责任人员处上一年年收入 60%至 100%的罚款；属于国家工作人员的，并依法给予处分；构成违反治安管理行为的，由公安机关依法给予治安管理处罚；构成犯罪的，依法追究刑事责任：

（一）谎报或者瞒报事故的；

（二）伪造或者故意破坏事故现场的；

（三）转移、隐匿资金、财产，或者销毁有关证据、资料的；

（四）拒绝接受调查或者拒绝提供有关情况和资料的；

（五）在事故调查中作伪证或者指使他人作伪证的；

（六）事故发生后逃匿的。

第三十七条 事故发生单位对事故发生负有责任的，依照下列规定处以罚款：

（一）发生一般事故的，处 10 万元以上 20 万元以下的罚款；

（二）发生较大事故的，处 20 万元以上 50 万元以下的罚款；

（三）发生重大事故的，处 50 万元以上 200 万元以下的罚款；

（四）发生特别重大事故的，处 200 万元以上 500 万元以下的罚款。

第三十八条 事故发生单位主要负责人未依法履行安全生产管理职责，导致事故发生的，依照下列规定处以罚款；属于国家工作人员的，并依法给予处分；构成犯罪的，依法追究刑事责任：

（一）发生一般事故的，处上一年年收入 30%的罚款；

（二）发生较大事故的，处上一年年收入 40%的罚款；

（三）发生重大事故的，处上一年年收入 60%的罚款；

（四）发生特别重大事故的，处上一年年收入 80%的罚款。

第三十九条 有关地方人民政府、安全生产监督管理部门和负有安全生产监督管理职责的有关部门有下列行为之一的，对直接负责的主管人员和其他直接责任人员依法给予处分；构成犯罪的，依法追究刑事责任：

（一）不立即组织事故抢救的；

（二）迟报、漏报、谎报或者瞒报事故的；

（三）阻碍、干涉事故调查工作的；

（四）在事故调查中作伪证或者指使他人作伪证的。

第四十条 事故发生单位对事故发生负有责任的，由有关部门依法暂扣或者吊销其有关证照；对事故发生单位负有事故责任的有关人员，依法暂停或者撤销其与安全生产有关的执业资格、岗位证书；事故发生单位主要负责人受到刑事处罚或者撤职处分的，自刑罚执行完毕或者受处分之日起，5 年内不得担任任何生产经营单位的主要负责人。

为发生事故的单位提供虚假证明的中介机构，由有关部门依法暂扣或者吊销其有关证照及其相关人员的执业资格；构成犯罪的，依法追究刑事责任。

第四十一条 参与事故调查的人员在事故调查中有下列行为之一的，依法给予处分；构成犯罪的，依法追究刑事责任：

（一）对事故调查工作不负责任，致使事故调查工作有重大疏漏的；

（二）包庇、袒护负有事故责任的人员或者借机打击报复的。

第四十二条 违反本条例规定，有关地方人民政府或者有关部门故意拖延或者拒绝落实经批复的对事故责任人的处理意见的，由监察机关对有关责任人员依法给予处分。

第四十三条 本条例规定的罚款的行政处罚，由安全生产监督管理部门决定。

法律、行政法规对行政处罚的种类、幅度和决定机关另有规定的，依照其规定。

第六章 附 则

第四十四条 没有造成人员伤亡，但是社会影响恶劣的事故，国务院或者有关地方人民政府认为需要调查处理的，依照本条例的有关规定执行。

国家机关、事业单位、人民团体发生的事故的报告和调查处理，参照本条例的规定执行。

第四十五条 特别重大事故以下等级事故的报告和调查处理，有关法律、行政法规或者国务院另有规定的，依照其规定。

第四十六条 本条例自 2007 年 6 月 1 日起施行。国务院 1989 年 3 月 29 日公布的《特别重大事故调查程序暂行规定》和 1991 年 2 月 22 日公布的《企业职工伤亡事故报告和处理规定》同时废止。

安全生产许可证条例

· 2004 年 1 月 13 日中华人民共和国国务院令第 397 号公布
· 根据 2013 年 7 月 18 日《国务院关于废止和修改部分行政法规的决定》第一次修订
· 根据 2014 年 7 月 29 日《国务院关于修改部分行政法规的决定》第二次修订

第一条　为了严格规范安全生产条件，进一步加强安全生产监督管理，防止和减少生产安全事故，根据《中华人民共和国安全生产法》的有关规定，制定本条例。

第二条　国家对矿山企业、建筑施工企业和危险化学品、烟花爆竹、民用爆炸物品生产企业（以下统称企业）实行安全生产许可制度。

企业未取得安全生产许可证的，不得从事生产活动。

第三条　国务院安全生产监督管理部门负责中央管理的非煤矿矿山企业和危险化学品、烟花爆竹生产企业安全生产许可证的颁发和管理。

省、自治区、直辖市人民政府安全生产监督管理部门负责前款规定以外的非煤矿矿山企业和危险化学品、烟花爆竹生产企业安全生产许可证的颁发和管理，并接受国务院安全生产监督管理部门的指导和监督。

国家煤矿安全监察机构负责中央管理的煤矿企业安全生产许可证的颁发和管理。

在省、自治区、直辖市设立的煤矿安全监察机构负责前款规定以外的其他煤矿企业安全生产许可证的颁发和管理，并接受国家煤矿安全监察机构的指导和监督。

第四条　省、自治区、直辖市人民政府建设主管部门负责建筑施工企业安全生产许可证的颁发和管理，并接受国务院建设主管部门的指导和监督。

第五条　省、自治区、直辖市人民政府民用爆炸物品行业主管部门负责民用爆炸物品生产企业安全生产许可证的颁发和管理，并接受国务院民用爆炸物品行业主管部门的指导和监督。

第六条　企业取得安全生产许可证，应当具备下列安全生产条件：

（一）建立、健全安全生产责任制，制定完备的安全生产规章制度和操作规程；

（二）安全投入符合安全生产要求；

（三）设置安全生产管理机构，配备专职安全生产管理人员；

（四）主要负责人和安全生产管理人员经考核合格；

（五）特种作业人员经有关业务主管部门考核合格，取得特种作业操作资格证书；

（六）从业人员经安全生产教育和培训合格；

（七）依法参加工伤保险，为从业人员缴纳保险费；

（八）厂房、作业场所和安全设施、设备、工艺符合有关安全生产法律、法规、标准和规程的要求；

（九）有职业危害防治措施，并为从业人员配备符合国家标准或者行业标准的劳动防护用品；

（十）依法进行安全评价；

（十一）有重大危险源检测、评估、监控措施和应急预案；

（十二）有生产安全事故应急救援预案、应急救援组织或者应急救援人员，配备必要的应急救援器材、设备；

（十三）法律、法规规定的其他条件。

第七条　企业进行生产前，应当依照本条例的规定向安全生产许可证颁发管理机关申请领取安全生产许可证，并提供本条例第六条规定的相关文件、资料。安全生产许可证颁发管理机关应当自收到申请之日起 45 日内审查完毕，经审查符合本条例规定的安全生产条件的，颁发安全生产许可证；不符合本条例规定的安全生产条件的，不予颁发安全生产许可证，书面通知企业并说明理由。

煤矿企业应当以矿（井）为单位，依照本条例的规定取得安全生产许可证。

第八条　安全生产许可证由国务院安全生产监督管理部门规定统一的式样。

第九条　安全生产许可证的有效期为 3 年。安全生产许可证有效期满需要延期的，企业应当于期满前 3 个月向原安全生产许可证颁发管理机关办理延期手续。

企业在安全生产许可证有效期内，严格遵守有关安全生产的法律法规，未发生死亡事故的，安全生产许可证有效期届满时，经原安全生产许可证颁发管理机关同意，不再审查，安全生产许可证有效期延期 3 年。

第十条　安全生产许可证颁发管理机关应当建立、健全安全生产许可证档案管理制度，并定期向社会公布企业取得安全生产许可证的情况。

第十一条　煤矿企业安全生产许可证颁发管理机关、建筑施工企业安全生产许可证颁发管理机关、民用爆炸物品生产企业安全生产许可证颁发管理机关，应当每年向同级安全生产监督管理部门通报其安全生产许可证颁发和管理情况。

第十二条　国务院安全生产监督管理部门和省、自治区、直辖市人民政府安全生产监督管理部门对建筑施工企业、民用爆炸物品生产企业、煤矿企业取得安全生产许可证的情况进行监督。

第十三条　企业不得转让、冒用安全生产许可证或者使用伪造的安全生产许可证。

第十四条　企业取得安全生产许可证后，不得降低安全生产条件，并应当加强日常安全生产管理，接受安全生产许可证颁发管理机关的监督检查。

安全生产许可证颁发管理机关应当加强对取得安全生产许可证的企业的监督检查，发现其不再具备本条例规定的安全生产条件的，应当暂扣或者吊销安全生产许可证。

第十五条　安全生产许可证颁发管理机关工作人员在安全生产许可证颁发、管理和监督检查工作中，不得索取或者接受企业的财物，不得谋取其他利益。

第十六条　监察机关依照《中华人民共和国行政监察法》的规定，对安全生产许可证颁发管理机关及其工作人员履行本条例规定的职责实施监察。

第十七条　任何单位或者个人对违反本条例规定的行为，有权向安全生产许可证颁发管理机关或者监察机关等有关部门举报。

第十八条　安全生产许可证颁发管理机关工作人员有下列行为之一的，给予降级或者撤职的行政处分；构成犯罪的，依法追究刑事责任：

（一）向不符合本条例规定的安全生产条件的企业颁发安全生产许可证的；

（二）发现企业未依法取得安全生产许可证擅自从事生产活动，不依法处理的；

（三）发现取得安全生产许可证的企业不再具备本条例规定的安全生产条件，不依法处理的；

（四）接到对违反本条例规定行为的举报后，不及时处理的；

（五）在安全生产许可证颁发、管理和监督检查工作中，索取或者接受企业的财物，或者谋取其他利益的。

第十九条　违反本条例规定，未取得安全生产许可证擅自进行生产的，责令停止生产，没收违法所得，并处10万元以上50万元以下的罚款；造成重大事故或者其他严重后果，构成犯罪的，依法追究刑事责任。

第二十条　违反本条例规定，安全生产许可证有效期满未办理延期手续，继续进行生产的，责令停止生产，限期补办延期手续，没收违法所得，并处5万元以上10万元以下的罚款；逾期仍不办理延期手续，继续进行生产的，依照本条例第十九条的规定处罚。

第二十一条　违反本条例规定，转让安全生产许可证的，没收违法所得，处10万元以上50万元以下的罚款，并吊销其安全生产许可证；构成犯罪的，依法追究刑事责任；接受转让的，依照本条例第十九条的规定处罚。

冒用安全生产许可证或者使用伪造的安全生产许可证的，依照本条例第十九条的规定处罚。

第二十二条　本条例施行前已经进行生产的企业，应当自本条例施行之日起1年内，依照本条例的规定向安全生产许可证颁发管理机关申请办理安全生产许可证；逾期不办理安全生产许可证，或者经审查不符合本条例规定的安全生产条件，未取得安全生产许可证，继续进行生产的，依照本条例第十九条的规定处罚。

第二十三条　本条例规定的行政处罚，由安全生产许可证颁发管理机关决定。

第二十四条　本条例自公布之日起施行。

生产安全事故应急预案管理办法

·2016年6月3日国家安全生产监督管理总局令第88号公布

·根据2019年7月11日应急管理部《关于修改〈生产安全事故应急预案管理办法〉的决定》修订

第一章　总　则

第一条　为规范生产安全事故应急预案管理工作，迅速有效处置生产安全事故，依据《中华人民共和国突发事件应对法》《中华人民共和国安全生产法》《生产安全事故应急条例》等法律、行政法规和《突发事件应急预案管理办法》（国办发〔2013〕101号），制定本办法。

第二条　生产安全事故应急预案（以下简称应急预案）的编制、评审、公布、备案、实施及监督管理工作，适用本办法。

第三条　应急预案的管理实行属地为主、分级负责、分类指导、综合协调、动态管理的原则。

第四条　应急管理部负责全国应急预案的综合协调管理工作。国务院其他负有安全生产监督管理职责的部门在各自职责范围内，负责相关行业、领域应急预案的管理工作。

县级以上地方各级人民政府应急管理部门负责本行政区域内应急预案的综合协调管理工作。县级以上地方各级人民政府其他负有安全生产监督管理职责的部门按照各自的职责负责有关行业、领域应急预案的管理工作。

第五条　生产经营单位主要负责人负责组织编制和实施本单位的应急预案，并对应急预案的真实性和实用性负责；各分管负责人应当按照职责分工落实应急预案规定的职责。

第六条 生产经营单位应急预案分为综合应急预案、专项应急预案和现场处置方案。

综合应急预案，是指生产经营单位为应对各种生产安全事故而制定的综合性工作方案，是本单位应对生产安全事故的总体工作程序、措施和应急预案体系的总纲。

专项应急预案，是指生产经营单位为应对某一种或者多种类型生产安全事故，或者针对重要生产设施、重大危险源、重大活动防止生产安全事故而制定的专项性工作方案。

现场处置方案，是指生产经营单位根据不同生产安全事故类型，针对具体场所、装置或者设施所制定的应急处置措施。

第二章 应急预案的编制

第七条 应急预案的编制应当遵循以人为本、依法依规、符合实际、注重实效的原则，以应急处置为核心，明确应急职责、规范应急程序、细化保障措施。

第八条 应急预案的编制应当符合下列基本要求：

（一）有关法律、法规、规章和标准的规定；

（二）本地区、本部门、本单位的安全生产实际情况；

（三）本地区、本部门、本单位的危险性分析情况；

（四）应急组织和人员的职责分工明确，并有具体的落实措施；

（五）有明确、具体的应急程序和处置措施，并与其应急能力相适应；

（六）有明确的应急保障措施，满足本地区、本部门、本单位的应急工作需要；

（七）应急预案基本要素齐全、完整，应急预案附件提供的信息准确；

（八）应急预案内容与相关应急预案相互衔接。

第九条 编制应急预案应当成立编制工作小组，由本单位有关负责人任组长，吸收与应急预案有关的职能部门和单位的人员，以及有现场处置经验的人员参加。

第十条 编制应急预案前，编制单位应当进行事故风险辨识、评估和应急资源调查。

事故风险辨识、评估，是指针对不同事故种类及特点，识别存在的危险危害因素，分析事故可能产生的直接后果以及次生、衍生后果，评估各种后果的危害程度和影响范围，提出防范和控制事故风险措施的过程。

应急资源调查，是指全面调查本地区、本单位第一时间可以调用的应急资源状况和合作区域内可以请求援助的应急资源状况，并结合事故风险辨识评估结论制定应急措施的过程。

第十一条 地方各级人民政府应急管理部门和其他负有安全生产监督管理职责的部门应当根据法律、法规、规章和同级人民政府以及上一级人民政府应急管理部门和其他负有安全生产监督管理职责的部门的应急预案，结合工作实际，组织编制相应的部门应急预案。

部门应急预案应当根据本地区、本部门的实际情况，明确信息报告、响应分级、指挥权移交、警戒疏散等内容。

第十二条 生产经营单位应当根据有关法律、法规、规章和相关标准，结合本单位组织管理体系、生产规模和可能发生的事故特点，与相关预案保持衔接，确立本单位的应急预案体系，编制相应的应急预案，并体现自救互救和先期处置等特点。

第十三条 生产经营单位风险种类多、可能发生多种类型事故的，应当组织编制综合应急预案。

综合应急预案应当规定应急组织机构及其职责、应急预案体系、事故风险描述、预警及信息报告、应急响应、保障措施、应急预案管理等内容。

第十四条 对于某一种或者多种类型的事故风险，生产经营单位可以编制相应的专项应急预案，或将专项应急预案并入综合应急预案。

专项应急预案应当规定应急指挥机构与职责、处置程序和措施等内容。

第十五条 对于危险性较大的场所、装置或者设施，生产经营单位应当编制现场处置方案。

现场处置方案应当规定应急工作职责、应急处置措施和注意事项等内容。

事故风险单一、危险性小的生产经营单位，可以只编制现场处置方案。

第十六条 生产经营单位应急预案应当包括向上级应急管理机构报告的内容、应急组织机构和人员的联系方式、应急物资储备清单等附件信息。附件信息发生变化时，应当及时更新，确保准确有效。

第十七条 生产经营单位组织应急预案编制过程中，应当根据法律、法规、规章的规定或者实际需要，征求相关应急救援队伍、公民、法人或者其他组织的意见。

第十八条 生产经营单位编制的各类应急预案之间应当相互衔接，并与相关人民政府及其部门、应急救援队伍和涉及的其他单位的应急预案相衔接。

第十九条 生产经营单位应当在编制应急预案的基础上，针对工作场所、岗位的特点，编制简明、实用、有效的应急处置卡。

应急处置卡应当规定重点岗位、人员的应急处置程序和措施，以及相关联络人员和联系方式，便于从业人员携带。

第三章　应急预案的评审、公布和备案

第二十条　地方各级人民政府应急管理部门应当组织有关专家对本部门编制的部门应急预案进行审定；必要时，可以召开听证会，听取社会有关方面的意见。

第二十一条　矿山、金属冶炼企业和易燃易爆物品、危险化学品的生产、经营（带储存设施的，下同）、储存、运输企业，以及使用危险化学品达到国家规定数量的化工企业、烟花爆竹生产、批发经营企业和中型规模以上的其他生产经营单位，应当对本单位编制的应急预案进行评审，并形成书面评审纪要。

前款规定以外的其他生产经营单位可以根据自身需要，对本单位编制的应急预案进行论证。

第二十二条　参加应急预案评审的人员应当包括有关安全生产及应急管理方面的专家。

评审人员与所评审应急预案的生产经营单位有利害关系的，应当回避。

第二十三条　应急预案的评审或者论证应当注重基本要素的完整性、组织体系的合理性、应急处置程序和措施的针对性、应急保障措施的可行性、应急预案的衔接性等内容。

第二十四条　生产经营单位的应急预案经评审或者论证后，由本单位主要负责人签署，向本单位从业人员公布，并及时发放到本单位有关部门、岗位和相关应急救援队伍。

事故风险可能影响周边其他单位、人员的，生产经营单位应当将有关事故风险的性质、影响范围和应急防范措施告知周边的其他单位和人员。

第二十五条　地方各级人民政府应急管理部门的应急预案，应当报同级人民政府备案，同时抄送上一级人民政府应急管理部门，并依法向社会公布。

地方各级人民政府其他负有安全生产监督管理职责的部门的应急预案，应当抄送同级人民政府应急管理部门。

第二十六条　易燃易爆物品、危险化学品等危险物品的生产、经营、储存、运输单位，矿山、金属冶炼、城市轨道交通运营、建筑施工单位，以及宾馆、商场、娱乐场所、旅游景区等人员密集场所经营单位，应当在应急预案公布之日起20个工作日内，按照分级属地原则，向县级以上人民政府应急管理部门和其他负有安全生产监督管理职责的部门进行备案，并依法向社会公布。

前款所列单位属于中央企业的，其总部（上市公司）的应急预案，报国务院主管的负有安全生产监督管理职责的部门备案，并抄送应急管理部；其所属单位的应急预案报所在地的省、自治区、直辖市或者设区的市级人民政府主管的负有安全生产监督管理职责的部门备案，并抄送同级人民政府应急管理部门。

本条第一款所列单位不属于中央企业的，其中非煤矿山、金属冶炼和危险化学品生产、经营、储存、运输企业，以及使用危险化学品达到国家规定数量的化工企业、烟花爆竹生产、批发经营企业的应急预案，按照隶属关系报所在地县级以上地方人民政府应急管理部门备案；本款前述单位以外的其他生产经营单位应急预案的备案，由省、自治区、直辖市人民政府负有安全生产监督管理职责的部门确定。

油气输送管道运营单位的应急预案，除按照本条第一款、第二款的规定备案外，还应当抄送所经行政区域的县级人民政府应急管理部门。

海洋石油开采企业的应急预案，除按照本条第一款、第二款的规定备案外，还应当抄送所经行政区域的县级人民政府应急管理部门和海洋石油安全监管机构。

煤矿企业的应急预案除按照本条第一款、第二款的规定备案外，还应当抄送所在地的煤矿安全监察机构。

第二十七条　生产经营单位申报应急预案备案，应当提交下列材料：

（一）应急预案备案申报表；

（二）本办法第二十一条所列单位，应当提供应急预案评审意见；

（三）应急预案电子文档；

（四）风险评估结果和应急资源调查清单。

第二十八条　受理备案登记的负有安全生产监督管理职责的部门应当在5个工作日内对应急预案材料进行核对，材料齐全的，应当予以备案并出具应急预案备案登记表；材料不齐全的，不予备案并一次性告知需要补齐的材料。逾期不予备案又不说明理由的，视为已经备案。

对于实行安全生产许可的生产经营单位，已经进行应急预案备案的，在申请安全生产许可证时，可以不提供相应的应急预案，仅提供应急预案备案登记表。

第二十九条　各级人民政府负有安全生产监督管理职责的部门应当建立应急预案备案登记建档制度，指导、督促生产经营单位做好应急预案的备案登记工作。

第四章　应急预案的实施

第三十条　各级人民政府应急管理部门、各类生产

经营单位应当采取多种形式开展应急预案的宣传教育，普及生产安全事故避险、自救和互救知识，提高从业人员和社会公众的安全意识与应急处置技能。

第三十一条　各级人民政府应急管理部门应当将本部门应急预案的培训纳入安全生产培训工作计划，并组织实施本行政区域内重点生产经营单位的应急预案培训工作。

生产经营单位应当组织开展本单位的应急预案、应急知识、自救互救和避险逃生技能的培训活动，使有关人员了解应急预案内容，熟悉应急职责、应急处置程序和措施。

应急培训的时间、地点、内容、师资、参加人员和考核结果等情况应当如实记入本单位的安全生产教育和培训档案。

第三十二条　各级人民政府应急管理部门应当至少每两年组织一次应急预案演练，提高本部门、本地区生产安全事故应急处置能力。

第三十三条　生产经营单位应当制定本单位的应急预案演练计划，根据本单位的事故风险特点，每年至少组织一次综合应急预案演练或者专项应急预案演练，每半年至少组织一次现场处置方案演练。

易燃易爆物品、危险化学品等危险物品的生产、经营、储存、运输单位，矿山、金属冶炼、城市轨道交通运营、建筑施工单位，以及宾馆、商场、娱乐场所、旅游景区等人员密集场所经营单位，应当至少每半年组织一次生产安全事故应急预案演练，并将演练情况报送所在地县级以上地方人民政府负有安全生产监督管理职责的部门。

县级以上地方人民政府负有安全生产监督管理职责的部门应当对本行政区域内前款规定的重点生产经营单位的生产安全事故应急救援预案演练进行抽查；发现演练不符合要求的，应当责令限期改正。

第三十四条　应急预案演练结束后，应急预案演练组织单位应当对应急预案演练效果进行评估，撰写应急预案演练评估报告，分析存在的问题，并对应急预案提出修订意见。

第三十五条　应急预案编制单位应当建立应急预案定期评估制度，对预案内容的针对性和实用性进行分析，并对应急预案是否需要修订作出结论。

矿山、金属冶炼、建筑施工企业和易燃易爆物品、危险化学品等危险物品的生产、经营、储存、运输企业、使用危险化学品达到国家规定数量的化工企业、烟花爆竹生产、批发经营企业和中型规模以上的其他生产经营单位，应当每三年进行一次应急预案评估。

应急预案评估可以邀请相关专业机构或者有关专家、有实际应急救援工作经验的人员参加，必要时可以委托安全生产技术服务机构实施。

第三十六条　有下列情形之一的，应急预案应当及时修订并归档：

（一）依据的法律、法规、规章、标准及上位预案中的有关规定发生重大变化的；

（二）应急指挥机构及其职责发生调整的；

（三）安全生产面临的风险发生重大变化的；

（四）重要应急资源发生重大变化的；

（五）在应急演练和事故应急救援中发现需要修订预案的重大问题的；

（六）编制单位认为应当修订的其他情况。

第三十七条　应急预案修订涉及组织指挥体系与职责、应急处置程序、主要处置措施、应急响应分级等内容变更的，修订工作应当参照本办法规定的应急预案编制程序进行，并按照有关应急预案报备程序重新备案。

第三十八条　生产经营单位应当按照应急预案的规定，落实应急指挥体系、应急救援队伍、应急物资及装备，建立应急物资、装备配备及其使用档案，并对应急物资、装备进行定期检测和维护，使其处于适用状态。

第三十九条　生产经营单位发生事故时，应当第一时间启动应急响应，组织有关力量进行救援，并按照规定将事故信息及应急响应启动情况报告事故发生地县级以上人民政府应急管理部门和其他负有安全生产监督管理职责的部门。

第四十条　生产安全事故应急处置和应急救援结束后，事故发生单位应当对应急预案实施情况进行总结评估。

第五章　监督管理

第四十一条　各级人民政府应急管理部门和煤矿安全监察机构应当将生产经营单位应急预案工作纳入年度监督检查计划，明确检查的重点内容和标准，并严格按照计划开展执法检查。

第四十二条　地方各级人民政府应急管理部门应当每年对应急预案的监督管理工作情况进行总结，并报上一级人民政府应急管理部门。

第四十三条　对于在应急预案管理工作中做出显著成绩的单位和人员，各级人民政府应急管理部门、生产经营单位可以给予表彰和奖励。

第六章 法律责任

第四十四条 生产经营单位有下列情形之一的，由县级以上人民政府应急管理等部门依照《中华人民共和国安全生产法》第九十四条的规定，责令限期改正，可以处5万元以下罚款；逾期未改正的，责令停产停业整顿，并处5万元以上10万元以下的罚款，对直接负责的主管人员和其他直接责任人员处1万元以上2万元以下的罚款：

（一）未按照规定编制应急预案的；

（二）未按照规定定期组织应急预案演练的。

第四十五条 生产经营单位有下列情形之一的，由县级以上人民政府应急管理部门责令限期改正，可以处1万元以上3万元以下的罚款：

（一）在应急预案编制前未按照规定开展风险辨识、评估和应急资源调查的；

（二）未按照规定开展应急预案评审的；

（三）事故风险可能影响周边单位、人员的，未将事故风险的性质、影响范围和应急防范措施告知周边单位和人员的；

（四）未按照规定开展应急预案评估的；

（五）未按照规定进行应急预案修订的；

（六）未落实应急预案规定的应急物资及装备的。

生产经营单位未按照规定进行应急预案备案的，由县级以上人民政府应急管理等部门依照职责责令限期改正；逾期未改正的，处3万元以上5万元以下的罚款，对直接负责的主管人员和其他直接责任人员处1万元以上2万元以下的罚款。

第七章 附 则

第四十六条 《生产经营单位生产安全事故应急预案备案申报表》和《生产经营单位生产安全事故应急预案备案登记表》由应急管理部统一制定。

第四十七条 各省、自治区、直辖市应急管理部门可以依据本办法的规定，结合本地区实际制定实施细则。

第四十八条 对储存、使用易燃易爆物品、危险化学品等危险物品的科研机构、学校、医院等单位的安全事故应急预案的管理，参照本办法的有关规定执行。

第四十九条 本办法自2016年7月1日起施行。

国家安全生产事故灾难应急预案

· 2006年1月22日

1 总 则

1.1 编制目的

规范安全生产事故灾难的应急管理和应急响应程序，及时有效地实施应急救援工作，最大程度地减少人员伤亡、财产损失，维护人民群众的生命安全和社会稳定。

1.2 编制依据

依据《中华人民共和国安全生产法》、《国家突发公共事件总体应急预案》和《国务院关于进一步加强安全生产工作的决定》等法律法规及有关规定，制定本预案。

1.3 适用范围

本预案适用于下列安全生产事故灾难的应对工作：

（1）造成30人以上死亡（含失踪），或危及30人以上生命安全，或者100人以上中毒（重伤），或者需要紧急转移安置10万人以上，或者直接经济损失1亿元以上的特别重大安全生产事故灾难。

（2）超出省（区、市）人民政府应急处置能力，或者跨省级行政区、跨多个领域（行业和部门）的安全生产事故灾难。

（3）需要国务院安全生产委员会（以下简称国务院安委会）处置的安全生产事故灾难。

1.4 工作原则

（1）以人为本，安全第一。把保障人民群众的生命安全和身体健康、最大程度地预防和减少安全生产事故灾难造成的人员伤亡作为首要任务。切实加强应急救援人员的安全防护。充分发挥人的主观能动性，充分发挥专业救援力量的骨干作用和人民群众的基础作用。

（2）统一领导，分级负责。在国务院统一领导和国务院安委会组织协调下，各省（区、市）人民政府和国务院有关部门按照各自职责和权限，负责有关安全生产事故灾难的应急管理和应急处置工作。企业要认真履行安全生产责任主体的职责，建立安全生产应急预案和应急机制。

（3）条块结合，属地为主。安全生产事故灾难现场应急处置的领导和指挥以地方人民政府为主，实行地方各级人民政府行政首长负责制。有关部门应当与地方人民政府密切配合，充分发挥指导和协调作用。

（4）依靠科学，依法规范。采用先进技术，充分发挥专家作用，实行科学民主决策。采用先进的救援装备和技术，增强应急救援能力。依法规范应急救援工作，确保应急预案的科学性、权威性和可操作性。

(5)预防为主,平战结合。贯彻落实"安全第一,预防为主"的方针,坚持事故灾难应急与预防工作相结合。做好预防、预测、预警和预报工作,做好常态下的风险评估、物资储备、队伍建设、完善装备、预案演练等工作。

2 组织体系及相关机构职责

2.1 组织体系

全国安全生产事故灾难应急救援组织体系由国务院安委会、国务院有关部门、地方各级人民政府安全生产事故灾难应急领导机构、综合协调指挥机构、专业协调指挥机构、应急支持保障部门、应急救援队伍和生产经营单位组成。

国家安全生产事故灾难应急领导机构为国务院安委会,综合协调指挥机构为国务院安委会办公室,国家安全生产应急救援指挥中心具体承担安全生产事故灾难应急管理工作,专业协调指挥机构为国务院有关部门管理的专业领域应急救援指挥机构。

地方各级人民政府的安全生产事故灾难应急机构由地方政府确定。

应急救援队伍主要包括消防部队、专业应急救援队伍、生产经营单位的应急救援队伍、社会力量、志愿者队伍及有关国际救援力量等。

国务院安委会各成员单位按照职责履行本部门的安全生产事故灾难应急救援和保障方面的职责,负责制订、管理并实施有关应急预案。

2.2 现场应急救援指挥部及职责

现场应急救援指挥以属地为主,事发地省(区、市)人民政府成立现场应急救援指挥部。现场应急救援指挥部负责指挥所有参与应急救援的队伍和人员,及时向国务院报告事故灾难事态发展及救援情况,同时抄送国务院安委会办公室。

涉及多个领域、跨省级行政区或影响特别重大的事故灾难,根据需要由国务院安委会或者国务院有关部门组织成立现场应急救援指挥部,负责应急救援协调指挥工作。

3 预警预防机制

3.1 事故灾难监控与信息报告

国务院有关部门和省(区、市)人民政府应当加强对重大危险源的监控,对可能引发特别重大事故的险情,或者其他灾害、灾难可能引发安全生产事故灾难的重要信息应及时上报。

特别重大安全生产事故灾难发生后,事故现场有关人员应当立即报告单位负责人,单位负责人接到报告后,应当立即报告当地人民政府和上级主管部门。中央企业在上报当地政府的同时应当上报企业总部。当地人民政府接到报告后应当立即报告上级政府,国务院有关部门、单位、中央企业和事故灾难发生地的省(区、市)人民政府应当在接到报告后2小时内,向国务院报告,同时抄送国务院安委会办公室。

自然灾害、公共卫生和社会安全方面的突发事件可能引发安全生产事故灾难的信息,有关各级、各类应急指挥机构均应及时通报同级安全生产事故灾难应急救援指挥机构,安全生产事故灾难应急救援指挥机构应当及时分析处理,并按照分级管理的程序逐级上报,紧急情况下,可越级上报。

发生安全生产事故灾难的有关部门、单位要及时、主动向国务院安委会办公室、国务院有关部门提供与事故应急救援有关的资料。事故灾难发生地安全监管部门提供事故前监督检查的有关资料,为国务院安委会办公室、国务院有关部门研究制订救援方案提供参考。

3.2 预警行动

各级、各部门安全生产事故灾难应急机构接到可能导致安全生产事故灾难的信息后,按照应急预案及时研究确定应对方案,并通知有关部门、单位采取相应行动预防事故发生。

4 应急响应

4.1 分级响应

Ⅰ级应急响应行动(具体标准见1.3)由国务院安委会办公室或国务院有关部门组织实施。当国务院安委会办公室或国务院有关部门进行Ⅰ级应急响应行动时,事发地各级人民政府应当按照相应的预案全力以赴组织救援,并及时向国务院及国务院安委会办公室、国务院有关部门报告救援工作进展情况。

Ⅱ级及以下应急响应行动的组织实施由省级人民政府决定。地方各级人民政府根据事故灾难或险情的严重程度启动相应的应急预案,超出其应急救援处置能力时,及时报请上一级应急救援指挥机构启动上一级应急预案实施救援。

4.1.1 国务院有关部门的响应

Ⅰ级响应时,国务院有关部门启动并实施本部门相关的应急预案,组织应急救援,并及时向国务院及国务院安委会办公室报告救援工作进展情况。需要其他部门应急力量支援时,及时提出请求。

根据发生的安全生产事故灾难的类别，国务院有关部门按照其职责和预案进行响应。

4.1.2 国务院安委会办公室的响应

（1）及时向国务院报告安全生产事故灾难基本情况、事态发展和救援进展情况。

（2）开通与事故灾难发生地的省级应急救援指挥机构、现场应急救援指挥部、相关专业应急救援指挥机构的通信联系，随时掌握事态发展情况。

（3）根据有关部门和专家的建议，通知相关应急救援指挥机构随时待命，为地方或专业应急救援指挥机构提供技术支持。

（4）派出有关人员和专家赶赴现场参加、指导现场应急救援，必要时协调专业应急力量增援。

（5）对可能或者已经引发自然灾害、公共卫生和社会安全突发事件的，国务院安委会办公室要及时上报国务院，同时负责通报相关领域的应急救援指挥机构。

（6）组织协调特别重大安全生产事故灾难应急救援工作。

（7）协调落实其他有关事项。

4.2 **指挥和协调**

进入Ⅰ级响应后，国务院有关部门及其专业应急救援指挥机构立即按照预案组织相关应急救援力量，配合地方政府组织实施应急救援。

国务院安委会办公室根据事故灾难的情况开展应急救援协调工作。通知有关部门及其应急机构、救援队伍和事发地毗邻省（区、市）人民政府应急救援指挥机构，相关机构按照各自应急预案提供增援或保障。有关应急队伍在现场应急救援指挥部统一指挥下，密切配合，共同实施抢险救援和紧急处置行动。

现场应急救援指挥部负责现场应急救援的指挥，现场应急救援指挥部成立前，事发单位和先期到达的应急救援队伍必须迅速、有效地实施先期处置，事故灾难发生地人民政府负责协调，全力控制事故灾难发展态势，防止次生、衍生和耦合事故（事件）发生，果断控制或切断事故灾害链。

中央企业发生事故灾难时，其总部应全力调动相关资源，有效开展应急救援工作。

4.3 **紧急处置**

现场处置主要依靠本行政区域内的应急处置力量。事故灾难发生后，发生事故的单位和当地人民政府按照应急预案迅速采取措施。

根据事态发展变化情况，出现急剧恶化的特殊险情时，现场应急救援指挥部在充分考虑专家和有关方面意见的基础上，依法及时采取紧急处置措施。

4.4 **医疗卫生救助**

事发地卫生行政主管部门负责组织开展紧急医疗救护和现场卫生处置工作。

卫生部或国务院安委会办公室根据地方人民政府的请求，及时协调有关专业医疗救护机构和专科医院派出有关专家、提供特种药品和特种救治装备进行支援。

事故灾难发生地疾病控制中心根据事故类型，按照专业规程进行现场防疫工作。

4.5 **应急人员的安全防护**

现场应急救援人员应根据需要携带相应的专业防护装备，采取安全防护措施，严格执行应急救援人员进入和离开事故现场的相关规定。

现场应急救援指挥部根据需要具体协调、调集相应的安全防护装备。

4.6 **群众的安全防护**

现场应急救援指挥部负责组织群众的安全防护工作，主要工作内容如下：

（1）企业应当与当地政府、社区建立应急互动机制，确定保护群众安全需要采取的防护措施。

（2）决定应急状态下群众疏散、转移和安置的方式、范围、路线、程序。

（3）指定有关部门负责实施疏散、转移。

（4）启用应急避难场所。

（5）开展医疗防疫和疾病控制工作。

（6）负责治安管理。

4.7 **社会力量的动员与参与**

现场应急救援指挥部组织调动本行政区域社会力量参与应急救援工作。

超出事发地省级人民政府处置能力时，省级人民政府向国务院申请本行政区域外的社会力量支援，国务院办公厅协调有关省级人民政府、国务院有关部门组织社会力量进行支援。

4.8 **现场检测与评估**

根据需要，现场应急救援指挥部成立事故现场检测、鉴定与评估小组，综合分析和评价检测数据，查找事故原因，评估事故发展趋势，预测事故后果，为制订现场抢救方案和事故调查提供参考。检测与评估报告要及时上报。

4.9 **信息发布**

国务院安委会办公室会同有关部门具体负责特别重

大安全生产事故灾难信息的发布工作。

4.10 **应急结束**

当遇险人员全部得救,事故现场得以控制,环境符合有关标准,导致次生、衍生事故隐患消除后,经现场应急救援指挥部确认和批准,现场应急处置工作结束,应急救援队伍撤离现场。由事故发生地省级人民政府宣布应急结束。

5 后期处置

5.1 **善后处置**

省级人民政府会同相关部门(单位)负责组织特别重大安全生产事故灾难的善后处置工作,包括人员安置、补偿,征用物资补偿,灾后重建,污染物收集、清理与处理等事项。尽快消除事故影响,妥善安置和慰问受害及受影响人员,保证社会稳定,尽快恢复正常秩序。

5.2 **保险**

安全生产事故灾难发生后,保险机构及时开展应急救援人员保险受理和受灾人员保险理赔工作。

5.3 **事故灾难调查报告、经验教训总结及改进建议**

特别重大安全生产事故灾难由国务院安全生产监督管理部门负责组成调查组进行调查;必要时,国务院直接组成调查组或者授权有关部门组成调查组。

安全生产事故灾难善后处置工作结束后,现场应急救援指挥部分析总结应急救援经验教训,提出改进应急救援工作的建议,完成应急救援总结报告并及时上报。

6 保障措施

6.1 **通信与信息保障**

建立健全国家安全生产事故灾难应急救援综合信息网络系统和重大安全生产事故灾难信息报告系统;建立完善救援力量和资源信息数据库;规范信息获取、分析、发布、报送格式和程序,保证应急机构之间的信息资源共享,为应急决策提供相关信息支持。

有关部门应急救援指挥机构和省级应急救援指挥机构负责本部门、本地区相关信息收集、分析和处理,定期向国务院安委会办公室报送有关信息,重要信息和变更信息要及时报送,国务院安委会办公室负责收集、分析和处理全国安全生产事故灾难应急救援有关信息。

6.2 **应急支援与保障**

6.2.1 救援装备保障

各专业应急救援队伍和企业根据实际情况和需要配备必要的应急救援装备。专业应急救援指挥机构应当掌握本专业的特种救援装备情况,各专业队伍按规程配备救援装备。

6.2.2 应急队伍保障

矿山、危险化学品、交通运输等行业或领域的企业应当依法组建和完善救援队伍。各级、各行业安全生产应急救援机构负责检查并掌握相关应急救援力量的建设和准备情况。

6.2.3 交通运输保障

发生特别重大安全生产事故灾难后,国务院安委会办公室或有关部门根据救援需要及时协调民航、交通和铁路等行政主管部门提供交通运输保障。地方人民政府有关部门对事故现场进行道路交通管制,根据需要开设应急救援特别通道,道路受损时应迅速组织抢修,确保救灾物资、器材和人员运送及时到位,满足应急处置工作需要。

6.2.4 医疗卫生保障

县级以上各级人民政府应当加强急救医疗服务网络的建设,配备相应的医疗救治药物、技术、设备和人员,提高医疗卫生机构应对安全生产事故灾难的救治能力。

6.2.5 物资保障

国务院有关部门和县级以上人民政府及其有关部门、企业,应当建立应急救援设施、设备、救治药品和医疗器械等储备制度,储备必要的应急物资和装备。

各专业应急救援机构根据实际情况,负责监督应急物资的储备情况、掌握应急物资的生产加工能力储备情况。

6.2.6 资金保障

生产经营单位应当做好事故应急救援必要的资金准备。安全生产事故灾难应急救援资金首先由事故责任单位承担,事故责任单位暂时无力承担的,由当地政府协调解决。国家处置安全生产事故灾难所需工作经费按照《财政应急保障预案》的规定解决。

6.2.7 社会动员保障

地方各级人民政府根据需要动员和组织社会力量参与安全生产事故灾难的应急救援。国务院安委会办公室协调调用事发地以外的有关社会应急力量参与增援时,地方人民政府要为其提供各种必要保障。

6.2.8 应急避难场所保障

直辖市、省会城市和大城市人民政府负责提供特别重大事故灾难发生时人员避难需要的场所。

6.3 **技术储备与保障**

国务院安委会办公室成立安全生产事故灾难应急救援专家组,为应急救援提供技术支持和保障。要充分利用安全生产技术支撑体系的专家和机构,研究安全生产应急救援重大问题，开发应急技术和装备。

6.4 **宣传、培训和演习**

6.4.1 公众信息交流

国务院安委会办公室和有关部门组织应急法律法规和事故预防、避险、避灾、自救、互救常识的宣传工作，各种媒体提供相关支持。

地方各级人民政府结合本地实际，负责本地相关宣传、教育工作，提高全民的危机意识。

企业与所在地政府、社区建立互动机制，向周边群众宣传相关应急知识。

6.4.2 培训

有关部门组织各级应急管理机构以及专业救援队伍的相关人员进行上岗前培训和业务培训。

有关部门、单位可根据自身实际情况，做好兼职应急救援队伍的培训，积极组织社会志愿者的培训，提高公众自救、互救能力。

地方各级人民政府将突发公共事件应急管理内容列入行政干部培训的课程。

6.4.3 演习

各专业应急机构每年至少组织一次安全生产事故灾难应急救援演习。国务院安委会办公室每两年至少组织一次联合演习。各企事业单位应当根据自身特点，定期组织本单位的应急救援演习。演习结束后应及时进行总结。

6.5 **监督检查**

国务院安委会办公室对安全生产事故灾难应急预案实施的全过程进行监督检查。

7 附　则

7.1 **预案管理与更新**

随着应急救援相关法律法规的制定、修改和完善，部门职责或应急资源发生变化，以及实施过程中发现存在问题或出现新的情况，应及时修订完善本预案。

本预案有关数量的表述中，“以上”含本数，“以下”不含本数。

7.2 **奖励与责任追究**

7.2.1 奖励

在安全生产事故灾难应急救援工作中有下列表现之一的单位和个人，应依据有关规定给予奖励：

（1）出色完成应急处置任务，成绩显著的。

（2）防止或抢救事故灾难有功，使国家、集体和人民群众的财产免受损失或者减少损失的。

（3）对应急救援工作提出重大建议，实施效果显著的。

（4）有其他特殊贡献的。

7.2.2 责任追究

在安全生产事故灾难应急救援工作中有下列行为之一的，按照法律、法规及有关规定，对有关责任人员视情节和危害后果，由其所在单位或者上级机关给予行政处分；其中，对国家公务员和国家行政机关任命的其他人员，分别由任免机关或者监察机关给予行政处分；属于违反治安管理行为的，由公安机关依照有关法律法规的规定予以处罚；构成犯罪的，由司法机关依法追究刑事责任：

（1）不按照规定制订事故应急预案，拒绝履行应急准备义务的。

（2）不按照规定报告、通报事故灾难真实情况的。

（3）拒不执行安全生产事故灾难应急预案，不服从命令和指挥，或者在应急响应时临阵脱逃的。

（4）盗窃、挪用、贪污应急工作资金或者物资的。

（5）阻碍应急工作人员依法执行任务或者进行破坏活动的。

（6）散布谣言，扰乱社会秩序的。

（7）有其他危害应急工作行为的。

7.3 **国际沟通与协作**

国务院安委会办公室和有关部门积极建立与国际应急机构的联系，组织参加国际救援活动，开展国际间的交流与合作。

7.4 **预案实施时间**

本预案自印发之日起施行。

安全评价检测检验机构管理办法

· 2019 年 3 月 20 日应急管理部令第 1 号公布

· 自 2019 年 5 月 1 日起施行

第一章　总　则

第一条　为了加强安全评价机构、安全生产检测检验机构（以下统称安全评价检测检验机构）的管理，规范安全评价、安全生产检测检验行为，依据《中华人民共和国安全生产法》《中华人民共和国行政许可法》等有关规定，制定本办法。

第二条　在中华人民共和国领域内申请安全评价检测检验机构资质，从事法定的安全评价、检测检验服务（附件 1），以及应急管理部门、煤矿安全生产监督管理部门实施安全评价检测检验机构资质认可和监督管理适用本办法。

从事海洋石油天然气开采的安全评价检测检验机构的管理办法，另行制定。

第三条 国务院应急管理部门负责指导全国安全评价检测检验机构管理工作，建立安全评价检测检验机构信息查询系统，完善安全评价、检测检验标准体系。

省级人民政府应急管理部门、煤矿安全生产监督管理部门（以下统称资质认可机关）按照各自的职责，分别负责安全评价检测检验机构资质认可和监督管理工作。

设区的市级人民政府、县级人民政府应急管理部门、煤矿安全生产监督管理部门按照各自的职责，对安全评价检测检验机构执业行为实施监督检查，并对发现的违法行为依法实施行政处罚。

第四条 安全评价检测检验机构及其从业人员应当依照法律、法规、规章、标准，遵循科学公正、独立客观、安全准确、诚实守信的原则和执业准则，独立开展安全评价和检测检验，并对其作出的安全评价和检测检验结果负责。

第五条 国家支持发展安全评价、检测检验技术服务的行业组织，鼓励有关行业组织建立安全评价检测检验机构信用评定制度，健全技术服务能力评定体系，完善技术仲裁工作机制，强化行业自律，规范执业行为，维护行业秩序。

第二章 资质认可

第六条 申请安全评价机构资质应当具备下列条件：

（一）独立法人资格，固定资产不少于八百万元；

（二）工作场所建筑面积不少于一千平方米，其中档案室不少于一百平方米，设施、设备、软件等技术支撑条件满足工作需求；

（三）承担矿山、金属冶炼、危险化学品生产和储存、烟花爆竹等业务范围安全评价的机构，其专职安全评价师不低于本办法规定的配备标准（附件1）；

（四）承担单一业务范围的安全评价机构，其专职安全评价师不少于二十五人；每增加一个行业（领域），按照专业配备标准至少增加五名专职安全评价师；专职安全评价师中，一级安全评价师比例不低于百分之二十，一级和二级安全评价师的总数比例不低于百分之五十，且中级及以上注册安全工程师比例不低于百分之三十；

（五）健全的内部管理制度和安全评价过程控制体系；

（六）法定代表人出具知悉并承担安全评价的法律责任、义务、权利和风险的承诺书；

（七）配备专职技术负责人和过程控制负责人；专职技术负责人具有一级安全评价师职业资格，并具有与所开展业务相匹配的高级专业技术职称，在本行业领域工作八年以上；专职过程控制负责人具有安全评价师职业资格；

（八）正常运行并可以供公众查询机构信息的网站；

（九）截至申请之日三年内无重大违法失信记录；

（十）法律、行政法规规定的其他条件。

第七条 申请安全生产检测检验机构资质应当具备下列条件：

（一）独立法人资格，固定资产不少于一千万元；

（二）工作场所建筑面积不少于一千平方米，有与从事安全生产检测检验相适应的设施、设备和环境，检测检验设施、设备原值不少于八百万元；

（三）承担单一业务范围的安全生产检测检验机构，其专业技术人员不少于二十五人；每增加一个行业（领域），至少增加五名专业技术人员；专业技术人员中，中级及以上注册安全工程师比例不低于百分之三十，中级及以上技术职称比例不低于百分之五十，且高级技术职称人员比例不低于百分之二十五；

（四）专业技术人员具有与承担安全生产检测检验相适应的专业技能，以及在本行业领域工作两年以上；

（五）法定代表人出具知悉并承担安全生产检测检验的法律责任、义务、权利和风险的承诺书；

（六）主持安全生产检测检验工作的负责人、技术负责人、质量负责人具有高级技术职称，在本行业领域工作八年以上；

（七）符合安全生产检测检验机构能力通用要求等相关标准和规范性文件规定的文件化管理体系；

（八）正常运行并可以供公众查询机构信息的网站；

（九）截至申请之日三年内无重大违法失信记录；

（十）法律、行政法规规定的其他条件。

第八条 下列机构不得申请安全评价检测检验机构资质：

（一）本办法第三条规定部门所属的事业单位及其出资设立的企业法人；

（二）本办法第三条规定部门主管的社会组织及其出资设立的企业法人；

（三）本条第一项、第二项中的企业法人出资设立（含控股、参股）的企业法人。

第九条 符合本办法第六条、第七条规定条件的申请人申请安全评价检测检验机构资质的,应当将申请材料报送其注册地的资质认可机关。

申请材料清单目录由国务院应急管理部门另行规定。

第十条 资质认可机关自收到申请材料之日起五个工作日内,对材料齐全、符合规定形式的申请,应当予以受理,并出具书面受理文书;对材料不齐全或者不符合规定形式的,应当当场或者五个工作日内一次性告知申请人需要补正的全部内容;对不予受理的,应当说明理由并出具书面凭证。

第十一条 资质认可机关应当自受理之日起二十个工作日内,对审查合格的,在本部门网站予以公告,公开有关信息(附件2、附件3),颁发资质证书,并将相关信息纳入安全评价检测检验机构信息查询系统;对审查不合格的,不予颁发资质证书,说明理由并出具书面凭证。

需要专家评审的,专家评审时间不计入本条第一款规定的审查期限内,但最长不超过三个月。

资质证书的式样和编号规则由国务院应急管理部门另行规定。

第十二条 安全评价检测检验机构的名称、注册地址、实验室条件、法定代表人、专职技术负责人、授权签字人发生变化的,应当自发生变化之日起三十日内向原资质认可机关提出书面变更申请。资质认可机关经审查后符合条件的,在本部门网站予以公告,并及时更新安全评价检测检验机构信息查询系统相关信息。

安全评价检测检验机构因改制、分立或者合并等原因发生变化的,应当自发生变化之日起三十日内向原资质认可机关书面申请重新核定资质条件和业务范围。

安全评价检测检验机构取得资质一年以上,需要变更业务范围的,应当向原资质认可机关提出书面申请。资质认可机关收到申请后应当按照本办法第九条至第十一条的规定办理。

第十三条 安全评价检测检验机构资质证书有效期五年。资质证书有效期届满需要延续的,应当在有效期届满三个月前向原资质认可机关提出申请。原资质认可机关应当按照本办法第九条至第十一条的规定办理。

第十四条 安全评价检测检验机构有下列情形之一的,原资质认可机关应当注销其资质,在本部门网站予以公告,并纳入安全评价检测检验机构信息查询系统:

(一)法人资格终止;

(二)资质证书有效期届满未延续;

(三)自行申请注销;

(四)被依法撤销、撤回、吊销资质;

(五)法律、行政法规规定的应当注销资质的其他情形。

安全评价检测检验机构资质注销后无资质承继单位的,原安全评价检测检验机构及相关人员应当对注销前作出的安全评价检测检验结果继续负责。

第三章 技术服务

第十五条 生产经营单位可以自主选择具备本办法规定资质的安全评价检测检验机构,接受其资质认可范围内的安全评价、检测检验服务。

第十六条 生产经营单位委托安全评价检测检验机构开展技术服务时,应当签订委托技术服务合同,明确服务对象、范围、权利、义务和责任。

生产经营单位委托安全评价检测检验机构为其提供安全生产技术服务的,保证安全生产的责任仍由本单位负责。应急管理部门、煤矿安全生产监督管理部门以安全评价报告、检测检验报告为依据,作出相关行政许可、行政处罚决定的,应当对其决定承担相应法律责任。

第十七条 安全评价检测检验机构应当建立信息公开制度,加强内部管理,严格自我约束。专职技术负责人和过程控制负责人应当按照法规标准的规定,加强安全评价、检测检验活动的管理。

安全评价项目组组长应当具有与业务相关的二级以上安全评价师资格,并在本行业领域工作三年以上。项目组其他组成人员应当符合安全评价项目专职安全评价师专业能力配备标准。

第十八条 安全评价检测检验机构开展技术服务时,应当如实记录过程控制、现场勘验和检测检验的情况,并与现场图像影像等证明资料一并及时归档。

安全评价检测检验机构应当按照有关规定在网上公开安全评价报告、安全生产检测检验报告相关信息及现场勘验图像影像。

第十九条 安全评价检测检验机构应当在开展现场技术服务前七个工作日内,书面告知(附件4)项目实施地资质认可机关,接受资质认可机关及其下级部门的监督抽查。

第二十条 生产经营单位应当对本单位安全评价、检测检验过程进行监督,并对本单位所提供资料、安全评价和检测检验对象的真实性、可靠性负责,承担有关法律责任。

生产经营单位对安全评价检测检验机构提出的事故预防、隐患整改意见，应当及时落实。

第二十一条　安全评价、检测检验的技术服务收费按照有关规定执行。实行政府指导价或者政府定价管理的，严格执行政府指导价或者政府定价政策；实行市场调节价的，由委托方和受托方通过合同协商确定。安全评价检测检验机构应当主动公开服务收费标准，方便用户和社会公众查询。

审批部门在审批过程中委托开展的安全评价检测检验技术服务，服务费用一律由审批部门支付并纳入部门预算，对审批对象免费。

第二十二条　安全评价检测检验机构及其从业人员不得有下列行为：

（一）违反法规标准的规定开展安全评价、检测检验的；

（二）不再具备资质条件或者资质过期从事安全评价、检测检验的；

（三）超出资质认可业务范围，从事法定的安全评价、检测检验的；

（四）出租、出借安全评价检测检验资质证书的；

（五）出具虚假或者重大疏漏的安全评价、检测检验报告的；

（六）违反有关法规标准规定，更改或者简化安全评价、检测检验程序和相关内容的；

（七）专职安全评价师、专业技术人员同时在两个以上安全评价检测检验机构从业的；

（八）安全评价项目组组长及负责勘验人员不到现场实际地点开展勘验等有关工作的；

（九）承担现场检测检验的人员不到现场实际地点开展设备检测检验等有关工作的；

（十）冒用他人名义或者允许他人冒用本人名义在安全评价、检测检验报告和原始记录中签名的；

（十一）不接受资质认可机关及其下级部门监督抽查的。

本办法所称虚假报告，是指安全评价报告、安全生产检测检验报告内容与当时实际情况严重不符，报告结论定性严重偏离客观实际。

第四章　监督检查

第二十三条　资质认可机关应当建立健全安全评价检测检验机构资质认可、监督检查、属地管理的相关制度和程序，加强事中事后监管，并向社会公开监督检查情况和处理结果。

国务院应急管理部门可以对资质认可机关开展资质认可等工作情况实施综合评估，发现涉及重大生产安全事故、存在违法违规认可等问题的，可以采取约谈、通报，撤销其资质认可决定，以及暂停其资质认可权等措施。

第二十四条　资质认可机关应当将其认可的安全评价检测检验机构纳入年度安全生产监督检查计划范围。按照国务院有关“双随机、一公开”的规定实施监督检查，并确保每三年至少覆盖一次。

安全评价检测检验机构从事跨区域技术服务的，项目实施地资质认可机关应当及时核查其资质有效性、认可范围等信息，并对其技术服务实施抽查。

资质认可机关及其下级部门应当对本行政区域内登记注册的安全评价检测检验机构资质条件保持情况、接受行政处罚和投诉举报等情况进行重点监督检查。

第二十五条　资质认可机关及其下级部门、煤矿安全监察机构、事故调查组在安全生产行政许可、建设项目安全设施“三同时”审查、监督检查和事故调查中，发现生产经营单位和安全评价检测检验机构在安全评价、检测检验活动中有违法违规行为的，应当依法实施行政处罚。

吊销、撤销安全评价检测检验机构资质的，由原资质认可机关决定。

对安全评价检测检验机构作出行政处罚等决定，决定机关应当将有关情况及时纳入安全评价检测检验机构信息查询系统。

第二十六条　负有安全生产监督管理职责的部门及其工作人员不得干预安全评价检测检验机构正常活动。除政府采购的技术服务外，不得要求生产经营单位接受指定的安全评价检测检验机构的技术服务。

没有法律法规依据或者国务院规定，不得以备案、登记、年检、换证、要求设立分支机构等形式，设置或者变相设置安全评价检测检验机构准入障碍。

第五章　法律责任

第二十七条　申请人隐瞒有关情况或者提供虚假材料申请资质（包括资质延续、资质变更、增加业务范围等）的，资质认可机关不予受理或者不予行政许可，并给予警告。该申请人在一年内不得再次申请。

第二十八条　申请人以欺骗、贿赂等不正当手段取得资质（包括资质延续、资质变更、增加业务范围等）的，应当予以撤销。该申请人在三年内不得再次申请；构成犯罪的，依法追究刑事责任。

第二十九条 未取得资质的机构及其有关人员擅自从事安全评价、检测检验服务的，责令立即停止违法行为，依照下列规定给予处罚：

（一）机构有违法所得的，没收其违法所得，并处违法所得一倍以上三倍以下的罚款，但最高不得超过三万元；没有违法所得的，处五千元以上一万元以下的罚款；

（二）有关人员处五千元以上一万元以下的罚款。

对有前款违法行为的机构及其人员，由资质认可机关记入有关机构和人员的信用记录，并依照有关规定予以公告。

第三十条 安全评价检测检验机构有下列情形之一的，责令改正或者责令限期改正，给予警告，可以并处一万元以下的罚款；逾期未改正的，处一万元以上三万元以下的罚款，对相关责任人处一千元以上五千元以下的罚款；情节严重的，处一万元以上三万元以下的罚款，对相关责任人处五千元以上一万元以下的罚款：

（一）未依法与委托方签订技术服务合同的；

（二）违反法规标准规定更改或者简化安全评价、检测检验程序和相关内容的；

（三）未按规定公开安全评价报告、安全生产检测检验报告相关信息及现场勘验图像影像资料的；

（四）未在开展现场技术服务前七个工作日内，书面告知项目实施地资质认可机关的；

（五）机构名称、注册地址、实验室条件、法定代表人、专职技术负责人、授权签字人发生变化之日起三十日内未向原资质认可机关提出变更申请的；

（六）未按照有关法规标准的强制性规定从事安全评价、检测检验活动的；

（七）出租、出借安全评价检测检验资质证书的；

（八）安全评价项目组组长及负责勘验人员不到现场实际地点开展勘验等有关工作的；

（九）承担现场检测检验的人员不到现场实际地点开展设备检测检验等有关工作的；

（十）安全评价报告存在法规标准引用错误、关键危险有害因素漏项、重大危险源辨识错误、对策措施建议与存在问题严重不符等重大疏漏，但尚未造成重大损失的；

（十一）安全生产检测检验报告存在法规标准引用错误、关键项目漏检、结论不明确等重大疏漏，但尚未造成重大损失的。

第三十一条 承担安全评价、检测检验工作的机构，出具虚假证明的，没收违法所得；违法所得在十万元以上的，并处违法所得二倍以上五倍以下的罚款；没有违法所得或者违法所得不足十万元的，单处或者并处十万元以上二十万元以下的罚款；对其直接负责的主管人员和其他直接责任人员处二万元以上五万元以下的罚款；给他人造成损害的，与生产经营单位承担连带赔偿责任；构成犯罪的，依照刑法有关规定追究刑事责任。

对有前款违法行为的机构，由资质认可机关吊销其相应资质，向社会公告，按照国家有关规定对相关机构及其责任人员实行行业禁入，纳入不良记录“黑名单”管理，以及安全评价检测检验机构信息查询系统。

第六章 附 则

第三十二条 本办法自2019年5月1日起施行。原国家安全生产监督管理总局2007年1月31日公布、2015年5月29日修改的《安全生产检测检验机构管理规定》（原国家安全生产监督管理总局令第12号），2009年7月1日公布、2013年8月29日、2015年5月29日修改的《安全评价机构管理规定》（原国家安全生产监督管理总局令第22号）同时废止。

附件1

安全评价机构业务范围与专职安全评价师专业能力配备标准

业务范围	专职安全评价师专业能力配备标准
煤炭开采业	安全、机械、电气、采矿、通风、矿建、地质各1名及以上。
金属、非金属矿及其他矿采选业	安全、机械、电气、采矿、通风、地质、水工结构各1名及以上。
陆地石油和天然气开采业	安全、机械、电气、采油、储运各1名及以上。
陆上油气管道运输业	油气储运2名及以上，设备、仪表、电气、防腐、安全各1名及以上。

续表

业务范围	专职安全评价师专业能力配备标准
石油加工业，化学原料、化学品及医药制造业	化工工艺、化工机械、电气、安全各2名及以上，自动化1名及以上。
烟花爆竹制造业	火炸药（爆炸技术）、机械、电气、安全各1名及以上。
金属冶炼	安全、机械、电气、冶金、有色金属各1名及以上。

备注：1. 安全评价师专业能力与学科基础专业对照表另行制定。

2. 安全生产检测检验资质认可业务范围以矿山井下特种设备目录为准。

附件2

安全评价机构信息公开表

（样式）

机构名称			
统一社会信用代码/注册号			
办公地址		邮政编码	
机构信息公开网址		法定代表人	
联系人		联系电话	
专职技术负责人		过程控制负责人	
资质证书编号		发证日期	
资质证书批准部门		有效日期	
业务范围			

本机构的安全评价师

姓 名	专 业	证书号码	姓 名	专 业	证书号码

续表

机构违法受处罚信息(初次申请不填写)			
违法事实	处罚决定	处罚时间	执法机关

附件 3

安全生产检测检验机构信息公开表

(样式)

机构名称							
统一社会信用代码/注册号							
通信地址				邮政编码			
实验室地址				邮政编码			
机构信息公开网址				法定代表人			
机构联系人				联系电话			
主持检测检验工作负责人				技术负责人			
资质证书编号				发证日期			
资质证书批准部门				有效日期			
批准的业务范围							
序号	被检对象	项目/参数		依据标准编号及名称	限制范围	说明	
		序号	名称				
批准的授权签字人及授权签字领域							
序号	姓名	授权签字领域					

续表

<table>
<tr><td colspan="4">机构违法受处罚信息(初次申请不填写)</td></tr>
<tr><td>违法事实</td><td>处罚决定</td><td>处罚时间</td><td>执法机关</td></tr>
<tr><td></td><td></td><td></td><td></td></tr>
<tr><td></td><td></td><td></td><td></td></tr>
<tr><td></td><td></td><td></td><td></td></tr>
<tr><td></td><td></td><td></td><td></td></tr>
</table>

附件 4

安全评价检测检验机构从业告知书

（样式）

________________：

我单位承接了____________□安全评价/□安全生产检测检验项目，拟于近期开展技术服务活动，现按照规定将有关信息告知如下。

<table>
<tr><td>机构名称</td><td colspan="5"></td></tr>
<tr><td>机构资质证书编号</td><td colspan="2"></td><td>机构信息公开网址</td><td colspan="2"></td></tr>
<tr><td>办公地址</td><td colspan="3"></td><td>邮政编码</td><td></td></tr>
<tr><td>法定代表人</td><td></td><td>联系人</td><td></td><td>联系电话</td><td></td></tr>
<tr><td>项目名称</td><td colspan="5"></td></tr>
<tr><td>项目地址</td><td colspan="5"></td></tr>
<tr><td>项目所属行业</td><td colspan="5"></td></tr>
<tr><td>项目组长</td><td colspan="2"></td><td>联系电话</td><td colspan="2"></td></tr>
<tr><td>技术服务期限</td><td colspan="5"></td></tr>
<tr><td>计划现场勘验
(检测检验)时间</td><td colspan="5"></td></tr>
<tr><td colspan="6">项目组成员、专业及工作任务(安全评价机构填写)</td></tr>
<tr><td>姓 名</td><td>专 业</td><td colspan="4">工作任务</td></tr>
<tr><td></td><td></td><td colspan="4"></td></tr>
<tr><td></td><td></td><td colspan="4"></td></tr>
<tr><td colspan="6">现场检测检验人员(安全生产检测检验机构填写)</td></tr>
<tr><td colspan="2">姓　名</td><td colspan="4">检测检验项目</td></tr>
<tr><td colspan="2"></td><td colspan="4"></td></tr>
<tr><td colspan="2"></td><td colspan="4"></td></tr>
</table>

机构(盖章)：

年　　月　　日

安全生产培训管理办法

· 2012 年 1 月 19 日国家安全监管总局令第 44 号公布
· 根据 2013 年 8 月 29 日《国家安全监管总局关于修改〈生产经营单位安全培训规定〉等 11 件规章的决定》第一次修订
· 根据 2015 年 5 月 29 日《国家安全监管总局关于废止和修改劳动防护用品和安全培训等领域十部规章的决定》第二次修订

第一章 总 则

第一条 为了加强安全生产培训管理，规范安全生产培训秩序，保证安全生产培训质量，促进安全生产培训工作健康发展，根据《中华人民共和国安全生产法》和有关法律、行政法规的规定，制定本办法。

第二条 安全培训机构、生产经营单位从事安全生产培训（以下简称安全培训）活动以及安全生产监督管理部门、煤矿安全监察机构、地方人民政府负责煤矿安全培训的部门对安全培训工作实施监督管理，适用本办法。

第三条 本办法所称安全培训是指以提高安全监管监察人员、生产经营单位从业人员和从事安全生产工作的相关人员的安全素质为目的的教育培训活动。

前款所称安全监管监察人员是指县级以上各级人民政府安全生产监督管理部门、各级煤矿安全监察机构从事安全监管监察、行政执法的安全生产监管人员和煤矿安全监察人员；生产经营单位从业人员是指生产经营单位主要负责人、安全生产管理人员、特种作业人员及其他从业人员；从事安全生产工作的相关人员是指从事安全教育培训工作的教师、危险化学品登记机构的登记人员和承担安全评价、咨询、检测、检验的人员及注册安全工程师、安全生产应急救援人员等。

第四条 安全培训工作实行统一规划、归口管理、分级实施、分类指导、教考分离的原则。

国家安全生产监督管理总局（以下简称国家安全监管总局）指导全国安全培训工作，依法对全国的安全培训工作实施监督管理。

国家煤矿安全监察局（以下简称国家煤矿安监局）指导全国煤矿安全培训工作，依法对全国煤矿安全培训工作实施监督管理。

国家安全生产应急救援指挥中心指导全国安全生产应急救援培训工作。

县级以上地方各级人民政府安全生产监督管理部门依法对本行政区域内的安全培训工作实施监督管理。

省、自治区、直辖市人民政府负责煤矿安全培训的部门、省级煤矿安全监察机构（以下统称省级煤矿安全培训监管机构）按照各自工作职责，依法对所辖区域煤矿安全培训工作实施监督管理。

第五条 安全培训的机构应当具备从事安全培训工作所需要的条件。从事危险物品的生产、经营、储存单位以及矿山、金属冶炼单位的主要负责人和安全生产管理人员，特种作业人员以及注册安全工程师等相关人员培训的安全培训机构，应当将教师、教学和实习实训设施等情况书面报告所在地安全生产监督管理部门、煤矿安全培训监管机构。

安全生产相关社会组织依照法律、行政法规和章程，为生产经营单位提供安全培训有关服务，对安全培训机构实行自律管理，促进安全培训工作水平的提升。

第二章 安全培训

第六条 安全培训应当按照规定的安全培训大纲进行。

安全监管监察人员，危险物品的生产、经营、储存单位与非煤矿山、金属冶炼单位的主要负责人和安全生产管理人员、特种作业人员以及从事安全生产工作的相关人员的安全培训大纲，由国家安全监管总局组织制定。

煤矿企业的主要负责人和安全生产管理人员、特种作业人员的培训大纲由国家煤矿安监局组织制定。

除危险物品的生产、经营、储存单位和矿山、金属冶炼单位以外其他生产经营单位的主要负责人、安全生产管理人员及其他从业人员的安全培训大纲，由省级安全生产监督管理部门、省级煤矿安全培训监管机构组织制定。

第七条 国家安全监管总局、省级安全生产监督管理部门定期组织优秀安全培训教材的评选。

安全培训机构应当优先使用优秀安全培训教材。

第八条 国家安全监管总局负责省级以上安全生产监督管理部门的安全生产监管人员、各级煤矿安全监察机构的煤矿安全监察人员的培训工作。

省级安全生产监督管理部门负责市级、县级安全生产监督管理部门的安全生产监管人员的培训工作。

生产经营单位的从业人员的安全培训，由生产经营单位负责。

危险化学品登记机构的登记人员和承担安全评价、咨询、检测、检验的人员及注册安全工程师、安全生产应急救援人员的安全培训，按照有关法律、法规、规章的规定进行。

第九条 对从业人员的安全培训，具备安全培训条件的生产经营单位应当以自主培训为主，也可以委托具备安全培训条件的机构进行安全培训。

不具备安全培训条件的生产经营单位，应当委托具有安全培训条件的机构对从业人员进行安全培训。

生产经营单位委托其他机构进行安全培训的，保证安全培训的责任仍由本单位负责。

第十条 生产经营单位应当建立安全培训管理制度，保障从业人员安全培训所需经费，对从业人员进行与其所从事岗位相应的安全教育培训；从业人员调整工作岗位或者采用新工艺、新技术、新设备、新材料的，应当对其进行专门的安全教育和培训。未经安全教育和培训合格的从业人员，不得上岗作业。

生产经营单位使用被派遣劳动者的，应当将被派遣劳动者纳入本单位从业人员统一管理，对被派遣劳动者进行岗位安全操作规程和安全操作技能的教育和培训。劳务派遣单位应当对被派遣劳动者进行必要的安全生产教育和培训。

生产经营单位接收中等职业学校、高等学校学生实习的，应当对实习学生进行相应的安全生产教育和培训，提供必要的劳动防护用品。学校应当协助生产经营单位对实习学生进行安全生产教育和培训。

从业人员安全培训的时间、内容、参加人员以及考核结果等情况，生产经营单位应当如实记录并建档备查。

第十一条 生产经营单位从业人员的培训内容和培训时间，应当符合《生产经营单位安全培训规定》和有关标准的规定。

第十二条 中央企业的分公司、子公司及其所属单位和其他生产经营单位，发生造成人员死亡的生产安全事故的，其主要负责人和安全生产管理人员应当重新参加安全培训。

特种作业人员对造成人员死亡的生产安全事故负有直接责任的，应当按照《特种作业人员安全技术培训考核管理规定》重新参加安全培训。

第十三条 国家鼓励生产经营单位实行师傅带徒弟制度。

矿山新招的井下作业人员和危险物品生产经营单位新招的危险工艺操作岗位人员，除按照规定进行安全培训外，还应当在有经验的职工带领下实习满2个月后，方可独立上岗作业。

第十四条 国家鼓励生产经营单位招录职业院校毕业生。

职业院校毕业生从事与所学专业相关的作业，可以免予参加初次培训，实际操作培训除外。

第十五条 安全培训机构应当建立安全培训工作制度和人员培训档案。安全培训相关情况，应当如实记录并建档备查。

第十六条 安全培训机构从事安全培训工作的收费，应当符合法律、法规的规定。法律、法规没有规定的，应当按照行业自律标准或者指导性标准收费。

第十七条 国家鼓励安全培训机构和生产经营单位利用现代信息技术开展安全培训，包括远程培训。

第三章 安全培训的考核

第十八条 安全监管监察人员、从事安全生产工作的相关人员、依照有关法律法规应当接受安全生产知识和管理能力考核的生产经营单位主要负责人和安全生产管理人员、特种作业人员的安全培训的考核，应当坚持教考分离、统一标准、统一题库、分级负责的原则，分步推行有远程视频监控的计算机考试。

第十九条 安全监管监察人员，危险物品的生产、经营、储存单位及非煤矿山、金属冶炼单位主要负责人、安全生产管理人员和特种作业人员，以及从事安全生产工作的相关人员的考核标准，由国家安全监管总局统一制定。

煤矿企业的主要负责人、安全生产管理人员和特种作业人员的考核标准，由国家煤矿安监局制定。

除危险物品的生产、经营、储存单位和矿山、金属冶炼单位以外其他生产经营单位主要负责人、安全生产管理人员及其他从业人员的考核标准，由省级安全生产监督管理部门制定。

第二十条 国家安全监管总局负责省级以上安全生产监督管理部门的安全生产监管人员、各级煤矿安全监察机构的煤矿安全监察人员的考核；负责中央企业的总公司、总厂或者集团公司的主要负责人和安全生产管理人员的考核。

省级安全生产监督管理部门负责市级、县级安全生产监督管理部门的安全生产监管人员的考核；负责省属生产经营单位和中央企业分公司、子公司及其所属单位的主要负责人和安全生产管理人员的考核；负责特种作业人员的考核。

市级安全生产监督管理部门负责本行政区域内除中央企业、省属生产经营单位以外的其他生产经营单位的主要负责人和安全生产管理人员的考核。

省级煤矿安全培训监管机构负责所辖区域内煤矿企业的主要负责人、安全生产管理人员和特种作业人员的考核。

除主要负责人、安全生产管理人员、特种作业人员以外的生产经营单位的其他从业人员的考核，由生产经营单位按照省级安全生产监督管理部门公布的考核标准，自行组织考核。

第二十一条 安全生产监督管理部门、煤矿安全培训监管机构和生产经营单位应当制定安全培训的考核制度，建立考核管理档案备查。

第四章 安全培训的发证

第二十二条 接受安全培训人员经考核合格的，由考核部门在考核结束后10个工作日内颁发相应的证书。

第二十三条 安全生产监管人员经考核合格后，颁发安全生产监管执法证；煤矿安全监察人员经考核合格后，颁发煤矿安全监察执法证；危险物品的生产、经营、储存单位和矿山、金属冶炼单位主要负责人、安全生产管理人员经考核合格后，颁发安全合格证；特种作业人员经考核合格后，颁发《中华人民共和国特种作业操作证》（以下简称特种作业操作证）；危险化学品登记机构的登记人员经考核合格后，颁发上岗证；其他人员经培训合格后，颁发培训合格证。

第二十四条 安全生产监管执法证、煤矿安全监察执法证、安全合格证、特种作业操作证和上岗证的式样，由国家安全监管总局统一规定。培训合格证的式样，由负责培训考核的部门规定。

第二十五条 安全生产监管执法证、煤矿安全监察执法证、安全合格证的有效期为3年。有效期届满需要延期的，应当于有效期届满30日前向原发证部门申请办理延期手续。

特种作业人员的考核发证按照《特种作业人员安全技术培训考核管理规定》执行。

第二十六条 特种作业操作证和省级安全生产监督管理部门、省级煤矿安全培训监管机构颁发的主要负责人、安全生产管理人员的安全合格证，在全国范围内有效。

第二十七条 承担安全评价、咨询、检测、检验的人员和安全生产应急救援人员的考核、发证，按照有关法律、法规、规章的规定执行。

第五章 监督管理

第二十八条 安全生产监督管理部门、煤矿安全培训监管机构应当依照法律、法规和本办法的规定，加强对安全培训工作的监督管理，对生产经营单位、安全培训机构违反有关法律、法规和本办法的行为，依法作出处理。

省级安全生产监督管理部门、省级煤矿安全培训监管机构应当定期统计分析本行政区域内安全培训、考核、发证情况，并报国家安全监管总局。

第二十九条 安全生产监督管理部门和煤矿安全培训监管机构应当对安全培训机构开展安全培训活动的情况进行监督检查，检查内容包括：

（一）具备从事安全培训工作所需要的条件的情况；

（二）建立培训管理制度和教师配备的情况；

（三）执行培训大纲、建立培训档案和培训保障的情况；

（四）培训收费的情况；

（五）法律法规规定的其他内容。

第三十条 安全生产监督管理部门、煤矿安全培训监管机构应当对生产经营单位的安全培训情况进行监督检查，检查内容包括：

（一）安全培训制度、年度培训计划、安全培训管理档案的制定和实施的情况；

（二）安全培训经费投入和使用的情况；

（三）主要负责人、安全生产管理人员接受安全生产知识和管理能力考核的情况；

（四）特种作业人员持证上岗的情况；

（五）应用新工艺、新技术、新材料、新设备以及转岗前对从业人员安全培训的情况；

（六）其他从业人员安全培训的情况；

（七）法律法规规定的其他内容。

第三十一条 任何单位或者个人对生产经营单位、安全培训机构违反有关法律、法规和本办法的行为，均有权向安全生产监督管理部门、煤矿安全监察机构、煤矿安全培训监管机构报告或者举报。

接到举报的部门或者机构应当为举报人保密，并按照有关规定对举报进行核查和处理。

第三十二条 监察机关依照《中华人民共和国行政监察法》等法律、行政法规的规定，对安全生产监督管理部门、煤矿安全监察机构、煤矿安全培训监管机构及其工作人员履行安全培训工作监督管理职责情况实施监察。

第六章 法律责任

第三十三条 安全生产监督管理部门、煤矿安全监察机构、煤矿安全培训监管机构的工作人员在安全培训监督管理工作中滥用职权、玩忽职守、徇私舞弊的，依照有关规定给予处分；构成犯罪的，依法追究刑事责任。

第三十四条 安全培训机构有下列情形之一的，责令限期改正，处1万元以下的罚款；逾期未改正的，给予警告，处1万元以上3万元以下的罚款：

（一）不具备安全培训条件的；

（二）未按照统一的培训大纲组织教学培训的；

（三）未建立培训档案或者培训档案管理不规范的；

安全培训机构采取不正当竞争手段，故意贬低、诋毁其他安全培训机构的，依照前款规定处罚。

第三十五条　生产经营单位主要负责人、安全生产管理人员、特种作业人员以欺骗、贿赂等不正当手段取得安全合格证或者特种作业操作证的，除撤销其相关证书外，处3000元以下的罚款，并自撤销其相关证书之日起3年内不得再次申请该证书。

第三十六条　生产经营单位有下列情形之一的，责令改正，处3万元以下的罚款：

（一）从业人员安全培训的时间少于《生产经营单位安全培训规定》或者有关标准规定的；

（二）矿山新招的井下作业人员和危险物品生产经营单位新招的危险工艺操作岗位人员，未经实习期满独立上岗作业的；

（三）相关人员未按照本办法第十二条规定重新参加安全培训的。

第三十七条　生产经营单位存在违反有关法律、法规中安全生产教育培训的其他行为的，依照相关法律、法规的规定予以处罚。

第七章　附　则

第三十八条　本办法自2012年3月1日起施行。2004年12月28日公布的《安全生产培训管理办法》（原国家安全生产监督管理局〈国家煤矿安全监察局〉令第20号）同时废止。

生产经营单位安全培训规定

·2006年1月17日国家安全生产监管总局令第3号公布

·根据2013年8月29日《国家安全监管总局关于修改〈生产经营单位培训规定〉等11件规章的决定》第一次修订

·根据2015年5月29日《国家安全监管总局关于废止和修改劳动防护用品和安全培训等领域十部规章的决定》第二次修订

第一章　总　则

第一条　为加强和规范生产经营单位安全培训工作，提高从业人员安全素质，防范伤亡事故，减轻职业危害，根据安全生产法和有关法律、行政法规，制定本规定。

第二条　工矿商贸生产经营单位（以下简称生产经营单位）从业人员的安全培训，适用本规定。

第三条　生产经营单位负责本单位从业人员安全培训工作。

生产经营单位应当按照安全生产法和有关法律、行政法规和本规定，建立健全安全培训工作制度。

第四条　生产经营单位应当进行安全培训的从业人员包括主要负责人、安全生产管理人员、特种作业人员和其他从业人员。

生产经营单位使用被派遣劳动者的，应当将被派遣劳动者纳入本单位从业人员统一管理，对被派遣劳动者进行岗位安全操作规程和安全操作技能的教育和培训。劳务派遣单位应当对被派遣劳动者进行必要的安全生产教育和培训。

生产经营单位接收中等职业学校、高等学校学生实习的，应当对实习学生进行相应的安全生产教育和培训，提供必要的劳动防护用品。学校应当协助生产经营单位对实习学生进行安全生产教育和培训。

生产经营单位从业人员应当接受安全培训，熟悉有关安全生产规章制度和安全操作规程，具备必要的安全生产知识，掌握本岗位的安全操作技能，了解事故应急处理措施，知悉自身在安全生产方面的权利和义务。

未经安全培训合格的从业人员，不得上岗作业。

第五条　国家安全生产监督管理总局指导全国安全培训工作，依法对全国的安全培训工作实施监督管理。

国务院有关主管部门按照各自职责指导监督本行业安全培训工作，并按照本规定制定实施办法。

国家煤矿安全监察局指导监督检查全国煤矿安全培训工作。

各级安全生产监督管理部门和煤矿安全监察机构（以下简称安全生产监管监察部门）按照各自的职责，依法对生产经营单位的安全培训工作实施监督管理。

第二章　主要负责人、安全生产管理人员的安全培训

第六条　生产经营单位主要负责人和安全生产管理人员应当接受安全培训，具备与所从事的生产经营活动相适应的安全生产知识和管理能力。

第七条　生产经营单位主要负责人安全培训应当包括下列内容：

（一）国家安全生产方针、政策和有关安全生产的法律、法规、规章及标准；

（二）安全生产管理基本知识、安全生产技术、安全生产专业知识；

（三）重大危险源管理、重大事故防范、应急管理和救援组织以及事故调查处理的有关规定；

（四）职业危害及其预防措施；

（五）国内外先进的安全生产管理经验；

（六）典型事故和应急救援案例分析；

（七）其他需要培训的内容。

第八条 生产经营单位安全生产管理人员安全培训应当包括下列内容：

（一）国家安全生产方针、政策和有关安全生产的法律、法规、规章及标准；

（二）安全生产管理、安全生产技术、职业卫生等知识；

（三）伤亡事故统计、报告及职业危害的调查处理方法；

（四）应急管理、应急预案编制以及应急处置的内容和要求；

（五）国内外先进的安全生产管理经验；

（六）典型事故和应急救援案例分析；

（七）其他需要培训的内容。

第九条 生产经营单位主要负责人和安全生产管理人员初次安全培训时间不得少于32学时。每年再培训时间不得少于12学时。

煤矿、非煤矿山、危险化学品、烟花爆竹、金属冶炼等生产经营单位主要负责人和安全生产管理人员初次安全培训时间不得少于48学时，每年再培训时间不得少于16学时。

第十条 生产经营单位主要负责人和安全生产管理人员的安全培训必须依照安全生产监管监察部门制定的安全培训大纲实施。

非煤矿山、危险化学品、烟花爆竹、金属冶炼等生产经营单位主要负责人和安全生产管理人员的安全培训大纲及考核标准由国家安全生产监督管理总局统一制定。

煤矿主要负责人和安全生产管理人员的安全培训大纲及考核标准由国家煤矿安全监察局制定。

煤矿、非煤矿山、危险化学品、烟花爆竹、金属冶炼以外的其他生产经营单位主要负责人和安全管理人员的安全培训大纲及考核标准，由省、自治区、直辖市安全生产监督管理部门制定。

第三章 其他从业人员的安全培训

第十一条 煤矿、非煤矿山、危险化学品、烟花爆竹、金属冶炼等生产经营单位必须对新上岗的临时工、合同工、劳务工、轮换工、协议工等进行强制性安全培训，保证其具备本岗位安全操作、自救互救以及应急处置所需的知识和技能后，方能安排上岗作业。

第十二条 加工、制造业等生产单位的其他从业人员，在上岗前必须经过厂（矿）、车间（工段、区、队）、班组三级安全培训教育。

生产经营单位应当根据工作性质对其他从业人员进行安全培训，保证其具备本岗位安全操作、应急处置等知识和技能。

第十三条 生产经营单位新上岗的从业人员，岗前安全培训时间不得少于24学时。

煤矿、非煤矿山、危险化学品、烟花爆竹、金属冶炼等生产经营单位新上岗的从业人员安全培训时间不得少于72学时，每年再培训的时间不得少于20学时。

第十四条 厂（矿）级岗前安全培训内容应当包括：

（一）本单位安全生产情况及安全生产基本知识；

（二）本单位安全生产规章制度和劳动纪律；

（三）从业人员安全生产权利和义务；

（四）有关事故案例等。

煤矿、非煤矿山、危险化学品、烟花爆竹、金属冶炼等生产经营单位厂（矿）级安全培训除包括上述内容外，应当增加事故应急救援、事故应急预案演练及防范措施等内容。

第十五条 车间（工段、区、队）级岗前安全培训内容应当包括：

（一）工作环境及危险因素；

（二）所从事工种可能遭受的职业伤害和伤亡事故；

（三）所从事工种的安全职责、操作技能及强制性标准；

（四）自救互救、急救方法、疏散和现场紧急情况的处理；

（五）安全设备设施、个人防护用品的使用和维护；

（六）本车间（工段、区、队）安全生产状况及规章制度；

（七）预防事故和职业危害的措施及应注意的安全事项；

（八）有关事故案例；

（九）其他需要培训的内容。

第十六条 班组级岗前安全培训内容应当包括：

（一）岗位安全操作规程；

（二）岗位之间工作衔接配合的安全与职业卫生事项；

（三）有关事故案例；

（四）其他需要培训的内容。

第十七条 从业人员在本生产经营单位内调整工作

岗位或离岗一年以上重新上岗时，应当重新接受车间（工段、区、队）和班组级的安全培训。

生产经营单位采用新工艺、新技术、新材料或者使用新设备时，应当对有关从业人员重新进行有针对性的安全培训。

第十八条 生产经营单位的特种作业人员，必须按照国家有关法律、法规的规定接受专门的安全培训，经考核合格，取得特种作业操作资格证书后，方可上岗作业。

特种作业人员的范围和培训考核管理办法，另行规定。

第四章 安全培训的组织实施

第十九条 生产经营单位从业人员的安全培训工作，由生产经营单位组织实施。

生产经营单位应当坚持以考促学、以讲促学，确保全体从业人员熟练掌握岗位安全生产知识和技能；煤矿、非煤矿山、危险化学品、烟花爆竹、金属冶炼等生产经营单位还应当完善和落实师傅带徒弟制度。

第二十条 具备安全培训条件的生产经营单位，应当以自主培训为主；可以委托具备安全培训条件的机构，对从业人员进行安全培训。

不具备安全培训条件的生产经营单位，应当委托具备安全培训条件的机构，对从业人员进行安全培训。

生产经营单位委托其他机构进行安全培训的，保证安全培训的责任仍由本单位负责。

第二十一条 生产经营单位应当将安全培训工作纳入本单位年度工作计划。保证本单位安全培训工作所需资金。

生产经营单位的主要负责人负责组织制定并实施本单位安全培训计划。

第二十二条 生产经营单位应当建立健全从业人员安全生产教育和培训档案，由生产经营单位的安全生产管理机构以及安全生产管理人员详细、准确记录培训的时间、内容、参加人员以及考核结果等情况。

第二十三条 生产经营单位安排从业人员进行安全培训期间，应当支付工资和必要的费用。

第五章 监督管理

第二十四条 煤矿、非煤矿山、危险化学品、烟花爆竹、金属冶炼等生产经营单位主要负责人和安全生产管理人员，自任职之日起6个月内，必须经安全生产监管监察部门对其安全生产知识和管理能力考核合格。

第二十五条 安全生产监管监察部门依法对生产经营单位安全培训情况进行监督检查，督促生产经营单位按照国家有关法律法规和本规定开展安全培训工作。

县级以上地方人民政府负责煤矿安全生产监督管理的部门对煤矿井下作业人员的安全培训情况进行监督检查。煤矿安全监察机构对煤矿特种作业人员安全培训及其持证上岗的情况进行监督检查。

第二十六条 各级安全生产监管监察部门对生产经营单位安全培训及其持证上岗的情况进行监督检查，主要包括以下内容：

（一）安全培训制度、计划的制定及其实施的情况；

（二）煤矿、非煤矿山、危险化学品、烟花爆竹、金属冶炼等生产经营单位主要负责人和安全生产管理人员安全培训以及安全生产知识和管理能力考核的情况；其他生产经营单位主要负责人和安全生产管理人员培训的情况；

（三）特种作业人员操作资格证持证上岗的情况；

（四）建立安全生产教育和培训档案，并如实记录的情况；

（五）对从业人员现场抽考本职工作的安全生产知识；

（六）其他需要检查的内容。

第二十七条 安全生产监管监察部门对煤矿、非煤矿山、危险化学品、烟花爆竹、金属冶炼等生产经营单位的主要负责人、安全管理人员应当按照本规定严格考核。考核不得收费。

安全生产监管监察部门负责考核的有关人员不得玩忽职守和滥用职权。

第二十八条 安全生产监管监察部门检查中发现安全生产教育和培训责任落实不到位、有关从业人员未经培训合格的，应当视为生产安全事故隐患，责令生产经营单位立即停止违法行为，限期整改，并依法予以处罚。

第六章 罚 则

第二十九条 生产经营单位有下列行为之一的，由安全生产监管监察部门责令其限期改正，可以处1万元以上3万元以下的罚款：

（一）未将安全培训工作纳入本单位工作计划并保证安全培训工作所需资金的；

（二）从业人员进行安全培训期间未支付工资并承担安全培训费用的。

第三十条 生产经营单位有下列行为之一的，由安全生产监管监察部门责令其限期改正，可以处5万元以下的罚款；逾期未改正的，责令停产停业整顿，并处5万元以上10万元以下的罚款，对其直接负责的主管人员和其他直接责任人员处1万元以上2万元以下的罚款：

（一）煤矿、非煤矿山、危险化学品、烟花爆竹、金属冶炼等生产经营单位主要负责人和安全管理人员未按照规定经考核合格的；

（二）未按照规定对从业人员、被派遣劳动者、实习学生进行安全生产教育和培训或者未如实告知其有关安全生产事项的；

（三）未如实记录安全生产教育和培训情况的；

（四）特种作业人员未按照规定经专门的安全技术培训并取得特种作业人员操作资格证书，上岗作业的。

县级以上地方人民政府负责煤矿安全生产监督管理的部门发现煤矿未按照本规定对井下作业人员进行安全培训的，责令限期改正，处10万元以上50万元以下的罚款；逾期未改正的，责令停产停业整顿。

煤矿安全监察机构发现煤矿特种作业人员无证上岗作业的，责令限期改正，处10万元以上50万元以下的罚款；逾期未改正的，责令停产停业整顿。

第三十一条 安全生产监管监察部门有关人员在考核、发证工作中玩忽职守、滥用职权的，由上级安全生产监管监察部门或者行政监察部门给予记过、记大过的行政处分。

第七章 附 则

第三十二条 生产经营单位主要负责人是指有限责任公司或者股份有限公司的董事长、总经理，其他生产经营单位的厂长、经理、（矿务局）局长、矿长（含实际控制人）等。

生产经营单位安全生产管理人员是指生产经营单位分管安全生产的负责人、安全生产管理机构负责人及其管理人员，以及未设安全生产管理机构的生产经营单位专、兼职安全生产管理人员等。

生产经营单位其他从业人员是指除主要负责人、安全生产管理人员和特种作业人员以外，该单位从事生产经营活动的所有人员，包括其他负责人、其他管理人员、技术人员和各岗位的工人以及临时聘用的人员。

第三十三条 省、自治区、直辖市安全生产监督管理部门和省级煤矿安全监察机构可以根据本规定制定实施细则，报国家安全生产监督管理总局和国家煤矿安全监察局备案。

第三十四条 本规定自2006年3月1日起施行。

生产安全事故信息报告和处置办法

· 2009年6月16日国家安全生产监督管理总局令第21号公布

· 自2009年7月1日起施行

第一章 总 则

第一条 为了规范生产安全事故信息的报告和处置工作，根据《安全生产法》、《生产安全事故报告和调查处理条例》等有关法律、行政法规，制定本办法。

第二条 生产经营单位报告生产安全事故信息和安全生产监督管理部门、煤矿安全监察机构对生产安全事故信息的报告和处置工作，适用本办法。

第三条 本办法规定的应当报告和处置的生产安全事故信息（以下简称事故信息），是指已经发生的生产安全事故和较大涉险事故的信息。

第四条 事故信息的报告应当及时、准确和完整，信息的处置应当遵循快速高效、协同配合、分级负责的原则。

安全生产监督管理部门负责各类生产经营单位的事故信息报告和处置工作。煤矿安全监察机构负责煤矿的事故信息报告和处置工作。

第五条 安全生产监督管理部门、煤矿安全监察机构应当建立事故信息报告和处置制度，设立事故信息调度机构，实行24小时不间断调度值班，并向社会公布值班电话，受理事故信息报告和举报。

第二章 事故信息的报告

第六条 生产经营单位发生生产安全事故或者较大涉险事故，其单位负责人接到事故信息报告后应当于1小时内报告事故发生地县级安全生产监督管理部门、煤矿安全监察分局。

发生较大以上生产安全事故的，事故发生单位在依照第一款规定报告的同时，应当在1小时内报告省级安全生产监督管理部门、省级煤矿安全监察机构。

发生重大、特别重大生产安全事故的，事故发生单位在依照本条第一款、第二款规定报告的同时，可以立即报告国家安全生产监督管理总局、国家煤矿安全监察局。

第七条 安全生产监督管理部门、煤矿安全监察机构接到事故发生单位的事故信息报告后，应当按照下列规定上报事故情况，同时书面通知同级公安机关、劳动保障部门、工会、人民检察院和有关部门：

（一）一般事故和较大涉险事故逐级上报至设区的

市级安全生产监督管理部门、省级煤矿安全监察机构；

（二）较大事故逐级上报至省级安全生产监督管理部门、省级煤矿安全监察机构；

（三）重大事故、特别重大事故逐级上报至国家安全生产监督管理总局、国家煤矿安全监察局。

前款规定的逐级上报，每一级上报时间不得超过2小时。安全生产监督管理部门依照前款规定上报事故情况时，应当同时报告本级人民政府。

第八条　发生较大生产安全事故或者社会影响重大的事故的，县级、市级安全生产监督管理部门或者煤矿安全监察分局接到事故报告后，在依照本办法第七条规定逐级上报的同时，应当在1小时内先用电话快报省级安全生产监督管理部门、省级煤矿安全监察机构，随后补报文字报告；乡镇安监站（办）可以根据事故情况越级直接报告省级安全生产监督管理部门、省级煤矿安全监察机构。

第九条　发生重大、特别重大生产安全事故或者社会影响恶劣的事故的，县级、市级安全生产监督管理部门或者煤矿安全监察分局接到事故报告后，在依照本办法第七条规定逐级上报的同时，应当在1小时内先用电话快报省级安全生产监督管理部门、省级煤矿安全监察机构，随后补报文字报告；必要时，可以直接用电话报告国家安全生产监督管理总局、国家煤矿安全监察局。

省级安全生产监督管理部门、省级煤矿安全监察机构接到事故报告后，应当在1小时内先用电话快报国家安全生产监督管理总局、国家煤矿安全监察局，随后补报文字报告。

国家安全生产监督管理总局、国家煤矿安全监察局接到事故报告后，应当在1小时内先用电话快报国务院总值班室，随后补报文字报告。

第十条　报告事故信息，应当包括下列内容：

（一）事故发生单位的名称、地址、性质、产能等基本情况；

（二）事故发生的时间、地点以及事故现场情况；

（三）事故的简要经过（包括应急救援情况）；

（四）事故已经造成或者可能造成的伤亡人数（包括下落不明、涉险的人数）和初步估计的直接经济损失；

（五）已经采取的措施；

（六）其他应当报告的情况。

使用电话快报，应当包括下列内容：

（一）事故发生单位的名称、地址、性质；

（二）事故发生的时间、地点；

（三）事故已经造成或者可能造成的伤亡人数（包括下落不明、涉险的人数）。

第十一条　事故具体情况暂时不清楚的，负责事故报告的单位可以先报事故概况，随后补报事故全面情况。

事故信息报告后出现新情况的，负责事故报告的单位应当依照本办法第六条、第七条、第八条、第九条的规定及时续报。较大涉险事故、一般事故、较大事故每日至少续报1次；重大事故、特别重大事故每日至少续报2次。

自事故发生之日起30日内（道路交通、火灾事故自发生之日起7日内），事故造成的伤亡人数发生变化的，应于当日续报。

第十二条　安全生产监督管理部门、煤矿安全监察机构接到任何单位或者个人的事故信息举报后，应当立即与事故单位或者下一级安全生产监督管理部门、煤矿安全监察机构联系，并进行调查核实。

下一级安全生产监督管理部门、煤矿安全监察机构接到上级安全生产监督管理部门、煤矿安全监察机构的事故信息举报核查通知后，应当立即组织查证核实，并在2个月内向上一级安全生产监督管理部门、煤矿安全监察机构报告核实结果。

对发生较大涉险事故的，安全生产监督管理部门、煤矿安全监察机构依照本条第二款规定向上一级安全生产监督管理部门、煤矿安全监察机构报告核实结果；对发生生产安全事故的，安全生产监督管理部门、煤矿安全监察机构应当在5日内对事故情况进行初步查证，并将事故初步查证的简要情况报告上一级安全生产监督管理部门、煤矿安全监察机构，详细核实结果在2个月内报告。

第十三条　事故信息经初步查证后，负责查证的安全生产监督管理部门、煤矿安全监察机构应当立即报告本级人民政府和上一级安全生产监督管理部门、煤矿安全监察机构，并书面通知公安机关、劳动保障部门、工会、人民检察院和有关部门。

第十四条　安全生产监督管理部门与煤矿安全监察机构之间，安全生产监督管理部门、煤矿安全监察机构与其他负有安全生产监督管理职责的部门之间，应当建立有关事故信息的通报制度，及时沟通事故信息。

第十五条　对于事故信息的每周、每月、每年的统计报告，按照有关规定执行。

第三章　事故信息的处置

第十六条　安全生产监督管理部门、煤矿安全监察机构应当建立事故信息处置责任制，做好事故信息的核实、跟踪、分析、统计工作。

第十七条 发生生产安全事故或者较大涉险事故后,安全生产监督管理部门、煤矿安全监察机构应当立即研究、确定并组织实施相关处置措施。安全生产监督管理部门、煤矿安全监察机构负责人按照职责分工负责相关工作。

第十八条 安全生产监督管理部门、煤矿安全监察机构接到生产安全事故报告后,应当按照下列规定派员立即赶赴事故现场:

(一)发生一般事故的,县级安全生产监督管理部门、煤矿安全监察分局负责人立即赶赴事故现场;

(二)发生较大事故的,设区的市级安全生产监督管理部门、省级煤矿安全监察局负责人应当立即赶赴事故现场;

(三)发生重大事故的,省级安全监督管理部门、省级煤矿安全监察局负责人立即赶赴事故现场;

(四)发生特别重大事故的,国家安全生产监督管理总局、国家煤矿安全监察局负责人立即赶赴事故现场。

上级安全生产监督管理部门、煤矿安全监察机构认为必要的,可以派员赶赴事故现场。

第十九条 安全生产监督管理部门、煤矿安全监察机构负责人及其有关人员赶赴事故现场后,应当随时保持与本单位的联系。有关事故信息发生重大变化的,应当依照本办法有关规定及时向本单位或者上级安全生产监督管理部门、煤矿安全监察机构报告。

第二十条 安全生产监督管理部门、煤矿安全监察机构应当依照有关规定定期向社会公布事故信息。

任何单位和个人不得擅自发布事故信息。

第二十一条 安全生产监督管理部门、煤矿安全监察机构应当根据事故信息报告的情况,启动相应的应急救援预案,或者组织有关应急救援队伍协助地方人民政府开展应急救援工作。

第二十二条 安全生产监督管理部门、煤矿安全监察机构按照有关规定组织或者参加事故调查处理工作。

第四章 罚 则

第二十三条 安全生产监督管理部门、煤矿安全监察机构及其工作人员未依法履行事故信息报告和处置职责的,依照有关规定予以处理。

第二十四条 生产经营单位及其有关人员对生产安全事故迟报、漏报、谎报或者瞒报的,依照有关规定予以处罚。

第二十五条 生产经营单位对较大涉险事故迟报、漏报、谎报或者瞒报的,给予警告,并处3万元以下的罚款。

第五章 附 则

第二十六条 本办法所称的较大涉险事故是指:

(一)涉险10人以上的事故;

(二)造成3人以上被困或者下落不明的事故;

(三)紧急疏散人员500人以上的事故;

(四)因生产安全事故对环境造成严重污染(人员密集场所、生活水源、农田、河流、水库、湖泊等)的事故;

(五)危及重要场所和设施安全(电站、重要水利设施、危化品库、油气站和车站、码头、港口、机场及其他人员密集场所等)的事故;

(六)其他较大涉险事故。

第二十七条 省级安全生产监督管理部门、省级煤矿安全监察机构可以根据本办法的规定,制定具体的实施办法。

第二十八条 本办法自2009年7月1日起施行。

安全生产事故隐患排查治理暂行规定

· 2007年12月28日国家安全生产监督管理总局令第16号公布

· 自2008年2月1日起施行

第一章 总 则

第一条 为了建立安全生产事故隐患排查治理长效机制,强化安全生产主体责任,加强事故隐患监督管理,防止和减少事故,保障人民群众生命财产安全,根据安全生产法等法律、行政法规,制定本规定。

第二条 生产经营单位安全生产事故隐患排查治理和安全生产监督管理部门、煤矿安全监察机构(以下统称安全监管监察部门)实施监管监察,适用本规定。

有关法律、行政法规对安全生产事故隐患排查治理另有规定的,依照其规定。

第三条 本规定所称安全生产事故隐患(以下简称事故隐患),是指生产经营单位违反安全生产法律、法规、规章、标准、规程和安全生产管理制度的规定,或者因其他因素在生产经营活动中存在可能导致事故发生的物的危险状态、人的不安全行为和管理上的缺陷。

事故隐患分为一般事故隐患和重大事故隐患。一般事故隐患,是指危害和整改难度较小,发现后能够立即整改排除的隐患。重大事故隐患,是指危害和整改难度较大,应当全部或者局部停产停业,并经过一定时间整改治理方能排除的隐患，或者因外部因素影响致使生产经营单位自身难以排除的隐患。

第四条 生产经营单位应当建立健全事故隐患排查治理制度。

生产经营单位主要负责人对本单位事故隐患排查治理工作全面负责。

第五条 各级安全监管监察部门按照职责对所辖区域内生产经营单位排查治理事故隐患工作依法实施综合监督管理；各级人民政府有关部门在各自职责范围内对生产经营单位排查治理事故隐患工作依法实施监督管理。

第六条 任何单位和个人发现事故隐患，均有权向安全监管监察部门和有关部门报告。

安全监管监察部门接到事故隐患报告后，应当按照职责分工立即组织核实并予以查处；发现所报告事故隐患应当由其他有关部门处理的，应当立即移送有关部门并记录备查。

第二章 生产经营单位的职责

第七条 生产经营单位应当依照法律、法规、规章、标准和规程的要求从事生产经营活动。严禁非法从事生产经营活动。

第八条 生产经营单位是事故隐患排查、治理和防控的责任主体。

生产经营单位应当建立健全事故隐患排查治理和建档监控等制度，逐级建立并落实从主要负责人到每个从业人员的隐患排查治理和监控责任制。

第九条 生产经营单位应当保证事故隐患排查治理所需的资金，建立资金使用专项制度。

第十条 生产经营单位应当定期组织安全生产管理人员、工程技术人员和其他相关人员排查本单位的事故隐患。对排查出的事故隐患，应当按照事故隐患的等级进行登记，建立事故隐患信息档案，并按照职责分工实施监控治理。

第十一条 生产经营单位应当建立事故隐患报告和举报奖励制度，鼓励、发动职工发现和排除事故隐患，鼓励社会公众举报。对发现、排除和举报事故隐患的有功人员，应当给予物质奖励和表彰。

第十二条 生产经营单位将生产经营项目、场所、设备发包、出租的，应当与承包、承租单位签订安全生产管理协议，并在协议中明确各方对事故隐患排查、治理和防控的管理职责。生产经营单位对承包、承租单位的事故隐患排查治理负有统一协调和监督管理的职责。

第十三条 安全监管监察部门和有关部门的监督检查人员依法履行事故隐患监督检查职责时，生产经营单位应当积极配合，不得拒绝和阻挠。

第十四条 生产经营单位应当每季、每年对本单位事故隐患排查治理情况进行统计分析，并分别于下一季度15日前和下一年1月31日前向安全监管监察部门和有关部门报送书面统计分析表。统计分析表应当由生产经营单位主要负责人签字。

对于重大事故隐患，生产经营单位除依照前款规定报送外，应当及时向安全监管监察部门和有关部门报告。重大事故隐患报告内容应当包括：

（一）隐患的现状及其产生原因；

（二）隐患的危害程度和整改难易程度分析；

（三）隐患的治理方案。

第十五条 对于一般事故隐患，由生产经营单位（车间、分厂、区队等）负责人或者有关人员立即组织整改。

对于重大事故隐患，由生产经营单位主要负责人组织制定并实施事故隐患治理方案。重大事故隐患治理方案应当包括以下内容：

（一）治理的目标和任务；

（二）采取的方法和措施；

（三）经费和物资的落实；

（四）负责治理的机构和人员；

（五）治理的时限和要求；

（六）安全措施和应急预案。

第十六条 生产经营单位在事故隐患治理过程中，应当采取相应的安全防范措施，防止事故发生。事故隐患排除前或者排除过程中无法保证安全的，应当从危险区域内撤出作业人员，并疏散可能危及的其他人员，设置警戒标志，暂时停产停业或者停止使用；对暂时难以停产或者停止使用的相关生产储存装置、设施、设备，应当加强维护和保养，防止事故发生。

第十七条 生产经营单位应当加强对自然灾害的预防。对于因自然灾害可能导致事故灾难的隐患，应当按照有关法律、法规、标准和本规定的要求排查治理，采取可靠的预防措施，制定应急预案。在接到有关自然灾害预报时，应当及时向下属单位发出预警通知；发生自然灾害可能危及生产经营单位和人员安全的情况时，应当采取撤离人员、停止作业、加强监测等安全措施，并及时向当地人民政府及其有关部门报告。

第十八条 地方人民政府或者安全监管监察部门及有关部门挂牌督办并责令全部或者局部停产停业治理的

重大事故隐患，治理工作结束后，有条件的生产经营单位应当组织本单位的技术人员和专家对重大事故隐患的治理情况进行评估；其他生产经营单位应当委托具备相应资质的安全评价机构对重大事故隐患的治理情况进行评估。

经治理后符合安全生产条件的，生产经营单位应当向安全监管监察部门和有关部门提出恢复生产的书面申请，经安全监管监察部门和有关部门审查同意后，方可恢复生产经营。申请报告应当包括治理方案的内容、项目和安全评价机构出具的评价报告等。

第三章　监督管理

第十九条　安全监管监察部门应当指导、监督生产经营单位按照有关法律、法规、规章、标准和规程的要求，建立健全事故隐患排查治理等各项制度。

第二十条　安全监管监察部门应当建立事故隐患排查治理监督检查制度，定期组织对生产经营单位事故隐患排查治理情况开展监督检查；应当加强对重点单位的事故隐患排查治理情况的监督检查。对检查过程中发现的重大事故隐患，应当下达整改指令书，并建立信息管理台账。必要时，报告同级人民政府并对重大事故隐患实行挂牌督办。

安全监管监察部门应当配合有关部门做好对生产经营单位事故隐患排查治理情况开展的监督检查，依法查处事故隐患排查治理的非法和违法行为及其责任者。

安全监管监察部门发现属于其他有关部门职责范围内的重大事故隐患的，应该及时将有关资料移送有管辖权的有关部门，并记录备查。

第二十一条　已经取得安全生产许可证的生产经营单位，在其被挂牌督办的重大事故隐患治理结束前，安全监管监察部门应当加强监督检查。必要时，可以提请原许可证颁发机关依法暂扣其安全生产许可证。

第二十二条　安全监管监察部门应当会同有关部门把重大事故隐患整改纳入重点行业领域的安全专项整治中加以治理，落实相应责任。

第二十三条　对挂牌督办并采取全部或者局部停产停业治理的重大事故隐患，安全监管监察部门收到生产经营单位恢复生产的申请报告后，应当在10日内进行现场审查。审查合格的，对事故隐患进行核销，同意恢复生产经营；审查不合格的，依法责令改正或者下达停产整改指令。对整改无望或者生产经营单位拒不执行整改指令的，依法实施行政处罚；不具备安全生产条件的，依法提请县级以上人民政府按照国务院规定的权限予以关闭。

第二十四条　安全监管监察部门应当每季将本行政区域重大事故隐患的排查治理情况和统计分析表逐级报至省级安全监管监察部门备案。

省级安全监管监察部门应当每半年将本行政区域重大事故隐患的排查治理情况和统计分析表报国家安全生产监督管理总局备案。

第四章　罚　则

第二十五条　生产经营单位及其主要负责人未履行事故隐患排查治理职责，导致发生生产安全事故的，依法给予行政处罚。

第二十六条　生产经营单位违反本规定，有下列行为之一的，由安全监管监察部门给予警告，并处三万元以下的罚款：

（一）未建立安全生产事故隐患排查治理等各项制度的；

（二）未按规定上报事故隐患排查治理统计分析表的；

（三）未制定事故隐患治理方案的；

（四）重大事故隐患不报或者未及时报告的；

（五）未对事故隐患进行排查治理擅自生产经营的；

（六）整改不合格或者未经安全监管监察部门审查同意擅自恢复生产经营的。

第二十七条　承担检测检验、安全评价的中介机构，出具虚假评价证明，尚不够刑事处罚的，没收违法所得，违法所得在五千元以上的，并处违法所得二倍以上五倍以下的罚款，没有违法所得或者违法所得不足五千元的，单处或者并处五千元以上二万元以下的罚款，同时可对其直接负责的主管人员和其他直接责任人员处五千元以上五万元以下的罚款；给他人造成损害的，与生产经营单位承担连带赔偿责任。

对有前款违法行为的机构，撤销其相应的资质。

第二十八条　生产经营单位事故隐患排查治理过程中违反有关安全生产法律、法规、规章、标准和规程规定的，依法给予行政处罚。

第二十九条　安全监管监察部门的工作人员未依法履行职责的，按照有关规定处理。

第五章　附　则

第三十条　省级安全监管监察部门可以根据本规定，制定事故隐患排查治理和监督管理实施细则。

第三十一条　事业单位、人民团体以及其他经济组织的事故隐患排查治理，参照本规定执行。

第三十二条　本规定自2008年2月1日起施行。

安全生产违法行为行政处罚办法

·2007年11月30日国家安全生产监管总局令第15号公布
·根据2015年4月2日《国家安全监管总局关于修改〈《生产安全事故报告和调查处理条例》罚款处罚暂行规定〉等四部规章的决定》修订

第一章 总 则

第一条 为了制裁安全生产违法行为,规范安全生产行政处罚工作,依照行政处罚法、安全生产法及其他有关法律、行政法规的规定,制定本办法。

第二条 县级以上人民政府安全生产监督管理部门对生产经营单位及其有关人员在生产经营活动中违反有关安全生产的法律、行政法规、部门规章、国家标准、行业标准和规程的违法行为(以下统称安全生产违法行为)实施行政处罚,适用本办法。

煤矿安全监察机构依照本办法和煤矿安全监察行政处罚办法,对煤矿、煤矿安全生产中介机构等生产经营单位及其有关人员的安全生产违法行为实施行政处罚。

有关法律、行政法规对安全生产违法行为行政处罚的种类、幅度或者决定机关另有规定的,依照其规定。

第三条 对安全生产违法行为实施行政处罚,应当遵循公平、公正、公开的原则。

安全生产监督管理部门或者煤矿安全监察机构(以下统称安全监管监察部门)及其行政执法人员实施行政处罚,必须以事实为依据。行政处罚应当与安全生产违法行为的事实、性质、情节以及社会危害程度相当。

第四条 生产经营单位及其有关人员对安全监管监察部门给予的行政处罚,依法享有陈述权、申辩权和听证权;对行政处罚不服的,有权依法申请行政复议或者提起行政诉讼;因违法给予行政处罚受到损害的,有权依法申请国家赔偿。

第二章 行政处罚的种类、管辖

第五条 安全生产违法行为行政处罚的种类:

(一)警告;

(二)罚款;

(三)没收违法所得、没收非法开采的煤炭产品、采掘设备;

(四)责令停产停业整顿、责令停产停业、责令停止建设、责令停止施工;

(五)暂扣或者吊销有关许可证,暂停或者撤销有关执业资格、岗位证书;

(六)关闭;

(七)拘留;

(八)安全生产法律、行政法规规定的其他行政处罚。

第六条 县级以上安全监管监察部门应当按照本章的规定,在各自的职责范围内对安全生产违法行为行政处罚行使管辖权。

安全生产违法行为的行政处罚,由安全生产违法行为发生地的县级以上安全监管监察部门管辖。中央企业及其所属企业、有关人员的安全生产违法行为的行政处罚,由安全生产违法行为发生地的设区的市级以上安全监管监察部门管辖。

暂扣、吊销有关许可证和暂停、撤销有关执业资格、岗位证书的行政处罚,由发证机关决定。其中,暂扣有关许可证和暂停有关执业资格、岗位证书的期限一般不得超过6个月;法律、行政法规另有规定的,依照其规定。

给予关闭的行政处罚,由县级以上安全监管监察部门报请县级以上人民政府按照国务院规定的权限决定。

给予拘留的行政处罚,由县级以上安全监管监察部门建议公安机关依照治安管理处罚法的规定决定。

第七条 两个以上安全监管监察部门因行政处罚管辖权发生争议的,由其共同的上一级安全监管监察部门指定管辖。

第八条 对报告或者举报的安全生产违法行为,安全监管监察部门应当受理;发现不属于自己管辖的,应当及时移送有管辖权的部门。

受移送的安全监管监察部门对管辖权有异议的,应当报请共同的上一级安全监管监察部门指定管辖。

第九条 安全生产违法行为涉嫌犯罪的,安全监管监察部门应当将案件移送司法机关,依法追究刑事责任;尚不够刑事处罚但依法应当给予行政处罚的,由安全监管监察部门管辖。

第十条 上级安全监管监察部门可以直接查处下级安全监管监察部门管辖的案件,也可以将自己管辖的案件交由下级安全监管监察部门管辖。

下级安全监管监察部门可以将重大、疑难案件报请上级安全监管监察部门管辖。

第十一条 上级安全监管监察部门有权对下级安全监管监察部门违法或者不适当的行政处罚予以纠正或者撤销。

第十二条 安全监管监察部门根据需要,可以在其法定职权范围内委托符合《行政处罚法》第十九条规定条件的组织或者乡、镇人民政府以及街道办事处、开发区管理机构等地方人民政府的派出机构实施行政处罚。受委托的单位在委托范围内,以委托的安全监管监察部门名义实施行政处罚。

委托的安全监管监察部门应当监督检查受委托的单位实施行政处罚,并对其实施行政处罚的后果承担法律责任。

第三章 行政处罚的程序

第十三条 安全生产行政执法人员在执行公务时,必须出示省级以上安全生产监督管理部门或者县级以上地方人民政府统一制作的有效行政执法证件。其中对煤矿进行安全监察,必须出示国家安全生产监督管理总局统一制作的煤矿安全监察员证。

第十四条 安全监管监察部门及其行政执法人员在监督检查时发现生产经营单位存在事故隐患的,应当按照下列规定采取现场处理措施:

(一)能够立即排除的,应当责令立即排除;

(二)重大事故隐患排除前或者排除过程中无法保证安全的,应当责令从危险区域撤出作业人员,并责令暂时停产停业、停止建设、停止施工或者停止使用相关设施、设备,限期排除隐患。

隐患排除后,经安全监管监察部门审查同意,方可恢复生产经营和使用。

本条第一款第(二)项规定的责令暂时停产停业、停止建设、停止施工或者停止使用相关设施、设备的期限一般不超过6个月;法律、行政法规另有规定的,依照其规定。

第十五条 对有根据认为不符合安全生产的国家标准或者行业标准的在用设施、设备、器材,违法生产、储存、使用、经营、运输的危险物品,以及违法生产、储存、使用、经营危险物品的作业场所,安全监管监察部门应当依照《行政强制法》的规定予以查封或者扣押。查封或者扣押的期限不得超过30日,情况复杂的,经安全监管监察部门负责人批准,最多可以延长30日,并在查封或者扣押期限内作出处理决定:

(一)对违法事实清楚、依法应当没收的非法财物予以没收;

(二)法律、行政法规规定应当销毁的,依法销毁;

(三)法律、行政法规规定应当解除查封、扣押的,作出解除查封、扣押的决定。

实施查封、扣押,应当制作并当场交付查封、扣押决定书和清单。

第十六条 安全监管监察部门依法对存在重大事故隐患的生产经营单位作出停产停业、停止施工、停止使用相关设施、设备的决定,生产经营单位应当依法执行,及时消除事故隐患。生产经营单位拒不执行,有发生生产安全事故的现实危险的,在保证安全的前提下,经本部门主要负责人批准,安全监管监察部门可以采取通知有关单位停止供电、停止供应民用爆炸物品等措施,强制生产经营单位履行决定。通知应当采用书面形式,有关单位应当予以配合。

安全监管监察部门依照前款规定采取停止供电措施,除有危及生产安全的紧急情形外,应当提前24小时通知生产经营单位。生产经营单位依法履行行政决定、采取相应措施消除事故隐患的,安全监管监察部门应当及时解除前款规定的措施。

第十七条 生产经营单位被责令限期改正或者限期进行隐患排除治理的,应当在规定限期内完成。因不可抗力无法在规定限期内完成的,应当在进行整改或者治理的同时,于限期届满前10日内提出书面延期申请,安全监管监察部门应当在收到申请之日起5日内书面答复是否准予延期。

生产经营单位提出复查申请或者整改、治理限期届满的,安全监管监察部门应当自申请或者限期届满之日起10日内进行复查,填写复查意见书,由被复查单位和安全监管监察部门复查人员签名后存档。逾期未整改、未治理或者整改、治理不合格的,安全监管监察部门应当依法给予行政处罚。

第十八条 安全监管监察部门在作出行政处罚决定前,应当填写行政处罚告知书,告知当事人作出行政处罚决定的事实、理由、依据,以及当事人依法享有的权利,并送达当事人。当事人应当在收到行政处罚告知书之日起3日内进行陈述、申辩,或者依法提出听证要求,逾期视为放弃上述权利。

第十九条 安全监管监察部门应当充分听取当事人的陈述和申辩,对当事人提出的事实、理由和证据,应当进行复核;当事人提出的事实、理由和证据成立的,安全监管监察部门应当采纳。

安全监管监察部门不得因当事人陈述或者申辩而加重处罚。

第二十条 安全监管监察部门对安全生产违法行为实施行政处罚,应当符合法定程序,制作行政执法文书。

第一节 简易程序

第二十一条 违法事实确凿并有法定依据,对个人处以50元以下罚款、对生产经营单位处以1000元以下罚款或者警告的行政处罚的,安全生产行政执法人员可以当场作出行政处罚决定。

第二十二条 安全生产行政执法人员当场作出行政处罚决定,应当填写预定格式、编有号码的行政处罚决定书并当场交付当事人。

安全生产行政执法人员当场作出行政处罚决定后应当及时报告,并在5日内报所属安全监管监察部门备案。

第二节 一般程序

第二十三条 除依照简易程序当场作出的行政处罚外,安全监管监察部门发现生产经营单位及其有关人员有应当给予行政处罚的行为的,应当予以立案,填写立案审批表,并全面、客观、公正地进行调查,收集有关证据。对确需立即查处的安全生产违法行为,可以先行调查取证,并在5日内补办立案手续。

第二十四条 对已经立案的案件,由立案审批人指定两名或者两名以上安全生产行政执法人员进行调查。

有下列情形之一的,承办案件的安全生产行政执法人员应当回避:

(一)本人是本案的当事人或者当事人的近亲属的;

(二)本人或者其近亲属与本案有利害关系的;

(三)与本人有其他利害关系,可能影响案件的公正处理的。

安全生产行政执法人员的回避,由派出其进行调查的安全监管监察部门的负责人决定。进行调查的安全监管监察部门负责人的回避,由该部门负责人集体讨论决定。回避决定作出之前,承办案件的安全生产行政执法人员不得擅自停止对案件的调查。

第二十五条 进行案件调查时,安全生产行政执法人员不得少于两名。当事人或者有关人员应当如实回答安全生产行政执法人员的询问,并协助调查或者检查,不得拒绝、阻挠或者提供虚假情况。

询问或者检查应当制作笔录。笔录应当记载时间、地点、询问和检查情况,并由被询问人、被检查单位和安全生产行政执法人员签名或者盖章;被询问人、被检查单位要求补正的,应当允许。被询问人或者被检查单位拒绝签名或者盖章的,安全生产行政执法人员应当在笔录上注明原因并签名。

第二十六条 安全生产行政执法人员应当收集、调取与案件有关的原始凭证作为证据。调取原始凭证确有困难的,可以复制,复制件应当注明"经核对与原件无异"的字样和原始凭证存放的单位及其处所,并由出具证据的人员签名或者单位盖章。

第二十七条 安全生产行政执法人员在收集证据时,可以采取抽样取证的方法;在证据可能灭失或者以后难以取得的情况下,经本单位负责人批准,可以先行登记保存,并应当在7日内作出处理决定:

(一)违法事实成立依法应当没收的,作出行政处罚决定,予以没收;依法应当扣留或者封存的,予以扣留或者封存;

(二)违法事实不成立,或者依法不应当予以没收、扣留、封存的,解除登记保存。

第二十八条 安全生产行政执法人员对与案件有关的物品、场所进行勘验检查时,应当通知当事人到场,制作勘验笔录,并由当事人核对无误后签名或者盖章。当事人拒绝到场的,可以邀请在场的其他人员作证,并在勘验笔录中注明原因并签名;也可以采用录音、录像等方式记录有关物品、场所的情况后,再进行勘验检查。

第二十九条 案件调查终结后,负责承办案件的安全生产行政执法人员应当填写案件处理呈批表,连同有关证据材料一并报本部门负责人审批。

安全监管监察部门负责人应当及时对案件调查结果进行审查,根据不同情况,分别作出以下决定:

(一)确有应受行政处罚的违法行为的,根据情节轻重及具体情况,作出行政处罚决定;

(二)违法行为轻微,依法可以不予行政处罚的,不予行政处罚;

(三)违法事实不能成立,不得给予行政处罚;

(四)违法行为涉嫌犯罪的,移送司法机关处理。

对严重安全生产违法行为给予责令停产停业整顿、责令停产停业、责令停止建设、责令停止施工、吊销有关许可证、撤销有关执业资格或者岗位证书、5万元以上罚款、没收违法所得、没收非法开采的煤炭产品或者采掘设备价值5万元以上的行政处罚的,应当由安全监管监察部门的负责人集体讨论决定。

第三十条 安全监管监察部门依照本办法第二十九条的规定给予行政处罚,应当制作行政处罚决定书。行政处罚决定书应当载明下列事项:

(一)当事人的姓名或者名称、地址或者住址;

(二)违法事实和证据;

(三)行政处罚的种类和依据;

(四)行政处罚的履行方式和期限;

(五)不服行政处罚决定,申请行政复议或者提起行政诉讼的途径和期限;

(六)作出行政处罚决定的安全监管监察部门的名

称和作出决定的日期。

行政处罚决定书必须盖有作出行政处罚决定的安全监管监察部门的印章。

第三十一条 行政处罚决定书应当在宣告后当场交付当事人；当事人不在场的，安全监管监察部门应当在7日内依照民事诉讼法的有关规定，将行政处罚决定书送达当事人或者其他的法定受送达人：

（一）送达必须有送达回执，由受送达人在送达回执上注明收到日期，签名或者盖章；

（二）送达应当直接送交受送达人。受送达人是个人的，本人不在交他的同住成年家属签收，并在行政处罚决定书送达回执的备注栏内注明与受送达人的关系；

（三）受送达人是法人或者其他组织的，应当由法人的法定代表人、其他组织的主要负责人或者该法人、组织负责收件的人签收；

（四）受送达人指定代收人的，交代收人签收并注明受当事人委托的情况；

（五）直接送达确有困难的，可以挂号邮寄送达，也可以委托当地安全监管监察部门代为送达，代为送达的安全监管监察部门收到文书后，必须立即交受送达人签收；

（六）当事人或者他的同住成年家属拒绝接收的，送达人应当邀请有关基层组织或者所在单位的代表到场，说明情况，在行政处罚决定书送达回执上记明拒收的事由和日期，由送达人、见证人签名或者盖章，把行政处罚决定书留在受送达人的住所；也可以把行政处罚决定书留在受送达人的住所，并采用拍照、录像等方式记录送达过程，即视为送达；

（七）受送达人下落不明，或者用以上方式无法送达的，可以公告送达，自公告发布之日起经过60日，即视为送达。公告送达，应当在案卷中注明原因和经过。

安全监管监察部门送达其他行政处罚执法文书，按照前款规定办理。

第三十二条 行政处罚案件应当自立案之日起30日内作出行政处罚决定；由于客观原因不能完成的，经安全监管监察部门负责人同意，可以延长，但不得超过90日；特殊情况需进一步延长的，应当经上一级安全监管监察部门批准，可延长至180日。

第三节 听证程序

第三十三条 安全监管监察部门作出责令停产停业整顿、责令停产停业、吊销有关许可证、撤销有关执业资格、岗位证书或者较大数额罚款的行政处罚决定之前，应当告知当事人有要求举行听证的权利；当事人要求听证的，安全监管监察部门应当组织听证，不得向当事人收取听证费用。

前款所称较大数额罚款，为省、自治区、直辖市人大常委会或者人民政府规定的数额；没有规定数额的，其数额对个人罚款为2万元以上，对生产经营单位罚款为5万元以上。

第三十四条 当事人要求听证的，应当在安全监管监察部门依照本办法第十八条规定告知后3日内以书面方式提出。

第三十五条 当事人提出听证要求后，安全监管监察部门应当在收到书面申请之日起15日内举行听证会，并在举行听证会的7日前，通知当事人举行听证的时间、地点。

当事人应当按期参加听证。当事人有正当理由要求延期的，经组织听证的安全监管监察部门负责人批准可以延期1次；当事人未按期参加听证，并且未事先说明理由的，视为放弃听证权利。

第三十六条 听证参加人由听证主持人、听证员、案件调查人员、当事人及其委托代理人、书记员组成。

听证主持人、听证员、书记员应当由组织听证的安全监管监察部门负责人指定的非本案调查人员担任。

当事人可以委托1至2名代理人参加听证，并提交委托书。

第三十七条 除涉及国家秘密、商业秘密或者个人隐私外，听证应当公开举行。

第三十八条 当事人在听证中的权利和义务：

（一）有权对案件涉及的事实、适用法律及有关情况进行陈述和申辩；

（二）有权对案件调查人员提出的证据质证并提出新的证据；

（三）如实回答主持人的提问；

（四）遵守听证会场纪律，服从听证主持人指挥。

第三十九条 听证按照下列程序进行：

（一）书记员宣布听证会场纪律、当事人的权利和义务。听证主持人宣布案由，核实听证参加人名单，宣布听证开始；

（二）案件调查人员提出当事人的违法事实、出示证据，说明拟作出的行政处罚的内容及法律依据；

（三）当事人或者其委托代理人对案件的事实、证据、适用的法律等进行陈述和申辩，提交新的证据材料；

（四）听证主持人就案件的有关问题向当事人、案件调查人员、证人询问；

（五）案件调查人员、当事人或者其委托代理人相互辩论；

（六）当事人或者其委托代理人作最后陈述；

（七）听证主持人宣布听证结束。

听证笔录应当当场交当事人核对无误后签名或者盖章。

第四十条　有下列情形之一的，应当中止听证：

（一）需要重新调查取证的；

（二）需要通知新证人到场作证的；

（三）因不可抗力无法继续进行听证的。

第四十一条　有下列情形之一的，应当终止听证：

（一）当事人撤回听证要求的；

（二）当事人无正当理由不按时参加听证的；

（三）拟作出的行政处罚决定已经变更，不适用听证程序的。

第四十二条　听证结束后，听证主持人应当依据听证情况，填写听证会报告书，提出处理意见并附听证笔录报安全监管监察部门负责人审查。安全监管监察部门依照本办法第二十九条的规定作出决定。

第四章　行政处罚的适用

第四十三条　生产经营单位的决策机构、主要负责人、个人经营的投资人（包括实际控制人，下同）未依法保证下列安全生产所必需的资金投入之一，致使生产经营单位不具备安全生产条件的，责令限期改正，提供必需的资金，可以对生产经营单位处1万元以上3万元以下罚款，对生产经营单位的主要负责人、个人经营的投资人处5000元以上1万元以下罚款；逾期未改正的，责令生产经营单位停产停业整顿：

（一）提取或者使用安全生产费用；

（二）用于配备劳动防护用品的经费；

（三）用于安全生产教育和培训的经费；

（四）国家规定的其他安全生产所必须的资金投入。

生产经营单位主要负责人、个人经营的投资人有前款违法行为，导致发生生产安全事故的，依照《生产安全事故罚款处罚规定（试行）》的规定给予处罚。

第四十四条　生产经营单位的主要负责人未依法履行安全生产管理职责，导致生产安全事故发生的，依照《生产安全事故罚款处罚规定（试行）》的规定给予处罚。

第四十五条　生产经营单位及其主要负责人或者其他人员有下列行为之一的，给予警告，并可以对生产经营单位处1万元以上3万元以下罚款，对其主要负责人、其他有关人员处1000元以上1万元以下的罚款：

（一）违反操作规程或者安全管理规定作业的；

（二）违章指挥从业人员或者强令从业人员违章、冒险作业的；

（三）发现从业人员违章作业不加制止的；

（四）超过核定的生产能力、强度或者定员进行生产的；

（五）对被查封或者扣押的设施、设备、器材、危险物品和作业场所，擅自启封或者使用的；

（六）故意提供虚假情况或者隐瞒存在的事故隐患以及其他安全问题的；

（七）拒不执行安全监管监察部门依法下达的安全监管监察指令的。

第四十六条　危险物品的生产、经营、储存单位以及矿山、金属冶炼单位有下列行为之一的，责令改正，并可以处1万元以上3万元以下的罚款：

（一）未建立应急救援组织或者生产经营规模较小、未指定兼职应急救援人员的；

（二）未配备必要的应急救援器材、设备和物资，并进行经常性维护、保养，保证正常运转的。

第四十七条　生产经营单位与从业人员订立协议，免除或者减轻其对从业人员因生产安全事故伤亡依法应承担的责任的，该协议无效；对生产经营单位的主要负责人、个人经营的投资人按照下列规定处以罚款：

（一）在协议中减轻因生产安全事故伤亡对从业人员依法应承担的责任的，处2万元以上5万元以下的罚款；

（二）在协议中免除因生产安全事故伤亡对从业人员依法应承担的责任的，处5万元以上10万元以下的罚款。

第四十八条　生产经营单位不具备法律、行政法规和国家标准、行业标准规定的安全生产条件，经责令停产停业整顿仍不具备安全生产条件的，安全监管监察部门应当提请有管辖权的人民政府予以关闭；人民政府决定关闭的，安全监管监察部门应当依法吊销其有关许可证。

第四十九条　生产经营单位转让安全生产许可证的，没收违法所得，吊销安全生产许可证，并按照下列规定处以罚款：

（一）接受转让的单位和个人未发生生产安全事故的，处10万元以上30万元以下的罚款；

（二）接受转让的单位和个人发生生产安全事故但没有造成人员死亡的，处30万元以上40万元以下的罚款；

（三）接受转让的单位和个人发生人员死亡生产安全事故的，处40万元以上50万元以下的罚款。

第五十条 知道或者应当知道生产经营单位未取得安全生产许可证或者其他批准文件擅自从事生产经营活动，仍为其提供生产经营场所、运输、保管、仓储等条件的，责令立即停止违法行为，有违法所得的，没收违法所得，并处违法所得1倍以上3倍以下的罚款，但是最高不得超过3万元；没有违法所得的，并处5000元以上1万元以下的罚款。

第五十一条 生产经营单位及其有关人员弄虚作假，骗取或者勾结、串通行政审批工作人员取得安全生产许可证书及其他批准文件的，撤销许可及批准文件，并按照下列规定处以罚款：

（一）生产经营单位有违法所得的，没收违法所得，并处违法所得1倍以上3倍以下的罚款，但是最高不得超过3万元；没有违法所得的，并处5000元以上1万元以下的罚款；

（二）对有关人员处1000元以上1万元以下的罚款。

有前款规定违法行为的生产经营单位及其有关人员在3年内不得再次申请该行政许可。

生产经营单位及其有关人员未依法办理安全生产许可证书变更手续的，责令限期改正，并对生产经营单位处1万元以上3万元以下的罚款，对有关人员处1000元以上5000元以下的罚款。

第五十二条 未取得相应资格、资质证书的机构及其有关人员从事安全评价、认证、检测、检验工作，责令停止违法行为，并按照下列规定处以罚款：

（一）机构有违法所得的，没收违法所得，并处违法所得1倍以上3倍以下的罚款，但是最高不得超过3万元；没有违法所得的，并处5000元以上1万元以下的罚款；

（二）有关人员处5000元以上1万元以下的罚款。

第五十三条 生产经营单位及其有关人员触犯不同的法律规定，有两个以上应当给予行政处罚的安全生产违法行为的，安全监管监察部门应当适用不同的法律规定，分别裁量，合并处罚。

第五十四条 对同一生产经营单位及其有关人员的同一安全生产违法行为，不得给予两次以上罚款的行政处罚。

第五十五条 生产经营单位及其有关人员有下列情形之一的，应当从重处罚：

（一）危及公共安全或者其他生产经营单位安全的，经责令限期改正，逾期未改正的；

（二）一年内因同一违法行为受到两次以上行政处罚的；

（三）拒不整改或者整改不力，其违法行为呈持续状态的；

（四）拒绝、阻碍或者以暴力威胁行政执法人员的。

第五十六条 生产经营单位及其有关人员有下列情形之一的，应当依法从轻或者减轻行政处罚：

（一）已满14周岁不满18周岁的公民实施安全生产违法行为的；

（二）主动消除或者减轻安全生产违法行为危害后果的；

（三）受他人胁迫实施安全生产违法行为的；

（四）配合安全监管监察部门查处安全生产违法行为，有立功表现的；

（五）主动投案，向安全监管监察部门如实交待自己的违法行为的；

（六）具有法律、行政法规规定的其他从轻或者减轻处罚情形的。

有从轻处罚情节的，应当在法定处罚幅度的中档以下确定行政处罚标准，但不得低于法定处罚幅度的下限。

本条第一款第（四）项所称的立功表现，是指当事人有揭发他人安全生产违法行为，并经查证属实；或者提供查处其他安全生产违法行为的重要线索，并经查证属实；或者阻止他人实施安全生产违法行为；或者协助司法机关抓捕其他违法犯罪嫌疑人的行为。

安全生产违法行为轻微并及时纠正，没有造成危害后果的，不予行政处罚。

第五章 行政处罚的执行和备案

第五十七条 安全监管监察部门实施行政处罚时，应当同时责令生产经营单位及其有关人员停止、改正或者限期改正违法行为。

第五十八条 本办法所称的违法所得，按照下列规定计算：

（一）生产、加工产品的，以生产、加工产品的销售收入作为违法所得；

（二）销售商品的，以销售收入作为违法所得；

（三）提供安全生产中介、租赁等服务的，以服务收入或者报酬作为违法所得；

（四）销售收入无法计算的，按当地同类同等规模的生产经营单位的平均销售收入计算；

（五）服务收入、报酬无法计算的，按照当地同行业同种服务的平均收入或者报酬计算。

第五十九条　行政处罚决定依法作出后，当事人应当在行政处罚决定的期限内，予以履行；当事人逾期不履行的，作出行政处罚决定的安全监管监察部门可以采取下列措施：

（一）到期不缴纳罚款的，每日按罚款数额的3%加处罚款，但不得超过罚款数额；

（二）根据法律规定，将查封、扣押的设施、设备、器材拍卖所得价款抵缴罚款；

（三）申请人民法院强制执行。

当事人对行政处罚决定不服申请行政复议或者提起行政诉讼的，行政处罚不停止执行，法律另有规定的除外。

第六十条　安全生产行政执法人员当场收缴罚款的，应当出具省、自治区、直辖市财政部门统一制发的罚款收据；当场收缴的罚款，应当自收缴罚款之日起2日内，交至所属安全监管监察部门；安全监管监察部门应当在2日内将罚款缴付指定的银行。

第六十一条　除依法应当予以销毁的物品外，需要将查封、扣押的设施、设备、器材和危险物品拍卖抵缴罚款的，依照法律或者国家有关规定处理。销毁物品，依照国家有关规定处理；没有规定的，经县级以上安全监管监察部门负责人批准，由两名以上安全生产行政执法人员监督销毁，并制作销毁记录。处理物品，应当制作清单。

第六十二条　罚款、没收违法所得的款项和没收非法开采的煤炭产品、采掘设备，必须按照有关规定上缴，任何单位和个人不得截留、私分或者变相私分。

第六十三条　县级安全生产监督管理部门处以5万元以上罚款、没收违法所得、没收非法生产的煤炭产品或者采掘设备价值5万元以上、责令停产停业、停止建设、停止施工、停产停业整顿、吊销有关资格、岗位证书或者许可证的行政处罚的，应当自作出行政处罚决定之日起10日内报设区的市级安全生产监督管理部门备案。

第六十四条　设区的市级安全生产监管监察部门处以10万元以上罚款、没收违法所得、没收非法生产的煤炭产品或者采掘设备价值10万元以上、责令停产停业、停止建设、停止施工、停产停业整顿、吊销有关资格、岗位证书或者许可证的行政处罚的，应当自作出行政处罚决定之日起10日内报省级安全监管监察部门备案。

第六十五条　省级安全监管监察部门处以50万元以上罚款、没收违法所得、没收非法生产的煤炭产品或者采掘设备价值50万元以上、责令停产停业、停止建设、停止施工、停产停业整顿、吊销有关资格、岗位证书或者许可证的行政处罚的，应当自作出行政处罚决定之日起10日内报国家安全生产监督管理总局或者国家煤矿安全监察局备案。

对上级安全监管监察部门交办案件给予行政处罚的，由决定行政处罚的安全监管监察部门自作出行政处罚决定之日起10日内报上级安全监管监察部门备案。

第六十六条　行政处罚执行完毕后，案件材料应当按照有关规定立卷归档。

案卷立案归档后，任何单位和个人不得擅自增加、抽取、涂改和销毁案卷材料。未经安全监管监察部门负责人批准，任何单位和个人不得借阅案卷。

第六章　附　则

第六十七条　安全生产监督管理部门所用的行政处罚文书式样，由国家安全生产监督管理总局统一制定。

煤矿安全监察机构所用的行政处罚文书式样，由国家煤矿安全监察局统一制定。

第六十八条　本办法所称的生产经营单位，是指合法和非法从事生产或者经营活动的基本单元，包括企业法人、不具备企业法人资格的合伙组织、个体工商户和自然人等生产经营主体。

第六十九条　本办法自2008年1月1日起施行。原国家安全生产监督管理局（国家煤矿安全监察局）2003年5月19日公布的《安全生产违法行为行政处罚办法》、2001年4月27日公布的《煤矿安全监察程序暂行规定》同时废止。

生产安全事故罚款处罚规定

·2024年1月10日应急管理部令第14号公布
·自2024年3月1日起施行

第一条　为防止和减少生产安全事故，严格追究生产安全事故发生单位及其有关责任人员的法律责任，正确适用事故罚款的行政处罚，依照《中华人民共和国行政处罚法》《中华人民共和国安全生产法》《生产安全事故报告和调查处理条例》等规定，制定本规定。

第二条　应急管理部门和矿山安全监察机构对生产安全事故发生单位（以下简称事故发生单位）及其主要负责人、其他负责人、安全生产管理人员以及直接负责的主管人员、其他直接责任人员等有关责任人员依照《中华人民共和国安全生产法》和《生产安全事故报告和调查处理条例》实施罚款的行政处罚，适用本规定。

第三条 本规定所称事故发生单位是指对事故发生负有责任的生产经营单位。

本规定所称主要负责人是指有限责任公司、股份有限公司的董事长、总经理或者个人经营的投资人,其他生产经营单位的厂长、经理、矿长(含实际控制人)等人员。

第四条 本规定所称事故发生单位主要负责人、其他负责人、安全生产管理人员以及直接负责的主管人员、其他直接责任人员的上一年年收入,属于国有生产经营单位的,是指该单位上级主管部门所确定的上一年年收入总额;属于非国有生产经营单位的,是指经财务、税务部门核定的上一年年收入总额。

生产经营单位提供虚假资料或者由于财务、税务部门无法核定等原因致使有关人员的上一年年收入难以确定的,按照下列办法确定:

(一)主要负责人的上一年年收入,按照本省、自治区、直辖市上一年度城镇单位就业人员平均工资的5倍以上10倍以下计算;

(二)其他负责人、安全生产管理人员以及直接负责的主管人员、其他直接责任人员的上一年年收入,按照本省、自治区、直辖市上一年度城镇单位就业人员平均工资的1倍以上5倍以下计算。

第五条 《生产安全事故报告和调查处理条例》所称的迟报、漏报、谎报和瞒报,依照下列情形认定:

(一)报告事故的时间超过规定时限的,属于迟报;

(二)因过失对应当上报的事故或者事故发生的时间、地点、类别、伤亡人数、直接经济损失等内容遗漏未报的,属于漏报;

(三)故意不如实报告事故发生的时间、地点、初步原因、性质、伤亡人数和涉险人数、直接经济损失等有关内容的,属于谎报;

(四)隐瞒已经发生的事故,超过规定时限未向应急管理部门、矿山安全监察机构和有关部门报告,经查证属实的,属于瞒报。

第六条 对事故发生单位及其有关责任人员处以罚款的行政处罚,依照下列规定决定:

(一)对发生特别重大事故的单位及其有关责任人员罚款的行政处罚,由应急管理部决定;

(二)对发生重大事故的单位及其有关责任人员罚款的行政处罚,由省级人民政府应急管理部门决定;

(三)对发生较大事故的单位及其有关责任人员罚款的行政处罚,由设区的市级人民政府应急管理部门决定;

(四)对发生一般事故的单位及其有关责任人员罚款的行政处罚,由县级人民政府应急管理部门决定。

上级应急管理部门可以指定下一级应急管理部门对事故发生单位及其有关责任人员实施行政处罚。

第七条 对煤矿事故发生单位及其有关责任人员处以罚款的行政处罚,依照下列规定执行:

(一)对发生特别重大事故的煤矿及其有关责任人员罚款的行政处罚,由国家矿山安全监察局决定;

(二)对发生重大事故、较大事故和一般事故的煤矿及其有关责任人员罚款的行政处罚,由国家矿山安全监察局省级局决定。

上级矿山安全监察机构可以指定下一级矿山安全监察机构对事故发生单位及其有关责任人员实施行政处罚。

第八条 特别重大事故以下等级事故,事故发生地与事故发生单位所在地不在同一个县级以上行政区域的,由事故发生地的应急管理部门或者矿山安全监察机构依照本规定第六条或者第七条规定的权限实施行政处罚。

第九条 应急管理部门和矿山安全监察机构对事故发生单位及其有关责任人员实施罚款的行政处罚,依照《中华人民共和国行政处罚法》《安全生产违法行为行政处罚办法》等规定的程序执行。

第十条 应急管理部门和矿山安全监察机构在作出行政处罚前,应当告知当事人依法享有的陈述、申辩、要求听证等权利;当事人对行政处罚不服的,有权依法申请行政复议或者提起行政诉讼。

第十一条 事故发生单位主要负责人有《中华人民共和国安全生产法》第一百一十条、《生产安全事故报告和调查处理条例》第三十五条、第三十六条规定的下列行为之一的,依照下列规定处以罚款:

(一)事故发生单位主要负责人在事故发生后不立即组织事故抢救,或者在事故调查处理期间擅离职守,或者瞒报、谎报、迟报事故,或者事故发生后逃匿的,处上一年年收入60%至80%的罚款;贻误事故抢救或者造成事故扩大或者影响事故调查或者造成重大社会影响的,处上一年年收入80%至100%的罚款;

(二)事故发生单位主要负责人漏报事故的,处上一年年收入40%至60%的罚款;贻误事故抢救或者造成事故扩大或者影响事故调查或者造成重大社会影响的,处上一年年收入60%至80%的罚款;

(三)事故发生单位主要负责人伪造、故意破坏事故现场，或者转移、隐匿资金、财产、销毁有关证据、资料，或者拒绝接受调查，或者拒绝提供有关情况和资料，或者在事故调查中作伪证，或者指使他人作伪证的，处上一年年收入60%至80%的罚款；贻误事故抢救或者造成事故扩大或者影响事故调查或者造成重大社会影响的，处上一年年收入80%至100%的罚款。

第十二条　事故发生单位直接负责的主管人员和其他直接责任人员有《生产安全事故报告和调查处理条例》第三十六条规定的行为之一的，处上一年年收入60%至80%的罚款；贻误事故抢救或者造成事故扩大或者影响事故调查或者造成重大社会影响的，处上一年年收入80%至100%的罚款。

第十三条　事故发生单位有《生产安全事故报告和调查处理条例》第三十六条第一项至第五项规定的行为之一的，依照下列规定处以罚款：

（一）发生一般事故的，处100万元以上150万元以下的罚款；

（二）发生较大事故的，处150万元以上200万元以下的罚款；

（三）发生重大事故的，处200万元以上250万元以下的罚款；

（四）发生特别重大事故的，处250万元以上300万元以下的罚款。

事故发生单位有《生产安全事故报告和调查处理条例》第三十六条第一项至第五项规定的行为之一的，贻误事故抢救或者造成事故扩大或者影响事故调查或者造成重大社会影响的，依照下列规定处以罚款：

（一）发生一般事故的，处300万元以上350万元以下的罚款；

（二）发生较大事故的，处350万元以上400万元以下的罚款；

（三）发生重大事故的，处400万元以上450万元以下的罚款；

（四）发生特别重大事故的，处450万元以上500万元以下的罚款。

第十四条　事故发生单位对一般事故负有责任的，依照下列规定处以罚款：

（一）造成3人以下重伤（包括急性工业中毒，下同），或者300万元以下直接经济损失的，处30万元以上50万元以下的罚款；

（二）造成1人死亡，或者3人以上6人以下重伤，或者300万元以上500万元以下直接经济损失的，处50万元以上70万元以下的罚款；

（三）造成2人死亡，或者6人以上10人以下重伤，或者500万元以上1000万元以下直接经济损失的，处70万元以上100万元以下的罚款。

第十五条　事故发生单位对较大事故发生负有责任的，依照下列规定处以罚款：

（一）造成3人以上5人以下死亡，或者10人以上20人以下重伤，或者1000万元以上2000万元以下直接经济损失的，处100万元以上120万元以下的罚款；

（二）造成5人以上7人以下死亡，或者20人以上30人以下重伤，或者2000万元以上3000万元以下直接经济损失的，处120万元以上150万元以下的罚款；

（三）造成7人以上10人以下死亡，或者30人以上50人以下重伤，或者3000万元以上5000万元以下直接经济损失的，处150万元以上200万元以下的罚款。

第十六条　事故发生单位对重大事故发生负有责任的，依照下列规定处以罚款：

（一）造成10人以上13人以下死亡，或者50人以上60人以下重伤，或者5000万元以上6000万元以下直接经济损失的，处200万元以上400万元以下的罚款；

（二）造成13人以上15人以下死亡，或者60人以上70人以下重伤，或者6000万元以上7000万元以下直接经济损失的，处400万元以上600万元以下的罚款；

（三）造成15人以上30人以下死亡，或者70人以上100人以下重伤，或者7000万元以上1亿元以下直接经济损失的，处600万元以上1000万元以下的罚款。

第十七条　事故发生单位对特别重大事故发生负有责任的，依照下列规定处以罚款：

（一）造成30人以上40人以下死亡，或者100人以上120人以下重伤，或者1亿元以上1.5亿元以下直接经济损失的，处1000万元以上1200万元以下的罚款；

（二）造成40人以上50人以下死亡，或者120人以上150人以下重伤，或者1.5亿元以上2亿元以下直接经济损失的，处1200万元以上1500万元以下的罚款；

（三）造成50人以上死亡，或者150人以上重伤，或者2亿元以上直接经济损失的，处1500万元以上2000万元以下的罚款。

第十八条　发生生产安全事故，有下列情形之一的，属于《中华人民共和国安全生产法》第一百一十四条第二款规定的情节特别严重、影响特别恶劣的情形，可以按照法律规定罚款数额的2倍以上5倍以下对事故发生单位处以罚款：

（一）关闭、破坏直接关系生产安全的监控、报警、防护、救生设备、设施，或者篡改、隐瞒、销毁其相关数据、信息的；

（二）因存在重大事故隐患被依法责令停产停业、停止施工、停止使用有关设备、设施、场所或者立即采取排除危险的整改措施，而拒不执行的；

（三）涉及安全生产的事项未经依法批准或者许可，擅自从事矿山开采、金属冶炼、建筑施工，以及危险物品生产、经营、储存等高度危险的生产作业活动，或者未依法取得有关证照尚在从事生产经营活动的；

（四）拒绝、阻碍行政执法的；

（五）强令他人违章冒险作业，或者明知存在重大事故隐患而不排除，仍冒险组织作业的；

（六）其他情节特别严重、影响特别恶劣的情形。

第十九条 事故发生单位主要负责人未依法履行安全生产管理职责，导致事故发生的，依照下列规定处以罚款：

（一）发生一般事故的，处上一年年收入40%的罚款；

（二）发生较大事故的，处上一年年收入60%的罚款；

（三）发生重大事故的，处上一年年收入80%的罚款；

（四）发生特别重大事故的，处上一年年收入100%的罚款。

第二十条 事故发生单位其他负责人和安全生产管理人员未依法履行安全生产管理职责，导致事故发生的，依照下列规定处以罚款：

（一）发生一般事故的，处上一年年收入20%至30%的罚款；

（二）发生较大事故的，处上一年年收入30%至40%的罚款；

（三）发生重大事故的，处上一年年收入40%至50%的罚款；

（四）发生特别重大事故的，处上一年年收入50%的罚款。

第二十一条 个人经营的投资人未依照《中华人民共和国安全生产法》的规定保证安全生产所必需的资金投入，致使生产经营单位不具备安全生产条件，导致发生生产安全事故的，依照下列规定对个人经营的投资人处以罚款：

（一）发生一般事故的，处2万元以上5万元以下的罚款；

（二）发生较大事故的，处5万元以上10万元以下的罚款；

（三）发生重大事故的，处10万元以上15万元以下的罚款；

（四）发生特别重大事故的，处15万元以上20万元以下的罚款。

第二十二条 违反《中华人民共和国安全生产法》《生产安全事故报告和调查处理条例》和本规定，存在对事故发生负有责任以及谎报、瞒报事故等两种以上应当处以罚款的行为的，应急管理部门或者矿山安全监察机构应当分别裁量，合并作出处罚决定。

第二十三条 在事故调查中发现需要对存在违法行为的其他单位及其有关人员处以罚款的，依照相关法律、法规和规章的规定实施。

第二十四条 本规定自2024年3月1日起施行。原国家安全生产监督管理总局2007年7月12日公布，2011年9月1日第一次修正、2015年4月2日第二次修正的《生产安全事故罚款处罚规定（试行）》同时废止。

安全生产监督罚款管理暂行办法

· 2004年11月3日国家安全生产监督管理局、国家煤矿安全监察局令第15号公布

· 自公布之日起施行

第一条 为加强安全生产监督罚款管理工作，依法实施安全生产综合监督管理，根据《安全生产法》、《罚款决定与罚款收缴分离实施办法》和《财政部关于做好安全生产监督有关罚款收入管理工作的通知》等法律、法规和有关规定，制定本办法。

第二条 县级以上人民政府安全生产监督管理部门（以下简称安全生产监督管理部门）对生产经营单位及其有关人员在生产经营活动中违反安全生产的法律、行政法规、部门规章、国家标准、行业标准和规程的违法行为（以下简称安全生产违法行为）依法实施罚款，适用本办法。

第三条 安全生产监督罚款实行处罚决定与罚款收缴分离。

安全生产监督管理部门按照有关规定，对安全生产违法行为实施罚款，开具安全生产监督管理行政处罚决定书；被处罚人持安全生产监督管理部门开具的行政处罚决定书到指定的代收银行及其分支机构缴纳罚款。

罚款代收银行的确定以及会计科目的使用应严格按照财政部《罚款代收代缴管理办法》和其他有关规定办理。代收银行的代收手续费按照《财政部、中国人民银行

关于代收罚款手续费有关问题的通知》的规定执行。

第四条　罚款票据使用省、自治区、直辖市财政部门统一印制的罚款收据，并由代收银行负责管理。

安全生产监督管理部门可领取小额罚款票据，并负责管理。罚没款票据的使用，应当符合罚款票据管理暂行规定。

尚未实行银行代收的罚款，由县级以上安全生产监督管理部门统一向同级财政部门购领罚款票据，并负责本单位罚款票据的管理。

第五条　安全生产监督罚款收入纳入同级财政预算，实行"收支两条线"管理。

罚款缴库时间按照当地财政部门有关规定办理。

第六条　安全生产监督管理部门定期到代收银行索取缴款票据，据以登记统计，并和安全生产监督管理行政处罚决定书核对。

各地安全生产监督管理部门应于每季度终了后7日内将罚款统计表（格式附后〔略〕）逐级上报。各省级安全生产监督管理部门应于每半年（年）终了后15日内将罚款统计表报国家安全生产监督管理局。

第七条　安全生产监督管理部门罚款收入的缴库情况，应接受同级财政部门的检查和监督。

第八条　安全生产监督罚款应严格执行国家有关罚款收支管理的规定，对违反"收支两条线"管理的机构和个人，依照《违反行政事业性收费和罚没收入收支两条线管理规定行政处分暂行规定》追究责任。

第九条　本办法自公布之日起施行。

安全生产严重失信主体名单管理办法

· 2023年8月8日应急管理部令第11号公布

· 自2023年10月1日起施行

第一章　总　则

第一条　为了加强安全生产领域信用体系建设，规范安全生产严重失信主体名单管理，依据《中华人民共和国安全生产法》等有关法律、行政法规，制定本办法。

第二条　矿山（含尾矿库）、化工（含石油化工）、医药、危险化学品、烟花爆竹、石油开采、冶金、有色、建材、机械、轻工、纺织、烟草、商贸等行业领域生产经营单位和承担安全评价、认证、检测、检验职责的机构及其人员的安全生产严重失信名单管理适用本办法。

第三条　本办法所称安全生产严重失信（以下简称严重失信）是指有关生产经营单位和承担安全评价、认证、检测、检验职责的机构及其人员因生产安全事故或者违反安全生产法律法规，受到行政处罚，并且性质恶劣、情节严重的行为。

严重失信主体名单管理是指应急管理部门依法将严重失信的生产经营单位或者机构及其有关人员列入、移出严重失信主体名单，实施惩戒或者信用修复，并记录、共享、公示相关信息等管理活动。

第四条　国务院应急管理部门负责组织、指导全国严重失信主体名单管理工作；省级、设区的市级应急管理部门负责组织、实施并指导下一级应急管理部门严重失信主体名单管理工作。

县级以上地方应急管理部门负责本行政区域内严重失信主体名单管理工作。按照"谁处罚、谁决定、谁负责"的原则，由作出行政处罚决定的应急管理部门负责严重失信主体名单管理工作。

第五条　各级应急管理部门应当建立健全严重失信主体名单信息管理制度，加大信息保护力度。推进与其他部门间的信息共享共用，健全严重失信主体名单信息查询、应用和反馈机制，依法依规实施联合惩戒。

第二章　列入条件和管理措施

第六条　下列发生生产安全事故的生产经营单位及其有关人员应当列入严重失信主体名单：

（一）发生特别重大、重大生产安全事故的生产经营单位及其主要负责人，以及经调查认定对该事故发生负有责任，应当列入名单的其他单位和人员；

（二）12个月内累计发生2起以上较大生产安全事故的生产经营单位及其主要负责人；

（三）发生生产安全事故，情节特别严重、影响特别恶劣，依照《中华人民共和国安全生产法》第一百一十四条的规定被处以罚款数额2倍以上5倍以下罚款的生产经营单位及其主要负责人；

（四）瞒报、谎报生产安全事故的生产经营单位及其有关责任人员；

（五）发生生产安全事故后，不立即组织抢救或者在事故调查处理期间擅离职守或者逃匿的生产经营单位主要负责人。

第七条　下列未发生生产安全事故，但因安全生产违法行为，受到行政处罚的生产经营单位或者机构及其有关人员，应当列入严重失信主体名单：

（一）未依法取得安全生产相关许可或者许可被暂扣、吊销期间从事相关生产经营活动的生产经营单位及其主要负责人；

（二）承担安全评价、认证、检测、检验职责的机构及其直接责任人员租借资质、挂靠、出具虚假报告或者证书的；

（三）在应急管理部门作出行政处罚后，有执行能力拒不执行或者逃避执行的生产经营单位及其主要负责人；

（四）其他违反安全生产法律法规受到行政处罚，且性质恶劣、情节严重的。

第八条 应急管理部门对被列入严重失信主体名单的对象（以下简称被列入对象）可以采取下列管理措施：

（一）在国家有关信用信息共享平台、国家企业信用信息公示系统和部门政府网站等公示相关信息；

（二）加大执法检查频次、暂停项目审批、实施行业或者职业禁入；

（三）不适用告知承诺制等基于诚信的管理措施；

（四）取消参加应急管理部门组织的评先评优资格；

（五）在政府资金项目申请、财政支持等方面予以限制；

（六）法律、行政法规和党中央、国务院政策文件规定的其他管理措施。

第三章 列入和移出程序

第九条 应急管理部门作出列入严重失信主体名单书面决定前，应当告知当事人。告知内容应当包括列入时间、事由、依据、管理措施提示以及依法享有的权利等事项。

第十条 应急管理部门作出列入严重失信主体名单决定的，应当出具书面决定。书面决定内容应当包括市场主体名称、统一社会信用代码、有关人员姓名和有效身份证件号码、列入时间、事由、依据、管理措施提示、信用修复条件和程序、救济途径等事项。

告知、送达、异议处理等程序参照《中华人民共和国行政处罚法》有关规定执行。

第十一条 应急管理部门应当自作出列入严重失信主体名单决定后3个工作日内将相关信息录入安全生产信用信息管理系统；自作出列入严重失信主体名单决定后20个工作日内，通过国家有关信用信息共享平台、国家企业信用信息公示系统和部门政府网站等公示严重失信主体信息。

第十二条 被列入对象公示信息包括市场主体名称、登记注册地址、统一社会信用代码、有关人员姓名和有效身份证件号码、管理期限、作出决定的部门等事项。用于对社会公示的信息，应当加强对信息安全、个人隐私和商业秘密的保护。

第十三条 严重失信主体名单管理期限为3年。管理期满后由作出列入严重失信主体名单决定的应急管理部门负责移出，并停止公示和解除管理措施。

被列入对象自列入严重失信主体名单之日起满12个月，可以申请提前移出。依照法律、行政法规或者国务院规定实施职业或者行业禁入期限尚未届满的不予提前移出。

第十四条 在作出移出严重失信主体名单决定后3个工作日内，负责移出的应急管理部门应当在安全生产信用信息管理系统修改有关信息，并在10个工作日内停止公示和解除管理措施。

第十五条 列入严重失信主体名单的依据发生变化的，应急管理部门应当重新进行审核认定。不符合列入严重失信主体名单情形的，作出列入决定的应急管理部门应当撤销列入决定，立即将当事人移出严重失信主体名单并停止公示和解除管理措施。

第十六条 被列入对象对列入决定不服的，可以依法申请行政复议或者提起行政诉讼。

第四章 信用修复

第十七条 鼓励被列入对象进行信用修复，纠正失信行为、消除不良影响。符合信用修复条件的，应急管理部门应当按照有关规定将其移出严重失信主体名单并解除管理措施。

第十八条 被列入对象列入严重失信主体名单满12个月并符合下列条件的，可以向作出列入决定的应急管理部门提出提前移出申请：

（一）已经履行行政处罚决定中规定的义务；

（二）已经主动消除危害后果或者不良影响；

（三）未再发生本办法第六条、第七条规定的严重失信行为。

第十九条 被列入对象申请提前移出严重失信主体名单的，应当向作出列入决定的应急管理部门提出申请。申请材料包括申请书和本办法第十八条规定的相关证明材料。

应急管理部门应当在收到提前移出严重失信主体名单申请后5个工作日内作出是否受理的决定。申请材料齐全、符合条件的，应当予以受理。

第二十条 应急管理部门自受理提前移出严重失信主体名单申请之日起20个工作日内进行核实，决定是否准予提前移出。制作决定书并按照有关规定送达被列入对象；不予提前移出的，应当说明理由。

设区的市级、县级应急管理部门作出准予提前移出严重失信主体名单决定的,应当通过安全生产信用信息管理系统报告上一级应急管理部门。

第二十一条　应急管理部门发现被列入对象申请提前移出严重失信主体名单存在隐瞒真实情况、弄虚作假情形的,应当撤销提前移出决定,恢复列入状态。名单管理期自恢复列入状态之日起重新计算。

第二十二条　被列入对象对不予提前移出决定不服的,可以依法申请行政复议或者提起行政诉讼。

第五章　附　则

第二十三条　法律、行政法规和党中央、国务院政策文件对严重失信主体名单管理另有规定的,依照其规定执行。

第二十四条　矿山安全监察机构对严重失信主体名单的管理工作可以参照本办法执行。

第二十五条　本办法自2023年10月1日起施行。《国家安全监管总局关于印发〈对安全生产领域失信行为开展联合惩戒的实施办法〉的通知》(安监总办〔2017〕49号)、《国家安全监管总局办公厅关于进一步加强安全生产领域失信行为信息管理工作的通知》(安监总厅〔2017〕59号)同时废止。

安全生产监管监察部门信息公开办法

· 2012年9月21日国家安全生产监督管理总局令第56号公布

· 自2012年11月1日起施行

第一章　总　则

第一条　为了深化政务公开,加强政务服务,保障公民、法人和其他组织依法获取安全生产监管监察部门信息,促进依法行政,依据《中华人民共和国政府信息公开条例》(以下简称《政府信息公开条例》)和有关法律、行政法规的规定,制定本办法。

第二条　安全生产监督管理部门、煤矿安全监察机构(以下统称安全生产监管监察部门)公开本部门信息,适用本办法。

第三条　本办法所称安全生产监管监察部门信息(以下简称信息),是指安全生产监管监察部门在依法履行安全生产监管监察职责过程中,制作或者获取的,以一定形式记录、保存的信息。

第四条　安全生产监管监察部门应当加强对信息公开工作的组织领导,建立健全安全生产政府信息公开制度。

第五条　安全生产监管监察部门应当指定专门机构负责本部门信息公开的日常工作,具体职责是:

(一)组织制定本部门信息公开的制度;

(二)组织编制本部门信息公开指南、公开目录和公开工作年度报告;

(三)组织、协调本部门内设机构的信息公开工作;

(四)组织维护和更新本部门已经公开的信息;

(五)统一受理和答复向本部门提出的信息公开申请;

(六)负责对拟公开信息的保密审查工作进行程序审核;

(七)本部门规定与信息公开有关的其他职责。

安全生产监管监察部门的其他内设机构应当依照本办法的规定,负责审核并主动公开本机构有关信息,并配合协助前款规定的专门机构做好本部门信息公开工作。

第六条　安全生产监管监察部门应当依据有关法律、行政法规的规定加强对信息公开工作的保密审查,确保国家秘密信息安全。

第七条　安全生产监管监察部门负责行政监察的机构应当加强对本部门信息公开工作的监督检查。

第八条　安全生产监管监察部门应当建立健全信息公开的协调机制。安全生产监管监察部门拟发布的信息涉及其他行政机关或者与其他行政机关联合制作的,应当由负责发布信息的内设机构与其他行政机关进行沟通、确认,确保信息发布及时、准确。

安全生产监管监察部门拟发布的信息依照国家有关规定需要批准的,未经批准不得发布。

第九条　安全生产监管监察部门应当遵循依法、公正、公开、便民的原则,及时、准确地公开信息,但危及国家安全、公共安全、经济安全和社会稳定的信息除外。

安全生产监管监察部门发现影响或者可能影响社会稳定、扰乱安全生产秩序的虚假或者不完整信息的,应当按照实事求是和审慎处理的原则,在职责范围内发布准确的信息予以澄清,及时回应社会关切,正确引导社会舆论。

第二章　公开范围

第十条　安全生产监管监察部门应当依照《政府信息公开条例》第九条的规定,在本部门职责范围内确定主动公开的信息的具体内容,并重点公开下列信息:

(一)本部门基本信息,包括职能、内设机构、负责人姓名、办公地点、办事程序、联系方式等;

(二)安全生产法律、法规、规章、标准和规范性文件;

(三)安全生产的专项规划及相关政策;

(四)安全生产行政许可的事项、负责承办的内设机构、依据、条件、数量、程序、期限以及申请行政许可需要提交的全部材料的目录及办理情况；

（五）行政事业性收费的项目、依据、标准；

（六）地方人民政府规定需要主动公开的财政信息；

（七）开展安全生产监督检查的情况；

（八）生产安全事故的发生情况，社会影响较大的生产安全事故的应急处置和救援情况，经过有关人民政府或者主管部门依法批复的事故调查和处理情况；

（九）法律、法规和规章规定应当公开的其他信息。

安全生产有关决策、规定或者规划、计划、方案等，涉及公民、法人和其他组织切身利益或者有重大社会影响的，在决策前应当广泛征求有关公民、法人和其他组织的意见，并以适当方式反馈或者公布意见采纳情况。

第十一条 除本办法第十条规定应当主动公开的信息外，公民、法人或者其他组织可以根据自身生产、生活、科研等特殊需要，申请获取相关信息。

公民、法人或者其他组织使用安全生产监管监察部门公开的信息，不得损害国家利益、公共利益和他人的合法权益。

第十二条 安全生产监管监察部门的下列信息不予公开：

（一）涉及国家秘密以及危及国家安全、公共安全、经济安全和社会稳定的；

（二）属于商业秘密或者公开后可能导致商业秘密被泄露的；

（三）属于个人隐私或者公开后可能导致对个人隐私权造成侵害的；

（四）在日常工作中制作或者获取的内部管理信息；

（五）尚未形成，需要进行汇总、加工、重新制作（作区分处理的除外），或者需要向其他行政机关、公民、法人或者其他组织搜集的信息；

（六）处于讨论、研究或者审查中的过程性信息；

（七）依照法律、法规和国务院规定不予公开的其他信息。

安全生产监管监察部门有证据证明与申请人生产、生活、科研等特殊需要无关的信息，可以不予提供。

与安全生产行政执法有关的信息，公开后可能影响检查、调查、取证等安全生产行政执法活动，或者危及公民、法人和其他组织人身或者财产安全的，安全生产监管监察部门可以暂时不予公开。在行政执法活动结束后，再依照本办法的规定予以公开。

涉及商业秘密、个人隐私，经权利人同意公开，或者安全生产监管监察部门认为不公开可能对公共利益造成重大影响的信息，可以予以公开。

第三章 公开方式和程序

第十三条 安全生产监管监察部门应当通过政府网站、公报、新闻发布会或者报刊、广播、电视等便于公众知晓的方式主动公开本办法第十条规定的信息，并依照《政府信息公开条例》的规定及时向当地档案馆和公共图书馆提供主动公开的信息。具体办法由安全生产监管监察部门与当地档案馆、公共图书馆协商制定。

安全生产监管监察部门可以根据需要，在办公地点设立信息查阅室、信息公告栏、电子信息屏等场所、设施公开信息。

第十四条 安全生产监管监察部门制作的信息，由制作该信息的部门负责公开；安全生产监管监察部门从公民、法人或者其他组织获取的信息，由保存该信息的行政机关负责公开。法律、法规对政府信息公开的权限另有规定的，从其规定。

第十五条 安全生产监管监察部门在制作信息时，应当明确该信息的公开属性，包括主动公开、依申请公开或者不予公开。

对于需要主动公开的信息，安全生产监管监察部门应当自该信息形成或者变更之日起 20 个工作日内予以公开。法律、法规对公开期限另有规定的，从其规定。

第十六条 公民、法人或者其他组织依照本办法第十一条的规定申请获取信息的，应当按照“一事一申请”的原则填写《信息公开申请表》，向安全生产监管监察部门提出申请；填写《信息公开申请表》确有困难的，申请人可以口头提出，由受理该申请的安全生产监管监察部门代为填写，申请人签字确认。

第十七条 安全生产监管监察部门收到《信息公开申请表》后，负责信息公开的专门机构应当进行审查，符合要求的，予以受理，并在收到《信息公开申请表》之日起 3 个工作日内向申请人出具申请登记回执；不予受理的，应当书面告知申请人不予受理的理由。

第十八条 安全生产监管监察部门受理信息公开申请后，负责信息公开的专门机构能够当场答复的，应当当场答复；不能够当场答复的，应当及时转送本部门相关内设机构办理。

安全生产监管监察部门受理的信息公开申请，应当自收到《信息公开申请表》之日起 15 个工作日内按照本办法第十九条的规定予以答复；不能在 15 个工作日内作出答复的，经本部门负责信息公开的专门机构负责人同意,可以适当延长答复期限,并书面告知申请人,延长答复的期限最长不得超过15个工作日。

申请获取的信息涉及第三方权益的,受理申请的安全生产监管监察部门征求第三方意见所需时间不计算在前款规定的期限内。

第十九条　对于已经受理的信息公开申请,安全生产监管监察部门应当根据下列情况分别予以答复:

(一)属于本部门信息公开范围的,应当书面告知申请人获取该信息的方式、途径,或者直接向申请人提供该信息;

(二)属于不予公开范围的,应当书面告知申请人不予公开的理由、依据;

(三)依法不属于本部门职能范围或者信息不存在的,应当书面告知申请人,对能够确定该信息的公开机关的,应当告知申请人该行政机关的名称和联系方式;

(四)申请内容不明确的,应当书面告知申请人作出更改、补充。

申请获取的信息中含有不应当公开的内容,但是能够作区分处理的,安全生产监管监察部门应当向申请人提供可以公开的信息内容。

第二十条　申请获取的信息涉及商业秘密、个人隐私,或者公开后可能损害第三方合法权益的,受理申请的安全生产监管监察部门应当书面征求第三方的意见。第三方不同意公开的,不得公开;但是,受理申请的安全生产监管监察部门认为不公开可能对公共利益造成重大影响的,应当予以公开,并将决定公开的信息内容和理由书面通知第三方。

第二十一条　公民、法人和其他组织有证据证明与其自身相关的信息不准确的,有权要求更正。受理申请的安全生产监管监察部门经核实后,应当予以更正,并将更正后的信息书面告知申请人;无权更正的,应当转送有权更正的部门或者其他行政机关处理,并告知申请人。

第二十二条　对于依申请公开的信息,安全生产监管监察部门应当按照申请人要求的形式予以提供;无法按照申请人要求的形式提供的,可以通过安排申请人查阅相关资料、提供复制件或者其他适当的形式提供。

第二十三条　安全生产监管监察部门依申请提供信息,除可以按照国家规定的标准向申请人收取检索、复制、邮寄等成本费用外,不得收取其他费用。

申请获取信息的公民确有经济困难的,经本人申请、安全生产监管监察部门负责信息公开的专门机构负责人审核同意,可以减免相关费用。

第四章　监督与保障

第二十四条　安全生产监管监察部门应当建立健全信息发布保密审查制度,明确保密审查的人员、方法、程序和责任。

安全生产监管监察部门在公开信息前,应当依照《中华人民共和国保守国家秘密法》、《安全生产工作国家秘密范围的规定》等法律、行政法规和有关保密制度,对拟公开的信息进行保密审查。

安全生产监管监察部门在保密审查过程中不能确定是否涉及国家秘密的,应当说明信息来源和本部门的保密审查意见,报上级安全生产监管监察部门或者本级保密行政管理部门确定。

第二十五条　安全生产监管监察部门应当编制、公布本部门信息公开指南及信息公开目录,并及时更新。

信息公开指南应当包括信息的分类、编排体系、获取方式和信息公开专门机构的名称、办公地址、办公时间、联系电话、传真号码、电子邮箱等内容。

信息公开目录应当包括信息的索引、名称、信息内容概述、生成日期、公开时间等内容。

第二十六条　安全生产监管监察部门应当建立健全信息公开工作考核制度、社会评议制度和责任追究制度,定期对信息公开工作进行考核、评议。

第二十七条　安全生产监管监察部门应当于每年3月31日前公布本部门上一年度信息公开工作年度报告。年度报告应当包括下列内容:

(一)本部门主动公开信息的情况;

(二)本部门依申请公开信息和不予公开信息的情况;

(三)信息公开工作的收费及减免情况;

(四)因信息公开申请行政复议、提起行政诉讼的情况;

(五)信息公开工作存在的主要问题及改进情况;

(六)其他需要报告的事项。

第二十八条　公民、法人或者其他组织认为安全生产监管监察部门不依法履行信息公开义务的,可以向上级安全生产监管监察部门举报。收到举报的安全生产监管监察部门应当依照《信访条例》的规定予以处理,督促被举报的安全生产监管监察部门依法履行信息公开义务。

第二十九条　公民、法人或者其他组织认为信息公开工作中的具体行政行为侵犯其合法权益的,可以依法申请行政复议或者提起行政诉讼。

第三十条 安全生产监管监察部门及其工作人员违反本办法的规定,有下列情形之一的,由本部门负责行政监察的机构或者其上级安全生产监管监察部门责令改正;情节严重的,对部门主要负责人、直接负责的主管人员和其他直接责任人员依法给予处分;构成犯罪的,依法追究刑事责任:

(一)不依法履行信息公开义务的;

(二)不及时更新公开的信息内容、信息公开指南和信息公开目录的;

(三)违反规定收取费用的;

(四)通过其他组织、个人以有偿服务方式提供信息的;

(五)公开不应当公开的信息的;

(六)故意提供虚假信息的;

(七)违反有关法律法规和本办法规定的其他行为。

第五章 附 则

第三十一条 国家安全生产监督管理总局管理的具有行政职能的事业单位的有关信息公开,参照本办法执行。

第三十二条 本办法自2012年11月1日起施行。

安全生产行政执法与刑事司法衔接工作办法

· 2019年4月16日

· 应急〔2019〕54号

第一章 总 则

第一条 为了建立健全安全生产行政执法与刑事司法衔接工作机制,依法惩治安全生产违法犯罪行为,保障人民群众生命财产安全和社会稳定,依据《中华人民共和国刑法》《中华人民共和国刑事诉讼法》《中华人民共和国安全生产法》《中华人民共和国消防法》和《行政执法机关移送涉嫌犯罪案件的规定》《生产安全事故报告和调查处理条例》《最高人民法院最高人民检察院关于办理危害生产安全刑事案件适用法律若干问题的解释》等法律、行政法规、司法解释及有关规定,制定本办法。

第二条 本办法适用于应急管理部门、公安机关、人民法院、人民检察院办理的涉嫌安全生产犯罪案件。

应急管理部门查处违法行为时发现的涉嫌其他犯罪案件,参照本办法办理。

本办法所称应急管理部门,包括煤矿安全监察机构、消防机构。

属于《中华人民共和国监察法》规定的公职人员在行使公权力过程中发生的依法由监察机关负责调查的涉嫌安全生产犯罪案件,不适用本办法,应当依法及时移送监察机关处理。

第三条 涉嫌安全生产犯罪案件主要包括下列案件:

(一)重大责任事故案件;

(二)强令违章冒险作业案件;

(三)重大劳动安全事故案件;

(四)危险物品肇事案件;

(五)消防责任事故、失火案件;

(六)不报、谎报安全事故案件;

(七)非法采矿,非法制造、买卖、储存爆炸物,非法经营,伪造、变造、买卖国家机关公文、证件、印章等涉嫌安全生产的其他犯罪案件。

第四条 人民检察院对应急管理部门移送涉嫌安全生产犯罪案件和公安机关有关立案活动,依法实施法律监督。

第五条 各级应急管理部门、公安机关、人民检察院、人民法院应当加强协作,统一法律适用,不断完善案件移送、案情通报、信息共享等工作机制。

第六条 应急管理部门在行政执法过程中发现行使公权力的公职人员涉嫌安全生产犯罪的问题线索,或者应急管理部门、公安机关、人民检察院在查处有关违法犯罪行为过程中发现行使公权力的公职人员涉嫌贪污贿赂、失职渎职等职务违法或者职务犯罪的问题线索,应当依法及时移送监察机关处理。

第二章 日常执法中的案件移送与法律监督

第七条 应急管理部门在查处违法行为过程中发现涉嫌安全生产犯罪案件的,应当立即指定2名以上行政执法人员组成专案组专门负责,核实情况后提出移送涉嫌犯罪案件的书面报告。应急管理部门正职负责人或者主持工作的负责人应当自接到报告之日起3日内作出批准移送或者不批准移送的决定。批准移送的,应当在24小时内向同级公安机关移送;不批准移送的,应当将不予批准的理由记录在案。

第八条 应急管理部门向公安机关移送涉嫌安全生产犯罪案件,应当附下列材料,并将案件移送书抄送同级人民检察院。

(一)案件移送书,载明移送案件的应急管理部门名称、违法行为涉嫌犯罪罪名、案件主办人及联系电话等。案件移送书应当附移送材料清单,并加盖应急管理部门公章;

（二）案件调查报告，载明案件来源、查获情况、嫌疑人基本情况、涉嫌犯罪的事实、证据和法律依据、处理建议等；

（三）涉案物品清单，载明涉案物品的名称、数量、特征、存放地等事项，并附采取行政强制措施、现场笔录等表明涉案物品来源的相关材料；

（四）附有鉴定机构和鉴定人资质证明或者其他证明文件的检验报告或者鉴定意见；

（五）现场照片、询问笔录、电子数据、视听资料、认定意见、责令整改通知书等其他与案件有关的证据材料。

对有关违法行为已经作出行政处罚决定的，还应当附行政处罚决定书。

第九条　公安机关对应急管理部门移送的涉嫌安全生产犯罪案件，应当出具接受案件的回执或者在案件移送书的回执上签字。

第十条　公安机关审查发现移送的涉嫌安全生产犯罪案件材料不全的，应当在接受案件的 24 小时内书面告知应急管理部门在 3 日内补正。

公安机关审查发现涉嫌安全生产犯罪案件移送材料不全、证据不充分的，可以就证明有犯罪事实的相关证据要求等提出补充调查意见，由移送案件的应急管理部门补充调查。根据实际情况，公安机关可以依法自行调查。

第十一条　公安机关对移送的涉嫌安全生产犯罪案件，应当自接受案件之日起 3 日内作出立案或者不予立案的决定；涉嫌犯罪线索需要查证的，应当自接受案件之日起 7 日内作出决定；重大疑难复杂案件，经县级以上公安机关负责人批准，可以自受案之日起 30 日内作出决定。依法不予立案的，应当说明理由，相应退回案件材料。

对属于公安机关管辖但不属于本公安机关管辖的案件，应当在接受案件后 24 小时内移送有管辖权的公安机关，并书面通知移送案件的应急管理部门，抄送同级人民检察院。对不属于公安机关管辖的案件，应当在 24 小时内退回移送案件的应急管理部门。

第十二条　公安机关作出立案、不予立案决定的，应当自作出决定之日起 3 日内书面通知应急管理部门，并抄送同级人民检察院。

对移送的涉嫌安全生产犯罪案件，公安机关立案后决定撤销案件的，应当将撤销案件决定书送达移送案件的应急管理部门，并退回案卷材料。对依法应当追究行政法律责任的，可以同时提出书面建议。有关撤销案件决定书应当抄送同级人民检察院。

第十三条　应急管理部门应当自接到公安机关立案通知书之日起 3 日内将涉案物品以及与案件有关的其他材料移交公安机关，并办理交接手续。

对保管条件、保管场所有特殊要求的涉案物品，可以在公安机关采取必要措施固定留取证据后，由应急管理部门代为保管。应急管理部门应当妥善保管涉案物品，并配合公安机关、人民检察院、人民法院在办案过程中对涉案物品的调取、使用及鉴定等工作。

第十四条　应急管理部门接到公安机关不予立案的通知书后，认为依法应当由公安机关决定立案的，可以自接到不予立案通知书之日起 3 日内提请作出不予立案决定的公安机关复议，也可以建议人民检察院进行立案监督。

公安机关应当自收到提请复议的文件之日起 3 日内作出复议决定，并书面通知应急管理部门。应急管理部门对公安机关的复议决定仍有异议的，应当自收到复议决定之日起 3 日内建议人民检察院进行立案监督。

应急管理部门对公安机关逾期未作出是否立案决定以及立案后撤销案件决定有异议的，可以建议人民检察院进行立案监督。

第十五条　应急管理部门建议人民检察院进行立案监督的，应当提供立案监督建议书、相关案件材料，并附公安机关不予立案通知、复议维持不予立案通知或者立案后撤销案件决定及有关说明理由材料。

第十六条　人民检察院应当对应急管理部门立案监督建议进行审查，认为需要公安机关说明不予立案、立案后撤销案件的理由的，应当要求公安机关在 7 日内说明理由。公安机关应当书面说明理由，回复人民检察院。

人民检察院经审查认为公安机关不予立案或者立案后撤销案件理由充分，符合法律规定情形的，应当作出支持不予立案、撤销案件的检察意见。认为有关理由不能成立的，应当通知公安机关立案。

公安机关收到立案通知书后，应当在 15 日内立案，并将立案决定书送达人民检察院。

第十七条　人民检察院发现应急管理部门不移送涉嫌安全生产犯罪案件的，可以派员查询、调阅有关案件材料，认为应当移送的，应当提出检察意见。应急管理部门应当自收到检察意见后 3 日内将案件移送公安机关，并将案件移送书抄送人民检察院。

第十八条　人民检察院对符合逮捕、起诉条件的犯罪嫌疑人，应当依法批准逮捕、提起公诉。

人民检察院对决定不起诉的案件，应当自作出决定之日起3日内,将不起诉决定书送达公安机关和应急管理部门。对依法应当追究行政法律责任的,可以同时提出检察意见,并要求应急管理部门及时通报处理情况。

第三章 事故调查中的案件移送与法律监督

第十九条 事故发生地有管辖权的公安机关根据事故的情况,对涉嫌安全生产犯罪的,应当依法立案侦查。

第二十条 事故调查中发现涉嫌安全生产犯罪的,事故调查组或者负责火灾调查的消防机构应当及时将有关材料或者其复印件移交有管辖权的公安机关依法处理。

事故调查过程中,事故调查组或者负责火灾调查的消防机构可以召开专题会议,向有管辖权的公安机关通报事故调查进展情况。

有管辖权的公安机关对涉嫌安全生产犯罪案件立案侦查的,应当在3日内将立案决定书抄送同级应急管理部门、人民检察院和组织事故调查的应急管理部门。

第二十一条 对有重大社会影响的涉嫌安全生产犯罪案件,上级公安机关采取挂牌督办、派员参与等方法加强指导和督促,必要时,可以按照有关规定直接组织办理。

第二十二条 组织事故调查的应急管理部门及同级公安机关、人民检察院对涉嫌安全生产犯罪案件的事实、性质认定、证据采信、法律适用以及责任追究有意见分歧的,应当加强协调沟通。必要时,可以就法律适用等方面问题听取人民法院意见。

第二十三条 对发生一人以上死亡的情形,经依法组织调查,作出不属于生产安全事故或者生产安全责任事故的书面调查结论的,应急管理部门应当将该调查结论及时抄送同级监察机关、公安机关、人民检察院。

第四章 证据的收集与使用

第二十四条 在查处违法行为的过程中,有关应急管理部门应当全面收集、妥善保存证据材料。对容易灭失的痕迹、物证,应当采取措施提取、固定;对查获的涉案物品,如实填写涉案物品清单,并按照国家有关规定予以处理;对需要进行检验、鉴定的涉案物品,由法定检验、鉴定机构进行检验、鉴定,并出具检验报告或者鉴定意见。

在事故调查的过程中,有关部门根据有关法律法规的规定或者事故调查组的安排,按照前款规定收集、保存相关的证据材料。

第二十五条 在查处违法行为或者事故调查的过程中依法收集制作的物证、书证、视听资料、电子数据、检验报告、鉴定意见、勘验笔录、检查笔录等证据材料以及经依法批复的事故调查报告,在刑事诉讼中可以作为证据使用。

事故调查组依照有关规定提交的事故调查报告应当由其成员签名。没有签名的,应当予以补正或者作出合理解释。

第二十六条 当事人及其辩护人、诉讼代理人对检验报告、鉴定意见、勘验笔录、检查笔录等提出异议,申请重新检验、鉴定、勘验或者检查的,应当说明理由。人民法院经审理认为有必要的,应当同意。人民法院同意重新鉴定申请的,应当及时委托鉴定,并将鉴定意见告知人民检察院、当事人及其辩护人、诉讼代理人;也可以由公安机关自行或者委托相关机构重新进行检验、鉴定、勘验、检查等。

第五章 协作机制

第二十七条 各级应急管理部门、公安机关、人民检察院、人民法院应当建立安全生产行政执法与刑事司法衔接长效工作机制。明确本单位的牵头机构和联系人,加强日常工作沟通与协作。定期召开联席会议,协调解决重要问题,并以会议纪要等方式明确议定事项。

各省、自治区、直辖市应急管理部门、公安机关、人民检察院、人民法院应当每年定期联合通报辖区内有关涉嫌安全生产犯罪案件移送、立案、批捕、起诉、裁判结果等方面信息。

第二十八条 应急管理部门对重大疑难复杂案件,可以就刑事案件立案追诉标准、证据的固定和保全等问题咨询公安机关、人民检察院;公安机关、人民检察院可以就案件办理中的专业性问题咨询应急管理部门。受咨询的机关应当及时答复;书面咨询的,应当在7日内书面答复。

第二十九条 人民法院应当在有关案件的判决、裁定生效后,按照规定及时将判决书、裁定书在互联网公布。适用职业禁止措施的,应当在判决、裁定生效后10日内将判决书、裁定书送达罪犯居住地的县级应急管理部门和公安机关,同时抄送罪犯居住地的县级人民检察院。具有国家工作人员身份的,应当将判决书、裁定书送达罪犯原所在单位。

第三十条 人民检察院、人民法院发现有关生产经营单位在安全生产保障方面存在问题或者有关部门在履行安全生产监督管理职责方面存在违法、不当情形的,可以发出检察建议、司法建议。有关生产经营单位或者有关部门应当按规定及时处理，并将处理情况书面反馈提出建议的人民检察院、人民法院。

第三十一条 各级应急管理部门、公安机关、人民检察院应当运用信息化手段，逐步实现涉嫌安全生产犯罪案件的网上移送、网上受理和网上监督。

第六章 附 则

第三十二条 各省、自治区、直辖市的应急管理部门、公安机关、人民检察院、人民法院可以根据本地区实际情况制定实施办法。

第三十三条 本办法自印发之日起施行。

生产安全事故防范和整改措施落实情况评估办法

·2021年3月3日

·安委办〔2021〕4号

第一条 为认真贯彻落实党中央、国务院决策部署，充分发挥事故调查处理对加强和改进安全生产工作的促进作用，督促生产安全事故防范和整改措施有效落实，从根本上消除事故隐患、从根本上解决问题，防范生产安全事故发生，保障人民群众生命安全，根据《中华人民共和国安全生产法》《中共中央 国务院关于推进安全生产领域改革发展的意见》等有关规定，制定本办法。

第二条 生产安全事故调查报告提出的防范和整改措施落实情况的评估工作适用本办法。法律、行政法规另有规定的，从其规定。

第三条 事故结案后10个月至1年内，负责事故调查的地方政府和国务院有关部门要组织开展评估，具体工作可以由相应安全生产委员会或安全生产委员会办公室组织实施。

第四条 评估工作组原则上由参加事故调查的部门组成，可以邀请相应纪检监察机关按照职责同步开展工作。根据工作需要，可以聘请相关专业技术服务机构或专家参加。

评估工作跨行政区域的，相关地方应当积极配合并提供有关情况和资料。

第五条 评估工作组依据生产安全事故调查报告，逐项对照防范和整改措施建议，重点评估以下内容：

（一）事故发生单位、相关企业和有关政府、部门落实事故防范和整改措施采取的具体举措以及工作成效；树牢安全发展理念，健全安全生产责任制，吸取事故教训，举一反三加强安全生产工作情况；

（二）对事故责任单位和责任人员行政处罚建议等落实情况。

纪检监察机关参加评估工作的，对有关部门处理意见和有关公职人员责任追究落实情况进行评估。

第六条 现场评估工作方式：

（一）资料审查。对照事故调查报告和结案通知要求，对事故涉及的地方政府和有关部门提交的事故防范和整改措施落实情况报告进行核查；

（二）座谈问询。了解事故涉及的有关地方政府、相关部门和单位整改工作开展情况；

（三）查阅文件。对事故整改涉及的有关会议纪要、文件资料、相关文书、财务凭证、人事档案等进行核实；

（四）走访核查。赴责任人员单位或羁押场所核查有关情况，赴相关地区和单位、涉事企业、同类企业实地检查整改落实情况。

第七条 评估工作组对现场检查中发现的安全隐患和违法违规问题，应当及时反馈地方政府和有关部门，并提出整改落实建议。

第八条 现场评估工作结束后，评估工作组要形成评估报告。评估报告主要内容应当包括评估工作过程、总体评估意见、事故防范和整改措施落实情况、评估发现的主要问题和相关工作建议等，并附问题清单、工作建议清单以及经验做法清单。评估报告起草过程中，应当充分听取参加评估工作组的有关部门意见。

第九条 评估工作组按程序向组织开展事故防范和整改措施落实情况评估工作的地方政府或国务院有关部门提交评估报告。

第十条 组织评估工作的地方政府应当依据评估报告，向有关地区和部门反馈评估情况，并将评估报告报送上一级安全生产委员会办公室备案。评估工作由国务院有关部门组织开展的，评估报告要抄报国务院安委会办公室。

特别重大事故的评估报告，由国务院安委会办公室报送国务院安全生产委员会，并向相关省级安全生产委员会反馈。

第十一条 组织评估工作的地方政府或国务院有关部门对发现问题的处理：

（一）发现事故防范和整改措施未落实、落实不到位或存在其他问题的，应当向相关地方政府和部门交办整改工作任务并持续跟踪、督促整改；

（二）对重大问题悬而不决、重大风险隐患久拖不改，涉嫌失职渎职的，依法依规移交地方党委政府和纪检监察机关严肃追责问责；

（三）发现对有关公职人员处理意见不落实以及追究刑事责任工作明显滞后的，向地方党委和相应纪检监察机关、人民法院和人民检察院通报情况，商请督促落实。

第十二条 评估报告应当通过媒体或以政府信息公开方式及时向社会全文公开发布，接受社会监督。

第十三条 各省级安全生产委员会以及法律法规规定的省级以上事故调查牵头部门可以根据本办法制定相应细化规定。

第十四条 本办法自印发之日起施行。

企业安全生产标准化建设定级办法

·2021年10月27日
·应急〔2021〕83号

第一条 为进一步规范和促进企业开展安全生产标准化（以下简称标准化）建设，建立并保持安全生产管理体系，全面管控生产经营活动各环节的安全生产工作，不断提升安全管理水平，根据《中华人民共和国安全生产法》，制定本办法。

第二条 本办法适用于全国化工（含石油化工）、医药、危险化学品、烟花爆竹、石油开采、冶金、有色、建材、机械、轻工、纺织、烟草、商贸等行业企业（以下统称企业）。

第三条 企业应当按照安全生产有关法律、法规、规章、标准等要求，加强标准化建设，可以依据本办法自愿申请标准化定级。

第四条 企业标准化等级由高到低分为一级、二级、三级。

企业标准化定级标准由应急管理部按照行业分别制定。应急管理部未制定行业标准化定级标准的，省级应急管理部门可以自行制定，也可以参照《企业安全生产标准化基本规范》（GB/T33000）配套的定级标准，在本行政区域内开展二级、三级企业建设工作。

第五条 企业标准化定级实行分级负责。

应急管理部为一级企业以及海洋石油全部等级企业的定级部门。省级和设区的市级应急管理部门分别为本行政区域内二级、三级企业的定级部门。

第六条 标准化定级工作不得向企业收取任何费用。

各级定级部门可以通过政府购买服务方式确定从事安全生产相关工作的事业单位或者社会组织作为标准化定级组织单位（以下简称组织单位），委托其负责受理和审核企业自评报告（格式见附件1）、监督现场评审过程和质量等具体工作，并向社会公布组织单位名单。

各级定级部门可以通过政府购买服务方式委托从事安全生产相关工作的单位负责现场评审工作，并向社会公布名单。

第七条 企业标准化定级按照自评、申请、评审、公示、公告的程序进行。

（一）自评。企业应当自主开展标准化建设，成立由其主要负责人任组长、有员工代表参加的工作组，按照生产流程和风险情况，对照所属行业标准化定级标准，将本企业标准和规范融入安全生产管理体系，做到全员参与，实现安全管理系统化、岗位操作行为规范化、设备设施本质安全化、作业环境器具定置化。每年至少开展一次自评工作，并形成书面自评报告，在企业内部公示不少于10个工作日，及时整改发现的问题，持续改进安全绩效。

（二）申请。申请定级的企业，依拟申请的等级向相应组织单位提交自评报告，并对其真实性负责。

组织单位收到企业自评报告后，应当根据下列情况分别作出处理：

1. 自评报告内容存在错误、不齐全或者不符合规定形式的，在5个工作日内一次书面告知企业需要补正的全部内容；逾期不告知的，自收到自评报告之日起即为受理。

2. 自评报告内容齐全、符合规定形式，或者企业按照要求补正全部内容后，对自评报告逐项进行审核。对符合申请条件的，将审核意见和企业自评报告一并报送定级部门，并书面告知企业；对不符合的，书面告知企业并说明理由。

审核、报送和告知工作应当在10个工作日内完成。

（三）评审。定级部门对组织单位报送的审核意见和企业自评报告进行确认后，由组织单位通知负责现场评审的单位成立现场评审组在20个工作日内完成现场评审，将现场评审情况及不符合项等形成现场评审报告（格式见附件2），初步确定企业是否达到拟申请的等级，并书面告知企业。

企业收到现场评审报告后，应当在20个工作日内完成不符合项整改工作，并将整改情况报告现场评审组。特殊情况下，经组织单位批准，整改期限可以适当延长，但延长的期限最长不超过20个工作日。

现场评审组应当指导企业做好整改工作，并在收到企业整改情况报告后10个工作日内采取书面检查或者现场复核的方式，确认整改是否合格，书面告知企业，并由负责现场评审的单位书面告知组织单位。

企业未在规定期限内完成整改的，视为整改不合格。

（四）公示。组织单位将确认整改合格、符合相应定级标准的企业名单定期报送相应定级部门；定级部门确认后，应当在本级政府或者本部门网站向社会公示，接受社会监督，公示时间不少于7个工作日。

公示期间，收到企业存在不符合定级标准以及其他相关要求问题反映的，定级部门应当组织核实。

（五）公告。对公示无异议或者经核实不存在所反映问题的企业，定级部门应当确认其等级，予以公告，并抄送同级工业和信息化、人力资源社会保障、国有资产监督管理、市场监督管理等部门和工会组织，以及相应银行保险和证券监督管理机构。

对未予公告的企业，由定级部门书面告知其未通过定级，并说明理由。

第八条 申请定级的企业应当在自评报告中，由其主要负责人承诺符合以下条件：

（一）依法应当具备的证照齐全有效；

（二）依法设置安全生产管理机构或者配备安全生产管理人员；

（三）主要负责人、安全生产管理人员、特种作业人员依法持证上岗；

（四）申请定级之日前1年内，未发生死亡、总计3人及以上重伤或者直接经济损失总计100万元及以上的生产安全事故；

（五）未发生造成重大社会不良影响的事件；

（六）未被列入安全生产失信惩戒名单；

（七）前次申请定级被告知未通过之日起满1年；

（八）被撤销标准化等级之日起满1年；

（九）全面开展隐患排查治理，发现的重大隐患已完成整改。

申请一级企业的，还应当承诺符合以下条件：

（一）从未发生过特别重大生产安全事故，且申请定级之日前5年内未发生过重大生产安全事故、前2年内未发生过生产安全死亡事故；

（二）按照《企业职工伤亡事故分类》（GB6441）、《事故伤害损失工作日标准》（GB/T15499），统计分析年度事故起数、伤亡人数、损失工作日、千人死亡率、千人重伤率、伤害频率、伤害严重率等，并自前次取得标准化等级以来逐年下降或者持平；

（三）曾被定级为一级，或者被定级为二级、三级并有效运行3年以上。

发现企业存在承诺不实的，定级相关工作即行终止，3年内不再受理该企业标准化定级申请。

第九条 企业标准化等级有效期为3年。

第十条 已经取得标准化等级的企业，可以在有效期届满前3个月再次按照本办法第七条规定的程序申请定级。

对再次申请原等级的企业，在标准化等级有效期内符合以下条件的，经定级部门确认后，直接予以公示和公告：

（一）未发生生产安全死亡事故；

（二）一级企业未发生总计重伤3人及以上或者直接经济损失总计100万元及以上的生产安全事故，二级、三级企业未发生总计重伤5人及以上或者直接经济损失总计500万元及以上的生产安全事故；

（三）未发生造成重大社会不良影响的事件；

（四）有关法律、法规、规章、标准及所属行业定级相关标准未作重大修订；

（五）生产工艺、设备、产品、原辅材料等无重大变化，无新建、改建、扩建工程项目；

（六）按照规定开展自评并提交自评报告。

第十一条 各级应急管理部门在日常监管执法工作中，发现企业存在以下情形之一的，应当立即告知并由原定级部门撤销其等级。原定级部门应当予以公告并同时抄送同级工业和信息化、人力资源社会保障、国有资产监督管理、市场监督管理等部门和工会组织，以及相应银行保险和证券监督管理机构。

（一）发生生产安全死亡事故的；

（二）连续12个月内发生总计重伤3人及以上或者直接经济损失总计100万元及以上的生产安全事故的；

（三）发生造成重大社会不良影响事件的；

（四）瞒报、谎报、迟报、漏报生产安全事故的；

（五）被列入安全生产失信惩戒名单的；

（六）提供虚假材料，或者以其他不正当手段取得标准化等级的；

（七）行政许可证照注销、吊销、撤销的，或者不再从事相关行业生产经营活动的；

（八）存在重大生产安全事故隐患，未在规定期限内完成整改的；

（九）未按照标准化管理体系持续、有效运行，情节严重的。

第十二条 各级应急管理部门应当协调有关部门采取有效激励措施,支持和鼓励企业开展标准化建设。

(一)将企业标准化建设情况作为分类分级监管的重要依据,对不同等级的企业实施差异化监管。对一级企业,以执法抽查为主,减少执法检查频次;

(二)因安全生产政策性原因对相关企业实施区域限产、停产措施的,原则上一级企业不纳入范围;

(三)停产后复产验收时,原则上优先对一级企业进行复产验收;

(四)标准化等级企业符合工伤保险费率下浮条件的,按规定下浮其工伤保险费率;

(五)标准化等级企业的安全生产责任保险按有关政策规定给予支持;

(六)将企业标准化等级作为信贷信用等级评定的重要依据之一。支持鼓励金融信贷机构向符合条件的标准化等级企业优先提供信贷服务;

(七)标准化等级企业申报国家和地方质量奖励、优秀品牌等资格和荣誉的,予以优先支持或者推荐;

(八)对符合评选推荐条件的标准化等级企业,优先推荐其参加所属地区、行业及领域的先进单位(集体)、安全文化示范企业等评选。

第十三条 组织单位和负责现场评审的单位及其人员不得参与被评审企业的标准化培训、咨询相关工作。

第十四条 各级定级部门应当加强对组织单位和负责现场评审的单位及其人员的监督管理,对标准化相关材料进行抽查,发现存在审核把关不严、现场评审结论失实、报告抄袭雷同或有明显错误等问题的,约谈有关单位主要负责人;发现组织单位和负责现场评审的单位及其人员参与被评审企业的标准化培训、咨询相关工作,或存在收取企业费用、出具虚假报告等行为的,取消有关单位资格,依法依规严肃处理。

第十五条 企业标准化定级各环节相关工作通过应急管理部企业安全生产标准化信息管理系统进行。

第十六条 省级应急管理部门可以根据本办法和本地区实际制定二级、三级企业定级实施办法,并送应急管理部安全执法和工贸监管局备案。

第十七条 本办法由应急管理部负责解释,自2021年11月1日起施行,《企业安全生产标准化评审工作管理办法(试行)》(安监总办〔2014〕49号)同时废止。

附件:1. 企业安全生产标准化自评报告(略)

2. 企业安全生产标准化现场评审报告(略)

九、国家矿山安全指导与监察

中华人民共和国矿山安全法

·1992年11月7日第七届全国人民代表大会常务委员会第二十八次会议通过
·根据2009年8月27日第十一届全国人民代表大会常务委员会第十次会议《关于修改部分法律的决定》修正

第一章　总　则

第一条　为了保障矿山生产安全,防止矿山事故,保护矿山职工人身安全,促进采矿业的发展,制定本法。

第二条　在中华人民共和国领域和中华人民共和国管辖的其他海域从事矿产资源开采活动,必须遵守本法。

第三条　矿山企业必须具有保障安全生产的设施,建立、健全安全管理制度,采取有效措施改善职工劳动条件,加强矿山安全管理工作,保证安全生产。

第四条　国务院劳动行政主管部门对全国矿山安全工作实施统一监督。

县级以上地方各级人民政府劳动行政主管部门对本行政区域内的矿山安全工作实施统一监督。

县级以上人民政府管理矿山企业的主管部门对矿山安全工作进行管理。

第五条　国家鼓励矿山安全科学技术研究,推广先进技术,改进安全设施,提高矿山安全生产水平。

第六条　对坚持矿山安全生产,防止矿山事故,参加矿山抢险救护,进行矿山安全科学技术研究等方面取得显著成绩的单位和个人,给予奖励。

第二章　矿山建设的安全保障

第七条　矿山建设工程的安全设施必须和主体工程同时设计、同时施工、同时投入生产和使用。

第八条　矿山建设工程的设计文件,必须符合矿山安全规程和行业技术规范,并按照国家规定经管理矿山企业的主管部门批准;不符合矿山安全规程和行业技术规范的,不得批准。

矿山建设工程安全设施的设计必须有劳动行政主管部门参加审查。

矿山安全规程和行业技术规范,由国务院管理矿山企业的主管部门制定。

第九条　矿山设计下列项目必须符合矿山安全规程和行业技术规范:

(一)矿井的通风系统和供风量、风质、风速;

(二)露天矿的边坡角和台阶的宽度、高度;

(三)供电系统;

(四)提升、运输系统;

(五)防水、排水系统和防火、灭火系统;

(六)防瓦斯系统和防尘系统;

(七)有关矿山安全的其他项目。

第十条　每个矿井必须有两个以上能行人的安全出口,出口之间的直线水平距离必须符合矿山安全规程和行业技术规范。

第十一条　矿山必须有与外界相通的、符合安全要求的运输和通讯设施。

第十二条　矿山建设工程必须按照管理矿山企业的主管部门批准的设计文件施工。

矿山建设工程安全设施竣工后,由管理矿山企业的主管部门验收,并须有劳动行政主管部门参加;不符合矿山安全规程和行业技术规范的,不得验收,不得投入生产。

第三章　矿山开采的安全保障

第十三条　矿山开采必须具备保障安全生产的条件,执行开采不同矿种的矿山安全规程和行业技术规范。

第十四条　矿山设计规定保留的矿柱、岩柱,在规定的期限内,应当予以保护,不得开采或者毁坏。

第十五条　矿山使用的有特殊安全要求的设备、器材、防护用品和安全检测仪器,必须符合国家安全标准或者行业安全标准;不符合国家安全标准或者行业安全标准的,不得使用。

第十六条　矿山企业必须对机电设备及其防护装置、安全检测仪器,定期检查、维修,保证使用安全。

第十七条　矿山企业必须对作业场所中的有毒有害物质和井下空气含氧量进行检测,保证符合安全要求。

第十八条　矿山企业必须对下列危害安全的事故隐患采取预防措施:

（一）冒顶、片帮、边坡滑落和地表塌陷；

（二）瓦斯爆炸、煤尘爆炸；

（三）冲击地压、瓦斯突出、井喷；

（四）地面和井下的火灾、水害；

（五）爆破器材和爆破作业发生的危害；

（六）粉尘、有毒有害气体、放射性物质和其他有害物质引起的危害；

（七）其他危害。

第十九条 矿山企业对使用机械、电气设备，排土场、矸石山、尾矿库和矿山闭坑后可能引起的危害，应当采取预防措施。

第四章 矿山企业的安全管理

第二十条 矿山企业必须建立、健全安全生产责任制。

矿长对本企业的安全生产工作负责。

第二十一条 矿长应当定期向职工代表大会或者职工大会报告安全生产工作，发挥职工代表大会的监督作用。

第二十二条 矿山企业职工必须遵守有关矿山安全的法律、法规和企业规章制度。

矿山企业职工有权对危害安全的行为，提出批评、检举和控告。

第二十三条 矿山企业工会依法维护职工生产安全的合法权益，组织职工对矿山安全工作进行监督。

第二十四条 矿山企业违反有关安全的法律、法规，工会有权要求企业行政方面或者有关部门认真处理。

矿山企业召开讨论有关安全生产的会议，应当有工会代表参加，工会有权提出意见和建议。

第二十五条 矿山企业工会发现企业行政方面违章指挥、强令工人冒险作业或者生产过程中发现明显重大事故隐患和职业危害，有权提出解决的建议；发现危及职工生命安全的情况时，有权向矿山企业行政方面建议组织职工撤离危险现场，矿山企业行政方面必须及时作出处理决定。

第二十六条 矿山企业必须对职工进行安全教育、培训；未经安全教育、培训的，不得上岗作业。

矿山企业安全生产的特种作业人员必须接受专门培训，经考核合格取得操作资格证书的，方可上岗作业。

第二十七条 矿长必须经过考核，具备安全专业知识，具有领导安全生产和处理矿山事故的能力。

矿山企业安全工作人员必须具备必要的安全专业知识和矿山安全工作经验。

第二十八条 矿山企业必须向职工发放保障安全生产所需的劳动防护用品。

第二十九条 矿山企业不得录用未成年人从事矿山井下劳动。

矿山企业对女职工按照国家规定实行特殊劳动保护，不得分配女职工从事矿山井下劳动。

第三十条 矿山企业必须制定矿山事故防范措施，并组织落实。

第三十一条 矿山企业应当建立由专职或者兼职人员组成的救护和医疗急救组织，配备必要的装备、器材和药物。

第三十二条 矿山企业必须从矿产品销售额中按照国家规定提取安全技术措施专项费用。安全技术措施专项费用必须全部用于改善矿山安全生产条件，不得挪作他用。

第五章 矿山安全的监督和管理

第三十三条 县级以上各级人民政府劳动行政主管部门对矿山安全工作行使下列监督职责：

（一）检查矿山企业和管理矿山企业的主管部门贯彻执行矿山安全法律、法规的情况；

（二）参加矿山建设工程安全设施的设计审查和竣工验收；

（三）检查矿山劳动条件和安全状况；

（四）检查矿山企业职工安全教育、培训工作；

（五）监督矿山企业提取和使用安全技术措施专项费用的情况；

（六）参加并监督矿山事故的调查和处理；

（七）法律、行政法规规定的其他监督职责。

第三十四条 县级以上人民政府管理矿山企业的主管部门对矿山安全工作行使下列管理职责：

（一）检查矿山企业贯彻执行矿山安全法律、法规的情况；

（二）审查批准矿山建设工程安全设施的设计；

（三）负责矿山建设工程安全设施的竣工验收；

（四）组织矿长和矿山企业安全工作人员的培训工作；

（五）调查和处理重大矿山事故；

（六）法律、行政法规规定的其他管理职责。

第三十五条 劳动行政主管部门的矿山安全监督人员有权进入矿山企业，在现场检查安全状况；发现有危及职工安全的紧急险情时，应当要求矿山企业立即处理。

第六章 矿山事故处理

第三十六条 发生矿山事故,矿山企业必须立即组织抢救,防止事故扩大,减少人员伤亡和财产损失,对伤亡事故必须立即如实报告劳动行政主管部门和管理矿山企业的主管部门。

第三十七条 发生一般矿山事故,由矿山企业负责调查和处理。

发生重大矿山事故,由政府及其有关部门、工会和矿山企业按照行政法规的规定进行调查和处理。

第三十八条 矿山企业对矿山事故中伤亡的职工按照国家规定给予抚恤或者补偿。

第三十九条 矿山事故发生后,应当尽快消除现场危险,查明事故原因,提出防范措施。现场危险消除后,方可恢复生产。

第七章 法律责任

第四十条 违反本法规定,有下列行为之一的,由劳动行政主管部门责令改正,可以并处罚款;情节严重的,提请县级以上人民政府决定责令停产整顿;对主管人员和直接责任人员由其所在单位或者上级主管机关给予行政处分:

(一)未对职工进行安全教育、培训,分配职工上岗作业的;

(二)使用不符合国家安全标准或者行业安全标准的设备、器材、防护用品、安全检测仪器的;

(三)未按照规定提取或者使用安全技术措施专项费用的;

(四)拒绝矿山安全监督人员现场检查或者在被检查时隐瞒事故隐患、不如实反映情况的;

(五)未按照规定及时、如实报告矿山事故的。

第四十一条 矿长不具备安全专业知识的,安全生产的特种作业人员未取得操作资格证书上岗作业的,由劳动行政主管部门责令限期改正;逾期不改正的,提请县级以上人民政府决定责令停产,调整配备合格人员后,方可恢复生产。

第四十二条 矿山建设工程安全设施的设计未经批准擅自施工的,由管理矿山企业的主管部门责令停止施工;拒不执行的,由管理矿山企业的主管部门提请县级以上人民政府决定由有关主管部门吊销其采矿许可证和营业执照。

第四十三条 矿山建设工程的安全设施未经验收或者验收不合格擅自投入生产的,由劳动行政主管部门会同管理矿山企业的主管部门责令停止生产,并由劳动行政主管部门处以罚款;拒不停止生产的,由劳动行政主管部门提请县级以上人民政府决定由有关主管部门吊销其采矿许可证和营业执照。

第四十四条 已经投入生产的矿山企业,不具备安全生产条件而强行开采的,由劳动行政主管部门会同管理矿山企业的主管部门责令限期改进;逾期仍不具备安全生产条件的,由劳动行政主管部门提请县级以上人民政府决定责令停产整顿或者由有关主管部门吊销其采矿许可证和营业执照。

第四十五条 当事人对行政处罚决定不服的,可以在接到处罚决定通知之日起15日内向作出处罚决定的机关的上一级机关申请复议;当事人也可以在接到处罚决定通知之日起15日内直接向人民法院起诉。

复议机关应当在接到复议申请之日起60日内作出复议决定。当事人对复议决定不服的,可以在接到复议决定之日起15日内向人民法院起诉。复议机关逾期不作出复议决定的,当事人可以在复议期满之日起15日内向人民法院起诉。

当事人逾期不申请复议也不向人民法院起诉、又不履行处罚决定的,作出处罚决定的机关可以申请人民法院强制执行。

第四十六条 矿山企业主管人员违章指挥、强令工人冒险作业,因而发生重大伤亡事故的,依照刑法有关规定追究刑事责任。

第四十七条 矿山企业主管人员对矿山事故隐患不采取措施,因而发生重大伤亡事故的,依照刑法有关规定追究刑事责任。

第四十八条 矿山安全监督人员和安全管理人员滥用职权、玩忽职守、徇私舞弊,构成犯罪的,依法追究刑事责任;不构成犯罪的,给予行政处分。

第八章 附 则

第四十九条 国务院劳动行政主管部门根据本法制定实施条例,报国务院批准施行。

省、自治区、直辖市人民代表大会常务委员会可以根据本法和本地区的实际情况,制定实施办法。

第五十条 本法自1993年5月1日起施行。

中华人民共和国煤炭法(节录)

- 1996年8月29日第八届全国人民代表大会常务委员会第二十一次会议通过
- 根据2009年8月27日第十一届全国人民代表大会常务委员会第十次会议《关于修改部分法律的决定》第一次修正
- 根据2011年4月22日第十一届全国人民代表大会常务委员会第二十次会议《关于修改〈中华人民共和国煤炭法〉的决定》第二次修正
- 根据2013年6月29日第十二届全国人民代表大会常务委员会第三次会议《关于修改〈中华人民共和国文物保护法〉等十二部法律的决定》第三次修正
- 根据2016年11月7日第十二届全国人民代表大会常务委员会第二十四次会议《关于修改〈中华人民共和国对外贸易法〉等十二部法律的决定》第四次修正

第一章　总　则

第一条　为了合理开发利用和保护煤炭资源,规范煤炭生产、经营活动,促进和保障煤炭行业的发展,制定本法。

……

第七条　煤矿企业必须坚持安全第一、预防为主的安全生产方针,建立健全安全生产的责任制度和群防群治制度。

第八条　各级人民政府及其有关部门和煤矿企业必须采取措施加强劳动保护,保障煤矿职工的安全和健康。

国家对煤矿井下作业的职工采取特殊保护措施。

……

第十二条　国务院煤炭管理部门依法负责全国煤炭行业的监督管理。国务院有关部门在各自的职责范围内负责煤炭行业的监督管理。

县级以上地方人民政府煤炭管理部门和有关部门依法负责本行政区域内煤炭行业的监督管理。

……

第三章　煤炭生产与煤矿安全

第二十条　煤矿投入生产前,煤矿企业应当依照有关安全生产的法律、行政法规的规定取得安全生产许可证。未取得安全生产许可证的,不得从事煤炭生产。

第二十一条　对国民经济具有重要价值的特殊煤种或者稀缺煤种,国家实行保护性开采。

第二十二条　开采煤炭资源必须符合煤矿开采规程,遵守合理的开采顺序,达到规定的煤炭资源回采率。

煤炭资源回采率由国务院煤炭管理部门根据不同的资源和开采条件确定。

国家鼓励煤矿企业进行复采或者开采边角残煤和极薄煤。

第二十三条　煤矿企业应当加强煤炭产品质量的监督检查和管理。煤炭产品质量应当按照国家标准或者行业标准分等论级。

第二十四条　煤炭生产应当依法在批准的开采范围内进行,不得超越批准的开采范围越界、越层开采。

采矿作业不得擅自开采保安煤柱,不得采用可能危及相邻煤矿生产安全的决水、爆破、贯通巷道等危险方法。

第二十五条　因开采煤炭压占土地或者造成地表土地塌陷、挖损,由采矿者负责进行复垦,恢复到可供利用的状态;造成他人损失的,应当依法给予补偿。

第二十六条　关闭煤矿和报废矿井,应当依照有关法律、法规和国务院煤炭管理部门的规定办理。

第二十七条　国家建立煤矿企业积累煤矿衰老期转产资金的制度。

国家鼓励和扶持煤矿企业发展多种经营。

第二十八条　国家提倡和支持煤矿企业和其他企业发展煤电联产、炼焦、煤化工、煤建材等,进行煤炭的深加工和精加工。

国家鼓励煤矿企业发展煤炭洗选加工,综合开发利用煤层气、煤矸石、煤泥、石煤和泥炭。

第二十九条　国家发展和推广洁净煤技术。

国家采取措施取缔土法炼焦。禁止新建土法炼焦窑炉;现有的土法炼焦限期改造。

第三十条　县级以上各级人民政府及其煤炭管理部门和其他有关部门,应当加强对煤矿安全生产工作的监督管理。

第三十一条　煤矿企业的安全生产管理,实行矿务局长、矿长负责制。

第三十二条　矿务局长、矿长及煤矿企业的其他主要负责人必须遵守有关矿山安全的法律、法规和煤炭行业安全规章、规程,加强对煤矿安全生产工作的管理,执行安全生产责任制度,采取有效措施,防止伤亡和其他安全生产事故的发生。

第三十三条　煤矿企业应当对职工进行安全生产教育、培训;未经安全生产教育、培训的,不得上岗作业。

煤矿企业职工必须遵守有关安全生产的法律、法规、煤炭行业规章、规程和企业规章制度。

第三十四条　在煤矿井下作业中,出现危及职工生命安全并无法排除的紧急情况时,作业现场负责人或者安全管理人员应当立即组织职工撤离危险现场，并及时报告有关方面负责人。

第三十五条　煤矿企业工会发现企业行政方面违章指挥、强令职工冒险作业或者生产过程中发现明显重大事故隐患，可能危及职工生命安全的情况，有权提出解决问题的建议，煤矿企业行政方面必须及时作出处理决定。企业行政方面拒不处理的，工会有权提出批评、检举和控告。

第三十六条　煤矿企业必须为职工提供保障安全生产所需的劳动保护用品。

第三十七条　煤矿企业应当依法为职工参加工伤保险缴纳工伤保险费。鼓励企业为井下作业职工办理意外伤害保险，支付保险费。

第三十八条　煤矿企业使用的设备、器材、火工产品和安全仪器，必须符合国家标准或者行业标准。

……

第六章　监督检查

第五十三条　煤炭管理部门和有关部门依法对煤矿企业和煤炭经营企业执行煤炭法律、法规的情况进行监督检查。

第五十四条　煤炭管理部门和有关部门的监督检查人员应当熟悉煤炭法律、法规，掌握有关煤炭专业技术，公正廉洁，秉公执法。

第五十五条　煤炭管理部门和有关部门的监督检查人员进行监督检查时，有权向煤矿企业、煤炭经营企业或者用户了解有关执行煤炭法律、法规的情况，查阅有关资料，并有权进入现场进行检查。

煤矿企业、煤炭经营企业和用户对依法执行监督检查任务的煤炭管理部门和有关部门的监督检查人员应当提供方便。

第五十六条　煤炭管理部门和有关部门的监督检查人员对煤矿企业和煤炭经营企业违反煤炭法律、法规的行为，有权要求其依法改正。

煤炭管理部门和有关部门的监督检查人员进行监督检查时，应当出示证件。

第七章　法律责任

……

第五十八条　违反本法第二十四条的规定，擅自开采保安煤柱或者采用危及相邻煤矿生产安全的危险方法进行采矿作业的，由劳动行政主管部门会同煤炭管理部门责令停止作业；由煤炭管理部门没收违法所得，并处违法所得一倍以上五倍以下的罚款；构成犯罪的，由司法机关依法追究刑事责任；造成损失的，依法承担赔偿责任。

……

第六十二条　违反本法第五十二条的规定，未经批准或者未采取安全措施，在煤矿采区范围内进行危及煤矿安全作业的，由煤炭管理部门责令停止作业，可以并处五万元以下的罚款；造成损失的，依法承担赔偿责任。

……

第六十四条　煤矿企业的管理人员违章指挥、强令职工冒险作业，发生重大伤亡事故的，依照刑法有关规定追究刑事责任。

第六十五条　煤矿企业的管理人员对煤矿事故隐患不采取措施予以消除，发生重大伤亡事故的，依照刑法有关规定追究刑事责任。

……

中华人民共和国矿产资源法（节录）

- 1986年3月19日第六届全国人民代表大会常务委员会第十五次会议通过
- 根据1996年8月29日第八届全国人民代表大会常务委员会第二十一次会议《关于修改〈中华人民共和国矿产资源法〉的决定》第一次修正
- 根据2009年8月27日第十一届全国人民代表大会常务委员会第十次会议《关于修改部分法律的决定》第二次修正
- 2024年11月8日第十四届全国人民代表大会常务委员会第十二次会议修订
- 2024年11月8日中华人民共和国主席令第36号公布
- 自2025年7月1日起施行

第一章　总　则

第一条　为了促进矿产资源合理开发利用，加强矿产资源和生态环境保护，维护矿产资源国家所有者权益和矿业权人合法权益，推动矿业高质量发展，保障国家矿产资源安全，适应全面建设社会主义现代化国家的需要，根据宪法，制定本法。

第二条　在中华人民共和国领域及管辖的其他海域勘查、开采矿产资源，开展矿区生态修复等活动，适用本法。

本法所称矿产资源，是指由地质作用形成、具有利用价值的，呈固态、液态、气态等形态的自然资源。矿产资源目录由国务院确定并调整。

第三条　矿产资源开发利用和保护工作应当坚持中国共产党的领导，贯彻总体国家安全观，统筹发展和安全,统筹国内国际,坚持开发利用与保护并重,遵循保障安全、节约集约、科技支撑、绿色发展的原则。

第四条　矿产资源属于国家所有,由国务院代表国家行使矿产资源的所有权。地表或者地下的矿产资源的国家所有权,不因其所依附的土地的所有权或者使用权的不同而改变。

各级人民政府应当加强矿产资源保护工作。禁止任何单位和个人以任何手段侵占或者破坏矿产资源。

第五条　勘查、开采矿产资源应当依法分别取得探矿权、采矿权,本法另有规定的除外。

国家保护依法取得的探矿权、采矿权不受侵犯,维护矿产资源勘查、开采区域的生产秩序、工作秩序。

第六条　勘查、开采矿产资源应当按照国家有关规定缴纳费用。国务院可以根据不同情况规定减收或者免收有关费用。

开采矿产资源应当依法缴纳资源税。

第七条　国家建立健全地质调查制度,加强基础性地质调查工作,为矿产资源勘查、开采和保护等提供基础地质资料。

第八条　国家完善政策措施,加大对战略性矿产资源勘查、开采、贸易、储备等的支持力度,推动战略性矿产资源增加储量和提高产能,推进战略性矿产资源产业优化升级,提升矿产资源安全保障水平。

战略性矿产资源目录由国务院确定并调整。

对国务院确定的特定战略性矿产资源,按照国家有关规定实行保护性开采。

第九条　国家对矿产资源勘查、开采实行统一规划、合理布局、综合勘查、合理开采和综合利用的方针。

国务院自然资源主管部门会同国务院发展改革、应急管理、生态环境、工业和信息化、水行政、能源、矿山安全监察等有关部门,依据国家发展规划、全国国土空间规划、地质调查成果等,编制全国矿产资源规划,报国务院或者其授权的部门批准后实施。

省级人民政府自然资源主管部门会同有关部门编制本行政区域矿产资源规划,经本级人民政府同意后,报国务院自然资源主管部门批准后实施。

设区的市级、县级人民政府自然资源主管部门会同有关部门根据本行政区域内矿产资源状况和实际需要,编制本行政区域矿产资源规划,经本级人民政府同意后,报上一级人民政府自然资源主管部门批准后实施。

第十条　国家加强战略性矿产资源储备体系和矿产资源应急体系建设,提升矿产资源应急保供能力和水平。

第十一条　国家鼓励、支持矿产资源勘查、开采、保护和矿区生态修复等领域的科技创新、科技成果应用推广,推动数字化、智能化、绿色化建设,提高矿产资源相关领域的科学技术水平。

第十二条　对在矿产资源勘查、开采、保护和矿区生态修复工作中做出突出贡献以及在矿产资源相关领域科技创新等方面取得显著成绩的单位和个人,按照国家有关规定给予表彰、奖励。

第十三条　国家在民族自治地方开采矿产资源,应当照顾民族自治地方的利益,作出有利于民族自治地方经济建设的安排,照顾当地群众的生产和生活。

民族自治地方的自治机关根据法律规定和国家的统一规划,对可以由本地方开发的矿产资源,优先合理开发利用。

第十四条　国务院自然资源主管部门会同有关部门负责全国矿产资源勘查、开采和矿区生态修复等活动的监督管理工作。

县级以上地方人民政府自然资源主管部门会同有关部门负责本行政区域内矿产资源勘查、开采和矿区生态修复等活动的监督管理工作。

国务院授权的机构对省、自治区、直辖市人民政府矿产资源开发利用和监督管理情况进行督察。

第十五条　国家坚持平等互利、合作共赢的方针,积极促进矿产资源领域国际合作。

……

第五章　矿产资源储备和应急

第五十条　国家构建产品储备、产能储备和产地储备相结合的战略性矿产资源储备体系,科学合理确定储备结构、规模和布局并动态调整。

第五十一条　国务院发展改革、财政、物资储备、能源等有关部门和省、自治区、直辖市人民政府应当按照国家有关规定加强战略性矿产资源储备设施建设,组织实施矿产品储备,建立灵活高效的收储、轮换、动用机制。

第五十二条　开采战略性矿产资源的采矿权人应当按照国家有关规定,落实产能储备责任,合理规划生产能力,确保应急增产需要。

第五十三条　国务院自然资源主管部门会同有关部门,根据保障国家矿产资源安全需要,结合资源储量、分布情况及其稀缺和重要程度等因素,划定战略性矿产资源储备地。

战略性矿产资源储备地管理办法由国务院自然资源主管部门会同有关部门制定。

第五十四条　国家建立和完善矿产资源供应安全预测预警体系，提高预测预警能力和水平，及时对矿产品供求变化、价格波动以及安全风险状况等进行预测预警。

第五十五条　出现矿产品供需严重失衡、经济社会发展和人民生活受到重大影响等矿产资源应急状态的，省级以上人民政府应当按照职责权限及时启动应急响应，可以依法采取下列应急处置措施：

（一）发布矿产品供求等相关信息；

（二）紧急调度矿产资源开采以及矿产品运输、供应；

（三）在战略性矿产资源储备地等区域组织实施矿产资源应急性开采；

（四）动用矿产品储备；

（五）实施价格干预措施、紧急措施；

（六）其他必要措施。

出现矿产资源应急状态时，有关单位和个人应当服从统一指挥和安排，承担相应的应急义务，配合采取应急处置措施，协助维护市场秩序。

因执行应急处置措施给有关单位、个人造成损失的，应当按照有关规定给予补偿。

矿产资源应急状态消除后，省级以上人民政府应当按照职责权限及时终止实施应急处置措施。

……

第七十二条　出现矿产资源应急状态时，有关单位和个人违反本法规定，不服从统一指挥和安排、不承担相应的应急义务或者不配合采取应急处置措施的，由省级以上人民政府自然资源主管部门或者其他有关部门责令改正，给予警告或者通报批评；拒不改正的，对单位处十万元以上五十万元以下罚款，根据情节轻重，可以责令停业整顿或者依法吊销相关许可证件，对个人处一万元以上五万元以下罚款。

……

中华人民共和国矿山安全法实施条例

· 1996年10月11日国务院批准
· 1996年10月30日劳动部令第4号发布
· 自发布之日起施行

第一章　总　则

第一条　根据《中华人民共和国矿山安全法》（以下简称《矿山安全法》），制定本条例。

第二条　《矿山安全法》及本条例中下列用语的含义：

矿山，是指在依法批准的矿区范围内从事矿产资源开采活动的场所及其附属设施。

矿产资源开采活动，是指在依法批准的矿区范围内从事矿产资源勘探和矿山建设、生产、闭坑及有关活动。

第三条　国家采取政策和措施，支持发展矿山安全教育，鼓励矿山安全开采技术、安全管理方法、安全设备与仪器的研究和推广，促进矿山安全科学技术进步。

第四条　各级人民政府、政府有关部门或者企业事业单位对有下列情形之一的单位和个人，按照国家有关规定给予奖励：

（一）在矿山安全管理和监督工作中，忠于职守，作出显著成绩的；

（二）防止矿山事故或者抢险救护有功的；

（三）在推广矿山安全技术、改进矿山安全设施方面，作出显著成绩的；

（四）在矿山安全生产方面提出合理化建议，效果显著的；

（五）在改善矿山劳动条件或者预防矿山事故方面有发明创造和科研成果，效果显著的。

第二章　矿山建设的安全保障

第五条　矿山设计使用的地质勘探报告书，应当包括下列技术资料：

（一）较大的断层、破碎带、滑坡、泥石流的性质和规模；

（二）含水层（包括溶洞）和隔水层的岩性、层厚、产状，含水层之间、地面水和地下水之间的水力联系，地下水的潜水位、水质、水量和流向，地面水流系统和有关水利工程的疏水能力以及当地历年降水量和最高洪水位；

（三）矿山设计范围内原有小窑、老窑的分布范围、开采深度和积水情况；

（四）沼气、二氧化碳赋存情况，矿物自然发火和矿尘爆炸的可能性；

（五）对人体有害的矿物组份、含量和变化规律，勘探区至少一年的天然放射性本底数据；

（六）地温异常和热水矿区的岩石热导率、地温梯度、热水来源、水温、水压和水量，以及圈定的热害区范围；

（七）工业、生活用水的水源和水质；

（八）钻孔封孔资料；

（九）矿山设计需要的其他资料。

第六条　编制矿山建设项目的可行性研究报告和总体设计，应当对矿山开采的安全条件进行论证。

矿山建设项目的初步设计，应当编制安全专篇。安全专篇的编写要求，由国务院劳动行政主管部门规定。

第七条 根据《矿山安全法》第八条的规定，矿山建设单位在向管理矿山企业的主管部门报送审批矿山建设工程安全设施设计文件时，应当同时报送劳动行政主管部门审查；没有劳动行政主管部门的审查意见，管理矿山企业的主管部门不得批准。

经批准的矿山建设工程安全设施设计需要修改时，应当征求原参加审查的劳动行政主管部门的意见。

第八条 矿山建设工程应当按照经批准的设计文件施工，保证施工质量；工程竣工后，应当按照国家有关规定申请验收。

建设单位应当在验收前60日向管理矿山企业的主管部门、劳动行政主管部门报送矿山建设工程安全设施施工、竣工情况的综合报告。

第九条 管理矿山企业的主管部门、劳动行政主管部门应当自收到建设单位报送的矿山建设工程安全设施施工、竣工情况的综合报告之日起30日内，对矿山建设工程的安全设施进行检查；不符合矿山安全规程、行业技术规范的，不得验收，不得投入生产或者使用。

第十条 矿山应当有保障安全生产、预防事故和职业危害的安全设施，并符合下列基本要求：

（一）每个矿井至少有两个独立的能行人的直达地面的安全出口。矿井的每个生产水平（中段）和各个采区（盘区）至少有两个能行人的安全出口，并与直达地面的出口相通。

（二）每个矿井有独立的采用机械通风的通风系统，保证井下作业场所有足够的风量；但是，小型非沼气矿井在保证井下作业场所所需风量的前提下，可以采用自然通风。

（三）井巷断面能满足行人、运输、通风和安全设施、设备的安装、维修及施工需要。

（四）井巷支护和采场顶板管理能保证作业场所的安全。

（五）相邻矿井之间、矿井与露天矿之间、矿井与老窑之间留有足够的安全隔离矿柱。矿山井巷布置留有足够的保障井上和井下安全的矿柱或者岩柱。

（六）露天矿山的阶段高度、平台宽度和边坡角能满足安全作业和边坡稳定的需要。船采沙矿的采池边界与地面建筑物、设备之间有足够的安全距离。

（七）有地面和井下的防水、排水系统，有防止地表水泄入井下和露天采场的措施。

（八）溜矿井有防止和处理堵塞的安全措施。

（九）有自然发火可能性的矿井，主要运输巷道布置在岩层或者不易自然发火的矿层内，并采用预防性灌浆或者其他有效的预防自然发火的措施。

（十）矿山地面消防设施符合国家有关消防的规定。矿井有防灭火设施和器材。

（十一）地面及井下供配电系统符合国家有关规定。

（十二）矿山提升运输设备、装置及设施符合下列要求：

1. 钢丝绳、连接装置、提升容器以及保险链有足够的安全系数；

2. 提升容器与井壁、罐道梁之间及两个提升容器之间有足够的间隙；

3. 提升绞车和提升容器有可靠的安全保护装置；

4. 电机车、架线、轨道的选型能满足安全要求；

5. 运送人员的机械设备有可靠的安全保护装置；

6. 提升运输设备有灵敏可靠的信号装置。

（十三）每个矿井有防尘供水系统。地面和井下所有产生粉尘的作业地点有综合防尘措施。

（十四）有瓦斯、矿尘爆炸可能性的矿井，采用防爆电器设备，并采取防尘和隔爆措施。

（十五）开采放射性矿物的矿井，符合下列要求：

1. 矿井进风量和风质能满足降氡的需要，避免串联通风和污风循环；

2. 主要进风道开在矿脉之外，穿矿脉或者岩体裂隙发育的进风巷道有防止氡析出的措施；

3. 采用后退式回采；

4. 能防止井下污水散流，并采取封闭的排放污水系统。

（十六）矿山储存爆破材料的场所符合国家有关规定。

（十七）排土场、矸石山有防止发生泥石流和其他危害的安全措施，尾矿库有防止溃坝等事故的安全设施。

（十八）有防止山体滑坡和因采矿活动引起地表塌陷造成危害的预防措施。

（十九）每个矿井配置足够数量的通风检测仪表和有毒有害气体与井下环境检测仪器。开采有瓦斯突出的矿井，装备监测系统或者检测仪器。

（二十）有与外界相通的、符合安全要求的运输设施和通讯设施。

（二十一）有更衣室、浴室等设施。

第三章 矿山开采的安全保障

第十一条 采掘作业应当编制作业规程，规定保证作业人员安全的技术措施和组织措施，并在情况变化时及时予以修改和补充。

第十二条 矿山开采应当有下列图纸资料：

（一）地质图（包括水文地质图和工程地质图）；

（二）矿山总布置图和矿井井上、井下对照图；

（三）矿井、巷道、采场布置图；

（四）矿山生产和安全保障的主要系统图。

第十三条 矿山企业应当在采矿许可证批准的范围开采，禁止越层、越界开采。

第十四条 矿山使用的下列设备、器材、防护用品和安全检测仪器，应当符合国家安全标准或者行业安全标准；不符合国家安全标准或者行业安全标准的，不得使用：

（一）采掘、支护、装载、运输、提升、通风、排水、瓦斯抽放、压缩空气和起重设备；

（二）电动机、变压器、配电柜、电器开关、电控装置；

（三）爆破器材、通讯器材、矿灯、电缆、钢丝绳、支护材料、防火材料；

（四）各种安全卫生检测仪器仪表；

（五）自救器、安全帽、防尘防毒口罩或者面罩、防护服、防护鞋等防护用品和救护设备；

（六）经有关主管部门认定的其他有特殊安全要求的设备和器材。

第十五条 矿山企业应当对机电设备及其防护装置、安全检测仪器定期检查、维修，并建立技术档案，保证使用安全。

非负责设备运行的人员，不得操作设备。非值班电气人员，不得进行电气作业。操作电气设备的人员，应当有可靠的绝缘保护。检修电气设备时，不得带电作业。

第十六条 矿山作业场所空气中的有毒有害物质的浓度，不得超过国家标准或者行业标准；矿山企业应当按照国家规定的方法，按照下列要求定期检测：

（一）粉尘作业点，每月至少检测2次；

（二）三硝基甲苯作业点，每月至少检测1次；

（三）放射性物质作业点，每月至少检测3次；

（四）其他有毒有害物质作业点，井下每月至少检测1次，地面每季度至少检测1次；

（五）采用个体采样方法检测呼吸性粉尘的，每季度至少检测1次。

第十七条 井下采掘作业，必须按照作业规程的规定管理顶帮。采掘作业通过地质破碎带或者其他顶帮破碎地点时，应当加强支护。

露天采剥作业，应当按照设计规定，控制采剥工作面的阶段高度、宽度、边坡角和最终边坡角。采剥作业和排土作业，不得对深部或者邻近井巷造成危害。

第十八条 煤矿和其他有瓦斯爆炸可能性的矿井，应当严格执行瓦斯检查制度，任何人不得携带烟草和点火用具下井。

第十九条 在下列条件下从事矿山开采，应当编制专门设计文件，并报管理矿山企业的主管部门批准：

（一）有瓦斯突出的；

（二）有冲击地压的；

（三）在需要保护的建筑物、构筑物和铁路下面开采的；

（四）在水体下面开采的；

（五）在地温异常或者有热水涌出的地区开采的。

第二十条 有自然发火可能性的矿井，应当采取下列措施：

（一）及时清出采场浮矿和其他可燃物质，回采结束后及时封闭采空区；

（二）采取防火灌浆或者其他有效的预防自然发火的措施；

（三）定期检查井巷和采区封闭情况，测定可能自然发火地点的温度和风量；定期检测火区内的温度、气压和空气成份。

第二十一条 井下采掘作业遇下列情形之一时，应当探水前进：

（一）接近承压含水层或者含水的断层、流砂层、砾石层、溶洞、陷落柱时；

（二）接近与地表水体相通的地质破碎带或者接近连通承压层的未封钻孔时；

（三）接近积水的老窑、旧巷或者灌过泥浆的采空区时；

（四）发现有出水征兆时；

（五）掘开隔离矿柱或者岩柱放水时。

第二十二条 井下风量、风质、风速和作业环境的气候，必须符合矿山安全规程的规定。

采掘工作面进风风流中，按照体积计算，氧气不得低于20%，二氧化碳不得超过0.5%。

井下作业地点的空气温度不得超过28℃；超过时，应当采取降温或者其他防护措施。

第二十三条 开采放射性矿物的矿井，必须采取下列措施，减少氡气析出量：

（一）及时封闭采空区和已经报废或者暂时不用的井巷；

（二）用留矿法作业的采场采用下行通风；

（三）严格管理井下污水。

第二十四条　矿山的爆破作业和爆破材料的制造、储存、运输、试验及销毁，必须严格执行国家有关规定。

第二十五条　矿山企业对地面、井下产生粉尘的作业，应当采取综合防尘措施，控制粉尘危害。

井下风动凿岩，禁止干打眼。

第二十六条　矿山企业应当建立、健全对地面陷落区、排土场、矸石山、尾矿库的检查和维护制度；对可能发生的危害，应当采取预防措施。

第二十七条　矿山企业应当按照国家有关规定关闭矿山，对关闭矿山后可能引起的危害采取预防措施。关闭矿山报告应当包括下列内容：

（一）采掘范围及采空区处理情况；

（二）对矿井采取的封闭措施；

（三）对其他不安全因素的处理办法。

第四章　矿山企业的安全管理

第二十八条　矿山企业应当建立、健全下列安全生产责任制：

（一）行政领导岗位安全生产责任制；

（二）职能机构安全生产责任制；

（三）岗位人员的安全生产责任制。

第二十九条　矿长（含矿务局局长、矿山公司经理，下同）对本企业的安全生产工作负有下列责任：

（一）认真贯彻执行《矿山安全法》和本条例以及其他法律、法规中有关矿山安全生产的规定；

（二）制定本企业安全生产管理制度；

（三）根据需要配备合格的安全工作人员，对每个作业场所进行跟班检查；

（四）采取有效措施，改善职工劳动条件，保证安全生产所需要的材料、设备、仪器和劳动防护用品的及时供应；

（五）依照本条例的规定，对职工进行安全教育、培训；

（六）制定矿山灾害的预防和应急计划；

（七）及时采取措施，处理矿山存在的事故隐患；

（八）及时、如实向劳动行政主管部门和管理矿山企业的主管部门报告矿山事故。

第三十条　矿山企业应当根据需要，设置安全机构或者配备专职安全工作人员。专职安全工作人员应当经过培训，具备必要的安全专业知识和矿山安全工作经验，能胜任现场安全检查工作。

第三十一条　矿长应当定期向职工代表大会或者职工大会报告下列事项，接受民主监督：

（一）企业安全生产重大决策；

（二）企业安全技术措施计划及其执行情况；

（三）职工安全教育、培训计划及其执行情况；

（四）职工提出的改善劳动条件的建议和要求的处理情况；

（五）重大事故处理情况；

（六）有关安全生产的其他重要事项。

第三十二条　矿山企业职工享有下列权利：

（一）有权获得作业场所安全与职业危害方面的信息；

（二）有权向有关部门和工会组织反映矿山安全状况和存在的问题；

（三）对任何危害职工安全健康的决定和行为，有权提出批评、检举和控告。

第三十三条　矿山企业职工应当履行下列义务：

（一）遵守有关矿山安全的法律、法规和企业规章制度；

（二）维护矿山企业的生产设备、设施；

（三）接受安全教育和培训；

（四）及时报告危险情况，参加抢险救护。

第三十四条　矿山企业工会有权督促企业行政方面加强职工的安全教育、培训工作，开展安全宣传活动，提高职工的安全生产意识和技术素质。

第三十五条　矿山企业应当按照下列规定对职工进行安全教育、培训：

（一）新进矿山的井下作业职工，接受安全教育、培训的时间不得少于 72 小时，考试合格后，必须在有安全工作经验的职工带领下工作满 4 个月，然后经再次考核合格，方可独立工作；

（二）新进露天矿的职工，接受安全教育、培训的时间不得少于 40 小时，经考试合格后，方可上岗作业；

（三）对调换工种和采用新工艺作业的人员，必须重新培训，经考试合格后，方可上岗作业；

（四）所有生产作业人员，每年接受在职安全教育、培训的时间不少于 20 小时。

职工安全教育、培训期间，矿山企业应当支付工资。

职工安全教育、培训情况和考核结果，应当记录存档。

第三十六条　矿山企业对职工的安全教育、培训，应当包括下列内容：

（一）《矿山安全法》及本条例赋予矿山职工的权利与义务；

（二）矿山安全规程及矿山企业有关安全管理的规章制度；

（三）与职工本职工作有关的安全知识；

（四）各种事故征兆的识别、发生紧急危险情况时的应急措施和撤退路线；

（五）自救装备的使用和有关急救方面的知识；

（六）有关主管部门规定的其他内容。

第三十七条 瓦斯检查工、爆破工、通风工、信号工、拥罐工、电工、金属焊接（切割）工、矿井泵工、瓦斯抽放工、主扇风机操作工、主提升机操作工、绞车操作工、输送机操作工、尾矿工、安全检查工和矿内机动车司机等特种作业人员应当接受专门技术培训，经考核合格取得操作资格证书后，方可上岗作业。特种作业人员的考核、发证工作按照国家有关规定执行。

第三十八条 对矿长安全资格的考核，应当包括下列内容：

（一）《矿山安全法》和有关法律、法规及矿山安全规程；

（二）矿山安全知识；

（三）安全生产管理能力；

（四）矿山事故处理能力；

（五）安全生产业绩。

第三十九条 矿山企业向职工发放的劳动防护用品应当是经过鉴定和检验合格的产品。劳动防护用品的发放标准由国务院劳动行政主管部门制定。

第四十条 矿山企业应当每年编制矿山灾害预防和应急计划；在每季度末，应当根据实际情况对计划及时进行修改，制定相应的措施。

矿山企业应当使每个职工熟悉矿山灾害预防和应急计划，并且每年至少组织1次矿山救灾演习。

矿山企业应当根据国家有关规定，按照不同作业场所的要求，设置矿山安全标志。

第四十一条 矿山企业应当建立由专职的或者兼职的人员组成的矿山救护和医疗急救组织。不具备单独建立专业救护和医疗急救组织的小型矿山企业，除应当建立兼职的救护和医疗急救组织外，还应当与邻近的有专业的救护和医疗急救组织的矿山企业签订救护和急救协议，或者与邻近的矿山企业联合建立专业救护和医疗急救组织。

矿山救护和医疗急救组织应当有固定场所、训练器械和训练场地。

矿山救护和医疗急救组织的规模和装备标准，由国务院管理矿山企业的有关主管部门规定。

第四十二条 矿山企业必须按照国家规定的安全条件进行生产，并安排一部分资金，用于下列改善矿山安全生产条件的项目：

（一）预防矿山事故的安全技术措施；

（二）预防职业危害的劳动卫生技术措施；

（三）职工的安全培训；

（四）改善矿山安全生产条件的其他技术措施。

前款所需资金，由矿山企业按矿山维简费的20%的比例具实列支；没有矿山维简费的矿山企业，按固定资产折旧费的20%的比例具实列支。

第五章 矿山安全的监督和管理

第四十三条 县级以上各级人民政府劳动行政主管部门，应当根据矿山安全监督工作的实际需要，配备矿山安全监督人员。

矿山安全监督人员必须熟悉矿山安全技术知识，具有矿山安全工作经验，能胜任矿山安全检查工作。

矿山安全监督证件和专用标志由国务院劳动行政主管部门统一制作。

第四十四条 矿山安全监督人员在执行职务时，有权进入现场检查，参加有关会议，无偿调阅有关资料，向有关单位和人员了解情况。

矿山安全监督人员进入现场检查，发现有危及职工安全健康的情况时，有权要求矿山企业立即改正或者限期解决；情况紧急时，有权要求矿山企业立即停止作业，从危险区内撤出作业人员。

劳动行政主管部门可以委托检测机构对矿山作业场所和危险性较大的在用设备、仪器、器材进行抽检。

劳动行政主管部门对检查中发现的违反《矿山安全法》和本条例以及其他法律、法规有关矿山安全的规定的情况，应当依法提出处理意见。

第四十五条 矿山安全监督人员执行公务时，应当出示矿山安全监督证件，秉公执法，并遵守有关规定。

第六章 矿山事故处理

第四十六条 矿山发生事故后，事故现场有关人员应当立即报告矿长或者有关主管人员；矿长或者有关主管人员接到事故报告后，必须立即采取有效措施，组织抢救，防止事故扩大，尽力减少人员伤亡和财产损失。

第四十七条 矿山发生重伤、死亡事故后，矿山企业应当在24小时内如实向劳动行政主管部门和管理矿山企业的主管部门报告。

第四十八条 劳动行政主管部门和管理矿山企业的主管部门接到死亡事故或者1次重伤3人以上的事故报告后，应当立即报告本级人民政府，并报各自的上一级主管部门。

第四十九条 发生伤亡事故，矿山企业和有关单位应当保护事故现场；因抢救事故，需要移动现场部分物品时，必须作出标志，绘制事故现场图，并详细记录；在消除现场危险，采取防范措施后，方可恢复生产。

第五十条 矿山事故发生后，有关部门应当按照国家有关规定，进行事故调查处理。

第五十一条 矿山事故调查处理工作应当自事故发生之日起90日内结束；遇有特殊情况，可以适当延长，但是不得超过180日。矿山事故处理结案后，应当公布处理结果。

第七章 法律责任

第五十二条 依照《矿山安全法》第四十条规定处以罚款的，分别按照下列规定执行：

（一）未对职工进行安全教育、培训，分配职工上岗作业的，处4万元以下的罚款；

（二）使用不符合国家安全标准或者行业安全标准的设备、器材、防护用品和安全检测仪器的，处5万元以下的罚款；

（三）未按照规定提取或者使用安全技术措施专项费用的，处5万元以下的罚款；

（四）拒绝矿山安全监督人员现场检查或者在被检查时隐瞒事故隐患，不如实反映情况的，处2万元以下的罚款；

（五）未按照规定及时、如实报告矿山事故的，处3万元以下的罚款。

第五十三条 依照《矿山安全法》第四十三条规定处以罚款的，罚款幅度为5万元以上10万元以下。

第五十四条 违反本条例第十五条、第十六条、第十七条、第十八条、第十九条、第二十条、第二十一条、第二十二条、第二十三条、第二十五条规定的，由劳动行政主管部门责令改正，可以处2万元以下的罚款。

第五十五条 当事人收到罚款通知书后，应当在15日内到指定的金融机构缴纳罚款；逾期不缴纳的，自逾期之日起每日加收3‰的滞纳金。

第五十六条 矿山企业主管人员有下列行为之一，造成矿山事故的，按照规定给予纪律处分；构成犯罪的，由司法机关依法追究刑事责任：

（一）违章指挥、强令工人违章、冒险作业的；

（二）对工人屡次违章作业熟视无睹，不加制止的；

（三）对重大事故预兆或者已发现的隐患不及时采取措施的；

（四）不执行劳动行政主管部门的监督指令或者不采纳有关部门提出的整顿意见，造成严重后果的。

第八章 附 则

第五十七条 国务院管理矿山企业的主管部门根据《矿山安全法》和本条例修订或者制定的矿山安全规程和行业技术规范，报国务院劳动行政主管部门备案。

第五十八条 石油天然气开采的安全规定，由国务院劳动行政主管部门会同石油工业主管部门制定，报国务院批准后施行。

第五十九条 本条例自发布之日起施行。

煤矿安全生产条例

·2023年12月18日国务院第21次常务会议通过
·2024年1月24日中华人民共和国国务院令第774号公布
·自2024年5月1日起施行

第一章 总 则

第一条 为了加强煤矿安全生产工作，防止和减少煤矿生产安全事故，保障人民群众生命财产安全，制定本条例。

第二条 在中华人民共和国领域和中华人民共和国管辖的其他海域内的煤矿安全生产，适用本条例。

第三条 煤矿安全生产工作坚持中国共产党的领导。

煤矿安全生产工作应当以人为本，坚持人民至上、生命至上，把保护人民生命安全摆在首位，贯彻安全发展理念，坚持安全第一、预防为主、综合治理的方针，从源头上防范化解重大安全风险。

煤矿安全生产工作实行管行业必须管安全、管业务必须管安全、管生产经营必须管安全，按照国家监察、地方监管、企业负责，强化和落实安全生产责任。

第四条 煤矿企业应当履行安全生产主体责任，加强安全生产管理，建立健全并落实全员安全生产责任制和安全生产规章制度，加大对安全生产资金、物资、技术、人员的投入保障力度，改善安全生产条件，加强安全生产标准化、信息化建设，构建安全风险分级管控和隐患排查治理双重预防机制，健全风险防范化解机制，提高安全生产水平，确保安全生产。

煤矿企业主要负责人（含实际控制人，下同）是本企业安全生产第一责任人，对本企业安全生产工作全面负责。其他负责人对职责范围内的安全生产工作负责。

第五条　县级以上人民政府应当加强对煤矿安全生产工作的领导，建立健全工作协调机制，支持、督促各有关部门依法履行煤矿安全生产工作职责，及时协调、解决煤矿安全生产工作中的重大问题。

第六条　县级以上人民政府负有煤矿安全生产监督管理职责的部门对煤矿安全生产实施监督管理，其他有关部门按照职责分工依法履行煤矿安全生产相关职责。

第七条　国家实行煤矿安全监察制度。国家矿山安全监察机构及其设在地方的矿山安全监察机构负责煤矿安全监察工作，依法对地方人民政府煤矿安全生产监督管理工作进行监督检查。

国家矿山安全监察机构及其设在地方的矿山安全监察机构依法履行煤矿安全监察职责，不受任何单位和个人的干涉。

第八条　国家实行煤矿生产安全事故责任追究制度。对煤矿生产安全事故责任单位和责任人员，依照本条例和有关法律法规的规定追究法律责任。

国家矿山安全监察机构及其设在地方的矿山安全监察机构依法组织或者参与煤矿生产安全事故调查处理。

第九条　县级以上人民政府负有煤矿安全生产监督管理职责的部门、国家矿山安全监察机构及其设在地方的矿山安全监察机构应当建立举报制度，公开举报电话、信箱或者电子邮件地址等网络举报平台，受理有关煤矿安全生产的举报并依法及时处理；对需要由其他有关部门进行调查处理的，转交其他有关部门处理。

任何单位和个人对事故隐患或者安全生产违法行为，有权向前款规定的部门和机构举报。举报事项经核查属实的，依法依规给予奖励。

第十条　煤矿企业从业人员有依法获得安全生产保障的权利，并应当依法履行安全生产方面的义务。

第十一条　国家矿山安全监察机构应当按照保障煤矿安全生产的要求，在国务院应急管理部门的指导下，依法及时拟订煤矿安全生产国家标准或者行业标准，并负责煤矿安全生产强制性国家标准的项目提出、组织起草、征求意见、技术审查。

第十二条　国家鼓励和支持煤矿安全生产科学技术研究和煤矿安全生产先进技术、工艺的推广应用，提升煤矿智能化开采水平，推进煤矿安全生产的科学管理，提高安全生产水平。

第二章　煤矿企业的安全生产责任

第十三条　煤矿企业应当遵守有关安全生产的法律法规以及煤矿安全规程，执行保障安全生产的国家标准或者行业标准。

第十四条　新建、改建、扩建煤矿工程项目（以下统称煤矿建设项目）的建设单位应当委托具有建设工程设计企业资质的设计单位进行安全设施设计。

安全设施设计应当包括煤矿水、火、瓦斯、冲击地压、煤尘、顶板等主要灾害的防治措施，符合国家标准或者行业标准的要求，并报省、自治区、直辖市人民政府负有煤矿安全生产监督管理职责的部门审查。安全设施设计需要作重大变更的，应当报原审查部门重新审查，不得先施工后报批、边施工边修改。

第十五条　煤矿建设项目的建设单位应当对参与煤矿建设项目的设计、施工、监理等单位进行统一协调管理，对煤矿建设项目安全管理负总责。

施工单位应当按照批准的安全设施设计施工，不得擅自变更设计内容。

第十六条　煤矿建设项目竣工投入生产或者使用前，应当由建设单位负责组织对安全设施进行验收，并对验收结果负责；经验收合格后，方可投入生产和使用。

第十七条　煤矿企业进行生产，应当依照《安全生产许可证条例》的规定取得安全生产许可证。未取得安全生产许可证的，不得生产。

第十八条　煤矿企业主要负责人对本企业安全生产工作负有下列职责：

（一）建立健全并落实全员安全生产责任制，加强安全生产标准化建设；

（二）组织制定并实施安全生产规章制度和作业规程、操作规程；

（三）组织制定并实施安全生产教育和培训计划；

（四）保证安全生产投入的有效实施；

（五）组织建立并落实安全风险分级管控和隐患排查治理双重预防工作机制，督促、检查安全生产工作，及时消除事故隐患；

（六）组织制定并实施生产安全事故应急救援预案；

（七）及时、如实报告煤矿生产安全事故。

第十九条　煤矿企业应当设置安全生产管理机构并配备专职安全生产管理人员。安全生产管理机构和安全生产管理人员负有下列安全生产职责：

（一）组织或者参与拟订安全生产规章制度、作业规程、操作规程和生产安全事故应急救援预案；

（二）组织或者参与安全生产教育和培训，如实记录安全生产教育和培训情况；

（三）组织开展安全生产法律法规宣传教育；

（四）组织开展安全风险辨识评估，督促落实重大安全风险管控措施；

（五）制止和纠正违章指挥、强令冒险作业、违反规程的行为，发现威胁安全的紧急情况时，有权要求立即停止危险区域内的作业，撤出作业人员；

（六）检查安全生产状况，及时排查事故隐患，对事故隐患排查治理情况进行统计分析，提出改进安全生产管理的建议；

（七）组织或者参与应急救援演练；

（八）督促落实安全生产整改措施。

煤矿企业应当配备主要技术负责人，建立健全并落实技术管理体系。

第二十条 煤矿企业从业人员负有下列安全生产职责：

（一）遵守煤矿企业安全生产规章制度和作业规程、操作规程，严格落实岗位安全责任；

（二）参加安全生产教育和培训，掌握本职工作所需的安全生产知识，提高安全生产技能，增强事故预防和应急处理能力；

（三）及时报告发现的事故隐患或者其他不安全因素。

对违章指挥和强令冒险作业的行为，煤矿企业从业人员有权拒绝并向县级以上地方人民政府负有煤矿安全生产监督管理职责的部门、所在地矿山安全监察机构报告。

煤矿企业不得因从业人员拒绝违章指挥或者强令冒险作业而降低其工资、福利等待遇，无正当理由调整工作岗位，或者解除与其订立的劳动合同。

第二十一条 煤矿企业主要负责人和安全生产管理人员应当通过安全生产知识和管理能力考核，并持续保持相应水平和能力。

煤矿企业从业人员经安全生产教育和培训合格，方可上岗作业。煤矿企业特种作业人员应当按照国家有关规定经专门的安全技术培训和考核合格，并取得相应资格。

第二十二条 煤矿企业应当为煤矿分别配备专职矿长、总工程师，分管安全、生产、机电的副矿长以及专业技术人员。

对煤（岩）与瓦斯（二氧化碳）突出、高瓦斯、冲击地压、煤层容易自燃、水文地质类型复杂和极复杂的煤矿，还应当设立相应的专门防治机构，配备专职副总工程师。

第二十三条 煤矿企业应当按照国家有关规定建立健全领导带班制度并严格考核。

井工煤矿企业的负责人和生产经营管理人员应当轮流带班下井，并建立下井登记档案。

第二十四条 煤矿企业应当为从业人员提供符合国家标准或者行业标准的劳动防护用品，并监督、教育从业人员按照使用规则佩戴、使用。

煤矿井下作业人员实行安全限员制度。煤矿企业应当依法制定井下工作时间管理制度。煤矿井下工作岗位不得使用劳务派遣用工。

第二十五条 煤矿企业使用的安全设备的设计、制造、安装、使用、检测、维修、改造和报废，应当符合国家标准或者行业标准。

煤矿企业应当建立安全设备台账和追溯、管理制度，对安全设备进行经常性维护、保养并定期检测，保证正常运转，对安全设备购置、入库、使用、维护、保养、检测、维修、改造、报废等进行全流程记录并存档。

煤矿企业不得使用应当淘汰的危及生产安全的设备、工艺，具体目录由国家矿山安全监察机构制定并公布。

第二十六条 煤矿的采煤、掘进、机电、运输、通风、排水、排土等主要生产系统和防瓦斯、防煤（岩）与瓦斯（二氧化碳）突出、防冲击地压、防火、防治水、防尘、防热害、防滑坡、监控与通讯等安全设施，应当符合煤矿安全规程和国家标准或者行业标准规定的管理和技术要求。

煤矿企业及其有关人员不得关闭、破坏直接关系生产安全的监控、报警、防护、救生设备、设施，或者篡改、隐瞒、销毁其相关数据、信息，不得以任何方式影响其正常使用。

第二十七条 井工煤矿应当有符合煤矿安全规程和国家标准或者行业标准规定的安全出口、独立通风系统、安全监控系统、防尘供水系统、防灭火系统、供配电系统、运送人员装置和反映煤矿实际情况的图纸，并按照规定进行瓦斯等级、冲击地压、煤层自燃倾向性和煤尘爆炸性鉴定。

井工煤矿应当按矿井瓦斯等级选用相应的煤矿许用炸药和电雷管，爆破工作由专职爆破工承担。

第二十八条 露天煤矿的采场及排土场边坡与重要建筑物、构筑物之间应当留有足够的安全距离。

煤矿企业应当定期对露天煤矿进行边坡稳定性评价，评价范围应当涵盖露天煤矿所有边坡。达不到边坡稳定要求时，应当修改采矿设计或者采取安全措施，同时加强边坡监测工作。

第二十九条　煤矿企业应当依法制定生产安全事故应急救援预案，与所在地县级以上地方人民政府组织制定的生产安全事故应急救援预案相衔接，并定期组织演练。

煤矿企业应当设立专职救护队；不具备设立专职救护队条件的，应当设立兼职救护队，并与邻近的专职救护队签订救护协议。发生事故时，专职救护队应当在规定时间内到达煤矿开展救援。

第三十条　煤矿企业应当在依法确定的开采范围内进行生产，不得超层、越界开采。

采矿作业不得擅自开采保安煤柱，不得采用可能危及相邻煤矿生产安全的决水、爆破、贯通巷道等危险方法。

第三十一条　煤矿企业不得超能力、超强度或者超定员组织生产。正常生产煤矿因地质、生产技术条件、采煤方法或者工艺等发生变化导致生产能力发生较大变化的，应当依法重新核定其生产能力。

县级以上地方人民政府及其有关部门不得要求不具备安全生产条件的煤矿企业进行生产。

第三十二条　煤矿企业应当按照煤矿灾害程度和类型实施灾害治理，编制年度灾害预防和处理计划，并根据具体情况及时修改。

第三十三条　煤矿开采有下列情形之一的，应当编制专项设计：

（一）有煤（岩）与瓦斯（二氧化碳）突出的；

（二）有冲击地压危险的；

（三）开采需要保护的建筑物、水体、铁路下压煤或者主要井巷留设煤柱的；

（四）水文地质类型复杂、极复杂或者周边有老窑采空区的；

（五）开采容易自燃和自燃煤层的；

（六）其他需要编制专项设计的。

第三十四条　在煤矿进行石门揭煤、探放水、巷道贯通、清理煤仓、强制放顶、火区密闭和启封、动火以及国家矿山安全监察机构规定的其他危险作业，应当采取专门安全技术措施，并安排专门人员进行现场安全管理。

第三十五条　煤矿企业应当建立安全风险分级管控制度，开展安全风险辨识评估，按照安全风险分级采取相应的管控措施。

煤矿企业应当建立健全事故隐患排查治理制度，采取技术、管理措施，及时发现并消除事故隐患。事故隐患排查治理情况应当如实记录，并定期向从业人员通报。重大事故隐患排查治理情况的书面报告经煤矿企业负责人签字后，每季度报县级以上地方人民政府负有煤矿安全生产监督管理职责的部门和所在地矿山安全监察机构。

煤矿企业应当加强对所属煤矿的安全管理，定期对所属煤矿进行安全检查。

第三十六条　煤矿企业有下列情形之一的，属于重大事故隐患，应当立即停止受影响区域生产、建设，并及时消除事故隐患：

（一）超能力、超强度或者超定员组织生产的；

（二）瓦斯超限作业的；

（三）煤（岩）与瓦斯（二氧化碳）突出矿井未按照规定实施防突措施的；

（四）煤（岩）与瓦斯（二氧化碳）突出矿井、高瓦斯矿井未按照规定建立瓦斯抽采系统，或者系统不能正常运行的；

（五）通风系统不完善、不可靠的；

（六）超层、越界开采的；

（七）有严重水患，未采取有效措施的；

（八）有冲击地压危险，未采取有效措施的；

（九）自然发火严重，未采取有效措施的；

（十）使用应当淘汰的危及生产安全的设备、工艺的；

（十一）未按照规定建立监控与通讯系统，或者系统不能正常运行的；

（十二）露天煤矿边坡角大于设计最大值或者边坡发生严重变形，未采取有效措施的；

（十三）未按照规定采用双回路供电系统的；

（十四）新建煤矿边建设边生产，煤矿改扩建期间，在改扩建的区域生产，或者在其他区域的生产超出设计规定的范围和规模的；

（十五）实行整体承包生产经营后，未重新取得或者及时变更安全生产许可证而从事生产，或者承包方再次转包，以及将井下采掘工作面和井巷维修作业外包的；

（十六）改制、合并、分立期间，未明确安全生产责任人和安全生产管理机构，或者在完成改制、合并、分立后，未重新取得或者及时变更安全生产许可证等的；

（十七）有其他重大事故隐患的。

第三十七条　煤矿企业及其有关人员对县级以上人民政府负有煤矿安全生产监督管理职责的部门、国家矿山安全监察机构及其设在地方的矿山安全监察机构依法履行职责，应当予以配合，按照要求如实提供有关情况，不得隐瞒或者拒绝、阻挠。

对县级以上人民政府负有煤矿安全生产监督管理职责的部门、国家矿山安全监察机构及其设在地方的矿山安全监察机构查处的事故隐患，煤矿企业应当立即进行整改，并按照要求报告整改结果。

第三十八条 煤矿企业应当及时足额安排安全生产费用等资金，确保符合安全生产要求。煤矿企业的决策机构、主要负责人对由于安全生产所必需的资金投入不足导致的后果承担责任。

第三章 煤矿安全生产监督管理

第三十九条 煤矿安全生产实行地方党政领导干部安全生产责任制，强化煤矿安全生产属地管理。

第四十条 省、自治区、直辖市人民政府应当按照分级分类监管的原则，明确煤矿企业的安全生产监管主体。

县级以上人民政府相关主管部门对未依法取得安全生产许可证等擅自进行煤矿生产的，应当依法查处。

乡镇人民政府在所辖区域内发现未依法取得安全生产许可证等擅自进行煤矿生产的，应当采取有效措施制止，并向县级人民政府相关主管部门报告。

第四十一条 省、自治区、直辖市人民政府负有煤矿安全生产监督管理职责的部门审查煤矿建设项目安全设施设计，应当自受理之日起 30 日内审查完毕，签署同意或者不同意的意见，并书面答复。

省、自治区、直辖市人民政府负有煤矿安全生产监督管理职责的部门应当加强对建设单位安全设施验收活动和验收结果的监督核查。

第四十二条 省、自治区、直辖市人民政府负有煤矿安全生产监督管理职责的部门负责煤矿企业安全生产许可证的颁发和管理，并接受国家矿山安全监察机构及其设在地方的矿山安全监察机构的监督。

第四十三条 县级以上地方人民政府负有煤矿安全生产监督管理职责的部门应当编制煤矿安全生产年度监督检查计划，并按照计划进行监督检查。

煤矿安全生产年度监督检查计划应当抄送所在地矿山安全监察机构。

第四十四条 县级以上地方人民政府负有煤矿安全生产监督管理职责的部门依法对煤矿企业进行监督检查，并将煤矿现场安全生产状况作为监督检查重点内容。监督检查可以采取以下措施：

（一）进入煤矿企业进行检查，重点检查一线生产作业场所，调阅有关资料，向有关单位和人员了解情况；

（二）对检查中发现的安全生产违法行为，当场予以纠正或者要求限期改正；

（三）对检查中发现的事故隐患，应当责令立即排除；重大事故隐患排除前或者排除过程中无法保证安全的，应当责令从危险区域内撤出作业人员，责令暂时停产或者停止使用相关设施、设备；

（四）对有根据认为不符合保障安全生产的国家标准或者行业标准的设施、设备、器材予以查封或者扣押。

监督检查不得影响煤矿企业的正常生产经营活动。

第四十五条 县级以上地方人民政府负有煤矿安全生产监督管理职责的部门应当将重大事故隐患纳入相关信息系统，建立健全重大事故隐患治理督办制度，督促煤矿企业消除重大事故隐患。

第四十六条 县级以上地方人民政府负有煤矿安全生产监督管理职责的部门应当加强对煤矿安全生产技术服务机构的监管。

承担安全评价、认证、检测、检验等职责的煤矿安全生产技术服务机构应当依照有关法律法规和国家标准或者行业标准的规定开展安全生产技术服务活动，并对出具的报告负责，不得租借资质、挂靠、出具虚假报告。

第四十七条 县级以上人民政府及其有关部门对存在安全生产失信行为的煤矿企业、煤矿安全生产技术服务机构及有关从业人员，依法依规实施失信惩戒。

第四十八条 对被责令停产整顿的煤矿企业，在停产整顿期间，有关地方人民政府应当采取有效措施进行监督检查。

煤矿企业有安全生产违法行为或者重大事故隐患依法被责令停产整顿的，应当制定整改方案并进行整改。整改结束后要求恢复生产的，县级以上地方人民政府负有煤矿安全生产监督管理职责的部门应当组织验收，并在收到恢复生产申请之日起 20 日内组织验收完毕。验收合格的，经本部门主要负责人签字，并经所在地矿山安全监察机构审核同意，报本级人民政府主要负责人批准后，方可恢复生产。

第四十九条 县级以上地方人民政府负有煤矿安全生产监督管理职责的部门对被责令停产整顿或者关闭的煤矿企业，应当在 5 个工作日内向社会公告；对被责令停产整顿的煤矿企业经验收合格恢复生产的，应当自恢复生产之日起 5 个工作日内向社会公告。

第四章 煤矿安全监察

第五十条 国家矿山安全监察机构及其设在地方的矿山安全监察机构应当依法履行煤矿安全监察职责，对县级以上地方人民政府煤矿安全生产监督管理工作加强监督检查，并及时向有关地方人民政府通报监督检查的情况，提出改善和加强煤矿安全生产工作的监察意见和建议，督促开展重大事故隐患整改和复查。

县级以上地方人民政府应当配合和接受国家矿山安全监察机构及其设在地方的矿山安全监察机构的监督检查，及时落实监察意见和建议。

第五十一条 设在地方的矿山安全监察机构应当对所辖区域内煤矿安全生产实施监察；对事故多发地区，应当实施重点监察。国家矿山安全监察机构根据实际情况，组织对全国煤矿安全生产的全面监察或者重点监察。

第五十二条 国家矿山安全监察机构及其设在地方的矿山安全监察机构对县级以上地方人民政府煤矿安全生产监督管理工作进行监督检查，可以采取以下方式：

（一）听取有关地方人民政府及其负有煤矿安全生产监督管理职责的部门工作汇报；

（二）调阅、复制与煤矿安全生产有关的文件、档案、工作记录等资料；

（三）要求有关地方人民政府及其负有煤矿安全生产监督管理职责的部门和有关人员就煤矿安全生产工作有关问题作出说明；

（四）有必要采取的其他方式。

第五十三条 国家矿山安全监察机构及其设在地方的矿山安全监察机构履行煤矿安全监察职责，有权进入煤矿作业场所进行检查，参加煤矿企业安全生产会议，向有关煤矿企业及人员了解情况。

国家矿山安全监察机构及其设在地方的矿山安全监察机构发现煤矿现场存在事故隐患的，有权要求立即排除或者限期排除；发现有违章指挥、强令冒险作业、违章作业以及其他安全生产违法行为的，有权立即纠正或者要求立即停止作业；发现威胁安全的紧急情况时，有权要求立即停止危险区域内的作业并撤出作业人员。

矿山安全监察人员履行煤矿安全监察职责，应当出示执法证件。

第五十四条 国家矿山安全监察机构及其设在地方的矿山安全监察机构发现煤矿企业存在重大事故隐患责令停产整顿的，应当及时移送县级以上地方人民政府负有煤矿安全生产监督管理职责的部门处理并进行督办。

第五十五条 国家矿山安全监察机构及其设在地方的矿山安全监察机构发现煤矿企业存在应当由其他部门处理的违法行为的，应当及时移送有关部门处理。

第五十六条 国家矿山安全监察机构及其设在地方的矿山安全监察机构和县级以上人民政府有关部门应当建立信息共享、案件移送机制，加强协作配合。

第五十七条 国家矿山安全监察机构及其设在地方的矿山安全监察机构应当加强煤矿安全生产信息化建设，运用信息化手段提升执法水平。

煤矿企业应当按照国家矿山安全监察机构制定的安全生产电子数据规范联网并实时上传电子数据，对上传电子数据的真实性、准确性和完整性负责。

第五十八条 国家矿山安全监察机构及其设在地方的矿山安全监察机构依法对煤矿企业贯彻执行安全生产法律法规、煤矿安全规程以及保障安全生产的国家标准或者行业标准的情况进行监督检查，行使本条例第四十四条规定的职权。

第五十九条 发生煤矿生产安全事故后，煤矿企业及其负责人应当迅速采取有效措施组织抢救，并依照《生产安全事故报告和调查处理条例》的规定立即如实向当地应急管理部门、负有煤矿安全生产监督管理职责的部门和所在地矿山安全监察机构报告。

国家矿山安全监察机构及其设在地方的矿山安全监察机构应当根据事故等级和工作需要，派出工作组赶赴事故现场，指导配合事故发生地地方人民政府开展应急救援工作。

第六十条 煤矿生产安全事故按照事故等级实行分级调查处理。

特别重大事故由国务院或者国务院授权有关部门依照《生产安全事故报告和调查处理条例》的规定组织调查处理。重大事故、较大事故、一般事故由国家矿山安全监察机构及其设在地方的矿山安全监察机构依照《生产安全事故报告和调查处理条例》的规定组织调查处理。

第五章 法律责任

第六十一条 未依法取得安全生产许可证等擅自进行煤矿生产的，应当责令立即停止生产，没收违法所得和开采出的煤炭以及采掘设备；违法所得在10万元以上的，并处违法所得2倍以上5倍以下的罚款；没有违法所得或者违法所得不足10万元的，并处10万元以上20万元以下的罚款。

关闭的煤矿企业擅自恢复生产的，依照前款规定予以处罚。

第六十二条 煤矿企业有下列行为之一的，依照《中华人民共和国安全生产法》有关规定予以处罚：

（一）未按照规定设置安全生产管理机构并配备安全生产管理人员的；

（二）主要负责人和安全生产管理人员未按照规定

经考核合格并持续保持相应水平和能力的；

（三）未按照规定进行安全生产教育和培训，未按照规定如实告知有关的安全生产事项，或者未如实记录安全生产教育和培训情况的；

（四）特种作业人员未按照规定经专门的安全作业培训并取得相应资格，上岗作业的；

（五）进行危险作业，未采取专门安全技术措施并安排专门人员进行现场安全管理的；

（六）未按照规定建立并落实安全风险分级管控制度和事故隐患排查治理制度的，或者重大事故隐患排查治理情况未按照规定报告的；

（七）未按照规定制定生产安全事故应急救援预案或者未定期组织演练的。

第六十三条 煤矿企业有下列行为之一的，责令限期改正，处10万元以上20万元以下的罚款；逾期未改正的，责令停产整顿，并处20万元以上50万元以下的罚款，对其直接负责的主管人员和其他直接责任人员处3万元以上5万元以下的罚款：

（一）未按照规定制定并落实全员安全生产责任制和领导带班等安全生产规章制度的；

（二）未按照规定为煤矿配备矿长等人员和机构，或者未按照规定设立救护队的；

（三）煤矿的主要生产系统、安全设施不符合煤矿安全规程和国家标准或者行业标准规定的；

（四）未按照规定编制专项设计的；

（五）井工煤矿未按照规定进行瓦斯等级、冲击地压、煤层自燃倾向性和煤尘爆炸性鉴定的；

（六）露天煤矿的采场及排土场边坡与重要建筑物、构筑物之间安全距离不符合规定的，或者未按照规定保持露天煤矿边坡稳定的；

（七）违章指挥或者强令冒险作业、违反规程的。

第六十四条 对存在重大事故隐患仍然进行生产的煤矿企业，责令停产整顿，明确整顿的内容、时间等具体要求，并处50万元以上200万元以下的罚款；对煤矿企业主要负责人处3万元以上15万元以下的罚款。

第六十五条 煤矿企业超越依法确定的开采范围采矿的，依照有关法律法规的规定予以处理。

擅自开采保安煤柱或者采用可能危及相邻煤矿生产安全的决水、爆破、贯通巷道等危险方法进行采矿作业的，责令立即停止作业，没收违法所得；违法所得在10万元以上的，并处违法所得2倍以上5倍以下的罚款；没有违法所得或者违法所得不足10万元的，并处10万元以上20万元以下的罚款；造成损失的，依法承担赔偿责任。

第六十六条 煤矿企业有下列行为之一的，责令改正；拒不改正的，处10万元以上20万元以下的罚款；对其直接负责的主管人员和其他直接责任人员处1万元以上2万元以下的罚款：

（一）违反本条例第三十七条第一款规定，隐瞒存在的事故隐患以及其他安全问题的；

（二）违反本条例第四十四条第一款规定，擅自启封或者使用被查封、扣押的设施、设备、器材的；

（三）有其他拒绝、阻碍监督检查行为的。

第六十七条 发生煤矿生产安全事故，对负有责任的煤矿企业除要求其依法承担相应的赔偿等责任外，依照下列规定处以罚款：

（一）发生一般事故的，处50万元以上100万元以下的罚款；

（二）发生较大事故的，处150万元以上200万元以下的罚款；

（三）发生重大事故的，处500万元以上1000万元以下的罚款；

（四）发生特别重大事故的，处1000万元以上2000万元以下的罚款。

发生煤矿生产安全事故，情节特别严重、影响特别恶劣的，可以按照前款罚款数额的2倍以上5倍以下对负有责任的煤矿企业处以罚款。

第六十八条 煤矿企业的决策机构、主要负责人、其他负责人和安全生产管理人员未依法履行安全生产管理职责的，依照《中华人民共和国安全生产法》有关规定处罚并承担相应责任。

煤矿企业主要负责人未依法履行安全生产管理职责，导致发生煤矿生产安全事故的，依照下列规定处以罚款：

（一）发生一般事故的，处上一年年收入40%的罚款；

（二）发生较大事故的，处上一年年收入60%的罚款；

（三）发生重大事故的，处上一年年收入80%的罚款；

（四）发生特别重大事故的，处上一年年收入100%的罚款。

第六十九条 煤矿企业及其有关人员有瞒报、谎报事故等行为的，依照《中华人民共和国安全生产法》、《生产安全事故报告和调查处理条例》有关规定予以处罚。

有关地方人民政府及其应急管理部门、负有煤矿安全生产监督管理职责的部门和设在地方的矿山安全监察机构有瞒报、谎报事故等行为的，对负有责任的领导人员和直接责任人员依法给予处分。

第七十条 煤矿企业存在下列情形之一的，应当提请县级以上地方人民政府予以关闭：

（一）未依法取得安全生产许可证等擅自进行生产的；

（二）3个月内2次或者2次以上发现有重大事故隐患仍然进行生产的；

（三）经地方人民政府组织的专家论证在现有技术条件下难以有效防治重大灾害的；

（四）有《中华人民共和国安全生产法》规定的应当提请关闭的其他情形。

有关地方人民政府作出予以关闭的决定，应当立即组织实施。关闭煤矿应当达到下列要求：

（一）依照法律法规有关规定吊销、注销相关证照；

（二）停止供应并妥善处理民用爆炸物品；

（三）停止供电，拆除矿井生产设备、供电、通信线路；

（四）封闭、填实矿井井筒，平整井口场地，恢复地貌；

（五）妥善处理劳动关系，依法依规支付经济补偿、工伤保险待遇，组织离岗时职业健康检查，偿还拖欠工资，补缴欠缴的社会保险费；

（六）设立标识牌；

（七）报送、移交相关报告、图纸和资料等；

（八）有关法律法规规定的其他要求。

第七十一条 有下列情形之一的，依照《中华人民共和国安全生产法》有关规定予以处罚：

（一）煤矿建设项目没有安全设施设计或者安全设施设计未按照规定报经有关部门审查同意的；

（二）煤矿建设项目的施工单位未按照批准的安全设施设计施工的；

（三）煤矿建设项目竣工投入生产或者使用前，安全设施未经验收合格的；

（四）煤矿企业违反本条例第二十四条第一款、第二十五条第一款和第二款、第二十六条第二款规定的。

第七十二条 承担安全评价、认证、检测、检验等职责的煤矿安全生产技术服务机构有出具失实报告、租借资质、挂靠、出具虚假报告等情形的，对该机构及直接负责的主管人员和其他直接责任人员，应当依照《中华人民共和国安全生产法》有关规定予以处罚并追究相应责任。其主要负责人对重大、特别重大煤矿生产安全事故负有责任的，终身不得从事煤矿安全生产相关技术服务工作。

第七十三条 本条例规定的行政处罚，由县级以上人民政府负有煤矿安全生产监督管理职责的部门和其他有关部门、国家矿山安全监察机构及其设在地方的矿山安全监察机构按照职责分工决定，对同一违法行为不得给予两次以上罚款的行政处罚。对被责令停产整顿的煤矿企业，应当暂扣安全生产许可证等。对违反本条例规定的严重违法行为，应当依法从重处罚。

第七十四条 地方各级人民政府、县级以上人民政府负有煤矿安全生产监督管理职责的部门和其他有关部门、国家矿山安全监察机构及其设在地方的矿山安全监察机构有下列情形之一的，对负有责任的领导人员和直接责任人员依法给予处分：

（一）县级以上人民政府负有煤矿安全生产监督管理职责的部门、国家矿山安全监察机构及其设在地方的矿山安全监察机构不依法履行职责，不及时查处所辖区域内重大事故隐患和安全生产违法行为的；县级以上人民政府其他有关部门未依法履行煤矿安全生产相关职责的；

（二）乡镇人民政府在所辖区域内发现未依法取得安全生产许可证等擅自进行煤矿生产，没有采取有效措施制止或者没有向县级人民政府相关主管部门报告的；

（三）对被责令停产整顿的煤矿企业，在停产整顿期间，因有关地方人民政府监督检查不力，煤矿企业在停产整顿期间继续生产的；

（四）关闭煤矿未达到本条例第七十条第二款规定要求的；

（五）县级以上人民政府负有煤矿安全生产监督管理职责的部门、国家矿山安全监察机构及其设在地方的矿山安全监察机构接到举报后，不及时处理的；

（六）县级以上地方人民政府及其有关部门要求不具备安全生产条件的煤矿企业进行生产的；

（七）有其他滥用职权、玩忽职守、徇私舞弊情形的。

第七十五条 违反本条例规定，构成犯罪的，依法追究刑事责任。

第六章 附 则

第七十六条 本条例自2024年5月1日起施行。《煤矿安全监察条例》和《国务院关于预防煤矿生产安全事故的特别规定》同时废止。

乡镇煤矿管理条例(节录)

· 1994 年 12 月 20 日中华人民共和国国务院令第 169 号发布
· 根据 2013 年 7 月 18 日《国务院关于废止和修改部分行政法规的决定》修订

第一章 总 则

第一条 为了加强乡镇煤矿的行业管理,促进乡镇煤矿的健康发展,制定本条例。

……

第四条 乡镇煤矿开采煤炭资源,必须依照有关法律、法规的规定,申请领取采矿许可证和安全生产许可证。

……

第六条 乡镇煤矿开采煤炭资源,应当遵循开发与保护并重的原则,依法办矿,安全生产,文明生产。

第七条 国务院煤炭工业主管部门和县级以上地方人民政府负责管理煤炭工业的部门是乡镇煤矿的行业管理部门(以下统称煤炭工业主管部门)。

煤炭工业行业管理的任务是统筹规划、组织协调、提供服务、监督检查。

……

第十四条 乡镇煤矿建成投产前,应当按照国务院关于安全生产许可证管理的规定,申请领取安全生产许可证。

未取得安全生产许可证的乡镇煤矿,不得进行煤炭生产。

……

第四章 安全与管理

第十七条 乡镇煤矿应当按照国家有关矿山安全的法律、法规和煤炭行业安全规程、技术规范的要求,建立、健全各级安全生产责任制和安全规章制度。

第十八条 县级、乡级人民政府应当加强对乡镇煤矿安全生产工作的监督管理,保证煤矿生产的安全。

乡镇煤矿的矿长和办矿单位的主要负责人,应当加强对煤矿安全生产工作的领导,落实安全生产责任制,采取各种有效措施,防止生产事故的发生。

第十九条 国务院煤炭工业主管部门和县级以上地方人民政府负责管理煤炭工业的部门,应当有计划地对乡镇煤矿的职工进行安全教育和技术培训。

县级以上人民政府负责管理煤炭工业的部门对矿长考核合格后,应当颁发矿长资格证书。

县级以上人民政府负责管理煤炭工业的部门对瓦斯检验工、采煤机司机等特种作业人员按照国家有关规定考核合格后,应当颁发操作资格证书。

第二十条 乡镇煤矿发生伤亡事故,应当按照有关法律、行政法规的规定,及时如实地向上一级人民政府、煤炭工业主管部门及其他有关主管部门报告,并立即采取有效措施,做好救护工作。

第二十一条 乡镇煤矿应当及时测绘井上下工程对照图、采掘工程平面图和通风系统图,并定期向原审查办矿条件的煤炭工业主管部门报送图纸,接受其监督、检查。

第二十二条 乡镇煤矿进行采矿作业,不得采用可能危及相邻煤矿生产安全的决水、爆破、贯通巷道等危险方法。

第二十三条 乡镇煤矿依照有关法律、法规的规定办理关闭矿山手续时,应当向原审查办矿条件的煤炭工业主管部门提交有关采掘工程、不安全隐患等资料。

第二十四条 县级以上人民政府劳动行政主管部门负责对乡镇煤矿安全工作的监督,并有权对取得矿长资格证书的矿长进行抽查。

第五章 罚 则

第二十五条 违反法律、法规关于矿山安全的规定,造成人身伤亡或者财产损失的,依照有关法律、法规的规定给予处罚。

……

矿山救援规程

· 2024 年 4 月 28 日应急管理部令第 16 号公布
· 自 2024 年 7 月 1 日起施行

第一章 总 则

第一条 为了快速、安全、有效处置矿山生产安全事故,保护矿山从业人员和应急救援人员的生命安全,根据《中华人民共和国安全生产法》、《中华人民共和国矿山安全法》和《生产安全事故应急条例》、《煤矿安全生产条例》等有关法律、行政法规,制定本规程。

第二条 在中华人民共和国领域内从事煤矿、金属非金属矿山及尾矿库生产安全事故应急救援工作(以下统称矿山救援工作),适用本规程。

第三条 矿山救援工作应当以人为本,坚持人民至上、生命至上,贯彻科学施救原则,全力以赴抢救遇险人员,确保应急救援人员安全,防范次生灾害事故,避免或者减少事故对环境造成的危害。

第四条 矿山企业应当建立健全应急值守、信息报告、应急响应、现场处置、应急投入等规章制度,按照国家有关规定编制应急救援预案，组织应急救援演练，储备应急救援装备和物资，其主要负责人对本单位的矿山救援工作全面负责。

第五条　矿山救援队（矿山救护队，下同）是处置矿山生产安全事故的专业应急救援队伍。所有矿山都应当有矿山救援队为其服务。

矿山企业应当建立专职矿山救援队；规模较小、不具备建立专职矿山救援队条件的，应当建立兼职矿山救援队，并与邻近的专职矿山救援队签订应急救援协议。专职矿山救援队至服务矿山的行车时间一般不超过30分钟。

县级以上人民政府有关部门根据实际需要建立的矿山救援队按照有关法律法规的规定执行。

第六条　矿山企业应当及时将本单位矿山救援队的建立、变更、撤销和驻地、服务范围、主要装备、人员编制、主要负责人、接警电话等基本情况报送所在地应急管理部门和矿山安全监察机构。

第七条　矿山企业应当与为其服务的矿山救援队建立应急通信联系。煤矿、金属非金属矿山及尾矿库企业应当分别按照《煤矿安全规程》、《金属非金属矿山安全规程》、《尾矿库安全规程》有关规定向矿山救援队提供必要、真实、准确的图纸资料和应急救援预案。

第八条　发生生产安全事故后，矿山企业应当立即启动应急救援预案，采取措施组织抢救，全力做好矿山救援及相关工作，并按照国家有关规定及时上报事故情况。

第九条　矿山救援队应当坚持“加强准备、严格训练、主动预防、积极抢救”的工作原则；在接到服务矿山企业的救援通知或者有关人民政府及相关部门的救援命令后，应当立即参加事故灾害应急救援。

第二章　矿山救援队伍

第一节　组织与任务

第十条　专职矿山救援队应当符合下列规定：

（一）根据服务矿山的数量、分布、生产规模、灾害程度等情况和矿山救援工作需要，设立大队或者独立中队；

（二）大队和独立中队下设办公、战训、装备、后勤等管理机构，配备相应的管理和工作人员；

（三）大队由不少于2个中队组成，设大队长1人、副大队长不少于2人、总工程师1人、副总工程师不少于1人；

（四）独立中队和大队所属中队由不少于3个小队组成，设中队长1人、副中队长不少于2人、技术员不少于1人，以及救援车辆驾驶、仪器维修和氧气充填人员；

（五）小队由不少于9人组成，设正、副小队长各1人，是执行矿山救援工作任务的最小集体。

第十一条　专职矿山救援队应急救援人员应当具备下列条件：

（一）熟悉矿山救援工作业务，具有相应的矿山专业知识；

（二）大队指挥员由在中队指挥员岗位工作不少于3年或者从事矿山生产、安全、技术管理工作不少于5年的人员担任，中队指挥员由从事矿山救援工作或者矿山生产、安全、技术管理工作不少于3年的人员担任，小队指挥员由从事矿山救援工作不少于2年的人员担任；

（三）大队指挥员年龄一般不超过55岁，中队指挥员年龄一般不超过50岁，小队指挥员和队员年龄一般不超过45岁；根据工作需要，允许保留少数（不超过应急救援人员总数的1/3）身体健康、有技术专长、救援经验丰富的超龄人员，超龄年限不大于5岁；

（四）新招收的队员应当具有高中（中专、中技、中职）以上文化程度，具备相应的身体素质和心理素质，年龄一般不超过30岁。

第十二条　专职矿山救援队的主要任务是：

（一）抢救事故灾害遇险人员；

（二）处置矿山生产安全事故及灾害；

（三）参加排放瓦斯、启封火区、反风演习、井巷揭煤等需要佩用氧气呼吸器作业的安全技术工作；

（四）做好服务矿山企业预防性安全检查，参与消除事故隐患工作；

（五）协助矿山企业做好从业人员自救互救和应急知识的普及教育，参与服务矿山企业应急救援演练；

（六）承担兼职矿山救援队的业务指导工作；

（七）根据需要和有关部门的救援命令，参与其他事故灾害应急救援工作。

第十三条　兼职矿山救援队应当符合下列规定：

（一）根据矿山生产规模、自然条件和灾害情况确定队伍规模，一般不少于2个小队，每个小队不少于9人；

（二）应急救援人员主要由矿山生产一线班组长、业务骨干、工程技术人员和管理人员等兼职担任；

（三）设正、副队长和装备仪器管理人员，确保救援装备处于完好和备用状态；

（四）队伍直属矿长领导，业务上接受矿总工程师（技术负责人）和专职矿山救援队的指导。

第十四条　兼职矿山救援队的主要任务是：

（一）参与矿山生产安全事故初期控制和处置，救助遇险人员；

（二）协助专职矿山救援队参与矿山救援工作；

（三）协助专职矿山救援队参与矿山预防性安全检查和安全技术工作；

（四）参与矿山从业人员自救互救和应急知识宣传教育，参加矿山应急救援演练。

第十五条 矿山救援队应急救援人员应当遵守下列规定：

（一）热爱矿山救援事业，全心全意为矿山安全生产服务；

（二）遵守和执行安全生产和应急救援法律、法规、规章和标准；

（三）加强业务知识学习和救援专业技能训练，适应矿山救援工作需要；

（四）熟练掌握装备仪器操作技能，做好装备仪器的维护保养，保持装备完好；

（五）按照规定参加应急值班，坚守岗位，随时做好救援出动准备；

（六）服从命令，听从指挥，积极主动完成矿山救援等各项工作任务。

第二节 建设与管理

第十六条 矿山救援队应当加强标准化建设。标准化建设的主要内容包括组织机构及人员、装备与设施、培训与训练、业务工作、救援准备、技术操作、现场急救、综合体质、队列操练、综合管理等。

第十七条 矿山救援队应当按照有关标准和规定使用和管理队徽、队旗，统一规范着装并佩戴标志标识；加强思想政治、职业作风和救援文化建设，强化救援理念、职责和使命教育，遵守礼节礼仪，严肃队容风纪；服从命令、听从指挥，保持高度的组织性、纪律性。

第十八条 专职矿山救援队的日常管理包括下列内容：

（一）建立岗位责任制，明确全员岗位职责；

（二）建立交接班、学习培训、训练演练、救援总结讲评、装备管理、内务管理、档案管理、会议、考勤和评比检查等工作制度；

（三）设置组织机构牌板、队伍部署与服务区域矿山分布图、值班日程表、接警记录牌板和评比检查牌板，值班室配置录音电话、报警装置、时钟、接警和交接班记录簿；

（四）制定年度、季度和月度工作计划，建立工作日志和接警信息、交接班、事故救援、装备设施维护保养、学习与总结讲评、培训与训练、预防性安全检查、安全技术工作等工作记录；

（五）保存人员信息、技术资料、救援报告、工作总结、文件资料、会议材料等档案资料；

（六）针对服务矿山企业的分布、灾害特点及可能发生的生产安全事故类型等情况，制定救援行动预案，并与服务矿山企业的应急救援预案相衔接；

（七）营造功能齐备、利于应急、秩序井然、卫生整洁并具有浓厚应急救援职业文化氛围的驻地环境；

（八）集体宿舍保持整洁，不乱放杂物、无乱贴乱画，室内物品摆放整齐，墙壁悬挂物品一条线，床上卧具叠放整齐一条线，保持窗明壁净；

（九）应急救援人员做到着装规范、配套、整洁，遵守作息时间和考勤制度，举止端正、精神饱满、语言文明，常洗澡、常理发、常换衣服，患病应当早报告、早治疗。

兼职矿山救援队的日常管理可以结合矿山企业实际，参照本条上述内容执行。

第十九条 矿山救援队应当建立 24 小时值班制度。大队、中队至少各由 1 名指挥员在岗带班。应急值班以小队为单位，各小队按计划轮流担任值班小队和待机小队，值班和待机小队的救援装备应当置于矿山救援车上或者便于快速取用的地点，保持应急准备状态。

第二十条 矿山救援队执行矿山救援任务、参加安全技术工作和开展预防性安全检查时，应当穿戴矿山救援防护服装，佩带并按规定佩用氧气呼吸器，携带相关装备、仪器和用品。

第二十一条 任何人不得擅自调动专职矿山救援队、救援装备物资和救援车辆从事与应急救援无关的活动。

第三章 救援装备与设施

第二十二条 矿山救援队应当配备处置矿山生产安全事故的基本装备（见附录 1 至附录 5），并根据救援工作实际需要配备其他必要的救援装备，积极采用新技术、新装备。

第二十三条 矿山救援队值班车辆应当放置值班小队和小队人员的基本装备。

第二十四条 矿山救援队应当根据服务矿山企业实际情况和可能发生的生产安全事故，明确列出处置各类事故需要携带的救援装备；需要携带其他装备赴现场的，由带队指挥员根据事故具体情况确定。

第二十五条 救援装备、器材、防护用品和检测仪器应当符合国家标准或者行业标准，满足矿山救援工作的特殊需要。各种仪器仪表应当按照有关要求定期检定或者校准。

第二十六条　矿山救援队应当定期检查在用和库存救援装备的状况及数量，做到账、物、卡"三相符"，并及时进行报废、更新和备品备件补充。

第二十七条　专职矿山救援队应当建有接警值班室、值班休息室、办公室、会议室、学习室、电教室、装备室、修理室、氧气充填室、气体分析化验室、装备器材库、车库、演习训练场所及设施、体能训练场所及设施、宿舍、浴室、食堂等。

兼职矿山救援队应当设置接警值班室、学习室、装备室、修理室、装备器材库、氧气充填室和训练设施等。

第二十八条　氧气充填室及室内物品和相关操作应当符合下列要求：

（一）氧气充填室的建设符合安全要求，建立严格的管理制度，室内使用防爆设施，保持通风良好，严禁烟火，严禁存放易燃易爆物品；

（二）氧气充填泵由培训合格的充填工按照规程进行操作；

（三）氧气充填泵在20兆帕压力时，不漏油、不漏气、不漏水、无杂音；

（四）氧气瓶实瓶和空瓶分别存放，标明充填日期，挂牌管理，并采取防止倾倒措施；

（五）定期检查氧气瓶，存放氧气瓶时轻拿轻放，距暖气片或者高温点的距离在2米以上；

（六）新购进或者经水压试验后的氧气瓶，充填前进行2次充、放氧气后，方可使用。

第二十九条　矿山救援队使用氧气瓶、氧气和氢氧化钙应当符合下列要求：

（一）氧气符合医用标准；

（二）氢氧化钙每季度化验1次，二氧化碳吸收率不得低于33%，水分在16%至20%之间，粉尘率不大于3%，使用过的氢氧化钙不得重复使用；

（三）氧气呼吸器内的氢氧化钙，超过3个月的必须更换，否则不得使用；

（四）使用的氧气瓶应当符合国家规定标准，每3年进行除锈（垢）清洗和水压试验，达不到标准的不得使用。

第三十条　气体分析化验室应当能够分析化验矿井空气和灾变气体中的氧气、氮气、二氧化碳、一氧化碳、甲烷、乙烷、丙烷、乙烯、乙炔、氢气、二氧化硫、硫化氢和氮氧化物等成分，保持室内整洁，温度在15至23摄氏度之间，严禁使用明火。气体分析化验仪器设备不得阳光曝晒，保持备品数量充足。

化验员应当及时对送检气样进行分析化验，填写化验单并签字，经技术负责人审核后提交送样单位，化验单存根保存期限不低于2年。

第三十一条　矿山救援队的救援装备、车辆和设施应当由专人管理，定期检查、维护和保养，保持完好和备用状态。救援装备不得露天存放，救援车辆应当专车专用。

第四章　救援培训与训练

第三十二条　矿山企业应当对从业人员进行应急教育和培训，保证从业人员具备必要的应急知识，掌握自救互救、安全避险技能和事故应急措施。

矿山救援队应急救援人员应当接受应急救援知识和技能培训，经培训合格后方可参加矿山救援工作。

第三十三条　矿山救援队应急救援人员的培训时间应当符合下列规定：

（一）大队指挥员及战训等管理机构负责人、中队正职指挥员及技术员的岗位培训不少于30天（144学时），每两年至少复训一次，每次不少于14天（60学时）；

（二）副中队长，独立中队战训等管理机构负责人，正、副小队长的岗位培训不少于45天（180学时），每两年至少复训一次，每次不少于14天（60学时）；

（三）专职矿山救援队队员、战训等管理机构工作人员的岗位培训不少于90天（372学时），编队实习90天，每年至少复训一次，每次不少于14天（60学时）；

（四）兼职矿山救援队应急救援人员的岗位培训不少于45天（180学时），每年至少复训一次，每次不少于14天（60学时）。

第三十四条　矿山救援培训应当包括下列主要内容：

（一）矿山安全生产与应急救援相关法律、法规、规章、标准和有关文件；

（二）矿山救援队伍的组织与管理；

（三）矿井通风安全基础理论与灾变通风技术；

（四）应急救援基础知识、基本技能、心理素质；

（五）矿山救援装备、仪器的使用与管理；

（六）矿山生产安全事故及灾害应急救援技术和方法；

（七）矿山生产安全事故及灾害遇险人员的现场急救、自救互救、应急避险、自我防护、心理疏导；

（八）矿山企业预防性安全检查、安全技术工作、隐患排查与治理和应急救援预案编制；

（九）典型事故灾害应急救援案例研究分析；

（十）应急管理与应急救援其他相关内容。

第三十五条 矿山企业应当至少每半年组织1次生产安全事故应急救援预案演练，服务矿山企业的矿山救援队应当参加演练。演练计划、方案、记录和总结评估报告等资料保存期限不少于2年。

第三十六条 矿山救援队应当按计划组织开展日常训练。训练应当包括综合体能、队列操练、心理素质、灾区环境适应性、救援专业技能、救援装备和仪器操作、现场急救、应急救援演练等主要内容。

第三十七条 矿山救援大队、独立中队应当每年至少开展1次综合性应急救援演练，内容包括应急响应、救援指挥、灾区探察、救援方案制定与实施、协同联动和突发情况应对等；中队应当每季度至少开展1次应急救援演练和高温浓烟训练，内容包括闻警出动、救援准备、灾区探察、事故处置、抢救遇险人员和高温浓烟环境作业等；小队应当每月至少开展1次佩用氧气呼吸器的单项训练，每次训练时间不少于3小时；兼职矿山救援队应当每半年至少进行1次矿山生产安全事故先期处置和遇险人员救助演练，每季度至少进行1次佩用氧气呼吸器的训练，时间不少于3小时。

第三十八条 安全生产应急救援机构应当定期组织举办矿山救援技术竞赛。鼓励矿山救援队参加国际矿山救援技术交流活动。

第五章 矿山救援一般规定

第一节 先期处置

第三十九条 矿山发生生产安全事故后，涉险区域人员应当视现场情况，在安全条件下积极抢救人员和控制灾情，并立即上报；不具备条件的，应当立即撤离至安全地点。井下涉险人员在撤离时应当根据需要使用自救器，在撤离受阻的情况下紧急避险待救。矿山企业带班领导和涉险区域的区、队、班组长等应当组织人员抢救、撤离和避险。

第四十条 矿山值班调度员接到事故报告后，应当立即采取应急措施，通知涉险区域人员撤离险区，报告矿山企业负责人，通知矿山救援队、医疗急救机构和本企业有关人员等到现场救援。矿山企业负责人应当迅速采取有效措施组织抢救，并按照国家有关规定立即如实报告事故情况。

第二节 闻警出动、到达现场和返回驻地

第四十一条 矿山救援队出动救援应当遵守下列规定：

（一）值班员接到救援通知后，首先按响预警铃，记录发生事故单位和事故时间、地点、类别、可能遇险人数及通知人姓名、单位、联系电话，随后立即发出警报，并向值班指挥员报告；

（二）值班小队在预警铃响后立即开始出动准备，在警报发出后1分钟内出动，不需乘车的，出动时间不得超过2分钟；

（三）处置矿井生产安全事故，待机小队随同值班小队出动；

（四）值班员记录出动小队编号及人数、带队指挥员、出动时间、携带装备等情况，并向矿山救援队主要负责人报告；

（五）及时向所在地应急管理部门和矿山安全监察机构报告出动情况。

第四十二条 矿山救援队到达事故地点后，应当立即了解事故情况，领取救援任务，做好救援准备，按照现场指挥部命令和应急救援方案及矿山救援队行动方案，实施灾区探察和抢险救援。

第四十三条 矿山救援队完成救援任务后，经现场指挥部同意，可以返回驻地。返回驻地后，应急救援人员应当立即对救援装备、器材进行检查和维护，使之恢复到完好和备用状态。

第三节 救援指挥

第四十四条 矿山救援队参加矿山救援工作，带队指挥员应当参与制定应急救援方案，在现场指挥部的统一调度指挥下，具体负责指挥矿山救援队的矿山救援行动。

矿山救援队参加其他事故灾害应急救援时，应当在现场指挥部的统一调度指挥下实施应急救援行动。

第四十五条 多支矿山救援队参加矿山救援工作时，应当服从现场指挥部的统一管理和调度指挥，由服务于发生事故矿山的专职矿山救援队指挥员或者其他胜任人员具体负责协调、指挥各矿山救援队联合实施救援处置行动。

第四十六条 矿山救援队带队指挥员应当根据应急救援方案和事故情况，组织制定矿山救援队行动方案和安全保障措施；执行灾区探察和救援任务时，应当至少有1名中队或者中队以上指挥员在现场带队。

第四十七条　现场带队指挥员应当向救援小队说明事故情况、探察和救援任务、行动计划和路线、安全保障措施和注意事项，带领救援小队完成工作任务。矿山救援队执行任务时应当避免使用临时混编小队。

第四十八条　矿山救援队在救援过程中遇到危及应急救援人员生命安全的突发情况时，现场带队指挥员有权作出撤出危险区域的决定，并及时报告现场指挥部。

第四节　救援保障

第四十九条　在处置重特大或者复杂矿山生产安全事故时，应当设立地面基地；条件允许的，应当设立井下基地。

应急救援人员的后勤保障应当按照《生产安全事故应急条例》的规定执行。同时，鼓励矿山救援队加强自我保障能力。

第五十条　地面基地应当设置在便于救援行动的安全地点，并且根据事故情况和救援力量投入情况配备下列人员、设备、设施和物资：

（一）气体化验员、医护人员、通信员、仪器修理员和汽车驾驶员，必要时配备心理医生；

（二）必要的救援装备、器材、通信设备和材料；

（三）应急救援人员的后勤保障物资和临时工作、休息场所。

第五十一条　井下基地应当设置在靠近灾区的安全地点，并且配备下列人员、设备和物资：

（一）指挥人员、值守人员、医护人员；

（二）直通现场指挥部和灾区的通信设备；

（三）必要的救援装备、气体检测仪器、急救药品和器材；

（四）食物、饮料等后勤保障物资。

第五十二条　井下基地应当安排专人检测有毒有害气体浓度和风量、观测风流方向、检查巷道支护等情况，发现情况异常时，基地指挥人员应当立即采取应急措施，通知灾区救援小队，并报告现场指挥部。改变井下基地位置，应当经过矿山救援队带队指挥员同意，报告现场指挥部，并通知灾区救援小队。

第五十三条　矿山救援队在组织救援小队执行矿井灾区探察和救援任务时，应当设立待机小队。待机小队的位置由带队指挥员根据现场情况确定。

第五十四条　矿山救援队在救援过程中必须保证下列通信联络：

（一）地面基地与井下基地；

（二）井下基地与救援小队；

（三）救援小队与待机小队；

（四）应急救援人员之间。

第五十五条　矿山救援队在救援过程中使用音响信号和手势联络应当符合下列规定：

（一）在灾区内行动的音响信号：

1. 一声表示停止工作或者停止前进；

2. 二声表示离开危险区；

3. 三声表示前进或者工作；

4. 四声表示返回；

5. 连续不断声音表示请求援助或者集合。

（二）在竖井和倾斜巷道使用绞车的音响信号：

1. 一声表示停止；

2. 二声表示上升；

3. 三声表示下降；

4. 四声表示慢上；

5. 五声表示慢下。

（三）应急救援人员在灾区报告氧气压力的手势：

1. 伸出拳头表示 10 兆帕；

2. 伸出五指表示 5 兆帕；

3. 伸出一指表示 1 兆帕；

4. 手势要放在灯头前表示。

第五十六条　矿山救援队在救援过程中应当根据需要定时、定点取样分析化验灾区气体成分，为制定应急救援方案和措施提供参考依据。

第五节　灾区行动基本要求

第五十七条　救援小队进入矿井灾区探察或者救援，应急救援人员不得少于 6 人，应当携带灾区探察基本装备（见附录 6）及其他必要装备。

第五十八条　应急救援人员应当在入井前检查氧气呼吸器是否完好，其个人防护氧气呼吸器、备用氧气呼吸器及备用氧气瓶的氧气压力均不得低于 18 兆帕。

如果不能确认井筒、井底车场或者巷道内有无有毒有害气体，应急救援人员应当在入井前或者进入巷道前佩用氧气呼吸器。

第五十九条　应急救援人员在井下待命或者休息时，应当选择在井下基地或者具有新鲜风流的安全地点。如需脱下氧气呼吸器，必须经现场带队指挥员同意，并就近置于安全地点，确保有突发情况时能够及时佩用。

第六十条　应急救援人员应当注意观察氧气呼吸器的氧气压力，在返回到井下基地时应当至少保留 5 兆帕压力的氧气余量。在倾角小于 15 度的巷道行进时，应当将允许消耗氧气量的二分之一用于前进途中、二分之一用于返回途中；在倾角大于或者等于15度的巷道中行进时，应当将允许消耗氧气量的三分之二用于上行途中、三分之一用于下行途中。

第六十一条　矿山救援队在致人窒息或者有毒有害气体积存的灾区执行任务应当做到：

（一）随时检测有毒有害气体、氧气浓度和风量，观测风向和其他变化；

（二）小队长每间隔不超过20分钟组织应急救援人员检查并报告1次氧气呼吸器氧气压力，根据最低的氧气压力确定返回时间；

（三）应急救援人员必须在彼此可见或者可听到信号的范围内行动，严禁单独行动；如果该灾区地点距离新鲜风流处较近，并且救援小队全体人员在该地点无法同时开展救援，现场带队指挥员可派不少于2名队员进入该地点作业，并保持联系。

第六十二条　矿山救援队在致人窒息或者有毒有害气体积存的灾区抢救遇险人员应当做到：

（一）引导或者运送遇险人员时，为遇险人员佩用全面罩正压氧气呼吸器或者自救器；

（二）对受伤、窒息或者中毒人员进行必要急救处理，并送至安全地点；

（三）处理和搬运伤员时，防止伤员拉扯氧气呼吸器软管或者面罩；

（四）抢救长时间被困遇险人员，请专业医护人员配合，运送时采取护目措施，避免灯光和井口外光线直射遇险人员眼睛；

（五）有多名遇险人员待救的，按照"先重后轻、先易后难"的顺序抢救；无法一次全部救出的，为待救遇险人员佩用全面罩正压氧气呼吸器或者自救器。

第六十三条　在高温、浓烟、塌冒、爆炸和水淹等灾区，无需抢救人员的，矿山救援队不得进入；因抢救人员需要进入时，应当采取安全保障措施。

第六十四条　应急救援人员出现身体不适或者氧气呼吸器发生故障难以排除时，救援小队全体人员应当立即撤到安全地点，并报告现场指挥部。

第六十五条　应急救援人员在灾区工作1个氧气呼吸器班后，应当至少休息8小时；只有在后续矿山救援队未到达且急需抢救人员时，方可根据体质情况，在氧气呼吸器补充氧气、更换药品和降温冷却材料并校验合格后重新投入工作。

第六十六条　矿山救援队在完成救援任务撤出灾区时，应当将携带的救援装备带出灾区。

第六节　灾区探察

第六十七条　矿山救援队参加矿井生产安全事故应急救援，应当进行灾区探察。灾区探察的主要任务是探明事故类别、波及范围、破坏程度、遇险人员数量和位置、矿井通风、巷道支护等情况，检测灾区氧气和有毒有害气体浓度、矿尘、温度、风向、风速等。

第六十八条　矿山救援队在进行灾区探察前，应当了解矿井巷道布置等基本情况，确认灾区是否切断电源，明确探察任务、具体计划和注意事项，制定遇有撤退路线被堵等突发情况的应急措施，检查氧气呼吸器和所需装备仪器，做好充分准备。

第六十九条　矿山救援队在灾区探察时应当做到：

（一）探察小队与待机小队保持通信联系，在需要待机小队抢救人员时，调派其他小队作为待机小队；

（二）首先将探察小队派往可能存在遇险人员最多的地点，灾区范围大或者巷道复杂的，可以组织多个小队分区段探察；

（三）探察小队在遭遇危险情况或者通信中断时立即回撤，待机小队在探察小队遇险、通信中断或者未按预定时间返回时立即进入救援；

（四）进入灾区时，小队长在队前，副小队长在队后，返回时相反；搜救遇险人员时，小队队形与巷道中线斜交前进；

（五）探察小队携带救生索等必要装备，行进时注意暗井、溜煤眼、淤泥和巷道支护等情况，视线不清或者水深时使用探险棍探测前进，队员之间用联络绳联结；

（六）明确探察小队人员分工，分别检查通风、气体浓度、温度和顶板等情况并记录，探察过的巷道要签字留名做好标记，并绘制探察路线示意图，在图纸上标记探察结果；

（七）探察过程中发现遇险人员立即抢救，将其护送至安全地点，无法一次救出遇险人员时，立即通知待机小队进入救援，带队指挥员根据实际情况决定是否安排队伍继续实施灾区探察；

（八）在发现遇险人员地点做出标记，检测气体浓度，并在图纸上标明遇险人员位置及状态，对遇难人员逐一编号；

（九）探察小队行进中在巷道交叉口设置明显标记，完成任务后按计划路线或者原路返回。

第七十条　探察结束后，现场带队指挥员应当立即向布置任务的指挥员汇报探察结果。

第七节　救援记录和总结报告

第七十一条　矿山救援队应当记录参加救援的过程及重要事项；发生应急救援人员伤亡的，应当按照有关规定及时上报。

第七十二条　救援结束后，矿山救援队应当对救援工作进行全面总结，编写应急救援报告（附事故现场示意图），填写《应急救援登记卡》（见附录7），并于7日内上报所在地应急管理部门和矿山安全监察机构。

第六章　救援方法和行动原则

第一节　矿井火灾事故救援

第七十三条　矿山救援队参加矿井火灾事故救援应当了解下列情况：

（一）火灾类型、发火时间、火源位置、火势及烟雾大小、波及范围、遇险人员分布和矿井安全避险系统情况；

（二）灾区有毒有害气体、温度、通风系统状态、风流方向、风量大小和矿尘爆炸性；

（三）顶板、巷道围岩和支护状况；

（四）灾区供电状况；

（五）灾区供水管路和消防器材的实际状况及数量；

（六）矿井火灾事故专项应急预案及其实施状况。

第七十四条　首先到达事故矿井的矿山救援队，救援力量的分派原则如下：

（一）进风井井口建筑物发生火灾，派一个小队处置火灾，另一个小队到井下抢救人员和扑灭井底车场可能发生的火灾；

（二）井筒或者井底车场发生火灾，派一个小队灭火，另一个小队到受火灾威胁区域抢救人员；

（三）矿井进风侧的硐室、石门、平巷、下山或者上山发生火灾，火烟可能威胁到其他地点时，派一个小队灭火，另一个小队进入灾区抢救人员；

（四）采区巷道、硐室或者工作面发生火灾，派一个小队从最短的路线进入回风侧抢救人员，另一个小队从进风侧抢救人员和灭火；

（五）回风井井口建筑物、回风井筒或者回风井底车场及其毗连的巷道发生火灾，派一个小队灭火，另一个小队抢救人员。

第七十五条　矿山救援队在矿井火灾事故救援过程中，应当指定专人检测瓦斯等易燃易爆气体和矿尘，观测灾区气体和风流变化，当甲烷浓度超过2%并且继续上升，风量突然发生较大变化，或者风流出现逆转征兆时，应当立即撤到安全地点，采取措施排除危险，采用保障安全的灭火方法。

第七十六条　处置矿井火灾时，矿井通风调控应当遵守下列原则：

（一）控制火势和烟雾蔓延，防止火灾扩大；

（二）防止引起瓦斯或者矿尘爆炸，防止火风压引起风流逆转；

（三）保障应急救援人员安全，并有利于抢救遇险人员；

（四）创造有利的灭火条件。

第七十七条　灭火过程中，根据灾情可以采取局部反风、全矿井反风、风流短路、停止通风或者减少风量等措施。采取上述措施时，应当防止瓦斯等易燃易爆气体积聚到爆炸浓度引起爆炸，防止发生风流紊乱，保障应急救援人员安全。采取反风或者风流短路措施前，必须将原进风侧人员或者受影响区域内人员撤到安全地点。

第七十八条　矿山救援队应当根据矿井火灾的实际情况选择灭火方法，条件具备的应当采用直接灭火方法。直接灭火时，应当设专人观测进风侧风向、风量和气体浓度变化，分析风流紊乱的可能性及撤退通道的安全性，必要时采取控风措施；应当监测回风侧瓦斯和一氧化碳等气体浓度变化，观察烟雾变化情况，分析灭火效果和爆炸危险性，发现危险迹象及时撤离。

第七十九条　用水灭火时，应当具备下列条件：

（一）火源明确；

（二）水源、人力和物力充足；

（三）回风道畅通；

（四）甲烷浓度不超过2%。

第八十条　用水或者注浆灭火应当遵守下列规定：

（一）从进风侧进行灭火，并采取防止溃水措施，同时将回风侧人员撤出；

（二）为控制火势，可以采取设置水幕、清除可燃物等措施；

（三）从火焰外围喷洒并逐步移向火源中心，不得将水流直接对准火焰中心；

（四）灭火过程中保持足够的风量和回风道畅通，使水蒸气直接排入回风道；

（五）向火源大量灌水或者从上部灌浆时，不得靠近火源地点作业；用水快速淹没火区时，火区密闭附近及其下方区域不得有人。

第八十一条　扑灭电气火灾，应当首先切断电源。在切断电源前，必须使用不导电的灭火器材进行灭火。

第八十二条 扑灭瓦斯燃烧引起的火灾时，可采用干粉、惰性气体、泡沫灭火，不得随意改变风量，防止事故扩大。

第八十三条 下列情况下，应当采用隔绝灭火或者综合灭火方法：

（一）缺乏灭火器材；

（二）火源点不明确、火区范围大、难以接近火源；

（三）直接灭火无效或者对灭火人员危险性较大。

第八十四条 采用隔绝灭火方法应当遵守下列规定：

（一）在保证安全的情况下，合理确定封闭火区范围；

（二）封闭火区时，首先建造临时密闭，经观测风向、风量、烟雾和气体分析，确认无爆炸危险后，再建造永久密闭或者防爆密闭（防爆密闭墙最小厚度见附录 8）。

第八十五条 封闭火区应当遵守下列规定：

（一）多条巷道需要封闭的，先封闭支巷，后封闭主巷；

（二）火区主要进风巷和回风巷中的密闭留有通风孔，其他密闭可以不留通风孔；

（三）选择进风巷和回风巷同时封闭的，在两处密闭上预留通风孔，封堵通风孔时统一指挥、密切配合，以最快速度同时封堵，完成密闭工作后迅速撤至安全地点；

（四）封闭有爆炸危险火区时，先采取注入惰性气体等抑爆措施，后在安全位置构筑进、回风密闭；

（五）封闭火区过程中，设专人检测风流和气体变化，发现瓦斯等易燃易爆气体浓度迅速增加时，所有人员立即撤到安全地点，并向现场指挥部报告。

第八十六条 建造火区密闭应当遵守下列规定：

（一）密闭墙的位置选择在围岩稳定、无破碎带、无裂隙和巷道断面较小的地点，距巷道交叉口不小于 10 米；

（二）拆除或者断开管路、金属网、电缆和轨道等金属导体；

（三）密闭墙留设观测孔、措施孔和放水孔。

第八十七条 火区封闭后应当遵守下列规定：

（一）所有人员立即撤出危险区；进入检查或者加固密闭墙在 24 小时后进行，火区条件复杂的，酌情延长时间；

（二）火区密闭被爆炸破坏的，严禁派矿山救援队探察或者恢复密闭；只有在采取惰化火区等措施、经检测无爆炸危险后方可作业，否则，在距火区较远的安全地点建造密闭；

（三）条件允许的，可以采取均压灭火措施；

（四）定期检测和分析密闭内的气体成分及浓度、温度、内外空气压差和密闭漏风情况，发现火区有异常变化时，采取措施及时处置。

第八十八条 矿山救援队在高温、浓烟下开展救援工作应当遵守下列规定：

（一）井下巷道内温度超过 30 摄氏度的，控制佩用氧气呼吸器持续作业时间；温度超过 40 摄氏度的，不得佩用氧气呼吸器作业，抢救人员时严格限制持续作业时间（见附录 9）；

（二）采取降温措施，改善工作环境，井下基地配备含 0.75%食盐的温开水；

（三）高温巷道内空气升温梯度达到每分钟 0.5 至 1 摄氏度时，小队返回井下基地，并及时报告基地指挥员；

（四）严禁进入烟雾弥漫至能见度小于 1 米的巷道；

（五）发现应急救援人员身体异常的，小队返回井下基地并通知待机小队。

第八十九条 处置进风井口建筑物火灾，应当采取防止火灾气体及火焰侵入井下的措施，可以立即反风或者关闭井口防火门；不能反风的，根据矿井实际情况决定是否停止主要通风机。同时，采取措施进行灭火。

第九十条 处置正在开凿井筒的井口建筑物火灾，通往遇险人员作业地点的通道被火切断时，可以利用原有的铁风筒及各类适合供风的管路设施向遇险人员送风，同时采取措施进行灭火。

第九十一条 处置进风井筒火灾，为防止火灾气体侵入井下巷道，可以采取反风或者停止主要通风机运转的措施。

第九十二条 处置回风井筒火灾，应当保持原有风流方向，为防止火势增大，可以适当减少风量。

第九十三条 处置井底车场火灾应当采取下列措施：

（一）进风井井底车场和毗连硐室发生火灾，进行反风或者风流短路，防止火灾气体侵入工作区；

（二）回风井井底车场发生火灾，保持正常风流方向，可以适当减少风量；

（三）直接灭火和阻止火灾蔓延；

（四）为防止混凝土支架和砌碹巷道上面木垛燃烧，可在碹上打眼或者破碹，安设水幕或者灌注防灭火材料；

（五）保护可能受到火灾危及的井筒、爆炸物品库、变电所和水泵房等关键地点。

第九十四条　处置井下硐室火灾应当采取下列措施：

（一）着火硐室位于矿井总进风道的，进行反风或者风流短路；

（二）着火硐室位于矿井一翼或者采区总进风流所经两巷道连接处的，在安全的前提下进行风流短路，条件具备时也可以局部反风；

（三）爆炸物品库着火的，在安全的前提下先将雷管和导爆索运出，后将其他爆炸材料运出；因危险不能运出时，关闭防火门，人员撤至安全地点；

（四）绞车房着火的，将连接的矿车固定，防止烧断钢丝绳，造成跑车伤人；

（五）蓄电池机车充电硐室着火的，切断电源，停止充电，加强通风并及时运出蓄电池；

（六）硐室无防火门的，挂风障控制入风，积极灭火。

第九十五条　处置井下巷道火灾应当采取下列措施：

（一）倾斜上行风流巷道发生火灾，保持正常风流方向，可以适当减少风量，防止与着火巷道并联的巷道发生风流逆转；

（二）倾斜下行风流巷道发生火灾，防止发生风流逆转，不得在着火巷道由上向下接近火源灭火，可以利用平行下山和联络巷接近火源灭火；

（三）在倾斜巷道从下向上灭火时，防止冒落岩石和燃烧物掉落伤人；

（四）矿井或者一翼总进风道中的平巷、石门或者其他水平巷道发生火灾，根据具体情况采取反风、风流短路或者正常通风，采取风流短路时防止风流紊乱；

（五）架线式电机车巷道发生火灾，先切断电源，并将线路接地，接地点在可见范围内；

（六）带式输送机运输巷道发生火灾，先停止输送机，关闭电源，后进行灭火。

第九十六条　处置独头巷道火灾应当采取下列措施：

（一）矿山救援队到达现场后，保持局部通风机通风原状，即风机停止运转的不要开启，风机开启的不要停止，进行探察后再采取处置措施；

（二）水平独头巷道迎头发生火灾，且甲烷浓度不超过2%的，在通风的前提下直接灭火，灭火后检查和处置阴燃火点，防止复燃；

（三）水平独头巷道中段发生火灾，灭火时注意火源以里巷道内瓦斯情况，防止积聚的瓦斯经过火点，情况不明的，在安全地点进行封闭；

（四）倾斜独头巷道迎头发生火灾，且甲烷浓度不超过2%时，在加强通风的情况下可以直接灭火；甲烷浓度超过2%时，应急救援人员立即撤离，并在安全地点进行封闭；

（五）倾斜独头巷道中段发生火灾，不得直接灭火，在安全地点进行封闭；

（六）局部通风机已经停止运转，且无需抢救人员的，无论火源位于何处，均在安全地点进行封闭，不得进入直接灭火。

第九十七条　处置回采工作面火灾应当采取下列措施：

（一）工作面着火，在进风侧进行灭火；在进风侧灭火难以奏效的，可以进行局部反风，从反风后的进风侧灭火，并在回风侧设置水幕；

（二）工作面进风巷着火，为抢救人员和控制火势，可以进行局部反风或者减少风量，减少风量时防止灾区缺氧和瓦斯等有毒有害气体积聚；

（三）工作面回风巷着火，防止采空区瓦斯涌出和积聚造成瓦斯爆炸；

（四）急倾斜工作面着火，不得在火源上方或者火源下方直接灭火，防止水蒸气或者火区塌落物伤人；有条件的可以从侧面利用保护台板或者保护盖接近火源灭火；

（五）工作面有爆炸危险时，应急救援人员立即撤到安全地点，禁止直接灭火。

第九十八条　采空区或者巷道冒落带发生火灾，应当保持通风系统稳定，检查与火区相连的通道，防止瓦斯涌入火区。

第二节　瓦斯、矿尘爆炸事故救援

第九十九条　矿山救援队参加瓦斯、矿尘爆炸事故救援，应当全面探察灾区遇险人员数量及分布地点、有毒有害气体、巷道破坏程度、是否存在火源等情况。

第一百条　首先到达事故矿井的矿山救援队，救援力量的分派原则如下：

（一）井筒、井底车场或者石门发生爆炸，在确定没有火源、无爆炸危险后，派一个小队抢救人员，另一个小队恢复通风，通风设施损坏暂时无法恢复的，全部进行抢救人员；

（二）采掘工作面发生爆炸，派一个小队沿回风侧、另一个小队沿进风侧进入抢救人员，在此期间通风系统维持原状。

第一百零一条　为排除爆炸产生的有毒有害气体和

抢救人员,应当在探察确认无火源的前提下,尽快恢复通风。如果有毒有害气体严重威胁爆源下风侧人员,在上风侧人员已经撤离的情况下,可以采取反风措施,反风后矿山救援队进入原下风侧引导人员撤离灾区。

第一百零二条　爆炸产生火灾时,矿山救援队应当同时进行抢救人员和灭火,并采取措施防止再次发生爆炸。

第一百零三条　矿山救援队参加瓦斯、矿尘爆炸事故救援应当遵守下列规定:

(一)切断灾区电源,并派专人值守;

(二)检查灾区内有毒有害气体浓度、温度和通风设施情况,发现有再次爆炸危险时,立即撤至安全地点;

(三)进入灾区行动防止碰撞、摩擦等产生火花;

(四)灾区巷道较长、有毒有害气体浓度较大、支架损坏严重的,在确认没有火源的情况下,先恢复通风、维护支架,确保应急救援人员安全;

(五)已封闭采空区发生爆炸,严禁派人进入灾区进行恢复密闭工作,采取注入惰性气体和远距离封闭等措施。

第三节　煤与瓦斯突出事故救援

第一百零四条　发生煤与瓦斯突出事故后,矿山企业应当立即对灾区采取停电和撤人措施,在按规定排出瓦斯后,方可恢复送电。

第一百零五条　矿山救援队应当探察遇险人员数量及分布地点、通风系统及设施破坏程度、突出的位置、突出物堆积状态、巷道堵塞程度、瓦斯浓度和波及范围等情况,发现火源立即扑灭。

第一百零六条　采掘工作面发生煤与瓦斯突出事故,矿山救援队应当派一个小队从回风侧、另一个小队从进风侧进入事故地点抢救人员。

第一百零七条　矿山救援队发现遇险人员应当立即抢救,为其佩用全面罩正压氧气呼吸器或者自救器,引导、护送遇险人员撤离灾区。遇险人员被困灾区时,应当利用压风、供水管路或者施工钻孔等为其输送新鲜空气,并组织力量清理堵塞物或者开掘绕道抢救人员。在有突出危险的煤层中掘进绕道抢救人员时,应当采取防突措施。

第一百零八条　处置煤与瓦斯突出事故,不得停风或者反风,防止风流紊乱扩大灾情。通风系统和通风设施被破坏的,应当设置临时风障、风门和安装局部通风机恢复通风。

第一百零九条　突出造成风流逆转时,应当在进风侧设置风障,清理回风侧的堵塞物,使风流尽快恢复正常。

第一百一十条　突出引起火灾时,应当采用综合灭火或者惰性气体灭火。突出引起回风井口瓦斯燃烧的,应当采取控制风量的措施。

第一百一十一条　排放灾区瓦斯时,应当撤出排放混合风流经过巷道的所有人员,以最短路线将瓦斯引入回风道。回风井口50米范围内不得有火源,并设专人监视。

第一百一十二条　清理突出的煤矸时,应当采取防止煤尘飞扬、冒顶片帮、瓦斯超限及再次发生突出的安全保障措施。

第一百一十三条　处置煤(岩)与二氧化碳突出事故,可以参照处置煤与瓦斯突出事故的相关规定执行,并且应当加大灾区风量。

第四节　矿井透水事故救援

第一百一十四条　矿山救援队参加矿井透水事故救援,应当了解灾区情况和水源、透水点、事故前人员分布、矿井有生存条件的地点及进入该地点的通道等情况,分析计算被困人员所在空间体积及空间内氧气、二氧化碳、瓦斯等气体浓度,估算被困人员维持生存时间。

第一百一十五条　矿山救援队应当探察遇险人员位置,涌水通道、水量及水流动线路,巷道及水泵设施受水淹程度,巷道破坏及堵塞情况,瓦斯、二氧化碳、硫化氢等有毒有害气体情况和通风状况等。

第一百一十六条　采掘工作面发生透水,矿山救援队应当首先进入下部水平抢救人员,再进入上部水平抢救人员。

第一百一十七条　被困人员所在地点高于透水后水位的,可以利用打钻等方法供给新鲜空气、饮料和食物,建立通信联系;被困人员所在地点低于透水后水位的,不得打钻,防止钻孔泄压扩大灾情。

第一百一十八条　矿井涌水量超过排水能力,全矿或者水平有被淹危险时,在下部水平人员救出后,可以向下部水平或者采空区放水;下部水平人员尚未撤出,主要排水设备受到被淹威胁时,可以构筑临时防水墙,封堵泵房口和通往下部水平的巷道。

第一百一十九条　矿山救援队参加矿井透水事故救援应当遵守下列规定:

(一)透水威胁水泵安全时,在人员撤至安全地点后,保护泵房不被水淹;

(二)应急救援人员经过巷道有被淹危险时,立即返回井下基地；

（三）排水过程中保持通风，加强有毒有害气体检测，防止有毒有害气体涌出造成危害；

（四）排水后进行探察或者抢救人员时，注意观察巷道情况，防止冒顶和底板塌陷；

（五）通过局部积水巷道时，采用探险棍探测前进；水深过膝，无需抢救人员的，不得涉水进入灾区。

第一百二十条 矿山救援队处置上山巷道透水应当注意下列事项：

（一）检查并加固巷道支护，防止二次透水、积水和淤泥冲击；

（二）透水点下方不具备存储水和沉积物有效空间的，将人员撤至安全地点；

（三）保证人员通信联系和撤离路线安全畅通。

第五节 冒顶片帮、冲击地压事故救援

第一百二十一条 矿山救援队参加冒顶片帮事故救援，应当了解事故发生原因、巷道顶板特性、事故前人员分布位置和压风管路设置等情况，指定专人检查氧气和瓦斯等有毒有害气体浓度、监测巷道涌水量、观察周围巷道顶板和支护情况，保障应急救援人员作业安全和撤离路线安全畅通。

第一百二十二条 矿井通风系统遭到破坏的，应当迅速恢复通风；周围巷道和支护遭到破坏的，应当进行加固处理。当瓦斯等有毒有害气体威胁救援作业安全或者可能再次发生冒顶片帮时，应急救援人员应当迅速撤至安全地点，采取措施消除威胁。

第一百二十三条 矿山救援队搜救遇险人员时，可以采用呼喊、敲击或者采用探测仪器判断被困人员位置、与被困人员联系。应急救援人员和被困人员通过敲击发出救援联络信号内容如下：

（一）敲击五声表示寻求联络；

（二）敲击四声表示询问被困人员数量（被困人员按实际人数敲击回复）；

（三）敲击三声表示收到；

（四）敲击二声表示停止。

第一百二十四条 应急救援人员可以采用掘小巷、掘绕道、使用临时支护通过冒落区或者施工大口径救生钻孔等方式，快速构建救援通道营救遇险人员，同时利用压风管、水管或者钻孔等向被困人员提供新鲜空气、饮料和食物。

第一百二十五条 应急救援人员清理大块矸石、支柱、支架、金属网、钢梁等冒落物和巷道堵塞物营救被困人员时，在现场安全的情况下，可以使用千斤顶、液压起重器具、液压剪、起重气垫、多功能钳、金属切割机等工具进行处置，使用工具应当注意避免误伤被困人员。

第一百二十六条 矿山救援队参加冲击地压事故救援应当遵守下列规定：

（一）分析再次发生冲击地压灾害的可能性，确定合理的救援方案和路线；

（二）迅速恢复灾区通风，恢复独头巷道通风时，按照排放瓦斯的要求进行；

（三）加强巷道支护，保障作业空间安全，防止再次冒顶；

（四）设专人观察顶板及周围支护情况，检查通风、瓦斯和矿尘，防止发生次生事故。

第六节 矿井提升运输事故救援

第一百二十七条 矿井发生提升运输事故，矿山企业应当根据情况立即停止事故设备运行，必要时切断其供电电源，停止事故影响区域作业，组织抢救遇险人员，采取恢复通风、通信和排水等措施。

第一百二十八条 矿山救援队应当了解事故发生原因、矿井提升运输系统及设备、遇险人员数量和可能位置以及矿井通风、通信、排水等情况，探察井筒（巷道）破坏程度、提升容器坠落或者运输车辆滑落位置、遇险人员状况以及井筒（巷道）内通风、杂物堆积、氧气和有毒有害气体浓度、积水水位等情况。

第一百二十九条 矿山救援队在探察搜救过程中，发现遇险人员立即救出至安全地点，对伤员进行止血、包扎和骨折固定等紧急处理后，迅速移交专业医护人员送医院救治；不能立即救出的，在采取技术措施后施救。

第一百三十条 应急救援人员在使用起重、破拆、扩张、牵引、切割等工具处置罐笼、人车（矿车）及堆积杂物进行施救时，应当指定专人检查瓦斯等有毒有害气体和氧气浓度、观察井筒和巷道情况，采取防范措施确保作业安全；同时，应当采取措施避免被困人员受到二次伤害。

第一百三十一条 矿山救援队参加矿井坠罐事故救援应当遵守下列规定：

（一）提升人员井筒发生事故，可以选择其他安全出口入井探察搜救；

（二）需要使用事故井筒的，清理井口并设专人把守警戒，对井筒、救援提升系统及设备进行安全评估、检查和提升测试，确保提升安全可靠；

(三)当罐笼坠入井底时,可以通过排水通道抢救遇险人员,积水较多的采取排水措施,井底较深的采取局部通风措施,防止人员窒息;

(四)搜救时注意观察井筒上部是否有物品坠落危险,必要时在井筒上部断面安设防护盖板,保障救援安全。

第一百三十二条 矿山救援队参加矿井卡罐事故救援应当遵守下列规定:

(一)清理井架、井口附着物,井口设专人值守警戒,防止救援过程中坠物伤人;

(二)有梯子间的井筒,先行探察井筒内有毒有害气体和氧气浓度以及梯子间安全状况,在保证安全的情况下可以通过梯子间向下搜救;

(三)需要通过提升系统及设备进行探察搜救的,在经评估、检查和测试,确保提升系统及设备安全可靠后方可实施;

(四)应急救援人员佩带保险带,所带工具系绳入套防止掉落,配备使用通信工具保持联络;

(五)应急救援人员到达卡罐位置,先观察卡罐状况,必要时采取稳定或者加固措施,防止施救时罐笼再次坠落;

(六)救援时间较长时,可以通过绳索和吊篮等方式为被困人员输送食物、饮料、相关药品及通信工具,维持被困人员生命体征和情绪稳定。

第一百三十三条 矿山救援队参加倾斜井巷跑车事故救援应当遵守下列规定:

(一)采取紧急制动和固定跑车车辆措施,防止施救时车辆再次滑落;

(二)在事故巷道采取设置警戒线、警示灯等警戒措施,并设专人值守,禁止无关车辆和人员通行;

(三)起重、搬移、挪动矿车时,防止车辆侧翻伤人,保护应急救援人员和遇险人员安全;

(四)注意观察事故现场周边设施、设备、巷道的变化情况,防止巷道构件塌落伤人,必要时加固巷道、消除隐患。

第七节 淤泥、黏土、矿渣、流砂溃决事故救援

第一百三十四条 矿井发生淤泥、黏土、矿渣或者流砂溃决事故,矿山企业应当将下部水平作业人员撤至安全地点。

第一百三十五条 应急救援人员应当加强有毒有害气体检测,采用呼喊和敲击等方法与被困人员进行联系,采取措施向被困人员输送新鲜空气、饮料和食物,在清理溃决物的同时,采用打钻和掘小巷等方法营救被困人员。

第一百三十六条 开采急倾斜煤层或者矿体的,在黏土、淤泥、矿渣或者流砂流入下部水平巷道时,应急救援人员应当从上部水平巷道开展救援工作,严禁从下部接近充满溃决物的巷道。

第一百三十七条 因受条件限制,需从倾斜巷道下部清理淤泥、黏土、矿渣或者流砂时,应当制定专门措施,设置牢固的阻挡设施和有安全退路的躲避硐室,并设专人观察。出现险情时,应急救援人员立即撤离或者进入躲避硐室。溃决物下方没有安全阻挡设施的,严禁进行清理作业。

第八节 炮烟中毒窒息、炸药爆炸和矸石山事故救援

第一百三十八条 矿山救援队参加炮烟中毒窒息事故救援应当遵守下列规定:

(一)加强通风,监测有毒有害气体;

(二)独头巷道或者采空区发生炮烟中毒窒息事故,在没有爆炸危险的情况下,采用局部通风的方式稀释炮烟浓度;

(三)尽快给遇险人员佩用全面罩正压氧气呼吸器或者自救器,给中毒窒息人员供氧并让其静卧保暖,将遇险人员撤离炮烟事故区域,运送至安全地点交医护人员救治。

第一百三十九条 矿山救援队参加炸药爆炸事故救援应当遵守下列规定:

(一)了解炸药和雷管数量、放置位置等情况,分析再次爆炸的危险性,制定安全防范措施;

(二)探察爆炸现场人员、有毒有害气体和巷道与硐室坍塌等情况;

(三)抢救遇险人员,运出爆破器材,控制并扑灭火源;

(四)恢复矿井通风系统,排除烟雾。

第一百四十条 矿山救援队参加矸石山自燃或者爆炸事故救援应当遵守下列规定:

(一)查明自燃或者爆炸范围、周围温度和产生气体成分及浓度;

(二)可以采用注入泥浆、飞灰、石灰水、凝胶和泡沫等灭火措施;

(三)直接灭火时,防止水煤气爆炸,避开矸石山垮塌面和开挖暴露面;

(四)清理爆炸产生的高温抛落物时,应急救援人员佩戴手套、防护面罩或者眼镜,穿隔热服,使用工具清理;

（五）设专人观测矸石山状态及变化，发现危险情况立即撤离至安全地点。

第九节　露天矿坍塌、排土场滑坡和尾矿库溃坝事故救援

第一百四十一条　矿山救援队参加露天矿边坡坍塌或者排土场滑坡事故救援应当遵守下列规定：

（一）坍塌体（滑体）趋于稳定后，应急救援人员及抢险救援设备从坍塌体（滑体）两侧安全区域实施救援；

（二）采用生命探测仪等器材和观察、听声、呼喊、敲击等方法搜寻被困人员，判断被埋压人员位置；

（三）可以采用人工与机械相结合的方式挖掘搜救被困人员，接近被埋压人员时采用人工挖掘，在施救过程中防止造成二次伤害；

（四）分析事故影响范围，设置警戒区域，安排专人对搜救地点、坍塌体（滑体）和边坡情况进行监测，发现险情迅速组织应急救援人员撤离。

积极采用手机定位、车辆探测、3D建模等技术分析被困人员位置，利用无人机、边坡雷达、位移形变监测等设备加强监测预警。

第一百四十二条　矿山救援队参加尾矿库溃坝事故救援应当遵守下列规定：

（一）疏散周边和下游可能受到威胁的人员，设置警戒区域；

（二）用抛填块石、砂袋和打木桩等方法堵塞决堤口，加固尾矿库堤坝，进行水砂分流，实时监测坝体，保障应急救援人员安全；

（三）挖掘搜救过程中避免被困人员受到二次伤害；

（四）尾矿泥沙仍处于流动状态，对下游村庄、企业、交通干线、饮用水源地及其他环境敏感保护目标等形成威胁时，采取拦截、疏导等措施，避免事故扩大。

第七章　现场急救

第一百四十三条　矿山救援队应急救援人员应当掌握人工呼吸、心肺复苏、止血、包扎、骨折固定和伤员搬运等现场急救技能。

第一百四十四条　矿山救援队现场急救的原则是使用徒手和无创技术迅速抢救伤员，并尽快将伤员移交给专业医护人员。

第一百四十五条　矿山救援队应当配备必要的现场急救和训练器材（见附录10、附录11）。

第一百四十六条　矿山救援队进行现场急救时应当遵守下列规定：

（一）检查现场及周围环境，确保伤员和应急救援人员安全，非必要不轻易移动伤员；

（二）接触伤员前，采取个体防护措施；

（三）研判伤员基本生命体征，了解伤员受伤原因，按照头、颈、胸、腹、骨盆、上肢、下肢、足部和背部（脊柱）顺序检查伤情；

（四）根据伤情采取相应的急救措施，脊椎受伤的采取轴向保护，颈椎损伤的采用颈托制动；

（五）根据伤员的不同伤势，采用相应的搬运方法。

第一百四十七条　抢救有毒有害气体中毒伤员应当采取下列措施：

（一）所有人员佩用防护装置，将中毒人员立即运送至通风良好的安全地点进行抢救；

（二）对中度、重度中毒人员，采取供氧和保暖措施，对严重窒息人员，在供氧的同时进行人工呼吸；

（三）对因喉头水肿导致呼吸道阻塞的窒息人员，采取措施保持呼吸道畅通；

（四）中毒人员呼吸或者心跳停止的，立即进行人工呼吸和心肺复苏，人工呼吸过程中，使用口式呼吸面罩。

第一百四十八条　抢救溺水伤员应当采取下列措施：

（一）清除溺水伤员口鼻内异物，确保呼吸道通畅；

（二）抢救效果欠佳的，立即改为俯卧式或者口对口人工呼吸；

（三）心跳停止的，按照通气优先策略，采用A-B-C（开通气道、人工呼吸、胸外按压）方式进行心肺复苏；

（四）伤员呼吸恢复后，可以在四肢进行向心按摩，神志清醒后，可以服用温开水。

第一百四十九条　抢救触电伤员应当采取下列措施：

（一）首先立即切断电源；

（二）使伤员迅速脱离电源，并将伤员运送至通风和安全的地点，解开衣扣和裤带，检查有无呼吸和心跳，呼吸或者心跳停止的，立即进行心肺复苏；

（三）根据伤情对伤员进行包扎、止血、固定和保温。

第一百五十条　抢救烧伤伤员应当采取下列措施：

（一）立即用清洁冷水反复冲洗伤面，条件具备的，用冷水浸泡5至10分钟；

（二）脱衣困难的，立即将衣领、袖口或者裤腿剪开，反复用冷水浇泼，冷却后再脱衣，并用医用消毒大单、无菌敷料包裹伤员，覆盖伤面。

第一百五十一条　抢救休克伤员应当采取下列措施：

（一）松解伤员衣服，使伤员平卧或者下肢抬高约30度，保持伤员体温；

（二）清除伤员呼吸道内的异物，确保呼吸道畅通；

（三）迅速判断休克原因，采取相应措施；

（四）针对休克不同的病理生理反应及主要病症积极进行抢救，出血性休克尽快止血，对于四肢大出血，首先采用止血带；

（五）经初步评估和处理后尽快转送。

第一百五十二条 抢救爆震伤员应当采取下列措施：

（一）立即清除口腔和鼻腔内的异物，保持呼吸道通畅；

（二）因开放性损伤导致出血的，立即加压包扎或者压迫止血；处理烧伤创面时，禁止涂抹一切药物，使用医用消毒大单、无菌敷料包裹，不弄破水泡，防止污染；

（三）对伤员骨折进行固定，防止伤情扩大。

第一百五十三条 抢救昏迷伤员应当采取下列措施：

（一）使伤员平卧或者两头均抬高约30度；

（二）解松衣扣，清除呼吸道内的异物；

（三）可以采用刺、按人中等穴位，促其苏醒。

第一百五十四条 应急救援人员对伤员采取必要的抢救措施后，应当尽快交由专业医护人员将伤员转送至医院进行综合治疗。

第八章 预防性安全检查和安全技术工作

第一节 预防性安全检查

第一百五十五条 矿山救援队应当按照主动预防的工作要求，结合服务矿山企业安全生产工作实际，有计划地开展预防性安全检查，了解服务矿山企业基本情况，熟悉矿山救援环境条件，进行救援业务技能训练，开展事故隐患排查技术服务。矿山企业应当配合矿山救援队开展预防性安全检查工作，提供相关技术资料和图纸，及时处理检查发现的事故隐患。

第一百五十六条 矿山救援队进行矿井预防性安全检查工作，应当主要了解、检查下列内容：

（一）矿井巷道、采掘工作面、采空区、火区的分布和管理情况；

（二）矿井采掘、通风、排水、运输、供电和压风、供水、通信、监控、人员定位、紧急避险等系统的基本情况；

（三）矿井巷道支护、风量和有害气体情况；

（四）矿井硐室分布情况和防火设施；

（五）矿井火灾、水害、瓦斯、煤尘、顶板等方面灾害情况和存在的事故隐患；

（六）矿井应急救援预案、灾害预防和处理计划的编制和执行情况；

（七）地面、井下消防器材仓库地点及材料、设备的储备情况。

第一百五十七条 矿山救援队在预防性安全检查工作中，发现事故隐患应当通知矿山企业现场负责人予以处理；发现危及人身安全的紧急情况，应当立即通知现场作业人员撤离。

第一百五十八条 预防性安全检查结束后，矿山救援队应当填写预防性安全检查记录，及时向矿山企业反馈检查情况和发现的事故隐患。

第二节 安全技术工作

第一百五十九条 矿山救援队参加排放瓦斯、启封火区、反风演习、井巷揭煤等存在安全风险、需要佩用氧气呼吸器进行的非事故性技术操作和安全监护作业，属于安全技术工作。

开展安全技术工作，应当由矿山企业和矿山救援队研究制定工作方案和安全技术措施，并在统一指挥下实施。矿山救援队参加危险性较大的排放瓦斯、启封火区等安全技术工作，应当设立待机小队。

第一百六十条 矿山救援队参加安全技术工作，应当组织应急救援人员学习和熟悉工作方案和安全技术措施，并根据工作任务制定行动计划和安全措施。

第一百六十一条 矿山救援队应当逐项检查安全技术工作实施前的各项准备工作，符合工作方案和安全技术措施规定后方可实施。

第一百六十二条 矿山救援队参加煤矿排放瓦斯工作应当遵守下列规定：

（一）排放前，撤出回风侧巷道人员，切断回风侧巷道电源并派专人看守，检查并严密封闭回风侧区域火区；

（二）排放时，进入排放巷道的人员佩用氧气呼吸器，派专人检查瓦斯、二氧化碳、一氧化碳等气体浓度及温度，采取控制风流排放方法，排出的瓦斯与全风压风流混合处的甲烷和二氧化碳浓度均不得超过1.5%；

（三）排放结束后，与煤矿通风、安监机构一起进行现场检查，待通风正常后，方可撤出工作地点。

第一百六十三条 矿山救援队参加金属非金属矿山排放有毒有害气体工作，恢复巷道通风，可以参照矿山救援队参加煤矿排放瓦斯工作的相关规定执行。

第一百六十四条 封闭火区符合启封条件后方可启封。矿山救援队参加启封火区工作应当遵守下列规定：

（一）启封前，检查火区的温度、各种气体浓度和巷道支护等情况，切断回风流电源，撤出回风侧人员，在通往回风道交叉口处设栅栏和警示标志，并做好重新封闭的准备工作；

（二）启封时，采取锁风措施，逐段恢复通风，检查各种气体浓度和温度变化情况，发现复燃征兆，立即重新封闭火区；

（三）启封后3日内，每班由矿山救援队检查通风状况，测定水温、空气温度和空气成分，并取气样进行分析，确认火区完全熄灭后，方可结束启封工作。

第一百六十五条 矿山救援队参加反风演习工作应当遵守下列规定：

（一）反风前，应急救援人员佩带氧气呼吸器、携带必要的技术装备在井下指定地点值班，同时测定矿井风量和瓦斯等有毒有害气体浓度；

（二）反风10分钟后，经测定风量达到正常风量的40%，瓦斯浓度不超过规定时，及时报告现场指挥机构；

（三）恢复正常通风后，将测定的风量和瓦斯等有毒有害气体浓度报告现场指挥机构，待通风正常后方可离开工作地点。

第一百六十六条 矿山救援队参加井巷揭煤安全监护工作应当遵守下列规定：

（一）揭煤前，应急救援人员佩带氧气呼吸器、携带必要的技术装备在井下指定地点值班，配合现场作业人员检查揭煤作业相关安全设施、避灾路线及停电、撤人、警戒等安全措施落实情况；

（二）在爆破结束至少30分钟后，应急救援人员佩用氧气呼吸器、携带必要仪器设备进入工作面，检查爆破、揭煤、巷道、通风系统和气体参数等情况，发现煤尘骤起、有害气体浓度增大、有响声等异常情况，立即退出，关闭反向风门；

（三）揭煤工作完成后，与煤矿通风、安监机构一起进行现场检查，待通风正常后，方可撤出工作地点。

第一百六十七条 矿山救援队参加安全技术工作，应当做好自身安全防护和矿山救援准备，一旦出现危及作业人员安全的险情或者发生意外事故，立即组织作业人员撤离，抢救遇险人员，并按有关规定及时报告。

第九章 经费和职业保障

第一百六十八条 矿山救援队建立单位应当保障队伍建设及运行经费。矿山企业应当将矿山救援队建设及运行经费列入企业年度经费，可以按规定在安全生产费用等资金中列支。

专职矿山救援队按照有关规定与矿山企业签订应急救援协议收取的费用，可以作为队伍运行、开展日常服务工作和装备维护等的补充经费。

第一百六十九条 矿山救援队应急救援人员承担井下一线矿山救援任务和安全技术工作，从事高危险性作业，应当享受下列职业保障：

（一）矿井采掘一线作业人员的岗位工资、井下津贴、班中餐补贴和夜班津贴等，应急救援人员的救援岗位津贴；国家另有规定的，按照有关规定执行；

（二）佩用氧气呼吸器工作的特殊津贴；在高温、浓烟等恶劣环境中佩用氧气呼吸器工作的，特殊津贴增加一倍；

（三）工作着装按照有关规定统一配发，劳动保护用品按照井下一线职工标准发放；

（四）所在单位除执行社会保险制度外，还为矿山救援队应急救援人员购买人身意外伤害保险；

（五）矿山救援队每年至少组织应急救援人员进行1次身体检查，对不适合继续从事矿山救援工作的人员及时调整工作岗位；

（六）应急救援人员因超龄或者因病、因伤退出矿山救援队的，所在单位给予安排适当工作或者妥善安置。

第一百七十条 矿山救援队所在单位应当按照国家有关规定，对参加矿山生产安全事故或者其他灾害事故应急救援伤亡的人员及时给予救治和抚恤；符合烈士评定条件的，应当依法为其申报烈士。

第十章 附 则

第一百七十一条 本规程下列用语的含义：

（一）独立中队，是指按照中队编制建立，独立运行管理的矿山救援队。

（二）指挥员，是矿山救援队担任副小队长及以上职务人员、技术负责人的统称。

（三）氧气呼吸器，是一种自带氧源、隔绝再生式闭路循环的个人特种呼吸保护装置。

（四）氧气充填泵，是指将氧气从大氧气瓶抽出并充入小容积氧气瓶内的升压泵。

（五）佩带氧气呼吸器，是指应急救援人员背负氧气呼吸器，但未戴防护面罩，未打开氧气瓶吸氧。

（六）佩用氧气呼吸器，是指应急救援人员背负氧气呼吸器，戴上防护面罩，打开氧气瓶吸氧。

（七）氧气呼吸器班，是指应急救援人员佩用4小时氧气呼吸器在其有效防护时间内进行工作的一段时间，1个氧气呼吸器班约为3至4小时。

(八)氧气呼吸器校验仪,是指检验氧气呼吸器的各项技术指标是否符合规定标准的专用仪器。

(九)自动苏生器,是对中毒或者窒息的伤员自动进行人工呼吸或者输氧的急救器具。

(十)灾区,是指事故灾害的发生点及波及的范围。

(十一)风障,是指在矿井巷道或者工作面内,利用帆布等软体材料构筑的阻挡或者引导风流的临时设施。

(十二)地面基地,是指在处置矿山事故灾害时,为及时供应救援装备和器材、进行灾区气体分析和提供现场医疗急救等而设在矿山地面的支持保障场所。

(十三)井下基地,是指在井下靠近灾区、通风良好、运输方便、不易受事故灾害直接影响的安全地点,为井下救援指挥、通信联络、存放救援物资、待机小队待命和急救医务人员值班等需要而设立的救援工作场所。

(十四)火风压,是指井下发生火灾时,高温烟流流经有高差的井巷所产生的附加风压。

(十五)风流逆转,是指由于煤与瓦斯突出、爆炸冲击波、矿井火风压等作用,改变了矿井通风网络中局部或者全部正常风流方向的现象。

(十六)风流短路,是指用打开风门或者挡风墙等方法,将进风巷道风流直接引向回风巷的做法。

(十七)水幕,是指通过高压水流和在巷道中安设的多组喷嘴,喷出的水雾所形成的覆盖巷道全断面的屏障。

(十八)密闭,是指为隔断风流而在巷道中设置的隔墙。

(十九)临时密闭,是指为隔断风流、隔绝火区而在巷道中设置的临时构筑物。

(二十)防火门,是指井下防止火灾蔓延和控制风流的安全设施。

(二十一)局部反风,是指在矿井主要通风机正常运转的情况下,利用通风设施,使井下局部区域风流反向流动的方法。

(二十二)风门,是指在巷道中设置的关闭时阻隔风流、开启时行人和车辆通过的通风构筑物。

(二十三)锁风,是指在启封井下火区或者缩小火区范围时,为阻止向火区进风,采取的先增设临时密闭、再拆除已设密闭,在推进过程中始终保持控制风流的一种技术方法。

(二十四)直接灭火,是指用水、干粉或者化学灭火剂、惰性气体、砂子(岩粉)等灭火材料,在火源附近或者一定距离内直接扑灭矿井火灾。

(二十五)隔绝灭火,是指在联通矿井火区的所有巷道内构筑密闭(防火墙),隔断向火区的空气供给,使火灾逐渐自行熄灭。

(二十六)均压灭火,是指利用矿井通风手段,调节矿井通风压力,使火区进、回风侧风压差趋向于零,从而消除火区漏风,使矿井火灾逐渐熄灭。

(二十七)综合灭火,是指采用封闭火区、火区均压、向火区灌注泥浆或者注入惰性气体等多种灭火措施配合使用的灭火方法。

(二十八)防水墙,是指在矿井受水害威胁的巷道内,为防止井下水突然涌入其他巷道而设置的截流墙。

第一百七十二条 本规程自2024年7月1日起施行。

附　录

附录1 矿山救援大队基本装备(略)

附录2 独立中队和大队所属中队基本装备(略)

附录3 矿山救援小队基本装备(略)

附录4 兼职矿山救援队基本装备(略)

附录5 矿山救援队应急救援人员个人基本装备(略)

附录6 矿山救援小队进行矿井灾区探察携带基本装备(略)

附录7 应急救援登记卡(样式)(略)

附录8 防爆密闭墙最小厚度(略)

附录9 应急救援人员在高温巷道持续作业限制时间(略)

附录10 矿山救援中队基本急救器材清单(略)

附录11 矿山救援小队基本急救器材清单(略)

煤矿安全规程(节录)

· 2016年2月25日国家安全生产监督管理总局令第87号公布
· 根据2022年1月6日《应急管理部关于修改〈煤矿安全规程〉的决定》修订

……

第六编　应急救援

第一章　一般规定

第六百七十二条 煤矿企业应当落实应急管理主体责任,建立健全事故预警、应急值守、信息报告、现场处置、应急投入、救援装备和物资储备、安全避险设施管理和使用等规章制度,主要负责人是应急管理和事故救援工作的第一责任人。

第六百七十三条　矿井必须根据险情或者事故情况下矿工避险的实际需要，建立井下紧急撤离和避险设施，并与监测监控、人员位置监测、通信联络等系统结合，构成井下安全避险系统。

安全避险系统应当随采掘工作面的变化及时调整和完善，每年由矿总工程师组织开展有效性评估。

第六百七十四条　煤矿企业必须编制应急救援预案并组织评审，由本单位主要负责人批准后实施；应急救援预案应当与所在地县级以上地方人民政府组织制定的生产安全事故应急救援预案相衔接。

应急救援预案的主要内容发生变化，或者在事故处置和应急演练中发现存在重大问题时，及时修订完善。

第六百七十五条　煤矿企业必须建立应急演练制度。应急演练计划、方案、记录和总结评估报告等资料保存期限不少于2年。

第六百七十六条　所有煤矿必须有矿山救护队为其服务。井工煤矿企业应当设立矿山救护队，不具备设立矿山救护队条件的煤矿企业，所属煤矿应当设立兼职救护队，并与就近的救护队签订救护协议；否则，不得生产。

矿山救护队到达服务煤矿的时间应当不超过30min。

第六百七十七条　任何人不得调动矿山救护队、救援装备和救护车辆从事与应急救援无关的工作，不得挪用紧急避险设施内的设备和物品。

第六百七十八条　井工煤矿应当向矿山救护队提供采掘工程平面图、矿井通风系统图、井上下对照图、井下避灾路线图、灾害预防和处理计划，以及应急救援预案；露天煤矿应当向矿山救护队提供采剥、排土工程平面图和运输系统图、防排水系统图及排水设备布置图、井工老空区与露天矿平面对照图，以及应急救援预案。提供的上述图纸和资料应当真实、准确，且至少每季度为救护队更新一次。

第六百七十九条　煤矿作业人员必须熟悉应急救援预案和避灾路线，具有自救互救和安全避险知识。井下作业人员必须熟练掌握自救器和紧急避险设施的使用方法。

班组长应当具备兼职救护队员的知识和能力，能够在发生险情后第一时间组织作业人员自救互救和安全避险。

外来人员必须经过安全和应急基本知识培训，掌握自救器使用方法，并签字确认后方可入井。

第六百八十条　煤矿发生险情或者事故后，现场人员应当进行自救、互救，并报矿调度室；煤矿应当立即按照应急救援预案启动应急响应，组织涉险人员撤离险区，通知应急指挥人员、矿山救护队和医疗救护人员等到现场救援，并上报事故信息。

第六百八十一条　矿山救护队在接到事故报告电话、值班人员发出警报后，必须在1min内出动救援。

第六百八十二条　发生事故的煤矿必须全力做好事故应急救援及相关工作，并报请当地政府和主管部门在通信、交通运输、医疗、电力、现场秩序维护等方面提供保障。

第二章　安全避险

第六百八十三条　煤矿发生险情或者事故时，井下人员应当按应急救援预案和应急指令撤离险区，在撤离受阻的情况下紧急避险待救。

第六百八十四条　井下所有工作地点必须设置灾害事故避灾路线。避灾路线指示应当设置在不易受到碰撞的显著位置，在矿灯照明下清晰可见，并标注所在位置。

巷道交叉口必须设置避灾路线标识。巷道内设置标识的间隔距离：采区巷道不大于200m，矿井主要巷道不大于300m。

第六百八十五条　矿井应当设置井下应急广播系统，保证井下人员能够清晰听见应急指令。

第六百八十六条　入井人员必须随身携带额定防护时间不低于30min的隔绝式自救器。

矿井应当根据需要在避灾路线上设置自救器补给站。补给站应当有清晰、醒目的标识。

第六百八十七条　采区避灾路线上应当设置压风管路，主管路直径不小于100mm，采掘工作面管路直径不小于50mm，压风管路上设置的供气阀门间隔不大于200m。水文地质条件复杂和极复杂的矿井，应当在各水平、采区和上山巷道最高处敷设压风管路，并设置供气阀门。

采区避灾路线上应当敷设供水管路，在供气阀门附近安装供水阀门。

第六百八十八条　突出矿井，以及发生险情或者事故时井下人员依靠自救器或者1次自救器接力不能安全撤至地面的矿井，应当建设井下紧急避险设施。紧急避险设施的布局、类型、技术性能等具体设计，应当经矿总工程师审批。

紧急避险设施应当设置在避灾路线上，并有醒目标识。矿井避灾路线图中应当明确标注紧急避险设施的位置、规格和种类，井巷中应当有紧急避险设施方位指示。

第六百八十九条　突出矿井必须建设采区避难硐室，采区避难硐室必须接入矿井压风管路和供水管路，满足避险人员的避险需要,额定防护时间不低于96h。

突出煤层的掘进巷道长度及采煤工作面推进长度超过500m时,应当在距离工作面500m范围内建设临时避难硐室或者其他临时避险设施。临时避难硐室必须设置向外开启的密闭门,接入矿井压风管路,设置与矿调度室直通的电话,配备足量的饮用水及自救器。

第六百九十条 其他矿井应当建设采区避难硐室,或者在距离采掘工作面1000m范围内建设临时避难硐室或者其他临时避险设施。

第六百九十一条 突出与冲击地压煤层,应当在距采掘工作面25~40m的巷道内、爆破地点、撤离人员与警戒人员所在位置、回风巷有人作业处等地点,至少设置1组压风自救装置;在长距离的掘进巷道中,应当根据实际情况增加压风自救装置的设置组数。每组压风自救装置应当可供5~8人使用,平均每人空气供给量不得少于0.1m^3/min。

其他矿井掘进工作面应当敷设压风管路,并设置供气阀门。

第六百九十二条 煤矿必须对紧急避险设施进行维护和管理,每天巡检1次;建立技术档案及使用维护记录。

第三章 救援队伍

第六百九十三条 矿山救护队是处理矿山灾害事故的专业应急救援队伍。

矿山救护队必须实行标准化、军事化管理和24h值班。

第六百九十四条 矿山救护大队应当由不少于2个中队组成,矿山救护中队应当由不少于3个救护小队组成,每个救护小队应当由不少于9人组成。

第六百九十五条 矿山救护队大、中队指挥员应当由熟悉矿山救援业务,具有相应煤矿专业知识,从事煤矿生产、安全、技术管理工作5年以上和矿山救援工作3年以上,并经过培训合格的人员担任。

第六百九十六条 矿山救护大队指挥员年龄不应超过55岁,救护中队指挥员不应超过50岁,救护队员不应超过45岁,其中40岁以下队员应当保持在2/3以上。指战员每年应当进行1次身体检查,对身体检查不合格或者超龄人员应当及时进行调整。

第六百九十七条 新招收的矿山救护队员,应当具有高中及以上文化程度,年龄在30周岁以下,从事井下工作1年以上。

新招收的矿山救护队员必须通过3个月的基础培训和3个月的编队实习,并经综合考评合格后,才能成为正式队员。

第六百九十八条 矿山救护队出动执行救援任务时,必须穿戴矿山救援防护服装,佩戴并按规定使用氧气呼吸器,携带相关装备、仪器和用品。

第四章 救援装备与设施

第六百九十九条 矿山救护队必须配备救援车辆及通信、灭火、侦察、气体分析、个体防护等救援装备,建有演习训练等设施。

第七百条 矿山救护队技术装备、救援车辆和设施必须由专人管理,定期检查、维护和保养,保持战备和完好状态。技术装备不得露天存放,救援车辆必须专车专用。

第七百零一条 煤矿企业应当根据矿井灾害特点,结合所在区域实际情况,储备必要的应急救援装备及物资,由主要负责人审批。重点加强潜水电泵及配套管线、救援钻机及其配套设备、快速掘进与支护设备、应急通信装备等的储备。

煤矿企业应当建立应急救援装备和物资台账,健全其储存、维护保养和应急调用等管理制度。

第七百零二条 救援装备、器材、物资、防护用品和安全检测仪器、仪表,必须符合国家标准或者行业标准,满足应急救援工作的特殊需要。

第五章 救援指挥

第七百零三条 煤矿发生灾害事故后,必须立即成立救援指挥部,矿长任总指挥。矿山救护队指挥员必须作为救援指挥部成员,参与制定救援方案等重大决策,具体负责指挥矿山救护队实施救援工作。

第七百零四条 多支矿山救护队联合参加救援时,应当由服务于发生事故煤矿的矿山救护队指挥员负责协调、指挥各矿山救护队实施救援,必要时也可以由救援指挥部另行指定。

第七百零五条 矿井发生灾害事故后,必须首先组织矿山救护队进行灾区侦察,探明灾区情况。救援指挥部应当根据灾害性质,事故发生地点、波及范围,灾区人员分布、可能存在的危险因素,以及救援的人力和物力,制定抢救方案和安全保障措施。

矿山救护队执行灾区侦察任务和实施救援时,必须至少有1名中队或者中队以上指挥员带队。

第七百零六条 在重特大事故或者复杂事故救援现场,应当设立地面基地和井下基地,安排矿山救护队指挥员、待机小队和急救员值班,设置通往救援指挥部和灾区的电话,配备必要的救护装备和器材。

地面基地应当设置在靠近井口的安全地点,配备气体分析化验设备等相关装备。

井下基地应当设置在靠近灾区的安全地点,设专人看守电话并做好记录,保持与救援指挥部、灾区工作救护小队的联络。指派专人检测风流、有害气体浓度及巷道支护等情况。

第七百零七条 矿山救护队在救援过程中遇到突发情况、危及救援人员生命安全时,带队指挥员有权作出撤出危险区域的决定,并及时报告井下基地及救援指挥部。

第六章 灾变处理

第七百零八条 处理灾变事故时,应当撤出灾区所有人员,准确统计井下人数,严格控制入井人数;提供救援需要的图纸和技术资料;组织人力、调配装备和物资参加抢险救援,做好后勤保障工作。

第七百零九条 进入灾区的救护小队,指战员不得少于6人,必须保持在彼此能看到或者听到信号的范围内行动,任何情况下严禁任何指战员单独行动。所有指战员进入前必须检查氧气呼吸器,氧气压力不得低于18MPa;使用过程中氧气呼吸器的压力不得低于5MPa。发现有指战员身体不适或者氧气呼吸器发生故障难以排除时,全小队必须立即撤出。

指战员在灾区工作1个呼吸器班后,应当至少休息8h。

第七百一十条 灾区侦察应当遵守下列规定:

(一)侦察小队进入灾区前,应当考虑退路被堵后采取的措施,规定返回的时间,并用灾区电话与井下基地保持联络。小队应当按规定时间原路返回,如果不能按原路返回,应当经布置侦察任务的指挥员同意。

(二)进入灾区时,小队长在队列之前,副小队长在队列之后,返回时则反之。行进中经过巷道交叉口时应当设置明显的路标。视线不清时,指战员之间要用联络绳联结。在搜索遇险遇难人员时,小队队形应当与巷道中线斜交前进。

(三)指定人员分别检查通风、气体浓度、温度、顶板等情况,做好记录,并标记在图纸上。

(四)坚持有巷必察。远距离和复杂巷道,可组织几个小队分区段进行侦察。在所到巷道标注留名,并绘出侦察线路示意图。

(五)发现遇险人员应当全力抢救,并护送到新鲜风流处或者井下基地。在发现遇险、遇难人员的地点要检查气体,并做好标记。

(六)当侦察小队失去联系或者没按约定时间返回时,待机小队必须立即进入救援,并报告救援指挥部。

(七)侦察结束后,带队指挥员必须立即向布置侦察任务的指挥员汇报侦察结果。

第七百一十一条 矿山救护队在高温区进行救护工作时,救护指战员进入高温区的最长时间不得超过表27的规定。

表27 救护指战员进入高温区的最长时间

温度/℃	40	45	50	55	60
进入时间/min	25	20	15	10	5

第七百一十二条 处理矿井火灾事故,应当遵守下列规定:

(一)控制烟雾的蔓延,防止火灾扩大。

(二)防止引起瓦斯、煤尘爆炸。必须指定专人检查瓦斯和煤尘,观测灾区的气体和风流变化。当甲烷浓度达到2.0%以上并继续增加时,全部人员立即撤离至安全地点并向指挥部报告。

(三)处理上、下山火灾时,必须采取措施,防止因火风压造成风流逆转和巷道垮塌造成风流受阻。

(四)处理进风井井口、井筒、井底车场、主要进风巷和硐室火灾时,应当进行全矿井反风。反风前,必须将火源进风侧的人员撤出,并采取阻止火灾蔓延的措施。多台主要通风机联合通风的矿井反风时,要保证非事故区域的主要通风机先反风,事故区域的主要通风机后反风。采取风流短路措施时,必须将受影响区域内的人员全部撤出。

(五)处理掘进工作面火灾时,应当保持原有的通风状态,进行侦察后再采取措施。

(六)处理爆炸物品库火灾时,应当首先将雷管运出,然后将其他爆炸物品运出;因高温或者爆炸危险不能运出时,应当关闭防火门,退至安全地点。

(七)处理绞车房火灾时,应当将火源下方的矿车固定,防止烧断钢丝绳造成跑车伤人。

(八)处理蓄电池电机车库火灾时,应当切断电源,采取措施,防止氢气爆炸。

(九)灭火工作必须从火源进风侧进行。用水灭火时,水流应从火源外围喷射,逐步逼向火源的中心;必须有充足的风量和畅通的回风巷,防止水煤气爆炸。

第七百一十三条 封闭具有爆炸危险的火区时,应

当遵守下列规定:

(一)先采取注入惰性气体等抑爆措施,然后在安全位置构筑进、回风密闭。

(二)封闭具有多条进、回风通道的火区,应当同时封闭各条通道;不能实现同时封闭的,应当先封闭次要进回风通道,后封闭主要进回风通道。

(三)加强火区封闭的施工组织管理。封闭过程中,密闭墙预留通风孔,封孔时进、回风巷同时封闭;封闭完成后,所有人员必须立即撤出。

(四)检查或者加固密闭墙等工作,应当在火区封闭完成24h后实施。发现已封闭火区发生爆炸造成密闭墙破坏时,严禁调派救护队侦察或者恢复密闭墙;应当采取安全措施,实施远距离封闭。

第七百一十四条 处理瓦斯(煤尘)爆炸事故时,应当遵守下列规定:

(一)立即切断灾区电源。

(二)检查灾区内有害气体的浓度、温度及通风设施破坏情况,发现有再次爆炸危险时,必须立即撤离至安全地点。

(三)进入灾区行动要谨慎,防止碰撞产生火花,引起爆炸。

(四)经侦察确认或者分析认定人员已经遇难,并且没有火源时,必须先恢复灾区通风,再进行处理。

第七百一十五条 发生煤(岩)与瓦斯突出事故,不得停风和反风,防止风流紊乱扩大灾情。通风系统及设施被破坏时,应当设置风障、临时风门及安装局部通风机恢复通风。

恢复突出区通风时,应当以最短的路线将瓦斯引入回风巷。回风井口50m范围内不得有火源,并设专人监视。

是否停电应当根据井下实际情况决定。

处理煤(岩)与二氧化碳突出事故时,还必须加大灾区风量,迅速抢救遇险人员。矿山救护队进入灾区时要戴好防护眼镜。

第七百一十六条 处理水灾事故时,应当遵守下列规定:

(一)迅速了解和分析水源、突水点、影响范围、事故前人员分布、矿井具有生存条件的地点及其进入的通道等情况。根据被堵人员所在地点的空间、氧气、瓦斯浓度以及救出被困人员所需的大致时间制定相应救灾方案。

(二)尽快恢复灾区通风,加强灾区气体检测,防止发生瓦斯爆炸和有害气体中毒、窒息事故。

(三)根据情况综合采取排水、堵水和向井下人员被困位置打钻等措施。

(四)排水后进行侦察抢险时,注意防止冒顶和二次突水事故的发生。

第七百一十七条 处理顶板事故时,应当遵守下列规定:

(一)迅速恢复冒顶区的通风。如不能恢复,应当利用压风管、水管或者打钻向被困人员供给新鲜空气、饮料和食物。

(二)指定专人检查甲烷浓度、观察顶板和周围支护情况,发现异常,立即撤出人员。

(三)加强巷道支护,防止发生二次冒顶、片帮,保证退路安全畅通。

第七百一十八条 处理冲击地压事故时,应当遵守下列规定:

(一)分析再次发生冲击地压灾害的可能性,确定合理的救援方案和路线。

(二)迅速恢复灾区的通风。恢复独头巷道通风时,应当按照排放瓦斯的要求进行。

(三)加强巷道支护,保证安全作业空间。巷道破坏严重、有冒顶危险时,必须采取防止二次冒顶的措施。

(四)设专人观察顶板及周围支护情况,检查通风、瓦斯、煤尘,防止发生次生事故。

第七百一十九条 处理露天矿边坡和排土场滑坡事故时,应当遵守下列规定:

(一)在事故现场设置警戒区域和警示牌,禁止人员进入警戒区域。

(二)救援人员和抢险设备必须从滑体两侧安全区域实施救援。

(三)应当对滑体进行观测,发现有威胁救援人员安全的情况时立即撤离。

附 则

第七百二十条 本规程自2016年10月1日起施行。

第七百二十一条 条款中出现的“必须”“严禁”“应当”“可以”等说明如下:表示很严格,非这样做不可的,正面词一般用“必须”,反面词用“严禁”;表示严格,在正常情况下均应这样做的,正面词一般用“应当”,反面词一般用“不应或不得”;表示允许选择,在一定条件下可以这样做的,采用“可以”。

附录 主要名词解释(略)

煤矿企业安全生产许可证实施办法①

·2016年2月16日国家安全生产监督管理总局令第86号公布
·根据2017年3月6日《国家安全监管总局关于修改和废止部分规章及规范性文件的决定》修订

第一章 总 则

第一条 为了规范煤矿企业安全生产条件,加强煤矿企业安全生产许可证的颁发管理工作,根据《安全生产许可证条例》和有关法律、行政法规,制定本实施办法。

第二条 煤矿企业必须依照本实施办法的规定取得安全生产许可证。未取得安全生产许可证的,不得从事生产活动。

煤层气地面开采企业安全生产许可证的管理办法,另行制定。

第三条 煤矿企业除本企业申请办理安全生产许可证外,其所属矿(井、露天坑)也应当申请办理安全生产许可证,一矿(井、露天坑)一证。

煤矿企业实行多级管理的,其上级煤矿企业也应当申请办理安全生产许可证。

第四条 安全生产许可证的颁发管理工作实行企业申请、两级发证、属地监管的原则。

第五条 国家煤矿安全监察局指导、监督全国煤矿企业安全生产许可证的颁发管理工作,负责符合本办法第三条规定的中央管理的煤矿企业总部(总公司、集团公司)安全生产许可证的颁发和管理。

省级煤矿安全监察局负责前款规定以外的其他煤矿企业安全生产许可证的颁发和管理;未设立煤矿安全监察机构的省、自治区,由省、自治区人民政府指定的部门(以下与省级煤矿安全监察局统称省级安全生产许可证颁发管理机关)负责本行政区域内煤矿企业安全生产许可证的颁发和管理。

国家煤矿安全监察局和省级安全生产许可证颁发管理机关统称安全生产许可证颁发管理机关。

第二章 安全生产条件

第六条 煤矿企业取得安全生产许可证,应当具备下列安全生产条件:

(一)建立、健全主要负责人、分管负责人、安全生产管理人员、职能部门、岗位安全生产责任制;制定安全目标管理、安全奖惩、安全技术审批、事故隐患排查治理、安全检查、安全办公会议、地质灾害普查、井下劳动组织定员、矿领导带班下井、井工煤矿入井检身与出入井人员清点等安全生产规章制度和各工种操作规程;

(二)安全投入满足安全生产要求,并按照有关规定足额提取和使用安全生产费用;

(三)设置安全生产管理机构,配备专职安全生产管理人员;煤与瓦斯突出矿井、水文地质类型复杂矿井还应设置专门的防治煤与瓦斯突出管理机构和防治水管理机构;

(四)主要负责人和安全生产管理人员的安全生产知识和管理能力经考核合格;

(五)参加工伤保险,为从业人员缴纳工伤保险费;

(六)制定重大危险源检测、评估和监控措施;

(七)制定应急救援预案,并按照规定设立矿山救护队,配备救护装备;不具备单独设立矿山救护队条件的煤矿企业,所属煤矿应当设立兼职救护队,并与邻近的救护队签订救护协议;

(八)制定特种作业人员培训计划、从业人员培训计划、职业危害防治计划;

(九)法律、行政法规规定的其他条件。

第七条 煤矿除符合本实施办法第六条规定的条件外,还必须符合下列条件:

(一)特种作业人员经有关业务主管部门考核合格,取得特种作业操作资格证书;

(二)从业人员进行安全生产教育培训,并经考试合格;

(三)制定职业危害防治措施、综合防尘措施,建立粉尘检测制度,为从业人员配备符合国家标准或者行业标准的劳动防护用品;

(四)依法进行安全评价;

(五)制定矿井灾害预防和处理计划;

(六)依法取得采矿许可证,并在有效期内。

第八条 井工煤矿除符合本实施办法第六条、第七条规定的条件外,其安全设施、设备、工艺还必须符合下列条件:

(一)矿井至少有2个能行人的通达地面的安全出

---

① 《煤矿企业安全生产许可证实施办法》设定的"主要负责人、矿长、安全生产管理人员安全生产知识和管理能力考核合格的证明材料","特种作业人员操作资格证书的证明材料","从业人员安全生产教育培训考试合格的证明材料","为从业人员缴纳工伤保险费的有关证明材料"四项证明事项已被2019年8月22日《国家煤矿安全监察局公告2019年第2号》取消。

口,各个出口之间的距离不得小于30米;井下每一个水平到上一个水平和各个采(盘)区至少有两个便于行人的安全出口,并与通达地面的安全出口相连接;采煤工作面有两个畅通的安全出口,一个通到进风巷道,另一个通到回风巷道。在用巷道净断面满足行人、运输、通风和安全设施及设备安装、检修、施工的需要;

(二)按规定进行瓦斯等级、煤层自燃倾向性和煤尘爆炸危险性鉴定;

(三)矿井有完善的独立通风系统。矿井、采区和采掘工作面的供风能力满足安全生产要求,矿井使用安装在地面的矿用主要通风机进行通风,并有同等能力的备用主要通风机,主要通风机按规定进行性能检测;生产水平和采区实行分区通风;高瓦斯和煤与瓦斯突出矿井、开采容易自燃煤层的矿井、煤层群联合布置矿井的每个采区设置专用回风巷,掘进工作面使用专用局部通风机进行通风,矿井有反风设施;

(四)矿井有安全监控系统,传感器的设置、报警和断电符合规定,有瓦斯检查制度和矿长、技术负责人瓦斯日报审查签字制度,配备足够的专职瓦斯检查员和瓦斯检测仪器;按规定建立瓦斯抽采系统,开采煤与瓦斯突出危险煤层的有预测预报、防治措施、效果检验和安全防护的综合防突措施;

(五)有防尘供水系统,有地面和井下排水系统;有水害威胁的矿井还应有专用探放水设备;

(六)制定井上、井下防火措施;有地面消防水池和井下消防管路系统,井上、井下有消防材料库;开采容易自燃和自燃煤层的矿井还应有防灭火专项设计和综合预防煤层自然发火的措施;

(七)矿井有两回路电源线路;严禁井下配电变压器中性点直接接地;井下电气设备的选型符合防爆要求,有短路、过负荷、接地、漏电等保护,掘进工作面的局部通风机按规定采用专用变压器、专用电缆、专用开关,实现风电、瓦斯电闭锁;

(八)运送人员的装置应当符合有关规定。使用检测合格的钢丝绳;带式输送机采用非金属聚合物制造的输送带的阻燃性能和抗静电性能符合规定,设置安全保护装置;

(九)有通信联络系统,按规定建立人员位置监测系统;

(十)按矿井瓦斯等级选用相应的煤矿许用炸药和电雷管,爆破工作由专职爆破工担任;

(十一)不得使用国家有关危及生产安全淘汰目录规定的设备及生产工艺;使用的矿用产品应有安全标志;

(十二)配备足够数量的自救器,自救器的选用型号应与矿井灾害类型相适应,按规定建立安全避险系统;

(十三)有反映实际情况的图纸:矿井地质图和水文地质图,井上下对照图,巷道布置图,采掘工程平面图,通风系统图,井下运输系统图,安全监控系统布置图和断电控制图,人员位置监测系统图,压风、排水、防尘、防火注浆、抽采瓦斯等管路系统图,井下通信系统图,井上、下配电系统图和井下电气设备布置图,井下避灾路线图。采掘工作面有符合实际情况的作业规程。

第九条 露天煤矿除符合本实施办法第六条、第七条规定的条件外,其安全设施、设备、工艺还必须符合下列条件:

(一)按规定设置栅栏、安全挡墙、警示标志;

(二)露天采场最终边坡的台阶坡面角和边坡角符合最终边坡设计要求;

(三)配电线路、电动机、变压器的保护符合安全要求;

(四)爆炸物品的领用、保管和使用符合规定;

(五)有边坡工程、地质勘探工程、岩土物理力学试验和稳定性分析,有边坡监测措施;

(六)有防排水设施和措施;

(七)地面和采场内的防灭火措施符合规定;开采有自然发火倾向的煤层或者开采范围内存在火区时,制定专门防灭火措施;

(八)有反映实际情况的图纸:地形地质图,工程地质平面图、断面图、综合水文地质图,采剥、排土工程平面图和运输系统图,供配电系统图,通信系统图,防排水系统图,边坡监测系统平面图,井工采空区与露天矿平面对照图。

第三章 安全生产许可证的申请和颁发

第十条 煤矿企业依据本实施办法第五条的规定向安全生产许可证颁发管理机关申请领取安全生产许可证。

第十一条 申请领取安全生产许可证应当提供下列文件、资料:

(一)煤矿企业提供的文件、资料:

1. 安全生产许可证申请书;

2. 主要负责人安全生产责任制材料(复制件),各分管负责人、安全生产管理人员以及职能部门负责人安全生产责任制目录清单;

3. 安全生产规章制度目录清单;

4. 设置安全生产管理机构、配备专职安全生产管理人员的文件(复制件);

5. 主要负责人、安全生产管理人员安全生产知识和管理能力考核合格的证明材料;

6. 特种作业人员培训计划,从业人员安全生产教育培训计划;

7. 为从业人员缴纳工伤保险费的有关证明材料;

8. 重大危险源检测、评估和监控措施;

9. 事故应急救援预案,设立矿山救护队的文件或者与专业救护队签订的救护协议。

(二)煤矿提供的文件、资料和图纸:

1. 安全生产许可证申请书;

2. 采矿许可证(复制件);

3. 主要负责人安全生产责任制(复制件),各分管负责人、安全生产管理人员以及职能部门负责人安全生产责任制目录清单;

4. 安全生产规章制度和操作规程目录清单;

5. 设置安全生产管理机构和配备专职安全生产管理人员的文件(复制件);

6. 矿长、安全生产管理人员安全生产知识和管理能力考核合格的证明材料;

7. 特种作业人员操作资格证书的证明材料;

8. 从业人员安全生产教育培训计划和考试合格的证明材料;

9. 为从业人员缴纳工伤保险费的有关证明材料;

10. 具备资质的中介机构出具的安全评价报告;

11. 矿井瓦斯等级鉴定文件;高瓦斯、煤与瓦斯突出矿井瓦斯参数测定报告,煤层自燃倾向性和煤尘爆炸危险性鉴定报告;

12. 矿井灾害预防和处理计划;

13. 井工煤矿采掘工程平面图,通风系统图;

14. 露天煤矿采剥工程平面图,边坡监测系统平面图;

15. 事故应急救援预案,设立矿山救护队的文件或者与专业矿山救护队签订的救护协议;

16. 井工煤矿主要通风机、主提升机、空压机、主排水泵的检测检验合格报告。

第十二条　安全生产许可证颁发管理机关对申请人提交的申请书及文件、资料,应当按照下列规定处理:

(一)申请事项不属于本机关职权范围的,即时作出不予受理的决定,并告知申请人向有关行政机关申请;

(二)申请材料存在可以当场更正的错误的,允许或者要求申请人当场更正,并即时出具受理的书面凭证,通过互联网申请的,符合要求后即时提供电子受理回执;

(三)申请材料不齐全或者不符合要求的,应当当场或者在5个工作日内一次告知申请人需要补正的全部内容,逾期不告知的,自收到申请材料之日起即为受理;

(四)申请材料齐全、符合要求或者按照要求全部补正的,自收到申请材料或者全部补正材料之日起为受理。

第十三条　煤矿企业应当对其向安全生产许可证颁发管理机关提交的文件、资料和图纸的真实性负责。

从事安全评价、检测检验的机构应当对其出具的安全评价报告、检测检验结果负责。

第十四条　对已经受理的申请,安全生产许可证颁发管理机关应当指派有关人员对申请材料进行审查;对申请材料实质内容存在疑问,认为需要到现场核查的,应当到现场进行核查。

第十五条　负责审查的有关人员提出审查意见。

安全生产许可证颁发管理机关应当对有关人员提出的审查意见进行讨论,并在受理申请之日起45个工作日内作出颁发或者不予颁发安全生产许可证的决定。

对决定颁发的,安全生产许可证颁发管理机关应当自决定之日起10个工作日内送达或者通知申请人领取安全生产许可证;对不予颁发的,应当在10个工作日内书面通知申请人并说明理由。

第十六条　经审查符合本实施办法规定的,安全生产许可证颁发管理机关应当分别向煤矿企业及其所属煤矿颁发安全生产许可证。

第十七条　安全生产许可证的有效期为3年。安全生产许可证有效期满需要延期的,煤矿企业应当于期满前3个月按照本实施办法第十条的规定,向原安全生产许可证颁发管理机关提出延期申请,并提交本实施办法第十一条规定的文件、资料和安全生产许可证正本、副本。

第十八条　对已经受理的延期申请,安全生产许可证颁发管理机关应当按照本实施办法的规定办理安全生产许可证延期手续。

第十九条　煤矿企业在安全生产许可证有效期内符合下列条件,在安全生产许可证有效期届满时,经原安全生产许可证颁发管理机关同意,不再审查,直接办理延期手续:

(一)严格遵守有关安全生产的法律法规和本实施办法;

（二）接受安全生产许可证颁发管理机关及煤矿安全监察机构的监督检查；

（三）未因存在严重违法行为纳入安全生产不良记录"黑名单"管理；

（四）未发生生产安全死亡事故；

（五）煤矿安全质量标准化等级达到二级及以上。

第二十条 煤矿企业在安全生产许可证有效期内有下列情形之一的，应当向原安全生产许可证颁发管理机关申请变更安全生产许可证：

（一）变更主要负责人的；

（二）变更隶属关系的；

（三）变更经济类型的；

（四）变更煤矿企业名称的；

（五）煤矿改建、扩建工程经验收合格的。

变更本条第一款第一、二、三、四项的，自工商营业执照变更之日起10个工作日内提出申请；变更本条第一款第五项的，应当在改建、扩建工程验收合格后10个工作日内提出申请。

申请变更本条第一款第一项的，应提供变更后的工商营业执照副本和主要负责人任命文件（或者聘书）；申请变更本条第一款第二、三、四项的，应提供变更后的工商营业执照副本；申请变更本条第一款第五项的，应提供改建、扩建工程安全设施及条件竣工验收合格的证明材料。

第二十一条 对于本实施办法第二十条第一款第一、二、三、四项的变更申请，安全生产许可证颁发管理机关在对申请人提交的相关文件、资料审核后，即可办理安全生产许可证变更。

对于本实施办法第二十条第一款第五项的变更申请，安全生产许可证颁发管理机关应当按照本实施办法第十四条、第十五条的规定办理安全生产许可证变更。

第二十二条 经安全生产许可证颁发管理机关审查同意延期、变更安全生产许可证的，安全生产许可证颁发管理机关应当收回原安全生产许可证正本，换发新的安全生产许可证正本；在安全生产许可证副本上注明延期、变更内容，并加盖公章。

第二十三条 煤矿企业停办、关闭的，应当自停办、关闭决定之日起10个工作日内向原安全生产许可证颁发管理机关申请注销安全生产许可证，并提供煤矿开采现状报告、实测图纸和遗留事故隐患的报告及防治措施。

第二十四条 安全生产许可证分为正本和副本，具有同等法律效力，正本为悬挂式，副本为折页式。

安全生产许可证颁发管理机关应当在安全生产许可证正本、副本上载明煤矿企业名称、主要负责人、注册地址、隶属关系、经济类型、有效期、发证机关、发证日期等内容。

安全生产许可证正本、副本的式样由国家煤矿安全监察局制定。

安全生产许可证相关的行政许可文书由国家煤矿安全监察局规定统一的格式。

第四章 安全生产许可证的监督管理

第二十五条 煤矿企业取得安全生产许可证后，应当加强日常安全生产管理，不得降低安全生产条件。

第二十六条 煤矿企业不得转让、冒用、买卖、出租、出借或者使用伪造的安全生产许可证。

第二十七条 安全生产许可证颁发管理机关应当坚持公开、公平、公正的原则，严格依照本实施办法的规定审查、颁发安全生产许可证。

安全生产许可证颁发管理机关工作人员在安全生产许可证颁发、管理和监督检查工作中，不得索取或者接受煤矿企业的财物，不得谋取其他利益。

第二十八条 安全生产许可证颁发管理机关发现有下列情形之一的，应当撤销已经颁发的安全生产许可证：

（一）超越职权颁发安全生产许可证的；

（二）违反本实施办法规定的程序颁发安全生产许可证的；

（三）不具备本实施办法规定的安全生产条件颁发安全生产许可证的；

（四）以欺骗、贿赂等不正当手段取得安全生产许可证的。

第二十九条 取得安全生产许可证的煤矿企业有下列情形之一的，安全生产许可证颁发管理机关应当注销其安全生产许可证：

（一）终止煤炭生产活动的；

（二）安全生产许可证被依法撤销的；

（三）安全生产许可证被依法吊销的；

（四）安全生产许可证有效期满未申请办理延期手续的。

第三十条 煤矿企业隐瞒有关情况或者提供虚假材料申请安全生产许可证的，安全生产许可证颁发管理机关不予受理，且在一年内不得再次申请安全生产许可证。

第三十一条 安全生产许可证颁发管理机关应当每

年向社会公布一次煤矿企业取得安全生产许可证的情况。

第三十二条　安全生产许可证颁发管理机关应当将煤矿企业安全生产许可证颁发管理情况通报煤矿企业所在地市级以上人民政府及其指定的负责煤矿安全监管工作的部门。

第三十三条　安全生产许可证颁发管理机关应当建立、健全安全生产许可证档案管理制度。

第三十四条　省级安全生产许可证颁发管理机关应当于每年1月15日前将所负责行政区域内上年度煤矿企业安全生产许可证颁发和管理情况报国家煤矿安全监察局，同时通报本级安全生产监督管理部门。

第三十五条　任何单位或者个人对违反《安全生产许可证条例》和本实施办法规定的行为，有权向安全生产许可证颁发管理机关或者监察机关等有关部门举报。

第五章　罚　则

第三十六条　安全生产许可证颁发管理机关工作人员有下列行为之一的，给予降级或者撤职的处分；构成犯罪的，依法追究刑事责任：

（一）向不符合本实施办法规定的安全生产条件的煤矿企业颁发安全生产许可证的；

（二）发现煤矿企业未依法取得安全生产许可证擅自从事生产活动不依法处理的；

（三）发现取得安全生产许可证的煤矿企业不再具备本实施办法规定的安全生产条件不依法处理的；

（四）接到对违反本实施办法规定行为的举报后，不依法处理的；

（五）在安全生产许可证颁发、管理和监督检查工作中，索取或者接受煤矿企业的财物，或者谋取其他利益的。

第三十七条　承担安全评价、检测、检验工作的机构，出具虚假安全评价、检测、检验报告或者证明的，没收违法所得；违法所得在10万元以上的，并处违法所得2倍以上5倍以下的罚款，没有违法所得或者违法所得不足10万元的，单处或者并处10万元以上20万元以下的罚款，对其直接负责的主管人员和其他直接责任人员处2万元以上5万元以下的罚款；给他人造成损害的，与煤矿企业承担连带赔偿责任；构成犯罪的，依照刑法有关规定追究刑事责任。

对有前款违法行为的机构，依法吊销其相应资质。

第三十八条　安全生产许可证颁发管理机关应当加强对取得安全生产许可证的煤矿企业的监督检查，发现其不再具备本实施办法规定的安全生产条件的，应当责令限期整改，依法暂扣安全生产许可证；经整改仍不具备本实施办法规定的安全生产条件的，依法吊销安全生产许可证。

第三十九条　取得安全生产许可证的煤矿企业，倒卖、出租、出借或者以其他形式非法转让安全生产许可证的，没收违法所得，处10万元以上50万元以下的罚款，吊销其安全生产许可证；构成犯罪的，依法追究刑事责任。

第四十条　发现煤矿企业有下列行为之一的，责令停止生产，没收违法所得，并处10万元以上50万元以下的罚款；构成犯罪的，依法追究刑事责任：

（一）未取得安全生产许可证，擅自进行生产的；

（二）接受转让的安全生产许可证的；

（三）冒用安全生产许可证的；

（四）使用伪造安全生产许可证的。

第四十一条　在安全生产许可证有效期满未申请办理延期手续，继续进行生产的，责令停止生产，限期补办延期手续，没收违法所得，并处5万元以上10万元以下的罚款；逾期仍不申请办理延期手续，依照本实施办法第二十九条、第四十条的规定处理。

第四十二条　在安全生产许可证有效期内，主要负责人、隶属关系、经济类型、煤矿企业名称发生变化，未按本实施办法申请办理变更手续的，责令限期补办变更手续，并处1万元以上3万元以下罚款。

改建、扩建工程已经验收合格，未按本实施办法规定申请办理变更手续擅自投入生产的，责令停止生产，限期补办变更手续，并处1万元以上3万元以下罚款；逾期仍不办理变更手续，继续进行生产的，依照本实施办法第四十条的规定处罚。

第六章　附　则

第四十三条　本实施办法规定的行政处罚，由安全生产许可证颁发管理机关决定。除吊销安全生产许可证外，安全生产许可证颁发管理机关可以委托有关省级煤矿安全监察局、煤矿安全监察分局实施行政处罚。

第四十四条　本实施办法自2016年4月1日起施行。原国家安全生产监督管理局（国家煤矿安全监察局）2004年5月17日公布、国家安全生产监督管理总局2015年6月8日修改的《煤矿企业安全生产许可证实施办法》同时废止。

煤矿重大事故隐患判定标准

·2020 年 11 月 20 日应急管理部令第 4 号公布
·自 2021 年 1 月 1 日起施行

第一条　为了准确认定、及时消除煤矿重大事故隐患，根据《中华人民共和国安全生产法》和《国务院关于预防煤矿生产安全事故的特别规定》（国务院令第 446 号）等法律、行政法规，制定本标准。

第二条　本标准适用于判定各类煤矿重大事故隐患。

第三条　煤矿重大事故隐患包括下列 15 个方面：

（一）超能力、超强度或者超定员组织生产；

（二）瓦斯超限作业；

（三）煤与瓦斯突出矿井，未依照规定实施防突出措施；

（四）高瓦斯矿井未建立瓦斯抽采系统和监控系统，或者系统不能正常运行；

（五）通风系统不完善、不可靠；

（六）有严重水患，未采取有效措施；

（七）超层越界开采；

（八）有冲击地压危险，未采取有效措施；

（九）自然发火严重，未采取有效措施；

（十）使用明令禁止使用或者淘汰的设备、工艺；

（十一）煤矿没有双回路供电系统；

（十二）新建煤矿边建设边生产，煤矿改扩建期间，在改扩建的区域生产，或者在其他区域的生产超出安全设施设计规定的范围和规模；

（十三）煤矿实行整体承包生产经营后，未重新取得或者及时变更安全生产许可证而从事生产，或者承包方再次转包，以及将井下采掘工作面和井巷维修作业进行劳务承包；

（十四）煤矿改制期间，未明确安全生产责任人和安全管理机构，或者在完成改制后，未重新取得或者变更采矿许可证、安全生产许可证和营业执照；

（十五）其他重大事故隐患。

第四条　“超能力、超强度或者超定员组织生产”重大事故隐患，是指有下列情形之一的：

（一）煤矿全年原煤产量超过核定（设计）生产能力幅度在 10%以上，或者月原煤产量大于核定（设计）生产能力的 10%的；

（二）煤矿或其上级公司超过煤矿核定（设计）生产能力下达生产计划或者经营指标的；

（三）煤矿开拓、准备、回采煤量可采期小于国家规定的最短时间，未主动采取限产或者停产措施，仍然组织生产的（衰老煤矿和地方人民政府计划停产关闭煤矿除外）；

（四）煤矿井下同时生产的水平超过 2 个，或者一个采（盘）区内同时作业的采煤、煤（半煤岩）巷掘进工作面个数超过《煤矿安全规程》规定的；

（五）瓦斯抽采不达标组织生产的；

（六）煤矿未制定或者未严格执行井下劳动定员制度，或者采掘作业地点单班作业人数超过国家有关限员规定 20%以上的。

第五条　“瓦斯超限作业”重大事故隐患，是指有下列情形之一的：

（一）瓦斯检查存在漏检、假检情况且进行作业的；

（二）井下瓦斯超限后继续作业或者未按照国家规定处置继续进行作业的；

（三）井下排放积聚瓦斯未按照国家规定制定并实施安全技术措施进行作业的。

第六条　“煤与瓦斯突出矿井，未依照规定实施防突出措施”重大事故隐患，是指有下列情形之一的：

（一）未设立防突机构并配备相应专业人员的；

（二）未建立地面永久瓦斯抽采系统或者系统不能正常运行的；

（三）未按照国家规定进行区域或者工作面突出危险性预测的（直接认定为突出危险区域或者突出危险工作面的除外）；

（四）未按照国家规定采取防治突出措施的；

（五）未按照国家规定进行防突措施效果检验和验证，或者防突措施效果检验和验证不达标仍然组织生产建设，或者防突措施效果检验和验证数据造假的；

（六）未按照国家规定采取安全防护措施的；

（七）使用架线式电机车的。

第七条　“高瓦斯矿井未建立瓦斯抽采系统和监控系统，或者系统不能正常运行”重大事故隐患，是指有下列情形之一的：

（一）按照《煤矿安全规程》规定应当建立而未建立瓦斯抽采系统或者系统不正常使用的；

（二）未按照国家规定安设、调校甲烷传感器，人为造成甲烷传感器失效，或者瓦斯超限后不能报警、断电或者断电范围不符合国家规定的。

第八条　“通风系统不完善、不可靠”重大事故隐患，是指有下列情形之一的：

（一）矿井总风量不足或者采掘工作面等主要用风

地点风量不足的；

（二）没有备用主要通风机，或者两台主要通风机不具有同等能力的；

（三）违反《煤矿安全规程》规定采用串联通风的；

（四）未按照设计形成通风系统，或者生产水平和采（盘）区未实现分区通风的；

（五）高瓦斯、煤与瓦斯突出矿井的任一采（盘）区，开采容易自燃煤层、低瓦斯矿井开采煤层群和分层开采采用联合布置的采（盘）区，未设置专用回风巷，或者突出煤层工作面没有独立的回风系统的；

（六）进、回风井之间和主要进、回风巷之间联络巷中的风墙、风门不符合《煤矿安全规程》规定，造成风流短路的；

（七）采区进、回风巷未贯穿整个采区，或者虽贯穿整个采区但一段进风、一段回风，或者采用倾斜长壁布置，大巷未超前至少 2 个区段构成通风系统即开掘其他巷道的；

（八）煤巷、半煤岩巷和有瓦斯涌出的岩巷掘进未按照国家规定装备甲烷电、风电闭锁装置或者有关装置不能正常使用的；

（九）高瓦斯、煤（岩）与瓦斯（二氧化碳）突出矿井的煤巷、半煤岩巷和有瓦斯涌出的岩巷掘进工作面采用局部通风时，不能实现双风机、双电源且自动切换的；

（十）高瓦斯、煤（岩）与瓦斯（二氧化碳）突出建设矿井进入二期工程前，其他建设矿井进入三期工程前，没有形成地面主要通风机供风的全风压通风系统的。

第九条 “有严重水患，未采取有效措施”重大事故隐患，是指有下列情形之一的：

（一）未查明矿井水文地质条件和井田范围内采空区、废弃老窑积水等情况而组织生产建设的；

（二）水文地质类型复杂、极复杂的矿井未设置专门的防治水机构、未配备专门的探放水作业队伍，或者未配齐专用探放水设备的；

（三）在需要探放水的区域进行采掘作业未按照国家规定进行探放水的；

（四）未按照国家规定留设或者擅自开采（破坏）各种防隔水煤（岩）柱的；

（五）有突（透、溃）水征兆未撤出井下所有受水患威胁地点人员的；

（六）受地表水倒灌威胁的矿井在强降雨天气或其来水上游发生洪水期间未实施停产撤人的；

（七）建设矿井进入三期工程前，未按照设计建成永久排水系统，或者生产矿井延深到设计水平时，未建成防、排水系统而违规开拓掘进的；

（八）矿井主要排水系统水泵排水能力、管路和水仓容量不符合《煤矿安全规程》规定的；

（九）开采地表水体、老空水淹区域或者强含水层下急倾斜煤层，未按照国家规定消除水患威胁的。

第十条 “超层越界开采”重大事故隐患，是指有下列情形之一的：

（一）超出采矿许可证载明的开采煤层层位或者标高进行开采的；

（二）超出采矿许可证载明的坐标控制范围进行开采的；

（三）擅自开采（破坏）安全煤柱的。

第十一条 “有冲击地压危险，未采取有效措施”重大事故隐患，是指有下列情形之一的：

（一）未按照国家规定进行煤层（岩层）冲击倾向性鉴定，或者开采有冲击倾向性煤层未进行冲击危险性评价，或者开采冲击地压煤层，未进行采区、采掘工作面冲击危险性评价的；

（二）有冲击地压危险的矿井未设置专门的防冲机构、未配备专业人员或者未编制专门设计的；

（三）未进行冲击地压危险性预测，或者未进行防冲措施效果检验以及防冲措施效果检验不达标仍组织生产建设的；

（四）开采冲击地压煤层时，违规开采孤岛煤柱，采掘工作面位置、间距不符合国家规定，或者开采顺序不合理、采掘速度不符合国家规定、违反国家规定布置巷道或者留设煤（岩）柱造成应力集中的；

（五）未制定或者未严格执行冲击地压危险区域人员准入制度的。

第十二条 “自然发火严重，未采取有效措施”重大事故隐患，是指有下列情形之一的：

（一）开采容易自燃和自燃煤层的矿井，未编制防灭火专项设计或者未采取综合防灭火措施的；

（二）高瓦斯矿井采用放顶煤采煤法不能有效防治煤层自然发火的；

（三）有自然发火征兆没有采取相应的安全防范措施继续生产建设的；

（四）违反《煤矿安全规程》规定启封火区的。

第十三条 “使用明令禁止使用或者淘汰的设备、工艺”重大事故隐患，是指有下列情形之一的：

（一）使用被列入国家禁止井工煤矿使用的设备及

工艺目录的产品或者工艺的；

（二）井下电气设备、电缆未取得煤矿矿用产品安全标志的；

（三）井下电气设备选型与矿井瓦斯等级不符，或者采（盘）区内防爆型电气设备存在失爆，或者井下使用非防爆无轨胶轮车的；

（四）未按照矿井瓦斯等级选用相应的煤矿许用炸药和雷管、未使用专用发爆器，或者裸露爆破的；

（五）采煤工作面不能保证2个畅通的安全出口的；

（六）高瓦斯矿井、煤与瓦斯突出矿井、开采容易自燃和自燃煤层（薄煤层除外）矿井，采煤工作面采用前进式采煤方法的。

第十四条 “煤矿没有双回路供电系统”重大事故隐患，是指有下列情形之一的：

（一）单回路供电的；

（二）有两回路电源线路但取自一个区域变电所同一母线段的；

（三）进入二期工程的高瓦斯、煤与瓦斯突出、水文地质类型为复杂和极复杂的建设矿井，以及进入三期工程的其他建设矿井，未形成两回路供电的。

第十五条 “新建煤矿边建设边生产，煤矿改扩建期间，在改扩建的区域生产，或者在其他区域的生产超出安全设施设计规定的范围和规模”重大事故隐患，是指有下列情形之一的：

（一）建设项目安全设施设计未经审查批准，或者审查批准后作出重大变更未经再次审查批准擅自组织施工的；

（二）新建煤矿在建设期间组织采煤的（经批准的联合试运转除外）；

（三）改扩建矿井在改扩建区域生产的；

（四）改扩建矿井在非改扩建区域超出设计规定范围和规模生产的。

第十六条 “煤矿实行整体承包生产经营后，未重新取得或者及时变更安全生产许可证而从事生产，或者承包方再次转包，以及将井下采掘工作面和井巷维修作业进行劳务承包”重大事故隐患，是指有下列情形之一的：

（一）煤矿未采取整体承包形式进行发包，或者将煤矿整体发包给不具有法人资格或者未取得合法有效营业执照的单位或者个人的；

（二）实行整体承包的煤矿，未签订安全生产管理协议，或者未按照国家规定约定双方安全生产管理职责而进行生产的；

（三）实行整体承包的煤矿，未重新取得或者变更安全生产许可证进行生产的；

（四）实行整体承包的煤矿，承包方再次将煤矿转包给其他单位或者个人的；

（五）井工煤矿将井下采掘作业或者井巷维修作业（井筒及井下新水平延深的井底车场、主运输、主通风、主排水、主要机电硐室开拓工程除外）作为独立工程发包给其他企业或者个人的，以及转包井下新水平延深开拓工程的。

第十七条 “煤矿改制期间，未明确安全生产责任人和安全管理机构，或者在完成改制后，未重新取得或者变更采矿许可证、安全生产许可证和营业执照”重大事故隐患，是指有下列情形之一的：

（一）改制期间，未明确安全生产责任人进行生产建设的；

（二）改制期间，未健全安全生产管理机构和配备安全管理人员进行生产建设的；

（三）完成改制后，未重新取得或者变更采矿许可证、安全生产许可证、营业执照而进行生产建设的。

第十八条 “其他重大事故隐患”，是指有下列情形之一的：

（一）未分别配备专职的矿长、总工程师和分管安全、生产、机电的副矿长，以及负责采煤、掘进、机电运输、通风、地测、防治水工作的专业技术人员的；

（二）未按照国家规定足额提取或者未按照国家规定范围使用安全生产费用的；

（三）未按照国家规定进行瓦斯等级鉴定，或者瓦斯等级鉴定弄虚作假的；

（四）出现瓦斯动力现象，或者相邻矿井开采的同一煤层发生了突出事故，或者被鉴定、认定为突出煤层，以及煤层瓦斯压力达到或者超过0.74MPa的非突出矿井，未立即按照突出煤层管理并在国家规定期限内进行突出危险性鉴定的（直接认定为突出矿井的除外）；

（五）图纸作假、隐瞒采掘工作面，提供虚假信息、隐瞒下井人数，或者矿长、总工程师（技术负责人）履行安全生产岗位责任制及管理制度时伪造记录，弄虚作假的；

（六）矿井未安装安全监控系统、人员位置监测系统或者系统不能正常运行，以及对系统数据进行修改、删除及屏蔽，或者煤与瓦斯突出矿井存在第七条第二项情形的；

（七）提升（运送）人员的提升机未按照《煤矿安全规程》规定安装保护装置，或者保护装置失效，或者超员运行的；

（八）带式输送机的输送带入井前未经过第三方阻燃和抗静电性能试验，或者试验不合格入井，或者输送带防打滑、跑偏、堆煤等保护装置或者温度、烟雾监测装置失效的；

（九）掘进工作面后部巷道或者独头巷道维修（着火点、高温点处理）时，维修（处理）点以里继续掘进或者有人员进入，或者采掘工作面未按照国家规定安设压风、供水、通信线路及装置的；

（十）露天煤矿边坡角大于设计最大值，或者边坡发生严重变形未及时采取措施进行治理的；

（十一）国家矿山安全监察机构认定的其他重大事故隐患。

第十九条　本标准所称的国家规定，是指有关法律、行政法规、部门规章、国家标准、行业标准，以及国务院及其应急管理部门、国家矿山安全监察机构依法制定的行政规范性文件。

第二十条　本标准自2021年1月1日起施行。原国家安全生产监督管理总局2015年12月3日公布的《煤矿重大生产安全事故隐患判定标准》（国家安全生产监督管理总局令第85号）同时废止。

矿山生产安全事故报告和调查处理办法

· 2023年1月17日

· 矿安〔2023〕7号

第一章　总　则

第一条　为了规范矿山生产安全事故报告和调查处理，防范和遏制矿山生产安全事故，根据《中华人民共和国安全生产法》《生产安全事故报告和调查处理条例》《煤矿安全监察条例》等法律法规，制定本办法。

第二条　矿山生产安全事故的报告和调查处理，适用本办法。

第三条　本办法所称矿山生产安全事故（以下简称事故），是指矿山包括井口及以下区域、露天矿场、工业广场内与矿山生产直接相关且属于矿山的地面生产系统，以及附属的尾矿库、排土场、洗选厂、矸石山、瓦斯抽放泵站等场所，在生产经营活动中发生的造成人身伤亡或者直接经济损失的生产安全事故。

第二章　事故等级

第四条　根据事故造成的人员伤亡或者直接经济损失，事故分为以下等级：

（一）特别重大事故，是指造成30人以上死亡，或者100人以上重伤（包括急性工业中毒，下同），或者1亿元以上直接经济损失的事故；

（二）重大事故，是指造成10人以上30人以下死亡，或者50人以上100人以下重伤，或者5000万元以上1亿元以下直接经济损失的事故；

（三）较大事故，是指造成3人以上10人以下死亡，或者10人以上50人以下重伤，或者1000万元以上5000万元以下直接经济损失的事故；

（四）一般事故，是指造成3人以下死亡，或者10人以下重伤，或者100万元以上1000万元以下直接经济损失的事故。

本条所称的“以上”包括本数，所称的“以下”不包括本数。

第五条　事故死亡人员的认定应当依据公安机关或者二级甲等及以上资质的医疗机构出具的证明材料确定，重伤人员的认定应当依据具有资质的医疗机构出具的证明材料确定。

第六条　事故发生单位应当统计直接经济损失，并由负责牵头事故调查的矿山安全监管监察部门根据组织或者参与事故救援、赔偿等工作的地方人民政府或者事故发生单位提供的统计结果进行确定。统计结果应注明日期。

事故造成的直接经济损失包括：

（一）人身伤亡后所支出的费用，含医疗费用、护理费用、丧葬及抚恤费用、补助及救济费用、歇工工资；

（二）善后处理费用，含处理事故的事务性费用、现场抢救费用，清理现场费用、事故赔偿费用；

（三）财产损失价值，含固定资产损失价值，流动资产损失价值。

第七条　事故等级认定按照死亡人数、重伤人数、直接经济损失三者中最高级别确定。以重伤人数确定事故等级的，应当同时统计重伤人数和死亡人数。

自事故发生之日起30日内，事故造成的伤亡人数发生变化的，应当按照变化后的伤亡人数重新确定事故等级。

因事故造成的失踪人员，自事故发生之日起30日后，按照死亡人员进行统计，并重新确定事故等级。

事故抢险救援时间超过30日的，应当在抢险救援结束后7日内重新核定事故伤亡人数和直接经济损失。重新核定的事故伤亡人数和直接经济损失与原报告不一致的，按照变化后的伤亡人数和直接经济损失确定事故等级。

第三章 事故报告

第八条 矿山发生事故(包括涉险事故)后,事故现场有关人员应当立即报告矿山负责人;矿山负责人接到报告后,应当于1小时内报告事故发生地县级及以上人民政府矿山安全监管部门,同时报告国家矿山安全监察局省级局。发生较大及以上等级事故的,可直接向省级人民政府矿山安全监管部门和国家矿山安全监察局省级局报告。

第九条 县级及以上地方人民政府矿山安全监管部门接到事故报告后应当逐级上报,每一级上报时间不得超过1小时。其中,接到较大及以上等级事故报告后,应当于1小时内快报省级人民政府矿山安全监管部门和国家矿山安全监察局省级局;接到重大及以上等级事故报告后,在报告省级人民政府矿山安全监管部门和国家矿山安全监察局省级局的同时,可以立即报告国家矿山安全监察局。

国家矿山安全监察局省级局接到事故报告后,应当于48小时内在矿山安全生产综合信息系统事故调查子系统填报事故信息。

第十条 报告事故应当包括下列内容:

(一)事故发生单位概况。主要包括单位全称、所有制形式和隶属关系、生产能力、生产状态、证照情况等;

(二)事故发生的时间、地点以及事故现场情况;

(三)事故类别。煤矿事故类别分为顶板、冲击地压、瓦斯、煤尘、机电、运输、爆破、水害、火灾、其他。非煤矿山事故类别分为物体打击、车辆伤害、机械伤害、起重伤害、触电、淹溺、灼烫、火灾、高处坠落、坍塌、冒顶片帮、透水、爆破、火药爆炸、中毒和窒息、溃坝、其他;

(四)事故的简要经过,入井人数、安全升井人数,事故已经造成伤亡人数、涉险人数、失踪人数和初步估计的直接经济损失;

(五)已经采取的措施;

(六)其他应当报告的情况。

第十一条 初次报告由于情况不明暂未报告的内容,应当在情况清楚后及时续报。

事故报告后,出现新情况的(包括事故抢险救援进展情况),负责事故报告的单位应当及时补报或者续报,其中,事故伤亡人数发生变化的,应当在变化后的24小时内补报或者续报。

第十二条 事故报告应当及时、准确、完整,任何单位和个人不得瞒报、谎报或者迟报。

第十三条 矿山因自然灾害或者在生产过程中疑似因病造成从业人员死亡的,或者因盗采行为等造成人员伤亡的,应当按照生产安全事故报告程序上报。经负责牵头调查的矿山安全监管监察部门调查认定或者由事故发生地人民政府有关部门鉴定,具有下列情形之一的,由矿山安全监管监察部门提出核销建议,按照规定程序核销。

(一)超过设计风险抵御标准,工程选址合理,且安全防范措施和应急救援措施到位的情况下,由不能预见或者不能抗拒的自然灾害直接引发的;

(二)经由公安机关侦查,结案认定事故原因是蓄意破坏、恐怖行动、投毒、纵火、盗窃、自杀等人为故意行为直接或者间接造成的;

(三)矿山从业人员在生产过程中或者在岗位上,突发疾病(非遭受外部能量意外释放造成的肌体创伤)导致死亡的。

第十四条 矿山安全监管监察部门接到涉及人员死亡的矿山瞒报、谎报事故举报信息后,应当及时提请县级以上人民政府组织核查。核查属实的,按照规定程序上报,并按本办法有关规定开展事故调查。

第四章 事故现场处置

第十五条 地方人民政府和相关部门接到事故报告后,应当立即启动应急预案,组织开展现场应急处置工作。矿山安全监管监察部门接到事故报告后,应当根据事故等级和相关规定派员立即赶赴事故现场,协助有关地方人民政府做好应急处置工作。

第十六条 矿山及抢险救援队伍等有关单位和人员应当妥善保护事故现场及相关证据。任何单位和个人不得破坏事故现场、毁灭证据。因事故抢险救援必须改变事故现场状况的,现场抢险救援指挥部应当绘制现场简图并做出书面记录,妥善保存现场重要痕迹、物证。抢险救援结束后,现场抢险救援指挥部应当向事故调查组提交抢险救援报告及有关图纸、记录等资料。

矿山应当配合有关部门及时收集固定包括视听、监测监控等资料在内的相关证据。有关部门收集固定的相关证据应当提交事故调查组。

第五章 事故调查

第十七条 事故调查处理应当坚持科学严谨、依法依规、实事求是、注重实效的原则,做到事故原因未查清不放过、责任人员未处理不放过、整改措施未落实不放过、有关人员未受到教育不放过。

第十八条 事故按照等级实行分级调查。

重大及以下等级煤矿事故由国家矿山安全监察局省级局牵头组织调查。

重大、较大、一般非煤矿山事故分别由事故发生地省级人民政府、设区的市级人民政府、县级人民政府负责直接组织事故调查组进行调查，也可以授权或者委托有关部门组织事故调查组进行调查。

未造成人员死亡的一般事故，县级人民政府或者国家矿山安全监察局省级局可以委托事故发生单位或者有关部门组织事故调查组进行调查。

第十九条　国家矿山安全监察局认为必要时，可以调查由国家矿山安全监察局省级局负责调查的煤矿事故。

上级人民政府认为必要时，可以调查由下级人民政府负责调查的非煤矿山事故。

因伤亡人数变化导致事故等级发生变化，依照本办法应当由上级人民政府或者矿山安全监察机构调查的，上级人民政府或者矿山安全监察机构可以重新组织事故调查组进行调查。

第二十条　重大及以下等级煤矿事故，由国家矿山安全监察局省级局、有关地方人民政府、煤矿安全监管部门、煤炭行业管理部门、负有煤矿安全生产监督管理职责的其他有关部门、公安机关以及工会组织派人组成事故调查组，并邀请当地有管辖权的监察机关介入。

非煤矿山重大事故，由省级人民政府及其应急管理部门、负有非煤矿山安全生产监督管理职责的有关部门、公安机关以及工会组织派人组成事故调查组，并邀请省级监察机关介入。国家矿山安全监察局省级局参加事故调查。

较大及以下等级非煤矿山事故，由有关地方人民政府及其应急管理部门、负有非煤矿山安全生产监督管理职责的有关部门、公安机关以及工会组织派人组成事故调查组，并邀请当地监察机关介入。国家矿山安全监察局省级局派人参与并指导监督事故调查。

事故调查组可以聘请有关专家参与调查。专家应实行回避制度。原则上重大事故应当聘请事故发生省（区、市）以外人员担任专家组组长，事故发生省（区、市）以外专家占比不低于三分之二。

事故调查组成员应当做到诚信公正、恪尽职守、廉洁自律，遵守事故调查纪律，保守事故调查秘密。

第二十一条　事故调查组履行下列职责：

（一）查明事故单位的基本情况；

（二）查清事故发生的经过、报告过程、原因、类别、人员伤亡情况及直接经济损失；隐瞒事故的，应当查明隐瞒过程；

（三）认定事故的性质和事故责任；提出对事故责任单位和人员的处理建议；

（四）评估应急处置工作；

（五）总结事故教训，提出防范和整改措施；

（六）在规定时限内提交事故调查报告。

第二十二条　重大及以下等级煤矿事故的调查组组长由负责事故调查的矿山安全监察机构负责人担任（一般煤矿事故可由矿山安全监察机构内设处室负责人担任），重大及以下等级非煤矿山事故的调查组组长由负责事故调查的地方人民政府指定。

事故调查组组长主持事故调查工作，并履行下列职责：

（一）组织事故调查组开展工作；

（二）明确事故调查组中各小组的职责，确定事故调查组成员的分工；

（三）协调决定事故调查工作中的重要问题；

（四）提出有关事故调查的结论性意见；

（五）审核事故涉嫌犯罪的材料，批准将有关材料或者复印件移交相关部门处理。

事故调查组成员对事故的原因、性质和处理建议等不能取得一致意见时，事故调查组组长有权提出结论性意见。

第二十三条　事故调查中需要对重大技术问题、重要证据进行技术鉴定的，事故调查组可以委托具有相应资质的单位进行技术鉴定。进行技术鉴定的单位应当出具书面技术鉴定结论，并对鉴定结论负责。

第二十四条　事故调查组应当与刑事司法机关衔接，发现涉嫌安全生产犯罪的，事故调查组应当及时将有关材料移交有管辖权的刑事司法机关依法处理。事故调查组应当同监察机关沟通，并移交有关资料。

第二十五条　事故调查组应当按照下列期限提交事故调查报告：

（一）重大事故自事故发生之日起一般不得超过60日；

（二）较大事故、一般事故自事故发生之日起30日内，原则上不得超过60日。

特殊情况下，重大及以下等级事故经负责事故调查的地方人民政府或者矿山安全监察机构同意，可以延长提交事故调查报告的期限，但延长的期限最长不得超过60日。

第二十六条 下列时间不计入事故调查期限，应当在报送事故调查报告时向负责事故调查的地方人民政府或者矿山安全监察机构说明：

（一）瞒报、谎报、迟报事故的调查核实所需的时间；

（二）因事故救援无法进行现场勘查的时间；

（三）挂牌督办、跟踪督办的事故的审核备案时间；

（四）特殊疑难问题技术鉴定所需的时间；

（五）监察机关追责问责审查调查的时间。

第二十七条 事故调查报告应当包括下列内容：

（一）事故发生单位基本情况；

（二）事故发生经过、事故救援情况和应急处置评估情况；

（三）事故造成的人员伤亡、直接经济损失和事故类别；

（四）事故发生的直接原因、间接原因和事故性质；

（五）事故责任及处理建议；

（六）事故防范和整改措施。

事故调查报告应当由事故调查组成员签名确认。

第二十八条 事故调查有关资料应当由负责牵头事故调查的矿山安全监管监察部门归档保存。归档保存的材料包括事故调查报告、技术报告、管理报告、救援报告、技术鉴定报告和检测检验报告、直接经济损失报告、物证和证人证言、相关图纸资料、视听、监测监控资料、责任处理处置意见、审核意见、结案通知等。

第六章 事故处理和整改措施评估

第二十九条 煤矿重大事故调查报告经征求省级人民政府意见后，报国家矿山安全监察局审核同意后，按程序结案。较大及以下等级煤矿事故调查报告由国家矿山安全监察局省级局按程序结案。

重大及以下等级非煤矿山事故调查报告，由负责事故调查的地方人民政府按程序结案。

对国务院安委会挂牌督办的重大事故、国务院安委会办公室或者国家矿山安全监察局挂牌督办的典型事故，事故调查报告初稿形成后，事故调查组组长单位应当向国家矿山安全监察局汇报，并根据国家矿山安全监察局的意见和建议，组织事故调查组对事故调查报告进行修改完善，并正式报国务院安委会办公室或者国家矿山安全监察局，经审核同意后，按程序结案。

事故提级调查的，由组织提级调查的单位按程序结案。

第三十条 事故调查报告经地方人民政府或者矿山安全监察机构同意后15日内结案。特殊情况下，结案时间可以适当延长，延长时间最长不超过30日。

第三十一条 事故结案通知应当印送有关地方人民政府或者单位，抄送事故调查组成员单位。

有关地方人民政府及其有关部门或者单位应当依照法律法规规定的权限和程序，落实事故调查报告中关于事故责任有关单位、责任人员的责任追究意见以及事故防范和整改措施，接到事故调查报告和结案通知3个月内，将落实情况书面报（抄）事故调查组组长单位及其他有关部门。

第三十二条 事故发生单位应当制定落实事故防范和整改措施方案，防范和整改措施落实情况应当接受工会和职工的监督。矿山安全监管监察部门应当对事故发生单位落实防范和整改措施情况进行监督检查。

第三十三条 事故调查报告由事故调查组组长单位向社会公布，依法应当保密的除外。

第三十四条 事故调查组组长单位应当在事故结案1年内，组织开展事故防范和整改措施落实情况评估，评估结果应当向社会公开。评估工作组原则上由参加事故调查的部门组成，可以邀请监察机关参加。

第七章 附 则

第三十五条 本办法自印发之日起施行。

煤矿作业场所职业病危害防治规定

· 2015年2月28日国家安全生产监督管理总局令第73号公布

· 自2015年4月1日起施行

第一章 总 则

第一条 为加强煤矿作业场所职业病危害的防治工作，强化煤矿企业职业病危害防治主体责任，预防、控制职业病危害，保护煤矿劳动者健康，依据《中华人民共和国职业病防治法》、《中华人民共和国安全生产法》、《煤矿安全监察条例》等法律、行政法规，制定本规定。

第二条 本规定适用于中华人民共和国领域内各类煤矿及其所属为煤矿服务的矿井建设施工、洗煤厂、选煤厂等存在职业病危害的作业场所职业病危害预防和治理活动。

第三条 本规定所称煤矿作业场所职业病危害（以下简称职业病危害），是指由粉尘、噪声、热害、有毒有害物质等因素导致煤矿劳动者职业病的危害。

第四条 煤矿是本企业职业病危害防治的责任主体。

职业病危害防治坚持以人为本、预防为主、综合治理的方针，按照源头治理、科学防治、严格管理、依法监督的要求开展工作。

第二章　职业病危害防治管理

第五条　煤矿主要负责人（法定代表人、实际控制人，下同）是本单位职业病危害防治工作的第一责任人，对本单位职业病危害防治工作全面负责。

第六条　煤矿应当建立健全职业病危害防治领导机构，制定职业病危害防治规划，明确职责分工和落实工作经费，加强职业病危害防治工作。

第七条　煤矿应当设置或者指定职业病危害防治的管理机构，配备专职职业卫生管理人员，负责职业病危害防治日常管理工作。

第八条　煤矿应当制定职业病危害防治年度计划和实施方案，并建立健全下列制度：

（一）职业病危害防治责任制度；

（二）职业病危害警示与告知制度；

（三）职业病危害项目申报制度；

（四）职业病防治宣传、教育和培训制度；

（五）职业病防护设施管理制度；

（六）职业病个体防护用品管理制度；

（七）职业病危害日常监测及检测、评价管理制度；

（八）建设项目职业病防护设施与主体工程同时设计、同时施工、同时投入生产和使用（以下简称建设项目职业卫生“三同时”）的制度；

（九）劳动者职业健康监护及其档案管理制度；

（十）职业病诊断、鉴定及报告制度；

（十一）职业病危害防治经费保障及使用管理制度；

（十二）职业卫生档案管理制度；

（十三）职业病危害事故应急管理制度；

（十四）法律、法规、规章规定的其他职业病危害防治制度。

第九条　煤矿应当配备专职或者兼职的职业病危害因素监测人员，装备相应的监测仪器设备。监测人员应当经培训合格；未经培训合格的，不得上岗作业。

第十条　煤矿应当以矿井为单位开展职业病危害因素日常监测，并委托具有资质的职业卫生技术服务机构，每年进行一次作业场所职业病危害因素检测，每三年进行一次职业病危害现状评价。根据监测、检测、评价结果，落实整改措施，同时将日常监测、检测、评价、落实整改情况存入本单位职业卫生档案。检测、评价结果向所在地安全生产监督管理部门和驻地煤矿安全监察机构报告，并向劳动者公布。

第十一条　煤矿不得使用国家明令禁止使用的可能产生职业病危害的技术、工艺、设备和材料，限制使用或者淘汰职业病危害严重的技术、工艺、设备和材料。

第十二条　煤矿应当优化生产布局和工艺流程，使有害作业和无害作业分开，减少接触职业病危害的人数和接触时间。

第十三条　煤矿应当按照《煤矿职业安全卫生个体防护用品配备标准》（AQ1051）规定，为接触职业病危害的劳动者提供符合标准的个体防护用品，并指导和督促其正确使用。

第十四条　煤矿应当履行职业病危害告知义务，与劳动者订立或者变更劳动合同时，应当将作业过程中可能产生的职业病危害及其后果、防护措施和相关待遇等如实告知劳动者，并在劳动合同中载明，不得隐瞒或者欺骗。

第十五条　煤矿应当在醒目位置设置公告栏，公布有关职业病危害防治的规章制度、操作规程和作业场所职业病危害因素检测结果；对产生严重职业病危害的作业岗位，应当在醒目位置设置警示标识和中文警示说明。

第十六条　煤矿主要负责人、职业卫生管理人员应当具备煤矿职业卫生知识和管理能力，接受职业病危害防治培训。培训内容应当包括职业卫生相关法律、法规、规章和标准，职业病危害预防和控制的基本知识，职业卫生管理相关知识等内容。

煤矿应当对劳动者进行上岗前、在岗期间的定期职业病危害防治知识培训，督促劳动者遵守职业病防治法律、法规、规章、标准和操作规程，指导劳动者正确使用职业病防护设备和个体防护用品。上岗前培训时间不少于4学时，在岗期间的定期培训时间每年不少于2学时。

第十七条　煤矿应当建立健全企业职业卫生档案。企业职业卫生档案应当包括下列内容：

（一）职业病防治责任制文件；

（二）职业卫生管理规章制度；

（三）作业场所职业病危害因素种类清单、岗位分布以及作业人员接触情况等资料；

（四）职业病防护设施、应急救援设施基本信息及其配置、使用、维护、检修与更换等记录；

（五）作业场所职业病危害因素检测、评价报告与记录；

（六）职业病个体防护用品配备、发放、维护与更换等记录；

（七）煤矿企业主要负责人、职业卫生管理人员和劳动者的职业卫生培训资料；

（八）职业病危害事故报告与应急处置记录；

（九）劳动者职业健康检查结果汇总资料，存在职业禁忌证、职业健康损害或者职业病的劳动者处理和安置情况记录；

（十）建设项目职业卫生"三同时"有关技术资料；

（十一）职业病危害项目申报情况记录；

（十二）其他有关职业卫生管理的资料或者文件。

第十八条 煤矿应当保障职业病危害防治专项经费，经费在财政部、国家安全监管总局《关于印发〈企业安全生产费用提取和使用管理办法〉的通知》（财企〔2012〕16号）第十七条"（十）其他与安全生产直接相关的支出"中列支。

第十九条 煤矿发生职业病危害事故，应当及时向所在地安全生产监督管理部门和驻地煤矿安全监察机构报告，同时积极采取有效措施，减少或者消除职业病危害因素，防止事故扩大。对遭受或者可能遭受急性职业病危害的劳动者，应当及时组织救治，并承担所需费用。

煤矿不得迟报、漏报、谎报或者瞒报煤矿职业病危害事故。

第三章 建设项目职业病防护设施"三同时"管理

第二十条 煤矿建设项目职业病防护设施必须与主体工程同时设计、同时施工、同时投入生产和使用。职业病防护设施所需费用应当纳入建设项目工程预算。

第二十一条 煤矿建设项目在可行性论证阶段，建设单位应当委托具有资质的职业卫生技术服务机构进行职业病危害预评价，编制预评价报告。

第二十二条 煤矿建设项目在初步设计阶段，应当委托具有资质的设计单位编制职业病防护设施设计专篇。

第二十三条 煤矿建设项目完工后，在试运行期内，应当委托具有资质的职业卫生技术服务机构进行职业病危害控制效果评价，编制控制效果评价报告。

第四章 职业病危害项目申报

第二十四条 煤矿在申领、换发煤矿安全生产许可证时，应当如实向驻地煤矿安全监察机构申报职业病危害项目，同时抄报所在地安全生产监督管理部门。

第二十五条 煤矿申报职业病危害项目时，应当提交下列文件、资料：

（一）煤矿的基本情况；

（二）煤矿职业病危害防治领导机构、管理机构情况；

（三）煤矿建立职业病危害防治制度情况；

（四）职业病危害因素名称、监测人员及仪器设备配备情况；

（五）职业病防护设施及个体防护用品配备情况；

（六）煤矿主要负责人、职业卫生管理人员及劳动者职业卫生培训情况证明材料；

（七）劳动者职业健康检查结果汇总资料，存在职业禁忌症、职业健康损害或者职业病的劳动者处理和安置情况记录；

（八）职业病危害警示标识设置与告知情况；

（九）煤矿职业卫生档案管理情况；

（十）法律、法规和规章规定的其他资料。

第二十六条 安全生产监督管理部门和煤矿安全监察机构及其工作人员应当对煤矿企业职业病危害项目申报材料中涉及的商业和技术等秘密保密。违反有关保密义务的，应当承担相应的法律责任。

第五章 职业健康监护

第二十七条 对接触职业病危害的劳动者，煤矿应当按照国家有关规定组织上岗前、在岗期间和离岗时的职业健康检查，并将检查结果书面告知劳动者。职业健康检查费用由煤矿承担。职业健康检查由省级以上人民政府卫生行政部门批准的医疗卫生机构承担。

第二十八条 煤矿不得安排未经上岗前职业健康检查的人员从事接触职业病危害的作业；不得安排有职业禁忌的人员从事其所禁忌的作业；不得安排未成年工从事接触职业病危害的作业；不得安排孕期、哺乳期的女职工从事对本人和胎儿、婴儿有危害的作业。

第二十九条 劳动者接受职业健康检查应当视同正常出勤，煤矿企业不得以常规健康检查代替职业健康检查。接触职业病危害作业的劳动者的职业健康检查周期按照表1执行。

表1　接触职业病危害作业的劳动者的职业健康检查周期

接触有害物质	体检对象	检查周期
煤尘(以煤尘为主)	在岗人员	2年1次
	观察对象、Ⅰ期煤工尘肺患者	每年1次
岩尘(以岩尘为主)	在岗人员、观察对象、Ⅰ期矽肺患者	
噪声	在岗人员	
高温	在岗人员	
化学毒物	在岗人员	根据所接触的化学毒物确定检查周期
接触粉尘危害作业退休人员的职业健康检查周期按照有关规定执行		

第三十条　煤矿不得以劳动者上岗前职业健康检查代替在岗期间定期的职业健康检查，也不得以劳动者在岗期间职业健康检查代替离岗时职业健康检查，但最后一次在岗期间的职业健康检查在离岗前的90日内的，可以视为离岗时检查。对未进行离岗前职业健康检查的劳动者，煤矿不得解除或者终止与其订立的劳动合同。

第三十一条　煤矿应当根据职业健康检查报告，采取下列措施：

(一)对有职业禁忌的劳动者，调离或者暂时脱离原工作岗位；

(二)对健康损害可能与所从事的职业相关的劳动者，进行妥善安置；

(三)对需要复查的劳动者，按照职业健康检查机构要求的时间安排复查和医学观察；

(四)对疑似职业病病人，按照职业健康检查机构的建议安排其进行医学观察或者职业病诊断；

(五)对存在职业病危害的岗位，改善劳动条件，完善职业病防护设施。

第三十二条　煤矿应当为劳动者个人建立职业健康监护档案，并按照有关规定的期限妥善保存。

职业健康监护档案应当包括劳动者个人基本情况、劳动者职业史和职业病危害接触史，历次职业健康检查结果及处理情况，职业病诊疗等资料。

劳动者离开煤矿时，有权索取本人职业健康监护档案复印件，煤矿必须如实、无偿提供，并在所提供的复印件上签章。

第三十三条　劳动者健康出现损害需要进行职业病诊断、鉴定的，煤矿企业应当如实提供职业病诊断、鉴定所需的劳动者职业史和职业病危害接触史、作业场所职业病危害因素检测结果等资料。

第六章　粉尘危害防治

第三十四条　煤矿应当在正常生产情况下对作业场所的粉尘浓度进行监测。粉尘浓度应当符合表2的要求；不符合要求的，应当采取有效措施。

表2　煤矿作业场所粉尘浓度要求

粉尘种类	游离 SiO_2 含量(%)	时间加权平均容许浓度(mg/m^3)	
		总粉尘	呼吸性粉尘
煤尘	<10	4	2.5
矽尘	10≤～≤50	1	0.7
	50<～≤80	0.7	0.3
	>80	0.5	0.2
水泥尘	<10	4	1.5

第三十五条　煤矿进行粉尘监测时，其监测点的选择和布置应当符合表3的要求。

表 3 煤矿作业场所测尘点的选择和布置要求

类别	生产工艺	测尘点布置
采煤工作面	司机操作采煤机、打眼、人工落煤及攉煤	工人作业地点
	多工序同时作业	回风巷距工作面 10~15m 处
掘进工作面	司机操作掘进机、打眼、装岩(煤)、锚喷支护	工人作业地点
	多工序同时作业(爆破作业除外)	距掘进头 10~15m 回风侧
其他场所	翻罐笼作业、巷道维修、转载点	工人作业地点
露天煤矿	穿孔机作业、挖掘机作业	下风侧 3~5m 处
	司机操作穿孔机、司机操作挖掘机、汽车运输	操作室内
地面作业场所	地面煤仓、储煤场、输送机运输等处生产作业	作业人员活动范围内

第三十六条 粉尘监测采用定点或者个体方法进行,推广实时在线监测系统。粉尘监测应当符合下列要求:

(一)总粉尘浓度,煤矿井下每月测定 2 次或者采用实时在线监测,地面及露天煤矿每月测定 1 次或者采用实时在线监测;

(二)呼吸性粉尘浓度每月测定 1 次;

(三)粉尘分散度每 6 个月监测 1 次;

(四)粉尘中游离 SiO_2 含量,每 6 个月测定 1 次,在变更工作面时也应当测定 1 次。

第三十七条 煤矿应当使用粉尘采样器、直读式粉尘浓度测定仪等仪器设备进行粉尘浓度的测定。井工煤矿的采煤工作面回风巷、掘进工作面回风侧应当设置粉尘浓度传感器,并接入安全监测监控系统。

第三十八条 井工煤矿必须建立防尘洒水系统。永久性防尘水池容量不得小于 $200m^3$,且贮水量不得小于井下连续 2h 的用水量,备用水池贮水量不得小于永久性防尘水池的 50%。

防尘管路应当敷设到所有能产生粉尘和沉积粉尘的地点,没有防尘供水管路的采掘工作面不得生产。静压供水管路管径应当满足矿井防尘用水量的要求,强度应当满足静压水压力的要求。

防尘用水水质悬浮物的含量不得超过 30mg/L,粒径不大于 0.3mm,水的 pH 值应当在 6~9 范围内,水的碳酸盐硬度不超过 3mmol/L。使用降尘剂时,降尘剂应当无毒、无腐蚀、不污染环境。

第三十九条 井工煤矿掘进井巷和硐室时,必须采用湿式钻眼,使用水炮泥,爆破前后冲洗井壁巷帮,爆破过程中采用高压喷雾(喷雾压力不低于 8MPa)或者压气喷雾降尘、装岩(煤)洒水和净化风流等综合防尘措施。

第四十条 井工煤矿在煤、岩层中钻孔,应当采取湿式作业。煤(岩)与瓦斯突出煤层或者软煤层中难以采取湿式钻孔时,可以采取干式钻孔,但必须采取除尘器捕尘、除尘,除尘器的呼吸性粉尘除尘效率不得低于 90%。

第四十一条 井工煤矿炮采工作面应当采取湿式钻眼,使用水炮泥,爆破前后应当冲洗煤壁,爆破时应当采用高压喷雾(喷雾压力不低于 8MPa)或者压气喷雾降尘,出煤时应当洒水降尘。

第四十二条 井工煤矿采煤机作业时,必须使用内、外喷雾装置。内喷雾压力不得低于 2MPa,外喷雾压力不得低于 4MPa。内喷雾装置不能正常使用时,外喷雾压力不得低于 8MPa,否则采煤机必须停机。液压支架必须安装自动喷雾降尘装置,实现降柱、移架同步喷雾。破碎机必须安装防尘罩,并加装喷雾装置或者除尘器。放顶煤采煤工作面的放煤口,必须安装高压喷雾装置(喷雾压力不低于 8MPa)或者采取压气喷雾降尘。

第四十三条 井工煤矿掘进机作业时,应当使用内、外喷雾装置和控尘装置、除尘器等构成的综合防尘系统。掘进机内喷雾压力不得低于 2MPa,外喷雾压力不得低于 4MPa。内喷雾装置不能正常使用时,外喷雾压力不得低于 8MPa;除尘器的呼吸性粉尘除尘效率不得低于 90%。

第四十四条 井工煤矿的采煤工作面回风巷、掘进工作面回风侧应当分别安设至少 2 道自动控制风流净化水幕。

第四十五条 煤矿井下煤仓放煤口、溜煤眼放煤口以及地面带式输送机走廊必须安设喷雾装置或者除尘器,作业时进行喷雾降尘或者用除尘器除尘。煤仓放煤口、溜煤眼放煤口采用喷雾降尘时,喷雾压力不得低于 8MPa。

第四十六条 井工煤矿的所有煤层必须进行煤层注水可注性测试。对于可注水煤层必须进行煤层注水。煤层注水过程中应当对注水流量、注水量及压力等参数进行监测和控制,单孔注水总量应当使该钻孔预湿煤体的平均水分含量增量不得低于1.5%,封孔深度应当保证注水过程中煤壁及钻孔不漏水、不跑水。在厚煤层分层开采时,在确保安全前提下,应当采取在上一分层的采空区内灌水,对下一分层的煤体进行湿润。

第四十七条 井工煤矿打锚杆眼应当实施湿式钻孔,喷射混凝土时应当采用潮喷或者湿喷工艺,喷射机、喷浆点应当配备捕尘、除尘装置,距离锚喷作业点下风向100m内,应当设置2道以上自动控制风流净化水幕。

第四十八条 井工煤矿转载点应当采用自动喷雾降尘(喷雾压力应当大于0.7MPa)或者密闭尘源除尘器抽尘净化等措施。转载点落差超过0.5m,必须安装溜槽或者导向板。装煤点下风侧20m内,必须设置一道自动控制风流净化水幕。运输巷道内应当设置自动控制风流净化水幕。

第四十九条 露天煤矿粉尘防治应当符合下列要求:

(一)设置有专门稳定可靠供水水源的加水站(池),加水能力满足洒水降尘所需的最大供给量;

(二)采取湿式钻孔;不能实现湿式钻孔时,设置有效的孔口捕尘装置;

(三)破碎作业时,密闭作业区域并采用喷雾降尘或者除尘器除尘;

(四)加强对穿孔机、挖掘机、汽车等司机操作室的防护;

(五)挖掘机装车前,对煤(岩)洒水,卸煤(岩)时喷雾降尘;

(六)对运输路面经常清理浮尘、洒水,加强维护,保持路面平整。

第五十条 洗选煤厂原煤准备(给煤、破碎、筛分、转载)过程中宜密闭尘源,并采取喷雾降尘或者除尘器除尘。

第五十一条 储煤场厂区应当定期洒水抑尘,储煤场四周应当设抑尘网,装卸煤炭应当喷雾降尘或者洒水车降尘,煤炭外运时应当采取密闭措施。

第七章 噪声危害防治

第五十二条 煤矿作业场所噪声危害依照下列标准判定:

(一)劳动者每天连续接触噪声时间达到或者超过8h的,噪声声级限值为85dB(A);

(二)劳动者每天接触噪声时间不足8h的,可以根据实际接触噪声的时间,按照接触噪声时间减半、噪声声级限值增加3dB(A)的原则确定其声级限值。

第五十三条 煤矿应当配备2台以上噪声测定仪器,并对作业场所噪声每6个月监测1次。

第五十四条 煤矿作业场所噪声的监测地点主要包括:

(一)井工煤矿的主要通风机、提升机、空气压缩机、局部通风机、采煤机、掘进机、风动凿岩机、风钻、乳化液泵、水泵等地点;

(二)露天煤矿的挖掘机、穿孔机、矿用汽车、输送机、排土机和爆破作业等地点;

(三)选煤厂破碎机、筛分机、空压机等地点。

煤矿进行监测时,应当在每个监测地点选择3个测点,监测结果以3个监测点的平均值为准。

第五十五条 煤矿应当优先选用低噪声设备,通过隔声、消声、吸声、减振、减少接触时间、佩戴防护耳塞(罩)等措施降低噪声危害。

第八章 热害防治

第五十六条 井工煤矿采掘工作面的空气温度不得超过26℃,机电设备硐室的空气温度不得超过30℃。当空气温度超过上述要求时,煤矿必须缩短超温地点工作人员的工作时间,并给予劳动者高温保健待遇。采掘工作面的空气温度超过30℃、机电设备硐室的空气温度超过34℃时,必须停止作业。

第五十七条 井工煤矿采掘工作面和机电设备硐室应当设置温度传感器。

第五十八条 井工煤矿应当采取通风降温、采用分区式开拓方式缩短入风线路长度等措施,降低工作面的温度;当采用上述措施仍然无法达到作业环境标准温度的,应当采用制冷等降温措施。

第五十九条 井工煤矿地面辅助生产系统和露天煤矿应当合理安排劳动者工作时间,减少高温时段室外作业。

第九章 职业中毒防治

第六十条 煤矿作业场所主要化学毒物浓度不得超过表4的要求。

表4 煤矿主要化学毒物最高允许浓度

化学毒物名称	最高允许浓度(%)
CO	0.0024
H_2S	0.00066
NO(换算成 NO_2)	0.00025
SO_2	0.0005

第六十一条 煤矿进行化学毒物监测时,应当选择有代表性的作业地点,其中包括空气中有害物质浓度最

高、作业人员接触时间最长的作业地点。采样应当在正常生产状态下进行。

第六十二条 煤矿应当对 NO(换算成 NO_2)、CO、SO_2 每3个月至少监测1次,对 H_2S 每月至少监测1次。煤层有自燃倾向的,应当根据需要随时监测。

第六十三条 煤矿作业场所应当加强通风降低有害气体的浓度,在采用通风措施无法达到表4的规定时,应当采用净化、化学吸收等措施降低有害气体的浓度。

第十章 法律责任

第六十四条 煤矿违反本规定,有下列行为之一的,给予警告,责令限期改正;逾期不改正的,处十万元以下的罚款:

(一)作业场所职业病危害因素检测、评价结果没有存档、上报、公布的;

(二)未设置职业病防治管理机构或者配备专职职业卫生管理人员的;

(三)未制定职业病防治计划或者实施方案的;

(四)未建立健全职业病危害防治制度的;

(五)未建立健全企业职业卫生档案或者劳动者职业健康监护档案的;

(六)未公布有关职业病防治的规章制度、操作规程、职业病危害事故应急救援措施的;

(七)未组织劳动者进行职业卫生培训,或者未对劳动者个人职业病防护采取指导、督促措施的。

第六十五条 煤矿违反本规定,有下列行为之一的,给予警告,可以并处五万元以上十万元以下的罚款:

(一)未如实申报产生职业病危害的项目的;

(二)未实施由专人负责的职业病危害因素日常监测,或者监测系统不能正常监测的;

(三)订立或者变更劳动合同时,未告知劳动者职业病危害真实情况的;

(四)未组织职业健康检查、建立职业健康监护档案,或者未将检查结果书面告知劳动者的;

(五)未在劳动者离开煤矿企业时提供职业健康监护档案复印件的。

第六十六条 煤矿违反本规定,有下列行为之一的,责令限期改正,逾期不改正的,处五万元以上二十万元以下的罚款;情节严重的,责令停止产生职业病危害的作业,或者提请有关人民政府按照国务院规定的权限责令关闭:

(一)作业场所职业病危害因素的强度或者浓度超过本规定要求的;

(二)未提供职业病防护设施和个人使用的职业病防护用品,或者提供的职业病防护设施和个人使用的职业病防护用品不符合本规定要求的;

(三)未对作业场所职业病危害因素进行检测、评价的;

(四)作业场所职业病危害因素经治理仍然达不到本规定要求时,未停止存在职业病危害因素的作业的;

(五)发生或者可能发生急性职业病危害事故时,未立即采取应急救援和控制措施,或者未按照规定及时报告的;

(六)未按照规定在产生严重职业病危害的作业岗位醒目位置设置警示标识和中文警示说明的。

第六十七条 煤矿违反本规定,有下列情形之一的,责令限期治理,并处五万元以上三十万元以下的罚款;情节严重的,责令停止产生职业病危害的作业,或者暂扣、吊销煤矿安全生产许可证:

(一)隐瞒本单位职业卫生真实情况的;

(二)使用国家明令禁止使用的可能产生职业病危害的设备或者材料的;

(三)安排未经职业健康检查的劳动者、有职业禁忌的劳动者、未成年工或者孕期、哺乳期女职工从事接触职业病危害的作业或者禁忌作业的。

第六十八条 煤矿违反本规定,有下列行为之一的,给予警告,责令限期改正,逾期不改正的,处三万元以下的罚款:

(一)未投入职业病防治经费的;

(二)未建立职业病防治领导机构的;

(三)煤矿企业主要负责人、职业卫生管理人员和职业病危害因素监测人员未接受职业卫生培训的。

第六十九条 煤矿违反本规定,造成重大职业病危害事故或者其他严重后果,构成犯罪的,对直接负责的主管人员和其他直接责任人员,依法追究刑事责任。

第七十条 煤矿违反本规定的其他违法行为,依照《中华人民共和国职业病防治法》和其他行政法规、规章的规定给予行政处罚。

第七十一条 本规定设定的行政处罚,由煤矿安全监察机构实施。

第十一章 附 则

第七十二条 本规定中未涉及的其他职业病危害因素,按照国家有关规定执行。

第七十三条 本规定自2015年4月1日起施行。

煤层气地面开采安全规程(试行)

·2012年2月22日国家安全生产监督管理总局令第46号公布

·根据2013年8月29日《国家安全监管总局关于修改〈生产经营单位安全培训规定〉等11件规章的决定》修订

第一章　总　则

第一条　为了加强煤层气地面开采的安全管理,预防和减少生产安全事故,保障从业人员生命健康和财产安全,根据《中华人民共和国安全生产法》等法律、行政法规,制定本规程。

第二条　在中华人民共和国境内从事煤层气地面开采及有关设计、钻井、固井、测井、压裂、排采、集输、压缩等活动的安全生产,适用本规程。

国家标准、行业标准对煤矿井下瓦斯抽采和低浓度瓦斯输送安全另行规定的,依照其规定。

第三条　煤层气地面开采企业以及承包单位(以下统称煤层气企业)应当遵守国家有关安全生产的法律、行政法规、规章、标准和技术规范,依法取得安全生产许可证,接受煤矿安全监察机构的监察。

国家鼓励煤矿企业采用科学方法抽采煤层气。依法设立的煤矿企业地面抽采本企业煤层气应当遵守本规程,但不需要另行取得安全生产许可证。

第四条　煤层气企业应当建立安全生产管理机构,配备相应的专职安全生产管理人员;建立健全安全管理制度和操作规程,落实安全生产责任制,配备满足需要的安全设备和装备。

第五条　煤层气企业的主要负责人对本单位的安全生产工作全面负责。

煤层气企业的主要负责人和安全生产管理人员应当按照有关规定经专门培训并考核合格取得安全资格证书。

第六条　煤层气企业应当制定安全生产教育和培训计划,对从业人员进行安全生产教育和培训,保证从业人员具备必要的安全生产知识,熟悉有关的安全生产规章制度和安全操作规程,掌握本岗位的安全操作技能。未经安全生产教育和培训合格的从业人员,不得上岗作业。

煤层气企业的特种作业人员,应当按照有关规定经专门的安全作业培训,取得特种作业操作资格证书,方可上岗作业。

第七条　煤层气企业应当按照有关规定提取、使用满足安全生产需要的安全生产费用,保障煤层气地面开采的安全。

第八条　煤层气企业应当按照有关规定制定生产安全事故应急预案,组织定期演练,并根据安全生产条件的变化及时修订。

发生生产安全事故后,煤层气企业应当立即采取有效措施组织救援,防止事故扩大,避免人员伤亡和减少财产损失,并按照有关规定及时报告安全生产监管监察部门。

第九条　煤层气地面开采区域存在煤矿矿井的,煤层气企业应当与煤矿企业进行沟通,统筹考虑煤层气地面开采项目方案和煤矿开采计划,共享有关地质资料和工程资料,确保煤层气地面开采安全和煤矿井下安全。

第二章　一般规定

第十条　煤层气地面开采项目应当按照有关规定进行安全条件论证和安全预评价。

第十一条　新建、改建、扩建煤层气开采项目的安全设施,必须与主体工程同时设计、同时施工、同时投入生产和使用。安全设施投资应当纳入建设项目概算。

第十二条　煤层气地面开采项目的总体开发方案和煤层气集输管线、站场、供电等工程设计应当由具有相应资质的单位承担。煤层气井钻井、压裂、排采、修井等施工方案,由煤层气企业负责。

煤层气企业应当建立健全施工方案的审查制度,严格安全条件的审查。施工方案未经煤层气企业主要负责人审查同意的,施工单位不得施工。

第十三条　煤层气地面开采项目的工程施工应当由具有相应资质的监理单位进行监督。监理单位应当按照国家建设工程监理规范的要求对工程施工质量进行监督。

第十四条　煤层气企业进行工程发包时,应当对承包单位的资质条件和安全生产业绩进行审查,与承包单位签订专门的安全生产管理协议,或者在承包合同中约定各自的安全生产管理职责。煤层气企业对承包单位的安全生产工作统一协调、管理。

第十五条　煤层气企业应当经常开展安全生产检查及事故隐患排查,对发现的安全生产问题和事故隐患,应当立即采取措施进行整改;不能立即整改的,应当制定整改方案限期处理。

第十六条　煤层气企业应当对安全阀、压力表、传感器和监测设备进行定期校验、检定。煤层气企业的特种设备应当按照有关规定定期检测。

第十七条　煤层气企业应当建立相应的消防机构,配备专职或者兼职消防人员和必要的装备、器材,或者与所在地消防、应急救援机构签订消防救援合同。

第十八条　煤层气企业应当建立劳动防护用品配备、使用和管理制度,为从业人员提供符合国家标准或者行业标准的劳动防护用品。

煤层气企业应当对从业人员进行劳动防护用品使用的培训,指导、教育从业人员正确佩戴和使用劳动防护用品。

第十九条　煤层气企业进行电焊、气焊(割)等明火作业或其他可能产生火花的作业,应当编制专门的安全技术措施,并经本企业技术负责人审查批准。井场、站场内禁止烟火。

第二十条　煤层气企业应当建立设备管理专人负责制度。设备管理应当符合下列要求:

(一)安全标志正确、齐全、清晰,设置位置合理;

(二)定期进行巡检、维护和保养,确保设备始终处于完好状态;

(三)机械传动部位安装安全防护栏或者防护罩;

(四)按照有关规定对设备进行换季维护保养,防止设备锈蚀、冻裂;

(五)带压设备定期进行试压,合格后方可使用。

第二十一条　站场控制室内的气体探测控制仪超限断电后,煤层气企业应当立即组织专人对相应的设备和室内环境进行检查。严禁强行送电、开机。

第三章　硫化氢防护

第二十二条　在含硫化氢矿区进行施工作业和煤层气生产前,煤层气企业应当对所有生产作业人员和现场监督人员进行硫化氢防护的培训。培训内容应当包括课堂防护知识和现场实际操作,并符合培训时间规定。

对于临时作业人员和其他非定期派遣人员,在施工作业和煤层气生产前,煤层气企业应当对其进行硫化氢防护知识的教育。

第二十三条　在含硫化氢环境中进行生产作业,应当配备固定式和携带式硫化氢监测仪。硫化氢监测仪应当按照有关规定进行定期校验和鉴定。硫化氢重点监测区域应当设有醒目的标志,并设置硫化氢监测探头和报警器。

硫化氢监测仪发出不同级别报警时,煤层气企业应当按照行业标准《含硫化氢油气井安全钻井推荐作法》(SY/T 5087)的规定采取相应的措施。

第二十四条　煤层气企业在含硫化氢环境中进行生产作业,应当配备相应的防护装备,并符合下列要求:

(一)在钻井、试井、修井、井下作业以及站场作业中,配备正压式空气呼吸器及与其匹配的空气压缩机;

(二)有专人管理硫化氢防护装置,确保处于备用状态;

(三)进行检修和抢险作业时,携带硫化氢监测仪和正压式空气呼吸器。

第二十五条　在含硫化氢的矿区,场地及设备的布置应当考虑季节风向。在有可能形成硫化氢和二氧化硫的聚集处,应当确保有良好的通风条件,设置警示标志,使用防爆通风设备,并设置逃生通道及安全区。

第二十六条　在含硫化氢环境中进行钻井、井下作业和煤层气生产以及气体处理所使用的材料及设备,应当适合用于含硫化氢环境。

第二十七条　在含硫化氢环境中进行生产作业时,煤层气企业应当制定防硫化氢应急预案。钻井、井下作业的防硫化氢应急预案,应当规定煤层气井点火程序和决策人。

第二十八条　煤层气企业在含硫化氢的矿区进行煤层气井钻井,应当符合下列要求:

(一)地质及工程设计考虑硫化氢防护的特殊要求;

(二)采取防喷措施,防喷器组及其管线闸门和附件能够满足预期的井口压力;

(三)井场内禁止烟火,并采取控制硫化氢着火的措施;

(四)使用适合于含硫化氢地层的钻井液,并监测、控制钻井液 pH 值;

(五)在含硫化氢地层取芯和进行测试作业时,采取有效的防硫化氢措施。

第二十九条　在煤层气企业含硫化氢的煤层气井进行井下作业,应当符合下列要求:

(一)采取防喷措施;

(二)采取控制硫化氢着火的措施;

(三)当发生修井液气侵,硫化氢气体逸出时,立即通过分离系统分离或者采取其他处理措施;

(四)进入盛放修井液的密闭空间或者限制通风区域,可能产生硫化氢气体时,采取相应的人身安全防护措施;

(五)进行对射孔作业、压裂作业等特殊作业时,采取硫化氢防护措施。

第三十条　在进行含硫化氢的煤层气生产和气体处理作业时,煤层气企业应当对煤层气处理装置的腐蚀进行监测和控制,对可能的硫化氢泄漏进行检测,制定硫化氢防护措施。

作业人员进入可能有硫化氢泄漏的井场、站场、低凹区、污水区及其他硫化氢易于积聚的区域时,以及进入煤层气净化厂的脱硫、再生、硫回收、排污放空区进行检修和抢险时，应当携带正压式空气呼吸器。

第三十一条　含硫化氢煤层气井废弃时，煤层气企业应当考虑废弃方法和封井的条件，使用水泥封隔产出硫化氢的地层。

埋地管线、地面流程管线废弃时，应当经过吹扫净化、封堵塞或者加盖帽。容器应当用清水冲洗、吹扫并排干，敞开在大气中，并采取防止铁的硫化物燃烧的措施。

第四章　工程设计

第三十二条　煤层气企业编写工程设计方案前，应当充分收集有关资料，对作业现场及其周边环境进行调研，并进行危险源辨识和风险评价。

第三十三条　煤层气井不得布置在滑坡、崩塌、泥石流等地质灾害易发地带。

第三十四条　气井井口与周围建（构）筑物、设施的间距应当符合行业标准《煤层气地面开采防火防爆安全规程》（AQ1081）的规定。

第三十五条　钻井作业时，生活区、值班房应当置于井架侧面，且处于最小频率风向的下风侧，与井口的间距不小于10米。井场发电房与柴油罐的间距应当不小于5米。

第三十六条　井控装置的远程控制台应当安装在井架大门侧前方、距井口不少于25米的专用活动房内，并在周围保持2米以上的行人通道。

第三十七条　钻井工程地质设计应当收集区域地质资料，确定各含水层组深度，制定相应的安全措施。

第三十八条　钻机及配套设备应当满足钻井设计的要求。钻机的额定钻进深度应当大于钻井深度。井架提升能力应当满足钻具重量、地质条件的要求。

动力设施应当满足钻机、泥浆泵、排水泵等设施所需功率。

第三十九条　钻井工艺技术应当有利于保护煤储层，并制定井漏、井涌、井喷、井塌、卡钻、防斜等复杂情况的安全技术措施。

第四十条　探井设计应当参考本地区钻井所采用的井身结构。井径应当留有余地。套管系列设计应当能够保证施工安全。表层套管应当至少下到稳定基岩内10米。

第四十一条　固井作业设计应当保证后续增产作业施工的安全。

套管柱应当进行强度设计，综合考虑内应力、挤应力和拉应力，以满足后续作业的需要。

第四十二条　设计方案应当对各种复杂情况提出预防和处理措施。

第四十三条　煤层气企业应当建立测井安全操作管理和事故处理措施。煤层气企业应当对放射源等危险物品的储存、运输、使用和防护作出特别规定。

第四十四条　煤层气企业应当建立爆炸物品运输和使用、爆炸器材存储和销毁、废旧爆炸物品安全销毁的管理制度。

煤层气企业应当建立防止地面爆炸、施工深度错误、炸枪（卡枪）及炸坏套管的安全防范和处理措施。

第四十五条　所选压裂井口的耐压等级应当大于设计的最高井口压力，泵车组安全阀的设定压力值不得超过生产套管抗内压强度的80%。煤层气企业应当建立砂堵、砂卡、设备损坏等事故的应急处理措施。

第四十六条　排采设备地基、底座基础应当满足载荷要求。电缆、变速箱、其他电气设备、连接设施配套设备应当与电机功率匹配。抽油杆柱应当满足疲劳应力强度要求。

第四十七条　排采泵的防冲距合理值应当根据下泵深度、泵型号、抽油杆的规格及机械性能确定，避免正常工作时柱塞碰泵。

第四十八条　井口应当设置排采沉淀池，煤层气井排出的水经过沉淀后，满足有关规定要求后方可进行排放；水管线应当以一定的坡度通向排采沉淀池，保证水流畅通。

第四十九条　煤层气企业对可能产生静电危险的下列设备和管线应当设置防静电装置：

（一）进出装置或者设施处；

（二）爆炸危险场所的边界；

（三）煤层气储罐、过滤器、脱水装置、缓冲器等及其连接部分；

（四）管道分支处以及直线段每隔200~300米处；

（五）压缩机的吸入口和加气机本身及槽车与加气机连接环节。

在站场入口和主要的操作场所，煤层气企业应当安装人体静电导除装置，防静电接地装置的接地电阻应当不大于100欧姆。

在连接管线的法兰连接处，煤层气企业应当设置金属跨接线（绝缘法兰除外）。当法兰用5根以上螺栓连接时，法兰可以不用金属线跨接，但必须构成电气通路。

第五十条　工程和设备的防静电接地应当符合下列要求：

(一)设施设备和车辆的防静电接地,不得使用链条类导体连线;

(二)防静电接地、防感应雷接地和电气设备接地共同设置的,其接地电阻不大于10欧姆;

(三)防静电接地装置单独设置的,接地电阻不大于100欧姆,埋设周围情况良好;

(四)防静电接地不得使用防直击雷引下线和电气工作零线,测量点位置不得设在爆炸危险区域内;

(五)检修设备、管线可能导致防静电接地系统断路时,预先设置临时性接地,检修完毕后及时恢复。

第五十一条　进站槽车的防静电应当符合下列要求:

(一)槽车及槽车驾驶员、押运员持有合法有效的证件;

(二)槽车设置汽车专用静电接地装置,接地电阻不大于100欧姆;

(三)槽车的防静电接地线连接在作业场所的专用防静电接地点上,且不得采用缠绕等不可靠的连接方法;

(四)槽车的防静电接地连线采用专用导静电橡胶拖地线或者铜芯软绞线。

第五十二条　防雷应当符合下列安全要求:

(一)建(构)筑物、工艺设备、架空管线、各种罐体、电气设备等设置防雷接地装置;

(二)进入变(配)电室的高压电路安装与设备耐压水平相适应的过电压(电涌)保护器;

(三)信息系统配电线路的首、末端与电子器件连接时,装设与电子器件耐压水平相适应的过电压(电涌)保护器;

(四)防雷接地电阻不得大于10欧姆,引下线地面以下0.3米至地面以上1.7米无破坏,接地测试断接点接触良好,埋设周围情况良好;

(五)防雷装置保护范围不得缩小;

(六)防雷击接地措施不得影响输气管线阴级保护效果;

(七)接地装置定期由具备资质的单位进行测试。

第五十三条　煤层气企业应当在站场内设置风向标,并悬挂在有关人员可以看到的位置。

第五十四条　压缩机房应当符合下列要求:

(一)压缩机房设置防爆应急照明系统;

(二)采用封闭式厂房时,有煤层气泄露的报警装置、良好的机械通风设施和足够的泄压面积;

(三)压缩机房电缆沟使用软土或者沙子埋实,并与配电间的电缆沟严密隔开;

(四)压缩机房有醒目的安全警示标志。

第五章　钻井与固井

第五十五条　井场应当平整、坚固。井架地基填方部分不得超过四分之一面积。填方部分应当采取加固措施。

煤层气企业在山坡上修筑井场时,当地层坚硬、稳固时,井场边坡坡度不得大于85度;当地层松软时,井场边坡坡度不得大于60度。必要时,砌筑护坡、挡土墙。

第五十六条　煤层气企业应当对井场的井架、油罐安装防雷防静电接地装置,其接地电阻应当不大于10欧姆。

第五十七条　暴雨、洪水季节,在山沟、洼陷等低凹地带施工时,煤层气企业应当加高地基,修筑防洪设施。

第五十八条　煤层气企业应当在井场配备足够数量的消防器材。消防器材应当由专人管理,定期维护保养,不得挪作他用。消防器材摆放处应当保持通道畅通,确保取用方便。

第五十九条　煤层气企业应当在井场、钻台及井架梯子的入口处,钻台上、高空作业区和绞车、柴油机、发电机等机械设备处,以及油罐区、消防器材房、消防器材箱等场所和设备设施上设置相应的安全警示标志。

第六十条　煤层气企业进行立、放井架及吊装作业,应当与架空线路保持安全距离,并采取措施防止损害架空线路。

第六十一条　井架绷绳安设不少于4根,绷绳强度应当与钻机匹配,地锚牢固可靠。

第六十二条　钻机水龙头和高压水龙带应当设有保险绳。

第六十三条　钻台地板铺设应当平整、紧密、牢固。井架2层以上平台应当安装可靠防护栏杆,防护栏高度应当大于1.2米,采用防滑钢板。

活动工作台应当安装制动、防坠、防窜、行程限制、安全挂钩、手动定位器等安全装置。

第六十四条　钻机钢丝绳安全系数应当大于7;吊卡处于井口时,绞车滚筒钢丝绳圈数不少于7圈;钢丝绳固定连接绳卡应当不少于3个。

第六十五条　发电机应当配备超载保护装置。电动机应当配备短路、过载保护装置。

第六十六条　柴油机排气管应当无破损、无积炭,其出口不得指向循环罐,不得指向油罐区。井场油罐阀门应当无渗漏,罐口封闭上锁,并有专人管理。

第六十七条 井场电气设备应当设保护接零或者保护接地,保护接地电阻应当小于4欧姆。

第六十八条 井场电力线路应当采用电缆,并架空架设;经过通道、设备处应当增加防护套。井场电器安装技术要求参照国家对井场电气安装技术的要求执行。

第六十九条 煤层气企业安装、拆卸井架时,井架上下不得同时作业。

第七十条 施工现场应当有可靠的通信联络,并保持24小时畅通。

第七十一条 煤层气企业安装井控装置时,放喷管线的布局应当考虑当地季节风向、居民区、道路、油罐区、电力线及各种设施等情况。

第七十二条 钻进施工应当符合下列要求:

(一)符合国家标准、行业标准有关常规钻进安全技术的要求;

(二)一开、二开、钻目标煤层前等重要工序,由钻井监理进行全面的安全检查,经验收合格后方可作业;

(三)钻井队按照规定程序和操作规程进行操作,执行钻井作业设计中有关防火防爆的安全技术要求;

(四)选择适当的钻井液;

(五)钻进施工中如出现异常情况,及时采取应急措施,立即启动应急预案。

第七十三条 下套管作业应当符合下列要求:

(一)吊套管上钻台,使用适当的钢丝绳,不得使用棕绳;

(二)套管上扣时推荐使用套管动力钳,下放套管时密切观察指重表读数变化并按程序操作,发现异常及时处理;

(三)套管串总重量不得大于钻机或者井架的提升能力,否则需采取相应的减重措施。套管下放时,需边下放边灌注钻井液,以免将浮鞋、浮箍压坏。

第七十四条 固井作业应当符合下列要求:

(一)摆车时设专人指挥,下完套管需先灌满套管,不得直接开泵洗井;

(二)开泵顶水泥浆时,所有人员不得靠近井口、泵房、高压管汇、安全阀及放压管线。

第六章 测 井

第七十五条 煤层气企业进行测井施工前,应当召开安全会,提出作业安全要求。

测井施工现场不具备安全生产条件的,不得进行测井作业。

第七十六条 井场钻台前方10米以外应当有摆放测井车辆的开阔地带。器材堆置不得影响车辆的进出及就位。

第七十七条 车载仪器及专用器具上井前,煤层气企业应当妥善包装和固定,运输中禁止与有碍安全的货物混装。车载计算机必须采取防震、防尘措施。

测井车辆行车前及长途行车途中,应当做好车况、放射源及仪器设备安全检查。途中留宿的,必须将车辆停放在安全场所。

第七十八条 测井人员不得擅离职守,不允许在井架、钻台上进行与测井无关的其他作业,未经许可不得动用非本岗位的仪器设备。

第七十九条 摆放测井设备应当充分考虑风向。测井仪器车等工作场所的电源、温度、湿度应当符合安全需要,并做好相应消防措施。测井车应当接地良好,电路系统不得有短路和漏电现象。

当钻井井口一定区域内可能有煤层气积聚时,煤层气企业应当停止测井作业。

第八十条 测井前,煤层气企业应当将井口附近的无关物品移开,及时清除钻台转盘及钻台作业面上的钻井液。冬季测井施工时,应当及时清除深度丈量轮和电缆上的结冰。在井口装卸放射源或者其他仪器时,应当先将井口盖好,不得将工具放在转盘上。

仪器开机前,煤层气企业应当对电源、仪器接线及接地、各部件及计算机、需固定装置的安装状况、绞车的刹车及变速装置进行复查。测井过程中,操作人员应当观察仪器、设备的工作状态,发现异常情况及时处理。

第八十一条 下井仪器应当正确连接,牢固可靠。出入井口时,煤层气企业应当有专人在井口指挥。

第八十二条 绞车启动后,电缆提升和下放过程中,应当避免紧急刹车和骤然加速,工作人员应当避开绞车和电缆活动影响区,严禁触摸和跨越电缆。

第八十三条 仪器起下速度应当均匀,不得超过4000米/小时,距井底200米时应当减速慢下;进入套管鞋时,起速不得超过600米/小时,仪器上起离井口约300米时,应当有专人在井口指挥,减速慢行。

第八十四条 下井仪器遇阻时,操作人员应当将仪器提出井口,通井后再进行测井作业。严禁遇阻强冲。

第八十五条 下井仪器遇卡时,操作人员应当立即停车,缓慢上下活动;如仍未解脱,应当迅速研究具体的处理措施。

第八十六条 仪器在井底及裸眼井段静止时间不得超过1分钟,对停留时间有特殊要求的测井项目除外。

第八十七条　仪器工作结束后,操作人员应当将各操纵部件恢复到安全位置。严禁在通电状态下搬运仪器设备和拔、插接线。

第八十八条　夜间施工时,井场应当保障照明良好。

第八十九条　遇有七级以上大风、暴雨、雷电、大雾等恶劣天气,煤层气企业应当暂停测井作业。如正在测井作业,应当将仪器起入套管内,并关闭仪器电源。

第九十条　测井作业时,井内产出硫化氢或者其他有毒、有害气体的,煤层气企业应当按照有关规定采取相应防护措施,并制定测井方案,待批准后方可进行测井作业。

第九十一条　放射源必须存放在专用源库中,源库的设计及源库内外的剂量当量率应当符合国家有关油(气)田测井用密封型放射源卫生防护标准的要求。煤层气企业应当建立健全放射源的使用档案及领用、保管制度。

施工区应当建立临时源库,源库应当设有警戒标志并有防盗、防丢失措施。

第九十二条　运输放射源的防护容器应当加锁。容器外表面除应当标示放射性核素名称、活度、电离辐射警告标志外,还应当标示容器的编号。防护容器、运源车内及车附近的剂量当量率应当符合国家有关油(气)田测井用密封型放射源卫生防护标准的要求。

第九十三条　放射源必须专车运输、专人押运,中途停车、住宿时应当有专人监护。

运源车严禁搭乘无关人员和押运生活消费品。未采取足够安全防护措施的运源车不得进入人口密集区和在公共停车场停留。

第九十四条　在室外、野外从事放射源工作时,煤层气企业必须根据辐射水平或者放射性污染的可能范围划出警戒区,在醒目位置设置电离辐射警告标志,设专人监护,防止无关人员进入警戒区。

第九十五条　煤层气企业应当定期对从事放射性工作的人员进行个人剂量监测和职业健康检查,建立个人剂量档案和职业健康监护档案。如被确认为放射损伤者,煤层气企业应当将其调离放射性工作并及时治疗。

拟参加放射性工作的人员,必须经过体检;有不适应症者,不得参加此项工作。测井施工人员应当按照辐射防护的时间、距离、屏蔽原则,采取最优化的辐射防护方式,进行装、卸放射源作业,禁止直接接触放射源。

第九十六条　严禁打开放射源的密封外壳,严禁使用密封破坏的可溶性放射源测井。必须裸露使用放射源时,应当使用专用工具。放射性液体和固体废物应当收集在贮存设施内封存,定期上交当地环境保护行政主管部门处理。

第九十七条　放射源的调拨、处理、转让、废弃处理,以及遇有放射源被盗、遗失等放射性事故时,煤层气企业必须按照《放射性同位素与射线装置安全和防护条例》和《放射事故管理规定》的规定进行妥善处理。

放射源掉入井内的,煤层气企业应当及时打捞,并指定专人负责实施;打捞失败的,应当检测放射源所在位置,并按照有关规定打水泥塞封固。

第九十八条　严禁在放射工作场所吸烟、进食和饮水。

第七章　射　孔

第九十九条　射孔作业前应当通井。

射孔作业现场周围的车辆、人员不得使用无线电通信设备;装配现场除工作人员外,严禁其他人员进入,严禁吸烟和使用明火。装配时,操作人员应当站在射孔枪的安全方位。

第一百条　煤层气企业在井口进行接线时,应当将枪身全部下入井内,电缆芯对地短路放电后方可接通。未起爆的枪身应当在断开引线并做好绝缘后,方可起出井口。未起爆的枪身或者已装好的枪身不再进行施工时,应当在圈闭相应的作业区域内及时拆除雷管和射孔弹。

使用过的射孔弹、雷管不得再次使用。

第一百零一条　撞击式井壁取心器炸药的使用,应当遵守国家有关火工品安全管理的规定。

第一百零二条　检测雷管时,检测人员应当使用爆破欧姆表测量,下深超过 70 米时方可接通电源。

第一百零三条　大雾、雷雨、七级风以上(含七级)天气及夜间不得进行射孔和井壁取心作业。

第一百零四条　施工结束返回后,施工人员应当直接将剩余火工品送交库房,并与保管员办理交接手续。

爆炸物品的销毁,应当符合国家有关石油射孔和井壁取心用爆炸物品销毁标准的规定。

第八章　压　裂

第一百零五条　井场应当具备能摆放压裂设备并方便作业的足够面积,设有明确的安全警示标志。

第一百零六条　施工作业前,施工人员应当详细了解井场内地下管线及电缆分布情况,并按照设计要求做好施工前准备。

第一百零七条　新井、一年内未进行任何作业的老井均应当进行通井。通井时遇到异常情况的,施工人员应当在采取有效措施后方可继续作业。

第一百零八条　压裂设备、井口装置和地面管汇应当满足压裂施工工艺和压力要求。

压裂施工所用高压泵安全销子的剪断压力不得超过高压泵额定最高工作压力。井口应当用专用支架或者其他方式固定。高压管线长度每间隔8米时应当有固定高压管线的措施。

以井口10米为半径,沿泵车出口至井口地面流程两侧10米为边界,设定为高压危险区,并使用专用安全带设置封闭的安全警戒线。

第一百零九条　摆放设备时,煤层气企业应当安排好混砂车与管汇车、管汇车与压裂泵车、压裂泵车距井口的距离。仪表车应当安放在能看到井口、视野开阔的地点。

第一百一十条　压裂施工必须在白天进行。煤层气企业应当对压裂施工进行统一指挥,指挥员应当随时掌握施工动态,保持通讯系统畅通。

第一百一十一条　煤层气企业在施工前应当召开安全会,提出安全要求,明确安全阀限定值,同时进行下列安全检查:

(一)检查压裂设备、校对仪表,确保压裂主机及辅机的工作状况良好,待修或者未达到施工要求的设备不得参加施工;

(二)按照设计要求试压合格,各部阀门应当灵活好用。设备和管线泄漏时,应当在停泵、泄压后方可检修;

(三)压裂车逐台逐挡充分循环排空,排净残液、余砂。

第一百一十二条　施工期间煤层气企业应当派专人负责巡视边界,严禁非施工人员进入井场。高压区必须设有警戒,无关人员不得进入。

第一百一十三条　施工中进出井场的车辆排气管应当安装阻火器。施工车辆通过井场地面裸露的油、气管线及电缆时,煤层气企业应当采取防止碾压的保护措施。

第一百一十四条　泵车操作应当平稳,严禁无故换档或者停车。出现故障必须停车时,操作人员应当及时通知指挥员采取措施。

第一百一十五条　压裂期间,煤层气企业必须有专人监测剩余压裂液液面、支撑剂剩余量和供应情况,确保连续供液和供砂。

第一百一十六条　加砂过程中,压力突然上升或者发生砂堵时,煤层气企业应当及时研究处理,不得强行憋压。

使用放射性示踪剂的,应当按照有关规定采取相应的防护措施,并定期对放射性示踪剂的活度、存储装置是否完好进行检测,对接触人员进行体检。

第一百一十七条　压裂施工后,煤层气企业应当对设备的气路系统、液压系统、吸入排出系统、仪表系统、混合系统、柱塞泵、卡车、燃料系统等进行安全检查和维修保养。

第九章　排　采

第一百一十八条　排采井场应当符合下列要求:

(一)平整、清洁、无杂草;

(一)井场周围应当设围栏,围栏高度不得低于1.7米,并有明确的警示标识;

(三)井场内所有可能对人体产生碰伤、挤伤或者其他伤害的危险物体均应当涂以红色标记,以示警告。

第一百一十九条　煤层气企业应当将排采沉淀池布置在井场围栏范围内;布置在排采围栏范围外时,应当设独立围栏。

第一百二十条　选择放空火炬的位置应当考虑当地全年主风向,置于全年最小频率风向的上风侧。

第一百二十一条　排采设备应当置于远离放空火炬的一侧摆放,发电机排气筒方向不得正对井口。煤层气企业应当定期用可燃气体检测仪检测阀门、管线是否漏气,发现漏气应当立即检修处理。

气、水管线应当分别安装气、水阀门,气管线应当涂成黄色,水管线应当涂成绿色。

第一百二十二条　煤层气企业应当定期检查气水分离器(如有)的阀门、安全阀是否灵活好用。

第一百二十三条　煤层气企业应当对气水分离器(如有)定期排水,防止造成水堵或者积聚。

第一百二十四条　抽油机的安装应当符合下列要求:

(一)地基夯实,水泥基础坐落在土质均匀的原土上,冰冻地区应当开挖至冰冻层以下;

(二)基础表面没有裂纹、变形现象;

(三)抽油机底座与基础墩接触面紧密贴实,地角螺栓不得悬空;

(四)平衡块与曲柄的装配面及曲柄燕尾槽内严禁夹入杂物。

第一百二十五条　抽油机启动前,煤层气企业应当确保抽油机各部位牢固可靠、刹车及皮带松紧适宜、供电系统正常。

第一百二十六条　工作人员巡检时应当与抽油机保

持一定的安全距离,刹车操作后应当合上保险装置。抽油机运转或者未停稳时,不得接触、靠近抽油机的运转部位,也不得进行润滑、加油或者调整皮带等操作。

第一百二十七条　进行调整冲程、更换悬绳器等高空作业时,操作人员应当系好安全带并站稳,防止滑落跌伤和工具掉落伤人。

第一百二十八条　更换井口装置时,煤层气企业应当在施工现场配备防火、防爆设施。割焊井口时,煤层气企业必须制定相应的安全技术措施。

第一百二十九条　螺杆泵设备运行期间,应当确保各连接部位无松动、减速箱不漏(缺)油、皮带无松弛、光杆不下滑、机体无过热现象。

第一百三十条　欠载跳闸时,工作人员应当排除方卡子松动、传动部分打滑、断杆卸载等原因后方可开机;过载跳闸时,应当排除短路、缺相现象后方可开机。

第一百三十一条　排采设备的控制柜应当有防护措施,埋地电缆处应当有明显标记。

第一百三十二条　测量电潜泵机组参数时,测量人员必须把控制柜总电源断开,并悬挂警示牌。

第一百三十三条　电潜泵停机时,不得带负荷拉闸。电潜泵出现故障停机时,如未查明原因并排除故障,不得二次启动。

第一百三十四条　动液面测试前,必须在关闭套管阀门并释放压力后,方可安装井口连接器。测试动液面时,应当采用氮气进行击发,严禁采用声弹进行击发。

第一百三十五条　连接器安装完毕后,连接器上的放空阀应当关严,缓慢打开套管阀门。

对有套压井,有关人员必须在套管阀门打开时无异常情况下方可装接信号线。

第一百三十六条　测试结束后,测试人员应当关严套管阀门,打开放空阀门,拆除各连接电缆后,方可卸下井口连接器。

第一百三十七条　示功图测试前,抽油机驴头必须停在下死点,拉住刹车;操作人员应当选择安全的操作位置安装仪器;仪器安装后,必须确保挂上保险装置。

第一百三十八条　修井时,探砂面、冲砂起下管柱应当按照国家有关常规修井作业规程的安全规定执行。

第一百三十九条　冲砂前,水龙带必须拴保险绳,循环管线应当不刺不漏。冲砂时,禁止人员穿越高压区。

第一百四十条　下泵时,井口应当安装防掉、防碰装置,严防井下落物和因碰撞产生火花。禁止挂单吊环操作。

修井机绷绳强度应当与修井机匹配,并确保地锚牢固可靠。

第一百四十一条　洗井时,泵车、水罐车等设备的摆放场地应当处于便于操作的安全位置,出口管线连接应当平直,末端用地锚固定。

第一百四十二条　洗井前必须试压合格,各部阀门应当灵活好用。

第一百四十三条　洗井期间,提升动力设备应当连续运转,不得熄火。泵压升高,洗井不通时,应当及时分析处理,不得强行憋泵;设备和管线泄漏时,应当在停泵、泄压后方可检修。

发生严重漏失时,应当采取有效堵漏措施后再进行施工。

第一百四十四条　煤层气企业应当对报废的煤层气井进行封井处理,建立报废煤层气井的档案,并有施工单位和煤层气企业等有关部门的验收意见。

第一百四十五条　报废的煤层气井的井筒必须用水泥浆或者水泥砂浆封固,封固高度为从井底到最上面一个可采煤层顶板以上100米。废弃的井筒必须在井口打水泥塞,并将地面以下1.5米套管割掉,用钢板将套管焊住,然后填土至与地面平齐。

第十章　煤层气集输

第一百四十六条　煤层气集输管线线路走向应当根据地形、工程地质、沿线井场(站场)的地理位置以及交通运输、动力等条件,确定最优线路。

管线线路的选择应当符合下列要求:

(一)线路顺直、平缓,减少与天然和人工障碍物的交叉;

(二)避开重要的军事设施、易燃易爆仓库、国家重点文物保护单位等区域;

(三)避开城镇规划区、大型站场、飞机场、火车站和国家级自然保护区等区域。当受条件限制,管线需要在上述区域内通过时,必须征得有关部门同意,留出足够的安全距离,并采取相应的安全保护措施;

(四)严禁管线通过铁路或者公路的隧道、桥梁(管线专用公路的隧道、桥梁除外)以及铁路编组站、大型客运站和变电所;

(五)避开地下杂散电流干扰大的区域;当避开确有困难时,需采取符合标准、规范的排流措施;

(六)避开不良工程地质地段;需选择合适的位置和方式穿越。

第一百四十七条　煤层气管线及管线组件的材质选

择，应当综合考虑使用压力、温度、煤层气特性、使用地区、经济性等因素。

煤层气管线及管线组件的材质选择应当符合下列要求：

（一）采用材料的强度、寿命满足安全要求，煤层气集输钢质管道的设计符合《油气集输设计规范》（GB50350）的有关规定，煤层气采气聚乙烯管道的设计符合《聚乙烯燃气管道工程技术规程》（CJJ63）的有关规定；

（二）材料生产企业按照相应标准生产，并提供产品质量证明书；

（三）选用的管线组件符合安全标准并有质量证明书；

（四）管线材质满足当地的抗震要求；

（五）采用钢管和钢质组件时，应当根据强度等级、管径、壁厚、焊接方式及使用环境温度等因素提出材料韧性要求；

（六）穿越铁路、公路、大型河流及人口稠密区时，采用钢管，管线组件严禁使用铸铁件。

第一百四十八条 煤层气集输管线应当采用埋地方式敷设，特殊地段也可以采用土堤、地面、架空等方式敷设。管线敷设应当满足抗震要求。

第一百四十九条 埋地管线坡度应当根据地形的要求，采用弹性敷设，管线埋地深度应当在冻土层以下。覆土层最小厚度、管沟边坡和沟底宽度应当符合国家有关输气管道工程设计规范标准的规定。

管线与其他管线交叉时，其垂直净距一般不得小于0.3米；当小于0.3米时，两管间应当设置坚固的绝缘隔离物。管线与电力、通信电缆交叉时，其垂直净距不得小于0.5米。管线在交叉点两侧各延伸10米以上的管段，应当采用相应的最高绝缘等级。

管线改变方向时，应当优先采用弹性敷设（曲率半径应当大于或者等于管线直径的1000倍），垂直面上弹性敷设管线的曲率半径应当大于管线在自重作用下产生的挠度曲线的曲率半径。曲率半径的计算应当符合国家有关输气管道工程设计规范标准的规定。

第一百五十条 用于改变管线走向的弯头的曲率半径应当大于或者等于外直径的4倍，并便于清管器或者检测仪器顺利通过。现场冷弯弯管的最小曲率半径应当符合国家有关输气管道工程设计规范标准的规定。弯管上的环向焊缝应当进行X射线检查。

管线不得采用斜口连接，不允许采用褶皱弯或者虾米弯，管子对接偏差不得大于3度。

第一百五十一条 管线穿、跨越铁路、公路、河流时，应当符合国家油气输送管道穿越工程设计规范标准和油气输送管道跨越工程设计规范标准的有关规定。

第一百五十二条 管线沿线应当设置里程桩、转角桩、标志桩和警示牌等永久性标志。里程桩应当沿气流前进方向从管线起点至终点每500米连续设置。里程桩可以与阴极保护测试桩结合设置。

第一百五十三条 钢制埋地集输管线的设计应当符合国家有关防腐绝缘与阴极保护标准的有关规定。

管线阴级保护达不到规定要求的，经检测确认防腐层发生老化时，煤层气企业应当及时进行防腐层大修。

第一百五十四条 裸露或者架空的管线应当有良好的防腐绝缘层，带保温层的，采取保温和防水措施。管线应当定期排水，防止造成水堵、冰堵。站场的进出站两端管线，应当加装绝缘接头，确保干线阴极保护可靠性。

第一百五十五条 煤层气企业应当依据煤层气田地面建设总体规划以及所在地区城镇规划、集输管线走向，结合地形、地貌、工程和水文地质条件，统一规划站场的选址及布局，并远离地质灾害易发区，在站场服务年限内避免受采空区、采动区的影响，确保站场安全。

第一百五十六条 站场应当布置在人员集中场所及明火或者散发火花地点全年最小频率风向的上风侧，站场主要设施与周边有关设施的安全距离应当符合下列要求：

（一）与居民区、村镇、公共设施的防火间距不小于30米；

（二）与相邻厂矿企业、35千伏及以上变电所的防火间距不小于30米；

（三）与公路的间距不小于10米；

（四）与铁路线的间距不小于20米；

（五）与架空通信线、架空电力线的间距不小于1.5倍杆高；

（六）与采石场等爆炸作业场地的间距不小于300米。

第一百五十七条 站场内平面布置、防火安全、场内道路交通及与外界公路的连接应当符合《石油天然气工程设计防火规范》（GB50183）的有关规定。

第一百五十八条 站场的防洪设计标准，应当综合考虑站场规模和受淹损失等因素，集气站重现期为10年至25年，中心处理站重现期为25年至50年。

第一百五十九条 放空管应当位于站场生产区最小

频率风向的上风侧,且处于站场外地势较高处,其高度应当比附近建(构)筑物高出 2 米以上,且总高度不得小于 10 米。放空管距站场的距离一般不小于 10 米;当放空量大于 12000 立方米/小时且等于或者小于 40000 立方米/小时时,放空管距站场的距离应当不小于 40 米。

第一百六十条　站场设备应当由具备国家规定资质的企业生产,有产品合格证书并满足安全要求。

第一百六十一条　煤层气企业应当定时记录设备的运转状况,定期分析主要设备的运行状态。安全阀和压力表应当定期进行校验。调节阀、减压阀、高(低)压泄压阀等主要阀门应当按照相应运行和维护规程进行操作和维护,并按照规定定期校验。

第一百六十二条　煤层气企业应当在站场的进口处设置明显的安全警示牌、进站须知和逃生路线图,并应当向进入站场的外来人员告知安全注意事项等。

站场应当设置不低于 1.7 米的非燃烧材料围墙或者围栏,并设置安全警示标志。

站场内大于或者等于 35 千伏的变配电站应当设置不低于 1.5 米的围栏。

第一百六十三条　站场的供电负荷和供电电源应当根据《石油天然气安全规程》(AQ2012)的有关规定确定。用电设备及线路走向应当合理,导体选择及线路敷设应当符合安全规定,线路应当无老化、破损和裸露现象。

第一百六十四条　配电室应当有应急照明,配电室门应当外开,保持通风良好,并安装挡鼠板。电缆沟应当无积水,地沟应当封堵。地沟可燃气体浓度应当定期检验,避免沟内窜气。

第一百六十五条　站场内对管线进行吹扫、试压时,煤层气企业应当编制作业方案,制定安全技术措施。

强度试验和气密试验时发现管线泄漏的,煤层气企业应当查明原因,制定修理方案和安全措施后方可进行修理。

第一百六十六条　压缩机应当允许煤层气组分、进气压力、进气温度和进气量有一定的波动范围。

第一百六十七条　压缩机启动及事故停车安全联锁应当完好。

压缩机的吸入口应当有防止空气进入的措施;压缩机的各级进口应当设凝液分离器或者机械杂质过滤器。分离器应当有排液、液位控制和高液位报警及放空等设施。

第一百六十八条　在煤层气脱水装置前应当设置分离器。脱水器前及压缩机的出口管线上的截断阀前应当分别设置安全阀。

第一百六十九条　煤层气脱水装置中,气体管线应当选用全启式安全阀,液体管线应当选用微启式安全阀。安全阀弹簧应当具有可靠的防腐蚀性能或者必要的防腐保护措施。

第一百七十条　含硫化氢的煤层气应当脱硫、脱水。距煤层气处理厂较远的酸性煤层气,如因管输产生游离水,应当先脱水、后脱硫。

第一百七十一条　在煤层气处理及输送过程中使用化学药剂时,煤层气企业应当严格执行技术操作规程和措施要求,并落实防冻伤、防中毒和防化学伤害等措施。

第一百七十二条　煤层气企业应当在脱硫溶液系统中设过滤器。

第一百七十三条　进脱硫装置的原料气总管线和再生塔应当设安全阀,液硫储罐最高液位之上应当设置灭火蒸汽管。储罐四周应当设置闭合的不燃烧材料防护墙,墙高应当为 1 米,四周应当设置相应的消防设施。

第一百七十四条　在含硫容器内作业时,煤层气企业应当进行有毒气体测试,并备有正压式空气呼吸器。

第一百七十五条　集输系统投产应当符合下列要求:

(一)管线与设备的严密性试验合格;

(二)各单体设备、分系统试运行正常,设备工作状态良好,集输系统整体联合试运行正常;

(三)集气管线全线进行试压、清管;

(四)制定安全措施和应急预案。

第一百七十六条　管线投运前,煤层气企业应当对管线内的空气进行置换,避免空气与煤层气混合。

置换过程中的混合气体应当利用放空系统放空,并以放空口为中心设立隔离区并禁止烟火。进行氮气置换时,进入管线的氮气温度应当不低于 5 摄氏度;排放氮气时应当防止大量氮气聚集造成人员窒息,管线中氮气量过大时应当提前进行多点排放。

第一百七十七条　对管线的监控应当遵守下列规定:

(一)对重要工艺参数及工作状态进行连续检测和记录;

(二)根据沿线情况定期对集输管线进行巡线检查,但每季度至少徒步巡查一次;

(三)定时巡查线路分水器,及时排放污水,并有防止冰冻的措施;

（四）在雨季、汛期或者其他灾害发生后加密巡查；

（五）定期对装有阴极保护设施的管线保护电位进行测试。

第一百七十八条 对站场的监控应当遵守下列规定：

（一）压力、计量仪表灵敏准确，设备、管汇无渗漏。根据集输流程分布情况，在站场设置限压放空和压力高、低限报警设施；

（二）定时巡查站场内的分离器，及时将污水排放，并有防止冰冻的措施；

（三）站场工艺装置区、计量工作间等位于爆炸危险区域内的电气设备及照明采用防爆电器，其选型、安装和电气线路的布置符合《爆炸和火灾危险环境电力装置设计规范》（GB50058）的规定。

第一百七十九条 维护与抢修时，应当制定相应的维护与抢修安全措施和实施方案，合理配备专职维护与抢修队伍，抢修物资装备。

第一百八十条 维护与抢修现场应当采取保护措施，划分安全界限，设置警戒线、警示牌。进入作业场地的人员应当穿戴劳动防护用品。与作业无关的人员不得进入警戒区内。

第十一章 煤层气压缩

第一百八十一条 压缩站厂房建筑应当符合下列要求：

（一）压缩机地基基础满足设计载荷要求；

（二）阀组间、压缩机等厂房使用耐火材料，采用不发火地面；

（三）阀组间、压缩机等厂房的门窗向外开启，建筑面积大于100平方米的厂房至少有两个疏散门，并保持通道畅通；

（四）阀组间、压缩机等厂房设置通风设备。

第一百八十二条 压缩工艺流程设计应当根据输气系统工艺要求，满足气体的除尘、分液、增压、冷却和机组的启动、停机、正常操作及安全保护等要求。

煤层气处理后应当符合压缩机组对气质的技术要求。

第一百八十三条 压缩机应当符合下列安全要求：

（一）压缩机组有紧急停车和安全保护联锁装置；

（二）压缩机控制系统设置压力、温度显示与保护联动装置；

（三）压缩机前设置缓冲罐；

（四）煤层气压缩机单排布置；

（五）在高寒地区或者风沙地区压缩机组采用封闭式厂房，其他地区采用敞开式或者半敞开式厂房。

第一百八十四条 新安装或者检修投运压缩机系统装置前，煤层气企业应当对机泵、管线、容器、装置进行系统氮气置换，置换合格后方可投运。

第一百八十五条 设置压缩机组的吸气、排气和泄气管线时，应当避免管线的振动对建筑物造成有害影响；应当有防止空气进入吸气管线的措施，必要时高压排出管线应当设单向阀。

第一百八十六条 压缩机与站内其他建（构）筑物的防火间距应当符合《石油天然气工程设计防火规范》的规定。

第一百八十七条 压缩机组运行时应当符合下列安全保护要求：

（一）压缩机级间设置安全阀，安全阀的泄放能力不得小于压缩机的安全泄放量；

（二）压缩机进、出口设置高、低压报警和停机装置，冷却系统设置温度报警及停车装置，润滑油系统设置低压报警及停机装置。

第一百八十八条 压缩机气液处理应当符合下列要求：

（一）压缩机的卸载排气不得对外放散；

（二）回收气可以输送至压缩机进口缓冲罐；

（三）对压缩机排出的冷凝液进行集中处理。

第一百八十九条 压缩煤层气储气设备应当符合下列安全要求：

（一）储气瓶符合国家有关安全规定和标准；

（二）储气井的设计、建造和检验符合国家有关高压气地下储气井标准的规定；

（三）储气瓶组或者储气井与站内汽车通道相邻一侧，设置安全防撞拦或者采取其他防撞设施；

（四）储气瓶组（储气井）进气总管上设置安全阀及紧急放空管、压力表；每个储气瓶（井）出口设置截止阀。

第一百九十条 煤层气压力储罐（球罐、卧式罐）应当安装紧急放空、安全泄压设施及压力仪表。煤层气储罐（柜）检修动火时，应当经放空、清洗、强制通风，并检验气体中甲烷浓度（低于0.5%为合格）。

第一百九十一条 煤层气企业应当对煤层气储罐定期检测。煤层气储罐区应当有明显的安全警示标志。

第一百九十二条 固定式储罐应当有喷淋水或者遮阳设施。冬季应当有保温防冻措施。

第一百九十三条　压缩煤层气加气机不得设在室内,加气机附近应当设置防撞柱(栏)。

在寒冷地区应当选用适合当地环境温度条件的加气机。

第一百九十四条　加气机的加气软管及软管接头应当选用具有抗腐蚀性能的材料。加气软管上应当设置拉断阀,拉断阀在外力作用下分开后,两端应当自行密封。

第一百九十五条　进站管线上应当设置紧急截断阀,手动紧急截断阀的位置应当便于发生事故时及时切断气源。储气瓶组(储气井)与加气枪之间应当设储气瓶组(储气井)截断阀、主截断阀、紧急截断阀和加气截断阀。

第一百九十六条　工艺安全及监控系统应当符合下列要求:

(一)在站场压力设备和容器上设置安全阀;

(二)当工艺管线、设备或者容器排污可能释放出大量气体时,将其引入分离设备,分出的气体引入气体放空系统,液体引入储罐或者处理系统;

(三)每台压缩机有独立的温度和压力保护装置;

(四)压缩站在管线进站截断阀上游和出站截断阀下游设置限压泄放设施。

第一百九十七条　站场供电和电气安全应当符合下列要求:

(一)站场的消防、通信、控制、仪表等使用不间断电源或者双回路供电,消防、控制、配电等重要场所设置应急照明;

(二)站场内管汇、阀组、压缩机等爆炸危险区域必须使用防爆电气设施,电气线路使用阻燃电缆,线路的敷设采取防爆安全措施;

(三)配电室有防水、防鼠措施,安装挡鼠板,安全通道畅通,指示标志明显。

第一百九十八条　压缩站的防爆应当符合下列要求:

(一)压缩站按照防爆安全要求划分爆炸危险场所;

(二)使用防爆电气设备前,检查其产品合格证、产品安全标志及其安全性能,检查合格并签发合格证后方可使用;

(三)防爆电气设备安装、检查、保养、检修由具有专业资格的人员操作,并在机房、调配区设置"爆炸危险场所"标志牌;

(四)固定电气设备安装稳固,防止外力碰撞、损伤。

第一百九十九条　压缩站内电气设备应当符合下列防爆要求:

(一)整洁,部件齐全紧固,无松动、无损伤、无机械变形,场所清洁、无杂物和易燃物品;

(二)选型符合《爆炸和火灾危险环境有关电力设计规范》的要求;

(三)电缆进线装置密封可靠,空余接线孔封闭符合要求;

(四)设备保护、联锁、检测、报警、接地等装置齐全完整;

(五)防爆灯具的防爆结构、保护罩保持完整;

(六)接地端子接触良好,无松动、无折断、无腐蚀;

(七)应急照明设施符合防爆要求。

第二百条　防爆电气设备检查检修时应当符合下列要求:

(一)日常检查中严禁带电打开设备的密封盒、接线盒、进线装置、隔离密封盒等;

(二)禁止带电检修或者移动电气设备、线路、拆装防爆灯具和更换防爆灯泡、灯管;

(三)断电处悬挂警告牌;

(四)禁止用水冲洗防爆电气设备;

(五)对检修现场的电源电缆线头进行防爆处理;

(六)检修带有电容、电感、探测头等储能元件的防爆设备时,在按照规定放尽能量后方可作业;

(七)检修过程中不得损伤防爆设备的隔爆面;

(八)紧固螺栓不得任意调换或者缺少;

(九)记录检修项目、内容、测试结果、零部件更换、缺陷处理等情况,并归档保存。

第二百零一条　操作压缩机时应当符合下列要求:

(一)定时进行设备和仪表的日常巡检与维护,确保其完好;

(二)定期校验安全阀、压力表,确保其准确性;

(三)开机前检查注油器和机身的油量是否达到开机要求,电气设备是否完好,煤层气泄露监测系统自检有无问题,管线是否松动,阀门及法兰是否有漏气、漏水现象,阀门是否在正确位置,电机有无卡塞情况;

(四)操作时严格执行设备操作规程,注意高温管线,防止烫伤,防止超压、超温及机件损坏;

(五)机器运转过程中随时检查气压、水压、电压、排气温度以及压缩机的振动强度,发现问题及时处理;

(六)压缩机运转过程中观察每一级的气体温度和循环水的温度;

（七）压缩机运转过程中按照规定排污，并密切注意末级排气压力；当压力达到一定值时，及时告知加气工；发生不正常的响声或者压力、温度超出允许范围时，立即停机检查，排除故障；出现紧急情况时，按照事故紧急处理预案进行处理。

第二百零二条　清洗设备、器具时应当符合下列要求：

（一）严禁使用汽油、苯等易燃品清洗设备、器具和地坪；

（二）严禁使用压缩气体清扫储存易燃油品油罐；

（三）严禁使用化纤、塑料、丝绸等容易产生静电的制品擦拭物体及设备；

（四）清洗设备时，作业人员按照规定着装并消除人体静电。

第二百零三条　人员着装和防静电应当符合下列要求：

（一）进入爆炸危险场所，穿着有劳动安全标志的防静电服、棉布工作服和防静电鞋；

（二）进入爆炸危险场所前，预先触摸人体消静电球；

（三）严禁在爆炸危险场所穿衣、脱衣、拍打服装以及梳头、打闹等；

（四）爆炸危险场所的地坪不得涂刷绝缘油漆，或者铺设非导静电的材料。

第二百零四条　人员操作应当符合下列要求：

（一）经过本工种专业安全培训，通过考试取得合格证后，持证上岗；

（二）掌握岗位应急预案的执行程序，遇到紧急情况，能够按照应急措施迅速作出处理；

（三）熟悉本岗位装置的工作原理、构造、性能、技术特征、零部件的名称和作用；

（四）熟悉本岗位电气控制设备的操作方法和有关的电气基本知识；

（五）按照规定穿好工作服，并佩戴有关劳动防护用品；

（六）排污时严禁操作人员将手伸向排污口；

（七）排污时发现异常情况立即报告，由专业人员处理。

第十二章　附　则

第二百零五条　本规程下列用语的含义：

煤层气，是指赋存在煤层中以甲烷为主要成分、以吸附在煤基质颗粒表面为主、部分游离于煤孔隙中或者溶解于煤层水中的烃类气体。

煤层气地面开采，是指煤层气井的钻井、测井、压裂等施工环节及后期的排采管理、管线集输和压缩工程。

煤层气企业，是指专门从事煤层气地面开采的企业。

井位，是指为了进行煤层气开采而综合各种地质资料进行设计和优选出来的井的布置位置。

排采，是指通过抽排煤层及其围岩中的地下水来降低煤储层的压力，诱导甲烷从煤层中解吸出来。

煤层气井，是指通过地面钻井进入煤层，利用煤层气自身赋存压力与钻井空间的压力差释放煤层气的井孔。

裸眼井，是指在煤层顶部下套管后，一直钻进煤层至设计深度终孔，使煤层裸露的煤层气井。

站场，是指收集煤层气气源，进行净化处理，压缩输送的站场。

阈限值，是指长期暴露的工作人员不会受到不利影响的某种有毒物质在空气中的最大浓度。

安全临界浓度，是指工作人员在露天安全工作8小时可接受的硫化氢最高浓度。

危险临界浓度，是指达到此浓度时，对生命和健康会产生不可逆转的或者迟延性的影响。

置换，是指用氮气等惰性气体将作业管道、设备等集输系统内的空气或者可燃气体替换出来的一种方法。

动火，是指在易燃易爆危险区域内和煤层气容器、管线、设备或者盛装过易燃易爆物品的容器上，使用焊、割等工具，能直接或者间接产生明火的施工作业。

第二百零六条　本规程自2012年4月1日起施行。煤层气地面开采活动施行的其他规程、规范与本规程相抵触的，依照本规程执行。

煤矿领导带班下井及安全监督检查规定

· 2010年9月7日国家安全生产监管总局令第33号公布

· 根据2015年6月8日《国家安全监管总局关于修改〈煤矿安全监察员管理办法〉等五部煤矿安全规章的决定》修订

第一章　总　则

第一条　为落实煤矿领导带班下井制度，根据《国务院关于进一步加强企业安全生产工作的通知》（国发〔2010〕23号）和有关法律、行政法规的规定，制定本规定。

第二条　煤矿领导带班下井和县级以上地方人民政府煤炭行业管理部门、煤矿安全生产监督管理部门（以下分别简称为煤炭行业管理部门、煤矿安全监管部门），以及煤矿安全监察机构对其实施监督检查，适用本规定。

第三条　煤炭行业管理部门是落实煤矿领导带班下

井制度的主管部门，负责督促煤矿抓好有关制度的建设和落实。

煤矿安全监管部门对煤矿领导带班下井进行日常性的监督检查，对煤矿违反带班下井制度的行为依法作出现场处理或者实施行政处罚。

煤矿安全监察机构对煤矿领导带班下井实施国家监察，对煤矿违反带班下井制度的行为依法作出现场处理或者实施行政处罚。

第四条 本规定所称的煤矿，是指煤矿生产矿井和新建、改建、扩建、技术改造、资源整合重组等建设矿井及其施工单位。

本规定所称煤矿领导，是指煤矿的主要负责人、领导班子成员和副总工程师。

建设矿井的领导，是指煤矿建设单位和从事煤矿建设的施工单位的主要负责人、领导班子成员和副总工程师。

第五条 煤矿是落实领导带班下井制度的责任主体，每班必须有矿领导带班下井，并与工人同时下井、同时升井。

煤矿的主要负责人对落实领导带班下井制度全面负责。

煤矿集团公司应当加强对所属煤矿领导带班下井的情况实施监督检查。

第六条 任何单位和个人对煤矿领导未按照规定带班下井或者弄虚作假的，均有权向煤炭行业管理部门、煤矿安全监管部门、煤矿安全监察机构举报和报告。

第二章 带班下井

第七条 煤矿应当建立健全领导带班下井制度，并严格考核。带班下井制度应当明确带班下井人员、每月带班下井的个数、在井下工作时间、带班下井的任务、职责权限、群众监督和考核奖惩等内容。

煤矿的主要负责人每月带班下井不得少于5个。

煤矿领导带班下井时，其领导姓名应当在井口明显位置公示。煤矿领导每月带班下井工作计划的完成情况，应当在煤矿公示栏公示，接受群众监督。

第八条 煤矿领导带班下井制度应当按照煤矿的隶属关系报送所在地煤炭行业管理部门，同时抄送煤矿安全监管部门和驻地煤矿安全监察机构。

第九条 煤矿领导带班下井时，应当履行下列职责：

（一）加强对采煤、掘进、通风等重点部位、关键环节的检查巡视，全面掌握当班井下的安全生产状况；

（二）及时发现和组织消除事故隐患和险情，及时制止违章违纪行为，严禁违章指挥，严禁超能力组织生产；

（三）遇到险情时，立即下达停产撤人命令，组织涉险区域人员及时、有序撤离到安全地点。

第十条 煤矿领导带班下井实行井下交接班制度。

上一班的带班领导应当在井下向接班的领导详细说明井下安全状况、存在的问题及原因、需要注意的事项等，并认真填写交接班记录簿。

第十一条 煤矿应当建立领导带班下井档案管理制度。

煤矿领导升井后，应当及时将下井的时间、地点、经过路线、发现的问题及处理情况、意见等有关情况进行登记，并由专人负责整理和存档备查。

煤矿领导带班下井的相关记录和煤矿井下人员定位系统存储信息保存期不少于一年。

第十二条 煤矿没有领导带班下井的，煤矿从业人员有权拒绝下井作业。煤矿不得因此降低从业人员工资、福利等待遇或者解除与其订立的劳动合同。

第三章 监督检查

第十三条 煤炭行业管理部门应当加强对煤矿领导带班下井的日常管理和督促检查。煤矿安全监管部门应当将煤矿建立并执行领导带班下井制度作为日常监督检查的重要内容，每季度至少对所辖区域煤矿领导带班下井执行情况进行一次监督检查。

煤矿领导带班下井执行情况应当在当地主要媒体向社会公布，接受社会监督。

第十四条 煤矿安全监察机构应当将煤矿领导带班下井制度执行情况纳入年度监察执法计划，每年至少进行两次专项监察或者重点监察。

煤矿领导带班下井的专项监察或者重点监察的情况应当报告上一级煤矿安全监察机构，并通报有关地方人民政府。

第十五条 煤炭行业管理部门、煤矿安全监管部门、煤矿安全监察机构对煤矿领导带班下井情况进行监督检查，可以采取现场随机询问煤矿从业人员、查阅井下交接班及下井档案记录、听取煤矿从业人员反映、调阅煤矿井下人员定位系统监控记录等方式。

第十六条 煤炭行业管理部门、煤矿安全监管部门、煤矿安全监察机构对煤矿领导带班下井情况进行监督检查时，重点检查下列内容：

（一）是否建立健全煤矿领导带班下井制度，包括井下交接班制度和带班下井档案管理制度；

（二）煤矿领导特别是煤矿主要负责人带班下井情况；

（三）是否制订煤矿领导每月轮流带班下井工作计

划以及工作计划执行、公示、考核和奖惩等情况；

(四)煤矿领导带班下井在井下履行职责情况，特别是重大事故隐患和险情的处置情况；

(五)煤矿领导井下交接班记录、带班下井档案等情况；

(六)群众举报有关问题的查处情况。

第十七条　煤炭行业管理部门、煤矿安全监管部门、煤矿安全监察机构应当建立举报制度，公开举报电话、信箱或者电子邮件地址，受理有关举报；对于受理的举报，应当认真调查核实；经查证属实的，依法从重处罚。

第四章　法律责任

第十八条　煤矿有下列情形之一的，给予警告，并处3万元罚款；对煤矿主要负责人处1万元罚款：

(一)未建立健全煤矿领导带班下井制度的；

(二)未建立煤矿领导井下交接班制度的；

(三)未建立煤矿领导带班下井档案管理制度的；

(四)煤矿领导每月带班下井情况未按照规定公示的；

(五)未按规定填写煤矿领导下井交接班记录簿、带班下井记录或者保存带班下井相关记录档案的。

第十九条　煤矿领导未按规定带班下井，或者带班下井档案虚假的，责令改正，并对该煤矿处15万元的罚款，对违反规定的煤矿领导按照擅离职守处理，对煤矿主要负责人处1万元的罚款。

第二十条　对发生事故而没有煤矿领导带班下井的煤矿，依法责令停产整顿，暂扣或者吊销煤矿安全生产许可证，并依照下列规定处以罚款；情节严重的，提请有关人民政府依法予以关闭：

(一)发生一般事故的，处50万元的罚款；

(二)发生较大事故的，处100万元的罚款；

(三)发生重大事故的，处500万元的罚款；

(四)发生特别重大事故的，处2000万元的罚款。

第二十一条　对发生事故而没有煤矿领导带班下井的煤矿，对其主要负责人依法暂扣或者吊销其安全资格证，并依照下列规定处以罚款：

(一)发生一般事故的，处上一年年收入30%的罚款；

(二)发生较大事故的，处上一年年收入40%的罚款；

(三)发生重大事故的，处上一年年收入60%的罚款；

(四)发生特别重大事故的，处上一年年收入80%的罚款。

煤矿的主要负责人未履行《安全生产法》规定的安全生产管理职责，导致发生生产安全事故，受到刑事处罚或者撤职处分的，自刑罚执行完毕或者受处分之日起，5年内不得担任任何生产经营单位的主要负责人；对重大、特别重大生产安全事故负有责任的，终身不得担任煤矿的主要负责人。

第二十二条　本规定的行政处罚，由煤矿安全监管部门、煤矿安全监察机构依照各自的法定职权决定。

第五章　附　则

第二十三条　省级煤炭行业管理部门会同煤矿安全监管部门可以依照本规定制定实施细则，报国家安全生产监督管理总局、国家煤矿安监局备案。

第二十四条　中央企业所属煤矿按照分级属地管理原则，由省(市、区)、设区的市人民政府煤炭行业管理部门、煤矿安全监管部门和煤矿安全监察机构负责监督监察。

第二十五条　露天煤矿领导带班下井参照本规定执行。

第二十六条　本规定自2010年10月7日起施行。

煤矿安全监察罚款管理办法

· 2003年7月14日国家安全生产监督管理局、国家煤矿安全监察局令第7号公布

· 自2003年8月1日起施行

第一条　为规范煤矿安全监察罚款管理工作，依法实施煤矿安全监察，根据安全生产法、煤矿安全监察条例、罚款决定与罚款收缴分离实施办法和财政部关于做好煤矿安全监察罚没收入管理工作的通知(以下简称财政部《通知》)等有关规定，制定本办法。

第二条　煤矿安全监察机构依照安全生产法、煤矿安全监察条例和安全生产违法行为处罚办法、煤矿安全监察行政处罚办法等有关法律、法规和规章的规定，对煤矿安全违法行为依法实施罚款，适用本办法。

第三条　省级煤矿安全监察机构按照财政部《通知》的规定，统一到省级财政部门和相关部门办理煤矿安全监察罚款许可证。

第四条　省级煤矿安全监察机构商财政部驻各地财政监察专员办事处、省财政厅后，可与一至二个国有商业银行签订煤矿安全监察罚款代收代缴协议，并将代收代缴协议报国家煤矿安全监察局和财政部驻各地财政监察专员办事处备案。

罚款代收银行的确定以及会计科目的使用应严格按照财政部《罚款代收代缴管理办法》的规定办理。代收银行的代收手续费按照财政部、中国人民银行关于代收罚款手续费有关问题的通知规定执行。

第五条 罚款票据使用财政部门统一印制的代收罚款收据，并由代收银行负责管理。

煤矿安全监察机构可领取小额当场罚款票据，并负责管理。当场罚款票据的使用，应当符合当场处罚罚款票据管理暂行规定。

第六条 煤矿安全监察罚款收入纳入中央预算，实行“收支两条线”管理。

煤矿安全监察罚款的缴库由代收银行按照财政部有关规定办理。

第七条 煤矿安全监察罚款按照财政部《通知》的要求，由银行内部交款单分列，并直接缴入中央和地方金库。

第八条 煤矿安全罚款实行处罚决定与罚款收缴分离。

煤矿安全监察机构依法对有关煤矿安全违法行为实施罚款，制作煤矿安全监察行政处罚决定书；被处罚人持煤矿安全监察行政处罚决定书到指定的代收银行及其分支机构缴纳罚款。

煤矿安全监察机构财务人员定期到代收银行索取缴款票据，并进行核对、登记和统计。

第九条 各煤矿安全监察办事处每月终了后5日内将煤矿安全监察罚款统计表报省级煤矿安全监察机构。

省级煤矿安全监察机构将本省区煤矿安全监察罚款统计表汇总后，在每月终了后8日内报国家煤矿安全监察局。

第十条 煤矿安全监察机构罚款收入的缴库情况，应接受财政部驻各地财政监察专员办事处的检查和监督。

第十一条 煤矿安全监察罚款应严格执行国家有关罚款收支管理的有关规定，对违反“收支两条线”管理的机构和个人，依照国务院违反行政事业性收费和罚没款收入收支两条线管理规定行政处分暂行规定追究责任。

第十二条 本办法自2003年8月1日起施行。国家煤矿安全监察局发布的《煤矿安全监察罚款管理暂行办法》同时废止。

煤矿建设项目安全设施监察规定

- 2003年7月4日国家安全监管局国家煤矿安监局令第6号公布
- 根据2015年6月8日《国家安全监管总局关于修改〈煤矿安全监察员管理办法〉等五部煤矿安全规章的决定》修订

第一章 总 则

第一条 为了规范煤矿建设工程安全设施监察工作，保障煤矿安全生产，根据安全生产法、煤矿安全监察条例以及有关法律、行政法规的规定，制定本规定。

第二条 煤矿安全监察机构对煤矿新建、改建和扩建工程项目（以下简称煤矿建设项目）的安全设施进行监察，适用本规定。

第三条 煤矿建设项目应当进行安全评价，其初步设计应当按规定编制安全专篇。安全专篇应当包括安全条件的论证、安全设施的设计等内容。

第四条 煤矿建设项目的安全设施的设计、施工应当符合工程建设强制性标准、煤矿安全规程和行业技术规范。

第五条 煤矿建设项目施工前，其安全设施设计应当经煤矿安全监察机构审查同意；竣工投入生产或使用前，其安全设施和安全条件应当经煤矿建设单位验收合格。煤矿安全监察机构应当加强对建设单位验收活动和验收结果的监督核查。

第六条 煤矿建设项目安全设施的设计审查，由煤矿安全监察机构按照设计或者新增的生产能力，实行分级负责。

（一）设计或者新增的生产能力在300万吨/年及以上的井工煤矿建设项目和1000万吨/年及以上的露天煤矿建设项目，由国家煤矿安全监察局负责设计审查。

（二）设计或者新增的生产能力在300万吨/年以下的井工煤矿建设项目和1000万吨/年以下的露天煤矿建设项目，由省级煤矿安全监察局负责设计审查。

第七条 未设立煤矿安全监察机构的省、自治区，由省、自治区人民政府指定的负责煤矿安全监察工作的部门负责本规定第六条第二项规定的设计审查。

第八条 经省级煤矿安全监察局审查同意的项目，应及时报国家煤矿安全监察局备案。

第二章 安全评价

第九条 煤矿建设项目的安全评价包括安全预评价和安全验收评价。

煤矿建设项目在可行性研究阶段，应当进行安全预评价;在投入生产或者使用前,应当进行安全验收评价。

第十条　煤矿建设项目的安全评价应由具有国家规定资质的安全中介机构承担。承担煤矿建设项目安全评价的安全中介机构对其作出的安全评价结果负责。

第十一条　煤矿企业应与承担煤矿建设项目安全评价的安全中介机构签订书面委托合同,明确双方各自的权利和义务。

第十二条　承担煤矿建设项目安全评价的安全中介机构,应当按照规定的标准和程序进行评价,提出评价报告。

第十三条　煤矿建设项目安全预评价报告应当包括以下内容:

(一)主要危险、有害因素和危害程度以及对公共安全影响的定性、定量评价;

(二)预防和控制的可能性评价;

(三)建设项目可能造成职业危害的评价;

(四)安全对策措施、安全设施设计原则;

(五)预评价结论;

(六)其他需要说明的事项。

第十四条　煤矿建设项目安全验收评价报告应当包括以下内容:

(一)安全设施符合法律、法规、标准和规程规定以及设计文件的评价;

(二)安全设施在生产或使用中的有效性评价;

(三)职业危害防治措施的有效性评价;

(四)建设项目的整体安全性评价;

(五)存在的安全问题和解决问题的建议;

(六)验收评价结论;

(七)有关试运转期间的技术资料、现场检测、检验数据和统计分析资料;

(八)其他需要说明的事项。

第三章　设计审查

第十五条　煤矿建设项目的安全设施设计应经煤矿安全监察机构审查同意;未经审查同意的,不得施工。

第十六条　煤矿建设项目的安全设施设计,应由具有相应资质的设计单位承担。设计单位对安全设施设计负责。

第十七条　煤矿建设项目的安全设施设计应当包括煤矿水、火、瓦斯、煤尘、顶板等主要灾害的防治措施,所确定的设施、设备、器材等应当符合国家标准和行业标准。

第十八条　煤矿建设项目的安全设施设计审查前,煤矿企业应当按照本规定第六条的规定,向煤矿安全监察机构提出书面申请。

第十九条　申请煤矿建设项目的安全设施设计审查,应当提交下列资料:

(一)安全设施设计审查申请报告及申请表;

(二)建设项目审批、核准或者备案的文件;

(三)采矿许可证或者矿区范围批准文件;

(四)安全预评价报告书;

(五)初步设计及安全专篇;

(六)其他需要说明的材料。

第二十条　煤矿安全监察机构接到审查申请后,应当对上报资料进行审查。有下列情形之一的,为设计审查不合格:

(一)安全设施设计未由具备相应资质的设计单位承担的;

(二)煤矿水、火、瓦斯、煤尘、顶板等主要灾害防治措施不符合规定的;

(三)安全设施设计不符合工程建设强制性标准、煤矿安全规程和行业技术规范的;

(四)所确定的设施、设备、器材不符合国家标准和行业标准的;

(五)不符合国家煤矿安全监察局规定的其他条件的。

第二十一条　煤矿安全监察机构审查煤矿建设项目的安全设施设计,应当自收到审查申请起30日内审查完毕。经审查同意的,应当以文件形式批复;不同意的,应当提出审查意见,并以书面形式答复。

第二十二条　煤矿企业对已批准的煤矿建设项目安全设施设计需作重大变更的,应经原审查机构审查同意。

第四章　施工和联合试运转

第二十三条　煤矿建设项目的安全设施应由具有相应资质的施工单位承担。

施工单位应当按照批准的安全设施设计施工,并对安全设施的工程质量负责。

第二十四条　施工单位在施工期间,发现煤矿建设项目的安全设施设计不合理或者存在重大事故隐患时,应当立即停止施工,并报告煤矿企业。煤矿企业需对安全设施设计作重大变更的,应当按照本规定第二十二条的规定重新审查。

第二十五条　煤矿安全监察机构对煤矿建设工程安全设施的施工情况进行监察。

第二十六条　煤矿建设项目在竣工完成后,应当在正式投入生产或使用前进行联合试运转。联合试运转的时间一般为1至6个月,有特殊情况需要延长的,总时长不得超过12个月。

煤矿建设项目联合试运转,应按规定经有关主管部门批准。

第二十七条 煤矿建设项目联合试运转期间,煤矿企业应当制定可靠的安全措施,做好现场检测、检验,收集有关数据,并编制联合试运转报告。

第二十八条 煤矿建设项目联合试运转正常后,应当进行安全验收评价。

第五章 竣工验收

第二十九条 煤矿建设项目的安全设施和安全条件验收应当由煤矿建设单位负责组织;未经验收合格的,不得投入生产和使用。

煤矿建设单位实行多级管理的,应当由具体负责建设项目施工建设单位的上一级具有法人资格的公司(单位)负责组织验收。

第三十条 煤矿建设单位或者其上一级具有法人资格的公司(单位)组织验收时,应当对有关资料进行审查并组织现场验收。有下列情形之一的,为验收不合格:

(一)安全设施和安全条件不符合设计要求,或未通过工程质量认证的;

(二)安全设施和安全条件不能满足正常生产和使用的;

(三)未按规定建立安全生产管理机构和配备安全生产管理人员的;

(四)矿长和特种作业人员不具备相应资格的;

(五)不符合国家煤矿安全监察局规定的其他条件的。

第六章 附 则

第三十一条 违反本规定的,由煤矿安全监察机构或者省、自治区人民政府指定的负责煤矿安全监察工作的部门依照《安全生产法》及有关法律、行政法规的规定予以行政处罚;构成犯罪的,依照刑法有关规定追究刑事责任。

第三十二条 煤矿建设项目的安全设施设计审查申请表的样式,由国家煤矿安全监察局制定。

第三十三条 本规定自2003年8月15日起施行。《煤矿建设工程安全设施设计审查与竣工验收暂行办法》同时废止。

煤矿安全监察行政处罚办法

·2003年7月2日国家安全监管局国家煤矿安监局令第4号公布

·根据2015年6月8日《国家安全监管总局关于修改〈煤矿安全监察员管理办法〉等五部煤矿安全规章的决定》修订

第一条 为了制裁煤矿安全违法行为,规范煤矿安全监察行政处罚工作,保障煤矿依法进行生产,根据煤矿安全监察条例及其他有关法律、行政法规的规定,制定本办法。

第二条 国家煤矿安全监察局、省级煤矿安全监察局和煤矿安全监察分局(以下简称煤矿安全监察机构),对煤矿及其有关人员违反有关安全生产的法律、行政法规、部门规章、国家标准、行业标准和规程的行为(以下简称煤矿安全违法行为)实施行政处罚,适用本办法。本办法未作规定的,适用安全生产违法行为行政处罚办法。

有关法律、行政法规对行政处罚另有规定的,依照其规定。

第三条 省级煤矿安全监察局、煤矿安全监察分局实施行政处罚按照属地原则进行管辖。

国家煤矿安全监察局认为应由其实施行政处罚的,由国家煤矿安全监察局管辖。

两个以上煤矿安全监察机构因行政处罚管辖权发生争议的,由其共同的上一级煤矿安全监察机构指定管辖。

第四条 当事人对煤矿安全监察机构所给予的行政处罚,享有陈述、申辩权;对行政处罚不服的,有权依法申请行政复议或者提起行政诉讼。

当事人因煤矿安全监察机构违法给予行政处罚受到损害的,有权依法提出赔偿要求。

第五条 煤矿安全监察员执行公务时,应当出示煤矿安全监察执法证件。

第六条 煤矿安全监察机构及其煤矿安全监察员对检查中发现的煤矿安全违法行为,可以作出下列现场处理决定:

(一)当场予以纠正或者要求限期改正;

(二)责令限期达到要求;

(三)责令立即停止作业(施工)或者立即停止使用;

经现场处理决定后拒不改正,或者依法应当给予行政处罚的煤矿安全违法行为,依法作出行政处罚决定。

第七条 煤矿或者施工单位有下列行为之一的,责令停止建设或者停产停业整顿,限期改正;逾期未改正的,处50万元以上100万元以下的罚款,对其直接负责的主管人员和其他直接责任人员处2万元以上5万元以下的罚款；构成犯罪的，依照刑法有关规定追究刑事责任：

（一）未按照规定对煤矿建设项目进行安全评价的；

（二）煤矿建设项目没有安全设施设计或者安全设施设计未按照规定报经有关部门审查同意的；

（三）煤矿建设项目的施工单位未按照批准的安全设施设计施工的；

（四）煤矿建设项目竣工投入生产或者使用前，安全设施未经验收合格的。

第八条　煤矿矿井通风、防火、防水、防瓦斯、防毒、防尘等安全设施不符合法定要求的，责令限期达到要求；逾期仍达不到要求的，责令停产整顿。

第九条　煤矿作业场所有下列情形之一的，责令限期改正；逾期不改正的，责令停产整顿，并处3万元以下的罚款：

（一）未使用专用防爆电器设备的；

（二）未使用专用放炮器的；

（三）未使用人员专用升降容器的；

（四）使用明火明电照明的。

第十条　煤矿未依法提取或者使用煤矿安全技术措施专项费用的，责令限期改正，提供必需的资金；逾期不改正的，处5万元以下的罚款，责令停产整顿。

有前款违法行为，导致发生生产安全事故的，对煤矿主要负责人给予撤职处分，对个人经营的投资人处2万元以上20万元以下的罚款；构成犯罪的，依照刑法有关规定追究刑事责任。

第十一条　煤矿使用不符合国家安全标准或者行业安全标准的设备、器材、仪器、仪表、防护用品的，责令限期改正或者责令立即停止使用；逾期不改正或者不立即停止使用的，处5万元以下的罚款；情节严重的，责令停产整顿。

第十二条　煤矿企业的机电设备、安全仪器，未按照下列规定操作、检查、维修和建立档案的，责令改正，可以并处2万元以下的罚款：

（一）未定期对机电设备及其防护装置、安全检测仪器检查、维修和建立技术档案的；

（二）非负责设备运行人员操作设备的；

（三）非值班电气人员进行电气作业的；

（四）操作电气设备的人员，没有可靠的绝缘保护和检修电气设备带电作业的。

第十三条　煤矿井下采掘作业，未按照作业规程的规定管理顶帮；通过地质破碎带或者其他顶帮破碎地点时，未加强支护；露天采剥作业，未按照设计规定，控制采剥工作面的阶段高度、宽度、边坡角和最终边坡角；采剥作业和排土作业，对深部或者邻近井巷造成危害的，责令改正，可以并处2万元以下的罚款。

第十四条　煤矿未严格执行瓦斯检查制度，入井人员携带烟草和点火用具下井的，责令改正，可以并处2万元以下的罚款。

第十五条　煤矿在有瓦斯突出、冲击地压条件下从事采掘作业；在未加保护的建筑物、构筑物和铁路、水体下面开采；在地温异常或者热水涌出的地区开采，未编制专门设计文件和报主管部门批准的，责令改正，可以并处2万元以下的罚款。

第十六条　煤矿作业场所的瓦斯、粉尘或者其他有毒有害气体的浓度超过国家安全标准或者行业安全标准的，责令立即停止作业；拒不停止作业的，责令停产整顿，可以并处10万元以下的罚款。

第十七条　有自然发火可能性的矿井，未按规定采取有效的预防自然发火措施的，责令改正，可以并处2万元以下的罚款。

第十八条　煤矿在有可能发生突水危险的地区从事采掘作业，未采取探放水措施的，责令改正，可以并处2万元以下的罚款。

第十九条　煤矿井下风量、风质、风速和作业环境的气候，不符合煤矿安全规程的规定的，责令改正，可以并处2万元以下的罚款。

第二十条　煤矿对产生粉尘的作业场所，未采取综合防尘措施，或者未按规定对粉尘进行检测的，责令改正，可以并处2万元以下的罚款。

第二十一条　擅自开采保安煤柱，或者采用危及相邻煤矿生产安全的决水、爆破、贯通巷道等危险方法进行采矿作业，责令立即停止作业；拒不停止作业的，由煤矿安全监察机构决定吊销安全生产许可证，并移送地质矿产主管部门依法吊销采矿许可证。

第二十二条　煤矿违反有关安全生产法律、行政法规的规定，拒绝、阻碍煤矿安全监察机构依法实施监督检查的，责令改正；拒不改正的，处2万元以上20万元以下的罚款；对其直接负责的主管人员和其他直接责任人员处1万元以上2万元以下的罚款；构成犯罪的，依照刑法有关规定追究刑事责任。

煤矿提供虚假情况，或者隐瞒存在的事故隐患以及其他安全问题的，由煤矿安全监察机构给予警告，可以并处5万元以上10万元以下的罚款;情节严重的,责令停产整顿。

第二十三条 煤矿发生事故,对煤矿、煤矿主要负责人以及其他有关责任单位、人员依照《安全生产法》及有关法律、行政法规的规定予以行政处罚;构成犯罪的,依照刑法有关规定追究刑事责任。

第二十四条 经停产整顿仍不具备法定安全生产条件给予关闭的行政处罚,由煤矿安全监察机构报请县级以上人民政府按照国务院规定的权限决定。

第二十五条 煤矿安全监察机构及其煤矿安全监察员实施行政处罚时,应当符合《安全生产违法行为行政处罚办法》规定的程序并使用统一的煤矿安全监察行政执法文书。

第二十六条 未设立省级煤矿安全监察局的省、自治区,由省、自治区人民政府指定的负责煤矿安全监察工作的部门依照本办法的规定对本行政区域内的煤矿安全违法行为实施行政处罚。

第二十七条 本办法自2003年8月15日起施行。《煤矿安全监察行政处罚暂行办法》同时废止。

煤矿安全培训规定

- 2018年1月11日国家安全生产监督管理总局令第92号公布
- 自2018年3月1日起施行

第一章 总 则

第一条 为了加强和规范煤矿安全培训工作,提高从业人员安全素质,防止和减少伤亡事故,根据《中华人民共和国安全生产法》《中华人民共和国职业病防治法》等有关法律法规,制定本规定。

第二条 煤矿企业从业人员安全培训、考核、发证及监督管理工作适用本规定。

本规定所称煤矿企业,是指在依法批准的矿区范围内从事煤炭资源开采活动的企业,包括集团公司、上市公司、总公司、矿务局、煤矿。

本规定所称煤矿企业从业人员,是指煤矿企业主要负责人、安全生产管理人员、特种作业人员和其他从业人员。

第三条 国家煤矿安全监察局负责指导和监督管理全国煤矿企业从业人员安全培训工作。

省、自治区、直辖市人民政府负责煤矿安全培训的主管部门(以下简称省级煤矿安全培训主管部门)负责指导和监督管理本行政区域内煤矿企业从业人员安全培训工作。

省级及以下煤矿安全监察机构对辖区内煤矿企业从业人员安全培训工作依法实施监察。

第四条 煤矿企业是安全培训的责任主体,应当依法对从业人员进行安全生产教育和培训,提高从业人员的安全生产意识和能力。

煤矿企业主要负责人对本企业从业人员安全培训工作全面负责。

第五条 国家鼓励煤矿企业变招工为招生。煤矿企业新招井下从业人员,应当优先录用大中专学校、职业高中、技工学校煤矿相关专业的毕业生。

第二章 安全培训的组织与管理

第六条 煤矿企业应当建立完善安全培训管理制度,制定年度安全培训计划,明确负责安全培训工作的机构,配备专职或者兼职安全培训管理人员,按照国家规定的比例提取教育培训经费。其中,用于安全培训的资金不得低于教育培训经费总额的百分之四十。

第七条 对从业人员的安全技术培训,具备《安全培训机构基本条件》(AQ/T 8011)规定的安全培训条件的煤矿企业应当以自主培训为主,也可以委托具备安全培训条件的机构进行安全培训。

不具备安全培训条件的煤矿企业应当委托具备安全培训条件的机构进行安全培训。

从事煤矿安全培训的机构,应当将教师、教学和实习与实训设施等情况书面报告所在地省级煤矿安全培训主管部门。

第八条 煤矿企业应当建立健全从业人员安全培训档案,实行一人一档。煤矿企业从业人员安全培训档案的内容包括:

(一)学员登记表,包括学员的文化程度、职务、职称、工作经历、技能等级晋升等情况;

(二)身份证复印件、学历证书复印件;

(三)历次接受安全培训、考核的情况;

(四)安全生产违规违章行为记录,以及被追究责任,受到处分、处理的情况;

(五)其他有关情况。

煤矿企业从业人员安全培训档案应当按照《企业文件材料归档范围和档案保管期限规定》(国家档案局令第10号)保存。

第九条 煤矿企业除建立从业人员安全培训档案外,还应当建立企业安全培训档案,实行一期一档。煤矿企业安全培训档案的内容包括：

（一）培训计划；

（二）培训时间、地点；

（三）培训课时及授课教师；

（四）课程讲义；

（五）学员名册、考勤、考核情况；

（六）综合考评报告等；

（七）其他有关情况。

对煤矿企业主要负责人和安全生产管理人员的煤矿企业安全培训档案应当保存三年以上，对特种作业人员的煤矿企业安全培训档案应当保存六年以上，其他从业人员的煤矿企业安全培训档案应当保存三年以上。

第三章　主要负责人和安全生产管理人员的安全培训及考核

第十条　本规定所称煤矿企业主要负责人，是指煤矿企业的董事长、总经理，矿务局局长，煤矿矿长等人员。

本规定所称煤矿企业安全生产管理人员，是指煤矿企业分管安全、采煤、掘进、通风、机电、运输、地测、防治水、调度等工作的副董事长、副总经理、副局长、副矿长，总工程师、副总工程师和技术负责人，安全生产管理机构负责人及其管理人员，采煤、掘进、通风、机电、运输、地测、防治水、调度等职能部门（含煤矿井、区、科、队）负责人。

第十一条　煤矿矿长、副矿长、总工程师、副总工程师应当具备煤矿相关专业大专及以上学历，具有三年以上煤矿相关工作经历。

煤矿安全生产管理机构负责人应当具备煤矿相关专业中专及以上学历，具有二年以上煤矿安全生产相关工作经历。

第十二条　煤矿企业应当每年组织主要负责人和安全生产管理人员进行新法律法规、新标准、新规程、新技术、新工艺、新设备和新材料等方面的安全培训。

第十三条　国家煤矿安全监察局组织制定煤矿企业主要负责人和安全生产管理人员安全生产知识和管理能力考核的标准，建立国家级考试题库。

省级煤矿安全培训主管部门应当根据前款规定的考核标准，建立省级考试题库，并报国家煤矿安全监察局备案。

第十四条　煤矿企业主要负责人考试应当包括下列内容：

（一）国家安全生产方针、政策和有关安全生产的法律、法规、规章及标准；

（二）安全生产管理、安全生产技术和职业健康基本知识；

（三）重大危险源管理、重大事故防范、应急管理和事故调查处理的有关规定；

（四）国内外先进的安全生产管理经验；

（五）典型事故和应急救援案例分析；

（六）其他需要考试的内容。

第十五条　煤矿企业安全生产管理人员考试应当包括下列内容：

（一）国家安全生产方针、政策和有关安全生产的法律、法规、规章及标准；

（二）安全生产管理、安全生产技术、职业健康等知识；

（三）伤亡事故报告、统计及职业危害的调查处理方法；

（四）应急管理的内容及其要求；

（五）国内外先进的安全生产管理经验；

（六）典型事故和应急救援案例分析；

（七）其他需要考试的内容。

第十六条　国家煤矿安全监察局负责中央管理的煤矿企业总部（含所属在京一级子公司）主要负责人和安全生产管理人员考核工作。

省级煤矿安全培训主管部门负责本行政区域内前款以外的煤矿企业主要负责人和安全生产管理人员考核工作。

国家煤矿安全监察局和省级煤矿安全培训主管部门（以下统称考核部门）应当定期组织考核，并提前公布考核时间。

第十七条　煤矿企业主要负责人和安全生产管理人员应当自任职之日起六个月内通过考核部门组织的安全生产知识和管理能力考核，并持续保持相应水平和能力。

煤矿企业主要负责人和安全生产管理人员应当自任职之日起三十日内，按照本规定第十六条的规定向考核部门提出考核申请，并提交其任职文件、学历、工作经历等相关材料。

考核部门接到煤矿企业主要负责人和安全生产管理人员申请及其材料后，经审核符合条件的，应当及时组织相应的考试；发现申请人不符合本规定第十一条规定的，不得对申请人进行安全生产知识和管理能力考试，并书面告知申请人及其所在煤矿企业或其任免机关调整其工作岗位。

第十八条　煤矿企业主要负责人和安全生产管理人

员的考试应当在规定的考点采用计算机方式进行。考试试题从国家级考试题库和省级考试题库随机抽取，其中抽取国家级考试题库试题比例占百分之八十以上。考试满分为一百分，八十分以上为合格。

考核部门应当自考试结束之日起五个工作日内公布考试成绩。

第十九条 煤矿企业主要负责人和安全生产管理人员考试合格后，考核部门应当在公布考试成绩之日起十个工作日内颁发安全生产知识和管理能力考核合格证明（以下简称考核合格证明）。考核合格证明在全国范围内有效。

煤矿企业主要负责人和安全生产管理人员考试不合格的，可以补考一次；经补考仍不合格的，一年内不得再次申请考核。考核部门应当告知其所在煤矿企业或其任免机关调整其工作岗位。

第二十条 考核部门对煤矿企业主要负责人和安全生产管理人员的安全生产知识和管理能力每三年考核一次。

第四章 特种作业人员的安全培训和考核发证

第二十一条 煤矿特种作业人员及其工种由国家安全生产监督管理总局会同国家煤矿安全监察局确定，并适时调整；其他任何单位或者个人不得擅自变更其范围。

第二十二条 煤矿特种作业人员应当具备初中及以上文化程度（自2018年6月1日起新上岗的煤矿特种作业人员应当具备高中及以上文化程度），具有煤矿相关工作经历，或者职业高中、技工学校及中专以上相关专业学历。

第二十三条 国家煤矿安全监察局组织制定煤矿特种作业人员培训大纲和考核标准，建立统一的考试题库。

省级煤矿安全培训主管部门负责本行政区域内煤矿特种作业人员的考核、发证工作，也可以委托设区的市级人民政府煤矿安全培训主管部门实施煤矿特种作业人员的考核、发证工作。

省级煤矿安全培训主管部门及其委托的设区的市级人民政府煤矿安全培训主管部门以下统称考核发证部门。

第二十四条 煤矿特种作业人员必须经专门的安全技术培训和考核合格，由省级煤矿安全培训主管部门颁发《中华人民共和国特种作业操作证》（以下简称特种作业操作证）后，方可上岗作业。

第二十五条 煤矿特种作业人员在参加资格考试前应当按照规定的培训大纲进行安全生产知识和实际操作能力的专门培训。其中，初次培训的时间不得少于九十学时。

已经取得职业高中、技工学校及中专以上学历的毕业生从事与其所学专业相应的特种作业，持学历证明经考核发证部门审核属实的，免予初次培训，直接参加资格考试。

第二十六条 参加煤矿特种作业操作资格考试的人员，应当填写考试申请表，由本人或其所在煤矿企业持身份证复印件、学历证书复印件或者培训机构出具的培训合格证明向其工作地或者户籍所在地考核发证部门提出申请。考核发证部门收到申请及其有关材料后，应当在六十日内组织考试。对不符合考试条件的，应当书面告知申请人或其所在煤矿企业。

第二十七条 煤矿特种作业操作资格考试包括安全生产知识考试和实际操作能力考试。安全生产知识考试合格后，进行实际操作能力考试。

煤矿特种作业操作资格考试应当在规定的考点进行，安全生产知识考试应当使用统一的考试题库，使用计算机考试，实际操作能力考试采用国家统一考试标准进行考试。考试满分均为一百分，八十分以上为合格。

考核发证部门应当在考试结束后十个工作日内公布考试成绩。

申请人考试合格的，考核发证部门应当自考试合格之日起二十个工作日内完成发证工作。

申请人考试不合格的，可以补考一次；经补考仍不合格的，重新参加相应的安全技术培训。

第二十八条 特种作业操作证有效期六年，全国范围内有效。

特种作业操作证由国家安全生产监督管理总局统一式样、标准和编号。

第二十九条 特种作业操作证有效期届满需要延期换证的，持证人应当在有效期届满六十日前参加不少于二十四学时的专门培训，持培训合格证明由本人或其所在企业向当地考核发证部门或者原考核发证部门提出考试申请。经安全生产知识和实际操作能力考试合格的，考核发证部门应当在二十个工作日内予以换发新的特种作业操作证。

第三十条 离开特种作业岗位六个月以上、但特种作业操作证仍在有效期内的特种作业人员，需要重新从事原特种作业的，应当重新进行实际操作能力考试，经考试合格后方可上岗作业。

第三十一条 特种作业操作证遗失或者损毁的，应当及时向原考核发证部门提出书面申请，由原考核发证部门补发。

特种作业操作证所记载的信息发生变化的，应当向原考核发证部门提出书面申请，经原考核发证部门审查确认后，予以更新。

第五章 其他从业人员的安全培训和考核

第三十二条 煤矿其他从业人员应当具备初中及以上文化程度。

本规定所称煤矿其他从业人员，是指除煤矿主要负责人、安全生产管理人员和特种作业人员以外，从事生产经营活动的其他从业人员，包括煤矿其他负责人、其他管理人员、技术人员和各岗位的工人、使用的被派遣劳动者和临时聘用人员。

第三十三条 煤矿企业应当对其他从业人员进行安全培训，保证其具备必要的安全生产知识、技能和事故应急处理能力，知悉自身在安全生产方面的权利和义务。

第三十四条 省级煤矿安全培训主管部门负责制定煤矿企业其他从业人员安全培训大纲和考核标准。

第三十五条 煤矿企业或者具备安全培训条件的机构应当按照培训大纲对其他从业人员进行安全培训。其中，对从事采煤、掘进、机电、运输、通风、防治水等工作的班组长的安全培训，应当由其所在煤矿的上一级煤矿企业组织实施；没有上一级煤矿企业的，由本单位组织实施。

煤矿企业其他从业人员的初次安全培训时间不得少于七十二学时，每年再培训的时间不得少于二十学时。

煤矿企业或者具备安全培训条件的机构对其他从业人员安全培训合格后，应当颁发安全培训合格证明；未经培训并取得培训合格证明的，不得上岗作业。

第三十六条 煤矿企业新上岗的井下作业人员安全培训合格后，应当在有经验的工人师傅带领下，实习满四个月，并取得工人师傅签名的实习合格证明后，方可独立工作。

工人师傅一般应当具备中级工以上技能等级、三年以上相应工作经历和没有发生过违章指挥、违章作业、违反劳动纪律等条件。

第三十七条 企业井下作业人员调整工作岗位或者离开本岗位一年以上重新上岗前，以及煤矿企业采用新工艺、新技术、新材料或者使用新设备的，应当对其进行相应的安全培训，经培训合格后，方可上岗作业。

第六章 监督管理

第三十八条 省级煤矿安全培训主管部门应当将煤矿企业主要负责人、安全生产管理人员考核合格证明、特种作业人员特种作业操作证的发放、注销等情况在本部门网站上公布，接受社会监督。

第三十九条 煤矿安全培训主管部门和煤矿安全监察机构应当对煤矿企业安全培训的下列情况进行监督检查，发现违法行为的，依法给予行政处罚：

（一）建立安全培训管理制度，制定年度培训计划，明确负责安全培训管理工作的机构，配备专职或者兼职安全培训管理人员的情况；

（二）按照本规定投入和使用安全培训资金的情况；

（三）实行自主培训的煤矿企业的安全培训条件；

（四）煤矿企业及其从业人员安全培训档案的情况；

（五）主要负责人、安全生产管理人员考核的情况；

（六）特种作业人员持证上岗的情况；

（七）应用新工艺、新技术、新材料、新设备以及离岗、转岗时对从业人员安全培训的情况；

（八）其他从业人员安全培训的情况。

第四十条 考核部门应当建立煤矿企业安全培训随机抽查制度，制定现场抽考办法，加强对煤矿安全培训的监督检查。

考核部门对煤矿企业主要负责人和安全生产管理人员现场抽考不合格的，应当责令其重新参加安全生产知识和管理能力考核；经考核仍不合格的，考核部门应当书面告知其所在煤矿企业或其任免机关调整其工作岗位。

第四十一条 省级及以下煤矿安全监察机构应当按照年度监察执法计划，采用现场抽考等多种方式对煤矿企业安全培训情况实施严格监察；对监察中发现的突出问题和共性问题，应当向本级人民政府煤矿安全培训主管部门或者下级人民政府提出有关安全培训工作的监察建议函。

第四十二条 省级煤矿安全培训主管部门发现下列情形之一的，应当撤销特种作业操作证：

（一）特种作业人员对发生生产安全事故负有直接责任的；

（二）特种作业操作证记载信息虚假的。

特种作业人员违反上述规定被撤销特种作业操作证的，三年内不得再次申请特种作业操作证。

第四十三条 煤矿企业从业人员在劳动合同期满变更工作单位或者依法解除劳动合同的，原工作单位不得以任何理由扣押其考核合格证明或者特种作业操作证。

第四十四条 省级煤矿安全培训主管部门应当将煤矿企业主要负责人、安全生产管理人员和特种作业人员的考核情况，及时抄送省级煤矿安全监察局。

煤矿安全监察机构应当将煤矿企业主要负责人、安全生产管理人员和特种作业人员的行政处罚决定及时抄送同级煤矿安全培训主管部门。

第四十五条 煤矿安全培训主管部门应当建立煤矿安全培训举报制度，公布举报电话、电子信箱，依法受理并调查处理有关举报，并将查处结果书面反馈给实名举报人。

第七章 法律责任

第四十六条 煤矿安全培训主管部门的工作人员在煤矿安全考核工作中滥用职权、玩忽职守、徇私舞弊的，依照有关规定给予处分；构成犯罪的，依法追究刑事责任。

第四十七条 煤矿企业有下列行为之一的，由煤矿安全培训主管部门或者煤矿安全监察机构责令其限期改正，可以处五万元以下的罚款；逾期未改正的，责令停产停业整顿，并处五万元以上十万元以下的罚款，对其直接负责的主管人员和其他直接责任人员处一万元以上二万元以下的罚款：

（一）主要负责人和安全生产管理人员未按照规定经考核合格的；

（二）未按照规定对从业人员进行安全生产培训的；

（三）未如实记录安全生产培训情况的；

（四）特种作业人员未经专门的安全培训并取得相应资格，上岗作业的。

第四十八条 煤矿安全培训主管部门或者煤矿安全监察机构发现煤矿企业有下列行为之一的，责令其限期改正，可以处一万元以上三万元以下的罚款：

（一）未建立安全培训管理制度或者未制定年度安全培训计划的；

（二）未明确负责安全培训工作的机构，或者未配备专兼职安全培训管理人员的；

（三）用于安全培训的资金不符合本规定的；

（四）未按照统一的培训大纲组织培训的；

（五）不具备安全培训条件进行自主培训，或者委托不具备安全培训条件机构进行培训的。

具备安全培训条件的机构未按照规定的培训大纲进行安全培训，或者未经安全培训并考试合格颁发有关培训合格证明的，依照前款规定给予行政处罚。

第八章 附 则

第四十九条 煤矿企业主要负责人和安全生产管理人员考核不得收费，所需经费由煤矿安全培训主管部门列入同级财政年度预算。

煤矿特种作业人员培训、考试经费可以列入同级财政年度预算，也可由省级煤矿安全培训主管部门制定收费标准，报同级人民政府物价部门、财政部门批准后执行。证书工本费由考核发证机关列入同级财政年度预算。

第五十条 本规定自2018年3月1日起施行。国家安全生产监督管理总局2012年5月28日公布、2013年8月29日修正的《煤矿安全培训规定》（国家安全生产监督管理总局令第52号）同时废止。

矿山安全标准工作管理办法

· 2023年2月13日

· 矿安〔2023〕13号

第一章 总 则

第一条 为加强矿山安全标准工作，充分发挥标准对矿山高质量发展的支撑作用，根据《中华人民共和国标准化法》《中华人民共和国安全生产法》《中华人民共和国矿山安全法》等有关法律法规和相关政策，制定本办法。

第二条 本办法适用于矿山安全领域各类规程、规范、标准的管理、制订、实施和监督等工作。

第三条 矿山安全标准工作坚持目标和问题导向，遵循“统一领导、归口管理、分工负责”的原则，全面提高标准制修订质量、效率和实施效果，切实为矿山高质量发展提供技术支撑。

第四条 鼓励协会、学会、商会、企业和教育、科研机构等参与矿山安全标准工作，开展矿山安全标准对外合作和交流，推进矿山安全标准国际互认。

第五条 国家矿山安全监察局引导和规范矿山安全领域团体标准、企业标准工作。建立国家矿山安全标准信息平台，鼓励矿山安全领域社会团体、企业在国家矿山安全标准信息平台公开其团体标准、企业标准相关信息，支持和推动实施效果良好的团体标准、企业标准上升为国家标准或者行业标准。

第六条 矿山安全标准工作纳入矿山安全发展规划和年度工作计划，并充分保障标准工作各项经费。矿山安全标准制修订和贯彻实施纳入矿山安全工作考核体系。

第二章 标准管理

第七条 国家矿山安全监察局按照法律、行政法规和职责统一领导矿山安全标准工作。

第八条 政策法规和科技装备司负责统筹协调矿山

安全标准具体工作，履行下列职责：

（一）组织贯彻落实国家标准化工作的法律、行政法规和方针政策，拟定矿山安全标准规章制度，组织矿山安全标准体系建设，编制和实施矿山安全标准发展计划；

（二）组织矿山安全领域国家标准制修订项目申报、起草、报批和复审等工作，依据职责组织矿山安全领域行业标准立项、起草、审查、报批、编号、发布、备案、出版、公开、复审等工作；

（三）指导、管理矿山安全领域的标准技术委员会；

（四）组织开展矿山安全标准的宣贯、培训、实施、监督及矿山安全标准验证示范点建设；

（五）按照国家和行业有关规定，组织对矿山安全标准工作中做出突出贡献、取得显著成绩的单位和个人给予表彰和奖励；

（六）组织开展矿山安全标准基础研究和国际交流；

（七）负责矿山安全标准工作的其他事项。

第九条　局机关各司具体负责本司职责相关的矿山安全标准工作，履行下列职责：

（一）参与相关矿山安全标准体系建设、标准发展计划的编制和实施；

（二）研究提出相关矿山安全标准项目，组织或者参与相关标准起草、征求意见、技术审查等工作；

（三）组织或者参与相关矿山安全标准的宣贯、培训、实施和监督；

（四）具体指导相关地方矿山安全标准工作；

（五）组织或者参与相关矿山安全标准基础研究和国际交流；

（六）具体负责相关矿山安全标准的其他工作。

第十条　国家矿山安全监察局依法建立矿山安全标准技术委员会。矿山安全标准技术委员会在国家矿山安全监察局的指导和监督下开展矿山安全标准相关工作。

第十一条　矿山安全标准技术委员会及其分技术委员会（以下统称为技术委员会）设秘书处。秘书处可以根据工作需要设立在矿山安全领域的协会、学会和具有重要影响力的企事业单位，负责组织开展相关矿山安全标准的具体工作。

秘书处承担单位应当将秘书处工作纳入本单位工作计划和日常工作，设专职工作人员，并为秘书处开展工作提供必要的经费和办公条件。

第十二条　政策法规和科技装备司具体负责技术委员会的组建和管理。技术委员会的设立或者撤销应当经国家矿山安全监察局务会议研究决定。

第十三条　技术委员会协助国家矿山安全监察局开展矿山安全标准工作，主要履行以下职责：

（一）编制矿山安全标准体系；

（二）征集、评估、申报矿山安全标准立项建议；

（三）组织矿山安全标准的起草、征求意见、技术审查、复审等工作；

（四）开展矿山安全标准宣传、培训、实施能力评估、实施效果抽检和其他标准技术服务，承担归口标准的咨询答复工作；

（五）组织、指导矿山安全领域团体标准、企业标准工作；

（六）组织矿山安全标准外文版的翻译工作；

（七）承办国家矿山安全监察局委托的其他标准工作。

第三章　标准的制定

第十四条　政策法规和科技装备司组织技术委员会秘书处开展矿山安全标准计划项目征集工作，按年度工作安排或者视矿山安全监管监察工作需要下达矿山安全标准制修订计划。

第十五条　局机关各司、国家矿山安全监察局各省级局、地方矿山安全监管部门以及矿山安全领域社会团体、企事业单位均可提出矿山安全领域国家标准、行业标准立项申请。

申请立项应当报送下列材料的电子版和纸质版，纸质版材料应当一式三份（签字盖章材料原件一份，复印件两份）：

（一）建议立项的书面意见（其中局机关各司书面意见应当明确已报请本司分管局领导同意）；

（二）矿山安全标准项目建议书（见附件1）；

（三）国家标准化管理委员会（以下简称国家标准委）规定的标准项目建议书；

（四）标准草案；

（五）预研报告和项目论证会议纪要。

前款第三项材料仅国家标准项目提交，第五项材料仅强制性标准项目提交。

第十六条　政策法规和科技装备司组织技术委员会定期对立项申请进行审核、评估、协调。对于符合立项条件的标准项目，在征求相关业务司意见并经国家矿山安全监察局务会议审议后，下达或者报批立项计划，并明确标准计划的归口分技术委员会，重要的矿山安全标准由矿山安全标准技术委员会直接归口。

第十七条　标准起草单位应当具有广泛的代表性，

由来自科研、生产、矿山企业等各方面单位共同组成，原则上不少于10家，其中矿山企业不得少于5家。应当确定1家单位为标准牵头起草单位。

标准立项计划下达之日起7日内，标准牵头起草单位应当组织成立标准起草小组，制定标准起草方案，明确职责分工、时间节点、完成期限，确定第一起草人，并将起草方案报归口的技术委员会秘书处备案。

第一起草人应当具备下列条件：

（一）具有严谨的科学态度和良好的职业道德；

（二）具有高级职称且从事本专业技术领域工作满5年；

（三）熟悉矿山安全相关法律法规和方针政策；

（四）熟练掌握标准编写知识，具有较强的文字表达能力；

（五）同时以第一起草人身份承担的标准制修订项目未超过2个。

第十八条 标准牵头起草单位应当在标准项目立项计划下达之日起6个月内完成标准征求意见稿，将标准征求意见稿、标准编制说明、征求意见建议范围等相关材料报送归口的技术委员会。采用国际标准或者国外先进标准的，应当报送该标准的外文原文和中文译本；标准内容涉及有关专利的，应当报送专利相关材料。

标准编制说明应当包括以下内容并根据工作进程及时补充完善：

（一）工作简况，包括任务来源、起草小组人员组成及所在单位、每个阶段草案的形成过程等；

（二）标准编制原则和确定标准主要技术内容的论据（包括试验、统计数据等），修订标准的应当提出标准技术内容变化的依据和理由；

（三）与国际、国外有关法律法规和标准水平的对比分析；

（四）与有关现行法律、行政法规和其他相关标准的关系；

（五）重大分歧意见的处理过程及依据；

（六）作为强制性标准或者推荐性标准的建议及理由；

（七）标准实施日期的建议及依据，包括标准实施所需要的技术改造、成本投入、相关产品退出市场时间、标准实施可能造成的社会影响等；

（八）标准实施的有关政策措施；

（九）废止或者修订现行有关标准的建议；

（十）涉及专利的有关说明；

（十一）标准所涉及的产品、过程和服务目录；

（十二）其他应予说明的事项。

对于需要验证的标准，验证报告应当作为编制说明的附件一并提供。强制性国家标准应当提出是否需要对外通报的建议和理由。

第十九条 技术委员会应当在15日内将标准征求意见稿、编制说明及有关附件、征求意见表（见附件2）送达全体委员或者相关专家征求意见，征求意见的时限一般为15日。征求意见结束后应当在5日内将相关意见转交标准牵头起草单位。

强制性标准项目应当按照便捷有效的原则采取多种方式征求意见，并报送政策法规和科技装备司通过国家矿山安全监察局政府网站面向社会公开征求意见，公开征求意见期限不少于60日。紧急情况下可以缩短公开征求意见期限，但一般不得少于30日。

第二十条 标准牵头起草单位应当在30日内对技术委员会转交的意见进行归纳整理、分析研究和处理，形成标准送审稿、征求意见汇总处理表（见附件3）、新修改的标准编制说明，报送技术委员会审查。

第二十一条 技术委员会在收到上述材料后30日内组织并完成审查。审查形式分为会议审查和函审，优先进行会议审查。强制性标准应当进行会议审查。

第二十二条 会议审查应当符合下列要求：

（一）审查组由技术委员会委员或者邀请的相关领域具有权威性、代表性的专家组成，审查组总人数应当不少于9人，国家标准的审查组总人数不得少于15人；

（二）标准起草小组成员不得作为审查组成员；

（三）会议审查应当协商一致，如需表决，应当经审查组全体成员的四分之三以上同意方为通过，表决结果应当形成决议并存档；

（四）审查会应当形成会议纪要，如实反映审查会议情况，包括会议时间、地点、议程、审查意见、审查结论、投票情况、委员或者专家名单等内容，并经与会委员或者专家签字。

第二十三条 函审应当符合下列要求：

（一）技术委员会应当参照会议审查的要求组成审查组，并提前将标准送审稿、编制说明、征求意见汇总处理表、函审表决单（见附件4）等相关材料送达审查组成员；

（二）函审时间一般为15日，函审时间截止后，技术委员会应当对回收的函审表决单进行统计，审查组全体成员四分之三以上同意方为通过；

（三）技术委员会应当填写函审结论表（见附件5）。

第二十四条　技术委员会应当在审查通过后15日内，将标准报批稿及相关附件报送至政策法规和科技装备司审核，并提交下列材料的电子版和纸质版，纸质版材料应当一式三份（签字盖章材料原件一份，复印件两份）：

（一）同意报批的书面意见；

（二）标准报批稿；

（三）标准编制说明及有关附件；

（四）征求意见汇总处理表；

（五）标准审查会议纪要；

（六）函审表决单和函审结论表；

（七）审查意见汇总处理表（见附件6）；

（八）标准报批审查表（见附件7）；

（九）标准的外文原文和中文译本。

需要提交的纸质材料除同意报批的书面意见外，应当规范格式和字体，编排好目录和页码，并整理成册。

第二十五条　政策法规和科技装备司组织矿山安全标准技术委员会对分技术委员会报批的标准项目进行审核，矿山安全标准技术委员会报批的标准项目由政策法规和科技装备司审核。审核通过后，根据标准类别按照下列程序办理：

（一）将标准报批稿及相关材料送相关业务司征求意见；

（二）对于国家标准和应急管理部主管的行业标准，报请分管标准工作和分管相关业务领域的局领导审定并经局主要领导同志同意后，报请国家标准委和应急管理部按程序审核、发布；

（三）对于国家矿山安全监察局主管的行业标准，报请分管标准工作和分管相关业务领域的局领导审定并经局主要领导同志同意后公告发布。

标准的发布日期和实施日期之间应当预留出3个月到12个月作为标准实施过渡期（其中，强制性标准应当预留出6个月到12个月的过渡期）。

第二十六条　实施满5年的标准或者超过3年仍未完成的标准计划由技术委员会组织复审。复审可以采用会议审查或者函审方式。技术委员会将复审结论及相关材料报送政策法规和科技装备司处理。标准复审报送材料包括：

（一）复审工作总结；

（二）复审结论汇总表；

（三）复审意见表。

复审结论为修订的，还应当提交标准修订草案。

第二十七条　标准执行中需要修订的，参照标准制定程序列入制修订计划。标准技术内容仅作少量修改的，可以采用标准修改通知单形式进行修改，由技术委员会报送政策法规和科技装备司审核后，以局综合司名义发布或者报请国家标准委和应急管理部按程序审核、发布。

第二十八条　对于矿山安全生产工作急需的标准项目，可以采用快速程序。经技术委员会审查，由政策法规和科技装备司报请分管标准工作和分管相关业务领域的局领导审定并经局主要领导同志同意后公告发布或者报请国家标准委和应急管理部按程序审核、发布。

第二十九条　矿山安全领域国家标准文本按照国家标准委规定进行公开；行业标准文本通过国家矿山安全标准信息平台免费向社会公开；团体标准和企业标准文本由社会团体和企业自愿申请通过国家矿山安全标准信息平台免费向社会公开。

第四章　标准的实施、监督和奖励

第三十条　矿山安全领域生产经营单位（包括矿山及矿山企业，矿山安全设施建设、设计、施工、监理及地质勘探单位，矿用产品生产制造企业，矿山安全评价、检测检验、鉴定、安全标志审核发放等专业服务机构）必须执行保障矿山安全生产的国家标准、行业标准。

矿山安全监管监察部门应当将保障矿山安全生产的国家标准、行业标准作为安全生产行政许可、审批、核准及事中事后监管监察执法的重要依据，不得违反标准规定的安全生产条件实施许可、审批、核准等事项，对违反标准的行为应当依法实施行政处罚。

第三十一条　矿山安全领域生产经营单位执行矿山安全领域国家标准、行业标准、地方标准、团体标准、企业标准时，应当在其作业规程、操作规程、产品和其说明书或者包装物上标注执行标准的编号、名称。

第三十二条　国家矿山安全监察局对具有重要影响的矿山安全标准组织开展验证示范点建设。验证示范点负责相关标准技术要求、核心指标、试验和检验方法的验证，并承担相关标准的宣传、培训、示范、引领等工作。

第三十三条　鼓励技术委员会、标准起草单位、矿山安全领域生产经营单位积极主动开展矿山安全标准宣传和培训，按规定开展“企业标准领跑者”“矿山安全标准实施标杆企业”创建等活动。

第三十四条　政策法规和科技装备司定期组织技术委员会对矿山安全领域生产经营单位的标准实施情况进行抽检和评估，根据抽检和评估结果采取以下措施：

（一）公开通报抽检评估结果；

(二)矿山安全领域生产经营单位违反标准规定的安全生产条件的,由矿山安全监管监察部门依法进行处罚;

(三)矿用产品违反标准规定的安全生产条件的,责令违规矿用产品生产单位组织对同一型号、同一批次的矿用产品开展隐患排查,根据销售流向通知相关生产经营单位并采取措施消除隐患,暂停或者撤销安全标志;

(四)矿山安全评价、鉴定、检测检验服务违反标准规定的安全生产条件的,责令违规矿山安全中介机构重新开展安全评价、鉴定、检测检验服务,由属地矿山安全监管部门依法进行处罚;

(五)对1年内连续发生2次抽检不合格的矿山安全领域生产经营单位,由技术委员会对其标准实施情况进行综合评估,评估结果应当向社会公开;

(六)对于1年内连续3次抽检不合格的矿山安全领域生产经营单位,由国家矿山安全监察局或者省级矿山安全监管监察部门组织约谈或者发出警示函,情节严重的按照规定纳入联合惩戒和严重违法失信名单。

矿山安全标准抽检、评估及标杆企业创建等方面的监督、实施具体工作细则,由政策法规和科技装备司组织技术委员会制定并组织实施。

第三十五条 对技术水平高、取得显著安全效果的矿山安全标准及其起草单位、实施单位和归口的技术委员会,按规定进行表彰奖励。技术委员会秘书处承担单位、矿山安全领域生产经营单位应当建立健全矿山安全标准工作表彰奖励制度。

第五章 附 则

第三十六条 国家矿山安全监察局将标准工作经费纳入年度预算,按照财务管理相关规定,对标准起草、技术审查、宣贯培训、评估抽检等工作给予经费支持。国家矿山安全监察局各省级局、地方矿山安全监管部门可参照执行。

第三十七条 本办法由国家矿山安全监察局负责解释,自发布之日起实施。

附件:1. 矿山安全标准项目建议书(略)
2. 矿山安全标准征求意见表(略)
3. 矿山安全标准征求意见汇总处理表(略)
4. 矿山安全标准函审表决单(略)
5. 矿山安全标准函审结论表(略)
6. 矿山安全标准审查意见汇总处理表(略)
7. 矿山安全标准报批审查表(略)

金属非金属矿山建设项目安全设施目录(试行)

· 2015年3月16日国家安全生产监督管理总局令第75号公布
· 自2015年7月1日起施行

一、总则

(一)安全设施目录适用范围。

1. 为规范和指导金属非金属矿山(以下简称矿山)建设项目安全设施设计、设计审查和竣工验收工作,根据《中华人民共和国安全生产法》和《中华人民共和国矿山安全法》,制定本目录。

2. 矿山采矿和尾矿库建设项目安全设施适用本目录。与煤共(伴)生的矿山建设项目安全设施,还应满足煤矿相关的规程和规范。

核工业矿山尾矿库建设项目安全设施不适用本目录。

3. 本目录中列出的安全设施不是所有矿山都必须设置的,矿山企业应根据生产工艺流程、相关安全标准和规定,结合矿山实际情况设置相关安全设施。

(二)安全设施有关定义。

1. 矿山主体工程。

矿山主体工程是矿山企业为了满足生产工艺流程正常运转,实现矿山正常生产活动所必须具备的工程。

2. 矿山安全设施。

矿山安全设施是矿山企业为了预防生产安全事故而设置的设备、设施、装置、构(建)筑物和其他技术措施的总称,为矿山生产服务、保证安全生产的保护性设施。安全设施既有依附于主体工程的形式,也有独立于主体工程之外的形式。本目录将矿山建设项目安全设施分为基本安全设施和专用安全设施两部分。

3. 基本安全设施。

基本安全设施是依附于主体工程而存在,属于主体工程一部分的安全设施。基本安全设施是矿山安全的基本保证。

4. 专用安全设施。

专用安全设施是指除基本安全设施以外的,以相对独立于主体工程之外的形式而存在,不具备生产功能,专用于安全保护作用的安全设施。

(三)安全设施划分原则。

1. 依附于主体工程,且对矿山的安全至关重要,能够为矿山提供基本性安全保护作用的设备、设施、装置、构(建)筑物和其他技术措施,列为基本安全设施。

2. 相对独立存在且不具备生产功能,只为保护人员安全,防止造成人员伤亡而专门设置的保护性设备、设施、装置、构(建)筑物和其他技术措施,列为专用安全设施。

3. 保安矿柱作为矿山开采安全中的重要技术措施列入基本安全设施。

4. 主体设备自带的安全装置,不列入本目录。

5. 为保持工作场所的工作环境,保护作业人员职业健康的设施,属于职业卫生范畴,不列入本目录。

6. 地面总降压变电所不列入本目录。

7. 井下爆破器材库按照《民用爆破物品安全管理条例》(国务院令第466号)等法规、标准的规定进行设计、建设、使用和监管,不列入本目录。

8. 在矿山建设期,仅专用安全设施建设费用可列入建设项目安全投资;在矿山生产期,补充、改善基本安全设施和专用安全设施的投资都可在企业安全生产费用中列支。

二、地下矿山建设项目安全设施目录

(一)基本安全设施。

1. 安全出口。

(1)通地表的安全出口,包括由明井(巷)和盲井(巷)组合形成的通地表的安全出口。

(2)中段和分段的安全出口。

(3)采场的安全出口。

(4)破碎站、装矿皮带道和粉矿回收水平的安全出口。

2. 安全通道和独立回风道。

(1)动力油硐室的独立回风道。

(2)爆破器材库的独立回风道。

(3)主水泵房的安全通道。

(4)破碎硐室、变(配)电硐室的安全通道或独立回风道。

(5)主溜井的安全检查通道。

3. 人行道和缓坡段。

(1)各类巷道(含平巷、斜巷、斜井、斜坡道等)的人行道。

(2)斜坡道的缓坡段。

4. 支护。

(1)井筒支护。

(2)巷道(含平巷、斜巷、斜井、斜坡道等)支护。

(3)采场支护(包括采场顶板和侧帮、底部结构等的支护)。

(4)硐室支护。

5. 保安矿柱。

(1)境界矿柱。

(2)井筒保安矿柱。

(3)中段(分段)保安矿柱。

(4)采场点柱、保安间柱等。

6. 防治水。

(1)河流改道工程(含导流堤、明沟、隧洞、桥涵等)及河床加固。

(2)地表截水沟、排洪沟(渠)、防洪堤。

(3)地下水疏/堵工程及设施(含疏干井、放水孔、疏干巷道、防水闸门、水仓、疏干设备、防水矿柱、防渗帷幕及截渗墙等)。

(4)露天开采转地下开采的矿山露天坑底防洪水突然灌入井下的设施(包括露天坑底所做的假底、坑底回填等)。

(5)热水充水矿床的疏水系统。

7. 竖井提升系统。

(1)提升装置,包括制动系统、控制系统、闭锁装置等。

(2)钢丝绳(包括提升钢丝绳、平衡钢丝绳、罐道钢丝绳、制动钢丝绳、隔离钢丝绳)及其连接或固定装置。

(3)罐道,包括木罐道、型钢罐道、钢轨罐道、钢木复合罐道等。

(4)提升容器。

(5)摇台或其他承接装置。

8. 斜井提升系统。

(1)提升装置,包括制动系统、控制系统。

(2)提升钢丝绳及其连接装置。

(3)提升容器(含箕斗、矿车和人车)。

9. 电梯井提升系统(包括钢丝绳、罐道、轿厢、控制系统等)。

10. 带式输送机系统的各种闭锁和机械、电气保护装置。

11. 排水系统。

(1)主水仓、井底水仓、接力排水水仓。

(2)主水泵房、接力泵房、各种排水水泵、排水管路、控制系统。

(3)排水沟。

12. 通风系统。

(1)专用进风井及专用进风巷道。

(2)专用回风井及专用回风巷道。

(3)主通风机、控制系统。

13. 供、配电设施。

(1)矿山供电电源、线路及总降压主变压器容量、地表向井下供电电缆。

(2)井下各级配电电压等级。

(3)电气设备类型。

(4)高、低压供配电中性点接地方式。

(5)高、低压电缆。

(6)提升系统、通风系统、排水系统的供配电设施。

(7)地表架空线转下井电缆处防雷设施。

(8)高压供配电系统继电保护装置。

(9)低压配电系统故障(间接接触)防护装置。

(10)直流牵引变电所电气保护设施、直流牵引网络安全措施。

(11)爆炸危险场所电机车轨道电气的安全措施。

(12)设有带油设备的电气硐室的安全措施。

(13)照明设施。

(14)工业场地边坡的安全加固及防护措施。

(二)专用安全设施。

1. 罐笼提升系统。

(1)梯子间及安全护栏。

(2)井口和井下马头门的安全门、阻车器和安全护栏。

(3)尾绳隔离保护设施。

(4)防过卷、防过放、防坠设施。

(5)钢丝绳罐道时各中段的稳罐装置。

(6)提升机房内的盖板、梯子和安全护栏。

(7)井口门禁系统。

2. 箕斗提升系统。

(1)井口、装载站、卸载站等处的安全护栏。

(2)尾绳隔离保护设施。

(3)防过卷、防过放设施。

(4)提升机房内的盖板、梯子和安全护栏。

3. 混合竖井提升系统。

(1)罐笼提升系统安全设施(见罐笼提升系统)。

(2)箕斗提升系统安全设施(见箕斗提升系统)。

(3)混合井筒中的安全隔离设施。

4. 斜井提升系统。

(1)防跑车装置。

(2)井口和井下马头门的安全门、阻车器、安全护栏和挡车设施。

(3)人行道与轨道之间的安全隔离设施。

(4)梯子和扶手。

(5)躲避硐室。

(6)人车断绳保险器。

(7)轨道防滑措施。

(8)提升机房内的安全护栏和梯子。

(9)井口门禁系统。

5. 斜坡道与无轨运输巷道。

(1)躲避硐室。

(2)卸载硐室的安全挡车设施、护栏。

(3)人行巷道的水沟盖板。

(4)交通信号系统。

(5)井口门禁系统。

6. 带式输送机系统。

(1)设备的安全护罩。

(2)安全护栏。

(3)梯子、扶手。

7. 电梯井提升系统。

(1)梯子间及安全护栏。

(2)电梯间和梯子间进口的安全防护网。

8. 有轨运输系统。

(1)装载站和卸载站的安全护栏。

(2)人行巷道的水沟盖板。

9. 动力油储存硐室。

(1)硐室口的防火门。

(2)栅栏门。

(3)防静电措施。

(4)防爆照明设施。

10. 破碎硐室。

(1)设备护罩、梯子和安全护栏。

(2)自卸车卸矿点的安全挡车设施。

11. 采场。

(1)采空区及其他危险区域的探测、封闭、隔离或充填设施。

(2)地下原地浸出采矿和原地爆破浸出采矿的防渗工程及对溶液渗透的监测系统。

(3)原地浸出采矿引起地表塌陷、滑坡的防护及治理措施。

(4)自动化作业采区的安全门。

(5)爆破安全设施(含警示旗、报警器、警戒带等)。

(6)工作面人机隔离设施。

12. 人行天井与溜井。

(1)梯子间及防护网、隔离栅栏。

(2)井口安全护栏。

(3)废弃井口的封闭或隔离设施。

(4)溜井井口安全挡车设施。

(5)溜井口格筛。

13. 供、配电设施。

(1)避灾硐室应急供电设施。

(2)裸带电体基本(直接接触)防护设施。

(3)变配电硐室防水门、防火门、栅栏门。

(4)保护接地及等电位联接设施。

(5)牵引变电所接地设施。

(6)变配电硐室应急照明设施。

(7)地面建筑物防雷设施。

14. 通风和空气预热及制冷降温。

(1)主通风机的反风设施和备用电机及快速更换装置。

(2)辅助通风机。

(3)局部通风机。

(4)风机进风口的安全护栏和防护网。

(5)阻燃风筒。

(6)通风构筑物(含风门、风墙、风窗、风桥等)。

(7)风井内的梯子间。

(8)风井井口和马头门处的安全护栏。

(9)严寒地区,通地表的井口(如罐笼井、箕斗井、混合井和斜提升井等)设置的防冻设施;用于进风的井口和巷道硐口(如专用进风井、专用进风平硐、专用进风斜井、罐笼井、混合井、斜提升井、胶带斜井、斜坡道、运输巷道等)设置的空气预热设施。

(10)地下高温矿山制冷降温设施,包括地表制冷站设施、地下制冷站设施、管路及分配设施等。

15. 排水系统。

(1)监测与控制设施。

(2)水泵房及毗连的变电所(或中央变电所)入口的防水门及两者之间的防火门。

(3)水泵房及变电所内的盖板、安全护栏(门)。

16. 充填系统。

(1)充填管路减压设施。

(2)充填管路压力监测装置。

(3)充填管路排气设施。

(4)充填搅拌站内及井下的安全护栏及其他防护措施(包括物料输送机和其他相关设备、砂浆池、砂仓等的安全护栏及其他防护措施)。

(5)充填系统事故池。

(6)采场充填挡墙。

17. 地压、岩体位移监测系统。

(1)地表变形、塌陷监测系统。

(2)坑内应力、应变监测系统。

18. 安全避险"六大系统"。

(1)监测监控系统。

(2)人员定位系统。

(3)紧急避险系统。

(4)压风自救系统。

(5)供水施救系统。

(6)通信联络系统。

19. 消防系统。

(1)消防供水系统。

(2)消防水池。

(3)消防器材。

(4)火灾报警系统。

(5)防火门(除前面所述之外的防火门)。

(6)有自然发火倾向区域的防火隔离设施。

20. 防治水。

(1)中段(分段)或采区的防水门。

(2)地下水头(水位)、水质、中段涌水量监测设施。

(3)探水孔、放水孔及探放水巷道,探、放水孔的孔口管和控制闸阀,探、放水设备。

(4)降雨量观测站。

(5)在有突水可能性的工作面设置的救生圈、安全绳等救生设施。

21. 崩落法、空场法开采时的地表塌陷或移动范围保护措施。

22. 水溶性开采。

(1)有毒有害气体积聚处(井口、卤池、取样阀等)采取的防毒措施。

(2)井口的防喷装置。

(3)排水和防止液体渗漏的设施。

(4)地面防滑措施。

(5)井盐矿山设立的地表水和地下水水质监测系统。

(6)地表沉降和位移的监测设施。

(7)不用的地质勘探井和生产报废井的封井措施。

23. 矿山应急救援设备及器材。

24. 个人安全防护用品。

25. 矿山、交通、电气安全标志。

26. 其他设施。

(1)排土场(或废石场)安全设施参见露天矿山相关内容。

(2)放射性矿山的防护措施。

(3)地下原地浸出采矿:监测井(孔)、套管、气体站安全护栏、集液池、酸液池及二次缓冲池安全护栏、事故处理池和管路。

三、露天矿山建设项目安全设施目录

(一)基本安全设施。

1. 露天采场。

(1)安全平台、清扫平台、运输平台。

(2)运输道路的缓坡段。

(3)露天采场边坡、道路边坡、破碎站和工业场地边坡的安全加固及防护措施。

(4)溜井底放矿硐室的安全通道及井口的安全挡车设施、格筛。

(5)设计规定保留的矿(岩)体或矿段。

(6)边坡角。

(7)爆破安全距离界线。

2. 防排水。

(1)河流改道工程(含导流堤、明沟、隧洞、桥涵等)及河床加固。

(2)地表截水沟、排洪沟(渠)、防洪堤、拦水坝、台阶排水沟、截排水隧洞、沉砂池、消能池(坝)。

(3)地下水疏/堵工程及设施(含疏干井、放水孔、疏干巷道、防水闸门、水仓、疏干设备、防水矿柱、防渗帷幕及截渗墙等)。

(4)露天采场排水设施,包括水泵和管路。

3. 铁路运输。

(1)运输线路的安全线、避让线、制动检查所、线路两侧的界限架。

(2)护轮轨、防溜车措施、减速器、阻车器。

4. 带式输送机系统的各种闭锁和电气保护装置。

5. 架空索道运输。

(1)架空索道的承载钢丝绳和牵引钢丝绳。

(2)架空索道的制动系统。

(3)架空索道的控制系统。

6. 斜坡卷扬运输。

(1)提升装置,包括制动系统、控制系统。

(2)提升钢丝绳及其连接装置。

(3)提升容器(包括箕斗、矿车和人车)。

7. 供、配电设施。

(1)矿山供电电源、线路及总降压主变压器容量、向采矿场供电线路。

(2)各级配电电压等级。

(3)电气设备类型。

(4)高、低压供配电中性点接地方式。

(5)排水系统供配电设施。

(6)采矿场供电线路、电缆及保护、避雷设施。

(7)高压供配电系统继电保护装置。

(8)低压配电系统故障(间接接触)防护装置。

(9)直流牵引变电所的电气保护设施、直流牵引网络的安全措施。

(10)爆炸危险场所电机车轨道的电气安全措施。

(11)变、配电室的金属丝网门。

(12)采场及排土场(废石场)正常照明设施。

8. 排土场(废石场)。

(1)安全平台。

(2)运输道路缓坡段。

(3)拦渣坝。

(4)阶段高度、总堆置高度、安全平台宽度、总边坡角。

9. 通信系统。

(1)联络通信系统。

(2)信号系统。

(3)监视监控系统。

(二)专用安全设施。

1. 露天采场。

(1)露天采场所设的边界安全护栏。

(2)废弃巷道、采空区和溶洞的探测设备,充填、封堵措施或隔离设施。

(3)溜井口的安全护栏、挡车设施、格筛。

(4)爆破安全设施(含躲避设施、警示旗、报警器、警戒带等)。

(5)水力开采运矿沟槽上的盖板或金属网。

(6)挖掘船上的救护设备。

(7)挖掘船开采时,作业人员穿戴的救生器材。

2. 铁路运输。

(1)运输线路的安全护栏、防护网、挡车设施、道口护栏。

(2)道路岔口交通警示报警设施。

(3)陡坡铁路运输时的线路防爬设施(含防爬器、抗滑桩等)。

(4)曲线轨道加固措施。

3. 汽车运输。

(1)运输线路的安全护栏、挡车设施、错车道、避让道、紧急避险道、声光报警装置。

(2)矿、岩卸载点的安全挡车设施。

4. 带式输送机运输。

(1)设备的安全护罩。

(2)安全护栏。

(3)梯子、扶手。

5. 架空索道运输。

(1)线路经过厂区、居民区、铁路、道路时的安全防护措施。

(2)线路与电力、通讯架空线交叉时的安全防护措施。

(3)站房安全护栏。

6. 斜坡卷扬运输。

(1)阻车器、安全挡车设施。

(2)斜坡轨道两侧的堑沟、安全隔挡设施。

(3)防止跑车装置。

(4)防止钢轨及轨梁整体下滑的措施。

7. 破碎站。

(1)卸矿安全挡车设施。

(2)设备运动部分的护罩、安全护栏。

(3)安全护栏、盖板、扶手、防滑钢板。

8. 排土场(废石场)。

(1)排土场(废石场)道路的安全护栏、挡车设施。

(2)截(排)水设施(含截水沟、排水沟、排水隧洞、截洪坝等)。

(3)底部排渗设施。

(4)滚石或泥石流拦挡设施。

(5)滑坡治理措施。

(6)坍塌与沉陷防治措施。

(7)地基处理。

9. 供、配电设施。

(1)裸带电体基本(直接接触)防护设施。

(2)保护接地设施。

(3)直流牵引变电所接地设施。

(4)采场变、配电室应急照明设施。

(5)地面建筑物防雷设施。

10. 监测设施。

(1)采场边坡监测设施。

(2)排土场(废石场)边坡监测设施。

11. 为防治水而设的水位和流量监测系统。

12. 矿山应急救援器材及设备。

13. 个人安全防护用品。

14. 矿山、交通、电气安全标志。

15. 有井巷工程时其安全设施参见地下矿山相关内容。

四、尾矿库建设项目安全设施目录

(一)基本安全设施。

1. 尾矿坝。

(1)初期坝(含库尾排矿干式尾矿库的拦挡坝)。

(2)堆积坝。

(3)副坝。

(4)挡水坝。

(5)一次性建坝的尾矿坝。

2. 尾矿库库内排水设施。

(1)排水井。

(2)排水斜槽。

(3)排水隧洞。

(4)排水管。

(5)溢洪道。

(6)消力池。

3. 尾矿库库周截排洪设施。

(1)拦洪坝。

(2)截洪沟。

(3)排水井。

(4)排洪隧洞。

(5)溢洪道。

(6)消力池。

4. 堆积坝坝面防护设施。

(1)堆积坝护坡。

(2)坝面排水沟。

(3)坝肩截水沟。

5. 辅助设施。

(1)尾矿库交通道路。

(2)尾矿库照明设施。

(3)通信设施。

(二)专用安全设施。

1. 尾矿库地质灾害与雪崩防护设施。

(1)尾矿库泥石流防护设施。

(2)库区滑坡治理设施。

(3)库区岩溶治理设施。

(4)高寒地区的雪崩防护设施。

2. 尾矿库安全监测设施。

(1)库区气象监测设施。

(2)地质灾害监测设施。

(3)库水位监测设施。

(4)干滩监测设施。

(5)坝体表面位移监测设施。

(6)坝体内部位移监测设施。

(7)坝体渗流监测设施。

(8)视频监控设施。

(9)在线监测中心。

3. 尾矿坝坝体排渗设施。
(1)贴坡排渗。
(2)自流式排渗管。
(3)管井排渗。
(4)垂直-水平联合自流排渗。
(5)虹吸排渗。
(6)辐射井。
(7)排渗褥垫。
(8)排渗盲沟(管)。
4. 干式尾矿汽车运输。
(1)运输线路的安全护栏、挡车设施。
(2)汽车避让道。
(3)卸料平台的安全挡车设施。
5. 干式尾矿带式输送机运输。
(1)输送机系统的各种闭锁和电气保护装置。
(2)设备的安全护罩。
(3)安全护栏。
(4)梯子、扶手。
6. 库内回水浮船、运输船防护设施。
(1)安全护栏。
(2)救生器材。
(3)浮船固定设施。
(4)电气设备接地措施。
7. 辅助设施。
(1)尾矿库管理站。
(2)报警系统。
(3)库区安全护栏。
(4)矿山、交通、电气安全标志。
8. 应急救援器材及设备。
9. 个人安全防护用品。

金属与非金属矿产资源地质勘探安全生产监督管理暂行规定

·2010 年 12 月 3 日国家安全生产监管总局令第 35 号公布
·根据 2015 年 5 月 26 日《国家安全监管总局关于废止和修改非煤矿矿山领域九部规章的决定》修订

第一章　总　则

第一条　为加强金属与非金属矿产资源地质勘探作业安全的监督管理，预防和减少生产安全事故，根据安全生产法等有关法律、行政法规，制定本规定。

第二条　从事金属与非金属矿产资源地质勘探作业的安全生产及其监督管理，适用本规定。

生产矿山企业的探矿活动不适用本规定。

第三条　本规定所称地质勘探作业，是指在依法批准的勘查作业区范围内从事金属与非金属矿产资源地质勘探的活动。

本规定所称地质勘探单位，是指依法取得地质勘查资质并从事金属与非金属矿产资源地质勘探活动的企事业单位。

第四条　地质勘探单位对本单位地质勘探作业安全生产负主体责任，其主要负责人对本单位的安全生产工作全面负责。

国务院有关部门和省、自治区、直辖市人民政府所属从事矿产地质勘探及管理的企事业法人组织(以下统称地质勘探主管单位)，负责对其所属地质勘探单位的安全生产工作进行监督和管理。

第五条　国家安全生产监督管理总局对全国地质勘探作业的安全生产工作实施监督管理。

县级以上地方各级人民政府安全生产监督管理部门对本行政区域内地质勘探作业的安全生产工作实施监督管理。

第二章　安全生产职责

第六条　地质勘探单位应当遵守有关安全生产法律、法规、规章、国家标准以及行业标准的规定，加强安全生产管理，排查治理事故隐患，确保安全生产。

第七条　从事钻探工程、坑探工程施工的地质勘探单位应当取得安全生产许可证。

第八条　地质勘探单位从事地质勘探活动，应当持本单位地质勘查资质证书和地质勘探项目任务批准文件或者合同书，向工作区域所在地县级安全生产监督管理部门书面报告，并接受其监督检查。

第九条　地质勘探单位应当建立健全下列安全生产制度和规程：

(一)主要负责人、分管负责人、安全生产管理人员和职能部门、岗位的安全生产责任制度；
(二)岗位作业安全规程和工种操作规程；
(三)现场安全生产检查制度；
(四)安全生产教育培训制度；
(五)重大危险源检测监控制度；
(六)安全投入保障制度；
(七)事故隐患排查治理制度；
(八)事故信息报告、应急预案管理和演练制度；
(九)劳动防护用品、野外救生用品和野外特殊生活用品配备使用制度；

（十）安全生产考核和奖惩制度；

（十一）其他必须建立的安全生产制度。

第十条　地质勘探单位及其主管单位应当按照下列规定设置安全生产管理机构或者配备专职安全生产管理人员：

（一）地质勘探单位从业人员超过100人的，应当设置安全生产管理机构，并按不低于从业人员1%的比例配备专职安全生产管理人员；从业人员在100人以下的，应当配备不少于2名的专职安全生产管理人员；

（二）所属地质勘探单位从业人员总数在3000人以上的地质勘探主管单位，应当设置安全生产管理机构，并按不低于从业人员总数1‰的比例配备专职安全生产管理人员；从业人员总数在3000人以下的，应当设置安全生产管理机构或者配备不少于1名的专职安全生产管理人员。

专职安全生产管理人员中应当有注册安全工程师。

第十一条　地质勘探单位的主要负责人和安全生产管理人员应当具备与本单位所从事地质勘探活动相适应的安全生产知识和管理能力，并经安全生产监督管理部门考核合格。

地质勘探单位的特种作业人员必须经专门的安全技术培训并考核合格，取得特种作业操作证后，方可上岗作业。

第十二条　地质勘探单位从事坑探工程作业的人员，首次上岗作业前应当接受不少于72小时的安全生产教育和培训，以后每年应当接受不少于20小时的安全生产再培训。

第十三条　地质勘探单位应当按照国家有关规定提取和使用安全生产费用。安全生产费用列入生产成本，并实行专户存储、规范使用。

第十四条　地质勘探工程的设计、施工和安全管理应当符合《地质勘探安全规程》（AQ2004-2005）的规定。

第十五条　坑探工程的设计方案中应当设有安全专篇。安全专篇应当经所在地安全生产监督管理部门审查同意；未经审查同意的，有关单位不得施工。

坑探工程安全专篇的具体审查办法由省、自治区、直辖市人民政府安全生产监督管理部门制定。

第十六条　地质勘探单位不得将其承担的地质勘探工程项目转包给不具备安全生产条件或者相应地质勘查资质的地质勘探单位，不得允许其他单位以本单位的名义从事地质勘探活动。

第十七条　地质勘探单位不得以探矿名义从事非法采矿活动。

第十八条　地质勘探单位应当为从业人员配备必要的劳动防护用品、野外救生用品和野外特殊生活用品。

第十九条　地质勘探单位应当根据本单位实际情况制定野外作业突发事件等安全生产应急预案，建立健全应急救援组织或者与邻近的应急救援组织签订救护协议，配备必要的应急救援器材和设备，按照有关规定组织开展应急演练。

应急预案应当按照有关规定报安全生产监督管理部门和地质勘探主管单位备案。

第二十条　地质勘探主管单位应当按照国家有关规定，定期检查所属地质勘探单位落实安全生产责任制和安全生产费用提取使用、安全生产教育培训、事故隐患排查治理等情况，并组织实施安全生产绩效考核。

第二十一条　地质勘探单位发生生产安全事故后，应当按照有关规定向事故发生地县级以上安全生产监督管理部门和地质勘探主管单位报告。

第三章　监督管理

第二十二条　安全生产监督管理部门应当加强对地质勘探单位安全生产的监督检查，对检查中发现的事故隐患和安全生产违法违规行为，依法作出现场处理或者实施行政处罚。

第二十三条　安全生产监督管理部门应当建立完善地质勘探单位管理制度，及时掌握本行政区域内地质勘探单位的作业情况。

第二十四条　安全生产监督管理部门应当按照本规定的要求开展对坑探工程安全专篇的审查，建立安全专篇审查档案。

第四章　法律责任

第二十五条　地质勘探单位有下列情形之一的，责令限期改正，可以处5万元以下的罚款；逾期未改正的，责令停产停业整顿，并处5万元以上10万元以下的罚款，对其直接负责的主管人员和其他直接责任人员处1万元以上2万元以下的罚款：

（一）未按照本规定设立安全生产管理机构或者配备专职安全生产管理人员的；

（二）特种作业人员未持证上岗作业的；

（三）从事坑探工程作业的人员未按照规定进行安全生产教育和培训的。

第二十六条　地质勘探单位有下列情形之一的，给予警告，并处3万元以下的罚款：

（一）未按照本规定建立有关安全生产制度和规程的；

（二）未按照规定提取和使用安全生产费用的；

（三）坑探工程安全专篇未经安全生产监督管理部门审查同意擅自施工的。

第二十七条　地质勘探单位未按照规定向工作区域所在地县级安全生产监督管理部门书面报告的，给予警告，并处2万元以下的罚款。

第二十八条　地质勘探单位将其承担的地质勘探工程项目转包给不具备安全生产条件或者相应资质的地质勘探单位的，责令限期改正，没收违法所得；违法所得10万元以上的，并处违法所得2倍以上5倍以下的罚款；没有违法所得或者违法所得不足10万元的，单处或者并处10万元以上20万元以下的罚款；对其直接负责的主管人员和其他直接责任人员处1万元以上2万元以下的罚款；导致发生生产安全事故给他人造成损害的，与承包方承担连带赔偿责任。

第二十九条　本规定规定的行政处罚由县级以上安全生产监督管理部门实施。

第五章　附　则

第三十条　本规定自2011年1月1日起施行。

金属非金属地下矿山企业领导带班下井及监督检查暂行规定

·2010年10月13日国家安全生产监管总局令第34号公布

·根据2015年5月26日《国家安全监管总局关于废止和修改非煤矿矿山领域九部规章的决定》修订

第一章　总　则

第一条　为落实金属非金属地下矿山企业领导带班下井制度，强化现场安全管理，及时发现和消除事故隐患，根据《国务院关于进一步加强企业安全生产工作的通知》（国发〔2010〕23号）和国家有关规定，制定本规定。

第二条　金属非金属地下矿山企业（以下简称矿山企业）领导带班下井和县级以上安全生产监督管理部门对其实施监督检查，适用本规定。

第三条　本规定所称的矿山企业，是指金属非金属地下矿山生产企业及其所属各独立生产系统的矿井和新建、改建、扩建、技术改造等建设矿井。

本规定所称的矿山企业领导，是指矿山企业的主要负责人、领导班子成员和副总工程师。

第四条　矿山企业是落实领导带班下井制度的责任主体，必须确保每个班次至少有1名领导在井下现场带班，并与工人同时下井、同时升井。

矿山企业的主要负责人对落实领导带班下井制度全面负责。

第五条　安全生产监督管理部门对矿山企业落实领导带班下井制度情况进行监督检查，并依法作出现场处理或者实施行政处罚。

有关行业主管部门应当根据《国务院关于进一步加强企业安全生产工作的通知》的要求，按照各自职责做好矿山企业领导带班下井制度的落实工作，配合安全生产监督管理部门开展矿山企业领导带班下井情况的监督检查和考核奖惩等工作。

第六条　任何单位和个人发现矿山企业领导未按照规定执行带班下井制度或者弄虚作假的，均有权向安全生产监督管理部门举报和报告。对举报和报告属实的，给予奖励。

第七条　矿山企业应当建立健全领导带班下井制度，制定领导带班下井考核奖惩办法和月度计划，建立和完善领导带班下井档案。

第二章　带班下井

第八条　矿山企业领导带班下井月度计划，应当明确每个工作班次带班下井的领导名单、下井及升井的时间以及特殊情况下的请假与调换人员审批程序等内容。

领导带班下井月度计划应当在本单位网站和办公楼及矿井井口予以公告，接受群众监督。

第九条　矿山企业应当每月对领导带班下井情况进行考核。领导带班下井情况与其经济收入挂钩，对按照规定带班下井并认真履行职责的，给予奖励；对未按照规定带班下井、冒名顶替下井或者弄虚作假的，按照有关规定予以处理。

矿山企业领导带班下井的月度计划完成情况，应当在矿山企业公示栏公示，接受群众监督。

第十条　矿山企业领导带班下井时，应当履行下列职责：

（一）加强对井下重点部位、关键环节的安全检查及检查巡视，全面掌握井下的安全生产情况；

（二）及时发现和组织消除事故隐患和险情，及时制止违章违纪行为，严禁违章指挥，严禁超能力组织生产；

（三）遇到险情时，立即下达停产撤人命令，组织涉险区域人员及时、有序撤离到安全地点。

第十一条　矿山企业领导应当认真填写带班下井交接班记录，并向接班的领导详细说明井下安全生产状况、存在的主要问题及其处理情况、需要注意的事项等。

第十二条 矿山企业领导升井后，应当及时将下井及升井的时间、地点、经过路线、发现的问题及处理结果等有关情况进行登记，以存档备查。

第十三条 矿山企业从业人员应当遵章守纪，服从带班下井领导的指挥和管理。

矿山企业没有领导带班下井的，矿山企业从业人员有权拒绝下井作业。从业人员在井下作业过程中，发现并确认带班下井领导无故提前升井的，经向班组长或者队长说明后有权提前升井。

矿山企业不得因从业人员依据前款规定拒绝下井或者提前升井而降低从业人员工资、福利等待遇或者解除与其订立的劳动合同。

第三章 监督检查

第十四条 安全生产监督管理部门应当将矿山企业领导带班下井制度的建立、执行、考核、奖惩等情况作为安全监管的重要内容，并将其纳入年度安全监管执法工作计划，定期进行检查。

第十五条 安全生产监督管理部门应当充分发挥电视、广播、报纸、网络等新闻媒体的作用，加强对本行政区域内矿山企业领导带班下井情况的社会监督。

第十六条 安全生产监督管理部门应当建立举报制度，公开举报电话、信箱或者电子邮件地址，受理有关举报；对于受理的举报，应当认真调查核实；经查证属实的，依法从重处罚。

第十七条 安全生产监督管理部门应当定期将矿山企业领导带班下井制度监督检查结果和处罚情况予以公告，接受社会监督。

第四章 法律责任

第十八条 矿山企业未按照规定建立健全领导带班下井制度或者未制定领导带班下井月度计划的，给予警告，并处3万元的罚款；对其主要负责人给予警告，并处1万元的罚款；情节严重的，依法暂扣其安全生产许可证，责令停产整顿。

第十九条 矿山企业存在下列行为之一的，责令限期整改，并处3万元的罚款；对其主要负责人给予警告，并处1万元的罚款：

（一）未制定领导带班下井制度的；

（二）未按照规定公告领导带班下井月度计划的；

（三）未按照规定公示领导带班下井月度计划完成情况的。

第二十条 矿山企业领导未按照规定填写带班下井交接班记录、带班下井登记档案，或者弄虚作假的，给予警告，并处1万元的罚款。

第二十一条 矿山企业领导未按照规定带班下井的，对矿山企业给予警告，处3万元的罚款；情节严重的，依法责令停产整顿；对违反规定的矿山企业领导按照擅离职守处理，并处1万元的罚款。

第二十二条 对发生生产安全事故而没有领导带班下井的矿山企业，依法责令停产整顿，暂扣或者吊销安全生产许可证，并依照下列规定处以罚款；情节严重的，提请有关人民政府依法予以关闭：

（一）发生一般事故，处50万元的罚款；

（二）发生较大事故，处100万元的罚款；

（三）发生重大事故，处500万元的罚款；

（四）发生特别重大事故，处2000万元的罚款。

第二十三条 对发生生产安全事故而没有领导带班下井的矿山企业，对其主要负责人依法暂扣或者吊销其安全资格证，并依照下列规定处以罚款：

（一）发生一般事故，处上一年年收入30%的罚款；

（二）发生较大事故，处上一年年收入40%的罚款；

（三）发生重大事故，处上一年年收入60%的罚款；

（四）发生特别重大事故，处上一年年收入80%的罚款。

对重大、特别重大生产安全事故负有主要责任的矿山企业，其主要负责人终身不得担任任何矿山企业的矿长（董事长、总经理）。

第五章 附 则

第二十四条 各省、自治区、直辖市人民政府安全生产监督管理部门可以根据实际情况制定实施细则，报国家安全生产监督管理总局备案。

第二十五条 为矿山企业提供采掘工程服务的采掘施工企业领导带班下井，按照本规定执行。

第二十六条 本办法自2010年11月15日起施行。

非煤矿矿山企业安全生产许可证实施办法

·2009年6月8日国家安全生产监管总局令第20号公布

·根据2015年5月26日《国家安全监管总局关于废止和修改非煤矿矿山领域九部规章的决定》修订

第一章 总 则

第一条 为了严格规范非煤矿矿山企业安全生产条件，做好非煤矿矿山企业安全生产许可证的颁发管理工作，根据《安全生产许可证条例》等法律、行政法规，制定本实施办法。

第二条 非煤矿矿山企业必须依照本实施办法的规定取得安全生产许可证。

未取得安全生产许可证的，不得从事生产活动。

第三条 非煤矿矿山企业安全生产许可证的颁发管理工作实行企业申请、两级发证、属地监管的原则。

第四条 国家安全生产监督管理总局指导、监督全国非煤矿矿山企业安全生产许可证的颁发管理工作，负责海洋石油天然气企业安全生产许可证的颁发和管理。

省、自治区、直辖市人民政府安全生产监督管理部门(以下简称省级安全生产许可证颁发管理机关)负责本行政区域内除本条第一款规定以外的非煤矿矿山企业安全生产许可证的颁发和管理。

省级安全生产许可证颁发管理机关可以委托设区的市级安全生产监督管理部门实施非煤矿矿山企业安全生产许可证的颁发管理工作；但中央管理企业所属非煤矿矿山的安全生产许可证颁发管理工作不得委托实施。

第五条 本实施办法所称的非煤矿矿山企业包括金属非金属矿山企业及其尾矿库、地质勘探单位、采掘施工企业、石油天然气企业。

金属非金属矿山企业，是指从事金属和非金属矿产资源开采活动的下列单位：

1. 专门从事矿产资源开采的生产单位；

2. 从事矿产资源开采、加工的联合生产企业及其矿山生产单位；

3. 其他非矿山企业中从事矿山生产的单位。

尾矿库，是指筑坝拦截谷口或者围地构成的，用以贮存金属非金属矿石选别后排出尾矿的场所，包括氧化铝厂赤泥库，不包括核工业矿山尾矿库及电厂灰渣库。

地质勘探单位，是指采用钻探工程、坑探工程对金属非金属矿产资源进行勘探作业的单位。

采掘施工企业，是指承担金属非金属矿山采掘工程施工的单位。

石油天然气企业，是指从事石油和天然气勘探、开发生产、储运的单位。

第二章 安全生产条件和申请

第六条 非煤矿矿山企业取得安全生产许可证，应当具备下列安全生产条件：

(一)建立健全主要负责人、分管负责人、安全生产管理人员、职能部门、岗位安全生产责任制；制定安全检查制度、职业危害预防制度、安全教育培训制度、生产安全事故管理制度、重大危险源监控和重大隐患整改制度、设备安全管理制度、安全生产档案管理制度、安全生产奖惩制度等规章制度；制定作业安全规程和各工种操作规程；

(二)安全投入符合安全生产要求，依照国家有关规定足额提取安全生产费用；

(三)设置安全生产管理机构，或者配备专职安全生产管理人员；

(四)主要负责人和安全生产管理人员经安全生产监督管理部门考核合格，取得安全资格证书；

(五)特种作业人员经有关业务主管部门考核合格，取得特种作业操作资格证书；

(六)其他从业人员依照规定接受安全生产教育和培训，并经考试合格；

(七)依法参加工伤保险，为从业人员缴纳保险费；

(八)制定防治职业危害的具体措施，并为从业人员配备符合国家标准或者行业标准的劳动防护用品；

(九)新建、改建、扩建工程项目依法进行安全评价，其安全设施经验收合格；

(十)危险性较大的设备、设施按照国家有关规定进行定期检测检验；

(十一)制定事故应急救援预案，建立事故应急救援组织，配备必要的应急救援器材、设备；生产规模较小可以不建立事故应急救援组织的，应当指定兼职的应急救援人员，并与邻近的矿山救护队或者其他应急救援组织签订救护协议；

(十二)符合有关国家标准、行业标准规定的其他条件。

第七条 海洋石油天然气企业申请领取安全生产许可证，向国家安全生产监督管理总局提出申请。

本条第一款规定以外的其他非煤矿矿山企业申请领取安全生产许可证，向企业所在地省级安全生产许可证颁发管理机关或其委托的设区的市级安全生产监督管理部门提出申请。

第八条 非煤矿矿山企业申请领取安全生产许可证，应当提交下列文件、资料：

(一)安全生产许可证申请书；

(二)工商营业执照复印件；

(三)采矿许可证复印件；

(四)各种安全生产责任制复印件；

(五)安全生产规章制度和操作规程目录清单；

(六)设置安全生产管理机构或者配备专职安全生

产管理人员的文件复印件；

（七）主要负责人和安全生产管理人员安全资格证书复印件；

（八）特种作业人员操作资格证书复印件；

（九）足额提取安全生产费用的证明材料；

（十）为从业人员缴纳工伤保险费的证明材料；因特殊情况不能办理工伤保险的，可以出具办理安全生产责任保险的证明材料；

（十一）涉及人身安全、危险性较大的海洋石油开采特种设备和矿山井下特种设备由具备相应资质的检测检验机构出具合格的检测检验报告，并取得安全使用证或者安全标志；

（十二）事故应急救援预案，设立事故应急救援组织的文件或者与矿山救护队、其他应急救援组织签订的救护协议；

（十三）矿山建设项目安全设施验收合格的书面报告。

第九条 非煤矿矿山企业总部申请领取安全生产许可证，不需要提交本实施办法第八条第（三）、（八）、（九）、（十）、（十一）、（十二）、（十三）项规定的文件、资料。

第十条 金属非金属矿山企业从事爆破作业的，除应当依照本实施办法第八条的规定提交相应文件、资料外，还应当提交《爆破作业单位许可证》。

第十一条 尾矿库申请领取安全生产许可证，不需要提交本实施办法第八条第（三）项规定的文件、资料。

第十二条 地质勘探单位申请领取安全生产许可证，不需要提交本实施办法第八条第（三）、（九）、（十三）项规定的文件、资料，但应当提交地质勘查资质证书复印件；从事爆破作业的，还应当提交《爆破作业单位许可证》。

第十三条 采掘施工企业申请领取安全生产许可证，不需要提交本实施办法第八条第（三）、（九）、（十三）项规定的文件、资料，但应当提交矿山工程施工相关资质证书复印件；从事爆破作业的，还应当提交《爆破作业单位许可证》。

第十四条 石油天然气勘探单位申请领取安全生产许可证，不需要提交本实施办法第八条第（三）、（十三）项规定的文件、资料；石油天然气管道储运单位申请领取安全生产许可证不需要提交本实施办法第八条第（三）项规定的文件、资料。

第十五条 非煤矿矿山企业应当对其向安全生产许可证颁发管理机关提交的文件、资料实质内容的真实性负责。

从事安全评价、检测检验的中介机构应当对其出具的安全评价报告、检测检验结果负责。

第三章 受理、审核和颁发

第十六条 安全生产许可证颁发管理机关对非煤矿矿山企业提交的申请书及文件、资料，应当依照下列规定分别处理：

（一）申请事项不属于本机关职权范围的，应当即时作出不予受理的决定，并告知申请人向有关机关申请；

（二）申请材料存在可以当场更正的错误的，应当允许或者要求申请人当场更正，并即时出具受理的书面凭证；

（三）申请材料不齐全或者不符合要求的，应当当场或者在5个工作日内一次性书面告知申请人需要补正的全部内容，逾期不告知的，自收到申请材料之日起即为受理；

（四）申请材料齐全、符合要求或者依照要求全部补正的，自收到申请材料或者全部补正材料之日起为受理。

第十七条 安全生产许可证颁发管理机关应当依照本实施办法规定的法定条件组织，对非煤矿矿山企业提交的申请材料进行审查，并在受理申请之日起45日内作出颁发或者不予颁发安全生产许可证的决定。安全生产许可证颁发管理机关认为有必要到现场对非煤矿矿山企业提交的申请材料进行复核的，应当到现场进行复核。复核时间不计算在本款规定的期限内。

对决定颁发的，安全生产许可证颁发管理机关应当自决定之日起10个工作日内送达或者通知申请人领取安全生产许可证；对决定不予颁发的，应当在10个工作日内书面通知申请人并说明理由。

第十八条 安全生产许可证颁发管理机关应当依照下列规定颁发非煤矿矿山企业安全生产许可证：

（一）对金属非金属矿山企业，向企业及其所属各独立生产系统分别颁发安全生产许可证；对于只有一个独立生产系统的企业，只向企业颁发安全生产许可证；

（二）对中央管理的陆上石油天然气企业，向企业总部直接管理的分公司、子公司以及下一级与油气勘探、开发生产、储运直接相关的生产作业单位分别颁发安全生产许可证；对设有分公司、子公司的地方石油天然气企业，向企业总部及其分公司、子公司颁发安全生产许可证；对其他陆上石油天然气企业，向具有法人资格的企业颁发安全生产许可证；

（三）对海洋石油天然气企业，向企业及其直接管理的分公司、子公司以及下一级与油气开发生产直接相关的生产作业单位、独立生产系统分别颁发安全生产许可证；对其他海洋石油天然气企业，向具有法人资格的企业颁发安全生产许可证；

（四）对地质勘探单位，向最下级具有企事业法人资格的单位颁发安全生产许可证。对采掘施工企业，向企业颁发安全生产许可证；

（五）对尾矿库单独颁发安全生产许可证。

第四章　安全生产许可证延期和变更

第十九条　安全生产许可证的有效期为3年。安全生产许可证有效期满后需要延期的，非煤矿矿山企业应当在安全生产许可证有效期届满前3个月向原安全生产许可证颁发管理机关申请办理延期手续，并提交下列文件、资料：

（一）延期申请书；

（二）安全生产许可证正本和副本；

（三）本实施办法第二章规定的相应文件、资料。

金属非金属矿山独立生产系统和尾矿库，以及石油天然气独立生产系统和作业单位还应当提交由具备相应资质的中介服务机构出具的合格的安全现状评价报告。

金属非金属矿山独立生产系统和尾矿库在提出延期申请之前6个月内经考评合格达到安全标准化等级的，可以不提交安全现状评价报告，但需要提交安全标准化等级的证明材料。

安全生产许可证颁发管理机关应当依照本实施办法第十六条、第十七条的规定，对非煤矿矿山企业提交的材料进行审查，并作出是否准予延期的决定。决定准予延期的，应当收回原安全生产许可证，换发新的安全生产许可证；决定不准予延期的，应当书面告知申请人并说明理由。

第二十条　非煤矿矿山企业符合下列条件的，当安全生产许可证有效期届满申请延期时，经原安全生产许可证颁发管理机关同意，不再审查，直接办理延期手续：

（一）严格遵守有关安全生产的法律法规的；

（二）取得安全生产许可证后，加强日常安全生产管理，未降低安全生产条件，并达到安全标准化等级二级以上的；

（三）接受安全生产许可证颁发管理机关及所在地人民政府安全生产监督管理部门的监督检查的；

（四）未发生死亡事故的。

第二十一条　非煤矿矿山企业在安全生产许可证有效期内有下列情形之一的，应当自工商营业执照变更之日起30个工作日内向原安全生产许可证颁发管理机关申请变更安全生产许可证：

（一）变更单位名称的；

（二）变更主要负责人的；

（三）变更单位地址的；

（四）变更经济类型的；

（五）变更许可范围的。

第二十二条　非煤矿矿山企业申请变更安全生产许可证时，应当提交下列文件、资料：

（一）变更申请书；

（二）安全生产许可证正本和副本；

（三）变更后的工商营业执照、采矿许可证复印件及变更说明材料。

变更本实施办法第二十一条第（二）项的，还应当提交变更后的主要负责人的安全资格证书复印件。

对已经受理的变更申请，安全生产许可证颁发管理机关对申请人提交的文件、资料审查无误后，应当在10个工作日内办理变更手续。

第二十三条　安全生产许可证申请书、审查书、延期申请书和变更申请书由国家安全生产监督管理总局统一格式。

第二十四条　非煤矿矿山企业安全生产许可证分为正本和副本，正本和副本具有同等法律效力，正本为悬挂式，副本为折页式。

非煤矿矿山企业安全生产许可证由国家安全生产监督管理总局统一印制和编号。

第五章　安全生产许可证的监督管理

第二十五条　非煤矿矿山企业取得安全生产许可证后，应当加强日常安全生产管理，不得降低安全生产条件，并接受所在地县级以上安全生产监督管理部门的监督检查。

第二十六条　地质勘探单位、采掘施工单位在登记注册的省、自治区、直辖市以外从事作业的，应当向作业所在地县级以上安全生产监督管理部门书面报告。

第二十七条　非煤矿矿山企业不得转让、冒用、买卖、出租、出借或者使用伪造的安全生产许可证。

第二十八条　非煤矿矿山企业发现在安全生产许可证有效期内采矿许可证到期失效的，应当在采矿许可证到期前15日内向原安全生产许可证颁发管理机关报告，并交回安全生产许可证正本和副本。

采矿许可证被暂扣、撤销、吊销和注销的，非煤矿矿山企业应当在暂扣、撤销、吊销和注销后5日内向原安全生产许可证颁发管理机关报告，并交回安全生产许可证正本和副本。

第二十九条 安全生产许可证颁发管理机关应当坚持公开、公平、公正的原则，严格依照本实施办法的规定审查、颁发安全生产许可证。

安全生产许可证颁发管理机关工作人员在安全生产许可证颁发、管理和监督检查工作中，不得索取或者接受非煤矿矿山企业的财物，不得谋取其他利益。

第三十条 安全生产许可证颁发管理机关发现有下列情形之一的，应当撤销已经颁发的安全生产许可证：

（一）超越职权颁发安全生产许可证的；

（二）违反本实施办法规定的程序颁发安全生产许可证的；

（三）不具备本实施办法规定的安全生产条件颁发安全生产许可证的；

（四）以欺骗、贿赂等不正当手段取得安全生产许可证的。

第三十一条 取得安全生产许可证的非煤矿矿山企业有下列情形之一的，安全生产许可证颁发管理机关应当注销其安全生产许可证：

（一）终止生产活动的；

（二）安全生产许可证被依法撤销的；

（三）安全生产许可证被依法吊销的。

第三十二条 非煤矿矿山企业隐瞒有关情况或者提供虚假材料申请安全生产许可证的，安全生产许可证颁发管理机关不予受理，该企业在 1 年内不得再次申请安全生产许可证。

非煤矿矿山企业以欺骗、贿赂等不正当手段取得安全生产许可证后被依法予以撤销的，该企业 3 年内不得再次申请安全生产许可证。

第三十三条 县级以上地方人民政府安全生产监督管理部门负责本行政区域内取得安全生产许可证的非煤矿矿山企业的日常监督检查，并将监督检查中发现的问题及时报告安全生产许可证颁发管理机关。中央管理的非煤矿矿山企业由设区的市级以上地方人民政府安全生产监督管理部门负责日常监督检查。

国家安全生产监督管理总局负责取得安全生产许可证的中央管理的非煤矿矿山企业总部和海洋石油天然气企业的日常监督检查。

第三十四条 安全生产许可证颁发管理机关每 6 个月向社会公布取得安全生产许可证的非煤矿矿山企业名单。

第三十五条 安全生产许可证颁发管理机关应当将非煤矿矿山企业安全生产许可证颁发管理情况通报非煤矿矿山企业所在地县级以上地方人民政府及其安全生产监督管理部门。

第三十六条 安全生产许可证颁发管理机关应当加强对非煤矿矿山企业安全生产许可证的监督管理，建立、健全非煤矿矿山企业安全生产许可证信息管理制度。

省级安全生产许可证颁发管理机关应当在安全生产许可证颁发之日起 1 个月内将颁发和管理情况录入到全国统一的非煤矿矿山企业安全生产许可证管理系统。

第三十七条 任何单位或者个人对违反《安全生产许可证条例》和本实施办法规定的行为，有权向安全生产许可证颁发管理机关或者监察机关等有关部门举报。

第六章 罚 则

第三十八条 安全生产许可证颁发管理机关工作人员有下列行为之一的，给予降级或者撤职的行政处分；构成犯罪的，依法追究刑事责任：

（一）向不符合本实施办法规定的安全生产条件的非煤矿矿山企业颁发安全生产许可证的；

（二）发现非煤矿矿山企业未依法取得安全生产许可证擅自从事生产活动，不依法处理的；

（三）发现取得安全生产许可证的非煤矿矿山企业不再具备本实施办法规定的安全生产条件，不依法处理的；

（四）接到对违反本实施办法规定行为的举报后，不及时处理的；

（五）在安全生产许可证颁发、管理和监督检查工作中，索取或者接受非煤矿矿山企业的财物，或者谋取其他利益的。

第三十九条 承担安全评价、认证、检测、检验工作的机构，出具虚假证明的，没收违法所得；违法所得在 10 万元以上的，并处违法所得 2 倍以上 5 倍以下的罚款；没有违法所得或者违法所得不足 10 万元的，单处或者并处 10 万元以上 20 万元以下的罚款；对其直接负责的主管人员和其他直接责任人员处 2 万元以上 5 万元以下的罚款；给他人造成损害的，与建设单位承担连带赔偿责任；构成犯罪的，依照刑法有关规定追究刑事责任。

对有前款违法行为的机构，吊销其相应资质。

第四十条 取得安全生产许可证的非煤矿矿山企业不再具备本实施办法第六条规定的安全生产条件之一的，应当暂扣或者吊销其安全生产许可证。

第四十一条 取得安全生产许可证的非煤矿矿山企

业有下列行为之一的，吊销其安全生产许可证：

（一）倒卖、出租、出借或者以其他形式非法转让安全生产许可证的；

（二）暂扣安全生产许可证后未按期整改或者整改后仍不具备安全生产条件的。

第四十二条 非煤矿矿山企业有下列行为之一的，责令停止生产，没收违法所得，并处10万元以上50万元以下的罚款：

（一）未取得安全生产许可证，擅自进行生产的；

（二）接受转让的安全生产许可证的；

（三）冒用安全生产许可证的；

（四）使用伪造的安全生产许可证的。

第四十三条 非煤矿矿山企业在安全生产许可证有效期内出现采矿许可证有效期届满和采矿许可证被暂扣、撤销、吊销、注销的情况，未依照本实施办法第二十八条的规定向安全生产许可证颁发管理机关报告并交回安全生产许可证的，处1万元以上3万元以下罚款。

第四十四条 非煤矿矿山企业在安全生产许可证有效期内，出现需要变更安全生产许可证的情形，未按本实施办法第二十一条的规定申请、办理变更手续的，责令限期办理变更手续，并处1万元以上3万元以下罚款。

地质勘探单位、采掘施工单位在登记注册地以外进行跨省作业，未按照本实施办法第二十六条的规定书面报告的，责令限期办理书面报告手续，并处1万元以上3万元以下的罚款。

第四十五条 非煤矿矿山企业在安全生产许可证有效期满未办理延期手续，继续进行生产的，责令停止生产，限期补办延期手续，没收违法所得，并处5万元以上10万元以下的罚款；逾期仍不办理延期手续，继续进行生产的，依照本实施办法第四十二条的规定处罚。

第四十六条 非煤矿矿山企业转让安全生产许可证的，没收违法所得，并处10万元以上50万元以下的罚款。

第四十七条 本实施办法规定的行政处罚，由安全生产许可证颁发管理机关决定。安全生产许可证颁发管理机关可以委托县级以上安全生产监督管理部门实施行政处罚。但撤销、吊销安全生产许可证和撤销有关资格的行政处罚除外。

第七章 附 则

第四十八条 本实施办法所称非煤矿矿山企业独立生产系统，是指具有相对独立的采掘生产系统及通风、运输（提升）、供配电、防排水等辅助系统的作业单位。

第四十九条 危险性较小的地热、温泉、矿泉水、卤水、砖瓦用粘土等资源开采活动的安全生产许可，由省级安全生产许可证颁发管理机关决定。

第五十条 同时开采煤炭与金属非金属矿产资源且以煤炭、煤层气为主采矿种的煤系矿山企业应当申请领取煤矿企业安全生产许可证，不再申请领取非煤矿矿山企业安全生产许可证。

第五十一条 本实施办法自公布之日起施行。2004年5月17日原国家安全生产监督管理局（国家煤矿安全监察局）公布的《非煤矿山企业安全生产许可证实施办法》同时废止。

非煤矿山外包工程安全管理暂行办法

· 2013年8月23日国家安全生产监管总局令第62号公布

· 根据2015年5月26日《国家安全监管总局关于废止和修改非煤矿矿山领域九部规章的决定》修订

第一章 总 则

第一条 为了加强非煤矿山外包工程的安全管理和监督，明确安全生产责任，防止和减少生产安全事故（以下简称事故），依据《中华人民共和国安全生产法》、《中华人民共和国矿山安全法》和其他有关法律、行政法规，制定本办法。

第二条 在依法批准的矿区范围内，以外包工程的方式从事金属非金属矿山的勘探、建设、生产、闭坑等工程施工作业活动，以及石油天然气的勘探、开发、储运等工程与技术服务活动的安全管理和监督，适用本办法。

从事非煤矿山各类房屋建筑及其附属设施的建造和安装，以及露天采矿场矿区范围以外地面交通建设的外包工程的安全管理和监督，不适用本办法。

第三条 非煤矿山外包工程（以下简称外包工程）的安全生产，由发包单位负主体责任，承包单位对其施工现场的安全生产负责。

外包工程有多个承包单位的，发包单位应当对多个承包单位的安全生产工作实施统一协调、管理，定期进行安全检查，发现安全问题的，应当及时督促整改。

第四条 承担外包工程的勘察单位、设计单位、监理单位、技术服务机构及其他有关单位应当依照法律、法规、规章和国家标准、行业标准的规定，履行各自的安全生产职责，承担相应的安全生产责任。

第五条 非煤矿山企业应当建立外包工程安全生产的激励和约束机制，提升非煤矿山外包工程安全生产管理水平。

第二章　发包单位的安全生产职责

第六条　发包单位应当依法设置安全生产管理机构或者配备专职安全生产管理人员，对外包工程的安全生产实施管理和监督。

发包单位不得擅自压缩外包工程合同约定的工期，不得违章指挥或者强令承包单位及其从业人员冒险作业。

发包单位应当依法取得非煤矿山安全生产许可证。

第七条　发包单位应当审查承包单位的非煤矿山安全生产许可证和相应资质，不得将外包工程发包给不具备安全生产许可证和相应资质的承包单位。

承包单位的项目部承担施工作业的，发包单位除审查承包单位的安全生产许可证和相应资质外，还应当审查项目部的安全生产管理机构、规章制度和操作规程、工程技术人员、主要设备设施、安全教育培训和负责人、安全生产管理人员、特种作业人员持证上岗等情况。

承担施工作业的项目部不符合本办法第二十一条规定的安全生产条件的，发包单位不得向该承包单位发包工程。

第八条　发包单位应当与承包单位签订安全生产管理协议，明确各自的安全生产管理职责。安全生产管理协议应当包括下列内容：

（一）安全投入保障；

（二）安全设施和施工条件；

（三）隐患排查与治理；

（四）安全教育与培训；

（五）事故应急救援；

（六）安全检查与考评；

（七）违约责任。

安全生产管理协议的文本格式由国家安全生产监督管理总局另行制定。

第九条　发包单位是外包工程安全投入的责任主体，应当按照国家有关规定和合同约定及时、足额向承包单位提供保障施工作业安全所需的资金，明确安全投入项目和金额，并监督承包单位落实到位。

对合同约定以外发生的隐患排查治理和地下矿山通风、支护、防治水等所需的费用，发包单位应当提供合同价款以外的资金，保障安全生产需要。

第十条　石油天然气总发包单位、分项发包单位以及金属非金属矿山总发包单位，应当每半年对其承包单位的施工资质、安全生产管理机构、规章制度和操作规程、施工现场安全管理和履行本办法第二十七条规定的信息报告义务等情况进行一次检查；发现承包单位存在安全生产问题的，应当督促其立即整改。

第十一条　金属非金属矿山分项发包单位，应当将承包单位及其项目部纳入本单位的安全管理体系，实行统一管理，重点加强对地下矿山领导带班下井、地下矿山从业人员出入井统计、特种作业人员、民用爆炸物品、隐患排查与治理、职业病防护等管理，并对外包工程的作业现场实施全过程监督检查。

第十二条　金属非金属矿山总发包单位对地下矿山一个生产系统进行分项发包的，承包单位原则上不得超过3家，避免相互影响生产、作业安全。

前款规定的发包单位在地下矿山正常生产期间，不得将主通风、主提升、供排水、供配电、主供风系统及其设备设施的运行管理进行分项发包。

第十三条　发包单位应当向承包单位进行外包工程的技术交底，按照合同约定向承包单位提供与外包工程安全生产相关的勘察、设计、风险评价、检测检验和应急救援等资料，并保证资料的真实性、完整性和有效性。

第十四条　发包单位应当建立健全外包工程安全生产考核机制，对承包单位每年至少进行一次安全生产考核。

第十五条　发包单位应当按照国家有关规定建立应急救援组织，编制本单位事故应急预案，并定期组织演练。

外包工程实行总发包的，发包单位应当督促总承包单位统一组织编制外包工程事故应急预案；实行分项发包的，发包单位应当将承包单位编制的外包工程现场应急处置方案纳入本单位应急预案体系，并定期组织演练。

第十六条　发包单位在接到外包工程事故报告后，应当立即启动相关事故应急预案，或者采取有效措施，组织抢救，防止事故扩大，并依照《生产安全事故报告和调查处理条例》的规定，立即如实地向事故发生地县级以上人民政府安全生产监督管理部门和负有安全生产监督管理职责的有关部门报告。

外包工程发生事故的，其事故数据纳入发包单位的统计范围。

发包单位和承包单位应当根据事故调查报告及其批复承担相应的事故责任。

第三章　承包单位的安全生产职责

第十七条　承包单位应当依照有关法律、法规、规章和国家标准、行业标准的规定，以及承包合同和安全生产管理协议的约定，组织施工作业，确保安全生产。

承包单位有权拒绝发包单位的违章指挥和强令冒险作业。

第十八条 外包工程实行总承包的，总承包单位对施工现场的安全生产负总责；分项承包单位按照分包合同的约定对总承包单位负责。总承包单位和分项承包单位对分包工程的安全生产承担连带责任。

总承包单位依法将外包工程分包给其他单位的，其外包工程的主体部分应当由总承包单位自行完成。

禁止承包单位转包其承揽的外包工程。禁止分项承包单位将其承揽的外包工程再次分包。

第十九条 承包单位应当依法取得非煤矿山安全生产许可证和相应等级的施工资质，并在其资质范围内承包工程。

承包金属非金属矿山建设和闭坑工程的资质等级，应当符合《建筑业企业资质等级标准》的规定。

承包金属非金属矿山生产、作业工程的资质等级，应当符合下列要求：

（一）总承包大型地下矿山工程和深凹露天、高陡边坡及地质条件复杂的大型露天矿山工程的，具备矿山工程施工总承包二级以上（含本级，下同）施工资质；

（二）总承包中型、小型地下矿山工程的，具备矿山工程施工总承包三级以上施工资质；

（三）总承包其他露天矿山工程和分项承包金属非金属矿山工程的，具备矿山工程施工总承包或者相关的专业承包资质，具体规定由省级人民政府安全生产监督管理部门制定。

承包尾矿库外包工程的资质，应当符合《尾矿库安全监督管理规定》。

承包金属非金属矿山地质勘探工程的资质等级，应当符合《金属与非金属矿产资源地质勘探安全生产监督管理暂行规定》。

承包石油天然气勘探、开发工程的资质等级，由国家安全生产监督管理总局或者国务院有关部门按照各自的管理权限确定。

第二十条 承包单位应当加强对所属项目部的安全管理，每半年至少进行一次安全生产检查，对项目部人员每年至少进行一次安全生产教育培训与考核。

禁止承包单位以转让、出租、出借资质证书等方式允许他人以本单位的名义承揽工程。

第二十一条 承包单位及其项目部应当根据承揽工程的规模和特点，依法健全安全生产责任体系，完善安全生产管理基本制度，设置安全生产管理机构，配备专职安全生产管理人员和有关工程技术人员。

承包地下矿山工程的项目部应当配备与工程施工作业相适应的专职工程技术人员，其中至少有1名注册安全工程师或者具有5年以上井下工作经验的安全生产管理人员。项目部具备初中以上文化程度的从业人员比例应当不低于50%。

项目部负责人应当取得安全生产管理人员安全资格证。承包地下矿山工程的项目部负责人不得同时兼任其他工程的项目部负责人。

第二十二条 承包单位应当依照法律、法规、规章的规定以及承包合同和安全生产管理协议的约定，及时将发包单位投入的安全资金落实到位，不得挪作他用。

第二十三条 承包单位应当依照有关规定制定施工方案，加强现场作业安全管理，及时发现并消除事故隐患，落实各项规章制度和安全操作规程。

承包单位发现事故隐患后应当立即治理；不能立即治理的应当采取必要的防范措施，并及时书面报告发包单位协商解决，消除事故隐患。

地下矿山工程承包单位及其项目部的主要负责人和领导班子其他成员应当严格依照《金属非金属地下矿山企业领导带班下井及监督检查暂行规定》执行带班下井制度。

第二十四条 承包单位应当接受发包单位组织的安全生产培训与指导，加强对本单位从业人员的安全生产教育和培训，保证从业人员掌握必需的安全生产知识和操作技能。

第二十五条 外包工程实行总承包的，总承包单位应当统一组织编制外包工程应急预案。总承包单位和分项承包单位应当按照国家有关规定和应急预案的要求，分别建立应急救援组织或者指定应急救援人员，配备救援设备设施和器材，并定期组织演练。

外包工程实行分项承包的，分项承包单位应当根据建设工程施工的特点、范围以及施工现场容易发生事故的部位和环节，编制现场应急处置方案，并配合发包单位定期进行演练。

第二十六条 外包工程发生事故后，事故现场有关人员应当立即向承包单位及项目部负责人报告。

承包单位及项目部负责人接到事故报告后，应当立即如实地向发包单位报告，并启动相应的应急预案，采取有效措施，组织抢救，防止事故扩大。

第二十七条 承包单位在登记注册地以外的省、自治区、直辖市从事施工作业的，应当向作业所在地的县级人民政府安全生产监督管理部门书面报告外包工程概况和本单位资质等级、主要负责人、安全生产管理人员、特种作业人员、主要安全设施设备等情况，并接受其监督检查。

第四章　监督管理

第二十八条　承包单位发生较大以上责任事故或者一年内发生三起以上一般事故的，事故发生地的省级人民政府安全生产监督管理部门应当向承包单位登记注册地的省级人民政府安全生产监督管理部门通报。

发生重大以上事故的，事故发生地省级人民政府安全生产监督管理部门应当邀请承包单位的安全生产许可证颁发机关参加事故调查处理工作。

第二十九条　安全生产监督管理部门应当加强对外包工程的安全生产监督检查，重点检查下列事项：

（一）发包单位非煤矿山安全生产许可证、安全生产管理协议、安全投入等情况；

（二）承包单位的施工资质、应当依法取得的非煤矿山安全生产许可证、安全投入落实、承包单位及其项目部的安全生产管理机构、技术力量配备、相关人员的安全资格和持证等情况；

（三）违法发包、转包、分项发包等行为。

第三十条　安全生产监督管理部门应当建立外包工程安全生产信息平台，将承包单位取得有关许可、施工资质和承揽工程、发生事故等情况载入承包单位安全生产业绩档案，实施安全生产信誉评定和公告制度。

第三十一条　外包工程发生事故的，事故数据应当纳入事故发生地的统计范围。

第五章　法律责任

第三十二条　发包单位违反本办法第六条的规定，违章指挥或者强令承包单位及其从业人员冒险作业的，责令改正，处2万元以上3万元以下的罚款；造成损失的，依法承担赔偿责任。

第三十三条　发包单位与承包单位、总承包单位与分项承包单位未依照本办法第八条规定签订安全生产管理协议的，责令限期改正，可以处5万元以下的罚款，对其直接负责的主管人员和其他直接责任人员可以处以1万元以下罚款；逾期未改正的，责令停产停业整顿。

第三十四条　有关发包单位有下列行为之一的，责令限期改正，给予警告，并处1万元以上3万元以下的罚款：

（一）违反本办法第十条、第十四条的规定，未对承包单位实施安全生产监督检查或者考核的；

（二）违反本办法第十一条的规定，未将承包单位及其项目部纳入本单位的安全管理体系，实行统一管理的；

（三）违反本办法第十三条的规定，未向承包单位进行外包工程技术交底，或者未按照合同约定向承包单位提供有关资料的。

第三十五条　对地下矿山实行分项发包的发包单位违反本办法第十二条的规定，在地下矿山正常生产期间，将主通风、主提升、供排水、供配电、主供风系统及其设备设施的运行管理进行分项发包的，责令限期改正，处2万元以上3万元以下罚款。

第三十六条　承包地下矿山工程的项目部负责人违反本办法第二十一条的规定，同时兼任其他工程的项目部负责人的，责令限期改正，处5000元以上1万元以下罚款。

第三十七条　承包单位违反本办法第二十二条的规定，将发包单位投入的安全资金挪作他用的，责令限期改正，给予警告，并处1万元以上3万元以下罚款。

承包单位未按照本办法第二十三条的规定排查治理事故隐患的，责令立即消除或者限期消除；承包单位拒不执行的，责令停产停业整顿，并处10万元以上50万元以下的罚款，对其直接负责的主管人员和其他直接责任人员处2万元以上5万元以下的罚款。

第三十八条　承包单位违反本办法第二十条规定对项目部疏于管理，未定期对项目部人员进行安全生产教育培训与考核或者未对项目部进行安全生产检查的，责令限期改正，可以处5万元以下的罚款；逾期未改正的，责令停产停业整顿，并处5万元以上10万元以下的罚款，对其直接负责的主管人员和其他直接责任人员处1万元以上2万元以下的罚款。

承包单位允许他人以本单位的名义承揽工程的，移送有关部门依法处理。

第三十九条　承包单位违反本办法第二十七条的规定，在登记注册的省、自治区、直辖市以外从事施工作业，未向作业所在地县级人民政府安全生产监督管理部门书面报告本单位取得有关许可和施工资质，以及所承包工程情况的，责令限期改正，处1万元以上3万元以下的罚款。

第四十条　安全生产监督管理部门的行政执法人员在外包工程安全监督管理过程中滥用职权、玩忽职守、徇私舞弊的，依照有关规定给予处分；构成犯罪的，依法追究刑事责任。

第四十一条　本办法规定的行政处罚，由县级人民政府以上安全生产监督管理部门实施。

有关法律、行政法规、规章对非煤矿山外包工程安全生产违法行为的行政处罚另有规定的，依照其规定。

第六章　附　则

第四十二条　本办法下列用语的含义：

（一）非煤矿山，是指金属矿、非金属矿、水气矿和除煤矿以外的能源矿，以及石油天然气管道储运（不含成品油管道）及其附属设施的总称；

（二）金属非金属矿山，是指金属矿、非金属矿、水气矿和除煤矿、石油天然气以外的能源矿，以及选矿厂、尾矿库、排土场等矿山附属设施的总称；

（三）外包工程，是指发包单位与本单位以外的承包单位签订合同，由承包单位承揽与矿产资源开采活动有关的工程、作业活动或者技术服务项目；

（四）发包单位，是指将矿产资源开采活动有关的工程、作业活动或者技术服务项目，发包给外单位施工的非煤矿山企业；

（五）分项发包，是指发包单位将矿产资源开采活动有关的工程、作业活动或者技术服务项目，分为若干部分发包给若干承包单位进行施工的行为；

（六）总承包单位，是指整体承揽矿产资源开采活动或者独立生产系统的所有工程、作业活动或者技术服务项目的承包单位；

（七）承包单位，是指承揽矿产资源开采活动有关的工程、作业活动或者技术服务项目的单位；

（八）项目部，是指承包单位在承揽工程所在地设立的，负责其所承揽工程施工的管理机构；

（九）生产期间，是指新建矿山正式投入生产后或者矿山改建、扩建时仍然进行生产，并规模出产矿产品的时期。

第四十三条　省、自治区、直辖市人民政府安全生产监督管理部门可以根据本办法制定实施细则，并报国家安全生产监督管理总局备案。

第四十四条　本办法自2013年10月1日起施行。

尾矿库安全监督管理规定

· 2011年5月4日国家安全生产监管总局令第38号公布
· 根据2015年5月26日《国家安全监管总局关于废止和修改非煤矿矿山领域九部规章的决定》修订

第一章　总　则

第一条　为了预防和减少尾矿库生产安全事故，保障人民群众生命和财产安全，根据《安全生产法》、《矿山安全法》等有关法律、行政法规，制定本规定。

第二条　尾矿库的建设、运行、回采、闭库及其安全管理与监督工作，适用本规定。

核工业矿山尾矿库、电厂灰渣库的安全监督管理工作，不适用本规定。

第三条　尾矿库建设、运行、回采、闭库的安全技术要求以及尾矿库等别划分标准，按照《尾矿库安全技术规程》（AQ2006-2005）执行。

第四条　尾矿库生产经营单位（以下简称生产经营单位）应当建立健全尾矿库安全生产责任制，建立健全安全生产规章制度和安全技术操作规程，对尾矿库实施有效的安全管理。

第五条　生产经营单位应当保证尾矿库具备安全生产条件所必需的资金投入，建立相应的安全管理机构或者配备相应的安全管理人员、专业技术人员。

第六条　生产经营单位主要负责人和安全管理人员应当依照有关规定经培训考核合格并取得安全资格证书。

直接从事尾矿库放矿、筑坝、巡坝、排洪和排渗设施操作的作业人员必须取得特种作业操作证书，方可上岗作业。

第七条　国家安全生产监督管理总局负责在国务院规定的职责范围内对有关尾矿库建设项目进行安全设施设计审查。

前款规定以外的其他尾矿库建设项目安全设施设计审查，由省级安全生产监督管理部门按照分级管理的原则作出规定。

第八条　鼓励生产经营单位应用尾矿库在线监测、尾矿充填、干式排尾、尾矿综合利用等先进适用技术。

一等、二等、三等尾矿库应当安装在线监测系统。

鼓励生产经营单位将尾矿回采再利用后进行回填。

第二章　尾矿库建设

第九条　尾矿库建设项目包括新建、改建、扩建以及回采、闭库的尾矿库建设工程。

尾矿库建设项目安全设施设计审查与竣工验收应当符合有关法律、行政法规的规定。

第十条　尾矿库的勘察单位应当具有矿山工程或者岩土工程类勘察资质。设计单位应当具有金属非金属矿山工程设计资质。安全评价单位应当具有尾矿库评价资质。施工单位应当具有矿山工程施工资质。施工监理单位应当具有矿山工程监理资质。

尾矿库的勘察、设计、安全评价、施工、监理等单位除符合前款规定外，还应当按照尾矿库的等别符合下列规定：

（一）一等、二等、三等尾矿库建设项目，其勘察、设计、安全评价、监理单位具有甲级资质，施工单位具有总承包一级或者特级资质；

（二）四等、五等尾矿库建设项目，其勘察、设计、安全评价、监理单位具有乙级或者乙级以上资质，施工单位具有总承包三级或者三级以上资质，或者专业承包一级、二级资质。

第十一条　尾矿库建设项目应当进行安全设施设计，对尾矿库库址及尾矿坝稳定性、尾矿库防洪能力、排洪设施和安全观测设施的可靠性进行充分论证。

第十二条　尾矿库库址应当由设计单位根据库容、坝高、库区地形条件、水文地质、气象、下游居民区和重要工业构筑物等情况，经科学论证后，合理确定。

第十三条　尾矿库建设项目应当进行安全设施设计并经安全生产监督管理部门审查批准后方可施工。无安全设施设计或者安全设施设计未经审查批准的，不得施工。

严禁未经设计并审查批准擅自加高尾矿库坝体。

第十四条　尾矿库施工应当执行有关法律、行政法规和国家标准、行业标准的规定，严格按照设计施工，确保工程质量，并做好施工记录。

生产经营单位应当建立尾矿库工程档案和日常管理档案，特别是隐蔽工程档案、安全检查档案和隐患排查治理档案，并长期保存。

第十五条　施工中需要对设计进行局部修改的，应当经原设计单位同意；对涉及尾矿库库址、等别、排洪方式、尾矿坝坝型等重大设计变更的，应当报原审批部门批准。

第十六条　尾矿库建设项目安全设施试运行应当向安全生产监督管理部门书面报告，试运行时间不得超过6个月，且尾砂排放不得超过初期坝坝顶标高。试运行结束后，建设单位应当组织安全设施竣工验收，并形成书面报告备查。

安全生产监督管理部门应当加强对建设单位验收活动和验收结果的监督核查。

第十七条　尾矿库建设项目安全设施经验收合格后，生产经营单位应当及时按照《非煤矿矿山企业安全生产许可证实施办法》的有关规定，申请尾矿库安全生产许可证。未依法取得安全生产许可证的尾矿库，不得投入生产运行。

生产经营单位在申请尾矿库安全生产许可证时，对于验收申请时已提交的符合颁证条件的文件、资料可以不再提交；安全生产监督管理部门在审核颁发安全生产许可证时，可以不再审查。

第三章　尾矿库运行

第十八条　对生产运行的尾矿库，未经技术论证和安全生产监督管理部门的批准，任何单位和个人不得对下列事项进行变更：

（一）筑坝方式；

（二）排放方式；

（三）尾矿物化特性；

（四）坝型、坝外坡坡比、最终堆积标高和最终坝轴线的位置；

（五）坝体防渗、排渗及反滤层的设置；

（六）排洪系统的型式、布置及尺寸；

（七）设计以外的尾矿、废料或者废水进库等。

第十九条　尾矿库应当每三年至少进行一次安全现状评价。安全现状评价应当符合国家标准或者行业标准的要求。

尾矿库安全现状评价工作应当有能够进行尾矿坝稳定性验算、尾矿库水文计算、构筑物计算的专业技术人员参加。

上游式尾矿坝堆积至二分之一至三分之二最终设计坝高时，应当对坝体进行一次全面勘察，并进行稳定性专项评价。

第二十条　尾矿库经安全现状评价或者专家论证被确定为危库、险库和病库的，生产经营单位应当分别采取下列措施：

（一）确定为危库的，应当立即停产，进行抢险，并向尾矿库所在地县级人民政府、安全生产监督管理部门和上级主管单位报告；

（二）确定为险库的，应当立即停产，在限定的时间内消除险情，并向尾矿库所在地县级人民政府、安全生产监督管理部门和上级主管单位报告；

（三）确定为病库的，应当在限定的时间内按照正常库标准进行整治，消除事故隐患。

第二十一条　生产经营单位应当建立健全防汛责任制，实施24小时监测监控和值班值守，并针对可能发生的垮坝、漫顶、排洪设施损毁等生产安全事故和影响尾矿库运行的洪水、泥石流、山体滑坡、地震等重大险情制定并及时修订应急救援预案，配备必要的应急救援器材、设备，放置在便于应急时使用的地方。

应急预案应当按照规定报相应的安全生产监督管理

部门备案,并每年至少进行一次演练。

第二十二条 生产经营单位应当编制尾矿库年度、季度作业计划,严格按照作业计划生产运行,做好记录并长期保存。

第二十三条 生产经营单位应当建立尾矿库事故隐患排查治理制度,按照本规定和《尾矿库安全技术规程》的规定,及时发现并消除事故隐患。事故隐患排查治理情况应当如实记录,建立隐患排查治理档案,并向从业人员通报。

第二十四条 尾矿库出现下列重大险情之一的,生产经营单位应当按照安全监管权限和职责立即报告当地县级安全生产监督管理部门和人民政府,并启动应急预案,进行抢险:

(一)坝体出现严重的管涌、流土等现象的;

(二)坝体出现严重裂缝、坍塌和滑动迹象的;

(三)库内水位超过限制的最高洪水位的;

(四)在用排水井倒塌或者排水管(洞)坍塌堵塞的;

(五)其他危及尾矿库安全的重大险情。

第二十五条 尾矿库发生坝体坍塌、洪水漫顶等事故时,生产经营单位应当立即启动应急预案,进行抢险,防止事故扩大,避免和减少人员伤亡及财产损失,并立即报告当地县级安全生产监督管理部门和人民政府。

第二十六条 未经生产经营单位进行技术论证并同意,以及尾矿库建设项目安全设施设计原审批部门批准,任何单位和个人不得在库区从事爆破、采砂、地下采矿等危害尾矿库安全的作业。

第四章 尾矿库回采和闭库

第二十七条 尾矿回采再利用工程应当进行回采勘察、安全预评价和回采设计,回采设计应当包括安全设施设计,并编制安全专篇。

回采安全设施设计应当报安全生产监督管理部门审查批准。

生产经营单位应当按照回采设计实施尾矿回采,并在尾矿回采期间进行日常安全管理和检查,防止尾矿回采作业对尾矿坝安全造成影响。

尾矿全部回采后不再进行排尾作业的,生产经营单位应当及时报安全生产监督管理部门履行尾矿库注销手续。具体办法由省级安全生产监督管理部门制定。

第二十八条 尾矿库运行到设计最终标高或者不再进行排尾作业的,应当在一年内完成闭库。特殊情况不能按期完成闭库的,应当报经相应的安全生产监督管理部门同意后方可延期,但延长期限不得超过6个月。

库容小于10万立方米且总坝高低于10米的小型尾矿库闭库程序,由省级安全生产监督管理部门根据本地实际制定。

第二十九条 尾矿库运行到设计最终标高的前12个月内,生产经营单位应当进行闭库前的安全现状评价和闭库设计,闭库设计应当包括安全设施设计。

闭库安全设施设计应当经有关安全生产监督管理部门审查批准。

第三十条 尾矿库闭库工程安全设施验收,应当具备下列条件:

(一)尾矿库已停止使用;

(二)尾矿库闭库工程安全设施设计已经有关安全生产监督管理部门审查批准;

(三)有完备的闭库工程安全设施施工记录、竣工报告、竣工图和施工监理报告等;

(四)法律、行政法规和国家标准、行业标准规定的其他条件。

第三十一条 尾矿库闭库工程安全设施验收应当审查下列内容及资料:

(一)尾矿库库址所在行政区域位置、占地面积及尾矿库下游村庄、居民等情况;

(二)尾矿库建设和运行时间以及在建设和运行中曾经出现过的重大问题及其处理措施;

(三)尾矿库主要技术参数,包括初期坝结构、筑坝材料、堆坝方式、坝高、总库容、尾矿坝外坡坡比、尾矿粒度、尾矿堆积量、防洪排水型式等;

(四)闭库工程安全设施设计及审批文件;

(五)闭库工程安全设施设计的主要工程措施和闭库工程施工概况;

(六)闭库工程安全验收评价报告;

(七)闭库工程安全设施竣工报告及竣工图;

(八)施工监理报告;

(九)其他相关资料。

第三十二条 尾矿库闭库工作及闭库后的安全管理由原生产经营单位负责。对解散或者关闭破产的生产经营单位,其已关闭或者废弃的尾矿库的管理工作,由生产经营单位出资人或其上级主管单位负责;无上级主管单位或者出资人不明确的,由安全生产监督管理部门提请县级以上人民政府指定管理单位。

第五章 监督管理

第三十三条 安全生产监督管理部门应当严格按照有关法律、行政法规、国家标准、行业标准以及本规定要求和“分级属地”的原则，进行尾矿库建设项目安全设施设计审查；不符合规定条件的，不得批准。审查不得收取费用。

第三十四条　安全生产监督管理部门应当建立本行政区域内尾矿库安全生产监督检查档案，记录监督检查结果、生产安全事故及违法行为查处等情况。

第三十五条　安全生产监督管理部门应当加强对尾矿库生产经营单位安全生产的监督检查，对检查中发现的事故隐患和违法违规生产行为，依法作出处理。

第三十六条　安全生产监督管理部门应当建立尾矿库安全生产举报制度，公开举报电话、信箱或者电子邮件地址，受理有关举报；对受理的举报，应当认真调查核实；经查证属实的，应当依法作出处理。

第三十七条　安全生产监督管理部门应当加强本行政区域内生产经营单位应急预案的备案管理，并将尾矿库事故应急救援纳入地方各级人民政府应急救援体系。

第六章　法律责任

第三十八条　安全生产监督管理部门的工作人员，未依法履行尾矿库安全监督管理职责的，依照有关规定给予行政处分。

第三十九条　生产经营单位或者尾矿库管理单位违反本规定第八条第二款、第十九条、第二十条、第二十一条、第二十二条、第二十四条、第二十六条、第二十九条第一款规定的，给予警告，并处1万元以上3万元以下的罚款；对主管人员和直接责任人员由其所在单位或者上级主管单位给予行政处分；构成犯罪的，依法追究刑事责任。

生产经营单位或者尾矿库管理单位违反本规定第二十三条规定的，依照《安全生产法》实施处罚。

第四十条　生产经营单位或者尾矿库管理单位违反本规定第十八条规定的，给予警告，并处3万元的罚款；情节严重的，依法责令停产整顿或者提请县级以上地方人民政府按照规定权限予以关闭。

第四十一条　生产经营单位违反本规定第二十八条第一款规定不主动实施闭库的，给予警告，并处3万元的罚款。

第四十二条　本规定规定的行政处罚由安全生产监督管理部门决定。

法律、行政法规对行政处罚决定机关和处罚种类、幅度另有规定的，依照其规定。

第七章　附　则

第四十三条　本规定自2011年7月1日起施行。国家安全生产监督管理总局2006年公布的《尾矿库安全监督管理规定》（国家安全生产监督管理总局令第6号）同时废止。

十、危险化学品、有毒物品安全管理

危险化学品安全管理条例

· 2002年1月26日中华人民共和国国务院令第344号公布
· 2011年3月2日中华人民共和国国务院令第591号修订通过
· 根据2013年12月7日《国务院关于修改部分行政法规的决定》修订

第一章 总 则

第一条 为了加强危险化学品的安全管理，预防和减少危险化学品事故，保障人民群众生命财产安全，保护环境，制定本条例。

第二条 危险化学品生产、储存、使用、经营和运输的安全管理，适用本条例。

废弃危险化学品的处置，依照有关环境保护的法律、行政法规和国家有关规定执行。

第三条 本条例所称危险化学品，是指具有毒害、腐蚀、爆炸、燃烧、助燃等性质，对人体、设施、环境具有危害的剧毒化学品和其他化学品。

危险化学品目录，由国务院安全生产监督管理部门会同国务院工业和信息化、公安、环境保护、卫生、质量监督检验检疫、交通运输、铁路、民用航空、农业主管部门，根据化学品危险特性的鉴别和分类标准确定、公布，并适时调整。

第四条 危险化学品安全管理，应当坚持安全第一、预防为主、综合治理的方针，强化和落实企业的主体责任。

生产、储存、使用、经营、运输危险化学品的单位（以下统称危险化学品单位）的主要负责人对本单位的危险化学品安全管理工作全面负责。

危险化学品单位应当具备法律、行政法规规定和国家标准、行业标准要求的安全条件，建立、健全安全管理规章制度和岗位安全责任制度，对从业人员进行安全教育、法制教育和岗位技术培训。从业人员应当接受教育和培训，考核合格后上岗作业；对有资格要求的岗位，应当配备依法取得相应资格的人员。

第五条 任何单位和个人不得生产、经营、使用国家禁止生产、经营、使用的危险化学品。

国家对危险化学品的使用有限制性规定的，任何单位和个人不得违反限制性规定使用危险化学品。

第六条 对危险化学品的生产、储存、使用、经营、运输实施安全监督管理的有关部门（以下统称负有危险化学品安全监督管理职责的部门），依照下列规定履行职责：

（一）安全生产监督管理部门负责危险化学品安全监督管理综合工作，组织确定、公布、调整危险化学品目录，对新建、改建、扩建生产、储存危险化学品（包括使用长输管道输送危险化学品，下同）的建设项目进行安全条件审查，核发危险化学品安全生产许可证、危险化学品安全使用许可证和危险化学品经营许可证，并负责危险化学品登记工作。

（二）公安机关负责危险化学品的公共安全管理，核发剧毒化学品购买许可证、剧毒化学品道路运输通行证，并负责危险化学品运输车辆的道路交通安全管理。

（三）质量监督检验检疫部门负责核发危险化学品及其包装物、容器（不包括储存危险化学品的固定式大型储罐，下同）生产企业的工业产品生产许可证，并依法对其产品质量实施监督，负责对进出口危险化学品及其包装实施检验。

（四）环境保护主管部门负责废弃危险化学品处置的监督管理，组织危险化学品的环境危害性鉴定和环境风险程度评估，确定实施重点环境管理的危险化学品，负责危险化学品环境管理登记和新化学物质环境管理登记；依照职责分工调查相关危险化学品环境污染事故和生态破坏事件，负责危险化学品事故现场的应急环境监测。

（五）交通运输主管部门负责危险化学品道路运输、水路运输的许可以及运输工具的安全管理，对危险化学品水路运输安全实施监督，负责危险化学品道路运输企业、水路运输企业驾驶人员、船员、装卸管理人员、押运人员、申报人员、集装箱装箱现场检查员的资格认定。铁路监管部门负责危险化学品铁路运输及其运输工具的安全管理。民用航空主管部门负责危险化学品航空运输以及航空运输企业及其运输工具的安全管理。

（六）卫生主管部门负责危险化学品毒性鉴定的管

理,负责组织、协调危险化学品事故受伤人员的医疗卫生救援工作。

(七)工商行政管理部门依据有关部门的许可证件,核发危险化学品生产、储存、经营、运输企业营业执照,查处危险化学品经营企业违法采购危险化学品的行为。

(八)邮政管理部门负责依法查处寄递危险化学品的行为。

第七条 负有危险化学品安全监督管理职责的部门依法进行监督检查,可以采取下列措施:

(一)进入危险化学品作业场所实施现场检查,向有关单位和人员了解情况,查阅、复制有关文件、资料;

(二)发现危险化学品事故隐患,责令立即消除或者限期消除;

(三)对不符合法律、行政法规、规章规定或者国家标准、行业标准要求的设施、设备、装置、器材、运输工具,责令立即停止使用;

(四)经本部门主要负责人批准,查封违法生产、储存、使用、经营危险化学品的场所,扣押违法生产、储存、使用、经营、运输的危险化学品以及用于违法生产、使用、运输危险化学品的原材料、设备、运输工具;

(五)发现影响危险化学品安全的违法行为,当场予以纠正或者责令限期改正。

负有危险化学品安全监督管理职责的部门依法进行监督检查,监督检查人员不得少于2人,并应当出示执法证件;有关单位和个人对依法进行的监督检查应当予以配合,不得拒绝、阻碍。

第八条 县级以上人民政府应当建立危险化学品安全监督管理工作协调机制,支持、督促负有危险化学品安全监督管理职责的部门依法履行职责,协调、解决危险化学品安全监督管理工作中的重大问题。

负有危险化学品安全监督管理职责的部门应当相互配合、密切协作,依法加强对危险化学品的安全监督管理。

第九条 任何单位和个人对违反本条例规定的行为,有权向负有危险化学品安全监督管理职责的部门举报。负有危险化学品安全监督管理职责的部门接到举报,应当及时依法处理;对不属于本部门职责的,应当及时移送有关部门处理。

第十条 国家鼓励危险化学品生产企业和使用危险化学品从事生产的企业采用有利于提高安全保障水平的先进技术、工艺、设备以及自动控制系统,鼓励对危险化学品实行专门储存、统一配送、集中销售。

第二章 生产、储存安全

第十一条 国家对危险化学品的生产、储存实行统筹规划、合理布局。

国务院工业和信息化主管部门以及国务院其他有关部门依据各自职责,负责危险化学品生产、储存的行业规划和布局。

地方人民政府组织编制城乡规划,应当根据本地区的实际情况,按照确保安全的原则,规划适当区域专门用于危险化学品的生产、储存。

第十二条 新建、改建、扩建生产、储存危险化学品的建设项目(以下简称建设项目),应当由安全生产监督管理部门进行安全条件审查。

建设单位应当对建设项目进行安全条件论证,委托具备国家规定的资质条件的机构对建设项目进行安全评价,并将安全条件论证和安全评价的情况报告报建设项目所在地设区的市级以上人民政府安全生产监督管理部门;安全生产监督管理部门应当自收到报告之日起45日内作出审查决定,并书面通知建设单位。具体办法由国务院安全生产监督管理部门制定。

新建、改建、扩建储存、装卸危险化学品的港口建设项目,由港口行政管理部门按照国务院交通运输主管部门的规定进行安全条件审查。

第十三条 生产、储存危险化学品的单位,应当对其铺设的危险化学品管道设置明显标志,并对危险化学品管道定期检查、检测。

进行可能危及危险化学品管道安全的施工作业,施工单位应当在开工的7日前书面通知管道所属单位,并与管道所属单位共同制定应急预案,采取相应的安全防护措施。管道所属单位应当指派专门人员到现场进行管道安全保护指导。

第十四条 危险化学品生产企业进行生产前,应当依照《安全生产许可证条例》的规定,取得危险化学品安全生产许可证。

生产列入国家实行生产许可证制度的工业产品目录的危险化学品的企业,应当依照《中华人民共和国工业产品生产许可证管理条例》的规定,取得工业产品生产许可证。

负责颁发危险化学品安全生产许可证、工业产品生产许可证的部门,应当将其颁发许可证的情况及时向同级工业和信息化主管部门、环境保护主管部门和公安机关通报。

第十五条 危险化学品生产企业应当提供与其生产

的危险化学品相符的化学品安全技术说明书，并在危险化学品包装（包括外包装件）上粘贴或者拴挂与包装内危险化学品相符的化学品安全标签。化学品安全技术说明书和化学品安全标签所载明的内容应当符合国家标准的要求。

危险化学品生产企业发现其生产的危险化学品有新的危险特性的，应当立即公告，并及时修订其化学品安全技术说明书和化学品安全标签。

第十六条 生产实施重点环境管理的危险化学品的企业，应当按照国务院环境保护主管部门的规定，将该危险化学品向环境中释放等相关信息向环境保护主管部门报告。环境保护主管部门可以根据情况采取相应的环境风险控制措施。

第十七条 危险化学品的包装应当符合法律、行政法规、规章的规定以及国家标准、行业标准的要求。

危险化学品包装物、容器的材质以及危险化学品包装的型式、规格、方法和单件质量（重量），应当与所包装的危险化学品的性质和用途相适应。

第十八条 生产列入国家实行生产许可证制度的工业产品目录的危险化学品包装物、容器的企业，应当依照《中华人民共和国工业产品生产许可证管理条例》的规定，取得工业产品生产许可证；其生产的危险化学品包装物、容器经国务院质量监督检验检疫部门认定的检验机构检验合格，方可出厂销售。

运输危险化学品的船舶及其配载的容器，应当按照国家船舶检验规范进行生产，并经海事管理机构认定的船舶检验机构检验合格，方可投入使用。

对重复使用的危险化学品包装物、容器，使用单位在重复使用前应当进行检查；发现存在安全隐患的，应当维修或者更换。使用单位应当对检查情况作出记录，记录的保存期限不得少于2年。

第十九条 危险化学品生产装置或者储存数量构成重大危险源的危险化学品储存设施（运输工具加油站、加气站除外），与下列场所、设施、区域的距离应当符合国家有关规定：

（一）居住区以及商业中心、公园等人员密集场所；

（二）学校、医院、影剧院、体育场（馆）等公共设施；

（三）饮用水源、水厂以及水源保护区；

（四）车站、码头（依法经许可从事危险化学品装卸作业的除外）、机场以及通信干线、通信枢纽、铁路线路、道路交通干线、水路交通干线、地铁风亭以及地铁站出入口；

（五）基本农田保护区、基本草原、畜禽遗传资源保护区、畜禽规模化养殖场（养殖小区）、渔业水域以及种子、种畜禽、水产苗种生产基地；

（六）河流、湖泊、风景名胜区、自然保护区；

（七）军事禁区、军事管理区；

（八）法律、行政法规规定的其他场所、设施、区域。

已建的危险化学品生产装置或者储存数量构成重大危险源的危险化学品储存设施不符合前款规定的，由所在地设区的市级人民政府安全生产监督管理部门会同有关部门监督其所属单位在规定期限内进行整改；需要转产、停产、搬迁、关闭的，由本级人民政府决定并组织实施。

储存数量构成重大危险源的危险化学品储存设施的选址，应当避开地震活动断层和容易发生洪灾、地质灾害的区域。

本条例所称重大危险源，是指生产、储存、使用或者搬运危险化学品，且危险化学品的数量等于或者超过临界量的单元（包括场所和设施）。

第二十条 生产、储存危险化学品的单位，应当根据其生产、储存的危险化学品的种类和危险特性，在作业场所设置相应的监测、监控、通风、防晒、调温、防火、灭火、防爆、泄压、防毒、中和、防潮、防雷、防静电、防腐、防泄漏以及防护围堤或者隔离操作等安全设施、设备，并按照国家标准、行业标准或者国家有关规定对安全设施、设备进行经常性维护、保养，保证安全设施、设备的正常使用。

生产、储存危险化学品的单位，应当在其作业场所和安全设施、设备上设置明显的安全警示标志。

第二十一条 生产、储存危险化学品的单位，应当在其作业场所设置通讯、报警装置，并保证处于适用状态。

第二十二条 生产、储存危险化学品的企业，应当委托具备国家规定的资质条件的机构，对本企业的安全生产条件每3年进行一次安全评价，提出安全评价报告。安全评价报告的内容应当包括对安全生产条件存在的问题进行整改的方案。

生产、储存危险化学品的企业，应当将安全评价报告以及整改方案的落实情况报所在地县级人民政府安全生产监督管理部门备案。在港区内储存危险化学品的企业，应当将安全评价报告以及整改方案的落实情况报港口行政管理部门备案。

第二十三条 生产、储存剧毒化学品或者国务院公安部门规定的可用于制造爆炸物品的危险化学品（以下简称易制爆危险化学品）的单位，应当如实记录其生产、储存的剧毒化学品、易制爆危险化学品的数量、流向,并采取必要的安全防范措施,防止剧毒化学品、易制爆危险化学品丢失或者被盗;发现剧毒化学品、易制爆危险化学品丢失或者被盗的,应当立即向当地公安机关报告。

生产、储存剧毒化学品、易制爆危险化学品的单位,应当设置治安保卫机构,配备专职治安保卫人员。

第二十四条 危险化学品应当储存在专用仓库、专用场地或者专用储存室(以下统称专用仓库)内,并由专人负责管理;剧毒化学品以及储存数量构成重大危险源的其他危险化学品,应当在专用仓库内单独存放,并实行双人收发、双人保管制度。

危险化学品的储存方式、方法以及储存数量应当符合国家标准或者国家有关规定。

第二十五条 储存危险化学品的单位应当建立危险化学品出入库核查、登记制度。

对剧毒化学品以及储存数量构成重大危险源的其他危险化学品,储存单位应当将其储存数量、储存地点以及管理人员的情况,报所在地县级人民政府安全生产监督管理部门(在港区内储存的,报港口行政管理部门)和公安机关备案。

第二十六条 危险化学品专用仓库应当符合国家标准、行业标准的要求,并设置明显的标志。储存剧毒化学品、易制爆危险化学品的专用仓库,应当按照国家有关规定设置相应的技术防范设施。

储存危险化学品的单位应当对其危险化学品专用仓库的安全设施、设备定期进行检测、检验。

第二十七条 生产、储存危险化学品的单位转产、停产、停业或者解散的,应当采取有效措施,及时、妥善处置其危险化学品生产装置、储存设施以及库存的危险化学品,不得丢弃危险化学品;处置方案应当报所在地县级人民政府安全生产监督管理部门、工业和信息化主管部门、环境保护主管部门和公安机关备案。安全生产监督管理部门应当会同环境保护主管部门和公安机关对处置情况进行监督检查,发现未依照规定处置的,应当责令其立即处置。

第三章 使用安全

第二十八条 使用危险化学品的单位,其使用条件(包括工艺)应当符合法律、行政法规的规定和国家标准、行业标准的要求,并根据所使用的危险化学品的种类、危险特性以及使用量和使用方式,建立、健全使用危险化学品的安全管理规章制度和安全操作规程,保证危险化学品的安全使用。

第二十九条 使用危险化学品从事生产并且使用量达到规定数量的化工企业(属于危险化学品生产企业的除外,下同),应当依照本条例的规定取得危险化学品安全使用许可证。

前款规定的危险化学品使用量的数量标准,由国务院安全生产监督管理部门会同国务院公安部门、农业主管部门确定并公布。

第三十条 申请危险化学品安全使用许可证的化工企业,除应当符合本条例第二十八条的规定外,还应当具备下列条件:

(一)有与所使用的危险化学品相适应的专业技术人员;

(二)有安全管理机构和专职安全管理人员;

(三)有符合国家规定的危险化学品事故应急预案和必要的应急救援器材、设备;

(四)依法进行了安全评价。

第三十一条 申请危险化学品安全使用许可证的化工企业,应当向所在地设区的市级人民政府安全生产监督管理部门提出申请,并提交其符合本条例第三十条规定条件的证明材料。设区的市级人民政府安全生产监督管理部门应当依法进行审查,自收到证明材料之日起45日内作出批准或者不予批准的决定。予以批准的,颁发危险化学品安全使用许可证;不予批准的,书面通知申请人并说明理由。

安全生产监督管理部门应当将其颁发危险化学品安全使用许可证的情况及时向同级环境保护主管部门和公安机关通报。

第三十二条 本条例第十六条关于生产实施重点环境管理的危险化学品的企业的规定,适用于使用实施重点环境管理的危险化学品从事生产的企业;第二十条、第二十一条、第二十三条第一款、第二十七条关于生产、储存危险化学品的单位的规定,适用于使用危险化学品的单位;第二十二条关于生产、储存危险化学品的企业的规定,适用于使用危险化学品从事生产的企业。

第四章 经营安全

第三十三条 国家对危险化学品经营(包括仓储经营,下同)实行许可制度。未经许可,任何单位和个人不得经营危险化学品。

依法设立的危险化学品生产企业在其厂区范围内销售本企业生产的危险化学品,不需要取得危险化学品经营许可。

依照《中华人民共和国港口法》的规定取得港口经

营许可证的港口经营人，在港区内从事危险化学品仓储经营，不需要取得危险化学品经营许可。

第三十四条 从事危险化学品经营的企业应当具备下列条件：

（一）有符合国家标准、行业标准的经营场所，储存危险化学品的，还应当有符合国家标准、行业标准的储存设施；

（二）从业人员经过专业技术培训并经考核合格；

（三）有健全的安全管理规章制度；

（四）有专职安全管理人员；

（五）有符合国家规定的危险化学品事故应急预案和必要的应急救援器材、设备；

（六）法律、法规规定的其他条件。

第三十五条 从事剧毒化学品、易制爆危险化学品经营的企业，应当向所在地设区的市级人民政府安全生产监督管理部门提出申请，从事其他危险化学品经营的企业，应当向所在地县级人民政府安全生产监督管理部门提出申请（有储存设施的，应当向所在地设区的市级人民政府安全生产监督管理部门提出申请）。申请人应当提交其符合本条例第三十四条规定条件的证明材料。设区的市级人民政府安全生产监督管理部门或者县级人民政府安全生产监督管理部门应当依法进行审查，并对申请人的经营场所、储存设施进行现场核查，自收到证明材料之日起30日内作出批准或者不予批准的决定。予以批准的，颁发危险化学品经营许可证；不予批准的，书面通知申请人并说明理由。

设区的市级人民政府安全生产监督管理部门和县级人民政府安全生产监督管理部门应当将其颁发危险化学品经营许可证的情况及时向同级环境保护主管部门和公安机关通报。

申请人持危险化学品经营许可证向工商行政管理部门办理登记手续后，方可从事危险化学品经营活动。法律、行政法规或者国务院规定经营危险化学品还需要经其他有关部门许可的，申请人向工商行政管理部门办理登记手续时还应当持相应的许可证件。

第三十六条 危险化学品经营企业储存危险化学品的，应当遵守本条例第二章关于储存危险化学品的规定。危险化学品商店内只能存放民用小包装的危险化学品。

第三十七条 危险化学品经营企业不得向未经许可从事危险化学品生产、经营活动的企业采购危险化学品，不得经营没有化学品安全技术说明书或者化学品安全标签的危险化学品。

第三十八条 依法取得危险化学品安全生产许可证、危险化学品安全使用许可证、危险化学品经营许可证的企业，凭相应的许可证件购买剧毒化学品、易制爆危险化学品。民用爆炸物品生产企业凭民用爆炸物品生产许可证购买易制爆危险化学品。

前款规定以外的单位购买剧毒化学品的，应当向所在地县级人民政府公安机关申请取得剧毒化学品购买许可证；购买易制爆危险化学品的，应当持本单位出具的合法用途说明。

个人不得购买剧毒化学品（属于剧毒化学品的农药除外）和易制爆危险化学品。

第三十九条 申请取得剧毒化学品购买许可证，申请人应当向所在地县级人民政府公安机关提交下列材料：

（一）营业执照或者法人证书（登记证书）的复印件；

（二）拟购买的剧毒化学品品种、数量的说明；

（三）购买剧毒化学品用途的说明；

（四）经办人的身份证明。

县级人民政府公安机关应当自收到前款规定的材料之日起3日内，作出批准或者不予批准的决定。予以批准的，颁发剧毒化学品购买许可证；不予批准的，书面通知申请人并说明理由。

剧毒化学品购买许可证管理办法由国务院公安部门制定。

第四十条 危险化学品生产企业、经营企业销售剧毒化学品、易制爆危险化学品，应当查验本条例第三十八条第一款、第二款规定的相关许可证件或者证明文件，不得向不具有相关许可证件或者证明文件的单位销售剧毒化学品、易制爆危险化学品。对持剧毒化学品购买许可证购买剧毒化学品的，应当按照许可证载明的品种、数量销售。

禁止向个人销售剧毒化学品（属于剧毒化学品的农药除外）和易制爆危险化学品。

第四十一条 危险化学品生产企业、经营企业销售剧毒化学品、易制爆危险化学品，应当如实记录购买单位的名称、地址、经办人的姓名、身份证号码以及所购买的剧毒化学品、易制爆危险化学品的品种、数量、用途。销售记录以及经办人的身份证明复印件、相关许可证件复印件或者证明文件的保存期限不得少于1年。

剧毒化学品、易制爆危险化学品的销售企业、购买单位应当在销售、购买后5日内，将所销售、购买的剧毒化学品、易制爆危险化学品的品种、数量以及流向信息报所在地县级人民政府公安机关备案,并输入计算机系统。

第四十二条 使用剧毒化学品、易制爆危险化学品的单位不得出借、转让其购买的剧毒化学品、易制爆危险化学品;因转产、停产、搬迁、关闭等确需转让的,应当向具有本条例第三十八条第一款、第二款规定的相关许可证件或者证明文件的单位转让,并在转让后将有关情况及时向所在地县级人民政府公安机关报告。

第五章 运输安全

第四十三条 从事危险化学品道路运输、水路运输的,应当分别依照有关道路运输、水路运输的法律、行政法规的规定,取得危险货物道路运输许可、危险货物水路运输许可,并向工商行政管理部门办理登记手续。

危险化学品道路运输企业、水路运输企业应当配备专职安全管理人员。

第四十四条 危险化学品道路运输企业、水路运输企业的驾驶人员、船员、装卸管理人员、押运人员、申报人员、集装箱装箱现场检查员应当经交通运输主管部门考核合格,取得从业资格。具体办法由国务院交通运输主管部门制定。

危险化学品的装卸作业应当遵守安全作业标准、规程和制度,并在装卸管理人员的现场指挥或者监控下进行。水路运输危险化学品的集装箱装箱作业应当在集装箱装箱现场检查员的指挥或者监控下进行,并符合积载、隔离的规范和要求;装箱作业完毕后,集装箱装箱现场检查员应当签署装箱证明书。

第四十五条 运输危险化学品,应当根据危险化学品的危险特性采取相应的安全防护措施,并配备必要的防护用品和应急救援器材。

用于运输危险化学品的槽罐以及其他容器应当封口严密,能够防止危险化学品在运输过程中因温度、湿度或者压力的变化发生渗漏、洒漏;槽罐以及其他容器的溢流和泄压装置应当设置准确、起闭灵活。

运输危险化学品的驾驶人员、船员、装卸管理人员、押运人员、申报人员、集装箱装箱现场检查员,应当了解所运输的危险化学品的危险特性及其包装物、容器的使用要求和出现危险情况时的应急处置方法。

第四十六条 通过道路运输危险化学品的,托运人应当委托依法取得危险货物道路运输许可的企业承运。

第四十七条 通过道路运输危险化学品的,应当按照运输车辆的核定载质量装载危险化学品,不得超载。

危险化学品运输车辆应当符合国家标准要求的安全技术条件,并按照国家有关规定定期进行安全技术检验。

危险化学品运输车辆应当悬挂或者喷涂符合国家标准要求的警示标志。

第四十八条 通过道路运输危险化学品的,应当配备押运人员,并保证所运输的危险化学品处于押运人员的监控之下。

运输危险化学品途中因住宿或者发生影响正常运输的情况,需要较长时间停车的,驾驶人员、押运人员应当采取相应的安全防范措施;运输剧毒化学品或者易制爆危险化学品的,还应当向当地公安机关报告。

第四十九条 未经公安机关批准,运输危险化学品的车辆不得进入危险化学品运输车辆限制通行的区域。危险化学品运输车辆限制通行的区域由县级人民政府公安机关划定,并设置明显的标志。

第五十条 通过道路运输剧毒化学品的,托运人应当向运输始发地或者目的地县级人民政府公安机关申请剧毒化学品道路运输通行证。

申请剧毒化学品道路运输通行证,托运人应当向县级人民政府公安机关提交下列材料:

(一)拟运输的剧毒化学品品种、数量的说明;

(二)运输始发地、目的地、运输时间和运输路线的说明;

(三)承运人取得危险货物道路运输许可、运输车辆取得营运证以及驾驶人员、押运人员取得上岗资格的证明文件;

(四)本条例第三十八条第一款、第二款规定的购买剧毒化学品的相关许可证件,或者海关出具的进出口证明文件。

县级人民政府公安机关应当自收到前款规定的材料之日起7日内,作出批准或者不予批准的决定。予以批准的,颁发剧毒化学品道路运输通行证;不予批准的,书面通知申请人并说明理由。

剧毒化学品道路运输通行证管理办法由国务院公安部门制定。

第五十一条 剧毒化学品、易制爆危险化学品在道路运输途中丢失、被盗、被抢或者出现流散、泄漏等情况的,驾驶人员、押运人员应当立即采取相应的警示措施和安全措施,并向当地公安机关报告。公安机关接到报告后,应当根据实际情况立即向安全生产监督管理部门、环境保护主管部门、卫生主管部门通报。有关部门应当采取必要的应急处置措施。

第五十二条 通过水路运输危险化学品的,应当遵守法律、行政法规以及国务院交通运输主管部门关于危险货物水路运输安全的规定。

第五十三条 海事管理机构应当根据危险化学品的种类和危险特性，确定船舶运输危险化学品的相关安全运输条件。

拟交付船舶运输的化学品的相关安全运输条件不明确的，货物所有人或者代理人应当委托相关技术机构进行评估，明确相关安全运输条件并经海事管理机构确认后，方可交付船舶运输。

第五十四条 禁止通过内河封闭水域运输剧毒化学品以及国家规定禁止通过内河运输的其他危险化学品。

前款规定以外的内河水域，禁止运输国家规定禁止通过内河运输的剧毒化学品以及其他危险化学品。

禁止通过内河运输的剧毒化学品以及其他危险化学品的范围，由国务院交通运输主管部门会同国务院环境保护主管部门、工业和信息化主管部门、安全生产监督管理部门，根据危险化学品的危险特性、危险化学品对人体和水环境的危害程度以及消除危害后果的难易程度等因素规定并公布。

第五十五条 国务院交通运输主管部门应当根据危险化学品的危险特性，对通过内河运输本条例第五十四条规定以外的危险化学品（以下简称通过内河运输危险化学品）实行分类管理，对各类危险化学品的运输方式、包装规范和安全防护措施等分别作出规定并监督实施。

第五十六条 通过内河运输危险化学品，应当由依法取得危险货物水路运输许可的水路运输企业承运，其他单位和个人不得承运。托运人应当委托依法取得危险货物水路运输许可的水路运输企业承运，不得委托其他单位和个人承运。

第五十七条 通过内河运输危险化学品，应当使用依法取得危险货物适装证书的运输船舶。水路运输企业应当针对所运输的危险化学品的危险特性，制定运输船舶危险化学品事故应急救援预案，并为运输船舶配备充足、有效的应急救援器材和设备。

通过内河运输危险化学品的船舶，其所有人或者经营人应当取得船舶污染损害责任保险证书或者财务担保证明。船舶污染损害责任保险证书或者财务担保证明的副本应当随船携带。

第五十八条 通过内河运输危险化学品，危险化学品包装物的材质、型式、强度以及包装方法应当符合水路运输危险化学品包装规范的要求。国务院交通运输主管部门对单船运输的危险化学品数量有限制性规定的，承运人应当按照规定安排运输数量。

第五十九条 用于危险化学品运输作业的内河码头、泊位应当符合国家有关安全规范，与饮用水取水口保持国家规定的距离。有关管理单位应当制定码头、泊位危险化学品事故应急预案，并为码头、泊位配备充足、有效的应急救援器材和设备。

用于危险化学品运输作业的内河码头、泊位，经交通运输主管部门按照国家有关规定验收合格后方可投入使用。

第六十条 船舶载运危险化学品进出内河港口，应当将危险化学品的名称、危险特性、包装以及进出港时间等事项，事先报告海事管理机构。海事管理机构接到报告后，应当在国务院交通运输主管部门规定的时间内作出是否同意的决定，通知报告人，同时通报港口行政管理部门。定船舶、定航线、定货种的船舶可以定期报告。

在内河港口内进行危险化学品的装卸、过驳作业，应当将危险化学品的名称、危险特性、包装和作业的时间、地点等事项报告港口行政管理部门。港口行政管理部门接到报告后，应当在国务院交通运输主管部门规定的时间内作出是否同意的决定，通知报告人，同时通报海事管理机构。

载运危险化学品的船舶在内河航行，通过过船建筑物的，应当提前向交通运输主管部门申报，并接受交通运输主管部门的管理。

第六十一条 载运危险化学品的船舶在内河航行、装卸或者停泊，应当悬挂专用的警示标志，按照规定显示专用信号。

载运危险化学品的船舶在内河航行，按照国务院交通运输主管部门的规定需要引航的，应当申请引航。

第六十二条 载运危险化学品的船舶在内河航行，应当遵守法律、行政法规和国家其他有关饮用水水源保护的规定。内河航道发展规划应当与依法经批准的饮用水水源保护区划定方案相协调。

第六十三条 托运危险化学品的，托运人应当向承运人说明所托运的危险化学品的种类、数量、危险特性以及发生危险情况的应急处置措施，并按照国家有关规定对所托运的危险化学品妥善包装，在外包装上设置相应的标志。

运输危险化学品需要添加抑制剂或者稳定剂的，托运人应当添加，并将有关情况告知承运人。

第六十四条 托运人不得在托运的普通货物中夹带危险化学品，不得将危险化学品匿报或者谎报为普通货物托运。

任何单位和个人不得交寄危险化学品或者在邮件、快件内夹带危险化学品,不得将危险化学品匿报或者谎报为普通物品交寄。邮政企业、快递企业不得收寄危险化学品。

对涉嫌违反本条第一款、第二款规定的,交通运输主管部门、邮政管理部门可以依法开拆查验。

第六十五条 通过铁路、航空运输危险化学品的安全管理,依照有关铁路、航空运输的法律、行政法规、规章的规定执行。

第六章 危险化学品登记与事故应急救援

第六十六条 国家实行危险化学品登记制度,为危险化学品安全管理以及危险化学品事故预防和应急救援提供技术、信息支持。

第六十七条 危险化学品生产企业、进口企业,应当向国务院安全生产监督管理部门负责危险化学品登记的机构(以下简称危险化学品登记机构)办理危险化学品登记。

危险化学品登记包括下列内容:

(一)分类和标签信息;

(二)物理、化学性质;

(三)主要用途;

(四)危险特性;

(五)储存、使用、运输的安全要求;

(六)出现危险情况的应急处置措施。

对同一企业生产、进口的同一品种的危险化学品,不进行重复登记。危险化学品生产企业、进口企业发现其生产、进口的危险化学品有新的危险特性的,应当及时向危险化学品登记机构办理登记内容变更手续。

危险化学品登记的具体办法由国务院安全生产监督管理部门制定。

第六十八条 危险化学品登记机构应当定期向工业和信息化、环境保护、公安、卫生、交通运输、铁路、质量监督检验检疫等部门提供危险化学品登记的有关信息和资料。

第六十九条 县级以上地方人民政府安全生产监督管理部门应当会同工业和信息化、环境保护、公安、卫生、交通运输、铁路、质量监督检验检疫等部门,根据本地区实际情况,制定危险化学品事故应急预案,报本级人民政府批准。

第七十条 危险化学品单位应当制定本单位危险化学品事故应急预案,配备应急救援人员和必要的应急救援器材、设备,并定期组织应急救援演练。

危险化学品单位应当将其危险化学品事故应急预案报所在地设区的市级人民政府安全生产监督管理部门备案。

第七十一条 发生危险化学品事故,事故单位主要负责人应当立即按照本单位危险化学品应急预案组织救援,并向当地安全生产监督管理部门和环境保护、公安、卫生主管部门报告;道路运输、水路运输过程中发生危险化学品事故的,驾驶人员、船员或者押运人员还应当向事故发生地交通运输主管部门报告。

第七十二条 发生危险化学品事故,有关地方人民政府应当立即组织安全生产监督管理、环境保护、公安、卫生、交通运输等有关部门,按照本地区危险化学品事故应急预案组织实施救援,不得拖延、推诿。

有关地方人民政府及其有关部门应当按照下列规定,采取必要的应急处置措施,减少事故损失,防止事故蔓延、扩大:

(一)立即组织营救和救治受害人员,疏散、撤离或者采取其他措施保护危害区域内的其他人员;

(二)迅速控制危害源,测定危险化学品的性质、事故的危害区域及危害程度;

(三)针对事故对人体、动植物、土壤、水源、大气造成的现实危害和可能产生的危害,迅速采取封闭、隔离、洗消等措施;

(四)对危险化学品事故造成的环境污染和生态破坏状况进行监测、评估,并采取相应的环境污染治理和生态修复措施。

第七十三条 有关危险化学品单位应当为危险化学品事故应急救援提供技术指导和必要的协助。

第七十四条 危险化学品事故造成环境污染的,由设区的市级以上人民政府环境保护主管部门统一发布有关信息。

第七章 法律责任

第七十五条 生产、经营、使用国家禁止生产、经营、使用的危险化学品的,由安全生产监督管理部门责令停止生产、经营、使用活动,处20万元以上50万元以下的罚款,有违法所得的,没收违法所得;构成犯罪的,依法追究刑事责任。

有前款规定行为的,安全生产监督管理部门还应当责令其对所生产、经营、使用的危险化学品进行无害化处理。

违反国家关于危险化学品使用的限制性规定使用危险化学品的,依照本条第一款的规定处理。

第七十六条 未经安全条件审查,新建、改建、扩建生产、储存危险化学品的建设项目的,由安全生产监督管理部门责令停止建设,限期改正;逾期不改正的,处 50 万元以上 100 万元以下的罚款;构成犯罪的,依法追究刑事责任。

未经安全条件审查,新建、改建、扩建储存、装卸危险化学品的港口建设项目的,由港口行政管理部门依照前款规定予以处罚。

第七十七条 未依法取得危险化学品安全生产许可证从事危险化学品生产,或者未依法取得工业产品生产许可证从事危险化学品及其包装物、容器生产的,分别依照《安全生产许可证条例》、《中华人民共和国工业产品生产许可证管理条例》的规定处罚。

违反本条例规定,化工企业未取得危险化学品安全使用许可证,使用危险化学品从事生产的,由安全生产监督管理部门责令限期改正,处 10 万元以上 20 万元以下的罚款;逾期不改正的,责令停产整顿。

违反本条例规定,未取得危险化学品经营许可证从事危险化学品经营的,由安全生产监督管理部门责令停止经营活动,没收违法经营的危险化学品以及违法所得,并处 10 万元以上 20 万元以下的罚款;构成犯罪的,依法追究刑事责任。

第七十八条 有下列情形之一的,由安全生产监督管理部门责令改正,可以处 5 万元以下的罚款;拒不改正的,处 5 万元以上 10 万元以下的罚款;情节严重的,责令停产停业整顿:

(一)生产、储存危险化学品的单位未对其铺设的危险化学品管道设置明显的标志,或者未对危险化学品管道定期检查、检测的;

(二)进行可能危及危险化学品管道安全的施工作业,施工单位未按照规定书面通知管道所属单位,或者未与管道所属单位共同制定应急预案、采取相应的安全防护措施,或者管道所属单位未指派专门人员到现场进行管道安全保护指导的;

(三)危险化学品生产企业未提供化学品安全技术说明书,或者未在包装(包括外包装件)上粘贴、拴挂化学品安全标签的;

(四)危险化学品生产企业提供的化学品安全技术说明书与其生产的危险化学品不相符,或者在包装(包括外包装件)粘贴、拴挂的化学品安全标签与包装内危险化学品不相符,或者化学品安全技术说明书、化学品安全标签所载明的内容不符合国家标准要求的;

(五)危险化学品生产企业发现其生产的危险化学品有新的危险特性不立即公告,或者不及时修订其化学品安全技术说明书和化学品安全标签的;

(六)危险化学品经营企业经营没有化学品安全技术说明书和化学品安全标签的危险化学品的;

(七)危险化学品包装物、容器的材质以及包装的型式、规格、方法和单件质量(重量)与所包装的危险化学品的性质和用途不相适应的;

(八)生产、储存危险化学品的单位未在作业场所和安全设施、设备上设置明显的安全警示标志,或者未在作业场所设置通讯、报警装置的;

(九)危险化学品专用仓库未设专人负责管理,或者对储存的剧毒化学品以及储存数量构成重大危险源的其他危险化学品未实行双人收发、双人保管制度的;

(十)储存危险化学品的单位未建立危险化学品出入库核查、登记制度的;

(十一)危险化学品专用仓库未设置明显标志的;

(十二)危险化学品生产企业、进口企业不办理危险化学品登记,或者发现其生产、进口的危险化学品有新的危险特性不办理危险化学品登记内容变更手续的。

从事危险化学品仓储经营的港口经营人有前款规定情形的,由港口行政管理部门依照前款规定予以处罚。储存剧毒化学品、易制爆危险化学品的专用仓库未按照国家有关规定设置相应的技术防范设施的,由公安机关依照前款规定予以处罚。

生产、储存剧毒化学品、易制爆危险化学品的单位未设置治安保卫机构、配备专职治安保卫人员的,依照《企业事业单位内部治安保卫条例》的规定处罚。

第七十九条 危险化学品包装物、容器生产企业销售未经检验或者经检验不合格的危险化学品包装物、容器的,由质量监督检验检疫部门责令改正,处 10 万元以上 20 万元以下的罚款,有违法所得的,没收违法所得;拒不改正的,责令停产停业整顿;构成犯罪的,依法追究刑事责任。

将未经检验合格的运输危险化学品的船舶及其配载的容器投入使用的,由海事管理机构依照前款规定予以处罚。

第八十条 生产、储存、使用危险化学品的单位有下列情形之一的,由安全生产监督管理部门责令改正,处 5 万元以上 10 万元以下的罚款;拒不改正的,责令停产停业整顿直至由原发证机关吊销其相关许可证件,并由工商行政管理部门责令其办理经营范围变更登记或者吊销其营业执照；有关责任人员构成犯罪的，依法追究刑事责任：

（一）对重复使用的危险化学品包装物、容器，在重复使用前不进行检查的；

（二）未根据其生产、储存的危险化学品的种类和危险特性，在作业场所设置相关安全设施、设备，或者未按照国家标准、行业标准或者国家有关规定对安全设施、设备进行经常性维护、保养的；

（三）未依照本条例规定对其安全生产条件定期进行安全评价的；

（四）未将危险化学品储存在专用仓库内，或者未将剧毒化学品以及储存数量构成重大危险源的其他危险化学品在专用仓库内单独存放的；

（五）危险化学品的储存方式、方法或者储存数量不符合国家标准或者国家有关规定的；

（六）危险化学品专用仓库不符合国家标准、行业标准的要求的；

（七）未对危险化学品专用仓库的安全设施、设备定期进行检测、检验的。

从事危险化学品仓储经营的港口经营人有前款规定情形的，由港口行政管理部门依照前款规定予以处罚。

第八十一条 有下列情形之一的，由公安机关责令改正，可以处1万元以下的罚款；拒不改正的，处1万元以上5万元以下的罚款：

（一）生产、储存、使用剧毒化学品、易制爆危险化学品的单位不如实记录生产、储存、使用的剧毒化学品、易制爆危险化学品的数量、流向的；

（二）生产、储存、使用剧毒化学品、易制爆危险化学品的单位发现剧毒化学品、易制爆危险化学品丢失或者被盗，不立即向公安机关报告的；

（三）储存剧毒化学品的单位未将剧毒化学品的储存数量、储存地点以及管理人员的情况报所在地县级人民政府公安机关备案的；

（四）危险化学品生产企业、经营企业不如实记录剧毒化学品、易制爆危险化学品购买单位的名称、地址、经办人的姓名、身份证号码以及所购买的剧毒化学品、易制爆危险化学品的品种、数量、用途，或者保存销售记录和相关材料的时间少于1年的；

（五）剧毒化学品、易制爆危险化学品的销售企业、购买单位未在规定的时限内将所销售、购买的剧毒化学品、易制爆危险化学品的品种、数量以及流向信息报所在地县级人民政府公安机关备案的；

（六）使用剧毒化学品、易制爆危险化学品的单位依照本条例规定转让其购买的剧毒化学品、易制爆危险化学品，未将有关情况向所在地县级人民政府公安机关报告的。

生产、储存危险化学品的企业或者使用危险化学品从事生产的企业未按照本条例规定将安全评价报告以及整改方案的落实情况报安全生产监督管理部门或者港口行政管理部门备案，或者储存危险化学品的单位未将其剧毒化学品以及储存数量构成重大危险源的其他危险化学品的储存数量、储存地点以及管理人员的情况报安全生产监督管理部门或者港口行政管理部门备案的，分别由安全生产监督管理部门或者港口行政管理部门依照前款规定予以处罚。

生产实施重点环境管理的危险化学品的企业或者使用实施重点环境管理的危险化学品从事生产的企业未按照规定将相关信息向环境保护主管部门报告的，由环境保护主管部门依照本条第一款的规定予以处罚。

第八十二条 生产、储存、使用危险化学品的单位转产、停产、停业或者解散，未采取有效措施及时、妥善处置其危险化学品生产装置、储存设施以及库存的危险化学品，或者丢弃危险化学品的，由安全生产监督管理部门责令改正，处5万元以上10万元以下的罚款；构成犯罪的，依法追究刑事责任。

生产、储存、使用危险化学品的单位转产、停产、停业或者解散，未依照本条例规定将其危险化学品生产装置、储存设施以及库存危险化学品的处置方案报有关部门备案的，分别由有关部门责令改正，可以处1万元以下的罚款；拒不改正的，处1万元以上5万元以下的罚款。

第八十三条 危险化学品经营企业向未经许可违法从事危险化学品生产、经营活动的企业采购危险化学品的，由工商行政管理部门责令改正，处10万元以上20万元以下的罚款；拒不改正的，责令停业整顿直至由原发证机关吊销其危险化学品经营许可证，并由工商行政管理部门责令其办理经营范围变更登记或者吊销其营业执照。

第八十四条 危险化学品生产企业、经营企业有下列情形之一的，由安全生产监督管理部门责令改正，没收违法所得，并处10万元以上20万元以下的罚款；拒不改正的，责令停产停业整顿直至吊销其危险化学品安全生产许可证、危险化学品经营许可证，并由工商行政管理部门责令其办理经营范围变更登记或者吊销其营业执照：

（一）向不具有本条例第三十八条第一款、第二款规定的相关许可证件或者证明文件的单位销售剧毒化学品、易制爆危险化学品的；

（二）不按照剧毒化学品购买许可证载明的品种、数量销售剧毒化学品的；

（三）向个人销售剧毒化学品（属于剧毒化学品的农药除外）、易制爆危险化学品的。

不具有本条例第三十八条第一款、第二款规定的相关许可证件或者证明文件的单位购买剧毒化学品、易制爆危险化学品，或者个人购买剧毒化学品（属于剧毒化学品的农药除外）、易制爆危险化学品的，由公安机关没收所购买的剧毒化学品、易制爆危险化学品，可以并处5000元以下的罚款。

使用剧毒化学品、易制爆危险化学品的单位出借或者向不具有本条例第三十八条第一款、第二款规定的相关许可证件的单位转让其购买的剧毒化学品、易制爆危险化学品，或者向个人转让其购买的剧毒化学品（属于剧毒化学品的农药除外）、易制爆危险化学品的，由公安机关责令改正，处10万元以上20万元以下的罚款；拒不改正的，责令停产停业整顿。

第八十五条　未依法取得危险货物道路运输许可、危险货物水路运输许可，从事危险化学品道路运输、水路运输的，分别依照有关道路运输、水路运输的法律、行政法规的规定处罚。

第八十六条　有下列情形之一的，由交通运输主管部门责令改正，处5万元以上10万元以下的罚款；拒不改正的，责令停产停业整顿；构成犯罪的，依法追究刑事责任：

（一）危险化学品道路运输企业、水路运输企业的驾驶人员、船员、装卸管理人员、押运人员、申报人员、集装箱装箱现场检查员未取得从业资格上岗作业的；

（二）运输危险化学品，未根据危险化学品的危险特性采取相应的安全防护措施，或者未配备必要的防护用品和应急救援器材的；

（三）使用未依法取得危险货物适装证书的船舶，通过内河运输危险化学品的；

（四）通过内河运输危险化学品的承运人违反国务院交通运输主管部门对单船运输的危险化学品数量的限制性规定运输危险化学品的；

（五）用于危险化学品运输作业的内河码头、泊位不符合国家有关安全规范，或者未与饮用水取水口保持国家规定的安全距离，或者未经交通运输主管部门验收合格投入使用的；

（六）托运人不向承运人说明所托运的危险化学品的种类、数量、危险特性以及发生危险情况的应急处置措施，或者未按照国家有关规定对所托运的危险化学品妥善包装并在外包装上设置相应标志的；

（七）运输危险化学品需要添加抑制剂或者稳定剂，托运人未添加或者未将有关情况告知承运人的。

第八十七条　有下列情形之一的，由交通运输主管部门责令改正，处10万元以上20万元以下的罚款，有违法所得的，没收违法所得；拒不改正的，责令停产停业整顿；构成犯罪的，依法追究刑事责任：

（一）委托未依法取得危险货物道路运输许可、危险货物水路运输许可的企业承运危险化学品的；

（二）通过内河封闭水域运输剧毒化学品以及国家规定禁止通过内河运输的其他危险化学品的；

（三）通过内河运输国家规定禁止通过内河运输的剧毒化学品以及其他危险化学品的；

（四）在托运的普通货物中夹带危险化学品，或者将危险化学品谎报或者匿报为普通货物托运的。

在邮件、快件内夹带危险化学品，或者将危险化学品谎报为普通物品交寄的，依法给予治安管理处罚；构成犯罪的，依法追究刑事责任。

邮政企业、快递企业收寄危险化学品的，依照《中华人民共和国邮政法》的规定处罚。

第八十八条　有下列情形之一的，由公安机关责令改正，处5万元以上10万元以下的罚款；构成违反治安管理行为的，依法给予治安管理处罚；构成犯罪的，依法追究刑事责任：

（一）超过运输车辆的核定载质量装载危险化学品的；

（二）使用安全技术条件不符合国家标准要求的车辆运输危险化学品的；

（三）运输危险化学品的车辆未经公安机关批准进入危险化学品运输车辆限制通行的区域的；

（四）未取得剧毒化学品道路运输通行证，通过道路运输剧毒化学品的。

第八十九条　有下列情形之一的，由公安机关责令改正，处1万元以上5万元以下的罚款；构成违反治安管理行为的，依法给予治安管理处罚：

（一）危险化学品运输车辆未悬挂或者喷涂警示标志，或者悬挂或者喷涂的警示标志不符合国家标准要求的；

（二）通过道路运输危险化学品，不配备押运人员的；

（三）运输剧毒化学品或者易制爆危险化学品途中需要较长时间停车，驾驶人员、押运人员不向当地公安机关报告的；

（四）剧毒化学品、易制爆危险化学品在道路运输途中丢失、被盗、被抢或者发生流散、泄露等情况，驾驶人员、押运人员不采取必要的警示措施和安全措施，或者不向当地公安机关报告的。

第九十条　对发生交通事故负有全部责任或者主要责任的危险化学品道路运输企业，由公安机关责令消除安全隐患，未消除安全隐患的危险化学品运输车辆，禁止上道路行驶。

第九十一条　有下列情形之一的，由交通运输主管部门责令改正，可以处1万元以下的罚款；拒不改正的，处1万元以上5万元以下的罚款：

（一）危险化学品道路运输企业、水路运输企业未配备专职安全管理人员的；

（二）用于危险化学品运输作业的内河码头、泊位的管理单位未制定码头、泊位危险化学品事故应急救援预案，或者未为码头、泊位配备充足、有效的应急救援器材和设备的。

第九十二条　有下列情形之一的，依照《中华人民共和国内河交通安全管理条例》的规定处罚：

（一）通过内河运输危险化学品的水路运输企业未制定运输船舶危险化学品事故应急救援预案，或者未为运输船舶配备充足、有效的应急救援器材和设备的；

（二）通过内河运输危险化学品的船舶的所有人或者经营人未取得船舶污染损害责任保险证书或者财务担保证明的；

（三）船舶载运危险化学品进出内河港口，未将有关事项事先报告海事管理机构并经其同意的；

（四）载运危险化学品的船舶在内河航行、装卸或者停泊，未悬挂专用的警示标志，或者未按照规定显示专用信号，或者未按照规定申请引航的。

未向港口行政管理部门报告并经其同意，在港口内进行危险化学品的装卸、过驳作业的，依照《中华人民共和国港口法》的规定处罚。

第九十三条　伪造、变造或者出租、出借、转让危险化学品安全生产许可证、工业产品生产许可证，或者使用伪造、变造的危险化学品安全生产许可证、工业产品生产许可证的，分别依照《安全生产许可证条例》、《中华人民共和国工业产品生产许可证管理条例》的规定处罚。

伪造、变造或者出租、出借、转让本条例规定的其他许可证，或者使用伪造、变造的本条例规定的其他许可证的，分别由相关许可证的颁发管理机关处10万元以上20万元以下的罚款，有违法所得的，没收违法所得；构成违反治安管理行为的，依法给予治安管理处罚；构成犯罪的，依法追究刑事责任。

第九十四条　危险化学品单位发生危险化学品事故，其主要负责人不立即组织救援或者不立即向有关部门报告的，依照《生产安全事故报告和调查处理条例》的规定处罚。

危险化学品单位发生危险化学品事故，造成他人人身伤害或者财产损失的，依法承担赔偿责任。

第九十五条　发生危险化学品事故，有关地方人民政府及其有关部门不立即组织实施救援，或者不采取必要的应急处置措施减少事故损失，防止事故蔓延、扩大的，对直接负责的主管人员和其他直接责任人员依法给予处分；构成犯罪的，依法追究刑事责任。

第九十六条　负有危险化学品安全监督管理职责的部门的工作人员，在危险化学品安全监督管理工作中滥用职权、玩忽职守、徇私舞弊，构成犯罪的，依法追究刑事责任；尚不构成犯罪的，依法给予处分。

第八章　附　则

第九十七条　监控化学品、属于危险化学品的药品和农药的安全管理，依照本条例的规定执行；法律、行政法规另有规定的，依照其规定。

民用爆炸物品、烟花爆竹、放射性物品、核能物质以及用于国防科研生产的危险化学品的安全管理，不适用本条例。

法律、行政法规对燃气的安全管理另有规定的，依照其规定。

危险化学品容器属于特种设备的，其安全管理依照有关特种设备安全的法律、行政法规的规定执行。

第九十八条　危险化学品的进出口管理，依照有关对外贸易的法律、行政法规、规章的规定执行；进口的危险化学品的储存、使用、经营、运输的安全管理，依照本条例的规定执行。

危险化学品环境管理登记和新化学物质环境管理登记，依照有关环境保护的法律、行政法规、规章的规定执行。危险化学品环境管理登记，按照国家有关规定收取费用。

第九十九条　公众发现、捡拾的无主危险化学品，由公安机关接收。公安机关接收或者有关部门依法没收的危险化学品，需要进行无害化处理的，交由环境保护主管部门组织其认定的专业单位进行处理,或者交由有关危险化学品生产企业进行处理。处理所需费用由国家财政负担。

第一百条　化学品的危险特性尚未确定的,由国务院安全生产监督管理部门、国务院环境保护主管部门、国务院卫生主管部门分别负责组织对该化学品的物理危险性、环境危害性、毒理特性进行鉴定。根据鉴定结果,需要调整危险化学品目录的,依照本条例第三条第二款的规定办理。

第一百零一条　本条例施行前已经使用危险化学品从事生产的化工企业,依照本条例规定需要取得危险化学品安全使用许可证的,应当在国务院安全生产监督管理部门规定的期限内,申请取得危险化学品安全使用许可证。

第一百零二条　本条例自2011年12月1日起施行。

易制毒化学品管理条例

- 2005年8月26日中华人民共和国国务院令第445号公布
- 根据2014年7月29日《国务院关于修改部分行政法规的决定》第一次修订
- 根据2016年2月6日《国务院关于修改部分行政法规的决定》第二次修订
- 根据2018年9月18日《国务院关于修改部分行政法规的决定》第三次修订

第一章　总　则

第一条　为了加强易制毒化学品管理,规范易制毒化学品的生产、经营、购买、运输和进口、出口行为,防止易制毒化学品被用于制造毒品,维护经济和社会秩序,制定本条例。

第二条　国家对易制毒化学品的生产、经营、购买、运输和进口、出口实行分类管理和许可制度。

易制毒化学品分为三类。第一类是可以用于制毒的主要原料,第二类、第三类是可以用于制毒的化学配剂。易制毒化学品的具体分类和品种,由本条例附表列示。

易制毒化学品的分类和品种需要调整的,由国务院公安部门会同国务院药品监督管理部门、安全生产监督管理部门、商务主管部门、卫生主管部门和海关总署提出方案,报国务院批准。

省、自治区、直辖市人民政府认为有必要在本行政区域内调整分类或者增加本条例规定以外的品种的,应当向国务院公安部门提出,由国务院公安部门会同国务院有关行政主管部门提出方案,报国务院批准。

第三条　国务院公安部门、药品监督管理部门、安全生产监督管理部门、商务主管部门、卫生主管部门、海关总署、价格主管部门、铁路主管部门、交通主管部门、市场监督管理部门、生态环境主管部门在各自的职责范围内,负责全国的易制毒化学品有关管理工作;县级以上地方各级人民政府有关行政主管部门在各自的职责范围内,负责本行政区域内的易制毒化学品有关管理工作。

县级以上地方各级人民政府应当加强对易制毒化学品管理工作的领导,及时协调解决易制毒化学品管理工作中的问题。

第四条　易制毒化学品的产品包装和使用说明书,应当标明产品的名称(含学名和通用名)、化学分子式和成分。

第五条　易制毒化学品的生产、经营、购买、运输和进口、出口,除应当遵守本条例的规定外,属于药品和危险化学品的,还应当遵守法律、其他行政法规对药品和危险化学品的有关规定。

禁止走私或者非法生产、经营、购买、转让、运输易制毒化学品。

禁止使用现金或者实物进行易制毒化学品交易。但是,个人合法购买第一类中的药品类易制毒化学品药品制剂和第三类易制毒化学品的除外。

生产、经营、购买、运输和进口、出口易制毒化学品的单位,应当建立单位内部易制毒化学品管理制度。

第六条　国家鼓励向公安机关等有关行政主管部门举报涉及易制毒化学品的违法行为。接到举报的部门应当为举报者保密。对举报属实的,县级以上人民政府及有关行政主管部门应当给予奖励。

第二章　生产、经营管理

第七条　申请生产第一类易制毒化学品,应当具备下列条件,并经本条例第八条规定的行政主管部门审批,取得生产许可证后,方可进行生产:

(一)属依法登记的化工产品生产企业或者药品生产企业;

(二)有符合国家标准的生产设备、仓储设施和污染物处理设施;

(三)有严格的安全生产管理制度和环境突发事件应急预案;

(四)企业法定代表人和技术、管理人员具有安全生产和易制毒化学品的有关知识,无毒品犯罪记录;

(五)法律、法规、规章规定的其他条件。

申请生产第一类中的药品类易制毒化学品，还应当在仓储场所等重点区域设置电视监控设施以及与公安机关联网的报警装置。

第八条　申请生产第一类中的药品类易制毒化学品的，由省、自治区、直辖市人民政府药品监督管理部门审批；申请生产第一类中的非药品类易制毒化学品的，由省、自治区、直辖市人民政府安全生产监督管理部门审批。

前款规定的行政主管部门应当自收到申请之日起60日内，对申请人提交的申请材料进行审查。对符合规定的，发给生产许可证，或者在企业已经取得的有关生产许可证件上标注；不予许可的，应当书面说明理由。

审查第一类易制毒化学品生产许可申请材料时，根据需要，可以进行实地核查和专家评审。

第九条　申请经营第一类易制毒化学品，应当具备下列条件，并经本条例第十条规定的行政主管部门审批，取得经营许可证后，方可进行经营：

（一）属依法登记的化工产品经营企业或者药品经营企业；

（二）有符合国家规定的经营场所，需要储存、保管易制毒化学品的，还应当有符合国家技术标准的仓储设施；

（三）有易制毒化学品的经营管理制度和健全的销售网络；

（四）企业法定代表人和销售、管理人员具有易制毒化学品的有关知识，无毒品犯罪记录；

（五）法律、法规、规章规定的其他条件。

第十条　申请经营第一类中的药品类易制毒化学品的，由省、自治区、直辖市人民政府药品监督管理部门审批；申请经营第一类中的非药品类易制毒化学品的，由省、自治区、直辖市人民政府安全生产监督管理部门审批。

前款规定的行政主管部门应当自收到申请之日起30日内，对申请人提交的申请材料进行审查。对符合规定的，发给经营许可证，或者在企业已经取得的有关经营许可证件上标注；不予许可的，应当书面说明理由。

审查第一类易制毒化学品经营许可申请材料时，根据需要，可以进行实地核查。

第十一条　取得第一类易制毒化学品生产许可或者依照本条例第十三条第一款规定已经履行第二类、第三类易制毒化学品备案手续的生产企业，可以经销自产的易制毒化学品。但是，在厂外设立销售网点经销第一类易制毒化学品的，应当依照本条例的规定取得经营许可。

第一类中的药品类易制毒化学品药品单方制剂，由麻醉药品定点经营企业经销，且不得零售。

第十二条　取得第一类易制毒化学品生产、经营许可的企业，应当凭生产、经营许可证到市场监督管理部门办理经营范围变更登记。未经变更登记，不得进行第一类易制毒化学品的生产、经营。

第一类易制毒化学品生产、经营许可证被依法吊销的，行政主管部门应当自作出吊销决定之日起5日内通知市场监督管理部门；被吊销许可证的企业，应当及时到市场监督管理部门办理经营范围变更或者企业注销登记。

第十三条　生产第二类、第三类易制毒化学品的，应当自生产之日起30日内，将生产的品种、数量等情况，向所在地的设区的市级人民政府安全生产监督管理部门备案。

经营第二类易制毒化学品的，应当自经营之日起30日内，将经营的品种、数量、主要流向等情况，向所在地的设区的市级人民政府安全生产监督管理部门备案；经营第三类易制毒化学品的，应当自经营之日起30日内，将经营的品种、数量、主要流向等情况，向所在地的县级人民政府安全生产监督管理部门备案。

前两款规定的行政主管部门应当于收到备案材料的当日发给备案证明。

第三章　购买管理

第十四条　申请购买第一类易制毒化学品，应当提交下列证件，经本条例第十五条规定的行政主管部门审批，取得购买许可证：

（一）经营企业提交企业营业执照和合法使用需要证明；

（二）其他组织提交登记证书（成立批准文件）和合法使用需要证明。

第十五条　申请购买第一类中的药品类易制毒化学品的，由所在地的省、自治区、直辖市人民政府药品监督管理部门审批；申请购买第一类中的非药品类易制毒化学品的，由所在地的省、自治区、直辖市人民政府公安机关审批。

前款规定的行政主管部门应当自收到申请之日起10日内，对申请人提交的申请材料和证件进行审查。对符合规定的，发给购买许可证；不予许可的，应当书面说明理由。

审查第一类易制毒化学品购买许可申请材料时，根据需要，可以进行实地核查。

第十六条 持有麻醉药品、第一类精神药品购买印鉴卡的医疗机构购买第一类中的药品类易制毒化学品的，无须申请第一类易制毒化学品购买许可证。

个人不得购买第一类、第二类易制毒化学品。

第十七条 购买第二类、第三类易制毒化学品的，应当在购买前将所需购买的品种、数量，向所在地的县级人民政府公安机关备案。个人自用购买少量高锰酸钾的，无须备案。

第十八条 经营单位销售第一类易制毒化学品时，应当查验购买许可证和经办人的身份证明。对委托代购的，还应当查验购买人持有的委托文书。

经营单位在查验无误、留存上述证明材料的复印件后，方可出售第一类易制毒化学品；发现可疑情况的，应当立即向当地公安机关报告。

第十九条 经营单位应当建立易制毒化学品销售台账，如实记录销售的品种、数量、日期、购买方等情况。销售台账和证明材料复印件应当保存2年备查。

第一类易制毒化学品的销售情况，应当自销售之日起5日内报当地公安机关备案；第一类易制毒化学品的使用单位，应当建立使用台账，并保存2年备查。

第二类、第三类易制毒化学品的销售情况，应当自销售之日起30日内报当地公安机关备案。

第四章 运输管理

第二十条 跨设区的市级行政区域（直辖市为跨市界）或者在国务院公安部门确定的禁毒形势严峻的重点地区跨县级行政区域运输第一类易制毒化学品的，由运出地的设区的市级人民政府公安机关审批；运输第二类易制毒化学品的，由运出地的县级人民政府公安机关审批。经审批取得易制毒化学品运输许可证后，方可运输。

运输第三类易制毒化学品的，应当在运输前向运出地的县级人民政府公安机关备案。公安机关应当于收到备案材料的当日发给备案证明。

第二十一条 申请易制毒化学品运输许可，应当提交易制毒化学品的购销合同，货主是企业的，应当提交营业执照；货主是其他组织的，应当提交登记证书（成立批准文件）；货主是个人的，应当提交其个人身份证明。经办人还应当提交本人的身份证明。

公安机关应当自收到第一类易制毒化学品运输许可申请之日起10日内，收到第二类易制毒化学品运输许可申请之日起3日内，对申请人提交的申请材料进行审查。对符合规定的，发给运输许可证；不予许可的，应当书面说明理由。

审查第一类易制毒化学品运输许可申请材料时，根据需要，可以进行实地核查。

第二十二条 对许可运输第一类易制毒化学品的，发给一次有效的运输许可证。

对许可运输第二类易制毒化学品的，发给3个月有效的运输许可证；6个月内运输安全状况良好的，发给12个月有效的运输许可证。

易制毒化学品运输许可证应当载明拟运输的易制毒化学品的品种、数量、运入地、货主及收货人、承运人情况以及运输许可证种类。

第二十三条 运输供教学、科研使用的100克以下的麻黄素样品和供医疗机构制剂配方使用的小包装麻黄素以及医疗机构或者麻醉药品经营企业购买麻黄素片剂6万片以下、注射剂1.5万支以下，货主或者承运人持有依法取得的购买许可证明或者麻醉药品调拨单的，无须申请易制毒化学品运输许可。

第二十四条 接受货主委托运输的，承运人应当查验货主提供的运输许可证或者备案证明，并查验所运货物与运输许可证或者备案证明载明的易制毒化学品品种等情况是否相符；不相符的，不得承运。

运输易制毒化学品，运输人员应当自启运起全程携带运输许可证或者备案证明。公安机关应当在易制毒化学品的运输过程中进行检查。

运输易制毒化学品，应当遵守国家有关货物运输的规定。

第二十五条 因治疗疾病需要，患者、患者近亲属或者患者委托的人凭医疗机构出具的医疗诊断书和本人的身份证明，可以随身携带第一类中的药品类易制毒化学品药品制剂，但是不得超过医用单张处方的最大剂量。

医用单张处方最大剂量，由国务院卫生主管部门规定、公布。

第五章 进口、出口管理

第二十六条 申请进口或者出口易制毒化学品，应当提交下列材料，经国务院商务主管部门或者其委托的省、自治区、直辖市人民政府商务主管部门审批，取得进口或者出口许可证后，方可从事进口、出口活动：

（一）对外贸易经营者备案登记证明复印件；

（二）营业执照副本；

（三）易制毒化学品生产、经营、购买许可证或者备案证明；

（四）进口或者出口合同（协议）副本；

（五）经办人的身份证明。

申请易制毒化学品出口许可的，还应当提交进口方政府主管部门出具的合法使用易制毒化学品的证明或者进口方合法使用的保证文件。

第二十七条 受理易制毒化学品进口、出口申请的商务主管部门应当自收到申请材料之日起20日内，对申请材料进行审查，必要时可以进行实地核查。对符合规定的，发给进口或者出口许可证；不予许可的，应当书面说明理由。

对进口第一类中的药品类易制毒化学品的，有关的商务主管部门在作出许可决定前，应当征得国务院药品监督管理部门的同意。

第二十八条 麻黄素等属于重点监控物品范围的易制毒化学品，由国务院商务主管部门会同国务院有关部门核定的企业进口、出口。

第二十九条 国家对易制毒化学品的进口、出口实行国际核查制度。易制毒化学品国际核查目录及核查的具体办法，由国务院商务主管部门会同国务院公安部门规定、公布。

国际核查所用时间不计算在许可期限之内。

对向毒品制造、贩运情形严重的国家或者地区出口易制毒化学品以及本条例规定品种以外的化学品的，可以在国际核查措施以外实施其他管制措施，具体办法由国务院商务主管部门会同国务院公安部门、海关总署等有关部门规定、公布。

第三十条 进口、出口或者过境、转运、通运易制毒化学品的，应当如实向海关申报，并提交进口或者出口许可证。海关凭许可证办理通关手续。

易制毒化学品在境外与保税区、出口加工区等海关特殊监管区域、保税场所之间进出的，适用前款规定。

易制毒化学品在境内与保税区、出口加工区等海关特殊监管区域、保税场所之间进出的，或者在上述海关特殊监管区域、保税场所之间进出的，无须申请易制毒化学品进口或者出口许可证。

进口第一类中的药品类易制毒化学品，还应当提交药品监督管理部门出具的进口药品通关单。

第三十一条 进出境人员随身携带第一类中的药品类易制毒化学品药品制剂和高锰酸钾，应当以自用且数量合理为限，并接受海关监管。

进出境人员不得随身携带前款规定以外的易制毒化学品。

第六章 监督检查

第三十二条 县级以上人民政府公安机关、负责药品监督管理的部门、安全生产监督管理部门、商务主管部门、卫生主管部门、价格主管部门、铁路主管部门、交通主管部门、市场监督管理部门、生态环境主管部门和海关，应当依照本条例和有关法律、行政法规的规定，在各自的职责范围内，加强对易制毒化学品生产、经营、购买、运输、价格以及进口、出口的监督检查；对非法生产、经营、购买、运输易制毒化学品，或者走私易制毒化学品的行为，依法予以查处。

前款规定的行政主管部门在进行易制毒化学品监督检查时，可以依法查看现场、查阅和复制有关资料、记录有关情况、扣押相关的证据材料和违法物品；必要时，可以临时查封有关场所。

被检查的单位或者个人应当如实提供有关情况和材料、物品，不得拒绝或者隐匿。

第三十三条 对依法收缴、查获的易制毒化学品，应当在省、自治区、直辖市或者设区的市级人民政府公安机关、海关或者生态环境主管部门的监督下，区别易制毒化学品的不同情况进行保管、回收，或者依照环境保护法律、行政法规的有关规定，由有资质的单位在生态环境主管部门的监督下销毁。其中，对收缴、查获的第一类中的药品类易制毒化学品，一律销毁。

易制毒化学品违法单位或者个人无力提供保管、回收或者销毁费用的，保管、回收或者销毁的费用在回收所得中开支，或者在有关行政主管部门的禁毒经费中列支。

第三十四条 易制毒化学品丢失、被盗、被抢的，发案单位应当立即向当地公安机关报告，并同时报告当地的县级人民政府负责药品监督管理的部门、安全生产监督管理部门、商务主管部门或者卫生主管部门。接到报案的公安机关应当及时立案查处，并向上级公安机关报告；有关行政主管部门应当逐级上报并配合公安机关的查处。

第三十五条 有关行政主管部门应当将易制毒化学品许可以及依法吊销许可的情况通报有关公安机关和市场监督管理部门；市场监督管理部门应当将生产、经营易制毒化学品企业依法变更或者注销登记的情况通报有关公安机关和行政主管部门。

第三十六条 生产、经营、购买、运输或者进口、出口易制毒化学品的单位，应当于每年3月31日前向许可或者备案的行政主管部门和公安机关报告本单位上年度易制毒化学品的生产、经营、购买、运输或者进口、出口情况;有条件的生产、经营、购买、运输或者进口、出口单位,可以与有关行政主管部门建立计算机联网,及时通报有关经营情况。

第三十七条 县级以上人民政府有关行政主管部门应当加强协调合作,建立易制毒化学品管理情况、监督检查情况以及案件处理情况的通报、交流机制。

第七章 法律责任

第三十八条 违反本条例规定,未经许可或者备案擅自生产、经营、购买、运输易制毒化学品,伪造申请材料骗取易制毒化学品生产、经营、购买或者运输许可证,使用他人的或者伪造、变造、失效的许可证生产、经营、购买、运输易制毒化学品的,由公安机关没收非法生产、经营、购买或者运输的易制毒化学品、用于非法生产易制毒化学品的原料以及非法生产、经营、购买或者运输易制毒化学品的设备、工具,处非法生产、经营、购买或者运输的易制毒化学品货值10倍以上20倍以下的罚款,货值的20倍不足1万元的,按1万元罚款;有违法所得的,没收违法所得;有营业执照的,由市场监督管理部门吊销营业执照;构成犯罪的,依法追究刑事责任。

对有前款规定违法行为的单位或者个人,有关行政主管部门可以自作出行政处罚决定之日起3年内,停止受理其易制毒化学品生产、经营、购买、运输或者进口、出口许可申请。

第三十九条 违反本条例规定,走私易制毒化学品的,由海关没收走私的易制毒化学品;有违法所得的,没收违法所得,并依照海关法律、行政法规给予行政处罚;构成犯罪的,依法追究刑事责任。

第四十条 违反本条例规定,有下列行为之一的,由负有监督管理职责的行政主管部门给予警告,责令限期改正,处1万元以上5万元以下的罚款;对违反规定生产、经营、购买的易制毒化学品可以予以没收;逾期不改正的,责令限期停产停业整顿;逾期整顿不合格的,吊销相应的许可证:

(一)易制毒化学品生产、经营、购买、运输或者进口、出口单位未按规定建立安全管理制度的;

(二)将许可证或者备案证明转借他人使用的;

(三)超出许可的品种、数量生产、经营、购买易制毒化学品的;

(四)生产、经营、购买单位不记录或者不如实记录交易情况、不按规定保存交易记录或者不如实、不及时向公安机关和有关行政主管部门备案销售情况的;

(五)易制毒化学品丢失、被盗、被抢后未及时报告,造成严重后果的;

(六)除个人合法购买第一类中的药品类易制毒化学品药品制剂以及第三类易制毒化学品外,使用现金或者实物进行易制毒化学品交易的;

(七)易制毒化学品的产品包装和使用说明书不符合本条例规定要求的;

(八)生产、经营易制毒化学品的单位不如实或者不按时向有关行政主管部门和公安机关报告年度生产、经销和库存等情况的。

企业的易制毒化学品生产经营许可被依法吊销后,未及时到市场监督管理部门办理经营范围变更或者企业注销登记的,依照前款规定,对易制毒化学品予以没收,并处罚款。

第四十一条 运输的易制毒化学品与易制毒化学品运输许可证或者备案证明载明的品种、数量、运入地、货主及收货人、承运人等情况不符,运输许可证种类不当,或者运输人员未全程携带运输许可证或者备案证明的,由公安机关责令停运整改,处5000元以上5万元以下的罚款;有危险物品运输资质的,运输主管部门可以依法吊销其运输资质。

个人携带易制毒化学品不符合品种、数量规定的,没收易制毒化学品,处1000元以上5000元以下的罚款。

第四十二条 生产、经营、购买、运输或者进口、出口易制毒化学品的单位或者个人拒不接受有关行政主管部门监督检查的,由负有监督管理职责的行政主管部门责令改正,对直接负责的主管人员以及其他直接责任人员给予警告;情节严重的,对单位处1万元以上5万元以下的罚款,对直接负责的主管人员以及其他直接责任人员处1000元以上5000元以下的罚款;有违反治安管理行为的,依法给予治安管理处罚;构成犯罪的,依法追究刑事责任。

第四十三条 易制毒化学品行政主管部门工作人员在管理工作中有应当许可而不许可、不应当许可而滥许可,不依法受理备案,以及其他滥用职权、玩忽职守、徇私舞弊行为的,依法给予行政处分;构成犯罪的,依法追究刑事责任。

第八章 附 则

第四十四条 易制毒化学品生产、经营、购买、运输和进口、出口许可证,由国务院有关行政主管部门根据各自的职责规定式样并监制。

第四十五条 本条例自2005年11月1日起施行。

本条例施行前已经从事易制毒化学品生产、经营、购买、运输或者进口、出口业务的，应当自本条例施行之日起6个月内，依照本条例的规定重新申请许可。

附表：

易制毒化学品的分类和品种目录

第一类

1. 1-苯基-2-丙酮
2. 3,4-亚甲基二氧苯基-2-丙酮
3. 胡椒醛
4. 黄樟素
5. 黄樟油
6. 异黄樟素
7. N-乙酰邻氨基苯酸
8. 邻氨基苯甲酸
9. 麦角酸*
10. 麦角胺*
11. 麦角新碱*
12. 麻黄素、伪麻黄素、消旋麻黄素、去甲麻黄素、甲基麻黄素、麻黄浸膏、麻黄浸膏粉等麻黄素类物质*

第二类

1. 苯乙酸
2. 醋酸酐
3. 三氯甲烷
4. 乙醚
5. 哌啶

第三类

1. 甲苯
2. 丙酮
3. 甲基乙基酮
4. 高锰酸钾
5. 硫酸
6. 盐酸

说明：

一、第一类、第二类所列物质可能存在的盐类，也纳入管制。

二、带有*标记的品种为第一类中的药品类易制毒化学品，第一类中的药品类易制毒化学品包括原料药及其单方制剂。

中华人民共和国监控化学品管理条例

·1995年12月27日中华人民共和国国务院令第190号发布
·根据2011年1月8日《国务院关于废止和修改部分行政法规的决定》修订

第一条 为了加强对监控化学品的管理，保障公民的人身安全和保护环境，制定本条例。

第二条 在中华人民共和国境内从事监控化学品的生产、经营和使用活动，必须遵守本条例。

第三条 本条例所称监控化学品，是指下列各类化学品：

第一类：可作为化学武器的化学品；

第二类：可作为生产化学武器前体的化学品；

第三类：可作为生产化学武器主要原料的化学品；

第四类：除炸药和纯碳氢化合物外的特定有机化学品。

前款各类监控化学品的名录由国务院化学工业主管部门提出，报国务院批准后公布。

第四条 国务院化学工业主管部门负责全国监控化学品的管理工作。省、自治区、直辖市人民政府化学工业主管部门负责本行政区域内监控化学品的管理工作。

第五条 生产、经营或者使用监控化学品的，应当依照本条例和国家有关规定向国务院化学工业主管部门或者省、自治区、直辖市人民政府化学工业主管部门申报生产、经营或者使用监控化学品的有关资料、数据和使用目的，接受化学工业主管部门的检查监督。

第六条 国家严格控制第一类监控化学品的生产。

为科研、医疗、制造药物或者防护目的需要生产第一类监控化学品的，应当报国务院化学工业主管部门批准，并在国务院化学工业主管部门指定的小型设施中生产。

严禁在未经国务院化学工业主管部门指定的设施中生产第一类监控化学品。

第七条 国家对第二类、第三类监控化学品和第四类监控化学品中含磷、硫、氟的特定有机化学品的生产，实行特别许可制度；未经特别许可的，任何单位和个人均不得生产。特别许可办法，由国务院化学工业主管部门制定。

第八条 新建、扩建或者改建用于生产第二类、第三类监控化学品和第四类监控化学品中含磷、硫、氟的特定有机化学品的设施，应当向所在地省、自治区、直辖市人民政府化学工业主管部门提出申请，经省、自治区、直辖市人民政府化学工业主管部门审查签署意见，报国务院化学工业主管部门批准后,方可开工建设;工程竣工后,经所在地省、自治区、直辖市人民政府化学工业主管部门验收合格,并报国务院化学工业主管部门批准后,方可投产使用。

新建、扩建或者改建用于生产第四类监控化学品中不含磷、硫、氟的特定有机化学品的设施,应当在开工生产前向所在地省、自治区、直辖市人民政府化学工业主管部门备案。

第九条 监控化学品应当在专用的化工仓库中储存,并设专人管理。监控化学品的储存条件应当符合国家有关规定。

第十条 储存监控化学品的单位,应当建立严格的出库、入库检查制度和登记制度;发现丢失、被盗时,应当立即报告当地公安机关和所在地省、自治区、直辖市人民政府化学工业主管部门;省、自治区、直辖市人民政府化学工业主管部门应当积极配合公安机关进行查处。

第十一条 对变质或者过期失效的监控化学品,应当及时处理。处理方案报所在地省、自治区、直辖市人民政府化学工业主管部门批准后实施。

第十二条 为科研、医疗、制造药物或者防护目的需要使用第一类监控化学品的,应当向国务院化学工业主管部门提出申请,经国务院化学工业主管部门审查批准后,凭批准文件同国务院化学工业主管部门指定的生产单位签订合同,并将合同副本报送国务院化学工业主管部门备案。

第十三条 需要使用第二类监控化学品的,应当向所在地省、自治区、直辖市人民政府化学工业主管部门提出申请,经省、自治区、直辖市人民政府化学工业主管部门审查批准后,凭批准文件同国务院化学工业主管部门指定的经销单位签订合同,并将合同副本报送所在地省、自治区、直辖市人民政府化学工业主管部门备案。

第十四条 国务院化学工业主管部门会同国务院对外经济贸易主管部门指定的单位(以下简称被指定单位),可以从事第一类监控化学品和第二类、第三类监控化学品及其生产技术、专用设备的进出口业务。

需要进口或者出口第一类监控化学品和第二类、第三类监控化学品及其生产技术、专用设备的,应当委托被指定单位代理进口或者出口。除被指定单位外,任何单位和个人均不得从事这类进出口业务。

第十五条 国家严格控制第一类监控化学品的进口和出口。非为科研、医疗、制造药物或者防护目的,不得进口第一类监控化学品。

接受委托进口第一类监控化学品的被指定单位,应当向国务院化学工业主管部门提出申请,并提交产品最终用途的说明和证明;经国务院化学工业主管部门审查签署意见后,报国务院审查批准。被指定单位凭国务院的批准文件向国务院对外经济贸易主管部门申请领取进口许可证。

第十六条 接受委托进口第二类、第三类监控化学品及其生产技术、专用设备的被指定单位,应当向国务院化学工业主管部门提出申请,并提交所进口的化学品、生产技术或者专用设备最终用途的说明和证明;经国务院化学工业主管部门审查批准后,被指定单位凭国务院化学工业主管部门的批准文件向国务院对外经济贸易主管部门申请领取进口许可证。

第十七条 接受委托出口第一类监控化学品的被指定单位,应当向国务院化学工业主管部门提出申请,并提交进口国政府或者政府委托机构出具的所进口的化学品仅用于科研、医疗、制造药物或者防护目的和不转口第三国的保证书;经国务院化学工业主管部门审查签署意见后,报国务院审查批准。被指定单位凭国务院的批准文件向国务院对外经济贸易主管部门申请领取出口许可证。

第十八条 接受委托出口第二类、第三类监控化学品及其生产技术、专用设备的被指定单位,应当向国务院化学工业主管部门提出申请,并提交进口国政府或者政府委托机构出具的所进口的化学品、生产技术、专用设备不用于生产化学武器和不转口第三国的保证书;经国务院化学工业主管部门审查批准后,被指定单位凭国务院化学工业主管部门的批准文件向国务院对外经济贸易主管部门申请领取出口许可证。

第十九条 使用监控化学品的,应当与其申报的使用目的相一致;需要改变使用目的的,应当报原审批机关批准。

第二十条 使用第一类、第二类监控化学品的,应当按照国家有关规定,定期向所在地省、自治区、直辖市人民政府化学工业主管部门报告消耗此类监控化学品的数量和使用此类监控化学品生产最终产品的数量。

第二十一条 违反本条例规定,生产监控化学品的,由省、自治区、直辖市人民政府化学工业主管部门责令限期改正;逾期不改正的,可以处20万元以下的罚款;情节严重的,可以提请省、自治区、直辖市人民政府责令停产整顿。

第二十二条 违反本条例规定,使用监控化学品的,由省、自治区、直辖市人民政府化学工业主管部门责令限期改正;逾期不改正的,可以处5万元以下的罚款。

第二十三条 违反本条例规定,经营监控化学品的,由省、自治区、直辖市人民政府化学工业主管部门没收其违法经营的监控化学品和违法所得,可以并处违法经营额1倍以上2倍以下的罚款。

第二十四条 违反本条例规定,隐瞒、拒报有关监控化学品的资料、数据,或者妨碍、阻挠化学工业主管部门依照本条例的规定履行检查监督职责的,由省、自治区、直辖市人民政府化学工业主管部门处以5万元以下的罚款。

第二十五条 违反本条例规定,构成违反治安管理行为的,依照《中华人民共和国治安管理处罚法》的有关规定处罚;构成犯罪的,依法追究刑事责任。

第二十六条 在本条例施行前已经从事生产、经营或者使用监控化学品的,应当依照本条例的规定,办理有关手续。

第二十七条 本条例自发布之日起施行。

使用有毒物品作业场所劳动保护条例

· 2002年5月12日中华人民共和国国务院令第352号公布
· 根据2024年12月6日《国务院关于修改和废止部分行政法规的决定》修订

第一章 总 则

第一条 为了保证作业场所安全使用有毒物品,预防、控制和消除职业中毒危害,保护劳动者的生命安全、身体健康及其相关权益,根据职业病防治法和其他有关法律、行政法规的规定,制定本条例。

第二条 作业场所使用有毒物品可能产生职业中毒危害的劳动保护,适用本条例。

第三条 按照有毒物品产生的职业中毒危害程度,有毒物品分为一般有毒物品和高毒物品。国家对作业场所使用高毒物品实行特殊管理。

一般有毒物品目录、高毒物品目录由国务院卫生行政部门会同有关部门依据国家标准制定、调整并公布。

第四条 从事使用有毒物品作业的用人单位(以下简称用人单位)应当使用符合国家标准的有毒物品,不得在作业场所使用国家明令禁止使用的有毒物品或者使用不符合国家标准的有毒物品。

用人单位应当尽可能使用无毒物品;需要使用有毒物品的,应当优先选择使用低毒物品。

第五条 用人单位应当依照本条例和其他有关法律、行政法规的规定,采取有效的防护措施,预防职业中毒事故的发生,依法参加工伤保险,保障劳动者的生命安全和身体健康。

第六条 国家鼓励研制、开发、推广、应用有利于预防、控制、消除职业中毒危害和保护劳动者健康的新技术、新工艺、新材料;限制使用或者淘汰有关职业中毒危害严重的技术、工艺、材料;加强对有关职业病的机理和发生规律的基础研究,提高有关职业病防治科学技术水平。

第七条 禁止使用童工。

用人单位不得安排未成年人和孕期、哺乳期的女职工从事使用有毒物品的作业。

第八条 工会组织应当督促并协助用人单位开展职业卫生宣传教育和培训,对用人单位的职业卫生工作提出意见和建议,与用人单位就劳动者反映的职业病防治问题进行协调并督促解决。

工会组织对用人单位违反法律、法规,侵犯劳动者合法权益的行为,有权要求纠正;产生严重职业中毒危害时,有权要求用人单位采取防护措施,或者向政府有关部门建议采取强制性措施;发生职业中毒事故时,有权参与事故调查处理;发现危及劳动者生命、健康的情形时,有权建议用人单位组织劳动者撤离危险现场,用人单位应当立即作出处理。

第九条 县级以上人民政府卫生行政、疾病预防控制部门及其他有关行政部门应当依据各自的职责,监督用人单位严格遵守本条例和其他有关法律、法规的规定,加强作业场所使用有毒物品的劳动保护,防止职业中毒事故发生,确保劳动者依法享有的权利。

第十条 各级人民政府应当加强对使用有毒物品作业场所职业卫生安全及相关劳动保护工作的领导,督促、支持卫生行政、疾病预防控制部门及其他有关行政部门依法履行监督检查职责,及时协调、解决有关重大问题;在发生职业中毒事故时,应当采取有效措施,控制事故危害的蔓延并消除事故危害,并妥善处理有关善后工作。

第二章 作业场所的预防措施

第十一条 用人单位的设立,应当符合有关法律、行政法规规定的设立条件,并依法办理有关手续,取得营业执照。

用人单位的使用有毒物品作业场所,除应当符合职业病防治法规定的职业卫生要求外,还必须符合下列要求:

(一)作业场所与生活场所分开,作业场所不得住人;

（二）有害作业与无害作业分开，高毒作业场所与其他作业场所隔离；

（三）设置有效的通风装置；可能突然泄漏大量有毒物品或者易造成急性中毒的作业场所，设置自动报警装置和事故通风设施；

（四）高毒作业场所设置应急撤离通道和必要的泄险区。

第十二条 使用有毒物品作业场所应当设置黄色区域警示线、警示标识和中文警示说明。警示说明应当载明产生职业中毒危害的种类、后果、预防以及应急救治措施等内容。

高毒作业场所应当设置红色区域警示线、警示标识和中文警示说明，并设置通讯报警设备。

第十三条 新建、扩建、改建的建设项目和技术改造、技术引进项目（以下统称建设项目），可能产生职业中毒危害的，应当依照职业病防治法的规定进行职业中毒危害预评价；可能产生职业中毒危害的建设项目的职业中毒危害防护设施应当与主体工程同时设计，同时施工，同时投入生产和使用；建设项目竣工验收前，应当进行职业中毒危害控制效果评价；建设项目的职业中毒危害防护设施经依法组织验收合格后，方可投入生产和使用。

可能产生职业中毒危害的建设项目的职业中毒危害防护设施设计应当符合国家职业卫生标准和卫生要求。

第十四条 用人单位应当按照国务院卫生行政部门的规定，向卫生行政部门及时、如实申报存在职业中毒危害项目。

从事使用高毒物品作业的用人单位，在申报使用高毒物品作业项目时，应当向卫生行政部门提交下列有关资料：

（一）职业中毒危害控制效果评价报告；

（二）职业卫生管理制度和操作规程等材料；

（三）职业中毒事故应急救援预案。

从事使用高毒物品作业的用人单位变更所使用的高毒物品品种的，应当依照前款规定向原受理申报的卫生行政部门重新申报。

第十五条 用人单位变更名称、法定代表人或者负责人的，应当向原受理申报的卫生行政部门备案。

第十六条 从事使用高毒物品作业的用人单位，应当配备应急救援人员和必要的应急救援器材、设备，制定事故应急救援预案，并根据实际情况变化对应急救援预案适时进行修订，定期组织演练。事故应急救援预案和演练记录应当报当地卫生行政部门、应急管理部门和公安部门备案。

第三章 劳动过程的防护

第十七条 用人单位应当依照职业病防治法的有关规定，采取有效的职业卫生防护管理措施，加强劳动过程中的防护与管理。

从事使用高毒物品作业的用人单位，应当配备专职的或者兼职的职业卫生医师和护士；不具备配备专职的或者兼职的职业卫生医师和护士条件的，应当与依法取得资质认证的职业卫生技术服务机构签订合同，由其提供职业卫生服务。

第十八条 用人单位应当与劳动者订立劳动合同，将工作过程中可能产生的职业中毒危害及其后果、职业中毒危害防护措施和待遇等如实告知劳动者，并在劳动合同中写明，不得隐瞒或者欺骗。

劳动者在已订立劳动合同期间因工作岗位或者工作内容变更，从事劳动合同中未告知的存在职业中毒危害的作业时，用人单位应当依照前款规定，如实告知劳动者，并协商变更原劳动合同有关条款。

用人单位违反前两款规定的，劳动者有权拒绝从事存在职业中毒危害的作业，用人单位不得因此单方面解除或者终止与劳动者所订立的劳动合同。

第十九条 用人单位有关管理人员应当熟悉有关职业病防治的法律、法规以及确保劳动者安全使用有毒物品作业的知识。

用人单位应当对劳动者进行上岗前的职业卫生培训和在岗期间的定期职业卫生培训，普及有关职业卫生知识，督促劳动者遵守有关法律、法规和操作规程，指导劳动者正确使用职业中毒危害防护设备和个人使用的职业中毒危害防护用品。

劳动者经培训考核合格，方可上岗作业。

第二十条 用人单位应当确保职业中毒危害防护设备、应急救援设施、通讯报警装置处于正常适用状态，不得擅自拆除或者停止运行。

用人单位应当对前款所列设施进行经常性的维护、检修，定期检测其性能和效果，确保其处于良好运行状态。

职业中毒危害防护设备、应急救援设施和通讯报警装置处于不正常状态时，用人单位应当立即停止使用有毒物品作业；恢复正常状态后，方可重新作业。

第二十一条 用人单位应当为从事使用有毒物品作业的劳动者提供符合国家职业卫生标准的防护用品，并确保劳动者正确使用。

第二十二条　有毒物品必须附具说明书，如实载明产品特性、主要成分、存在的职业中毒危害因素、可能产生的危害后果、安全使用注意事项、职业中毒危害防护以及应急救治措施等内容；没有说明书或者说明书不符合要求的，不得向用人单位销售。

用人单位有权向生产、经营有毒物品的单位索取说明书。

第二十三条　有毒物品的包装应当符合国家标准，并以易于劳动者理解的方式加贴或者拴挂有毒物品安全标签。有毒物品的包装必须有醒目的警示标识和中文警示说明。

经营、使用有毒物品的单位，不得经营、使用没有安全标签、警示标识和中文警示说明的有毒物品。

第二十四条　用人单位维护、检修存在高毒物品的生产装置，必须事先制订维护、检修方案，明确职业中毒危害防护措施，确保维护、检修人员的生命安全和身体健康。

维护、检修存在高毒物品的生产装置，必须严格按照维护、检修方案和操作规程进行。维护、检修现场应当有专人监护，并设置警示标志。

第二十五条　需要进入存在高毒物品的设备、容器或者狭窄封闭场所作业时，用人单位应当事先采取下列措施：

（一）保持作业场所良好的通风状态，确保作业场所职业中毒危害因素浓度符合国家职业卫生标准；

（二）为劳动者配备符合国家职业卫生标准的防护用品；

（三）设置现场监护人员和现场救援设备。

未采取前款规定措施或者采取的措施不符合要求的，用人单位不得安排劳动者进入存在高毒物品的设备、容器或者狭窄封闭场所作业。

第二十六条　用人单位应当按照国务院卫生行政部门的规定，定期对使用有毒物品作业场所职业中毒危害因素进行检测、评价。检测、评价结果存入用人单位职业卫生档案，定期向所在地卫生行政部门报告并向劳动者公布。

从事使用高毒物品作业的用人单位应当至少每一个月对高毒作业场所进行一次职业中毒危害因素检测；至少每半年进行一次职业中毒危害控制效果评价。

高毒作业场所职业中毒危害因素不符合国家职业卫生标准和卫生要求时，用人单位必须立即停止高毒作业，并采取相应的治理措施；经治理，职业中毒危害因素符合国家职业卫生标准和卫生要求的，方可重新作业。

第二十七条　从事使用高毒物品作业的用人单位应当设置淋浴间和更衣室，并设置清洗、存放或者处理从事使用高毒物品作业劳动者的工作服、工作鞋帽等物品的专用间。

劳动者结束作业时，其使用的工作服、工作鞋帽等物品必须存放在高毒作业区域内，不得穿戴到非高毒作业区域。

第二十八条　用人单位应当按照规定对从事使用高毒物品作业的劳动者进行岗位轮换。

用人单位应当为从事使用高毒物品作业的劳动者提供岗位津贴。

第二十九条　用人单位转产、停产、停业或者解散、破产的，应当采取有效措施，妥善处理留存或者残留有毒物品的设备、包装物和容器。

第三十条　用人单位应当对本单位执行本条例规定的情况进行经常性的监督检查；发现问题，应当及时依照本条例规定的要求进行处理。

第四章　职业健康监护

第三十一条　用人单位应当组织从事使用有毒物品作业的劳动者进行上岗前职业健康检查。

用人单位不得安排未经上岗前职业健康检查的劳动者从事使用有毒物品的作业，不得安排有职业禁忌的劳动者从事其所禁忌的作业。

第三十二条　用人单位应当对从事使用有毒物品作业的劳动者进行定期职业健康检查。

用人单位发现有职业禁忌或者有与所从事职业相关的健康损害的劳动者，应当将其及时调离原工作岗位，并妥善安置。

用人单位对需要复查和医学观察的劳动者，应当按照体检机构的要求安排其复查和医学观察。

第三十三条　用人单位应当对从事使用有毒物品作业的劳动者进行离岗时的职业健康检查；对离岗时未进行职业健康检查的劳动者，不得解除或者终止与其订立的劳动合同。

用人单位发生分立、合并、解散、破产等情形的，应当对从事使用有毒物品作业的劳动者进行健康检查，并按照国家有关规定妥善安置职业病病人。

第三十四条　用人单位对受到或者可能受到急性职业中毒危害的劳动者，应当及时组织进行健康检查和医学观察。

第三十五条　劳动者职业健康检查和医学观察的费用，由用人单位承担。

第三十六条　用人单位应当建立职业健康监护档案。

职业健康监护档案应当包括下列内容：

（一）劳动者的职业史和职业中毒危害接触史；

（二）相应作业场所职业中毒危害因素监测结果；

（三）职业健康检查结果及处理情况；

（四）职业病诊疗等劳动者健康资料。

第五章　劳动者的权利与义务

第三十七条　从事使用有毒物品作业的劳动者在存在威胁生命安全或者身体健康危险的情况下，有权通知用人单位并从使用有毒物品造成的危险现场撤离。

用人单位不得因劳动者依据前款规定行使权利，而取消或者减少劳动者在正常工作时享有的工资、福利待遇。

第三十八条　劳动者享有下列职业卫生保护权利：

（一）获得职业卫生教育、培训；

（二）获得职业健康检查、职业病诊疗、康复等职业病防治服务；

（三）了解工作场所产生或者可能产生的职业中毒危害因素、危害后果和应当采取的职业中毒危害防护措施；

（四）要求用人单位提供符合防治职业病要求的职业中毒危害防护设施和个人使用的职业中毒危害防护用品，改善工作条件；

（五）对违反职业病防治法律、法规，危及生命、健康的行为提出批评、检举和控告；

（六）拒绝违章指挥和强令进行没有职业中毒危害防护措施的作业；

（七）参与用人单位职业卫生工作的民主管理，对职业病防治工作提出意见和建议。

用人单位应当保障劳动者行使前款所列权利。禁止因劳动者依法行使正当权利而降低其工资、福利等待遇或者解除、终止与其订立的劳动合同。

第三十九条　劳动者有权在正式上岗前从用人单位获得下列资料：

（一）作业场所使用的有毒物品的特性、有害成分、预防措施、教育和培训资料；

（二）有毒物品的标签、标识及有关资料；

（三）有毒物品安全使用说明书；

（四）可能影响安全使用有毒物品的其他有关资料。

第四十条　劳动者有权查阅、复印其本人职业健康监护档案。

劳动者离开用人单位时，有权索取本人健康监护档案复印件；用人单位应当如实、无偿提供，并在所提供的复印件上签章。

第四十一条　用人单位按照国家规定参加工伤保险的，患职业病的劳动者有权按照国家有关工伤保险的规定，享受下列工伤保险待遇：

（一）医疗费：因患职业病进行诊疗所需费用，由工伤保险基金按照规定标准支付；

（二）住院伙食补助费：由用人单位按照当地因公出差伙食标准的一定比例支付；

（三）康复费：由工伤保险基金按照规定标准支付；

（四）残疾用具费：因残疾需要配置辅助器具的，所需费用由工伤保险基金按照普及型辅助器具标准支付；

（五）停工留薪期待遇：原工资、福利待遇不变，由用人单位支付；

（六）生活护理补助费：经评残并确认需要生活护理的，生活护理补助费由工伤保险基金按照规定标准支付；

（七）一次性伤残补助金：经鉴定为十级至一级伤残的，按照伤残等级享受相当于6个月至24个月的本人工资的一次性伤残补助金，由工伤保险基金支付；

（八）伤残津贴：经鉴定为四级至一级伤残的，按照规定享受相当于本人工资75%至90%的伤残津贴，由工伤保险基金支付；

（九）死亡补助金：因职业中毒死亡的，由工伤保险基金按照不低于48个月的统筹地区上年度职工月平均工资的标准一次支付；

（十）丧葬补助金：因职业中毒死亡的，由工伤保险基金按照6个月的统筹地区上年度职工月平均工资的标准一次支付；

（十一）供养亲属抚恤金：因职业中毒死亡的，对由死者生前提供主要生活来源的亲属由工伤保险基金支付抚恤金：对其配偶每月按照统筹地区上年度职工月平均工资的40%发给，对其生前供养的直系亲属每人每月按照统筹地区上年度职工月平均工资的30%发给；

（十二）国家规定的其他工伤保险待遇。

本条例施行后，国家对工伤保险待遇的项目和标准作出调整时，从其规定。

第四十二条　用人单位未参加工伤保险的，其劳动者从事有毒物品作业患职业病的，用人单位应当按照国家有关工伤保险规定的项目和标准，保证劳动者享受工伤待遇。

第四十三条 用人单位无营业执照以及被依法吊销营业执照，其劳动者从事使用有毒物品作业患职业病的，应当按照国家有关工伤保险规定的项目和标准，给予劳动者一次性赔偿。

第四十四条 用人单位分立、合并的，承继单位应当承担由原用人单位对患职业病的劳动者承担的补偿责任。

用人单位解散、破产的，应当依法从其清算财产中优先支付患职业病的劳动者的补偿费用。

第四十五条 劳动者除依法享有工伤保险外，依照有关民事法律的规定，尚有获得赔偿的权利的，有权向用人单位提出赔偿要求。

第四十六条 劳动者应当学习和掌握相关职业卫生知识，遵守有关劳动保护的法律、法规和操作规程，正确使用和维护职业中毒危害防护设施及其用品；发现职业中毒事故隐患时，应当及时报告。

作业场所出现使用有毒物品产生的危险时，劳动者应当采取必要措施，按照规定正确使用防护设施，将危险加以消除或者减少到最低限度。

第六章 监督管理

第四十七条 县级以上人民政府卫生行政、疾病预防控制部门应当依照本条例的规定和国家有关职业卫生要求，依据职责划分，对作业场所使用有毒物品作业及职业中毒危害检测、评价活动进行监督检查。

卫生行政、疾病预防控制部门实施监督检查，不得收取费用，不得接受用人单位的财物或者其他利益。

第四十八条 卫生行政、疾病预防控制部门应当建立、健全监督制度，核查反映用人单位有关劳动保护的材料，履行监督责任。

用人单位应当向卫生行政、疾病预防控制部门如实、具体提供反映有关劳动保护的材料；必要时，卫生行政、疾病预防控制部门可以查阅或者要求用人单位报送有关材料。

第四十九条 卫生行政、疾病预防控制部门应当监督用人单位严格执行有关职业卫生规范。

卫生行政、疾病预防控制部门应当依照本条例的规定对使用有毒物品作业场所的职业卫生防护设备、设施的防护性能进行定期检验和不定期的抽查；发现职业卫生防护设备、设施存在隐患时，应当责令用人单位立即消除隐患；消除隐患期间，应当责令其停止作业。

第五十条 卫生行政、疾病预防控制部门应当采取措施，鼓励对用人单位的违法行为进行举报、投诉、检举和控告。

卫生行政、疾病预防控制部门对举报、投诉、检举和控告应当及时核实，依法作出处理，并将处理结果予以公布。

卫生行政、疾病预防控制部门对举报人、投诉人、检举人和控告人负有保密的义务。

第五十一条 职业卫生监督执法人员依法执行职务时，应当出示执法证件。

职业卫生监督执法人员应当忠于职守，秉公执法；涉及用人单位秘密的，应当为其保密。

第五十二条 疾病预防控制部门依法实施罚款的行政处罚，应当依照有关法律、行政法规的规定，实施罚款决定与罚款收缴分离；收缴的罚款以及依法没收的经营所得，必须全部上缴国库。

第五十三条 卫生行政、疾病预防控制部门履行监督检查职责时，有权采取下列措施：

（一）进入用人单位和使用有毒物品作业场所现场，了解情况，调查取证，进行抽样检查、检测、检验，进行实地检查；

（二）查阅或者复制与违反本条例行为有关的资料，采集样品；

（三）责令违反本条例规定的单位和个人停止违法行为。

第五十四条 发生职业中毒事故或者有证据证明职业中毒危害状态可能导致事故发生时，卫生行政、疾病预防控制部门有权采取下列临时控制措施：

（一）责令暂停导致职业中毒事故的作业；

（二）封存造成职业中毒事故或者可能导致事故发生的物品；

（三）组织控制职业中毒事故现场。

在职业中毒事故或者危害状态得到有效控制后，卫生行政、疾病预防控制部门应当及时解除控制措施。

第五十五条 职业卫生监督执法人员依法执行职务时，被检查单位应当接受检查并予以支持、配合，不得拒绝和阻碍。

第五十六条 疾病预防控制部门应当加强队伍建设，提高职业卫生监督执法人员的政治、业务素质，依照本条例的规定，建立、健全内部监督制度，对职业卫生监督执法人员执行法律、法规和遵守纪律的情况进行监督检查。

第七章 罚 则

第五十七条 卫生行政、疾病预防控制部门的工作人员有下列行为之一，导致职业中毒事故发生的，依照刑法关于滥用职权罪、玩忽职守罪或者其他罪的规定，依法追究刑事责任；造成职业中毒危害但尚未导致职业中毒事故发生，不够刑事处罚的，根据不同情节，依法给予降级、撤职或者开除的处分：

（一）对用人单位不履行监督检查职责，或者发现用人单位存在违反本条例的行为不予查处的；

（二）发现用人单位存在职业中毒危害，可能造成职业中毒事故，不及时依法采取控制措施的。

第五十八条 用人单位违反本条例的规定，有下列情形之一的，由疾病预防控制部门给予警告，责令限期改正；逾期不改正的，处10万元以上50万元以下的罚款；情节严重的，提请有关人民政府按照国务院规定的权限责令停建、予以关闭；造成严重职业中毒危害或者导致职业中毒事故发生的，对负有责任的主管人员和其他直接责任人员依照刑法关于重大劳动安全事故罪或者其他罪的规定，依法追究刑事责任：

（一）可能产生职业中毒危害的建设项目，未依照职业病防治法的规定进行职业中毒危害预评价的；

（二）职业中毒危害防护设施未与主体工程同时设计，同时施工，同时投入生产和使用的；

（三）建设项目竣工验收前，未进行职业中毒危害控制效果评价，或者职业中毒危害防护设施未经依法组织验收合格，擅自投入生产和使用的；

（四）可能产生职业中毒危害的建设项目，其职业中毒危害防护设施设计不符合国家职业卫生标准和卫生要求的。

第五十九条 用人单位违反本条例的规定，有下列情形之一的，由疾病预防控制部门给予警告，责令限期改正；逾期不改正的，处5万元以上20万元以下的罚款；情节严重的，提请有关人民政府按照国务院规定的权限予以关闭；造成严重职业中毒危害或者导致职业中毒事故发生的，对负有责任的主管人员和其他直接责任人员依照刑法关于重大劳动安全事故罪或者其他罪的规定，依法追究刑事责任：

（一）使用有毒物品作业场所未按照规定设置警示标识和中文警示说明的；

（二）未对职业卫生防护设备、应急救援设施、通讯报警装置进行维护、检修和定期检测，导致上述设施处于不正常状态的；

（三）未依照本条例的规定进行职业中毒危害因素检测和职业中毒危害控制效果评价的；

（四）未向从事使用有毒物品作业的劳动者提供符合国家职业卫生标准的防护用品，或者未保证劳动者正确使用的。

用人单位违反本条例的规定，有下列情形之一的，由疾病预防控制部门给予警告，责令限期改正，处5万元以上20万元以下的罚款；逾期不改正的，提请有关人民政府按照国务院规定的权限予以关闭；造成严重职业中毒危害或者导致职业中毒事故发生的，对负有责任的主管人员和其他直接责任人员依照刑法关于重大劳动安全事故罪或者其他罪的规定，依法追究刑事责任：

（一）高毒作业场所未按照规定设置撤离通道和泄险区的；

（二）高毒作业场所未按照规定设置警示线的。

第六十条 用人单位违反本条例的规定，有下列情形之一的，由疾病预防控制部门给予警告，责令限期改正，处5万元以上30万元以下的罚款；逾期不改正的，提请有关人民政府按照国务院规定的权限予以关闭；造成严重职业中毒危害或者导致职业中毒事故发生的，对负有责任的主管人员和其他直接责任人员依照刑法关于重大责任事故罪、重大劳动安全事故罪或者其他罪的规定，依法追究刑事责任：

（一）使用有毒物品作业场所未设置有效通风装置的，或者可能突然泄漏大量有毒物品或者易造成急性中毒的作业场所未设置自动报警装置或者事故通风设施的；

（二）职业卫生防护设备、应急救援设施、通讯报警装置处于不正常状态而不停止作业，或者擅自拆除或者停止运行职业卫生防护设备、应急救援设施、通讯报警装置的。

第六十一条 从事使用高毒物品作业的用人单位违反本条例的规定，有下列行为之一的，由疾病预防控制部门给予警告，责令限期改正，处5万元以上20万元以下的罚款；逾期不改正的，提请有关人民政府按照国务院规定的权限予以关闭；造成严重职业中毒危害或者导致职业中毒事故发生的，对负有责任的主管人员和其他直接责任人员依照刑法关于重大责任事故罪或者其他罪的规定，依法追究刑事责任：

（一）作业场所职业中毒危害因素不符合国家职业卫生标准和卫生要求而不立即停止高毒作业并采取相应的治理措施的，或者职业中毒危害因素治理不符合国家职业卫生标准和卫生要求重新作业的；

（二）未依照本条例的规定维护、检修存在高毒物品的生产装置的；

（三）未采取本条例规定的措施，安排劳动者进入存在高毒物品的设备、容器或者狭窄封闭场所作业的。

第六十二条　在作业场所使用国家明令禁止使用的有毒物品或者使用不符合国家标准的有毒物品的，由疾病预防控制部门责令立即停止使用，处5万元以上30万元以下的罚款；情节严重的，责令停止使用有毒物品作业，或者提请有关人民政府按照国务院规定的权限予以关闭；造成严重职业中毒危害或者导致职业中毒事故发生的，对负有责任的主管人员和其他直接责任人员依照刑法关于危险物品肇事罪、重大责任事故罪或者其他罪的规定，依法追究刑事责任。

第六十三条　用人单位违反本条例的规定，有下列行为之一的，由疾病预防控制部门责令限期改正，处5万元以上30万元以下的罚款；情节严重的，责令停止使用有毒物品作业，或者提请有关人民政府按照国务院规定的权限予以关闭；造成严重职业中毒危害或者导致职业中毒事故发生的，对负有责任的主管人员和其他直接责任人员依照刑法关于重大责任事故罪或者其他罪的规定，依法追究刑事责任：

（一）未组织从事使用有毒物品作业的劳动者进行上岗前职业健康检查，安排未经上岗前职业健康检查的劳动者从事使用有毒物品作业的；

（二）使用未经培训考核合格的劳动者从事高毒作业的；

（三）安排有职业禁忌的劳动者从事所禁忌的作业的；

（四）发现有职业禁忌或者有与所从事职业相关的健康损害的劳动者，未及时调离原工作岗位，并妥善安置的；

（五）安排未成年人或者孕期、哺乳期的女职工从事使用有毒物品作业的；

（六）使用童工的。

第六十四条　从事使用有毒物品作业的用人单位违反本条例的规定，在转产、停产、停业或者解散、破产时未采取有效措施，妥善处理留存或者残留高毒物品的设备、包装物和容器的，由疾病预防控制部门责令改正，处2万元以上10万元以下的罚款；触犯刑律的，对负有责任的主管人员和其他直接责任人员依照刑法关于污染环境罪、危险物品肇事罪或者其他罪的规定，依法追究刑事责任。

第六十五条　用人单位违反本条例的规定，有下列情形之一的，由疾病预防控制部门给予警告，责令限期改正，处5000元以上2万元以下的罚款；逾期不改正的，责令停止使用有毒物品作业，或者提请有关人民政府按照国务院规定的权限予以关闭；造成严重职业中毒危害或者导致职业中毒事故发生的，对负有责任的主管人员和其他直接责任人员依照刑法关于重大劳动安全事故罪、危险物品肇事罪或者其他罪的规定，依法追究刑事责任：

（一）使用有毒物品作业场所未与生活场所分开或者在作业场所住人的；

（二）未将有害作业与无害作业分开的；

（三）高毒作业场所未与其他作业场所有效隔离的；

（四）从事高毒作业未按照规定配备应急救援设施或者制定事故应急救援预案的。

第六十六条　用人单位违反本条例的规定，有下列情形之一的，由疾病预防控制部门给予警告，责令限期改正，处2万元以上5万元以下的罚款；逾期不改正的，提请有关人民政府按照国务院规定的权限予以关闭：

（一）未按照规定向卫生行政部门申报高毒作业项目的；

（二）变更使用高毒物品品种，未按照规定向原受理申报的卫生行政部门重新申报，或者申报不及时、有虚假的。

第六十七条　用人单位违反本条例的规定，有下列行为之一的，由疾病预防控制部门给予警告，责令限期改正，可以并处5万元以上10万元以下的罚款；逾期不改正的，责令停止使用有毒物品作业，或者提请有关人民政府按照国务院规定的权限予以关闭：

（一）未组织从事使用有毒物品作业的劳动者进行定期职业健康检查的；

（二）未组织从事使用有毒物品作业的劳动者进行离岗职业健康检查的；

（三）对未进行离岗职业健康检查的劳动者，解除或者终止与其订立的劳动合同的；

（四）发生分立、合并、解散、破产情形，未对从事使用有毒物品作业的劳动者进行健康检查，并按照国家有关规定妥善安置职业病病人的；

（五）对受到或者可能受到急性职业中毒危害的劳动者，未及时组织进行健康检查和医学观察的；

（六）未建立职业健康监护档案的；

（七）劳动者离开用人单位时，用人单位未如实、无偿提供职业健康监护档案的；

（八）未依照职业病防治法和本条例的规定将工作过程中可能产生的职业中毒危害及其后果、有关职业卫生防护措施和待遇等如实告知劳动者并在劳动合同中写明的；

（九）劳动者在存在威胁生命、健康危险的情况下，从危险现场中撤离，而被取消或者减少应当享有的待遇的。

第六十八条　用人单位违反本条例的规定，有下列行为之一的，由疾病预防控制部门给予警告，责令限期改正，处5000元以上2万元以下的罚款；逾期不改正的，责令停止使用有毒物品作业，或者提请有关人民政府按照国务院规定的权限予以关闭：

（一）未按照规定配备或者聘请职业卫生医师和护士的；

（二）未为从事使用高毒物品作业的劳动者设置淋浴间、更衣室或者未设置清洗、存放和处理工作服、工作鞋帽等物品的专用间，或者不能正常使用的；

（三）未安排从事使用高毒物品作业一定年限的劳动者进行岗位轮换的。

第八章　附　则

第六十九条　涉及作业场所使用有毒物品可能产生职业中毒危害的劳动保护的有关事项，本条例未作规定的，依照职业病防治法和其他有关法律、行政法规的规定执行。

有毒物品的生产、经营、储存、运输、使用和废弃处置的安全管理，依照危险化学品安全管理条例执行。

第七十条　本条例自公布之日起施行。

危险化学品安全使用许可证实施办法

- 2012年11月16日国家安全监管总局令第57号公布
- 根据2015年5月27日《国家安全监管总局关于废止和修改危险化学品等领域七部规章的决定》第一次修订
- 根据2017年3月6日《国家安全监管总局关于修改和废止部分规章及规范性文件的决定》第二次修订

第一章　总　则

第一条　为了严格使用危险化学品从事生产的化工企业安全生产条件，规范危险化学品安全使用许可证的颁发和管理工作，根据《危险化学品安全管理条例》和有关法律、行政法规，制定本办法。

第二条　本办法适用于列入危险化学品安全使用许可适用行业目录、使用危险化学品从事生产并且达到危险化学品使用量的数量标准的化工企业（危险化学品生产企业除外，以下简称企业）。

使用危险化学品作为燃料的企业不适用本办法。

第三条　企业应当依照本办法的规定取得危险化学品安全使用许可证（以下简称安全使用许可证）。

第四条　安全使用许可证的颁发管理工作实行企业申请、市级发证、属地监管的原则。

第五条　国家安全生产监督管理总局负责指导、监督全国安全使用许可证的颁发管理工作。

省、自治区、直辖市人民政府安全生产监督管理部门（以下简称省级安全生产监督管理部门）负责指导、监督本行政区域内安全使用许可证的颁发管理工作。

设区的市级人民政府安全生产监督管理部门（以下简称发证机关）负责本行政区域内安全使用许可证的审批、颁发和管理，不得再委托其他单位、组织或者个人实施。

第二章　申请安全使用许可证的条件

第六条　企业与重要场所、设施、区域的距离和总体布局应当符合下列要求，并确保安全：

（一）储存危险化学品数量构成重大危险源的储存设施，与《危险化学品安全管理条例》第十九条第一款规定的八类场所、设施、区域的距离符合国家有关法律、法规、规章和国家标准或者行业标准的规定；

（二）总体布局符合《工业企业总平面设计规范》（GB50187）、《化工企业总图运输设计规范》（GB50489）、《建筑设计防火规范》（GB50016）等相关标准的要求；石油化工企业还应当符合《石油化工企业设计防火规范》（GB50160）的要求；

（三）新建企业符合国家产业政策、当地县级以上（含县级）人民政府的规划和布局。

第七条　企业的厂房、作业场所、储存设施和安全设施、设备、工艺应当符合下列要求：

（一）新建、改建、扩建使用危险化学品的化工建设项目（以下统称建设项目）由具备国家规定资质的设计单位设计和施工单位建设；其中，涉及国家安全生产监督管理总局公布的重点监管危险化工工艺、重点监管危险化学品的装置，由具备石油化工医药行业相应资质的设计单位设计；

（二）不得采用国家明令淘汰、禁止使用和危及安全生产的工艺、设备；新开发的使用危险化学品从事化工生产的工艺（以下简称化工工艺），在小试、中试、工业化试验的基础上逐步放大到工业化生产；国内首次使用的化工工艺，经过省级人民政府有关部门组织的安全可靠性论证；

（三）涉及国家安全生产监督管理总局公布的重点监管危险化工工艺、重点监管危险化学品的装置装设自动化控制系统；涉及国家安全生产监督管理总局公布的重点监管危险化工工艺的大型化工装置装设紧急停车系统；涉及易燃易爆、有毒有害气体化学品的作业场所装设易燃易爆、有毒有害介质泄漏报警等安全设施；

（四）新建企业的生产区与非生产区分开设置，并符合国家标准或者行业标准规定的距离；

（五）新建企业的生产装置和储存设施之间及其建（构）筑物之间的距离符合国家标准或者行业标准的规定。

同一厂区内（生产或者储存区域）的设备、设施及建（构）筑物的布置应当适用同一标准的规定。

第八条　企业应当依法设置安全生产管理机构，按照国家规定配备专职安全生产管理人员。配备的专职安全生产管理人员必须能够满足安全生产的需要。

第九条　企业主要负责人、分管安全负责人和安全生产管理人员必须具备与其从事生产经营活动相适应的安全知识和管理能力，参加安全资格培训，并经考核合格，取得安全合格证书。

特种作业人员应当依照《特种作业人员安全技术培训考核管理规定》，经专门的安全技术培训并考核合格，取得特种作业操作证书。

本条第一款、第二款规定以外的其他从业人员应当按照国家有关规定，经安全教育培训合格。

第十条　企业应当建立全员安全生产责任制，保证每位从业人员的安全生产责任与职务、岗位相匹配。

第十一条　企业根据化工工艺、装置、设施等实际情况，至少应当制定、完善下列主要安全生产规章制度：

（一）安全生产例会等安全生产会议制度；

（二）安全投入保障制度；

（三）安全生产奖惩制度；

（四）安全培训教育制度；

（五）领导干部轮流现场带班制度；

（六）特种作业人员管理制度；

（七）安全检查和隐患排查治理制度；

（八）重大危险源的评估和安全管理制度；

（九）变更管理制度；

（十）应急管理制度；

（十一）生产安全事故或者重大事件管理制度；

（十二）防火、防爆、防中毒、防泄漏管理制度；

（十三）工艺、设备、电气仪表、公用工程安全管理制度；

（十四）动火、进入受限空间、吊装、高处、盲板抽堵、临时用电、动土、断路、设备检维修等作业安全管理制度；

（十五）危险化学品安全管理制度；

（十六）职业健康相关管理制度；

（十七）劳动防护用品使用维护管理制度；

（十八）承包商管理制度；

（十九）安全管理制度及操作规程定期修订制度。

第十二条　企业应当根据工艺、技术、设备特点和原辅料的危险性等情况编制岗位安全操作规程。

第十三条　企业应当依法委托具备国家规定资质条件的安全评价机构进行安全评价，并按照安全评价报告的意见对存在的安全生产问题进行整改。

第十四条　企业应当有相应的职业病危害防护设施，并为从业人员配备符合国家标准或者行业标准的劳动防护用品。

第十五条　企业应当依据《危险化学品重大危险源辨识》（GB18218），对本企业的生产、储存和使用装置、设施或者场所进行重大危险源辨识。

对于已经确定为重大危险源的，应当按照《危险化学品重大危险源监督管理暂行规定》进行安全管理。

第十六条　企业应当符合下列应急管理要求：

（一）按照国家有关规定编制危险化学品事故应急预案，并报送有关部门备案；

（二）建立应急救援组织，明确应急救援人员，配备必要的应急救援器材、设备设施，并按照规定定期进行应急预案演练。

储存和使用氯气、氨气等对皮肤有强烈刺激的吸入性有毒有害气体的企业，除符合本条第一款的规定外，还应当配备至少两套以上全封闭防化服；构成重大危险源的，还应当设立气体防护站（组）。

第十七条　企业除符合本章规定的安全使用条件外，还应当符合有关法律、行政法规和国家标准或者行业标准规定的其他安全使用条件。

第三章　安全使用许可证的申请

第十八条　企业向发证机关申请安全使用许可证时，应当提交下列文件、资料，并对其内容的真实性负责：

（一）申请安全使用许可证的文件及申请书；

（二）新建企业的选址布局符合国家产业政策、当地县级以上人民政府的规划和布局的证明材料复制件；

（三）安全生产责任制文件，安全生产规章制度、岗位安全操作规程清单；

（四）设置安全生产管理机构，配备专职安全生产管理人员的文件复制件；

（五）主要负责人、分管安全负责人、安全生产管理人员安全合格证和特种作业人员操作证复制件；

（六）危险化学品事故应急救援预案的备案证明文件；

（七）由供货单位提供的所使用危险化学品的安全技术说明书和安全标签；

（八）工商营业执照副本或者工商核准文件复制件；

（九）安全评价报告及其整改结果的报告；

（十）新建企业的建设项目安全设施竣工验收报告；

（十一）应急救援组织、应急救援人员，以及应急救援器材、设备设施清单。

有危险化学品重大危险源的企业，除应当提交本条第一款规定的文件、资料外，还应当提交重大危险源的备案证明文件。

第十九条 新建企业安全使用许可证的申请，应当在建设项目安全设施竣工验收通过之日起10个工作日内提出。

第四章 安全使用许可证的颁发

第二十条 发证机关收到企业申请文件、资料后，应当按照下列情况分别作出处理：

（一）申请事项依法不需要取得安全使用许可证的，当场告知企业不予受理；

（二）申请材料存在可以当场更正的错误的，允许企业当场更正；

（三）申请材料不齐全或者不符合法定形式的，当场或者在5个工作日内一次告知企业需要补正的全部内容，并出具补正告知书；逾期不告知的，自收到申请材料之日起即为受理；

（四）企业申请材料齐全、符合法定形式，或者按照发证机关要求提交全部补正申请材料的，立即受理其申请。

发证机关受理或者不予受理行政许可申请，应当出具加盖本机关专用印章和注明日期的书面凭证。

第二十一条 安全使用许可证申请受理后，发证机关应当组织人员对企业提交的申请文件、资料进行审查。对企业提交的文件、资料内容存在疑问，需要到现场核查的，应当指派工作人员对有关内容进行现场核查。工作人员应当如实提出书面核查意见。

第二十二条 发证机关应当在受理之日起45日内作出是否准予许可的决定。发证机关现场核查和企业整改有关问题所需时间不计算在本条规定的期限内。

第二十三条 发证机关作出准予许可的决定的，应当自决定之日起10个工作日内颁发安全使用许可证。

发证机关作出不予许可的决定的，应当在10个工作日内书面告知企业并说明理由。

第二十四条 企业在安全使用许可证有效期内变更主要负责人、企业名称或者注册地址的，应当自工商营业执照变更之日起10个工作日内提出变更申请，并提交下列文件、资料：

（一）变更申请书；

（二）变更后的工商营业执照副本复制件；

（三）变更主要负责人的，还应当提供主要负责人经安全生产监督管理部门考核合格后颁发的安全合格证复制件；

（四）变更注册地址的，还应当提供相关证明材料。

对已经受理的变更申请，发证机关对企业提交的文件、资料审查无误后，方可办理安全使用许可证变更手续。

企业在安全使用许可证有效期内变更隶属关系的，应当在隶属关系变更之日起10日内向发证机关提交证明材料。

第二十五条 企业在安全使用许可证有效期内，有下列情形之一的，发证机关按照本办法第二十条、第二十一条、第二十二条、第二十三条的规定办理变更手续：

（一）增加使用的危险化学品品种，且达到危险化学品使用量的数量标准规定的；

（二）涉及危险化学品安全使用许可范围的新建、改建、扩建建设项目的；

（三）改变工艺技术对企业的安全生产条件产生重大影响的。

有本条第一款第一项规定情形的企业，应当在增加前提出变更申请。

有本条第一款第二项规定情形的企业，应当在建设项目安全设施竣工验收合格之日起10个工作日内向原发证机关提出变更申请，并提交建设项目安全设施竣工验收报告等相关文件、资料。

有本条第一款第一项、第三项规定情形的企业，应当进行专项安全验收评价，并对安全评价报告中提出的问题进行整改；在整改完成后，向原发证机关提出变更申请并提交安全验收评价报告。

第二十六条　安全使用许可证有效期为3年。企业安全使用许可证有效期届满后需要继续使用危险化学品从事生产、且达到危险化学品使用量的数量标准规定的，应当在安全使用许可证有效期届满前3个月提出延期申请，并提交本办法第十八条规定的文件、资料。

发证机关按照本办法第二十条、第二十一条、第二十二条、第二十三条的规定进行审查，并作出是否准予延期的决定。

第二十七条　企业取得安全使用许可证后，符合下列条件的，其安全使用许可证届满办理延期手续时，经原发证机关同意，可以不提交第十八条第一款第二项、第五项、第九项和第十八条第二款规定的文件、资料，直接办理延期手续：

（一）严格遵守有关法律、法规和本办法的；

（二）取得安全使用许可证后，加强日常安全管理，未降低安全使用条件，并达到安全生产标准化等级二级以上的；

（三）未发生造成人员死亡的生产安全责任事故的。

企业符合本条第一款第二项、第三项规定条件的，应当在延期申请书中予以说明，并出具二级以上安全生产标准化证书复印件。

第二十八条　安全使用许可证分为正本、副本，正本为悬挂式，副本为折页式，正、副本具有同等法律效力。

发证机关应当分别在安全使用许可证正、副本上注明编号、企业名称、主要负责人、注册地址、经济类型、许可范围、有效期、发证机关、发证日期等内容。其中，“许可范围”正本上注明“危险化学品使用”，副本上注明使用危险化学品从事生产的地址和对应的具体品种、年使用量。

第二十九条　企业不得伪造、变造安全使用许可证，或者出租、出借、转让其取得的安全使用许可证，或者使用伪造、变造的安全使用许可证。

第五章　监督管理

第三十条　发证机关应当坚持公开、公平、公正的原则，依照本办法和有关行政许可的法律法规规定，颁发安全使用许可证。

发证机关工作人员在安全使用许可证颁发及其监督管理工作中，不得索取或者接受企业的财物，不得谋取其他非法利益。

第三十一条　发证机关应当加强对安全使用许可证的监督管理，建立、健全安全使用许可证档案管理制度。

第三十二条　有下列情形之一的，发证机关应当撤销已经颁发的安全使用许可证：

（一）滥用职权、玩忽职守颁发安全使用许可证的；

（二）超越职权颁发安全使用许可证的；

（三）违反本办法规定的程序颁发安全使用许可证的；

（四）对不具备申请资格或者不符合法定条件的企业颁发安全使用许可证的；

（五）以欺骗、贿赂等不正当手段取得安全使用许可证的。

第三十三条　企业取得安全使用许可证后有下列情形之一的，发证机关应当注销其安全使用许可证：

（一）安全使用许可证有效期届满未被批准延期的；

（二）终止使用危险化学品从事生产的；

（三）继续使用危险化学品从事生产，但使用量降低后未达到危险化学品使用量的数量标准规定的；

（四）安全使用许可证被依法撤销的；

（五）安全使用许可证被依法吊销的。

安全使用许可证注销后，发证机关应当在当地主要新闻媒体或者本机关网站上予以公告，并向省级和企业所在地县级安全生产监督管理部门通报。

第三十四条　发证机关应当将其颁发安全使用许可证的情况及时向同级环境保护主管部门和公安机关通报。

第三十五条　发证机关应当于每年1月10日前，将本行政区域内上年度安全使用许可证的颁发和管理情况报省级安全生产监督管理部门，并定期向社会公布企业取得安全使用许可证的情况，接受社会监督。

省级安全生产监督管理部门应当于每年1月15日前，将本行政区域内上年度安全使用许可证的颁发和管理情况报国家安全生产监督管理总局。

第六章　法律责任

第三十六条　发证机关工作人员在对危险化学品使用许可证的颁发管理工作中滥用职权、玩忽职守、徇私舞弊，构成犯罪的，依法追究刑事责任；尚不构成犯罪的，依法给予处分。

第三十七条　企业未取得安全使用许可证，擅自使用危险化学品从事生产，且达到危险化学品使用量的数量标准规定的，责令立即停止违法行为并限期改正，处10万元以上20万元以下的罚款；逾期不改正的，责令停产整顿。

企业在安全使用许可证有效期届满后未办理延期手续，仍然使用危险化学品从事生产，且达到危险化学品使用量的数量标准规定的，依照前款规定给予处罚。

第三十八条 企业伪造、变造或者出租、出借、转让安全使用许可证，或者使用伪造、变造的安全使用许可证的，处10万元以上20万元以下的罚款，有违法所得的，没收违法所得；构成违反治安管理行为的，依法给予治安管理处罚；构成犯罪的，依法追究刑事责任。

第三十九条 企业在安全使用许可证有效期内主要负责人、企业名称、注册地址、隶属关系发生变更，未按照本办法第二十四条规定的时限提出安全使用许可证变更申请或者将隶属关系变更证明材料报发证机关的，责令限期办理变更手续，处1万元以上3万元以下的罚款。

第四十条 企业在安全使用许可证有效期内有下列情形之一，未按照本办法第二十五条的规定提出变更申请，继续从事生产的，责令限期改正，处1万元以上3万元以下的罚款：

（一）增加使用的危险化学品品种，且达到危险化学品使用量的数量标准规定的；

（二）涉及危险化学品安全使用许可范围的新建、改建、扩建建设项目，其安全设施已经竣工验收合格的；

（三）改变工艺技术对企业的安全生产条件产生重大影响的。

第四十一条 发现企业隐瞒有关情况或者提供虚假文件、资料申请安全使用许可证的，发证机关不予受理或者不予颁发安全使用许可证，并给予警告，该企业在1年内不得再次申请安全使用许可证。

企业以欺骗、贿赂等不正当手段取得安全使用许可证的，自发证机关撤销其安全使用许可证之日起3年内，该企业不得再次申请安全使用许可证。

第四十二条 安全评价机构有下列情形之一的，给予警告，并处1万元以下的罚款；情节严重的，暂停资质6个月，并处1万元以上3万元以下的罚款；对相关责任人依法给予处理：

（一）从业人员不到现场开展安全评价活动的；

（二）安全评价报告与实际情况不符，或者安全评价报告存在重大疏漏，但尚未造成重大损失的；

（三）未按照有关法律、法规、规章和国家标准或者行业标准的规定从事安全评价活动的。

第四十三条 承担安全评价的机构出具虚假证明的，没收违法所得；违法所得在10万元以上的，并处违法所得2倍以上5倍以下的罚款；没有违法所得或者违法所得不足10万元的，单处或者并处10万元以上20万元以下的罚款；对其直接负责的主管人员和其他直接责任人员处2万元以上5万元以下的罚款；给他人造成损害的，与企业承担连带赔偿责任；构成犯罪的，依照刑法有关规定追究刑事责任。

对有前款违法行为的机构，依法吊销其相应资质。

第四十四条 本办法规定的行政处罚，由安全生产监督管理部门决定；但本办法第三十八条规定的行政处罚，由发证机关决定；第四十二条、第四十三条规定的行政处罚，依照《安全评价机构管理规定》执行。

第七章 附 则

第四十五条 本办法下列用语的含义：

（一）危险化学品安全使用许可适用行业目录，是指国家安全生产监督管理总局根据《危险化学品安全管理条例》和有关国家标准、行业标准公布的需要取得危险化学品安全使用许可的化工企业类别；

（二）危险化学品使用量的数量标准，由国家安全生产监督管理总局会同国务院公安部门、农业主管部门根据《危险化学品安全管理条例》公布；

（三）本办法所称使用量，是指企业使用危险化学品的年设计使用量和实际使用量的较大值；

（四）本办法所称大型化工装置，是指按照原建设部《工程设计资质标准》（建市〔2007〕86号）中的《化工石化医药行业建设项目设计规模划分表》确定的大型项目的化工生产装置。

第四十六条 危险化学品安全使用许可的文书、危险化学品安全使用许可证的样式、内容和编号办法，由国家安全生产监督管理总局另行规定。

第四十七条 省级安全生产监督管理部门可以根据当地实际情况制定安全使用许可证管理的细则，并报国家安全生产监督管理总局备案。

第四十八条 本办法施行前已经进行生产的企业，应当自本办法施行之日起18个月内，依照本办法的规定向发证机关申请办理安全使用许可证；逾期不申请办理安全使用许可证，或者经审查不符合本办法规定的安全使用条件，未取得安全使用许可证，继续进行生产的，依照本办法第三十七条的规定处罚。

第四十九条 本办法自2013年5月1日起施行。

危险化学品经营许可证管理办法

·2012年7月17日国家安全生产监管总局令第55号公布

·根据2015年5月27日《国家安全监管总局关于废止和修改危险化学品等领域七部规章的决定》修订

第一章 总 则

第一条 为了严格危险化学品经营安全条件,规范危险化学品经营活动,保障人民群众生命、财产安全,根据《中华人民共和国安全生产法》和《危险化学品安全管理条例》,制定本办法。

第二条 在中华人民共和国境内从事列入《危险化学品目录》的危险化学品的经营(包括仓储经营)活动,适用本办法。

民用爆炸物品、放射性物品、核能物质和城镇燃气的经营活动,不适用本办法。

第三条 国家对危险化学品经营实行许可制度。经营危险化学品的企业,应当依照本办法取得危险化学品经营许可证(以下简称经营许可证)。未取得经营许可证,任何单位和个人不得经营危险化学品。

从事下列危险化学品经营活动,不需要取得经营许可证:

(一)依法取得危险化学品安全生产许可证的危险化学品生产企业在其厂区范围内销售本企业生产的危险化学品的;

(二)依法取得港口经营许可证的港口经营人在港区内从事危险化学品仓储经营的。

第四条 经营许可证的颁发管理工作实行企业申请、两级发证、属地监管的原则。

第五条 国家安全生产监督管理总局指导、监督全国经营许可证的颁发和管理工作。

省、自治区、直辖市人民政府安全生产监督管理部门指导、监督本行政区域内经营许可证的颁发和管理工作。

设区的市级人民政府安全生产监督管理部门(以下简称市级发证机关)负责下列企业的经营许可证审批、颁发:

(一)经营剧毒化学品的企业;

(二)经营易制爆危险化学品的企业;

(三)经营汽油加油站的企业;

(四)专门从事危险化学品仓储经营的企业;

(五)从事危险化学品经营活动的中央企业所属省级、设区的市级公司(分公司);

(六)带有储存设施经营除剧毒化学品、易制爆危险化学品以外的其他危险化学品的企业。

县级人民政府安全生产监督管理部门(以下简称县级发证机关)负责本行政区域内本条第三款规定以外企业的经营许可证审批、颁发;没有设立县级发证机关的,其经营许可证由市级发证机关审批、颁发。

第二章 申请经营许可证的条件

第六条 从事危险化学品经营的单位(以下统称申请人)应当依法登记注册为企业,并具备下列基本条件:

(一)经营和储存场所、设施、建筑物符合《建筑设计防火规范》(GB50016)、《石油化工企业设计防火规范》(GB50160)、《汽车加油加气站设计与施工规范》(GB50156)、《石油库设计规范》(GB50074)等相关国家标准、行业标准的规定;

(二)企业主要负责人和安全生产管理人员具备与本企业危险化学品经营活动相适应的安全生产知识和管理能力,经专门的安全生产培训和安全生产监督管理部门考核合格,取得相应安全资格证书;特种作业人员经专门的安全作业培训,取得特种作业操作证书;其他从业人员依照有关规定经安全生产教育和专业技术培训合格;

(三)有健全的安全生产规章制度和岗位操作规程;

(四)有符合国家规定的危险化学品事故应急预案,并配备必要的应急救援器材、设备;

(五)法律、法规和国家标准或者行业标准规定的其他安全生产条件。

前款规定的安全生产规章制度,是指全员安全生产责任制度、危险化学品购销管理制度、危险化学品安全管理制度(包括防火、防爆、防中毒、防泄漏管理等内容)、安全投入保障制度、安全生产奖惩制度、安全生产教育培训制度、隐患排查治理制度、安全风险管理制度、应急管理制度、事故管理制度、职业卫生管理制度等。

第七条 申请人经营剧毒化学品的,除符合本办法第六条规定的条件外,还应当建立剧毒化学品双人验收、双人保管、双人发货、双把锁、双本账等管理制度。

第八条 申请人带有储存设施经营危险化学品的,除符合本办法第六条规定的条件外,还应当具备下列条件:

(一)新设立的专门从事危险化学品仓储经营的,其储存设施建立在地方人民政府规划的用于危险化学品储存的专门区域内;

(二)储存设施与相关场所、设施、区域的距离符合有关法律、法规、规章和标准的规定;

(三)依照有关规定进行安全评价,安全评价报告符合《危险化学品经营企业安全评价细则》的要求；

（四）专职安全生产管理人员具备国民教育化工化学类或者安全工程类中等职业教育以上学历，或者化工化学类中级以上专业技术职称，或者危险物品安全类注册安全工程师资格；

（五）符合《危险化学品安全管理条例》、《危险化学品重大危险源监督管理暂行规定》、《常用危险化学品贮存通则》（GB15603）的相关规定。

申请人储存易燃、易爆、有毒、易扩散危险化学品的，除符合本条第一款规定的条件外，还应当符合《石油化工可燃气体和有毒气体检测报警设计规范》（GB50493）的规定。

第三章　经营许可证的申请与颁发

第九条　申请人申请经营许可证，应当依照本办法第五条规定向所在地市级或者县级发证机关（以下统称发证机关）提出申请，提交下列文件、资料，并对其真实性负责：

（一）申请经营许可证的文件及申请书；

（二）安全生产规章制度和岗位操作规程的目录清单；

（三）企业主要负责人、安全生产管理人员、特种作业人员的相关资格证书（复制件）和其他从业人员培训合格的证明材料；

（四）经营场所产权证明文件或者租赁证明文件（复制件）；

（五）工商行政管理部门颁发的企业性质营业执照或者企业名称预先核准文件（复制件）；

（六）危险化学品事故应急预案备案登记表（复制件）。

带有储存设施经营危险化学品的，申请人还应当提交下列文件、资料：

（一）储存设施相关证明文件（复制件）；租赁储存设施的，需要提交租赁证明文件（复制件）；储存设施新建、改建、扩建的，需要提交危险化学品建设项目安全设施竣工验收报告；

（二）重大危险源备案证明材料、专职安全生产管理人员的学历证书、技术职称证书或者危险物品安全类注册安全工程师资格证书（复制件）；

（三）安全评价报告。

第十条　发证机关收到申请人提交的文件、资料后，应当按照下列情况分别作出处理：

（一）申请事项不需要取得经营许可证的，当场告知申请人不予受理；

（二）申请事项不属于本发证机关职责范围的，当场作出不予受理的决定，告知申请人向相应的发证机关申请，并退回申请文件、资料；

（三）申请文件、资料存在可以当场更正的错误的，允许申请人当场更正，并受理其申请；

（四）申请文件、资料不齐全或者不符合要求的，当场告知或者在5个工作日内出具补正告知书，一次告知申请人需要补正的全部内容；逾期不告知的，自收到申请文件、资料之日起即为受理；

（五）申请文件、资料齐全，符合要求，或者申请人按照发证机关要求提交全部补正材料的，立即受理其申请。

发证机关受理或者不予受理经营许可证申请，应当出具加盖本机关印章和注明日期的书面凭证。

第十一条　发证机关受理经营许可证申请后，应当组织对申请人提交的文件、资料进行审查，指派2名以上工作人员对申请人的经营场所、储存设施进行现场核查，并自受理之日起30日内作出是否准予许可的决定。

发证机关现场核查以及申请人整改现场核查发现的有关问题和修改有关申请文件、资料所需时间，不计算在前款规定的期限内。

第十二条　发证机关作出准予许可决定的，应当自决定之日起10个工作日内颁发经营许可证；发证机关作出不予许可决定的，应当在10个工作日内书面告知申请人并说明理由，告知书应当加盖本机关印章。

第十三条　经营许可证分为正本、副本，正本为悬挂式，副本为折页式。正本、副本具有同等法律效力。

经营许可证正本、副本应当分别载明下列事项：

（一）企业名称；

（二）企业住所（注册地址、经营场所、储存场所）；

（三）企业法定代表人姓名；

（四）经营方式；

（五）许可范围；

（六）发证日期和有效期限；

（七）证书编号；

（八）发证机关；

（九）有效期延续情况。

第十四条　已经取得经营许可证的企业变更企业名称、主要负责人、注册地址或者危险化学品储存设施及其监控措施的，应当自变更之日起20个工作日内，向本办法第五条规定的发证机关提出书面变更申请，并提交下列文件、资料：

（一）经营许可证变更申请书；

（二）变更后的工商营业执照副本（复制件）；

（三）变更后的主要负责人安全资格证书（复制件）；

（四）变更注册地址的相关证明材料；

（五）变更后的危险化学品储存设施及其监控措施的专项安全评价报告。

第十五条　发证机关受理变更申请后，应当组织对企业提交的文件、资料进行审查，并自收到申请文件、资料之日起10个工作日内作出是否准予变更的决定。

发证机关作出准予变更决定的，应当重新颁发经营许可证，并收回原经营许可证；不予变更的，应当说明理由并书面通知企业。

经营许可证变更的，经营许可证有效期的起始日和截止日不变，但应当载明变更日期。

第十六条　已经取得经营许可证的企业有新建、改建、扩建危险化学品储存设施建设项目的，应当自建设项目安全设施竣工验收合格之日起20个工作日内，向本办法第五条规定的发证机关提出变更申请，并提交危险化学品建设项目安全设施竣工验收报告等相关文件、资料。发证机关应当按照本办法第十条、第十五条的规定进行审查，办理变更手续。

第十七条　已经取得经营许可证的企业，有下列情形之一的，应当按照本办法的规定重新申请办理经营许可证，并提交相关文件、资料：

（一）不带有储存设施的经营企业变更其经营场所的；

（二）带有储存设施的经营企业变更其储存场所的；

（三）仓储经营的企业异地重建的；

（四）经营方式发生变化的；

（五）许可范围发生变化的。

第十八条　经营许可证的有效期为3年。有效期满后，企业需要继续从事危险化学品经营活动的，应当在经营许可证有效期满3个月前，向本办法第五条规定的发证机关提出经营许可证的延期申请，并提交延期申请书及本办法第九条规定的申请文件、资料。

企业提出经营许可证延期申请时，可以同时提出变更申请，并向发证机关提交相关文件、资料。

第十九条　符合下列条件的企业，申请经营许可证延期时，经发证机关同意，可以不提交本办法第九条规定的文件、资料：

（一）严格遵守有关法律、法规和本办法；

（二）取得经营许可证后，加强日常安全生产管理，未降低安全生产条件；

（三）未发生死亡事故或者对社会造成较大影响的生产安全事故。

带有储存设施经营危险化学品的企业，除符合前款规定条件的外，还需要取得并提交危险化学品企业安全生产标准化二级达标证书（复制件）。

第二十条　发证机关受理延期申请后，应当依照本办法第十条、第十一条、第十二条的规定，对延期申请进行审查，并在经营许可证有效期满前作出是否准予延期的决定；发证机关逾期未作出决定的，视为准予延期。

发证机关作出准予延期决定的，经营许可证有效期顺延3年。

第二十一条　任何单位和个人不得伪造、变造经营许可证，或者出租、出借、转让其取得的经营许可证，或者使用伪造、变造的经营许可证。

第四章　经营许可证的监督管理

第二十二条　发证机关应当坚持公开、公平、公正的原则，严格依照法律、法规、规章、国家标准、行业标准和本办法规定的条件及程序，审批、颁发经营许可证。

发证机关及其工作人员在经营许可证的审批、颁发和监督管理工作中，不得索取或者接受当事人的财物，不得谋取其他利益。

第二十三条　发证机关应当加强对经营许可证的监督管理，建立、健全经营许可证审批、颁发档案管理制度，并定期向社会公布企业取得经营许可证的情况，接受社会监督。

第二十四条　发证机关应当及时向同级公安机关、环境保护部门通报经营许可证的发放情况。

第二十五条　安全生产监督管理部门在监督检查中，发现已经取得经营许可证的企业不再具备法律、法规、规章、国家标准、行业标准和本办法规定的安全生产条件，或者存在违反法律、法规、规章和本办法规定的行为的，应当依法作出处理，并及时告知原发证机关。

第二十六条　发证机关发现企业以欺骗、贿赂等不正当手段取得经营许可证的，应当撤销已经颁发的经营许可证。

第二十七条　已经取得经营许可证的企业有下列情形之一的，发证机关应当注销其经营许可证：

（一）经营许可证有效期届满未被批准延期的；

（二）终止危险化学品经营活动的；

（三）经营许可证被依法撤销的；

（四）经营许可证被依法吊销的。

发证机关注销经营许可证后，应当在当地主要新闻媒体或者本机关网站上发布公告，并通报企业所在地人民政府和县级以上安全生产监督管理部门。

第二十八条　县级发证机关应当将本行政区域内上一年度经营许可证的审批、颁发和监督管理情况报告市级发证机关。

市级发证机关应当将本行政区域内上一年度经营许可证的审批、颁发和监督管理情况报告省、自治区、直辖市人民政府安全生产监督管理部门。

省、自治区、直辖市人民政府安全生产监督管理部门应当按照有关统计规定，将本行政区域内上一年度经营许可证的审批、颁发和监督管理情况报告国家安全生产监督管理总局。

第五章　法律责任

第二十九条　未取得经营许可证从事危险化学品经营的，依照《中华人民共和国安全生产法》有关未经依法批准擅自生产、经营、储存危险物品的法律责任条款并处罚款；构成犯罪的，依法追究刑事责任。

企业在经营许可证有效期届满后，仍然从事危险化学品经营的，依照前款规定给予处罚。

第三十条　带有储存设施的企业违反《危险化学品安全管理条例》规定，有下列情形之一的，责令改正，处5万元以上10万元以下的罚款；拒不改正的，责令停产停业整顿；经停产停业整顿仍不具备法律、法规、规章、国家标准和行业标准规定的安全生产条件的，吊销其经营许可证：

（一）对重复使用的危险化学品包装物、容器，在重复使用前不进行检查的；

（二）未根据其储存的危险化学品的种类和危险特性，在作业场所设置相关安全设施、设备，或者未按照国家标准、行业标准或者国家有关规定对安全设施、设备进行经常性维护、保养的；

（三）未将危险化学品储存在专用仓库内，或者未将剧毒化学品以及储存数量构成重大危险源的其他危险化学品在专用仓库内单独存放的；

（四）未对其安全生产条件定期进行安全评价的；

（五）危险化学品的储存方式、方法或者储存数量不符合国家标准或者国家有关规定的；

（六）危险化学品专用仓库不符合国家标准、行业标准的要求的；

（七）未对危险化学品专用仓库的安全设施、设备定期进行检测、检验的。

第三十一条　伪造、变造或者出租、出借、转让经营许可证，或者使用伪造、变造的经营许可证的，处10万元以上20万元以下的罚款，有违法所得的，没收违法所得；构成违反治安管理行为的，依法给予治安管理处罚；构成犯罪的，依法追究刑事责任。

第三十二条　已经取得经营许可证的企业不再具备法律、法规和本办法规定的安全生产条件的，责令改正；逾期不改正的，责令停产停业整顿；经停产停业整顿仍不具备法律、法规、规章、国家标准和行业标准规定的安全生产条件的，吊销其经营许可证。

第三十三条　已经取得经营许可证的企业出现本办法第十四条、第十六条规定的情形之一，未依照本办法的规定申请变更的，责令限期改正，处1万元以下的罚款；逾期仍不申请变更的，处1万元以上3万元以下的罚款。

第三十四条　安全生产监督管理部门的工作人员徇私舞弊、滥用职权、弄虚作假、玩忽职守，未依法履行危险化学品经营许可证审批、颁发和监督管理职责的，依照有关规定给予处分。

第三十五条　承担安全评价的机构和安全评价人员出具虚假评价报告的，依照有关法律、法规、规章的规定给予行政处罚；构成犯罪的，依法追究刑事责任。

第三十六条　本办法规定的行政处罚，由安全生产监督管理部门决定。其中，本办法第三十一条规定的行政处罚和第三十条、第三十二条规定的吊销经营许可证的行政处罚，由发证机关决定。

第六章　附　则

第三十七条　购买危险化学品进行分装、充装或者加入非危险化学品的溶剂进行稀释，然后销售的，依照本办法执行。

本办法所称储存设施，是指按照《危险化学品重大危险源辨识》（GB18218）确定，储存的危险化学品数量构成重大危险源的设施。

第三十八条　本办法施行前已取得经营许可证的企业，在其经营许可证有效期内可以继续从事危险化学品经营；经营许可证有效期届满后需要继续从事危险化学品经营的，应当依照本办法的规定重新申请经营许可证。

本办法施行前取得经营许可证的非企业的单位或者个人，在其经营许可证有效期内可以继续从事危险化学品经营；经营许可证有效期届满后需要继续从事危险化学品经营的，应当先依法登记为企业，再依照本办法的规定申请经营许可证。

第三十九条　经营许可证的式样由国家安全生产监

督管理总局制定。

第四十条　本办法自2012年9月1日起施行。原国家经济贸易委员会2002年10月8日公布的《危险化学品经营许可证管理办法》同时废止。

危险化学品建设项目安全监督管理办法

·2012年1月30日国家安全生产监管总局令第45号公布

·根据2015年5月27日《国家安全监管总局关于废止和修改危险化学品等领域七部规章的决定》修订

第一章　总　则

第一条　为了加强危险化学品建设项目安全监督管理，规范危险化学品建设项目安全审查，根据《中华人民共和国安全生产法》和《危险化学品安全管理条例》等法律、行政法规，制定本办法。

第二条　中华人民共和国境内新建、改建、扩建危险化学品生产、储存的建设项目以及伴有危险化学品产生的化工建设项目（包括危险化学品长输管道建设项目，以下统称建设项目），其安全管理及其监督管理，适用本办法。

危险化学品的勘探、开采及其辅助的储存，原油和天然气勘探、开采及其辅助的储存、海上输送，城镇燃气的输送及储存等建设项目，不适用本办法。

第三条　本办法所称建设项目安全审查，是指建设项目安全条件审查、安全设施的设计审查。建设项目的安全审查由建设单位申请，安全生产监督管理部门根据本办法分级负责实施。

建设项目安全设施竣工验收由建设单位负责依法组织实施。

建设项目未经安全审查和安全设施竣工验收的，不得开工建设或者投入生产（使用）。

第四条　国家安全生产监督管理总局指导、监督全国建设项目安全审查和建设项目安全设施竣工验收的实施工作，并负责实施下列建设项目的安全审查：

（一）国务院审批（核准、备案）的；

（二）跨省、自治区、直辖市的。

省、自治区、直辖市人民政府安全生产监督管理部门（以下简称省级安全生产监督管理部门）指导、监督本行政区域内建设项目安全审查和建设项目安全设施竣工验收的监督管理工作，确定并公布本部门和本行政区域内由设区的市级人民政府安全生产监督管理部门（以下简称市级安全生产监督管理部门）实施的前款规定以外的建设项目范围，并报国家安全生产监督管理总局备案。

第五条　建设项目有下列情形之一的，应当由省级安全生产监督管理部门负责安全审查：

（一）国务院投资主管部门审批（核准、备案）的；

（二）生产剧毒化学品的；

（三）省级安全生产监督管理部门确定的本办法第四条第一款规定以外的其他建设项目。

第六条　负责实施建设项目安全审查的安全生产监督管理部门根据工作需要，可以将其负责实施的建设项目安全审查工作，委托下一级安全生产监督管理部门实施。委托实施安全审查的，审查结果由委托的安全生产监督管理部门负责。跨省、自治区、直辖市的建设项目和生产剧毒化学品的建设项目，不得委托实施安全审查。

建设项目有下列情形之一的，不得委托县级人民政府安全生产监督管理部门实施安全审查：

（一）涉及国家安全生产监督管理总局公布的重点监管危险化工工艺的；

（二）涉及国家安全生产监督管理总局公布的重点监管危险化学品中的有毒气体、液化气体、易燃液体、爆炸品，且构成重大危险源的。

接受委托的安全生产监督管理部门不得将其受托的建设项目安全审查工作再委托其他单位实施。

第七条　建设项目的设计、施工、监理单位和安全评价机构应当具备相应的资质，并对其工作成果负责。

涉及重点监管危险化工工艺、重点监管危险化学品或者危险化学品重大危险源的建设项目，应当由具有石油化工医药行业相应资质的设计单位设计。

第二章　建设项目安全条件审查

第八条　建设单位应当在建设项目的可行性研究阶段，委托具备相应资质的安全评价机构对建设项目进行安全评价。

安全评价机构应当根据有关安全生产法律、法规、规章和国家标准、行业标准，对建设项目进行安全评价，出具建设项目安全评价报告。安全评价报告应当符合《危险化学品建设项目安全评价细则》的要求。

第九条　建设项目有下列情形之一的，应当由甲级安全评价机构进行安全评价：

（一）国务院及其投资主管部门审批（核准、备案）的；

（二）生产剧毒化学品的；

（三）跨省、自治区、直辖市的；

（四）法律、法规、规章另有规定的。

第十条　建设单位应当在建设项目开始初步设计前，向与本办法第四条、第五条规定相应的安全生产监督管理部门申请建设项目安全条件审查，提交下列文件、资料，并对其真实性负责：

（一）建设项目安全条件审查申请书及文件；

（二）建设项目安全评价报告；

（三）建设项目批准、核准或者备案文件和规划相关文件（复制件）；

（四）工商行政管理部门颁发的企业营业执照或者企业名称预先核准通知书（复制件）。

第十一条　建设单位申请安全条件审查的文件、资料齐全，符合法定形式的，安全生产监督管理部门应当当场予以受理，并书面告知建设单位。

建设单位申请安全条件审查的文件、资料不齐全或者不符合法定形式的，安全生产监督管理部门应当自收到申请文件、资料之日起五个工作日内一次性书面告知建设单位需要补正的全部内容；逾期不告知的，收到申请文件、资料之日起即为受理。

第十二条　对已经受理的建设项目安全条件审查申请，安全生产监督管理部门应当指派有关人员或者组织专家对申请文件、资料进行审查，并自受理申请之日起四十五日内向建设单位出具建设项目安全条件审查意见书。建设项目安全条件审查意见书的有效期为两年。

根据法定条件和程序，需要对申请文件、资料的实质内容进行核实的，安全生产监督管理部门应当指派两名以上工作人员对建设项目进行现场核查。

建设单位整改现场核查发现的有关问题和修改申请文件、资料所需时间不计算在本条规定的期限内。

第十三条　建设项目有下列情形之一的，安全条件审查不予通过：

（一）安全评价报告存在重大缺陷、漏项的，包括建设项目主要危险、有害因素辨识和评价不全或者不准确的；

（二）建设项目与周边场所、设施的距离或者拟建场址自然条件不符合有关安全生产法律、法规、规章和国家标准、行业标准的规定的；

（三）主要技术、工艺未确定，或者不符合有关安全生产法律、法规、规章和国家标准、行业标准的规定的；

（四）国内首次使用的化工工艺，未经省级人民政府有关部门组织的安全可靠性论证的；

（五）对安全设施设计提出的对策与建议不符合法律、法规、规章和国家标准、行业标准的规定的；

（六）未委托具备相应资质的安全评价机构进行安全评价的；

（七）隐瞒有关情况或者提供虚假文件、资料的。

建设项目未通过安全条件审查的，建设单位经过整改后可以重新申请建设项目安全条件审查。

第十四条　已经通过安全条件审查的建设项目有下列情形之一的，建设单位应当重新进行安全评价，并申请审查：

（一）建设项目周边条件发生重大变化的；

（二）变更建设地址的；

（三）主要技术、工艺路线、产品方案或者装置规模发生重大变化的；

（四）建设项目在安全条件审查意见书有效期内未开工建设，期限届满后需要开工建设的。

第三章　建设项目安全设施设计审查

第十五条　设计单位应当根据有关安全生产的法律、法规、规章和国家标准、行业标准以及建设项目安全条件审查意见书，按照《化工建设项目安全设计管理导则》（AQ/T3033），对建设项目安全设施进行设计，并编制建设项目安全设施设计专篇。建设项目安全设施设计专篇应当符合《危险化学品建设项目安全设施设计专篇编制导则》的要求。

第十六条　建设单位应当在建设项目初步设计完成后、详细设计开始前，向出具建设项目安全条件审查意见书的安全生产监督管理部门申请建设项目安全设施设计审查，提交下列文件、资料，并对其真实性负责：

（一）建设项目安全设施设计审查申请书及文件；

（二）设计单位的设计资质证明文件（复制件）；

（三）建设项目安全设施设计专篇。

第十七条　建设单位申请安全设施设计审查的文件、资料齐全，符合法定形式的，安全生产监督管理部门应当当场予以受理；未经安全条件审查或者审查未通过的，不予受理。受理或者不予受理的情况，安全生产监督管理部门应当书面告知建设单位。

安全设施设计审查申请文件、资料不齐全或者不符合要求的，安全生产监督管理部门应当自收到申请文件、资料之日起五个工作日内一次性书面告知建设单位需要补正的全部内容；逾期不告知的，收到申请文件、资料之日起即为受理。

第十八条　对已经受理的建设项目安全设施设计审查申请，安全生产监督管理部门应当指派有关人员或者组织专家对申请文件、资料进行审查，并在受理申请之日起二十个工作日内作出同意或者不同意建设项目安全设施设计专篇的决定，向建设单位出具建设项目安全设施设计的审查意见书；二十个工作日内不能出具审查意见的，经本部门负责人批准，可以延长十个工作日，并应当将延长的期限和理由告知建设单位。

根据法定条件和程序，需要对申请文件、资料的实质内容进行核实的，安全生产监督管理部门应当指派两名以上工作人员进行现场核查。

建设单位整改现场核查发现的有关问题和修改申请文件、资料所需时间不计算在本条规定的期限内。

第十九条　建设项目安全设施设计有下列情形之一的，审查不予通过：

（一）设计单位资质不符合相关规定的；

（二）未按照有关安全生产的法律、法规、规章和国家标准、行业标准的规定进行设计的；

（三）对未采纳的建设项目安全评价报告中的安全对策和建议，未作充分论证说明的；

（四）隐瞒有关情况或者提供虚假文件、资料的。

建设项目安全设施设计审查未通过的，建设单位经过整改后可以重新申请建设项目安全设施设计的审查。

第二十条　已经审查通过的建设项目安全设施设计有下列情形之一的，建设单位应当向原审查部门申请建设项目安全设施变更设计的审查：

（一）改变安全设施设计且可能降低安全性能的；

（二）在施工期间重新设计的。

第四章　建设项目试生产（使用）

第二十一条　建设项目安全设施施工完成后，建设单位应当按照有关安全生产法律、法规、规章和国家标准、行业标准的规定，对建设项目安全设施进行检验、检测，保证建设项目安全设施满足危险化学品生产、储存的安全要求，并处于正常适用状态。

第二十二条　建设单位应当组织建设项目的设计、施工、监理等有关单位和专家，研究提出建设项目试生产（使用）（以下简称试生产〈使用〉）可能出现的安全问题及对策，并按照有关安全生产法律、法规、规章和国家标准、行业标准的规定，制定周密的试生产（使用）方案。试生产（使用）方案应当包括下列有关安全生产的内容：

（一）建设项目设备及管道试压、吹扫、气密、单机试车、仪表调校、联动试车等生产准备的完成情况；

（二）投料试车方案；

（三）试生产（使用）过程中可能出现的安全问题、对策及应急预案；

（四）建设项目周边环境与建设项目安全试生产（使用）相互影响的确认情况；

（五）危险化学品重大危险源监控措施的落实情况；

（六）人力资源配置情况；

（七）试生产（使用）起止日期。

建设项目试生产期限应当不少于30日，不超过1年。

第二十三条　建设单位在采取有效安全生产措施后，方可将建设项目安全设施与生产、储存、使用的主体装置、设施同时进行试生产（使用）。

试生产（使用）前，建设单位应当组织专家对试生产（使用）方案进行审查。

试生产（使用）时，建设单位应当组织专家对试生产（使用）条件进行确认，对试生产（使用）过程进行技术指导。

第五章　建设项目安全设施竣工验收

第二十四条　建设项目安全设施施工完成后，施工单位应当编制建设项目安全设施施工情况报告。建设项目安全设施施工情况报告应当包括下列内容：

（一）施工单位的基本情况，包括施工单位以往所承担的建设项目施工情况；

（二）施工单位的资质情况（提供相关资质证明材料复印件）；

（三）施工依据和执行的有关法律、法规、规章和国家标准、行业标准；

（四）施工质量控制情况；

（五）施工变更情况，包括建设项目在施工和试生产期间有关安全生产的设施改动情况。

第二十五条　建设项目试生产期间，建设单位应当按照本办法的规定委托有相应资质的安全评价机构对建设项目及其安全设施试生产（使用）情况进行安全验收评价，且不得委托在可行性研究阶段进行安全评价的同一安全评价机构。

安全评价机构应当根据有关安全生产的法律、法规、规章和国家标准、行业标准进行评价。建设项目安全验收评价报告应当符合《危险化学品建设项目安全评价细则》的要求。

第二十六条　建设项目投入生产和使用前，建设单位应当组织人员进行安全设施竣工验收，作出建设项目安全设施竣工验收是否通过的结论。参加验收人员的专业能力应当涵盖建设项目涉及的所有专业内容。

建设单位应当向参加验收人员提供下列文件、资料，并组织进行现场检查：

（一）建设项目安全设施施工、监理情况报告；

（二）建设项目安全验收评价报告；

（三）试生产（使用）期间是否发生事故、采取的防范措施以及整改情况报告；

（四）建设项目施工、监理单位资质证书（复制件）；

（五）主要负责人、安全生产管理人员、注册安全工程师资格证书（复制件），以及特种作业人员名单；

（六）从业人员安全教育、培训合格的证明材料；

（七）劳动防护用品配备情况说明；

（八）安全生产责任制文件，安全生产规章制度清单、岗位操作安全规程清单；

（九）设置安全生产管理机构和配备专职安全生产管理人员的文件（复制件）；

（十）为从业人员缴纳工伤保险费的证明材料（复制件）。

第二十七条 建设项目安全设施有下列情形之一的，建设项目安全设施竣工验收不予通过：

（一）未委托具备相应资质的施工单位施工的；

（二）未按照已经通过审查的建设项目安全设施设计施工或者施工质量未达到建设项目安全设施设计文件要求的；

（三）建设项目安全设施的施工不符合国家标准、行业标准的规定的；

（四）建设项目安全设施竣工后未按照本办法的规定进行检验、检测，或者经检验、检测不合格的；

（五）未委托具备相应资质的安全评价机构进行安全验收评价的；

（六）安全设施和安全生产条件不符合或者未达到有关安全生产法律、法规、规章和国家标准、行业标准的规定的；

（七）安全验收评价报告存在重大缺陷、漏项，包括建设项目主要危险、有害因素辨识和评价不正确的；

（八）隐瞒有关情况或者提供虚假文件、资料的；

（九）未按照本办法规定向参加验收人员提供文件、材料，并组织现场检查的。

建设项目安全设施竣工验收未通过的，建设单位经过整改后可以再次组织建设项目安全设施竣工验收。

第二十八条 建设单位组织安全设施竣工验收合格后，应将验收过程中涉及的文件、资料存档，并按照有关法律法规及其配套规章的规定申请有关危险化学品的其他安全许可。

第六章 监督管理

第二十九条 建设项目在通过安全条件审查之后、安全设施竣工验收之前，建设单位发生变更的，变更后的建设单位应当及时将证明材料和有关情况报送负责建设项目安全审查的安全生产监督管理部门。

第三十条 有下列情形之一的，负责审查的安全生产监督管理部门或者其上级安全生产监督管理部门可以撤销建设项目的安全审查：

（一）滥用职权、玩忽职守的；

（二）超越法定职权的；

（三）违反法定程序的；

（四）申请人不具备申请资格或者不符合法定条件的；

（五）依法可以撤销的其他情形。

建设单位以欺骗、贿赂等不正当手段通过安全审查的，应当予以撤销。

第三十一条 安全生产监督管理部门应当建立健全建设项目安全审查档案及其管理制度，并及时将建设项目的安全审查情况通报有关部门。

第三十二条 各级安全生产监督管理部门应当按照各自职责，依法对建设项目安全审查情况进行监督检查，对检查中发现的违反本办法的情况，应当依法作出处理，并通报实施安全审查的安全生产监督管理部门。

第三十三条 市级安全生产监督管理部门应当在每年1月31日前，将本行政区域内上一年度建设项目安全审查的实施情况报告省级安全生产监督管理部门。

省级安全生产监督管理部门应当在每年2月15日前，将本行政区域内上一年度建设项目安全审查的实施情况报告国家安全生产监督管理总局。

第七章 法律责任

第三十四条 安全生产监督管理部门工作人员徇私舞弊、滥用职权、玩忽职守，未依法履行危险化学品建设项目安全审查和监督管理职责的，依法给予处分。

第三十五条 未经安全条件审查或者安全条件审查未通过，新建、改建、扩建生产、储存危险化学品的建设项目的，责令停止建设，限期改正；逾期不改正的，处50万元以上100万元以下的罚款；构成犯罪的，依法追究刑事责任。

建设项目发生本办法第十四条规定的变化后，未重新申请安全条件审查，以及审查未通过擅自建设的，依照前款规定处罚。

第三十六条 建设单位有下列行为之一的，依照《中华人民共和国安全生产法》有关建设项目安全设施设计审查、竣工验收的法律责任条款给予处罚：

（一）建设项目安全设施设计未经审查或者审查未通过，擅自建设的；

（二）建设项目安全设施设计发生本办法第二十一条规定的情形之一，未经变更设计审查或者变更设计审查未通过，擅自建设的；

（三）建设项目的施工单位未根据批准的安全设施设计施工的；

（四）建设项目安全设施未经竣工验收或者验收不合格，擅自投入生产（使用）的。

第三十七条 建设单位有下列行为之一的，责令改正，可以处1万元以下的罚款；逾期未改正的，处1万元以上3万元以下的罚款：

（一）建设项目安全设施竣工后未进行检验、检测的；

（二）在申请建设项目安全审查时提供虚假文件、资料的；

（三）未组织有关单位和专家研究提出试生产（使用）可能出现的安全问题及对策，或者未制定周密的试生产（使用）方案，进行试生产（使用）的；

（四）未组织有关专家对试生产（使用）方案进行审查、对试生产（使用）条件进行检查确认的。

第三十八条 建设单位隐瞒有关情况或者提供虚假材料申请建设项目安全审查的，不予受理或者审查不予通过，给予警告，并自安全生产监督管理部门发现之日起一年内不得再次申请该审查。

建设单位采用欺骗、贿赂等不正当手段取得建设项目安全审查的，自安全生产监督管理部门撤销建设项目安全审查之日起三年内不得再次申请该审查。

第三十九条 承担安全评价、检验、检测工作的机构出具虚假报告、证明的，依照《中华人民共和国安全生产法》的有关规定给予处罚。

第八章 附 则

第四十条 对于规模较小、危险程度较低和工艺路线简单的建设项目，安全生产监督管理部门可以适当简化建设项目安全审查的程序和内容。

第四十一条 建设项目分期建设的，可以分期进行安全条件审查、安全设施设计审查、试生产及安全设施竣工验收。

第四十二条 本办法所称新建项目，是指有下列情形之一的项目：

（一）新设立的企业建设危险化学品生产、储存装置（设施），或者现有企业建设与现有生产、储存活动不同的危险化学品生产、储存装置（设施）的；

（二）新设立的企业建设伴有危险化学品产生的化学品生产装置（设施），或者现有企业建设与现有生产活动不同的伴有危险化学品产生的化学品生产装置（设施）的。

第四十三条 本办法所称改建项目，是指有下列情形之一的项目：

（一）企业对在役危险化学品生产、储存装置（设施），在原址更新技术、工艺、主要装置（设施）、危险化学品种类的；

（二）企业对在役伴有危险化学品产生的化学品生产装置（设施），在原址更新技术、工艺、主要装置（设施）的。

第四十四条 本办法所称扩建项目，是指有下列情形之一的项目：

（一）企业建设与现有技术、工艺、主要装置（设施）、危险化学品品种相同，但生产、储存装置（设施）相对独立的；

（二）企业建设与现有技术、工艺、主要装置（设施）相同，但生产装置（设施）相对独立的伴有危险化学品产生的。

第四十五条 实施建设项目安全审查所需的有关文书的内容和格式，由国家安全生产监督管理总局另行规定。

第四十六条 省级安全生产监督管理部门可以根据本办法的规定，制定和公布本行政区域内需要简化安全条件审查和分期安全条件审查的建设项目范围及其审查内容，并报国家安全生产监督管理总局备案。

第四十七条 本办法施行后，负责实施建设项目安全审查的安全生产监督管理部门发生变化的（已通过安全设施竣工验收的建设项目除外），原安全生产监督管理部门应当将建设项目安全审查实施情况及档案移交根据本办法负责实施建设项目安全审查的安全生产监督管理部门。

第四十八条 本办法自2012年4月1日起施行。国家安全生产监督管理总局2006年9月2日公布的《危险化学品建设项目安全许可实施办法》同时废止。

危险化学品生产企业安全生产许可证实施办法

· 2011年8月5日国家安全生产监管总局令第41号公布
· 根据2015年5月27日《国家安全监管总局关于废止和修改危险化学品等领域七部规章的决定》第一次修订
· 根据2017年3月6日《国家安全监管总局关于修改和废止部分规章及规范性文件的决定》第二次修订

第一章　总　则

第一条　为了严格规范危险化学品生产企业安全生产条件,做好危险化学品生产企业安全生产许可证的颁发和管理工作,根据《安全生产许可证条例》、《危险化学品安全管理条例》等法律、行政法规,制定本实施办法。

第二条　本办法所称危险化学品生产企业(以下简称企业),是指依法设立且取得工商营业执照或者工商核准文件从事生产最终产品或者中间产品列入《危险化学品目录》的企业。

第三条　企业应当依照本办法的规定取得危险化学品安全生产许可证(以下简称安全生产许可证)。未取得安全生产许可证的企业,不得从事危险化学品的生产活动。

第四条　安全生产许可证的颁发管理工作实行企业申请、两级发证、属地监管的原则。

第五条　国家安全生产监督管理总局指导、监督全国安全生产许可证的颁发管理工作。

省、自治区、直辖市安全生产监督管理部门(以下简称省级安全生产监督管理部门)负责本行政区域内中央企业及其直接控股涉及危险化学品生产的企业(总部)以外的企业安全生产许可证的颁发管理。

第六条　省级安全生产监督管理部门可以将其负责的安全生产许可证颁发工作,委托企业所在地设区的市级或者县级安全生产监督管理部门实施。涉及剧毒化学品生产的企业安全生产许可证颁发工作,不得委托实施。国家安全生产监督管理总局公布的涉及危险化工工艺和重点监管危险化学品的企业安全生产许可证颁发工作,不得委托县级安全生产监督管理部门实施。

受委托的设区的市级或者县级安全生产监督管理部门在受委托的范围内,以省级安全生产监督管理部门的名义实施许可,但不得再委托其他组织和个人实施。

国家安全生产监督管理总局、省级安全生产监督管理部门和受委托的设区的市级或者县级安全生产监督管理部门统称实施机关。

第七条　省级安全生产监督管理部门应当将受委托的设区的市级或者县级安全生产监督管理部门以及委托事项予以公告。

省级安全生产监督管理部门应当指导、监督受委托的设区的市级或者县级安全生产监督管理部门颁发安全生产许可证,并对其法律后果负责。

第二章　申请安全生产许可证的条件

第八条　企业选址布局、规划设计以及与重要场所、设施、区域的距离应当符合下列要求:

(一)国家产业政策;当地县级以上(含县级)人民政府的规划和布局;新设立企业建在地方人民政府规划的专门用于危险化学品生产、储存的区域内;

(二)危险化学品生产装置或者储存危险化学品数量构成重大危险源的储存设施,与《危险化学品安全管理条例》第十九条第一款规定的八类场所、设施、区域的距离符合有关法律、法规、规章和国家标准或者行业标准的规定;

(三)总体布局符合《化工企业总图运输设计规范》(GB50489)、《工业企业总平面设计规范》(GB50187)、《建筑设计防火规范》(GB50016)等标准的要求。

石油化工企业除符合本条第一款规定条件外,还应当符合《石油化工企业设计防火规范》(GB50160)的要求。

第九条　企业的厂房、作业场所、储存设施和安全设施、设备、工艺应当符合下列要求:

(一)新建、改建、扩建建设项目经具备国家规定资质的单位设计、制造和施工建设;涉及危险化工工艺、重点监管危险化学品的装置,由具有综合甲级资质或者化工石化专业甲级设计资质的化工石化设计单位设计;

(二)不得采用国家明令淘汰、禁止使用和危及安全生产的工艺、设备;新开发的危险化学品生产工艺必须在小试、中试、工业化试验的基础上逐步放大到工业化生产;国内首次使用的化工工艺,必须经过省级人民政府有关部门组织的安全可靠性论证;

(三)涉及危险化工工艺、重点监管危险化学品的装置装设自动化控制系统;涉及危险化工工艺的大型化工装置装设紧急停车系统;涉及易燃易爆、有毒有害气体化学品的场所装设易燃易爆、有毒有害介质泄漏报警等安全设施;

(四)生产区与非生产区分开设置,并符合国家标准或者行业标准规定的距离;

(五)危险化学品生产装置和储存设施之间及其与建(构)筑物之间的距离符合有关标准规范的规定。

同一厂区内的设备、设施及建(构)筑物的布置必须适用同一标准的规定。

第十条　企业应当有相应的职业危害防护设施，并为从业人员配备符合国家标准或者行业标准的劳动防护用品。

第十一条　企业应当依据《危险化学品重大危险源辨识》(GB18218)，对本企业的生产、储存和使用装置、设施或者场所进行重大危险源辨识。

对已确定为重大危险源的生产和储存设施，应当执行《危险化学品重大危险源监督管理暂行规定》。

第十二条　企业应当依法设置安全生产管理机构，配备专职安全生产管理人员。配备的专职安全生产管理人员必须能够满足安全生产的需要。

第十三条　企业应当建立全员安全生产责任制，保证每位从业人员的安全生产责任与职务、岗位相匹配。

第十四条　企业应当根据化工工艺、装置、设施等实际情况，制定完善下列主要安全生产规章制度：

（一）安全生产例会等安全生产会议制度；

（二）安全投入保障制度；

（三）安全生产奖惩制度；

（四）安全培训教育制度；

（五）领导干部轮流现场带班制度；

（六）特种作业人员管理制度；

（七）安全检查和隐患排查治理制度；

（八）重大危险源评估和安全管理制度；

（九）变更管理制度；

（十）应急管理制度；

（十一）生产安全事故或者重大事件管理制度；

（十二）防火、防爆、防中毒、防泄漏管理制度；

（十三）工艺、设备、电气仪表、公用工程安全管理制度；

（十四）动火、进入受限空间、吊装、高处、盲板抽堵、动土、断路、设备检维修等作业安全管理制度；

（十五）危险化学品安全管理制度；

（十六）职业健康相关管理制度；

（十七）劳动防护用品使用维护管理制度；

（十八）承包商管理制度；

（十九）安全管理制度及操作规程定期修订制度。

第十五条　企业应当根据危险化学品的生产工艺、技术、设备特点和原辅料、产品的危险性编制岗位操作安全规程。

第十六条　企业主要负责人、分管安全负责人和安全生产管理人员必须具备与其从事的生产经营活动相适应的安全生产知识和管理能力，依法参加安全生产培训，并经考核合格，取得安全合格证书。

企业分管安全负责人、分管生产负责人、分管技术负责人应当具有一定的化工专业知识或者相应的专业学历，专职安全生产管理人员应当具备国民教育化工化学类（或安全工程）中等职业教育以上学历或者化工化学类中级以上专业技术职称。

企业应当有危险物品安全类注册安全工程师从事安全生产管理工作。

特种作业人员应当依照《特种作业人员安全技术培训考核管理规定》，经专门的安全技术培训并考核合格，取得特种作业操作证书。

本条第一、二、四款规定以外的其他从业人员应当按照国家有关规定，经安全教育培训合格。

第十七条　企业应当按照国家规定提取与安全生产有关的费用，并保证安全生产所必须的资金投入。

第十八条　企业应当依法参加工伤保险，为从业人员缴纳保险费。

第十九条　企业应当依法委托具备国家规定资质的安全评价机构进行安全评价，并按照安全评价报告的意见对存在的安全生产问题进行整改。

第二十条　企业应当依法进行危险化学品登记，为用户提供化学品安全技术说明书，并在危险化学品包装（包括外包装件）上粘贴或者拴挂与包装内危险化学品相符的化学品安全标签。

第二十一条　企业应当符合下列应急管理要求：

（一）按照国家有关规定编制危险化学品事故应急预案并报有关部门备案；

（二）建立应急救援组织，规模较小的企业可以不建立应急救援组织，但应指定兼职的应急救援人员；

（三）配备必要的应急救援器材、设备和物资，并进行经常性维护、保养，保证正常运转。

生产、储存和使用氯气、氨气、光气、硫化氢等吸入性有毒有害气体的企业，除符合本条第一款的规定外，还应当配备至少两套以上全封闭防化服；构成重大危险源的，还应当设立气体防护站（组）。

第二十二条　企业除符合本章规定的安全生产条件，还应当符合有关法律、行政法规和国家标准或者行业标准规定的其他安全生产条件。

第三章　安全生产许可证的申请

第二十三条　中央企业及其直接控股涉及危险化学品生产的企业（总部）以外的企业向所在地省级安全生

产监督管理部门或其委托的安全生产监督管理部门申请安全生产许可证。

第二十四条　新建企业安全生产许可证的申请,应当在危险化学品生产建设项目安全设施竣工验收通过后10个工作日内提出。

第二十五条　企业申请安全生产许可证时,应当提交下列文件、资料,并对其内容的真实性负责:

(一)申请安全生产许可证的文件及申请书;

(二)安全生产责任制文件,安全生产规章制度、岗位操作安全规程清单;

(三)设置安全生产管理机构,配备专职安全生产管理人员的文件复制件;

(四)主要负责人、分管安全负责人、安全生产管理人员和特种作业人员的安全合格证或者特种作业操作证复制件;

(五)与安全生产有关的费用提取和使用情况报告,新建企业提交有关安全生产费用提取和使用规定的文件;

(六)为从业人员缴纳工伤保险费的证明材料;

(七)危险化学品事故应急救援预案的备案证明文件;

(八)危险化学品登记证复制件;

(九)工商营业执照副本或者工商核准文件复制件;

(十)具备资质的中介机构出具的安全评价报告;

(十一)新建企业的竣工验收报告;

(十二)应急救援组织或者应急救援人员,以及应急救援器材、设备设施清单。

有危险化学品重大危险源的企业,除提交本条第一款规定的文件、资料外,还应当提供重大危险源及其应急预案的备案证明文件、资料。

第四章　安全生产许可证的颁发

第二十六条　实施机关收到企业申请文件、资料后,应当按照下列情况分别作出处理:

(一)申请事项依法不需要取得安全生产许可证的,即时告知企业不予受理;

(二)申请事项依法不属于本实施机关职责范围的,即时作出不予受理的决定,并告知企业向相应的实施机关申请;

(三)申请材料存在可以当场更正的错误的,允许企业当场更正,并受理其申请;

(四)申请材料不齐全或者不符合法定形式的,当场告知或者在5个工作日内出具补正告知书,一次告知企业需要补正的全部内容;逾期不告知的,自收到申请材料之日起即为受理;

(五)企业申请材料齐全、符合法定形式,或者按照实施机关要求提交全部补正材料的,立即受理其申请。

实施机关受理或者不予受理行政许可申请,应当出具加盖本机关专用印章和注明日期的书面凭证。

第二十七条　安全生产许可证申请受理后,实施机关应当组织对企业提交的申请文件、资料进行审查。对企业提交的文件、资料实质内容存在疑问,需要到现场核查的,应当指派工作人员就有关内容进行现场核查。工作人员应当如实提出现场核查意见。

第二十八条　实施机关应当在受理之日起45个工作日内作出是否准予许可的决定。审查过程中的现场核查所需时间不计算在本条规定的期限内。

第二十九条　实施机关作出准予许可决定的,应当自决定之日起10个工作日内颁发安全生产许可证。

实施机关作出不予许可的决定的,应当在10个工作日内书面告知企业并说明理由。

第三十条　企业在安全生产许可证有效期内变更主要负责人、企业名称或者注册地址的,应当自工商营业执照或者隶属关系变更之日起10个工作日内向实施机关提出变更申请,并提交下列文件、资料:

(一)变更后的工商营业执照副本复制件;

(二)变更主要负责人的,还应当提供主要负责人经安全生产监督管理部门考核合格后颁发的安全合格证复制件;

(三)变更注册地址的,还应当提供相关证明材料。

对已经受理的变更申请,实施机关应当在对企业提交的文件、资料审查无误后,方可办理安全生产许可证变更手续。

企业在安全生产许可证有效期内变更隶属关系的,仅需提交隶属关系变更证明材料报实施机关备案。

第三十一条　企业在安全生产许可证有效期内,当原生产装置新增产品或者改变工艺技术对企业的安全生产产生重大影响时,应当对该生产装置或者工艺技术进行专项安全评价,并对安全评价报告中提出的问题进行整改;在整改完成后,向原实施机关提出变更申请,提交安全评价报告。实施机关按照本办法第三十条的规定办理变更手续。

第三十二条　企业在安全生产许可证有效期内,有危险化学品新建、改建、扩建建设项目(以下简称建设项目)的,应当在建设项目安全设施竣工验收合格之日起

10个工作日内向原实施机关提出变更申请，并提交建设项目安全设施竣工验收报告等相关文件、资料。实施机关按照本办法第二十七条、第二十八条和第二十九条的规定办理变更手续。

第三十三条 安全生产许可证有效期为3年。企业安全生产许可证有效期届满后继续生产危险化学品的，应当在安全生产许可证有效期届满前3个月提出延期申请，并提交延期申请书和本办法第二十五条规定的申请文件、资料。

实施机关按照本办法第二十六条、第二十七条、第二十八条、第二十九条的规定进行审查，并作出是否准予延期的决定。

第三十四条 企业在安全生产许可证有效期内，符合下列条件的，其安全生产许可证届满时，经原实施机关同意，可不提交第二十五条第一款第二、七、八、十、十一项规定的文件、资料，直接办理延期手续：

（一）严格遵守有关安全生产的法律、法规和本办法的；

（二）取得安全生产许可证后，加强日常安全生产管理，未降低安全生产条件，并达到安全生产标准化等级二级以上的；

（三）未发生死亡事故的。

第三十五条 安全生产许可证分为正、副本，正本为悬挂式，副本为折页式，正、副本具有同等法律效力。

实施机关应当分别在安全生产许可证正、副本上载明编号、企业名称、主要负责人、注册地址、经济类型、许可范围、有效期、发证机关、发证日期等内容。其中，正本上的“许可范围”应当注明“危险化学品生产”，副本上的“许可范围”应当载明生产场所地址和对应的具体品种、生产能力。

安全生产许可证有效期的起始日为实施机关作出许可决定之日，截止日为起始日至三年后同一日期的前一日。有效期内有变更事项的，起始日和截止日不变，载明变更日期。

第三十六条 企业不得出租、出借、买卖或者以其他形式转让其取得的安全生产许可证，或者冒用他人取得的安全生产许可证、使用伪造的安全生产许可证。

第五章 监督管理

第三十七条 实施机关应当坚持公开、公平、公正的原则，依照本办法和有关安全生产行政许可的法律、法规规定，颁发安全生产许可证。

实施机关工作人员在安全生产许可证颁发及其监督管理工作中，不得索取或者接受企业的财物，不得谋取其他非法利益。

第三十八条 实施机关应当加强对安全生产许可证的监督管理，建立、健全安全生产许可证档案管理制度。

第三十九条 有下列情形之一的，实施机关应当撤销已经颁发的安全生产许可证：

（一）超越职权颁发安全生产许可证的；

（二）违反本办法规定的程序颁发安全生产许可证的；

（三）以欺骗、贿赂等不正当手段取得安全生产许可证的。

第四十条 企业取得安全生产许可证后有下列情形之一的，实施机关应当注销其安全生产许可证：

（一）安全生产许可证有效期届满未被批准延续的；

（二）终止危险化学品生产活动的；

（三）安全生产许可证被依法撤销的；

（四）安全生产许可证被依法吊销的。

安全生产许可证注销后，实施机关应当在当地主要新闻媒体或者本机关网站上发布公告，并通报企业所在地人民政府和县级以上安全生产监督管理部门。

第四十一条 省级安全生产监督管理部门应当在每年1月15日前，将本行政区域内上年度安全生产许可证的颁发和管理情况报国家安全生产监督管理总局。

国家安全生产监督管理总局、省级安全生产监督管理部门应当定期向社会公布企业取得安全生产许可的情况，接受社会监督。

第六章 法律责任

第四十二条 实施机关工作人员有下列行为之一的，给予降级或者撤职的处分；构成犯罪的，依法追究刑事责任：

（一）向不符合本办法第二章规定的安全生产条件的企业颁发安全生产许可证的；

（二）发现企业未依法取得安全生产许可证擅自从事危险化学品生产活动，不依法处理的；

（三）发现取得安全生产许可证的企业不再具备本办法第二章规定的安全生产条件，不依法处理的；

（四）接到对违反本办法规定行为的举报后，不及时依法处理的；

（五）在安全生产许可证颁发和监督管理工作中，索取或者接受企业的财物，或者谋取其他非法利益的。

第四十三条 企业取得安全生产许可证后发现其不具备本办法规定的安全生产条件的，依法暂扣其安全生产许可证1个月以上6个月以下；暂扣期满仍不具备本办法规定的安全生产条件的，依法吊销其安全生产许可证。

第四十四条 企业出租、出借或者以其他形式转让安全生产许可证的，没收违法所得，处10万元以上50万元以下的罚款，并吊销安全生产许可证；构成犯罪的，依法追究刑事责任。

第四十五条 企业有下列情形之一的，责令停止生产危险化学品，没收违法所得，并处10万元以上50万元以下的罚款；构成犯罪的，依法追究刑事责任：

（一）未取得安全生产许可证，擅自进行危险化学品生产的；

（二）接受转让的安全生产许可证的；

（三）冒用或者使用伪造的安全生产许可证的。

第四十六条 企业在安全生产许可证有效期届满未办理延期手续，继续进行生产的，责令停止生产，限期补办延期手续，没收违法所得，并处5万元以上10万元以下的罚款；逾期仍不办理延期手续，继续进行生产的，依照本办法第四十五条的规定进行处罚。

第四十七条 企业在安全生产许可证有效期内主要负责人、企业名称、注册地址、隶属关系发生变更或者新增产品、改变工艺技术对企业安全生产产生重大影响，未按照本办法第三十条规定的时限提出安全生产许可证变更申请的，责令限期申请，处1万元以上3万元以下的罚款。

第四十八条 企业在安全生产许可证有效期内，其危险化学品建设项目安全设施竣工验收合格后，未按照本办法第三十二条规定的时限提出安全生产许可证变更申请并且擅自投入运行的，责令停止生产，限期申请，没收违法所得，并处1万元以上3万元以下的罚款。

第四十九条 发现企业隐瞒有关情况或者提供虚假材料申请安全生产许可证的，实施机关不予受理或者不予颁发安全生产许可证，并给予警告，该企业在1年内不得再次申请安全生产许可证。

企业以欺骗、贿赂等不正当手段取得安全生产许可证的，自实施机关撤销其安全生产许可证之日起3年内，该企业不得再次申请安全生产许可证。

第五十条 安全评价机构有下列情形之一的，给予警告，并处1万元以下的罚款；情节严重的，暂停资质半年，并处1万元以上3万元以下的罚款；对相关责任人依法给予处理：

（一）从业人员不到现场开展安全评价活动的；

（二）安全评价报告与实际情况不符，或者安全评价报告存在重大疏漏，但尚未造成重大损失的；

（三）未按照有关法律、法规、规章和国家标准或者行业标准的规定从事安全评价活动的。

第五十一条 承担安全评价、检测、检验的机构出具虚假证明的，没收违法所得；违法所得在10万元以上的，并处违法所得2倍以上5倍以下的罚款；没有违法所得或者违法所得不足10万元的，单处或者并处10万元以上20万元以下的罚款；对其直接负责的主管人员和其他直接责任人员处2万元以上5万元以下的罚款；给他人造成损害的，与企业承担连带赔偿责任；构成犯罪的，依照刑法有关规定追究刑事责任。

对有前款违法行为的机构，依法吊销其相应资质。

第五十二条 本办法规定的行政处罚，由国家安全生产监督管理总局、省级安全生产监督管理部门决定。省级安全生产监督管理部门可以委托设区的市级或者县级安全生产监督管理部门实施。

第七章 附 则

第五十三条 将纯度较低的化学品提纯至纯度较高的危险化学品的，适用本办法。购买某种危险化学品进行分装（包括充装）或者加入非危险化学品的溶剂进行稀释，然后销售或者使用的，不适用本办法。

第五十四条 本办法下列用语的含义：

（一）危险化学品目录，是指国家安全生产监督管理总局会同国务院工业和信息化、公安、环境保护、卫生、质量监督检验检疫、交通运输、铁路、民用航空、农业主管部门，依据《危险化学品安全管理条例》公布的危险化学品目录。

（二）中间产品，是指为满足生产的需要，生产一种或者多种产品为下一个生产过程参与化学反应的原料。

（三）作业场所，是指可能使从业人员接触危险化学品的任何作业活动场所，包括从事危险化学品的生产、操作、处置、储存、装卸等场所。

第五十五条 安全生产许可证由国家安全生产监督管理总局统一印制。

危险化学品安全生产许可的文书、安全生产许可证的格式、内容和编号办法，由国家安全生产监督管理总局另行规定。

第五十六条 省级安全生产监督管理部门可以根据当地实际情况制定安全生产许可证颁发管理的细则，并报国家安全生产监督管理总局备案。

第五十七条 本办法自2011年12月1日起施行。

原国家安全生产监督管理局(国家煤矿安全监察局)2004年5月17日公布的《危险化学品生产企业安全生产许可证实施办法》同时废止。

化学品物理危险性鉴定与分类管理办法

· 2013年7月10日国家安全生产监督管理总局令第60号公布
· 自2013年9月1日起施行

第一章 总 则

第一条 为了规范化学品物理危险性鉴定与分类工作,根据《危险化学品安全管理条例》,制定本办法。

第二条 对危险特性尚未确定的化学品进行物理危险性鉴定与分类,以及安全生产监督管理部门对鉴定与分类工作实施监督管理,适用本办法。

第三条 本办法所称化学品,是指各类单质、化合物及其混合物。

化学品物理危险性鉴定,是指依据有关国家标准或者行业标准进行测试、判定,确定化学品的燃烧、爆炸、腐蚀、助燃、自反应和遇水反应等危险特性。

化学品物理危险性分类,是指依据有关国家标准或者行业标准,对化学品物理危险性鉴定结果或者相关数据资料进行评估,确定化学品的物理危险性类别。

第四条 下列化学品应当进行物理危险性鉴定与分类:

(一)含有一种及以上列入《危险化学品目录》的组分,但整体物理危险性尚未确定的化学品;

(二)未列入《危险化学品目录》,且物理危险性尚未确定的化学品;

(三)以科学研究或者产品开发为目的,年产量或者使用量超过1吨,且物理危险性尚未确定的化学品。

第五条 国家安全生产监督管理总局负责指导和监督管理全国化学品物理危险性鉴定与分类工作,公告化学品物理危险性鉴定机构(以下简称鉴定机构)名单以及免予物理危险性鉴定与分类的化学品目录,设立化学品物理危险性鉴定与分类技术委员会(以下简称技术委员会)。

县级以上地方各级人民政府安全生产监督管理部门负责监督和检查本行政区域内化学品物理危险性鉴定与分类工作。

第六条 技术委员会负责对有异议的鉴定或者分类结果进行仲裁,公布化学品物理危险性的鉴定情况。

国家安全生产监督管理总局化学品登记中心(以下简称登记中心)负责化学品物理危险性分类结果的评估与审核,建立国家化学品物理危险性鉴定与分类信息管理系统,为化学品物理危险性鉴定与分类工作提供技术支持,承担技术委员会的日常工作。

第二章 物理危险性鉴定与分类

第七条 鉴定机构应当依照有关法律法规和国家标准或者行业标准的规定,科学、公正、诚信地开展鉴定工作,保证鉴定结果真实、准确、客观,并对鉴定结果负责。

第八条 化学品生产、进口单位(以下统称化学品单位)应当对本单位生产或者进口的化学品进行普查和物理危险性辨识,对其中符合本办法第四条规定的化学品向鉴定机构申请鉴定。

化学品单位在办理化学品物理危险性鉴定过程中,不得隐瞒化学品的危险性成分、含量等相关信息或者提供虚假材料。

第九条 化学品物理危险性鉴定按照下列程序办理:

(一)申请化学品物理危险性鉴定的化学品单位向鉴定机构提交化学品物理危险性鉴定申请表以及相关文件资料,提供鉴定所需要的样品,并对样品的真实性负责;

(二)鉴定机构收到鉴定申请后,按照有关国家标准或者行业标准进行测试、判定。除与爆炸物、自反应物质、有机过氧化物相关的物理危险性外,对其他物理危险性应当在20个工作日内出具鉴定报告,特殊情况下由双方协商确定。

送检样品应当至少保存180日,有关档案材料应当至少保存5年。

第十条 化学品物理危险性鉴定应当包括下列内容:

(一)与爆炸物、易燃气体、气溶胶、氧化性气体、加压气体、易燃液体、易燃固体、自反应物质、自燃液体、自燃固体、自热物质、遇水放出易燃气体的物质、氧化性液体、氧化性固体、有机过氧化物、金属腐蚀物等相关的物理危险性;

(二)与化学品危险性分类相关的蒸气压、自燃温度等理化特性,以及化学稳定性和反应性等。

第十一条 化学品物理危险性鉴定报告应当包括下列内容:

(一)化学品名称;

(二)申请鉴定单位名称;

（三）鉴定项目以及所用标准、方法；

（四）仪器设备信息；

（五）鉴定结果；

（六）有关国家标准或者行业标准中规定的其他内容。

第十二条 申请化学品物理危险性鉴定的化学品单位对鉴定结果有异议的，可以在收到鉴定报告之日起15个工作日内向原鉴定机构申请重新鉴定，或者向技术委员会申请仲裁。技术委员会应当在收到申请之日起20个工作日内作出仲裁决定。

第十三条 化学品单位应当根据鉴定报告以及其他物理危险性数据资料，编制化学品物理危险性分类报告。

化学品物理危险性分类报告应当包括下列内容：

（一）化学品名称；

（二）重要成分信息；

（三）物理危险性鉴定报告或者其他有关数据及其来源；

（四）化学品物理危险性分类结果。

第十四条 化学品单位应当向登记中心提交化学品物理危险性分类报告。登记中心应当对分类报告进行综合性评估，并在30个工作日内向化学品单位出具审核意见。

第十五条 化学品单位对化学品物理危险性分类的审核意见有异议的，可以在收到审核意见之日起15个工作日内向技术委员会申请仲裁。技术委员会应当在收到申请之日起20个工作日内作出仲裁决定。

第十六条 化学品单位应当建立化学品物理危险性鉴定与分类管理档案，内容应当包括：

（一）已知物理危险性的化学品的危险特性等信息；

（二）已经鉴定与分类化学品的物理危险性鉴定报告、分类报告和审核意见等信息；

（三）未进行鉴定与分类化学品的名称、数量等信息。

第十七条 化学品单位对确定为危险化学品的化学品以及国家安全生产监督管理总局公告的免予物理危险性鉴定与分类的危险化学品，应当编制化学品安全技术说明书和安全标签，根据《危险化学品登记管理办法》办理危险化学品登记，按照有关危险化学品的法律、法规和标准的要求，加强安全管理。

第十八条 鉴定机构应当于每年1月31日前向国家安全生产监督管理总局上报上一年度鉴定的化学品品名和工作总结。

第三章 法律责任

第十九条 化学品单位有下列情形之一的，由安全生产监督管理部门责令限期改正，可以处1万元以下的罚款；拒不改正的，处1万元以上3万元以下的罚款：

（一）未按照本办法规定对化学品进行物理危险性鉴定或者分类的；

（二）未按照本办法规定建立化学品物理危险性鉴定与分类管理档案的；

（三）在办理化学品物理危险性的鉴定过程中，隐瞒化学品的危险性成分、含量等相关信息或者提供虚假材料的。

第二十条 鉴定机构在物理危险性鉴定过程中有下列行为之一的，处1万元以上3万元以下的罚款；情节严重的，由国家安全生产监督管理总局从鉴定机构名单中除名并公告：

（一）伪造、篡改数据或者有其他弄虚作假行为的；

（二）未通过安全生产监督管理部门的监督检查，仍从事鉴定工作的；

（三）泄露化学品单位商业秘密的。

第四章 附 则

第二十一条 对于用途相似、组分接近、物理危险性无显著差异的化学品，化学品单位可以向鉴定机构申请系列化学品鉴定。

多个化学品单位可以对同一化学品联合申请鉴定。

第二十二条 对已经列入《危险化学品目录》的化学品，发现其有新的物理危险性的，化学品单位应当依照本办法进行物理危险性鉴定与分类。

第二十三条 本办法自2013年9月1日起施行。

危险化学品登记管理办法

·2012年7月1日国家安全生产监督管理总局令第53号公布
·自2012年8月1日起施行

第一章 总 则

第一条 为了加强对危险化学品的安全管理，规范危险化学品登记工作，为危险化学品事故预防和应急救援提供技术、信息支持，根据《危险化学品安全管理条例》，制定本办法。

第二条 本办法适用于危险化学品生产企业、进口企业（以下统称登记企业）生产或者进口《危险化学品目录》所列危险化学品的登记和管理工作。

第三条 国家实行危险化学品登记制度。危险化学品登记实行企业申请、两级审核、统一发证、分级管理的原则。

第四条　国家安全生产监督管理总局负责全国危险化学品登记的监督管理工作。

县级以上地方各级人民政府安全生产监督管理部门负责本行政区域内危险化学品登记的监督管理工作。

第二章　登记机构

第五条　国家安全生产监督管理总局化学品登记中心(以下简称登记中心),承办全国危险化学品登记的具体工作和技术管理工作。

省、自治区、直辖市人民政府安全生产监督管理部门设立危险化学品登记办公室或者危险化学品登记中心(以下简称登记办公室),承办本行政区域内危险化学品登记的具体工作和技术管理工作。

第六条　登记中心履行下列职责:

(一)组织、协调和指导全国危险化学品登记工作;

(二)负责全国危险化学品登记内容审核、危险化学品登记证的颁发和管理工作;

(三)负责管理与维护全国危险化学品登记信息管理系统(以下简称登记系统)以及危险化学品登记信息的动态统计分析工作;

(四)负责管理与维护国家危险化学品事故应急咨询电话,并提供24小时应急咨询服务;

(五)组织化学品危险性评估,对未分类的化学品统一进行危险性分类;

(六)对登记办公室进行业务指导,负责全国登记办公室危险化学品登记人员的培训工作;

(七)定期将危险化学品的登记情况通报国务院有关部门,并向社会公告。

第七条　登记办公室履行下列职责:

(一)组织本行政区域内危险化学品登记工作;

(二)对登记企业申报材料的规范性、内容一致性进行审查;

(三)负责本行政区域内危险化学品登记信息的统计分析工作;

(四)提供危险化学品事故预防与应急救援信息支持;

(五)协助本行政区域内安全生产监督管理部门开展登记培训,指导登记企业实施危险化学品登记工作。

第八条　登记中心和登记办公室(以下统称登记机构)从事危险化学品登记的工作人员(以下简称登记人员)应当具有化工、化学、安全工程等相关专业大学专科以上学历,并经统一业务培训,取得培训合格证,方可上岗作业。

第九条　登记办公室应当具备下列条件:

(一)有3名以上登记人员;

(二)有严格的责任制度、保密制度、档案管理制度和数据库维护制度;

(三)配备必要的办公设备、设施。

第三章　登记的时间、内容和程序

第十条　新建的生产企业应当在竣工验收前办理危险化学品登记。

进口企业应当在首次进口前办理危险化学品登记。

第十一条　同一企业生产、进口同一品种危险化学品的,按照生产企业进行一次登记,但应当提交进口危险化学品的有关信息。

进口企业进口不同制造商的同一品种危险化学品的,按照首次进口制造商的危险化学品进行一次登记,但应当提交其他制造商的危险化学品的有关信息。

生产企业、进口企业多次进口同一制造商的同一品种危险化学品的,只进行一次登记。

第十二条　危险化学品登记应当包括下列内容:

(一)分类和标签信息,包括危险化学品的危险性类别、象形图、警示词、危险性说明、防范说明等;

(二)物理、化学性质,包括危险化学品的外观与性状、溶解性、熔点、沸点等物理性质,闪点、爆炸极限、自燃温度、分解温度等化学性质;

(三)主要用途,包括企业推荐的产品合法用途、禁止或者限制的用途等;

(四)危险特性,包括危险化学品的物理危险性、环境危害性和毒理特性;

(五)储存、使用、运输的安全要求,其中,储存的安全要求包括对建筑条件、库房条件、安全条件、环境卫生条件、温度和湿度条件的要求,使用的安全要求包括使用时的操作条件、作业人员防护措施、使用现场危害控制措施等,运输的安全要求包括对运输或者输送方式的要求、危害信息向有关运输人员的传递手段、装卸及运输过程中的安全措施等;

(六)出现危险情况的应急处置措施,包括危险化学品在生产、使用、储存、运输过程中发生火灾、爆炸、泄漏、中毒、窒息、灼伤等化学品事故时的应急处理方法,应急咨询服务电话等。

第十三条　危险化学品登记按照下列程序办理:

(一)登记企业通过登记系统提出申请;

（二）登记办公室在3个工作日内对登记企业提出的申请进行初步审查，符合条件的，通过登记系统通知登记企业办理登记手续；

（三）登记企业接到登记办公室通知后，按照有关要求在登记系统中如实填写登记内容，并向登记办公室提交有关纸质登记材料；

（四）登记办公室在收到登记企业的登记材料之日起20个工作日内，对登记材料和登记内容逐项进行审查，必要时可进行现场核查，符合要求的，将登记材料提交给登记中心；不符合要求的，通过登记系统告知登记企业并说明理由；

（五）登记中心在收到登记办公室提交的登记材料之日起15个工作日内，对登记材料和登记内容进行审核，符合要求的，通过登记办公室向登记企业发放危险化学品登记证；不符合要求的，通过登记系统告知登记办公室、登记企业并说明理由。

登记企业修改登记材料和整改问题所需时间，不计算在前款规定的期限内。

第十四条　登记企业办理危险化学品登记时，应当提交下列材料，并对其内容的真实性负责：

（一）危险化学品登记表一式2份；

（二）生产企业的工商营业执照，进口企业的对外贸易经营者备案登记表、中华人民共和国进出口企业资质证书、中华人民共和国外商投资企业批准证书或者台港澳侨投资企业批准证书复制件1份；

（三）与其生产、进口的危险化学品相符并符合国家标准的化学品安全技术说明书、化学品安全标签各1份；

（四）满足本办法第二十二条规定的应急咨询服务电话号码或者应急咨询服务委托书复制件1份；

（五）办理登记的危险化学品产品标准（采用国家标准或者行业标准的，提供所采用的标准编号）。

第十五条　登记企业在危险化学品登记证有效期内，企业名称、注册地址、登记品种、应急咨询服务电话发生变化，或者发现其生产、进口的危险化学品有新的危险特性的，应当在15个工作日内向登记办公室提出变更申请，并按照下列程序办理登记内容变更手续：

（一）通过登记系统填写危险化学品登记变更申请表，并向登记办公室提交涉及变更事项的证明材料1份；

（二）登记办公室初步审查登记企业的登记变更申请，符合条件的，通知登记企业提交变更后的登记材料，并对登记材料进行审查，符合要求的，提交给登记中心；不符合要求的，通过登记系统告知登记企业并说明理由；

（三）登记中心对登记办公室提交的登记材料进行审核，符合要求且属于危险化学品登记证载明事项的，通过登记办公室向登记企业发放登记变更后的危险化学品登记证并收回原证；符合要求但不属于危险化学品登记证载明事项的，通过登记办公室向登记企业提供书面证明文件。

第十六条　危险化学品登记证有效期为3年。登记证有效期满后，登记企业继续从事危险化学品生产或者进口的，应当在登记证有效期届满前3个月提出复核换证申请，并按下列程序办理复核换证：

（一）通过登记系统填写危险化学品复核换证申请表；

（二）登记办公室审查登记企业的复核换证申请，符合条件的，通过登记系统告知登记企业提交本规定第十四条规定的登记材料；不符合条件的，通过登记系统告知登记企业并说明理由；

（三）按照本办法第十三条第一款第三项、第四项、第五项规定的程序办理复核换证手续。

第十七条　危险化学品登记证分为正本、副本，正本为悬挂式，副本为折页式。正本、副本具有同等法律效力。

危险化学品登记证正本、副本应当载明证书编号、企业名称、注册地址、企业性质、登记品种、有效期、发证机关、发证日期等内容。其中，企业性质应当注明危险化学品生产企业、危险化学品进口企业或者危险化学品生产企业（兼进口）。

第四章　登记企业的职责

第十八条　登记企业应当对本企业的各类危险化学品进行普查，建立危险化学品管理档案。

危险化学品管理档案应当包括危险化学品名称、数量、标识信息、危险性分类和化学品安全技术说明书、化学品安全标签等内容。

第十九条　登记企业应当按照规定向登记机构办理危险化学品登记，如实填报登记内容和提交有关材料，并接受安全生产监督管理部门依法进行的监督检查。

第二十条　登记企业应当指定人员负责危险化学品登记的相关工作，配合登记人员在必要时对本企业危险化学品登记内容进行核查。

登记企业从事危险化学品登记的人员应当具备危险化学品登记相关知识和能力。

第二十一条　对危险特性尚未确定的化学品，登记企业应当按照国家关于化学品危险性鉴定的有关规定，委托具有国家规定资质的机构对其进行危险性鉴定;属于危险化学品的,应当依照本办法的规定进行登记。

第二十二条　危险化学品生产企业应当设立由专职人员24小时值守的国内固定服务电话,针对本办法第十二条规定的内容向用户提供危险化学品事故应急咨询服务,为危险化学品事故应急救援提供技术指导和必要的协助。专职值守人员应当熟悉本企业危险化学品的危险特性和应急处置技术,准确回答有关咨询问题。

危险化学品生产企业不能提供前款规定应急咨询服务的,应当委托登记机构代理应急咨询服务。

危险化学品进口企业应当自行或者委托进口代理商、登记机构提供符合本条第一款要求的应急咨询服务,并在其进口的危险化学品安全标签上标明应急咨询服务电话号码。

从事代理应急咨询服务的登记机构,应当设立由专职人员24小时值守的国内固定服务电话,建有完善的化学品应急救援数据库,配备在线数字录音设备和8名以上专业人员,能够同时受理3起以上应急咨询,准确提供化学品泄漏、火灾、爆炸、中毒等事故应急处置有关信息和建议。

第二十三条　登记企业不得转让、冒用或者使用伪造的危险化学品登记证。

第五章　监督管理

第二十四条　安全生产监督管理部门应当将危险化学品登记情况纳入危险化学品安全执法检查内容,对登记企业未按照规定予以登记的,依法予以处理。

第二十五条　登记办公室应当对本行政区域内危险化学品的登记数据及时进行汇总、统计、分析,并报告省、自治区、直辖市人民政府安全生产监督管理部门。

第二十六条　登记中心应当定期向国务院工业和信息化、环境保护、公安、卫生、交通运输、铁路、质量监督检验检疫等部门提供危险化学品登记的有关信息和资料,并向社会公告。

第二十七条　登记办公室应当在每年1月31日前向所属省、自治区、直辖市人民政府安全生产监督管理部门和登记中心书面报告上一年度本行政区域内危险化学品登记的情况。

登记中心应当在每年2月15日前向国家安全生产监督管理总局书面报告上一年度全国危险化学品登记的情况。

第六章　法律责任

第二十八条　登记机构的登记人员违规操作、弄虚作假、滥发证书,在规定限期内无故不予登记且无明确答复,或者泄露登记企业商业秘密的,责令改正,并追究有关责任人员的责任。

第二十九条　登记企业不办理危险化学品登记,登记品种发生变化或者发现其生产、进口的危险化学品有新的危险特性不办理危险化学品登记内容变更手续的,责令改正,可以处5万元以下的罚款;拒不改正的,处5万元以上10万元以下的罚款;情节严重的,责令停产停业整顿。

第三十条　登记企业有下列行为之一的,责令改正,可以处3万元以下的罚款:

(一)未向用户提供应急咨询服务或者应急咨询服务不符合本办法第二十二条规定的;

(二)在危险化学品登记证有效期内企业名称、注册地址、应急咨询服务电话发生变化,未按规定按时办理危险化学品登记变更手续的;

(三)危险化学品登记证有效期满后,未按规定申请复核换证,继续进行生产或者进口的;

(四)转让、冒用或者使用伪造的危险化学品登记证,或者不如实填报登记内容、提交有关材料的;

(五)拒绝、阻挠登记机构对本企业危险化学品登记情况进行现场核查的。

第七章　附　则

第三十一条　本办法所称危险化学品进口企业,是指依法设立且取得工商营业执照,并取得下列证明文件之一,从事危险化学品进口的企业:

(一)对外贸易经营者备案登记表;

(二)中华人民共和国进出口企业资质证书;

(三)中华人民共和国外商投资企业批准证书;

(四)台港澳侨投资企业批准证书。

第三十二条　登记企业在本办法施行前已经取得的危险化学品登记证,其有效期不变;有效期满后继续从事危险化学品生产、进口活动的,应当依照本办法的规定办理危险化学品登记证复核换证手续。

第三十三条　危险化学品登记证由国家安全生产监督管理总局统一印制。

第三十四条　本办法自2012年8月1日起施行。原国家经济贸易委员会2002年10月8日公布的《危险化学品登记管理办法》同时废止。

非药品类易制毒化学品生产、经营许可办法

·2006年4月5日国家安全生产监督管理总局令第5号公布
·自2006年4月15日起施行

第一章　总　则

第一条　为加强非药品类易制毒化学品管理，规范非药品类易制毒化学品生产、经营行为，防止非药品类易制毒化学品被用于制造毒品，维护经济和社会秩序，根据《易制毒化学品管理条例》（以下简称《条例》）和有关法律、行政法规，制定本办法。

第二条　本办法所称非药品类易制毒化学品，是指《条例》附表确定的可以用于制毒的非药品类主要原料和化学配剂。

非药品类易制毒化学品的分类和品种，见本办法附表《非药品类易制毒化学品分类和品种目录》。

《条例》附表《易制毒化学品的分类和品种目录》调整或者《危险化学品目录》调整涉及本办法附表时，《非药品类易制毒化学品分类和品种目录》随之进行调整并公布。

第三条　国家对非药品类易制毒化学品的生产、经营实行许可制度。对第一类非药品类易制毒化学品的生产、经营实行许可证管理，对第二类、第三类易制毒化学品的生产、经营实行备案证明管理。

省、自治区、直辖市人民政府安全生产监督管理部门负责本行政区域内第一类非药品类易制毒化学品生产、经营的审批和许可证的颁发工作。

设区的市级人民政府安全生产监督管理部门负责本行政区域内第二类非药品类易制毒化学品生产、经营和第三类非药品类易制毒化学品生产的备案证明颁发工作。

县级人民政府安全生产监督管理部门负责本行政区域内第三类非药品类易制毒化学品经营的备案证明颁发工作。

第四条　国家安全生产监督管理总局监督、指导全国非药品类易制毒化学品生产、经营许可和备案管理工作。

县级以上人民政府安全生产监督管理部门负责本行政区域内执行非药品类易制毒化学品生产、经营许可制度的监督管理工作。

第二章　生产、经营许可

第五条　生产、经营第一类非药品类易制毒化学品的，必须取得非药品类易制毒化学品生产、经营许可证方可从事生产、经营活动。

第六条　生产、经营第一类非药品类易制毒化学品的，应当分别符合《条例》第七条、第九条规定的条件。

第七条　生产单位申请非药品类易制毒化学品生产许可证，应当向所在地的省级人民政府安全生产监督管理部门提交下列文件、资料，并对其真实性负责：

（一）非药品类易制毒化学品生产许可证申请书（一式两份）；

（二）生产设备、仓储设施和污染物处理设施情况说明材料；

（三）易制毒化学品管理制度和环境突发事件应急预案；

（四）安全生产管理制度；

（五）单位法定代表人或者主要负责人和技术、管理人员具有相应安全生产知识的证明材料；

（六）单位法定代表人或者主要负责人和技术、管理人员具有相应易制毒化学品知识的证明材料及无毒品犯罪记录证明材料；

（七）工商营业执照副本（复印件）；

（八）产品包装说明和使用说明书。

属于危险化学品生产单位的，还应当提交危险化学品生产企业安全生产许可证和危险化学品登记证（复印件），免于提交本条第（四）、（五）、（七）项所要求的文件、资料。

第八条　经营单位申请非药品类易制毒化学品经营许可证，应当向所在地的省级人民政府安全生产监督管理部门提交下列文件、资料，并对其真实性负责：

（一）非药品类易制毒化学品经营许可证申请书（一式两份）；

（二）经营场所、仓储设施情况说明材料；

（三）易制毒化学品经营管理制度和包括销售机构、销售代理商、用户等内容的销售网络文件；

（四）单位法定代表人或者主要负责人和销售、管理人员具有相应易制毒化学品知识的证明材料及无毒品犯罪记录证明材料；

（五）工商营业执照副本（复印件）；

（六）产品包装说明和使用说明书。

属于危险化学品经营单位的，还应当提交危险化学品经营许可证（复印件），免于提交本条第（五）项所要求的文件、资料。

第九条　省、自治区、直辖市人民政府安全生产监督管理部门对申请人提交的申请书及文件、资料，应当按照

下列规定分别处理：

（一）申请事项不属于本部门职权范围的，应当即时出具不予受理的书面凭证；

（二）申请材料存在可以当场更正的错误的，应当允许或者要求申请人当场更正；

（三）申请材料不齐全或者不符合要求的，应当当场或者在5个工作日内书面一次告知申请人需要补正的全部内容，逾期不告知的，自收到申请材料之日起即为受理；

（四）申请材料齐全、符合要求或者按照要求全部补正的，自收到申请材料或者全部补正材料之日起为受理。

第十条　对已经受理的申请材料，省、自治区、直辖市人民政府安全生产监督管理部门应当进行审查，根据需要可以进行实地核查。

第十一条　自受理之日起，对非药品类易制毒化学品的生产许可证申请在60个工作日内、对经营许可证申请在30个工作日内，省、自治区、直辖市人民政府安全生产监督管理部门应当作出颁发或者不予颁发许可证的决定。

对决定颁发的，应当自决定之日起10个工作日内送达或者通知申请人领取许可证；对不予颁发的，应当在10个工作日内书面通知申请人并说明理由。

第十二条　非药品类易制毒化学品生产、经营许可证有效期为3年。许可证有效期满后需继续生产、经营第一类非药品类易制毒化学品的，应当于许可证有效期满前3个月内向原许可证颁发管理部门提出换证申请并提交相应资料，经审查合格后换领新证。

第十三条　第一类非药品类易制毒化学品生产、经营单位在非药品类易制毒化学品生产、经营许可证有效期内出现下列情形之一的，应当向原许可证颁发管理部门申请变更许可证：

（一）单位法定代表人或者主要负责人改变；

（二）单位名称改变；

（三）许可品种主要流向改变；

（四）需要增加许可品种、数量。

属于本条第（一）、（三）项的变更，应当自发生改变之日起20个工作日内提出申请；属于本条第（二）项的变更，应当自工商营业执照变更后提出申请。

申请本条第（一）项的变更，应当提供变更后的法定代表人或者主要负责人符合本办法第七条第（五）、（六）项或第八条第（四）项要求的有关证明材料；申请本条第（二）项的变更，应当提供变更后的工商营业执照副本（复印件）；申请本条第（三）项的变更，生产、经营单位应当分别提供主要流向改变说明、第八条第（三）项要求的有关资料；申请本条第（四）项的变更，应当提供本办法第七条第（二）、（三）、（八）项或第八条第（二）、（三）、（六）项要求的有关资料。

第十四条　对已经受理的本办法第十三条第（一）、（二）、（三）项的变更申请，许可证颁发管理部门在对申请人提交的文件、资料审核后，即可办理非药品类易制毒化学品生产、经营许可证变更手续。

对已经受理的本办法第十三条第（四）项的变更申请，许可证颁发管理部门应当按照本办法第十条、第十一条的规定，办理非药品类易制毒化学品生产、经营许可证变更手续。

第十五条　非药品类易制毒化学品生产、经营单位原有技术或者销售人员、管理人员变动的，变动人员应当具有相应的安全生产和易制毒化学品知识。

第十六条　第一类非药品类易制毒化学品生产、经营单位不再生产、经营非药品类易制毒化学品时，应当在停止生产、经营后3个月内办理注销许可手续。

第三章　生产、经营备案

第十七条　生产、经营第二类、第三类非药品类易制毒化学品的，必须进行非药品类易制毒化学品生产、经营备案。

第十八条　生产第二类、第三类非药品类易制毒化学品的，应当自生产之日起30个工作日内，将生产的品种、数量等情况，向所在地的设区的市级人民政府安全生产监督管理部门备案。

经营第二类非药品类易制毒化学品的，应当自经营之日起30个工作日内，将经营的品种、数量、主要流向等情况，向所在地的设区的市级人民政府安全生产监督管理部门备案。

经营第三类非药品类易制毒化学品的，应当自经营之日起30个工作日内，将经营的品种、数量、主要流向等情况，向所在地的县级人民政府安全生产监督管理部门备案。

第十九条　第二类、第三类非药品类易制毒化学品生产单位进行备案时，应当提交下列资料：

（一）非药品类易制毒化学品品种、产量、销售量等情况的备案申请书；

（二）易制毒化学品管理制度；

（三）产品包装说明和使用说明书；

（四）工商营业执照副本（复印件）。

属于危险化学品生产单位的，还应当提交危险化学品生产企业安全生产许可证和危险化学品登记证（复印件），免于提交本条第（四）项所要求的文件、资料。

第二十条 第二类、第三类非药品类易制毒化学品经营单位进行备案时，应当提交下列资料：

（一）非药品类易制毒化学品销售品种、销售量、主要流向等情况的备案申请书；

（二）易制毒化学品管理制度；

（三）产品包装说明和使用说明书；

（四）工商营业执照副本（复印件）。

属于危险化学品经营单位的，还应当提交危险化学品经营许可证，免于提交本条第（四）项所要求的文件、资料。

第二十一条 第二类、第三类非药品类易制毒化学品生产、经营备案主管部门收到本办法第十九条、第二十条规定的备案材料后，应当于当日发给备案证明。

第二十二条 第二类、第三类非药品类易制毒化学品生产、经营备案证明有效期为3年。有效期满后需继续生产、经营的，应当在备案证明有效期满前3个月内重新办理备案手续。

第二十三条 第二类、第三类非药品类易制毒化学品生产、经营单位的法定代表人或者主要负责人、单位名称、单位地址发生变化的，应当自工商营业执照变更之日起30个工作日内重新办理备案手续；生产或者经营的备案品种增加、主要流向改变的，在发生变化后30个工作日内重新办理备案手续。

第二十四条 第二类、第三类非药品类易制毒化学品生产、经营单位不再生产、经营非药品类易制毒化学品时，应当在终止生产、经营后3个月内办理备案注销手续。

第四章　监督管理

第二十五条 县级以上人民政府安全生产监督管理部门应当加强非药品类易制毒化学品生产、经营的监督检查工作。

县级以上人民政府安全生产监督管理部门对非药品类易制毒化学品的生产、经营活动进行监督检查时，可以查看现场、查阅和复制有关资料、记录有关情况、扣押相关的证据材料和违法物品；必要时，可以临时查封有关场所。

被检查的单位或者个人应当如实提供有关情况和资料、物品，不得拒绝或者隐匿。

第二十六条 生产、经营单位应当于每年3月31日前，向许可或者备案的安全生产监督管理部门报告本单位上年度非药品类易制毒化学品生产经营的品种、数量和主要流向等情况。

安全生产监督管理部门应当自收到报告后10个工作日内将本行政区域内上年度非药品类易制毒化学品生产、经营汇总情况报上级安全生产监督管理部门。

第二十七条 各级安全生产监督管理部门应当建立非药品类易制毒化学品许可和备案档案并加强信息管理。

第二十八条 安全生产监督管理部门应当及时将非药品类易制毒化学品生产、经营许可及吊销许可情况，向同级公安机关和工商行政管理部门通报；向商务主管部门通报许可证和备案证明颁发等有关情况。

第五章　罚　则

第二十九条 对于有下列行为之一的，县级以上人民政府安全生产监督管理部门可以自《条例》第三十八条规定的部门作出行政处罚决定之日起的3年内，停止受理其非药品类易制毒化学品生产、经营许可或备案申请：

（一）未经许可或者备案擅自生产、经营非药品类易制毒化学品的；

（二）伪造申请材料骗取非药品类易制毒化学品生产、经营许可证或者备案证明的；

（三）使用他人的非药品类易制毒化学品生产、经营许可证或者备案证明的；

（四）使用伪造、变造、失效的非药品类易制毒化学品生产、经营许可证或者备案证明的。

第三十条 对于有下列行为之一的，由县级以上人民政府安全生产监督管理部门给予警告，责令限期改正，处1万元以上5万元以下的罚款；对违反规定生产、经营的非药品类易制毒化学品，可以予以没收；逾期不改正的，责令限期停产停业整顿；逾期整顿不合格的，吊销相应的许可证：

（一）易制毒化学品生产、经营单位未按规定建立易制毒化学品的管理制度和安全管理制度的；

（二）将许可证或者备案证明转借他人使用的；

（三）超出许可的品种、数量，生产、经营非药品类易制毒化学品的；

（四）易制毒化学品的产品包装和使用说明书不符合《条例》规定要求的；

（五）生产、经营非药品类易制毒化学品的单位不如实或者不按时向安全生产监督管理部门报告年度生产、经营等情况的。

第三十一条 生产、经营非药品类易制毒化学品的单位或者个人拒不接受安全生产监督管理部门监督检查的，由县级以上人民政府安全生产监督管理部门责令改正，对直接负责的主管人员以及其他直接责任人员给予警告；情节严重的，对单位处1万元以上5万元以下的罚款，对直接负责的主管人员以及其他直接责任人员处1000元以上5000元以下的罚款。

第三十二条 安全生产监督管理部门工作人员在管理工作中，有滥用职权、玩忽职守、徇私舞弊行为或泄露企业商业秘密的，依法给予行政处分；构成犯罪的，依法追究刑事责任。

第六章 附 则

第三十三条 非药品类易制毒化学品生产许可证、经营许可证和备案证明由国家安全生产监督管理总局监制。

非药品类易制毒化学品年度报告表及许可、备案、变更申请书由国家安全生产监督管理总局规定式样。

第三十四条 本办法自2006年4月15日起施行。

附表：

非药品类易制毒化学品分类和品种目录

第一类

1. 1—苯基—2—丙酮
2. 3,4—亚甲基二氧苯基—2—丙酮
3. 胡椒醛
4. 黄樟素
5. 黄樟油
6. 异黄樟素
7. N—乙酰邻氨基苯酸
8. 邻氨基苯甲酸

第二类

1. 苯乙酸
2. 醋酸酐☆
3. 三氯甲烷☆
4. 乙醚☆
5. 哌啶☆

第三类

1. 甲苯☆
2. 丙酮☆
3. 甲基乙基酮☆
4. 高锰酸钾☆
5. 硫酸☆
6. 盐酸☆

说明：

一、第一类、第二类所列物质可能存在的盐类，也纳入管制。

二、带有☆标记的品种为危险化学品。

十一、行业安全生产监督管理

1. 建筑业

建设工程安全生产管理条例

·2003年11月12日国务院第28次常务会议通过

·2003年11月24日中华人民共和国国务院令第393号公布

·自2004年2月1日起施行

第一章　总　则

第一条　为了加强建设工程安全生产监督管理，保障人民群众生命和财产安全，根据《中华人民共和国建筑法》、《中华人民共和国安全生产法》，制定本条例。

第二条　在中华人民共和国境内从事建设工程的新建、扩建、改建和拆除等有关活动及实施对建设工程安全生产的监督管理，必须遵守本条例。

本条例所称建设工程，是指土木工程、建筑工程、线路管道和设备安装工程及装修工程。

第三条　建设工程安全生产管理，坚持安全第一、预防为主的方针。

第四条　建设单位、勘察单位、设计单位、施工单位、工程监理单位及其他与建设工程安全生产有关的单位，必须遵守安全生产法律、法规的规定，保证建设工程安全生产，依法承担建设工程安全生产责任。

第五条　国家鼓励建设工程安全生产的科学技术研究和先进技术的推广应用，推进建设工程安全生产的科学管理。

第二章　建设单位的安全责任

第六条　建设单位应当向施工单位提供施工现场及毗邻区域内供水、排水、供电、供气、供热、通信、广播电视等地下管线资料，气象和水文观测资料，相邻建筑物和构筑物、地下工程的有关资料，并保证资料的真实、准确、完整。

建设单位因建设工程需要，向有关部门或者单位查询前款规定的资料时，有关部门或者单位应当及时提供。

第七条　建设单位不得对勘察、设计、施工、工程监理等单位提出不符合建设工程安全生产法律、法规和强制性标准规定的要求，不得压缩合同约定的工期。

第八条　建设单位在编制工程概算时，应当确定建设工程安全作业环境及安全施工措施所需费用。

第九条　建设单位不得明示或者暗示施工单位购买、租赁、使用不符合安全施工要求的安全防护用具、机械设备、施工机具及配件、消防设施和器材。

第十条　建设单位在申请领取施工许可证时，应当提供建设工程有关安全施工措施的资料。

依法批准开工报告的建设工程，建设单位应当自开工报告批准之日起15日内，将保证安全施工的措施报送建设工程所在地的县级以上地方人民政府建设行政主管部门或者其他有关部门备案。

第十一条　建设单位应当将拆除工程发包给具有相应资质等级的施工单位。

建设单位应当在拆除工程施工15日前，将下列资料报送建设工程所在地的县级以上地方人民政府建设行政主管部门或者其他有关部门备案：

（一）施工单位资质等级证明；

（二）拟拆除建筑物、构筑物及可能危及毗邻建筑的说明；

（三）拆除施工组织方案；

（四）堆放、清除废弃物的措施。

实施爆破作业的，应当遵守国家有关民用爆炸物品管理的规定。

第三章　勘察、设计、工程监理及其他有关单位的安全责任

第十二条　勘察单位应当按照法律、法规和工程建设强制性标准进行勘察，提供的勘察文件应当真实、准确，满足建设工程安全生产的需要。

勘察单位在勘察作业时，应当严格执行操作规程，采取措施保证各类管线、设施和周边建筑物、构筑物的安全。

第十三条　设计单位应当按照法律、法规和工程建设强制性标准进行设计，防止因设计不合理导致生产安全事故的发生。

设计单位应当考虑施工安全操作和防护的需要，对

涉及施工安全的重点部位和环节在设计文件中注明，并对防范生产安全事故提出指导意见。

采用新结构、新材料、新工艺的建设工程和特殊结构的建设工程，设计单位应当在设计中提出保障施工作业人员安全和预防生产安全事故的措施建议。

设计单位和注册建筑师等注册执业人员应当对其设计负责。

第十四条 工程监理单位应当审查施工组织设计中的安全技术措施或者专项施工方案是否符合工程建设强制性标准。

工程监理单位在实施监理过程中，发现存在安全事故隐患的，应当要求施工单位整改；情况严重的，应当要求施工单位暂时停止施工，并及时报告建设单位。施工单位拒不整改或者不停止施工的，工程监理单位应当及时向有关主管部门报告。

工程监理单位和监理工程师应当按照法律、法规和工程建设强制性标准实施监理，并对建设工程安全生产承担监理责任。

第十五条 为建设工程提供机械设备和配件的单位，应当按照安全施工的要求配备齐全有效的保险、限位等安全设施和装置。

第十六条 出租的机械设备和施工机具及配件，应当具有生产（制造）许可证、产品合格证。

出租单位应当对出租的机械设备和施工机具及配件的安全性能进行检测，在签订租赁协议时，应当出具检测合格证明。

禁止出租检测不合格的机械设备和施工机具及配件。

第十七条 在施工现场安装、拆卸施工起重机械和整体提升脚手架、模板等自升式架设设施，必须由具有相应资质的单位承担。

安装、拆卸施工起重机械和整体提升脚手架、模板等自升式架设设施，应当编制拆装方案、制定安全施工措施，并由专业技术人员现场监督。

施工起重机械和整体提升脚手架、模板等自升式架设设施安装完毕后，安装单位应当自检，出具自检合格证明，并向施工单位进行安全使用说明，办理验收手续并签字。

第十八条 施工起重机械和整体提升脚手架、模板等自升式架设设施的使用达到国家规定的检验检测期限的，必须经具有专业资质的检验检测机构检测。经检测不合格的，不得继续使用。

第十九条 检验检测机构对检测合格的施工起重机械和整体提升脚手架、模板等自升式架设设施，应当出具安全合格证明文件，并对检测结果负责。

第四章 施工单位的安全责任

第二十条 施工单位从事建设工程的新建、扩建、改建和拆除等活动，应当具备国家规定的注册资本、专业技术人员、技术装备和安全生产等条件，依法取得相应等级的资质证书，并在其资质等级许可的范围内承揽工程。

第二十一条 施工单位主要负责人依法对本单位的安全生产工作全面负责。施工单位应当建立健全安全生产责任制度和安全生产教育培训制度，制定安全生产规章制度和操作规程，保证本单位安全生产条件所需资金的投入，对所承担的建设工程进行定期和专项安全检查，并做好安全检查记录。

施工单位的项目负责人应当由取得相应执业资格的人员担任，对建设工程项目的安全施工负责，落实安全生产责任制度、安全生产规章制度和操作规程，确保安全生产费用的有效使用，并根据工程的特点组织制定安全施工措施，消除安全事故隐患，及时、如实报告生产安全事故。

第二十二条 施工单位对列入建设工程概算的安全作业环境及安全施工措施所需费用，应当用于施工安全防护用具及设施的采购和更新、安全施工措施的落实、安全生产条件的改善，不得挪作他用。

第二十三条 施工单位应当设立安全生产管理机构，配备专职安全生产管理人员。

专职安全生产管理人员负责对安全生产进行现场监督检查。发现安全事故隐患，应当及时向项目负责人和安全生产管理机构报告；对于违章指挥、违章操作的，应当立即制止。

专职安全生产管理人员的配备办法由国务院建设行政主管部门会同国务院其他有关部门制定。

第二十四条 建设工程实行施工总承包的，由总承包单位对施工现场的安全生产负总责。

总承包单位应当自行完成建设工程主体结构的施工。

总承包单位依法将建设工程分包给其他单位的，分包合同中应当明确各自的安全生产方面的权利、义务。总承包单位和分包单位对分包工程的安全生产承担连带责任。

分包单位应当服从总承包单位的安全生产管理，分包单位不服从管理导致生产安全事故的，由分包单位承担主要责任。

第二十五条 垂直运输机械作业人员、安装拆卸工、爆破作业人员、起重信号工、登高架设作业人员等特种作业人员，必须按照国家有关规定经过专门的安全作业培训，并取得特种作业操作资格证书后，方可上岗作业。

第二十六条 施工单位应当在施工组织设计中编制安全技术措施和施工现场临时用电方案，对下列达到一定规模的危险性较大的分部分项工程编制专项施工方案，并附具安全验算结果，经施工单位技术负责人、总监理工程师签字后实施，由专职安全生产管理人员进行现场监督：

（一）基坑支护与降水工程；

（二）土方开挖工程；

（三）模板工程；

（四）起重吊装工程；

（五）脚手架工程；

（六）拆除、爆破工程；

（七）国务院建设行政主管部门或者其他有关部门规定的其他危险性较大的工程。

对前款所列工程中涉及深基坑、地下暗挖工程、高大模板工程的专项施工方案，施工单位还应当组织专家进行论证、审查。

本条第一款规定的达到一定规模的危险性较大工程的标准，由国务院建设行政主管部门会同国务院其他有关部门制定。

第二十七条 建设工程施工前，施工单位负责项目管理的技术人员应当对有关安全施工的技术要求向施工作业班组、作业人员作出详细说明，并由双方签字确认。

第二十八条 施工单位应当在施工现场入口处、施工起重机械、临时用电设施、脚手架、出入通道口、楼梯口、电梯井口、孔洞口、桥梁口、隧道口、基坑边沿、爆破物及有害危险气体和液体存放处等危险部位，设置明显的安全警示标志。安全警示标志必须符合国家标准。

施工单位应当根据不同施工阶段和周围环境及季节、气候的变化，在施工现场采取相应的安全施工措施。施工现场暂时停止施工的，施工单位应当做好现场防护，所需费用由责任方承担，或者按照合同约定执行。

第二十九条 施工单位应当将施工现场的办公、生活区与作业区分开设置，并保持安全距离；办公、生活区的选址应当符合安全性要求。职工的膳食、饮水、休息场所等应当符合卫生标准。施工单位不得在尚未竣工的建筑物内设置员工集体宿舍。

施工现场临时搭建的建筑物应当符合安全使用要求。施工现场使用的装配式活动房屋应当具有产品合格证。

第三十条 施工单位对因建设工程施工可能造成损害的毗邻建筑物、构筑物和地下管线等，应当采取专项防护措施。

施工单位应当遵守有关环境保护法律、法规的规定，在施工现场采取措施，防止或者减少粉尘、废气、废水、固体废物、噪声、振动和施工照明对人和环境的危害和污染。

在城市市区内的建设工程，施工单位应当对施工现场实行封闭围挡。

第三十一条 施工单位应当在施工现场建立消防安全责任制度，确定消防安全责任人，制定用火、用电、使用易燃易爆材料等各项消防安全管理制度和操作规程，设置消防通道、消防水源，配备消防设施和灭火器材，并在施工现场入口处设置明显标志。

第三十二条 施工单位应当向作业人员提供安全防护用具和安全防护服装，并书面告知危险岗位的操作规程和违章操作的危害。

作业人员有权对施工现场的作业条件、作业程序和作业方式中存在的安全问题提出批评、检举和控告，有权拒绝违章指挥和强令冒险作业。

在施工中发生危及人身安全的紧急情况时，作业人员有权立即停止作业或者在采取必要的应急措施后撤离危险区域。

第三十三条 作业人员应当遵守安全施工的强制性标准、规章制度和操作规程，正确使用安全防护用具、机械设备等。

第三十四条 施工单位采购、租赁的安全防护用具、机械设备、施工机具及配件，应当具有生产（制造）许可证、产品合格证，并在进入施工现场前进行查验。

施工现场的安全防护用具、机械设备、施工机具及配件必须由专人管理，定期进行检查、维修和保养，建立相应的资料档案，并按照国家有关规定及时报废。

第三十五条 施工单位在使用施工起重机械和整体提升脚手架、模板等自升式架设设施前，应当组织有关单位进行验收，也可以委托具有相应资质的检验检测机构进行验收；使用承租的机械设备和施工机具及配件的，由施工总承包单位、分包单位、出租单位和安装单位共同进行验收。验收合格的方可使用。

《特种设备安全监察条例》规定的施工起重机械，在验收前应当经有相应资质的检验检测机构监督检验合格。

施工单位应当自施工起重机械和整体提升脚手架、模板等自升式架设设施验收合格之日起30日内，向建设行政主管部门或者其他有关部门登记。登记标志应当置于或者附着于该设备的显著位置。

第三十六条　施工单位的主要负责人、项目负责人、专职安全生产管理人员应当经建设行政主管部门或者其他有关部门考核合格后方可任职。

施工单位应当对管理人员和作业人员每年至少进行一次安全生产教育培训，其教育培训情况记入个人工作档案。安全生产教育培训考核不合格的人员，不得上岗。

第三十七条　作业人员进入新的岗位或者新的施工现场前，应当接受安全生产教育培训。未经教育培训或者教育培训考核不合格的人员，不得上岗作业。

施工单位在采用新技术、新工艺、新设备、新材料时，应当对作业人员进行相应的安全生产教育培训。

第三十八条　施工单位应当为施工现场从事危险作业的人员办理意外伤害保险。

意外伤害保险费由施工单位支付。实行施工总承包的，由总承包单位支付意外伤害保险费。意外伤害保险期限自建设工程开工之日起至竣工验收合格止。

第五章　监督管理

第三十九条　国务院负责安全生产监督管理的部门依照《中华人民共和国安全生产法》的规定，对全国建设工程安全生产工作实施综合监督管理。

县级以上地方人民政府负责安全生产监督管理的部门依照《中华人民共和国安全生产法》的规定，对本行政区域内建设工程安全生产工作实施综合监督管理。

第四十条　国务院建设行政主管部门对全国的建设工程安全生产实施监督管理。国务院铁路、交通、水利等有关部门按照国务院规定的职责分工，负责有关专业建设工程安全生产的监督管理。

县级以上地方人民政府建设行政主管部门对本行政区域内的建设工程安全生产实施监督管理。县级以上地方人民政府交通、水利等有关部门在各自的职责范围内，负责本行政区域内的专业建设工程安全生产的监督管理。

第四十一条　建设行政主管部门和其他有关部门应当将本条例第十条、第十一条规定的有关资料的主要内容抄送同级负责安全生产监督管理的部门。

第四十二条　建设行政主管部门在审核发放施工许可证时，应当对建设工程是否有安全施工措施进行审查，对没有安全施工措施的，不得颁发施工许可证。

建设行政主管部门或者其他有关部门对建设工程是否有安全施工措施进行审查时，不得收取费用。

第四十三条　县级以上人民政府负有建设工程安全生产监督管理职责的部门在各自的职责范围内履行安全监督检查职责时，有权采取下列措施：

（一）要求被检查单位提供有关建设工程安全生产的文件和资料；

（二）进入被检查单位施工现场进行检查；

（三）纠正施工中违反安全生产要求的行为；

（四）对检查中发现的安全事故隐患，责令立即排除；重大安全事故隐患排除前或者排除过程中无法保证安全的，责令从危险区域内撤出作业人员或者暂时停止施工。

第四十四条　建设行政主管部门或者其他有关部门可以将施工现场的监督检查委托给建设工程安全监督机构具体实施。

第四十五条　国家对严重危及施工安全的工艺、设备、材料实行淘汰制度。具体目录由国务院建设行政主管部门会同国务院其他有关部门制定并公布。

第四十六条　县级以上人民政府建设行政主管部门和其他有关部门应当及时受理对建设工程生产安全事故及安全事故隐患的检举、控告和投诉。

第六章　生产安全事故的应急救援和调查处理

第四十七条　县级以上地方人民政府建设行政主管部门应当根据本级人民政府的要求，制定本行政区域内建设工程特大生产安全事故应急救援预案。

第四十八条　施工单位应当制定本单位生产安全事故应急救援预案，建立应急救援组织或者配备应急救援人员，配备必要的应急救援器材、设备，并定期组织演练。

第四十九条　施工单位应当根据建设工程施工的特点、范围，对施工现场易发生重大事故的部位、环节进行监控，制定施工现场生产安全事故应急救援预案。实行施工总承包的，由总承包单位统一组织编制建设工程生产安全事故应急救援预案，工程总承包单位和分包单位按照应急救援预案，各自建立应急救援组织或者配备应急救援人员，配备救援器材、设备，并定期组织演练。

第五十条　施工单位发生生产安全事故，应当按照国家有关伤亡事故报告和调查处理的规定，及时、如实地向负责安全生产监督管理的部门、建设行政主管部门或者其他有关部门报告；特种设备发生事故的，还应当同时向特种设备安全监督管理部门报告。接到报告的部门应当按照国家有关规定，如实上报。

实行施工总承包的建设工程，由总承包单位负责上报事故。

第五十一条 发生生产安全事故后，施工单位应当采取措施防止事故扩大，保护事故现场。需要移动现场物品时，应当做出标记和书面记录，妥善保管有关证物。

第五十二条 建设工程生产安全事故的调查、对事故责任单位和责任人的处罚与处理，按照有关法律、法规的规定执行。

第七章 法律责任

第五十三条 违反本条例的规定，县级以上人民政府建设行政主管部门或者其他有关行政管理部门的工作人员，有下列行为之一的，给予降级或者撤职的行政处分；构成犯罪的，依照刑法有关规定追究刑事责任：

（一）对不具备安全生产条件的施工单位颁发资质证书的；

（二）对没有安全施工措施的建设工程颁发施工许可证的；

（三）发现违法行为不予查处的；

（四）不依法履行监督管理职责的其他行为。

第五十四条 违反本条例的规定，建设单位未提供建设工程安全生产作业环境及安全施工措施所需费用的，责令限期改正；逾期未改正的，责令该建设工程停止施工。

建设单位未将保证安全施工的措施或者拆除工程的有关资料报送有关部门备案的，责令限期改正，给予警告。

第五十五条 违反本条例的规定，建设单位有下列行为之一的，责令限期改正，处20万元以上50万元以下的罚款；造成重大安全事故，构成犯罪的，对直接责任人员，依照刑法有关规定追究刑事责任；造成损失的，依法承担赔偿责任：

（一）对勘察、设计、施工、工程监理等单位提出不符合安全生产法律、法规和强制性标准规定的要求的；

（二）要求施工单位压缩合同约定的工期的；

（三）将拆除工程发包给不具有相应资质等级的施工单位的。

第五十六条 违反本条例的规定，勘察单位、设计单位有下列行为之一的，责令限期改正，处10万元以上30万元以下的罚款；情节严重的，责令停业整顿，降低资质等级，直至吊销资质证书；造成重大安全事故，构成犯罪的，对直接责任人员，依照刑法有关规定追究刑事责任；造成损失的，依法承担赔偿责任：

（一）未按照法律、法规和工程建设强制性标准进行勘察、设计的；

（二）采用新结构、新材料、新工艺的建设工程和特殊结构的建设工程，设计单位未在设计中提出保障施工作业人员安全和预防生产安全事故的措施建议的。

第五十七条 违反本条例的规定，工程监理单位有下列行为之一的，责令限期改正；逾期未改正的，责令停业整顿，并处10万元以上30万元以下的罚款；情节严重的，降低资质等级，直至吊销资质证书；造成重大安全事故，构成犯罪的，对直接责任人员，依照刑法有关规定追究刑事责任；造成损失的，依法承担赔偿责任：

（一）未对施工组织设计中的安全技术措施或者专项施工方案进行审查的；

（二）发现安全事故隐患未及时要求施工单位整改或者暂时停止施工的；

（三）施工单位拒不整改或者不停止施工，未及时向有关主管部门报告的；

（四）未依照法律、法规和工程建设强制性标准实施监理的。

第五十八条 注册执业人员未执行法律、法规和工程建设强制性标准的，责令停止执业3个月以上1年以下；情节严重的，吊销执业资格证书，5年内不予注册；造成重大安全事故的，终身不予注册；构成犯罪的，依照刑法有关规定追究刑事责任。

第五十九条 违反本条例的规定，为建设工程提供机械设备和配件的单位，未按照安全施工的要求配备齐全有效的保险、限位等安全设施和装置的，责令限期改正，处合同价款1倍以上3倍以下的罚款；造成损失的，依法承担赔偿责任。

第六十条 违反本条例的规定，出租单位出租未经安全性能检测或者经检测不合格的机械设备和施工机具及配件的，责令停业整顿，并处5万元以上10万元以下的罚款；造成损失的，依法承担赔偿责任。

第六十一条 违反本条例的规定，施工起重机械和整体提升脚手架、模板等自升式架设设施安装、拆卸单位有下列行为之一的，责令限期改正，处5万元以上10万元以下的罚款；情节严重的，责令停业整顿，降低资质等级，直至吊销资质证书；造成损失的，依法承担赔偿责任：

（一）未编制拆装方案、制定安全施工措施的；

（二）未由专业技术人员现场监督的；

（三）未出具自检合格证明或者出具虚假证明的；

（四）未向施工单位进行安全使用说明，办理移交手续的。

施工起重机械和整体提升脚手架、模板等自升式架设设施安装、拆卸单位有前款规定的第（一）项、第（三）项行为，经有关部门或者单位职工提出后，对事故隐患仍不采取措施，因而发生重大伤亡事故或者造成其他严重后果，构成犯罪的，对直接责任人员，依照刑法有关规定追究刑事责任。

第六十二条　违反本条例的规定，施工单位有下列行为之一的，责令限期改正；逾期未改正的，责令停业整顿，依照《中华人民共和国安全生产法》的有关规定处以罚款；造成重大安全事故，构成犯罪的，对直接责任人员，依照刑法有关规定追究刑事责任：

（一）未设立安全生产管理机构、配备专职安全生产管理人员或者分部分项工程施工时无专职安全生产管理人员现场监督的；

（二）施工单位的主要负责人、项目负责人、专职安全生产管理人员、作业人员或者特种作业人员，未经安全教育培训或者经考核不合格即从事相关工作的；

（三）未在施工现场的危险部位设置明显的安全警示标志，或者未按照国家有关规定在施工现场设置消防通道、消防水源、配备消防设施和灭火器材的；

（四）未向作业人员提供安全防护用具和安全防护服装的；

（五）未按照规定在施工起重机械和整体提升脚手架、模板等自升式架设设施验收合格后登记的；

（六）使用国家明令淘汰、禁止使用的危及施工安全的工艺、设备、材料的。

第六十三条　违反本条例的规定，施工单位挪用列入建设工程概算的安全生产作业环境及安全施工措施所需费用的，责令限期改正，处挪用费用20%以上50%以下的罚款；造成损失的，依法承担赔偿责任。

第六十四条　违反本条例的规定，施工单位有下列行为之一的，责令限期改正；逾期未改正的，责令停业整顿，并处5万元以上10万元以下的罚款；造成重大安全事故，构成犯罪的，对直接责任人员，依照刑法有关规定追究刑事责任：

（一）施工前未对有关安全施工的技术要求作出详细说明的；

（二）未根据不同施工阶段和周围环境及季节、气候的变化，在施工现场采取相应的安全施工措施，或者在城市市区内的建设工程的施工现场未实行封闭围挡的；

（三）在尚未竣工的建筑物内设置员工集体宿舍的；

（四）施工现场临时搭建的建筑物不符合安全使用要求的；

（五）未对因建设工程施工可能造成损害的毗邻建筑物、构筑物和地下管线等采取专项防护措施的。

施工单位有前款规定第（四）项、第（五）项行为，造成损失的，依法承担赔偿责任。

第六十五条　违反本条例的规定，施工单位有下列行为之一的，责令限期改正；逾期未改正的，责令停业整顿，并处10万元以上30万元以下的罚款；情节严重的，降低资质等级，直至吊销资质证书；造成重大安全事故，构成犯罪的，对直接责任人员，依照刑法有关规定追究刑事责任；造成损失的，依法承担赔偿责任：

（一）安全防护用具、机械设备、施工机具及配件在进入施工现场前未经查验或者查验不合格即投入使用的；

（二）使用未经验收或者验收不合格的施工起重机械和整体提升脚手架、模板等自升式架设设施的；

（三）委托不具有相应资质的单位承担施工现场安装、拆卸施工起重机械和整体提升脚手架、模板等自升式架设设施的；

（四）在施工组织设计中未编制安全技术措施、施工现场临时用电方案或者专项施工方案的。

第六十六条　违反本条例的规定，施工单位的主要负责人、项目负责人未履行安全生产管理职责的，责令限期改正；逾期未改正的，责令施工单位停业整顿；造成重大安全事故、重大伤亡事故或者其他严重后果，构成犯罪的，依照刑法有关规定追究刑事责任。

作业人员不服管理、违反规章制度和操作规程冒险作业造成重大伤亡事故或者其他严重后果，构成犯罪的，依照刑法有关规定追究刑事责任。

施工单位的主要负责人、项目负责人有前款违法行为，尚不够刑事处罚的，处2万元以上20万元以下的罚款或者按照管理权限给予撤职处分；自刑罚执行完毕或者受处分之日起，5年内不得担任任何施工单位的主要负责人、项目负责人。

第六十七条　施工单位取得资质证书后，降低安全生产条件的，责令限期改正；经整改仍未达到与其资质等级相适应的安全生产条件的，责令停业整顿，降低其资质等级直至吊销资质证书。

第六十八条　本条例规定的行政处罚，由建设行政主管部门或者其他有关部门依照法定职权决定。

违反消防安全管理规定的行为，由公安消防机构依法处罚。

有关法律、行政法规对建设工程安全生产违法行为的行政处罚决定机关另有规定的，从其规定。

第八章 附 则

第六十九条 抢险救灾和农民自建低层住宅的安全生产管理，不适用本条例。

第七十条 军事建设工程的安全生产管理，按照中央军事委员会的有关规定执行。

第七十一条 本条例自2004年2月1日起施行。

建设工程质量管理条例

· 2000年1月30日中华人民共和国国务院令第279号发布
· 根据2017年10月7日《国务院关于修改部分行政法规的决定》第一次修订
· 根据2019年4月23日《国务院关于修改部分行政法规的决定》第二次修订

第一章 总 则

第一条 为了加强对建设工程质量的管理，保证建设工程质量，保护人民生命和财产安全，根据《中华人民共和国建筑法》，制定本条例。

第二条 凡在中华人民共和国境内从事建设工程的新建、扩建、改建等有关活动及实施对建设工程质量监督管理的，必须遵守本条例。

本条例所称建设工程，是指土木工程、建筑工程、线路管道和设备安装工程及装修工程。

第三条 建设单位、勘察单位、设计单位、施工单位、工程监理单位依法对建设工程质量负责。

第四条 县级以上人民政府建设行政主管部门和其他有关部门应当加强对建设工程质量的监督管理。

第五条 从事建设工程活动，必须严格执行基本建设程序，坚持先勘察、后设计、再施工的原则。

县级以上人民政府及其有关部门不得超越权限审批建设项目或者擅自简化基本建设程序。

第六条 国家鼓励采用先进的科学技术和管理方法，提高建设工程质量。

第二章 建设单位的质量责任和义务

第七条 建设单位应当将工程发包给具有相应资质等级的单位。

建设单位不得将建设工程肢解发包。

第八条 建设单位应当依法对工程建设项目的勘察、设计、施工、监理以及与工程建设有关的重要设备、材料等的采购进行招标。

第九条 建设单位必须向有关的勘察、设计、施工、工程监理等单位提供与建设工程有关的原始资料。

原始资料必须真实、准确、齐全。

第十条 建设工程发包单位不得迫使承包方以低于成本的价格竞标，不得任意压缩合理工期。

建设单位不得明示或者暗示设计单位或者施工单位违反工程建设强制性标准，降低建设工程质量。

第十一条 施工图设计文件审查的具体办法，由国务院建设行政主管部门、国务院其他有关部门制定。

施工图设计文件未经审查批准的，不得使用。

第十二条 实行监理的建设工程，建设单位应当委托具有相应资质等级的工程监理单位进行监理，也可以委托具有工程监理相应资质等级并与被监理工程的施工承包单位没有隶属关系或者其他利害关系的该工程的设计单位进行监理。

下列建设工程必须实行监理：

（一）国家重点建设工程；

（二）大中型公用事业工程；

（三）成片开发建设的住宅小区工程；

（四）利用外国政府或者国际组织贷款、援助资金的工程；

（五）国家规定必须实行监理的其他工程。

第十三条 建设单位在开工前，应当按照国家有关规定办理工程质量监督手续，工程质量监督手续可以与施工许可证或者开工报告合并办理。

第十四条 按照合同约定，由建设单位采购建筑材料、建筑构配件和设备的，建设单位应当保证建筑材料、建筑构配件和设备符合设计文件和合同要求。

建设单位不得明示或者暗示施工单位使用不合格的建筑材料、建筑构配件和设备。

第十五条 涉及建筑主体和承重结构变动的装修工程，建设单位应当在施工前委托原设计单位或者具有相应资质等级的设计单位提出设计方案；没有设计方案的，不得施工。

房屋建筑使用者在装修过程中，不得擅自变动房屋建筑主体和承重结构。

第十六条 建设单位收到建设工程竣工报告后，应当组织设计、施工、工程监理等有关单位进行竣工验收。

建设工程竣工验收应当具备下列条件：

（一）完成建设工程设计和合同约定的各项内容；

（二）有完整的技术档案和施工管理资料；

（三）有工程使用的主要建筑材料、建筑构配件和设备的进场试验报告；

（四）有勘察、设计、施工、工程监理等单位分别签署的质量合格文件；

（五）有施工单位签署的工程保修书。

建设工程经验收合格的，方可交付使用。

第十七条　建设单位应当严格按照国家有关档案管理的规定，及时收集、整理建设项目各环节的文件资料，建立、健全建设项目档案，并在建设工程竣工验收后，及时向建设行政主管部门或者其他有关部门移交建设项目档案。

第三章　勘察、设计单位的质量责任和义务

第十八条　从事建设工程勘察、设计的单位应当依法取得相应等级的资质证书，并在其资质等级许可的范围内承揽工程。

禁止勘察、设计单位超越其资质等级许可的范围或者以其他勘察、设计单位的名义承揽工程。禁止勘察、设计单位允许其他单位或者个人以本单位的名义承揽工程。

勘察、设计单位不得转包或者违法分包所承揽的工程。

第十九条　勘察、设计单位必须按照工程建设强制性标准进行勘察、设计，并对其勘察、设计的质量负责。

注册建筑师、注册结构工程师等注册执业人员应当在设计文件上签字，对设计文件负责。

第二十条　勘察单位提供的地质、测量、水文等勘察成果必须真实、准确。

第二十一条　设计单位应当根据勘察成果文件进行建设工程设计。

设计文件应当符合国家规定的设计深度要求，注明工程合理使用年限。

第二十二条　设计单位在设计文件中选用的建筑材料、建筑构配件和设备，应当注明规格、型号、性能等技术指标，其质量要求必须符合国家规定的标准。

除有特殊要求的建筑材料、专用设备、工艺生产线等外，设计单位不得指定生产厂、供应商。

第二十三条　设计单位应当就审查合格的施工图设计文件向施工单位作出详细说明。

第二十四条　设计单位应当参与建设工程质量事故分析，并对因设计造成的质量事故，提出相应的技术处理方案。

第四章　施工单位的质量责任和义务

第二十五条　施工单位应当依法取得相应等级的资质证书，并在其资质等级许可的范围内承揽工程。

禁止施工单位超越本单位资质等级许可的业务范围或者以其他施工单位的名义承揽工程。禁止施工单位允许其他单位或者个人以本单位的名义承揽工程。

施工单位不得转包或者违法分包工程。

第二十六条　施工单位对建设工程的施工质量负责。

施工单位应当建立质量责任制，确定工程项目的项目经理、技术负责人和施工管理负责人。

建设工程实行总承包的，总承包单位应当对全部建设工程质量负责；建设工程勘察、设计、施工、设备采购的一项或者多项实行总承包的，总承包单位应当对其承包的建设工程或者采购的设备的质量负责。

第二十七条　总承包单位依法将建设工程分包给其他单位的，分包单位应当按照分包合同的约定对其分包工程的质量向总承包单位负责，总承包单位与分包单位对分包工程的质量承担连带责任。

第二十八条　施工单位必须按照工程设计图纸和施工技术标准施工，不得擅自修改工程设计，不得偷工减料。

施工单位在施工过程中发现设计文件和图纸有差错的，应当及时提出意见和建议。

第二十九条　施工单位必须按照工程设计要求、施工技术标准和合同约定，对建筑材料、建筑构配件、设备和商品混凝土进行检验，检验应当有书面记录和专人签字；未经检验或者检验不合格的，不得使用。

第三十条　施工单位必须建立、健全施工质量的检验制度，严格工序管理，作好隐蔽工程的质量检查和记录。隐蔽工程在隐蔽前，施工单位应当通知建设单位和建设工程质量监督机构。

第三十一条　施工人员对涉及结构安全的试块、试件以及有关材料，应当在建设单位或者工程监理单位监督下现场取样，并送具有相应资质等级的质量检测单位进行检测。

第三十二条　施工单位对施工中出现质量问题的建设工程或者竣工验收不合格的建设工程，应当负责返修。

第三十三条　施工单位应当建立、健全教育培训制度，加强对职工的教育培训；未经教育培训或者考核不合格的人员，不得上岗作业。

第五章 工程监理单位的质量责任和义务

第三十四条 工程监理单位应当依法取得相应等级的资质证书，并在其资质等级许可的范围内承担工程监理业务。

禁止工程监理单位超越本单位资质等级许可的范围或者以其他工程监理单位的名义承担工程监理业务。禁止工程监理单位允许其他单位或者个人以本单位的名义承担工程监理业务。

工程监理单位不得转让工程监理业务。

第三十五条 工程监理单位与被监理工程的施工承包单位以及建筑材料、建筑构配件和设备供应单位有隶属关系或者其他利害关系的，不得承担该项建设工程的监理业务。

第三十六条 工程监理单位应当依照法律、法规以及有关技术标准、设计文件和建设工程承包合同，代表建设单位对施工质量实施监理，并对施工质量承担监理责任。

第三十七条 工程监理单位应当选派具备相应资格的总监理工程师和监理工程师进驻施工现场。

未经监理工程师签字，建筑材料、建筑构配件和设备不得在工程上使用或者安装，施工单位不得进行下一道工序的施工。未经总监理工程师签字，建设单位不拨付工程款，不进行竣工验收。

第三十八条 监理工程师应当按照工程监理规范的要求，采取旁站、巡视和平行检验等形式，对建设工程实施监理。

第六章 建设工程质量保修

第三十九条 建设工程实行质量保修制度。

建设工程承包单位在向建设单位提交工程竣工验收报告时，应当向建设单位出具质量保修书。质量保修书中应当明确建设工程的保修范围、保修期限和保修责任等。

第四十条 在正常使用条件下，建设工程的最低保修期限为：

（一）基础设施工程、房屋建筑的地基基础工程和主体结构工程，为设计文件规定的该工程的合理使用年限；

（二）屋面防水工程、有防水要求的卫生间、房间和外墙面的防渗漏，为5年；

（三）供热与供冷系统，为2个采暖期、供冷期；

（四）电气管线、给排水管道、设备安装和装修工程，为2年。

其他项目的保修期限由发包方与承包方约定。

建设工程的保修期，自竣工验收合格之日起计算。

第四十一条 建设工程在保修范围和保修期限内发生质量问题的，施工单位应当履行保修义务，并对造成的损失承担赔偿责任。

第四十二条 建设工程在超过合理使用年限后需要继续使用的，产权所有人应当委托具有相应资质等级的勘察、设计单位鉴定，并根据鉴定结果采取加固、维修等措施，重新界定使用期。

第七章 监督管理

第四十三条 国家实行建设工程质量监督管理制度。

国务院建设行政主管部门对全国的建设工程质量实施统一监督管理。国务院铁路、交通、水利等有关部门按照国务院规定的职责分工，负责对全国的有关专业建设工程质量的监督管理。

县级以上地方人民政府建设行政主管部门对本行政区域内的建设工程质量实施监督管理。县级以上地方人民政府交通、水利等有关部门在各自的职责范围内，负责对本行政区域内的专业建设工程质量的监督管理。

第四十四条 国务院建设行政主管部门和国务院铁路、交通、水利等有关部门应当加强对有关建设工程质量的法律、法规和强制性标准执行情况的监督检查。

第四十五条 国务院发展计划部门按照国务院规定的职责，组织稽察特派员，对国家出资的重大建设项目实施监督检查。

国务院经济贸易主管部门按照国务院规定的职责，对国家重大技术改造项目实施监督检查。

第四十六条 建设工程质量监督管理，可以由建设行政主管部门或者其他有关部门委托的建设工程质量监督机构具体实施。

从事房屋建筑工程和市政基础设施工程质量监督的机构，必须按照国家有关规定经国务院建设行政主管部门或者省、自治区、直辖市人民政府建设行政主管部门考核；从事专业建设工程质量监督的机构，必须按照国家有关规定经国务院有关部门或者省、自治区、直辖市人民政府有关部门考核。经考核合格后，方可实施质量监督。

第四十七条 县级以上地方人民政府建设行政主管部门和其他有关部门应当加强对有关建设工程质量的法律、法规和强制性标准执行情况的监督检查。

第四十八条　县级以上人民政府建设行政主管部门和其他有关部门履行监督检查职责时，有权采取下列措施：

（一）要求被检查的单位提供有关工程质量的文件和资料；

（二）进入被检查单位的施工现场进行检查；

（三）发现有影响工程质量的问题时，责令改正。

第四十九条　建设单位应当自建设工程竣工验收合格之日起15日内，将建设工程竣工验收报告和规划、公安消防、环保等部门出具的认可文件或者准许使用文件报建设行政主管部门或者其他有关部门备案。

建设行政主管部门或者其他有关部门发现建设单位在竣工验收过程中有违反国家有关建设工程质量管理规定行为的，责令停止使用，重新组织竣工验收。

第五十条　有关单位和个人对县级以上人民政府建设行政主管部门和其他有关部门进行的监督检查应当支持与配合，不得拒绝或者阻碍建设工程质量监督检查人员依法执行职务。

第五十一条　供水、供电、供气、公安消防等部门或者单位不得明示或者暗示建设单位、施工单位购买其指定的生产供应单位的建筑材料、建筑构配件和设备。

第五十二条　建设工程发生质量事故，有关单位应当在24小时内向当地建设行政主管部门和其他有关部门报告。对重大质量事故，事故发生地的建设行政主管部门和其他有关部门应当按照事故类别和等级向当地人民政府和上级建设行政主管部门和其他有关部门报告。

特别重大质量事故的调查程序按照国务院有关规定办理。

第五十三条　任何单位和个人对建设工程的质量事故、质量缺陷都有权检举、控告、投诉。

第八章　罚　则

第五十四条　违反本条例规定，建设单位将建设工程发包给不具有相应资质等级的勘察、设计、施工单位或者委托给不具有相应资质等级的工程监理单位的，责令改正，处50万元以上100万元以下的罚款。

第五十五条　违反本条例规定，建设单位将建设工程肢解发包的，责令改正，处工程合同价款0.5%以上1%以下的罚款；对全部或者部分使用国有资金的项目，并可以暂停项目执行或者暂停资金拨付。

第五十六条　违反本条例规定，建设单位有下列行为之一的，责令改正，处20万元以上50万元以下的罚款：

（一）迫使承包方以低于成本的价格竞标的；

（二）任意压缩合理工期的；

（三）明示或者暗示设计单位或者施工单位违反工程建设强制性标准，降低工程质量的；

（四）施工图设计文件未经审查或者审查不合格，擅自施工的；

（五）建设项目必须实行工程监理而未实行工程监理的；

（六）未按照国家规定办理工程质量监督手续的；

（七）明示或者暗示施工单位使用不合格的建筑材料、建筑构配件和设备的；

（八）未按照国家规定将竣工验收报告、有关认可文件或者准许使用文件报送备案的。

第五十七条　违反本条例规定，建设单位未取得施工许可证或者开工报告未经批准，擅自施工的，责令停止施工，限期改正，处工程合同价款1%以上2%以下的罚款。

第五十八条　违反本条例规定，建设单位有下列行为之一的，责令改正，处工程合同价款2%以上4%以下的罚款；造成损失的，依法承担赔偿责任：

（一）未组织竣工验收，擅自交付使用的；

（二）验收不合格，擅自交付使用的；

（三）对不合格的建设工程按照合格工程验收的。

第五十九条　违反本条例规定，建设工程竣工验收后，建设单位未向建设行政主管部门或者其他有关部门移交建设项目档案的，责令改正，处1万元以上10万元以下的罚款。

第六十条　违反本条例规定，勘察、设计、施工、工程监理单位超越本单位资质等级承揽工程的，责令停止违法行为，对勘察、设计单位或者工程监理单位处合同约定的勘察费、设计费或者监理酬金1倍以上2倍以下的罚款；对施工单位处工程合同价款2%以上4%以下的罚款，可以责令停业整顿，降低资质等级；情节严重的，吊销资质证书；有违法所得的，予以没收。

未取得资质证书承揽工程的，予以取缔，依照前款规定处以罚款；有违法所得的，予以没收。

以欺骗手段取得资质证书承揽工程的，吊销资质证书，依照本条第一款规定处以罚款；有违法所得的，予以没收。

第六十一条　违反本条例规定，勘察、设计、施工、工程监理单位允许其他单位或者个人以本单位名义承揽工程的，责令改正，没收违法所得，对勘察、设计单位和工程监理单位处合同约定的勘察费、设计费和监理酬金1倍以上2倍以下的罚款;对施工单位处工程合同价款2%以上4%以下的罚款;可以责令停业整顿,降低资质等级;情节严重的,吊销资质证书。

第六十二条 违反本条例规定,承包单位将承包的工程转包或者违法分包的,责令改正,没收违法所得,对勘察、设计单位处合同约定的勘察费、设计费25%以上50%以下的罚款;对施工单位处工程合同价款0.5%以上1%以下的罚款;可以责令停业整顿,降低资质等级;情节严重的,吊销资质证书。

工程监理单位转让工程监理业务的,责令改正,没收违法所得,处合同约定的监理酬金25%以上50%以下的罚款;可以责令停业整顿,降低资质等级;情节严重的,吊销资质证书。

第六十三条 违反本条例规定,有下列行为之一的,责令改正,处10万元以上30万元以下的罚款:

(一)勘察单位未按照工程建设强制性标准进行勘察的;

(二)设计单位未根据勘察成果文件进行工程设计的;

(三)设计单位指定建筑材料、建筑构配件的生产厂、供应商的;

(四)设计单位未按照工程建设强制性标准进行设计的。

有前款所列行为,造成工程质量事故的,责令停业整顿,降低资质等级;情节严重的,吊销资质证书;造成损失的,依法承担赔偿责任。

第六十四条 违反本条例规定,施工单位在施工中偷工减料的,使用不合格的建筑材料、建筑构配件和设备的,或者有不按照工程设计图纸或者施工技术标准施工的其他行为的,责令改正,处工程合同价款2%以上4%以下的罚款;造成建设工程质量不符合规定的质量标准的,负责返工、修理,并赔偿因此造成的损失;情节严重的,责令停业整顿,降低资质等级或者吊销资质证书。

第六十五条 违反本条例规定,施工单位未对建筑材料、建筑构配件、设备和商品混凝土进行检验,或者未对涉及结构安全的试块、试件以及有关材料取样检测的,责令改正,处10万元以上20万元以下的罚款;情节严重的,责令停业整顿,降低资质等级或者吊销资质证书;造成损失的,依法承担赔偿责任。

第六十六条 违反本条例规定,施工单位不履行保修义务或者拖延履行保修义务的,责令改正,处10万元以上20万元以下的罚款,并对在保修期内因质量缺陷造成的损失承担赔偿责任。

第六十七条 工程监理单位有下列行为之一的,责令改正,处50万元以上100万元以下的罚款,降低资质等级或者吊销资质证书;有违法所得的,予以没收;造成损失的,承担连带赔偿责任:

(一)与建设单位或者施工单位串通,弄虚作假、降低工程质量的;

(二)将不合格的建设工程、建筑材料、建筑构配件和设备按照合格签字的。

第六十八条 违反本条例规定,工程监理单位与被监理工程的施工承包单位以及建筑材料、建筑构配件和设备供应单位有隶属关系或者其他利害关系承担该项建设工程的监理业务的,责令改正,处5万元以上10万元以下的罚款,降低资质等级或者吊销资质证书;有违法所得的,予以没收。

第六十九条 违反本条例规定,涉及建筑主体或者承重结构变动的装修工程,没有设计方案擅自施工的,责令改正,处50万元以上100万元以下的罚款;房屋建筑使用者在装修过程中擅自变动房屋建筑主体和承重结构的,责令改正,处5万元以上10万元以下的罚款。

有前款所列行为,造成损失的,依法承担赔偿责任。

第七十条 发生重大工程质量事故隐瞒不报、谎报或者拖延报告期限的,对直接负责的主管人员和其他责任人员依法给予行政处分。

第七十一条 违反本条例规定,供水、供电、供气、公安消防等部门或者单位明示或者暗示建设单位或者施工单位购买其指定的生产供应单位的建筑材料、建筑构配件和设备的,责令改正。

第七十二条 违反本条例规定,注册建筑师、注册结构工程师、监理工程师等注册执业人员因过错造成质量事故的,责令停止执业1年;造成重大质量事故的,吊销执业资格证书,5年以内不予注册;情节特别恶劣的,终身不予注册。

第七十三条 依照本条例规定,给予单位罚款处罚的,对单位直接负责的主管人员和其他直接责任人员处单位罚款数额5%以上10%以下的罚款。

第七十四条 建设单位、设计单位、施工单位、工程监理单位违反国家规定,降低工程质量标准,造成重大安全事故,构成犯罪的,对直接责任人员依法追究刑事责任。

第七十五条 本条例规定的责令停业整顿,降低资质等级和吊销资质证书的行政处罚，由颁发资质证书的机关决定；其他行政处罚，由建设行政主管部门或者其他有关部门依照法定职权决定。

依照本条例规定被吊销资质证书的，由工商行政管理部门吊销其营业执照。

第七十六条 国家机关工作人员在建设工程质量监督管理工作中玩忽职守、滥用职权、徇私舞弊，构成犯罪的，依法追究刑事责任；尚不构成犯罪的，依法给予行政处分。

第七十七条 建设、勘察、设计、施工、工程监理单位的工作人员因调动工作、退休等原因离开该单位后，被发现在该单位工作期间违反国家有关建设工程质量管理规定，造成重大工程质量事故的，仍应当依法追究法律责任。

第九章 附 则

第七十八条 本条例所称肢解发包，是指建设单位将应当由一个承包单位完成的建设工程分解成若干部分发包给不同的承包单位的行为。

本条例所称违法分包，是指下列行为：

（一）总承包单位将建设工程分包给不具备相应资质条件的单位的；

（二）建设工程总承包合同中未有约定，又未经建设单位认可，承包单位将其承包的部分建设工程交由其他单位完成的；

（三）施工总承包单位将建设工程主体结构的施工分包给其他单位的；

（四）分包单位将其承包的建设工程再分包的。

本条例所称转包，是指承包单位承包建设工程后，不履行合同约定的责任和义务，将其承包的全部建设工程转给他人或者将其承包的全部建设工程肢解以后以分包的名义分别转给其他单位承包的行为。

第七十九条 本条例规定的罚款和没收的违法所得，必须全部上缴国库。

第八十条 抢险救灾及其他临时性房屋建筑和农民自建低层住宅的建设活动，不适用本条例。

第八十一条 军事建设工程的管理，按照中央军事委员会的有关规定执行。

第八十二条 本条例自发布之日起施行。

建设工程抗震管理条例

· 2021年5月12日国务院第135次常务会议通过
· 2021年7月19日中华人民共和国国务院令第744号公布
· 自2021年9月1日起施行

第一章 总 则

第一条 为了提高建设工程抗震防灾能力，降低地震灾害风险，保障人民生命财产安全，根据《中华人民共和国建筑法》、《中华人民共和国防震减灾法》等法律，制定本条例。

第二条 在中华人民共和国境内从事建设工程抗震的勘察、设计、施工、鉴定、加固、维护等活动及其监督管理，适用本条例。

第三条 建设工程抗震应当坚持以人为本、全面设防、突出重点的原则。

第四条 国务院住房和城乡建设主管部门对全国的建设工程抗震实施统一监督管理。国务院交通运输、水利、工业和信息化、能源等有关部门按照职责分工，负责对全国有关专业建设工程抗震的监督管理。

县级以上地方人民政府住房和城乡建设主管部门对本行政区域内的建设工程抗震实施监督管理。县级以上地方人民政府交通运输、水利、工业和信息化、能源等有关部门在各自职责范围内，负责对本行政区域内有关专业建设工程抗震的监督管理。

县级以上人民政府其他有关部门应当依照本条例和其他有关法律、法规的规定，在各自职责范围内负责建设工程抗震相关工作。

第五条 从事建设工程抗震相关活动的单位和人员，应当依法对建设工程抗震负责。

第六条 国家鼓励和支持建设工程抗震技术的研究、开发和应用。

各级人民政府应当组织开展建设工程抗震知识宣传普及，提高社会公众抗震防灾意识。

第七条 国家建立建设工程抗震调查制度。

县级以上人民政府应当组织有关部门对建设工程抗震性能、抗震技术应用、产业发展等进行调查，全面掌握建设工程抗震基本情况，促进建设工程抗震管理水平提高和科学决策。

第八条 建设工程应当避开抗震防灾专项规划确定的危险地段。确实无法避开的，应当采取符合建设工程使用功能要求和适应地震效应的抗震设防措施。

第二章 勘察、设计和施工

第九条 新建、扩建、改建建设工程，应当符合抗震设防强制性标准。

国务院有关部门和国务院标准化行政主管部门依据职责依法制定和发布抗震设防强制性标准。

第十条 建设单位应当对建设工程勘察、设计和施工全过程负责，在勘察、设计和施工合同中明确拟采用的抗震设防强制性标准，按照合同要求对勘察设计成果文件进行核验，组织工程验收，确保建设工程符合抗震设防强制性标准。

建设单位不得明示或者暗示勘察、设计、施工等单位和从业人员违反抗震设防强制性标准，降低工程抗震性能。

第十一条 建设工程勘察文件中应当说明抗震场地类别，对场地地震效应进行分析，并提出工程选址、不良地质处置等建议。

建设工程设计文件中应当说明抗震设防烈度、抗震设防类别以及拟采用的抗震设防措施。采用隔震减震技术的建设工程，设计文件中应当对隔震减震装置技术性能、检验检测、施工安装和使用维护等提出明确要求。

第十二条 对位于高烈度设防地区、地震重点监视防御区的下列建设工程，设计单位应当在初步设计阶段按照国家有关规定编制建设工程抗震设防专篇，并作为设计文件组成部分：

（一）重大建设工程；

（二）地震时可能发生严重次生灾害的建设工程；

（三）地震时使用功能不能中断或者需要尽快恢复的建设工程。

第十三条 对超限高层建筑工程，设计单位应当在设计文件中予以说明，建设单位应当在初步设计阶段将设计文件等材料报送省、自治区、直辖市人民政府住房和城乡建设主管部门进行抗震设防审批。住房和城乡建设主管部门应当组织专家审查，对采取的抗震设防措施合理可行的，予以批准。超限高层建筑工程抗震设防审批意见应当作为施工图设计和审查的依据。

前款所称超限高层建筑工程，是指超出国家现行标准所规定的适用高度和适用结构类型的高层建筑工程以及体型特别不规则的高层建筑工程。

第十四条 工程总承包单位、施工单位及工程监理单位应当建立建设工程质量责任制度，加强对建设工程抗震设防措施施工质量的管理。

国家鼓励工程总承包单位、施工单位采用信息化手段采集、留存隐蔽工程施工质量信息。

施工单位应当按照抗震设防强制性标准进行施工。

第十五条 建设单位应当将建筑的设计使用年限、结构体系、抗震设防烈度、抗震设防类别等具体情况和使用维护要求记入使用说明书，并将使用说明书交付使用人或者买受人。

第十六条 建筑工程根据使用功能以及在抗震救灾中的作用等因素，分为特殊设防类、重点设防类、标准设防类和适度设防类。学校、幼儿园、医院、养老机构、儿童福利机构、应急指挥中心、应急避难场所、广播电视等建筑，应当按照不低于重点设防类的要求采取抗震设防措施。

位于高烈度设防地区、地震重点监视防御区的新建学校、幼儿园、医院、养老机构、儿童福利机构、应急指挥中心、应急避难场所、广播电视等建筑应当按照国家有关规定采用隔震减震等技术，保证发生本区域设防地震时能够满足正常使用要求。

国家鼓励在除前款规定以外的建设工程中采用隔震减震等技术，提高抗震性能。

第十七条 国务院有关部门和国务院标准化行政主管部门应当依据各自职责推动隔震减震装置相关技术标准的制定，明确通用技术要求。鼓励隔震减震装置生产企业制定严于国家标准、行业标准的企业标准。

隔震减震装置生产经营企业应当建立唯一编码制度和产品检验合格印鉴制度，采集、存储隔震减震装置生产、经营、检测等信息，确保隔震减震装置质量信息可追溯。隔震减震装置质量应当符合有关产品质量法律、法规和国家相关技术标准的规定。

建设单位应当组织勘察、设计、施工、工程监理单位建立隔震减震工程质量可追溯制度，利用信息化手段对隔震减震装置采购、勘察、设计、进场检测、安装施工、竣工验收等全过程的信息资料进行采集和存储，并纳入建设项目档案。

第十八条 隔震减震装置用于建设工程前，施工单位应当在建设单位或者工程监理单位监督下进行取样，送建设单位委托的具有相应建设工程质量检测资质的机构进行检测。禁止使用不合格的隔震减震装置。

实行施工总承包的，隔震减震装置属于建设工程主体结构的施工，应当由总承包单位自行完成。

工程质量检测机构应当建立建设工程过程数据和结果数据、检测影像资料及检测报告记录与留存制度，对检测数据和检测报告的真实性、准确性负责，不得出具虚假的检测数据和检测报告。

第三章　鉴定、加固和维护

第十九条　国家实行建设工程抗震性能鉴定制度。

按照《中华人民共和国防震减灾法》第三十九条规定应当进行抗震性能鉴定的建设工程，由所有权人委托具有相应技术条件和技术能力的机构进行鉴定。

国家鼓励对除前款规定以外的未采取抗震设防措施或者未达到抗震设防强制性标准的已经建成的建设工程进行抗震性能鉴定。

第二十条　抗震性能鉴定结果应当对建设工程是否存在严重抗震安全隐患以及是否需要进行抗震加固作出判定。

抗震性能鉴定结果应当真实、客观、准确。

第二十一条　建设工程所有权人应当对存在严重抗震安全隐患的建设工程进行安全监测，并在加固前采取停止或者限制使用等措施。

对抗震性能鉴定结果判定需要进行抗震加固且具备加固价值的已经建成的建设工程，所有权人应当进行抗震加固。

位于高烈度设防地区、地震重点监视防御区的学校、幼儿园、医院、养老机构、儿童福利机构、应急指挥中心、应急避难场所、广播电视等已经建成的建筑进行抗震加固时，应当经充分论证后采用隔震减震等技术，保证其抗震性能符合抗震设防强制性标准。

第二十二条　抗震加固应当依照《建设工程质量管理条例》等规定执行，并符合抗震设防强制性标准。

竣工验收合格后，应当通过信息化手段或者在建设工程显著部位设置永久性标牌等方式，公示抗震加固时间、后续使用年限等信息。

第二十三条　建设工程所有权人应当按照规定对建设工程抗震构件、隔震沟、隔震缝、隔震减震装置及隔震标识进行检查、修缮和维护，及时排除安全隐患。

任何单位和个人不得擅自变动、损坏或者拆除建设工程抗震构件、隔震沟、隔震缝、隔震减震装置及隔震标识。

任何单位和个人发现擅自变动、损坏或者拆除建设工程抗震构件、隔震沟、隔震缝、隔震减震装置及隔震标识的行为，有权予以制止，并向住房和城乡建设主管部门或者其他有关监督管理部门报告。

第四章　农村建设工程抗震设防

第二十四条　各级人民政府和有关部门应当加强对农村建设工程抗震设防的管理，提高农村建设工程抗震性能。

第二十五条　县级以上人民政府对经抗震性能鉴定未达到抗震设防强制性标准的农村村民住宅和乡村公共设施建设工程抗震加固给予必要的政策支持。

实施农村危房改造、移民搬迁、灾后恢复重建等，应当保证建设工程达到抗震设防强制性标准。

第二十六条　县级以上地方人民政府应当编制、发放适合农村的实用抗震技术图集。

农村村民住宅建设可以选用抗震技术图集，也可以委托设计单位进行设计，并根据图集或者设计的要求进行施工。

第二十七条　县级以上地方人民政府应当加强对农村村民住宅和乡村公共设施建设工程抗震的指导和服务，加强技术培训，组织建设抗震示范住房，推广应用抗震性能好的结构形式及建造方法。

第五章　保障措施

第二十八条　县级以上人民政府应当加强对建设工程抗震管理工作的组织领导，建立建设工程抗震管理工作机制，将相关工作纳入本级国民经济和社会发展规划。

县级以上人民政府应当将建设工程抗震工作所需经费列入本级预算。

县级以上地方人民政府应当组织有关部门，结合本地区实际开展地震风险分析，并按照风险程度实行分类管理。

第二十九条　县级以上地方人民政府对未采取抗震设防措施或者未达到抗震设防强制性标准的老旧房屋抗震加固给予必要的政策支持。

国家鼓励建设工程所有权人结合电梯加装、节能改造等开展抗震加固，提升老旧房屋抗震性能。

第三十条　国家鼓励金融机构开发、提供金融产品和服务，促进建设工程抗震防灾能力提高，支持建设工程抗震相关产业发展和新技术应用。

县级以上地方人民政府鼓励和引导社会力量参与抗震性能鉴定、抗震加固。

第三十一条　国家鼓励科研教育机构设立建设工程抗震技术实验室和人才实训基地。

县级以上人民政府应当依法对建设工程抗震新技术产业化项目用地、融资等给予政策支持。

第三十二条　县级以上人民政府住房和城乡建设主管部门或者其他有关监督管理部门应当制定建设工程抗震新技术推广目录，加强对建设工程抗震管理和技术人员的培训。

第三十三条　地震灾害发生后，县级以上人民政府住房和城乡建设主管部门或者其他有关监督管理部门应当开展建设工程安全应急评估和建设工程震害调查，收集、保存相关资料。

第六章 监督管理

第三十四条 县级以上人民政府住房和城乡建设主管部门和其他有关监督管理部门应当按照职责分工，加强对建设工程抗震设防强制性标准执行情况的监督检查。

县级以上人民政府住房和城乡建设主管部门应当会同有关部门建立完善建设工程抗震设防数据信息库，并与应急管理、地震等部门实时共享数据。

第三十五条 县级以上人民政府住房和城乡建设主管部门或者其他有关监督管理部门履行建设工程抗震监督管理职责时，有权采取以下措施：

（一）对建设工程或者施工现场进行监督检查；

（二）向有关单位和人员调查了解相关情况；

（三）查阅、复制被检查单位有关建设工程抗震的文件和资料；

（四）对抗震结构材料、构件和隔震减震装置实施抽样检测；

（五）查封涉嫌违反抗震设防强制性标准的施工现场；

（六）发现可能影响抗震质量的问题时，责令相关单位进行必要的检测、鉴定。

第三十六条 县级以上人民政府住房和城乡建设主管部门或者其他有关监督管理部门开展监督检查时，可以委托专业机构进行抽样检测、抗震性能鉴定等技术支持工作。

第三十七条 县级以上人民政府住房和城乡建设主管部门或者其他有关监督管理部门应当建立建设工程抗震责任企业及从业人员信用记录制度，将相关信用记录纳入全国信用信息共享平台。

第三十八条 任何单位和个人对违反本条例规定的违法行为，有权进行举报。

接到举报的住房和城乡建设主管部门或者其他有关监督管理部门应当进行调查，依法处理，并为举报人保密。

第七章 法律责任

第三十九条 违反本条例规定，住房和城乡建设主管部门或者其他有关监督管理部门工作人员在监督管理工作中玩忽职守、滥用职权、徇私舞弊的，依法给予处分。

第四十条 违反本条例规定，建设单位明示或者暗示勘察、设计、施工等单位和从业人员违反抗震设防强制性标准，降低工程抗震性能的，责令改正，处20万元以上50万元以下的罚款；情节严重的，处50万元以上500万元以下的罚款；造成损失的，依法承担赔偿责任。

违反本条例规定，建设单位未经超限高层建筑工程抗震设防审批进行施工的，责令停止施工，限期改正，处20万元以上100万元以下的罚款；造成损失的，依法承担赔偿责任。

违反本条例规定，建设单位未组织勘察、设计、施工、工程监理单位建立隔震减震工程质量可追溯制度的，或者未对隔震减震装置采购、勘察、设计、进场检测、安装施工、竣工验收等全过程的信息资料进行采集和存储，并纳入建设项目档案的，责令改正，处10万元以上30万元以下的罚款；造成损失的，依法承担赔偿责任。

第四十一条 违反本条例规定，设计单位有下列行为之一的，责令改正，处10万元以上30万元以下的罚款；情节严重的，责令停业整顿，降低资质等级或者吊销资质证书；造成损失的，依法承担赔偿责任：

（一）未按照超限高层建筑工程抗震设防审批意见进行施工图设计；

（二）未在初步设计阶段将建设工程抗震设防专篇作为设计文件组成部分；

（三）未按照抗震设防强制性标准进行设计。

第四十二条 违反本条例规定，施工单位在施工中未按照抗震设防强制性标准进行施工的，责令改正，处工程合同价款2%以上4%以下的罚款；造成建设工程不符合抗震设防强制性标准的，负责返工、加固，并赔偿因此造成的损失；情节严重的，责令停业整顿，降低资质等级或者吊销资质证书。

第四十三条 违反本条例规定，施工单位未对隔震减震装置取样送检或者使用不合格隔震减震装置的，责令改正，处10万元以上20万元以下的罚款；情节严重的，责令停业整顿，并处20万元以上50万元以下的罚款，降低资质等级或者吊销资质证书；造成损失的，依法承担赔偿责任。

第四十四条 违反本条例规定，工程质量检测机构未建立建设工程过程数据和结果数据、检测影像资料及检测报告记录与留存制度的，责令改正，处10万元以上30万元以下的罚款；情节严重的，吊销资质证书；造成损失的，依法承担赔偿责任。

违反本条例规定，工程质量检测机构出具虚假的检测数据或者检测报告的，责令改正，处10万元以上30万元以下的罚款；情节严重的，吊销资质证书和负有直接责任的注册执业人员的执业资格证书，其直接负责的主管人员和其他直接责任人员终身禁止从事工程质量检测业务；造成损失的，依法承担赔偿责任。

第四十五条　违反本条例规定，抗震性能鉴定机构未按照抗震设防强制性标准进行抗震性能鉴定的，责令改正，处10万元以上30万元以下的罚款；情节严重的，责令停业整顿，并处30万元以上50万元以下的罚款；造成损失的，依法承担赔偿责任。

违反本条例规定，抗震性能鉴定机构出具虚假鉴定结果的，责令改正，处10万元以上30万元以下的罚款；情节严重的，责令停业整顿，并处30万元以上50万元以下的罚款，吊销负有直接责任的注册执业人员的执业资格证书，其直接负责的主管人员和其他直接责任人员终身禁止从事抗震性能鉴定业务；造成损失的，依法承担赔偿责任。

第四十六条　违反本条例规定，擅自变动、损坏或者拆除建设工程抗震构件、隔震沟、隔震缝、隔震减震装置及隔震标识的，责令停止违法行为，恢复原状或者采取其他补救措施，对个人处5万元以上10万元以下的罚款，对单位处10万元以上30万元以下的罚款；造成损失的，依法承担赔偿责任。

第四十七条　依照本条例规定，给予单位罚款处罚的，对其直接负责的主管人员和其他直接责任人员处单位罚款数额5%以上10%以下的罚款。

本条例规定的降低资质等级或者吊销资质证书的行政处罚，由颁发资质证书的机关决定；其他行政处罚，由住房和城乡建设主管部门或者其他有关监督管理部门依照法定职权决定。

第四十八条　违反本条例规定，构成犯罪的，依法追究刑事责任。

第八章　附　则

第四十九条　本条例下列用语的含义：

（一）建设工程：主要包括土木工程、建筑工程、线路管道和设备安装工程等。

（二）抗震设防强制性标准：是指包括抗震设防类别、抗震性能要求和抗震设防措施等内容的工程建设强制性标准。

（三）地震时使用功能不能中断或者需要尽快恢复的建设工程：是指发生地震后提供应急医疗、供水、供电、交通、通信等保障或者应急指挥、避难疏散功能的建设工程。

（四）高烈度设防地区：是指抗震设防烈度为8度及以上的地区。

（五）地震重点监视防御区：是指未来5至10年内存在发生破坏性地震危险或者受破坏性地震影响，可能造成严重的地震灾害损失的地区和城市。

第五十条　抢险救灾及其他临时性建设工程不适用本条例。

军事建设工程的抗震管理，中央军事委员会另有规定的，适用有关规定。

第五十一条　本条例自2021年9月1日起施行。

建筑施工企业安全生产许可证管理规定

·2004年7月5日建设部令第128号公布

·根据2015年1月22日《住房和城乡建设部关于修改〈市政公用设施抗灾设防管理规定〉等部门规章的决定》修订

第一章　总　则

第一条　为了严格规范建筑施工企业安全生产条件，进一步加强安全生产监督管理，防止和减少生产安全事故，根据《安全生产许可证条例》、《建设工程安全生产管理条例》等有关行政法规，制定本规定。

第二条　国家对建筑施工企业实行安全生产许可制度。

建筑施工企业未取得安全生产许可证的，不得从事建筑施工活动。

本规定所称建筑施工企业，是指从事土木工程、建筑工程、线路管道和设备安装工程及装修工程的新建、扩建、改建和拆除等有关活动的企业。

第三条　国务院住房城乡建设主管部门负责对全国建筑施工企业安全生产许可证的颁发和管理工作进行监督指导。

省、自治区、直辖市人民政府住房城乡建设主管部门负责本行政区域内建筑施工企业安全生产许可证的颁发和管理工作。

市、县人民政府住房城乡建设主管部门负责本行政区域内建筑施工企业安全生产许可证的监督管理，并将监督检查中发现的企业违法行为及时报告安全生产许可证颁发管理机关。

第二章　安全生产条件

第四条　建筑施工企业取得安全生产许可证，应当具备下列安全生产条件：

（一）建立、健全安全生产责任制，制定完备的安全生产规章制度和操作规程；

（二）保证本单位安全生产条件所需资金的投入；

（三）设置安全生产管理机构，按照国家有关规定配备专职安全生产管理人员；

（四）主要负责人、项目负责人、专职安全生产管理人员经住房城乡建设主管部门或者其他有关部门考核合格；

（五）特种作业人员经有关业务主管部门考核合格，取得特种作业操作资格证书；

（六）管理人员和作业人员每年至少进行一次安全生产教育培训并考核合格；

（七）依法参加工伤保险，依法为施工现场从事危险作业的人员办理意外伤害保险，为从业人员交纳保险费；

（八）施工现场的办公、生活区及作业场所和安全防护用具、机械设备、施工机具及配件符合有关安全生产法律、法规、标准和规程的要求；

（九）有职业危害防治措施，并为作业人员配备符合国家标准或者行业标准的安全防护用具和安全防护服装；

（十）有对危险性较大的分部分项工程及施工现场易发生重大事故的部位、环节的预防、监控措施和应急预案；

（十一）有生产安全事故应急救援预案、应急救援组织或者应急救援人员，配备必要的应急救援器材、设备；

（十二）法律、法规规定的其他条件。

第三章 安全生产许可证的申请与颁发

第五条 建筑施工企业从事建筑施工活动前，应当依照本规定向企业注册所在地省、自治区、直辖市人民政府住房城乡建设主管部门申请领取安全生产许可证。

第六条 建筑施工企业申请安全生产许可证时，应当向住房城乡建设主管部门提供下列材料：

（一）建筑施工企业安全生产许可证申请表；

（二）企业法人营业执照；

（三）第四条规定的相关文件、材料。

建筑施工企业申请安全生产许可证，应当对申请材料实质内容的真实性负责，不得隐瞒有关情况或者提供虚假材料。

第七条 住房城乡建设主管部门应当自受理建筑施工企业的申请之日起45日内审查完毕；经审查符合安全生产条件的，颁发安全生产许可证；不符合安全生产条件的，不予颁发安全生产许可证，书面通知企业并说明理由。企业自接到通知之日起应当进行整改，整改合格后方可再次提出申请。

住房城乡建设主管部门审查建筑施工企业安全生产许可证申请，涉及铁路、交通、水利等有关专业工程时，可以征求铁路、交通、水利等有关部门的意见。

第八条 安全生产许可证的有效期为3年。安全生产许可证有效期满需要延期的，企业应当于期满前3个月向原安全生产许可证颁发管理机关申请办理延期手续。

企业在安全生产许可证有效期内，严格遵守有关安全生产的法律法规，未发生死亡事故的，安全生产许可证有效期届满时，经原安全生产许可证颁发管理机关同意，不再审查，安全生产许可证有效期延期3年。

第九条 建筑施工企业变更名称、地址、法定代表人等，应当在变更后10日内，到原安全生产许可证颁发管理机关办理安全生产许可证变更手续。

第十条 建筑施工企业破产、倒闭、撤销的，应当将安全生产许可证交回原安全生产许可证颁发管理机关予以注销。

第十一条 建筑施工企业遗失安全生产许可证，应当立即向原安全生产许可证颁发管理机关报告，并在公众媒体上声明作废后，方可申请补办。

第十二条 安全生产许可证申请表采用建设部规定的统一式样。

安全生产许可证采用国务院安全生产监督管理部门规定的统一式样。

安全生产许可证分正本和副本，正、副本具有同等法律效力。

第四章 监督管理

第十三条 县级以上人民政府住房城乡建设主管部门应当加强对建筑施工企业安全生产许可证的监督管理。住房城乡建设主管部门在审核发放施工许可证时，应当对已经确定的建筑施工企业是否有安全生产许可证进行审查，对没有取得安全生产许可证的，不得颁发施工许可证。

第十四条 跨省从事建筑施工活动的建筑施工企业有违反本规定行为的，由工程所在地的省级人民政府住房城乡建设主管部门将建筑施工企业在本地区的违法事实、处理结果和处理建议抄告原安全生产许可证颁发管理机关。

第十五条 建筑施工企业取得安全生产许可证后，不得降低安全生产条件，并应当加强日常安全生产管理，接受住房城乡建设主管部门的监督检查。安全生产许可证颁发管理机关发现企业不再具备安全生产条件的，应当暂扣或者吊销安全生产许可证。

第十六条　安全生产许可证颁发管理机关或者其上级行政机关发现有下列情形之一的，可以撤销已经颁发的安全生产许可证：

（一）安全生产许可证颁发管理机关工作人员滥用职权、玩忽职守颁发安全生产许可证的；

（二）超越法定职权颁发安全生产许可证的；

（三）违反法定程序颁发安全生产许可证的；

（四）对不具备安全生产条件的建筑施工企业颁发安全生产许可证的；

（五）依法可以撤销已经颁发的安全生产许可证的其他情形。

依照前款规定撤销安全生产许可证，建筑施工企业的合法权益受到损害的，住房城乡建设主管部门应当依法给予赔偿。

第十七条　安全生产许可证颁发管理机关应当建立、健全安全生产许可证档案管理制度，定期向社会公布企业取得安全生产许可证的情况，每年向同级安全生产监督管理部门通报建筑施工企业安全生产许可证颁发和管理情况。

第十八条　建筑施工企业不得转让、冒用安全生产许可证或者使用伪造的安全生产许可证。

第十九条　住房城乡建设主管部门工作人员在安全生产许可证颁发、管理和监督检查工作中，不得索取或者接受建筑施工企业的财物，不得谋取其他利益。

第二十条　任何单位或者个人对违反本规定的行为，有权向安全生产许可证颁发管理机关或者监察机关等有关部门举报。

第五章　罚　则

第二十一条　违反本规定，住房城乡建设主管部门工作人员有下列行为之一的，给予降级或者撤职的行政处分；构成犯罪的，依法追究刑事责任：

（一）向不符合安全生产条件的建筑施工企业颁发安全生产许可证的；

（二）发现建筑施工企业未依法取得安全生产许可证擅自从事建筑施工活动，不依法处理的；

（三）发现取得安全生产许可证的建筑施工企业不再具备安全生产条件，不依法处理的；

（四）接到对违反本规定行为的举报后，不及时处理的；

（五）在安全生产许可证颁发、管理和监督检查工作中，索取或者接受建筑施工企业的财物，或者谋取其他利益的。

由于建筑施工企业弄虚作假，造成前款第（一）项行为的，对住房城乡建设主管部门工作人员不予处分。

第二十二条　取得安全生产许可证的建筑施工企业，发生重大安全事故的，暂扣安全生产许可证并限期整改。

第二十三条　建筑施工企业不再具备安全生产条件的，暂扣安全生产许可证并限期整改；情节严重的，吊销安全生产许可证。

第二十四条　违反本规定，建筑施工企业未取得安全生产许可证擅自从事建筑施工活动的，责令其在建项目停止施工，没收违法所得，并处10万元以上50万元以下的罚款；造成重大安全事故或者其他严重后果，构成犯罪的，依法追究刑事责任。

第二十五条　违反本规定，安全生产许可证有效期满未办理延期手续，继续从事建筑施工活动的，责令其在建项目停止施工，限期补办延期手续，没收违法所得，并处5万元以上10万元以下的罚款；逾期仍不办理延期手续，继续从事建筑施工活动的，依照本规定第二十四条的规定处罚。

第二十六条　违反本规定，建筑施工企业转让安全生产许可证的，没收违法所得，处10万元以上50万元以下的罚款，并吊销安全生产许可证；构成犯罪的，依法追究刑事责任；接受转让的，依照本规定第二十四条的规定处罚。

冒用安全生产许可证或者使用伪造的安全生产许可证的，依照本规定第二十四条的规定处罚。

第二十七条　违反本规定，建筑施工企业隐瞒有关情况或者提供虚假材料申请安全生产许可证的，不予受理或者不予颁发安全生产许可证，并给予警告，1年内不得申请安全生产许可证。

建筑施工企业以欺骗、贿赂等不正当手段取得安全生产许可证的，撤销安全生产许可证，3年内不得再次申请安全生产许可证；构成犯罪的，依法追究刑事责任。

第二十八条　本规定的暂扣、吊销安全生产许可证的行政处罚，由安全生产许可证的颁发管理机关决定；其他行政处罚，由县级以上地方人民政府住房城乡建设主管部门决定。

第六章　附　则

第二十九条　本规定施行前已依法从事建筑施工活动的建筑施工企业，应当自《安全生产许可证条例》施行之日起(2004年1月13日起)1年内向住房城乡建设主管部门申请办理建筑施工企业安全生产许可证;逾期不办理安全生产许可证,或者经审查不符合本规定的安全生产条件,未取得安全生产许可证,继续进行建筑施工活动的,依照本规定第二十四条的规定处罚。

第三十条 本规定自公布之日起施行。

建设项目职业病防护设施"三同时"监督管理办法

·2017年3月9日国家安全生产监督管理总局令第90号公布
·自2017年5月1日起施行

第一章 总 则

第一条 为了预防、控制和消除建设项目可能产生的职业病危害,加强和规范建设项目职业病防护设施建设的监督管理,根据《中华人民共和国职业病防治法》,制定本办法。

第二条 安全生产监督管理部门职责范围内、可能产生职业病危害的新建、改建、扩建和技术改造、技术引进建设项目(以下统称建设项目)职业病防护设施建设及其监督管理,适用本办法。

本办法所称的可能产生职业病危害的建设项目,是指存在或者产生职业病危害因素分类目录所列职业病危害因素的建设项目。

本办法所称的职业病防护设施,是指消除或者降低工作场所的职业病危害因素的浓度或者强度,预防和减少职业病危害因素对劳动者健康的损害或者影响,保护劳动者健康的设备、设施、装置、构(建)筑物等的总称。

第三条 负责本办法第二条规定建设项目投资、管理的单位(以下简称建设单位)是建设项目职业病防护设施建设的责任主体。

建设项目职业病防护设施必须与主体工程同时设计、同时施工、同时投入生产和使用(以下统称建设项目职业病防护设施"三同时")。建设单位应当优先采用有利于保护劳动者健康的新技术、新工艺、新设备和新材料,职业病防护设施所需费用应当纳入建设项目工程预算。

第四条 建设单位对可能产生职业病危害的建设项目,应当依照本办法进行职业病危害预评价、职业病防护设施设计、职业病危害控制效果评价及相应的评审,组织职业病防护设施验收,建立健全建设项目职业卫生管理制度与档案。

建设项目职业病防护设施"三同时"工作可以与安全设施"三同时"工作一并进行。建设单位可以将建设项目职业病危害预评价和安全预评价、职业病防护设施设计和安全设施设计、职业病危害控制效果评价和安全验收评价合并出具报告或者设计,并对职业病防护设施与安全设施一并组织验收。

第五条 国家安全生产监督管理总局在国务院规定的职责范围内对全国建设项目职业病防护设施"三同时"实施监督管理。

县级以上地方各级人民政府安全生产监督管理部门依法在本级人民政府规定的职责范围内对本行政区域内的建设项目职业病防护设施"三同时"实施分类分级监督管理,具体办法由省级安全生产监督管理部门制定,并报国家安全生产监督管理总局备案。

跨两个及两个以上行政区域的建设项目职业病防护设施"三同时"由其共同的上一级人民政府安全生产监督管理部门实施监督管理。

上一级人民政府安全生产监督管理部门根据工作需要,可以将其负责的建设项目职业病防护设施"三同时"监督管理工作委托下一级人民政府安全生产监督管理部门实施;接受委托的安全生产监督管理部门不得再委托。

第六条 国家根据建设项目可能产生职业病危害的风险程度,将建设项目分为职业病危害一般、较重和严重3个类别,并对职业病危害严重建设项目实施重点监督检查。

建设项目职业病危害分类管理目录由国家安全生产监督管理总局制定并公布。省级安全生产监督管理部门可以根据本地区实际情况,对建设项目职业病危害分类管理目录作出补充规定,但不得低于国家安全生产监督管理总局规定的管理层级。

第七条 安全生产监督管理部门应当建立职业卫生专家库(以下简称专家库),并根据需要聘请专家库专家参与建设项目职业病防护设施"三同时"的监督检查工作。

专家库专家应当熟悉职业病危害防治有关法律、法规、规章、标准,具有较高的专业技术水平、实践经验和有关业务背景及良好的职业道德,按照客观、公正的原则,对所参与的工作提出技术意见,并对该意见负责。

专家库专家实行回避制度,参加监督检查的专家库专家不得参与该建设项目职业病防护设施"三同时"的评审及验收等相应工作,不得与该建设项目建设单位、评价单位、设计单位、施工单位或者监理单位等相关单位存在直接利害关系。

第八条　除国家保密的建设项目外，产生职业病危害的建设单位应当通过公告栏、网站等方式及时公布建设项目职业病危害预评价、职业病防护设施设计、职业病危害控制效果评价的承担单位、评价结论、评审时间及评审意见，以及职业病防护设施验收时间、验收方案和验收意见等信息，供本单位劳动者和安全生产监督管理部门查询。

第二章　职业病危害预评价

第九条　对可能产生职业病危害的建设项目，建设单位应当在建设项目可行性论证阶段进行职业病危害预评价，编制预评价报告。

第十条　建设项目职业病危害预评价报告应当符合职业病防治有关法律、法规、规章和标准的要求，并包括下列主要内容：

（一）建设项目概况，主要包括项目名称、建设地点、建设内容、工作制度、岗位设置及人员数量等；

（二）建设项目可能产生的职业病危害因素及其对工作场所、劳动者健康影响与危害程度的分析与评价；

（三）对建设项目拟采取的职业病防护设施和防护措施进行分析、评价，并提出对策与建议；

（四）评价结论，明确建设项目的职业病危害风险类别及拟采取的职业病防护设施和防护措施是否符合职业病防治有关法律、法规、规章和标准的要求。

第十一条　建设单位进行职业病危害预评价时，对建设项目可能产生的职业病危害因素及其对工作场所、劳动者健康影响与危害程度的分析与评价，可以运用工程分析、类比调查等方法。其中，类比调查数据应当采用获得资质认可的职业卫生技术服务机构出具的、与建设项目规模和工艺类似的用人单位职业病危害因素检测结果。

第十二条　职业病危害预评价报告编制完成后，属于职业病危害一般或者较重的建设项目，其建设单位主要负责人或其指定的负责人应当组织具有职业卫生相关专业背景的中级及中级以上专业技术职称人员或者具有职业卫生相关专业背景的注册安全工程师（以下统称职业卫生专业技术人员）对职业病危害预评价报告进行评审，并形成是否符合职业病防治有关法律、法规、规章和标准要求的评审意见；属于职业病危害严重的建设项目，其建设单位主要负责人或其指定的负责人应当组织外单位职业卫生专业技术人员参加评审工作，并形成评审意见。

建设单位应当按照评审意见对职业病危害预评价报告进行修改完善，并对最终的职业病危害预评价报告的真实性、客观性和合规性负责。职业病危害预评价工作过程应当形成书面报告备查。书面报告的具体格式由国家安全生产监督管理总局另行制定。

第十三条　建设项目职业病危害预评价报告有下列情形之一的，建设单位不得通过评审：

（一）对建设项目可能产生的职业病危害因素识别不全，未对工作场所职业病危害对劳动者健康影响与危害程度进行分析与评价的，或者评价不符合要求的；

（二）未对建设项目拟采取的职业病防护设施和防护措施进行分析、评价，对存在的问题未提出对策措施的；

（三）建设项目职业病危害风险分析与评价不正确的；

（四）评价结论和对策措施不正确的；

（五）不符合职业病防治有关法律、法规、规章和标准规定的其他情形的。

第十四条　建设项目职业病危害预评价报告通过评审后，建设项目的生产规模、工艺等发生变更导致职业病危害风险发生重大变化的，建设单位应当对变更内容重新进行职业病危害预评价和评审。

第三章　职业病防护设施设计

第十五条　存在职业病危害的建设项目，建设单位应当在施工前按照职业病防治有关法律、法规、规章和标准的要求，进行职业病防护设施设计。

第十六条　建设项目职业病防护设施设计应当包括下列内容：

（一）设计依据；

（二）建设项目概况及工程分析；

（三）职业病危害因素分析及危害程度预测；

（四）拟采取的职业病防护设施和应急救援设施的名称、规格、型号、数量、分布，并对防控性能进行分析；

（五）辅助用室及卫生设施的设置情况；

（六）对预评价报告中拟采取的职业病防护设施、防护措施及对策措施采纳情况的说明；

（七）职业病防护设施和应急救援设施投资预算明细表；

（八）职业病防护设施和应急救援设施可以达到的预期效果及评价。

第十七条　职业病防护设施设计完成后，属于职业病危害一般或者较重的建设项目，其建设单位主要负责人或其指定的负责人应当组织职业卫生专业技术人员对职业病防护设施设计进行评审，并形成是否符合职业病防治有关法律、法规、规章和标准要求的评审意见；属于职业病危害严重的建设项目，其建设单位主要负责人或其指定的负责人应当组织外单位职业卫生专业技术人员参加评审工作，并形成评审意见。

建设单位应当按照评审意见对职业病防护设施设计进行修改完善，并对最终的职业病防护设施设计的真实性、客观性和合规性负责。职业病防护设施设计工作过程应当形成书面报告备查。书面报告的具体格式由国家安全生产监督管理总局另行制定。

第十八条 建设项目职业病防护设施设计有下列情形之一的，建设单位不得通过评审和开工建设：

（一）未对建设项目主要职业病危害进行防护设施设计或者设计内容不全的；

（二）职业病防护设施设计未按照评审意见进行修改完善的；

（三）未采纳职业病危害预评价报告中的对策措施，且未作充分论证说明的；

（四）未对职业病防护设施和应急救援设施的预期效果进行评价的；

（五）不符合职业病防治有关法律、法规、规章和标准规定的其他情形的。

第十九条 建设单位应当按照评审通过的设计和有关规定组织职业病防护设施的采购和施工。

第二十条 建设项目职业病防护设施设计在完成评审后，建设项目的生产规模、工艺等发生变更导致职业病危害风险发生重大变化的，建设单位应当对变更的内容重新进行职业病防护设施设计和评审。

第四章 职业病危害控制效果评价与防护设施验收

第二十一条 建设项目职业病防护设施建设期间，建设单位应当对其进行经常性的检查，对发现的问题及时进行整改。

第二十二条 建设项目投入生产或者使用前，建设单位应当依照职业病防治有关法律、法规、规章和标准要求，采取下列职业病危害防治管理措施：

（一）设置或者指定职业卫生管理机构，配备专职或者兼职的职业卫生管理人员；

（二）制定职业病防治计划和实施方案；

（三）建立、健全职业卫生管理制度和操作规程；

（四）建立、健全职业卫生档案和劳动者健康监护档案；

（五）实施由专人负责的职业病危害因素日常监测，并确保监测系统处于正常运行状态；

（六）对工作场所进行职业病危害因素检测、评价；

（七）建设单位的主要负责人和职业卫生管理人员应当接受职业卫生培训，并组织劳动者进行上岗前的职业卫生培训；

（八）按照规定组织从事接触职业病危害作业的劳动者进行上岗前职业健康检查，并将检查结果书面告知劳动者；

（九）在醒目位置设置公告栏，公布有关职业病危害防治的规章制度、操作规程、职业病危害事故应急救援措施和工作场所职业病危害因素检测结果。对产生严重职业病危害的作业岗位，应当在其醒目位置，设置警示标识和中文警示说明；

（十）为劳动者个人提供符合要求的职业病防护用品；

（十一）建立、健全职业病危害事故应急救援预案；

（十二）职业病防治有关法律、法规、规章和标准要求的其他管理措施。

第二十三条 建设项目完工后，需要进行试运行的，其配套建设的职业病防护设施必须与主体工程同时投入试运行。

试运行时间应当不少于30日，最长不得超过180日，国家有关部门另有规定或者特殊要求的行业除外。

第二十四条 建设项目在竣工验收前或者试运行期间，建设单位应当进行职业病危害控制效果评价，编制评价报告。建设项目职业病危害控制效果评价报告应当符合职业病防治有关法律、法规、规章和标准的要求，包括下列主要内容：

（一）建设项目概况；

（二）职业病防护设施设计执行情况分析、评价；

（三）职业病防护设施检测和运行情况分析、评价；

（四）工作场所职业病危害因素检测分析、评价；

（五）工作场所职业病危害因素日常监测情况分析、评价；

（六）职业病危害因素对劳动者健康危害程度分析、评价；

（七）职业病危害防治管理措施分析、评价；

（八）职业健康监护状况分析、评价；

（九）职业病危害事故应急救援和控制措施分析、评价；

（十）正常生产后建设项目职业病防治效果预期分析、评价；

（十一）职业病危害防护补充措施及建议；

（十二）评价结论，明确建设项目的职业病危害风险类别，以及采取控制效果评价报告所提对策建议后，职业病防护设施和防护措施是否符合职业病防治有关法律、法规、规章和标准的要求。

第二十五条　建设单位在职业病防护设施验收前，应当编制验收方案。验收方案应当包括下列内容：

（一）建设项目概况和风险类别，以及职业病危害预评价、职业病防护设施设计执行情况；

（二）参与验收的人员及其工作内容、责任；

（三）验收工作时间安排、程序等。

建设单位应当在职业病防护设施验收前20日将验收方案向管辖该建设项目的安全生产监督管理部门进行书面报告。

第二十六条　属于职业病危害一般或者较重的建设项目，其建设单位主要负责人或其指定的负责人应当组织职业卫生专业技术人员对职业病危害控制效果评价报告进行评审以及对职业病防护设施进行验收，并形成是否符合职业病防治有关法律、法规、规章和标准要求的评审意见和验收意见。属于职业病危害严重的建设项目，其建设单位主要负责人或其指定的负责人应当组织外单位职业卫生专业技术人员参加评审和验收工作，并形成评审和验收意见。

建设单位应当按照评审与验收意见对职业病危害控制效果评价报告和职业病防护设施进行整改完善，并对最终的职业病危害控制效果评价报告和职业病防护设施验收结果的真实性、合规性和有效性负责。

建设单位应当将职业病危害控制效果评价和职业病防护设施验收工作过程形成书面报告备查，其中职业病危害严重的建设项目应当在验收完成之日起20日内向管辖该建设项目的安全生产监督管理部门提交书面报告。书面报告的具体格式由国家安全生产监督管理总局另行制定。

第二十七条　有下列情形之一的，建设项目职业病危害控制效果评价报告不得通过评审、职业病防护设施不得通过验收：

（一）评价报告内容不符合本办法第二十四条要求的；

（二）评价报告未按照评审意见整改的；

（三）未按照建设项目职业病防护设施设计组织施工，且未充分论证说明的；

（四）职业病危害防治管理措施不符合本办法第二十二条要求的；

（五）职业病防护设施未按照验收意见整改的；

（六）不符合职业病防治有关法律、法规、规章和标准规定的其他情形的。

第二十八条　分期建设、分期投入生产或者使用的建设项目，其配套的职业病防护设施应当分期与建设项目同步进行验收。

第二十九条　建设项目职业病防护设施未按照规定验收合格的，不得投入生产或者使用。

第五章　监督检查

第三十条　安全生产监督管理部门应当在职责范围内按照分类分级监管的原则，将建设单位开展建设项目职业病防护设施“三同时”情况的监督检查纳入安全生产年度监督检查计划，并按照监督检查计划与安全设施“三同时”实施一体化监督检查，对发现的违法行为应当依法予以处理；对违法行为情节严重的，应当按照规定纳入安全生产不良记录“黑名单”管理。

第三十一条　安全生产监督管理部门应当依法对建设单位开展建设项目职业病危害预评价情况进行监督检查，重点监督检查下列事项：

（一）是否进行建设项目职业病危害预评价；

（二）是否对建设项目可能产生的职业病危害因素及其对工作场所、劳动者健康影响与危害程度进行分析、评价；

（三）是否对建设项目拟采取的职业病防护设施和防护措施进行评价，是否提出对策与建议；

（四）是否明确建设项目职业病危害风险类别；

（五）主要负责人或其指定的负责人是否组织职业卫生专业技术人员对职业病危害预评价报告进行评审，职业病危害预评价报告是否按照评审意见进行修改完善；

（六）职业病危害预评价工作过程是否形成书面报告备查；

（七）是否按照本办法规定公布建设项目职业病危害预评价情况；

（八）依法应当监督检查的其他事项。

第三十二条　安全生产监督管理部门应当依法对建设单位开展建设项目职业病防护设施设计情况进行监督检查，重点监督检查下列事项：

（一）是否进行职业病防护设施设计；

（二）是否采纳职业病危害预评价报告中的对策与建议，如未采纳是否进行充分论证说明；

（三）是否明确职业病防护设施和应急救援设施的

名称、规格、型号、数量、分布，并对防控性能进行分析；

（四）是否明确辅助用室及卫生设施的设置情况；

（五）是否明确职业病防护设施和应急救援设施投资预算；

（六）主要负责人或其指定的负责人是否组织职业卫生专业技术人员对职业病防护设施设计进行评审，职业病防护设施设计是否按照评审意见进行修改完善；

（七）职业病防护设施设计工作过程是否形成书面报告备查；

（八）是否按照本办法规定公布建设项目职业病防护设施设计情况；

（九）依法应当监督检查的其他事项。

第三十三条 安全生产监督管理部门应当依法对建设单位开展建设项目职业病危害控制效果评价及职业病防护设施验收情况进行监督检查，重点监督检查下列事项：

（一）是否进行职业病危害控制效果评价及职业病防护设施验收；

（二）职业病危害防治管理措施是否齐全；

（三）主要负责人或其指定的负责人是否组织职业卫生专业技术人员对建设项目职业病危害控制效果评价报告进行评审和对职业病防护设施进行验收，是否按照评审意见和验收意见对职业病危害控制效果评价报告和职业病防护设施进行整改完善；

（四）建设项目职业病危害控制效果评价及职业病防护设施验收工作过程是否形成书面报告备查；

（五）建设项目职业病防护设施验收方案、职业病危害严重建设项目职业病危害控制效果评价与职业病防护设施验收工作报告是否按照规定向安全生产监督管理部门进行报告；

（六）是否按照本办法规定公布建设项目职业病危害控制效果评价和职业病防护设施验收情况；

（七）依法应当监督检查的其他事项。

第三十四条 安全生产监督管理部门应当按照下列规定对建设单位组织的验收活动和验收结果进行监督核查，并纳入安全生产年度监督检查计划：

（一）对职业病危害严重建设项目的职业病防护设施的验收方案和验收工作报告，全部进行监督核查；

（二）对职业病危害较重和一般的建设项目职业病防护设施的验收方案和验收工作报告，按照国家安全生产监督管理总局规定的"双随机"方式实施抽查。

第三十五条 安全生产监督管理部门应当加强监督检查人员建设项目职业病防护设施"三同时"知识的培训，提高业务素质。

第三十六条 安全生产监督管理部门及其工作人员不得有下列行为：

（一）强制要求建设单位接受指定的机构、职业卫生专业技术人员开展建设项目职业病防护设施"三同时"有关工作；

（二）以任何理由或者方式向建设单位和有关机构收取或者变相收取费用；

（三）向建设单位摊派财物、推销产品；

（四）在建设单位和有关机构报销任何费用。

第三十七条 任何单位或者个人发现建设单位、安全生产监督管理部门及其工作人员、有关机构和人员违反职业病防治有关法律、法规、标准和本办法规定的行为，均有权向安全生产监督管理部门或者有关部门举报。

受理举报的安全生产监督管理部门应当为举报人保密，并依法对举报内容进行核查和处理。

第三十八条 上级安全生产监督管理部门应当加强对下级安全生产监督管理部门建设项目职业病防护设施"三同时"监督执法工作的检查、指导。

地方各级安全生产监督管理部门应当定期汇总分析有关监督执法情况，并按照要求逐级上报。

第六章 法律责任

第三十九条 建设单位有下列行为之一的，由安全生产监督管理部门给予警告，责令限期改正；逾期不改正的，处10万元以上50万元以下的罚款；情节严重的，责令停止产生职业病危害的作业，或者提请有关人民政府按照国务院规定的权限责令停建、关闭：

（一）未按照本办法规定进行职业病危害预评价的；

（二）建设项目的职业病防护设施未按照规定与主体工程同时设计、同时施工、同时投入生产和使用的；

（三）建设项目的职业病防护设施设计不符合国家职业卫生标准和卫生要求的；

（四）未按照本办法规定对职业病防护设施进行职业病危害控制效果评价的；

（五）建设项目竣工投入生产和使用前，职业病防护设施未按照本办法规定验收合格的。

第四十条 建设单位有下列行为之一的，由安全生产监督管理部门给予警告，责令限期改正；逾期不改正的，处5000元以上3万元以下的罚款：

（一）未按照本办法规定，对职业病危害预评价报告、职业病防护设施设计、职业病危害控制效果评价报告进行评审或者组织职业病防护设施验收的；

（二）职业病危害预评价、职业病防护设施设计、职业病危害控制效果评价或者职业病防护设施验收工作过程未形成书面报告备查的；

（三）建设项目的生产规模、工艺等发生变更导致职业病危害风险发生重大变化的，建设单位对变更内容未重新进行职业病危害预评价和评审，或者未重新进行职业病防护设施设计和评审的；

（四）需要试运行的职业病防护设施未与主体工程同时试运行的；

（五）建设单位未按照本办法第八条规定公布有关信息的。

第四十一条　建设单位在职业病危害预评价报告、职业病防护设施设计、职业病危害控制效果评价报告编制、评审以及职业病防护设施验收等过程中弄虚作假的，由安全生产监督管理部门责令限期改正，给予警告，可以并处5000元以上3万元以下的罚款。

第四十二条　建设单位未按照规定及时、如实报告建设项目职业病防护设施验收方案，或者职业病危害严重建设项目未提交职业病危害控制效果评价与职业病防护设施验收的书面报告的，由安全生产监督管理部门责令限期改正，给予警告，可以并处5000元以上3万元以下的罚款。

第四十三条　参与建设项目职业病防护设施“三同时”监督检查工作的专家库专家违反职业道德或者行为规范，降低标准、弄虚作假、牟取私利，作出显失公正或者虚假意见的，由安全生产监督管理部门将其从专家库除名，终身不得再担任专家库专家。职业卫生专业技术人员在建设项目职业病防护设施“三同时”评审、验收等活动中涉嫌犯罪的，移送司法机关依法追究刑事责任。

第四十四条　违反本办法规定的其他行为，依照《中华人民共和国职业病防治法》有关规定给予处理。

第七章　附　则

第四十五条　煤矿建设项目职业病防护设施“三同时”的监督检查工作按照新修订发布的《煤矿和煤层气地面开采建设项目安全设施监察规定》执行，煤矿安全监察机构按照规定履行国家监察职责。

第四十六条　本办法自2017年5月1日起施行。国家安全生产监督管理总局2012年4月27日公布的《建设项目职业卫生“三同时”监督管理暂行办法》同时废止。

建设项目安全设施“三同时”监督管理办法

· 2010年12月14日国家安全生产监管总局令第36号公布
· 根据2015年4月2日《国家安全监管总局关于修改〈《生产安全事故报告和调查处理条例》罚款处罚暂行规定〉等四部规章的决定》修订

第一章　总　则

第一条　为加强建设项目安全管理，预防和减少生产安全事故，保障从业人员生命和财产安全，根据《中华人民共和国安全生产法》和《国务院关于进一步加强企业安全生产工作的通知》等法律、行政法规和规定，制定本办法。

第二条　经县级以上人民政府及其有关主管部门依法审批、核准或者备案的生产经营单位新建、改建、扩建工程项目（以下统称建设项目）安全设施的建设及其监督管理，适用本办法。

法律、行政法规及国务院对建设项目安全设施建设及其监督管理另有规定的，依照其规定。

第三条　本办法所称的建设项目安全设施，是指生产经营单位在生产经营活动中用于预防生产安全事故的设备、设施、装置、构（建）筑物和其他技术措施的总称。

第四条　生产经营单位是建设项目安全设施建设的责任主体。建设项目安全设施必须与主体工程同时设计、同时施工、同时投入生产和使用（以下简称“三同时”）。安全设施投资应当纳入建设项目概算。

第五条　国家安全生产监督管理总局对全国建设项目安全设施“三同时”实施综合监督管理，并在国务院规定的职责范围内承担有关建设项目安全设施“三同时”的监督管理。

县级以上地方各级安全生产监督管理部门对本行政区域内的建设项目安全设施“三同时”实施综合监督管理，并在本级人民政府规定的职责范围内承担本级人民政府及其有关主管部门审批、核准或者备案的建设项目安全设施“三同时”的监督管理。

跨两个及两个以上行政区域的建设项目安全设施“三同时”由其共同的上一级人民政府安全生产监督管理部门实施监督管理。

上一级人民政府安全生产监督管理部门根据工作需要，可以将其负责监督管理的建设项目安全设施“三同时”工作委托下一级人民政府安全生产监督管理部门实施监督管理。

第六条　安全生产监督管理部门应当加强建设项目

安全设施建设的日常安全监管，落实有关行政许可及其监管责任，督促生产经营单位落实安全设施建设责任。

第二章 建设项目安全预评价

第七条 下列建设项目在进行可行性研究时，生产经营单位应当按照国家规定，进行安全预评价：

（一）非煤矿矿山建设项目；

（二）生产、储存危险化学品（包括使用长输管道输送危险化学品，下同）的建设项目；

（三）生产、储存烟花爆竹的建设项目；

（四）金属冶炼建设项目；

（五）使用危险化学品从事生产并且使用量达到规定数量的化工建设项目（属于危险化学品生产的除外，下同）；

（六）法律、行政法规和国务院规定的其他建设项目。

第八条 生产经营单位应当委托具有相应资质的安全评价机构，对其建设项目进行安全预评价，并编制安全预评价报告。

建设项目安全预评价报告应当符合国家标准或者行业标准的规定。

生产、储存危险化学品的建设项目和化工建设项目安全预评价报告除符合本条第二款的规定外，还应当符合有关危险化学品建设项目的规定。

第九条 本办法第七条规定以外的其他建设项目，生产经营单位应当对其安全生产条件和设施进行综合分析，形成书面报告备查。

第三章 建设项目安全设施设计审查

第十条 生产经营单位在建设项目初步设计时，应当委托有相应资质的设计单位对建设项目安全设施同时进行设计，编制安全设施设计。

安全设施设计必须符合有关法律、法规、规章和国家标准或者行业标准、技术规范的规定，并尽可能采用先进适用的工艺、技术和可靠的设备、设施。本办法第七条规定的建设项目安全设施设计还应当充分考虑建设项目安全预评价报告提出的安全对策措施。

安全设施设计单位、设计人应当对其编制的设计文件负责。

第十一条 建设项目安全设施设计应当包括下列内容：

（一）设计依据；

（二）建设项目概述；

（三）建设项目潜在的危险、有害因素和危险、有害程度及周边环境安全分析；

（四）建筑及场地布置；

（五）重大危险源分析及检测监控；

（六）安全设施设计采取的防范措施；

（七）安全生产管理机构设置或者安全生产管理人员配备要求；

（八）从业人员安全生产教育和培训要求；

（九）工艺、技术和设备、设施的先进性和可靠性分析；

（十）安全设施专项投资概算；

（十一）安全预评价报告中的安全对策及建议采纳情况；

（十二）预期效果以及存在的问题与建议；

（十三）可能出现的事故预防及应急救援措施；

（十四）法律、法规、规章、标准规定需要说明的其他事项。

第十二条 本办法第七条第（一）项、第（二）项、第（三）项、第（四）项规定的建设项目安全设施设计完成后，生产经营单位应当按照本办法第五条的规定向安全生产监督管理部门提出审查申请，并提交下列文件资料：

（一）建设项目审批、核准或者备案的文件；

（二）建设项目安全设施设计审查申请；

（三）设计单位的设计资质证明文件；

（四）建设项目安全设施设计；

（五）建设项目安全预评价报告及相关文件资料；

（六）法律、行政法规、规章规定的其他文件资料。

安全生产监督管理部门收到申请后，对属于本部门职责范围内的，应当及时进行审查，并在收到申请后5个工作日内作出受理或者不予受理的决定，书面告知申请人；对不属于本部门职责范围内的，应当将有关文件资料转送有审查权的安全生产监督管理部门，并书面告知申请人。

第十三条 对已经受理的建设项目安全设施设计审查申请，安全生产监督管理部门应当自受理之日起20个工作日内作出是否批准的决定，并书面告知申请人。20个工作日内不能作出决定的，经本部门负责人批准，可以延长10个工作日，并应当将延长期限的理由书面告知申请人。

第十四条 建设项目安全设施设计有下列情形之一的，不予批准，并不得开工建设：

（一）无建设项目审批、核准或者备案文件的；

（二）未委托具有相应资质的设计单位进行设计的；

（三）安全预评价报告由未取得相应资质的安全评价机构编制的；

（四）设计内容不符合有关安全生产的法律、法规、规章和国家标准或者行业标准、技术规范的规定的；

（五）未采纳安全预评价报告中的安全对策和建议，且未作充分论证说明的；

（六）不符合法律、行政法规规定的其他条件的。

建设项目安全设施设计审查未予批准的，生产经营单位经过整改后可以向原审查部门申请再审。

第十五条　已经批准的建设项目及其安全设施设计有下列情形之一的，生产经营单位应当报原批准部门审查同意；未经审查同意的，不得开工建设：

（一）建设项目的规模、生产工艺、原料、设备发生重大变更的；

（二）改变安全设施设计且可能降低安全性能的；

（三）在施工期间重新设计的。

第十六条　本办法第七条第（一）项、第（二）项、第（三）项和第（四）项规定以外的建设项目安全设施设计，由生产经营单位组织审查，形成书面报告备查。

第四章　建设项目安全设施施工和竣工验收

第十七条　建设项目安全设施的施工应当由取得相应资质的施工单位进行，并与建设项目主体工程同时施工。

施工单位应当在施工组织设计中编制安全技术措施和施工现场临时用电方案，同时对危险性较大的分部分项工程依法编制专项施工方案，并附具安全验算结果，经施工单位技术负责人、总监理工程师签字后实施。

施工单位应当严格按照安全设施设计和相关施工技术标准、规范施工，并对安全设施的工程质量负责。

第十八条　施工单位发现安全设施设计文件有错漏的，应当及时向生产经营单位、设计单位提出。生产经营单位、设计单位应当及时处理。

施工单位发现安全设施存在重大事故隐患时，应当立即停止施工并报告生产经营单位进行整改。整改合格后，方可恢复施工。

第十九条　工程监理单位应当审查施工组织设计中的安全技术措施或者专项施工方案是否符合工程建设强制性标准。

工程监理单位在实施监理过程中，发现存在事故隐患的，应当要求施工单位整改；情况严重的，应当要求施工单位暂时停止施工，并及时报告生产经营单位。施工单位拒不整改或者不停止施工的，工程监理单位应当及时向有关主管部门报告。

工程监理单位、监理人员应当按照法律、法规和工程建设强制性标准实施监理，并对安全设施工程的工程质量承担监理责任。

第二十条　建设项目安全设施建成后，生产经营单位应当对安全设施进行检查，对发现的问题及时整改。

第二十一条　本办法第七条规定的建设项目竣工后，根据规定建设项目需要试运行（包括生产、使用，下同）的，应当在正式投入生产或者使用前进行试运行。

试运行时间应当不少于30日，最长不得超过180日，国家有关部门有规定或者特殊要求的行业除外。

生产、储存危险化学品的建设项目和化工建设项目，应当在建设项目试运行前将试运行方案报负责建设项目安全许可的安全生产监督管理部门备案。

第二十二条　本办法第七条规定的建设项目安全设施竣工或者试运行完成后，生产经营单位应当委托具有相应资质的安全评价机构对安全设施进行验收评价，并编制建设项目安全验收评价报告。

建设项目安全验收评价报告应当符合国家标准或者行业标准的规定。

生产、储存危险化学品的建设项目和化工建设项目安全验收评价报告除符合本条第二款的规定外，还应当符合有关危险化学品建设项目的规定。

第二十三条　建设项目竣工投入生产或者使用前，生产经营单位应当组织对安全设施进行竣工验收，并形成书面报告备查。安全设施竣工验收合格后，方可投入生产和使用。

安全监管部门应当按照下列方式之一对本办法第七条第（一）项、第（二）项、第（三）项和第（四）项规定建设项目的竣工验收活动和验收结果的监督核查：

（一）对安全设施竣工验收报告按照不少于总数10%的比例进行随机抽查；

（二）在实施有关安全许可时，对建设项目安全设施竣工验收报告进行审查。

抽查和审查以书面方式为主。对竣工验收报告的实质内容存在疑问，需要到现场核查的，安全监管部门应当指派两名以上工作人员对有关内容进行现场核查。工作人员应当提出现场核查意见，并如实记录在案。

第二十四条　建设项目的安全设施有下列情形之一的，建设单位不得通过竣工验收，并不得投入生产或者使用：

（一）未选择具有相应资质的施工单位施工的；

（二）未按照建设项目安全设施设计文件施工或者施工质量未达到建设项目安全设施设计文件要求的；

（三）建设项目安全设施的施工不符合国家有关施工技术标准的；

（四）未选择具有相应资质的安全评价机构进行安全验收评价或者安全验收评价不合格的；

（五）安全设施和安全生产条件不符合有关安全生产法律、法规、规章和国家标准或者行业标准、技术规范规定的；

（六）发现建设项目试运行期间存在事故隐患未整改的；

（七）未依法设置安全生产管理机构或者配备安全生产管理人员的；

（八）从业人员未经过安全生产教育和培训或者不具备相应资格的；

（九）不符合法律、行政法规规定的其他条件的。

第二十五条　生产经营单位应当按照档案管理的规定，建立建设项目安全设施"三同时"文件资料档案，并妥善保存。

第二十六条　建设项目安全设施未与主体工程同时设计、同时施工或者同时投入使用的，安全生产监督管理部门对与此有关的行政许可一律不予审批，同时责令生产经营单位立即停止施工、限期改正违法行为，对有关生产经营单位和人员依法给予行政处罚。

第五章　法律责任

第二十七条　建设项目安全设施"三同时"违反本办法的规定，安全生产监督管理部门及其工作人员给予审批通过或者颁发有关许可证的，依法给予行政处分。

第二十八条　生产经营单位对本办法第七条第（一）项、第（二）项、第（三）项和第（四）项规定的建设项目有下列情形之一的，责令停止建设或者停产停业整顿，限期改正；逾期未改正的，处50万元以上100万元以下的罚款，对其直接负责的主管人员和其他直接责任人员处2万元以上5万元以下的罚款；构成犯罪的，依照刑法有关规定追究刑事责任：

（一）未按照本办法规定对建设项目进行安全评价的；

（二）没有安全设施设计或者安全设施设计未按照规定报经安全生产监督管理部门审查同意，擅自开工的；

（三）施工单位未按照批准的安全设施设计施工的；

（四）投入生产或者使用前，安全设施未经验收合格的。

第二十九条　已经批准的建设项目安全设施设计发生重大变更，生产经营单位未报原批准部门审查同意擅自开工建设的，责令限期改正，可以并处1万元以上3万元以下的罚款。

第三十条　本办法第七条第（一）项、第（二）项、第（三）项和第（四）项规定以外的建设项目有下列情形之一的，对有关生产经营单位责令限期改正，可以并处5000元以上3万元以下的罚款：

（一）没有安全设施设计的；

（二）安全设施设计未组织审查，并形成书面审查报告的；

（三）施工单位未按照安全设施设计施工的；

（四）投入生产或者使用前，安全设施未经竣工验收合格，并形成书面报告的。

第三十一条　承担建设项目安全评价的机构弄虚作假、出具虚假报告，尚未构成犯罪的，没收违法所得，违法所得在10万元以上的，并处违法所得二倍以上五倍以下的罚款；没有违法所得或者违法所得不足10万元的，单处或者并处10万元以上20万元以下的罚款，对其直接负责的主管人员和其他直接责任人员处2万元以上5万元以下的罚款；给他人造成损害的，与生产经营单位承担连带赔偿责任。

对有前款违法行为的机构，吊销其相应资质。

第三十二条　本办法规定的行政处罚由安全生产监督管理部门决定。法律、行政法规对行政处罚的种类、幅度和决定机关另有规定的，依照其规定。

安全生产监督管理部门对应当由其他有关部门进行处理的"三同时"问题，应当及时移送有关部门并形成记录备查。

第六章　附　则

第三十三条　本办法自2011年2月1日起施行。

住房和城乡建设部、应急管理部关于加强建筑施工安全事故责任企业人员处罚的意见

·2019年11月20日

·建质规〔2019〕9号

各省、自治区、直辖市及新疆生产建设兵团住房和城乡建设厅（委、局）、应急管理厅（局）：

为严格落实建筑施工企业主要负责人、项目负责人和专职安全生产管理人员等安全生产责任，有效防范安全生产风险，坚决遏制较大及以上生产安全事故，根据《中华人民共和国建筑法》《中华人民共和国安全生产法》《建设工程安全生产管理条例》等法律法规及有关文件规定，现就加强建筑施工安全事故责任企业人员处罚提出以下意见：

一、推行安全生产承诺制

建筑施工企业承担安全生产主体责任，必须遵守安全生产法律、法规，建立、健全安全生产责任制和安全生产规章制度。地方各级住房和城乡建设主管部门要督促建筑施工企业法定代表人和项目负责人分别代表企业和项目向社会公开承诺：严格执行安全生产各项法律法规和标准规范，严格落实安全生产责任制度，自觉接受政府部门依法检查；因违法违规行为导致生产安全事故发生的，承担相应法律责任，接受政府部门依法实施的处罚。

二、吊销责任人员从业资格

建筑施工企业主要负责人、项目负责人和专职安全生产管理人员等必须具备相应的安全生产知识和管理能力。对没有履行安全生产职责、造成生产安全事故特别是较大及以上事故发生的建筑施工企业有关责任人员，住房和城乡建设主管部门要依法暂停或撤销其与安全生产相关执业资格、岗位证书，并依法实施职业禁入；构成犯罪的，依法追究刑事责任。对负有事故责任的勘察、设计、监理等单位有关注册执业人员，也要依法责令停止执业直至吊销相关注册证书，不准从事相关建筑活动。

三、依法加大责任人员问责力度

建筑施工企业应当建立完善安全生产管理制度，逐级建立健全安全生产责任制，建立安全生产考核和奖惩机制，严格安全生产业绩考核。对没有履行安全生产职责、造成事故特别是较大及以上生产安全事故发生的企业责任人员，地方各级住房和城乡建设主管部门要严格按照《建设工程安全生产管理条例》和地方政府事故调查结论进行处罚，对发现负有监管职责的工作人员有滥用职权、玩忽职守、徇私舞弊行为的，依法给予处分。

四、依法强化责任人员刑事责任追究

建筑施工企业主要负责人、项目负责人和专职安全生产管理人员等应当依法履行安全生产义务。对在事故调查中发现建筑施工企业有关人员涉嫌犯罪的，应当按照《安全生产行政执法与刑事司法衔接工作办法》，及时将有关材料或者其复印件移交有管辖权的公安机关依法处理。地方各级住房和城乡建设主管部门、应急管理主管部门要积极配合司法机关依照刑法有关规定对负有重大责任、构成犯罪的企业有关人员追究刑事责任。

五、强化责任人员失信惩戒

地方各级住房和城乡建设主管部门、应急管理主管部门要积极推进建筑施工领域安全生产诚信体系建设，依托各相关领域信用信息共享平台，建立完善建筑施工领域安全生产不良信用记录和诚信“黑名单”制度。按规定将不履行安全生产职责、造成事故特别是较大及以上生产安全事故发生的企业主要负责人、项目负责人和专职安全生产管理人员等，纳入建筑施工领域安全生产不良信用记录和安全生产诚信“黑名单”。进一步加强联合失信惩戒，依照《关于印发〈关于对安全生产领域失信生产经营单位及其有关人员开展联合惩戒的合作备忘录〉的通知》（发改财金〔2016〕1001 号）等相关规定，对生产安全事故责任人员予以惩戒。

住房和城乡建设部、应急管理部关于加强超高层建筑规划建设管理的通知

· 2021 年 10 月 22 日
· 建科〔2021〕76 号

各省、自治区住房和城乡建设厅、应急管理厅，直辖市住房和城乡建设（管）委、规划和自然资源局（委）、应急管理局，海南省自然资源和规划厅，新疆生产建设兵团住房和城乡建设局、应急管理局，各省级消防救援总队：

超高层建筑在集约利用土地资源、推动建筑工程技术进步、促进城市经济社会发展等方面发挥积极作用。但近年来，一些城市脱离实际需求，攀比建设超高层建筑，盲目追求建筑高度第一、形式奇特，抬高建设成本，加剧能源消耗，加大安全管理难度。为贯彻落实新发展理念，统筹发展和安全，科学规划建设管理超高层建筑，促进城市高质量发展，现就有关事项通知如下：

一、严格管控新建超高层建筑

（一）从严控制建筑高度。各地要严格控制新建超高层建筑。一般不得新建超高层住宅。城区常住人口 300 万人口以下城市严格限制新建 150 米以上超高层建筑，不得新建 250 米以上超高层建筑。城区常住人口 300 万以上城市严格限制新建 250 米以上超高层建筑，不得新建 500 米以上超高层建筑。各地相关部门审批 80 米以上住宅建筑、100 米以上公共建筑建设项目时，应征求同级消防救援机构意见，以确保与当地消防救援能力相匹配。城区常住人口 300 万以下城市确需新建 150 米以

上超高层建筑的，应报省级住房和城乡建设主管部门审查，并报住房和城乡建设部备案。城区常住人口300万以上城市确需新建250米以上超高层建筑的，省级住房和城乡建设主管部门应结合抗震、消防等专题严格论证审查，并报住房和城乡建设部备案复核。

（二）合理确定建筑布局。各地要结合城市空间格局、功能布局，统筹谋划高层和超高层建筑建设，相对集中布局。严格控制生态敏感、自然景观等重点地段的高层建筑建设，不在对历史文化街区、历史地段、世界文化遗产及重要文物保护单位有影响的地方新建高层建筑，不在山边水边以及老城旧城开发强度较高、人口密集、交通拥堵地段新建超高层建筑，不在城市通风廊道上新建超高层建筑群。

（三）深化细化评估论证。各地要充分评估论证超高层建筑建设风险问题和负面影响。尤其是超高层建筑集中的地区，要加强超高层建筑建设项目交通影响评价，避免加剧交通拥堵；加强超高层建筑建设项目环境影响评价，防止加剧城市热岛效应，避免形成光污染、高楼峡谷风。强化超高层建筑人员疏散和应急处置预案评估。超高层建筑防灾避难场地应集中就近布置，人均面积不低于1.5平方米。加强超高层建筑节能管理，标准层平面利用率一般不低于80%，绿色建筑水平不得低于三星级标准。

（四）强化公共投资管理。各地应严格落实政府投资有关规定，一般不得批准使用公共资金投资建设超高层建筑，严格控制城区常住人口300万以下城市国有企事业单位投资建设150米以上超高层建筑，严格控制城区常住人口300万以上城市国有企事业单位投资建设250米以上超高层建筑。

（五）压紧夯实决策责任。实行超高层建筑决策责任终身制。城区常住人口300万以下城市新建150米以上超高层建筑，城区常住人口300万以上城市新建250米以上超高层建筑，应按照《重大行政决策程序暂行条例》（国务院令第713号），作为重大公共建设项目报城市党委政府审定，实行责任终身追究。

二、强化既有超高层建筑安全管理

（六）全面排查安全隐患。各地要结合安全生产专项整治三年行动，加强对超高层建筑隐患排查的指导监督，摸清超高层建筑基本情况，建立隐患排查信息系统。组织指导超高层建筑业主或其委托的管理单位全面排查超高层建筑地基、结构、供电、供水、供气、材料、电梯、抗震、消防等方面安全隐患，分析易燃可燃建筑外墙外保温材料、电动自行车进楼入户、外墙脱落、传染病防疫、消防救援等方面安全风险，并建立台账。

（七）系统推进隐患整治。各地要加强对超高层建筑隐患整治的监管，对重大安全隐患实行挂牌督办。超高层建筑业主或其委托的管理单位要制定隐患整治路线图、时间表，落实责任单位和责任人。重大安全隐患整治到位前，超高层建筑不得继续使用。超高层建筑业主或其委托的管理单位应组建消防安全专业管理团队，鼓励聘用符合相关规定的专业技术人员担任消防安全管理人，补齐应急救援设施设备，制定人员疏散和应急处置预案、分类分级风险防控方案，组织开展预案演练，提高预防和自救能力。

（八）提升安全保障能力。各地要加强与超高层建筑消防救援需求相匹配的消防救援能力建设，属地消防救援机构要加强对超高层建筑的调研熟悉，定期组织实战演练。指导超高层建筑业主或其委托的管理单位逐栋按标准要求补建微型消防站，组织物业服务人员、保安人员、使用单位人员、志愿者等力量，建立专职消防队、志愿消防队等消防组织。超高层建筑业主或其委托的管理单位应完善供电供水、电梯运维、消防维保等人员的协同工作机制，组建技术处置队，强化与辖区消防救援站的联勤联训联动，提高协同处置效能。

（九）完善运行管理机制。各地要建立健全超高层建筑运行维护管理机制，切实提高监管能力。开展超高层建筑运行维护能耗监测，定期组织能耗监测分析，结果及时公开。指导超高层建筑业主或其委托的管理单位建立超高层建筑运行维护平台，接入物联网城市消防远程监控系统，并与城市运行管理服务平台连通。具备条件的，超高层建筑业主或其委托的管理单位应充分利用超高层建筑信息模型（BIM），完善运行维护平台，与城市信息模型（CIM）基础平台加强对接。超高层建筑业主或其委托的管理单位应结合超高层建筑设计使用年限，制定超高层建筑运行维护检查方案，委托专业机构定期检测评估超高层建筑设施设备状况，对发现的问题及时修缮维护。

各地要抓紧完善超高层建筑规划建设管理协作机制，严格落实相关标准和管控要求，探索建立超高层建筑安全险。建立专家库，定期开展既有超高层建筑使用和管理情况专项排查，有关情况要及时报告住房和城乡建设部。住房和城乡建设部将定期调研评估工作落实情况。

2. 民用爆炸物品行业

民用爆炸物品安全管理条例

·2006年5月10日中华人民共和国国务院令第466号公布
·根据2014年7月29日《国务院关于修改部分行政法规的决定》修订

第一章 总 则

第一条 为了加强对民用爆炸物品的安全管理,预防爆炸事故发生,保障公民生命、财产安全和公共安全,制定本条例。

第二条 民用爆炸物品的生产、销售、购买、进出口、运输、爆破作业和储存以及硝酸铵的销售、购买,适用本条例。

本条例所称民用爆炸物品,是指用于非军事目的、列入民用爆炸物品品名表的各类火药、炸药及其制品和雷管、导火索等点火、起爆器材。

民用爆炸物品品名表,由国务院民用爆炸物品行业主管部门会同国务院公安部门制订、公布。

第三条 国家对民用爆炸物品的生产、销售、购买、运输和爆破作业实行许可证制度。

未经许可,任何单位或者个人不得生产、销售、购买、运输民用爆炸物品,不得从事爆破作业。

严禁转让、出借、转借、抵押、赠送、私藏或者非法持有民用爆炸物品。

第四条 民用爆炸物品行业主管部门负责民用爆炸物品生产、销售的安全监督管理。

公安机关负责民用爆炸物品公共安全管理和民用爆炸物品购买、运输、爆破作业的安全监督管理,监控民用爆炸物品流向。

安全生产监督、铁路、交通、民用航空主管部门依照法律、行政法规的规定,负责做好民用爆炸物品的有关安全监督管理工作。

民用爆炸物品行业主管部门、公安机关、工商行政管理部门按照职责分工,负责组织查处非法生产、销售、购买、储存、运输、邮寄、使用民用爆炸物品的行为。

第五条 民用爆炸物品生产、销售、购买、运输和爆破作业单位(以下称民用爆炸物品从业单位)的主要负责人是本单位民用爆炸物品安全管理责任人,对本单位的民用爆炸物品安全管理工作全面负责。

民用爆炸物品从业单位是治安保卫工作的重点单位,应当依法设置治安保卫机构或者配备治安保卫人员,设置技术防范设施,防止民用爆炸物品丢失、被盗、被抢。

民用爆炸物品从业单位应当建立安全管理制度、岗位安全责任制度,制订安全防范措施和事故应急预案,设置安全管理机构或者配备专职安全管理人员。

第六条 无民事行为能力人、限制民事行为能力人或者曾因犯罪受过刑事处罚的人,不得从事民用爆炸物品的生产、销售、购买、运输和爆破作业。

民用爆炸物品从业单位应当加强对本单位从业人员的安全教育、法制教育和岗位技术培训,从业人员经考核合格的,方可上岗作业;对有资格要求的岗位,应当配备具有相应资格的人员。

第七条 国家建立民用爆炸物品信息管理系统,对民用爆炸物品实行标识管理,监控民用爆炸物品流向。

民用爆炸物品生产企业、销售企业和爆破作业单位应当建立民用爆炸物品登记制度,如实将本单位生产、销售、购买、运输、储存、使用民用爆炸物品的品种、数量和流向信息输入计算机系统。

第八条 任何单位或者个人都有权举报违反民用爆炸物品安全管理规定的行为;接到举报的主管部门、公安机关应当立即查处,并为举报人员保密,对举报有功人员给予奖励。

第九条 国家鼓励民用爆炸物品从业单位采用提高民用爆炸物品安全性能的新技术,鼓励发展民用爆炸物品生产、配送、爆破作业一体化的经营模式。

第二章 生 产

第十条 设立民用爆炸物品生产企业,应当遵循统筹规划、合理布局的原则。

第十一条 申请从事民用爆炸物品生产的企业,应当具备下列条件:

(一)符合国家产业结构规划和产业技术标准;

(二)厂房和专用仓库的设计、结构、建筑材料、安全距离以及防火、防爆、防雷、防静电等安全设备、设施符合国家有关标准和规范;

(三)生产设备、工艺符合有关安全生产的技术标准和规程;

(四)有具备相应资格的专业技术人员、安全生产管理人员和生产岗位人员;

(五)有健全的安全管理制度、岗位安全责任制度;

(六)法律、行政法规规定的其他条件。

第十二条 申请从事民用爆炸物品生产的企业,应当向国务院民用爆炸物品行业主管部门提交申请书、可行性研究报告以及能够证明其符合本条例第十一条规定条件的有关材料。国务院民用爆炸物品行业主管部门应当自受理申请之日起45日内进行审查，对符合条件的，核发《民用爆炸物品生产许可证》；对不符合条件的，不予核发《民用爆炸物品生产许可证》，书面向申请人说明理由。

民用爆炸物品生产企业为调整生产能力及品种进行改建、扩建的，应当依照前款规定申请办理《民用爆炸物品生产许可证》。

民用爆炸物品生产企业持《民用爆炸物品生产许可证》到工商行政管理部门办理工商登记，并在办理工商登记后3日内，向所在地县级人民政府公安机关备案。

第十三条 取得《民用爆炸物品生产许可证》的企业应当在基本建设完成后，向省、自治区、直辖市人民政府民用爆炸物品行业主管部门申请安全生产许可。省、自治区、直辖市人民政府民用爆炸物品行业主管部门应当依照《安全生产许可证条例》的规定对其进行查验，对符合条件的，核发《民用爆炸物品安全生产许可证》。民用爆炸物品生产企业取得《民用爆炸物品安全生产许可证》后，方可生产民用爆炸物品。

第十四条 民用爆炸物品生产企业应当严格按照《民用爆炸物品生产许可证》核定的品种和产量进行生产，生产作业应当严格执行安全技术规程的规定。

第十五条 民用爆炸物品生产企业应当对民用爆炸物品做出警示标识、登记标识，对雷管编码打号。民用爆炸物品警示标识、登记标识和雷管编码规则，由国务院公安部门会同国务院民用爆炸物品行业主管部门规定。

第十六条 民用爆炸物品生产企业应当建立健全产品检验制度，保证民用爆炸物品的质量符合相关标准。民用爆炸物品的包装，应当符合法律、行政法规的规定以及相关标准。

第十七条 试验或者试制民用爆炸物品，必须在专门场地或者专门的试验室进行。严禁在生产车间或者仓库内试验或者试制民用爆炸物品。

第三章 销售和购买

第十八条 申请从事民用爆炸物品销售的企业，应当具备下列条件：

（一）符合对民用爆炸物品销售企业规划的要求；

（二）销售场所和专用仓库符合国家有关标准和规范；

（三）有具备相应资格的安全管理人员、仓库管理人员；

（四）有健全的安全管理制度、岗位安全责任制度；

（五）法律、行政法规规定的其他条件。

第十九条 申请从事民用爆炸物品销售的企业，应当向所在地省、自治区、直辖市人民政府民用爆炸物品行业主管部门提交申请书、可行性研究报告以及能够证明其符合本条例第十八条规定条件的有关材料。省、自治区、直辖市人民政府民用爆炸物品行业主管部门应当自受理申请之日起30日内进行审查，并对申请单位的销售场所和专用仓库等经营设施进行查验，对符合条件的，核发《民用爆炸物品销售许可证》；对不符合条件的，不予核发《民用爆炸物品销售许可证》，书面向申请人说明理由。

民用爆炸物品销售企业持《民用爆炸物品销售许可证》到工商行政管理部门办理工商登记后，方可销售民用爆炸物品。

民用爆炸物品销售企业应当在办理工商登记后3日内，向所在地县级人民政府公安机关备案。

第二十条 民用爆炸物品生产企业凭《民用爆炸物品生产许可证》，可以销售本企业生产的民用爆炸物品。

民用爆炸物品生产企业销售本企业生产的民用爆炸物品，不得超出核定的品种、产量。

第二十一条 民用爆炸物品使用单位申请购买民用爆炸物品的，应当向所在地县级人民政府公安机关提出购买申请，并提交下列有关材料：

（一）工商营业执照或者事业单位法人证书；

（二）《爆破作业单位许可证》或者其他合法使用的证明；

（三）购买单位的名称、地址、银行账户；

（四）购买的品种、数量和用途说明。

受理申请的公安机关应当自受理申请之日起5日内对提交的有关材料进行审查，对符合条件的，核发《民用爆炸物品购买许可证》；对不符合条件的，不予核发《民用爆炸物品购买许可证》，书面向申请人说明理由。

《民用爆炸物品购买许可证》应当载明许可购买的品种、数量、购买单位以及许可的有效期限。

第二十二条 民用爆炸物品生产企业凭《民用爆炸物品生产许可证》购买属于民用爆炸物品的原料，民用爆炸物品销售企业凭《民用爆炸物品销售许可证》向民用爆炸物品生产企业购买民用爆炸物品，民用爆炸物品使用单位凭《民用爆炸物品购买许可证》购买民用爆炸物品，还应当提供经办人的身份证明。

销售民用爆炸物品的企业，应当查验前款规定的许可证和经办人的身份证明；对持《民用爆炸物品购买许可证》购买的，应当按照许可的品种、数量销售。

第二十三条　销售、购买民用爆炸物品，应当通过银行账户进行交易，不得使用现金或者实物进行交易。

销售民用爆炸物品的企业，应当将购买单位的许可证、银行账户转账凭证、经办人的身份证明复印件保存2年备查。

第二十四条　销售民用爆炸物品的企业，应当自民用爆炸物品买卖成交之日起3日内，将销售的品种、数量和购买单位向所在地省、自治区、直辖市人民政府民用爆炸物品行业主管部门和所在地县级人民政府公安机关备案。

购买民用爆炸物品的单位，应当自民用爆炸物品买卖成交之日起3日内，将购买的品种、数量向所在地县级人民政府公安机关备案。

第二十五条　进出口民用爆炸物品，应当经国务院民用爆炸物品行业主管部门审批。进出口民用爆炸物品审批办法，由国务院民用爆炸物品行业主管部门会同国务院公安部门、海关总署规定。

进出口单位应当将进出口的民用爆炸物品的品种、数量向收货地或者出境口岸所在地县级人民政府公安机关备案。

第四章　运　输

第二十六条　运输民用爆炸物品，收货单位应当向运达地县级人民政府公安机关提出申请，并提交包括下列内容的材料：

（一）民用爆炸物品生产企业、销售企业、使用单位以及进出口单位分别提供的《民用爆炸物品生产许可证》、《民用爆炸物品销售许可证》、《民用爆炸物品购买许可证》或者进出口批准证明；

（二）运输民用爆炸物品的品种、数量、包装材料和包装方式；

（三）运输民用爆炸物品的特性、出现险情的应急处置方法；

（四）运输时间、起始地点、运输路线、经停地点。

受理申请的公安机关应当自受理申请之日起3日内对提交的有关材料进行审查，对符合条件的，核发《民用爆炸物品运输许可证》；对不符合条件的，不予核发《民用爆炸物品运输许可证》，书面向申请人说明理由。

《民用爆炸物品运输许可证》应当载明收货单位、销售企业、承运人，一次性运输有效期限、起始地点、运输路线、经停地点，民用爆炸物品的品种、数量。

第二十七条　运输民用爆炸物品的，应当凭《民用爆炸物品运输许可证》，按照许可的品种、数量运输。

第二十八条　经由道路运输民用爆炸物品的，应当遵守下列规定：

（一）携带《民用爆炸物品运输许可证》；

（二）民用爆炸物品的装载符合国家有关标准和规范，车厢内不得载人；

（三）运输车辆安全技术状况应当符合国家有关安全技术标准的要求，并按照规定悬挂或者安装符合国家标准的易燃易爆危险物品警示标志；

（四）运输民用爆炸物品的车辆应当保持安全车速；

（五）按照规定的路线行驶，途中经停应当有专人看守，并远离建筑设施和人口稠密的地方，不得在许可以外的地点经停；

（六）按照安全操作规程装卸民用爆炸物品，并在装卸现场设置警戒，禁止无关人员进入；

（七）出现危险情况立即采取必要的应急处置措施，并报告当地公安机关。

第二十九条　民用爆炸物品运达目的地，收货单位应当进行验收后在《民用爆炸物品运输许可证》上签注，并在3日内将《民用爆炸物品运输许可证》交回发证机关核销。

第三十条　禁止携带民用爆炸物品搭乘公共交通工具或者进入公共场所。

禁止邮寄民用爆炸物品，禁止在托运的货物、行李、包裹、邮件中夹带民用爆炸物品。

第五章　爆破作业

第三十一条　申请从事爆破作业的单位，应当具备下列条件：

（一）爆破作业属于合法的生产活动；

（二）有符合国家有关标准和规范的民用爆炸物品专用仓库；

（三）有具备相应资格的安全管理人员、仓库管理人员和具备国家规定执业资格的爆破作业人员；

（四）有健全的安全管理制度、岗位安全责任制度；

（五）有符合国家标准、行业标准的爆破作业专用设备；

（六）法律、行政法规规定的其他条件。

第三十二条　申请从事爆破作业的单位，应当按照国务院公安部门的规定，向有关人民政府公安机关提出申请，并提供能够证明其符合本条例第三十一条规定条件的有关材料。受理申请的公安机关应当自受理申请之日起20日内进行审查，对符合条件的，核发《爆破作业单位许可证》；对不符合条件的，不予核发《爆破作业单位许可证》,书面向申请人说明理由。

营业性爆破作业单位持《爆破作业单位许可证》到工商行政管理部门办理工商登记后,方可从事营业性爆破作业活动。

爆破作业单位应当在办理工商登记后3日内,向所在地县级人民政府公安机关备案。

第三十三条 爆破作业单位应当对本单位的爆破作业人员、安全管理人员、仓库管理人员进行专业技术培训。爆破作业人员应当经设区的市级人民政府公安机关考核合格,取得《爆破作业人员许可证》后,方可从事爆破作业。

第三十四条 爆破作业单位应当按照其资质等级承接爆破作业项目,爆破作业人员应当按照其资格等级从事爆破作业。爆破作业的分级管理办法由国务院公安部门规定。

第三十五条 在城市、风景名胜区和重要工程设施附近实施爆破作业的,应当向爆破作业所在地设区的市级人民政府公安机关提出申请,提交《爆破作业单位许可证》和具有相应资质的安全评估企业出具的爆破设计、施工方案评估报告。受理申请的公安机关应当自受理申请之日起20日内对提交的有关材料进行审查,对符合条件的,作出批准的决定;对不符合条件的,作出不予批准的决定,并书面向申请人说明理由。

实施前款规定的爆破作业,应当由具有相应资质的安全监理企业进行监理,由爆破作业所在地县级人民政府公安机关负责组织实施安全警戒。

第三十六条 爆破作业单位跨省、自治区、直辖市行政区域从事爆破作业的,应当事先将爆破作业项目的有关情况向爆破作业所在地县级人民政府公安机关报告。

第三十七条 爆破作业单位应当如实记载领取、发放民用爆炸物品的品种、数量、编号以及领取、发放人员姓名。领取民用爆炸物品的数量不得超过当班用量,作业后剩余的民用爆炸物品必须当班清退回库。

爆破作业单位应当将领取、发放民用爆炸物品的原始记录保存2年备查。

第三十八条 实施爆破作业,应当遵守国家有关标准和规范,在安全距离以外设置警示标志并安排警戒人员,防止无关人员进入;爆破作业结束后应当及时检查、排除未引爆的民用爆炸物品。

第三十九条 爆破作业单位不再使用民用爆炸物品时,应当将剩余的民用爆炸物品登记造册,报所在地县级人民政府公安机关组织监督销毁。

发现、拣拾无主民用爆炸物品的,应当立即报告当地公安机关。

第六章 储 存

第四十条 民用爆炸物品应当储存在专用仓库内,并按照国家规定设置技术防范设施。

第四十一条 储存民用爆炸物品应当遵守下列规定:

(一)建立出入库检查、登记制度,收存和发放民用爆炸物品必须进行登记,做到账目清楚,账物相符;

(二)储存的民用爆炸物品数量不得超过储存设计容量,对性质相抵触的民用爆炸物品必须分库储存,严禁在库房内存放其他物品;

(三)专用仓库应当指定专人管理、看护,严禁无关人员进入仓库区内,严禁在仓库区内吸烟和用火,严禁把其他容易引起燃烧、爆炸的物品带入仓库区内,严禁在库房内住宿和进行其他活动;

(四)民用爆炸物品丢失、被盗、被抢,应当立即报告当地公安机关。

第四十二条 在爆破作业现场临时存放民用爆炸物品的,应当具备临时存放民用爆炸物品的条件,并设专人管理、看护,不得在不具备安全存放条件的场所存放民用爆炸物品。

第四十三条 民用爆炸物品变质和过期失效的,应当及时清理出库,并予以销毁。销毁前应当登记造册,提出销毁实施方案,报省、自治区、直辖市人民政府民用爆炸物品行业主管部门、所在地县级人民政府公安机关组织监督销毁。

第七章 法律责任

第四十四条 非法制造、买卖、运输、储存民用爆炸物品,构成犯罪的,依法追究刑事责任;尚不构成犯罪,有违反治安管理行为的,依法给予治安管理处罚。

违反本条例规定,在生产、储存、运输、使用民用爆炸物品中发生重大事故,造成严重后果或者后果特别严重,构成犯罪的,依法追究刑事责任。

违反本条例规定,未经许可生产、销售民用爆炸物品的,由民用爆炸物品行业主管部门责令停止非法生产、销售活动,处10万元以上50万元以下的罚款,并没收非法生产、销售的民用爆炸物品及其违法所得。

违反本条例规定,未经许可购买、运输民用爆炸物品或者从事爆破作业的,由公安机关责令停止非法购买、运输、爆破作业活动,处5万元以上20万元以下的罚款,并没收非法购买、运输以及从事爆破作业使用的民用爆炸物品及其违法所得。

民用爆炸物品行业主管部门、公安机关对没收的非法民用爆炸物品,应当组织销毁。

第四十五条　违反本条例规定,生产、销售民用爆炸物品的企业有下列行为之一的,由民用爆炸物品行业主管部门责令限期改正,处10万元以上50万元以下的罚款;逾期不改正的,责令停产停业整顿;情节严重的,吊销《民用爆炸物品生产许可证》或者《民用爆炸物品销售许可证》:

(一)超出生产许可的品种、产量进行生产、销售的;

(二)违反安全技术规程生产作业的;

(三)民用爆炸物品的质量不符合相关标准的;

(四)民用爆炸物品的包装不符合法律、行政法规的规定以及相关标准的;

(五)超出购买许可的品种、数量销售民用爆炸物品的;

(六)向没有《民用爆炸物品生产许可证》、《民用爆炸物品销售许可证》、《民用爆炸物品购买许可证》的单位销售民用爆炸物品的;

(七)民用爆炸物品生产企业销售本企业生产的民用爆炸物品未按照规定向民用爆炸物品行业主管部门备案的;

(八)未经审批进出口民用爆炸物品的。

第四十六条　违反本条例规定,有下列情形之一的,由公安机关责令限期改正,处5万元以上20万元以下的罚款;逾期不改正的,责令停产停业整顿:

(一)未按照规定对民用爆炸物品做出警示标识、登记标识或者未对雷管编码打号的;

(二)超出购买许可的品种、数量购买民用爆炸物品的;

(三)使用现金或者实物进行民用爆炸物品交易的;

(四)未按照规定保存购买单位的许可证、银行账户转账凭证、经办人的身份证明复印件的;

(五)销售、购买、进出口民用爆炸物品,未按照规定向公安机关备案的;

(六)未按照规定建立民用爆炸物品登记制度,如实将本单位生产、销售、购买、运输、储存、使用民用爆炸物品的品种、数量和流向信息输入计算机系统的;

(七)未按照规定将《民用爆炸物品运输许可证》交回发证机关核销的。

第四十七条　违反本条例规定,经由道路运输民用爆炸物品,有下列情形之一的,由公安机关责令改正,处5万元以上20万元以下的罚款:

(一)违反运输许可事项的;

(二)未携带《民用爆炸物品运输许可证》的;

(三)违反有关标准和规范混装民用爆炸物品的;

(四)运输车辆未按照规定悬挂或者安装符合国家标准的易燃易爆危险物品警示标志的;

(五)未按照规定的路线行驶,途中经停没有专人看守或者在许可以外的地点经停的;

(六)装载民用爆炸物品的车厢载人的;

(七)出现危险情况未立即采取必要的应急处置措施、报告当地公安机关的。

第四十八条　违反本条例规定,从事爆破作业的单位有下列情形之一的,由公安机关责令停止违法行为或者限期改正,处10万元以上50万元以下的罚款;逾期不改正的,责令停产停业整顿;情节严重的,吊销《爆破作业单位许可证》:

(一)爆破作业单位未按照其资质等级从事爆破作业的;

(二)营业性爆破作业单位跨省、自治区、直辖市行政区域实施爆破作业,未按照规定事先向爆破作业所在地的县级人民政府公安机关报告的;

(三)爆破作业单位未按照规定建立民用爆炸物品领取登记制度、保存领取登记记录的;

(四)违反国家有关标准和规范实施爆破作业的。

爆破作业人员违反国家有关标准和规范的规定实施爆破作业的,由公安机关责令限期改正,情节严重的,吊销《爆破作业人员许可证》。

第四十九条　违反本条例规定,有下列情形之一的,由民用爆炸物品行业主管部门、公安机关按照职责责令限期改正,可以并处5万元以上20万元以下的罚款;逾期不改正的,责令停产停业整顿;情节严重的,吊销许可证:

(一)未按照规定在专用仓库设置技术防范设施的;

(二)未按照规定建立出入库检查、登记制度或者收存和发放民用爆炸物品,致使账物不符的;

(三)超量储存、在非专用仓库储存或者违反储存标准和规范储存民用爆炸物品的;

(四)有本条例规定的其他违反民用爆炸物品储存管理规定行为的。

第五十条　违反本条例规定,民用爆炸物品从业单位有下列情形之一的,由公安机关处2万元以上10万元以下的罚款；情节严重的，吊销其许可证；有违反治安管理行为的，依法给予治安管理处罚：

（一）违反安全管理制度，致使民用爆炸物品丢失、被盗、被抢的；

（二）民用爆炸物品丢失、被盗、被抢，未按照规定向当地公安机关报告或者故意隐瞒不报的；

（三）转让、出借、转借、抵押、赠送民用爆炸物品的。

第五十一条　违反本条例规定，携带民用爆炸物品搭乘公共交通工具或者进入公共场所，邮寄或者在托运的货物、行李、包裹、邮件中夹带民用爆炸物品，构成犯罪的，依法追究刑事责任；尚不构成犯罪的，由公安机关依法给予治安管理处罚，没收非法的民用爆炸物品，处1000元以上1万元以下的罚款。

第五十二条　民用爆炸物品从业单位的主要负责人未履行本条例规定的安全管理责任，导致发生重大伤亡事故或者造成其他严重后果，构成犯罪的，依法追究刑事责任；尚不构成犯罪的，对主要负责人给予撤职处分，对个人经营的投资人处2万元以上20万元以下的罚款。

第五十三条　民用爆炸物品行业主管部门、公安机关、工商行政管理部门的工作人员，在民用爆炸物品安全监督管理工作中滥用职权、玩忽职守或者徇私舞弊，构成犯罪的，依法追究刑事责任；尚不构成犯罪的，依法给予行政处分。

第八章　附　则

第五十四条　《民用爆炸物品生产许可证》、《民用爆炸物品销售许可证》，由国务院民用爆炸物品行业主管部门规定式样；《民用爆炸物品购买许可证》、《民用爆炸物品运输许可证》、《爆破作业单位许可证》、《爆破作业人员许可证》，由国务院公安部门规定式样。

第五十五条　本条例自2006年9月1日起施行。1984年1月6日国务院发布的《中华人民共和国民用爆炸物品管理条例》同时废止。

烟花爆竹安全管理条例

·2006年1月21日中华人民共和国国务院令第455号公布

·根据2016年2月6日《国务院关于修改部分行政法规的决定》修订

第一章　总　则

第一条　为了加强烟花爆竹安全管理，预防爆炸事故发生，保障公共安全和人身、财产的安全，制定本条例。

第二条　烟花爆竹的生产、经营、运输和燃放，适用本条例。

本条例所称烟花爆竹，是指烟花爆竹制品和用于生产烟花爆竹的民用黑火药、烟火药、引火线等物品。

第三条　国家对烟花爆竹的生产、经营、运输和举办焰火晚会以及其他大型焰火燃放活动，实行许可证制度。

未经许可，任何单位或者个人不得生产、经营、运输烟花爆竹，不得举办焰火晚会以及其他大型焰火燃放活动。

第四条　安全生产监督管理部门负责烟花爆竹的安全生产监督管理；公安部门负责烟花爆竹的公共安全管理；质量监督检验部门负责烟花爆竹的质量监督和进出口检验。

第五条　公安部门、安全生产监督管理部门、质量监督检验部门、工商行政管理部门应当按照职责分工，组织查处非法生产、经营、储存、运输、邮寄烟花爆竹以及非法燃放烟花爆竹的行为。

第六条　烟花爆竹生产、经营、运输企业和焰火晚会以及其他大型焰火燃放活动主办单位的主要负责人，对本单位的烟花爆竹安全工作负责。

烟花爆竹生产、经营、运输企业和焰火晚会以及其他大型焰火燃放活动主办单位应当建立健全安全责任制，制定各项安全管理制度和操作规程，并对从业人员定期进行安全教育、法制教育和岗位技术培训。

中华全国供销合作总社应当加强对本系统企业烟花爆竹经营活动的管理。

第七条　国家鼓励烟花爆竹生产企业采用提高安全程度和提升行业整体水平的新工艺、新配方和新技术。

第二章　生产安全

第八条　生产烟花爆竹的企业，应当具备下列条件：

（一）符合当地产业结构规划；

（二）基本建设项目经过批准；

（三）选址符合城乡规划，并与周边建筑、设施保持必要的安全距离；

（四）厂房和仓库的设计、结构和材料以及防火、防爆、防雷、防静电等安全设备、设施符合国家有关标准和规范；

（五）生产设备、工艺符合安全标准；

（六）产品品种、规格、质量符合国家标准；

（七）有健全的安全生产责任制；

（八）有安全生产管理机构和专职安全生产管理人员；

（九）依法进行了安全评价；

（十）有事故应急救援预案、应急救援组织和人员，并配备必要的应急救援器材、设备；

（十一）法律、法规规定的其他条件。

第九条　生产烟花爆竹的企业，应当在投入生产前向所在地设区的市人民政府安全生产监督管理部门提出安全审查申请，并提交能够证明符合本条例第八条规定条件的有关材料。设区的市人民政府安全生产监督管理部门应当自收到材料之日起20日内提出安全审查初步意见，报省、自治区、直辖市人民政府安全生产监督管理部门审查。省、自治区、直辖市人民政府安全生产监督管理部门应当自受理申请之日起45日内进行安全审查，对符合条件的，核发《烟花爆竹安全生产许可证》；对不符合条件的，应当说明理由。

第十条　生产烟花爆竹的企业为扩大生产能力进行基本建设或者技术改造的，应当依照本条例的规定申请办理安全生产许可证。

生产烟花爆竹的企业，持《烟花爆竹安全生产许可证》到工商行政管理部门办理登记手续后，方可从事烟花爆竹生产活动。

第十一条　生产烟花爆竹的企业，应当按照安全生产许可证核定的产品种类进行生产，生产工序和生产作业应当执行有关国家标准和行业标准。

第十二条　生产烟花爆竹的企业，应当对生产作业人员进行安全生产知识教育，对从事药物混合、造粒、筛选、装药、筑药、压药、切引、搬运等危险工序的作业人员进行专业技术培训。从事危险工序的作业人员经设区的市人民政府安全生产监督管理部门考核合格，方可上岗作业。

第十三条　生产烟花爆竹使用的原料，应当符合国家标准的规定。生产烟花爆竹使用的原料，国家标准有用量限制的，不得超过规定的用量。不得使用国家标准规定禁止使用或者禁忌配伍的物质生产烟花爆竹。

第十四条　生产烟花爆竹的企业，应当按照国家标准的规定，在烟花爆竹产品上标注燃放说明，并在烟花爆竹包装物上印制易燃易爆危险物品警示标志。

第十五条　生产烟花爆竹的企业，应当对黑火药、烟火药、引火线的保管采取必要的安全技术措施，建立购买、领用、销售登记制度，防止黑火药、烟火药、引火线丢失。黑火药、烟火药、引火线丢失的，企业应当立即向当地安全生产监督管理部门和公安部门报告。

第三章　经营安全

第十六条　烟花爆竹的经营分为批发和零售。

从事烟花爆竹批发的企业和零售经营者的经营布点，应当经安全生产监督管理部门审批。

禁止在城市市区布设烟花爆竹批发场所；城市市区的烟花爆竹零售网点，应当按照严格控制的原则合理布设。

第十七条　从事烟花爆竹批发的企业，应当具备下列条件：

（一）具有企业法人条件；

（二）经营场所与周边建筑、设施保持必要的安全距离；

（三）有符合国家标准的经营场所和储存仓库；

（四）有保管员、仓库守护员；

（五）依法进行了安全评价；

（六）有事故应急救援预案、应急救援组织和人员，并配备必要的应急救援器材、设备；

（七）法律、法规规定的其他条件。

第十八条　烟花爆竹零售经营者，应当具备下列条件：

（一）主要负责人经过安全知识教育；

（二）实行专店或者专柜销售，设专人负责安全管理；

（三）经营场所配备必要的消防器材，张贴明显的安全警示标志；

（四）法律、法规规定的其他条件。

第十九条　申请从事烟花爆竹批发的企业，应当向所在地设区的市人民政府安全生产监督管理部门提出申请，并提供能够证明符合本条例第十七条规定条件的有关材料。受理申请的安全生产监督管理部门应当自受理申请之日起30日内对提交的有关材料和经营场所进行审查，对符合条件的，核发《烟花爆竹经营（批发）许可证》；对不符合条件的，应当说明理由。

申请从事烟花爆竹零售的经营者，应当向所在地县级人民政府安全生产监督管理部门提出申请，并提供能够证明符合本条例第十八条规定条件的有关材料。受理申请的安全生产监督管理部门应当自受理申请之日起20日内对提交的有关材料和经营场所进行审查，对符合条件的，核发《烟花爆竹经营（零售）许可证》；对不符合条件的，应当说明理由。

《烟花爆竹经营（零售）许可证》，应当载明经营负责人、经营场所地址、经营期限、烟花爆竹种类和限制存放量。

第二十条　从事烟花爆竹批发的企业，应当向生产烟花爆竹的企业采购烟花爆竹，向从事烟花爆竹零售的经营者供应烟花爆竹。从事烟花爆竹零售的经营者，应当向从事烟花爆竹批发的企业采购烟花爆竹。

从事烟花爆竹批发的企业、零售经营者不得采购和销售非法生产、经营的烟花爆竹。

从事烟花爆竹批发的企业,不得向从事烟花爆竹零售的经营者供应按照国家标准规定应由专业燃放人员燃放的烟花爆竹。从事烟花爆竹零售的经营者,不得销售按照国家标准规定应由专业燃放人员燃放的烟花爆竹。

第二十一条 生产、经营黑火药、烟火药、引火线的企业,不得向未取得烟花爆竹安全生产许可的任何单位或者个人销售黑火药、烟火药和引火线。

第四章 运输安全

第二十二条 经由道路运输烟花爆竹的,应当经公安部门许可。

经由铁路、水路、航空运输烟花爆竹的,依照铁路、水路、航空运输安全管理的有关法律、法规、规章的规定执行。

第二十三条 经由道路运输烟花爆竹的,托运人应当向运达地县级人民政府公安部门提出申请,并提交下列有关材料:

(一)承运人从事危险货物运输的资质证明;

(二)驾驶员、押运员从事危险货物运输的资格证明;

(三)危险货物运输车辆的道路运输证明;

(四)托运人从事烟花爆竹生产、经营的资质证明;

(五)烟花爆竹的购销合同及运输烟花爆竹的种类、规格、数量;

(六)烟花爆竹的产品质量和包装合格证明;

(七)运输车辆牌号、运输时间、起始地点、行驶路线、经停地点。

第二十四条 受理申请的公安部门应当自受理申请之日起3日内对提交的有关材料进行审查,对符合条件的,核发《烟花爆竹道路运输许可证》;对不符合条件的,应当说明理由。

《烟花爆竹道路运输许可证》应当载明托运人、承运人、一次性运输有效期限、起始地点、行驶路线、经停地点、烟花爆竹的种类、规格和数量。

第二十五条 经由道路运输烟花爆竹的,除应当遵守《中华人民共和国道路交通安全法》外,还应当遵守下列规定:

(一)随车携带《烟花爆竹道路运输许可证》;

(二)不得违反运输许可事项;

(三)运输车辆悬挂或者安装符合国家标准的易燃易爆危险物品警示标志;

(四)烟花爆竹的装载符合国家有关标准和规范;

(五)装载烟花爆竹的车厢不得载人;

(六)运输车辆限速行驶,途中经停必须有专人看守;

(七)出现危险情况立即采取必要的措施,并报告当地公安部门。

第二十六条 烟花爆竹运达目的地后,收货人应当在3日内将《烟花爆竹道路运输许可证》交回发证机关核销。

第二十七条 禁止携带烟花爆竹搭乘公共交通工具。

禁止邮寄烟花爆竹,禁止在托运的行李、包裹、邮件中夹带烟花爆竹。

第五章 燃放安全

第二十八条 燃放烟花爆竹,应当遵守有关法律、法规和规章的规定。县级以上地方人民政府可以根据本行政区域的实际情况,确定限制或者禁止燃放烟花爆竹的时间、地点和种类。

第二十九条 各级人民政府和政府有关部门应当开展社会宣传活动,教育公民遵守有关法律、法规和规章,安全燃放烟花爆竹。

广播、电视、报刊等新闻媒体,应当做好安全燃放烟花爆竹的宣传、教育工作。

未成年人的监护人应当对未成年人进行安全燃放烟花爆竹的教育。

第三十条 禁止在下列地点燃放烟花爆竹:

(一)文物保护单位;

(二)车站、码头、飞机场等交通枢纽以及铁路线路安全保护区内;

(三)易燃易爆物品生产、储存单位;

(四)输变电设施安全保护区内;

(五)医疗机构、幼儿园、中小学校、敬老院;

(六)山林、草原等重点防火区;

(七)县级以上地方人民政府规定的禁止燃放烟花爆竹的其他地点。

第三十一条 燃放烟花爆竹,应当按照燃放说明燃放,不得以危害公共安全和人身、财产安全的方式燃放烟花爆竹。

第三十二条 举办焰火晚会以及其他大型焰火燃放活动,应当按照举办的时间、地点、环境、活动性质、规模以及燃放烟花爆竹的种类、规格和数量,确定危险等级,实行分级管理。分级管理的具体办法,由国务院公安部门规定。

第三十三条 申请举办焰火晚会以及其他大型焰火燃放活动，主办单位应当按照分级管理的规定，向有关人民政府公安部门提出申请，并提交下列有关材料：

（一）举办焰火晚会以及其他大型焰火燃放活动的时间、地点、环境、活动性质、规模；

（二）燃放烟花爆竹的种类、规格、数量；

（三）燃放作业方案；

（四）燃放作业单位、作业人员符合行业标准规定条件的证明。

受理申请的公安部门应当自受理申请之日起20日内对提交的有关材料进行审查，对符合条件的，核发《焰火燃放许可证》；对不符合条件的，应当说明理由。

第三十四条 焰火晚会以及其他大型焰火燃放活动燃放作业单位和作业人员，应当按照焰火燃放安全规程和经许可的燃放作业方案进行燃放作业。

第三十五条 公安部门应当加强对危险等级较高的焰火晚会以及其他大型焰火燃放活动的监督检查。

第六章 法律责任

第三十六条 对未经许可生产、经营烟花爆竹制品，或者向未取得烟花爆竹安全生产许可的单位或者个人销售黑火药、烟火药、引火线的，由安全生产监督管理部门责令停止非法生产、经营活动，处2万元以上10万元以下的罚款，并没收非法生产、经营的物品及违法所得。

对未经许可经由道路运输烟花爆竹的，由公安部门责令停止非法运输活动，处1万元以上5万元以下的罚款，并没收非法运输的物品及违法所得。

非法生产、经营、运输烟花爆竹，构成违反治安管理行为的，依法给予治安管理处罚；构成犯罪的，依法追究刑事责任。

第三十七条 生产烟花爆竹的企业有下列行为之一的，由安全生产监督管理部门责令限期改正，处1万元以上5万元以下的罚款；逾期不改正的，责令停产停业整顿，情节严重的，吊销安全生产许可证：

（一）未按照安全生产许可证核定的产品种类进行生产的；

（二）生产工序或者生产作业不符合有关国家标准、行业标准的；

（三）雇佣未经设区的市人民政府安全生产监督管理部门考核合格的人员从事危险工序作业的；

（四）生产烟花爆竹使用的原料不符合国家标准规定的，或者使用的原料超过国家标准规定的用量限制的；

（五）使用按照国家标准规定禁止使用或者禁忌配伍的物质生产烟花爆竹的；

（六）未按照国家标准的规定在烟花爆竹产品上标注燃放说明，或者未在烟花爆竹的包装物上印制易燃易爆危险物品警示标志的。

第三十八条 从事烟花爆竹批发的企业向从事烟花爆竹零售的经营者供应非法生产、经营的烟花爆竹，或者供应按照国家标准规定应由专业燃放人员燃放的烟花爆竹的，由安全生产监督管理部门责令停止违法行为，处2万元以上10万元以下的罚款，并没收非法经营的物品及违法所得；情节严重的，吊销烟花爆竹经营许可证。

从事烟花爆竹零售的经营者销售非法生产、经营的烟花爆竹，或者销售按照国家标准规定应由专业燃放人员燃放的烟花爆竹的，由安全生产监督管理部门责令停止违法行为，处1000元以上5000元以下的罚款，并没收非法经营的物品及违法所得；情节严重的，吊销烟花爆竹经营许可证。

第三十九条 生产、经营、使用黑火药、烟火药、引火线的企业，丢失黑火药、烟火药、引火线未及时向当地安全生产监督管理部门和公安部门报告的，由公安部门对企业主要负责人处5000元以上2万元以下的罚款，对丢失的物品予以追缴。

第四十条 经由道路运输烟花爆竹，有下列行为之一的，由公安部门责令改正，处200元以上2000元以下的罚款：

（一）违反运输许可事项的；

（二）未随车携带《烟花爆竹道路运输许可证》的；

（三）运输车辆没有悬挂或者安装符合国家标准的易燃易爆危险物品警示标志的；

（四）烟花爆竹的装载不符合国家有关标准和规范的；

（五）装载烟花爆竹的车厢载人的；

（六）超过危险物品运输车辆规定时速行驶的；

（七）运输车辆途中经停没有专人看守的；

（八）运达目的地后，未按规定时间将《烟花爆竹道路运输许可证》交回发证机关核销的。

第四十一条 对携带烟花爆竹搭乘公共交通工具，或者邮寄烟花爆竹以及在托运的行李、包裹、邮件中夹带烟花爆竹的，由公安部门没收非法携带、邮寄、夹带的烟花爆竹，可以并处200元以上1000元以下的罚款。

第四十二条 对未经许可举办焰火晚会以及其他大型焰火燃放活动，或者焰火晚会以及其他大型焰火燃放活动燃放作业单位和作业人员违反焰火燃放安全规程、燃放作业方案进行燃放作业的，由公安部门责令停止燃放，对责任单位处1万元以上5万元以下的罚款。

在禁止燃放烟花爆竹的时间、地点燃放烟花爆竹，或者以危害公共安全和人身、财产安全的方式燃放烟花爆竹的，由公安部门责令停止燃放，处100元以上500元以下的罚款；构成违反治安管理行为的，依法给予治安管理处罚。

第四十三条　对没收的非法烟花爆竹以及生产、经营企业弃置的废旧烟花爆竹，应当就地封存，并由公安部门组织销毁、处置。

第四十四条　安全生产监督管理部门、公安部门、质量监督检验部门、工商行政管理部门的工作人员，在烟花爆竹安全监管工作中滥用职权、玩忽职守、徇私舞弊，构成犯罪的，依法追究刑事责任；尚不构成犯罪的，依法给予行政处分。

第七章　附　则

第四十五条　《烟花爆竹安全生产许可证》、《烟花爆竹经营（批发）许可证》、《烟花爆竹经营（零售）许可证》，由国务院安全生产监督管理部门规定式样；《烟花爆竹道路运输许可证》、《焰火燃放许可证》，由国务院公安部门规定式样。

第四十六条　本条例自公布之日起施行。

烟花爆竹生产经营安全规定

- 2018年1月15日国家安全生产监督管理总局令第93号公布
- 自2018年3月1日起施行

第一章　总　则

第一条　为了加强烟花爆竹生产经营安全工作，预防和减少生产安全事故，根据《中华人民共和国安全生产法》和《烟花爆竹安全管理条例》等有关法律、行政法规，制定本规定。

第二条　烟花爆竹生产企业（以下简称生产企业）、烟花爆竹批发企业（以下简称批发企业）和烟花爆竹零售经营者（以下简称零售经营者）的安全生产及其监督管理，适用本规定。

生产企业、批发企业、零售经营者统称生产经营单位。

第三条　生产经营单位应当落实安全生产主体责任，其主要负责人（包括法定代表人、实际控制人，下同）是本单位安全生产工作的第一责任人，对本单位的安全生产工作全面负责。其他负责人在各自职责范围内对本单位安全生产工作负责。

第四条　县级以上地方人民政府安全生产监督管理部门按照属地监管、分类分级负责的原则，对本行政区域内生产经营单位安全生产工作实施监督管理。

地方各级人民政府安全生产监督管理部门在本级人民政府的统一领导下，按照职责分工，会同其他有关部门依法查处非法生产经营烟花爆竹行为。

第二章　生产经营单位的安全生产保障

第五条　生产经营单位应当具备有关法律、行政法规和国家标准或者行业标准规定的安全生产条件，并依法取得相应行政许可。

第六条　生产企业、批发企业应当建立健全全员安全生产责任制，建立健全安全生产工作责任体系，制定并落实符合法律、行政法规和国家标准或者行业标准的安全生产规章制度和操作规程。

第七条　生产企业、批发企业应当不断完善安全生产基础设施，持续保障和提升安全生产条件。

生产企业、批发企业的防雷设施应当经具有相应资质的机构设计、施工，确保符合相关国家标准或者行业标准的规定；防范静电危害的措施应当符合相关国家标准或者行业标准的规定。

生产企业、批发企业在工艺技术条件发生变化和扩大生产储存规模投入生产前，应当对企业的总体布局、工艺流程、危险性工（库）房、安全防护屏障、防火防雷防静电等基础设施进行安全评价。

新的国家标准、行业标准公布后，生产企业、批发企业应当对企业的总体布局、工艺流程、危险性工（库）房、安全防护屏障、防火防雷防静电等基础设施以及安全管理制度进行符合性检查，并依据新的国家标准、行业标准采取相应的改进、完善措施。

鼓励生产企业、批发企业制定并实施严于国家标准、行业标准的企业标准。

第八条　生产企业应当积极推进烟花爆竹生产工艺技术进步，采用本质安全、性能可靠、自动化程度高的机械设备和生产工艺，使用安全、环保的生产原材料。禁止使用国家明令禁止或者淘汰的生产工艺、机械设备及原材料。禁止从业人员自行携带工具、设备进入企业从事生产作业。

第九条　生产企业的涉药生产环节采用新工艺、使用新设备前，应当组织具有相应能力的机构、专家进行安全性能、安全技术要求论证。

第十条　生产企业、批发企业应当保证下列事项所需安全生产资金投入：

（一）安全设备设施维修维护；

（二）工（库）房按国家标准、行业标准规定的条件改造；

（三）重点部位和库房监控；

（四）安全风险管控与隐患排查治理；

（五）风险评估与安全评价；

（六）安全生产教育培训；

（七）劳动防护用品配备；

（八）应急救援器材和物资配备；

（九）应急救援训练及演练；

（十）投保安全生产责任保险等其他需要投入资金的安全生产事项。

第十一条　生产企业、批发企业的生产区、总仓库区、工（库）房及其他有较大危险因素的生产经营场所和有关设施设备上，应当设置明显的安全警示标志；所有工（库）房应当按照国家标准或者行业标准的规定设置准确、清晰、醒目的定员、定量、定级标识。

零售经营场所应当设置清晰、醒目的易燃易爆以及周边严禁烟火、严禁燃放烟花爆竹的安全标志。

第十二条　生产经营单位应当对本单位从业人员进行烟花爆竹安全知识、岗位操作技能等培训，未经安全生产教育和培训的从业人员，不得上岗作业。危险工序作业等特种作业人员应当依法取得相应资格，方可上岗作业。

生产经营单位的主要负责人和安全生产管理人员应当由安全生产监督管理部门对其进行安全生产知识和管理能力考核合格。考核不得收费。

第十三条　生产企业可以依法申请设立批发企业和零售经营场所。批发企业可以依法申请设立零售经营场所。

生产经营单位应当严格按照安全生产许可或者经营许可批准的范围，组织开展生产经营活动。禁止在许可证载明的场所外从事烟花爆竹生产、经营、储存活动，禁止许可证过期继续从事生产经营活动。禁止销售超标、违禁烟花爆竹产品或者非法烟花爆竹产品。

生产企业不得向其他企业销售烟花爆竹含药半成品，不得从其他企业购买烟花爆竹含药半成品加工后销售，不得购买其他企业烟花爆竹成品加贴本企业标签后销售。

批发企业不得向零售经营者或者个人销售专业燃放类烟花爆竹产品。

零售经营者不得在居民居住场所同一建筑物内经营、储存烟花爆竹。

第十四条　生产企业、批发企业应当在权责明晰的组织架构下统一组织开展生产经营活动。禁止分包、转包工（库）房、生产线、生产设备设施或者出租、出借、转让许可证。

第十五条　生产企业、批发企业应当依法建立安全风险分级管控和事故隐患排查治理双重预防机制，采取技术、管理等措施，管控安全风险，及时消除事故隐患，建立安全风险分级管控和事故隐患排查治理档案，如实记录安全风险分级管控和事故隐患排查治理情况，并向本企业从业人员通报。

第十六条　生产企业、批发企业必须建立值班制度和现场巡查制度，全面掌握当日各岗位人员数量及药物分布等安全生产情况，确保不超员超量，并及时处置异常情况。

生产企业、批发企业的危险品生产区、总仓库区，应当确保二十四小时有人值班，并保持监控设施有效、通信畅通。

第十七条　生产企业、批发企业应当建立从业人员、外来人员、车辆进出厂（库）区登记制度，对进出厂（库）区的从业人员、外来人员、车辆如实登记记录，随时掌握厂（库）区人员和车辆的情况。禁止无关人员和车辆进入厂（库）区。禁止未安装阻火装置等不符合国家标准或者行业标准规定安全条件的机动车辆进入生产区和仓库区。

第十八条　生产企业和经营黑火药、引火线的批发企业应当要求供货单位提供并查验购进的黑火药、引火线及化工原材料的质检报告或者产品合格证，确保其安全性能符合国家标准或者行业标准的规定；对总仓库和中转库的黑火药、引火线、烟火药及裸药效果件，应当建立并实施由专人管理、登记、分发的安全管理制度。

第十九条　生产企业、批发企业应当加强日常安全检查，采取安全监控、巡查检查等措施，及时发现、纠正违反安全操作规程和规章制度的行为。禁止工（库）房超员、超量作业，禁止擅自改变工（库）房设计用途，禁止作业人员随意串岗、换岗、离岗。

第二十条　生产企业、批发企业应当按照设计用途、危险等级、核定药量使用药物总库和成品总库，并按规定堆码，分类分级存放，保持仓库内通道畅通，准确记录药物和产品数量。

禁止在仓库内进行拆箱、包装作业。禁止将性质不相容的物质混存。禁止将高危险等级物品储存在危险等级低的仓库。禁止在烟花爆竹仓库储存不属于烟花爆竹的其他危险物品。

第二十一条 生产企业的中转库数量、核定存药量、药物储存时间,应当符合国家标准或者行业标准规定,确保药物、半成品、成品合理中转,保障生产流程顺畅。禁止在中转库内超量或者超时储存药物、半成品、成品。

第二十二条 生产企业、批发企业应当定期检查工(库)房、安全设施、电气线路、机械设备等的运行状况和作业环境,及时维护保养;对有药物粉尘的工房,应当按照操作规程及时清理冲洗。

对工(库)房、安全设施、电气线路、机械设备等进行检测、检修、维修、改造作业前,生产企业、批发企业应当制定安全作业方案,停止相关生产经营活动,转移烟花爆竹成品、半成品和原材料,清除残存药物和粉尘,切断被检测、检修、维修、改造的电气线路和机械设备电源,严格控制检修、维修作业人员数量,撤离无关的人员。

第二十三条 生产企业、批发企业在烟花爆竹购销活动中,应当依法签订规范的烟花爆竹买卖合同,建立烟花爆竹买卖合同和流向管理制度,使用全国统一的烟花爆竹流向管理信息系统,如实登记烟花爆竹流向。

生产企业应当在专业燃放类产品包装(包括运输包装和销售包装)及个人燃放类产品运输包装上张贴流向登记标签,并在产品入库和销售出库时登记录入。

批发企业购进烟花爆竹时,应当查验流向登记标签,并在产品入库和销售出库时登记录入。

第二十四条 生产企业、批发企业所生产、销售烟花爆竹的质量、包装、标志应当符合国家标准或者行业标准的规定。

第二十五条 在生产企业、批发企业内部及生产区、库区之间运输烟花爆竹成品、半成品及原材料时,应当使用符合国家标准或者行业标准规定安全条件的车辆、工具。企业内部运输应当严格按照规定路线、速度行驶。

生产企业、批发企业装卸烟花爆竹成品、半成品及原材料时,应当严格遵守作业规程。禁止碰撞、拖拉、抛摔、翻滚、摩擦、挤压等不安全行为。

第二十六条 生产企业、批发企业应当及时妥善处置生产经营过程中产生的各类危险性废弃物。不得留存过期的烟花爆竹成品、半成品、原材料及各类危险性废弃物。

第二十七条 批发企业应当向零售经营者及零售经营场所提供烟花爆竹配送服务。配送烟花爆竹抵达零售经营场所装卸作业时,应当轻拿轻放、妥善码放,禁止碰撞、拖拉、抛摔、翻滚、摩擦、挤压等不安全行为。

第二十八条 零售经营者应当向批发企业采购烟花爆竹并接受批发企业配送服务,不得到企业仓库自行提取烟花爆竹。

第三章 监督管理

第二十九条 地方各级安全生产监督管理部门应当加强对本行政区域内生产经营单位的监督检查,明确每个生产经营单位的安全生产监督管理主体,制定并落实年度监督检查计划,对生产经营单位的安全生产违法行为,依法实施行政处罚。

第三十条 安全生产监督管理部门可以根据需要,委托专业技术服务机构对生产经营单位的安全设施等进行检验检测,并承担检验检测费用,不得向企业收取。专业技术服务机构对其作出的检验检测结果负责。委托检验检测结果可以作为行政执法的依据。

生产经营单位不得拒绝、阻挠安全生产监督管理部门委托的专业技术服务机构开展检验检测工作。

第三十一条 安全生产监督管理部门应当为进入企业现场的监督检查人员配备必要的执法装备、检测检验设备及个人防护用品,确保执法检查人员人身安全。

第三十二条 安全生产监督管理部门监督检查中发现生产经营单位存在不属于本部门职责范围的违法行为的,应当及时移送有关部门处理。

第四章 法律责任

第三十三条 生产企业、批发企业有下列行为之一的,责令限期改正;逾期未改正的,处一万元以上三万元以下的罚款:

(一)工(库)房没有设置准确、清晰、醒目的定员、定量、定级标识的;

(二)未向零售经营者或者零售经营场所提供烟花爆竹配送服务的。

第三十四条 生产企业、批发企业有下列行为之一的,责令限期改正,可以处五万元以下的罚款;逾期未改正的,处五万元以上二十万元以下的罚款,对其直接负责的主管人员和其他直接责任人员处一万元以上二万元以下的罚款;情节严重的,责令停产停业整顿:

(一)防范静电危害的措施不符合相关国家标准或者行业标准规定的;

(二)使用新安全设备,未进行安全性论证的;

(三)在生产区、工(库)房等有药区域对安全设备进行检测、改造作业时,未将工(库)房内的药物、有药半成品、成品搬走并清理作业现场的。

第三十五条　生产企业、批发企业有下列行为之一的,责令限期改正,可以处十万元以下的罚款;逾期未改正的,责令停产停业整顿,并处十万元以上二十万元以下的罚款,对其直接负责的主管人员和其他直接责任人员处二万元以上五万元以下的罚款:

(一)未建立从业人员、外来人员、车辆出入厂(库)区登记制度的;

(二)未制定专人管理、登记、分发黑火药、引火线、烟火药及库存和中转效果件的安全管理制度的;

(三)未建立烟花爆竹买卖合同管理制度的;

(四)未按规定建立烟花爆竹流向管理制度的。

第三十六条　零售经营者有下列行为之一的,责令其限期改正,可以处一千元以上五千元以下的罚款;逾期未改正的,处五千元以上一万元以下的罚款:

(一)超越许可证载明限量储存烟花爆竹的;

(二)到批发企业仓库自行提取烟花爆竹的。

第三十七条　生产经营单位有下列行为之一的,责令改正;拒不改正的,处一万元以上三万元以下的罚款,对其直接负责的主管人员和其他直接责任人员处五千元以上一万元以下的罚款:

(一)对工(库)房、安全设施、电气线路、机械设备等进行检测、检修、维修、改造作业前,未制定安全作业方案,或者未切断被检修、维修的电气线路和机械设备电源的;

(二)拒绝、阻挠受安全生产监督管理部门委托的专业技术服务机构开展检验、检测的。

第三十八条　生产经营单位未采取措施消除下列事故隐患的,责令立即消除或者限期消除;生产经营单位拒不执行的,责令停产停业整顿,并处十万元以上五十万元以下的罚款,对其直接负责的主管人员和其他直接责任人员处二万元以上五万元以下的罚款:

(一)工(库)房超过核定人员、药量或者擅自改变设计用途使用工(库)房的;

(二)仓库内堆码、分类分级储存等违反国家标准或者行业标准规定的;

(三)在仓库内进行拆箱、包装作业,将性质不相容的物质混存的;

(四)在中转库、中转间内,超量、超时储存药物、半成品、成品的;

(五)留存过期及废弃的烟花爆竹成品、半成品、原材料等危险废弃物的;

(六)企业内部及生产区、库区之间运输烟花爆竹成品、半成品及原材料的车辆、工具不符合国家标准或者行业标准规定安全条件的;

(七)允许未安装阻火装置等不具备国家标准或者行业标准规定安全条件的机动车辆进入生产区和仓库区的;

(八)其他事故隐患。

第三十九条　违反本规定,构成《中华人民共和国安全生产法》及其他法律、行政法规规定的其他违法行为的,依照《中华人民共和国安全生产法》等法律、行政法规的规定处理。涉嫌犯罪的,依法移送司法机关追究刑事责任。

第五章　附　则

第四十条　本规定中的行政处罚,由县级以上安全生产监督管理部门决定。

第四十一条　本规定自2018年3月1日起施行。

烟花爆竹经营许可实施办法

· 2013年10月16日国家安全生产监督管理总局令第65号公布

· 自2013年12月1日起施行

第一章　总　则

第一条　为了规范烟花爆竹经营单位安全条件和经营行为,做好烟花爆竹经营许可证颁发和管理工作,加强烟花爆竹经营安全监督管理,根据《烟花爆竹安全管理条例》等法律、行政法规,制定本办法。

第二条　烟花爆竹经营许可证的申请、审查、颁发及其监督管理,适用本办法。

第三条　从事烟花爆竹批发的企业(以下简称批发企业)和从事烟花爆竹零售的经营者(以下简称零售经营者)应当按照本办法的规定,分别取得《烟花爆竹经营(批发)许可证》(以下简称批发许可证)和《烟花爆竹经营(零售)许可证》(以下简称零售许可证)。

从事烟花爆竹进出口的企业,应当按照本办法的规定申请办理批发许可证。

未取得烟花爆竹经营许可证的,任何单位或者个人不得从事烟花爆竹经营活动。

第四条　烟花爆竹经营单位的布点,应当按照保障安全、统一规划、合理布局、总量控制、适度竞争的原则审批;对从事黑火药、引火线批发和烟花爆竹进出口的企业,应当按照严格许可条件、严格控制数量的原则审批。

批发企业不得在城市建成区内设立烟花爆竹储存仓库,不得在批发(展示)场所摆放有药样品;严格控制城市建成区内烟花爆竹零售点数量,且烟花爆竹零售点不得与居民居住场所设置在同一建筑物内。

第五条　烟花爆竹经营许可证的颁发和管理,实行企业申请、分级发证、属地监管的原则。

国家安全生产监督管理总局(以下简称安全监管总局)负责指导、监督全国烟花爆竹经营许可证的颁发和管理工作。

省、自治区、直辖市人民政府安全生产监督管理部门(以下简称省级安全监管局)负责制定本行政区域的批发企业布点规划,统一批发许可编号,指导、监督本行政区域内烟花爆竹经营许可证的颁发和管理工作。

设区的市级人民政府安全生产监督管理部门(以下简称市级安全监管局)根据省级安全监管局的批发企业布点规划和统一编号,负责本行政区域内烟花爆竹批发许可证的颁发和管理工作。

县级人民政府安全生产监督管理部门(以下简称县级安全监管局,与市级安全监管局统称发证机关)负责本行政区域内零售经营布点规划与零售许可证的颁发和管理工作。

第二章　批发许可证的申请和颁发

第六条　批发企业应当符合下列条件:

(一)具备企业法人条件;

(二)符合所在地省级安全监管局制定的批发企业布点规划;

(三)具有与其经营规模和产品相适应的仓储设施。仓库的内外部安全距离、库房布局、建筑结构、疏散通道、消防、防爆、防雷、防静电等安全设施以及电气设施等,符合《烟花爆竹工程设计安全规范》(GB50161)等国家标准和行业标准的规定。仓储区域及仓库安装有符合《烟花爆竹企业安全监控系统通用技术条件》(AQ4101)规定的监控设施,并设立符合《烟花爆竹安全生产标志》(AQ4114)规定的安全警示标志和标识牌;

(四)具备与其经营规模、产品和销售区域范围相适应的配送服务能力;

(五)建立安全生产责任制和各项安全管理制度、操作规程。安全管理制度和操作规程至少包括:仓库安全管理制度、仓库保管守卫制度、防火防爆安全管理制度、安全检查和隐患排查治理制度、事故应急救援与事故报告制度、买卖合同管理制度、产品流向登记制度、产品检验验收制度、从业人员安全教育培训制度、违规违章行为处罚制度、企业负责人值(带)班制度、安全生产费用提取和使用制度、装卸(搬运)作业安全规程;

(六)有安全管理机构或者专职安全生产管理人员;

(七)主要负责人、分管安全生产负责人、安全生产管理人员具备烟花爆竹经营方面的安全知识和管理能力,并经培训考核合格,取得相应资格证书。仓库保管员、守护员接受烟花爆竹专业知识培训,并经考核合格,取得相应资格证书。其他从业人员经本单位安全知识培训合格;

(八)按照《烟花爆竹流向登记通用规范》(AQ4102)和烟花爆竹流向信息化管理的有关规定,建立并应用烟花爆竹流向信息化管理系统;

(九)有事故应急救援预案、应急救援组织和人员,并配备必要的应急救援器材、设备;

(十)依法进行安全评价;

(十一)法律、法规规定的其他条件。

从事烟花爆竹进出口的企业申请领取批发许可证,应当具备前款第一项至第三项和第五项至第十一项规定的条件。

第七条　从事黑火药、引火线批发的企业,除具备本办法第六条规定的条件外,还应当具备必要的黑火药、引火线安全保管措施,自有的专用运输车辆能够满足其配送服务需要,且符合国家相关标准。

第八条　批发企业申请领取批发许可证时,应当向发证机关提交下列申请文件、资料,并对其真实性负责:

(一)批发许可证申请书(一式三份);

(二)企业法人营业执照副本或者企业名称工商预核准文件复制件;

(三)安全生产责任制文件、事故应急救援预案备案登记文件、安全管理制度和操作规程的目录清单;

(四)主要负责人、分管安全生产负责人、安全生产管理人员和仓库保管员、守护员的相关资格证书复制件;

(五)具备相应资质的设计单位出具的库区外部安全距离实测图和库区仓储设施平面布置图;

(六)具备相应资质的安全评价机构出具的安全评价报告,安全评价报告至少包括本办法第六条第三项、第四项、第八项、第九项和第七条规定条件的符合性评价内容;

(七)建设项目安全设施设计审查和竣工验收的证明材料;

(八)从事黑火药、引火线批发的企业自有专用运输

车辆以及驾驶员、押运员的相关资质(资格)证书复制件;

(九)法律、法规规定的其他文件、资料。

第九条 发证机关对申请人提交的申请书及文件、资料,应当按照下列规定分别处理:

(一)申请事项不属于本发证机关职责范围的,应当即时作出不予受理的决定,并告知申请人向相应发证机关申请;

(二)申请材料存在可以当场更改的错误的,应当允许或者要求申请人当场更正,并在更正后即时出具受理的书面凭证;

(三)申请材料不齐全或者不符合要求的,应当当场或者在5个工作日内书面一次告知申请人需要补正的全部内容。逾期不告知的,自收到申请材料之日起即为受理;

(四)申请材料齐全、符合要求或者按照要求全部补正的,自收到申请材料或者全部补正材料之日起即为受理。

第十条 发证机关受理申请后,应当对申请材料进行审查。需要对经营储存场所的安全条件进行现场核查的,应当指派2名以上工作人员组织技术人员进行现场核查。对烟花爆竹进出口企业和设有1.1级仓库的企业,应当指派2名以上工作人员组织技术人员进行现场核查。负责现场核查的人员应当提出书面核查意见。

第十一条 发证机关应当自受理申请之日起30个工作日内作出颁发或者不予颁发批发许可证的决定。

对决定不予颁发的,应当自作出决定之日起10个工作日内书面通知申请人并说明理由;对决定颁发的,应当自作出决定之日起10个工作日内送达或者通知申请人领取批发许可证。

发证机关在审查过程中,现场核查和企业整改所需时间,不计算在本办法规定的期限内。

第十二条 批发许可证的有效期限为3年。

批发许可证有效期满后,批发企业拟继续从事烟花爆竹批发经营活动的,应当在有效期届满前3个月向原发证机关提出延期申请,并提交下列文件、资料:

(一)批发许可证延期申请书(一式三份);

(二)本办法第八条第三项、第四项、第五项、第八项规定的文件、资料;

(三)安全生产标准化达标的证明材料。

第十三条 发证机关受理延期申请后,应当按照本办法第十条、第十一条规定,办理批发许可证延期手续。

第十四条 批发企业符合下列条件的,经发证机关同意,可以不再现场核查,直接办理批发许可证延期手续:

(一)严格遵守有关法律、法规和本办法规定,无违法违规经营行为的;

(二)取得批发许可证后,持续加强安全生产管理,不断提升安全生产条件,达到安全生产标准化二级以上的;

(三)接受发证机关及所在地人民政府安全生产监督管理部门的监督检查的;

(四)未发生生产安全伤亡事故的。

第十五条 批发企业在批发许可证有效期内变更企业名称、主要负责人和注册地址的,应当自变更之日起10个工作日内向原发证机关提出变更,并提交下列文件、资料:

(一)批发许可证变更申请书(一式三份);

(二)变更后的企业名称工商预核准文件或者工商营业执照副本复制件;

(三)变更后的主要负责人安全资格证书复制件。

批发企业变更经营许可范围、储存仓库地址和仓储设施新建、改建、扩建的,应当重新申请办理许可手续。

第三章 零售许可证的申请和颁发

第十六条 零售经营者应当符合下列条件:

(一)符合所在地县级安全监管局制定的零售经营布点规划;

(二)主要负责人经过安全培训合格,销售人员经过安全知识教育;

(三)春节期间零售点、城市长期零售点实行专店销售。乡村长期零售点在淡季实行专柜销售时,安排专人销售,专柜相对独立,并与其他柜台保持一定的距离,保证安全通道畅通;

(四)零售场所的面积不小于10平方米,其周边50米范围内没有其他烟花爆竹零售点,并与学校、幼儿园、医院、集贸市场等人员密集场所和加油站等易燃易爆物品生产、储存设施等重点建筑物保持100米以上的安全距离;

(五)零售场所配备必要的消防器材,张贴明显的安全警示标志;

(六)法律、法规规定的其他条件。

第十七条 零售经营者申请领取零售许可证时,应当向所在地发证机关提交申请书、零售点及其周围安全条件说明和发证机关要求提供的其他材料。

第十八条　发证机关受理申请后，应当对申请材料和零售场所的安全条件进行现场核查。负责现场核查的人员应当提出书面核查意见。

第十九条　发证机关应当自受理申请之日起 20 个工作日内作出颁发或者不予颁发零售许可证的决定，并书面告知申请人。对决定不予颁发的，应当书面说明理由。

第二十条　零售许可证上载明的储存限量由发证机关根据国家标准或者行业标准的规定，结合零售点及其周围安全条件确定。

第二十一条　零售许可证的有效期限由发证机关确定，最长不超过 2 年。零售许可证有效期满后拟继续从事烟花爆竹零售经营活动，或者在有效期内变更零售点名称、主要负责人、零售场所和许可范围的，应当重新申请取得零售许可证。

第四章　监督管理

第二十二条　批发企业、零售经营者不得采购和销售非法生产、经营的烟花爆竹和产品质量不符合国家标准或者行业标准规定的烟花爆竹。

批发企业不得向未取得零售许可证的单位或者个人销售烟花爆竹，不得向零售经营者销售礼花弹等应当由专业燃放人员燃放的烟花爆竹；从事黑火药、引火线批发的企业不得向无《烟花爆竹安全生产许可证》的单位或者个人销售烟火药、黑火药、引火线。

零售经营者应当向批发企业采购烟花爆竹，不得采购、储存和销售礼花弹等应当由专业燃放人员燃放的烟花爆竹，不得采购、储存和销售烟火药、黑火药、引火线。

第二十三条　禁止在烟花爆竹经营许可证载明的储存（零售）场所以外储存烟花爆竹。

烟花爆竹仓库储存的烟花爆竹品种、规格和数量，不得超过国家标准或者行业标准规定的危险等级和核定限量。

零售点存放的烟花爆竹品种和数量，不得超过烟花爆竹经营许可证载明的范围和限量。

第二十四条　批发企业对非法生产、假冒伪劣、过期、含有违禁药物以及其他存在严重质量问题的烟花爆竹，应当及时、妥善销毁。

对执法检查收缴的前款规定的烟花爆竹，不得与正常的烟花爆竹产品同库存放。

第二十五条　批发企业应当建立并严格执行合同管理、流向登记制度，健全合同管理和流向登记档案，并留存 3 年备查。

黑火药、引火线批发企业的采购、销售记录，应当自购买或者销售之日起 3 日内报所在地县级安全监管局备案。

第二十六条　烟花爆竹经营单位不得出租、出借、转让、买卖、冒用或者使用伪造的烟花爆竹经营许可证。

第二十七条　烟花爆竹经营单位应当在经营（办公）场所显著位置悬挂烟花爆竹经营许可证正本。批发企业应当在储存仓库留存批发许可证副本。

第二十八条　对违反本办法规定的程序、超越职权或者不具备本办法规定的安全条件颁发的烟花爆竹经营许可证，发证机关应当依法撤销其经营许可证。

取得烟花爆竹经营许可证的单位依法终止烟花爆竹经营活动的，发证机关应当依法注销其经营许可证。

第二十九条　发证机关应当坚持公开、公平、公正的原则，严格依照本办法的规定审查、核发烟花爆竹经营许可证，建立健全烟花爆竹经营许可证的档案管理制度和信息化管理系统，并定期向社会公告取证企业的名单。

省级安全监管局应当加强烟花爆竹经营许可工作的监督检查，并于每年 3 月 15 日前，将本行政区域内上年度烟花爆竹经营许可证的颁发和管理情况报告安全监管总局。

第三十条　任何单位或者个人对违反《烟花爆竹安全管理条例》和本办法规定的行为，有权向安全生产监督管理部门或者监察机关等有关部门举报。

第五章　法律责任

第三十一条　对未经许可经营、超许可范围经营、许可证过期继续经营烟花爆竹的，责令其停止非法经营活动，处 2 万元以上 10 万元以下的罚款，并没收非法经营的物品及违法所得。

第三十二条　批发企业有下列行为之一的，责令其限期改正，处 5000 元以上 3 万元以下的罚款：

（一）在城市建成区内设立烟花爆竹储存仓库，或者在批发（展示）场所摆放有药样品的；

（二）采购和销售质量不符合国家标准或者行业标准规定的烟花爆竹的；

（三）在仓库内违反国家标准或者行业标准规定储存烟花爆竹的；

（四）在烟花爆竹经营许可证载明的仓库以外储存烟花爆竹的；

（五）对假冒伪劣、过期、含有超量、违禁药物以及其他存在严重质量问题的烟花爆竹未及时销毁的；

（六）未执行合同管理、流向登记制度或者未按照规

定应用烟花爆竹流向管理信息系统的;

(七)未将黑火药、引火线的采购、销售记录报所在地县级安全监管局备案的;

(八)仓储设施新建、改建、扩建后,未重新申请办理许可手续的;

(九)变更企业名称、主要负责人、注册地址,未申请办理许可证变更手续的;

(十)向未取得零售许可证的单位或者个人销售烟花爆竹的。

第三十三条　批发企业有下列行为之一的,责令其停业整顿,依法暂扣批发许可证,处2万元以上10万元以下的罚款,并没收非法经营的物品及违法所得;情节严重的,依法吊销批发许可证:

(一)向未取得烟花爆竹安全生产许可证的单位或者个人销售烟火药、黑火药、引火线的;

(二)向零售经营者供应非法生产、经营的烟花爆竹的;

(三)向零售经营者供应礼花弹等按照国家标准规定应当由专业人员燃放的烟花爆竹的。

第三十四条　零售经营者有下列行为之一的,责令其停止违法行为,处1000元以上5000元以下的罚款,并没收非法经营的物品及违法所得;情节严重的,依法吊销零售许可证:

(一)销售非法生产、经营的烟花爆竹的;

(二)销售礼花弹等按照国家标准规定应当由专业人员燃放的烟花爆竹的。

第三十五条　零售经营者有下列行为之一的,责令其限期改正,处1000元以上5000元以下的罚款;情节严重的,处5000元以上30000元以下的罚款:

(一)变更零售点名称、主要负责人或者经营场所,未重新办理零售许可证的;

(二)存放的烟花爆竹数量超过零售许可证载明范围的。

第三十六条　烟花爆竹经营单位出租、出借、转让、买卖烟花爆竹经营许可证的,责令其停止违法行为,处1万元以上3万元以下的罚款,并依法撤销烟花爆竹经营许可证。

冒用或者使用伪造的烟花爆竹经营许可证的,依照本办法第三十一条的规定处罚。

第三十七条　申请人隐瞒有关情况或者提供虚假材料申请烟花爆竹经营许可证的,发证机关不予受理,该申请人1年内不得再次提出烟花爆竹经营许可申请。

以欺骗、贿赂等不正当手段取得烟花爆竹经营许可证的,应当予以撤销,该经营单位3年内不得再次提出烟花爆竹经营许可申请。

第三十八条　安全生产监督管理部门工作人员在实施烟花爆竹经营许可和监督管理工作中,滥用职权、玩忽职守、徇私舞弊,未依法履行烟花爆竹经营许可证审查、颁发和监督管理职责的,依照有关规定给予处分;构成犯罪的,依法追究刑事责任。

第三十九条　本办法规定的行政处罚,由安全生产监督管理部门决定,暂扣、吊销经营许可证的行政处罚由发证机关决定。

第六章　附　则

第四十条　烟花爆竹经营许可证分为正本、副本,正本为悬挂式,副本为折页式,具有同等法律效力。

烟花爆竹经营许可证由安全监管总局统一规定式样。

第四十一条　省级安全监管局可以依据国家有关法律、行政法规和本办法的规定制定实施细则。

第四十二条　本办法自2013年12月1日起施行,安全监管总局2006年8月26日公布的《烟花爆竹经营许可实施办法》同时废止。

烟花爆竹生产企业安全生产许可证实施办法

· 2012年7月1日国家安全生产监督管理总局令第54号公布

· 自2012年8月1日起施行

第一章　总　则

第一条　为了严格烟花爆竹生产企业安全生产准入条件,规范烟花爆竹安全生产许可证的颁发和管理工作,根据《安全生产许可证条例》、《烟花爆竹安全管理条例》等法律、行政法规,制定本办法。

第二条　本办法所称烟花爆竹生产企业(以下简称企业),是指依法设立并取得工商营业执照或者企业名称工商预先核准文件,从事烟花爆竹生产的企业。

第三条　企业应当依照本办法的规定取得烟花爆竹安全生产许可证(以下简称安全生产许可证)。

未取得安全生产许可证的,不得从事烟花爆竹生产活动。

第四条　安全生产许可证的颁发和管理工作实行企业申请、一级发证、属地监管的原则。

第五条　国家安全生产监督管理总局负责指导、监督全国安全生产许可证的颁发和管理工作,并对安全生产许可证进行统一编号。

省、自治区、直辖市人民政府安全生产监督管理部门按照全国统一配号，负责本行政区域内安全生产许可证的颁发和管理工作。

第二章　申请安全生产许可证的条件

第六条　企业的设立应当符合国家产业政策和当地产业结构规划，企业的选址应当符合当地城乡规划。

企业与周边建筑、设施的安全距离必须符合国家标准、行业标准的规定。

第七条　企业的基本建设项目应当依照有关规定经县级以上人民政府或者有关部门批准，并符合下列条件：

（一）建设项目的设计由具有乙级以上军工行业的弹箭、火炸药、民爆器材工程设计类别工程设计资质或者化工石化医药行业的有机化工、石油冶炼、石油产品深加工工程设计类型工程设计资质的单位承担；

（二）建设项目的设计符合《烟花爆竹工程设计安全规范》（GB50161）的要求，并依法进行安全设施设计审查和竣工验收。

第八条　企业的厂房和仓库等基础设施、生产设备、生产工艺以及防火、防爆、防雷、防静电等安全设备设施必须符合《烟花爆竹工程设计安全规范》（GB50161）、《烟花爆竹作业安全技术规程》（GB11652）等国家标准、行业标准的规定。

从事礼花弹生产的企业除符合前款规定外，还应当符合礼花弹生产安全条件的规定。

第九条　企业的药物和成品总仓库、药物和半成品中转库、机械混药和装药工房、晾晒场、烘干房等重点部位应当根据《烟花爆竹企业安全监控系统通用技术条件》（AQ4101）的规定安装视频监控和异常情况报警装置，并设置明显的安全警示标志。

第十条　企业的生产厂房数量和储存仓库面积应当与其生产品种及规模相适应。

第十一条　企业生产的产品品种、类别、级别、规格、质量、包装、标志应当符合《烟花爆竹安全与质量》（GB10631）等国家标准、行业标准的规定。

第十二条　企业应当设置安全生产管理机构，配备专职安全生产管理人员，并符合下列要求：

（一）确定安全生产主管人员；

（二）配备占本企业从业人员总数1%以上且至少有2名专职安全生产管理人员；

（三）配备占本企业从业人员总数5%以上的兼职安全员。

第十三条　企业应当建立健全主要负责人、分管负责人、安全生产管理人员、职能部门、岗位的安全生产责任制，制定下列安全生产规章制度和操作规程：

（一）符合《烟花爆竹作业安全技术规程》（GB11652）等国家标准、行业标准规定的岗位安全操作规程；

（二）药物存储管理、领取管理和余（废）药处理制度；

（三）企业负责人及涉裸药生产线负责人值（带）班制度；

（四）特种作业人员管理制度；

（五）从业人员安全教育培训制度；

（六）安全检查和隐患排查治理制度；

（七）产品购销合同和销售流向登记管理制度；

（八）新产品、新药物研发管理制度；

（九）安全设施设备维护管理制度；

（十）原材料购买、检验、储存及使用管理制度；

（十一）职工出入厂（库）区登记制度；

（十二）厂（库）区门卫值班（守卫）制度；

（十三）重大危险源（重点危险部位）监控管理制度；

（十四）安全生产费用提取和使用制度；

（十五）劳动防护用品配备、使用和管理制度；

（十六）工作场所职业病危害防治制度。

第十四条　企业主要负责人、分管安全生产负责人和专职安全生产管理人员应当经专门的安全生产培训和安全生产监督管理部门考核合格，取得安全资格证。

从事药物混合、造粒、筛选、装药、筑药、压药、切引、搬运等危险工序和烟花爆竹仓库保管、守护的特种作业人员，应当接受专业知识培训，并经考核合格取得特种作业操作证。

其他岗位从业人员应当依照有关规定经本岗位安全生产知识教育和培训合格。

第十五条　企业应当依法参加工伤保险，为从业人员缴纳保险费。

第十六条　企业应当依照国家有关规定提取和使用安全生产费用，不得挪作他用。

第十七条　企业必须为从业人员配备符合国家标准或者行业标准的劳动防护用品，并依照有关规定对从业人员进行职业健康检查。

第十八条　企业应当建立生产安全事故应急救援组织，制定事故应急预案，并配备应急救援人员和必要的应急救援器材、设备。

第十九条　企业应当根据《烟花爆竹流向登记通用

规范》(AQ4102)和国家有关烟花爆竹流向信息化管理的规定,建立并应用烟花爆竹流向管理信息系统。

第二十条　企业应当依法进行安全评价。安全评价报告应当包括本办法第六条、第七条、第八条、第九条、第十条、第十七条、第十八条规定条件的符合性评价内容。

第三章　安全生产许可证的申请和颁发

第二十一条　企业申请安全生产许可证,应当向所在地设区的市级人民政府安全生产监督管理部门(以下统称初审机关)提出安全审查申请,提交下列文件、资料,并对其真实性负责:

(一)安全生产许可证申请书(一式三份);

(二)工商营业执照或者企业名称工商预先核准文件(复制件);

(三)建设项目安全设施设计审查和竣工验收的证明材料;

(四)安全生产管理机构及安全生产管理人员配备情况的书面文件;

(五)各种安全生产责任制文件(复制件);

(六)安全生产规章制度和岗位安全操作规程目录清单;

(七)企业主要负责人、分管安全生产负责人、专职安全生产管理人员名单和安全资格证(复制件);

(八)特种作业人员的特种作业操作证(复制件)和其他从业人员安全生产教育培训合格的证明材料;

(九)为从业人员缴纳工伤保险费的证明材料;

(十)安全生产费用提取和使用情况的证明材料;

(十一)具备资质的中介机构出具的安全评价报告。

第二十二条　新建企业申请安全生产许可证,应当在建设项目竣工验收通过之日起20个工作日内向所在地初审机关提出安全审查申请。

第二十三条　初审机关收到企业提交的安全审查申请后,应当对企业的设立是否符合国家产业政策和当地产业结构规划、企业的选址是否符合城乡规划以及有关申请文件、资料是否符合要求进行初步审查,并自收到申请之日起20个工作日内提出初步审查意见(以下简称初审意见),连同申请文件、资料一并报省、自治区、直辖市人民政府安全生产监督管理部门(以下简称发证机关)。

初审机关在审查过程中,可以就企业的有关情况征求企业所在地县级人民政府的意见。

第二十四条　发证机关收到初审机关报送的申请文件、资料和初审意见后,应当按照下列情况分别作出处理:

(一)申请文件、资料不齐全或者不符合要求的,当场告知或者在5个工作日内出具补正通知书,一次告知企业需要补正的全部内容;逾期不告知的,自收到申请材料之日起即为受理;

(二)申请文件、资料齐全,符合要求或者按照发证机关要求提交全部补正材料的,自收到申请文件、资料或者全部补正材料之日起即为受理。

发证机关应当将受理或者不予受理决定书面告知申请企业和初审机关。

第二十五条　发证机关受理申请后,应当结合初审意见,组织有关人员对申请文件、资料进行审查。需要到现场核查的,应当指派2名以上工作人员进行现场核查;对从事黑火药、引火线、礼花弹生产的企业,应当指派2名以上工作人员进行现场核查。

发证机关应当自受理之日起45个工作日内作出颁发或者不予颁发安全生产许可证的决定。

对决定颁发的,发证机关应当自决定之日起10个工作日内送达或者通知企业领取安全生产许可证;对不予颁发的,应当在10个工作日内书面通知企业并说明理由。

现场核查所需时间不计算在本条规定的期限内。

第二十六条　安全生产许可证分为正副本,正本为悬挂式,副本为折页式。正本、副本具有同等法律效力。

第四章　安全生产许可证的变更和延期

第二十七条　企业在安全生产许可证有效期内有下列情形之一的,应当按照本办法第二十八条的规定申请变更安全生产许可证:

(一)改建、扩建烟花爆竹生产(含储存)设施的;

(二)变更产品类别、级别范围的;

(三)变更企业主要负责人的;

(四)变更企业名称的。

第二十八条　企业有本办法第二十七条第一项情形申请变更的,应当自建设项目通过竣工验收之日起20个工作日内向所在地初审机关提出安全审查申请,并提交安全生产许可证变更申请书(一式三份)和建设项目安全设施设计审查和竣工验收的证明材料。

企业有本办法第二十七条第二项情形申请变更的,应当向所在地初审机关提出安全审查申请,并提交安全生产许可证变更申请书(一式三份)和专项安全评价报告(减少生产产品品种的除外)。

企业有本办法第二十七条第三项情形申请变更的,应当向所在地发证机关提交安全生产许可证变更申请书

(一式三份)和主要负责人安全资格证(复制件)。

企业有本办法第二十七条第四项情形申请变更的，应当自取得变更后的工商营业执照或者企业名称工商预先核准文件之日起10个工作日内，向所在地发证机关提交安全生产许可证变更申请书(一式三份)和工商营业执照或者企业名称工商预先核准文件(复制件)。

第二十九条 对本办法第二十七条第一项、第二项情形的安全生产许可证变更申请，初审机关、发证机关应当按照本办法第二十三条、第二十四条、第二十五条的规定进行审查，并办理变更手续。

对本办法第二十七条第三项、第四项情形的安全生产许可证变更申请，发证机关应当自收到变更申请材料之日起5个工作日内完成审查，并办理变更手续。

第三十条 安全生产许可证有效期为3年。安全生产许可证有效期满需要延期的，企业应当于有效期届满前3个月向原发证机关申请办理延期手续。

第三十一条 企业提出延期申请的，应当向发证机关提交下列文件、资料：

(一)安全生产许可证延期申请书(一式三份)；

(二)本办法第二十一条第四项至第十一项规定的文件、资料；

(三)达到安全生产标准化三级的证明材料。

发证机关收到延期申请后，应当按照本办法第二十四条、第二十五条的规定办理延期手续。

第三十二条 企业在安全生产许可证有效期内符合下列条件，在许可证有效期届满时，经原发证机关同意，不再审查，直接办理延期手续：

(一)严格遵守有关安全生产法律、法规和本办法；

(二)取得安全生产许可证后，加强日常安全生产管理，不断提升安全生产条件，达到安全生产标准化二级以上；

(三)接受发证机关及所在地人民政府安全生产监督管理部门的监督检查；

(四)未发生生产安全死亡事故。

第三十三条 对决定批准延期、变更安全生产许可证的，发证机关应当收回原证，换发新证。

第五章 监督管理

第三十四条 安全生产许可证发证机关和初审机关应当坚持公开、公平、公正的原则，严格依照有关行政许可的法律法规和本办法，审查、颁发安全生产许可证。

发证机关和初审机关工作人员在安全生产许可证审查、颁发、管理工作中，不得索取或者接受企业的财物，不得谋取其他不正当利益。

第三十五条 发证机关及所在地人民政府安全生产监督管理部门应当加强对烟花爆竹生产企业的监督检查，督促其依照法律、法规、规章和国家标准、行业标准的规定进行生产。

第三十六条 发证机关发现企业以欺骗、贿赂等不正当手段取得安全生产许可证的，应当撤销已颁发的安全生产许可证。

第三十七条 取得安全生产许可证的企业有下列情形之一的，发证机关应当注销其安全生产许可证：

(一)安全生产许可证有效期满未被批准延期的；

(二)终止烟花爆竹生产活动的；

(三)安全生产许可证被依法撤销的；

(四)安全生产许可证被依法吊销的。

发证机关注销安全生产许可证后，应当在当地主要媒体或者本机关政府网站上及时公告被注销安全生产许可证的企业名单，并通报同级人民政府有关部门和企业所在地县级人民政府。

第三十八条 发证机关应当建立健全安全生产许可证档案管理制度，并应用信息化手段管理安全生产许可证档案。

第三十九条 发证机关应当每6个月向社会公布一次取得安全生产许可证的企业情况，并于每年1月15日前将本行政区域内上一年度安全生产许可证的颁发和管理情况报国家安全生产监督管理总局。

第四十条 企业取得安全生产许可证后，不得出租、转让安全生产许可证，不得将企业、生产线或者工(库)房转包、分包给不具备安全生产条件或者相应资质的其他任何单位或者个人，不得多股东各自独立进行烟花爆竹生产活动。

企业不得从其他企业购买烟花爆竹半成品加工后销售或者购买其他企业烟花爆竹成品加贴本企业标签后销售，不得向其他企业销售烟花爆竹半成品。从事礼花弹生产的企业不得将礼花弹销售给未经公安机关批准的燃放活动。

第四十一条 任何单位或者个人对违反《安全生产许可证条例》、《烟花爆竹安全管理条例》和本办法规定的行为，有权向安全生产监督管理部门或者监察机关等有关部门举报。

第六章 法律责任

第四十二条 发证机关、初审机关及其工作人员有下列行为之一的，给予降级或者撤职的行政处分；构成犯

罪的,依法追究刑事责任:

(一)向不符合本办法规定的安全生产条件的企业颁发安全生产许可证的;

(二)发现企业未依法取得安全生产许可证擅自从事烟花爆竹生产活动,不依法处理的;

(三)发现取得安全生产许可证的企业不再具备本办法规定的安全生产条件,不依法处理的;

(四)接到违反本办法规定行为的举报后,不及时处理的;

(五)在安全生产许可证颁发、管理和监督检查工作中,索取或者接受企业财物、帮助企业弄虚作假或者谋取其他不正当利益的。

第四十三条 企业有下列行为之一的,责令停止违法活动或者限期改正,并处1万元以上3万元以下的罚款:

(一)变更企业主要负责人或者名称,未办理安全生产许可证变更手续的;

(二)从其他企业购买烟花爆竹半成品加工后销售,或者购买其他企业烟花爆竹成品加贴本企业标签后销售,或者向其他企业销售烟花爆竹半成品的。

第四十四条 企业有下列行为之一的,依法暂扣其安全生产许可证:

(一)多股东各自独立进行烟花爆竹生产活动的;

(二)从事礼花弹生产的企业将礼花弹销售给未经公安机关批准的燃放活动的;

(三)改建、扩建烟花爆竹生产(含储存)设施未办理安全生产许可证变更手续的;

(四)发生较大以上生产安全责任事故的;

(五)不再具备本办法规定的安全生产条件的。

企业有前款第一项、第二项、第三项行为之一的,并处1万元以上3万元以下的罚款。

第四十五条 企业有下列行为之一的,依法吊销其安全生产许可证:

(一)出租、转让安全生产许可证的;

(二)被暂扣安全生产许可证,经停产整顿后仍不具备本办法规定的安全生产条件的。

企业有前款第一项行为的,没收违法所得,并处10万元以上50万元以下的罚款。

第四十六条 企业有下列行为之一的,责令停止生产,没收违法所得,并处10万元以上50万元以下的罚款:

(一)未取得安全生产许可证擅自进行烟花爆竹生产的;

(二)变更产品类别或者级别范围未办理安全生产许可证变更手续的。

第四十七条 企业取得安全生产许可证后,将企业、生产线或者工(库)房转包、分包给不具备安全生产条件或者相应资质的其他单位或者个人,依照《中华人民共和国安全生产法》的有关规定给予处罚。

第四十八条 本办法规定的行政处罚,由安全生产监督管理部门决定,暂扣、吊销安全生产许可证的行政处罚由发证机关决定。

第七章 附 则

第四十九条 安全生产许可证由国家安全生产监督管理总局统一印制。

第五十条 本办法自2012年8月1日起施行。原国家安全生产监督管理局、国家煤矿安全监察局2004年5月17日公布的《烟花爆竹生产企业安全生产许可证实施办法》同时废止。

3. 其他

小型露天采石场安全管理与监督检查规定

· 2011年5月4日国家安全生产监管总局令第39号公布

· 根据2015年5月26日《国家安全监管总局关于废止和修改非煤矿矿山领域九部规章的决定》修订

第一章 总 则

第一条 为预防和减少小型露天采石场生产安全事故,保障从业人员的安全与健康,根据《安全生产法》、《矿山安全法》、《安全生产许可证条例》等有关法律、行政法规,制定本规定。

第二条 年生产规模不超过50万吨的山坡型露天采石作业单位(以下统称小型露天采石场)的安全生产及对其监督管理,适用本规定。

开采型材和金属矿产资源的小型露天矿山的安全生产及对其监督管理,不适用本规定。

第三条 县级以上地方人民政府安全生产监督管理部门对小型露天采石场的安全生产实施监督管理。所辖区域内有小型露天采石场的乡(镇)应当明确负责安全生产工作的管理人员及其职责。

第二章 安全生产保障

第四条 小型露天采石场主要负责人对本单位的安全生产工作负总责,应当组织制定和落实安全生产责任制,改善劳动条件和作业环境,保证安全生产投入的有效实施。

小型露天采石场主要负责人应当经安全生产监督管理部门考核合格并取得安全资格证书。

第五条 小型露天采石场应当建立健全安全生产管理制度和岗位安全操作规程，至少配备一名专职安全生产管理人员。

安全生产管理人员应当按照国家有关规定经安全生产监督管理部门考核合格并取得安全资格证书。

第六条 小型露天采石场应当至少配备一名专业技术人员，或者聘用专业技术人员、注册安全工程师、委托相关技术服务机构为其提供安全生产管理服务。

第七条 小型露天采石场新进矿山的作业人员应当接受不少于40小时的安全培训，已在岗的作业人员应当每年接受不少于20小时的安全再培训。

特种作业人员必须按照国家有关规定经专门的安全技术培训并考核合格，取得特种作业操作证书后，方可上岗作业。

第八条 小型露天采石场必须参加工伤保险，按照国家有关规定提取和使用安全生产费用。

第九条 新建、改建、扩建小型露天采石场应当由具有建设主管部门认定资质的设计单位编制开采设计或者开采方案。采石场布置和开采方式发生重大变化时，应当重新编制开采设计或者开采方案，并由原审查部门审查批准。

第十条 小型露天采石场新建、改建、扩建工程项目安全设施应当按照规定履行设计审查程序。

第十一条 小型露天采石场应当依法取得非煤矿矿山企业安全生产许可证。未取得安全生产许可证的，不得从事生产活动。

在安全生产许可证有效期内采矿许可证到期失效的，小型露天采石场应当在采矿许可证到期前15日内向原安全生产许可证颁发管理机关报告，并交回安全生产许可证正本和副本。

第十二条 相邻的采石场开采范围之间最小距离应当大于300米。对可能危及对方生产安全的，双方应当签订安全生产管理协议，明确各自的安全生产管理职责和应当采取的安全措施，指定专门人员进行安全检查与协调。

第十三条 小型露天采石场应当采用中深孔爆破，严禁采用扩壶爆破、掏底崩落、掏挖开采和不分层的"一面墙"等开采方式。

不具备实施中深孔爆破条件的，由所在地安全生产监督管理部门聘请有关专家进行论证，经论证符合要求的，方可采用浅孔爆破开采。

小型露天采石场实施中深孔爆破条件的审核办法，由省级安全生产监督管理部门制定。

第十四条 不采用爆破方式直接使用挖掘机进行采矿作业的，台阶高度不得超过挖掘机最大挖掘高度。

第十五条 小型露天采石场应当采用台阶式开采。不能采用台阶式开采的，应当自上而下分层顺序开采。

分层开采的分层高度、最大开采高度(第一分层的坡顶线到最后一分层的坡底线的垂直距离)和最终边坡角由设计确定，实施浅孔爆破作业时，分层数不得超过6个，最大开采高度不得超过30米；实施中深孔爆破作业时，分层高度不得超过20米，分层数不得超过3个，最大开采高度不得超过60米。

分层开采的凿岩平台宽度由设计确定，最小凿岩平台宽度不得小于4米。

分层开采的底部装运平台宽度由设计确定，且应当满足调车作业所需的最小平台宽度要求。

第十六条 小型露天采石场应当遵守国家有关民用爆炸物品和爆破作业的安全规定，由具有相应资格的爆破作业人员进行爆破，设置爆破警戒范围，实行定时爆破制度。不得在爆破警戒范围内避炮。

禁止在雷雨、大雾、大风等恶劣天气条件下进行爆破作业。雷电高发地区应当选用非电起爆系统。

第十七条 对爆破后产生的大块矿岩应当采用机械方式进行破碎，不得使用爆破方式进行二次破碎。

第十八条 承包爆破作业的专业服务单位应当取得爆破作业单位许可证，承包采矿和剥离作业的采掘施工单位应当持有非煤矿矿山企业安全生产许可证。

第十九条 采石场上部需要剥离的，剥离工作面应当超前于开采工作面4米以上。

第二十条 小型露天采石场在作业前和作业中以及每次爆破后，应当对坡面进行安全检查。发现工作面有裂痕，或者在坡面上有浮石、危石和伞檐体可能塌落时，应当立即停止作业并撤离人员至安全地点，采取安全措施和消除隐患。

采石场的入口道路及相关危险源点应当设置安全警示标志，严禁任何人员在边坡底部休息和停留。

第二十一条 在坡面上进行排险作业时，作业人员应当系安全带，不得站在危石、浮石上及悬空作业。严禁在同一坡面上下双层或者多层同时作业。

距工作台阶坡底线50米范围内不得从事碎石加工作业。

第二十二条 小型露天采石场应当采用机械铲装作业,严禁使用人工装运矿岩。

同一工作面有两台铲装机械作业时,最小间距应当大于铲装机械最大回转半径的2倍。

严禁自卸汽车运载易燃、易爆物品;严禁超载运输;装载与运输作业时,严禁在驾驶室外侧、车斗内站人。

第二十三条 废石、废碴应当排放到废石场。废石场的设置应当符合设计要求和有关安全规定。顺山或顺沟排放废石、废碴的,应当有防止泥石流的具体措施。

第二十四条 电气设备应当有接地、过流、漏电保护装置。变电所应当有独立的避雷系统和防火、防潮与防止小动物窜入带电部位的措施。

第二十五条 小型露天采石场应当制定完善的防洪措施。对开采境界上方汇水影响安全的,应当设置截水沟。

第二十六条 小型露天采石场应当制定应急救援预案,建立兼职救援队伍,明确救援人员的职责,并与邻近的矿山救护队或者其他具备救护条件的单位签订救护协议。发生生产安全事故时,应当立即组织抢救,并在1小时内向当地安全生产监督管理部门报告。

第二十七条 小型露天采石场应当加强粉尘检测和防治工作,采取有效措施防治职业危害,建立职工健康档案,为从业人员提供符合国家标准或者行业标准的劳动防护用品和劳动保护设施,并指导监督其正确使用。

第二十八条 小型露天采石场应当在每年年末测绘采石场开采现状平面图和剖面图,并归档管理。

第三章 监督检查

第二十九条 安全生产监督管理部门应当加强对小型露天采石场的监督检查,对检查中发现的事故隐患和安全生产违法违规行为,依法作出现场处理或者实施行政处罚。

第三十条 安全生产监督管理部门应当建立健全本行政区域内小型露天采石场的安全生产档案,记录监督检查结果、生产安全事故和违法行为查处等情况。

第三十一条 对于未委托具备相应资质的设计单位编制开采设计或者开采方案,以及周边300米范围内存在生产生活设施的小型露天采石场,不得对其进行审查和验收。

第三十二条 安全生产监督管理部门应当加强对小型露天采石场实施中深孔爆破条件的监督检查。严格限制小型露天采石场采用浅孔爆破开采方式。

第三十三条 安全生产监督管理部门应当督促小型露天采石场加强对承包作业的采掘施工单位的管理,明确双方安全生产责任。

第三十四条 安全生产监督管理部门应当加强本行政区域内小型露天采石场应急预案的管理,督促乡(镇)人民政府做好事故应急救援的协调工作。

第四章 法律责任

第三十五条 安全生产监督管理部门及其工作人员违反法律法规和本规定,未依法履行对小型露天采石场安全生产监督检查职责的,依法给予行政处分。

第三十六条 违反本规定第六条规定的,责令限期改正,并处1万元以下的罚款。

第三十七条 违反本规定第十条第一款规定的,责令停止建设或者停产停业整顿,限期改正;逾期未改正的,处50万元以上100万元以下的罚款,对其直接负责的主管人员和其他直接责任人员处2万元以上5万元以下的罚款;构成犯罪的,依照刑法有关规定追究刑事责任。

第三十八条 违反本规定第十一条第一款规定的,责令停止生产,没收违法所得,并处10万元以上50万元以下的罚款。

第三十九条 违反本规定第十二条、第十三条第一、二款、第十四条、第十五条、第十六条、第十七条、第十九条、第二十条第一款、第二十一条、第二十二条规定的,给予警告,并处1万元以上3万元以下的罚款。

第四十条 违反本规定第二十三条、第二十四条、第二十五条、第二十八条规定的,给予警告,并处2万元以下的罚款。

第四十一条 本规定规定的行政处罚由安全生产监督管理部门决定。法律、行政法规对行政处罚另有规定的,依照其规定。

第五章 附 则

第四十二条 省、自治区、直辖市人民政府安全生产监督管理部门可以根据本规定制定实施细则,报国家安全生产监督管理总局备案。

第四十三条 本规定自2011年7月1日起施行。2004年12月28日原国家安全生产监督管理局(国家煤矿安全监察局)公布的《小型露天采石场安全生产暂行规定》(原国家安全生产监督管理局〈国家煤矿安全监察局〉令第19号)同时废止。

食品生产企业安全生产监督管理暂行规定

·2014 年 1 月 3 日国家安全监管总局令第 66 号公布

·根据 2015 年 5 月 29 日《国家安全监管总局关于废止和修改劳动防护用品和安全培训等领域十部规章的决定》修订

第一章　总　则

第一条　为加强食品生产企业的安全生产工作，防止和减少生产安全事故，保障从业人员的生命和财产安全，根据《中华人民共和国安全生产法》等有关法律、行政法规，制定本规定。

第二条　食品生产企业的安全生产及其监督管理，适用本规定。农副产品从种植养殖环节进入批发、零售市场或者生产加工企业前的安全生产及其监督管理，不适用本规定。

本规定所称食品生产企业，是指以农业、渔业、畜牧业、林业或者化学工业的产品、半成品为原料，通过工业化加工、制作，为人们提供食用或者饮用的物品的企业。

第三条　国家安全生产监督管理总局对全国食品生产企业的安全生产工作实施监督管理。

县级以上地方人民政府安全生产监督管理部门和有关部门（以下统称负责食品生产企业安全生产监管的部门）根据本级人民政府规定的职责，按照属地监管、分级负责的原则，对本行政区域内食品生产企业的安全生产工作实施监督管理。

食品生产企业的工程建设安全、消防安全和特种设备安全，依照法律、行政法规的规定由县级以上地方人民政府相关部门负责专项监督管理。

第四条　食品生产企业是安全生产的责任主体，其主要负责人对本企业的安全生产工作全面负责，分管安全生产工作的负责人和其他负责人对其职责范围内的安全生产工作负责。

集团公司对其所属或者控股的食品生产企业的安全生产工作负主管责任。

第二章　安全生产的基本要求

第五条　食品生产企业应当严格遵守有关安全生产法律、行政法规和国家标准、行业标准的规定，建立健全安全生产责任制、安全生产规章制度和安全操作规程。

第六条　从业人员超过 100 人的食品生产企业，应当设置安全生产管理机构或者配备 3 名以上专职安全生产管理人员，鼓励配备注册安全工程师从事安全生产管理工作。

前款规定以外的其他食品生产企业，应当配备专职或者兼职安全生产管理人员，或者委托安全生产中介机构提供安全生产服务。

委托安全生产中介机构提供安全生产技术、管理服务的，保证安全生产的责任仍由本企业负责。

第七条　食品生产企业应当支持安全生产管理机构和安全生产管理人员履行管理职责，并保证其开展工作所必须的条件。

食品生产企业作出涉及安全生产的决策，应当听取安全生产管理机构以及安全生产管理人员的意见，不得因安全生产管理人员依法履行职责而降低其工资、福利等待遇或者解除与其订立的劳动合同。

第八条　食品生产企业应当推进安全生产标准化建设，强化安全生产基础，做到安全管理标准化、设施设备标准化、作业现场标准化和作业行为标准化，并持续改进，不断提高企业本质安全水平。

第九条　食品生产企业新建、改建和扩建建设项目（以下统称建设项目）的安全设施，必须与主体工程同时设计、同时施工、同时投入生产和使用。安全设施投资应当纳入建设项目概算。

第十条　食品生产企业应当委托具备国家规定资质的工程设计单位、施工单位和监理单位，对建设工程进行设计、施工和监理。

工程设计单位、施工单位和监理单位应当按照有关法律、行政法规、国家标准或者行业标准的规定进行设计、施工和监理，并对其工作成果负责。

第十一条　食品生产企业应当按照有关法律、行政法规的规定，加强工程建设、消防、特种设备的安全管理；对于需要有关部门审批和验收的事项，应当依法向有关部门提出申请；未经有关部门依法批准或者验收合格的，不得投入生产和使用。

第十二条　食品生产企业应当建立健全事故隐患排查治理制度，明确事故隐患治理的措施、责任、资金、时限和预案，采取技术、管理措施，及时发现并消除事故隐患。事故隐患排查治理情况应当如实记录，向从业人员通报，并按规定报告所在地负责食品生产企业安全生产监管的部门。

第十三条　食品生产企业的加工、制作等项目有多个承包单位、承租单位，或者存在空间交叉的，应当对承包单位、承租单位的安全生产工作进行统一协调、管理。承包单位、承租单位应当服从食品生产企业的统一管理，并对作业现场的安全生产负责。

第十四条　食品生产企业应当对新录用、季节性复工、调整工作岗位和离岗半年以上重新上岗的从业人员，进行相应的安全生产教育培训。未经安全生产教育培训合格的从业人员，不得上岗作业。

第十五条　食品生产企业应当定期组织开展危险源辨识，并将其工作场所存在和作业过程中可能产生的危险因素、防范措施和事故应急措施等如实书面告知从业人员，不得隐瞒或者欺骗。

从业人员发现直接危及人身安全的紧急情况时，有权停止作业或者在采取可能的应急措施后撤离作业场所。食品生产企业不得因此降低其工资、福利待遇或者解除劳动合同。

第三章　作业过程的安全管理

第十六条　食品生产企业的作业场所应当符合下列要求：

（一）生产设施设备，按照国家有关规定配备有温度、压力、流量、液位以及粉尘浓度、可燃和有毒气体浓度等工艺指标的超限报警装置；

（二）用电设备设施和场所，采取保护措施，并在配电设备设施上安装剩余电流动作保护装置或者其他防止触电的装置；

（三）涉及烘制、油炸等高温的设施设备和岗位，采用必要的防过热自动报警切断和隔热板、墙等保护设施；

（四）涉及淀粉等可燃性粉尘爆炸危险的场所、设施设备，采用惰化、抑爆、阻爆、泄爆等措施防止粉尘爆炸，现场安全管理措施和条件符合《粉尘防爆安全规程》（GB15577）等国家标准或者行业标准的要求；

（五）油库（罐）、燃气站、除尘器、压缩空气站、压力容器、压力管道、电缆隧道（沟）等重点防火防爆部位，采取有效、可靠的监控、监测、预警、防火、防爆、防毒等安全措施。安全附件和联锁装置不得随意拆弃和解除，声、光报警等信号不得随意切断；

（六）制冷车间符合《冷库设计规范》（GB50072）、《冷库安全规程》（GB28009）等国家标准或者行业标准的规定，设置气体浓度报警装置，且与制冷电机联锁、与事故排风机联动。在包装间、分割间等人员密集场所，严禁采用氨直接蒸发的制冷系统。

第十七条　食品生产企业涉及生产、储存和使用危险化学品的，应当严格按照《危险化学品安全管理条例》等法律、行政法规、国家标准或者行业标准的规定，根据危险化学品的种类和危险特性，在生产、储存和使用场所设置相应的监测、监控、通风、防晒、调温、防火、灭火、防爆、泄压、防毒、中和、防潮、防雷、防静电、防腐、防泄漏以及防护围堤等安全设施设备，并对安全设施设备进行经常性维护保养，保证其正常运行。

食品生产企业的中间产品为危险化学品的，应当依照有关规定取得危险化学品安全生产许可证。

第十八条　食品生产企业应当定期组织对作业场所、仓库、设备设施使用、从业人员持证、劳动防护用品配备和使用、危险源管理情况进行检查，对检查发现的问题应当立即整改；不能立即整改的，应当制定相应的防范措施和整改计划，限期整改。检查应当作好记录，并由有关人员签字。

第十九条　食品生产企业应当加强日常消防安全管理，按照有关规定配置并保持消防设施完好有效。生产作业场所应当设有标志明显、符合要求的安全出口和疏散通道，禁止封堵、锁闭生产作业场所的安全出口和疏散通道。

第二十条　食品生产企业应当使用符合安全技术规范要求的特种设备，并按照国家规定向有关部门登记，进行定期检验。

食品生产企业应当在有危险因素的场所和有关设施、设备上设置明显的安全警示标志和警示说明。

第二十一条　食品生产企业进行高处作业、吊装作业、临近高压输电线路作业、电焊气焊等动火作业，以及在污水池等有限空间内作业的，应当实行作业审批制度，安排专门人员负责现场安全管理，落实现场安全管理措施。

第四章　监督管理

第二十二条　县级以上人民政府负责食品生产企业安全生产监管的部门及其行政执法人员应当在其职责范围内加强对食品生产企业安全生产的监督检查，对违反有关安全生产法律、行政法规、国家标准或者行业标准和本规定的违法行为，依法实施行政处罚。

第二十三条　县级以上地方人民政府负责食品生产企业安全生产监管的部门应当将食品生产企业纳入年度执法工作计划，明确检查的重点企业、关键事项、时间和标准，对检查中发现的重大事故隐患实施挂牌督办。

第二十四条　县级以上地方人民政府负责食品生产企业安全生产监管的部门接到食品生产企业报告的重大事故隐患后，应当根据需要，进行现场核查，督促食品生产企业按照治理方案排除事故隐患，防止事故发生；必要时，可以责令食品生产企业暂时停产停业或者停止使用；重大事故隐患治理后，经县级以上地方人民政府负责食品生产企业安全生产监管的部门审查同意，方可恢复生产经营和使用。

第二十五条 县级以上地方人民政府负责食品生产企业安全生产监管的部门对食品生产企业进行监督检查时,发现其存在工程建设、消防和特种设备等方面的事故隐患或者违法行为的,应当及时移送本级人民政府有关部门处理。

第五章 法律责任

第二十六条 食品生产企业有下列行为之一的,责令限期改正,可以处 5 万元以下的罚款;逾期未改正的,责令停产停业整顿,并处 5 万元以上 10 万元以下的罚款,对其直接负责的主管人员和其他直接责任人员处 1 万元以上 2 万元以下的罚款:

(一)未按照规定设置安全生产管理机构或者配备安全生产管理人员的;

(二)未如实记录安全生产教育和培训情况的;

(三)未将事故隐患排查治理情况如实记录或者未向从业人员通报的。

第二十七条 食品生产企业不具备法律、行政法规和国家标准或者行业标准规定的安全生产条件,经停产整顿后仍不具备安全生产条件的,县级以上地方人民政府负责食品生产企业安全生产监管的部门应当提请本级人民政府依法予以关闭。

第二十八条 监督检查人员在对食品生产企业进行监督检查时,滥用职权、玩忽职守、徇私舞弊的,依照有关规定给予处分;构成犯罪的,依法追究刑事责任。

第二十九条 本规定的行政处罚由县级以上地方人民政府负责食品生产企业安全生产监管的部门实施,有关法律、法规和规章对行政处罚的种类、幅度和决定机关另有规定的,依照其规定。

第六章 附 则

第三十条 本规定自 2014 年 3 月 1 日起施行。

工贸企业有限空间作业安全规定

·2023 年 11 月 29 日应急管理部令第 13 号公布

·自 2024 年 1 月 1 日起施行

第一条 为了保障有限空间作业安全,预防和减少生产安全事故,根据《中华人民共和国安全生产法》等法律法规,制定本规定。

第二条 冶金、有色、建材、机械、轻工、纺织、烟草、商贸等行业的生产经营单位(以下统称工贸企业)有限空间作业的安全管理与监督,适用本规定。

第三条 本规定所称有限空间,是指封闭或者部分封闭,未被设计为固定工作场所,人员可以进入作业,易造成有毒有害、易燃易爆物质积聚或者氧含量不足的空间。

本规定所称有限空间作业,是指人员进入有限空间实施的作业。

第四条 工贸企业主要负责人是有限空间作业安全第一责任人,应当组织制定有限空间作业安全管理制度,明确有限空间作业审批人、监护人员、作业人员的职责,以及安全培训、作业审批、防护用品、应急救援装备、操作规程和应急处置等方面的要求。

第五条 工贸企业应当实行有限空间作业监护制,明确专职或者兼职的监护人员,负责监督有限空间作业安全措施的落实。

监护人员应当具备与监督有限空间作业相适应的安全知识和应急处置能力,能够正确使用气体检测、机械通风、呼吸防护、应急救援等用品、装备。

第六条 工贸企业应当对有限空间进行辨识,建立有限空间管理台账,明确有限空间数量、位置以及危险因素等信息,并及时更新。

鼓励工贸企业采用信息化、数字化和智能化技术,提升有限空间作业安全风险管控水平。

第七条 工贸企业应当根据有限空间作业安全风险大小,明确审批要求。

对于存在硫化氢、一氧化碳、二氧化碳等中毒和窒息等风险的有限空间作业,应当由工贸企业主要负责人或者其书面委托的人员进行审批,委托进行审批的,相关责任仍由工贸企业主要负责人承担。

未经工贸企业确定的作业审批人批准,不得实施有限空间作业。

第八条 工贸企业将有限空间作业依法发包给其他单位实施的,应当与承包单位在合同或者协议中约定各自的安全生产管理职责。工贸企业对其发包的有限空间作业统一协调、管理,并对现场作业进行安全检查,督促承包单位有效落实各项安全措施。

第九条 工贸企业应当每年至少组织一次有限空间作业专题安全培训,对作业审批人、监护人员、作业人员和应急救援人员培训有限空间作业安全知识和技能,并如实记录。

未经培训合格不得参与有限空间作业。

第十条 工贸企业应当制定有限空间作业现场处置

方案，按规定组织演练，并进行演练效果评估。

第十一条 工贸企业应当在有限空间出入口等醒目位置设置明显的安全警示标志，并在具备条件的场所设置安全风险告知牌。

第十二条 工贸企业应当对可能产生有毒物质的有限空间采取上锁、隔离栏、防护网或者其他物理隔离措施，防止人员未经审批进入。监护人员负责在作业前解除物理隔离措施。

第十三条 工贸企业应当根据有限空间危险因素的特点，配备符合国家标准或者行业标准的气体检测报警仪器、机械通风设备、呼吸防护用品、全身式安全带等防护用品和应急救援装备，并对相关用品、装备进行经常性维护、保养和定期检测，确保能够正常使用。

第十四条 有限空间作业应当严格遵守“先通风、再检测、后作业”要求。存在爆炸风险的，应当采取消除或者控制措施，相关电气设施设备、照明灯具、应急救援装备等应当符合防爆安全要求。

作业前，应当组织对作业人员进行安全交底，监护人员应当对通风、检测和必要的隔断、清除、置换等风险管控措施逐项进行检查，确认防护用品能够正常使用且作业现场配备必要的应急救援装备，确保各项作业条件符合安全要求。有专业救援队伍的工贸企业，应急救援人员应当做好应急救援准备，确保及时有效处置突发情况。

第十五条 监护人员应当全程进行监护，与作业人员保持实时联络，不得离开作业现场或者进入有限空间参与作业。

发现异常情况时，监护人员应当立即组织作业人员撤离现场。发生有限空间作业事故后，应当立即按照现场处置方案进行应急处置，组织科学施救。未做好安全措施盲目施救的，监护人员应当予以制止。

作业过程中，工贸企业应当安排专人对作业区域持续进行通风和气体浓度检测。作业中断的，作业人员再次进入有限空间作业前，应当重新通风、气体检测合格后方可进入。

第十六条 存在硫化氢、一氧化碳、二氧化碳等中毒和窒息风险、需要重点监督管理的有限空间，实行目录管理。

监管目录由应急管理部确定、调整并公布。

第十七条 负责工贸企业安全生产监督管理的部门应当加强对工贸企业有限空间作业的监督检查，将检查纳入年度监督检查计划。对发现的事故隐患和违法行为，依法作出处理。

负责工贸企业安全生产监督管理的部门应当将存在硫化氢、一氧化碳、二氧化碳等中毒和窒息风险的有限空间作业工贸企业纳入重点检查范围，突出对监护人员配备和履职情况、作业审批、防护用品和应急救援装备配备等事项的检查。

第十八条 负责工贸企业安全生产监督管理的部门及其行政执法人员发现有限空间作业存在重大事故隐患的，应当责令立即或者限期整改；重大事故隐患排除前或者排除过程中无法保证安全的，应当责令暂时停止作业，撤出作业人员；重大事故隐患排除后，经审查同意，方可恢复作业。

第十九条 工贸企业有下列行为之一的，责令限期改正，处5万元以下的罚款；逾期未改正的，处5万元以上20万元以下的罚款，对其直接负责的主管人员和其他直接责任人员处1万元以上2万元以下的罚款；情节严重的，责令停产停业整顿；构成犯罪的，依照刑法有关规定追究刑事责任：

（一）未按照规定设置明显的有限空间安全警示标志的；

（二）未按照规定配备、使用符合国家标准或者行业标准的有限空间作业安全仪器、设备、装备和器材的，或者未对其进行经常性维护、保养和定期检测的。

第二十条 工贸企业有下列行为之一的，责令限期改正，处10万元以下的罚款；逾期未改正的，责令停产停业整顿，并处10万元以上20万元以下的罚款，对其直接负责的主管人员和其他直接责任人员处2万元以上5万元以下的罚款：

（一）未按照规定开展有限空间作业专题安全培训或者未如实记录安全培训情况的；

（二）未按照规定制定有限空间作业现场处置方案或者未按照规定组织演练的。

第二十一条 违反本规定，有下列情形之一的，责令限期改正，对工贸企业处5万元以下的罚款，对其直接负责的主管人员和其他直接责任人员处1万元以下的罚款：

（一）未配备监护人员，或者监护人员未按规定履行岗位职责的；

（二）未对有限空间进行辨识，或者未建立有限空间管理台账的；

（三）未落实有限空间作业审批，或者作业未执行“先通风、再检测、后作业”要求的；

（四）未按要求进行通风和气体检测的。

第二十二条　本规定自 2024 年 1 月 1 日起施行。原国家安全生产监督管理总局 2013 年 5 月 20 日公布的《工贸企业有限空间作业安全管理与监督暂行规定》(国家安全生产监督管理总局令第 59 号)同时废止。

工贸企业重大事故隐患判定标准

· 2023 年 4 月 14 日应急管理部令第 10 号公布
· 自 2023 年 5 月 15 日起施行

第一条　为了准确判定、及时消除工贸企业重大事故隐患(以下简称重大事故隐患),根据《中华人民共和国安全生产法》等法律、行政法规,制定本标准。

第二条　本标准适用于判定冶金、有色、建材、机械、轻工、纺织、烟草、商贸等工贸企业重大事故隐患。工贸企业内涉及危险化学品、消防(火灾)、燃气、特种设备等方面的重大事故隐患判定另有规定的,适用其规定。

第三条　工贸企业有下列情形之一的,应当判定为重大事故隐患:

(一)未对承包单位、承租单位的安全生产工作统一协调、管理,或者未定期进行安全检查的;

(二)特种作业人员未按照规定经专门的安全作业培训并取得相应资格,上岗作业的;

(三)金属冶炼企业主要负责人、安全生产管理人员未按照规定经考核合格的。

第四条　冶金企业有下列情形之一的,应当判定为重大事故隐患:

(一)会议室、活动室、休息室、操作室、交接班室、更衣室(含澡堂)等 6 类人员聚集场所,以及钢铁水罐冷(热)修工位设置在铁水、钢水、液渣吊运跨的地坪区域内的;

(二)生产期间冶炼、精炼和铸造生产区域的事故坑、炉下渣坑,以及熔融金属泄漏和喷溅影响范围内的炉前平台、炉基区域、厂房内吊运和地面运输通道等 6 类区域存在积水的;

(三)炼钢连铸流程未设置事故钢水罐、中间罐漏钢坑(槽)、中间罐溢流坑(槽)、漏钢回转溜槽,或者模铸流程未设置事故钢水罐(坑、槽)的;

(四)转炉、电弧炉、AOD 炉、LF 炉、RH 炉、VOD 炉等炼钢炉的水冷元件未设置出水温度、进出水流量差等监测报警装置,或者监测报警装置未与炉体倾动、氧(副)枪自动提升、电极自动断电和升起装置联锁的;

(五)高炉生产期间炉顶工作压力设定值超过设计文件规定的最高工作压力,或者炉顶工作压力监测装置未与炉顶放散阀联锁,或者炉顶放散阀的联锁放散压力设定值超过设备设计压力值的;

(六)煤气生产、回收净化、加压混合、储存、使用设施附近的会议室、活动室、休息室、操作室、交接班室、更衣室等 6 类人员聚集场所,以及可能发生煤气泄漏、积聚的场所和部位未设置固定式一氧化碳浓度监测报警装置,或者监测数据未接入 24 小时有人值守场所的;

(七)加热炉、煤气柜、除尘器、加压机、烘烤器等设施,以及进入车间前的煤气管道未安装隔断装置的;

(八)正压煤气输配管线水封式排水器的最高封堵煤气压力小于 30kPa,或者同一煤气管道隔断装置的两侧共用一个排水器,或者不同煤气管道排水器上部的排水管连通,或者不同介质的煤气管道共用一个排水器的。

第五条　有色企业有下列情形之一的,应当判定为重大事故隐患:

(一)会议室、活动室、休息室、操作室、交接班室、更衣室(含澡堂)等 6 类人员聚集场所设置在熔融金属吊运跨的地坪区域内的;

(二)生产期间冶炼、精炼、铸造生产区域的事故坑、炉下渣坑,以及熔融金属泄漏、喷溅影响范围内的炉前平台、炉基区域、厂房内吊运和地面运输通道等 6 类区域存在非生产性积水的;

(三)熔融金属铸造环节未设置紧急排放和应急储存设施的(倾动式熔炼炉、倾动式保温炉、倾动式熔保一体炉、带保温炉的固定式熔炼炉除外);

(四)采用水冷冷却的冶炼炉窑、铸造机(铝加工深井铸造工艺的结晶器除外)、加热炉未设置应急水源的;

(五)熔融金属冶炼炉窑的闭路循环水冷元件未设置出水温度、进出水流量差监测报警装置,或者开路水冷元件未设置进水流量、压力监测报警装置,或者未监测开路水冷元件出水温度的;

(六)铝加工深井铸造工艺的结晶器冷却水系统未设置进水压力、进水流量监测报警装置,或者监测报警装置未与快速切断阀、紧急排放阀、流槽断开装置联锁,或者监测报警装置未与倾动式浇铸炉控制系统联锁的;

(七)铝加工深井铸造工艺的浇铸炉铝液出口流槽、流槽与模盘(分配流槽)入口连接处未设置液位监测报警装置,或者固定式浇铸炉的铝液出口未设置机械锁紧装置的;

(八)铝加工深井铸造工艺的固定式浇铸炉的铝液

流槽未设置紧急排放阀,或者流槽与模盘(分配流槽)入口连接处未设置快速切断阀(断开装置),或者流槽与模盘(分配流槽)入口连接处的液位监测报警装置未与快速切断阀(断开装置)、紧急排放阀联锁的;

(九)铝加工深井铸造工艺的倾动式浇铸炉流槽与模盘(分配流槽)入口连接处未设置快速切断阀(断开装置),或者流槽与模盘(分配流槽)入口连接处的液位监测报警装置未与浇铸炉倾动控制系统、快速切断阀(断开装置)联锁的;

(十)铝加工深井铸造机钢丝卷扬系统选用非钢芯钢丝绳,或者未落实钢丝绳定期检查、更换制度的;

(十一)可能发生一氧化碳、砷化氢、氯气、硫化氢等4种有毒气体泄漏、积聚的场所和部位未设置固定式气体浓度监测报警装置,或者监测数据未接入24小时有人值守场所,或者未对可能有砷化氢气体的场所和部位采取同等效果的检测措施的;

(十二)使用煤气(天然气)并强制送风的燃烧装置的燃气总管未设置压力监测报警装置,或者监测报警装置未与紧急自动切断装置联锁的;

(十三)正压煤气输配管线水封式排水器的最高封堵煤气压力小于30kPa,或者同一煤气管道隔断装置的两侧共用一个排水器,或者不同煤气管道排水器上部的排水管连通,或者不同介质的煤气管道共用一个排水器的。

第六条 建材企业有下列情形之一的,应当判定为重大事故隐患:

(一)煤磨袋式收尘器、煤粉仓未设置温度和固定式一氧化碳浓度监测报警装置,或者未设置气体灭火装置的;

(二)筒型储库人工清库作业未落实清库方案中防止高处坠落、坍塌等安全措施的;

(三)水泥企业电石渣原料筒型储库未设置固定式可燃气体浓度监测报警装置,或者监测报警装置未与事故通风装置联锁的;

(四)进入筒型储库、焙烧窑、预热器旋风筒、分解炉、竖炉、篦冷机、磨机、破碎机前,未对可能意外启动的设备和涌入的物料、高温气体、有毒有害气体等采取隔离措施,或者未落实防止高处坠落、坍塌等安全措施的;

(五)采用预混燃烧方式的燃气窑炉(热发生炉煤气窑炉除外)的燃气总管未设置管道压力监测报警装置,或者监测报警装置未与紧急自动切断装置联锁的;

(六)制氢站、氮氢保护气体配气间、燃气配气间等3类场所未设置固定式可燃气体浓度监测报警装置的;

(七)电熔制品电炉的水冷设备失效的;

(八)玻璃窑炉、玻璃锡槽等设备未设置水冷和风冷保护系统的监测报警装置的。

第七条 机械企业有下列情形之一的,应当判定为重大事故隐患:

(一)会议室、活动室、休息室、更衣室、交接班室等5类人员聚集场所设置在熔融金属吊运跨或者浇注跨的地坪区域内的;

(二)铸造用熔炼炉、精炼炉、保温炉未设置紧急排放和应急储存设施的;

(三)生产期间铸造用熔炼炉、精炼炉、保温炉的炉底、炉坑和事故坑,以及熔融金属泄漏、喷溅影响范围内的炉前平台、炉基区域、造型地坑、浇注作业坑和熔融金属转运通道等8类区域存在积水的;

(四)铸造用熔炼炉、精炼炉、压铸机、氧枪的冷却水系统未设置出水温度、进出水流量差监测报警装置,或者监测报警装置未与熔融金属加热、输送控制系统联锁的;

(五)使用煤气(天然气)的燃烧装置的燃气总管未设置管道压力监测报警装置,或者监测报警装置未与紧急自动切断装置联锁,或者燃烧装置未设置火焰监测和熄火保护系统的;

(六)使用可燃性有机溶剂清洗设备设施、工装器具、地面时,未采取防止可燃气体在周边密闭或者半密闭空间内积聚措施的;

(七)使用非水性漆的调漆间、喷漆室未设置固定式可燃气体浓度监测报警装置或者通风设施的。

第八条 轻工企业有下列情形之一的,应当判定为重大事故隐患:

(一)食品制造企业烘制、油炸设备未设置防过热自动切断装置的;

(二)白酒勾兑、灌装场所和酒库未设置固定式乙醇蒸气浓度监测报警装置,或者监测报警装置未与通风设施联锁的;

(三)纸浆制造、造纸企业使用蒸气、明火直接加热钢瓶汽化液氯的;

(四)日用玻璃、陶瓷制造企业采用预混燃烧方式的燃气窑炉(热发生炉煤气窑炉除外)的燃气总管未设置管道压力监测报警装置,或者监测报警装置未与紧急自动切断装置联锁的;

(五)日用玻璃制造企业玻璃窑炉的冷却保护系统未设置监测报警装置的;

(六)使用非水性漆的调漆间、喷漆室未设置固定式

可燃气体浓度监测报警装置或者通风设施的;

(七)锂离子电池储存仓库未对故障电池采取有效物理隔离措施的。

第九条　纺织企业有下列情形之一的,应当判定为重大事故隐患:

(一)纱、线、织物加工的烧毛、开幅、烘干等热定型工艺的汽化室、燃气贮罐、储油罐、热媒炉,未与生产加工等人员聚集场所隔开或者单独设置的;

(二)保险粉、双氧水、次氯酸钠、亚氯酸钠、雕白粉(吊白块)与禁忌物料混合储存,或者保险粉储存场所未采取防水防潮措施的。

第十条　烟草企业有下列情形之一的,应当判定为重大事故隐患:

(一)熏蒸作业场所未配备磷化氢气体浓度监测报警仪器,或者未配备防毒面具,或者熏蒸杀虫作业前未确认无关人员全部撤离熏蒸作业场所的;

(二)使用液态二氧化碳制造膨胀烟丝的生产线和场所未设置固定式二氧化碳浓度监测报警装置,或者监测报警装置未与事故通风设施联锁的。

第十一条　存在粉尘爆炸危险的工贸企业有下列情形之一的,应当判定为重大事故隐患:

(一)粉尘爆炸危险场所设置在非框架结构的多层建(构)筑物内,或者粉尘爆炸危险场所内设有员工宿舍、会议室、办公室、休息室等人员聚集场所的;

(二)不同类别的可燃性粉尘、可燃性粉尘与可燃气体等易加剧爆炸危险的介质共用一套除尘系统,或者不同建(构)筑物、不同防火分区共用一套除尘系统、除尘系统互联互通的;

(三)干式除尘系统未采取泄爆、惰化、抑爆等任一种爆炸防控措施的;

(四)铝镁等金属粉尘除尘系统采用正压除尘方式,或者其他可燃性粉尘除尘系统采用正压吹送粉尘时,未采取火花探测消除等防范点燃源措施的;

(五)除尘系统采用重力沉降室除尘,或者采用干式巷道式构筑物作为除尘风道的;

(六)铝镁等金属粉尘、木质粉尘的干式除尘系统未设置锁气卸灰装置的;

(七)除尘器、收尘仓等划分为20区的粉尘爆炸危险场所电气设备不符合防爆要求的;

(八)粉碎、研磨、造粒等易产生机械点燃源的工艺设备前,未设置铁、石等杂物去除装置,或者木制品加工企业与砂光机连接的风管未设置火花探测消除装置的;

(九)遇湿自燃金属粉尘收集、堆放、储存场所未采取通风等防止氢气积聚措施,或者干式收集、堆放、储存场所未采取防水、防潮措施的;

(十)未落实粉尘清理制度,造成作业现场积尘严重的。

第十二条　使用液氨制冷的工贸企业有下列情形之一的,应当判定为重大事故隐患:

(一)包装、分割、产品整理场所的空调系统采用氨直接蒸发制冷的;

(二)快速冻结装置未设置在单独的作业间内,或者快速冻结装置作业间内作业人员数量超过9人的。

第十三条　存在硫化氢、一氧化碳等中毒风险的有限空间作业的工贸企业有下列情形之一的,应当判定为重大事故隐患:

(一)未对有限空间进行辨识、建立安全管理台账,并且未设置明显的安全警示标志的;

(二)未落实有限空间作业审批,或者未执行"先通风、再检测、后作业"要求,或者作业现场未设置监护人员的。

第十四条　本标准所列情形中直接关系生产安全的监控、报警、防护等设施、设备、装置,应当保证正常运行、使用,失效或者无效均判定为重大事故隐患。

第十五条　本标准自2023年5月15日起施行。《工贸行业重大生产安全事故隐患判定标准(2017版)》(安监总管四〔2017〕129号)同时废止。

化工企业生产过程异常工况安全处置准则(试行)

·2024年4月25日

·应急厅〔2024〕17号

1　目的

为进一步规范和加强化工企业生产过程异常工况安全风险管控,提高异常工况安全处置意识和能力,指导企业科学稳妥应对,防止和减少生产安全事故,制定本准则。

2　适用范围

本准则适用于化工企业生产运行阶段的装置开停车、非计划检维修、操作参数异常、非正常操作或设备设施故障及其他存在能量意外释放风险的情况。

3　基本要求

3.1 企业应在日常工作中,对照异常工况情形,进行风险评估,建立或明确紧急处置程序,开展培训和演练。

3.2 紧急处置程序应至少包括：处置步骤、安全措施、停车条件。

3.3 紧急处置时，企业未开展评估和进行审批，不得摘除或旁路联锁以强制维持设备或装置运行。

3.4 企业应建立完善岗位人员紧急停车、人员撤离等授权机制。

3.5 装置联锁触发后应及时查明原因，并逐一消除联锁触发条件，严禁强行复位。

3.6 必须及时响应装置所有报警。可燃气体和有毒气体检测、火灾报警系统报警后，严禁不分析原因、不到现场确认随意消除报警。

3.7 动火、受限空间、设备或管线打开等作业，企业应按照规定办理作业审批。

4 处置原则

4.1 及时退守到安全状态

4.1.1 发生以下情形时，应按紧急处置程序及时退守到安全状态：

(1)操作单元出现飞温、压力骤变、爆聚、沸溢、管线堵塞、介质互串、搅拌失效、设备剧烈振动等异常情况的。

(2)安全阀、爆破片等紧急泄压设施异常启动，原因不明、无法恢复正常的。

(3)关键设备故障、重要的公用工程(水电汽风)中断、仪表控制系统故障等，原因不明、无法恢复正常的。

(4)易燃易爆、高毒剧毒介质明显泄漏，存在失控风险的。

(5)发生地震、台风、强降雨等自然灾害，不能保证正常生产的。

安全退守方式包括但不限于：全装置停车、局部停车、停止加热、紧急冷却、停止进料、终止反应、卸料泄压、单元隔离等。

4.1.2 装置出现未预先研判出且无紧急处置程序的异常工况，应第一时间停车。

4.2 现场处置人员最少化

4.2.1 当现场情况不明时，在未进行安全风险评估且未采取安全防护措施的情况下，任何人不得进入现场。初步确定现场可进入后，最多2人佩戴必要的防护装备、报警仪及相关安全工具后进入现场进一步侦查情况。

4.2.2 处置过程中应严格管控现场人员，明确责任分工，按最少化原则控制现场作业人员数量。严禁与处置无关的人员进入作业区域。

4.2.3 现场处置时，同一部位原则上不得进行交叉作业，同一装置区内一般应为2人，最多不得超过6人。

4.2.4 指挥人员应尽可能使用视频、无线电通讯等设备进行远程调度指挥。

4.2.5 应采用视频监控、电子围栏、基于人员定位系统的人员聚集风险监测预警等信息化数字化技术，强化处置现场人员聚集风险管控。

4.3 全面辨识分析风险稳妥处置

4.3.1 处置前应全面分析研判处置过程的安全风险，制定落实有效管控措施，严禁在风险不明或不可控的情况下盲目处置。

4.3.2 处置管线、阀门等堵塞情况时，应根据堵塞物的特性、设备管线的设计条件、疏通介质的特性等综合考虑疏通方式，禁止蛮干。处置撞击敏感度高的堵塞物时，严禁外力敲击。

4.3.3 严格作业安全条件确认，严禁仅把“目视、鼻嗅、耳听、手摸”等作为最终安全条件确认的手段。确认方式包括但不限于：

(1)泄压结束的确认，如观察现场压力表的指针升降过程或者DCS上压力变化曲线、通过两套或以上不同形式的压力监测系统比对确认、根据物料危险特性微开导淋或放空阀确认等。

(2)容器、管线能量隔离有效性的确认，如盲板是否按要求加装、放空导淋是否全部打开、连接管线是否已经断开等。

(3)电气设备断电确认，如断电后开关柜上锁挂牌、现场进行点试、使用仪表进行带电检测、将断路器(抽屉)拉至检修位(试验位)、拉开隔离开关、摘除保险等。

(4)进入受限空间前使用符合相关标准的检测仪器进行有代表性、全面性气体检测，有条件的可以使用便携式检测仪和实验室取样分析比对确认。

4.3.4 处置人员应根据现场物料的特性和潜在的风险，佩戴完备有效的个体防护装备。

4.4 有效防止能量意外释放

4.4.1 处置作业过程中涉及管线、设备打开时，应将拆装部位前后端泄压、吹扫置换并与运行系统有效物理隔离，严禁以水封或关闭阀门代替加装盲板。

4.4.2 处置作业过程中非必要不得进行带压密封和带压开孔作业。应急处置中确需进行的，企业应开展作业可行性评估，勘测现场环境和设备状况，制定专项作业方案。

4.4.3 严禁在毒性程度为极度危害介质的设备、管线上进行带压作业；严禁在未进行测厚、无法有效阻止材料裂纹继续扩展、结构和材料的刚度及强度不满足安全要求、保障措施未有效落实等情况下进行带压作业。

4.5 全局考虑统一指挥

4.5.1 异常工况处置应综合考虑装置内外部公用工程稳定、上下游物料平衡的影响,严禁多头指挥、无序处置。

4.5.2 应明确专人在控制室通过盯守 DCS 等方式,及时查看异常工况处置时涉及的上下游装置及现场安全风险管控情况。

4.5.3 异常工况处置完毕后,应及时分析导致异常工况的原因,从管理、技术方面进行改进提升,完善操作规程、应急预案等资料,定期组织相关人员培训演练,提高异常工况处置能力。

4.5.4 异常工况符合启动应急预案的,按预案的响应程序和处置措施应对。

附录:

1. 精细化工企业典型异常工况安全处置要点
2. 硝酸铵生产使用企业典型异常工况安全处置要点
3. 合成氨生产企业典型异常工况安全处置要点
4. 过氧化氢生产企业典型异常工况安全处置要点

附录 1

精细化工企业典型异常工况安全处置要点

1. 反应釜故障停车后应关闭进料阀,停止加热,属于放热反应的应立即启动冷却系统。如冷却系统或搅拌故障时,应将物料分散转移至其他正常运行的反应釜中。

2. 根据温度或压力急剧升高、物料突沸或冲料等现象判断为反应失控的,应先按前款进行处置;仍无法控制需要泄放的,物料应泄放至预先加入淬灭剂的泄放设施,严禁违规就地排放。

3. 氢化反应装置氧含量异常升高时,应立即停止供氢。

4. 格氏试剂制备在投入引发剂后未引发的,应立即排查原因,严禁直接加热或继续添加引发剂,将物料放至淬灭釜滴加淬灭剂进行淬灭,压力与温度稳定后再进行后处理。

5. 反应釜带料开车前应进行风险评估,制定反应控制作业方案和应急处置措施。对于有反应失控风险的,应退料后再开车。

6. 蒸馏、精馏等工序不出料时应分析原因,严禁继续加热、干蒸。

7. 涉及氯气、氟化氢、氨气等剧毒、高毒气体的尾气抽排系统出现故障时,应能及时联锁启动或立即远程启动备用系统。

附录 2

硝酸铵生产使用企业典型异常工况安全处置要点

1. 硝酸铵生产或者使用过程中,出现以下情况,应立即停车处置,启动紧急稀释或者降温措施,撤离现场人员:

(1)硝酸铵溶液温度异常上升、出现分解前兆;

(2)硝酸铵溶液储罐、硝酸铵仓库冒浓烟、青烟、黄烟。

2. 氨蒸发工序出现气氨带液、氨预热器出现温度持续下降且温降速率较快等情况时,应立即停止氨蒸发,查明原因,严禁不停氨蒸发处理。

3. 进中和反应器的气氨、硝酸流量出现大幅波动,造成中和反应不稳定时,应停止气氨、硝酸进料,查明原因,流量稳定前严禁恢复供料。

4. 硝酸铵中和反应器、闪蒸槽出现以下情况时,应立即停止进料:

(1)溶液 pH 值低于 1;

(2)现场工艺蒸汽冒青烟;

(3)硝酸铵溶液颜色呈绿色、红色。

5. 中和反应器发生泄漏时,应立即停止中和反应,查明原因,妥善处理泄漏物,消除泄漏源;作业人员严禁超过 2 人,严禁动火作业。

6. 硝酸铵溶液蒸发(初蒸发及二段蒸发)下液管堵塞、不下料时,严禁对蒸发器闪蒸槽持续加热和进料,应立即停止进料,关闭加热蒸汽阀,检查真空系统和蒸发温度,向蒸发器加入冷凝液(或者热水)进行疏通。

7. 当硝酸铵造粒工序出现故障停车时,设置有蒸汽加热的储槽应立即切断蒸汽,严格控制物料在液封槽、混合槽内的停留时间和循环时间,硝酸铵在液封槽的停留时间应小于 20 分钟,在中间槽内的停留时间应小于 30 分钟,温度异常升高或者停车检修时,应立即卸料处理。

8. 硝酸铵溶液输送泵进出口管道出现堵塞、温度异常升高时,应立即停用硝酸铵溶液输送泵,切断伴热蒸汽,采用蒸汽、脱盐水冲洗等方式疏通,严禁采用金属物品敲击、刮擦等方式清理。

9. 生产硝硫基复合肥出现短时间停车时，溶液在混合槽内温度应降至130-140℃，保温时间小于4小时；超过160℃时，应立即加水降温、放槽。

10. 生产硝氯基复合肥出现短时间停车时，溶液在混合槽内温度应降至130-140℃，保温时间小于1小时，随时监控槽内物料温度变化情况，有异常升温时，应立即放槽。

11. 塔式硝基复合肥生产过程中，硝酸铵溶液温度超过185℃，有刺激性气体产生并伴有浓烟、青烟、黄烟冒出或者有物料溢出时，应立即停止进料并远程加水降温，关闭蒸汽总阀，立即组织人员从步梯撤离，严禁乘坐电梯撤离或者向塔上层避烟，同时根据情况关闭塔上电源。

附录3

合成氨生产企业典型异常工况安全处置要点

1. 出现以下任一异常工况时，应进行系统或局部停车处置：

（1）发生氨、煤气、合成气大量泄漏；

（2）涉及合成气等易燃、易爆、有毒物料的管道腐蚀减薄低于设计要求；

（3）高压分离器至低压闪蒸槽等可能存在高压串低压的设备设施出现异常、检测仪表出现异常或者发生故障；

（4）变换炉、氨合成塔升温还原时，发生断电、断水、断气等情况；

（5）火炬管线出现破裂、严重变形或者移位等情况；

（6）氮氢气压缩机出现超温、超压、漏气、带水、带液、电流突然升高等情况（有备用机除外）；

（7）合成废热锅炉列管、氨冷器盘管出现泄漏造成低压系统压力突然升高，泄漏原因未查明；

（8）气化炉出现超压、氧煤比频繁波动等情况；

（9）转化系统出现空碳比、水碳比大幅波动。

2. 气化炉开停车或者出现温度、压力等参数波动情况时，未采取停炉、切换管线、管线泄压等能量隔离措施且未完成确认前，严禁现场人员聚集。

3. 各工艺单元之间管线出现堵塞、阀门失效时，应采取停车或者能量隔离措施，采用观察现场压力表或远传压力表数值、切换管道、导淋放空等多种方式确认各管段泄为常压，严禁带压作业。

4. 涉及合成气、氢气、硫化氢、氮气等易燃、易爆、有毒、窒息介质的管线或者设备需打开时，作业前应通过就地或远传仪表，放空导淋、现场确认等多种方式确保内部为常压，确保能量隔离、人员保护措施到位，严禁带压作业。

5. 气化炉停车后未泄压前，严禁对氧管线系统进行泄压操作。

6. 气化炉一次点火失败或者中间熄火时，应重新进行置换，取样分析合格前，严禁重新点火。

7. 变换炉、甲烷化炉、氨合成塔触媒床层热点温度、外壁温度超过最高允许值，且无下降趋势时，应立即停车处置，保持系统正压。

附录4

过氧化氢生产企业典型异常工况安全处置要点

1. 所有涉及双氧水可能发生分解的配制釜、氢化塔、氧化塔、萃取塔、碱洗塔、净化塔、过滤器、浓缩蒸发器、树脂塔、双氧水贮罐等设备设施，温度或者压力异常升高时，应立即停止作业，立即组织现场人员撤离，并采取防止波及周边生产储存装置设施的措施。

2. 出现以下任一异常工况时，应触发装置全系统联锁停车或者手动一键停车后处置：

（1）氢化塔气液分离器、氧化塔去氧化液槽的气液分离器（或内置气液分离器）、逆流氧化工艺的氧化塔底部液位持续降低至低低限报警；

（2）氧化塔、萃取塔或者净化塔温度异常升高至60℃；

（3）并流氧化工艺，氧化塔上塔气液分离器液位异常波动导致高高限报警；逆流氧化工艺，氧化塔顶出口的尾气凝液受槽的液位异常波动导致高高限报警；

（4）萃取塔顶液位（或者界面）持续高位运行导致高高限报警；

（5）萃余液中双氧水含量超过0.3g/L，应立即再次进行复核分析，确认后立即停车；

（6）萃取塔视镜内水相出现严重浑浊或者工作液出现严重乳化现象；双氧水稳定度持续降低，通过调整工艺参数仍无法消除工作液带水现象；

（7）氢化塔塔头或者氢化尾气氧浓度（体积百分比）超过2%。

3. 过氧化氢生产装置正常停车后，氢化塔氢效、氧化塔氧效未降至 1g/L 以下时,严禁从氢化塔、氧化塔退料;氢化系统、后处理系统与氧化系统、萃取系统工作液应分别退料至独立的储槽。

4. 过氧化氢生产装置停车后需进行全系统检维修时,应将检修单元工作液清空、清洗和置换,采取关闭阀门、加装盲板、切换设备等物料能量隔离措施后方可作业。需更换白土床、过滤器的,作业人员严禁超过 6 人。

5. 配制釜运行过程中温度或压力异常升高时,应联锁切断蒸汽、停止加热,联锁开启夹套或者盘管等冷却方式进行间接冷却,并联锁开启配制釜底部紧急放料阀将工作液排至专用地槽,严禁封闭配制釜放空管线。配制釜温度超高时,严禁向釜内注水降温,防止配制釜突沸。

6. 氢化系统停车后应使用氮气置换,直至氢化系统氢含量低于 0.5%(体积百分比)后用氮气进行保压;氢化系统未置换合格前,严禁进行检维修作业和特殊作业;氢化系统开车前应采用氮气置换涉及氢气的管道及设备,直至设备及管道中氧气浓度小于 2%(体积百分比)。

7. 通过远程自动加酸系统在氧化塔前的工作液进料管线上添加磷酸,确保氧化塔出口氧化液酸度应保持在 2-6mg/L(以磷酸计),氧化塔出口氧化液酸度低于 1mg/L(以磷酸计)时,应停止上下游进料,应利用自动加酸系统紧急通过固定管线向氢化液储槽、氧化液储槽自动加酸或稳定剂,严禁采用人工方式手动加酸或稳定剂。

8. 氧化残液分离器或氧化残液储槽温度异常升高时,应联锁注入纯水稀释,同时进行撤料;严禁关闭氧化残液分离器和氧化残液储槽顶部放空管线手阀。氧化塔内残液不稳定、氧化塔底温度高时,应加大氧化塔残液排污频次,必要时紧急停车并排查导致氧化残液异常工况的原因,排查出原因并恢复正常后再进行开车。

9. 催化剂床层、白土床温度异常升高时,应立即停止蒸汽加热并使用氮气或者惰性气体吹扫催化剂床层、白土床进行降温,严禁使用空气吹扫降温。

10. 双氧水纯化单元树脂塔停运后,应对树脂塔内双氧水退料,退料完成后,从树脂塔底部注入纯水,置换出树脂床内残留的双氧水,水洗液经检测合格后,使用甲醇溶液对树脂床再生(或者直接采用水洗方式再生),再生合格后,在树脂塔重新投入使用前,保持纯水浸没树脂床。树脂塔内严禁残留游离态双氧水,严禁仅通过氮气压料的方式进行双氧水退料。

11. 双氧水储罐温度或者压力异常升高时,应联锁向罐内分别加入纯水和稳定剂,开启储罐喷淋设施,严禁现场人工作业。

冶金企业和有色金属企业安全生产规定

·2018 年 1 月 4 日国家安全生产监督管理总局令第 91 号公布
·自 2018 年 3 月 1 日起施行

第一章 总 则

第一条 为了加强冶金企业和有色金属企业安全生产工作,预防和减少生产安全事故与职业病,保障从业人员安全健康,根据《中华人民共和国安全生产法》《中华人民共和国职业病防治法》,制定本规定。

第二条 冶金企业和有色金属企业(以下统称企业)的安全生产(含职业健康,下同)和监督管理,适用本规定。

机械铸造企业中金属冶炼活动的安全生产和监督管理参照本规定执行。

第三条 本规定所称冶金企业,是指从事黑色金属冶炼及压延加工业等生产活动的企业。

本规定所称有色金属企业,是指从事有色金属冶炼及压延加工业等生产活动的企业。

本规定所称金属冶炼,是指冶金企业和有色金属企业从事达到国家规定规模(体量)的高温熔融金属及熔渣(以下统称高温熔融金属)的生产活动。

黑色金属冶炼及压延加工业、有色金属冶炼及压延加工业的具体目录,由国家安全生产监督管理总局参照《国民经济行业分类》(GB/T4754)制定并公布。

第四条 企业是安全生产的责任主体。企业所属不具备法人资格的分支机构的安全生产工作,由企业承担管理责任。

第五条 国家安全生产监督管理总局指导、监督全国冶金企业和有色金属企业安全生产工作。

县级以上地方人民政府安全生产监督管理部门和有关部门(以下统称负有冶金有色安全生产监管职责的部门)根据本级人民政府规定的职责,按照属地监管、分级负责的原则,对本行政区域内的冶金企业和有色金属企业的安全生产工作实施监督管理。

第二章 企业的安全生产保障

第六条 企业应当遵守有关安全生产法律、行政法规、规章和国家标准或者行业标准的规定。

企业应当建立安全风险管控和事故隐患排查治理双重预防机制,落实从主要负责人到每一名从业人员的安全风险管控和事故隐患排查治理责任制。

第七条 企业应当按照规定开展安全生产标准化建设工作,推进安全健康管理系统化、岗位操作行为规范化、设备设施本质安全化和作业环境器具定置化，并持续改进。

第八条　企业应当建立健全全员安全生产责任制，主要负责人（包括法定代表人和实际控制人，下同）是本企业安全生产的第一责任人，对本企业的安全生产工作全面负责；其他负责人对分管范围内的安全生产工作负责；各职能部门负责人对职责范围内的安全生产工作负责。

第九条　企业主要负责人应当每年向股东会或者职工代表大会报告本企业安全生产状况，接受股东和从业人员对安全生产工作的监督。

第十条　企业存在金属冶炼工艺，从业人员在一百人以上的，应当设置安全生产管理机构或者配备不低于从业人员千分之三的专职安全生产管理人员，但最低不少于三人；从业人员在一百人以下的，应当设置安全生产管理机构或者配备专职安全生产管理人员。

第十一条　企业主要负责人、安全生产管理人员应当接受安全生产教育和培训，具备与本企业生产经营活动相适应的安全生产知识和管理能力。其中，存在金属冶炼工艺的企业的主要负责人、安全生产管理人员自任职之日起六个月内，必须接受负有冶金有色安全生产监管职责的部门对其进行安全生产知识和管理能力考核，并考核合格。

企业应当按照国家有关规定对从业人员进行安全生产教育和培训，保证从业人员具备必要的安全生产知识，了解有关安全生产法律法规，熟悉本企业规章制度和安全技术操作规程，掌握本岗位安全操作技能，并建立培训档案，记录培训、考核等情况。未经安全生产教育培训合格的从业人员，不得上岗作业。

企业应当对新上岗从业人员进行厂（公司）、车间（职能部门）、班组三级安全生产教育和培训；对调整工作岗位、离岗半年以上重新上岗的从业人员，应当经车间（职能部门）、班组安全生产教育和培训合格后，方可上岗作业。

新工艺、新技术、新材料、新设备投入使用前，企业应当对有关操作岗位人员进行专门的安全生产教育和培训。

第十二条　企业从事煤气生产、储存、输送、使用、维护检修作业的特种作业人员必须依法经专门的安全技术培训，并经考核合格，取得《中华人民共和国特种作业操作证》后，方可上岗作业。

第十三条　企业新建、改建、扩建工程项目（以下统称建设项目）的安全设施和职业病防护设施应当严格执行国家有关安全生产、职业病防治法律、行政法规和国家标准或者行业标准的规定，并与主体工程同时设计、同时施工、同时投入生产和使用。安全设施和职业病防护设施的投资应当纳入建设项目概算。

第十四条　金属冶炼建设项目在可行性研究阶段，建设单位应当依法进行安全评价。

建设项目在初步设计阶段，建设单位应当委托具备国家规定资质的设计单位对其安全设施进行设计，并编制安全设施设计。

建设项目竣工投入生产或者使用前，建设单位应当按照有关规定进行安全设施竣工验收。

第十五条　国家安全生产监督管理总局负责实施国务院审批（核准、备案）的金属冶炼建设项目的安全设施设计审查。

省、自治区、直辖市人民政府负有冶金有色安全生产监管职责的部门对本行政区域内金属冶炼建设项目实施指导和监督管理，确定并公布本行政区域内有关部门对金属冶炼建设项目安全设施设计审查的管辖权限。

第十六条　企业应当对本企业存在的各类危险因素进行辨识，在有较大危险因素的场所和设施、设备上，按照有关国家标准、行业标准的要求设置安全警示标志，并定期进行检查维护。

对于辨识出的重大危险源，企业应当登记建档、监测监控，定期检测、评估，制定应急预案并定期开展应急演练。

企业应当将重大危险源及有关安全措施、应急预案报有关地方人民政府负有冶金有色安全生产监管职责的部门备案。

第十七条　企业应当建立应急救援组织。生产规模较小的，可以不建立应急救援组织，但应当指定兼职的应急救援人员，并且可以与邻近的应急救援队伍签订应急救援协议。

企业应当配备必要的应急救援器材、设备和物资，并进行经常性维护、保养，保证正常运转。

第十八条　企业应当采取有效措施预防、控制和消除职业病危害，保证工作场所的职业卫生条件符合法律、行政法规和国家标准或者行业标准的规定。

企业应当定期对工作场所存在的职业病危害因素进行检测、评价，检测结果应当在本企业醒目位置进行公布。

第十九条　企业应当按照有关规定加强职业健康监护工作，对接触职业病危害的从业人员，应当在上岗前、在岗期间和离岗时组织职业健康检查，将检查结果书面告知从业人员，并为其建立职业健康监护档案。

第二十条 企业应当加强对施工、检修等重点工程和生产经营项目、场所的承包单位的安全管理，不得将有关工程、项目、场所发包给不具备安全生产条件或者相应资质的单位。企业和承包单位的承包协议应当明确约定双方的安全生产责任和义务。

企业应当对承包单位的安全生产进行统一协调、管理，对从事检修工程的承包单位检修方案中的安全措施和应急处置措施进行审核，监督承包单位落实。

企业应当对承包检修作业现场进行安全交底，并安排专人负责安全检查和协调。

第二十一条 企业应当从合法的劳务公司录用劳务人员，并与劳务公司签订合同，对劳务人员进行统一的安全生产教育和培训。

第二十二条 企业的正常生产活动与其他单位的建设施工或者检修活动同时在本企业同一作业区域内进行的，企业应当指定专职安全生产管理人员负责作业现场的安全检查工作，对有关作业活动进行统一协调、管理。

第二十三条 企业应当建立健全设备设施安全管理制度，加强设备设施的检查、维护、保养和检修，确保设备设施安全运行。

对重要岗位的电气、机械等设备，企业应当实行操作牌制度。

第二十四条 企业不得使用不符合国家标准或者行业标准的技术、工艺和设备；对现有工艺、设备进行更新或者改造的，不得降低其安全技术性能。

第二十五条 企业的建（构）筑物应当按照国家标准或者行业标准规定，采取防火、防爆、防雷、防震、防腐蚀、隔热等防护措施，对承受重荷载、荷载发生变化或者受高温熔融金属喷溅、酸碱腐蚀等危害的建（构）筑物，应当定期对建（构）筑物结构进行安全检查。

第二十六条 企业对起重设备进行改造并增加荷重的，应当同时对承重厂房结构进行荷载核定，并对承重结构采取必要的加固措施，确保承重结构具有足够的承重能力。

第二十七条 企业的操作室、会议室、活动室、休息室、更衣室等场所不得设置在高温熔融金属吊运的影响范围内。进行高温熔融金属吊运时，吊罐（包）与大型槽体、高压设备、高压管路、压力容器的安全距离应当符合有关国家标准或者行业标准的规定，并采取有效的防护措施。

第二十八条 企业在进行高温熔融金属冶炼、保温、运输、吊运过程中，应当采取防止泄漏、喷溅、爆炸伤人的安全措施，其影响区域不得有非生产性积水。

高温熔融金属运输专用路线应当避开煤气、氧气、氢气、天然气、水管等管道及电缆；确需通过的，运输车辆与管道、电缆之间应当保持足够的安全距离，并采取有效的隔热措施。

严禁运输高温熔融金属的车辆在管道或者电缆下方，以及有易燃易爆物质的区域停留。

第二十九条 企业对电炉、电解车间应当采取防雨措施和有效的排水设施，防止雨水进入槽下地坪，确保电炉、电解槽下没有积水。

企业对电炉、铸造熔炼炉、保温炉、倾翻炉、铸机、流液槽、熔盐电解槽等设备，应当设置熔融金属紧急排放和储存的设施，并在设备周围设置拦挡围堰，防止熔融金属外流。

第三十条 吊运高温熔融金属的起重机，应当满足《起重机械安全技术监察规程——桥式起重机》（TSG Q002）和《起重机械定期检验规则》（TSG Q7015）的要求。

企业应当定期对吊运、盛装熔融金属的吊具、罐体（本体、耳轴）进行安全检查和探伤检测。

第三十一条 生产、储存、使用煤气的企业应当建立煤气防护站（组），配备必要的煤气防护人员、煤气检测报警装置及防护设施，并且每年至少组织一次煤气事故应急演练。

第三十二条 生产、储存、使用煤气的企业应当严格执行《工业企业煤气安全规程》（GB6222），在可能发生煤气泄漏、聚集的场所，设置固定式煤气检测报警仪和安全警示标志。

进入煤气区域作业的人员，应当携带便携式一氧化碳检测报警仪，配备空气呼吸器，并由企业安排专门人员进行安全管理。

煤气柜区域应当设有隔离围栏，安装在线监控设备，并由企业安排专门人员值守。煤气柜区域严禁烟火。

第三十三条 企业对涉及煤气、氧气、氢气等易燃易爆危险化学品生产、输送、使用、储存的设施以及油库、电缆隧道（沟）等重点防火部位，应当按照有关规定采取有效、可靠的防火、防爆和防泄漏措施。

企业对具有爆炸危险环境的场所，应当按照《爆炸性气体环境用电气设备》（GB3836）及《爆炸危险环境电力装置设计规范》（GB50058）设置自动检测报警和防灭火装置。

第三十四条 企业对反应槽、罐、池、釜和储液罐、酸洗槽应当采取防腐蚀措施,设置事故池,进行经常性安全检查、维护、保养,并定期检测,保证正常运转。

企业实施浸出、萃取作业时,应当采取防火防爆、防冒槽喷溅和防中毒等安全措施。

第三十五条 企业从事产生酸雾危害的电解作业时,应当采取防止酸雾扩散及槽体、厂房防腐措施。电解车间应当保持厂房通风良好,防止电解产生的氢气聚集。

第三十六条 企业在使用酸、碱的作业场所,应当采取防止人员灼伤的措施,并设置安全喷淋或者洗涤设施。

采用剧毒物品的电镀、钝化等作业,企业应当在电镀槽的下方设置事故池,并加强对剧毒物品的安全管理。

第三十七条 企业对生产过程中存在二氧化硫、氯气、砷化氢、氟化氢等有毒有害气体的工作场所,应当采取防止人员中毒的措施。

企业对存在铅、镉、铬、砷、汞等重金属蒸气、粉尘的作业场所,应当采取预防重金属中毒的措施。

第三十八条 企业应当建立有限空间、动火、高处作业、能源介质停送等较大危险作业和检修、维修作业审批制度,实施工作票(作业票)和操作票管理,严格履行内部审批手续,并安排专门人员进行现场安全管理,确保作业安全。

第三十九条 企业在生产装置复产前,应当组织安全检查,进行安全条件确认。

第三章 监督管理

第四十条 负有冶金有色安全生产监管职责的部门应当依法加强对企业安全生产工作的监督检查,明确每个企业的安全生产监督管理主体,发现存在事故隐患的,应当及时处理;发现重大事故隐患的,实施挂牌督办。

第四十一条 负有冶金有色安全生产监管职责的部门应当将企业安全生产标准化建设、安全生产风险管控和隐患排查治理双重预防机制的建立情况纳入安全生产年度监督检查计划,并按照计划检查督促企业开展工作。

第四十二条 负有冶金有色安全生产监管职责的部门应当加强对监督检查人员的冶金和有色金属安全生产专业知识的培训,提高其行政执法能力。

第四十三条 负有冶金有色安全生产监管职责的部门应当为进入有限空间等特定作业场所进行监督检查的人员,配备必需的个体防护用品和监测检查仪器。

第四十四条 负有冶金有色安全生产监管职责的部门应当加强对本行政区域内企业应急预案的备案管理,并将重大事故应急救援纳入地方人民政府应急救援体系。

第四章 法律责任

第四十五条 监督检查人员在对企业进行监督检查时,滥用职权、玩忽职守、徇私舞弊的,依照有关规定给予处分;构成犯罪的,依法追究刑事责任。

第四十六条 企业违反本规定第二十四条至第三十七条的规定,构成生产安全事故隐患的,责令立即消除或者限期消除事故隐患;企业拒不执行的,责令停产停业整顿,并处十万元以上五十万元以下的罚款,对其直接负责的主管人员和其他直接责任人员处二万元以上五万元以下的罚款。

第四十七条 企业违反本规定的其他违法行为,分别依照《中华人民共和国安全生产法》《中华人民共和国职业病防治法》等的规定追究法律责任。

第五章 附 则

第四十八条 本规定自2018年3月1日起施行。国家安全生产监督管理总局2009年9月8日公布的《冶金企业安全生产监督管理规定》(国家安全生产监督管理总局令第26号)同时废止。

海洋石油安全管理细则

·2009年9月7日国家安全生产监管总局令第25号公布
·根据2013年8月29日《国家安全监管总局关于修改〈生产经营单位安全培训规定〉等11件规章的决定》第一次修订
·根据2015年5月26日《国家安全监管总局关于废止和修改非煤矿矿山领域九部规章的决定》第二次修订

第一章 总 则

第一条 为了加强海洋石油安全管理工作,保障从业人员生命和财产安全,防止和减少海洋石油生产安全事故,根据安全生产法等法律、法规和标准,制定本细则。

第二条 在中华人民共和国的内水、领海、毗连区、专属经济区、大陆架,以及中华人民共和国管辖的其他海域内从事海洋石油(含天然气,下同)开采活动的安全生产及其监督管理,适用本细则。

第三条 海洋石油作业者和承包者是海洋石油安全生产的责任主体,对其安全生产工作负责。

第四条 国家安全生产监督管理总局海洋石油作业安全办公室(以下简称海油安办)对全国海洋石油安全

生产工作实施监督管理；海油安办驻中国海洋石油总公司、中国石油化工集团公司、中国石油天然气集团公司分部（以下统称海油安办有关分部）分别负责中国海洋石油总公司、中国石油化工集团公司、中国石油天然气集团公司的海洋石油安全生产的监督管理。

第二章　设施的备案管理

第一节　生产设施的备案管理

第五条　海洋石油生产设施应当进行试生产。作业者或者承包者应当在试生产前45日报生产设施所在地的海油安办有关分部备案，并提交生产设施试生产备案申请书、海底长输油（气）管线投用备案申请书和下列资料：

（一）发证检验机构对生产设施的最终检验证书（或者临时检验证书）和检验报告；

（二）试生产安全保障措施；

（三）建设阶段资料登记表；

（四）安全设施设计审查合格、设计修改及审查合格的有关文件；

（五）施工单位资质证明；

（六）施工期间发生的生产安全事故及其他重大工程质量事故情况；

（七）生产设施有关证书和文件登记表；

（八）生产设施主要技术说明、总体布置图和工艺流程图；

（九）生产设施运营的主要负责人和安全生产管理人员安全资格证书；

（十）生产设施所属设备的取证分类表及有关证书、证件；

（十一）生产设施运营安全手册；

（十二）生产设施运营安全应急预案。

生产设施是浮式生产储油装置的，除提交第一款规定的资料外，还应当提交快速解脱装置、系缆张力和距离测量装置的检验证书、出厂合格证书、安装后的试验报告。

生产设施是海底长输油（气）管线的，除提交第一款规定的资料外，还应当提交海底长输油（气）管线投用备案有关证书和文件登记表及有关证书、文件。

第六条　海油安办有关分部对作业者或者承包者提交的生产设施资料，应当进行严格审查。必要时，应当进行现场检查。

需要进行现场检查的，海油安办有关分部应当提前10日与作业者或承包者商定现场检查的具体事宜。作业者或承包者应当配合海油安办有关分部进行现场检查，并提供以下资料：

（一）人员安全培训证书登记表；

（二）消防和救生设备实际布置图和应变部署表；

（三）安全管理文件，主要包括：安全生产责任制、安全操作规程、工作许可制度、安全检查制度、船舶系泊装卸制度、直升机管理制度、危险物品管理制度、无人驻守平台遥控检测程序和油（气）外输管理制度等；

（四）对于滩海陆岸，还应准备通海路及沿通海路安装的设施设备合格文件、发证检验机构检验证书和安装后的试验报告。

经审查和现场检查符合规定的，海油安办有关分部向作业者或者承包者颁发生产设施试生产备案通知书；备案资料、设施现场安全状况等不符合规定的，及时书面通知作业者或者承包者进行整改。

第七条　作业者或者承包者应当严格按照备案文件中所列试生产安全保障措施组织试生产，生产设施试生产期限不得超过12个月。试生产正常后，作业者或者承包者应当组织安全竣工验收。

经竣工验收合格并办理安全生产许可证后，方可正式投入生产使用。

第八条　生产设施有下列情形之一的，作业者或者承包者应当及时向海油安办有关分部报告：

（一）更换或者拆卸井上和井下安全阀、火灾及可燃和有毒有害气体探测与报警系统、消防和救生设备等主要安全设施的；

（二）变动应急预案有关内容的；

（三）中断采油（气）作业10日以上或者终止采油（气）作业的；

（四）改变海底长输油（气）管线原设计用途的；

（五）超过海底长输油（气）管线设计允许最大输送量或者输送压力的；

（六）海底长输油（气）管线发生严重的损伤、断裂、爆破等事故的；

（七）海底长输油（气）管线输送的油（气）发生泄漏导致重大污染事故的；

（八）位置失稳、水平或者垂直移动、悬空、沉陷、漂浮等超出海底长输油（气）管线设计允许偏差值的；

（九）介质堵塞造成海底长输油（气）管线停产的；

（十）海底长输油（气）管线需进行大修和改造的；

（十一）海底长输油（气）管线安全保护系统（如紧急

放空装置、定点截断装置等）长时间失效的；

（十二）其他对安全生产有重大影响的。

第二节　作业设施的备案管理

第九条　海洋石油作业设施从事物探、钻（修）井、铺管、起重和生活支持等活动应当向海油安办有关分部备案。作业者或者承包者应当在作业前15日向海油安办有关分部提交作业设施备案申请书和下列资料：

（一）作业设施备案申请有关证书登记表；

（二）作业设施所属设备的取证分类表及有关证书；

（三）操船手册；

（四）作业合同；

（五）作业设施运营安全手册；

（六）作业设施安全应急预案。

用作钻（修）井的作业设施，除提交第一款规定的资料外，还应当提交下列资料：

（一）钻（修）井专用设备、防喷器组、防喷器控制系统、阻流管汇及其控制盘、压井管汇、固井设备、测试设备的发证检验机构证书、出厂及修理后的合格证和安装后的试验报告；

（二）设施主要负责人和安全管理人员的安全资格证书；

（三）有自航能力的作业设施的船长、轮机长的适任证书。

对于自升式移动平台，除提交第一款规定的资料外，还应当提交稳性计算书、升降设备的发证检验机构的检验证书、出厂及修理后的合格证和安装后的试验报告等资料。

对于物探船，除提交第一款规定的资料外，还应当提交下列资料：

（一）震源系统、震源系统的主要压力容器和装置、震源的拖曳钢缆和绞车、电缆绞车等设备的出厂合格证、发证检验机构的检验证书和安装后的试验报告；

（二）震源危险品（包括炸药、雷管、易燃易爆气体等）的实际储存数量、储存条件、进出库管理办法和看管、使用制度等资料。

对于铺管船，除提交第一款规定的资料外，还应当提交下列资料：

（一）张紧器及其控制系统、管线收放绞车的出厂合格证、发证检验机构检验证书和安装后的试验报告；

（二）船长（或者船舶负责人）、起重机械司机、起重指挥人员及起重工的资格证书。

对于起重船和生活支持船，除提交第一款规定的资料外，还应当提交船长（或者船舶负责人）、起重机械司机、起重指挥人员及起重工的资格证书等资料。

第十条　海油安办有关分部对作业者或者承包者提交的作业设施资料，应当进行严格审查。必要时，进行现场检查。

需要进行现场检查的，海油安办有关分部应当提前10日与作业者或承包者商定现场检查的具体事宜。作业者或承包者应当配合海油安办有关分部进行现场检查，并提供以下资料：

（一）人员安全培训证书登记表；

（二）防火控制图、消防、救生设备实际布置图和应变部署表；

（三）安全管理文件，主要包括：安全管理机构的设置、安全生产责任制、安全操作规程、安全检查制度、工作许可制度等；

（四）安全活动、应急演习记录。

经审查和现场检查符合规定的，海油安办有关分部向作业者或者承包者颁发海洋石油作业设施备案通知书；备案资料、设施现场安全状况等不符合规定的，及时书面通知作业者或者承包者进行整改。

第十一条　通常情况下，海洋石油作业设施从事物探、钻（修）井、铺管、起重和生活支持等活动期限不超过1年。确需延期时，作业者或者承包者应当于期满前15日向海油安办有关分部提出延期申请，延期时间不得超过3个月。

第十二条　作业设施有下列情形之一的，作业者或者承包者应当及时向海油安办有关分部报告：

（一）改动井控系统的；

（二）更换或者拆卸火灾及可燃和有毒有害气体探测与报警系统、消防和救生设备等主要安全设施的；

（三）变更作业合同、作业者或者作业海区的；

（四）改变应急预案有关内容的；

（五）中断作业10日以上或者终止作业的；

（六）其他对作业安全生产有重大影响的。

第三节　延长测试设施的备案管理

第十三条　海上油田（井）进行延长测试前，作业者或者承包者应当提前15日向海油安办有关分部提交延长测试设施的书面报告和下列资料：

（一）延长测试设施备案有关证书和文件登记表；

（二）延长测试的工艺流程图、总体布置图及技术说明；

（三）增加的作业设施、生产设施主要负责人和安全管理人员安全资格证书；

（四）延长测试作业应急预案；

（五）油轮或者浮式生产储油装置的系泊点、锚、锚链、快速解脱装置、系缆张力和距离测量装置的证书和资料；

（六）延长测试专用设备或者系统的出厂合格证、发证检验机构的检验证书、安装后的试验报告。

前款所称延长测试专用设备或者系统，包括油气加热器、油气分离器、原油外输泵、天然气火炬分液包及凝析油泵、蒸汽锅炉、换热器、废油回收设备、井口装置、污油处理装置、机械采油装置、井上和井下防喷装置、防硫化氢的井口装置、检测设施及防护器具、惰气系统、柴油置换系统、火灾及可燃和有毒有害气体探测与报警系统等。

第十四条 海油安办有关分部对作业者或者承包者提交的延长测试设施资料，应当进行严格审查。必要时，可进行现场检查。

需要进行现场检查的，海油安办有关分部应当提前10日与作业者或承包者商定现场检查的具体事宜。作业者或承包者应当配合海油安办有关分部进行现场检查，并提供以下资料：

（一）原钻井装置增加的延长测试作业人员、油轮或浮式储油装置人员的安全培训证书登记表；

（二）原钻井装置新加装设备后，其消防和救生设备、火灾及可燃和有毒有害气体探测报警系统布置图、危险区域划分图和应变部署表；

（三）安全管理文件，主要包括：安全管理机构的设置、安全生产责任制、安全操作规程、安全检查制度、工作许可制度、船舶系泊装卸和油（气）外输管理制度等。

经审查和现场检查符合规定的，向作业者或者承包者颁发海上油田（井）延长测试设施通知书；有关资料、设施现场安全状况等不符合规定的，及时书面通知作业者或者承包者进行整改。

第十五条 通常情况下，海上油田（井）延长测试作业期限不超过1年。确需延期时，作业者或者承包者应当提前15日向海油安办有关分部提出延期申请，延期时间不得超过6个月。

第十六条 海上油田（井）延长测试设施有下列情形之一的，作业者或者承包者应当及时向海油安办有关分部报告：

（一）改动组成延长测试设施的主要结构、设备和井控系统的；

（二）更换火灾及可燃和有毒有害气体探测与报警系统、消防和救生设备等主要安全设施的；

（三）改变应急预案有关内容的；

（四）其他对生产作业安全有重大影响的。

第三章 生产作业的安全管理

第一节 基本要求

第十七条 在海洋石油生产作业中，作业者和承包者应当确保海洋石油生产、作业设施（以下简称设施）安全条件符合法律、法规、规章和相关国家标准、行业标准的要求，并建立完善的安全管理体系。设施主要负责人对设施的安全管理全面负责。

第十八条 按照设施不同区域的危险性，划分三个等级的危险区：

（一）0类危险区，是指在正常操作条件下，连续出现达到引燃或者爆炸浓度的可燃性气体或者蒸气的区域；

（二）1类危险区，是指在正常操作条件下，断续地或者周期性地出现达到引燃或者爆炸浓度的可燃性气体或者蒸气的区域；

（三）2类危险区，是指在正常操作条件下，不可能出现达到引燃或者爆炸浓度的可燃性气体或者蒸气；但在不正常操作条件下，有可能出现达到引燃或者爆炸浓度的可燃性气体或者蒸气的区域。

设施的作业者或者承包者应当将危险区等级准确地标注在设施操作手册的附图上。对于通往危险区的通道口、门或者舱口，应当在其外部标注清晰可见的中英文“危险区域”、“禁止烟火”和“禁带火种”等标志。

第十九条 设施的作业者或者承包者应当建立动火、电工作业、受限空间作业、高空作业和舷（岛）外作业等审批制度。

从事前款规定的作业前，作业单位应当提出书面申请，说明作业的性质、地点、期限及采取的安全措施等，经设施负责人批准签发作业通知单后，方可进行作业。作业通知单应当包含作业内容、有关检测报告、作业要求、安全程序、个体防护用品、安全设备和作业通知单有效期限等内容。

作业单位接到作业通知单后，应当按通知单的要求采取有关措施，并制定详细的检查和作业程序。

作业期间，如果施工条件发生重大变化的，应当暂停施工并立即报告设施负责人，得到准予施工的指令后方可继续施工。

作业完成后，作业负责人应当在作业通知单上填写完成时间、工作质量和安全情况，并交付设施负责人保存。作业通知单的保存期限至少1年。

第二十条 设施上所有通往救生艇(筏)、直升机平台的应急撤离通道和通往消防设备的通道应当设置明显标志,并保持畅通。

第二十一条 设施上的各种设备应当符合下列规定:

(一)符合国家有关法律、法规、规章、标准的安全要求,有出厂合格证书或者检验合格证书;

(二)对裸露且危及人身安全的运转部分要安装防护罩或者其他安全保护装置;

(三)建立设备运转记录、设备缺陷和故障记录报告制度;

(四)制定设备安全操作规程和定期维护、保养、检验制度,制定设备的定人定岗管理制度;

(五)增加、拆除重要设备设施,或者改变其性能前,进行风险分析。属于改建、扩建项目的,按照有关规定向政府有关部门办理审批手续。

第二十二条 设施配备的救生艇、救助艇、救生筏、救生圈、救生衣、保温救生服及属具等救生设备,应当符合《国际海上人命安全公约》的规定,并经海油安办认可的发证检验机构检验合格。

海上石油设施配备救生设备的数量应当满足下列要求:

(一)配备的刚性全封闭机动耐火救生艇能够容纳自升式和固定式设施上的总人数,或者浮式设施上总人数的200%。无人驻守设施可以不配备刚性全封闭机动耐火救生艇。在设施建造、安装或者停产检修期间,通过风险分析,可以用救生筏代替救生艇;

(二)气胀式救生筏能够容纳设施上的总人数,其放置点应满足距水面高度的要求。无人驻守设施可以按定员12人考虑;

(三)至少配备并合理分布8个救生圈,其中2个带自亮浮灯,4个带自亮浮灯和自发烟雾信号。每个带自亮浮灯和自发烟雾信号的救生圈配备1根可浮救生索,可浮救生索的长度为从救生圈的存放位置至最低天文潮位水面高度的1.5倍,并至少长30米。

(四)救生衣按总人数的210%配备,其中:住室内配备100%,救生艇站配备100%,平台甲板工作区内配备10%,并可以配备一定数量的救生背心。在寒冷海区,每位工作人员配备一套保温救生服。对于无人驻守平台,在工作人员登平台时,根据作业海域水温情况,每人携带1件救生衣或者保温救生服。

滩海陆岸石油设施配备救生设备的数量应当满足下列要求:

(一)至少配备4个救生圈,每只救生圈上都拴有至少30米长的可浮救生索,其中2个带自亮浮灯,2个带自发烟雾信号和自亮浮灯;

(二)每人至少配备1件救生衣,在工作场所配备一定数量的工作救生衣或者救生背心。在寒冷海区,每位人员配备1件保温救生服。

所有救生设备都应当标注该设施的名称,按规定合理存放,并在设施的总布置图上标明存放位置。特殊施工作业情况下,配备的救生设备达不到要求时,应当制定相应的安全措施并报海油安办有关分部审查同意。

第二十三条 设施上的消防设备应当符合下列规定:

(一)根据国家有关规定,针对设施可能发生的火灾性质和危险程度,分别装设水消防系统、泡沫灭火系统、气体灭火系统和干粉灭火系统等固定灭火设备和装置,并经发证检验机构认可。无人驻守的简易平台,可以不设置水消防等灭火设备和装置;

(二)设置自动和手动火灾、可燃和有毒有害气体探测报警系统,总控制室内设总的报警和控制系统;

(三)配备4套消防员装备,包括隔热防护服、消防靴和手套、头盔、正压式空气呼吸器、消防斧以及可以连续使用3个小时的手提式安全灯。根据平台性质和工作人数,经发证检验机构同意,可以适当减少配备数量;

(四)滩海陆岸石油设施现场管理单位至少配备2套消防员装备,包括消防头盔、防护服、消防靴、安全灯、消防斧等,至少配备3套带气瓶的正压式空气呼吸器和可移动式消防泵1台;

(五)所有的消防设备都存放在易于取用的位置,并定期检查,始终保持完好状态。检查应当有检查记录标签。

第二十四条 在设施的危险区内进行测试、测井、修井等作业的设备应当采用防爆型,室内有非防爆电气的活动房应当采用正压防爆型。

第二十五条 起重作业应当符合下列规定:

(一)操作人员持有特种作业人员资格证书,熟悉起重设备的操作规程,并按规程操作;

(二)起重设备明确标识安全起重负荷;若为活动吊臂,标识吊臂在不同角度时的安全起重负荷;

(三)按规定对起重设备进行维护保养,保证刹车、限位、起重负荷指示、报警等装置齐全、准确、灵活、可靠;

(四)起重机及吊物附件按规定定期检验,并记录在起重设备检验簿上。

设施的载人吊篮作业，除符合第一款规定的要求外，还应当符合下列规定：

（一）限定乘员人数；

（二）乘员按规定穿救生背心或者救生衣；

（三）只允许用于起吊人员及随身物品；

（四）指定专人维护和检查，定期组织检验机构对其进行检验；

（五）当风速超过15米/秒或者影响吊篮安全起放时，立即停止使用；

（六）起吊人员时，尽量将载人吊篮移至水面上方再升降，并尽可能减少回转角度。

第二十六条 高处及舷（岛）外作业应当符合下列规定：

（一）高处及舷（岛）外作业人员佩戴安全帽和安全带，舷（岛）外作业人员穿救生衣，并采取其他必要的安全措施；

（二）风速超过15米/秒等恶劣天气时，立即停止作业。

第二十七条 危险物品管理应当符合下列规定：

（一）设施上任何危险物品（包括爆炸品、压缩气体和液化气体、易燃液体、易燃固体、自燃物品和遇湿易燃物品、氧化剂和有机过氧化物、有毒品和腐蚀品等）必须存放在远离危险区和生活区的指定地点和容器内，并将存放地点标注在设施操作手册的附图上；个人不得私自存放危险物品；

（二）设有专人负责危险物品的管理，并建立和保存危险物品入库、消耗和使用的记录；

（三）在通往危险物品存放地点的通道口、舱口处，设有醒目的中英文"危险物品"标识。

第二十八条 直升机起降管理应当符合下列规定：

（一）指定直升机起降联络负责人，负责指挥和配合直升机起降工作；

（二）配备与直升机起降有关的应急设备和工具，并注明中英文"直升机应急工具"字样；

（三）设施与机场的往返距离所需油量超过直升机自身储存油量的，按有关规定配备安全有效的直升机加油用储油罐、燃油质量检验设备和加油设备；

（四）直升机与设施建立联络后，经设施主要负责人准许，方可起飞或者降落（紧急情况除外）；

（五）直升机机长或者机组人员提出降落要求的，起降联络负责人立即向直升机提供风速、风向、能见度、海况等数据和资料；

（六）无线电报务员一直保持监听来自直升机的无线电信号，直至其降落为止；

（七）机组人员开启舱门后，起降联络负责人方可指挥乘机人员上下直升机、装卸物品或者进行加油作业。

直升机起飞或者降落前，起降联络负责人应当组织做好下列准备工作：

（一）清除直升机甲板的障碍物和易燃物；

（二）检查直升机甲板安全设施是否处于完好状态，包括灯光、防滑网、消防设备和应急工具等；

（三）停止靠近直升机甲板的吊装作业和甲板15米范围内的明火作业；

（四）禁止无关人员靠近直升机甲板；

（五）守护船在设施附近起锚待命，消防人员做好准备；

（六）排放天然气、射孔或者试油作业时，若未采取可靠的安全措施，禁止直升机靠近设施。

第二十九条 劳动防护应当符合下列规定：

（一）设施上所有工作人员配备符合相关安全标准的劳动防护用品；

（二）设施上的工作场所按照国家有关规定和设计要求配备劳动防护设备，并定期进行检测；

（三）按照国家有关职业病防治的规定，定期对从事有毒有害作业的人员进行职业健康体检，对职业病患者进行康复治疗。

第三十条 医务室应当符合下列规定：

（一）在有人驻守的设施上，配备具有基础医疗抢救条件的医务室。作业人员超过15人的，配备专职医务人员；低于15人的，可以配备兼职医务人员；

（二）按照国家有关规定配备常用药品、急救药品和氧气、医疗器械、病床等；

（三）按照国家有关规定，制定有关疫情病情的报告、处理和卫生检验制度；

（四）按照国家有关规定，制定应急抢救程序。

第三十一条 滩海陆岸应急避难房应当符合下列规定：

（一）能够容纳全部生产作业人员；

（二）结构强度比滩海陆岸井台高一个安全等级；

（三）地面高出挡浪墙1米；

（四）采用基础稳定、结构可靠的固定式钢筋混凝土结构，或者采用可移动式钢结构；

（五）配备可以供避难人员5日所需的救生食品和饮用水；

（六）配备急救箱，至少装有2套救生衣、防水手电及配套电池、简单的医疗包扎用品和常用药品；

（七）配备应急通讯装置。

第三十二条 滩海陆岸值班车应当符合下列规定：

（一）接受滩海陆岸石油设施作业负责人的指挥，不得擅自进入或者离开；

（二）配备的通讯工具保证随时与滩海陆岸石油设施和陆岸基地通话；

（三）能够容纳所服务的滩海陆岸石油设施的全部人员，并配备100%的救生衣；

（四）具有在应急救助和人员撤离等复杂情况下作业的能力；

（五）参加滩海陆岸石油设施上的营救演习。

第二节 守护船管理

第三十三条 承担设施守护任务的船舶（以下简称守护船）在开始承担守护作业前，其所属单位应当向海油安办有关分部提交守护船登记表和守护船有关证书登记表，办理守护船登记手续。经海油安办有关分部审查合格后，予以登记，并签发守护船登记证明。守护船登记后，其原申报条件发生变化或者终止承担守护任务的，应当向原负责守护船登记的海油安办有关分部报告。

第三十四条 守护船应当在距离所守护设施5海里之内的海区执行守护任务，不得擅自离开。在守护船的守护能力范围内，多座被守护设施可以共用一条守护船。

第三十五条 守护船应当服从被守护设施负责人的指挥，能够接纳所守护设施全部人员，并配备可以供守护设施全部人员1日所需的救生食品和饮用水。

第三十六条 守护船应当符合下列规定：

（一）船舶证书齐全、有效；

（二）具备守护海区的适航能力；

（三）在船舶的两舷设有营救区，并尽可能远离推进器，营救区应当有醒目标志。营救区长度不小于载货甲板长度的1/3，宽度不小于3米；

（四）甲板上设有露天空间，便于直升机绞车提升、平台吊篮下放等营救操作；

（五）营救区及甲板露天空间处于守护船船长视野之内，便于指挥操作和营救。

第三十七条 守护船应当配备能够满足应急救助和撤离人员需要的下列设备和器具：

（一）1副吊装担架和1副铲式担架；

（二）2副救助用长柄钩；

（三）至少1套抛绳器；

（四）4只带自亮浮灯、逆向反光带和绳子的救生圈，绳子长度不少于30米；

（五）用于简易包扎和急救的医疗用品；

（六）营救区舷侧的落水人员攀登用网；

（七）1艘符合《国际海上人命安全公约》要求的救助艇；

（八）至少2只探照灯，可以提供营救作业区及周围海区照明；

（九）至少配备两种通讯工具，保证守护船与被守护设施和陆岸基地随时通话。

第三十八条 守护船船员应当符合下列条件：

（一）具有船员服务簿和适任证书等有效证件；

（二）至少有3名船员从事落水人员营救工作；

（三）至少有2名船员可以操纵救助艇；

（四）至少有2名船员经过医疗急救培训，能够承担急救处置、包扎和人工呼吸等工作；

（五）定期参加营救演习。

第三十九条 守护船的登记证明有效期为3年，有效期满前15日内应当重新办理登记手续。

第三节 租用直升机管理

第四十条 作业者或者承包者应当对提供直升机的公司进行安全条件审查和监督。

第四十一条 直升机公司应当符合下列条件：

（一）直升机持有中国民用航空局颁发的飞机适航证，并具备有效的飞机登记证和无线电台执照；

（二）具有符合安全飞行条件的直升机，并达到该机型最低设备放行清单的标准；

（三）具有符合安全飞行条件的驾驶员、机务维护人员和技术检查人员；

（四）对直升机驾驶员进行夜航和救生训练，保证完成规定的训练小时数；

（五）需要应急救援时，备有可以调用的直升机；

（六）完善和落实飞行安全的各种规章制度，杜绝超气象条件和不按规定的航线和高度飞行。

第四十二条 直升机应当配备下列应急救助设备：

（一）直升机应急浮筒；

（二）携带可以供机上所有人员使用的海上救生衣（在水温低于10℃的海域应当配备保温救生服）、救生筏及救生包，并备有可以供直升机使用的救生绞车；

（三）直升机两侧有能够投弃的舱门或者具备足够的紧急逃生舱口。

第四十三条 在额定载荷条件下，直升机应当具有航行于飞行基地与海上石油设施之间的适航能力和夜航能力。

第四十四条 飞行作业前,直升机所属公司应当制定安全应急程序,并与作业者或者承包者编制的应急预案相协调。

第四十五条 直升机在飞行作业中必须配有2名驾驶员,并指定其中1人为责任机长;由中外籍驾驶员合作驾驶的直升机,2名驾驶员应当有相应的语言技能水平,能够直接交流对话。

第四十六条 作业者或者承包者及直升机所属公司必须确保飞行基地(或者备用机场)和海上石油设施上的直升机起降设备处于安全和适用状态。

第四十七条 作业者或者承包者及直升机所属公司,应当通过协商制订飞行条件与应急飞行、乘机安全、载物安全和飞行故障、飞行事故报告等制度。

第四节 电气管理

第四十八条 设施应当制定电气设备检修前后的安全检查、日常运行检查、安全技术检查、定期安全检查等制度,建立健全电气设备的维修操作、电焊操作和手持电动工具操作等安全规程,并严格执行。

第四十九条 电气管理应当符合下列规定:

(一)按照国家规定配备和使用电工安全用具,并按规定定期检查和校验;

(二)遇停电、送电、倒闸、带电作业和临时用电等情况,按照有关作业许可制度进行审批。临时用电作业结束后,立即拆除增加的电气设备和线路;

(三)按照国家标准规定的颜色和图形,对电气设备和线路作出明显、准确的标识;

(四)电气设备作业期间,至少有1名电气作业经验丰富的监护人进行实时监护;

(五)电气设备按照铭牌上规定的额定参数(电压、电流、功率、频率等)运行,安装必要的过载、短路和漏电保护装置并定期校验。金属外壳(安全电压除外)有可靠的接地装置;

(六)在触电危险性较大的场所,手提灯、便携式电气设备、电动工具等设备工具按照国家标准的规定使用安全电压。确实无法使用安全电压的,经设施负责人批准,并采用有效的防触电措施;

(七)安装在不同等级危险区域的电气设备符合该等级的防爆类型。防爆电气设备上的部件不得任意拆除,必须保持电气设备的防爆性能;

(八)定期对电气设备和线路的绝缘电阻、耐压强度、泄漏电流等绝缘性能进行测定。长期停用的电气设备,在重新使用前应当进行检查,确认具备安全运行条件后方可使用;

(九)在带电体与人体、带电体与地面、带电体与带电体、带电体与其他设备之间,按照有关规范和标准的要求保持良好的绝缘性能和足够的安全距离;

(十)对生产和作业设施采取有效的防静电和防雷措施。

第五十条 设施必须配备必要的应急电源。应急电源应当符合下列规定:

(一)能够满足通讯、信号、照明、基本生存条件(包括生活区、救生艇、撤离通道、直升机甲板等)和其他动力(包括消防系统、井控系统、火灾及可燃和有毒有害气体检测报警系统、应急关断系统等)的电源要求;

(二)在主电源失电后,应急电源能够在45秒内自动安全启动供电;

(三)应急电源远离危险区和主电源。

第五节 井控管理

第五十一条 作业者或者承包者应当制定油(气)井井控安全措施和防井喷应急预案。

第五十二条 钻井作业应当符合下列规定:

(一)钻井装置在新井位就位前,作业者和承包者应收集和分析相应的地质资料。如有浅层气存在,安装分流系统等;

(二)钻井作业期间,在钻台上备有与钻杆相匹配的内防喷装置;

(三)下套管时,防喷器尺寸与所下套管尺寸相匹配,并备有与所下套管丝扣相匹配的循环接头;

(四)防喷器所用的橡胶密封件应当按厂商的技术要求进行维护和储存,不得将失效和技术条件不符的密封件安装到防喷器中;

(五)水龙头下部安装方钻杆上旋塞,方钻杆下部安装下旋塞,并配备开关旋塞的扳手。顶部驱动装置下部安装手动和自动内防喷器(考克)并配备开关防喷器的扳手;

(六)防喷器组由环形防喷器和闸板防喷器组成,闸板防喷器的闸板关闭尺寸与所使用钻杆或者管柱的尺寸相符。防喷器的额定工作压力,不得低于钻井设计压力,用于探井的不得低于70MPa;

(七)防喷器及相应设备的安装、维护和试验,满足井控要求;

(八)经常对防喷系统进行安全检查。检查时,优先使用防喷系统安全检查表。

第五十三条　防喷器组控制系统的安装应当符合下列规定：

（一）1套液压控制系统的储能器液体压力保持21MPa，储能器压力液体积为关闭全部防喷器并打开液动闸阀所需液体体积的1.5倍以上；

（二）除钻台安装1台控制盘（台）外，另1台辅助控制盘（台）安装在远离钻台、便于操作的位置；

（三）防喷器组配备与其额定工作压力相一致的防喷管汇、节流管汇和压井管汇；

（四）压井管汇和节流管汇的防喷管线上，分别安装2个控制阀。其中一个为手动，处于常开位置；另一个必须是远程控制；

（五）安装自动灌井液系统。

第五十四条　水下防喷器组应当符合下列规定：

（一）若有浅层气或者地质情况不清时，导管上安装分流系统；

（二）在表层套管和中间（技术）套管上安装1个或者2个环形防喷器、2个双闸板防喷器，其中1副闸板为全封剪切闸板防喷器；

（三）安装1组水下储能器，便于就近迅速提供液压能，以尽快开关各防喷器及其闸门。同时，采用互为备用的双控制盒系统，当一个控制盒系统正在使用时，另一个控制盒系统保持良好的工作状态作为备用；

（四）如需修理或者更换防喷器组，必须保证井眼安全，尽量在下完套管固井后或者未钻穿水泥塞前进行。必要时，打1个水泥塞或者下桥塞后再进行修理或者更换；

（五）使用复合式钻柱的，装有可变闸板，以适应不同的钻具尺寸。

第五十五条　水上防喷器组应当符合下列基本规定：

（一）若有浅层气或者地质情况不清时，隔水（导）管上安装分流系统；

（二）表层套管上安装1个环形防喷器，1个双闸板防喷器；大于13″3/8表层套管上可以只安装1个环形防喷器；

（三）中间（技术）套管上安装1个环形、1个双闸板（或者2个单闸板）和1个剪切全封闭闸板防喷器；

（四）使用复合式钻柱的，装有可变闸板，以适应不同的钻具尺寸。

第五十六条　水上防喷器组的开关活动，应当符合下列规定：

（一）闸板防喷器定期进行开关活动；

（二）全封闸板防喷器每次起钻后进行开关活动。若每日多次起钻，只开关活动一次即可；

（三）每起下钻一次，2个防喷器控制盘（台）交换动作一次。如果控制盘（台）失去动作功能，在恢复功能后，才能进行钻井作业；

（四）节流管汇的阀门、方钻杆旋塞和钻杆内防喷装置，每周开关活动一次。

水下防喷器的开关活动，除了闸板防喷器1日进行开关活动一次外，其他开关活动次数与水上防喷器组开关活动次数相同。

第五十七条　防喷器系统的试压，应当符合下列规定：

（一）所有的防喷器及管汇在进行高压试验之前，进行2.1MPa的低压试验；

（二）防喷器安装前或者更换主要配件后，进行整体压力试验；

（三）按照井控车间（基地）组装、现场安装、钻开油气层前及更换井控装置部件的次序进行防喷器试压。试压的间隔不超过14日；

（四）对于水上防喷器组，防喷器组在井控车间（基地）组装后，按额定工作压力进行试验。现场安装后，试验压力在不超过套管抗内压强度80%的前提下，环形防喷器的试验压力为额定工作压力的70%，闸板防喷器和相应控制设备的试验压力为额定工作压力；

（五）对于水下防喷器组，水下防喷器和所有有关井控设备的试验压力为其额定工作压力的70%。防喷器组在现场安装完成后，控制设备和防喷器闸板按照水上防喷器组试压的规定进行。

第五十八条　防喷器系统的检查与维护，应当符合下列规定：

（一）整套防喷器系统、隔水（导）管和配套设备，按照制造厂商推荐的程序进行检查和维护；

（二）在海况及气候条件允许的情况下，防喷器系统和隔水（导）管至少每日外观检查一次，水下设备的检查可以通过水下电视等工具完成。

第五十九条　井液池液面和气体检测装置应当具备声光报警功能，其报警仪安装在钻台和综合录井室内；应当配备井液性能试验仪器。井液量应当符合下列规定：

（一）开钻前，计算井液材料最小需要量，落实紧急情况补充井液的储备计划；

（二）记录并保存井液材料（包括加重材料）的每日

储存量。若储存量达不到所规定的最小数量时，停止钻井作业；

（三）作业时，当返出井液密度比进口井液密度小 $0.02g/cm^3$ 时，将环形空间井液循环到地面，并对井液性能进行气体或者液体侵入的检查和处理；

（四）起钻时，向井内灌注井液。当井内静止液面下降或者每起出3至5柱钻具之后应当灌满井液；

（五）从井内起出钻杆测试工具前，井液应当进行循环或者反循环。

第六十条 完井、试油和修井作业应当符合下列规定：

（一）配备与作业相适应的防喷器及其控制系统；

（二）按计划储备井液材料，其性能符合作业要求；

（三）井控要求参照钻井作业有关规定执行；

（四）滩海陆岸井控装置至少配备1套控制系统。

第六十一条 气井、自喷井、自溢井应当安装井下封隔器；在海床面30米以下，应当安装井下安全阀，并符合下列规定：

（一）定期进行水上控制的井下安全阀现场试验，试验间隔不得超过6个月。新安装或者重新安装的也应当进行试验；

（二）海床完井的单井、卫星井或者多井基盘上，每口井安装水下控制的井下安全阀；

（三）地面安全阀保持良好的工作状态；

（四）配备适用的井口测压防喷盒。

紧急关闭系统应当保持良好的工作状态。作业者应当妥善保存各种水下安全装置的安装和调试记录等资料。

第六十二条 进行电缆射孔、生产测井、钢丝作业时，在工具下井前，应当对防喷管汇进行压力试验。

第六十三条 钻开油气层前100米时，应当通过钻井循环通道和节流管汇做一次低泵冲泵压试验。

第六十四条 放喷管线应当使用专用管线。

在寒冷季节，应当对井控装备、防喷管汇、节流管汇、压力管汇和仪表等进行防冻保温。

第六节 硫化氢防护管理

第六十五条 钻遇未知含硫化氢地层时，应当提前采取防范措施；钻遇已知含硫化氢地层时，应当实施检测和控制。

硫化氢探测、报警系统应当符合下列规定：

（一）钻井装置上安装硫化氢报警系统。当空气中硫化氢的浓度超过 $15mg/m^3$（10ppm）时，系统即能以声光报警方式工作；固定式探头至少应当安装在喇叭口、钻台、振动筛、井液池、生活区、发电及配电房进风口等位置；

（二）至少配备探测范围 $0\sim30mg/m^3$（0~20ppm）和 $0\sim150mg/m^3$（0~100ppm）的便携式硫化氢探测器各1套；

（三）探测器件的灵敏度达到 $7.5mg/m^3$（5ppm）；

（四）储备足够数量的硫化氢检测样品，以便随时检测探头。

人员保护器具应当符合下列规定：

（一）通常情况下，钻井装置上配备15~20套正压式空气呼吸器。其中，生活区6~9套，钻台上5~6套，井液池附近（泥浆舱）2套，录井房2~3套。钻进已知含硫化氢地层前，或者临时钻遇含硫化氢地层时，钻井装置上配备供全员使用的正压式空气呼吸器，并配备足够的备用气瓶；

（二）钻井装置上配备1台呼吸器空气压缩机；

（三）医务室配备处理硫化氢中毒的医疗用品、心肺复苏器和氧气瓶。

标志信号应当符合下列规定：

（一）在人员易于看见的位置，安装风向标、风速仪；

（二）当空气中含硫化氢浓度小于 $15mg/m^3$（10ppm）时，挂标有硫化氢字样的绿牌；

（三）当空气中含硫化氢浓度处于 $15\sim30mg/m^3$（10~20ppm）时，挂标有硫化氢字样的黄牌；

（四）当空气中含硫化氢浓度大于 $30mg/m^3$（20ppm）时，挂标有硫化氢字样的红牌。

第六十六条 在可能含有硫化氢地层进行钻井作业时，应当采取下列硫化氢防护措施：

（一）在可能含有硫化氢地区的钻井设计中，标明含硫化氢地层及其深度，估算硫化氢的可能含量，以提醒有关作业人员注意，并制定必要的安全和应急措施；

（二）当空气中硫化氢浓度达到 $15mg/m^3$（10ppm）时，及时通知所有平台人员注意，加密观察和测量硫化氢浓度的次数，检查并准备好正压式空气呼吸器；

（三）当空气中硫化氢浓度达到 $30mg/m^3$（20ppm）时，在岗人员迅速取用正压式空气呼吸器，其他人员到达安全区。通知守护船在平台上风向海域起锚待命；

（四）当空气中含硫化氢浓度达到 $150mg/m^3$（100ppm）时，组织所有人员撤离平台；

（五）使用适合于钻遇含硫化氢地层的井液，钻井液的pH值保持在10以上。净化剂、添加剂和防腐剂等有适当的储备。钻井液中脱出的硫化氢气体集中排放，有条件情况下，可以点火燃烧；

（六）钻遇含硫化氢地层，起钻时使用钻杆刮泥器。若将湿钻杆放在甲板上，必要时，作业人员佩戴正压式空气呼吸器。钻进中发现空气中含硫化氢浓度达到 30mg/m^3（20ppm）时，立即暂时停止钻进，并循环井液；

（七）在含硫化氢地层取芯，当取芯筒起出地面之前 10-20 个立柱，以及从岩芯筒取出岩芯时，操作人员戴好正压式空气呼吸器。运送含硫化氢岩芯时，采取相应包装措施密封岩芯，并标明岩芯含硫化氢字样。在井液录井中若发现有硫化氢显示时，及时向钻井监督报告；

（八）在预计含硫化氢地层进行中途测试时，测试时间尽量安排在白天，测试器具附近尽量减少操作人员。严禁采用常规的中途测试工具对深部含硫化氢的地层进行测试；

（九）钻穿含硫化氢地层后，增加工作区的监测频率，加强硫化氢监测；

（十）对于在含硫化氢地层进行试油，试油前召开安全会议，落实人员防护器具和人员急救程序及应急措施。在试油设备附近，人员减少到最低限度。

第六十七条　在可能含有硫化氢地层进行钻进作业时，其钻井设备、器具应当符合下列规定：

（一）钻井设备具备抗硫应力开裂的性能；

（二）管材具有在硫化氢环境中使用的性能，并按照国家有关标准的要求使用；

（三）对所使用作业设备、管材、生产流程及附件等，定期进行安全检查和检测检验。

第六十八条　完井和修井作业的硫化氢防护，参照钻井作业的有关要求执行。

第六十九条　在可能含有硫化氢地层进行生产作业时，应当采取下列硫化氢防护措施：

（一）生产设施上配备 6 套正压式空气呼吸器。在已知存在含硫油气生产设施上，全员配备正压式空气呼吸器，并配备一定数量的备用气瓶及 1 台呼吸器空气压缩机；

（二）生产设施上配备 2 至 3 套便携式硫化氢探测仪、1 套便携式比色指示管探测仪和 1 套便携式二氧化硫探测仪。在已知存在硫化氢的生产装置上，安装硫化氢报警装置；

（三）当空气中硫化氢达到 15mg/m^3（10ppm）或者二氧化硫达到 5.4mg/m^3（2ppm）时，作业人员佩戴正压式空气呼吸器；

（四）装置上配有用于处理硫化氢中毒的医疗用品、心肺复苏器和氧气瓶；

（五）在油气井投产前，采取有效措施，加强对硫化氢、二氧化硫和二氧化碳的防护；

（六）用于油气生产的设备、设施和管道等具有抗硫化氢腐蚀的性能。

第七节　系物管理

第七十条　作业者和承包者应当加强系泊和起重作业过程中系物器具和被系器具的安全管理。

第七十一条　作业者和承包者应当制定系物器具和被系器具的安全管理责任制，明确各岗位和各工种责任制；应当制定系物器具和被系器具的使用管理规定，对系物器具和被系器具进行经常性维护、保养，保证正常使用。维护、保养应当作好记录，并由有关人员签字。

第七十二条　系物器具应当按照有关规定由海油安办认可的检验机构对其定期进行检验，并作出标记。作业者和承包者为满足特殊需要，自行加工制造系物器具和被系器具的，系物器具和被系器具必须经海油安办认可的检验机构检验合格后，方可投入使用。

第七十三条　箱件的使用，除了符合本细则第七十一条和第七十二条规定要求外，还应当满足下列要求：

（一）箱外有明显的尺寸、自重和额定安全载重标记；

（二）定期对其主要受力部位进行检验。

第七十四条　吊网的使用，除了符合第七十一条和第七十二条规定外，还应当符合下列要求：

（一）标有安全工作负荷标记；

（二）非金属网不得超过其使用范围和环境。

第七十五条　乘人吊篮必须专用，并标有额定载重和限乘人数的标记；应当按产品说明书的规定定期进行技术检验。

第七十六条　系物器具和被系器具有下列情形之一的，应当停止使用：

（一）已达到报废标准而未报废，或者已经报废的；

（二）未标明检验日期的；

（三）超过规定检验期限的。

第八节　危险物品管理

第七十七条　作业者、承包者应当建立放射性、爆炸性物品（以下简称危险物品）的领取和归还制度。危险物品的领取和归还应当遵守下列规定：

（一）领取人持有领取单领取相应的危险物品。领取单详细记载危险物品的种类和数量；

（二）领取和归还危险物品时，使用专用的工具。放

射性源盛装在罐内,爆炸性物品存放在箱内;

(三)出入库的放射性源罐,配有浮标或者其他示位器具;

(四)危险物品出入库有记录,领取人和库管员在出入库单上签字;

(五)未用完的危险物品,及时归还。

第七十八条 危险物品的运输,应当符合下列规定:

(一)符合国家有关法律、法规、规章、标准的要求,并有专人押运;

(二)有可靠的安全措施和应急措施;

(三)符合有关运输手续,有明显的危险物品运输标识。

第七十九条 危险物品的使用,应当符合下列规定:

(一)作业前,按照有关规定申请使用许可证。取得使用许可证后,方可使用危险物品。使用有详细记录。使用后,及时将未使用完的危险物品回收入库;

(二)作业时,制定安全可靠的作业规程。有关作业人员熟悉并遵守作业规程;

(三)现场设有明显、清晰的危险标识,以防止非作业人员进入作业区;

(四)现场至少配备1台便携式放射性强度测量仪;

(五)按照国家有关标准的要求,对放射源与载源设备的性能进行检验。

第八十条 危险物品的存放,应当符合下列规定:

(一)存放场所远离生活区、人员密集区及危险区,并标有明显的“危险品”标识;

(二)采取有效的防火安全措施;

(三)不得将爆炸性物品中的炸药与雷管或者放射性物品存放在同一储存室内。

第八十一条 对失效的或者外壳泄漏试验不合格(超过185Bq)的放射源,应当采取安全的方式妥善处置。

第八十二条 作业人员使用放射性物品的,应当采取下列防护措施:

(一)配有个人辐照剂量检测用具,并建立辐照剂量档案;

(二)每年至少进行一次体检,体检结果存档;

(三)发现作业人员受到放射性伤害的,立即调离其工作岗位,并按照有关规定进行治疗和康复;

(四)作业人员调动工作的,其辐照剂量档案和体检档案随工作岗位一起调动。

第九节 弃井管理

第八十三条 作业者或者承包者在进行弃井作业或者清除井口遗留物30日前,应当向海油安办有关分部报送下列材料:

(一)弃井作业或者清除井口遗留物安全风险评价报告;

(二)弃井或者清除井口遗留物施工方案、作业程序、时间安排、井液性能等。

海油安办有关分部应当对作业者或者承包者报送的材料进行审核;材料内容不符合技术要求的,通知作业者或者承包者进行完善。

第八十四条 弃井作业或者清除井口遗留物施工作业期间,海油安办有关分部认为必要时,进行现场监督。

施工作业完成后15日内,作业者或者承包者应当向海油安办有关分部提交下列资料:

(一)弃井或者清除井口遗留物作业完工图;

(二)弃井作业最终报告表。

第八十五条 对于永久性弃井的,应当符合下列要求:

(一)在裸露井眼井段,对油、气、水等渗透层进行全封,在其上部打至少50米水泥塞,以封隔油、气、水等渗透层,防止互窜或者流出海底。裸眼井段无油、气、水时,在最后一层套管的套管鞋以下和以上各打至少30米水泥塞;

(二)已下尾管的,在尾管顶部上下30米的井段各打至少30米水泥塞;

(三)已在套管或者尾管内进行了射孔试油作业的,对射孔层进行全封,在其上部打至少50米的水泥塞;

(四)已切割的每层套管内,保证切割处上下各有至少20米的水泥塞;

(五)表层套管内水泥塞长度至少有45米,且水泥塞顶面位于海底泥面下4米至30米之间。

对于临时弃井的,应当符合下列要求:

(一)在最深层套管柱的底部至少打50米水泥塞;

(二)在海底泥面以下4米的套管柱内至少打30米水泥塞。

第八十六条 永久弃井时,所有套管、井口装置或者桩应当按照国家有关规定实施清除作业。对保留在海底的水下井口装置或者井口帽,应当按照国家有关规定向海油安办有关分部进行报告。

第四章 安全培训

第八十七条 作业者和承包者的主要负责人和安全生产管理人员应当具备相应的安全生产知识和管理能力,经海油安办考核合格。

第八十八条 作业者和承包者应当组织对海上石油

作业人员进行安全生产培训。未经培训并取得培训合格证书的作业人员，不得上岗作业。

作业者和承包者应当建立海上石油作业人员的培训档案，加强对出海作业人员（包括在境外培训的人员）的培训证书的审查。未取得培训合格证书的，一律不得出海作业。

第八十九条　出海人员必须接受“海上石油作业安全救生”的专门培训，并取得培训合格证书。

安全培训的内容和时间应当符合下列要求：

（一）长期出海人员接受“海上石油作业安全救生”全部内容的培训，培训时间不少于40课时。每5年进行一次再培训；

（二）短期出海人员接受“海上石油作业安全救生”综合内容的培训，培训时间不少于24课时。每3年进行一次再培训；

（三）临时出海人员接受“海上石油作业安全救生”电化教学的培训，培训时间不少于4课时。每1年进行一次再培训；

（四）不在设施上留宿的临时出海人员可以只接受作业者或者承包者现场安全教育；

（五）没有直升机平台或者已明确不使用直升机倒班的海上设施人员，可以免除“直升机遇险水下逃生”内容的培训；

（六）没有配备救生艇筏的海上设施作业人员，可以免除“救生艇筏操纵”的培训。

第九十条　海上油气生产设施兼职消防队员应当接受“油气消防”的培训，培训时间不少于24课时。每4年应当进行一次再培训。

第九十一条　从事钻井、完井、修井、测试作业的监督、经理、高级队长、领班，以及司钻、副司钻和井架工、安全监督等人员应当接受“井控技术”的培训，培训时间不少于56课时，并取得培训合格证书。每4年应当进行一次再培训。

第九十二条　稳性压载人员（含钻井平台、浮式生产储油装置的稳性压载、平台升降的技术人员）应当接受“稳性与压载技术”的培训，培训时间不少于36课时，并取得培训合格证书。每4年应当进行一次再培训。

第九十三条　在作业过程中已经出现或者可能出现硫化氢的场所从事钻井、完井、修井、测试、采油及储运作业的人员，应当进行“防硫化氢技术”的专门培训，培训时间不少于16课时，并取得培训合格证书。每4年应当进行一次再培训。

第九十四条　无线电技术操作人员应当按政府有关主管部门的要求进行培训，取得相应的资格证书。

第九十五条　属于特种作业人员范围的特种作业人员应当按照有关法律法规的要求进行专门培训，取得特种作业操作资格证书。

第九十六条　外方人员在国外合法注册和政府认可的培训机构取得的证书和证件，经中方作业者或者承包者确认后在中国继续有效。

第五章　应急管理

第九十七条　作业者和承包者应当按照有关法律、法规、规章和标准的要求，结合生产实际编制应急预案，并报海油安办有关分部备案。

作业者和承包者应当根据海洋石油作业的变化，及时对应急预案进行修改、补充和完善。

第九十八条　根据海洋石油作业的特点，作业者和承包者编制的应急预案应当包括下列内容：

（一）作业者和承包者的基本情况、危险特性、可以利用的应急救援设备；

（二）应急组织机构、职责划分、通讯联络；

（三）应急预案启动、应急响应、信息处理、应急状态中止、后续恢复等处置程序；

（四）应急演习与训练。

第九十九条　应急预案的应急范围包括井喷失控、火灾与爆炸、平台遇险、直升机失事、船舶海损、油（气）生产设施与管线破损和泄漏、有毒有害物品泄漏、放射性物品遗散、潜水作业事故；人员重伤、死亡、失踪及暴发性传染病、中毒；溢油事故、自然灾害以及其他紧急情况。

第一百条　除作业者和承包者编制的公司一级应急预案外，针对每个生产和作业设施应当结合工作实际，编制应急预案。应急预案包括主件和附件两个部分内容。

主件部分应当包括下列主要内容：

（一）生产或者作业设施名称、作业海区、编写者和编写日期；

（二）生产或者作业设施的应急组织机构、指挥系统、医疗机构及各级应急岗位人员职责；

（三）处置各类突发性事故或者险情的措施和联络报告程序；

（四）生产或者作业设施上所具有的通讯设备类型、能力以及应急通讯频率；

（五）应急组织、上级主管部门和有关部门的负责人通讯录，包括通讯地址、电话和传真等；

（六）与有关部门联络的应急工作联系程序图或者网络图；

（七）应急训练内容、频次和要求；

（八）其他需要明确的内容。

附件部分应当包括下列主要内容：

（一）生产或者作业设施的主要基础数据；

（二）生产或者作业设施所处自然环境的描述，包括：作业海区的气象资料，可能出现的灾害性天气（如台风等）；作业海区的海洋水文资料，水深、水温、海流的速度和方向、浪高等；生产或者作业设施与陆岸基地、附近港口码头及海区其他设施的位置简图；

（三）各种应急搜救设备及材料，包括应急设备及应急材料的名称、类型、数量、性能和存放地点等情况；

（四）生产或者作业设施配备的气象海况测定装置的规格和型号；

（五）其他有关资料。

第一百零一条 作业者和承包者应当组织生产和作业设施的相关人员定期开展应急预案的演练，演练期限不超过下列时间间隔的要求：

（一）消防演习：每倒班期一次。

（二）弃平台演习：每倒班期一次。

（三）井控演习：每倒班期一次。

（四）人员落水救助演习：每季度一次。

（五）硫化氢演习：钻遇含硫化氢地层前和对含硫化氢油气井进行试油或者修井作业前，必须组织一次防硫化氢演习；对含硫化氢油气井进行正常钻井、试油或者修井作业，每隔7日组织一次演习；含硫化氢油气井正常生产时，每倒班期组织一次演习。不含硫化氢的，每半年组织一次。

各类应急演练的记录文件应当至少保存1年。

第一百零二条 事故发生后，作业现场有关人员应当及时向所属作业者和承包者报告；接到报告后，应当立即启动相应的应急预案，组织开展救援活动，防止事故扩大，减少人员伤亡和财产损失。

第一百零三条 针对海洋石油作业过程中发生事故的特点，在实施应急救援过程中，作业者和承包者应当做好下列工作：

（一）立即组织现场疏散，保护作业人员安全；

（二）立即调集作业现场的应急力量进行救援，同时向有关方面发出求助信息，动员有关力量，保证应急队伍、设备、器材、物资及必要的后勤支持；

（三）制订现场救援方案并组织实施；

（四）确定警戒及防控区域，实行区域管制；

（五）采取相应的保护措施，防止事故扩大和引发次生灾害；

（六）迅速组织医疗救援力量，抢救受伤人员；

（七）尽力防止出现石油大面积泄漏和扩散。

第六章 事故报告和调查处理

第一百零四条 在海上石油天然气勘探、开发、生产、储运及油田废弃等作业中，发生下列生产安全事故，作业现场有关人员应当立即向所属作业者和承包者报告；作业者和承包者接到报告后，应当立即按规定向海油安办有关分部的地区监督处、当地政府和海事部门报告：

（一）井喷失控；

（二）火灾与爆炸；

（三）平台遇险（包括平台失控漂移、拖航遇险、被碰撞或者翻沉）；

（四）飞机事故；

（五）船舶海损（包括碰撞、搁浅、触礁、翻沉、断损）；

（六）油（气）生产设施与管线破损（包括单点系泊、电气管线、海底油气管线等的破损、泄漏、断裂）；

（七）有毒有害物品和气体泄漏或者遗散；

（八）急性中毒；

（九）潜水作业事故；

（十）大型溢油事故（溢油量大于100吨）；

（十一）其他造成人员伤亡或者直接经济损失的事故。

第一百零五条 海油安办有关分部的地区监督处接到事故报告后，应当立即上报海油安办有关分部。海油安办有关分部接到较大事故及以上的事故报告后，应当在1小时内上报国家安全生产监督管理总局。

飞机事故、船舶海损、大型溢油除报告海油安办外，还应当按规定报告有关政府主管部门。

第一百零六条 海洋石油的生产安全事故按照下列规定进行调查：

（一）没有人员伤亡的一般事故，海油安办有关分部可以委托作业者和承包者组织生产、技术、安全等有关人员及工会成员组成事故调查组进行调查；

（二）造成人员伤亡的一般事故，由海油安办有关分部牵头组织有关部门及工会成立事故调查组进行调查，并邀请人民检察院派人参加；

（三）造成较大事故，由海油安办牵头组织有关部门成立事故调查组进行调查，并邀请人民检察院派人参加；

（四）重大事故，由国家安全生产监督管理总局牵头组织有关部门成立事故调查组进行调查，并邀请人民检察院派人参加；

（五）特别重大事故，按照国务院有关规定执行。

飞机失事、船舶海损、放射性物品遗散和大型溢油等海洋石油生产安全事故依法由民航、海事、环保等有关部门组织调查处理。

第一百零七条 海洋石油的生产安全事故调查报告按照下列规定批复：

（一）一般事故的调查报告，在征得海油安办同意后，由海油安办有关分部批复；

（二）较大、重大事故的调查报告由国家安全生产监督管理总局批复；

（三）特别重大事故调查报告的批复按照国务院有关规定执行。

第一百零八条 作业者和承包者应当按照事故调查报告的批复，对负有责任的人员进行处理。

事故发生单位应当认真吸取事故教训，落实防范和整改措施，防止事故再次发生。

第七章 监督管理

第一百零九条 海油安办及其有关分部应当按照法律、行政法规、规章和标准的规定，依法对海洋石油生产经营单位的安全生产实施监督检查。

第一百一十条 海油安办有关分部应当建立生产设施、作业设施的备案档案管理制度，并于每年 1 月 31 日前将上一年度的备案情况报海油安办。备案档案应当至少保存 3 年。

第一百一十一条 海油安办有关分部应当对安全培训机构、作业者和承包者安全教育培训情况进行监督检查。

第一百一十二条 海油安办及其有关分部应当按照生产安全事故的批复，依照有关法律、行政法规和规章的规定，对事故发生单位和有关人员进行行政处罚；对负有事故责任的国家工作人员，按照干部管理权限交由有关单位和行政监察机关追究。

第八章 罚 则

第一百一十三条 作业者和承包者有下列行为之一的，给予警告，可以并处 3 万元以下的罚款：

（一）生产设施、作业设施未按规定备案的；

（二）未配备守护船，或者未按规定登记的；

（三）海洋石油专业设备未按期进行检验的；

（四）拒绝、阻碍海油安办及有关分部依法监督检查的。

第一百一十四条 作业者和承包者有下列行为之一的，依法责令停产整顿，给予相应的行政处罚：

（一）未履行新建、改建、扩建项目“三同时”程序的；

（二）对存在的重大事故隐患，不按期进行整改的。

第一百一十五条 海油安办及有关分部监督检查人员在海洋石油监督检查中滥用职权、玩忽职守、徇私舞弊的，依照有关规定给予行政处分。

第九章 附 则

第一百一十六条 本细则中下列用语的含义：

（一）海洋石油作业设施，是指用于海洋石油作业的海上移动式钻井船（平台）、物探船、铺管船、起重船、固井船、酸化压裂船等设施；

（二）海洋石油生产设施，是指以开采海洋石油为目的的海上固定平台、单点系泊、浮式生产储油装置（FPSO）、海底管线、海上输油码头、滩海陆岸、人工岛和陆岸终端等海上和陆岸结构物；

（三）滩海陆岸石油设施，是指最高天文潮位以下滩海区域内，采用筑路或者栈桥等方式与陆岸相连接，从事石油作业活动中修筑的滩海通井路、滩海井台及有关石油设施；

（四）专业设备，是指海洋石油开采过程中使用的危险性较大或者对安全生产有较大影响的设备，包括海上结构、采油设备、海上锅炉和压力容器、钻井和修井设备、起重和升降设备、火灾和可燃气体探测、报警及控制系统、安全阀、救生设备、消防器材、钢丝绳等系物及被系物、电气仪表等；

（五）海底长输油（气）管线，是指从一个海上油（气）田外输油（气）的计量点至陆岸终端计量点或者至海上输油（气）终端计量点的长输管线，包括管段、立管、附件、控制系统、仪表及支撑件等互相连接的系统和中间泵站等；

（六）延长测试作业，是指在油层参数或者早期地质油藏资料不能满足工程需要的情况下，为获取这些数据资料，在原钻井装置或者井口平台上实施，并有油轮或者浮式生产装置作为储油装置的测试作业；

（七）延长测试设施，是指延长测试作业时，在原钻井装置或井口平台上临时安装的配套工艺设备、以及油轮或浮式生产储油装置（FPSO）等设施的总称。

（八）长期出海人员，是指每次在海上作业 15 日以上（含 15 日），或者年累计在海上作业 30 日以上（含 30 日），负责海上石油设施管理、操作、维修等作业的人员；

（九）短期出海人员，是指每次在海上作业 5～15 日

以下(含5日),或者年累计出海时间在10~30日(含10日)的海上石油作业人员;

(十)临时出海人员,是指每次出海在5日以下的人员,或者年累计10日以下;

(十一)海上油气生产设施兼职消防队员,是指海上油(气)生产设施上,直接从事消防设备操作、现场灭火指挥的关键人员;

(十二)“海上石油作业安全救生”培训,是指“海上求生”、“海上平台消防”、“救生艇筏操纵”、“海上急救”、“直升机遇险水下逃生”5项内容的培训;

(十三)弃井作业,是指为了防止海洋污染、保证油井和海上运输安全而对油井采取的防止溢油和碰撞的一系列措施,包括永久性弃井作业和临时弃井作业。永久性弃井,是指对废弃的井进行封堵井眼及回收井口装置的作业;临时弃井,是指对正在钻井,因故中止作业或者对已完成作业的井需保留井口而进行的封堵井眼,戴井口帽及设置井口信号标志的作业。

第一百一十七条 本细则所规定的有关文书格式,由海油安办统一式样。

第一百一十八条 从事内陆湖泊的石油开采活动,参照本细则有关规定执行。

第一百一十九条 本细则自2009年12月1日起施行。

海洋石油安全生产规定

· 2006年2月7日国家安全生产监管总局令第4号公布
· 根据2013年8月29日《国家安全监管总局关于修改〈生产经营单位安全培训规定〉等11件规章的决定》第一次修订
· 根据2015年5月26日《国家安全监管总局关于废止和修改非煤矿矿山领域九部规章的决定》第二次修订

第一章 总 则

第一条 为了加强海洋石油安全生产工作,防止和减少海洋石油生产安全事故和职业危害,保障从业人员生命和财产安全,根据《安全生产法》及有关法律、行政法规,制定本规定。

第二条 在中华人民共和国的内水、领海、毗连区、专属经济区、大陆架以及中华人民共和国管辖的其他海域内的海洋石油开采活动的安全生产,适用本规定。

第三条 海洋石油作业者和承包者是海洋石油安全生产的责任主体。

本规定所称作业者是指负责实施海洋石油开采活动的企业,或者按照石油合同的约定负责实施海洋石油开采活动的实体。

本规定所称承包者是指向作业者提供服务的企业或者实体。

第四条 国家安全生产监督管理总局(以下简称安全监管总局)对海洋石油安全生产实施综合监督管理。

安全监管总局设立海洋石油作业安全办公室(以下简称海油安办)作为实施海洋石油安全生产综合监督管理的执行机构。海油安办根据需要设立分部,各分部依照有关规定实施具体的安全监督管理。

第二章 安全生产保障

第五条 作业者和承包者应当遵守有关安全生产的法律、行政法规、部门规章、国家标准和行业标准,具备安全生产条件。

第六条 作业者应当加强对承包者的安全监督和管理,并在承包合同中约定各自的安全生产管理职责。

第七条 作业者和承包者的主要负责人对本单位的安全生产工作全面负责。

作业者和从事物探、钻井、测井、录井、试油、井下作业等活动的承包者及海洋石油生产设施的主要负责人、安全管理人员应当按照安全监管总局的规定,经过安全资格培训,具备相应的安全生产知识和管理能力,经考核合格取得安全资格证书。

第八条 作业者和承包者应当对从业人员进行安全生产教育和培训,保证从业人员具备必要的安全生产知识,熟悉有关的安全生产规章制度和安全操作规程,掌握本岗位的安全操作技能。

第九条 出海作业人员应当接受海洋石油作业安全救生培训,经考核合格后方可出海作业。

临时出海人员应接受必要的安全教育。

第十条 特种作业人员应当按照安全监管总局有关规定经专门的安全技术培训,考核合格取得特种作业操作资格证书后方可上岗作业。

第十一条 海洋石油建设项目在可行性研究阶段或者总体开发方案编制阶段应当进行安全预评价。

在设计阶段,海洋石油生产设施的重要设计文件及安全专篇,应当经海洋石油生产设施发证检验机构(以下简称发证检验机构)审查同意。发证检验机构应当在审查同意的设计文件、图纸上加盖印章。

第十二条 海洋石油生产设施应当由具有相应资质或者能力的专业单位施工,施工单位应当按照审查同意的设计方案或者图纸施工。

第十三条 海洋石油生产设施试生产前,应当经发证检验机构检验合格，取得最终检验证书或者临时检验证书，并制订试生产的安全措施，于试生产前45日报海油安办有关分部备案。

海油安办有关分部应对海洋石油生产设施的状况及安全措施的落实情况进行检查。

第十四条　海洋石油生产设施试生产正常后，应当由作业者或者承包者负责组织对其安全设施进行竣工验收，并形成书面报告备查。

经验收合格并办理安全生产许可证后，方可正式投入生产使用。

第十五条　作业者和承包者应当向作业人员如实告知作业现场和工作岗位存在的危险因素和职业危害因素，以及相应的防范措施和应急措施。

第十六条　作业者和承包者应当为作业人员提供符合国家标准或者行业标准的劳动防护用品，并监督、教育作业人员按照使用规则佩戴、使用。

第十七条　作业者和承包者应当制定海洋石油作业设施、生产设施及其专业设备的安全检查、维护保养制度，建立安全检查、维护保养档案，并指定专人负责。

第十八条　作业者和承包者应当加强防火防爆管理，按照有关规定划分和标明安全区与危险区；在危险区作业时，应当对作业程序和安全措施进行审查。

第十九条　作业者和承包者应当加强对易燃、易爆、有毒、腐蚀性等危险物品的管理，按国家有关规定进行装卸、运输、储存、使用和处置。

第二十条　海洋石油的专业设备应当由专业设备检验机构检验合格，方可投入使用。专业设备检验机构对检验结果负责。

第二十一条　海洋石油作业设施首次投入使用前或者变更作业区块前，应当制订作业计划和安全措施。

作业计划和安全措施应当在开始作业前15日报海油安办有关分部备案。

外国海洋石油作业设施进入中华人民共和国管辖海域前按照上述要求执行。

第二十二条　作业者和承包者应当建立守护船值班制度，在海洋石油生产设施和移动式钻井船（平台）周围应备有守护船值班。无人值守的生产设施和陆岸结构物除外。

第二十三条　作业者或者承包者在编制钻井、采油和井下作业等作业计划时，应当根据地质条件与海域环境确定安全可靠的井控程序和防硫化氢措施。

打开油（气）层前，作业者或者承包者应当确认井控和防硫化氢措施的落实情况。

第二十四条　作业者和承包者应当保存安全生产的相关资料，主要包括作业人员名册、工作日志、培训记录、事故和险情记录、安全设备维修记录、海况和气象情况等。

第二十五条　在海洋石油生产设施的设计、建造、安装以及生产的全过程中，实施发证检验制度。

海洋石油生产设施的发证检验包括建造检验、生产过程中的定期检验和临时检验。

第二十六条　发证检验工作由作业者委托具有资质的发证检验机构进行。

第二十七条　发证检验机构应当依照有关法律、行政法规、部门规章和国家标准、行业标准或者作业者选定的技术标准实施审查、检验，并对审查、检验结果负责。

作业者选定的技术标准不得低于国家标准和行业标准。

海油安办对发证检验机构实施的设计审查程序、检验程序进行监督。

第三章　安全生产监督管理

第二十八条　海油安办及其各分部对海洋石油安全生产履行以下监督管理职责：

（一）组织起草海洋石油安全生产法规、规章、标准；

（二）监督检查作业者和承包者安全生产条件、设备设施安全和劳动防护用品使用情况；

（三）监督检查作业者和承包者安全生产教育培训情况；负责作业者，从事物探、钻井、测井、录井、试油、井下作业等的承包者和海洋石油生产设施的主要负责人、安全管理人员和特种作业人员的安全培训考核工作；

（四）监督核查海洋石油建设项目生产设施安全竣工验收工作，负责安全生产许可证的发放工作。

（五）负责海洋石油生产设施发证检验、专业设备检测检验、安全评价和安全咨询等社会中介服务机构的资质审查；

（六）组织生产安全事故的调查处理；协调事故和险情的应急救援工作。

第二十九条　监督检查人员必须熟悉海洋石油安全法律法规和安全技术知识，能胜任海洋石油安全检查工作，经考核合格，取得相应的执法资格。

第三十条　海油安办及其各分部依法对作业者和承包者执行有关安全生产的法律、行政法规和国家标准或者行业标准的情况进行监督检查，行使以下职权：

（一）对作业者和承包者进行安全检查，调阅有关资料，向有关单位和人员了解情况；

（二）对检查中发现的安全生产违法行为，当场予以纠正或者要求限期改正；

（三）对检查中发现的事故隐患，应当责令立即排除；重大事故隐患排除前或者排除过程中无法保证安全的，应当责令从危险区域内撤出作业人员，责令暂时停产停业或者停止使用；重大事故隐患排除后，经审查同意，方可恢复生产和使用；

（四）对有根据认为不符合保障安全生产的国家标准或者行业标准的设施、设备、器材予以查封或者扣押，并应当在15日内依法作出处理决定。

第三十一条 监督检查人员进行监督检查时，应履行以下义务：

（一）忠于职守，坚持原则，秉公执法；

（二）执行监督检查任务时，必须出示有效的监督执法证件，使用统一的行政执法文书；

（三）遵守作业者和承包者的有关现场管理规定，不得影响正常生产活动；

（四）保守作业者和承包者的有关技术秘密和商业秘密。

第三十二条 监督检查人员在进行安全监督检查期间，作业者或者承包者应当免费提供必要的交通工具、防护用品等工作条件。

第三十三条 承担海洋石油生产设施发证检验、专业设备检测检验、安全评价和安全咨询的中介机构应当具备国家规定的资质。

第四章 应急预案与事故处理

第三十四条 作业者应当建立应急救援组织，配备专职或者兼职救援人员，或者与专业救援组织签订救援协议，并在实施作业前编制应急预案。

承包者在实施作业前应编制应急预案。

应急预案应当报海油安办有关分部和其他有关政府部门备案。

第三十五条 应急预案应当包括以下主要内容：作业者和承包者的基本情况、危险特性、可利用的应急救援设备；应急组织机构、职责划分、通讯联络；应急预案启动、应急响应、信息处理、应急状态中止、后续恢复等处置程序；应急演习与训练。

第三十六条 应急预案应充分考虑作业内容、作业海区的环境条件、作业设施的类型、自救能力和可以获得的外部支援等因素，应能够预防和处置各类突发性事故和可能引发事故的险情，并随实际情况的变化及时修改或者补充。

事故和险情包括以下情况：井喷失控、火灾与爆炸、平台遇险、飞机或者直升机失事、船舶海损、油（气）生产设施与管线破损/泄漏、有毒有害物质泄漏、放射性物质遗散、潜水作业事故；人员重伤、死亡、失踪及暴发性传染病、中毒；溢油事故、自然灾害以及其他紧急情况等。

第三十七条 当发生事故或者出现可能引发事故的险情时，作业者和承包者应当按应急预案的规定实施应急措施，防止事态扩大，减少人员伤亡和财产损失。

当发生应急预案中未规定的事件时，现场工作人员应当及时向主要负责人报告。主要负责人应当及时采取相应的措施。

第三十八条 事故和险情发生后，当事人、现场人员、作业者和承包者负责人、各分部和海油安办根据有关规定逐级上报。

第三十九条 海油安办及其有关分部、有关部门接到重大事故报告后，应当立即赶到事故现场，组织事故抢救、事故调查。

第四十条 无人员伤亡事故、轻伤、重伤事故由作业者和承包者负责人或其指定的人员组织生产、技术、安全等有关人员及工会代表参加的事故调查组进行调查。

其他事故的调查处理，按有关规定执行。

第四十一条 作业者应当建立事故统计和分析制度，定期对事故进行统计和分析。事故统计年报应当报海油安办有关分部、政府有关部门。

承包者在提供服务期间发生的事故由作业者负责统计。

第五章 罚 则

第四十二条 监督检查人员在海洋石油安全生产监督检查中滥用职权、玩忽职守、徇私舞弊的，依照有关规定给予行政处分；构成犯罪的，依法追究刑事责任。

第四十三条 作业者和承包者有下列行为之一的，给予警告，并处3万元以下的罚款：

（一）未按规定执行发证检验或者用非法手段获取检验证书的；

（二）未按规定配备守护船，或者使用不满足有关规定要求的船舶做守护船，或者守护船未按规定履行登记手续的；

（三）未按照本规定第三十四条的规定履行备案手续的；

（四）未按有关规定制订井控措施和防硫化氢措施，或者井控措施和防硫化氢措施不落实的。

第四十四条 本规定所列行政处罚，由海油安办及其各分部实施。

《安全生产法》等法律、行政法规对安全生产违法行为的行政处罚另有规定的,依照其规定。

第六章 附 则

第四十五条 本规定下列用语的定义:

(一)石油,是指蕴藏在地下的、正在采出的和已经采出的原油和天然气。

(二)石油合同,是指中国石油企业与外国企业为合作开采中华人民共和国海洋石油资源,依法订立的石油勘探、开发和生产的合同。

(三)海洋石油开采活动,是指在本规定第二条所述海域内从事的石油勘探、开发、生产、储运、油田废弃及其有关的活动。

(四)海洋石油作业设施,是指用于海洋石油作业的海上移动式钻井船(平台)、物探船、铺管船、起重船、固井船、酸化压裂船等设施。

(五)海洋石油生产设施,是指以开采海洋石油为目的的海上固定平台、单点系泊、浮式生产储油装置、海底管线、海上输油码头、滩海陆岸、人工岛和陆岸终端等海上和陆岸结构物。

(六)专业设备,是指海洋石油开采过程中使用的危险性较大或者对安全生产有较大影响的设备,包括海上结构、采油设备、海上锅炉和压力容器、钻井和修井设备、起重和升降设备、火灾和可燃气体探测、报警及控制系统、安全阀、救生设备、消防器材、钢丝绳等系物及被系物、电气仪表等。

第四十六条 内陆湖泊的石油开采的安全生产监督管理,参照本规定相应条款执行。

第四十七条 本规定自2006年5月1日起施行,原石油工业部1986年颁布的《海洋石油作业安全管理规定》同时废止。

中华人民共和国特种设备安全法

· 2013年6月29日第十二届全国人民代表大会常务委员会第三次会议通过
· 2013年6月29日中华人民共和国主席令第4号公布
· 自2014年1月1日起施行

第一章 总 则

第一条 为了加强特种设备安全工作,预防特种设备事故,保障人身和财产安全,促进经济社会发展,制定本法。

第二条 特种设备的生产(包括设计、制造、安装、改造、修理)、经营、使用、检验、检测和特种设备安全的监督管理,适用本法。

本法所称特种设备,是指对人身和财产安全有较大危险性的锅炉、压力容器(含气瓶)、压力管道、电梯、起重机械、客运索道、大型游乐设施、场(厂)内专用机动车辆,以及法律、行政法规规定适用本法的其他特种设备。

国家对特种设备实行目录管理。特种设备目录由国务院负责特种设备安全监督管理的部门制定,报国务院批准后执行。

第三条 特种设备安全工作应当坚持安全第一、预防为主、节能环保、综合治理的原则。

第四条 国家对特种设备的生产、经营、使用,实施分类的、全过程的安全监督管理。

第五条 国务院负责特种设备安全监督管理的部门对全国特种设备安全实施监督管理。县级以上地方各级人民政府负责特种设备安全监督管理的部门对本行政区域内特种设备安全实施监督管理。

第六条 国务院和地方各级人民政府应当加强对特种设备安全工作的领导,督促各有关部门依法履行监督管理职责。

县级以上地方各级人民政府应当建立协调机制,及时协调、解决特种设备安全监督管理中存在的问题。

第七条 特种设备生产、经营、使用单位应当遵守本法和其他有关法律、法规,建立、健全特种设备安全和节能责任制度,加强特种设备安全和节能管理,确保特种设备生产、经营、使用安全,符合节能要求。

第八条 特种设备生产、经营、使用、检验、检测应当遵守有关特种设备安全技术规范及相关标准。

特种设备安全技术规范由国务院负责特种设备安全监督管理的部门制定。

第九条 特种设备行业协会应当加强行业自律,推进行业诚信体系建设,提高特种设备安全管理水平。

第十条 国家支持有关特种设备安全的科学技术研究,鼓励先进技术和先进管理方法的推广应用,对做出突出贡献的单位和个人给予奖励。

第十一条 负责特种设备安全监督管理的部门应当加强特种设备安全宣传教育,普及特种设备安全知识,增强社会公众的特种设备安全意识。

第十二条 任何单位和个人有权向负责特种设备安全监督管理的部门和有关部门举报涉及特种设备安全的违法行为,接到举报的部门应当及时处理。

第二章 生产、经营、使用

第一节 一般规定

第十三条 特种设备生产、经营、使用单位及其主要负责人对其生产、经营、使用的特种设备安全负责。

特种设备生产、经营、使用单位应当按照国家有关规定配备特种设备安全管理人员、检测人员和作业人员,并对其进行必要的安全教育和技能培训。

第十四条 特种设备安全管理人员、检测人员和作业人员应当按照国家有关规定取得相应资格,方可从事相关工作。特种设备安全管理人员、检测人员和作业人员应当严格执行安全技术规范和管理制度,保证特种设备安全。

第十五条 特种设备生产、经营、使用单位对其生产、经营、使用的特种设备应当进行自行检测和维护保养,对国家规定实行检验的特种设备应当及时申报并接受检验。

第十六条 特种设备采用新材料、新技术、新工艺,与安全技术规范的要求不一致,或者安全技术规范未作要求、可能对安全性能有重大影响的,应当向国务院负责特种设备安全监督管理的部门申报,由国务院负责特种设备安全监督管理的部门及时委托安全技术咨询机构或者相关专业机构进行技术评审,评审结果经国务院负责特种设备安全监督管理的部门批准,方可投入生产、使用。

国务院负责特种设备安全监督管理的部门应当将允许使用的新材料、新技术、新工艺的有关技术要求,及时纳入安全技术规范。

第十七条 国家鼓励投保特种设备安全责任保险。

第二节 生　产

第十八条 国家按照分类监督管理的原则对特种设备生产实行许可制度。特种设备生产单位应当具备下列条件,并经负责特种设备安全监督管理的部门许可,方可从事生产活动:

(一)有与生产相适应的专业技术人员;

(二)有与生产相适应的设备、设施和工作场所;

(三)有健全的质量保证、安全管理和岗位责任等制度。

第十九条 特种设备生产单位应当保证特种设备生产符合安全技术规范及相关标准的要求,对其生产的特种设备的安全性能负责。不得生产不符合安全性能要求和能效指标以及国家明令淘汰的特种设备。

第二十条 锅炉、气瓶、氧舱、客运索道、大型游乐设施的设计文件,应当经负责特种设备安全监督管理的部门核准的检验机构鉴定,方可用于制造。

特种设备产品、部件或者试制的特种设备新产品、新部件以及特种设备采用的新材料,按照安全技术规范的要求需要通过型式试验进行安全性验证的,应当经负责特种设备安全监督管理的部门核准的检验机构进行型式试验。

第二十一条 特种设备出厂时,应当随附安全技术规范要求的设计文件、产品质量合格证明、安装及使用维护保养说明、监督检验证明等相关技术资料和文件,并在特种设备显著位置设置产品铭牌、安全警示标志及其说明。

第二十二条 电梯的安装、改造、修理,必须由电梯制造单位或者其委托的依照本法取得相应许可的单位进行。电梯制造单位委托其他单位进行电梯安装、改造、修理的,应当对其安装、改造、修理进行安全指导和监控,并按照安全技术规范的要求进行校验和调试。电梯制造单位对电梯安全性能负责。

第二十三条 特种设备安装、改造、修理的施工单位应当在施工前将拟进行的特种设备安装、改造、修理情况书面告知直辖市或者设区的市级人民政府负责特种设备安全监督管理的部门。

第二十四条 特种设备安装、改造、修理竣工后,安装、改造、修理的施工单位应当在验收后三十日内将相关技术资料和文件移交特种设备使用单位。特种设备使用单位应当将其存入该特种设备的安全技术档案。

第二十五条 锅炉、压力容器、压力管道元件等特种设备的制造过程和锅炉、压力容器、压力管道、电梯、起重机械、客运索道、大型游乐设施的安装、改造、重大修理过程,应当经特种设备检验机构按照安全技术规范的要求进行监督检验;未经监督检验或者监督检验不合格的,不得出厂或者交付使用。

第二十六条 国家建立缺陷特种设备召回制度。因生产原因造成特种设备存在危及安全的同一性缺陷的,特种设备生产单位应当立即停止生产,主动召回。

国务院负责特种设备安全监督管理的部门发现特种设备存在应当召回而未召回的情形时,应当责令特种设备生产单位召回。

第三节 经　营

第二十七条 特种设备销售单位销售的特种设备,应当符合安全技术规范及相关标准的要求,其设计文件、产品质量合格证明、安装及使用维护保养说明、监督检验证明等相关技术资料和文件应当齐全。

特种设备销售单位应当建立特种设备检查验收和销售记录制度。

禁止销售未取得许可生产的特种设备，未经检验和检验不合格的特种设备，或者国家明令淘汰和已经报废的特种设备。

第二十八条 特种设备出租单位不得出租未取得许可生产的特种设备或者国家明令淘汰和已经报废的特种设备，以及未按照安全技术规范的要求进行维护保养和未经检验或者检验不合格的特种设备。

第二十九条 特种设备在出租期间的使用管理和维护保养义务由特种设备出租单位承担，法律另有规定或者当事人另有约定的除外。

第三十条 进口的特种设备应当符合我国安全技术规范的要求，并经检验合格；需要取得我国特种设备生产许可的，应当取得许可。

进口特种设备随附的技术资料和文件应当符合本法第二十一条的规定，其安装及使用维护保养说明、产品铭牌、安全警示标志及其说明应当采用中文。

特种设备的进出口检验，应当遵守有关进出口商品检验的法律、行政法规。

第三十一条 进口特种设备，应当向进口地负责特种设备安全监督管理的部门履行提前告知义务。

第四节 使 用

第三十二条 特种设备使用单位应当使用取得许可生产并经检验合格的特种设备。

禁止使用国家明令淘汰和已经报废的特种设备。

第三十三条 特种设备使用单位应当在特种设备投入使用前或者投入使用后三十日内，向负责特种设备安全监督管理的部门办理使用登记，取得使用登记证书。登记标志应当置于该特种设备的显著位置。

第三十四条 特种设备使用单位应当建立岗位责任、隐患治理、应急救援等安全管理制度，制定操作规程，保证特种设备安全运行。

第三十五条 特种设备使用单位应当建立特种设备安全技术档案。安全技术档案应当包括以下内容：

（一）特种设备的设计文件、产品质量合格证明、安装及使用维护保养说明、监督检验证明等相关技术资料和文件；

（二）特种设备的定期检验和定期自行检查记录；

（三）特种设备的日常使用状况记录；

（四）特种设备及其附属仪器仪表的维护保养记录；

（五）特种设备的运行故障和事故记录。

第三十六条 电梯、客运索道、大型游乐设施等为公众提供服务的特种设备的运营使用单位，应当对特种设备的使用安全负责，设置特种设备安全管理机构或者配备专职的特种设备安全管理人员；其他特种设备使用单位，应当根据情况设置特种设备安全管理机构或者配备专职、兼职的特种设备安全管理人员。

第三十七条 特种设备的使用应当具有规定的安全距离、安全防护措施。

与特种设备安全相关的建筑物、附属设施，应当符合有关法律、行政法规的规定。

第三十八条 特种设备属于共有的，共有人可以委托物业服务单位或者其他管理人管理特种设备，受托人履行本法规定的特种设备使用单位的义务，承担相应责任。共有人未委托的，由共有人或者实际管理人履行管理义务，承担相应责任。

第三十九条 特种设备使用单位应当对其使用的特种设备进行经常性维护保养和定期自行检查，并作出记录。

特种设备使用单位应当对其使用的特种设备的安全附件、安全保护装置进行定期校验、检修，并作出记录。

第四十条 特种设备使用单位应当按照安全技术规范的要求，在检验合格有效期届满前一个月向特种设备检验机构提出定期检验要求。

特种设备检验机构接到定期检验要求后，应当按照安全技术规范的要求及时进行安全性能检验。特种设备使用单位应当将定期检验标志置于该特种设备的显著位置。

未经定期检验或者检验不合格的特种设备，不得继续使用。

第四十一条 特种设备安全管理人员应当对特种设备使用状况进行经常性检查，发现问题应当立即处理；情况紧急时，可以决定停止使用特种设备并及时报告本单位有关负责人。

特种设备作业人员在作业过程中发现事故隐患或者其他不安全因素，应当立即向特种设备安全管理人员和单位有关负责人报告；特种设备运行不正常时，特种设备作业人员应当按照操作规程采取有效措施保证安全。

第四十二条 特种设备出现故障或者发生异常情况，特种设备使用单位应当对其进行全面检查，消除事故隐患，方可继续使用。

第四十三条 客运索道、大型游乐设施在每日投入使用前,其运营使用单位应当进行试运行和例行安全检查,并对安全附件和安全保护装置进行检查确认。

电梯、客运索道、大型游乐设施的运营使用单位应当将电梯、客运索道、大型游乐设施的安全使用说明、安全注意事项和警示标志置于易于为乘客注意的显著位置。

公众乘坐或者操作电梯、客运索道、大型游乐设施,应当遵守安全使用说明和安全注意事项的要求,服从有关工作人员的管理和指挥;遇有运行不正常时,应当按照安全指引,有序撤离。

第四十四条 锅炉使用单位应当按照安全技术规范的要求进行锅炉水(介)质处理,并接受特种设备检验机构的定期检验。

从事锅炉清洗,应当按照安全技术规范的要求进行,并接受特种设备检验机构的监督检验。

第四十五条 电梯的维护保养应当由电梯制造单位或者依照本法取得许可的安装、改造、修理单位进行。

电梯的维护保养单位应当在维护保养中严格执行安全技术规范的要求,保证其维护保养的电梯的安全性能,并负责落实现场安全防护措施,保证施工安全。

电梯的维护保养单位应当对其维护保养的电梯的安全性能负责;接到故障通知后,应当立即赶赴现场,并采取必要的应急救援措施。

第四十六条 电梯投入使用后,电梯制造单位应当对其制造的电梯的安全运行情况进行跟踪调查和了解,对电梯的维护保养单位或者使用单位在维护保养和安全运行方面存在的问题,提出改进建议,并提供必要的技术帮助;发现电梯存在严重事故隐患时,应当及时告知电梯使用单位,并向负责特种设备安全监督管理的部门报告。电梯制造单位对调查和了解的情况,应当作出记录。

第四十七条 特种设备进行改造、修理,按照规定需要变更使用登记的,应当办理变更登记,方可继续使用。

第四十八条 特种设备存在严重事故隐患,无改造、修理价值,或者达到安全技术规范规定的其他报废条件的,特种设备使用单位应当依法履行报废义务,采取必要措施消除该特种设备的使用功能,并向原登记的负责特种设备安全监督管理的部门办理使用登记证书注销手续。

前款规定报废条件以外的特种设备,达到设计使用年限可以继续使用的,应当按照安全技术规范的要求通过检验或者安全评估,并办理使用登记证书变更,方可继续使用。允许继续使用的,应当采取加强检验、检测和维护保养等措施,确保使用安全。

第四十九条 移动式压力容器、气瓶充装单位,应当具备下列条件,并经负责特种设备安全监督管理的部门许可,方可从事充装活动:

(一)有与充装和管理相适应的管理人员和技术人员;

(二)有与充装和管理相适应的充装设备、检测手段、场地厂房、器具、安全设施;

(三)有健全的充装管理制度、责任制度、处理措施。

充装单位应当建立充装前后的检查、记录制度,禁止对不符合安全技术规范要求的移动式压力容器和气瓶进行充装。

气瓶充装单位应当向气体使用者提供符合安全技术规范要求的气瓶,对气体使用者进行气瓶安全使用指导,并按照安全技术规范的要求办理气瓶使用登记,及时申报定期检验。

第三章 检验、检测

第五十条 从事本法规定的监督检验、定期检验的特种设备检验机构,以及为特种设备生产、经营、使用提供检测服务的特种设备检测机构,应当具备下列条件,并经负责特种设备安全监督管理的部门核准,方可从事检验、检测工作:

(一)有与检验、检测工作相适应的检验、检测人员;

(二)有与检验、检测工作相适应的检验、检测仪器和设备;

(三)有健全的检验、检测管理制度和责任制度。

第五十一条 特种设备检验、检测机构的检验、检测人员应当经考核,取得检验、检测人员资格,方可从事检验、检测工作。

特种设备检验、检测机构的检验、检测人员不得同时在两个以上检验、检测机构中执业;变更执业机构的,应当依法办理变更手续。

第五十二条 特种设备检验、检测工作应当遵守法律、行政法规的规定,并按照安全技术规范的要求进行。

特种设备检验、检测机构及其检验、检测人员应当依法为特种设备生产、经营、使用单位提供安全、可靠、便捷、诚信的检验、检测服务。

第五十三条 特种设备检验、检测机构及其检验、检测人员应当客观、公正、及时地出具检验、检测报告,并对检验、检测结果和鉴定结论负责。

特种设备检验、检测机构及其检验、检测人员在检验、检测中发现特种设备存在严重事故隐患时，应当及时告知相关单位，并立即向负责特种设备安全监督管理的部门报告。

负责特种设备安全监督管理的部门应当组织对特种设备检验、检测机构的检验、检测结果和鉴定结论进行监督抽查，但应当防止重复抽查。监督抽查结果应当向社会公布。

第五十四条　特种设备生产、经营、使用单位应当按照安全技术规范的要求向特种设备检验、检测机构及其检验、检测人员提供特种设备相关资料和必要的检验、检测条件，并对资料的真实性负责。

第五十五条　特种设备检验、检测机构及其检验、检测人员对检验、检测过程中知悉的商业秘密，负有保密义务。

特种设备检验、检测机构及其检验、检测人员不得从事有关特种设备的生产、经营活动，不得推荐或者监制、监销特种设备。

第五十六条　特种设备检验机构及其检验人员利用检验工作故意刁难特种设备生产、经营、使用单位的，特种设备生产、经营、使用单位有权向负责特种设备安全监督管理的部门投诉，接到投诉的部门应当及时进行调查处理。

第四章　监督管理

第五十七条　负责特种设备安全监督管理的部门依照本法规定，对特种设备生产、经营、使用单位和检验、检测机构实施监督检查。

负责特种设备安全监督管理的部门应当对学校、幼儿园以及医院、车站、客运码头、商场、体育场馆、展览馆、公园等公众聚集场所的特种设备，实施重点安全监督检查。

第五十八条　负责特种设备安全监督管理的部门实施本法规定的许可工作，应当依照本法和其他有关法律、行政法规规定的条件和程序以及安全技术规范的要求进行审查；不符合规定的，不得许可。

第五十九条　负责特种设备安全监督管理的部门在办理本法规定的许可时，其受理、审查、许可的程序必须公开，并应当自受理申请之日起三十日内，作出许可或者不予许可的决定；不予许可的，应当书面向申请人说明理由。

第六十条　负责特种设备安全监督管理的部门对依法办理使用登记的特种设备应当建立完整的监督管理档案和信息查询系统；对达到报废条件的特种设备，应当及时督促特种设备使用单位依法履行报废义务。

第六十一条　负责特种设备安全监督管理的部门在依法履行监督检查职责时，可以行使下列职权：

（一）进入现场进行检查，向特种设备生产、经营、使用单位和检验、检测机构的主要负责人和其他有关人员调查、了解有关情况；

（二）根据举报或者取得的涉嫌违法证据，查阅、复制特种设备生产、经营、使用单位和检验、检测机构的有关合同、发票、账簿以及其他有关资料；

（三）对有证据表明不符合安全技术规范要求或者存在严重事故隐患的特种设备实施查封、扣押；

（四）对流入市场的达到报废条件或者已经报废的特种设备实施查封、扣押；

（五）对违反本法规定的行为作出行政处罚决定。

第六十二条　负责特种设备安全监督管理的部门在依法履行职责过程中，发现违反本法规定和安全技术规范要求的行为或者特种设备存在事故隐患时，应当以书面形式发出特种设备安全监察指令，责令有关单位及时采取措施予以改正或者消除事故隐患。紧急情况下要求有关单位采取紧急处置措施的，应当随后补发特种设备安全监察指令。

第六十三条　负责特种设备安全监督管理的部门在依法履行职责过程中，发现重大违法行为或者特种设备存在严重事故隐患时，应当责令有关单位立即停止违法行为、采取措施消除事故隐患，并及时向上级负责特种设备安全监督管理的部门报告。接到报告的负责特种设备安全监督管理的部门应当采取必要措施，及时予以处理。

对违法行为、严重事故隐患的处理需要当地人民政府和有关部门的支持、配合时，负责特种设备安全监督管理的部门应当报告当地人民政府，并通知其他有关部门。当地人民政府和其他有关部门应当采取必要措施，及时予以处理。

第六十四条　地方各级人民政府负责特种设备安全监督管理的部门不得要求已经依照本法规定在其他地方取得许可的特种设备生产单位重复取得许可，不得要求对已经依照本法规定在其他地方检验合格的特种设备重复进行检验。

第六十五条　负责特种设备安全监督管理的部门的安全监察人员应当熟悉相关法律、法规，具有相应的专业知识和工作经验，取得特种设备安全行政执法证件。

特种设备安全监察人员应当忠于职守、坚持原则、秉公执法。

负责特种设备安全监督管理的部门实施安全监督检查时，应当有二名以上特种设备安全监察人员参加，并出示有效的特种设备安全行政执法证件。

第六十六条　负责特种设备安全监督管理的部门对特种设备生产、经营、使用单位和检验、检测机构实施监督检查，应当对每次监督检查的内容、发现的问题及处理情况作出记录，并由参加监督检查的特种设备安全监察人员和被检查单位的有关负责人签字后归档。被检查单位的有关负责人拒绝签字的，特种设备安全监察人员应当将情况记录在案。

第六十七条　负责特种设备安全监督管理的部门及其工作人员不得推荐或者监制、监销特种设备；对履行职责过程中知悉的商业秘密负有保密义务。

第六十八条　国务院负责特种设备安全监督管理的部门和省、自治区、直辖市人民政府负责特种设备安全监督管理的部门应当定期向社会公布特种设备安全总体状况。

第五章　事故应急救援与调查处理

第六十九条　国务院负责特种设备安全监督管理的部门应当依法组织制定特种设备重特大事故应急预案，报国务院批准后纳入国家突发事件应急预案体系。

县级以上地方各级人民政府及其负责特种设备安全监督管理的部门应当依法组织制定本行政区域内特种设备事故应急预案，建立或者纳入相应的应急处置与救援体系。

特种设备使用单位应当制定特种设备事故应急专项预案，并定期进行应急演练。

第七十条　特种设备发生事故后，事故发生单位应当按照应急预案采取措施，组织抢救，防止事故扩大，减少人员伤亡和财产损失，保护事故现场和有关证据，并及时向事故发生地县级以上人民政府负责特种设备安全监督管理的部门和有关部门报告。

县级以上人民政府负责特种设备安全监督管理的部门接到事故报告，应当尽快核实情况，立即向本级人民政府报告，并按照规定逐级上报。必要时，负责特种设备安全监督管理的部门可以越级上报事故情况。对特别重大事故、重大事故，国务院负责特种设备安全监督管理的部门应当立即报告国务院并通报国务院安全生产监督管理部门等有关部门。

与事故相关的单位和人员不得迟报、谎报或者瞒报事故情况，不得隐匿、毁灭有关证据或者故意破坏事故现场。

第七十一条　事故发生地人民政府接到事故报告，应当依法启动应急预案，采取应急处置措施，组织应急救援。

第七十二条　特种设备发生特别重大事故，由国务院或者国务院授权有关部门组织事故调查组进行调查。

发生重大事故，由国务院负责特种设备安全监督管理的部门会同有关部门组织事故调查组进行调查。

发生较大事故，由省、自治区、直辖市人民政府负责特种设备安全监督管理的部门会同有关部门组织事故调查组进行调查。

发生一般事故，由设区的市级人民政府负责特种设备安全监督管理的部门会同有关部门组织事故调查组进行调查。

事故调查组应当依法、独立、公正开展调查，提出事故调查报告。

第七十三条　组织事故调查的部门应当将事故调查报告报本级人民政府，并报上一级人民政府负责特种设备安全监督管理的部门备案。有关部门和单位应当依照法律、行政法规的规定，追究事故责任单位和人员的责任。

事故责任单位应当依法落实整改措施，预防同类事故发生。事故造成损害的，事故责任单位应当依法承担赔偿责任。

第六章　法律责任

第七十四条　违反本法规定，未经许可从事特种设备生产活动的，责令停止生产，没收违法制造的特种设备，处十万元以上五十万元以下罚款；有违法所得的，没收违法所得；已经实施安装、改造、修理的，责令恢复原状或者责令限期由取得许可的单位重新安装、改造、修理。

第七十五条　违反本法规定，特种设备的设计文件未经鉴定，擅自用于制造的，责令改正，没收违法制造的特种设备，处五万元以上五十万元以下罚款。

第七十六条　违反本法规定，未进行型式试验的，责令限期改正；逾期未改正的，处三万元以上三十万元以下罚款。

第七十七条　违反本法规定，特种设备出厂时，未按照安全技术规范的要求随附相关技术资料和文件的，责令限期改正；逾期未改正的，责令停止制造、销售，处二万元以上二十万元以下罚款；有违法所得的，没收违法所得。

第七十八条　违反本法规定，特种设备安装、改造、修理的施工单位在施工前未书面告知负责特种设备安全监督管理的部门即行施工的，或者在验收后三十日内未将相关技术资料和文件移交特种设备使用单位的，责令限期改正；逾期未改正的，处一万元以上十万元以下罚款。

第七十九条 违反本法规定，特种设备的制造、安装、改造、重大修理以及锅炉清洗过程，未经监督检验的，责令限期改正；逾期未改正的，处五万元以上二十万元以下罚款；有违法所得的，没收违法所得；情节严重的，吊销生产许可证。

第八十条 违反本法规定，电梯制造单位有下列情形之一的，责令限期改正；逾期未改正的，处一万元以上十万元以下罚款：

（一）未按照安全技术规范的要求对电梯进行校验、调试的；

（二）对电梯的安全运行情况进行跟踪调查和了解时，发现存在严重事故隐患，未及时告知电梯使用单位并向负责特种设备安全监督管理的部门报告的。

第八十一条 违反本法规定，特种设备生产单位有下列行为之一的，责令限期改正；逾期未改正的，责令停止生产，处五万元以上五十万元以下罚款；情节严重的，吊销生产许可证：

（一）不再具备生产条件、生产许可证已经过期或者超出许可范围生产的；

（二）明知特种设备存在同一性缺陷，未立即停止生产并召回的。

违反本法规定，特种设备生产单位生产、销售、交付国家明令淘汰的特种设备的，责令停止生产、销售，没收违法生产、销售、交付的特种设备，处三万元以上三十万元以下罚款；有违法所得的，没收违法所得。

特种设备生产单位涂改、倒卖、出租、出借生产许可证的，责令停止生产，处五万元以上五十万元以下罚款；情节严重的，吊销生产许可证。

第八十二条 违反本法规定，特种设备经营单位有下列行为之一的，责令停止经营，没收违法经营的特种设备，处三万元以上三十万元以下罚款；有违法所得的，没收违法所得：

（一）销售、出租未取得许可生产，未经检验或者检验不合格的特种设备的；

（二）销售、出租国家明令淘汰、已经报废的特种设备，或者未按照安全技术规范的要求进行维护保养的特种设备的。

违反本法规定，特种设备销售单位未建立检查验收和销售记录制度，或者进口特种设备未履行提前告知义务的，责令改正，处一万元以上十万元以下罚款。

特种设备生产单位销售、交付未经检验或者检验不合格的特种设备的，依照本条第一款规定处罚；情节严重的，吊销生产许可证。

第八十三条 违反本法规定，特种设备使用单位有下列行为之一的，责令限期改正；逾期未改正的，责令停止使用有关特种设备，处一万元以上十万元以下罚款：

（一）使用特种设备未按照规定办理使用登记的；

（二）未建立特种设备安全技术档案或者安全技术档案不符合规定要求，或者未依法设置使用登记标志、定期检验标志的；

（三）未对其使用的特种设备进行经常性维护保养和定期自行检查，或者未对其使用的特种设备的安全附件、安全保护装置进行定期校验、检修，并作出记录的；

（四）未按照安全技术规范的要求及时申报并接受检验的；

（五）未按照安全技术规范的要求进行锅炉水（介）质处理的；

（六）未制定特种设备事故应急专项预案的。

第八十四条 违反本法规定，特种设备使用单位有下列行为之一的，责令停止使用有关特种设备，处三万元以上三十万元以下罚款：

（一）使用未取得许可生产，未经检验或者检验不合格的特种设备，或者国家明令淘汰、已经报废的特种设备的；

（二）特种设备出现故障或者发生异常情况，未对其进行全面检查、消除事故隐患，继续使用的；

（三）特种设备存在严重事故隐患，无改造、修理价值，或者达到安全技术规范规定的其他报废条件，未依法履行报废义务，并办理使用登记证书注销手续的。

第八十五条 违反本法规定，移动式压力容器、气瓶充装单位有下列行为之一的，责令改正，处二万元以上二十万元以下罚款；情节严重的，吊销充装许可证：

（一）未按照规定实施充装前后的检查、记录制度的；

（二）对不符合安全技术规范要求的移动式压力容器和气瓶进行充装的。

违反本法规定，未经许可，擅自从事移动式压力容器或者气瓶充装活动的，予以取缔，没收违法充装的气瓶，处十万元以上五十万元以下罚款；有违法所得的，没收违法所得。

第八十六条 违反本法规定，特种设备生产、经营、使用单位有下列情形之一的，责令限期改正；逾期未改正的，责令停止使用有关特种设备或者停产停业整顿，处一万元以上五万元以下罚款：

（一）未配备具有相应资格的特种设备安全管理人员、检测人员和作业人员的；

（二）使用未取得相应资格的人员从事特种设备安全管理、检测和作业的；

（三）未对特种设备安全管理人员、检测人员和作业人员进行安全教育和技能培训的。

第八十七条 违反本法规定，电梯、客运索道、大型游乐设施的运营使用单位有下列情形之一的，责令限期改正；逾期未改正的，责令停止使用有关特种设备或者停产停业整顿，处二万元以上十万元以下罚款：

（一）未设置特种设备安全管理机构或者配备专职的特种设备安全管理人员的；

（二）客运索道、大型游乐设施每日投入使用前，未进行试运行和例行安全检查，未对安全附件和安全保护装置进行检查确认的；

（三）未将电梯、客运索道、大型游乐设施的安全使用说明、安全注意事项和警示标志置于易于为乘客注意的显著位置的。

第八十八条 违反本法规定，未经许可，擅自从事电梯维护保养的，责令停止违法行为，处一万元以上十万元以下罚款；有违法所得的，没收违法所得。

电梯的维护保养单位未按照本法规定以及安全技术规范的要求，进行电梯维护保养的，依照前款规定处罚。

第八十九条 发生特种设备事故，有下列情形之一的，对单位处五万元以上二十万元以下罚款；对主要负责人处一万元以上五万元以下罚款；主要负责人属于国家工作人员的，并依法给予处分：

（一）发生特种设备事故时，不立即组织抢救或者在事故调查处理期间擅离职守或者逃匿的；

（二）对特种设备事故迟报、谎报或者瞒报的。

第九十条 发生事故，对负有责任的单位除要求其依法承担相应的赔偿等责任外，依照下列规定处以罚款：

（一）发生一般事故，处十万元以上二十万元以下罚款；

（二）发生较大事故，处二十万元以上五十万元以下罚款；

（三）发生重大事故，处五十万元以上二百万元以下罚款。

第九十一条 对事故发生负有责任的单位的主要负责人未依法履行职责或者负有领导责任的，依照下列规定处以罚款；属于国家工作人员的，并依法给予处分：

（一）发生一般事故，处上一年年收入百分之三十的罚款；

（二）发生较大事故，处上一年年收入百分之四十的罚款；

（三）发生重大事故，处上一年年收入百分之六十的罚款。

第九十二条 违反本法规定，特种设备安全管理人员、检测人员和作业人员不履行岗位职责，违反操作规程和有关安全规章制度，造成事故的，吊销相关人员的资格。

第九十三条 违反本法规定，特种设备检验、检测机构及其检验、检测人员有下列行为之一的，责令改正，对机构处五万元以上二十万元以下罚款，对直接负责的主管人员和其他直接责任人员处五千元以上五万元以下罚款；情节严重的，吊销机构资质和有关人员的资格：

（一）未经核准或者超出核准范围、使用未取得相应资格的人员从事检验、检测的；

（二）未按照安全技术规范的要求进行检验、检测的；

（三）出具虚假的检验、检测结果和鉴定结论或者检验、检测结果和鉴定结论严重失实的；

（四）发现特种设备存在严重事故隐患，未及时告知相关单位，并立即向负责特种设备安全监督管理的部门报告的；

（五）泄露检验、检测过程中知悉的商业秘密的；

（六）从事有关特种设备的生产、经营活动的；

（七）推荐或者监制、监销特种设备的；

（八）利用检验工作故意刁难相关单位的。

违反本法规定，特种设备检验、检测机构的检验、检测人员同时在两个以上检验、检测机构中执业的，处五千元以上五万元以下罚款；情节严重的，吊销其资格。

第九十四条 违反本法规定，负责特种设备安全监督管理的部门及其工作人员有下列行为之一的，由上级机关责令改正；对直接负责的主管人员和其他直接责任人员，依法给予处分：

（一）未依照法律、行政法规规定的条件、程序实施许可的；

（二）发现未经许可擅自从事特种设备的生产、使用或者检验、检测活动不予取缔或者不依法予以处理的；

（三）发现特种设备生产单位不再具备本法规定的条件而不吊销其许可证，或者发现特种设备生产、经营、使用违法行为不予查处的；

（四）发现特种设备检验、检测机构不再具备本法规定的条件而不撤销其核准，或者对其出具虚假的检验、检测结果和鉴定结论或者检验、检测结果和鉴定结论严重失实的行为不予查处的；

（五）发现违反本法规定和安全技术规范要求的行为或者特种设备存在事故隐患，不立即处理的；

（六）发现重大违法行为或者特种设备存在严重事故隐患，未及时向上级负责特种设备安全监督管理的部门报告，或者接到报告的负责特种设备安全监督管理的部门不立即处理的；

（七）要求已经依照本法规定在其他地方取得许可的特种设备生产单位重复取得许可，或者要求对已经依照本法规定在其他地方检验合格的特种设备重复进行检验的；

（八）推荐或者监制、监销特种设备的；

（九）泄露履行职责过程中知悉的商业秘密的；

（十）接到特种设备事故报告未立即向本级人民政府报告，并按照规定上报的；

（十一）迟报、漏报、谎报或者瞒报事故的；

（十二）妨碍事故救援或者事故调查处理的；

（十三）其他滥用职权、玩忽职守、徇私舞弊的行为。

第九十五条　违反本法规定，特种设备生产、经营、使用单位或者检验、检测机构拒不接受负责特种设备安全监督管理的部门依法实施的监督检查的，责令限期改正；逾期未改正的，责令停产停业整顿，处二万元以上二十万元以下罚款。

特种设备生产、经营、使用单位擅自动用、调换、转移、损毁被查封、扣押的特种设备或者其主要部件的，责令改正，处五万元以上二十万元以下罚款；情节严重的，吊销生产许可证，注销特种设备使用登记证书。

第九十六条　违反本法规定，被依法吊销许可证的，自吊销许可证之日起三年内，负责特种设备安全监督管理的部门不予受理其新的许可申请。

第九十七条　违反本法规定，造成人身、财产损害的，依法承担民事责任。

违反本法规定，应当承担民事赔偿责任和缴纳罚款、罚金，其财产不足以同时支付时，先承担民事赔偿责任。

第九十八条　违反本法规定，构成违反治安管理行为的，依法给予治安管理处罚；构成犯罪的，依法追究刑事责任。

第七章　附　则

第九十九条　特种设备行政许可、检验的收费，依照法律、行政法规的规定执行。

第一百条　军事装备、核设施、航空航天器使用的特种设备安全的监督管理不适用本法。

铁路机车、海上设施和船舶、矿山井下使用的特种设备以及民用机场专用设备安全的监督管理，房屋建筑工地、市政工程工地用起重机械和场（厂）内专用机动车辆的安装、使用的监督管理，由有关部门依照本法和其他有关法律的规定实施。

第一百零一条　本法自2014年1月1日起施行。

市场监管总局特种设备突发事件应急预案

·2024年4月11日

·国市监特设发〔2024〕41号

1　总则

1.1　编制目的

为提高国家市场监督管理总局（以下简称市场监管总局）特种设备突发事件应对能力，规范特种设备突发事件应急处置和响应程序，确保应急工作科学、高效、有序，最大限度减少特种设备突发事件造成的人员伤亡、财产损失和环境破坏，保障公众生命财产安全，维护社会稳定，特制定本预案。

1.2　编制依据

《中华人民共和国突发事件应对法》

《中华人民共和国安全生产法》

《中华人民共和国特种设备安全法》

《特种设备安全监察条例》（国务院令第549号）

《生产安全事故应急条例》（国务院令第708号）

《国家突发事件总体应急预案》

《国家安全生产事故灾难应急预案》

《突发事件应急预案管理办法》（国办发〔2024〕5号）

《生产安全事故应急预案管理办法》（应急管理部令第2号）

《特种设备事故报告和调查处理规定》（总局令第50号）

《市场监管突发事件应急管理办法》（国市监办函〔2019〕31号）

《特种设备事故报告和调查处理导则》（TSG 03）

1.3　适用范围

本预案适用于发生在市场监管部门监管职责范围内特种设备突发事件的应急处置工作。

1.4　事件分级

市场监管总局对特种设备突发事件采用分级响应机制。按照《特种设备安全监察条例》《生产安全事故报告和调查处理条例》等有关规定，根据特种设备突发事件危害程度和涉及范围等因素，将特种设备突发事件分为特别重大（I级）、重大（II级）、较大（III级）和一般（IV级）突发事件四级。

Ⅰ级突发事件：特种设备特别重大事故或者涉及特种设备的特别重大安全生产事故。

Ⅱ级突发事件：特种设备重大事故或者涉及特种设备的重大安全生产事故。

Ⅲ级突发事件：特种设备较大事故或者涉及特种设备的较大安全生产事故。

Ⅳ级突发事件：除上述Ⅰ、II、III级以外的其他特种设备事故或者突发事件。

1.5 工作原则

（1）人民至上，生命至上。坚持以人民为中心的发展思想，坚持底线思维，把保障公众健康和生命财产安全、最大限度减少特种设备突发事件造成的人员伤亡、财产损失和环境破坏作为首要任务。充分发挥专业救援力量骨干作用和人民群众基础作用，切实加强应急救援人员的安全防护。

（2）统一领导，分级负责。在市场监管总局党组统一领导和指挥下，按照本预案有关要求，总局有关司局、单位积极开展特种设备突发事件应急响应工作。地方各级市场监管部门按照职责分工，具体负责辖区内特种设备突发事件应急响应工作。

（3）条块结合，属地为主。特种设备突发事件应急处置以各级地方党委、政府为主，统筹协调、提供应急资源保障；特种设备企业和基层组织完善特种设备突发事件应急处置机制，做好先期处置工作；充分发挥市场监管部门和相关行业主管部门指导协调作用，发挥人民团体和社会组织积极作用，形成党委政府领导下，各相关部门、企事业单位和社会力量积极参与的综合性特种设备突发事件应急处置机制。

（4）科学处置，依法规范。充分发挥专家队伍和专业技术人员作用，增强应对水平和指挥能力。依靠科技进步，不断改进和完善应急处置装备、设施和手段。规范和完善应急处置工作，严格按照相关法律法规要求，确保应急处置工作的科学性、有效性。

（5）快速反应，高效应对。坚持常态减灾与非常态救灾有机相结合的原则，强化特种设备风险评估、应急物资储备、专家队伍建设等基础工作，提高防范意识，加强监测预警，开展应急演练，不断提高应对特种设备突发事件能力。

2 组织体系及职责

2.1 领导小组及职责

市场监管总局依托总局安全生产委员会设立特种设备突发事件应急工作领导小组（以下简称领导小组），负责本预案适用范围内特种设备突发事件应急处置工作，执行国务院相关专项应急指挥部决策部署。组长为总局主要负责同志，副组长为分管总局特种设备安全监管工作负责同志，成员包括办公厅、特种设备局、新闻宣传司、科技财务司、中国特检院、网数中心等各相关司局、单位主要负责同志，也可根据实际情况进行调整。领导小组实行工作会议制度，领导小组会议一般由组长或者受组长委托的副组长召集，全体成员或部分成员参加。

领导小组办公室设在特种设备局，负责领导小组的日常工作，办公室主任由特种设备局主要负责同志担任。

2.2 成员单位及职责

领导小组根据特种设备突发事件应对实际情况，组织成员单位开展应急处置工作。

（1）办公厅：负责综合协调、值班值守，组织协调应急处置中的重大问题。

（2）特种设备局：负责组织协调各相关单位开展特种设备突发事件应急处置工作和技术支持。负责领导小组办公室日常工作。

（3）新闻宣传司：负责组织开展事件进展、应急工作情况等权威信息发布，加强新闻宣传报道；跟进做好舆情监测，及时澄清不实信息，回应社会关切。

（4）科技财务司：负责组织做好特种设备突发事件应急处置的经费支持、物资调配等保障工作。

（5）中国特检院：按照工作职责，开展特种设备突发事件信息收集、监测和研判。协助特种设备局组织事故调查处理工作，指导并督办各地对事故的调查处理工作。

（6）网数中心：负责组织做好特种设备突发事件应急处置的网络运行、视频会议等各项保障工作。

2.3 现场工作组及职责

发生特种设备突发事件后，市场监管总局视情况组建现场工作组，特种设备局根据特种设备突发事件情况，提出现场工作组组长和成员人选。现场工作组成员一般由特种设备局相关业务处负责同志以及专家等组成。现场工作组会同事发地市场监管部门主要进行以下工作：

（1）核实突发事件发生时间、地点、单位情况，涉及的特种设备种类、类别和品种；

（2）核实突发事件人员伤亡和现场破坏情况；

（3）对突发事件发生原因和性质进行初步研判；

(4)为现场应急处置方案制订、危害评估、现场应急处置提供指导;

(5)及时向总局特种设备局报告现场情况,撰写现场技术勘察报告。

2.4 事发地市场监管部门职责

按照特种设备突发事件等级和分级响应原则,事发地市场监管部门在本级地方党委、政府的统一领导下,配合相关部门开展应急处置工作,提供专业技术指导,分析事故和灾害情况,为应急处置提出科学的意见和建议,为控制、防止事故扩大提出技术措施。

3 预警和预防

3.1 信息监测与报告

3.1.1 事发地市场监管部门、有关企业对特种设备突发事件信息按照《特种设备事故报告和调查处理规定》要求逐级报送上级市场监管部门等有关部门,必要时可以越级上报相关信息。

3.1.2 报告应包含以下内容:

(1)特种设备突发事件发生的时间、地点、单位概况以及涉及的特种设备种类、类别和品种;

(2)突发事件发生初步情况,包括突发事件简要经过、已经造成或者可能造成的伤亡人数、初步判断的事故原因等;

(3)已经采取的措施;

(4)其他有必要报告的情况。

3.1.3 市场监管总局强化舆情管理,做好日常舆情信息监测,对可能引发特种设备突发事件的风险信息加强分析研判,及时向相关部门和地区通报。

3.1.4 为了提高报告的时限性,在信息要素不全的情况下,可以边报告边核实,并备注正在核实中。特种设备突发事件报告后出现新情况的,以及对突发事件情况尚未报告清楚的,应当及时续报。

3.1.5 突发事件中伤亡、失踪、被困人员有港澳台或外国人员时,市场监管总局及时通知外交部、港澳办或台办。

3.2 预警预防行动

预判可能引发特种设备突发事件时,市场监管总局视情况采取以下措施:

(1)分析研判。特种设备局、中国特检院组织开展跟踪监测,预估突发事件发展趋势、危害程度、影响范围。如突发事件引发舆情,新闻宣传司加强舆情监测,并及时将舆情信息通报特种设备局。特种设备局根据监测结果,组织专家开展风险信息分析研判,提出预防和控制建议,报领导小组批准后,启动预警行动,并根据事态的发展和采取措施效果等情况,适时调整预警级别。

(2)预警措施。特种设备局相关业务处室根据事态情况,必要时通知可能发生同类型突发事件的企业暂停生产、经营和使用相关特种设备,防止风险隐患进一步蔓延扩大。

(3)应急准备。特种设备局、中国特检院组织特种设备应急专家和负有应急相关职责的人员进入待命状态,调集特种设备突发事件应急处置所需装备,做好应急准备工作。

(4)舆论引导。特种设备局会同新闻宣传司等相关单位,加强对预警信息动态管理,根据事态发展变化,适时启动舆情双牵头协调处置机制,组织起草回应口径、引导文章、政策解读、科普知识等,研判舆情回应内容、时机、方式,跟进做好舆情监测与信息反馈。

(5)预警调整与解除。经研判,当可能引发特种设备突发事件的因素继续演变存在更大风险时,应及时调整预警级别。当可能引发特种设备突发事件的因素已经消除或得到有效控制,特种设备局应当及时上报领导小组,宣布解除预警。

4 应急响应

4.1 预案衔接

国务院启动国家应对突发事件应急响应机制,且涉及特种设备或需要总局参与处理的,市场监管总局对应国务院的分级确定应急响应级别并启动相应措施。

突发事件涉及特种设备,但国务院已经启动其他领域应急预案的,市场监管总局按照职责分工,全力配合做好应急处置工作。

国务院未启动国家应对突发事件应急响应机制,但该突发事件涉及特种设备,市场监管总局根据突发事件性质、严重程度、可控性和影响范围等,确定突发事件处置的应急响应级别。

发生特种设备突发事件,需要有关部门配合时,及时报告国务院安委会办公室,按照《国家安全生产事故灾难应急预案》有关规定,协调有关部门配合和提供支持。

应急管理部或地方人民政府已启动其他领域应急预案的,特种设备局向分管负责同志汇报后,配合做好应急处置工作。

4.2 响应程序

4.2.1 Ⅰ级应急响应

接到Ⅰ级特种设备突发事件信息,特种设备局核实后应立即报告总局主要负责同志、分管负责同志,通报相关司局；通过总局办公厅1小时内将情况报中央办公厅、国务院办公厅以及应急管理部。总局启动Ⅰ级应急响应，总局主要负责同志任总指挥，分管负责同志任副总指挥，按照中央要求开展应急响应相关工作。特种设备局负责技术支持与综合协调工作，其他有关司局根据职责，指导、协助做好特种设备突发事件应急响应工作。

4.2.2 Ⅱ级应急响应

接到Ⅱ级特种设备突发事件信息，特种设备局核实后应立即报告总局分管负责同志，通报相关司局。总局启动Ⅱ级应急响应，分管负责同志任总指挥，开展应急响应相关工作。特种设备局负责技术支持与综合协调工作，其他有关司局根据职责，指导、协助做好特种设备突发事件应急响应工作。特种设备局负责同志带领现场工作组立即赶赴现场，主要开展以下工作：

（1）特种设备局会同中国特检院组织技术专家进行会商，研究分析事态，部署应急响应工作，为现场应急处置提供技术支持；

（2）特种设备局会同总局办公厅对跨省级行政区域的突发事件应对工作进行协调；

（3）新闻宣传司会同特种设备局开展舆情监测和分析研判，对重大舆情组织编制《重大舆情专报》呈报总局领导，根据工作需要及时与相关部门沟通协调，加强系统宣传力量统筹，指导局属媒体发挥舆论主阵地作用，指导地方市场监管部门配合相关单位做好信息发布和舆论引导，及时妥善做好舆情应对；

（4）特种设备局及时向总局领导报告相关情况；

（5）其他需要现场处置的事项。

4.2.3 Ⅲ级应急响应

接到Ⅲ级特种设备突发事件信息，特种设备局核实后根据事态发展报总局分管负责同志。特种设备局启动Ⅲ级应急响应，特种设备局主要负责同志任总指挥，开展应急响应相关工作。特种设备局业务处会同中国特检院组织现场工作组赶赴现场，主要开展以下工作：

（1）特种设备局会同中国特检院组织技术专家进行会商，研究分析事态，必要时为现场应急处置提供技术支持；

（2）特种设备局指导地方开展突发事件原因分析；

（3）特种设备局及时向总局领导报告相关情况；

（4）新闻宣传司会同特种设备局开展舆情监测，指导地方市场监管部门配合相关单位做好信息发布和舆论引导。

4.2.4 Ⅳ级应急响应

接到Ⅳ级特种设备突发事件信息，特种设备局根据地方应对突发事件情况，及时了解和关注事态进展，特种设备局业务处会同中国特检院视情况组织现场工作组赶赴现场，中国特检院将相关信息纳入风险分析监测，加强预警预防。

4.2.5 应急协调处置

现场应急处置工作中，特种设备局应保持与总局现场工作人员和突发事件发生地省（自治区、直辖市）市场监管部门的联系，掌握突发事件相关情况和现场处置情况，及时向领导小组报告特种设备突发事件事态发展及现场应急处置情况，执行领导小组下达的指令。对应急处置中的重大问题，由特种设备局根据领导小组指示协调解决，相关司局予以配合。参与突发事件应急处置的所有人员，应当严格遵守有关保密制度规定，不得擅自对外发布应急处置工作相关信息。

4.3 响应级别调整及终止

4.3.1 响应级别提升

当特种设备突发事件进一步加重，影响或危害扩大并有蔓延趋势，经特种设备局组织专家分析评估，认为事件情况复杂、危害难以控制时，应相应提升响应级别。Ⅱ级应急响应和Ⅲ级应急响应级别提升，需经领导小组批准。

当全国性或区域性重要活动期间发生特种设备突发事件时，领导小组可相应提高一级响应级别，加大应急处置力度，确保迅速、有效应对特种设备突发事件，维护社会稳定。

4.3.2 响应级别降低

特种设备突发事件危害或不良影响得到有效控制，无进一步蔓延趋势的，可降低应急响应级别。

4.3.3 响应终止

当特种设备突发事件得到控制，造成的危害或不良影响已消除或得到了有效控制，响应终止。

5 后期工作

5.1 善后措施

市场监管总局积极指导、协助省（自治区、直辖市）人民政府和市场监管部门做好特种设备突发事件善后工作，对涉事特种设备检验检测、安全评估工作提供技术指导。

5.2 事故调查处理

对属于特种设备事故范畴的突发事件，依照《中华人民共和国特种设备安全法》《特种设备安全监察条例》《特种设备事故报告和调查处理规定》《特种设备事故报告和调查处理导则》等有关规定组织开展事故调查工作。

6 **保障措施**

6.1 制度和资金保障

6.1.1 总局及地方市场监管部门加强应急值班值守,确保应急状态下的通信畅通。

6.1.2 各级市场监管部门应把特种设备突发事件应对工作所必需的资金等列入预算,保障应急工作需要。

6.1.3 地方各级市场监管部门、有关企业应当在同级人民政府的领导下,针对可能发生的特种设备突发事件类型,配备相应的防护装备、检测仪器、应急车辆、通讯装备等。

6.2 技术储备

6.2.1 特种设备局加强全国应急指挥调度,并动态更新特种设备突发事件应急处置和事故调查专家库,指导开展特种设备应急处置和事故调查工作。中国特检院协助开展特种设备应急处置和事故调查工作。

6.2.2 特种设备局组织建立特种设备突发事件应急预案库,根据特种设备类型和特点,制定特种设备应急处置方案编写指南,为提升企业应急处置能力提供指导。

6.2.3 特种设备局组织建立应急处置案例库,定期组织对近期发生的特种设备突发事件案例进行分析,组织开展与特种设备应急处置有关的科学技术研究。

6.2.4 特种设备局组织建设国家级特种设备应急演练实训基地,各级市场监管部门应结合本地工作实际,根据需要建立应急专家库,制定应急预案,做好日常管理和维护,并定期组织开展应急演练。

6.2.5 各级市场监管部门要督促引导有关企业充分利用自身现有技术人才资源和技术设备设施资源,提供在应急状态下的技术支持。

6.3 新闻宣传

6.3.1 特种设备局联合新闻宣传司,会同相关单位依职责加强同新闻宣传、应急管理、文化旅游、广播电视等部门联系,广泛宣传特种设备突发事件应急法律法规等知识,增强公众风险防范意识,提高全社会的避险能力和自救互救能力。

6.3.2 各级市场监管部门要加大宣传力度,会同相关单位积极向公众和员工宣传特种设备危险性及发生事故可能造成的危害,广泛宣传应急救援有关法律法规和事故预防、避险、避灾、自救、互救的常识。

6.4 培训

各级市场监管部门要定期组织开展特种设备突发事件培训教育,提高应急处置人员信息报送及时性、准确性,提升应对特种设备突发事件能力。有关企业按照规定对员工进行特种设备突发事件应急知识培训,增强员工安全意识,提高现场应急处置和自救能力。

6.5 演练

市场监管总局会同国务院有关部门、地方人民政府、地方各级市场监管部门,每3年至少组织1次应急预案演练,可以采取桌面推演或现场演练方式。

6.6 总结

应急工作结束后,市场监管总局和突发事件发生地市场监管部门应当认真进行总结,并按照有关规定对有关单位和人员进行奖惩。

7 **附则**

7.1 预案管理与更新

7.1.1 本预案由特种设备局负责起草及动态更新;地方市场监管部门可以参照本预案内容,制定地方特种设备突发事件应急预案,并做好与本预案和同级人民政府生产安全突发事件应急预案的衔接。

7.1.2 本预案所依据的法律法规、所涉及的机构和人员发生重大变化,或在执行中发现存在重大缺陷时,由市场监管总局及时组织修订。

7.2 制定与解释部门

本预案由市场监管总局负责解释。

7.3 预案实施

本预案自发布之日起施行,《特种设备特大事故应急预案》(国质检特〔2005〕206号)同时废止。

十二、抢险救援工作

中华人民共和国红十字会法

· 1993 年 10 月 31 日第八届全国人民代表大会常务委员会第四次会议通过
· 根据 2009 年 8 月 27 日第十一届全国人民代表大会常务委员会第十次会议《关于修改部分法律的决定》修正
· 2017 年 2 月 24 日第十二届全国人民代表大会常务委员会第二十六次会议修订
· 2017 年 2 月 24 日中华人民共和国主席令第 63 号公布
· 自 2017 年 5 月 8 日起施行

第一章 总 则

第一条 为了保护人的生命和健康,维护人的尊严,发扬人道主义精神,促进和平进步事业,保障和规范红十字会依法履行职责,制定本法。

第二条 中国红十字会是中华人民共和国统一的红十字组织,是从事人道主义工作的社会救助团体。

第三条 中华人民共和国公民,不分民族、种族、性别、职业、宗教信仰、教育程度,承认中国红十字会章程并缴纳会费的,可以自愿参加中国红十字会。

企业、事业单位及有关团体通过申请可以成为红十字会的团体会员。

国家鼓励自然人、法人以及其他组织参与红十字志愿服务。

国家支持在学校开展红十字青少年工作。

第四条 中国红十字会应当遵守宪法和法律,遵循国际红十字和红新月运动确立的基本原则,依照中国批准或者加入的日内瓦公约及其附加议定书和中国红十字会章程,独立自主地开展工作。

中国红十字会全国会员代表大会依法制定或者修改中国红十字会章程,章程不得与宪法和法律相抵触。

第五条 各级人民政府对红十字会给予支持和资助,保障红十字会依法履行职责,并对其活动进行监督。

第六条 中国红十字会根据独立、平等、互相尊重的原则,发展同各国红十字会和红新月会的友好合作关系。

第二章 组 织

第七条 全国建立中国红十字会总会。中国红十字会总会对外代表中国红十字会。

县级以上地方按行政区域建立地方各级红十字会,根据实际工作需要配备专职工作人员。

全国性行业根据需要可以建立行业红十字会。

上级红十字会指导下级红十字会工作。

第八条 各级红十字会设立理事会、监事会。理事会、监事会由会员代表大会选举产生,向会员代表大会负责并报告工作,接受其监督。

理事会民主选举产生会长和副会长。理事会执行会员代表大会的决议。

执行委员会是理事会的常设执行机构,其人员组成由理事会决定,向理事会负责并报告工作。

监事会民主推选产生监事长和副监事长。理事会、执行委员会工作受监事会监督。

第九条 中国红十字会总会可以设名誉会长和名誉副会长。名誉会长和名誉副会长由中国红十字会总会理事会聘请。

第十条 中国红十字会总会具有社会团体法人资格;地方各级红十字会、行业红十字会依法取得社会团体法人资格。

第三章 职 责

第十一条 红十字会履行下列职责:

(一)开展救援、救灾的相关工作,建立红十字应急救援体系。在战争、武装冲突和自然灾害、事故灾难、公共卫生事件等突发事件中,对伤病人员和其他受害者提供紧急救援和人道救助;

(二)开展应急救护培训,普及应急救护、防灾避险和卫生健康知识,组织志愿者参与现场救护;

(三)参与、推动无偿献血、遗体和人体器官捐献工作,参与开展造血干细胞捐献的相关工作;

(四)组织开展红十字志愿服务、红十字青少年工作;

(五)参加国际人道主义救援工作;

(六)宣传国际红十字和红新月运动的基本原则和日内瓦公约及其附加议定书;

(七)依照国际红十字和红新月运动的基本原则,完成人民政府委托事宜；

（八）依照日内瓦公约及其附加议定书的有关规定开展工作；

（九）协助人民政府开展与其职责相关的其他人道主义服务活动。

第十二条　在战争、武装冲突和自然灾害、事故灾难、公共卫生事件等突发事件中，执行救援、救助任务并标有红十字标志的人员、物资和交通工具有优先通行的权利。

第十三条　任何组织和个人不得阻碍红十字会工作人员依法履行救援、救助、救护职责。

第四章　标志与名称

第十四条　中国红十字会使用白底红十字标志。

红十字标志具有保护作用和标明作用。

红十字标志的保护使用，是标示在战争、武装冲突中必须受到尊重和保护的人员和设备、设施。其使用办法，依照日内瓦公约及其附加议定书的有关规定执行。

红十字标志的标明使用，是标示与红十字活动有关的人或者物。其使用办法，由国务院和中央军事委员会依据本法规定。

第十五条　国家武装力量的医疗卫生机构使用红十字标志，应当符合日内瓦公约及其附加议定书的有关规定。

第十六条　红十字标志和名称受法律保护。禁止利用红十字标志和名称牟利，禁止以任何形式冒用、滥用、篡改红十字标志和名称。

第五章　财产与监管

第十七条　红十字会财产的主要来源：

（一）红十字会会员缴纳的会费；

（二）境内外组织和个人捐赠的款物；

（三）动产和不动产的收入；

（四）人民政府的拨款；

（五）其他合法收入。

第十八条　国家对红十字会兴办的与其宗旨相符的公益事业给予扶持。

第十九条　红十字会可以依法进行募捐活动。募捐活动应当符合《中华人民共和国慈善法》的有关规定。

第二十条　红十字会依法接受自然人、法人以及其他组织捐赠的款物，应当向捐赠人开具由财政部门统一监（印）制的公益事业捐赠票据。捐赠人匿名或者放弃接受捐赠票据的，红十字会应当做好相关记录。

捐赠人依法享受税收优惠。

第二十一条　红十字会应当按照募捐方案、捐赠人意愿或者捐赠协议处分其接受的捐赠款物。

捐赠人有权查询、复制其捐赠财产管理使用的有关资料，红十字会应当及时主动向捐赠人反馈有关情况。

红十字会违反募捐方案、捐赠人意愿或者捐赠协议约定的用途，滥用捐赠财产的，捐赠人有权要求其改正；拒不改正的，捐赠人可以向人民政府民政部门投诉、举报或者向人民法院提起诉讼。

第二十二条　红十字会应当建立财务管理、内部控制、审计公开和监督检查制度。

红十字会的财产使用应当与其宗旨相一致。

红十字会对接受的境外捐赠款物，应当建立专项审查监督制度。

红十字会应当及时聘请依法设立的独立第三方机构，对捐赠款物的收入和使用情况进行审计，将审计结果向红十字会理事会和监事会报告，并向社会公布。

第二十三条　红十字会应当建立健全信息公开制度，规范信息发布，在统一的信息平台及时向社会公布捐赠款物的收入和使用情况，接受社会监督。

第二十四条　红十字会财产的收入和使用情况依法接受人民政府审计等部门的监督。

红十字会接受社会捐赠及其使用情况，依法接受人民政府民政部门的监督。

第二十五条　任何组织和个人不得私分、挪用、截留或者侵占红十字会的财产。

第六章　法律责任

第二十六条　红十字会及其工作人员有下列情形之一的，由同级人民政府审计、民政等部门责令改正；情节严重的，对直接负责的主管人员和其他直接责任人员依法给予处分；造成损害的，依法承担民事责任；构成犯罪的，依法追究刑事责任：

（一）违背募捐方案、捐赠人意愿或者捐赠协议，擅自处分其接受的捐赠款物的；

（二）私分、挪用、截留或者侵占财产的；

（三）未依法向捐赠人反馈情况或者开具捐赠票据的；

（四）未依法对捐赠款物的收入和使用情况进行审计的；

（五）未依法公开信息的；

（六）法律、法规规定的其他情形。

第二十七条　自然人、法人或者其他组织有下列情形之一，造成损害的，依法承担民事责任；构成违反治安管理行为的，依法给予治安管理处罚；构成犯罪的，依法追究刑事责任：

（一）冒用、滥用、篡改红十字标志和名称的；

（二）利用红十字标志和名称牟利的；

（三）制造、发布、传播虚假信息，损害红十字会名誉的；

（四）盗窃、损毁或者以其他方式侵害红十字会财产的；

（五）阻碍红十字会工作人员依法履行救援、救助、救护职责的；

（六）法律、法规规定的其他情形。

红十字会及其工作人员有前款第一项、第二项所列行为的，按照前款规定处罚。

第二十八条 各级人民政府有关部门及其工作人员在实施监督管理中滥用职权、玩忽职守、徇私舞弊的，对直接负责的主管人员和其他直接责任人员依法给予处分；构成犯罪的，依法追究刑事责任。

第七章 附 则

第二十九条 本法所称"国际红十字和红新月运动确立的基本原则"，是指一九八六年十月日内瓦国际红十字大会第二十五次会议通过的"国际红十字和红新月运动章程"中确立的人道、公正、中立、独立、志愿服务、统一和普遍七项基本原则。

本法所称"日内瓦公约"，是指中国批准的于一九四九年八月十二日订立的日内瓦四公约，即：《改善战地武装部队伤者病者境遇之日内瓦公约》、《改善海上武装部队伤者病者及遇船难者境遇之日内瓦公约》、《关于战俘待遇之日内瓦公约》和《关于战时保护平民之日内瓦公约》。

本法所称日内瓦公约"附加议定书"，是指中国加入的于一九七七年六月八日订立的《一九四九年八月十二日日内瓦四公约关于保护国际性武装冲突受难者的附加议定书》和《一九四九年八月十二日日内瓦四公约关于保护非国际性武装冲突受难者的附加议定书》。

第三十条 本法自2017年5月8日起施行。

军队参加抢险救灾条例

· 2005年6月7日中华人民共和国国务院、中华人民共和国中央军事委员会令第436号公布

· 自2005年7月1日起施行

第一条 为了发挥中国人民解放军（以下称军队）在抢险救灾中的作用，保护人民生命和财产安全，根据国防法的规定，制定本条例。

第二条 军队是抢险救灾的突击力量，执行国家赋予的抢险救灾任务是军队的重要使命。

各级人民政府和军事机关应当按照本条例的规定，做好军队参加抢险救灾的组织、指挥、协调、保障等工作。

第三条 军队参加抢险救灾主要担负下列任务：

（一）解救、转移或者疏散受困人员；

（二）保护重要目标安全；

（三）抢救、运送重要物资；

（四）参加道路（桥梁、隧道）抢修、海上搜救、核生化救援、疫情控制、医疗救护等专业抢险；

（五）排除或者控制其他危重险情、灾情。

必要时，军队可以协助地方人民政府开展灾后重建等工作。

第四条 国务院组织的抢险救灾需要军队参加的，由国务院有关主管部门向中国人民解放军总参谋部提出，中国人民解放军总参谋部按照国务院、中央军事委员会的有关规定办理。

县级以上地方人民政府组织的抢险救灾需要军队参加的，由县级以上地方人民政府通过当地同级军事机关提出，当地同级军事机关按照国务院、中央军事委员会的有关规定办理。

在险情、灾情紧急的情况下，地方人民政府可以直接向驻军部队提出救助请求，驻军部队应当按照规定立即实施救助，并向上级报告；驻军部队发现紧急险情、灾情也应当按照规定立即实施救助，并向上级报告。

抢险救灾需要动用军用飞机（直升机）、舰艇的，按照有关规定办理。

第五条 国务院有关主管部门、县级以上地方人民政府提出需要军队参加抢险救灾的，应当说明险情或者灾情发生的种类、时间、地域、危害程度、已经采取的措施，以及需要使用的兵力、装备等情况。

第六条 县级以上地方人民政府组建的抢险救灾指挥机构，应当有当地同级军事机关的负责人参加；当地有驻军部队的，还应当有驻军部队的负责人参加。

第七条 军队参加抢险救灾应当在人民政府的统一领导下进行，具体任务由抢险救灾指挥机构赋予，部队的抢险救灾行动由军队负责指挥。

第八条 县级以上地方人民政府应当向当地军事机关及时通报有关险情、灾情的信息。

在经常发生险情、灾情的地方，县级以上地方人民政府应当组织军地双方进行实地勘察和抢险救灾演习、训练。

第九条 省军区（卫戍区、警备区）、军分区（警备区）、县（市、市辖区）人民武装部应当及时掌握当地有关险情、灾情信息，办理当地人民政府提出的军队参加抢险救灾事宜，做好人民政府与执行抢险救灾任务的部队之间的协调工作。有关军事机关应当制定参加抢险救灾预案，组织部队开展必要的抢险救灾训练。

第十条 军队参加抢险救灾时，当地人民政府应当提供必要的装备、物资、器材等保障，派出专业技术人员指导部队的抢险救灾行动；铁路、交通、民航、公安、电信、邮政、金融等部门和机构，应当为执行抢险救灾任务的部队提供优先、便捷的服务。

军队执行抢险救灾任务所需要的燃油，由执行抢险救灾任务的部队和当地人民政府共同组织保障。

第十一条 军队参加抢险救灾需要动用作战储备物资和装备器材的，必须按照规定报经批准。对消耗的部队携行装备器材和作战储备物资、装备器材，应当及时补充。

第十二条 灾害发生地人民政府应当协助执行抢险救灾任务的部队做好饮食、住宿、供水、供电、供暖、医疗和卫生防病等必需的保障工作。

地方人民政府与执行抢险救灾任务的部队应当互相通报疫情，共同做好卫生防疫工作。

第十三条 军队参加国务院组织的抢险救灾所耗费用由中央财政负担。军队参加地方人民政府组织的抢险救灾所耗费用由地方财政负担。

前款所指的费用包括：购置专用物资和器材费用，指挥通信、装备维修、燃油、交通运输等费用，补充消耗的携行装备器材和作战储备物资费用，以及人员生活、医疗的补助费用。

抢险救灾任务完成后，军队有关部门应当及时统计军队执行抢险救灾任务所耗费用，报抢险救灾指挥机构审核。

第十四条 国务院有关主管部门和县级以上地方人民政府应当在险情、灾情频繁发生或者列为灾害重点监视防御的地区储备抢险救灾专用装备、物资和器材，保障抢险救灾需要。

第十五条 军队参加重大抢险救灾行动的宣传报道，由国家和军队有关主管部门统一组织实施。新闻单位采访、报道军队参加抢险救灾行动，应当遵守国家和军队的有关规定。

第十六条 对在执行抢险救灾任务中有突出贡献的军队单位和个人，按照国家和军队的有关规定给予奖励；对死亡或者致残的人员，按照国家有关规定给予抚恤优待。

第十七条 中国人民武装警察部队参加抢险救灾，参照本条例执行。

第十八条 本条例自2005年7月1日起施行。

电力安全事故应急处置和调查处理条例

·2011年6月15日国务院第159次常务会议通过
·2011年7月7日中华人民共和国国务院令第599号公布
·自2011年9月1日起施行

第一章 总 则

第一条 为了加强电力安全事故的应急处置工作，规范电力安全事故的调查处理，控制、减轻和消除电力安全事故损害，制定本条例。

第二条 本条例所称电力安全事故，是指电力生产或者电网运行过程中发生的影响电力系统安全稳定运行或者影响电力正常供应的事故（包括热电厂发生的影响热力正常供应的事故）。

第三条 根据电力安全事故（以下简称事故）影响电力系统安全稳定运行或者影响电力（热力）正常供应的程度，事故分为特别重大事故、重大事故、较大事故和一般事故。事故等级划分标准由本条例附表列示。事故等级划分标准的部分项目需要调整的，由国务院电力监管机构提出方案，报国务院批准。

由独立的或者通过单一输电线路与外省连接的省级电网供电的省级人民政府所在地城市，以及由单一输电线路或者单一变电站供电的其他设区的市、县级市，其电网减供负荷或者造成供电用户停电的事故等级划分标准，由国务院电力监管机构另行制定，报国务院批准。

第四条 国务院电力监管机构应当加强电力安全监督管理，依法建立健全事故应急处置和调查处理的各项制度，组织或者参与事故的调查处理。

国务院电力监管机构、国务院能源主管部门和国务院其他有关部门、地方人民政府及有关部门按照国家规定的权限和程序，组织、协调、参与事故的应急处置工作。

第五条 电力企业、电力用户以及其他有关单位和个人，应当遵守电力安全管理规定，落实事故预防措施，防止和避免事故发生。

县级以上地方人民政府有关部门确定的重要电力用户，应当按照国务院电力监管机构的规定配置自备应急电源，并加强安全使用管理。

第六条 事故发生后，电力企业和其他有关单位应当按照规定及时、准确报告事故情况，开展应急处置工作,防止事故扩大,减轻事故损害。电力企业应当尽快恢复电力生产、电网运行和电力(热力)正常供应。

第七条 任何单位和个人不得阻挠和干涉对事故的报告、应急处置和依法调查处理。

第二章 事故报告

第八条 事故发生后,事故现场有关人员应当立即向发电厂、变电站运行值班人员、电力调度机构值班人员或者本企业现场负责人报告。有关人员接到报告后,应当立即向上一级电力调度机构和本企业负责人报告。本企业负责人接到报告后,应当立即向国务院电力监管机构设在当地的派出机构(以下称事故发生地电力监管机构)、县级以上人民政府安全生产监督管理部门报告;热电厂事故影响热力正常供应的,还应当向供热管理部门报告;事故涉及水电厂(站)大坝安全的,还应当同时向有管辖权的水行政主管部门或者流域管理机构报告。

电力企业及其有关人员不得迟报、漏报或者瞒报、谎报事故情况。

第九条 事故发生地电力监管机构接到事故报告后,应当立即核实有关情况,向国务院电力监管机构报告;事故造成供电用户停电的,应当同时通报事故发生地县级以上地方人民政府。

对特别重大事故、重大事故,国务院电力监管机构接到事故报告后应当立即报告国务院,并通报国务院安全生产监督管理部门、国务院能源主管部门等有关部门。

第十条 事故报告应当包括下列内容:

(一)事故发生的时间、地点(区域)以及事故发生单位;

(二)已知的电力设备、设施损坏情况,停运的发电(供热)机组数量、电网减供负荷或者发电厂减少出力的数值、停电(停热)范围;

(三)事故原因的初步判断;

(四)事故发生后采取的措施、电网运行方式、发电机组运行状况以及事故控制情况;

(五)其他应当报告的情况。

事故报告后出现新情况的,应当及时补报。

第十一条 事故发生后,有关单位和人员应当妥善保护事故现场以及工作日志、工作票、操作票等相关材料,及时保存故障录波图、电力调度数据、发电机组运行数据和输变电设备运行数据等相关资料,并在事故调查组成立后将相关材料、资料移交事故调查组。

因抢救人员或者采取恢复电力生产、电网运行和电力供应等紧急措施,需要改变事故现场、移动电力设备的,应当作出标记、绘制现场简图,妥善保存重要痕迹、物证,并作出书面记录。

任何单位和个人不得故意破坏事故现场,不得伪造、隐匿或者毁灭相关证据。

第三章 事故应急处置

第十二条 国务院电力监管机构依照《中华人民共和国突发事件应对法》和《国家突发公共事件总体应急预案》,组织编制国家处置电网大面积停电事件应急预案,报国务院批准。

有关地方人民政府应当依照法律、行政法规和国家处置电网大面积停电事件应急预案,组织制定本行政区域处置电网大面积停电事件应急预案。

处置电网大面积停电事件应急预案应当对应急组织指挥体系及职责,应急处置的各项措施,以及人员、资金、物资、技术等应急保障作出具体规定。

第十三条 电力企业应当按照国家有关规定,制定本企业事故应急预案。

电力监管机构应当指导电力企业加强电力应急救援队伍建设,完善应急物资储备制度。

第十四条 事故发生后,有关电力企业应当立即采取相应的紧急处置措施,控制事故范围,防止发生电网系统性崩溃和瓦解;事故危及人身和设备安全的,发电厂、变电站运行值班人员可以按照有关规定,立即采取停运发电机组和输变电设备等紧急处置措施。

事故造成电力设备、设施损坏的,有关电力企业应当立即组织抢修。

第十五条 根据事故的具体情况,电力调度机构可以发布开启或者关停发电机组、调整发电机组有功和无功负荷、调整电网运行方式、调整供电调度计划等电力调度命令,发电企业、电力用户应当执行。

事故可能导致破坏电力系统稳定和电网大面积停电的,电力调度机构有权决定采取拉限负荷、解列电网、解列发电机组等必要措施。

第十六条 事故造成电网大面积停电的,国务院电力监管机构和国务院其他有关部门、有关地方人民政府、电力企业应当按照国家有关规定,启动相应的应急预案,成立应急指挥机构,尽快恢复电网运行和电力供应,防止各种次生灾害的发生。

第十七条 事故造成电网大面积停电的,有关地方人民政府及有关部门应当立即组织开展下列应急处置工作:

(一)加强对停电地区关系国计民生、国家安全和公共安全的重点单位的安全保卫,防范破坏社会秩序的行为,维护社会稳定;

(二)及时排除因停电发生的各种险情;

(三)事故造成重大人员伤亡或者需要紧急转移、安置受困人员的,及时组织实施救治、转移、安置工作;

(四)加强停电地区道路交通指挥和疏导,做好铁路、民航运输以及通信保障工作;

(五)组织应急物资的紧急生产和调用,保证电网恢复运行所需物资和居民基本生活资料的供给。

第十八条 事故造成重要电力用户供电中断的,重要电力用户应当按照有关技术要求迅速启动自备应急电源;启动自备应急电源无效的,电网企业应当提供必要的支援。

事故造成地铁、机场、高层建筑、商场、影剧院、体育场馆等人员聚集场所停电的,应当迅速启用应急照明,组织人员有序疏散。

第十九条 恢复电网运行和电力供应,应当优先保证重要电厂厂用电源、重要输变电设备、电力主干网架的恢复,优先恢复重要电力用户、重要城市、重点地区的电力供应。

第二十条 事故应急指挥机构或者电力监管机构应当按照有关规定,统一、准确、及时发布有关事故影响范围、处置工作进度、预计恢复供电时间等信息。

第四章 事故调查处理

第二十一条 特别重大事故由国务院或者国务院授权的部门组织事故调查组进行调查。

重大事故由国务院电力监管机构组织事故调查组进行调查。

较大事故、一般事故由事故发生地电力监管机构组织事故调查组进行调查。国务院电力监管机构认为必要的,可以组织事故调查组对较大事故进行调查。

未造成供电用户停电的一般事故,事故发生地电力监管机构也可以委托事故发生单位调查处理。

第二十二条 根据事故的具体情况,事故调查组由电力监管机构、有关地方人民政府、安全生产监督管理部门、负有安全生产监督管理职责的有关部门派人组成;有关人员涉嫌失职、渎职或者涉嫌犯罪的,应当邀请监察机关、公安机关、人民检察院派人参加。

根据事故调查工作的需要,事故调查组可以聘请有关专家协助调查。

事故调查组组长由组织事故调查组的机关指定。

第二十三条 事故调查组应当按照国家有关规定开展事故调查,并在下列期限内向组织事故调查组的机关提交事故调查报告:

(一)特别重大事故和重大事故的调查期限为60日;特殊情况下,经组织事故调查组的机关批准,可以适当延长,但延长的期限不得超过60日。

(二)较大事故和一般事故的调查期限为45日;特殊情况下,经组织事故调查组的机关批准,可以适当延长,但延长的期限不得超过45日。

事故调查期限自事故发生之日起计算。

第二十四条 事故调查报告应当包括下列内容:

(一)事故发生单位概况和事故发生经过;

(二)事故造成的直接经济损失和事故对电网运行、电力(热力)正常供应的影响情况;

(三)事故发生的原因和事故性质;

(四)事故应急处置和恢复电力生产、电网运行的情况;

(五)事故责任认定和对事故责任单位、责任人的处理建议;

(六)事故防范和整改措施。

事故调查报告应当附具有关证据材料和技术分析报告。事故调查组成员应当在事故调查报告上签字。

第二十五条 事故调查报告报经组织事故调查组的机关同意,事故调查工作即告结束;委托事故发生单位调查的一般事故,事故调查报告应当报经事故发生地电力监管机构同意。

有关机关应当依法对事故发生单位和有关人员进行处罚,对负有事故责任的国家工作人员给予处分。

事故发生单位应当对本单位负有事故责任的人员进行处理。

第二十六条 事故发生单位和有关人员应当认真吸取事故教训,落实事故防范和整改措施,防止事故再次发生。

电力监管机构、安全生产监督管理部门和负有安全生产监督管理职责的有关部门应当对事故发生单位和有关人员落实事故防范和整改措施的情况进行监督检查。

第五章 法律责任

第二十七条 发生事故的电力企业主要负责人有下列行为之一的,由电力监管机构处其上一年年收入40%至80%的罚款;属于国家工作人员的,并依法给予处分;构成犯罪的,依法追究刑事责任:

(一)不立即组织事故抢救的;

(二)迟报或者漏报事故的;

(三)在事故调查处理期间擅离职守的。

第二十八条 发生事故的电力企业及其有关人员有

下列行为之一的，由电力监管机构对电力企业处100万元以上500万元以下的罚款；对主要负责人、直接负责的主管人员和其他直接责任人员处其上一年年收入60%至100%的罚款，属于国家工作人员的，并依法给予处分；构成违反治安管理行为的，由公安机关依法给予治安管理处罚；构成犯罪的，依法追究刑事责任：

（一）谎报或者瞒报事故的；

（二）伪造或者故意破坏事故现场的；

（三）转移、隐匿资金、财产，或者销毁有关证据、资料的；

（四）拒绝接受调查或者拒绝提供有关情况和资料的；

（五）在事故调查中作伪证或者指使他人作伪证的；

（六）事故发生后逃匿的。

第二十九条 电力企业对事故发生负有责任的，由电力监管机构依照下列规定处以罚款：

（一）发生一般事故的，处10万元以上20万元以下的罚款；

（二）发生较大事故的，处20万元以上50万元以下的罚款；

（三）发生重大事故的，处50万元以上200万元以下的罚款；

（四）发生特别重大事故的，处200万元以上500万元以下的罚款。

第三十条 电力企业主要负责人未依法履行安全生产管理职责，导致事故发生的，由电力监管机构依照下列规定处以罚款；属于国家工作人员的，并依法给予处分；构成犯罪的，依法追究刑事责任：

（一）发生一般事故的，处其上一年年收入30%的罚款；

（二）发生较大事故的，处其上一年年收入40%的罚款；

（三）发生重大事故的，处其上一年年收入60%的罚款；

（四）发生特别重大事故的，处其上一年年收入80%的罚款。

第三十一条 电力企业主要负责人依照本条例第二十七条、第二十八条、第三十条规定受到撤职处分或者刑事处罚的，自受处分之日或者刑罚执行完毕之日起5年内，不得担任任何生产经营单位主要负责人。

第三十二条 电力监管机构、有关地方人民政府以及其他负有安全生产监督管理职责的有关部门有下列行为之一的，对直接负责的主管人员和其他直接责任人员依法给予处分；直接负责的主管人员和其他直接责任人员构成犯罪的，依法追究刑事责任：

（一）不立即组织事故抢救的；

（二）迟报、漏报或者瞒报、谎报事故的；

（三）阻碍、干涉事故调查工作的；

（四）在事故调查中作伪证或者指使他人作伪证的。

第三十三条 参与事故调查的人员在事故调查中有下列行为之一的，依法给予处分；构成犯罪的，依法追究刑事责任：

（一）对事故调查工作不负责任，致使事故调查工作有重大疏漏的；

（二）包庇、袒护负有事故责任的人员或者借机打击报复的。

第六章 附 则

第三十四条 发生本条例规定的事故，同时造成人员伤亡或者直接经济损失，依照本条例确定的事故等级与依照《生产安全事故报告和调查处理条例》确定的事故等级不相同的，按事故等级较高者确定事故等级，依照本条例的规定调查处理；事故造成人员伤亡，构成《生产安全事故报告和调查处理条例》规定的重大事故或者特别重大事故的，依照《生产安全事故报告和调查处理条例》的规定调查处理。

电力生产或者电网运行过程中发生发电设备或者输变电设备损坏，造成直接经济损失的事故，未影响电力系统安全稳定运行以及电力正常供应的，由电力监管机构依照《生产安全事故报告和调查处理条例》的规定组成事故调查组对重大事故、较大事故、一般事故进行调查处理。

第三十五条 本条例对事故报告和调查处理未作规定的，适用《生产安全事故报告和调查处理条例》的规定。

第三十六条 核电厂核事故的应急处置和调查处理，依照《核电厂核事故应急管理条例》的规定执行。

第三十七条 本条例自2011年9月1日起施行。

附：

电力安全事故等级划分标准

判定项 事故等级	造成电网减供负荷的比例	造成城市供电用户停电的比例	发电厂或者变电站因安全故障造成全厂（站）对外停电的影响和持续时间	发电机组因安全故障停运的时间和后果	供热机组对外停止供热的时间
特别重大事故	区域性电网减供负荷30%以上 电网负荷20000兆瓦以上的省、自治区电网，减供负荷30%以上 电网负荷5000兆瓦以上20000兆瓦以下的省、自治区电网，减供负荷40%以上 直辖市电网减供负荷50%以上 电网负荷2000兆瓦以上的省、自治区人民政府所在地城市电网减供负荷60%以上	直辖市60%以上供电用户停电 电网负荷2000兆瓦以上的省、自治区人民政府所在地城市70%以上供电用户停电			
重大事故	区域性电网减供负荷10%以上30%以下 电网负荷20000兆瓦以上的省、自治区电网，减供负荷13%以上30%以下 电网负荷5000兆瓦以上20000兆瓦以下的省、自治区电网，减供负荷16%以上40%以下 电网负荷1000兆瓦以上5000兆瓦以下的省、自治区电网，减供负荷50%以上 直辖市电网减供负荷20%以上50%以下 省、自治区人民政府所在地城市电网减供负荷40%以上（电网负荷2000兆瓦以上的，减供负荷40%以上60%以下） 电网负荷600兆瓦以上的其他设区的市电网减供负荷60%以上	直辖市30%以上60%以下供电用户停电 省、自治区人民政府所在地城市50%以上供电用户停电（电网负荷2000兆瓦以上的，50%以上70%以下） 电网负荷600兆瓦以上的其他设区的市70%以上供电用户停电			
较大事故	区域性电网减供负荷7%以上10%以下 电网负荷20000兆瓦以上的省、自治区电网，减供负荷10%以上13%以下 电网负荷5000兆瓦以上20000兆瓦以下的省、自治区电网，减供负荷12%以上16%以下 电网负荷1000兆瓦以上5000兆瓦以下的省、自治区电网，减供负荷20%以上50%以下 电网负荷1000兆瓦以下的省、自治区电网，减供负荷40%以上 直辖市电网减供负荷10%以上20%以下	直辖市15%以上30%以下供电用户停电 省、自治区人民政府所在地城市30%以上50%以下供电用户停电 其他设区的市50%以上供电用户停电（电网负荷600兆瓦以上的，50%以上70%以下） 电网负荷150兆瓦以上的县级市70%以上供电用户停电	发电厂或者220千伏以上变电站因安全故障造成全厂（站）对外停电，导致周边电压监视控制点电压低于调度机构规定的电压曲线值20%并且持续时间30分钟以上，或者导致周边电压监视控制点电压低于调度机构规定的电压曲线值10%并且持续时间1小时以上	发电机组因安全故障停止运行超过行业标准规定的大修时间两周，并导致电网减供负荷	供热机组装机容量200兆瓦以上的热电厂，在当地人民政府规定的采暖期内同时发生2台以上供热机组因安全故障停止运行，造成全厂对外停止供热并且持续时间48小时以上

续表

判定项 事故等级	造成电网减供负荷的比例	造成城市供电用户停电的比例	发电厂或者变电站因安全故障造成全厂(站)对外停电的影响和持续时间	发电机组因安全故障停运的时间和后果	供热机组对外停止供热的时间
较大事故	省、自治区人民政府所在地城市电网减供负荷20%以上40%以下 其他设区的市电网减供负荷40%以上(电网负荷600兆瓦以上的,减供负荷40%以上60%以下) 电网负荷150兆瓦以上的县级市电网减供负荷60%以上				
一般事故	区域性电网减供负荷4%以上7%以下 电网负荷20000兆瓦以上的省、自治区电网,减供负荷5%以上10%以下 电网负荷5000兆瓦以上20000兆瓦以下的省、自治区电网,减供负荷6%以上12%以下 电网负荷1000兆瓦以上5000兆瓦以下的省、自治区电网,减供负荷10%以上20%以下 电网负荷1000兆瓦以下的省、自治区电网,减供负荷25%以上40%以下 直辖市电网减供负荷5%以上10%以下 省、自治区人民政府所在地城市电网减供负荷10%以上20%以下 其他设区的市电网减供负荷20%以上40%以下 县级市减供负荷40%以上(电网负荷150兆瓦以上的,减供负荷40%以上60%以下)	直辖市10%以上15%以下供电用户停电 省、自治区人民政府所在地城市15%以上30%以下供电用户停电 其他设区的市30%以上50%以下供电用户停电 县级市50%以上供电用户停电(电网负荷150兆瓦以上的,50%以上70%以下)	发电厂或者220千伏以上变电站因安全故障造成全厂(站)对外停电,导致周边电压监视控制点电压低于调度机构规定的电压曲线值5%以上10%以下并且持续时间2小时以上	发电机组因安全故障停止运行超过行业标准规定的小修时间两周,并导致电网减供负荷	供热机组装机容量200兆瓦以上的热电厂,在当地人民政府规定的采暖期内同时发生2台以上供热机组因安全故障停止运行,造成全厂对外停止供热并且持续时间24小时以上

注:1. 符合本表所列情形之一的,即构成相应等级的电力安全事故。
2. 本表中所称的“以上”包括本数,“以下”不包括本数。
3. 本表下列用语的含义:
(1)电网负荷,是指电力调度机构统一调度的电网在事故发生起始时刻的实际负荷;
(2)电网减供负荷,是指电力调度机构统一调度的电网在事故发生期间的实际负荷最大减少量;
(3)全厂对外停电,是指发电厂对外有功负荷降到零(虽电网经发电厂母线传送的负荷没有停止,仍视为全厂对外停电);
(4)发电机组因安全故障停止运行,是指并网运行的发电机组(包括各种类型的电站锅炉、汽轮机、燃气轮机、水轮机、发电机和主变压器等主要发电设备),在未经电力调度机构允许的情况下,因安全故障需要停止运行的状态。

国家大面积停电事件应急预案

·2015年11月13日
·国办函〔2015〕134号

1 总则

1.1 编制目的

建立健全大面积停电事件应对工作机制，提高应对效率，最大程度减少人员伤亡和财产损失，维护国家安全和社会稳定。

1.2 编制依据

依据《中华人民共和国突发事件应对法》、《中华人民共和国安全生产法》、《中华人民共和国电力法》、《生产安全事故报告和调查处理条例》、《电力安全事故应急处置和调查处理条例》、《电网调度管理条例》、《国家突发公共事件总体应急预案》及相关法律法规等，制定本预案。

1.3 适用范围

本预案适用于我国境内发生的大面积停电事件应对工作。

大面积停电事件是指由于自然灾害、电力安全事故和外力破坏等原因造成区域性电网、省级电网或城市电网大量减供负荷，对国家安全、社会稳定以及人民群众生产生活造成影响和威胁的停电事件。

1.4 工作原则

大面积停电事件应对工作坚持统一领导、综合协调，属地为主、分工负责，保障民生、维护安全，全社会共同参与的原则。大面积停电事件发生后，地方人民政府及其有关部门、能源局相关派出机构、电力企业、重要电力用户应立即按照职责分工和相关预案开展处置工作。

1.5 事件分级

按照事件严重性和受影响程度，大面积停电事件分为特别重大、重大、较大和一般四级。分级标准见附件1。

2 组织体系

2.1 国家层面组织指挥机构

能源局负责大面积停电事件应对的指导协调和组织管理工作。当发生重大、特别重大大面积停电事件时，能源局或事发地省级人民政府按程序报请国务院批准，或根据国务院领导同志指示，成立国务院工作组，负责指导、协调、支持有关地方人民政府开展大面积停电事件应对工作。必要时，由国务院或国务院授权发展改革委成立国家大面积停电事件应急指挥部，统一领导、组织和指挥大面积停电事件应对工作。应急指挥部组成及工作组职责见附件2。

2.2 地方层面组织指挥机构

县级以上地方人民政府负责指挥、协调本行政区域内大面积停电事件应对工作，要结合本地实际，明确相应组织指挥机构，建立健全应急联动机制。

发生跨行政区域的大面积停电事件时，有关地方人民政府应根据需要建立跨区域大面积停电事件应急合作机制。

2.3 现场指挥机构

负责大面积停电事件应对的人民政府根据需要成立现场指挥部，负责现场组织指挥工作。参与现场处置的有关单位和人员应服从现场指挥部的统一指挥。

2.4 电力企业

电力企业（包括电网企业、发电企业等，下同）建立健全应急指挥机构，在政府组织指挥机构领导下开展大面积停电事件应对工作。电网调度工作按照《电网调度管理条例》及相关规程执行。

2.5 专家组

各级组织指挥机构根据需要成立大面积停电事件应急专家组，成员由电力、气象、地质、水文等领域相关专家组成，对大面积停电事件应对工作提供技术咨询和建议。

3 监测预警和信息报告

3.1 监测和风险分析

电力企业要结合实际加强对重要电力设施设备运行、发电燃料供应等情况的监测，建立与气象、水利、林业、地震、公安、交通运输、国土资源、工业和信息化等部门的信息共享机制，及时分析各类情况对电力运行可能造成的影响，预估可能影响的范围和程度。

3.2 预警

3.2.1 预警信息发布

电力企业研判可能造成大面积停电事件时，要及时将有关情况报告受影响区域地方人民政府电力运行主管部门和能源局相关派出机构，提出预警信息发布建议，并视情通知重要电力用户。地方人民政府电力运行主管部门应及时组织研判，必要时报请当地人民政府批准后向社会公众发布预警，并通报同级其他相关部门和单位。当可能发生重大以上大面积停电事件时，中央电力企业同时报告能源局。

3.2.2 预警行动

预警信息发布后，电力企业要加强设备巡查检修和运行监测，采取有效措施控制事态发展；组织相关应急救援队伍和人员进入待命状态，动员后备人员做好参加应急救援和处置工作准备，并做好大面积停电事件应急所需物资、装备和设备等应急保障准备工作。重要电力用户做好自备应急电源启用准备。受影响区域地方人民政府启动应急联动机制，组织有关部门和单位做好维持公共秩序、供水供气供热、商品供应、交通物流等方面的应急准备；加强相关舆情监测，主动回应社会公众关注的热点问题，及时澄清谣言传言，做好舆论引导工作。

3.2.3 预警解除

根据事态发展，经研判不会发生大面积停电事件时，按照"谁发布、谁解除"的原则，由发布单位宣布解除预警，适时终止相关措施。

3.3 信息报告

大面积停电事件发生后，相关电力企业应立即向受影响区域地方人民政府电力运行主管部门和能源局相关派出机构报告，中央电力企业同时报告能源局。

事发地人民政府电力运行主管部门接到大面积停电事件信息报告或者监测到相关信息后，应当立即进行核实，对大面积停电事件的性质和类别作出初步认定，按照国家规定的时限、程序和要求向上级电力运行主管部门和同级人民政府报告，并通报同级其他相关部门和单位。地方各级人民政府及其电力运行主管部门应当按照有关规定逐级上报，必要时可越级上报。能源局相关派出机构接到大面积停电事件报告后，应当立即核实有关情况并向能源局报告，同时通报事发地县级以上地方人民政府。对初判为重大以上的大面积停电事件，省级人民政府和能源局要立即按程序向国务院报告。

4 应急响应

4.1 响应分级

根据大面积停电事件的严重程度和发展态势，将应急响应设定为Ⅰ级、Ⅱ级、Ⅲ级和Ⅳ级四个等级。初判发生特别重大大面积停电事件，启动Ⅰ级应急响应，由事发地省级人民政府负责指挥应对工作。必要时，由国务院或国务院授权发展改革委成立国家大面积停电事件应急指挥部，统一领导、组织和指挥大面积停电事件应对工作。初判发生重大大面积停电事件，启动Ⅱ级应急响应，由事发地省级人民政府负责指挥应对工作。初判发生较大、一般大面积停电事件，分别启动Ⅲ级、Ⅳ级应急响应，根据事件影响范围，由事发地县级或市级人民政府负责指挥应对工作。

对于尚未达到一般大面积停电事件标准，但对社会产生较大影响的其他停电事件，地方人民政府可结合实际情况启动应急响应。

应急响应启动后，可视事件造成损失情况及其发展趋势调整响应级别，避免响应不足或响应过度。

4.2 响应措施

大面积停电事件发生后，相关电力企业和重要电力用户要立即实施先期处置，全力控制事件发展态势，减少损失。各有关地方、部门和单位根据工作需要，组织采取以下措施。

4.2.1 抢修电网并恢复运行

电力调度机构合理安排运行方式，控制停电范围；尽快恢复重要输变电设备、电力主干网架运行；在条件具备时，优先恢复重要电力用户、重要城市和重点地区的电力供应。

电网企业迅速组织力量抢修受损电网设备设施，根据应急指挥机构要求，向重要电力用户及重要设施提供必要的电力支援。

发电企业保证设备安全，抢修受损设备，做好发电机组并网运行准备，按照电力调度指令恢复运行。

4.2.2 防范次生衍生事故

重要电力用户按照有关技术要求迅速启动自备应急电源，加强重大危险源、重要目标、重大关键基础设施隐患排查与监测预警，及时采取防范措施，防止发生次生衍生事故。

4.2.3 保障居民基本生活

启用应急供水措施，保障居民用水需求；采用多种方式，保障燃气供应和采暖期内居民生活热力供应；组织生活必需品的应急生产、调配和运输，保障停电期间居民基本生活。

4.2.4 维护社会稳定

加强涉及国家安全和公共安全的重点单位安全保卫工作，严密防范和严厉打击违法犯罪活动。加强对停电区域内繁华街区、大型居民区、大型商场、学校、医院、金融机构、机场、城市轨道交通设施、车站、码头及其他重要生产经营场所等重点地区、重点部位、人员密集场所的治安巡逻，及时疏散人员，解救被困人员，防范治安事件。加强交通疏导，维护道路交通秩序。尽快恢复企业生产经营活动。严厉打击造谣惑众、囤积居奇、哄抬物价等各种违法行为。

4.2.5 加强信息发布

按照及时准确、公开透明、客观统一的原则，加强信息发布和舆论引导，主动向社会发布停电相关信息和应对工作情况，提示相关注意事项和安保措施。加强舆情收集分析，及时回应社会关切，澄清不实信息，正确引导社会舆论，稳定公众情绪。

4.2.6　组织事态评估

及时组织对大面积停电事件影响范围、影响程度、发展趋势及恢复进度进行评估，为进一步做好应对工作提供依据。

4.3　国家层面应对

4.3.1　部门应对

初判发生一般或较大大面积停电事件时，能源局开展以下工作：

（1）密切跟踪事态发展，督促相关电力企业迅速开展电力抢修恢复等工作，指导督促地方有关部门做好应对工作；

（2）视情派出部门工作组赴现场指导协调事件应对等工作；

（3）根据中央电力企业和地方请求，协调有关方面为应对工作提供支援和技术支持；

（4）指导做好舆情信息收集、分析和应对工作。

4.3.2　国务院工作组应对

初判发生重大或特别重大大面积停电事件时，国务院工作组主要开展以下工作：

（1）传达国务院领导同志指示批示精神，督促地方人民政府、有关部门和中央电力企业贯彻落实；

（2）了解事件基本情况、造成的损失和影响、应对进展及当地需求等，根据地方和中央电力企业请求，协调有关方面派出应急队伍、调运应急物资和装备、安排专家和技术人员等，为应对工作提供支援和技术支持；

（3）对跨省级行政区域大面积停电事件应对工作进行协调；

（4）赶赴现场指导地方开展事件应对工作；

（5）指导开展事件处置评估；

（6）协调指导大面积停电事件宣传报道工作；

（7）及时向国务院报告相关情况。

4.3.3　国家大面积停电事件应急指挥部应对

根据事件应对工作需要和国务院决策部署，成立国家大面积停电事件应急指挥部。主要开展以下工作：

（1）组织有关部门和单位、专家组进行会商，研究分析事态，部署应对工作；

（2）根据需要赴事发现场，或派出前方工作组赴事发现场，协调开展应对工作；

（3）研究决定地方人民政府、有关部门和中央电力企业提出的请求事项，重要事项报国务院决策；

（4）统一组织信息发布和舆论引导工作；

（5）组织开展事件处置评估；

（6）对事件处置工作进行总结并报告国务院。

4.4　响应终止

同时满足以下条件时，由启动响应的人民政府终止应急响应：

（1）电网主干网架基本恢复正常，电网运行参数保持在稳定限额之内，主要发电厂机组运行稳定；

（2）减供负荷恢复80%以上，受停电影响的重点地区、重要城市负荷恢复90%以上；

（3）造成大面积停电事件的隐患基本消除；

（4）大面积停电事件造成的重特大次生衍生事故基本处置完成。

5　后期处置

5.1　处置评估

大面积停电事件应急响应终止后，履行统一领导职责的人民政府要及时组织对事件处置工作进行评估，总结经验教训，分析查找问题，提出改进措施，形成处置评估报告。鼓励开展第三方评估。

5.2　事件调查

大面积停电事件发生后，根据有关规定成立调查组，查明事件原因、性质、影响范围、经济损失等情况，提出防范、整改措施和处理处置建议。

5.3　善后处置

事发地人民政府要及时组织制订善后工作方案并组织实施。保险机构要及时开展相关理赔工作，尽快消除大面积停电事件的影响。

5.4　恢复重建

大面积停电事件应急响应终止后，需对电网网架结构和设备设施进行修复或重建的，由能源局或事发地省级人民政府根据实际工作需要组织编制恢复重建规划。相关电力企业和受影响区域地方各级人民政府应当根据规划做好受损电力系统恢复重建工作。

6　保障措施

6.1　队伍保障

电力企业应建立健全电力抢修应急专业队伍，加强设备维护和应急抢修技能方面的人员培训，定期开展应急演练，提高应急救援能力。地方各级人民政府根据需要组织动员其他专业应急队伍和志愿者等参与大面积停电事件及其次生衍生灾害处置工作。军队、武警部队、公安消防等要做好应急力量支援保障。

6.2　装备物资保障

电力企业应储备必要的专业应急装备及物资，建立和完善相应保障体系。国家有关部门和地方各级人民政府要加强应急救援装备物资及生产生活物资的紧急生产、储备调拨和紧急配送工作，保障支援大面积停电事件应对工作需要。鼓励支持社会化储备。

6.3　通信、交通与运输保障

地方各级人民政府及通信主管部门要建立健全大面积停电事件应急通信保障体系，形成可靠的通信保障能力，确保应急期间通信联络和信息传递需要。交通运输部门要健全紧急运输保障体系，保障应急响应所需人员、物资、装备、器材等的运输；公安部门要加强交通应急管理，保障应急救援车辆优先通行；根据全面推进公务用车制度改革有关规定，有关单位应配备必要的应急车辆，保障应急救援需要。

6.4　技术保障

电力行业要加强大面积停电事件应对和监测先进技术、装备的研发，制定电力应急技术标准，加强电网、电厂安全应急信息化平台建设。有关部门要为电力日常监测预警及电力应急抢险提供必要的气象、地质、水文等服务。

6.5　应急电源保障

提高电力系统快速恢复能力，加强电网“黑启动”能力建设。国家有关部门和电力企业应充分考虑电源规划布局，保障各地区“黑启动”电源。电力企业应配备适量的应急发电装备，必要时提供应急电源支援。重要电力用户应按照国家有关技术要求配置应急电源，并加强维护和管理，确保应急状态下能够投入运行。

6.6　资金保障

发展改革委、财政部、民政部、国资委、能源局等有关部门和地方各级人民政府以及各相关电力企业应按照有关规定，对大面积停电事件处置工作提供必要的资金保障。

7　附则

7.1　预案管理

本预案实施后，能源局要会同有关部门组织预案宣传、培训和演练，并根据实际情况，适时组织评估和修订。地方各级人民政府要结合当地实际制定或修订本级大面积停电事件应急预案。

7.2　预案解释

本预案由能源局负责解释。

7.3　预案实施时间

本预案自印发之日起实施。

附件：1. 大面积停电事件分级标准

2. 国家大面积停电事件应急指挥部组成及工作组职责

附件1

大面积停电事件分级标准

一、特别重大大面积停电事件

1. 区域性电网：减供负荷30%以上。

2. 省、自治区电网：负荷20000兆瓦以上的减供负荷30%以上，负荷5000兆瓦以上20000兆瓦以下的减供负荷40%以上。

3. 直辖市电网：减供负荷50%以上，或60%以上供电用户停电。

4. 省、自治区人民政府所在地城市电网：负荷2000兆瓦以上的减供负荷60%以上，或70%以上供电用户停电。

二、重大大面积停电事件

1. 区域性电网：减供负荷10%以上30%以下。

2. 省、自治区电网：负荷20000兆瓦以上的减供负荷13%以上30%以下，负荷5000兆瓦以上20000兆瓦以下的减供负荷16%以上40%以下，负荷1000兆瓦以上5000兆瓦以下的减供负荷50%以上。

3. 直辖市电网：减供负荷20%以上50%以下，或30%以上60%以下供电用户停电。

4. 省、自治区人民政府所在地城市电网：负荷2000兆瓦以上的减供负荷40%以上60%以下，或50%以上70%以下供电用户停电；负荷2000兆瓦以下的减供负荷40%以上，或50%以上供电用户停电。

5. 其他设区的市电网：负荷600兆瓦以上的减供负荷60%以上，或70%以上供电用户停电。

三、较大大面积停电事件

1. 区域性电网：减供负荷7%以上10%以下。

2. 省、自治区电网：负荷20000兆瓦以上的减供负荷10%以上13%以下，负荷5000兆瓦以上20000兆瓦以下的减供负荷12%以上16%以下，负荷1000兆瓦以上5000兆瓦以下的减供负荷20%以上50%以下，负荷1000兆瓦以下的减供负荷40%以上。

3. 直辖市电网：减供负荷10%以上20%以下，或15%以上30%以下供电用户停电。

4. 省、自治区人民政府所在地城市电网：减供负荷20%以上40%以下，或30%以上50%以下供电用户停电。

5. 其他设区的市电网：负荷600兆瓦以上的减供负荷40%以上60%以下，或50%以上70%以下供电用户停电；负荷600兆瓦以下的减供负荷40%以上，或50%以上供电用户停电。

6. 县级市电网:负荷150兆瓦以上的减供负荷60%以上,或70%以上供电用户停电。

四、一般大面积停电事件

1. 区域性电网:减供负荷4%以上7%以下。

2. 省、自治区电网:负荷20000兆瓦以上的减供负荷5%以上10%以下,负荷5000兆瓦以上20000兆瓦以下的减供负荷6%以上12%以下,负荷1000兆瓦以上5000兆瓦以下的减供负荷10%以上20%以下,负荷1000兆瓦以下的减供负荷25%以上40%以下。

3. 直辖市电网:减供负荷5%以上10%以下,或10%以上15%以下供电用户停电。

4. 省、自治区人民政府所在地城市电网:减供负荷10%以上20%以下,或15%以上30%以下供电用户停电。

5. 其他设区的市电网:减供负荷20%以上40%以下,或30%以上50%以下供电用户停电。

6. 县级市电网:负荷150兆瓦以上的减供负荷40%以上60%以下,或50%以上70%以下供电用户停电;负荷150兆瓦以下的减供负荷40%以上,或50%以上供电用户停电。

上述分级标准有关数量的表述中,"以上"含本数,"以下"不含本数。

附件2

国家大面积停电事件
应急指挥部组成及工作组职责

国家大面积停电事件应急指挥部主要由发展改革委、中央宣传部(新闻办)、中央网信办、工业和信息化部、公安部、民政部、财政部、国土资源部、住房城乡建设部、交通运输部、水利部、商务部、国资委、新闻出版广电总局、安全监管总局、林业局、地震局、气象局、能源局、测绘地信局、铁路局、民航局、总参作战部、武警总部、中国铁路总公司、国家电网公司、中国南方电网有限责任公司等部门和单位组成,并可根据应对工作需要,增加有关地方人民政府、其他有关部门和相关电力企业。

国家大面积停电事件应急指挥部设立相应工作组,各工作组组成及职责分工如下:

一、电力恢复组:由发展改革委牵头,工业和信息化部、公安部、水利部、安全监管总局、林业局、地震局、气象局、能源局、测绘地信局、总参作战部、武警总部、国家电网公司、中国南方电网有限责任公司等参加,视情增加其他电力企业。

主要职责:组织进行技术研判,开展事态分析;组织电力抢修恢复工作,尽快恢复受影响区域供电工作;负责重要电力用户、重点区域的临时供电保障;负责组织跨区域的电力应急抢修恢复协调工作;协调军队、武警有关力量参与应对。

二、新闻宣传组:由中央宣传部(新闻办)牵头,中央网信办、发展改革委、工业和信息化部、公安部、新闻出版广电总局、安全监管总局、能源局等参加。

主要职责:组织开展事件进展、应急工作情况等权威信息发布,加强新闻宣传报道;收集分析国内外舆情和社会公众动态,加强媒体、电信和互联网管理,正确引导舆论;及时澄清不实信息,回应社会关切。

三、综合保障组:由发展改革委牵头,工业和信息化部、公安部、民政部、财政部、国土资源部、住房城乡建设部、交通运输部、水利部、商务部、国资委、新闻出版广电总局、能源局、铁路局、民航局、中国铁路总公司、国家电网公司、中国南方电网有限责任公司等参加,视情增加其他电力企业。

主要职责:对大面积停电事件受灾情况进行核实,指导恢复电力抢修方案,落实人员、资金和物资;组织做好应急救援装备物资及生产生活物资的紧急生产、储备调拨和紧急配送工作;及时组织调运重要生活必需品,保障群众基本生活和市场供应;维护供水、供气、供热、通信、广播电视等设施正常运行;维护铁路、道路、水路、民航等基本交通运行;组织开展事件处置评估。

四、社会稳定组:由公安部牵头,中央网信办、发展改革委、工业和信息化部、民政部、交通运输部、商务部、能源局、总参作战部、武警总部等参加。

主要职责:加强受影响地区社会治安管理,严厉打击借机传播谣言制造社会恐慌,以及趁机盗窃、抢劫、哄抢等违法犯罪行为;加强转移人员安置点、救灾物资存放点等重点地区治安管控;加强对重要生活必需品等商品的市场监管和调控,打击囤积居奇行为;加强对重点区域、重点单位的警戒;做好受影响人员与涉事单位、地方人民政府及有关部门矛盾纠纷化解等工作,切实维护社会稳定。

电力网络安全事件应急预案

· 2024 年 5 月 16 日
· 国能发安全〔2024〕34 号

一、总则

（一）编制目的

完善电力网络安全事件应对工作机制，有效预防、及时控制和最大限度消除电力网络安全事件带来的危害和影响，保障电力系统安全稳定运行和电力可靠供应。

（二）编制依据

《中华人民共和国突发事件应对法》（中华人民共和国主席令第六十九号）、《中华人民共和国网络安全法》（中华人民共和国主席令第五十三号）、《关键信息基础设施安全保护条例》（中华人民共和国国务院令第 745 号）、《电力安全事故应急处置和调查处理条例》（中华人民共和国国务院令第 599 号）、《电力监管条例》（中华人民共和国国务院令第 432 号）、《突发事件应急预案管理办法》（国办发〔2024〕5 号）、《国家大面积停电事件应急预案》（国办函〔2015〕134 号）、《国家网络安全事件应急预案》（中网办发文〔2017〕4 号）、《电力安全生产监督管理办法》（中华人民共和国国家发展和改革委员会 2015 年第 21 号令）、《电力监控系统安全防护规定》（中华人民共和国国家发展和改革委员会 2014 年第 14 号令）、《电力行业网络安全管理办法》（国能发安全规〔2022〕100 号）、《重大活动电力安全保障工作规定》（国能发安全〔2020〕18 号）、《电力安全事件监督管理规定》（国能安全〔2014〕205 号）等。

（三）适用范围

本预案所指电力网络安全事件是指由计算机病毒或网络攻击、网络侵入等危害网络安全行为导致的，对电力网络和信息系统造成危害，可能影响电力系统安全稳定运行或者影响电力正常供应的事件。

本预案适用于电力网络安全事件的应对工作。涉及电力企业但不属于本预案定义范围内的网络安全事件，参照《国家网络安全事件应急预案》及电力企业所属省、自治区、直辖市制定的本地区网络安全事件应急预案等应对。

（四）工作原则

国家能源局及其派出机构统一指导、电力调度机构分级指挥、各电力企业具体负责，各方面力量密切协同、预防为主、快速反应、科学处置，共同做好电力网络安全事件的预防和处置工作。

（五）事件分级

根据电力网络安全事件造成停电等后果的影响程度，电力网络安全事件分为特别重大、重大、较大和一般四级。

造成《电力安全事故应急处置和调查处理条例》中定义的重大及以上电力安全事故的，为特别重大电力网络安全事件。

造成《电力安全事故应急处置和调查处理条例》中定义的一般或较大电力安全事故的，为重大电力网络安全事件。

造成《电力安全事件监督管理规定》中定义的需重点监督管理的电力安全事件的，为较大电力网络安全事件。

造成电力一次设备被恶意操控，但未构成需重点监督管理的电力安全事件的，为一般电力网络安全事件。

二、职责分工

国家能源局统筹指导电力网络安全事件应对工作，并根据需要组织提供技术支持，具体工作由国家能源局电力安全监管司承担。国家能源局派出机构（以下简称派出机构）在国家能源局统一领导下，统筹指导本辖区电力网络安全事件预防和应对工作，并根据需要组织提供技术支持。

电力调度机构在国家能源局及其派出机构的指导下，负责统一指挥调度范围内的电力网络安全事件应急处置。

各电力企业负责电力网络安全事件的应对工作，负责建立健全本企业的电力网络安全事件应对工作机制，具体负责本企业电力网络安全事件的预防、监测、报告和应急处置工作，在国家能源局及其派出机构的组织下，为其他电力企业的电力网络安全事件应对提供技术支持。

三、监测预警

（一）预警分级

电力网络安全事件预警等级分为四级：由高到低依次用红色、橙色、黄色和蓝色表示，分别对应发生或可能发生特别重大、重大、较大和一般电力网络安全事件。

（二）预警监测

各电力企业应组织对本单位建设运行的网络和信息系统开展网络安全监测工作。电力调度机构将并网电厂涉网部分电力监控系统网络安全运行状态纳入监测，掌握调度范围内网络安全状况。派出机构结合实际统筹组织开展本辖区电力网络安全事件监测工作。派出机构、国家电力调度控制中心（以下简称国调中心）、中国南方电网电力调度控制中心（以下简称南网总调）、全国电力安全生产委员会企业成员单位将重要监测信息报国家能源局，国家能源局组织开展跨区域网络安全信息共享。

（三）预警研判和发布

各电力企业组织对监测信息进行研判，认为需要立即采取防范措施的，应当组织开展处置，对可能发生电力网络安全事件的信息，应立即向其上级电力调度机构以及当地派出机构报告，并提出预警信息的发布建议；全国电力安全生产委员会企业成员单位对可能发生较大及以上电力网络安全事件的信息，应同步报告国家能源局。

派出机构联合电力调度机构组织对监测信息进行研判，认为需要立即采取防范措施的，应当及时通知有关单位，对可能发生较大及以上电力网络安全事件的信息及时向国家能源局报告。派出机构可根据监测研判情况，发布本区域黄色及以下预警，并报告国家能源局。

国家能源局组织研判，确定和发布橙色预警和涉及多区域的预警，对可能发生重大及以上电力网络安全事件的信息及时向国家网络安全应急办公室报告。

预警信息包括事件的类别、预警级别、起始时间、可能影响范围、警示事项、应采取的措施和时限要求、发布单位等。

（四）预警响应

红色预警信息发布后，在国家网络安全应急办公室统一领导、指挥、协调下，在国家能源局指导下，由国调中心或南网总调负责指挥相关电力企业开展预警响应工作。橙色预警和涉及多区域的预警信息发布后，在国家能源局指导下，由国调中心或南网总调负责指挥相关电力企业开展预警响应工作。黄色、蓝色预警信息发布后，根据事件影响范围，在派出机构指导下，由跨省、自治区、直辖市电力调度机构，或省、自治区、直辖市级电力调度机构负责指挥相关电力企业开展预警响应工作。

预警范围内的各单位应做好应急队伍、应急物资等准备工作；采取有效的风险防控措施降低或控制风险，控制威胁蔓延；持续监测威胁蔓延、预警风险及影响发展情况；组织专业技术队伍开展现场分析、处置等工作；做好预警信息要求的其他工作。

（五）预警解除

经研判不会发生电力网络安全事件的，按照“谁发布、谁解除”的原则，由发布单位宣布解除预警，适时终止相关措施。

四、应急响应

（一）事件报告

电力网络安全事件发生后，事件发生单位应立即启动应急预案，实施处置并立即向其上级电力调度机构、当地派出机构、属地公安部门及当地网信部门报告。全国电力安全生产委员会企业成员单位同时报告国家能源局。发生较大及以上电力网络安全事件的，应1小时内报告，一般电力网络安全事件应12小时内报告。

电力调度机构接到电力网络安全事件报告或者监测到相关信息后，应当立即进行核实，对电力网络安全事件级别作出初步认定，及时向上级电力调度机构和当地派出机构报告。派出机构接到电力网络安全事件报告或者监测到相关信息后，应当立即核实有关情况并向国家能源局报告。对初判为重大及以上的电力网络安全事件，国家能源局要立即按程序向国家网络安全应急办公室报告。

（二）响应分级

按照电力网络安全事件的严重程度和发展态势，将应急响应设定为Ⅰ级、Ⅱ级、Ⅲ级和Ⅳ级四个等级。初判发生特别重大电力网络安全事件，启动Ⅰ级应急响应，在国家网络安全事件应急指挥部统一领导、指挥、协调下，在国家能源局指导下，由国调中心或南网总调负责指挥相关电力企业开展应对工作。初判发生重大电力网络安全事件，由国家能源局启动Ⅱ级应急响应，在国家能源局指导下，由国调中心或南网总调负责指挥相关电力企业开展应对工作。初判发生较大、一般电力网络安全事件，由相关派出机构分别启动Ⅲ级、Ⅳ级应急响应，根据事件影响范围，在派出机构指导下，由跨省、自治区、直辖市电力调度机构，或省、自治区、直辖市级电力调度机构负责指挥相关电力企业开展应对工作。

（三）响应措施

电力网络安全事件发生后，事件发生单位必须立即启动应急预案，实施先期处置，全力控制事件发展态势，减少损失，并保护现场和证据。

事件发生单位应通过技术等手段，及时阻断威胁蔓延并监测跟踪影响发展情况，密切监控事件发展及对电力生产业务的影响。

事件发生单位应尽快进行分析，根据信息系统运行、使用、承载业务的情况，初步判断发生电力网络安全事件的原因、影响、破坏程度、波及的范围等，提出初步应对措施建议。

事件发生单位应保留相关证据，可采取记录、截屏、备份、录像等手段，对事件的发生、发展、处置过程、步骤、结果进行详细记录。

相应电力调度机构进入应急状态，负责指挥应急处置或支援保障工作。

（四）响应结束

I级响应结束由国家能源局报国家网络安全应急办公室，国家网络安全应急办公室提出建议，报国家网络安全事件应急指挥部批准；II级响应结束由国家能源局决定并报国家网络安全应急办公室；III级、IV级响应结束由派出机构决定并报国家能源局。

（五）信息发布

按照及时准确、公开透明、客观统一的原则，加强信息发布，主动向社会发布电力网络安全事件相关信息和应对工作情况，提示相关注意事项和应对措施，及时回应社会关切，澄清不实信息。

五、后期处置

（一）恢复生产

事件发生单位应制定详细可行的工作计划，快速、有效地消除事件造成的不利影响，尽快恢复生产秩序及系统设备正常运行，并做好善后处理等事项。

（二）事件调查及评估

特别重大电力网络安全事件在国家网络安全应急办公室组织下进行调查处理和总结评估。重大电力网络安全事件由国家能源局组织调查处理和总结评估，相关总结调查报告报国家网络安全应急办公室。较大及以下电力网络安全事件由派出机构组织调查处理和总结评估，相关总结调查报告报国家能源局，未造成人员伤亡或未造成供电用户停电的，派出机构也可以委托事件发生单位组织调查处理。国家能源局认为有必要的，可以组织事故调查组对电力网络安全事件进行提级调查。负责该事件指挥应对工作的电力调度机构应按照有关规定的权限和程序参与事件调查处理和总结评估。

事件发生单位应查明事件起因、性质、影响、责任等情况，提出防范、整改措施和处理建议，于应急响应结束后5天内完成自查，向组织事件调查的机关提交自查报告。

事件的调查处理和总结评估工作原则上在应急响应结束后30天内完成。总结调查报告应对事件的起因、性质、影响、责任等进行分析评估，提出处理意见和改进措施。

六、预防工作

（一）日常管理

各电力企业应按职责做好电力网络安全事件日常预防工作，做好网络安全检查、隐患排查、风险评估和容灾备份，健全本单位网络安全监测预警和信息通报机制，及时采取有效措施，减少和避免电力网络安全事件的发生及危害，提高应对电力网络安全事件的能力。

（二）演练

国家能源局定期组织演练，检验和完善预案，提高实战能力。

各电力企业每年至少开展一次应急演练，并将演练情况报送相关派出机构及上级电力调度机构，全国电力安全生产委员会企业成员单位应同步报送国家能源局。

（三）培训

各电力企业应将电力网络安全事件的应急知识列入有关人员的培训内容，加强网络安全特别是网络安全应急预案的培训，提高防范意识及技能。

（四）重大活动期间的预防措施

在国家重要活动、会议期间，有关电力调度机构、电力企业应加强网络安全监测和分析研判，及时预警可能造成重大影响的风险和隐患。重点部门、重点岗位保持24小时值班，及时发现和处置电力网络安全事件隐患。具体参照《重大活动电力安全保障工作规定》执行。

七、保障措施

（一）制度保障

各电力企业要落实网络安全应急工作责任制，把责任落实到具体部门、具体岗位和个人，并建立健全应急工作机制。

（二）经费保障

各电力企业应为电力网络安全事件应急处置提供必要的资金保障，以支撑电力网络安全事件应急物资保障、技术支撑力量保障、基础平台保障、技术保障、指挥保障、预案演练等工作开展。

（三）应急物资保障

各电力企业应根据潜在电力网络安全事件的影响，结合本单位网络安全工作需要，明确应急装备与备品备件的配置标准，购置和储备应急所需物资。各电力企业应掌握所属各单位应急物资储备情况，增强应急资源的统一调配能力，提高应急资源利用效率。各电力企业应加强应急物资动态管理，及时调整、升级软件硬件工具，不断增强应急技术支撑能力。

（四）技术支撑力量保障

加强网络安全应急技术支撑队伍建设，做好电力网络安全事件的监测预警、预防防护、应急处置、应急技术支持工作。国家能源局推动国家级电力网络安全靶场建设，按需组织国家级电力网络安全靶场等行业技术力量，为电力网络安全事件应对处置提供技术支持。各电力企业应建立本单位的网络安全事件应急处置技术支持队伍，加强专家队伍建设，充分发挥在本单位及行业的电力网络安全事件应急处置工作中的作用。

（五）基础平台保障

国家能源局指导电力行业共建共用行业级监测预警、信息通报和漏洞资源基础设施。电力调度机构、主要电力企业积极参与行业级基础设施建设，充分利用行业级基础设施，共享信息、协同研判，共同做好电力网络安全事件的预防和处置工作。

电力调度机构、主要电力企业应加强基础平台建设，做到电力网络安全事件早发现、早预警、早响应，提高应急处置能力。

（六）技术保障

各电力企业应按照“同步规划、同步建设、同步使用”要求，在新建或改建项目的规划、立项、设计、建设、运行等环节落实电力网络安全事件应急处置技术保障。

各电力企业应加强网络安全监测预警、预防防护、处置救援、应急服务等技术研究，不断改进技术装备。

（七）指挥保障

电力调度机构应加强应急指挥队伍的建设和管理，保障资金投入，配备必要的指挥装备，并定期开展应急指挥的培训和演练。

八、附则

（一）预案管理

根据实际情况的变化，国家能源局组织修订本预案。电力企业应参照本预案，制定或修订本单位电力网络安全事件应急预案，并根据企业实际情况的变化，及时修订本单位电力网络安全事件应急预案。

（二）罚则

国家能源局对不按照规定制定预案和组织开展演练，迟报、谎报、瞒报和漏报电力网络安全事件重要情况或者应急管理工作中有其他失职、渎职行为的，依照相关规定对有关责任人给予处理。

（三）与其他文件的衔接关系

因电力网络安全事件进一步引发电力安全事故（事件）的，同时按《电力安全事故应急处置和调查处理条例》《国家大面积停电事件应急预案》《电力安全事件监督管理规定》等有关规定开展事件报告、先期处置及事故调查。涉及电力关键信息基础设施的电力网络安全事件，同时按《关键信息基础设施安全保护条例》等相关规定开展处置。

（四）实施时间

本预案自印发之日起施行。

铁路交通事故应急救援和调查处理条例

· 2007 年 7 月 11 日中华人民共和国国务院令第 501 号公布

· 根据 2012 年 11 月 9 日《国务院关于修改和废止部分行政法规的决定》修订

第一章　总　则

第一条　为了加强铁路交通事故的应急救援工作，规范铁路交通事故调查处理，减少人员伤亡和财产损失，保障铁路运输安全和畅通，根据《中华人民共和国铁路法》和其他有关法律的规定，制定本条例。

第二条　铁路机车车辆在运行过程中与行人、机动车、非机动车、牲畜及其他障碍物相撞，或者铁路机车车辆发生冲突、脱轨、火灾、爆炸等影响铁路正常行车的铁路交通事故（以下简称事故）的应急救援和调查处理，适用本条例。

第三条　国务院铁路主管部门应当加强铁路运输安全监督管理，建立健全事故应急救援和调查处理的各项制度，按照国家规定的权限和程序，负责组织、指挥、协调事故的应急救援和调查处理工作。

第四条　铁路管理机构应当加强日常的铁路运输安全监督检查，指导、督促铁路运输企业落实事故应急救援的各项规定，按照规定的权限和程序，组织、参与、协调本辖区内事故的应急救援和调查处理工作。

第五条　国务院其他有关部门和有关地方人民政府应当按照各自的职责和分工，组织、参与事故的应急救援和调查处理工作。

第六条　铁路运输企业和其他有关单位、个人应当遵守铁路运输安全管理的各项规定，防止和避免事故的发生。

事故发生后，铁路运输企业和其他有关单位应当及时、准确地报告事故情况，积极开展应急救援工作，减少人员伤亡和财产损失，尽快恢复铁路正常行车。

第七条　任何单位和个人不得干扰、阻碍事故应急救援、铁路线路开通、列车运行和事故调查处理。

第二章　事故等级

第八条　根据事故造成的人员伤亡、直接经济损失、列车脱轨辆数、中断铁路行车时间等情形，事故等级分为特别重大事故、重大事故、较大事故和一般事故。

第九条　有下列情形之一的，为特别重大事故：

（一）造成 30 人以上死亡，或者 100 人以上重伤（包括急性工业中毒，下同），或者 1 亿元以上直接经济损失的；

（二）繁忙干线客运列车脱轨 18 辆以上并中断铁路行车 48 小时以上的；

（三）繁忙干线货运列车脱轨 60 辆以上并中断铁路行车 48 小时以上的。

第十条 有下列情形之一的，为重大事故：

（一）造成 10 人以上 30 人以下死亡，或者 50 人以上 100 人以下重伤，或者 5000 万元以上 1 亿元以下直接经济损失的；

（二）客运列车脱轨 18 辆以上的；

（三）货运列车脱轨 60 辆以上的；

（四）客运列车脱轨 2 辆以上 18 辆以下，并中断繁忙干线铁路行车 24 小时以上或者中断其他线路铁路行车 48 小时以上的；

（五）货运列车脱轨 6 辆以上 60 辆以下，并中断繁忙干线铁路行车 24 小时以上或者中断其他线路铁路行车 48 小时以上的。

第十一条 有下列情形之一的，为较大事故：

（一）造成 3 人以上 10 人以下死亡，或者 10 人以上 50 人以下重伤，或者 1000 万元以上 5000 万元以下直接经济损失的；

（二）客运列车脱轨 2 辆以上 18 辆以下的；

（三）货运列车脱轨 6 辆以上 60 辆以下的；

（四）中断繁忙干线铁路行车 6 小时以上的；

（五）中断其他线路铁路行车 10 小时以上的。

第十二条 造成 3 人以下死亡，或者 10 人以下重伤，或者 1000 万元以下直接经济损失的，为一般事故。

除前款规定外，国务院铁路主管部门可以对一般事故的其他情形作出补充规定。

第十三条 本章所称的“以上”包括本数，所称的“以下”不包括本数。

第三章 事故报告

第十四条 事故发生后，事故现场的铁路运输企业工作人员或者其他人员应当立即报告邻近铁路车站、列车调度员或者公安机关。有关单位和人员接到报告后，应当立即将事故情况报告事故发生地铁路管理机构。

第十五条 铁路管理机构接到事故报告，应当尽快核实有关情况，并立即报告国务院铁路主管部门；对特别重大事故、重大事故，国务院铁路主管部门应当立即报告国务院并通报国家安全生产监督管理等有关部门。

发生特别重大事故、重大事故、较大事故或者有人员伤亡的一般事故，铁路管理机构还应当通报事故发生地县级以上地方人民政府及其安全生产监督管理部门。

第十六条 事故报告应当包括下列内容：

（一）事故发生的时间、地点、区间（线名、公里、米）、事故相关单位和人员；

（二）发生事故的列车种类、车次、部位、计长、机车型号、牵引辆数、吨数；

（三）承运旅客人数或者货物品名、装载情况；

（四）人员伤亡情况，机车车辆、线路设施、道路车辆的损坏情况，对铁路行车的影响情况；

（五）事故原因的初步判断；

（六）事故发生后采取的措施及事故控制情况；

（七）具体救援请求。

事故报告后出现新情况的，应当及时补报。

第十七条 国务院铁路主管部门、铁路管理机构和铁路运输企业应当向社会公布事故报告值班电话，受理事故报告和举报。

第四章 事故应急救援

第十八条 事故发生后，列车司机或者运转车长应当立即停车，采取紧急处置措施；对无法处置的，应当立即报告邻近铁路车站、列车调度员进行处置。

为保障铁路旅客安全或者因特殊运输需要不宜停车的，可以不停车；但是，列车司机或者运转车长应当立即将事故情况报告邻近铁路车站、列车调度员，接到报告的邻近铁路车站、列车调度员应当立即进行处置。

第十九条 事故造成中断铁路行车的，铁路运输企业应当立即组织抢修，尽快恢复铁路正常行车；必要时，铁路运输调度指挥部门应当调整运输径路，减少事故影响。

第二十条 事故发生后，国务院铁路主管部门、铁路管理机构、事故发生地县级以上地方人民政府或者铁路运输企业应当根据事故等级启动相应的应急预案；必要时，成立现场应急救援机构。

第二十一条 现场应急救援机构根据事故应急救援工作的实际需要，可以借用有关单位和个人的设施、设备和其他物资。借用单位使用完毕应当及时归还，并支付适当费用；造成损失的，应当赔偿。

有关单位和个人应当积极支持、配合救援工作。

第二十二条 事故造成重大人员伤亡或者需要紧急转移、安置铁路旅客和沿线居民的，事故发生地县级以上地方人民政府应当及时组织开展救治和转移、安置工作。

第二十三条 国务院铁路主管部门、铁路管理机构或者事故发生地县级以上地方人民政府根据事故救援的实际需要，可以请求当地驻军、武装警察部队参与事故救援。

第二十四条　有关单位和个人应当妥善保护事故现场以及相关证据，并在事故调查组成立后将相关证据移交事故调查组。因事故救援、尽快恢复铁路正常行车需要改变事故现场的，应当做出标记、绘制现场示意图、制作现场视听资料，并做出书面记录。

任何单位和个人不得破坏事故现场，不得伪造、隐匿或者毁灭相关证据。

第二十五条　事故中死亡人员的尸体经法定机构鉴定后，应当及时通知死者家属认领；无法查找死者家属的，按照国家有关规定处理。

第五章　事故调查处理

第二十六条　特别重大事故由国务院或者国务院授权的部门组织事故调查组进行调查。

重大事故由国务院铁路主管部门组织事故调查组进行调查。

较大事故和一般事故由事故发生地铁路管理机构组织事故调查组进行调查；国务院铁路主管部门认为必要时，可以组织事故调查组对较大事故和一般事故进行调查。

根据事故的具体情况，事故调查组由有关人民政府、公安机关、安全生产监督管理部门、监察机关等单位派人组成，并应当邀请人民检察院派人参加。事故调查组认为必要时，可以聘请有关专家参与事故调查。

第二十七条　事故调查组应当按照国家有关规定开展事故调查，并在下列调查期限内向组织事故调查组的机关或者铁路管理机构提交事故调查报告：

（一）特别重大事故的调查期限为60日；

（二）重大事故的调查期限为30日；

（三）较大事故的调查期限为20日；

（四）一般事故的调查期限为10日。

事故调查期限自事故发生之日起计算。

第二十八条　事故调查处理，需要委托有关机构进行技术鉴定或者对铁路设备、设施及其他财产损失状况以及中断铁路行车造成的直接经济损失进行评估的，事故调查组应当委托具有国家规定资质的机构进行技术鉴定或者评估。技术鉴定或者评估所需时间不计入事故调查期限。

第二十九条　事故调查报告形成后，报经组织事故调查组的机关或者铁路管理机构同意，事故调查组工作即告结束。组织事故调查组的机关或者铁路管理机构应当自事故调查组工作结束之日起15日内，根据事故调查报告，制作事故认定书。

事故认定书是事故赔偿、事故处理以及事故责任追究的依据。

第三十条　事故责任单位和有关人员应当认真吸取事故教训，落实防范和整改措施，防止事故再次发生。

国务院铁路主管部门、铁路管理机构以及其他有关行政机关应当对事故责任单位和有关人员落实防范和整改措施的情况进行监督检查。

第三十一条　事故的处理情况，除依法应当保密的外，应当由组织事故调查组的机关或者铁路管理机构向社会公布。

第六章　事故赔偿

第三十二条　事故造成人身伤亡的，铁路运输企业应当承担赔偿责任；但是人身伤亡是不可抗力或者受害人自身原因造成的，铁路运输企业不承担赔偿责任。

违章通过平交道口或者人行过道，或者在铁路线路上行走、坐卧造成的人身伤亡，属于受害人自身的原因造成的人身伤亡。

第三十三条　事故造成铁路旅客人身伤亡和自带行李损失的，铁路运输企业对每名铁路旅客人身伤亡的赔偿责任限额为人民币15万元，对每名铁路旅客自带行李损失的赔偿责任限额为人民币2000元。

铁路运输企业与铁路旅客可以书面约定高于前款规定的赔偿责任限额。（2012年11月9日删除）

第三十四条　事故造成铁路运输企业承运的货物、包裹、行李损失的，铁路运输企业应当依照《中华人民共和国铁路法》的规定承担赔偿责任。

第三十五条　除本条例第三十三条、第三十四条的规定外，事故造成其他人身伤亡或者财产损失的，依照国家有关法律、行政法规的规定赔偿。

第三十六条　事故当事人对事故损害赔偿有争议的，可以通过协商解决，或者请求组织事故调查组的机关或者铁路管理机构组织调解，也可以直接向人民法院提起民事诉讼。

第七章　法律责任

第三十七条　铁路运输企业及其职工违反法律、行政法规的规定，造成事故的，由国务院铁路主管部门或者铁路管理机构依法追究行政责任。

第三十八条　违反本条例的规定，铁路运输企业及其职工不立即组织救援，或者迟报、漏报、瞒报、谎报事故的，对单位，由国务院铁路主管部门或者铁路管理机构处10万元以上50万元以下的罚款；对个人，由国务院铁路主管部门或者铁路管理机构处4000元以上2万元以下的罚款；属于国家工作人员的，依法给予处分；构成犯罪的，依法追究刑事责任。

第三十九条　违反本条例的规定，国务院铁路主管部门、铁路管理机构以及其他行政机关未立即启动应急预案，或者迟报、漏报、瞒报、谎报事故的，对直接负责的主管人员和其他直接责任人员依法给予处分；构成犯罪的，依法追究刑事责任。

第四十条　违反本条例的规定，干扰、阻碍事故救援、铁路线路开通、列车运行和事故调查处理的，对单位，由国务院铁路主管部门或者铁路管理机构处4万元以上20万元以下的罚款；对个人，由国务院铁路主管部门或者铁路管理机构处2000元以上1万元以下的罚款；情节严重的，对单位，由国务院铁路主管部门或者铁路管理机构处20万元以上100万元以下的罚款；对个人，由国务院铁路主管部门或者铁路管理机构处1万元以上5万元以下的罚款；属于国家工作人员的，依法给予处分；构成违反治安管理行为的，由公安机关依法给予治安管理处罚；构成犯罪的，依法追究刑事责任。

第八章　附　则

第四十一条　本条例于2007年9月1日起施行。1979年7月16日国务院批准发布的《火车与其他车辆碰撞和铁路路外人员伤亡事故处理暂行规定》和1994年8月13日国务院批准发布的《铁路旅客运输损害赔偿规定》同时废止。

铁路交通事故应急救援规则

· 2007年8月29日铁道部令第32号公布
· 自2007年9月1日起施行

第一章　总　则

第一条　为了规范和加强铁路交通事故（以下简称事故）的应急救援工作，最大限度地减少人员伤亡和财产损失，尽快恢复铁路运输秩序，依据《铁路交通事故应急救援和调查处理条例》（国务院令第501号）及国家有关规定，制定本规则。

第二条　国家铁路、合资铁路、地方铁路、专用铁路和铁路专用线发生事故，造成人员伤亡、财产损失、中断行车及其他影响铁路正常行车，需要实施应急救援的，适用本规则。

第三条　事故应急救援工作应当遵循“以人为本、逐级负责、应急有备、处置高效”的原则。

第四条　铁道部成立事故应急救援领导小组并设工作机构，建立健全工作制度，制定和完善事故应急救援预案，按照国家规定的权限和程序，组织、指挥、协调事故应急救援工作。

各铁路安全监督管理办公室（以下简称安全监管办）应当指导、督促铁路运输企业落实事故应急救援的各项规定，依法组织、指挥、协调本辖区内的事故应急救援工作。

第五条　铁路运输企业应当相应成立事故应急救援领导小组并设工作机构，建立健全工作制度，制定和完善事故应急救援预案，加强救援队、救援列车的建设，负责事故应急救援的人员培训、装备配置、物资储备、预案演练等基础工作，积极开展事故应急救援。

第六条　公安机关应当参与事故应急救援，负责保护事故现场，维护现场治安秩序，进行现场勘察和调查取证，依法查处违法犯罪嫌疑人，协助抢救遇险人员。

第七条　事故应急救援工作必要时，由铁道部、安全监管办协调请求国务院其他有关部门、有关地方人民政府、当地驻军、武装警察部队给予支持帮助。

第二章　救援报告

第八条　事故应急救援实行逐级报告制度。铁道部、安全监管办和铁路运输企业应当明确报告程序、方式和时限，公布接受报告的各级事故应急救援部门及电话。事故发生后，有关单位、部门应当按规定程序向上级单位和部门报告。

第九条　事故发生后，现场铁路工作人员或者其他有关人员应当立即向邻近铁路车站、列车调度员、公安机关或者相关单位负责人报告。接到报告的单位、部门应当根据需要立即通知救援队和救援列车。

遇有人员伤亡或者发生火灾、爆炸、危险货物泄漏等事故时，接到报告的单位、部门应当根据需要采取防护措施，并立即通知当地急救、医疗卫生部门或者公安消防、环境保护等部门。

第十条　铁路运输企业列车调度员接到事故报告后，应当立即按规定程序报告本企业负责人，并向本区域的安全监管办和铁道部列车调度员报告。

第十一条　铁道部列车调度员接到事故报告后，应当立即按规定程序上报。

发生特别重大事故时，铁道部应当立即向国务院报告。

第十二条　救援报告的主要内容：

（一）事故发生的时间、地点（站名）、区间（线名、公里、米）、线路条件、事故相关单位和人员。

（二）发生事故的列车种类、车次、机车型号、部位、牵引辆数、吨数、计长及运行速度。

（三）旅客人数，伤亡人数、性别、年龄以及救助情况，是否涉及境外人员伤亡。

（四）货物品名、装载情况，易燃、易爆等危险货物情况。

（五）机车车辆脱轨数量及型号、线路设备损坏程度等情况。

（六）对铁路行车的影响情况。

（七）事故原因的初步判断，事故发生后采取的措施及事故控制情况。

（八）需要应急救援的其他事项。

第十三条　事故应急救援过程中，人员伤亡、脱轨辆数、设备损坏等情况发生变化时，应及时补报。

第十四条　事故应急救援情况需要向社会通报时，由铁道部、安全监管办的宣传部门统一负责。

第三章　紧急处置

第十五条　事故发生后，列车司机或者运转车长等现场铁路工作人员应当立即采取停车措施，并按规定对列车进行安全防护。遇有人员伤亡时，应当向邻近车站或者列车调度员请求施救，并将伤亡人员移出线路、做好标记，有能力的应当对伤员进行紧急施救。

为保障铁路旅客安全或者因特殊运输需要不宜停车的，可以不停车。但是，列车司机或者运转车长等现场铁路工作人员应当立即将事故情况报告邻近车站、列车调度员，接到报告的邻近车站、列车调度员应当立即组织处置。

第十六条　客运列车发生事故造成车内人员伤亡或者危及人员安全时，列车长应当立即组织车上人员进行紧急施救，稳定人员情绪，维护现场秩序，并向邻近车站或者列车调度员请求施救。

第十七条　救援队接到事故救援通知后，救援队长应当召集救援队员以最快速度赶赴事故现场。到达事故现场后，应当立即组织紧急抢救伤员，利用既有设备起复脱轨的机车车辆，清除各种障碍，搭设必要的设备设施，为进一步实施救援创造条件。

第十八条　发生列车火灾、爆炸、危险货物泄漏等事故时，现场铁路工作人员应当尽快组织疏散现场人员并采取必要的防护措施。

第十九条　事故发生后影响本线或者邻线行车安全时，现场铁路工作人员应当立即按规定采取紧急防护措施。

第四章　救援响应

第二十条　接到事故救援报告后，应当根据事故严重程度和影响范围，按特别重大、重大、较大、一般四个等级由相应单位、部门作出应急救援响应，启动应急预案。

第二十一条　特别重大事故的应急救援，由铁道部报请国务院启动，或者由国务院授权的部门启动。铁道部在国务院事故应急救援领导小组的领导下开展工作，开通与国务院有关部门、事发地省级事故应急救援指挥机构以及现场事故救援指挥部的应急通信系统，征求有关专家建议以及国务院有关部门意见提出事故应急救援方案，经国务院事故应急救援领导小组确定后组织实施，并派出专家和有关人员赶赴现场参加救援。

第二十二条　重大事故的应急救援，由铁道部启动。铁道部事故应急救援工作机构应当组建现场事故应急救援指挥部（以下简称现场指挥部），并根据事故具体情况设立医疗救护、事故起复、后勤保障、应急调度、治安保卫、善后处理等工作组，开通与事发地铁路运输企业和现场指挥部的应急通信系统，咨询有关专家，确定事故应急救援具体实施方案，立即派出有关人员赶赴现场，调集各种应急救援资源，组织指挥应急救援工作。必要时，协调请求事发地人民政府、当地驻军、武装警察部队提供支援。遇有超出本级应急救援处置能力时，及时向国务院报告。

第二十三条　较大事故、一般事故的应急救援，由安全监管办启动或者督促铁路运输企业事故应急救援工作机构启动，组织成立现场指挥部，并根据事故具体情况设立医疗救护、事故起复、后勤保障、应急调度、治安保卫、善后处理等工作组，开通与现场指挥部的应急通信系统，咨询有关专家，确定事故应急救援具体实施方案。有关负责人和专业人员应当立即赶赴现场，调集各种应急救援资源，组织指挥应急救援工作。必要时，由安全监管办协调事发地人民政府、当地驻军、武装警察部队提供支援。遇有超出本级应急救援处置能力时，及时向铁道部报告。

第五章　现场救援

第二十四条　现场救援工作实行总指挥负责制，按照事故应急救援响应等级，由相应负责人担任总指挥，或者视情况由上级事故应急救援工作机构指定人员担任临时总指挥，统一指挥现场救援工作。各工作组及参加事故应急救援的单位、部门应当确定负责人。救援列车进行起复作业时，由救援列车负责人或者指定人员单一指挥。

现场总指挥以及参加事故应急救援的各工作组负责人、各单位和部门负责人、作业人员应当区别佩戴明显标志。

第二十五条 现场指挥部应当在全面了解人员伤亡以及机车车辆、线路、接触网、通信信号等行车设备损坏、地形环境等情况后，确定人员施救、现场保护、调查配合、货物处置、救援保障、起复救援、设备抢修等应急救援方案，并迅速组织实施。

在实施救援过程中，各单位、部门应当严格执行作业规范和标准，防止衍生事故。

第二十六条 事故发生后，运输调度部门应当根据需要及时发布各类救援调度命令。重点安排救援列车出动和救援物资运输。需要其他铁路运输企业出动救援列车时，由铁道部发布调度命令。

造成列车大量晚点时，应当尽快采取措施恢复行车秩序。预计不能在短时间内恢复行车时，应当尽量将客运列车安排停靠在较大车站，并组织向站车滞留旅客提供必要的食品、饮用水等服务。

第二十七条 事故造成人员伤亡时，现场指挥部应当立即组织协调对现场伤员进行救治，紧急调集有关药品器械，迅速将伤员转移至安全地带或者转移救治，采取必要的卫生防疫措施。

遇有重大人员伤亡或者需要大规模紧急转移、安置铁路旅客和沿线居民的，应当及时通知事发地人民政府组织开展救治和转移、安置工作，必要时可以由铁道部或者安全监管办进行协调。

第二十八条 现场指挥部应当根据需要迅速调集装备设施、物资材料、交通工具、食宿用品、药品器械等救援物资。铁路运输企业各单位、部门必须无条件支持配合，不得以各种理由推诿拒绝，延误救援工作。

物资调用超出铁路运输企业自身能力时，可以向有关单位、部门或者个人借用。

第二十九条 事故涉及货运列车时，货运部门应当迅速了解事故货车及相关货车的货物装载情况，组织调集装卸人员和机具清理事故货车及相关货车装载的货物，处置事故列车挂运的危险、鲜活易腐等货物，编制货运记录。

第三十条 事故应急救援需要出动救援列车时，救援列车应当在接到出动命令后30分钟内出动，到达事故现场后，救援列车负责人应当迅速确定具体的起复作业方案，经现场总指挥批准后立即开展起复作业。救援列车在桥梁或坡道等特殊地段作业时，应当连挂机车。两列及以上救援列车分头作业时的指挥，由现场总指挥协调分工后各自负责。两列及以上救援列车在同一个作业面集中作业或者联动作业时，由负责本区段救援任务的救援列车或者由现场总指挥指定人员负责指挥。救援列车在电气化区段实施救援作业时，应当在确认接触网工区接到停电命令并做好接地防护后方准进行。起复动车组、新型机车车辆等，应当使用专用吊索具。

第三十一条 事故应急救援需要通信保障时，通信部门应当在接到通知后根据需要立即启用“117”应急通信人工话务台，组织开通应急通信系统。事故发生在站内，应当在30分钟内开通电话、1小时内开通图像传输设备。事故发生在区间，应当在1小时内开通电话、2小时内开通图像传输设备。并指定专人值守，保证事故现场音频、视频和数据信息的实时传输，任何人不得干扰、阻碍事故信息采集和传输。

第三十二条 事故造成铁路设备设施损坏时，有关专业部门应当立即组织抢修，根据实际情况及时切断事故现场电源，拆除、拨移和恢复接触网，及时架设所需照明，调集足够的救援队伍、材料和机具，积极组织抢修损坏的线路、通信信号等行车设备设施，协助事故机车车辆的起复。对可以运行的受损机车车辆进行检查确认，符合挂运条件的方准移动，必要时派人护送。起复作业完毕后，应当迅速做好开通线路的各项准备。

第三十三条 事故遇有装载危险货物车辆时，现场指挥部应当在采取确保人身安全和作业安全措施后，方可开展救援。危险货物车辆需卸车、移动或者起复时，应当在专业人员指导下作业，及时清除有害残留物或者将其控制在安全范围内。必要时，由安全监管办协调环保监测部门及时检测有害物质的危害程度，采取防控措施。

第三十四条 公安机关应当组织解救和疏散遇险人员，设置现场警戒区域，阻止未经批准人员进入现场，指定专人进行现场勘查取证，必要时实施现场交通管制，负责事故现场旅客、货物及沿线滞留列车的安全保卫工作。

第三十五条 事故应急救援过程中，有关单位和个人应当妥善保护事故现场以及相关证据，并及时移交事故调查组。因应急救援需要改变事故现场时，应当做出标记、绘制现场示意图、制作现场视听资料，并做出书面记录。任何单位和个人不得破坏事故现场，不得伪造、隐匿或者毁灭相关证据。

第三十六条 事故救援完毕后，现场指挥部应当组织救援人员对现场进行全面检查清理，进一步确认无伤亡人员遗留，拆除、回收、移送救援设备设施，清除障碍物，确认具备开通条件后，立即通知有关人员按规定办理手续，由列车调度员发布调度命令开通线路，尽快恢复正常行车。

第六章 善后处理

第三十七条 事故善后处理工作组应当依法进行事故的善后处理，组织妥善做好现场遇险滞留人员食宿、转移和旅客改签、退票等服务工作，以及伤亡人员亲属的通知、接待以及抚恤丧葬、经济补偿等处置工作。负责收取伤亡人员医疗档案资料，核定救治费用。

第三十八条 对事故造成的伤亡人员，现场指挥部应当在积极组织施救的同时，负责协调落实伤亡人员的救治、丧葬等临时费用，待事故责任认定后，由事故责任方承担。

第三十九条 事故造成人员死亡的，应当由急救、医疗卫生部门或者法医出具死亡证明，尸体由其家属或者铁路运输企业存放于殡葬服务单位，或者存放于有条件的急救、医疗卫生部门。尸体检验完成后，由事故善后处理工作组通知死者家属在10日内办理丧葬事宜。对未知名尸体，由法医检验后填写《未知名尸体信息登记表》。经核查无法确认死者身份的，经事故善后处理工作组负责人批准，刊登认尸启事，刊登后10日无人认领的，由县级或者相当于县级以上的公安机关批准处理尸体。

第四十条 事故造成境外来华人员死亡的，事故善后处理工作组应当通知死者亲属或者所属国家驻华使（领）馆，尸体处置事宜按照我国有关规定办理。

第四十一条 对事故现场遗留的财物，事故善后处理工作组或者公安部门应当进行清点、登记并妥善保管。

第四十二条 对事故造成的人员伤亡、财产损失以及事故应急救援费用等应当进行统计。借用有关单位和个人的设备设施和其他物资，使用完毕后应当及时归还并适当支付费用，丢失或者损坏的应当合理赔偿。

第四十三条 对事故造成的人员伤亡和财产损失，按照国家有关法律、法规和《铁路交通事故应急救援和调查处理条例》有关规定给予赔偿。

事故当事人对损害赔偿有争议时，可以协商解决，或者请求组织事故调查组的机构进行调解，也可以直接提起民事诉讼。

第四十四条 属于肇事方责任给铁路运输企业造成损失的，应当按照事故认定书由肇事方赔偿。

第四十五条 因设备质量或者施工质量造成事故损失的，铁路运输企业有权依据事故认定书向有关责任方追偿损失。

第四十六条 事故应急救援工作结束后，现场指挥部应当对事故应急救援工作进行总结，于5日内形成书面报告，并附事故应急救援有关证据材料，按事故等级报铁道部事故应急救援领导小组或者安全监管办备案。由铁道部事故应急救援领导小组或者安全监管办组织进行全面总结分析，对事故应急救援的组织工作进行评价认定，总结经验教训，制定整改措施，修改完善应急预案及有关制度办法。

第七章 罚 则

第四十七条 铁路运输企业及其职工违反本规则规定，不立即组织事故应急救援或者迟报、漏报、瞒报、谎报事故等延误救援的，由铁道部或者安全监管办对责任单位处10万元以上50万元以下的罚款，对责任人处4000元以上2万元以下的罚款。

第四十八条 铁道部、安全监管办等国家工作人员以及其他人员违反本规则规定，未立即启动应急预案或者迟报、漏报、瞒报、谎报事故等延误救援的，对主管负责人和其他直接责任人依法给予行政处分。涉嫌犯罪的，依照有关规定移送司法机关处理。

第四十九条 违反本规则规定，干扰、阻碍事故应急救援的，由铁道部或者安全监管办对责任单位处4万元以上20万元以下的罚款，对责任人处2000元以上1万元以下的罚款。情节严重的，对责任单位处20万元以上100万元以下的罚款，对责任人处1万元以上5万元以下的罚款。属于国家工作人员的，依法给予行政处分。违反治安管理规定的，由公安机关依法给予治安管理处罚。涉嫌犯罪的，依照有关规定移送司法机关处理。

第八章 附 则

第五十条 本规则由铁道部负责解释。

第五十一条 本规则自2007年9月1日起施行，铁道部原发《铁路行车事故救援规则》（铁运〔1999〕118号）同时废止。

民用运输机场突发事件应急救援管理规则

· 2016 年 4 月 20 日交通运输部令 2016 年第 45 号公布
· 自 2016 年 5 月 21 日起施行

第一章 总 则

第一条 为了规范民用运输机场应急救援工作，有效应对民用运输机场突发事件，避免或者减少人员伤亡和财产损失，尽快恢复机场正常运行秩序，根据《中华人民共和国民用航空法》《中华人民共和国突发事件应对法》和《民用机场管理条例》，制定本规则。

第二条 本规则适用于民用运输机场(包括军民合用机场民用部分，以下简称机场)及其邻近区域内突发事件的应急救援处置和相关的应急救援管理工作。

第三条 本规则所指民用运输机场突发事件(以下简称突发事件)是指在机场及其邻近区域内，航空器或者机场设施发生或者可能发生的严重损坏以及其他导致或者可能导致人员伤亡和财产严重损失的情况。

本规则所称机场及其邻近区域是指机场围界以内以及距机场每条跑道中心点 8 公里范围内的区域。

第四条 中国民用航空局(以下简称民航局)负责机场应急救援管理工作的总体监督检查。

中国民用航空地区管理局(以下简称民航地区管理局)负责本辖区内机场应急救援管理工作的日常监督检查。

机场管理机构应当按照国家、地方人民政府的有关规定和本规则的要求，制定机场突发事件应急救援预案，并负责机场应急救援工作的统筹协调和管理。使用该机场的航空器营运人和其他驻场单位应当根据在应急救援中承担的职责制定相应的突发事件应急救援预案，并与机场突发事件应急救援预案相协调，送机场管理机构备案。

机场应急救援工作应当接受机场所在地人民政府(以下统称地方人民政府)的领导。

本规则所称地方人民政府是指机场所在地县级(含)以上人民政府。

第五条 机场应急救援工作应当遵循最大限度地抢救人员生命和减少财产损失，预案完善、准备充分、救援及时、处置有效的原则。

第六条 在地方人民政府领导下、民用航空管理部门指导下，机场管理机构负责机场应急救援预案的制定、汇总和报备工作，同时负责发生突发事件时机场应急救援工作的统一指挥。

参与应急救援的单位和个人应当服从机场管理机构的统一指挥。

第二章 突发事件分类和应急救援响应等级

第七条 机场突发事件包括航空器突发事件和非航空器突发事件。

航空器突发事件包括：

(一)航空器失事；

(二)航空器空中遇险，包括故障、遭遇危险天气、危险品泄露等；

(三)航空器受到非法干扰，包括劫持、爆炸物威胁等；

(四)航空器与航空器地面相撞或与障碍物相撞，导致人员伤亡或燃油泄露等；

(五)航空器跑道事件，包括跑道外接地、冲出、偏出跑道；

(六)航空器火警；

(七)涉及航空器的其他突发事件。

非航空器突发事件包括：

(一)对机场设施的爆炸物威胁；

(二)机场设施失火；

(三)机场危险化学品泄露；

(四)自然灾害；

(五)医学突发事件；

(六)不涉及航空器的其他突发事件。

第八条 航空器突发事件的应急救援响应等级分为：

(一)原地待命：航空器空中发生故障等突发事件，但该故障仅对航空器安全着陆造成困难，各救援单位应当做好紧急出动的准备。

(二)集结待命：航空器在空中出现故障等紧急情况，随时有可能发生航空器坠毁、爆炸、起火、严重损坏，或者航空器受到非法干扰等紧急情况，各救援单位应当按照指令在指定地点集结。

(三)紧急出动：已发生航空器失事、爆炸、起火、严重损坏等情况，各救援单位应当按照指令立即出动，以最快速度赶赴事故现场。

第九条 非航空器突发事件的应急救援响应不分等级。发生非航空器突发事件时，按照相应预案实施救援。

第三章 应急救援组织机构及其职责

第十条 机场管理机构应当在地方人民政府统一领导下成立机场应急救援工作领导小组。

机场应急救援工作领导小组是机场应急救援工作的决策机构，通常应当由地方人民政府、机场管理机构、民航地区管理局或其派出机构、空中交通管理部门、有关航空器营运人和其他驻场单位负责人共同组成。

机场应急救援工作领导小组负责确定机场应急救援工作的总体方针和工作重点、审核机场突发事件应急救援预案及各应急救援成员单位之间的职责、审核确定机场应急救援演练等重要事项，并在机场应急救援过程中，对遇到的重大问题进行决策。

第十一条 机场应急救援总指挥由机场管理机构主要负责人或者其授权人担任，全面负责机场应急救援的指挥工作。

第十二条 机场管理机构应当设立机场应急救援指挥管理机构，即机场应急救援指挥中心（以下简称指挥中心），作为机场应急救援领导小组的常设办事机构，同时也是机场应急救援工作的管理机构和发生突发事件时的应急指挥机构。其具体职责包括：

（一）组织制定、汇总、修订和管理机场突发事件应急救援预案；

（二）定期检查各有关部门、单位的突发事件应急救援预案、人员培训、演练、物资储备、设备保养等工作的保障落实情况；定期修订突发事件应急救援预案中各有关部门和单位的负责人、联系人名单及电话号码；

（三）按照本规则的要求制定年度应急救援演练计划并组织或者参与实施；

（四）机场发生突发事件时，根据总指挥的指令，以及预案要求，发布应急救援指令并组织实施救援工作；

（五）根据残损航空器搬移协议，组织或者参与残损航空器的搬移工作；

（六）定期或不定期总结、汇总机场应急救援管理工作，向机场应急救援工作领导小组汇报。

第十三条 机场空中交通管理部门在机场应急救援工作中的主要职责：

（一）将获知的突发事件类型、时间、地点等情况按照突发事件应急救援预案规定的程序通知有关部门；

（二）及时了解发生突发事件航空器机长意图和事件发展情况，并通报指挥中心；

（三）负责发布因发生突发事件影响机场正常运行的航行通告；

（四）负责向指挥中心及其他参与救援的单位提供所需的气象等信息。

第十四条 机场消防部门在机场应急救援工作中的主要职责：

（一）救助被困遇险人员，防止起火，组织实施灭火工作；

（二）根据救援需要实施航空器的破拆工作；

（三）协调地方消防部门的应急支援工作；

（四）负责将罹难者遗体和受伤人员移至安全区域，并在医疗救护人员尚未到达现场的情况下，本着“自救互救”人道主义原则，实施对伤员的紧急救护工作。

第十五条 机场医疗救护部门在机场应急救援工作中的主要职责：

（一）进行伤亡人员的检伤分类、现场应急医疗救治和伤员后送工作。记录伤亡人员的伤情和后送信息；

（二）协调地方医疗救护部门的应急支援工作；

（三）进行现场医学处置及传染病防控；

（四）负责医学突发事件处置的组织实施。

第十六条 航空器营运人或其代理人在应急救援工作中的主要职责：

（一）提供有关资料。资料包括发生突发事件航空器的航班号、机型、国籍登记号、机组人员情况、旅客人员名单及身份证号码、联系电话、机上座位号、国籍、性别、行李数量、所载燃油量、所载货物及危险品等情况；

（二）在航空器起飞机场、发生突发事件的机场和原计划降落的机场设立临时接待机构和场所，并负责接待和查询工作；

（三）负责开通应急电话服务中心并负责伤亡人员亲属的通知联络工作；

（四）负责货物、邮件和行李的清点和处理工作；

（五）航空器出入境过程中发生突发事件时，负责将事件的基本情况通报海关、边防和检疫部门；

（六）负责残损航空器搬移工作。

第十七条 机场地面保障部门在机场应急救援工作中的主要职责：

（一）负责在发生突发事件现场及相关地区提供必要的电力和照明、航空燃油处置、救援物资等保障工作；

（二）负责受到破坏的机场飞行区场道、目视助航设施设备等的紧急恢复工作。

第十八条 除本规则第十二条、第十三条、第十四条、第十五条、第十六条、第十七条所涉及的单位，其他参与应急救援工作的地方救援单位的职责，由根据本规则第二十三条订立的支援协议予以明确。

第四章 突发事件应急救援预案

第十九条 机场管理机构应当依据本规则制定机场

突发事件应急救援预案，该预案应当纳入地方人民政府突发事件应急救援预案体系，并协调统一。该预案应当包括下列内容：

（一）针对各种具体突发事件的应急救援预案，包括应急救援程序及检查单等；

（二）根据地方人民政府的相关规定、本规则和机场的实际情况，确定参与应急救援的各单位在机场不同突发事件中的主要职责、权力、义务和指挥权以及突发事件类型及相应的应急救援响应等级；

（三）针对不同突发事件的报告、通知程序和通知事项，其中，通知程序是指通知参加救援单位的先后次序。不同的突发事件类型，应当设置相应的通知先后次序；

（四）各类突发事件所涉及单位的名称、联系方式；

（五）机场管理机构与签订应急救援支援协议单位的应急救援资源明细表、联系方式；

（六）机场管理机构根据本规则第二十三条的要求与各相关单位签订的应急救援支援协议；

（七）应急救援设施、设备和器材的名称、数量、存放地点；

（八）机场及其邻近区域的应急救援方格网图；

（九）残损航空器的搬移及恢复机场正常运行的程序；

（十）机场管理机构与有关航空器营运人或其代理人之间有关残损航空器搬移的协议；

（十一）在各类紧急突发事件中可能产生的人员紧急疏散方案，该方案应当包括警报、广播、各相关岗位工作人员在引导人员疏散时的职责、疏散路线、对被疏散人员的临时管理措施等内容。

第二十条 机场突发事件应急救援预案应当明确机场公安机关在机场应急救援工作中的以下职责：

（一）指挥参与救援的公安民警、机场保安人员的救援行动，协调驻场武警部队及地方支援军警的救援行动；

（二）设置事件现场及相关场所安全警戒区，保护现场，维护现场治安秩序；

（三）参与核对死亡人数、死亡人员身份工作；

（四）制服、缉拿犯罪嫌疑人；

（五）组织处置爆炸物、危险品；

（六）实施地面交通管制，保障救援通道畅通；

（七）参与现场取证、记录、录像等工作。

第二十一条 制定机场突发事件应急救援预案应当考虑极端的冷、热、雪、雨、风及低能见度等天气，以及机场周围的水系、道路、凹地，避免因极端的天气和特殊的地形而影响救援工作的正常进行。

第二十二条 机场突发事件应急救援预案应当向民航地区管理局备案。

机场管理机构应当建立机场突发事件应急救援预案的动态管理制度。预案修改后，机场管理机构应当将修改后的预案及时印发给参与应急救援的相关单位，并重新报备民航地区管理局。

机场管理机构在制定机场突发事件应急救援预案的过程中，应当充分征求机场空中交通管理部门、使用机场的航空器营运人或者其代理人、航空油料供应单位及其他主要驻场单位的意见。

机场突发事件应急救援预案在向民航管理部门报备前，应当征得地方人民政府的同意。

第二十三条 机场管理机构应当与地方人民政府突发事件应对机构、消防部门、医疗救护机构、公安机关、运输企业、当地驻军等单位签订机场应急救援支援协议，就机场应急救援事项明确双方的职责。

支援协议至少应当包括下列内容：

（一）协议单位的职责、权利与义务；

（二）协议单位名称、联系人、联系电话；

（三）协议单位的救援人员、设施设备情况；

（四）根据不同突发事件等级派出救援力量的基本原则；

（五）协议单位参加救援工作的联络方式、集结地点和引导方式；

（六）协议的生效日期及修改方式；

（七）协议内容发生变化时及时通知对方的程序。

机场管理机构应当每年至少对该协议进行一次复查或者修订，对该协议中列明的联系人及联系电话，应当每月复核一次，对变化情况及时进行更新。

协议应当附有协议单位根据机场突发事件应急救援预案制定的本单位突发事件应急实施预案。

在地方人民政府突发事件应急救援预案中已明确机场突发事件地方政府各部门、企事业单位及驻军的职责和义务时，可不签署支援协议，但本规则规定的协议内容应在相关预案中明确。机场管理机构应当获知支援单位的救援力量、设施设备、联系人、联系电话等信息。

第二十四条 机场管理机构应当绘制机场应急救援综合方格网图，图示范围应当为本规则第三条所明确的机场及其邻近地区。该图除应当准确标明机场跑道、滑行道、机坪、航站楼、围场路、油库等设施外，应当重点标明消防管网及消防栓位置、消防水池及其他能够用来取得消防用水的池塘河流位置、能够供救援消防车辆行驶的道路、机场围界出入口位置、城市消防站点位置和医疗救护单位位置。

机场管理机构还应当绘制机场区域应急救援方格网图,图示范围应当为机场围界以内的地区,该图除应当标明本条前款要求标明的所有内容外,还应当标明应急救援人员设备集结等待区。

方格网图应当根据机场及其邻近区域范围和设施的变化及时更新。

机场指挥中心、各参与机场应急救援单位和部门应当张挂方格网图。机场内所有参加应急救援的救援车辆中应当配备方格网图。方格网图可以是卫星影像图或者示意图,方格网图应当清晰显示所标注的内容。

第五章 应急救援的设施设备及人员

第二十五条 机场管理机构应当建设或指定一个特定的隔离机位,供受到劫持或爆炸物威胁的航空器停放,其位置应能使其距其他航空器集中停放区、建筑物或者公共场所至少100米,并尽可能避开地下管网等重要设施。

第二十六条 机场管理机构应当按照《民用航空运输机场飞行区消防设施》的要求配备机场飞行区消防设施,并应保证其在机场运行期间始终处于适用状态。

机场管理机构应当按照《民用航空运输机场消防站消防装备配备》的要求配备机场各类消防车、指挥车、破拆车等消防装备的配备,并应保证其在机场运行期间始终处于适用状态。

第二十七条 机场管理机构应当按照《民用运输机场应急救护设施配备》的要求配备机场医疗急救设备、医疗器材及药品、医疗救护人员,并确保机场医疗急救设备、医疗器材及药品在机场运行期间始终处于适用状态和使用有效期内。

第二十八条 机场指挥中心及机场内各参加应急救援的单位应当安装带有时钟和录音功能的值班电话,视情设置报警装置,并在机场运行期间随时保持有人值守。值班电话线路应当至少保持一主一备的双线冗余。所有应急通话内容应当录音,应急通话记录至少应当保存2年。

第二十九条 机场管理机构应当设立用于应急救援的无线电专用频道,突发事件发生时,机场塔台和参与救援的单位应当使用专用频道与指挥中心保持不间断联系。公安、消防、医疗救护等重要部门应当尽可能为其救援人员配备耳麦。

为能在第一时间了解航空器在空中发生的紧急情况,指挥中心宜设置陆空对话的单向监听设备,并在机场运行期间保持守听,但不得向该系统输入任何信号。在航空器突发事件发生时,指挥中心确需进一步向机组了解情况时,应当通过空中交通管理部门与机组联系。

第三十条 机场管理机构应当制作参加应急救援人员的识别标志,识别标志应当明显醒目且易于佩戴,并能体现救援的单位和指挥人员。参加应急救援的人员均应佩戴这些标志。识别标志在夜间应具有反光功能,具体样式应当为:

救援总指挥为橙色头盔,橙色外衣,外衣前后印有“总指挥”字样;

消防指挥官为红色头盔,红色外衣,外衣前后印有“消防指挥官”字样;

医疗指挥官为白色头盔,白色外衣,外衣前后印有“医疗指挥官”字样;

公安指挥官为蓝色头盔,蓝色警服,警服外穿前后印有“公安指挥官”字样的背心。

参加救援的各单位救援人员的标识颜色应与本单位指挥人员相协调。

本条所指外衣可以是背心或者制服。

第三十一条 在邻近地区有海面和其他大面积水域的机场,机场管理机构应当按照机场所使用的最大机型满载时的旅客及机组人员数量,配置救援船只或者气筏和其他水上救生设备,也可以采取与有上述救援设备的单位以协议支援的方式来保障,但机场应当配备满足在救援初期供机场救援人员使用需要的船只或者气筏和其他水上救生的基本设备。

当突发事件发生在机场及其邻近地区的海面或大面积水域时,还应向当地国家海上搜救机构报告。

第三十二条 机场管理机构应当根据机场航空器年起降架次,配置与机场所使用航空器最大机型相匹配的残损航空器搬移设备,并在机场运行期间保证其完好适用。

年起降架次在15万(含)以上的机场,应当配置搬移残损航空器的专用拖车、顶升气囊、活动道面、牵引挂具以及必要的枕木、钢板、绳索等器材。年起降架次在15万以下,10万(含)以上的机场,应当配置顶升气囊、活动道面、牵引挂具以及必要的枕木、钢板、绳索等器材。年起降架次在10万以下的机场,应当配置活动道面以及必要的枕木、挂件、绳索等器材。

活动道面配置应当满足航空器每一轮迹下的铺设长

度不小于30米；航空器牵引挂具的配置应当满足能牵引在机场使用的各类型航空器；对于在发生突发事件起2小时之内机场管理机构可能取得专用拖车和顶升气囊的，机场管理机构可不配备专用拖车和顶升气囊，但应当有明确的救援支援协议。

第三十三条 机场管理机构应当配备用于机场应急救援现场指挥的车辆，该车应当配有无线通讯、传真、摄像、视频传输、电脑、照明等设备，并配有应急救援的相关资料库及主要材料的纸质文件。

第三十四条 在机场运行期间，各参加应急救援的单位在保障正常运行的同时，应按照相关标准要求保持有足够的应对突发事件的救援人员。

参加应急救援各单位的值班领导、部门领导及员工应当熟知本单位、本部门及本岗位在应急救援工作中的职责和预案。

第三十五条 参加应急救援的各单位应当每年至少对按照机场应急救援预案承担救援工作职责的相关岗位的工作人员进行一次培训，对于专职应急救援管理人员、指挥人员、消防战斗员、医疗救护人员应当进行经常性的培训，培训内容包括应急救援基础理论、法规规章、技术标准、岗位职责、突发事件应急救援预案、医疗急救常识、消防知识、旅客疏散引导及其他相关技能。

在机场航站楼工作的所有人员应当每年至少接受一次消防器材使用、人员疏散引导、熟悉建筑物布局等的培训。

第六章　应急救援的处置和基本要求

第三十六条 发生突发事件时，第一时间得知事件情况的单位，应当根据机场突发事件应急救援预案的报告程序，立即将突发事件情况报告指挥中心。

发生突发事件后，机场管理机构应当在尽可能短的时间内将突发事件的基本情况报告地方人民政府和民用航空管理部门。

民用航空管理部门在收到机场发生突发事件报告后应当立即按照事件的类型、严重程度、影响范围和本部门应急救援预案逐级向上级机关报告，直至民航局突发事件应对部门。同时，应当迅速采取积极措施，协调和帮助机场管理机构处置突发事件。

第三十七条 机场突发事件应急救援总指挥或者其授权的人应当及时准确地发布相关信息。突发事件的信息发布应当有利于救援工作的开展。其他参与应急救援的单位可以发布有关本单位工作情况的信息，但不得发布对应急救援工作可能产生妨碍的信息。

第三十八条 发生突发事件时，指挥中心应当按照突发事件应急救援预案的通知程序，迅速将突发事件的基本情况通知有关单位，通知内容应当简单、明了。

第三十九条 发生突发事件后，机场应急救援处置工作应当在总指挥的统一指挥下，由消防、公安、医疗和其他驻场单位分别在本单位职责范围内行使分指挥权，特殊情况下，总指挥可以授权支援单位行使分指挥权。

实施突发事件救援时，机场应急救援总指挥或者其授权人应当服从地方人民政府领导及其突发事件应对部门的指挥，并根据地方人民政府领导及其突发事件应对部门的要求和命令，分时段、分区域向其移交指挥权。

发生本规则第八条所指明的应急救援等级为紧急出动的突发事件时，机场管理机构应当在最短的时间内组成应急救援现场指挥部，由机场应急救援总指挥或者其授权的人担任现场指挥员，在总指挥的总体救援行动意图下，统一指挥突发事件现场的各救援单位的救援行动。

有火情的突发事件发生后，总指挥可以授权消防指挥员担任应急救援现场指挥员。

第四十条 突发事件发生后及在实施应急救援时，如需机场外的支援单位参加救援工作，应当由机场内相应的救援单位提出需求和方案，经总指挥批准后通知支援单位前来支援，紧急情况下，也可先通知支援单位到达集结地点，再向总指挥报告，经总指挥同意后参加救援工作。

第四十一条 涉及在空中的航空器突发事件需要紧急着陆时，空中交通管理部门按照相应突发事件应急救援预案协助该航空器着陆。

第四十二条 当发生本规则第八条所指明的应急救援响应等级为集结待命的突发事件时，各救援单位的人员及车辆设备应迅速按照应急救援预案的要求到达指定的集结地点集中待命，并立即向指挥中心报告，未经批准，不得离开集结位置，随时准备投入救援行动。

第四十三条 突发事件发生时，机场内行驶的车辆和行人应当避让参加救援的车辆，应急救援车辆在保证安全的条件下，可不受机场内车辆时速的限制。在服从现场交通民警的指挥下，救援车辆可以驶离规定的车道。

参加应急救援的车辆和人员需要进入运行中的跑道、滑行道及仪表着陆系统敏感区时，应当通过指挥中心征得空中交通管理部门的同意后方可进入。

机场管理机构应当制定特殊程序，以保证外援救援车辆和人员顺利、及时到达事故地点。

第四十四条　应急救援时，当需要在跑道上喷洒泡沫灭火剂时，不得因此降低机场应保持的消防救援等级的最低水平。

第四十五条　应急救援时，应当在交通方便的事发地点上风安全位置及时划定伤亡人员救治区和停放区，并用明显的标志予以标识。上述区域在夜间应当有充足的照明。

第四十六条　当航空器受到劫持或爆炸物威胁时，机场塔台管制人员应当积极配合指挥中心采取有效措施，将该航空器引导到隔离机位。

第四十七条　在实施应急救援工作时，参与救援的人员应当尽可能保护突发事件现场。

在航空器事故应急救援中，应当在事故调查组进入现场前，尽可能避免移动任何航空器残骸、散落物和罹难者遗体。如确需移动航空器残骸、散落物、罹难者遗体时，在移动前，应当进行照相、录像，有条件时应当绘制草图，以标明其移动前的状态和位置。同时，如有可能，在被移动的物体和遗体上粘贴标签，并在原位置上固定一根带有相应标签的标桩。所有发出的标签的记录应当妥善保存。

发生事故航空器驾驶舱内的任何仪表和操作部件，在被移动前，必须照相或者录像，有条件时应当绘图并做详细记录。

第四十八条　实施应急救援工作时，为保证救援工作的正常进行，机场公安机关应当在事故现场及时设立警戒线，任何非救援人员进入事故现场需经总指挥或者其授权人批准。

第四十九条　应急救援现场的灭火和人员救护工作结束后，残损航空器影响机场的正常安全运行的，机场管理机构应当配合当事航空器营运人或者其代理人，迅速将残损航空器搬离。

残损航空器的搬移责任应当由当事航空器营运人或者其代理人承担，具体搬移工作应当按照该航空器营运人或者其代理人与机场管理机构协商实施。

残损航空器搬移应当取得事故调查组负责人同意。

第五十条　应急救援工作结束后，机场应急救援工作领导小组或者其授权单位或者部门应当及时召集所有参与应急救援的单位对该次应急救援工作进行全面总结讲评，对暴露出的突发事件应急救援预案中不合理的部分及缺陷进行研究分析和修改完善，在该次应急救援工作结束60天内，将修改后的突发事件应急救援预案按照《民用机场使用许可规定》的要求报批后，印发实施。

机场管理机构应当在每次应对本规则第八条（三）中规定的紧急出动等级的应急救援工作结束后的30天内，将该次应急救援工作总结报送所在地民航地区管理局。

第五十一条　在事故调查机构进行事故调查时，机场管理机构及参与应急救援的各单位应当配合事故调查机构的调查，如实向事故调查组介绍事故现场的情况。

第七章　应急救援的日常管理和演练

第五十二条　机场管理机构及其他驻场单位应当根据应急救援预案的要求定期组织应急救援演练，以检验其突发事件发生时的驰救时间、信息传递、通信系统、应急救援处置、协调配合和决策指挥、突发事件应急救援预案等，机场管理机构及参加应急救援的驻场单位均应当将应急救援演练列入年度工作计划。

驻机场的航空器营运人、空中交通管理部门及其他参加应急救援的单位，应当配合机场管理机构，做好应急救援演练工作。

第五十三条　应急救援演练分为综合演练、单项演练和桌面演练三种类型。

综合演练是由机场应急救援工作领导小组或者其授权单位组织，机场管理机构及其各驻机场参加应急救援的单位及协议支援单位参加，针对模拟的某一类型突发事件或几种类型突发事件的组合而进行的综合实战演练。

单项演练是由机场管理机构或参加应急救援的相关单位组织，参加应急救援的一个或几个单位参加，按照本单位所承担的应急救援责任，针对某一模拟的紧急情况进行的单项实战演练。

桌面演练也称指挥所推演，是由机场管理机构或参加应急救援的相关单位组织，各救援单位参加，针对模拟的某一类型突发事件或几种类型突发事件的组合以语言表达方式进行的综合非实战演练。

第五十四条　机场应急救援综合演练应当至少每三年举行一次，未举行综合演练的年度应当至少举行一次桌面演练，机场各参加应急救援的单位每年至少应当举行一次单项演练。

第五十五条　举行综合演练时，可以邀请当地人民政府及有关部门、民航地区管理局、航空器营运人及其他有关驻场单位人员以观察员身份参加，并参加演练后的总结讲评会。

第五十六条　在举行机场应急救援演练前，机场管理机构或者组织单项演练的相关单位应当组织编制应急救援演练计划，应急救援演练计划应当按照突发事件发生、发展的进程进行编制，应急救援演练计划可以是一种或几种突发事件的综合。演练计划主要包括：

（一）演练所模拟的突发事件类型、演练地点及日期；

（二）参加演练的单位；

（三）演练的程序；

（四）演练场地的布置及模拟的紧急情况；

（五）规定的救援人员及车辆的集结地点及行走路线；

（六）演练结束和演练中止的通知方式。

应急救援演练计划制定完毕并经应急救援领导小组同意后，应当在演练实施两周前报送民航地区管理局。

第五十七条 机场管理机构在举行应急救援演练时，原则上应当采取措施保持机场应急救援的正常保障能力，尽可能地避免影响机场的正常运行。如果由于应急救援演练致使本机场的正常保障能力在演练期间不能满足相应标准要求的，应当就这一情况通知空中交通管理部门发布航行通告，并在演练后，尽快恢复应急救援的正常保障能力。

举行综合演练时，机场管理机构应当视情事先通报相关部门。

第五十八条 演练工作应当坚持指挥与督导分开的原则。演练时，应当在演练指挥机构之外另设演练督导组。

第五十九条 演练督导组应当由民航地区管理局在收到演练计划后召集。综合演练督导组应当由民用航空管理部门、地方人民政府及其有关部门、机场管理机构、相关航空器营运人、空中交通管理单位人员及特邀专家组成。

演练督导组应当在演练实施前研究并熟悉参演机场的应急救援预案和本次应急救援演练计划，全程跟踪演练进程，并在演练中提出各种实际救援中可能出现的复杂或者意外情况交指挥中心应对。

对于演练督导组提出的情况，指挥中心及相关救援单位应当做出响应。

演练督导组的具体工作程序和行为规范由民航局另行制定。

第六十条 演练督导组应当对机场应急救援演练工作进行监督检查，演练督导组应当根据演练形式和规模派出足够的督导人员，进入演练现场，对演练涉及的各个方面实施全程监督检查。

第六十一条 应急救援演练结束后，演练组织者应召集各参演单位负责人进行总结讲评。总结讲评活动中，演练督导组应当就演练的总体评价、演练的组织、演练计划、演练人员和设备等方面提出综合评价意见。

第八章 法律责任

第六十二条 机场管理机构未按照本规则的要求，有下列行为之一的，由民航管理部门责令限期改正，并处以警告；情节严重的，处以 1 万元以上 3 万元以下的罚款：

（一）未按照本规则第十二条要求设立指挥中心的；

（二）未按照本规则第二十五条的要求设立隔离机位的；

（三）未按照本规则第五十条或者第六十一条的要求，在应急救援或者应急救援综合演练工作后及时进行总结讲评的。

第六十三条 机场管理机构或其他参加应急救援的单位，有下列行为之一的，由民航管理部门责令其限期改正，并处以 5000 元以上 1 万元以下罚款：

（一）未按照本规则第二十四条的要求张挂和及时更新应急救援方格网图的；

（二）未按照本规则第三十条要求制作足够的救援人员识别标志的；

（三）违反本规则第三十七条规定发布妨碍应急救援工作信息的。

第六十四条 机场管理机构有以下行为之一的，由民航地区管理局责令限期改正，处以 1 万元以上 5 万元以下的罚款：

（一）未按照本规则第二十六条、第二十七条、第二十八条、第二十九条、第三十一条、第三十二条、第三十三条的要求，配备相应的设备和器材，并保持其适用状态的；

（二）未按照本规则第七章的要求组织应急救援演练的。

第六十五条 机场管理机构或其他参加应急救援的单位，有下列行为之一的，由民航管理部门责令其限期改正，并处以 5000 元以上 2 万元以下罚款：

（一）未按照本规则第三十四条的要求，在机场运行期间保持相关标准要求的应对突发事件的救援人员，导致机场应急救援未能及时实施的；

（二）违反本规则第三十四条的要求，参加应急救援各单位的值班领导、部门领导及员工不了解本单位、本部门及本岗位在应急救援工作中的职责和预案的；

（三）未按照本规则第三十五条的要求对参加应急救援的人员进行培训的。

第六十六条　机场管理机构或者其他参加应急救援的单位有下列行为之一的，由民航管理部门处以1万元以上3万元以下罚款：

（一）违反本规则第三十六条，发现紧急情况不按规定程序报告的；

（二）违反本规则第三十八条，接到紧急情况报告，不按规定程序通知到有关单位的；

（三）违反本规则第四十四条规定在跑道上喷洒泡沫灭火剂从而降低机场应保持的消防救援等级的最低水平的；

（四）未按照本规则第四十五条规定，及时划定伤亡人员救治区和停放区的；

（五）违反本规则第四十九条的规定，残损航空器搬移工作中有关各方互相推诿，严重影响机场开放正常运行的；

（六）违反本规则第五十七条，在举行应急救援演练时未保持机场正常运行时应有的应急救援保障能力的。

第九章　附　则

第六十七条　中华人民共和国缔结或者参加的国际条约与本规则有不同规定的，适用国际条约的规定，但中华人民共和国声明保留的条款除外。

第六十八条　在民航局制定通用机场突发事件应急救援管理规则之前，通用机场可以结合本机场的具体情况参照本规则制定突发事件应急救援预案，报所在地民航地区管理局备案。

第六十九条　在本规则规定区域外发生的突发事件，按照《中华人民共和国搜寻援救民用航空器规定》执行。

第七十条　航空器受到非法干扰和机场设施受爆炸物威胁所涉及的突发事件应急救援预案按照国家其他相关规定办理。

第七十一条　应急救援工作实行有偿服务，应当采用先救援后结算的办法。具体收费标准和收费计算方法由有关各方本着公平合理、等价有偿的原则协商确定。

第七十二条　本规则自2016年5月21日起施行。2000年4月3日发布的《民用运输机场应急救援规则》（民航总局令第90号）同时废止。

国家海上搜救应急预案

·2006年1月23日

1　总　则

1.1　编制目的

建立国家海上搜救应急反应机制，迅速、有序、高效地组织海上突发事件的应急反应行动，救助遇险人员，控制海上突发事件扩展，最大程度地减少海上突发事件造成的人员伤亡和财产损失。

履行中华人民共和国缔结或参加的有关国际公约；实施双边和多边海上搜救应急反应协定。

1.2　编制依据

1.2.1　国内法律、行政法规及有关规定

《中华人民共和国海上交通安全法》、《中华人民共和国安全生产法》、《中华人民共和国内河交通安全管理条例》、《中华人民共和国无线电管理条例》和《国家突发公共事件总体应急预案》等。

1.2.2　我国加入或缔结的国际公约、协议

《联合国海洋法公约》、《1974年国际海上人命安全公约》、《国际民航公约》、《1979年国际海上搜寻救助公约》、《中美海上搜救协定》、《中朝海上搜救协定》等我国加入或缔结的有关国际公约、协议。

1.3　适用范围

1.3.1　我国管辖水域和承担的海上搜救责任区内海上突发事件的应急反应行动。

1.3.2　发生在我国管辖水域和搜救责任区外，涉及中国籍船舶、船员遇险或可能对我国造成重大影响或损害的海上突发事件的应急反应行动。

1.3.3　参与海上突发事件应急行动的单位、船舶、航空器、设施及人员。

1.4　工作原则

（1）政府领导，社会参与，依法规范。

政府领导：政府对海上搜救工作实行统一领导，形成高效应急反应机制，及时、有效地组织社会资源，形成合力。

社会参与：依照海上突发事件应急组织体系框架，形成专业力量与社会力量相结合，多部门参加，多学科技术支持，全社会参与的应对海上突发事件机制。

依法规范：依照有关法律、法规，明确各相关部门、单位、个人的责任、权利和义务，规范应急反应的组织、协调、指挥行为。

（2）统一指挥，分级管理，属地为主。

统一指挥：对海上突发事件应急反应行动实行统一指挥，保证搜救机构组织的各方应急力量行动协调，取得最佳效果。

分级管理：根据海上突发事件的发生区域、性质、程度与实施救助投入的力量所需，实施分级管理。

属地为主：由海上突发事件发生地海上搜救机构实施应急指挥，确保及时分析判断形势，正确决策，相机处置，提高应急反应行动的及时性和有效性。

(3)防应结合，资源共享，团结协作。

防应结合："防"是指做好自然灾害的预警工作，减少自然灾害引发海上突发事件的可能；"应"是指保证海上突发事件发生后，及时对海上遇险人员进行救助，减少损失。防应并重，确保救助。

资源共享：充分利用常备资源，广泛调动各方资源，避免重复建设，发挥储备资源的作用。

团结协作：充分发挥参与救助各方力量的自身优势和整体效能，相互配合，形成合力。

(4)以人为本，科学决策，快速高效。

以人为本：充分履行政府公共服务职能，快速高效地救助人命。

科学决策：运用现代科技手段，保证信息畅通；充分发挥专家的咨询作用，果断决策，保证应急指挥的权威性。

快速高效：建立应急机制，保证指挥畅通；强化人员培训，提高从业人员素质；提高应急力量建设，提高应急反应的效能和水平。

2 国家海上搜救应急组织指挥体系及职责任务

国家海上搜救应急组织指挥体系由应急领导机构、运行管理机构、咨询机构、应急指挥机构、现场指挥、应急救助力量等组成。

2.1 应急领导机构

建立国家海上搜救部际联席会议制度，研究、议定海上搜救重要事宜，指导全国海上搜救应急反应工作。在交通部设立中国海上搜救中心，作为国家海上搜救的指挥工作机构，负责国家海上搜救部际联席会议的日常工作，并承担海上搜救运行管理机构的工作。

部际联席会议成员单位根据各自职责，结合海上搜救应急反应行动实际情况，发挥相应作用，承担海上搜救应急反应、抢险救灾、支持保障、善后处理等应急工作。

2.2 运行管理机构

中国海上搜救中心以交通部为主承担海上搜救的运行管理工作。

2.3 咨询机构

咨询机构包括海上搜救专家组和其他相关咨询机构。

2.3.1 搜救专家组

国家海上搜救专家组由航运、海事、航空、消防、医疗卫生、环保、石油化工、海洋工程、海洋地质、气象、安全管理等行业专家、专业技术人员组成，负责提供海上搜救技术咨询。

2.3.2 其他相关咨询机构

其他相关咨询机构应中国海上搜救中心要求，提供相关的海上搜救咨询服务。

2.4 应急指挥机构

应急指挥机构包括：中国海上搜救中心及地方各级政府建立的海上搜救机构。

沿海及内河主要通航水域的各省(区、市)成立以省(区、市)政府领导任主任，相关部门和当地驻军组成的省级海上搜救机构。根据需要，省级海上搜救机构可设立搜救分支机构。

2.4.1 省级海上搜救机构

省级海上搜救机构承担本省(区、市)海上搜救责任区的海上应急组织指挥工作。

2.4.2 海上搜救分支机构

海上搜救分支机构是市(地)级或县级海上应急组织指挥机构，其职责由省级海上搜救机构确定。

2.5 现场指挥(员)

海上突发事件应急反应的现场指挥(员)由负责组织海上突发事件应急反应的应急指挥机构指定，按照应急指挥机构指令承担现场协调工作。

2.6 海上应急救助力量

海上应急救助力量包括各级政府部门投资建设的专业救助力量和军队、武警救助力量，政府部门所属公务救助力量，其他可投入救助行动的民用船舶与航空器，企事业单位、社会团体、个人等社会人力和物力资源。

服从应急指挥机构的协调、指挥，参加海上应急行动及相关工作。

3 预警和预防机制

预警和预防是通过分析预警信息，作出相应判断，采取预防措施，防止自然灾害造成事故或做好应急反应准备。

3.1 信息监测与报告

预警信息包括：气象、海洋、水文、地质等自然灾害预报信息；其他可能威胁海上人命、财产、环境安全或造成海上突发事件发生的信息。

预警信息监测部门根据各自职责分别通过信息播发渠道向有关方面发布气象、海洋、水文、地质等自然灾害预警信息。

3.2 预警预防行动

3.2.1 从事海上活动的有关单位、船舶和人员应注意接收预警信息,根据不同预警级别,采取相应的防范措施,防止或减少海上突发事件对人命、财产和环境造成危害。

3.2.2 各级海上搜救机构,根据风险信息,有针对性地做好应急救助准备。

3.3 预警支持系统

预警支持系统由公共信息播发系统、海上安全信息播发系统等组成,相关风险信息发布责任部门应制定预案,保证信息的及时准确播发。

4 海上突发事件的险情分级与上报

4.1 海上突发事件险情分级

根据国家突发事件险情上报的有关规定,并结合海上突发事件的特点及突发事件对人命安全、海洋环境的危害程度和事态发展趋势,将海上突发事件险情信息分为特大、重大、较大、一般四级。

4.2 海上突发事件险情信息的处理

海上搜救机构接到海上突发事件险情信息后,对险情信息进行分析与核实,并按照有关规定和程序逐级上报。

中国海上搜救中心按照有关规定,立即向国务院报告,同时通报国务院有关部门。

5 海上突发事件的应急响应和处置

5.1 海上遇险报警

5.1.1 发生海上突发事件时,可通过海上通信无线电话、海岸电台、卫星地面站、应急无线电示位标或公众通信网(海上救助专用电话号“12395”)等方式报警。

5.1.2 发送海上遇险信息时,应包括以下内容:

(1)事件发生的时间、位置。

(2)遇险状况。

(3)船舶、航空器或遇险者的名称、种类、国籍、呼号、联系方式。

5.1.3 报警者尽可能提供下列信息:

(1)船舶或航空器的主要尺度、所有人、代理人、经营人、承运人。

(2)遇险人员的数量及伤亡情况。

(3)载货情况,特别是危险货物,货物的名称、种类、数量。

(4)事发直接原因、已采取的措施、救助请求。

(5)事发现场的气象、海况信息,包括风力、风向、流向、流速、潮汐、水温、浪高等。

5.1.4 使用的报警设备应按规定做好相关报警与信息的预设工作。

5.2 海上遇险信息的分析与核实

海上搜救机构通过直接或间接的途径对海上遇险信息进行核实与分析。

5.3 遇险信息的处置

(1)发生海上突发事件,事发地在本责任区的,按规定启动本级预案。

(2)发生海上突发事件,事发地不在本责任区的,接警的海上搜救机构应立即直接向所在责任区海上搜救机构通报并同时向上级搜救机构报告。

(3)中国海上搜救中心直接接到的海上突发事件报警,要立即通知搜救责任区的省级海上搜救机构和相关部门。

(4)海上突发事件发生在香港特别行政区水域、澳门特别行政区水域和台湾、金门、澎湖、马祖岛屿附近水域的,可由有关省级搜救机构按照已有搜救联络协议进行通报,无联络协议的,由中国海上搜救中心予以联络。

(5)海上突发事件发生地不在我国海上搜救责任区的,中国海上搜救中心应通报有关国家的海上搜救机构。有中国籍船舶、船员遇险的,中国海上搜救中心除按上述(2)、(3)项报告外,还应及时与有关国家的海上搜救机构或我驻外使领馆联系,通报信息,协助救助,掌握救助进展情况,并与外交部互通信息。

(6)涉及海上保安事件,按海上保安事件处置程序处理和通报。

涉及船舶造成污染的,按有关船舶油污应急反应程序处理和通报。

5.4 指挥与控制

5.4.1 最初接到海上突发事件信息的海上搜救机构自动承担应急指挥机构的职责,并启动预案反应,直至海上突发事件应急反应工作已明确移交给责任区海上搜救机构或上一级海上搜救机构指定新的应急指挥机构时为止。

5.4.2 应急指挥机构按规定程序向上一级搜救机构请示、报告和做出搜救决策。实施应急行动时,应急指挥机构可指定现场指挥。

5.5 **紧急处置**

5.5.1 应急指挥机构的任务

在险情确认后，承担应急指挥的机构立即进入应急救援行动状态：

(1)按照险情的级别通知有关人员进入指挥位置。

(2)在已掌握情况基础上，确定救助区域，明确实施救助工作任务与具体救助措施。

(3)根据已制定的应急预案，调动应急力量执行救助任务。

(4)通过船舶报告系统调动事发附近水域船舶前往实施救助。

(5)建立应急通信机制。

(6)指定现场指挥。

(7)动用航空器实施救助的，及时通报空管机构。

(8)事故救助现场需实施海上交通管制的，及时由责任区海事管理机构发布航行通(警)告并组织实施管制行动。

(9)根据救助情况，及时调整救助措施。

5.5.2 搜救指令的内容

对需动用的、当时有能力进行海上搜救的救助力量，搜救机构应及时下达行动指令，明确任务。

5.5.3 海上突发事件处置保障措施

根据救助行动情况及需要，搜救机构应及时对下列事项进行布置：

(1)遇险人员的医疗救护。

(2)当险情可能对公众造成危害时，通知有关部门组织人员疏散或转移。

(3)做出维护治安的安排。

(4)指令有关部门提供海上突发事件应急反应的支持保障。

5.5.4 救助力量与现场指挥的任务

(1)专业救助力量应将值班待命的布设方案和值班计划按搜救机构的要求向搜救机构报告，值班计划临时调整的，应提前向搜救机构报告，调整到位后，要进行确认报告。

(2)救助力量与现场指挥应执行搜救机构的指令，按搜救机构的要求将出动情况、已实施的行动情况、险情现场及救助进展情况向搜救机构报告，并及时提出有利于应急行动的建议。

5.6 **分级响应**

海上突发事件应急反应按照海上搜救分支机构、省级海上搜救机构、中国海上搜救中心从低到高依次响应。

(1)任何海上突发事件，搜救责任区内最低一级海上搜救机构应首先进行响应。

(2)责任区海上搜救机构应急力量不足或无法控制事件扩展时，请求上一级海上搜救机构开展应急响应。

(3)上一级搜救机构应对下一级搜救机构的应急响应行动给予指导。

(4)无论何种情况，均不免除各省级搜救机构对其搜救责任区内海上突发事件全面负责的责任，亦不影响各省级搜救机构先期或将要采取的有效救助行动。

5.7 **海上应急反应通信**

海上搜救机构在实施海上应急行动时，可根据现场具体情况，指定参加应急活动所有部门的应急通信方式。通信方式包括：

(1)海上通信，常用海上遇险报警、海上突发事件应急反应通信方式。

(2)公众通信网，包括电话、传真、因特网。

(3)其他一切可用手段。

5.8 **海上医疗援助**

5.8.1 医疗援助的方式

各级海上搜救机构会同当地卫生主管部门指定当地具备一定医疗技术和条件的医疗机构承担海上医疗援助任务。

5.8.2 医疗援助的实施

海上医疗援助一般由实施救助行动所在地的医疗机构承担，力量不足时，可通过海上搜救机构逐级向上请求支援。

5.9 **应急行动人员的安全防护**

(1)参与海上应急行动的单位负责本单位人员的安全防护。各级海上搜救机构应对参与救援行动单位的安全防护工作提供指导。

(2)化学品应急人员进入和离开现场应先登记，进行医学检查，有人身伤害立即采取救治措施。

(3)参与应急行动人员的安全防护装备不足时，实施救助行动的海上搜救机构可请求上一级海上搜救机构协调解决。

5.10 **遇险旅客及其他人员的安全防护**

在实施救助行动中，应根据险情现场与环境情况，组织做好遇险旅客及其他人员的安全防护工作，告知旅客及其他人员可能存在的危害和防护措施，及时调集应急人员和防护器材、装备、药品。

5.10.1 海上搜救机构要对海上突发事件可能次生、衍生的危害采取必要的措施，对海上突发事件可能影响的范围内船舶、设施及人员的安全防护、疏散方式做出安排。

5.10.2 在海上突发事件影响范围内可能涉及陆上人员安全的情况下,海上搜救机构应通报地方政府采取防护或疏散措施。

5.10.3 船舶、浮动设施和民用航空器的所有人、经营人应制订在紧急情况下对遇险旅客及其他人员采取的应急防护、疏散措施;在救助行动中要服从海上搜救机构的指挥,对遇险旅客及其他人员采取应急防护、疏散措施,并做好安置工作。

5.11 社会力量动员与参与

5.11.1 社会动员

(1)各级人民政府可根据海上突发事件的等级、发展趋势、影响程度等在本行政区域内依法发布社会动员令。

(2)当应急力量不足时,由当地政府动员本地区机关、企事业单位、各类民间组织和志愿人员等社会力量参与或支援海上应急救援行动。

5.11.2 社会动员时海上搜救机构的行动

(1)指导所动员的社会力量,携带必要的器材、装备赶赴指定地点。

(2)根据参与应急行动人员的具体情况进行工作安排与布置。

5.12 救助效果评估与处置方案调整

5.12.1 目的

跟踪应急行动的进展,查明险情因素和造成事件扩展和恶化因素,控制危险源和污染源,对措施的有效性进行分析、评价,调整应急行动方案,以便有针对性地采取有效措施,尽可能减少险情造成的损失和降低危害,提高海上突发事件应急反应效率和救助成功率。

5.12.2 方式

由海上搜救机构在指挥应急行动中组织、实施,具体包括:

(1)指导救援单位组织专人,使用专用设备、仪器进行现场检测、分析。

(2)组织专家或专业咨询机构对事件进行分析、研究。

(3)使用计算机辅助支持系统进行分析、评估。

5.12.3 内容

(1)调查险情的主要因素。

(2)判断事件的发展趋势。

(3)采取有针对性措施对危险源进行控制、处置。

(4)对现场进行检测,分析、评价措施的有效性。

(5)针对海上突发事件衍生出的新情况、新问题,采取进一步的措施。

(6)对应急行动方案进行调整和完善。

5.13 海上应急行动的终止

负责组织指挥海上突发事件应急反应的海上搜救机构,根据下列情况决定是否终止应急行动:

(1)所有可能存在遇险人员的区域均已搜寻。

(2)幸存者在当时的气温、水温、风、浪条件下得以生存的可能性已完全不存在。

(3)海上突发事件应急反应已获得成功或紧急情况已不复存在。

(4)海上突发事件的危害已彻底消除或已控制,不再有扩展或复发的可能。

5.14 信息发布

中国海上搜救中心负责向社会发布海上突发事件的信息,必要时可授权下级海上搜救应急指挥机构向社会发布本责任区内海上突发事件的信息。

信息发布要及时、主动、客观、准确。信息发布通过新闻发布会、电视、广播、报刊、杂志等媒体作用,邀请记者现场报道形式进行。

6 后期处置

6.1 善后处置

6.1.1 伤员的处置

当地医疗卫生部门负责获救伤病人员的救治。

6.1.2 获救人员的处置

当地政府民政部门或获救人员所在单位负责获救人员的安置;港澳台或外籍人员,由当地政府港澳台办或外事办负责安置;外籍人员由公安部门或外交部门负责遣返。

6.1.3 死亡人员的处置

当地政府民政部门或死亡人员所在单位负责死亡人员的处置;港澳台或外籍死亡人员,由当地政府港澳台办或外事办负责处置。

6.2 社会救助

对被救人员的社会救助,由当地政府民政部门负责组织。

6.3 保险

6.3.1 参加现场救助的政府公务人员由其所在单位办理人身意外伤害保险。

6.3.2 参加救助的专业救助人员由其所属单位办理人身意外伤害保险。

6.3.3　国家金融保险机构要及时介入海上突发事件的处置工作，按规定开展赔付工作。

6.4　**搜救效果和应急经验总结**

6.4.1　搜救效果的总结评估

(1)海上搜救机构负责搜救效果的调查工作，实行分级调查的原则。

(2)海上交通事故的调查处理，按照国家有关规定处理。

6.4.2　应急经验总结和改进建议

(1)海上搜救机构负责应急经验的总结工作，实行分级总结的原则。

(2)海上搜救分支机构负责一般和较大应急工作的总结；省级海上搜救机构负责重大应急工作的总结；中国海上搜救中心负责特大应急工作的总结。

7　应急保障

7.1　**通信与信息保障**

各有关通信管理部门、单位均应按照各自的职责要求，制订有关海上应急通信线路、设备、设施等使用、管理、保养制度；落实责任制，确保海上应急通信畅通。

7.2　**应急力量与应急保障**

7.2.1　应急力量和装备保障

(1)省级海上搜救机构收集本地区可参与海上应急行动人员的数量、专长、通信方式和分布情况信息。

(2)专业救助力量应按照海上搜救机构的要求配备搜救设备和救生器材。

(3)省级海上搜救机构依据《海上搜救力量指定指南》，收集本地区应急设备的类型、数量、性能和布局信息。

7.2.2　交通运输保障

(1)建立海上应急运输保障机制，为海上应急指挥人员赶赴事发现场，以及应急器材的运送提供保障。

(2)省级海上搜救机构及其分支机构应配备应急专用交通工具，确保应急指挥人员、器材及时到位。

(3)省级海上搜救机构及其分支机构应与本地区的运输部门建立交通工具紧急征用机制，为应急行动提供保障。

7.2.3　医疗保障

建立医疗联动机制，明确海上医疗咨询、医疗援助或医疗移送和收治伤员的任务。

7.2.4　治安保障

(1)省级海上搜救机构及其分支机构与同级公安部门建立海上应急现场治安秩序保障机制，保障海上应急行动的顺利开展。

(2)相关公安部门应为海上应急现场提供治安保障。

7.2.5　资金保障

(1)应急资金保障由各级财政部门纳入财政预算，按照分级负担的原则，合理承担应由政府承担的应急保障资金。具体参照《财政应急保障预案》有关规定执行。

(2)中国海上搜救中心、省级海上搜救机构及其分支机构应按规定使用、管理搜救经费，定期向同级政府汇报经费的使用情况，接受政府部门的审计与监督。

7.2.6　社会动员保障

当应急力量不足时，由当地政府动员本地区机关、企事业单位、各类民间组织和志愿人员等社会力量参与或支援海上应急救援行动。

7.3　**宣传、培训与演习**

7.3.1　公众信息交流

公众信息交流的目的是使公众了解海上安全知识，提高公众的安全意识，增强应对海上突发事件能力。

(1)海上搜救机构要组织编制海上险情预防、应急等安全知识宣传资料，通过媒体主渠道和适当方式开展海上安全知识宣传工作。

(2)海上搜救机构要通过媒体和适当方式公布海上应急预案信息，介绍应对海上突发事件的常识。

7.3.2　培训

(1)海上搜救机构工作人员应通过专业培训和在职培训，掌握履行其职责所需的相关知识。

(2)专业救助力量、有关人员的适任培训由应急指挥机构认可的机构进行，并应取得应急指挥机构颁发的相应证书。

(3)被指定为海上救援力量的相关人员的应急技能和安全知识培训，由各自单位组织，海上搜救机构负责相关指导工作。

7.3.3　演习

中国海上搜救中心应举行如下海上搜救演习：

(1)每两年举行一次综合演习。不定期与周边国家、地区海上搜救机构举行海上突发事件应急处置联合演习。

(2)每年举行一次海上搜救项目的单项演习，并将海上医疗咨询和医疗救援纳入演习内容。

(3)每半年举行一次由各成员单位和各级海上搜救机构参加的应急通信演习。

8　附　则

8.1　**名词术语和缩写的定义与说明**

(1)海上突发事件是指船舶、设施在海上发生火灾、爆炸、碰撞、搁浅、沉没,油类物质或危险化学品泄漏以及民用航空器海上遇险造成或可能造成人员伤亡、财产损失的事件。

(2)海上搜救责任区是指由一搜救机构所承担的处置海上突发事件的责任区域。

(3)本预案中所指"海上"包括内河水域。

(4)本预案有关数量的表述中,"以上"含本数,"以下"不含本数。

8.2　**预案管理与更新**

(1)交通部负责国家海上搜救应急预案的编制及修改工作。

(2)本应急预案的附录,属技术指导性文件的,由中国海上搜救中心审定;属行政规章的,其修改工作由发布机关负责。

(3)省级海上搜救机构及其分支机构负责编制各自的海上应急反应预案,报同级人民政府批准,并及时报送中国海上搜救中心。

(4)专业搜救力量制定的预案应报同级应急指挥机构批准后实施,并接受应急指挥机构的监督检查。

8.3　**国际协作**

(1)收到周边国家或地区请求对在其搜救责任区开展的海上突发事件应急反应给予救援时,视情提供包括船舶、航空器、人员和设备的援助。

(2)在其他国家的救助机构提出外籍船舶或航空器为搜寻救助海难人员的目的进入或越过我国领海或领空的申请时,要及时与国家有关主管部门联系,并将是否准许情况回复给提出请求的搜救机构。

(3)与周边国家共同搜救区内的海上突发事件应急反应,需协调有关国家派出搜救力量,提供必要的援助。

(4)与周边国家搜救机构一起做出搜救合作和协调的行动计划和安排。

(5)为搜寻海上突发事件发生地点和救助海上突发事件遇险人员,救助力量需进入或越过其他国家领海或领空,由中国海上搜救中心与有关国家或地区海上搜救机构联系,说明详细计划和必要性。

8.4　**奖励与责任追究**

8.4.1　在参加海上应急行动中牺牲的军人或其他人员,由军事部门或省、自治区、直辖市人民政府,按照《革命烈士褒扬条例》的规定批准为革命烈士。

8.4.2　军人或其他人员参加海上应急行动致残的,由民政部门按相关规定给予抚恤优待。

8.4.3　对海上应急工作作出突出贡献的人员,由中国海上搜救中心或省级海上搜救机构报交通部或省级人民政府按照规定,给予奖励。

8.4.4　对按海上搜救机构协调参加海上搜救的船舶,由中国海上搜救中心或省级海上搜救中心给予适当的奖励、补偿或表扬。奖励、补偿或表扬的具体规定由中国海上搜救中心另行制订。

8.4.5　对推诿、故意拖延、不服从、干扰海上搜救机构协调指挥,未按本预案规定履行职责或违反本预案有关新闻发布规定的单位、责任人,由海上搜救机构予以通报,并建议其上级主管部门依照有关规定追究行政责任或给予党纪处分;对违反海事管理法律、法规的,由海事管理机关给予行政处罚;构成犯罪的,依法追究刑事责任。

8.4.6　对滥用职权、玩忽职守的搜救机构工作人员,依照有关规定给予行政和党纪处分;构成犯罪的,依法追究刑事责任。

8.5　**预案实施时间**

本预案自印发之日起施行。

国务院办公厅关于加强水上搜救工作的通知

·2019年10月31日

·国办函〔2019〕109号

各省、自治区、直辖市人民政府,国务院有关部门:

水上搜救是国家突发事件应急体系的重要组成部分,是我国履行国际公约的重要内容,对保障人民群众生命财产安全、保护海洋生态环境、服务国家发展战略、提升国际影响力具有重要作用。改革开放特别是党的十八大以来,我国充分发挥国家海上搜救体制机制优势,稳步推进水上搜救体系建设,管理运行制度化、队伍装备正规化、决策指挥科学化、理念视野国际化、内部管理窗口化建设均取得显著成效,水上搜救能力和水平有了长足进步。但与此同时,水上搜救工作仍存在责任落实不到位、法规标准不健全、保障能力不适应等突出问题,难以满足新时代经济社会发展需要和人民群众期盼。为加强水上搜救工作,经国务院同意,现将有关事项通知如下:

一、健全水上搜救体制。国家海上搜救机构要做好全国海上搜救和船舶污染应急工作的统一组织、协调,制定完善工作预案和规章制度,指导地方开展有关工作。地方各级人民政府要落实预防与应对水上突发事件的属地责任,建立健全水上搜救组织、协调、指挥和保障体系,水上搜救所需经费要纳入同级财政预算，确保水上搜救机构高效有序运行。

二、完善联席会议制度。国家海上搜救部际联席会议要统筹全国海上搜救和船舶污染应急反应工作，发挥好联席会议、联络员会议、紧急会商、联合演习、专家咨询等优势。交通运输部要发挥好国家海上搜救部际联席会议牵头单位作用，完善综合协调机制，加强督促指导。地方各级人民政府要根据本地区实际建立水上搜救联席会议制度，形成"政府领导、统一指挥、属地为主、专群结合、就近就便、快速高效"的工作格局。

三、注重内河水上搜救协同。地方各级人民政府要根据实际建立适应需求、科学部署的应急值守动态调整机制，区域联动、行业协同的联合协作机制，加快推进内河巡航救助一体化建设，加强公务船艇日常巡航，强化执法和救助功能。非水网地区属地政府要建设辖区水上救援力量，加强应急物资储备，强化协调联动，不断提升内陆湖泊、水库等水上搜救能力。

四、加强信息资源共享。国家海上搜救部际联席会议、地方各级水上搜救联席会议的成员单位，要充分利用交通运输、工业和信息化、自然资源、水利、应急管理、气象等部门资源，提升预测预防预警能力，切实履行好水上搜救反应、抢险救灾、支持保障、善后处置等职责。

五、完善水上搜救规划和预案体系。抓好国家水上交通安全监管和救助系统布局规划、国家重大海上溢油应急能力建设规划的落实。加强国家海上搜救应急预案和国家重大海上溢油应急处置预案的宣贯落实，及时更新配套预案和操作手册，定期组织应急演练。根据工作实际编制水上搜救能力建设专项规划，优化搜救基地布局和装备配置，推进水域救援、巡航救助、水上医学救援、航空救助等基地建设。

六、加强法规和标准体系建设。国家海上搜救部际联席会议要推动完善海上搜救相关法规规章，明确海上搜救工作责任，指导各级水上搜救机构制定和完善水上搜救值班值守、平台建设、搜救指挥、装备配备、险情处置等工作标准，形成全流程、全业务链的标准体系，实现水上搜救工作规范化、科学化。

七、注重装备研发配备和技术应用。加强深远海救助打捞关键技术及装备研发应用，提升深远海和夜航搜救能力。加强内陆湖泊、水库等水域救援和深水救捞装备建设，实现深潜装备轻型化远程投送，提升长江等内河应急搜救能力。推动人工智能、新一代信息技术、卫星通信等在水上搜救工作中的应用，实现"12395"水上遇险求救电话全覆盖。科学布局建设船舶溢油应急物资设备库并定期维护保养，加强日常演习演练，提升船舶污染和重大海上溢油的应急处置能力。

八、建设现代化水上搜救人才队伍。加强国家专业救助打捞队伍和国家海上搜救部际联席会议成员单位所属水上搜救、水域救援力量建设，开放共享训练条件，强化搜救培训教育。充分发挥商船、渔船、社会志愿者等社会力量的作用，鼓励引导社会搜救队伍和志愿者队伍有序发展。组建跨地区、跨部门、多专业的水上搜救专家队伍，建立相对稳定的应急专家库，为做好有关工作提供技术支撑。

九、加强水上搜救交流与合作。国家海上搜救机构要弘扬国际人道主义精神，按照有关国际公约认真履行国际搜救义务，加强国内外重大事故应急案例研究，积极参与国际救援行动，树立负责任大国形象。加强区域与国际交流合作，学习借鉴国际先进的理念、技术和经验，提高我国海上搜救履职能力和国际影响力。

十、推广普及水上搜救文化。牢固树立生命至上、安全第一的思想，组织开展形式多样、生动活泼的宣传教育活动，提升全社会水上安全意识。建立激励机制，加大先进人物、感人事迹宣传力度，提升从业人员社会认同感、职业自豪感和工作积极性，为做好水上搜救工作创造良好氛围。

国家突发公共事件医疗卫生救援应急预案

· 2006 年 2 月 26 日

1 总 则

1.1 编制目的

保障自然灾害、事故灾难、公共卫生、社会安全事件等突发公共事件（以下简称突发公共事件）发生后，各项医疗卫生救援工作迅速、高效、有序地进行，提高卫生部门应对各类突发公共事件的应急反应能力和医疗卫生救援水平，最大程度地减少人员伤亡和健康危害，保障人民群众身体健康和生命安全，维护社会稳定。

1.2 编制依据

依据《中华人民共和国传染病防治法》、《中华人民共和国食品卫生法》、《中华人民共和国职业病防治法》、《中华人民共和国放射性污染防治法》、《中华人民共和国安全生产法》以及《突发公共卫生事件应急条例》、《医疗机构管理条例》、《核电厂核事故应急管理条例》和《国家突发公共事件总体应急预案》，制定本预案。

1.3 **适用范围**

本预案适用于突发公共事件所导致的人员伤亡、健康危害的医疗卫生救援工作。突发公共卫生事件应急工作按照《国家突发公共卫生事件应急预案》的有关规定执行。

1.4 **工作原则**

统一领导、分级负责;属地管理、明确职责;依靠科学、依法规范;反应及时、措施果断;整合资源、信息共享;平战结合、常备不懈;加强协作、公众参与。

2 医疗卫生救援的事件分级

根据突发公共事件导致人员伤亡和健康危害情况将医疗卫生救援事件分为特别重大(Ⅰ级)、重大(Ⅱ级)、较大(Ⅲ级)和一般(Ⅳ级)四级。

2.1 **特别重大事件(Ⅰ级)**

(1)一次事件出现特别重大人员伤亡,且危重人员多,或者核事故和突发放射事件、化学品泄漏事故导致大量人员伤亡,事件发生地省级人民政府或有关部门请求国家在医疗卫生救援工作上给予支持的突发公共事件。

(2)跨省(区、市)的有特别严重人员伤亡的突发公共事件。

(3)国务院及其有关部门确定的其他需要开展医疗卫生救援工作的特别重大突发公共事件。

2.2 **重大事件(Ⅱ级)**

(1)一次事件出现重大人员伤亡,其中,死亡和危重病例超过5例的突发公共事件。

(2)跨市(地)的有严重人员伤亡的突发公共事件。

(3)省级人民政府及其有关部门确定的其他需要开展医疗卫生救援工作的重大突发公共事件。

2.3 **较大事件(Ⅲ级)**

(1)一次事件出现较大人员伤亡,其中,死亡和危重病例超过3例的突发公共事件。

(2)市(地)级人民政府及其有关部门确定的其他需要开展医疗卫生救援工作的较大突发公共事件。

2.4 **一般事件(Ⅳ级)**

(1)一次事件出现一定数量人员伤亡,其中,死亡和危重病例超过1例的突发公共事件。

(2)县级人民政府及其有关部门确定的其他需要开展医疗卫生救援工作的一般突发公共事件。

3 医疗卫生救援组织体系

各级卫生行政部门要在同级人民政府或突发公共事件应急指挥机构的统一领导、指挥下,与有关部门密切配合、协调一致,共同应对突发公共事件,做好突发公共事件的医疗卫生救援工作。

医疗卫生救援组织机构包括:各级卫生行政部门成立的医疗卫生救援领导小组、专家组和医疗卫生救援机构[指各级各类医疗机构,包括医疗急救中心(站)、综合医院、专科医院、化学中毒和核辐射事故应急医疗救治专业机构、疾病预防控制机构和卫生监督机构]、现场医疗卫生救援指挥部。

3.1 **医疗卫生救援领导小组**

国务院卫生行政部门成立突发公共事件医疗卫生救援领导小组,领导、组织、协调、部署特别重大突发公共事件的医疗卫生救援工作。国务院卫生行政部门卫生应急办公室负责日常工作。

省、市(地)、县级卫生行政部门成立相应的突发公共事件医疗卫生救援领导小组,领导本行政区域内突发公共事件医疗卫生救援工作,承担各类突发公共事件医疗卫生救援的组织、协调任务,并指定机构负责日常工作。

3.2 **专家组**

各级卫生行政部门应组建专家组,对突发公共事件医疗卫生救援工作提供咨询建议、技术指导和支持。

3.3 **医疗卫生救援机构**

各级各类医疗机构承担突发公共事件的医疗卫生救援任务。其中,各级医疗急救中心(站)、化学中毒和核辐射事故应急医疗救治专业机构承担突发公共事件现场医疗卫生救援和伤员转送;各级疾病预防控制机构和卫生监督机构根据各自职能做好突发公共事件中的疾病预防控制和卫生监督工作。

3.4 **现场医疗卫生救援指挥部**

各级卫生行政部门根据实际工作需要在突发公共事件现场设立现场医疗卫生救援指挥部,统一指挥、协调现场医疗卫生救援工作。

4 医疗卫生救援应急响应和终止

4.1 **医疗卫生救援应急分级响应**

4.1.1 Ⅰ级响应

(1)Ⅰ级响应的启动

符合下列条件之一者,启动医疗卫生救援应急的Ⅰ级响应:

a. 发生特别重大突发公共事件,国务院启动国家突发公共事件总体应急预案。

b. 发生特别重大突发公共事件,国务院有关部门启动国家突发公共事件专项应急预案。

c. 其他符合医疗卫生救援特别重大事件（Ⅰ级）级别的突发公共事件。

（2）Ⅰ级响应行动

国务院卫生行政部门接到关于医疗卫生救援特别重大事件的有关指示、通报或报告后，应立即启动医疗卫生救援领导小组工作，组织专家对伤病员及救治情况进行综合评估，组织和协调医疗卫生救援机构开展现场医疗卫生救援，指导和协调落实医疗救治等措施，并根据需要及时派出专家和专业队伍支援地方，及时向国务院和国家相关突发公共事件应急指挥机构报告和反馈有关处理情况。凡属启动国家总体应急预案和专项应急预案的响应，医疗卫生救援领导小组按相关规定启动工作。

事件发生地的省（区、市）人民政府卫生行政部门在国务院卫生行政部门的指挥下，结合本行政区域的实际情况，组织、协调开展突发公共事件的医疗卫生救援。

4.1.2 Ⅱ级响应

（1）Ⅱ级响应的启动

符合下列条件之一者，启动医疗卫生救援应急的Ⅱ级响应：

a. 发生重大突发公共事件，省级人民政府启动省级突发公共事件应急预案。

b. 发生重大突发公共事件，省级有关部门启动省级突发公共事件专项应急预案。

c. 其他符合医疗卫生救援重大事件（Ⅱ级）级别的突发公共事件。

（2）Ⅱ级响应行动

省级卫生行政部门接到关于医疗卫生救援重大事件的有关指示、通报或报告后，应立即启动医疗卫生救援领导小组工作，组织专家对伤病员及救治情况进行综合评估。同时，迅速组织医疗卫生救援应急队伍和有关人员到达突发公共事件现场，组织开展医疗救治，并分析突发公共事件的发展趋势，提出应急处理工作建议，及时向本级人民政府和突发公共事件应急指挥机构报告有关处理情况。凡属启动省级应急预案和省级专项应急预案的响应，医疗卫生救援领导小组按相关规定启动工作。

国务院卫生行政部门对省级卫生行政部门负责的突发公共事件医疗卫生救援工作进行督导，根据需要和事件发生地省级人民政府和有关部门的请求，组织国家医疗卫生救援应急队伍和有关专家进行支援，并及时向有关省份通报情况。

4.1.3 Ⅲ级响应

（1）Ⅲ级响应的启动

符合下列条件之一者，启动医疗卫生救援应急的Ⅲ级响应：

a. 发生较大突发公共事件，市（地）级人民政府启动市（地）级突发公共事件应急预案。

b. 其他符合医疗卫生救援较大事件（Ⅲ级）级别的突发公共事件。

（2）Ⅲ级响应行动

市（地）级卫生行政部门接到关于医疗卫生救援较大事件的有关指示、通报或报告后，应立即启动医疗卫生救援领导小组工作，组织专家对伤病员及救治情况进行综合评估。同时，迅速组织开展现场医疗卫生救援工作，并及时向本级人民政府和突发公共事件应急指挥机构报告有关处理情况。凡属启动市（地）级应急预案的响应，医疗卫生救援领导小组按相关规定启动工作。

省级卫生行政部门接到医疗卫生救援较大事件报告后，要对事件发生地突发公共事件医疗卫生救援工作进行督导，必要时组织专家提供技术指导和支持，并适时向本省（区、市）有关地区发出通报。

4.1.4 Ⅳ级响应

（1）Ⅳ级响应的启动

符合下列条件之一者，启动医疗卫生救援应急的Ⅳ级响应：

a. 发生一般突发公共事件，县级人民政府启动县级突发公共事件应急预案。

b. 其他符合医疗卫生救援一般事件（Ⅳ级）级别的突发公共事件。

（2）Ⅳ级响应行动

县级卫生行政部门接到关于医疗卫生救援一般事件的有关指示、通报或报告后，应立即启动医疗卫生救援领导小组工作，组织医疗卫生救援机构开展突发公共事件的现场处理工作，组织专家对伤病员及救治情况进行调查、确认和评估，同时向本级人民政府和突发公共事件应急指挥机构报告有关处理情况。凡属启动县级应急预案的响应，医疗卫生救援领导小组按相关规定启动工作。

市（地）级卫生行政部门在必要时应当快速组织专家对突发公共事件医疗卫生救援进行技术指导。

4.2 现场医疗卫生救援及指挥

医疗卫生救援应急队伍在接到救援指令后要及时赶赴现场，并根据现场情况全力开展医疗卫生救援工作。

在实施医疗卫生救援的过程中，既要积极开展救治，又要注重自我防护，确保安全。

为了及时准确掌握现场情况，做好现场医疗卫生救援指挥工作，使医疗卫生救援工作紧张有序地进行，有关卫生行政部门应在事发现场设置现场医疗卫生救援指挥部，主要或分管领导同志要亲临现场，靠前指挥，减少中间环节，提高决策效率，加快抢救进程。现场医疗卫生救援指挥部要接受突发公共事件现场处置指挥机构的领导，加强与现场各救援部门的沟通与协调。

4.2.1 现场抢救

到达现场的医疗卫生救援应急队伍，要迅速将伤员转送出危险区，本着"先救命后治伤、先救重后救轻"的原则开展工作，按照国际统一的标准对伤病员进行检伤分类，分别用蓝、黄、红、黑四种颜色，对轻、重、危重伤病员和死亡人员作出标志（分类标记用塑料材料制成腕带），扣系在伤病员或死亡人员的手腕或脚踝部位，以便后续救治辨认或采取相应的措施。

4.2.2 转送伤员

当现场环境处于危险或在伤病员情况允许时，要尽快将伤病员转送并做好以下工作：

（1）对已经检伤分类待送的伤病员进行复检。对有活动性大出血或转运途中有生命危险的急危重症者，应就地先予抢救、治疗，做必要的处理后再进行监护下转运。

（2）认真填写转运卡提交接纳的医疗机构，并报现场医疗卫生救援指挥部汇总。

（3）在转运中，医护人员必须在医疗仓内密切观察伤病员病情变化，并确保治疗持续进行。

（4）在转运过程中要科学搬运，避免造成二次损伤。

（5）合理分流伤病员或按现场医疗卫生救援指挥部指定的地点转送，任何医疗机构不得以任何理由拒诊、拒收伤病员。

4.3 疾病预防控制和卫生监督工作

突发公共事件发生后，有关卫生行政部门要根据情况组织疾病预防控制和卫生监督等有关专业机构和人员，开展卫生学调查和评价、卫生执法监督，采取有效的预防控制措施，防止各类突发公共事件造成的次生或衍生突发公共卫生事件的发生，确保大灾之后无大疫。

4.4 信息报告和发布

医疗急救中心（站）和其他医疗机构接到突发公共事件的报告后，在迅速开展应急医疗卫生救援工作的同时，立即将人员伤亡、抢救等情况报告现场医疗卫生救援指挥部或当地卫生行政部门。

现场医疗卫生救援指挥部、承担医疗卫生救援任务的医疗机构要每日向上级卫生行政部门报告伤病员情况、医疗救治进展等，重要情况要随时报告。有关卫生行政部门要及时向本级人民政府和突发公共事件应急指挥机构报告有关情况。

各级卫生行政部门要认真做好突发公共事件医疗卫生救援信息发布工作。

4.5 医疗卫生救援应急响应的终止

突发公共事件现场医疗卫生救援工作完成，伤病员在医疗机构得到救治，经本级人民政府或同级突发公共事件应急指挥机构批准，或经同级卫生行政部门批准，医疗卫生救援领导小组可宣布医疗卫生救援应急响应终止，并将医疗卫生救援应急响应终止的信息报告上级卫生行政部门。

5 医疗卫生救援的保障

突发公共事件应急医疗卫生救援机构和队伍的建设，是国家突发公共卫生事件预防控制体系建设的重要组成部分，各级卫生行政部门应遵循"平战结合、常备不懈"的原则，加强突发公共事件医疗卫生救援工作的组织和队伍建设，组建医疗卫生救援应急队伍，制订各种医疗卫生救援应急技术方案，保证突发公共事件医疗卫生救援工作的顺利开展。

5.1 信息系统

在充分利用现有资源的基础上建设医疗救治信息网络，实现医疗机构与卫生行政部门之间，以及卫生行政部门与相关部门间的信息共享。

5.2 急救机构

各直辖市、省会城市可根据服务人口和医疗救治的需求，建立一个相应规模的医疗急救中心（站），并完善急救网络。每个市（地）、县（市）可依托综合力量较强的医疗机构建立急救机构。

5.3 化学中毒与核辐射医疗救治机构

按照"平战结合"的原则，依托专业防治机构或综合医院建立化学中毒医疗救治和核辐射应急医疗救治专业机构，依托实力较强的综合医院建立化学中毒、核辐射应急医疗救治专业科室。

5.4 医疗卫生救援应急队伍

各级卫生行政部门组建综合性医疗卫生救援应急队伍，并根据需要建立特殊专业医疗卫生救援应急队伍。

各级卫生行政部门要保证医疗卫生救援工作队伍的稳定，严格管理，定期开展培训和演练，提高应急救治能力。

医疗卫生救援演练需要公众参与的，必须报经本级人民政府同意。

5.5 物资储备

卫生行政部门提出医疗卫生救援应急药品、医疗器械、设备、快速检测器材和试剂、卫生防护用品等物资的储备计划建议。发展改革部门负责组织应急物资的生产、储备和调运，保证供应，维护市场秩序，保持物价稳定。应急储备物资使用后要及时补充。

5.6 医疗卫生救援经费

财政部门负责安排应由政府承担的突发公共事件医疗卫生救援所必需的经费，并做好经费使用情况监督工作。

自然灾害导致的人员伤亡，各级财政按照有关规定承担医疗救治费用或给予补助。

安全生产事故引起的人员伤亡，事故发生单位应向医疗急救中心（站）或相关医疗机构支付医疗卫生救援过程中发生的费用，有关部门应负责督促落实。

社会安全突发事件中发生的人员伤亡，由有关部门确定的责任单位或责任人承担医疗救治费用，有关部门应负责督促落实。各级财政可根据有关政策规定或本级人民政府的决定对医疗救治费用给予补助。

各类保险机构要按照有关规定对参加人身、医疗、健康等保险的伤亡人员，做好理赔工作。

5.7 医疗卫生救援的交通运输保障

各级医疗卫生救援应急队伍要根据实际工作需要配备救护车辆、交通工具和通讯设备。

铁路、交通、民航、公安（交通管理）等有关部门，要保证医疗卫生救援人员和物资运输的优先安排、优先调度、优先放行，确保运输安全畅通。情况特别紧急时，对现场及相关通道实行交通管制，开设应急救援“绿色通道”，保证医疗卫生救援工作的顺利开展。

5.8 其他保障

公安机关负责维护突发公共事件现场治安秩序，保证现场医疗卫生救援工作的顺利进行。

科技部门制定突发公共事件医疗卫生救援应急技术研究方案，组织科研力量开展医疗卫生救援应急技术科研攻关，统一协调、解决检测技术及药物研发和应用中的科技问题。

海关负责突发公共事件医疗卫生救援急需进口特殊药品、试剂、器材的优先通关验放工作。

食品药品监管部门负责突发公共事件医疗卫生救援药品、医疗器械和设备的监督管理，参与组织特殊药品的研发和生产，并组织对特殊药品进口的审批。

红十字会按照《中国红十字会总会自然灾害与突发公共事件应急预案》，负责组织群众开展现场自救和互救，做好相关工作。并根据突发公共事件的具体情况，向国内外发出呼吁，依法接受国内外组织和个人的捐赠，提供急需的人道主义援助。

总后卫生部负责组织军队有关医疗卫生技术人员和力量，支持和配合突发公共事件医疗卫生救援工作。

6 医疗卫生救援的公众参与

各级卫生行政部门要做好突发公共事件医疗卫生救援知识普及的组织工作；中央和地方广播、电视、报刊、互联网等媒体要扩大对社会公众的宣传教育；各部门、企事业单位、社会团体要加强对所属人员的宣传教育；各医疗卫生机构要做好宣传资料的提供和师资培训工作。在广泛普及医疗卫生救援知识的基础上逐步组建以公安干警、企事业单位安全员和卫生员为骨干的群众性救助网络，经过培训和演练提高其自救、互救能力。

7 附 则

7.1 责任与奖惩

突发公共事件医疗卫生救援工作实行责任制和责任追究制。

各级卫生行政部门，对突发公共事件医疗卫生救援工作作出贡献的先进集体和个人要给予表彰和奖励。对失职、渎职的有关责任人，要依据有关规定严肃追究责任，构成犯罪的，依法追究刑事责任。

7.2 预案制定与修订

本预案由国务院卫生行政部门组织制定并报国务院审批发布。各地区可结合实际制定本地区的突发公共事件医疗卫生救援应急预案。

本预案定期进行评审，根据突发公共事件医疗卫生救援实施过程中发现的问题及时进行修订和补充。

7.3 预案实施时间

本预案自印发之日起实施。

灾害事故医疗救援工作管理办法

· 1995 年 4 月 27 日卫生部令第 39 号发布
· 自发布之日起实施

第一章 总 则

第一条 为提高对灾害事故的应急反应能力和医疗救援水平，避免和减少人员伤亡，保障公民身体健康和生命安全，特制定本办法。

第二条 本办法所称医疗救援，系指因灾害事故发生人群伤亡时的抢救治疗工作。

第三条 对灾害事故的医疗救援工作实行规范管理，做到常备不懈，及时有效。

第四条 县级以上政府卫生行政部门主管灾害事故医疗救援工作。

第二章 组 织

第五条 卫生部成立“卫生部灾害事故医疗救援领导小组”，由卫生部部长任组长，主管副部长、医政司司长任副组长，办公厅、疾病控制司、计财司、药政局、爱委会、监督司、外事司等有关领导为成员。

第六条 各省、自治区、直辖市政府卫生行政部门成立与“卫生部灾害事故医疗救援工作领导小组”相应的组织。

灾害事故多发地区的县级以上政府卫生行政部门，根据需要也可以设立相应的领导协调组织。

第七条 各级灾害事故医疗救援领导小组要及时了解掌握全国或当地灾害事故的特征、规律、医疗救护资源、地理交通状况等信息，组织、协调、部署与灾害事故医疗救护有关的工作。

第八条 要组织好灾害事故的现场医疗救护。在灾害事故发生后，到达事故现场的当地最高卫生行政主管部门领导即为灾害事故现场医疗救援总指挥，负责现场医疗救援工作。

第九条 县级以上地方政府卫生行政部门要加强对急救中心、急救站、医院急诊科(室)为主体的急救医疗服务网络建设，提高其急救反应能力。

第十条 各级政府卫生行政部门要制定医疗救援预案；要建立数支救灾医疗队，并配备一定数量的急救医疗药械(见附件)，由医疗队所在单位保管，定期更换。

第三章 灾情报告

第十一条 灾害事故发生地的医疗卫生单位或医疗卫生人员应当及时将灾情报告其所在地的县级以上政府卫生行政部门。

凡事故发生地丧失报告能力的，由相邻地区政府卫生行政部门、医疗卫生单位或医疗卫生人员履行报告程序。

第十二条 卫生行政部门接到灾情报告或救援指令后，应当立即通知有关单位，组织现场抢救，并及时报告当地人民政府和上一级政府卫生行政部门。

第十三条 医疗救援情况按以下规定报告：

(一)伤亡20人以下的，6小时内报市级卫生行政部门；

(二)伤亡20-50人的，12小时内报省级卫生行政部门；

(三)伤亡50人以上的，24小时内报国务院卫生行政部门；

(四)地震、水灾、风灾、火灾和其他重大灾害事故，虽一时不明伤亡情况的，应尽快逐级上报至国务院卫生行政部门。

第十四条 报告内容：

(一)灾害发生的时间、地点、伤亡人数及种类；

(二)伤员主要的伤情、采取的措施及投入的医疗资源；

(三)急需解决的卫生问题；

(四)卫生系统受损情况。

第十五条 疫情的报告和公布根据《中华人民共和国传染病防治法》的规定实施。

第四章 现场医疗救护

第十六条 灾害事故发生后，凡就近的医护人员都要主动及时到达现场，并组织起来参加医疗救护。

第十七条 参加医疗救援工作的单位和个人，到达现场后应当立即向灾害事故医疗救援现场指挥部报到，并接受其统一指挥和调遣。

第十八条 灾害事故医疗救援现场指挥部的任务为：

(一)视伤亡情况设置伤病员分检处；

(二)对现场伤亡情况和事态发展作出快速、准确评估；

(三)指挥、调遣现场及辖区内各医疗救护力量；

(四)向当地灾害事故医疗救援领导小组汇报有关情况并接受指令。

第十九条 在现场医疗救护中，依据受害者的伤病情况，按轻、中、重、死亡分类，分别以“红、黄、蓝、黑”的伤病卡作出标志，(伤病卡以5×3CM的不干胶材料做成)，置于伤病员的左胸部或其他明显部位，便于医疗救护人员辨认并采取相应的急救措施。

第二十条 现场医疗救护过程中，要本着先救命后治伤、先治重伤后治轻伤的原则，要将经治的伤员的血型、伤情、急救处置、注意事项等逐一填写伤员情况单(见附件2)，并置于伤员衣袋内。

第二十一条 根据现场伤员情况设手术、急救处置室(部)。

第五章 伤病员后送

第二十二条 凡伤员需要后送，由当地灾害事故医疗救援领导小组视实际需要决定设伤员后送指挥部，负责伤员后送的指挥协调工作。

第二十三条 伤病员经现场检伤分类、处置后要根据病情向就近的省、市级医院或专科医院分流，原则如下：

（一）当地医疗机构有能力收治全部伤员的，由急救中心（站）或后送指挥部指定有关单位后送到就近的医院；

（二）伤员现场经治的医疗文书要一式二份，及时向现场指挥部报告汇总，并向接纳后送伤员的医疗机构提交；

（三）后送途中需要监护的伤员，由灾害事故现场医疗救护指挥部派医护人员护送；

（四）灾害事故发生后医疗机构不得以任何理由拒诊、推诿后送的伤员。

第六章 部门协调

第二十四条 各级卫生行政部门负责制定灾害事故医疗救援工作计划；负责组织派遣医疗队，救治伤病员；负责灾害事故医疗救援工作的对外宣传口径；承接上级灾害事故医疗救援领导小组分配的任务。

第二十五条 灾害事故医疗救援领导小组视情况提请地方政府协调铁路、邮电、交通、民航、航运、军队、武警、国家医药管理局等有关部门协助解决医疗救援有关的交通，伤病员的转送、药械调拨等工作。

第二十六条 各级红十字会、爱国卫生运动委员会办公室要协同卫生行政部门，参与灾害事故的医疗救援工作。

第七章 培 训

第二十七条 各级卫生行政部门要制订和落实灾害事故医疗救护人员的培训计划。重点掌握检伤分类、徒手复苏、骨折固定、止血、气管插管、气管切开、清创、缝合、饮用水消毒等基本技能，并定期举行模拟演习，达到实战要求。

第二十八条 要利用报刊、广播、影视、培训班等多种形式，向公众普及灾害事故医疗救护、自救和互救的知识及基本技术。

第八章 附 则

第二十九条 本办法由卫生部负责解释。

第三十条 本办法自发布之日起实施。

自然灾害救助条例

·2010 年 7 月 8 日中华人民共和国国务院令第 577 号公布

·根据 2019 年 3 月 2 日《国务院关于修改部分行政法规的决定》修订

第一章 总 则

第一条 为了规范自然灾害救助工作，保障受灾人员基本生活，制定本条例。

第二条 自然灾害救助工作遵循以人为本、政府主导、分级管理、社会互助、灾民自救的原则。

第三条 自然灾害救助工作实行各级人民政府行政领导负责制。

国家减灾委员会负责组织、领导全国的自然灾害救助工作，协调开展重大自然灾害救助活动。国务院应急管理部门负责全国的自然灾害救助工作，承担国家减灾委员会的具体工作。国务院有关部门按照各自职责做好全国的自然灾害救助相关工作。

县级以上地方人民政府或者人民政府的自然灾害救助应急综合协调机构，组织、协调本行政区域的自然灾害救助工作。县级以上地方人民政府应急管理部门负责本行政区域的自然灾害救助工作。县级以上地方人民政府有关部门按照各自职责做好本行政区域的自然灾害救助相关工作。

第四条 县级以上人民政府应当将自然灾害救助工作纳入国民经济和社会发展规划，建立健全与自然灾害救助需求相适应的资金、物资保障机制，将人民政府安排的自然灾害救助资金和自然灾害救助工作经费纳入财政预算。

第五条 村民委员会、居民委员会以及红十字会、慈善会和公募基金会等社会组织，依法协助人民政府开展自然灾害救助工作。

国家鼓励和引导单位和个人参与自然灾害救助捐赠、志愿服务等活动。

第六条 各级人民政府应当加强防灾减灾宣传教育，提高公民的防灾避险意识和自救互救能力。

村民委员会、居民委员会、企业事业单位应当根据所在地人民政府的要求，结合各自的实际情况，开展防灾减灾应急知识的宣传普及活动。

第七条 对在自然灾害救助中作出突出贡献的单位和个人，按照国家有关规定给予表彰和奖励。

第二章 救助准备

第八条 县级以上地方人民政府及其有关部门应当

根据有关法律、法规、规章，上级人民政府及其有关部门的应急预案以及本行政区域的自然灾害风险调查情况，制定相应的自然灾害救助应急预案。

自然灾害救助应急预案应当包括下列内容：

（一）自然灾害救助应急组织指挥体系及其职责；

（二）自然灾害救助应急队伍；

（三）自然灾害救助应急资金、物资、设备；

（四）自然灾害的预警预报和灾情信息的报告、处理；

（五）自然灾害救助应急响应的等级和相应措施；

（六）灾后应急救助和居民住房恢复重建措施。

第九条 县级以上人民政府应当建立健全自然灾害救助应急指挥技术支撑系统，并为自然灾害救助工作提供必要的交通、通信等装备。

第十条 国家建立自然灾害救助物资储备制度，由国务院应急管理部门分别会同国务院财政部门、发展改革部门、工业和信息化部门、粮食和物资储备部门制定全国自然灾害救助物资储备规划和储备库规划，并组织实施。其中，由国务院粮食和物资储备部门会同相关部门制定中央救灾物资储备库规划，并组织实施。

设区的市级以上人民政府和自然灾害多发、易发地区的县级人民政府应当根据自然灾害特点、居民人口数量和分布等情况，按照布局合理、规模适度的原则，设立自然灾害救助物资储备库。

第十一条 县级以上地方人民政府应当根据当地居民人口数量和分布等情况，利用公园、广场、体育场馆等公共设施，统筹规划设立应急避难场所，并设置明显标志。

启动自然灾害预警响应或者应急响应，需要告知居民前往应急避难场所的，县级以上地方人民政府或者人民政府的自然灾害救助应急综合协调机构应当通过广播、电视、手机短信、电子显示屏、互联网等方式，及时公告应急避难场所的具体地址和到达路径。

第十二条 县级以上地方人民政府应当加强自然灾害救助人员的队伍建设和业务培训，村民委员会、居民委员会和企业事业单位应当设立专职或者兼职的自然灾害信息员。

第三章 应急救助

第十三条 县级以上人民政府或者人民政府的自然灾害救助应急综合协调机构应当根据自然灾害预警预报启动预警响应，采取下列一项或者多项措施：

（一）向社会发布规避自然灾害风险的警告，宣传避险常识和技能，提示公众做好自救互救准备；

（二）开放应急避难场所，疏散、转移易受自然灾害危害的人员和财产，情况紧急时，实行有组织的避险转移；

（三）加强对易受自然灾害危害的乡村、社区以及公共场所的安全保障；

（四）责成应急管理等部门做好基本生活救助的准备。

第十四条 自然灾害发生并达到自然灾害救助应急预案启动条件的，县级以上人民政府或者人民政府的自然灾害救助应急综合协调机构应当及时启动自然灾害救助应急响应，采取下列一项或者多项措施：

（一）立即向社会发布政府应对措施和公众防范措施；

（二）紧急转移安置受灾人员；

（三）紧急调拨、运输自然灾害救助应急资金和物资，及时向受灾人员提供食品、饮用水、衣被、取暖、临时住所、医疗防疫等应急救助，保障受灾人员基本生活；

（四）抚慰受灾人员，处理遇难人员善后事宜；

（五）组织受灾人员开展自救互救；

（六）分析评估灾情趋势和灾区需求，采取相应的自然灾害救助措施；

（七）组织自然灾害救助捐赠活动。

对应急救助物资，各交通运输主管部门应当组织优先运输。

第十五条 在自然灾害救助应急期间，县级以上地方人民政府或者人民政府的自然灾害救助应急综合协调机构可以在本行政区域内紧急征用物资、设备、交通运输工具和场地，自然灾害救助应急工作结束后应当及时归还，并按照国家有关规定给予补偿。

第十六条 自然灾害造成人员伤亡或者较大财产损失的，受灾地区县级人民政府应急管理部门应当立即向本级人民政府和上一级人民政府应急管理部门报告。

自然灾害造成特别重大或者重大人员伤亡、财产损失的，受灾地区县级人民政府应急管理部门应当按照有关法律、行政法规和国务院应急预案规定的程序及时报告，必要时可以直接报告国务院。

第十七条 灾情稳定前，受灾地区人民政府应急管理部门应当每日逐级上报自然灾害造成的人员伤亡、财产损失和自然灾害救助工作动态等情况，并及时向社会发布。

灾情稳定后，受灾地区县级以上人民政府或者人民政府的自然灾害救助应急综合协调机构应当评估、核定并发布自然灾害损失情况。

第四章 灾后救助

第十八条 受灾地区人民政府应当在确保安全的前提下，采取就地安置与异地安置、政府安置与自行安置相结合的方式，对受灾人员进行过渡性安置。

就地安置应当选择在交通便利、便于恢复生产和生活的地点，并避开可能发生次生自然灾害的区域，尽量不占用或者少占用耕地。

受灾地区人民政府应当鼓励并组织受灾群众自救互救，恢复重建。

第十九条 自然灾害危险消除后，受灾地区人民政府应当统筹研究制订居民住房恢复重建规划和优惠政策，组织重建或者修缮因灾损毁的居民住房，对恢复重建确有困难的家庭予以重点帮扶。

居民住房恢复重建应当因地制宜、经济实用，确保房屋建设质量符合防灾减灾要求。

受灾地区人民政府应急管理等部门应当向经审核确认的居民住房恢复重建补助对象发放补助资金和物资，住房城乡建设等部门应当为受灾人员重建或者修缮因灾损毁的居民住房提供必要的技术支持。

第二十条 居民住房恢复重建补助对象由受灾人员本人申请或者由村民小组、居民小组提名。经村民委员会、居民委员会民主评议，符合救助条件的，在自然村、社区范围内公示；无异议或者经村民委员会、居民委员会民主评议异议不成立的，由村民委员会、居民委员会将评议意见和有关材料提交乡镇人民政府、街道办事处审核，报县级人民政府应急管理等部门审批。

第二十一条 自然灾害发生后的当年冬季、次年春季，受灾地区人民政府应当为生活困难的受灾人员提供基本生活救助。

受灾地区县级人民政府应急管理部门应当在每年10月底前统计、评估本行政区域受灾人员当年冬季、次年春季的基本生活困难和需求，核实救助对象，编制工作台账，制定救助工作方案，经本级人民政府批准后组织实施，并报上一级人民政府应急管理部门备案。

第五章 救助款物管理

第二十二条 县级以上人民政府财政部门、应急管理部门负责自然灾害救助资金的分配、管理并监督使用情况。

县级以上人民政府应急管理部门负责调拨、分配、管理自然灾害救助物资。

第二十三条 人民政府采购用于自然灾害救助准备和灾后恢复重建的货物、工程和服务，依照有关政府采购和招标投标的法律规定组织实施。自然灾害应急救助和灾后恢复重建中涉及紧急抢救、紧急转移安置和临时性救助的紧急采购活动，按照国家有关规定执行。

第二十四条 自然灾害救助款物专款(物)专用，无偿使用。

定向捐赠的款物，应当按照捐赠人的意愿使用。政府部门接受的捐赠人无指定意向的款物，由县级以上人民政府应急管理部门统筹安排用于自然灾害救助；社会组织接受的捐赠人无指定意向的款物，由社会组织按照有关规定用于自然灾害救助。

第二十五条 自然灾害救助款物应当用于受灾人员的紧急转移安置，基本生活救助，医疗救助，教育、医疗等公共服务设施和住房的恢复重建，自然灾害救助物资的采购、储存和运输，以及因灾遇难人员亲属的抚慰等项支出。

第二十六条 受灾地区人民政府应急管理、财政等部门和有关社会组织应当通过报刊、广播、电视、互联网，主动向社会公开所接受的自然灾害救助款物和捐赠款物的来源、数量及其使用情况。

受灾地区村民委员会、居民委员会应当公布救助对象及其接受救助款物数额和使用情况。

第二十七条 各级人民政府应当建立健全自然灾害救助款物和捐赠款物的监督检查制度，并及时受理投诉和举报。

第二十八条 县级以上人民政府监察机关、审计机关应当依法对自然灾害救助款物和捐赠款物的管理使用情况进行监督检查，应急管理、财政等部门和有关社会组织应当予以配合。

第六章 法律责任

第二十九条 行政机关工作人员违反本条例规定，有下列行为之一的，由任免机关或者监察机关依照法律法规给予处分；构成犯罪的，依法追究刑事责任：

(一)迟报、谎报、瞒报自然灾害损失情况，造成后果的；

(二)未及时组织受灾人员转移安置，或者在提供基本生活救助、组织恢复重建过程中工作不力，造成后果的；

(三)截留、挪用、私分自然灾害救助款物或者捐赠款物的；

（四）不及时归还征用的财产，或者不按照规定给予补偿的；

（五）有滥用职权、玩忽职守、徇私舞弊的其他行为的。

第三十条 采取虚报、隐瞒、伪造等手段，骗取自然灾害救助款物或者捐赠款物的，由县级以上人民政府应急管理部门责令限期退回违法所得的款物；构成犯罪的，依法追究刑事责任。

第三十一条 抢夺或者聚众哄抢自然灾害救助款物或者捐赠款物的，由县级以上人民政府应急管理部门责令停止违法行为；构成违反治安管理行为的，由公安机关依法给予治安管理处罚；构成犯罪的，依法追究刑事责任。

第三十二条 以暴力、威胁方法阻碍自然灾害救助工作人员依法执行职务，构成违反治安管理行为的，由公安机关依法给予治安管理处罚；构成犯罪的，依法追究刑事责任。

第七章 附 则

第三十三条 发生事故灾难、公共卫生事件、社会安全事件等突发事件，需要由县级以上人民政府应急管理部门开展生活救助的，参照本条例执行。

第三十四条 法律、行政法规对防灾、抗灾、救灾另有规定的，从其规定。

第三十五条 本条例自2010年9月1日起施行。

国家自然灾害救助应急预案

·2024年1月20日
·国办函〔2024〕11号

1 总则

1.1 编制目的

以习近平新时代中国特色社会主义思想为指导，深入贯彻落实习近平总书记关于防灾减灾救灾工作的重要指示批示精神，加强党中央对防灾减灾救灾工作的集中统一领导，按照党中央、国务院决策部署，建立健全自然灾害救助体系和运行机制，提升救灾救助工作法治化、规范化、现代化水平，提高防灾减灾救灾和灾害处置保障能力，最大程度减少人员伤亡和财产损失，保障受灾群众基本生活，维护受灾地区社会稳定。

1.2 编制依据

《中华人民共和国防洪法》、《中华人民共和国防震减灾法》、《中华人民共和国气象法》、《中华人民共和国森林法》、《中华人民共和国草原法》、《中华人民共和国防沙治沙法》、《中华人民共和国红十字会法》、《自然灾害救助条例》以及突发事件总体应急预案、突发事件应对有关法律法规等。

1.3 适用范围

本预案适用于我国境内遭受重特大自然灾害时国家层面开展的灾害救助等工作。

1.4 工作原则

坚持人民至上、生命至上，切实把确保人民生命财产安全放在第一位落到实处；坚持统一指挥、综合协调、分级负责、属地管理为主；坚持党委领导、政府负责、社会参与、群众自救，充分发挥基层群众性自治组织和公益性社会组织的作用；坚持安全第一、预防为主，推动防范救援救灾一体化，实现高效有序衔接，强化灾害防抗救全过程管理。

2 组织指挥体系

2.1 国家防灾减灾救灾委员会

国家防灾减灾救灾委员会深入学习贯彻习近平总书记关于防灾减灾救灾工作的重要指示批示精神，贯彻落实党中央、国务院有关决策部署，统筹指导、协调和监督全国防灾减灾救灾工作，研究审议国家防灾减灾救灾的重大政策、重大规划、重要制度以及防御灾害方案并负责组织实施工作，指导建立自然灾害防治体系；协调推动防灾减灾救灾法律法规体系建设，协调解决防灾救灾重大问题，统筹协调开展防灾减灾救灾科普宣传教育和培训，协调开展防灾减灾救灾国际交流与合作；完成党中央、国务院交办的其他事项。

国家防灾减灾救灾委员会负责统筹指导全国的灾害救助工作，协调开展重特大自然灾害救助活动。国家防灾减灾救灾委员会成员单位按照各自职责做好灾害救助相关工作。

2.2 国家防灾减灾救灾委员会办公室

国家防灾减灾救灾委员会办公室负责与相关部门、地方的沟通联络、政策协调、信息通报等，组织开展灾情会商评估、灾害救助等工作，协调落实相关支持政策和措施。主要包括：

（1）组织开展灾情会商核定、灾情趋势研判及救灾需求评估；

（2）协调解决灾害救助重大问题，并研究提出支持措施，推动相关成员单位加强与受灾地区的工作沟通；

（3）调度灾情和救灾工作进展动态，按照有关规定统

一发布灾情以及受灾地区需求,并向各成员单位通报;

(4)组织指导开展重特大自然灾害损失综合评估,督促做好倒损住房恢复重建工作;

(5)跟踪督促灾害救助重大决策部署的贯彻落实,推动重要支持措施落地见效,做好中央救灾款物监督和管理,健全完善救灾捐赠款物管理制度。

2.3 专家委员会

国家防灾减灾救灾委员会设立专家委员会,对国家防灾减灾救灾工作重大决策和重要规划提供政策咨询和建议,为国家重特大自然灾害的灾情评估、灾害救助和灾后恢复重建提出咨询意见。

3 灾害救助准备

气象、自然资源、水利、农业农村、海洋、林草、地震等部门及时向国家防灾减灾救灾委员会办公室和履行救灾职责的国家防灾减灾救灾委员会成员单位通报灾害预警预报信息,自然资源部门根据需要及时提供地理信息数据。国家防灾减灾救灾委员会办公室根据灾害预警预报信息,结合可能受影响地区的自然条件、人口和经济社会发展状况,对可能出现的灾情进行预评估,当可能威胁人民生命财产安全、影响基本生活,需要提前采取应对措施时,视情采取以下一项或多项措施:

(1)向可能受影响的省(自治区、直辖市)防灾减灾救灾委员会或应急管理部门通报预警预报信息,提出灾害救助准备工作要求;

(2)加强应急值守,密切跟踪灾害风险变化和发展趋势,对灾害可能造成的损失进行动态评估,及时调整相关措施;

(3)做好救灾物资准备,紧急情况下提前调拨。启动与交通运输、铁路、民航等部门和单位的应急联动机制,做好救灾物资调运准备;

(4)提前派出工作组,实地了解灾害风险,检查指导各项灾害救助准备工作;

(5)根据工作需要,向国家防灾减灾救灾委员会成员单位通报灾害救助准备工作情况,重要情况及时向党中央、国务院报告;

(6)向社会发布预警及相关工作开展情况。

4 灾情信息报告和发布

县级以上应急管理部门按照党中央、国务院关于突发灾害事件信息报送的要求,以及《自然灾害情况统计调查制度》和《特别重大自然灾害损失统计调查制度》等有关规定,做好灾情信息统计报送、核查评估、会商核定和部门间信息共享等工作。

4.1 灾情信息报告

4.1.1 地方各级应急管理部门应严格落实灾情信息报告责任,健全工作制度,规范工作流程,确保灾情信息报告及时、准确、全面,坚决杜绝迟报、瞒报、漏报、虚报灾情信息等情况。

4.1.2 地方各级应急管理部门在接到灾害事件报告后,应在规定时限内向本级党委和政府以及上级应急管理部门报告。县级人民政府有关涉灾部门应及时将本行业灾情通报同级应急管理部门。接到重特大自然灾害事件报告后,地方各级应急管理部门应第一时间向本级党委和政府以及上级应急管理部门报告,同时通过电话或国家应急指挥综合业务系统及时向应急管理部报告。

4.1.3 通过国家自然灾害灾情管理系统汇总上报的灾情信息,要按照《自然灾害情况统计调查制度》和《特别重大自然灾害损失统计调查制度》等规定报送,首报要快,核报要准。特殊紧急情况下(如断电、断路、断网等),可先通过卫星电话、传真等方式报告,后续及时通过系统补报。

4.1.4 地震、山洪、地质灾害等突发性灾害发生后,遇有死亡和失踪人员相关信息认定困难的情况,受灾地区应急管理部门应按照因灾死亡和失踪人员信息"先报后核"的原则,第一时间先上报信息,后续根据认定结果进行核报。

4.1.5 受灾地区应急管理部门要建立因灾死亡和失踪人员信息比对机制,主动与公安、自然资源、交通运输、水利、农业农村、卫生健康等部门沟通协调;对造成重大人员伤亡的灾害事件,及时开展信息比对和跨地区、跨部门会商。部门间数据不一致或定性存在争议的,会同相关部门联合开展调查并出具调查报告,向本级党委和政府报告,同时抄报上一级应急管理部门。

4.1.6 重特大自然灾害灾情稳定前,相关地方各级应急管理部门执行灾情24小时零报告制度,逐级上报上级应急管理部门。灾情稳定后,受灾地区应急管理部门要及时组织相关部门和专家开展灾情核查,客观准确核定各类灾害损失,并及时组织上报。

4.1.7 对于干旱灾害,地方各级应急管理部门应在旱情初显、群众生产生活受到一定影响时,初报灾情;在旱情发展过程中,每10日至少续报一次灾情,直至灾情解除;灾情解除后及时核报。

4.1.8 县级以上人民政府要建立健全灾情会商制度,由县级以上人民政府防灾减灾救灾委员会或应急管理部门针对重特大自然灾害过程、年度灾情等,及时组织相关涉灾部门开展灾情会商，通报灾情信息，全面客观评估、核定灾情，确保各部门灾情数据口径一致。灾害损失等灾情信息要及时通报本级防灾减灾救灾委员会有关成员单位。

4.2　灾情信息发布

灾情信息发布坚持实事求是、及时准确、公开透明的原则。发布形式包括授权发布、组织报道、接受记者采访、举行新闻发布会等。受灾地区人民政府要主动通过应急广播、突发事件预警信息发布系统、重点新闻网站或政府网站、微博、微信、客户端等发布信息。各级广播电视行政管理部门和相关单位应配合应急管理等部门做好预警预报、灾情等信息发布工作。

灾情稳定前，受灾地区县级以上人民政府防灾减灾救灾委员会或应急管理部门应及时向社会滚动发布灾害造成的人员伤亡、财产损失以及救助工作动态、成效、下一步安排等情况；灾情稳定后，应及时评估、核定并按有关规定发布灾害损失情况。

关于灾情核定和发布工作，法律法规另有规定的，从其规定。

5　国家应急响应

根据自然灾害的危害程度、灾害救助工作需要等因素，国家自然灾害救助应急响应分为一级、二级、三级、四级。一级响应级别最高。

5.1　一级响应

5.1.1　启动条件

（一）发生重特大自然灾害，一次灾害过程出现或经会商研判可能出现下列情况之一的，可启动一级响应：

（1）一省（自治区、直辖市）死亡和失踪200人以上（含本数，下同）可启动响应，其相邻省（自治区、直辖市）死亡和失踪160人以上200人以下的可联动启动；

（2）一省（自治区、直辖市）紧急转移安置和需紧急生活救助200万人以上；

（3）一省（自治区、直辖市）倒塌和严重损坏房屋30万间或10万户以上；

（4）干旱灾害造成缺粮或缺水等生活困难，需政府救助人数占该省（自治区、直辖市）农牧业人口30%以上或400万人以上。

（二）党中央、国务院认为需要启动一级响应的其他事项。

5.1.2　启动程序

灾害发生后，国家防灾减灾救灾委员会办公室经分析评估，认定灾情达到启动条件，向国家防灾减灾救灾委员会提出启动一级响应的建议，国家防灾减灾救灾委员会报党中央、国务院决定。必要时，党中央、国务院直接决定启动一级响应。

5.1.3　响应措施

国家防灾减灾救灾委员会主任组织协调国家层面灾害救助工作，指导支持受灾省（自治区、直辖市）灾害救助工作。国家防灾减灾救灾委员会及其成员单位采取以下措施：

（1）会商研判灾情和救灾形势，研究部署灾害救助工作，对指导支持受灾地区救灾重大事项作出决定，有关情况及时向党中央、国务院报告。

（2）派出由有关部门组成的工作组，赴受灾地区指导灾害救助工作，核查灾情，慰问受灾群众。根据灾情和救灾工作需要，应急管理部可派出先期工作组，赴受灾地区指导开展灾害救助工作。

（3）汇总统计灾情。国家防灾减灾救灾委员会办公室及时掌握灾情和救灾工作动态信息，按照有关规定统一发布灾情，及时发布受灾地区需求。国家防灾减灾救灾委员会有关成员单位做好灾情、受灾地区需求、救灾工作动态等信息共享，每日向国家防灾减灾救灾委员会办公室报告有关情况。必要时，国家防灾减灾救灾委员会专家委员会组织专家开展灾情发展趋势及受灾地区需求评估。

（4）下拨救灾款物。财政部会同应急管理部迅速启动中央救灾资金快速核拨机制，根据初步判断的灾情及时预拨中央自然灾害救灾资金。灾情稳定后，根据地方申请和应急管理部会同有关部门对灾情的核定情况进行清算，支持做好灾害救助工作。国家发展改革委及时下达灾后应急恢复重建中央预算内投资。应急管理部会同国家粮食和储备局紧急调拨中央生活类救灾物资，指导、监督基层救灾应急措施落实和救灾款物发放。交通运输、铁路、民航等部门和单位协调指导开展救灾物资、人员运输与重要通道快速修复等工作，充分发挥物流保通保畅工作机制作用，保障各类救灾物资运输畅通和人员及时转运。

（5）投入救灾力量。应急管理部迅速调派国家综合性消防救援队伍、专业救援队伍投入救灾工作，积极帮助受灾地区转移受灾群众、运送发放救灾物资等。国务院国资委督促中央企业积极参与抢险救援、基础设施抢修恢复等工作，全力支援救灾工作。中央社会工作部统筹指导有关部门和单位，协调组织志愿服务力量参与灾害救助工作。军队有关单位根据国家有关部门和地方人民政府请求,组织协调解放军、武警部队、民兵参与救灾,协助受灾地区人民政府做好灾害救助工作。

(6)安置受灾群众。应急管理部会同有关部门指导受灾地区统筹安置受灾群众,加强集中安置点管理服务,保障受灾群众基本生活。国家卫生健康委、国家疾控局及时组织医疗卫生队伍赴受灾地区协助开展医疗救治、灾后防疫和心理援助等卫生应急工作。

(7)恢复受灾地区秩序。公安部指导加强受灾地区社会治安和道路交通应急管理。国家发展改革委、农业农村部、商务部、市场监管总局、国家粮食和储备局等有关部门做好保障市场供应工作,防止价格大幅波动。应急管理部、国家发展改革委、工业和信息化部组织协调救灾物资装备、防护和消杀用品、药品和医疗器械等生产供应工作。金融监管总局指导做好受灾地区保险理赔和金融支持服务。

(8)抢修基础设施。住房城乡建设部指导灾后房屋建筑和市政基础设施工程的安全应急评估等工作。水利部指导受灾地区水利水电工程设施修复、蓄滞洪区运用及补偿、水利行业供水和村镇应急供水工作。国家能源局指导监管范围内的水电工程修复及电力应急保障等工作。

(9)提供技术支撑。工业和信息化部组织做好受灾地区应急通信保障工作。自然资源部及时提供受灾地区地理信息数据,组织受灾地区现场影像获取等应急测绘,开展灾情监测和空间分析,提供应急测绘保障服务。生态环境部及时监测因灾害导致的生态环境破坏、污染、变化等情况,开展受灾地区生态环境状况调查评估。

(10)启动救灾捐赠。应急管理部会同民政部组织开展全国性救灾捐赠活动,指导具有救灾宗旨的社会组织加强捐赠款物管理、分配和使用;会同外交部、海关总署等有关部门和单位办理外国政府、国际组织等对我中央政府的国际援助事宜。中国红十字会总会依法开展相关救灾工作,开展救灾募捐等活动。

(11)加强新闻宣传。中央宣传部统筹负责新闻宣传和舆论引导工作,指导有关部门和地方建立新闻发布与媒体采访服务管理机制,及时组织新闻发布会,协调指导各级媒体做好新闻宣传。中央网信办、广电总局等按职责组织做好新闻报道和舆论引导工作。

(12)开展损失评估。灾情稳定后,根据党中央、国务院关于灾害评估和恢复重建工作的统一部署,应急管理部会同国务院有关部门,指导受灾省(自治区、直辖市)人民政府组织开展灾害损失综合评估工作,按有关规定统一发布灾害损失情况。

(13)国家防灾减灾救灾委员会其他成员单位按照职责分工,做好有关工作。

(14)国家防灾减灾救灾委员会办公室及时汇总各部门开展灾害救助等工作情况并按程序向党中央、国务院报告。

5.2 二级响应

5.2.1 启动条件

发生重特大自然灾害,一次灾害过程出现或会商研判可能出现下列情况之一的,可启动二级响应:

(1)一省(自治区、直辖市)死亡和失踪100人以上200人以下(不含本数,下同)可启动响应,其相邻省(自治区、直辖市)死亡和失踪80人以上100人以下的可联动启动;

(2)一省(自治区、直辖市)紧急转移安置和需紧急生活救助100万人以上200万人以下;

(3)一省(自治区、直辖市)倒塌和严重损坏房屋20万间或7万户以上、30万间或10万户以下;

(4)干旱灾害造成缺粮或缺水等生活困难,需政府救助人数占该省(自治区、直辖市)农牧业人口25%以上30%以下或300万人以上400万人以下。

5.2.2 启动程序

灾害发生后,国家防灾减灾救灾委员会办公室经分析评估,认定灾情达到启动条件,向国家防灾减灾救灾委员会提出启动二级响应的建议,国家防灾减灾救灾委员会副主任(应急管理部主要负责同志)报国家防灾减灾救灾委员会主任决定。

5.2.3 响应措施

国家防灾减灾救灾委员会副主任(应急管理部主要负责同志)组织协调国家层面灾害救助工作,指导支持受灾省(自治区、直辖市)灾害救助工作。国家防灾减灾救灾委员会及其成员单位采取以下措施:

(1)会商研判灾情和救灾形势,研究落实救灾支持政策和措施,重要情况及时向党中央、国务院报告。

(2)派出由有关部门组成的工作组,赴受灾地区指导灾害救助工作,核查灾情,慰问受灾群众。

(3)国家防灾减灾救灾委员会办公室及时掌握灾情和救灾工作动态信息,按照有关规定统一发布灾情,及时发布受灾地区需求。国家防灾减灾救灾委员会有关成员单位做好灾情、受灾地区需求、救灾工作动态等信息共享,每日向国家防灾减灾救灾委员会办公室报告有关情况。必要时,国家防灾减灾救灾委员会专家委员会组织专家开展灾情发展趋势及受灾地区需求评估。

(4)财政部会同应急管理部迅速启动中央救灾资金快速核拨机制,根据初步判断的灾情及时预拨中央自然灾害救灾资金。灾情稳定后,根据地方申请和应急管理部会同有关部门对灾情的核定情况进行清算,支持做好灾害救助工作。国家发展改革委及时下达灾后应急恢复重建中央预算内投资。应急管理部会同国家粮食和储备局紧急调拨中央生活类救灾物资,指导、监督基层救灾应急措施落实和救灾款物发放。交通运输、铁路、民航等部门和单位协调指导开展救灾物资、人员运输与重要通道快速修复等工作,充分发挥物流保通保畅工作机制作用,保障各类救灾物资运输畅通和人员及时转运。

(5)应急管理部迅速调派国家综合性消防救援队伍、专业救援队伍投入救灾工作,积极帮助受灾地区转移受灾群众、运送发放救灾物资等。军队有关单位根据国家有关部门和地方人民政府请求,组织协调解放军、武警部队、民兵参与救灾,协助受灾地区人民政府做好灾害救助工作。

(6)国家卫生健康委、国家疾控局根据需要,及时派出医疗卫生队伍赴受灾地区协助开展医疗救治、灾后防疫和心理援助等卫生应急工作。自然资源部及时提供受灾地区地理信息数据,组织受灾地区现场影像获取等应急测绘,开展灾情监测和空间分析,提供应急测绘保障服务。国务院国资委督促中央企业积极参与抢险救援、基础设施抢修恢复等工作。金融监管总局指导做好受灾地区保险理赔和金融支持服务。

(7)应急管理部会同民政部指导受灾省(自治区、直辖市)开展救灾捐赠活动。中央社会工作部统筹指导有关部门和单位,协调组织志愿服务力量参与灾害救助工作。中国红十字会总会依法开展相关救灾工作,开展救灾募捐等活动。

(8)中央宣传部统筹负责新闻宣传和舆论引导工作,指导有关部门和地方视情及时组织新闻发布会,协调指导各级媒体做好新闻宣传。中央网信办、广电总局等按职责组织做好新闻报道和舆论引导工作。

(9)灾情稳定后,受灾省(自治区、直辖市)人民政府组织开展灾害损失综合评估工作,及时将评估结果报送国家防灾减灾救灾委员会。国家防灾减灾救灾委员会办公室组织核定并按有关规定统一发布灾害损失情况。

(10)国家防灾减灾救灾委员会其他成员单位按照职责分工,做好有关工作。

(11)国家防灾减灾救灾委员会办公室及时汇总各部门开展灾害救助等工作情况并上报。

5.3　三级响应

5.3.1　启动条件

发生重特大自然灾害,一次灾害过程出现或会商研判可能出现下列情况之一的,可启动三级响应:

(1)一省(自治区、直辖市)死亡和失踪50人以上100人以下可启动响应,其相邻省(自治区、直辖市)死亡和失踪40人以上50人以下的可联动启动;

(2)一省(自治区、直辖市)紧急转移安置和需紧急生活救助50万人以上100万人以下;

(3)一省(自治区、直辖市)倒塌和严重损坏房屋10万间或3万户以上、20万间或7万户以下;

(4)干旱灾害造成缺粮或缺水等生活困难,需政府救助人数占该省(自治区、直辖市)农牧业人口20%以上25%以下或200万人以上300万人以下。

5.3.2　启动程序

灾害发生后,国家防灾减灾救灾委员会办公室经分析评估,认定灾情达到启动条件,向国家防灾减灾救灾委员会提出启动三级响应的建议,国家防灾减灾救灾委员会副主任(应急管理部主要负责同志)决定启动三级响应,并向国家防灾减灾救灾委员会主任报告。

5.3.3　响应措施

国家防灾减灾救灾委员会副主任(应急管理部主要负责同志)或其委托的国家防灾减灾救灾委员会办公室副主任(应急管理部分管负责同志)组织协调国家层面灾害救助工作,指导支持受灾省(自治区、直辖市)灾害救助工作。国家防灾减灾救灾委员会及其成员单位采取以下措施:

(1)国家防灾减灾救灾委员会办公室组织有关成员单位及受灾省(自治区、直辖市)分析灾情形势,研究落实救灾支持政策和措施,有关情况及时上报国家防灾减灾救灾委员会主任、副主任并通报有关成员单位。

(2)派出由有关部门组成的工作组,赴受灾地区指导灾害救助工作,核查灾情,慰问受灾群众。

(3)国家防灾减灾救灾委员会办公室及时掌握并按照有关规定统一发布灾情和救灾工作动态信息。

(4)财政部会同应急管理部迅速启动中央救灾资金快速核拨机制,根据初步判断的灾情及时预拨部分中央自然灾害救灾资金。灾情稳定后,根据地方申请和应急管理部会同有关部门对灾情的核定情况进行清算,支持做好灾害救助工作。国家发展改革委及时下达灾后应急恢复重建中央预算内投资。应急管理部会同国家粮食和储备局紧急调拨中央生活类救灾物资，指导、监督基层救灾应急措施落实和救灾款物发放。交通运输、铁路、民航等部门和单位协调指导开展救灾物资、人员运输与重要通道快速修复等工作，充分发挥物流保通保畅工作机制作用，保障各类救灾物资运输畅通和人员及时转运。

（5）应急管理部迅速调派国家综合性消防救援队伍、专业救援队伍投入救灾工作，积极帮助受灾地区转移受灾群众、运送发放救灾物资等。军队有关单位根据国家有关部门和地方人民政府请求，组织协调解放军、武警部队、民兵参与救灾，协助受灾地区人民政府做好灾害救助工作。

（6）国家卫生健康委、国家疾控局指导受灾省（自治区、直辖市）做好医疗救治、灾后防疫和心理援助等卫生应急工作。金融监管总局指导做好受灾地区保险理赔和金融支持服务。

（7）中央社会工作部统筹指导有关部门和单位，协调组织志愿服务力量参与灾害救助工作。中国红十字会总会依法开展相关救灾工作。受灾省（自治区、直辖市）根据需要规范有序组织开展救灾捐赠活动。

（8）灾情稳定后，应急管理部指导受灾省（自治区、直辖市）评估、核定灾害损失情况。

（9）国家防灾减灾救灾委员会其他成员单位按照职责分工，做好有关工作。

5.4 四级响应

5.4.1 启动条件

发生重特大自然灾害，一次灾害过程出现或会商研判可能出现下列情况之一的，可启动四级响应：

（1）一省（自治区、直辖市）死亡和失踪20人以上50人以下；

（2）一省（自治区、直辖市）紧急转移安置和需紧急生活救助10万人以上50万人以下；

（3）一省（自治区、直辖市）倒塌和严重损坏房屋1万间或3000户以上、10万间或3万户以下；

（4）干旱灾害造成缺粮或缺水等生活困难，需政府救助人数占该省（自治区、直辖市）农牧业人口15%以上20%以下或100万人以上200万人以下。

5.4.2 启动程序

灾害发生后，国家防灾减灾救灾委员会办公室经分析评估，认定灾情达到启动条件，国家防灾减灾救灾委员会办公室副主任（应急管理部分管负责同志）决定启动四级响应，并向国家防灾减灾救灾委员会副主任（应急管理部主要负责同志）报告。

5.4.3 响应措施

国家防灾减灾救灾委员会办公室组织协调国家层面灾害救助工作，指导支持受灾省（自治区、直辖市）灾害救助工作。国家防灾减灾救灾委员会及其成员单位采取以下措施：

（1）国家防灾减灾救灾委员会办公室组织有关部门和单位分析灾情形势，研究落实救灾支持政策和措施，有关情况及时上报国家防灾减灾救灾委员会主任、副主任并通报有关成员单位。

（2）国家防灾减灾救灾委员会办公室派出工作组，赴受灾地区协助指导地方开展灾害救助工作，核查灾情，慰问受灾群众。必要时，可由有关部门组成联合工作组。

（3）国家防灾减灾救灾委员会办公室及时掌握并按照有关规定统一发布灾情和救灾工作动态信息。

（4）财政部会同应急管理部迅速启动中央救灾资金快速核拨机制，根据初步判断的灾情及时预拨部分中央自然灾害救灾资金。灾情稳定后，根据地方申请和应急管理部会同有关部门对灾情的核定情况进行清算，支持做好灾害救助工作。国家发展改革委及时下达灾后应急恢复重建中央预算内投资。应急管理部会同国家粮食和储备局紧急调拨中央生活类救灾物资，指导、监督基层救灾应急措施落实和救灾款物发放。交通运输、铁路、民航等部门和单位协调指导开展救灾物资、人员运输与重要通道快速修复等工作，充分发挥物流保通保畅工作机制作用，保障各类救灾物资运输畅通和人员及时转运。

（5）应急管理部迅速调派国家综合性消防救援队伍、专业救援队伍投入救灾工作，积极帮助受灾地区转移受灾群众、运送发放救灾物资等。军队有关单位根据国家有关部门和地方人民政府请求，组织协调解放军、武警部队、民兵参与救灾，协助受灾地区人民政府做好灾害救助工作。

（6）国家卫生健康委、国家疾控局指导受灾省（自治区、直辖市）做好医疗救治、灾后防疫和心理援助等卫生应急工作。

（7）国家防灾减灾救灾委员会其他成员单位按照职责分工，做好有关工作。

5.5 启动条件调整

对灾害发生在敏感地区、敏感时间或救助能力薄弱的革命老区、民族地区、边疆地区、欠发达地区等特殊情况，或灾害对受灾省（自治区、直辖市）经济社会造成重大影响时，相关应急响应启动条件可酌情降低。

5.6　响应联动

对已启动国家防汛抗旱防台风、地震、地质灾害、森林草原火灾应急响应的，国家防灾减灾救灾委员会办公室要强化灾情态势会商，必要时按照本预案规定启动国家自然灾害救助应急响应。

省（自治区、直辖市）启动三级以上省级自然灾害救助应急响应的，应及时向应急管理部报告。启动国家自然灾害救助应急响应后，国家防灾减灾救灾委员会办公室、应急管理部向相关省（自治区、直辖市）通报，所涉及省（自治区、直辖市）要立即启动省级自然灾害救助应急响应，并加强会商研判，根据灾情发展变化及时作出调整。

5.7　响应终止

救灾应急工作结束后，经研判，国家防灾减灾救灾委员会办公室提出建议，按启动响应的相应权限终止响应。

6　灾后救助

6.1　过渡期生活救助

6.1.1　灾害救助应急工作结束后，受灾地区应急管理部门及时组织将因灾房屋倒塌或严重损坏需恢复重建无房可住人员、因次生灾害威胁在外安置无法返家人员、因灾损失严重缺少生活来源人员等纳入过渡期生活救助范围。

6.1.2　对启动国家自然灾害救助应急响应的灾害，国家防灾减灾救灾委员会办公室、应急管理部要指导受灾地区应急管理部门统计摸排受灾群众过渡期生活救助需求情况，明确需救助人员规模，及时建立台账，并统计生活救助物资等需求。

6.1.3　根据省级财政、应急管理部门的资金申请以及需救助人员规模，财政部会同应急管理部按相关政策规定下达过渡期生活救助资金。应急管理部指导做好过渡期生活救助的人员核定、资金发放等工作，督促做好受灾群众过渡期基本生活保障工作。

6.1.4　国家防灾减灾救灾委员会办公室、应急管理部、财政部监督检查受灾地区过渡期生活救助政策和措施的落实情况，视情通报救助工作开展情况。

6.2　倒损住房恢复重建

6.2.1　因灾倒损住房恢复重建由受灾地区县级人民政府负责组织实施，提供资金支持，制定完善因灾倒损住房恢复重建补助资金管理有关标准规范，确保补助资金规范有序发放到受灾群众手中。

6.2.2　恢复重建资金等通过政府救助、社会互助、自行筹措、政策优惠等多种途径解决，并鼓励通过邻里帮工帮料、以工代赈等方式实施恢复重建。积极发挥商业保险经济补偿作用，发展城乡居民住宅地震巨灾保险、农村住房保险、灾害民生保险等相关保险，完善市场化筹集恢复重建资金机制，帮助解决受灾群众基本住房问题。

6.2.3　恢复重建规划和房屋设计要尊重群众意愿，加强全国自然灾害综合风险普查成果转化运用，因地制宜确定方案，科学安排项目选址，合理布局，避开地震断裂带、洪涝灾害高风险区、地质灾害隐患点等，避让地质灾害极高和高风险区。无法避让地质灾害极高和高风险区的，必须采取工程防治措施，提高抗灾设防能力，确保安全。

6.2.4　对启动国家自然灾害救助应急响应的灾害，应急管理部根据省级应急管理部门倒损住房核定情况，视情组织评估组，参考其他灾害管理部门评估数据，对因灾倒损住房情况进行综合评估，明确需恢复重建救助对象规模。

6.2.5　根据省级财政、应急管理部门的资金申请以及需恢复重建救助对象规模，财政部会同应急管理部按相关政策规定下达因灾倒损住房恢复重建补助资金。

6.2.6　倒损住房恢复重建工作结束后，地方应急管理部门应采取实地调查、抽样调查等方式，对本地因灾倒损住房恢复重建补助资金管理使用工作开展绩效评价，并将评价结果报上一级应急管理部门。应急管理部收到省级应急管理部门上报的本行政区域内绩效评价情况后，通过实地抽查等方式，对全国因灾倒损住房恢复重建补助资金管理使用工作进行绩效评价。

6.2.7　住房城乡建设部门负责倒损住房恢复重建的技术服务和指导，强化质量安全管理。自然资源部门负责做好灾后重建项目地质灾害危险性评估审查，根据评估结论指导地方做好必要的综合治理；做好国土空间规划、计划安排和土地整治，同时做好建房选址，加快用地、规划审批，简化审批手续。其他有关部门按照各自职责，制定优惠政策，支持做好住房恢复重建工作。

6.3　冬春救助

6.3.1　受灾地区人民政府负责解决受灾群众在灾害发生后的当年冬季、次年春季遇到的基本生活困难。国家防灾减灾救灾委员会办公室、应急管理部、财政部根据党中央、国务院有关部署加强统筹指导，地方各级应急管理部门、财政部门抓好落实。

6.3.2　国家防灾减灾救灾委员会办公室、应急管理部每年9月下旬开展受灾群众冬春生活困难情况调查，并会同省级应急管理部门开展受灾群众生活困难状况评估,核实情况,明确全国需救助人员规模。

6.3.3 受灾地区县级应急管理部门应在每年10月底前统计、评估本行政区域受灾群众当年冬季、次年春季的基本生活救助需求,核实救助人员,编制工作台账,制定救助工作方案,经本级党委和政府批准后组织实施,并报上一级应急管理部门备案。

6.3.4 根据省级财政、应急管理部门的资金申请以及全国需救助人员规模,财政部会同应急管理部按相关政策规定下达中央冬春救助资金,专项用于帮助解决受灾群众冬春基本生活困难。

6.3.5 地方各级应急管理部门会同有关部门组织调拨发放衣被等物资,应急管理部会同财政部、国家粮食和储备局根据地方申请视情调拨中央救灾物资予以支持。

7 保障措施

7.1 资金保障

7.1.1 县级以上地方党委和政府将灾害救助工作纳入国民经济和社会发展规划,建立健全与灾害救助需求相适应的资金、物资保障机制,将自然灾害救灾资金和灾害救助工作经费纳入财政预算。

7.1.2 中央财政每年综合考虑有关部门灾情预测和此前年度实际支出等因素,合理安排中央自然灾害救灾资金预算,支持地方党委和政府履行自然灾害救灾主体责任,用于组织开展重特大自然灾害救灾和受灾群众救助等工作。

7.1.3 财政部、应急管理部建立健全中央救灾资金快速核拨机制,根据灾情和救灾工作进展,按照及时快速、充分保障的原则预拨救灾资金,满足受灾地区灾害救助工作资金急需。灾情稳定后,及时对预拨资金进行清算。国家发展改革委及时下达灾后应急恢复重建中央预算内投资。

7.1.4 中央和地方各级人民政府根据经济社会发展水平、自然灾害生活救助成本等因素,适时调整自然灾害救助政策和相关补助标准,着力解决好受灾群众急难愁盼问题。

7.2 物资保障

7.2.1 充分利用现有国家储备仓储资源,合理规划、建设中央救灾物资储备库;设区的市级及以上人民政府、灾害多发易发地区的县级人民政府、交通不便或灾害事故风险等级高地区的乡镇人民政府,应根据灾害特点、居民人口数量和分布等情况,按照布局合理、规模适度的原则,设立救灾物资储备库(点)。优化救灾物资储备库布局,完善救灾物资储备库的仓储条件、设施和功能,形成救灾物资储备网络。救灾物资储备库(点)建设应统筹考虑各行业应急处置、抢险救灾等方面需要。

7.2.2 制定救灾物资保障规划,科学合理确定储备品种和规模。省、市、县、乡级人民政府应参照中央应急物资品种要求,结合本地区灾害事故特点,储备能够满足本行政区域启动二级响应需求的救灾物资,并留有安全冗余。建立健全救灾物资采购和储备制度,每年根据应对重特大自然灾害需求,及时补充更新救灾物资。按照实物储备和能力储备相结合的原则,提升企业产能保障能力,优化救灾物资产能布局。依托国家应急资源管理平台,搭建重要救灾物资生产企业数据库。建立健全应急状态下集中生产调度和紧急采购供应机制,提升救灾物资保障的社会协同能力。

7.2.3 依托应急管理、粮食和储备等部门中央级、区域级、省级骨干库建立救灾物资调运配送中心。建立健全救灾物资紧急调拨和运输制度,配备运输车辆装备,优化仓储运输衔接,提升救灾物资前沿投送能力。充分发挥各级物流保通保畅工作机制作用,提高救灾物资装卸、流转效率。增强应急调运水平,与市场化程度高、集散能力强的物流企业建立战略合作,探索推进救灾物资集装单元化储运能力建设。

7.2.4 制定完善救灾物资品种目录和质量技术标准、储备库(点)建设和管理标准,加强救灾物资保障全过程信息化管理。建立健全救灾物资应急征用补偿机制。

7.3 通信和信息保障

7.3.1 工业和信息化部健全国家应急通信保障体系,增强通信网络容灾抗毁韧性,加强基层应急通信装备预置,提升受灾地区应急通信抢通、保通、畅通能力。

7.3.2 加强国家自然灾害灾情管理系统建设,指导地方基于应急宽带VSAT卫星网和战备应急短波网等建设、管理应急通信网络,确保中央和地方各级党委和政府、军队有关指挥机构及时准确掌握重大灾情。

7.3.3 充分利用现有资源、设备,完善灾情和数据共享平台,健全灾情共享机制,强化数据及时共享。加强灾害救助工作信息化建设。

7.4 装备和设施保障

7.4.1 国家防灾减灾救灾委员会有关成员单位应协调为基层配备灾害救助必需的设备和装备。县级以上地方党委和政府要配置完善调度指挥、会商研判、业务保障等设施设备和系统,为防灾重点区域和高风险乡镇、村组配备必要装备，提升基层自救互救能力。

7.4.2 县级以上地方党委和政府应根据发展规划、国土空间总体规划等，结合居民人口数量和分布等情况，统筹推进应急避难场所规划、建设和管理工作，明确相关技术标准，统筹利用学校、公园绿地、广场、文体场馆等公共设施和场地空间建设综合性应急避难场所，科学合理确定应急避难场所数量规模、等级类别、服务半径、设施设备物资配置指标等，并设置明显标志。灾害多发易发地区可规划建设专用应急避难场所。

7.4.3 灾情发生后，县级以上地方党委和政府要视情及时启用开放各类应急避难场所，科学设置受灾群众安置点，避开山洪、地质灾害隐患点及其他危险区域，避免次生灾害。同时，要加强安置点消防安全、卫生医疗、防疫消杀、食品安全、治安等保障，确保安置点安全有序。

7.5 人力资源保障

7.5.1 加强自然灾害各类专业救灾队伍建设、灾害管理人员队伍建设，提高灾害救助能力。支持、培育和发展相关社会组织、社会工作者和志愿者队伍，鼓励和引导其在救灾工作中发挥积极作用。

7.5.2 组织应急管理、自然资源、住房城乡建设、生态环境、交通运输、水利、农业农村、商务、卫生健康、林草、地震、消防救援、气象、电力、红十字会等方面专家，重点开展灾情会商、赴受灾地区现场评估及灾害管理的业务咨询工作。

7.5.3 落实灾害信息员培训制度，建立健全覆盖省、市、县、乡镇（街道）、村（社区）的灾害信息员队伍。村民委员会、居民委员会和企事业单位应设立专职或者兼职的灾害信息员。

7.6 社会动员保障

7.6.1 建立健全灾害救助协同联动机制，引导社会力量有序参与。

7.6.2 完善非灾区支援灾区、轻灾区支援重灾区的救助对口支援机制。

7.6.3 健全完善灾害应急救援救助平台，引导社会力量和公众通过平台开展相关活动，持续优化平台功能，不断提升平台能力。

7.6.4 科学组织、有效引导，充分发挥乡镇党委和政府、街道办事处、村民委员会、居民委员会、企事业单位、社会组织、社会工作者和志愿者在灾害救助中的作用。

7.7 科技保障

7.7.1 建立健全应急减灾卫星、气象卫星、海洋卫星、资源卫星、航空遥感等对地监测系统，发展地面应用系统和航空平台系统，建立基于遥感、地理信息系统、模拟仿真、计算机网络等技术的"天地空"一体化灾害监测预警、分析评估和应急决策支持系统。开展地方空间技术减灾应用示范和培训工作。

7.7.2 组织应急管理、自然资源、生态环境、交通运输、水利、农业农村、卫生健康、林草、地震、消防救援、气象等方面专家开展自然灾害综合风险普查，及时完善全国自然灾害风险和防治区划图，制定相关技术和管理标准。

7.7.3 支持鼓励高等院校、科研院所、企事业单位和社会组织开展灾害相关领域的科学研究，加强对全球先进应急装备的跟踪研究，加大技术装备开发、推广应用力度，建立合作机制，鼓励防灾减灾救灾政策理论研究。

7.7.4 利用空间与重大灾害国际宪章、联合国灾害管理与应急反应天基信息平台等国际合作机制，拓展灾害遥感信息资源渠道，加强国际合作。

7.7.5 开展国家应急广播相关技术、标准研究，建立健全国家应急广播体系，实现灾情预警预报和减灾救灾信息全面立体覆盖。通过国家突发事件预警信息发布系统及时向公众发布灾害预警信息，综合运用各类手段确保直达基层一线。

7.8 宣传和培训

进一步加强突发事件应急科普宣教工作，组织开展全国性防灾减灾救灾宣传活动，利用各种媒体宣传应急法律法规和灾害预防、避险、避灾、自救、互救、保险常识，组织好"全国防灾减灾日"、"国际减灾日"、"世界急救日"、"世界气象日"、"全国科普日"、"全国科技活动周"、"全国消防日"和"国际民防日"等活动，加强防灾减灾救灾科普宣传，提高公民防灾减灾救灾意识和能力。积极推进社区减灾活动，推动综合减灾示范社区建设，筑牢防灾减灾救灾人民防线。

组织开展对地方各级党委和政府分管负责人、灾害管理人员和专业救援队伍、社会工作者和志愿者的培训。

8 附则

8.1 术语解释

本预案所称自然灾害主要包括洪涝、干旱等水旱灾害，台风、风雹、低温冷冻、高温、雪灾、沙尘暴等气象灾害，地震灾害，崩塌、滑坡、泥石流等地质灾害，风暴潮、海浪、海啸、海冰等海洋灾害，森林草原火灾和重大生物灾害等。

8.2 责任与奖惩

各地区、各部门要切实压实责任，严格落实任务要求，对在灾害救助过程中表现突出、作出突出贡献的集体和个人，按照国家有关规定给予表彰奖励；对玩忽职守造成损失的，依据国家有关法律法规追究当事人责任，构成犯罪的，依法追究其刑事责任。

8.3 预案管理

8.3.1 本预案由应急管理部负责组织编制，报国务院批准后实施。预案实施过程中，应急管理部应结合重特大自然灾害应对处置情况，适时召集有关部门和专家开展复盘、评估，并根据灾害救助工作需要及时修订完善。

8.3.2 有关部门和单位可根据实际制定落实本预案任务的工作手册、行动方案等，确保责任落实到位。

8.3.3 地方各级党委和政府的防灾减灾救灾综合协调机构，应根据本预案修订本级自然灾害救助应急预案，省级预案报应急管理部备案。应急管理部加强对地方各级自然灾害救助应急预案的指导检查，督促地方动态完善预案。

8.3.4 国家防灾减灾救灾委员会办公室协调国家防灾减灾救灾委员会成员单位制定本预案宣传培训和演练计划，并定期组织演练。

8.3.5 本预案由国家防灾减灾救灾委员会办公室负责解释。

8.4 参照情形

发生自然灾害以外的其他类型突发事件，根据需要可参照本预案开展救助工作。

8.5 预案实施时间

本预案自印发之日起实施。

国家安全监管总局办公厅关于规范矿山救护队涉企收费的通知

·2017年10月23日

·安监总厅应急〔2017〕87号

各省、自治区、直辖市及新疆生产建设兵团安全生产监督管理局，各省煤矿安全监察局：

为贯彻落实《国务院办公厅关于进一步加强涉企收费管理减轻企业负担的通知》（国办发〔2014〕30号）要求，规范矿山救护队有偿服务收费行为，杜绝乱收费、收费与服务不对等和只收费不服务等违规行为，现就规范矿山救护队涉企收费有关事项通知如下：

一、明确收费清单

各省级安全监管监察机构要积极协调本地物价部门，根据《非煤矿矿山企业安全生产许可证实施办法》（国家安全监管总局令第20号）、《煤矿企业安全生产许可证实施办法》（国家安全监管总局令第86号）、《煤矿安全规程》（国家安全监管总局令第87号）、《矿山救护规程》等有关规定，将预案演练、应急知识培训、事故救援和预防性检查等服务项目纳入矿山救护队涉企收费清单，明确收费项目、标准和依据等。

矿山救护队要主动向物价部门报告服务项目及服务收费等情况，接受物价部门和社会媒体监督。

二、严格履行服务义务

矿山救护队要严格按照双方签订的协议履行义务，不得随意变更、减少服务项目；要不断提高应急救援技术能力，确保服务质量。

三、严肃查处违规收费行为

各级安全监管部门要配合物价部门做好矿山救护队涉企服务收费的监督检查，严肃查处收费过程中存在的随意性大、操作性隐蔽等违规行为。

国家安全监管总局办公厅关于进一步加强矿山救援培训工作的通知

·2013年4月28日

·安监总厅应急〔2013〕54号

各省、自治区、直辖市及新疆生产建设兵团安全生产监督管理局，各省级煤矿安全监管部门、煤炭行业管理部门、煤矿安全监察局，有关中央企业：

为深入贯彻落实《国务院安委会关于进一步加强安全培训工作的决定》（安委〔2012〕10号）精神，进一步加强矿山救援培训工作，提升矿山救援能力，现就有关要求通知如下：

一、进一步加强矿山救援培训工作的必要性

矿山救援培训是安全生产一项重要的基础性工作。近年来，各级矿山救援培训主管部门积极组织开展培训工作，并取得了一定成效。同时，部分地区和单位也存在着对矿山救援培训工作重视不够、培训质量不高，培训机构、师资、教材建设等优质资源不足等问题，制约了矿山救援能力的提升。据统计，“十一五”期间，由于施救措施不当导致事故扩大而造成的较大以上事故167起，由于施救不当共造成657人死亡。尤其是今年黑龙江省牡丹江市东宁县永盛煤矿“1·29”一氧化碳中毒事故发生后，由于缺乏基本的应急救援知识，致使死亡人数由初期的2人扩大至12人，充分暴露出矿山救援培训中存在着薄弱环节。

加强矿山救援培训工作，是落实煤矿安全生产"七大攻坚举措"，建设高素质矿山应急救援队伍，全面提高矿山从业人员应急意识和应急处置能力，实施科学救援，坚决杜绝因应急知识缺乏导致事故扩大的迫切要求。

二、总体要求

按照统一规划、归口管理、分类指导、分级实施、教考分离的原则，以全面提升矿山应急救援能力为目标，以提高矿山救护队指战员技战术水平、矿山从业人员应急意识和应急处置能力（技能）、各级安全监管监察机构应急管理（救援）人员应急指挥能力为重点，充实培训内容、创新培训方式，加强培训管理，注重培训质量，用两年时间对专兼职矿山救护队指战员、矿山从业人员、各级安全监管监察机构应急管理人员以及从事矿山救援培训工作的师资全面进行一次培训。

三、培训范围及组织方式

（一）培训范围和学时。全国428支专职矿山救护队指战员（2.6万人），矿山企业兼职救护队指战员、矿山企业有关人员、地方各级安全监管监察机构应急管理（救援）人员以及从事矿山救援培训工作的师资。专（兼）职矿山救护队指战员和从事矿山救援培训工作的师资培训时间不少于40学时，其他人员不少于20学时。

（二）组织方式。国家安全生产应急救援指挥中心（以下简称应急指挥中心）统一规划、归口管理、组织指导全国安全生产应急救援培训工作，负责组织省级安全监管监察机构应急管理（救援）人员、中央企业总部应急管理人员的培训；国家安全监管总局矿山救援指挥中心负责矿山救护队中队以上指挥员（包括工程技术人员）、大队战训科的管理人员和从事矿山救援培训工作师资人员的培训工作；国家矿山应急救援队（开滦、大同、鹤岗、淮南、平顶山、芙蓉、靖远）试点开展矿山救护队中队以上指挥员（包括工程技术人员）、大队战训科管理人员的复训工作。

专（兼）职矿山救护队其他人员的培训，由各省级矿山救援培训主管部门按照《矿山救护培训管理暂行规定》（安监总办字〔2005〕111号）的有关要求组织实施。煤矿企业主要负责人、安全生产管理人员（含企业应急管理人员）、特种作业人员，按照《煤矿安全培训规定》（国家安全监管总局令第52号）有关"三项岗位"人员的要求进行培训，充实应急救援方面的内容。其他矿山企业负责人及管理人员按有关规定进行培训。矿山其他从业人员由矿山企业救护队组织应急知识普及培训。省级安全监管监察机构其他相关人员要在执法培训中充实应急救援方面的内容。

四、培训的主要内容

（一）矿山救护队指战员培训。中队以上指挥员培训，要在常规培训的基础上，着重进行国内外事故救援典型案例分析、矿山救护军事化管理及训练方法、矿山典型事故情景演练、国内外矿山救援新装备与新技术、矿山救护信息化技术、国外矿山救援管理体系及动态、救援经验、《煤矿矿长保护矿工生命安全七条规定》（国家安全监管总局令第58号）等内容的培训。

中队以上指挥员复训，要在常规复训的基础上着重进行安全生产相关法律法规与政策、救援决策指挥技能及典型案例分析、国内外矿山救援新装备与新技术、矿山救护队建设及管理新理念、矿山救护装备及救援技术实训演练等内容的培训。

救护队其他人员的培（复）训内容，由各省（区、市）按照《矿山救护规程》的要求，结合本地矿山安全生产实际确定。

兼职矿山救护队员培（复）训的内容，参照专职矿山救护队员的相关要求执行。

（二）矿山从业人员培训。矿山企业应急管理人员培训参照《安全生产应急管理人员培训大纲和考核规范》（AQ/T9008-2012），以事故救援案例分析和情景演练为重点，突出应急处置能力的培养。煤矿企业主要负责人、安全生产管理人员和特种作业人员培训，按照"三项岗位"人员安全培训大纲有关应急管理方面的要求执行。其他矿山企业负责人、管理人员培训，以安全生产相关法律法规、应急管理、应急救援知识为重点，突出培养事故预防、事故应急处置能力。矿山其他从业人员要着重学习应急自救常识，重点培养自我保护意识和应急处置技能。

（三）安全监管监察机构有关人员培训。安全监管监察机构应急管理（救援）人员以《安全生产应急管理人员培训大纲和考核规范》（AQ/T9008-2012）为指导，以事故救援案例分析为重点，突出应急指挥能力的培养。其他相关人员培训以安全生产应急管理和应急救援法律法规为基础，突出培养事故预防、事故应急处置能力。

（四）从事矿山救援培训工作的师资培训。矿山救援师资要熟练掌握矿山救护队指战员培（复）训主要内容以及适合矿山救援培训特点的教学技能，突出矿山救援教学能力的培养。

五、有关要求

（一）加强组织领导。各级安全监管监察机构和有关中央企业要进一步提高对矿山救援培训工作重要性的认识，将其纳入重要议事日程，作为安全培训的重要组成部分列入目标管理计划，进一步加大力度，保证如期完成培训任务。

（二）切实落实企业培训责任。有关企业要把应急救援培训纳入企业安全培训的总体规划，建立健全应急培训机制，保障经费需求，严格落实从业人员先培训后上岗制度，在“三项岗位”人员培训、三级教育和全员培训中强化应急救援培训，建立健全应急培训档案。

（三）严格培训管理。矿山救援培训主管部门要结合实际，从培训对象需求、培训计划制定、培训教学设计、培训教材选择、培训效果反馈等环节，加强对培训承办单位的监督和管理，确保高标准完成培训任务。要严格按照《安全生产培训管理办法》（国家安全监管总局令第44号）要求落实教考分离，加强监督检查，并规范应急救援培训证书管理。应急指挥中心随机对培训和考试工作进行抽查检查。

（四）加强培训机构和师资队伍建设。矿山救援培训工作要由具备安全培训资质的培训机构和具备资质的矿山救护队承办。要依托高校、科研、企业和矿山救护队，建设一支熟悉安全生产应急管理、精通培训业务的专兼职教学骨干队伍，切实提高安全生产应急管理培训师资水平。

（五）发挥国家（区域）矿山应急救援队辐射引领作用。各省级安全监管监察机构要加强对国家（区域）矿山应急救援队工作的指导，在积极组织开展新配备大型装备的操作训练、熟练掌握新装备的操作使用方法、实现人机有机结合、尽早形成救援能力的同时，充分发挥国家（区域）矿山应急救援队人才、装备优势和培训功能，带动矿山应急培训和救援水平的进一步提升。

请各省级矿山救援培训主管部门于每年1月底前将本地区上年度应急管理培训工作总结和本年度计划报送应急指挥中心信息管理部。

矿山救护队标准化定级管理办法

·2022年12月13日

·应急〔2022〕122号

第一章　总　则

第一条　为进一步规范矿山救护队标准化定级工作，全面提高矿山救护队整体建设水平和综合应急救援能力，安全、快速、高效处置矿山生产安全事故，根据《安全生产法》《生产安全事故应急条例》等法律法规，制定本办法。

第二条　矿山救护队标准化定级执行《矿山救护队标准化考核规范》（AQ/T1009，以下简称《考核规范》）。

第三条　本办法适用全国矿山救护队开展标准化定级工作。

第二章　组织管理

第四条　应急管理部矿山救援中心负责全国矿山救护队标准化定级组织管理工作，各省级应急管理部门和国家矿山安全监察局各省级局（以下简称省级标准化定级管理部门）负责本地区矿山救护队标准化定级组织管理工作。

第五条　矿山救护队标准化定级分为3个等级，分别为一级、二级、三级，有效期均为三年（以公告确认的等级时间起算）。

第六条　矿山救护队标准化定级实行分级负责。一级矿山救护队标准化定级由省级标准化定级管理部门组织审核，应急管理部矿山救援中心组织考核定级；二、三级矿山救护队标准化定级由省级标准化定级管理部门审核并组织考核定级。

第七条　独立中队、矿山救护大队所属中队应每季度组织一次标准化自评，矿山救护大队应每半年组织一次标准化自评。矿山救护队依托单位需将矿山救护队标准化与矿井标准化工作同规划、同考核、同总结、同奖惩（事业单位及其他性质矿山救护队应纳入本单位绩效考核）。

第八条　省级标准化定级管理部门应加强矿山救护队标准化定级工作的组织领导，建立专家库，组织业务培训，保障工作经费。

第三章　定级程序

第九条　矿山救护队标准化定级按照“自评申报、审核、评定、公示、公告”的程序进行，原则上于队伍自评申报材料审核通过后的60个工作日内完成定级工作。

（一）自评申报。矿山救护队应按照《考核规范》明确的等级条件和要求进行自评，并于等级有效期满3个月前向队伍所在地省级标准化定级管理部门提交自评申报材料，并对其真实性负责。新建矿山救护队及拟升级的矿山救护队符合条件的，可随时申报。申报需提供下列材料：

1. 矿山救护队依托单位意见；
2. 矿山救护队自评得分情况；
3. 队伍组织机构及在册人员统计表；
4. 队伍规章制度目录清单；

5. 矿山救护队负责人的任命文件复印件(包括大队长、副大队长、总工程师、副总工程师及部门<科室>负责人,中队长、副中队长和技术员);

6. 人员培训、考核情况登记表;

7. 主要救护装备清单、训练场地及设施情况说明;

8. 矿山救护队所有人员工伤保险和救护队指战员人身意外伤害保险登记表及保单复印件;

9. 全体人员体检情况统计;

10. 服务矿山企业数量及简要情况,服务矿井救护协议签订情况,主要系统图纸及应急预案(灾害预防和处理计划)更新管理情况;

11. 队伍参加事故抢险救援及处置情况;

12. 矿山救护队标准化与矿井标准化工作同规划、同考核、同总结、同奖惩情况(事业单位及其他性质矿山救护队纳入本单位绩效考核情况)。

(二)审核。省级标准化定级管理部门收到矿山救护队等级申报材料后,应于10个工作日内完成材料审核,符合申报一级矿山救护队的,报应急管理部矿山救援中心。申请材料不全或不符合要求的,矿山救护队可补正一次所需材料。

(三)评定。应急管理部矿山救援中心、省级标准化定级管理部门对符合标准化等级申报条件的矿山救护队,应采取现场考核、检查抽查等方式,严格按照《考核规范》规定要求组织考核定级。

1. 根据工作需要,应急管理部矿山救援中心可委托相关省级标准化定级管理部门,组织评定一级矿山救护队。

2. 对申报上一等级的矿山救护队,现场评定等级与自评申报材料不符,按现场评定等级定级。

3. 凡与被评定矿山救护队有工作关系的专家及有关人员均应回避。

(四)公示。评定等级为三级及以上的矿山救护队应面向社会公示,时间不少于5个工作日。应急管理部、国家安全生产应急救援中心(应急管理部矿山救援中心)官方网站公示一级矿山救护队定级结果,省级标准化定级管理部门官方网站公示二、三级矿山救护队定级结果。

(五)公告。应急管理部、国家安全生产应急救援中心(应急管理部矿山救援中心)和省级标准化定级管理部门官方网站,分别对公示无异议的矿山救护队进行公告确认。

第十条　省级标准化定级管理部门应于每年年底前将本年度矿山救护队标准化定级情况报国家安全生产应急救援中心,同时抄国家矿山安全监察局。

第四章　监督管理

第十一条　应急管理部矿山救援中心重点对一级矿山救护队标准化等级运行情况进行检查抽查,同时对省级标准化定级管理部门开展标准化定级工作及日常监督管理情况进行检查指导。

第十二条　省级标准化定级管理部门负责本地区矿山救护队标准化等级运行情况的动态管理和监督检查,每年应跟进检查、动态指导矿山救护队标准化建设,重点加强一级矿山救护队及新建评级、升级或降级矿山救护队的监督管理。发现等级不符的严重问题,一级矿山救护队由应急管理部矿山救援中心组织重新评定,二、三级矿山救护队由省级标准化定级管理部门组织重新评定。

第十三条　矿山救护队标准化定级有效期内,有下列行为之一的各扣10分,作为标准化评定补充内容,组织重新评定等级。

1. 实施矿山生产安全事故救援时,响应命令不及时、推诿拖延、临阵退缩或者拒不执行救援命令的;

2. 在矿山生产安全事故救援中玩忽职守、贻误战机、谎报灾情、隐瞒事实真相,造成严重后果的;

3. 开展安全技术服务工作中,出现违章指挥、违章操作等行为,造成严重影响的;

4. 经应急管理部矿山救援中心、省级标准化定级管理部门认定的其他严重问题。

第五章　附　则

第十四条　省级标准化定级管理部门应根据本办法制定矿山救护队标准化定级实施细则。同时,可参照《考核规范》和本办法加强兼职矿山救护队的管理工作。

第十五条　本办法由应急管理部矿山救援中心负责解释,自2023年1月1日起实施。

化学事故应急救援管理办法

· 1994年8月19日化学工业部发布
· 自公布之日起实施

第一章　总　则

第一条　为在发生化学事故时能及时、有效地开展事故单位自救与企业间的互救,尽最大可能减少事故的危害和损失,保障化工生产的顺利进行,根据中华人民共和国劳动法和有关法律,制定本办法。

第二条　化学事故应急救援是指发生重大或灾害性化学事故时,为及时控制危害源,抢救受害人员,指导人员撤离,消除危害后果而采取的救援行动。

第三条 化学事故应急救援应在预防为主的基础上，贯彻统一领导、集中指挥、横向协调、自救互救与社会救援相结合的原则。

第四条 凡在中华人民共和国领域内从事生产、运输、储存、使用化学危险物品的企事业单位均须执行本办法。

第二章 机构与职责

第五条 化学工业部领导全国化工行业化学事故的应急救援工作。

其主要职责：

1. 贯彻国家有关化学事故预防与救援法规。

2. 编制化学事故应急救援工作规划，制订化工部化学事故应急救援预案。

3. 组织重大化学事故的处理和应急救援的实施。

4. 对重大化学事故进行调查和组织恢复生产。

5. 组织化学事故预防和应急救援研究工作。

为加强技术指导和区域间的互救，成立化工部区域性化学事故应急救援中心。

第六条 各省、自治区、直辖市化工厅（局、总公司）领导本省、自治区、直辖市化学事故的应急救援工作。

其主要职责：

1. 执行国家和化工部有关化学事故预防和救援的法规和规定。

2. 制订本系统化学事故应急救援预案和工作计划，检查所属单位计划的实施。

3. 组建区域性行业内互救协作组织。

4. 组织指挥本系统化学事故互救，参与社会救援。

5. 调查化学事故，做好事故报告工作。

各省、自治区、直辖市化工厅（局、总公司）的化工职防院（所）承担本省、自治区、直辖市化工行业的化学事故的应急救援工作。无化工职防院（所）的，可指定专业机构承担。

第七条 化工企事业单位的主管领导负责本单位的化学事故应急救援工作。可指定医院（卫生所）承担应急救援任务。

其主要职责：

1. 制订本单位化学事故应急救援预案。

2. 建立专职或兼职的工程救援、医疗救护、运输、治安等救援队伍。

3. 配备必要的化学事故应急救援装备。

4. 组织队伍的训练与演习，提高队伍救援技能。

5. 开展职工岗位自救互救培训和宣传教育工作。

第三章 应急救援

第八条 任何单位和个人发现化学事故时，应及时报警。

第九条 组织实施

1. 发生化学事故时，事故单位在向上一级报告的同时，应立即按应急救援预案，组织指挥本单位各种救援队伍和职工采取措施控制危害源，进行自救。对于灾害性化学事故，已涉及社会时，除采取自救外，应及时向当地政府报告，争取社会救援。

2. 各省、自治区、直辖市化工厅（局、总公司）接到事故报告后，凡重大或灾害性化学事故除向化工部报告外，应立即调动力量组织行业内救援，同时可向化工部化工急性中毒应急救援中心联系要求救援。

3. 化工部接到重大或灾害性化学事故报告后，视事故危害程度，派出化工部化工急性中毒应急救援中心的救援队伍，前往协助救援或指示化工部上海化工毒物咨询中心为事故单位或领导部门提供有关咨询数据。

4. 因发生事故造成现场或环境污染，必须组织有关单位进行清消，并通报可能受到污染的单位和居民。

第十条 化学事故调查与结案

事故单位的化学事故应急救援领导小组应在事故处理完毕后，将事故调查报告、处理结果报上一级化工领导机构，同时抄送省、自治区、直辖市化工厅（局、总公司）化工职防院（所）。

省、自治区、直辖市化工厅（局、总公司）接到事故单位的调查、处理报告后上报化工部，同时抄送化工部化工急性中毒应急救援中心。

第十一条 发生急性职业病事故时，有关应急救援部门应及时会同铁路、交通、民航部门根据职业病防治有关法律规定，优先运送伤病员、急救人员以及急救药品和器械。

第四章 应急救援的管理

第十二条 化学事故应急救援预案内容：

1. 基本情况；

2. 危险目标的确定；

3. 应急救援指挥部的组成、职责和分工；

4. 救援队伍的组成与分工；

5. 报警信号；

6. 化学事故处置；

7. 有关规定和要求等项内容。

第十三条 对职工开展化学事故预防、自救与互救的宣传教育。

第十四条 各救援队伍必须经常进行业务教育，定期训练，每年举行1—2次演习，提高业务技能。并将此项工作纳入年度工作计划和主要议事日程。

第十五条 做好化学事故应急救援的研究工作，不断提高管理、组织指挥能力，救援技术水准和救援装备的配备，提高队伍的实战水平。

第十六条 防护用品和医疗器械应处于备用状态。

第五章 装备与经费

第十七条 装备

1. 通讯装备：部和省、自治区、直辖市化工厅（局、总公司）负责应急救援的部门应设有专用直拨电话和传真机，并通过本单位值班室实行昼夜值班。

应急救援主要领导和骨干可根据当地情况配备手提机或BP机等先进通讯工具，以便及时联络。

2. 救援装备：各救援队伍应根据自身救援需要制定装备标准，包括救援用车辆、急救用医疗器械和药品，报上一级负责应急救援的领导机构批准后配备。

3. 防护装备：各救援队伍应根据编制配备相应的个人防护装备，如防护面罩、防护服等。

第十八条 经费

1. 企事业单位应保证化学事故应急救援所需经费。

2. 应急救援中心救援所耗费的费用，由事故发生单位支付。

第六章 奖 惩

第十九条 对在化学事故应急救援工作中做出显著成绩的单位和个人，由该单位的上级主管部门给予表扬、奖励。

第二十条 因参加应急救援受伤、致残或牺牲的人员，其医疗、抚恤待遇按照国家有关因公受伤、致残或牺牲的规定办理。

第二十一条 凡在化学事故应急救援工作中，因玩忽职守未做好准备工作和事故发生时，隐瞒事实真相，谎报实情，导致指挥救援工作失误，造成严重后果者，以及救援行动中借故逃避，临阵脱逃或拒不执行救援命令者，应给予必要的处分，直至追究法律责任。

第七章 附 则

第二十二条 本办法由化工部解释。

第二十三条 凡生产、运输、储存、使用化学危险物品的非化工部所属企事业单位，包括中外合资、外商独资以及乡镇企业可参照本办法，实施化学事故应急救援。

第二十四条 本办法自公布之日起实施。

救灾捐赠管理办法

·2008年4月28日民政部令第35号公布

·自公布之日起施行

第一章 总 则

第一条 为了规范救灾捐赠活动，加强救灾捐赠款物的管理，保护捐赠人、救灾捐赠受赠人和灾区受益人的合法权益，根据《中华人民共和国公益事业捐赠法》和《国家自然灾害救助应急预案》，制定本办法。

第二条 在发生自然灾害时，救灾募捐主体开展募捐活动，以及自然人、法人或者其他组织向救灾捐赠受赠人捐赠财产，用于支援灾区、帮助灾民的，适用本办法。

本办法所称救灾募捐主体是指在县级以上人民政府民政部门登记的具有救灾宗旨的公募基金会。

第三条 本办法所称救灾捐赠受赠人包括：

（一）县级以上人民政府民政部门及其委托的社会捐助接收机构；

（二）经县级以上人民政府民政部门认定的具有救灾宗旨的公益性民间组织；

（三）法律、行政法规规定的其他组织。

第四条 救灾捐赠应当是自愿和无偿的，禁止强行摊派或者变相摊派，不得以捐赠为名从事营利活动。

第五条 救灾捐赠款物的使用范围：

（一）解决灾民衣、食、住、医等生活困难；

（二）紧急抢救、转移和安置灾民；

（三）灾民倒塌房屋的恢复重建；

（四）捐赠人指定的与救灾直接相关的用途；

（五）经同级人民政府批准的其他直接用于救灾方面的必要开支。

第六条 国务院民政部门负责管理全国救灾捐赠工作。

县级以上地方人民政府民政部门负责管理本行政区域内的救灾捐赠工作。

第七条 对于在救灾捐赠中有突出贡献的自然人、法人或者其他组织，县级以上人民政府民政部门可以予以表彰。对捐赠人进行公开表彰，应当事先征求捐赠人的意见。

第二章 组织捐赠与募捐

第八条 国务院民政部门可以根据灾情组织开展跨省（自治区、直辖市）或者全国性救灾捐赠活动，县级以上地方人民政府民政部门按照部署组织实施。

经同级人民政府批准，县级以上地方人民政府民政部门组织开展本行政区域内的救灾捐赠活动，但不得跨区域开展。

在县级以上地方人民政府民政部门开展的救灾捐赠活动中，同级人民政府辖区内的各系统、各部门、各单位在本系统、本部门、本单位内组织实施。

第九条 开展义演、义赛、义卖等大型救灾捐赠和募捐活动，举办单位应当在活动结束后30日内，报当地人民政府民政部门备案。备案内容包括：举办单位、活动时间、地点、内容、方式及款物用途等。

第十条 具有救灾宗旨的公募基金会，可以依法开展救灾募捐活动，但在发生自然灾害时所募集的资金不得用于增加原始基金。

第三章 接受捐赠

第十一条 县级以上人民政府民政部门接受救灾捐赠款物，根据工作需要可以指定社会捐助接收机构、具有救灾宗旨的公益性民间组织组织实施。

乡（镇）人民政府、城市街道办事处受县（县级市、市辖区）人民政府委托，可以组织代收本行政区域内村民、居民及驻在单位的救灾捐赠款物。代收的捐赠款物应当及时转交救灾捐赠受赠人。

第十二条 救灾捐赠受赠人应当向社会公布其名称、地址、联系人、联系电话、银行账号等。

第十三条 自然人、法人或者其他组织可以向救灾捐赠受赠人捐赠其有权处分的合法财产。

法人或者其他组织捐赠其自产或者外购商品的，需要享受税收优惠政策的，应当提供相应的发票及证明物品质量的资料。

第十四条 救灾捐赠受赠人接受救灾捐赠款物时，应当确认银行票据，当面清点现金，验收物资。捐赠人所捐款物不能当场兑现的，救灾捐赠受赠人应当与捐赠人签订载明捐赠款物种类、质量、数量和兑现时间等内容的捐赠协议。

捐赠人捐赠的食品、药品、生物化学制品应当符合国家食品药品监督管理和卫生行政等政府相关部门的有关规定。

第十五条 救灾捐赠受赠人接受救灾捐赠款物后，应当向捐赠人出具符合国家财务、税收管理规定的接收捐赠凭证。

第十六条 对符合税收法律法规规定的救灾捐赠，捐赠人凭捐赠凭证享受税收优惠政策，具体按照国家有关规定办理。

第四章 境外救灾捐赠

第十七条 国务院民政部门负责对境外通报灾情，表明接受境外救灾捐赠的态度，确定受援区域。

第十八条 国务院民政部门负责接受境外对中央政府的救灾捐赠。

县级以上地方人民政府民政部门负责接受境外对地方政府的救灾捐赠。

具有救灾宗旨的公益性民间组织接受境外救灾捐赠，应当报民政部门备案。

法律、行政法规另有规定的除外。

第十九条 救灾捐赠受赠人接受的外汇救灾捐赠款按国家外汇管理规定办理。

第二十条 境外救灾捐赠物资的检验、检疫、免税和入境，按照国家的有关规定办理。

第二十一条 对免税进口的救灾捐赠物资不得以任何形式转让、出售、出租或者移作他用。

第五章 救灾捐赠款物的管理和使用

第二十二条 救灾捐赠受赠人应当对救灾捐赠款指定账户，专项管理；对救灾捐赠物资建立分类登记表册。

第二十三条 具有救灾宗旨的公益性民间组织应当按照当地政府提供的灾区需求，提出分配、使用救灾捐赠款物方案，报同级人民政府民政部门备案，接受监督。

第二十四条 在国务院民政部门组织开展的跨省（自治区、直辖市）或者全国性救灾捐赠活动中，国务院民政部门可以统一分配、调拨全国救灾捐赠款物。

第二十五条 国务院民政部门负责调拨的救灾捐赠物资，属境外捐赠的，其运抵口岸后的运输等费用由受援地区负担；属境内捐赠的，由捐赠方负担。

县级以上地方人民政府民政部门负责调拨的救灾捐赠物资，运输、临时仓储等费用由地方同级财政负担。

第二十六条 县级以上人民政府民政部门根据灾情和灾区实际需求，可以统筹平衡和统一调拨分配救灾捐赠款物，并报上一级人民政府民政部门统计。

对捐赠人指定救灾捐赠款物用途或者受援地区的，应当按照捐赠人意愿使用。在捐赠款物过于集中同一地方的情况下，经捐赠人书面同意，省级以上人民政府民政部门可以调剂分配。

发放救灾捐赠款物时，应当坚持民主评议、登记造册、张榜公布、公开发放等程序，做到制度健全、账目清楚，手续完备，并向社会公布。

县级以上人民政府民政部门应当会同监察、审计等部门及时对救灾捐赠款物的使用发放情况进行监督检查。

捐赠人有权向救灾捐赠受赠人查询救灾捐赠财产的使用、管理情况,并提出意见和建议。对于捐赠人的查询,救灾捐赠受赠人应当如实答复。

第二十七条　对灾区不适用的境内救灾捐赠物资,经捐赠人书面同意,报县级以上地方人民政府民政部门批准后可以变卖。

对灾区不适用的境外救灾捐赠物资,应当报省级人民政府民政部门批准后方可变卖。

变卖救灾捐赠物资应当由县级以上地方人民政府民政部门统一组织实施,一般应当采取公开拍卖方式。

变卖救灾捐赠物资所得款必须作为救灾捐赠款管理、使用,不得挪作他用。

第二十八条　可重复使用的救灾捐赠物资,县级以上地方人民政府民政部门应当及时回收、妥善保管,作为地方救灾物资储备。

第二十九条　接受的救灾捐赠款物,受赠人应当严格按照使用范围,在本年度内分配使用,不得滞留。如确需跨年度使用的,应当报上级人民政府民政部门审批。

第三十条　救灾捐赠款物的接受及分配、使用情况应当按照国务院民政部门规定的统计标准进行统计,并接受审计、监察等部门和社会的监督。

第三十一条　各级民政部门在组织救灾捐赠工作中,不得从捐赠款中列支费用。经民政部门授权的社会捐助接收机构、具有救灾宗旨的公益性民间组织,可以按照国家有关规定和自身组织章程,在捐赠款中列支必要的工作经费。捐赠人与救灾捐赠受赠人另有协议的除外。

第三十二条　救灾捐赠、募捐活动及款物分配、使用情况由县级以上人民政府民政部门统一向社会公布,一般每年不少于两次。集中捐赠和募捐活动一般应在活动结束后一个月内向社会公布信息。

第六章　法律责任

第三十三条　捐赠人应当依法履行捐赠协议,按照捐赠协议约定的期限和方式将捐赠财产转移给救灾捐赠受赠人。对不能按时履约的,应当及时向救灾捐赠受赠人说明情况,签订补充履约协议。救灾捐赠受赠人有权依法向协议捐赠人追要捐赠款物,并通过适当方式向社会公告说明。

第三十四条　挪用、侵占或者贪污救灾捐赠款物的,由县级以上人民政府民政部门责令退还所用、所得款物;对直接责任人,由所在单位依照有关规定予以处理;构成犯罪的,依法追究刑事责任。

依照前款追回、追缴的款物,应当用于救灾目的和用途。

第三十五条　救灾捐赠受赠人的工作人员,滥用职权,玩忽职守,徇私舞弊,致使捐赠财产造成重大损失的,由所在单位依照有关规定予以处理;构成犯罪的,依法追究刑事责任。

第七章　附　则

第三十六条　在境外发生特大自然灾害时,需要组织对外援助时,由国务院民政部门参照本办法组织实施社会捐赠,统一协调民间国际援助活动。

第三十七条　自然灾害以外的其他突发公共事件发生时,需要组织开展捐赠活动的,参照本办法执行。

第三十八条　本办法自发布之日起施行。2000 年 5 月 12 日民政部发布的《救灾捐赠管理暂行办法》同时废止。

十三、核事故应急处理

中华人民共和国核安全法

- 2017年9月1日第十二届全国人民代表大会常务委员会第二十九次会议通过
- 2017年9月1日中华人民共和国主席令第73号公布
- 自2018年1月1日起施行

第一章 总 则

第一条 为了保障核安全,预防与应对核事故,安全利用核能,保护公众和从业人员的安全与健康,保护生态环境,促进经济社会可持续发展,制定本法。

第二条 在中华人民共和国领域及管辖的其他海域内,对核设施、核材料及相关放射性废物采取充分的预防、保护、缓解和监管等安全措施,防止由于技术原因、人为原因或者自然灾害造成核事故,最大限度减轻核事故情况下的放射性后果的活动,适用本法。

核设施,是指:

(一)核电厂、核热电厂、核供汽供热厂等核动力厂及装置;

(二)核动力厂以外的研究堆、实验堆、临界装置等其他反应堆;

(三)核燃料生产、加工、贮存和后处理设施等核燃料循环设施;

(四)放射性废物的处理、贮存、处置设施。

核材料,是指:

(一)铀-235材料及其制品;

(二)铀-233材料及其制品;

(三)钚-239材料及其制品;

(四)法律、行政法规规定的其他需要管制的核材料。

放射性废物,是指核设施运行、退役产生的,含有放射性核素或者被放射性核素污染,其浓度或者比活度大于国家确定的清洁解控水平,预期不再使用的废弃物。

第三条 国家坚持理性、协调、并进的核安全观,加强核安全能力建设,保障核事业健康发展。

第四条 从事核事业必须遵循确保安全的方针。

核安全工作必须坚持安全第一、预防为主、责任明确、严格管理、纵深防御、独立监管、全面保障的原则。

第五条 核设施营运单位对核安全负全面责任。

为核设施营运单位提供设备、工程以及服务等的单位,应当负相应责任。

第六条 国务院核安全监督管理部门负责核安全的监督管理。

国务院核工业主管部门、能源主管部门和其他有关部门在各自职责范围内负责有关的核安全管理工作。

国家建立核安全工作协调机制,统筹协调有关部门推进相关工作。

第七条 国务院核安全监督管理部门会同国务院有关部门编制国家核安全规划,报国务院批准后组织实施。

第八条 国家坚持从高从严建立核安全标准体系。

国务院有关部门按照职责分工制定核安全标准。核安全标准是强制执行的标准。

核安全标准应当根据经济社会发展和科技进步适时修改。

第九条 国家制定核安全政策,加强核安全文化建设。

国务院核安全监督管理部门、核工业主管部门和能源主管部门应当建立培育核安全文化的机制。

核设施营运单位和为其提供设备、工程以及服务等的单位应当积极培育和建设核安全文化,将核安全文化融入生产、经营、科研和管理的各个环节。

第十条 国家鼓励和支持核安全相关科学技术的研究、开发和利用,加强知识产权保护,注重核安全人才的培养。

国务院有关部门应当在相关科研规划中安排与核设施、核材料安全和辐射环境监测、评估相关的关键技术研究专项,推广先进、可靠的核安全技术。

核设施营运单位和为其提供设备、工程以及服务等的单位、与核安全有关的科研机构等单位,应当持续开发先进、可靠的核安全技术,充分利用先进的科学技术成果,提高核安全水平。

国务院和省、自治区、直辖市人民政府及其有关部门对在科技创新中做出重要贡献的单位和个人,按照有关规定予以表彰和奖励。

第十一条　任何单位和个人不得危害核设施、核材料安全。

公民、法人和其他组织依法享有获取核安全信息的权利，受到核损害的，有依法获得赔偿的权利。

第十二条　国家加强对核设施、核材料的安全保卫工作。

核设施营运单位应当建立和完善安全保卫制度，采取安全保卫措施，防范对核设施、核材料的破坏、损害和盗窃。

第十三条　国家组织开展与核安全有关的国际交流与合作，完善核安全国际合作机制，防范和应对核恐怖主义威胁，履行中华人民共和国缔结或者参加的国际公约所规定的义务。

第二章　核设施安全

第十四条　国家对核设施的选址、建设进行统筹规划，科学论证，合理布局。

国家根据核设施的性质和风险程度等因素，对核设施实行分类管理。

第十五条　核设施营运单位应当具备保障核设施安全运行的能力，并符合下列条件：

（一）有满足核安全要求的组织管理体系和质量保证、安全管理、岗位责任等制度；

（二）有规定数量、合格的专业技术人员和管理人员；

（三）具备与核设施安全相适应的安全评价、资源配置和财务能力；

（四）具备必要的核安全技术支撑和持续改进能力；

（五）具备应急响应能力和核损害赔偿财务保障能力；

（六）法律、行政法规规定的其他条件。

第十六条　核设施营运单位应当依照法律、行政法规和标准的要求，设置核设施纵深防御体系，有效防范技术原因、人为原因和自然灾害造成的威胁，确保核设施安全。

核设施营运单位应当对核设施进行定期安全评价，并接受国务院核安全监督管理部门的审查。

第十七条　核设施营运单位和为其提供设备、工程以及服务等的单位应当建立并实施质量保证体系，有效保证设备、工程和服务等的质量，确保设备的性能满足核安全标准的要求，工程和服务等满足核安全相关要求。

第十八条　核设施营运单位应当严格控制辐射照射，确保有关人员免受超过国家规定剂量限值的辐射照射，确保辐射照射保持在合理、可行和尽可能低的水平。

第十九条　核设施营运单位应当对核设施周围环境中所含的放射性核素的种类、浓度以及核设施流出物中的放射性核素总量实施监测，并定期向国务院环境保护主管部门和所在地省、自治区、直辖市人民政府环境保护主管部门报告监测结果。

第二十条　核设施营运单位应当按照国家有关规定，制定培训计划，对从业人员进行核安全教育和技能培训并进行考核。

核设施营运单位应当为从业人员提供相应的劳动防护和职业健康检查，保障从业人员的安全和健康。

第二十一条　省、自治区、直辖市人民政府应当对国家规划确定的核动力厂等重要核设施的厂址予以保护，在规划期内不得变更厂址用途。

省、自治区、直辖市人民政府应当在核动力厂等重要核设施周围划定规划限制区，经国务院核安全监督管理部门同意后实施。

禁止在规划限制区内建设可能威胁核设施安全的易燃、易爆、腐蚀性物品的生产、贮存设施以及人口密集场所。

第二十二条　国家建立核设施安全许可制度。

核设施营运单位进行核设施选址、建造、运行、退役等活动，应当向国务院核安全监督管理部门申请许可。

核设施营运单位要求变更许可文件规定条件的，应当报国务院核安全监督管理部门批准。

第二十三条　核设施营运单位应当对地质、地震、气象、水文、环境和人口分布等因素进行科学评估，在满足核安全技术评价要求的前提下，向国务院核安全监督管理部门提交核设施选址安全分析报告，经审查符合核安全要求后，取得核设施场址选择审查意见书。

第二十四条　核设施设计应当符合核安全标准，采用科学合理的构筑物、系统和设备参数与技术要求，提供多样保护和多重屏障，确保核设施运行可靠、稳定和便于操作，满足核安全要求。

第二十五条　核设施建造前，核设施营运单位应当向国务院核安全监督管理部门提出建造申请，并提交下列材料：

（一）核设施建造申请书；

（二）初步安全分析报告；

（三）环境影响评价文件；

（四）质量保证文件；

（五）法律、行政法规规定的其他材料。

第二十六条 核设施营运单位取得核设施建造许可证后，应当确保核设施整体性能满足核安全标准的要求。

核设施建造许可证的有效期不得超过十年。有效期届满，需要延期建造的，应当报国务院核安全监督管理部门审查批准。但是，有下列情形之一且经评估不存在安全风险的除外：

（一）国家政策或者行为导致核设施延期建造；

（二）用于科学研究的核设施；

（三）用于工程示范的核设施；

（四）用于乏燃料后处理的核设施。

核设施建造完成后应当进行调试，验证其是否满足设计的核安全要求。

第二十七条 核设施首次装投料前，核设施营运单位应当向国务院核安全监督管理部门提出运行申请，并提交下列材料：

（一）核设施运行申请书；

（二）最终安全分析报告；

（三）质量保证文件；

（四）应急预案；

（五）法律、行政法规规定的其他材料。

核设施营运单位取得核设施运行许可证后，应当按照许可证的规定运行。

核设施运行许可证的有效期为设计寿期。在有效期内，国务院核安全监督管理部门可以根据法律、行政法规和新的核安全标准的要求，对许可证规定的事项作出合理调整。

核设施营运单位调整下列事项的，应当报国务院核安全监督管理部门批准：

（一）作为颁发运行许可证依据的重要构筑物、系统和设备；

（二）运行限值和条件；

（三）国务院核安全监督管理部门批准的与核安全有关的程序和其他文件。

第二十八条 核设施运行许可证有效期届满需要继续运行的，核设施营运单位应当于有效期届满前五年，向国务院核安全监督管理部门提出延期申请，并对其是否符合核安全标准进行论证、验证，经审查批准后，方可继续运行。

第二十九条 核设施终止运行后，核设施营运单位应当采取安全的方式进行停闭管理，保证停闭期间的安全，确保退役所需的基本功能、技术人员和文件。

第三十条 核设施退役前，核设施营运单位应当向国务院核安全监督管理部门提出退役申请，并提交下列材料：

（一）核设施退役申请书；

（二）安全分析报告；

（三）环境影响评价文件；

（四）质量保证文件；

（五）法律、行政法规规定的其他材料。

核设施退役时，核设施营运单位应当按照合理、可行和尽可能低的原则处理、处置核设施场址的放射性物质，将构筑物、系统和设备的放射性水平降低至满足标准的要求。

核设施退役后，核设施所在地省、自治区、直辖市人民政府环境保护主管部门应当对核设施场址及其周围环境中所含的放射性核素的种类和浓度组织监测。

第三十一条 进口核设施，应当满足中华人民共和国有关核安全法律、行政法规和标准的要求，并报国务院核安全监督管理部门审查批准。

出口核设施，应当遵守中华人民共和国有关核设施出口管制的规定。

第三十二条 国务院核安全监督管理部门应当依照法定条件和程序，对核设施安全许可申请组织安全技术审查，满足核安全要求的，在技术审查完成之日起二十日内，依法作出准予许可的决定。

国务院核安全监督管理部门审批核设施建造、运行许可申请时，应当向国务院有关部门和核设施所在地省、自治区、直辖市人民政府征询意见，被征询意见的单位应当在三个月内给予答复。

第三十三条 国务院核安全监督管理部门组织安全技术审查时，应当委托与许可申请单位没有利益关系的技术支持单位进行技术审评。受委托的技术支持单位应当对其技术评价结论的真实性、准确性负责。

第三十四条 国务院核安全监督管理部门成立核安全专家委员会，为核安全决策提供咨询意见。

制定核安全规划和标准，进行核设施重大安全问题技术决策，应当咨询核安全专家委员会的意见。

第三十五条 国家建立核设施营运单位核安全报告制度，具体办法由国务院有关部门制定。

国务院有关部门应当建立核安全经验反馈制度，并及时处理核安全报告信息，实现信息共享。

核设施营运单位应当建立核安全经验反馈体系。

第三十六条 为核设施提供核安全设备设计、制造、安装和无损检验服务的单位，应当向国务院核安全监督管理部门申请许可。境外机构为境内核设施提供核安全设备设计、制造、安装和无损检验服务的，应当向国务院核安全监督管理部门申请注册。

国务院核安全监督管理部门依法对进口的核安全设备进行安全检验。

第三十七条 核设施操纵人员以及核安全设备焊接人员、无损检验人员等特种工艺人员应当按照国家规定取得相应资格证书。

核设施营运单位以及核安全设备制造、安装和无损检验单位应当聘用取得相应资格证书的人员从事与核设施安全专业技术有关的工作。

第三章 核材料和放射性废物安全

第三十八条 核设施营运单位和其他有关单位持有核材料，应当按照规定的条件依法取得许可，并采取下列措施，防止核材料被盗、破坏、丢失、非法转让和使用，保障核材料的安全与合法利用：

（一）建立专职机构或者指定专人保管核材料；

（二）建立核材料衡算制度，保持核材料收支平衡；

（三）建立与核材料保护等级相适应的实物保护系统；

（四）建立信息保密制度，采取保密措施；

（五）法律、行政法规规定的其他措施。

第三十九条 产生、贮存、运输、后处理乏燃料的单位应当采取措施确保乏燃料的安全，并对持有的乏燃料承担核安全责任。

第四十条 放射性废物应当实行分类处置。

低、中水平放射性废物在国家规定的符合核安全要求的场所实行近地表或者中等深度处置。

高水平放射性废物实行集中深地质处置，由国务院指定的单位专营。

第四十一条 核设施营运单位、放射性废物处理处置单位应当对放射性废物进行减量化、无害化处理、处置，确保永久安全。

第四十二条 国务院核工业主管部门会同国务院有关部门和省、自治区、直辖市人民政府编制低、中水平放射性废物处置场所的选址规划，报国务院批准后组织实施。

国务院核工业主管部门会同国务院有关部门编制高水平放射性废物处置场所的选址规划，报国务院批准后组织实施。

放射性废物处置场所的建设应当与核能发展的要求相适应。

第四十三条 国家建立放射性废物管理许可制度。

专门从事放射性废物处理、贮存、处置的单位，应当向国务院核安全监督管理部门申请许可。

核设施营运单位利用与核设施配套建设的处理、贮存设施，处理、贮存本单位产生的放射性废物的，无需申请许可。

第四十四条 核设施营运单位应当对其产生的放射性固体废物和不能经净化排放的放射性废液进行处理，使其转变为稳定的、标准化的固体废物后，及时送交放射性废物处置单位处置。

核设施营运单位应当对其产生的放射性废气进行处理，达到国家放射性污染防治标准后，方可排放。

第四十五条 放射性废物处置单位应当按照国家放射性污染防治标准的要求，对其接收的放射性废物进行处置。

放射性废物处置单位应当建立放射性废物处置情况记录档案，如实记录处置的放射性废物的来源、数量、特征、存放位置等与处置活动有关的事项。记录档案应当永久保存。

第四十六条 国家建立放射性废物处置设施关闭制度。

放射性废物处置设施有下列情形之一的，应当依法办理关闭手续，并在划定的区域设置永久性标记：

（一）设计服役期届满；

（二）处置的放射性废物已经达到设计容量；

（三）所在地区的地质构造或者水文地质等条件发生重大变化，不适宜继续处置放射性废物；

（四）法律、行政法规规定的其他需要关闭的情形。

第四十七条 放射性废物处置设施关闭前，放射性废物处置单位应当编制放射性废物处置设施关闭安全监护计划，报国务院核安全监督管理部门批准。

安全监护计划应当包括下列主要内容：

（一）安全监护责任人及其责任；

（二）安全监护费用；

（三）安全监护措施；

（四）安全监护期限。

放射性废物处置设施关闭后，放射性废物处置单位应当按照经批准的安全监护计划进行安全监护；经国务院核安全监督管理部门会同国务院有关部门批准后，将其交由省、自治区、直辖市人民政府进行监护管理。

第四十八条 核设施营运单位应当按照国家规定缴纳乏燃料处理处置费用，列入生产成本。

核设施营运单位应当预提核设施退役费用、放射性废物处置费用，列入投资概算、生产成本，专门用于核设施退役、放射性废物处置。具体办法由国务院财政部门、价格主管部门会同国务院核安全监督管理部门、核工业主管部门和能源主管部门制定。

第四十九条 国家对核材料、放射性废物的运输实行分类管理，采取有效措施，保障运输安全。

第五十条 国家保障核材料、放射性废物的公路、铁路、水路等运输，国务院有关部门应当加强对公路、铁路、水路等运输的管理，制定具体的保障措施。

第五十一条 国务院核工业主管部门负责协调乏燃料运输管理活动，监督有关保密措施。

公安机关对核材料、放射性废物道路运输的实物保护实施监督，依法处理可能危及核材料、放射性废物安全运输的事故。通过道路运输核材料、放射性废物的，应当报启运地县级以上人民政府公安机关按照规定权限批准；其中，运输乏燃料或者高水平放射性废物的，应当报国务院公安部门批准。

国务院核安全监督管理部门负责批准核材料、放射性废物运输包装容器的许可申请。

第五十二条 核材料、放射性废物的托运人应当在运输中采取有效的辐射防护和安全保卫措施，对运输中的核安全负责。

乏燃料、高水平放射性废物的托运人应当向国务院核安全监督管理部门提交有关核安全分析报告，经审查批准后方可开展运输活动。

核材料、放射性废物的承运人应当依法取得国家规定的运输资质。

第五十三条 通过公路、铁路、水路等运输核材料、放射性废物，本法没有规定的，适用相关法律、行政法规和规章关于放射性物品运输、危险货物运输的规定。

第四章 核事故应急

第五十四条 国家设立核事故应急协调委员会，组织、协调全国的核事故应急管理工作。

省、自治区、直辖市人民政府根据实际需要设立核事故应急协调委员会，组织、协调本行政区域内的核事故应急管理工作。

第五十五条 国务院核工业主管部门承担国家核事故应急协调委员会日常工作，牵头制定国家核事故应急预案，经国务院批准后组织实施。国家核事故应急协调委员会成员单位根据国家核事故应急预案部署，制定本单位核事故应急预案，报国务院核工业主管部门备案。

省、自治区、直辖市人民政府指定的部门承担核事故应急协调委员会的日常工作，负责制定本行政区域内场外核事故应急预案，报国家核事故应急协调委员会审批后组织实施。

核设施营运单位负责制定本单位场内核事故应急预案，报国务院核工业主管部门、能源主管部门和省、自治区、直辖市人民政府指定的部门备案。

中国人民解放军和中国人民武装警察部队按照国务院、中央军事委员会的规定，制定本系统支援地方的核事故应急工作预案，报国务院核工业主管部门备案。

应急预案制定单位应当根据实际需要和情势变化，适时修订应急预案。

第五十六条 核设施营运单位应当按照应急预案，配备应急设备，开展应急工作人员培训和演练，做好应急准备。

核设施所在地省、自治区、直辖市人民政府指定的部门，应当开展核事故应急知识普及活动，按照应急预案组织有关企业、事业单位和社区开展核事故应急演练。

第五十七条 国家建立核事故应急准备金制度，保障核事故应急准备与响应工作所需经费。核事故应急准备金管理办法，由国务院制定。

第五十八条 国家对核事故应急实行分级管理。

发生核事故时，核设施营运单位应当按照应急预案的要求开展应急响应，减轻事故后果，并立即向国务院核工业主管部门、核安全监督管理部门和省、自治区、直辖市人民政府指定的部门报告核设施状况，根据需要提出场外应急响应行动建议。

第五十九条 国家核事故应急协调委员会按照国家核事故应急预案部署，组织协调国务院有关部门、地方人民政府、核设施营运单位实施核事故应急救援工作。

中国人民解放军和中国人民武装警察部队按照国务院、中央军事委员会的规定，实施核事故应急救援工作。

核设施营运单位应当按照核事故应急救援工作的要求，实施应急响应支援。

第六十条 国务院核工业主管部门或者省、自治区、直辖市人民政府指定的部门负责发布核事故应急信息。

国家核事故应急协调委员会统筹协调核事故应急国际通报和国际救援工作。

第六十一条 各级人民政府及其有关部门、核设施营运单位等应当按照国务院有关规定和授权，组织开展核事故后的恢复行动、损失评估等工作。

核事故的调查处理，由国务院或者其授权的部门负责实施。

核事故场外应急行动的调查处理，由国务院或者其指定的机构负责实施。

第六十二条 核材料、放射性废物运输的应急应当纳入所经省、自治区、直辖市场外核事故应急预案或者辐射应急预案。发生核事故时，由事故发生地省、自治区、直辖市人民政府负责应急响应。

第五章 信息公开和公众参与

第六十三条 国务院有关部门及核设施所在地省、自治区、直辖市人民政府指定的部门应当在各自职责范围内依法公开核安全相关信息。

国务院核安全监督管理部门应当依法公开与核安全有关的行政许可，以及核安全有关活动的安全监督检查报告、总体安全状况、辐射环境质量和核事故等信息。

国务院应当定期向全国人民代表大会常务委员会报告核安全情况。

第六十四条 核设施营运单位应当公开本单位核安全管理制度和相关文件、核设施安全状况、流出物和周围环境辐射监测数据、年度核安全报告等信息。具体办法由国务院核安全监督管理部门制定。

第六十五条 对依法公开的核安全信息，应当通过政府公告、网站以及其他便于公众知晓的方式，及时向社会公开。

公民、法人和其他组织，可以依法向国务院核安全监督管理部门和核设施所在地省、自治区、直辖市人民政府指定的部门申请获取核安全相关信息。

第六十六条 核设施营运单位应当就涉及公众利益的重大核安全事项通过问卷调查、听证会、论证会、座谈会，或者采取其他形式征求利益相关方的意见，并以适当形式反馈。

核设施所在地省、自治区、直辖市人民政府应当就影响公众利益的重大核安全事项举行听证会、论证会、座谈会，或者采取其他形式征求利益相关方的意见，并以适当形式反馈。

第六十七条 核设施营运单位应当采取下列措施，开展核安全宣传活动：

（一）在保证核设施安全的前提下，对公众有序开放核设施；

（二）与学校合作，开展对学生的核安全知识教育活动；

（三）建设核安全宣传场所，印制和发放核安全宣传材料；

（四）法律、行政法规规定的其他措施。

第六十八条 公民、法人和其他组织有权对存在核安全隐患或者违反核安全法律、行政法规的行为，向国务院核安全监督管理部门或者其他有关部门举报。

公民、法人和其他组织不得编造、散布核安全虚假信息。

第六十九条 涉及国家秘密、商业秘密和个人信息的政府信息公开，按照国家有关规定执行。

第六章 监督检查

第七十条 国家建立核安全监督检查制度。

国务院核安全监督管理部门和其他有关部门应当对从事核安全活动的单位遵守核安全法律、行政法规、规章和标准的情况进行监督检查。

国务院核安全监督管理部门可以在核设施集中的地区设立派出机构。国务院核安全监督管理部门或者其派出机构应当向核设施建造、运行、退役等现场派遣监督检查人员，进行核安全监督检查。

第七十一条 国务院核安全监督管理部门和其他有关部门应当加强核安全监管能力建设，提高核安全监管水平。

国务院核安全监督管理部门应当组织开展核安全监管技术研究开发，保持与核安全监督管理相适应的技术评价能力。

第七十二条 国务院核安全监督管理部门和其他有关部门进行核安全监督检查时，有权采取下列措施：

（一）进入现场进行监测、检查或者核查；

（二）调阅相关文件、资料和记录；

（三）向有关人员调查、了解情况；

（四）发现问题的，现场要求整改。

国务院核安全监督管理部门和其他有关部门应当将监督检查情况形成报告，建立档案。

第七十三条 对国务院核安全监督管理部门和其他有关部门依法进行的监督检查，从事核安全活动的单位应当予以配合，如实说明情况，提供必要资料，不得拒绝、阻挠。

第七十四条 核安全监督检查人员应当忠于职守，勤勉尽责，秉公执法。

核安全监督检查人员应当具备与监督检查活动相应的专业知识和业务能力，并定期接受培训。

核安全监督检查人员执行监督检查任务，应当出示有效证件，对获知的国家秘密、商业秘密和个人信息，应当依法予以保密。

第七章 法律责任

第七十五条 违反本法规定，有下列情形之一的，对直接负责的主管人员和其他直接责任人员依法给予处分：

（一）国务院核安全监督管理部门或者其他有关部门未依法对许可申请进行审批的；

（二）国务院有关部门或者核设施所在地省、自治区、直辖市人民政府指定的部门未依法公开核安全相关信息的；

（三）核设施所在地省、自治区、直辖市人民政府未就影响公众利益的重大核安全事项征求利益相关方意见的；

（四）国务院核安全监督管理部门或者其他有关部门未将监督检查情况形成报告，或者未建立档案的；

（五）核安全监督检查人员执行监督检查任务，未出示有效证件，或者对获知的国家秘密、商业秘密、个人信息未依法予以保密的；

（六）国务院核安全监督管理部门或者其他有关部门，省、自治区、直辖市人民政府有关部门有其他滥用职权、玩忽职守、徇私舞弊行为的。

第七十六条 违反本法规定，危害核设施、核材料安全，或者编造、散布核安全虚假信息，构成违反治安管理行为的，由公安机关依法给予治安管理处罚。

第七十七条 违反本法规定，有下列情形之一的，由国务院核安全监督管理部门或者其他有关部门责令改正，给予警告；情节严重的，处二十万元以上一百万元以下的罚款；拒不改正的，责令停止建设或者停产整顿：

（一）核设施营运单位未设置核设施纵深防御体系的；

（二）核设施营运单位或者为其提供设备、工程以及服务等的单位未建立或者未实施质量保证体系的；

（三）核设施营运单位未按照要求控制辐射照射剂量的；

（四）核设施营运单位未建立核安全经验反馈体系的；

（五）核设施营运单位未就涉及公众利益的重大核安全事项征求利益相关方意见的。

第七十八条 违反本法规定，在规划限制区内建设可能威胁核设施安全的易燃、易爆、腐蚀性物品的生产、贮存设施或者人口密集场所的，由国务院核安全监督管理部门责令限期拆除，恢复原状，处十万元以上五十万元以下的罚款。

第七十九条 违反本法规定，核设施营运单位有下列情形之一的，由国务院核安全监督管理部门责令改正，处一百万元以上五百万元以下的罚款；拒不改正的，责令停止建设或者停产整顿；有违法所得的，没收违法所得；造成环境污染的，责令限期采取治理措施消除污染，逾期不采取措施的，指定有能力的单位代为履行，所需费用由污染者承担；对直接负责的主管人员和其他直接责任人员，处五万元以上二十万元以下的罚款：

（一）未经许可，从事核设施建造、运行或者退役等活动的；

（二）未经许可，变更许可文件规定条件的；

（三）核设施运行许可证有效期届满，未经审查批准，继续运行核设施的；

（四）未经审查批准，进口核设施的。

第八十条 违反本法规定，核设施营运单位有下列情形之一的，由国务院核安全监督管理部门责令改正，给予警告；情节严重的，处五十万元以上二百万元以下的罚款；造成环境污染的，责令限期采取治理措施消除污染，逾期不采取措施的，指定有能力的单位代为履行，所需费用由污染者承担：

（一）未对核设施进行定期安全评价，或者不接受国务院核安全监督管理部门审查的；

（二）核设施终止运行后，未采取安全方式进行停闭管理，或者未确保退役所需的基本功能、技术人员和文件的；

（三）核设施退役时，未将构筑物、系统或者设备的放射性水平降低至满足标准的要求的；

（四）未将产生的放射性固体废物或者不能经净化排放的放射性废液转变为稳定的、标准化的固体废物，及时送交放射性废物处置单位处置的；

（五）未对产生的放射性废气进行处理，或者未达到国家放射性污染防治标准排放的。

第八十一条 违反本法规定，核设施营运单位未对核设施周围环境中所含的放射性核素的种类、浓度或者核设施流出物中的放射性核素总量实施监测，或者未按照规定报告监测结果的，由国务院环境保护主管部门或者所在地省、自治区、直辖市人民政府环境保护主管部门责令改正，处十万元以上五十万元以下的罚款。

第八十二条 违反本法规定，受委托的技术支持单位出具虚假技术评价结论的，由国务院核安全监督管理部门处二十万元以上一百万元以下的罚款；有违法所得的，没收违法所得；对直接负责的主管人员和其他直接责任人员处十万元以上二十万元以下的罚款。

第八十三条　违反本法规定，有下列情形之一的，由国务院核安全监督管理部门责令改正，处五十万元以上一百万元以下的罚款；有违法所得的，没收违法所得；对直接负责的主管人员和其他直接责任人员处二万元以上十万元以下的罚款：

（一）未经许可，为核设施提供核安全设备设计、制造、安装或者无损检验服务的；

（二）未经注册，境外机构为境内核设施提供核安全设备设计、制造、安装或者无损检验服务的。

第八十四条　违反本法规定，核设施营运单位或者核安全设备制造、安装、无损检验单位聘用未取得相应资格证书的人员从事与核设施安全专业技术有关的工作的，由国务院核安全监督管理部门责令改正，处十万元以上五十万元以下的罚款；拒不改正的，暂扣或者吊销许可证，对直接负责的主管人员和其他直接责任人员处二万元以上十万元以下的罚款。

第八十五条　违反本法规定，未经许可持有核材料的，由国务院核工业主管部门没收非法持有的核材料，并处十万元以上五十万元以下的罚款；有违法所得的，没收违法所得。

第八十六条　违反本法规定，有下列情形之一的，由国务院核安全监督管理部门责令改正，处十万元以上五十万元以下的罚款；情节严重的，处五十万元以上二百万元以下的罚款；造成环境污染的，责令限期采取治理措施消除污染，逾期不采取措施的，指定有能力的单位代为履行，所需费用由污染者承担：

（一）未经许可，从事放射性废物处理、贮存、处置活动的；

（二）未建立放射性废物处置情况记录档案，未如实记录与处置活动有关的事项，或者未永久保存记录档案的；

（三）对应当关闭的放射性废物处置设施，未依法办理关闭手续的；

（四）关闭放射性废物处置设施，未在划定的区域设置永久性标记的；

（五）未编制放射性废物处置设施关闭安全监护计划的；

（六）放射性废物处置设施关闭后，未按照经批准的安全监护计划进行安全监护的。

第八十七条　违反本法规定，核设施营运单位有下列情形之一的，由国务院核安全监督管理部门责令改正，处十万元以上五十万元以下的罚款；对直接负责的主管人员和其他直接责任人员，处二万元以上五万元以下的罚款：

（一）未按照规定制定场内核事故应急预案的；

（二）未按照应急预案配备应急设备，未开展应急工作人员培训或者演练的；

（三）未按照核事故应急救援工作的要求，实施应急响应支援的。

第八十八条　违反本法规定，核设施营运单位未按照规定公开相关信息的，由国务院核安全监督管理部门责令改正；拒不改正的，处十万元以上五十万元以下的罚款。

第八十九条　违反本法规定，对国务院核安全监督管理部门或者其他有关部门依法进行的监督检查，从事核安全活动的单位拒绝、阻挠的，由国务院核安全监督管理部门或者其他有关部门责令改正，可以处十万元以上五十万元以下的罚款；拒不改正的，暂扣或者吊销其许可证；构成违反治安管理行为的，由公安机关依法给予治安管理处罚。

第九十条　因核事故造成他人人身伤亡、财产损失或者环境损害的，核设施营运单位应当按照国家核损害责任制度承担赔偿责任，但能够证明损害是因战争、武装冲突、暴乱等情形造成的除外。

为核设施营运单位提供设备、工程以及服务等的单位不承担核损害赔偿责任。核设施营运单位与其有约定的，在承担赔偿责任后，可以按照约定追偿。

核设施营运单位应当通过投保责任保险、参加互助机制等方式，作出适当的财务保证安排，确保能够及时、有效履行核损害赔偿责任。

第九十一条　违反本法规定，构成犯罪的，依法追究刑事责任。

第八章　附　则

第九十二条　军工、军事核安全，由国务院、中央军事委员会依照本法规定的原则另行规定。

第九十三条　本法中下列用语的含义：

核事故，是指核设施内的核燃料、放射性产物、放射性废物或者运入运出核设施的核材料所发生的放射性、毒害性、爆炸性或者其他危害性事故，或者一系列事故。

纵深防御，是指通过设定一系列递进并且独立的防护、缓解措施或者实物屏障，防止核事故发生，减轻核事故后果。

核设施营运单位，是指在中华人民共和国境内，申请或者持有核设施安全许可证,可以经营和运行核设施的单位。

核安全设备,是指在核设施中使用的执行核安全功能的设备,包括核安全机械设备和核安全电气设备。

乏燃料,是指在反应堆堆芯内受过辐照并从堆芯永久卸出的核燃料。

停闭,是指核设施已经停止运行,并且不再启动。

退役,是指采取去污、拆除和清除等措施,使核设施不再使用的场所或者设备的辐射剂量满足国家相关标准的要求。

经验反馈,是指对核设施的事件、质量问题和良好实践等信息进行收集、筛选、评价、分析、处理和分发,总结推广良好实践经验,防止类似事件和问题重复发生。

托运人,是指在中华人民共和国境内,申请将托运货物提交运输并获得批准的单位。

第九十四条 本法自2018年1月1日起施行。

核电厂核事故应急管理条例

- 1993年8月4日中华人民共和国国务院令第124号发布
- 根据2011年1月8日《国务院关于废止和修改部分行政法规的决定》修订

第一章 总 则

第一条 为了加强核电厂核事故应急管理工作,控制和减少核事故危害,制定本条例。

第二条 本条例适用于可能或者已经引起放射性物质释放、造成重大辐射后果的核电厂核事故(以下简称核事故)应急管理工作。

第三条 核事故应急管理工作实行常备不懈,积极兼容,统一指挥,大力协同,保护公众,保护环境的方针。

第二章 应急机构及其职责

第四条 全国的核事故应急管理工作由国务院指定的部门负责,其主要职责是:

(一)拟定国家核事故应急工作政策;

(二)统一协调国务院有关部门、军队和地方人民政府的核事故应急工作;

(三)组织制定和实施国家核事故应急计划,审查批准场外核事故应急计划;

(四)适时批准进入和终止场外应急状态;

(五)提出实施核事故应急响应行动的建议;

(六)审查批准核事故公报、国际通报,提出请求国际援助的方案。

必要时,由国务院领导、组织、协调全国的核事故应急管理工作。

第五条 核电厂所在地的省、自治区、直辖市人民政府指定的部门负责本行政区域内的核事故应急管理工作,其主要职责是:

(一)执行国家核事故应急工作的法规和政策;

(二)组织制定场外核事故应急计划,做好核事故应急准备工作;

(三)统一指挥场外核事故应急响应行动;

(四)组织支援核事故应急响应行动;

(五)及时向相邻的省、自治区、直辖市通报核事故情况。

必要时,由省、自治区、直辖市人民政府领导、组织、协调本行政区域内的核事故应急管理工作。

第六条 核电厂的核事故应急机构的主要职责是:

(一)执行国家核事故应急工作的法规和政策;

(二)制定场内核事故应急计划,做好核事故应急准备工作;

(三)确定核事故应急状态等级,统一指挥本单位的核事故应急响应行动;

(四)及时向上级主管部门、国务院核安全部门和省级人民政府指定的部门报告事故情况,提出进入场外应急状态和采取应急防护措施的建议;

(五)协助和配合省级人民政府指定的部门做好核事故应急管理工作。

第七条 核电厂的上级主管部门领导核电厂的核事故应急工作。

国务院核安全部门、环境保护部门和卫生部门等有关部门在各自的职责范围内做好相应的核事故应急工作。

第八条 中国人民解放军作为核事故应急工作的重要力量,应当在核事故应急响应中实施有效的支援。

第三章 应急准备

第九条 针对核电厂可能发生的核事故,核电厂的核事故应急机构、省级人民政府指定的部门和国务院指定的部门应当预先制定核事故应急计划。

核事故应急计划包括场内核事故应急计划、场外核事故应急计划和国家核事故应急计划。各级核事故应急计划应当相互衔接、协调一致。

第十条 场内核事故应急计划由核电厂核事故应急机构制定,经其主管部门审查后,送国务院核安全部门审评并报国务院指定的部门备案。

第十一条 场外核事故应急计划由核电厂所在地的省级人民政府指定的部门组织制定，报国务院指定的部门审查批准。

第十二条 国家核事故应急计划由国务院指定的部门组织制定。

国务院有关部门和中国人民解放军总部应当根据国家核事故应急计划，制定相应的核事故应急方案，报国务院指定的部门备案。

第十三条 场内核事故应急计划、场外核事故应急计划应当包括下列内容：

（一）核事故应急工作的基本任务；

（二）核事故应急响应组织及其职责；

（三）烟羽应急计划区和食入应急计划区的范围；

（四）干预水平和导出干预水平；

（五）核事故应急准备和应急响应的详细方案；

（六）应急设施、设备、器材和其他物资；

（七）核电厂核事故应急机构同省级人民政府指定的部门之间以及同其他有关方面相互配合、支援的事项及措施。

第十四条 有关部门在进行核电厂选址和设计工作时，应当考虑核事故应急工作的要求。

新建的核电厂必须在其场内和场外核事故应急计划审查批准后，方可装料。

第十五条 国务院指定的部门、省级人民政府指定的部门和核电厂的核事故应急机构应当具有必要的应急设施、设备和相互之间快速可靠的通讯联络系统。

核电厂的核事故应急机构和省级人民政府指定的部门应当具有辐射监测系统、防护器材、药械和其他物资。

用于核事故应急工作的设施、设备和通讯联络系统、辐射监测系统以及防护器材、药械等，应当处于良好状态。

第十六条 核电厂应当对职工进行核安全、辐射防护和核事故应急知识的专门教育。

省级人民政府指定的部门应当在核电厂的协助下对附近的公众进行核安全、辐射防护和核事故应急知识的普及教育。

第十七条 核电厂的核事故应急机构和省级人民政府指定的部门应当对核事故应急工作人员进行培训。

第十八条 核电厂的核事故应急机构和省级人民政府指定的部门应当适时组织不同专业和不同规模的核事故应急演习。

在核电厂首次装料前，核电厂的核事故应急机构和省级人民政府指定的部门应当组织场内、场外核事故应急演习。

第四章 应急对策和应急防护措施

第十九条 核事故应急状态分为下列四级：

（一）应急待命。出现可能导致危及核电厂核安全的某些特定情况或者外部事件，核电厂有关人员进入戒备状态。

（二）厂房应急。事故后果仅限于核电厂的局部区域，核电厂人员按照场内核事故应急计划的要求采取核事故应急响应行动，通知厂外有关核事故应急响应组织。

（三）场区应急。事故后果蔓延至整个场区，场区内的人员采取核事故应急响应行动，通知省级人民政府指定的部门，某些厂外核事故应急响应组织可能采取核事故应急响应行动。

（四）场外应急。事故后果超越场区边界，实施场内和场外核事故应急计划。

第二十条 当核电厂进入应急待命状态时，核电厂核事故应急机构应当及时向核电厂的上级主管部门和国务院核安全部门报告情况，并视情况决定是否向省级人民政府指定的部门报告。当出现可能或者已经有放射性物质释放的情况时，应当根据情况，及时决定进入厂房应急或者场区应急状态，并迅速向核电厂的上级主管部门、国务院核安全部门和省级人民政府指定的部门报告情况；在放射性物质可能或者已经扩散到核电厂场区以外时，应当迅速向省级人民政府指定的部门提出进入场外应急状态并采取应急防护措施的建议。

省级人民政府指定的部门接到核电厂核事故应急机构的事故情况报告后，应当迅速采取相应的核事故应急对策和应急防护措施，并及时向国务院指定的部门报告情况。需要决定进入场外应急状态时，应当经国务院指定的部门批准；在特殊情况下，省级人民政府指定的部门可以先行决定进入场外应急状态，但是应当立即向国务院指定的部门报告。

第二十一条 核电厂的核事故应急机构和省级人民政府指定的部门应当做好核事故后果预测与评价以及环境放射性监测等工作，为采取核事故应急对策和应急防护措施提供依据。

第二十二条 省级人民政府指定的部门应当适时选用隐蔽、服用稳定性碘制剂、控制通道、控制食物和水源、撤离、迁移、对受影响的区域去污等应急防护措施。

第二十三条 省级人民政府指定的部门在核事故应急响应过程中应当将必要的信息及时地告知当地公众。

第二十四条 在核事故现场,各核事故应急响应组织应当实行有效的剂量监督。现场核事故应急响应人员和其他人员都应当在辐射防护人员的监督和指导下活动,尽量防止接受过大剂量的照射。

第二十五条 核电厂的核事故应急机构和省级人民政府指定的部门应当做好核事故现场接受照射人员的救护、洗消、转运和医学处置工作。

第二十六条 在核事故应急进入场外应急状态时,国务院指定的部门应当及时派出人员赶赴现场,指导核事故应急响应行动,必要时提出派出救援力量的建议。

第二十七条 因核事故应急响应需要,可以实行地区封锁。省、自治区、直辖市行政区域内的地区封锁,由省、自治区、直辖市人民政府决定;跨省、自治区、直辖市的地区封锁,以及导致中断干线交通或者封锁国境的地区封锁,由国务院决定。

地区封锁的解除,由原决定机关宣布。

第二十八条 有关核事故的新闻由国务院授权的单位统一发布。

第五章 应急状态的终止和恢复措施

第二十九条 场外应急状态的终止由省级人民政府指定的部门会同核电厂核事故应急机构提出建议,报国务院指定的部门批准,由省级人民政府指定的部门发布。

第三十条 省级人民政府指定的部门应当根据受影响地区的放射性水平,采取有效的恢复措施。

第三十一条 核事故应急状态终止后,核电厂核事故应急机构应当向国务院指定的部门、核电厂的上级主管部门、国务院核安全部门和省级人民政府指定的部门提交详细的事故报告;省级人民政府指定的部门应当向国务院指定的部门提交场外核事故应急工作的总结报告。

第三十二条 核事故使核安全重要物项的安全性能达不到国家标准时,核电厂的重新起动计划应当按照国家有关规定审查批准。

第六章 资金和物资保障

第三十三条 国务院有关部门、军队、地方各级人民政府和核电厂在核事故应急准备工作中应当充分利用现有组织机构、人员、设施和设备等,努力提高核事故应急准备资金和物资的使用效益,并使核事故应急准备工作与地方和核电厂的发展规划相结合。各有关单位应当提供支援。

第三十四条 场内核事故应急准备资金由核电厂承担,列入核电厂工程项目投资概算和运行成本。

场外核事故应急准备资金由核电厂和地方人民政府共同承担,资金数额由国务院指定的部门会同有关部门审定。核电厂承担的资金,在投产前根据核电厂容量、在投产后根据实际发电量确定一定的比例交纳,由国务院计划部门综合平衡后用于地方场外核事故应急准备工作;其余部分由地方人民政府解决。具体办法由国务院指定的部门会同国务院计划部门和国务院财政部门规定。

国务院有关部门和军队所需的核事故应急准备资金,根据各自在核事故应急工作中的职责和任务,充分利用现有条件进行安排,不足部分按照各自的计划和资金渠道上报。

第三十五条 国家的和地方的物资供应部门及其他有关部门应当保证供给核事故应急所需的设备、器材和其他物资。

第三十六条 因核电厂核事故应急响应需要,执行核事故应急响应行动的行政机关有权征用非用于核事故应急响应的设备、器材和其他物资。

对征用的设备、器材和其他物资,应当予以登记并在使用后及时归还;造成损坏的,由征用单位补偿。

第七章 奖励与处罚

第三十七条 在核事故应急工作中有下列事迹之一的单位和个人,由主管部门或者所在单位给予表彰或者奖励:

(一)完成核事故应急响应任务的;

(二)保护公众安全和国家的、集体的和公民的财产,成绩显著的;

(三)对核事故应急准备与响应提出重大建议,实施效果显著的;

(四)辐射、气象预报和测报准确及时,从而减轻损失的;

(五)有其他特殊贡献的。

第三十八条 有下列行为之一的,对有关责任人员视情节和危害后果,由其所在单位或者上级机关给予行政处分;属于违反治安管理行为的,由公安机关依照治安管理处罚法的规定予以处罚;构成犯罪的,由司法机关依法追究刑事责任:

(一)不按照规定制定核事故应急计划,拒绝承担核事故应急准备义务的;

(二)玩忽职守,引起核事故发生的;

(三)不按照规定报告、通报核事故真实情况的;

(四)拒不执行核事故应急计划,不服从命令和指挥,或者在核事故应急响应时临阵脱逃的;

（五）盗窃、挪用、贪污核事故应急工作所用资金或者物资的；

（六）阻碍核事故应急工作人员依法执行职务或者进行破坏活动的；

（七）散布谣言，扰乱社会秩序的；

（八）有其他对核事故应急工作造成危害的行为的。

第八章　附　则

第三十九条　本条例中下列用语的含义：

（一）核事故应急，是指为了控制或者缓解核事故、减轻核事故后果而采取的不同于正常秩序和正常工作程序的紧急行动。

（二）场区，是指由核电厂管理的区域。

（三）应急计划区，是指在核电厂周围建立的，制定有核事故应急计划、并预计采取核事故应急对策和应急防护措施的区域。

（四）烟羽应急计划区，是指针对放射性烟云引起的照射而建立的应急计划区。

（五）食入应急计划区，是指针对食入放射性污染的水或者食物引起照射而建立的应急计划区。

（六）干预水平，是指预先规定的用于在异常状态下确定需要对公众采取应急防护措施的剂量水平。

（七）导出干预水平，是指由干预水平推导得出的放射性物质在环境介质中的浓度或者水平。

（八）应急防护措施，是指在核事故情况下用于控制工作人员和公众所接受的剂量而采取的保护措施。

（九）核安全重要物项，是指对核电厂安全有重要意义的建筑物、构筑物、系统、部件和设施等。

第四十条　除核电厂外，其他核设施的核事故应急管理，可以根据具体情况，参照本条例的有关规定执行。

第四十一条　对可能或者已经造成放射性物质释放超越国界的核事故应急，除执行本条例的规定外，并应当执行中华人民共和国缔结或者参加的国际条约的规定，但是中华人民共和国声明保留的条款除外。

第四十二条　本条例自发布之日起施行。

中华人民共和国民用核设施安全监督管理条例

·1986年10月29日国务院发布

·自发布之日起施行

第一章　总　则

第一条　为了在民用核设施的建造和营运中保证安全，保障工作人员和群众的健康，保护环境，促进核能事业的顺利发展，制定本条例。

第二条　本条例适用于下列民用核设施的安全监督管理：

（一）核动力厂（核电厂、核热电厂、核供汽供热厂等）；

（二）核动力厂以外的其他反应堆（研究堆、实验堆、临界装置等）；

（三）核燃料生产、加工、贮存及后处理设施；

（四）放射性废物的处理和处置设施；

（五）其他需要严格监督管理的核设施。

第三条　民用核设施的选址、设计、建造、运行和退役必须贯彻安全第一的方针；必须有足够的措施保证质量，保证安全运行，预防核事故，限制可能产生的有害影响；必须保障工作人员、群众和环境不致遭到超过国家规定限值的辐射照射和污染，并将辐射照射和污染减至可以合理达到的尽量低的水平。

第二章　监督管理职责

第四条　国家核安全局对全国核设施安全实施统一监督，独立行使核安全监督权，其主要职责是：

（一）组织起草、制定有关核设施安全的规章和审查有关核安全的技术标准；

（二）组织审查、评定核设施的安全性能及核设施营运单位保障安全的能力，负责颁发或者吊销核设施安全许可证件；

（三）负责实施核安全监督；

（四）负责核安全事故的调查、处理；

（五）协同有关部门指导和监督核设施应急计划的制订和实施；

（六）组织有关部门开展对核设施的安全与管理的科学研究、宣传教育及国际业务联系；

（七）会同有关部门调解和裁决核安全的纠纷。

第五条　国家核安全局在核设施集中的地区可以设立派出机构，实施安全监督。

国家核安全局可以组织核安全专家委员会。该委员会协助制订核安全法规和核安全技术发展规划，参与核安全的审评、监督等工作。

第六条　核设施主管部门负责所属核设施的安全管理，接受国家核安全局的核安全监督，其主要职责是：

（一）负责所属核设施的安全管理，保证给予所属核设施的营运单位必要的支持，并对其进行督促检查；

（二）参与有关核安全法规的起草和制订，组织制订有关核安全的技术标准，并向国家核安全局备案；

（三）组织所属核设施的场内应急计划的制订和实施，参与场外应急计划的制订和实施；

（四）负责对所属核设施中各类人员的技术培训和考核；

（五）组织核能发展方面的核安全科学研究工作。

第七条　核设施营运单位直接负责所营运的核设施的安全，其主要职责是：

（一）遵守国家有关法律、行政法规和技术标准，保证核设施的安全；

（二）接受国家核安全局的核安全监督，及时、如实地报告安全情况，并提供有关资料；

（三）对所营运的核设施的安全、核材料的安全、工作人员和群众以及环境的安全承担全面责任。

第三章　安全许可制度

第八条　国家实行核设施安全许可制度，由国家核安全局负责制定和批准颁发核设施安全许可证件，许可证件包括：

（一）核设施建造许可证；

（二）核设施运行许可证；

（三）核设施操纵员执照；

（四）其他需要批准的文件。

第九条　核设施营运单位，在核设施建造前，必须向国家核安全局提交《核设施建造申请书》、《初步安全分析报告》以及其他有关资料，经审核批准获得《核设施建造许可证》后，方可动工建造。

核设施的建造必须遵守《核设施建造许可证》所规定的条件。

第十条　核设施营运单位在核设施运行前，必须向国家核安全局提交《核设施运行申请书》、《最终安全分析报告》以及其他有关资料，经审核批准获得允许装料（或投料）、调试的批准文件后，方可开始装载核燃料（或投料）进行启动调试工作；在获得《核设施运行许可证》后，方可正式运行。

核设施的运行必须遵守《核设施运行许可证》所规定的条件。

第十一条　国家核安全局在审批核设施建造申请书及运行申请书的过程中，应当向国务院有关部门以及核设施所在省、自治区、直辖市人民政府征询意见，国务院有关部门、地方人民政府应当在3个月内给予答复。

第十二条　具备下列条件的，方可批准发给《核设施建造许可证》和《核设施运行许可证》：

（一）所申请的项目已按照有关规定经主管部门及国家计划部门或省、自治区、直辖市人民政府的计划部门批准；

（二）所选定的厂址已经国务院或省、自治区、直辖市人民政府的城乡建设环境保护部门、计划部门和国家核安全局批准；

（三）所申请的核设施符合国家有关的法律及核安全法规的规定；

（四）申请者具有安全营运所申请的核设施的能力，并保证承担全面的安全责任。

第十三条　核设施操纵员执照分《操纵员执照》和《高级操纵员执照》两种。

持《操纵员执照》的人员方可担任操纵核设施控制系统的工作。

持《高级操纵员执照》的人员方可担任操纵或者指导他人操纵核设施控制系统的工作。

第十四条　具备下列条件的，方可批准发给《操纵员执照》：

（一）身体健康，无职业禁忌症；

（二）具有中专以上文化程度或同等学力，核动力厂操纵人员应具有大专以上文化程度或同等学力；

（三）经过运行操作培训，并经考核合格。

具备下列条件的，方可批准发给《高级操纵员执照》：

（一）身体健康，无职业禁忌症；

（二）具有大专以上文化程度或同等学力；

（三）经运行操作培训，并经考核合格；

（四）担任操纵员2年以上，成绩优秀者。

第十五条　核设施的迁移、转让或退役必须向国家核安全局提出申请，经审查批准后方可进行。

第四章　核安全监督

第十六条　国家核安全局及其派出机构可向核设施制造、建造和运行现场派驻监督组（员）执行下列核安全监督任务：

（一）审查所提交的安全资料是否符合实际；

（二）监督是否按照已批准的设计进行建造；

（三）监督是否按照已批准的质量保证大纲进行管理；

（四）监督核设施的建造和运行是否符合有关核安全法规和《核设施建造许可证》、《核设施运行许可证》所规定的条件；

（五）考察营运人员是否具备安全运行及执行应急计划的能力；

(六)其他需要监督的任务。

核安全监督员由国家核安全局任命并发给《核安全监督员证》。

第十七条 核安全监督员在执行任务时,凭其证件有权进入核设施制造、建造和运行现场,调查情况,收集有关核安全资料。

第十八条 国家核安全局在必要时有权采取强制性措施,命令核设施营运单位采取安全措施或停止危及安全的活动。

第十九条 核设施营运单位有权拒绝有害于安全的任何要求,但对国家核安全局的强制性措施必须执行。

第五章 奖励和处罚

第二十条 对保证核设施安全有显著成绩和贡献的单位和个人,国家核安全局或核设施主管部门应给予适当的奖励。

第二十一条 凡违反本条例的规定,有下列行为之一的,国家核安全局可依其情节轻重,给予警告、限期改进、停工或者停业整顿、吊销核安全许可证件的处罚:

(一)未经批准或违章从事核设施建造、运行、迁移、转让和退役的;

(二)谎报有关资料或事实,或无故拒绝监督的;

(三)无执照操纵或违章操纵的;

(四)拒绝执行强制性命令的。

第二十二条 当事人对行政处罚不服的,可在接到处罚通知之日起15日内向人民法院起诉。但是,对吊销核安全许可证件的决定应当立即执行。对处罚决定不履行逾期又不起诉的,由国家核安全局申请人民法院强制执行。

第二十三条 对于不服管理、违反规章制度,或者强令他人违章冒险作业,因而发生核事故,造成严重后果,构成犯罪的,由司法机关依法追究刑事责任。

第六章 附 则

第二十四条 本条例中下列用语的含义是:

(一)"核设施"是指本条例第二条中所列出的各项民用核设施。

(二)"核设施安全许可证件"是指为了进行与核设施有关的选址定点、建造、调试、运行和退役等特定活动,由国家核安全局颁发的书面批准文件。

(三)"营运单位"是指申请或持有核设施安全许可证,可以经营和运行核设施的组织。

(四)"核设施主管部门"是指对核设施营运单位负有领导责任的国务院和省、自治区、直辖市人民政府的有关行政机关。

(五)"核事故"是指核设施内的核燃料、放射性产物、废料或运入运出核设施的核材料所发生的放射性、毒害性、爆炸性或其他危害性事故,或一系列事故。

第二十五条 国家核安全局应根据本条例制定实施细则。

第二十六条 本条例自发布之日起施行。

国家核应急预案

·2013年6月30日修订

1 总 则

1.1 编制目的

依法科学统一、及时有效应对处置核事故,最大程度控制、减轻或消除事故及其造成的人员伤亡和财产损失,保护环境,维护社会正常秩序。

1.2 编制依据

《中华人民共和国突发事件应对法》、《中华人民共和国放射性污染防治法》、《核电厂核事故应急管理条例》、《放射性物品运输安全管理条例》、《国家突发公共事件总体应急预案》和相关国际公约等。

1.3 适用范围

本预案适用于我国境内核设施及有关核活动已经或可能发生的核事故。境外发生的对我国大陆已经或可能造成影响的核事故应对工作参照本预案进行响应。

1.4 工作方针和原则

国家核应急工作贯彻执行常备不懈、积极兼容,统一指挥、大力协同,保护公众、保护环境的方针;坚持统一领导、分级负责、条块结合、快速反应、科学处置的工作原则。核事故发生后,核设施营运单位、地方政府及其有关部门和国家核事故应急协调委员会(以下简称国家核应急协调委)成员单位立即自动按照职责分工和相关预案开展前期处置工作。核设施营运单位是核事故场内应急工作的主体,省级人民政府是本行政区域核事故场外应急工作的主体。国家根据核应急工作需要给予必要的协调和支持。

2 组织体系

2.1 国家核应急组织

国家核应急协调委负责组织协调全国核事故应急准备和应急处置工作。国家核应急协调委主任委员由工业和信息化部部长担任。日常工作由国家核事故应急办公室（以下简称国家核应急办）承担。必要时，成立国家核事故应急指挥部，统一领导、组织、协调全国的核事故应对工作。指挥部总指挥由国务院领导同志担任。视情成立前方工作组，在国家核事故应急指挥部的领导下开展工作。

国家核应急协调委设立专家委员会，由核工程与核技术、核安全、辐射监测、辐射防护、环境保护、交通运输、医学、气象学、海洋学、应急管理、公共宣传等方面专家组成，为国家核应急工作重大决策和重要规划以及核事故应对工作提供咨询和建议。

国家核应急协调委设立联络员组，由成员单位司、处级和核设施营运单位所属集团公司（院）负责同志组成，承担国家核应急协调委交办的事项。

2.2 省（自治区、直辖市）核应急组织

省级人民政府根据有关规定和工作需要成立省（自治区、直辖市）核应急委员会（以下简称省核应急委），由有关职能部门、相关市县、核设施营运单位的负责同志组成，负责本行政区域核事故应急准备与应急处置工作，统一指挥本行政区域核事故场外应急响应行动。省核应急委设立专家组，提供决策咨询；设立省核事故应急办公室（以下称省核应急办），承担省核应急委的日常工作。

未成立核应急委的省级人民政府指定部门负责本行政区域核事故应急准备与应急处置工作。

必要时，由省级人民政府直接领导、组织、协调本行政区域场外核应急工作，支援核事故场内核应急响应行动。

2.3 核设施营运单位核应急组织

核设施营运单位核应急指挥部负责组织场内核应急准备与应急处置工作，统一指挥本单位的核应急响应行动，配合和协助做好场外核应急准备与响应工作，及时提出进入场外应急状态和采取场外应急防护措施的建议。核设施营运单位所属集团公司（院）负责领导协调核设施营运单位核应急准备工作，事故情况下负责调配其应急资源和力量，支援核设施营运单位的响应行动。

3 核设施核事故应急响应

3.1 响应行动

核事故发生后，各级核应急组织根据事故的性质和严重程度，实施以下全部或部分响应行动。

3.1.1 事故缓解和控制

迅速组织专业力量、装备和物资等开展工程抢险，缓解并控制事故，使核设施恢复到安全状态，最大程度防止、减少放射性物质向环境释放。

3.1.2 辐射监测和后果评价

开展事故现场和周边环境（包括空中、陆地、水体、大气、农作物、食品和饮水等）放射性监测，以及应急工作人员和公众受照剂量的监测等。实时开展气象、水文、地质、地震等观（监）测预报；开展事故工况诊断和释放源项分析，研判事故发展趋势，评价辐射后果，判定受影响区域范围，为应急决策提供技术支持。

3.1.3 人员放射性照射防护

当事故已经或可能导致碘放射性同位素释放的情况下，按照辐射防护原则及管理程序，及时组织有关工作人员和公众服用稳定碘，减少甲状腺的受照剂量。根据公众可能接受的辐射剂量和保护公众的需要，组织放射性烟羽区有关人员隐蔽；组织受影响地区居民向安全地区撤离。根据受污染地区实际情况，组织居民从受污染地区临时迁出或永久迁出，异地安置，避免或减少地面放射性沉积物的长期照射。

3.1.4 去污洗消和医疗救治

去除或降低人员、设备、场所、环境等的放射性污染；组织对辐射损伤人员和非辐射损伤人员实施医学诊断及救治，包括现场救治、地方救治和专科救治。

3.1.5 出入通道和口岸控制

根据受事故影响区域具体情况，划定警戒区，设定出入通道，严格控制各类人员、车辆、设备和物资出入。对出入境人员、交通工具、集装箱、货物、行李物品、邮包快件等实施放射性污染检测与控制。

3.1.6 市场监管和调控

针对受事故影响地区市场供应及公众心理状况，及时进行重要生活必需品的市场监管和调控。禁止或限制受污染食品和饮水的生产、加工、流通和食用，避免或减少放射性物质摄入。

3.1.7 维护社会治安

严厉打击借机传播谣言制造恐慌等违法犯罪行为；在群众安置点、抢险救援物资存放点等重点地区，增设临时警务站，加强治安巡逻；强化核事故现场等重要场所警戒保卫，根据需要做好周边地区交通管制等工作。

3.1.8 信息报告和发布

按照核事故应急报告制度的有关规定，核设施营运单位及时向国家核应急办、省核应急办、核电主管部门、核安全监管部门、所属集团公司（院）报告、通报有关核事故及核应急响应情况；接到事故报告后，国家核应急协调委、核事故发生地省级人民政府要及时、持续向国务院报告有关情况。第一时间发布准确、权威信息。核事故信息发布办法由国家核应急协调委另行制订，报国务院批准后实施。

3.1.9 国际通报和援助

国家核应急协调委统筹协调核应急国际通报与国际援助工作。按照《及早通报核事故公约》的要求，当核事故造成或可能造成超越国界的辐射影响时，国家核应急协调委通过核应急国家联络点向国际原子能机构通报。向有关国家和地区的通报工作，由外交部按照双边或多边核应急合作协议办理。

必要时，国家核应急协调委提出请求国际援助的建议，报请国务院批准后，由国家原子能机构会同外交部按照《核事故或辐射紧急情况援助公约》的有关规定办理。

3.2 指挥和协调

根据核事故性质、严重程度及辐射后果影响范围，核设施核事故应急状态分为应急待命、厂房应急、场区应急、场外应急（总体应急），分别对应Ⅳ级响应、Ⅲ级响应、Ⅱ级响应、Ⅰ级响应。

3.2.1 Ⅳ级响应

3.2.1.1 启动条件

当出现可能危及核设施安全运行的工况或事件，核设施进入应急待命状态，启动Ⅳ级响应。

3.2.1.2 应急处置

（1）核设施营运单位进入戒备状态，采取预防或缓解措施，使核设施保持或恢复到安全状态，并及时向国家核应急办、省核应急办、核电主管部门、核安全监管部门、所属集团公司（院）提出相关建议；对事故的性质及后果进行评价。

（2）省核应急组织密切关注事态发展，保持核应急通信渠道畅通；做好公众沟通工作，视情组织本省部分核应急专业力量进入待命状态。

（3）国家核应急办研究决定启动Ⅳ级响应，加强与相关省核应急组织和核设施营运单位及其所属集团公司（院）的联络沟通，密切关注事态发展，及时向国家核应急协调委成员单位通报情况。各成员单位做好相关应急准备。

3.2.1.3 响应终止

核设施营运单位组织评估，确认核设施已处于安全状态后，提出终止应急响应建议报国家和省核应急办，国家核应急办研究决定终止Ⅳ级响应。

3.2.2 Ⅲ级响应

3.2.2.1 启动条件

当核设施出现或可能出现放射性物质释放，事故后果影响范围仅限于核设施场区局部区域，核设施进入厂房应急状态，启动Ⅲ级响应。

3.2.2.2 应急处置

在Ⅳ级响应的基础上，加强以下应急措施：

（1）核设施营运单位采取控制事故措施，开展应急辐射监测和气象观测，采取保护工作人员的辐射防护措施；加强信息报告工作，及时提出相关建议；做好公众沟通工作。

（2）省核应急委组织相关成员单位、专家组会商，研究核应急工作措施；视情组织本省核应急专业力量开展辐射监测和气象观测。

（3）国家核应急协调委研究决定启动Ⅲ级响应，组织国家核应急协调委有关成员单位及专家委员会开展趋势研判、公众沟通等工作；协调、指导地方和核设施营运单位做好核应急有关工作。

3.2.2.3 响应终止

核设施营运单位组织评估，确认核设施已处于安全状态后，提出终止应急响应建议报国家核应急协调委和省核应急委，国家核应急协调委研究决定终止Ⅲ级响应。

3.2.3 Ⅱ级响应

3.2.3.1 启动条件

当核设施出现或可能出现放射性物质释放，事故后果影响扩大到整个场址区域（场内），但尚未对场址区域外公众和环境造成严重影响，核设施进入场区应急状态，启动Ⅱ级响应。

3.2.3.2 应急处置

在Ⅲ级响应的基础上，加强以下应急措施：

（1）核设施营运单位组织开展工程抢险；撤离非应急人员，控制应急人员辐射照射；进行污染区标识或场区警戒，对出入场区人员、车辆等进行污染监测；做好与外部救援力量的协同准备。

（2）省核应急委组织实施气象观测预报、辐射监测，组织专家分析研判趋势；及时发布通告，视情采取交通管制、控制出入通道、心理援助等措施；根据信息发布办法的有关规定，做好信息发布工作，协调调配本行政区域核应急资源给予核设施营运单位必要的支援，做好医疗救治准备等工作。

（3）国家核应急协调委研究决定启动Ⅱ级响应，组织国家核应急协调委相关成员单位、专家委员会会商，开展综合研判；按照有关规定组织权威信息发布，稳定社会秩序；根据有关省级人民政府、省核应急委或核设施营运单位的请求，为事故缓解和救援行动提供必要的支持；视情组织国家核应急力量指导开展辐射监测、气象观测预报、医疗救治等工作。

3.2.3.3 响应终止

核设施营运单位组织评估，确认核设施已处于安全状态后，提出终止应急响应建议报国家核应急协调委和省核应急委，国家核应急协调委研究决定终止Ⅱ级响应。

3.2.4 Ⅰ级响应

3.2.4.1 启动条件

当核设施出现或可能出现向环境释放大量放射性物质，事故后果超越场区边界，可能严重危及公众健康和环境安全，进入场外应急状态，启动Ⅰ级响应。

3.2.4.2 应急处置

（1）核设施营运单位组织工程抢险，缓解、控制事故，开展事故工况诊断、应急辐射监测；采取保护场内工作人员的防护措施，撤离非应急人员，控制应急人员辐射照射，对受伤或受照人员进行医疗救治；标识污染区，实施场区警戒，对出入场区人员、车辆等进行放射性污染监测；及时提出公众防护行动建议；对事故的性质及后果进行评价；协同外部救援力量做好抢险救援等工作；配合国家核应急协调委和省核应急委做好公众沟通和信息发布等工作。

（2）省核应急委组织实施场外应急辐射监测、气象观测预报，组织专家进行趋势分析研判，协调、调配本行政区域内核应急资源，向核设施营运单位提供必要的交通、电力、水源、通信等保障条件支援；及时发布通告，视情采取交通管制、发放稳定碘、控制出入通道、控制食品和饮水、医疗救治、心理援助、去污洗消等措施，适时组织实施受影响区域公众的隐蔽、撤离、临时避迁、永久再定居；根据信息发布办法的有关规定，做好信息发布工作，组织开展公众沟通等工作；及时向事故后果影响或可能影响的邻近省（自治区、直辖市）通报事故情况，提出相应建议。

（3）国家核应急协调委向国务院提出启动Ⅰ级响应建议，国务院决定启动Ⅰ级响应。国家核应急协调委组织协调核应急处置工作。必要时，国务院成立国家核事故应急指挥部，统一领导、组织、协调全国核应急处置工作。国家核事故应急指挥部根据工作需要设立事故抢险、辐射监测、医学救援、放射性污染物处置、群众生活保障、信息发布和宣传报道、涉外事务、社会稳定、综合协调等工作组。

国家核事故应急指挥部或国家核应急协调委对以下任务进行部署，并组织协调有关地区和部门实施：

①组织国家核应急协调委相关成员单位、专家委员会会商，开展事故工况诊断、释放源项分析、辐射后果预测评价等，科学研判趋势，决定核应急对策措施。

②派遣国家核应急专业救援队伍，调配专业核应急装备参与事故抢险工作，抑制或缓解事故、防止或控制放射性污染等。

③组织协调国家和地方辐射监测力量对已经或可能受核辐射影响区域的环境（包括空中、陆地、水体、大气、农作物、食品和饮水等）进行放射性监测。

④组织协调国家和地方医疗卫生力量和资源，指导和支援受影响地区开展辐射损伤人员医疗救治、心理援助，以及去污洗消、污染物处置等工作。

⑤统一组织核应急信息发布。

⑥跟踪重要生活必需品的市场供求信息，开展市场监管和调控。

⑦组织实施农产品出口管制，对出境人员、交通工具、集装箱、货物、行李物品、邮包快件等进行放射性沾污检测与控制。

⑧按照有关规定和国际公约的要求，做好向国际原子能机构、有关国家和地区的国际通报工作；根据需要提出国际援助请求。

⑨其他重要事项。

3.2.4.3 响应终止

当核事故已得到有效控制，放射性物质的释放已经停止或者已经控制到可接受的水平，核设施基本恢复到安全状态，由国家核应急协调委提出终止Ⅰ级响应建议，报国务院批准。视情成立的国家核事故应急指挥部在应急响应终止后自动撤销。

4 核设施核事故后恢复行动

应急响应终止后，省级人民政府及其有关部门、核设施营运单位等立即按照职责分工组织开展恢复行动。

4.1 场内恢复行动

核设施营运单位负责场内恢复行动，并制订核设施恢复规划方案，按有关规定报上级有关部门审批，报国家核应急协调委和省核应急委备案。国家核应急协调委、省核应急委、有关集团公司（院）视情对场内恢复行动提供必要的指导和支持。

4.2 场外恢复行动

省核应急委负责场外恢复行动，并制订场外恢复规划方案，经国家核应急协调委核准后报国务院批准。场外恢复行动主要任务包括：全面开展环境放射性水平调查和评价，进行综合性恢复整治；解除紧急防护行动措施，尽快恢复受影响地区生产生活等社会秩序，进一步做好转移居民的安置工作；对工作人员和公众进行剂量评估，开展科普宣传，提供咨询和心理援助等。

5　其他核事故应急响应

对乏燃料运输事故、涉核航天器坠落事故等，根据其可能产生的辐射后果及影响范围，国家和受影响省（自治区、直辖市）核应急组织及营运单位进行必要的响应。

5.1　乏燃料运输事故

乏燃料运输事故发生后，营运单位应在第一时间报告所属集团公司（院）、事故发生地省级人民政府有关部门和县级以上人民政府环境保护部门、国家核应急协调委，并按照本预案和乏燃料运输事故应急预案立即组织开展应急处置工作。必要时，国家核应急协调委组织有关成员单位予以支援。

5.2　台湾地区核事故

台湾地区发生核事故可能或已经对大陆造成辐射影响时，参照本预案组织应急响应。台办会同国家核应急办向台湾有关方面了解情况和对大陆的需求，上报国务院。国务院根据情况，协调调派国家核应急专业力量协助救援。

5.3　其他国家核事故

其他国家发生核事故已经或可能对我国产生影响时，由国家核应急协调委参照本预案统一组织开展信息收集与发布、辐射监测、部门会商、分析研判、口岸控制、市场调控、国际通报及援助等工作。必要时，成立国家核事故应急指挥部，统一领导、组织、协调核应急响应工作。

5.4　涉核航天器坠落事故

涉核航天器坠落事故已经或可能对我国局部区域产生辐射影响时，由国家核应急协调委参照本预案组织开展涉核航天器污染碎片搜寻与收集、辐射监测、环境去污、分析研判、信息通报等工作。

6　应急准备和保障措施

6.1　技术准备

国家核应急协调委依托各成员单位、相关集团公司（院）和科研院所现有能力，健全完善辐射监测、航空监测、气象监测预报、地震监测、海洋监测、辐射防护、医学应急等核应急专业技术支持体系，组织开展核应急技术研究、标准制定、救援专用装备设备以及后果评价系统和决策支持系统等核应急专用软硬件研发，指导省核应急委、核设施营运单位做好相关技术准备。省核应急委、核设施营运单位按照本预案和本级核应急预案的要求，加强有关核应急技术准备工作。

6.2　队伍准备

国家核应急协调委依托各成员单位、相关集团公司（院）和科研院所现有能力，加强突击抢险、辐射监测、去污洗消、污染控制、辐射防护、医学救援等专业救援队伍建设，配备必要的专业物资装备，强化专业培训和应急演习。省核应急委、核设施营运单位及所属集团公司（院），按照职责分工加强相关核应急队伍建设，强化日常管理和培训，切实提高应急处置能力。国家、省、核设施营运单位核应急组织加强核应急专家队伍建设，为应急指挥辅助决策、工程抢险、辐射监测、医学救治、科普宣传等提供人才保障。

6.3　物资保障

国家、省核应急组织及核设施营运单位建立健全核应急器材装备的研发、生产和储备体系，保障核事故应对工作需要。国家核应急协调委完善辐射监测与防护、医疗救治、气象监测、事故抢险、去污洗消以及动力、通信、交通运输等方面器材物资的储备机制和生产商登记机制，做好应急物资调拨和紧急配送工作方案。省核应急委储备必要的应急物资，重点加强实施场外应急所需的辐射监测、医疗救治、人员安置和供电、供水、交通运输、通信等方面物资的储备。核设施营运单位及其所属集团公司（院）重点加强缓解事故、控制事故、工程抢险所需的移动电源、供水、管线、辐射防护器材、专用工具设备等储备。

6.4　资金保障

国家、省核应急准备所需资金分别由中央财政和地方财政安排。核电厂的核应急准备所需资金由核电厂自行筹措。其他核设施的核应急准备资金按照现有资金渠道筹措。

6.5　通信和运输保障

国家、省核应急组织、核设施营运单位及其所属集团公司（院）加强核应急通信与网络系统建设，形成可靠的通信保障能力，确保核应急期间通信联络和信息传递需要。交通运输、公安等部门健全公路、铁路、航空、水运紧急运输保障体系，完善应急联动工作机制，保障应急响应所需人员、物资、装备、器材等的运输。

6.6　培训和演习

6.6.1　培训

各级核应急组织建立培训制度，定期对核应急管理人员和专业队伍进行培训。国家核应急办负责国家核应急协调委成员单位、省核应急组织和核设施营运单位核应急组织负责人及骨干的培训。省核应急组织和核设施营运单位负责各自核应急队伍专业技术培训，国家核应急办及国家核应急协调委有关成员单位给予指导。

6.6.2 演习

各级核应急组织应当根据实际情况采取桌面推演、实战演习等方式，经常开展应急演习，以检验、保持和提高核应急响应能力。国家级核事故应急联合演习由国家核应急协调委组织实施，一般3至5年举行一次；国家核应急协调委成员单位根据需要分别组织单项演练。省级核应急联合演习，一般2至4年举行一次，由省核应急委组织，核设施营运单位参加。核设施营运单位综合演习每2年组织1次，拥有3台以上运行机组的，综合演习频度适当增加。核电厂首次装投料前，由省核应急委组织场内外联合演习，核设施营运单位参加。

7 附 则

7.1 奖励和责任

对在核应急工作中作出突出贡献的先进集体和个人，按照国家有关规定给予表彰和奖励；对在核应急工作中玩忽职守造成损失的，虚报、瞒报核事故情况的，依据国家有关法律法规追究当事人的责任，构成犯罪的，依法追究其刑事责任。

7.2 预案管理

国家核应急协调委负责本预案的制订工作，报国务院批准后实施，并要在法律、行政法规、国际公约、组织指挥体系、重要应急资源等发生变化后，或根据实际应对、实战演习中发现的重大问题，及时修订完善本预案。预案实施后，国家核应急协调委组织预案宣传、培训和演习。

国家核应急协调委成员单位和省核应急委、核设施营运单位，结合各自职责和实际情况，制定本部门、本行政区域和本单位的核应急预案。省核应急预案要按有关规定报国家核应急协调委审查批准。国家核应急协调委成员单位和核设施营运单位预案报国家核应急协调委备案。

7.3 预案解释

本预案由国务院办公厅负责解释。

7.4 预案实施

本预案自印发之日起实施。

十四、交通应急管理

1. 道路交通应急管理

中华人民共和国道路交通安全法

- 2003年10月28日第十届全国人民代表大会常务委员会第五次会议通过
- 根据2007年12月29日第十届全国人民代表大会常务委员会第三十一次会议《关于修改〈中华人民共和国道路交通安全法〉的决定》第一次修正
- 根据2011年4月22日第十一届全国人民代表大会常务委员会第二十次会议《关于修改〈中华人民共和国道路交通安全法〉的决定》第二次修正
- 根据2021年4月29日第十三届全国人民代表大会常务委员会第二十八次会议《关于修改〈中华人民共和国道路交通安全法〉等八部法律的决定》第三次修正

第一章　总　则

第一条　【立法宗旨】为了维护道路交通秩序，预防和减少交通事故，保护人身安全，保护公民、法人和其他组织的财产安全及其他合法权益，提高通行效率，制定本法。

第二条　【适用范围】中华人民共和国境内的车辆驾驶人、行人、乘车人以及与道路交通活动有关的单位和个人，都应当遵守本法。

第三条　【基本原则】道路交通安全工作，应当遵循依法管理、方便群众的原则，保障道路交通有序、安全、畅通。

第四条　【道路交通安全管理规划及实施】各级人民政府应当保障道路交通安全管理工作与经济建设和社会发展相适应。

县级以上地方各级人民政府应当适应道路交通发展的需要，依据道路交通安全法律、法规和国家有关政策，制定道路交通安全管理规划，并组织实施。

第五条　【道路交通安全工作的管辖】国务院公安部门负责全国道路交通安全管理工作。县级以上地方各级人民政府公安机关交通管理部门负责本行政区域内的道路交通安全管理工作。

县级以上各级人民政府交通、建设管理部门依据各自职责，负责有关的道路交通工作。

第六条　【道路交通安全宣传】各级人民政府应当经常进行道路交通安全教育，提高公民的道路交通安全意识。

公安机关交通管理部门及其交通警察执行职务时，应当加强道路交通安全法律、法规的宣传，并模范遵守道路交通安全法律、法规。

机关、部队、企业事业单位、社会团体以及其他组织，应当对本单位的人员进行道路交通安全教育。

教育行政部门、学校应当将道路交通安全教育纳入法制教育的内容。

新闻、出版、广播、电视等有关单位，有进行道路交通安全教育的义务。

第七条　【道路交通安全管理的发展要求】对道路交通安全管理工作，应当加强科学研究，推广、使用先进的管理方法、技术、设备。

第二章　车辆和驾驶人

第一节　机动车、非机动车

第八条　【机动车登记制度】国家对机动车实行登记制度。机动车经公安机关交通管理部门登记后，方可上道路行驶。尚未登记的机动车，需要临时上道路行驶的，应当取得临时通行牌证。

第九条　【注册登记】申请机动车登记，应当提交以下证明、凭证：

（一）机动车所有人的身份证明；

（二）机动车来历证明；

（三）机动车整车出厂合格证明或者进口机动车进口凭证；

（四）车辆购置税的完税证明或者免税凭证；

（五）法律、行政法规规定应当在机动车登记时提交的其他证明、凭证。

公安机关交通管理部门应当自受理申请之日起五个工作日内完成机动车登记审查工作，对符合前款规定条件的，应当发放机动车登记证书、号牌和行驶证；对不符合前款规定条件的，应当向申请人说明不予登记的理由。

公安机关交通管理部门以外的任何单位或者个人不

得发放机动车号牌或者要求机动车悬挂其他号牌，本法另有规定的除外。

机动车登记证书、号牌、行驶证的式样由国务院公安部门规定并监制。

第十条 【机动车应符合国家安全技术标准】准予登记的机动车应当符合机动车国家安全技术标准。申请机动车登记时，应当接受对该机动车的安全技术检验。但是，经国家机动车产品主管部门依据机动车国家安全技术标准认定的企业生产的机动车型，该车型的新车在出厂时经检验符合机动车国家安全技术标准，获得检验合格证的，免予安全技术检验。

第十一条 【机动车上道行驶手续和号牌悬挂】驾驶机动车上道路行驶，应当悬挂机动车号牌，放置检验合格标志、保险标志，并随车携带机动车行驶证。

机动车号牌应当按照规定悬挂并保持清晰、完整，不得故意遮挡、污损。

任何单位和个人不得收缴、扣留机动车号牌。

第十二条 【变更登记】有下列情形之一的，应当办理相应的登记：

（一）机动车所有权发生转移的；

（二）机动车登记内容变更的；

（三）机动车用作抵押的；

（四）机动车报废的。

第十三条 【机动车安检】对登记后上道路行驶的机动车，应当依照法律、行政法规的规定，根据车辆用途、载客载货数量、使用年限等不同情况，定期进行安全技术检验。对提供机动车行驶证和机动车第三者责任强制保险单的，机动车安全技术检验机构应当予以检验，任何单位不得附加其他条件。对符合机动车国家安全技术标准的，公安机关交通管理部门应当发给检验合格标志。

对机动车的安全技术检验实行社会化。具体办法由国务院规定。

机动车安全技术检验实行社会化的地方，任何单位不得要求机动车到指定的场所进行检验。

公安机关交通管理部门、机动车安全技术检验机构不得要求机动车到指定的场所进行维修、保养。

机动车安全技术检验机构对机动车检验收取费用，应当严格执行国务院价格主管部门核定的收费标准。

第十四条 【强制报废制度】国家实行机动车强制报废制度，根据机动车的安全技术状况和不同用途，规定不同的报废标准。

应当报废的机动车必须及时办理注销登记。

达到报废标准的机动车不得上道路行驶。报废的大型客、货车及其他营运车辆应当在公安机关交通管理部门的监督下解体。

第十五条 【特种车辆标志图案的喷涂和警报器、标志灯具的安装、使用】警车、消防车、救护车、工程救险车应当按照规定喷涂标志图案，安装警报器、标志灯具。其他机动车不得喷涂、安装、使用上述车辆专用的或者与其相类似的标志图案、警报器或者标志灯具。

警车、消防车、救护车、工程救险车应当严格按照规定的用途和条件使用。

公路监督检查的专用车辆，应当依照公路法的规定，设置统一的标志和示警灯。

第十六条 【禁止拼装、改变、伪造、变造等违法行为】任何单位或者个人不得有下列行为：

（一）拼装机动车或者擅自改变机动车已登记的结构、构造或者特征；

（二）改变机动车型号、发动机号、车架号或者车辆识别代号；

（三）伪造、变造或者使用伪造、变造的机动车登记证书、号牌、行驶证、检验合格标志、保险标志；

（四）使用其他机动车的登记证书、号牌、行驶证、检验合格标志、保险标志。

第十七条 【机动车第三者责任强制保险制度和道路交通事故社会救助基金】国家实行机动车第三者责任强制保险制度，设立道路交通事故社会救助基金。具体办法由国务院规定。

第十八条 【非机动车的管理】依法应当登记的非机动车，经公安机关交通管理部门登记后，方可上道路行驶。

依法应当登记的非机动车的种类，由省、自治区、直辖市人民政府根据当地实际情况规定。

非机动车的外形尺寸、质量、制动器、车铃和夜间反光装置，应当符合非机动车安全技术标准。

第二节 机动车驾驶人

第十九条 【驾驶证】驾驶机动车，应当依法取得机动车驾驶证。

申请机动车驾驶证，应当符合国务院公安部门规定的驾驶许可条件；经考试合格后，由公安机关交通管理部门发给相应类别的机动车驾驶证。

持有境外机动车驾驶证的人，符合国务院公安部门规定的驾驶许可条件，经公安机关交通管理部门考核合格的，可以发给中国的机动车驾驶证。

驾驶人应当按照驾驶证载明的准驾车型驾驶机动车;驾驶机动车时,应当随身携带机动车驾驶证。

公安机关交通管理部门以外的任何单位或者个人,不得收缴、扣留机动车驾驶证。

第二十条　【驾驶培训】机动车的驾驶培训实行社会化,由交通运输主管部门对驾驶培训学校、驾驶培训班实行备案管理,并对驾驶培训活动加强监督,其中专门的拖拉机驾驶培训学校、驾驶培训班由农业(农业机械)主管部门实行监督管理。

驾驶培训学校、驾驶培训班应当严格按照国家有关规定,对学员进行道路交通安全法律、法规、驾驶技能的培训,确保培训质量。

任何国家机关以及驾驶培训和考试主管部门不得举办或者参与举办驾驶培训学校、驾驶培训班。

第二十一条　【上路行驶前的安全检查】驾驶人驾驶机动车上道路行驶前,应当对机动车的安全技术性能进行认真检查;不得驾驶安全设施不全或者机件不符合技术标准等具有安全隐患的机动车。

第二十二条　【机动车驾驶人应当安全驾驶】机动车驾驶人应当遵守道路交通安全法律、法规的规定,按照操作规范安全驾驶、文明驾驶。

饮酒、服用国家管制的精神药品或者麻醉药品,或者患有妨碍安全驾驶机动车的疾病,或者过度疲劳影响安全驾驶的,不得驾驶机动车。

任何人不得强迫、指使、纵容驾驶人违反道路交通安全法律、法规和机动车安全驾驶要求驾驶机动车。

第二十三条　【机动车驾驶证定期审验】公安机关交通管理部门依照法律、行政法规的规定,定期对机动车驾驶证实施审验。

第二十四条　【累积记分制度】公安机关交通管理部门对机动车驾驶人违反道路交通安全法律、法规的行为,除依法给予行政处罚外,实行累积记分制度。公安机关交通管理部门对累积记分达到规定分值的机动车驾驶人,扣留机动车驾驶证,对其进行道路交通安全法律、法规教育,重新考试;考试合格的,发还其机动车驾驶证。

对遵守道路交通安全法律、法规,在一年内无累积记分的机动车驾驶人,可以延长机动车驾驶证的审验期。具体办法由国务院公安部门规定。

第三章　道路通行条件

第二十五条　【道路交通信号和分类】全国实行统一的道路交通信号。

交通信号包括交通信号灯、交通标志、交通标线和交通警察的指挥。

交通信号灯、交通标志、交通标线的设置应当符合道路交通安全、畅通的要求和国家标准,并保持清晰、醒目、准确、完好。

根据通行需要,应当及时增设、调换、更新道路交通信号。增设、调换、更新限制性的道路交通信号,应当提前向社会公告,广泛进行宣传。

第二十六条　【交通信号灯分类和示义】交通信号灯由红灯、绿灯、黄灯组成。红灯表示禁止通行,绿灯表示准许通行,黄灯表示警示。

第二十七条　【铁路道口的警示标志】铁路与道路平面交叉的道口,应当设置警示灯、警示标志或者安全防护设施。无人看守的铁路道口,应当在距道口一定距离处设置警示标志。

第二十八条　【道路交通信号的保护】任何单位和个人不得擅自设置、移动、占用、损毁交通信号灯、交通标志、交通标线。

道路两侧及隔离带上种植的树木或者其他植物,设置的广告牌、管线等,应当与交通设施保持必要的距离,不得遮挡路灯、交通信号灯、交通标志,不得妨碍安全视距,不得影响通行。

第二十九条　【公共交通的规划、设计、建设和对交通安全隐患的防范】道路、停车场和道路配套设施的规划、设计、建设,应当符合道路交通安全、畅通的要求,并根据交通需求及时调整。

公安机关交通管理部门发现已经投入使用的道路存在交通事故频发路段,或者停车场、道路配套设施存在交通安全严重隐患的,应当及时向当地人民政府报告,并提出防范交通事故、消除隐患的建议,当地人民政府应当及时作出处理决定。

第三十条　【道路或交通信号毁损的处置措施】道路出现坍塌、坑漕、水毁、隆起等损毁或者交通信号灯、交通标志、交通标线等交通设施损毁、灭失的,道路、交通设施的养护部门或者管理部门应当设置警示标志并及时修复。

公安机关交通管理部门发现前款情形,危及交通安全,尚未设置警示标志的,应当及时采取安全措施,疏导交通,并通知道路、交通设施的养护部门或者管理部门。

第三十一条　【未经许可不得占道从事非交通活动】未经许可,任何单位和个人不得占用道路从事非交通活动。

第三十二条　【占用道路施工的处置措施】因工程建设需要占用、挖掘道路,或者跨越、穿越道路架设、增设管线设施,应当事先征得道路主管部门的同意;影响交通安全的,还应当征得公安机关交通管理部门的同意。

施工作业单位应当在经批准的路段和时间内施工作业,并在距离施工作业地点来车方向安全距离处设置明显的安全警示标志,采取防护措施;施工作业完毕,应当迅速清除道路上的障碍物,消除安全隐患,经道路主管部门和公安机关交通管理部门验收合格,符合通行要求后,方可恢复通行。

对未中断交通的施工作业道路,公安机关交通管理部门应当加强交通安全监督检查,维护道路交通秩序。

第三十三条　【停车场、停车泊位的设置】新建、改建、扩建的公共建筑、商业街区、居住区、大(中)型建筑等,应当配建、增建停车场;停车泊位不足的,应当及时改建或者扩建;投入使用的停车场不得擅自停止使用或者改作他用。

在城市道路范围内,在不影响行人、车辆通行的情况下,政府有关部门可以施划停车泊位。

第三十四条　【行人过街设施、盲道的设置】学校、幼儿园、医院、养老院门前的道路没有行人过街设施的,应当施划人行横道线,设置提示标志。

城市主要道路的人行道,应当按照规划设置盲道。盲道的设置应当符合国家标准。

第四章　道路通行规定

第一节　一般规定

第三十五条　【右侧通行】机动车、非机动车实行右侧通行。

第三十六条　【车道划分和通行规则】根据道路条件和通行需要,道路划分为机动车道、非机动车道和人行道的,机动车、非机动车、行人实行分道通行。没有划分机动车道、非机动车道和人行道的,机动车在道路中间通行,非机动车和行人在道路两侧通行。

第三十七条　【专用车道只准许规定车辆通行】道路划设专用车道的,在专用车道内,只准许规定的车辆通行,其他车辆不得进入专用车道内行驶。

第三十八条　【遵守交通信号】车辆、行人应当按照交通信号通行;遇有交通警察现场指挥时,应当按照交通警察的指挥通行;在没有交通信号的道路上,应当在确保安全、畅通的原则下通行。

第三十九条　【交通管理部门可根据情况采取管理措施并提前公告】公安机关交通管理部门根据道路和交通流量的具体情况,可以对机动车、非机动车、行人采取疏导、限制通行、禁止通行等措施。遇有大型群众性活动、大范围施工等情况,需要采取限制交通的措施,或者作出与公众的道路交通活动直接有关的决定,应当提前向社会公告。

第四十条　【交通管制】遇有自然灾害、恶劣气象条件或者重大交通事故等严重影响交通安全的情形,采取其他措施难以保证交通安全时,公安机关交通管理部门可以实行交通管制。

第四十一条　【授权国务院规定道路通行的其他具体规定】有关道路通行的其他具体规定,由国务院规定。

第二节　机动车通行规定

第四十二条　【机动车行驶速度】机动车上道路行驶,不得超过限速标志标明的最高时速。在没有限速标志的路段,应当保持安全车速。

夜间行驶或者在容易发生危险的路段行驶,以及遇有沙尘、冰雹、雨、雪、雾、结冰等气象条件时,应当降低行驶速度。

第四十三条　【不得超车的情形】同车道行驶的机动车,后车应当与前车保持足以采取紧急制动措施的安全距离。有下列情形之一的,不得超车:

(一)前车正在左转弯、掉头、超车的;

(二)与对面来车有会车可能的;

(三)前车为执行紧急任务的警车、消防车、救护车、工程救险车的;

(四)行经铁路道口、交叉路口、窄桥、弯道、陡坡、隧道、人行横道、市区交通流量大的路段等没有超车条件的。

第四十四条　【交叉路口通行规则】机动车通过交叉路口,应当按照交通信号灯、交通标志、交通标线或者交通警察的指挥通过;通过没有交通信号灯、交通标志、交通标线或者交通警察指挥的交叉路口时,应当减速慢行,并让行人和优先通行的车辆先行。

第四十五条　【交通不畅条件下的行驶】机动车遇有前方车辆停车排队等候或者缓慢行驶时,不得借道超车或者占用对面车道,不得穿插等候的车辆。

在车道减少的路段、路口,或者在没有交通信号灯、交通标志、交通标线或者交通警察指挥的交叉路口遇到停车排队等候或者缓慢行驶时,机动车应当依次交替通行。

第四十六条　【铁路道口通行规则】机动车通过铁路道口时,应当按照交通信号或者管理人员的指挥通行;没有交通信号或者管理人员的,应当减速或者停车,在确认安全后通过。

第四十七条　【避让行人】机动车行经人行横道时，应当减速行驶；遇行人正在通过人行横道，应当停车让行。

机动车行经没有交通信号的道路时，遇行人横过道路，应当避让。

第四十八条　【机动车载物】机动车载物应当符合核定的载质量，严禁超载；载物的长、宽、高不得违反装载要求，不得遗洒、飘散载运物。

机动车运载超限的不可解体的物品，影响交通安全的，应当按照公安机关交通管理部门指定的时间、路线、速度行驶，悬挂明显标志。在公路上运载超限的不可解体的物品，并应当依照公路法的规定执行。

机动车载运爆炸物品、易燃易爆化学物品以及剧毒、放射性等危险物品，应当经公安机关批准后，按指定的时间、路线、速度行驶，悬挂警示标志并采取必要的安全措施。

第四十九条　【机动车载人】机动车载人不得超过核定的人数，客运机动车不得违反规定载货。

第五十条　【货运车运营规则】禁止货运机动车载客。

货运机动车需要附载作业人员的，应当设置保护作业人员的安全措施。

第五十一条　【安全带及安全头盔的使用】机动车行驶时，驾驶人、乘坐人员应当按规定使用安全带，摩托车驾驶人及乘坐人员应当按规定戴安全头盔。

第五十二条　【机动车故障处置】机动车在道路上发生故障，需要停车排除故障时，驾驶人应当立即开启危险报警闪光灯，将机动车移至不妨碍交通的地方停放；难以移动的，应当持续开启危险报警闪光灯，并在来车方向设置警告标志等措施扩大示警距离，必要时迅速报警。

第五十三条　【特种车辆的优先通行权】警车、消防车、救护车、工程救险车执行紧急任务时，可以使用警报器、标志灯具；在确保安全的前提下，不受行驶路线、行驶方向、行驶速度和信号灯的限制，其他车辆和行人应当让行。

警车、消防车、救护车、工程救险车非执行紧急任务时，不得使用警报器、标志灯具，不享有前款规定的道路优先通行权。

第五十四条　【养护、工程作业等车辆的作业通行权】道路养护车辆、工程作业车进行作业时，在不影响过往车辆通行的前提下，其行驶路线和方向不受交通标志、标线限制，过往车辆和人员应当注意避让。

洒水车、清扫车等机动车应当按照安全作业标准作业；在不影响其他车辆通行的情况下，可以不受车辆分道行驶的限制，但是不得逆向行驶。

第五十五条　【拖拉机的通行和营运】高速公路、大中城市中心城区内的道路，禁止拖拉机通行。其他禁止拖拉机通行的道路，由省、自治区、直辖市人民政府根据当地实际情况规定。

在允许拖拉机通行的道路上，拖拉机可以从事货运，但是不得用于载人。

第五十六条　【机动车的停泊】机动车应当在规定地点停放。禁止在人行道上停放机动车；但是，依照本法第三十三条规定施划的停车泊位除外。

在道路上临时停车的，不得妨碍其他车辆和行人通行。

第三节　非机动车通行规定

第五十七条　【非机动车通行规则】驾驶非机动车在道路上行驶应当遵守有关交通安全的规定。非机动车应当在非机动车道内行驶；在没有非机动车道的道路上，应当靠车行道的右侧行驶。

第五十八条　【非机动车行驶速度限制】残疾人机动轮椅车、电动自行车在非机动车道内行驶时，最高时速不得超过十五公里。

第五十九条　【非机动车的停放】非机动车应当在规定地点停放。未设停放地点的，非机动车停放不得妨碍其他车辆和行人通行。

第六十条　【畜力车使用规则】驾驭畜力车，应当使用驯服的牲畜；驾驭畜力车横过道路时，驾驭人应当下车牵引牲畜；驾驭人离开车辆时，应当拴系牲畜。

第四节　行人和乘车人通行规定

第六十一条　【行人通行规则】行人应当在人行道内行走，没有人行道的靠路边行走。

第六十二条　【行人横过道路规则】行人通过路口或者横过道路，应当走人行横道或者过街设施；通过有交通信号灯的人行横道，应当按照交通信号灯指示通行；通过没有交通信号灯、人行横道的路口，或者在没有过街设施的路段横过道路，应当在确认安全后通过。

第六十三条　【行人禁止行为】行人不得跨越、倚坐道路隔离设施，不得扒车、强行拦车或者实施妨碍道路交通安全的其他行为。

第六十四条　【特殊行人通行规则】学龄前儿童以及不能辨认或者不能控制自己行为的精神疾病患者、智力障碍者在道路上通行,应当由其监护人、监护人委托的人或者对其负有管理、保护职责的人带领。

盲人在道路上通行,应当使用盲杖或者采取其他导盲手段,车辆应当避让盲人。

第六十五条　【行人通过铁路道口规则】行人通过铁路道口时,应当按照交通信号或者管理人员的指挥通行;没有交通信号和管理人员的,应当在确认无火车驶临后,迅速通过。

第六十六条　【乘车规则】乘车人不得携带易燃易爆等危险物品,不得向车外抛洒物品,不得有影响驾驶人安全驾驶的行为。

第五节　高速公路的特别规定

第六十七条　【高速公路通行规则、时速限制】行人、非机动车、拖拉机、轮式专用机械车、铰接式客车、全挂拖斗车以及其他设计最高时速低于七十公里的机动车,不得进入高速公路。高速公路限速标志标明的最高时速不得超过一百二十公里。

第六十八条　【故障处理】机动车在高速公路上发生故障时,应当依照本法第五十二条的有关规定办理;但是,警告标志应当设置在故障车来车方向一百五十米以外,车上人员应当迅速转移到右侧路肩上或者应急车道内,并且迅速报警。

机动车在高速公路上发生故障或者交通事故,无法正常行驶的,应当由救援车、清障车拖曳、牵引。

第六十九条　【不得在高速公路上拦截车辆】任何单位、个人不得在高速公路上拦截检查行驶的车辆,公安机关的人民警察依法执行紧急公务除外。

第五章　交通事故处理

第七十条　【交通事故处理及报警】在道路上发生交通事故,车辆驾驶人应当立即停车,保护现场;造成人身伤亡的,车辆驾驶人应当立即抢救受伤人员,并迅速报告执勤的交通警察或者公安机关交通管理部门。因抢救受伤人员变动现场的,应当标明位置。乘车人、过往车辆驾驶人、过往行人应当予以协助。

在道路上发生交通事故,未造成人身伤亡,当事人对事实及成因无争议的,可以即行撤离现场,恢复交通,自行协商处理损害赔偿事宜;不即行撤离现场的,应当迅速报告执勤的交通警察或者公安机关交通管理部门。

在道路上发生交通事故,仅造成轻微财产损失,并且基本事实清楚的,当事人应当先撤离现场再进行协商处理。

第七十一条　【交通事故逃逸的处理】车辆发生交通事故后逃逸的,事故现场目击人员和其他知情人员应当向公安机关交通管理部门或者交通警察举报。举报属实的,公安机关交通管理部门应当给予奖励。

第七十二条　【交警处理交通事故程序】公安机关交通管理部门接到交通事故报警后,应当立即派交通警察赶赴现场,先组织抢救受伤人员,并采取措施,尽快恢复交通。

交通警察应当对交通事故现场进行勘验、检查,收集证据;因收集证据的需要,可以扣留事故车辆,但是应当妥善保管,以备核查。

对当事人的生理、精神状况等专业性较强的检验,公安机关交通管理部门应当委托专门机构进行鉴定。鉴定结论应当由鉴定人签名。

第七十三条　【交通事故认定书】公安机关交通管理部门应当根据交通事故现场勘验、检查、调查情况和有关的检验、鉴定结论,及时制作交通事故认定书,作为处理交通事故的证据。交通事故认定书应当载明交通事故的基本事实、成因和当事人的责任,并送达当事人。

第七十四条　【交通事故的调解或起诉】对交通事故损害赔偿的争议,当事人可以请求公安机关交通管理部门调解,也可以直接向人民法院提起民事诉讼。

经公安机关交通管理部门调解,当事人未达成协议或者调解书生效后不履行的,当事人可以向人民法院提起民事诉讼。

第七十五条　【受伤人员的抢救及费用承担】医疗机构对交通事故中的受伤人员应当及时抢救,不得因抢救费用未及时支付而拖延救治。肇事车辆参加机动车第三者责任强制保险的,由保险公司在责任限额范围内支付抢救费用;抢救费用超过责任限额的,未参加机动车第三者责任强制保险或者肇事后逃逸的,由道路交通事故社会救助基金先行垫付部分或者全部抢救费用,道路交通事故社会救助基金管理机构有权向交通事故责任人追偿。

第七十六条　【交通事故赔偿责任】机动车发生交通事故造成人身伤亡、财产损失的,由保险公司在机动车第三者责任强制保险责任限额范围内予以赔偿;不足的部分,按照下列规定承担赔偿责任:

(一)机动车之间发生交通事故的,由有过错的一方承担赔偿责任;双方都有过错的,按照各自过错的比例分担责任。

（二）机动车与非机动车驾驶人、行人之间发生交通事故，非机动车驾驶人、行人没有过错的，由机动车一方承担赔偿责任；有证据证明非机动车驾驶人、行人有过错的，根据过错程度适当减轻机动车一方的赔偿责任；机动车一方没有过错的，承担不超过百分之十的赔偿责任。

交通事故的损失是由非机动车驾驶人、行人故意碰撞机动车造成的，机动车一方不承担赔偿责任。

第七十七条　【道路外交通事故处理】车辆在道路以外通行时发生的事故，公安机关交通管理部门接到报案的，参照本法有关规定办理。

第六章　执法监督

第七十八条　【交警管理及考核上岗】公安机关交通管理部门应当加强对交通警察的管理，提高交通警察的素质和管理道路交通的水平。

公安机关交通管理部门应当对交通警察进行法制和交通安全管理业务培训、考核。交通警察经考核不合格的，不得上岗执行职务。

第七十九条　【依法履行法定职责】公安机关交通管理部门及其交通警察实施道路交通安全管理，应当依据法定的职权和程序，简化办事手续，做到公正、严格、文明、高效。

第八十条　【执行职务要求】交通警察执行职务时，应当按照规定着装，佩带人民警察标志，持有人民警察证件，保持警容严整，举止端庄，指挥规范。

第八十一条　【收费标准】依照本法发放牌证等收取工本费，应当严格执行国务院价格主管部门核定的收费标准，并全部上缴国库。

第八十二条　【处罚和收缴分离原则】公安机关交通管理部门依法实施罚款的行政处罚，应当依照有关法律、行政法规的规定，实施罚款决定与罚款收缴分离；收缴的罚款以及依法没收的违法所得，应当全部上缴国库。

第八十三条　【回避制度】交通警察调查处理道路交通安全违法行为和交通事故，有下列情形之一的，应当回避：

（一）是本案的当事人或者当事人的近亲属；

（二）本人或者其近亲属与本案有利害关系；

（三）与本案当事人有其他关系，可能影响案件的公正处理。

第八十四条　【执法监督】公安机关交通管理部门及其交通警察的行政执法活动，应当接受行政监察机关依法实施的监督。

公安机关督察部门应当对公安机关交通管理部门及其交通警察执行法律、法规和遵守纪律的情况依法进行监督。

上级公安机关交通管理部门应当对下级公安机关交通管理部门的执法活动进行监督。

第八十五条　【举报、投诉制度】公安机关交通管理部门及其交通警察执行职务，应当自觉接受社会和公民的监督。

任何单位和个人都有权对公安机关交通管理部门及其交通警察不严格执法以及违法违纪行为进行检举、控告。收到检举、控告的机关，应当依据职责及时查处。

第八十六条　【交警执法保障】任何单位不得给公安机关交通管理部门下达或者变相下达罚款指标；公安机关交通管理部门不得以罚款数额作为考核交通警察的标准。

公安机关交通管理部门及其交通警察对超越法律、法规规定的指令，有权拒绝执行，并同时向上级机关报告。

第七章　法律责任

第八十七条　【交通管理部门的职权】公安机关交通管理部门及其交通警察对道路交通安全违法行为，应当及时纠正。

公安机关交通管理部门及其交通警察应当依据事实和本法的有关规定对道路交通安全违法行为予以处罚。对于情节轻微，未影响道路通行的，指出违法行为，给予口头警告后放行。

第八十八条　【处罚种类】对道路交通安全违法行为的处罚种类包括：警告、罚款、暂扣或者吊销机动车驾驶证、拘留。

第八十九条　【对违法行人、乘车人、非机动车驾驶人的处罚】行人、乘车人、非机动车驾驶人违反道路交通安全法律、法规关于道路通行规定的，处警告或者五元以上五十元以下罚款；非机动车驾驶人拒绝接受罚款处罚的，可以扣留其非机动车。

第九十条　【对违法机动车驾驶人的处罚】机动车驾驶人违反道路交通安全法律、法规关于道路通行规定的，处警告或者二十元以上二百元以下罚款。本法另有规定的，依照规定处罚。

第九十一条　【饮酒、醉酒驾车处罚】饮酒后驾驶机动车的，处暂扣六个月机动车驾驶证，并处一千元以上二千元以下罚款。因饮酒后驾驶机动车被处罚，再次饮酒后驾驶机动车的，处十日以下拘留，并处一千元以上二千元以下罚款，吊销机动车驾驶证。

醉酒驾驶机动车的，由公安机关交通管理部门约束至酒醒，吊销机动车驾驶证，依法追究刑事责任；五年内不得重新取得机动车驾驶证。

饮酒后驾驶营运机动车的，处十五日拘留，并处五千元罚款，吊销机动车驾驶证，五年内不得重新取得机动车驾驶证。

醉酒驾驶营运机动车的，由公安机关交通管理部门约束至酒醒，吊销机动车驾驶证，依法追究刑事责任；十年内不得重新取得机动车驾驶证，重新取得机动车驾驶证后，不得驾驶营运机动车。

饮酒后或者醉酒驾驶机动车发生重大交通事故，构成犯罪的，依法追究刑事责任，并由公安机关交通管理部门吊销机动车驾驶证，终生不得重新取得机动车驾驶证。

第九十二条　【超载行为处罚】公路客运车辆载客超过额定乘员的，处二百元以上五百元以下罚款；超过额定乘员百分之二十或者违反规定载货的，处五百元以上二千元以下罚款。

货运机动车超过核定载质量的，处二百元以上五百元以下罚款；超过核定载质量百分之三十或者违反规定载客的，处五百元以上二千元以下罚款。

有前两款行为的，由公安机关交通管理部门扣留机动车至违法状态消除。

运输单位的车辆有本条第一款、第二款规定的情形，经处罚不改的，对直接负责的主管人员处二千元以上五千元以下罚款。

第九十三条　【对违法泊车的处理及拖车规则】对违反道路交通安全法律、法规关于机动车停放、临时停车规定的，可以指出违法行为，并予以口头警告，令其立即驶离。

机动车驾驶人不在现场或者虽在现场但拒绝立即驶离，妨碍其他车辆、行人通行的，处二十元以上二百元以下罚款，并可以将该机动车拖移至不妨碍交通的地点或者公安机关交通管理部门指定的地点停放。公安机关交通管理部门拖车不得向当事人收取费用，并应当及时告知当事人停放地点。

因采取不正确的方法拖车造成机动车损坏的，应当依法承担补偿责任。

第九十四条　【对机动车安检机构的管理】机动车安全技术检验机构实施机动车安全技术检验超过国务院价格主管部门核定的收费标准收取费用的，退还多收取的费用，并由价格主管部门依照《中华人民共和国价格法》的有关规定给予处罚。

机动车安全技术检验机构不按照机动车国家安全技术标准进行检验，出具虚假检验结果的，由公安机关交通管理部门处所收检验费用五倍以上十倍以下罚款，并依法撤销其检验资格；构成犯罪的，依法追究刑事责任。

第九十五条　【未悬挂号牌、未放置标志、未携带证件、未合理安放号牌的处理】上道路行驶的机动车未悬挂机动车号牌，未放置检验合格标志、保险标志，或者未随车携带行驶证、驾驶证的，公安机关交通管理部门应当扣留机动车，通知当事人提供相应的牌证、标志或者补办相应手续，并可以依照本法第九十条的规定予以处罚。当事人提供相应的牌证、标志或者补办相应手续的，应当及时退还机动车。

故意遮挡、污损或者不按规定安装机动车号牌的，依照本法第九十条的规定予以处罚。

第九十六条　【对伪造、变造行为的处罚】伪造、变造或者使用伪造、变造的机动车登记证书、号牌、行驶证、驾驶证的，由公安机关交通管理部门予以收缴，扣留该机动车，处十五日以下拘留，并处二千元以上五千元以下罚款；构成犯罪的，依法追究刑事责任。

伪造、变造或者使用伪造、变造的检验合格标志、保险标志的，由公安机关交通管理部门予以收缴，扣留该机动车，处十日以下拘留，并处一千元以上三千元以下罚款；构成犯罪的，依法追究刑事责任。

使用其他车辆的机动车登记证书、号牌、行驶证、检验合格标志、保险标志的，由公安机关交通管理部门予以收缴，扣留该机动车，处二千元以上五千元以下罚款。

当事人提供相应的合法证明或者补办相应手续的，应当及时退还机动车。

第九十七条　【对非法安装警报器、标志灯具的处罚】非法安装警报器、标志灯具的，由公安机关交通管理部门强制拆除，予以收缴，并处二百元以上二千元以下罚款。

第九十八条　【对未投保交强险的处罚】机动车所有人、管理人未按照国家规定投保机动车第三者责任强制保险的，由公安机关交通管理部门扣留车辆至依照规定投保后，并处依照规定投保最低责任限额应缴纳的保险费的二倍罚款。

依照前款缴纳的罚款全部纳入道路交通事故社会救助基金。具体办法由国务院规定。

第九十九条　【其他违法行为的处罚】有下列行为之一的，由公安机关交通管理部门处二百元以上二千元以下罚款：

（一）未取得机动车驾驶证、机动车驾驶证被吊销或者机动车驾驶证被暂扣期间驾驶机动车的；

（二）将机动车交由未取得机动车驾驶证或者机动车驾驶证被吊销、暂扣的人驾驶的；

（三）造成交通事故后逃逸，尚不构成犯罪的；

（四）机动车行驶超过规定时速百分之五十的；

（五）强迫机动车驾驶人违反道路交通安全法律、法规和机动车安全驾驶要求驾驶机动车，造成交通事故，尚不构成犯罪的；

（六）违反交通管制的规定强行通行，不听劝阻的；

（七）故意损毁、移动、涂改交通设施，造成危害后果，尚不构成犯罪的；

（八）非法拦截、扣留机动车辆，不听劝阻，造成交通严重阻塞或者较大财产损失的。

行为人有前款第二项、第四项情形之一的，可以并处吊销机动车驾驶证；有第一项、第三项、第五项至第八项情形之一的，可以并处十五日以下拘留。

第一百条 【驾驶拼装及应报废机动车的处理】驾驶拼装的机动车或者已达到报废标准的机动车上道路行驶的，公安机关交通管理部门应当予以收缴，强制报废。

对驾驶前款所列机动车上道路行驶的驾驶人，处二百元以上二千元以下罚款，并吊销机动车驾驶证。

出售已达到报废标准的机动车的，没收违法所得，处销售金额等额的罚款，对该机动车依照本条第一款的规定处理。

第一百零一条 【交通事故刑事责任及终生禁驾规定】违反道路交通安全法律、法规的规定，发生重大交通事故，构成犯罪的，依法追究刑事责任，并由公安机关交通管理部门吊销机动车驾驶证。

造成交通事故后逃逸的，由公安机关交通管理部门吊销机动车驾驶证，且终生不得重新取得机动车驾驶证。

第一百零二条 【对专业运输单位的管理】对六个月内发生二次以上特大交通事故负有主要责任或者全部责任的专业运输单位，由公安机关交通管理部门责令消除安全隐患，未消除安全隐患的机动车，禁止上道路行驶。

第一百零三条 【机动车的生产和销售管理】国家机动车产品主管部门未按照机动车国家安全技术标准严格审查，许可不合格机动车型投入生产的，对负有责任的主管人员和其他直接责任人员给予降级或者撤职的行政处分。

机动车生产企业经国家机动车产品主管部门许可生产的机动车型，不执行机动车国家安全技术标准或者不严格进行机动车成品质量检验，致使质量不合格的机动车出厂销售的，由质量技术监督部门依照《中华人民共和国产品质量法》的有关规定给予处罚。

擅自生产、销售未经国家机动车产品主管部门许可生产的机动车型的，没收非法生产、销售的机动车成品及配件，可以并处非法产品价值三倍以上五倍以下罚款；有营业执照的，由工商行政管理部门吊销营业执照，没有营业执照的，予以查封。

生产、销售拼装的机动车或者生产、销售擅自改装的机动车的，依照本条第三款的规定处罚。

有本条第二款、第三款、第四款所列违法行为，生产或者销售不符合机动车国家安全技术标准的机动车，构成犯罪的，依法追究刑事责任。

第一百零四条 【擅自挖掘、占用道路的处理】未经批准，擅自挖掘道路、占用道路施工或者从事其他影响道路交通安全活动的，由道路主管部门责令停止违法行为，并恢复原状，可以依法给予罚款；致使通行的人员、车辆及其他财产遭受损失的，依法承担赔偿责任。

有前款行为，影响道路交通安全活动的，公安机关交通管理部门可以责令停止违法行为，迅速恢复交通。

第一百零五条 【道路施工、管理单位未履行职责的责任】道路施工作业或者道路出现损毁，未及时设置警示标志、未采取防护措施，或者应当设置交通信号灯、交通标志、交通标线而没有设置或者应当及时变更交通信号灯、交通标志、交通标线而没有及时变更，致使通行的人员、车辆及其他财产遭受损失的，负有相关职责的单位应当依法承担赔偿责任。

第一百零六条 【对妨碍交通标志行为的管理】在道路两侧及隔离带上种植树木、其他植物或者设置广告牌、管线等，遮挡路灯、交通信号灯、交通标志，妨碍安全视距的，由公安机关交通管理部门责令行为人排除妨碍；拒不执行的，处二百元以上二千元以下罚款，并强制排除妨碍，所需费用由行为人负担。

第一百零七条 【当场处罚】对道路交通违法行为人予以警告、二百元以下罚款，交通警察可以当场作出行政处罚决定，并出具行政处罚决定书。

行政处罚决定书应当载明当事人的违法事实、行政处罚的依据、处罚内容、时间、地点以及处罚机关名称，并由执法人员签名或者盖章。

第一百零八条 【罚款的缴纳】当事人应当自收到

罚款的行政处罚决定书之日起十五日内，到指定的银行缴纳罚款。

对行人、乘车人和非机动车驾驶人的罚款，当事人无异议的，可以当场予以收缴罚款。

罚款应当开具省、自治区、直辖市财政部门统一制发的罚款收据；不出具财政部门统一制发的罚款收据的，当事人有权拒绝缴纳罚款。

第一百零九条　【逾期不缴纳罚款的处理】当事人逾期不履行行政处罚决定的，作出行政处罚决定的行政机关可以采取下列措施：

（一）到期不缴纳罚款的，每日按罚款数额的百分之三加处罚款；

（二）申请人民法院强制执行。

第一百一十条　【扣留机动车驾驶证的规则】执行职务的交通警察认为应当对道路交通违法行为人给予暂扣或者吊销机动车驾驶证处罚的，可以先予扣留机动车驾驶证，并在二十四小时内将案件移交公安机关交通管理部门处理。

道路交通违法行为人应当在十五日内到公安机关交通管理部门接受处理。无正当理由逾期未接受处理的，吊销机动车驾驶证。

公安机关交通管理部门暂扣或者吊销机动车驾驶证的，应当出具行政处罚决定书。

第一百一十一条　【有权作出拘留裁决的机关】对违反本法规定予以拘留的行政处罚，由县、市公安局、公安分局或者相当于县一级的公安机关裁决。

第一百一十二条　【扣留车辆的规则】公安机关交通管理部门扣留机动车、非机动车，应当当场出具凭证，并告知当事人在规定期限内到公安机关交通管理部门接受处理。

公安机关交通管理部门对被扣留的车辆应当妥善保管，不得使用。

逾期不来接受处理，并且经公告三个月仍不来接受处理的，对扣留的车辆依法处理。

第一百一十三条　【暂扣、吊销的期限】暂扣机动车驾驶证的期限从处罚决定生效之日起计算；处罚决定生效前先予扣留机动车驾驶证的，扣留一日折抵暂扣期限一日。

吊销机动车驾驶证后重新申请领取机动车驾驶证的期限，按照机动车驾驶证管理规定办理。

第一百一十四条　【根据技术监控记录进行的处罚】公安机关交通管理部门根据交通技术监控记录资料，可以对违法的机动车所有人或者管理人依法予以处罚。对能够确定驾驶人的，可以依照本法的规定依法予以处罚。

第一百一十五条　【对交警及交管部门违法行为的处理】交通警察有下列行为之一的，依法给予行政处分：

（一）为不符合法定条件的机动车发放机动车登记证书、号牌、行驶证、检验合格标志的；

（二）批准不符合法定条件的机动车安装、使用警车、消防车、救护车、工程救险车的警报器、标志灯具，喷涂标志图案的；

（三）为不符合驾驶许可条件、未经考试或者考试不合格人员发放机动车驾驶证的；

（四）不执行罚款决定与罚款收缴分离制度或者不按规定将依法收取的费用、收缴的罚款及没收的违法所得全部上缴国库的；

（五）举办或者参与举办驾驶学校或者驾驶培训班、机动车修理厂或者收费停车场等经营活动的；

（六）利用职务上的便利收受他人财物或者谋取其他利益的；

（七）违法扣留车辆、机动车行驶证、驾驶证、车辆号牌的；

（八）使用依法扣留的车辆的；

（九）当场收取罚款不开具罚款收据或者不如实填写罚款额的；

（十）徇私舞弊，不公正处理交通事故的；

（十一）故意刁难，拖延办理机动车牌证的；

（十二）非执行紧急任务时使用警报器、标志灯具的；

（十三）违反规定拦截、检查正常行驶的车辆的；

（十四）非执行紧急公务时拦截搭乘机动车的；

（十五）不履行法定职责的。

公安机关交通管理部门有前款所列行为之一的，对直接负责的主管人员和其他直接责任人员给予相应的行政处分。

第一百一十六条　【对违规交警的处分】依照本法第一百一十五条的规定，给予交通警察行政处分的，在作出行政处分决定前，可以停止其执行职务；必要时，可以予以禁闭。

依照本法第一百一十五条的规定，交通警察受到降级或者撤职行政处分的，可以予以辞退。

交通警察受到开除处分或者被辞退的，应当取消警衔；受到撤职以下行政处分的交通警察，应当降低警衔。

第一百一十七条 【对构成犯罪的交警追究刑事责任】交通警察利用职权非法占有公共财物,索取、收受贿赂,或者滥用职权、玩忽职守,构成犯罪的,依法追究刑事责任。

第一百一十八条 【公安交管部门、交警违法赔偿责任】公安机关交通管理部门及其交通警察有本法第一百一十五条所列行为之一,给当事人造成损失的,应当依法承担赔偿责任。

第八章 附 则

第一百一十九条 【本法用语含义】本法中下列用语的含义:

(一)"道路",是指公路、城市道路和虽在单位管辖范围但允许社会机动车通行的地方,包括广场、公共停车场等用于公众通行的场所。

(二)"车辆",是指机动车和非机动车。

(三)"机动车",是指以动力装置驱动或者牵引,上道路行驶的供人员乘用或者用于运送物品以及进行工程专项作业的轮式车辆。

(四)"非机动车",是指以人力或者畜力驱动,上道路行驶的交通工具,以及虽有动力装置驱动但设计最高时速、空车质量、外形尺寸符合有关国家标准的残疾人机动轮椅车、电动自行车等交通工具。

(五)"交通事故",是指车辆在道路上因过错或者意外造成的人身伤亡或者财产损失的事件。

第一百二十条 【军警机动车管理】中国人民解放军和中国人民武装警察部队在编机动车牌证、在编机动车检验以及机动车驾驶人考核工作,由中国人民解放军、中国人民武装警察部队有关部门负责。

第一百二十一条 【拖拉机管理】对上道路行驶的拖拉机,由农业(农业机械)主管部门行使本法第八条、第九条、第十三条、第十九条、第二十三条规定的公安机关交通管理部门的管理职权。

农业(农业机械)主管部门依照前款规定行使职权,应当遵守本法有关规定,并接受公安机关交通管理部门的监督;对违反规定的,依照本法有关规定追究法律责任。

本法施行前由农业(农业机械)主管部门发放的机动车牌证,在本法施行后继续有效。

第一百二十二条 【境外车辆入境管理】国家对入境的境外机动车的道路交通安全实施统一管理。

第一百二十三条 【授权制定执行具体标准】省、自治区、直辖市人民代表大会常务委员会可以根据本地区的实际情况,在本法规定的罚款幅度内,规定具体的执行标准。

第一百二十四条 【生效日期】本法自 2004 年 5 月 1 日起施行。

危险货物道路运输安全管理办法

· 2019 年 11 月 10 日交通运输部、工业和信息化部、公安部、生态环境部、应急管理部、国家市场监督管理总局令第 29 号公布

· 自 2020 年 1 月 1 日起施行

第一章 总 则

第一条 为了加强危险货物道路运输安全管理,预防危险货物道路运输事故,保障人民群众生命、财产安全,保护环境,依据《中华人民共和国安全生产法》《中华人民共和国道路运输条例》《危险化学品安全管理条例》《公路安全保护条例》等有关法律、行政法规,制定本办法。

第二条 对使用道路运输车辆从事危险货物运输及相关活动的安全管理,适用本办法。

第三条 危险货物道路运输应当坚持安全第一、预防为主、综合治理、便利运输的原则。

第四条 国务院交通运输主管部门主管全国危险货物道路运输管理工作。

县级以上地方人民政府交通运输主管部门负责组织领导本行政区域的危险货物道路运输管理工作。

工业和信息化、公安、生态环境、应急管理、市场监督管理等部门按照各自职责,负责对危险货物道路运输相关活动进行监督检查。

第五条 国家建立危险化学品监管信息共享平台,加强危险货物道路运输安全管理。

第六条 不得托运、承运法律、行政法规禁止运输的危险货物。

第七条 托运人、承运人、装货人应当制定危险货物道路运输作业查验、记录制度,以及人员安全教育培训、设备管理和岗位操作规程等安全生产管理制度。

托运人、承运人、装货人应当按照相关法律法规和《危险货物道路运输规则》(JT/T 617)要求,对本单位相关从业人员进行岗前安全教育培训和定期安全教育。未经岗前安全教育培训考核合格的人员,不得上岗作业。

托运人、承运人、装货人应当妥善保存安全教育培训及考核记录。岗前安全教育培训及考核记录保存至相关从业人员离职后 12 个月;定期安全教育记录保存期限不得少于 12 个月。

第八条 国家鼓励危险货物道路运输企业应用先进技术和装备,实行专业化、集约化经营。

禁止危险货物运输车辆挂靠经营。

第二章 危险货物托运

第九条 危险货物托运人应当委托具有相应危险货物道路运输资质的企业承运危险货物。托运民用爆炸物品、烟花爆竹的,应当委托具有第一类爆炸品或者第一类爆炸品中相应项别运输资质的企业承运。

第十条 托运人应当按照《危险货物道路运输规则》(JT/T 617)确定危险货物的类别、项别、品名、编号,遵守相关特殊规定要求。需要添加抑制剂或者稳定剂的,托运人应当按照规定添加,并将有关情况告知承运人。

第十一条 托运人不得在托运的普通货物中违规夹带危险货物,或者将危险货物匿报、谎报为普通货物托运。

第十二条 托运人应当按照《危险货物道路运输规则》(JT/T 617)妥善包装危险货物,并在外包装设置相应的危险货物标志。

第十三条 托运人在托运危险货物时,应当向承运人提交电子或者纸质形式的危险货物托运清单。

危险货物托运清单应当载明危险货物的托运人、承运人、收货人、装货人、始发地、目的地、危险货物的类别、项别、品名、编号、包装及规格、数量、应急联系电话等信息,以及危险货物危险特性、运输注意事项、急救措施、消防措施、泄漏应急处置、次生环境污染处置措施等信息。

托运人应当妥善保存危险货物托运清单,保存期限不得少于12个月。

第十四条 托运人应当在危险货物运输期间保持应急联系电话畅通。

第十五条 托运人托运剧毒化学品、民用爆炸物品、烟花爆竹或者放射性物品的,应当向承运人相应提供公安机关核发的剧毒化学品道路运输通行证、民用爆炸物品运输许可证、烟花爆竹道路运输许可证、放射性物品道路运输许可证明或者文件。

托运人托运第一类放射性物品的,应当向承运人提供国务院核安全监管部门批准的放射性物品运输核与辐射安全分析报告。

托运人托运危险废物(包括医疗废物,下同)的,应当向承运人提供生态环境主管部门发放的电子或者纸质形式的危险废物转移联单。

第三章 例外数量与有限数量危险货物运输的特别规定

第十六条 例外数量危险货物的包装、标记、包件测试,以及每个内容器和外容器可运输危险货物的最大数量,应当符合《危险货物道路运输规则》(JT/T 617)要求。

第十七条 有限数量危险货物的包装、标记,以及每个内容器或者物品所装的最大数量、总质量(含包装),应当符合《危险货物道路运输规则》(JT/T 617)要求。

第十八条 托运人托运例外数量危险货物的,应当向承运人书面声明危险货物符合《危险货物道路运输规则》(JT/T 617)包装要求。承运人应当要求驾驶人随车携带书面声明。

托运人应当在托运清单中注明例外数量危险货物以及包件的数量。

第十九条 托运人托运有限数量危险货物的,应当向承运人提供包装性能测试报告或者书面声明危险货物符合《危险货物道路运输规则》(JT/T 617)包装要求。承运人应当要求驾驶人随车携带测试报告或者书面声明。

托运人应当在托运清单中注明有限数量危险货物以及包件的数量、总质量(含包装)。

第二十条 例外数量、有限数量危险货物包件可以与其他危险货物、普通货物混合装载,但有限数量危险货物包件不得与爆炸品混合装载。

第二十一条 运输车辆载运例外数量危险货物包件数不超过1000个或者有限数量危险货物总质量(含包装)不超过8000千克的,可以按照普通货物运输。

第四章 危险货物承运

第二十二条 危险货物承运人应当按照交通运输主管部门许可的经营范围承运危险货物。

第二十三条 危险货物承运人应当使用安全技术条件符合国家标准要求且与承运危险货物性质、重量相匹配的车辆、设备进行运输。

危险货物承运人使用常压液体危险货物罐式车辆运输危险货物的,应当在罐式车辆罐体的适装介质列表范围内承运;使用移动式压力容器运输危险货物的,应当按照移动式压力容器使用登记证上限定的介质承运。

危险货物承运人应当按照运输车辆的核定载质量装载危险货物,不得超载。

第二十四条 危险货物承运人应当制作危险货物运单,并交由驾驶人随车携带。危险货物运单应当妥善保存,保存期限不得少于12个月。

危险货物运单格式由国务院交通运输主管部门统一制定。危险货物运单可以是电子或者纸质形式。

运输危险废物的企业还应当填写并随车携带电子或者纸质形式的危险废物转移联单。

第二十五条 危险货物承运人在运输前,应当对运输车辆、罐式车辆罐体、可移动罐柜、罐式集装箱(以下简称罐箱)及相关设备的技术状况,以及卫星定位装置进行检查并做好记录,对驾驶人、押运人员进行运输安全告知。

第二十六条 危险货物道路运输车辆驾驶人、押运人员在起运前,应当对承运危险货物的运输车辆、罐式车辆罐体、可移动罐柜、罐箱进行外观检查,确保没有影响运输安全的缺陷。

危险货物道路运输车辆驾驶人、押运人员在起运前,应当检查确认危险货物运输车辆按照《道路运输危险货物车辆标志》(GB 13392)要求安装、悬挂标志。运输爆炸品和剧毒化学品的,还应当检查确认车辆安装、粘贴符合《道路运输爆炸品和剧毒化学品车辆安全技术条件》(GB 20300)要求的安全标示牌。

第二十七条 危险货物承运人除遵守本办法规定外,还应当遵守《道路危险货物运输管理规定》有关运输行为的要求。

第五章 危险货物装卸

第二十八条 装货人应当在充装或者装载货物前查验以下事项;不符合要求的,不得充装或者装载:

(一)车辆是否具有有效行驶证和营运证;

(二)驾驶人、押运人员是否具有有效资质证件;

(三)运输车辆、罐式车辆罐体、可移动罐柜、罐箱是否在检验合格有效期内;

(四)所充装或者装载的危险货物是否与危险货物运单载明的事项相一致;

(五)所充装的危险货物是否在罐式车辆罐体的适装介质列表范围内,或者满足可移动罐柜导则、罐箱适用代码的要求。

充装或者装载剧毒化学品、民用爆炸物品、烟花爆竹、放射性物品或者危险废物时,还应当查验本办法第十五条规定的单证报告。

第二十九条 装货人应当按照相关标准进行装载作业。装载货物不得超过运输车辆的核定载质量,不得超出罐式车辆罐体、可移动罐柜、罐箱的允许充装量。

第三十条 危险货物交付运输时,装货人应当确保危险货物运输车辆按照《道路运输危险货物车辆标志》(GB 13392)要求安装、悬挂标志,确保包装容器没有损坏或者泄漏,罐式车辆罐体、可移动罐柜、罐箱的关闭装置处于关闭状态。

爆炸品和剧毒化学品交付运输时,装货人还应当确保车辆安装、粘贴符合《道路运输爆炸品和剧毒化学品车辆安全技术条件》(GB 20300)要求的安全标示牌。

第三十一条 装货人应当建立危险货物装货记录制度,记录所充装或者装载的危险货物类别、品名、数量、运单编号和托运人、承运人、运输车辆及驾驶人等相关信息并妥善保存,保存期限不得少于12个月。

第三十二条 充装或者装载危险化学品的生产、储存、运输、使用和经营企业,应当按照本办法要求建立健全并严格执行充装或者装载查验、记录制度。

第三十三条 收货人应当及时收货,并按照安全操作规程进行卸货作业。

第三十四条 禁止危险货物运输车辆在卸货后直接实施排空作业等活动。

第六章 危险货物运输车辆与罐式车辆罐体、可移动罐柜、罐箱

第三十五条 工业和信息化主管部门应当通过《道路机动车辆生产企业及产品公告》公布产品型号,并按照《危险货物运输车辆结构要求》(GB 21668)公布危险货物运输车辆类型。

第三十六条 危险货物运输车辆生产企业应当按照工业和信息化主管部门公布的产品型号进行生产。危险货物运输车辆应当获得国家强制性产品认证证书。

第三十七条 危险货物运输车辆生产企业应当按照《危险货物运输车辆结构要求》(GB 21668)标注危险货物运输车辆的类型。

第三十八条 液体危险化学品常压罐式车辆罐体生产企业应当取得工业产品生产许可证,生产的罐体应当符合《道路运输液体危险货物罐式车辆》(GB 18564)要求。

检验机构应当严格按照国家标准、行业标准及国家统一发布的检验业务规则,开展液体危险化学品常压罐式车辆罐体检验,对检验合格的罐体出具检验合格证书。检验合格证书包括罐体载质量、罐体容积、罐体编号、适装介质列表和下次检验日期等内容。

检验机构名录及检验业务规则由国务院市场监督管理部门、国务院交通运输主管部门共同公布。

第三十九条 常压罐式车辆罐体生产企业应当按照要求为罐体分配并标注唯一性编码。

第四十条 罐式车辆罐体应当在检验有效期内装载危险货物。

检验有效期届满后，罐式车辆罐体应当经具有专业资质的检验机构重新检验合格，方可投入使用。

第四十一条 装载危险货物的常压罐式车辆罐体的重大维修、改造，应当委托具备罐体生产资质的企业实施，并通过具有专业资质的检验机构维修、改造检验，取得检验合格证书，方可重新投入使用。

第四十二条 运输危险货物的可移动罐柜、罐箱应当经具有专业资质的检验机构检验合格，取得检验合格证书，并取得相应的安全合格标志，按照规定用途使用。

第四十三条 危险货物包装容器属于移动式压力容器或者气瓶的，还应当满足特种设备相关法律法规、安全技术规范以及国际条约的要求。

第七章 危险货物运输车辆运行管理

第四十四条 在危险货物道路运输过程中，除驾驶人外，还应当在专用车辆上配备必要的押运人员，确保危险货物处于押运人员监管之下。

运输车辆应当安装、悬挂符合《道路运输危险货物车辆标志》(GB 13392)要求的警示标志，随车携带防护用品、应急救援器材和危险货物道路运输安全卡，严格遵守道路交通安全法律法规规定，保障道路运输安全。

运输爆炸品和剧毒化学品车辆还应当安装、粘贴符合《道路运输爆炸品和剧毒化学品车辆安全技术条件》(GB 20300)要求的安全标示牌。

运输剧毒化学品、民用爆炸物品、烟花爆竹、放射性物品或者危险废物时，还应当随车携带本办法第十五条规定的单证报告。

第四十五条 危险货物承运人应当按照《中华人民共和国反恐怖主义法》和《道路运输车辆动态监督管理办法》要求，在车辆运行期间通过定位系统对车辆和驾驶人进行监控管理。

第四十六条 危险货物运输车辆在高速公路上行驶速度不得超过每小时 80 公里，在其他道路上行驶速度不得超过每小时 60 公里。道路限速标志、标线标明的速度低于上述规定速度的，车辆行驶速度不得高于限速标志、标线标明的速度。

第四十七条 驾驶人应当确保罐式车辆罐体、可移动罐柜、罐箱的关闭装置在运输过程中处于关闭状态。

第四十八条 运输民用爆炸物品、烟花爆竹和剧毒、放射性等危险物品时，应当按照公安机关批准的路线、时间行驶。

第四十九条 有下列情形之一的，公安机关可以依法采取措施，限制危险货物运输车辆通行：

（一）城市（含县城）重点地区、重点单位、人流密集场所、居民生活区；

（二）饮用水水源保护区、重点景区、自然保护区；

（三）特大桥梁、特长隧道、隧道群、桥隧相连路段及水下公路隧道；

（四）坡长坡陡、临水临崖等通行条件差的山区公路；

（五）法律、行政法规规定的其他可以限制通行的情形。

除法律、行政法规另有规定外，公安机关综合考虑相关因素，确需对通过高速公路运输危险化学品依法采取限制通行措施的，限制通行时段应当在 0 时至 6 时之间确定。

公安机关采取限制危险货物运输车辆通行措施的，应当提前向社会公布，并会同交通运输主管部门确定合理的绕行路线，设置明显的绕行提示标志。

第五十条 遇恶劣天气、重大活动、重要节假日、交通事故、突发事件等，公安机关可以临时限制危险货物运输车辆通行，并做好告知提示。

第五十一条 危险货物运输车辆需在高速公路服务区停车的，驾驶人、押运人员应当按照有关规定采取相应的安全防范措施。

第八章 监督检查

第五十二条 对危险货物道路运输负有安全监督管理职责的部门，应当依照下列规定加强监督检查：

（一）交通运输主管部门负责核发危险货物道路运输经营许可证，定期对危险货物道路运输企业动态监控工作的情况进行考核，依法对危险货物道路运输企业进行监督检查，负责对运输环节充装查验、核准、记录等进行监管。

（二）工业和信息化主管部门应当依法对《道路机动车辆生产企业及产品公告》内的危险货物运输车辆生产企业进行监督检查，依法查处违法违规生产企业及产品。

（三）公安机关负责核发剧毒化学品道路运输通行证、民用爆炸物品运输许可证、烟花爆竹道路运输许可证和放射性物品运输许可证明或者文件，并负责危险货物运输车辆的通行秩序管理。

（四）生态环境主管部门应当依法对放射性物品运输容器的设计、制造和使用等进行监督检查，负责监督核设施营运单位、核技术利用单位建立健全并执行托运及充装管理制度规程。

（五）应急管理部门和其他负有安全生产监督管理职责的部门依法负责危险化学品生产、储存、使用和经营环节的监管，按照职责分工督促企业建立健全充装管理制度规程。

（六）市场监督管理部门负责依法查处危险化学品及常压罐式车辆罐体质量违法行为和常压罐式车辆罐体检验机构出具虚假检验合格证书的行为。

第五十三条 对危险货物道路运输负有安全监督管理职责的部门，应当建立联合执法协作机制。

第五十四条 对危险货物道路运输负有安全监督管理职责的部门发现危险货物托运、承运或者装载过程中存在重大隐患，有可能发生安全事故的，应当要求其停止作业并消除隐患。

第五十五条 对危险货物道路运输负有安全监督管理职责的部门监督检查时，发现需由其他负有安全监督管理职责的部门处理的违法行为，应当及时移交。

其他负有安全监督管理职责的部门应当接收，依法处理，并将处理结果反馈移交部门。

第九章 法律责任

第五十六条 交通运输主管部门对危险货物承运人违反本办法第七条，未对从业人员进行安全教育和培训的，应当责令限期改正，可以处5万元以下的罚款；逾期未改正的，责令停产停业整顿，并处5万元以上10万元以下的罚款，对其直接负责的主管人员和其他直接责任人员处1万元以上2万元以下的罚款。

第五十七条 交通运输主管部门对危险化学品托运人有下列情形之一的，应当责令改正，处10万元以上20万元以下的罚款，有违法所得的，没收违法所得；拒不改正的，责令停产停业整顿：

（一）违反本办法第九条，委托未依法取得危险货物道路运输资质的企业承运危险化学品的；

（二）违反本办法第十一条，在托运的普通货物中违规夹带危险化学品，或者将危险化学品匿报或者谎报为普通货物托运的。

有前款第（二）项情形，构成违反治安管理行为的，由公安机关依法给予治安管理处罚。

第五十八条 交通运输主管部门对危险货物托运人违反本办法第十条，危险货物的类别、项别、品名、编号不符合相关标准要求的，应当责令改正，属于非经营性的，处1000元以下的罚款；属于经营性的，处1万元以上3万元以下的罚款。

第五十九条 交通运输主管部门对危险化学品托运人有下列情形之一的，应当责令改正，处5万元以上10万元以下的罚款；拒不改正的，责令停产停业整顿：

（一）违反本办法第十条，运输危险化学品需要添加抑制剂或者稳定剂，托运人未添加或者未将有关情况告知承运人的；

（二）违反本办法第十二条，未按照要求对所托运的危险化学品妥善包装并在外包装设置相应标志的。

第六十条 交通运输主管部门对危险货物承运人有下列情形之一的，应当责令改正，处2000元以上5000元以下的罚款：

（一）违反本办法第二十三条，未在罐式车辆罐体的适装介质列表范围内或者移动式压力容器使用登记证上限定的介质承运危险货物的；

（二）违反本办法第二十四条，未按照规定制作危险货物运单或者保存期限不符合要求的；

（三）违反本办法第二十五条，未按照要求对运输车辆、罐式车辆罐体、可移动罐柜、罐箱及设备进行检查和记录的。

第六十一条 交通运输主管部门对危险货物道路运输车辆驾驶人具有下列情形之一的，应当责令改正，处1000元以上3000元以下的罚款：

（一）违反本办法第二十四条、第四十四条，未按照规定随车携带危险货物运单、安全卡的；

（二）违反本办法第四十七条，罐式车辆罐体、可移动罐柜、罐箱的关闭装置在运输过程中未处于关闭状态的。

第六十二条 交通运输主管部门对危险货物承运人违反本办法第四十条、第四十一条、第四十二条，使用未经检验合格或者超出检验有效期的罐式车辆罐体、可移动罐柜、罐箱从事危险货物运输的，应当责令限期改正，可以处5万元以下的罚款；逾期未改正的，处5万元以上20万元以下的罚款，对其直接负责的主管人员和其他直接责任人员处1万元以上2万元以下的罚款；情节严重的，责令停产停业整顿。

第六十三条 交通运输主管部门对危险货物承运人违反本办法第四十五条，未按照要求对运营中的危险化学品、民用爆炸物品、核与放射性物品的运输车辆通过定位系统实行监控的，应当给予警告，并责令改正；拒不改正的，处10万元以下的罚款，并对其直接负责的主管人员和其他直接责任人员处1万元以下的罚款。

第六十四条 工业和信息化主管部门对作为装货人

的民用爆炸物品生产、销售企业违反本办法第七条、第二十八条、第三十一条，未建立健全并严格执行充装或者装载查验、记录制度的，应当责令改正，处1万元以上3万元以下的罚款。

生态环境主管部门对核设施营运单位、核技术利用单位违反本办法第七条、第二十八条、第三十一条，未建立健全并严格执行充装或者装载查验、记录制度的，应当责令改正，处1万元以上3万元以下的罚款。

第六十五条 交通运输主管部门、应急管理部门和其他负有安全监督管理职责的部门对危险化学品生产、储存、运输、使用和经营企业违反本办法第三十二条，未建立健全并严格执行充装或者装载查验、记录制度的，应当按照职责分工责令改正，处1万元以上3万元以下的罚款。

第六十六条 对装货人违反本办法第四十三条，未按照规定实施移动式压力容器、气瓶充装查验、记录制度，或者对不符合安全技术规范要求的移动式压力容器、气瓶进行充装的，依照特种设备相关法律法规进行处罚。

第六十七条 公安机关对有关企业、单位或者个人违反本办法第十五条，未经许可擅自通过道路运输危险货物的，应当责令停止非法运输活动，并予以处罚：

（一）擅自运输剧毒化学品的，处5万元以上10万元以下的罚款；

（二）擅自运输民用爆炸物品的，处5万元以上20万元以下的罚款，并没收非法运输的民用爆炸物品及违法所得；

（三）擅自运输烟花爆竹的，处1万元以上5万元以下的罚款，并没收非法运输的物品及违法所得；

（四）擅自运输放射性物品的，处2万元以上10万元以下的罚款。

第六十八条 公安机关对危险货物承运人有下列行为之一的，应当责令改正，处5万元以上10万元以下的罚款；构成违反治安管理行为的，依法给予治安管理处罚：

（一）违反本办法第二十三条，使用安全技术条件不符合国家标准要求的车辆运输危险化学品的；

（二）违反本办法第二十三条，超过车辆核定载质量运输危险化学品的。

第六十九条 公安机关对危险货物承运人违反本办法第四十四条，通过道路运输危险化学品不配备押运人员的，应当责令改正，处1万元以上5万元以下的罚款；构成违反治安管理行为的，依法给予治安管理处罚。

第七十条 公安机关对危险货物运输车辆违反本办法第四十四条，未按照要求安装、悬挂警示标志的，应当责令改正，并对承运人予以处罚：

（一）运输危险化学品的，处1万元以上5万元以下的罚款；

（二）运输民用爆炸物品的，处5万元以上20万元以下的罚款；

（三）运输烟花爆竹的，处200元以上2000元以下的罚款；

（四）运输放射性物品的，处2万元以上10万元以下的罚款。

第七十一条 公安机关对危险货物承运人违反本办法第四十四条，运输剧毒化学品、民用爆炸物品、烟花爆竹或者放射性物品未随车携带相应单证报告的，应当责令改正，并予以处罚：

（一）运输剧毒化学品未随车携带剧毒化学品道路运输通行证的，处500元以上1000元以下的罚款；

（二）运输民用爆炸物品未随车携带民用爆炸物品运输许可证的，处5万元以上20万元以下的罚款；

（三）运输烟花爆竹未随车携带烟花爆竹道路运输许可证的，处200元以上2000元以下的罚款；

（四）运输放射性物品未随车携带放射性物品道路运输许可证明或者文件的，有违法所得的，处违法所得3倍以下且不超过3万元的罚款；没有违法所得的，处1万元以下的罚款。

第七十二条 公安机关对危险货物运输车辆违反本办法第四十八条，未依照批准路线等行驶的，应当责令改正，并对承运人予以处罚：

（一）运输剧毒化学品的，处1000元以上1万元以下的罚款；

（二）运输民用爆炸物品的，处5万元以上20万元以下的罚款；

（三）运输烟花爆竹的，处200元以上2000元以下的罚款；

（四）运输放射性物品的，处2万元以上10万元以下的罚款。

第七十三条 危险化学品常压罐式车辆罐体检验机构违反本办法第三十八条，为不符合相关法规和标准要求的危险化学品常压罐式车辆罐体出具检验合格证书的，按照有关法律法规的规定进行处罚。

第七十四条 交通运输、工业和信息化、公安、生态环境、应急管理、市场监督管理等部门应当相互通报有关处罚情况,并将涉企行政处罚信息及时归集至国家企业信用信息公示系统,依法向社会公示。

第七十五条　对危险货物道路运输负有安全监督管理职责的部门工作人员在危险货物道路运输监管工作中滥用职权、玩忽职守、徇私舞弊的,依法进行处理;构成犯罪的,依法追究刑事责任。

第十章　附　则

第七十六条　军用车辆运输危险货物的安全管理,不适用本办法。

第七十七条　未列入《危险货物道路运输规则》(JT/T 617)的危险化学品、《国家危险废物名录》中明确的在转移和运输环节实行豁免管理的危险废物、诊断用放射性药品的道路运输安全管理,不适用本办法,由国务院交通运输、生态环境等主管部门分别依据各自职责另行规定。

第七十八条　本办法下列用语的含义是:

(一)危险货物,是指列入《危险货物道路运输规则》(JT/T 617),具有爆炸、易燃、毒害、感染、腐蚀、放射性等危险特性的物质或者物品。

(二)例外数量危险货物,是指列入《危险货物道路运输规则》(JT/T 617),通过包装、包件测试、单证等特别要求,消除或者降低其运输危险性并免除相关运输条件的危险货物。

(三)有限数量危险货物,是指列入《危险货物道路运输规则》(JT/T 617),通过数量限制、包装、标记等特别要求,消除或者降低其运输危险性并免除相关运输条件的危险货物。

(四)装货人,是指受托运人委托将危险货物装进危险货物车辆、罐式车辆罐体、可移动罐柜、集装箱、散装容器,或者将装有危险货物的包装容器装载到车辆上的企业或者单位。

第七十九条　本办法自2020年1月1日起施行。

高速公路交通应急管理程序规定

· 2008年12月3日

· 公通字〔2008〕54号

第一章　总　则

第一条　为加强高速公路交通应急管理,切实保障高速公路交通安全畅通和人民生命财产安全,有效处置交通拥堵,根据《中华人民共和国道路交通安全法》及其实施条例、《中华人民共和国突发事件应对法》的有关规定,制定本规定。

第二条　因道路交通事故、危险化学品泄漏、恶劣天气、自然灾害以及其他突然发生影响安全畅通的事件,造成高速公路交通中断和车辆滞留,各级公安机关按照本规定进行应急处置。

第三条　高速公路交通应急管理工作应当坚持以人为本、统一领导、分工负责、协调联动、快速反应、依法实施的原则,将应急救援和交通疏导工作作为首要任务,确保人民群众生命财产安全和交通安全畅通。

第四条　各级公安机关要完善高速公路交通应急管理领导机构,建立统一指挥、分级负责、部门联动、协调有序、反应灵敏、运转高效的高速公路交通应急管理机制。

第五条　各级公安机关应当建立高速公路分级应急响应机制。公安部指导各级公安机关开展高速公路交通应急管理工作,省级公安机关指导或指挥本省(自治区、直辖市)公安机关开展高速公路交通应急管理工作,地市级以下公安机关根据职责负责辖区内高速公路交通应急管理工作。

第六条　各级公安机关应当结合实际,在本级人民政府统一领导下,会同环境保护、交通运输、卫生、安全监管、气象等部门和高速公路经营管理、医疗急救、抢险救援等单位,联合建立高速公路交通应急管理预警机制和协作机制。

第七条　省级公安机关应当建立完善相邻省(自治区、直辖市)高速公路交通应急管理协调工作机制,配合相邻省(自治区、直辖市)做好跨省际高速公路交通应急管理工作。

第八条　各级公安机关交通管理部门根据管理体制和管理职责,具体负责本辖区内高速公路交通应急管理工作。

第二章　应急准备

第九条　根据道路交通中断造成车辆滞留的影响范围和严重程度,高速公路应急响应从高到低分为一级、二级、三级和四级应急响应级别。各级公安机关应当完善高速公路交通管理应急预案体系,根据职权制定相应级别的应急预案,在应急预案中分别对交通事故、危险化学品泄漏、恶劣天气、自然灾害等不同突发情况做出具体规定。

第十条　各级公安机关应当根据高速公路交通应急管理实际需要,为高速公路公安交通管理部门配备应急处置的有关装备和设施,完善通讯、交通、救援、信息发布等装备器材及民警个人防护装备。

第十一条 公安部制定一级响应应急预案,每两年组织一次演练和培训。省级公安机关制定二级和三级响应应急预案,每年组织一次演练和培训。地市级公安机关制定四级响应应急预案,每半年组织一次演练和培训。

第十二条 跨省(自治区、直辖市)实施交通应急管理的应急预案应由省级公安机关制定,通报相关省级公安机关,并报公安部备案。

跨地市实施交通应急管理的应急预案应由地市级公安机关制定,通报相关地市级公安机关,并报省级公安机关备案。

第三章 应急响应

第十三条 道路交通中断24小时以上,造成车辆滞留严重影响相邻三个以上省(自治区、直辖市)高速公路通行的为一级响应;道路交通中断24小时以上,造成车辆滞留涉及相邻两个以上省(自治区、直辖市)高速公路通行的为二级响应;道路交通中断24小时以上,造成车辆滞留影响省(自治区、直辖市)内相邻三个以上地市辖区高速公路通行的为三级响应;道路交通中断12小时以上,造成车辆滞留影响两个以上地市辖区内高速公路通行的为四级响应。

第十四条 各级公安机关接到应急事件报警后,应当详细了解事件情况,对事件的处置时间和可能造成的影响及时作出研判。在确认高速公路交通应急管理响应级别后,应当立即启动相应级别的应急预案并明确向下一级公安机关宣布进入应急状态。各级公安机关在宣布或者接上级公安机关命令进入应急状态后,应当立即部署本级相关部门或相关下级公安机关执行。

第十五条 一级响应时,公安部启动一级响应应急预案,宣布进入一级应急状态,成立高速公路交通应急管理指挥部,指导、协调所涉及地区公安机关开展交通应急管理工作,必要时派员赴现场指导工作,相关省级公安机关成立相应领导机构,指导或指挥省(自治区、直辖市)内各级公安机关开展各项交通应急管理工作。

第十六条 二级响应时,由发生地省级公安机关联合被影响地省级公安机关启动二级响应应急预案,宣布进入二级应急状态,以发生地省级公安机关为主成立高速公路交通应急管理指挥部,协调被影响地省级公安机关开展交通应急管理工作。必要时由公安部协调开展工作。

第十七条 三级响应时,省级公安机关启动三级响应应急预案,宣布进入三级应急状态,成立高速公路交通应急管理指挥部,指挥本省(自治区、直辖市)内各级公安机关开展交通应急管理工作。

第十八条 四级响应时,由发生地地市级公安机关联合被影响地公安机关启动四级响应应急预案,宣布进入四级应急状态,以发生地地市级公安机关为主成立高速公路交通应急管理指挥部,指挥本地公安机关,协调被影响地公安机关开展交通应急管理工作。

第十九条 发生地和被影响地难以区分时,上级公安机关可以指令下级公安机关牵头成立临时领导机构,指挥、协调高速公路交通应急管理工作。

第二十条 各级公安机关要根据事态的发展和现场处置情况及时调整响应级别。响应级别需要提高的,应当在初步确定后30分钟内,宣布提高响应级别或报请上级公安机关提高响应级别,启动相应级别的应急预案。

第四章 应急处置

第二十一条 一级响应,需要采取封闭高速公路交通管理措施的,由公安部作出决定;二级以下响应,需要采取封闭高速公路交通管理措施的,应当由省级公安机关作出决定,封闭高速公路24小时以上的应报公安部备案;情况特别紧急,如不采取封闭高速公路交通管理措施,可能造成群死群伤重特大交通事故等情形的,可先行封闭高速公路,再按规定逐级上报批准或备案。

第二十二条 高速公路实施交通应急管理时,非紧急情况不得关闭省际入口,一级、二级响应时,本省(自治区、直辖市)范围内不能疏导交通,确需关闭高速公路省际入口的,按以下要求进行:

(一)采取关闭高速公路省际入口措施,应当事先征求相邻省级公安机关意见;

(二)一级响应时,需要关闭高速公路省际入口的,应当报公安部批准后实施;

(三)二级响应时,关闭高速公路省际入口可能在24小时以上的,由省级公安机关批准后实施,同时应当向公安部上报道路基本情况、处置措施、关闭高速公路省际入口后采取的应对措施以及征求相邻省级公安机关意见情况;24小时以内的,由省级公安机关批准后实施;

(四)具体实施关闭高速公路省际入口措施的公安机关,应当每小时向相邻省(自治区、直辖市)协助实施交通管理的公安机关通报一次处置突发事件工作进展情况;

(五)应急处置完毕,应当立即解除高速公路省际入口关闭措施,并通知相邻省级公安机关协助疏导交通,关闭高速公路省际入口24小时以上的,还应当同时上报公安部。

第二十三条 高速公路实施交通应急管理一级、二级响应时，实施远端分流，需组织车辆绕道相邻省（自治区、直辖市）公路通行的，按以下要求进行：

（一）跨省（自治区、直辖市）组织实施车辆绕道通行的，应当报省级公安机关同意，并与相邻省级公安机关就通行线路、通行组织等有关情况协商一致后报公安部批准；

（二）组织车辆绕道通行应当采取现场指挥、引导通行等措施确保安全；

（三）按照有关规定发布车辆绕道通行和路况等信息。

第五章 现场处置措施

第二十四条 重特大交通事故交通应急管理现场处置措施：

（一）启动高速公路交通应急管理协作机制，立即联系医疗急救机构，组织抢救受伤人员，上报事故现场基本情况，保护事故现场，维护现场秩序；

（二）划定警戒区，并在警戒区外按照"远疏近密"的要求，从距来车方向五百米以外开始设置警告标志。白天要指定交通警察负责警戒并指挥过往车辆减速、变更车道。夜间或者雨、雪、雾等天气情况造成能见度低于五百米时，需从距来车方向一千米以外开始设置警告标志，并停放警车，打开警灯或电子显示屏示警；

（三）控制交通肇事人，疏散无关人员，视情采取临时性交通管制措施及其他控制措施，防止引发次生交通事故；

（四）在医疗急救机构人员到达现场之前，组织抢救受伤人员，对因抢救伤员需要移动车辆、物品的，应当先标明原始位置；

（五）确保应急车道畅通，引导医疗、施救等车辆、人员顺利出入事故现场，做好辅助性工作；救护车辆不足时，启用警车或征用过往车辆协助运送伤员到医疗急救机构。

第二十五条 危险化学品运输车辆交通事故交通应急管理现场处置措施：

（一）启动高速公路交通应急管理协作机制，及时向驾驶人、押运人员及其他有关人员了解运载的物品种类及可能导致的后果，迅速上报危险化学品种类、危害程度、是否泄漏、死伤人员及周边河流、村庄受害等情况；

（二）划定警戒区域，设置警戒线，清理、疏散无关车辆、人员，安排事故未受伤人员至现场上风口地带；在医疗急救机构人员到达现场之前，组织抢救受伤人员。控制、保护肇事者和当事人，防止逃逸和其他意外的发生；

（三）确保应急车道畅通，引导医疗、救援等车辆、人员顺利出入事故现场，做好辅助性工作；救护车辆不足时，启用警车或征用过往车辆协助运送伤员到医疗急救机构；

（四）严禁在事故现场吸烟、拨打手机或使用明火等可能引起燃烧、爆炸等严重后果的行为。经环境保护、安全监管等部门及公安消防机构监测可能发生重大险情的，要立即将现场警力和人员撤至安全区域；

（五）解救因车辆撞击、侧翻、失火、落水、坠落而被困的人员，排除可能存在的隐患和险情，防止发生次生交通事故。

第二十六条 恶劣天气交通应急管理现场处置措施：

（一）迅速上报路况信息，包括雾、雨、雪、冰等恶劣天气的区域范围及变化趋势、能见度、车流量等情况；

（二）根据路况和上级要求，采取分段通行、间断放行、绕道通行、引导通行等措施；

（三）加强巡逻，及时发现和处置交通事故现场，严防发生次生交通事故；

（四）采取封闭高速公路交通管理措施时，要通过设置绕行提示标志、电子显示屏或可变情报板、交通广播等方式发布提示信息，按照交通应急管理预案进行分流。

第二十七条 自然灾害交通应急管理现场处置措施：

（一）接到报警后，民警迅速赶往现场，了解现场具体情况；

（二）因自然灾害导致路面堵塞，及时采取封闭道路措施，对受影响路段入口实施交通管制；

（三）通过设置绕行提示标志、电子显示屏或可变情报板、交通广播等方式发布提示信息，按照交通分流预案进行分流；

（四）封闭道路分流后须立即采取带离的方式清理道路上的滞留车辆；

（五）根据现场情况调度施救力量，及时清理现场，确保尽早恢复交通。

第二十八条 公安机关接报应急情况后，应当采取以下措施：

（一）了解道路交通中断和车辆滞留的影响范围和严重程度，根据高速公路交通应急管理响应级别，启动相应的应急预案，启动高速公路交通应急管理协作机制；

（二）按照本规定要求及时上报有关信息；

（三）会同相关职能部门，组织实施交通管理措施，

及时采取分段通行、间断放行、绕道通行、引导通行等措施疏导滞留车辆;

(四)依法及时发布交通预警、分流和诱导等交通管理信息。

第二十九条 公安机关接到危险化学品泄漏交通事故报警后,应当立即报告当地人民政府,通知有关部门到现场协助处理。

第三十条 各级公安机关应当在高速公路交通管理应急预案中详细规定交通警察现场处置操作规程。

第三十一条 交通警察在实施交通应急管理现场处置操作规程时,应当严格执行安全防护规定,注意自身安全。

第六章 信息报告与发布

第三十二条 需采取的应急措施超出公安机关职权范围的,事发地公安机关应当向当地人民政府报告,请求协调解决,同时向上级公安机关报告。

第三十三条 高速公路实施交通应急管理可能影响相邻省(自治区、直辖市)道路交通的,在及时处置的同时,要立即向相邻省(自治区、直辖市)的同级公安机关通报。

第三十四条 受邻省高速公路实施交通应急管理影响,造成本省(自治区、直辖市)道路交通中断和车辆滞留的,应当立即向邻省同级公安机关通报,同时向上级公安机关和当地人民政府报告。

第三十五条 信息上报的内容应当包括事件发生时间、地点、原因、目前道路交通状况、事件造成损失及危害、判定的响应级别、已经采取的措施、工作建议以及预计恢复交通的时间等情况,完整填写《高速公路交通应急管理信息上报表》。

第三十六条 信息上报可通过电话、传真、公安信息网传输等方式,紧急情况下,应当立即通过电话上报,遇有暂时无法查清的情况,待查清后续报。

第三十七条 高速公路实施交通应急管理需启动一级响应的,应当在初步确定启动一级响应1小时内将基本信息逐级上报至公安部;需启动二级响应的,应当在初步确定启动二级响应30分钟内将基本信息逐级上报至省级公安机关;需启动三级和四级响应的,应当及时将基本信息逐级上报至省级公安机关。公安部指令要求查报的,可由当地公安机关在规定时间内直接报告。

第三十八条 各级公安机关应当按照有关规定在第一时间向社会发布高速公路交通应急管理简要信息,随后发布初步核实情况、政府应对措施和公众防范措施等,并根据事件处置情况做好后续发布工作。对外发布的有关信息应当及时、准确、客观、全面。

第三十九条 本省(自治区、直辖市)或相邻省(自治区、直辖市)高速公路实施交通应急管理,需采取交通管制措施影响本省(自治区、直辖市)道路交通,应当采取现场接受采访、举行新闻发布会等形式通过本省(自治区、直辖市)电视、广播、报纸、网络等媒体及时公布信息。同时,协调高速公路经营管理单位在高速公路沿线电子显示屏滚动播放交通管制措施。

第四十条 应急处置完毕,应当迅速取消交通应急管理等措施,尽快恢复交通,待道路交通畅通后撤离现场,并及时向社会发布取消交通应急管理措施和恢复交通的信息。

第七章 评估总结

第四十一条 各级公安机关要对制定的应急预案定期组织评估,并根据演练和启动预案的情况,适时调整应急预案内容。公安部每两年组织对一级响应应急预案进行一次评估,省级公安机关每年组织对二级和三级响应应急预案进行一次评估,地市级公安机关每半年对四级响应应急预案进行一次评估。

第四十二条 应急处置结束后,应急处置工作所涉及的公安机关应当对应急响应工作进行总结,并对应急预案进行修订完善。

第八章 附 则

第四十三条 违反本规定中关于关闭高速公路省际入口、组织车辆绕行分流和信息报告、发布等要求,影响应急事件处置的,给予有关人员相应纪律处分;造成严重后果的,依法追究有关人员法律责任。

第四十四条 本规定中所称"以上"、"以下"、"以内"、"以外"包含本数。

第四十五条 高速公路以外的其他道路交通应急管理参照本规定执行。

第四十六条 本规定自印发之日起实施。

附件:高速公路交通应急管理信息上报表(略)

交通运输突发事件应急管理规定

· 2011年11月14日交通运输部令第9号公布
· 自2012年1月1日起施行

第一章 总 则

第一条 为规范交通运输突发事件应对活动,控制、减轻和消除突发事件引起的危害,根据《中华人民共和国突发事件应对法》和有关法律、行政法规，制定本规定。

第二条 交通运输突发事件的应急准备、监测与预警、应急处置、终止与善后等活动，适用本规定。

本规定所称交通运输突发事件，是指突然发生，造成或者可能造成交通运输设施毁损，交通运输中断、阻塞，重大船舶污染及海上溢油应急处置等，需要采取应急处置措施，疏散或者救援人员，提供应急运输保障的自然灾害、事故灾难、公共卫生事件和社会安全事件。

第三条 国务院交通运输主管部门主管全国交通运输突发事件应急管理工作。

县级以上各级交通运输主管部门按照职责分工负责本辖区内交通运输突发事件应急管理工作。

第四条 交通运输突发事件应对活动应当遵循属地管理原则，在各级地方人民政府的统一领导下，建立分级负责、分类管理、协调联动的交通运输应急管理体制。

第五条 县级以上各级交通运输主管部门应当会同有关部门建立应急联动协作机制，共同加强交通运输突发事件应急管理工作。

第二章 应急准备

第六条 国务院交通运输主管部门负责编制并发布国家交通运输应急保障体系建设规划，统筹规划、建设国家级交通运输突发事件应急队伍、应急装备和应急物资保障基地，储备应急运力，相关内容纳入国家应急保障体系规划。

各省、自治区、直辖市交通运输主管部门负责编制并发布地方交通运输应急保障体系建设规划，统筹规划、建设本辖区应急队伍、应急装备和应急物资保障基地，储备应急运力，相关内容纳入地方应急保障体系规划。

第七条 国务院交通运输主管部门应当根据国家突发事件总体应急预案和相关专项应急预案，制定交通运输突发事件部门应急预案。

县级以上各级交通运输主管部门应当根据本级地方人民政府和上级交通运输主管部门制定的相关突发事件应急预案，制定本部门交通运输突发事件应急预案。

交通运输企业应当按照所在地交通运输主管部门制定的交通运输突发事件应急预案，制定本单位交通运输突发事件应急预案。

第八条 应急预案应当根据有关法律、法规的规定，针对交通运输突发事件的性质、特点、社会危害程度以及可能需要提供的交通运输应急保障措施，明确应急管理的组织指挥体系与职责、监测与预警、处置程序、应急保障措施、恢复与重建、培训与演练等具体内容。

第九条 应急预案的制定、修订程序应当符合国家相关规定。应急预案涉及其他相关部门职能的，在制定过程中应当征求各相关部门的意见。

第十条 交通运输主管部门制定的应急预案应当与本级人民政府及上级交通运输主管部门制定的相关应急预案衔接一致。

第十一条 交通运输主管部门制定的应急预案应当报上级交通运输主管部门和本级人民政府备案。

公共交通工具、重点港口和场站的经营单位以及储运易燃易爆物品、危险化学品、放射性物品等危险物品的交通运输企业所制定的应急预案，应当向所属地交通运输主管部门备案。

第十二条 应急预案应当根据实际需要、情势变化和演练验证，适时修订。

第十三条 交通运输主管部门、交通运输企业应当按照有关规划和应急预案的要求，根据应急工作的实际需要，建立健全应急装备和应急物资储备、维护、管理和调拨制度，储备必需的应急物资和运力，配备必要的专用应急指挥交通工具和应急通信装备，并确保应急物资装备处于正常使用状态。

第十四条 交通运输主管部门可以根据交通运输突发事件应急处置的实际需要，统筹规划、建设交通运输专业应急队伍。

交通运输企业应当根据实际需要，建立由本单位职工组成的专职或者兼职应急队伍。

第十五条 交通运输主管部门应当加强应急队伍应急能力和人员素质建设，加强专业应急队伍与非专业应急队伍的合作、联合培训及演练，提高协同应急能力。

交通运输主管部门可以根据应急处置的需要，与其他应急力量提供单位建立必要的应急合作关系。

第十六条 交通运输主管部门应当将本辖区内应急装备、应急物资、运力储备和应急队伍的实时情况及时报上级交通运输主管部门和本级人民政府备案。

交通运输企业应当将本单位应急装备、应急物资、运力储备和应急队伍的实时情况及时报所在地交通运输主管部门备案。

第十七条 所有列入应急队伍的交通运输应急人员，其所属单位应当为其购买人身意外伤害保险，配备必要的防护装备和器材，减少应急人员的人身风险。

第十八条 交通运输主管部门可以根据应急处置实际需要鼓励志愿者参与交通运输突发事件应对活动。

第十九条 交通运输主管部门可以建立专家咨询制

度，聘请专家或者专业机构，为交通运输突发事件应对活动提供相关意见和支持。

第二十条　交通运输主管部门应当建立健全交通运输突发事件应急培训制度，并结合交通运输的实际情况和需要，组织开展交通运输应急知识的宣传普及活动。

交通运输企业应当按照交通运输主管部门制定的应急预案的有关要求，制订年度应急培训计划，组织开展应急培训工作。

第二十一条　交通运输主管部门、交通运输企业应当根据本地区、本单位交通运输突发事件的类型和特点，制订应急演练计划，定期组织开展交通运输突发事件应急演练。

第二十二条　交通运输主管部门应当鼓励、扶持研究开发用于交通运输突发事件预防、监测、预警、应急处置和救援的新技术、新设备和新工具。

第二十三条　交通运输主管部门应当根据本级人民政府财政预算情况，编列应急资金年度预算，设立突发事件应急工作专项资金。

交通运输企业应当安排应急专项经费，保障交通运输突发事件应急工作的需要。

应急专项资金和经费主要用于应急预案编制及修订、应急培训演练、应急装备和队伍建设、日常应急管理、应急宣传以及应急处置措施等。

第三章　监测与预警

第二十四条　交通运输主管部门应当建立并完善交通运输突发事件信息管理制度，及时收集、统计、分析、报告交通运输突发事件信息。

交通运输主管部门应当与各有关部门建立信息共享机制，及时获取与交通运输有关的突发事件信息。

第二十五条　交通运输主管部门应当建立交通运输突发事件风险评估机制，对影响或者可能影响交通运输的相关信息及时进行汇总分析，必要时同相关部门进行会商，评估突发事件发生的可能性及可能造成的损害，研究确定应对措施，制定应对方案。对可能发生重大或者特别重大突发事件的，应当立即向本级人民政府及上一级交通运输主管部门报告相关信息。

第二十六条　交通运输主管部门负责本辖区内交通运输突发事件危险源管理工作。对危险源、危险区域进行调查、登记、风险评估，组织检查、监控，并责令有关单位采取安全防范措施。

交通运输企业应当组织开展企业内交通运输突发事件危险源辨识、评估工作，采取相应安全防范措施，加强危险源监控与管理，并按规定及时向交通运输主管部门报告。

第二十七条　交通运输主管部门应当根据自然灾害、事故灾难、公共卫生事件和社会安全事件的种类和特点，建立健全交通运输突发事件基础信息数据库，配备必要的监测设备、设施和人员，对突发事件易发区域加强监测。

第二十八条　交通运输主管部门应当建立交通运输突发事件应急指挥通信系统。

第二十九条　交通运输主管部门、交通运输企业应当建立应急值班制度，根据交通运输突发事件的种类、特点和实际需要，配备必要值班设施和人员。

第三十条　县级以上地方人民政府宣布进入预警期后，交通运输主管部门应当根据预警级别和可能发生的交通运输突发事件的特点，采取下列措施：

（一）启动相应的交通运输突发事件应急预案；

（二）根据需要启动应急协作机制，加强与相关部门的协调沟通；

（三）按照所属地方人民政府和上级交通运输主管部门的要求，指导交通运输企业采取相关预防措施；

（四）加强对突发事件发生、发展情况的跟踪监测，加强值班和信息报告；

（五）按照地方人民政府的授权，发布相关信息，宣传避免、减轻危害的常识，提出采取特定措施避免或者减轻危害的建议、劝告；

（六）组织应急救援队伍和相关人员进入待命状态，调集应急处置所需的运力和装备，检测用于疏运转移的交通运输工具和应急通信设备，确保其处于良好状态；

（七）加强对交通运输枢纽、重点通航建筑物、重点场站、重点港口、码头、重点运输线路及航道的巡查维护；

（八）法律、法规或者所属地方人民政府提出的其他应急措施。

第三十一条　交通运输主管部门应当根据事态发展以及所属地方人民政府的决定，相应调整或者停止所采取的措施。

第四章　应急处置

第三十二条　交通运输突发事件的应急处置应当在各级人民政府的统一领导下进行。

第三十三条　交通运输突发事件发生后，发生地交通运输主管部门应当立即启动相应的应急预案，在本级人民政府的领导下，组织、部署交通运输突发事件的应急处置工作。

第三十四条　交通运输突发事件发生后，负责或者参与应急处置的交通运输主管部门应当根据有关规定和实际需要，采取以下措施：

（一）组织运力疏散、撤离受困人员，组织搜救突发事件中的遇险人员，组织应急物资运输；

（二）调集人员、物资、设备、工具，对受损的交通基础设施进行抢修、抢通或搭建临时性设施；

（三）对危险源和危险区域进行控制，设立警示标志；

（四）采取必要措施，防止次生、衍生灾害发生；

（五）必要时请求本级人民政府和上级交通运输主管部门协调有关部门，启动联合机制，开展联合应急行动；

（六）按照应急预案规定的程序报告突发事件信息以及应急处置的进展情况；

（七）建立新闻发言人制度，按照本级人民政府的委托或者授权及相关规定，统一、及时、准确的向社会和媒体发布应急处置信息；

（八）其他有利于控制、减轻和消除危害的必要措施。

第三十五条　交通运输突发事件超出本级交通运输主管部门处置能力或管辖范围的，交通运输主管部门可以采取以下措施：

（一）根据应急处置需要请求上级交通运输主管部门在资金、物资、设备设施、应急队伍等方面给予支持；

（二）请求上级交通运输主管部门协调突发事件发生地周边交通运输主管部门给予支持；

（三）请求上级交通运输主管部门派出现场工作组及有关专业技术人员给予指导；

（四）按照建立的应急协作机制，协调有关部门参与应急处置。

第三十六条　在需要组织开展大规模人员疏散、物资疏运的情况下，交通运输主管部门应当根据本级人民政府或者上级交通运输主管部门的指令，及时组织运力参与应急运输。

第三十七条　交通运输企业应当加强对本单位应急设备、设施、队伍的日常管理，保证应急处置工作及时、有效开展。

交通运输突发事件应急处置过程中，交通运输企业应当接受交通运输主管部门的组织、调度和指挥。

第三十八条　交通运输主管部门根据应急处置工作的需要，可以征用有关单位和个人的交通运输工具、相关设备和其他物资。有关单位和个人应当予以配合。

第五章　终止与善后

第三十九条　交通运输突发事件的威胁和危害得到控制或者消除后，负责应急处置的交通运输主管部门应当按照相关人民政府的决定停止执行应急处置措施，并按照有关要求采取必要措施，防止发生次生、衍生事件。

第四十条　交通运输突发事件应急处置结束后，负责应急处置工作的交通运输主管部门应当对应急处置工作进行评估，并向上级交通运输主管部门和本级人民政府报告。

第四十一条　交通运输突发事件应急处置结束后，交通运输主管部门应当根据国家有关扶持遭受突发事件影响行业和地区发展的政策规定以及本级人民政府的恢复重建规划，制定相应的交通运输恢复重建计划并组织实施，重建受损的交通基础设施，消除突发事件造成的破坏及影响。

第四十二条　因应急处置工作需要被征用的交通运输工具、装备和物资在使用完毕应当及时返还。交通运输工具、装备、物资被征用或者征用后毁损、灭失的，应当按照相关法律法规予以补偿。

第六章　监督检查

第四十三条　交通运输主管部门应当建立健全交通运输突发事件应急管理监督检查和考核机制。

监督检查应当包含以下内容：

（一）应急组织机构建立情况；

（二）应急预案制订及实施情况；

（三）应急物资储备情况；

（四）应急队伍建设情况；

（五）危险源监测情况；

（六）信息管理、报送、发布及宣传情况；

（七）应急培训及演练情况；

（八）应急专项资金和经费落实情况；

（九）突发事件应急处置评估情况。

第四十四条　交通运输主管部门应当加强对辖区内交通运输企业等单位应急工作的指导和监督。

第四十五条　违反本规定影响交通运输突发事件应对活动有效进行的，由其上级交通运输主管部门责令改正、通报批评；情节严重的，对直接负责的主管人员和其他直接责任人员按照有关规定给予相应处分；造成严重后果的，由有关部门依法给予处罚或追究相应责任。

第七章　附　则

第四十六条　海事管理机构及各级地方人民政府交

通运输主管部门对水上交通安全和防治船舶污染等突发事件的应对活动,依照有关法律法规执行。

一般生产安全事故的应急处置,依照国家有关法律法规执行。

第四十七条 本规定自2012年1月1日起实施。

2. 航空应急管理

中华人民共和国民用航空器适航管理条例

· 1987年5月4日国务院发布
· 自1987年6月1日起施行

第一条 为保障民用航空安全,维护公众利益,促进民用航空事业的发展,特制定本条例。

第二条 在中华人民共和国境内从事民用航空器(含航空发动机和螺旋桨,下同)的设计、生产、使用和维修的单位或者个人,向中华人民共和国出口民用航空器的单位或者个人,以及在中华人民共和国境外维修在中华人民共和国注册登记的民用航空器的单位或者个人,均须遵守本条例。

第三条 民用航空器的适航管理,是根据国家的有关规定,对民用航空器的设计、生产、使用和维修,实施以确保飞行安全为目的的技术鉴定和监督。

第四条 民用航空器的适航管理由中国民用航空局(以下简称民航局)负责。

第五条 民用航空器的适航管理,必须执行规定的适航标准和程序。

第六条 任何单位或者个人设计民用航空器,应当持航空工业部对该设计项目的审核批准文件,向民航局申请型号合格证。民航局接受型号合格证申请后,应当按照规定进行型号合格审定;审定合格的,颁发型号合格证。

第七条 任何单位或者个人生产民用航空器,应当具有必要的生产能力,并应当持本条例第六条规定的型号合格证,经航空工业部同意后,向民航局申请生产许可证。民航局接受生产许可证申请后,应当按照规定进行生产许可审定;审定合格的,颁发生产许可证,并按照规定颁发适航证。

任何单位或者个人未按照前款规定取得生产许可证的,均不得生产民用航空器。但本条例第八条规定的除外。

第八条 任何单位或者个人未取得生产许可证,但因特殊需要,申请生产民用航空器的,须经民航局批准。

按照前款规定生产的民用航空器,须经民航局逐一审查合格后,颁发适航证。

第九条 民用航空器必须具有民航局颁发的适航证,方可飞行。

民航局颁发的适航证应当规定该民用航空器所适用的活动类别、证书的有效期限及安全所需的其他条件和限制。

第十条 持有民用航空器生产许可证的单位生产的民用航空器,经国务院有关主管部门批准需要出口时,由民航局签发出口适航证。

第十一条 在中华人民共和国境内飞行的民用航空器必须具有国籍登记证。在中华人民共和国注册登记的民用航空器,具有中华人民共和国国籍,国籍登记证由民航局颁发。民用航空器取得国籍登记证后,必须按照规定在该民用航空器的外表标明国籍登记识别标志。

第十二条 中华人民共和国的任何单位或者个人进口外国生产的任何型号的民用航空器,如系首次进口并用于民用航空活动时,出口民用航空器的单位或者个人必须向民航局申请型号审查。民航局接受申请后,应当按照规定对该型号民用航空器进行型号审查;审查合格的,颁发准予进口的型号认可证书。

第十三条 中华人民共和国的任何单位或者个人租用的外国民用航空器,必须经民航局对其原登记国颁发的适航证审查认可或者另行颁发适航证后,方可飞行。

第十四条 任何单位或者个人的民用航空器取得适航证以后,必须按照民航局的有关规定和适航指令,使用和维修民用航空器,保证其始终处于持续适航状态。

第十五条 加装或者改装已取得适航证的民用航空器,必须经民航局批准,涉及的重要部件、附件必须经民航局审定。

第十六条 中华人民共和国境内和境外任何维修单位或者个人,承担在中华人民共和国注册登记的民用航空器的维修业务的,必须向民航局申请维修许可证,经民航局对其维修设施、技术人员、质量管理系统审查合格,并颁发维修许可证后,方可从事批准范围内的维修业务活动。

第十七条 负责维修并放行在中华人民共和国注册登记的民用航空器的维修技术人员,必须向民航局提出申请,经民航局或者其授权单位考核合格并取得维修人员执照或者相应的证明文件后,方可从事民用航空器的维修并放行工作。

第十八条 民用航空器的适航审查应当收取费用。收费办法由民航局会同财政部制定。

第十九条　民航局有权对生产、使用、维修民用航空器的单位或者个人以及取得适航证的民用航空器进行定期检查或者抽查；经检查与抽查不合格的，民航局除按照本条例的有关规定对其处罚外，还可吊销其有关证件。

第二十条　使用民用航空器进行飞行活动的任何单位或者个人有下列情形之一的，民航局有权责令其停止飞行，并视情节轻重，处以罚款：

一、民用航空器未取得适航证的；

二、民用航空器适航证已经失效的；

三、使用民用航空器超越适航证规定范围的。

第二十一条　维修民用航空器的单位或者个人，有下列情形之一的，民航局有权责令其停止维修业务或者吊销其维修许可证，并视情节轻重，处以罚款：

一、未取得维修许可证，擅自承接维修业务的；

二、超过维修许可证规定的业务范围，承接维修业务的；

三、由未取得维修人员执照的人员负责民用航空器的维修并放行的。

第二十二条　任何单位或者个人违反本条例第七条规定，擅自生产民用航空器的，民航局有权责令其停止生产，并视情节轻重，处以罚款。

第二十三条　按照本条例受到处罚的单位的上级主管机关，应当根据民航局的建议对受罚单位的主要负责人或者直接责任人员给予行政处分；情节严重，构成犯罪的，由司法机关依法追究刑事责任。

第二十四条　民航局因适航管理工作的过失造成人身伤亡或者重大财产损失的，应当承担赔偿责任，并对直接责任人员给予行政处分；直接责任人员的行为构成犯罪的，由司法机关依法追究刑事责任。

第二十五条　民航局从事适航管理的工作人员，利用职务之便营私舞弊的，应当给予行政处分；情节严重，构成犯罪的，由司法机关依法追究刑事责任。

第二十六条　任何单位或者个人对民航局作出的罚款决定不服的，可以在接到罚款通知书之日起15日内向民航局提请复议，也可以直接向人民法院起诉；期满不提请复议也不起诉又不执行的，民航局可以申请人民法院强制执行。

第二十七条　民航局应当在广泛征求航空工业部及各有关部门意见的基础上，制定本条例的实施细则及有关技术标准。

第二十八条　本条例由民航局负责解释。

第二十九条　本条例自1987年6月1日起施行。

中华人民共和国民用航空安全保卫条例

· 1996年7月6日中华人民共和国国务院令第201号发布

· 根据2011年1月8日《国务院关于废止和修改部分行政法规的决定》修订

第一章　总　则

第一条　为了防止对民用航空活动的非法干扰，维护民用航空秩序，保障民用航空安全，制定本条例。

第二条　本条例适用于在中华人民共和国领域内的一切民用航空活动以及与民用航空活动有关的单位和个人。

在中华人民共和国领域外从事民用航空活动的具有中华人民共和国国籍的民用航空器适用本条例；但是，中华人民共和国缔结或者参加的国际条约另有规定的除外。

第三条　民用航空安全保卫工作实行统一管理、分工负责的原则。

民用航空公安机关（以下简称民航公安机关）负责对民用航空安全保卫工作实施统一管理、检查和监督。

第四条　有关地方人民政府与民用航空单位应当密切配合，共同维护民用航空安全。

第五条　旅客、货物托运人和收货人以及其他进入机场的人员，应当遵守民用航空安全管理的法律、法规和规章。

第六条　民用机场经营人和民用航空器经营人应当履行下列职责：

（一）制定本单位民用航空安全保卫方案，并报国务院民用航空主管部门备案；

（二）严格实行有关民用航空安全保卫的措施；

（三）定期进行民用航空安全保卫训练，及时消除危及民用航空安全的隐患。

与中华人民共和国通航的外国民用航空企业，应当向国务院民用航空主管部门报送民用航空安全保卫方案。

第七条　公民有权向民航公安机关举报预谋劫持、破坏民用航空器或者其他危害民用航空安全的行为。

第八条　对维护民用航空安全做出突出贡献的单位或者个人，由有关人民政府或者国务院民用航空主管部门给予奖励。

第二章　民用机场的安全保卫

第九条　民用机场（包括军民合用机场中的民用部分，下同）的新建、改建或者扩建，应当符合国务院民用航空主管部门关于民用机场安全保卫设施建设的规定。

第十条 民用机场开放使用，应当具备下列安全保卫条件：

（一）设有机场控制区并配备专职警卫人员；

（二）设有符合标准的防护围栏和巡逻通道；

（三）设有安全保卫机构并配备相应的人员和装备；

（四）设有安全检查机构并配备与机场运输量相适应的人员和检查设备；

（五）设有专职消防组织并按照机场消防等级配备人员和设备；

（六）订有应急处置方案并配备必要的应急援救设备。

第十一条 机场控制区应当根据安全保卫的需要，划定为候机隔离区、行李分检装卸区、航空器活动区和维修区、货物存放区等，并分别设置安全防护设施和明显标志。

第十二条 机场控制区应当有严密的安全保卫措施，实行封闭式分区管理。具体管理办法由国务院民用航空主管部门制定。

第十三条 人员与车辆进入机场控制区，必须佩带机场控制区通行证并接受警卫人员的检查。

机场控制区通行证，由民航公安机关按照国务院民用航空主管部门的有关规定制发和管理。

第十四条 在航空器活动区和维修区内的人员、车辆必须按照规定路线行进，车辆、设备必须在指定位置停放，一切人员、车辆必须避让航空器。

第十五条 停放在机场的民用航空器必须有专人警卫；各有关部门及其工作人员必须严格执行航空器警卫交接制度。

第十六条 机场内禁止下列行为：

（一）攀（钻）越、损毁机场防护围栏及其他安全防护设施；

（二）在机场控制区内狩猎、放牧、晾晒谷物、教练驾驶车辆；

（三）无机场控制区通行证进入机场控制区；

（四）随意穿越航空器跑道、滑行道；

（五）强行登、占航空器；

（六）谎报险情，制造混乱；

（七）扰乱机场秩序的其他行为。

第三章 民用航空营运的安全保卫

第十七条 承运人及其代理人出售客票，必须符合国务院民用航空主管部门的有关规定；对不符合规定的，不得售予客票。

第十八条 承运人办理承运手续时，必须核对乘机人和行李。

第十九条 旅客登机时，承运人必须核对旅客人数。

对已经办理登机手续而未登机的旅客的行李，不得装入或者留在航空器内。

旅客在航空器飞行中途中止旅行时，必须将其行李卸下。

第二十条 承运人对承运的行李、货物，在地面存储和运输期间，必须有专人监管。

第二十一条 配制、装载供应品的单位对装入航空器的供应品，必须保证其安全性。

第二十二条 航空器在飞行中的安全保卫工作由机长统一负责。

航空安全员在机长领导下，承担安全保卫的具体工作。

机长、航空安全员和机组其他成员，应当严格履行职责，保护民用航空器及其所载人员和财产的安全。

第二十三条 机长在执行职务时，可以行使下列权力：

（一）在航空器起飞前，发现有关方面对航空器未采取本条例规定的安全措施的，拒绝起飞；

（二）在航空器飞行中，对扰乱航空器内秩序，干扰机组人员正常工作而不听劝阻的人，采取必要的管束措施；

（三）在航空器飞行中，对劫持、破坏航空器或者其他危及安全的行为，采取必要的措施；

（四）在航空器飞行中遇到特殊情况时，对航空器的处置作最后决定。

第二十四条 禁止下列扰乱民用航空营运秩序的行为：

（一）倒卖购票证件、客票和航空运输企业的有效订座凭证；

（二）冒用他人身份证件购票、登机；

（三）利用客票交运或者捎带非旅客本人的行李物品；

（四）将未经安全检查或者采取其他安全措施的物品装入航空器。

第二十五条 航空器内禁止下列行为：

（一）在禁烟区吸烟；

（二）抢占座位、行李舱（架）；

（三）打架、酗酒、寻衅滋事；

（四）盗窃、故意损坏或者擅自移动救生物品和设备；

（五）危及飞行安全和扰乱航空器内秩序的其他行为。

第四章　安全检查

第二十六条　乘坐民用航空器的旅客和其他人员及其携带的行李物品，必须接受安全检查；但是，国务院规定免检的除外。

拒绝接受安全检查的，不准登机，损失自行承担。

第二十七条　安全检查人员应当查验旅客客票、身份证件和登机牌，使用仪器或者手工对旅客及其行李物品进行安全检查，必要时可以从严检查。

已经安全检查的旅客应当在候机隔离区等待登机。

第二十八条　进入候机隔离区的工作人员（包括机组人员）及其携带的物品，应当接受安全检查。

接送旅客的人员和其他人员不得进入候机隔离区。

第二十九条　外交邮袋免予安全检查。外交信使及其随身携带的其他物品应当接受安全检查；但是，中华人民共和国缔结或者参加的国际条约另有规定的除外。

第三十条　空运的货物必须经过安全检查或者对其采取的其他安全措施。

货物托运人不得伪报品名托运或者在货物中夹带危险物品。

第三十一条　航空邮件必须经过安全检查。发现可疑邮件时，安全检查部门应当会同邮政部门开包查验处理。

第三十二条　除国务院另有规定的外，乘坐民用航空器的，禁止随身携带或者交运下列物品：

（一）枪支、弹药、军械、警械；

（二）管制刀具；

（三）易燃、易爆、有毒、腐蚀性、放射性物品；

（四）国家规定的其他禁运物品。

第三十三条　除本条例第三十二条规定的物品外，其他可以用于危害航空安全的物品，旅客不得随身携带，但是可以作为行李交运或者按照国务院民用航空主管部门的有关规定由机组人员带到目的地后交还。

对含有易燃物质的生活用品实行限量携带。限量携带的物品及其数量，由国务院民用航空主管部门规定。

第五章　罚　则

第三十四条　违反本条例第十四条的规定或者有本条例第十六条、第二十四条第一项、第二十五条所列行为，构成违反治安管理行为的，由民航公安机关依照《中华人民共和国治安管理处罚法》有关规定予以处罚；有本条例第二十四条第二项所列行为的，由民航公安机关依照《中华人民共和国居民身份证法》有关规定予以处罚。

第三十五条　违反本条例的有关规定，由民航公安机关按照下列规定予以处罚：

（一）有本条例第二十四条第四项所列行为的，可以处以警告或者3000元以下的罚款；

（二）有本条例第二十四条第三项所列行为的，可以处以警告、没收非法所得或者5000元以下罚款；

（三）违反本条例第三十条第二款、第三十二条的规定，尚未构成犯罪的，可以处以5000元以下罚款、没收或者扣留非法携带的物品。

第三十六条　违反本条例的规定，有下列情形之一的，民用航空主管部门可以对有关单位处以警告、停业整顿或者5万元以下的罚款；民航公安机关可以对直接责任人员处以警告或者500元以下的罚款：

（一）违反本条例第十五条的规定，造成航空器失控的；

（二）违反本条例第十七条的规定，出售客票的；

（三）违反本条例第十八条的规定，承运人办理承运手续时，不核对乘机人和行李的；

（四）违反本条例第十九条的规定的；

（五）违反本条例第二十条、第二十一条、第三十条第一款、第三十一条的规定，对收运、装入航空器的物品不采取安全措施的。

第三十七条　违反本条例的有关规定，构成犯罪的，依法追究刑事责任。

第三十八条　违反本条例规定的，除依照本章的规定予以处罚外，给单位或者个人造成财产损失的，应当依法承担赔偿责任。

第六章　附　则

第三十九条　本条例下列用语的含义：

“机场控制区”，是指根据安全需要在机场内划定的进出受到限制的区域。

“候机隔离区”，是指根据安全需要在候机楼（室）内划定的供已经安全检查的出港旅客等待登机的区域及登机通道、摆渡车。

“航空器活动区”，是指机场内用于航空器起飞、着陆以及与此有关的地面活动区域，包括跑道、滑行道、联络道、客机坪。

第四十条　本条例自发布之日起施行。

国家处置民用航空器飞行事故应急预案

·2006 年 1 月 22 日

1 总 则

1.1 编制目的

建立健全民用航空器飞行事故应急机制，提高政府应对突发危机事件的能力，保证民用航空器飞行事故应急工作协调、有序和高效进行，最大程度地减少人员伤亡，保护国家和公众财产安全，维护社会稳定，促进航空安全。

1.2 编制依据

《中华人民共和国安全生产法》、《中华人民共和国民用航空法》、《国家突发公共事件总体应急预案》和《中华人民共和国搜寻救援民用航空器规定》及《国际民用航空公约附件 6-航空器运行》、《国际民用航空公约附件 12-搜寻与救援》、《国际民用航空公约附件 13-航空器事故/事故征候调查》、《国际民用航空公约附件 14-机场》等。

1.3 适用范围

——民用航空器特别重大飞行事故。

——民用航空器执行专机任务发生飞行事故。

——民用航空器飞行事故死亡人员中有国际、国内重要旅客。

——军用航空器与民用航空器发生空中相撞。

——外国民用航空器在中华人民共和国境内发生飞行事故，并造成人员死亡。

——由中国运营人使用的民用航空器在中华人民共和国境外发生飞行事故，并造成人员死亡。

——民用航空器发生爆炸、空中解体、坠机等，造成重要地面设施巨大损失，并对设施使用、环境保护、公众安全、社会稳定等造成巨大影响。

1.4 工作原则

民用航空器飞行事故应急处置工作要遵循以下原则：

——以人为本，避免和最大程度地减少人员伤亡。

——统一指挥、分级管理、分级响应。

——职责明确、分工协作、反应及时、措施果断、运转高效。

——预防为主、常备不懈、信息互通、资源共享，依靠科学、依法处置。

2 组织指挥体系及职责

2.1 应急体系框架

2.1.1 应急组织体系

国家处置民用航空器飞行事故应急救援组织体系由领导协调指挥机构、执行办事机构和应急救援队伍及力量组成。应急救援领导协调指挥机构为国务院民用航空主管部门及其他相关部门组成的国家处置民用航空器飞行事故应急指挥部（以下简称国家处置飞行事故指挥部），执行办事机构为国家处置飞行事故指挥部办公室；应急救援队伍及力量包括民用航空器搜寻救援队伍和地方人民政府、民用航空企事业单位应急救援、消防、医疗救护、环境保护队伍及社会力量等。

2.1.2 应急预案体系

民用航空器飞行事故应急预案体系由本预案、国务院相关部门应急预案、有关地方人民政府应急预案、民用航空地区管理机构及其派出机构民用航空器飞行事故应急预案、民用运输机场应急救援预案、民用航空相关企事业单位应急预案等组成。飞行事故发生时，有关各级政府和部门、单位、组织应各司其职，按照各自预案及时有效地开展应急处置工作。

2.2 组织机构及职责

国家处置飞行事故指挥部设在国务院民用航空主管部门，负责组织、协调、指挥本预案适用范围内的民用航空器飞行事故应急处置工作。国家处置飞行事故指挥部下设国家处置飞行事故指挥部办公室，作为国家处置飞行事故指挥部的执行和办事机构。

各民用航空地区管理机构设立地区民用航空器飞行事故应急指挥部，负责所辖范围内的民用航空器飞行事故应急指挥工作。

3 应急响应

3.1 应急响应分级

按民用航空器飞行事故的可控性、严重程度和影响范围，应急响应分为四个等级。

3.1.1 Ⅰ级应急响应

发生本预案“1.3 适用范围”内的民用航空器飞行事故为Ⅰ级应急响应。

3.1.2 Ⅱ级应急响应

凡属下列情况之一者为Ⅱ级应急响应：

——民用航空器发生重大飞行事故。

——民用航空器在运行过程中发生严重的不正常紧急事件，可能导致重大以上飞行事故发生，或可能对重要地面设施、环境保护、公众安全、社会稳定等造成重大影响或损失。

3.1.3 Ⅲ级应急响应

凡属下列情况之一者为Ⅲ级应急响应：

——民用航空器发生较大飞行事故。

——民用航空器在运行过程中发生严重的不正常紧急事件，可能导致较大以上飞行事故发生，或可能对地面设施、环境保护、公众安全、社会稳定等造成较大影响或损失。

3.1.4 Ⅳ级应急响应

凡属下列情况之一者为Ⅳ级应急响应：

——民用航空器发生一般飞行事故。

——民用航空器在运行过程中发生严重的不正常紧急事件，可能导致一般以上飞行事故发生，或可能对地面设施、环境保护、公众安全、社会稳定等造成一定影响或损失。

3.2 应急分级响应

——发生Ⅰ级应急响应事件时，启动本预案和国务院相关部门、省级人民政府应急预案。

——发生Ⅱ级应急响应事件时，启动国务院民用航空主管部门应急预案和相关省级人民政府应急预案。

——发生Ⅲ级应急响应事件时，启动民用航空地区管理机构应急预案和相关市(地)级人民政府应急预案。

——发生Ⅳ级应急响应事件时，启动民用运输机场应急预案、民用航空相关企事业单位应急预案、民用航空地方安全监察办公室应急预案和相关市(地)级人民政府应急预案。

启动本级应急预案时，本级应急指挥机构应向上一级应急指挥机构报告，必要时申请启动上一级应急预案。

启动本级应急预案时，相应的下级应急预案应提前或同时启动。

3.3 应急响应内容

3.3.1 应急响应程序

(1)启动本预案后，国家处置飞行事故指挥部办公室按下列程序和内容响应：

——开通与国务院相关部门、事故发生地省级应急指挥机构、事故现场应急指挥部、事故发生地所属民用航空地区管理机构应急指挥机构、民用航空器搜救中心等的通信联系，收集相关信息，随时掌握事故进展情况。

——及时报告民用航空器飞行事故基本情况和应急救援的进展情况。

——视情况通知有关成员组成国家处置飞行事故指挥部。

——通知相关应急机构随时待命，为地方应急指挥机构提供技术建议，协调事故现场应急指挥部提出的支援请求。

——组织有关人员、专家赶赴现场参加、指导现场应急救援。

——召集专家咨询组成员，提出应急救援方案建议。

——协调落实其他有关事项。

(2)相关部门应急指挥机构接到飞行事故信息后，按下列程序和内容响应：

——启动并实施本部门应急预案，并向国家处置飞行事故指挥部报告。

——协调组织应急救援力量开展应急救援工作。

——需要其他部门应急力量支援时，向国家处置飞行事故指挥部提出请求。

(3)省级人民政府应急指挥机构接到飞行事故信息后，按下列程序和内容响应：

——启动并实施省级及相关市(地)应急预案，及时向国家处置飞行事故指挥部报告。

——组织应急救援力量开展先期现场应急救援工作。

——需要其他应急力量支援时，向国家处置飞行事故指挥部提出请求。

3.3.2 信息报告和通报

(1)信息报告。

民用航空地区管理机构接到事故相关信息后，应立即报告国务院民用航空主管部门，同时通报事故发生地人民政府；事故发生地人民政府在接到事故相关信息后立即报告上一级人民政府和当地民用航空管理机构；国务院民用航空主管部门在接到事故相关信息后应立即报告国务院及安全生产监督和新闻宣传主管部门，并做好续报工作。

国务院民用航空主管部门在接到重大以上飞行事故信息后应立即报告国务院及安全生产监督主管部门，并在2小时内以书面形式上报有关事故情况。事故发生所在地人民政府在接到事故报告后应立即报告上一级人民政府和当地民用航空管理机构，并在2小时内以书面形式上报有关事故情况。

发生民用航空器飞行事故的相关单位要及时、主动向国家处置飞行事故指挥部办公室提供事故航空器相关资料，民用航空相关管理部门提供事故前的监督检查有关资料，为国家处置飞行事故指挥部办公室研究救援方案提供依据。

(2)信息通报。

国务院民用航空主管部门接到事故相关信息后，进行确认汇总，通报国务院相关部门、事故发生地省级人民政府及民用航空有关单位，做好事故应急救援准备。

3.3.3 通信

国家处置飞行事故指挥部办公室负责组织建立国家

处置飞行事故指挥部与应急救援各相关部门的通信联系。事故现场应急指挥部负责组织落实事故现场信息通信保障工作。

3.3.4 现场指挥和协调

国家处置飞行事故指挥部负责民用航空器飞行事故应急统一指挥、协调和作出重大决策。

各应急机构接到事故信息和指挥命令后,立即派出有关人员赶赴现场,在事故现场应急指挥部统一指挥下,按照各自的预案和处置规程,协同配合,共同实施搜救和紧急处置行动。

事故现场应急指挥部由地方人民政府、民用航空地区管理机构及其派出机构和参加现场应急救援主要机构的负责人组成。

事故现场应急指挥部成立前,各应急救援队伍必须在当地政府和民用航空地区管理机构或其派出机构的协调指挥下坚决、迅速地实施先期处置,全力控制事故态势,防止次生、衍生和耦合事件的发生。

国家处置飞行事故指挥部统一指挥协调相关部门、地方应急资源,实施紧急处置行动。

3.3.5 航空器搜救

民用航空器搜救包括陆上搜救和海上搜救。

国家处置飞行事故指挥部负责统一指导全国范围的搜救民用航空器工作。

民用航空地区管理机构负责拟订陆上使用航空器搜救民用航空器的方案,协调当地政府和有关部门搜救民用航空器的工作。

(1)陆上搜救。

省、市(地)、县人民政府负责本行政区域内民用航空器的搜救工作。

(2)海上搜救。

国家海上搜救部门负责海上搜救民用航空器的工作。

沿海省(区、市)海上搜救机构负责拟订在海上使用船舶、航空器搜救民用航空器的方案,参加海上搜救民用航空器的工作。

民用航空器搜救工作依照《中华人民共和国搜寻援救民用航空器规定》执行。

3.3.6 现场紧急处置

现场处置主要依靠事发地人民政府和民用运输机场应急处置力量进行。

国家处置飞行事故指挥部协调相关部门及民用航空其他专业应急救援力量增援。

参加现场应急救援的队伍和人员在事故现场应急指挥部统一协调下进行应急救援和处置工作。

现场应急救援时,应优先将旅客、机组人员及其他机上人员撤离、疏散到安全区域,及时救助机上及地面受伤人员和幸存人员。

及时掌握机上运载的货物及危险品、航空器危险品及周边地面设施危险品的情况,根据现场情况迅速探明危险品状态,并立即采取保护、防护措施,必要时调集专业救援队伍进行处理。

当飞行事故发生在民用运输机场区域内时,机场应急指挥中心应按有关规定及机场应急救援预案迅速组织实施应急救援工作。在不影响应急救援工作及事故调查的前提下,尽快搬移、清理停留在机场道面上的事故航空器或其残骸,尽早恢复机场的正常运行,避免机场长时间关闭。相关空中交通管制部门应根据情况,及时调配与本机场运行有关的航班。机场及相关航空运输企业负责组织、疏导、安置因民用航空器飞行事故滞留机场的旅客,维护机场运行秩序。

3.3.7 医疗卫生

事发地卫生行政部门负责组织开展紧急医疗救护和现场卫生处置工作。

上级卫生部门根据需要派出专家和专业防治队伍进行支援。

特殊情况下,国家处置飞行事故指挥部根据事故现场需求,及时协调卫生部门组织有关专业医疗救护中心和专科医院,派出有关专家、调用特种药品和特种救治装备进行支援。

现场防疫工作依托事故发生地疾病控制中心,根据事故类型,按照专业规程,进行现场防疫工作。

3.3.8 应急人员的防护

现场应急救援工作必须在确保现场人员安全的情况下实施。参加现场应急救援的指挥人员、事故调查人员应按有关规定配带具有明显标识的专业防护服装及装备。事故现场应急指挥部负责组织采取各种现场安全防护措施,严格执行应急人员进出事故现场的管理程序。

3.3.9 群众的安全防护

事故现场应急指挥部负责组织事故发生区域群众的安全防护工作。

事故现场应急指挥部根据事故具体情况,明确群众安全防护的必要措施,决定应急状态下群众疏散的范围、方式、程序并组织实施,协调卫生部门组织医疗防疫与疾病控制。事故发生地公安部门负责现场治安管理。

3.3.10 社会力量动员和参与

事故现场应急指挥部协调地方政府组织调动本行政区域社会力量参与应急救援工作。

根据需要,国家处置飞行事故指挥部协调相关部门、省(区、市)人民政府组织有关社会力量进行支援。

3.3.11 信息发布

国家处置飞行事故指挥部负责民用航空器飞行事故信息的统一对外发布。

3.3.12 应急终止

(1)应急终止条件。

——事故航空器的搜救工作已经完成。

——机上幸存人员已撤离、疏散。

——伤亡人员已得到妥善救治和处理,重要财产已进行必要保护。

——对事故现场、应急人员和群众已采取有效防护措施。

——事故所造成的各种危害已被消除,并无继发可能。

——事故现场的各种应急处置行动已无继续的必要。

——受影响的民用运输机场已恢复正常运行。

——事故现场及其周边得到了有效控制,对重要地面设施、环境保护、公众安全、社会稳定等的影响已降至最小程度。

(2)应急终止程序。

事故现场应急指挥部确认符合应急终止条件,并选择适当终止时机,报国家处置飞行事故指挥部批准应急终止。国家处置飞行事故指挥部办公室根据应急指挥部指令,向事故现场应急指挥部下达应急终止通知。

应急工作终止后,及时分析评估本单位(部门)应急救援工作,总结经验教训,提出改进建议,修订完善应急预案。

4 后期处置

4.1 善后处置

事故发生地人民政府组织协调善后处置工作,尽快消除事故后果和影响,安抚受害人员,保证社会稳定,尽快恢复正常秩序。国家处置飞行事故指挥部办公室负责协调有关工作。

民用航空器飞行事故发生后,发生事故的民航运输企业按有关法律、法规,及时对受害旅客、货主进行赔偿,对地面受损害的单位和个人进行赔偿;通知有关保险机构及时派员赶赴事故现场,按有关航空保险规定办理事故理赔工作。

4.2 事故调查

民用航空器飞行事故调查应与现场应急处置工作有机结合,事故调查的内容包括对应急救援情况的调查。

民用航空器飞行事故调查工作按照《民用航空器飞行事故调查规定》和《国际民用航空公约》附件13的要求进行。事故调查工作包括:调查组的组成,事故现场调查,技术实验验证,事故原因分析,编写事故调查报告,提出安全预防建议。

事故调查组应掌握事故应急处置工作的情况,并对现场应急工作提出意见和建议。事故调查组到达现场后应听取现场应急处置工作情况介绍,与现场应急指挥部协调,参与现场应急处置工作。

与现场应急处置工作相结合,需要完成的主要调查任务有:现场监管保护,初始证据接收,证人和目击者询问,危险源的探测、排除、监护,现场人员防护等。

4.3 应急救援调查报告及评估

在民用航空器飞行事故应急处置结束后,事故现场应急指挥部应向国家处置飞行事故指挥部办公室提交应急救援总结报告。国家处置飞行事故指挥部办公室组织对应急处置工作进行分析评估,总结经验教训,提出改进意见,并对应急预案进行修订完善。

5 应急保障

5.1 装备保障

各级民用航空行政管理部门及相关部门要充分发挥职能作用,在积极利用现有检验、鉴定、监测力量的基础上,根据工作需要和职责要求,建立和完善专家数据库和民用航空安全信息数据库系统,增加应急处置、快速机动和自身防护装备、物资的储备,不断提高应急检验、鉴定和监测的能力,保障民用航空器飞行事故应急工作的顺利进行。

5.2 通信保障

建立和完善民用航空器飞行事故应急指挥的通信保障和信息管理系统,利用先进的计算机技术、网络技术、无线通信技术、卫星技术等现代化手段,配备必要的有线、无线通信器材和计算机网络软、硬件设备,确保民用航空器飞行事故应急处置工作中,各方面的联络畅通、迅速、高效且形式多样。

5.3 人力资源保障

加强民用航空器飞行事故应急处置队伍的建设,通过经常性的培训、演练提高应急处置人员的业务素质和技术水平。

5.4 **技术保障**

加强技术支持部门的应急基础建设工作，增加技术投入，研究吸收国际先进经验，随时为处置可能发生的民用航空器飞行事故提供技术支持与保障。

6 宣传、培训和演练

6.1 **宣传**

各级民用航空行政管理部门以及民航各企事业单位应加强对职工的防范事故安全教育和应急处置工作教育，通过各种新闻媒体向社会公众宣传航空器出现紧急情况时应采取的正确处置措施，增强公众的自我保护意识，提高自救、互救能力，尽量减少人员伤亡和财产损失。

6.2 **培训**

各级民用航空行政管理部门应组织民用航空应急预案的学习和培训，加强国内外技术交流和研讨，提高应急处置、事故调查等专业技术人员的业务知识水平。

6.3 **演练**

国家处置飞行事故指挥部办公室至少每年协调组织一次针对民用航空器飞行事故的应急综合演练，加强和完善相关部门的协调配合工作。

各级民用航空行政管理部门应定期组织不同类型的民用航空器飞行事故应急演练，以检验、改善和强化各方面的应急准备、应急响应和应急管理能力，提高工作效率，不断完善应急预案。

7 附 则

7.1 **名词解释**

航空器：凡能从空气的反作用而不是从空气对地面的反作用，在大气中获得支承的机器。

机场及其邻近区域：指机场围界以内及距机场基准位置点8公里范围内的区域。

7.2 **预案管理与更新**

随着应急救援相关法律法规的制定、修订和完善，部门职责的变化，以及应急过程中存在的问题和出现的新情况，国务院民用航空主管部门应及时组织修订完善本预案。

7.3 **奖励与责任追究**

7.3.1 奖励

在民用航空器飞行事故的应急处置工作中作出突出贡献的单位及个人，国务院民用航空主管部门、有关部门、相关地方人民政府等应给予奖励：

——由于报告及时，避免了民用航空器飞行事故的发生或减轻了民用航空器飞行事故所造成的人员伤亡和财产损失。

——由于处置措施适当，避免了民用航空器飞行事故的发生或减轻了民用航空器飞行事故所造成的人员伤亡和财产损失。

——其他在民用航空器飞行事故应急处置工作中作出突出贡献的。

7.3.2 责任追究

——对未及时报告民用航空器飞行事故，导致国家利益和人民生命财产受到重大损失，构成犯罪的，依法追究刑事责任；情节较轻，尚不构成犯罪的，由其所在单位或者上级主管机关给予行政处分。

——在对民用航空器飞行事故的应急处置工作中，玩忽职守，导致国家利益和人民生命财产受到重大损失，构成犯罪的，依法追究刑事责任；情节较轻，尚不构成犯罪的，由其所在单位或者上级主管机关给予行政处分。

7.4 **预案实施时间**

本预案自印发之日起实施。

3. 轨道交通应急管理

铁路安全管理条例

·2013年7月24日国务院第18次常务会议通过
·2013年8月17日中华人民共和国国务院令第639号公布
·自2014年1月1日起施行

第一章 总 则

第一条 为了加强铁路安全管理，保障铁路运输安全和畅通，保护人身安全和财产安全，制定本条例。

第二条 铁路安全管理坚持安全第一、预防为主、综合治理的方针。

第三条 国务院铁路行业监督管理部门负责全国铁路安全监督管理工作，国务院铁路行业监督管理部门设立的铁路监督管理机构负责辖区内的铁路安全监督管理工作。国务院铁路行业监督管理部门和铁路监督管理机构统称铁路监管部门。

国务院有关部门依照法律和国务院规定的职责，负责铁路安全管理的有关工作。

第四条 铁路沿线地方各级人民政府和县级以上地方人民政府有关部门应当按照各自职责，加强保障铁路安全的教育，落实护路联防责任制，防范和制止危害铁路安全的行为，协调和处理保障铁路安全的有关事项，做好保障铁路安全的有关工作。

第五条 从事铁路建设、运输、设备制造维修的单位应当加强安全管理,建立健全安全生产管理制度,落实企业安全生产主体责任,设置安全管理机构或者配备安全管理人员,执行保障生产安全和产品质量安全的国家标准、行业标准,加强对从业人员的安全教育培训,保证安全生产所必需的资金投入。

铁路建设、运输、设备制造维修单位的工作人员应当严格执行规章制度,实行标准化作业,保证铁路安全。

第六条　铁路监管部门、铁路运输企业等单位应当按照国家有关规定制定突发事件应急预案,并组织应急演练。

第七条　禁止扰乱铁路建设、运输秩序。禁止损坏或者非法占用铁路设施设备、铁路标志和铁路用地。

任何单位或者个人发现损坏或者非法占用铁路设施设备、铁路标志、铁路用地以及其他影响铁路安全的行为,有权报告铁路运输企业,或者向铁路监管部门、公安机关或者其他有关部门举报。接到报告的铁路运输企业、接到举报的部门应当根据各自职责及时处理。

对维护铁路安全作出突出贡献的单位或者个人,按照国家有关规定给予表彰奖励。

第二章　铁路建设质量安全

第八条　铁路建设工程的勘察、设计、施工、监理以及建设物资、设备的采购,应当依法进行招标。

第九条　从事铁路建设工程勘察、设计、施工、监理活动的单位应当依法取得相应资质,并在其资质等级许可的范围内从事铁路工程建设活动。

第十条　铁路建设单位应当选择具备相应资质等级的勘察、设计、施工、监理单位进行工程建设,并对建设工程的质量安全进行监督检查,制作检查记录留存备查。

第十一条　铁路建设工程的勘察、设计、施工、监理应当遵守法律、行政法规关于建设工程质量和安全管理的规定,执行国家标准、行业标准和技术规范。

铁路建设工程的勘察、设计、施工单位依法对勘察、设计、施工的质量负责,监理单位依法对施工质量承担监理责任。

高速铁路和地质构造复杂的铁路建设工程实行工程地质勘察监理制度。

第十二条　铁路建设工程的安全设施应当与主体工程同时设计、同时施工、同时投入使用。安全设施投资应当纳入建设项目概算。

第十三条　铁路建设工程使用的材料、构件、设备等产品,应当符合有关产品质量的强制性国家标准、行业标准。

第十四条　铁路建设工程的建设工期,应当根据工程地质条件、技术复杂程度等因素,按照国家标准、行业标准和技术规范合理确定、调整。

任何单位和个人不得违反前款规定要求铁路建设、设计、施工单位压缩建设工期。

第十五条　铁路建设工程竣工,应当按照国家有关规定组织验收,并由铁路运输企业进行运营安全评估。经验收、评估合格,符合运营安全要求的,方可投入运营。

第十六条　在铁路线路及其邻近区域进行铁路建设工程施工,应当执行铁路营业线施工安全管理规定。铁路建设单位应当会同相关铁路运输企业和工程设计、施工单位制定安全施工方案,按照方案进行施工。施工完毕应当及时清理现场,不得影响铁路运营安全。

第十七条　新建、改建设计开行时速120公里以上列车的铁路或者设计运输量达到国务院铁路行业监督管理部门规定的较大运输量标准的铁路,需要与道路交叉的,应当设置立体交叉设施。

新建、改建高速公路、一级公路或者城市道路中的快速路,需要与铁路交叉的,应当设置立体交叉设施,并优先选择下穿铁路的方案。

已建成的属于前两款规定情形的铁路、道路为平面交叉的,应当逐步改造为立体交叉。

新建、改建高速铁路需要与普通铁路、道路、渡槽、管线等设施交叉的,应当优先选择高速铁路上跨方案。

第十八条　设置铁路与道路立体交叉设施及其附属安全设施所需费用的承担,按照下列原则确定:

(一)新建、改建铁路与既有道路交叉的,由铁路方承担建设费用;道路方要求超过既有道路建设标准建设所增加的费用,由道路方承担;

(二)新建、改建道路与既有铁路交叉的,由道路方承担建设费用;铁路方要求超过既有铁路线路建设标准建设所增加的费用,由铁路方承担;

(三)同步建设的铁路和道路需要设置立体交叉设施以及既有铁路道口改造为立体交叉的,由铁路方和道路方按照公平合理的原则分担建设费用。

第十九条　铁路与道路立体交叉设施及其附属安全设施竣工验收合格后,应当按照国家有关规定移交有关单位管理、维护。

第二十条　专用铁路、铁路专用线需要与公用铁路网接轨的,应当符合国家有关铁路建设、运输的安全管理规定。

第三章　铁路专用设备质量安全

第二十一条　设计、制造、维修或者进口新型铁路机车车辆，应当符合国家标准、行业标准，并分别向国务院铁路行业监督管理部门申请领取型号合格证、制造许可证、维修许可证或者进口许可证，具体办法由国务院铁路行业监督管理部门制定。

铁路机车车辆的制造、维修、使用单位应当遵守有关产品质量的法律、行政法规以及国家其他有关规定，确保投入使用的机车车辆符合安全运营要求。

第二十二条 生产铁路道岔及其转辙设备、铁路信号控制软件和控制设备、铁路通信设备、铁路牵引供电设备的企业，应当符合下列条件并经国务院铁路行业监督管理部门依法审查批准：

（一）有按照国家标准、行业标准检测、检验合格的专业生产设备；

（二）有相应的专业技术人员；

（三）有完善的产品质量保证体系和安全管理制度；

（四）法律、行政法规规定的其他条件。

第二十三条 铁路机车车辆以外的直接影响铁路运输安全的铁路专用设备，依法应当进行产品认证的，经认证合格方可出厂、销售、进口、使用。

第二十四条 用于危险化学品和放射性物品运输的铁路罐车、专用车辆以及其他容器的生产和检测、检验，依照有关法律、行政法规的规定执行。

第二十五条 用于铁路运输的安全检测、监控、防护设施设备，集装箱和集装化用具等运输器具，专用装卸机械、索具、篷布、装载加固材料或者装置，以及运输包装、货物装载加固等，应当符合国家标准、行业标准和技术规范。

第二十六条 铁路机车车辆以及其他铁路专用设备存在缺陷，即由于设计、制造、标识等原因导致同一批次、型号或者类别的铁路专用设备普遍存在不符合保障人身、财产安全的国家标准、行业标准的情形或者其他危及人身、财产安全的不合理危险的，应当立即停止生产、销售、进口、使用；设备制造者应当召回缺陷产品，采取措施消除缺陷。具体办法由国务院铁路行业监督管理部门制定。

第四章 铁路线路安全

第二十七条 铁路线路两侧应当设立铁路线路安全保护区。铁路线路安全保护区的范围，从铁路线路路堤坡脚、路堑坡顶或者铁路桥梁（含铁路、道路两用桥，下同）外侧起向外的距离分别为：

（一）城市市区高速铁路为10米，其他铁路为8米；

（二）城市郊区居民居住区高速铁路为12米，其他铁路为10米；

（三）村镇居民居住区高速铁路为15米，其他铁路为12米；

（四）其他地区高速铁路为20米，其他铁路为15米。

前款规定距离不能满足铁路运输安全保护需要的，由铁路建设单位或者铁路运输企业提出方案，铁路监督管理机构或者县级以上地方人民政府依照本条第三款规定程序划定。

在铁路用地范围内划定铁路线路安全保护区的，由铁路监督管理机构组织铁路建设单位或者铁路运输企业划定并公告。在铁路用地范围外划定铁路线路安全保护区的，由县级以上地方人民政府根据保障铁路运输安全和节约用地的原则，组织有关铁路监督管理机构、县级以上地方人民政府国土资源等部门划定并公告。

铁路线路安全保护区与公路建筑控制区、河道管理范围、水利工程管理和保护范围、航道保护范围或者石油、电力以及其他重要设施保护区重叠的，由县级以上地方人民政府组织有关部门依照法律、行政法规的规定协商划定并公告。

新建、改建铁路的铁路线路安全保护区范围，应当自铁路建设工程初步设计批准之日起30日内，由县级以上地方人民政府依照本条例的规定划定并公告。铁路建设单位或者铁路运输企业应当根据工程竣工资料进行勘界，绘制铁路线路安全保护区平面图，并根据平面图设立标桩。

第二十八条 设计开行时速120公里以上列车的铁路应当实行全封闭管理。铁路建设单位或者铁路运输企业应当按照国务院铁路行业监督管理部门的规定在铁路用地范围内设置封闭设施和警示标志。

第二十九条 禁止在铁路线路安全保护区内烧荒、放养牲畜、种植影响铁路线路安全和行车瞭望的树木等植物。

禁止向铁路线路安全保护区排污、倾倒垃圾以及其他危害铁路安全的物质。

第三十条 在铁路线路安全保护区内建造建筑物、构筑物等设施，取土、挖砂、挖沟、采空作业或者堆放、悬挂物品，应当征得铁路运输企业同意并签订安全协议，遵守保证铁路安全的国家标准、行业标准和施工安全规范，采取措施防止影响铁路运输安全。铁路运输企业应当派员对施工现场实行安全监督。

第三十一条 铁路线路安全保护区内既有的建筑物、构筑物危及铁路运输安全的，应当采取必要的安全防护措施；采取安全防护措施后仍不能保证安全的，依照有关法律的规定拆除。

拆除铁路线路安全保护区内的建筑物、构筑物,清理铁路线路安全保护区内的植物,或者对他人在铁路线路安全保护区内已依法取得的采矿权等合法权利予以限制,给他人造成损失的,应当依法给予补偿或者采取必要的补救措施。但是,拆除非法建设的建筑物、构筑物的除外。

第三十二条 在铁路线路安全保护区及其邻近区域建造或者设置的建筑物、构筑物、设备等,不得进入国家规定的铁路建筑限界。

第三十三条 在铁路线路两侧建造、设立生产、加工、储存或者销售易燃、易爆或者放射性物品等危险物品的场所、仓库,应当符合国家标准、行业标准规定的安全防护距离。

第三十四条 在铁路线路两侧从事采矿、采石或者爆破作业,应当遵守有关采矿和民用爆破的法律法规,符合国家标准、行业标准和铁路安全保护要求。

在铁路线路路堤坡脚、路堑坡顶、铁路桥梁外侧起向外各1000米范围内,以及在铁路隧道上方中心线两侧各1000米范围内,确需从事露天采矿、采石或者爆破作业的,应当与铁路运输企业协商一致,依照有关法律法规的规定报县级以上地方人民政府有关部门批准,采取安全防护措施后方可进行。

第三十五条 高速铁路线路路堤坡脚、路堑坡顶或者铁路桥梁外侧起向外各200米范围内禁止抽取地下水。

在前款规定范围外,高速铁路线路经过的区域属于地面沉降区域,抽取地下水危及高速铁路安全的,应当设置地下水禁止开采区或者限制开采区,具体范围由铁路监督管理机构会同县级以上地方人民政府水行政主管部门提出方案,报省、自治区、直辖市人民政府批准并公告。

第三十六条 在电气化铁路附近从事排放粉尘、烟尘及腐蚀性气体的生产活动,超过国家规定的排放标准,危及铁路运输安全的,由县级以上地方人民政府有关部门依法责令整改,消除安全隐患。

第三十七条 任何单位和个人不得擅自在铁路桥梁跨越处河道上下游各1000米范围内围垦造田、拦河筑坝、架设浮桥或者修建其他影响铁路桥梁安全的设施。

因特殊原因确需在前款规定的范围内进行围垦造田、拦河筑坝、架设浮桥等活动的,应当进行安全论证,负责审批的机关在批准前应当征求有关铁路运输企业的意见。

第三十八条 禁止在铁路桥梁跨越处河道上下游的下列范围内采砂、淘金:

(一)跨河桥长500米以上的铁路桥梁,河道上游500米,下游3000米;

(二)跨河桥长100米以上不足500米的铁路桥梁,河道上游500米,下游2000米;

(三)跨河桥长不足100米的铁路桥梁,河道上游500米,下游1000米。

有关部门依法在铁路桥梁跨越处河道上下游划定的禁采范围大于前款规定的禁采范围的,按照划定的禁采范围执行。

县级以上地方人民政府水行政主管部门、国土资源主管部门应当按照各自职责划定禁采区域、设置禁采标志,制止非法采砂、淘金行为。

第三十九条 在铁路桥梁跨越处河道上下游各500米范围内进行疏浚作业,应当进行安全技术评价,有关河道、航道管理部门应当征求铁路运输企业的意见,确认安全或者采取安全技术措施后,方可批准进行疏浚作业。但是,依法进行河道、航道日常养护、疏浚作业的除外。

第四十条 铁路、道路两用桥由所在地铁路运输企业和道路管理部门或者道路经营企业定期检查、共同维护,保证桥梁处于安全的技术状态。

铁路、道路两用桥的墩、梁等共用部分的检测、维修由铁路运输企业和道路管理部门或者道路经营企业共同负责,所需费用按照公平合理的原则分担。

第四十一条 铁路的重要桥梁和隧道按照国家有关规定由中国人民武装警察部队负责守卫。

第四十二条 船舶通过铁路桥梁应当符合桥梁的通航净空高度并遵守航行规则。

桥区航标中的桥梁航标、桥柱标、桥梁水尺标由铁路运输企业负责设置、维护,水面航标由铁路运输企业负责设置,航道管理部门负责维护。

第四十三条 下穿铁路桥梁、涵洞的道路应当按照国家标准设置车辆通过限高、限宽标志和限高防护架。城市道路的限高、限宽标志由当地人民政府指定的部门设置并维护,公路的限高、限宽标志由公路管理部门设置并维护。限高防护架在铁路桥梁、涵洞、道路建设时设置,由铁路运输企业负责维护。

机动车通过下穿铁路桥梁、涵洞的道路,应当遵守限高、限宽规定。

下穿铁路涵洞的管理单位负责涵洞的日常管理、维护,防止淤塞、积水。

第四十四条 铁路线路安全保护区内的道路和铁路线路路堑上的道路、跨越铁路线路的道路桥梁,应当按照国家有关规定设置防止车辆以及其他物体进入、坠入铁路线路的安全防护设施和警示标志,并由道路管理部门或者道路经营企业维护、管理。

第四十五条 架设、铺设铁路信号和通信线路、杆塔应当符合国家标准、行业标准和铁路安全防护要求。铁路运输企业、为铁路运输提供服务的电信企业应当加强对铁路信号和通信线路、杆塔的维护和管理。

第四十六条 设置或者拓宽铁路道口、铁路人行过道,应当征得铁路运输企业的同意。

第四十七条 铁路与道路交叉的无人看守道口应当按照国家标准设置警示标志;有人看守道口应当设置移动栏杆、列车接近报警装置、警示灯、警示标志、铁路道口路段标线等安全防护设施。

道口移动栏杆、列车接近报警装置、警示灯等安全防护设施由铁路运输企业设置、维护;警示标志、铁路道口路段标线由铁路道口所在地的道路管理部门设置、维护。

第四十八条 机动车或者非机动车在铁路道口内发生故障或者装载物掉落的,应当立即将故障车辆或者掉落的装载物移至铁路道口停止线以外或者铁路线路最外侧钢轨 5 米以外的安全地点。无法立即移至安全地点的,应当立即报告铁路道口看守人员;在无人看守道口,应当立即在道口两端采取措施拦停列车,并就近通知铁路车站或者公安机关。

第四十九条 履带车辆等可能损坏铁路设施设备的车辆、物体通过铁路道口,应当提前通知铁路道口管理单位,在其协助、指导下通过,并采取相应的安全防护措施。

第五十条 在下列地点,铁路运输企业应当按照国家标准、行业标准设置易于识别的警示、保护标志:

(一)铁路桥梁、隧道的两端;

(二)铁路信号、通信光(电)缆的埋设、铺设地点;

(三)电气化铁路接触网、自动闭塞供电线路和电力贯通线路等电力设施附近易发生危险的地点。

第五十一条 禁止毁坏铁路线路、站台等设施设备和铁路路基、护坡、排水沟、防护林木、护坡草坪、铁路线路封闭网及其他铁路防护设施。

第五十二条 禁止实施下列危及铁路通信、信号设施安全的行为:

(一)在埋有地下光(电)缆设施的地面上方进行钻探,堆放重物、垃圾,焚烧物品,倾倒腐蚀性物质;

(二)在地下光(电)缆两侧各 1 米的范围内建造、搭建建筑物、构筑物等设施;

(三)在地下光(电)缆两侧各 1 米的范围内挖砂、取土;

(四)在过河光(电)缆两侧各 100 米的范围内挖砂、抛锚或者进行其他危及光(电)缆安全的作业。

第五十三条 禁止实施下列危害电气化铁路设施的行为:

(一)向电气化铁路接触网抛掷物品;

(二)在铁路电力线路导线两侧各 500 米的范围内升放风筝、气球等低空飘浮物体;

(三)攀登铁路电力线路杆塔或者在杆塔上架设、安装其他设施设备;

(四)在铁路电力线路杆塔、拉线周围 20 米范围内取土、打桩、钻探或者倾倒有害化学物品;

(五)触碰电气化铁路接触网。

第五十四条 县级以上各级人民政府及其有关部门、铁路运输企业应当依照地质灾害防治法律法规的规定,加强铁路沿线地质灾害的预防、治理和应急处理等工作。

第五十五条 铁路运输企业应当对铁路线路、铁路防护设施和警示标志进行经常性巡查和维护;对巡查中发现的安全问题应当立即处理,不能立即处理的应当及时报告铁路监督管理机构。巡查和处理情况应当记录留存。

第五章 铁路运营安全

第五十六条 铁路运输企业应当依照法律、行政法规和国务院铁路行业监督管理部门的规定,制定铁路运输安全管理制度,完善相关作业程序,保障铁路旅客和货物运输安全。

第五十七条 铁路机车车辆的驾驶人员应当参加国务院铁路行业监督管理部门组织的考试,考试合格方可上岗。具体办法由国务院铁路行业监督管理部门制定。

第五十八条 铁路运输企业应当加强铁路专业技术岗位和主要行车工种岗位从业人员的业务培训和安全培训,提高从业人员的业务技能和安全意识。

第五十九条 铁路运输企业应当加强运输过程中的安全防护,使用的运输工具、装载加固设备以及其他专用设施设备应当符合国家标准、行业标准和安全要求。

第六十条 铁路运输企业应当建立健全铁路设施设备的检查防护制度,加强对铁路设施设备的日常维护检修,确保铁路设施设备性能完好和安全运行。

铁路运输企业的从业人员应当按照操作规程使用、

管理铁路设施设备。

第六十一条 在法定假日和传统节日等铁路运输高峰期或者恶劣气象条件下，铁路运输企业应当采取必要的安全应急管理措施，加强铁路运输安全检查，确保运输安全。

第六十二条 铁路运输企业应当在列车、车站等场所公告旅客、列车工作人员以及其他进站人员遵守的安全管理规定。

第六十三条 公安机关应当按照职责分工，维护车站、列车等铁路场所和铁路沿线的治安秩序。

第六十四条 铁路运输企业应当按照国务院铁路行业监督管理部门的规定实施火车票实名购买、查验制度。

实施火车票实名购买、查验制度的，旅客应当凭有效身份证件购票乘车；对车票所记载身份信息与所持身份证件或者真实身份不符的持票人，铁路运输企业有权拒绝其进站乘车。

铁路运输企业应当采取有效措施为旅客实名购票、乘车提供便利，并加强对旅客身份信息的保护。铁路运输企业工作人员不得窃取、泄露旅客身份信息。

第六十五条 铁路运输企业应当依照法律、行政法规和国务院铁路行业监督管理部门的规定，对旅客及其随身携带、托运的行李物品进行安全检查。

从事安全检查的工作人员应当佩戴安全检查标志，依法履行安全检查职责，并有权拒绝不接受安全检查的旅客进站乘车和托运行李物品。

第六十六条 旅客应当接受并配合铁路运输企业在车站、列车实施的安全检查，不得违法携带、夹带管制器具，不得违法携带、托运烟花爆竹、枪支弹药等危险物品或者其他违禁物品。

禁止或者限制携带的物品种类及其数量由国务院铁路行业监督管理部门会同公安机关规定，并在车站、列车等场所公布。

第六十七条 铁路运输托运人托运货物、行李、包裹，不得有下列行为：

（一）匿报、谎报货物品名、性质、重量；

（二）在普通货物中夹带危险货物，或者在危险货物中夹带禁止配装的货物；

（三）装车、装箱超过规定重量。

第六十八条 铁路运输企业应当对承运的货物进行安全检查，并不得有下列行为：

（一）在非危险货物办理站办理危险货物承运手续；

（二）承运未接受安全检查的货物；

（三）承运不符合安全规定、可能危害铁路运输安全的货物。

第六十九条 运输危险货物应当依照法律法规和国家其他有关规定使用专用的设施设备，托运人应当配备必要的押运人员和应急处理器材、设备以及防护用品，并使危险货物始终处于押运人员的监管之下；危险货物发生被盗、丢失、泄漏等情况，应当按照国家有关规定及时报告。

第七十条 办理危险货物运输业务的工作人员和装卸人员、押运人员，应当掌握危险货物的性质、危害特性、包装容器的使用特性和发生意外的应急措施。

第七十一条 铁路运输企业和托运人应当按照操作规程包装、装卸、运输危险货物，防止危险货物泄漏、爆炸。

第七十二条 铁路运输企业和托运人应当依照法律法规和国家其他有关规定包装、装载、押运特殊药品，防止特殊药品在运输过程中被盗、被劫或者发生丢失。

第七十三条 铁路管理信息系统及其设施的建设和使用，应当符合法律法规和国家其他有关规定的安全技术要求。

铁路运输企业应当建立网络与信息安全应急保障体系，并配备相应的专业技术人员负责网络和信息系统的安全管理工作。

第七十四条 禁止使用无线电台（站）以及其他仪器、装置干扰铁路运营指挥调度无线电频率的正常使用。

铁路运营指挥调度无线电频率受到干扰的，铁路运输企业应当立即采取排查措施并报告无线电管理机构、铁路监管部门；无线电管理机构、铁路监管部门应当依法排除干扰。

第七十五条 电力企业应当依法保障铁路运输所需电力的持续供应，并保证供电质量。

铁路运输企业应当加强用电安全管理，合理配置供电电源和应急自备电源。

遇有特殊情况影响铁路电力供应的，电力企业和铁路运输企业应当按照各自职责及时组织抢修，尽快恢复正常供电。

第七十六条 铁路运输企业应当加强铁路运营食品安全管理，遵守有关食品安全管理的法律法规和国家其他有关规定，保证食品安全。

第七十七条 禁止实施下列危害铁路安全的行为：

（一）非法拦截列车、阻断铁路运输；

（二）扰乱铁路运输指挥调度机构以及车站、列车的正常秩序；

（三）在铁路线路上放置、遗弃障碍物；

（四）击打列车；

（五）擅自移动铁路线路上的机车车辆，或者擅自开启列车车门、违规操纵列车紧急制动设备；

（六）拆盗、损毁或者擅自移动铁路设施设备、机车车辆配件、标桩、防护设施和安全标志；

（七）在铁路线路上行走、坐卧或者在未设道口、人行过道的铁路线路上通过；

（八）擅自进入铁路线路封闭区域或者在未设置行人通道的铁路桥梁、隧道通行；

（九）擅自开启、关闭列车的货车阀、盖或者破坏施封状态；

（十）擅自开启列车中的集装箱箱门，破坏箱体、阀、盖或者施封状态；

（十一）擅自松动、拆解、移动列车中的货物装载加固材料、装置和设备；

（十二）钻车、扒车、跳车；

（十三）从列车上抛扔杂物；

（十四）在动车组列车上吸烟或者在其他列车的禁烟区域吸烟；

（十五）强行登乘或者以拒绝下车等方式强占列车；

（十六）冲击、堵塞、占用进出站通道或者候车区、站台。

第六章　监督检查

第七十八条　铁路监管部门应当对从事铁路建设、运输、设备制造维修的企业执行本条例的情况实施监督检查，依法查处违反本条例规定的行为，依法组织或者参与铁路安全事故的调查处理。

铁路监管部门应当建立企业违法行为记录和公告制度，对违反本条例被依法追究法律责任的从事铁路建设、运输、设备制造维修的企业予以公布。

第七十九条　铁路监管部门应当加强对铁路运输高峰期和恶劣气象条件下运输安全的监督管理，加强对铁路运输的关键环节、重要设施设备的安全状况以及铁路运输突发事件应急预案的建立和落实情况的监督检查。

第八十条　铁路监管部门和县级以上人民政府安全生产监督管理部门应当建立信息通报制度和运输安全生产协调机制。发现重大安全隐患，铁路运输企业难以自行排除的，应当及时向铁路监管部门和有关地方人民政府报告。地方人民政府获悉铁路沿线有危及铁路运输安全的重要情况，应当及时通报有关的铁路运输企业和铁路监管部门。

第八十一条　铁路监管部门发现安全隐患，应当责令有关单位立即排除。重大安全隐患排除前或者排除过程中无法保证安全的，应当责令从危险区域内撤出人员、设备，停止作业；重大安全隐患排除后方可恢复作业。

第八十二条　实施铁路安全监督检查的人员执行监督检查任务时，应当佩戴标志或者出示证件。任何单位和个人不得阻碍、干扰安全监督检查人员依法履行安全检查职责。

第七章　法律责任

第八十三条　铁路建设单位和铁路建设的勘察、设计、施工、监理单位违反本条例关于铁路建设质量安全管理的规定的，由铁路监管部门依照有关工程建设、招标投标管理的法律、行政法规的规定处罚。

第八十四条　铁路建设单位未对高速铁路和地质构造复杂的铁路建设工程实行工程地质勘察监理，或者在铁路线路及其邻近区域进行铁路建设工程施工不执行铁路营业线施工安全管理规定，影响铁路运营安全的，由铁路监管部门责令改正，处10万元以上50万元以下的罚款。

第八十五条　依法应当进行产品认证的铁路专用设备未经认证合格，擅自出厂、销售、进口、使用的，依照《中华人民共和国认证认可条例》的规定处罚。

第八十六条　铁路机车车辆以及其他专用设备制造者未按规定召回缺陷产品，采取措施消除缺陷的，由国务院铁路行业监督管理部门责令改正；拒不改正的，处缺陷产品货值金额1%以上10%以下的罚款；情节严重的，由国务院铁路行业监督管理部门吊销相应的许可证件。

第八十七条　有下列情形之一的，由铁路监督管理机构责令改正，处2万元以上10万元以下的罚款：

（一）用于铁路运输的安全检测、监控、防护设施设备，集装箱和集装化用具等运输器具、专用装卸机械、索具、篷布、装载加固材料或者装置、运输包装、货物装载加固等，不符合国家标准、行业标准和技术规范；

（二）不按照国家有关规定和标准设置、维护铁路封闭设施、安全防护设施；

（三）架设、铺设铁路信号和通信线路、杆塔不符合国家标准、行业标准和铁路安全防护要求，或者未对铁路信号和通信线路、杆塔进行维护和管理；

（四）运输危险货物不依照法律法规和国家其他有关规定使用专用的设施设备。

第八十八条　在铁路线路安全保护区内烧荒、放养牲畜、种植影响铁路线路安全和行车瞭望的树木等植物，或者向铁路线路安全保护区排污、倾倒垃圾以及其他危害铁路安全的物质的，由铁路监督管理机构责令改正，对单位可以处5万元以下的罚款，对个人可以处2000元以下的罚款。

第八十九条　未经铁路运输企业同意或者未签订安全协议，在铁路线路安全保护区内建造建筑物、构筑物等设施，取土、挖砂、挖沟、采空作业或者堆放、悬挂物品，或者违反保证铁路安全的国家标准、行业标准和施工安全规范，影响铁路运输安全的，由铁路监督管理机构责令改正，可以处10万元以下的罚款。

铁路运输企业未派员对铁路线路安全保护区内施工现场进行安全监督的，由铁路监督管理机构责令改正，可以处3万元以下的罚款。

第九十条　在铁路线路安全保护区及其邻近区域建造或者设置的建筑物、构筑物、设备等进入国家规定的铁路建筑限界，或者在铁路线路两侧建造、设立生产、加工、储存或者销售易燃、易爆或者放射性物品等危险物品的场所、仓库不符合国家标准、行业标准规定的安全防护距离的，由铁路监督管理机构责令改正，对单位处5万元以上20万元以下的罚款，对个人处1万元以上5万元以下的罚款。

第九十一条　有下列行为之一的，分别由铁路沿线所在地县级以上地方人民政府水行政主管部门、国土资源主管部门或者无线电管理机构等依照有关水资源管理、矿产资源管理、无线电管理等法律、行政法规的规定处罚：

（一）未经批准在铁路线路两侧各1000米范围内从事露天采矿、采石或者爆破作业；

（二）在地下水禁止开采区或者限制开采区抽取地下水；

（三）在铁路桥梁跨越处河道上下游各1000米范围内围垦造田、拦河筑坝、架设浮桥或者修建其他影响铁路桥梁安全的设施；

（四）在铁路桥梁跨越处河道上下游禁止采砂、淘金的范围内采砂、淘金；

（五）干扰铁路运营指挥调度无线电频率正常使用。

第九十二条　铁路运输企业、道路管理部门或者道路经营企业未履行铁路、道路两用桥检查、维护职责的，由铁路监督管理机构或者上级道路管理部门责令改正；拒不改正的，由铁路监督管理机构或者上级道路管理部门指定其他单位进行养护和维修，养护和维修费用由拒不履行义务的铁路运输企业、道路管理部门或者道路经营企业承担。

第九十三条　机动车通过下穿铁路桥梁、涵洞的道路未遵守限高、限宽规定的，由公安机关依照道路交通安全管理法律、行政法规的规定处罚。

第九十四条　违反本条例第四十八条、第四十九条关于铁路道口安全管理的规定的，由铁路监督管理机构责令改正，处1000元以上5000元以下的罚款。

第九十五条　违反本条例第五十一条、第五十二条、第五十三条、第七十七条规定的，由公安机关责令改正，对单位处1万元以上5万元以下的罚款，对个人处500元以上2000元以下的罚款。

第九十六条　铁路运输托运人托运货物、行李、包裹时匿报、谎报货物品名、性质、重量，或者装车、装箱超过规定重量的，由铁路监督管理机构责令改正，可以处2000元以下的罚款；情节较重的，处2000元以上2万元以下的罚款；将危险化学品谎报或者匿报为普通货物托运的，处10万元以上20万元以下的罚款。

铁路运输托运人在普通货物中夹带危险货物，或者在危险货物中夹带禁止配装的货物的，由铁路监督管理机构责令改正，处3万元以上20万元以下的罚款。

第九十七条　铁路运输托运人运输危险货物未配备必要的应急处理器材、设备、防护用品，或者未按照操作规程包装、装卸、运输危险货物的，由铁路监督管理机构责令改正，处1万元以上5万元以下的罚款。

第九十八条　铁路运输托运人运输危险货物不按照规定配备必要的押运人员，或者发生危险货物被盗、丢失、泄漏等情况不按照规定及时报告的，由公安机关责令改正，处1万元以上5万元以下的罚款。

第九十九条　旅客违法携带、夹带管制器具或者违法携带、托运烟花爆竹、枪支弹药等危险物品或者其他违禁物品的，由公安机关依法给予治安管理处罚。

第一百条　铁路运输企业有下列情形之一的，由铁路监管部门责令改正，处2万元以上10万元以下的罚款：

（一）在非危险货物办理站办理危险货物承运手续；

（二）承运未接受安全检查的货物；

（三）承运不符合安全规定、可能危害铁路运输安全的货物；

（四）未按照操作规程包装、装卸、运输危险货物。

第一百零一条　铁路监管部门及其工作人员应当严格按照本条例规定的处罚种类和幅度，根据违法行为的性质和具体情节行使行政处罚权，具体办法由国务院铁路行业监督管理部门制定。

第一百零二条 铁路运输企业工作人员窃取、泄露旅客身份信息的，由公安机关依法处罚。

第一百零三条 从事铁路建设、运输、设备制造维修的单位违反本条例规定，对直接负责的主管人员和其他直接责任人员依法给予处分。

第一百零四条 铁路监管部门及其工作人员不依照本条例规定履行职责的，对负有责任的领导人员和直接责任人员依法给予处分。

第一百零五条 违反本条例规定，给铁路运输企业或者其他单位、个人财产造成损失的，依法承担民事责任。

违反本条例规定，构成违反治安管理行为的，由公安机关依法给予治安管理处罚；构成犯罪的，依法追究刑事责任。

第八章 附 则

第一百零六条 专用铁路、铁路专用线的安全管理参照本条例的规定执行。

第一百零七条 本条例所称高速铁路，是指设计开行时速250公里以上（含预留），并且初期运营时速200公里以上的客运列车专线铁路。

第一百零八条 本条例自2014年1月1日起施行。2004年12月27日国务院公布的《铁路运输安全保护条例》同时废止。

国家处置铁路行车事故应急预案

·2006年1月22日

1 总 则

1.1 编制目的

预防和最大程度地减少铁路行车事故造成的人员伤亡、财产损失和对公共安全的影响，及时有效处置铁路行车事故，尽快恢复铁路运输正常秩序。

1.2 编制依据

依据《中华人民共和国安全生产法》、《中华人民共和国铁路法》、《中华人民共和国消防法》、《国家突发公共事件总体应急预案》、《特别重大事故调查程序暂行规定》、《铁路技术管理规程》、《铁路行车事故处理规则》等法律法规和有关规定，制定本预案。

1.3 适用范围

本预案适用于铁路发生特别重大行车事故，即造成30人以上死亡（含失踪）、或危及30人以上生命安全，或100人以上中毒（重伤）、或紧急转移人员超过10万、或直接经济损失超过1亿元、或繁忙干线中断行车48小时以上的事故；以及在国家铁路、国家铁路控股的合资铁路开行的旅客列车，国家铁路、国家铁路控股的合资铁路开往地方铁路或非国家铁路控股的合资铁路的旅客列车，发生重大行车事故，即造成10人以上、30人以下死亡（含失踪），或危及10人以上、30人以下生命安全，或50人以上、100人以下中毒（重伤），或直接经济损失在5000万元以上、1亿元以下，或繁忙干线中断行车24小时以上的事故。

地方铁路和非国家铁路控股的合资铁路发生上述行车事故时，按管理权限，由所在地省级人民政府制定相应应急预案，并按其规定组织处置。

1.4 工作原则

（1）坚持以人为本。以保障人民群众生命财产安全为出发点和落脚点，最大程度地减少行车事故造成的人员伤亡和财产损失。

（2）尽快恢复运输。分秒必争，快速抢通线路，尽快恢复通车和运输秩序。

（3）实行分工负责。在国务院统一领导下，铁道部和国务院有关部门、事发地人民政府按照各自职责、分工、权限和本预案的规定，共同做好铁路行车事故应急救援处置工作。

（4）坚持预防为主。积极采用先进的预测、预防、预警和应急处置技术，提高行车事故防范水平；不断完善铁路应急救援体系建设，提高救援装备技术水平和应急救援能力。

2 组织指挥体系及职责

在发生铁路Ⅰ级应急响应的行车事故时，根据需要，铁道部报请国务院领导组织、指导、协调应急救援工作，由国务院或国务院授权铁道部成立非常设的国家处置铁路行车事故应急救援领导小组，成员单位根据铁路行车事故的严重程度、影响范围和应急处置的需要确定。

铁道部成立铁路行车事故应急指挥小组，下设行车事故灾难应急协调办公室，负责协助部领导处理有关事故灾难、信息收集和协调指挥等工作。

国家处置铁路行车事故应急救援领导小组根据铁道部建议以及相关部门和单位意见，作出应急支援决定。国务院各有关部门和地方人民政府依据分工，分头组织实施应急支援行动。

事发地省级人民政府成立现场救援指挥部，具体负责事故现场群众疏散安置、社会救援力量支援等方面的现场指挥和后勤保障工作；负责组织处置地方铁路和非国家铁路控股的合资铁路发生的行车事故。

3 预防预警

3.1 行车事故信息报告与管理

铁道部负责本预案规定处理权限的铁路行车事故信息的收集、调查、处理、统计、分析、总结和报告，同时预测事故发展趋势，发布安全预警信息，制订相应预防措施。

铁路行车事故信息按《铁路行车事故处理规则》规定进行报告。当铁路行车事故发生后，有关人员应立即上报铁道部，最迟不得超过事故发生后2小时；铁道部按有关规定上报国务院，最迟不得超过接报后2小时；按本预案要求通知铁道部应急指挥小组成员。

对需要地方人民政府协助救援、协调伤员救治、现场群众疏散等工作以及可能产生较大社会影响的行车事故，发生事故的铁路运输企业，应按地方人民政府和铁路运输企业铁路行车事故应急预案规定程序，立即向事发地人民政府应急机构通报，地方人民政府应按有关程序进行处置。

地方铁路和非国家铁路控股的合资铁路发生Ⅰ、Ⅱ级应急响应的行车事故时，由事发地省级人民政府在事故发生后2小时内报铁道部行车事故灾难应急协调办公室。

3.2 行车事故预防预警系统

根据铁路行车事故特点和规律，适应提高科技保障安全能力的需要，铁路部门应进一步加大投入，研制开发和引进先进的安全技术装备，进一步整合和完善铁路现有各项安全检测、监控技术装备；依托现代网络技术和移动通信技术，构建完整的铁路行车安全监控信息网络，实现各类安全监测信息的自动收集与集成；逐步建立防止各类铁路行车事故的安全监控系统、事故救援指挥系统和铁路行车安全信息综合管理系统。在此基础上，逐步建成集监测、控制、管理和救援于一体的高度信息化的铁路行车安全预防预警体系。

4 应急响应

4.1 分级响应

按铁路行车事故灾难的可控性、严重程度和影响范围，应急响应级别原则上分为Ⅰ、Ⅱ、Ⅲ、Ⅳ级。当达到本预案应急响应条件时，应启动本预案。

4.1.1 Ⅰ级应急响应

(1)出现下列情况之一，为Ⅰ级应急响应：

①造成30人以上死亡(含失踪)，或危及30人以上生命安全，或100人以上中毒(重伤)的铁路行车事故。

②直接经济损失超过1亿元的铁路行车事故。

③铁路沿线群众需要紧急转移10万人以上的铁路行车事故。

④铁路繁忙干线遭受破坏，造成行车中断，经抢修在48小时内无法恢复通车。

⑤需要启动Ⅰ级应急响应的其他铁路行车事故。

(2)Ⅰ级响应行动。

①Ⅰ级应急响应由铁道部报请国务院启动，或由国务院授权铁道部启动。

②铁道部接到事故报告后，立即报告国务院，同时根据事故情况，通知国务院应急救援领导小组有关成员，组成国家处置铁路行车事故应急救援领导小组。

③铁道部开通与国务院有关部门、事发地省级应急救援指挥机构以及现场救援指挥部的通信联系通道，随时掌握事故进展情况。

④通知有关专家对应急救援方案提供咨询。

⑤铁道部根据专家的建议以及国务院其他部门的意见提出建议，国务院应急救援领导小组确定事故救援的支援和协调方案。

⑥派出有关人员和专家赶赴现场参加、指导现场应急救援。

⑦协调事故现场救援指挥部提出的其他支援请求。

4.1.2 Ⅱ级应急响应

(1)符合下列情况之一，为Ⅱ级应急响应：

①造成10人以上、30人以下死亡(含失踪)，或危及10人以上、30人以下生命安全，或50人以上、100人以下中毒(重伤)的铁路行车事故。

②直接经济损失为5000万元以上、1亿元以下的铁路行车事故。

③铁路沿线群众需要紧急转移5万人以上、10万人以下的铁路行车事故。

④铁路繁忙干线遭受破坏，造成行车中断，经抢修24小时内无法恢复通车。

⑤需要启动Ⅱ级应急响应的其他铁路行车事故。

(2)Ⅱ级响应行动

①Ⅱ级应急响应由铁道部负责启动。

②铁道部行车事故灾难应急协调办公室立即通知铁道部应急指挥小组有关成员前往指挥地点，并根据事故具体情况通知有关专家参加。

③应急指挥小组根据事故情况设立行车指挥、事故救援、事故调查、医疗救护、后勤保障、善后处理、宣传报道、治安保卫等应急协调组和现场救援指挥部。

④开通与事发地铁路运输企业应急救援指挥机构、事故现场救援指挥部、各应急协调组的通信联系通道，随时掌握事故进展情况。

⑤根据专家和各应急协调组的建议，应急指挥小组确定事故救援的支援和协调方案。

⑥派出有关人员和专家赶赴现场参加、指导现场应急救援工作。

⑦协调事故现场救援指挥部提出的支援请求。

⑧向国务院报告有关事故情况。

⑨超出本级应急救援处置能力时，及时报告国务院。

4.1.3 发生Ⅲ级以下应急响应的行车事故，由铁路运输企业按其制定的应急预案启动。

4.2 信息共享和处理

4.2.1 铁道部通过现代网络技术，构建铁路行车安全信息管理体系，实现铁路行车安全信息集中管理、资源共享。

4.2.2 国际联运列车在境外发生行车事故时，铁道部及时与有关部门联系，了解事故情况。

4.2.3 发生Ⅰ、Ⅱ级应急响应的行车事故时，发生事故的铁路运输企业在报告铁道部的同时，应按有关规定抄报事发地省级人民政府。

4.3 通信

4.3.1 铁道部负责组织协调建立通信联系，保障事故现场信息和国务院各应急协调指挥机构的通信，必要时承担开设现场应急救援指挥机动通信枢纽的任务。

4.3.2 铁路系统内部以行车调度电话为主通信方式，各级值班电话为辅助通信方式。

4.3.3 行车事故发生后，根据事故应急处理需要，设置事故现场指挥电话和图像传输设备，确定现场联系方式，确保应急指挥联络的畅通。

4.4 指挥和协调

4.4.1 铁道部指挥协调工作

(1)进入应急状态，铁道部应急指挥小组代表铁道部全权负责行车事故应急协调指挥工作。

(2)铁道部应急指挥小组根据行车事故情况，提出事故现场控制行动原则和要求，调集相邻铁路运输企业救援队伍，商请有关部门派出专业救援人员；各应急机构接到事故信息和支援命令后，要立即派出有关人员和队伍赶赴现场。现场救援指挥部根据铁道部应急指挥小组的授权，统一指挥事故现场救援。各应急救援力量要按照批准的方案，相互配合，密切协作，共同实施救援起复和紧急处置行动。

(3)现场救援指挥部成立前，由事发地铁路运输企业应急领导小组指定人员任组长并组织有关单位组成事故现场临时调查处理小组，按《铁路行车事故处理规则》的规定，开展事故现场人员救护、事故救援、机车、车辆起复和事故调查等工作，全力控制事故态势，防止事故扩大。

(4)行车事故发生后，铁路行车指挥部门要立即封锁事故影响的区间(站场)，全面做好防护工作，防止次生、衍生事故的发生和人员伤亡、财产损失的扩大。

应急状态时，铁道部有关司局和专家，要及时、主动向行车事故灾难应急协调办公室提供事故应急救援有关基础资料以及事故发生前设备技术状态和相关情况，并迅速对事故灾难信息进行分析、评估，提出应急处置方案和建议，供铁道部应急指挥小组领导决策参考。

4.4.2 事发地人民政府指挥协调工作

地方人民政府应急指挥机构根据铁路行车事故情况，对铁路沿线群众安全防护和疏散、事故造成的伤亡人员救护和安置、事故现场的治安秩序以及有关救援力量的增援提出现场行动原则和要求，并迅速组织救援力量实施救援行动。

4.5 紧急处置

4.5.1 现场处置主要依靠事发地铁路运输企业应急处置力量。事故发生后，当地铁路单位和列车工作人员应立即组织开展自救、互救，并根据《铁路行车事故处理规则》迅速上报。

4.5.2 发生铁路行车事故需要启动本预案时，铁道部、国务院有关部门和地方人民政府分别按权限组织处置。根据事故具体情况和实际需要调动应急队伍，集结专用设备、器械和药品等救援物资，落实处置措施。公安、武警对现场施行保护、警戒和协助抢救。

4.5.3 铁道部应急指挥小组根据现场请求，负责紧急调集铁路内部救援力量、专用设备和物资，参与应急处置；并通过国家处置铁路行车事故应急救援领导小组，协调组织有关部委的专业救援力量、专用设备和物资实施紧急支援。

4.5.4 涉及跨省级行政区域、影响严重的事故紧急处置方案，由铁道部提出并协调实施；必要时，报国务院决定。

4.6 救护和医疗

4.6.1 行车事发地人民政府负责现场组织协调有关医疗救护工作。

4.6.2 卫生部门根据铁道部应急指挥小组的请求，负责协调组织医疗救护、医疗专家、特种药品和特种救治装备进行支援，协调组织现场卫生防疫有关工作。

4.6.3 事发地铁路运输企业按照本单位应急预案中确定的医疗救护网点，迅速联系地方医疗机构，配合协助医疗部门开展紧急医疗救护和现场卫生处置。

4.6.4 对可能导致疫病发生的行车事故，铁路运输企业应立即通知卫生防疫部门采取防疫措施。

4.7 应急人员的防护

应急救援起复方案，必须在确保现场人员安全的情况下实施。应急救援人员的自身安全防护，必须按设备、设施操作规程和标准执行。参加应急救援和现场指挥、事故调查处理的人员，必须配带具有明显标识并符合防护要求的安全帽、防护服、防护靴等。根据需要，由铁道部应急指挥小组和事发地人民政府具体协调调集相应的安全防护装备。

4.8 群众的安全防护

4.8.1 凡旅客列车发生的行车事故需要应急救援时，必须先将旅客和列车乘务人员疏散到安全区域后方准开始应急救援。

4.8.2 凡需要对旅客进行安全防护、疏散时，由铁路运输企业按其应急救援预案进行安全防护和疏散。需要对沿线群众进行安全防护、疏散时，铁路运输企业应立即通知事发地人民政府，由地方人民政府负责进行安全防护和疏散。

4.8.3 旅客、群众安全防护和事故处理期间的治安管理，由公安机关和武警部队负责。

4.9 社会力量的动员与参与

需社会力量参与时，由铁道部应急指挥小组协调地方人民政府实施，并纳入地方人民政府应急救援预案。社会力量参与应急救援，应在现场救援指挥部统一领导下开展工作。

4.10 突发事件的调查处理及损失评估

Ⅰ级应急响应的铁路行车事故调查处理，由国务院或国务院授权组织调查组负责。其他铁路行车事故的调查处理，按《铁路行车事故处理规则》有关规定，由铁道部负责。

行车事故的损失评估，按铁路有关规定执行。

4.11 信息发布

铁道部或被授权的铁路局负责行车事故的信息发布工作。如发生影响较大的行车事故，要及时发布准确、权威的信息，正确引导社会舆论。要指定专人负责信息舆论工作，迅速拟订信息发布方案，确定发布内容，及时采用适当方式发布信息，并组织好相关报道。

4.12 应急结束

当行车事故发生现场对人员、财产、公共安全的危害性消除，伤亡人员和旅客、群众已得到医疗救护和安置，财产得到妥善保护，列车恢复正常运输后，经现场救援指挥部批准，现场应急救援工作结束。应急救援队伍撤离现场，按“谁启动、谁结束”的原则，宣布应急结束。完成行车事故救援起复后期处置工作后，现场救援指挥部要对整个应急救援情况进行总结，并写出报告报送铁道部行车事故灾难应急协调办公室。

5 后期处置

5.1 善后处理

事发地铁路运输企业负责按照法律法规规定，及时对受害旅客、货主、群众及其家属进行补偿或赔偿；负责清除事故现场有害残留物，或将其控制在安全允许的范围内。铁道部和地方人民政府应急指挥机构共同协调处理好有关工作。

5.2 保价保险

铁路行车事故发生后，由善后处理组通知有关保险机构及时赶赴事故现场，开展应急救援人员现场保险及伤亡人员和财产保险的理赔工作；对涉及保价运输的货物损失，由善后处理组按铁路有关保价规定理赔。

5.3 铁路行车事故应急经验教训总结及改进建议

按照《铁路行车事故处理规则》规定，根据现场救援指挥部提交的铁路行车事故报告和应急救援总结报告，铁道部行车事故灾难应急协调办公室组织总结分析应急救援经验教训，提出改进应急救援工作的意见和建议，报送铁道部应急指挥小组。

铁道部、国务院有关部门和事发地省级人民政府应急指挥机构，应根据实际应急救援行动情况进行总结分析，并提交总结报告。

6 保障措施

6.1 通信与信息保障

铁道部负责组织协调通信工作，保证应急救援时通信的畅通。

铁道部负责组织建立统一的国家铁路和国家铁路控股的合资铁路行车事故灾难应急救援指挥系统，逐步整合行车设备状态信息、地理信息、沿线视频信息，并结合行车事故灾害现场动态图像信息和救援预案，建立铁路运输安全综合信息库，为抢险救援提供决策支持。

6.2 救援装备和应急队伍保障

铁道部根据铁路救援体系建设规划，协调、检查、促进铁路应急救援基地建设，强化完善救援队伍建设，保证应急状态时的调用。

铁道部要进一步优化和强化以救援列车、救援队、救援班为主体的救援抢险网络，合理配置救援资源；采用先进的救援装备和安全防护器材，制订各类救援起复专业技术方案；积极开展技能培训和演练，提高快速反应和救援起复能力。

6.3 **交通运输保障**

启动应急预案期间，事发地人民政府和铁路运输企业按管理权限调动管辖范围内的交通工具，任何单位和个人不得拒绝。根据现场需要，由地方人民政府协调地方公安交通管理部门实行必要的交通管制，维持应急处置期间的交通运输秩序。

6.4 **医疗卫生保障**

地方卫生行政部门应制定相应的医疗卫生保障应急预案，明确铁路沿线可用于应急救援的医疗救治资源和卫生防疫机构能力与分布情况，提出可调用方案，检查监督本行政区域内医疗卫生防疫单位的应急准备保障措施。

各铁路运输企业在制定应急预案时，应按照地方卫生行政部门确定的承担铁路行车事故医疗卫生防疫机构名录，明确不同地区、不同线路发生行车事故时医疗卫生机构地址、联系方式，并制订应急处置行动方案，确保应急处置及时有效。

6.5 **治安保障**

各级应急处置预案中，要明确事故现场负责治安保障的公安机关负责人，安排足够的警力做好应急期间各阶段、各场所的治安保障工作。

6.6 **物资保障**

铁路运输企业要按规定备足必需的应急抢险路料及备用器材、设施，专人负责，定期检查。

6.7 **资金保障**

铁路运输企业财会部门要采取得力措施，确保铁路行车事故应急处置的资金需求。铁路行车事故应急救援费用、善后处理费用和损失赔偿费用由事故责任单位承担，事故责任单位无力承担的，由地方人民政府和铁道部按管理权限协调解决。应急处置工作经费保障按《财政应急保障预案》规定实施。

6.8 **技术储备与保障**

铁道部行车事故灾难应急协调办公室负责专家库、技术资料等的建立、完善和更新。

7 宣传、培训和演习

7.1 **宣传教育**

地方各级人民政府要积极利用电视、广播、报刊等新闻媒体，广泛宣传应急法律法规和公众避险、自救、互救知识，提高公众自我保护能力和守法意识。

铁道部要结合铁路行业实际，全面开展宣传教育工作，提高全体职工和公众的安全意识。

7.2 **培训**

按照分级管理的原则，铁道部、国务院有关部门和地方人民政府要组织各级应急管理机构以及专业救援队伍的人员进行上岗前培训，定期进行救援知识的专业培训，提高救援技能。

7.3 **演练**

铁道部要有计划地按应急救援要求每年进行一次演习和演练。根据需要，可开展国内外的工作交流，提高铁路行业应急处置实战能力。

8 附 则

8.1 **名词术语的定义与说明**

铁路行车事故性质按《铁路行车事故处理规则》规定的构成条件确定。

本预案有关数量的表述中，“以上”含本数，“以下”不含本数。

8.2 **预案管理与更新**

随着应急救援法律法规的制定和完善、部门职责的变化以及应急过程中存在的问题和出现的新情况，铁道部应及时修订完善本预案。

8.3 **奖励与责任追究**

对实施本应急预案行动中表现突出的单位和人员，由各级应急领导（指挥）小组给予表彰和奖励；在应急处置中因公殉职的人员需追认烈士时，由地方人民政府负责按有关程序办理。对玩忽职守、严重失职造成事故的责任人，根据国家有关法律法规的规定，按照管理权限，给予行政处罚；构成犯罪的，依法追究刑事责任。

8.4 **预案实施时间**

本预案自印发之日起实施。

国家城市轨道交通运营突发事件应急预案

· 2015 年 4 月 30 日

· 国办函〔2015〕32 号

1 总 则

1.1 **编制目的**

建立健全城市轨道交通运营突发事件（以下简称运营突发事件）处置工作机制，科学有序高效应对运营突发事件，最大程度减少人员伤亡和财产损失，维护社会正常秩序。

1.2　编制依据

依据《中华人民共和国突发事件应对法》、《中华人民共和国安全生产法》、《生产安全事故报告和调查处理条例》、《国家突发公共事件总体应急预案》及相关法律法规等，制定本预案。

1.3　适用范围

本预案适用于城市轨道交通运营过程中发生的因列车撞击、脱轨，设施设备故障、损毁，以及大客流等情况，造成人员伤亡、行车中断、财产损失的突发事件应对工作。

因地震、洪涝、气象灾害等自然灾害和恐怖袭击、刑事案件等社会安全事件以及其他因素影响或可能影响城市轨道交通正常运营时，依据国家相关预案执行，同时参照本预案组织做好监测预警、信息报告、应急响应、后期处置等相关应对工作。

1.4　工作原则

运营突发事件应对工作坚持统一领导、属地负责，条块结合、协调联动，快速反应、科学处置的原则。运营突发事件发生后，城市轨道交通所在地城市及以上地方各级人民政府和有关部门、城市轨道交通运营单位（以下简称运营单位）应立即按照职责分工和相关预案开展处置工作。

1.5　事件分级

按照事件严重性和受影响程度，运营突发事件分为特别重大、重大、较大和一般四级。事件分级标准见附则。

2　组织指挥体系

2.1　国家层面组织指挥机构

交通运输部负责运营突发事件应对工作的指导协调和监督管理。根据运营突发事件的发展态势和影响，交通运输部或事发地省级人民政府可报请国务院批准，或根据国务院领导同志指示，成立国务院工作组，负责指导、协调、支持有关地方人民政府开展运营突发事件应对工作。必要时，由国务院或国务院授权交通运输部成立国家城市轨道交通应急指挥部，统一领导、组织和指挥运营突发事件应急处置工作。

2.2　地方层面组织指挥机构

城市轨道交通所在地城市及以上地方各级人民政府负责本行政区域内运营突发事件应对工作，要明确相应组织指挥机构。地方有关部门按照职责分工，密切配合，共同做好运营突发事件的应对工作。

对跨城市运营的城市轨道交通线路，有关城市人民政府应建立跨区域运营突发事件应急合作机制。

2.3　现场指挥机构

负责运营突发事件处置的人民政府根据需要成立现场指挥部，负责现场组织指挥工作。参与现场处置的有关单位和人员应服从现场指挥部的统一指挥。

2.4　运营单位

运营单位是运营突发事件应对工作的责任主体，要建立健全应急指挥机制，针对可能发生的运营突发事件完善应急预案体系，建立与相关单位的信息共享和应急联动机制。

2.5　专家组

各级组织指挥机构及运营单位根据需要设立运营突发事件处置专家组，由线路、轨道、结构工程、车辆、供电、通信、信号、环境与设备监控、运输组织等方面的专家组成，对运营突发事件处置工作提供技术支持。

3　监测预警和信息报告

3.1　监测和风险分析

运营单位应当建立健全城市轨道交通运营监测体系，根据运营突发事件的特点和规律，加大对线路、轨道、结构工程、车辆、供电、通信、信号、消防、特种设备、应急照明等设施设备和环境状态以及客流情况等的监测力度，定期排查安全隐患，开展风险评估，健全风险防控措施。当城市轨道交通正常运营可能受到影响时，要及时将有关情况报告当地城市轨道交通运营主管部门。

城市轨道交通所在地城市及以上地方各级人民政府城市轨道交通运营主管部门，应加强对本行政区域内城市轨道交通安全运营情况的日常监测，会同公安、国土资源、住房城乡建设、水利、安全监管、地震、气象、铁路、武警等部门（单位）和运营单位建立健全定期会商和信息共享机制，加强对突发大客流和洪涝、气象灾害、地质灾害、地震等信息的收集，对各类风险信息进行分析研判，并及时将可能导致运营突发事件的信息告知运营单位。有关部门应及时将可能影响城市轨道交通正常运营的信息通报同级城市轨道交通运营主管部门。

3.2　预警

3.2.1　预警信息发布

运营单位要及时对可能导致运营突发事件的风险信息进行分析研判，预估可能造成影响的范围和程度。城市轨道交通系统内设施设备及环境状态异常可能导致运营突发事件时，要及时向相关岗位专业人员发出预警；因突发大客流、自然灾害等原因可能影响城市轨道交通正常运营时，要及时报请当地城市轨道交通运营主管部门，通过电视、广播、报纸、互联网、手机短信、楼宇或移动电子屏幕、当面告知等渠道向公众发布预警信息。

3.2.2 预警行动

研判可能发生运营突发事件时，运营单位视情采取以下措施：

(1)防范措施

对于城市轨道交通系统内设施设备及环境状态预警，要组织专业人员迅速对相关设施设备状态进行检查确认，排除故障，并做好故障排除前的各项防范工作。

对于突发大客流预警，要及时调整运营组织方案，加强客流情况监测，在重点车站增派人员加强值守，做好客流疏导，视情采取限流、封站等控制措施，必要时申请启动地面公共交通接驳疏运。城市轨道交通运营主管部门要及时协调组织运力疏导客流。

对于自然灾害预警，要加强对地面线路、设备间、车站出入口等重点区域的检查巡视，加强对重点设施设备的巡检紧固和对重点区段设施设备的值守监测，做好相关设施设备停用和相关线路列车限速、停运准备。

(2)应急准备

责令应急救援队伍和人员进入待命状态，动员后备人员做好参加应急救援和处置工作准备，并调集运营突发事件应急所需物资、装备和设备，做好应急保障工作。

(3)舆论引导

预警信息发布后，及时公布咨询电话，加强相关舆情监测，主动回应社会公众关注的问题，及时澄清谣言传言，做好舆论引导工作。

3.2.3 预警解除

运营单位研判可能引发运营突发事件的危险已经消除时，宣布解除预警，适时终止相关措施。

3.3 信息报告

运营突发事件发生后，运营单位应当立即向当地城市轨道交通运营主管部门和相关部门报告，同时通告可能受到影响的单位和乘客。

事发地城市轨道交通运营主管部门接到运营突发事件信息报告或者监测到相关信息后，应当立即进行核实，对运营突发事件的性质和类别作出初步认定，按照国家规定的时限、程序和要求向上级城市轨道交通运营主管部门和同级人民政府报告，并通报同级其他相关部门和单位。运营突发事件已经或者可能涉及相邻行政区域的，事发地城市轨道交通运营主管部门应当及时通报相邻区域城市轨道交通运营主管部门。事发地城市及以上地方各级人民政府、城市轨道交通运营主管部门应当按照有关规定逐级上报，必要时可越级上报。对初判为重大以上的运营突发事件，省级人民政府和交通运输部要立即向国务院报告。

4 应急响应

4.1 响应分级

根据运营突发事件的严重程度和发展态势，将应急响应设定为Ⅰ级、Ⅱ级、Ⅲ级、Ⅳ级四个等级。初判发生特别重大、重大运营突发事件时，分别启动Ⅰ级、Ⅱ级应急响应，由事发地省级人民政府负责应对工作；初判发生较大、一般运营突发事件时，分别启动Ⅲ级、Ⅳ级应急响应，由事发地城市人民政府负责应对工作。对跨城市运营的城市轨道交通线路，有关城市人民政府在建立跨区域运营突发事件应急合作机制时应明确各级应急响应的责任主体。

对需要国家层面协调处置的运营突发事件，由有关省级人民政府向国务院或由有关省级城市轨道交通运营主管部门向交通运输部提出请求。

运营突发事件发生在易造成重大影响的地区或重要时段时，可适当提高响应级别。应急响应启动后，可视事件造成损失情况及其发展趋势调整响应级别，避免响应不足或响应过度。

4.2 响应措施

运营突发事件发生后，运营单位必须立即实施先期处置，全力控制事件发展态势。各有关地方、部门和单位根据工作需要，组织采取以下措施。

4.2.1 人员搜救

调派专业力量和装备，在运营突发事件现场开展以抢救人员生命为主的应急救援工作。现场救援队伍之间要加强衔接和配合，做好自身安全防护。

4.2.2 现场疏散

按照预先制订的紧急疏导疏散方案，有组织、有秩序地迅速引导现场人员撤离事发地点，疏散受影响城市轨道交通沿线站点乘客至城市轨道交通车站出口；对城市轨道交通线路实施分区封控、警戒，阻止乘客及无关人员进入。

4.2.3 乘客转运

根据疏散乘客数量和发生运营突发事件的城市轨道交通线路运行方向，及时调整城市公共交通路网客运组织，利用城市轨道交通其余正常运营线路，调配地面公共交通车辆运输，加大发车密度，做好乘客的转运工作。

4.2.4 交通疏导

设置交通封控区，对事发地点周边交通秩序进行维护疏导，防止发生大范围交通瘫痪；开通绿色通道，为应急车辆提供通行保障。

4.2.5 医学救援

迅速组织当地医疗资源和力量，对伤病员进行诊断治疗，根据需要及时、安全地将重症伤病员转运到有条件的医疗机构加强救治。视情增派医疗卫生专家和卫生应急队伍、调配急需医药物资，支持事发地的医学救援工作。提出保护公众健康的措施建议，做好伤病员的心理援助。

4.2.6 抢修抢险

组织相关专业技术力量，开展设施设备等抢修作业，及时排除故障；组织土建线路抢险队伍，开展土建设施、轨道线路等抢险作业；组织车辆抢险队伍，开展列车抢险作业；组织机电设备抢险队伍，开展供电、通信、信号等抢险作业。

4.2.7 维护社会稳定

根据事件影响范围、程度，划定警戒区，做好事发现场及周边环境的保护和警戒，维护治安秩序；严厉打击借机传播谣言制造社会恐慌等违法犯罪行为；做好各类矛盾纠纷化解和法律服务工作，防止出现群体性事件，维护社会稳定。

4.2.8 信息发布和舆论引导

通过政府授权发布、发新闻稿、接受记者采访、举行新闻发布会、组织专家解读等方式，借助电视、广播、报纸、互联网等多种途径，运用微博、微信、手机应用程序（APP）客户端等新媒体平台，主动、及时、准确、客观向社会持续动态发布运营突发事件和应对工作信息，回应社会关切，澄清不实信息，正确引导社会舆论。信息发布内容包括事件时间、地点、原因、性质、伤亡情况、应对措施、救援进展、公众需要配合采取的措施、事件区域交通管制情况和临时交通措施等。

4.2.9 运营恢复

在运营突发事件现场处理完毕、次生灾害后果基本消除后，及时组织评估；当确认具备运营条件后，运营单位应尽快恢复正常运营。

4.3 国家层面应对工作

4.3.1 部门工作组应对

初判发生重大以上运营突发事件时，交通运输部立即派出工作组赴现场指导督促当地开展应急处置、原因调查、运营恢复等工作，并根据需要协调有关方面提供队伍、物资、技术等支持。

4.3.2 国务院工作组应对

当需要国务院协调处置时，成立国务院工作组。主要开展以下工作：

（1）传达国务院领导同志指示批示精神，督促地方政府和有关部门贯彻落实；

（2）了解事件基本情况、造成的损失和影响、应急处置进展及当地需求等；

（3）赶赴现场指导地方开展应急处置工作；

（4）根据地方请求，协调有关方面派出应急队伍、调运应急物资和装备、安排专家和技术人员等，为应急处置提供支援和技术支持；

（5）指导开展事件原因调查工作；

（6）及时向国务院报告相关情况。

4.3.3 国家城市轨道交通应急指挥部应对

根据事件应对工作需要和国务院决策部署，成立国家城市轨道交通应急指挥部，统一领导、组织和指挥运营突发事件应急处置工作。主要开展以下工作：

（1）组织有关部门和单位、专家组进行会商，研究分析事态，部署应急处置工作；

（2）根据需要赴事发现场，或派出前方工作组赴事发现场，协调开展应对工作；

（3）研究决定地方人民政府和有关部门提出的请求事项，重要事项报国务院决策；

（4）统一组织信息发布和舆论引导工作；

（5）对事件处置工作进行总结并报告国务院。

5 后期处置

5.1 善后处置

城市轨道交通所在地城市人民政府要及时组织制订补助、补偿、抚慰、抚恤、安置和环境恢复等善后工作方案并组织实施。组织保险机构及时开展相关理赔工作，尽快消除运营突发事件的影响。

5.2 事件调查

运营突发事件发生后，按照《生产安全事故报告和调查处理条例》等有关规定成立调查组，查明事件原因、性质、人员伤亡、影响范围、经济损失等情况，提出防范、整改措施和处理建议。

5.3 处置评估

运营突发事件响应终止后，履行统一领导职责的人民政府要及时组织对事件处置过程进行评估，总结经验教训，分析查找问题，提出改进措施，形成应急处置评估报告。

6 保障措施

6.1 通信保障

城市轨道交通所在地城市及以上地方人民政府、通信主管部门要建立健全运营突发事件应急通信保障体系,形成可靠的通信保障能力,确保应急期间通信联络和信息传递需要。

6.2　**队伍保障**

运营单位要建立健全运营突发事件专业应急救援队伍,加强人员设备维护和应急抢修能力培训,定期开展应急演练,提高应急救援能力。公安消防、武警部队等要做好应急力量支援保障。根据需要动员和组织志愿者等社会力量参与运营突发事件防范和处置工作。

6.3　**装备物资保障**

城市轨道交通所在地城市及以上地方人民政府和有关部门、运营单位要加强应急装备物资储备,鼓励支持社会化储备。城市轨道交通运营主管部门、运营单位要加强对城市轨道交通应急装备物资储备信息的动态管理。

6.4　**技术保障**

支持运营突发事件应急处置先进技术、装备的研发。建立城市轨道交通应急管理技术平台,实现信息综合集成、分析处理、风险评估的智能化和数字化。

6.5　**交通运输保障**

交通运输部门要健全道路紧急运输保障体系,保障应急响应所需人员、物资、装备、器材等的运输,保障人员疏散。公安部门要加强应急交通管理,保障应急救援车辆优先通行,做好人员疏散路线的交通疏导。

6.6　**资金保障**

运营突发事件应急处置所需经费首先由事件责任单位承担。城市轨道交通所在地城市及以上地方人民政府要对运营突发事件处置工作提供资金保障。

7　附　则

7.1　**术语解释**

城市轨道交通是指采用专用轨道导向运行的城市公共客运交通系统,包括地铁系统、轻轨系统、单轨系统、有轨电车、磁浮系统、自动导向轨道交通系统、市域快速轨道系统等。

7.2　**事件分级标准**

(1)特别重大运营突发事件:造成30人以上死亡,或者100人以上重伤,或者直接经济损失1亿元以上的。

(2)重大运营突发事件:造成10人以上30人以下死亡,或者50人以上100人以下重伤,或者直接经济损失5000万元以上1亿元以下,或者连续中断行车24小时以上的。

(3)较大运营突发事件:造成3人以上10人以下死亡,或者10人以上50人以下重伤,或者直接经济损失1000万元以上5000万元以下,或者连续中断行车6小时以上24小时以下的。

(4)一般运营突发事件:造成3人以下死亡,或者10人以下重伤,或者直接经济损失50万元以上1000万元以下,或者连续中断行车2小时以上6小时以下的。

上述分级标准有关数量的表述中,“以上”含本数,“以下”不含本数。

7.3　**预案管理**

预案实施后,交通运输部要会同有关部门组织预案宣传、培训和演练,并根据实际情况,适时组织评估和修订。城市轨道交通所在地城市及以上地方人民政府要结合当地实际制定或修订本级运营突发事件应急预案。

7.4　**预案解释**

本预案由交通运输部负责解释。

7.5　**预案实施时间**

本预案自印发之日起实施。

附件:有关部门和单位职责

有关部门和单位职责

城市轨道交通运营突发事件(以下简称运营突发事件)应急组织指挥机构成员单位主要包括城市轨道交通运营主管部门、公安、安全监管、住房城乡建设、卫生计生、质检、新闻宣传、通信、武警等部门和单位。各有关部门和单位具体职责如下:

城市轨道交通运营主管部门负责指导、协调、组织运营突发事件监测、预警及应对工作,负责运营突发事件应急工作的监督管理;牵头组织完善城市轨道交通应急救援保障体系,协调建立健全应急处置联动机制;指导运营单位制订城市轨道交通应急疏散保障方案;指定或协调应急救援运输保障单位,组织事故现场人员和物资的运送;参与事件原因分析、调查与处理工作。

公安部门负责维护现场治安秩序和交通秩序;参与抢险救援,协助疏散乘客;监督指导重要目标、重点部位治安保卫工作;依法查处有关违法犯罪活动;负责组织消防力量扑灭事故现场火灾;参与相关事件原因分析、调查与处理工作。

安全监管部门负责组织指挥专业抢险队伍对运营突发事件中涉及的危险化学品泄漏事故进行处置;负责组织安全生产专家组对涉及危险化学品的运营突发事件提出相应处置意见;牵头负责事件原因分析、调查与处理工作。

住房城乡建设部门负责组织协调建设工程抢险队伍，配合运营单位专业抢险队伍开展工程抢险救援；对事后城市轨道交通工程质量检测工作进行监督；参与相关事件原因分析、调查与处理工作。

卫生计生部门负责组织协调医疗卫生资源，开展伤病员现场救治、转运和医院收治工作，统计医疗机构接诊救治伤病员情况；根据需要做好卫生防病工作，视情提出保护公众健康的措施建议，做好伤病员的心理援助。

质检部门负责牵头特种设备事故调查处理，参与相关事件原因分析、调查与处理工作。

新闻宣传部门负责组织、协调运营突发事件的宣传报道、事件处置情况的新闻发布、舆情收集和舆论引导工作，组织新闻媒体和网站宣传运营突发事件相关知识，加强对互联网信息的管理。各处置部门负责发布职责范围内的工作信息，处置工作牵头部门统筹发布抢险处置综合信息。

通信部门负责组织协调基础电信运营单位做好运营突发事件的应急通信保障工作；参与相关事件原因分析、调查与处理工作。

武警部队负责协同有关方面保卫重要目标，制止违法行为，搜查、抓捕犯罪分子，开展人员搜救、维护社会治安和疏散转移群众等工作。

其他有关部门应组织协调供电、水务、燃气等单位做好运营突发事件的应急供电保障，开展供水管道和燃气管道等地下管网抢修；视情参与相关事件原因分析、调查与处理工作等。

各地区可根据实际情况对成员单位组成及职责作适当调整。必要时可在指挥机构中设置工作组，协同做好应急处置工作。

城市轨道交通运营突发事件应急演练管理办法

· 2024年7月31日
· 交运规〔2024〕5号

第一条　为规范城市轨道交通运营突发事件（以下简称运营突发事件）应急演练管理，提升应急处置能力，根据《中华人民共和国安全生产法》、《中华人民共和国突发事件应对法》、《生产安全事故应急条例》、《突发事件应急预案管理办法》、《国务院办公厅关于保障城市轨道交通安全运行的意见》、《国家城市轨道交通运营突发事件应急预案》、《城市轨道交通运营管理规定》等有关要求，制定本办法。

第二条　城市轨道交通运营过程中发生的因列车冲突、撞击、脱轨，设施设备故障、损毁，以及突发大客流等情况造成人员伤亡、行车中断、财产损失的突发事件应急演练工作适用本办法。

第三条　运营突发事件应急演练应遵循全面覆盖、总专结合、协同联动、有效融合的原则。

第四条　城市轨道交通所在地城市交通运输主管部门或者城市人民政府指定的城市轨道交通运营主管部门（以下统称城市轨道交通运营主管部门）在本级人民政府领导下负责组织实施本行政区域运营突发事件应急演练的监督管理工作。

对跨城市运营的城市轨道交通线路，线路所在城市的城市轨道交通运营主管部门应联合建立运营突发事件应急演练协调机制。

交通运输部、省级交通运输主管部门依照职责指导运营突发事件应急演练工作。

第五条　城市轨道交通运营主管部门应根据城市总体应急预案、城市轨道交通专项应急预案和部门应急预案，组织完善运营突发事件应急处置体系，协调建立健全部门间应急处置联动机制，并细化行业内部的职责分工和工作要求等。城市轨道交通运营主管部门应指导城市轨道交通运营单位（以下简称运营单位）强化与街道、社区间的应急协调联动。

运营单位应建立城市轨道交通运营突发事件综合应急预案、专项应急预案和现场处置方案。运营单位综合应急预案、专项应急预案和现场处置方案应报城市轨道交通运营主管部门备案。新编制或修订的，应在预案生效20个工作日内报城市轨道交通运营主管部门。

第六条　运营单位综合应急预案应与政府层面的专项应急预案相衔接，总体阐述本单位运营突发事件的应急工作原则、应急组织机构及职责、专项应急预案体系、预警及信息报告、应急响应及保障措施等内容。

第七条　运营单位专项应急预案应针对重大风险、关键设施设备故障等某一类型或某几种类型的运营突发事件，明确风险分析、应急指挥机构及职责、处置程序和措施等内容。专项应急预案应至少涵盖以下重点内容，并开展演练：

（一）列车脱轨、撞击、冲突、挤岔。

（二）结构病害和受损、轨道线路故障。

（三）异物侵限、淹水倒灌。

（四）车辆故障、供电中断、通信中断、信号系统故障。

（五）突发大客流、客伤、区间疏散。

（六）列车、车站公共区、区间及主要设备房等区域火灾。

（七）网络安全事件。

第八条 运营单位现场处置方案应根据不同运营突发事件类型，针对具体的场所、岗位、设施设备、应急场景等明确现场作业人员的应急处置流程、处置措施、安全注意事项等内容。关键岗位的现场处置方案应至少涵盖以下重点内容，并开展经常性演练：

（一）行车调度员：列车事故/故障、列车降级运行、列车区间阻塞、设施设备故障清客、火灾、区间积水、车站淹水倒灌、列车打滑、临时调整行车交路、线路运营调整及故障抢修、道岔失表、乘客疏散等。

（二）电力调度员：大面积停电、供电区段失电、电力监控系统离线、火灾、区间积水、车站淹水倒灌等。

（三）环控调度员：火灾、区间积水、车站淹水倒灌等。

（四）列车驾驶员：列车事故/故障、列车降级运行、乘客疏散、列车连挂救援、非正常交路行车、区间积水、车站淹水倒灌、列车打滑、列车挤岔、车门和站台门故障等。

（五）行车值班员：信号故障等非正常情况下的行车进路办理和列车接发作业、道岔失表、乘客疏散、抢修作业办理、火灾、区间积水、车站淹水倒灌、客伤等。

（六）车站服务人员：大客流组织、乘客疏散、区间积水、车站淹水倒灌、火灾、客伤、车门和站台门故障等。

（七）设施设备维护人员：土建结构、轨道线路、车辆、供电、通信、信号等关键设施设备故障抢修。

第九条 城市轨道交通运营主管部门应在城市人民政府领导下，会同公安、应急管理、卫生健康、消防救援机构等部门及单位开展专项应急预案演练、部门应急预案演练。演练应设置具体场景，每年至少组织一次实战演练，重点磨合和检验各单位和部门间的协同联动机制等，专项应急预案演练与部门应急预案演练可合并开展。

对跨城市运营的城市轨道交通线路，线路所在城市的城市轨道交通运营主管部门每3年至少组织一次联合实战应急预案演练。

城市轨道交通车站与铁路客运站、机场等枢纽在同一综合体内存在客流直接换乘衔接的，所在省级交通运输主管部门应推动铁路客运站、机场等枢纽经营主体与运营单位定期开展联合实战应急预案演练。

第十条 运营单位综合应急预案演练应依托运营单位专项应急预案，每半年至少组织一次实战演练，重点检验运营单位各部门、应急救援组织及相关单位间的协同配合、信息报告和联动机制。城市内有多家运营单位的，存在换乘线路的运营单位之间应每年至少组织一次联合实战应急预案演练。

运营单位每半年至少组织一次专项应急预案演练。每个专项应急预案每3年至少演练一次。鼓励采用事前不通知演练时间、地点和内容的突击式演练，鼓励开展多点位多事件的复合性演练。

运营单位应结合线路特征、设备性能、应急能力、行业发生的事故事件案例等因素，制定综合和专项年度应急演练计划，其中实战演练比例不得低于70%。运营单位综合和专项年度应急演练计划应在确定后的20个工作日内报城市轨道交通运营主管部门。

第十一条 运营单位应根据岗位特点和运营需要，有针对性地加强重点岗位、重点内容的演练，磨合和检验作业人员现场处置能力。现场处置方案演练应纳入日常工作常态化开展，每个班组每年应将有关的现场处置方案至少全部演练一次，不同现场处置方案的演练可合并开展。

鼓励在收车阶段开展列车降级运行演练；在运营结束后开展列车区间阻塞、列车故障救援、列车火灾、车站火灾、站台门及车门故障等演练。

全自动运行系统线路还应结合系统联动功能调整、控制模式变化等开展针对性应急演练。

第十二条 运营单位应根据演练计划统筹安排应急演练经费，并纳入本单位安全生产费用，做好人员、场地、物资器材的筹备保障和有关沟通协调工作，确保应急演练工作安全有序开展。

涉及可能对社会公众和正常运营造成影响的演练，运营单位要提前评估，落实安全防护措施，并提前对外发布宣传告知信息。

第十三条 在演练过程中，城市轨道交通运营主管部门和运营单位（以下统称演练组织部门）应注重发挥智能管理系统应急指挥协同作用，加强信息获取和传递的时效性。

鼓励邀请“常乘客”、志愿者等社会公众参与应急演练，对参与应急演练的社会公众，应提供必要的培训和安全防护。

第十四条 交通运输部在具备条件的运营单位、科研院所、职业院校等单位，分区域组织设立国家级城市轨道交通应急演练中心。

国家级城市轨道交通应急演练中心应具备开展运营

突发事件应急演练的线路、站场、相关专业设施设备系统、应急物资和安全防护设施等基础条件，具有采用三维场景构建、虚拟现实技术等建立的应急演练专用仿真系统。

第十五条 鼓励运营单位在国家级城市轨道交通应急演练中心组织开展拉练式实战演练，特别是针对列车脱轨、列车冲突、列车撞击、接触网事故、列车火灾、淹水倒灌、雨雪冰冻等具有破坏性的、巨灾情景的、运营单位不具备开展实战演练条件的专项演练项目。

交通运输部适时组织区域内不同运营单位开展运营突发事件应急演练交流。

第十六条 演练组织部门应当建立健全应急演练评估工作机制，全面评估应急演练工作，及时总结经验教训。

政府专项、部门应急预案演练和运营单位综合、专项应急预案演练应形成演练评估报告。运营单位现场处置方案演练可通过现场总结和点评的方式开展评估。

鼓励邀请行业专家或委托第三方机构开展演练评估工作。运营单位应对行业专家或第三方机构评估人员开展工作提供便利及必要的安全保障措施。

第十七条 评估人员应当具备相应专业技能和工作经验，提前熟悉相关应急预案、演练实施方案和管理制度，全程观察研判应急演练开展情况，独立、客观地开展评估工作。

第十八条 演练评估内容应包括演练准备、组织与实施的效果、演练主要经验、演练中发现的问题和意见建议等，重点包括应急预案是否科学、联动组织是否高效、人员操作是否熟练、应急保障是否充分等。

第十九条 演练组织部门应将评估报告向参演人员和相关单位公布，反馈演练中发现的问题并及时整改。涉及应急处置机制、作业标准、操作规程和管理规定等有缺陷的，城市轨道交通运营主管部门和运营单位应在3个月内修订完善相关预案和制度。

评估报告中涉及其他单位、部门的应急预案及应急准备完善建议，应及时反馈相关单位和部门。

第二十条 演练组织部门应当建立应急演练档案库，以电子文档等方式妥善保存演练工作计划、实施方案、记录材料、评估报告等资料。

第二十一条 运营单位应在年度演练计划周期结束后20个工作日内，将演练总结报告报送城市轨道交通运营主管部门。演练总结报告应包括演练计划完成情况、演练总体评估情况及整改情况等内容。

城市轨道交通运营主管部门应对运营单位应急演练工作情况开展监督，重点检查运营单位演练计划落实情况、演练记录、演练评估和整改情况等，对于未按规定开展应急演练、演练流于形式或弄虚作假的，要及时督促整改并纳入相关考核。

第二十二条 本办法自印发之日起施行。《交通运输部关于印发〈城市轨道交通运营突发事件应急演练管理办法〉的通知》（交运规〔2019〕9号）同时废止。

4. 水路交通应急管理

中华人民共和国海上交通事故调查处理条例

· 1990年1月11日国务院批准
· 1990年3月3日交通部令第14号发布
· 自发布之日起施行

第一章 总 则

第一条 为了加强海上交通安全管理，及时调查处理海上交通事故，根据《中华人民共和国海上交通安全法》的有关规定，制定本条例。

第二条 中华人民共和国港务监督机构是本条例的实施机关。

第三条 本条例适用于船舶、设施在中华人民共和国沿海水域内发生的海上交通事故。

以渔业为主的渔港水域内发生的海上交通事故和沿海水域内渔业船舶之间、军用船舶之间发生的海上交通事故的调查处理，国家法律、行政法规另有专门规定的，从其规定。

第四条 本条例所称海上交通事故是指船舶、设施发生的下列事故：

（一）碰撞、触碰或浪损；

（二）触礁或搁浅；

（三）火灾或爆炸；

（四）沉没；

（五）在航行中发生影响适航性能的机件或重要属具的损坏或灭失；

（六）其他引起财产损失和人身伤亡的海上交通事故。

第二章 报 告

第五条 船舶、设施发生海上交通事故，必须立即用甚高频电话、无线电报或其他有效手段向就近港口的港务监督报告。报告的内容应当包括：船舶或设施的名称、呼号、国籍、起讫港,船舶或设施的所有人或经营人名称,事故发生的时间、地点、海况以及船舶、设施的损害程度、救助要求等。

第六条 船舶、设施发生海上交通事故,除应按第五条规定立即提出扼要报告外,还必须按下列规定向港务监督提交《海上交通事故报告书》和必要的文书资料:

(一)船舶、设施在港区水域内发生海上交通事故,必须在事故发生后24小时内向当地港务监督提交。

(二)船舶、设施在港区水域以外的沿海水域发生海上交通事故,船舶必须在到达中华人民共和国的第一个港口后48小时内向港务监督提交;设施必须在事故发生后48小时内用电报向就近港口的港务监督报告《海上交通事故报告书》要求的内容。

(三)引航员在引领船舶的过程中发生海上交通事故,应当在返港后24小时内向当地港务监督提交《海上交通事故报告书》。

前款(一)、(二)项因特殊情况不能按规定时间提交《海上交通事故报告书》的,在征得港务监督同意后可予以适当延迟。

第七条 《海上交通事故报告书》应当如实写明下列情况:

(一)船舶、设施概况和主要性能数据;

(二)船舶、设施所有人或经营人的名称、地址;

(三)事故发生的时间和地点;

(四)事故发生时的气象和海况;

(五)事故发生的详细经过(碰撞事故应附相对运动示意图);

(六)损害情况(附船舶、设施受损部位简图。难以在规定时间内查清的,应于检验后补报);

(七)船舶、设施沉没的,其沉没概位;

(八)与事故有关的其他情况。

第八条 海上交通事故报告必须真实,不得隐瞒或捏造。

第九条 因海上交通事故致使船舶、设施发生损害,船长、设施负责人应申请中国当地或船舶第一到达港地的检验部门进行检验或鉴定,并应将检验报告副本送交港务监督备案。

前款检验、鉴定事项,港务监督可委托有关单位或部门进行,其费用由船舶、设施所有人或经营人承担。

船舶、设施发生火灾、爆炸等事故,船长、设施负责人必须申请公安消防监督机关鉴定,并将鉴定书副本送交港务监督备案。

第三章 调 查

第十条 在港区水域内发生的海上交通事故,由港区地的港务监督进行调查。

在港区水域外发生的海上交通事故,由就近港口的港务监督或船舶到达的中华人民共和国的第一个港口的港务监督进行调查。必要时,由中华人民共和国港务监督局指定的港务监督进行调查。

港务监督认为必要时,可以通知有关机关和社会组织参加事故调查。

第十一条 港务监督在接到事故报告后,应及时进行调查。调查应客观、全面,不受事故当事人提供材料的限制。根据调查工作的需要,港务监督有权:

(一)询问有关人员;

(二)要求被调查人员提供书面材料和证明;

(三)要求有关当事人提供航海日志、轮机日志、车钟记录、报务日志、航向记录、海图、船舶资料、航行设备仪器的性能以及其他必要的原始文书资料;

(四)检查船舶、设施及有关设备的证书、人员证书和核实事故发生前船舶的适航状态、设施的技术状态;

(五)检查船舶、设施及其货物的损害情况和人员伤亡情况;

(六)勘查事故现场,搜集有关物证。

港务监督在调查中,可以使用录音、照相、录相等设备,并可采取法律允许的其他调查手段。

第十二条 被调查人必须接受调查,如实陈述事故的有关情节,并提供真实的文书资料。

港务监督人员在执行调查任务时,应当向被调查人员出示证件。

第十三条 港务监督因调查海上交通事故的需要,可以令当事船舶驶抵指定地点接受调查。当事船舶在不危及自身安全的情况下,未经港务监督同意,不得离开指定地点。

第十四条 港务监督的海上交通事故调查材料,公安机关、国家安全机关、监察机关、检察机关、审判机关和海事仲裁委员会及法律规定的其他机关和人员因办案需要可以查阅、摘录或复制,审判机关确因开庭需要可以借用。

第四章 处 理

第十五条 港务监督应当根据对海上交通事故的调查,作出《海上交通事故调查报告书》,查明事故发生的原因,判明当事人的责任;构成重大事故的,通报当地检察机关。

第十六条　《海上交通事故调查报告书》应包括以下内容：

（一）船舶、设施的概况和主要数据；

（二）船舶、设施所有人或经营人的名称和地址；

（三）事故发生的时间、地点、过程、气象海况、损害情况等；

（四）事故发生的原因及依据；

（五）当事人各方的责任及依据；

（六）其他有关情况。

第十七条　对海上交通事故的发生负有责任的人员，港务监督可以根据其责任的性质和程度依法给予下列处罚：

（一）对中国籍船员、引航员或设施上的工作人员，可以给予警告、罚款或扣留、吊销职务证书；

（二）对外国籍船员或设施上的工作人员，可以给予警告、罚款或将其过失通报其所属国家的主管机关。

第十八条　对海上交通事故的发生负有责任的人员及船舶、设施的所有人或经营人，需要追究其行政责任的，由港务监督提交其主管机关或行政监察机关处理；构成犯罪的，由司法机关依法追究刑事责任。

第十九条　根据海上交通事故发生的原因，港务监督可责令有关船舶、设施的所有人、经营人限期加强对所属船舶、设施的安全管理。对拒不加强安全管理或在限期内达不到安全要求的，港务监督有权责令其停航、改航、停止作业，并可采取其他必要的强制性处置措施。

第五章　调　解

第二十条　对船舶、设施发生海上交通事故引起的民事侵权赔偿纠纷，当事人可以申请港务监督调解。

调解必须遵循自愿、公平的原则，不得强迫。

第二十一条　前条民事纠纷，凡已向海事法院起诉或申请海事仲裁机构仲裁的，当事人不得再申请港务监督调解。

第二十二条　调解由当事人各方在事故发生之日起30日内向负责该事故调查的港务监督提交书面申请。港务监督要求提供担保的，当事人应附经济赔偿担保证明文件。

第二十三条　经调解达成协议的，港务监督应制作调解书。调解书应当写明当事人的姓名或名称、住所、法定代表人或代理人的姓名及职务、纠纷的主要事实、当事人的责任、协议的内容、调解费的承担、调解协议履行的期限。调解书由当事人各方共同签字，并经港务监督盖印确认。调解书应交当事方各持1份，港务监督留存1份。

第二十四条　调解达成协议的，当事人各方应当自动履行。达成协议后当事人翻悔的或逾期不履行协议的，视为调解不成。

第二十五条　凡向港务监督申请调解的民事纠纷，当事人中途不愿调解的，应当向港务监督递交撤销调解的书面申请，并通知对方当事人。

第二十六条　港务监督自收到调解申请书之日起3个月内未能使当事人各方达成调解协议的，可以宣布调解不成。

第二十七条　不愿意调解或调解不成的，当事人可以向海事法院起诉或申请海事仲裁机构仲裁。

第二十八条　凡申请港务监督调解的，应向港务监督缴纳调解费。调解的收费标准，由交通部会同国家物价局、财政部制定。

经调解达成协议的，调解费用按当事人过失比例或约定的数额分摊；调解不成的，由当事人各方平均分摊。

第六章　罚　则

第二十九条　违反本条例规定，有下列行为之一的，港务监督可视情节对有关当事人（自然人）处以警告或者200元以下罚款；对船舶所有人、经营人处以警告或者5000元以下罚款：

（一）未按规定的时间向港务监督报告事故或提交《海上交通事故报告书》或本条例第三十二条要求的判决书、裁决书、调解书的副本的；

（二）未按港务监督要求驶往指定地点，或在未出现危及船舶安全的情况下未经港务监督同意擅自驶离指定地点的；

（三）事故报告或《海上交通事故报告书》的内容不符合规定要求或不真实，影响调查工作进行或给有关部门造成损失的；

（四）违反第九条规定，影响事故调查的；

（五）拒绝接受调查或无理阻挠、干扰港务监督进行调查的；

（六）在受调查时故意隐瞒事实或提供虚假证明的。

前款第（五）、（六）项行为构成犯罪的，由司法机关依法追究刑事责任。

第三十条　对违反本条例规定，玩忽职守、滥用职权、营私舞弊、索贿受贿的港务监督人员，由行政监察机关或其所在单位给予行政处分；构成犯罪的，由司法机关依法追究刑事责任。

第三十一条　当事人对港务监督依据本条例给予的处罚不服的，可以依法向人民法院提起行政诉讼。

第七章 特别规定

第三十二条 中国籍船舶在中华人民共和国沿海水域以外发生的海上交通事故，其所有人或经营人应当向船籍港的港务监督报告，并于事故发生之日起60日内提交《海上交通事故报告书》。如果事故在国外诉讼、仲裁或调解，船舶所有人或经营人应在诉讼、仲裁或调解结束后60日内将判决书、裁决书或调解书的副本或影印件报船籍港的港务监督备案。

第三十三条 派往外国籍船舶任职的持有中华人民共和国船员职务证书的中国籍船员对海上交通事故的发生负有责任的，其派出单位应当在事故发生之日起60日内向签发该职务证书的港务监督提交《海上交通事故报告书》。

本条第一款和第三十二条的海上交通事故的调查处理，按本条例的有关规定办理。

第八章 附 则

第三十四条 对违反海上交通安全管理法规进行违章操作，虽未造成直接的交通事故，但构成重大潜在事故隐患的，港务监督可以依据本条例进行调查和处罚。

第三十五条 因海上交通事故产生的海洋环境污染，按照我国海洋环境保护的有关法律、法规处理。

第三十六条 本条例由交通部负责解释。

第三十七条 本条例自发布之日起施行。

中华人民共和国渔港水域交通安全管理条例

- 1989年7月3日中华人民共和国国务院令第38号发布
- 根据2011年1月8日《国务院关于废止和修改部分行政法规的决定》第一次修订
- 根据2017年10月7日《国务院关于修改部分行政法规的决定》第二次修订
- 根据2019年3月2日《国务院关于修改部分行政法规的决定》第三次修订

第一条 根据《中华人民共和国海上交通安全法》第四十八条的规定，制定本条例。

第二条 本条例适用于在中华人民共和国沿海以渔业为主的渔港和渔港水域（以下简称“渔港”和“渔港水域”）航行、停泊、作业的船舶、设施和人员以及船舶、设施的所有者、经营者。

第三条 中华人民共和国渔政渔港监督管理机关是对渔港水域交通安全实施监督管理的主管机关，并负责沿海水域渔业船舶之间交通事故的调查处理。

第四条 本条例下列用语的含义是：

渔港是指主要为渔业生产服务和供渔业船舶停泊、避风、装卸渔获物和补充渔需物资的人工港口或者自然港湾。

渔港水域是指渔港的港池、锚地、避风湾和航道。

渔业船舶是指从事渔业生产的船舶以及属于水产系统为渔业生产服务的船舶，包括捕捞船、养殖船、水产运销船、冷藏加工船、油船、供应船、渔业指导船、科研调查船、教学实习船、渔港工程船、拖轮、交通船、驳船、渔政船和渔监船。

第五条 对渔港认定有不同意见的，依照港口隶属关系由县级以上人民政府确定。

第六条 船舶进出渔港必须遵守渔港管理章程以及国际海上避碰规则，并依照规定向渔政渔港监督管理机关报告，接受安全检查。

渔港内的船舶必须服从渔政渔港监督管理机关对水域交通安全秩序的管理。

第七条 船舶在渔港内停泊、避风和装卸物资，不得损坏渔港的设施装备；造成损坏的应当向渔政渔港监督管理机关报告，并承担赔偿责任。

第八条 船舶在渔港内装卸易燃、易爆、有毒等危险货物，必须遵守国家关于危险货物管理的规定，并事先向渔政渔港监督管理机关提出申请，经批准后在指定的安全地点装卸。

第九条 在渔港内新建、改建、扩建各种设施，或者进行其他水上、水下施工作业，除依照国家规定履行审批手续外，应当报请渔政渔港监督管理机关批准。渔政渔港监督管理机关批准后，应当事先发布航行通告。

第十条 在渔港内的航道、港池、锚地和停泊区，禁止从事有碍海上交通安全的捕捞、养殖等生产活动。

第十一条 国家公务船舶在执行公务时进出渔港，经通报渔政渔港监督管理机关，可免于检查。渔政渔港监督管理机关应当对执行海上巡视任务的国家公务船舶的靠岸、停泊和补给提供方便。

第十二条 渔业船舶在向渔政渔港监督管理机关申请船舶登记，并取得渔业船舶国籍证书或者渔业船舶登记证书后，方可悬挂中华人民共和国国旗航行。

第十三条 渔业船舶必须经船舶检验部门检验合格，取得船舶技术证书，方可从事渔业生产。

第十四条 渔业船舶的船长、轮机长、驾驶员、轮机员、电机员、无线电报务员、话务员，必须经渔政渔港监督管理机关考核合格，取得职务证书，其他人员应当经过相应的专业训练。

第十五条　地方各级人民政府应当加强本行政区域内渔业船舶船员的技术培训工作。国营、集体所有的渔业船舶，其船员的技术培训由渔业船舶所属单位负责；个人所有的渔业船舶，其船员的技术培训由当地人民政府渔业行政主管部门负责。

第十六条　渔业船舶之间发生交通事故，应当向就近的渔政渔港监督管理机关报告，并在进入第一个港口48小时之内向渔政渔港监督管理机关递交事故报告书和有关材料，接受调查处理。

第十七条　渔政渔港监督管理机关对渔港水域内的交通事故和其他沿海水域渔业船舶之间的交通事故，应当及时查明原因，判明责任，作出处理决定。

第十八条　渔港内的船舶、设施有下列情形之一的，渔政渔港监督管理机关有权禁止其离港，或者令其停航、改航、停止作业：

（一）违反中华人民共和国法律、法规或者规章的；

（二）处于不适航或者不适拖状态的；

（三）发生交通事故，手续未清的；

（四）未向渔政渔港监督管理机关或者有关部门交付应当承担的费用，也未提供担保的；

（五）渔政渔港监督管理机关认为有其他妨害或者可能妨害海上交通安全的。

第十九条　渔港内的船舶、设施发生事故，对海上交通安全造成或者可能造成危害，渔政渔港监督管理机关有权对其采取强制性处置措施。

第二十条　船舶进出渔港依照规定应当向渔政渔港监督管理机关报告而未报告的，或者在渔港内不服从渔政渔港监督管理机关对水域交通安全秩序管理的，由渔政渔港监督管理机关责令改正，可以并处警告、罚款；情节严重的，扣留或者吊销船长职务证书（扣留职务证书时间最长不超过6个月，下同）。

第二十一条　违反本条例规定，有下列行为之一的，由渔政渔港监督管理机关责令停止违法行为，可以并处警告、罚款；造成损失的，应当承担赔偿责任；对直接责任人员由其所在单位或者上级主管机关给予行政处分：

（一）未经渔政渔港监督管理机关批准或者未按照批准文件的规定，在渔港内装卸易燃、易爆、有毒等危险货物的；

（二）未经渔政渔港监督管理机关批准，在渔港内新建、改建、扩建各种设施或者进行其他水上、水下施工作业的；

（三）在渔港内的航道、港池、锚地和停泊区从事有碍海上交通安全的捕捞、养殖等生产活动的。

第二十二条　违反本条例规定，未持有船舶证书或者未配齐船员的，由渔政渔港监督管理机关责令改正，可以并处罚款。

第二十三条　违反本条例规定，不执行渔政渔港监督管理机关作出的离港、停航、改航、停止作业的决定，或者在执行中违反上述决定的，由渔政渔港监督管理机关责令改正，可以并处警告、罚款；情节严重的，扣留或者吊销船长职务证书。

第二十四条　当事人对渔政渔港监督管理机关作出的行政处罚决定不服的，可以在接到处罚通知之日起15日内向人民法院起诉；期满不起诉又不履行的，由渔政渔港监督管理机关申请人民法院强制执行。

第二十五条　因渔港水域内发生的交通事故或者其他沿海水域发生的渔业船舶之间的交通事故引起的民事纠纷，可以由渔政渔港监督管理机关调解处理；调解不成或者不愿意调解的，当事人可以向人民法院起诉。

第二十六条　拒绝、阻碍渔政渔港监督管理工作人员依法执行公务，应当给予治安管理处罚的，由公安机关依照《中华人民共和国治安管理处罚法》有关规定处罚；构成犯罪的，由司法机关依法追究刑事责任。

第二十七条　渔政渔港监督管理工作人员，在渔港和渔港水域交通安全监督管理工作中，玩忽职守，滥用职权、徇私舞弊的，由其所在单位或者上级主管机关给予行政处分；构成犯罪的，由司法机关依法追究刑事责任。

第二十八条　本条例实施细则由农业农村部制定。

第二十九条　本条例自1989年8月1日起施行。

中华人民共和国内河交通安全管理条例

· 2002年6月28日中华人民共和国国务院令第355号公布

· 根据2011年1月8日《国务院关于废止和修改部分行政法规的决定》第一次修订

· 根据2017年3月1日《国务院关于修改和废止部分行政法规的决定》第二次修订

· 根据2019年3月2日《国务院关于修改部分行政法规的决定》第三次修订

第一章　总　则

第一条　为了加强内河交通安全管理，维护内河交通秩序，保障人民群众生命、财产安全，制定本条例。

第二条　在中华人民共和国内河通航水域从事航行、停泊和作业以及与内河交通安全有关的活动，必须遵守本条例。

第三条 内河交通安全管理遵循安全第一、预防为主、方便群众、依法管理的原则，保障内河交通安全、有序、畅通。

第四条 国务院交通主管部门主管全国内河交通安全管理工作。国家海事管理机构在国务院交通主管部门的领导下，负责全国内河交通安全监督管理工作。

国务院交通主管部门在中央管理水域设立的海事管理机构和省、自治区、直辖市人民政府在中央管理水域以外的其他水域设立的海事管理机构（以下统称海事管理机构）依据各自的职责权限，对所辖内河通航水域实施水上交通安全监督管理。

第五条 县级以上地方各级人民政府应当加强本行政区域内的内河交通安全管理工作，建立、健全内河交通安全管理责任制。

乡（镇）人民政府对本行政区域内的内河交通安全管理履行下列职责：

（一）建立、健全行政村和船主的船舶安全责任制；

（二）落实渡口船舶、船员、旅客定额的安全管理责任制；

（三）落实船舶水上交通安全管理的专门人员；

（四）督促船舶所有人、经营人和船员遵守有关内河交通安全的法律、法规和规章。

第二章 船舶、浮动设施和船员

第六条 船舶具备下列条件，方可航行：

（一）经海事管理机构认可的船舶检验机构依法检验并持有合格的船舶检验证书；

（二）经海事管理机构依法登记并持有船舶登记证书；

（三）配备符合国务院交通主管部门规定的船员；

（四）配备必要的航行资料。

第七条 浮动设施具备下列条件，方可从事有关活动：

（一）经海事管理机构认可的船舶检验机构依法检验并持有合格的检验证书；

（二）经海事管理机构依法登记并持有登记证书；

（三）配备符合国务院交通主管部门规定的掌握水上交通安全技能的船员。

第八条 船舶、浮动设施应当保持适于安全航行、停泊或者从事有关活动的状态。

船舶、浮动设施的配载和系固应当符合国家安全技术规范。

第九条 船员经水上交通安全专业培训，其中客船和载运危险货物船舶的船员还应当经相应的特殊培训，并经海事管理机构考试合格，取得相应的适任证书或者其他适任证件，方可担任船员职务。严禁未取得适任证书或者其他适任证件的船员上岗。

船员应当遵守职业道德，提高业务素质，严格依法履行职责。

第十条 船舶、浮动设施的所有人或者经营人，应当加强对船舶、浮动设施的安全管理，建立、健全相应的交通安全管理制度，并对船舶、浮动设施的交通安全负责；不得聘用无适任证书或者其他适任证件的人员担任船员；不得指使、强令船员违章操作。

第十一条 船舶、浮动设施的所有人或者经营人，应当根据船舶、浮动设施的技术性能、船员状况、水域和水文气象条件，合理调度船舶或者使用浮动设施。

第十二条 按照国家规定必须取得船舶污染损害责任、沉船打捞责任的保险文书或者财务保证书的船舶，其所有人或者经营人必须取得相应的保险文书或者财务担保证明，并随船携带其副本。

第十三条 禁止伪造、变造、买卖、租借、冒用船舶检验证书、船舶登记证书、船员适任证书或者其他适任证件。

第三章 航行、停泊和作业

第十四条 船舶在内河航行，应当悬挂国旗，标明船名、船籍港、载重线。

按照国家规定应当报废的船舶、浮动设施，不得航行或者作业。

第十五条 船舶在内河航行，应当保持瞭望，注意观察，并采用安全航速航行。船舶安全航速应当根据能见度、通航密度、船舶操纵性能和风、浪、水流、航路状况以及周围环境等主要因素决定。使用雷达的船舶，还应当考虑雷达设备的特性、效率和局限性。

船舶在限制航速的区域和汛期高水位期间，应当按照海事管理机构规定的航速航行。

第十六条 船舶在内河航行时，上行船舶应当沿缓流或者航路一侧航行，下行船舶应当沿主流或者航路中间航行；在潮流河段、湖泊、水库、平流区域，应当尽可能沿本船右舷一侧航路航行。

第十七条 船舶在内河航行时，应当谨慎驾驶，保障安全；对来船动态不明、声号不统一或者遇有紧迫情况时，应当减速、停车或者倒车，防止碰撞。

船舶相遇，各方应当注意避让。按照船舶航行规则应当让路的船舶，必须主动避让被让路船舶；被让路船舶应当注意让路船舶的行动，并适时采取措施，协助避让。

船舶避让时，各方避让意图经统一后，任何一方不得擅自改变避让行动。

船舶航行、避让和信号显示的具体规则，由国务院交通主管部门制定。

第十八条　船舶进出内河港口，应当向海事管理机构报告船舶的航次计划、适航状态、船员配备和载货载客等情况。

第十九条　下列船舶在内河航行，应当向引航机构申请引航：

（一）外国籍船舶；

（二）1000总吨以上的海上机动船舶，但船长驾驶同一类型的海上机动船舶在同一内河通航水域航行与上一航次间隔2个月以内的除外；

（三）通航条件受限制的船舶；

（四）国务院交通主管部门规定应当申请引航的客船、载运危险货物的船舶。

第二十条　船舶进出港口和通过交通管制区、通航密集区或者航行条件受限制的区域，应当遵守海事管理机构发布的有关通航规定。

任何船舶不得擅自进入或者穿越海事管理机构公布的禁航区。

第二十一条　从事货物或者旅客运输的船舶，必须符合船舶强度、稳性、吃水、消防和救生等安全技术要求和国务院交通主管部门规定的载货或者载客条件。

任何船舶不得超载运输货物或者旅客。

第二十二条　船舶在内河通航水域载运或者拖带超重、超长、超高、超宽、半潜的物体，必须在装船或者拖带前24小时报海事管理机构核定拟航行的航路、时间，并采取必要的安全措施，保障船舶载运或者拖带安全。船舶需要护航的，应当向海事管理机构申请护航。

第二十三条　遇有下列情形之一时，海事管理机构可以根据情况采取限时航行、单航、封航等临时性限制、疏导交通的措施，并予公告：

（一）恶劣天气；

（二）大范围水上施工作业；

（三）影响航行的水上交通事故；

（四）水上大型群众性活动或者体育比赛；

（五）对航行安全影响较大的其他情形。

第二十四条　船舶应当在码头、泊位或者依法公布的锚地、停泊区、作业区停泊；遇有紧急情况，需要在其他水域停泊的，应当向海事管理机构报告。

船舶停泊，应当按照规定显示信号，不得妨碍或者危及其他船舶航行、停泊或者作业的安全。

船舶停泊，应当留有足以保证船舶安全的船员值班。

第二十五条　在内河通航水域或者岸线上进行下列可能影响通航安全的作业或者活动的，应当在进行作业或者活动前报海事管理机构批准：

（一）勘探、采掘、爆破；

（二）构筑、设置、维修、拆除水上水下构筑物或者设施；

（三）架设桥梁、索道；

（四）铺设、检修、拆除水上水下电缆或者管道；

（五）设置系船浮筒、浮趸、缆桩等设施；

（六）航道建设，航道、码头前沿水域疏浚；

（七）举行大型群众性活动、体育比赛。

进行前款所列作业或者活动，需要进行可行性研究的，在进行可行性研究时应当征求海事管理机构的意见；依照法律、行政法规的规定，需经其他有关部门审批的，还应当依法办理有关审批手续。

第二十六条　海事管理机构审批本条例第二十五条规定的作业或者活动，应当自收到申请之日起30日内作出批准或者不批准的决定，并书面通知申请人。

遇有紧急情况，需要对航道进行修复或者对航道、码头前沿水域进行疏浚的，作业人可以边申请边施工。

第二十七条　航道内不得养殖、种植植物、水生物和设置永久性固定设施。

划定航道，涉及水产养殖区的，航道主管部门应当征求渔业行政主管部门的意见；设置水产养殖区，涉及航道的，渔业行政主管部门应当征求航道主管部门和海事管理机构的意见。

第二十八条　在内河通航水域进行下列可能影响通航安全的作业，应当在进行作业前向海事管理机构备案：

（一）气象观测、测量、地质调查；

（二）航道日常养护；

（三）大面积清除水面垃圾；

（四）可能影响内河通航水域交通安全的其他行为。

第二十九条　进行本条例第二十五条、第二十八条规定的作业或者活动时，应当在作业或者活动区域设置标志和显示信号，并按照海事管理机构的规定，采取相应的安全措施，保障通航安全。

前款作业或者活动完成后，不得遗留任何妨碍航行的物体。

第四章　危险货物监管

第三十条　从事危险货物装卸的码头、泊位，必须符合国家有关安全规范要求,并征求海事管理机构的意见,经验收合格后,方可投入使用。

禁止在内河运输法律、行政法规以及国务院交通主管部门规定禁止运输的危险货物。

第三十一条 载运危险货物的船舶,必须持有经海事管理机构认可的船舶检验机构依法检验并颁发的危险货物适装证书,并按照国家有关危险货物运输的规定和安全技术规范进行配载和运输。

第三十二条 船舶装卸、过驳危险货物或者载运危险货物进出港口,应当将危险货物的名称、特性、包装、装卸或者过驳的时间、地点以及进出港时间等事项,事先报告海事管理机构和港口管理机构,经其同意后,方可进行装卸、过驳作业或者进出港口;但是,定船、定线、定货的船舶可以定期报告。

第三十三条 载运危险货物的船舶,在航行、装卸或者停泊时,应当按照规定显示信号;其他船舶应当避让。

第三十四条 从事危险货物装卸的码头、泊位和载运危险货物的船舶,必须编制危险货物事故应急预案,并配备相应的应急救援设备和器材。

第五章 渡口管理

第三十五条 设置或者撤销渡口,应当经渡口所在地的县级人民政府审批;县级人民政府审批前,应当征求当地海事管理机构的意见。

第三十六条 渡口的设置应当具备下列条件:

(一)选址应当在水流平缓、水深足够、坡岸稳定、视野开阔、适宜船舶停靠的地点,并远离危险物品生产、堆放场所;

(二)具备货物装卸、旅客上下的安全设施;

(三)配备必要的救生设备和专门管理人员。

第三十七条 渡口经营者应当在渡口设置明显的标志,维护渡运秩序,保障渡运安全。

渡口所在地县级人民政府应当建立、健全渡口安全管理责任制,指定有关部门负责对渡口和渡运安全实施监督检查。

第三十八条 渡口工作人员应当经培训、考试合格,并取得渡口所在地县级人民政府指定的部门颁发的合格证书。

渡口船舶应当持有合格的船舶检验证书和船舶登记证书。

第三十九条 渡口载客船舶应当有符合国家规定的识别标志,并在明显位置标明载客定额、安全注意事项。

渡口船舶应当按照渡口所在地的县级人民政府核定的路线渡运,并不得超载;渡运时,应当注意避让过往船舶,不得抢航或者强行横越。

遇有洪水或者大风、大雾、大雪等恶劣天气,渡口应当停止渡运。

第六章 通航保障

第四十条 内河通航水域的航道、航标和其他标志的规划、建设、设置、维护,应当符合国家规定的通航安全要求。

第四十一条 内河航道发生变迁,水深、宽度发生变化,或者航标发生位移、损坏、灭失,影响通航安全的,航道、航标主管部门必须及时采取措施,使航道、航标保持正常状态。

第四十二条 内河通航水域内可能影响航行安全的沉没物、漂流物、搁浅物,其所有人和经营人,必须按照国家有关规定设置标志,向海事管理机构报告,并在海事管理机构限定的时间内打捞清除;没有所有人或者经营人的,由海事管理机构打捞清除或者采取其他相应措施,保障通航安全。

第四十三条 在内河通航水域中拖放竹、木等物体,应当在拖放前24小时报经海事管理机构同意,按照核定的时间、路线拖放,并采取必要的安全措施,保障拖放安全。

第四十四条 任何单位和个人发现下列情况,应当迅速向海事管理机构报告:

(一)航道变迁,航道水深、宽度发生变化;

(二)妨碍通航安全的物体;

(三)航标发生位移、损坏、灭失;

(四)妨碍通航安全的其他情况。

海事管理机构接到报告后,应当根据情况发布航行通告或者航行警告,并通知航道、航标主管部门。

第四十五条 海事管理机构划定或者调整禁航区、交通管制区、港区外锚地、停泊区和安全作业区,以及对进行本条例第二十五条、第二十八条规定的作业或者活动,需要发布航行通告、航行警告的,应当及时发布。

第七章 救 助

第四十六条 船舶、浮动设施遇险,应当采取一切有效措施进行自救。

船舶、浮动设施发生碰撞等事故,任何一方应当在不危及自身安全的情况下,积极救助遇险的他方,不得逃逸。

船舶、浮动设施遇险,必须迅速将遇险的时间、地点、遇险状况、遇险原因、救助要求，向遇险地海事管理机构以及船舶、浮动设施所有人、经营人报告。

第四十七条　船员、浮动设施上的工作人员或者其他人员发现其他船舶、浮动设施遇险，或者收到求救信号后，必须尽力救助遇险人员，并将有关情况及时向遇险地海事管理机构报告。

第四十八条　海事管理机构收到船舶、浮动设施遇险求救信号或者报告后，必须立即组织力量救助遇险人员，同时向遇险地县级以上地方人民政府和上级海事管理机构报告。

遇险地县级以上地方人民政府收到海事管理机构的报告后，应当对救助工作进行领导和协调，动员各方力量积极参与救助。

第四十九条　船舶、浮动设施遇险时，有关部门和人员必须积极协助海事管理机构做好救助工作。

遇险现场和附近的船舶、人员，必须服从海事管理机构的统一调度和指挥。

第八章　事故调查处理

第五十条　船舶、浮动设施发生交通事故，其所有人或者经营人必须立即向交通事故发生地海事管理机构报告，并做好现场保护工作。

第五十一条　海事管理机构接到内河交通事故报告后，必须立即派员前往现场，进行调查和取证。

海事管理机构进行内河交通事故调查和取证，应当全面、客观、公正。

第五十二条　接受海事管理机构调查、取证的有关人员，应当如实提供有关情况和证据，不得谎报或者隐匿、毁灭证据。

第五十三条　海事管理机构应当在内河交通事故调查、取证结束后30日内，依据调查事实和证据作出调查结论，并书面告知内河交通事故当事人。

第五十四条　海事管理机构在调查处理内河交通事故过程中，应当采取有效措施，保证航路畅通，防止发生其他事故。

第五十五条　地方人民政府应当依照国家有关规定积极做好内河交通事故的善后工作。

第五十六条　特大内河交通事故的报告、调查和处理，按照国务院有关规定执行。

第九章　监督检查

第五十七条　在旅游、交通运输繁忙的湖泊、水库，在气候恶劣的季节，在法定或者传统节日、重大集会、集市、农忙、学生放学放假等交通高峰期间，县级以上地方各级人民政府应当加强对维护内河交通安全的组织、协调工作。

第五十八条　海事管理机构必须建立、健全内河交通安全监督检查制度，并组织落实。

第五十九条　海事管理机构必须依法履行职责，加强对船舶、浮动设施、船员和通航安全环境的监督检查。发现内河交通安全隐患时，应当责令有关单位和个人立即消除或者限期消除；有关单位和个人不立即消除或者逾期不消除的，海事管理机构必须采取责令其临时停航、停止作业，禁止进港、离港等强制性措施。

第六十条　对内河交通密集区域、多发事故水域以及货物装卸、乘客上下比较集中的港口，对客渡船、滚装客船、高速客轮、旅游船和载运危险货物的船舶，海事管理机构必须加强安全巡查。

第六十一条　海事管理机构依照本条例实施监督检查时，可以根据情况对违反本条例有关规定的船舶，采取责令临时停航、驶向指定地点，禁止进港、离港，强制卸载、拆除动力装置、暂扣船舶等保障通航安全的措施。

第六十二条　海事管理机构的工作人员依法在内河通航水域对船舶、浮动设施进行内河交通安全监督检查，任何单位和个人不得拒绝或者阻挠。

有关单位或者个人应当接受海事管理机构依法实施的安全监督检查，并为其提供方便。

海事管理机构的工作人员依照本条例实施监督检查时，应当出示执法证件，表明身份。

第十章　法律责任

第六十三条　违反本条例的规定，应当报废的船舶、浮动设施在内河航行或者作业的，由海事管理机构责令停航或者停止作业，并对船舶、浮动设施予以没收。

第六十四条　违反本条例的规定，船舶、浮动设施未持有合格的检验证书、登记证书或者船舶未持有必要的航行资料，擅自航行或者作业的，由海事管理机构责令停止航行或者作业；拒不停止的，暂扣船舶、浮动设施；情节严重的，予以没收。

第六十五条　违反本条例的规定，船舶未按照国务院交通主管部门的规定配备船员擅自航行，或者浮动设施未按照国务院交通主管部门的规定配备掌握水上交通安全技能的船员擅自作业的，由海事管理机构责令限期改正，对船舶、浮动设施所有人或者经营人处1万元以上10万元以下的罚款；逾期不改正的，责令停航或者停止作业。

第六十六条 违反本条例的规定，未经考试合格并取得适任证书或者其他适任证件的人员擅自从事船舶航行的，由海事管理机构责令其立即离岗，对直接责任人员处2000元以上2万元以下的罚款，并对聘用单位处1万元以上10万元以下的罚款。

第六十七条 违反本条例的规定，按照国家规定必须取得船舶污染损害责任、沉船打捞责任的保险文书或者财务保证书的船舶的所有人或者经营人，未取得船舶污染损害责任、沉船打捞责任保险文书或者财务担保证明的，由海事管理机构责令限期改正；逾期不改正的，责令停航，并处1万元以上10万元以下的罚款。

第六十八条 违反本条例的规定，船舶在内河航行时，有下列情形之一的，由海事管理机构责令改正，处5000元以上5万元以下的罚款；情节严重的，禁止船舶进出港口或者责令停航，并可以对责任船员给予暂扣适任证书或者其他适任证件3个月至6个月的处罚：

（一）未按照规定悬挂国旗，标明船名、船籍港、载重线的；

（二）未按照规定向海事管理机构报告船舶的航次计划、适航状态、船员配备和载货载客等情况的；

（三）未按照规定申请引航的；

（四）擅自进出内河港口，强行通过交通管制区、通航密集区、航行条件受限制区域或者禁航区的；

（五）载运或者拖带超重、超长、超高、超宽、半潜的物体，未申请或者未按照核定的航路、时间航行的。

第六十九条 违反本条例的规定，船舶未在码头、泊位或者依法公布的锚地、停泊区、作业区停泊的，由海事管理机构责令改正；拒不改正的，予以强行拖离，因拖离发生的费用由船舶所有人或者经营人承担。

第七十条 违反本条例的规定，在内河通航水域或者岸线上进行有关作业或者活动未经批准或者备案，或者未设置标志、显示信号的，由海事管理机构责令改正，处5000元以上5万元以下的罚款。

第七十一条 违反本条例的规定，从事危险货物作业，有下列情形之一的，由海事管理机构责令停止作业或者航行，对负有责任的主管人员或者其他直接责任人员处2万元以上10万元以下的罚款；属于船员的，并给予暂扣适任证书或者其他适任证件6个月以上直至吊销适任证书或者其他适任证件的处罚：

（一）从事危险货物运输的船舶，未编制危险货物事故应急预案或者未配备相应的应急救援设备和器材的；

（二）船舶装卸、过驳危险货物或者载运危险货物进出港口未经海事管理机构、港口管理机构同意的。

未持有危险货物适装证书擅自载运危险货物或者未按照安全技术规范进行配载和运输的，依照《危险化学品安全管理条例》的规定处罚。

第七十二条 违反本条例的规定，未经批准擅自设置或者撤销渡口的，由渡口所在地县级人民政府指定的部门责令限期改正；逾期不改正的，予以强制拆除或者恢复，因强制拆除或者恢复发生的费用分别由设置人、撤销人承担。

第七十三条 违反本条例的规定，渡口船舶未标明识别标志、载客定额、安全注意事项的，由渡口所在地县级人民政府指定的部门责令改正，处2000元以上1万元以下的罚款；逾期不改正的，责令停航。

第七十四条 违反本条例的规定，在内河通航水域的航道内养殖、种植植物、水生物或者设置永久性固定设施的，由海事管理机构责令限期改正；逾期不改正的，予以强制清除，因清除发生的费用由其所有人或者经营人承担。

第七十五条 违反本条例的规定，内河通航水域中的沉没物、漂流物、搁浅物的所有人或者经营人，未按照国家有关规定设置标志或者未在规定的时间内打捞清除的，由海事管理机构责令限期改正；逾期不改正的，海事管理机构强制设置标志或者组织打捞清除；需要立即组织打捞清除的，海事管理机构应当及时组织打捞清除。海事管理机构因设置标志或者打捞清除发生的费用，由沉没物、漂流物、搁浅物的所有人或者经营人承担。

第七十六条 违反本条例的规定，船舶、浮动设施遇险后未履行报告义务或者不积极施救的，由海事管理机构给予警告，并可以对责任船员给予暂扣适任证书或者其他适任证件3个月至6个月直至吊销适任证书或者其他适任证件的处罚。

第七十七条 违反本条例的规定，船舶、浮动设施发生内河交通事故的，除依法承担相应的法律责任外，由海事管理机构根据调查结论，对责任船员给予暂扣适任证书或者其他适任证件6个月以上直至吊销适任证书或者其他适任证件的处罚。

第七十八条 违反本条例的规定，遇险现场和附近的船舶、船员不服从海事管理机构的统一调度和指挥的，由海事管理机构给予警告，并可以对责任船员给予暂扣适任证书或者其他适任证件3个月至6个月直至吊销适任证书或者其他适任证件的处罚。

第七十九条 违反本条例的规定，伪造、变造、买卖、转借、冒用船舶检验证书、船舶登记证书、船员适任证书或者其他适任证件的，由海事管理机构没收有关的证书或者证件；有违法所得的，没收违法所得，并处违法所得2倍以上5倍以下的罚款；没有违法所得或者违法所得不足2万元的，处1万元以上5万元以下的罚款；触犯刑律的，依照刑法关于伪造、变造、买卖国家机关公文、证件罪或者其他罪的规定，依法追究刑事责任。

第八十条 违反本条例的规定，船舶、浮动设施的所有人或者经营人指使、强令船员违章操作的，由海事管理机构给予警告，处1万元以上5万元以下的罚款，并可以责令停航或者停止作业；造成重大伤亡事故或者严重后果的，依照刑法关于重大责任事故罪或者其他罪的规定，依法追究刑事责任。

第八十一条 违反本条例的规定，船舶在内河航行、停泊或者作业，不遵守航行、避让和信号显示规则的，由海事管理机构责令改正，处1000元以上1万元以下的罚款；情节严重的，对责任船员给予暂扣适任证书或者其他适任证件3个月至6个月直至吊销适任证书或者其他适任证件的处罚；造成重大内河交通事故的，依照刑法关于交通肇事罪或者其他罪的规定，依法追究刑事责任。

第八十二条 违反本条例的规定，船舶不具备安全技术条件从事货物、旅客运输，或者超载运输货物、旅客的，由海事管理机构责令改正，处2万元以上10万元以下的罚款，可以对责任船员给予暂扣适任证书或者其他适任证件6个月以上直至吊销适任证书或者其他适任证件的处罚，并对超载运输的船舶强制卸载，因卸载而发生的卸货费、存货费、旅客安置费和船舶监管费由船舶所有人或者经营人承担；发生重大伤亡事故或者造成其他严重后果的，依照刑法关于重大劳动安全事故罪或者其他罪的规定，依法追究刑事责任。

第八十三条 违反本条例的规定，船舶、浮动设施发生内河交通事故后逃逸的，由海事管理机构对责任船员给予吊销适任证书或者其他适任证件的处罚；证书或者证件吊销后，5年内不得重新从业；触犯刑律的，依照刑法关于交通肇事罪或者其他罪的规定，依法追究刑事责任。

第八十四条 违反本条例的规定，阻碍、妨碍内河交通事故调查取证，或者谎报、隐匿、毁灭证据的，由海事管理机构给予警告，并对直接责任人员处1000元以上1万元以下的罚款；属于船员的，并给予暂扣适任证书或者其他适任证件12个月以上直至吊销适任证书或者其他适任证件的处罚；以暴力、威胁方法阻碍内河交通事故调查取证的，依照刑法关于妨害公务罪的规定，依法追究刑事责任。

第八十五条 违反本条例的规定，海事管理机构不依据法定的安全条件进行审批、许可的，对负有责任的主管人员和其他直接责任人员根据不同情节，给予降级或者撤职的行政处分；造成重大内河交通事故或者致使公共财产、国家和人民利益遭受重大损失的，依照刑法关于滥用职权罪、玩忽职守罪或者其他罪的规定，依法追究刑事责任。

第八十六条 违反本条例的规定，海事管理机构对审批、许可的安全事项不实施监督检查的，对负有责任的主管人员和其他直接责任人员根据不同情节，给予记大过、降级或者撤职的行政处分；造成重大内河交通事故或者致使公共财产、国家和人民利益遭受重大损失的，依照刑法关于滥用职权罪、玩忽职守罪或者其他罪的规定，依法追究刑事责任。

第八十七条 违反本条例的规定，海事管理机构发现船舶、浮动设施不再具备安全航行、停泊、作业条件而不及时撤销批准或者许可并予以处理的，对负有责任的主管人员和其他直接责任人员根据不同情节，给予记大过、降级或者撤职的行政处分；造成重大内河交通事故或者致使公共财产、国家和人民利益遭受重大损失的，依照刑法关于滥用职权罪、玩忽职守罪或者其他罪的规定，依法追究刑事责任。

第八十八条 违反本条例的规定，海事管理机构对未经审批、许可擅自从事旅客、危险货物运输的船舶不实施监督检查，或者发现内河交通安全隐患不及时依法处理，或者对违法行为不依法予以处罚的，对负有责任的主管人员和其他直接责任人员根据不同情节，给予降级或者撤职的行政处分；造成重大内河交通事故或者致使公共财产、国家和人民利益遭受重大损失的，依照刑法关于滥用职权罪、玩忽职守罪或者其他罪的规定，依法追究刑事责任。

第八十九条 违反本条例的规定，渡口所在地县级人民政府指定的部门，有下列情形之一的，根据不同情节，对负有责任的主管人员和其他直接责任人员，给予降级或者撤职的行政处分；造成重大内河交通事故或者致使公共财产、国家和人民利益遭受重大损失的，依照刑法关于滥用职权罪、玩忽职守罪或者其他罪的规定，依法追究刑事责任：

（一）对县级人民政府批准的渡口不依法实施监督检查的；

（二）对未经县级人民政府批准擅自设立的渡口不予以查处的；

（三）对渡船超载、人与大牲畜混载、人与爆炸品、压缩气体和液化气体、易燃液体、易燃固体、自燃物品和遇湿易燃物品、氧化剂和有机过氧化物、有毒品和腐蚀品等危险品混载以及其他危及安全的行为不及时纠正并依法处理的。

第九十条 违反本条例的规定，触犯《中华人民共和国治安管理处罚法》，构成违反治安管理行为的，由公安机关给予治安管理处罚。

第十一章 附 则

第九十一条 本条例下列用语的含义：

（一）内河通航水域，是指由海事管理机构认定的可供船舶航行的江、河、湖泊、水库、运河等水域。

（二）船舶，是指各类排水或者非排水的船、艇、筏、水上飞行器、潜水器、移动式平台以及其他水上移动装置。

（三）浮动设施，是指采用缆绳或者锚链等非刚性固定方式系固并漂浮或者潜于水中的建筑、装置。

（四）交通事故，是指船舶、浮动设施在内河通航水域发生的碰撞、触碰、触礁、浪损、搁浅、火灾、爆炸、沉没等引起人身伤亡和财产损失的事件。

第九十二条 军事船舶在内河通航水域航行，应当遵守内河航行、避让和信号显示规则。军事船舶的检验、登记和船员的考试、发证等管理办法，按照国家有关规定执行。

第九十三条 渔船的登记以及进出渔港报告，渔船船员的考试、发证，渔船之间交通事故的调查处理，以及渔港水域内渔船的交通安全管理办法，由国务院渔业行政主管部门依据本条例另行规定。

渔业船舶的检验及相关监督管理，由国务院交通运输主管部门按照相关渔业船舶检验的行政法规执行。

第九十四条 城市园林水域水上交通安全管理的具体办法，由省、自治区、直辖市人民政府制定；但是，有关船舶检验、登记和船员管理，依照国家有关规定执行。

第九十五条 本条例自2002年8月1日起施行。1986年12月16日国务院发布的《中华人民共和国内河交通安全管理条例》同时废止。

中华人民共和国水上水下作业和活动通航安全管理规定

·2021年9月1日交通运输部令2021年第24号公布

·自公布之日起施行

第一章 总 则

第一条 为了维护水上交通秩序，保障船舶航行、停泊和作业安全，保护水域环境，依据《中华人民共和国海上交通安全法》《中华人民共和国内河交通安全管理条例》等法律、行政法规，制定本规定。

第二条 公民、法人或者其他组织在中华人民共和国管辖水域从事水上水下作业和活动，适用本规定。

第三条 水上水下作业和活动通航安全管理应当遵循安全第一、预防为主、方便群众、依法管理的原则。

第四条 交通运输部主管全国水上水下作业和活动通航安全管理工作。

交通运输部海事局负责全国水上水下作业和活动通航安全监督管理工作。

交通运输部直属海事管理机构和其他承担水上交通安全管理职责的机构（以下统称海事管理机构），依照各自的职责权限，负责本辖区水上水下作业和活动通航安全监督管理工作。

第二章 作业和活动许可

第五条 在管辖海域内进行下列施工作业，应当经海事管理机构许可，并核定相应安全作业区：

（一）勘探，港外采掘、爆破；

（二）构筑、维修、拆除水上水下构筑物或者设施；

（三）航道建设、疏浚（航道养护疏浚除外）作业；

（四）打捞沉船沉物。

第六条 在内河通航水域或者岸线上进行下列水上水下作业或者活动，应当经海事管理机构许可，并根据需要核定相应安全作业区：

（一）勘探，港外采掘、爆破；

（二）构筑、设置、维修、拆除水上水下构筑物或者设施；

（三）架设桥梁、索道；

（四）铺设、检修、拆除水上水下电缆或者管道；

（五）设置系船浮筒、浮趸、缆桩等设施；

（六）航道建设施工、码头前沿水域疏浚；

（七）举行大型群众性活动、体育比赛；

（八）打捞沉船沉物。

第七条 在管辖水域内从事需经许可的水上水下作

业或者活动,应当符合下列条件:

(一)水上水下作业或者活动的单位、人员、船舶、海上设施或者内河浮动设施符合安全航行、停泊和作业的要求;

(二)已制定水上水下作业或者活动方案;

(三)有符合水上交通安全和防治船舶污染水域环境要求的保障措施、应急预案和责任制度。

第八条　在管辖水域内从事需经许可的水上水下作业或者活动,建设单位、主办单位或者施工单位应当向作业地或者活动地的海事管理机构提出申请并报送下列材料:

(一)申请书;

(二)申请人、经办人相关证明材料;

(三)作业或者活动方案,包括基本概况、进度安排、施工作业图纸、活动方式,可能影响的水域范围,参与的船舶、海上设施或者内河浮动设施及其人员等,法律、行政法规规定需经其他有关部门许可的,还应当包括与作业或者活动有关的许可信息;

(四)作业或者活动保障措施方案、应急预案和责任制度文本。

在港口进行可能危及港口安全的采掘、爆破等活动,建设单位、施工单位应当报经港口行政管理部门许可。港口行政管理部门应当将许可情况及时通报海事管理机构。

第九条　建设单位、主办单位或者施工单位应当根据作业或者活动的范围、气象、海况和通航环境等因素,综合分析水上交通安全和船舶污染水域环境的风险,科学合理编制作业或者活动方案、保障措施方案和应急预案。

第十条　水上水下作业或者活动水域涉及两个以上海事管理机构的,许可证的申请应当向其共同的上一级海事管理机构或者共同的上一级海事管理机构指定的海事管理机构提出。

第十一条　海事管理机构应当自受理申请之日起15个工作日内作出许可或者不予许可的决定。准予许可的,应当颁发水上水下作业或者活动许可证。

对通航安全可能构成重大影响的水上水下作业或者活动,海事管理机构应当在许可前组织专家进行技术评审。

第十二条　许可证应当注明允许从事水上水下作业或者活动的单位名称、船名、设施名称、时间、水域、作业或者活动内容、有效期等事项。

第十三条　许可证的有效期由海事管理机构根据作业或者活动的期限及水域环境的特点确定。许可证有效期届满不能结束水上水下作业或者活动的,建设单位、主办单位或者施工单位应当于许可证有效期届满5个工作日前向海事管理机构申请办理延续手续,提交延续申请书和相关说明材料,由海事管理机构在原许可证上签注延续期限后方能继续从事相应作业或者活动。许可证有效期最长不得超过3年。

第十四条　许可证上注明的船舶、海上设施或者内河浮动设施在水上水下作业或者活动期间发生变更的,建设单位、主办单位或者施工单位应当及时向作出许可决定的海事管理机构申请办理变更手续,提交变更申请书和相关说明材料。在变更手续未办妥前,变更的船舶、海上设施或者内河浮动设施不得从事相应的水上水下作业或者活动。

许可证上注明的从事水上水下作业或者活动的单位、内容、水域发生变更的,建设单位、主办单位或者施工单位应当重新申请许可证。

第十五条　有下列情形之一的,建设单位、主办单位或者施工单位应当及时向原发证的海事管理机构报告,并办理许可证注销手续:

(一)水上水下作业或者活动中止的;

(二)3个月以上未开工的;

(三)提前完工的;

(四)因许可事项变更而重新办理了新的许可证的;

(五)因不可抗力导致许可的水上水下作业或者活动无法实施的。

第三章　作业和活动管理

第十六条　在管辖海域内从事体育、娱乐、演练、试航、科学观测等水上水下活动,应当编制活动方案、安全保障和应急方案,并遵守海上交通安全管理规定;可能影响海上交通安全的,应当提前10个工作日将活动涉及的海域范围报告海事管理机构。

在内河通航水域进行气象观测、测量、地质调查、大面积清除水面垃圾和可能影响内河通航水域交通安全的其他作业的,应当在作业前将作业方案报海事管理机构备案。

第十七条　从事维护性疏浚、清障等影响通航的航道养护活动,或者确需限制通航的养护作业的,应当提前向海事管理机构通报。

第十八条　海事管理机构应当根据作业或者活动水域的范围、自然环境、交通状况等因素合理核定安全作业区的范围,并向社会公告。需要改变的,应当由海事管理机构重新核定公告。

水上水下作业或者活动已经海事管理机构核定安全作业区的,船舶、海上设施或者内河浮动设施应当在安全作业区内进行作业或者活动。无关船舶、海上设施或者内河浮动设施不得进入安全作业区。

建设单位、主办单位或者施工单位应当在安全作业区设置相关的安全警示标志、配备必要的安全设施或者警戒船。

第十九条 从事按规定需要发布航行警告、航行通告的水上水下作业或者活动,应当在作业或者活动开始前办妥相关手续。

第二十条 水上水下作业或者活动的建设单位、主办单位或者施工单位应当加强安全生产管理,落实安全生产主体责任。

第二十一条 建设单位应当根据国家有关法律、法规及规章要求,明确本单位和施工单位安全责任人,督促施工单位加强施工作业期间安全管理,落实水上交通安全的各项要求。

建设单位应当确保水上交通安全设施与主体工程同时设计、同时施工、同时投入生产和使用。

第二十二条 水上水下作业需要招投标的,建设单位应当在招投标前明确参与作业的船舶、海上设施或者内河浮动设施应当具备的安全标准和条件,在工程招投标后督促施工单位落实施工过程中各项安全保障措施,将作业船舶、海上设施或者内河浮动设施及人员和为作业服务的船舶及其人员纳入水上交通安全管理体系,并与其签订安全生产管理协议。

第二十三条 主办单位、施工单位应当落实安全生产法律法规要求,完善安全生产条件,保障施工作业、活动及其周边水域交通安全。

第二十四条 建设单位、主办单位或者施工单位在水上水下作业或者活动过程中应当遵守以下规定:

(一)按照海事管理机构许可的作业或者活动内容、水域范围和使用核准的船舶、海上设施或者内河浮动设施进行作业或者活动,不得妨碍其他船舶的正常航行;

(二)及时向海事管理机构通报作业或者活动进度及计划,并保持作业或者活动水域良好的通航环境;

(三)使船舶、海上设施或者内河浮动设施保持在适于安全航行、停泊或者从事有关作业或者活动的状态;

(四)船舶、海上设施或者内河浮动设施应当按照有关规定在明显处昼夜显示规定的号灯号型。在现场作业或者活动的船舶或者警戒船上配备有效的通信设备,作业或者活动期间指派专人警戒,并在指定的频道上守听。

第二十五条 建设单位、主办单位或者施工单位应当及时清除水上水下作业或者活动过程中产生的碍航物,不得遗留任何有碍航行和作业安全的隐患。在碍航物未清除前,必须设置规定的标志、显示信号,并将碍航物的名称、形状、尺寸、位置和深度准确地报告海事管理机构。

第二十六条 建设单位应当在工程涉及通航安全的部分完工后或者工程竣工后,将工程有关通航安全的技术参数报海事管理机构备案。

第二十七条 海事管理机构应当建立作业或者活动现场监督检查制度,依法检查建设单位、主办单位和施工单位所属船舶、海上设施或者内河浮动设施、人员水上通航安全作业条件、采取的通航安全保障措施、应急预案、责任制度落实情况。有关单位和人员应当予以配合。

第四章 法律责任

第二十八条 有下列情形之一的,海事管理机构应当责令建设单位、主办单位或者施工单位立即停止作业或者活动,并采取安全防范措施:

(一)因恶劣自然条件严重影响作业或者活动及通航安全的;

(二)作业或者活动水域内发生水上交通事故或者存在严重危害水上交通安全隐患,危及周围人命、财产安全的。

第二十九条 有下列情形之一的,海事管理机构应当责令改正;拒不改正的,应当责令其停止作业或者活动:

(一)建设单位、主办单位或者施工单位未落实安全生产主体责任的;

(二)未按照规定设置相关的安全警示标志、配备必要的安全设施或者警戒船的;

(三)未经许可擅自更换或者增加作业或者活动船舶、海上设施或者内河浮动设施的;

(四)未按照规定采取通航安全保障措施进行水上水下作业或者活动的;

(五)雇佣不符合安全标准的船舶、海上设施或者内河浮动设施进行水上水下作业或者活动的。

第三十条 违反本规定,隐瞒有关情况或者提供虚假材料,以欺骗或者其他不正当手段取得许可证的,由海事管理机构撤销其水上水下作业或者活动许可,收回其许可证,处5000元以上3万元以下的罚款。

第三十一条　在管辖海域内有下列情形之一的，海事管理机构应当责令改正，对违法船舶、海上设施的所有人、经营人或者管理人处3万元以上30万元以下的罚款，对船长、责任船员处3000元以上3万元以下的罚款，或者暂扣船员适任证书6个月至12个月；情节严重的，吊销船长、责任船员的船员适任证书。

（一）船舶、海上设施未取得许可证或者使用涂改、非法受让的许可证从事施工作业的；

（二）未按照许可明确的作业方案、保障措施、应急预案和责任制度相关要求开展施工作业的；

（三）超出核定的安全作业区进行施工作业的。

从事可能影响海上交通安全的水上水下活动，未按规定提前报告海事管理机构的，由海事管理机构对违法船舶、海上设施的所有人、经营人或者管理人处1万元以上3万元以下的罚款，对船长、责任船员处2000元以上2万元以下的罚款。

第三十二条　在内河通航水域或者岸线上进行水上水下作业或者活动，有下列情形之一的，海事管理机构应当责令立即停止作业或者活动，责令限期改正，处5000元以上5万元以下的罚款：

（一）未取得许可证擅自进行水上水下作业或者活动的；

（二）使用涂改或者非法受让的许可证进行水上水下作业或者活动的；

（三）未按照本规定报备水上水下作业的；

（四）擅自扩大作业或者活动水域范围的。

第三十三条　有下列情形之一的，海事管理机构应当责令停止作业或者活动，可以处2000元以下的罚款：

（一）未按有关规定申请发布航行警告、航行通告即行实施水上水下作业或者活动的；

（二）水上水下作业或者活动与航行警告、航行通告中公告的内容不符的。

第三十四条　未按照本规定取得许可证，擅自构筑、设置的水上水下构筑物或者设施，船舶不得进行靠泊作业。影响通航环境的，应当责令构筑、设置者限期搬迁或者拆除，搬迁或者拆除的有关费用由构筑、设置者承担。

第三十五条　违反本规定，建设单位、主办单位或者施工单位在管辖海域内未对有碍航行和作业安全的隐患采取设置标志、显示信号等措施的，海事管理机构应当责令改正，处2万元以上20万元以下的罚款。

建设单位、主办单位或者施工单位在内河通航水域或者岸线水上水下作业或者活动，未按照规定采取设置标志、显示信号等措施的，海事管理机构应当责令改正，处5000元以上5万元以下的罚款。

第三十六条　海事管理机构工作人员不按法定的条件进行海事行政许可或者不依法履行职责进行监督检查，有滥用职权、徇私舞弊、玩忽职守等行为的，由其所在机构或上级机构依法处理；构成犯罪的，由司法机关依法追究刑事责任。

第五章　附　则

第三十七条　在军港、渔港内从事相关水上水下作业或者活动，按照国家有关规定执行。

第三十八条　本规定自公布之日起施行。2019年1月28日以交通运输部令2019年第2号公布的《中华人民共和国水上水下活动通航安全管理规定》同时废止。

十五、生物安全应急管理

中华人民共和国生物安全法

· 2020 年 10 月 17 日第十三届全国人民代表大会常务委员会第二十二次会议通过
· 根据 2024 年 4 月 26 日第十四届全国人民代表大会常务委员会第九次会议《关于修改〈中华人民共和国农业技术推广法〉、〈中华人民共和国未成年人保护法〉、〈中华人民共和国生物安全法〉的决定》修正
· 2024 年 4 月 26 日中华人民共和国主席令第 24 号公布
· 自公布之日起施行

第一章 总 则

第一条 为了维护国家安全,防范和应对生物安全风险,保障人民生命健康,保护生物资源和生态环境,促进生物技术健康发展,推动构建人类命运共同体,实现人与自然和谐共生,制定本法。

第二条 本法所称生物安全,是指国家有效防范和应对危险生物因子及相关因素威胁,生物技术能够稳定健康发展,人民生命健康和生态系统相对处于没有危险和不受威胁的状态,生物领域具备维护国家安全和持续发展的能力。

从事下列活动,适用本法:

(一)防控重大新发突发传染病、动植物疫情;

(二)生物技术研究、开发与应用;

(三)病原微生物实验室生物安全管理;

(四)人类遗传资源与生物资源安全管理;

(五)防范外来物种入侵与保护生物多样性;

(六)应对微生物耐药;

(七)防范生物恐怖袭击与防御生物武器威胁;

(八)其他与生物安全相关的活动。

第三条 生物安全是国家安全的重要组成部分。维护生物安全应当贯彻总体国家安全观,统筹发展和安全,坚持以人为本、风险预防、分类管理、协同配合的原则。

第四条 坚持中国共产党对国家生物安全工作的领导,建立健全国家生物安全领导体制,加强国家生物安全风险防控和治理体系建设,提高国家生物安全治理能力。

第五条 国家鼓励生物科技创新,加强生物安全基础设施和生物科技人才队伍建设,支持生物产业发展,以创新驱动提升生物科技水平,增强生物安全保障能力。

第六条 国家加强生物安全领域的国际合作,履行中华人民共和国缔结或者参加的国际条约规定的义务,支持参与生物科技交流合作与生物安全事件国际救援,积极参与生物安全国际规则的研究与制定,推动完善全球生物安全治理。

第七条 各级人民政府及其有关部门应当加强生物安全法律法规和生物安全知识宣传普及工作,引导基层群众性自治组织、社会组织开展生物安全法律法规和生物安全知识宣传,促进全社会生物安全意识的提升。

相关科研院校、医疗机构以及其他企业事业单位应当将生物安全法律法规和生物安全知识纳入教育培训内容,加强学生、从业人员生物安全意识和伦理意识的培养。

新闻媒体应当开展生物安全法律法规和生物安全知识公益宣传,对生物安全违法行为进行舆论监督,增强公众维护生物安全的社会责任意识。

第八条 任何单位和个人不得危害生物安全。

任何单位和个人有权举报危害生物安全的行为;接到举报的部门应当及时依法处理。

第九条 对在生物安全工作中做出突出贡献的单位和个人,县级以上人民政府及其有关部门按照国家规定予以表彰和奖励。

第二章 生物安全风险防控体制

第十条 中央国家安全领导机构负责国家生物安全工作的决策和议事协调,研究制定、指导实施国家生物安全战略和有关重大方针政策,统筹协调国家生物安全的重大事项和重要工作,建立国家生物安全工作协调机制。

省、自治区、直辖市建立生物安全工作协调机制,组织协调、督促推进本行政区域内生物安全相关工作。

第十一条 国家生物安全工作协调机制由国务院卫生健康、农业农村、科学技术、外交等主管部门和有关军事机关组成,分析研判国家生物安全形势,组织协调、督促推进国家生物安全相关工作。国家生物安全工作协调机制设立办公室,负责协调机制的日常工作。

国家生物安全工作协调机制成员单位和国务院其他有关部门根据职责分工，负责生物安全相关工作。

第十二条　国家生物安全工作协调机制设立专家委员会，为国家生物安全战略研究、政策制定及实施提供决策咨询。

国务院有关部门组织建立相关领域、行业的生物安全技术咨询专家委员会，为生物安全工作提供咨询、评估、论证等技术支撑。

第十三条　地方各级人民政府对本行政区域内生物安全工作负责。

县级以上地方人民政府有关部门根据职责分工，负责生物安全相关工作。

基层群众性自治组织应当协助地方人民政府以及有关部门做好生物安全风险防控、应急处置和宣传教育等工作。

有关单位和个人应当配合做好生物安全风险防控和应急处置等工作。

第十四条　国家建立生物安全风险监测预警制度。国家生物安全工作协调机制组织建立国家生物安全风险监测预警体系，提高生物安全风险识别和分析能力。

第十五条　国家建立生物安全风险调查评估制度。国家生物安全工作协调机制应当根据风险监测的数据、资料等信息，定期组织开展生物安全风险调查评估。

有下列情形之一的，有关部门应当及时开展生物安全风险调查评估，依法采取必要的风险防控措施：

（一）通过风险监测或者接到举报发现可能存在生物安全风险；

（二）为确定监督管理的重点领域、重点项目，制定、调整生物安全相关名录或者清单；

（三）发生重大新发突发传染病、动植物疫情等危害生物安全的事件；

（四）需要调查评估的其他情形。

第十六条　国家建立生物安全信息共享制度。国家生物安全工作协调机制组织建立统一的国家生物安全信息平台，有关部门应当将生物安全数据、资料等信息汇交国家生物安全信息平台，实现信息共享。

第十七条　国家建立生物安全信息发布制度。国家生物安全总体情况、重大生物安全风险警示信息、重大生物安全事件及其调查处理信息等重大生物安全信息，由国家生物安全工作协调机制成员单位根据职责分工发布；其他生物安全信息由国务院有关部门和县级以上地方人民政府及其有关部门根据职责权限发布。

任何单位和个人不得编造、散布虚假的生物安全信息。

第十八条　国家建立生物安全名录和清单制度。国务院及其有关部门根据生物安全工作需要，对涉及生物安全的材料、设备、技术、活动、重要生物资源数据、传染病、动植物疫病、外来入侵物种等制定、公布名录或者清单，并动态调整。

第十九条　国家建立生物安全标准制度。国务院标准化主管部门和国务院其他有关部门根据职责分工，制定和完善生物安全领域相关标准。

国家生物安全工作协调机制组织有关部门加强不同领域生物安全标准的协调和衔接，建立和完善生物安全标准体系。

第二十条　国家建立生物安全审查制度。对影响或者可能影响国家安全的生物领域重大事项和活动，由国务院有关部门进行生物安全审查，有效防范和化解生物安全风险。

第二十一条　国家建立统一领导、协同联动、有序高效的生物安全应急制度。

国务院有关部门应当组织制定相关领域、行业生物安全事件应急预案，根据应急预案和统一部署开展应急演练、应急处置、应急救援和事后恢复等工作。

县级以上地方人民政府及其有关部门应当制定并组织、指导和督促相关企业事业单位制定生物安全事件应急预案，加强应急准备、人员培训和应急演练，开展生物安全事件应急处置、应急救援和事后恢复等工作。

中国人民解放军、中国人民武装警察部队按照中央军事委员会的命令，依法参加生物安全事件应急处置和应急救援工作。

第二十二条　国家建立生物安全事件调查溯源制度。发生重大新发突发传染病、动植物疫情和不明原因的生物安全事件，国家生物安全工作协调机制应当组织开展调查溯源，确定事件性质，全面评估事件影响，提出意见建议。

第二十三条　国家建立首次进境或者暂停后恢复进境的动植物、动植物产品、高风险生物因子国家准入制度。

进出境的人员、运输工具、集装箱、货物、物品、包装物和国际航行船舶压舱水排放等应当符合我国生物安全管理要求。

海关对发现的进出境和过境生物安全风险，应当依法处置。经评估为生物安全高风险的人员、运输工具、货物、物品等，应当从指定的国境口岸进境，并采取严格的风险防控措施。

第二十四条 国家建立境外重大生物安全事件应对制度。境外发生重大生物安全事件的，海关依法采取生物安全紧急防控措施，加强证件核验，提高查验比例，暂停相关人员、运输工具、货物、物品等进境。必要时经国务院同意，可以采取暂时关闭有关口岸、封锁有关国境等措施。

第二十五条 县级以上人民政府有关部门应当依法开展生物安全监督检查工作，被检查单位和个人应当配合，如实说明情况，提供资料，不得拒绝、阻挠。

涉及专业技术要求较高、执法业务难度较大的监督检查工作，应当有生物安全专业技术人员参加。

第二十六条 县级以上人民政府有关部门实施生物安全监督检查，可以依法采取下列措施：

（一）进入被检查单位、地点或者涉嫌实施生物安全违法行为的场所进行现场监测、勘查、检查或者核查；

（二）向有关单位和个人了解情况；

（三）查阅、复制有关文件、资料、档案、记录、凭证等；

（四）查封涉嫌实施生物安全违法行为的场所、设施；

（五）扣押涉嫌实施生物安全违法行为的工具、设备以及相关物品；

（六）法律法规规定的其他措施。

有关单位和个人的生物安全违法信息应当依法纳入全国信用信息共享平台。

第三章 防控重大新发突发传染病、动植物疫情

第二十七条 国务院卫生健康、农业农村、林业草原、海关、生态环境主管部门应当建立新发突发传染病、动植物疫情、进出境检疫、生物技术环境安全监测网络，组织监测站点布局、建设，完善监测信息报告系统，开展主动监测和病原检测，并纳入国家生物安全风险监测预警体系。

第二十八条 疾病预防控制机构、动物疫病预防控制机构、植物病虫害预防控制机构（以下统称专业机构）应当对传染病、动植物疫病和列入监测范围的不明原因疾病开展主动监测，收集、分析、报告监测信息，预测新发突发传染病、动植物疫病的发生、流行趋势。

国务院有关部门、县级以上地方人民政府及其有关部门应当根据预测和职责权限及时发布预警，并采取相应的防控措施。

第二十九条 任何单位和个人发现传染病、动植物疫病的，应当及时向医疗机构、有关专业机构或者部门报告。

医疗机构、专业机构及其工作人员发现传染病、动植物疫病或者不明原因的聚集性疾病的，应当及时报告，并采取保护性措施。

依法应当报告的，任何单位和个人不得瞒报、谎报、缓报、漏报，不得授意他人瞒报、谎报、缓报，不得阻碍他人报告。

第三十条 国家建立重大新发突发传染病、动植物疫情联防联控机制。

发生重大新发突发传染病、动植物疫情，应当依照有关法律法规和应急预案的规定及时采取控制措施；国务院卫生健康、农业农村、林业草原主管部门应当立即组织疫情会商研判，将会商研判结论向中央国家安全领导机构和国务院报告，并通报国家生物安全工作协调机制其他成员单位和国务院其他有关部门。

发生重大新发突发传染病、动植物疫情，地方各级人民政府统一履行本行政区域内疫情防控职责，加强组织领导，开展群防群控、医疗救治，动员和鼓励社会力量依法有序参与疫情防控工作。

第三十一条 国家加强国境、口岸传染病和动植物疫情联合防控能力建设，建立传染病、动植物疫情防控国际合作网络，尽早发现、控制重大新发突发传染病、动植物疫情。

第三十二条 国家保护野生动物，加强动物防疫，防止动物源性传染病传播。

第三十三条 国家加强对抗生素药物等抗微生物药物使用和残留的管理，支持应对微生物耐药的基础研究和科技攻关。

县级以上人民政府卫生健康主管部门应当加强对医疗机构合理用药的指导和监督，采取措施防止抗微生物药物的不合理使用。县级以上人民政府农业农村、林业草原主管部门应当加强对农业生产中合理用药的指导和监督，采取措施防止抗微生物药物的不合理使用，降低在农业生产环境中的残留。

国务院卫生健康、农业农村、林业草原、生态环境等主管部门和药品监督管理部门应当根据职责分工，评估抗微生物药物残留对人体健康、环境的危害，建立抗微生物药物污染物指标评价体系。

第四章 生物技术研究、开发与应用安全

第三十四条 国家加强对生物技术研究、开发与应用活动的安全管理，禁止从事危及公众健康、损害生物资源、破坏生态系统和生物多样性等危害生物安全的生物技术研究、开发与应用活动。

从事生物技术研究、开发与应用活动，应当符合伦理原则。

第三十五条 从事生物技术研究、开发与应用活动的单位应当对本单位生物技术研究、开发与应用的安全负责，采取生物安全风险防控措施，制定生物安全培训、跟踪检查、定期报告等工作制度，强化过程管理。

第三十六条 国家对生物技术研究、开发活动实行分类管理。根据对公众健康、工业农业、生态环境等造成危害的风险程度，将生物技术研究、开发活动分为高风险、中风险、低风险三类。

生物技术研究、开发活动风险分类标准及名录由国务院科学技术、卫生健康、农业农村等主管部门根据职责分工，会同国务院其他有关部门制定、调整并公布。

第三十七条 从事生物技术研究、开发活动，应当遵守国家生物技术研究开发安全管理规范。

从事生物技术研究、开发活动，应当进行风险类别判断，密切关注风险变化，及时采取应对措施。

第三十八条 从事高风险、中风险生物技术研究、开发活动，应当由在我国境内依法成立的法人组织进行，并依法取得批准或者进行备案。

从事高风险、中风险生物技术研究、开发活动，应当进行风险评估，制定风险防控计划和生物安全事件应急预案，降低研究、开发活动实施的风险。

第三十九条 国家对涉及生物安全的重要设备和特殊生物因子实行追溯管理。购买或者引进列入管控清单的重要设备和特殊生物因子，应当进行登记，确保可追溯，并报国务院有关部门备案。

个人不得购买或者持有列入管控清单的重要设备和特殊生物因子。

第四十条 从事生物医学新技术临床研究，应当通过伦理审查，并在具备相应条件的医疗机构内进行；进行人体临床研究操作的，应当由符合相应条件的卫生专业技术人员执行。

第四十一条 国务院有关部门依法对生物技术应用活动进行跟踪评估，发现存在生物安全风险的，应当及时采取有效补救和管控措施。

第五章 病原微生物实验室生物安全

第四十二条 国家加强对病原微生物实验室生物安全的管理，制定统一的实验室生物安全标准。病原微生物实验室应当符合生物安全国家标准和要求。

从事病原微生物实验活动，应当严格遵守有关国家标准和实验室技术规范、操作规程，采取安全防范措施。

第四十三条 国家根据病原微生物的传染性、感染后对人和动物的个体或者群体的危害程度，对病原微生物实行分类管理。

从事高致病性或者疑似高致病性病原微生物样本采集、保藏、运输活动，应当具备相应条件，符合生物安全管理规范。具体办法由国务院卫生健康、农业农村主管部门制定。

第四十四条 设立病原微生物实验室，应当依法取得批准或者进行备案。

个人不得设立病原微生物实验室或者从事病原微生物实验活动。

第四十五条 国家根据对病原微生物的生物安全防护水平，对病原微生物实验室实行分等级管理。

从事病原微生物实验活动应当在相应等级的实验室进行。低等级病原微生物实验室不得从事国家病原微生物目录规定应当在高等级病原微生物实验室进行的病原微生物实验活动。

第四十六条 高等级病原微生物实验室从事高致病性或者疑似高致病性病原微生物实验活动，应当经省级以上人民政府卫生健康或者农业农村主管部门批准，并将实验活动情况向批准部门报告。

对我国尚未发现或者已经宣布消灭的病原微生物，未经批准不得从事相关实验活动。

第四十七条 病原微生物实验室应当采取措施，加强对实验动物的管理，防止实验动物逃逸，对使用后的实验动物按照国家规定进行无害化处理，实现实验动物可追溯。禁止将使用后的实验动物流入市场。

病原微生物实验室应当加强对实验活动废弃物的管理，依法对废水、废气以及其他废弃物进行处置，采取措施防止污染。

第四十八条 病原微生物实验室的设立单位负责实验室的生物安全管理，制定科学、严格的管理制度，定期对有关生物安全规定的落实情况进行检查，对实验室设施、设备、材料等进行检查、维护和更新，确保其符合国家标准。

病原微生物实验室设立单位的法定代表人和实验室负责人对实验室的生物安全负责。

第四十九条 病原微生物实验室的设立单位应当建立和完善安全保卫制度，采取安全保卫措施，保障实验室及其病原微生物的安全。

国家加强对高等级病原微生物实验室的安全保卫。高等级病原微生物实验室应当接受公安机关等部门有关实验室安全保卫工作的监督指导，严防高致病性病原微生物泄漏、丢失和被盗、被抢。

国家建立高等级病原微生物实验室人员进入审核制度。进入高等级病原微生物实验室的人员应当经实验室负责人批准。对可能影响实验室生物安全的，不予批准；对批准进入的，应当采取安全保障措施。

第五十条 病原微生物实验室的设立单位应当制定生物安全事件应急预案，定期组织开展人员培训和应急演练。发生高致病性病原微生物泄漏、丢失和被盗、被抢或者其他生物安全风险的，应当按照应急预案的规定及时采取控制措施，并按照国家规定报告。

第五十一条 病原微生物实验室所在地省级人民政府及其卫生健康主管部门应当加强实验室所在地感染性疾病医疗资源配置，提高感染性疾病医疗救治能力。

第五十二条 企业对涉及病原微生物操作的生产车间的生物安全管理，依照有关病原微生物实验室的规定和其他生物安全管理规范进行。

涉及生物毒素、植物有害生物及其他生物因子操作的生物安全实验室的建设和管理，参照有关病原微生物实验室的规定执行。

第六章 人类遗传资源与生物资源安全

第五十三条 国家加强对我国人类遗传资源和生物资源采集、保藏、利用、对外提供等活动的管理和监督，保障人类遗传资源和生物资源安全。

国家对我国人类遗传资源和生物资源享有主权。

第五十四条 国家开展人类遗传资源和生物资源调查。

国务院卫生健康主管部门组织开展我国人类遗传资源调查，制定重要遗传家系和特定地区人类遗传资源申报登记办法。

国务院卫生健康、科学技术、自然资源、生态环境、农业农村、林业草原、中医药主管部门根据职责分工，组织开展生物资源调查，制定重要生物资源申报登记办法。

第五十五条 采集、保藏、利用、对外提供我国人类遗传资源，应当符合伦理原则，不得危害公众健康、国家安全和社会公共利益。

第五十六条 从事下列活动，应当经国务院卫生健康主管部门批准：

（一）采集我国重要遗传家系、特定地区人类遗传资源或者采集国务院卫生健康主管部门规定的种类、数量的人类遗传资源；

（二）保藏我国人类遗传资源；

（三）利用我国人类遗传资源开展国际科学研究合作；

（四）将我国人类遗传资源材料运送、邮寄、携带出境。

前款规定不包括以临床诊疗、采供血服务、查处违法犯罪、兴奋剂检测和殡葬等为目的采集、保藏人类遗传资源及开展的相关活动。

为了取得相关药品和医疗器械在我国上市许可，在临床试验机构利用我国人类遗传资源开展国际合作临床试验、不涉及人类遗传资源出境的，不需要批准；但是，在开展临床试验前应当将拟使用的人类遗传资源种类、数量及用途向国务院卫生健康主管部门备案。

境外组织、个人及其设立或者实际控制的机构不得在我国境内采集、保藏我国人类遗传资源，不得向境外提供我国人类遗传资源。

第五十七条 将我国人类遗传资源信息向境外组织、个人及其设立或者实际控制的机构提供或者开放使用的，应当向国务院卫生健康主管部门事先报告并提交信息备份。

第五十八条 采集、保藏、利用、运输出境我国珍贵、濒危、特有物种及其可用于再生或者繁殖传代的个体、器官、组织、细胞、基因等遗传资源，应当遵守有关法律法规。

境外组织、个人及其设立或者实际控制的机构获取和利用我国生物资源，应当依法取得批准。

第五十九条 利用我国生物资源开展国际科学研究合作，应当依法取得批准。

利用我国人类遗传资源和生物资源开展国际科学研究合作，应当保证中方单位及其研究人员全过程、实质性地参与研究，依法分享相关权益。

第六十条 国家加强对外来物种入侵的防范和应对，保护生物多样性。国务院农业农村主管部门会同国务院其他有关部门制定外来入侵物种名录和管理办法。

国务院有关部门根据职责分工，加强对外来入侵物种的调查、监测、预警、控制、评估、清除以及生态修复等工作。

任何单位和个人未经批准，不得擅自引进、释放或者丢弃外来物种。

第七章 防范生物恐怖与生物武器威胁

第六十一条 国家采取一切必要措施防范生物恐怖与生物武器威胁。

禁止开发、制造或者以其他方式获取、储存、持有和使用生物武器。

禁止以任何方式唆使、资助、协助他人开发、制造或者以其他方式获取生物武器。

第六十二条 国务院有关部门制定、修改、公布可被用于生物恐怖活动、制造生物武器的生物体、生物毒素、设备或者技术清单，加强监管，防止其被用于制造生物武器或者恐怖目的。

第六十三条 国务院有关部门和有关军事机关根据职责分工，加强对可被用于生物恐怖活动、制造生物武器的生物体、生物毒素、设备或者技术进出境、进出口、获取、制造、转移和投放等活动的监测、调查，采取必要的防范和处置措施。

第六十四条 国务院有关部门、省级人民政府及其有关部门负责组织遭受生物恐怖袭击、生物武器攻击后的人员救治与安置、环境消毒、生态修复、安全监测和社会秩序恢复等工作。

国务院有关部门、省级人民政府及其有关部门应当有效引导社会舆论科学、准确报道生物恐怖袭击和生物武器攻击事件，及时发布疏散、转移和紧急避难等信息，对应急处置与恢复过程中遭受污染的区域和人员进行长期环境监测和健康监测。

第六十五条 国家组织开展对我国境内战争遗留生物武器及其危害结果、潜在影响的调查。

国家组织建设存放和处理战争遗留生物武器设施，保障对战争遗留生物武器的安全处置。

第八章 生物安全能力建设

第六十六条 国家制定生物安全事业发展规划，加强生物安全能力建设，提高应对生物安全事件的能力和水平。

县级以上人民政府应当支持生物安全事业发展，按照事权划分，将支持下列生物安全事业发展的相关支出列入政府预算：

（一）监测网络的构建和运行；

（二）应急处置和防控物资的储备；

（三）关键基础设施的建设和运行；

（四）关键技术和产品的研究、开发；

（五）人类遗传资源和生物资源的调查、保藏；

（六）法律法规规定的其他重要生物安全事业。

第六十七条 国家采取措施支持生物安全科技研究，加强生物安全风险防御与管控技术研究，整合优势力量和资源，建立多学科、多部门协同创新的联合攻关机制，推动生物安全核心关键技术和重大防御产品的成果产出与转化应用，提高生物安全的科技保障能力。

第六十八条 国家统筹布局全国生物安全基础设施建设。国务院有关部门根据职责分工，加快建设生物信息、人类遗传资源保藏、菌（毒）种保藏、动植物遗传资源保藏、高等级病原微生物实验室等方面的生物安全国家战略资源平台，建立共享利用机制，为生物安全科技创新提供战略保障和支撑。

第六十九条 国务院有关部门根据职责分工，加强生物基础科学研究人才和生物领域专业技术人才培养，推动生物基础科学学科建设和科学研究。

国家生物安全基础设施重要岗位的从业人员应当具备符合要求的资格，相关信息应当向国务院有关部门备案，并接受岗位培训。

第七十条 国家加强重大新发突发传染病、动植物疫情等生物安全风险防控的物资储备。

国家加强生物安全应急药品、装备等物资的研究、开发和技术储备。国务院有关部门根据职责分工，落实生物安全应急药品、装备等物资研究、开发和技术储备的相关措施。

国务院有关部门和县级以上地方人民政府及其有关部门应当保障生物安全事件应急处置所需的医疗救护设备、救治药品、医疗器械等物资的生产、供应和调配；交通运输主管部门应当及时组织协调运输经营单位优先运送。

第七十一条 国家对从事高致病性病原微生物实验活动、生物安全事件现场处置等高风险生物安全工作的人员，提供有效的防护措施和医疗保障。

第九章 法律责任

第七十二条 违反本法规定，履行生物安全管理职责的工作人员在生物安全工作中滥用职权、玩忽职守、徇私舞弊或者有其他违法行为的，依法给予处分。

第七十三条 违反本法规定，医疗机构、专业机构或者其工作人员瞒报、谎报、缓报、漏报，授意他人瞒报、谎报、缓报，或者阻碍他人报告传染病、动植物疫病或者不明原因的聚集性疾病的，由县级以上人民政府有关部门责令改正，给予警告；对法定代表人、主要负责人、直接负责的主管人员和其他直接责任人员，依法给予处分，并可以依法暂停一定期限的执业活动直至吊销相关执业证书。

违反本法规定，编造、散布虚假的生物安全信息，构成违反治安管理行为的，由公安机关依法给予治安管理处罚。

第七十四条 违反本法规定，从事国家禁止的生物技术研究、开发与应用活动的,由县级以上人民政府卫生健康、科学技术、农业农村主管部门根据职责分工,责令停止违法行为,没收违法所得、技术资料和用于违法行为的工具、设备、原材料等物品,处一百万元以上一千万元以下的罚款,违法所得在一百万元以上的,处违法所得十倍以上二十倍以下的罚款,并可以依法禁止一定期限内从事相应的生物技术研究、开发与应用活动,吊销相关许可证件;对法定代表人、主要负责人、直接负责的主管人员和其他直接责任人员,依法给予处分,处十万元以上二十万元以下的罚款,十年直至终身禁止从事相应的生物技术研究、开发与应用活动,依法吊销相关执业证书。

第七十五条 违反本法规定,从事生物技术研究、开发活动未遵守国家生物技术研究开发安全管理规范的,由县级以上人民政府有关部门根据职责分工,责令改正,给予警告,可以并处二万元以上二十万元以下的罚款;拒不改正或者造成严重后果的,责令停止研究、开发活动,并处二十万元以上二百万元以下的罚款。

第七十六条 违反本法规定,从事病原微生物实验活动未在相应等级的实验室进行,或者高等级病原微生物实验室未经批准从事高致病性、疑似高致病性病原微生物实验活动的,由县级以上地方人民政府卫生健康、农业农村主管部门根据职责分工,责令停止违法行为,监督其将用于实验活动的病原微生物销毁或者送交保藏机构,给予警告;造成传染病传播、流行或者其他严重后果的,对法定代表人、主要负责人、直接负责的主管人员和其他直接责任人员依法给予撤职、开除处分。

第七十七条 违反本法规定,将使用后的实验动物流入市场的,由县级以上人民政府科学技术主管部门责令改正,没收违法所得,并处二十万元以上一百万元以下的罚款,违法所得在二十万元以上的,并处违法所得五倍以上十倍以下的罚款;情节严重的,由发证部门吊销相关许可证件。

第七十八条 违反本法规定,有下列行为之一的,由县级以上人民政府有关部门根据职责分工,责令改正,没收违法所得,给予警告,可以并处十万元以上一百万元以下的罚款:

(一)购买或者引进列入管控清单的重要设备、特殊生物因子未进行登记,或者未报国务院有关部门备案;

(二)个人购买或者持有列入管控清单的重要设备或者特殊生物因子;

(三)个人设立病原微生物实验室或者从事病原微生物实验活动;

(四)未经实验室负责人批准进入高等级病原微生物实验室。

第七十九条 违反本法规定,未经批准,采集、保藏我国人类遗传资源或者利用我国人类遗传资源开展国际科学研究合作的,由国务院卫生健康主管部门责令停止违法行为,没收违法所得和违法采集、保藏的人类遗传资源,并处五十万元以上五百万元以下的罚款,违法所得在一百万元以上的,并处违法所得五倍以上十倍以下的罚款;情节严重的,对法定代表人、主要负责人、直接负责的主管人员和其他直接责任人员,依法给予处分,五年内禁止从事相应活动。

第八十条 违反本法规定,境外组织、个人及其设立或者实际控制的机构在我国境内采集、保藏我国人类遗传资源,或者向境外提供我国人类遗传资源的,由国务院卫生健康主管部门责令停止违法行为,没收违法所得和违法采集、保藏的人类遗传资源,并处一百万元以上一千万元以下的罚款;违法所得在一百万元以上的,并处违法所得十倍以上二十倍以下的罚款。

第八十一条 违反本法规定,未经批准,擅自引进外来物种的,由县级以上人民政府有关部门根据职责分工,没收引进的外来物种,并处五万元以上二十五万元以下的罚款。

违反本法规定,未经批准,擅自释放或者丢弃外来物种的,由县级以上人民政府有关部门根据职责分工,责令限期捕回、找回释放或者丢弃的外来物种,处一万元以上五万元以下的罚款。

第八十二条 违反本法规定,构成犯罪的,依法追究刑事责任;造成人身、财产或者其他损害的,依法承担民事责任。

第八十三条 违反本法规定的生物安全违法行为,本法未规定法律责任,其他有关法律、行政法规有规定的,依照其规定。

第八十四条 境外组织或者个人通过运输、邮寄、携带危险生物因子入境或者以其他方式危害我国生物安全的,依法追究法律责任,并可以采取其他必要措施。

第十章 附 则

第八十五条 本法下列术语的含义:

(一)生物因子,是指动物、植物、微生物、生物毒素及其他生物活性物质。

(二)重大新发突发传染病,是指我国境内首次出现或者已经宣布消灭再次发生,或者突然发生,造成或者可能造成公众健康和生命安全严重损害,引起社会恐慌,影响社会稳定的传染病。

（三）重大新发突发动物疫情，是指我国境内首次发生或者已经宣布消灭的动物疫病再次发生，或者发病率、死亡率较高的潜伏动物疫病突然发生并迅速传播，给养殖业生产安全造成严重威胁、危害，以及可能对公众健康和生命安全造成危害的情形。

（四）重大新发突发植物疫情，是指我国境内首次发生或者已经宣布消灭的严重危害植物的真菌、细菌、病毒、昆虫、线虫、杂草、害鼠、软体动物等再次引发病虫害，或者本地有害生物突然大范围发生并迅速传播，对农作物、林木等植物造成严重危害的情形。

（五）生物技术研究、开发与应用，是指通过科学和工程原理认识、改造、合成、利用生物而从事的科学研究、技术开发与应用等活动。

（六）病原微生物，是指可以侵犯人、动物引起感染甚至传染病的微生物，包括病毒、细菌、真菌、立克次体、寄生虫等。

（七）植物有害生物，是指能够对农作物、林木等植物造成危害的真菌、细菌、病毒、昆虫、线虫、杂草、害鼠、软体动物等生物。

（八）人类遗传资源，包括人类遗传资源材料和人类遗传资源信息。人类遗传资源材料是指含有人体基因组、基因等遗传物质的器官、组织、细胞等遗传材料。人类遗传资源信息是指利用人类遗传资源材料产生的数据等信息资料。

（九）微生物耐药，是指微生物对抗微生物药物产生抗性，导致抗微生物药物不能有效控制微生物的感染。

（十）生物武器，是指类型和数量不属于预防、保护或者其他和平用途所正当需要的、任何来源或者任何方法产生的微生物剂、其他生物剂以及生物毒素；也包括为将上述生物剂、生物毒素使用于敌对目的或者武装冲突而设计的武器、设备或者运载工具。

（十一）生物恐怖，是指故意使用致病性微生物、生物毒素等实施袭击，损害人类或者动植物健康，引起社会恐慌，企图达到特定政治目的的行为。

第八十六条　生物安全信息属于国家秘密的，应当依照《中华人民共和国保守国家秘密法》和国家其他有关保密规定实施保密管理。

第八十七条　中国人民解放军、中国人民武装警察部队的生物安全活动，由中央军事委员会依照本法规定的原则另行规定。

第八十八条　本法自2021年4月15日起施行。

病原微生物实验室生物安全管理条例

- 2004年11月12日中华人民共和国国务院令第424号公布
- 根据2016年2月6日《国务院关于修改部分行政法规的决定》第一次修订
- 根据2018年3月19日《国务院关于修改和废止部分行政法规的决定》第二次修订
- 根据2024年12月6日《国务院关于修改和废止部分行政法规的决定》第三次修订

第一章　总　则

第一条　为了加强病原微生物实验室（以下称实验室）生物安全管理，保护实验室工作人员和公众的健康，制定本条例。

第二条　对中华人民共和国境内的实验室及其从事实验活动的生物安全管理，适用本条例。

本条例所称病原微生物，是指能够使人或者动物致病的微生物。

本条例所称实验活动，是指实验室从事与病原微生物菌（毒）种、样本有关的研究、教学、检测、诊断等活动。

第三条　国务院卫生主管部门主管与人体健康有关的实验室及其实验活动的生物安全监督工作。

国务院兽医主管部门主管与动物有关的实验室及其实验活动的生物安全监督工作。

国务院其他有关部门在各自职责范围内负责实验室及其实验活动的生物安全管理工作。

县级以上地方人民政府及其有关部门在各自职责范围内负责实验室及其实验活动的生物安全管理工作。

第四条　国家对病原微生物实行分类管理，对实验室实行分级管理。

第五条　国家实行统一的实验室生物安全标准。实验室应当符合国家标准和要求。

第六条　实验室的设立单位及其主管部门负责实验室日常活动的管理，承担建立健全安全管理制度，检查、维护实验设施、设备，控制实验室感染的职责。

第二章　病原微生物的分类和管理

第七条　国家根据病原微生物的传染性、感染后对个体或者群体的危害程度，将病原微生物分为四类：

第一类病原微生物，是指能够引起人类或者动物非常严重疾病的微生物，以及我国尚未发现或者已经宣布消灭的微生物。

第二类病原微生物，是指能够引起人类或者动物严重疾病，比较容易直接或者间接在人与人、动物与人、动物与动物间传播的微生物。

第三类病原微生物，是指能够引起人类或者动物疾病，但一般情况下对人、动物或者环境不构成严重危害，传播风险有限，实验室感染后很少引起严重疾病，并且具备有效治疗和预防措施的微生物。

第四类病原微生物，是指在通常情况下不会引起人类或者动物疾病的微生物。

第一类、第二类病原微生物统称为高致病性病原微生物。

第八条　人间传染的病原微生物目录由国务院卫生主管部门商国务院有关部门后制定、调整并予以公布；动物间传染的病原微生物目录由国务院兽医主管部门商国务院有关部门后制定、调整并予以公布。

第九条　采集病原微生物样本应当具备下列条件：

（一）具有与采集病原微生物样本所需要的生物安全防护水平相适应的设备；

（二）具有掌握相关专业知识和操作技能的工作人员；

（三）具有有效的防止病原微生物扩散和感染的措施；

（四）具有保证病原微生物样本质量的技术方法和手段。

采集高致病性病原微生物样本的工作人员在采集过程中应当防止病原微生物扩散和感染，并对样本的来源、采集过程和方法等作详细记录。

第十条　运输高致病性病原微生物菌（毒）种或者样本，应当通过陆路运输；没有陆路通道，必须经水路运输的，可以通过水路运输；紧急情况下或者需要将高致病性病原微生物菌（毒）种或者样本运往国外的，可以通过民用航空运输。

第十一条　运输高致病性病原微生物菌（毒）种或者样本，应当具备下列条件：

（一）运输目的、高致病性病原微生物的用途和接收单位符合国务院卫生主管部门或者兽医主管部门的规定；

（二）高致病性病原微生物菌（毒）种或者样本的容器应当密封，容器或者包装材料还应当符合防水、防破损、防外泄、耐高（低）温、耐高压的要求；

（三）容器或者包装材料上应当印有国务院卫生主管部门或者兽医主管部门规定的生物危险标识、警告用语和提示用语。

运输高致病性病原微生物菌（毒）种或者样本，应当经省级以上人民政府卫生主管部门或者兽医主管部门批准。在省、自治区、直辖市行政区域内运输的，由省、自治区、直辖市人民政府卫生主管部门或者兽医主管部门批准；需要跨省、自治区、直辖市运输或者运往国外的，由出发地的省、自治区、直辖市人民政府卫生主管部门或者兽医主管部门进行初审后，分别报国务院卫生主管部门或者兽医主管部门批准。

出入境检验检疫机构在检验检疫过程中需要运输病原微生物样本的，由国务院出入境检验检疫部门批准，并同时向国务院卫生主管部门或者兽医主管部门通报。

通过民用航空运输高致病性病原微生物菌（毒）种或者样本的，除依照本条第二款、第三款规定取得批准外，还应当经国务院民用航空主管部门批准。

有关主管部门应当对申请人提交的关于运输高致病性病原微生物菌（毒）种或者样本的申请材料进行审查，对符合本条第一款规定条件的，应当即时批准。

第十二条　运输高致病性病原微生物菌（毒）种或者样本，应当由不少于2人的专人护送，并采取相应的防护措施。

有关单位或者个人不得通过公共电（汽）车和城市铁路运输病原微生物菌（毒）种或者样本。

第十三条　需要通过铁路、公路、民用航空等公共交通工具运输高致病性病原微生物菌（毒）种或者样本的，承运单位应当凭本条例第十一条规定的批准文件予以运输。

承运单位应当与护送人共同采取措施，确保所运输的高致病性病原微生物菌（毒）种或者样本的安全，严防发生被盗、被抢、丢失、泄漏事件。

第十四条　国务院卫生主管部门或者兽医主管部门指定的菌（毒）种保藏中心或者专业实验室（以下称保藏机构），承担集中储存病原微生物菌（毒）种和样本的任务。

保藏机构应当依照国务院卫生主管部门或者兽医主管部门的规定，储存实验室送交的病原微生物菌（毒）种和样本，并向实验室提供病原微生物菌（毒）种和样本。

保藏机构应当制定严格的安全保管制度，作好病原微生物菌（毒）种和样本进出和储存的记录，建立档案制度，并指定专人负责。对高致病性病原微生物菌（毒）种和样本应当设专库或者专柜单独储存。

保藏机构储存、提供病原微生物菌（毒）种和样本，不得收取任何费用，其经费由同级财政在单位预算中予以保障。

保藏机构的管理办法由国务院卫生主管部门会同国务院兽医主管部门制定。

第十五条　保藏机构应当凭实验室依照本条例的规定取得的从事高致病性病原微生物相关实验活动的批准文件或者设区的市级人民政府卫生主管部门或者兽医主管部门发放的实验室备案凭证，向实验室提供高致病性病原微生物菌（毒）种和样本，并予以登记。

第十六条　实验室在相关实验活动结束后，应当依照国务院卫生主管部门或者兽医主管部门的规定，及时将病原微生物菌（毒）种和样本就地销毁或者送交保藏机构保管。

保藏机构接受实验室送交的病原微生物菌（毒）种和样本，应当予以登记，并开具接收证明。

第十七条　高致病性病原微生物菌（毒）种或者样本在运输、储存中被盗、被抢、丢失、泄漏的，承运单位、护送人、保藏机构应当采取必要的控制措施，并在2小时内分别向承运单位的主管部门、护送人所在单位和保藏机构的主管部门报告，同时向所在地的县级人民政府卫生主管部门或者兽医主管部门报告，发生被盗、被抢、丢失的，还应当向公安机关报告；接到报告的卫生主管部门或者兽医主管部门应当在2小时内向本级人民政府报告，并同时向上级人民政府卫生主管部门或者兽医主管部门和国务院卫生主管部门或者兽医主管部门报告。

县级人民政府应当在接到报告后2小时内向设区的市级人民政府或者上一级人民政府报告；设区的市级人民政府应当在接到报告后2小时内向省、自治区、直辖市人民政府报告。省、自治区、直辖市人民政府应当在接到报告后1小时内，向国务院卫生主管部门或者兽医主管部门报告。

任何单位和个人发现高致病性病原微生物菌（毒）种或者样本的容器或者包装材料，应当及时向附近的卫生主管部门或者兽医主管部门报告；接到报告的卫生主管部门或者兽医主管部门应当及时组织调查核实，并依法采取必要的控制措施。

第三章　实验室的设立与管理

第十八条　国家根据实验室对病原微生物的生物安全防护水平，并依照实验室生物安全国家标准的规定，将实验室分为一级、二级、三级、四级。

第十九条　新建、改建、扩建三级、四级实验室或者生产、进口移动式三级、四级实验室应当遵守下列规定：

（一）符合国家生物安全实验室体系规划并依法履行有关审批手续；

（二）经国务院卫生主管部门审查同意；

（三）符合国家生物安全实验室建筑技术规范；

（四）依照《中华人民共和国环境影响评价法》的规定进行环境影响评价并经环境保护主管部门审查批准；

（五）生物安全防护级别与其拟从事的实验活动相适应。

前款规定所称国家生物安全实验室体系规划，由国务院投资主管部门会同国务院有关部门制定。制定国家生物安全实验室体系规划应当遵循总量控制、合理布局、资源共享的原则，并应当召开听证会或者论证会，听取公共卫生、环境保护、投资管理和实验室管理等方面专家的意见。

第二十条　三级、四级实验室应当通过实验室国家认可。

国务院认证认可监督管理部门确定的认可机构应当依照实验室生物安全国家标准以及本条例的有关规定，对三级、四级实验室进行认可；实验室通过认可的，颁发相应级别的生物安全实验室证书。证书有效期为5年。

第二十一条　从事病原微生物实验活动应当在相应级别的实验室进行。实验室从事病原微生物实验活动，其级别应当不低于病原微生物目录规定的该项实验活动所需的实验室级别。

一级、二级实验室仅可从事病原微生物目录规定的可以在一级、二级实验室进行的高致病性病原微生物实验活动。三级、四级实验室从事高致病性病原微生物实验活动，应当具备下列条件：

（一）实验目的和拟从事的实验活动符合国务院卫生主管部门或者兽医主管部门的规定；

（二）通过实验室国家认可；

（三）具有与拟从事的实验活动相适应的工作人员；

（四）工程质量经建筑主管部门依法检测验收合格。

第二十二条　三级、四级实验室，需要从事病原微生物目录规定的应当在三级、四级实验室进行的高致病性病原微生物实验活动或者疑似高致病性病原微生物实验活动的，应当依照国务院卫生主管部门或者兽医主管部门的规定报省级以上人民政府卫生主管部门或者兽医主管部门批准。实验活动结果以及工作情况应当向原批准部门报告。

实验室申报或者接受与高致病性病原微生物有关的科研项目，应当符合科研需要和生物安全要求，具有相应的生物安全防护水平。与动物间传染的高致病性病原微生物有关的科研项目，应当经国务院兽医主管部门同意；

与人体健康有关的高致病性病原微生物科研项目，实验室应当将立项结果告知省级以上人民政府卫生主管部门。

第二十三条 出入境检验检疫机构、医疗卫生机构、动物疫病预防控制机构在实验室开展检测、诊断工作时，发现高致病性病原微生物或者疑似高致病性病原微生物，需要进一步从事这类高致病性病原微生物相关实验活动的，应当在具备相应条件的实验室中进行；依照本条例的规定需要经过批准的，应当取得批准。

专门从事检测、诊断的实验室应当严格依照国务院卫生主管部门或者兽医主管部门的规定，建立健全规章制度，保证实验室生物安全。

第二十四条 省级以上人民政府卫生主管部门或者兽医主管部门应当自收到需要从事高致病性病原微生物相关实验活动的申请之日起15日内作出是否批准的决定。

对出入境检验检疫机构为了检验检疫工作的紧急需要，申请在实验室对高致病性病原微生物或者疑似高致病性病原微生物开展进一步实验活动的，省级以上人民政府卫生主管部门或者兽医主管部门应当自收到申请之时起2小时内作出是否批准的决定；2小时内未作出决定的，实验室可以从事相应的实验活动。

省级以上人民政府卫生主管部门或者兽医主管部门应当为申请人通过电报、电传、传真、电子数据交换和电子邮件等方式提出申请提供方便。

第二十五条 新建、改建或者扩建一级、二级实验室，应当向设区的市级人民政府卫生主管部门或者兽医主管部门备案。设区的市级人民政府卫生主管部门或者兽医主管部门应当每年将备案情况汇总后报省、自治区、直辖市人民政府卫生主管部门或者兽医主管部门。

第二十六条 国务院卫生主管部门和兽医主管部门应当定期汇总并互相通报实验室数量和实验室设立、分布情况，以及三级、四级实验室从事高致病性病原微生物实验活动的情况。

第二十七条 已经建成并通过实验室国家认可的三级、四级实验室应当向所在地的县级人民政府环境保护主管部门备案。环境保护主管部门依照法律、行政法规的规定对实验室排放的废水、废气和其他废物处置情况进行监督检查。

第二十八条 对我国尚未发现或者已经宣布消灭的病原微生物，任何单位和个人未经批准不得从事相关实验活动。

为了预防、控制传染病，需要从事前款所指病原微生物相关实验活动的，应当经国务院卫生主管部门或者兽医主管部门批准，并在批准部门指定的专业实验室中进行。

第二十九条 实验室使用新技术、新方法从事高致病性病原微生物相关实验活动的，应当符合防止高致病性病原微生物扩散、保证生物安全和操作者人身安全的要求，并经国家病原微生物实验室生物安全专家委员会论证；经论证可行的，方可使用。

第三十条 需要在动物体上从事高致病性病原微生物相关实验活动的，应当按照病原微生物目录的规定，在符合动物实验室生物安全国家标准的相应级别的实验室进行。

第三十一条 实验室的设立单位负责实验室的生物安全管理。

实验室的设立单位应当依照本条例的规定制定科学、严格的管理制度，并定期对有关生物安全规定的落实情况进行检查，定期对实验室设施、设备、材料等进行检查、维护和更新，以确保其符合国家标准。

实验室的设立单位及其主管部门应当加强对实验室日常活动的管理。

第三十二条 实验室负责人为实验室生物安全的第一责任人。

实验室从事实验活动应当严格遵守有关国家标准和实验室技术规范、操作规程。实验室负责人应当指定专人监督检查实验室技术规范和操作规程的落实情况。

第三十三条 从事高致病性病原微生物相关实验活动的实验室的设立单位，应当建立健全安全保卫制度，采取安全保卫措施，严防高致病性病原微生物被盗、被抢、丢失、泄漏，保障实验室及其病原微生物的安全。实验室发生高致病性病原微生物被盗、被抢、丢失、泄漏的，实验室的设立单位应当依照本条例第十七条的规定进行报告。

从事高致病性病原微生物相关实验活动的实验室应当向当地公安机关备案，并接受公安机关有关实验室安全保卫工作的监督指导。

第三十四条 实验室或者实验室的设立单位应当每年定期对工作人员进行培训，保证其掌握实验室技术规范、操作规程、生物安全防护知识和实际操作技能，并进行考核。工作人员经考核合格的，方可上岗。

从事高致病性病原微生物相关实验活动的实验室，应当每半年将培训、考核其工作人员的情况和实验室运行情况向省、自治区、直辖市人民政府卫生主管部门或者兽医主管部门报告。

第三十五条　从事高致病性病原微生物相关实验活动应当有2名以上的工作人员共同进行。

进入从事高致病性病原微生物相关实验活动的实验室的工作人员或者其他有关人员，应当经实验室负责人批准。实验室应当为其提供符合防护要求的防护用品并采取其他职业防护措施。从事高致病性病原微生物相关实验活动的实验室，还应当对实验室工作人员进行健康监测，每年组织对其进行体检，并建立健康档案；必要时，应当对实验室工作人员进行预防接种。

第三十六条　在同一个实验室的同一个独立安全区域内，只能同时从事一种高致病性病原微生物的相关实验活动。

第三十七条　实验室应当建立实验档案，记录实验室使用情况和安全监督情况。实验室从事高致病性病原微生物相关实验活动的实验档案保存期，不得少于20年。

第三十八条　实验室应当依照环境保护的有关法律、行政法规和国务院有关部门的规定，对废水、废气以及其他废物进行处置，并制定相应的环境保护措施，防止环境污染。

第三十九条　三级、四级实验室应当在明显位置标示国务院卫生主管部门和兽医主管部门规定的生物危险标识和生物安全实验室级别标志。

第四十条　从事高致病性病原微生物相关实验活动的实验室应当制定实验室生物安全事件应急处置预案，并向该实验室所在地的省、自治区、直辖市人民政府卫生主管部门或者兽医主管部门备案。

第四十一条　国务院卫生主管部门和兽医主管部门会同国务院有关部门组织病原学、免疫学、检验医学、流行病学、预防兽医学、环境保护和实验室管理等方面的专家，组成国家病原微生物实验室生物安全专家委员会。该委员会承担从事高致病性病原微生物相关实验活动的实验室的设立与运行的生物安全评估和技术咨询、论证工作。

省、自治区、直辖市人民政府卫生主管部门和兽医主管部门会同同级人民政府有关部门组织病原学、免疫学、检验医学、流行病学、预防兽医学、环境保护和实验室管理等方面的专家，组成本地区病原微生物实验室生物安全专家委员会。该委员会承担本地区实验室设立和运行的技术咨询工作。

第四章　实验室感染控制

第四十二条　实验室的设立单位应当指定专门的机构或者人员承担实验室感染控制工作，定期检查实验室的生物安全防护、病原微生物菌（毒）种和样本保存与使用、安全操作、实验室排放的废水和废气以及其他废物处置等规章制度的实施情况。

负责实验室感染控制工作的机构或者人员应当具有与该实验室中的病原微生物有关的传染病防治知识，并定期调查、了解实验室工作人员的健康状况。

第四十三条　实验室工作人员出现与本实验室从事的高致病性病原微生物相关实验活动有关的感染临床症状或者体征时，实验室负责人应当向负责实验室感染控制工作的机构或者人员报告，同时派专人陪同及时就诊；实验室工作人员应当将近期所接触的病原微生物的种类和危险程度如实告知诊治医疗机构。接诊的医疗机构应当及时救治；不具备相应救治条件的，应当依照规定将感染的实验室工作人员转诊至具备相应传染病救治条件的医疗机构；具备相应传染病救治条件的医疗机构应当接诊治疗，不得拒绝救治。

第四十四条　实验室发生高致病性病原微生物泄漏时，实验室工作人员应当立即采取控制措施，防止高致病性病原微生物扩散，并同时向负责实验室感染控制工作的机构或者人员报告。

第四十五条　负责实验室感染控制工作的机构或者人员接到本条例第四十三条、第四十四条规定的报告后，应当立即启动实验室生物安全事件应急处置预案，并组织人员对该实验室生物安全状况等情况进行调查；确认发生实验室感染或者高致病性病原微生物泄漏的，应当依照本条例第十七条的规定进行报告，并同时采取控制措施，对有关人员进行医学观察或者隔离治疗，封闭实验室，防止扩散。

第四十六条　卫生主管部门或者兽医主管部门接到关于实验室发生工作人员感染事故或者病原微生物泄漏事件的报告，或者发现实验室从事病原微生物相关实验活动造成实验室感染事故的，应当立即组织疾病预防控制机构、动物疫病预防控制机构和医疗机构以及其他有关机构依法采取下列预防、控制措施：

（一）封闭被病原微生物污染的实验室或者可能造成病原微生物扩散的场所；

（二）开展流行病学调查；

（三）对病人进行隔离治疗，对相关人员进行医学检查；

（四）对密切接触者进行医学观察；

（五）进行现场消毒；

（六）对染疫或者疑似染疫的动物采取隔离、扑杀等措施；

（七）其他需要采取的预防、控制措施。

第四十七条 医疗机构或者兽医医疗机构及其执行职务的医务人员发现由于实验室感染而引起的与高致病性病原微生物相关的传染病病人、疑似传染病病人或者患有疫病、疑似患有疫病的动物，诊治的医疗机构或者兽医医疗机构应当在2小时内报告所在地的县级人民政府卫生主管部门或者兽医主管部门；接到报告的卫生主管部门或者兽医主管部门应当在2小时内通报实验室所在地的县级人民政府卫生主管部门或者兽医主管部门。接到通报的卫生主管部门或者兽医主管部门应当依照本条例第四十六条的规定采取预防、控制措施。

第四十八条 发生病原微生物扩散，有可能造成传染病暴发、流行时，县级以上人民政府卫生主管部门或者兽医主管部门应当依照有关法律、行政法规的规定以及实验室生物安全事件应急处置预案进行处理。

第五章 监督管理

第四十九条 县级以上地方人民政府卫生主管部门、兽医主管部门依照各自分工，履行下列职责：

（一）对病原微生物菌（毒）种、样本的采集、运输、储存进行监督检查；

（二）对从事高致病性病原微生物相关实验活动的实验室是否符合本条例规定的条件进行监督检查；

（三）对实验室或者实验室的设立单位培训、考核其工作人员以及上岗人员的情况进行监督检查；

（四）对实验室是否按照有关国家标准、技术规范和操作规程从事病原微生物相关实验活动进行监督检查。

县级以上地方人民政府卫生主管部门、兽医主管部门，应当主要通过检查反映实验室执行国家有关法律、行政法规以及国家标准和要求的记录、档案、报告，切实履行监督管理职责。

第五十条 县级以上人民政府卫生主管部门、兽医主管部门、环境保护主管部门在履行监督检查职责时，有权进入被检查单位和病原微生物泄漏或者扩散现场调查取证、采集样品，查阅复制有关资料。需要进入从事高致病性病原微生物相关实验活动的实验室调查取证、采集样品的，应当指定或者委托专业机构实施。被检查单位应当予以配合，不得拒绝、阻挠。

第五十一条 国务院认证认可监督管理部门依照《中华人民共和国认证认可条例》的规定对实验室认可活动进行监督检查。

第五十二条 卫生主管部门、兽医主管部门、环境保护主管部门应当依据法定的职权和程序履行职责，做到公正、公平、公开、文明、高效。

第五十三条 卫生主管部门、兽医主管部门、环境保护主管部门的执法人员执行职务时，应当有2名以上执法人员参加，出示执法证件，并依照规定填写执法文书。

现场检查笔录、采样记录等文书经核对无误后，应当由执法人员和被检查人、被采样人签名。被检查人、被采样人拒绝签名的，执法人员应当在自己签名后注明情况。

第五十四条 卫生主管部门、兽医主管部门、环境保护主管部门及其执法人员执行职务，应当自觉接受社会和公民的监督。公民、法人和其他组织有权向上级人民政府及其卫生主管部门、兽医主管部门、环境保护主管部门举报地方人民政府及其有关主管部门不依照规定履行职责的情况。接到举报的有关人民政府或者其卫生主管部门、兽医主管部门、环境保护主管部门，应当及时调查处理。

第五十五条 上级人民政府卫生主管部门、兽医主管部门、环境保护主管部门发现属于下级人民政府卫生主管部门、兽医主管部门、环境保护主管部门职责范围内需要处理的事项的，应当及时告知该部门处理；下级人民政府卫生主管部门、兽医主管部门、环境保护主管部门不及时处理或者不积极履行本部门职责的，上级人民政府卫生主管部门、兽医主管部门、环境保护主管部门应当责令其限期改正；逾期不改正的，上级人民政府卫生主管部门、兽医主管部门、环境保护主管部门有权直接予以处理。

第六章 法律责任

第五十六条 三级、四级实验室未经批准从事病原微生物目录规定的应当在三级、四级实验室进行的高致病性病原微生物实验活动或者疑似高致病性病原微生物实验活动的，由县级以上地方人民政府卫生主管部门、兽医主管部门依照各自职责，责令停止有关活动，监督其将用于实验活动的病原微生物销毁或者送交保藏机构，并给予警告；造成传染病传播、流行或者其他严重后果的，由实验室的设立单位对主要负责人、直接负责的主管人员和其他直接责任人员，依法给予撤职、开除的处分；构成犯罪的，依法追究刑事责任。

第五十七条 卫生主管部门或者兽医主管部门违反本条例的规定，准予不符合本条例规定条件的实验室从事高致病性病原微生物相关实验活动的，由作出批准决定的卫生主管部门或者兽医主管部门撤销原批准决定，责令有关实验室立即停止有关活动，并监督其将用于实验活动的病原微生物销毁或者送交保藏机构，对直接负责的主管人员和其他直接责任人员依法给予行政处分；构成犯罪的，依法追究刑事责任。

因违法作出批准决定给当事人的合法权益造成损害的，作出批准决定的卫生主管部门或者兽医主管部门应当依法承担赔偿责任。

第五十八条　卫生主管部门或者兽医主管部门对出入境检验检疫机构为了检验检疫工作的紧急需要，申请在实验室对高致病性病原微生物或者疑似高致病性病原微生物开展进一步检测活动，不在法定期限内作出是否批准决定的，由其上级行政机关或者监察机关责令改正，给予警告；造成传染病传播、流行或者其他严重后果的，对直接负责的主管人员和其他直接责任人员依法给予撤职、开除的行政处分；构成犯罪的，依法追究刑事责任。

第五十九条　违反本条例规定，在不符合相应生物安全要求的实验室从事病原微生物相关实验活动的，由县级以上地方人民政府卫生主管部门、兽医主管部门依照各自职责，责令停止有关活动，监督其将用于实验活动的病原微生物销毁或者送交保藏机构，并给予警告；造成传染病传播、流行或者其他严重后果的，由实验室的设立单位对主要负责人、直接负责的主管人员和其他直接责任人员，依法给予撤职、开除的处分；构成犯罪的，依法追究刑事责任。

第六十条　实验室有下列行为之一的，由县级以上地方人民政府卫生主管部门、兽医主管部门依照各自职责，责令限期改正，给予警告；逾期不改正的，由实验室的设立单位对主要负责人、直接负责的主管人员和其他直接责任人员，依法给予撤职、开除的处分；有许可证件的，并由原发证部门吊销有关许可证件：

（一）未依照规定在明显位置标示国务院卫生主管部门和兽医主管部门规定的生物危险标识和生物安全实验室级别标志的；

（二）未向原批准部门报告实验活动结果以及工作情况的；

（三）未依照规定采集病原微生物样本，或者对所采集样本的来源、采集过程和方法等未作详细记录的；

（四）新建、改建或者扩建一级、二级实验室未向设区的市级人民政府卫生主管部门或者兽医主管部门备案的；

（五）未依照规定定期对工作人员进行培训，或者工作人员考核不合格允许其上岗，或者批准未采取防护措施的人员进入实验室的；

（六）实验室工作人员未遵守实验室生物安全技术规范和操作规程的；

（七）未依照规定建立或者保存实验档案的；

（八）未依照规定制定实验室生物安全事件应急处置预案并备案的。

第六十一条　从事高致病性病原微生物相关实验活动的实验室的设立单位未建立健全安全保卫制度，或者未采取安全保卫措施的，由县级以上地方人民政府卫生主管部门、兽医主管部门依照各自职责，责令限期改正；逾期不改正，导致高致病性病原微生物菌（毒）种、样本被盗、被抢或者造成其他严重后果的，责令停止该项实验活动，该实验室2年内不得从事高致病性病原微生物实验活动；造成传染病传播、流行的，该实验室设立单位的主管部门还应当对该实验室的设立单位的直接负责的主管人员和其他直接责任人员，依法给予降级、撤职、开除的处分；构成犯罪的，依法追究刑事责任。

第六十二条　未经批准运输高致病性病原微生物菌（毒）种或者样本，或者承运单位经批准运输高致病性病原微生物菌（毒）种或者样本未履行保护义务，导致高致病性病原微生物菌（毒）种或者样本被盗、被抢、丢失、泄漏的，由县级以上地方人民政府卫生主管部门、兽医主管部门依照各自职责，责令采取措施，消除隐患，给予警告；造成传染病传播、流行或者其他严重后果的，由托运单位和承运单位的主管部门对主要负责人、直接负责的主管人员和其他直接责任人员，依法给予撤职、开除的处分；构成犯罪的，依法追究刑事责任。

第六十三条　有下列行为之一的，由实验室所在地的设区的市级以上地方人民政府卫生主管部门、兽医主管部门依照各自职责，责令有关单位立即停止违法活动，监督其将病原微生物销毁或者送交保藏机构；造成传染病传播、流行或者其他严重后果的，由其所在单位或者其上级主管部门对主要负责人、直接负责的主管人员和其他直接责任人员，依法给予撤职、开除的处分；有许可证件的，并由原发证部门吊销有关许可证件；构成犯罪的，依法追究刑事责任：

（一）实验室在相关实验活动结束后，未依照规定及时将病原微生物菌（毒）种和样本就地销毁或者送交保藏机构保管的；

（二）实验室使用新技术、新方法从事高致病性病原微生物相关实验活动未经国家病原微生物实验室生物安全专家委员会论证的；

（三）未经批准擅自从事在我国尚未发现或者已经宣布消灭的病原微生物相关实验活动的；

（四）在未经指定的专业实验室从事在我国尚未发现或者已经宣布消灭的病原微生物相关实验活动的；

（五）在同一个实验室的同一个独立安全区域内同时从事两种或者两种以上高致病性病原微生物的相关实验活动的。

第六十四条　认可机构对不符合实验室生物安全国家标准以及本条例规定条件的实验室予以认可，或者对符合实验室生物安全国家标准以及本条例规定条件的实验室不予认可的，由国务院认证认可监督管理部门责令限期改正，给予警告；造成传染病传播、流行或者其他严重后果的，由国务院认证认可监督管理部门撤销其认可资格，有上级主管部门的，由其上级主管部门对主要负责人、直接负责的主管人员和其他直接责任人员依法给予撤职、开除的处分；构成犯罪的，依法追究刑事责任。

第六十五条　实验室工作人员出现该实验室从事的病原微生物相关实验活动有关的感染临床症状或者体征，以及实验室发生高致病性病原微生物泄漏时，实验室负责人、实验室工作人员、负责实验室感染控制的专门机构或者人员未依照规定报告，或者未依照规定采取控制措施的，由县级以上地方人民政府卫生主管部门、兽医主管部门依照各自职责，责令限期改正，给予警告；造成传染病传播、流行或者其他严重后果的，由其设立单位对实验室主要负责人、直接负责的主管人员和其他直接责任人员，依法给予撤职、开除的处分；有许可证件的，并由原发证部门吊销有关许可证件；构成犯罪的，依法追究刑事责任。

第六十六条　拒绝接受卫生主管部门、兽医主管部门依法开展有关高致病性病原微生物扩散的调查取证、采集样品等活动或者依照本条例规定采取有关预防、控制措施的，由县级以上人民政府卫生主管部门、兽医主管部门依照各自职责，责令改正，给予警告；造成传染病传播、流行以及其他严重后果的，由实验室的设立单位对实验室主要负责人、直接负责的主管人员和其他直接责任人员，依法给予降级、撤职、开除的处分；有许可证件的，并由原发证部门吊销有关许可证件；构成犯罪的，依法追究刑事责任。

第六十七条　发生病原微生物被盗、被抢、丢失、泄漏，承运单位、护送人、保藏机构和实验室的设立单位未依照本条例的规定报告的，由所在地的县级人民政府卫生主管部门或者兽医主管部门给予警告；造成传染病传播、流行或者其他严重后果的，由实验室的设立单位或者承运单位、保藏机构的上级主管部门对主要负责人、直接负责的主管人员和其他直接责任人员，依法给予撤职、开除的处分；构成犯罪的，依法追究刑事责任。

第六十八条　保藏机构未依照规定储存实验室送交的菌（毒）种和样本，或者未依照规定提供菌（毒）种和样本的，由其指定部门责令限期改正，收回违法提供的菌（毒）种和样本，并给予警告；造成传染病传播、流行或者其他严重后果的，由其所在单位或者其上级主管部门对主要负责人、直接负责的主管人员和其他直接责任人员，依法给予撤职、开除的处分；构成犯罪的，依法追究刑事责任。

第六十九条　县级以上人民政府有关主管部门，未依照本条例的规定履行实验室及其实验活动监督检查职责的，由有关人民政府在各自职责范围内责令改正，通报批评；造成传染病传播、流行或者其他严重后果的，对直接负责的主管人员，依法给予行政处分；构成犯罪的，依法追究刑事责任。

第七章　附　则

第七十条　军队实验室由中国人民解放军卫生主管部门参照本条例负责监督管理。

第七十一条　本条例施行前设立的实验室，应当自本条例施行之日起6个月内，依照本条例的规定，办理有关手续。

第七十二条　本条例自公布之日起施行。

病原微生物实验室生物安全环境管理办法

· 2006年3月8日国家环境保护总局令第32号公布
· 自2006年5月1日起施行

第一条　为规范病原微生物实验室（以下简称"实验室"）生物安全环境管理工作，根据《病原微生物实验室生物安全管理条例》和有关环境保护法律和行政法规，制定本办法。

第二条　本办法适用于中华人民共和国境内的实验室及其从事实验活动的生物安全环境管理。

本办法所称的病原微生物，是指能够使人或者动物致病的微生物。

本办法所称的实验活动，是指实验室从事与病原微生物菌(毒)种、样品有关的研究、教学、检测、诊断等活动。

第三条 国家根据实验室对病原微生物的生物安全防护水平,并依照实验室生物安全国家标准的规定,将实验室分为一级、二级、三级和四级。

一级、二级实验室不得从事高致病性病原微生物实验活动。

第四条 国家环境保护总局制定并颁布实验室污染控制标准、环境管理技术规范和环境监督检查制度。

第五条 国家环境保护总局设立病原微生物实验室生物安全环境管理专家委员会。专家委员会主要由环境保护、病原微生物以及实验室管理方面的专家组成。

病原微生物实验室生物安全环境管理专家委员会的主要职责是:审议有关实验室污染控制标准和环境管理技术规范,提出审议建议;审查有关实验室环境影响评价文件,提出审查建议。

第六条 新建、改建、扩建实验室,应当按照国家环境保护规定,执行环境影响评价制度。

实验室环境影响评价文件应当对病原微生物实验活动对环境可能造成的影响进行分析和预测,并提出预防和控制措施。

第七条 新建、改建、扩建三级、四级实验室或者生产、进口移动式三级、四级实验室,应当编制环境影响报告书,并按照规定程序报国家环境保护总局审批。

承担三级、四级实验室环境影响评价工作的环境影响评价机构,应当具备甲级评价资质和相应的评价范围。

第八条 实验室应当按照国家环境保护规定、经审批的环境影响评价文件以及环境保护行政主管部门批复文件的要求,安装或者配备污染防治设施、设备。

污染防治设施、设备必须经环境保护行政主管部门验收合格后,实验室方可投入运行或者使用。

第九条 建成并通过国家认可的三级、四级实验室,应当在取得生物安全实验室证书后15日内填报三级、四级病原微生物实验室备案表(见附表),报所在地的县级人民政府环境保护行政主管部门。

第十条 县级人民政府环境保护行政主管部门应当自收到三级、四级病原微生物实验室备案表之日起10日内,报设区的市级人民政府环境保护行政主管部门;设区的市级人民政府环境保护行政主管部门应当自收到三级、四级病原微生物实验室备案表之日起10日内,报省级人民政府环境保护行政主管部门;省级人民政府环境保护行政主管部门应当自收到三级、四级病原微生物实验室备案表之日起10日内,报国家环境保护总局。

第十一条 实验室的设立单位对实验活动产生的废水、废气和危险废物承担污染防治责任。

实验室应当依照国家环境保护规定和实验室污染控制标准、环境管理技术规范的要求,建立、健全实验室废水、废气和危险废物污染防治管理的规章制度,并设置专(兼)职人员,对实验室产生的废水、废气及危险废物处置是否符合国家法律、行政法规及本办法规定的情况进行检查、督促和落实。

第十二条 实验室排放废水、废气的,应当按照国家环境保护总局的有关规定,执行排污申报登记制度。

实验室产生危险废物的,必须按照危险废物污染环境防治的有关规定,向所在地县级以上地方人民政府环境保护行政主管部门申报危险废物的种类、产生量、流向、贮存、处置等有关资料。

第十三条 实验室对其产生的废水,必须按照国家有关规定进行无害化处理;符合国家有关排放标准后,方可排放。

第十四条 实验室进行实验活动时,必须按照国家有关规定保证大气污染防治设施的正常运转;排放废气不得违反国家有关标准或者规定。

第十五条 实验室必须按照下列规定,妥善收集、贮存和处置其实验活动产生的危险废物,防止环境污染:

(一)建立危险废物登记制度,对其产生的危险废物进行登记。登记内容应当包括危险废物的来源、种类、重量或者数量、处置方法、最终去向以及经办人签名等项目。登记资料至少保存3年。

(二)及时收集其实验活动中产生的危险废物,并按照类别分别置于防渗漏、防锐器穿透等符合国家有关环境保护要求的专用包装物、容器内,并按国家规定要求设置明显的危险废物警示标识和说明。

(三)配备符合国家法律、行政法规和有关技术规范要求的危险废物暂时贮存柜(箱)或者其他设施、设备。

(四)按照国家有关规定对危险废物就地进行无害化处理,并根据就近集中处置的原则,及时将经无害化处理后的危险废物交由依法取得危险废物经营许可证的单位集中处置。

(五)转移危险废物的,应当按照《固体废物污染环境防治法》和国家环境保护总局的有关规定,执行危险废物转移联单制度。

(六)不得随意丢弃、倾倒、堆放危险废物,不得将危险废物混入其他废物和生活垃圾中。

（七）国家环境保护法律、行政法规和规章有关危险废物管理的其他要求。

第十六条 实验室建立并保留的实验档案应当如实记录与生物安全相关的实验活动和设施、设备工作状态情况，以及实验活动产生的废水、废气和危险废物无害化处理、集中处置以及检验的情况。

第十七条 实验室应当制定环境污染应急预案，报所在地县级人民政府环境保护行政主管部门备案，并定期进行演练。

实验室产生危险废物的，应当按照国家危险废物污染环境防治的规定，制定意外事故的防范措施和应急预案，并向所在地县级以上地方人民政府环境保护行政主管部门备案。

《病原微生物实验室生物安全管理条例》施行前已经投入使用的三级实验室，应当按照所在地县级人民政府环境保护行政主管部门的要求，限期制定环境污染应急预案和监测计划，并报环境保护行政主管部门备案。

第十八条 实验室发生泄露或者扩散，造成或者可能造成严重环境污染或者生态破坏的，应当立即采取应急措施，通报可能受到危害的单位和居民，并向当地人民政府环境保护行政主管部门和有关部门报告，接受调查处理。

当地人民政府环境保护行政主管部门应当按照国家环境保护总局污染事故报告程序规定报告上级人民政府环境保护行政主管部门。

第十九条 县级以上人民政府环境保护行政主管部门应当定期对管辖范围内的实验室废水、废气和危险废物的污染防治情况进行监督检查。发现有违法行为的，应当责令其限期整改。检查情况和处理结果应当予以记录，由检查人员签字后归档并反馈被检查单位。

第二十条 县级以上人民政府环境保护行政主管部门在履行监督检查职责时，有权进入被检查单位和病原微生物泄漏或者扩散现场调查取证，采集样品，查阅、复制有关资料，被检查单位应当予以配合，不得拒绝、阻挠。

需要进入三级或者四级实验室调查取证、采集样品的，应当指定或者委托专业机构实施。

环境保护行政主管部门应当为实验室保守技术秘密和业务秘密。

第二十一条 违反本办法有关规定，有下列情形之一的，由县级以上人民政府环境保护行政主管部门责令限期改正，给予警告；逾期不改正的，处1000元以下罚款：

（一）未建立实验室污染防治管理的规章制度，或者未设置专（兼）职人员的；

（二）未对产生的危险废物进行登记或者未保存登记资料的；

（三）未制定环境污染应急预案的。

违反本办法规定的其他行为，环境保护法律、行政法规已有处罚规定的，适用其规定。

第二十二条 环境保护行政主管部门应当及时向社会公告依据本办法被予以处罚的实验室名单，并将受到处罚的实验室名单通报中国实验室国家认可委员会。

第二十三条 本办法自2006年5月1日起施行。

附件：三级、四级病原微生物实验室备案表（略）

高等级病原微生物实验室建设审查办法

· 2011年6月24日科学技术部令第15号公布
· 根据2018年7月16日《科学技术部令关于修改〈高等级病原微生物实验室建设审查办法〉的决定》修改

第一章 总 则

第一条 为规范三级、四级病原微生物实验室（以下简称实验室）建设审查，根据《病原微生物实验室生物安全管理条例》（国务院令第424号）的有关规定，制定本办法。

第二条 新建、改建、扩建实验室或者生产、进口移动式实验室应当报科学技术部审查同意。

第二章 申 请

第三条 向科学技术部申请建设实验室，应当符合下列条件：

（一）符合国家生物安全实验室体系建设规划要求；

（二）开展实验室建设确属必要；

（三）具备保障实验室规范安全运行的能力和机制；

（四）符合法律法规规定的其他条件。

第四条 符合第三条规定的申请单位向科学技术部提交《高等级病原微生物实验室建设审查申请书》（以下简称《申请书》）。《申请书》应当经其所在地的省级人民政府或按照行政隶属关系经国务院有关部门盖章同意。

第三章 审 查

第五条 科学技术部设立实验室建设审查专家委员会（以下简称专家委员会）。专家委员会由从事实验室管理及相关领域科研工作的专家组成，任期5年。

专家委员会对实验室建设审查工作提供咨询意见。

专家委员会专家受科学技术部委托组成专家组，对每个具体实验室建设申请进行审查并提出专家组审查意见。专家组一般不少于5人。

第六条 科学技术部将组织专家组对实验室建设申请进行专家审查。基本程序包括：

（一）资料审核；

（二）申请单位陈述；

（三）现场勘查（现场审查方式）；

（四）专家提问；

（五）讨论形成专家组审查意见。

第七条 专家组成员应遵守诚信和回避制度，客观、公正地开展工作。

第八条 科学技术部根据专家组审查意见，经科学技术部部务会审定同意后形成科学技术部审查决定。

第九条 科学技术部自收到申请单位报送的申请材料后，应当在5个工作日内完成形式审查。申请材料不齐全或不符合规定形式的，科学技术部应当在5个工作日内退回申请单位。申请材料齐全并符合规定形式的，科学技术部自受理之日起20个工作日内作出批准或者不予批准的决定；不予批准的应当说明理由。因特殊原因无法在规定期限内做出审查决定的，经科学技术部负责人批准可以延长10个工作日，并将延长期限的理由告知申请单位。

第十条 申请单位对科学技术部审查决定有异议的，可自收到通知之日起15个工作日内以书面形式向科学技术部申请复核。科学技术部将组织专家进行复核审查。

第十一条 实验室建设申请单位在实验室建设审查过程中存在弄虚作假等行为的，科学技术部将终止对其申请的审查或撤销已作出的审查决定，书面通知申请单位，并根据情节轻重决定在1—3年内不再受理其申请。

第四章 附 则

第十二条 实验室建设申请与审查过程中涉及国家秘密的，应严格按照有关保密规定执行。

第十三条 通过建设审查的实验室建成后，依据《病原微生物实验室生物安全管理条例》，由有关部门根据相关规定进行建筑质量验收、建设项目竣工环境保护验收、实验室国家认可和实验活动审批及监管等，确保实验室安全。

第十四条 实验室建设申请与审查工作不收取任何费用。

第十五条 本办法自2018年10月31日起施行。

第十六条 本办法由科学技术部负责解释。

附件：高等级病原微生物实验室建设审查申请书（略）

十六、人大代表建议、政协委员提案答复

对十四届全国人大二次会议第7093号建议的答复

——关于调整"首次使用化工工艺论证"范围的建议

· 2024年6月25日
· 应急建函〔2024〕15号

您提出的关于调整"首次使用化工工艺论证"(以下简称"首次工艺论证")范围的建议收悉,经商工业和信息化部,现答复如下:

电子化学品是集成电路,新型显示,太阳能光伏,锂电池、印制电路板等领域生产制造的重要材料,持续推动电子化学品产业高质量发展,优化电子化学品领域有关首次工艺论证工作十分重要,需要统筹好发展和安全。按照中共中央办公厅、国务院办公厅《关于全面加强危险化学品安全生产工作的意见》和《危险化学品建设项目安全监督管理办法》(国家安全生产监督管理总局令第45号)要求,首次使用的化工工艺必须经省级人民政府有关部门组织的安全可靠性论证,是帮助企业全面识别工艺风险的重要举措,也是推动安全生产治理模式向事前预防转型的重要体现。但有些地方在开展首次工艺论证的实际工作中还存在不足,有待提升,您的建议对下一步规范首次工艺论证工作具有很好的借鉴意义。

首次使用的化工工艺存在反应失控、工艺参数控制不稳定、设备和材料安全可靠性不足等未知性和不确定的风险,未经论证直接投入生产,易造成事故发生。如2018年四川宜宾恒达科技有限公司"7·12"重大爆炸着火事故、2023年山东聊城鲁西双氧水新材料科技有限公司"5·1"重大爆炸着火事故,事故调查报告指出的事故原因均与首次工艺论证落实不到位有关。2022年,应急管理部会同国家发展和改革委员会、工业和信息化部、市场监督管理总局联合印发了《危险化学品生产建设项目安全风险防控指南(试行)》,明确了国内首次工艺论证的范围和具体要求。鉴于首次使用的化工工艺可能存在的多种风险,不能仅按反应安全风险等级进行分级,应综合考虑物料、反应与工艺等因素,在小试、中试、工业化试验基础上不断积累数据,形成安全可靠性论证结论,指导和规范危险化学品建设项目安全风险防控。

经了解,部分地区出台了首次工艺论证具体实施办法,推进首次工艺论证有效开展。如河南省印发了《危险化学品建设项目国内首次使用的化工工艺安全可靠性论证办法(试行)》,细化了论证流程时间节点,进一步规范了首次工艺论证工作程序;规定首次工艺论证前,论证组织单位应与论证专家签订保密协议,如专家泄露企业商业秘密,将取消专家资格,并对企业造成的损失进行赔偿。江苏省委托专业协会牵头实施首次工艺的判定,减轻了由企业自行判定带来的负担。浙江省规定用微通道、管式反应器等先进工艺技术对现有工艺技术进行改造,经安全风险评估显著降低工艺安全风险的,不纳入首次工艺,根据企业实际进一步细化论证范围。

下一步,我们将积极会同有关部门,结合您的意见建议和各地好的做法,加强研究,持续完善首次工艺论证相关指导性文件,指导地方基于风险分级管控理念,优化论证程序;规范论证技术资料及内容要求,为企业和相关人员提供明晰的指引;督促地方加强对论证专家管理,完善技术保密、竞争企业回避等要求,优化公共服务和营商环境,提升首次工艺论证工作质效,为企业技术创新保驾护航。

感谢您对安全生产工作的关心和支持!

关于政协第十四届全国委员会第二次会议第03098号(工交邮电类449号)提案答复的函

——关于完善在重大安全事故中精准问责的提案

· 2024年8月16日
· 应急提函〔2024〕82号

您提出的《关于完善在重大安全事故中精准问责的提案》收悉,经商国家矿山安监局、国家消防救援局,现答复如下:

《关于完善在重大安全事故中精准问责的提案》中所提建议对于增强企业负责人和从业人员风险意识、提高安全生产执法效能、促进安全生产工作具有重要的实

践价值，有利于落实生产安全事故精准问责机制，推动公共安全治理模式向事前预防转型。应急管理部始终坚持以习近平新时代中国特色社会主义思想为指导，坚持人民至上、生命至上，贯彻新发展理念，聚焦安全风险，全面提高执法监督能力。在严格事故调查方面，注重事故原因调查，发挥事故警示教育作用，督促涉事企业和同行业领域及时吸取事故教训、落实整改和防范措施；在完善事故问责方面，与相关部门（单位）加强协作配合，着力推进基础性关键性法律、行政法规、政策文件等制修订，实施科学精准处罚、精准问责、规范问责、多层次惩戒。通过运用科学监管、精准执法等手段，推动企业进一步提高本质安全，落实主体责任，为高质量发展提供保障。

一是强化企业负责人及从业人员安全风险意识。会同中央党校举办全国化工企业主要负责人落实安全生产主体责任视频培训班，提升企业第一责任人的安全意识和履职能力。印发《危险化学品企业重大危险源安全包保责任人隐患排查任务清单》，推动有关责任人按任务清单履行职责，并发挥"关键少数"的示范引领作用。定期公布安全生产举报典型案例、生产安全事故调查典型案例、"一案双罚"典型执法案例，强化警示教育作用。结合"安全生产月"、重要节假日、季节转换等时间节点，进一步加大安全生产相关政策宣传力度，提高企业从业人员安全意识，督促各地各部门和企业单位严格落实安全生产责任，守牢安全底线。

二是完善法规标准制度体系。出台《安全生产严重失信主体名单管理办法》（应急管理部令第 11 号），明确将发生事故的生产经营单位及主要负责人，以及经调查认定对事故发生负有责任的单位及人员列入安全生产严重失信主体名单，并向社会公示，进行联合惩戒。修订实施《工贸企业重大事故隐患判定标准》（应急管理部令第 10 号），便于企业和监管部门准确判定、及时消除工贸企业重大事故隐患，防范重大安全风险。修订实施《工贸企业有限空间作业安全规定》（应急管理部令第 13 号）、《危险化学品企业特殊作业安全规范》，明确工贸、危险化学品企业危险性较大作业的规程及风险防控，也为监管执法、事故查处提供有力依据。印发《加强矿山生产安全事故应急处置和调查处理工作的若干规定》《矿山生产安全事故报告和调查处理办法》等，按照"四不放过"的要求，进一步规范矿山事故调查处理工作。

三是持续深入开展专项治理工作。全面开展了重大事故隐患专项排查整治 2023 行动，以最严肃问责狠抓责任落实。对于隐患排查整治不力的企业、安全监管不到位的部门，强化责任倒逼，推动北京、辽宁等 21 个省级单位出台责任倒查有关办法或实施意见；行动期间，全国共追责问责 5800 余人，其中企业人员 3400 余人，发挥了强大震慑作用。在国务院安委会部署开展的安全生产治本攻坚三年行动（2024—2026）中，继续推动建立健全责任倒查机制。对于未开展排查、明明有问题却查不出或者查出后拒不整改等导致重大事故隐患长期存在的，参照事故调查处理，严格责任追究。推动修订《安全生产事故隐患排查治理暂行规定》，进一步加强事故隐患排查治理的监督管理。

四是部门协作配合精准执法。应急管理部、公安部、最高人民法院、最高人民检察院联合研究制定了《安全生产行政执法与刑事司法衔接工作办法》，明确涉嫌安全生产犯罪案件主要有重大责任事故案件、强令违章冒险作业案件、重大劳动安全事故案件等 7 类，事故调查中发现涉嫌安全生产犯罪的，事故调查组及时移交公安机关依法处理。协调推动出台相关刑法修正案、司法解释、立案追诉标准等系列法律法规和规范文件，为侦办此类案件、精准进行刑事问责提供依据。印发《关于加强安全生产执法工作的意见》，对严格执法处罚、密切行刑衔接、加强失信联合惩戒、建立联合执法机制、推进执法信息化建设着力完善执法手段等进行了部署。明确了执法检查要坚持问题导向、目标导向、结果导向，实施精准执法，防止一般化、简单化、"大呼隆"等粗放式检查干扰企业生产经营。

五是科学严谨开展事故查处工作。严格按照有关程序，对重大或者影响恶劣的较大生产安全事故挂牌督办，并视情况派员现场督办，指导督促查明事故原因，准确认定事故性质、界定责任。今年"五一"节日期间，河南大学明伦校区大礼堂发生火灾事故，虽未造成人员伤亡，但影响重大，提请国务院安委会对该起事故查处实行挂牌督办，并成立督办组现场督促指导河南省开展事故调查工作，推动科学严谨尽快查明事故原因，依法依规严肃追责问责。2022 年至 2023 年，依法牵头组织国务院有关部门开展河南安阳市凯信达商贸有限公司"11·21"特别重大火灾事故、内蒙古阿拉善新井煤业有限公司露天煤矿"2·22"特别重大坍塌事故等 5 起重特大生产安全事故调查处理，注重事故原因分析，依法厘清事故责任，并有序做好公布调查结果、通报责任追究情况、解读热点问题等工作，及时准确回应社会关切，充分发挥事故警示教育作用。国务院安委会办公室研究制定了《生产安全事故防范和整改措施落实情况评估办法》，规定事故结案后，负责事故调查的地方政府负责组织开展评估，进一步核查企业是否吸取事故教训落实整改防范措施，有关责任单位和人员处罚决定是否执行到位，切实做到“四不放过”。按照评估办法有关开展评估的时限、内容等要求，今年国务院安委会办公室已组织开展了对湖南长沙“4·29”特别重大居民自建房倒塌事故、河南安阳市凯信达商贸有限公司“11·21”特别重大火灾事故整改措施落实情况的评估工作，并公开了评估报告，推动各地进一步吸取事故教训，改进安全生产工作。

六是加强应急装备配备应用。以 2023 年增发国债项目为契机，积极对接国家发展改革委，争取预警指挥项目和航空应急项目立项，支持地方采购配备无人机救援平台、370MHz 应急窄带无线通信基站、卫星电话等装备。印发《防汛抢险先进技术装备推广目录(2023 年版)》《关于加快应急机器人发展的指导意见》《应急指挥通信保障能力建设规范》等，指导地方开展装备建设，加大先进适用装备支持力度。

下一步，我们将结合您提出的建议，综合考虑事故精准问责方面的具体问题，继续完善有关体制机制及相关法规标准，以此为抓手夯实各方安全责任，立足从根本上消除事故隐患、从根本上解决问题，扎实推动公共安全治理模式向事前预防转型。一是从严开展重特大事故挂牌督办及调查处理。加快推进修改《生产安全事故报告和调查处理条例》及其配套《生产安全事故调查程序技术规范》等 4 项国家标准制修订工作；严格依法事故调查处理，科学严谨查明事故原因，科学精准查清关键环节和部位、关键部门和人员责任，精准认定事故责任，坚决查处涉事企业有关责任人员违法犯罪行为；加强与纪检监察机关的配合，严肃查处公职人员安全生产违纪违法行为。二是精准执法提升执法质效。紧盯化工和危化品、矿山、工贸等事故易发重点行业领域，重点企业、关键环节(工艺)、要害岗位、重点设施等，严格行政执法监督，强化执法程序规范透明，不断提升行政执法质量和效能。三是压实责任深入推进专项整治工作。认真贯彻落实习近平总书记关于安全生产的重要指示精神，增强抓落实的政治自觉、思想自觉和行动自觉。结合正在开展的安全生产治本攻坚三年行动和今年以来开展的明查暗访工作，进一步压紧压实党政领导责任、部门监管责任和企业主体责任，对突出问题隐患整治不及时不认真，导致事故反复发生的责任单位和责任人，依法依规严肃追责问责，严格落实停产整顿、挂牌督办等措施，确保风险消除、问题解决。四是持续提升基础治理能力和应急防范能力。督促各地学好用好重大事故隐患判定标准，确保基层监管人员、企业主要负责人和一线员工了解掌握相关内容。组织对中小型企业开展帮扶，推动各地加强专家指导服务，注重安全咨询和整改指导，确保事故隐患查清查明、整改到位。采取多种宣传方式，扎实推进安全宣传“五进”，针对重点人群，加强日常安全知识宣传，鼓励开展避险逃生培训演练，促进不断提升安全意识和安全技能，增强防范和抵御风险的能力。

感谢您对应急管理工作的关心和支持。

对十三届全国人大五次会议第 7940 号建议的答复

——关于科学精准处罚问责推动事故企业转化提升的建议

·2022 年 7 月 4 日

·应急建函〔2022〕45 号

您提出的关于科学精准处罚问责推动事故企业转化提升的建议收悉，经商公安部、工业和信息化部，现答复如下：

您结合实际问题所提建议很有针对性，对提高安全生产执法效能、促进安全生产工作具有现实指导意义。应急管理部始终坚持以习近平新时代中国特色社会主义思想为指导，坚持人民至上、生命至上，贯彻新发展理念，聚焦安全风险，全面提高执法监督能力，在科学精准处罚问责方面，与相关部门(单位)加强协作，着力推进基础性关键性法律、行政法规、政策文件等的制修订，实施科学精准处罚、多层次惩戒，通过运用科学监管、精准执法等手段，不断推动发生生产安全事故的企业转化提升，为高质量发展提供保障。

一是明确企业实际控制人为本单位安全生产第一责任人。2021 年 9 月 1 日修改施行的《安全生产法》，完善了生产经营单位主要负责人职责，生产经营单位的主要负责人是本单位安全生产第一责任人，对本单位的安全生产工作全面负责。2016 年《中共中央 国务院关于推进安全生产领域改革发展的意见》明确了法定代表人和实际控制人同为安全生产第一责任人。

二是事故惩处措施更加精准严格。对生产经营单位的事故罚款由 20 万元至 2000 万元提高到 30 万元至 1 亿元，加大生产经营单位违法成本，倒逼其落实安全生产主体责任。对生产经营单位主要负责人的事故罚款数额由年收入的 30%至 80%，提高到 40%至 100%。2021 年 10

月26日淄博市高青县经济开发区的山东鼎鼎化学科技股份有限公司发生一起爆炸事故，造成1人受伤，直接损失约342万元；该公司主要负责人未认真履行安全生产管理职责，忽视生产工艺变更管理和员工教育培训，对事故的发生负有主要责任，调查报告中提出建议依据《中华人民共和国安全生产法》第九十五条之规定处以个人2020年度年收入40%的罚款。

三是协作配合依法进行刑事问责。2019年5月应急管理部、公安部、最高人民法院、最高人民检察院联合研究制定了《安全生产行政执法与刑事司法衔接工作办法》，明确涉嫌安全生产犯罪案件主要有重大责任事故案件、强令违章冒险作业案件、重大劳动安全事故案件等7类，事故调查中发现涉嫌安全生产犯罪的，事故调查组及时移交公安机关依法处理。协调推动出台相关刑法修正案、司法解释、立案追诉标准等系列法律法规和规范文件，为侦办此类案件、精准进行刑事问责提供依据。同时，公安机关一直以来积极参与生产安全责任事故查处工作，依法侦办重大生产安全责任事故刑事案件。公安部已建立全国公安机关侦办重大生产安全责任事故案件战略支撑点和专家库，及时总结提炼技战法，加强案件涉及安全生产领域的重大生产安全责任事故刑事案件培训交流，提高此类案件精准刑事问责水平。

四是多种措施确保惩戒效果。应急管理部印发《关于全面实施危险化学品企业安全风险研判与承诺公告制度的通知》《对安全生产领域失信行为开展联合惩戒的实施办法》等信用监管制度，对违法失信行为增加了执法频次、暂停项目审批、上调有关保险费率、行业或者职业禁入等联合惩戒措施，利用信用监管措施从事前承诺、事后失信惩戒等方面，推动生产经营单位及其主要负责人增强落实安全生产主体责任的自觉性。为促进企业吸取事故教训、落实整改措施，2021年国务院安委会办公室研究制定了《生产安全事故防范和整改措施落实情况评估办法》，规定事故结案后，负责事故调查的地方政府负责组织开展评估，进一步核查企业是否落实防范和整改措施，是否排查其他隐患，并且在媒体上公布评估结果。如企业整改完毕并转型升级，通过媒体曝光，则可以减少负面影响，帮助企业由事故企业转型为标杆企业。

五是坚持精准执法提高执法质量。2022年3月，应急管理部印发《关于加强安全生产执法工作的意见》，对严格执法处罚、密切行刑衔接、加强失信联合惩戒、建立联合执法机制、推进执法信息化建设着力完善执法手段等进行了部署。明确了执法检查要坚持问题导向、目标导向、结果导向，实施精准执法，防止一般化、简单化、“大呼隆”等粗放式检查扰乱企业生产经营，以防风险、除隐患、遏事故的执法检查实效优化营商环境。工业和信息化部认真落实《法治政府建设实施纲要（2021－2025年）》，不断规范执法程序，严格行政执法监管纠错机制，不断提升执法质量和效能。

六是实施政府购买服务为企业安全把脉。近年来，应急管理部积极推进安全专家指导服务企业工作。今年3月份启动对硝酸铵生产企业安全专家指导服务工作，系统性核查硝酸铵生产、储存过程安全风险，深入剖析企业安全管理短板，形成核查分析报告，推动企业完善安全风险防控体系，提升本质安全水平。多地政府也出台了政府购买安全生产技术服务的制度措施，聘请专家为企业会诊检查，帮助企业查治隐患，提升企业安全风险防范能力。

下一步，我们将结合您提出的建议，综合考虑事故处罚问责方面的现实问题，就科学精准处罚问责，推动企业转化提升继续扎实开展相关工作。一是持续推进法制建设。深入调研事故问责处罚、日常安全生产执法处罚等方面情况，在修订《生产安全事故报告和调查处理条例》时予以充分考虑，为推进科学精准处罚问责提供法律保障。二是提升执法质量和效能。继续规范行政执法程序，加强制度机制建设，增强行政执法人员法制意识和法制素养，严格行政执法监督纠错等方式，不断提升行政执法质量和效能，有效保障生产经营单位和人民群众的合法权益。三是加强重特大生产安全事故查处的示范作用。严格依法查处重特大生产安全责任事故，科学精准查清导致事故的关键环节、关键部位、关键部门和关键人员，精准认定事故责任，坚决查处涉事企业实际控制人、直接责任人及相关管理人员违法犯罪行为；科学分析论证，提出针对性改进措施建议，助力企业安全生产水平转化提升，为基层开展事故调查处理，科学精准问责处罚提供参考案例。四是完善和推动落实企业转型升级政策措施。严格落实国家产业结构调整指导目录，及时修订公布淘汰落后安全技术工艺、设备目录，结合深化供给侧结构性改革，依法淘汰不符合安全生产国家标准、行业标准条件的产能，夯实风险防控基础。

感谢您对安全生产工作的关心和支持！

关于政协第十三届全国委员会第五次会议第 03912 号提案答复的函

——关于有效降低安全生产事故人因失误提高本质安全水平的提案

· 2022 年 9 月 22 日

· 应急提函〔2022〕111 号

您提出的《关于有效降低安全生产事故人因失误提高本质安全水平的提案》收悉，现答复如下：

行为主体有意识行为引起的技能差错、决策差错、知觉差错以及习惯性违规等，是人的不安全行为的直接表现，是导致事故发生的重要原因。近年来，我国持续加强重点行业领域安全监管，企业不断加大安全投入，淘汰落后产能和工艺，提升设备设施本质安全水平，安全生产形势总体平稳。但安全生产仍处在爬坡过坎关键期，重特大事故时有发生，其中人因事故最为突出。国务院安委会与应急管理部先后出台并采取了一系列措施，不断提高从业人员安全技能，减少事故发生。

一、加强顶层设计，夯实安全生产主体责任

一是新修改的安全生产法第二十二条规定“生产经营单位的全员安全生产责任制应当明确各岗位的责任人员、责任范围和考核标准等内容”。其责任范围包括执行安全规章制度、履行岗位操作规程等内容，重点关注了人为因素对安全生产的影响。二是刑法修正案（十一）将“关闭、破坏直接关系生产安全的监控、报警、防护、救生设备、设施或篡改、隐瞒、销毁其相关数据、信息”等人的不安全行为纳入刑法惩治范畴，对人的不安全行为进行法律约束。三是应急管理部出台了《危险化学品企业特殊作业安全规范》（GB 30871-2022），聚焦动火、受限空间等事故多发作业类型，明确了企业应建立作业前许可管理制度，制定重大风险管控措施，强化逐级审批和作业监护的要求，进一步加强作业过程的安全管理、审批人和监护人职责及应急措施的落实，对人员作业行为进行约束，为有效防范化解重大安全风险发挥支撑保障作用。

二、多措并举，提高从业人员安全技能

一是加快学科和专业建设。应急管理部依托高等学校安全科学与工程类专业教学指导委员会秘书处，配合教育部修订完善《安全科学与工程类本科专业教学质量国家标准》，在原有“安全工程”专业基础上，新增“应急技术与管理”“职业卫生工程”等专业，有力指导高校开展安全专业人才培养；鼓励校企共建职业院校和实习实训基地，培养安全技术技能人才，支持职业院校、行业企业相关人员申请技术技能大师，组织“化工安全生产技术”技能竞赛，促进产教融合。二是加强专业技术人才队伍建设。2019 年 1 月，应急管理部与人力资源社会保障部联合印发了《注册安全工程师职业资格制度规定》，明确了注册安全工程师分为高级、中级、初级 3 个级别，并与工程师、助理工程师职称有效衔接。目前全国取得中级注册安全工程师职业资格人数 45. 8 万。三是提升高危行业从业人员安全技能。按照《国务院办公厅关于印发职业技能提升行动方案（2019—2021 年）的通知》要求，应急管理部会同人力资源社会保障等部门，重点在危险化学品、煤矿、非煤矿山、金属冶炼、烟花爆竹等行业实施安全技能提升行动计划。自 2019 年至 2021 年底，全国累计培训高危行业企业在岗员工、新上岗人员、班组长、特种作业人员等 4 类重点群体 2767. 1 万人，各地遴选培育 368 家安全技能实训和特种作业人员实操考试基地，扶持和重点培育 182 家安全生产相关职业院校（含技工院校）开展安全技能培训，切实提高从业人员安全技能水平。

三、加快推进数字化转型，提高安全生产智能化水平

应急管理部会同工业和信息化部共同印发了《“工业互联网+安全生产”行动计划（2021—2023 年）》，通过工业互联网在安全生产中的融合应用，增强企业安全生产的感知、监测、预警、处置和评估能力，加速安全生产从静态分析向动态感知、事后应急向事前预防、单点防控向全局联防的转变，提升企业安全管理水平。目前已在危险化学品、粉尘涉爆等行业领域进行试点，将人员管控等纳入平台建设，按计划还将逐步开展各行业领域安全生产工业互联网平台建设。

下一步，应急管理部将采取以下措施，继续有效降低因人为因素导致安全生产事故发生的几率。一是加大基础研究力度。持续开展生产安全事故统计分析工作，联合有关科研院所和高校，选取代表性企业开展试点研究工作，结合人的不安全行为特点，梳理不同行业人员的典型不安全行为，制定相关安全操作标准规范。二是支持引导智能化研究。围绕《“工业互联网+安全生产”行动计划（2021—2023 年）》，支持人的不安全行为识别技术成果转化落地。鼓励企业研发成套、实时探测人的不安全行为的智能化识别装备，实现智能化管控；推动人员密集、风险高的企业与应急管理部重点实验室合作，共同研发构建人因事故识别数据库；鼓励相关企业与科研院所联合深入开展学科建设，争取科技部等支持加强安全科学和有关专业建设。鼓励重点地区、重点企业建设安全职业院校和实训基地，推动校企融合、校产融合，持续推动提升从业人员安全素质和技能。适时研究制定高级注册安全工程师评价和管理办法，持续做好中级注册安全工程师注册管理和服务工作，进一步加强安全生产专业技术人才队伍建设。三是规范安全生产培训。持续加强安全生产法的宣贯工作，不断夯实企业安全生产主体责任和地方、部门监管责任。加快《安全生产培训管理办法》等部门规章修订，将企业安全生产培训纳入执法检查内容，加大监管执法力度，综合运用行政处罚、约谈、通报、媒体曝光、联合惩戒等多种手段，倒逼企业落实安全生产培训责任。督促各地区严格按规定开展“三项岗位人员”考核工作，强化安全生产考试体系建设，优化布局、以考促培，提高“三项岗位人员”安全素质。

感谢您对应急管理事业的关心和支持。

关于政协第十三届全国委员会第五次会议第00908号提案答复的函

——关于集约化建设和完善我国自然灾害预警体系的提案

· 2022年9月15日
· 应急提函〔2022〕96号

您提出的《关于集约化建设和完善我国自然灾害预警体系的提案》收悉。经商国家发展改革委，现答复如下：

我国自然灾害多发频发，近年来极端天气气候事件趋多趋强，灾害预警是防灾减灾救灾工作的关键环节，对于防御和减轻灾害损失具有重要基础性作用。应急管理部、国家发展改革委高度重视自然灾害预警体系建设，从多个方面积极采取措施提高灾害防治能力。

一、已开展工作

（一）推进集约化建设灾害预警基础设施。国务院印发《“十四五”国家应急体系规划》，提出要集约建设信息基础设施和信息系统，优化自然灾害监测站网布局，构建空、天、地、海一体化全域覆盖的灾害事故监测预警网络。国家发改委编制印发《“十四五”推进国家政务信息化规划》，提出建立健全跨部门、跨地区的公共安全协同治理信息资源目录体系，加强公共安全数据共享，深化应急管理、公共卫生安全、交通运输安全等系统应用，推进生物安全、重大疫情防控、能源安全、水旱灾害防御、自然灾害监测预警、粮食和物资储备、城市运行保障等系统协同建设，提升风险监测预测、预警信息发布、应急通信保障等支撑能力。应急管理部会同国家广播电视总局联合印发了《进一步发挥应急广播在应急管理中作用的意见》，将应急广播“村村响”建设纳入应急管理体系，目前已初步形成国家、省、市、县、乡、村六级应急广播体系。

（二）推动社会力量参与灾害预警能力建设。应急管理部组织开展自然灾害监测预警信息化工程，实施自然灾害综合监测预警系统改造项目，积极吸纳了一批科研机构、科技企业等参与项目建设，提升我国重特大灾害和多灾种、灾害链综合预警科技水平。中国地震局高度重视与社会力量合作，组织在成都高新减灾研究所挂牌成立地震预警技术研究成都中心，共同开展观测站网资源整合和发布渠道建设，并与华为、腾讯、铁塔等公司合作开展地震预警软硬件系统建设，目前已在京津冀、四川、云南和福建等地实现对社会服务，近年来在云南漾濞6.4级、四川芦山6.1级、四川马尔康6.0级等地震发生后多次成功发布预警信息，取得较好减灾实效。

（三）完善灾害预警信息多渠道靶向发布体系。国家减灾委员会印发《“十四五”国家综合防灾减灾规划》，部署加强多部门共用、多灾种综合、多手段融合、中央-省-市-县-乡五级贯通的灾害预警信息发布系统建设，提高预警信息发布时效性和精准度。应急管理部会同中国气象局印发《关于强化气象预警和应急响应联动工作的意见》，对强化暴雨、台风、强对流天气等气象灾害预警和应急响应联动提出要求；通过国家突发事件预警信息发布系统、应急服务平台、应急广播等多手段拓宽预警传播渠道，突出预警和应急响应联动，探索解决灾害预警“最后一公里”难题。中国地震局依托国家地震烈度速报与预警工程实施加强与行业部门合作，着力打造由专用终端与广播、电视、互联网、手机发布渠道组成的地震预警信息发布体系，实现全国重点地区地震预警信息全覆盖。

（四）提升基层综合减灾能力。应急管理部积极推动实施基层应急能力提升计划，深入组织开展全国综合减灾示范社区创建，推进基层应急能力标准化建设。应急管理部及有关部门结合“全国防灾减灾日”“全国安全生产月”等主题宣传活动，在中小学、社区等重点区域积极开展多种形式防灾减灾救灾宣传教育，提高群众防灾减灾意识和自救互救能力。据统计，2021年仅央视新闻频道滚动播出安全提示字幕达480余次，中央重点新闻网站等媒体发布应急科普产品1860篇次。

二、下一步工作

我们将认真研究吸纳您提出的宝贵建议，继续做好集约化建设和完善自然灾害预警体系有关工作。

一是推动信息化统筹集约发展,加强灾害预警基础设施集约化建设,协调推进灾害预警业务单位跨领域合作,提升智能网格预报预警能力水平。

二是会同相关部门继续加强与社会力量合作,推进自然灾害监测预警信息化工程重大专项工程灾害综合监测预警系统改造项目实施。

三是吸收四川等地好的经验做法,加快推动多灾种和灾害链预警网建设,建立完善应急广播体系和灾害预警体系,力争2025年灾害事故多发易发区应急广播主动发布终端人口覆盖95%以上。

四是会同有关部门强化短临预报和精准预警,加大预报预警在中小学校、社区等人口密集区和重大工程中的应用,提高防灾避险效果。

感谢您对应急管理工作的关心和支持!

对十三届全国人大四次会议第2599号建议的答复

——关于矿业生产领域重大事故救援处置流程统一标准(规范)的建议

·2021年9月29日

·应急建函〔2021〕134号

您提出的关于矿业生产领域重大事故救援处置流程统一标准(规范)的建议收悉,经商银保监会,现答复如下:

应急管理部高度重视矿山事故应急救援处置工作,积极推进矿山事故救援处置标准化、规范化建设,建立了较为健全的救援处置规范标准,形成了国家、地方和企业三级矿山救援队伍体系,矿山救援队伍建设总体成效显著。

一、关于加快完善矿业重大事故预防制度标准化建设

矿山法规标准体系较为完善。形成了由《安全生产法》《矿山安全法》等18部法律、《安全生产许可证条例》《煤矿安全监察条例》《国务院关于预防煤矿生产安全事故的特别规定》等19部行政法规组成的矿山安全法规体系。在煤矿领域,形成了由《煤矿安全规程》《煤矿重大生产安全事故隐患判定标准》等33部部门规章、1500多项国家和行业标准组成的煤矿安全规章标准体系;在非煤矿山领域,形成由《非煤矿矿山企业安全生产许可证实施办法》等7部部门规章和《金属非金属矿山安全规程》《尾矿库安全规程》2个强制性国家标准为统领、60项国家和行业标准组成的非煤矿山安全规章标准体系。在推进安全生产责任险方面,原国家安全监管总局联合原保监会、财政部印发《关于推进安全生产领域责任保险健全安全生产保障体系的意见》(安监总政法〔2006〕207号)和《安全生产责任保险实施办法》(安监总办〔2017〕140号);联合银保监会,推动保险公司落实《安全生产责任保险事故预防技术服务规范》,指导保险行业协会开展矿山安全生产责任保险制度建设,扩大保险公司安全生产责任保险预防费的适用范围。

下一步,以有效防范和化解矿山重大安全风险为着力点,进一步健全完善相关标准规范,积极构建风险隐患双重预防机制;深入推进安责险在规范事故预防服务,积极构建“互联网+安责险事故预防”新模式。

二、关于加快完善矿业重大事故救援制度标准化建设

以《安全生产法》《生产安全事故报告和调查处理条例》《生产安全事故应急条例》为统领,形成了较为完善的矿山事故救援制度标准体系。

(一)在救援信息上报方面。依托“国家应急指挥综合业务系统”,建立了从地方应急管理部门和应急管理部属相关单位到应急管理部的救援信息报告机制;印发《国家安全生产应急救援队伍救援信息直报办法》,规范救援信息报告程序和内容。

(二)在救援物资储备方面。在国家层面,投资25.9亿元,为38支国家矿山救援队配备了6311台(套)救援装备物资;并在北京、山东淄博、甘肃张掖、贵州贵阳建设了4个区域救援物资装备储备库。在地方政府和企业层面,目前还尚未建立严格规范的救援物资储备标准,物资储备的数量、种类、及时性和有效性还有待进一步提高。

(三)在救援队伍建设方面。建成了国家、地方和企业三级矿山救援队伍体系,建设了423支、29511人的专职救援队伍,分布于全国各产矿地区和重点企业。建立了较为健全的规范标准,出台《矿山救护规程》《国家矿山应急救援队管理办法》《中国矿山救援标识使用管理办法》《矿山救援队伍质量标准化考核规范》,规范了矿山事故救援,强化了救援队伍管理和标准化建设。

(四)在救援信息发布方面。近年来,各地政府高度重视事故救援信息发布工作,按照《生产安全事故应急条例》《政府信息公开条例》和我国新闻发布制度有关规定,均建立了事故救援信息发布制度。目前事故救援信息发布主要有三种方式,一是通过召开新闻发布会;二是通过政府网站及主流媒体;三是通过新闻媒体采访有关人员。总的来看，事发地人民政府救援信息发布的及时性、规范性和准确性不断提高，但仍需进一步加强和完善。

下一步，建立健全全国统一的生产安全事故应急救援信息系统和救援物资储备标准，推动救援物资储备规范、科学、实用、先进和有效；充分借鉴德国联邦技术救援署和其他国家标准化建设经验，深入推进救援队伍管理科学化、规范化和标准化；进一步加强救援信息发布制度建设，健全完善政府、媒体、企业三方信息联动机制，不断提高信息发布水平。

三、关于加快完善矿业重大事故善后处置制度标准化建设

按照《中华人民共和国突发事件应对法》等法律法规规定，矿山重大事故善后处置中的遇难者家属安抚、责任处理等工作由事故所在地人民政府和事故单位负责；关于事故善后处置中的救援补偿问题，按照《生产安全事故应急条例》有关规定，救援队伍参加救援所耗费用由事故单位承担，无力承担的，由有关政府协调解决。近几年，应急管理部加大了应急救援队伍救援补偿力度，对部直接调动参加救援工作的队伍和物质装备生产储备单位都给予了相应的经济补偿。同时积极协调、推动地方政府做好救援补偿工作。目前，事故救援补偿明显好转，近两年来参加事故救援的队伍基本能够得到经济补偿。为充分发挥社会监督，及时查处安全生产领域违法违规行为。多年来，原国家安全监管总局、应急管理部高度重视举报奖励和定期回访制度建设，先后出台了《安全生产领域举报奖励办法》（安监总财〔2018〕99 号）、《生产经营单位从业人员安全生产举报处理规定》（应急〔2020〕69号）和《矿山安全生产举报奖励实施细则（试行）》（矿安〔2021〕47 号）等制度，进一步规范了举报奖励标准，对定期回访举报人领奖等情况提出了明确要求。

下一步，我部将研究建立应急救援经济补偿办法，明确责任、标准、程序和规则，推动救援补偿得到全面落实；进一步推动地方政府规范善后处置流程，明确事故善后处置相关单位工作职责，遇难者家属经济补偿、责任追究、教训总结、整改监督等各项标准。

您的提案对提升矿山安全生产工作具有重要意义，我们将在已有工作基础上，持续推进矿山事故救援处置规范化、标准化，切实履行保护人民群众生命财产安全重要使命。

感谢您对矿山安全生产工作的关心和支持！

关于政协十三届全国委员会第三次会议第 0065 号提案答复的函

——关于高度重视和防范气候变化引发巨灾风险的提案

· 2020 年 10 月 8 日

· 应急提函〔2020〕185 号

您提出的《关于高度重视和防范气候变化引发巨灾风险的提案》收悉，经商生态环境部、中国气象局、中国银保监会，现答复如下：

目前，气候变化及其引发的极端天气气候灾害随着全球气候变化不断加剧，我国是全球气候变化的敏感区和影响显著区之一，气候变化带来的极端天气和气候事件对我国粮食生产安全、水源、生态、能源、经济发展等构成严峻挑战。我国政府历来高度重视气候变化引发的各类风险，坚持以人民为中心的发展思想，积极做好气候变化引发巨灾风险的防范工作，全面提升自然灾害防治能力，提高全社会防灾减灾和应对气候变化能力。

一是制定国家适应气候变化战略，提高适应气候变化能力。2013 年我国发布《国家适应气候变化战略》，将生态文明建设作为重要指导思想，着力强化气候敏感脆弱领域、区域和人群的适应行动，提高防灾减灾和适应气候变化能力。启动开展第一次全国自然灾害综合风险普查，摸清全国气象、水旱灾害风险隐患底数，以县级行政区为基本单元，开展全国灾害特征调查和致灾孕灾要素分析，建立气象、水旱灾害国家-省-市-县四级危险性基础数据库，编制危险性区划图。加强基层防灾减灾救灾能力体系建设，修订印发《全国综合减灾示范社区创建管理办法》，制定出台《全国综合减灾示范县创建管理办法》，开展首批全国综合减灾示范县创建试点，在示范社区和示范县创建标准中充实风险评估、隐患排查、基础设施建设、应急物资保障、应急力量建设等措施。

二是积极推动灾害防治立法，探索建立巨灾保险制度。应急管理部正在抓紧研究制定《自然灾害防治法》，在保障措施章节中明确，国家推动保险等市场机制在风险防范、损失补偿、恢复重建等方面发挥作用，不断扩大保险覆盖面。加快巨灾保险制度建设，逐步形成财政支持下的多层次巨灾风险分散机制。中国银保监会联合财政部印发《建立城乡居民住宅地震保险制度实施方案》，研究建立我国城乡居民住宅地震巨灾保险制度，指导保险公司开发销售地震巨灾保险产品，由 40 多家保险公司组成中国城乡居民住宅地震巨灾保险共同体集合行业承保能力，负责地震巨灾保险的具体运作。福建、浙江、北京、江苏、深圳、宁波、山东、云南、四川、广东、厦门、重庆、河北、海南、上海、宁夏、湖北等 17 个省市先后开展实践探索，积累巨灾保险试点经验。

三是积极参与减灾领域国际合作，支持发展中国家提高应对气候变化能力。我国一直积极参与全球气候变化治理进程，坚持减缓和适应气候变化并重，并积极致力于减轻灾害风险与气候变化适应等相关领域国际合作。近年来，结合国家总体外交战略的实施以及推进“一带一路”建设的部署，与有关国家、联合国机构、区域组织合作，重点加强灾害监测预报预警、信息共享、风险调查评估、紧急人道主义援助和恢复重建等方面的务实合作，通过气候变化南南合作，为发展中国家提供微小卫星及监测预警设备等，注重对我国周边国家、毗邻地区、“一带一路”沿线国家和地区等发生重特大自然灾害时提供必要支持和帮助，同时积极推动现有气候资金机制发挥有效作用，为发展中国家应对气候变化风险和提高适应气候变化能力提供更多支持。

针对您提出的建议，下一步，我们将进一步提高气候变化引发巨灾风险防范能力。一是组织编制下一阶段国家适应气候变化战略，将在全面评估我国适应气候变化进展成效的基础上，科学分析我国当前气候脆弱性及未来气候变化风险，进一步推动适应气候变化与生态文明建设、防灾减灾等协同增效，不断提高气候变化风险管理水平和适应气候变化能力、降低和减少国民经济重大灾害损失，助力生态文明建设和美丽中国建设。二是组织实施灾害风险调查和重点隐患排查工程，根据《国务院办公厅关于开展第一次全国自然灾害综合风险普查的通知》要求，指导地方开展普查工作，摸清灾害风险隐患底数，为更好的减轻气象、水旱灾害风险提供支撑。三是进一步完善巨灾保险体系，支持地方扩大巨灾保险试点，提高巨灾保险覆盖面，研究将台风、洪水等自然灾害纳入巨灾保险制度，更好满足居民差异化的风险保障需求。四是完善巨灾保险基金相关法律法规制度建设，总结城乡居民住宅地震巨灾保险专项准备金管理运行经验和各地有益探索，不断完善基金管理运作模式，积极稳妥推进全国巨灾保险基金建设。五是积极拓展气候变化适应与减轻灾害风险领域国际合作，加强全球气候变化巨灾风险管理。

感谢您对防灾减灾救灾工作的关心和支持！

对十三届全国人大三次会议第 3946 号建议的答复

——关于进一步加强消防通道管理的建议

· 2020 年 9 月 23 日

· 应急建函〔2020〕137 号

您提出的关于进一步加强消防通道管理的建议收悉，经商中央文明办、住房和城乡建设部。现答复如下：

您提出的建议很有针对性和指导性，对保持消防车通道畅通、保障人民群众生命财产安全具有积极作用。我部高度重视消防车通道畅通工作，组织开展了一系列集中治理，并作为当前全国安全生产专项整治三年行动的重要任务，强化部门联合协作机制，因地制宜加强停车设施建设，广泛开展宣传教育，不断增进社会共识。但由于城市治理水平不高、停车设施供给短缺、依法监管合力不足、群众安全意识淡薄等因素影响，占用、堵塞消防车通道问题仍时有发生，成为一个“老大难”问题，需要相关部门齐抓共管，全社会共同参与，综合施策、标本兼治、久久为功。

下一步，我部将充分吸纳您的建议，结合全国安全专项整治三年行动部署，采取有力有效措施，全力确保消防车通道畅通，不断增强人民群众的获得感、幸福感和安全感。重点抓好五个方面工作：

一、开展规范管理。指导各地组织新建住宅小区的管理使用单位，按标准对消防车通道逐一划线、标名、立牌，实行标识化管理，确保消防车通道畅通。2020 年年底前未完成的，提请各地政府挂牌督办整改。针对城镇老旧小区，下发通知指导各地认真落实国务院办公厅《关于全面推进城镇老旧小区改造工作的指导意见》，制定“一城一策、一区一策”消防车通道治理方案，利用三年时间分类分批开展整治改造。

二、及时清理障碍。会同住房城乡建设、公安、城市管理等部门督促社会单位和住宅小区清理违章搭建构筑物和违法设置铁桩、水泥墩、限高杆、架空管线等固定障碍物和占道停放车辆；指导物业服务企业加强消防车通道维护、管理和巡查，及时劝阻制止占堵行为，确保消防车通道、应急疏散通道和安全出口通畅；指导各地依托智能终端和物联网技术，开展“生命通道”智能预警监测，提高技防物防水平。

三、强化监管执法。针对执法程序不够简便、处罚力度不够有力等问题，指导各地通过修订地方性法规、规章等，从法规规章制度层面进一步明确职责任务。进一步完善与发展改革、住房城乡建设、公安、交通运输、城市管理等部门会商研判、信息共享、移送抄告、协同查处等工作机制。严肃查处违法单位和个人,并依法纳入消防安全严重失信行为,实施联合惩戒。

四、推动设施建设。推动将新建停车设施建设列入“十四五”规划编制、新型城镇化建设等政策规划工程中,从解决刚需源头入手,加快补齐停车供给短板。指导各地充分挖掘城市人防地下空间潜力,改造升级已有停车设施、场地,并因地制宜建立完善弹性停车、错时开放、潮汐停车、共享停车等政策机制,盘活社会停车资源,提高停车位使用效率。加强社区微型消防站建设,提升扑救初起火灾能力。

五、加强宣传教育。推动消防宣传进企业、进农村、进社区、进学校、进家庭,普及消防安全和畅通消防车通道常识,开展常态化消防安全培训、疏散逃生演练,提高全民消防安全素质。以占堵消防车通道影响应急救援典型案例为反面教材,加强警示教育,使公众认识到违法性、危害性,提高自觉性。畅通举报投诉渠道,及时曝光占堵消防车通道违法行为,形成共建共治局面,共同维护“生命通道”畅通。

感谢您对公共安全、应急管理以及消防工作的关心和支持。

对十三届全国人大第三次会议第8390号建议的答复

——关于防汛抗旱物资储备方面的建议

·2020年9月1日

·应急建函〔2020〕17号

您提出的《关于防汛抗旱物资储备方面的建议》收悉,现答复如下:

我国《防汛条例》规定:各级防汛抗旱指挥部应当储备一定数量的防汛抗洪物资;受洪水威胁的单位和群众应当储备一定的防汛抢险物料;在紧急防汛期,为了防汛抢险需要有关防汛指挥部有权在其管辖范围内调用物资、设备、交通运输工具和人力。长期以来,在党中央、国务院坚强领导和有关部门大力支持下,各级防汛指挥部、各相关部门和有关物资生产企业,按照中央与地方分级管理的原则,立足防大汛、抗大旱、抢大险、救大灾,不断优化物资物料储备品种,在以实物集中存储的基础上,通过险工险点现场储备、协议储备和企业产能储备等多种方式,每年汛前按需储备防汛抗旱防台风物资物料,提前做好抢险应急准备。初步建立了政府储备和社会储备、实物储备和能力储备相结合的中央、省、市、县4级防汛抗旱物资储备体系,为夺取历次防汛抗洪抢险胜利发挥了重要保障作用。

根据2018年党和国家机构改革部署,应急管理部负责提出物资储备需求和动用决策,组织编制储备规划、品种目录和标准,确定年度购置计划,根据需要下达动用指令;国家粮食和物资储备局负责物资收储、轮换和日常管理,根据应急管理部的动用指令组织调运。根据部门职责分工,中央层面防汛抗旱物资储备管理职能目前已经理顺。地方层面防汛抗旱物资储备管理职能调整随着应急管理体制改革逐步推进,新的防汛抗旱物资储备体系正在逐步建立。根据以往做法,防汛抗旱物资的调运使用由各级防指分级负责,一般先用当地的物资,不足时再请调外地物资;物资的储备通过多种方式实现,有工程现场储备、仓库集中储备,也有企业生产能力储备、社会“号料”储备等。

关于您提出的全国各级防汛抗旱物资储备统一由承担防汛抗旱主要任务的部门管理的建议,本次机构改革中央未对地方防汛抗旱物资储备管理体制提出统一要求,考虑到地方党委政府承担防汛抗旱的属地管理责任,各地结合本地防汛抗旱的实际情况确定负责部门,具体情况不尽一致。有的由应急管理部门负责,有的由水利部门负责,有的由粮食和物资储备或其他相关部门负责。在明确部门职责的同时,各地普遍按照优化协同高效原则,建立健全了部门间工作配合机制,做好衔接,形成工作合力,努力提高防汛抗旱物资储备保障能力。

为做好防汛物资储备调用工作,确保关键时刻物资调得出、用得上,我部正在开展《应急物资储备“十四五”规划》编制和应急资源管理平台建设工作,共享各地和部门防汛抗旱物资信息,进一步统筹力量资源,建立健全任务明确、责任清晰、管理有序、保障有力的防汛抗旱应急物资储备体系;与财政部、国家粮食和物资储备局开展《中央防汛抗旱物资储备管理办法》修订工作。

下一步,我部将以习近平新时代中国特色社会主义思想为指导,按照党中央、国务院决策部署,充分发挥我国应急管理体系的特色和优势,着力构建权威统一、科学完备、运转高效、适应需求的防汛抗旱物资保障体系。一是进一步完善防汛抗旱应急物资管理体制和运行机制,构建政府主导、分级负责、地方为主、上下联动、协调有序、运转高效的防汛抗旱应急物资保障管理体制和运行机制;二是继续加大防汛抗旱物资储备经费投入,除中央增加投入,也要求地方增加投入,进一步提升防汛抗旱应急保障能力;三是研究相应政策和服务标准,完善实物储备与能力储备相关政策,降低储备成本;四是建立健全部门应急物资信息共享和协同保障工作机制,提升防汛抗旱应急物资保障能力和水平。

感谢您对防汛抗旱物资储备管理工作的关心。

对十三届全国人大二次会议第4417号建议的答复

——关于基层应急管理标准化建设的建议

·2019年6月24日

·应急建函〔2019〕1号

您提出的《关于基层应急管理标准化建设的建议》收悉。我部会同财政部经认真研究,认为您提出关于基层应急管理标准化问题针对性强,有关建议具有较强参考价值。具体答复如下:

党中央、国务院高度重视标准化工作。习近平总书记在致第39届国际标准化组织大会的贺信中指出:“标准是人类文明进步的成果。伴随着经济全球化深入发展,标准化在便利经贸往来、支撑产业发展、促进科技进步、规范社会治理中的作用日益凸显。”机构改革后,应急管理部作为新组建部门,着力加强相关标准化工作顶层设计和统筹谋划,健全应急管理标准化工作机制,建立完善应急管理标准体系,强化标准制修订和贯彻落实,为提高我国综合防灾减灾救灾和应急救援能力、保护人民生命财产安全提供有力的标准化保障。

一、关于加快形成符合新时代要求的应急管理法律体系。为适应大国应急管理改革发展需要,力争到2023年,初步形成“1+4”(《应急管理法》+《安全生产法》《自然灾害防治法》《消防法》《应急救援组织法》)的应急管理法律体系框架,届时将把应急指挥、社会救援力量动员等内容纳入法律规范。鉴于《中华人民共和国政府采购法》和财政部《关于党政机关及事业单位用公款为个人购买商业保险若干问题的规定》(财金〔2004〕88号)对政府购买社会服务、政府出资购买设备或保险保障等内容作出规定,下一步,针对您关注的政府购买应急救援服务等事项,我们将进一步加大法律制度贯彻实施力度,完善相关配套制度。

二、关于建立高标准、高规格应急管理指挥系统。应急管理部组建以来,紧紧围绕有效处置灾害事故,全面落实24小时在岗应急值守制度,及时指导各地应急管理部门、应急救援队伍统筹安排应急值守工作,时刻保持与有关方面的联络畅通;研究制定了部门应急预案和灾种响应手册等,探索建立应急响应专题会商机制,形成了救援扁平化组织指挥模式、防范救援救灾一体化运作模式等适应应急管理特点的工作模式;充分发挥国家应对特别重大灾害指挥部作用,与相关部门和单位建立会商研判、协同响应、救援联动等机制,建立特别重大灾害由应急管理部牵头处置和一般性灾害由地方各级政府负责、应急管理部统一响应支援的应急处置机制。针对您关注的应急指挥中心规范化建设,应急管理部将出台相关指导意见,科学定位各层级应急指挥中心功能、技术和能力要求,提升应急指挥能力水平,努力构建“纵向到底、横向到边”的全国一体化应急指挥体系;进一步强化信息报送科技支撑,开发建设突发事件信息报送系统,作为信息汇聚的平台,提升信息报送效率,同时配套建设语音调度系统,实现日常应急值守和突发情况下应急通信联络和指挥调度,确保第一时间响应和调度。

三、关于建立应急物资、装备配备标准体系。在应急物资储备领域,应急管理部组织编制了中央救灾物资储备规划、品种目录和标准;积极指导地方应急管理部门制定本级的救灾物资储备规划、品种目录及相关标准;组织实施“金民工程”建设,研究部署应急物资共用共享系统,实时掌握政府和企业应急物资信息;修订有关救灾物资标准,提升救灾物资品质,保障受灾群众救助需要。在装备配备标准体系方面,正在制定《个体防护装备配备规范》《消防应急救援装备配备指南》《消防员个人防护装备配备标准》等标准,筹划组建全国应急管理标准化技术委员会,将应急救援装备标准作为标准化建设重要内容。在各级政府设立应急专项资金方面,按照《预算法》有关规定,各级一般公共预算应当按照本级一般公共预算支出额的1%至3%设置相应预备费,用于当年预算执行中的自然灾害等突发事件处置支出。下一步,中央财政将根据国家应急管理体系建设情况,不断完善财政应急管理政策,发挥好财政资金使用效益。

四、关于加大应急产业标准化建设。应急管理部将会同国家市场监督管理总局、国家标准化管理委员会加强应急管理标准比对,推动急需短缺标准制修订。按照国家标准化工作部署,进一步加强市场在标准供给中的作用,鼓励相关团体、企业提升标准质量和制修订效率,推动制修订相关应急产业团体标准和企业标准。在将符合标准的产品列入政府应急采购目录、培养和壮大我国应急产业方面,根据《中华人民共和国政府采购法》规定,除特殊情况外,政府采购应当采购本国货物、工程和服务。应急设备属于政府采购对象范围,符合国家相关标准的产品应当依法进行采购。从2007年开始,财政部建立了政府采购进口产品管理制度,有效地规范政府采购进口产品行为。下一步,将进一步深化政府采购制度改革,强化采购人主体责任,完善采购需求管理和采购人内控管理,发挥政府采购政策保障功能,全力支持国产应急产业快速健康发展。

十分感谢您对应急管理工作的大力支持。

对十三届全国人大二次会议第7746号建议的答复

——关于加快制定《防灾减灾法》的建议

·2019年7月10日

·应急建函〔2019〕17号

您提出的关于加快制定《防灾减灾法》的建议收悉,经认真研究,我们认为这一建议很有价值。现答复如下:

一、立法的确必要

我国是世界上自然灾害最为严重的国家之一,灾害种类多、分布地域广、发生频率高、造成损失重。2018年,我国自然灾害以洪涝、台风灾害为主,干旱、风雹、地震、地质、低温冷冻、雪灾、森林火灾等灾害也有不同程度发生。

习近平总书记对自然灾害防治高度重视。2018年10月10日,在中央财经委员会第三次会议上,习近平总书记强调,加强自然灾害防治关系国计民生,要建立高效科学的自然灾害防治体系,提高全社会自然灾害防治能力,为保护人民群众生命财产安全和国家安全提供有力保障。2019年1月21日,习近平总书记在省部级主要领导干部坚持底线思维着力防范化解重大风险专题研讨班开班式上发表重要讲话,进一步强调深刻认识和准确把握外部环境的深刻变化和我国改革发展稳定面临的新情况新问题新挑战,坚持底线思维,增强忧患意识,提高防控能力,着力防范化解重大风险。

目前,我国自然灾害防治能力总体还比较弱,提高自然灾害防治能力,是实现"两个一百年"奋斗目标、实现中华民族伟大复兴中国梦的必然要求,是关系人民群众生命财产安全和国家安全的大事,也是对我们党执政能力的重大考验,必须抓紧抓实。近年来,我国以突发事件应对法为基础,制定修订了防洪法、防震减灾法以及防汛、抗旱、自然灾害救助、地质灾害防治、气象灾害防御、森林防火、草原防火条例等一大批法律法规,印发了《中共中央、国务院关于推进防灾减灾救灾体制机制改革的意见》,实施了国家综合防灾减灾"十一五""十二五""十三五"规划,建立健全了《国家突发公共事件总体应急预案》以及自然灾害救助、防汛抗旱、抗震救灾、森林草原防火等国家专项应急预案体系,防灾减灾救灾工作总体上实现了有法可依、依法管理。但是,目前这种单一型的立法范式,已经不适应全面推进依法治国、实现中国特色社会主义法治体系转型升级的要求。因此,尽快制定《自然灾害防治法》或者《防灾减灾法》十分必要,这是适应自然灾害防治工作新形势、落实习近平总书记防灾减灾救灾新理念的重要举措,对于提高自然灾害防治能力,更好地保障人民群众生命财产安全,维护社会和谐稳定具有重要意义。

二、关于《自然灾害防治法》的起草情况

应急管理部组建以来,部党组始终高度重视法治建设工作,建部伊始,黄明书记就对构建中国特色大国应急管理法律体系作出部署。通过广泛听取人大代表、政协委员和有关专家意见建议,就应急管理法律体系建设问题,尚勇副部长多次主持召开专题会,研究推进相关工作。目前我国应急管理方面(不包括社会安全和食品药品安全)的法律主要存在法律综合性、系统性不强,专项立法分散,法规体系不健全、单行法结构不完整,重事中处置、轻事前预防等问题。针对上述问题,应急部党组结合职责定位,组织力量专门研究制定了《应急管理立法体系框架方案》,提出到2023年左右初步形成"1+4"(《应急管理法》+《安全生产法》《自然灾害防治法》《消防法》《应急救援组织法》)应急管理法律体系骨干框架,其中以《自然灾害防治法》为主干,逐步形成包括单灾种法律法规的自然灾害防治"小法典"。

下一步,我部将积极推动应急管理和防灾减灾法律法规制修订工作,抓紧研究论证自然灾害防治综合立法。一是以习近平总书记关于应急管理和防灾减灾救灾的重要论述为指引,适应新体制新要求,切实落实"两个坚持,三个转变"要求,把工作重点转移到灾害防治上来。二是选定广东省、贵州省作为自然灾害防治立法试点省份,为国家立法积累有益经验。三是扎实推动《中共中央、国务院关于推进防灾减灾救灾体制机制改革的意见》和国家综合防灾减灾"十三五"规划有关政策制度的贯彻落实,修订相关规章制度,为《自然灾害防治法》起草打下较好的工作基础。四是启动《自然灾害防治法》研究论证工作,明确调整范围,科学界定自然灾害是什么、管什么、怎么管和谁来管等问题，为立法工作奠定基础。五是修改《自然灾害救助条例》，突出党对自然灾害救助工作的集中统一领导，把救助环节从单一生活救助向灾害预防、紧急救援、恢复重建等方面延伸，拓展立法保障面，提升保障效果。

感谢您对应急管理工作的关心，欢迎继续关心支持应急管理立法工作并提出宝贵意见。

对第十三届全国人大二次会议第7702号建议的答复

——关于规范市场，标准化管理“小饭桌”及“托管中心”的建议

· 2019年8月29日

· 应急建函〔2019〕46号

你们提出的关于规范市场，标准化管理“小饭桌”及“托管中心”的建议已收悉，现答复如下：

该建议针对宁夏回族自治区校外托管场所管理现状，提出明确隶属主管部门、建立完善工作机制、开展专项清理整顿、提高从业人员素质等建议，内容具体、针对性强，对于加强和规范校外托管机构标准化管理具有积极参考价值。

针对校外托管场所“管理多头、监管真空”现状，近年来全国一些地市积极探索在现行法律框架体系下，由党委政府主导，明确牵头和配合部门共同治理，采取了一些行之有效的做法。2018年，河北省廊坊市政府明确由食品监督安全办公室牵头，组织食药监、教育、公安、应急管理、卫生、综合执法等部门，开展综合治理，逐个部门明确监管责任和标准，逐户建立监管档案，对消防托管场所的开办条件、自我管理和监管尺度进行统一规范。另外，一些地区将校外托管场所认定为经营性社会服务机构，托管服务纳入家政服务的管理范围，向市场监督管理部门申请注册登记。

我们历来高度重视校园及周边消防安全工作。应急管理部党组书记黄明先后两次做出批示，要求消防救援局专题研究校外托管场所消防安全问题，发动社会力量共同参与消防安全治理。部消防救援局抽调业务骨干成立工作专班，起草了《校外托管场所消防安全管理八项规定（稿）》，从消防安全条件、人员限定数额、消防安全主体责任、设施器材配备、防火检查巡查、用火用电用气管理、宣传教育培训和灭火疏散演练等八个方面提出了基本要求和标准，以应急管理部名义去函商请教育部、市场监管总局联合印发，目前正在会商过程中。

下步，我们将进一步研究吸取你们关于加强和规范校外托管场所管理的具体建议，指导各地消防救援机构配合相关部门加强对校外托管场所的监督管理。一是依法查处校外托管场所火灾隐患和消防安全违法行为，指导乡镇（街道）、村（居）委会、有关部门、公安派出所对辖区校外托管场所进行消防安全检查，督促其加强安全防范，落实消防安全主体责任。二是强化部门之间联动，定期通报校外托管场所隐患问题，参与联合检查和监督约谈。三是会同教育部门向中小学生普及疏散逃生和自防自救常识，引导学生家长选择安全、卫生、正规的校外托管机构。四是发挥社会监督作用，发动群众举报校外托管场所的火灾隐患，曝光不具备消防安全基本条件和隐患问题突出的校外托管场所。

感谢你们对应急管理工作的关心和支持。

关于政协十三届全国委员会第一次会议第0623号提案答复的函

——关于健全火灾预警联动机制的提案

· 2018年8月25日

· 应急提函〔2018〕36号

你们提出的《关于健全火灾预警联动机制的提案》收悉，经认真组织研究，现答复如下：

你们提出的建议很有针对性和指导性，对加强火灾预警预防工作、保障人民群众生命财产安全具有积极作用。消防主管部门历来高度重视火灾预警预防工作，2016年6月，在湖北召开现场会，推广宜昌等地智慧消防建设的经验做法，指导各地加强现代科技与消防工作的深度融合。2017年10月，印发《关于全面推进“智慧消防”建设的指导意见》，指导各地综合运用物联网、云计算、大数据、移动互联网等新兴信息技术，加快推进“智慧消防”建设。我部将认真吸纳您提出的建议，创新社会消防治理，进一步提升消防工作科技化、信息化、专业化水平，更好地适应新时代经济社会发展新形势新要求。

一、积极建设城市物联网消防远程监控系统。我部正在推进城市物联网消防远程监控系统建设，联入设有自动消防设施的社会单位和建筑场所，综合利用射频识别、无线传感、云计算、大数据等技术，依托有线、无线、移动互联网等现代通信手段，整合已有的各数据中心，扩大监控系统的联网用户数量，完善系统报警联动、设施巡

检、单位管理、消防监督等功能。积极推广利用图像模式识别技术对火光及燃烧烟雾进行图像分析报警,推广安装电气火灾监控系统实时监测漏电电流、线缆温度等情况,通过手机 APP 系统向相关责任主体、责任人推送火警故障信息,提高火灾早期发现、早期预警水平。

二、全面建设基于"大数据""一张图"的实战指挥平台。我部正在建设基于"大数据""一张图"的实战指挥平台,充分运用大数据、云计算、地理信息等技术,通过城市重大事故及地质性灾害事故救援应急通信系统,实时获取灾害现场图像、语音和数据,掌握火灾动态及发展态势;关联起火建筑的地理位置、概况、结构、消防设施、数字化预案以及周边道路、水源、重大危险源等信息,分析研判灭火救援行动编程;共享对接相关部门、联勤保障单位等信息资源,提高联合处置、联动协同效能。

三、鼓励研发创新火灾预警监测技术。我部正在组织天津、上海、沈阳、四川等消防研究所,投入科研经费,加强与龙头技术企业、高等院校、科研机构等深度合作,借助社会优势资源,联合开展火灾预警监测和远程监控项目攻关和关键技术研究,充分运用先进实用的消防科技成果。同时,我部还将积极申请专项经费,鼓励社会企业和科研机构研发创新火灾预警监测技术,积极推动科技成果的实践运用。

对十三届全国人大一次会议第 6678 号建议的答复

——关于加强商业"三合一"场所消防安全管理的建议

· 2018 年 7 月 12 日
· 应急建函〔2018〕6 号

您提出的关于加强商业"三合一"场所消防安全管理的建议收悉,经商自然资源部、住房城乡建设部、市场监管总局,现答复如下:

当前,随着国内城市经济快速发展转型,各类低端产业逐渐向郊区和农村转移,催生了大量民用建筑改建的家庭作坊、商务型网购经营店等人员密集场所,刺激了村镇工业大院、产业园区的蓬勃发展。这些"三合一""多合一"场所一般集住宿、生产、储存、经营等多种用途并混合设置在同一连通的空间内,消防安全设防标准低,违规用火用电普遍,加之多数粗放发展,且量大面广,不仅先天安全隐患多,而且后期整改和管理难度大,极易造成亡人特别是群死群伤火灾发生。您的建议很有针对性,体现出对消防工作的高度关注和深入思考,对于强化源头管控和日常监管,提升群众消防安全意识,改善住宿与生产储存经营合用场所(以下简称合用场所)消防安全状况,具有积极作用。

近年来,有关部门高度重视合用场所消防安全,印制出台了《住宿与生产储存经营合用场所消防安全技术要求》(GA703-2007),提出了合用场所的限定要求,并规定了合用场所的防火分隔措施、疏散设施、消防设施以及火源控制等消防安全技术要求;印发了《小加工作坊火灾防控技术指导意见》,供地方政府、有关部门以及相关单位在开展既有小加工作坊消防安全治理中参考。在全国部署的历次消防安全专项行动和每年开展的冬春火灾防控、夏季消防检查等常态化治理工作中,把合用场所及其集中连片区域作为治理重点,持续加大监督执法力度,并指导街道乡镇、居(村)民委员会、物业管理单位以及公安派出所落实消防安全职责,加强网格化排查巡查,组织开展群众性消防宣传教育等工作。

下一步,我们将认真采纳您的建议,指导各地相关行业部门在属地党委、政府领导下,坚持源头治理、综合施策,坚持控制增量、减少存量,严格落实消防安全责任,加大火灾隐患整治力度,广泛开展消防宣传教育,最大限度预防和减少合用场所群死群伤火灾事故发生,切实维护人民群众生命财产安全。

图书在版编目（CIP）数据

中华人民共和国应急管理法律法规全书 ：含相关政策及法律解释 ：2025年版 / 中国法治出版社编. 北京 ：中国法治出版社，2025. 1. -- （法律法规全书）.

ISBN 978-7-5216-4890-4

Ⅰ. D922. 109

中国国家版本馆CIP数据核字第2024PC1547号

策划编辑：袁笋冰　　责任编辑：李璞娜　　封面设计：李　宁

中华人民共和国应急管理法律法规全书：含相关政策及法律解释：2025年版

ZHONGHUA RENMIN GONGHEGUO YINGJI GUANLI FALÜ FAGUI QUANSHU：HAN XIANGGUAN ZHENGCE JI FALÜ JIESHI：2025 NIAN BAN

经销/新华书店

印刷/三河市紫恒印装有限公司

开本/787毫米×960毫米　16开　　印张/51.25　字数/1438千

版次/2025年1月第1版　　2025年1月第1次印刷

中国法治出版社出版

书号ISBN 978-7-5216-4890-4　　定价：115.00元

北京市西城区西便门西里甲16号西便门办公区

邮政编码：100053　　传真：010-63141600

网址：http：//www.zgfzs.com　　**编辑部电话：010-63141670**

市场营销部电话：010-63141612　　**印务部电话：010-63141606**

（如有印装质量问题，请与本社印务部联系。）